中共天津工作

2022年

中共天津市委党校　编

- 重要文献
- 大事述要
- 工作总结

天津社会科学院出版社

图书在版编目（CIP）数据

中共天津工作. 2022年 / 中共天津市委党校编. 天津 : 天津社会科学院出版社, 2024. 12. -- ISBN 978-7-5563-1025-8

Ⅰ. D235.21

中国国家版本馆CIP数据核字第2025RS3244号

中共天津工作. 2022年

ZHONGGONG TIANJIN GONGZUO. 2022 NIAN

责任编辑： 杜敬红

装帧设计： 祝德莉

出版发行： 天津社会科学院出版社

地　　址： 天津市南开区迎水道7号

邮　　编： 300191

电　　话：（022）23360165

印　　刷： 廊坊市印艺阁数字科技有限公司

开　　本： 880×1230　1/16

印　　张： 54.5

字　　数： 1424千字

版　　次： 2024年12月第1版　2024年12月第1次印刷

定　　价： 750.00元

编 辑 说 明

《中共天津工作》是由中共天津市委党校(中共天津市委党史研究室)组织编写的大型党史资料丛书,从2003年开始,每年编写一卷,为各级党组织和有关部门科学决策提供历史借鉴,同时也为中共天津历史研究和著作编写积累丰富资料。

本书坚持以习近平新时代中国特色社会主义思想为指导,深入学习贯彻习近平总书记关于党史和文献工作的重要论述,始终坚持党史姓党、党史为党的政治立场和方向,深刻领悟“两个确立”的决定性意义,增强“四个意识”、坚定“四个自信”、做到“两个维护”,坚持围绕中心、服务大局,确保内容符合党的方针政策和国家法律法规。

2022年卷参编单位和部门共73个,包括市委各工作机构及直属事业单位,市政府组成部门、特设机构及直属机构党组,市人大党组,市政协党组,各区委,人民团体等。本书收录了2022年天津市重要文献和大事述要,各参编单位2022年工作总结和大事述要等内容,真实、客观、准确地记载了全市各级党组织2022年深入学习贯彻习近平新时代中国特色社会主义思想,认真贯彻落实中央和市委重要部署,开展经济建设、政治建设、文化建设、社会建设、生态文明建设及推进全面从严治党的历史进程、取得的重要成就和宝贵经验,具有较高的存史价值和资政价值。

本卷稿件均由各参编单位提供,并经各单位分管领导同志审核把关。为体现本书资料的权威性、真实性和规范性,在审核定稿时,对各单位“工作总结”部分基本不做修改,个别地方做技术处理。为统一全书体例,对部分单位“大事述要”进行了调整,均以时间发生先后为序;凡没有准确时间的,以“同月”或“本年”的方式表述。

由于编者水平和时间所限,书中若有疏漏不当之处,敬请读者批评指正。

编　者

编审委员会

编　写　组

目　录

·重要文献

·大事述要

· 工作总结

【重要文献】

坚定捍卫“两个确立”　坚决做到“两个维护”
坚定不移沿着习近平总书记指引的方向阔步前进
奋力开创全面建设社会主义现代化大都市新局面

——2022年6月16日在中国共产党天津市第十二次代表大会上的报告

李鸿忠

同志们：

现在，我代表中国共产党天津市第十一届委员会向大会作报告。

中国共产党天津市第十二次代表大会，是在我们踏上全面建设社会主义现代化国家新征程、满怀豪情迎接党的二十大胜利召开的重要历史时刻，在天津全面建设社会主义现代化大都市的关键时期，召开的一次十分重要的会议。大会的主题是：高举中国特色社会主义伟大旗帜，全面贯彻习近平新时代中国特色社会主义思想，深入贯彻习近平总书记对天津工作“三个着力”重要要求和一系列重要指示批示精神，牢记领袖教导，紧跟核心奋斗，践行初心、担当使命，坚定不移沿着习近平总书记指引的方向阔步前进，奋力开创全面建设社会主义现代化大都市新局面。

一、坚定捍卫“两个确立”，坚决做到“两个维护”，奋进新征程，开创新局面

党的十九届六中全会指出，党确立习近平同志党中央的核心、全党的核心地位，确立习近平新时代中国特色社会主义思想的指导地位，反映了全党全军全国各族人民共同心愿，对新时代党和国家事业发展、对推进中华民族伟大复兴历史进程具有决定性意义。“两个确立”是在实现第一个百年奋斗目标历史性决战中积累的最大政治成果，也是实现第二个百年奋斗目标的最大政治保证，决定方向道路，决定前途命运。党的十八大以来，习近平总书记四次亲临天津视察和出席活动，对天津工作作出一系列重要指示要求，为天津发展注入了强大政治动力、精神动力、工作动力。我们深刻领悟“两个确立”的决定性意义，增强“四个意识”，坚定“四个自信”，做到“两个维护”，不断增强政治判断力、政治领悟力、政治执行力，坚定不移推进习近平新时代中国特色社会主义思想在津沽大地的扎实实践。天津发展已经站在一个新的历史起点上。面向未来，只要我们始终不渝坚定捍卫“两个确立”、坚决做到“两个维护”，就一定能走好新的赶考之路，创造天津更加美好的未来。

奋进新征程、开创新局面，我们要坚决维护习近平总书记党中央的核心、全党的核心、人民领袖、军队统帅的地位和权威。人民创造历史，英雄引领时代。党的十八大以来，面对前所未有、前所未遇、前所未解的严峻挑战和时代课题，习近平总书记以伟大的历史主动精神、巨大的政治勇气、强烈的责任担当，统揽伟大斗争、伟大工程、伟大事业、伟大梦想，推动党和国家事业取得历史性成就、发生历史性变革，续写了经济持续快速发展、社会长期稳定的“两大奇迹”，铸造了党的百年奋斗历程上的伟大丰碑。习近平总书记是开创中国特色社会主义新时代、建立划时代历史功勋的英明卓越领袖，是率领全党全国人民实现第一个百年奋斗目标并继续向第二个百年奋斗目标进军的英明卓越领袖，是在中华民族站起来、富起来的基础上接续率领中华民族强起来的英明卓越领袖，是引领中华民族沿着中国特色社会主义道路走向伟大复兴的英明卓越领袖。有习近平总书记掌舵领航，是党之大幸、国家之大幸、民族之大幸。习近平总书记的崇高威望、领袖风范、卓越智慧、人格魅力，是我们的宝贵政治财富、精神财富，是我们战胜各种艰难险阻、成就新的历史伟业的最大底气和力量源泉。新征程上，我们要坚持政治立身、涵养忠诚大德，自觉在政治上坚决维护核心、思想上高度信赖核心、感情上衷心爱戴核心、组织上自觉服从核心、行动上始终紧跟核心，坚决听从习近平总书记和党中央的指挥号令。

奋进新征程、开创新局面，我们要始终以习近平新时代中国特色社会主义思想灯塔指引航程。思想引领方向，方向决定道路。习近平新时代中国特色社会主义思想把马克思主义基本原理同中国具体实际相结合、同中华优秀传统文化相结合，深刻回答了新时代坚持和发展什么样的中国特色社会主义、怎样坚持和发展中国特色社会主义，建设什么样的社会主义现代化强国、怎样建设社会主义现代化强国，建设什么样的长期执政的马克思主义政党、怎样建设长期执政的马克思主义政党等重大时代课题，是当代中国马克思主义、二十一世纪马克思主义，是中华文化和中国精神的时代精华，是指引中华民族强起来的思想旗帜、前进灯塔。新征程上，我们要自觉做习近平新时代中国特色社会主义思想的坚定信仰者、积极传播者、忠实实践者，坚持不懈武装头脑、与时俱进指导实践、扎扎实实推动工作，把真理伟力转化为发展天津、建设天津、振兴天津的磅礴力量。

奋进新征程、开创新局面，我们要坚定不移贯彻习近平总书记重要指示批示精神和党中央重大决策部署。事在四方，要在中央。习近平总书记的重要指示批示是党内政治要件，党中央重大决策部署是全党全军全国各族人民统一思想、统一意志、统一行动的依据。坚决贯彻落实习近平总书记重要指示批示精神和党中央重大决策部署，是坚定捍卫"两个确立"、坚决做到"两个维护"的具体体现，是基本的政治纪律和政治规矩，是重要的政治责任、领导责任、工作责任。在事关政治要件、党中央重大决策部署、国家安全、道路制度等根本问题上，政治上要特别坚定、理论上要特别清醒、行动上要特别坚决、纪律上要特别严明，绝不能犯糊涂，绝不能犯颠覆性错误。新征程上，我们要牢记"党之大者""国之大者"，自觉向习近平总书记看齐，向党中央看齐，向党的理论和路线方针政策看齐，向党中央决策部署看齐，处处对标对表，事事校正紧跟，强化"时时放心不下"的责任感，保持"政如农功，日夜思之"的精神状态，以强烈的政治担当、有力的行动举措、务实的工作作风，推进习近平总书记重要指示批示精神和党中央重大决策部署在津沽大地落地落实、取得成效。

二、全面建成高质量小康社会，各项事业取得历史性成就

市第十一次党代会以来的五年，是天津发展历程中极不平凡、极为不易的五年。面对复杂严峻的外部环境、艰巨繁重的改革发展稳定任务，特别是新冠肺炎疫情的严重冲击，我们高举旗帜、维护核心、忠诚担当、创新竞进，全面贯彻落实党的十九大和十九届历次全会精神，深入贯彻落实习近平总书记对天津工作"三个着力"重要要求和一系列重要指示批示精神，坚定不移走高质量发展之路，以强烈的政治担当和历史主动，以功成不必在我、功成必定有我的精神境界，以明知山有虎、偏向虎山行的勇气魄力，坚决向不良政治生态、陈旧思想观念、巨额债务风险开战，攻坚克难、爬坡过坎、砥砺奋进，解决了许多历史遗留、群众关切的问题，推进了许多固本培元、守正创新的工作，办了一些打基础、补短板、利长远的大事，推动经济社会发展发生了影响深远的重大变化，"一基地三区"功能定位更加凸显，"五个现代化天津"建设取得重大成就，如期全面建成高质量小康社会，开启了全面建设社会主义现代化大都市新征程。

五年来，我们坚持以党的政治建设为统领，党的领导全面加强，政治生态发生根本性变化。

坚持旗帜鲜明讲政治，推进政治生态、政治生活、政治文化一体建设，从“人、事、因、制”上持续整治圈子文化、码头文化和好人主义等顽瘴痼疾，从根本上扭转了党的领导弱化、党的建设缺失、全面从严治党不力的状况，政治生态出清向好。持续深化对党、对习近平总书记的忠诚教育，深入开展“维护核心、铸就忠诚、担当作为、抓实支部”主题教育实践活动，严格执行加强党的领导的各项制度，建立了贯彻执行、督查落实、政治监督、考核问责的闭环工作体系，全市党员干部“四个意识”更加牢固、“四个自信”更加坚定、“两个维护”更加坚决。市委自觉加强政治能力、领导能力、执政能力建设，把方向、管大局、作决策、保落实的水平不断提高。

五年来，我们坚决贯彻新发展理念，经济高质量发展取得显著成效。主动转观念正导向、挤水分去虚高、调结构换动能，经济运行在实打实的基础上，动力结构、产业结构、财税结构显著优化，全面步入高质量发展轨道。召开16个区现场办公会，谋划发展思路，现场解决问题，坚定发展信心。制造业立市战略深入实施，海河产业基金引导作用充分发挥，战略性新兴产业加快培育，自主可控的信创产业完整链条初步形成，现代产业体系日臻完善。自主创新能力显著增强，新一代超级计算机、大型地震工程模拟研究设施、组分中药国家重点实验室、国家合成生物技术创新中心等重大创新平台建设实现突破，首批5家海河实验室挂牌运行，人工智能、生物医药、新材料等重点领域取得一批标志性创新成果，“天津号”纯太阳能车成功研制，国家高新技术企业和国家科技型中小企业均突破9000家，全社会研发投入强度达到3.44%，全域科普水平和全民科学素质位居全国前列。国际消费中心城市和区域商贸中心城市建设稳步推进，国家会展中心(天津)投入运营，现代服务业提档升级。乡村振兴战略深入实施，现代都市型农业发展走在全国前列。

五年来，我们深入推进京津冀协同发展，服务重大国家战略取得丰硕成果。坚持“一盘棋”思想，每年组织党政代表团赴京冀学习考察，拓展深化交流合作，主动承接北京非首都功能疏解，倾力支持雄安新区建设，重点领域合作持续深化，一大批重大项目、优质企业、创新资源落户天津，协同创新共同体建设加快推进，滨海—中关村科技园形成示范效应。“轨道上的京津冀”加快形成，世界一流的智慧港口、绿色港口建设取得显著成效，津冀港口合作持续深化，天津港集装箱年吞吐量突破2000万标准箱，连续3年增速位居全球十大港口前列。生态环境联建联防联治成效显著，社会治理和公共服务协同发展不断深化。主动融入京津冀世界级城市群建设，“津城”“滨城”双城发展格局加快构建，城市综合服务功能明显提升，城市发展方式加快由外延扩张向内涵提升转变。

五年来，我们坚持把促进共同富裕作为发展的出发点和落脚点，民生福祉达到新水平。坚持以人民为中心的发展思想，每年实施20项民心工程，着力做好普惠性、基础性、兜底性民生工作，公共服务体系和社会保障体系更加完善。累计新增就业超过220万人，居民人均可支配收入达到47449元、年均增长6.8%。每年提前和延长供暖期，为36万户居民解决了历史遗留的房产证难题，完成160多万平方米棚户区、9400万平方米老旧小区、2.2万户农村困难群众危房改造。城市轨道交通建设全面提速，建成外环线东北部调线等城市主干路网工程。积极探索解决“一老一小”问题新路子，河西区居家养老服务改革试点经验在全国推广，全市老人家食堂达到1700多个，老年日间照料服务中心(站)达到1357个，新增学前教育学位16万个、义务教育学位11万个。医疗服务资源不断优化，全市人均期望寿命达到82.03岁。农村饮水提质增效工程全面完成，新建、改造农村户厕64.4万个、公厕4302座，农村人居环境持续改善，结对帮扶困难村工作取得显著成效。坚持“升级加力、多层全覆盖、有限无限相结合”，圆满完成9省区东西部扶贫协作和支援合作任务，助力50个贫困县如期摘帽、335.6万贫困人口全部脱贫，在打赢脱贫攻坚战中展现了天津之为、彰显了天津力量、作出了天津贡献。面对突如其来的新冠肺炎疫情冲击，我们坚决贯彻落实习近平总书记和党中央决策部署，坚持人民至上、生命至上，坚持外防输入、内防反弹，坚持动态清零，大力弘扬伟大抗疫精神，统筹疫情防控和经济社会发展，充分发挥基层党组织优势，无论是“一船两机三楼”遭遇战还是进口冷链阻击战，无论是“首战”奥密克戎还是筑牢免疫屏障，无论是守护首都疫情防控“护城河”还是驰援兄弟省市，努力做到统一高效指挥、有力有序保障，科学精准、以快制快，未雨先绸缪、急情用重力，倾心倾力守护人民群众的生命安全和身体健康。在全市人民的共同努力下，我市疫情防控工作取得战略性成果。

五年来，我们以解放思想为先导，改革开放实现新突破。深化“放管服”改革，“一制三化”改革、“天津八条”“民营经济 19 条”等深入实施，营商环境不断优化，市场主体数量快速增长、活力明显增强。完成 17 家市管国有企业集团层面混改，引入战略投资者资金超过 800 亿元。坚持“用海河水洗海河泥”，有力化解巨额历史债务。机构改革任务圆满完成，事业单位改革不断深化，开发区法定机构改革和海河教育园区管理体制改革取得突破。自贸试验区制度创新成果丰硕，38 项试点经验和实践案例在全国复制推广，融资租赁、商业保理、平行进口汽车等保持全国领先。积极融入“一带一路”建设，在津投资的世界 500 强企业达到 269 家，天津茱莉亚学院落成启用，“鲁班工坊”达到 20 家，连续成功举办 5 届世界智能大会，夏季达沃斯论坛等影响力不断增强。

五年来，我们深入践行绿水青山就是金山银山的理念，美丽天津建设迈出重大步伐。在全国率先制定碳达峰碳中和促进条例，“双碳”工作稳步推进。大力实施“871”重大生态工程，875 平方公里湿地保护、736 平方公里绿色生态屏障建设、153 公里海岸线生态综合治理成效显著，绿色生态屏障区内蓝绿空间占比超过 65%，碳汇能力明显提升。坚决打好污染防治攻坚战，分类整治 2.2 万家“散乱污”企业，有力破解“钢铁围城”“园区围城”问题，绿色转型取得新成效，生态环境质量明显提升。碳排放强度下降 24.3%，$PM_{2.5}$ 年均浓度由 69 微克/立方米下降到 39 微克/立方米，空气质量优良天数由 226 天增加到 264 天，重污染天数由 29 天减少到 7 天，12 条入海河流水质全部消劣，近岸海域水质优良比例大幅提升。

五年来，我们深入落实人民当家作主各项制度，民主法治建设取得重大进展。支持人大及其常委会依法履行职能，重点领域、新兴领域地方立法形成一批重要成果，对“一府一委两院”的监督不断加强，人大代表作用得到更好发挥，人民群众政治参与渠道不断拓展。支持政协发挥专门协商机构作用，发扬民主和增进团结相互贯通，建言资政和凝聚共识双向发力，社会主义协商民主更加广泛深入。大统战工作格局加快构建，爱国统一战线不断巩固壮大。工会、共青团、妇联等群团组织桥梁纽带作用充分发挥。军民融合深度发展，国防动员体制改革有序推进，在全国首创关爱退役军人社会组织，退役军人服务保障水平不断提高，军政军民关系更加密切。法治天津、法治政府、法治社会一体建设深入推进，政法领域改革全面深化，政法队伍教育整顿成效显著，全社会法治观念进一步增强。

五年来，我们牢牢掌握意识形态工作领导权主动权，宣传思想文化工作跃上新台阶。坚持以科学理论引路指向、以正确舆论凝心聚力、以先进文化塑造灵魂、以优秀作品鼓舞斗志，推动党的创新理论“飞入寻常百姓家”。庆祝改革开放 40 周年、新中国成立 70 周年、建党 100 周年主题宣传广泛深入，主旋律更加高昂，正能量更加强劲。建立“三级确保、建设四级、多级完善”网信工作体系，网络空间更加清朗。学校思想政治工作普遍加强。社会主义核心价值观和中华优秀传统文化广泛弘扬，全国文明城区创建实现新突破，城市文明程度显著提升，涌现出“人民英雄”张伯礼、“时代楷模”张黎明等一批先进模范人物。文化事业产业繁荣发展，文艺创作精品迭出，群众文化活动丰富多彩。全民健身和竞技体育全面发展，成功举办第十三届全国运动会、全国第十届残运会暨第七届特奥会、中俄青少年冰球友谊赛。

五年来，我们坚持筑牢首都政治“护城河”，社会治理现代化水平不断提升。深入贯彻总体国家安全观，把维护政治安全放在首位，牢记天津之“特”、“卫”城之责，重大安保维稳任务圆满完成，连续五年实现重大敏感节点进京“零非访”。“战区制、主官上、权下放”党建引领基层治理创新扎实推进，546块“飞地”得到历史性有效治理，在全国率先成立三级社会矛盾纠纷调处化解中心，一大批信访积案清仓见底。安全生产工作全面加强，公共安全保障体系更加健全。扫黑除恶斗争取得重大战果，平安建设位居全国前列。

五年来，我们以自我革命精神推进全面从严治党，党的建设展现新气象。深学笃用习近平新时代中国特色社会主义思想，推进“两学一做”学习教育常态化制度化，扎实开展“不忘初心、牢记使命”主题教育和党史学习教育。认真贯彻新时代党的组织路线，严把政治首关、坚持事业为上，加大年轻干部培养选拔力度，实现大规模干部交流轮岗，干部能上能下成为广泛共识和实际行动，各级领导班子和干部队伍整体素质全面提升。积极稳妥推进国有企业选人用人机制改革，国有企业领导人员队伍活力进一步增强。深入实施“海河英才”行动计划，累计引进各类人才42万人。探索建设十大产业人才创新创业联盟。加强基层党组织建设，全面推进村（社区）党组织书记、村（居）委会主任“一肩挑”，实施村社区星级管理，连续五年从大学毕业生中每年招录1000名农村专职党务工作者。锲而不舍落实中央八项规定精神，深入开展形式主义官僚主义和不担当不作为问题专项整治，“四风”问题得到有效遏制，基层减负取得明显成效。走好新时代党的群众路线，推动“向群众汇报”、人列轮值、联点访户、党员志愿服务等制度化长效化，形成了“和平夜话”“五常五送”等好的经验。纪检监察体制改革持续深化，监督体系不断完善，十一届市委巡视实现全覆盖。始终保持惩治腐败高压态势，集中整治国企、金融、土地、政法等重点领域腐败，坚决纠治群众身边腐败和不正之风，做实以案为鉴、以案促改、以案促治，标本兼治综合效应充分彰显，反腐败斗争取得压倒性胜利并全面巩固。

五年来取得的成绩，根本在于有习近平总书记掌舵领航，在于有习近平新时代中国特色社会主义思想科学指引，是全市各级党组织和广大党员干部群众勠力同心、团结奋斗、拼搏奉献的结果。在此，我代表十一届市委，向全市广大党员干部群众，向老领导、老同志，向各民主党派、工商联、无党派人士和各人民团体，向中央驻津单位，向驻津解放军和武警部队，向所有关心支持天津发展的海内外朋友，表示衷心感谢，致以崇高敬意！

同时，我们也清醒认识到，对照高质量发展新要求和人民群众新期待，还存在一些问题和不足，主要是：思想还不够解放，市场意识不强，制约高质量发展的体制机制障碍还没有根本破除；产业结构还需要进一步优化，自主创新和原始创新能力还不强，新动能培育任重道远，民营经济活力不足，绿色低碳转型任务艰巨；不少领域还存在安全隐患，防范化解金融风险压力仍然较大；民生保障还有短板，基层社会治理能力亟待加强；一些干部的能力素质还不适应新时代新要求，反腐败斗争形势依然严峻复杂，全面从严治党仍需向纵深推进。对此我们一定要高度重视，切实努力工作整改解决。

三、全面建设社会主义现代化大都市的奋斗目标和总体要求

全面建设社会主义现代化大都市，是中国式现代化道路在天津的生动实践，是全面建设社会主义现代化国家的天津篇章。中国式现代化创造了人类文明新形态，坚定不移在中国式现代化道路上全面建设社会主义现代化大都市，是天津人民的美好期盼，是全市各级党组织和全体党员的历史使命和时代担当。当前，百年变局和世纪疫情相互交织，世界进入新的动荡变革期，国内改革发展稳定任务艰巨繁重，实现中华民族伟大复兴正处于关键时期。我们既面临前所未有、前所未遇的风险和挑战，也拥有赢得主动、开创新局的机遇和优势。天津在全国发展大局中地位重要，京津冀协同发展、“一带一路”建设和构建新发展格局等重大战略机遇交汇叠加,得天独厚的区位优势、联通内外的港口优势、基础雄厚的产业优势、人才富集的科教优势、改革开放的先行优势、底蕴深厚的文化优势,正加快转化为高质量发展的强大动能。特别是一度受到破坏的政治生态正在修复净化,经济社会发展步入健康轨道,贯彻新发展理念、推动高质量发展成为全市上下的一致共识和普遍行动。这些都是天津实现更高质量发展的信心所在、底气所在、动力所在。综合判断,我们仍然处于大有可为的战略机遇期、优势叠加的历史窗口期,处于转型升级的决战决胜期、构建新发展格局的争先进位期。

做好今后五年工作的总体要求是:高举中国特色社会主义伟大旗帜,坚持以习近平新时代中国特色社会主义思想为指导,全面贯彻党的基本理论、基本路线、基本方略,深入贯彻落实党的十九大、二十大精神,深入贯彻落实习近平总书记对天津工作"三个着力"重要要求和一系列重要指示批示精神,深刻认识"两个确立"的决定性意义,增强"四个意识"、坚定"四个自信"、做到"两个维护",弘扬伟大建党精神,统筹推进"五位一体"总体布局、协调推进"四个全面"战略布局,牢记"国之大者",坚持以经济建设为中心,坚持稳中求进工作总基调,把握新发展阶段、贯彻新发展理念、构建新发展格局,统筹发展和安全,以高质量发展、高水平改革开放、高效能治理、高品质生活为目标导向,以深入推进京津冀协同发展为战略牵引,加快实现"一基地三区"功能定位,促进共同富裕,推动全面从严治党向纵深发展,奋力开创全面建设社会主义现代化大都市新局面。

我们要建设的社会主义现代化大都市是高质量发展的大都市。现代化经济体系更加完善,科技创新能力显著增强,制造业比重稳步提升,战略性新兴产业成为发展主动力,综合实力迈上新台阶。国际消费中心城市和区域商贸中心城市的功能和地位更加凸显。"津城""滨城"双城发展格局基本形成,城市数字化转型迭代实现新突破。实现碳达峰、碳中和目标迈出关键步伐,生态环境质量持续改善,"871"重大生态工程成为绿色发展标志性样板,美丽天津建设取得重大进展。

我们要建设的社会主义现代化大都市是高水平改革开放的大都市。改革开放先行区引领带动作用充分显现,重要领域和关键环节改革取得重大突破,营商环境保持全国领先水平,高标准市场体系基本建成,市场主体充满活力,国有经济竞争力、创新力、控制力、影响力、抗风险能力显著提升,民营经济进一步发展壮大,适应高质量发展要求的体制机制更加完善。制度型开放全面拓展,全球资源配置能力显著增强,开放型经济新体制更加完善,共建"一带一路"的参与度和影响力不断扩大,打造国内大循环的重要节点、国内国际双循环的战略支点取得重大进展。

我们要建设的社会主义现代化大都市是高效能治理的大都市。经济治理、社会治理、城市治理统筹推进和有机衔接的治理体系不断完善,基层治理社会化、法治化、智能化、专业化水平显著提升,社会信用体系更加健全,防范化解重大风险能力显著增强,常态化疫情防控和突发公共事件应急处置机制持续完善,公共卫生安全、生物安全有效保障,发展安全保障更加有力,平安天津、法治天津建设达到新水平。

我们要建设的社会主义现代化大都市是高品质生活的大都市。以打造共同富裕先行区为目标,做大做好"蛋糕",切好分好"蛋糕",不断促进社会公平正义、促进人的全面发展,使教育更优质、工作更稳定、收入更满意、保障更可靠、就医更便利、住房更舒适、环境更优美、精神文化生活更丰富,让每个人都共同享有勤劳致富的机会,共同享有发展进步的机会,共同享有人生出彩的机会,共同享有梦想成真的机会。

实现上述奋斗目标,必须坚持以下原则:

——坚持党的全面领导。充分发挥党总揽全局、协调各方的领导核心作用,着力提高科学执政、民主执政、依法执政水平,不断增强政治领导力、思想引领力、群众组织力、社会号召力,为全面建设社会主义现代化大都市提供坚强政治保证。

——坚持以人民为中心。牢记江山就是人民、人民就是江山，站稳人民立场，践行党的宗旨，贯彻群众路线，始终依靠人民、造福人民、根植人民，推动共同富裕取得更大进展，让发展成果更多更公平惠及全市人民。

——坚持走高质量发展之路。完整准确全面贯彻新发展理念，以深化供给侧结构性改革为主线，在拼质量、拼效益、拼结构优化、拼绿色发展上下功夫，加快推动质量变革、效率变革、动力变革，不断增强发展的平衡性、协调性、包容性、可持续性。

——坚持深化改革开放。把改革开放先行区作为城市第一定位，以更高的站位、更宽的视野、更大的力度谋划和推进改革开放，向深化改革要活力、向扩大开放要空间，解放思想、开拓创新，敢闯敢试、敢为人先，不断增强发展的内生动力。

——坚持系统观念。遵循发展规律，加强前瞻性思考、全局性谋划、战略性布局、整体性推进，统筹建设现代化经济体系、现代化治理体系、现代化服务保障体系，着力固根本、扬优长、补短板、强弱项，实现发展质量、结构、规模、速度、效益、安全相统一。

同志们！风云变幻，最需要的是战略定力、耐心信心；迎接挑战，最重要的是敢于斗争、激流勇进；开创新局，最关键的是担当作为、艰苦奋斗、不懈奋斗。我们一定要胸怀中华民族伟大复兴战略全局和世界百年未有之大变局，发扬历史主动精神，抢抓发展机遇，集中精力把天津的事情办好，奋力书写全面建设社会主义现代化国家的天津篇章！

四、贯彻新发展理念，全面塑造高质量发展新优势

坚持把高质量发展作为全面建设社会主义现代化大都市的必由之路，深入实施京津冀协同发展重大国家战略，大力实施创新驱动发展战略、乡村振兴战略、新型城镇化战略、可持续发展战略，加快构建现代化经济体系，努力实现更高质量、更有效率、更加公平、更可持续、更为安全的发展。

1. 深入推进京津冀协同发展。立足“一基地三区”功能定位，高质量承接北京非首都功能疏解，支持服务雄安新区和北京城市副中心建设，推动区域生产力布局和功能重构取得更大进展。持续完善区域一体化、京津同城化发展体制机制，促进企业、资金、项目、技术、人才等要素自由流动和优化配置。推进滨海—中关村科技园等载体建设，有效贯通区域创新链、产业链、供应链，加快推动北京创新资源与天津研发转化优势互补、紧密衔接，协同打造自主创新的重要源头和原始创新的主要策源地。发挥北方国际航运枢纽作用，不断增强城市服务辐射功能。全方位深化重点领域合作，谋划推出一批新的标志性项目，高水平推进基础设施互联互通、生态环境联建联防联治、公共服务共建共享。

2. 大力实施制造业立市战略。着力夯实实体经济根基，围绕产业基础高级化、产业链现代化，以智能科技产业为引领，以战略性新兴产业为重点，以优势产业为支撑，不断完善现代产业体系，推动全国先进制造研发基地建设提质增效升级。深入打好信创、生物医药、新能源、新材料、高端装备、汽车及新能源汽车、航空航天等重点产业链攻坚战，努力在提升产业链稳定性、完整度、竞争力上实现新突破，优化完善产业布局，加快链上龙头企业、重大项目和主题园区建设，打造一批千亿级高端产业集群，培育一批制造业单项冠军企业和“专精特新”企业，推进传统产业高端化、智能化、绿色化转型升级。大力发展数字经济，聚焦集成电路、智能硬件、软件产业等重点领域锻长板补短板，实施数字经济核心产业培育和智能制造赋能工程，推动数字经济和实体经济深度融合发展，加快建设人工智能先锋城市和全国领先的信创产业基地。高水平打造南港工业区世界一流绿色化工新材料基地。推进国家海洋经济发展示范区建设，做强海工装备、海水淡化等优势产业链。积极谋划量子信息、类脑智能、无人驾驶等未来产业，抢占产业创新发展先机。大力推进质量强市建设，强化重点产业质量技术支撑，不断提升天津制造品牌影响力。

3. 全力打造科技创新高地。坚持“四个面向”，坚持“以用立业”，持续提升自主创新和原始创新能力，建设高水平创新型城市。瞄准国家战略需求和天津产业发展需要，谋划建设更多高水平创新平台，加快培育以国家重点实验室、海河实验室、科研机构、研究型大学、科技领军企业等为骨干的战略科技力量。聚焦人工智能、信创、合成生物、现代中医药等重点领域，实施一批具有前瞻性、战略性的重大科技专项，攻克一批关键核心技术。发挥国家自主创新示范区引领作用，强化企业创新主体地位，促进各类创新要素向企业集聚。加大国家高新技术企业引育力度，打造“雏鹰—瞪羚—领军”和高成长企业接续发展梯队，加快培育独角兽企业，构建大企业与中小企业融通创新的高精尖企业集群。全面深化科技体制改革，加快科技管理职能转变，深化项目评审、人才评价、机构评估改革，实行“揭榜挂帅”“赛马”等制度，推动重大科技项目、平台、人才、资金一体化配置。推动大学科技园建设。健全科技成果转化服务体系，着力打通转移转化通道。强化知识产权全链条保护，打造知识产权保护高地城市和创造运用强市。推进全域科普向纵深发展。

4. 加快建设国际消费中心城市和区域商贸中心城市。实施扩大内需战略，以高质量供给创造和引领需求，提升传统消费，培育新型消费，拓展信息消费、绿色消费和农村消费等新领域，培育首发经济，提质夜间经济，探索发展免税经济，大力振兴老字号品牌，使天津成为国际消费目的地、全球消费资源聚集地、全国消费者向往地。统筹“大商贸、大物流、大交通、大服务”，构建物流配送高效、平台配置完善、供应链服务健全的流通体系，汇聚商流、物流、资金流、信息流，促进商、文、旅、展融合发展，使天津成为国家物流枢纽和全球商品的重要集散地。大力发展现代服务业，推进标准化、品牌化建设，促进生产性服务业向专业化和价值链高端延伸、生活性服务业向高品质和多样化升级。提高国家会展中心（天津）运营效能，建设“北方会展之都”。构建以工程设计、工业设计和创意设计为主导的全设计业务链，打造“设计之都”。

5. 加快构建双城互动、新区带动、各区联动的区域发展格局。优化城市空间布局，加快打造“津城”“滨城”双城发展格局，构建科学合理的大都市城镇体系。完善统筹机制和政策体系，引导各区发挥优势、突出特色、协同发展，壮大提升区级经济实力。支持滨海新区发挥战略引领作用，建设生态、智慧、港产城融合的宜居宜业美丽“滨城”。支持和平、河东、河西、南开、河北、红桥六区大力发展都市产业，提升现代服务业发展能级和聚集度。支持东丽、西青、津南、北辰四区用足用好空间、载体、区位优势，聚集发展新兴产业、高端产业。支持武清、宝坻、宁河、静海、蓟州五区强化资源集聚能力，打造区域转型升级示范区、产业发展协同区、生态涵养功能区。

坚持人民城市人民建、人民城市为人民，把产城融合、职住平衡、绿色低碳、安全健康、人文传承等理念融入规划建设管理全过程，建设宜居、韧性、创新、智慧、绿色、人文城市。高水平实施国土空间规划，强化规划的刚性约束，集约高效利用土地资源。着力构建现代化基础设施体系，提升城市路网、停车系统、地下管网等建设水平，大力发展市域（郊）铁路和城市轨道交通，加快 5G 网络、物联网等新型基础设施建设。实施城市更新行动，加快城市老旧空间复兴和品质提升。秉持全周期管理理念，推动治理模式创新，不断提高城市治理科学化、精细化、智能化水平。

6. 全面推进乡村振兴。坚持农业农村优先发展，建设美丽田园、美丽村庄、美丽庭院，打造兴业、宜居、文明、幸福之乡，加快农业农村现代化步伐。扛稳扛牢粮食安全政治责任，严格落实耕地保护硬措施，加强高标准农田建设，持续提升耕地质量和农业综合生产能力。树立大食物观，全方位、多途径开发食物资源，不断丰富“菜篮子”供给。实施种业振兴行动，打造国家种业科技创新和产业发展的重要基地，让“中国饭碗”装更多“天津粮”。加速农村一、二、三产业融合发展，建设一批优势特色产业集群、现代农业产业园区和产业强镇，做优做强小站稻等“津农精品”，打造现代都市型农业升级版。扎实推进乡村建设行动，加快补齐基础设施和公共服务短板,持续改善农村人居环境。统筹推进农村承包地“三权分置”、宅基地制度、集体经营性建设用地入市改革,培育壮大新型农业经营主体,探索农村集体经济发展新模式,健全城乡融合发展体制机制和政策体系。精心创建乡村振兴示范村,精准扶持经济薄弱村。深化东西部协作和支援合作,助力对口帮扶地区实现巩固拓展脱贫攻坚成果同乡村振兴有效衔接。

7. 扎实推进生态文明建设。坚定不移走生态优先、绿色发展之路,坚持降碳、减污、扩绿、增长协同推进,提升生态环境治理水平,促进经济社会发展全面绿色转型,加快建设美丽天津。稳妥有序推进“双碳”工作,加快推动产业、能源、交通运输、城乡建设等重点领域结构调整,健全绿色低碳循环发展经济体系,坚决遏制高耗能、高排放、低水平项目盲目发展,推动能耗“双控”向碳排放“双控”转变。打造能源革命先锋城市,建设电力“双碳”先行示范区。实施全面节约战略,增强全民节约意识,积极开展绿色低碳社会行动示范创建,大力倡导简约适度、绿色低碳的生活方式。突出精准治污、科学治污、依法治污,深入打好蓝天、碧水、净土保卫战,着力解决好群众关心的突出环境问题,稳步提升优良天数比例、基本消除重污染天气,全面消除劣Ⅴ类水体、黑臭水体,确保水资源安全,推进全域“无废城市”建设,持续改善生态环境质量。深化生态保护补偿制度改革,建立健全生态产品价值实现机制。坚持留白、留绿、留璞,统筹推进山水林田湖海一体化保护和系统治理,提升“871”重大生态工程“水库、粮库、钱库、碳库”功能,打造“一环十一园”植物园链,不断完善“三区两带中屏障”生态空间格局,努力将天津建设成为绿水青山、碧海蓝天、草木葱茏、鸟语花香的生态城市。

五、坚持社会主义市场经济改革方向,加快构建高水平改革开放新格局

以解放思想为先导,充分发挥市场在资源配置中的决定性作用,更好发挥政府作用,坚持系统集成、协同高效,加快实施一批战略性、创新性、引领性改革举措,持续增强发展动力和活力,高标准打造改革开放先行区。

1. 推进重要领域和关键环节改革。深化要素市场化配置改革,提高土地、资本、劳动力、技术、数据等要素配置效率,加快构建高标准市场体系,积极融入全国统一大市场。推进国有经济布局优化和结构调整,深化国资国企改革,做强做优做大国有经济,坚持引资、引智、引制、引业、引治并举,持续推进混合所有制改革,健全市场化经营机制,完善以管资本为主的国有资产监管体制,努力建设世界一流企业。鼓励支持非公有制经济健康发展,完善促进民营经济发展的政策体系,引导民营企业融入重点产业链,壮大民营经济规模。深化开发区、产业园区等经济功能区改革,激发园区经济发展活力。高水平建设金融创新运营示范区,以服务实体经济和中小微企业为首要,完善金融市场体系、产品体系、机构体系、基础设施体系,推动更多企业上市,大力发展科技金融、普惠金融、绿色金融,推动金融与全产业链深度协同,畅通资本、科技和产业高水平循环。建设国际一流国家租赁创新示范区。深化财税体制改革,完善预算管理制度,防范化解政府隐性债务风险。深化投融资体制改革,健全市场主导的投资内生增长机制,发挥政府投资引导基金作用,激发社会投资活力。改革公共资源交易监管体制,盘活各类闲置低效资源资产。统筹推进完善党政机构职能体系、深化机构改革、优化机构编制资源配置,深化事业单位改革。

2. 营造一流营商环境。加快构建与国际通行规则相衔接的制度体系,全力打造市场化、法治化、国际化的营商环境。持续深化“放管服”改革,推进“照后减证”“一企一证”,提高审批效率。深入实施市场准入负面清单制度,落实“全国一张单”管理模式,以服务业为重点进一步放宽准入限制。加强事前事中事后全链条监管,优化监管方式,健全新型监管机制,推行新产业新业态包容审慎监管。健全公平竞争审查机制,强化反垄断和反不正当竞争,推动平台经济规范健康持续发展。全面实现政务服务一网通办、全市通办、就近可办,加快推进跨省通办。严格落实产权保护制度,依法平等保护各类市场主体产权。加快完善社会信用体系，打响“诚信天津”品牌。

3. 打造对外开放新优势。加快构建开放型经济新体制，推动要素型开放向制度型开放转变。突出制度集成创新，赋予自贸试验区更大自主改革创新权限，构建要素跨境自由流动制度政策体系，打造国内国际经济双向循环的重要资源要素配置枢纽、京津冀现代产业集聚区、中日韩自贸区战略先导区。推进综合保税区与自贸试验区联动创新。高标准建设世界一流智慧港口、绿色港口，完善集疏运体系，全力提升港口能级，深化环渤海港口合作。实施滨海国际机场三期改扩建工程，建成大通关基地，打造区域航空枢纽和国际航空物流中心。深化关港合作，提升口岸通关效率。加快建设对外贸易强市，推动跨境电商等外贸新业态上规模上水平，深化服务贸易创新发展，扎实推进服务业扩大开放综合试点。加大引进外资力度，完善外商投资配套制度，依法保护外资企业合法权益。深度参与共建“一带一路”，借力区域全面经济伙伴关系协定，强化与东北亚、东盟、欧盟等国家和地区的经贸往来和产能合作，积极融入中蒙俄、中巴等国际经济合作走廊建设。优化“鲁班工坊”全球布局，充分发挥夏季达沃斯论坛、世界智能大会等重大会议活动的集聚效应，深化国际友好城市合作，提高天津国际知名度和影响力。

六、发展全过程人民民主，实现高效能治理新提升

坚持党的领导、人民当家作主、依法治国有机统一，积极发展社会主义民主政治，全面推进依法治市，不断提升治理体系和治理能力现代化水平，为全面建设社会主义现代化大都市汇聚磅礴力量、创造安全稳定的政治社会环境。

1. 深化全过程人民民主实践。坚持人民主体地位，健全民主制度，丰富民主形式，拓宽民主渠道，不断扩大人民有序政治参与，保障人民依法享有知情权、参与权、表达权、监督权。坚持和完善人民代表大会制度，充分发挥人民代表大会制度作为实现全过程人民民主的重要制度载体作用，支持人大及其常委会依法行使职权，完善民主民意表达平台和载体，健全吸纳民意、汇集民智工作机制，更好发挥人大代表作用。坚持和完善中国共产党领导的多党合作和政治协商制度，充分发挥人民政协专门协商机构作用，加强思想政治引领，广泛凝聚共识，积极建言资政，强化政协委员责任担当，把发展全过程人民民主要求落实到政治协商、民主监督、参政议政各项工作中。完善大统战工作格局，支持民主党派、工商联和无党派人士履行职能，做好民族、宗教工作，促进非公有制经济健康发展和非公有制经济人士健康成长，构建亲清政商关系，加强党外知识分子和新的社会阶层人士工作，更好服务港澳台工作大局，广泛凝聚侨心侨力，铸牢中华民族共同体意识，巩固和发展最广泛的爱国统一战线。深化群团改革，充分发挥工会、共青团、妇联等群团组织作用，最广泛地把人民群众凝聚在党的周围。坚持党管武装，深化国防动员体制改革，加强全民国防教育，广泛开展双拥模范城创建活动，推进军民融合深度发展，巩固军政军民团结。

2. 全面推进法治天津建设。深入贯彻落实习近平法治思想，坚持依法治市、依法执政、依法行政共同推进，法治天津、法治政府、法治社会一体建设，加快打造法治建设先行区。坚持科学立法、民主立法、依法立法，进一步完善地方立法工作格局，深化重点领域和新兴领域立法，不断提高立法质量和效率，以良法促发展、保善治。深化法治政府建设，推进机构、职能、权限、程序、责任法定化，推进重大行政决策法治化，深化行政执法体制改革，做到严格规范公正文明执法，构建符合直辖市特点的政府治理体系。全面推进公正司法，严格落实司法责任制，深化司法体制综合配套改革，健全公共法律服务体系。健全完善执法司法制约监督体系，提升执法司法公信力，努力让人民群众在每一项法律制度、每一个执法决定、每一宗司法案件中都感受到公平正义。深化法治社会建设，大力培育法治文化，加大全民普法力度，不断提升全民法治观念和法治素养，形成办事依法、遇事找法、解决问题用法、化解矛盾靠法的良好法治环境。

3. 建设更高水平的平安天津。深入贯彻总体国家安全观,统筹做好各领域安全工作,严密防范和坚决打击各种渗透颠覆破坏活动、暴力恐怖活动、民族分裂活动、宗教极端活动,坚决筑牢首都政治"护城河"。强化忧患意识、底线思维,坚持"隐患就是事故、事故就要处理",坚持"铁面、铁规、铁腕、铁心",压实安全生产责任,健全公共安全保障体系,强化重点领域安全监管执法,坚决遏制重特大事故发生,不断增强抵御自然灾害、处置突发事件和危机管理能力。深入开展全域平安示范创建活动,加强智慧平安社区建设,大力提升社会治安防控体系效能,常态化开展扫黑除恶斗争,严密防范和严厉打击各类违法犯罪,全力保障人民生命财产安全和社会和谐稳定。

4. 深化社会治理创新。坚持系统治理、依法治理、综合治理、源头治理,健全党组织领导的自治、法治、德治相结合的城乡治理体系,推进市域社会治理现代化,打造共建共治共享的社会治理格局。持续深化"战区制、主官上、权下放"党建引领基层治理创新,推动权责下放,资源、力量向基层下沉,构建网格化管理、精细化服务、信息化支撑、开放共享的治理服务体系。坚持和发展新时代"枫桥经验",更好发挥三级社会矛盾纠纷调处化解中心作用,落实信访工作条例,将矛盾纠纷化解在基层。拓宽群众参与基层治理渠道,调动城乡群众、企事业单位、社会组织依法自主自治的积极性,建设人人有责、人人尽责、人人享有的社会治理共同体。

七、促进共同富裕,更好满足人民群众高品质生活新期待

坚持以人民为中心的发展思想,聚焦"衣食住行、业教保医",着眼普惠、面向普通、惠泽普遍,用心用情用力保障和改善民生,一件事情接着一件事情办、一年接着一年干,在共同富裕道路上不懈奋斗。

1. 促进更加充分更高质量的就业。全面落实就业优先政策,坚持经济发展就业导向,不断促进就业量的扩大和质的提升。做好高校毕业生、退役军人等重点群体就业工作,积极引导农村劳动力就业,精准帮扶残疾人、零就业家庭成员等困难人员就业。推行终身职业技能培训,打造"海河工匠"品牌,办好"海河英才"创新创业大赛。加强创业政策支持,提升创业服务水平,鼓励引导各类群体投身创业,带动更多就业。完善公共就业服务保障体系,构建和谐劳动关系,有效防范规模性失业风险。优化收入分配格局,完善按要素分配政策,健全工资合理增长机制,提高居民财产性收入,增加低收入群体收入,扩大中等收入群体。

2. 办好人民群众更加满意的教育。全面贯彻党的教育方针,落实立德树人根本任务,构建"五育并举"育人体系,推进学校家庭社会协同育人,促进学生身心健康、全面发展,做好新时代关心下一代工作。加强师德师风建设,培养高素质专业化创新型教师队伍。优化教育布局,补齐学位缺口,促进学前教育普及普惠安全优质发展,推动义务教育优质均衡发展,支持普通高中多样化特色发展,积极发展特殊教育,努力让每个孩子都能享有公平而有质量的教育。打造新时代职业教育创新发展标杆,深化产教城深度融合,强化行业办学特色,增强职业技术教育适应性。支持南开大学、天津大学等高校加快"双一流"建设,打造一批高水平特色大学,扶植一批冲击国内顶尖、世界一流的学科,全面提升高校科技创新和服务能力。深化教育分类评价、办学体制机制等重点领域改革,规范发展民办教育,提升教育治理能力,扎实做好"双减"工作。完善终身教育体系,促进市民终身学习和终身发展。

3. 提供更加优质的健康服务。深入实施健康天津行动,扎实推进健康城市建设。加强公共卫生体系建设,进一步理顺疾病预防控制体制机制,构建科学高效的公共卫生应急管理体系,持之以恒抓好常态化疫情防控。推进优质医疗资源扩容和均衡布局,推动公立医院高质量发展,加快建设国家区域医疗中心,全面推动基层医疗机构标准化建设。持续深化医疗、医保、医药联动改革,完善分级诊疗就医格局,加强医联体建设,做实做细家庭医生签约服务,健全药品和耗材供应保障制度。促进中医药传承创新发展，打造国内领先、世界知名的中医药强市。发展健康产业，推进多元办医格局，提升医疗健康服务信息化水平。加快建设居家社区机构相协调、医养康养相结合的养老服务体系，推进居家养老服务改革，促进社区嵌入式养老服务机构发展。完善积极生育相关配套措施，发展普惠托育服务。广泛开展爱国卫生运动，培养文明健康生活方式。弘扬北京冬奥精神，推进群众体育、竞技体育、体育产业、体育文化全面发展，提高全民健身公共服务水平，大力推动冰雪运动发展，打造“排球之城”“运动之都”。

4. 构建更加完善的社会保障体系。坚持全覆盖、保基本、多层次、可持续，织密社会保障安全网，实现应保尽保、应助尽助、应享尽享。深入实施全民参保计划，推进灵活就业人员、新就业形态从业人员参保。健全基本养老、基本医疗保险筹资和待遇调整机制，落实企业职工基本养老保险全国统筹，推进社保转移接续。深化医疗保障制度改革，健全重大疫情医疗救治费用保障机制、重特大疾病医疗保险和救助制度，完善异地就医直接结算。完善工伤、失业保险制度，推进长期护理保险试点，发展商业保险。健全分层分类的社会救助体系，发展慈善事业，完善老年人、残疾人、孤儿等关爱服务体系。坚持男女平等基本国策，保障妇女儿童合法权益。提升退役军人服务保障水平，维护军人军属合法权益，让军人成为全社会尊崇的职业。坚持房子是用来住的、不是用来炒的定位，完善房地产政策，建立健全租购并举的住房制度，加快发展保障性租赁住房。健全弹性供暖机制，持续提升供暖服务质量。

5. 创造更加丰富的精神文化生活。坚持举旗帜、聚民心、育新人、兴文化、展形象，推动文化强市建设迈出新步伐。深入推进习近平新时代中国特色社会主义思想全民学习、全民武装、全民信仰、全民实践，实施“新时代宣讲师”计划，推动理想信念教育常态化制度化，引导人民群众不断增强道路自信、理论自信、制度自信、文化自信。牢牢掌握意识形态工作领导权，深化马克思主义理论研究和建设，深入实施哲学社会科学创新工程，推进中国特色新型智库建设，建好新时代马克思主义学院，完善大中小幼一体化思政工作体系。巩固壮大主流思想舆论，完善全媒体传播体系，做大做强新型主流媒体。立足建网、管网、懂网、用网，推进网络综合治理体系建设向纵深发展。坚持以社会主义核心价值观为引领，加强公民道德建设，深化诚信建设，打造学雷锋“志愿之城”，充分发挥新时代文明实践中心作用，提升全域创建文明城市工作水平。坚持创造性转化、创新性发展，传承弘扬中华优秀传统文化和革命文化，加快长城、大运河国家文化公园建设，加强历史文物和非物质文化遗产保护、传承、利用，提升博物馆、档案馆、纪念馆、文物保护单位和爱国主义教育基地宣传教育水平，全面展现历史文化名城的深厚底蕴。坚持以人民为中心的创作导向，推出更多津派文艺精品力作。促进公共文化服务社会化、专业化发展，深化实施文化惠民工程。推进全民阅读，建设“书香天津”。加快发展新型文化企业、文化业态、文化消费模式，深化国有文化企业和文艺院团改革。促进文化旅游深度融合，打造国内文化旅游目的地城市。提升对外传播能力，讲好中国故事、天津故事，向世界展示开放大气、充满活力、独具魅力的大都市形象。

八、发扬伟大建党精神和自我革命精神，全面推进新时代党的建设新的伟大工程

办好天津的事情，关键在加强党的全面领导，关键在全面从严治党。必须牢记中国共产党是什么、要干什么这个根本问题，深入贯彻新时代党的建设总要求，落实管党治党责任，始终坚持严的主基调，刀刃向内、自剜腐肉，提纯去杂、自强自新，将党的自我革命进行到底，更好担负起全面建设社会主义现代化大都市的时代重任。

1. 坚持以党的政治建设为统领。坚持正确政治方向，教育引导广大党员干部始终忠诚于党的核心，忠诚于党和人民，忠诚于党的理想信念，忠诚于党的初心使命，忠诚于党的组织，忠诚于党的理论和路线方针政策，坚决维护习近平总书记党中央的核心、全党的核心地位，坚决维护党中央权威和集中统一领导，做政治上的明白人、老实人。严明党的政治纪律和政治规矩，强化政治监督，坚决同一切损害“两个维护”、破坏党的团结和集中统一的言行作斗争，确保党中央政令畅通、令行禁止。严肃党内政治生活，坚持民主集中制原则，严格执行重大事项请示报告制度，严格落实党的组织生活制度，经常开展政治体检、打扫政治灰尘、净化政治灵魂，切实增强政治免疫力。坚持把营造良好政治生态作为党的政治建设的基础性、经常性工作，浚其源、涵其林，养正气、固根本，持之以恒整治圈子文化、码头文化、好人主义，大力培育积极健康的党内政治文化。自觉提升政治能力，强化政治担当，不断提高把握方向、把握大势、把握全局的能力，不断提高辨别政治是非、保持政治定力、防范政治风险的能力。

2. 加强党的思想建设。坚持把学懂弄通做实习近平新时代中国特色社会主义思想作为首要政治任务，把学习贯彻习近平总书记重要讲话和重要指示批示精神作为市委常委会会议第一议题、党委（党组）理论学习中心组第一主题、党员干部培训轮训第一主课，在学思用贯通、知信行统一上下功夫，着力从思想体系上研机析理，从精髓要义上深刻领悟，从实践要求上准确把握，真正学出对党、对党的核心的真感情、大忠诚，学出虔诚执着的真信仰、大志向，学出以身许党许国、为民奉献的真情怀、大担当，学出干事创业的真本事、大智慧。推进党史学习教育常态化长效化，深入践行伟大建党精神，大力弘扬光荣传统、传承红色基因、赓续红色血脉，坚定理想信念，坚守初心使命，践行党的宗旨，不断提高政治觉悟、思想境界、道德水平。

3. 建设高素质专业化干部队伍。贯彻落实新时代党的组织路线，坚持党管干部原则，落实新时代好干部标准，树立正确用人导向，严把政治首关，切实把想干事、肯干事、能干成事的干部选出来、用起来。选优配强各级领导班子，优化年龄、知识、专业、能力结构，加大干部交流力度。加强党员干部教育培训，深入实施干部专业化能力提升计划。坚持把培养选拔优秀年轻干部作为战略之举，加强系统谋划布局，完善常态化长效化工作机制，有计划地把优秀年轻干部放到艰苦复杂地方和关键吃劲岗位，在基层一线和斗争实践中磨砺锻炼，从严从实加强教育管理监督，努力建设一支忠诚于党和人民、可堪大用、能担重任的优秀年轻干部队伍。深化干部人事制度改革，拓宽选人用人视野，精准知事识人，坚持赛道相马、终点定局，破除论资排辈、平衡照顾、求全责备等观念，打破隐性台阶，不拘一格选拔使用优秀干部。坚持严管和厚爱相统一，加强政治上激励、工作上支持、待遇上保障、心理上关怀，让广大干部安心、安身、安业。改进干部考核评价机制，加大正向激励和反向问责力度，健全容错纠错机制，形成能者上、优者奖、庸者下、劣者汰的鲜明导向。统筹做好培养选拔女干部、少数民族干部和党外干部工作，用心用情做好离退休干部工作。

4. 全力建设人才强市。坚持“天下才天津用”，全方位培养、引进、用好人才，培育扎根天津、规模宏大、结构优化、能力突出、担当有为的战略人才队伍。实施“海河英才”行动计划升级版，深入推进十大产业人才创新创业联盟建设，加快培养引进一批战略科学家、科技领军人才和创新团队，一批青年科技人才、卓越工程师、大国工匠和高技能人才，打造国家级人才平台。大力弘扬劳模精神、劳动精神、工匠精神，造就有理想守信念、懂技术会创新、敢担当讲奉献的产业工人队伍。深化人才发展体制机制改革，进一步向用人主体放权、为人才松绑，赋予领军人才更大的技术路线决定权、经费支配权、资源调度权，健全以创新能力、质量、实效、贡献为导向的人才评价体系，构建充分体现知识、技术等创新要素价值的收益分配机制。优化人才服务保障体系，弘扬科学家精神、企业家精神，营造尊重人才的社会环境、激励创新的制度环境、暖心留人的发展环境，让天津成为各类人才成就梦想的热土。

5. 夯实党执政的基层基础。坚持大抓基层的鲜明导向，健全基层组织体系，优化组织设置，创新活动方式，统筹抓好农村、社区、机关、企业、学校、医院、科研院所、社会组织等各领域党组织建设，不断提高“两新”组织党建工作质量，探索加强新业态、新就业群体党建工作，让党的旗帜在每一块阵地上高高飘扬。以增强政治功能和组织力凝聚力为重点，深化党支部标准化、规范化建设，持续整顿软弱涣散基层党组织，提升村社区星级管理水平，完善抓基层党建工作述职评议考核制度，推动基层党组织全面进步、全面过硬。加强基层党员干部队伍建设，选优配强基层党组织带头人，加大农村专职党务工作者和社区工作者培养使用力度，提高发展党员质量，加强党员教育管理监督，更好发挥基层党组织战斗堡垒作用和党员先锋模范作用，确保党的领导一根钢钎插到底。

6. 锤炼敢于担当、勇于斗争、善于作为的硬功。成就伟大事业，应对风险挑战，需要知重负重、担当作为、勇于斗争，这是一种精神、一种责任、一种格局。要始终保持越是艰险越向前的精神状态，在机遇面前主动作为、敢为人先，在斗争面前挺身而出、敢抓敢管，在困难面前迎难而上、敢啃硬骨头涉险滩。坚持重事功、练事功、善事功，加强干部思想淬炼、政治历练、实践锻炼、专业训练，不断增强理论素养这个最根本的本领，强化战略思维、历史思维、辩证思维、创新思维、法治思维、底线思维，提升政治领导、思想引领、组织动员、社会号召的能力，提升推进高质量发展、深化高水平改革开放、实施高效能治理、创造高品质生活的能力，提升做群众工作的能力，提升应对风险挑战、敢于善于斗争的能力。坚持在事上练、在干中学，使广大干部在改革发展稳定主战场、重大任务复杂斗争第一线、服务群众最前沿，经风雨、见世面、壮筋骨、长才干。

7. 深化党风廉政建设和反腐败斗争。坚持不敢腐、不能腐、不想腐一体推进，惩治震慑、制度约束、提高觉悟一体发力，做到系统施治、标本兼治。以零容忍态度惩治腐败，坚持受贿行贿一起查，持续深入整治重点领域腐败问题，严肃查处政治问题与经济问题交织的腐败案件，坚决整治一切损害群众利益的腐败和不正之风。持续加固中央八项规定堤坝，驰而不息纠“四风”、树新风，深化形式主义官僚主义和不担当不作为问题专项整治，持续为基层减负。深化政治巡视，高质量实现巡视巡察全覆盖。坚持依规治党，扎紧制度笼子，完善监督体系，推动纪律监督、监察监督、派驻监督、巡视监督协调衔接，推动党内监督和其他各类监督贯通协同，深化运用监督执纪“四种形态”，突出加强对“一把手”和领导班子的监督，做深做实基层监督。全面建设清廉天津，加强廉洁文化建设和警示教育，督促党员领导干部廉洁自律，着力营造干部清正、政府清廉、政治清明、社会清朗的政治生态和发展环境。

青年是伟大理想的追梦人，是伟大事业的生力军。未来属于青年，希望寄予青年。全市各级党组织要倾注极大热忱关心爱护青年，拿出极大精力抓青年工作，做青年朋友的知心人、青年工作的热心人、青年群众的引路人。广大青年要坚定不移听党话、跟党走，立志成为有理想、敢担当、能吃苦、肯奋斗的新时代好青年，在实现民族复兴的赛道上奋勇争先，在全面建设社会主义现代化大都市新征程上书写青春华章！

同志们！社会主义是干出来的，幸福是奋斗出来的。团结奋斗是中国人民创造历史伟业的必由之路。奋斗的民族和国家最有希望，奋斗的政党永远立于不败之地，奋斗的城市最具魅力！历史车轮滚滚向前，九河汇聚生生不息。600 年的天津，驶过三岔口万商云集的繁华，见证大沽口抵御外辱的炮吼，回荡着金汤桥胜利会师的凯歌，创造出盐碱滩“大有希望”的奇迹……几经披荆斩棘勇立潮头，几经卧薪尝胆涅槃重生，一代又一代海河儿女、一代又一代共产党人，在津沽大地上谱写了波澜壮阔的奋斗诗篇。新时代新征程，历史的接力棒交到我们手里。初心坚定如磐，使命重于泰山，唯有奋斗方能致高致远，唯有奋斗方能成就美好未来。我们要以时不我待只争朝夕的精神，以敢教日月换新天的壮志，努力奋斗、艰苦奋斗、团结奋斗、不懈奋斗，创造出无愧伟大时代、不负天津人民的历史业绩！

同志们！党的二十大是我们党跨入第二个百年奋斗历史进程后召开的第一次全国代表大会，是在我们党团结带领全国各族人民向全面建设社会主义现代化国家新征程进军的重要时刻召开的十分重要的大会，对在新的历史起点上夺取伟大斗争、伟大工程、伟大事业新胜利，实现中华民族伟大复兴的中国梦具有重大而深远的意义。我们要深入开展"迎盛会、铸忠诚、强担当、创业绩"主题学习宣传教育实践活动工作，为党的二十大胜利召开营造良好的政治社会环境。我们要深入学习宣传贯彻党的二十大精神，坚定自觉地以党的二十大擘画的宏伟蓝图、确定的大政方针、作出的战略部署、提出的任务举措为行动指南，贯彻落实到全面建设社会主义现代化大都市全过程、各方面。我们紧跟习近平总书记开创了中国特色社会主义新时代，夺取了实现第一个百年奋斗目标最后决战的伟大胜利，我们坚定紧跟习近平总书记继续为全面建设社会主义现代化国家、实现第二个百年奋斗目标、夺取新时代中国特色社会主义新胜利而努力奋斗！

同志们！让我们更加紧密地团结在以习近平同志为核心的党中央周围，深入学习贯彻习近平新时代中国特色社会主义思想，团结奋斗、勇毅前行，奋力开创全面建设社会主义现代化大都市新局面，为全面建成社会主义现代化强国、实现中华民族伟大复兴中国梦贡献天津力量！

深入学习宣传贯彻党的二十大精神
奋力开创全面建设社会主义现代化大都市新局面

——中国共产党天津市第十二届委员会第二次全体会议召开

11 月 24 日至 25 日上午，中国共产党天津市第十二届委员会第二次全体会议召开，全面贯彻党的二十大精神，坚持以习近平新时代中国特色社会主义思想为指导，对党的二十大精神学习宣传贯彻落实工作再部署、再动员、再推动。全会由市委常委会主持，市委书记李鸿忠代表市委常委会讲话，市委副书记、市长张工，市人大常委会主任段春华，市政协主席盛茂林等出席。

全会审议通过《中共天津市委关于深入学习宣传贯彻党的二十大精神奋力开创全面建设社会主义现代化大都市新局面的决定》和全会决议。

会议认为，党的二十大是我们党站在新的历史起点上召开的一次具有标志性、里程碑意义的大会，上承全面建成小康社会、实现第一个百年奋斗目标的伟大胜利，下启全面建设社会主义现代化国家、向第二个百年奋斗目标进军的新征程；上承中国共产党第一个百年恢宏史诗般的奋斗历程，下启第二个百年接续奋斗、不断夺取中国特色社会主义事业伟大胜利的新征程，是一次高举旗帜、凝聚力量、团结奋进的大会。

会议强调，深入学习宣传贯彻落实党的二十大精神，首要的、根本的是坚定捍卫“两个确立”、坚决做到“两个维护”，这是当代中国的最大政治，是各级党组织的首要政治任务、政治责任。新时代的远征，充满光荣和梦想，也充满艰难和险阻、风险和挑战，必须有英勇卓越的领袖掌舵领航，有思想灯塔指引航向。“两个确立”作为党在新时代取得的重大政治成果，已经成为全党全军全国各族人民的高度共识和共同意志，已经写在了新时代的伟大征程上、写在了全党全军全国各族人民心坎上，是党应对一切不确定性的最大确定性、最大底气、最大保证。要坚定捍卫“两个确立”、坚决做到“两个维护”，不断提高政治判断力、政治领悟力、政治执行力，衷心拥戴核心、坚决维护核心、紧跟追随核心，始终在思想上政治上行动上同以习近平同志为核心的党中央保持高度一致，为夺取伟大远征的新胜利提供根本政治保证。要坚决贯彻落实关于加强和维护党中央集中统一领导的若干规定精神，健全贯彻落实习近平总书记重要指示批示精神和党中央决策部署的制度机制，完善上下贯通、执行有力的工作体系，严肃党内政治生活，严明党的政治纪律和政治规矩，确保政令畅通、令行禁止。

会议强调，习近平新时代中国特色社会主义思想是我们党在充满光荣和梦想的远征中风雨兼程、勇毅前行的指南针，是中华民族伟大复兴巍巍巨轮在惊涛骇浪中行稳致远的航海灯塔，是我们应对百年未有之大变局各种不确定性、各种不测、各种风险挑战的思想武器，是我们克千难、排万险、不断夺取伟大斗争新胜利的行动纲领。要深刻理解把握习近平新时代中国特色社会主义思想的世界观和方法论，坚持好、运用好贯穿其中的立场观点方法，深刻领悟“两个结合”，切实做到坚持人民至上、坚持自信自立、坚持守正创新、坚持问题导向、坚持系统观念、坚持胸怀天下,自觉做习近平新时代中国特色社会主义思想的坚定信仰者、积极传播者、忠实实践者,坚持不懈武装头脑、与时俱进指导实践、扎扎实实推动工作,把真理伟力转化为奋进新征程、夺取新胜利的磅礴力量。

会议强调,要深刻把握新时代十年伟大变革的里程碑意义,坚定不移、满怀信心接续奋进新的远征。新时代十年,以习近平同志为核心的党中央审时度势、果敢抉择、锐意进取,团结带领全党全军全国各族人民攻克了一个个看似不可攻克的难关险阻,创造了一个个令人刮目相看的人间奇迹,党和国家事业取得历史性成就、发生历史性变革,在党史、新中国史、改革开放史、社会主义发展史、中华民族发展史上具有里程碑意义,具有鼎定新征程新的伟大胜利历史性、时代性、未来性的战略意义,为中国共产党进行的新的远征作了根本性、战略性、全方位的奠基准备。要大力弘扬、深入践行以伟大建党精神为源头的中国共产党人的精神谱系,传承红色基因、赓续红色血脉,牢记"三个务必",坚定历史自信,增强历史主动,鼓起奋进新征程、建功新时代的精气神。要敢于斗争、善于斗争,掌握斗争艺术,增强斗争本领,以正确的战略策略应变局、育新机、开新局,依靠顽强斗争打开事业发展新天地。

会议强调,要对标对表党的二十大关于以中国式现代化全面推进中华民族伟大复兴的战略部署,进一步调整完善、深化提升我市全面建设社会主义现代化大都市的目标任务、思路举措,推动党的二十大作出的重大决策部署具体化、实践化、行动化。一是坚定不移走高质量发展之路,完整、准确、全面贯彻新发展理念,服务和融入新发展格局,加快推进京津冀协同发展,大力实施制造业立市战略、科教兴市战略、人才强市战略、创新驱动发展战略,着力打造制造强市、质量强市、网络强市、数字城市,大力实施"871"重大生态工程。二是坚定不移深化高水平改革开放,把改革开放先行区作为城市第一定位,打造一流营商环境,加快建设世界一流智慧港口、绿色港口,深化自贸试验区制度创新,深度参与共建"一带一路"。三是坚定不移推进高效能治理,深化全过程人民民主实践,全面推进法治天津建设,建设更高水平的平安天津,推进市域社会治理现代化。四是坚定不移满足人民高品质生活新期待,坚持以人民为中心的发展思想,扎实推进共同富裕。

会议强调,要始终保持赶考的清醒和坚定,以"永远在路上"的坚韧执着全面加强党的建设,为夺取新远征新胜利提供有力保证。落实新时代党的建设总要求,健全全面从严治党体系,完善党的自我革命制度规范体系,坚持以党的政治建设为统领,坚持不懈用习近平新时代中国特色社会主义思想凝心铸魂,持续深化忠诚教育,进一步营造良好政治生态,持之以恒整治圈子文化、码头文化、好人主义,加强干部队伍建设和基层党组织建设。坚持以严的基调强化正风肃纪反腐,持续加固中央八项规定堤坝,驰而不息纠"四风"、树新风,突出加强对"一把手"和领导班子的监督,一体推进不敢腐、不能腐、不想腐,全面建设清廉天津。

会议强调,要把深入学习宣传贯彻党的二十大精神作为首要政治任务,推动党的二十大精神在津沽大地落实落地。要在全面学习、全面把握、全面落实上下功夫,在深悟、培训、塑造、润育上下功夫,深刻领悟党的二十大精神的精髓要义,加强对各级党员干部的训练、训诫、训导,用习近平新时代中国特色社会主义思想塑造精神支柱,采取群众喜闻乐见的方式,让党的二十大精神浸润进广大人民群众的思想灵魂深处。坚持学以致用、知行合一,以坚定捍卫"两个确立"、坚决做到"两个维护"的政治自觉抓落实,以担当实干的务实作风抓落实,以压实责任闭环体系抓落实,以团结奋斗的精神抓落实,尽心竭力做好各项工作。全面落实疫情要防住、经济要稳住、发展要安全的重要要求,着力保持经济增长良好态势,坚决贯彻落实优化疫情防控二十条措施,用心用情做好民生保障工作,时刻紧绷安全稳定之弦,坚决筑牢首都政治"护城河"。

市委委员、市委候补委员出席会议。不是市

委委员、市委候补委员的市领导同志，市纪委常委、市监委委员，有关方面负责同志，我市党的二十大代表和市第十二次党代会代表中的部分基层同志列席。

天津市人民代表大会常务委员会工作报告

——2023 年 1 月 13 日在天津市第十八届人民代表大会第一次会议上

段春华

各位代表：

现在，我受天津市第十七届人民代表大会常务委员会的委托，向大会报告五年来的主要工作，并就新一届常委会工作提出建议，请予审议。

过去五年工作的回顾

过去的五年，是新时代中国特色社会主义不断推向前进、党和国家事业取得举世瞩目巨大成就的五年，是奋力推进"五个现代化天津"建设、开创全面建设社会主义现代化大都市新局面的五年，也是人民代表大会制度在天津扎实实践、人大各项工作取得显著成效的五年。五年来，在市委的领导下，市十七届人大常委会坚持以习近平新时代中国特色社会主义思想为指导，全面贯彻党的十九大、二十大及历次全会精神，全面贯彻习近平法治思想、习近平总书记关于坚持和完善人民代表大会制度的重要思想和中央人大工作会议精神，全面贯彻习近平总书记对天津工作"三个着力"重要要求和一系列重要指示批示精神，深入落实市第十一次、十二次党代会部署和市委人大工作会议要求，认真学习贯彻市委经济工作会议精神，坚持党的领导、人民当家作主、依法治国有机统一，围绕中心、服务大局、突出重点，认真履行宪法法律赋予的各项职责，锐意进取，真抓实干，各项工作迈出了新步伐、跃上了新台阶。

一、坚持党的全面领导，持续强化理论武装

常委会坚持党的全面领导这一最高政治原则，坚持用党的创新理论凝心铸魂，自觉在思想上政治上行动上同以习近平同志为核心的党中央保持高度一致。深刻领悟"两个确立"的决定性意义，增强"四个意识"、坚定"四个自信"、做到"两个维护"，不断提高政治判断力、政治领悟力、政治执行力，确保人大工作始终保持正确政治方向。

把认真学习宣传贯彻党的二十大精神作为首要政治任务，按照在全面学习、全面把握、全面落实上下功夫的要求，结合开展"迎盛会、铸忠诚、强担当、创业绩"主题学习宣传教育实践活动工作，作出专题部署安排，精心组织学习培训，扎实开展交流研讨，深入基层宣传宣讲，努力做到入脑入心、走深走实。坚持用党的二十大精神统一思想、统领行动，牢记"三个务必"，牢记"国之大者"，自觉把人大工作融入党和国家事业大局、融入天津改革发展稳定工作全局，充分发挥人民代表大会制度功效和优势，全力做好各项工作，推动党中央决策部署和市委工作要求落地见效。

全面学习贯彻习近平新时代中国特色社会主义思想特别是习近平法治思想、习近平总书记关于坚持和完善人民代表大会制度的重要思想，跟进学习习近平总书记最新重要讲话和重要指示批示精神，深学细悟笃行，努力做到学思用贯通、知信行统一。制定五年学习规划和年度集体学习计划，健全党组带头学、常委会集体学、专委会专题学、人大代表履职学、机关工作人员日常学等多层面常态化学习机制，落实党组会议和常委会会议第一主题、党组理论学习中心组常设议题制度，组织党组学习 185 次、理论中心组学习 34 次，连续五年开展专题学习培训，先后多次在全国人大常委会有关会议上交流发言，准确把握

核心要义和精神实质，深入领会道理学理哲理，掌握运用立场观点方法，提高了谋划工作的政治能力和指导实践的理论素养。

认真学习贯彻中央人大工作会议精神特别是习近平总书记重要讲话和对地方人大及其常委会工作的重要指示，深入贯彻落实市委两次人大工作会议要求，紧跟党中央决策部署和市委工作安排，紧贴人民群众美好生活需要，紧扣天津推进高质量发展、高水平改革开放、高效能治理、高品质生活需求，主动适应新时代新征程对人大工作提出的新任务、新要求，积极探索履行职责的新机制新方式，提出加强和改进立法、监督、代表等工作的举措，健全吸纳民意、汇集民智的平台载体，推动制度、实践和工作创新，不断开创新时代我市人大工作新局面。

始终牢记政治机关第一属性，旗帜鲜明讲政治，自觉把党对人大工作的全面领导贯穿各项工作全过程各方面。把贯彻落实习近平总书记重要指示批示精神作为最重要的政治任务、最根本的政治纪律，处处对标对表，事事校正紧跟，确保落到实处。紧紧围绕全市中心任务，扛起应当承担的责任，积极主动做好工作，做到市委要求和全市工作重心在哪里，人大工作就跟进到哪里，力量就汇聚到哪里，作用就发挥到哪里。制定并严格执行请示报告制度，定期向市委汇报工作，重要会议、重要立法、重要工作、重大事项等及时向市委请示报告。本届以来，向市委请示报告 348 件次。常委会党组充分发挥把方向、管大局、保落实作用，加强组织领导和统筹协调，及时研究解决重要问题，确保在市委领导下依法行使各项职权，不折不扣完成各项任务。共召开常委会会议 39 次，其中加开 9 次，审议议题 642 项。坚持党管干部原则，依法任免国家机关工作人员 1513 人次，圆满实现党中央和市委人事安排意图。组织新任命人员进行宪法宣誓，增强了国家工作人员的宪法意识。

二、坚持务实管用有效，持续提高立法质量

常委会高度重视立法工作，坚持党委领导、人大主导、政府依托、各方参与的立法工作格局，坚持科学立法、民主立法、依法立法，坚持维护国家法治统一，聚焦经济社会发展需要和人民群众需求，抓住立法质量这个关键，加强重点领域、新兴领域立法，努力做到应时立、适时改、及时废，立法工作呈现出分量重、数量多、节奏快、质量高的特点。全国首次省级人大立法工作交流会在津召开。本届以来，审议通过法规和法规性决定 102 件，其中，制定法规 52 件，作出有关法规问题的决定 15 件，修订法规 15 件，作出修改或者废止法规的决定 20 件。

强化高质量发展立法。落实把握新发展阶段、贯彻新发展理念、构建新发展格局、推动高质量发展的要求，扎实推进立法工作。作出实施国土空间发展战略、构建“津城”“滨城”双城发展格局、促进和保障滨海新区高质量发展等决定，推动构建双城互动、新区带动、各区联动的区域发展格局。围绕实现“一基地三区”功能定位，作出促进和保障制造业立市的决定，制定促进智能制造发展、大数据发展应用、海水淡化产业发展、北方国际航运枢纽建设、地方金融监督管理等条例。围绕打造科技创新高地，制定或修改知识产权保护、科学技术进步、促进科技成果转化、科学技术普及等法规，助力高水平创新型城市建设。围绕做好“三农”工作，制定乡村振兴促进条例，出台种子、农业机械化促进等法规，对畜牧、渔业、农药、动物防疫等条例作出修改。围绕营造良好发展氛围，制定优化营商环境、市场主体登记、标准化、旅游促进等条例。围绕推进重点领域关键环节改革，制定政府投资管理条例，对自由贸易试验区、经济技术开发区、天津港保税区、国家自主创新示范区的体制机制创新举措进行固化和规范，确保改革于法有据。

加快民生保障立法。坚持人民至上、生命至上，依法保障人民生命健康安全。新冠疫情发生后，第一时间作出依法做好疫情防控工作的决定，率先对禁食野生动物作出规定，制定突发公共卫生事件应急管理办法。对公共卫生安全立法修法工作作出专项安排，中医药、院前医疗急救、家庭医生签约服务、全民健身等法规已审议通过。关注“一老一小”，制定或修改养老服务促进、人口与计划生育、预防和治理校园欺凌、未成年人保护、预防未成年人犯罪等方面的法规。聚焦织密社会保障安全网,健全就业促进、基本医疗保险、工会劳动法律监督、华侨权益保护等法规制度。

加强生态环保立法。牢固树立绿水青山就是金山银山的理念,坚持以最严格制度、最严密法治保护生态环境,以法治力量推动山水林田湖草沙综合治理。制定生态环境保护综合性法规,针对大气、水、土壤、海洋污染防治和生活垃圾管理、生态文明教育等开展立法修法,形成了有总有分、要素完备的系统法规制度,为打好污染防治攻坚战、改善生态环境质量提供了有力支撑。服务和保障"871"重大生态工程建设,作出关于建设绿色生态屏障的决定,出台相关管理规定,修改绿化、海域使用等法规。积极探索在法治轨道上推进"双碳"工作,在全国率先制定碳达峰碳中和促进条例,为协同推进降碳、减污、扩绿、增长蓄能发力。

深化弘德立法。坚持把社会主义核心价值观融入立法修法,使法规制度导向更加鲜明、要求更加明确、措施更加有力。为推进物质文明和精神文明协调发展,促进城市文明程度提升和市民文明素质养成,制定促进精神文明建设、文明行为促进、公共文化服务保障与促进、社会信用、网络虚假信息治理等法规。制定红色资源保护与传承、非物质文化遗产保护条例,突出常态长效,健全保护管理制度。倡导社会文明新风,对反食品浪费、节约用水作出规范。制定宗教事务条例,积极引导宗教与社会主义社会相适应。

推进社会治理立法。坚持党建引领基层治理体制机制创新,在街道办事处条例、物业管理条例等法规中明确相关规定,为充分发挥基层党组织和共产党员在基层治理中的作用提供了制度保障。坚持人民城市人民建、人民城市为人民,推动宜居、韧性、智慧城市建设,完善供水用水、供热用热、燃气管理、土地管理等制度,规范城市重点区域天际线管控。统筹发展与安全,完成地方粮食储备管理、特种设备安全、石油天然气管道保护、道路交通安全、轨道交通运营安全、消防等领域的立法。推动建设更高水平的平安天津,制定平安建设、矛盾纠纷多元化解、公安机关警务辅助人员管理、司法鉴定管理等法规,作出加强新时代检察机关法律监督工作的决定。

加强协同立法。落实京津冀协同发展重大国家战略,推动与北京市、河北省人大的协同与合作不断深化。坚持重点立法项目协同起草、同步审议、同时实施,共同制定出台机动车和非道路移动机械排放污染防治条例、推进大运河文化保护传承利用决定、授权政府为保障冬奥会举办规定临时性行政措施决定,努力为京津冀协同发展贡献更多法治力量。目前京津冀三地人大协同的制度建设不断加强,工作机制不断完善,合作领域不断拓展,并在一些重点领域、重点工作上作出专项安排,在实践中取得了良好效果。

做好备案审查和法规清理工作。加强备案审查制度和能力建设,召开备案审查工作会议,完善规范性文件备案审查办法,建立备案审查信息平台,实现备案审查全覆盖。坚持有件必备、有备必审、有错必纠,对 32 件政府规章、312 件其他规范性文件进行了备案审查。开展法规专项清理,推动清理工作规范化、常态化、制度化。

五年来,常委会紧紧围绕贯彻落实党中央大政方针和市委部署要求,严格遵循立法权限和程序,健全体制机制,拓展方法路径,突出地方特色,立好法、立良法、立务实管用之法,以良法促进发展、保障善治。在项目选题上,准确领会意图,聚焦中心任务,回应社会关切,把准立法方向,认真组织实施立法规划和年度计划。在组织方式上,充分发挥人大的主导作用,重要法规实行"双组长制",建立工作专班,多方参与,联合攻关,形成了工作合力。在立法形式上,着眼于解决实际问题,把握着力点,找准"小切口",突出"小快灵",做到"小而精",努力使法规形式多样、各有特色。在法规制度上,充分发挥地方立法的实施性、补充性、试验性作用,勇于先行先试,创新制度设计,深入开展创制性立法,积极探索提出适用管用的制度规定,形成了一批首创、首部的地方性法规。在开门立法上,强化立法调研,扩大人大代表对立法工作的全程参与,落实法规草案面向社会征求意见制度,加强 17 个基层立法联系点建设，使立法工作充分体现民主民意。在质效并重上，尊重立法工作规律，坚持急用先行，因需、应时、统筹、有序开展立法，在确保质量的前提下加快工作步伐，立法的时效性和实效性不断增强。

三、坚持突出问题导向，持续增强监督刚性

常委会正确认识和把握人大监督的性质和定位，坚持正确监督、有效监督、依法监督，切实用好宪法法律赋予的监督权。聚焦党中央重大决策部署和市委工作要求，聚焦人民群众急难愁盼和实际工作中的突出问题，不断加大工作力度，丰富改进监督方法，努力增强监督实效，推动监督工作创新发展。五年来，共听取审议工作报告 104 个，开展执法检查 34 项，进行专题询问 7 次，组织专题调研 16 项。

加强和改进听取审议专项报告工作，推动“一府一委两院”更好履职尽责，助力经济社会发展和改革攻坚任务。落实疫情要防住、经济要稳住、发展要安全的要求，高效统筹疫情防控和经济社会发展，做好“六稳”“六保”工作，加强对经济形势分析研判，跟踪监督经济运行情况。聚焦高质量发展这个首要任务，着眼于推动稳增长、调结构、换动能、促转型，听取审议国民经济和社会发展计划执行情况报告，审议“十三五”收官、“十四五”开局及重大项目、政策措施实施等报告。为促进实体经济发展，推动构建现代化产业体系，听取审议智能科技产业、先进制造业、现代服务业、农业供给侧结构性改革、文旅融合等报告。听取审议京津冀协同发展情况报告，强调要全方位深化重点领域合作，高水平推进协同发展。聚焦教育、科技、人才工作，听取审议高等教育人才培养、职业教育发展、科技型企业发展、人才工作等报告，助力激发第一生产力、激活第一资源、激扬第一动力。围绕深入推进环境污染防治，加快推动绿色发展，听取审议环境状况和环境保护目标完成情况报告，审议污染防治攻坚战、重大生态工程建设、农村人居环境整治、生活垃圾处理、节约用水、水资源开发利用等报告，助力美丽天津建设。审议我市国土空间总体规划，推动提升国土空间开发保护质量和效率。深入贯彻以人民为中心的发展思想，听取审议养老服务、妇女儿童健康、退役军人保障、基本医疗保险、医疗急救服务、保障性租赁住房、全民健身、供热、民族团结进步、侨务工作、结对帮扶困难村、安全生产、殡葬管理等报告，推动在发展中保障和改善民生。听取审议法治政府建设、普法工作、开展扫黑除恶专项斗争等报告，作出“八五”普法决议，推动平安天津、法治天津建设。首次听取审议监察委员会专项工作报告，推动追逃追赃工作不断深入。加强对司法工作的监督，听取审议知识产权审判、支持民营经济发展司法保障、民事诉讼和执行法律监督工作、未成年人检察、基本解决执行难、一站式多元解纷和诉讼服务体系建设、落实认罪认罚从宽制度等报告，保障和促进社会公平正义。

加强预算决算审查监督、政府债务审查监督、国有资产管理情况监督。坚持全口径审查、全过程监管，听取审议市级决算、预算执行、审计工作等报告，强化对重要财税政策、重点专项资金、重大投资项目等方面的审查监督，推动预算审查监督重点拓展改革不断深化。健全政府债务审查监督机制，听取审议政府债务情况报告，强化对项目安排、资金使用、偿债能力等监督，要求管好用好资金，筑牢安全防线，防范化解风险。加强人大国有资产监督职能，听取审议国有资产管理综合报告和专项报告，实现企业国有资产、金融企业国有资产、行政事业性国有资产、国有自然资源资产监督全覆盖，亮家底、晒细账，强调要强化管理、提质增效，守护好共同的财富。抓好落实问效，加强对审计查出突出问题整改情况的监督。制定预算审查监督条例，开展预算执法检查。建立相关工作制度，邀请有专业背景的人大代表全方位参与审查监督工作，发挥代表主体作用管好“钱袋子”。预算联网监督系统实现横向跨部门、纵向跨市区数据共享，线上查询监测、线下调研分析有机结合。稳步推进国有资产联网监督子系统建设。

充分发挥执法检查的“法律巡视”利剑作用，使监督更有力度、更具实效。聚焦文明行为促进条例的贯彻实施，主题不变、镜头不换，连续

4年开展执法检查，取得了明显成效。用法治力量守护绿水青山、护航绿色转型，精准发力，持续加力，先后对大气、水、土壤、固体废物和生活垃圾、绿化、野生动物保护、生态环境保护等法律法规实施情况进行检查。为推动高质量发展，开展优化营商环境、大数据发展应用、中小企业发展、科学技术进步、知识产权保护等法律法规执法检查，检查了乡村振兴、土地管理、渔业管理、畜牧、农业机械化促进、农产品质量安全等法律法规实施情况。聚焦民生领域和群众利益问题，对预防和治理校园欺凌、义务教育和学前教育、中医药、传染病防治、职工养老保险、文物保护和红色资源保护传承、就业促进、物业管理、消防、养犬等法律法规进行检查，开展了制止餐饮浪费行为专项检查。在执法检查中，强化依法依规，突出“依法”二字，把握依照法定职责、限于法定范围、遵守法定程序原则，逐条对照检查法定职责是否履行、法律责任是否落实、法律执行效果是否明显。强化方法创新，增加暗访和随机抽查比例，四级代表座谈、第三方评估、法律知识问卷调查、公众调查等多种手段并用，提高了检查的科学性、精准性。强化问题导向，瞄准难点堵点，敢于较真、敢于叫板、敢于碰硬，真发现问题、发现真问题，执法检查报告问题部分普遍占到二分之一篇幅。强化跟踪问效，适时开展“回头看”，强化清单式反馈，紧盯不放，一督到底，确保整改到位见效。

深化专题询问工作。聚焦社会关注度较高的生态环境保护和污染治理、农业农村发展和乡村建设、卫生健康服务、社会治理等工作开展询问，首次询问法院、检察院的有关工作。改进专题询问组织方式，探索开展调研询问，增加向社会征集问题线索、播放暗访纪录片等环节。在专题询问中，做到了提问直截了当、切中要害，应答直面问题、实话实说，在问与答的互动中形成共识，提出解决问题、改进工作的良策。

将专题调研作为重要监督方式，注重与立法工作和其他监督方式相结合。围绕“十四五”发展、道路交通安全、国家文化公园建设、历史建筑和不可移动文物保护利用、农村饮水安全、华侨华人在津发展等方面工作开展调研，积极提出对策建议，为加强和改进工作发挥了积极作用。

推进与北京、河北、山西等省市人大的交流与合作，探索区域协同开展监督和视察调研。在协同立法基础上，同步启动、联合检查机动车和非道路移动机械排放污染防治条例，推动区域生态环境联建联防联治。结合水污染防治执法检查，联合视察跨界河流污染治理。服务雄安新区和白洋淀生态保护，共同深入大清河流域调研。围绕大运河文化保护传承利用开展调研，推动形成工作合力，共同保护好传承好利用好这一宝贵遗产。

五年来，常委会不断深化对监督工作规律的认识，创新工作机制，丰富方法手段，拓展广度深度，全面加强法律监督和工作监督，推动监督工作质量和水平得到新提升。突出正确行权，把监督“一府一委两院”工作同支持其依法履行职责结合起来，寓支持于监督之中，做到真监督、真支持。突出服务大局，把准用力方向和工作重心，紧扣大事要事，贴近民生民利，关注热点难点，着力推动影响法律实施、制约工作发展、损害群众利益的问题得到有效解决。突出综合用力，针对不同监督项目，灵活运用多种监督形式，出连环招、打组合拳，增强监督的整体性、协同性、系统性。突出同频共振，发挥各区人大和人大代表作用，听取吸纳群众意见建议，推进贯通衔接，上下联动，共同行动，放大监督的综合效应。突出刚性监督，严把调研、检查、报告、审议、转送、整改各环节，在遵守法定程序的同时，更加注重监督的实际效果，切实把监督压力转化为加强和改进工作的强大动力。

四、坚持代表主体地位，持续优化服务保障

常委会坚持尊重代表、依靠代表、服务代表，充分发挥代表来自人民、扎根人民的特点和优势，加强代表工作能力建设，完善工作制度机制，拓展履职平台载体，推动代表工作的组织方式活起来、服务保障实起来、管理监督严起来，支持和保障代表依法履职尽责，努力使发挥代表作用成为人民当家作主的重要体现。

深化拓展“双联系”工作。加强常委会组成

人员与代表、代表与人民群众的联系，更好接地气、察民情、聚民智，夯实人大工作的民意基础。常委会组成人员直接联系240余名工作在基层一线的代表，面对面常交流，键对键勤沟通，认真听取意见建议。密切代表与群众的联系，通过经常走访、定期接待等方式，听取反映群众的心声呼声，做到民有所呼、我有所应。制定人大代表之家基本规范，加强“一家一站一网一中心”建设，强化指导推动，优化功能布局，丰富活动内容，架起代表与群众的连心桥、直通车，推动1783个家站中心活动常态化，让群众切身感受到人大代表就在身边，有效激发了代表履职动力，增强了代表工作活力。

真督实办代表议案建议。坚持内容高质量、办理高质量，既重结果、也重过程，把办理代表议案建议作为保证代表履职行权、加强改进工作、推动解决问题的重要途径，认真分解任务，明确办理时限，加强沟通协调，抓好责任落实。注重议案办理工作实效，深入调研论证，积极采纳吸收，及时反馈审议结果，做到件件有着落。代表提出的389件议案全部办理完毕，其中159件议案涉及的53个立法项目经常委会审议通过，39件议案涉及的31项监督工作得到落实。推进代表建议办理全环节衔接、全流程跟进，落实主任会议成员牵头督办、专门委员会对口督办、代表工作机构重点督办制度，建立健全两次答复、两次评价机制，实行答复承诺解决事项台账管理，努力做到过程和结果双满意、办理质量和代表满意度双提升。代表提出的5909件建议全部办理完毕，有效解决了一批代表关注、群众关心的问题。

着力发挥代表作用。制定加强和改进代表工作的意见，强化代表的职务职责意识，促进依法行使权利、履行义务。健全相关制度，扩大代表对常委会、专委会工作的参与。组织代表分专题全程参与立法工作，重要法规草案广泛征求代表意见。结合代表工作优势和专业特长，积极邀请代表参加集中视察、专题调研、执法检查等监督工作。完善代表专业组工作机制，积极支持代表开展履职活动。广大代表充分发挥模范带头作用，在本职岗位上无私奉献，在为民服务中奋勇争先，在紧要关头时挺身而出，为统筹疫情防控和经济社会发展、完成改革发展稳定各项任务作出了重要贡献，充分展现了人民选我当代表、我当代表为人民的责任担当，以实际行动践行了代表人民、为了人民、服务人民的光荣使命。

提升服务代表水平。推进代表培训系统化、规范化、专业化，统筹初任学习、履职学习和专题学习，深化线下专题培训，丰富线上培训内容，增强培训的针对性和实效性，不断提升代表履职能力。建立完善制度，采取多种途径，推进市级国家机关定期向代表通报工作情况，提供信息和资料，保障代表知情知政。规范代表履职管理，建立电子档案，严格履职情况记录，每年组织代表向原选举单位报告履职情况。

五年来，常委会坚持尊重代表主体地位，扭住发挥代表作用这个关键，紧紧依靠代表做好工作，不断提高服务代表的工作质量。注重统筹谋划，紧扣中心工作和重点任务，把代表工作与开展立法、监督等相融合，增强工作的计划性、协调性、整体性，有序推进、有效开展。注重组织引导，围绕代表关注和履职需要，丰富内容，创新形式，创造条件，精心组织安排，努力提高代表参与的广度和深度。注重多方联动，推动代表工作机构与各专门委员会协作配合，促进与各选举单位协同行动，强化与各国家机关协调联系，形成共同做好代表工作的合力。注重能力提升，加强思想政治教育和各种知识学习，开展工作交流和业务培训，树牢服务意识，提高保障水平。注重制度建设，适应新形势新要求，及时总结和固化好做法好经验，加强制度机制创新，推动代表工作制度化、规范化、程序化。

五、坚持“四个机关”定位，持续加强自身建设

常委会把全面加强自身建设摆在重要位置，专门作出决定，提出明确要求，采取有力措施，切实抓紧抓实，努力建设自觉坚持中国共产党领导的政治机关、保证人民当家作主的国家权力机关、全面担负宪法法律赋予的各项职责的工作机关、始终同人民群众保持密切联系的代表机关，打造政治坚定、服务人民、尊崇法治、发扬民主、勤勉尽责的人大工作队伍。

落实新时代党的建设总要求,持之以恒推进全面从严治党,深入开展“不忘初心、牢记使命”主题教育和党史学习教育,大力加强党的政治建设,严格遵守党的政治纪律和政治规矩,努力营造良好政治生态,自觉提升政治能力。加强常委会党组、机关党组、专门委员会分党组和机关党支部建设,发挥“关键少数”的头雁作用,压实责任,抓好落实,做对党忠诚、担当作为、依法履职、本领过硬、改进作风的模范。强化阵地意识,落实意识形态工作责任制。严格执行中央八项规定及其实施细则精神,深化纠治“四风”,持续整治形式主义、官僚主义和不担当不作为问题。

坚持民主集中制原则,依法按程序行使职权,集体讨论决定问题。健全常委会运行制度,修改代表大会、常委会议事规则,完善讨论决定重大事项、执法检查等制度规定。适时调整会议组织形式,合理安排会议议题,优化会议流程,丰富报告形式,全面使用电子阅文系统,不断提高审议质量和效率。严格请假制度,严肃会风会纪,确保会议出席率。加强宪法法律和相关知识学习培训,提高常委会组成人员履职能力。落实履职情况报告制度。召开发展全过程人民民主交流会和立法、监督、代表等工作会议,提出加强和改进的具体举措,推动各项工作深入开展。

加强对各专门委员会的领导,完善工作机制,明确工作要求,充分发挥其法定性、专业性、经常性优势,协助常委会做好各项工作。各专门委员会立足自身职责,以高度负责的精神,认真研究起草和审议法规草案,积极组织实施监督事项,加强同人大代表的联系,办好代表议案建议,深入开展调查研究,为全面提升人大工作质量和水平作出了重要贡献。

贯彻落实践行“三个表率”、建设模范机关的要求,强化一流意识、瞄准一流标准、建设一流队伍、创造一流业绩,大力加强人大机关建设。强化思想淬炼、政治历练、实践锻炼、专业训练,促进干部队伍政治素质和业务能力明显提高。坚持精心精细精准,持续改进工作作风,增强干事创业的事业心、责任感,尽职尽责做好服务协调保障工作,发挥了参谋助手作用。

常委会把调查研究作为做好工作的基本功,制定专门意见,加强统筹推动,提高调研实效,形成了一批有价值的调研成果。用好人大工作与理论研究会载体,开展对策性、实用性工作研究,加强前瞻性、系统性理论探索,深化对人大工作规律特点的认识和把握。加强人大新闻宣传工作,优化常委会会议报道方式,建立健全新闻发布制度,推进“刊网微”融合发展,努力讲好民主故事、人大故事、代表故事。认真对待人民群众来信来访,推动群众诉求依法理性表达、合法权益依法有效保护。

增强人大工作整体实效。召开推进区乡镇街道人大工作和建设会议,夯实工作基础,充实工作力量,推动依法行权。制定人大街道工委工作条例,明确职责,规范程序,促进作用更好发挥。密切与基层人大的联系,深入各区人大和基层联系点,了解情况,听取意见。推动全市所有区、乡镇实行民心工程人大代表票决制,在街道推行民心工程人大代表会商制。作出相关决定,依法主持市十八届人大代表选举,指导区、乡镇人大换届选举工作。

各位代表,五年来的实践使我们更加深刻地认识到,人民代表大会制度作为我国的根本政治制度,具有强大生命力和巨大优越性。党的十八大以来,以习近平同志为核心的党中央立足新的历史方位,坚持中国特色社会主义政治发展道路,坚定不移推进社会主义民主政治建设,全面加强党对人大工作的领导,推动人大工作取得历史性成就,推动人民代表大会制度更加成熟、更加定型。这些成就的取得,根本在于有习近平总书记作为党中央的核心、全党的核心掌舵领航,根本在于有习近平新时代中国特色社会主义思想科学指引。

回顾和总结过去五年的工作,我们更加深切地体会到,毫不动摇坚持、与时俱进完善人民代表大会制度,加强和改进新时代我市人大工作,必须牢牢把握以下几个方面。

一是必须深学笃行党的创新理论。习近平

新时代中国特色社会主义思想是当代中国马克思主义、二十一世纪马克思主义，是中华文化和中国精神的时代精华。只有学深悟透这一科学理论，才能真正做到把人民代表大会制度坚持好、完善好。我们必须持续深入学、及时跟进学、联系实际学，学习好、把握好这一科学理论的世界观和方法论，坚持好、运用好贯穿其中的立场观点方法，善于从中明确方向、获得智慧、汲取力量，以理论清醒保持政治坚定，以思想提升推动事业发展，切实用党的创新理论统揽和指导人大工作。

二是必须坚持党对人大工作的全面领导。党是最高政治领导力量，坚持党中央集中统一领导是最高政治原则。只有坚持党的全面领导，才能坚定不移走中国特色社会主义政治发展道路，始终保持人大工作的正确政治方向。我们必须深刻领悟“两个确立”的决定性意义，旗帜鲜明地坚持好贯彻好体现好党对人大工作的全面领导，充分发挥人民代表大会制度作为党领导国家政权机关的重要制度载体作用，坚决贯彻党中央决策部署和市委工作要求，确保人大各项工作都在党的领导下进行，不断提高人大工作政治效果。

三是必须发展全过程人民民主。全过程人民民主是社会主义民主政治的本质属性，是最广泛、最真实、最管用的民主。只有坚持以人民为中心，深入践行全过程人民民主，才能使根本政治制度拥有深厚坚实的根基，保证和发展人民当家作主。我们必须充分发挥人民代表大会制度在发展全过程人民民主中的重要制度载体作用，不断扩大人民有序政治参与，保障人民依法享有知情权、参与权、表达权、监督权，把人民当家作主真实、生动、具体地体现在人大工作的各方面、落实到依法履职的各环节、贯穿于发挥作用的全过程。

四是必须全面推进各方面工作法治化。全面依法治国是党领导人民治理国家的基本方略，是国家治理的一场深刻革命。人大及其常委会担负着宪法法律赋予的立法、监督等职权，处于民主法治建设的第一线，在全面依法治国中负有重要职责。我们必须坚定不移走中国特色社会主义法治道路，充分发挥人大在法治天津建设中的职能作用，弘扬社会主义法治精神，维护宪法权威和尊严，依法推进全市各项事业、各项工作和各项治理，保证法律法规得到全面有效实施，保证行政权、监察权、审判权、检察权依法正确行使。

五是必须围绕中心服务大局。人大工作是党和国家工作的重要组成部分。只有在全局中发挥职能作用，在大局下展现担当作为，才能不负职责使命，推动人大工作高质量发展。我们必须牢固树立大局意识、全局观念，紧紧围绕市委贯彻落实党中央大政方针的决策部署、全面建设社会主义现代化大都市的目标任务、人民群众所思所盼所愿，在中心工作中找准定位、在服务发展中统筹推进、在大战大考中尽职尽责，依法行使立法权、监督权、决定权、任免权，推动人民代表大会制度优势更好转化为治理效能。

六是必须与时俱进完善发展。人民代表大会制度充满生机活力，具有面向未来、面向实践、与时俱进的政治品格。只有把坚持党的领导、人民当家作主、依法治国有机统一起来，努力提高人大工作的质量和水平，才能更好地发挥人民代表大会制度的功效。我们必须深化对人民代表大会制度科学内涵、基本特征和本质要求的认识，深化对人大工作定位和工作规律的认识，坚定制度自信，注重工作创新，在加强中改进、在改进中提高，不断丰富拓展人大工作的实践特色和时代特色，推动人大依法履职更加到位、更具实效。

各位代表，成绩来之不易，经验十分宝贵。五年来，常委会接续奋斗、艰苦奋斗、团结奋斗，推动全市人大工作取得了显著成效，这是市委正确领导的结果，是全体市人大代表、常委会组成人员、专委会组成人员和机关工作人员勠力同心、辛勤付出的结果，是“一府一委两院”和各区人大及其常委会密切配合、大力支持的结果，是全市人民群众充分信任、积极参与的结果。在此，我代表市十七届人大常委会表示衷心的感谢！

我们也清醒地认识到，常委会工作还存在一些差距和不足，主要是：立法形式还不够丰富，“小切口”“小快灵”立法有待进一步加强；监督刚性还不够突出，精准度、实效性有待进一步增强；代表工作机制还不够完善，服务保障能力有待进一步提高；干部本领还不够过硬，机关建设水平有待进一步提升。这些问题需要在今后工作中认真研究、切实改进。

今后一年工作的建议

党的二十大制定了当前和今后一个时期党和国家的大政方针，描绘了全面建设社会主义现代化国家、全面推进中华民族伟大复兴的宏伟蓝图，对统筹推进“五位一体”总体布局、协调推进“四个全面”战略布局作出了全面部署，为奋进新征程、夺取新胜利指明了前进方向、确立了行动指南。市委明确提出，要着眼今后五年，围绕全面建设高质量发展、高水平改革开放、高效能治理、高品质生活的社会主义现代化大都市的目标导向，聚焦事关天津长远发展的重点领域，组织实施“十项行动”，扎实推动党的二十大决策部署全面落实在津沽大地。我们要在市委的领导下，坚持以习近平新时代中国特色社会主义思想为指导，全面贯彻落实党的二十大精神，深刻领悟“两个确立”的决定性意义，增强“四个意识”、坚定“四个自信”、做到“两个维护”，深入贯彻落实习近平法治思想、习近平总书记关于坚持和完善人民代表大会制度的重要思想，深入贯彻落实习近平总书记对天津工作“三个着力”重要要求和一系列重要指示批示精神，深入贯彻落实中央和市委人大工作会议精神，深入贯彻落实市第十二次党代会和市委经济工作会议部署要求，坚持党的领导、人民当家作主、依法治国有机统一，严格履行法定职责，依法做好各项工作，为深入实施“十项行动”、全面建设社会主义现代化大都市提供更加有力的法治保障。

一是在立法工作方面。主动适应经济社会发展和群众对立法提出的新课题新需求，坚持立法与改革决策相衔接，质量与效率并重，立改废释并举，进一步强化创制性立法，进一步丰富立法形式，进一步突出地方特色，加快推进重点领域、新兴领域立法，立更多务实、管用、行得通、有特色之法。研究编制五年立法规划，增强立法的系统性、整体性、协同性、时效性。助力塑造高质量发展新优势，就促进和保障国际消费中心城市建设作出决定，制定人才发展促进条例、道路运输条例。聚焦增进民生福祉，加强食品安全、职业教育、职业教育产教融合促进等方面立法。围绕推动绿色发展，就加强生态保护红线管理作出决定，修改排水和再生水利用管理条例、湿地保护条例。弘扬和践行社会主义核心价值观，制定法治宣传教育、家庭教育促进、全民阅读促进等法规。深化京津冀协同立法，拓宽协同领域。完善民主立法、开门立法工作机制，全面加强基层立法联系点建设。提高备案审查工作质量。

二是在监督工作方面。更好发挥人大监督在党和国家监督体系中的重要作用，把健全监督工作机制、丰富工作方式方法作为加大监督力度、增强监督刚性和实效的重要抓手，找准加强监督工作的着力点，聚焦聚力、深督实促，推动法律法规全面有效实施，推动国家机关依法履职、开展工作，推动解决制约经济社会发展的突出矛盾和问题。加强对国民经济和社会发展计划的审查，监督“十四五”规划纲要实施情况，强化人大预算决算审查监督和国有资产管理情况监督，深化对审计查出问题整改情况的跟踪监督。围绕事关全市改革发展稳定的重大问题和群众普遍关注的突出问题，听取法治政府建设、就业促进、乡村振兴、儿童健康促进、残疾人权益保障、环境状况和环保目标完成、燃气工作、支持鼓励台胞在津投资兴业、打击治理电信网络诈骗等报告。加大执法检查力度，对养老服务促进、科学技术普及、农民专业合作社、湿地保护等法律法规实施情况进行监督，让法律制度的牙齿有力咬合。深入开展专题调研，强化调研成果转化应用。

三是在代表工作方面。尊重代表主体地位和民主权利，牢固树立为代表服务的意识，创新工作载体，健全制度机制，优化服务保障，努力提高代表工作能力。深化常委会组成人员经常性联系代表工作，密切代表与人民群众的常态化联系，拓展联系深度，增强联系实效，更好发挥代表在了解民情、反映民意、集中民智方面的作用。加强代表提出议案建议前的沟通协调，完善代表建议重点督办机制，深化两次答复、两次评价工作，推动高质量、高效率办好代表议案建议。完善代表参与常委会、专委会工作机制，组织代表参加视察、专题调研、执法检查等活动，深化工作平台和网络平台建设，紧紧依靠代表做好人大各项工作。突出政治之训、理论之训、能力之训，注重培训质量，强化组织实施，做好人大代表培训工作，提升代表政治素质和依法履职能力。支持原选举单位依法加强代表履职监督，促进代表积极履职、勤勉尽责。加强对基层人大的工作联系和业务指导，密切工作协同，增强工作合力。

四是在自身建设方面。把人大的政治性、民主性、法治性、人民性有机统一起来，强化政治机关意识，以党的政治建设为统领，全面加强"四个机关"建设。扛起全面从严治党政治责任，深入开展主题教育，坚定理想信念，站稳政治立场，严守政治纪律和政治规矩，不断提高政治判断力、政治领悟力、政治执行力。坚持人民主体地位，发展全过程人民民主，发挥好人大主要民主渠道作用，完善机制、打造平台、搭建载体，充分体现人民意志、保障人民权益、激发人民创造活力。坚持民主集中制，健全常委会运行制度和工作机制，认真执行议事规则，严格按照法律规定和法定程序行使权力，进一步提高工作质量和运转效率。坚持学在深处、谋在新处、干在实处，加强政治理论、宪法法律和各方面知识学习，自觉补课充电，增强履职能力。坚持求真务实，改进工作作风，深入开展多领域、多层次、经常化、制度化的调查研究。推进规范化、专业化建设，更好发挥专门委员会职能作用。加强人大机关建设，进一步提高工作质量和水平。

各位代表！使命呼唤担当，实干成就未来。让我们更加紧密地团结在以习近平同志为核心的党中央周围，在市委的领导下，坚定信心、扎实苦干，踔厉奋发、勇毅前行，为深入实施"十项行动"、奋力开创全面建设社会主义现代化大都市新局面作出新的更大贡献！

天津市政府工作报告

——2023年1月11日在天津市第十八届人民代表大会第一次会议上

张工

各位代表：

现在，我代表市人民政府向大会报告工作，请予审议，并请市政协委员和其他列席人员提出意见。

一、过去五年及2022年工作回顾

过去五年，是天津发展极不平凡的五年。习近平总书记亲临天津视察指导工作，向第三届世界智能大会、首届世界职业技术教育发展大会发来贺信，为天津发展注入了强大政治动力、精神动力、工作动力。我们始终坚持以习近平新时代中国特色社会主义思想为指导，认真贯彻落实党的十九大和十九届历次全会精神，全面学习贯彻党的二十大精神，深入贯彻落实习近平总书记对天津工作“三个着力”重要要求和一系列重要指示批示精神，认真落实中央决策部署和市委工作要求，坚持稳中求进工作总基调，笃定高质量发展不动摇，高效统筹疫情防控和经济社会发展，统筹发展和安全，发扬历史主动精神和斗争精神，以强烈的政治担当、有力的行动举措、务实的工作作风，办成了一些大事、要事、难事，推进了许多固本培元、守正创新的工作，实施了一批打基础、补短板、利长远的重大项目，推进习近平新时代中国特色社会主义思想在津沽大地扎实实践。

五年来，我们调结构、换动能，经济高质量发展取得显著成效。主动转观念正导向，保持战略定力，坚决把战略重点转移到拼质量、拼效益、拼结构优化、拼绿色发展上来，动力结构、产业结构、财税结构不断优化。2022年全市地区生产总值预计达到1.6万亿元左右，一般公共预算收入达到1846.6亿元，居民人均可支配收入年均增长5.7%。制造业立市战略深入实施，以智能科技为引领，以生物医药、新能源、新材料为重点，以装备制造、汽车、石油化工、航空航天为支撑的“1+3+4”现代工业产业体系加快构建。产业链攻坚战成效显著，12条重点产业链带动作用持续显现，自主可控的信创产业链初步形成。制造业增加值占全市地区生产总值的比重达到23%左右，工业战略性新兴产业和高技术制造业增加值年均分别增长4%、6%左右。自主创新能力显著增强，全社会研发投入强度达到3.66%、位居全国第三，新一代超算、飞腾CPU、银河麒麟操作系统、天津大学大型地震工程模拟研究设施等“国之重器”加快建设，南开大学周其林团队获国家自然科学奖一等奖，6家海河实验室投入运行，国家高新技术企业和科技型中小企业均突破1万家。深入实施“海河英才”行动计划，累计引进各类人才44.9万人。现代服务业提档升级，获批率先培育建设国际消费中心城市，国家会展中心（天津）一期建成运营，以金融业、租赁和商务服务业为代表的现代服务业迅速崛起，服务业增加值年均增长4%左右。乡村振兴战略加力推进，现代都市型农业加快发展，种业科技创新能力持续提升，粮食连年增产丰收，“菜篮子”重要农产品自给率位居全国大中城市前列，农村电网改造升级和“煤改电”工程圆满收官，农村饮水提质增效工程全面完成，生活污水处理设施和生活垃圾收运处置体系基本实现全覆盖，农村人居环境持续改善，市内结对帮扶困难村工作取得显著成效。

五年来，我们抓机遇、促协同，服务京津冀协同发展重大国家战略成果丰硕。坚持立足高站位、着眼大格局、融入大战略，在协同性同城化发展中优势互补、良性联动。承接北京非首都功能疏解取得新突破，中海油、中石化、字节跳动、360科技、北京协和医学院等一批企业和项目、创新资源在津布局，滨海—中关村科技园、宝坻京津中关村科技城建设进展顺利，累计注册企业5080家。服务支持雄安新区建设成效明显，持续深化津雄交通互联、产业互促、生态共治、公共服务共建共享，天津港雄安服务中心成为雄安新区快速通关、便捷出海绿色通道。“轨道上的京津冀”加快打造，京津雄核心区半小时通达，京津冀主要城市1—1.5小时交通圈基本形成。生态环境联建联防联治取得新成效，大气污染防治实现区域一体化治理，引滦入津联动治水成效显著。世界一流智慧、绿色港口建设提速加力，建成全球首个“智慧零碳”码头和港口自动驾驶示范区，集装箱吞吐量年均增长6.9%，突破2100万标准箱。

五年来，我们促改革、扩开放，发展动力活力加速释放。向深化改革要活力，向扩大开放要动力。营商环境进一步优化，深入实施“一制三化”审批制度改革和“天津八条”等惠企政策，新增市场主体70万户，27家企业实现境内外上市。国企改革成效明显，17家市管国企实现集团层面混改，国企改革三年行动两次在国家中期评估中获评A级。坚持“用海河水洗海河泥”，多措并举、有序有效化解国企历史债务。金融创新运营示范区建设步伐加快，金融服务实体经济能力持续提升，金融业增加值占比达到13.5%左右。开放型经济优势更加彰显，外贸出口总额达到3800亿元，年均增长3.5%，实际使用外资253亿美元，年均增长6.1%，269家世界500强企业在津投资。自贸试验区开放引领作用持续增强，38项试点经验和实践案例在全国复制推广，飞机租赁稳居全球第二，天津口岸平行进口汽车占全国70%。对外合作不断深化，积极融入“一带一路”建设，天津茉莉亚学院落成启用，“鲁班工坊”达到21家，国际友好城市增至97对，成功举办世界智能大会、夏季达沃斯论坛等大型国际会议。东西部扶贫协作和支援合作任务圆满完成。

五年来，我们守青山、护绿水，生态宜居城市魅力持续彰显。深入贯彻习近平生态文明思想，统筹推进山水林田湖海等系统治理，美丽天津建设迈出坚实步伐。国土空间规划持续完善，制定国土空间总体规划，划定并严守“三区三线”。“871”重大生态工程深入实施，875平方公里湿地保护、736平方公里绿色生态屏障建设、153公里海岸线生态综合治理成效明显，绿色生态屏障区内蓝绿空间占比超过65%。“双碳”工作稳步推进，在全国率先出台碳达峰碳中和促进条例，国家电网“1001工程”全面竣工。污染防治攻坚战成效显著，$PM_{2.5}$年均浓度降至37微克/立方米、五年下降40.3%，空气质量优良天数比率达到73.2%、五年提高15.3个百分点，12条入海河流水质全部消劣，空气和水环境质量均达到监测以来最好水平。宜居城市品质稳步提升，建成开放水西公园、梅江公园二期和一批“口袋公园”，城市管理不断完善，市容环境整洁靓丽。

五年来，我们办实事、惠民生，人民生活品质稳步提升。每年把财政支出的七成以上用于民生领域，连年精心组织实施20项民心工程，全力做好普惠性、基础性、兜底性民生工作。就业质量稳步提高，实施稳就业扶持政策，累计城镇新增就业210万人，帮助20万就业困难人员实现就业。居住条件日益改善，为44万户居民解决了历史遗留的房产证难题，完成市区棚户区改造三年攻坚行动，30万群众“出棚进楼”，每年提前和延长供暖期，群众身暖心更暖。市民出行更加便捷，5条地铁线路建成运营，轨道交通通车里程达到286公里，建成一批城市主干路网工程。“一老一小”问题有效缓解，新增养老机构床位2万张，老年日间照料服务中心（站）达到1357个、“老人家食堂”达到1701家，河西区居家养老服务改革试点经验在全国推广。新增学前教育学位13.4万个、义务教育学位14.7万个。社会保障网进一步织密筑牢，养老、医疗、失业、工伤等保险待遇水平以及城乡低保、特困供养等标准稳步提高，长期护理保险制度试点扎实推进。各级各类教育优质发展，完成第三轮义务教育学校现代化标准建设，高校“双一流”建设加快推进，立德树人成效明显，成为全国首批“三全育人”试点省市、全国首批“大思政课”建设综合改革试验区。医药卫生服务保障不断完善，新建北京协和医学院天津医院、市第一中心医院新院区等一批优质医疗资源，院前医疗急救接报至到达现场平均时间降至9分钟左右，异地就医直接结算深入开展，药品和耗材集中带量采购成效明显。文体事业加快发展，国家海洋博物馆等一批展馆建成开放，《周恩来回延安》《换了人间》等文艺创作精品迭出，市民文化生活丰富多彩，成功举办中俄青少年冰球友谊赛，全民健身和竞技体育全面发展。退役军人服务保障体系不断完善，拥军优属力度持续加强，国防动员和后备力量建设成效显著提升。平安天津、法治天津建设迈向更高水平，国家安全体系和能力现代化建设水平成效明显，公共安全保障体系更加健全，安全生产工作全面加强，信访职能作用充分发挥，食品药品安全更有保障，网络综合治理体系更加健全，民族团结进步事业取得长足发展，扫黑除恶专项斗争取得阶段性战果，人民群众获得感幸福感安全感进一步提升。

五年来，我们铸忠诚、正风纪，政府自身建设不断加强。始终把坚定拥护“两个确立”、坚决做到“两个维护”作为最高政治原则和根本政治责任，坚持把习近平总书记重要指示批示作为第一政治要件，不折不扣贯彻落实。持续推进党内集中学习教育走深走实，政府工作人员政治判断力、政治领悟力、政治执行力进一步提高。认真贯彻落实中央大政方针和市委工作要求，严格执行市人大及其常委会的决议决定，自觉接受人大和政协监督，积极听取各民主党派、无党派人士和人民团体意见建议，提请市人大常委会审议地方性法规草案61件，制定政府规章26件，人大代表议案建议、政协委员提案全部办复。法治政府建设深入推进。严格落实中央八项规定及其实施细则精神，狠抓中央巡视等反馈意见整改落实，大力开展形式主义官僚主义和不担当不作为问题专项整治，政治生态展现全新气象。

疫情防控三年来，我们坚决贯彻落实习近平总书记和党中央决策部署，坚持人民至上、生命至上，坚持守土有责、守土尽责，坚持天津战术、天津打法，坚持问题导向、效果为王，始终强化指挥体系热备灵敏，始终强化应急处置快速高效，始终强化基层基础能力建设，始终强化重点领域民生保障，筑牢首都疫情防控“护城河”，最大程度保护人民群众生命安全和身体健康，最大限度降低疫情对经济社会发展的影响。

过去一年，我们坚决贯彻落实疫情要防住、经济要稳住、发展要安全的重要要求，统筹解决多重矛盾、有效应对多重风险挑战、均衡把握实现多元发展目标，不断增强服务大局的“添秤”意识、说到做到的“交账”意识，全市经济稳的基础不断夯实、进的动能不断积聚、保的底线不断巩固，高质量发展迈出坚实步伐。

（一）高效统筹疫情防控与经济社会发展。采取更加有力措施，统筹发力稳住经济大盘。全市地区生产总值和一般公共预算收入增速逐季向好，居民人均可支配收入增长3%左右。持续推进京津冀协同发展，积极争取优质资源来津布局，北京企业在津新设机构1406家，新落地重大项目318个、总投资1721亿元，吸纳北京技术合同2256项。完善雄安新区至天津港货运快速通关机制。京唐城际、京滨城际（北段）建成通车。全面落实国家稳经济“一揽子”政策和接续政策措施，及时制定出台我市稳经济35条、提振消费19条、稳就业14条、房地产调控12条等政策措施，最大限度释放政策的撬动效应和综合效应，为稳经济提供了有力支持。抓紧抓牢经济运行调度，聚焦重点区域、重点领域、重点行业、重点企业、重点项目、重点支撑开展定期运行调度，深化市、区领导定点包联机制，全面落实保障重点产业链供应链工业企业复工复产“白名单”制度，着力提高调度的精度、力度和效度。抓紧抓牢财税运行调度，建立市、区两级税源工作专班机制，持续做大做强税源“底盘”。一手抓助企纾困、减税降费政策落实，全面落实增值税留抵退税扩围、援企稳岗、金融支持等政策，真金白银拿出710亿元支持企业,有效缓解企业现金流紧张局面。一手抓税源主体培育、企业运行和涉税服务,依法依规抓好税收工作。抓紧抓牢重大项目调度,积极谋划实施产业投资、基础设施、重大民生等领域项目,着力解决项目建设中的堵点难点问题,清单化推动"十四五"规划项目建设,中石化LNG三期等一批优质重大项目落地,一汽丰田新能源汽车、渤化新材料产业园一期等项目投产。着力发挥经济大区稳增长支撑作用,充分调动各区积极性,更好发挥滨海新区、经济大区在创新驱动、结构优化、存量增效中的带动作用,使之成为全市稳住经济大盘的"压舱石"和高质量发展的引擎。

(二)创新驱动发展能力进一步增强。坚持以用立业,用好用足科教资源禀赋优势,积极汇聚高校、科研院所、创新平台、金融机构、头部企业等资源要素,加快推进天开高教科技园前期工作。新建脑机交互与人机共融海河实验室,6家海河实验室开展重大课题130余项,"天津号"纯太阳能车迭代升级,康希诺全球首款吸入式新冠疫苗获批紧急使用。新认定8家市级大学科技园。强化信创、高端装备等重点产业串链补链强链,中芯国际大二期、联想(天津)智慧创新服务产业园、通用技术集团机床总部等一批重点项目落地,12条重点产业链增加值增速快于规上工业1.3个百分点。产业数字化、数字产业化进程加快,实施智能制造专项资金项目203个,新打造智能工厂和数字化车间100家,工业企业上云突破9000家。

(三)改革开放不断纵深推进。研究制定推动高质量发展指标和绩效考核体系,出台实施构建高标准市场体系若干措施,在全国首批印发693项行政许可事项清单。海光信息、唯捷创芯、华海清科、天纺标等9家企业实现上市注册发行。服务业扩大开放116项综合试点任务深入实施,持续开展跨境贸易便利化专项行动,推动一汽丰田、诺和诺德等企业增资扩产。深化国资国企改革,全面完成国企改革三年行动任务,国资国企质效不断提升。举办第二届海河国际消费季等主题活动,实施消费券促销、新增5.5万辆个人小客车增量指标、车辆购置税减半等政策。深化国际友城合作,加大城市形象宣传力度,在国家级媒体投放城市宣传片,多元化、立体化讲好"天津故事"。

(四)乡村振兴升级加力。新建高标准农田24万亩,创建粮食作物绿色高质高效示范区7万亩,全年粮食产量突破50亿斤,小站稻入选国家农业品牌精品培育计划。建成农村人居环境整治示范村150个,农村治理水平、发展水平和生活环境全面提升。

(五)发展和安全有效统筹。深入贯彻总体国家安全观,树牢底线思维,增强预判性,打好主动仗,坚持不懈防范化解各类风险隐患,推动解决大量信访积案,严厉打击各类违法犯罪行为,社会大局持续安全稳定。有力应对能源运行紧平衡和电煤、天然气等价格波动影响,精心做好能源保供和电力运行调度,全力做好迎峰度夏、迎峰度冬各项工作。大力开展城市供热"冬病夏治",改造供热旧管网108公里、燃气旧管网404公里。全面加强应急管理和安全生产工作,实施安全生产15条措施,组织开展一系列综合性隐患排查整治,一体推进危险化学品、燃气、消防、建筑施工、交通运输、农村经营性自建房等重点行业领域隐患整治,严格落实安全度汛各项措施,群众生命财产安全得到有效保障。

(六)民生福祉持续增进。用心用情用力全面完成20项民心工程。聚焦高校毕业生、退役军人、农民工等重点群体实施针对性稳就业政策,城镇新增就业36万人。建成101个养老服务综合体,新增家庭养老床位1208张。基本公共教育服务均等化加快推进,新增中小学学位4.5万个。持续开展改善医疗服务行动,促进优质医疗资源扩容,门(急)诊报销待遇进一步提高。做好困难群众兜底保障。筹集保障性租赁住房6万余套(间),制定出台促进房地产业良性循环和健康发展一揽子政策措施,合理满足新市民和青年人安居、多子女和赡养老人家庭等刚性及改善性住房需求。

新建和改造提升9个标准化菜市场,新增品牌连锁便利店114个,15分钟便民生活圈更加完善。加大市场保供稳价力度，全力维护重要民生商品市场平稳运行，居民消费价格涨幅保持在2%左右。地铁10号线建成通车，37条市政道路竣工开通，完成停车场建设27处，增加停车泊位7000余个。建成50个“口袋公园”，群众转角就能遇见美。

各位代表，天津经济社会发展的向好态势来之不易。我们深切感到，天津取得的每一个新进步，津沽大地发生的每一点新变化，最根本在于有习近平总书记作为党中央的核心、全党的核心掌舵领航，在于有习近平新时代中国特色社会主义思想科学指引，是市委坚强领导的结果，是市人大及其常委会、市政协和社会各界有效监督、鼎力支持的结果，是全市上下万众一心、拼搏进取、团结奋斗的结果。在此，我谨代表市人民政府，向全市人民，向人大代表、政协委员和各民主党派、无党派人士、人民团体、社会各界人士，向中央各部门、兄弟省区市，向驻津解放军和武警部队，向所有关心、支持天津发展的港澳台同胞、海外侨胞和国际友人，致以崇高的敬意和衷心的感谢！

在总结成绩的同时，我们也清醒认识到存在的问题和不足。主要是：创新驱动发展的成效还不明显，产业结构调整任重道远，中心城区主导产业聚集效应还不突出，港口战略资源优势发挥不充分，民营经济不够活跃，营商环境对标一流仍有差距，防范化解重点领域风险压力依然较大，民生领域还有不少短板，政府自身建设还要持续加强，一些干部在担当作为和能力素质上还不适应新时代发展要求。我们一定直面问题，采取有力措施切实加以解决。

二、今后五年的目标任务和2023年工作安排

党的二十大对全面建设社会主义现代化国家、全面推进中华民族伟大复兴作出了战略部署，为新时代新征程党和国家事业发展、实现第二个百年奋斗目标指明了前进方向、提供了根本遵循。市第十二次党代会明确提出了今后五年全面建设社会主义现代化大都市的奋斗目标和总体要求。

做好今后五年工作，必须坚持以习近平新时代中国特色社会主义思想为指导，深入落实习近平总书记对天津工作“三个着力”重要要求和一系列重要指示批示精神，坚定拥护“两个确立”，坚决做到“两个维护”，把思想和行动统一到党的二十大精神上来，把智慧和力量凝聚到党的二十大确定的各项目标任务上来，按照市第十二次党代会和市委十二届二次全会部署，在市委坚强领导下，坚持稳中求进工作总基调，完整、准确、全面贯彻新发展理念，积极服务和融入新发展格局，着力推动高质量发展，扎实推进京津冀协同发展重大国家战略，自觉把天津放在全国大局中谋划把握，从全局谋划一域，以一域服务全局，发扬历史主动精神，充分发挥自身优势，主动识变应变求变，有效防范化解风险，以钉钉子精神，一锤接着一锤敲，一年接着一年干，通过实施市委部署的“十项行动”方案，把宏伟蓝图细化为“施工图”、转化成“实景图”，推动全市经济实力持续增强、创新活力持续增强、综合竞争力持续增强、治理效能持续增强、群众获得感幸福感安全感持续增强，为全面建设社会主义现代化国家贡献天津力量。

——建设高质量发展的社会主义现代化大都市迈出新步伐。“一基地三区”功能定位加快实现，制造强市、科技强市、教育强市、人才强市、数字城市建设成效凸显。经济总量力争达到2万亿元左右，制造业增加值、数字经济核心产业增加值占全市地区生产总值比重分别达到25%、12%，战略性新兴产业规模突破1万亿元。教育质量全面提升，科技创新能力显著增强，全社会研发投入强度保持3.7%左右，国家高新技术企业数量达到1.5万家，高素质创新人才和各领域人才竞相涌现。生产性服务业与生活性服务业蓬勃发展，现代服务业新体系逐步形成。世界一流智慧港口、绿色港口建设取得明显进展，港口经济引领高质量发展作用充分发挥，天津港集装箱吞吐量突破2500万标准箱。“津城”“滨城”双城发展格局基本形成，城市功能进一步提升。“871”重大生态工程成为绿色发展样板，人与自然和谐共生的美丽天津建设取得更大成果，森林融入城市，河流润泽城乡，绿色成为天津高质量发展的最美底色。

——建设高水平改革开放的社会主义现代化大都市取得新成果。带头开放，带动开放。改革开放先行区引领带动作用充分显现，重要领域和关键环节改革实现突破，开放型经济新体制更加完善。市场准入、公平竞争、产权保护、社会信用等市场经济基础制度更加健全，高标准市场体系基本建成，市场主体达到230万家，上市企业超过140家。国资国企改革持续深化，企业核心竞争力明显增强。民营经济进一步壮大，政策环境进一步优化。制度型开放全面拓展，系统性集成性制度创新进一步提升，要素集聚和资源配置能力持续增强，“一带一路”建设参与度和影响力不断扩大，打造国内大循环的重要节点、国内国际双循环的战略支点取得重大进展，外贸进出口总额突破1万亿元，年实际使用外资60亿美元以上。

——建设高效能治理的社会主义现代化大都市跃上新台阶。经济治理、社会治理、城市治理统筹推进，治理体系不断完善，基层治理社会化、法治化、智能化、专业化水平逐步提升，公共卫生服务体系和突发公共事件应急处置机制更加健全，城市管理更加精细，城市运行更有效率，防范化解重大风险能力显著增强，平安天津、法治天津建设取得更大成果。

——建设高品质生活的社会主义现代化大都市实现新提升。坚持以人民为中心的发展思想，把促进共同富裕作为发展的出发点和落脚点，促进高质量发展与高品质生活有机结合，让发展成果更多更公平惠及全市人民。就业更加充分、更高质量，中等收入群体持续扩大，居民收入增长与经济增长基本同步。健康天津建设取得长足进步，社会保障和城乡基本公共服务均等化水平不断提升，多样化服务供给更加优质，居民生活更加便利，精神文化生活更加丰富。

各位代表！未来五年是天津全面建设社会主义现代化大都市的关键时期，我们要全面贯彻中央决策部署，按照市委部署要求，集中力量实施“十项行动”。

（一）实施京津冀协同发展纵深推进行动。深度融入世界级城市群建设，抓住承接北京非首都功能疏解“牛鼻子”，深化部市、院市、校市、企市合作，加强承接载体建设，形成一批标志性成果。加快推动北京创新资源与天津研发生产转化优势互补、紧密衔接，有效贯通区域创新链、人才链、产业链、供应链。深度推进基础设施互联互通，基本建成“轨道上的京津冀”和综合交通运输体系。深度推进区域一体化、京津同城化发展体制机制创新，促进企业、资金、项目、技术、人才等要素自由流动和优化配置。深度推进公共服务共建共享，支持服务雄安新区和北京城市副中心建设，助推区域生产力布局和功能重构取得更大进展。深度推进生态环境联防联建联治，巩固提升空气质量，不断改善主要跨界河流水质。

（二）实施制造业高质量发展行动。深入实施制造业立市战略，大力推动制造业高端化、智能化、绿色化发展，带动全市工业“底盘”做大做优做强，到2027年工业总产值突破3万亿元，全国先进制造研发基地建设取得重大进展。坚持新兴产业和传统产业并举、提升能级和增强品质并重、制造业和服务业融合，深化重点产业链建设，推动产业链与产业集群协同发展，梯次培育市级先进制造业集群，争创国家级集群，形成若干千亿级高端产业集群，建设全国领先的信创产业基地、人工智能先锋城市、智能建造试点城市。促进数字经济与实体经济深度融合，加快制造业数字化转型和智能化升级，实施智能制造赋能工程，创建一批智能工厂和数字化车间，大力发展以产业互联网为主导的平台经济，建成全国一流5G城市。加快发展绿色制造，推进产业生态化和生态产业化，开辟制造业绿色化转型的新通道。

（三）实施科教兴市人才强市行动。坚持科技是第一生产力、人才是第一资源、创新是第一动力，推动教育优先发展、科技自立自强、人才引领驱动，体系化布局、一体化推进科教人才资源高效配置，打造自主创新的重要源头和原始创新的主要策源地。把创新摆在现代化建设全局的核心位置，利用丰富的科教资源，构建创新生态，厚植创新文化，提高创新的集聚度、活跃度、开放度、贡献度和辐射度，推动全市创新创业创造活力竞相迸发，建设高水平创新型城市。大力培育战略科技力量，加快建设全国重点实验室、海河实验室，瞄准关键领域、核心技术，研发一批标志性成果。全面深化科技体制改革，强化企业创新主体地位，促进各类创新要素加快向优质企业集聚，提高知识产权创造、运用、保护、管理和服务水平，高标准建设知识产权保护高地城市和创造运用强市。加快建设高质量教育体系，完善“五育并举”育人体系，抓好促进公平、提升质量两件大事，促进学前教育普惠发展、义务教育均衡发展、高中阶段学校多样化发展，着力构建优质均衡的基本公共教育服务体系，推进职普融通、产教融合、科教融汇，构建产业、行业、企业、职业、专业“五业联动”的职业教育办学模式，全面提升高校有组织的科研能力，推动高等教育内涵式发展。牢固树立“天下才天津用”的理念，实施“海河英才”行动计划升级版，完善科技人才激励政策和“高精尖缺”人才培养引进机制，探索建立顶尖科学家工作室，加大战略科学家、科技领军人才和一流创新团队引育力度，吸引更多本地高校毕业生留津就业创业，培养更高素质的技术技能人才队伍，打造“海河工匠”品牌，着力营造“近悦远来”人才生态，将天津打造成为高端人才集聚地、产业人才荟萃地、青年人才向往地。

（四）实施港产城融合发展行动。用好天津港战略资源和“硬核”优势，全力打造世界一流智慧港口、绿色港口，推动物流通道升级为发展通道、通道经济升级为港口经济，大力推动港口、产业、城市深度融合、相互支撑、整体发展，打造世界级港口城市，加快建设北方国际航运核心区。树立“大港口、大开放、大循环”理念，高标准建设港口智能管控中心，提升通航效率、通关便利化水平和监管服务效能，完善港口集疏运体系，加强海港、空港协同联动，大力发展多式联运，布局建设国际物流分拨中心。加强天津港与环渤海港口协同发展，打造沿海内贸运输主干通道，织密海向远洋航线、陆向海铁联运网络，融入世界级港口群建设。大力发展航运总部经济、高端港航服务、临港产业、海洋经济、邮轮经济等业态，构建港口全要素产业链，大幅提高城市服务港口经济发展的承载能力，促进港产城功能有机融合、相互赋能、良性互动，形成业态丰富、产业适配、要素集聚的港产城格局。

（五）实施滨海新区高质量发展示范引领行动。充分发挥滨海新区国家级新区综合优势，以高标准、高水平先行先试示范引领全市深化改革、扩大开放，加快形成新区龙头带动、“双城”更加均衡、大区支撑有力、各区协同并进的发展态势。推动滨海新区高能级改革开放创新发展，以自贸试验区引领开放，以自主创新示范区驱动发展，深化综合配套改革，推动五大开发区在改革开放上当先锋、打头阵，在高质量发展上当主力、作引擎，加快培育战略性新兴产业、高端制造业和港口经济新优势，前瞻布局未来产业，落实自由贸易试验区提升战略，高标准打造“一基地三区”核心区、高质量发展示范区、宜居宜业的美丽“滨城”。到 2027 年，滨海新区经济总量力争达到 9000 亿元左右。推动经济大区担当重任，支持河西区、西青区、武清区、北辰区、和平区聚焦主导产业、集聚集群发展、优化功能支撑，到 2027 年河西区经济总量达到 1300 亿元以上，西青区、武清区率先达到 1000 亿元，北辰区、和平区力争达到 1000 亿元。推动其他各区扬长避短、奋力争先，用足用好空间、载体、区位、资源优势和产业基础，深挖潜力、加快发展，以精彩的局部支撑壮观的全局。深化要素市场化配置改革，建设高标准市场体系，积极融入全国统一大市场。营造各类企业一视同仁、公平竞争的公正市场环境，持续深化国资国企改革，进一步清理束缚民营经济发展政策，不断提升外商投资促进、保护、管理水平。加快构建与国际通行规则相衔接的制度体系，更好支持企业参与国际竞争，深化服务贸易创新发展，扎实推进服务业扩大开放综合试点。深度参与“一带一路”建设，扩大双向开放，推动务实合作。全力打造市场化、法治化、国际化的一流营商环境，加强商务诚信、社会诚信和司法公信建设，塑造“诚信天津”品牌，弘扬企业家精神，依法保护企业和企业家合法权益，充分发挥工商业联合会、津商联合会、企业联合会、行业商协会、校友会等经济交流合作桥梁纽带作用。

（六）实施中心城区更新提升行动。统筹生产、生活、生态布局，在建设宜居、韧性、创新、智慧、绿色、人文城市上做样板、当标杆。加快实施城市有机更新，用好存量资源、导入外部资源、发展高端产业、完善城市功能，促进产业结构调整和布局优化，推动老旧空间复兴，为实现"一基地三区"功能定位、建设国际消费中心城市和区域商贸中心城市创造有利条件。全面提升城市产业品质、人文品质、生态品质、生活品质，更好服务居民、服务市场主体、服务全市经济社会发展。促进中心城区现代服务业创新发展，充分利用主城区公共服务资源富集、基础设施完善等优势，高水平建设天开高教科技园、金融街、中央商务区，培育中心城区战略增长极，带动"津城"产业能级提升。统筹全市优质公共资源，进一步向滨海新区、中心城区东部和北部、远郊五区倾斜，加快补齐基础设施和公共服务短板。

（七）实施乡村振兴全面推进行动。扎实推动乡村产业、人才、文化、生态、组织全面振兴，不断提升农业农村现代化水平，建设宜居宜业和美乡村。大力发展现代都市型农业，加快振兴种业，突出发展品质农业、精致农业、设施农业，做优做强都市休闲农业和乡村旅游业，推动农村三次产业深度融合、乡村产业全链条升级。提高农村基础设施城乡一体化和基本公共服务城乡均等化水平，促进城乡深度融合，加快建设农民骄傲、市民向往的美丽乡村。深化农村改革，发展壮大新型农村集体经济和镇域经济，加快建设产业兴旺、农民受益的富裕乡村。健全党组织领导的自治法治德治相结合的乡村治理体系，加快建设充满活力、和谐有序的善治乡村。

（八）实施绿色低碳发展行动。坚定不移走生态优先、绿色低碳发展之路，统筹推进产业结构调整、污染治理、生态保护、应对气候变化，充分挖掘生态价值，增加生态产品供给，推动经济社会发展全面绿色转型，加快建设美丽天津。调整优化产业结构、能源结构、交通运输结构，发展绿色低碳产业，健全绿色低碳循环发展经济体系，推进全域"无废城市"建设。持续深入打好蓝天、碧水、净土保卫战，提高生态环境治理水平，全面落实河（湖）长制、林长制，持续改善生态环境质量。加大生态环境保护力度，提升"871"重大生态工程"水库、粮库、钱库、碳库"功能，努力打造"一环十一园"植物园链，着力将天津建设成为绿水青山、碧海蓝天、草木葱茏、鸟语花香的生态城市。稳步推进"双碳"工作，深入落实碳达峰实施方案，建设能源革命先锋城市，有力有序推动"双碳"目标落实。

（九）实施高品质生活创造行动。坚持尽力而为、量力而行，每年精准实施 20 项民心工程，推动现代化建设成果更多更公平惠及全体人民，持续增进民生福祉。落实积极的就业政策，促进居民收入增长。加快医疗卫生事业发展，积极推进养老服务体系建设，大力发展银发经济和健康产业。完善多层次社会保障体系。加快建立多主体供给、多渠道保障、租购并举的住房制度。提高群众出行便利化水平，完善 15 分钟便民生活圈，打造更多市民身边的休闲健身场所。繁荣发展文化事业和文化产业，提升精神文化生活品质，提高全社会文明程度。保护好、利用好弥足珍贵的"小洋楼"等城市历史文化资源，擦亮"近代中国看天津"城市名片，打造国内文化旅游目的地城市。扎实做好抵御自然灾害和突发公共事件处置工作，强化食品药品全链条质量安全保障，持续抓好安全生产，全力保障人民群众生命财产安全和社会和谐稳定，切实增强全市人民的获得感幸福感安全感。

（十）实施党建引领基层治理行动。树牢大抓基层、大抓基础的鲜明导向，加强基层组织、基础工作、基本能力建设，加快推进基层治理现代化，建设人人有责、人人尽责、人人享有的基层治理共同体。加强党建引领基层治理创新，推动力量重心下沉、政策保障下沉，形成社区与社会组织、社会工作者、社区志愿者、社会慈善资源"五社联动"机制，构建网格化管理、精细化服务、信息化支撑、开放共享的治理服务体系，实现基层治理由“单线作战”向“整体推进”转变，推动高效能治理在基层扎根见效。加快公共安全治理模式向事前预防转型，坚持和发展新时代“枫桥经验”，更好发挥三级社会矛盾纠纷调处化解中心作用，切实将矛盾纠纷解决在萌芽状态、化解在基层。深入开展全域平安示范创建活动，加强智慧平安社区建设，严密防范和严厉打击各类违法犯罪行为，建设更高水平平安天津，筑牢首都政治、安全“护城河”。

今年是全面贯彻党的二十大精神的开局之年，是天津全面建设社会主义现代化大都市的关键之年。我们要更加积极主动推动“十项行动”落地见效，为全面建设社会主义现代化大都市开好局起好步。

2023年全市经济社会发展的主要预期目标是：全市地区生产总值增长4%左右，一般公共预算收入、居民人均可支配收入保持与经济增长基本同步；固定资产投资增长3%左右，社会消费品零售总额增长6%左右，外贸进出口持平略增；城镇新增就业35万人，城镇调查失业率5.5%左右，居民消费价格涨幅控制在3%左右，节能减排降碳完成国家下达目标。

实现今年经济社会发展主要目标，必须紧紧抓住中心任务、首要任务和第一要务，更加注重扩大有效需求、更加注重建设现代化产业体系、更加注重抓好改革开放、更加注重发挥好天津优势、更加注重有效防范化解重大风险五个方面工作导向，充分调动各方面积极性主动性创造性，凝心聚力，奋发进取，铆足干劲，真抓实干，推动经济运行整体好转，实现质的有效提升和量的合理增长。

我们将扎实做好以下十个方面工作。

（一）聚焦京津冀协同发展、京津同城化发展趋势，着力推动重大国家战略向纵深拓展

更加主动服务北京非首都功能疏解。主动把握京津冀协同发展、京津同城化发展趋势，把握市场配置资源规律，加强项目、平台、信息、政策、机制等前端统筹，集中力量、主动作为，在滨海新区各开发区、中心城区主要功能区和各区产业园区聚焦提升要素承载能力，年内新增承接项目投资额超过1600亿元。推动各区结合产业定位，各有侧重，加强与央企、央院精准对接，谋划央企与地方共建产业园区，积极承接优质制造业、科技创新资源、现代服务业企业和项目，引进一批总部企业和项目。主动服务雄安新区和北京城市副中心建设。

更加积极推进重点领域合作。协同培育壮大新一代信息技术、生物医药、数字经济、航运服务等重点产业，加强生产性服务业合作。加强京津创新领域、园区、人才合作交流，启动京津重要园区干部挂职交流。加快京滨城际（南段）、津潍高铁建设，津兴城际建成通车。与河北省共同推动新建特高压输电通道，支持中石化LNG等项目加快建设。强化大气、水、固体废物污染协同治理，完善跨区域生态补偿机制。全面落实营商环境一体化发展合作框架协议，扩大政务服务跨省通办范围，扩大资质、标准、检验检测、医疗检查结果互认，推进社会保障经办服务协同，深化口岸合作，加强三地自贸试验区联动创新。推动“通武廊”区域一体化改革试验扩面增项，力争实现更大突破。

（二）聚焦建设创新策源地，着力提升创新发展能力

高标准启动天开高教科技园建设。构建以南开区环天南医大片区为“核心区”，以津南区海教园片区、西青区大学城片区为东西两翼拓展区的总体空间布局，探索“学科+人才+产业”创新发展模式，打造科研平台聚集区、创业孵化示范区、创新策源引导区、改革开放试验区、创新创业活力区，实现大学与城市相互滋养、相互赋能，着力打造国内有吸引力的重要创新策源地。先期启动核心区建设，同步规划建设拓展区，盘活楼宇、土地资源，建设高水平载体。建立健全管理体制、运行机制和支持政策，设立“一次办”政务服务窗口，组建高水平市场化平台公司和专业招商团队，建立市、区、校、企（事）、金等多方合作共建模式。充分调动南开大学、天津大学等高校和我市科研院所、企业参与天开高教科技园建设积极性，主动对接头部企业和知名校友企业，对接海河产业基金、天使母基金、京津冀科技成

果转化基金等政府引导基金,设立创业种子基金,吸引科技、金融、创新团队、中介服务等各类资源入驻,孵化转化一批优质科研成果,培育一批创新创业企业。举办天开高教科技园发展论坛。建立高校与产业园区的“握手”通道,争取更多天津高校创新成果实现本地产业化。

加强战略科技力量建设。对接首都创新资源,推动央院、央所、央企与地院、地所、地企建立各类创新联盟,营造良好创新生态,培育鼓励创新的文化氛围。面向科技前沿领域组织实施重大专项,力争突破一批关键核心技术。推动151家国家级创新平台提质增效,推进12家国家重点实验室重组,加快京津冀国家技术创新中心天津中心建设,强化基础研究和应用牵引,推动海河实验室产生更多创新成果、孵化更多初创企业。

强化企业创新主体地位。深入实施企业研发费用税前加计扣除、研发投入后补助政策,着力提高企业研发投入水平。以打造国家自主创新示范区升级版为引领,完善创新主体梯度培育体系,大力引育国家高新技术企业,培育领军企业,国家高新技术企业超过1.1万家,“雏鹰”“瞪羚”领军(培育)企业分别超过5800家、460家、310家。新增国家级制造业“单项冠军”企业10家、专精特新“小巨人”企业60家。支持龙头企业牵头组建10家创新联合体,促进重大成果加快转化。

优化创新要素供给。深入实施“海河英才”行动计划升级版,创造条件吸引更多人才来津。继续实施高层次创新型人才培养培训计划,激发人才创新创造活力。推进职称制度与职业资格、职业技能等级制度有效衔接,实现技术和技能人才职业发展贯通,加快建设高素质产业工人队伍。健全“揭榜挂帅”“赛马”等制度,开展企业创新积分制试点,加快形成“以用立业”为导向的科技创新格局。实施科技成果转化“解细绳”2.0版,带动全市技术市场交易额突破1700亿元。建立服务企业上市通道,推动8家科技型企业上市,扩容科创企业上市培育项目库。设立10只以上天使子基金,总规模达到20亿元。开展数据授权运营试点,做大北方大数据交易中心。强化知识产权全链条保护,支持滨海新区申报国家知识产权保护示范区。推进全域科普向纵深发展。

(三)聚焦深入实施制造业立市战略,着力提高现代工业产业核心竞争力

大力发展战略性新兴产业。加快打造中国信创谷,加强新一代超级计算机应用生态建设,推动国家超算天津中心更深入、更紧密、更市场化服务全市智能制造、信创产业、生物医药发展,增加“AI+制造”“AI+信创”“AI+交通”等应用场景,推动智能网联汽车、自动驾驶产品技术等场景规模化应用。加快打造京津冀特色细胞谷,推进现代中药创新中心、中国医学科学院细胞产业转化基地等平台建设,实施中电云脑健康医疗大数据、劲风生物免疫肿瘤细胞治疗等重大项目。加快打造生物制造谷,推进生物制造产业园、中科复星生物产业基地等一批项目建设。支持海工装备集聚区申报国家级创新型产业集群。在信创、先进材料、生物技术、细胞科学、脑机交互等领域转化一批科研成果,培育发展未来产业。

做大做强制造业重点产业链。打好重点产业链攻坚战,建立“链长+链主”双牵引机制,吸引链主企业和高端产业要素加快聚集,培育一批具有牵引带动作用的链主企业。强化重大项目支撑,推动一汽丰田新能源车增产上量,中石化南港120万吨乙烯、华为天津区域总部等项目竣工,中芯国际大二期、诺和诺德扩能、联想创新产业园、康希诺创新疫苗产业园等项目加快建设,渤化新材料产业园二期、卓朗工业软件产业园、海能发海洋装备制造等项目开工。

加力推动制造业高端化智能化绿色化发展。深入实施智能制造赋能、绿色制造等工程,打造行业级和区域级工业互联网平台,引育一批具有行业影响力的平台企业,新培育100个智能工厂和数字化车间,加强智能化应用场景建设,累计建成5G基站6万个,推进全域示范应用,让网络、数字、智能化为经济赋能、为城市增辉、为生活添彩。

(四)聚焦促进港产城深度融合，着力发展壮大港口经济

加力推进港产城融合。制定实施港产城融合发展行动方案，促进天津港港区与“津城”“滨城”城区协同融合发展，在中心城区、东疆综合保税区、于家堡等区域打造航运服务聚集区。加快发展临港产业，谋划建设天津国际物流产业园，打造大宗商品交易储运和加工基地、空箱调拨基地。推进天津海洋装备智能制造基地、中国农批天津冻品交易市场等项目建设。大力发展集装箱海铁联运和中欧(中亚)班列。加快建设兴港高速公路、北港路南延等项目，畅通港城交通。

着力发展港口经济。端好港口“金饭碗”，统筹“津城”“滨城”和天津港资源，推动港口经济上规模、上水平、上档次。市级部门充分发挥组织协调推动作用，制定实施港口经济高质量发展中长期规划、年度计划和配套政策，建立各类要素协调保障机制。“津城”重点培育航运经纪、航运金融、航运会展、海事法律服务等高端航运服务业态，吸引更多国内外航运企业落户。“滨城”重点发展航运物流、冷链物流、汽车物流、保税物流等临港物流业，壮大海洋装备、石油化工新材料、航空航天、粮油加工、冷冻品精深加工等临港制造业，做强航运租赁、航运交易、大宗商品贸易等临港服务业。天津港集团重点加强港口运营和市场开拓，开辟更多集装箱班轮航线，推进“港、航、物、贸、产”一体化发展。积极拓展海空联运，推动海港空港联动发展。

(五)聚焦发挥经济大区带动作用，着力构建以滨海新区为龙头的梯次、紧凑、精致发展格局

充分发挥滨海新区等经济大区“引擎”作用。滨海新区要率先以港产城融合发展谋篇布局，进一步释放五大开发区发展活力，聚焦“1+3+4”主导产业，培育壮大重点产业链，加快推进科技与产业深度融合，大力发展产业互联网主导的平台经济，持续提升产业链稳定性、完整度和竞争力，着力打造一批在全国具有重大影响力的产业集群和主题园区，当好全市经济高质量发展主力军。河西区要聚焦金融服务、总部经济、数字经济、文创设计等产业，持续增强友谊路周边、新八大里数字经济主题园区和陈塘科技商务区集聚效应。西青区要加快天开高教科技园西拓展区、集成电路产业园、南站科技商务区规划建设，提升特色产业聚集区发展水平。武清区要深入谋划京津产业新城核心区开发建设，发挥数据中心服务拓展、佛罗伦萨小镇商圈、智能轨道交通等资源优势，当好承接北京非首都功能疏解桥头堡。北辰区要加快推进京津医药谷、高端装备产业园、华北江铜智慧产业园建设，集聚发展绿色能源、高端装备、智能制造、中医药等产业。和平区要抢抓中央商务区、金融街规划建设机遇，提升商务楼宇和商圈品质，打造充满活力的楼宇经济样板区，加快建设国际消费中心城市标志区。支持其他各区特色发展、错位发展、协同发展，引育优质项目，做强产业实力，形成争先进位、竞相发展的浓厚氛围。

建立健全市、区两级聚焦高质量发展工作机制。实施适应高质量发展要求的绩效考核体系，牢固树立高质量、高效益精致增长的转型发展导向和竭诚支持市场主体发展的政务服务导向，配好建强招商队伍，完善市、区两级招商引资及产业支持政策、绩效考核机制，有效盘活存量资源资产，引导资源配置向优质项目、链主企业、高附加值产业汇集。开展各区招商项目现场观摩、互学互鉴活动，大力营造靠作风吃饭、凭实绩说话的发展氛围。

(六)聚焦提升现代服务业发展能级，着力推动集聚高端资源要素

高标准筹划建设金融街和中央商务区(CBD)。在和平区、河西区相关区域筹建金融街，着力发展科创金融、产业金融、数字金融、航运金融等特色金融，进一步增强金融资源集聚效应和服务支撑作用。举办“五大道”金融论坛。在和平区、河西区相关区域筹建中央商务区，着力发展总部经济、楼宇经济，提升专业服务、商务服务、金融服务、航运服务、文化创意和设计服务等服务经济能级，促进数字科技、平台经济等创新发展。积极推动自贸试验区改革试点经验率

先在中央商务区复制推广。建立健全金融街、中央商务区建设管理运营体制机制、专业化服务招商体系和支持政策，编制产业发展导则、规划建设导则，定向引聚高端商务服务业主体，强化功能集聚，培育专业、标志性特色楼宇。

大力推动商贸消费提质升级。充分依托交通、口岸、会展、自贸试验区、超大城市公共服务资源，加快推进区域商贸中心城市建设。加快进口贸易促进创新示范区、综合保税区等“大商贸”载体建设，打造粮油、冻品、油气等大宗商品贸易平台，构建汽车大流通枢纽。加快建设跨境电子商务综合试验区，提升跨境电商能级。推进飞机租赁、船舶海工租赁、离岸租赁三个世界级租赁中心建设，扩大汽车、大型设备、新能源设施和医疗器械租赁集聚优势。

大力发展会展经济，建成国家会展中心（天津）二期，完善国家会展经济片区功能，吸引品牌会展商落户，有效提高办展能力和国际化水平，办好世界智能大会、中国（天津）国际汽车展、中国旅游产业博览会等重大展会，谋划筹办航运类国际博览会，全力打造北方会展之都。立足服务超大城市群消费主体，加快推进国际消费中心城市建设。把恢复和扩大消费摆在优先位置，实施百年金街、古文化街、意式风情区等传统商圈提质升级，加力发展首发首店经济，促进新场景消费赋能。落实搞活汽车流通扩大汽车消费 14 项措施，推动平行车保税展示交易项目落地，办好第三届海河国际消费季。

加快培育现代服务业发展新动能。制定出台促进服务业高质量发展行动方案，打造服务业重点产业链，培育现代服务业新体系。制定实施促进平台经济健康发展政策，深化与头部平台企业战略合作，吸引细分领域平台企业和相关产业在津布局。制定实施重点服务业领域企业梯度培育方案，建立培育库，对“独角兽”、准“独角兽”企业、“种子”企业和“隐形冠军”企业分级分类扶持。

（七）聚焦培育新动能、增创新优势，着力建设高水平改革开放新高地

全面深化改革开放。深化要素市场化配置改革，争取纳入国家要素市场化配置综合改革试点。有序有效实施国企改革重组，加强与有实力的战略投资者合作，注入更多优质外部资源要素，积极探索央企与地方联合设立创新发展基金，打造一批创新型国企，推动改革释放活力。完善支持民营经济发展政策体系，出台更好促进民营经济健康发展和民营经济人士健康成长工作措施，全面落实促进个体工商户发展条例。深入推进自贸试验区制度创新，促进“保税+”“租赁+”“保理+”等优势产业创新升级，推出一批可复制可推广的制度创新经验。构建跨境投融资绿色通道，尽快落地跨境电商“境外海外仓+境内集货仓”模式，打造保税维修再制造创新示范区。深入推进服务业扩大开放综合试点建设，大力培育新兴贸易业态。落实好外资企业国民待遇。统筹用好友城资源，加强与美国、欧盟、东盟、东北亚等国家和地区经贸往来与产业合作，优化“鲁班工坊”全球布局。持续做好东西部协作和支援合作。全面完成市、区两级国防动员体制改革任务。

着力释放市场主体活力。高质量完成优化营商环境三年行动计划攻坚战各项任务。优化审批环境，深化工程建设综合审批制度改革，推广工业“标准地”出让和施工图承诺许可制度，实施产业园区规划环评与项目环评联动，改进项目联合验收程序，在破除“准入难”基础上更好解决“准营难”，持续深化“证照分离”改革，推动直接取消审批、审批改为备案、实行告知承诺、优化审批服务分类改革。优化政务服务环境，推动政务服务从“能办”向“好办”转变，全面推进电子营业执照应用，推广“一企一照一码”，推出一批高频事项“一件事一次办”场景。深入推进市场主体年报“多报合一”改革，严格执行市场准入负面清单和外资准入负面清单。强化法治环境、信用环境和公平竞争环境建设，依法保护各类市场主体合法权益。

（八）聚焦践行“绿水青山就是金山银山”理念，着力推进宜居宜业宜游宜乐城市发展

持续优化城市生态环境。高水平实施国土空间规划，统筹推进山水林田湖海一体化保护和

系统治理，持续推进“871”重大生态工程提质建设。有序推进“一环十一园”植物园链建设，新建改造50个“口袋公园”，推动天津滨海国家海洋公园建设。以更高标准打好蓝天、碧水、净土保卫战，持续深化重点行业超低排放改造，强化挥发性有机物污染治理，开展噪声、异味等专项治理，新改扩建一批污水处理厂及配套管网，加强入海河流“一河一策”总氮污染治理，深化河（湖）长制管理。

着力推进绿色低碳发展。加快工业园区、机关、企事业单位低碳（零碳）试点示范建设，健全废旧物资循环利用体系。强化煤炭清洁高效利用，建设大港电厂关停替代工程。持续推进“公转铁+散改集”，加大建筑节能推广力度，新增地热供热能力900万平方米，再生水利用率达到46%。

加快建设特色鲜明的文化旅游目的地城市。用好河、海、楼、山、林、湿地、古镇、乡村等独特资源，强化天津城市形象和旅游资源宣传，持续培育一批有“津味”、适合城市群消费特点的周末游、休闲游、“网红打卡地”和文旅新场景。推出20条串联各类优质旅游资源的“津牌”多日游文旅线路，满足多样化旅游需求，统筹策划“文旅商”消费季等活动，持续推进5A级旅游景区创建，吸引更多海内外游客体验天津独有城市文化魅力。

（九）聚焦推进乡村全面振兴，着力促进城乡协调发展

做优现代都市型农业。全面落实粮食安全责任，新建和改造提升20万亩高标准农田，粮食、蔬菜播种面积分别达到550万亩、75万亩以上，生猪年出栏180万头以上，保障粮食和重要民生商品稳定安全供给。提升农业生产“三品一标”水平和科技创新能力，持续提高“津农精品”品牌知名度，拓展“津”“京”双城供给影响力。加快现代农业产业园、农业产业强镇、农业现代化示范区建设，深入推进小站稻、蔬菜、畜牧、水产等优势主导产业全产业链发展。实施特色农产品流通工程，推动我市特色农产品覆盖京冀、畅销全国。

加快农村改革步伐。深化农村集体产权制度改革，稳妥探索村集体经济组织市场化运行机制，推进跨区域农村产权流转交易市场建设。强化农村土地承包管理，按照国家部署，稳妥有序做好农村宅基地制度改革和集体经营性建设用地入市改革试点。

深入推进乡村建设。改造农村公路240公里，实施供水和污水管网改造，加快推进教育、医疗卫生等公共服务资源城乡均衡配置，深化数字乡村建设。扎实推进农村人居环境整治提升五年行动，深入实施农村全域清洁化工程，健全完善垃圾处理、污水处理、厕所等设施日常管护机制。持续推广乡村治理积分制、清单制。

（十）聚焦群众最关心最直接的问题，着力增进民生福祉

办好人民满意的教育。推进基础教育综合改革国家实验区建设，新增义务教育学位2.2万个、普通高中学位8500个，推进婴幼儿托位建设，开展中小学生体质测试与视力筛查。推进产教联合体和产业链产教融合共同体试点建设，创新拔尖人才选拔培养机制，高质量实施“双高计划”。办好第二届全国职业技能大赛。加快北京协和医学院天津校区、天津医科大学新校区建设，启动天津美术学院、天津音乐学院扩建。持续推进高校“双一流”建设，实施顶尖学科培育计划，打造一批服务科技创新和产业发展的特色学科群。加强师德师风建设，培养高素质教师队伍。深入推进新时代教育评价改革，建设“大思政课”综合改革试验区。

守护人民群众健康。进一步完善公共卫生服务体系，适应疫情防控新形势新要求，坚决落实中央关于疫情防控最新部署，优化疫情防控和医疗救治措施，扎实稳妥做好医疗资源保障和医疗物资生产保供，强化重症救治和正常医疗秩序，优化分级诊疗和医防协同机制，做好养老院、福利院、学校、幼儿园等重点机构场所防疫管理各项工作。加快建设第三中心医院东丽院区等项目，推进部市共建8个专业国家区域医疗中心，争取获批国家血液病医学中心、国家中医医学中心。推动基层医疗机构标准化建设，建成

100 家标准胸痛救治单元。建立药品耗材应急会商保障机制，推进城市医疗集团和区域医共体建设，推广“互联网+医疗健康”模式，深入实施重点人群健康提升和慢性病防治等行动。

完善社会保障体系。聚焦青年特别是高校毕业生、退役军人、农民工等重点群体，落实落细就业优先政策，兜底帮扶就业困难人员就业 2 万人以上。健全灵活就业社保政策，维护新就业形态劳动者劳动保障权益。开展多层次职业技能培训。健全基本养老、基本医疗保险筹资和待遇调整机制，提高大病保险报销比例和居民医保住院最高支付限额，将基本医保门（急）诊政策范围内个人负担的医疗费用纳入大病保险保障范围，落实重特大疾病医疗保险和救助制度，推进长期护理保险制度试点建设，健全职工生育保险制度。完善异地就医直接结算，常态化制度化开展药品和高值医用耗材集中带量采购。基本建成四级养老服务体系，建设养老服务综合体 30 个，对特殊困难老年人提供居家适老化改造服务。健全分层分类社会救助制度，推动救助事项“一城通办”。对 3000 户困难残疾人家庭实施无障碍改造。为新市民、青年人等群体提供 8500 套保障性租赁住房，向中低收入住房困难家庭发放租房补贴 4 亿元。健全弹性供暖机制，持续提升供暖服务质量。新建和改造提升 8 个标准化菜市场，新建 60 个品牌连锁便利店。提升“12345”政务服务便民热线质效。发挥好各级关爱退役军人协会、服务中心（站）桥梁纽带作用，强化退役军人服务保障。做好妇女儿童、残疾人、慈善等工作。

促进文体事业加快发展。加快建设大运河国家文化公园，用好用足红色资源，建设革命军事馆，加强文物和文化遗产保护传承活化利用。实施文化惠民工程，创作一批津派文艺精品，举办名家经典惠民演出季。加快落实全民健身实施计划，改造 200 处社区健身园，新建 20 公里健身步道、100 处户外微场地、50 处乡村健身广场、15 公里“海河蓝丝带”自行车骑行道。广泛开展群众性赛事活动，加强青少年体育工作，提升竞技体育水平。

改善城市基础设施。实施一批城市更新项目，改造城镇老旧小区 410 万平方米。建成 8 条城市道路，优化公交线路 40 条，新增停车泊位 5000 个、公共充电桩 2000 个，地铁 11 号线一期东段建成通车。改造供热旧管网 134 公里、燃气旧管网 592 公里。加快北大港水库扩容工程前期工作，建设静海引江供水管线，改扩建杨柳青和新开河水厂。

切实筑牢城市安全防线。持续开展安全生产重点行业领域风险隐患专项整治，推进城市内涝系统化治理，健全防洪防潮工程体系，提高防灾减灾救灾和重大突发公共事件预警预报、处置保障能力。统筹做好重要民生商品保供稳价和煤电油气运保障供应，全面加强食品药品监管。加强和改进人民信访工作，提升基层社会治理能力，建设更高水平平安天津。积极支持国防和军队建设，加强全民国防教育，广泛开展双拥共建活动，巩固军政军民团结。

三、切实提升政府工作效能和水平

面对新形势，迎接新挑战，政府系统要展现新作为，开创新局面，加快转变职能，强化责任担当，改进工作作风，提高治理效能，以实实在在的工作成效赢得群众和市场主体的认可，全力建设法治高效廉洁的人民政府。

努力打造政治过硬的政府。深刻领悟“两个确立”的决定性意义，坚持不懈用习近平新时代中国特色社会主义思想凝心铸魂。坚持以党的政治建设统领经济社会发展，不断提高政治判断力、政治领悟力、政治执行力，坚决落实党中央决策部署和市委工作要求，把对党忠诚、为民尽责落实到实际行动上、体现到工作成效中。

努力打造法治诚信的政府。扎实实施法治建设“一规划两纲要”，不断提高行政效率、公信力和行政决策法治化水平。依法按程序推动重点领域和新兴领域高质量立法，深化行政执法体制改革，全面推进严格规范公正文明执法，深入开展“八五”普法。做好第五次全国经济普查工作。自觉接受人大法律监督、工作监督和政协民主监督，主动接受社会和舆论监督，更好发挥工会、共青团、妇联等人民团体桥梁纽带作用，认真落实党的民族、宗教和侨务政策，切实做好港澳台工作。

努力打造廉洁为民的政府。坚持全面从严治党永远在路上、党的自我革命永远在路上，压实全面从严治党政治责任，推动政府系统全面从严治党向纵深发展。加强重点领域、重要部门、关键岗位廉政风险防控，强化审计监督全覆盖，一体推进不敢腐、不能腐、不想腐。锲而不舍落实中央八项规定及其实施细则精神，驰而不息纠“四风”、树新风，深化形式主义官僚主义和不担当不作为问题专项整治，持续为基层减负。政府坚持过紧日子，严控一般性支出和“三公”经费。建立健全正向激励和容错纠错机制，让愿担当肯干事的人有机会，让敢担当会干事的人有舞台，让能担当善成事的人有作为。牢记政府前面的“人民”二字，把为民造福的本质要求全面落实到各级人民政府工作全过程各方面，以敬民之心谋民生之利、解民生之忧、增民生之福，努力向人民交出满意的答卷。

各位代表！奋斗成就梦想，实干创造未来。让我们更加紧密地团结在以习近平同志为核心的党中央周围，在市委坚强领导下，踔厉奋发、勇毅前行、善作善成，奋力开创全面建设社会主义现代化大都市新局面，为全面建设社会主义现代化国家、全面推进中华民族伟大复兴贡献天津力量！

政协天津市委员会常务委员会工作报告

——2023年1月10日在政协天津市第十五届委员会第一次会议上

盛茂林

各位委员：

我代表中国人民政治协商会议天津市第十四届委员会常务委员会，向大会报告过去五年的工作，对今后工作提出建议，请予审议。

一、过去五年工作回顾

五年来，市十四届政协及其常委会坚持以习近平新时代中国特色社会主义思想为指导，全面贯彻落实中共十九大、二十大精神，深入贯彻落实习近平总书记关于加强和改进人民政协工作的重要思想，认真贯彻落实习近平总书记对天津工作“三个着力”重要要求和一系列重要指示批示精神，深刻领悟“两个确立”的决定性意义，增强“四个意识”、坚定“四个自信”、做到“两个维护”，按照中央政协工作会议部署，在全国政协指导和中共天津市委领导下，坚持团结和民主两大主题，坚持发展全过程人民民主，充分发挥专门协商机构作用和统一战线组织功能，政治协商聚焦大事，民主监督紧盯难事，参政议政关注实事，凝聚共识同心干事，组织开展重要协商活动220余次、委员参与12900余人次，提交提案4805件、大会发言645篇、调研报告1500余篇、社情民意信息837篇，向市委、市政府报送重要协商成果137件，为实现天津高质量发展、全面建设社会主义现代化大都市贡献了智慧和力量。

（一）坚持党的领导，牢牢把握正确政治方向

五年来，我们始终把坚持党的领导作为根本政治原则，坚决贯彻落实中央决策部署和市委工作要求，自觉把党的领导贯穿政协工作各方面和全过程。

一是坚定不移落实党的全面领导。深入开展对党、对习近平总书记的忠诚教育，教育引导政协委员和各界人士不断增强坚定捍卫“两个确立”、坚决做到“两个维护”的政治自觉、思想自觉、行动自觉。对标对表习近平总书记关于加强和改进人民政协工作的重要思想，研究制定加强和改进政协工作的具体措施238条，切实把党对政协工作的要求根植于心、见之于行。市政协党组充分发挥把方向、管大局、保落实的领导作用，加强对政协工作中重要问题的研究，严格执行重大事项请示报告制度，制定关于加强向市委请示报告工作的实施意见，确保政协始终在党的领导下开展工作。认真落实开展党的统一战线工作职责要求，做好经常性思想政治工作，引导参加政协的各党派团体和各族各界人士共同落实党对人民政协的领导，把更多的人团结在党的周围。

二是坚定不移深化党的创新理论武装。完善以政协党组理论学习中心组学习为引领，主席会议、常委会会议集体学习为重点的学习制度体系，严格落实“第一议题”“第一主题”“第一主课”制度，成立28个学习座谈小组，持续深入学习习近平新时代中国特色社会主义思想。深入推进委员读书活动，发挥政协书屋综合载体作用，完善委员移动履职平台读书栏目功能，建立25个主题读书群，围绕学习《习近平谈治国理政》第一至第四卷等开展读书交流，委员交流读书感想1万余人次。扎实开展“不忘初心、牢记使命”主题教育、以中共党史为重点的“四史”学习教育和“迎盛会、铸忠诚、强担当、创业绩”主

题学习宣传教育实践活动工作，引导政协委员和各界人士始终不渝跟党走、携手奋进新征程。中共二十大召开后，迅速作出部署，主席会议成员带头学习，常委会会议专题学习，通过举办报告会、座谈会等深入学习，形成学习宣传贯彻大会精神热潮。

三是坚定不移加强政协党的建设。把政协党的建设摆在首位、作为重中之重，成立市政协党建工作领导小组，以党的政治建设为统领，全面加强政协党的各项建设。成立市政协机关党组和10个专门委员会分党组，建立28个党员委员履职临时党支部，272名中共党员委员全部编入政协党组织，参加双重组织生活，实现党的组织对党员委员全覆盖。健全党员委员履职评价机制，推动党员委员联系党外委员，带动党外委员强化理论武装、坚定政治立场、遵守纪律规矩、推动政策落实，实现党的工作对政协委员全覆盖。持之以恒推进政协系统全面从严治党，压紧压实政协各级党组织管党治党政治责任，一体谋划、一体推进政协党建工作和业务工作，形成抓党建促发展、促团结、促担当"一建三促"同向发力的良好局面。市政协在全国地方政协工作经验交流会上汇报党建工作成果，得到全国政协肯定。

（二）坚持守正创新，推进专门协商机构建设

五年来，我们始终把创新作为政协事业发展的不竭动力，在继承优良传统、坚持重要原则的基础上，不断开拓创新、探索实践，推动专门协商机构更好"专"出特色、"专"出质量、"专"出水平。

一是创新工作理念。深入贯彻落实中央和市委对政协工作部署要求，紧密结合天津政协实际，提出"党有号召，政协有行动""'飞鸽牌'的干部，做'永久牌'的事业""文经我手无差错，事交我办请放心""守住法纪底线，追求道德高线""累并快乐着"等工作理念，激励政协委员和政协机关干部做忠诚干事、科学干事、创新干事、担当干事、扎实干事、干净干事的合格"职业政协人"。在这些工作理念引领下，广大政协委员和政协机关干部牢固树立一线意识、践行一线要求、保持一线状态，履职尽责的主动性、积极性、实效性普遍增强，展现了新时代政协委员和政协机关干部新风貌，干出了天津政协工作新样子。

二是拓展履职平台。大力推进市政协"一中心两站"履职阵地建设，全面提升委员履职活动中心服务功能，精心打造政协书屋、协商议政室、界别活动室等活动载体，举办各类履职活动180余次，委员参与9400余人次；推动32个界别全部建成界别活动站，组织委员深入界别群众了解思想状况、反映意愿诉求，开展界别活动600余次，联系群众7000余人次；推动全市16个区全部建成委员社区联络站，开展"请您来商量""协商解难题""为民服务凝共识"等主题活动100余次，更好把政协制度优势转化为基层治理效能。"一中心两站"已经成为市政协实践全过程人民民主的有效载体，成为加强专门协商机构建设的亮丽名片，得到全国政协和兄弟省区市政协充分肯定。

三是丰富协商形式。每年召开两次市政协经济运行分析座谈会，聘任74名相关领域政协委员和专家学者组成专家人才库，围绕天津高质量发展聚共识、建真言、献良策。大力推进现场协商、把协商会议开在国家会展中心（天津）项目、市第一中心医院新址扩建项目等全市重大建设项目现场，引导委员实地感悟天津发展成就，提出对策建议，汇聚发展合力。积极开展网络议政，利用委员移动履职平台发布议题537个，委员参与37500余人次。建成"1+25+X"远程协商视频会议系统，实现市政协主会场与市各民主党派和工商联、各区政协分会场互联互通，开展远程协商300余次。

四是完善制度机制。围绕加强政协党的建设，修订市政协党组工作规则，制定机关党组、专门委员会分党组工作规则，制定市、区政协党组成员谈心谈话等实施办法。围绕提升建言资政和凝聚共识双向发力水平，制定协商工作规则，建立协商议政质量评价工作机制，出台提高协商议政质量、提升调查研究实效、加强和促进凝聚共识工作等实施意见。围绕加强委员队伍建设，

修订委员履职管理办法，制定委员履职工作规则，建立委员学习、委员退出等制度规范。五年来，新建制度机制60项、修订42项，初步形成了以政协章程为依据、以协商制度为主干，覆盖政协党的建设、履职工作、组织管理、内部运行等各方面的制度体系，为政协工作规范有序开展提供了有力保障。

（三）坚持服务大局，助推天津高质量发展

五年来，我们始终把围绕中心、服务大局作为履行职能的重要原则，坚持胸怀“国之大者”，自觉立足大局，积极融入大局，努力为经济社会发展全局添助力、增合力。

一是聚焦市“十四五”规划编制实施全程建言。围绕科学编制市“十四五”规划，组织政协委员、专家学者开展系列调研视察，召开专题议政性常委会会议，协商研讨我市“十四五”发展的主攻方向、主要目标、重点任务，形成100篇调研报告、400余条意见建议，为市委、市政府决策提供智力支持。发挥市政协咨询委应用型智库作用，就“十四五”时期打造天津“智谷”、承接北京金融贸易资源、优化石化产业结构等开展前瞻性研究，形成20篇研究成果，得到市委、市政府领导批示肯定。市“十四五”规划制定实施后，围绕构筑人才高地、建设运动之都、提高水环境质量、发展中医药产业、加强软实力建设等，开展协商议政、民主监督，持续跟踪问效，推动规划落实，助力我市“十四五”实现良好开局。

二是聚焦京津冀协同发展多层协商。召开3次专题议政性常委会会议、4次专题协商会，围绕建设全国先进制造研发基地、打造区域科技创新中心、构建“津城”“滨城”双城发展格局等关键问题接力建言，助力唱响京津“大双城记”和津滨“小双城记”。依托京津冀政协主席联席会议平台，与北京市、河北省政协及国家有关部门共同就三地“十四五”规划协同、现代化都市圈建设、产业链互补融合、水资源保护利用、社保领域共建共享等开展座谈交流，向全国政协提交联名提案。组织住津全国政协委员在全国政协会议上积极提交提案、参与发言，宣传我市贯彻落实重大国家战略的政策措施和实际成效，就进一步推动京津冀协同发展提出意见建议。

三是聚焦调结构换动能积极献计。以大力振兴实体经济为题，召开专题议政性常委会会议，就加快引育新动能、加大5G通讯设施建设力度、促进重点产业链高质量发展等提出意见建议，推动制造业立市战略深入实施。以推进国际消费中心城市建设为题，召开专题议政性常委会会议，就加强大运河文化保护传承利用、培育文化消费环境、推动文旅融合发展等提出意见建议，推动现代服务业提档升级。以推动农村三产融合和种业振兴为题，召开专题协商会，就保障粮食安全、加强种业创新、提升农业综合生产能力等提出意见建议，推动现代都市型农业加快发展。

四是聚焦改革开放创新务实献策。围绕打造一流营商环境，通过专题议政性常委会会议、专题协商会和主题调研，连续4年协商建言，提出加强信用体系建设、创新金融风险管理、降低企业用电成本等建议，在“天津八条”“民营经济19条”等政策措施中得到采纳。围绕深化改革、扩大开放，就高标准高质量建设自贸试验区开展专题议政，就壮大区级经济实力、推进国有企业混改、推动金融支持产业链发展等深入调研协商，助力打造改革开放先行区。围绕加快实施创新驱动发展战略，召开完善知识产权保护体系、推动科技成果转化等专题协商会，助推高水平创新型城市建设。

（四）坚持履职为民，协助党和政府增进民生福祉

五年来，我们始终把更好满足人民日益增长的美好生活需要作为政协工作的出发点和落脚点，坚持以人民为中心的发展思想，深入实际察民情，献计出力解民忧，春风化雨聚民心，努力做到人民政协为人民。

一是助力解决群众急难愁盼问题。着眼促进共同富裕，从分配这个小切口破题，深度调研分析，精准议政建言，协商成果得到市委主要领导批示肯定。着眼补齐民生领域短板，就加快市区棚户区改造、推动乡村振兴战略实施、办好人民满意的教育、构建现代城市医疗体系、促进健

康养老产业发展、推进社会适老化改造等提出建议，为做好普惠性、基础性、兜底性民生工作提供了重要参考。着眼推进美丽天津建设，组织委员到“871”重大生态工程现场调研，召开“减污降碳协同增效”专题议政性常委会会议，积极开展关注森林活动，为经济社会发展全面绿色转型出实招、献良策。着眼创新和完善社会治理体系，围绕加强新时代文明实践中心建设、提升生物安全治理能力、创建“无黑”城市等开展专题协商，助力打造共建共治共享的社会治理格局。

二是协力打好疫情防控攻坚战。面对突如其来的新冠肺炎疫情，我们坚决贯彻落实中央部署和市委要求，坚持人民至上、生命至上，第一时间发出倡议书，动员广大政协委员和各界人士积极投身疫情防控的人民战争、总体战、阻击战。住津全国政协委员、市政协委员、海外华侨华人代表累计捐款2亿余元、捐物价值2900余万元。一大批政协委员奋战在疫情防控第一线，参与医疗救助、科研攻关、稳产稳岗、保障供应等工作，涌现出单玉厚等许多先进模范人物。聚焦高效统筹疫情防控和经济社会发展持续建言，向市委、市政府提交相关提案、社情民意信息459件，暂停机动车尾号限行政策等建议被相关部门采纳。先后召开7次商会、企业负责人座谈会，深入听取意见建议，反映意愿诉求，助力“六稳”“六保”政策措施落地见效。

三是倾力办好利民惠民实事。成立5支委员志愿服务队，常态化开展送医下基层、文体进社区、环保歌曲进校园等公益活动，受益群众达6500余人次。持续开展“用爱送你进学堂”“关爱特困单亲母亲”等扶危济困活动，累计筹集善款3900余万元，资助困难群众8000余人次。动员政协各参加单位和广大政协委员积极参与东西部扶贫协作和对口支援，圆满完成结对帮扶困难村工作，积极开展“乡村振兴·政协行动”活动，助力经济薄弱村发展和示范村建设，在打赢脱贫攻坚战、推进乡村振兴中贡献了政协力量。

（五）坚持凝心聚力，促进大团结大联合

五年来，我们始终把加强思想政治引领、广泛凝聚共识作为履职工作的中心环节，在思想交流中增进团结，在合作共事中巩固团结，在共同奋斗中深化团结，推动形成全体海河儿女心往一处想、劲往一处使的生动局面。

一是细化凝聚共识工作。把握中国共产党成立100周年、新中国成立70周年、人民政协成立70周年等重大时间节点，开展系列庆祝活动，广泛汇聚同心向党、携手前行的奋进力量。丰富凝聚共识形式，举办春秋讲堂30期，组织住津全国政协委员集中考察、市政协常委主题视察、党外委员专题视察62次，主席会议成员与政协委员、党员委员与党外委员深入开展谈心谈话，精准有效做好阐释政策、理顺情绪、引导预期、坚定信心的工作。充分发挥委员影响力，传播扩大共识，组织录制播出委员讲堂31期，开展基层宣讲167次，推动广大委员更好成为党的政策宣传员、思想政治引领者、界别群众贴心人。

二是深化团结联谊工作。定期走访各民主党派市委会、市工商联和无党派人士，在政协书屋设置各民主党派、工商联图书专区，与各党派团体开展联合调研、联动协商活动318次，积极为他们在政协履职创造良好条件。密切与党外知识分子、非公有制经济人士、新的社会阶层人士沟通联络。定期召开少数民族界、宗教界反映社情民意座谈会，围绕加强少数民族流动人口服务管理、推进宗教教职人员队伍建设等调研议政。全面准确贯彻“一国两制”方针，坚定落实“爱国者治港”“爱国者治澳”原则，加强与港澳地区市政协委员线上线下沟通交流，支持港澳委员在香港局势实现由乱到治的重大转折过程中旗帜鲜明正面发声，维护港澳地区长期繁荣稳定。24名港澳委员分别被选任为特区选举委员会委员、立法会议员、行政会议成员和获得特区政府颁授勋衔及嘉奖。建立津港澳青少年交流基地，创新举办“港澳青少年国情教育空中课堂”，组织津港澳青少年交流活动13批次、400余人次，深入走访港澳台侨资企业，邀请海外侨胞代表列席政协重要会议115人次，不断巩固扩大爱国统一战线。

三是强化宣传思想工作。认真落实意识形态工作责任制，加强政协意识形态阵地建设和管理，统筹办好天津政协杂志、市政协门户网站、微信公众号，积极弘扬主旋律、传播正能量。在人民日报、人民政协报、天津海河传媒中心等主流媒体刊发重点报道 830 余篇，会同天津日报、天津广播电视台办好《走进政协》《政协民心桥》栏目，在北方网和津云 App 上线“天津政协”频道，努力讲好天津故事、政协故事。深入开展政协理论研究，完成 59 项重点研究课题，多篇理论文章在国内主要刊物发表，5 项研究成果荣获省市级优秀调研成果奖。加强市政协文史馆建设，征集文史资料 300 余万字，进一步强化文史资料“存史、资政、团结、育人”作用。在全国政协宣传思想工作座谈会上，市政协工作经验得到全国政协肯定。

（六）坚持强基固本，提高履职能力和水平

五年来，我们始终把加强自身建设作为推动工作的重要保障，引导广大政协委员和政协机关干部增强担当作为的意识、提高狠抓落实的本领，积极履职尽责，为政协事业创新发展奠定坚实基础。

一是加强委员队伍建设。完善委员学习培训机制，开展年度集中培训和线上线下、分级分类培训 94 次。优化委员履职条件，举办知情报告会和开展委员活动日 110 余场（次），搭建委员移动履职平台与“12345”便民热线即时互联通道，更好服务委员知情明政、参政议政。加强委员履职宣传表彰，持续办好“立足本岗有作为，政协履职有贡献”委员风采展，编辑出版《委员风采录》，定期开展优秀提案、优秀调研成果评选表彰。加强委员履职管理，建立委员履职档案、常委提交履职报告制度，加大委员履职情况统计评价力度，对履职情况不佳委员及时通报批评，依章程撤销严重违纪违法的委员资格，引导委员珍惜荣誉、当好责任委员。

二是加强专门委员会建设。优化专门委员会设置，新设置农业和农村委员会，调整设置医卫体委员会、文化和文史资料委员会，更好发挥专门委员会基础作用。修订专门委员会通则，制定专门委员会工作规则，提升专门委员会工作制度化、规范化和程序化水平。在各专门委员会建立委员活动室、党建活动室，打造专门委员会特色活动、特色品牌 24 个。以专门委员会为依托，开展灵活多样的协商议政活动，组织重点提案办理协商 200 余次、与党政部门对口协商 160 余次、联系指导界别协商 140 余次。积极争取全国政协相关专门委员会业务指导和工作支持，走访全国政协专门委员会沟通汇报相关工作，协同开展调研协商活动 34 次。

三是加强市、区两级政协协同联动。市政协党组成员每年与区政协党组成员、主席会议成员开展谈心谈话，面对面沟通交流，听取意见建议，指导区政协以高质量党建推动高水平履职。聚焦区政协基础工作薄弱、人员力量薄弱等问题，市政协主席会议成员分别带队，深入各区调研，形成综合情况报告，向市委作专题汇报，有力助推问题解决。召开全市政协系统工作经验交流会、党建工作座谈会、秘书长工作座谈会、区政协工作经验交流会，与区政协联办学习培训、联建协商平台、联合调研视察，切实形成工作合力。

四是加强模范机关建设。牢牢把握政治机关属性，严明党的政治纪律和政治规矩，严肃党内政治生活，不断巩固风清气正的良好政治生态。秉持“先立规矩后办事、坚持标准选好人、风清气正作保证”，加大干部选拔任用、遴选录用、基层锻炼工作力度，举办青年课堂 30 期、干部学习培训班 170 期，努力打造高素质机关干部队伍。加强政协信息化建设，依托信息技术搭建委员移动履职平台、办公平台、管理平台等，赋能政协履职现代化。认真抓好市委巡视反馈意见整改落实，全力支持市纪委监委驻机关纪检监察组开展工作，严格落实中央八项规定及其实施细则精神，持续深化形式主义、官僚主义和不担当不作为问题专项整治，驰而不息纠“四风”、树新风。市政协机关连续 4 年被评为落实全面从严治党主体责任考核优秀单位、绩效考核优秀单位，机关干部担当意识切实增强、工作作风持续转变、服务水平显著提升。

各位委员，五年来市十四届政协坚持在实践中探索，在创新中发展，不断深化做好新时代人民政协工作的规律性认识，积累了一些经验，形成了一些工作体会。

一是必须坚定维护核心。习近平总书记作为党中央的核心、全党的核心掌舵领航，是包括广大政协委员在内的全国各族人民的共同意志、共同心愿、共同选择，是党之大幸、国家之大幸、民族之大幸，对新时代党和国家事业发展、对推进中华民族伟大复兴历史进程具有决定性意义。做好新时代政协工作，要坚持旗帜鲜明讲政治，坚定捍卫“两个确立”、坚决做到“两个维护”，以强烈的政治担当、有力的行动举措、务实的工作作风，推进习近平总书记重要指示批示精神和中共中央重大决策部署落地落实、取得成效。

二是必须始终坚守初心。中国共产党的领导是成立政协时的初心所在，是人民政协事业发展进步的根本保证。做好新时代政协工作，要坚持高举旗帜跟党走，自觉在市委领导下主动负责、协调一致地开展工作，不断加强政协党的建设，充分发挥政协党组织和党员委员示范引领作用，带动全体委员围绕党的中心工作建言资政、围绕党的主张凝聚共识，使政协更好成为坚持和加强党对各项工作领导的重要阵地、用党的创新理论团结教育引导各族各界代表人士的重要平台、在共同思想政治基础上化解矛盾和凝聚共识的重要渠道。

三是必须有效服务中心。发展是硬道理，是党执政兴国的第一要务。高质量发展是全面建设社会主义现代化大都市的必由之路。做好新时代政协工作，要坚持聚精会神谋发展，紧扣事关天津高质量发展的重大问题，科学确定协商议题，深入开展调查研究，不断丰富协商内容，拓展协商平台，提高协商质量，切实提出符合客观发展规律、契合我市发展需求、具有较强前瞻性和可操作性的“策论”，更好服务市委、市政府科学决策施策。

四是必须广泛凝聚民心。人民政协来自人民，人民性是政协的本质属性。做好新时代政协工作，要坚持人民政协为人民，积极推动政协走进基层、委员贴近群众，推动政协协商向基层延伸，深入倾听人民呼声、反映人民诉求、集中人民智慧，主动向群众汇报、为群众办实事，把委员作业写在津沽大地上、写到界别群众的认可里，让人民群众切身感到政协离自己很近、委员就在身边，不断巩固党执政的阶级基础和群众基础。

五是必须不断筑牢同心。人心是最大的政治，共识是奋进的动力。实现全面建设社会主义现代化大都市的奋斗目标，迫切需要把人心聚得更紧，把共识筑得更牢。做好新时代政协工作，要坚持画出最大同心圆，把凝聚共识融入政协履职各方面和全过程，不断创新面向政协委员聚同化异、凝聚共识的载体，建好面向界别群众主动发声、传播共识的平台，畅通面向社会各界凝聚人心、汇聚力量的渠道，最大限度团结一切可以团结的力量，调动一切可以调动的积极因素，共同唱好天津高质量发展“大合唱”。

六是必须务实竭力尽心。政协委员是界别群众的代表、政协工作的主体，是助力天津高质量发展的重要力量。政协委员是荣誉，更是责任。做好新时代政协工作，要坚持担当尽责抓落实，教育引导委员坚持为国履职、为民尽责的情怀，不断提高政治把握能力、调查研究能力、联系群众能力、合作共事能力，做到懂政协、会协商、善议政，守纪律、讲规矩、重品行，锤炼敢于担当、勇于斗争、善于作为的硬功，当好推动天津高质量发展的有心人、用心人、尽心人。

各位委员，过去五年我市政协事业取得了新成绩、实现了新发展，这是习近平总书记关于加强和改进人民政协工作的重要思想科学指引的结果，是全国政协有力指导和市委坚强领导的结果，是市人大常委会、市政府和社会各界大力支持的结果，是市政协各参加单位、各区政协和广大政协委员、政协机关干部辛勤付出、团结奋斗的结果。在此，我代表市十四届政协常委会，表示衷心的感谢并致以崇高的敬意！

在总结成绩的同时，我们也看到工作中的差距和不足。主要是，学习贯彻习近平总书记关于加强和改进人民政协工作的重要思想还要进一步深化，专门协商机构效能还要进一步提升，民主监督制度机制还要进一步健全，凝聚共识深度广度还要进一步拓展，委员联系界别群众工作还要进一步加强，等等。对这些问题，我们已经采取了一些改进措施，在今后工作中还要切实加以解决。

二、今后工作建议

踏上新征程、奋进新时代，新一届市政协肩负新的使命任务，必将有新的更大作为。要坚持把习近平新时代中国特色社会主义思想作为统揽政协工作的总纲，全面贯彻中共二十大精神和中央经济工作会议精神，深入落实习近平总书记关于加强和改进人民政协工作的重要思想，深刻领悟“两个确立”的决定性意义，增强“四个意识”、坚定“四个自信”、做到“两个维护”，按照市第十二次党代会和市委经济工作会议部署要求，坚持党的领导、统一战线、协商民主有机结合，坚持发扬民主和增进团结相互贯通、建言资政和凝聚共识双向发力，更好发挥专门协商机构作用，为全面建设社会主义现代化大都市贡献更多智慧和力量。

（一）深入学习贯彻习近平新时代中国特色社会主义思想和中共二十大精神。健全学习制度体系，丰富拓展学习形式，强化习近平新时代中国特色社会主义思想学习座谈会和座谈小组功能，持续学懂弄通做实习近平新时代中国特色社会主义思想特别是习近平总书记关于加强和改进人民政协工作的重要思想，不断巩固团结奋斗的共同思想政治基础。把学习宣传贯彻中共二十大精神与学习贯彻市第十二次党代会和市委经济工作会议精神结合起来，通过全员培训、座谈研讨、读书交流等形式，进一步把中共二十大精神学深学透、入脑入心、见行见效。

（二）毫不动摇坚持党的全面领导。进一步完善落实党对政协工作全面领导的制度机制，发挥政协党组和机关党组、专门委员会分党组领导作用，严格执行重大事项、重大问题向市委请示报告制度，把中央决策部署和市委工作要求不折不扣落实到政协全部工作之中。以党的政治建设为统领，扎实推进政协党的各项建设，推动全面从严治党向纵深发展，增强政协党组织政治功能，充分发挥党员委员和政协机关共产党员的先锋模范作用，以高质量党建引领政协工作高质量发展。

（三）深化全过程人民民主实践。深入贯彻落实《中国共产党政治协商工作条例》，加强专门协商机构制度化、规范化、程序化等功能建设，进一步明确协商内容，丰富协商形式，健全协商规则，培育协商文化，扎实推进市政协“一中心两站”建设，推动政协协商向基层延伸，着力提高深度协商互动、意见充分表达、广泛凝聚共识水平。完善政协民主监督制度机制，把准监督的方向和原则、节奏和力度，更好发挥协商式监督的优势作用。创新发挥界别作用的方法途径，搭建委员联系界别群众的制度载体，协助党和政府做好收集民情、体察民意、协调关系、化解矛盾的工作。

（四）紧扣全面建设社会主义现代化大都市献计出力。以高质量发展、高水平改革开放、高效能治理、高品质生活为目标导向，紧紧围绕市委部署的贯彻落实中共二十大精神、“十项行动”，统筹安排专题议政性常委会会议、专题协商会以及各种形式的视察考察、调研协商、民主监督活动，努力建睿智之言、献管用之策、出务实之力。坚持用好京津冀政协主席联席会议平台，持续为推动京津冀协同发展、加快建设“一基地三区”献计献策。广泛宣传新时代天津发展成就和全面建设社会主义现代化大都市宏伟蓝图，讲好高质量发展的故事，讲好天津人民创新创业的故事，团结引导政协委员和各界人士积极谋发展、议发展、促发展，形成一起来想、一起来干的浓厚氛围。

（五）广泛汇聚团结奋斗正能量。健全各党派团体、各族各界人士在政协有效履职的工作机制，更好发挥我国社会主义新型政党制度优势。以铸牢中华民族共同体意识为主线，坚持我国宗教中国化方向，加强和改进政协民族宗教工作。加强党外知识分子思想政治工作，做好新的社会阶层人士工作，促进非公有制经济健康发展和非公有制经济人士健康成长。引导港澳委员更好发挥“双重积极作用”，支持港澳同胞、台湾同胞、海外侨胞参与天津建设。

（六）不断加强履职能力建设。尊重和支持委员依照法律和政协章程履行职责，加强委员履职服务保障和管理监督，更好发挥委员主体作用。做好提案、视察、调查研究、理论研究、新闻宣传、文史资料、反映社情民意信息等经常性基础性工作。加强专门委员会建设，强化机关服务保障能力，密切对区政协联系指导，推动全市政协工作再上新水平。

各位委员，团结就是力量，奋斗开创未来。让我们更加紧密地团结在以习近平同志为核心的中共中央周围，高举中国特色社会主义伟大旗帜，深入学习贯彻习近平新时代中国特色社会主义思想，在中共天津市委领导下，踔厉奋发、勇毅前行，为开创全面建设社会主义现代化大都市新局面，为全面建设社会主义现代化国家作出新的更大贡献！

深入学习贯彻党的二十大精神
坚定不移推进全面从严治党
为开创全面建设社会主义现代化大都市
新局面提供坚强保障

——2023年1月17日在中国共产党天津市第十二届纪律检查委员会第二次全体会议上的工作报告

陈辐宽

我代表中共天津市第十二届纪律检查委员会常务委员会向第二次全会作工作报告，请予审议。

这次全会的主要任务是：坚持以习近平新时代中国特色社会主义思想为指导，全面贯彻党的二十大精神，认真落实二十届中央纪委二次全会和市第十二次党代会、市委十二届二次全会、市委经济工作会议部署，总结2022年全市纪检监察工作，部署2023年任务。刚才，陈敏尔同志作了讲话，对学习贯彻习近平总书记重要讲话和中央纪委全会精神，坚定不移推进全面从严治党提出明确要求。我们要认真学习领会，切实贯彻落实。

一、2022年工作回顾

2022年是党和国家历史上极为重要的一年。一年来，市委以迎接党的二十大胜利召开和学习宣传贯彻党的二十大精神为主线，深学笃行习近平新时代中国特色社会主义思想，坚决扛起全面从严治党主体责任，以党的自我革命引领社会革命，推动改革发展稳定各项工作取得明显成效。全市各级纪检监察机关在中央纪委国家监委和市委坚强领导下，深入学习贯彻党的二十大和市第十二次党代会精神，深刻领悟“两个确立”的决定性意义，增强“四个意识”、坚定“四个自信”、做到“两个维护”，忠实履职尽责，勇于担当作为，推进纪检监察工作高质量发展取得新成效，充分发挥监督保障执行、促进完善发展作用，为营造平稳健康的经济环境、国泰民安的社会环境、风清气正的政治环境提供了坚强保障。

（一）深入学习贯彻党的二十大和习近平总书记重要讲话精神，在学思践悟中坚定纪检监察工作根本政治方向。坚持第一议题制度，市纪委常委会及时跟进学习党中央重大决策部署、习近平总书记重要讲话和重要指示批示精神41次。把学习宣传贯彻党的二十大精神作为首要政治任务，市纪委常委会召开会议专题学习6次、举办为期5天的读书班，带头原原本本研读党的二十大报告、习近平总书记系列重要讲话精神、党章修正案和中央纪委工作报告，全面、系统、深入学习领会理解把握，不断提高政治判断力、政治领悟力、政治执行力。及时对全系统学习宣传贯彻作出部署，召开专题宣讲报告会，领导班子成员带头深入基层宣讲，各级纪检监察机关通过研讨交流、专题培训等形式迅速掀起热潮。加强对学习宣传贯彻党的二十大精神情况的监督检查，推动走深走实。

（二）聚焦“国之大者”强化政治监督，推动践行“两个维护”更加坚决有力。协助市委召开全市推进全面从严治党向纵深发展工作部署会，出台专门意见，推动全面从严治党不停歇、不松劲。坚决落实习近平总书记重要指示批示精神，扎实推进公共停车管理领域突出问题、工程项目违规建设、地方国有平台腐败和医药领域腐败等专项治理，严肃查处背后的腐败、作风和责任问题。紧盯党中央决策部署和市委要求，聚焦统筹疫情防控和经济社会发展、推进制造业高质量发展、营造良好营商环境等重点任务，跟进监督、精准监督、全程监督，坚决纠治政治偏差。对党的十九大以来全市政治生态进行分析研判，督促各单位抓好问题整改。加强换届风气监督，全市回复党风廉政意见15.6万人次，提出暂缓或不宜使用意见521人次。严明政治纪律和政治规矩，立案审查违反政治纪律案件22件，处分51人。

（三）一体推进不敢腐、不能腐、不想腐，不断取得更多制度性成果和更大治理效能。保持零容忍的警醒、零容忍的力度，全市接收检举控告类信访举报16492件，处置问题线索18608件，立案4883件，其中局级干部103人、处级干部646人，结案5339件，处分5187人，其中局级干部114人、处级干部770人，移送检察机关217人，挽回经济损失19.2亿余元。严肃查处政治问题与经济问题交织的腐败，深入整治国企、金融、土地、政法、经济开发区等重点领域腐败问题，坚决查处倪祥玉、王东江、郭宝琴、崔广志、唐连蒙、边均兴等一批腐败分子。一体推进追逃防逃追赃，追回外逃人员9人，职务犯罪外逃人员“零增长”，推动我市首例适用违法所得没收程序案件依法作出没收裁定。在强大震慑和政策感召下，170人向纪检监察机关主动投案，566人主动交代问题。深化以案促改、以案促治，针对案件暴露的突出问题制发纪检监察建议书1217份，推动粮食购销、公共停车管理、金融等领域深化改革，制定完善制度1240项，有力提升审批监管、开发建设、资产管理等环节的监督治理水平。积极推动新时代廉洁文化建设和清廉天津建设，协助市委制定《关于加强新时代廉洁文化建设的若干措施》，制作《廉洁润初心》专题片，召开全市工作会暨警示教育大会，推动深挖廉洁资源、打造教育阵地、推出特色作品、深化宣传教育，引导党员干部从思想上固本培元，增强拒腐防变能力。

（四）以钉钉子精神纠治“四风”，中央八项规定堤坝进一步加固。坚持党性党风党纪一起抓，常态化开展明察暗访、专项检查和通报曝光，深化运用大数据、信息化等手段，深入治理滥发津补贴、违规收送礼品礼金等突出问题，靶向纠治私车公养、违规“吃公函”等隐形变异问题，制定“以案看风”纠治风腐一体问题工作意见，着力铲除腐败滋生的作风温床，全市查处享乐主义、奢靡之风问题872个，处分656人。深入推进形式主义官僚主义和不担当不作为问题专项整治，大力纠治落实决策打折扣、对待群众耍官威、失职失责不作为等顽疾，全市查处形式主义、官僚主义问题1058个，处分865人。深入整治群众身边不正之风和腐败问题，实施基层监督提质增效工程，加强“监督一点通”平台建设，完善“点题整治”、信访包片包案等工作机制，着力整治教育医疗、养老社保、集体“三资”、征地拆迁、扫黑除恶等领域侵害群众利益问题，全市查处群众身边腐败和作风问题815个，处分727人。

（五）提升监督全覆盖有效性，纪检监察体制改革效能不断发挥。加强对“一把手”和领导班子监督，开展全面从严治党主体责任考核，对509名新任职市管干部开展党风廉政教育集体谈话。出台进一步加强年轻干部监督的若干措施，为441名局处级年轻干部确定监督联系人。全市运用“四种形态”批评教育帮助和处理20079人次，第一至第四种形态分别占比为73.6%、19.6%、4%、2.8%。落实“三个区分开来”要求，打好精准问责、容错纠错等组合拳，对105名干部开展澄清正名，回访教育3694人，76名受处理干部获得提拔使用。认真落实《纪检监察机关派驻机构工作规则》，制定我市工作细则，大力推进国企、高校派驻机构改革，积极推进在津中管高校纪检监察体制改革，强化公安、公立医院、司法行政系统纪检组织建设。制定十二届市委巡视工作规划，分两轮对国资国企、金融和教育系统 45 个单位党组织开展常规巡视，对市供销合作总社党委巡视整改情况开展机动巡视，同步开展区属国有投融资平台、高校马克思主义学院建设专项巡察，如期完成村（社区）巡察全覆盖，巡视巡察发现问题 29373 个，移交问题线索 1229 件，巡视巡察广度、力度、深度不断增强。制定进一步加强巡视整改和成果运用的实施意见，不断完善整改工作机制。深化"四项监督"统筹衔接，健全纪检监察监督、巡视巡察监督与审计监督、统计监督问题线索移送、案件审查调查、推进整改治理等机制，与人大和组织、统战等部门建立贯通协调事项清单、工作机制，推动党内监督与各类监督贯通融合。

（六）全面加强自身建设，规范化、法治化、正规化水平有效提升。新一届市纪委常委会坚持从自身做起、严起，制定市纪委常委会加强自身建设的意见、领导班子改进工作作风实施办法、加强市纪委委员履职和监督管理规定，修订市纪委常委会工作规则等，充分发挥示范表率作用。强化党的政治建设，加强理想信念教育和忠诚教育，深入开展"迎盛会、铸忠诚、强担当、创业绩"主题学习宣传教育实践活动工作。出台考察识别干部办法，完成市一级监察官等级首次确定工作，选优配强纪检监察干部队伍。加强派驻机构干部退休保障。2 个集体、8 名同志受到中央纪委国家监委表彰。做深做实全员培训，举办提升一体推进"三不腐"能力水平等 37 个专题业务培训班，领导班子成员带头讲第一课，培训 2.5 万人次。制定完善监督检查审查调查工作办法、加强和规范初次检举控告处理工作意见等制度，深入开展案件质量评查和办案安全检查，持续打造"铁案工程"。深化检举举报平台应用，优化综合业务系统功能，加快大数据监督应用建设，促进现代信息技术与纪检监察业务深度融合。强化监督约束，制定谈心谈话办法、"九严禁"等制度，开展内部督查，印发纪检监察干部典型问题通报，全面排查岗位廉政风险，坚决防治"灯下黑"，全市立案纪检监察干部 9 人，处分 13 人。

一年来，全市各级纪检监察机关坚持政治立身、人民至上，坚持敢善斗争、团结奋斗，坚持稳中求进、守正创新，坚持实事求是、依规依纪依法，推动各项工作迈上新台阶，推进全面从严治党向纵深发展。同时，我们也清醒地认识到，面对依然严峻复杂的党风廉政建设和反腐败斗争形势，纪检监察工作和队伍建设还存在一定差距和不足。主要表现在：对"一把手"和领导班子监督的有效性有待增强，"四项监督"贯通不够顺畅高效、监督合力发挥不充分，以案为鉴促改促治仍需加大力度，规范化法治化正规化水平需要提升；有的纪检监察干部政治意识、纪律观念、斗争精神不强，执纪执法能力还有差距，个别甚至执纪违纪、执法违法，等等。对此，必须认真加以解决。

二、2023 年重点工作

2023 年是全面贯彻落实党的二十大精神的开局之年，也是我市全面建设社会主义现代化大都市的关键之年。做好纪检监察工作的总体要求是：坚持以习近平新时代中国特色社会主义思想为指导，全面贯彻落实党的二十大精神，深入落实习近平总书记对天津工作"三个着力"重要要求和一系列重要指示批示精神，深入落实二十届中央纪委二次全会和市第十二次党代会、市委十二届二次全会、市委经济工作会议部署，更加深刻领悟"两个确立"的决定性意义，更加自觉增强"四个意识"、坚定"四个自信"、做到"两个维护"，坚守党的初心使命，忠实履行职责，坚决贯彻坚定不移全面从严治党战略部署，认真落实健全全面从严治党体系任务要求，深入开展党风廉政建设和反腐败斗争，深入推进新时代新征程纪检监察工作高质量发展，为开创全面建设社会主义现代化大都市新局面提供坚强保障。

党的二十大对全面建设社会主义现代化国家、全面推进中华民族伟大复兴进行战略谋划，对坚定不移全面从严治党、深入推进新时代党的建设新的伟大工程作出战略部署，为做好新时代新征程纪检监察工作提供了根本遵循。全市各级纪检监察机关要全面学习、全面把握、全面落实党的二十大精神，深入贯彻中央纪委国家监委和市委部署要求，时刻保持解决大党独有难题的清醒和坚定，时刻保持永远在路上的坚韧和执着，不松劲、不停步、再出发，把严的基调、严的措施、严的氛围长期坚持下去，坚定不移推动正风肃纪反腐向纵深发展，进一步巩固拓展全面从严治党战略成果。要一以贯之当好坚定拥护"两个确立"、坚决做到"两个维护"的示范践行者和坚定推动者，不断提高政治判断力、政治领悟力、政治执行力，更加深化对"两个确立"的政治认同、思想认同、理论认同、情感认同，自觉扛起"两个维护"的重大政治责任，推动各级党组织和党员干部统一思想、统一意志、统一行动，步调一致向前进。要一以贯之用习近平新时代中国特色社会主义思想统领纪检监察一切工作，准确把握和运用贯穿其中的立场观点方法，正风、肃纪、反腐一体谋划，不敢腐、不能腐、不想腐一体推进，惩治震慑、制度约束、提高觉悟一体发力，不断增强纪检监察工作的系统性、科学性、创造性。要一以贯之自觉服务保障新时代党的中心任务，始终心怀"国之大者"，把正风肃纪反腐与深化改革、完善制度、促进治理、推动发展贯通起来，把监督体系与治理体系贯通起来，始终在推进社会主义现代化大都市建设中担当作为、作出贡献。要一以贯之推动健全全面从严治党体系，更好运用治理的理念、系统的观念、辩证的思维管党治党，层层压实全面从严治党政治责任，推动完善党内法规制度体系，健全党统一领导、全面覆盖、权威高效的监督体系，使各项工作体现时代性、把握规律性、富于创造性。要一以贯之坚持敢于斗争、善于斗争，秉持"越是艰险越向前"的斗争意志，深刻把握反腐败斗争基本规律，在重大政治原则和大是大非问题上不怕交锋、勇于亮剑，在同歪风邪气和消极腐败现象作斗争时坚持原则、秉公执纪，依靠顽强斗争打开事业发展新天地。

（一）围绕党的二十大战略部署加强政治监督，确保党中央大政方针落地见效

坚定维护党中央集中统一领导。坚决落实党的二十大关于坚持和加强党的全面领导、党中央集中统一领导的部署要求，监督推动各级党组织自觉坚持党的领导，加强党的政治建设，深学细悟习近平新时代中国特色社会主义思想，深刻领悟"两个确立"的决定性意义、坚决做到"两个维护"。严明政治纪律和政治规矩，坚决同危害党中央权威和集中统一领导的言行作斗争，及时发现、着力解决"七个有之"问题，坚决清除同党离心离德的"两面人"、结党营私的"小团伙"、阳奉阴违的"伪忠诚"，及时消除政治风险、政治隐患。

推进政治监督具体化、精准化、常态化。加强对党的二十大精神学习宣传贯彻情况、党章执行情况的监督检查，督促各级党组织把党的大政方针、决策部署同部门、行业、领域实际紧密结合，真正学深悟透、落实到位。健全党中央重大决策部署和习近平总书记重要指示批示精神落实机制，坚持政治监督与政治督查联动发力，完善台账管理、督查问责、专项监督、"回头看"等制度，确保政令畅通、令行禁止。聚焦完整准确全面贯彻新发展理念、加快构建新发展格局、着力推动高质量发展等重大战略，找准政治监督的重点和着力点，着力纠治有令不行、有禁不止，做选择、搞变通、打折扣等突出问题，切实打通贯彻执行中的堵点淤点难点，推动落实举措行动化、具体化、实践化。

服务保障经济社会发展大局。把纪检监察工作更好融入现代化建设，聚焦高质量发展、高水平改革开放、高效能治理、高品质生活的社会主义现代化大都市建设，紧盯京津冀协同发展纵深推进、制造业高质量发展、科教兴市人才强市、港产城融合发展等"十项行动"，主动跟进监督，推动党的二十大和市委作出的决策部署细化为具体项目清单，逐项落到实处。持续净化修复政治生态，加强政治生态定期研判和动态预警，深入治理圈子文化、码头文化、好人主义，坚决查处官商勾结、利益输送等破坏公平竞争市场环境的典型问题，努力营造风清气正的政治生态和良好发展环境。

（二）推动完善党的自我革命制度规范体系，把监督制度优势更好转化为治理效能

健全落实全面从严治党责任制度机制。完

善清单明责、督查促责、考核压责、失责问责、跟进改责工作机制，压实各级党委（党组）全面从严治党主体责任。推动职能部门落实监管职责，严格执行联席会议、约谈提醒、履责报告等制度，做实党员干部教育管理监督、宣传引导等工作，形成既各负其责又同向发力的工作格局。强化纪委协助职责、监督专责，建立健全情况通报、沟通会商、形势分析等有效载体和制度机制，督促各级党委（党组）落实全面从严治党主体责任规定，层层传导压力，形成全面从严治党整体合力。完善对“一把手”和领导班子谈心谈话、政治“画像”等工作机制，健全年轻干部监督制度，增强监督实效。精准规范用好问责利器，既防止问责乏力，也防止问责泛化。

推动完善党和国家监督体系。坚持以党内监督为主导，以落实责任为关键，促进各类监督力量整合、程序契合、工作融合。完善纪检监察专责监督体系，做细做实日常监督，健全问题线索移送、重要情况通报、信息查询协作等工作机制，促进“四项监督”统筹衔接常态化制度化。健全与人大、政协和执法司法等部门协作配合机制，发挥审计、财会、统计等专业力量优势，联合开展监督和专项治理。完善基层监督体系，全面推广片区协作、提级监督、交叉监督等有效经验，做实纪检监察工作联络站工作，强化对基层小微权力监督。推进数字监督建设，为完善监督体系提供科技支撑。

健全完善纪检监察法规制度。与时俱进制定和修订纪检监察法规制度，优化监督检查、审查调查等工作流程，健全监督执纪执法操作规程，完善办案程序衔接机制，及时将行之有效的措施制度化法规化。梳理汇编重点法规制度。开展法规制度执行情况专项检查和实施评估工作，扎实推进制度贯彻执行。

（三）更好发挥政治巡视利剑作用，加强巡视整改和成果运用

巩固深化政治巡视。把“两个维护”作为根本任务，把贯彻落实党的二十大精神情况作为重中之重，把严的要求贯穿巡视全过程各环节。对重点板块开展常规巡视，统筹安排专项巡视、机动巡视，重点督促各级党组织履行好党的领导职能责任，推动巡视工作向深拓展、向专发力、向下延伸，增强巡视监督精准性和有效性。

做深做实“后半篇文章”。落实进一步加强巡视整改和成果运用的实施意见，推动建立健全向党委常委会汇报巡视整改和成果运用综合情况、纪检监察机关和组织部门日常监督情况的机制，对虚假整改、“纸面整改”问题严肃问责。把巡视整改与贯彻落实党的二十大精神、推进改革发展结合起来，一体推动解决新发现的问题和以往巡视整改不到位的问题，探索建立巡视整改评估机制，增强以巡促改、以巡促建、以巡促治实效。坚持发现问题与推动解决问题相统一，构建“巡视组巡好、被巡视党组织改好、巡视成果用好”的巡视监督工作格局。

加强巡视巡察上下联动。创新联动理念和方式，统筹全市巡察力量，交叉互派巡察干部，对重点领域自上而下同步组织专项巡视巡察。深化对各区、市级部门、高校和国企巡察工作的分类指导督导，深入开展对村巡察蹲点调研，着力提升巡察工作质效。

（四）锲而不舍纠治“四风”、树立新风，巩固拓展作风建设成果

严肃纠治享乐主义、奢靡之风。认真贯彻中央纪委关于落实中央八项规定精神深化纠治“四风”工作意见，准确把握反“四风”的规律特点，严厉整治损害党的形象、群众反映强烈的突出问题，从严查处顶风违纪行为，典型问题点名道姓通报曝光，坚决防反弹回潮、防隐形变异、防疲劳厌战。紧盯反复性顽固性问题，重拳整治违规吃喝、滥发津补贴、铺张浪费等歪风陋习。紧盯隐形变异问题，及时发现、坚决查处“不吃本级吃下级”、收受电子红包、快递物流“隔空送礼”等行为，以及隐藏在高档酒、“天价茶”等背后的享乐奢靡问题。健全风腐同查、同审、同析、同治工作机制，严肃查处“四风”背后的利益交换、请托办事等问题。坚决破除特权思想和特权行为。

重点整治形式主义官僚主义和不担当不作为问题。保持恒心韧劲，深挖根源、找准症结，精

准纠治、增强实效，坚决查处贯彻重大决策部署只表态不落实、“中梗阻”等问题，严肃查处执行政策措施搞“一刀切”、层层加码等行为，持续治理影响发展的不作为慢作为、失职失责等顽疾，着力查纠推进重点工作“堆盆景”、搞“形象工程”等现象，深入纠治不顾实际任性用权、随意决策、盲目决策、违规决策行为，大力整治工作过度留痕、督查检查考核过多过频等加重基层负担的问题。完善“直通车”机制，着力发现和解决“表现在基层、根子在上面”的问题。树牢“纪检监察机关也是干部之家”理念，准确把握从严管理监督和鼓励担当作为内在统一的关系，坚持严管和厚爱结合、激励和约束并重，落实“三个区分开来”，加大严查诬告陷害、容错纠错、澄清正名、回访教育等工作力度，健全担当作为激励和保护机制，真正为担当者担当，充分调动广大干部干事创业的积极性主动性创造性。

完善作风建设长效机制。把握地区性、行业性、阶段性特点，抓住普遍发生、反复出现的问题深化整治。深入总结作风建设成效经验，完善每月公布查处结果、坚守节点纠治“四风”、通报曝光典型案例等机制，运用大数据等信息化手段预警纠治，把实践成果转化为制度规范。督促各区各部门各单位开展落实中央八项规定精神制度“回头看”，完善制度措施。坚持纠树并举、激浊扬清，推动各级党组织开展时代新风宣传教育，引导党员干部牢记“三个务必”，大力弘扬党的光荣传统和优良作风。

（五）全面加强党的纪律建设，用严明的纪律管党治党

深入抓好纪律教育。推动党委（党组）理论学习中心组和各级党校把党章党规党纪教育作为党员干部必修课，强化纪律意识、筑牢纪律防线。高度重视年轻领导干部纪律教育。坚持正向引导和反面警示相结合，突出经常性、针对性、实效性，健全警示教育大会、警示教育专题片、警示教育材料汇编、主题教育展览、典型案件通报等多位一体工作格局，更好用身边事教育身边人。督促指导发生严重违纪违法案件的单位党委（党组）召开反思剖析会、专题民主生活会，举一反三、以案明纪。把纪律教育寓于党员干部日常教育管理监督，融入培养选拔使用全过程，作为新提任领导干部任职资格考试、廉政谈话等重要内容，推动纪律规矩入脑入心。

严格纪律规定执行。把严的要求贯穿执纪监督全过程，重点强化政治纪律，带动各项纪律全面严起来、执行到位。坚持执纪必严、违纪必究，对违反党纪问题，发现一起查处一起。加强对《关于新形势下党内政治生活的若干准则》执行情况的监督检查，推动各级党组织坚持和完善民主生活会、组织生活会等制度，用好批评和自我批评武器，不断增强党内政治生活的政治性、时代性、原则性、战斗性。严明组织纪律，坚决惩治跑官要官、买官卖官等行为，严肃查处为提拔重用而投机钻营的领导干部，严惩“政治骗子”和政治掮客，规范审慎回复党风廉政意见，严把选人用人政治关、廉洁关。

精准运用“四种形态”。坚持惩前毖后、治病救人，坚持实事求是，准确把握政策策略，按照错误性质和情节轻重给予批评教育、责令检查、诫勉直至纪律处分，做到抓早抓小、防微杜渐、层层设防，实现政治效果、纪法效果、社会效果有机统一。在规范用好“第一种形态”上下更大功夫，完善运用“第一种形态”配套措施，做细做实对党员干部全方位管理和经常性监督。探索建立运用“四种形态”评价体系，加强对履责情况、执纪效果等考核评估，提升执纪执法的精准性。

（六）提高一体推进不敢腐、不能腐、不想腐的能力和水平，坚决打赢反腐败斗争攻坚战持久战

以零容忍态度反腐惩恶。坚持以最彻底的自我革命精神反腐败，完善动态清除、常态惩治工作机制，更加有力遏制增量，更加有效清除存量，铲除腐败滋生土壤。聚焦重点问题，坚决查处政治问题和经济问题交织的腐败，坚决防止政商勾连、资本向政治领域渗透等破坏政治生态和经济发展环境，坚决防止领导干部成为利益集团和权势团体的代言人、代理人。紧盯权力集中、资金密集、资源富集的重点领域，深化整治国企、金融、政法、医药等领域和粮食购销等行业腐败，

坚决清理风险隐患大的行业性、系统性、地域性腐败。突出重点对象，严肃查处党的十八大以来不收敛不收手、胆大妄为者，深入整治领导干部配偶、子女及其配偶等亲属和身边工作人员利用影响力谋私贪腐问题。严查新型腐败、隐性腐败，坚决惩治“期权腐败”、政商“旋转门”“影子公司”等问题。坚持受贿行贿一起查，重点查处多次行贿、巨额行贿、向多人行贿、危害一方政治生态的行贿人，探索建立行贿人联合惩戒机制。持续打好追逃防逃追赃硬仗，深入开展“天网行动”，扎实推进国企境外腐败治理。

坚决整治各种损害群众利益的腐败问题。开展乡村振兴领域不正之风和腐败问题专项整治，加强对重点项目、重大资金、重要环节的监督检查，严肃查处贪占挪用、吃拿卡要等腐败问题。围绕教育医疗、就业创业、养老社保、生态环保、安全生产、执法司法等民生领域，对群众反映强烈的突出问题、系统性普遍性问题开展“点题整治”、专项治理。巩固深化扫黑除恶专项斗争、政法队伍教育整顿成果，常态长效“打伞破网”。

健全一体推进“三不腐”体制机制。坚持标本兼治、系统治理，强化“全周期管理”，把不敢腐的震慑力、不能腐的约束力、不想腐的感召力结合起来，完善“六书（三书）两报告两建议”机制，健全以案为鉴、以案促改、以案促治措施，使严厉惩治、规范权力、教育引导紧密结合、协调联动。完善防治腐败滋生蔓延的体制机制，强化对政策制定、决策程序、审批监管等关键权力的制约和监督，推动职能部门建立权力运行可查询、可追溯的反馈机制，减少权力对微观经济活动的不当干预。深化新时代廉洁文化建设，加强廉洁文化宣传，建好廉洁文化阵地，深入推进机关、国企、学校、医院、村居等清廉单元建设，开展弘扬清廉家风、家庭助廉等活动，构建清廉社会生态。

（七）持续深化纪检监察体制改革，不断提升规范化、法治化、正规化水平

一体深化推进“三项改革”。坚持问题导向、目标导向、结果导向，健全领导体制和工作机制，加强统筹推进、督促检查、评估考核，确保改革上下联动、一贯到底。深入推进纪检监察工作双重领导体制具体化程序化制度化，围绕监督检查、审查调查等关键环节，完善重要情况请示报告、审批备案、检查督导等制度，强化上级纪委监委对下级纪委监委的领导。深入推进“铁案工程”，常态化开展案件质量评查和执纪执法指导性案例选编，全面提升案件质量。编制实施信息化建设五年规划。

持续推进派驻机构改革。完善纪委常委会统一领导、委领导直接分管、联系室服务指导的工作机制，加强对派驻机构的领导指导。推进派驻（派出）机构和企事业单位纪检监察机构全面运用监察权，一体履行监督执纪问责和监督调查处置职责。落实《纪检监察机关派驻机构工作规则》和我市工作细则，深化高校、国企、金融等领域派驻机构改革，建强司法行政、法院、检察院、公立医院等系统纪检组织，推动公安系统二级单位纪委充分发挥作用，强化各部门各单位机关纪委规范化建设。做深做实区级派驻机构改革，优化机构设置、人员配备和工作机制，着力提高监督质效。

全面推进改革系统集成、协同高效。强化创新突破、协调联动，整合力量资源，完善信息沟通、线索移送、措施配合、成果共享等工作机制，推动信访举报、监督检查、审查调查、案件监督管理、案件审理、巡视巡察等统筹联动、协同发力。发挥系统优势、组织优势，推动市、区、街镇、村居上下联动，机关、派驻、巡视左右衔接，完善“组组”协同监督、“室组”联动监督、“室组地”联合办案机制。健全党纪国法相互衔接、权威高效的执行机制，构建与审判机关、检察机关、执法部门衔接顺畅的工作机制。

三、坚持高标准、严要求，锻造堪当重任的纪检监察铁军

纪检监察机关因党而生、为党而战，广大纪检监察干部要践行打铁必须自身硬的政治要求，始终做到忠诚于党、勇挑重担、敢打硬仗、善于斗争，在攻坚战持久战中始终冲锋在最前面，更好肩负起新时代新征程的光荣使命。

（一）锤炼对党忠诚的政治品格。坚定不移用习近平新时代中国特色社会主义思想凝心铸

魂，把习近平总书记重要讲话和重要指示批示精神作为市纪委常委会会议第一议题、理论学习中心组第一主题、培训班第一主课，深入开展党中央部署的主题教育，严格落实请示报告制度和意识形态工作责任制，把坚定拥护“两个确立”、坚决做到“两个维护”体现到纪检监察工作全过程、各环节。落实党建工作责任制，增强基层党组织政治功能和组织功能，大力加强纪检监察机关文化建设。坚持新时代好干部标准，制定全市纪检监察干部队伍建设规划，完善整体谋划、选育管用、考核评价工作机制，推进区级以下监察官等级确定工作，选优建强干部队伍。结合主题教育扎实开展纪检监察系统干部队伍教育整顿，把纯洁思想、纯洁组织作为突出问题来抓，切实加强政治教育、党性教育，严明法纪，坚决清除害群之马。

（二）练就履职尽责的过硬本领。完善“教学练战”一体化培训机制，全面提升全员培训质效。坚持以需定供，依托纪检监察干部学习大讲堂、学习小组等，加大点名调训、点名实训力度，围绕加强“关键少数”能力作风建设等组织专题培训，通过顶岗实训、跟班锻炼、业务比武等强化实战练兵，着力提升运用政策策略、做思想政治工作、监督执纪执法等能力。坚持深学习、实调研、抓落实，系统掌握政策知识，研究提出行之有效的理念思路和方法举措，破解重难点问题，推进纪检监察工作高质量发展。

（三）弘扬真抓实干的优良作风。增强实干精神，坚持“干”字当头、“实”字托底，对作出的决策部署、明确的重点任务抓紧抓实，谋实思路、做实方案、抓实工作，一个问题一个问题解决，一个节点一个节点推进，真正务实功、出实招、求实效。增强担当精神，事不避难、义不逃责，主动作为、善谋善为，始终在党和人民最需要的时候和地方知重负重、攻坚克难。增强奋斗精神，团结拼搏、无私奉献，始终保持笃行不怠的坚韧执着和奋发有为的工作状态。

（四）筑牢廉洁自律的坚固防线。把一体推进“三不腐”的理念贯穿自身建设，教育引导纪检监察干部树立正确权力观、政绩观、事业观，坚决防范被“围猎”，不断锤炼意志力、坚忍力、自制力，严守纪律底线。强化内部监督和制约，完善回避、保密、过问干预案件登记备案等内控制度，健全自身权力运行机制和管理监督体系，确保依规依纪依法用权。丰富特约监察员履职载体，主动接受党内和社会各方面的监督。深入落实“九严禁”要求，深化内部督查，零容忍惩治“灯下黑”，确保自身正、自身硬、自身廉。

同志们，新征程赋予新使命，新使命呼唤新作为。让我们更加紧密地团结在以习近平同志为核心的党中央周围，沿着党的二十大指引的方向，在中央纪委国家监委和市委的坚强领导下，弘扬伟大建党精神，团结奋斗、勇毅前行，不断取得全面从严治党、党风廉政建设和反腐败斗争新成效，为开创全面建设社会主义现代化大都市新局面提供坚强保障！

〖大事述要〗

天津市 2022 年大事述要

1月4日 市委常委会召开会议，传达学习贯彻习近平总书记对做好“三农”工作作出的重要指示和中央农村工作会议精神，传达学习贯彻平安中国建设表彰大会精神，听取市人大常委会、市政府、市政协和市高级人民法院、市人民检察院党组工作汇报。市委书记李鸿忠主持会议。

同日 市委全面深化改革委员会召开会议，传达学习习近平总书记在中央全面深化改革委员会第二十二次、第二十三次会议上的重要讲话精神，研究部署本市贯彻落实工作。

1月6日 天津市党史学习教育总结会议在天津礼堂召开。党史学习教育中央第三指导组组长沙海林、副组长王斌到会指导。市委书记、市委党史学习教育领导小组组长李鸿忠出席并讲话。

同日 市第十七届人民政府第四次全体会议召开，审议并原则通过《政府工作报告（讨论稿）》《关于天津市 2021 年国民经济和社会发展计划执行情况与 2022 年国民经济和社会发展计划草案的报告（讨论稿）》《关于天津市 2021 年预算执行情况和 2022 年预算草案的报告（讨论稿）》。

同日 市政府党组会议召开，学习贯彻习近平总书记关于党史学习教育的重要指示精神和在中央政治局民主生活会上的重要讲话精神，落实市委常委会会议要求。会议指出，在全党开展党史学习教育，是以习近平同志为核心的党中央立足百年建党伟业新起点、着眼开创事业发展新局面作出的重大战略决策。政府系统深入学习贯彻中央决策部署和市委部署要求，按照学史明理、学史增信、学史崇德、学史力行的要求，高标准开展学习教育，达到了“学党史、悟思想、办实事、开新局”的目的。要把党史学习教育的成果巩固好、拓展好。

1月7日 市委常委会暨市委党的建设工作领导小组（扩大）会议召开，听取市委各部委、部分市级国家机关党委、各区委主要负责同志抓基层党建工作述职并进行评议，坚持问题导向，进一步压实主体责任，着力提升基层党建工作标准化规范化水平，推动基层组织建设全面进步全面过硬，以优异成绩迎接党的二十大胜利召开。

同日 市委书记李鸿忠主持召开座谈会，围绕开好市委常委会党史学习教育专题民主生活会，征求各区委主要负责同志对市委常委会自身建设和市委常委同志的意见建议。

同日 市政府与中国建设银行股份有限公司签署全面推进乡村振兴战略合作协议。市委书记李鸿忠与中国建设银行党委书记、董事长田国立，党委副书记、行长王江共同见证签约并会谈。根据协议，“十四五”期间，中国建设银行将累计为天津市涉农领域提供不少于 500 亿元融资支持，双方将强化政银合作，推动乡村振兴综合服务智慧平台服务点实现村级全覆盖，从党建引领、乡村治理、生产服务、普惠金融等方面提高服务乡村水平。

1月8日 市防控指挥部报告津南区两例新冠肺炎阳性病例。市委书记李鸿忠迅即就处置工作提出要求，并第一时间赶赴市疫情防控指挥部，现场连线、调度部署疫情防控工作。李鸿忠指出，要坚决贯彻落实习近平总书记重要指示要求，把人民至上、生命至上理念落实于具体行动，分秒必争、以快制快，坚决、果断、迅速处置新发疫情，精准打赢疫情防控围歼战、歼灭战。当前首要的工作是严格做好封控工作，科学划定各级封控管控范围，严守封控线，阻断病毒传播渠道，严防风险扩散外溢。要抓紧开展疫情溯源，摸清风险底数，封控措施要与溯源工作同步动态开展，确保第一时间主动采取相应措施。要提高核酸检测效率，迅速调集人力物资，确保尽快完成重点地区全员核酸检测。要做好封控区、管控区、防范区人员生活保障和就医保障工作，确定专门接收医院，把治病救人放在第一位，决不能以任何借口推诿拒收，优化接诊流程、及时治疗，坚决保障人民群众就医需求。

同日 市委书记李鸿忠深入津南区检查指导疫情防控工作。李鸿忠强调，要坚决贯彻习近平总书记重要指示精神，毫不动摇坚持“外防输入、内防反弹”总策略和“动态清零”总方针，坚定必胜信心，从严从紧落实封控管控措施，加快开展流调溯源、核酸检测各项工作，统筹做好服务保障，确保人民群众生命安全和身体健康，确保群众生产生活秩序正常和城市平稳有序运行。李鸿忠强调，当前我市疫情防控已处于关键时刻，形势复杂、任务艰巨繁重。要把疫情溯源作为最紧迫、重要的工作，马不停蹄、紧锣密鼓，积极调动各部门力量协同联动，尽快锁定疫情传播源头、理清传播链条。进一步加强密接者、次密接者排查，对风险人员做到应隔尽隔，确保全部管控到位。全力加快重点地区全员核酸检测筛查，优化采样、检测环节组织衔接，提高检测结果报送速度，做到边检测、边流调、边溯源，坚决消除疫情传播潜在风险。压实管控责任，加大社区工作力量配置，严格落实各项封控要求，同时做好社区居民心理疏导，确保居民正常生活和就医用药。调集全市物资资源、人员力量，强化商务部门与封控区域对接协调，保证群众生活必需品和防疫物资充足、市场供应平稳有序。加大信息公开力度，精准推送感染病例活动轨迹，做好权威信息发布，及时解疑释惑，引导群众密切关注、积极配合防控工作要求，严格遵守防疫规定，非必要不离津，夯实群防群控的各项基础工作。津南区作为此轮疫情防控的重点，各级领导干部要压实责任，靠前指挥、深入一线，科学精准高效指挥，充分发挥基层党组织的战斗堡垒作用和广大党员的先锋模范作用，凝聚抗击疫情的强大战斗力，既要确保打好狭路相逢的遭遇战，又要组织梯次力量、加强后续保障，打好攻坚克难的持久战，坚决遏制疫情扩散蔓延、风险外溢，切实做到守土有责、守土尽责。

1月9日 市委常委会召开扩大会议，传达学习贯彻习近平总书记在中央政治局党史学习教育专题民主生活会上的重要讲话精神和中央有关文件精神。市委书记李鸿忠主持会议。会上，市委常委同志和市人大常委会党组书记、市政协党组书记作了交流发言。

同日 市委书记、市防控领导小组组长李鸿忠在市委视频会议室主持召开市防控领导小组和指挥部会议，通报全市疫情情况，深入分析研判全市疫情形势，研究部署疫情防控工作。李鸿忠在讲话中强调，要深入贯彻落实习近平总书记重要指示精神，坚持底线思维“底”到底，抓紧分步压茬组织开展全员核酸筛查，采取迅速果断措施，全力阻断疫情传播渠道，坚决筑牢首都疫情防控“护城河”。会议以视频方式召开。市委常委，副市长和市政府秘书长，市防控指挥部成员单位主要负责同志在主会场参加。16 个区党政主要负责同志和区防控指挥部成员单位负责同志在分会场参会。

1月9日至10日 国家卫生健康委副主任、国家疾病预防控制局局长王贺胜率国务院联防联控机制工作组来津开展疫情防控检查指导工作。市委书记李鸿忠向工作组一行汇报了天津市疫情处置情况，就重点区域管控、核酸检测等进行研究会商。

1月11日 国务院联防联控机制工作组碰头会暨市防控指挥部调度会召开，深入分析研判全市疫情形势，研究部署下一步疫情防控工作。国家卫生健康委副主任、国家疾病预防控制局局长王贺胜，市委书记、市防控领导小组组长李鸿忠，中国疾病预防控制中心主任高福出席并讲话。会上，国务院联防联控机制工作组反馈了督导检查情况并提出工作建议，市委常委、市委政法委书记赵飞，市防控指挥部办公室、市卫生健康委、津南区主要负责同志汇报有关情况。与会领导同志、疾控专家进行了深入研究会商。

1月12日 市委书记、市防控领导小组组长李鸿忠在市防控指挥部主持召开部署调度会。会议对做好当前各项疫情防控工作提出明确要求。一是推动机关党员干部下沉一线、入队入列,充分发挥党的领导政治优势,让广大党员干部在抗疫斗争中发挥主导作用,领导带领社区物业、保安、志愿者等各类社会力量共同打好疫情防控人民战争。二是科学组织调度,开展社区"敲门"行动,细化完善工作方案,确保基层防控管理要求切实落实到户、到人,做到核酸检测筛查全覆盖、无遗漏。三是加快推进全员筛查,科学高效组织第二轮全员大筛,对于风险区域要加密筛查频次,进一步优化工作流程,确保采样、转送、检测、报告等环节无缝衔接,尽快摸清疫情风险底数。四是加快推进流调溯源,坚持边检测、边流调、边溯源,进一步理清传播轨迹,尽快找到感染源头。五是加强协查信息推送,及时管控涉疫流动人员,接报即查、先管后筛,坚决防范疫情传播外溢。六是确保应隔尽隔,统筹全市资源,加快集中隔离点征用改造。严格按照规范要求,加强隔离点内部管理,坚决防范交叉感染。七是强化群众就医保障,坚持人民至上、生命至上,高度重视管控区、封控区群众看病就医需求,设置专门接送车辆和绿色通道,保障及时救治。八是加强生活物资保障供应,完善货源组织和物流配送,加强价格监管,对哄抬物价、囤积居奇的要严厉依法打击。九是优化应急处置预案,针对奥密克戎变异毒株传播特点,进一步深化细化防控措施,增强预案实效性、实用性。十是完善全市指挥调度体系,进一步强化市、区两级防控指挥部扁平化运行机制,确保指令直达基层,打好全市防疫整体战、协同战。

同日 天津市启动第二轮全员核酸筛查。市委书记李鸿忠到市防控指挥部检查调度全市筛查工作。李鸿忠强调,要深入贯彻落实习近平总书记关于疫情防控工作的重要指示要求,认真落实国务院联防联控机制工作组和市防控指挥部指令要求,优化工作流程,充分运用信息化手段,提高新一轮全员核酸检测筛查效率,进一步摸清疫情风险底数,坚决有力阻断疫情传播渠道。

1月12日至17日 为深入贯彻习近平总书记重要指示精神,中共中央政治局委员、国务院副总理孙春兰在天津调研指导防控工作,到疫情发生地津南区,多次深入封控小区、教育园区、定点医院、疾控中心、隔离场所等,了解疫情溯源、全员筛查、转运隔离、服务保障等工作,推动各项防控措施加快落实。她指出,这次疫情是奥密克戎病毒株引发的首起本土聚集性疫情。天津市委和市政府贯彻党中央、国务院决策部署,采取有力措施,将疫情有效控制在发生地,遏制了疫情扩散和外溢,防控取得阶段性成效。

1月13日 市委、市政府疫情防控工作会议暨市疫情防控领导小组和指挥部会议于晚11:30召开,深入学习贯彻习近平总书记关于疫情防控工作重要指示精神,贯彻落实中央领导同志和国务院联防联控机制部署要求,对进一步落实当前全市疫情防控重点任务,加快推进社会面"清零"工作作出部署。

同日 市委书记李鸿忠深入河西区天塔街道紫金南里小区检查指导疫情防控和全员筛查工作。李鸿忠强调,要把习近平总书记对天津疫情防控工作和天津人民的关心关怀转化为打赢防疫斗争的实际行动,认真落实中央领导同志和国务院联防联控机制工作组部署要求,坚持以社会面"清零"为目标,全力组织、扎实开展"敲门行动",确保全员核酸筛查全覆盖,坚决清除疫情传播潜在风险,阻断病毒传播渠道,牢牢守护人民群众生命和健康安全。

1月14日 市委书记李鸿忠在市防控指挥部与其他市委常委、副市长集中办公,梳理汇总当日重点任务,现场调度全市疫情防控工作,逐项研究会商、迅速推动各项重点任务落实。在调度部署中,李鸿忠分别与和平、河东、河西、南开、静海、宁河等区指挥部视频通话,详细询问重点任务具体落实情况;电话联系市相关部门主要负责同志,部署交办重点工作事项。

1月15日 市委常委会扩大会议暨市防控领导小组和指挥部会议在津南区召开,通报全市疫情防控工作进展情况,研究会商、推动解决津南区疫情处置问题,全力打好打赢社会面"清零”攻坚战。

同日 国家卫生健康委副主任、国家疾病预防控制局局长王贺胜，市委书记李鸿忠在市防控指挥部和津南分指挥部通过视频系统研究会商津南区疫情防控工作，部署下一阶段重点任务。

1月16日 市委书记李鸿忠在市防控指挥部会商调度、加快推进隔离场所储备征用等工作，对当前疫情防控重点作出部署。李鸿忠详细询问市卫生健康委负责同志隔离场所需求等情况，与正在开展隔离点征用储备工作的市指挥部相关工作组、市文旅局、市公安局等部门和有关区主要负责同志通话，研究商量加快筹措隔离房间、为应隔尽隔提供有力保障等工作。

1月17日 市委书记李鸿忠在津南区召开市、区、街镇三级干部疫情防控工作视频部署会，通报全市疫情防控形势，部署津南区疫情防控重点任务，要求各级党员干部队伍压实责任，坚定信心，鼓舞士气，坚决打赢津南疫情防控关键之役。

同日 市委常委会扩大会议暨市防控领导小组和指挥部会议召开，深入贯彻落实习近平总书记关于疫情防控工作的重要指示精神，进一步分析研判疫情发展态势，对强化本市各项防控措施、打好疫情防控主动仗作出部署。会议以电视电话会议形式召开，在各区防控指挥部设分会场。

1月18日 市委书记李鸿忠深入东丽区调研检查疫情防控工作。李鸿忠在调研检查中强调，要密切关注疫情发展走势，加强流调溯源，科学精准做好密接、次密接等排查，努力做到对于风险点位和风险人员管控全覆盖。坚持人、物、环境同查，加快追溯病毒源头。加密风险区域核酸检测频次，组织开展“敲门行动”，确保全员筛查不漏一户一人。严格封控管理，做到封控区人员“足不出户、服务上门”，管控区人员“不出小区，两天一次、每户一人错峰取物”，防范区人员尽量减少出门、非必要不离开本区域，切实做到真封、真管、真严。强化隔离房间储备保障，确保应转尽转、应隔尽隔、日清日结。加强隔离点内部管理，坚决防止交叉感染和风险外溢。压实属地疫情防控责任，牢牢把握工作主动，始终保持疫情防控指挥体系科学高效运转、快速反应处置，统筹调度资源力量，激励各级党员领导干部在疫情防控大考中冲锋在前、担当尽责，坚决筑牢基层疫情防控网。

1月19日 市委书记李鸿忠深入西青区调研检查疫情防控工作。李鸿忠强调，要毫不放松抓紧抓细抓实各项疫情防控措施，密切分析研判疫情发展态势，严格执行防控标准，动态完善防控策略方案，确保科学精准、有力有序推进疫情防控工作。

同日 市委书记李鸿忠在市防控指挥部通过视频系统调度部署各区新一轮全员核酸检测工作。李鸿忠强调，要深入贯彻落实习近平总书记关于疫情防控工作的重要指示精神，认真落实孙春兰副总理在天津调研时的讲话要求，科学组织、周密部署新一轮核酸筛查，进一步巩固疫情防控工作的阶段性成效，坚决阻击疫情扩散传播。

1月20日 市委书记李鸿忠在市防控指挥部现场检查调度新一轮全员核酸检测工作。市委常委、市委组织部部长喻云林和各区区委组织部部长参加调度工作。李鸿忠强调，要深刻认识开展全员核酸检测的重要意义，切实发挥筛查信息的前哨作用，为打好打赢疫情防控阻击战提供有力支撑。各区党政主要负责同志要靠前指挥，加强组织统筹、综合调度，有力督导指导，分管负责同志要及时协调人员力量，解决具体问题，深入组织“敲门行动”，扎实有力推进排查检测各项工作。加强核酸筛查各环节的统筹协调和高效对接，进一步提升采样点管理服务，优化规范样品采集、储存运输等工作流程，确保全员筛查的全覆盖和精准高效。增强筛查的预警预报效能，一旦发现异常情况，立即精准管控、快速转运，实现流调、隔离、管控无缝衔接，坚决阻断病毒传播渠道，为打好打赢疫情防控攻坚战奠定坚实基础。

同日 市委书记李鸿忠来到海河医院调研检查，研究部署进一步做好医疗救治和院感防控工作。李鸿忠强调，要坚决贯彻落实党中央、国务院部署要求，精心开展新冠肺炎患者诊疗救治，严格标准、严上加严，切实消除疫情传播风险隐患，切实守护群众生命安全和身体健康。

1 月 21 日　市委常委会召开扩大会议，传达学习习近平总书记在省部级主要领导干部学习贯彻党的十九届六中全会精神专题研讨班开班式上的重要讲话精神、在十九届中央纪委六次全会上的重要讲话精神，研究天津市贯彻落实措施。市委书记李鸿忠主持会议。

同日　市委书记李鸿忠在津南区指挥部召开会议，检查调度疫情防控工作。李鸿忠强调，要深入学习贯彻习近平总书记关于疫情防控工作的重要指示精神，毫不松懈抓好疫情防控工作，以更加坚强有力的措施巩固已取得的疫情处置成效，努力夺取疫情防控攻坚战的全面胜利。

1 月 26 日　市委常委会召开会议，传达学习习近平总书记对政法工作的重要指示和中央政法工作会议、全国政法队伍教育整顿总结会精神，传达学习习近平总书记对全国老干部工作的重要指示、全国老干部工作先进集体和先进个人表彰大会以及全国统战部长会议、全国宣传部长会议精神，研究天津市贯彻落实措施。市委书记李鸿忠主持会议。

同日　河北区疫情防控指挥部报告排查发现 1 例新增阳性感染者。接到疫情报告后，市委书记李鸿忠立即到市防控指挥部进行紧急调度部署，迅速组织开展疫情处置工作。李鸿忠强调，要充分认识天津市疫情防控形势的复杂性严峻性，进一步绷紧思想之弦，压实防控责任、落实防控措施，全面深入精准排查化解各类风险隐患，迅速阻断病毒传播渠道，坚决筑牢疫情防控线。

1 月 27 日　市委书记李鸿忠在市防控指挥部通过视频会议系统检查调度部署全市疫情防控工作，强调要始终保持高度警醒警觉，敢打善打快仗硬仗，争取以最快速度、最严标准，迅速有力、科学精准，抓紧抓实抓细疫情防控各项措施，坚决控制疫情扩散蔓延。

1 月 28 日　市委常委会召开党史学习教育专题民主生活会。市委书记李鸿忠主持并讲话。市委常委会班子和各位常委同志严格按照中央要求，深入进行党性分析，认真撰写对照检查材料和发言提纲。会上，李鸿忠通报了本次专题民主生活会征求意见情况和市委常委会 2020 年度民主生活会暨巡视整改专题民主生活会整改措施落实情况，并代表市委常委会班子作了对照检查，结合实际深刻剖析问题产生原因，明确今后努力方向和整改措施。随后，李鸿忠带头进行自我批评，市委常委同志逐一进行个人对照检查，相互批评帮助。

同日　市委书记李鸿忠在市防控指挥部研究会商分析疫情走势、指挥调度部署疫情处置工作。李鸿忠通过视频系统听取河北区疫情处置情况汇报，与市卫生健康委、市疾控中心主要负责同志进行研判分析，并与正在开展实地流调工作的疾控专家通话，了解掌握最新排查情况，及时研究作出部署安排。

1 月 29 日　按照中央和市委统一部署，市委书记李鸿忠参加并指导天津师范大学领导班子党史学习教育专题民主生活会。李鸿忠强调，要深入学习领会党的十九届六中全会精神，认真贯彻落实习近平总书记关于教育的重要论述，进一步增强“四个意识”、坚定“四个自信”、做到“两个维护”，全面贯彻党的教育方针，切实加强党对教育工作的全面领导，落实立德树人根本任务，以优异成绩迎接党的二十大胜利召开。

1 月 30 日　市委书记李鸿忠来到定点医院、基层派出所、食品仓储物流库、燃气管线所，检查疫情防控、城市管理、民生保障等工作，亲切看望慰问基层一线工作者，向大家表达诚挚的新春问候。

同日　市委书记李鸿忠专门到市委总值班室，检查部署春节假期值班值守和疫情防控工作。李鸿忠强调，要深入贯彻落实习近平总书记重要指示精神，加强应急值班，科学精准调度，坚守岗位、恪尽职守，统筹疫情防控和经济社会发展，切实织密筑牢疫情防控网，强化城市服务保障，确保市民群众度过一个欢乐安康祥和温暖的新春佳节。

1 月 31 日　市委书记李鸿忠在市防控指挥

部检查调度部署疫情防控工作，强调要坚决果断、以快制快，突出重点、精准出击，科学周密有力组织开展疫情处置工作，确保防控措施落实到位，坚决防止疫情扩散蔓延。

同日 市委书记、市疫情防控领导小组组长李鸿忠深入河北区、红桥区疫情防控指挥部，检查指导核酸筛查、封控管控、隔离转运、隔离点管理等疫情处置工作，亲切看望慰问春节期间坚守疫情防控一线的工作人员。

2 月 1 日 市委书记李鸿忠先后两次通过市委视频指挥系统，就全市疫情防控工作进行连续调度部署，强调要严之又严落实各项防控措施，坚决防范疫情传播风险外溢。各区党政主要负责同志和区防控指挥部常务副总指挥参加。

同日 市委书记李鸿忠先后到河东区和滨海新区疫情防控指挥部，检查调度部署社区封控管控、排查协查、核酸检测等疫情处置工作。

同日 市委书记李鸿忠通过全市疫情防控指挥视频系统，调度部署全市疫情防控工作。李鸿忠在讲话中指出，要高度重视我市疫情防控的严峻复杂形势，坚决克服麻痹松懈思想、倦怠厌战心态，全面排查梳理疫情防控工作中存在的问题疏漏，完善工作策略方式方法，坚决遏制疫情零星散发现象，决不能让病毒向社会面扩散，切实阻断传播链条。要坚持全市“一盘棋”，增强全市疫情防控指挥体系统筹调度、科学处置的效率效能，提升各区协同作战能力，打赢疫情防控这场硬仗。

2 月 2 日 市委书记李鸿忠通过市委视频指挥系统对全市疫情防控工作进行调度部署。李鸿忠强调，要深刻认识天津市严峻复杂的疫情形势，坚持源头管控，切实加大流调排查力度，消除病毒传播潜在风险，严防疫情风险外溢，坚决织密筑牢疫情防控网。

2 月 3 日 市委书记李鸿忠到市公安局调研检查冬奥会安保和疫情防控工作，亲切看望慰问春节假期坚守一线的公安干警。李鸿忠强调，要深入学习贯彻习近平总书记重要指示精神，深刻认识天津之“卫”的使命担当，全力强化安全服务保障和疫情防控措施，切实维护北京冬奥会期间安全、稳定、和谐的政治社会环境，坚决筑牢首都政治“护城河”。

同日 市委书记李鸿忠不打招呼，深入河北区、河东区封控管控小区现场，暗访检查开展疫情风险排查行动情况，强调要快速深入细致开展筛查排查工作，切实消除病毒传播风险隐患，坚决筑牢疫情防控网。

2 月 4 日 市委书记李鸿忠出席河北区区、街道、社区三级干部会议。李鸿忠强调，要深入学习贯彻习近平总书记关于疫情防控工作的重要指示精神，始终把维护人民群众生命安全和身体健康摆在第一位，坚定必胜信心，坚决有力、严格严密落实各项防控措施，全力打好打赢疫情防控硬仗。

2 月 7 日 市委常委会召开会议，学习贯彻《中国共产党纪律检查委员会工作条例》，听取市纪委监委 2021 年工作情况报告，传达学习贯彻全国组织部长会议精神，学习贯彻《关于 2021 年中央政治局贯彻执行中央八项规定情况的报告》和《关于 2021 年整治形式主义为基层减负工作情况的报告》，讨论关于 2021 年市委贯彻执行中央八项规定精神和整治形式主义为基层减负工作情况的报告、关于建立健全生态产品价值实现机制的实施方案、民兵建设“十四五”规划，听取全市公安工作和队伍建设情况的汇报，对统筹疫情防控和经济社会发展作出部署。市委书记李鸿忠主持会议。

2 月 8 日 全市重点项目现场办公会在滨海新区召开。市委书记李鸿忠出席并讲话，强调要深入学习贯彻习近平总书记关于统筹疫情防控和经济社会发展的重要讲话精神，以时不我待的精气神，锚定目标、踔厉奋发，不打年盹、只争朝夕，高标准、高水平加快项目建设，奋力夺取疫情防控和经济社会发展双胜利，以优异成绩迎接党的二十大胜利召开。

2 月 9 日 全市进一步优化营商环境工作会议召开。会议总结 2021 年工作情况、部署 2022 年重点任务。市政务服务办、市工信局、东丽区政府和国家开发银行天津市分行、市楼宇经济协会、天津强微特生物科技有限公司负责同志作了发言。

2月10日 天津市党管武装工作述职会议召开，总结2021年工作，部署2022年任务。市委书记、天津警备区党委第一书记李鸿忠出席会议并讲话，市委常委、天津警备区党委书记李军主持并围绕进一步强化党管武装工作作部署，天津警备区党委副书记、司令员白忠斌出席。

同日 市政府第179次常务会议召开。会议学习贯彻京津冀协同发展领导小组会议精神，研究部署落实工作。会议审议《关于完善科技成果评价机制的实施意见》。会议还研究了妇女和儿童发展"十四五"规划、深化应急管理综合行政执法改革、种业振兴行动、加油站空间布局规划等其他事项。

2月15日 加强全市基层政法建设工作会议召开。会议强调，要深入学习贯彻习近平法治思想，全面落实《中国共产党政法工作条例》，坚持和加强党对政法工作的领导，坚定捍卫"两个确立"、坚决做到"两个维护"，充分发挥区级党委政法委统筹、领导作用，以基层政法工作的扎实成效迎接党的二十大胜利召开。

2月17日 市委常委会召开会议，学习贯彻习近平总书记在中央政治局第三十六次集体学习时的重要讲话精神，学习贯彻习近平总书记重要指示和全国信访局长会议精神，通报中央依法治国办关于对天津市开展法治政府建设实地督察的反馈意见，研究部署加强和改进新时代人才工作，听取市总工会、团市委、市妇联工作情况和天津市全域科普工作情况的汇报。

2月18日 市政府第180次常务会议召开。会议部署市十七届人大六次会议代表建议、市政协十四届五次会议委员提案办理工作。会议审议《关于进一步加强基层医疗卫生服务的意见》。会议还研究了2022年市政府重点工作分解、知识产权强市建设、计划生育失独家庭综合保障、首台(套)重大技术装备示范应用等其他事项。

2月21日 市委人才工作会议召开。市委书记李鸿忠出席会议并讲话，强调要深入学习贯彻习近平总书记关于新时代人才工作的新理念新战略新举措，全面落实中央人才工作会议部署要求，以更大气魄、更宽视野、更强力度广聚天下英才，全力建设人才强市、打造人才高地，在津沽大地构筑千里马竞相奔腾的生动局面，以优异成绩迎接党的二十大胜利召开。

2月22日 市委常委会召开会议，传达学习中央统一战线工作领导小组有关会议精神，讨论市委统一战线工作领导小组2021年工作总结和2022年工作要点，听取关于开展《中国共产党统一战线工作条例》贯彻落实情况调研检查工作情况的汇报，讨论天津市关于以铸牢中华民族共同体意识为主线推进新时代党的民族工作高质量发展的实施意见；传达学习贯彻2022年对台工作会议精神。

2月23日 市政府党组会议召开，学习贯彻习近平总书记在中央政治局第三十六次集体学习时的重要讲话精神，落实市委常委会会议要求。

同日 市政府第181次常务会议召开。会议审议《天津市推动城乡建设绿色发展的实施意见》和《天津市推动城市停车设施发展实施方案》。会议还研究了构建高标准市场体系、加强单用途预付卡监管、市政府2022年度立法计划等其他事项。

2月24日 全市领导干部学习贯彻党的十九届六中全会精神和习近平总书记重要讲话精神专题读书班开班式暨年轻干部教育管理工作会议在市委党校举行。市委书记李鸿忠作辅导报告。

同日 中国医学科技创新体系核心基地天津基地项目领导小组会议在迎宾馆召开。

2月26日 市委常委会召开会议，学习贯彻中共中央办公厅印发的《关于加强巡视整改和成果运用的意见》，研究本市贯彻落实措施，讨论市委教育工作领导小组2021年工作总结和2022年工作要点、关于进一步健全高校党建工作体系的意见、天津市"大思政课"建设综合改革试验区实施方案等。

2月27日 市委书记李鸿忠在市疫情防控指挥部调度部署滨海国际机场和东丽区疫情处

置工作，强调要坚持以快制快、坚决果断，迅速全面开展流调工作，加强风险人员核酸检测，严格执行机场疫情防控管理要求，切断病毒传播途径，坚决织密筑牢疫情防控网。

2 月 28 日 天津市召开打击治理电信网络新型违法犯罪工作联席会议，认真学习贯彻习近平总书记关于打击治理电信网络诈骗工作系列重要指示精神，总结 2021 年工作，全面部署 2022 年打击治理电信网络诈骗工作。会议要求，各区、各部门要坚持打防并举、标本兼治，健全完善工作机制，全面实施系统治理、源头治理、综合治理，以更加优异的成绩迎接党的二十大胜利召开。

同日 市政府召开第 182 次常务会议。会议听取全市安全生产工作汇报，研究部署下一步工作，审议《天津市工业布局规划（2022—2035 年）》。

3 月 1 日 《天津日报》报道，为切实减轻天津市民的医疗费用负担，首个由政府主导开展的城市定制型医疗保险项目——“天津惠民保”正式启动。该项目通过降低投保门槛、放宽年龄和身体健康条件限制等举措，扩大健康保险覆盖范围，实现与基本医疗保障衔接互补，夯实多层次医疗保障体系。

3 月 4 日 《天津日报》报道，为全面加快打造“轨道上的京津冀”，“通武廊”市域郊铁路建设成功纳入国家有关规划和《天津市市域郊铁路专项规划》，目前已正式进入实质执行阶段，力争年内开工建设。

同日 《天津日报》报道，经过碳排放核查、计算，中新天津生态城第四社区中心获得由天津排放权交易所颁发的“碳中和”证书，成为天津首个“零碳”社区商业项目，对全市的社区商业具有示范效应。

3 月 8 日 天津国企与金融机构恳谈会在梅江会展中心举行。副市长王旭出席会议并讲话，62 家在津金融机构负责同志应邀出席会议，部分市管企业负责同志参加会议。

3 月 9 日 天津市社会科学界联合会七届四次主席团会议、七届二次全委会在天津礼堂召开。会议传达落实市委部署和全市宣传部长会议要求，审议通过市社科联 2021 年工作报告，并就 2022 年重点工作作出部署。老同志、市社科联主席薛进文出席会议并讲话。市社科联主席团成员、全委会委员参加会议。

3 月 10 日 天津市召开中央依法治国办法治政府建设实地督察反馈意见整改动员部署会议，动员全市高质量完成党中央和市委部署的整改任务，对整改工作提出明确要求。

3 月 11 日 天津市召开加强和改进新时代人才工作推进会，深入学习贯彻中央人才工作会议精神和市委人才工作会议部署要求，加快十大产业人才创新创业联盟建设，推动各项人才政策措施落实落地。

3 月 12 日 市疫情防控领导小组和指挥部会议召开，传达学习习近平总书记对疫情防控工作的重要指示精神，深入贯彻落实国务院联防联控机制全国新冠肺炎疫情防控工作电视电话会议部署要求，通报天津市当前疫情防控形势，对全市疫情防控工作作出部署安排。

同日 市委常委会召开扩大会议，传达学习贯彻习近平总书记在全国两会期间一系列重要讲话精神，传达学习贯彻十三届全国人大五次会议、全国政协十三届五次会议精神。

同日 市委常委会会议暨市委党的建设工作领导小组会议召开，讨论市委党的建设工作领导小组 2022 年工作要点和关于开展“迎盛会、铸忠诚、强担当、创业绩”主题学习宣传教育实践活动的工作方案。

3 月 15 日 市委书记李鸿忠在市疫情防控指挥部调度部署全市疫情处置工作，强调要深入贯彻习近平总书记关于疫情防控工作重要指示精神，严格按照国务院联防联控机制电视电话会议部署要求，从严从紧落实各项防控措施，坚决守住不出现疫情规模性反弹的底线，切实筑牢首都疫情防控“护城河”。

同日 市政府第 183 次常务会议，审议《关于深化支持市场主体促进经济平稳健康发展的若干措施》。

3 月 17 日 市委常委会召开会议，学习贯彻习近平总书记在中央政治局第三十七次集体学习时的重要讲话精神，学习贯彻中央关于机构编制工作的部署要求，讨论中共天津市委关于加强新时代检察机关法律监督工作的实施意见，研究第六届世界智能大会重点工作。

同日 市政府党组会议召开。会议学习贯彻习近平总书记在全国两会期间一系列重要讲话精神和全国两会精神，落实市委常委会扩大会议要求。党组成员结合天津实际和分管工作，逐一谈了学习体会和下一步工作思路举措。

3月18日 市委、市政府疫情防控工作会议暨市疫情防控领导小组和指挥部会议召开，传达学习贯彻习近平总书记在中央政治局常务委员会会议上的重要讲话精神，认真落实党中央、国务院决策部署，进一步统一思想，坚定信心，从严从紧从实做好疫情防控工作。会议听取了滨海新区、武清区、西青区、河东区、东丽区主要负责同志关于疫情处置的情况汇报。

同日 为巩固拓展党史学习教育成果，迎接党的二十大胜利召开，市委印发《通知》，在全市各级党组织和全体党员干部中开展“迎盛会、铸忠诚、强担当、创业绩”主题学习宣传教育实践活动工作，贯穿2022年全年，围绕10项重点任务，突出忠诚教育，激励引导广大党员干部以实干实绩实效彰显忠诚担当。

同日 全市经济运行工作会议召开。会议听取1—2月全市经济运行情况和下一步工作打算。市发展改革委、市统计局、市工业和信息化局、市财政局、市人社局、市住房城乡建设委、市交通运输委、市农业农村委、市商务局、市金融局、人民银行天津分行、市通信管理局和各区政府及滨海新区有关开发区管委会负责同志作了发言。

3月19日 天津市召开疫情防控宣传工作调度会，传达学习贯彻习近平总书记在中央政治局常务委员会会议上的重要讲话精神和市委、市政府关于做好疫情防控工作的要求，就进一步做好宣传引导工作进行部署安排。

同日 市疫情防控领导小组和指挥部会议召开，深入学习贯彻习近平总书记在中央政治局常务委员会会议上的重要讲话精神，贯彻国务院联防联控机制全国疫情防控工作电视电话会议部署要求，对全市疫情防控工作作出部署安排。

3月20日 在北京举行的第六届中国法治政府奖终审会上，天津市规划和自然资源局申报的“坚持法治引领　全面加强湿地自然保护区修复”项目荣获第六届中国法治政府奖提名奖。

3月22日 市委全面深化改革委员会召开会议，传达学习贯彻习近平总书记在中央全面深化改革委员会第二十四次会议上的重要讲话精神，审议市委全面深化改革委员会2021年工作总结报告和2022年工作要点，审议天津市构建高标准市场体系若干措施、天津市加快建立健全绿色低碳循环发展经济体系的实施方案、天津市种业振兴行动实施方案、天津市深化应急管理综合行政执法改革实施方案、关于深化公证体制机制改革促进公证事业健康发展的实施意见。

3月23日 天津市召开疫情防控工作调度会议，深入学习贯彻习近平总书记在中央政治局常务委员会会议上的重要讲话精神，认真贯彻落实国务院联防联控机制部署要求，分析研判我市疫情防控形势，对进一步做好全市疫情处置工作进行调度部署。会上，市疫情防控指挥部办公室负责同志通报了全市疫情防控形势，西青区、河北区、东丽区、静海区、河东区、北辰区、红桥区区委主要负责同志汇报了各区疫情处置、区域核酸筛查和核酸检测能力提升等情况。

3月23日至24日 第四届中古两党理论研讨会以视频方式举行，会议主题为“加强党的建设，奋进新时代中古社会主义新征程”。市委常委、滨海新区区委书记连茂君在滨海新区分会场连线参加，并作专题发言。连茂君就新时代培养选拔德才兼备、忠诚干净担当高素质专业化干部介绍了滨海新区的经验与做法。会上，结合地区实际，就新时代基层党建做法和经验，滨海新区大沽街道和盛苑社区党委书记兼居委会主任郭丽芝也作了发言。

3月24日 市委常委会召开会议，学习贯彻习近平总书记关于加强和改进人民信访工作的重要思想，研究天津市贯彻落实措施，学习贯彻中央关于发展海洋经济推进建设海洋强国的部署要求，讨论天津市深入打好污染防治攻坚战行动方案、天津市规范民办义务教育发展工作方案，研究部署深化市属国有企业改革工作。

同日 天津市召开打击整治涉枪涉爆犯罪领导小组第四次全体会议暨全市专项推进会，贯彻落实全国专项会议精神，部署深化打击整治工作。

3 月 25 日 市政府办公厅印发《关于助企纾困和支持市场主体发展的若干措施》，自当日起施行。《若干措施》共计 15 条，围绕市场主体关心的税费减免、稳岗用工、金融支持等方面分类施策，投入真金白银，进行精准扶持，帮助企业纾困解难，最大限度减少疫情对经济社会发展的影响。

同日 市委"迎盛会、铸忠诚、强担当、创业绩"主题学习宣传教育实践活动工作领导小组召开第二次（扩大）会议，研究审议主题学习宣传教育实践活动工作有关方案。

3 月 29 日 为深入贯彻习近平总书记重要指示精神和党中央、国务院决策部署，天津市召开会议，全面总结反拐工作成效，部署 2022 年任务。

同日 推进塔吉克斯坦鲁班工坊建设中塔双方主管部门视频会议召开，塔教育和科学部第一副部长朱拉佐达、塔驻华大使萨义德佐达、副市长王旭出席并发言。

3 月 30 日 市委书记李鸿忠深入蓟州区调研少数民族工作、农业春耕生产和古树名木保护。李鸿忠强调，要深入学习贯彻习近平总书记关于统筹疫情防控和经济社会发展的重要指示要求，压实各级党组织书记抓乡村振兴的政治责任，不误农时抓好春耕生产，千方百计增加农民收入，大力加强少数民族工作，扎实推进全体人民共同富裕。

同日 《天津日报》报道，市政府办公厅印发《天津市构建高标准市场体系若干措施》，从基础制度、要素市场、环境质量、市场开放、市场监管五个方面提出 18 类 44 项措施，进一步畅通市场循环、疏通政策堵点、推进市场提质增效，构建更加成熟、更加定型的高水平市场经济体系，进一步激发各类市场主体活力。《若干措施》对标中央要求，坚持问题导向，针对当前市场体系建设中存在的突出问题，着力清"路障"、除"门槛"、破"天花板"，畅通生产、分配、流通、消费各环节，提出了具体行动举措，明确了任务清单和相关责任单位。

3 月 31 日 市委常委会召开会议，学习贯彻习近平总书记重要指示精神，落实全国安全生产电视电话会议部署；学习贯彻党中央关于推动党史学习教育常态化长效化的部署要求；听取关于 2021 年度天津政治生态分析研判报告的汇报，讨论天津市 2022 年加强政治生态建设重点任务及责任分工；讨论天津市 2022 年政党协商（会议协商）计划等。

4 月 1 日 市委主题学习宣传教育实践活动工作领导小组印发通知，确定了市级机关争当践行"迎盛会、铸忠诚、强担当、创业绩"先锋模范的目标和五方面任务要求。明确市级机关各单位要坚持班子带头、以上率下、以机关带系统，先学一步、深学一层，干在实处、走在前列，树立更高标准、更严要求，在严格落实市委部署要求基础上，深入推进模范机关建设，持续深化"双报到"、入列轮值、"千个支部联基层、千名书记当先锋"活动，积极推动党建与业务深度融合，抓实领导干部上讲台、支部建设创品牌、党员干部到一线等载体，引导激励党员争做"三个表率"。从坚决筑牢首都政治"护城河"，消除"三官"、克服"三关"，抓住关键少数、发挥"旗舰"作用，为群众办实事解难题破难关，不断强化宣传引导五个方面作出具体部署。

同日 市规划委员会召开会议，审议天津市"植物园链"专项规划和"设计之都"核心区相关方案。会议强调，以外环绿道为纽带串联打造 11 个植物公园，形成城市"一环十一园"的"植物园链"，是天津市继"871"重大生态工程之后，进一步推动绿色发展的重要工程，对于城市融入大自然、增加城市绿色碳汇、提升生活幸福指数、实现城市内涵发展具有重要意义。

4 月 2 日 市政府印发《天津市加快建立健

全绿色低碳循环发展经济体系的实施方案》，全方位全过程推行绿色规划、绿色设计、绿色投资、绿色建设、绿色生产、绿色流通、绿色生活、绿色消费，加快建立健全绿色低碳循环发展的经济体系，确保实现碳达峰、碳中和目标，推动天津市绿色发展迈上新台阶。《方案》着力构建六大体系，前三大体系涵盖了生产、流通、消费三个关键环节，后三大体系构筑了基础设施、技术创新、政策制度三项关键支撑。

同日 全市安全生产工作会议召开，深入贯彻落实习近平总书记重要指示精神，认真贯彻落实全国安全生产电视电话会议精神，部署开展防风险除隐患保安全排查整治行动。

4月5日 天津市第182场新型冠状病毒肺炎疫情防控工作新闻发布会举办。本土疫情发生以来，天津市始终坚持"外防输入、内防反弹"总策略和"动态清零"总方针，从四方面入手持续做好常态化疫情防控和应急处置。一是立足早发现，健全完善监测预警机制。二是立足早排查，强化重点场所风险管理。三是立足早报告，分层递进开展核酸筛查。四是立足早隔离，从严从紧科学处置疫情。天津市通过落实各项防控措施取得了疫情防控的较好成效，但需要全社会始终保持对疫情防控形势的清醒认识，以巩固来之不易的防控成果。第一，严格执行人员流动管控政策。第二，严格遵守封闭管控措施。第三，警惕物品传播风险。第四，全面强化常态防控。第五，广大群众不信谣、不传谣。

4月11日 天津市科学技术奖励大会暨推动科技体制机制创新工作会议召开。会议强调，要聚焦制造业立市，强化战略科技力量，着力提高自主创新、原始创新能力。一是强化制造业立市的战略科技力量支撑，聚焦信创、生物医药、新能源新材料等重点领域，谋划建设更多国家级创新平台，抢占科技创新和产业发展制高点。二是"以用立业"增强产业创新能力，着眼先进制造研发需要，加强应用基础研究，提高先进技术供给能力，着力攻克一批"卡脖子"关键核心技术、共性技术。三是深入推进京津冀新一轮全面创新改革试验，合力打造自主创新的重要源头和原始创新的主要策源地。

同日 天津市增派中医医疗队，肩负市委、市政府和全市人民的重托，勇担职责使命启程出征，紧急驰援上海疫情防控一线。此次医疗队共派出78人，其中，中医医师75人、院感防控人员3人，从20家中医医疗机构抽调组成。抵沪后，医疗队将进驻方舱医院开展工作。

同日 天津市召开会议，深入贯彻落实全国打击治理电信网络新型违法犯罪工作电视电话会议精神，对深化电信网络诈骗犯罪打击治理工作进行再动员再部署。会议要求，要强化侦查打击，深化专项行动、大案攻坚、追赃挽损，重拳严打电信网络诈骗违法犯罪。要强化宣传防范，突出精准宣传、系统防控，全面筑牢反诈坚固防线。要强化源头治理，推进齐抓共管、群防群治，从源头上铲除电信网络诈骗违法犯罪滋生土壤。要强化行业整治，严格落实主体责任，抓实金融、通信行业治理和互联网行业监管，切实提升工作效能。要强化统筹推动，加强组织领导，细化任务措施，密切协作配合，以新担当新作为不断开创打击治理电信网络新型违法犯罪工作新成效新局面，以更加优异的成绩迎接党的二十大胜利召开。

4月12日 天津市国家安全局在天津农商银行津南中心支行举办2022年"4·15"全民国家安全教育日主题展。活动的主题是"树牢总体国家安全观，感悟新时代国家安全成就，为迎接党的二十大胜利召开营造良好氛围"。其间，天津市国家安全局工作人员围绕总体国家安全观、《反间谍安全防范工作规定》、公民在国家安全工作中应承担的责任和义务、"12339"线索举报方式等方面进行了深入讲解。

4月13日 《天津日报》报道，《天津市加快农村寄递物流体系建设实施方案》日前印发。根据《实施方案》，天津市将建立区级寄递物流公共分拨中心、乡镇寄递物流集散中心、村级寄递物流综合服务站三级服务体系，实现便民惠民寄递服务全面覆盖，为全面推进乡村振兴，加快农业农村现代化提供有力保障。

4月14日 市发展改革委、市工业和信息化局会同相关单位研究制定的《关于振作天津市工业经济运行推动工业高质量发展的若干举措》正式印发实施。《若干举措》从畅通循环、拓展空间、强化政策、优化环境等四方面出台 21 项新招实招硬招，精准发力，推动天津市工业经济高质量发展。

同日 市委理论学习中心组举行集体学习，深入学习贯彻习近平总书记关于总体国家安全观的重要论述，研究部署天津市国家安全工作。

4 月 15 日 市委全面依法治市委员会召开扩大会议，以述职评议方式，专题听取各区党政主要负责同志、市级部门主要负责同志履行推进法治建设第一责任人职责情况。会上，8 个区和 8 个市级部门的主要负责同志进行现场述职，认真总结抓法治建设工作的经验成效，坚持问题导向，深入查找差距不足，明确今后努力方向。其他区和市级部门主要负责同志作书面述职。李鸿忠在讲话中指出，全市各级各部门要坚持以习近平新时代中国特色社会主义思想特别是习近平法治思想为指导，坚持依法治市、依法执政、依法行政共同推进，法治天津、法治政府、法治社会一体建设，细化举措、强化落实、加强督察，努力打造法治建设先行区。

4 月 16 日 按照市委安排部署，在市委党的建设工作领导小组统筹组织下，市落实全面从严治党主体责任考核工作小组各成员单位派员组成 4 个反馈小组，分别对本市 2021 年度落实全面从严治党主体责任考核排名靠后的 2 个区、3 个市级党群机关、5 个市级政府部门、2 个市级政法单位党委（党组）主要负责同志以会议形式进行集中反馈，通报考核结果和存在问题，提出整改要求。

4 月 18 日 中新天津生态城管委会与国家海洋技术中心签署战略合作框架协议，建立长期战略伙伴关系，在海洋规划论证、海洋生态修复与监测、信息系统建设等领域深入合作，加强海洋生态文明建设，促进海洋科研成果转化应用，携手守护海洋，助推蓝色经济发展。

同日 市委平安建设领导小组办公室召开主任（扩大）会议，深入学习贯彻习近平总书记关于平安建设的重要论述，贯彻落实平安中国办第二次主任会议精神，部署推进工作。

同日 全市加强新时代廉洁文化建设工作会议暨党员干部警示教育大会在天津礼堂召开。会议播放了教育专题片《廉洁润初心》，以百年党史革命文化、中华优秀传统文化为廉政教材，以典型违纪违法案例为警鉴，深刻阐释新时代廉洁文化建设的重大意义，古今贯通、正反对比，震撼心灵、发人深省。会议强调，要准确把握新时代廉洁文化的内涵特质，永葆共产党人清正廉洁的政治本色。

4 月 19 日 市政府第 186 次常务会议召开会议，听取第一季度全市经济运行情况，研究部署下一步工作。会议强调，要全力服务保障企业复工复产，强化市、区两级专班机制，保障货运物流高效畅通，围绕产业链、供应链持续开展撮合对接活动。要加强对中小微企业纾困解难，精准落实减税降费等政策，更加注重融资支持，及时帮助解决企业诉求。要加大项目落地推动力度，精准谋划项目，盯住重点区域精准招商，用好专项债券资金，加快推动重大项目建设。要多措并举促消费，强化重点领域政策支持，通过行业纾困、以节兴商、会展拉动等多种方式促进消费，打好释放消费潜力主动仗。要坚持房子是用来住的、不是用来炒的定位，促进商品房市场更好满足购房者的合理住房需求，促进房地产业良性循环和健康发展。要加大财力培育，聚焦重点税源全力挖潜增收，兜紧兜牢基层“三保”底线。要有效防范化解各类风险隐患，营造安全稳定的发展环境。

4 月 19 日至 20 日 第十届全国人大常委会副委员长、中国关工委主任顾秀莲来津调研，并出席天津市学习贯彻中办 46 号文件精神、深化“五爱”教育阵地建设推动会。市关工委党委书记、主任邢元敏主持会议并宣布“老少同声颂党恩、携手喜迎二十大”主题教育实践活动启动。

4 月 20 日 市委常委会召开扩大会议，传达学习习近平总书记在海南考察时的重要讲话和重要指示精神，研究部署我市贯彻落实措施。

会议指出，习近平总书记在海南考察时的重要讲话和重要指示，立意高远、思想深刻、内涵丰富，具有很强的思想性、政治性、指导性，对做好天津工作具有重要指导意义。要认真学习领会，与学习贯彻习近平总书记对天津工作“三个着力”重要要求和一系列重要指示批示精神紧密结合，胸怀“国之大者”，切实增强“四个意识”、坚定“四个自信”、做到“两个维护”，不断增强政治判断力、政治领悟力、政治执行力，确保党中央大政方针政策不折不扣在天津落地落实，以实际行动体现坚决捍卫“两个确立”、做到“两个维护”。党的二十大将于今年下半年召开，这是党和国家政治生活中的大事。各级各部门要提高政治站位，强化责任担当，坚持底线思维，增强忧患意识，统筹疫情防控和经济社会发展，统筹发展和安全，切实做好风险防控、维护安全稳定等工作，坚决筑牢首都政治“护城河”。

4 月 22 日 市委召开专家学者座谈会，听取对市第十二次党代会报告议题的意见建议。与会专家学者，畅谈了市第十一次党代会以来天津发展取得的成就，围绕在服务京津冀协同发展重大国家战略中实现城市功能定位、统筹推进绿色低碳发展、科学构建城市国土空间格局、加强党的创新理论研究阐释、推进教育事业高质量发展、培育建设国际消费中心城市、培育壮大中医药产业、完善创新创业生态、创新社会治理与改善民生等提出意见建议。

4 月 24 日 市政府召开第 187 次常务会议。会议围绕“高质量推进天津税收法治现代化”主题进行集体学法。会议强调，要坚定不移推动高质量发展来夯实税基，充分认识发展是解决一切问题的基础和关键；要坚定不移营造良好营商环境来涵养税源，坚决贯彻落实好中央减税降费政策；要坚定不移优化税务执法来提升税收法治化水平。会议审议《天津市贯彻落实〈“十四五”就业促进规划〉实施方案》。会议强调，要强化就业优先政策，聚焦高校毕业生、退役军人、农村劳动力、就业困难人员等重点群体，优化就业创业环境，强化政策引导，细化任务落实，有力有序推进，确保见到实效。

同日 天津市召开全域科普工作视频会议，深入学习贯彻习近平总书记关于科普工作的重要指示精神，贯彻落实中国科协和市委、市政府有关工作要求，总结工作、部署任务、落实责任，推进全域科普纵深发展，全面提升全民科学素质，为天津市全面建设社会主义现代化大都市贡献力量。会议强调，要巩固成果经验，不断完善“全领域行动、全地域覆盖、全媒体传播、全民参与共享”的工作格局，持续发挥天津市全域科普在全国的率先示范作用；要把握时代方向，充分认识推进全域科普纵深发展的政治性、实践性、创新性，走好科普工作新时代赶考之路；要坚持纲举目张，全面落实《天津市推进全域科普向纵深发展提升公民科学素质规划纲要（2021—2035 年）》，加强党对科普工作的全面领导，不断提升全域科普在提高全民科学素质、经济社会发展、为民惠民等方面的服务力、贡献力、支撑力；要坚持狠抓落实，压实责任、创新方法、分类施策、强化保障，以全域科普的新成效迎接党的二十大胜利召开。会上，为天津市 2021—2025 年度首批全国科普示范区以及全民科学素质工作先进集体、先进个人颁发了奖牌和证书。

4 月 25 日 天津市第八批大学生赴新疆和田实习支教团启程，这是天津市建立高校大学生赴和田支教工作长效机制后今年派出的首批支教团队。自 2018 年开始，天津市每年分两批，每批选派 350 多名大学生赴和田地区开展支教工作。

同日 天津市援沪院前急救医疗队启程出征，驰援上海市开展新冠肺炎疫情院前医疗救治工作。市急救中心接到驰援上海市的指令后，经层层筛选组建了由 50 名急救医生、52 名急救车驾驶员、6 名管理人员及 50 部急救车、2 部保障车组成的天津市援沪院前急救医疗队。

4 月 28 日 市委常委会召开会议，讨论天津市村社区星级管理办法、社区工作者管理办法、农村专职党务工作者管理办法。市委书记李鸿忠同志主持会议。会议强调，要站在夯实党在基层执政根基的高度，全面加强基层党的建设，巩固村社区基层组织换届“一肩挑”成果，突出基层党组织政治功能，强化基层党组织轴心作用，推动党的领导“一根钢钎插到底”。要深化“我为群众办实事”实践活动，增强基层治理能力。加强对基层干部的关心关爱，树立重视基层的选人用人导向。

4 月 29 日 天津市庆祝“五一”国际劳动节大会召开，表彰先进集体和先进个人，大力唱响劳动最光荣、劳动最崇高、劳动最伟大、劳动最美丽的主旋律，为全市经济社会发展凝聚强大正能量。

5 月 1 日 市防控指挥部紧急调度会议召开，传达学习贯彻习近平总书记对湖南长沙居民自建房倒塌事故的重要指示精神。会议强调，要认真贯彻习近平总书记重要指示精神，坚持人民至上、生命至上，坚持举一反三，深刻汲取事故教训，坚决防范各类重大事故发生，在高质量做好常态化疫情防控工作的同时，针对本市中心城区、城乡接合部、农村地区现有居民自建房特点，以他鉴津，排查隐患，坚决防范各类重大事故发生，坚决维护好人民群众生命财产安全。市、区两级要始终保持应急指挥体系“热备、灵敏、有力”状态，进一步压紧压实责任，统筹抓好疫情防控、值班值守、应急管理、民生保障各项工作，有力维护全市社会大局安全稳定。

5 月 5 日 市委理论学习中心组举行集体学习，深入学习贯彻习近平总书记关于加强和改进民族工作的重要思想，以铸牢中华民族共同体意识为主线，扎实推动本市新时代民族工作高质量发展。会议强调，要高举中华民族大团结旗帜，在加强团结和睦、人心和顺上下功夫，促进各民族交往交流交融，像石榴籽一样紧紧抱在一起。要在“心”字上下功夫，用心用情，坚持有限无限相结合，在对口支援协作中做好民族工作，继续与少数民族群众结对子、结亲戚，持续帮助各族群众过上好日子，把党的关怀温暖送到群众心坎上。

同日 市委组织部、市人社局等八部门发布通知，天津市决定实施第四轮（2021—2025 年）高校毕业生“三支一扶”（支教、支农、支医和帮扶乡村振兴）计划，结合本市就业形势和“三支一扶”事业发展需求，每年招募 200 名左右高校毕业生到基层从事“三支一扶”工作。

5 月 6 日 市委召开座谈会，就市第十二次党代会报告征求意见稿听取市各民主党派、工商联和无党派人士意见建议。座谈会一致赞同报告征求意见稿，对五年来天津经济社会发展取得的成就给予充分肯定，并围绕加快推进京津冀协同发展、深入实施制造业立市战略等提出意见和建议。

5 月 24 日 市委常委会召开会议，研究审议区级以下事业单位领导人员管理办法。市委书记李鸿忠主持会议。会议强调，要认真抓好党中央《事业单位领导人员管理规定》贯彻落实，站在坚定拥护“两个确立”、坚决做到“两个维护”的高度，坚持党管干部原则，严把政治首关，着力建设德才兼备、忠诚干净担当的高素质专业化事业单位领导人员队伍。完善和用好竞争聘用、公开选拔等选人用人机制，选优配强领导班子。抓好管理办法的落实执行，提高事业单位领导人员管理制度化、规范化水平。

5 月 26 日 市疫情防控指挥部发布天津市新型冠状病毒肺炎疫情防控指挥部第 15 号通告，全面维护人民群众生命安全和身体健康，毫不动摇坚持“动态清零”总方针，织密筑牢疫情防控严密防线，坚决遏制疫情扩散蔓延。市疫情防控指挥部决定，5 月 27 日在全市范围继续开展新一轮全员核酸筛查。

5 月 28 日 市发展改革委等 12 部门联合出台《天津市促进工业经济平稳增长行动方案》。《方案》从税费支持、金融信贷、保供稳价、项目投资、政策联动五个方面提出 24 项重点任务，激发市场主体活力，振作工业经济运行，推动工业高质量发展。《方案》提出，到 2025 年，天津市基本建成研发制造能力强大、产业价值链高端、辐射带动作用显著的全国先进制造研发基地。工业经济平稳运行，“十四五”时期工业增加值年均增长 6%以上。

5 月 29 日 市委常委会召开扩大会议，深入学习贯彻习近平总书记关于统筹疫情防控和经济社会发展的重要指示要求，传达贯彻全国稳住经济大盘电视电话会议精神，讨论本市贯彻落实扎实稳住经济的“一揽子”政策措施《实施方案》。

同日 9架次厦门航空包机接续平稳降落在天津滨海国际机场。驰援上海战“疫”57天，1518名天津援沪医疗队“白衣勇士”平安凯旋。

6月1日 市政府新闻办召开天津市稳经济政策措施新闻发布会，围绕《天津市贯彻落实扎实稳住经济的一揽子政策措施实施方案》(简称“稳经济35条”)的出台背景、政策特点和主要内容进行了全面解读，并介绍了下一步落地落实工作安排。

6月2日 市河(湖)长制工作领导小组会议暨全市防汛抗旱工作会议召开，深入学习贯彻习近平生态文明思想，认真落实习近平总书记关于防汛抗旱和防灾减灾救灾工作的重要指示精神和党中央决策部署，分析研判天津市2022年防汛抗旱和水环境治理工作面临的形势，对统筹推进防汛抗旱、河(湖)长制工作进行动员部署。

6月9日 市委书记李鸿忠，市委副书记、代市长张工，市人大常委会主任段春华，市政协主席盛茂林等市领导同志深入东丽区、滨海新区调研绿色生态屏障建设情况，就下一步重点任务作出部署。

同日 天津市受全国表彰公安系统英雄模范立功集体代表在天津礼堂会议室内济济一堂。市委书记李鸿忠，市委副书记、代市长张工与大家亲切交流座谈，深入贯彻习近平法治思想，重温习近平总书记关于新时代公安工作的重要论述和重要训词精神，学习弘扬公安英模精神，激励全市公安战线全力做好防风险、保安全、护稳定各项工作，以实际行动迎接党的二十大胜利召开。

同日 根据全国打击整治养老诈骗专项行动办公室统一安排，全国专项办副主任、第十三督导组组长蒲淳率督导组来津开展督导工作。市委书记李鸿忠，市委副书记、代市长张工向督导组一行作了汇报。

同日 天津市召开打击治理电信网络诈骗犯罪工作新闻发布会。会上通报，2022年以来，市公安局按照公安部和市委、市政府整体工作部署，坚持“打防结合、防范为先”，持续组织开展“云剑”“雷霆”“断卡”“断流”等专项行动。1月至5月，全市公安机关共破电信网络诈骗现案776起、抓获犯罪嫌疑人2852人，电信网络诈骗案件立案数量、损失金额分别同比下降25.8%和18.4%，实现“双下降”。

同日 市委常委、常务副市长刘桂平赴滨海高新区重点企业调研，了解企业生产经营状况、国家和我市稳住经济大盘政策措施落实情况，听取意见建议，协调解决企业发展和项目建设中遇到的实际问题。

同日 天津市召开中国美国商会会员企业座谈会，中国美国商会总裁何迈可及7家商会会员企业的代表以线上、线下形式参会。

6月10日 市委书记李鸿忠主持召开正市级老同志通报会，通报天津市出席党的二十大代表选举工作有关情况和市第十二次党代会筹备情况，听取对市党代会报告征求意见稿的意见和建议。

同日 市委副书记、代市长张工在天津礼堂出席市政府第五次廉政工作会议。他强调，要深入学习贯彻习近平总书记在十九届中央纪委六次全会上的重要讲话精神，认真落实国务院第五次廉政工作会议部署，按照市委工作要求和市纪委十一届十次全会精神，坚持严的主基调不动摇，以党风廉政建设新成效推动经济社会发展迈上新台阶。

同日 在津云中央厨房，天津海河传媒中心与中国银行天津分行签署战略合作协议。按照协议，双方将发挥各自优势，促进共同发展。中行天津分行将以优质的服务为海河传媒中心提供“一揽子”金融解决方案。海河传媒中心则通过其集“声、屏、报、网、端”于一体的媒体矩阵，将中行天津分行服务实体经济、助力区域高质量发展的探索与实践传播开来。

同日 “天津号”纯太阳能车全国巡展启动仪式暨第六届世界智能大会中新天津生态城专场推介会举行。

6月13日 中国共产党天津市第十一届委

员会举行第十三次全体会议。全会决定,中国共产党天津市第十二次代表大会于6月16日召开。全会投票确定天津市出席中国共产党第二十次全国代表大会代表候选人预备人选名单;讨论通过中国共产党天津市第十一届委员会向中国共产党天津市第十二次代表大会的报告,讨论通过中国共产党天津市第十一届纪律检查委员会向中国共产党天津市第十二次代表大会的工作报告,决定将这两个报告提交市第十二次党代会审查和审议;审议通过《中国共产党天津市第十一届委员会第十三次全体会议关于召开中国共产党天津市第十二次代表大会的决议》。

同日 《天津市公共法律服务体系建设规划(2021—2025年)》正式出台。

6月14日 天津市召开美中贸易全国委员会会员企业视频座谈会,来自美中贸易全国委员会及8家会员企业的代表在"云端"与天津市相关部门负责人进行交流。副市长王旭出席会议并讲话。

6月15日 中国共产党天津市第十二次代表大会举行预备会议。会议表决通过代表资格审查委员会名单、大会主席团名单、大会秘书长名单和大会议程,通过大会秘书处机构设置和工作任务。

6月16日 中国共产党天津市第十二次代表大会开幕。大会的主题是:高举中国特色社会主义伟大旗帜,全面贯彻习近平新时代中国特色社会主义思想,深入贯彻习近平总书记对天津工作"三个着力"重要要求和一系列重要指示批示精神,牢记领袖教导,紧跟核心奋斗,践行初心、担当使命,坚定不移沿着习近平总书记指引的方向阔步前进,奋力开创全面建设社会主义现代化大都市新局面。李鸿忠代表中共天津市第十一届委员会向大会作题为《坚定捍卫"两个确立"坚决做到"两个维护"坚定不移沿着习近平总书记指引的方向阔步前进。奋力开创全面建设社会主义现代化大都市新局面》的报告。

6月17日 中国共产党天津市第十二次代表大会主席团举行第二次会议。李鸿忠主持会议。喻云林向会议作了关于天津市出席党的二十大代表候选人预备名单的说明,作了关于中共天津市第十二届委员会委员、候补委员和市第十二届纪律检查委员会委员候选人预备名单的说明。会议表决通过我市出席党的二十大代表候选人预备名单,提交各代表团酝酿;表决通过十二届市委委员、候补委员和市纪委委员候选人预备名单,提交各代表团酝酿;表决通过大会选举办法;表决通过预选时的监票人和总监票人、副总监票人名单。会上,李鸿忠同志就做好选举工作作了讲话。

6月18日 中国共产党天津市第十二次代表大会主席团举行第三次会议。李鸿忠主持会议。会议听取大会秘书处关于代表讨论十一届市委报告、市纪委工作报告及市管党费收缴、使用和管理情况报告的汇报。会议听取关于各代表团酝酿我市出席党的二十大代表候选人预备名单和十二届市委委员、候补委员、市纪委委员候选人预备名单情况的汇报。会议表决通过我市出席党的二十大代表候选人预选名单和十二届市委委员、市纪委委员候选人预选名单。

6月19日 中国共产党天津市第十二次代表大会主席团举行第五次会议。李鸿忠主持会议。会议听取关于预选十二届市委候补委员结果的报告。会议表决通过我市出席党的二十大代表候选人名单和十二届市委委员、候补委员、市纪委委员候选人名单,提交各代表团酝酿;表决通过大会关于十一届市委报告的决议(草案)、市纪委工作报告的决议(草案),提交各代表团讨论。

6月20日 中国共产党天津市第十二次代表大会胜利闭幕。大会选举产生天津市出席中国共产党第二十次全国代表大会代表,党中央提名的代表候选人李鸿忠同志当选;选举产生中国共产党天津市第十二届委员会、中国共产党天津市第十二届纪律检查委员会;通过《中国共产党天津市第十二次代表大会关于中共天津市第十一届委员会报告的决议》和《中国共产党天津市第十二次代表大会关于中共天津市第十一届纪律检查委员会工作报告的决议》。

同日 中国共产党天津市第十二届委员会

第一次全体会议召开。出席会议的市委委员83人，市委候补委员15人。李鸿忠受市第十二次党代会主席团委托主持全会。全会选举产生中共天津市第十二届委员会常务委员会和书记、副书记。李鸿忠、张工、李军、陈辐宽、刘桂平、冀国强、连茂君、王庭凯、王旭、沈蕾、王力军等当选为市委常委，李鸿忠当选为市委书记，张工等当选为市委副书记。全会通过中共天津市第十二届纪律检查委员会第一次全体会议选举结果的报告。

同日 市委常委会召开会议，传达学习贯彻习近平总书记在中央政治局第四十次集体学习时的重要讲话精神，传达学习贯彻习近平总书记在四川考察时的重要讲话精神，研究部署市第十二次党代会精神学习宣传贯彻工作，对加强新一届市委常委会自身建设提出明确要求。市委书记李鸿忠主持会议。

6月22日 市委书记李鸿忠，市委副书记、代市长张工专程到国家会展中心调研检查第六届世界智能大会筹备工作。李鸿忠、张工先后察看制造业立市展示区、云开幕式场馆等活动场地，与参展企业代表、大会服务保障团队等进行深入交流，认真听取大会主办人员相关情况汇报。

同日 全市安全生产专题会议召开。市委书记李鸿忠提出明确要求，市委副书记、代市长张工出席会议，市委常委、常务副市长刘桂平作工作部署，副市长孙文魁主持，副市长朱鹏出席。市应急局、宝坻区政府、市城市管理委、市住房城乡建设委主要负责同志作了发言。

6月23日 第六届世界智能大会战略合作协议签约在迎宾馆举行。市委书记李鸿忠，市委副书记、代市长张工出席。市政府与工业和信息化部签署推进天津制造业立市、建设全国先进制造研发基地战略合作协议。双方将以高质量发展为主题，以产业链为核心抓手，在提振工业经济运行、提升先进制造业集群竞争力、增强制造业创新能力、加快制造业智能化绿色化转型、加强产业协同发展等方面开展合作。

同日 总投资849亿元的第六届世界智能大会重点项目签约活动在天津礼堂举行。市委副书记、代市长张工出席并见证签约。本次签约采取市级区级同台、线上线下同频、内资外资同步的形式，共签约项目136个，投资额849亿元。其中，内资签约项目126个，外资签约项目10个。签约项目高度契合我市产业发展方向，紧扣12条重点产业链的项目103个，央企项目22个。

6月24日 “第六届世界智能大会平行论坛——京津冀数字经济联盟成立大会暨京津冀数字产业高峰论坛”开幕。中国科协党组书记、分管日常工作副主席、书记处第一书记张玉卓，市委副书记、代市长张工致辞。京津冀数字经济联盟轮值主席、中国科协—天津市政府—南开大学数字经济研究中心理事长龚克主持。

6月26日 天津市第36届科技周主场活动在天津科学技术馆举行。市委常委、市委教育工委书记、天津市科技周活动组委会主任王旭，市人大常委会副主任李虹，副市长李树起，市政协副主席曹小红，中国科学院院士陈军出席活动并为全国科普教育基地、天津市优秀科普基地、2022年天津市优秀科普图书、2022年天津科普大使、2022年天津市最美科技工作者、天津市优秀科技工作者代表颁发奖牌证书。

6月27日 十二届市委理论学习中心组举行首次集体学习，紧密围绕开展“迎盛会、铸忠诚、强担当、创业绩”主题学习宣传教育实践活动工作，深入学习贯彻习近平新时代中国特色社会主义思想，深刻领会“两个确立”的决定性意义，进一步增强“四个意识”、坚定“四个自信”、做到“两个维护”，衷心拥戴核心、紧跟追随领袖，不断提高政治判断力、政治领悟力、政治执行力，推动市第十二次党代会精神落地落实，以实际行动迎接党的二十大胜利召开。市委书记李鸿忠主持并讲话，市委副书记、代市长张工，市人大常委会主任段春华、市政协主席盛茂林和市委常委同志出席并发言。

同日 市委副书记、代市长张工赴市规划展览馆调研城市规划工作。张工先后察看中心城区、滨海新区、海河综合整治等规划展区，听取全市“三区三线”划定和国土空间规划编制情况。

6 月 27 日至 28 日 新疆维吾尔自治区党政代表团来津考察。市委书记李鸿忠，市委副书记、代市长张工，市人大常委会主任段春华，市政协主席盛茂林与新疆维吾尔自治区人大常委会主任肖开提·依明、自治区党委副书记何忠友座谈。

6 月 28 日 中共中央书记处书记、中央统战部部长尤权在天津调研时强调，要深入学习贯彻习近平总书记关于加强和改进新时代党的统一战线工作的重要思想，坚持稳中求进，全力做好统战领域防风险、保安全、促稳定工作，为党的二十大胜利召开营造团结和谐稳定的环境，以实际行动坚定捍卫“两个确立”、坚决做到“两个维护”。市委书记李鸿忠参加调研座谈。

6 月 29 日 以“碳中和·新经济”为主题的首届中新天津生态城经济论坛以线上、线下相结合的形式举行。新加坡国家发展部兼外交部高级政务部长沈颖，市委常委、滨海新区区委书记连茂君致辞。

同日 市委副书记、代市长张工赴中海石油（中国）有限公司天津分公司调研。在智能油田生产操控中心，张工详细察看海上平台实时运营状态、海上油田视频监控作业场景、智能化单兵设备展示、安全管理等情况，对智能油田建设成果给予肯定。

同日 市委“迎盛会、铸忠诚、强担当、创业绩”主题学习宣传教育实践活动工作调度会召开，庆祝中国共产党成立 101 周年，学习贯彻市第十二次党代会精神，把主题学习宣传教育实践活动工作进一步引向深入。

6 月 30 日 天津市庆祝中国共产党成立 101 周年专题党课在市委党校举行。市委书记李鸿忠作党课报告，市委副书记、代市长张工主持，市人大常委会主任段春华、市政协主席盛茂林出席。李鸿忠以“习近平总书记是把马克思主义基本原理同中华优秀传统文化相结合的光辉典范”为题作了专题党课报告。

7 月 1 日 市委常委会召开会议，传达学习贯彻习近平总书记在湖北武汉考察时的重要讲话精神，传达学习贯彻习近平总书记在中央政治局会议审议《关于十九届中央第八轮巡视金融单位整改进展情况的报告》时的重要讲话精神，讨论我市建设区域商贸中心城市行动方案、“十四五”时期农村人居环境整治提升行动实施方案。

7 月 7 日 市委常委会会议暨市委全面深化改革委员会会议召开，研究部署天津市学习宣传贯彻《习近平经济思想学习纲要》相关工作，传达学习贯彻习近平总书记在中央全面深化改革委员会第二十六次会议上的重要讲话精神，传达学习贯彻尤权同志在津调研时的讲话精神，讨论市第十二次党代会报告重要任务举措分工方案。

同日 市委审计委员会召开会议，传达学习贯彻习近平总书记重要指示精神，审议天津市 2021 年市级预算执行和其他财政支出情况审计报告。

同日 市政府第 198 次常务会议召开。会议听取 2022 年 20 项民心工程进展情况，研究部署下一步工作。会议审议《天津市加快推进城镇环境基础设施建设实施方案》。会议还研究了优化生育政策促进人口长期均衡发展、2021 年市级决算草案、推进产业用地高质量规划利用管理、有关地方性法规等事项。

7 月 11 日 十二届市委推进全面从严治党向纵深发展工作专题会议召开，深入学习贯彻习近平总书记关于全面从严治党的重要论述和在中央政治局第四十次集体学习时的重要讲话精神，认真贯彻落实市第十二次党代会精神，坚定宣示新一届市委、市纪委推动全面从严治党向纵深发展的决心意志、鲜明态度和强烈信号，切实提升一体推进“三不腐”能力和水平，以实际行动迎接党的二十大胜利召开。

同日 市委书记李鸿忠，市委副书记、市长张工在迎宾馆与中国石油化工集团有限公司董事长、党组书记马永生，总经理、党组副书记赵东一行会谈。

同日 天津市召开禁毒工作会议，深入贯彻落实全国禁毒工作会议精神，总结工作，部署任务。副市长、市禁毒委主任、市公安局局长衡晓帆出席并讲话。会议要求,全市各区、各部门要增强做好禁毒工作的责任感紧迫感,按照国家禁毒委和公安部、市委、市政府部署要求,坚持以人民为中心的发展思想,坚持稳中求进工作总基调,注重统筹发展和安全,狠抓禁毒工作各项措施落地见效。

同日 “新时代高校思政课教学质量评价体系研究”项目研讨会在天津大学召开,国内20余所高校、科研院所、知名期刊的专家代表以线上线下的形式参会,围绕这一获批2021年度高校思想政治理论课教师研究专项重大课题攻关项目进行研讨和评议。

7月13日 市委书记李鸿忠,市委副书记、市长张工与中国海洋石油集团有限公司董事长、党组书记汪东进一行会谈。李鸿忠表示,近年来,天津与中国海油保持良好合作关系。市第十二次党代会擘画了未来五年的发展蓝图,就深入推进京津冀协同发展,实施制造业立市战略,大力发展新能源、新材料、高端装备等重点产业作出了具体部署。希望中国海油充分发挥央企优势,进一步拓展海洋石油装备、油气开发、清洁能源等方面合作空间,推动更多产业资源在我市布局落地,共同打造海上能源生产基地,携手推进国家海洋经济发展示范区建设,以优异成绩迎接党的二十大胜利召开。

同日 全市安全生产工作电视电话会议召开。会议强调,要深入学习贯彻习近平总书记关于安全生产的重要论述和重要指示批示精神,认真落实党中央、国务院决策部署和全国安全生产电视电话会议精神,分析当前天津市安全生产形势,深刻总结汲取事故教训,真正拧紧拧牢责任链条,坚决守住安全生产风险底线,遏制重特大事故发生。市应急局、市城管委、市住建委、北辰区政府、能源集团、渤化集团、轨道交通集团主要负责同志作发言。

同日 十二届市委第一轮巡视工作动员部署会召开。市委常委、市纪委书记、市监委主任、市委巡视工作领导小组组长陈辐宽作动员讲话。会议传达习近平总书记关于巡视工作重要讲话精神、全国巡视工作会议暨十九届中央第九轮巡视动员部署会精神、市委关于巡视工作部署要求,并宣布关于十二届市委第一轮巡视组长、副组长授权任职和任务分工的决定。

同日 经市委批准,十二届市委第一轮巡视安排9个巡视组,对中共天津市人民政府国有资产监督管理委员会委员会、市人民政府国有资产监督管理委员会,市地方金融监督管理局,天津港(集团)有限公司,天津百利机械装备集团有限公司,天津渤海轻工投资集团有限公司,天津纺织集团(控股)有限公司,天津渤海化工集团有限责任公司,天津津融投资服务集团有限公司,天津轨道交通集团有限公司,天津交通(集团)有限公司,天津能源投资集团有限公司,天津泰达投资控股有限公司,天津城市基础设施建设投资集团有限公司,天津水务集团有限公司,天津银行股份有限公司,天津农村商业银行股份有限公司,渤海银行股份有限公司,渤海证券股份有限公司,天津滨海农村商业银行股份有限公司等19个单位党组织开展常规巡视。

7月14日 市委常委会召开会议,讨论十二届市委巡视工作规划,传达学习日前召开的政法领导干部加强政治建设专题研讨班精神,研究本市贯彻落实措施。

同日 市委书记李鸿忠,市委副书记、市长张工在迎宾馆与中芯国际董事长兼首席财务官高永岗、执行董事兼联合首席执行官赵海军一行会谈。

7月15日 市委书记李鸿忠,市委副书记、市长张工在迎宾馆与TCL创始人、董事长李东生一行会谈。李鸿忠表示,天津坚定不移贯彻习近平总书记重要指示批示精神和党中央重大决策部署,坚持制造业立市不动摇,大力培育战略性新兴产业,加快打造全国先进制造研发基地,推动我市高科技产业升级发展,以优异成绩迎接党的二十大胜利召开。希望TCL在智能科技、新能源等领域深化与天津合作,推动资金、技术、配套产业链等向我市聚集,进一步提升实体经济质量和效益,着力实现制造业“天津+”,助力社会主义现代化大都市建设。

同日 市政府第 199 次常务会议召开。会议听取天津市 2022 年政府工作报告任务落实情况,研究部署下一步工作。会议指出,政府工作报告中的 138 项任务既体现了市委的部署要求,也是市政府对人民群众的郑重承诺,必须以高度的责任感、紧迫感、使命感答好“必答题”,做到“交账”兑现。

7 月 17 日至 19 日 青海省黄南藏族自治州党政代表团来滨海新区考察。市委常委、滨海新区区委书记连茂君与黄南州委书记朱战民座谈,就深化对口支援黄南州工作进行深入交流。

7 月 18 日 市委书记李鸿忠,市委副书记、市长张工在迎宾馆与青海省黄南藏族自治州委书记朱战民率领的黄南州党政代表团座谈,就进一步做好对口援青工作进行深入交流。

7 月 20 日 市人社局、市医保局、市税务局发布 2021 年度全市职工平均工资及 2022 年度工资福利待遇标准等有关问题的通知。2021 年度我市职工年平均工资为 89736 元,月平均工资为 7478 元。与之相应,相关福利待遇为:2022 年度工伤保险和防暑降温费、高温津贴、中班津贴、夜班津贴等福利待遇标准,按我市职工月平均工资 7478 元计算,自 2022 年 1 月 1 日起执行。

7 月 21 日 十二届天津市委印发常委会加强自身建设的意见,强调要坚持以习近平新时代中国特色社会主义思想为指导,深刻领悟“两个确立”的决定性意义,增强“四个意识”、坚定“四个自信”、做到“两个维护”,着力建设对党绝对忠诚、理想信念坚定、勤勉敬业担当、为民务实清廉的坚强领导集体,以优异成绩迎接党的二十大胜利召开。

7 月 22 日 天津市召开研究部署暑期学生防溺水工作会议,深入学习贯彻习近平总书记关于学生安全工作的重要指示批示精神,全面落实全国中小学幼儿园安全工作视频调度会议部署要求,全力预防和减少暑期溺亡事故发生,切实维护学生生命安全。

7 月 23 日 市政府第 200 次常务会议召开。会议听取上半年全市经济运行情况,研究部署下一步工作。会议指出,上半年,各级各部门各单位坚决贯彻中央决策部署和市委工作要求,积极应对多重超预期冲击,扎实落实国家稳经济 33 条和天津市 35 条政策措施,有效纾解市场主体困难,全市经济运行平稳回升。要进一步统一思想、坚定信心,深刻认识面临的形势,增强在多重挑战中统筹多元目标的能力,心中有数、心明眼亮、心无旁骛做好下半年经济社会发展各项工作,尽最大努力为大局“添秤”,以工作实绩迎接党的二十大胜利召开。

7 月 23 日至 24 日 由国家网信办、国家发改委、工信部、福建省人民政府主办的第五届数字中国建设峰会在福州举行。驻津央企中交一航局研发建造的“津”字号大国重器——世界首艘沉管运输安装一体船“一航津安 1”亮相大会。

7 月 24 日 市政府召开燃气安全隐患排查整治部署会议,召集全市燃气运营企业就扎实做好燃气安全隐患排查整治进行再动员、再部署。

7 月 25 日 市委常委会召开扩大会议,听取天津市上半年经济运行、安全生产、社会稳定、意识形态工作情况汇报,分析当前形势,研究部署下一步工作,努力营造平稳健康的经济环境、风清气正的政治环境、国泰民安的社会环境,以优异成绩迎接党的二十大胜利召开。

7 月 28 日 市委副书记、市政府党组书记、市长张工主持召开市政府党组会议,学习贯彻习近平总书记在新疆考察时的重要讲话精神,落实市委常委会会议要求。

7 月 30 日 为深入贯彻落实习近平总书记关于防灾减灾救灾的重要指示批示精神,持续推进全市迎汛备战,天津市举行“砺剑-2022”抗洪抢险综合应急演练。

7 月 31 日 天津市召开庆祝建军 95 周年驻津部队代表座谈会,共商巩固军政军民团结、服务国防和军队建设大计。会上介绍了驻津部队建设、开展双拥工作等情况,围绕加强国防动员和后备力量建设、深化军民协同科技创新、完善军地协调联动机制、共同推进军事人才建设、实施好军人地位和权益保障法、巩固拓展双拥工作成果等提出意见建议。

8月1日 市委书记李鸿忠,市委副书记、市长张工在迎宾馆与全国政协经济委员会副主任马建堂,南开校友企业家联谊会主席、物美集团创始人张文中,深圳市昆仑集团董事长周达,蓝盾集团董事长吕滋立,康希诺生物股份公司董事长兼首席执行官宇学峰,君和资本创始合伙人兼董事长安红军等南开大学校友企业家代表座谈。

同日 天津东疆海关"红色初心"党员教育阵地、大沽口炮台遗址博物馆等50个场所被命名为天津市首批新时代文明实践基地。

8月2日 "天津2022·中国企业家大会"在天津礼堂召开。大会热情邀请"2022亚布力中国企业家论坛·天津峰会"参会企业家代表、我市企业家代表齐聚一堂,政企共话发展大势、共谋发展大计。

同日 市委书记李鸿忠,市委副书记、市长张工在迎宾馆出席亚布力论坛企业家恳谈会,围绕推动天津高质量发展征求意见建议。亚布力中国企业家论坛理事长、泰康保险集团股份有限公司创始人、董事长兼首席执行官陈东升,物美集团创始人、多点DMALL董事长张文中,三全食品创始人、万江新能源董事长陈泽民,德龙集团董事长、新天钢集团董事长丁立国,东软集团董事长刘积仁,均瑶集团总裁、均瑶健康董事长王均豪,居然之家创始人兼董事长汪林朋,紫金矿业董事长陈景河等企业家先后发言,介绍了企业在津发展实际成效,畅谈下一步投资布局设想打算,对进一步深化合作、助推天津高质量发展提出意见建议。

同日 "2022亚布力中国企业家论坛·天津峰会"在万丽天津宾馆开幕。开幕式前,市委、市政府举行欢迎会,市委书记李鸿忠,市委副书记、市长张工向各界嘉宾表示诚挚欢迎。张工与全国政协经济委员会副主任、国务院发展研究中心原党组书记马建堂,全国工商联专职副主席、党组成员邱小平,国务院国资委秘书长彭华岗和亚布力中国企业家论坛理事长、泰康保险集团股份有限公司创始人、董事长兼首席执行官陈东升,物美集团创始人、多点DMALL董事长、津商联合会会长张文中,亚布力中国企业家论坛创始人、主席、元明资本创始人、迈胜医疗集团董事长田源等出席开幕式。

同日 市委书记李鸿忠,市委副书记、市长张工与中国工程院副院长、中国医学科学院院长、北京协和医学院校长王辰院士一行会谈。

8月4日 市委常委会召开扩大会议,传达学习贯彻习近平总书记在省部级主要领导干部"学习习近平总书记重要讲话精神,迎接党的二十大"专题研讨班上的重要讲话精神,传达学习贯彻习近平总书记在中央统战工作会议上的重要讲话精神,听取关于全国宣传部长电视电话会议精神和贯彻落实措施的汇报,传达学习贯彻中央推动绿色低碳发展有关部署要求。市委书记李鸿忠主持会议。

同日 市委常委会召开扩大会议,传达学习贯彻习近平总书记在省部级主要领导干部"学习习近平总书记重要讲话精神,迎接党的二十大"专题研讨班上的重要讲话精神,传达学习贯彻习近平总书记在中央统战工作会议上的重要讲话精神,听取关于全国宣传部长电视电话会议精神和贯彻落实措施的汇报,传达学习贯彻中央推动绿色低碳发展有关部署要求。市委书记李鸿忠主持会议。

8月5日 市长张工主持召开市政府第202次常务会议。会议听取上半年全市行政执法情况,研究部署下一步工作。

同日 市纪委领导班子召开会议,深入学习贯彻习近平总书记关于全面从严治党的重要论述,集体研究讨论制定《中共天津市委关于推进全面从严治党向纵深发展的意见》,对切实提升一体推进"三不腐"能力和水平提出明确要求。会议以电视电话会议形式召开,在市纪委监委机关、各区设分会场。市级领导同志、市纪委监委领导班子成员、市有关方面负责同志,各区领导班子成员、区纪委监委领导班子成员、区直部门和乡镇街道主要负责同志约3000人参加。

8月9日 中国海油天津分公司亿吨级大型油田垦利6-1项目5-1、5-2、6-1区块14个单体全部实现主结构封顶,为项目按期投产打下坚实基础，对保障京津冀地区能源供给和国家能源安全具有重要意义。

同日 天津市举行金融支持基础设施建设政银合作签约仪式，市金融局、市发展改革委与国家开发银行天津市分行、中国农业发展银行天津市分行、中国进出口银行天津分行签订合作协议。市委常委、常务副市长刘桂平出席活动。根据协议，各方将进一步深化合作，充分发挥政策性、开发性金融逆周期、跨周期调节作用，推动金融与实体经济深度融合，助力天津市实体经济发展。三家金融机构将聚焦京津冀协同发展、基础设施建设、制造业立市、乡村振兴、战略性新兴产业等重点领域，积极创新业务模式，不断优化金融资源配置，着力加大金融支持力度，预计年内将为我市 80 余个优质项目提供 500 多亿元资金支持。

8 月 10 日 天津市五大海河实验室专家、产业链企业代表来到现代中医药海河实验室，共同召开海河实验室联合体交流合作暨现代中医药守正创新发展研讨会。会上，海河实验室创新联合体成立了"信息共享协同工作机制"，将进一步促进本市海河实验室开放交流合作、资源聚集共享、凝聚发展合力。

8 月 10 日至 12 日 天津市举办市管干部学习贯彻习近平经济思想专题研讨班，市委常委、常务副市长刘桂平出席结业式并讲话。研讨班邀请中国国际经济交流中心、中央党校经济学教研部、南开大学习近平新时代中国特色社会主义经济思想研究中心等机构权威专家为学员授课。

8 月 11 日 市委常委会召开会议，讨论天津市碳达峰实施方案，研究贯彻落实教育部关于思政课建设、职业教育工作要求具体措施。

同日 市委常委、常务副市长刘桂平与国家开发银行党委委员、副行长刘进共同组织召开联席会议，就进一步推动京津冀协同发展重大国家战略，贯彻落实中央稳经济"一揽子"政策，支持天津市稳增长、扩投资进行深入交流。会上，国家开发银行天津市分行与市发展改革委、市轨道集团分别签订战略合作协议。根据协议，国家开发银行将在三年内投放 1200 亿元资金支持重大项目建设，助力天津经济社会高质量发展。

同日 市委常委、常务副市长刘桂平与工银金融租赁有限公司党委书记、董事长张正华一行会谈，就进一步深化政银联动、推进项目合作、加强多元化交流协作等进行深入交流。市有关部门负责同志参加会谈。

8 月 12 日 市政府与中国有色矿业集团有限公司签署战略合作框架协议，双方将共建创新研究院（国际研发中心），共同推动科技创新、新材料产业发展、国际化业务开展等领域合作。

同日 市委理论学习中心组集体学习暨学习贯彻习近平法治思想专题辅导报告会在市委党校举行。中国社会科学院法学研究所所长莫纪宏教授围绕习近平法治思想的与时俱进特征与原创性理论贡献作专题辅导。

8 月 14 日 市委书记李鸿忠，市委副书记、市长张工到市防汛指挥部，研判气象信息动态，检查调度部署全市防汛工作，看望慰问坚守在防汛一线的工作人员。李鸿忠强调，要全面贯彻习近平总书记关于防汛救灾的重要指示精神，坚决贯彻落实党中央、国务院部署要求，坚持人民至上、生命至上，树立底线思维、极限思维，严阵以待、严密部署，确保城市安全度汛，为党的二十大胜利召开创造良好环境。

8 月 17 日 天津市召开新任职市管领导干部党风廉政教育集体谈话会，市委常委、市纪委书记、市监委主任陈辐宽出席并讲话。

8 月 18 日 天津市在迎宾馆举行世界职业技术教育发展大会欢迎会，热忱欢迎来津参会的中外嘉宾。

同日 天津市召开学习贯彻习近平总书记给参加海峡青年论坛台湾青年回信精神座谈会暨 2022 年全市对台工作中期推动会。

同日 市委全面依法治市委员会执法协调小组召开第四次全体（扩大）会议暨文明行为促进条例整改工作推动会，深入学习贯彻市委全面依法治市委员会扩大会议、市人大常委会会议、市政府常务会议精神，就进一步加强全市行政执法工作，推动市人大常委会《天津市文明行为促进条例》执法检查发现问题整改落实，更加扎实深入推进严格规范公正文明执法各项工作进行部署。副市长、市委全面依法治市委员会执法协调小组组长衡晓帆出席会议并讲话。

8月19日 市委书记李鸿忠，市委副书记、市长张工在迎宾馆与华为技术有限公司董事长梁华一行座谈。

8月20日 市委常委会召开会议，传达学习习近平总书记在辽宁考察时重要讲话精神，研究部署我市贯彻落实工作。市委书记李鸿忠主持会议。

同日 由国家超级计算天津中心联合海河实验室创新联合体、南开大学药物化学生物学国家重点实验室、天河超级计算淮海分中心等单位共同主办的“超算驱动现代药物创新发展论坛”在天津举行。来自清华大学、复旦大学、南开大学、中国科学院上海药物研究所、中国科学院工业生物研究所、天津国际生物医药联合研究院等高校、科研院所和企业代表参加论坛主题交流，全国上百家机构300余人线上线下参会，共同探讨现代药物创新发展新机遇，推动天津药物创新与产业发展。

8月22日 市委书记李鸿忠，市委副书记、市长张工，市人大常委会主任段春华，市政协主席盛茂林等市领导同志到民主党派市委会机关调研，并与各民主党派市委会新一届领导班子成员座谈。

同日 天津市习近平新时代中国特色社会主义思想概论协同创新中心成立暨天津市思想政治理论课教师进修学院（习近平新时代中国特色社会主义思想概论）首期暑期培训班开班仪式举办。该中心由市教委牵头、在南开大学设立，旨在整合全市各方面力量和资源，探索新时代思政课建设协同创新规律，不断提升习近平新时代中国特色社会主义思想概论课的建设质量和教师队伍水平，用创新方式方法把马克思主义中国化最新理论成果的大道理讲深、讲透、讲活。

8月23日 天津市召开防汛工作专题会议，深入学习贯彻习近平总书记近期关于做好防汛工作的重要指示批示精神，认真落实市委、市政府工作要求，部署开展河道堤防防洪风险隐患排查整治工作，推动持续抓好防洪防涝防潮各项任务，确保安全度汛。

8月23日至24日 全国妇联副主席、书记处书记吴海鹰一行来津调研新时代文明实践中心建设工作。

8月24日 市委书记李鸿忠，市委副书记、市长张工，市人大常委会主任段春华等市领导同志在天津礼堂与市工商联（总商会）新一届领导班子成员座谈。市委常委、市委统战部部长冀国强主持。市工商联主席、市总商会会长娄杰，市工商联副主席、天津荣程祥泰投资控股集团有限公司董事会主席张荣华，市工商联副主席、恒银金融科技股份有限公司党委书记、董事长江浩然，市工商联副主席、天津市博迈科海洋工程股份有限公司董事长、总裁彭文成，市工商联副主席、天津赛象科技股份有限公司董事长兼总经理张晓辰，市工商联副主席、天津瑞普生物技术股份有限公司董事长、总裁李守军，市工商联副主席、天津久日新材料股份有限公司董事长赵国锋，市总商会副会长、狮桥融资租赁（中国）有限公司董事长、总裁万钧等在座谈时发言。

同日 市政府与中国南水北调集团有限公司签署战略合作框架协议，双方将深化南水北调工程建设运行管理、区域水网建设、水源地及引调供水等领域合作。

同日 市委常委、常务副市长刘桂平赴天津港调研，走进太平洋国际公司码头、第二集装箱码头公司，详细了解港区总体布局规划，实地考察港口建设发展情况。

8月25日 市委常委会召开扩大会议，传达学习贯彻习近平总书记在中央政治局会议上关于上半年经济形势的重要讲话精神；传达学习习近平总书记致首届世界职业技术教育发展大会贺信精神，研究部署我市贯彻落实工作；传达学习贯彻第三次对口支援西藏工作会议精神。市委书记李鸿忠主持会议。

8月26日 市政府与中芯国际集成电路制造有限公司签署合作协议，在津建设12英寸芯片代工生产基地项目，打造集成电路产业生态基地，加大产业基金等领域合作。市委书记李鸿忠，市委副书记、市长张工与中芯国际董事长高永岗、国家集成电路产业投资基金（国家大基金）董事长楼宇光、中国信科董事长鲁国庆一行共同见证协议签署并会谈。

8 月 26 日至 28 日　第八届中华思想史高峰论坛在滨海新区举行。全国政协常委、全国民族和宗教委员会主任，中国社会科学院原院长、《中华思想通史》编委会主任王伟光作主题报告。

8 月 27 日　天津市与中国通用技术（集团）控股有限责任公司签署天津大学与通用技术集团战略合作框架协议、通用技术集团机床有限公司关于天锻公司混改协议等多项深化产业战略合作协议，通用技术机床公司同日在津揭牌成立。

同日　天津大学与中国通用技术（集团）控股有限责任公司签署战略合作框架协议，双方将在科技创新、产业发展、人才培养三个方面开展深度合作，加快推动机床产业振兴发展。

8 月 28 日　2022 年中国网络文明大会在天津开幕。中共中央政治局委员、中宣部部长黄坤明以视频方式出席并致辞。

8 月 29 日　2022 年中国网络文明大会网络诚信建设高峰论坛在天津举行。会上，首次发布了我国网络诚信发展年度报告——《中国网络诚信发展报告 2022》。

8 月 30 日　中共天津市委“中国这十年 · 天津”主题新闻发布会在市委新闻发布厅举行。市委副书记、市长张工作主题发布并回答记者提问。市委常委、常务副市长刘桂平出席并回答记者提问。市委常委、市委宣传部部长、市委新闻发言人沈蕾主持。

8 月 31 日　市委理论学习中心组举行集体学习，深入学习贯彻习近平总书记在省部级主要领导干部专题研讨班上的重要讲话精神与会同志围绕学习主题，结合各自工作谈了学习习近平总书记重要讲话精神的心得体会，并就切实抓好学习宣传贯彻落实工作提出思路和举措。

同日　市委书记李鸿忠，市委副书记、市长张工深入西青区检查调度疫情处置工作。李鸿忠强调，要坚决贯彻落实习近平总书记关于疫情要防住、经济要稳住、发展要安全的重要指示要求，毫不动摇坚持“动态清零”总方针，协调联动，优化组织，从快从严落实各项处置措施，坚决有力阻断疫情传播渠道，筑牢疫情防控工作首都“护城河”。

9 月 1 日　市委常委会召开会议，传达学习中央关于信访工作有关要求，专题研究部署我市信访工作。市委书记李鸿忠主持会议。会议指出，信访工作是党和政府了解民情、集中民智、维护民力、凝聚民心的一项重要工作。要深入学习贯彻习近平总书记关于加强和改进人民信访工作的重要思想，进一步提高政治站位、强化政治担当，认真落实《信访工作条例》，服务党和国家工作大局，切实维护群众合法权益，确保社会和谐稳定，以实际行动体现坚定捍卫“两个确立”、坚决做到“两个维护”。会议还研究了其他事项。

同日　市委副书记、市长张工赴河北区和南开区调研我市 2022 年 20 项民心工程之一——义务教育资源建设工作。张工先后来到河北区育婴里第四小学和南开日新学校分校，实地走进教室、操场、图书馆、报告厅、食堂、监控室，详细了解教学设施、师资配备、校园安全、食品卫生、环境监测等情况，听取相关负责同志汇报。

9 月 2 日　市委副书记、市政府党组书记、市长张工主持召开市政府党组会议。会议学习贯彻习近平总书记在中央政治局会议上关于上半年经济形势的重要讲话精神，落实市委常委会会议要求。

同日　市委副书记、市长张工赴河西区和南开区调研 2022 年 20 项民心工程之一——供热和燃气设施提升改造项目。在河西区西园西里小区，张工实地察看燃气管网施工现场和海建里调压站，详细了解燃气安全整治“百日行动”进度。他先后走进刘世玲、魏洪明老人家中，检查燃气设施更换情况。

9 月 4 日　市委常委、常务副市长刘桂平深入滨海新区调研，先后来到一汽丰田新能源工厂、国家海洋博物馆、凯莱英医药集团(天津)股份有限公司,详细了解企业生产经营、技术创新及重点区域发展规划情况。

9月5日 市委、市政府召开研究加快天津市资本市场健康发展防范化解金融风险工作专题会议,会议听取市金融局、中国人民银行天津分行、天津银保监局、天津证监局、市国资委、市财政局负责同志有关情况汇报。

同日 在第三十八个教师节即将到来之际,市委书记李鸿忠,市委副书记、市长张工专程来到天津职业技术师范大学调研,看望慰问在校师生,向学校教师和教育工作者致以节日的祝贺。

9月8日 市委常委会议军会议召开,深入学习贯彻习近平强军思想,听取天津警备区工作汇报,研究部署服务国防和军队建设工作。

同日 市委常委会召开会议,传达学习全国"人民满意的公务员"和"人民满意的公务员集体"表彰大会精神,研究我市贯彻落实工作。

9月8日至9日 市委副书记、市长张工赴滨海新区调研。张工先后来到空客A320总装线、天津三星电机有限公司、中环环智DW智慧工厂、一汽丰田新能源工厂、国家超级计算天津中心、工银金融租赁有限公司,详细了解项目合作、产品特性、工艺流程、产业配套、技术应用等,并在"美丽滨城"会客厅听取滨海新区经济社会发展情况汇报。

9月9日 市疫情防控领导小组和指挥部会议召开,贯彻落实习近平总书记关于疫情防控工作的重要指示精神和国务院联防联控机制全国疫情防控工作电视电话会议部署要求,对全市疫情防控工作作出部署。

同日 市委书记李鸿忠来到市委总值班室,检查节日期间全市值班值守工作。他强调,要深入贯彻习近平总书记重要指示精神和党中央决策部署,以迎接党的二十大胜利召开为主题主线,忠于职守、担当尽责,压紧压实责任,统筹做好节日期间疫情防控和各项工作,坚决筑牢首都政治"护城河"。

9月10日 中秋佳节来临之际,市委副书记、市长张工10日下午看望慰问一线职工并检查节日交通运行保障工作。张工先后来到体育中心公交站、天津轨道交通调度指挥中心和天津西站,看望慰问节日期间坚守岗位一线的职工,听取公交车辆运营、轨道交通线网、铁路运行客流等汇报,详细询问值班值守、应急处置等情况。

同日 市委常委、常务副市长刘桂平带领消防、危化领域专家,以"四不两直"方式深入西青开发区企业,暗访节日期间安全生产和疫情防控工作,向坚守一线干部职工致以节日的问候。

9月13日 市委专题工作会议召开,深入学习贯彻习近平总书记在省部级主要领导干部专题研讨班上的重要讲话精神和党中央决策部署,全力落实"疫情要防住、经济要稳住、发展要安全"的重要要求,持续加大"迎盛会、铸忠诚、强担当、创业绩"主题学习宣传教育实践活动工作力度热度,以优异成绩迎接党的二十大胜利召开。

同日 市政府第204次常务会议召开。会议审议《天津市贯彻落实〈稳经济一揽子政策的接续政策措施〉具体举措》《关于进一步加强安全生产工作机制建设的意见》《关于进一步加强事故灾害应急处置工作机制建设的意见》和建设工程安全事故、石油天然气长输管道事故、生活垃圾填埋场渗滤液事故等专项应急预案。会议还研究了深化供销合作社综合改革、制定修订有关地方性法规等事项。

9月14日 天津市"人民满意的公务员"和"人民满意的公务员集体"表彰座谈会举行。会议传达全国"人民满意的公务员"和"人民满意的公务员集体"表彰大会精神,宣读第六届天津市"人民满意的公务员"和"人民满意的公务员集体"表彰决定。

9月15日 市委常委会会议暨市委全面深化改革委员会会议召开,传达学习习近平总书记在中央全面深化改革委员会第二十七次会议上的重要讲话精神,研究部署本市贯彻落实工作,讨论本市优化生育政策促进人口长期均衡发展实施方案和关于做好市第十八届人民代表大会代表选举有关工作。

同日 市委书记李鸿忠,市委副书记、市长张工在迎宾馆与 TCL 创始人、董事长李东生一行会谈。同日，TCL 中环旗下中环领先天津半导体基地投产、天津先进半导体材料研究院揭牌成立，着力打造全国重要的特色功率半导体集成电路材料生产基地和研发中心。

同日 市委副书记、市长张工出席 2022 年全国大众创业万众创新活动周天津分会场会议，与市有关部门、各区政府负责同志共同收听收看国家“双创周”启动仪式。

9 月 16 日 市委书记李鸿忠在迎宾馆与新奥集团董事局主席王玉锁一行会谈。同日，天津大学与新奥集团签署合作协议，共同推进物联感知产业领域合作。

同日 市政府召开专题工作会议，传达落实市委专题工作会议精神，坚持问题导向，围绕扎实做好党的二十大召开前后政府系统各项工作，全力落实“疫情要防住、经济要稳住、发展要安全”的重要要求进行再动员、再部署。市委副书记、市长张工出席并讲话。市委常委、常务副市长刘桂平，副市长李树起、衡晓帆、朱鹏和市政府秘书长孟庆松结合分管工作作了发言。

同日 市住房城乡建设委、市规划资源局、市发展改革委、市人社局、市税务局、人民银行天津分行、天津银保监局七部门联合发布《关于进一步完善房地产调控政策促进房地产业健康发展的通知》。《通知》从保障刚性住房需求、支持改善性住房需求、完善住房信贷政策、促进房地产业健康发展四个方面提出十二条具体举措。

9 月 19 日 市委书记李鸿忠，市委副书记、市长张工深入滨海新区调研海岸线生态保护修复工作，强调要深入践行习近平生态文明思想，坚持生态优先，持之以恒打造蓝色港湾，加快建设海洋强市。

9 月 20 日 市委常委会召开扩大会议，认真学习贯彻习近平总书记关于安全生产工作的一系列重要指示精神，研究部署全市安全生产工作。市委书记李鸿忠主持会议。

同日 全市维稳安保工作会议召开。市委书记李鸿忠出席会议并讲话，强调要深入贯彻落实习近平总书记关于做好党的二十大维稳安保工作的重要指示精神和党中央部署要求，坚定捍卫“两个确立”、坚决做到“两个维护”，进一步强化政治担当，忠实履行“卫城”职责使命，深入推进平安天津建设，全力以赴做好党的二十大维稳安保工作，坚决筑牢首都政治“护城河”。

同日 市委副书记、市政府党组书记、市长张工主持召开市政府党组会议。会议认真学习贯彻习近平总书记关于安全生产工作的一系列重要指示精神，落实市委常委会扩大会议要求，研究部署全市安全生产工作。会议传达学习贯彻习近平总书记在中央全面深化改革委员会第二十七次会议上的重要讲话精神，落实市委常委会会议要求。会议还研究了其他事项。

9 月 21 日 市委副书记、市长张工出席各民主党派、市工商联、无党派人士代表和有关专家座谈会，通报全市 1—8 月经济社会发展情况，听取对市政府工作意见建议。

同日 市委全面依法治市委员会办公室召开全体（扩大）会议，传达学习市委理论学习中心组集体学习暨学习贯彻习近平法治思想专题辅导报告会精神，研究加强和改进行政执法工作，听取部分市级部门、区贯彻落实中央全面依法治国委员会《关于进一步加强市县法治建设的意见》、开展依法清理规范农村集体经济合同专项行动等工作汇报。

9 月 22 日 在第五个“中国农民丰收节”前夕，市委书记李鸿忠，市委副书记、市长张工来到津南区小站镇会馆村，调研察看小站稻种植和产业发展情况，与乡亲们一起庆祝丰收，向广大农民朋友送上节日祝福。李鸿忠、张工走进大田，俯身察看庄稼长势，并与区、镇、村党组织书记和农技专家深入交流，详细了解农民生产生活和小站稻种植情况。

同日 全市安全生产攻坚行动部署会议暨市安委会（扩大）会议召开。会议强调，要深刻领会习近平总书记关于安全生产工作重要指示批示精神，始终坚持人民至上、生命至上，高效统筹疫情防控和经济社会发展，统筹发展和安全，牢牢守住不发生重大安全生产事故的底线，坚决筑牢首都政治“护城河”，以实际工作成效迎接党的二十大胜利召开。

9月23日 市委书记李鸿忠，市委副书记、市长张工与联想集团董事长兼首席执行官杨元庆一行会谈，就进一步深化双方战略合作进行深入会商交流。会谈前，张工到联想—天津智慧创新服务产业园调研。

同日 市委副书记、市长张工出席全国安全生产电视电话会议天津分会场会议。会后，市委常委、常务副市长刘桂平就贯彻落实全国安全生产电视电话会议精神作出部署。

同日 在习近平总书记给南开大学8名入伍大学生重要回信五周年之际，“喜迎二十大 强军路上有我”主题活动举行。会上宣读《关于授予阿斯哈尔·努尔太等10名同志第一届“天津最美大学生士兵”称号的决定》。

9月24日 市委书记李鸿忠，市委副书记、市长张工在迎宾馆与中芯国际联合首席执行官赵海军一行会谈。同日，中芯国际天津西青12英寸芯片项目正式开工建设。

9月25日 中央宣传部、公安部向全社会宣传发布38名全国“最美基层民警”当选者的先进事迹，其中一名是天津市公安局刑侦总队十三支队九大队警务技术二级主管吕游。

9月26日 市委、市政府疫情防控工作会议暨市疫情防控工作领导小组和指挥部会议召开。会议强调，要深入贯彻习近平总书记关于疫情防控重要指示精神，认真落实国务院联防联控机制部署要求，坚持目标导向、问题导向、效果导向，层层压紧压实责任，切实增强工作压力感、紧迫感，坚定信心、咬定动态清零目标，从快从严开展疫情防控处置，迅速果断、坚决有力阻断疫情扩散蔓延，以实际行动迎接党的二十大胜利召开。会议听取市卫生健康委、市疾控中心负责同志关于本市疫情防控形势汇报和疾控专家意见建议，滨海新区、河西区、和平区、河东区、南开区、西青区、津南区、北辰区区委主要负责同志作了发言。

9月27日 市委书记李鸿忠连夜深入滨海新区检查调度疫情处置工作。李鸿忠强调，要深入贯彻落实习近平总书记关于“疫情要防住、经济要稳住、发展要安全”的重要指示要求，坚持以快制快、快上加快，加强重点风险区域封控管控，迅速遏制疫情扩散蔓延势头，坚决筑牢疫情防控严密防线。在滨海新区疫情防控指挥部，李鸿忠详细听取市委常委、滨海新区区委书记连茂君关于重点涉疫区域判定、隔离转运、全区核酸检测等情况。随后，李鸿忠与市疫情防控指挥部、市卫生健康委、市疾控中心和有关区负责同志进行视频连线，详细听取风险区域封控管理、流行病学调查等情况，就疫情发展态势进行研判会商，对进一步采取重点防控处置措施进行部署。

同日 市政府召开专题工作会议，深入学习贯彻习近平总书记关于疫情防控工作的重要指示精神，认真贯彻国务院联防联控机制部署要求，落实市委、市政府疫情防控工作会议暨市疫情防控工作领导小组和指挥部会议要求，研究部署相关重点工作。市发展改革委、市商务局、市市场监管委、市文旅局、市应急局、市民政局、市教委和滨海新区负责同志分别就节日期间保供稳价、隔离点建设、防范隔离人员次生风险、隔离点消防和饮食安全、养老机构和学校疫情防控，以及滨海新区疫情防控工作做了汇报。

9月28日 市委常委会会议暨市委全面深化改革委员会会议、市委退役军人事务工作委员会会议召开，研究部署党的二十大期间本市有关工作，研究部署退役军人管理服务保障、区级党政正职队伍建设、加强党政机关楼堂馆所建设管理、持续深化供销合作社综合改革等工作。

同日 市委常委会会议召开，研究部署区级党政正职队伍建设工作。会议强调，要充分认识加强区级党政正职队伍建设的重要性，严把政治首关，打造政治过硬、能力突出、堪当重任的新时代党政“一把手”队伍。要把区级党政正职选拔工作作为一项战略性工程，坚持“赛道相马”，在关键吃劲岗位上锻炼队伍，提高驾驭本地区经济社会发展全局、处置突发事件、做好群众工作等方面的能力。加强监督管理，突出政治监督，督促党政正职以上率下、以身示范，切实履行全面从严治党第一责任人职责。

同日 由市委宣传部、市社科联、市中国特色社会主义理论体系研究中心共同主办的学习《习近平谈治国理政》第四卷和习近平总书记在省部级主要领导干部专题研讨班上重要讲话精神座谈会举行。

9 月 29 日 市长张工主持召开市政府第205 次常务会议。会议围绕“学习贯彻《信访工作条例》”专题进行集体学法。

9 月 30 日 市委书记李鸿忠，市委副书记、市长张工，市人大常委会主任段春华，市政协主席盛茂林，市委常委、天津警备区政委李军等市党政军领导同志来到天津市烈士陵园，与天津市各界代表一起，向革命先烈敬献花篮，致敬英烈功勋，弘扬英雄精神，激发奋进力量，走好新时代长征路。

同日 天津市庆祝中华人民共和国成立 73 周年招待会在天津礼堂举行。市委书记李鸿忠，市委副书记、市长张工与各界人士、中外来宾欢聚一堂，共同庆祝新中国华诞。

10 月 10 日 市委全面依法治市委员会守法普法协调小组第四次会议暨落实普法责任制联席会议召开。会议审议通过了《天津市落实普法责任制联席会议制度(修订)》《天津市普法责任清单(第二次修订)》《天津市乡村(社区)“法律明白人”培养实施方案》等，市委网信办、市交通运输委、市妇联相关负责人作了交流发言。

10 月 14 日 市委书记李鸿忠在天津代表团住地与天津市出席党的二十大的全体代表进行集体谈话，强调要正确认识、认真履行代表肩负的崇高职责使命，以饱满的政治热情、昂扬的精神状态完成好大会各项任务，以实际行动坚定捍卫“两个确立”、坚决做到“两个维护”，努力为党的二十大胜利召开作出贡献。

10 月 15 日 出席中国共产党第二十次全国代表大会的天津代表团在住地举行全体会议。会议传达学习贯彻党的十九届七中全会精神。会议推选李鸿忠为党的二十大天津代表团团长，张工为副团长。代表团酝酿了大会有关事项。

10 月 24 日 市委召开天津市领导干部大会，传达学习贯彻党的二十大精神。市委书记李鸿忠主持会议并讲话。市委副书记、市长张工传达，市人大常委会主任段春华、市政协主席盛茂林出席。

同日 市委常委会召开扩大会议，传达学习党的二十大和党的二十届一中全会、十九届七中全会精神，研究部署全市学习宣传和贯彻落实工作。市委书记李鸿忠主持会议。

10 月 25 日 市委副书记、市政府党组书记、市长张工主持召开市政府党组会议，传达学习党的二十大和党的二十届一中全会、十九届七中全会精神，落实市委常委会扩大会议及全市领导干部会议要求。

同日 天津市召开党的二十大维稳安保工作总结会议。市委常委、市委政法委书记王庭凯出席并讲话，副市长、市公安局局长衡晓帆主持会议。

10 月 26 日 市长张工视频会见新加坡国家发展部部长李智陞。李智陞就推进生态城气候友好型城市建设谈了思路举措，希望密切交流往来，增进企业合作，打造国际政府间合作的示范样板。市领导连茂君、朱鹏、杨兵和市政府秘书长孟庆松参加。

10 月 27 日 为学习贯彻党的二十大精神，加快培育高质量发展创新动力，市委常委、常务副市长刘桂平深入南开区调研高教科技园规划建设，察看我市科技成果展示交易运营中心运行情况。

10 月 31 日 天津市关心下一代工作委员会举办学习宣传贯彻党的二十大精神专题辅导会，邀请党的二十大代表房凤友作专题辅导。市关工委党委书记、主任邢元敏主持会议。

11 月 1 日 市委常委会召开会议，传达学习贯彻习近平总书记在瞻仰延安革命纪念地时的重要讲话精神、在陕西延安和河南安阳考察时的重要讲话精神、在中央政治局第一次集体学习时的重要讲话精神，传达学习贯彻中央政治局会议精神，学习贯彻《中共中央关于认真学习宣传贯彻党的二十大精神的决定》；学习贯彻《十九届中央政治局贯彻执行中央八项规定情况报告》《关于党的十九大以来整治形式主义为基层减负工作情况的报告》；学习贯彻中办印发的《推进领导干部能上能下规定》；研究部署天津市疫情防控工作。

同日 市委常委会召开会议，学习贯彻中办印发的《推进领导干部能上能下规定》。会议强调，新修订的《推进领导干部能上能下规定》，对于建设德才兼备、忠诚干净担当的高素质专业化干部队伍具有重要意义。各级党委（党组）及其组织（人事）部门要积极推进领导干部能上能下制度化常态化，树立重实干、重实绩、重担当的鲜明导向，提振干部干事创业精气神。强化干部队伍全周期管理，做到真管真严、敢管敢严、长管长严。

11月2日 市政府第207次常务会议召开。会议研究天津市国土空间总体规划、服务企业发展工作、基本公共卫生服务补助标准提升工作。

同日 天津市召开学习宣传党的二十大精神工作部署会，传达学习中宣部“学习宣传贯彻党的二十大精神电视电话会议”精神，落实市委常委会扩大会议、全市领导干部大会要求，对全市学习宣传党的二十大精神作出部署安排。

11月3日 根据党中央统一安排，中央宣讲团成员、市委书记李鸿忠作党的二十大精神宣讲报告。

同日 由市关工委会同市华夏器官移植救助基金会、市第一中心医院和市眼科医院等单位共同实施的“天津市青少年器官移植公益资助项目”签字仪式在市关工委举行，标志着该公益项目正式启动。

11月4日 市委书记李鸿忠和党的二十大代表、天津职业技术师范大学职业教育学院党委副书记兼副院长玛日耶姆古丽·吾布力喀斯木，党的二十大代表、国家超级计算天津中心党组书记孟祥飞来到南开大学，与师生交流互动，宣讲党的二十大精神。

同日 市委常委、常务副市长刘桂平赴西青区调研，先后来到音乐学院和美术学院项目、杨柳青大运河国家文化公园项目指挥部、中芯国际集成电路制造（天津）有限公司、西青人工智能产业园，实地察看大运河文化保护利用、重点项目建设和企业生产经营情况。

11月5日 市政府党组会议召开。会议传达学习贯彻习近平总书记在瞻仰延安革命纪念地时的重要讲话精神、在中央政治局第一次集体学习时的重要讲话精神和中央政治局会议精神，学习贯彻《中共中央关于认真学习宣传贯彻党的二十大精神的决定》，落实市委常委会会议要求。

11月7日 市委书记李鸿忠和党的二十大代表、河北区环境卫生管理一所工人徐文华，党的二十大代表、北辰区瑞景街道宝翠花都社区党总支书记兼居委会主任林则银一道，深入河东区向阳楼街道翠韵里社区，宣讲党的二十大精神。

同日 天津市学习贯彻党的二十大精神宣讲工作动员会召开，深入学习贯彻党的二十大精神，落实中央要求和市委部署，表彰先进、交流经验，对全市宣讲工作进行动员部署。

11月8日 市委常委会召开扩大会议，听取我市前三季度经济运行、维护国家政治安全和社会稳定、意识形态工作情况的汇报，研究部署下一步工作。

同日 市委市级机关工委印发《关于在市级机关兴起学习宣传贯彻落实党的二十大精神热潮的通知》，把市级机关党员干部群众的思想和行动统一到党的二十大精神上来，充分发挥表率作用，凝聚智慧力量，推动党的二十大精神在津沽大地落地生根。

11月9日 市委书记李鸿忠深入红桥区调研检查学习宣传贯彻党的二十大精神情况，强调要在全面学习把握落实党的二十大精神上下功夫，深入扎实做好宣传宣讲、学习培训、督促检查、任务落实，切实把成果体现在推动全市经济社会发展、做好疫情防控等工作的实际成效上。

同日 市委副书记、市长张工深入宁河区的企业、农村等调研，宣讲党的二十大精神。张工首先来到金世神农种业有限公司，详细了解水稻、棉花等良种选育和种业科技创新情况，强调企业深入贯彻党的二十大关于创新是第一动力的部署要求，充分运用市场化机制，进一步加大科技创新和研发力度，不断完善种业全产业链。张工要求地方政府和相关部门要做好“支前服务”，发挥龙头企业示范带动作用，擦亮民族种业“津”字招牌。

11 月 10 日 市委书记李鸿忠深入静海区静海镇古韵阳光家园小区和爱玛科技集团股份有限公司，调研检查防控社区管理服务、物资保供和企业抗击疫情、推动生产发展等情况。李鸿忠强调，要完整、准确、全面贯彻党中央决策部署，坚决落实疫情要防住、经济要稳住、发展要安全的重要要求，高效统筹疫情防控和经济社会发展，切实保障防控社区群众基本生活需求，深入推动学习宣传贯彻党的二十大精神落到实处。

同日 学习贯彻党的二十大精神市委宣讲团成员，市委常委、市委秘书长王力军面向市级机关党员干部作宣讲报告。

同日 学习贯彻党的二十大精神市委宣讲团在市国资委宣讲，市委宣讲团成员、副市长朱鹏作宣讲报告，党的二十大代表、市委宣讲团“宣讲小分队”成员杨汝倩分享参会心得体会。

11 月 11 日 市委常委会召开会议，传达学习贯彻中共中央政治局常务委员会会议精神，研究部署我市贯彻落实措施；学习贯彻《中共中央政治局关于加强和维护党中央集中统一领导的若干规定》《中共中央政治局贯彻落实中央八项规定实施细则》。

同日 市疫情防控领导小组和指挥部会议召开，深入学习贯彻中共中央政治局常务委员会会议和习近平总书记重要讲话精神，贯彻落实国务院联防联控机制全国疫情防控工作电视电话会议部署要求，对全市疫情防控工作作出部署安排。市委书记、市疫情防控领导小组组长李鸿忠主持并讲话，市委副书记、市长、市疫情防控指挥部总指挥张工讲话。

同日 市委审计委员会召开会议，审议天津市 2021 年市级预算执行和其他财政支出审计查出问题整改情况的报告、天津市 2023 年度审计项目计划。

同日 十二届市委第二轮巡视工作动员部署会召开。市委常委、市纪委书记、市监委主任、市委巡视工作领导小组组长陈辐宽作动员讲话。会议深入学习宣传贯彻党的二十大精神，深刻领悟习近平总书记关于教育和巡视工作的重要论述，认真落实市第十二次党代会要求，部署安排第二轮巡视。会上宣布关于十二届市委第二轮巡视组长、副组长授权任职和任务分工的决定。

11 月 14 日 全市领导干部学习贯彻党的二十大精神专题培训班第一期开班式在市委党校举行。

同日 市委常委、常务副市长刘桂平赴市税务局调研，看望慰问退税减税政策落实工作领导小组办公室工作人员，察看货物和劳务税风险监控管理系统运行情况，详细了解落实税费优惠政策、组织税费收入、深化税收征管改革、提升税费服务质效等工作情况，就学习党的二十大精神体会与大家交流。

11 月 15 日 市委书记李鸿忠深入市急救中心和河北区意式风情区调研统筹疫情防控和经济社会发展情况，强调要深入学习贯彻党的二十大精神，坚决落实党中央决策部署，落实好进一步优化防控工作的二十条防控措施，坚持科学精准防控，提升应急处置能力，扎实有力做好保障城市经济运行、满足群众日常生活和看病就医需求等工作。

同日 全市领导干部学习贯彻党的二十大精神专题培训班举行报告会。市人大常委会副主任、市委组织部常务副部长梁宝明主持。

11 月 16 日 市委理论学习中心组举行集体学习，结合“迎盛会、铸忠诚、强担当、创业绩”主题学习宣传教育实践活动工作第四专题学习研讨安排，进一步深入学习贯彻党的二十大精神，研究推动我市贯彻落实工作部署。

11 月 17 日 市政府党组会议召开。会议学习贯彻中共中央政治局常务委员会会议和全国新冠肺炎疫情防控工作电视电话会议精神，落实市委常委会会议要求。会议强调，要把思想和行动统一到习近平总书记重要讲话精神和中央决策部署上来，切实做到“三个坚定不移”，高效统筹疫情防控和经济社会发展。要加强疫情风险分析研判，把疫情防控与超大城市正常运转、人民群众日常生活服务保障、经济社会发展结合起来，做好医疗资源安排、药物资源储备和集中隔离资源储备的统筹，增强防范救治能力。要认真落实优化防控工作的二十条措施，最大限度保护人民生命安全和身体健康，最大限度减少疫情对经济社会发展的影响。

同日 市政府第208次常务会议召开。会议审议《天津市重点项目管理办法》。会议强调，重点项目是促投资、稳经济、增强高质量发展后劲的重要支撑。各级各部门要深入贯彻落实党的二十大关于“发展是党执政兴国的第一要务”的部署要求，以强烈的紧迫感和主动精神狠抓重点项目，在调度管理、要素保障、谋划储备、招商引资上持续用力，形成心明眼亮、心中有数、心无旁骛抓项目的浓厚氛围。要全力做好重点项目要素保障，坚持系统观念，注重科学统筹，提升审批和服务效率，增强抓项目促发展的真本领，真正把“想了”变成“做了”，“做了”变成“做成了”。要加强与政策性银行和各类金融机构的对接，加大重点项目融资支持力度，为项目落地提供金融保障。要创新招法，借助用好市场化手段，既加强“存量”项目跟踪，又紧盯“增量”项目落地，为高质量发展提供有力支撑。市区两级发展改革部门要充分发挥综合协调作用，在谋划、调度、推进重点项目上下更大功夫，做抓项目的“行家里手”。会议听取发放“津乐购”消费券有关工作汇报。

同日 市委宣传部、市退役军人事务局、市关爱退役军人协会在南开区“退役军人之家”举办天津市老战士宣讲团宣讲党的二十大精神报告会，面向广大退役军人，推动学习宣传贯彻党的二十大精神向基层延伸拓展。

11月18日 市委常委会召开扩大会议，传达学习习近平总书记关于疫情防控工作的重要指示精神，研究部署我市贯彻落实措施。

同日 学习贯彻党的二十大精神市委宣讲团成员，市委常委、常务副市长刘桂平到中国民航大学，为师生代表作党的二十大精神宣讲报告，并互动交流、畅谈体会。

同日 学习贯彻党的二十大精神市委宣讲团成员、副市长李树起和市委宣讲团成员、党的二十大代表、和平区岳阳道小学校长、党总支副书记褚新红组成的宣讲小分队，来到天津城建大学，与师生交流互动，分享心得体会，宣讲党的二十大精神。

11月20日 市委副书记、市长张工先后赴市医药采购中心、康希诺生物股份公司调研，宣讲党的二十大精神。

11月21日 市委书记李鸿忠深入地铁10号线调研检查地铁运营和疫情防控情况，强调要坚持以人民为中心的发展思想，创新建设运营理念，加快推进全市轨道交通规划建设，着力构建现代化城市公共交通网络体系，提高运行服务品质，落实常态化疫情防控措施，全力服务群众便捷、高效、安全出行。

同日 全市领导干部学习贯彻党的二十大精神第二期专题培训班开班，市委常委、常务副市长刘桂平出席并讲话。

同日 港澳工作联席会第十一次会议暨津港澳合作交流座谈会召开，深入学习贯彻党的二十大精神，推动解决港澳企业在津发展和港澳人士在津工作、学习、生活有关问题并听取意见建议。

11月22日 市委常委会召开会议，传达学习贯彻习近平总书记对河南安阳市凯信达商贸有限公司火灾事故作出的重要指示精神，学习贯彻落实党中央关于巡视工作的部署要求，研究加强新时代对外话语体系建设工作的措施。

同日 市委书记李鸿忠来到市疫情防控指挥部检查调度全市疫情防控工作。李鸿忠强调，要深入贯彻落实习近平总书记关于疫情防控工作的重要指示精神，坚决贯彻“三个坚定不移”，落实好第九版防控方案和二十条优化措施，坚持以快制快、科学精准，坚决有力做好重点区域疫情防控工作。

11月24日至25日 中国共产党天津市第十二届委员会第二次全体会议召开，全面贯彻党的二十大精神，坚持以习近平新时代中国特色社会主义思想为指导，对党的二十大精神学习宣传贯彻落实工作再部署、再动员、再推动。全会审议通过《中共天津市委关于深入学习宣传贯彻党的二十大精神奋力开创全面建设社会主义现代化大都市新局面的决定》和全会决议。

11 月 25 日 市政府党组会议召开。会议传达学习贯彻习近平总书记对河南安阳市凯信达商贸有限公司火灾事故作出的重要指示精神，落实市委常委会会议要求。

11 月 27 日 市委副书记、市长张工赴和平区调研，宣讲党的二十大精神，落实市第十二次党代会和市委十二届二次全会部署要求。在新兴街朝阳里社区，张工与社区工作者深入交流，听取基层治理、志愿服务、疫情防控等介绍，为社区获得“全国先进基层党组织”荣誉称号点赞。

11 月 29 日 市委书记李鸿忠主持召开专题会议，检查调度疫情防控医疗资源保障工作，强调要深入贯彻落实习近平总书记关于疫情防控工作的重要指示精神，坚持人民至上、生命至上，落实好第九版防控方案和二十条优化措施，统筹调度全市医疗资源，精准防控、科学诊疗，提高服务水平和温度，增强医疗救治和服务保障能力。

11 月 29 日至 30 日 中国共产党天津警备区第十一次代表大会召开。会议回顾总结警备区第十次党代会以来的工作，研究确定今后五年的目标任务，选举产生新一届警备区党委、纪委。

11 月 30 日 市委副书记、市长张工赴红桥区调研。他强调，要深入贯彻落实党的二十大精神，按照市第十二次党代会和市委十二届二次全会部署要求，坚持高质量发展这一首要任务，自信自立、乘势而上，推动区域吸引力和竞争力迈上新台阶。

12 月 1 日 市十七届人大常委会第三十八次会议修订通过了《天津市科学技术进步促进条例》，自 2023 年 1 月 1 日起施行。

同日 天津援疆于田工作组发挥卫生健康行业优势，加强医疗人才柔性援疆力度，打造“津于一家亲 爱心万里行”义诊品牌，扩大惠民覆盖面，让和田地区于田县人民在家门口就能享受到天津优质的医疗服务。

12 月 5 日 市政府第 210 次常务会议召开。会议听取 2022 年食品安全和药品安全工作汇报和 2022 年迎峰度冬电力保供有关工作汇报，研究部署下一步工作。会议还研究了长期护理保险制度试点、职工生育保险等其他事项。

12 月 8 日 天津市召开全市领导干部会议。中央组织部部长陈希出席会议并宣布中央决定：李鸿忠同志不再兼任天津市委书记、常委、委员职务，陈敏尔同志兼任天津市委委员、常委、书记。

同日 2022“榜样天津”企业社会责任主题推选活动颁奖会在天津梅地亚大剧院举行，渤海银行天津分行、天津食品集团、安达集团等 68 家企业获奖。

12 月 10 日 市委书记陈敏尔到南开大学、天津大学调研。陈敏尔强调，要深入学习宣传贯彻党的二十大精神，深入贯彻落实习近平总书记关于教育、科技、人才的重要论述，落实立德树人根本任务，增强科技创新能力，培养高素质人才，更好服务高质量发展、高水平改革开放、高效能治理、高品质生活的社会主义现代化大都市建设。市领导王旭、王力军，南开大学校长陈雨露，天津大学党委书记杨贤金、校长金东寒参加。

12 月 11 日 市委书记陈敏尔同正市级老同志座谈，就深入学习贯彻党的二十大精神，进一步做好天津工作听取老同志的意见建议。房凤友、刘胜玉、邢元敏、肖怀远等老同志出席座谈并发言。市领导刘桂平、王力军参加。

12 月 12 日 市委书记陈敏尔到滨海新区调研。陈敏尔强调，要持续深入学习宣传贯彻党的二十大精神，沿着习近平总书记指引的方向坚定前行，扎实落实市第十二次党代会部署，把创新摆在现代化建设全局的核心位置，进一步加大改革力度、提升开放水平，在全市发展中展现更大担当，奋力谱写现代化建设新篇章。

12 月 13 日 市委常委会召开会议，深入学习贯彻党的二十大精神和习近平总书记在中央政治局会议、党外人士座谈会上的重要讲话精神，研究部署我市进一步把学习宣传贯彻党的二十大精神引向深入和抓好疫情防控、维护安全稳定、编制国土空间总体规划、迎峰度冬电力保供等工作。

12月18日 市委常委会召开扩大会议，传达学习中央经济工作会议精神，研究贯彻落实措施。

同日 市疫情防控领导小组召开会议，听取本市疫情防控工作情况汇报，研究部署新阶段我市疫情防控工作。

12月19日 市政府党组会议召开，传达学习贯彻中央经济工作会议精神，落实市委常委会扩大会议要求。

同日 市政府第212次常务会议召开，听取全市2022年度法治政府建设情况汇报。会议还研究了国民经济和社会发展计划报告、预算报告、审计发现问题整改等事项。

12月20日 市委书记陈敏尔主持召开各区经济工作座谈会。陈敏尔强调，要全面贯彻落实党的二十大精神，深入学习贯彻习近平总书记在中央经济工作会议上的重要讲话精神和对天津工作“三个着力”重要要求，提振发展信心，坚定高质量发展的方向和路径，牢牢把握发展的重点环节，进一步调动广大党员干部群众的积极性，抢抓机遇、真抓实干，不断壮大区级经济实力，以各区一域之为服务全市高质量发展大局。

12月21日 市委书记陈敏尔主持召开市级经济部门座谈会。陈敏尔强调，要深入学习领会党的二十大和中央经济工作会议精神，进一步增强抓发展的紧迫感、使命感，用足用好中央政策和天津发展优势，科学谋划2023年发展目标任务，切实履行好经济工作部门的政治责任、行业责任、工作责任，强信心、勇担当、提能力、善作为，全力确保各项任务落实，加快推动我市经济高质量发展。

12月22日 市委常委会召开会议，学习贯彻习近平总书记致国史学会成立30周年贺信、对非物质文化遗产保护工作作出的重要指示、向第十五届中国—拉美企业家高峰会发表的书面致辞、在《湿地公约》第十四届缔约方大会开幕式上发表的视频致辞、向《生物多样性公约》第十五次缔约方大会第二阶段高级别会议开幕式视频致辞精神，进一步研究我市贯彻落实党的二十大精神行动方案，听取我市食品安全工作汇报。市委书记陈敏尔主持会议并讲话。

同日 市委召开党外人士座谈会，听取市各民主党派、工商联负责人和无党派人士代表对天津市2022年经济形势和2023年经济工作的意见和建议。会议通报天津市2022年经济形势和2023年经济工作初步打算。

12月23日 市委书记陈敏尔主持召开科学家企业家座谈会，听取对明年经济工作的意见建议。陈敏尔强调，要深入学习贯彻党的二十大精神，全面落实中央经济工作会议部署，提振发展信心、提振市场信心，大力营造更加良好的营商环境和创新生态，全力服务企业发展和科技创新，进一步激发全市高质量发展的动力活力。

12月24日 天津市推出力度空前的“上市企业三年倍增行动计划”。根据该计划，到2025年，天津境内外上市公司将突破140家。全市A股上市公司总市值将实现倍增。

同日 市政府召开推动企业上市工作会议，深入学习贯彻习近平总书记有关重要指示精神，认真落实市委、市政府工作要求，总结2022年企业上市工作，审议《贯彻落实天津市区域性股权市场制度和业务创新试点三年行动计划》和《天津市上市企业三年倍增行动计划》，部署我市“上市企业三年倍增行动”。市委常委、常务副市长刘桂平出席并讲话。

12月25日 市委常委会召开扩大会议，传达学习贯彻中央农村工作会议精神，学习贯彻习近平总书记就纪念现行宪法公布施行40周年发表的重要署名文章，听取市人大常委会、市政府、市政协和市高级人民法院、市人民检察院党组工作汇报和市两会有关事项汇报。市委书记陈敏尔主持会议并讲话。

同日 市疫情防控领导小组召开会议，对全市疫情防控工作作出进一步部署安排。市委书记、市疫情防控领导小组组长陈敏尔主持会议并讲话。陈敏尔强调，要深入学习贯彻习近平总书记关于疫情防控工作的重要指示精神，完整、准确、全面贯彻党中央部署要求，坚持人民至上、生命至上，充分认识把握新阶段疫情防控任务，科学精准实施各项防控救治措施，全力守护人民群众生命安全和身体健康，确保平稳转段和社会秩序稳定。市委副书记、市长、市疫情防控指挥部总指挥张工出席并讲话，领导小组成员和有关市领导同志出席。

12月26日 市长张工主持召开市政府第213次常务会议。会议审议《天津市全面落实〈中共中央 国务院关于加快建设全国统一大市场的意见〉工作方案》《京津冀区域市场一体化建设举措》。

12月27日 市委副书记、市长张工，甘肃省委副书记、省长任振鹤出席津甘东西部协作对接视频座谈会。市人大常委会副主任张庆恩主持，副市长李树起汇报我市经济社会发展和东西部协作工作进展情况，市政府秘书长孟庆松出席。甘肃省委常委、常务副省长程晓波，省政府秘书长李志勋出席，省委常委、副省长张锦刚汇报甘肃省经济社会发展和东西部协作工作进展情况。

12月28日 市委书记陈敏尔，市委副书记、市长张工调研城市规划和发展情况。陈敏尔强调，要全面学习贯彻党的二十大精神，贯彻落实中央经济工作会议精神，以新发展理念引领城市规划、建设、发展，科学谋划思路举措，务实功，出实招，求实效，提升城市发展能级，推进全面建设高质量发展、高水平改革开放、高效能治理、高品质生活的社会主义现代化大都市。副市长杨兵参加。

12月29日 市委经济工作会议召开。会议的主要任务是全面贯彻党的二十大精神，深入落实中央经济工作会议部署，总结2022年经济工作，分析当前经济形势，安排2023年经济工作。市委书记陈敏尔出席并讲话。市委副书记、市长张工主持，市人大常委会主任段春华，市政协主席盛茂林，市委常委，市人大常委会、市政府、市政协负责同志，市高级人民法院、市人民检察院、南开大学、天津大学主要负责同志出席会议。

12月30日 市委书记陈敏尔赴蓟州区调研城乡融合发展和乡村振兴工作。他强调，要深入学习贯彻习近平总书记关于"三农"工作的重要论述，认真落实中央农村工作会议精神，全面推进乡村振兴，大力提升农业农村现代化水平，着力促进城乡融合发展，不断激发农业农村内生动力和发展活力。市领导王力军参加。

同日 市委副书记、市政府党组书记、市长张工主持召开市政府党组会议，传达学习贯彻中央农村工作会议精神，落实市委常委会扩大会议要求。

同日 市长张工主持召开市政府第214次常务会议，审议《天开高教科技园建设规划方案》。会议还研究了重点污染物排放总量控制、高污染燃料禁燃区范围调整等事项。

12月31日 新年元旦假期第一天，市委书记陈敏尔来到市委总值班室检查调度节日期间工作，前往古文化街和鼓楼商业街调研市场保供和文旅消费情况。市领导沈蕾、王力军、衡晓帆、杨兵、王建国分别参加有关活动。

同日 市委副书记、市长张工调研城市运行保障工作，检查假期全市值班值守情况，看望慰问一线职工。

中共天津市委

市纪律检查委员会　市监察委员会 2022 大事述要

1 月 9 日至 10 日　市委常委、市纪委书记、市监委代理主任陈辐宽深入河北区进行调研督导，全面了解全员核酸筛查工作准备情况，督促推动疫情防控工作。

1 月 11 日　市委常委、市纪委书记、市监委代理主任陈辐宽主持召开市纪委常委会扩大会议，认真学习《中国共产党纪律检查委员会工作条例》，研究贯彻落实措施。

1 月 12 日、14 日、15 日　市委常委、市纪委书记、市监委代理主任陈辐宽分别到津南区、河北区疫情防控指挥部了解疫情防控及监督检查工作，全程督导全员核酸筛查工作。

1 月 18 日至 20 日　市委常委、市纪委书记、市监委代理主任陈辐宽先后到河北区、津南区、西青区开展疫情防控监督检查。

1 月 21 日　市委常委、市纪委书记、市监委代理主任陈辐宽主持召开市纪委常委会扩大会议，传达学习十九届中央纪委六次全会精神和市委常委会扩大会议部署要求，研究贯彻落实措施。

1 月 25 日　市委常委、市纪委书记、市监委代理主任陈辐宽主持召开会议，传达学习中央纪委国家监委机关 2021 年课题调研成果，市纪委监委领导班子成员结合工作职责，围绕前期调研成果进行深入交流。

同日　市纪委监委机关(市委巡视机构)党史学习教育总结会议召开，传达学习习近平总书记重要指示精神，党中央、中央纪委国家监委、全市党史学习教育总结会议精神，总结党史学习教育开展情况，对巩固拓展党史学习教育成果作出部署。市委常委、市纪委书记、市监委代理主任陈辐宽出席并讲话。市委党史学习教育第五巡回指导组到会指导。

1 月 29 日　市委常委、市纪委书记、市监委代理主任陈辐宽主持召开市纪委监委班子党史学习教育专题民主生活会，盘点收获、检视问题、剖析根源，开展批评和自我批评。党史学习教育市委第五巡回指导组到会指导。

2 月 9 日　市委常委、市纪委书记、市监委代理主任陈辐宽主持召开市纪委常委会扩大会议，传达学习杨晓渡同志在深化中管高校纪检监察体制改革动员部署会议上的讲话精神，研究贯彻落实措施。

2 月 16 日　中国共产党天津市第十一届纪律检查委员会第十次全会召开。会议传达贯彻十九届中央纪委六次全会精神，总结 2021 年工作，研究部署 2022 年任务。市委书记李鸿忠出席并讲话，会议宣读《中共天津市委关于表扬 2021 年度落实全面从严治党主体责任考核优秀单位的通报》，市委常委、市纪委书记、市监委主任陈辐宽代表市纪委常委会作工作报告。

2 月 23 日　市委常委、市纪委书记、市监委主任陈辐宽深入东丽区，就贯彻落实十九届中央纪委六次全会和十一届市纪委十次全会精神进行调研。

3 月 15 日　市纪委监委理论学习中心组进行集体学习，深入学习习近平总书记关于严肃换届纪律重要指示精神，学习《中共中央纪委机关　中共中央组织部　国家监委关于严肃换届纪律加强换届风气监督的通知》和有关通报精神，学习市委关于换届工作要求，研究贯彻落实措施。市委常委、市纪委书记、市监委主任陈辐宽主持并讲话。

4 月 13 日、19 日、26 日、27 日　市委常委、市纪委书记、市监委主任陈辐宽分别深入宁河区、红桥区、蓟州区、宝坻区、北辰区，就贯彻落实十九届中央纪委六次全会和十一届市纪委十次全会精神进行调研，并就市纪委向市第十二次党代会工作报告听取区委、区纪委意见建议。

5 月 6 日、10 日、12 日、13 日、16 日　市委常委、市纪委书记、市监委主任陈辐宽分别深入南开区、静海区、和平区、河东区、武清区，就贯彻落实十九届中央纪委六次全会和十一届市纪委十次全会精神进行调研，并就市纪委向市第十二次党代会工作报告听取区委、区纪委意见建议。

5 月 17 日　市委巡视机构召开以案为鉴、以案促改、以案促治工作部署会暨警示教育会，通报相关案例，部署以案为鉴、以案促改、以案促治工作。市委常委、市纪委书记、市监委主任、市委巡视工作领导小组组长陈辐宽出席并讲话。

6 月 12 日　中国共产党天津市第十一届纪律检查委员会第十一次全会召开。会议审议并通过中国共产党天津市第十一届纪律检查委员会向中国共产党天津市第十二次代表大会的工作报告，同意将报告提请中国共产党天津市第十一届委员会第十三次全体会议审议。市委常委、市纪委书记、市监委主任陈辐宽主持并讲话。

6 月 20 日　中国共产党天津市第十二届纪律检查委员会第一次全会召开。会议选举产生了新一届市纪委领导班子。市委常委、市纪委书记、市监委主任陈辐宽主持并讲话。

6 月 21 日　市委常委、市纪委书记、市监委主任陈辐宽主持召开十二届市纪委常委会第一次会议，专题讨论《中共天津市纪委常委会关于加强自身建设的意见》。

6 月 29 日　市委常委、市纪委书记、市监委主任陈辐宽深入西青区调研，了解统筹疫情防控和经济社会发展、基层全面从严治党和纪检监察工作开展情况，推动深入学习宣传贯彻市第十二次党代会精神。

7 月 8 日　市纪委监委机关举行学习贯彻市第十二次党代会精神宣讲会暨专题党课。市委常委、市纪委书记、市监委主任陈辐宽作宣讲暨党课报告。

7 月 12 日　市委常委、市纪委书记、市监委主任陈辐宽主持召开市纪委常委会扩大会议，传达学习《纪检监察机关派驻机构工作规则》和中央纪委国家监委贯彻落实《纪检监察机关派驻机构工作规则》座谈会精神，研究贯彻落实措施。

7 月 13 日　十二届市委第一轮巡视动员部署会召开。市委常委、市纪委书记、市监委主任、市委巡视工作领导小组组长陈辐宽作动员讲话。会议传达中央政治局会议精神及市委常委会会议部署要求、全国巡视工作会议暨十九届中央第九轮巡视动员部署会精神，以及市委书记李鸿忠对市委巡视工作的批示要求，宣布十二届市委第一轮巡视组长、副组长授权任职和任务分工的决定。

8 月 3 日至 6 日　市纪委监委举办全市纪检监察干部提升一体推进“三不腐”能力水平培训班暨《纪检监察机关派驻机构工作规则》专题辅导班。市委常委、市纪委书记、市监委主任陈辐宽为全市纪检监察干部讲授第一课。

8 月 5 日　全市推进全面从严治党向纵深发展工作部署会议召开。市委书记李鸿忠出席并讲话，市委副书记、市长张工主持会议，市委常委、市纪委书记、市监委主任陈辐宽作部署。

8 月 9 日　市委常委、市纪委书记、市监委主任陈辐宽主持召开市纪委常委会扩大会议，传达学习习近平总书记在省部级主要领导干部“学习习近平总书记重要讲话精神，迎接党的二十大”专题研讨班上的重要讲话精神和市委常委会有关部署要求，研究贯彻落实措施。

8 月 17 日　新任职市管领导干部党风廉政教育集体谈话会召开。市委常委、市纪委书记、市监委主任陈辐宽出席并讲话。

8 月 23 日　市委常委、市纪委书记、市监委主任陈辐宽主持召开市纪委常委会扩大会议，听取委机关和派驻（派出）机构廉政风险自查情况汇报，讨论通过《天津市纪检监察干部“九严禁”》，对加强纪检监察干部队伍自身建设进行再部署再推动。

同日 纪律检查体制改革专项小组会议召开。会议听取2022年上半年纪检监察体制改革和加强市级公立医院纪检监察工作情况汇报，研究部署进一步深化纪检监察改革工作。

9月13日 市委常委、市纪委书记、市监委主任陈辐宽主持召开市纪委常委会扩大会议，传达学习赵乐际同志在全国纪检监察系统表彰大会上的讲话精神，研究贯彻落实措施。

10月19日 市纪委监委理论学习中心组组织集体学习，传达学习《中共中央关于印发〈中国共产党处分违纪党员批准权限和程序规定〉的通知》，研究贯彻落实措施。

10月25日 市委常委、市纪委书记、市监委主任陈辐宽主持召开市纪委常委会扩大会议，传达学习党的二十大和党的二十届一中全会、十九届七中全会，二十届中央纪委一次全会、十九届中央纪委七次全会，市委常委会扩大会议和全市领导干部大会精神，研究贯彻落实措施。

10月31日 市委常委、市纪委书记、市监委主任陈辐宽主持召开市纪委常委会扩大会议，传达学习李希同志在二十届中央纪委常委会第一次会议、中央纪委国家监委传达学习党的二十大精神会议上的讲话精神，研究贯彻落实措施。

11月8日 全市纪检监察系统党的二十大精神宣讲报告会召开，市委常委、市纪委书记、市监委主任陈辐宽作专题宣讲报告。

11月9日 市委常委、市纪委书记、市监委主任陈辐宽主持召开市纪委常委会扩大会议，传达学习李希同志在中央纪委国家监委传达学习党的二十大精神会议上的讲话和刘金国同志主持讲话，李鸿忠同志在党的二十大精神宣讲报告会上的讲话精神，中共中央决定和中央纪委、市委有关通知精神，讨论《市纪委监委机关关于做好党的二十大精神宣传工作的安排方案》《市纪委监委机关基层党组织学习党的二十大精神的工作安排》。

11月11日 十二届市委第二轮巡视工作动员部署会召开。会议深入学习宣传贯彻党的二十大精神，深刻领悟习近平总书记关于教育和巡视工作的重要论述，认真落实市第十二次党代会要求，部署安排第二轮巡视。市委常委、市纪委书记、市监委主任、市委巡视工作领导小组组长陈辐宽作动员讲话。市人大常委会副主任、市委组织部常务副部长、市委巡视工作领导小组成员梁宝明宣布关于十二届市委第二轮巡视组长、副组长授权任职和任务分工的决定。

11月17日 市委常委、市纪委书记、市监委主任陈辐宽主持召开市纪委常委会扩大会议，传达学习《中共中央政治局关于加强和维护党中央集中统一领导的若干规定》《中共中央政治局贯彻落实中央八项规定实施细则》和《中央纪委国家监委领导班子关于改进工作作风的实施办法》《中共中央纪委办公厅关于贯彻党的二十大部署要求锲而不舍落实中央八项规定精神深化纠治“四风”工作的意见》，以及市委常委会部署要求，研究贯彻落实措施。

11月18日 市委常委、市纪委书记、市监委主任陈辐宽深入天津财经大学宣讲党的二十大精神，与师生代表、纪检监察干部进行互动交流，分享学习体会、现场答疑解惑。

12月30日 党外人士协商座谈会召开。市委常委、市纪委书记、市监委主任陈辐宽出席并通报2022年度全市党风廉政建设和反腐败工作情况。

（执笔人：康　文）

市委组织部2022年大事述要

1月9日 市委组织部印发《关于在疫情防控中进一步发挥基层党组织战斗堡垒作用和党员先锋模范作用的通知》，组织动员各级党组织和广大党员迅速进入应战状态。

1 月 18 日 市委组织部印发《关于做好疫情防控第一线发展党员工作的通知》，明确在此次疫情防控工作第一线表现特别突出的入党申请人、入党积极分子和发展对象，可按照“火线”发展入党相关规定发展入党。

1 月 19 日 市委组织部印发《关于加强机关事业单位参与疫情防控派驻干部管理的通知》，充分发挥机关事业单位派驻干部示范带头作用，推动疫情防控各项任务措施落到实处。

1 月 25 日 市委组织部召开部务会扩大会议，传达学习中央经济工作会议精神和市委十一届十二次全会暨经济工作会议精神，强调要坚持政治建设统领组织建设、组织路线服务政治路线，积极发扬历史主动精神，紧紧围绕发展这个第一要务、经济建设这个中心和全市工作大局，全力做好新时代组织工作。

同日 市委组织部印发《天津市 2022 年公开招考公务员工作实施方案》，计划招录 2607 人。

1 月 30 日 天津市召开会议，深入学习贯彻习近平总书记重要指示批示精神，按照中央部署和市委要求，对本市出席党的二十大代表候选人预备人选推荐提名和市第十二次党代表大会代表选举工作进行动员部署。市委常委、市委组织部部长喻云林出席会议并讲话。

1 月 市委组织部专题研究部署抽调市级机关干部下沉社区村参与疫情防控工作，组织动员 10 万名市区两级党员干部迅速集结、奔赴社区，与 3.4 万名社区基层干部并肩战斗，先后 6 次连夜选派 5300 余名党员干部、3000 余名社区工作者火速驰援津南，成立前方临时党委，组建 312 个临时党组织，构建上下贯通、执行有力的组织体系。

2 月 7 日 市委组织部召开部务会理论学习中心组集体学习，传达学习全国组织部长会议精神，组织开展交流研讨，研究贯彻落实措施。

2 月 8 日 天津以电视电话会议形式召开全市组织部长会议，传达学习全国组织部长会议精神和市委要求，回顾总结 2021 年工作，安排部署 2022 年任务。市委常委、市委组织部部长喻云林出席并讲话。会议强调，要按照党中央部署和市委要求，以高度的政治责任感和历史使命感做好党的二十大代表选举和市第十二次党代会有关工作。要突出党的政治建设这个根本性建设，深入开展对党、对习近平总书记的忠诚教育，推动党员干部坚决拥护“两个确立”、做到“两个维护”。要坚持不懈抓好新时代党的创新理论武装，深入开展党的十九届六中全会精神学习培训，巩固拓展党史学习教育成果。要鲜明树立新时代选人用人导向，把政治素质考察摆在突出位置，提高干部队伍专业化能力，进一步推进干部能上能下，大力培养选拔优秀年轻干部，从严从实加强干部管理监督，锻造忠诚干净担当的高素质专业化干部队伍。要持续用力强基础固基本，深入推进抓党建促乡村振兴，推动各领域基层党建提质增效，增强各领域基层党组织政治功能和组织力凝聚力。要深入贯彻落实中央人才工作会议精神，做好全方位培养引进用好人才工作，全力打造创新人才高地示范区。要加强组织部门自身建设，胸怀“国之大者”，坚持问题导向，勇于自我革命，为全面建设社会主义现代化大都市提供坚强组织保证。

同日 市委常委、市委组织部部长喻云林深入市残联调研。喻云林强调，要贯彻好新时代党的组织路线，发挥好党组织战斗堡垒作用，树立正确用人导向，以事择人、凝聚人才，抓好市委巡视问题整改，从严管理干部，为残疾人事业高质量发展提供坚强组织保证。

2 月 18 日 市委组织部召开部务会扩大会议，审议通过并印发《关于开展天津市涉组涉干信访积案集中化解的工作方案》，集中化解中组部和市委组织部近三年转办交办、尚未办结的信访事项，推动在 4 月底前完成积案化解工作，做到案结事了，为党的二十大和市第十二次党代会胜利召开营造良好社会环境。

2 月 26 日 全市领导干部学习贯彻党的十九届六中全会精神和习近平总书记重要讲话精神专题读书班结业。市委常委、市委组织部部长喻云林出席并讲话。会议强调，要在推进党史学习教育常态化、长效化上下功夫，更加坚定自觉地贯彻新时代党的组织路线，抓好高素质专业化干部队伍建设,抓好组织体系建设,抓好人才引领发展,不断巩固好发展好发挥好党的组织优势。要深入开展“迎盛会、铸忠诚、强担当、创业绩”主题学习宣传教育实践活动工作,奋力开创天津高质量发展新局面,以优异成绩迎接党的二十大胜利召开。

3月11日 天津市召开加强和改进新时代人才工作推进会,市委常委、市委组织部部长喻云林出席并讲话。会议深入学习贯彻中央人才工作会议精神和市委人才工作会议部署要求,加快十大产业人才创新创业联盟建设,推动各项人才政策措施落实落地。

3月16日 天津市召开“迎盛会、铸忠诚、强担当、创业绩”主题学习宣传教育实践活动工作部署会议。会议强调,要突出“迎盛会”这条主线,着力强化政治统领,用习近平新时代中国特色社会主义思想武装党员、教育群众,深化忠诚教育,引导党员干部坚定拥护“两个确立”、坚决做到“两个维护”。着力严肃党内政治生活,精心做好我市出席党的二十大代表选举有关工作,增强政治性、时代性、原则性、战斗性。着力厚植为民情怀,持续深化“我为群众办实事”实践活动,让“向群众汇报”成为常态、形成长效。着力激励干部担当作为,坚持实践实干实效,以大担当铁担当真担当争创一流业绩。着力营造良好舆论氛围和社会环境,坚决筑牢首都政治“护城河”,凝聚一起向未来的磅礴伟力,以优异成绩迎接党的二十大胜利召开。

3月23日 天津市召开援甘农村专职党务工作者集体谈话会。市委常委、市委组织部部长喻云林出席并讲话。会议强调,要深入学习习近平总书记关于东西部协作和乡村振兴系列重要讲话和重要指示批示精神,熟练掌握相关政策,深入了解村情民意,深刻思考落实上级政策、促进乡村发展、带领农民致富的思路举措,紧紧依靠当地干部和村民群众开展工作,团结凝聚党员群众携手前行、共同奋进。

同日 市委组织部印发《关于开展“党务外包”问题排查整治工作的通知》,采取自下而上自查自纠、自上而下督查抽查的方式,在全市各级党组织中全面开展“党务外包”问题排查整治,着力增强党建工作的政治性、严肃性、规范性。

3月25日 市委“迎盛会、铸忠诚、强担当、创业绩”主题学习宣传教育实践活动工作领导小组召开第二次(扩大)会议,研究审议主题学习宣传教育实践活动工作有关方案。市委常委、市委组织部部长、市委主题学习宣传教育实践活动工作领导小组组长喻云林出席并讲话。会议强调,各级活动工作领导小组及办公室要提高政治站位,指导推动市级机关走在前、作表率,带头组织好理论学习中心组集体学习、交流研讨、主题党日,持续推进“我为群众办实事”实践活动,始终走在第一方阵,指导各地区各系统各单位统筹推进活动工作。要围绕迎盛会主线,做好党的十九届六中全会精神宣传宣讲,全方位、多角度开展持续宣传报道,加强舆论引导,营造铸忠诚、强担当、创业绩的浓厚舆论氛围。

3月28日 市委组织部召开部务会会议,审议并原则通过《天津市村社区星级管理办法》《天津市社区工作者管理办法》《天津市农村专职党务工作者管理办法》,把经过实践检验、行之有效的做法吸纳进去、固定下来、坚持下去。

同日 市委组织部印发《天津市2022年度招录农村专职党务工作者工作实施方案》和《天津市2022年度招录社区工作者工作实施方案》,面向全国招录1000名农村专职党务工作者,面向天津市高等院校2022届毕业生和具有天津市户籍的全日制普通高等院校本科及以上本科毕业生招录1916名社区工作者。

3月31日 市委常委、市委组织部部长、市委主题学习宣传教育实践活动工作领导小组组长喻云林赴市政务服务办、市发展改革委,调研了解政务服务、优化营商环境、重大项目谋划建设情况,指导推动主题教育实践活动工作。

4月1日 市委组织部召开部务会扩大会议。市委常委、市委组织部部长喻云林主持。会议传达学习市委和市委书记李鸿忠关于在全市各级党组织和全体党员干部中开展“迎盛会、铸忠诚、强担当、创业绩”主题学习宣传教育实践活动工作要求，部署推动部机关主题学习宣传教育实践活动工作高标准高质量开展，充分发挥示范带动作用。

4 月 6 日 市委常委、市委组织部部长、市委主题学习宣传教育实践活动工作领导小组组长喻云林赴市国资系统调研主题学习宣传教育实践活动工作，并深入泰达绿化科技集团了解企业发展情况。

4 月 8 日 市委常委、市委组织部部长、市委主题学习宣传教育实践活动工作领导小组组长喻云林赴市教育系统调研，深入天津外国语大学了解教育实践活动工作开展情况。

4 月 12 日 市委常委、市委组织部部长、市委主题学习宣传教育实践活动工作领导小组组长喻云林赴宁河区调研，实地深入七里海镇和于台子村了解情况，听取区委负责同志工作汇报，对农村开展教育实践活动工作提出要求。

4 月 13 日 市委"迎盛会、铸忠诚、强担当、创业绩"主题学习宣传教育实践活动工作推动会暨领导小组第三次（扩大）会议召开，听取各区各部委活动工作进展情况汇报，研究部署下一步工作。市委常委、市委组织部部长、市委主题学习宣传教育实践活动工作领导小组组长喻云林出席并讲话。会议强调，要深刻认识开展主题学习宣传教育实践活动工作的重要意义，切实增强责任感使命感，以务实行动坚定拥护"两个确立"、坚决做到"两个维护"。要坚持用习近平新时代中国特色社会主义思想武装党员、教育群众，突出忠诚教育，认真抓好理论宣讲、教育培训、专题学习等，引导党员干部始终做到对党绝对忠诚。要抓实活动工作与中心工作的深度融合，强化党建引领，聚焦疫情防控、乡村振兴、基层治理、推动发展、服务民生等，引导党员干部用心用情为群众办实事解难事，立足岗位、担当作为、争创一流，做到两不误、两促进，努力营造喜迎盛会的浓厚氛围。

同日 市委常委、市委组织部部长、市委主题学习宣传教育实践活动工作领导小组组长喻云林赴河西区马场街道和新闻里社区调研，听取区委和街道工委负责同志汇报，对城市基层开展活动工作提出要求。

4 月 14 日 市委常委、市委组织部部长、市委主题学习宣传教育实践活动工作领导小组组长喻云林赴滨海高新技术产业开发区调研教育实践活动工作，深入天津明阳风电设备有限公司了解企业生产经营情况，对非公企业开展活动工作提出要求。

4 月 20 日 市委组织部召开电视电话会议，对我市出席党的二十大代表和市第十二次党代会代表选举工作再动员再部署。市委常委、市委组织部部长喻云林出席会议并讲话。会议强调，要深入学习贯彻习近平总书记重要指示精神和党中央决策部署，认真落实市委工作方案，把坚持和加强党的全面领导贯穿全过程，充分发挥党组织领导和把关作用，严把政治首关和廉洁资格关，精心组织、严密实施，高质量做好党代会代表选举工作。要严明纪律规矩，全过程抓好纪律教育，加强监督执纪，以最坚决态度、最果断措施保证风清气正。要周密制定疫情防控工作方案和应急预案，落实落细各项防控举措，确保代表选举工作圆满顺利。

4 月 21 日 市委组织部印发《关于深化党员到社区报到工作的通知》，推动广大在职党员积极参与社区建设、开展志愿服务，群策群力推进基层治理。

4 月 25 日 市委常委、市委组织部部长、市委主题学习宣传教育实践活动工作领导小组组长喻云林不打招呼、直奔一线，随机深入和平区和南开区的 4 个社区、2 个街道和 2 个区直机关进行暗访调研，走访党员群众，与闻讯赶来的区委负责同志交换意见，指导推动教育实践活动工作深入开展。

4 月 26 日 市委常委、市委组织部部长、市委主题学习宣传教育实践活动工作领导小组组长喻云林不打招呼，到市市场监管委、市统计进行局暗访调研，与机关党委负责同志和内设处室党支部书记座谈，指导推动教育实践活动工作走深走实。

4 月 29 日 市委常委、市委组织部部长、市委主题学习宣传教育实践活动工作领导小组组长喻云林不打招呼、直奔基层，深入津南区西小站村进行暗访，到八里台镇听取镇党委和区委负责同志情况介绍，指导推动教育实践活动工作扎实开展。

同日 市委组织部召开机关党员大会，选举产生出席中国共产党天津市第十二次代表大会代表。市委常委、市委组织部部长喻云林出席。市委市级机关工委负责同志到会指导，驻部纪检监察组全程监督。

同日 市委组织部机关举办廉政教育宣讲会，运用典型违纪违法案件持续深入开展警示教育，以案为鉴、以案促改、以案促治，把部机关全面从严治党和党风廉政建设不断引向深入。市委常委、市委组织部部长喻云林出席并讲话，驻部纪检监察组组长王宝凤作宣讲报告。

5月6日 市委常委、市委组织部部长、市委主题学习宣传教育实践活动工作领导小组组长喻云林不打招呼、直奔企业，深入天津津融投资服务集团有限公司和天津食品集团有限公司，调研了解企业领导班子建设和经营发展情况，听取意见建议，指导推动教育实践活动工作。

5月7日 市委常委、市委组织部部长、市委主题学习宣传教育实践活动工作领导小组组长喻云林不打招呼，深入河东区教育局、区城市管理委进行暗访调研，个别访谈组织科室和机关党支部负责人，听取单位党委和区委负责同志情况介绍，对开展教育实践活动工作提出具体要求。

同日 市委常委、市委组织部部长喻云林深入天津职业技术师范大学讲授思政课并与师生座谈，共同学习习近平总书记在中国人民大学考察时的重要讲话精神。

5月9日 市委常委、市委组织部部长、市委主题学习宣传教育实践活动工作领导小组组长喻云林直奔基层，深入红桥区千禧园社区进行暗访调研，听取邵公庄街道党工委负责同志情况介绍，与闻讯赶来的区委负责同志交换意见，指导推动教育实践活动工作扎实开展。

5月16日 市委“迎盛会、铸忠诚、强担当、创业绩”主题学习宣传教育实践活动工作推动会暨领导小组第四次（扩大）会议以电视电话会议形式召开，交流总结前期工作，研究近期工作。会议强调，开展教育实践活动工作是当前一项重要政治任务，全市各级党组织要坚决贯彻市委决策部署，持续深化对党、对习近平总书记的忠诚教育，聚焦十项重点任务，把活动工作引向深入，坚定拥护“两个确立”，坚决做到“两个维护”。要加强督促检查，逐级压实责任，着力解决“水流不到头”和“两张皮”问题，推动各项任务一贯到底。要在强化理论武装、营造政治环境、促进融合结合、坚持实践实干、办实事解难题、营造浓厚氛围上下功夫见实效，把活动工作与抓党建抓业务融为一体，激励党员干部立足岗位干事创业，用工作实绩、一流业绩迎接党的二十大胜利召开。

6月2日 市委常委、市委组织部部长、市委主题学习宣传教育实践活动工作领导小组组长喻云林赴天津港（集团）有限公司调研，现场考察天津港引航拖轮协同智控中心和第二集装箱码头公司，与集团领导班子成员座谈交流开展主题学习宣传教育实践活动工作和企业改革发展情况。

6月6日 市委常委、市委组织部部长、市委主题学习宣传教育实践活动工作领导小组组长喻云林赴天津劝业华联集团有限公司调研主题学习宣传教育实践活动工作开展和企业改革发展情况，实地考察劝业场和中原百货商场经营情况，并与集团领导班子成员座谈交流。

6月9日 天津市召开市管企业所属企业和区属国有企业选人用人制度改革推动会。市委常委、市委组织部部长喻云林出席并讲话。会议强调，要认真总结市管企业选人用人制度改革经验，坚持市场化、职业化、契约化改革方向，加快推动以职业经理人制度为重点的选人用人制度改革向市管企业所属二级及以下企业和区属企业延伸。要放眼全国选贤任能，拓宽视野、广开渠道，聚天下才为天津用。要坚持事业为上、人事相宜，多角度多层次识别干部，提高选人用人精准度。要压实工作责任，加强统筹推动和分类指导，确保改革落地见效，为做强做优做大国有企业提供坚强保证。

6 月 10 日 天津市召开正市级老同志通报会。市委书记李鸿忠主持并讲话。会议通报我市出席党的二十大代表选举工作有关情况和市第十二次党代会筹备情况，听取对市党代会报告征求意见稿的意见和建议。

6 月 13 日 天津市召开人才工作总结推动会，市委常委、市委组织部部长喻云林出席并讲话。会议深入学习贯彻中央人才工作会议精神和市委人才工作会议部署要求，加快十大产业人才创新创业联盟建设，进一步加强和改进新时代我市人才工作。

6 月 22 日 市委组织部召开部务会扩大会议，传达学习中国共产党天津市第十二次代表大会精神，强调全市组织系统要把学习宣传贯彻市第十二次党代会精神作为当前和今后一个时期的重要政治任务。

6 月 25 日 市委组织部印发《关于全市组织系统认真学习宣传贯彻市第十二次党代会精神的通知》，强调要充分认识学习宣传贯彻市第十二次党代会精神的重大意义，认真组织党员干部深入学习贯彻市第十二次党代会精神，把学习贯彻党代会精神的过程作为推动天津组织工作高质量发展的过程。

7 月 28 日 天津市召开组织系统重点工作调度会，学习贯彻市第十二次党代会精神，盘点工作进度，交流经验做法，对下一步工作进行部署推动。会议强调，要绝对忠诚，忠诚于核心、忠诚于党和人民、忠诚于国家、忠诚于职守，以习近平总书记重要指示批示精神和党中央决策部署为总遵循，方向上不能有偏差，行动上不能有温差，成效上不能有落差。要以大局为重，围绕市委、市政府的中心工作“公转”，杜绝无效“空转”，激发内生动力“自转”，引导党员干部“共转”。要稳中求进，坚持底线思维、增强忧患意识，既补“短板”，更固“底板”，用自身的努力、认真、负责的确定性，应对外部环境的不确定性。要减负增效，坚决杜绝形式主义、官僚主义，让基层有更多的时间和精力抓落实。要创先争优，内强素质、外树形象，自觉拉高标杆，高标准高质量抓好“迎盛会、铸忠诚、强担当、创业绩”主题学习宣传教育实践活动工作、党的创新理论武装、干部队伍建设、抓党建促乡村振兴等工作，做到出手必出彩、完成必完美。要从严治部，增强能力本领，善于知事识人，敢于担当担责，建好“三个之家”，守住廉洁从政底线，着力打造模范部门和过硬队伍，以优异成绩迎接党的二十大胜利召开。

8 月 15 日 市委组织部举办 2022 年度新录用选调生培训班。开班式强调，加强选调生队伍建设，是组织部门职责所在、使命所在。广大选调生要有理想，树立正确的世界观、人生观、价值观，在实际工作中体现人生价值。要有情怀，满怀忠诚之情、为民之情、感恩之情开展工作，以不懈努力报答组织的关怀和厚爱。要有本事，牢固树立终身学习的态度，不断提升自身格局，在实践实干中锤炼自己。要有定力，把心思放在干事创业上。要有作为，提高一级想问题、降低一级抓落实，用自身努力的确定性应对外部环境的不确定性。要有敬畏，守住底线，扣好人生第一粒扣子，扎实走好人生的每一步。

8 月 17 日 市委组织部印发《天津市非公有制经济组织和社会组织工委组成及运行规则》，将市委市级机关工委、市交通运输委、市税务局、市邮政管理局、市总工会、团市委、市妇联等纳入市两新工委成员单位，进一步明确工委各成员单位的职责任务，修订完善 7 项工作制度。

8 月 市委组织部制定“暖心六条”服务措施，热情助力参加全市 2022 年公开招考公务员、农村专职党务工作者、社区工作者考试的考生，以细致周到服务展现天津城市温度和宜居宜业良好环境，受到广大考生的点赞。

9 月 22 日至 23 日 市委组织部举办天津市出席党的二十大生产和工作第一线代表履职学习班，增强代表意识，明确职责任务，提高履职能力。开班式提出，当选为二十大代表不仅是一项政治荣誉，更是一份沉甸甸的政治责任。要强化代表意识，深刻认识肩负的光荣使命和重大责任，以高度的政治责任感和历史使命感履职尽责。要强化政治意识，把绝对忠诚体现在坚定拥护“两个确立”、坚决做到“两个维护”上，体现在深学细悟笃行新思想上，体现在坚决贯彻党中央意图的实际行动上，以对核心领袖的赤胆忠心履职尽责。要强化责任意识，全身心投入学习，多维度交流讨论，深入了解群众所思所想所忧所愿，多建睿智之言、多献务实之策，以全面过硬的能力素质履职尽责。要强化纪律意识，从高从严落实各项纪律规定和防疫要求，自筑“防火墙”，自套“紧箍咒”，自设“高压线”，以令行禁止的坚定自觉履职尽责。要强化带头意识，在学习领会、宣传宣讲、贯彻落实大会精神上带好头，以走在前作表率的实际行动履职尽责。

9月28日 市委组织部召开部务会会议，研究审议市委组织部优化简化流程事项，就改进发文方式等9个优化简化工作流程事项进行优化简化。

9月29日 市委组织部印发《关于开展党建引领“无疫小区”“无疫网格”创建工作的通知》，针对全市疫情防控严峻复杂形势，在全市各级党组织和广大党员中开展“无疫小区”“无疫网格”创建工作，推动实现疫情社会面“清零”，为党的二十大胜利召开创造良好政治环境、社会环境。

10月25日 市委组织部召开部务会扩大会议，传达学习党的二十大精神和全市领导干部大会精神，研究贯彻落实具体措施，强调全市各级组织部门要按照中组部和市委要求，切实履行双重责任，既抓好自身学习贯彻，又抓好面上组织推动，迅速兴起学习宣传贯彻热潮。

10月31日 市委组织部印发《天津市2023年度定向招录选调生工作实施方案》，计划招录360名选调生。

11月9日 全市组织系统党的二十大精神宣讲报告会召开。会议指出，要有忠诚之魂，胸怀“国之大者”“党之大者”，坚定拥护“两个确立”、坚决做到“两个维护”，一切行动听从习近平总书记和党中央指挥号令。要有理论之光，坚持用习近平新时代中国特色社会主义思想凝心铸魂，学而信，学而思，学而用，切实把学习成果转化为组织工作提质增效的有力举措。要有为民之情，坚守初心、付出真心、沉下身心，努力在贯彻新时代党的组织路线中走好群众路线。要有担当之责，坚持不懈选干部、聚人才、抓基层，以组织工作之为服务全市发展大局。要有作风之实，坚持干字当头、实字为要，扎实推动党的二十大精神在津沽大地落地生根。

11月17日 中央组织部统一举办2022年全国新录用公务员初任培训班，全市和部分中央驻津机关2880名新录用公务员在25个分课堂参加培训。

11月21日 全市领导干部学习贯彻党的二十大精神第二期专题培训班开班。会议强调，要深入持续学、原原本本学、全面系统学、联系实际学，下大气力做好“结合”文章，把学习培训成效体现到绝对忠诚、理论武装、为民利民、顾全大局、超前预判、担当作为、提升水平、班子团结、作风扎实、守住底线上，转化为指导实践、推动工作的强大力量，扎实推动党的二十大作出的重大决策部署在津沽大地落地落实。要发挥关键少数作用，自觉走在前、作表率，既做实干家，又做宣传家，持续兴起学习宣传贯彻党的二十大精神热潮。

同日 市委组织部批准成立市外卖配送、快递、道路运输3个行业党委，加强对新业态、新就业群体党建工作的组织指导。

11月22日 市委组织部举办新招录农村专职党务工作者岗前培训班开班式。开班式强调，面向全国招录农村专职党务工作者，是天津市推进乡村振兴的基础工程、源头培养干部的战略工程。广大农村专职党务工作者要将这一岗位作为磨砺成长的难得机遇、施展才干的广阔舞台、实现梦想的正确选择，在乡村振兴火热实践中成长成才，谱写青春华章。

11月28日 市委组织部召开部务会扩大会议，传达学习市委十二届二次全会精神，结合组织工作实际研究贯彻落实措施，强调要以坚定拥护“两个确立”、坚决做到“两个维护”的政治责任，以担当务实的良好作风，以压实责任的闭环体系，以团结奋进的精神状态，以尽心竭力做好当前工作的实际行动，抓好全会精神落实，推动党的二十大精神在天津扎实实践。

12月15日 市委"迎盛会、铸忠诚、强担当、创业绩"主题学习宣传教育实践活动工作总结提升会召开,总结经验做法、把握工作重点,对贯彻落实党的二十大精神进行再部署、再推动。市委常委、市委宣传部部长沈蕾出席并讲话。会议强调,主题学习宣传教育实践活动工作开展以来,全市各级党组织和广大党员干部坚决落实市委部署要求,坚持铸忠诚凝魂、强担当聚力、创业绩检验,为党的二十大胜利召开作出了积极贡献。2023年是全面贯彻落实党的二十大精神的开局之年。要深刻领悟"两个确立"的决定性意义,坚持不懈用习近平新时代中国特色社会主义思想凝心铸魂,在围绕中心服务大局推动高质量发展上更加聚焦聚力,在推动重点任务上更加有力有效,在做好结合文章上更加落细落实,深化拓展活动工作成果,一步一个脚印把党的二十大作出的重大决策部署不折不扣落到实处、取得实效。

12月30日 市委组织部召开部务会扩大会议,传达学习中央经济工作会议精神和市委经济工作会议精神,强调全市各级组织部门要立足职能职责,充分发挥组织部门职能作用,为天津高质量发展提供强有力的组织保证、人才支撑,尽好一部之力、一域之力、一己之力,为天津发展添彩、添秤、加油、鼓劲、提气。

(执笔人:陈　阳)

市委宣传部2022年大事述要

1月12日 天津市召开疫情防控指挥部宣传组工作调度会,传达国务院联防联控机制工作组碰头会暨市防控指挥部调度会精神,就当前疫情防控宣传工作进行部署安排。

1月14日 天津市召开疫情防控指挥部宣传组工作调度会,就当前疫情防控宣传报道进行部署安排。

1月19日 天津市召开疫情防控指挥部宣传组工作调度会,进一步就当前疫情防控宣传报道进行部署安排。

2月18日 2022年全市宣传部长会议召开,深入贯彻落实党的十九届六中全会和市委十一届十一次、十二次全会精神,传达学习贯彻全国宣传部长会议和市委常委会会议精神,总结2021年工作、部署2022年任务。

2月22日 2022年全市网络安全和信息化工作会议召开,全面贯彻党的十九届六中全会和全国宣传部长会议、全国网信办主任会议精神,认真落实市委十一届十一次、十二次会议和全市宣传部长会议要求,总结工作、分析形势、部署任务,推动我市网信事业高质量发展。

2月24日至26日 全市领导干部学习贯彻党的十九届六中全会精神和习近平总书记重要讲话精神专题读书班暨年轻干部教育管理工作会议在市委党校举行。市委常委、市纪委书记、市监委主任陈辐宽为全体学员作专题辅导。

2月26日 天津新闻战线"奋进新征程　建功新时代"大型主题采访活动在天津港太平洋国际集装箱码头启动。

3月15日至6月13日 《天津日报》开辟"见证天津・市第十一次党代会以来发展成就巡礼"栏目,推出《一场"新"与"旧"的动能转换》《一场"舍"与"得"的质量变革》等20篇重大选题报道,全景展示天津沿着习近平总书记指引的方向勇毅前行的火热实践和辉煌成就。

3月19日 天津市召开疫情防控宣传工作调度会,传达学习贯彻习近平总书记在中央政治局常务委员会会议上的重要讲话精神和市委市政府关于做好疫情防控工作的要求,就进一步做好宣传引导工作进行部署安排。

4月1日 天津市召开迎庆党的二十大重点宣传工作调度会,对进一步宣传好习近平新时代中国特色社会主义思想在津沽大地的生动实践和辉煌成就进行部署。

4月20日至26日 天津市集中开展以“全面开启版权强国建设新征程”为主题的知识产权宣传周版权宣传活动。

4月22日 由市委宣传部、市全民阅读领导工作小组主办的“深学笃用 天津行动”之“2022书香天津·全民阅读在行动”系列活动正式启动。

5月17日 天津市发布《天津市哲学社会科学“揭榜挂帅”专项课题招标公告》，市委宣传部围绕“用好红色资源，传承红色基因，赓续红色血脉”设立专项课题。

5月18日 由市委宣传部、滨海新区、市社科联共同主办的“喜迎二十大 奋进新征程”——第二十届天津市社会科学普及周活动主场活动在滨海新区举行。市委常委、滨海新区区委书记连茂君，市社科联主席薛进文共同启动科普周并为新建社会科学普及示范基地代表授牌、向基层代表赠送科普图书。

5月20日至22日 由市委宣传部、天津海河传媒中心联合策划制作的3集纪录片《行走海河》在中央广播电视总台央视纪录频道《特别呈现》栏目播出，分别为《风云》《巨变》《气韵》。

6月3日至8日 由市委宣传部、天津海河传媒中心联合策划制作的6集专题片《行进天津》在天津卫视频道播出，分别为《逐梦远航》《红色画卷》《星河璀璨》《魅力之都》《拱卫之城》《津沽韵味》。

6月14日 中共天津市委举行新闻发布会。会议通报市第十二次党代会筹备工作情况。

6月23日 市委常委、市委宣传部部长沈蕾赴天津海河传媒中心，先后深入津云中央厨房、天津日报照排中心、新闻广播播出中心等，详细了解策采编发流程及声屏报网融合情况，并就做好学习贯彻市第十二次党代会精神的宣传报道开展调研。

6月27日 中国广电天津5G网络服务启动仪式在天津广播电视塔举行。市委常委、市委宣传部部长沈蕾出席。

7月6日 按照市委统一部署，学习贯彻市第十二次党代会精神市委宣讲团成员，市委常委、市委宣传部部长沈蕾为宣传系统党员干部宣讲市第十二次党代会精神，并作专题党课报告。

7月13日 市委常委、市委宣传部部长沈蕾到天津社会科学院、市社科联调研，就发挥我市哲学社会科学优势，进一步加强理论研究、智库建设，不断深化市第十二次党代会精神学习宣传研究阐释等提出明确要求。

7月16日 市委常委、市委宣传部部长沈蕾直奔基层、直插现场，深入武清区调研指导新时代文明实践中心建设工作。

7月26日 天津市召开红色资源保护与传承工作联席会议第一次全体会议，市委常委、市委宣传部部长沈蕾主持并讲话。

7月28日 市委宣传部、市退役军人事务局、市关爱退役军人协会组织召开天津市老战士宣讲团宣讲市第十二次党代会精神报告会。市委常委、市委宣传部部长沈蕾出席并讲话，市关爱退役军人协会会长苟利军参加。

7月30日 由市委宣传部、经济日报社、南开大学、市发展改革委主办的“学习贯彻习近平经济思想暨全面塑造高质量发展新优势”研讨会在南开大学召开。在研讨会结束之后，市委书记李鸿忠，市委副书记、市长张工与来津参会的专家学者就深学笃用习近平经济思想、加快推动我市经济高质量发展进行了座谈交流。中国社会科学院副院长、中国社会科学院大学党委书记高培勇，中央党校（国家行政学院）经济学教研部主任韩保江，国家发展改革委习近平经济思想研究中心副主任李玉举等来津。市委常委、常务副市长刘桂平参加相关活动。市委常委、市委宣传部部长沈蕾出席研讨会并讲话，经济日报社副总编辑季正聚、南开大学党委书记杨庆山致辞。

8月1日 市委常委、市委宣传部部长沈蕾深入市文化和旅游局，就推进文化高质量发展、建设文化强市进行专题调研并提出明确要求。

8月3日 天津市全域创建文明城市暨全国文明城区创建工作推动会召开，市委常委、市委宣传部部长、市文明委常务副主任沈蕾出席并讲话。

8月11日 天津市召开宣传部长会议，传达学习全国宣传部长电视电话会议精神，落实市委部署，对学习宣传贯彻习近平总书记在省部级主要领导干部专题研讨班上的重要讲话精神、持续抓好迎接党的二十大宣传工作作出部署。市委常委、市委宣传部部长沈蕾出席并讲话。

8 月 16 日 市委常委、市委宣传部部长沈蕾深入“双万双服促发展”活动包联企业调研，实地察看了国网电商科技有限公司、天津九江国际贸易有限公司办公区，详细了解企业生产经营和发展情况，并与企业负责人进行座谈交流，听取意见现场办公，协调解决实际问题。

8 月 18 日 天津市召开宣传系统推进全面从严治党向纵深发展工作部署会议暨警示教育大会，深入学习领会习近平总书记关于全面从严治党的重要论述，认真贯彻落实全市推进全面从严治党向纵深发展工作部署会议精神，运用典型案例开展警示教育，大力推进廉洁文化建设，切实为党的二十大胜利召开营造良好政治环境。市委常委、市委宣传部部长沈蕾出席并讲话。

8 月 23 日 2022 年中国网络文明大会新闻发布会在京举行。中央网信办副主任、国家网信办副主任盛荣华，市委常委、市委宣传部部长沈蕾出席发布会，介绍大会有关情况，并回答记者提问。

8 月 28 日 2022 年中国网络文明大会在津开幕。中共中央政治局委员、中宣部部长黄坤明以视频方式出席并致辞。市委书记李鸿忠在开幕式上致辞。中宣部分管日常工作的副部长李书磊在大会主论坛上作视频演讲，中宣部副部长、中央网信办主任、国家网信办主任庄荣文主持开幕式并在主论坛上作演讲，教育部党组书记、部长怀进鹏作视频演讲。市委副书记、市长张工，国家市场监管总局党组成员、副局长秦宜智，中国关心下一代工作委员会常务副主任胡振民出席。

8 月 29 日 2022 年中国网络文明大会网络诚信建设高峰论坛在天津举行。会上，首次发布了我国网络诚信发展年度报告——《中国网络诚信发展报告 2022》。

同日 2022 年中国网络文明大会网络素养教育论坛在天津举行。中央网信办副主任、国家网信办副主任牛一兵，天津市委常委、宣传部部长沈蕾出席论坛并致辞。

8 月 30 日 中共天津市委“中国这十年 · 天津”主题新闻发布会在市委新闻发布厅举行。市委副书记、市长张工作主题发布并回答记者提问。市委常委、常务副市长刘桂平出席并回答记者提问。市委常委、市委宣传部部长、市委新闻发言人沈蕾主持。

9 月 1 日 由文化和旅游部、北京市人民政府、天津市人民政府、河北省人民政府共同主办的第十三届中国艺术节正式开幕。艺术节期间，天津主办了“文华奖”（戏曲类）评奖、“群星奖”（戏剧、曲艺）评奖和全国优秀书法篆刻作品展三大主体活动。

9 月 28 日 由市委宣传部、市社科联、市中国特色社会主义理论体系研究中心共同主办的学习《习近平谈治国理政》第四卷和习近平总书记在省部级主要领导干部专题研讨班上重要讲话精神座谈会举行。市委常委、市委宣传部部长沈蕾出席并讲话。

10 月 10 日 市委全面依法治市委员会守法普法协调小组第四次会议暨落实普法责任制联席会议召开，市委常委、市委宣传部部长、市委全面依法治市委员会守法普法协调小组组长沈蕾出席并讲话。

10 月 11 日 天津市召开市管干部提升意识形态工作能力专题培训班，市委常委、市委宣传部部长沈蕾出席并作开班动员。

10 月 28 日 党的二十大文件及学习辅导读物在全国首发。市委常委、市委宣传部部长沈蕾出席天津首发式，并向各界代表赠书。

11 月 2 日 天津市召开学习宣传党的二十大精神工作部署会，传达学习中宣部“学习宣传贯彻党的二十大精神电视电话会议”精神，落实市委常委会扩大会议、全市领导干部大会要求，对我市学习宣传党的二十大精神作出部署安排。市委常委、市委宣传部部长沈蕾出席并讲话。

11 月 7 日 天津市学习贯彻党的二十大精神宣讲工作动员会召开，深入学习贯彻党的二十大精神，落实中央要求和市委部署，表彰先进、交流经验，对我市宣讲工作进行动员部署。市委常委、市委宣传部部长沈蕾出席并讲话。

11月10日 天津市宣传系统党的二十大精神宣讲报告会召开，学习贯彻党的二十大精神市委宣讲团成员，市委常委、市委宣传部部长沈蕾作宣讲报告。

11月17日 由市委宣传部、市委组织部、市委市级机关工委、市文明办、市总工会、团市委、市妇联、海河传媒中心共同主办的“时代新人说——强国复兴有我”主题演讲大赛集中展示活动举行。市委常委、市委宣传部部长沈蕾出席。

11月18日 学习贯彻党的二十大精神市委宣讲团成员，市委常委、市委宣传部部长沈蕾和市委宣讲团成员、党的二十大代表、国网天津滨海供电公司配电抢修班班长张黎明组成的宣讲小分队，共同到南开区万兴街金融街社区新时代文明实践站，与社区居民交流互动，分享心得体会，宣讲党的二十大精神。

11月21日 按照市委统一部署，学习贯彻党的二十大精神市委宣讲团成员，市委常委、市委宣传部部长沈蕾走进天津音乐学院，与师生交流互动，宣讲党的二十大精神。

12月5日 天津市召开2023年度党报党刊发行工作视频会，贯彻落实中央和市委有关精神，部署安排2023年度中央和市级重点党报党刊征订发行工作。市委常委、市委宣传部部长沈蕾出席并讲话。

（执笔人：马　旺）

市委统战部2022年大事述要

1月5日 受市委委托，市委统战部召开党外人士通报会。市委常委、市委统战部部长冀国强向党外人士通报市委十一届十二次全会暨经济工作会议精神。各民主党派市委会、市工商联主要负责同志和无党派人士代表出席。

1月9日 市委统战部印发通知，对全市统战系统疫情防控工作作出安排部署，提出明确要求。各民主党派市委会、市工商联、市知联会、市新联会、市欧美同学会迅速响应，分别向市统一战线各领域发出倡议，号召广大统一战线成员认真落实市委市政府疫情防控各项部署，积极履职尽责，贡献智慧力量，以实际行动支持我市打赢疫情防控阻击战。

1月30日 市统战系统召开党史学习教育总结会议，传达学习习近平总书记重要指示和中央、市委党史学习教育总结会议精神，总结市统战系统党史学习教育开展情况及取得成效，对巩固拓展党史学习教育成果进行安排部署。

2月7日 天津市召开2021年度专项民主监督工作总结交流会。市委常委、市委统战部部长冀国强出席并讲话。各民主党派市委会负责同志分别介绍“双城间绿色生态屏障建设”“居家养老服务试点”专项民主监督工作开展情况。有关区负责同志介绍支持各民主党派市委会工作情况。政府有关部门负责同志作交流发言。

2月9日 市委常委、市委统战部部长冀国强赴云账户（天津）共享经济信息咨询有限公司、360天津创业平台项目调研，并召开座谈会，与企业负责人深入交流，听取意见建议，协调解决问题，推动“问计问需，服务民企”活动常态化开展。

2月23日 全市统战部长会议暨全市民宗委主任会议以视频会议方式召开，传达学习全国统战部长会议、全国民委主任会议、市委常委会会议暨市委统一战线工作领导小组会议精神，总结2021年工作，部署2022年任务。市委常委、市委统战部部长冀国强出席并讲话。会议强调，2021年，全市统一战线深入贯彻落实中央和市委关于统战工作决策部署，隆重庆祝建党百年，扎实开展党史学习教育，紧紧围绕中心大局，凝心聚力，守正创新，砥砺奋进，新时代统一战线前进方向更加坚定，思想政治根基更加牢固，法宝作用更加彰显，统战工作科学化规范化制度化水平更加提升，为我市"十四五"开好局、起好步作出重要贡献。2022 年，全市统战工作要坚持以习近平新时代中国特色社会主义思想为指导，全面贯彻党的十九大和十九届历次全会精神，深入学习贯彻习近平总书记关于加强和改进统一战线工作的重要思想，紧紧围绕迎接党的二十大胜利召开、学习贯彻党的二十大精神这条主线，深入贯彻落实《中国共产党统一战线工作条例》，抓实思想政治引领、防范化解风险，抓实能力提升、服务发展大局，抓实问题导向、聚焦重点发力，迎盛会、铸忠诚、强担当、创业绩，为全面建设社会主义现代化大都市凝聚人心、汇聚力量。

3 月 12 日　港澳地区市政协委员、港澳爱国同乡社团负责人在津港澳三地视频连线召开座谈会，传达学习全国两会精神。市委常委、市委统战部部长冀国强参加座谈交流。

3 月 31 日　市统战系统"迎盛会、铸忠诚、强担当、创业绩"主题学习宣传教育实践活动工作部署会召开。市委常委、市委统战部部长冀国强出席并讲话。

4 月 13 日　天津市各民主党派"矢志不渝跟党走、携手奋进新时代"政治交接主题教育动员会召开。市委常委、市委统战部部长冀国强出席并讲话。各民主党派市委会主要负责同志出席并发言。

4 月 21 日　天津市召开 2021 年度民主党派意见建议办理情况反馈会暨 2022 年度市委委托重点考察调研和专项监督工作部署会。市委常委、市委统战部部长冀国强出席并讲话。各民主党派市委会主要负责同志和无党派人士代表出席。市委办公厅、市政府办公厅有关负责同志分别就意见建议办理情况作说明。市委统战部有关负责同志就市委委托开展"坚持制造业立市，推动信创产业链高质量发展"重点考察调研、"坚持生态优先、绿色发展、集约发展，加快推进双城间绿色生态屏障建设"专项监督工作有关情况作说明。

4 月 22 日　市委常委、市委统战部部长冀国强赴武清区调研港资、台资、侨资企业发展和帮扶村项目建设情况。面对面问计问需，实打实纾难解困，不断满足企业和群众所需所盼。

4 月 23 日　市委常委、市委统战部部长冀国强赴"津农精品"展示中心参观，调研市农学会引领党外知识分子助力乡村振兴工作情况，并与党外知识分子代表座谈交流。

4 月 28 日　市委统战部召开 2022 年第一次党外知识分子议政建言座谈会，围绕"产学研协同科技创新，推动海河实验室建设发展"征求意见建议。市委常委、市委统战部部长冀国强出席并讲话。

4 月 29 日　天津市召开在津港澳侨资企业座谈会。市委常委、市委统战部部长冀国强出席并与企业家深入交流。市发改委、市商务局、市人力社保局、市政务服务办负责同志分别介绍我市近期出台的纾困帮扶政策举措。港澳侨资企业代表分别发言，感谢各区各部门的支持帮助，并反映有关具体问题。市政府有关部门负责同志逐一反馈，现场解决企业提出的具体问题。

5 月 7 日　市委常委、市委统战部部长冀国强深入天津医科大学调研，参加青年学生"喜迎二十大 永远跟党走 奋进新征程"主题团日活动，观摩思政课《听党话跟党走 争做堪当民族复兴重任的时代新人》现场教学，并与师生座谈交流，共同学习习近平总书记在视察中国人民大学时的重要讲话精神，勉励青年学子深刻领悟习近平总书记重要讲话精神，坚定不移听党话、跟党走，做社会主义核心价值观的坚定信仰者、积极传播者、模范践行者，努力成长为堪当民族复兴重任的时代新人。

5 月 13 日　"凝聚新力量 · 筑梦新时代"新的社会阶层人士"寻美 · 中国"主题活动 2021 年总结暨 2022 年启动大会在我市举行。市委常委、市委统战部部长冀国强受邀出席并致辞。中央统战部有关部门负责同志线上致辞。

5 月 17 日　天津市津商联合会召开第一次会员大会，选举产生第一届理事会、监事会。市委常委、市委统战部部长冀国强出席并讲话。市政协副主席、市工商联主席黎昌晋出席。会议审议通过了《天津市津商联合会章程》。张文中当选会长,张荣华、李茂津、闫凯境、杨晖、严立淼、周儒欣、江浩然当选副会长,王玉锁当选监事长,张献超当选秘书长。

5月19日 《中华民族交往交流交融史料汇编·天津卷》编纂工作动员部署会召开。市民族宗教委主要负责同志传达《中华民族交往交流交融史》编纂工作领导小组第一次会议和全国编纂工作部署会议精神。课题筹备组负责人作交流发言。市委常委、市委统战部部长、市编纂工作领导小组组长冀国强出席并讲话。

5月20日 市委统战部召开2022年第二次党外知识分子议政建言座谈会,围绕"发挥国企优势,助力天津高质量发展"征求对策建议。市委常委、市委统战部部长冀国强,副市长朱鹏出席并讲话。

6月9日 市委常委、市委统战部部长冀国强赴本市部分信创企业调研,现场了解情况,解决问题,进一步推动市委委托民主党派重点调研工作深入开展。

6月10日 市委统战部、市工商联以视频方式召开工作部署会,深入学习贯彻习近平总书记"疫情要防住、经济要稳住、发展要安全"的重要指示,传达贯彻全国稳住经济大盘电视电话会议和市委常委会扩大会议精神,对各级统战部门、工商联抓好贯彻落实作出部署。市委常委、市委统战部部长冀国强出席并讲话。市政协副主席、市工商联主席黎昌晋主持。

6月11日 由天津市台湾同胞投资企业协会主办的"融融春意 青青咖香"津台青年就业创业系列活动在海峡两岸青年就业创业示范点——天津101汽车文化广场举办。市委常委、市委统战部部长冀国强出席。

6月16至20日 市第十二次党代会隆重召开。我市各民主党派、无党派人士认真学习贯彻市第十二次党代会精神,一致表示,要更加紧密地团结在以习近平同志为核心的中共中央周围,深入学习贯彻习近平新时代中国特色社会主义思想,深入开展各民主党派"矢志不渝跟党走、携手奋进新时代"政治交接主题教育、无党派人士和党外知识分子"喜迎二十大、同心跟党走"主题教育,共同开创全面建设社会主义现代化大都市新局面,以实际行动迎接中共二十大胜利召开。

6月21日 受市委委托,市委统战部召开党外人士通报会。市委常委、市委统战部部长冀国强向党外人士通报市第十二次党代会精神。各民主党派市委会、市工商联负责同志和无党派人士代表出席。

6月21至22日 民进天津市第十一次代表大会召开。全国政协副主席、民进中央常务副主席刘新成视频致辞。市委常委、市委统战部部长冀国强出席并致辞。台盟市委会主委刘朝霞代表本市各民主党派、工商联致辞。大会听取审议了市政协副主席、民进市委会主委张金英代表民进天津市第十二届委员会所作的工作报告,选举产生了新一届委员会和出席民进第十三次全国代表大会的代表,通过了大会决议,宣读了给离任同志的致敬信。

6月22至23日 台盟天津市第十一次盟员大会召开。市委常委、市委统战部部长冀国强出席并致辞。民盟市委会主委高玉葆代表本市各民主党派、工商联致辞。市台联有关负责同志致辞。大会听取审议了台盟市委会主委刘朝霞代表台盟天津市第十届委员会所作的工作报告,选举产生了新一届委员会和出席台盟第十一次全盟代表大会的代表,通过了大会决议,宣读了给离任同志的致敬信。

6月23至24日 民盟天津市第十二次代表大会召开。全国政协副主席、民盟中央常务副主席陈晓光出席并致辞。市委常委、市委统战部部长冀国强出席并致辞。市政协副主席、致公党市委会主委曹小红代表本市各民主党派、工商联致辞。大会听取审议了民盟市委会主委高玉葆代表民盟天津市第十四届委员会所作的工作报告,选举产生了新一届委员会和出席民盟第十三次全国代表大会的代表,通过了大会决议,宣读了给离任同志的致敬信。

6月24至25日 致公党天津市第七次代表大会召开。全国政协副主席、致公党中央主席万钢出席并致辞。市委常委、市委统战部部长冀国强出席并致辞。九三学社市委会主委张凤宝代表本市各民主党派、工商联致辞。大会听取审议了市政协副主席、致公党市委会主委曹小红代表致公党天津市第六届委员会所作的工作报告，选举产生了新一届委员会和出席致公党第十六次全国代表大会的代表，通过了大会决议，宣读了给离任同志的致敬信。

6 月 25 至 26 日 九三学社天津市第十三次代表大会召开。九三学社中央副主席丛斌视频致辞。市委常委、市委统战部部长冀国强出席并致辞。市政协副主席、民进市委会主委张金英代表本市各民主党派、工商联致辞。大会听取审议了九三学社市委会主委张凤宝代表九三学社天津市第十二届委员会所作的工作报告，选举产生了新一届委员会和出席九三学社第十二次全国代表大会的代表，通过了大会决议，宣读了给离任同志的致敬信。

6 月 26 至 27 日 农工党天津市第十二次代表大会召开。全国政协副主席、农工党中央常务副主席何维出席并致辞。市委常委、市委统战部部长冀国强出席并致辞。市政协副主席、民革市委会主委齐成喜代表本市各民主党派、工商联致辞。大会听取审议了市人大常委会副主任、农工党市委会主委马延和代表农工党天津市第十一届委员会所作的工作报告，选举产生了新一届委员会和出席农工党第十七次全国代表大会的代表，通过了大会决议，宣读了给离任同志的致敬信。

6 月 27 至 28 日 民革天津市第十三次代表大会召开。全国人大常委会副委员长、民革中央主席万鄂湘致贺信。民革中央副主席兼秘书长李惠东视频致辞。市委常委、市委统战部部长冀国强出席并致辞。市政协副主席、民建市委会主委李文海代表本市各民主党派、工商联致辞。大会听取审议了市政协副主席、民革市委会主委齐成喜代表民革天津市第十二届委员会所作的工作报告，选举产生了新一届委员会和出席民革第十四次全国代表大会的代表，通过了大会决议，宣读了给离任同志的致敬信。

6 月 28 日 中共中央书记处书记、中央统战部部长尤权来津调研，赴河北区、红桥区、滨海新区、河西区，考察爱国主义教育基地、宗教活动场所和民营企业，了解推进我国宗教中国化工作和民族团结进步创建情况，调研民营经济发展状况。在与天津市有关负责同志座谈时强调，要深入学习贯彻习近平总书记关于加强和改进统一战线工作的重要思想，坚持稳中求进，全力做好统战领域防风险、保安全、促稳定工作，为党的二十大胜利召开营造团结和谐稳定的环境，以实际行动坚定捍卫“两个确立”、坚决做到“两个维护”。天津市委书记李鸿忠同志参加调研座谈。

6 月 29 日 天津市香港商会举办“迈进廿五载 津港续华章”庆祝香港回归祖国二十五周年系列活动。香港特别行政区行政长官林郑月娥视频致辞。市委常委、市委统战部部长冀国强，市政协副主席、市工商联主席黎昌晋出席并看望在津香港企业家代表。活动现场举行了“疫情下的机遇”——优化营商环境及惠企政策宣讲会。

6 月 29 至 30 日 民建天津市第十三次代表大会召开。全国政协副主席、民建中央常务副主席辜胜阻视频致辞。市委常委、市委统战部部长冀国强出席并致辞。市人大常委会副主任、农工党市委会主委马延和代表本市各民主党派致辞。市政协副主席、市工商联主席黎昌晋致辞。大会听取审议了市政协副主席、民建市委会主委李文海代表民建天津市第十二届委员会所作的工作报告，选举产生了新一届委员会和出席民建第十二次全国代表大会的代表，通过了大会决议，宣读了给离任同志的致敬信。

6 月 30 日 天津市侨商会第五届会员大会召开，选举产生新一届理事会、监事会。市委常委、市委统战部部长冀国强出席并讲话，看望在津侨商代表，与新一届班子成员座谈。中国侨商联合会有关负责同志出席。

7 月 1 日 市委统战部举行庆祝中国共产党成立 101 周年专题党课，深入开展忠诚教育，引导全市统战系统党员干部坚定捍卫“两个确立”、坚决做到“两个维护”，认真学习贯彻市第十二次党代会精神，扎实开展“迎盛会、铸忠诚、强担当、创业绩”主题学习宣传教育实践活动工作，以实际行动迎接党的二十大胜利召开。学习贯彻市第十二次党代会精神市委宣讲团成员，市委常委、市委统战部部长冀国强以“铸就忠诚、凝心聚力、担当作为，为继续走好新的伟大长征路再立统战新功”为主题作专题党课报告。

7月8日 市委统战部召开港澳代表人士视频座谈会，深入学习贯彻习近平主席在庆祝香港回归祖国25周年大会暨香港特别行政区第六届政府就职典礼上的重要讲话精神。市委常委、市委统战部部长冀国强出席并讲话。

7月26日至27日 市委统战部深入开展双万双服促发展服务企业活动，市委常委、市委统战部部长冀国强赴顺丰控股集团天津市元合利科技有限公司、TCL中环集团天津市环智新能源技术有限公司、天津市重钢机械装备股份有限公司调研，与企业负责人深入交流，详细了解企业经营状况，认真听取意见建议，协调解决困难问题。

8月5日 各民主党派市委会以“赓续优良传统，建功新时代”为主题举行首场“学思践悟·民主党派青年说”学习分享会。市委常委、市委统战部部长冀国强出席并讲话。5000余人次参与活动。

8月9日至10日 天津市工商联(总商会)第十五次代表大会召开。市委常委、常务副市长刘桂平出席并讲话。市委常委、市委统战部部长冀国强出席。大会审议通过了市政协副主席、市工商联主席黎昌晋代表第十四届执行委员会所作的报告，选举产生了第十五届执行委员会，通过了大会决议和致离任同志的致敬信。

8月11日 市委统战部召开2022年第三次党外知识分子议政建言座谈会，围绕“发挥现代中医药海河实验室示范带动作用，助力我市中医药事业高质量发展”征求意见建议。市委常委、市委统战部部长冀国强出席并讲话。

8月16日 2022年度中共天津市委委托各民主党派市委会、无党派人士“坚持制造业立市，推动信创产业链高质量发展”重点考察调研中期推动会召开。市委常委、市委统战部部长冀国强出席并讲话。市委统战部有关负责同志介绍调研总体情况。各民主党派市委会负责同志、无党派人士代表就重点调研工作分别作了交流发言。市政府有关负责同志通报了我市信创产业发展总体情况，并对做好重点调研的支持保障工作提出要求。

8月17日 市统战系统召开推进全面从严治党向纵深发展工作部署会议，深入学习习近平总书记关于全面从严治党的重要论述，认真贯彻全市推进全面从严治党向纵深发展工作部署会议精神，强化使命意识，明确职责任务，以实际行动迎接党的二十大胜利召开。市委常委、市委统战部部长冀国强出席并讲话。

8月18日 天津市召开学习贯彻习近平总书记给参加海峡青年论坛台湾青年回信精神座谈会暨2022年全市对台工作中期推动会。市委常委、市委统战部部长冀国强出席并讲话，副市长朱鹏主持会议。

8月26日 市委统战工作会议以电视电话会议形式召开。市委书记李鸿忠出席并讲话，市委副书记、市长张工主持，市人大常委会主任段春华、市政协主席盛茂林出席。李鸿忠在讲话中指出，习近平总书记在中央统战工作会议上的重要讲话，从党和国家事业发展全局的高度，明确提出了做好新时代统战工作的指导思想、基本任务、工作重点、政策举措，是一篇闪耀着马克思主义真理光芒的纲领性文献，为做好新时代统战工作指明了前进方向、提供了根本遵循。他强调，要深入学习领会、完整准确全面贯彻落实，扎实有力推动全市统战工作高质量发展，以优异成绩迎接党的二十大胜利召开。一是坚持把学习贯彻习近平总书记关于做好新时代党的统一战线工作的重要思想作为首要任务，坚定捍卫“两个确立”、坚决做到“两个维护”。二是深刻认识新时代统战工作的历史方位，更好发挥统一战线的重要法宝作用。三是牢牢把握大团结大联合的主题，在广交朋友、善交朋友、交知心朋友上下功夫。四是创新思路方法，突出做好新的社会阶层人士特别是网络人士的统战工作。五是把握好团结和斗争的关系，勇于担当作为、敢于善于斗争。六是加强党的领导，巩固完善大统战工作格局。市委常委、市委统战部部长冀国强在作工作部署时指出，要坚持以习近平总书记关于做好新时代党的统一战线工作的重要思想为指导，在凝聚人心、汇聚力量，坚守底线、敢于斗争，加强力量、提高能力，加强党的全面领导上下功夫，进一步推动全市统战工作强起来、硬起来、实起来，不断巩固发展壮大我市新时代爱国统一战线，为党的二十大胜利召开营造良好氛围。

8月29日 受市委委托，市委统战部召开党外人士通报会。市委常委、市委统战部部长冀国强向党外人士通报市委统战工作会议精神。各民主党派市委会、市工商联主要负责同志和无党派人士代表出席。

9月9日 市委常委、市委统战部部长冀国强来到位于东丽区的天津爱思达航天科技有限公司、宜垦（天津）集团有限公司调研，并主持召开座谈会，听取有关意见建议，协调解决困难问题，推动“问计问需 服务民企”活动持续深入开展。

同日 市台联举办“一家亲·话团圆”2022年在津台胞中秋联谊活动。市委常委、市委统战部部长冀国强出席活动，与部分在津台胞家庭座谈交流，共迎中秋，共叙乡情。

11月2日 市委常委、市委统战部部长冀国强主持召开全市各区工商联党组书记座谈会，深入学习宣讲党的二十大精神，研究部署全市工商联工作。

11月10日 市委统战部召开全市统战系统党的二十大精神宣讲会。学习贯彻党的二十大精神市委宣讲团成员，市委常委、市委统战部部长冀国强以“牢记团结奋斗 充分发挥统一战线重要法宝作用”为题作宣讲报告，并在会后与青年干部进行互动交流。

11月11日 市委统战部召开网络代表人士座谈会。市委常委、市委统战部部长冀国强出席并讲话。与会代表热烈交流学习党的二十大精神心得体会，一致表示要发挥优势作用，为学习宣传贯彻党的二十大精神营造良好网络氛围。

11月14日 市委常委、市委统战部部长冀国强在市委党校为市管干部“以党的二十大精神引领推进天津统一战线工作高质量发展”专题研讨班作辅导授课。

11月15日 学习贯彻党的二十大精神市委宣讲团成员，市委常委、市委统战部部长冀国强赴天津医科大学，以思政课方式宣讲党的二十大精神。

11月16日 天津市中国特色社会主义参政党建设总结推进会召开。市委常委、市委统战部部长冀国强出席并讲话。各民主党派市委会负责同志分别发言，介绍中共十九大以来自身建设情况，围绕贯彻落实中共二十大精神、全面加强参政党建设提出工作打算。

11月18日 各民主党派市委会以“学习贯彻中共二十大精神 团结奋斗向未来”为主题举行“学思践悟·民主党派青年说”第二期学习分享会。市委常委、市委统战部部长冀国强出席并讲话。

11月21日至23日 经市委批准，各民主党派天津市委会新一届领导班子深入学习贯彻中共二十大精神专题研讨班举行。市委常委、市委统战部部长冀国强作开班动员。

12月2日 受市委委托，市委统战部召开党外人士通报会。市委常委、市委统战部部长冀国强向党外人士通报市委十二届二次全会精神。各民主党派市委会、市工商联负责同志和无党派人士代表出席。

12月13日 津商联合会以线上线下相结合的方式召开一届二次理事会，深入学习贯彻党的二十大精神，总结2022年工作，规划2023年任务。市委常委、市委统战部部长冀国强出席并讲话。会上举行了津商联合会异地省级商会联盟成立仪式。

12月14日 由中国新闻社、市委统战部主办，津云新媒体、中新社天津分社承办的2022“津门论道”海外华文媒体论坛以视频方式举行。市委常委、市委统战部部长冀国强出席并致辞。

12月30日 第十一届天津市民营企业“健康成长工程”发布会举行。市委常委、市委统战部部长冀国强出席并讲话。会议采取线上线下相结合的方式举行。会上传达了市委经济工作会议精神，播放了《2022年天津市民营经济发展巡礼》短片，发布了本届“健康成长工程”榜单及研究报告。与会领导为销售收入、依法纳税、科技创新、战略性新兴产业、促进就业、社会责任（捐赠）、诚信示范100强企业代表颁发了证书。

同日 受市委委托，市委统战部召开党外人士通报会。市委常委、市委统战部部长冀国强向党外人士通报市委经济工作会议精神。各民主党派市委会、市工商联负责同志和无党派人士代表出席。

（执笔人：王　莹）

市委政法委员会2022年大事述要

1月1日至3日 市委常委、市委政法委书记赵飞先后深入基层派出所、社区，看望慰问公安民警、辅警和社区工作者，调研督导安全保卫、维护稳定、疫情防控工作落实情况。

1月8日 市委常委、市委政法委书记赵飞深入市防控指挥部区域排查管控专班慰问坚守岗位的专班工作人员，详细了解专班运行情况，听取当前我市疫情形势、区域封控管控、大数据排查、专班靠前指导等工作汇报，就强化区域排查管控工作提出具体要求。

1月13日 市委政法委组织宁河区与福建省厦门市一同举办第一届全国市域社会治理现代化试点创建“政治引领”研讨会。

1月22日 市委常委、市委政法委书记赵飞先后深入隔离点、封控管控区，实地查看重点区域社会面管理情况，慰问坚守疫情防控一线的政法干警和机关下沉干部。

1月29日 市委政法委召开全体会议，学习贯彻习近平总书记在省部级主要领导干部学习贯彻党的十九届六中全会精神专题研讨班开班式上和在十九届中央纪委六次全会上的重要讲话精神，学习贯彻习近平总书记对政法工作重要指示，学习贯彻中央政治局会议、中央政法工作会议和全国政法队伍教育整顿总结会精神，听取市委政法委委员2021年度工作述职，研究2022年全市政法工作思路措施。

同日 市委政法委召开机关党史学习教育总结会议，深入学习贯彻习近平总书记重要指示精神和党中央、市委党史学习教育总结会议精神，总结委机关开展党史学习教育情况，对推进党史学习教育常态化长效化、不断巩固拓展党史学习教育成果进行部署。

同日 市委常委、市委政法委书记赵飞主持召开北京冬奥会、冬残奥会全市安保维稳工作部署会。

同日 市委政法委印发《全市政法机关发挥职能作用　服务全市经济高质量发展的措施》，明确22条服务保障举措。

1月31日 市委常委、市委政法委书记赵飞先后深入市防控指挥部区域排查管控组和基层社区、派出所，调研督导春节期间疫情防控、安全稳定工作落实情况，看望慰问一线公安民警、辅警、社区工作者。

2月14日 中央政法委通报表彰“四个一百”优秀政法新媒体评选先进单位，天津政法抖音号、百家号上榜。

2月16日 市委政法委召开全体会议，传达学习中国共产党天津市第十一届纪律检查委员会第十次全会精神，就巩固政法队伍教育整顿成果、推进全面从严管党治警进行部署安排，提出明确要求。

同日 市委常委、市委政法委书记、司法体制和社会治理改革专项小组组长赵飞主持召开专项小组专题会议，听取市高级法院、市检察院、市公安局、市司法局推进政法领域执法司法责任体系改革和建设的工作计划，研究部署相关工作任务。

2月18日 市委政法工作会议暨全市政法

队伍教育整顿总结会议在天津礼堂召开。市委书记李鸿忠出席并讲话。市委常委、市委政法委书记赵飞总结 2021 年政法工作成效,分析当前形势,部署 2022 年全市政法工作和巩固教育整顿成果工作。

3 月 1 日 市委常委、市委政法委书记赵飞先后深入河西区、东丽区实地调研督导疫情防控和安全稳定工作落实情况。

3 月 2 日 市委政法委召开政法队伍教育整顿总结会暨 2022 年全面从严治党部署会议。市委常委、市委政法委书记赵飞出席会议并讲话。会议传达贯彻第十九届中央纪律检查委员会第六次全体会议和全国政法队伍教育整顿总结会精神,贯彻落实市纪委第十一届十次会议、市委政法工作会议暨全市政法队伍教育整顿总结会议精神,全面总结教育整顿工作,深入查找短板弱项,就巩固政法队伍教育整顿成果,推进全面从严管党治警进行部署安排,提出明确要求。

3 月 3 日 市委常委、市委政法委书记赵飞主持召开全国两会暨北京冬残奥会安保维稳视频调度会,传达中央信访联席办、中央网信办有关视频部署会议精神和公安部有关文件精神,通报当前社会稳定形势、信访工作、网上舆情、社会面管控情况,对相关区和部门实施调度。

3 月 4 日 市委政法委印发关于学习贯彻《新时代政法干警"十个严禁"》通知,组织政法系统广大干警和机关党员干部学习交流研讨,严格执行禁令要求。

3 月 8 日 市委常委、市委政法委书记赵飞先后深入红桥区、河西区、河东区、和平区、河北区、南开区、滨海新区、东丽区,实地调研区、街两级社会矛盾纠纷调处化解中心工作。

3 月 10 日 天津市召开中央依法治国办法治政府建设实地督察反馈意见整改动员部署会议,动员全市高质量完成党中央和市委部署的整改任务,对整改工作提出明确要求。市委常委、市委政法委书记、市委依法治市办主任赵飞出席。

3 月 11 日 市委常委、市委政法委书记赵飞主持召开全面依法治市工作座谈会,交流学习贯彻习近平法治思想的认识体会,总结天津市第十一次党代会以来全面依法治市工作取得重大成就、亮点工作、典型经验,深入剖析当前面临的形势与存在的不足、薄弱环节,对未来五年天津全面依法治市工作展开充分研讨。

3 月 15 日 市委常委、市委政法委书记赵飞组织召开北京冬奥会、冬残奥会和全国两会安保维稳工作总结会议,系统总结近期安保维稳各项工作,研究部署下一步工作措施。

3 月 16 日 市委政法委召开全市政法系统新任局级领导干部集体谈话会。市委常委、市委政法委书记赵飞出席会议并开展集体谈话,提出明确工作要求。

3 月 17 日 市委政法委召开全体(扩大)会议,传达学习贯彻习近平总书记全国两会期间一系列重要讲话精神,传达学习贯彻十三届全国人大五次会议、全国政协十三届五次会议精神,传达贯彻市委常委会扩大会议精神,贯彻落实全市"迎盛会、铸忠诚、强担当、创业绩"主题学习宣传教育实践活动部署要求,研究具体工作举措。

3 月 18 日 市委常委、市委政法委书记赵飞组织召开会议,传达学习贯彻习近平总书记在中央政治局常委会会议上的重要讲话精神,落实市委、市政府疫情防控工作会议暨市疫情防控领导小组和指挥部会议部署要求,研究区域排查管控工作。

3 月 21 日 市委常委、市委政法委书记赵飞先后深入河东区、武清区实地调研督导疫情防控和社会矛盾纠纷调处化解工作落实情况。

3 月 31 日 市委政法委召开"迎盛会、铸忠诚、强担当、创业绩"主题学习宣传教育实践活动工作动员部署会议,传达贯彻市委常委会会议暨市委党的建设领导小组会议和全市主题学习宣传教育实践活动工作部署会议精神,对委机关主题活动工作进行具体部署。

4 月 6 日 市委常委、市委政法委书记赵飞组织召开会议,传达学习习近平总书记对安全生产工作重要指示精神和全市安全生产工作会议精神,切实把思想和行动统一到习近平总书记重要指示精神和党中央、市委决策部署上来，充分发挥平安天津建设领导体制机制作用，完善平安建设领导责任制和目标管理责任制，将安全生产、安全稳定工作纳入平安天津考评，进一步细化考评指标，发挥好考核评价的“指挥棒”作用。

4月8日 市委常委、市委政法委书记赵飞主持召开全市打击整治养老诈骗专项行动工作会议，要求狠抓政治引领、关键环节和组织领导，全力抓好党中央各项部署要求落地落实。

4月13日 市委常委、市委政法委书记赵飞先后深入东丽区、和平区和河西区，围绕贯彻落实《中国共产党政法工作条例》，实地调研基层社会治理工作。

4月15日 市委全面依法治市委员会召开扩大会议，以述职评议方式，专题听取各区党政主要负责同志、市级部门主要负责同志履行推进法治建设第一责任人职责情况。市委书记、市委全面依法治市委员会主任李鸿忠主持并讲话。

4月18日 市委常委、市委政法委书记赵飞组织召开2022年度市委平安建设领导小组办公室第一次主任（扩大）会议，深入学习贯彻习近平总书记关于平安建设的重要论述，贯彻落实平安中国办第二次主任会议精神。

4月23日 市委常委、市委政法委书记赵飞主持召开市委政法委全体（扩大）会议暨政法系统“迎盛会、铸忠诚、强担当、创业绩”主题学习宣传教育实践活动工作领导小组会议，传达学习全市加强新时代廉洁文化建设工作会议暨党员干部警示教育大会精神，传达贯彻市委常委会会议、市委全面依法治市委员会扩大会议精神，听取市政法各单位主题学习宣传教育实践活动工作阶段进展情况。

4月25日 市委政法委举办基层政法工作培训班暨加强基层政法工作交流推动会，市委常委、市委政法委书记赵飞出席培训班并作辅导报告。会议深入学习贯彻习近平总书记关于政法工作的重要指示精神，贯彻落实《中国共产党政法工作条例》和市委有关配套规定、若干措施，按照全市加强基层政法工作建设会议部署要求，推进基层政法工作高质量发展。

4月29日 中国共产党天津市委政法委员会党员大会在天津礼堂召开，市委政法委各党支部、市法学会机关党支部全体党员参加，选举产生市委政法委（含市法学会）出席天津市第十二次党代会代表。

5月2日 市委常委、市委政法委书记赵飞先后来到公安河西分局文化中心治安派出所、公安河北分局墙子派出所和光复道派出所意风区综合警务站，实地调研检查“五一”假期值班值守和安保维稳工作落实情况，看望慰问一线民警。

5月6日 市扫黑除恶专项斗争领导小组召开全体（扩大）会议，传达学习贯彻全国扫黑办第三次扫黑除恶常态化推进会暨《反有组织犯罪法》宣传贯彻启动仪式会议精神，部署推进常态化扫黑除恶重点任务。市委常委、市委政法委书记、市扫黑除恶专项斗争领导小组组长赵飞主持会议并讲话。

同日 市委常委、市委政法委书记赵飞主持召开市委全面依法治市委员会办公室全体（扩大）会议，传达中央全面依法治国委员会第五次会议和市委全面依法治市委员会（扩大）会议暨法治建设述职评议会议精神，听取部分市级部门、区关于中央依法治国办法治政府建设督察反馈意见整改。

5月7日 市委常委、市委政法委书记、市打击整治养老诈骗专项行动办公室主任赵飞主持召开打击整治养老诈骗专项行动推进会，传达学习贯彻全国打击整治养老诈骗专项行动办公室主任会议暨全国专项行动推进会精神，进一步推进我市专项行动深入开展。

同日 市委常委、市委政法委书记赵飞深入天津农学院调研，就学习贯彻习近平总书记视察中国人民大学时的重要讲话精神开展座谈交流，结合推进全市政法工作高质量发展征求意见建议。

5月14日 市委常委、市委政法委书记赵飞先后深入河西区、津南区、蓟州区、宝坻区和市国资委调研推动安全稳定工作，听取安全稳定工作落实情况，推进信访积案集中攻坚，研究防范化解涉稳问题工作举措。

6月11日 政法系统市第十二次党代会代表开展培训，市委常委、市委政法委书记赵飞作动员讲话，传达市第十二次党代会代表学习培训部署会议精神，对搞好学习培训提要求、做动员、明纪律。

6月22日 市委常委、市委政法委书记王庭凯主持召开市委政法委全体（扩大）会议，传达学习市第十二次党代会和市委十二届一次全会精神，研究贯彻落实具体举措。

6月28日 市委常委、市委政法委书记王庭凯深入市公安局，就学习宣传贯彻市第十二次党代会精神，做好新时代公安工作，全力护航党的二十大进行调研督导。

同日 市委常委、市委政法委书记王庭凯深入市高级人民法院开展工作调研，围绕学习贯彻市第十二次党代会精神，全力护航党的二十大，与市高级人民法院，市第一、二、三中级人民法院和天津海事法院负责同志座谈交流，研究工作举措。

6月29日 市委常委、市委政法委书记王庭凯深入市人民检察院开展工作调研，围绕学习贯彻市第十二次党代会精神，全力护航党的二十大，与市人民检察院和市检察院第一、二、三分院负责同志座谈交流，研究工作举措。

同日 市委常委、市委政法委书记王庭凯深入市司法局，围绕学习宣传贯彻市第十二次党代会精神，开创司法行政工作高质量发展新局面，全力护航党的二十大进行调研。

7月1日 市委常委、市委政法委书记王庭凯到市疫情防控指挥部市区域人口信息排查社会维稳组实地查看专班日常运转情况，慰问专班工作人员。

7月12日 市委政法委举办学习贯彻市第十二次党代会精神宣讲报告会暨“七一”专题党课，市委常委、市委政法委书记王庭凯以《学好党代会精神，勇担使命开新局，以实际行动迎接党的二十大胜利召开》为题，为全市政法系统领导干部和政法干警宣讲党代会精神，并作专题党课报告。全市3万余名政法干警在主会场和200余个分会场收看。

7月13日 市委常委、市委政法委书记王庭凯主持召开全体会议，学习贯彻政法领导干部加强政治建设专题研讨班和全面深化政法改革推进会精神，听取政法系统贯彻落实情况汇报。

7月15日 全市政法系统领导干部加强政治建设专题研讨班在天津公安警官职业学院举办。研讨班坚持以习近平新时代中国特色社会主义思想为指导，深入学习贯彻习近平法治思想和习近平总书记关于加强党的政治建设重要指示精神，贯彻落实市第十二次党代会、中央政法委政法领导干部加强政治建设专题研讨班和市委常委会会议精神，全面加强政法机关党的政治建设，推进全面从严管党治警向纵深发展。

7月27日 市委常委、市委政法委书记王庭凯先后深入红桥区、东丽区、滨海新区和天津边检总站，就推进基层社会治理和安全稳定工作进行调研。

8月1日 市委常委、市委政法委书记王庭凯到蓟州区韩家筏村、公安白涧检查站、公安邦均派出所调研指导区政法工作和党的二十大安保维稳工作情况。

8月4日 市委常委、市委政法委书记王庭凯主持召开打击整治养老诈骗专项行动中期推进会，传达学习贯彻全国打击整治养老诈骗专项行动第二次推进会精神，总结前期工作，部署推进打击整治养老诈骗专项行动各项工作。

8月11日 市委常委、市委政法委书记王庭凯到北辰区瑞景街宝翠花都社区、北辰区市域社会治理实践中心、公安北辰分局调研指导，详细了解志愿服务活动、“五常五送”工作法、社区党建引领基层治理等情况。

8月12日 市委政法委、市委依法治市办共同举办2022年政法大讲堂暨学习贯彻习近平法治思想专题辅导报告会。著名法学家、中国社会科学院法学研究所所长、中国社会科学院大学法学院院长莫纪宏教授为全市政法干警作专题辅导报告。市、区两级政法部门2万余名政法干警在近200个分会场听取辅导报告。

8月15日 市法学会召开第七届常务理事

会第五次会议，深入学习贯彻习近平法治思想，根据中央部署和市委要求，推进落实市法学会各项工作。会议选举市委常委、市委政法委书记王庭凯为天津市法学会会长。

8月16日 市委常委、市委政法委书记王庭凯到宁河区矛盾纠纷调处化解中心、公安宁河分局安防体验中心、区检察院、七里海镇宁河稻香农场、兰台村、于台村、俵口镇兴家坨村调研指导工作，详细了解矛盾纠纷调处化解工作开展情况，对驻村帮扶组工作提出要求。

8月22日 市委常委、市委政法委书记王庭凯到南开区海河阳光爱心家园社戒社康中心、南开区金融街社区、鼓楼派出所调研指导区政法工作和党的二十大维稳安保工作情况。

8月23日 市委常委、市委政法委书记王庭凯到津南区万盈家园社区、公安津南分局南洋派出所、津南区法院调研指导区政法工作情况、党的二十大维稳安保工作情况、信访维稳工作重点难点问题以及需要市级统筹研究解决的问题。

同日 第二批全国法治政府建设示范创建实地评估见面会在天津召开，河西区、和平区、北辰区向第二批全国法治政府建设示范创建实地评估组汇报了法治政府建设的特色亮点工作和取得的成效。

8月24日 市委常委、市委政法委书记王庭凯深入津燃华润燃气有限公司、融创物业服务集团有限公司进行调研，与企业负责人深入交流，详细了解企业经营状况，认真听取意见建议，协调解决困难问题。

9月1日 市委常委、市委政法委书记王庭凯深入市法学会，就深入学习贯彻习近平法治思想，强化机关政治建设，统筹推进法学会各项工作进行调研座谈，看望慰问市法学会干部职工。

9月7日 市委政法委召开全体（扩大）会议，听取市政法各单位贯彻落实《中国共产党政法工作条例》情况汇报，研究部署《条例》贯彻落实工作。

9月15日 市扫黑除恶专项斗争领导小组召开全体（扩大）会议，传达学习贯彻全国扫黑办第四次扫黑除恶常态化推进会精神，部署推进常态化扫黑除恶斗争重点任务。市委常委、市委政法委书记王庭凯主持会议并讲话。

9月20日 全市维稳安保工作会议在天津礼堂召开。市委书记李鸿忠出席会议并讲话，强调要深入贯彻落实习近平总书记关于做好党的二十大维稳安保工作的重要指示精神和党中央部署要求，进一步强化政治担当，忠实履行“卫城”职责使命，深入推进平安天津建设，全力以赴做好党的二十大维稳安保工作，坚决筑牢首都政治“护城河”。市委常委、市委政法委书记王庭凯主持会议并作工作部署。

9月22日 市委常委、市委政法委书记王庭凯主持召开打击整治养老诈骗专项行动重点行业领域会商会议，认真贯彻落实党中央决策部署和全国打击整治养老诈骗专项行动第二次推进会精神，总结重点行业领域整治工作成效，部署推进打击整治养老诈骗专项行动各项工作。

9月29日 第十一届京津沪渝法治论坛以视频会议方式举行，论坛主题为“以习近平法治思想为指导，推动新时代直辖市高质量发展的法治保障”，市委常委、市委政法委书记、市法学会会长王庭凯致辞。

9月 中央政法委《中国共产党政法工作条例》贯彻落实情况督查工作第八督查组对天津开展书面督查。

10月15日 市委常委、市委政法委书记王庭凯主持召开市扫黑除恶专项斗争领导小组2022年第三次全体（扩大）会议，总结年初以来工作，部署下一阶段工作任务。

10月22日 市委常委、政法委书记王庭凯主持召开打击整治养老诈骗8个重点行业会商研讨会议，总结重点行业领域整治工作成效，分析重点难点问题，研究具体举措，对下一步专项工作进行部署。

10月25日 市委常委、市委政法委书记王庭凯主持召开党的二十大维稳安保工作总结会议。

同日 市委常委、市委政法委书记王庭凯主持召开市委政法委机关领导干部会议，传达学习党的二十大精神，学习贯彻市委常委会扩大会议和全市领导干部大会精神，研究贯彻落实举措。

10 月 28 日 市委常委、市委政法委书记王庭凯召开专题会议，听取市委政法委、市公安局有关工作情况汇报，研究部署政法系统承担的区域排查管控和流调溯源工作。

11 月 4 日 市委政法委召开全体（扩大）会议，传达学习习近平总书记近期重要讲话精神，学习贯彻党的二十大精神中央宣讲团报告会精神，学习贯彻中央和市委有关文件精神，研究政法系统学习宣传贯彻落实措施。

11 月 10 日 学习贯彻党的二十大精神市委宣讲团成员、市委常委、市委政法委书记王庭凯以《全面学习把握落实党的二十大精神，锤炼真忠诚、敢斗争、勇担当、重实干的津门政法铁军》为题，为全市政法系统领导干部和政法干警宣讲党的二十大精神。全市 3 万余名政法干警在主会场和 200 余个分会场收看。

11 月 17 日 市委常委、市委政法委书记王庭凯来到公安南开分局学府街派出所，了解基层党员学习党的二十大精神情况，与南开区委、区委政法委主要负责同志，基层政法干警和社区网格员代表进行座谈，宣讲党的二十大精神，交流学习体会。

11 月 18 日 学习贯彻党的二十大精神市委宣讲团成员、市委常委、市委政法委书记王庭凯深入天津中德应用技术大学，宣讲党的二十大精神。

11 月 19 日 学习贯彻党的二十大精神市委宣讲团成员、市委常委、市委政法委书记王庭凯深入公安南开分局学府街派出所，了解基层党员学习党的二十大精神情况，与基层政法干警和社区网格员代表进行座谈，宣讲党的二十大精神。

12 月 1 日 市委常委、市委政法委书记王庭凯深入公安河北分局、市一中院、市检察院第三分院和市监狱局，围绕深入学习贯彻党的二十大精神进行调研座谈，研究贯彻落实举措。

12 月 4 日 市委政法委、市妇联发布 2022 年天津市妇女儿童维权十大典型案例。

12 月 16 日 市委常委、市委政法委书记王庭凯主持召开全体（扩大）会议，传达学习中央政法委第二次全体会议精神和陈文清同志在公安部调研时的讲话精神，听取市政法各单位学习宣传贯彻党的二十大精神的情况汇报。

12 月 23 日、28 日 市委常委、市委政法委书记王庭凯视频调研静海区、西青区政法工作情况、政法系统学习宣传贯彻党的二十大精神、推动当前重点工作、高质量完成全年工作任务以及政法工作特色亮点情况。

（执笔人：李令阁）

市委研究室（市委全面深化改革委员会办公室）2022 年大事述要

1 月 4 日 市委书记、市委全面深化改革委员会主任李鸿忠主持召开十一届市委全面深化改革委员会第十七次会议，传达学习贯彻习近平总书记在中央全面深化改革委员会第二十二次、二十三次会议上的重要讲话精神，研究部署我市贯彻落实工作。

1 月 18 日 市委研究室召开室务会专题研究疫情防控工作，对统筹好疫情防控和业务工作进行安排部署。

1 月 27 日 市委研究室（市委改革办）开展领导班子和领导干部 2021 年度考核工作和干部选拔任用工作“一报告两评议”。

1 月 28 日 市委研究室（市委改革办）组织召开市国防动员体制改革工作专班第一次会议，传达学习中央深化国防动员体制改革实施工作动员部署电视电话会议精神，部署我市国防动员体制改革下一步工作。副市长孙文魁、天津警备区副司令员王建军召集。

1 月 30 日 市委研究室（市委改革办）召开 2021 年度党史学习教育专题民主生活会，班子成员开展批评和自我批评。

2 月 18 日 市委研究室（市委改革办）组织

召开市国防动员体制改革工作专班第二次会议，研究市委改革办牵头起草的《天津市国防动员体制改革实施方案（讨论稿）》。

2月27日 经市委、市政府主要负责同志批示同意，市委改革办将《天津市国防动员体制改革实施方案（送审稿）》报中央改革办审核。

2月至3月 市委改革办组织力量赴16个区开展2021年度全面深化改革绩效考核工作。

3月2日 按照中央改革办要求，市委改革办会同市有关部门开展调研，形成《天津市落实"三孩"政策情况的报告》，经市委主要负责同志批示同意后，报送中央改革办。

3月4日 市委研究室召开室务会传达学习市委书记李鸿忠在全市领导干部学习贯彻党的十九届六中全会精神和习近平总书记重要讲话精神专题读书班暨年轻干部教育管理工作会议上的讲话精神，研究贯彻落实措施。

同日 市委改革办印发《2021年度全市重点改革任务落实情况督察通报》，对2021年重点改革任务督察中发现的问题进行通报。

3月22日 市委书记、市委全面深化改革委员会主任李鸿忠主持召开十一届市委全面深化改革委员会第十八次会议，传达学习贯彻习近平总书记在中央全面深化改革委员会第二十四次会议上的重要讲话精神，审议市委全面深化改革委员会2021年工作总结报告和2022年工作要点，审议天津市构建高标准市场体系若干措施等5份文件。

3月25日 市委全面深化改革委员会印发《关于印发〈中共天津市委全面深化改革委员会2021年工作总结报告〉的通知》和《关于印发〈中共天津市委全面深化改革委员会2022年工作要点〉的通知》。

4月2日 市委研究室召开室务会研究开展"迎盛会、铸忠诚、强担当、创业绩"主题学习宣传教育实践活动工作。

4月13日 市委平安建设领导小组办公室印发《关于对2021年度平安天津建设考评第一档次的区、单位予以表扬的通报》，市委研究室为2021年度平安天津建设考评第一档次。

4月28日 市委研究室（市委改革办）召开机关党员大会，选举许成庚同志为中共天津市委研究室出席中国共产党天津市第十二次代表大会代表。

5月10日 市委研究室（市委改革办）组织全室（办）党员干部集中收看庆祝中国共产主义青年团成立100周年大会直播。

5月13日 市委研究室（市委改革办）召开警示教育会，组织观看《走好廉洁从政每一步》《廉洁润初心》警示教育片，开展讨论交流。

5月17日 市委改革办印发《关于印发〈2022年全面深化改革任务台账〉的通知》。

5月19日 市委书记、市委全面深化改革委员会主任李鸿忠主持召开十一届市委全面深化改革委员会第十九次会议，传达学习贯彻习近平总书记在中央全面深化改革委员会第二十五次会议上的重要讲话精神，研究部署我市贯彻落实工作，审议《天津市推进国有经济布局优化和结构调整的若干举措》。

6月14日 市委研究室主要负责同志参加市第十二次党代会新闻发布会，介绍党代会报告起草相关情况。

6月16日 市委研究室（市委改革办）组织党员干部收看市第十二次党代会开幕会。

6月20日 市委决定王力军同志任市委秘书长、市委改革办主任（兼）。

6月22日 市委书记李鸿忠在召集市委研究室（市委改革办）有关同志布置工作时，对我室（办）参与党代会报告起草工作给予肯定和表扬，并要求转达对参与起草人员的问候。

6月23日 市委研究室（市委改革办）举办学习宣传贯彻市第十二次党代会精神专题学习班。同日，召开党代会报告起草工作学习交流会，传达市委书记李鸿忠指示要求，组织大家认真学习讨论。

6月30日 市委研究室（市委改革办）召开党员干部大会，传达学习市委书记李鸿忠"七一"专题党课精神。

7月6日至30日 按照中央改革办要求，市委改革办会同市有关部门开展调研，形成《关于天津市高校附属医院管理体制情况的报告》，报经市委主要负责同志批示同意后，报送中央改革办。

7月7日 市委书记、市委全面深化改革委员会主任李鸿忠主持召开十二届市委全面深化改革委员会第二次会议，传达学习贯彻习近平总书记在中央全面深化改革委员会第二十六次会议上的重要讲话精神，研究部署我市贯彻落实工作，审议《天津市党政机关和国有企事业单位培训疗养机构改革工作方案》。

7月8日 市委研究室召开室务会对学习贯彻市第十二次党代会精神工作进行再动员再部署，研究巩固深化措施。

7月15日 市委、市政府印发通知调整市委全面深化改革委员会组成人员。

7月15日至8月15日 按照中央改革办要求，市委改革办会同市有关部门开展调研。形成《关于天津市落实建设全国统一大市场改革情况的调研报告》，报经市委主要负责同志批示同意后，报送中央改革办。

7月22日 市委研究室召开室务会专题研究上半年履行全面从严治党主体责任情况，研究部署下半年重点工作。

7月至8月 市委改革办成立6个督察组，对2021年度改革督察发现问题被通报的项目开展“回头看”，对有关单位承担的2022年重点改革项目开展专项督察。

8月4日 市委常委、市委秘书长、市委改革办主任（兼）王力军专程来市委研究室（市委改革办）看望机关干部，调研指导工作，并与班子成员座谈。

8月5日 市委研究室（市委改革办）召开全体干部会议，组织干部围绕学习贯彻市委常委、市委秘书长、市委改革办主任（兼）王力军讲话要求进行讨论交流。

8月19日 市委研究室青年干部与市纪委市监委青年干部联合开展学习宣传贯彻市第十二次党代会精神分享交流活动。

8月25日 市委书记、市委全面深化改革委员会主任李鸿忠主持召开十二届市委全面深化改革委员会第三次会议，审议《天津市深化国防动员体制改革实施方案》。

9月1日 市委研究室（市委改革办）举办学习习近平在省部级主要领导干部专题研讨班上的重要讲话精神读书班。

9月15日 市委书记、市委全面深化改革委员会主任李鸿忠主持召开十二届市委全面深化改革委员会第四次会议，传达学习习近平总书记在中央全面深化改革委员会第二十七次会议上的重要讲话精神，研究部署我市贯彻落实工作。

9月28日 市委书记、市委全面深化改革委员会主任李鸿忠主持召开十二届市委全面深化改革委员会第五次会议，审议《关于持续深化供销合作社综合改革的实施意见》。

10月8日 市委研究室（市委改革办）组织有关人员赴北京参与天津市出席党的十九届七中全会和出席党的二十大的服务保障工作。

10月16日 市委研究室（市委改革办）集中收听收看习近平总书记在中国共产党第二十次全国代表大会上的报告。

10月25日 市委研究室（市委改革办）召开全体党员干部会，传达学习党的二十大精神，对宣传贯彻工作进行部署。

10月26日 市档案馆对市委研究室（市委改革办）开展档案工作检查评价，评价结果为优秀等次。

11月11日 市委研究室理论学习中心组学习宣传贯彻党的二十大精神专题读书班（扩大）开班式举行。

11月21日 市委研究室（市委改革办）召开市深化国防动员体制改革实施工作动员部署电视电话会议，市委常委、市委秘书长、市委改革办主任（兼）王力军主持会议，市委常委、常务副市长刘桂平、天津警备区副司令员王建军出席并讲话。

12月6日 市委改革办对实施种业振兴行动、深化应急管理综合行政执法改革、推进国有经济布局优化和结构调整等12项重点改革任务开展督察。

12 月 26 日　《天津日报》刊发室理论学习中心组撰写的《牢记“三个务必”始终保持政治上清醒和坚定》的研讨文章。

（执笔人：曹质朴）

市委网络安全和信息化委员会办公室 2022 年大事述要

1 月 10 日　市委网信办、市大数据管理中心召开专题视频会议，传达学习习近平总书记在中央政治局党史学习教育专题民主生活会上的重要讲话精神，研究部署贯彻落实工作。

1 月 14 日　中共中央政治局委员、国务院副总理孙春兰到市委网信办、市大数据管理中心调研指导疫情防控工作，听取天津市全场景核酸检测信息系统等疫情防控技术保障工作情况汇报。

1 月 15 日　市委网信办、市大数据管理中心组建津南疫情防控前方工作组奔赴抗疫一线，利用大数据、信息化手段为病例患者、密接和次密接人员身份调查、移动轨迹追踪、疫情传播路径定位等提供精准数据支撑。

1 月 18 日　全国互联网违法和不良信息举报受理处置一体化机制建设推进会议在北京召开，公布了全国互联网违法和不良信息举报受理处置一体化机制建设试点单位和创新实践案例单位名单，天津市入选试点单位，南开区委网信办相关工作情况入选创新实践案例。

1 月 25 日　经市人民政府同意，市互联网信息办公室公开发布《天津市数据交易管理暂行办法》。

1 月 27 日　天津市大数据协会、新华三集团、天津市无线电协会积极响应市委网信办“津门网企　同心抗疫”倡议，号召协会企业充分发挥互联网企业时代担当，同舟共济，共克时艰，向重点疫情防控地区捐赠物资，全力服务疫情防控大局。

2 月 7 日　市委网信办召开 2022 年重点工作部署会，动员全体网信干部始终保持奋发有为的精神状态，坚定信心、勇毅前行，鼓足干劲、开拓进取，以实际行动确保全年各项工作高起点开局、高标准推进、高质量落实，全面推进网络强市建设，全面提升网络安全和信息化工作水平。

2 月 16 日　市委网信办召开全市互联网违法和不良信息举报受理处置一体化机制建设工作会议，传达学习全国互联网违法和不良信息举报受理处置一体化机制建设推进会精神，研究部署贯彻落实举措。同时，就网络侵权举报工作开展了专题辅导。

2 月 18 日　“津心办”App 新增外籍人士核酸检测结果查询功能，国际专区英文服务达到 8 项，方便在津外籍人士生活，进一步提升移动政务服务能力。

2 月 22 日　2022 年全市网络安全和信息化工作会议召开，全面贯彻党的十九届六中全会和全国宣传部长会议、全国网信办主任会议精神，认真落实市委十一届十二次全会要求，总结工作、分析形势、部署任务，推动本市网信事业高质量发展。

2 月 28 日至 3 月 2 日　市委网信办、市大数据管理中心举办深入学习贯彻党的十九届六中全会精神专题培训班。

3 月 7 日　市委网信办召开 2022 年度全面从严治党工作部署会暨党组织书记抓党建工作述职述责述廉会议，传达学习中央关于全面从严治党的决策部署和市委工作要求，对 2022 年机关党的建设和党风廉政建设工作作出安排。

3 月 18 日　市委网信办、市大数据管理中心召开疫情防控工作专题会议，传达学习习近平总书记在中央政治局常务委员会会议上的重要讲话精神，传达学习市委市政府疫情防控工作会议暨市防控领导小组和指挥部会议精神，研究部署贯彻落实工作。

3 月 21 日　由市委网信办、市教育两委、团市委指导，央广网天津频道主办的“津门网络大思政”平台正式上线。

4 月 1 日　市委网信办、市政务服务办联合印发《加快推进政务服务“一件事”工作方案》。

4月12日 市委网信办、市互联网行业党委、市网络社会组织联合会共同组织开展的“放歌新时代 e起向未来”迎接党的二十大系列主题活动正式启动。

4月15日 由市委网信办、市委保密办联合主办的“网络强国——新时代保密观”天津市保密知识竞赛活动总决赛举行。活动自2月28日以来,共吸引35万人、1.3万个团体注册参与答题,点击量超500万人次。

4月18日 市委网信办、市大数据管理中心组织召开理论学习中心组(扩大)会议暨国家安全教育专题讲座。

4月19日 天津市互联网信息办公室、中国电子技术标准化研究院联合申报的《数据安全能力国家标准在地方及行业的应用实践》案例,在全国信息安全标准化技术委员会组织开展的信安标委20周年网络安全国家标准优秀实践案例评选活动中荣获一等奖。

4月26日 市委网络安全和信息化委员会召开会议,学习贯彻习近平总书记关于网络强国的重要思想和党中央关于网信工作的部署要求,审议天津市数字化绿色化协同转型发展实施方案、提升全民数字素养与技能行动实施方案等文件。市委书记、市委网络安全和信息化委员会主任李鸿忠主持会议并讲话。

4月27日 市委网信办、市大数据管理中心召开全体干部会议,传达学习市委网络安全和信息化委员会会议精神,研究部署贯彻落实措施。

同日 市委网信办召开选区全体党员大会,推选出王芸、卢静同志为市委网信办出席中国共产党天津市第十二次代表大会代表。

5月11日 国务院办公厅电子政务办公室印发工作简报,向全国各省及国务院机关、有关部门推广天津市“互联网+监管”试点经验。

7月6日 市委网信办召开党的二十大网络安全和数据安全保障工作动员部署会,传达市委书记李鸿忠有关批示精神,就服务保障党的二十大网络安全和数据安全检查等工作进行专题部署。

7月23日 《数字中国发展报告(2021年)》发布,天津市数字化综合发展水平位居全国第七位。

7月25日 市委网信办联合市教委等13家单位共同举办“2022年天津市全民数字素养与技能提升月启动仪式”。

8月2日 市委网信办召开“迎接服务保障党的二十大”专题工作会议,传达中央网信办主任庄荣文在党的二十大网络安全保障工作推进会议上的讲话精神,研究部署贯彻落实举措。

8月8日 市委网信办、市大数据管理中心召开专题会议,围绕深入学习领会习近平总书记关于全面从严治党重要论述和在中央政治局第四十次集体学习时的重要讲话精神、在省部级主要领导干部“学习习近平总书记重要讲话精神,迎接党的二十大”专题研讨班上重要讲话精神,结合学习传达全市推进全面从严治党向纵深发展工作部署会议精神,提出贯彻落实具体要求。

8月20日 市委网信办相关负责同志带队赴青海省黄南藏族自治州开展帮扶调研工作,助力巩固拓展脱贫攻坚成果同乡村振兴有效衔接。

8月24日 市委网信办、市大数据管理中心印发《全市政务算力资源一体化调度工作实施方案(试行)》。

8月28日 由中央网信办、中央文明办、中共天津市委、天津市人民政府共同主办的2022年中国网络文明大会在天津开幕。大会以“弘扬时代新风 建设网络文明”为主题,全力打造网络文明理念宣介平台、经验交流平台、成果展示平台和国际互鉴平台。中共中央政治局委员、中宣部部长黄坤明以视频方式出席并致辞。

8月 市委网信办研发上线“天津数字防疫”App。

9月1日 “2022全国互联网法律法规知识云大赛”正式启动。市委网信办统筹互联网从业人员、广大网民认真学习互联网法律法规,掀起了互联网学法热潮,并获得全国优秀省级组织单位奖。大赛期间,天津市答题人次超100万,共有26家单位获得优秀组织单位奖。

9月5日至11日 以“网络安全为人民,网络安全靠人民”为主题的2022年国家网络安全宣传周天津地区活动在全市范围同步开展，大力营造网络安全人人参与、人人有责、人人共享的浓厚氛围，有力推动全社会网络安全意识和防护技能提升。

9月7日 市委网信办、市大数据管理中心召开专题会议，深入学习贯彻习近平总书记关于加强和改进人民信访工作的重要思想，全面落实中央和市委、市政府关于信访工作有关要求，按照全市信访工作会议部署，研究贯彻落实措施。

9月19日 由中国网络空间安全协会、天津市委网信办、天津市总工会指导，天津市网络空间安全协会、三六零数字安全科技集团有限公司主办的第四届“第五空间”网络安全大赛CTF初赛圆满落幕。

9月20日 市委网信办、市大数据管理中心召开专题会议，认真学习贯彻习近平总书记关于安全生产工作的一系列重要指示精神和关于做好党的二十大维稳安保工作的重要指示精神，传达学习市委常委会扩大会议和全市维稳安保工作会议部署要求，研究贯彻落实工作。

9月21日 市委网信办理论学习中心组按照“迎盛会、铸忠诚、强担当、创业绩”主题学习宣传教育实践活动工作安排，围绕“强化历史担当，争创一流业绩”进行了专题学习研讨。市委网信办主任王芸主持并交流学习体会，理论学习中心组成员、局级干部参加。市委市级机关工委有关同志到会指导。

9月23日 市委网信办召开党的二十大网络安全保障专题会议，传达中央网信办副主任赵泽良在党的二十大网络安全保障工作推进会议上的讲话精神，并对做好党的二十大网络安全保障工作进行再动员、再部署。

9月29日 市委网信办召开护航党的二十大网络安全保障誓师动员大会，传达学习中央网信办和市委市政府有关工作要求，对全市网信系统做好党的二十大服务保障工作进行动员部署。

10月6日 市委网信办联合市农业农村委、市合作交流办、市对口支援前方指挥部共同指导组织编纂的《小村大事——乡村振兴天津故事纪实》由天津人民出版社出版。

10月9日 市委网信办组织编纂的《大流量澎湃正能量——天津网络传播实践的创新与启示》由天津社会科学院出版社出版。

10月12日 市委网信办组织市公安局、市安全局、市通信管理局、天津警备区等十部门开展网络安全、数据安全联合应急演练，切实提升网络安全和数据安全事件应对能力。

10月16日 市委网信办、市大数据管理中心全体党员干部集中收听收看党的二十大开幕盛况。

10月24日 市委网信办、市大数据管理中心召开全体干部会议，传达学习党的二十大和党的二十届一中全会、十九届七中全会精神特别是习近平总书记在参加党的二十大广西代表团讨论时、在二十届中共中央政治局常委同中外记者见面时的重要讲话精神，传达学习市委常委会扩大会议和全市领导干部大会精神，研究部署网信系统学习宣传和贯彻落实工作。

10月28日至11日 市委网信办举办理论学习中心组学习（扩大）会议暨学习党的二十大精神专题读书班，通过研读报告、观看视频、交流研讨等方式，全面系统深入学习大会精神。

11月1日 全市网信系统传达学习宣传贯彻党的二十大精神工作部署会议召开。

11月10日 全国网信系统学习宣传贯彻党的二十大精神中央网信办宣讲团报告会在天津举行。中央网信办宣讲团成员、舆情局副局长周展科作学习宣传贯彻党的二十大精神报告。

11月17日 市委网信办正式印发《关于建立首席数据官制度的工作方案》。

11月25日 市委网信办、市大数据管理中心召开室务会和中心党委（扩大）会议，传达学习贯彻中共天津市委十二届二次全会精神，研究部署贯彻落实工作。

同日 天津市委网信办和甘肃省庆阳市委网信办有关负责同志以及相关业务部门负责同志召开线上座谈会，共谋天津、庆阳对口支援合作和网信工作发展新局面。

同日 天津市委网信办与天津援藏前指以

及昌都市委宣传部有关负责同志召开网络视频会议，聚焦全面推进乡村振兴和文化宣传合作，谋划援藏工作新举措。

11 月 市委网信办举办“传家风 树新风 扬清风”廉洁文化书画作品展示活动，教育引导机关及所属单位党员干部增强不想腐的自觉，做廉洁文化的宣传者、倡导者、践行者。

12 月 23 日 新京报社联合中国人民大学、北京师范大学、南开大学举办“数治有道——首届新京报数字政府论坛暨‘2022 数字政府建设优秀案例’发布”线上活动。由天津市委网信办、天津市大数据管理中心申报的 4 个案例获奖。其中，天津数字社会综合应用平台“津心办”案例获评“2022 数字政府建设卓越示范案例”。天津“城市大脑”“津治通”平台、天津“健康码”系统获评“2022 数字政府建设特色案例”。

12 月 31 日 由市委网信办主办，津云新媒体承办的“学习党的二十大精神——全市党员干部群众线上知识竞赛”活动——《奔跑新时代》正式上线。

同日 由市委网信办主办，津云新媒体承办的“全面学习深入领悟认真贯彻党的二十大精神网上学校”在津云客户端、北方网同步上线。

12 月 市委网信办、市委教育工委、市民政局、市文化和旅游局、团市委、市红十字会共同主办，北辰区委宣传部、北辰区委网信办联合网易天津承办的“声情颂盛会、唱响新时代”2022 年天津市好网民同庆党的二十大暨原创网络公益歌曲大赛圆满落下帷幕。《人民公仆》等 4 首作品荣获一等奖，《中国我为你骄傲》等 6 首作品荣获二等奖，《风景》等 10 首作品荣获三等奖。

（执笔人：乔蕴琪）

市委机构编制委员会办公室 2022 年大事述要

2 月 14 日 市委编办召开党史学习教育专题民主生活会，市委党史学习教育指导组组长江丁、驻市委组织部纪检监察组组长王宝凤到会指导。

2 月 16 日 报经市委编委同意，印发《关于推进编制资源向基层倾斜的实施方案》，从精准下沉编制资源、同步核减“上层”编制资源等方面明确 14 项具体措施，大幅压减市、区两级机关和事业单位空编，确保基层治理、为民服务力量充足。

3 月 17 日 市委常委会会议暨市委机构编制委员会第六次会议召开，传达学习中央机构编制委员会第四次会议精神，研究本市贯彻落实措施。市委编办主要负责同志就相关工作作汇报。

6 月 30 日 中央编办召开全国编办主任专题视频会议，市委编办主要负责同志作了《深化基层管理体制机制创新 服务保障党建引领基层治理》重点发言，介绍了天津在创新基层社会治理、深化体制机制创新方面的经验做法。

7 月 4 日 市委编办与市政务服务办首批签署《天津市人民政府政务服务办公室综合窗口授权委托书》，将事业单位登记事项以委托代理形式授权市政务服务办提供综合咨询、综合服务、综合出件服务。

7 月 8 日 市委编办主要负责同志为全办党员干部宣讲市第十二次党代会精神，同时围绕“迎盛会、铸忠诚、强担当、创业绩”主题学习宣传教育实践活动主题，为全办党员干部讲党课。

8 月 1 日 经中央编办事业单位登记管理局同意，天津市机关网上赋码系统上线运行，实现天津市机关赋码网上办理，进一步提高赋码工作效率。

11 月 11 日 市委编办主要负责同志为全办党员干部宣讲党的二十大精神，全面系统阐释党的二十大精神，结合机构编制工作实际提出贯彻落实的具体要求。

（执笔人：卜翔宇）

市委台湾工作办公室　市政府台湾事务办公室2022年大事述要

1月14日　市台办召开党史学习教育总结会议，主要负责同志作总结讲话，党史学习教育市委第十一指导组相关同志到会指导。

1月21日　市台办会同天津市高校举行了三场“云慰问”活动，通过视频连线方式与留津台生互动交流。市台办分管负责同志表达了关心和慰问，聆听大家在校学习生活情况和需求。

1月26日　市台办与天津市高校台籍教师进行“云座谈”畅谈在津感悟和未来设想。市台办分管负责同志送上了新春祝福。

1月27日至28日　市台办通过视频连线方式，与台湾妈祖促进会等岛内朋友举办了4场“云慰问”活动，双方互致问候并拜年。

1月29日　受市委常委、市委统战部部长冀国强委托，市台办主要负责同志视频连线慰问天津市台商代表，转达市委、市政府关心，并向他们致以新春祝福和亲切问候。

同日　由中国台湾网主办的“2021年度地方涉台优秀作品”推选活动结果揭晓。市台办报送的《天津市台办首个台胞接待日　聚焦台企台胞“急难愁盼”》获评优秀视频作品，红桥区委台办报送的《津台剑道线上交流大会举办　两岸人士云端论剑》获评优秀头图作品。

2月17日　天津市台企协会召开2022年度工作会议，总结2021年工作及部署2022年工作，市委常委、市委统战部部长冀国强出席并讲话。

2月18日　市台办联合天津行政学院召开服务台资企业高质量发展专题调研工作座谈会，针对在津台资企业发展现状及问题开展专题调研并部署安排相关工作。市台办主要负责同志、天津行政学院常务副院长、天津市台企协会会长等出席活动。

2月24至26日　市台办举办学习贯彻党的十九届六中全会精神专题研讨班。

2月28日　天津市2022年对台工作会议召开，传达学习对台工作会议以及市委常委会暨市委对台工作领导小组（扩大）会议精神，总结工作，分析形势，部署任务。市委常委、市委统战部部长、市委对台工作领导小组副组长冀国强出席并讲话，副市长王旭主持会议。市委对台工作领导小组成员单位及市重点涉台单位、各区委区政府相关负责同志参加会议。

3月2日　市台办主要负责同志、分管负责同志就第二届“两岸共同市场——海河论坛”筹备工作，与南开大学台湾经济研究所进行研商。

3月10日　市台办分管负责同志深入台青创业小微企业尾田咖啡、半半咖啡、彬岛咖啡和大陆青年创业Soulg咖啡店进行实地调研，了解台青创业发展、税费减免、咖啡产业融合等情况。

3月11日　市台办召开2021年度党支部书记抓基层党建工作述职评议暨述责述廉会。

3月　市台办以“走进台企促发展”“强企增链提质量”“精准施策强服务”“宣讲政策助转型”“亲身实践共成长”五项主题活动为抓手，深入开展服务台企高质量发展专项行动。按照领导班子成员包联机制安排，统筹安排各调研组深入包联区中小微台企开展调研。

4月2日　市台办召开“迎盛会、铸忠诚、强担当、创业绩”主题学习宣传教育实践活动部署会。

4月7日　市台办主要负责同志、分管负责同志深入台青创业小微企业尾田咖啡、彬岛咖啡进行实地调研，了解疫情防控常态化条件下企业经营发展状况，听取意见建议，帮助解决实际困难。

4月8日　市台办会同天津市海峡两岸民间交流促进会举行全市对台交流项目评审工作会。

4月20日　市台办、天津行政学院共同赴台资企业开展服务台企高质量发展专题调研，聚焦在津台资企业积聚的特色产业和关键领域，调研津台产业合作现状，提出壮大台企特色产业链、促进台企高质量发展的对策建议，精准服务台企发展。

4月23日 2022年两岸妈祖缘·弘扬妈祖文化座谈会暨中新生态城妈祖文化园启动十周年庆祝活动，以线上方式成功举办，标志着2022年"两岸妈祖缘"文化交流系列活动正式开幕。市台办主要负责同志，滨海新区、南开区分管负责同志出席会议。全国台联党组成员、副会长郑平和湄洲妈祖祖庙董事会董事长林金赞发来祝贺视频，台湾妈祖联谊会会长郑铭坤、全国台企联常务副会长孙德聪及台湾部分妈祖宫庙负责人以线上连线方式参加会议。

同日 为进一步加强在津台青对习近平生态文明思想的学习实践，践行绿色发展理念。市台办组织天津台青志愿服务队，在西青区张家窝绿色农业科技园区开展"两岸同心　添绿减碳"义务植树活动。

4月29日 第三届"海河工匠杯"技能大赛——津台青年职业技能竞赛系列活动在津台两地正式启动。市台办、台盟市委会主要负责同志和市人社局、市教委分管负责同志出席。天津市台湾同胞投资企业协会、台湾永续教育发展协会、华梵大学和天津职业技术师范大学嘉宾出席并致辞，来自津台20余所高校的有关负责人、教师代表、裁判员代表和青年学生代表通过线上连线方式参加启动仪式。

4月 市台办开展"服务台企高质量发展专项行动"，领导班子成员分别带队深入台资企业调研，了解疫情防控常态化条件下企业经营发展状况，听取意见建议，帮助解决实际困难，助力台资企业高质量发展。

5月7日 围绕"迎盛会、铸忠诚、强担当、创业绩"主题学习宣传教育实践活动工作第一专题学习，市台办组织开展理论学习中心组学习研讨暨"理论学习我来讲"平台交流。

5月12日 市委常委、市委统战部部长冀国强深入台资企业唯捷创芯（天津）电子技术有限公司、天津新龙桥工程塑料有限公司调研，详细了解企业经营发展情况，听取企业意见建议和服务需求，共商推动天津高质量发展之策。市台办主要负责同志陪同。

同日 启动"台企送岗聚力启航"——2022年津台青年就业春季招聘周活动。

5月16日 市委常委、市委统战部部长冀国强深入天津中医药大学调研，与在校台生代表座谈交流。市台办、市教委有关负责同志参加。

5月19日 市台办主要负责同志与获得2022年天津市五一劳动奖章的在津台胞进行座谈，并现场颁发证书。

6月8日 市台办组织台资企业党组织开展"争做表率庆'七一'聚力发展迎盛会"党建活动。组织部分台企党组织负责人到天津港、妈祖文化产业园等天津发展建设重点点位参访交流，引导他们感受天津变化、坚定发展信心，在台企中充分发挥先锋模范作用，推动企业更好融入天津高质量发展。

6月11日 市委常委、市委统战部部长冀国强出席"融融春意　青青咖香"津台青年就业创业系列活动。活动围绕台青就业、创业两个重点，精心组织"台企送岗　聚力启航"——2022年津台青年就业春季招聘会和"春之咖色　青青物语"——津台青年创业市集嘉年华两项子活动，现场举办市台企协会青年工作委员会揭牌仪式。市台办主要负责同志参加活动。

6月15日 市台办领导班子成员赴乡村振兴示范村——武清区高村镇田户村进行工作调研。

6月22日 市台办举办为期3天的"学习贯彻天津市第十二次党代会精神专题读书班"。

6月 各区举办"你好天津——鎏津岁月行"台胞庆端午系列活动，慰问在津困难台胞，与部分台胞座谈，共度端午。

7月1日 市台办举办"重温红色经典、感悟信仰力量、赓续精神血脉"红色教育活动，唱响红色歌曲，组织红色观影。

7月19日 市台办举办2022年网络强国培训班暨新时代涉台工作网评员培训班。

7月20日 市人大常委会副主任李虹带领部分市人大代表深入静海区台资企业中延菌菇、

建大橡胶,就本市台企、台青发展情况开展调研。

8 月 11 日 “未来+”网络营销体验营开营,活动包括短视频拍摄技巧、短视频剪辑技巧等 6 个部分在线课程。

8 月 18 日 学习贯彻习近平总书记给参加海峡青年论坛的台湾青年回信精神座谈会暨 2022 年全市对台工作中期推动会召开,市委常委、市委统战部部长冀国强出席并讲话,副市长朱鹏主持会议。市委对台工作领导小组成员单位及市重点涉台单位、各区委区政府相关负责同志参加会议。

8 月 19 日 市政府新闻办组织市台办、市商务局召开新闻发布会,介绍第十四届津台投资合作洽谈会暨 2022 年天津·台湾商品博览会相关情况。

8 月 23 日 市台办召开推进全面从严治党向纵深发展工作部署暨 2022 年党建工作中期推动会,传达学习全市推进全面从严治党向纵深发展工作部署会议和《中共天津市委关于推进全面从严治党向纵深发展的意见》,对加强全面从严治党、一体推进“三不腐”、强化监督等工作进行部署,对上半年党建工作进行总结,进一步理清思路、找准目标、压实责任,纵深推进全面从严管党治党,着力推动党建与对台工作深度融合。

8 月 24 日 天津市举办 2022 年天津台博会“920 嗨购节”新闻发布推广活动,邀请南侨食品、大成、康师傅、旺旺等 12 家台资企业发布百余款新品,涵盖食品、饮品、生活用品、运动项目等多个种类。

8 月 28 日 由南开大学历史学院、天津市孙中山研究会和台湾陈守仁孙学研究中心共同举办的“孙中山行谊和思想学术座谈会”在津台两地同时举办。

9 月 1 日 市台办指导滨海新区与台湾县市举办“青春聚力　携手圆梦”中秋线上交流活动,向台湾青年宣介大陆经济社会发展成果,增进两岸青年了解和共鸣。

9 月 17 日 市台办指导红桥区与台湾县市举办“中秋情牵两岸云端共话团圆”线上交流活动。

9 月 19 日 市台办利用“缅先烈、学英模、红色基因我传承”平台,举办《血沃宝岛——中共台湾英烈》读书分享会。

9 月 28 日 2022 年天津台博会“920 嗨购节”新闻发布推介“越吃越嗨心”专场活动举办,邀请鼎泰丰、胜博殿、康师傅私房牛肉面馆、德克士、凑凑火锅、王品牛排等 9 家台资企业门店通过视频方式发布 29 款新品。

10 月 7 日 2022 年天津台博会圆满落幕。此次台博会紧紧围绕本市培育建设“双中心”城市建设,创新“电商+落地”相结合的办展方式,举办“920 嗨购节”,提升了商家和店铺的营业额和客流量,为津台两地经济融合发展增添新动力。

10 月 21 日至 24 日 市台办组织在津台胞台青等赴武清、宝坻、蓟州区开展第七届“爱媒·讲”未来媒体人体验营和第四届中华文化研习营活动。

10 月 30 日 天津理工大学、台湾华梵大学师生相聚云端,共同举行为期 8 天的“海峡设计·智慧生活”社会创新设计暨第六届天津理工大学与台湾华梵大学设计工作营成果汇报暨闭营仪式。

11 月 2 日 “第九届大江论坛——津台职业教育融合发展论坛暨第三届津台青年职业技能竞赛颁奖典礼”举办,全国政协副主席、台盟中央主席苏辉发表视频致辞,市委常委、市委统战部部长冀国强出席论坛并讲话,并为“天津市台湾青年就业创业基地”和津台职业技能竞赛标识启用揭牌。

11 月 3 日 市委常委、市委统战部部长冀国强出席在津台胞台商共话党的二十大精神座谈会,与台胞台商现场座谈交流,面对面宣讲党的二十大精神。

11 月 4 日 市台办举办“同话妈祖　共忆情缘”津台妈祖文化交流成就展,市委常委、市委统战部部长冀国强出席开幕式。成就展围绕“城市根脉”“文化瑰宝”“津台情缘”“交流成果”四个板块,以线上线下相结合的形式进行展出,通过一幅幅生动的图片展示了妈祖文化的历史地位和发展成就,在津台交流交往中的重要成就及丰富成果。借成就展开幕之际,举办了两岸开启交流35周年暨“九二共识”达成30周年座谈会,与会台湾嘉宾结合自身经历,畅谈两岸交流交往历程和感悟,进一步坚定推动两岸和平发展、融合发展和祖国完全统一的信心。

11月7日至9日 市台办组织为期3天的“学习贯彻党的二十大精神专题读书班”,采取理论学习中心组学习、党支部交流研讨、党员干部集中研读和个人自学相结合的方式展开。

11月14日 天津外国语大学与台湾中华大学以远程连线方式举办第八次“中国近代史实境教学”活动,增进台生对中华民族文化和历史的认同感。

11月19日 第二届两岸共同市场海河论坛活动成功举办。中共中央台办、国务院台办副主任潘贤掌发表视频致辞,市委常委、市委统战部部长冀国强出席活动并讲话。论坛由海峡两岸关系研究中心、两岸关系南开大学研究基地、天津市台湾同胞投资企业协会、台湾两岸共同市场基金会共同主办,围绕“打造两岸共同市场——深化两岸港口城市合作”主题,邀请来自海峡两岸的知名专家学者通过“线上+线下”形式,进行深入交流研讨。

11月21日 2022“菁英汇·津台青年圆桌会议”在津台两地同时举办。通过线上线下相结合的形式,40余位津台两地优秀青年代表以“携手创青春、共谱新时代”为主题进行座谈交流,分享个人的创业经历和成功经验。

12月5日至9日 2022年“宪法进机关主题活动周”举办。围绕宪法法律和党内法规等内容,组织开展理论学习中心组2022年第16次学习。

12月22日 天津市海峡两岸民间交流促进会会员大会暨“你好天津——鎏津岁月行”项目评比会召开,评出一等奖1名,二等奖3名,三等奖6名,鼓励奖10名。

12月29日 市高级人民法院、市政府台湾事务办公室印发《为深化津台两地融合发展提供司法服务保障的实施意见(试行)》。

(执笔人:董 明)

市委市级机关工作委员会2022年大事述要

1月9日 市委市级机关工委召开会议,部署市级机关党员支援疫情防控相关工作。13日、17日再次召开会议,就机关党员干部支援疫情防控相关工作进行推动。

同日 市防控指挥部决定在全市范围开展全员核酸检测。市委市级机关工委紧急向各直属党组织发出通知,要求市级机关在职党员干部随时听从居住地社区(村)党组织号令,坚决服从领导,不折不扣执行好分配的各项任务。截至1月13日,市级机关工委直属85个市级机关党组织和社会组织党组织,共派出11587名党员干部到社区参加“大筛”工作,建立临时党委25个,临时党支部353个,划分党小组204个,为疫情防控提供坚强组织保证。

1月14日 市委市级机关工委从留存党费中划拨116.7万元专项资金,下发各直属机关党组织,为市级各单位做好新冠肺炎疫情防控工作提供有力支持和帮助。

1月27日 市委市级机关工委召开党史学习教育总结会议。党史学习教育市委第十四指导组张旭到会指导。市级机关工委分管日常工作的副书记、党史学习教育领导小组组长田金萍讲话。副书记芮士成主持,班子成员、二级巡视员出席,机关党员干部参加会议。

1月 市级机关工会联合会开展2021年冬季送温暖及2022年元旦春节慰问活动,下拨送温暖专项资金246万元,慰问5370名职工。结合疫情防控要求,发放慰问金和慰问品。

同月 市委市级机关工委对市级机关党员干部下沉一线、入队入列情况进行调研。市级机关工委分管日常工作的副书记田金萍、副书记芮士成、刘丽分别带领3个小组走访9个区,16个街道,23个社区,2个区级机关工委。

2月8日 市委市级机关工委召开2021年度领导班子党史学习教育专题民主生活会,分管日常工作的副书记田金萍主持会议,副书记、市级机关纪检监察工委书记王丕河,副书记芮士成、刘丽出席会议。市纪委第五监督检查室,市委组织部干部三处,党史学习教育市委第十四指导组进行全程督导,指导组组长侯洁专程到会监督指导。

2月9日至18日 市委市级机关工委牵头组织对42个市级党群机关部门2021年度绩效指标进行现场考核,市委政法委、市委依法治市办、市应急管理局等部门有关同志参加考核。

2月21日 市委市级机关工委召开参加津南疫情防控党员干部座谈会。市级机关工委主持日常工作的副书记田金萍出席并讲话,委专职副书记芮士成主持会议。委班子成员、二级巡视员、各处室负责人、青年党员代表,以及10名参加津南疫情防控党员干部参加会议。

2月22日 市委市级机关工委召开2021年度市级机关党组织书记抓基层党建工作述职评议会。会议在天津大礼堂设主会场,在市委网信办、市发改委等5个单位设立分会场。工委直属党组织书记,工委班子成员、有关部门负责人,共100余人参加。分管日常工作的副书记田金萍主持会议并进行点评、作总结讲话。工委副书记、市级机关纪检监察工委书记王丕河出席会议,结合分管工作进行了点评。

2月24日至26日 市委市级机关工委举办理论学习中心组(扩大)党的十九届六中全会精神和习近平总书记重要讲话精神专题读书班。分管日常工作的副书记田金萍主持,领导班子成员、二级巡视员和全体处级领导干部全程参加。

2月至3月 市级机关各单位党组(党委)按照机关工委部署要求,组织所属各级党组织和党员,从党支部开始,采取自下而上、上下结合、反复酝酿、逐级遴选的方法,对出席党的二十大代表候选人初步人员进行推荐提名。在各单位推荐提名的基础上,机关工委按照市委分配的推荐名额和结构要求,依据所属多数党组织的意见,经与市委组织部沟通后,召开工委会议,研究提出25名市级机关系统出席党的二十大代表候选人初步人选推荐建议人选名单上报市委。

3月22日 市委市级机关工委召开"迎盛会、铸忠诚、强担当、创业绩"主题学习宣传教育实践活动工作领导小组办公室会议,传达学习喻云林等同志在全市工作部署会暨领导小组第一次(扩大)会议上的讲话,研究工委贯彻落实具体措施。市级机关工委副书记芮士成、刘丽,二级巡视员、各部门负责人参加会议。

3月23日 市委市级机关工委组织召开2022年市级机关党的工作会议暨纪检工作电视电话会议,总结2021年工作,部署2022年任务,推动市级机关党的建设高质量发展。工委直属(所属)单位机关党委书记、专职副书记,机关纪委书记,约200人参加会议。市级机关工委副书记芮士成、刘丽,副书记、市级机关纪检监察工委书记张志远出席会议。

3月 按照《关于市级机关系统做好天津市出席党的二十大代表候选人初步人选推荐提名工作的通知》和《关于市级机关系统做好出席天津市第十二次党代表大会代表选举工作的通知》有关要求,市委市级机关工委采取自下而上、上下结合、反复酝酿、逐级遴选、会议决定的办法,确定出席党的二十大代表候选人初步人选和出席天津市第十二次党代会代表候选人初步人选。

4月7日 市委市级机关工委召开"迎盛会、铸忠诚、强担当、创业绩"主题学习宣传教育实践活动动员部署会。会议由工委专职副书记芮士成主持,工委分管日常工作的副书记田金萍出席并讲话。工委领导班子成员和全体党员干部参加会议。

4月14日 市委市级机关工委召开中央驻津单位"迎盛会,铸忠诚、强担当、创业绩"主题学习宣传教育实践活动工作推动会。市级机关系统22家驻津国家机关单位围绕开展主题学习宣传教育实践活动工作、落实年度机关党建重点任务、服务天津经济社会高质量发展等内容进行座谈交流。

4 月 26 日 市委市级机关工委召开直属社会组织党组织落实市委"迎盛会、铸忠诚、强担当、创业绩"主题学习宣传教育实践活动工作和年度党建重点任务工作推动会。工委副书记芮士成出席会议并讲话。工委直属 18 家社会组织党组织负责人、有关社会组织负责人和工委有关处室负责人参加会议。

4 月 为推动市级机关"迎盛会、铸忠诚、强担当、创业绩"主题学习宣传教育实践活动工作深入开展,推进党史学习教育常态化长效化,深化"我为群众办实事"实践活动,市委市级机关工委分管日常工作的副书记田金萍、副书记芮士成、刘丽,副书记、市级机关纪检监察工委书记张志远和二级巡视员吴建国、赵键森分别带队到市级机关各单位、驻津单位和工委所属社会组织深入开展调研,现场指导推动。

4 月至 5 月 市级机关系统各单位分别召开党员代表大会、党员大会和党代表会议,以无记名投票方式,选举产生市级机关系统出席中国共产党天津市第十二次代表大会代表 166 名。

5 月 12 日 市级机关工会联合会召开第二届委员会第四次全体会议。市委市级机关工委专职副书记芮士成代表工委出席会议并讲话,市委市级机关工委二级巡视员吴建国到会指导。会议采用无记名投票方式选举产生市级机关工会联合会主席,增补常务委员会委员、经费审查委员会委员和女职工委员会委员。

同日 天津新增 1 例本土新冠肺炎确诊病例。市级机关工委及时召开会议部署市级机关党员支援疫情防控相关工作。动员组织近 4500 名市级机关党员干部先后深入和平区、河北区、北辰区等封控一线参与疫情防控。

5 月 市委市级机关工委连续召开"迎盛会、铸忠诚、强担当、创业绩"主题学习宣传教育实践活动工作领导小组会议,传达学习市委有关会议精神,研究工委贯彻落实具体措施。工委分管日常工作的副书记田金萍、副书记芮士成、刘丽,副书记、市级机关纪检监察工委书记张志远和二级巡视员吴建国、赵键森等出席,各部门负责人参加会议。

6 月 9 日 为深入学习习近平法治思想,落实法治督察整改措施,推进市级机关"八五"普法规划任务落实,提高普法工作人员的法治思维水平和工作能力,市委市级机关工委举办市级机关"八五"普法培训班,市级机关相关单位约 40 名工作人员参加培训。

6 月 9 日至 10 日 市委市级机关工委采取集中学习培训与分散自学相结合的形式,组织 149 名市级机关系统出席市第十二次党代会代表进行学习培训。市级机关工委分管日常工作的副书记田金萍做动员讲话。

6 月 22 日 市委市级机关工委召开会议,传达学习市第十二次党代会精神,研究学习宣传贯彻落实措施。工委分管日常工作的副书记田金萍、委副书记芮士成、刘丽,副书记、市级机关纪检监察工委书记张志远和二级巡视员吴建国、赵键森等出席,各部门负责人参加。

6 月 27 日 市委市级机关工委举办"市级机关大讲堂"。市委党校王晓霞教授聚焦"学习贯彻党的十九届六中全会和市第十二次党代会精神"主题,作《以史为鉴,开创未来》的专题报告。市级机关工委副书记刘丽主持报告会,88 家市级机关党务干部现场聆听讲座。

6 月 28 日 市委市级机关工委对 2022 年新任直属机关党委专职副书记开展集体谈话。工委副书记芮士成出席会议并讲话。市级机关 2022 年以来新任职的 8 名机关党委专职副书记参加集体谈话。

7 月 1 日 市委市级机关工委开展工委理论学习中心组(扩大)学习会。市委研究室副主任李清华紧密结合"迎盛会、铸忠诚、强担当、创业绩"主题学习宣传教育实践活动,为工委理论学习中心组(扩大)作学习宣传贯彻市第十二次党代会精神专题辅导。工委全体在职党员和离退休党员代表共 60 余人参加。

7 月 12 日 市委市级机关工委举办市第十二次党代会精神宣讲会暨专题党课报告会。工委分管日常工作的副书记田金萍作为市第十二次党代会代表，为大家宣讲市第十二次党代会精神并作专题党课。工委副书记芮士成、刘丽，副书记、市级机关纪检监察工委书记张志远和一级巡视员王丕河、二级巡视员吴建国、赵键森等出席。机关党员干部和工委直属机关党组织专职党务干部代表、党外人士代表参加。

同日 市委市级机关工委分管日常工作的副书记田金萍与来自工委所属社会组织的部分党外人士代表进行座谈交流，开展联谊交友活动。工委副书记刘丽，相关处室负责同志参加。

7月13日 市委市级机关工委与市总工会、市妇联共同举办学习宣传贯彻市第十二次党代会精神暨“迎盛会、铸忠诚、强担当、创业绩”巾帼文明岗服务群众活动。市委市级机关工委副书记芮士成和相关部门负责同志出席活动并现场宣讲。

7月14日至15日 市级机关工会联合会举办2022年直属工会主席培训班。市委市级机关工委副书记芮士成作开班动员，二级巡视员吴建国主持会议，市级机关工会系统70余名工会主席参加培训。

7月26日至29日 市委市级机关工委副书记芮士成带领工作组一行5人，赴青海省黄南藏族自治州进行对口支援工作考察调研。

7月28日 市委常委、市委秘书长、市委市级机关工委书记王力军到工委指导推动工作。王力军充分肯定机关工委前期工作，就进一步提高机关党建质量，加强工委自身建设提出明确要求。市委市级机关工委分管日常工作的副书记田金萍汇报2022年以来重点工作进展情况。机关工委副书记刘丽，机关工委副书记、市级机关纪检监察工委书记张志远和一级巡视员王丕河、二级巡视员吴建国、赵键森等参加。

7月28日至29日 市委市级机关工委召开2022年度区级机关党建工作交流会。工委副书记刘丽出席并宣讲市第十二次党代会精神。二级巡视员赵键森，16个区级机关工委主要负责同志和党务干部代表参加会议。

8月4日 为迎接党的二十大胜利召开，深入学习宣传贯彻天津市第十二次党代会精神，扎实推进“迎盛会、铸忠诚、强担当、创业绩”主题学习宣传教育实践活动工作，市委市级机关工委、市级机关工会联合会举办市级机关“时代新人说——强国复兴有我”主题演讲比赛暨集中讲述活动。

8月5日 市委市级机关工委召开专项督查动员培训会。工委副书记芮士成出席会议并讲话，二级巡视员吴建国主持会议。为深入学习贯彻市第十二次党代会精神，推动市级机关“迎盛会、铸忠诚、强担当、创业绩”主题学习宣传教育实践活动工作，切实加强市级机关党的政治建设，市委市级机关工委于8月组织开展市级机关党的政治建设专项督查。

8月8日至10日 为深入学习贯彻党中央、中央纪委和市委、市纪委关于加强机关纪委建设相关意见精神，切实提升市级机关机关纪委干部队伍的政治素养和业务能力，市级机关纪检监察工委召开2022年市级机关纪律检查工作推动会暨纪检干部培训班。市委市级机关工委分管日常工作的副书记田金萍出席开班式并作动员讲话，市级机关纪检监察工委一级巡视员王丕河主持会议。市级机关机关纪委书记、纪检干部参加培训班。

8月11日 市级机关工会联合会、妇女联合会在天津市劳模疗休养中心举办2022年市级机关女工干部培训班。二级巡视员吴建国出席开班式，并作动员讲话。市级机关70余名妇女工作负责同志参加培训。

8月 市委市级机关工委分管日常工作的副书记田金萍，副书记芮士成、刘丽，副书记、市级机关纪检监察工委书记张志远，二级巡视员吴建国、赵键森，分别带队深入基层调看望慰问高温下工作的一线职工，开展“夏送凉爽保安全”活动，惠及露天高温高湿等一线干部岗位近7500名一线干部职工。

9月22日 市委市级机关工委召开党的二十大维稳安保专题工作会议。工委副书记刘丽传达上级会议精神，副书记芮士成讲话提要求，副书记、市级机关纪检监察工委张志远，二级巡视员吴建国、赵键森出席会议，市级机关工委各处室负责同志参加会议。

9月28日 市委市级机关工委召开节前廉政教育和安全教育会。工委副书记、机关党委书记芮士成对国庆长假的有关工作提出具体要求，工委分管日常工作的副书记田金萍讲话提要求，各处室负责同志参加。

9月 为进一步加强市级机关各直属机关工会自身建设，确保各项活动有效开展，市级机关工会联合会向各直属机关工会下拨补助经费514万元。

同月 市委常委、市委秘书长、市委市级机关工委书记王力军两次听取工委工作汇报。市级机关工委分管日常工作的副书记田金萍、副书记芮士成参加会议。

同月 市委市级机关深入开展"喜迎二十大奋进新征程"党内法规知识竞赛活动。88个市级机关单位，5000余名基层党组织书记、党务干部、党员参加。

同月 市委市级机关工委联合天津海关等16家市级机关单位拍摄《书香津渡 共享悦读——市级机关全力实施全民阅读活动建设书香机关》微视频，全面展示市级机关党员干部牢记领袖教导，紧跟核心奋斗的奋进姿态，以优异成绩迎接党的二十大胜利召开。

同月 市委市级机关工委各党支部召开党员大会进行换届选举。工委分管日常工作的副书记田金萍，副书记芮士成、刘丽，副书记、市级机关纪检监察工委张志远，二级巡视员吴建国、赵键森分别参加所在党支部的党员大会。

10月10日 天津市级机关党务干部宣传思想工作培训班开班，市委市级机关工委副书记刘丽作主题动员讲话暨授课，88家市级机关党组织宣传骨干参训。

10月13日 为认真贯彻落实市第十二次党代会提出的"深化行政执法体制改革，做到严格规范公正文明执法，构建符合直辖市特点的政府治理体系"工作目标，发挥党建政治引领作用，加强横向沟通协作，不断提升行政执法工作水平，市委市级机关工委指导召开市级有关综合行政执法队伍党组织党建联建工作座谈会，市级机关工委副书记芮士成、市城市管理委副主任张捷出席。有关9家市级单位党委组织部门负责人和11家综合行政执法队伍党组织负责人参会。

10月16日 中国共产党第二十次全国代表大会在北京人民大会堂隆重开幕。市委市级机关工委全体党员干部收看大会实况直播。工委分管日常工作的副书记田金萍，副书记芮士成、刘丽，工委副书记、纪检监察工委书记张志远，一级巡视员王丕河、二级巡视员赵键森参加。

10月31日 2022年全市干部专题研修班在天津大学正式开班。市委市级机关工委副书记芮士成出席并作动员讲话，市委组织部、市委市级机关工委有关处室和天津大学有关直属单位负责同志参加。来自市级机关的120名局处级干部学员报到入学。

同日 为深入学习贯彻党的二十大精神，进一步提高基层党支部书记抓党建、促党建能力水平，推动基层党建工作落实落细、走深走实，市级机关"执法先锋"党建联盟基层党支部书记抓党建工作座谈会在市城管执法总队召开，总队党委书记李少雄主持座谈会。市委市级机关工委组织干部处负责同志到会指导并参加座谈。来自11家市级机关行政综合执法单位的近40名党支部书记、党务干部参会。

10月 市委市级机关工委分管日常工作的副书记田金萍，副书记芮士成、刘丽，工委副书记、纪检监察工委书记张志远分别带队深入社区一线，看望市级机关参与"无疫小区""无疫网格"创建工作的下沉党员干部。

11月11日 为深入学习贯彻党的二十大精神，市委市级机关工委举办为期5天的理论学习中心组（扩大）学习贯彻党的二十大精神专题读书班。市级机关工委分管日常工作的副书记田金萍作党的二十大精神宣讲报告和开班动员，副书记芮士成主持，一级巡视员王丕河，副书记刘丽和副书记、市级机关纪检监察工委书记张志远出席，工委各支部党员干部参加。

11月14日 为深刻领会、全面把握党的二十大精神，教育引导市级机关工委党员干部用党的二十大精神统一思想、统一意志、统一行动，不断增强对党的二十大精神的政治认同、思想认同、理论认同、情感认同，市委市级机关工委召开座谈会，邀请党的二十大代表、天津市便民专线服务中心现场运行班组党支部书记、运行管理部现场班长杨汝倩进行座谈。市级机关工委副书记刘丽主持，市级机关工委理论学习中心组成员、各部门负责人、青年理论学习小组成员参加。

11 月 16 日 市委市级机关工委联合市社科联组织专家走进北疆海事局，举办“党的二十大精神进机关下基层”专题辅导和现场参观交流。

11 月 17 日 为认真学习宣传贯彻党的二十大精神，进一步激励市级机关干部职工重事功、练事功、善事功，建功“十四五”，市级机关工会联合会举办“学习党的二十大精神 提本领 强素质”市级机关公文写作线上集中比武活动，来自 53 家单位、87 名选手展现“笔尖功夫”，赛功底、比水平，一决高低。

11 月 24 日至 25 日 为认真学习贯彻党的二十大精神，深入学习习近平总书记关于青年工作的重要思想，提升市级机关团青干部做好新时代共青团工作能力水平，市级机关工委举办市级机关团青干部培训班。市级机关工委副书记芮士成出席并作开班讲话。市级机关 60 余名团组织书记、机关青年理论学习小组组长参加培训。

12 月 5 日 市级机关团工委举办的“我学我讲二十大”微团课的比赛。比赛以线上视频方式进行，27 名参赛选手讲述学习党的二十大精神的理解感悟，畅谈做好新时代共青团和青年工作的体会思考。

12 月 7 日 市委市级机关工委分管日常工作的副书记田金萍与 4 名党外代表人士开展联谊交友活动，了解他们的思想、学习、工作、生活和企业经营发展情况，协助解决企业发展面临的问题。

12 月 9 日 市委市级机关工委组织召开直属社会组织党组织书记、负责人党的二十大精神宣讲报告会。市级机关工委副书记芮士成作辅导报告。

（执笔人：李庆华）

市委老干部局 2022 年大事述要

1 月 24 日 市委老干部局召开党史学习教育总结会议。党史学习教育市委第八指导组有关同志到会指导。市委老干部局局长张懿主持会议并讲话。

1 月 26 日至 28 日 市委老干部局领导班子向有关市级老同志和已故老同志配偶转达市委、市政府的春节问候。

1 月 27 日至 2 月 23 日 市委老干部局举办全市离退休干部“艺心聚力津门战疫”网络文艺作品展。活动开展以来，征集作品近 5000 件，在“枫叶正红与党同行”微信公众号连续刊登 4 期网络艺术展，展出老同志原创艺术佳品，“天津老干部”App、市委老干部局网站同步进行宣传推送。

1 月 28 日 市委老干部局召开党史学习教育专题民主生活会。党史学习教育市委第八指导组、市纪委监委驻市委组织部纪检监察组有关同志到会指导。局长张懿主持会议并讲话。

1 月 29 日 市委老干部局二级巡视员、教育中心党支部书记、主任陈宽主持召开市老干部教育中心领导班子党史学习教育专题民主生活会。

1 月 30 日 市委常委、市委组织部部长喻云林主持召开市委老干部工作领导小组会议。副市长康义出席。市委老干部局局长张懿传达学习习近平总书记对全国老干部工作重要指示精神，全国老干部工作“双先”表彰大会和全国老干部局长会议精神。市委老干部工作领导小组成员单位有关负责同志参加会议。

2 月 8 日 在市老干部活动中心多功能厅，

召开市老干部活动中心领导班子 2021 年度党史学习教育专题民主生活会,市委老干部局局长张懿参加并讲评。

2 月 22 日 市委老干部局印发《天津市 2022 年老干部工作要点》。

2 月 23 日 市委老干部局制定印发《关于成立市委老干部局宣讲团的工作方案》。

2 月 24 日 受市委委托,市委老干部局向市级老同志征询市第十二次党代会意见建议,精心安排入户听取老同志意见建议,认真整理相关材料,及时反馈市委办公厅。

2 月 26 日 市委老干部局印发《市委老干部局贯彻落实党委(党组)网络安全工作责任制的措施》。

2 月 28 日 市委老干部局会同市卫生健康委等 6 部门印发《关于做好 2022 年度天津市干部体检工作的通知》,督促各部门抓好落实。

3 月 1 日 市委老干部局印发《关于做好 2022 年度老干部工作调研的通知》。4 月 6 日,印发《关于对 2021 年度老干部工作优秀调研成果评选表彰的通知》。

3 月 2 日 市委老干部局拟定《关于贯彻落实〈"十四五"国家老龄事业发展和养老服务体系规划〉的措施》,经局领导审议同意后报市老龄办。3 月 11 日,印发《关于进一步深化"增添正能量 共筑中国梦"主题活动的通知》。

3 月 10 日 市委老干部局会同市财政局印发《关于下达 2022 年离休干部社区"四就近"服务经费的通知》,拨付"四就近"经费 67.62 万元。

3 月 11 日至 5 月 30 日 市委老干部局与支部生活社联合举办"我看天津发展新成就"主题征文活动。主题征文报送稿件 560 篇。

3 月 14 日起 面向全市离退休干部和老干部工作人员,通过"天津老干部"App 和"枫叶正红与党同行"微信公众号开展"深学笃用 老干部行动"每日一答活动,每日推出竞答题。

3 月 17 日 全市印发《关于开展全市离退休干部主题文化活动的通知》,组织在全市离退休干部中开展"喜迎党的二十大 银发聚力再出发"主题文化活动。

同日 完成 2021 年离休干部医药费统计情况分析报告。2021 年,全市离休干部人均医药费开支 8.62 万元(驻津单位人均 10.39 万元),与 2020 年相比增加 0.4 万元。

3 月 29 日 市委老干部局制定印发《关于在全局系统开展"迎盛会、铸忠诚、强担当、创业绩"主题学习宣传教育实践活动的实施方案》。

3 月 29 日至 4 月 30 日 市委老干部局与中老年时报社联合举办"迎盛会、学决议、话征程"暨"两读一看"知识竞答活动。共有 4.4 万余人参与活动。

3 月 31 日 市老干部教育中心举办"迎盛会、铸忠诚、强担当、创业绩"主题学习宣传教育实践活动部署会,于 7 月 28 日召开专题组织生活会。

3 月 市委老干部局制定印发《中共天津市委老干部局落实全面从严治党主体责任工作清单》。

3 月至 6 月 市委老干部局先后制定完善了《联络服务市级老同志工作标准》《市级老干部联络处职责清单》《市级老同志服务清单》《活动保障机制》《保健服务机制》《服务市级老同志多方协调联系机制》《关于进一步加强在疫情防控常态化下服务市级老同志的具体措施》《对独居市级老同志服务措施》和《为市级老同志办实事工作台账》,形成系统规范的"老同志之家"联络服务市级老同志系列制度举措。

4 月 1 日 市委老干部局召开全面从严治党工作会议。局长张懿主持会议并讲话。市纪委监委驻市委组织部纪检监察组组长王宝凤作廉政教育宣讲。

4 月 12 日 市委老干部局制定印发《关于在全局系统党支部开展"传、帮、带"活动的方案》。

同日 市委老干部局组织召开"通报工作视频会议",局主要负责同志代表局领导班子向局机关老同志做汇报,做好老同志的"知情"工作。

4 月 19 日至 20 日 市委老干部局参加中

组部举办的线上省区市老干部局长培训班，局长张懿代表我市以《用信息化建设助推老干部工作提质增效创新发展》为题在分会场进行工作交流发言。

4月26日 老干部工作先进集体和先进个人表彰大会暨老干部局长电视电话会议召开。市委常委、市委组织部部长喻云林出席并讲话。会后，按照天津市老干部工作先进集体和先进个人表彰对象名单向39个天津市老干部工作先进集体、119名先进个人发放了奖牌和证书。

4月27日 以市委组织部、市委老干部局名义印发《关于印发〈喻云林同志在全市老干部工作“双先”表彰大会暨老干部局长会议上的讲话〉的通知》。

4月28日 市委老干部局召开党员大会，选举产生中共天津市委老干部局出席中国共产党天津市第十二次代表大会代表。张懿同志当选。

5月6日 市委老干部局召开学习贯彻《关于加强新时代离退休干部党的建设工作的意见》宣讲会。局领导班子成员，局机关全体党员干部及所属单位负责同志参加。

5月16日 市委老干部局印发《关于在离退休干部中开展“建言二十大”调研活动的通知》，深入开展调研座谈，于5月27日形成调研报告，并报中组部老干部局。

5月19日 市委组织部、市委老干部局印发《关于印发〈天津市关于加强新时代离退休干部党的建设工作的若干措施〉的通知》。

5月23日 市委老干部局印发《关于进一步加强经常联系服务离退休老同志工作的通知》。

5月26日 市委老干部局完成天津市离退休干部服务管理系统和网站向政务云迁移。

5月27日 《关于学习贯彻落实〈关于加强新时代离退休干部党的建设工作的意见〉的通知》印发。

5月 市委老干部局宣讲团宣讲《关于加强新时代离退休干部党的建设工作的意见》精神11场，受到基层特别是离退休老干部的普遍欢迎。

5月至7月 市委老干部局组织市级老同志参加中组部开展“建言二十大”和“我看中国特色社会主义新时代”调研活动。

6月1日 市委老干部局举办推动党史学习教育常态化长效化专题读书班。局长张懿主持并讲话。

6月15日 市委老干部局举办“大美天津　乐在夕阳”离退休干部摄影采风活动，组织40余名老同志摄影爱好者走进长芦汉沽盐场，用镜头看天津传统产业振兴、看特色文化旅游发展，用光影记录时代进步，用影像传递正能量。在“枫叶正红与党同行”分3期展出全市离退休干部“大美天津　乐在夕阳”摄影采风精选作品展。

6月17日 市老干部活动中心召开中心干部职工大会，通报2021年度市委老干部局对市老干部活动中心领导班子考核及干部选拔任用工作“一报告、两评议”反馈情况。

6月22日 市委老干部局制定印发《关于组织全局系统党员干部认真学习宣传贯彻市第十二次党代会精神的通知》。

6月23日 市委老干部局举办全市离退休干部党支部书记示范培训班。认真学习宣传贯彻市第十二次党代会精神，推动学习贯彻落实中办《关于加强新时代离退休干部党的建设工作的意见》走深走实。全市各区、部委局离退休干部党支部书记代表和分管离退休干部党建工作负责同志以及市委支部生活社有关负责同志参加学习培训活动。市委老干部局副局长门跃军主持，局长张懿出席会议并讲话。

6月23日至24日 天津市离退休干部“团结同心行　聚力展风采”第十届门球邀请赛在东丽区老干部活动中心举办。来自滨海新区、东丽区、河北区、津南区、静海区的5支代表队经过两天激烈角逐，最终河北区代表队摘得冠军，静海区代表队获得亚军。

6月24日 市委老干部局印发《关于组织全市离退休干部和老干部工作人员认真学习宣传贯彻落实市第十二次党代会精神的通知》。

6月27日 市委老干部局以视频会议形式组织局机关离退休老同志开展“迎盛会、铸忠诚、强担当、创业绩”主题党日活动，邀请局主要负责同志传达贯彻市第十二次党代会精神，局宣讲团宣讲辅导党中央《关于加强新时代离退休干部党的建设工作的意见》精神，举行重温入党誓词和颁发“光荣在党50年”纪念章仪式。

6月28日 天津市离退休干部“银发同乐 撞击精彩”第十届台球邀请赛在北辰区老干部活动中心举办。部分区、部委的9支老干部代表队参加本届赛事。经过激烈角逐，北辰区代表队获得冠军，静海区、武清区代表队分别获得第二名、第三名。

6月29日 教育中心组织临时党支部书记和摄影班学员到宁河区俵口镇于方舟故居红色教育基地开展主题党日暨摄影采风活动。

7月8日 市委老干部局局长张懿作学习贯彻市第十二次党代会精神主题宣讲暨“迎盛会、铸忠诚、强担当、创业绩”专题党课教育。

7月13日 市委老干部局二级巡视员、教育中心党支部书记、主任陈宽为教育中心全体党员干部宣讲天津市第十二次党代会精神。

7月15日 市委老干部局组织召开离退休干部“我看中国特色社会主义新时代”座谈会，来自市级机关工委、市国资委、市发改委、和平区、西青区的罗孟涵、杨力恒、刘若沁、王敏、岳大明、孙健等6位老同志先后发言。局长张懿宣讲市第十二次党代会精神。副局长朱和慧主持会议。

7月18日至29日 经市委书记李鸿忠批示同意，在“老同志之家”举办市级老同志暑期消夏活动，慰问看望因身体原因长期在家中休养和在北戴河休养的老同志，转达市委的关心问候。

7月22日 市委老干部局制定《关于慰问易地安置和部分异地居住离休干部的工作方案》，对易地安置在北京市、上海市、河北省等地的8名离休干部和20名有特殊困难异地居住离休干部进行走访慰问，发放慰问金8万元。

7月29日至8月2日 市委老干部局举办学习《习近平谈治国理政》第四卷专题读书班。局长张懿主持并讲话。

8月10日 市委老干部局完成对天津市离退休干部服务管理系统和网站政务云安全资源的配置。

8月12日 市委老干部局会同市医保局等九部门印发《关于进一步做好城乡居民基本医疗保险资助参保工作的通知》。

8月15日 2022年全市老干部局处长培训班暨中期工作推动会举办。市委老干部局局长张懿作总结安排，市委老干部局班子成员，各区、系统和部分局级单位老干部工作部门主要负责同志100余人参加。

8月17日 天津市离退休干部“激情乒乓 乐龄风采”第八届乒乓球邀请赛在河西区老干部活动中心举办。本届邀请赛共有12支代表队60多名老同志参加，市老干部活动中心代表队获得第一名，市公安局代表队获得第二名，宁河区代表队获得第三名。

8月31日 市委老干部局完成1795名离休干部无固定收入配偶城乡居民基本医疗保险集中资助参保工作。

8月 市委老干部局组织全局系统各党支部召开“迎盛会、铸忠诚、强担当、创业绩”主题学习宣传教育实践活动工作专题组织生活会。

9月8日 市委老干部局会同市委组织部、市人力社保局印发《关于印发〈关于规范干部荣誉退休工作的意见〉的通知》。

同日 市老干部活动中心领导班子成员与滨海新区财政局有关处室沟通协调中心二期修缮改造项目结余资金处理事宜。

9月19日 按照市财政局有关纾困政策精神，市委老干部局与市老干部活动中心外租单位签订房屋租金减免协议。

9月27日 市委老干部局呈报局领导《关于调整局预防和处置突发老干部信访事件工作领导小组成员的请示》。

9月28日至10月5日 天津市离退休干部“银发喜迎二十大 再续百年新辉煌”重阳网络文化活动举办。精选13个单位16位老同志的文艺节目和 19 位老同志的 109 件才艺佳品，分期连续在“枫叶正红　与党同行”微信公众号、“天津老干部”App 和局网站同步推送，引发老同志的广泛关注，纷纷点赞转发，点击浏览创新高。

9 月 30 日　市委老干部局拟定《市委老干部局党的二十大期间离休干部信访应急工作预案》。

9 月底　市委老干部局拟定《关于天津市退休干部服务管理工作的调研报告》，并报市委办公厅。

10 月 8 日　市委老干部局制定印发《天津市委老干部局执行全面从严治党主体责任“矩阵式”工作清单落实办法》。

10 月 10 日　市委老干部局召开全面从严治党工作推动会。局长张懿作部署。市纪委监委驻市委组织部纪检监察组组长王宝凤提出工作要求。市委老干部局副局长、一级巡视员朱和慧主持会议。

10 月 12 日　市委老干部局印发《关于天津市离退休干部知识竞答和主题征文活动评选结果的通知》。

同日　市委老干部局与联通数字科技有限公司天津市分公司签订“天津离退休干部服务管理系统”升级项目合同和人员信息管理及远程协商系统（视频会议室）项目合同，于 12 月 6 日完成验收。

10 月 14 日　市委老干部局完成并通过“天津离退休干部服务管理系统”三级等保测评。

同日　市委老干部局举办天津市老干部教育中心“喜迎二十大　共谱新篇章”线上主题书画摄影优秀作品展。

10 月 24 日　市委老干部局呈报局领导《关于核拨 2022—2023 年度供暖季已故离休干部无固定收入配偶采暖补贴的请示》，为 1345 名已故离休干部无固定收入配偶发放采暖补贴 70. 28 万元。

11 月 2 日　市委老干部局制定印发《中共天津市委老干部局关于在全局系统党员干部中迅速兴起学习宣传贯彻落实党的二十大精神热潮的通知》。

11 月 4 日　市委老干部局组织召开深入学习宣传贯彻党的二十大精神，以党建引领老干部工作高质量发展座谈会。局长张懿作部署安排。市委老干部局班子成员，局机关处长和所属单位主要负责人，各区委老干部局班子成员和系统部委局离退休干部工作部门负责同志参加。座谈会以视频会议形式召开。会议围绕学习宣传贯彻落实党的二十大精神，联系工作实际，进行了深入交流，红桥区、宝坻区、市教育两委分别作大会发言。

11 月 7 日　市委老干部局制定印发《中共天津市委老干部局关于认真学习宣传贯彻落实党的二十大精神的工作方案》。

11 月 8 日　天津市离退休干部“同心 · 聚力 · 筑梦”第十九届沙狐球邀请赛在市老干部活动中心举办。来自全市老干部工作部门 7 支代表队参加了比赛。天津商业大学、武清区、市审计局代表队分获第一、二、三名。

11 月 9 日　市委老干部局印发《关于在全市离退休干部和老干部工作人员中兴起学习宣传贯彻落实党的二十大精神热潮的通知》。

11 月 10 日　天津市离退休干部“喜庆党的二十大　同心聚力再出发”优秀摄影作品展在和平区民园休闲广场举办。展出 120 幅优秀作品，选自全市 208 名老同志创作的 1046 幅作品。10 日至 14 日，分期连续在“枫叶正红　与党同行”微信公众号推出摄影展优秀作品，市委老干部局网站和“天津老干部”App 将同步推送，与全市老同志共享创作成果。

11 月 16 日　市委老干部局举办“学习贯彻党的二十大精神　礼赞新时代　奋进新征程——天津市老干部教育中心线上文艺展演”。

11 月 25 日　市委老干部局与佰运俐（天津）科技发展有限公司签订天津市离退休干部服务管理系统网络安全等级保护测评项目服务合同。

11 月 25 日至 28 日　市委老干部局举办党的二十大精神专题读书班。局长张懿宣讲党的二十大精神并作开班动员。

12 月 1 日 市委老干部局制定《关于帮扶有特殊困难离休干部和慰问外省市易地来津安置离休干部的工作方案》,对 30 名易地来津安置离休干部和 30 名有特殊困难离休干部进行走访慰问,并发放慰问金 9 万元。

12 月 7 日 市委老干部局举办 2022 年全市老干部工作人员视频培训班,全市各区、各系统和有关局级单位老干部工作人员近 120 人参加线上培训。

同日 市委老干部局二级巡视员、教育中心党支部书记、主任陈宽主持召开市老干部教育中心学习贯彻党的二十大精神专题读书班。

12 月 8 日 市委老干部局开展老干部活动阵地建设互学互鉴会议活动。深入学习宣传贯彻落实党的二十大精神,推动中办《关于加强新时代离退休干部党的建设工作的意见》和本市《若干措施》实施,以党建引领老干部活动阵地建设高质量发展。武清区、西青区、红桥区、市住建委、天津工业大学老干部工作部门主要负责同志作交流发言。线上学习观摩了武清区加强老干部活动中心建设情况。市委老干部局主要负责同志参加会议活动并提出工作要求。各区部委和部分局级单位老干部工作部门和活动中心负责同志参加会议活动。

12 月 11 日 按照市委部署要求,精心做好中央政治局委员、市委书记陈敏尔与正市级老同志座谈的组织协调和材料准备等服务工作。

12 月 14 日 全市老干部工作信息化管理员线上培训班开班。各区委老干部局分管信息化工作副局长、信息化管理员;市委各部委、各有关局级单位老干部工作部门信息化管理员共计 100 人参加。

12 月 15 日 市委老干部局与支部生活社联合举办“贯彻落实党的二十大精神”学习党章活动。

12 月 27 日 市委老干部局拟定《关于 2022 年老龄“十四五”规划工作情况的报告》,并报市老龄委。

本年 共受理老干部各类信访 30 件次,比 2021 年增加 5 件次,同比增加 20%。全年我市没有老干部集体访、进京访和意外事件发生,总体保持平稳。

(执笔人:王　涛)

市委教育工作委员会　市教育委员会 2022 年大事述要

1 月 4 日 市教委印发《天津市中小学寒暑假体育、音乐、美术、劳动教育作业方案》。

1 月 14 日 市教委印发《天津市高等教育事业发展“十四五”规划》。

同日 全市教育系统疫情防控工作视频调度会议(2022 年第 5 次市教育两委疫情防控指挥部调度会)召开,部署全市教育系统疫情防控重点工作。市委常委、市委教育工委书记王庭凯出席会议并讲话。

1 月 21 日 市教委与市人社局联合印发《市人社局市教委关于深化实验技术人才职称制度改革的实施意见》。

1 月 28 日 全市教育系统疫情防控工作视频调度会议(2022 年第 8 次市教育两委疫情防控指挥部调度会)召开,部署寒假和春节期间学生管理工作,稳妥做好留校学生管理和服务保障工作。市委常委、市委教育工委书记王庭凯出席会议并讲话。

1 月 29 日 全市教育系统党史学习教育总结会召开,学习贯彻习近平总书记关于党史学习教育的重要指示精神,全面贯彻落实中央和本市党史学习教育总结会议精神,回顾总结成效经验,巩固拓展工作成果,推进校园党史学习教育常态化长效化。市委常委、市委教育工委书记王庭凯出席并讲话。

1 月 天津中医药大学中药制药现代产业学院入选首批国家级现代产业学院。

同月 教育部、工信部联合发文,公布首批国家级特色化示范性软件学院名单,天津大学智能与计算学部入选。

同月 教育系统抽调495名干部教师赴津南一线参加抗疫,选派5500余名师生赴津南支援服务,组织安排5600余名干部教师在所在区入列轮值、参与抗疫工作。

2月10日 2022年全市教育工作会议召开,深入学习贯彻习近平总书记关于教育的重要论述,贯彻落实全国教育工作会议和市委十一届十一次、十二次全会精神,总结2021年教育工作情况,明确2022年主要工作任务。市委常委、市委教育工委书记王庭凯主持会议并讲话。

2月14日 天津市普通高校教育教学工作会议召开,全面总结市2021年度本科教学工作,部署推进2022年度一流本科教育建设工作。

2月18日 "中美音乐交流五十年研讨会"在天津茱莉亚学院成功举行。中国驻美大使馆教育处公使衔参赞杨新育、美国驻中国大使馆新闻文化处副参赞毕书言、天津市人民政府外事办公室主任栾建章在开幕式中致辞。

2月24日 市"双减"工作专班召开全市"双减"工作部署推动会,市委常委、市委教育工委书记王庭凯出席并讲话,副市长李树起出席并主持。会议巩固深化2021年"双减"工作的成果经验,分析研判形势,安排部署下一阶段重点工作。

2月26日 市委常委会会议暨市委教育工作领导小组会议召开,深入学习贯彻习近平总书记关于教育的重要指示批示精神,审议《市委教育工作领导小组2021年工作总结》《市委教育工作领导小组2022年工作要点》《关于进一步健全高校党建工作体系的意见》《天津市"大思政课"建设综合改革试验区实施方案》。市委书记、市委教育工作领导小组组长李鸿忠主持会议并讲话。

2月 市教委组织完成天津市第七届基础教育教学成果奖评审工作。

3月13日 全市教育系统疫情防控工作视频调度会议(2022年第16次市教育两委疫情防控指挥部调度会)召开,部署全市教育系统疫情防控重点工作。市委常委、市委教育工委书记王庭凯、副市长李树起和市政府副秘书长王璟出席会议并讲话。

4月1日 2022年度教育系统全面从严治党和高校党建工作视频会议召开。深入学习贯彻习近平总书记在十九届中央纪委六次全会上的重要讲话精神,安排部署教育系统全面从严治党和高校党建工作。市委常委、市委教育工委书记王庭凯出席并讲话。

4月7日 天津市学生心理健康教育与家庭教育工作会议召开,深入学习贯彻习近平总书记关于教育的重要论述特别是关于心理健康教育的重要指示要求,贯彻落实教育部有关工作会议精神,按照市委、市政府的部署,总结工作、分析形势、明确任务,始终秉承"生命至上、健康第一"的理念,立足积极心理学视角,提升心理健康教育专业化水平,以实际行动呵护学生健康成长,以优异成绩迎接党的二十大胜利召开。市委常委、市委教育工委书记王庭凯出席并讲话,副市长李树起出席并主持。

4月13日 市教委印发《天津开放大学综合改革方案》,力求把天津开放大学建设成为服务于全民终身学习的重要阵地。

4月20日 全市教育系统疫情防控工作视频调度会议(2022年第27次市教育两委疫情防控指挥部调度会)召开,部署做好我市高校学生返津返校安排组织、校园疫情防控管理,抓牢抓实当前和下一阶段校园疫情防控工作。市委常委、市委教育工委书记王庭凯、市政协副主席王建国和市政府副秘书长王璟出席会议并讲话。

4月25日 天津市第八批大学生援疆支教团启程前往和田地区支教。

4月28日 市教育两委机关党员代表大会召开,大会选举王庭凯、荆洪阳、刘丽波3名同志为市教育两委出席市第十二次党代会代表。

4月29日 市教育两委印发《市委教育工委 市教委关于教育系统深入学习贯彻习近平总书记在中国人民大学考察时重要讲话精神及市委常委会会议精神的通知》。

4月 市教委组织开展2021年度全市教育

重点调研课题结题评审和 2022 年度全市教育重点调研课题申报立项工作,172 项 2021 年度调研课题结题,191 项 2022 年度申报课题立项。

同月 市教委启动第八届中国国际“互联网+”大学生创新创业大赛天津赛区赛事工作。

4 月至 5 月 市教委研究制定《天津市普通高中资源建设行动方案》,就完善普通高中发展保障机制,加强普通高中资源建设,有效增加学位供给,加快促进普通高中优质特色发展,提出了具体目标任务和政策措施。

5 月 4 日 市委书记李鸿忠走进南开大学,与师生互动座谈,共同学习习近平总书记视察中国人民大学重要讲话精神。“五四”青年节期间,全市各级领导干部在“五四”青年节期间,先后深入学校 279 次,为师生讲思政课,与师生座谈交流,参加丰富多彩的主题活动,掀起学思践悟习近平总书记重要讲话精神的热潮。

5 月 6 日 规范民办义务教育发展专项工作中期推进会召开,聚焦本市规范民办义务教育发展,深入学习贯彻习近平总书记有关重要指示批示精神,贯彻落实党中央、国务院有关文件和会议精神,按照市委、市政府的工作要求,总结工作,分析形势,部署任务,强化责任,有力推进专项工作各项目标高效优质完成。市委教育工委书记王庭凯参加会议并讲话。

5 月 7 日 全市加强新时代马克思主义学院建设座谈会召开,深入学习贯彻习近平总书记关于加强学校思想政治工作的重要讲话精神,全面落实中共中央办公厅印发的《关于加强新时代马克思主义学院建设的意见》,就制定完善天津市贯彻落实措施听取意见建议,提出了工作要求。市委书记李鸿忠主持会议并讲话。

同日 市教育两委会同市委组织部、市委编办联合印发《天津市建立和完善中小学校党组织领导的校长负责制的实施办法》,探索形成“1+2”制度性成果,深化巩固加强中小学校党的领导的天津经验、天津实践。

5 月 10 日 教育系统统战工作会议召开,学习传达全国、全市统战部长会议精神,进一步明确全年统战工作任务,部署重点工作,提出工作要求。

5 月 14 日 市教委联合市科技局出台《天津市大学科技园建设工作推动方案(2022 年)》。

5 月 17 日 全市教育系统疫情防控工作视频调度会议(2022 年第 36 次市教育两委疫情防控指挥部调度会)召开,部署全市教育系统疫情防控重点工作。市委常委、市委教育工委书记王庭凯出席会议并讲话。

同日 市教委印发《市教委关于印发 2022 年天津市幼儿园招生工作指导意见的通知》。

5 月 18 日 市教委印发《市教委关于做好 2022 年天津市义务教育阶段学校招生入学工作的指导意见》。

5 月 19 日 天津市高校 24 个虚拟教研室入选国家级虚拟教研室建设试点。

5 月 20 日 天津茱莉亚学院 · 天津音乐学院茱莉亚研究院举办了首届研究生毕业典礼。副市长王旭出席并致辞,市政协副主席曹小红出席活动。33 名首届硕士研究生获得了纽约茱莉亚学院的硕士学位。

同日 以“幼小衔接,我们在行动”为主题,启动天津市 2022 年学前教育宣传月活动。

5 月 29 日 全市加强高校思政工作座谈会召开,深入学习贯彻习近平总书记关于加强高校思想政治、意识形态、安全稳定等工作的重要要求,研判应对高校意识形态领域存在的突出风险隐患,加强和改进高校思想政治工作,更加有力筑牢校园意识形态阵地。市委书记李鸿忠出席会议并讲话。市委常委、市委教育工委书记王庭凯主持会议。

5 月 31 日 市教委印发《关于进一步做好我市高校大学生征兵工作的通知》,要求各高校进一步加强政策宣传和教育引导,紧前推动,鼓励更多优秀学子“携笔从戎”,切实肩负起就业育人、征兵育人的责任使命。

6 月 1 日 全市普惠性民办幼儿园认定工作会议召开,对全市普惠性民办幼儿园认定工作提出工作要求。2022 年全市新增认定普惠性民办幼儿园 67 所,全市普惠性民办幼儿园达 590 所,市级财政共拨付补助资金 1.95 亿元。

6月4日　品牌高中建设项目专家工作会召开,就品牌高中建设项目下一步工作进行了研讨,市教委相关负责同志出席会议。

6月7日　教育部公布2021年度国家级和省级一流本科专业建设点名单,本市高校共87个专业获批国家级一流本科专业建设点,136个专业获批市级一流本科专业建设点。

6月14日　市教委组织相关专家,对标年检重点内容和年检指标体系,对全市11所民办高校、独立学院开展实地年检评议,全面检查学校办学条件、办学行为,以检查促进民办高校、独立学院高质量规范发展。

6月18日　《人民教育》专稿刊发《中小学校党组织领导的校长负责制的"天津实践"》,对我市试点改革经验和在全国率先形成的"1+2"制度性成果进行推广。

6月22日　海河实验室发展论坛暨创新联合体成立大会举办。会同市科技局指导海河实验室成立创新联合体,引导全市高校积极参与海河实验室建设,加速提升"海河实验室"的品牌影响力和地位,加快形成创新资源聚集高地。

6月24日　市教育两委印发《市委教育工委　市教委关于认真学习宣传贯彻市第十二次党代会精神的通知》。

6月25日　市教育两委专题会议召开,研判分析规范民办义务教育发展专项工作的进展情况,部署安排重点工作任务,确保专项工作稳妥有序推进。市委常委、市委教育工委书记王旭出席会议。

6月29日　全市高校疫情防控专题会议(2022年第42次市教育两委疫情防控指挥部调度会)召开,部署高校疫情防控重点工作。市委常委、市委教育工委书记王旭出席会议并讲话。

7月5日　经高校党委申报、市教育两委推荐、市文明办审核,天津市24所高校获评2021—2023年度创建天津市文明校园先进学校。

同日　市教委率团赴甘肃调研对接,出席天津师范大学与甘肃民族师范学院、天津医科大学与甘肃医学院教育协作签约仪式,代表天津市教育委员会与庆阳市教育局签署对口合作框架协议,持续深化津甘帮扶合作。

同日　市教委等五部门印发《关于加强中小学线上教育教学资源建设与应用的若干举措》,加强线上教育教学平台体系建设,丰富网络课程资源,用好网络平台资源,提升师生应用能力。

7月7日　市委常委、市委教育工委书记王旭主持召开研究部署暑期校外培训治理专题会。

7月13日　教育部正式批复,同意以"思政课教师队伍建设"为主题,在天津市设立"大思政课"建设综合改革试验区,在全国率先探索思政课教师队伍培养、发展、退出机制。

7月20日　市教委率团赴青海省黄南州职业技术学校、青海民族大学、青海省教育厅调研对接,全面推动教育援青工作。

7月22日　《市委教育工委　市教委关于认真组织学习〈习近平谈治国理政〉第四卷的通知》印发。

同日　市政府教育督导委员会召开2022年全体会议暨市第八届督学聘任工作视频会议,副市长李树起出席会议并讲话。

同日　市教委与新疆维吾尔自治区和田地区教育局签订"津石榴"思政课教师支教帮扶活动框架合作协议。

7月25日　天津交通职业学院、天津市交通学校、天津工业职业学院、天津生物工程职业技术学院、天津市物资贸易学校、天津市建筑工程学校、天津市建筑工程职工大学7所职业院校的隶属关系统一调整为市教委管理。

7月29日　中央教育工作领导小组秘书组、教育部召开视频会议,深入学习贯彻习近平总书记重要指示批示精神,部署推进规范民办义务教育发展专项工作。会上,中央教育工作领导小组秘书组组长、教育部部长怀进鹏点名表扬天津市工作。市委常委、市委教育工委书记王旭出席分会场会议。

7月　天津市优秀科技工作者标兵、天津市优秀科技工作者评选结果出炉,教育系统6名同志获评天津市优秀科技工作者,郭义同志获评天津市优秀科技工作者标兵。

8 月 1 日 国务委员兼外长王毅在出访塔吉克斯坦期间为中亚地区首家鲁班工坊——塔吉克斯坦鲁班工坊场馆落成揭牌。

8 月 2 日 市教委等四部门印发《天津市普通高中“强校工程”实施方案》，在全市遴选建设 35 所“强校工程”项目学校，促进本市城乡普通高中协调发展，整体提升全市普通高中办学水平。

8 月 5 日 市教委率天津师范大学、天津外国语大学等相关负责同志赴青海应邀出席对口支援青海民族大学 10 周年工作会议和签约仪式，助力青海民族大学教育事业高质量发展。

8 月 11 日 市委常委会召开会议，研究贯彻落实教育部关于思政课建设、职业教育工作要求具体措施。

8 月 14 日 市教育两委下发《天津教育系统迎庆党的二十大　做好教育发展成就宣传的工作方案》，对教育系统开展“非凡十年 · 天津教育”主题成就宣传活动做出部署，市委常委、市委教育工委书记王旭同志亲自调度推动，各级各类学校积极参与，宣传活动取得良好效果。

8 月 17 日 推动全面从严治党向纵深发展部署动员会议召开，学习贯彻全市推进全面从严治党向纵深发展工作部署会议精神，推动教育系统全面从严治党向纵深发展。市委常委、市委教育工委书记王旭同志出席会议并讲话。

8 月 18 日 市教委等九部门印发《天津市“十四五”学前教育发展提升行动计划》，提出三大重点任务，明确十项政策措施，为“十四五”期间我市学前教育事业发展锚定任务书。

8 月 19 日 首届世界职业技术教育发展大会在天津成功举办，本次大会由教育部、中国联合国教科文组织全国委员会、天津市人民政府联合举办。大会得到了党中央和国务院的高度重视，习近平总书记向大会致贺信，国务院副总理孙春兰视频致辞，教育部部长怀进鹏出席开闭幕式并做主论坛主旨报告和大会总结，天津市委、市政府主要负责同志出席大会开、闭幕式和主论坛并致辞。

8 月 市教育两委学生思想教育与管理处被党中央、国务院授予“人民满意的公务员集体”，处室主要负责同志受到习近平总书记亲切会见。该项荣誉首次由党中央、国务院颁发，代表了公务员集体的最高荣誉。市教育两委学生思想教育与管理处是全国唯一获此殊荣的主管学生思政的公务员集体。

同月 天津市职业大学李建国老师入选 2022 年度全国最美教师，并参加中央广播电视总台“闪亮的名字——2022 最美教师”颁奖典礼节目。

9 月 3 日 《天津市“十四五”特殊教育发展提升行动实施方案》印发。《实施方案》提出，加快健全特殊教育体系，不断完善特殊教育保障机制，全面提高特殊教育质量。

9 月 10 日 市政府批复《关于天津市教育设施布局规划（2018—2035 年）（2022 年修订）》，同意在静海区中日（天津）健康产业发展合作示范区内增加北京协和医学院天津校区点位，在“津城”核心区内保留天津市音乐学院、天津市美术学院主校区点位，在西青区增加两所学校分校区点位，进一步优化高等教育布局，改善办学条件，推进本市高等教育高质量内涵式发展。

9 月 13 日 天津渤海职业技术学院（渤化集团）、天津电子信息职业技术学院、天津海运职业学院、天津农学院 4 所学校 6 名教师赴黄南州支教，帮扶黄南州职业技术学校 4 个专业建设。

9 月 20 日 天津市开展 2022 年全域科普教育成果展示活动。全市 16 区共有 377 个学校组织测评。

9 月 21 日 市教委组织专家开展天津高校智库优秀决策咨询研究成果评审工作。全市共有 22 所普通高校、高职学校和独立学院申报智库成果 143 项。评选出一等决策咨询研究成果 29 项，二等决策咨询研究成果 32 项，三等决策咨询研究成果 32 项。

同日 市教委等三部门印发《天津市青少年科技创新拔尖人才培养方案（试行）》，促进高校优质科技教育资源开发开放，建立高校与中学联合发现和培养青少年科技创新人才的有效方式，加强基础学科人才培养工作。

9月26日 教育部发布《关于公布第五届省属高校精准帮扶典型项目推选结果的通知》，天津科技大学典型项目“科技创新赋能产业高质量发展”入选。

同日 天津市规范民办义务教育发展专项工作经验《天津市稳妥有序推进规范民办义务教育发展专项工作》被刊登在教育部发展规划司《规范民办义务教育发展专项工作工作情况交流》2022年第28期上供各省交流学习。

9月28日 天津市高等教育（研究生）教学成果奖评选及国家教学成果奖推荐工作开展。经学校申报、专家评审、高等教育（研究生）天津市级教学成果奖评审委员会审议，从164项申报成果中选出2022年高等教育（研究生）天津市级教学成果奖93项，其中特等奖30项，一等奖30项，二等奖33项。同时推荐30项特等奖申报国家级教学成果奖。

10月11日 教育部、国家发展改革委、国家卫生健康委、国家疾控局联合发文，公布高水平公共卫生学院建设高校名单，天津医科大学入选。

10月27日 第六届学生“学宪法讲宪法”比赛暨教育部第七届全国学生“学宪法讲宪法”活动天津赛区选拔赛落幕。来自天津市中小学及高校的160名学生通过线上方式参赛。

10月28日 全市高校哲学社会科学工作推动会召开，部署学习宣传贯彻落实党的二十大精神相关工作，加强34个市级高等学校人文社会科学重点研究基地、21个高校人文社科实验室建设，加强对党的创新理论研究阐释，加强对数字经济、低碳发展、乡村振兴、非物质文化遗产保护、职业教育、大数据应用等重点领域的创新研究。

同日 天津智慧教育平台完成与国家智慧教育平台的对接工作，在国家智慧教育平台地方频道正式上线。

10月 市政府教育督导室组织市级专家组对河东区、西青区、津南区、北辰区、武清区5个区学前教育普及普惠工作进行市级实地督导评估。

11月1日 《市委教育工作领导小组办公室 市教教育工委关于在全市教育系统迅速兴起学习宣传贯彻落实党的二十大精神热潮的通知》印发。

11月5日 天津市首届“高校党建高端论坛”举办，聚焦管党治党重大部署，加强理论阐释和实践笃行，提升高校党建工作质量。市委常委、市委教育工委书记王旭出席并致辞。

11月8日 在天津市南开中学和天津市实验中学成立中小学教师系列副高级职称自主评审委员会，确定两所学校作为试点开展中小学教师副高级、中级职称自主评审工作。

11月17日 市委巡视三组巡视市教育两委工作动员会议召开。市委常委、市委教育工委书记王旭同志出席会议并讲话。

11月18日 中央教育工作领导小组秘书组、教育部以视频形式召开深化新时代教育评价改革工作推进会，深入学习贯彻党的二十大精神，总结新时代教育评价改革的阶段进展，分析面临的主要问题和挑战，部署下一阶段工作。中央教育工作领导小组秘书组组长、教育部部长怀进鹏出席主会场会议并讲话，表扬天津召开市委常委会研究贯彻落实举措，推动全市各区、各相关部门、各学校把深化教育评价改革列入重要议事日程。天津市委常委、市委教育工委书记王旭出席分会场会议并讲话。

同日 市教委科研处获评天津市科普工作先进集体。

11月26日 天津市代表队参与线上全国学生“学宪法讲宪法”总决赛。在演讲比赛中，高校组选手获得该组别全国冠军及最佳表达奖，其他组别还获得了一个一等奖、一个二等奖、两个三等奖。在知识竞赛总决赛中，天津市代表队获得全国第四名的好成绩，其中小学组的选手获该组别全国第一名。

11月29日 塔吉克斯坦鲁班工坊启运仪式在中塔两国同步举行，天津市委常委、市委教育工委书记王旭出席仪式并致辞。

12 月 1 日 教育部正式批复在我市设立基础教育综合改革国家实验区，支持我市不断深化基础教育综合改革，发挥示范引领作用。

12 月 2 日、21 日 市委常委、市委教育工委书记王旭先后两次主持召开深化新时代教育评价改革专题座谈会，传达中央教育工作领导小组秘书组、教育部深化新时代教育评价改革工作推进会会议精神，研究改进高校评价改革、职称评聘制度改革、学生综合评价等热点难点，进一步完善教育评价体系。

12 月 3 日 《天津市学科类校外培训机构信用监管暂行办法》印发，构建以信用为基础的学科类校外培训领域新型监管机制，促进学科类校外培训机构规范有序发展。

12 月 9 日 市教委等八部门印发《天津市关于进一步激发中小学办学活力若干措施》，扩大人事工作自主权，落实经费使用自主权，保障学校教育教学自主权，全面提高基础教育质量，办好人民满意的教育。

12 月 10 日 天津市第十六届社区教育展示周暨 2022 年全民终身学习活动周举办。活动周期间，围绕“学习贯彻二十大　终身学习向未来”主题，结合六大板块举办 22 项市级主题活动和 1000 余项特色活动。

12 月 15 日 《天津市 2022 年“双减”督导情况报告》形成，总结做法成效，分析存在问题，明确下一步安排，落实国务院教育督导办提出的将“双减”督导作为 2022 年教育督导“一号工程”要求。

同日 市教委、市科技局、市科协联合组织开展了 2022 年天津市科普基地认定工作。最终认定 23 家高校科普基地为市级科普基地。

12 月 20 日 市教委科研处获评 2022 年天津市知识产权工作先进集体。

12 月 29 日 市教委印发《天津市幼儿园保教装备配置标准》，明确幼儿园生活设备和玩教具的配置要求，指导幼儿园科学规范配置保教设备。

12 月 30 日 《天津市普通高中资源建设方案》印发，到 2025 年，新建、改扩建一批普通高中，新增 2.6 万余个学位，进一步改善办学条件。

同日 市教委、市财政局对《天津市普惠性民办幼儿园生均经费补助项目和资金管理办法》进行了修订，重点解决了资金拨付慢和补助经费无法用于教师工资发放等问题，进一步促进我市普惠性民办幼儿园健康发展。

12 月 北京师范大学天津附属中学姜腾、天津市蓟州区第六小学孟庆阳、天津市滨海新区教师发展中心苏宝明、天津市实验幼儿园李惠虹、天津市第四中学安媛、天津市雍阳中学李文和 6 人入选教育部新时代中小学名师名校长培养计划（2022—2025）名单。

（执笔人：刘　娜）

市政府国有资产监督管理委员会党委
市政府国有资产监督委员会 2022 年大事述要

1 月 9 日 市国资委党委书记、主任张勇先后到食品集团、交通集团、公交集团等一线民生企业调研，检查新冠疫肺炎情防控措施落实情况，指导相关企业做好服务城市运行和保障民生工作。

同日 市国资委党委书记、主任张勇主持召开国资系统新冠疫肺炎情防控工作视频调度会，传达学习市委、市政府会议精神，全面部署市国资系统新冠肺炎疫情防控、生产保供、服务城市运行、保障民计民生工作。会议印发《天津市国资系统关于切实履行职责使命全面加强国资系统疫情防控工作的通知》，要求全市国有企业要切实把疫情防控和保障供应作为当前首要政治任务，在关键时刻发挥国有企业“顶梁柱、压舱石”作用。

1 月 12 日 市国资委党委书记、主任张勇先后到能源集团、水务集团、国兴资本公司调研，指导新冠疫肺炎情防控期间国有企业“保运行、保供应”工作。本轮疫情发生以来，国资系统各级企业党组织坚决贯彻落实市委、市政府和市国资两委部署要求，坚决扛起安全稳定运行、保障民生供应的经济责任、政治责任、社会责任，让党旗在抗疫一线高高飘扬。

1月16日 市国资委党委成立天津市国资委党委津南区抗疫一线前方指挥部。指挥部以天津市优质小站稻开发有限公司为驻地，由市国资两委有关领导同志和重点保障企业负责同志组成，下设综合协调组、交通保障组、物资保障组、能源水务保障组、人员协调组等，全力落实市防控指挥部部署，统筹协调做好各项疫情防控工作。

1月18日 经市国资委党委研究决定，成立市国资委党委津南区抗疫一线前方指挥部临时党委，统筹市管、委管企业重点做好协调保障津南区群众生活物资供应、供水供气供热、人员保障和货物运输等各项支持工作，组织引领市国资系统抗疫一线人员履好职尽好责。

1月19日 市国资委召开国资系统稳外贸专题工作视频会议，研判外贸形势、总结经验做法、研究对策措施、梳理企业需求，部署推动促进监管企业外贸业务平稳发展各项举措有效落实。市国资委党委书记、主任张勇出席会议并提出工作要求，市国资委党委委员、副主任张蕾主持会议。

1月22日 市国资委党委书记、主任张勇，市国资委党委津南区抗疫一线前方指挥部临时党委书记刘翌，调研水务集团供水保障网点、能源集团供气保障网点、公交集团驻津南区指挥部、食品集团社区食品供应点和津南保供应仓库等点位，慰问坚守抗疫一线的干部职工，现场解决疫情防控物资短缺等问题。

1月25日 市国资委党委召开党史学习教育总结会议，党史学习教育市委第六巡回指导组到会指导。会议传达学习了习近平总书记重要指示和中央党史学习教育总结会议精神以及全市党史学习教育总结会议精神。市国资委党委书记、主任张勇出席会议并对党史学习教育情况进行总结，市国资委党委副书记吴杰军主持会议。

2月17日 市国资委党委召开党委扩大会议暨党建工作领导小组会议，听取各市管、委管单位党组织主要负责同志抓基层党建工作述职和述责述廉情况，并进行民主测评。市国资委党委书记、主任张勇主持会议，市纪委监委第一监督检查室副主任陈赓出席会议并点评，市委组织部干部六处到会指导。会议采取现场述职和书面述职相结合的方式进行。渤轻集团、交通集团、天房集团、渤海证券、公交集团、渤投资本6家企业党委书记现场述职，其他企业党委书记或以党委名义进行书面述职。

2月22日 市国资两委机关离退休干部党委召开扩大会议，传达中央和市委相关会议精神，通报国资国企工作成效，研究部署2022年重点工作。市国资两委机关离退休干部党委全体委员、市国资两委机关各离退休干部党支部书记参加会议，各党支部联络员列席会议。

2月24日 市国资委党委以视频的形式召开国资系统职业院校工作会议，就国资系统各职业院校做好新一年的工作和开学期间的各项准备进行部署安排，市国资委党委副书记吴杰军出席并讲话。

3月3日 市国资委党委采取线上和线下相结合的形式召开国资系统警示教育大会，认真贯彻市委、市纪委监委部署要求，运用彭三违纪违法案件开展警示教育，充分发挥以案为鉴、以案促改、以案促治作用，一体推进不敢腐、不能腐、不想腐，引领保障国资国企高质量发展。市国资委党委委员、驻委纪检监察组组长段赛颖通报了《彭三严重违纪违法案件剖析报告》，市国资委党委副书记吴杰军宣读了彭三《忏悔书》和《廉政忠告书》，能源集团、天津银行、津诚资本、城投集团所属创业环保4家企业党委书记和市国资委改革处党支部书记进行了表态发言。市国资两委领导班子成员，两委机关、驻委纪检监察组副处以上干部，各市管、委管企业领导班子成员、集团中层正职、二级企业及重要企业党政主要负责同志参加会议。

3 月 17 日 应市第一中级人民法院邀请，市国资委副主任杨传胜在商事审判业务培训中，围绕国有资产监管体制的历史沿革、新形势下国有资产监管的要求、国资国企的现状、国有资产流转制度和国有企业混合所有制改革五个方面作了讲解，帮助审判机关了解国资监管和国企改革相关政策制度和工作实务，为审判机关在涉及国资国企的司法活动中准确适用法律提供助力，依法维护国有资产安全和保障促进国资国企改革发展。一中院主要负责同志出席，一中院及所辖各区人民法院相关审判业务部门和综合行政部门负责人参加了培训。

3 月 30 日 市国资委发布首张监管企业关于助企纾困和支持市场主体发展的若干措施明白纸，为承租国有房屋的服务业小微企业和个体工商户提供房租减免政策支持。

4 月 4 日 市委常委、市委组织部部长、市委主题学习宣传教育实践活动领导小组组长喻云林深入泰达绿化科技公司，就国资系统开展“迎盛会、铸忠诚、强担当、创业绩”主题学习宣传教育实践活动进行调研指导。

4 月 7 日 市国资委召开 2022 年国资系统审计工作会议。市国资委党委书记、主任张勇出席会议并要求，国资系统审计工作要积极适应新形势新要求，围绕国资国企改革发展中心工作，强化对重大政策措施的推动落实，做好常态化“经济体检”，加快构建集中统一、全面覆盖、权威高效的内部审计监督体系，大力开展审计信息化建设，稳妥推进穿透式监督，强化重点领域风险防控，形成监督追责完整闭环。市国资委、区县国资委及各监管企业有关负责同志到会，各监管企业及所属企业有关同志参加了视频会议。

4 月 8 日 市国资委举办企业国有产权管理业务培训，针对新开发上线的“智慧国资—境外国有产权管理”系统模块的备案、统计等功能进行了详细讲解，结合前期应用情况对产权交易、资产评估等其他系统模块重点问题进行了强调和指导。

4 月 28 日 市国资委党委会同驻委纪检监察组召开国资系统青年干部职工座谈会。市国资委党委副书记吴杰军，党委委员、驻委纪检监察组组长段赛颖出席，市国资委党委二级巡视员、企领一处处长刘翌主持会议。座谈会上，青年干部代表从不同角度作了交流发言，展现了新时代国资国企青年干部职工积极投入推动改革攻坚一线的责任担当，对事业进取毫不懈怠的蓬勃朝气。

5 月 6 日 市委常委、市委组织部部长、市委主题学习宣传教育实践活动工作领导小组组长喻云林深入天津津融投资服务集团有限公司和天津食品集团有限公司，调研了解企业领导班子建设和经营发展情况，听取意见建议，指导推动教育实践活动工作。

5 月 13 日 市国资两委领导班子以“彻底肃清彭三恶劣影响净化政治生态”为主题召开专题民主生活会。两委领导班子旗帜鲜明讲政治，认真学习领会习近平总书记关于政治生态建设的重要论述，深刻认识彭三恶劣影响对国资系统的严重危害性和破坏性，以彭三典型案例为镜、为戒、为鉴、为训，严肃认真开展批评和自我批评，全面去流毒、撕标签、促净化，彻底肃清彭三恶劣影响净化政治生态。市纪委监委第一监督检查室、市委组织部干部六处到会指导。市国资委党委书记、主任张勇主持会议并作总结讲话，市国资两委领导班子成员参加。

5 月 31 日 天津市国资国企工作会议暨深化国有企业改革推动会召开。市委书记李鸿忠出席并讲话，市委副书记、代市长张工主持。副市长朱鹏就深化国企改革三年行动有关工作作部署。会上，市国资委、市发展改革委、滨海新区、渤化集团、城投集团主要负责同志围绕深化改革推进国有企业高质量发展、加快推进党政机关和事业单位所属国企改革、深化区属国有企业改革助力“滨城”建设、以党建为引领以项目为支撑全力打造化工产业新名片、落实改革方案加快转型发展等作了发言。会议以电视电话会议形式召开，在各区设分会场。市领导喻云林、陈辐宽、刘桂平、连茂君和市政府秘书长孟庆松，市有关方面负责同志、市深化国有企业改革工作领导小组成员单位主要负责同志、市管国有企业党政主要负责同志、市国资两委领导班子成员、各区主要负责同志和分管负责同志参加。

6月1日　市国资委与中国北方人才市场携手搭建的“英才”招才引智线上公益平台正式上线运行。目前该平台涵盖天津市国资国企各类各层人才引进、高校毕业生招聘、其他用工岗位招聘、企业宣传体验、求职简历投递筛选、情况统计分析等功能模块,还将陆续开通开展云端专场面试、直播带岗宣讲、企校直通合作等活动和功能。

6月17日　市国资委组织召开监管企业房租减免工作专题推动会,对国有企业为服务业小微企业和个体工商户减免房租工作进行再部署、再动员。市国资委党委委员、副主任刘智主持会议,泰达控股、渤化集团、城投集团等28家市管、委管企业分管负责同志,市国资两委相关处室负责同志参会。

6月20日　市国资委再次发布监管企业关于助企纾困和支持市场主体发展的若干措施明白纸,继续为承租国有房屋的服务业小微企业和个体工商户提供房租减免政策支持。

6月24日　为更好宣传贯彻国务院和天津市关于稳经济大盘的系列利好政策,深化银企合作,提升企业融资水平,推进高质量发展落实落细,天津市国资委举办市国资系统稳经济大盘政策宣讲会。会议特别邀请国开行天津市分行、建设银行天津市分行、中国国际金融公司天津区域专家专题宣讲解读。市国资委党委委员、副主任张蕾出席会议并讲话,各监管企业及重点子企业现场参会,各区国资委及重点监管企业线上参会。

6月29日　市国资委党委在天津轻工职业技术学院举办国资系统“思政教育+工匠技能”劳模工匠进校园活动启动仪式。举办此次活动旨在深入学习贯彻习近平总书记致首届大国工匠创新交流大会贺信精神,贯彻落实市第十二次党代会精神,大力弘扬劳模精神、劳动精神、工匠精神,深化校企对接优化职业院校管理,培育打造国资国企高素质技术技能人才队伍。市国资委党委二级巡视员、企领一处处长刘翌出席会议,国资系统劳模工匠杰出代表,天津轻工职业技术学院、天津现代职业技术学院、天津城市建设管理职业技术学院、天津机电职业学院、天津渤海职业技术学院五所院校负责同志、教师代表、学生代表参加。

7月6日至8日　为深入学习贯彻习近平新时代中国特色社会主义思想和党的十九届六中全会精神,认真学习贯彻市第十二次党代会精神,深化“迎盛会、铸忠诚、强担当、创业绩”主题学习宣传教育实践活动工作,以高质量党建引领保障国有企业高质量发展,市委组织部、市国资委党委和市委党校联合举办“高质量党建引领保障国有企业高质量发展”专题研讨班。市属国有企业(含市级国有资本投资、运营公司)党委副书记、组织部部长70余名同志参加现场授课。研讨班依托智慧国资平台同步进行直播,在市国资委机关和各市管、委管企业以及各区国资委设立分会场,市国资两委机关全体干部,市管、委管企业和各区国资委分管负责同志、职能部门负责同志,国资系统“未来青年企业家培养工程”暨“青马工程”培养对象和“攻坚克难突击队”队员同步参加视频授课。

7月8日　市国资委党委组织召开“国资系统人才工作会议暨年轻干部培养选拔管理监督工作会议”。会议由市国资委党委副书记吴杰军主持,市委组织部、市人社局有关负责同志,中国国际技术智力合作集团有限公司、国家知识产权局专利局专利审查协作天津中心、中国北方人才市场负责同志出席会议。会议分两个阶段进行,第一阶段举行市国资委与中智集团、审协天津中心、北方人才市场战略合作协议签订仪式,第二阶段进行座谈交流和工作部署。

7月20日　根据市委巡视工作统一部署,召开市委巡视七组巡视市国资委党委工作动员会。市委巡视七组组长、正局级巡视专员王秉贵作动员讲话,市国资委党委书记、主任张勇作表态发言。第七巡视组副组长、副局级巡视专员李志水及巡视组部分成员,市国资两委领导班子成员、近三年来退休的原领导班子成员、二级巡视员，市纪委监委驻市国资委党委纪检监察组负责同志，市国资两委各处室主要负责同志、组织人事部门负责同志，6 家委管企业党政主要负责同志，市国资委党委党校、市国资系统老干部活动中心主要负责同志，“两代表一委员”，共 70 余人参加了会议。

8 月 9 日 市国资委组织召开学习贯彻习近平法治思想暨天津市国资委监管企业法治工作会议。市国资委党委书记、主任张勇出席会议并提出工作要求，市国资委副主任杨传胜主持会议并作法治工作报告。会议旨在深入学习贯彻习近平法治思想，全面总结 2021 年企业法治工作，推动 2022 年企业法治工作的深入开展，指导企业进一步健全领导责任体系、不断深化依法治理和合规经营、着力强化法律风险防范、持续加强法治队伍建设。

8 月 23 日 市国资委党委召开市委巡视工作中期推动会，学习传达落实市委巡视七组在听取市国资委党委汇报时提出的意见要求，部署安排下一步工作。党委副书记吴杰军传达了巡视组组长王秉贵的讲话精神并提出具体落实措施，市国资委党委书记、主任张勇对进一步做好巡视工作提出工作要求。市国资两委领导班子成员、二级巡视员和各处室主要负责人参加会议。

8 月 27 日 由天津市国资委和通用技术集团合资组建的通用技术集团机床有限公司正式在津揭牌成立。此次合作旨在贯彻落实天津市“制造业立市”发展战略，增强机床板块研发制造实力，打造“专精特新”“单项冠军”企业，进一步提高国内机床产业资源集中度，更好促进我国现代装备制造强国建设。

8 月 29 日 市国资委以“线下+线上”方式组织召开市、区两级国有企业盘活闲置土地房产培训推动会。市国资委副主任刘智总结通报前期工作进展，对盘活国有企业闲置土地房产工作进行再动员再部署。市规划资源局结合《天津市规划和自然资源局关于加快解决我市历史遗留项目不动产登记问题的意见》，培训解读土地房产不动产登记相关政策。明源不动产研究院结合《国务院办公厅关于进一步盘活存量资产扩大有效投资的意见》，分享企业盘活土地房产的做法案例。德勤税务师事务所对国有资产盘活涉及的税务事项进行专题讲解。

8 月 30 日 市国资委党委书记、主任张勇主讲的“坚持深化改革关键一招　赋能国资国企高质量发展”课程，正式入选国务院国资委干部教育培训中心“强国担当 · 国资央企通识课”系列课程。该系列课程分别由各中央企业和地方国资委负责同志主讲，介绍中央企业及地方国资国企改革发展情况，分享高质量发展实践经验和成效，展现国资国企在国民经济建设和行业发展中发挥的重要作用。

9 月 1 日 市国资委党委统一战线工作领导小组集体学习市委统战工作会议精神，传达学习市委统战工作会议精神。会议要求，市国资系统各级党委、统一战线工作领导小组成员单位要深入学习贯彻习近平总书记关于做好新时代党的统战工作的重要思想，认真落实市委书记李鸿忠在市委统战工作会议上的讲话精神，充分发挥统一战线的重要法宝作用，把国有企业统战工作抓实抓好。

9 月 23 日 市国资两委召开市国资系统“喜迎党的二十大胜利召开　落实‘疫情要防住、经济要稳住、发展要安全’”专题工作会。会议首先传达市委常委（扩大）会议、市政府党组会议、全市维稳安保工作会议以及各项专题工作会议精神。公交集团、城建集团、纺织集团、劝华集团、渤投资本、北方国际集团分别结合各自单位特点和工作实际作交流发言。市国资两委班子成员结合各自分管领域分别从国企改革三年行动、经济运行、资产盘活、疫情防控和安全生产等方面作具体工作部署。

9 月 28 日 市国资委组织各监管企业、各区国资委、委内部分处室及外聘法律顾问，参加了国务院国资委举办的法治讲堂，进一步推动监管企业法治建设，增强监管企业依法合规经营能力。市国资委党委委员、副主任杨传胜要求，监管企业要高度重视合规管理工作，对标央企，充分借鉴先进经验做法，加快合规体系建设，尽快补齐短板。

10月10日 市国资委党委书记、主任张勇，市国资委党委委员、副主任刘智陪同副市长朱鹏出席市政府新闻办举办的“国企改革三年行动”新闻发布会，从国企党建、国企发展活力动力、国有资本布局结构、国有资产监管实效等方面介绍了天津市国企改革三年行动取得的成绩，并回答了记者提出的如何落实习近平总书记对国有企业的要求、混合所有制改革探索和成效、如何巩固国企改革三年行动成果等问题。

10月20日 市国资委党委组织召开党的二十大报告专题学习交流研讨，两委领导班子成员出席，二级巡视员、有关处室长列席。市国资两委领导立足岗位职责和工作实际，结合实际分享了体会和感悟。

10月21日 市国资委举办以“喜迎盛会铸忠诚 扎根国资创业绩”为主题的市国资系统学习习近平法治思想知识竞赛系列活动。各监管企业积极响应，32支代表队96名选手通过初赛、半决赛、决赛三个阶段的竞争，最终天津港集团获一等奖，滨海农商银行获二等奖，渤化集团获三等奖，渤轻集团、能源集团、天津银行获得优秀组织奖。

10月22日 市国资两委组织召开国有企业土地房产盘活专题推动会，进一步落实市委、市政府关于闲置资产整治专项行动的有关要求，部署推动市管、委管企业加快盘活闲置土地房产。市国资委党委书记、主任张勇，市国资委党委副书记、一级巡视员王建军出席，市国资委党委委员、副主任刘智主持会议并通报有关情况。各市管委管企业主要及分管负责同志，市国资两委有关处室负责同志参加会议。

11月21日至23日 市国资委党委举办深入学习贯彻党的二十大精神专题读书班。市国资委党委宣讲团成员、市国资委党委书记、主任张勇对市国资系统作了学习贯彻党的二十大精神宣讲报告，并对学习宣传贯彻工作进行全方位指导和部署。党的二十大代表、天津港集团党委书记、董事长褚斌分享了在北京参加盛会的亲身经历和切身感受。

11月24日 市国资委组织水务集团、纺织集团、市政集团、渤海轻工、渤海证券、国恒公司、津诚资本、旅游集团，开展了天津市国资委监管企业董事会办公室协作交流机制首次活动。活动以“探索因企施策授放权、推动公司治理型转变”为主题，解读了相关政策，交流和研讨了典型经验和做法，集思广益、群策群力、提升认识、拓展思路，共同推进法人治理建设上水平。

12月26日 市国资两委召开国资系统保运行保供应工作部署推动视频会，推动国有企业在抗击疫情新阶段做好保供应、保运行、保民生、稳增长工作，充分发挥“顶梁柱”和“压舱石”作用。市国资委党委委员、副主任郭磊主持，市国资委党委书记、主任张勇出席并提出工作要求。

（执笔人：刘煜飞）

市委信访办公室 市政府信访办公室2022年大事述要

1月4日 市信访办召开驻村帮扶推动会，市信访办副主任李景茂，秘书处相关同志参加。

1月6日 市信访办副主任张炳军与督查处相关同志到武清区就进京越级集访问题进行实地督查，提出工作要求，并现场接待上访群众，推动问题解决。

1月7日 市委常委会暨市委党的建设工作领导小组（扩大）会议在礼堂召开。

1月24日 市公安局组织召开北京冬奥会信访安全稳定部署会，市信访办副主任张炳军参加。

1月26日 市信访办副主任畅志杰与市专项行动专家组组长一道赴河西区矛调中心督导积案化解工作。

1月27日 市信访办党史学习教育总结会召开，办党组成员、二级巡视员、机关全体党员干部参加。

2月7日 市人大组织召开市两会信访安

全保障工作会议，市信访办副主任张炳军，接访二处负责同志参加。

2月9日 市信访办组织召开信访工作评估排名靠后单位约谈会。市信访办副主任畅志杰，综合协调处负责同志参加。

2月12日至14日 市信访办副主任张炳军到市政府机关门前现场调度市两会期间信访稳定工作。接访二处全员在岗，为市两会顺利召开做出了积极贡献。

2月21日 市商务局党组书记、局长沈蕾带队到市信访办就信访考核、重复访治理等内容进行工作对接，市信访办副主任畅志杰、综合协调处负责同志参加。

2月22日 市信访办组织召开清退“海河英才”违规落户信访事项研判会。市信访办副主任畅志杰，综合协调处负责同志参加。

2月27日至3月25日 市信访办副主任张炳军赴北京调度并参加全国两会期间信访安全保障工作。

3月24日 市委常委会召开，会上对信访工作进行了专题研究并进行工作部署。

3月29日 全市信访工作会议在天津礼堂召开。深入学习贯彻习近平总书记关于加强和改进人民信访工作的重要思想，学习宣传贯彻《信访工作条例》，总结2021年工作，部署2022年任务。市委、市政府主要领导出席并讲话。

3月30日 2021年度市信访办党组织书记抓党建述职评议会暨2022年全面从严治党工作部署会召开，办领导班子成员、二级巡视员、各处室党支部书记参加。

4月14日 国家信访局学习贯彻《信访工作条例》座谈会天津分会场在天津礼堂召开。市委常委、政法委书记赵飞，副市长董家禄作和市人大秘书长贾凤山出席。

4月26日 市信访工作联席会议办公室组织召开进京越级访治理专题视频调度会。市信访办副主任畅志杰，市委政法委、市公安局、市教委、市住建委等12个重点委局分管负责同志和信访部门主要负责同志在主会场参加会议。

6月14日 市信访办召开信访基础业务工作会议，办党组书记、主任孙建华、副主任畅志杰参加。

6月17日 市信访办收到天津海关送来的写有“真心为民解难，关心群众冷暖”的锦旗，感谢市信访办领导在刘俊倩反映办理退休的信访问题上的推动化解和业务指导，使得信访问题得到了圆满的化解。

6月24日 市信访工作联席会议第二次全体（扩大）会议在天津礼堂召开。办领导班子成员、副局级信访督查专员、二级巡视员、各处室负责同志参加。

7月1日 市信访办举办学习贯彻市第十二次党代会精神专题党课报告会。

同日 市信访办举办消防安全讲座和应急演练。

7月6日 市信访办举办全市信访系统“八五”普法骨干培训班，副主任李景茂出席并作动员讲话，研究室（法规处）负责同志主持。

7月25日 市委办公厅市政府办公厅印发《关于加强新时代网上信访工作的实施意见》。

8月1日 中国网络文明大会天津组委会筹备工作部署会在市委网信办召开，市信访办副主任张炳军参加。

8月10日 市信访办举办第五期信访大讲堂，全体党员干部参加。

8月19日 根据市信访办开展治理重复信访、化解信访积案专项工作倒流信访事项专项督查的工作安排，副主任李景茂、督查处到和平区信访办对列入督查范围的信访事项信访问题进行实地督查。

8月25日 全市信访稳定工作会议在天津礼堂召开，市信访办副主任畅志杰、副主任张炳军参加。

8月27日 市信访办副主任畅志杰、副主任张炳军、副主任李景茂赴市委政法委专题研究信访工作。

8月29日 市信访办召开国家信访局督办案件研判会，市信访办副主任张炳军参加。

8月31日 中央信访工作督查组范小毛一行6人来津督查党的二十大信访安全稳定和治

重化积工作，在迎宾馆召开督查工作衔接会，市委常委、市委政法委书记王庭凯，副市长、市公安局局长衡晓帆，市信访办领导班子成员参加。

8 月 31 日至 9 月 3 日 中央信访工作联席会议专项督查第七组对我市开展化解信访突出问题进行了实地督查。

9 月 5 日 加快资本市场健康发展防范化解金融风险工作专题会议在天津礼堂召开。

9 月 6 日 市委书记李鸿忠深入东丽区面对面听取包案信访人梁家乐的诉求，耐心细致地做好信访人的思想政治工作，研究解决信访问题的措施，信访人表示满意。

9 月 14 日 天津市“人民满意的公务员”和“人民满意的公务员集体”表彰座谈会召开。宝坻区信访办办信科科长殷秀芳被授予全国“人民满意的公务员”称号，市信访办办接访二处副处长（主持工作）、三级调研员陆树声被授予第六届天津市“人民满意的公务员”称号。

9 月 16 日至 10 月 24 日 市信访办与市公安局在天津站设立指挥部，启动“第二道防线”联合防控劝返工作机制。经过工作人员艰苦努力，圆满完成了党的二十大期间防控劝返工作任务，实现天津重点敏感时期零进京的工作目标。

9 月 20 日 “卫城—022”战役总攻决战部署会议暨全市党的二十大维稳安保工作会议在天津礼堂召开。

9 月 23 日 市委常委、市委政法委书记王庭凯召集市住建委、和平区、河北区、东丽区、西青区等相关单位，就治重化积专项工作召开约谈会，并听取相关单位工作情况汇报，对下步工作提出具体要求。市信访办副主任畅志杰、二级巡视员王振刚参加。

10 月 7 日 市驻京工作组在驻地召集 16 个区和有关委局劝返组长召开党的二十大专项劝返工作动员部署会。

10 月 19 日 市信访办李景茂副主任带领督查处、机关党委相关同志到西青区开展党的二十大信访安全保障工作专项督查。

同日 市信访办二级巡视员李跃东在市信访接待中心接待来访群众何恩莲，对其反映的违章建筑问题进行了解并提出相关要求。

10 月 24 日 市信访办二级巡视员王振刚召集市公安局、市民政局、市司法局、市交通运输委、市市场监管委等相关单位，就信访考核工作召开专题座谈会。

10 月 28 日 信访包案推动化解工作会议在市政府常务会议室召开。

10 月 31 日 市信访办二级巡视员王振刚召集市卫健委、市教委、市国资委、市人社局、市住建委、市规划和自然资源局等相关单位，就信访考核工作召开专题座谈会。

11 月 1 日 按照国家信访“大督查、大接访、大调研”活动安排，市信访办组织召开信访事项专项工作协调会议，综合协调处、接访一处、督查处负责同志参加。

11 月 2 日 市委政法委书记王庭凯召开会议，专题听取他所包联的 11 件信访事项化解工作进度情况汇报，提出了督查督办意见，市信访办副主任畅志杰，综合处、研究室、督查处负责同志参加。

11 月 4 日 市信访办督查处相关同志赴市档案馆对信访人反映信访事项查找政策依据。

11 月 7 日 市信访办畅志杰副主任召集综合协调处、督查处等同志召开会议，就中央信访督查第七督查组对本市督查的宝坻区中德国际信访事项进行专题研究。

11 月 8 日 市信访办畅志杰副主任带领综合协调处、督查处有关同志到宝坻区对中央信访督查第七督查组督查的中德国际信访事项进行实地督查。

11 月 14 日 市信访办督查处相关同志赴河西区调研市领导接访下访有关工作情况。

11 月 16 日 市信访办李景茂副主任、二级巡视员李跃东在市信访接待中心接待来访群众赵丽红，对其反映的拆迁问题进行了解并提出相关工作要求。

11 月 30 日 市信访办督查处对全市各区上报的使用中央信访资金情况，按照有关政策规定，全部审核完毕。

12 月 5 日 市信访办开展“宪法宣传周”活

动，组织全办干部举行集体宪法宣誓仪式。

12 月 26 日　全市信访积案和突出涉稳风险隐患攻坚化解工作研讨会在市委政法委召开。

（执笔人：高　远）

市档案馆（市地方志编修委员会办公室）2022 年大事述要

1 月 11 日　全国地方志系统表彰先进会议暨 2022 年全国省级地方志机构主任工作会议在北京召开。会议授予 32 个单位“全国地方志系统先进集体”称号，本市北辰区地方志编修委员会办公室获此殊荣。

1 月 26 日　市档案馆召开 2021 年度考核测评会议，听取各部门 2021 年党建、全面从严治党和业务工作开展情况汇报，对各处室（支部）及处长（支部书记）进行考核测评。

1 月 30 日　市档案馆印发《天津市档案馆新媒体账号备案登记管理办法》。

1 月　市档案馆编著的《近代天津租界档案史料选编（第一卷）》（英美租界篇）由天津人民出版社出版。

2 月　市档案馆编著的《老画报里的婚恋故事》由广西师范大学出版社出版。

3 月 4 日　市档案馆召开“踔厉奋发正当时　笃行不怠向未来”抗疫经验分享会，发布抗疫诗集《兰台抗疫抒怀诗文集》。

3 月 15 日　市档案馆启动“读经典迎盛会，强党性促发展”主题全民阅读活动，组织举办推书荐书、诵读、演讲、微党课、主题征文等活动。

3 月 30 日　市档案馆印发《天津市档案馆（天津市地方志编修委员会办公室）内设机构和机关党委办公室职责》。

4 月 1 日　市委巡视七组巡视市档案馆党委情况反馈会议在市档案馆召开，指出市档案馆党委存在的突出问题，提出整改意见。会后，馆党委召开专题会议，传达巡视反馈会精神，研究整改落实工作。

同日　市档案馆党委印发《2022 年天津市档案馆党的建设工作要点》《关于在全馆开展“迎盛会、铸忠诚、强担当、创业绩”主题学习宣传教育实践活动工作实施方案》。

4 月 2 日　市档案馆党委召开党委会扩大会议，部署巡视整改落实工作。会议学习习近平总书记关于党的自我革命的重要论述和关于巡视整改的重要指示批示精神，要求切实提高政治站位，以对市委负责、对党和人民事业负责的精神抓好巡视整改，以“豹尾”之力做好“后半篇文章”。

4 月 6 日　市档案馆党委召开处级以上干部会议，对推进巡视反馈意见整改落实工作进行动员，要求全馆要深刻认识巡视整改工作的重要意义，把巡视整改工作作为当前一项重要政治任务，作为捍卫“两个确立”、做到“两个维护”的实际行动，高标准、高质量完成市委巡视组反馈意见整改落实工作，以巡视整改的实际成效彰显讲政治的知行合一。

同日　市档案馆党委、市纪委市监委驻市委办公厅纪检监察组印发《关于推动开展清廉机关创建行动工作方案》。

同日　市档案馆印发《2021 年天津市档案馆（天津市地方志编修委员会办公室）工作总结》和《2022 年天津市档案馆（天津市地方志编修委员会办公室）工作要点》。

同日　市档案馆从馆内各部门抽调 48 名同志组建档案整理、档案开放审核 2 个专班，集中开展档案整理和开放审核专项工作。

4 月 11 日　市档案馆印发《2021 年天津市档案馆（天津市地方志编修委员会办公室）工作总结》《2022 年天津市档案馆（天津市地方志编修委员会办公室）工作要点》。

4 月 13 日　市档案馆举行第一期“方志大讲堂”，本年度一共举办 6 期。

4 月 13 日至 15 日　市档案馆举办“迎盛会、铸忠诚、强担当、创业绩”主题学习宣传教育实践活动动员部署会暨党员领导干部读书班。

4月14日 市地方志编修委员会办公室召开《天津市地方志事业发展规划(2021—2025)》专家论证会,与会专家一致同意规划通过论证。

4月15日 第七个全民国家安全教育日,市档案馆在全馆开展全民国家安全教育日普法宣传活动。

4月19日 市地方志编修委员会办公室印发《2021年全市地方志工作总结》和《2022年全市地方志工作要点》。

4月21日 市档案局、市档案馆以视频会议形式联合组织召开全市档案方志工作会议。会议深入学习贯彻习近平总书记关于档案方志工作的重要指示精神,认真落实全国档案局长馆长会议和全国省级地方志机构主任工作会议精神,总结2021年全市档案方志工作,部署2022年工作任务。

同日 市档案馆召开馆安全生产领导小组会议,传达学习市安全生产会议精神和市领导讲话要求,部署全馆安全工作。

4月26日 市档案馆(市地方志编修委员会办公室)组织召开市级部门未修志单位业务培训会,35家未修志单位参加。

4月 市地方志编修委员会办公室、国网天津市电力公司编著的《天津市志·国网天津电力志(2003—2021)》由中国工人出版社出版。

5月11日至13日 市档案馆举办党员领导干部读书班,扎实推进"迎盛会、铸忠诚、强担当、创业绩"主题学习宣传教育实践活动工作,筑牢绝对忠诚政治品格,进一步树牢"第一方阵"、党办干部意识。

5月13日 市档案馆党委印发《2022年天津市档案馆宣传工作要点》。

5月19日 市档案馆党委印发《天津市档案馆2022年统战工作要点》。

5月23日 市档案馆安全生产(档案安全)工作领导小组成立。

5月26日 市档案学会第八届五次理事会议以视频形式在天津市档案馆召开。会议集中听取了市档案学会第八届理事、监事会员单位重新登记情况,讨论通过了22家单位会员和55位个人会员的入会申请。

6月2日 市档案馆党委印发《中国共产党天津市档案馆委员会议事决策规则》《天津市档案馆(天津市地方志编修委员会办公室)馆长办公会议议事规则》。

6月7日 市档案馆召开第五批《中国档案文献遗产名录》申报工作专家评鉴会,特邀近代历史研究专家对拟申报的3项专题档案文献进行论证。

6月9日 第15个国际档案日。市档案馆以"喜迎二十大·档案颂辉煌"为主题,举办丰富多彩的宣传活动,在天津档案方志网公布一批馆藏建国后满25年已开放档案文件级目录。

6月13日 市地方志编修委员会办公室印发《天津市部门志书和专业志书编修及审查验收规定》。

6月16日 由市档案馆主办、天津社会科学院出版社协办的"天津地方史研究丛书""天津地情资料丛书"新书首发式在市档案馆举行。3部"天津地方史研究丛书"——《清代天津府聚落地理研究》《近代天津地区博物馆史研究》《近代天津日本租界研究》和3部"天津地情资料丛书"——《老天津的旧报旧刊》《老天津的文坛往事》《天津老商业》首发。

6月21日 市档案馆党委召开专题会议,传达学习中国共产党天津市第十二次代表大会精神。

同日 市档案馆党委印发《市档案馆党的建设和全面从严治党工作领导小组工作规则(试行)》《市档案馆落实新时代加强和改进思想政治工作责任清单》。

6月24日 市档案馆印发《天津市档案馆(天津市地方志编修委员会办公室)重点工作督办制度(试行)》。

6月27日 市档案馆党委印发《天津市档案馆党委理论学习中心组学习制度》。

6月28日至7月29日 市档案馆在全馆开展"迎盛会、铸忠诚、强担当、创业绩"主题警示教育月活动。

6月29日 市档案馆党委印发《天津市档

案馆(天津市地方志编修委员会办公室)2022—2025 年干部队伍建设规划》。

6 月 天津市档案馆(天津市地方志编修委员会办公室)、中国银行股份有限公司天津市分行编著的《近代天津中国银行档案选编(中卷)》(上、下册)由天津古籍出版社出版。

7 月 12 日 市档案馆印发《市档案馆"讲担当促作为抓落实、持续深入治理形式主义官僚主义不担当不作为问题专项行动"2022 年工作安排》《市档案馆关于推动党史学习教育常态化长效化的工作措施》。

7 月 13 日 市档案馆党委印发《天津市档案馆学习宣传贯彻市第十二次党代会精神工作方案》。

7 月 22 日 市委常委、市委秘书长王力军一行到市档案馆调研指导工作。王力军听取了市档案馆工作汇报,对市档案馆工作取得的成绩给予充分肯定,强调要深入学习贯彻习近平总书记对新时代档案工作的重要批示精神,不断加深对批示丰富内涵、精神实质和实践要求的理解,推进档案事业创新发展、高质量发展。

7 月 26 日 市档案馆印发《天津市档案馆"八五"法治宣传教育规划(2021—2025)》。

7 月 中共天津市委办公厅、天津市档案馆合编的《天津机要交通史料选编》内部出版。

8 月 3 日 市地方志编修委员会办公室印发《关于在全市地方志系统开展传承弘扬中华优秀传统文化活动的通知》。

9 月 5 日 市档案馆向社会开放一批馆藏历史档案。

9 月 6 日 《天津市档案馆党委关于十一届市委第十轮第二批巡视整改进展情况的通报》在天津档案方志网公布。

9 月 20 日至 22 日 中国地方志指导小组办公室举办"精品年鉴品读季"活动启动会议暨 2022 年中国年鉴精品工程研讨会、第七期全国年鉴主编线上培训班。市地方志编修委员会办公室组织全市地方志系统人员参加培训,要求全市地方志工作机构要贯彻落实好会议精神,树立"精品意识",由"编年鉴"向"编好年鉴"转变,开展好天津市"精品年鉴品读季"各项活动,充分发挥中国精品年鉴的示范引领作用,推动新时代全市年鉴事业高质量发展。

9 月 "中国名镇志丛书"之《杨柳青镇志》《咸水沽镇志》由方志出版社出版。

10 月 14 日 市地方志编修委员会办公室召开全市地方志工作推动会,深入学习贯彻习近平总书记关于地方志工作的重要指示精神,贯彻落实中国地方志指导小组办公室和市委市政府对地方志工作的部署要求,推动《天津市地方志事业发展规划(2021—2025 年)》贯彻实施,推进全市地方志工作高质量发展。

10 月 26 日 市地方志编修委员会办公室组织召开"精品年鉴品读季"读书品鉴研讨会。会议采用"视频+网络直播"形式举办,市档案馆设主会场,16 个区地方志办设分会场。

10 月 市档案馆(市地方志办)荣获国家机关事务管理局、国家发展改革委、财务部联合授予的"节约型机关"称号。

同月 市地方志编修委员会办公室、市文化和旅游局编著的《天津市志·文物博物馆志》由江苏人民出版社出版。

11 月 22 日 市档案馆党委印发《天津市档案馆党的二十大精神宣传宣讲工作方案》。

12 月 16 日 市档案馆红色资源保护与传承工作领导小组成立。

同日 市档案馆印发《天津市档案馆关于加强红色档案方志资源保护与传承工作实施方案》。

12 月 市档案馆编著的《皇权的力场——清前中期天津大盐商的兴衰》由天津社会科学院出版社出版。

同月 《天津年鉴(2022)》出版发行。

本年 市档案方志微信公众号被中国人民大学档案事业发展研究中心评为 2021 年度十佳档案媒体推广案例。

本年 《河西务镇志》《白滩寺村志》《付村志》入选中国名镇志、名村志工程。

(执笔人:徐　斌)

市委党校(天津行政学院　市委党史研究室)2022年大事述要

1月18日至19日　市委、市政府和市防控指挥部一声令下,市委党校迅速集结85名党员干部分三批组成津南抗疫支援队,逆行迎战“奥密克戎”,坚决打赢疫情防控这场硬仗。

1月26日　市委党校召开“学习贯彻全市领导干部学习贯彻党的十九届六中全会精神和习近平总书记重要讲话精神读书班”专题研讨会。常务副校(院)长刘中主持并讲话,校领导饶华、王永立、董礼宏、徐中、臧学英出席,相关部门负责人参加。

1月31日　市委党校常务副校(院)长刘中、副校(院)长董礼宏走访慰问春节在岗值班值守的教职工和物业、安保人员,代表校委向节日期间坚守岗位的同志致以新春祝福和节日问候。副教育长张骏及办公室相关工作人员陪同。

2月9日　市委党校校委领导班子召开党史学习教育专题民主生活会。会议由常务副校(院)长刘中主持,校委领导班子全体成员参加。市委常委、市委组织部部长喻云林指导并提出明确要求,党史学习教育市委第八巡回指导组副组长陈小广、市委组织部和市纪委监委驻市委组织部纪检监察组有关领导莅会。

2月22日　市委党校召开党史学习教育总结会议,深入学习贯彻习近平总书记关于党史学习教育的重要指示精神和中央、市委党史学习教育总结会议精神,总结我校党史学习教育开展情况,对巩固拓展党史学习教育成果作出部署。常务副校(院)长刘中出席会议并讲话,副校(院)长饶华主持,副校(院)长王永立、董礼宏、徐中出席,党史学习教育市委第八巡回指导组组长李江丁到会指导,各部门正、副处长和相关部门同志参加会议。

3月8日　市委党校召开教指委扩大会议暨2021年度教科咨工作汇报会,回顾总结2021年工作,研究部署2022年任务。常务副校(院)长刘中出席会议并讲话,副校(院)长饶华、王永立、董礼宏、徐中出席,教育长臧学英主持,各部门主要负责同志参加会议。

3月16日　市委党校常务副校(院)长刘中,副校(院)长王永立、董礼宏、徐中和教育长臧学英带领相关部门人员前往蓟州校区开展2022年植树活动,用增添新绿、植树造林、美化校园的实际行动喜迎党的二十大,助力党校绿色校园和生态文明建设。

3月25日　市委党校被确定设立疫情防控隔离点,校疫情防控工作领导小组迅速召开会议,对隔离点建设相关准备工作作出安排部署,常务副校(院)长、领导小组组长刘中主持并作部署,校(院)领导、领导小组副组长饶华、王永立、董礼宏、徐中、臧学英,副教育长、领导小组成员张健、张骏出席,办公室、服务保障部、信息技术部等相关部门负责同志参加。响应校委紧急号召,当天下午110余名教职工迅速返校,会同校内物业和餐饮工作人员,连续奋战5小时,及时在隔离点施工人员进驻前,对各学员楼千余间宿舍易受污染物品进行了转运。

3月30日　全市区委党史研究室主任会议以视频形式召开。会议以习近平新时代中国特色社会主义思想为指导,深入学习贯彻习近平总书记关于党史和文献工作的重要论述,传达学习全国党史和文献部门主要负责人会议精神和李鸿忠书记批示要求,总结2021年工作,部署2022年任务,进一步推动新时代党史工作高质量发展,为全面建设社会主义现代化大都市贡献党史力量。市委党校副校(院)长、市委党史研究室主任王永立出席会议并作工作报告,全市各区委党史研究室主任、市委党校(市委党史研究室)相关处室负责同志参加会议。

4月8日　市委党校召开“迎盛会、铸忠诚、强担当、创业绩”主题学习宣传教育实践活动工作动员部署会暨党校工作和党风廉政建设工作会议。常务副校(院)长刘中讲话,市纪委监委驻市委组织部纪检监察组组长王宝凤作廉政教育宣讲，副校(院)长、机关党委书记饶华就活动作动员部署，副校(院)长徐中主持，副校(院)长王永立、董礼宏出席会议。

4月15日 按照市委国安办和市委密码工作领导小组办公室有关通知要求，校委理论学习中心组就国家安全有关内容进行了集体学习。常务副校(院)长、校委理论学习中心组组长刘中主持，中心组全体成员参加并做了研讨发言。

4月28日 在五四青年节即将来临之际，市委党校组织新遴选公务员和马克思主义学院教师走进天津警备区，感受火热的军营，感悟战斗的青春。常务副校(院)长刘中、副校(院)长董礼宏和警备区相关负责同志参加了活动。

4月29日 市委党校校委理论学习中心组对“坚决捍卫‘两个确立’、坚决做到‘两个维护’”专题进行了集体学习。常务副校(院)长、校委理论学习中心组组长刘中主持，中心组全体成员参加并作了研讨发言。

6月11日 市委党校召开兼职教授座谈会。卜艳丰、袁汝海、石金生受聘为我校兼职教授，常务副校(院)长刘中为兼职教授颁发聘任证书并讲话，副校(院)长徐中主持会议，副教育长及各相关部门主要负责同志参会。

6月22日 市委党校召开校委扩大会议，传达学习贯彻市第十二次党代会精神，对贯彻落实工作作出安排部署。常务副校(院)长刘中主持会议并讲话，全体校委委员和相关部门主要负责同志参加。

6月23日 天津市党校系统召开学习宣传贯彻市第十二次党代会精神座谈会，交流学习体会，并就下一步工作作出安排。市委党校常务副校(院)长刘中出席会议并讲话，副校(院)长饶华、董礼宏出席，副校(院)长徐中主持，各区委党校常务副校长或分管副校长，市委党校各教研部和马克思主义学院及相关职能部门负责同志，骨干教师60余人参加会议。

6月28日 市委党校举办专题报告会，邀请市委研究室副主任、一级巡视员李清华为在校全体学员和党校系统教职工作专题学习辅导。常务副校(院)长刘中出席报告会，副校(院)长徐中主持，副校(院)长饶华、王永立、董礼宏参加。在校学员、全体教职工和各区委党校教职工近千人通过线上线下方式参加报告会。

7月1日 市委党校召开二期新建项目总结座谈会。常务副校(院)长刘中，市总工会副主席葛英秋，市建筑业协会秘书长张微，中建八局华北公司总经理刘欢佳、工会主席宋素东，原校一级巡视员、二期指挥部总指挥刘永出席活动。参建单位相关负责同志及优秀代表等共计50余人参加会议。

7月8日 市委党校校委理论学习中心组集体学习了天津市第十二次党代会精神。常务副(院)校长、校委理论学习中心组组长刘中主持，中心组全体成员参加并作了研讨发言。

7月12日 市委党校举办市第十二次党代会精神宣讲会暨庆祝中国共产党成立101周年专题党课。常务副校(院)长刘中作专题报告，全校各部门教职工代表参加报告会。

8月2日 市委党校召开《中共天津市委党校志》编纂工作启动会。常务副校(院)长刘中出席会议并讲话，副校(院)长王永立主持会议，编纂工作办公室成员参加会议。

8月9日 中共天津市委党校、天津社会科学院、天津市中国特色社会主义理论体系研究中心共同举办学习宣传《习近平谈治国理政》第四卷理论研讨会。市委党校校常务副校(院)长刘中出席会议并讲话。天津社会科学院党组书记、院长靳方华致辞。市委党校校副校(院)长王永立，天津社科学院院党组成员、副院长蔡玉胜出席，市委党校副校(院)长徐中主持。

8月12日 市委理论学习中心组集体学习暨学习贯彻习近平法治思想专题辅导报告会在市委党校举行。市委书记李鸿忠主持并讲话。市委副书记、市长张工，市政协主席盛茂林出席。中国社会科学院法学研究所所长莫纪宏教授围绕习近平法治思想的与时俱进特征与原创性理论贡献作专题辅导。李鸿忠强调，要深入推进习近平法治思想在津沽大地的扎实实践，坚持依法治市、依法执政、依法行政共同推进，法治天律、法治政府、法治社会一体建设，更好发挥法治固根本、稳预期、利长远的支撑保障作用。要紧紧围绕全面建设社会主义现代化大都市目标，以高质量法治供给保障高质量发展，在法治轨道上深化高水平改革开放，加快推进城市依法高效能治理，依法守护人民群众高品质生活，以优异成绩迎接党的二十大胜利召开。

8 月 16 日 市委党校学员二处主体班次在学术报告厅举行"逐梦赶考、我心向党"红色激情课堂活动。市委党校常务副校(院)长刘中，副校(院)长饶华、王永立、董礼宏、徐中和市委组织部干部教育处有关负责同志出席，与中青年干部培训一班(第 61 期)、处级公务员任职培训班(第 53 期)全体学员、选调生初任培训示范班学员代表一同用最美的歌唱响百年壮阔，用最深的情礼赞盛世中华。

9 月 2 日 市委党校校委理论学习中心组举行集体学习，深入学习贯彻习近平总书记在省部级主要领导干部专题研讨班上的重要讲话精神。常务副校(院)长、校委理论学习中心组组长刘中主持，中心组全体成员参加并作研讨发言，相关部门负责同志参加。

9 月 7 日 市委党校充电桩在八号楼南侧停车场顺利建成并投入使用，全校教职工和在校学员的新能源汽车不出校门即可享受快速充电服务。

9 月 9 日 在第 38 个教师节来临之际，市委党校召开教师节教研人员座谈会。常务副校(院)长刘中出席会议并讲话，副校(院)长饶华、王永立、董礼宏出席，副校(院)长徐中主持。

9 月 30 日 校委理论学习中心组就保密工作有关内容进行集体学习。常务副校(院)长刘中围绕当前保密工作面临的严峻形势、保密工作有关要求和如何做好党校保密工作讲了专题课。校委理论学习中心组全体成员、校保密委全体成员参加。

10 月 14 日 按照"迎盛会、铸忠诚、强担当、创业绩"主题学习宣传教育实践活动工作安排，校委理论学习中心组围绕"强化历史担当，争创一流业绩"开展专题学习研讨。常务副校(院)长、校委理论学习中心组组长刘中主持，中心组全体成员在深入学习《习近平谈治国理政》(第四卷)基础上，结合党校事业发展实际作研讨发言，查摆不足，厘定方向。

10 月 18 日 市委党校召开推进全面从严治党向纵深发展工作推动会暨警示教育大会，深入学习贯彻党的二十大精神，认真落实全市推进全面从严治党向纵深发展工作部署会议精神，扎实推进我校全面从严治党工作。常务副校(院)长刘中、驻市委组织部纪检监察组组长王宝凤出席并讲话，副校(院)长饶华主持会议，校委领导班子成员、各部门正副处长参加会议。

10 月 25 日 市委党校召开校委(扩大)会议暨校委理论学习中心组党的二十大精神专题学习会，传达学习党的二十大精神，研究部署学习宣传贯彻工作。常务副校(院)长、校委理论学习中心组组长刘中主持会议并讲话，校委理论学习中心组成员出席会议，各部门主要负责同志列席。

10 月 31 日 市委书记、市委党校校长李鸿忠在市委党校主持召开学习宣传贯彻党的二十大精神座谈会，强调要全面落实《中共中央关于认真学习宣传贯彻党的二十大精神的决定》，充分发挥全市党校系统干部培训主渠道和理论阵地重要作用，教育引导全市广大党员干部群众深刻领会党的二十大的精神实质、核心要义，深刻领悟"两个确立"的决定性意义，弘扬伟大建党精神，为全面落实党的二十大确定的重大战略部署而团结奋斗。市委党校负责同志汇报了开展学习宣传贯彻党的二十大精神总体情况。李鸿忠强调，全市党校系统要切实发挥干部培训主渠道和理论阵地重要作用，坚持全面系统学与突出重点学相结合，原原本本、逐字逐句学习领会党的二十大报告和党章，做到先学一步、学深一层；要聚焦重点、突出关键，围绕大会主题、新时代十年的里程碑意义、深刻领悟"两个确立"的决定性意义、坚决做到"两个维护"、开辟马克思主义中国化时代化新境界、以中国式现代化全面推进中华民族伟大复兴、坚持人民至上、牢记和践行"三个务必"、弘扬伟大建党精神等重大问题，深入研究阐释，推出一批有深度、有分量、有影响力的理论著作；要抓好干部培训，创新教学方式，突出政治之训、理论之训、能力之训；要抓好宣传宣讲，注重讲道理与讲案例、讲故事相融合，增强理论宣讲的感染力、生动性、针对性，让百姓愿意听、听得懂、能领会、可落实，推动党的二十大精神"飞入寻常百姓家"。

11 月 1 日 市党委校召开全市党校常务副校长会议暨全市党校系统学习宣传贯彻党的二十大精神部署会。市委党校常务副校（院）长刘中出席会议并讲话，副校（院）长王永立主持，副校（院）长徐中、副教育长张健和市委组织部有关处室负责同志出席。各区委党校常务副校长分别作交流发言。校有关部门主要负责同志，各区委党校分管教学、科研工作的副校长参加。

11 月 14 日 全市领导干部学习贯彻党的二十大精神专题培训班第一期开班式在市党委校举行。市委书记李鸿忠主持并讲话。市委副书记、市长张工，市人大常委会主任段春华，市政协主席盛茂林出席。李鸿忠在讲话中指出，举办全市领导干部学习贯彻党的二十大精神专题培训班，是市委深入贯彻落实习近平总书记关于全面学习、全面把握、全面落实党的二十大精神重要指示的一项重大举措。各级领导干部要切实发挥"关键少数"的作用，以上率下、领学带学，推动党的二十大战略部署在天津落实落地。大家要心无旁骛、专心致志，静心学习，潜心思考，深入研讨交流，强化政治之训，铸牢政治忠诚。

11 月 17 日 全市党校系统传达学习全国党校（行政学院）常务副校（院）长会议精神专题会议召开。副校（院）长王永立、徐中出席并讲话，副教育长张健主持，市党委校全体教师参加，区级党校以线上会议方式参加。

11 月 22 日 市党委校召开党的二十大精神宣讲会，常务副校（院）长刘中作宣讲报告，对学习宣传贯彻党的二十大精神进行再动员、再领会、再推动。副校（院）长饶华主持，副校（院）长徐中、副教育长张健出席，各部门正副处长（主任）参加。

11 月 23 日 按照"迎盛会、铸忠诚、强担当、创业绩"主题学习宣传教育实践活动工作安排，校委理论学习中心组围绕"深入学习党的二十大精神，凝聚一起向未来的磅礴伟力"开展专题学习研讨。常务副校（院）长、校委理论学习中心组组长刘中主持，中心组成员结合工作实际，交流学习宣传贯彻党的二十大精神心得体会，以及推进下一步工作的思路和打算。

12 月 1 日 市党委校与越南胡志明国家政治学院直属新闻与传播学院在线开展学术交流，主题为"中越两国经济社会发展的热点问题"。副校（院）长徐中出席会议并作总结讲话，经济学教研部、对外交流处部分人员与会，和平、河西、河东、河北、南开、红桥等区委党校通过线上形式参加了会议。越南胡志明国家政治学院直属新闻与传播学院院长范明山主持会议，并致辞。

（执笔人：杨大双）

天津市人大常委会

市人民代表大会常务委员会2022年大事述要

1月5日 市人大常委会党组召开第200次扩大会议，学习贯彻习近平总书记在中央全面深化改革委员会第二十二次、第二十三次会议上的重要讲话和市委全面深化改革委员会会议精神，学习贯彻市委常委会会议精神，结合人大工作实际，研究贯彻落实措施。

1月7日 市十七届人大常委会举行第三十一次会议。会议认真学习贯彻市委十一届十二次会议暨经济工作会议和市委人大工作会议精神。会议审议通过了市人大常委会代表资格审查委员会关于天津市第十七届人民代表大会代表出缺情况的审查报告、关于补选天津市第十七届人民代表大会代表的代表资格的审查报告，确认补选的44名市十七届人大代表的代表资格有效。会议审议通过了《天津市人民代表大会常务委员会工作报告(审议稿)》，决定提请市十七届人大六次会议审议。会议审议通过了《天津市第十七届人民代表大会第六次会议议程(草案)》，决定提请市十七届人大六次会议预备会议审议；审议通过了《天津市第十七届人民代表大会第六次会议主席团和秘书长名单(草案)》，决定提请市十七届人大六次会议预备会议选举；审议通过了《天津市第十七届人民代表大会第六次会议列席人员名单》，决定印发市十七届人大六次会议全体代表。会议听取了市人大法制委所作的关于《天津市促进海水淡化产业发展若干规定(草案)》《天津市市场主体登记管理若干规定(草案)》审议结果的报告，表决通过了《天津市促进海水淡化产业发展若干规定》《天津市市场主体登记管理若干规定》。会议听取和审议了市人大常委会关于天津市2021年区、乡镇人民代表大会代表选举工作报告，市人大常委会法制工作委员会关于天津市人民代表大会常务委员会法制工作委员会2021年备案审查工作情况的报告；书面审议了市人民政府关于研究处理对今年以来天津市国民经济和社会发展计划执行情况报告审议意见的报告，关于研究处理对今年以来天津市预算执行情况报告审议意见的报告，关于研究处理对2020年度天津市国有资产管理情况综合报告和2020年度天津市国有自然资源资产管理情况专项报告审议意见的报告，关于研究处理对天津市节约用水情况报告审议意见的报告，关于研究处理《天津市文明行为促进条例》执法检查报告及审议意见情况的报告；会议审议通过了市人民政府、市人大常委会主任会议、市高级人民法院、市人民检察院提请审议的人事事项，印发了市高级人民法院关于请对赵盈所任职务自然免除予以备案的报告；会议印发了关于列席十三届全国人大常委会第三十二次会议有关情况的汇报。

1月21日 市人大常委会党史学习教育总结会议召开，学习贯彻习近平总书记重要指示和党史学习教育总结会议精神，学习贯彻全市党史学习教育总结会议精神，全面总结开展党史学习教育情况，对进一步巩固拓展党史学习教育成果进行部署。

同日 市人大常委会党组召开第202次扩大会议，学习贯彻习近平总书记在省部级主要领导干部学习贯彻党的十九届六中全会精神专题研讨班开班式上的重要讲话精神、在十九届中央纪委六次全会上的重要讲话精神，学习贯彻市委常委会扩大会议精神，结合人大实际研究落实措施。

2 月 15 日　市人大常委会党组召开第 205 次扩大会议，传达学习贯彻市十七届人大六次会议闭幕会精神，对落实大会确定的任务作出安排部署。

2 月 17 日　市人大常委会党组召开第 207 次扩大会议，学习贯彻习近平总书记在中央政治局第三十六次集体学习时的重要讲话和市委常委会会议精神，结合人大实际研究落实措施。

2 月 25 日　市人大常委会党组召开第 208 次扩大会议，学习贯彻全市领导干部学习贯彻党的十九届六中全会精神和习近平总书记重要讲话精神专题读书班开班式暨年轻干部教育管理工作会议精神，学习贯彻市委人才工作会议精神，按照市委常委会会议要求研究安排市人大常委会统一战线工作。

3 月 14 日　市人大常委会党组召开第 210 次扩大会议，学习贯彻习近平总书记全国两会期间一系列重要讲话精神，学习贯彻十三届全国人大五次会议精神，学习贯彻市委常委会扩大会议精神，结合人大实际研究落实措施。

3 月 22 日　市人大常委会党组召开第 212 次扩大会议，学习贯彻习近平总书记在中央政治局常务委员会会议和中央政治局第三十七次集体学习时的重要讲话精神，按照市委常委会会议和市委市政府疫情防控工作会议部署要求，结合人大实际研究落实措施。

3 月 30 日　市十七届人大常委会举行第 32 次会议。会议认真学习贯彻十三届全国人大五次会议和市委常委会扩大会议精神。会议听取了市人大常委会主任会议关于《天津市人民代表大会常务委员会关于促进和保障制造业立市推动高质量发展的决定（草案）》《天津市人民代表大会常务委员会关于促进和保障构建“津城”“滨城”双城发展格局的决定（草案）》，市人民政府关于《关于修改〈天津市绿化条例〉的决定（草案）》的议案和说明，听取了市人大法制委所作的《天津市人民代表大会常务委员会关于促进和保障制造业立市推动高质量发展的决定（草案）》《天津市人民代表大会常务委员会关于促进和保障构建“津城”“滨城”双城发展格局的决定（草案）》《关于修改〈天津市绿化条例〉的决定（草案）》审议结果的报告，表决通过了《天津市人民代表大会常务委员会关于促进和保障制造业立市推动高质量发展的决定》《天津市人民代表大会常务委员会关于促进和保障构建“津城”“滨城”双城发展格局的决定》《天津市人民代表大会常务委员会关于修改〈天津市绿化条例〉的决定》。会议书面审议了市政府关于天津市 2021 年度法治政府建设情况报告；会议听取和审议了市人大法制委员会所作的关于市十七届人大六次会议主席团交由法制委员会审议的 3 件代表议案审议结果的报告，市人大财政经济委员会所作的关于市十七届人大六次会议主席团交由财政经济委员会审议的 25 件代表议案审议结果的报告，市人大农业与农村委员会所作的市十七届人大六次会议主席团交由农业与农村委员会审议的 2 件代表议案审议结果的报告；会议书面审议了市人民政府关于研究处理对我市“七五”普法决议执行情况报告审议意见的报告，关于研究处理对天津市“十四五”重大项目及相关政策措施实施情况报告审议意见的报告，关于研究处理对天津市全民健身工作情况报告审议意见的报告，关于研究处理《天津市知识产权保护条例》执法检查报告及审议意见情况的报告，关于研究处理《天津市知识产权保护条例》执法检查报告及审议意见情况的报告，关于研究处理《中华人民共和国科学技术进步法》和《天津市科学技术进步促进条例》执法检查报告及审议意见情况的报告，关于研究处理《中华人民共和国固体废物污染环境防治法》和《天津市生活垃圾管理条例》执法检查报告及审议意见情况的报告，关于研究处理《中华人民共和国畜牧法》和《天津市畜牧条例》执法检查报告及审议意见情况的报告。会议听取和审议了市人大常委会主任会议所作的关于提请审议《关于罢免孔晓艳第十三届全国人民代表大会代表职务的决议（草案）》的议案、决议草案和说明，表决通过了《天津市人民代表大会常务委员会关于罢免孔晓艳第十三届全国人民代表大会代表职务的决议》。会议听取和审议了市人大常委会代表资格审查委员会关于终止个别天津市第十七届人民代表大会代表的代表资格的审查报告，对终止康义、梁光扶、李孝振、王卫东的市人大代表资格，罢免王立伟、金星、李连军的市人大代表职务并终止其代表资格予以确认。会议审议了市人民政府关于朱鹏任职的议案，关于康义和王卫东免职的议案，表决通过了市人大常委会决定任免名单，决定任命朱鹏为天津市副市长，决定免去康义、王卫东的天津市副市长职务；审议了市人大常委会主任会议、市人民政府、市高级人民法院、天津海事法院提请审议的人事任免议案，印发了市高级人民法院关于请对王会君等所任职务自然免除予以备案的报告；会议印发了关于新修改的地方组织法专题学习材料。

4月7日 市人大常委会启动《中华人民共和国环境保护法》和《天津市生态环境保护条例》执法检查。

4月12日 市人大常委会党组书记、主任段春华率执法检查组，检查本市贯彻实施环境保护法和生态环境保护条例情况。副主任王小宁参加。

4月20日 市人大常委会党组召开第217次扩大会议，学习贯彻习近平总书记在海南考察时的重要讲话和重要指示精神，学习贯彻全市加强新时代廉洁文化建设工作会议暨党员干部警示教育大会精神，听取市人大常委会机关廉洁文化建设情况汇报，就贯彻落实市委工作要求作出安排部署。

4月22日 市十七届人大常委会举行第33次会议。会议审议了市人民政府关于刘桂平任职的议案，表决通过了市人大常委会决定任命名单，决定任命刘桂平为天津市副市长；审议了市人大常委会主任会议关于陈凤超任职的议案，表决通过了市人大常委会任命名单和市人大常委会关于陈凤超为天津市人民检察院代理检察长的决定，任命陈凤超为天津市人民检察院副检察长，决定陈凤超为天津市人民检察院代理检察长，并报全国人大常委会和最高人民检察院备案；审议了市人民政府提请审议的人事任免议案，表决通过了市人大常委会决定任免名单。会议听取和审议了市人大监察和司法委员会所作的关于市十七届人大六次会议主席团交由监察和司法委员会审议的13件代表议案审议结果的报告，市人大教科文卫委员会所作的关于市十七届人大六次会议主席团交由教科文卫委员会审议的20件代表议案审议结果的报告，市人大城建环保委员会所作的市十七届人大六次会议主席团交由城建环保委员会审议的21件代表议案审议结果的报告，市人大民族宗教侨务委员会所作的市十七届人大六次会议主席团交由民族宗教侨务委员会审议的4件代表议案审议结果的报告，市人大社会建设委员会所作的市十七届人大六次会议主席团交由社会建设委员会审议的20件代表议案审议结果的报告。

4月28日 市人大常委会党组召开第219次扩大会议，学习贯彻习近平总书记在中国人民大学考察时的重要讲话精神，结合人大实际研究落实措施。

5月12日 市人大常委会党组召开第221次扩大会议，学习贯彻习近平总书记在庆祝中国共产主义青年团成立100周年大会上的重要讲话，学习贯彻习近平总书记在中央政治局会议上关于一季度经济形势的重要讲话和在中央财经委员会第十一次会议上的重要讲话精神，学习贯彻党中央关于意识形态工作部署要求，学习贯彻市委常委会会议精神，听取了市人大常委会机关团委工作汇报。

5月31日 市十七届人大常委会举行第34次会议。会议听取了关于提名张工为天津市副市长、代理市长人选的说明，审议了市人大常委会主任会议关于提请审议张工为天津市副市长、代理市长的议案，表决通过了市人大常委会决定任命名单和市人大常委会关于张工为天津市代理市长的决定，决定张工为天津市副市长、代理市长。审议了市人大常委会主任会议关于提请审议董家禄免职的议案、关于提请审议康建茂免职的议案，表决通过了市人大常委会决定免职名单。任免事项表决后,举行了宪法宣誓仪式。会议听取和审议了市人大常委会代表资格审查委员会关于终止个别天津市第十七届人民代表大会代表的代表资格的审查报告,对终止董家禄、胥连碧、刘德田的代表资格,罢免杨东芳的市人大代表职务进行了确认。会议听取了《天津市区人民代表大会常务委员会街道工作委员会工作条例(草案)》《天津市平安建设条例(草案)》的议案和说明;听取了市人民政府关于提请审议《天津市旅游条例(修订草案)》的议案和说明;听取和审议了市人民政府关于提请审查批准天津市 2022 年市级预算调整方案(草案)的议案和说明、市人大财经委关于《天津市 2022 年市级预算调整方案(草案)》审查结果的报告,表决通过了《天津市人民代表大会常务委员会关于批准天津市 2022 年市级预算调整方案的决议》;听取和审议了市人民政府关于我市 2021 年度环境状况和环境保护目标完成情况的报告、关于我市殡葬管理工作情况的报告;听取和审议了市人大常委会执法检查组关于检查《天津市物业管理条例》实施情况的报告;会议书面审议了市高级人民法院关于研究处理对知识产权审判工作情况报告审议意见的报告、市人民检察院关于研究处理对未成年人检察工作情况报告审议意见的报告、市人民政府关于研究处理《天津市养犬管理条例》执法检查报告及审议意见情况的报告、关于《天津市医疗纠纷处置条例》实施情况的专题调研报告。会议印发了关于新修订的《中华人民共和国职业教育法》有关学习材料。

6 月 10 日 市十七届人大常委会举行第 35 次会议。会议审议了市人民政府关于提请审议衡晓帆任职的议案,表决通过了市人大常委会决定任命名单,决定任命衡晓帆为天津市副市长、公安局局长;审议了市高级人民法院、市人民检察院提请审议的人事任免议案,任免事项表决后,举行了宪法宣誓仪式。会议听取和审议了市人大常委会代表资格审查委员会关于补选天津市第十七届人民代表大会代表的代表资格的审查报告。会议审议通过了《关于召开天津市第十七届人民代表大会第七次会议的决定》,决定于 2022 年 7 月 5 日召开天津市第十七届人民代表大会第七次会议。会议审议通过了《天津市第十七届人民代表大会第七次会议议程(草案)》,决定提请市十七届人大七次会议预备会议审议;审议通过了《天津市第十七届人民代表大会第七次会议主席团和秘书长名单(草案)》,决定提请市十七届人大七次会议预备会议选举;会议听取和审议了市人民政府关于我市高等教育人才培养情况的报告;书面审议了市监察委员会关于研究处理对反腐败国际追逃追赃工作情况报告审议意见的报告。

6 月 21 日 市人大常委会党组召开第 225 次扩大会议。传达学习市第十二次党代会和市委十二届一次全会精神,结合人大实际研究落实措施。

同日 市人大常委会党组召开第 226 次扩大会议。传达学习习近平总书记在中央政治局第四十次集体学习时的重要讲话精神和市委常委会会议精神,结合人大实际研究落实措施。

7 月 1 日 市人大常委会党组召开第 228 次扩大会议,学习贯彻习近平总书记在湖北武汉考察时的重要讲话精神,学习贯彻天津市庆祝中国共产党成立 101 周年专题党课精神,学习贯彻市委常委会会议精神,结合人大实际研究落实措施。

7 月 7 日 市人大常委会党组召开第 229 次扩大会议,传达学习习近平总书记在中央全面深化改革委员会第二十六次会议上的重要讲话精神和市委常委会会议精神,传达学习市委常委会宣传贯彻《习近平经济思想学习纲要》有关精神,学习贯彻市十七届人大七次会议闭幕会精神,就全面落实市委工作要求作出安排部署。

7 月 18 日 市人大常委会党组召开第 230 次扩大会议,学习贯彻习近平总书记在新疆考察时重要讲话精神,结合人大实际研究贯彻落实措施。

7 月 20 日 市人大常委会党组书记、主任段春华到红桥区就《天津市市区人民代表大会常务委员会街道工作委员会工作条例》开展立法调研。秘书长贾凤山参加。

7月26日至27日 市十七届人大常委会举行第三十六次会议。会议学习贯彻市第十二次党代会和市十七届人大七次会议精神。会议听取了市人大法制委关于《天津市区人民代表大会常务委员会街道工作委员会工作条例(草案)》《天津市平安建设条例(草案)》修改情况的汇报和审议结果的报告;听取了市人大法制委关于《天津市旅游条例(修订草案)》修改情况的汇报和《天津市旅游促进条例(草案)》审议结果的报告;听取了市人大城建环保委关于提请审议《天津市人民代表大会常务委员会关于加强城市重点区域天际线管控的决定(草案)》的议案、说明和市人大法制委所作的审议结果的报告;表决通过了《天津市区人民代表大会常务委员会街道工作委员会工作条例》《天津市平安建设条例》《天津市旅游促进条例》《天津市人民代表大会常务委员会关于加强城市重点区域天际线管控的决定》。会议听取了市人民政府所作的关于提请审议《中国(天津)自由贸易试验区条例(修正草案)》《天津市生态文明教育促进条例(草案)》的议案和说明;听取了市人大社会委所作的关于提请审议《天津市未成年人保护条例(修订草案)》《天津市预防未成年人犯罪条例(修订草案)》的议案和说明;会议听取审议了市人民政府所作的关于天津市2021年市级决算草案的报告、关于天津市2021年市级预算执行和其他财政收支的审计工作报告,市人大财经委所作的天津市人民代表大会财政经济委员会关于天津市2021年市级决算草案的审查结果报告,表决通过了《天津市人民代表大会常务委员会关于批准天津市2021年市级决算的决议》;会议听取审议了市人民政府所作的关于我市水资源开发利用情况的报告、关于铸牢中华民族共同体意识推进新时代我市民族工作高质量发展情况的报告;听取审议了市人大常委会执法检查组关于检查《天津市中医药条例》《中华人民共和国环境保护法》和《天津市生态环境保护条例》《天津市文明行为促进条例》实施情况的报告,并开展专题询问;会议听取审议了市人大常委会代表资格审查委员会关于终止个别天津市第十七届人民代表大会代表的代表资格的报告;会议审议了市人大常委会主任会议关于提请审议喻云林等任免职务的议案,市人民政府关于提请审议杨兵任职的议案、关于提请审议王旭等任免职务的议案、关于提请审议孙文魁免职的议案和关于提请审议金汇江、马珊珊任免职务的议案,表决通过了市人大常委会决定任免名单,决定任命杨兵为天津市副市长,决定免去王旭、孙文魁的天津市副市长职务;审议了市人大常委会主任会议关于提请审议接受李龙辞去天津市人大常委会委员、天津市人大社会建设委员会副主任委员职务的请求的议案,表决通过了市人大常委会关于接受李龙辞去天津市人大常委会委员、天津市人大社会建设委员会副主任委员职务的请求的决定;审议了市监察委员会、市高级人民法院、市人民检察院、天津海事法院关于提

8月5日 市人大常委会党组召开第233次扩大会议,认真学习贯彻全市推进全面从严治党向纵深发展工作部署会议精神,听取市人大机关有关工作汇报,就全面落实市委工作要求作出安排部署。

同日 市人大常委会党组召开第234次扩大会议,学习贯彻习近平总书记在省部级主要领导干部"学习习近平总书记重要讲话精神,迎接党的二十大"专题研讨班上的重要讲话精神,学习贯彻习近平总书记在中央统战工作会议上的重要讲话精神,学习贯彻市委常委会扩大会议精神,结合人大工作实际研究落实措施。

8月22日 市人大常委会党组召开第236次扩大会议,学习贯彻习近平总书记在辽宁考察时重要讲话精神,学习贯彻习近平总书记在中央政治局会议上关于上半年经济形势的重要讲话精神,学习贯彻市委常委会会议精神,结合人大工作实际研究落实措施。

9月16日 市人大常委会党组召开第241次扩大会议,学习贯彻习近平总书记在中央全面深化改革委员会第二十七次会议上的重要讲话精神和市委常委会会议精神,结合人大工作实际研究落实措施。

9月26日至27日 市十七届人大常委会

举行第 37 次会议。会议审议了市人大常委会主任会议关于提请审议《天津市人民代表大会常务委员会第十八届人民代表大会代表名额和选举有关问题的决定(草案)》的议案,听取了秘书长贾凤山所作的说明;听取了市人大法制委关于《中国(天津)自由贸易试验区条例(修正草案)》和关于《天津市人民代表大会常务委员会关于修改〈中国(天津)自由贸易试验区条例〉的决定(草案)》审议结果的报告;听取了市人大法制委关于《天津市标准化条例(草案)》《天津市生态文明教育促进条例(草案)》《天津市未成年人保护条例(修订草案)》《天津市预防未成年人犯罪条例(修订草案)》修改情况的汇报和审议结果的报告;表决通过了《天津市人民代表大会常务委员会第十八届人民代表大会代表名额和选举有关问题的决定》《天津市人民代表大会常务委员会关于修改〈中国(天津)自由贸易试验区条例〉的决定》《天津市标准化条例》《天津市生态文明教育促进条例》《天津市未成年人保护条例》《天津市预防未成年人犯罪条例》。会议听取了市人大常委会主任会议关于提请审议《天津市人民代表大会常务委员会议事规则(修订草案)》的议案和说明;听取了市人大监察和司法委关于提请审议《天津市矛盾纠纷多元化解条例(草案)》的议案和说明;听取了市人民政府关于提请审议《天津市轨道交通运营安全条例(草案)》《天津市科学技术进步促进条例(修订草案)》《天津市家庭医生签约服务若干规定(草案)》《天津市华侨权益保护条例(草案)》《天津市全民健身条例(修订草案)》的议案和说明。会议听取了市人民政府所作的关于今年以来我市国民经济和社会发展计划执行情况的报告、关于今年以来我市预算执行情况的报告、关于我市政府债务有关情况的报告、关于 2021 年度天津市国有资产管理情况的综合报告。会议听取审议了市高级人民法院所作的关于一站式多元解纷和诉讼服务体系建设情况的报告、市人民检察院所作的关于落实认罪认罚从宽制度工作情况的报告,并开展专题询问。会议听取审议了市人大常委会执法检查组关于检查《中华人民共和国文物保护法》和《天津市文物保护条例》《天津市红色资源保护与传承条例》实施情况的报告。书面审议了市人民政府关于研究处理对我市 2021 年度环境状况和环境保护目标完成情况报告审议意见的报告、关于研究处理对我市殡葬管理工作情况报告审议意见的报告;书面审议了关于我市气象服务高质量发展情况的专题调研报告。会议听取审议了关于终止个别天津市第十七届人民代表大会代表的代表资格的审查报告,对终止江淞宁、曹雪涛的代表资格进行确认。会议审议通过了市人大常委会主任会议、市人民政府、市人大常委会主任、市高级人民法院、市人民检察院关于提请审议的人事事项,新任命人员进行了宪法宣誓仪式。

10 月 25 日 市人大常委会党组召开第 245 次扩大会议,学习贯彻党的二十大和党的二十届一中全会、十九届七中全会精神,学习贯彻市委常委会扩大会议和全市领导干部大会精神,结合人大实际研究落实措施。

11 月 2 日 市人大常委会党组召开第 247 次扩大会议,学习贯彻习近平总书记在瞻仰延安革命纪念地时、在陕西延安和河南安阳考察时、在中央政治局第一次集体学习时的重要讲话精神,学习贯彻中央政治局会议精神,学习贯彻《中共中央关于认真学习宣传贯彻党的二十大精神的决定》,学习贯彻市委常委会会议精神,结合人大工作实际研究落实措施。

11 月 11 日 市人大常委会党组召开第 248 次扩大会议,学习贯彻《中共中央政治局关于加强和维护党中央集中统一领导的若干规定》《中共中央政治局贯彻落实中央八项规定实施细则》,学习贯彻市委常委会会议精神,听取市人大机关意识形态工作汇报,就落实市委工作要求作出安排部署。

11 月 17 日 市人大常委会党组理论学习中心组进行集体学习,结合“迎盛会、铸忠诚、强担当、创业绩”主题学习宣传教育实践活动工作第四专题学习研讨安排,进一步深入学习贯彻党的二十大精神。

11 月 25 日 市人大常委会党组召开第 250

次扩大会议，学习贯彻市委十二届二次全会精神，结合人大实际研究落实措施。

11月30日至12月1日 市十七届人大常委会举行第38次会议。会议传达学习贯彻了党的二十大精神和市委十二届二次全会精神。会议审议通过了《关于召开天津市第十八届人民代表大会第一次会议的决定》，决定于2023年1月8日召开天津市第十八届人民代表大会第一次会议。会议审议通过了市人大常委会代表资格审查委员会关于天津市第十八届人民代表大会代表的代表资格的审查报告，对704名代表的代表资格进行确认。会议听取了市人大法制委关于《天津市人民代表大会常务委员会议事规则（修订草案）》《天津市矛盾纠纷多元化解条例（草案）》《天津市轨道交通运营安全条例（草案）》《天津市科学技术进步促进条例（修订草案）》《天津市家庭医生签约服务若干规定（草案）》《天津市华侨权益保护条例（草案）》《天津市全民健身条例（修订草案）》修改情况的汇报和审议结果的报告；会议听取了市人大常委会法工委所作的关于提请审议《天津市人民代表大会常务委员会关于京津冀协同推进大运河文化保护传承利用的决定（草案）》《天津市人民代表大会常务委员会关于修改〈天津市人民代表大会代表议案条例〉〈天津市人民代表大会代表建议、批评和意见工作条例〉和废止〈天津市信访工作若干规定〉的决定（草案）》的议案和说明，听取了市人大法制委所作的审议结果的报告；听取了市人大监察和司法委关于提请审议《天津市人民代表大会常务委员会关于加强新时代检察机关法律监督工作的决定（草案）》的议案和说明，听取了市人大法制委所作的审议结果的报告；会议表决通过了《天津市人民代表大会常务委员会议事规则》《天津市矛盾纠纷多元化解条例》《天津市轨道交通运营安全条例》《天津市科学技术进步促进条例》《天津市家庭医生签约服务若干规定》《天津市华侨权益保护条例》《天津市全民健身条例》《天津市人民代表大会常务委员会关于京津冀协同推进大运河文化保护传承利用的决定》《天津市人民代表大会常务委员会关于修改〈天津市人民代表大会代表议案条例〉〈天津市人民代表大会代表建议、批评和意见工作条例〉的决定》《天津市人民代表大会常务委员会关于废止〈天津市信访工作若干规定〉的决定》《天津市人民代表大会常务委员会关于加强新时代检察机关法律监督工作的决定》。会议听取了市人民政府所作的关于提请审议《天津市国土空间总体规划（2021—2035年）（草案）》的议案和说明，听取了市人大城建环保委所作的审议意见的汇报；会议听取审议了市人民政府所作的关于我市供热工作情况的报告、关于加快发展保障性租赁住房工作情况的报告；听取审议了市人大常委会执法检查组关于检查《中华人民共和国预算法》和《中华人民共和国预算法实施条例》实施情况的报告、关于检查《天津市土地管理条例》实施情况的报告、关于检查《中华人民共和国乡村振兴促进法》和《天津市乡村振兴促进条例》实施情况的报告；听取审议了市人大常委会代表室所作的关于市十七届人大六次会议及闭会期间代表建议、批评和意见办理工作情况的报告，书面审议了市人民政府、市高级人民法院、市人民检察院关于市十七届人大六次会议及闭会期间代表建议、批评和意见办理工作情况的报告；听取审议了市人民政府所作的关于天津市2021年市级预算执行和其他财政收支审计查出问题整改情况的报告；书面审议了市人民政府关于研究处理对我市高等教育人才培养情况报告审议意见的报告、关于研究处理对我市水资源开发利用情况报告审议意见的报告、关于研究处理对铸牢中华民族共同体意识推进新时代我市民族工作高质量发展情况报告审议意见的报告、关于研究处理《天津市中医药条例》执法检查报告及审议意见情况的报告、关于研究处理《天津市物业管理条例》执法检查报告及审议意见情况的报告、关于研究处理《中华人民共和国环境保护法》和《天津市生态环境保护条例》执法检查报告及审议意见情况的报告、关于研究处理《天津市文明行为促进条例》执法检查报告及审议意见情况的报告；书面审议了关于《天津市道路交通安全若干规定》贯彻实施情况的专题调研报告、关于我市华侨华人专业人士在津发展情况的专题调研报告；会议审议通过了市高级人民法院、市人民检察院、天津海事法院关于提请审议的人事事项。

12 月 19 日　市人大常委会党组召开第 253 次扩大会议，传达学习贯彻中央经济工作会议精神，学习贯彻市委常委会扩大会议精神，结合人大工作实际研究落实措施。

12 月 28 日　市人大常委会党组书记、主任段春华主持召开市十七届人大常委会第 100 次主任会议。会议传达学习全国人大常委会认真学习贯彻党的二十大精神、深入学习贯彻习近平总书记关于坚持和完善人民代表大会制度的重要思想交流会精神。会议研究拟提请市人大常委会第三十九次会议审议的有关事项。

12 月 30 日　市人大常委会党组召开第 256 次扩大会议，学习贯彻中央农村工作会议精神，学习贯彻习近平总书记就纪念现行宪法公布施行 40 周年发表的重要署名文章，学习贯彻市委经济工作会议精神，学习贯彻市委常委会扩大会议精神，结合人大实际研究落实措施。

（执笔人：程　潇）

天津市人民政府

市政府办公厅2022年大事述要

1月12日 市政府办公厅成立5个临时党支部，组织40余名机关党员干部下沉社区参加疫情防控工作。

1月18日至19日 市政府办公厅选派2批次12名机关党员干部赴津南区有关社区参加疫情防控工作。

1月21日 市政府办公厅组织人员围绕公租房改建隔离点情况，赴西青区开展督查，并提出工作建议。

1月25日 市政府机关党组召开会议，学习贯彻习近平总书记在中央经济工作会议、十九届中央纪委六次全会、中央政治局专题民主生活会和省部级主要领导干部学习贯彻党的十九届六中全会精神专题研讨班开班式上的重要讲话精神，听取管理部门党组工作报告，研究部署机关管党治党工作。

同日 市政府办公厅召开党史学习教育总结会议，全面总结机关党史学习教育工作成效、经验做法，推动机关党员干部满怀信心奋进新征程、建功新时代。市政府秘书长、机关党组书记、办公厅主任（兼）孟庆松出席并讲话，党史学习教育市委第七指导组有关同志到会指导。

同日 市政府机关党组理论学习中心组围绕学习贯彻党章开展专题学习，进一步增强尊崇党章、遵守党章、维护党章的自觉性和坚定性。

1月27日 市政府机关党组召开党史学习教育专题民主生活会，统筹召开鉴戒李福海严重违纪违法问题专题民主生活会。党史学习教育市委第七指导组和市纪委监督组有关同志到会监督指导。

1月至3月 市政府办公厅开展“对标先进找差距、补短板”专项行动，组织各处室对标先进地区经验做法，对本处室工作进行全面检视自查和整改，提升工作质效。

2月24日至26日 市政府机关党组理论学习中心组举办学习贯彻党的十九届六中全会精神和习近平总书记重要讲话精神专题读书班。

2月26日 市政府机关党组召开会议，学习贯彻习近平总书记在中央政治局第三十六次集体学习时的重要讲话精神和对全国老干部工作的重要指示精神，听取班子成员落实“一岗双责”情况汇报，部署2022年全面从严治党工作。

2月28日至3月11日 市政府办公厅会同有关绩效考评责任单位，对48个市级政府部门和9个中央驻津单位2021年度绩效管理工作开展年终实地考核。

2月 市政府办公厅推动相关部门承办市十七届人大六次会议代表建议、市政协十四届五次会议提案1608件。

3月10日 市政府办公厅召开2021年度市政府机关党支部书记述职评议会议，听取各党支部（党总支）书记抓党建工作述职汇报并进行评议。市政府副秘书长、机关党组副书记、办公厅分管日常工作的副主任（兼）、机关党委书记徐军出席并讲话。

3月11日 市政府机关党组召开会议，学习贯彻习近平总书记在2022年春季学期中央党校（国家行政学院）中青年干部培训班开班式上的重要讲话精神，部署落实工作。

同日 市政府机关党组理论学习中心组举

行集体学习，深入学习领会习近平总书记关于严肃换届纪律的重要论述，认真贯彻落实中央和市委关于换届工作的部署要求。

同日 市政府办公厅举办干部大讲堂，邀请市社会主义学院吴星辰教授围绕学习贯彻习近平总书记关于加强和改进统一战线工作的重要思想作专题辅导；邀请市规划和自然资源局总规划师师武军作"天津市国土空间总体规划"专题讲座。

3 月 14 日 市政府办公厅修订印发《市政府办公厅公文办理工作流程》《关于进一步提高公文处理运转时效的工作规定》，对公文接收、分转、办理、流转、督办等环节等进行规范。

3 月 25 日 市政府办公厅召开疫情防控工作会议，专题部署机关疫情防控工作，压紧压实防控责任。

3 月 27 日 市政府办公厅会同市商务局赴东丽、河北、河东区，调研了解"封控区、管控区、防范区"居民买菜难、买菜贵问题解决情况，并提出意见建议。

3 月 28 日 市政府机关党组召开会议，学习贯彻习近平总书记在全国两会期间一系列重要讲话精神和全国两会精神，研究审议市政府机关党组《2022 年落实全面从严治党主体责任和加强政治生态建设重点任务安排》《关于开展"迎盛会、铸忠诚、强担当、创业绩"主题学习宣传教育实践活动工作的方案》和《关于落实加强和改进思想政治工作的任务和责任清单》。

3 月至 6 月 市政府办公厅举办青年干部"建言献策促发展　凝心聚力启新程"调研大赛活动。各处室青年干部采取问卷调查、实地走访、座谈交流、查阅资料等形式开展深入调研，撰写调研报告。

4 月 1 日至 5 日 市政府办公厅会同市商务局、市农业农村委，围绕做好"封控区、管控区、防范区"内群众生活必需品保障开展跟踪督查。市委、市政府主要领导同志作出批示。

4 月 12 日 市政府办公厅印发《天津市政府系统值班工作规范（试行）》，从值班值守、信息报告、值班平台、督促指导、工作保障等方面规范全市政府系统值班工作。

4 月 12 日至 5 月 10 日 市政府办公厅开展喜迎市第十二次党代会感言征集活动，组织机关党员干部立足岗位实际，从五年来发生的变化、取得的成绩、探索的规律、未来五年的展望等方面交流感想感言。

4 月 18 日至 6 月 15 日 市政府办公厅会同海河传媒中心在《公仆走进直播间》栏目中推出 16 期"向群众汇报——2022 区长访谈"特别节目，邀请各区政府主要负责同志介绍统筹疫情防控和经济社会发展情况。

4 月 21 日 市政府机关党组理论学习中心组举行集体学习暨干部大讲堂，深入学习贯彻习近平总书记关于网络强国的重要思想和关于总体国家安全观的重要论述，进一步增强国家安全意识，筑牢首都政治"护城河"。市委保密办和市公安局网安总队有关同志做专题辅导。

4 月 22 日 市政府机关党组召开会议，学习贯彻习近平总书记在海南考察时的重要讲话精神，听取市政府办公厅 2021 年度政治生态分析研判报告，部署整改提升工作。

同日 市政府办公厅召开 2022 年度全面从严治党工作专题会议暨"迎盛会、铸忠诚、强担当、创业绩"主题学习宣传教育实践活动工作部署会议，对机关 2022 年全面从严治党工作进行部署，对开展主题学习宣传教育实践活动工作进行动员。市政府秘书长、机关党组书记、办公厅主任（兼）孟庆松主持会议并讲话。

4 月 29 日 中国共产党天津市人民政府机关党代表会议召开，以无记名投票方式，选举刘桂平、许颖悟、李文喜、孟庆松、袁新河、徐军为市政府机关出席中国共产党天津市第十二次代表大会代表。

5 月 2 日至 4 日 市政府办公厅会同海河传媒中心在《公仆走进直播间》栏目中推出 3 期"助企纾困——2022 行长访谈"节目，邀请 6 家银行行长讲解惠企支持政策。

5 月 7 日 市政府机关党组召开会议，学习贯彻习近平总书记在中央政治局常委会会议上的重要讲话精神和对湖南长沙居民自建房倒塌事故的重要指示精神，落实市委常委会会议和市政府党组会议要求。

5月9日至12日 市政府办公厅组织人员围绕加快天津北方国际航运枢纽建设，赴滨海新区、市发展改革委等单位开展调研推动，提出5方面20条建议。有关市领导作出批示，并召开会议专题研究。

5月19日 市政府机关党组召开会议，学习贯彻习近平总书记在庆祝中国共产主义青年团成立100周年大会、中央财经委员会第十一次会议上的重要讲话精神，部署贯彻落实工作。

同日 市政府机关党组理论学习中心组围绕“坚定捍卫‘两个确立’，坚决做到‘两个维护’”开展专题交流研讨。

5月24日 市政府办公厅召开机关青年标兵表彰大会，授予10名青年干部“市政府办公厅青年标兵”称号。市政府副秘书长、机关党组副书记、办公厅分管日常工作的副主任（兼）、机关党委书记徐军出席并讲话。

5月30日至6月1日 市政府办公厅会同市工业和信息化局等部门，围绕推动工业稳运行和投资稳增长，对各区开展调研推动，提出22条对策建议。市政府主要领导同志作出批示。

5月31日 《中共天津市人民政府机关党组关于表彰市政府办公厅2021年度考核优秀等次人员的通知》印发，对42名考核优秀等次人员予以表彰。

5月至6月 政府办公厅集中开展为期一个月的保密安全专项整治行动。

6月3日 市委副书记、副市长、代市长张工到市政府总值班室检查全市端午假期值班值守情况，通过视频系统察看重点商贸街区、景区景点、交通要道等情况，并看望慰问一线值班人员。

6月6日 市政府办公厅召开党支部书记专题会议，深入学习贯彻市政府主要领导同志对办公厅工作有关要求。市政府秘书长、机关党组书记、办公厅主任（兼）孟庆松出席并讲专题党课。

6月7日 市政府机关党组召开会议，学习贯彻习近平总书记在中央政治局第三十九次集体学习时的重要讲话精神，研究部署贯彻落实工作。

6月8日至15日 市政府办公厅会同市发展改革委等部门，围绕推动落实国家和全市稳经济“一揽子”政策开展督导检查，提出10条对策建议。市政府主要领导同志作出批示。

6月9日 市政府办公厅组织召开2022年20项民心工程专题会议，听取进展情况汇报，加快推动项目优质高效完成。市委常委、常务副市长刘桂平，副市长孙文魁出席。

6月17日 市政府办公厅举办干部大讲堂，邀请市科技局副局长祖延辉作《科技引领产业发展》专题讲座，邀请市发展改革委、市人社局、市税务局、人民银行天津分行有关同志解读“稳经济35条”政策。

6月21日 市政府机关党组召开会议，学习贯彻习近平总书记在四川考察和中央政治局第四十次集体学习时的重要讲话精神，落实国务院第五次廉政工作会议和市政府第五次廉政工作会议要求，开展集体廉政谈话。

6月28日至30日 市政府办公厅会同市农业农村委等部门围绕撂荒地整治工作，到各涉农区开展调研，提出对策建议，推动工作落实。

6月 市政府办公厅为6名老党员颁发“光荣在党50年”纪念章。

7月1日 市政府机关党组召开会议，学习贯彻习近平总书记在湖北省武汉市考察时的重要讲话精神，部署贯彻落实工作。

同日 市政府机关党组理论学习中心组围绕“坚持勇于自我革命，永葆党的生机活力”开展专题交流研讨。

同日 市政府办公厅召开庆祝中国共产党成立101周年暨青年干部座谈会，为当月入党的党员发放“政治生日”贺卡，组织宣读入党志愿书，集体重温入党誓词。5名青年干部代表作了交流发言。

7月1日至4日 市政府办公厅会同市发展改革委围绕推动盘活存量资产扩大有效投资工作开展专题调研。

7 月 3 日 市委副书记、副市长、代市长张工到市政府总值班室调度检查全市防汛排涝工作，通过视频系统查看全市易积水片、桥梁涵洞等点位，详细了解全市雨情、水情、汛情和积水点位情况，并看望慰问一线值班人员。

7 月 13 日 市政府办公厅组织召开全市政府系统办公室工作视频会议，传达学习市委副书记、市长张工批示要求，进一步提升全市政府系统办公室“三服务”工作水平。市政府秘书长、机关党组书记、办公厅主任（兼）孟庆松出席并讲话。

同日 市政府秘书长、机关党组书记、办公厅主任（兼）孟庆松为机关党员干部宣讲市第十二次党代会精神。

7 月 21 日 市政府机关党组召开会议，学习贯彻习近平总书记在新疆考察时的重要讲话精神，学习贯彻市委推进全面从严治党向纵深发展工作专题会议精神，听取班子成员上半年落实“一岗双责”情况汇报，开展履职谈话。

同日 市政府办公厅举办重大行政决策和规范公文报送工作培训，进一步提升各部门报送公文规范水平。

7 月 22 日 《关于进一步加强市政府机关党组自身建设的若干措施》印发，提出 12 项加强机关党组自身建设措施。

8 月 4 日 市政府机关党组召开会议，学习贯彻习近平总书记在省部级主要领导干部“学习习近平总书记重要讲话精神，迎接党的二十大”专题研讨班上的重要讲话精神，研究部署贯彻落实工作。

同日 市政府机关党组理论学习中心组举行集体学习，认真学习《习近平谈治国理政》第四卷和《习近平经济思想学习纲要》，开展交流研讨。

8 月 10 日 市政府办公厅召开调研大赛活动总结交流会，对评选出的优秀调研成果进行表彰。市政府副秘书长、机关党组副书记、办公厅分管日常工作的副主任（兼）、机关党委书记徐军出席并讲话，2 名青年代表作交流发言。

8 月 15 日至 31 日 市政府办公厅会同海河传媒中心在《公仆走进直播间》栏目中推出 9 期“访企拓岗促就业——2022 天津高校校长系列访谈”节目，邀请有关高校校长讲解就业举措，解答毕业生及家长问题。

8 月 16 日 市政府办公厅组织召开年轻干部警示教育会议，深入学习贯彻习近平总书记关于加强年轻干部教育管理监督的重要论述，集体观看年轻干部违纪违法案件警示教育专题片。市政府副秘书长、机关党组成员、办公厅副主任（兼）王智毅主持，市纪委监委驻市政府办公厅纪检监察组组长、机关党组成员李文娟开展党风廉政集体谈话，4 名年轻干部代表作了发言。

8 月 18 日 市政府机关党组召开会议，学习贯彻习近平总书记在中央统战工作会议上的重要讲话精神，落实全市推进全面从严治党向纵深发展工作部署会议精神，听取机关纪委工作汇报，部署推动机关管党治党工作。

同日 市政府机关党组理论学习中心组举行集体学习，认真学习《论坚持全面依法治国》《习近平法治思想学习纲要》，进一步提升运用法治思维和法治方式解决问题的能力水平。

8 月 22 日至 10 月 15 日 市政府办公厅组织开展“身边的民心工程”图文征集活动，动员广大市民群众以文字、图片或短视频等形式，讲述民心工程为自己生活带来的变化。共征集图文 316 篇、视频 169 个，评出一、二、三等奖各 10 篇。

8 月 30 日至 31 日 市政府机关党组理论学习中心组举办专题读书班，认真学习贯彻习近平生态文明思想和习近平总书记在省部级主要领导干部专题研讨班上重要讲话精神。

8 月至 12 月 市政府办公厅联合海河传媒中心拍摄完成“民心工程向您汇报”系列宣传片，在多个短视频平台推出，向群众汇报工程亮点特色及实施效果。

9 月 1 日 市委常委、常务副市长刘桂平以普通党员身份参加市政府办公厅二处党支部专题组织生活会，对市政府办公厅提出服务大局、当好参谋、担当作为、用心工作、廉洁自律五方面工作要求。

9月7日 市政府机关党组召开会议，学习贯彻习近平总书记在辽宁考察时的重要讲话精神，研究部署机关意识形态和国家安全工作。

9月8日至11月10日 市政府办公厅会同海河传媒中心策划播出9期“20项民心工程向群众汇报”百姓问政节目，邀请责任单位主要负责同志介绍项目进展情况和工作成效，现场听取群众和人大代表、政协委员的意见建议。

9月9日 市委副书记、市长张工到市政府总值班室检查全市中秋假期值班值守情况，通过视频系统察看商贸街区、交通枢纽、旅游景点等重点区域，并看望慰问一线值班人员。

9月14日至27日 市政府办公厅组织开展“我为民心工程提建议”活动，共收到全市群众和市人大代表、政协委员意见建议2400余条。

9月15日 市政府机关党组理论学习中心组围绕“强化历史担当，争创一流业绩”开展专题交流研讨。

9月17日 市委副书记、市长张工到市政府总值班室视频检查全市疫情防控工作，察看风险区域疫情管控、工业园区交通运行等情况，对疫情防控工作提出要求，并看望慰问一线值班人员。

9月30日 市委副书记、市长张工到市政府总值班室检查全市国庆假期值班值守情况，通过视频系统调度了解疫情防控、节日保供、安全生产、值班值守等情况，并看望慰问一线带班值班人员。

10月1日至7日 市政府办公厅会同市疫情防控指挥部有关成员单位，围绕医疗保障、院感防控、隔离点管控工作开展专项督查，并提出意见建议。

10月9日 市政府办公厅举办年轻干部座谈会。市政府秘书长、机关党组书记、办公厅主任(兼)孟庆松出席，就强化理论武装、提升政治能力、发扬严实作风、增强自身综合能力素质、系好“第一粒扣子”等提出要求。

10月13日 市政府机关党组理论学习中心组举行集体学习，认真学习贯彻习近平法治思想和习近平总书记关于注重家庭家教家风建设的重要论述。市司法局党委书记、局长王红卫和市委党校副教授白燕妮分别作了专题辅导。

10月25日 市政府机关党组召开会议，学习贯彻党的二十大和党的二十届一中全会、十九届七中全会精神，学习贯彻习近平总书记重要讲话精神，研究部署贯彻落实工作。

11月2日 市政府机关党组召开会议，学习贯彻习近平总书记在中央政治局第一次集体学习、瞻仰延安革命纪念地和在陕西延安、河南安阳考察时的重要讲话精神，学习贯彻《中共中央关于认真学习宣传贯彻党的二十大精神的决定》和《中共天津市委关于迅速兴起学习宣传贯彻落实党的二十大精神热潮的通知》，部署贯彻落实工作。

11月6日 市政府机关党组印发《关于认真学习宣传贯彻党的二十大精神的通知》，部署机关贯彻落实工作。

11月7日至11日 市政府办公厅举办学习贯彻党的二十大精神暨党支部书记和党务纪检干部培训班，邀请市纪委监委、市发展改革委、财政局、统计局有关同志和市委党校有关专家学者作专题辅导讲座，开展分组交流讨论，推动学深悟透、入脑入心。

11月8日 市委常委、常务副市长刘桂平为机关党员干部作党的二十大精神宣讲报告，并对办公厅工作提出要求。

11月10日 市政府秘书长、机关党组书记、办公厅主任(兼)孟庆松向机关党支部书记和党务干部宣讲党的二十大精神，并就做好办公厅工作提出要求。

11月11日 市政府机关党组召开会议，学习贯彻《中共中央政治局关于加强和维护党中央集中统一领导的若干规定》和《中共中央政治局贯彻落实中央八项规定实施细则》，研究部署贯彻落实工作。

11月21日至23日 市政府机关党组理论学习中心组举办专题读书班，深入学习贯彻党的二十大精神和习近平总书记重要讲话精神，开展党史专题学习。

11月25日 市政府机关党组召开会议，学习贯彻习近平总书记对河南安阳市凯信达商贸有限公司火灾事故作出的重要指示精神，学习贯彻市委十二届二次全会精神，研究部署推动落实工作。

12 月 1 日 市委副书记、市长张工以普通党员身份参加市政府办公厅一处党支部专题组织生活会，对市政府办公厅提出旗帜鲜明讲政治、树立全局观念、强化运转意识、锤炼严谨作风、善于主动思考、注重带好队伍六方面要求。

同日 市政府办公厅组织召开 2023 年 20 项民心工程立项工作会议，研究推进民心工程筛选立项工作。副市长杨兵出席，市发展改革委等 20 个单位和 16 个区人民政府分管负责同志参加。

12 月 2 日 市政府机关党组召开会议，学习贯彻《习近平关于社会主义精神文明建设论述摘编》，研究部署深化文明单位创建工作。

12 月 5 日至 28 日 市政府办公厅会同海河传媒中心在《公仆走进直播间》栏目中推出 12 期“向群众汇报——2022 委办局长年终访谈”节目，邀请有关民生部门主要负责同志介绍一年来民生领域工作成效，并制作“向局长问到底”系列短视频，在国内各大网站平台同步直播。

12 月 27 日 市政府机关党组召开会议，学习贯彻中央经济工作会议精神，落实市委常委会会议、市政府党组会议和各区经济工作座谈会、市级经济部门座谈会、科学家企业家座谈会精神，部署召开 2022 年度民主生活会工作。

同日 市政府机关党组理论学习中心组举行集体学习暨调研成果交流会，围绕 2022 年度学习贯彻习近平新时代中国特色社会主义思想取得的进展成效和收获体会，以及个人调研成果进行交流发言。

12 月 31 日 市委副书记、市长张工到市政府总值班室检查全市元旦假期值班值守情况，通过视频系统察看商贸街区、交通枢纽、旅游景点等重点区域，并看望慰问一线值班人员。

本年 市政府办公厅组织开展 8 次“公仆接待日”活动，受理群众电话反映问题 3600 余件。组织各区、各部门做好《政民零距离》平台网民留言办理，全年共收到有效留言 5.1 万条，答复满意率超过 94%。

（执笔人：孟声平）

市发展和改革委员会 2022 年大事述要

1 月 9 日 市诚信建设领导小组印发《关于印发〈天津市信用领域突出问题整改工作方案〉的通知》，完善失信治理协调机制，推动重点领域突出问题失信治理工作。

1 月 13 日 国家发展改革委党组成员、副主任连维良到市发展改革委调研指导新冠肺炎疫情防控工作并慰问全体干部。

1 月 14 日 按照市委统一部署，市发展改革系统抽调 23 名党员干部火速支援津南疫情防控工作。

1 月 18 日 市发展改革委赴市新冠疫情防控指挥部津南前线指挥部调研，并慰问工作人员。

2 月 14 日 西门子能源项目获批纳入国家第五批重大外资项目，经报请市委市政府主要领导同意，请副市长王旭担任国家工作专班成员，市发展改革委分管负责同志为联络员。

2 月 22 日 市发展改革委参加市贸促会与俄罗斯华诺俄翔（北京）贸易有限公司合作协议在线签署仪式。

2 月 25 日 副市长王卫东主持召开全市重大项目工作会议，主会场在天津礼堂小剧场三楼国际厅，朱玉兵副秘书长、市发展改革委等市级部门主要和分管负责同志参会，各区设置分会场。

3 月 9 日 2022 年天津市发展改革工作会议召开。会议总结 2021 年天津市发展改革重点工作，安排部署 2022 年重点目标任务。2022

年，天津市发展改革系统从保持经济运行在合理区间、推进京津冀协同发展、提升产业能级和核心竞争力、发挥有效投资关键作用、推动更高水平改革开放、推进绿色低碳发展、增进民生福祉等七个方面开展工作。市有关部门、中央在津金融机构、各区政府、各区发展改革委负责同志，市发展改革委领导班子成员、部分处室主要负责同志，市发展改革系统单位主要负责同志参会。

3月15日 市发展改革委起草制定的《天津市构建高标准市场体系若干措施》，以市政府办公厅名义印发。

3月21日 市发展改革委、市工业和信息化局印发《关于振作天津市工业经济运行推动工业高质量发展的若干举措》，从畅通循环、拓展空间、强化政策、优化环境四方面出台21项新招实招硬招，精准发力，推动我市工业经济高质量发展。

3月22日 市发展改革委分管负责同志参加国家发展改革委以视频形式组织召开东部地区经济运行联席分析机制2022年第二次会议，并围绕会议主题作汇报。

同日 国家能源局组织召开跨省区输电工程工作组专题会，协调推动“大同—怀来—天津北—天津南”等3项特高压输电工程。市发展改革委分管负责同志参加并汇报了“大同—怀来—天津北—天津南”特高压通道天津段相关前期工作推动情况，明确本市将全力配合国家电网公司开展线路选线等前期手续，按照国家能源局要求年底前具备核准条件。

3月25日 市发展改革委起草制定的《关于助企纾困和支持市场主体发展的若干措施》（“助企纾困15条”），以市政府办公厅名义印发。《措施》深入贯彻习近平总书记关于统筹疫情防控和经济社会发展重要论述，通过实施系列减税降费政策支持（减税费、减房租、金融减费让利等）、帮助企业开拓市场、进一步优化审批服务等举措，加大对市场主体支持力度，在常态化疫情防控下进一步支持市场主体高质量发展，推动全市经济平稳健康运行。

3月30日 市发展改革委分管负责同志与中石油天然气销售分公司张帆副总经理召开视频会议，研究向本市增供资源事宜。

4月1日 市诚信建设领导小组印发《关于印发〈关于加强信用信息共享应用促进中小微企业融资发展的工作方案〉的通知》，旨在发挥市中小企业融资综合信用服务平台优势，鼓励金融机构推出更符合中小企业特点、更满足现实需求的金融产品与服务，通过智能匹配、全流程放款等技术靶向破解中小微企业融资困境。

4月8日 市政府新闻办举行天津市建立健全生态产品价值实现机制新闻发布会，介绍《天津市建立健全生态产品价值实现机制的实施方案》有关情况。市发展改革委分管负责同志参加发布会。

4月20日 市发展改革委联合市市场监管委、市商务局印发《天津市构建高标准市场体系若干措施任务清单》。文件以建成统一开放、竞争有序、制度完备、治理完善的高标准市场体系为目标，从夯实市场体系基础制度、推进要素资源高效配置、改善提升市场环境和质量、实施高水平市场开放、完善现代市场监管机制五方面提出18类44项措施。

4月21日 市发展改革委分管负责同志主持召开“十四五”规划102项重大工程项目推动会，组织16个区、有关部门加强与中央牵头、责任部门对接，聚焦重点领域，加大项目谋划储备力度，抓紧提出各领域符合重大工程项目要求的备选项目，推动更多项目入库。

4月29日 市发展改革委印发实施严格能效约束推动重点领域节能降碳工作实施方案。提出到2025年，天津冶金、建材、石化化工重点领域能效达到标杆水平产能比例超过30%。到2030年，本市达到标杆水平企业比例大幅提高，行业整体能效水平和碳排放强度达到国际先进水平。

5月2日 市发展改革委组织召开“外电入津”特高压输电通道前期工作启动会。重点推动“大同—怀来—天津北—天津南”1000千伏特高压通道和天津南变电站扩建工程前期工作，由市发展改革委能源处处长主持，市发展改革委分管负责同志出席并讲话。

5月6日 市委常委、常务副市长刘桂平组织召开研究天津市国土空间总体规划及重点专项规划有关工作会议，市发展改革委负责同志参加会议并讨论发言。

5月9日 市委常委、常务副市长刘桂平主持召开专题会议，研究由市发展改革委牵头推进的市管国有企业集团混改中所属11所职业院校转隶工作。市发展改革委负责同志汇报了市管国有企业集团混改中所属的11所职业院校转隶工作总体情况，会议通过了11所职业院校的转隶工作实施方案，并形成会议纪要。

5月19日 市发展改革委主持召开开发区工作部署推动会，协调推动宁河大北起步区设立工作，组织市商务局、市科技局、市工业和信息化局分别制定分管领域开发区管理制度，并就开发区的建设发展情况进行总结分析。

5月26日 市发展改革委、市工业和信息化局等12部门印发《天津市促进工业经济平稳增长行动方案》，从5个方面提出24条举措，打出工业稳增长"组合拳""连环招"，着力解决"怎么来支持"的问题，进一步夯实工业平稳运行的政策基础。

5月30日 市发展改革委起草制定的《天津市贯彻落实〈扎实稳住经济的一揽子政策措施〉实施方案》（"稳经济35条"），以市人民政府名义印发。《实施方案》根据《国务院关于印发扎实稳住经济一揽子政策措施的通知》，结合本市实际制定，共包括财政政策、货币金融政策、稳投资促消费扩大内需政策、保障粮食能源安全政策、稳定畅通产业链供应链政策、兜牢民生保障底线政策六方面35条政策措施。

6月8日 市发展改革委、天津银保监局联合印发《关于推进信用信息共享应用的通知》，推动在津银行等金融机构在贷前、贷中、贷后各环节，将公共信用报告和企业综合信用评价作为授信参考。

同日 市发展改革委起草制定的参加全市东西部协作和支援合作视频推进会，就市发展改革委牵头负责的产业合作工作进行汇报发言。

6月14日 市发展改革委参加常务副市长刘桂平主持召开的研究迎峰度夏能源电力保障有关问题会议，并汇报全市迎峰度夏能源保供总体情况和天然气保障情况。

6月17日 市发展改革委分管负责同志参加市领导出席的研究轨道交通Z2线一期工程（滨海机场站—北塘站）用地审批有关工作会议。

6月20日 市发展改革委印发《天津市信用服务机构监督管理办法》，旨在深入贯彻落实《天津市社会信用条例》，加强对信用服务机构的监督管理，培育和规范信用服务行业健康有序发展，防范和控制信用服务风险。

6月22日 市发展改革委接待带队来津的甘肃省农业农村厅副厅长（正厅级）李明生，召开东西部协作产业合作推动座谈会，并进行调研考察。

6月24日 国家发展改革委以视频形式组织召开东部地区经济运行联席分析机制2022年第三次会议。天津、北京、上海、广东、江苏等东部10省（市）参加并分别作交流发言，市发展改革委分管负责同志围绕会议主题作汇报，10个处室有关同志参加会议。

6月27日 市发展改革委会同市商务局、市贸促会、市工信局等重点外资项目专班成员单位赴保税区集中调度重点外资项目，推动中欧先进制造产业园、天津意大利中小企业产业园建设，并赴高利尔（天津）包装有限公司和利拉伐（天津）有限公司服务。

6月 市发展改革委、市工业和信息化局等4部门制定天津市粗钢产量压减年度工作方案，将任务细分到每月和具体企业，建立完善粗钢生产旬报制度，科学研究压减原则，制定长效工作机制，多措并举推动压减任务按期完成，受到国家表扬。

7月14日 国家发展改革委社会司副司长李靖靖带队，来津开展国家文化公园专项项目监督检查，现场考察了天津市杨柳青大运河国家文化公园（元宝岛）景观配套工程、天津市大运河生态观光园周边基础设施提升改造工程和天津大运河、海河文化旅游带拓展提升改造工程三个项目，并召开座谈会，听取项目进展情况汇报，并对项目建设和中央预算内资金使用、监督管理进行了具体指导。市发展改革委分管负责同志陪同调研。

7月27日 市发展改革委负责同志出席市大运河文化保护传承利用领导小组第十次会议，会议由常务副市长刘桂平主持，听取大运河文化保护传承利用工作进展情况，审议通过了《天津市大运河文化和旅游融合发展专项规划》《长城国家文化公园（天津段）建设保护规划》，研究讨论了建制镇建成区划定标准、北辰区武清区历史遗留问题的项目审定，并提出提请市政府常务会审议。

7月28日 市发展改革委分管负责同志出席市公共信用中心与渤海银行天津分行签订战略合作协议的签约仪式并致辞。

7月29日 市发展改革委分管负责同志参加市领导出席的东疆综合保税区第2000架租赁飞机交付活动。

8月1日 天津市信用服务体验中心成功获得市文明办组织评定的首批“天津市新时代文明实践基地”。

8月2日 市委书记李鸿忠，市委副书记、市长张工与中国工程院院士王辰一行会谈，双方表示要深入贯彻落实习近平总书记关于建设我国医学科技创新体系核心基地重要指示精神，加快优质医疗资源扩容和均衡布局，加快健康产业发展，推进健康天津行动，高水平推进天津基地建设，为建设健康中国提供有力支撑保障。市发展改革委负责同志参加座谈。座谈会后，副市长杨兵随王辰院士一行赴协和天津医院项目现场进行调研，查看现场施工进度和天津基地规划建设情况。市发展改革委分管负责同志陪同下午调研。

8月11日 市发展改革委分管负责同志主持召开城燃企业5%储气能力建设及老旧管网改造专题会议。

8月12日 市委副书记、市长张工赴静海区北京协和医学院天津医院项目现场，详细了解整体规划、功能设计、建设进展等情况。市发展改革委分管负责同志陪同调研。

8月18日 市发展改革委分管负责同志带队赴北京商务中心区管委会调研，学习北京中央商务区建设运营经验。

8月25日 市发展改革委分管负责同志参加全国人大常委会外商投资法执法检查座谈会。市人大常委会副主任马顺清主持会议，全国人大常委会委员、财经委副主任委员乌日图讲话，市发展改革委分管负责同志就市发展改革委深入贯彻落实外商投资法有关情况作汇报发言。

8月31日 市发展改革委、市市场监管委联合印发《天津市失信惩戒措施补充清单（2022年版）》，旨在贯彻落实《全国失信惩戒措施基础清单（2021年版）》，结合天津工作实际，进一步补充明确规范4类26条失信惩戒措施，完善事后环节信用监管，为疫情防控、公共卫生管理、文明行为促进等工作开展提供有力支撑。

同日 市诚信建设领导小组印发《天津市推进社会信用体系建设高质量发展促进形成新发展格局实施方案》。

9月1日 市诚信建设领导小组印发《天津市推进社会信用体系建设高质量发展促进形成新发展格局实施方案》，明确工作要求。贯彻落实《天津市社会信用条例》，规范完善各领域各环节信用措施，充分调动各类主体积极性创造性，持续完善社会信用体系，打响“诚信天津”品牌。

9月7日 市发展改革委参加常务副市长刘桂平主持召开的全市迎峰度冬能源电力保障专题会议，市发展改革委负责同志汇报全市能源电力保供及天然气资源保障情况。

9月20日 市诚信建设领导小组印发《天津市公共信用信息目录（2022版）》，本市在四个直辖市中率先完成市、区、街（乡镇）三级一体化信用数据目录，新版目录包含6241个公共信用信息项，涉及全市党政机关行政权责事项139246项。

9月23日 市发展改革委分管负责同志赴市委党校为本市出席党的二十大代表以“天津

市经济社会发展取得的历史性成就”为主题作专题辅导。

9 月 26 日 为贯彻落实市领导批示要求，推动稳经济各项政策落地见效，市发展改革委召开稳住经济大盘督导和服务工作部署动员会，市财政局、市工信局、市商务局、市人社局、市金融局、市交通委和市文旅局等 8 个督导和服务工作机制工作组长（局级）及副组长（处级）出席会议，会上对赴全市各区稳经济现场督导服务工作进行了协调部署。

同日 经市领导多次召开专题会议研究，并反复与国家发展改革委、工业和信息化部汇报沟通，国家发展改革委批复一汽丰田燃油车产能调配项目窗口指导，市发展改革委完成项目备案。

9 月 27 日 市发展改革委印发全市冶金、建材、石化化工等 3 个重点领域节能降碳企业技术改造总体实施方案，明确分行业的具体改造目标任务，确定企业能效水平清单目录，梳理形成一批技术改造项目，扎实推动企业进行节能降碳技术改造。

10 月 2 日 常务副市长刘桂平，副市长朱鹏、杨兵组织专题研究中央商务区、高教科技园建设规划方案视频会议。市发展改革委负责同志参加会议。

10 月 12 日 市发展改革委组织开展“以诚润津 以信兴城”主题诚信案例征集评选活动。共收到合格案例 254 个。经专家组评审，最终选取诚信建设工作示范案例 4 个，优秀案例 7 个；诚信企业示范案例 3 个，优秀案例 5 个；守信个人示范案例 2 个，优秀案例 3 个，并在“信用天津”微信公众号进行展播。

同日 市发展改革委分管负责同志陪同副市长朱鹏参加全国对外友协与日本自治体国际化协会共同主办中日友城“合作共赢、共同发展”线上论坛。

10 月 14 日 市发展改革委组织市相关部门、各区和功能区审批部门召开天津市外商投资安全审查工作机制会议，宣传解读国家外资安审办公室相关工作方案，并部署本市工作任务。

10 月 18 日 市发展改革委分别赴中石油天然气天津销售分公司、中石化华北销售中心、中海油气电集团天津销售分公司调研采暖季天然气保供准备工作。

10 月 21 日 市发展改革委分管负责同志参加市领导出席的研究机场三期改扩建配套综合交通枢纽建设出资有关工作会议，并汇报相关工作。

10 月 24 日和 27 日 天津市诚信建设领导小组办公室、北京、河北和山西社会信用体系建设联席会议（领导小组）办公室联合印发《京津冀晋公共信用信息标准框架体系》《京津冀晋公共信用信息共享目录（2022）版》，探索跨区域信用信息共享和开发应用，开创京津冀晋社会信用体系合作共建工作新局面。

10 月 31 日 市发展改革委分管负责同志陪同市政府副秘书长于鹏洲调研恩智浦强芯（天津）集成电路设计有限公司和 SEW 传动设备（天津）有限公司，实地考察恩智浦电磁兼容实验室和 SEW 传动设备监测中心，调研企业后续研发投入及产业布局情况。

同日 市发展改革委分管负责同志参加天然气“压非保民”应急预案演练专题会议并作工作部署。

11 月 2 日 上海进博会期间，市发展改革委分管负责同志拜访西门子能源大中华区总裁姚建国、励展博览集团大中华总裁郑智化、惠生集团海工高级副总裁安文新、中铁十五局集团副总经理王小川，分别推动天津氢能装备制造基地项目、研究在津举办国际性港口经济和海洋经济发展活动、海工装备制造产业合作发展事宜以及在津建设智慧停车项目。

11 月 3 日 市规划资源局陈勇局长主持召开《天津市国土空间总体规划（2021—2035 年）》对接会，市发展改革委分管负责同志参加会议。

11 月 4 日 市委副书记、市长张工赴市发展改革委宣讲党的二十大精神，宣讲报告前，张工市长通过重大项目智慧管理平台，察看了项目分类、管理和建设进度等情况。

11 月 15 日 天津市与杭州、三亚、海口、厦门、宁波、济南、郑州、榆林、黄石10城市齐聚云端，以视频会议方式签署《十市城市信用建设战略合作协议》，推动城市信用分异地互认、场景共享，旨在深化在信用信息共享、监管共治、规则共建、应用共享、品牌共铸等方面的沟通合作，为全国信用体系建设贡献跨区域联动样本。

11月16日 市发展改革委分管负责同志参加“当意大利遇见中国：天津的意大利枢纽”暨天津意大利中小企业产业园推介活动，推动我市与意大利在经贸、中小企业、科技、文化等领域合作。

同日 中国工程院院士王辰以视频会议形式组织召开天津医学健康研究院、北京协和医学院天津校区建筑概念设计方案终期评审会，确定了各项目的优胜方案。天津会场设在协和园展示中心。市发展改革委、市科技局、市教委、市规划资源局、静海区、血液病医院等有关单位负责同志参加会议。

11月21日 市发展改革委分管负责同志陪同副市长朱鹏参加天津市港澳工作联席会第十一次会议暨津港澳合作交流座谈会，宣介天津经济社会发展情况、交流港澳人士及企业在津工作、学习、生活及发展中遇到的问题及意见。

11月22日 副市长杨兵主持召开中央商务区规划方案和外资招商引资工作方案专题研究会议，市发展改革委分管负责同志参加会议并汇报中央商务区建设总体思路有关情况。

11月23日 市发展改革委会同市人社局印发《市发展改革委市人社局关于调整〈天津市居住证积分指标及分值表〉相关指标分值的通知》。

11月29日 受市政府办公厅邀请，市发展改革委围绕落实党的二十大报告提出的推动高质量发展这个全面建设社会主义现代化国家的首要任务，就抓好重大项目调度作专题辅导。

同日 市发展改革委起草制定的《天津市重点项目管理办法》，经市人民政府同意，以市政府办公厅名义印发，提升项目管理制度化、规范化、精细化水平。

12月2日 常务副市长刘桂平召开全市项目工作会议，专题研究全市谋划储备项目总体情况和2023年重点项目申报情况，市发展改革委负责同志参加并汇报全市项目情况。

12月22日 为贯彻落实《中华人民共和国行政处罚法》《天津市行政执法全过程记录办法》，市发展改革委印发《信用管理和信用服务机构监督管理行政执法文书格式范本》，规范行政执法全过程记录，促进严格规范公正文明执法。

12月26日 市发展改革委负责同志参加第213次市政府常务会议审议《天津市中长期能源发展规划(2022—2035年)》。

12月31日 市发展改革委分管负责同志参加由市委常委连茂君同志主持召开的滨海新区高质量发展示范引领行动专题会议并发言。

本年 市发展改革委组织市区相关部门，深入研究国家和本市石化产业相关政策，在充分听取了市场主体、研究机构、专家意见的基础上，结合石化规划院的课题研究成果，制定了《天津市石化化工产业高质量发展实施方案》，同时制定了《关于支持绿色石化产业链高质量发展的若干政策措施》作为配套支持政策，报市政府审议。

(执笔人：张婧如)

市科学技术局2022年大事述要

1月5日 市科技局党委书记毛劲松带队调研环境监测领域科技领军培育企业天津同阳科技发展有限公司，与企业负责同志展开深入交流，服务企业持续健康发展。

同日 市科技局副局长梅志红，副局长、一级巡视员袁鹰带队慰问市委联系专家、天津大学精仪学院党委书记、精密测试技术及仪器国家重点实验室主任郏继贵教授，以及本多清志等4名长期在津工作的高端外国专家代表。

1 月 13 日 市科技局党委书记毛劲松，副局长、一级巡视员袁鹰，市纪委监委驻市科技局纪检监察组组长郑若冰赴天津市和平区南营门街昆明路社区众诚里小区疫情防控点走访慰问市科技局抗疫一线志愿者。

1 月 14 日至 19 日 市科技局先后选派三批共 64 名党员干部驰援津南抗疫。

1 月 18 日 市科技局副局长、一级巡视员袁鹰赴党建工作联系点天津电气科学院有限公司、市科学技术发展战略研究院调研服务，深入了解党建工作开展情况。

1 月 25 日 市科技局党委书记毛劲松带队赴天津工业大学走访慰问市委联系专家、天津工业大学化工学院院长、省部共建分离膜与膜过程国家重点实验室主任仲崇立教授。

1 月 26 日 市科技局党委书记毛劲松主持召开 2021 年度科技系统基层党组织主要负责同志述职述责述廉暨评议会。科技系统 3 家直属单位以及局机关 3 个处室党组织主要负责同志作现场述职，局机关党委书记及其他机关处室党组织主要负责同志作书面述职。全体与会人员对科技系统 23 位基层党组织主要负责同志工作情况进行了民主评议。

同日 市科技局召开科技系统党史学习教育总结会议。传达习近平总书记关于党史学习教育的重要指示和中央、市委党史学习教育总结会议精神，全面总结科技系统党史学习教育活动的总体进展、主要成效、基本经验及存在问题，并对持续巩固党史学习教育成果，不断深化党史学习教育，促进科技创新事业健康发展提出要求。

1 月 27 日 市科技局党委书记毛劲松主持召开党史学习教育专题民主生活会，副市长王卫东出席会议并讲话。

2 月 9 日 北京市、天津市、河北省三地共同举办“关于共同推进京津冀基础研究合作协议(第三期)”视频签约会。北京市科委、中关村管委会党组书记、主任许强，党组成员、副主任许心超，天津市科技局党委书记毛劲松，河北省科技厅党组书记、厅长龙奋杰出席会议。

2 月 14 日 市科技局组织召开海洋装备产业链创新发展专题座谈会。市科技局党委书记毛劲松、副局长梅志红出席会议，中国工程院院士王树新，十余家企业院所代表，滨海新区、保税区分管负责同志以及市科技局相关处室有关负责同志参加。

同日 市科技局党委审议通过《关于科技系统出席天津市第十二次党代表大会代表选举工作方案》《科技系统关于做好天津市出席党的二十大代表候选人初步人选推荐提名工作方案》。

2 月 21 日 市科技局党委书记毛劲松主持召开 2022 年科技创新工作讲评推动会，研究谋划推动 2022 年科技创新重点工作。各处室主要负责同志谈思路、讲招法、明措施、重创新，广开思路，畅所欲言，各位局领导进行针对性点评。

2 月 23 日 市科技局组织召开金融支持海河实验室高质量发展专题座谈会。市科技局党委书记毛劲松、副局长梅志红出席会议，海河实验室、合作企业和金融机构进行现场交流互动。

2 月 28 日 市科技局党委书记毛劲松，党委委员、一级巡视员张桂华参加“脑机交互与人机共融”实验室建设方案汇报交流会。相关领域专家学者代表等 40 余人以线上线下相结合的形式参会，就相关内容进行深入研讨，对实验室建设的前期规划方案给予高度评价。

3 月 1 日 市科技局组织召开全市区域科技工作座谈会，与全市高新技术企业推动会一并召开。各区就抓实抓细 2022 年科技创新各项工作展开深入研讨。

3 月 2 日 市科技局组织召开中央驻津院所党建引领高质量发展座谈会，市委常委、市委教育工委书记王庭凯出席会议并讲话。11 家中央驻津院所负责同志介绍本单位基本情况及助推天津高质量发展的意见建议。

3 月 23 日 市科技局召开“投身抗疫当先锋、服务一线展作为”支援津南抗疫工作总结讲评会。致敬支援津南一线抗疫干部，总结抗疫斗争工作经验，弘扬伟大抗疫精神，进一步激发科技系统广大党员干部向先进学习、向榜样看齐，更好推进新时代科技创新工作高质量发展。

同日 市科技局召开“青春勇担当·奋进新时代”机关年轻干部座谈会。16名年轻干部代表联系各自工作和岗位实际谈感受、说打算、献良策。

3月31日 市科技局党委书记毛劲松主持召开科技系统“迎盛会、铸忠诚、强担当、创业绩”主题学习宣传教育实践活动动员部署会。传达市委主题学习宣传教育实践活动工作部署会议精神，并对科技系统全面开展主题学习宣传教育实践活动做出部署安排。

4月11日 天津市科学技术奖励大会暨推动科技体制机制创新工作会议在天津礼堂召开，表彰科学技术奖获得者，总结部署本市推动科技体制机制创新工作。市委书记李鸿忠出席并讲话。副市长孙文魁主持，副市长朱鹏宣读天津市人民政府关于颁布2020年度、2021年度天津市科学技术奖的决定。

4月14日 市科技局党委党的建设、宣传思想、统一战线工作领导小组会议召开，印发《科技系统2022年党建工作要点》《科技系统2022年宣传思想工作要点》《科技系统2022年统战工作要点》《科技系统2022年精神文明建设工作安排》《科技系统2022年理论学习中心组学习安排》。

同日 市科技局召开中央法治督察反馈意见整改落实工作部署推动会，传达全市督察反馈意见整改工作相关决策部署，就全局整改方案和任务举措进行部署推动。

4月18日 市科技局副局长、一级巡视员袁鹰主持召开2022年科技人才队伍建设重点任务推动会。

同日 市科技局组织召开加强科研诚信管理暨科技伦理治理工作座谈会。市教委、市卫生健康委、市市场监管委、市科协相关负责同志参会并就天津市科研诚信管理和科技伦理治理工作进行研讨。

4月20日 市科技局组织召开中国政府“友谊奖”获奖外国专家座谈会，市科技局党委书记毛劲松、副局长梅志红出席会议并与外国专家亲切交流。

4月28日 市科技局召开机关党员大会，选举产生市科技局机关出席市第十二次党代会代表1名，补选机关党委委员2名。

5月10日 市科技局党委书记毛劲松带队赴天津科技大学调研座谈，讲授思想政治课并结合高校工作详细解读《关于完善科技成果评价机制的实施意见》。

5月12日 市科技局党委持续治理形式主义官僚主义不担当不作为问题专项行动领导小组工作会议召开，印发《市科技局党委2022年“讲担当促作为抓落实、持续深入治理形式主义官僚主义不担当不作为问题专项行动”工作要点》。

5月19日 市科技局邀请科技部政策法规与创新体系建设司法规处处长史昱连线做专题辅导讲座，解读《中华人民共和国科学技术进步法》。

5月20日 市科技局机关党委组织召开机关党建工作推动会暨党支部书记培训会和“服务中心强事功，履职担当展作为”处级领导干部实务培训班。市科技局副局长、一级巡视员袁鹰作专题辅导，市科技局机关党委委员、机关党支部书记、处级领导干部共计50余人参加会议。

5月23日 市科技局党委书记毛劲松主持召开科技系统党建工作部署推动会，部署2022年科技系统党建工作。科技系统驻津单位、直属单位党组织主要负责同志、党务部门主要负责同志、市科技局机关各处室党组织主要负责同志共计60余人参加会议。

6月1日 市科技局党委书记毛劲松带队赴市政务服务办就落实全市进一步优化营商环境工作会议精神，深入推进政务服务标准化规范化便利化，强化科技创新对优化营商环境的支撑深入开展座谈交流。

6月6日 市科技局党委书记毛劲松与局党委班子成员、直属单位党委及机关党支部主要负责同志开展集体廉政谈话。

6月7日 市科技局党委书记毛劲松带队赴党建工作联系点中国地震局第一监测中心检

查安全管理工作并开展调研服务。

6 月 10 日　科技系统召开党员干部警示教育大会,组织处级以上党员干部观看警示教育专题片《廉洁润初心》,全面落实党委廉洁文化建设政治责任,市科技局党委书记毛劲松出席会议并讲话。

6 月 13 日　市科技局党委书记毛劲松带队赴南开大学宣讲国家重点实验室重组政策,并共同研究完善申报方案,曹雪涛校长及各全国重点实验室申报团队负责人参加。

6 月 22 日　海河实验室发展论坛暨创新联合体成立大会隆重召开。市人大常委会副主任马延和,副市长朱鹏,“人民英雄”、中国工程院院士张伯礼院士,中国科学院院士陈军、卜显和,市科技局党委书记毛劲松,市级部门、有关区负责同志,以及各实验室共建单位、合作企业、金融机构、服务机构的相关负责同志出席。海河实验室创新联合体成立大会举行了合作签约仪式,5 家海河实验室与国家开发银行天津分行、天津药品检验研究院等签署战略合作协议,为引进高端人才代表颁发了聘书。成立大会后,首届海河实验室发展论坛召开,张伯礼主持论坛活动并致辞,张俊华教授、杨灿群副主任、邓子新院士、陈军院士、程涛教授分别代表 5 家海河实验室做主题演讲。

6 月 23 日　第七届天津市科普微视频大赛终评活动在河西区网信大厦举办。本届大赛启动以来,组委会共征集作品 472 部,最终评选出一等奖作品 10 部,二等奖作品 10 部,三等奖作品 10 部,最佳创意奖、最佳导演奖等单项奖 7 个。本次获奖的部分优秀作品将代表天津市参加全国科普微视频大赛。

6 月 24 日　由科学技术部战略规划司指导,天津市科学技术局主办,天津爱波瑞科技发展有限公司与天津光电通信技术有限公司联合承办的第六届世界智能大会平行论坛——国家新一代人工智能创新发展试验区暨第四届工业互联网发展论坛于云端胜利召开,副市长朱鹏、科技部战略规划司副司长邢怀滨致辞。本届论坛发布了天津国家新一代人工智能创新发展试验区 2021 年十大应用场景,围绕人工智能与工业互联网新技术、新应用展开深入交流。

6 月 26 日　天津市第 36 届科技周主场活动在天津科学技术馆举行。市科技局党委书记毛劲松、市纪委监委驻市科技局纪检监察组组长郑若冰出席活动并为天津市优秀科普基地、2022 年天津市优秀科普图书、2022 年天津科普大使代表颁发奖牌证书。

6 月 27 日　市科技局党委书记毛劲松带队调研云账户(天津)共享经济信息咨询有限公司、天津金域医学检验实验室有限公司,实地了解企业发展状况,协调解决企业遇到的问题。

6 月 28 日　市科技局在津举行 2022 年天津市百强“雏鹰—瞪羚—领军”科技型企业发布暨天使母基金启动会,副市长朱鹏出席会议并致辞。市科技局党委书记毛劲松发布了“雏鹰—瞪羚—领军”企业梯度培育工作报告,以及 2021 年度百强“雏鹰”“瞪羚”和科技领军企业榜单。市级天使母基金在会上启动运行并签署意向基金合作协议。

6 月 30 日　由天津市科学技术局主办,天津科学技术馆(天津市青少年科技中心)、天津海河传媒集团音乐广播承办的第七届天津市科普讲解大赛决赛圆满落幕。大赛以“走进科技　你我同行”为主题,最终 10 名优胜者脱颖而出,分别荣获一、二、三等奖,并获得“天津市十佳科普使者”称号。

7 月 1 日　市科技局举办科技系统学习宣传贯彻市第十二次党代会精神宣讲报告会。局领导班子成员,直属单位党委书记、党务部门负责人和党员代表,局机关党支部书记和党员代表共计 80 余人参加会议。

7 月 14 日　第七届中国创新挑战赛(天津)正式启动,市科技局党委书记毛劲松出席活动并致辞。第七届中国创新挑战赛(天津)聚焦我市高端装备制造产业,通过“揭榜比拼”方式,集众智、解难题,为科技企业搭建解决技术难题的平台,启动仪式上,市科技局详细介绍了本届赛事流程和奖励政策,来自北京航空航天大学、天津大学、天津工业大学等 6 所高校科研院所的 9 支创新团队分别进行了推介与交流。

7月15日 科技部通过视频会议形式召开重组国家重点实验室体系工作座谈会，市科技局组织天津市现有和新申报实验室主任及依托单位负责人集中参会。

7月18日 市科技局党委书记毛劲松以《深入学习贯彻市第十二次党代会精神，在现代化大都市建设中贡献科技之为》为科技系统党员干部宣讲市第十二次党代会精神。

7月19日 市科技局党委召开2022年上半年落实全面从严治党主体责任、加强政治生态建设工作专题分析研判会议，审议通过《2022年上半年市科技局党委履行全面从严治党主体责任情况的报告》《2022年上半年市科技局党委关于加强政治生态建设情况的报告》。

7月28日 市科技局党委书记毛劲松主持召开2022年上半年科技创新工作讲评推动会。

7月29日 市科技局副局、一级巡视员袁鹰赴天津医科大学总医院，围绕科技人才引育工作开展调研座谈，了解重点领域院士专家国际交流论坛和科技人才大讲堂等科技人才培养专项项目筹备进展情况。

8月3日 科技系统召开“迎盛会、铸忠诚、强担当、创业绩”主题学习宣传教育实践活动领导小组会议，审议科技系统“迎盛会、铸忠诚、强担当、创业绩”主题学习宣传教育实践活动工作进展情况。

8月3日至4日 市科技局举办市管干部推进高水平科技自立自强专题研讨班。各区政府、市有关部委办局以及部分市属高校、市属企业的分管负责同志46人参加。

8月10日 海河实验室创新联合体交流合作暨现代中医药守正创新发展研讨会在天津中医药大学隆重召开。海河实验室创新联合体主席、现代中医药海河实验室主任张伯礼院士，市科技局党委书记、海河实验室创新联合体主席毛劲松，细胞生态海河实验室副主任周家喜，国家超级计算天津中心党组书记、信创海河实验室专家孟祥飞，合成生物学海河实验室副主任江会锋，物质绿色创造与制造海河实验室主任助理李鑫等出席活动。

8月11日 市科技局党委书记毛劲松以“以政策扎实落地　激励担当作为　促进高校成果转化”为主题，面向全市54所高校书记、校长开展专题培训宣讲。

8月15日 市科技局党委书记毛劲松带队赴天津电气科学研究院有限公司调研指导工作，听取有关党建工作、业务发展、安全生产、信访稳定、疫情防控等工作汇报并开展座谈交流。

8月21日至26日 市科技局主办、市科技创新发展中心承办天津市智能制造领域科技人才高级研修班，组织来自全市高校、科研院所和企业的近30名智能制造领域高层次创新人才赴深圳开展培训活动。通过专题讲座、现场教学、参观研学、互动交流、深入研讨等环节，帮助创新人才进一步拓宽视野、开阔思路、提升素质，为推动天津智能制造领域科技创新发展提供有利条件。

9月3日至7日 2021年全国科普讲解大赛在广东科学中心举行。天津市3名选手入围“全国三十强”，斩获一等奖1名、二等奖2名、三等奖1名，市科技局获优秀组织奖，获奖等级及总数位居全国76个代表队第二，取得历史最佳成绩。

9月5日 市科技局党委书记毛劲松、副局长梅志红、二级巡视员薛景山带队深入科技系统单位检查指导安全生产、综治信访、值守应急、疫情防控等各项安全工作并开展调研服务。

9月15日 市科技局与东疆综合保税区管理委员会签署共建“东疆之星”高成长企业基地框架协议，局区协力构建区域创新体系，共同推动“东疆之星”高成长企业基地高水平创新平台建设。市科技局党委书记毛劲松与东疆综合保税区党委书记、管理委员会主任杨柳出席签约仪式并会谈。

9月19日 市科技局会同市外办共同举办外国专家座谈会，详细解读《天津市培育建设国际消费中心城市实施方案(2021—2025年)》，介绍我市工作进展并听取外国专家意见建议。

10月25日 市科技局党委书记毛劲松主

持召开党委扩大会议,传达学习党的二十大精神,研究部署学习宣传贯彻工作。

11 月 2 日至 4 日　天津市举办信创领域科技人才赋能行动暨高层次人才名企行活动,来自全市高校、科研院所和企业的近 30 名信创领域高层次科技人才参加了活动。

11 月 7 日　市科技局张桂华带队赴康希诺生物调研座谈,推动“吸入用新冠疫苗护津城科技示范项目”推广应用。

11 月 9 日　市科学技术局党委书记毛劲松、副局长梅志红一行到应急管理部天津消防研究所调研服务,参观第二消防试验基地大型风洞实验室等试验场馆,双方围绕科技支撑消防领域核心技术攻关、创新平台建设、成果转化等问题开展座谈交流。

11 月 15 日　市科技局举办中央统战工作会议、中央民族工作会议精神专题辅导讲座。局机关干部、直属单位民主党派代表人士、科技系统知联会成员共计 50 余人参加。

11 月 17 日　市科技局组织开展第四届“洋眼看天津”摄影大赛颁奖典礼,表彰在“一汽—大众杯”天津市第四届“洋眼看天津”摄影大赛中获奖的外国专家。

同日　科技系统学习宣传党的二十大精神代表宣讲报告会召开,市科技局领导班子成员,系统直属单位党组织书记、党务部门负责同志、驻津单位党务部门负责同志,局机关各党支部书记和党员代表,共 70 余人参加会议。

11 月 23 日至 25 日　市科技局举办党委理论学习中心组暨科技系统党的二十大精神局处级干部专题读书班。市科学技术局党委书记毛劲松为科技系统党员干部宣讲党的二十大精神。

11 月 29 日　由科技部、财政部、教育部、国家网信办和中华全国工商业联合会共同指导,天津市科学技术局联合天津滨海高新区管委会共同承办的第十一届中国创新创业大赛全国赛(新能源 · 新能源汽车 · 节能环保)开幕式暨“新趋势 · 新赛道 · 新势力”高端峰会在天津万丽宾馆举办。本届大赛以“创新引领,创业筑梦”为主题,聚焦国家战略需求,构建“挖掘培育、精准服务、金融支持”的发展机制,重点打造企业上市培育和产业供需对接的服务平台。

(执笔人:李　楠)

市工业和信息化局 2022 年大事述要

1 月 9 日　作为市疫情防控指挥部物资生产保障组、复工复产组组长单位和全市产业链工作牵头单位,市工业和信息化局坚决贯彻落实市委市政府决策部署,向系统各级党组织和党员干部发出倡议,要求大家主动进位、担当作为、攻坚克难,打好疫情防控遭遇战。党组书记、局长尹继辉第一时间组织召开局专题会议部署相关工作,要求党员干部要提高政治站位,深刻领会、坚决落实市委市政府各项决策部署,巩固党史学习教育成果,坚定必胜信念,发挥模范带头作用,统筹做好疫情防控和防疫物资生产保障、工业企业保供保产等各项工作,为打好防疫整体战、协同战贡献“工信力量”。

1 月 10 日　市工业和信息化局党组书记、局长尹继辉赴市公共卫生应急物资储备仓库研究调度防疫物资储备。要求大家主动进位、担当作为、攻坚克难,统筹做好疫情防控、防疫物资生产保障、工业企业保供保产等各项工作,打好疫情防控遭遇战。

1 月 20 日　市工业和信息化局党组书记、局长尹继辉赴蓟州区现场调度国华盘电和大唐盘电两家电厂机组开机运行事宜,协调解决供热不足问题。

1 月　春节及北京冬奥会临近,全市将进入电力保供关键时期。市工信局局长、党组书记尹继辉带队赴市电力公司走访调研,共同研究做好民生、疫情防控、重点时期电力保供工作,并分组深入全市保供主力电厂督促做好生产运行,全力保障民生用电、用热需求。局二级巡视员蒋银军，总工程师、二级巡视员孙建国组织市发改委、电力公司、能源集团及各主力发电企业等单位召开专题协调会议，对做好春节及冬奥会期间电力保供工作进行再动员再部署。

同月 为贯彻落实《"十四五"促进中小企业发展规划》和《关于促进中小企业"专精特新"发展的指导意见》，培育一批'专精特新'中小企业"，引导鼓励"专精特新"中小企业借力多层次资本市场，以北交所设立为契机，进一步完善对本市"专精特新"中小企业的梯度培育措施，市工业和信息化局与天津滨海柜台交易市场股份公司共同建设区域性股权市场"专精特新企业上市后备板"，助推优质企业进入北交所做大做强。

同月 工业和信息化部印发《工业和信息化部办公厅关于公布2021年工业互联网App优秀解决方案名单的通知》，公布了2021年工业互联网App(以下简称工业App)优秀解决方案名单，我市中汽数据(天津)有限公司、中汽研软件测评(天津)有限公司、天津泰凡科技有限公司、微企(天津)信息技术有限公司、天津海润海上技术股份有限公司、德航(天津)智能科技有限公司、天津凯发电气股份有限公司、天津玛斯特车身装备技术有限公司8家企业的工业App解决方案成功入选。

2月23日 全市工业和信息化工作会议召开，市工业和信息化局党组书记、局长尹继辉出席会议并做工作报告，党组成员、副局长谷云彪主持会议。会议设主会场和视频分会场，市有关部门分管负责同志，市工业和信息化局领导班子成员、二级巡视员，各区、滨海新区各功能区工业和信息化主管部门主要负责同志，驻局纪检监察组、局机关各处室主要负责同志，市工业和信息化局直属单位主要负责同志等80余人参加会议。

3月31日 市工业和信息化局召开了2022年局系统全面从严治党暨党建和党风廉政建设工作会议，局党组书记、局长尹继辉出席会议并讲话，党组成员、副局长、一级巡视员、机关党委书记谷云彪主持会议，领导班子成员，二级巡视员和各直属党组织书记参加会议。会议主要任务是深入学习贯彻习近平新时代中国特色社会主义思想和党的十九大、十九届历次全会，十九届中纪委六次全会精神，落实好市委十一届十一次全会、十二次全会暨经济工作会议、市纪委十一届十次全会和2022年市级机关党的工作暨纪检工作会议精神，总结2021年工作，部署2022年任务，推动系统全面从严治党向纵深发展，推进党的建设和党风廉政建设工作取得新成效。

3月 在北京冬奥会和全国两会召开期间，市无线电监测站毫不松懈抓紧抓实抓细无线电监测工作，加大"黑广播"打击力度，坚决做好首都政治"护城河"，连续奋战42天，共监测近5万站小时，查处"黑广播"24起，出动人员92次，极大力度打击了"黑广播"犯罪分子的嚣张气焰，有力维护了天津地区的无线电秩序。

同月 为加快推进现代轻纺产业链创新发展，推进"品牌+专项行动"，集聚各方资源，开展精准对接服务，助推现代轻纺产业高端化、绿色化、智能化升级，市工业和信息化局组织召开"津品·校服"专题供需对接座谈会，天津市纺织集团、天津市服装商会、天津时装周组委会及相关企业代表近30人参会。

同月 为推动首批认定的产业主题园区建设培育工作深入开展，有效破解企业融资难融资贵难题，切实为企业纾难解困，市工业和信息化局组织召开首场市级产业主题园区融资对接会。相关区产业主题园区工作主管部门、首批市级产业主题园区运营单位相关工作负责同志出席会议，市中小企业服务中心、天津市高新技术企业协会以及天津OTC、天津市中小企业信用融资担保中心、海河基金、建设银行、招商银行、交通银行等9家金融机构、20家融资需求企业代表共40余人参加会议。

同月 按照京津冀工信部门"3+3+3"协商沟通机制，为深化津冀产业对接协作，津冀两地工信部门举行产业协同发展线上对接会。津冀双方一致同意完善协同推进机制，深化产业协同发展规划编制，开展汽车产业链深度合作，推进工业互联网协同联动，强化生物医药协同合作，搭建产业合作交流平台。

4月 市工业和信息化局组织召开推动制造业立市产业链高质量发展指挥部办公室第8次会议暨车联网产业链撮合对接会。本次会议旨在推动车联网产业链高质量发展，推进天津（西青）国家级车联网先导区加快建设，帮助企业尽快复工复产，提高产业链上下游协同创新。中汽数据（天津）有限公司、天津天安智联科技有限公司、天津英创汇智汽车技术有限公司、中科慧眼（天津）电子有限公司等车联网产业链重点企业参加会议。

同月 为全力支援上海市开展新冠肺炎医疗救治工作，市工业和信息化局党组书记、局长尹继辉要求全力做好医疗队物资供应保障，副局长谷云彪现场指挥市公共卫生防疫物资储备仓库（空港专库）立即启动应急措施。市空港专库各部门不顾近期连续作战、持续进出库任务的疲劳，在完成白天的工作任务后，立即转入“战斗状态”，有序调配物资下架出库，提前将50多万件（套）物资分散码放在不同点位，切实做到了“兵马未动粮草先行”，切实履行好我市防疫“粮草官”的职责。

同月 市工业和信息化局以加强产业链科技创新支撑为重点，加快培育一批产业链创新服务平台，认定首批20个产业技术基础公共服务平台（含5个国家产业技术基础公共服务平台），其中检验检测类18个，信息服务类2个。此次认定的天津市产业技术基础公共服务平台对支撑本市制造业高质量发展具有重要作用，在相关行业检验检测、认证认可等方面具有很高的权威性及专业性。

同月 市工业和信息化局组织食盐专营企业召开食盐专营管理工作座谈会。汉沽盐场、海晶集团、中盐研究院、中盐国本、中盐天津、长芦集团相关负责同志参加了座谈会。会议传达了国家发改委等四部委关于完善食盐专营管理等工作的有关文件精神、提出了推进食盐电子追溯体系建设、加强食盐社会责任储备、规范未加碘食盐供应、统计报表制度试填试报等工作要求，通报了组织企业落实相关文件的执法工作方案。

同月 市工业和信息化局、市金融局、市科协密切协同，联手服务企业开展撮合对接，加快推动产业链、科技链、金融链深度融合。活动期间，天津市软件行业协会与天津农商银行签署战略合作协议，未来将充分发挥协会在产业发展方面的平台优势和桥梁作用，切实为信创企业融资拓展渠道和方法，助力企业快速发展。

5月4日 市工业和信息化局党组书记、局长尹继辉带队赴天津渤化化工发展有限公司开展现场服务并进行安全生产督导检查。渤化集团党委书记、董事长王俊明汇报了集团整体运行、改革发展任务推进、需要协调解决事项等情况。尹继辉强调：一要高度重视安全生产工作；二要用足用好市、区、开发区各级政策；三要强化产业链上下游贯通；四要加快研究中试平台建设方案。

5月12日 市工业和信息化局组织党组理论学习中心组学习，集体学习观看学习领会党的十九届六中全会精神公开课；围绕“专题一：坚定捍卫‘两个确立’，坚决做到‘两个维护’”方面结合分管工作查摆问题谈体会，明确具体改进的措施；党组书记、局长尹继辉作总结发言。

5月20日 市工业和信息化局召开全局系统党风廉政建设和加强新时代廉洁文化建设暨党员干部警示教育大会，传达贯彻国务院第五次廉政工作会议精神、全市加强新时代廉洁文化建设工作会议暨党员干部警示教育大会精神，对全局系统党风廉政工作和廉洁文化建设进行动员部署。

6月15日至17日 市工业和信息化局组织党组理论学习中心组学习，集中自学“专题二：坚持勇于自我革命，永葆党的生机活力”专题学习内容，集中观看红色教育片，集中撰写学习体会，赴河西区纪律教育中心参加廉洁教育，听取天津师范大学马克思主义学院教授李朝阳党的十九届六中全会精神专题讲座。局领导围绕专题二学习内容，结合习近平总书记关于全面从严治党的重要论述和市第十二次党代会精神带头认真查摆问题，畅谈学习体会，提出下一步工作举措。

6月20日　市工业和信息化局召开第32次党组会议。局党组书记、局长尹继辉传达市第十二次党代会主要精神，研究局系统“两优一先”评选表彰工作，专题研究全面从严治党工作。

6月24日至25日　第六届世界智能大会以“智能新时代：数字赋能　智赢未来”为主题，采用线上模式，举办了开闭幕式、高峰会、平行论坛、智能科技展、赛事智能体验等一系列活动，持续打造“会展赛+智能体验”的四位一体平台，立体化呈现世界人工智能新动态、新成果。

6月　为做好2022年高考无线电安全保障工作，防范和打击利用无线电设备考试作弊行为，市工业和信息化局（市无线电管理局）认真贯彻落实工业和信息化部和市委、市政府部署，把高考无线电安全保障工作作为一项重大的政治任务，积极配合市教委和市考试院，圆满完成高考无线电安全保障任务。

同月　市工业和信息化局组织开展了节能降碳助力工业绿色发展主题活动。工信部电子五所北京研究院主任杨本晓对工业绿色发展政策进行了解读。本市获得国家“能效之星”产品的亿昇（天津）科技有限公司、天津市特变电工变压器有限公司、创远亿德（天津）集团有限公司等单位进行了技术推介，与相关应用企业进行了供需对接，现场多家单位达成合作意向，取得了良好效果。

同月　市工业和信息化局牵头组织召开了“轻工产业链突破产业链关键卡点技术及产品对接会”，爱玛、深铃、新日、小刀、金轮、优贝等自行车企业以及三力伟业、海鸥表业、津宝乐器、纺织集团、顶益食品、海河乳业等轻工产业链龙头企业参加会议。

同月　市工业和信息化局充分发挥产业链指挥部办公室统筹协调作用，联合市金融局、人民银行天津分行建立重点产业链“主办行”机制，为每一条产业链确定2—3家主办行，推动19家银行机构与12条产业链高效对接。

7月　为推进“品牌+专项行动”，为企业和平台类服务机构“牵线搭桥”，市工业和信息化局会同市食品工业协会、市商业联合会成功举办了天津市部分食品工业企业对接交流座谈会。市食品工业协会、市商业联合会、市酒业协会相关负责人及参会企业代表共30余人参加了本次会议。

同月　由市工业和信息化局、西青区政府共同主办的车联网产业链人才对接会在西青区车联网先导产业园成功召开。本次对接会旨在深入贯彻落实市委、市政府关于加快制造业立市的决策部署和市第十二次党代会精神，坚持链上抓服务、抓创新、抓人才，针对本市车联网企业人才短缺等问题，为企业提供天津本土稳定的人才供给，为车联网产业链高质量发展营造良好生态。经纬恒润、博顿电子等13家车联网产业链重点企业，天津大学、南开大学等6所高校有关部门负责同志以及海教园就业联盟、车联网产业创新联盟、车联网先导产业园负责同志参加此次活动。

同月　为深入推进电力体制改革，加快建立绿色能源市场机制，满足本市企业使用绿色电力需求，市工业和信息化局印发了《天津市绿电交易工作方案》，组织指导本地市场主体规范开展绿电交易工作。

8月　为认真贯彻落实市委市政府、市安委会关于全市燃气安全工作的统一部署，提高工业系统燃气安全意识，市工业和信息化局组织召开燃气安全培训会。各区工信主管部门和350家重点工业企业负责同志通过“线下+线上”等方式参会。

9月19日　市工业和信息化局召集市公安刑事侦查总队、市文化和旅游局、市市场监督管理委员会、市文化市场行政执法总队、市工业和信息化稽查总队、市无线电监测站等部门，召开迎接党的二十大“净空2022”联合打击精准治理阶段工作座谈会，围绕为进一步净化京津冀空中电磁环境，为党的二十大营造良好的舆论环境进行工作座谈。会上，对《迎接党的二十大“净空2022”百日专项行动联合打击精准治理阶段工作方案》进行了部署，讨论了当前打击治理工作中存在的问题,探索如何对“黑广播”“灰广播”等违法违规问题保持高压严打态势。

9月21日至22日 市工业和信息化局组织党组理论学习中心组学习。第一阶段:邀请国家超级计算天津中心党组书记孟祥飞结合专题三学习重点,以《信息技术变革与超算自立自强》为题作报告,观看视频《智能制造与天津制造业立市战略实施》,部分同志围绕“专题三”学习主题研讨发言。第二阶段:学习习近平总书记“三农”工作重要论述,传达学习习近平总书记《论“三农”工作》一书的主要精神。第三阶段:党风廉政建设学习,集体观看《中华人民共和国监察法实施条例》学习视频,传达学习习近平同志在中央政治局第四十次学习时的重要讲话精神,传达学习党的十八大以来习近平总书记关于一体推进不敢腐、不能腐、不想腐的重要论述,传达学习中央办公厅《关于加强新时代廉洁文化建设的意见》通知相关内容,传达学习中国共产党天津市第十一届纪律检查委员会向中国共产党天津市第十二次代表大会的工作报告主要内容,部分同志交流学习体会,党组书记、局长尹继辉做总结发言。

9月 国际禁止化学武器组织对天津利安隆新材料股份有限公司开展国际视察,为提升企业履约能力,确保此次国际视察顺利通过,市工业和信息化局全力保障并圆满完成了此次国际视察工作。

10月26日 市工业和信息化局召开党组(扩大)会议,传达学习贯彻党的二十大精神、中央政治局会议关于学习宣传党的二十大精神的相关部署要求,以及市委常委会扩大会议、全市领导干部会议、市政府党组会议精神,研究部署工业和信息化系统学习宣传贯彻党的二十大精神有关工作。会议要求,要把学习宣传贯彻党的二十大精神作为当前和今后一个时期的首要政治任务,在工业和信息化系统迅速掀起学习宣传贯彻党的二十大精神热潮,全局系统要认真落实党的二十大报告关于建设现代产业体系、实现高水平科技自立自强、加快建设制造强国的重要论述,聚焦全国先进制造研发基地定位,全面落实“制造业立市”战略部署,以推进产业链高质量发展为核心抓手,加快构建“1+3+4”现代工业产业体系,把党的二十大战略部署转化为工业和信息化领域一项项工作抓手,为天津市“四高”目标发挥更大作用,以实际行动奋力谱写工业高质量发展新篇章。

10月 市工业和信息化局组织天津市钢铁工业协会、天津市线材制品协会、天津市金属材料行业协会、中国钢结构协会钢管分会、天津市建材业协会专题研究讨论,形成倡议书,并以5家协会名义联合向全市1100余家冶金、建材企业发布。倡议书从全力稳定生产、深化产业合作、坚持高端发展、实施智造赋能、提升绿色含量、加强行业自律六个方面,倡议全行业立足全局,放眼长远,坚定信心,抢抓国家和天津市一系列稳经济促发展的政策措施窗口期,全力抓好稳产保量,实现行业经济平稳运行。

11月14日至18日 市工业和信息化局组织党组理论学习中心组进行会专题四学习。学习《党的二十大报告辅导读本》《党的二十大报告学习辅导百问》。自学研读《中国共产党章程(修正案)》《二十大党章修正案学习问答》。深入学习领会习近平总书记在党的二十届一中全会上的重要讲话精神。集中观看党的二十大学习视频,围绕学习主题研讨发言;自学党的二十大报告,市委党校张玉庆教授围绕学习党的二十大精神授课;开展新党章集体学习研讨,谷云彪领读学习党章新修改部分相关内容,部分领导负责同志围绕学习党的二十大精神和新党章开展研讨交流,市委党校安连成教授围绕学习党的二十大精神和习近平法治思想授课,党组成员、副局长谷云彪就中心组读书班学习情况做总结发言。

11月 为振兴天津市轻工行业老字号品牌,市工业和信息化局召开轻工产业链重点成员单位例会及重点工作推动会。市委宣传部、市教委、市体育局、市商务局、市市场监管委、市总工会、市机关事务管理局、天津市渤海轻工投资集团、天津市渤海化工集团有限责任公司、天津渤化橡胶有限责任公司、天津七二九体育用品有限公司相关负责同志参加会议。

同月 为高质量推进新时代对口援疆工作，加强津和两地产业合作，市工业和信息化局持续开展“民族团结一家亲，百行百业交流行”活动，专门组织天拓国际会展、小米有品等相关企业与天津市新疆商会及策勒县九河商贸有限公司、赶大营商贸有限公司等企业对接，助力企业在津开拓市场。

12月30日 市工业和信息化局召开第64次党组会议。专题传达学习贯彻市委经济工作会议精神，专题研究疫情防控工作，听取本单位消防安全督查隐患问题整改有关情况的汇报，听取新天钢钢铁集团有限公司产能出让有关情况的汇报，听取2022年天津市制造业创新中心培育建设工作的情况汇报等。

12月 市工业和信息化局积极组织推动全市5家供销社全部完成股权划转工作，静海等区的烟草公司股权完全上划工作圆满完成，按期完成中国烟草总公司巡视整改任务。

同月 按照天津市委、市政府关于深化东西部协作和支援合作的决策部署，助力结对地区持续巩固拓展脱贫攻坚成果、全面推进乡村振兴的要求，天津市工业和信息化局积极采取有力措施，与昌都市经济和信息化局签署了《天津市工业和信息化局关于对口支援昌都市经济和信息化局工作协议》（2021年至2025年），重点围绕建立联动工作机制、促进绿色工业项目落地、提供专业技术咨询及人才培训服务、加强两地产业园交流等方面展开合作。

（执笔人：嵇　巍）

市民族和宗教事务委员会2022年大事述要

1月27日 市民族宗教委召开党史学习教育总结会，传达学习习近平总书记关于党史学习教育的重要指示精神和中央、市委党史学习教育总结会议精神，全面总结市民族宗教委开展党史学习教育的成效和经验，对下一步巩固拓展党史学习教育成果进行了安排部署。市民族宗教委主任刘广理出席会议并讲话。

2月17日 市民族宗教委会同市合作交流办组织召开以“铸牢中华民族共同体意识，携手奋进对口支援新征程”为主题的工作座谈会。市民族宗教委主任刘广理出席会议并讲话，刘广理向市合作交流办授予了“全国民族团结进步示范单位”称号匾牌。

2月23日 天津市以视频方式召开全市统战部长会议暨全市民族宗教委主任会议，传达学习全国统战部长会议、全国民委主任会议、市委常委会会议暨市委统一战线工作领导小组会议精神，总结2021年工作，部署2022年任务。市委常委、市委统战部部长冀国强出席并讲话。市民族宗教委主任刘广理参加会议。

3月23日 市民族宗教委召开党组会议，传达学习习近平总书记在中央政治局常委会会议上的重要讲话精神，研究部署民族宗教领域疫情防控工作。

4月2日 市民族宗教委召开“迎盛会、铸忠诚、强担当、创业绩”主题学习宣传教育实践活动部署会暨2022年度党建和党风廉政建设工作会议。市民族宗教委主任刘广理出席会议并讲话。

4月8日 市民族宗教委召开全市民族宗教领域防风险除隐患保安全排查整治暨安全生产专项整治三年行动第四阶段工作推动部署会，并印发相关工作方案，明确阶段性任务和整治重点。

4月27日 市民族宗教委党组以“深入学习领会习近平总书记关于党风廉政建设和廉洁文化建设的重要论述，以案为警筑牢拒腐防变的思想防线”为主题，举办理论中心组专题学习，重点学习习近平总书记关于党风廉政建设和廉洁文化建设的重要论述、国务院第五次廉政工作会议精神、市委书记李鸿忠在全市加强新时代廉洁文化建设工作会议暨党员干部警示教育大会上的重要讲话精神,市民族宗教委主任刘广理主持学习活动并带头进行交流研讨。

4 月 28 日 市民族宗教委召开劳动节前警示教育大会。市民族宗教委主任刘广理讲授专题保密党课,组织学习形式主义官僚主义、不担当不作为典型案例,并对劳动节期间安全稳定、清廉过节等相关工作提出要求。

5 月 19 日 《中华民族交往交流交融史料汇编·天津卷》编纂工作动员部署会召开。市委常委、市委统战部部长、市编纂工作领导小组组长冀国强出席并讲话。会上,市民族宗教委主任刘广理传达《中华民族交往交流交融史》编纂工作领导小组第一次会议和全国编纂工作部署会议精神。课题筹备组负责人作交流发言。

5 月 20 日 市民族宗教委组织召开互联网宗教事务管理专门协调机制扩大会议,市民族宗教委主任刘广理出席会议并讲话。

6 月 16 日 市民族宗教委组织全体党员干部集中收看中国共产党天津市第十二次代表大会开幕式现场直播。全市各宗教团体、宗教活动场所组织召集宗教教职人员和信教群众代表,集中观看了开幕式的现场直播。

6 月 23 日 市民族宗教委组织召开全市性宗教团体联席会议第一次会议,市民族宗教委主任刘广理出席会议并讲话。市佛教协会、市伊斯兰教协会、市天主教两会、市基督教两会班子成员 40 余人参加会议。

7 月 6 日 市民族宗教委组织召开市第十二次党代会精神宣讲会。市民族宗教委主任刘广理面向委机关及所属单位全体党员干部、全市民族宗教界代表人士、委退休老干部代表深入宣讲市第十二次党代会精神。

7 月 11 日 市民族宗教委在市民族文化宫开展“走进委办局——向群众汇报”座谈会。

同日 市民族宗教委组织举办“迎盛会、铸忠诚、强担当、创业绩”——深入学习宣传市第十二次党代会精神文艺汇演,委党组全体成员、委机关及所属单位全体党员干部观看演出。

7 月 20 日至 23 日 市民族宗教委主任刘广理到新疆考察调研,开展“百行百业交流行”工作回访。新疆维吾尔自治区党委常委、统战部部长祖木热提·吾布力与刘广理进行了亲切的交谈,就新疆与天津的产业、民生项目合作,流动人口服务管理及津新各族群众交往交流交融“三项计划”落实交换了意见。刘广理一行还考察走访了和田地区民族团结进步创建工作和民生项目建设。

7 月 22 日 市民族宗教委召开 2022 年上半年党建工作专题汇报会,市民族宗教委所属 13 个党支部围绕上半年党建重点工作、落实全面从严治党主体责任、党风廉政建设情况进行汇报。

8 月 1 日至 31 日 市民族宗教委组织开展 2022 年“民族宗教政策法规宣传月”活动。

8 月 8 日 根据市委编办《关于调整市民族宗教委有关内设机构职责的通知》,在市民族宗教委宗教一处职责中增加“组织指导全市佛教、道教、伊斯兰教及民间信仰活动场所的安全生产监督工作”。在市民族宗教委宗教二处职责中增加“组织指导全市基督教、天主教活动场所的安全生产监督工作”。调整后,市民族宗教委其他机构编制事项不变。

8 月 10 日 市民族宗教委党组以“坚持勇于自我革命,永葆党的生机活力”为主题,举办理论学习中心组学习暨“迎盛会、铸忠诚、强担当、创业绩”主题学习宣传教育实践活动专题二(扩大)学习。市民族宗教委主任刘广理主持会议并带头交流研讨、对照查摆问题。

8 月 11 日 《中华民族交往交流交融史料汇编·天津卷》编纂课题组到劝业场街道新疆路社区,向街道社区干部和社区各民族居民发放问卷、开展访谈,了解社区推进“三交”等方面工作的相关情况并进行调研。

8 月 25 日至 26 日 京津冀民族工作协同发展座谈会第三轮第一次会议在河北省承德市召开。会议重温习近平总书记考察承德时的重要指示精神,进一步拓展协同发展领域,提升三地合作水平,以铸牢中华民族共同体意识为主线,推动新时代民族工作高质量发展。京津冀三地民(宗)委主要负责同志,承德市政府分管负责同志,京津冀三地民(宗)委有关负责同志、部分县(市、区)党委(政府)分管负责同志、"三交"史料编纂有关专家学者、民贸民品企业家代表等参加会议。

9月20日 天津市召开"卫城—2022"决战部署会暨党的二十大维稳安保工作会议,市民族宗教委主任刘广理参加会议。

10月10日 市民族宗教委党组以"强化历史担当,争创一流业绩"为主题,举办理论学习中心组学习暨"迎盛会、铸忠诚、强担当、创业绩"主题学习宣传教育实践活动专题三(扩大)学习,重点学习了《习近平谈治国理政》第四卷、中央统战工作会议精神、《总体国家安全观学习纲要》《习近平生态文明思想学习纲要》《"三个着力"领航天津》等有关内容。市民族宗教委主任刘广理主持会议并带头交流研讨、对照查摆问题。

10月12日 市民族宗教委组织召开天津市实施"各族群众互嵌式发展计划、各族青少年交流计划、旅游促进各民族交往交流交融计划"工作推动会。市民族宗教委主任、"三项计划"协调小组组长刘广理出席会议并讲话。

10月16日 天津市蒙古族联谊会、天津市朝鲜族联谊会,市佛教协会、市伊斯兰教协会、市天主教两会、市基督教两会认真组织民族宗教界人士集中收看党的二十大开幕会现场直播。

10月16日至18日 市民族宗教委党组理论学习中心组以"学党史建功新时代,庆盛会奋进新征程"为主题,举办党史专题读书班,通过集中收看党的二十大开幕会现场直播、专家教授授课辅导、系统学习《习近平谈治国理政》第四卷等重点书籍、组织开展交流研讨等多种形式,持续巩固深化党史学习教育成果,为深入学习宣传贯彻党的二十大精神夯实理论根基。市民族宗教委党组理论学习中心组全体成员、机关及所属单位全体党员干部参加读书班活动。

10月27日至28日 市民族宗教委委托中央民族干部学院举办天津市对口支援民族地区民族宗教工作干部网络培训班,天津市对口支援民族地区民宗干部共70人参加培训。

11月8日 市民族宗教委组织召开学习宣传贯彻落实党的二十大精神宣讲报告会暨动员部署会。市民族宗教委主任刘广理作党的二十大精神宣讲报告。

11月17日 市民族宗教委举办全市宗教界"双通"人才培训班,市民族宗教委主任刘广理出席培训班并讲话。市佛教协会、市伊斯兰教协会、市天主教两会、市基督教两会领导班子成员及部分教职人员骨干,市蒙古族联谊会、市朝鲜族联谊会会长,以及市委统战部、市民族宗教委等部门相关处室、各宗教工作秘书处负责同志参加培训。

11月17日至18日 市民族宗教委组织我市民族宗教界代表人士赴红桥区、蓟州区开展红色教育实践行活动。

12月5日 市民族宗教委主任办公会审议通过《天津市志·民族宗教事务志》编修大纲,向地方志指导部报备《天津市志·民族宗教事务志》编修大纲。

12月29日 中央统战部在京召开首届全国宗教界先进集体和先进个人表彰大会。天津市5个宗教活动场所和5名宗教教职人员分别获得先进集体和先进个人荣誉称号。

12月30日 市民族宗教委为天津市大悲禅院和天津市河西区清真寺颁发"天津市宗教界爱国主义教育基地"标识牌。

(执笔人:张　琳)

市公安局2022年大事述要

1月7日 市公安局召开党委领导班子党史学习教育专题民主生活会征求意见座谈会议,深入听取意见建议,并提出具体工作要求。

1月10日 市公安局举行庆祝第二个中国

人民警察节警旗升旗仪式。

1 月 11 日 市公安局举行 2021 天津市“最美基层民警”发布仪式。

1 月 12 日、29 日 中央政治局委员、市委书记李鸿忠，公安部党委书记、部长赵克志，分别在市公安局呈报的《关于 2021 年公安工作和队伍建设情况的报告》上作出批示。李鸿忠批示：一年来，全市公安机关牢记天津之“特”、勇担“卫城”之责，守护了人民安宁，护航了天津发展，筑牢了首都“政治护城河”。特别是在疫情防控中立下了汗马功劳。特向同志们致以崇高的敬意！我们要牢记总书记重要训词精神，坚定捍卫“两个确立”，坚决做到“两个维护”，打造让党中央放心、让人民群众满意的公安铁军，忠诚履职，以优异成绩迎接党的二十大胜利召开。赵克志批示：2021 年，天津公安机关在市委正确领导下，增强“四个意识”、坚定“四个自信”、做到“两个维护”，紧紧围绕首都“政治护城河”的职责定位，忠诚履职、拼搏担当，政治生态持续向好，公安工作和队伍建设取得新的发展进步，为拱卫京畿、服务中央工作大局、维护区域安全稳定作出了重要贡献。向同志们表示亲切慰问和衷心感谢！新的一年，要全面贯彻党的十九大和十九届历次全会精神，全力以赴做好防风险、保安全、护稳定、促发展各项工作，筑牢首都“政治护城河”，以实际行动迎接党的二十大胜利召开。

1 月 13 日 中共中央政治局委员、国务院副总理孙春兰，国务院副秘书长、国家禁毒委副主任孟扬，公安部党委委员、副部长林锐，到市公安局调研指导疫情防控工作，看望慰问一线公安民警辅警。

1 月 18 日 市公安局组织收听收看公安部召开的全国公安队伍教育整顿总结会议，党委领导班子成员在市公安局驻津南区疫情防控指挥部和市公安局分会场参加会议。

1 月 21 日 市公安局召开打击毒品违法犯罪“飓风五号”行动部署会议，就贯彻落实全国禁毒“清源断流”行动提出具体要求。

1 月 26 日 市公安局召开全市公安机关党史学习教育总结会议，深入学习贯彻习近平总书记关于党史学习教育重要指示精神，和党中央、市委党史学习教育总结会议精神，全面总结全市公安机关开展党史学习教育经验成果，对推动全局党史学习教育常态化、长效化作出具体部署。

同日 市公安局召开坚持全面从严治警、深化公安队伍教育整顿专题工作会议，就深入贯彻落实党中央和公安部、市委部署要求，着力锻造过硬公安铁军、忠实履行新时代使命任务提出明确要求。

1 月 27 日 市公安局召开深化肃清孙力军政治团伙流毒影响专题会议，结合持续巩固深化党史学习教育和公安队伍教育整顿成果，对深化肃清孙力军政治团伙流毒影响进行专题部署。与会人员集体观看了电视专题片《零容忍》第一集《不负十四亿》。

同日 市公安局召开全局烟花爆竹禁放工作视频会，全力推进 2022 年春节烟花爆竹禁放决战攻坚阶段各项工作落实，确保人民群众生命财产安全和社会大局稳定。

1 月 30 日 市委书记李鸿忠和市委相关领导同志，深入津南分局辛庄派出所慰问一线抗疫民警辅警。

同日 市公安局召开党委领导班子党史学习教育专题民主生活会，班子成员逐人深入查找差距和不足，深刻剖析原因，明确下一步努力方向和整改措施。

2 月 1 日 市公安局召开全局视频会议，深入贯彻全国公安机关安保维稳视频调度会精神，对做好春节、冬奥会安保和疫情防控等工作提出具体要求。

2 月 7 日 市公安局通过“国际刑警组织中国国家中心局”成功发布一则涉毒品贩运国际刑警组织“紫色通报”，成为全国首个发布国际刑警组织“紫色通报”的地方公安机关。

2 月 10 日 市公安局召开党委领导班子落实公安部政治督察反馈意见整改专题民主生活会，班子成员逐人深入检视问题，剖析问题根源，明确努力方向和改进措施。

2 月 12 日 市公安局召开 2022 年全市刑侦工作座谈会，统筹谋划 2022 年全市刑侦工作。

2 月 17 日　市公安局会同市药监局，召开全市严打制售假药劣药犯罪专项工作和药品安全专项整治“利剑行动”联席会议。

同日　市公安局召开全市交警系统道路交通安全隐患治理工作推进会，就深化事故预防、减量控大等重点工作作出部署。

2 月 21 日　市公安局召开做好出席党的二十大代表候选人初步人选推荐提名和市第十二次党代表大会代表选举工作部署会议，对做好代表推荐提名和选举工作进行部署。

2 月 22 日　市公安局召开全市公安局（处）长会议，深入学习贯彻习近平总书记重要讲话精神，认真落实党中央和公安部、市委、市政府部署要求，总结 2021 年工作，分析当前形势，部署 2022 年任务。

2 月 23 日　市公安局召开全市 2021 年智慧平安社区建设工作总结暨 2022 年工作部署会。

2 月 24 日　市公安局召开 2022 年全局党风廉政建设电视电话会议，深入贯彻落实十九届中央纪委六次全会、全国公安机关党风廉政建设电视电话会议和市纪委十一届十次全会精神，部署 2022 年全局党风廉政建设和反腐败工作。

同日　市公安局召开 2022 年全局治安工作会议，总结 2021 年治安工作成效，深入分析当前工作形势，并就做好 2022 年治安工作作出具体部署。

2 月 25 日　市公安局召开全市公安队伍教育整顿总结会议，传达学习全国政法队伍教育整顿总结会议和市委政法工作会议暨全市政法队伍教育整顿总结会议精神，全面总结全市公安队伍教育整顿成效和经验做法，对进一步巩固深化教育整顿成果、推动全面从严管党治警常态化提出具体要求。

2 月 28 日　市公安局牵头召开市政府打击治理电信网络新型违法犯罪工作联席会议，全面部署加强全市打击治理电信网络新型违法犯罪工作。

3 月 1 日　市公安局召开督察委员会暨审计工作领导小组和信访工作领导小组会议，全面总结 2021 年工作，部署推动 2022 年重点工作。

3 月 2 日　市公安局召开 2021 年度各单位党组织书记抓基层党建工作述职评议会，通报 2021 年全局党建工作情况，并就精心谋划、统筹做好 2022 年全局党建工作，推进基层党建工作全面进步、全面过硬提出明确要求。

同日　市公安局召开全局派出所警务机制改革工作部署会，就巩固深化派出所警务机制改革成果、科学优化规范派出所“两队一室”设置、激发基层警务效能进行部署，并对全局业绩突出的 91 个派出所、室队、警（探巡）组和 97 名民警、87 名辅警进行表彰。

3 月 4 日　市公安局召开 2022 年全市禁种铲毒工作推动会议。

3 月 7 日　市公安局召开全市道路交通安全工作会议，总结 2021 年全市道路交通安全工作，分析当前形势，部署 2022 年工作。

3 月 10 日　市公安局召开全市打击刑事犯罪工作会议，总结回顾 2021 年工作，分析存在问题，部署 2022 年工作。

3 月 14 日　市公安局分别召开 2022 年第一轮巡察工作动员部署会和 2022 年第一轮政治督察工作动员部署会，深入学习贯彻习近平总书记关于巡视工作的重要论述精神，全面贯彻落实党中央巡视工作方针和市委巡察工作要求，并就进一步加强监督全局各单位主责主业、执法为民、严管队伍等工作情况提出具体要求。

3 月 15 日　副市长、市公安局党委书记、局长董家禄主持召开全市政法系统北京冬奥会、冬残奥会和全国两会安保维稳视频总结会议。

3 月 21 日　全国公安机关打击治理跨境赌博工作视频会议后，市公安局召开全局视频会议，就深入学习贯彻习近平总书记关于打击治理跨境赌博的重要指示批示精神、认真落实公安部会议精神提出明确要求，并对做好 2022 年打击治理跨境赌博工作进行全面部署。

3 月 22 日　市公安局召开全市出入境管理工作暨“獴猎”行动——2022 动员部署会议，认真落实党中央、公安部、国家移民管理局和市委、市政府部署要求，全面总结 2021 年全市出入境管理工作取得的成效经验，深入分析当前形势，对做好2022年相关工作进行专题部署。

3月24日 市公安局召开党的建设工作领导小组会议，传达市委常委会暨市委党的建设工作领导小组会议精神，全市“迎盛会、铸忠诚、强担当、创业绩”主题学习宣传教育实践活动工作部署会等相关工作会议精神，并就统筹推进公安部党委部署开展的“喜迎二十大、忠诚保平安”主题实践活动和市委部署开展的“迎盛会、铸忠诚、强担当、创业绩”主题学习宣传教育实践活动工作扎实有效开展，作出具体部署。

同日 市公安局召开全市打击整治枪支爆炸物品违法犯罪部署会，通报前期工作情况，分析当前形势，部署下一步工作。

3月28日 市公安局召开全局视频会议，围绕全面做好党的二十大安保维稳工作，组织开展“铸忠诚、防风险、除隐患、强管理、严整治，护航二十大”九大攻坚战役进行专题动员部署。

同日 市公安局会同市教委、市文明办，召开2022年“全国中小学生安全教育日”暨我市“小手拉大手、千警进千校”交通安全宣传教育工作推动部署会议。

3月29日 市公安局召开2022年特警系统工作会议，全面总结固化特警系统2021年工作成效和北京冬奥会、冬残奥会、全国两会安保经验，就做好2022年全市特警工作进行动员部署。

3月30日 市公安局召开2022年管党治警暨“大监督”工作第一次例会，就充分凝聚党委全面监督、综合部门职能监督、督察审计专门监督、警种系统管理监督、纪检监察专责监督工作合力，持续深化全面从严管党治警，全力营造海晏河清的良好政治生态作出具体部署。

4月2日 市公安局召开全局视频会议，深入贯彻落实习近平总书记重要指示精神，认真传达贯彻全国、全市安全生产工作会议和市委常委会、市政府常务会有关精神，部署强化安全生产、疫情防控及清明节安保等工作。

4月3日 市公安局召开全局视频会议，就全力做好维护安全稳定、清明节安保和疫情防控等重点工作进行安排部署。

4月7日 市人大常委会副主任陈浙闽带队到市公安局调研指导平安建设、矛盾纠纷多元化解等工作，听取公安工作汇报，并就公安机关积极配合做好立法工作、更好维护政治安全和社会稳定、忠实履行新时代职责使命提出要求。

4月11日 全国打击治理电信网络新型违法犯罪工作会议后，副市长、市公安局党委书记、局长董家禄组织召开全市打击治理电信网络诈骗犯罪工作电视电话会议，传达全国打击治理电信网络新型违法犯罪工作会议精神，并就下一步工作进行部署。

4月12日 市公安局召开2022年全局法制工作会议，深入贯彻全国公安法制工作会议和全市公安局(处)长会议精神，总结2021年全局法制工作，并对进一步深化法治公安建设进行部署。

4月21日 市公安局召开全市道路安全隐患排查整治现场会暨“减量控大”推进会，听取市交通运输委等单位工作情况汇报，并就进一步加强安全隐患整改、落实预防事故“减量控大”提出具体要求。

4月27日 市公安局召开信访工作领导小组会议，深入学习贯彻习近平总书记重要指示精神，传达中央信访联席办、国家信访局座谈会和公安部党委(扩大)会议、公安部信访工作领导小组会议精神，并就学习贯彻《信访工作条例》、加强公安信访工作进行部署。

4月28日 中国共产党天津市公安局代表会议召开，会议讨论通过了《选举办法(草案)》《天津市公安局出席市第十二次党代会代表候选人预备人选名单》，介绍了市委提名的代表候选人情况，选举产生了9名出席中国共产党天津市第十二次代表大会代表。

4月30日 市公安局召开深化派出所警务机制改革暨“加强新时代公安派出所工作三年行动计划”推进会议，就进一步推动公安各项改革任务落实进行部署。

5月6日 市公安局召开“净网2021”专项行动总结暨“净网2022”专项行动动员部署电视

电话会议,对严厉打击整治网络违法犯罪活动、全力维护网络安全,大力整顿网上秩序,着力营造安全、清朗、有序的网络环境做出工作部署。

5月10日 市公安局领导班子全体成员、全局各级领导干部、团干部、广大团员青年集中收听收看庆祝中国共产主义青年团成立100周年大会,会后开展学习研讨。

同日 市公安局联合市消防救援总队、市住房城乡建设委、市交通运输委、市商务局等部门深入开展2022年全市消防安全督导检查工作。

5月11日 市公安局召开“雷霆六号”专项行动动员部署会,就做好2022年打击治理电信网络诈骗犯罪工作进行部署。

5月16日 市公安局召开警示教育大会,集中观看《被审查调查人忏悔实录》《走好廉洁从政每一步——天津市年轻干部违纪违法案件警示教育专题片》,并就持续肃清流毒影响、深化全面从严管党治警工作作出部署。

5月25日 市公安局组织收听收看全国公安系统英雄模范立功集体表彰大会。

5月30日 市公安局召开“铁拳2022”专项行动部署会,紧密围绕当前我市道路交通安全特点,就全面加强道路交通安全源头治理、系统治理作出具体部署。

6月1日 中国共产党天津市公安局代表会议召开,补选产生1名出席市第十二次党代表大会代表。

6月7日至10日 市公安局圆满完成我市2022年高考安保任务。

6月9日 天津市受全国表彰公安系统英雄模范立功集体代表座谈会在天津礼堂召开。市委书记李鸿忠,市委副书记、代市长张工与我市公安英模代表亲切交流座谈,市委常委、市委政法委书记赵飞主持座谈会。市公安局党委书记衡晓帆汇报全市公安机关受全国表彰情况。受到表彰的公安系统英雄模范立功集体代表共46人参加座谈会。

6月10日 经天津市第十七届人民代表大会常务委员会第三十五次会议通过,任命衡晓帆同志为天津市副市长、公安局局长。

同日 全国公安机关打击整治枪爆违法犯罪专项行动视频部署会议后,市公安局迅速召开全局视频会议,就贯彻落实公安部会议精神、全力开展打击整治枪爆违法犯罪专项行动进行动员部署。副市长、市公安局党委书记、局长衡晓帆出席会议并讲话。

6月18日至20日 市公安局圆满完成我市2022年中考安保任务。

6月24日 市公安局圆满完成第六届世界智能大会云开幕式安保任务。

6月27日 市公安局召开全面强化党的二十大安保维稳深入开展夏季治安打击整治“百日行动”动员部署会,就坚决做首都“政治护城河”、天津社会主义现代化大都市的忠诚卫士,着力打造“四个铁一般”的津门公安铁军,扎实做好夏季治安打击整治“百日行动”进行部署。副市长、市公安局党委书记、局长衡晓帆主持会议并讲话。

7月1日 市公安局举行学习宣传贯彻市第十二次党代会精神宣讲报告会暨庆祝中国共产党成立101周年专题党课,市委宣讲团成员、副市长、市公安局党委书记、局长衡晓帆为全市公安机关民警辅警作宣讲。

7月3日 市公安局召开预防和治理校园欺凌专项工作部署会。

7月12日 全国禁毒工作电视电话会议后,召开全市禁毒工作会议,认真学习贯彻习近平总书记关于禁毒工作重要指示批示精神,全面总结2021年禁毒工作,就贯彻落实全国会议精神、做好下一阶段禁毒工作进行部署。副市长、市禁毒委主任、市公安局党委书记、局长衡晓帆出席会议并讲话。

7月20日 市公安局召开夏季治安打击整治“百日行动”重点工作专题会议,听取了治安重点地区挂牌整治、组织集群战役等工作情况汇报,并就扎实推进“百日行动”开展提出明确要求。

7月27日 市公安局组织召开大数据应用新生态建设专题研究部署会议,就着力构建以“智慧公安”为核心、突出“实战效能”的公安大数据应用新生态，实现质量变革、效率变革、动力变革作出专题部署。

7 月 28 日 市公安局召开党的政治建设督导调研工作动员部署会议，副市长、市公安局党委书记、局长衡晓帆就做好市公安局督导调研工作提出具体要求。

7 月 29 日 市公安局成立大数据实战中心。

8 月 9 日 市公安局召开深化公安改革专题会议，研究制定贯彻落实公安部深化改革推进会精神的具体措施。

8 月 10 日 副市长、市公安局党委书记、局长衡晓帆以《深学笃行习近平法治思想、忠实履行新时代使命任务、做首都政治护城河，天津社会主义现代化大都市的忠诚卫士》为题，为市管干部学习贯彻习近平法治思想专题研讨班作了专题辅导。

8 月 24 日 市公安局召开深化“放管服”改革暨服务企业服务发展“十条措施”推进会。

9 月 2 日 市公安局召开全面深化公安改革暨派出所标准化建设工作会议，传达学习公安部全面深化公安改革推进会精神，宣布公安部、市公安局命名的第二批“枫桥式公安派出所”决定，解读市公安局重点警务改革“1+6”方案，部署加强派出所标准化建设工作。副市长、市公安局党委书记、局长衡晓帆出席会议并讲话。

9 月 7 日 市公安局召开党的二十大安保维稳推进会，传达学习公安部部长王小洪在夏季治安打击整治“百日行动”专项督察汇报会上的讲话精神、全市党的二十大信访安全保障工作会议和市委政法委全会精神，并就做好党的二十大安保维稳和“百日行动”重点工作进行再强调、再部署。副市长、市公安局党委书记、局长衡晓帆主持会议并讲话。

9 月 9 日 市公安局成立爱警暖警工作领导小组，下设办公室并组建爱警工作部，印发《关于进一步做好爱警暖警工作的实施意见》，就进一步做好爱警暖警工作明确重点任务。

9 月 15 日至 16 日 市公安局举办处级以上领导干部学习贯彻习近平法治思想和习近平总书记关于新时代公安工作的重要论述专题研讨班，深入学习贯彻习近平法治思想和习近平总书记关于新时代公安工作的重要论述。

9 月 23 日 公安部京津冀警务协同发展领导小组第十五次会议以视频会议形式召开，会议传达学习了公安部部长王小洪相关批示精神，通报了首都安全稳定形势和党的二十大安保工作情况，审议通过了深化党的二十大安保京津冀警务协作机制、海河水系水上执法协作区联席会议机制，并就进一步强化党的二十大安保维稳、深化京津冀警务协作进行了部署。副市长、市公安局党委书记、局长衡晓帆出席会议。

9 月 26 日 市公安局召开决战决胜党的二十大维稳安保誓师动员大会，就坚决打赢党的二十大维稳安保总攻决战、全面筑牢首都“政治护城河”进行动员部署。副市长、市公安局党委书记、局长衡晓帆出席会议并讲话。

9 月 30 日 在第 9 个国家烈士纪念日到来之际，市公安局在市烈士陵园公安英烈墙前举行向公安英烈敬献花篮仪式。

同日 市公安局召开全局预算管理工作会议，通报全局 2022 年预算执行和 2023 年预算安排情况，并就进一步加强预算经费使用管理工作提出具体要求。

11 月 3 日 市公安局召开科信总队、图侦技防总队联合开展工作部署会议，就推进大数据实战中心提档升级，扎实做好大数据应用新生态建设进行部署。副市长、市公安局党委书记、局长衡晓帆出席会议并讲话。

同日 市公安局召开打击犯罪工作年终推进会议，总结前期工作，并就做好打击犯罪全年收官工作进行部署。

11 月 10 日 天津市召开打击治理电信网络新型违法犯罪工作联席会议，总结前期工作情况，分析当前形势，并就做好下一阶段工作进行部署。副市长、市公安局党委书记、局长、市联席会议总召集人衡晓帆出席会议并讲话。

11 月 16 日至 18 日 市公安局举办全局副处级以上领导干部学习贯彻党的二十大精神专题读书班。开班首日，学习贯彻党的二十大精神市委宣讲团成员，副市长、市公安局党委书记、局长衡晓帆以《深学细悟笃行党的二十大精神，做首都政治护城河、天津社会主义现代化大都市的忠诚卫士》为题，作了党的二十大精神宣讲。

11 月 23 日 市公安局与市退役军人事务局、市保安协会、市关爱退役军人协会，共同签订了保安行业吸纳退役军人就业合作协议。

12 月 6 日至 12 日 副市长、市公安局党委书记、局长衡晓帆先后主持召开四场公安大调研各单位“一把手”系列座谈会，就谋划明年重点工作及今后一段时间至 2035 年公安工作规划进行研究部署。

12 月 28 日 市公安局召开党委领导班子 2022 年度民主生活会征求意见座谈会，副市长、市公安局党委书记、局长衡晓帆向相关与会同志汇报市公安局 2022 年主要工作情况，并听取意见建议。

12 月 30 日 市公安局召开党委领导班子 2022 年度民主生活会会前学习研讨会，副市长、市公安局党委书记、局长衡晓帆围绕年度民主生活会主题，交流学习收获，明确努力方向，并就深入学习领会习近平总书记在中共中央政治局民主生活会上的重要讲话精神、认真学习宣传贯彻党的二十大精神提出具体要求。

12 月 31 日 市公安局圆满完成跨年夜安保任务。

（执笔人：李　洋）

市民政局 2022 年大事述要

1 月 5 日 市民政局在局机关八楼会议室召开 2021 年度党组织书记抓基层党建工作述职评议考核会议。

1 月 本市突发本土新冠病毒确诊病例后，市属公办福利机构第一时间召开疫情防控工作紧急会议，开展工作人员排查、报备、核酸检测等工作，连夜调配工作人员、备齐备足生活物资、防疫物资，稳中有序落实各项防控措施，于 1 月 9 日正式实施封闭管理。

同月 市民政局派出 74 名党员干部赴津南支援疫情防控工作。全年坚决贯彻市委重大决策部署，126 名党员下沉社区参加疫情防控工作。

2 月 28 日至 3 月 11 日 市民政局按照市委、市政府主要领导同志批示要求和低收入群众摸底调研部署会议部署安排，会同市人社局、市农业农村委、市医保局研究制定《低收入群众摸底调研工作实施方案》，牵头相关部门深入全市低收入群众进行摸底调研。

3 月 1 日 市民政局启动“创新基层治理·关爱快递小哥”行动，依托街道（乡镇）社会工作服务站、社区（村）党群服务中心、社区养老服务中心、老年日间照料中心设立“快递小哥”暖心益站，开展政策、生活、心理、议事等系列暖心服务，引领“快递小哥”发挥主体作用，成为助力基层社会治理积极力量。

3 月 10 日 市民政局召开街道（乡镇）社工站建设推动会，总结先行试点工作经验与做法，部署 2022 年扩面建设任务。

3 月 16 日 全国民政服务机构疫情防控工作视频会后，市民政局召开局指挥部会议，落实民政部、市防控指挥部重要部署要求，进行再调度、开展再部署。

同日 市民政局召开 2022 年第一轮巡察工作动员部署会，认真领会习近平总书记关于巡视工作的重要论述，深入落实《关于加强巡视巡察上下联动的意见》和市委《关于加强和改进市级机关部门党组（党委）巡察工作的指导意见》，部署安排 2022 年第一轮巡察工作。

3 月 21 日 市民政局召开全市救助管理机构疫情防控工作视频会，深入贯彻全国民政服务机构疫情防控工作视频会精神，进一步贯彻落实国务院，民政部的疫情防控相关工作要求，压实疫情防控责任，做好救助管理机构疫情防控工作。

3 月 22 日 启动全市救助管理机构疫情防

控日调度机制。

3 月 31 日 天津市居民家庭经济状况核对系统二期项目顺利完成各项主体功能模块开发，在河东区民政局召开试运行工作启动会。

同日 市民政局举办社会团体换届专题工作线上培训会，解读《天津市社会团体换届选举工作指引（试行）》，明确 2022 年社会团体换届工作指导思想、总体要求、工作流程、申请材料、注意事项，分析研判换届工作常见问题与应对方法，结合当前疫情防控要求对换届选举会议举办形式、参会投票有效性等具体操作问题给予解答。社会组织相关业务主管单位、党建领导机关、各区民政局、社会团体负责人近 700 人参加培训。

4 月 8 日 市民政局召开全市养老服务领域疫情防控和安全工作视频会议，传达习近平总书记关于安全工作的重要指示、全国和我市安全生产电视电话会议精神、民政部近期有关养老服务机构疫情防控有关要求和局党组关于安全工作要求，解读《天津市民政局关于开展防风险除隐患保安全排查整治工作的实施方案》，部署全市养老服务机构疫情防控和安全工作。市民政局相关处室在主会场参会，16 个区民政局局长、分管局长和养老服务相关科室负责同志在各区分会场参会。

4 月 11 日 市民政局召开 2022 年度党建工作暨党风廉政建设和反腐败工作会议。局党组班子成员、局级干部，各党委书记、纪委书记，局机关处（室）和局直属单位党支部书记，在局机关 8 楼主会场参会。烟台道各处（室）党支部书记，事业处、殡葬处和天福集团所属基层单位党支部书记、党办主任视频参会。

4 月 24 日 市民政局召开全市基层政权建设和社区治理工作部署会，深入贯彻党的十九届六中全会精神，全面落实全国基层政权建设和社区治理工作视频会议精神，总结 2021 年度工作成效，部署 2022 年度重点任务，为迎接党的二十大胜利召开贡献基层治理力量。各区民政局局长、分管副局长及相关负责同志参会。

4 月 28 日 市民政局“庆祝‘五一’国际劳动节暨表彰会”在局机关八楼会议室召开，传达学习习近平总书记致首届大国工匠创新交流会贺信，表彰全国三八红旗手、全国五好家庭、天津市工人先锋号、天津市文明家庭、天津市巾帼文明岗等先进集体和个人，向局系统广大职工发出学习先进模范倡议，凝心聚力推进民政事业高质量发展。局系统各基层单位先进集体和个人代表，全国、市级劳动模范、一线职工代表 50 余人参加会议。

4 月 29 日 市民政局召开党员代表大会，选举产生市民政局出席天津市第十二次党代表大会代表。局系统 96 名代表参加会议。

4 月 清明节前后，市民政局开展清明期间服务及疫情防控工作落实情况督查检查，坚决落实各项疫情防控措施和清明服务保障要求。

同月 市民政局在津南区组织召开全市社会救助工作暨社会救助领域创新实践活动总结会议，总结 2021 年本市社会救助领域创新实践活动情况和社会救助工作情况，部署 2022 年重点工作。各区民政局分管领导、救助科长、市低收入核对中心和市社会救助基金会负责同志参加会议。

5 月 6 日 市民政局召开党组 2022 年第一轮巡察工作汇报会，局党组书记、局长朱峰主持会议并讲话，局党组全体成员参加会议并作点评发言，局党组巡察工作领导小组成员和局党组巡察组组长、副组长列席会议，市委巡视办巡察处派员列席会议并作提示。

5 月 10 日 市民政局召开全市区民政局、乡镇人民政府（街道办事处）、村（居）民委员会三级社会救助工作业务培训会，解读《天津市特困人员认定办法》《天津市低保审核确认办法》《天津市社会救助信访和举报核查办法》等政策文件，讲解示范“救急难”系统操作，开展重点、难点、堵点问题答疑解惑、案例剖析，进一步提升全市社会救助服务水平，全面精准落实社会救助惠民政策，提高基层社会救助经办人员的业务素质和工作能力。培训采取现场培训和各区分会场视频培训结合方式进行，市低收入核对中心、市社会救助基金会负责同志、各区民政局分管领导、科长及街(镇)、村(居)委会社会救助人员共计1500余人参加。

5月17日 市民政局召开2022年社会组织综合监管部门联动视频会议,系统部署和推动社会团体分支(代表)机构专项整治、社会服务机构非营利监管、持续整治行业协会商会乱收费、持续推进“僵尸型”社会组织整治以及社会组织领域重大风险防范化解五大专项整治工作。社会组织业务主管单位、党建领导机关、行业管理部门及市属社会组织相关负责人近500人以线上方式参会。

6月30日 市民政局召开学习宣传贯彻市第十二次党代会精神暨党建工作推动会,传达市第十二次党代会精神,专题部署局系统学习宣传贯彻市十二次党代会精神工作。局党组班子成员、局级干部,局机关副处级及以上领导干部,基层党委书记、纪委书记、党办主任,局直属单位主要负责人在主会场参会,各基层单位设置分会场。

7月28日 市民政局召开“益路同行·再出发”——基金会助力乡村振兴动员部署会,总结经验与成效、部署项目与任务,进一步统一思想、振奋精神。合作交流办、市委统战部相关处室及部分基金会负责同志参会。

8月 天津市居民家庭经济状况核对系统二期在全市上线使用。

9月14日 市民政局召开推进全面从严治党向纵深发展工作部署会,传达全市推进全面从严治党向纵深发展工作部署会议精神,听取“两代表一委员”以及部分基层代表全面从严治党意见建议,部署局系统推进全面从严治党向纵深发展工作。局领导,局机关各处室、局直属各单位党支部书记(负责同志),各基层党委书记、纪委书记,“两代表一委员”以及部分基层代表参会。

9月26日 天津市婚姻收养登记中心业务用房改造项目完成并投入使用。

10月14日 市民政局召开社会组织监督管理工作视频会,通报市民政局开展社会团体分支(代表)机构专项整治、行业协会商会乱收费“回头看”、社会服务机构非营利监管、“僵尸型”社会组织清理整治工作进度、发现问题与整改情况,对社会组织专项整治行动和年报审核中发现的不规范情形进行风险提示,结合责令整改通知书下发情况和督办整改阶段提出具体工作要求,对全市社会组织作出警示教育。社会组织业务主管部门、行业管理部门、16个区民政局及市属社会组织负责人300余人以视频方式参会。

11月4日 市民政局召开治理助推资本无序扩张及其背后潜藏的腐败和作风问题部署推动会,深入落实市纪委办公厅《关于治理助推资本无序扩张及其背后潜藏的腐败和作风问题的工作举措》有关安排,压实责任,分解任务,明确要求,对局系统治理工作进行部署推动。

11月11日 市民政局召开学习宣传贯彻党的二十大精神动员部署会。局党组班子成员、局领导,机关各处(室)和局直属各单位负责人参会,局属各基层单位通过视频转播参加会议。

11月17日 市民政局召开学习宣传贯彻党的二十大精神推动会,听取各基层党委,福彩中心、低收入核对中心学习宣传贯彻党的二十大精神工作汇报,就基层单位贯彻落实局党组“三学”“七做实”学习宣传贯彻落实党的二十大精神工作思路,提出具体要求。

11月23日 市民政局在北辰区安津医院召开全市精神障碍社区康复服务工作现场推进会。全市16个区分管民政副区长,市财政局、市卫生健康委、市人社局、市残联相关业务负责人和各区民政局局长48人参加会议。

12月12日 市民政局主办召开第七次京津冀核对工作联席会议。

(执笔人:李　旭)

市司法局2022年大事述要

1月25日 市司法局党委召开全市司法行政系统党史学习教育总结会议，传达中央、市委党史学习教育总结会议精神，对全系统党史学习教育进行全面总结，就始终把党史学习教育作为长期政治任务，更加有效地推动党史学习教育常态化长效化进行部署，不断巩固拓展党史学习教育成果。市司法局党委书记、局长王红卫出席并讲话。市委党史学习教育第十三巡回指导组副组长黄战胜到会指导。市戒毒局、市监狱局分别于1月25日、1月26日召开党史学习教育总结大会。

2月7日 市委常委、市委政法委书记赵飞到市司法局慰问，同时以视频形式对在监所封闭执勤的警察表示慰问，并就做好监所疫情防控工作、确保监所安全提出要求。

同日 市司法局党委组织理论学习中心组学习，进行开年“第一课”，集中观看《十九大党章公开课》辅导视频，专题学习党章，明确学习贯彻党章的重大意义，扎实推动党章学习成果转化为司法行政工作具体实践。随后召开党委会，审议《天津市司法行政系统2022年工作要点》，对全年工作作出部署安排，确保2022年工作实现高起步、开门红。

同日 市司法局召开公共法律服务工作会议，听取2021年公共法律服务数据分析报告和“12348”公共法律服务平台服务律师队伍情况等工作汇报，研究下一步工作推进举措。

2月21日 市司法局召开2022年全市司法行政工作会议暨队伍教育整顿总结会，坚持以习近平新时代中国特色社会主义思想为指导，深入学习贯彻习近平法治思想，全面落实中央和市委、市政府、司法部系列会议精神，总结2021年工作，分析当前形势，研究部署2022年工作。

2月22日 市政府副秘书长王璟主持召开研究化解北辰区立新工业园问题专题会议，听取立新工业园基本情况介绍，开展交流讨论，并就全力做好维稳工作、积极推进矛盾化解等方面工作提出具体要求。

2月23日 市政府常务会议审议通过《天津市人民政府2022年度立法计划》。《立法计划》共确立《天津市标准化条例》等10部地方性法规和《天津市传统工艺美术保护办法》等5项政府规章。

3月4日 市司法局与天津师范大学法学院举办理论与实践协同创新座谈会，进一步拓展合作领域、创新合作模式、提升合作质效。

3月10日 天津市召开中央依法治国办法治政府建设实地督察反馈意见整改动员部署会议，动员全市高质量完成党中央和市委部署的整改任务，市委常委、市委政法委书记、市委依法治市办主任赵飞出席并讲话，副市长董家禄主持会议。市司法局党委书记、局长王红卫就整改工作的具体安排作说明汇报。

3月11日 市委常委、市委政法委书记赵飞主持召开全面依法治市工作座谈会，总结全面依法治市成绩经验、剖析形势与不足，对未来五年工作展开充分研讨。市司法局党委书记、局长王红卫参加座谈。

3月16日 副市长董家禄到市监狱局调研督导监狱戒毒场所疫情防控和安全稳定工作，通过视频巡查方式，调看全市各监狱值班执勤、狱政管理、疫情防控和安全生产等工作，听取市监狱局、戒毒局专题汇报。市政府副秘书长王璟出席。

3月18日 市司法局组织召开局党委2022年第一轮巡察动员部署会，宣布巡察组组长授权任命和任务分工决定。本轮巡察工作的主要任务是深入贯彻落实习近平总书记关于巡视工作重要论述和中央、市委新精神新部署，全面落实市委巡视工作领导小组《关于加强和改进市级机关部门党组（党委）巡察工作的指导意见》。

3月22日 市委书记李鸿忠主持召开市委

全面深化改革委员会会议，审议通过《关于深化公证体制机制改革　促进公证事业健康发展的实施意见》。市司法局党委书记、局长王红卫作汇报。

同日　市司法局与西藏昌都市江达县19所小学5900余名师生开展“站在村头看振兴”法治共建活动，邀请国浩律师（天津）事务所资深律师，以《小达同学的〈民法典〉24时》为题目进行情景讲述，进一步培养同学们自觉守法、遇事找法、解决问题靠法的意识和能力。

4月1日　市司法局召开全市律师工作会暨2021年度区级律师行业党组织书记抓行业党建工作述职会，听取各区律师行业党组织书记2021年度抓行业党建工作述职，全面总结2021年工作，分析当前形势，研究部署2022年重点任务。

4月2日　市司法局党委召开市司法行政系统全面从严治党部署会暨警示教育大会，通报2021年系统内违纪违法典型案例，系统总结2021年全面从严治党工作做法和成效，分析当前管党治党形势和问题，就深入开展2022年全面从严治党工作进行全面部署。

4月8日　市司法局党委组织召开“迎盛会、铸忠诚、强担当、创业绩”主题学习宣传教育实践活动工作动员部署会，对全系统开展主题学习宣传教育实践活动工作进行动员部署。

4月14日　市司法局召开全系统政务信息工作推动会，深入学习贯彻落实市委、市政府、司法部和市委政法委工作部署，对做好全系统政务信息工作进行动员部署。

4月20日　市司法局召开信访工作联席会议，分析总结全系统2021年信访工作情况，部署2022年重点工作任务，切实履行好服务党和国家大局、维护群众合法权益、化解信访突出问题、促进社会和谐稳定职责。

4月25日至5月8日　市司法局启动2021年国家统一法律职业资格考试证书颁发工作，为1976名符合条件的申请人颁发资格证书。

4月28日　市司法局、市人民检察院第一分院、市律师协会联合举行构建“亲”“清”检律关系座谈会，共同签署《关于依法规范开展检律业务工作的实施意见》。

4月29日　市司法局举办音乐党课，以音乐中的党史为主线，以史串歌、以歌叙史，回顾了新民主主义革命时期、社会主义革命和建设时期、改革开放和社会主义现代化建设新时期、中国特色社会主义新时代四个时期的几十首音乐代表作品，通过讲述作品的创作历史背景和蕴含的时代精神，感悟党的初心使命和伟大建党精神。

5月10日　市司法局组织青年党员、团员集中收看庆祝中国共产主义青年团成立100周年大会直播，认真聆听习近平总书记在庆祝大会上的重要讲话。

5月11日　市司法局召开党的二十大全市司法行政系统维稳安保工作动员部署会，深入学习贯彻习近平总书记关于国家安全和疫情防控工作重要指示精神，认真贯彻落实中央决策部署和市委、市政府、司法部及市委政法委工作要求，分析当前形势任务，部署全市司法行政系统维稳安保工作。

同日　市司法局印发《天津市司法局关于组织2022年度司法行政系统行政执法人员培训和初次申领执法证人员专业法律知识考试的通知》，将于5月18日组织司法行政系统行政执法人员培训和初次申领执法证人员专业法律知识考试。

5月19日　市人大常委会委员、市人大监察和司法委主任委员柴慈明带队，市人大常委会委员、市人大监察和司法委副主任委员高树彬，市人大监察和司法委副主任委员王通海，市人大常委会内务司法办公室副主任张劲枫等一行来市司法局开展立法调研工作，推动以高质量立法为全市大局服务。市司法局党委副书记、副局长王洪汇报市司法局开展矛盾纠纷多元化解工作情况和对制定矛盾纠纷多元化解条例的意见和建议，关于修改《天津市法律援助若干规定》《天津市法制宣传教育条例》的立法调研情况，关于制定天津市重大行政决策程序条例的可行性和必要性的考虑，以及市人大常委会督办代表建议落实情况。

5 月 20 日 市司法局召开行政复议重点工作推进会，听取现阶段行政复议重点工作情况汇报，围绕优化行政复议工作平台功能、规范行政复议应诉文书收件流程等内容进行安排部署。

5 月 市委宣传部、市司法局、市农委、市普法办以“美好生活・民法典相伴”为主题，以“民法典进农村”为重点，在全市开展 2022 年“民法典宣传月”活动。

6 月 2 日 市司法局联合市工商联、市律师协会开展“律企同行・法护营商”专项活动，推出“一二三四”工作模式，更好地发挥律师专业优势，深化民营企业法律服务，助力法治化营商环境建设，服务经济社会发展。

6 月 7 日 市司法局印发《天津市公共法律服务体系建设规划(2021—2025 年)》，明确本市“十四五”时期公共法律服务体系建设的总体要求和 36 项重点任务，为“十四五”时期全市公共法律服务体系建设高质量发展绘就路线图和施工图。

6 月 10 日 市涉案企业合规第三方监督评估机制管理委员会成立，市司法局与市检察院、市国资委等 12 家成员单位共同签署《关于建立天津市涉案企业合规第三方监督评估机制的实施意见(试行)》《天津市涉案企业合规第三方监督评估工作机制实施细则(试行)》等文件，全面推开涉案企业合规改革工作。

6 月 27 日 市司法局举办 2022 年度全市行政立法与行政规范性文件管理工作培训，邀请天津师范大学法学院郭庆珠教授作专题讲授。市司法局党委副书记、副局长王洪主持并作总结讲话，强调要努力提升行政立法与行政规范性文件管理水平，为全面建设社会主义现代化大都市提供更加有力的法治保障。

6 月 29 日至 7 月 1 日 市司法局举办处级以上领导干部学习市第十二次党代会精神专题读书班，深入学习市第十二次党代会精神。局领导班子成员深入各研讨组与参训干部交流心得体会，对照报告找准找实工作坐标，规划目标方向，强化学习实效。

6 月 30 日 市法学会、市司法局、团市委联合召开“2022 年青年普法志愿者法治文化基层行”启动活动电视电话会议，组织我市基层行讲师团成员和青年普法志愿者，广泛开展宣传宣讲活动。

6 月 市司法局推动全市建立国家工作人员学法用法清单制度，牵头编制国家工作人员应知应会“共性学法清单”，推动各市级部门编制“个性学法清单”，共同构建“一个共性清单+各领域个性清单”的“1+N”多层次、多角度、立体化学法用法清单制度体系，推进此项工作走在全国前列。

同月 市普法办、市司法局、市民政局组织开展第九批“全国民主法治示范村(社区)”命名推荐和第五批“天津市民主法治示范村(社区)”创建评选实地评估工作，推动提升我市基层社会治理法治化水平。

7 月 12 日 市人大常委会委员、市人大监察和司法委主任委员柴慈明，市人大常委会委员、市人大监察和司法委副主任委员高树彬，市人大监察和司法委副主任委员王通海，市人大常委会内务司法办公室副主任孙宝华、张劲枫等一行赴市律师协会开展调研，听取我市律师队伍建设整体情况和律师对矛盾纠纷多元化解、认罪认罚从宽案件办理及立法、监督工作的意见建议。市司法局党委副书记、副局长王洪参加座谈。市律师协会会长才华汇报。

7 月 21 日 市司法局组织召开“乡村振兴 法治同行”活动暨公共法律服务体系建设中期视频推进会，认真贯彻落实乡村振兴决策部署，对标司法部《现代公共法律服务体系建设评价验收标准》，扎实推进各项重点工作任务落实落地，确保年底基本形成覆盖城乡、便捷高效、均等普惠的现代公共法律服务体系。

7 月 26 日至 29 日 司法部监狱戒毒场所维稳安保专项警务督察第十督察组一行来津开展督察工作。副市长衡晓帆会见督察组全体成员，要求市司法局全力配合，对督察反馈的问题要积极跟进整改，确保我市监狱戒毒场所安全稳定。市司法局党委书记、局长王红卫指出要以此次专项警务督察为契机，持续抓好党的二十大安保维稳工作。

7月27日 市司法局召开2022年全市司法行政工作中期推动会，认真贯彻落实市第十二次党代会精神，深入学习贯彻政法领导干部加强政治建设专题研讨班和全面深化政法改革推进会精神，认真落实全国司法行政工作推进会精神，总结上半年工作成效，围绕“七个着力”部署下半年工作，全力以赴为党的二十大胜利召开创造安全稳定的政治社会环境。市司法局党委书记、局长王红卫出席会议并讲话。

同日 市司法局党委举办全市司法行政系统学习贯彻市第十二次党代会精神主题宣讲暨“迎盛会、铸忠诚、强担当、创业绩”专题党课报告会，市司法局党委书记、局长王红卫以《深学细悟铸忠诚 实干笃行强担当 在奋进新征程中展现司法行政新作为》为题讲授专题党课。

8月6日 市司法局党委召开全面从严治党暨党风廉政建设和反腐败工作专题会议。市司法局党委书记、局长王红卫通报上半年市司法局党委落实主体责任情况，市司法局党委委员、驻局纪检组组长刘群立通报驻局纪检监察组2022年上半年工作情况和对驻在部门、综合监督单位党委落实全面从严治党主体责任综合分析及建议，对做好下一步工作提出要求，推动市司法行政系统全面从严治党向纵深发展。

8月16日至17日 司法部考察组来津开展全国涉外法律服务示范机构（律师事务所）创建考察工作，市司法局党委副书记、副局长王洪参加考察交流。

8月17日 市人大常委会副主任赵飞到市医疗纠纷人民调解委员会调研，实地察看医疗纠纷调解工作情况，听取市司法局、市医调委工作汇报，与部分调解员座谈交流，市人大监察和司法委员会主任委员、市人大常委会内务司法办公室主任柴慈明陪同。市司法局党委书记、局长王红卫参加。

8月23日至27日 中央依法治国办评估组来津开展第二批全国法治政府建设示范创建综合示范候选地区实地评估工作。

8月26日 市司法局组织召开“牢记训词精神 践行初心使命”——习近平总书记重要训词发表两周年交流座谈会，重温习近平总书记重要训词精神，交流践行总书记重要训词精神体会。

同日 天津市司法鉴定协会召开第三届会员代表大会，选举产生第三届理事会理事、监事、协会会长、副会长、秘书长，审议通过第二届理事会工作报告、财务报告和协会章程修订案等文件。

8月30日 市司法局组织召开落实防止干预司法“三个规定”工作推动会，进一步学习领会中央政法委、司法部、市委政法委有关政策要求，听取基层单位、部门汇报，研究解决堵点难点问题，并就下阶段重点工作进行部署推动。

8月 市司法局联合市退役军人事务局出台《关于加强退役军人法律援助工作的若干措施》，进一步健全退役军人权益保障机制，完善公共法律服务体系建设，更好维护退役军人合法权益。

同月 市司法局积极推进律师行业社会信用体系建设，实行信用管理分级评价，优化升级律师综合管理服务平台，实现律师、律师事务所信用信息完整公示、动态管理，促进律师依法、规范、诚信执业，不断提高律师法律服务领域透明度。

同月 市司法局持续深化民主法治示范村（社区）创建活动，联合市普法办、市民政局组织开展“天津市民主法治村（社区）”创建评选复核工作，命名70个村（社区）为第五批“天津市民主法治示范村（社区）”，保留“天津市民主法治示范村（社区）”称号的村（社区）547个、撤销45个、注销1个。

9月15日 市司法局召开全市司法所规范化建设三年行动推动会暨安置帮教工作会议，就进一步加强司法所规范化建设、切实做好刑满释放人员服务管理、有效防范化解风险隐患进行安排部署。

9月19日 市司法局印发《天津市司法局关于行政复议立案审查工作的指导意见》，对行政复议范围审查、行政复议参加人审查、行政复议期限审查等进行明确规定，统一行政复议申请“入门”标准，促进全市行政机关依法行政。

9月　市司法局党委持续推动巡察工作规划（2022—2027年）编制工作，坚定不移深化政治巡察，强化巡察整改和成果运用，深化巡视巡察上下联动，加强巡察干部队伍建设，推动局党委巡察工作高质量发展。

同月　市司法局组织开展“法援惠民生 关爱老年人”专项活动，深入贯彻落实习近平总书记对老龄工作重要指示精神，举办专题宣传培训活动，多方位推进老年人法律援助工作，切实提高服务质量，有效保障老年人合法权益，进一步做实“法援惠民生”系列品牌活动。

10月13日　市政府办公厅举办“如何在法治政府建设工作中把好程序关”培训会议，市司法局党委书记、局长王红卫作专题授课，就“行政程序的重要性和必要性，政府立法、重大行政决策、行政规范性文件制定与备案、行政执法、行政复议与应诉、政府信息公开六个重点领域行政程序规定及存在问题，加强行政机关自身法治建设意见建议”进行深入讲解。

10月18日　市人大常委会监察和司法委员会副主任委员高树彬带队到市司法局进行相关立法调研，市司法局党委书记、局长王红卫就《加强新时代检察机关法律监督工作的决定》《征求意见稿》提出意见建议。

10月25日　市政协副主席、民革市委会主委齐成喜，民革市委会专职副主委王红梅，民革市委会副主委、市人民检察院第三分院副检察长郭书宏一行深入市司法局开展走访调研，就执法监督、法律援助、基层法治建设等领域问题进行深入交流研讨。市司法局党委书记、局长王红卫出席调研活动。

10月26日　市司法局党委召开扩大会议，传达学习党的二十大和二十届一中全会精神，以及市委常委扩大会议、天津市领导干部大会和市政府党组会议精神，研究贯彻落实意见，强调要全面、准确、深入领会党的二十大精神，以“五个牢牢把握”全力推动党的二十大精神在司法行政系统落实落地，围绕“六个聚焦、六个着力”安排部署司法行政各项工作。市司法局党委书记、局长王红卫主持会议并讲话。市司法局领导班子成员出席。

11月2日　市司法局召开学习贯彻党的二十大精神推进基层治理工作研讨会，围绕建立乡镇（街道）法治建设领导体制和工作机制、督促检查乡镇（街道）法治建设工作等内容进行交流研讨，着力发挥司法所在基层法治建设中的作用，推进基层社会治理走深走实。

11月7日　市司法局召开“学习宣传贯彻党的二十大精神推进全面依法治国”专题座谈会，围绕“更好发挥法治固根本、稳预期、利长远的保障作用”主题，聚焦党的二十大关于“坚持全面依法治国、推进法治中国建设”的重要部署，就进一步完善中国特色社会主义法律体系、扎实推进依法行政、严格公正司法、加快建设法治社会等方面开展交流研讨，为推进法治建设出谋划策。

11月11日　市司法局召开行政规范性文件合法性审核机制工作座谈会，部分区政府及市级有关单位法治机构有关负责同志就行政规范性文件合法性审核机制建设、审核标准程序、审核职责方式等内容进行交流座谈、提出意见建议。市司法局党委副书记、副局长王洪主持会议并讲话。

11月14日　市司法局组织召开“学习宣传贯彻党的二十大精神推进法治利企便民”专题座谈会，对标对表党的二十大关于“加快构建新发展格局，着力推动高质量发展”和“增进民生福祉，提高人民生活品质”等重大决策部署，明确工作思路，研提落实举措，推动打造法治建设先行区，建设更高水平的法治天津、平安天津。

11月21日　市司法局举办司法行政系统学习贯彻党的二十大精神宣讲报告会，市司法局党委书记、局长王红卫以《全面学习把握落实党的二十大精神，在新时代新征程中提供更高质量的法治保障》为题作专题宣讲，对党的二十大提出的新思想新论断、作出的新部署新要求作全面系统深刻的阐释解读，对全系统深入学习宣传贯彻党的二十大精神作全面部署安排，提出明确工作要求。

11月21日至23日 市司法局举办处级以上领导干部学习贯彻党的二十大精神专题读书班，通过集中宣讲、辅导讲座、观看视频、自主学习、专题测验等形式，深入学习贯彻党的二十大精神，教育引导司法行政系统广大党员领导干部切实把思想和行动统一到党的二十大精神上来，凝心聚力、担当奋进，切实推动党的二十大精神在司法行政系统生动实践。

12月4日至10日 市司法局联合市委宣传部、市普法办组织开展2022年天津市“宪法宣传周”宣传活动，以“学习宣传贯彻党的二十大精神，推动全面贯彻实施宪法”为主题，突出学习宣传习近平法治思想，突出学习宣传宪法和现行宪法公布施行40年的深远历史意义，开展宪法宣传教育和2022年度国家机关“谁执法谁普法”履职报告评议现场评议活动，努力使尊法学法守法用法在全社会蔚然成风。

12月8日 市司法局召开“政务服务便利化 优化便民服务举措”座谈会，贯彻落实市领导批示精神，研究落实政务服务便民利民具体举措。

12月 市司法局组织开展“法援惠民生 关爱农民工”专项活动，聚焦农民工特别是新业态新模式从业人员维权诉求，积极组织律师、法律援助人员开展法律宣传、咨询和培训活动，积极做好农民工工资支付法律援助工作，有效保障农民工合法权益。

（执笔人：李文静）

市财政局2022年大事述要

1月1日 2021年，全市一般公共预算收入2141亿元，完成预算101.2%，比上年增长11.3%。其中，地方税收收入1621.9亿元，增长8.1%；非税收入519.1亿元，增长22.7%。

1月28日 市财政局召开党史学习教育总结会议。局党组成员、副局长连东青主持会议并传达有关精神，局党组书记、局长吴丽祥对财政部门开展党史学习教育工作进行总结，市委党史学习教育第十四巡回指导组有关负责同志到会指导。

2月10日 市财政局召开2022年度领导干部报告个人有关事项工作培训部署会。会议采取视频形式进行，局领导、处级领导干部、二级调研员以上职级干部，以及直属单位人教部门负责同志参加会议，局党组成员、副局长连东青主持会议并对2022年集中填报工作进行安排部署，与会同志集体观看了填报个人有关事项的讲解视频。

同日 天津市注册会计师、资产评估行业党史学习教育总结会顺利召开。市财政局二级巡视员、行业党委书记王春霞对行业开展党史学习教育情况进行了总结。行业党委委员、行业党史学习教育巡回指导组成员、各基层党组织书记和党员代表、各执业机构负责人共200余人以视频方式参会。

2月16日 市财政局召开“一卡通”管理改革工作布置视频会。市政务服务办、市人社局、市民政局、市农业农村委、市大数据管理中心以及各区财政局、民政局、农业农村委、大数据管理中心、网格化管理中心有关人员共计200余人参加。

3月2日 市政府绩效考核组实地考核市财政局2021年度绩效管理工作。

3月3日 市财政局《加强财政干部队伍政治监督问题研究》被市委组织部评为2021年度组织工作获奖调研三等奖。

3月7日 市财政局党组书记、局长吴丽祥带队深入红桥区，调研区级财政“三保”运行情况和财经秩序专项整治工作。红桥区委书记李清，区委副书记、区长陈宇，区委常委、副区长蔡宁出席座谈会。市财政局相关部门及红桥区财政局负责同志参加。

3 月 8 日 市财政局党组书记、局长吴丽祥带队深入河北区，调研指导财政“三保”运行情况和财经秩序专项整治工作。河北区委书记徐刚，区委副书记、区长罗进飞，区委常委、常务副区长刘惠杰，区政府党组成员、一级巡视员金强出席座谈会。市财政局相关部门和河北区政府办、财政局负责同志参加。

同日 市财政局召开 2021 年度抓基层党建述职评议和述责述廉会议。局机关党委书记连东青和 8 位直属党组织书记进行现场述职，其他党组织书记书面述职，组织现场测评。局党组书记吴丽祥和各位分管局领导对现场述职同志进行点评。局领导班子全体成员、局直属各单位党组织和局机关各党支部书记共 40 余人参加会议。

3 月 9 日 市财政局党组书记、局长吴丽祥带队深入南开区，调研区级财政“三保”运行情况和财经秩序专项整治工作。吴丽祥与南开区委书记杨兵进行会面，并与区长孙剑楠、常务副区长聂伟迅交流座谈。市财政局相关部门和南开区财政局负责同志参加。

同日 市财政局举办《习近平关于网络强国论述摘编》宣讲会。宣讲会特邀市委网信办宣讲团成员进行现场辅导。局党组成员、副局长刘家庆出席并主持，驻局纪检监察组、局直属各单位、局机关各处室共 40 余人参加培训。

同日 市财政局驻市政务服务中心窗口获“红旗窗口”荣誉称号。

3 月 10 日 市财政局党组书记、局长吴丽祥带队深入北辰区，调研重点民生工程建设、区级财政“三保”运行情况以及财经秩序专项整治等工作。北辰区委书记冯卫华，区委副书记、区长徐晖，区委常委、常务副区长李彩良，区委常委、区委办主任张磊，市财政局党组成员、副局长邢立华参加。市财政局相关部门及北辰区财政局、区住建委、区生态环境局、区土地整理中心、区城投公司负责同志陪同。

3 月 11 日 市财政局党组书记、局长吴丽祥深入宁河区，调研指导区级财政“三保”运行情况和财经秩序专项整治工作。宁河区委副书记、区长惠冰，常务副区长沈洁出席座谈会，市财政局相关部门和宁河区财政局领导班子成员参加。

同日 市财政局党组书记、局长吴丽祥带队深入宝坻区，调研区级财政“三保”运行情况和财经秩序专项整治工作。宝坻区委书记殷向杰，区委副书记、区长郭康伟，区委常委、副区长李健，区委常委、区委办公室主任张静华参加。市财政局相关部门及宝坻区财政局、税务局负责同志陪同。

3 月 24 日 市财政局举办内控操作规程编制专题培训。市财政局机关各处室、直属各单位内控管理岗、内控联络员参加现场培训，各区财政局内控工作人员、直属各单位内控工作专班人员通过腾讯会议参加线上培训，共计 150 余人。

3 月 28 日 市财政局驻市政务服务中心窗口获评市级机关党员服务示范窗口。

3 月 31 日 市财政局召开区级三方对账业务培训工作视频会议。

4 月 7 日 市财政局召开“迎盛会、铸忠诚、强担当、创业绩”主题学习宣传教育实践活动工作部署会。局党组书记、局长吴丽祥出席会议并讲话，局党组成员、副局长邢立华主持会议。局领导班子成员，局机关各处室、局直属各单位、驻局纪检监察组主要负责同志参加会议。

4 月 8 日 市财政局召开各区集中支付代理银行视频会议。工商银行、农业银行、建设银行、渤海银行等 9 家银行参加。

同日 市财政局网信部门组织开展全市区级财政部门计算机终端安全管理专题培训。各部门共 60 余名干部参加。

4 月 12 日 市财政局有关负责同志参加市政府办公厅和海河传媒中心联合举办的“公仆走进直播间”活动，解读《关于助企纾困和支持市场主体发展若干措施》(简称“助企纾困 15 条”)有关财政政策措施。

4 月 13 日 市纪委监委第七监督检查室副主任郭珊带领调研组一行 6 人莅临市财政局调研指导融资平台公司债务管理相关工作，市纪委监委驻市国资委纪检监察组副组长陪同调研。

市财政局党组成员、副局长邢立华出席座谈会，市纪委监委驻市财政局纪检监察组和市财政局相关部门负责同志参加。

4月20日 市财政局与财政部天津监管局召开工作对接会，围绕2022年财政重点工作开展座谈交流。财政部天津监管局领导班子全体成员、市财政局领导班子全体成员以及部分处室主要负责同志参加会议。

4月22日 市财政局召开专项债券发行使用专题推动座谈会议。市财政局党组成员、副局长邢立华，各区财政局、滨海新区各开发区财政局负责同志参加会议。

4月23日 市财政局、财政部天津监管局、蓟州区委区政府联合开展"植绿色希望·建美丽天津"植树共建活动。市财政局党组书记、局长吴丽祥和班子成员，财政部天津监管局党组书记、局长潘春慧和班子成员及两个单位的党员干部代表参加。蓟州区委书记贺亦农，区长张建宇参加活动。

4月26日 市财政局召开党员代表大会选举产生出席天津市第十二次党代会代表。市财政局党组成员、副局长、机关党委书记连东青出席会议并讲话。

4月28日 市财政局举办新行政处罚法专题讲座，由市财政局公职律师主讲，局机关各处室行政执法人员、法制岗人员以及局公职律师在现场参训，财政检查局、财政征收局组织集中收看在线视频，区财政局相关人员也通过线上方式积极参与。

5月10日 市财政局党组书记、局长吴丽祥深入天津机电职业技术学院为青年师生讲授思政课，共同学习习近平总书记在庆祝中国共产主义青年团成立100周年大会上和在中国人民大学考察时的重要讲话精神。

同日 市财政局工会举行天津市工人先锋号获奖集体颁授奖牌仪式。局党组成员、副局长连东青为市财政局网络安全和信息化办公室颁授天津市工人先锋号奖牌。

5月16日 市财政局召开第十批援藏干部选派工作动员会。党组成员、副局长连东青传达市委关于援藏干部选派有关精神，对援派工作任务进行动员部署，局机关各处室、直属各单位主要负责同志参加会议。

同日 市财政局党组成员、副局长连东青代表党组通报2021年度选人用人"一报告两评议"结果。局机关各处室、直属各单位主要负责同志参加会议。

5月18日 市财政局举办地方政府专项债券项目穿透式监测系统培训。11个市级相关部门、各区财政局以及市财政局相关业务处室有关负责同志参加。

同日 市财政局组织召开全市政府集中采购机构调研座谈会。市政府采购中心和15家区级集中采购机构有关负责同志参加座谈。

5月20日 市财政局举办2021年度行政事业单位内控报告编报专题培训。此次培训采取网络直播模式，线上观看达到3000人次。

6月8日 市财政局组织召开政府采购工程项目落实支持中小企业政策座谈会。市发展改革委、住房城乡建设委、交通运输委、水务局等对进行招标的政府采购工程项目负有监督职责的部门和市政务服务办参加。

6月9日 市政府"稳经济35条"措施贯彻落实情况督查组来市财政局开展督查工作。督导检查一组组长、市发展改革委一级巡视员刘东水带队，市财政局副局长邢立华就财政部门落实"稳经济35条"情况作汇报，并逐项梳理提供财政支持政策取得的成效，有关处室负责同志就督导检查组提出的问题进行一一回答。

6月13日 市财政局举办信息办理工作培训。市财政局机关各处室、局直属各单位相关负责同志和信息员70余人参加培训。

6月14日 市财政局召开天津市会计应用平台升级调研座谈会。

6月15日 为做好全市政府财务报告首次接受审计监督工作，与审计部门形成合力共同推进权责发生制政府综合财务报告制度改革，市财政局与市审计局开展座谈，并与红桥、武清、静海、蓟州4个区审计组进行视频交流。

6月20日 市财政局有关处室主要负责同

志参加市政府办公厅和海河传媒中心联合举办的“公仆走进直播间”活动，解读《天津市贯彻落实扎实稳住经济的一揽子政策措施实施方案》（简称“稳经济 35 条”）有关财政政策措施。

6 月 23 日 市财政局召开庆祝中国共产主义青年团成立 100 周年团员大会暨表彰会。局直属团组织 70 余名团员青年参加会议。局党组成员、副局长、机关党委书记连东青出席会议并讲话。市财政局党建工作处、局团委有关负责同志参加会议。

6 月 28 日 市财政局邀请市消安委消防督察组有关同志就消防安全管理工作及消防督察整改落实情况开展座谈会，8 家直属单位和相关部门分管消防安全工作领导参加座谈。

同日 市财政局邀请市信访办有关同志开展《信访工作条例》宣讲培训会。局机关和直属各单位分管信访工作负责同志及信访干部共 70 余人参加培训。

7 月 1 日 市财政局与市商务局、滨海高新区管委会、中信保天津公司、天津市医疗器械商会等单位联合组织召开外贸政策宣贯会。

7 月 7 日 市财政局党组理论学习中心组召开扩大会议，邀请天津大学法治政府研究基地主任刘晓纯教授开展“习近平法治思想”专题讲座。

同日 市财政局荣获《中国财政年鉴（2021 年卷）》优秀撰稿单位三等奖。

7 月 14 日 市财政局邀请第三方机构代表参加绩效评价第三方机构签约（培训）会。

7 月 19 日 市财政局召开税源建设与信息化工作深度融合专题会议。市财政局党组成员、副局长邢立华主持，相关部门负责同志参加会议。

同日 市财政局协调市疫情防控指挥部、市教育两委疫情防控指挥部、市教委、市工信局、市公安局、天津电力公司等单位，召开会计资格考试及防疫工作推动视频会议，市财政局二级巡视员王春霞出席会议并讲话。各区财政局、疫情防控指挥部、考点学校相关负责同志在分会场参加会议。

7 月 21 日 市财政局党组书记、局长吴丽祥深入投资业务中心党委宣讲市第十二次党代会精神，以《忠诚担当　勇毅前行　奋力谱写新时代天津财政发展新篇章》为题讲授专题党课。市财政局有关处室负责同志，投资业务中心、一德期货、海河基管公司领导班子成员及部分党员代表参加。

7 月 27 日 市财政局召开 2022 年办公室工作会议。市财政局总经济师刘文忠出席会议并发表讲话，局直属各单位分管办公室工作的领导及办公室主要负责同志、机关各处室副处级领导和内勤参加会议。

7 月 28 日 财政部国际财金合作司与部分在津全国两会代表委员召开年中座谈视频会议。会议由国际财金合作司司长程智军主持，副司长李红霞在北京会场参加会议；天津会场由市财政局副局长邢立华和财政部天津监管局局长潘春慧共同组织，李刚等 3 名人大代表和钟茂初等 2 名政协委员，市税务局副局长付强参加座谈会。

7 月 29 日 市财政局召开优秀退役军人先进事迹宣讲暨“八一”退役军人座谈会。市财政局党组成员、副局长连东青同志出席并讲话，财政部门退役军人代表参加。

8 月 5 日 市财政局党组成员、副局长连东青与国家开发银行天津分行党委委员、副行长马丽一行就用好金融政策工具、共同服务天津经济社会高质量发展进行深入座谈。市财政局相关部门有关负责同志陪同。

8 月 10 日 市财政局二级巡视员、市注册会计师资产评估行业党委书记王春霞深入两个行业宣讲市第十二次党代会精神。结合“迎盛会、铸忠诚、强担当、创业绩”主题学习教育实践活动工作讲授专题党课。市财政局相关部门负责同志，行业党委委员及部分党员代表在行业协会主会场参会，行业 56 家基层党组织书记及党员以视频会形式参会。

8 月 17 日 市财政局召开 2022 年度注册会计师行业监管工作会议。市财政局二级巡视员王春霞出席并讲话，市财政局相关部门、市注册会计师协会有关负责同志就监管工作进行部署，各会计师事务所相关负责人以视频形式参会。

同日 市财政局举办“行政执法败诉典型案例解析”专题讲座。邀请从事行政审判工作经验丰富的法官专门授课，市财政局总会计师徐德发，局机关各处室、局直属各单位有关负责同志和法制岗人员，市区两级行政执法人员和公职律师参加本次讲座。

同日 市财政局召开市级财政工资统发业务数字人民币试点单位培训会。2家市级财政工资统发代理银行工作人员与18家试点单位负责工资业务的财务、人事部门同志参加此次培训。

8月18日 市财政局召开资产评估机构监督检查工作推动会。财政检查局、市资产评估协会有关同志参加。

8月25日 市财政局召开预决算公开专项检查布置会。市财政局总会计师徐德发出席会议并讲话，法制监督处、预算处、国库处、财政征收局、财政检查局、各区财政局有关负责同志及相关工作人员参加会议。

8月30日 财政部科教和文化司副司长胡成玉一行应邀来津参加首届世界职业技术教育发展大会，其间对天津市职业教育改革发展情况进行调研，局领导王春霞及教科文处有关负责同志陪同。

9月16日 市财政局党组成员、副局长邢立华与国家开发银行天津分行党委委员、副行长王延刚就共同服务天津经济社会高质量发展、后续重点合作安排等进行深入座谈。国库处、债务处、金融处有关负责同志陪同。

9月19日 市财政局、市注册会计师协会联合举办注册会计师行业统一监管平台视频培训。全市139家会计师事务所近300名相关负责人员参加。

9月21日 市财政局召开预决算公开情况和“三公”经费专项检查见面会。财政部天津监管局有关负责同志及检查组，市财政局分管负责同志及各相关部门负责同志参加会议。

9月22日 市财政局党组成员、副局长邢立华深入西青区杨柳青镇白滩寺村，调研市财政局驻村第一书记开展乡村振兴示范村创建工作，并出席市财政局与白滩寺村“党建共建基地”机制启动仪式。西青区委常委、常务副区长梁军，西青区财政局、杨柳青镇、白滩寺村和市财政局相关部门主要负责同志，以及局驻白滩寺村第一书记李峰参加。

10月11日 市财政局组织相关单位参加全国财政贴息工作会议。为扩大影响，市财政局积极组织市发展改革委、人民银行天津分行、市审计局、天津银保监局、渤海银行、相关市级行业主管部门和各区财政局参加。财政部副部长夏先德出席会议并讲话，财政部金融司司长王克冰对财政贴息政策作出具体部署。

10月17日 市财政局党组召开党组扩大会议。局领导及各处室、各单位主要负责同志参加会议集体学习新修订的《推进领导干部能上能下规定》，研究部署贯彻落实意见。局党组书记吴丽祥主持会议并提出工作要求。

10月19日 市财政局党组书记、局长吴丽祥深入西青区杨柳青镇白滩寺村调研财政服务乡村振兴、驻村第一书记工作。西青区委副书记、区长殷学武和市财政局驻村第一书记李峰，市财政局相关部门以及西青区财政局、杨柳青镇主要负责同志参加。

10月21日 市财政局组织开展全市税源建设业务专题培训。市财政局党组书记、局长吴丽祥主持，税源工作相关单位分管负责同志、各区常务副区长、市财政局领导班子成员参加。

10月25日 市财政局举办年轻干部培养专题财政大讲堂。市财政局党组书记、局长吴丽祥为财政年轻干部作专题辅导，集中观看央视评论员杨禹的线上讲座。本期讲堂采取视频直播的方式，设置10个会场，局系统优秀科级干部、35岁以下年轻干部共200余人参加学习。

同日 市财政局二级巡视员王春霞带领第二专项督导和服务工作组深入河西区开展稳住经济大盘督导和服务。河西区委常委、常务副区长穆生军，出版传媒集团党委副书记、董事、总经理班峰，河西区发改委、财政局、人社局、科技局等部门负责同志参加。

10 月 26 日 市财政局举办后勤财务业务培训。市财政局直属各单位、市财政局机关部分部门相关负责同志 30 余人参加培训。

10 月 27 日 市财政局举办年轻干部党性教育暨综合素质提升培训班。市财政局党组书记、局长吴丽祥出席动员并作专题辅导，近 50 名优秀科级干部参训。

10 月 28 日 市财政局、财政部天津监管局、河西区联合举办“青春献礼二十大，担当奋进新征程”财政青年干部座谈会。团市委副书记成子金、财政部天津监管局副局长崔永涛、市财政局副局长连东青、河西区常务副区长穆生军等领导同志参加活动。

11 月 17 日 市财政局机关党委举办基层党支部书记和党务干部专题培训班。70 余位同志参加培训。同时，培训班落实党建联建要求，邀请财政部天津监管局、市财政局联系的西青区白滩寺村和宝坻区老鸦台村的党务干部参加培训，共同学习、共同提高。

11 月 22 日 市财政局召开行政单位机构改革动员部署会。市财政局党组书记、局长吴丽祥出席会议并讲话，其他有关局领导出席会议，驻局纪检监察组、机关各处室、直属各单位主要负责同志，涉改单位班子成员参加会议。

11 月 23 日 天津市发出首张代理记账许可电子证照，标志全市实现了中介机构从事代理记账业务审批全流程电子化办理。

11 月 24 日 市纪委监委党风政风监督室操峥副主任、网信办张赫等三人来市财政局专题调研惠民惠农财政补贴“一卡通”管理改革工作。市纪委监委驻市财政局、人社局、农业农村委纪检监察组，市人社局、市大数据管理中心相关处室和市财政局相关部门负责同志参加调研。

同日 市行政事业单位闲置资产盘活专项工作组办公室开展专题政策培训。各区财政局分管负责同志、各市级主管部门及相关单位负责同志及工作人员 2 万余人在线观看。

12 月 1 日 市财政局党组召开扩大会议传达学习贯彻市委十二届二次全会精神。局党组成员，驻局纪检监察组负责同志，局机关各处室、局直属各单位主要负责同志参加。

同日 天津市财政局监督评价局举行挂牌仪式。市财政局党组书记、局长吴丽祥出席并讲话，局分管负责同志、总经济师和相关部门负责同志出席挂牌仪式，监督评价局领导班子成员及正科级以上干部参加。

同日 天津市 2021 年度行政事业性国有资产报告工作获财政部表扬。

12 月 2 日 市财政局党组书记、局长吴丽祥深入天津机电职业技术学院宣讲党的二十大精神。

12 月 5 日 市财政局召开财政运行工作视频会。市财政局分管负责同志主持会议并讲话，相关处室负责同志就预算收支平衡、“三保”资金保障、方舱医院建设、专项债券安排和税源专班等方面的工作进行安排部署，红桥区、津南区、宁河区、静海区和滨海新区就完成全年收入预算措施作发言。

12 月 29 日 市财政局举办财政系统行政执法人员法律知识考试。市、区两级财政部门共 320 余人参加测试，通过率达 100%。

同日 市财政局微视频被评为天津市法治动漫微视频优秀作品。

同日 财政部部长刘昆在全国财政工作会上提到“天津、四川等有效实施直达机制，实现管理效能和资金效益双提升”，对本市直达资金管理工作给予充分肯定和表扬。

12 月 31 日 市财政局党组召开“迎盛会、铸忠诚、强担当、创业绩”主题学习宣传教育实践活动工作总结提升会。局党组书记、局长吴丽祥主持会议。局领导班子成员，驻局纪检监察组负责同志，局机关各处室、局直属各单位主要负责同志参加。

（执笔人：李　桐）

市人力资源和社会保障局 2022 年大事述要

1 月 4 日 《市人社局等九部门关于印发〈天津市工程建设领域农民工工资专用账户管理实施细则〉的通知》印发，对全市工程建设领域农民工工资专用账户的开立、撤销，人工费用的拨付，农民工工资的支付等作出规定。

同日 《市人社局等六部门关于印发〈天津市工程建设领域农民工工资保证金实施办法〉的通知》印发，对全市工程建设领域农民工工资保证金存储、使用、监管等作出规定。

1 月 11 日 《市人社局市科技局关于开展工程技术系列制药专业职称评价工作的通知》印发，对全市工程技术系列制药专业职称评价范围、层级设置、评价方式等作出规定。

1 月 14 日 《市人社局市科技局关于开展工程技术系列医疗器械专业职称评价工作的通知》印发，对全市工程技术系列医疗器械专业职称评价范围、层级设置、评价方式等作出规定。

1 月 17 日 《市人社局市教委关于深化实验技术人才职称制度改革的实施意见》印发，对全市实验技术人才职称改革的总体要求、主要内容、组织实施等作出规定。

1 月 21 日 市人社局召开第 1 次局长办公会议，研究审议《天津市民办职业培训机构设立许可实施办法》、《2021 年天津市第三批向社会公布重大劳动保障违法行为案件》；听取关于认定第三批大学生实训基地有关情况的汇报。

同日 市人社局召开第 2 次局党组会议，审议《市人社局领导班子党史学习教育专题民主生活会方案》、关于 2021 年天津市有突出贡献专家评审推荐人选、《关于建设世界技能大赛中国集训基地工业机械项目的实施方案》。会议还研究了其他事项。

1 月 24 日 《市人社局市新闻出版局关于深化新闻专业技术人员职称制度改革的实施意见》印发，对全市新闻专业技术人员职称制度改革总体要求、主要内容、组织保障等作出规定。

同日 《市人社局市司法局关于深化公共法律服务专业人员职称制度改革的实施意见》印发，对全市公共法律服务专业人员职称制度改革总体要求、主要内容、组织保障等作出规定。

1 月 28 日 《市人社局市工业和信息化局关于开展工程技术系列航空航天专业职称评价工作的通知》印发，对全市工程技术系列航空航天专业职称评价范围、层级设置、评价方式等作出规定。

1 月 29 日 市人社局召开第 2 次局长办公会议，审议《天津市贯彻落实〈“十四五”就业促进规划〉实施方案》《天津市就业困难人员认定办法》《2022 年天津市人力资源和社会保障事业发展计划（二上草案）》。

同日 市人社局召开第 3 次局党组会议，听取关于 2021 年度全市稳定就业专项考核有关情况的汇报，审议专项考核优秀单位推荐情况、关于拨付创业培训补贴有关情况、2021 年天津市优秀博士后项目建议人选名单。会议还研究了其他事项。

同日 《市人社局关于印发〈天津市民办职业培训机构设立许可实施办法〉的通知》印发，对全市设立民办职业培训机构的基本条件、申报材料、审批时限等作出规定。

2 月 7 日 《市人社局市文化和旅游局关于深化艺术专业人员职称制度改革的实施意见》印发，对全市艺术专业人员职称制度改革总体要求、主要内容、组织保障等作出规定。

2 月 10 日 市人社局召开局领导班子党史学习教育专题民主生活会，市纪委监督组组长高显瑞、党史学习教育市委第十指导组组长于广泉全程参加指导会议，听取领导班子和个人对照检查，并对会议召开情况进行点评。

2 月 15 日 市人社局召开第 3 次局长办公会议，研究审议公务员规范津贴补贴工作中统筹考虑相关群体的方案、《市人社局市财政局市卫生健康委市医保局关于深化公立医院薪酬制度改革的实施意见》。

同日 市人社局召开第5次局党组会议，审议《关于为我局派驻津南区奋战疫情防控一线工作人员购买物资费用支出方案》；审议关于天津市劳动经济学校（第二高级技工学校）国家级高技能人才培训基地建设项目资金使用有关情况的汇报。会议还研究了其他事项。

2月18日 《市人社局市税务局市市场监管委市财政局关于规范本市个体工商户养老保险缴费比例的通知》印发，对全市个体工商户养老保险缴费比例进行调整。

2月22日 《市人社局关于印发〈天津市就业困难人员认定办法〉的通知》印发，对全市就业困难人员认定范围、认定程序、退出机制等作出规定。

2月23日 市人社局召开2022年全市人力资源和社会保障工作会议，总结2021年人社工作，分析当前形势，部署2022年重点任务。

2月27日 市人社局召开第7次局党组会议，通报2021年度驻局纪检监察组工作情况和2022年度工作要求，研究年度全面从严治党工作；听取关于天津市企业职工基本养老保险全国统筹项目建设有关情况汇报。会议还研究了其他事项。

3月1日 《市人社局市文化和旅游局关于深化图书资料专业人员职称制度改革的实施意见》印发，对全市图书资料专业人员职称制度改革的总体要求、主要内容、组织保障等作出规定。

3月3日 市人社局召开第4次局长办公会议，研究审议《天津市实习生和超龄从业人员参加工伤保险办法（试行）》。

同日 市人社局召开第8次局党组会议，研究审议《第五届"中国创翼"创业创新大赛天津市选拔赛暨第三届天津市"海河英才"创新创业大赛方案》，听取审议关于出席党的二十大代表候选人初步人选推荐人选提名工作和出席天津市第十二次党代表大会代表候选人初步人选推荐工作有关情况的汇报。会议还研究了其他事项。

3月10日 市人社局召开全市人社系统行风建设总结推进会，总结全市行风建设三年专项行动成果成效，交流经验做法，部署下一步工作任务。

3月11日 市人社局召开第5次局长办公会议，研究审议《天津市劳务品牌建设工作实施意见》。

同日 市人社局召开第9次局党组会议，听取审议关于2022年市两会建议提案我局承办情况的汇报、关于2022年度技工院校创优赋能建设项目工作安排的汇报。会议还研究了其他事项。

3月21日 市人社局召开第10次局党组会议，听取1—2月人社重点指标运行情况，研究部署下一步工作打算。会议还研究了其他事项。

3月31日 《市人社局市教委市财政局市税务局关于印发〈天津市实习生和超龄从业人员参加工伤保险办法（试行）〉的通知》印发，扩大全市实习生和超龄从业人员工伤保险覆盖范围，保障实习生和超龄从业人员权益。

4月1日 市人社局召开第6次局长办公会议，研究审议《天津市人社系统政务服务事项经办要件流程时限专项治理行动方案》。

同日 市人社局召开第11次局党组会议，研究审议《市人社局党组关于开展"迎盛会、铸忠诚、强担当、创业绩"主题学习宣传教育实践活动的方案》；审议关于技工院校转隶工作有关问题、关于确定出席市第十二次党代会代表候选人初步人选。会议还研究了其他事项。

4月2日 市人社局召开全市社会保险基金提升年行动动员部署会议，传达学习人社部会议精神，分析当前社会保险基金安全形势和任务，全面部署开展社会保险基金管理提升年行动。

4月8日 市人社局召开局人才工作领导小组第2次会议暨加强和改进新时代人才工作推进会，会议围绕人才引育、技能培训、平台建设、深化改革、服务保障等重点工作，研究讨论2022年工作目标、面临的难题和重点工作举措。

4月14日 市人社局召开第13次局党组

会议，听取审议关于建立加强行风建设常态化管理工作机制有关情况的汇报、关于优化市级公共就业服务机构有关情况的汇报、关于提高我市失业保险金标准有关情况的汇报、关于2022年实施“三支一扶”计划有关情况的汇报、关于分解2022年企业职工基本养老保险扩面征缴计划工作有关情况的汇报，研究审议《天津市人力资源和社会保障2022年行风工作要点》《市委组织部市人社局等八部门关于深入实施高校毕业生“三支一扶”计划的通知》《市人社局重大决策社会稳定风险评估实施细则》等。会议还研究了其他事项。

4月20日 市人社局召开第14次局党组会议，审议确定出席市第十二次党代会代表候选人预备人选。

同日 市人社局召开第二届全国技能大赛筹备工作调度会，调度第二届全国技能大赛筹备工作进展情况、部署下一步重点工作。

4月24日 《关于深入实施高校毕业生“三支一扶”计划的通知》印发，对全市实施高校毕业生“三支一扶”计划的总体要求、选拔招募政策、培训培养、服务保障机制、管理考核、服务期满流动等作出规定。

4月28日 市人社局召开第17次局党组会议，听取审议关于2022年“天津技能周”活动有关情况的汇报、关于“天津市技术能手”评审工作有关情况的汇报、特困行业阶段性实施缓缴企业社会保险费政策有关情况的汇报、市人社局关于进一步推动“社会保险基金管理提升年行动”有关情况的汇报、关于第五批博士(后)专项资助有关情况的汇报。会议还研究了其他事项。

5月6日 市人社局召开第18次局党组会议，听取关于2021年局保密工作有关情况的汇报；研究审议《市人社局关于2022年机要保密和人民防线工作要点》，听取审议关于市人社局关于进一步推动“社会保险基金管理提升年行动”有关情况的汇报、关于第五批博士(后)专项资助有关情况的汇报。会议还研究了其他事项。

5月11日 《市人社局市财政局市税务局市市场监管委市医保局关于特困行业阶段性实施缓缴企业社会保险费政策有关问题的通知》印发，对餐饮、零售、旅游、民航、公路水路铁路运输企业以及相关行业个体工商户、灵活就业人员等我市特困行业阶段性实施缓缴企业社会保险费政策有关事项作出规定。

5月12日 市人社局召开第7次局长办公会议，研究审议《天津市民办技工院校设立许可实施办法》《市人社局2022年度规划统计工作要点》。

同日 市人社局召开第20次局党组会议，听取审议关于引进资格型人才专项资助审核工作有关情况的汇报、关于启动部分信息化项目招标及建设工作有关情况的汇报。会议还研究了其他事项。

5月13日 第三届“海河工匠”颁奖仪式在天津电视台举行，市委常委、组织部部长喻云林出席并讲话，副市长孙文魁出席并颁发奖牌证书。

5月18日 《市人社局关于提高我市失业保险金发放标准的通知》印发，对失业保险金标准、其他待遇标准、工作要求等作出规定。

5月23日 《市人社局关于印发〈天津市民办技工学校设立许可实施办法〉的通知》印发，对设立审批、变更与终止等作出规定。

5月24日 市人社局召开第23次局党组会议，听取审议关于2022年调整养老金有关情况的汇报。

5月26日 市人社局召开第8次局长办公会议，听取审议关于规范城乡居民基本养老保险个人账户记账利率有关情况的汇报，关于做好基层快递网点优先参加工伤保险有关情况的汇报。

同日 市人社局召开第24次局党组会议，研究审议《市人社局党组贯彻落实〈天津市2022年加强政治生态建设重点任务〉的措施》《市人社局关于中央依法治国办法治督查反馈意见整改情况报告》《关于2021年度全面从严治党主体责任考核和政治生态建设考核评价反馈问题整改方案》。会议还研究了其他事项。

5月30日 市人社局召开第25次局党组会议，听取审议关于2022年度技工院校创优赋能建设项目任务资金分配有关情况的汇报、关于查处职业培训违规行为有关情况的汇报。

5月31日 《市人社局市邮政管理局市税务局关于做好基层快递网点优先参加工伤保险工作的通知》印发，对参保范围、参保缴费、待遇保障等作出规定。

6月2日 市人社局召开第9次局长办公会议，研究审议《进一步做好稳就业工作的若干措施》，听取审议关于确定2021年度全市职工平均工资标准有关情况的汇报。

同日 市人社局召开第26次局党组会议，研究审议关于修订《市人社局绩效奖励差额化分配办法（试行）》有关情况的汇报，听取审议关于天津博士后公寓使用权转移工作有关情况的汇报。会议还研究了其他事项。

6月6日 市人社局召开第27次局党组会议，听取审议关于扩大阶段性缓缴社会保险费政策实施范围有关情况的汇报，研究审议《关于进一步实施失业保险稳岗返还政策的通知》《关于做好失业补助金发放有关工作的通知》《关于进一步实施技能提升补贴政策有关问题的通知》。

同日 《市人社局等五部门关于扩大阶段性缓缴社会保险费政策实施范围有关问题的通知》印发，对实施范围、缓缴期限、行业类别和单位划型等作出规定。

6月7日 《市人社局关于印发〈进一步做好稳就业工作的若干措施〉的通知》印发，提出支持企业稳定现有就业岗位、支持企业开发岗位吸纳更多就业、支持创业带动就业、做好高校毕业生等青年群体就业等措施。

6月10日 《市人社局市财政局市税务局关于进一步实施失业保险稳岗返还政策的通知》印发，对返还范围、返还标准、返还及申报形式等作出规定。

同日 《市人社局市财政局关于进一步实施技能提升补贴政策有关问题的通知》印发，对申领条件、补贴标准、补贴发放程序等作出规定。

6月13日 市人社局召开第28次局党组会议，听取审议关于开发失业补助金信息系统有关情况的汇报。会议还研究了其他事项。

6月23日 市人社局召开第30次局党组会议，听取审议关于原龙凤酒店职工安置有关情况的汇报、关于认定中国天津人力资源服务产业园滨城园区为市级人力资源服务产业园有关情况的汇报、关于我市职业年金计划受托人绩效考评工作有关情况的汇报、关于天津博士后公寓使用权转移工作有关情况的汇报，研究审议《天津市机关事业单位职业年金2022年度新增资金分配方案》。会议还研究了其他事项。

同日 市人社局召开第10次局长办公会议，研究审议《天津市做好高校毕业生等青年就业创业工作举措》，听取审议关于2022年全市工资指导线测算有关情况的汇报、关于增设轨道交通职称专业有关情况的汇报。

6月24日 天津市人社局与三六零数字安全科技集团有限公司举行战略合作协议签约仪式，围绕数字安全领域开展合作，共同打造全国数字安全领域人才高地。

6月30日 《市人社局市交通运输委关于开展工程技术系列轨道交通专业职称评价工作的通知》印发，对评价范围、层级设置、评价方式等作出规定。

7月4日 市人社局召开第11次局长办公会议，研究审议《天津市职业技能培训补贴实施办法》《关于调整工伤职工辅助器具配置项目支付限额标准的通知》，听取关于2022年第一期居住证积分落户有关情况的汇报。

同日 市人社局召开第31次局党组会议，研究审议《市人社局党组关于认真学习宣传贯彻市第十二次党代会精神的实施方案》《中共天津市人力资源和社会保障局党组关于巡视深度整改情况的报告》《巡视反馈意见整改工作台账》。会议还研究了其他事项。

7月5日 《市人社局市财政局关于2022年调整退休人员基本养老金的通知》印发，对调整范围、调整办法、资金来源、发放时间等作出规定。

7月8日 《市人社局市财政局关于2022年调整征地参保人员养老保险待遇的通知》印发，对调整对象、调整时间、调整标准、资金来源、发放时间、有关事项等作出规定。

7月11日 《市人社局关于调整部分工伤职工辅助器具配置项目与支付限额标准的通知》印发，对调整范围、有关问题的说明等作出说明。

同日 《市人社局市财政局关于2022年调整城乡居民基础养老金和老年人生活补助标准的通知》印发，对调整对象、调整时间、调整标准、资金来源、发放时间等作出规定。

7月18日 《市人社局市医保局市税务局关于公布2021年度全市职工平均工资及2022年度工资福利待遇标准等有关问题的通知》印发，对职工平均工资、相关福利待遇、缴纳社会保险费基数及有关标准等作出规定。

7月20日 市人社局召开第12次局长办公会议，听取审议关于增设物联网职称专业有关情况的汇报。

同日 市人社局召开第32次局党组会议，听取审议关于第三届“海河工匠杯”技能大赛计划安排有关情况的汇报、关于调整2022年我市工伤保险待遇有关情况的汇报、关于天津市电子信息技师学院等3所职业院校接收工作有关情况的汇报。会议还研究了其他事项。

7月22日 市人社局召开第33次局党组会议，研究审议《天津市人力资源和社会保障事业发展“十四五”规划》，听取审议关于拨付2020年安全技能培训补贴资金有关情况的汇报、关于资助参加人社部组织的全国行业职业技能竞赛有关情况的汇报、关于调整2021年我市工伤保险待遇有关情况的汇报。会议还研究了其他事项。

7月29日 《市人社局市财政局关于印发〈天津市职业技能培训补贴实施办法〉的通知》印发，对培训费补贴、鉴定费补贴和生活费补贴，定向培训、项目制培训等补贴、补贴经办和服务保障等作出说明。

同日 《市人社局市科协关于开展工程技术系列物联网专业职称评价工作的通知》印发，对评价范围、层级设置、评价方式等作出规定。

7月30日 市人社局召开第13次局长办公会议，研究审议《天津市职业技能培训监督管理暂行办法》。会议还研究了其他事项。

同日 市人社局召开第35次局党组会议，研究审议《市人社局党组关于落实巡察指导督导反馈意见的整改方案》。会议还研究了其他事项。

8月8日 市人社局召开全市人力资源社会保障工作调度推进会议，总结上半年人社工作，分析当前面临形势，研究部署下半年重点任务。

8月10日 市人社局召开第37次局党组会议，研究审议《天津市职业技能培训规定》，听取审议关于继续实施政府购买市级公共就业服务项目有关情况的汇报。会议还研究了其他事项。

8月16日 《市人社局关于发布2022年全市企业工资指导线的通知》印发，经测算得出2022年全市企业工资指导线基准线为6.5%、下线为3%。

8月17日 市人社局2022年全面从严治党中期推动会召开，回顾检视上半年推进全面从严治党工作情况，部署推动下半年重点任务落实。

8月26日 市人社局召开第14次局长办公会议，研究审议《市人社局政策法规观察员管理办法》，听取审议关于做好2022年企业职工基本养老保险扩面征缴任务考核工作有关情况的汇报、关于实施一次性扩岗补助政策有关情况的汇报、关于认定第四批大学生实训基地有关情况的汇报。

同日 市人社局召开第38次局党组会议，听取审议关于拨付部分就业补助资金项目有关情况的汇报、关于职业技能提升行动专账资金使用及2022年拨付各区培训补贴资金有关情况的汇报。会议还研究了其他事项。

9月2日 市人社局召开第39次局党组会议，研究审议《市人社局党组巡察工作规划（2022—2026年）》。会议还研究了其他事项。

9月9日 市人社局召开市人社系统党的二十大信访维稳工作电视电话会议，总结2022

年以来人社系统信访维稳工作情况，部署市人社系统党的二十大期间信访维稳工作。

9 月 15 日 《市人社局市财政局关于公布 2022 年度本市基本养老金计发基数的通知》印发，规定 2022 年度本市基本养老金计发基数为 8672 元。

9 月 16 日 市人社局召开第 15 次局长办公会议，研究审议《市人社局重大行政执法决定法制审核办法》及审核事项清单、《关于进一步协同做好社会保险领域行政执法与刑事司法衔接工作的通知》。

同日 市人社局召开第 40 次局党组会议，听取审议关于启动 2022 年度金保二期系统硬件维保项目招标工作有关情况的汇报。会议还研究了其他事项。

9 月 23 日 市人社局召开第 41 次局党组会议，研究审议《迎接党的二十大宣传工作实施方案》；听取审议关于 2022 年中国博士后国际交流计划引进项目天津联合资助项目推荐人选有关情况的汇报、关于给予第一届全国博士后创新创业大赛本市获奖团队及相关人员奖励有关情况的汇报。会议还研究了其他事项。

9 月 30 日 市人社局召开第 42 次局党组会议，研究审议《市人社局党组贯彻落实〈中共天津市委关于推进全面从严治党向纵深发展的意见〉的措施清单》，听取审议关于发放 2021 年度安全技能培训补贴资金有关情况的汇报、关于 2022 年度中国留学人员回国创业启动支持计划和高层次留学人才回国资助项目有关情况的汇报、关于调整部分行政许可和公共服务事项权限及经办有关情况的汇报。会议还研究了其他事项。

10 月 8 日 《市人社局市公安局关于进一步协同做好社会保险领域行政执法与刑事司法衔接工作的通知》印发，对严格履行法定职责、完善衔接工作机制、规范案件移送和受理立案程序等作出规定。

10 月 10 日 《市人社局关于调整天津市 2022 年工伤保险待遇标准有关问题的通知》印发，对伤残津贴、退休工伤人员补贴、供养亲属抚恤金等作出规定。

10 月 14 日 市人社局召开第 16 次局长办公会议，研究审议《天津市数字经济领域技术技能人才培育项目实施方案》《关于进一步做好本市高技能人才与专业技术人才职业发展贯通工作的通知》《市人社局市工业和信息化局关于开展工程技术系列锂离子电池专业职称评价工作的通知》。

同日 市人社局召开第 44 次局党组会议，听取审议关于第二届全国技能大赛执委会工作机构集中办公场地改造有关情况的汇报，研究审议《天津市人社局云基础设施项目建议书》。会议还研究了其他事项。

10 月 21 日 市人社局召开第 17 次局长办公会议，研究审议《市人社局公职律师管理办法》，听取审议关于调整《天津市居住证积分指标及分值表》相关指标分值有关情况的汇报。

10 月 24 日 《市人社局关于进一步做好本市高技能人才与专业技术人才职业发展贯通工作的通知》印发，对支持高技能人才参加职称评价、鼓励专业技术人才参加职业技能评价、加强评价制度与用人制度衔接等作出规定。

同日 市人社局召开第 45 次局党组会议，听取审议关于举办第三届“海河工匠杯”技能大赛经费预算有关情况的汇报、关于阶段性缓缴社会保险费单位补缴费有关情况的汇报，研究审议《天津市人力资源和社会保障局党组网络数据安全和个人信息保护工作责任制实施办法（试行）》。会议还研究了其他事项。

10 月 28 日 市人社局召开第 47 次局党组会议，听取审议关于制作“想就业、找人社”宣传片和系列短视频有关情况的汇报、关于拨付 2023 届困难毕业生求职创业补贴有关情况的汇报、关于举办 2022 中国 · 天津投资贸易洽谈会暨 PECC 博览会人才智力引进活动有关情况的汇报。会议还研究了其他事项。

同日 《市人社局市工业和信息化局关于开展工程技术系列锂离子电池专业职称评价工作的通知》印发，对评价范围、层级设置、评价方式等作出规定。

11月2日 《市人社局等六部门关于阶段性缓缴社会保险费单位补缴费有关问题的通知》印发，规定已办理阶段性缓缴社会保险费的用人单位，可最迟于2023年底前补齐缓缴的社会保险费。

11月4日 市人社局召开第18次局长办公会议，研究审议《关于加强事业单位聘用合同管理工作有关问题的通知》。

同日 市人社局召开第48次局党组会议，听取审议关于进一步做好一次性扩岗补助政策有关情况的汇报、关于升级改造公共服务平台和新建统一经办管理平台有关情况的汇报、关于新建数字就业创业项目有关情况的汇报，研究审议《天津市“海河英才”卡管理办法》《“智慧人社”工作规划》。会议还研究了其他事项。

同日 全市人力资源社会保障工作调度推进会议召开，总结前三季度人社工作，分析当前形势，并对下步重点工作进行了安排部署。

11月10日 市人社局召开第49次局党组会议，研究审议《市人社局党组关于认真学习宣传贯彻党的二十大精神的实施方案》。会议还研究了其他事项。

11月25日 市人社局召开第19次局长办公会议，研究审议《天津市事业单位公开招聘人员笔试工作规则》《天津市人力资源和社会保障随机抽查事项清单(第三版)》，听取审议关于2022年天津市第一批向社会公布重大劳动保障违法行为有关情况的汇报。

同日 市人社局召开第50次局党组会议，研究审议《天津市技工教育发展“十四五”规划》、关于启动政务服务“一件事一次办”建设项目系统招标工作有关情况的汇报、《关于进一步规范天津市职业年金计划管理工作的通知》，听取审议关于举办“双一流”高校招聘活动有关情况的汇报、关于开展我市职业年金计划受托管理合同续签工作有关情况的汇报。会议还研究了其他事项。

11月30日 市人社局召开第51次局党组扩大会议，研究审议《天津市规范企业职工基本养老保险待遇项目实施方案》《天津市职称评审历史数据数字化工作方案》《第三届天津市“海河英才”创新创业大赛博士后揭榜领题赛决赛工作方案》，听取审议关于个人养老金制度有关情况的汇报。会议还研究了其他事项。

12月6日 《市委组织部市人社局关于印发〈天津市事业单位公开招聘人员笔试工作规则〉的通知》印发，对笔试组织准备、命题、试卷管理、笔试组织实施等作出规定。

12月9日 《市人社局关于印发规范行政处罚裁量权实施办法的通知》印发，对裁量权的适用标准、裁量权的实施与监督等作出规定。

同日 市人社局召开第20次局长办公会议，研究审议《市人社局市财政局关于实施企业吸纳登记失业人员一次性吸纳就业补贴政策有关问题的通知》《天津市人力资源和社会保障局规范行政处罚裁量权实施办法》《天津市人力资源和社会保障局关于调整劳动人事争议仲裁管辖问题的通知》《天津市劳动人事争议仲裁文书送达规定》。会议还研究了其他事项。

同日 市人社局召开第52次局党组扩大会议，研究审议《天津市智慧人社建设总体规划》及《天津市智慧人社建设总体规划工作方案》，听取审议关于购买“智慧人社”项目总集成服务有关情况的汇报、关于升级改造公共服务平台和新建统一经办管理平台有关情况的汇报、关于新建数字就业创业项目有关情况的汇报、关于基金财务系统升级改造有关情况的汇报、关于智慧人社内控数据稽核系统建设有关情况的汇报。会议还研究了其他事项。

12月14日 《市人社局关于调整劳动人事争议仲裁管辖问题的通知印发》，对市仲裁委员会管辖范围、各区仲裁委员会管辖范围、有关事宜等进行调整。

同日 《市人社局关于印发〈天津市劳动人事争议仲裁文书送达规定〉的通知》印发，对送达地址、送达方式等进行规定。

12月31日 市人社局召开第21次局长办公会议，研究审议《天津市贯彻落实“十四五”职业技能培训规划实施方案》。

同日 市人社局召开第53次局党组会议，

听取审议关于资助参加人社部组织的全国行业职业技能竞赛有关情况的汇报;听取审议关于市公共实训中心与三六零公司共建数字安全实训竞赛基地有关情况的汇报。会议还研究了其他事项。

(执笔人:郎　刚)

市规划和自然资源局 2022 年大事述要

1 月 1 日　市政府办公厅正式印发《天津市林业有害生物灾害应急预案》。

1 月 7 日　市规划资源局参与制定的《天津市促进海水淡化产业发展若干规定》经市十七届人大常委会第三十一次会议表决通过,并于 2022 年 3 月 1 日起印发施行,这是全国首部促进海水淡化产业发展的地方性法规。

同日　市规划资源局在市规划展览馆举办规划资源系统“七五”普法成果展暨“八五”普法启动仪式,市规划资源局党委书记、局长陈勇出席启动仪式并讲话。

1 月 15 日　市规划资源局党委征调党员干部职工 1680 人支援社区疫情防控工作。

1 月 16 日至 18 日　市规划资源局党委分三批次征调 525 名党员干部职工赴津南区支援疫情防控。

1 月 18 日　市规划资源局印发《市规划资源局党委关于成立抗疫工作领导小组和工作专班的通知》。

同日　市政府办公厅印发《天津市海洋灾害应急预案》。

1 月 19 日　市规划资源局二级巡视员高明兴带队赴汉沽海域开展冬季海冰调查。

1 月 25 日　《市规划资源局　市发展改革委　市住房城乡建设委　市工业和信息化局市生态环境局　市水务局　市地震局　市气象局关于加快推进工业用地“标准地”出让的意见》印发,通过简化、优化、标准化工业项目供地程序,进一步提高土地节约集约利用水平,促进工业项目尽快开工落地。

1 月 30 日　天津市国土空间基础信息平台二期工程建设启动。

同日　天津市国土空间规划“一张图”实施监督信息系统二期工程建设启动。

2 月 2 日　市规划资源局印发《市规划资源局党委关于加强审计查出问题整改工作的意见》,强化审计整改责任落实,维护审计监督的严肃性和权威性,将审计整改成果转化为推动我市自然资源管理工作治理效能。

2 月 9 日　市规划资源局开展“天津市不动产登记窗口服务规范建设年活动”,同时印发《市规划资源局关于开展“天津市不动产登记窗口服务规范建设年”活动的通知》。

2 月 15 日至 5 月 15 日　市野生动物保护工作领导小组组织各成员单位在全市范围组织开展代号为“2022 清风行动”的打击野生动植物非法贸易联合行动。

2 月 16 日　市规划资源局关于印发《关于加强不动产登记管理的若干意见》的通知。

2 月 17 日　市规划资源局总规划师师武军主持研究津滨双城发展实施措施、天津市国土空间规划体系研究工作。

2 月 18 日　市规划资源局印发《天津市全民所有自然资源资产平衡表编制试点工作实施方案》,天津市启动全民所有自然资源资产平衡表编制试点工作。

2 月 22 日　天津市组织建设的天津市地理信息公共服务平台天津节点(天地图 · 天津)在自然资源部组织的地理信息公共服务平台省级节点 2021 年综合评估中获评最高等级“五星级”评价。

2 月 25 日　市规划资源局、市农业农村委联合制定印发《天津市实施耕地向其他农用地及农业设施建设用地用途转换管制办法》。

2 月 28 日　市规划资源局召开 2022 年度土地招商推介视频会。

3月1日 市规划资源局召开全市不动产交易登记领域“窗口腐败”排查整治警示教育大会。

同日 市政府办公厅印发《关于进一步加强征地管理工作的通知》。

3月3日 市规划展览馆举办主题为“关注旗舰物种保护，推动美丽中国建设”，世界野生动植物日主题宣传活动。

3月5日至6日 国家林业和草原局赴天津市蓟州区调研督导全国两会、“冬残奥会”期间森林防火工作。

3月7日 市规划资源局组织开展天津海域海星调查。

3月25日 《关于助企纾困和支持市场主体发展的若干措施》经市政府办公厅印发。

3月28日 市规划资源局印发《市规划资源局关于印发〈围填海历史遗留问题区域项目用海规划土地协同工作指引〉的通知》。

3月 由天津市地质研究和海洋地质中心王志刚、辛林、曹健等完成的《天津市深部煤炭地下气化关键技术及其应用》项目获天津市科学技术进步二等奖。

4月1日 《天津市控制性详细规划管理规定(试行)》颁布执行。

4月6日 市规划资源局印发《市规划资源局关于印发〈营商环境建设2022年工作要点〉的通知》。

4月12日 市规划资源局在北辰区中环花鸟鱼虫市场举办以“爱护鸟儿精灵　共享绿美天津”为主题的第41届“爱鸟周”暨“2022清风行动”执法和法治宣传教育活动。

4月14日 市规划资源局联合央视总台开展了《走近森林防火“智能大脑”体验防火“黑科技”》直播活动，多维度深入宣传普及森林防火知识。

同日 市规划资源局组织开展海洋灾害预警报应急演练。

4月15日 由市委保密委、市委网信办联合组织的“网络强国——新时代保密观”保密知识竞赛决赛在天津梅地亚大剧院开赛。市规划资源局代表队勇创佳绩，荣获全市三等奖。

4月16日 市规划资源局党委会审议通过《市规划资源局法治政府建设2022年工作要点》。

4月22日 市规划资源局印发《市规划资源局关于印发2022年重大行政决策事项目录的通知》。

同日 市规划资源局印发《落实2022年全面推进乡村振兴重点工作的方案》，从5个方面全面梳理了乡村振兴涉及我局的24项重点任务，明确了各部门责任分工，完善了工作推动机制。

同日 市规划资源局会同市生态环境局、市公安局、市应急局、市市场监管委、市工业和信息化局印发《天津市打击“洗洞”盗采金矿专项整治行动工作方案》。

4月25日 市规划资源局印发《市规划资源局关于成立天津市全民所有自然资源资产所有权委托代理机制试点工作协调机制办公室的通知》。

4月29日 市规划资源局召开局系统第一届“争做新时代向上向善好青年主题活动”——“规划资源十佳好青年”现场展示评议会。

同日 市规划资源局参加天津市庆祝“五一”国际劳动节暨五一劳动奖和工人先锋号表彰大会，天津市自然资源调查与登记中心权籍调查科获“天津市工人先锋号”荣誉称号。

4月至10月 市规划资源局启动天津近岸海域赤潮、绿潮早期预警监测。

5月5日 由市规划资源局牵头、31个委办局参加的天津市海洋经济发展领导小组获市政府批准成立。

5月6日 市信访办、市规划资源局主办的《信访工作条例》宣传月活动启动仪式在天津市规划展览馆举行。

同日 市规划资源局总规划师师武军主持召开专题会议，向涉农区规划资源分局传达学习4月27日国务院“三区三线”划定工作电视电话会议精神，按照《自然资源部关于在全国开展“三区三线”划定工作的函》的要求，部署落实天津市“三区三线”划定工作。

同日 副市长刘桂平主持研究天津市国土空间总体规划及重点专项规划有关工作。市规划资源局党委书记、局长陈勇就《天津市国土空间总体规划(2021—2035 年)》的主要内容进行了汇报,重点汇报了天津市国土空间总体规划编制工作进展情况、天津总体概况、“三区三线”划定阶段成果以及 4 月 27 日“三区三线”划定电视电话会议后天津市面临的问题和困难、综合交通规划体系、自然保护区体系、“871”重大生态工程等基本情况。

5 月 12 日 市规划资源局联合自然资源部驻津单位开展“5・12”海洋防灾减灾“线上+线下”宣传活动。

同日 市规划资源局印发《规划和自然资源执法查处案卷评查细则(试行)》《规划和自然资源执法查处案卷评查标准(试行)》及《海域行政处罚案卷评查标准(试行)》,规范规划和自然资源执法案卷评查工作,推动严格规范公正文明执法。

5 月 13 日 《天津市征收土地地上附着物和青苗补偿标准的通知》印发。

5 月 19 日 市规划资源局印发《天津市 2022 年森林、草原、湿地调查监测工作方案》,开展 2022 年森林、草原、湿地调查监测工作。

5 月 20 日 为贯彻“放管服”改革精神,市规划资源局研究出台《市规划资源局关于加强地质勘查活动监督管理的通知》,为全国最先推出省级加强地质勘查活动监督管理配套文件。

5 月 27 日 市规划资源局组织开展疫情防控状态下应对风暴潮预警应急处置桌面推演。

6 月 1 日 市规划资源局印发《2022 年天津市海洋预警监测工作方案》。

同日 市规划资源局制定印发《关于 2022 年土地利用计划配置规则的通知》。

6 月 8 日 市规划资源局印发《市规划资源局关于进一步规范涉嫌自然资源犯罪案件移送工作的通知》,促进行政执法与刑事司法工作紧密衔接。

同日 市规划资源局召开“迎盛会、铸忠诚、强担当、创业绩”主题研讨会暨青年干部座谈会。局党委书记、局长陈勇,局党委委员、一级巡视员路红,驻局纪检监察组副组长陈维伯出席会议,并与青年干部进行集体谈话。

6 月 9 日 市委书记李鸿忠、市长张工等市领导深入东丽区、滨海新区调研绿色生态屏障建设情况,就下一步重点任务作出部署。

同日 市规划资源局印发《市规划资源局关于 2021 年规划和自然资源行政复议和行政应诉典型案例的通报》,切实发挥典型案例的引导、规范、预防与教育功能。

6 月 14 日 市政府批复同意《黄崖关长城风景名胜区总体规划(2020—2035 年)》。

6 月 15 日 市林长办组织召开 2022 年美国白蛾联防联治协调推动会,各区分管区长及市级相关部门有关负责同志参会,会议对全市美国白蛾联防联治工作做了安排部署。

6 月 17 日 市规划资源局印发《市规划资源局关于印发〈市规划资源局进一步优化营商环境若干措施〉的通知》。

6 月 20 日 市规划资源局印发《关于做好 2022 年全民所有自然资源资产清查工作的通知》,部署全市清查工作。

6 月 22 日 市规划资源局在天津中医药大学组织召开天津市第二批省级林草种质资源库认定评审会。

6 月 22 日至 24 日 市规划资源局总规划师刘荣带队赴新疆生产建设兵团第十一师开展“民族团结一家亲・百行百业交流行”活动。

6 月 23 日 市规划资源局总规划师师武军拜会自然资源部国土空间规划局副局长孙雪东,研究天津市耕地和永久基本农田等“三区三线”划定事宜。

同日 市规划资源局印发《市规划资源局等关于印发天津市鼓励和支持社会资本参与生态保护修复实施意见的通知》。

6 月 25 日至 30 日 天津市举办第 36 届科技周防灾减灾主题展览(含地面沉降防治)。

6 月 28 日 市规划资源局印发《市规划资源局关于贯彻落实助企纾困和支持市场主体发

展若干措施的实施细则》。

6月29日 市规划资源局增设绿色生态屏障建设管理处。

7月1日 市规划资源局党委委员、一级巡视员路红主持召开局统战工作培训会暨开展“喜迎二十大、同心跟党走”主题教育推动会视频会议。华勘局、地矿局分管统战工作的领导、局机关党群部门负责人、局机关党外干部和局属各单位分管统战工作的领导、党外干部和统战干部参加会议。

7月4日 市规划资源局组织召开2022年森林督查工作部署会议。

7月6日 市规划资源局印发《天津市规划和自然资源局海洋灾害应急保障预案》《天津市规划和自然资源局应对突发环境事件应急保障预案》。

7月7日 市规划资源局党委委员、一级巡视员路红主持召开援藏干部欢送会。局总规划师刘荣出席会议,局援藏干部、相关分局领导、干部处相关同志参加会议。

同日 市规划资源局党委印发《市规划资源局党委关于认真学习宣传贯彻市第十二次党代会精神的工作方案》。

7月12日 市规划资源局印发《市规划资源局关于加强和规范“十四五”期间林木采伐管理的通知》并向社会公开。

同日 依据《测绘法》《基础测绘条例》和《全国基础测绘中长期规划纲要(2015—2030年)》,结合天津市“十四五”时期经济社会发展对基础测绘的需求,市规划资源局编制完成《天津市基础测绘“十四五”规划》,并印发实施。

7月13日至15日 市规划资源局总规划师刘荣带工作组赴承德市深入调研规划和自然资源领域对口帮扶工作,与华勘局五一四地质大队召开座谈会,听取华勘局五一四地质大队在服务承德生态文明示范区综合地质调查工程,发展富锶农产品产业技术研究和裸露高陡边坡治理等方面工作汇报。

7月14日 《天津市推进产业用地高质量规划用地管理规定》经市政府办公厅印发。

同日 市规划资源局组织开展赤潮灾害海上应急监测演练。

7月15日 市规划资源局在武清区河北屯镇李大人庄村召开村庄规划现场推动会暨乡村规划师聘任仪式,统筹部署全市村庄规划编制和审批工作,聘任首批6位乡村规划师,为实施乡村振兴战略提供保障,央广网、《天津日报》等多家媒体全程跟踪报道。

7月20日 市规划资源局召开全市2022年食用林产品质量安全工作部署暨培训会。

7月21日 市规划资源局组织召开《天津市森林防火规划2022—2025年》专家评审工作会议。

7月22日至26日 市规划资源局党委委员、一级巡视员路红带领局工作组赴青海省西宁市参加第三届“智汇三江源·助力新青海”人才项目洽谈会签署帮扶协议,赴黄南藏族自治州开展调研交流,深入推动青海省黄南州和我市规划自然资源领域务实合作。

7月25日 市气象局、市规划资源局联合印发《市防汛抗旱指挥部气象海洋组工作制度》。

7月26日 市规划资源局党委委员、副局长张宏晖带队赴北大港湿地自然保护区调研鸟类保护工作情况。

7月28日 市规划资源局召开“智慧森林防火监测第一期项目”验收会,54个智能摄像头正式投入使用。

7月30日 市规划资源局印发《天津市城市重点区域天际线规划导则》,作为《天津市人民代表大会常务委员会关于加强城市重点区域天际线管控的决定》地方性法规的配套管理文件,具体落实《决定》对加强重点区域天际线管控要求。

8月1日 市规划资源局组织召开2022年造林绿化工程用苗和林草种苗质量监测工作启动会。

8月2日 经市规划资源局遴选推荐的“金属矿山地下水灾害防治工程技术创新中心”和“陆海统筹关键带国土空间规划与治理工程技

术创新中心”获自然资源部批准公布。这是天津市首次获批的自然资源部工程创新中心，两个工程创新中心将成为天津市自然资源领域重要的科技创新平台。

8月4日 市规划资源局党委印发《市规划资源局党委关于推动党史学习教育常态化长效化的工作安排》。

8月8日 市规划资源局印发《市规划资源局关于成立重点项目服务工作专班的通知》。

8月9日 市规划资源局党委印发《市规划资源局党委巡察工作规划（2022—2026年）》。

8月11日至12日 市规划资源局在蓟州区开展天津市林业有害生物灾害应急防控演练。

8月16日 市规划资源局印发《天津市乡村建设项目规划许可管理办法》，进一步规范乡村建设规划许可管理工作。

8月18日 市规划资源局举办天津市2022年打击制售假劣林草种苗和侵犯植物新品种权专项行动动员部署会。

8月24日 市规划资源局印发《住宅多样性空间增值利用规划管理指导意见（试行）》通过对住宅挑空空间、住宅坡屋顶空间、住宅地下室空间及住宅室外专有庭院等四类多样性空间的增值利用，适应住宅市场设计精细化、多样化需求。

8月30日 市规划资源局制定印发《天津市建设用地审查报批管理办法》。

9月1日 市规划资源局组织召开天津市第二批林草种质资源库认定工作会议。

9月2日 市规划资源局二级巡视员高明兴带队赴市海洋环境监测预报中心，调研海洋灾害预警监测工作。

9月7日 市规划资源局发布实施《天津市矿产资源规划（2021—2025年）》。

同日 市规划资源局召开会议传达学习李克强总理重要批示及王勇国务委员重要讲话精神，全力提升“双打”工作水平。

9月8日 市规划资源局组织召开2022年秋冬季候鸟保护工作视频会议，市规划资源局党委委员、副局长张宏晖主持并讲话，二级巡视员许朝出席，市公安局、市市场委、市农业农村委有关负责同志参会。

同日 市规划资源局组织开展天津近岸海域赤潮应急监测。

同日 市规划资源局印发《市规划资源局关于积极做好用地用海要素保障的通知》，从强化国土空间规划引领约束、简化建设项目规划用地审批、优化用海审批等七个方面提出19项要素保障措施，切实做好建设项目用地用海要素保障，推动建设项目尽快形成实物工作量。

9月19日 市委书记李鸿忠，市委副书记、市长张工深入滨海新区调研海岸线生态保护修复工作，市领导详细听取天津市海洋生态保护修复工作汇报，充分肯定天津市海洋生态保护修复工作取得的显著成就，并就加快推进海岸线综合治理和生态保护修复，切实改善海洋生态环境质量，建设生态宜居的滨海城市提出明确要求。

9月21日 市规划资源局印发《征地工作相关格式文本》。

9月21日至23日 2022（第二十四届）中国国际矿业大会在天津成功举办。

9月23日 常务副市长刘桂平、副市长杨兵召开天津机场三期改扩建工程专题会，听取市规划资源局关于《天津机场三期改扩建综合交通枢纽“一体化”设计方案》汇报。

同日 市规划资源局召开全市秋冬季森林防火暨林业行业安全生产工作电视电话会议。

9月27日 天津市第一次地质灾害风险普查项目顺利通过专家评审。

9月30日 市规划资源局印发《关于规范建设项目用地组卷报批材料及相关文本格式的通知》。

10月2日至3日 市规划资源局积极应对强冷空气影响天津海域期间海洋灾害预警监测应急工作任务。

10月15日至28日 市规划资源局党委征调党员干部职工2635人次支援重点区域疫情防控工作。

10月19日 市规划资源局党组织召开“深入贯彻落实习近平总书记给山东省地矿局第六

地质大队全体地质工作者回信精神座谈会”，组织起草天津市实施方案，通过系列活动，抢抓机遇、改进公益服务供给方式、提高地勘工作能力水平，指导地勘队伍高质量发展。

10月21日 市规划资源局制定《2022年天津市地理国情常态化监测项目实施方案》，组织开展年度地理国情监测工作。

10月24日 中国地质学会发布《关于公布第二批地质文化村（镇）评定结果的通知》，天津市蓟州常州砂岩峰林地貌地质文化村获中国地质学会授牌。

10月25日 中国地质学会发布《关于公布第二批天然富硒土地认定结果的通知》，我市蓟州东二营富硒土地镇获得国家级认定。

10月26日 市规划资源局印发《关于进一步加强地热开采管理工作的意见（试行）》和《关于加强地热计量监测设施维护和监管工作的意见》。

11月2日 市规划资源局发布《天津津城城市更新规划指引（2021—2035年）（征求意见稿）》，公开征求社会公众意见。

同日 市规划资源局发布《天津市历史文化名城保护规划（2021—2035年）》，公开征求社会公众意见。

11月6日 市规划资源局森林防火处联合测绘地名处在蓟州区九龙山国家森林公园，组织市测绘应急保障队伍开展2022年度应急测绘演练。

11月7日 市规划资源局党委印发《市规划资源局党委关于认真学习宣传贯彻党的二十大精神的工作方案》。

11月8日 第三届“海河工匠杯”技能大赛2022年度天津市自然资源调查监测职业技能竞赛在天津科技工作者之家开幕，市规划资源局党委委员、总规划师刘荣出席并致辞，市人社局二级巡视员张少军出席并讲话，市规划资源局二级巡视员徐连和、市总工会副主席张秀强出席开幕式。

11月10日 市规划资源局二级巡视员高明兴带队赴长春市对接推动两地对口合作工作。

11月11日 市规划资源局印发《天津市临时用地管理办法》，明确临时用地范围、申请使用、监管等内容。

11月13日 为全面深化落实建筑工程规划许可审批事项改革，全链条闭合建筑工程规划管理要求，市规划资源局印发《建筑工程规划验收管理技术规范（试行）》，用于指导申请办理《建设工程规划验收合格证》（建筑工程）工作。

11月15日 市规划资源局发布实施《地面沉降水准测量规范》。

11月16日 市规划资源局组织召开全市森林防火暨安全生产工作电视电话会议。

11月17日 市规划资源局组织召开《天津市海洋空间规划（天津市海域海岛保护利用规划）（2021—2035年）》专家评审会。

11月21日 市规划资源局完成天津市历史遗留矿山数据核查，建立部市一致的历史遗留矿山数据库。

11月23日 市规划资源局联合宁河区政府在七里海湿地自然保护区，举办以“保护野生动物资源，共绘绿水青山家园”为主题的2022年天津市“野生动物宣传月”宣传活动。

11月28日 《天津市规划和自然资源局 中国人民银行天津分行 天津市住房和城乡建设委员会 天津市金融工作局 中国银行保险监督管理委员会天津监管局关于试行个人存量房屋交易线上“带押过户”有关工作的通知》印发。

11月29日 市规划资源局、市审计局印发《天津市资源环境审计与规划资源行政执法工作协作机制》，进一步将资源环境审计与规划资源执法工作有机贯通，形成有效监督合力，切实提升规划资源领域监管水平。

11月30日 市规划资源局组织编制完成《2021年天津市海洋灾害公报》。

12月1日 市规划资源局以天津市规划委员会办公室、天津市国土空间规划领导小组办公室名义向市规划委员会委员及小组成员单位致以《关于请对〈天津市国土空间总体规划（2021—2035年）〉进行书面审议的函》，采取书面审议方式请市规划委员会委员、市国土空间规划编制工作领导小组成员单位对《天津市国土空间总体规划(2021—2035年)》进行审议。

同日 市规划资源局向市政府办公厅报送《市规划资源局关于〈天津市国土空间总体规划(2021—2035年)〉的有关情况说明》,提请以市政府党组名义报送市委常委会审定。

同日 市规划资源局报请市委委员审议《天津市国土空间总体规划(2021—2035年)》。

12月9日 市规划资源局组织召开2022年天津市林草种苗质量抽查报告专家评审会。

同日 市规划资源局印发《市规划资源局关于试行无纸化办理建筑工程建设工程规划许可证的通知》,在全市范围内实现进件、承办、办结全流程"零跑动"办理规划许可。自发布之日起试行半年。

12月12日 市规划资源局会同市农业农村委、市统计局制定《天津市耕地保护责任目标2021年度检查工作方案》,对10个涉农区开展耕地保护责任目标检查。

12月13日 市委常委会审议《天津市国土空间总体规划(2021—2035年)》。

12月14日 市规划资源局向市人民政府报送《市规划资源局关于〈天津市国土空间总体规划(2021—2035年)〉的情况说明》,提请市人民政府办公厅呈报国务院审批。

同日 《国家林业和草原局关于2022年国家湿地公园试点验收结果的通知》批复天津蓟州州河国家湿地公园和天津下营环秀湖通过国家验收。

12月27日 市规划资源局联合国网天津市电力公司印发《电力线路建设工程设计方案标准样图(2023版)》。

12月31日 按照自然资源部关于"跨省通办"工作部署,完成我市测绘作业证跨省通办事项办理全覆盖(约3700件),成为全国率先完成该项工作的省市。

12月 纳入全市乡村振兴"挂图作战"考核任务的87个乡村振兴示范村全部完成规划编制任务,发挥了村庄规划在推动乡村振兴战略实施中的引领保障作用。

同月 市规划资源局、市自然资源生态修复整治中心、市规划展览馆被中国科协评选为2022年全国科普日活动优秀组织单位。市规划资源局参与的"天津科普之夜"活动,以及市自然资源生态修复整治中心主办的"喜迎二十大,筑梦七里海"活动和市规划展览馆主办的"童心向党诵津城　喜迎党的二十大"活动荣获2022年全国科普日优秀活动。

同月 市规划展览馆被中国科学技术协会认定为全国科普教育基地(2021—2025年)。

(执笔人:张　敏)

市生态环境局2022年大事述要

1月4日 市生态环境局召开专题会议,研究推进"双碳"工作具体举措。局机关相关处室主要负责同志参加。

1月13日 市生态环境局组建全员核酸检测医疗废物处置专班,局机关相关处室、各区生态环境局为组成部门,构建全链条全覆盖涉疫医疗废物监管体系,规范医疗废物转运、处置等有关工作。

1月18日 市生态环境局抽调2批次、67名干部职工支援津南区疫情防控工作,坚决遏制疫情蔓延,阻断传播势头,全力保障人民群众生命安全和身体健康。

1月26日 生态环境部大气司召开北京冬奥会空气质量保障形势视频会商会。会后,市生态环境局召开全市视频调度会,研究部署具体保障措施。局机关相关处室、各区生态环境局主要负责同志参加。

1月28日 市生态环境局召开党史学习教育总结会议,深入学习贯彻习近平总书记重要指示和中央党史学习教育总结会议精神,全面推进党史学习教育常态化长效化。市委党史学习教育第十四巡回指导组到会指导，全体局领导、局机关各处室主要负责同志及各直属单位党政主要负责同志参加。

2月7日 市生态环境局党组书记、局长温武瑞参加生态环境部召开的冬奥会期间空气质量保障决策每日视频会商会议，并就我市有关工作进行汇报。

2月10日 市生态环境局组织召开视频会，研究部署2022年河道水质改善工作。南开区、红桥区、西青区、和平区政府分管负责同志，局机关相关处室及各区生态环境局主要负责同志参加。

2月17日 市生态环境局召开2021年度述责述廉暨抓基层党建工作述职评议会，全体局领导，驻局纪检监察组有关负责同志，局机关各处室主要负责同志及各直属单位党政负责同志，部分基层党员干部群众代表参加会议。会议强调，各级党组织书记要把好政治方向，当好“领航员”，发挥好把关定向作用，教育引导广大党员干部始终在政治上、思想上、行动上同党中央保持高度一致。要扛起主体责任，种好“责任田”，履行好第一责任人责任，做到重要工作亲自部署、重大问题亲自过问、重点环节亲自协调。要保持清正廉洁，做个“干净人”，始终牢记清正廉洁是共产党人安身立命之本，始终保持忠诚干净担当的政治底色。

2月23日 市生态环境局召开全市2022年度生态环境保护工作会议。会议总结了2021年度工作，分析了当前所面临的形势，研究部署了全市2022年生态环境保护重点工作。会议强调，2022年全市要坚持以习近平生态文明思想为指导，以实现减污降碳协同增效为总抓手，以改善生态环境质量为核心，以精准、科学、依法治污为工作方针，继续发扬能打大仗、敢打硬仗、善打恶仗的精神，深入打好蓝天、碧水、净土保卫战，巩固提高$PM_{2.5}$改善成效，稳定提升优良天数比例；全面消除劣Ⅴ类水体，巩固提升12条入海河流消劣成果，近岸海域生态环境质量基本保持稳定；受污染耕地安全利用率达到91%左右，重点建设用地安全利用率达到100%。会议以视频形式召开，市生态环境局设主会场，各区生态环境局设分会场。会上，滨海新区、宁河区、西青区、宝坻区、静海区、津南区、武清区生态环境局主要负责同志先后作典型发言。

2月24日 市生态环境局党组书记、局长温武瑞参加全市领导干部学习贯彻党的十九届六中全会精神和习近平总书记重要讲话精神专题读书班，在接受天津电视采访时表示，要深入贯彻落实习近平生态文明思想，坚持生态优先，绿色发展，减污降碳，协同增效，加快推进经济社会全面绿色转型。

2月28日 市生态环境局组织召开党史学习教育专题民主生活会，认真对照习近平总书记关于党史学习教育的重要指示精神、在中央政治局党史学习教育专题民主生活会上重要讲话精神，对照党章党规党纪，对照初心使命，聚焦生态环境保护，认真查摆问题，深刻进行剖析，制定整改措施。市委党史学习教育第十四指导组到会监督指导，局领导班子成员参加，驻局纪检监察组有关负责同志、局机关相关处室主要负责同志列席。

2月 市生态环境局召开专题会议，研究环评审批制度改革工作。

3月1日 市生态环境局召开生物多样性行动计划编制大纲专家咨询会，局系统专家代表与生态环境部南京所专家就生物多样性保护工作进行了交流发言。

3月3日 市生态环境局召开政府采购购买服务不作为不担当专项整治工作部署会。全体局领导，局机关相关处室主要负责同志及各直属单位党政主要负责同志参加。

3月9日 市生态环境局召开专题会议，研究天津市“十四五”土壤、地下水和农村生态环境保护规划编制有关工作。

3月10日 市生态环境局召开专题会议，研究现代化生态环境保护执法体系建设工作。

3月30日 市生态环境局组织召开全面从严治党工作部署会，传达市级机关党的建设工作暨纪检工作会议精神，总结局系统2021年全面从严治党工作，部署2022年全面从严治党重点工作任务。全体局领导，局机关处级领导干部，各直属单位党政主要负责同志参加。会议要求，各级党组织和领导干部要深化思想认识，坚持把加强党的建设作为引领生态环境保护的“指南针”，推进高质量发展的“安全带”，推进污染防治攻坚战的“动力源”，不断增强提升党建质量的责任感。要坚定理想信念，夯实信念之基，树牢宗旨之本，坚守清廉之关，不断锤炼坚强党心党性。要保持反腐政治定力，以从严惩处强化“不敢”的震慑，以建章立制扎牢“不能”的笼子，以明理崇德增强“不想”的自觉，持续深化“三不”一体推进。要深入纠治“四风”，持续为基层减负，持续推进不担当不作为专项治理，擦亮作风建设金色名片。要坚持和完善监督体系，压实各级监督责任，发挥问责利剑作用，加强年轻干部监管，着力提升监督治理效能。

4月8日　市生态环境局组织召开2022年全市生态环境宣传教育视频工作会议，传达学习了市委市政府、生态环境部对生态环境宣教工作的有关精神与要求，总结了“十三五”以来全市生态环境宣教工作的经验与成效，对全市生态环境宣教重点工作作出部署。局系统宣教干部在主会场参加会议，各区生态环境局宣教工作分管负责同志和全体宣教干部在分会场参加会议。

4月11日　市生态环境局召开2023年第3次局长办公会，会议听取了关于《天津市生态文明教育条例（草案）》（送审稿）起草情况的汇报，原则同意按立法程序上报市社会主义核心价值观入法入规协调小组、市政府（市司法局）审核。会议指出，为深入贯彻落实习近平生态文明思想，加强生态文明教育，构建生态环境治理全民行动体系，按照市人大立法要求，根据有关法律、法规，结合我市实际，市生态环境局组织起草了《天津市生态文明教育条例（草案）》（送审稿），共27条，定位以促进为主，设计为“小切口”“小快灵”，不搞“大而全”，不设罚责，强化了实用性、可操作性。会议强调，要重视生态文明教育立法工作，近年来，市人大基本一年出台一部生态环保领域的法规条例，体现了市人大对生态环保工作的高度重视。相较于2012年颁布实施的《天津市环境教育条例》，《天津市生态文明教育条例（草案）》（送审稿）内涵更丰富、涵盖范围更广、涉及部门更多，要扎实做好各项工作，推动《天津市生态文明教育条例》按程序颁布实施。

同日　市生态环境局组织召开东西部协作和支援合作工作推动会，对持续开展消费帮扶、助力打造乡村振兴示范村、深化民族交往交流交融、推进生态环境领域务实合作等内容逐项进行研究部署。

4月13日　市生态环境局召开党组（扩大）会议，传达中央依法治国办法治政府建设督察反馈意见及全市整改动员部署会议精神，审议局系统贯彻落实法治督察反馈意见整改方案，研究部署整改工作。会议强调，要把落实整改作为一项重要的政治任务，从旗帜鲜明讲政治的高度看待和把握整改工作。严格落实我局具体整改方案，坚持问题导向，突出重点、举一反三、综合施策，确保真改实改；切实加强组织领导，压紧压实责任，建立长效机制，解决根本问题，确保整改工作经得起检验。

4月25日　全市深入打好污染防治攻坚战工作会议召开，市生态环境保护委员会会议、市污染防治攻坚战指挥部会议合并召开。市委书记李鸿忠出席并讲话，市人大常委会主任段春华、市政协主席盛茂林出席。副市长孙文魁主持。会上，市生态环境局主要负责同志围绕统筹协调深入打好污染防治攻坚战作了发言。

4月28日　市生态环境局严格遵循规定程序，召开党员代表大会，选举产生了出席中国共产党天津市第十二次代表大会的代表。

4月29日　市生态环境局召开党组扩大会议，传达学习全市“迎盛会、铸忠诚、强担当、创业绩”主题学习宣传教育实践活动工作部署会议精神，研究部署局系统主题学习宣传教育实践活动工作，成立领导小组。会议强调，各级党组织要高度重视，深刻认识主题学习宣传教育实践活动的重要意义；要突出工作重点，精心组织推动，确保活动有力有序开展；要紧密结合中心工作实际，坚持高标准、严要求，下功夫抓好工作落实，以锐意进取、敢于担当、勇毅前行的精神状态，在生态文明建设新征程上再立新功，以优异成绩迎接党的二十大胜利召开。

5月10日 市生态环境局团委组织全体团员、团干部、“两红两优”获得者和青年代表集中收听收看中国共产主义青年团成立100周年大会实况直播，认真学习领会习近平总书记发表的重要讲话。

5月28日 市生态环境局组织召开天津市细颗粒物和臭氧污染协同防控“一市一策”驻点跟踪研究工作推进会，对年度工作成果进行总结，对夏季臭氧污染趋势和管控对策进行研讨。局机关相关处室主要负责同志，天津驻点跟踪研究工作组南开大学、市环境气象中心的技术骨干参加。

5月31日 市生态环境局党组书记、局长温武瑞参加天津市十七届人大常委会第三十四次会议，汇报2021年度环境质量状况和环境保护目标完成情况。

6月2日 天津市政府新闻办举行2021年天津市生态环境状况新闻发布会，副市长孙文魁、市生态环境局局长温武瑞介绍2021年度天津市生态环境状况，并回答天津广播电视台、津云、香港商报三家媒体记者提问。

6月5日 市生态环境局在官方微信公众号发布文章，回顾了天津市1987年至2021年“6·5”环境日纪念活动情况。

6月8日 市生态环境局召开2022年全市生态环境保护执法工作暨生态环境保护执法大练兵动员部署会，总结2021年全市生态环境执法工作及大练兵活动开展情况，部署2022年重点任务。局党组书记、局长温武瑞出席会议并讲话，市总工会、团市委有关负责同志参加。

6月21日 市生态环境局召开党组（扩大）会议，传达学习市第十二次党代会精神，研究部署贯彻落实措施。全体局领导，局机关各处室主要负责同志及各直属单位党政主要负责同志参加。

6月22日 市生态环境局组织召开专题会议，研究加快推进全市生态环保产业高质量发展相关工作。局机关相关处室主要负责同志及各直属单位党政主要负责同志参加。

6月25日 市生态环境局组织开展极端强降雨防汛应急桌面推演，进一步明确防汛应急响应流程和职责分工，提高各部门应对极端强降雨的快速反应能力和协同处置能力。

6月27日 市生态环境局召开“无废城市”试点建设工作视频会议，对天津市“无废城市”建设工作进行部署。会议强调，各试点区要将“无废城市”建设目标与市第十二次党代会提出的建设社会主义现代化大都市目标结合，落实高质量发展、高水平改革开放、高效能治理、高品质生活的建设目标。市发展改革委、市工业和信息化局、市财政局等15个部门有关负责同志在主会场参会，各试点区人民政府负责同志、区生态环境局负责同志在分会场视频参会。

6月30日 市生态环境局举办学习贯彻市第十二次党代会精神宣讲会暨庆祝中国共产党成立101周年专题党课报告会，局党组书记、局长温武瑞通过做专题党课报告的形式，以《深入学习贯彻市第十二次党代会精神　不忘初心使命　紧跟核心奋斗　努力建设人与自然和谐共生的现代化大都市》为题，向局系统广大党员干部群众宣讲市第十二次党代会精神。局领导班子成员、处级领导干部、民主党派和无党派人士代表共90余人参加。

7月4日 市生态环境局组织召开老干部工作座谈会，深入学习宣传贯彻市第十二次党代会精神，围绕进一步贯彻落实《天津市关于加强新时代离退休干部党的建设工作的若干措施》研究举措招法、听取离退休干部意见建议。会上为老同志颁发了“光荣在党50年”纪念章。

7月5日 京津冀三地生态环境部门召开生态环境执法联动重点工作视频会议。会上确定了《2022—2023年度京津冀生态环境联合联动执法工作法案》，对京津冀生态环境执法重点工作进行安排部署，明确将重点围绕大气、水、固废三个方面开展联合执法。京津冀生态环境厅（局）生态环境执法主管领导，生态环境执法部门主要负责人及相关区（市）生态环境执法部门负责人参加会议。

7月6日至8日 市生态环境局派出工作组赴甘肃庆阳市考察，对接津庆革命老区对口合作工作。

7月8日 市生态环境局召开天津市水生态环境保护工作会议，分析总结天津水环境质量状况及面临的形势，并安排部署下半年重点工作。局机关相关处室主要负责同志，各区生态环境局有关负责同志参加。

7月13日 市委组织部来市生态环境局，调研指导全市八家市级机关党建业务深度融合试点之一的水生态环境处党支部推进党建与业务深度融合情况。

8月19日 市生态环境局组织召开专题会议，研究全市生态环境领域营商环境建设常态化监测、政务服务“好差评”工作。

8月24日 市生态环境局召开《天津市碳普惠体系建设方案》专家座谈会，听取有关专家的意见和建议。南开大学、天津科技大学、天津经济技术开发区生态环境局、天津排放权交易所有限公司等单位的专家学者以及市人大代表、政协委员参加，并围绕方案内容进行了交流讨论。

8月26日 市深化国有企业改革领导小组办公室督查6组来市生态环境局，督查局系统国企改革三年行动落实情况。局机关相关处室及环科院、监测中心主要负责同志参加。

8月30日 市生态环境局召开“我为群众办实事”主题新闻发布会，通报“迎盛会、铸忠诚、强担当、创业绩”主题学习宣传教育实践活动工作进展，介绍“我为群众办实事”实践互动的具体举措。人民网、天津新闻广播、今晚报等3家媒体参会。

8月31日 市生态环境局召开党组会议，传达学习习近平总书记在省部级主要领导干部专题研讨班上的重要讲话及相关文件精神，深刻领悟“两个确立”的决定性意义，进一步增强“四个意识”、坚定“四个自信”、做到“两个维护”，切实把思想和行动统一到习近平总书记重要讲话精神上来，统一到党中央决策部署上来。全体局领导参加，局机关相关处室主要负责同志列席。

9月1日 市生态环境局组织召开2022年天津市海洋生态环境保护工作推动会，会议总结了“十三五”期间全市海洋生态环境保护工作情况，部署了下半年重点工作。市发展和改革委、市规划资源局、市住建委等6个部门相关负责同志参加。

9月6日 市生态环境局组织开展“迎盛会·庆团圆”结对认亲慰问活动，9名局领导给新疆和西藏的结对认亲户送去了慰问信和慰问金，促进民族交往交流交融。“学习强国”天津学习平台对活动情况予以报道。

9月28日 市生态环境局党组书记、局长温武瑞参加市委宣传部学习《习近平谈治国理政》第四卷和习近平总书记省部级主要领导干部专题研讨班重要讲话精神座谈会，以“深入学习贯彻习近平生态文明思想 努力建设人与自然和谐共生的现代化大都市”为主题作交流发言。

10月5日 天津市生态环境局绿色之声合唱团登上天津广播电视台舞台，参加“同声颂党恩 喜迎二十大”群众歌咏电视展演活动，精彩演绎红色歌曲《在灿烂阳光下》。

10月20日 市生态环境局党组书记、局长温武瑞参加《百姓问政》栏目录制活动，向群众汇报民心工程有关工作。

10月27日 天津市生态环境局、北京市生态环境局、河北省生态环境厅在天津市武清区北运河流域联合举行2022年京津冀突发水环境事件联合应急演练，进一步强化生态环境联建联防联治有效机制，共同应对环境安全领域的风险挑战，护航区域高质量发展。《天津日报》、天津广播电视台对应急演练情况予以报道。

11月2日 市生态环境局组织召开专题会议，研究“十四五”生态环境领域科技创新工作。局机关相关处室主要负责同志及各直属单位党政主要负责同志参加。

11月8日 副市长杨兵来市生态环境局宣讲党的二十大精神。市生态环境局、市民政局、市人社局、市规划资源局、市住房城乡建设委、市城市管理委、市交通运输委、市商务局、市退役军人局、市人防办领导班子成员，局机关各处室主要负责同志及直属单位党政主要负责同志参加。

11月9日 市生态环境局派出工作组赴帮扶联系的经济示范村——东丽区金钟镇欢坨村，参加欢坨村引进的100MW生态农渔光互补项目开工仪式。东丽区政府分管负责同志及区有关部门负责同志参加。

11月11日 市生态环境局派出代表参加生态环境部《关于持久性有机污染物的斯德哥尔摩公约》2022年度履约技术协调会。会上，天津作为唯一的地方省份代表作典型发言。

11月15日 第九届三星杯"我是小小生态环境局长"公益宣传活动总决赛在津云演播大厅举行，最终，11名选手荣膺"我是小小生态环境局长"荣誉称号。市生态环境局、市教委、津云新媒体集团等单位有关负责同志出席决赛现场。

11月19日至23日 市生态环境局举办学习贯彻党的二十大精神专题培训班，培训坚持以习近平新时代中国特色社会主义思想为指导，紧紧围绕"九个深刻领会""七个聚焦"，深入学习领会党的二十大提出的重要思想、重要观点、重大战略、重大举措，深刻领悟"两个确立"的决定性意义，进一步增强"四个意识"、坚定"四个自信"、做到"两个维护"，踔厉奋发，勇毅前行，坚定不移把党的二十大作出的各项决策部署落地落实。局处两级理论学习中心组成员和局系统处级以上干部参加。

12月7日 市生态环境局组织召开《天津市绿色发展"领跑者"企业评价制度实施办法》专家视频咨询会，有关方面专家进行了交流发言，提出了意见和建议。

12月15日 北京市生态环境局、天津市生态环境局、河北省生态环境厅联合举行了"京津冀生态环境联建联防联治新闻发布会"，介绍了京津冀生态环境联建联防联治工作总体情况，并共同回答了中国环境报社、河北日报社、北京日报社、天津新闻广播、长城新媒体、中央广播电视总台等6家媒体记者的提问。

12月 市生态环境局在《公仆走进直播间》特别策划向群众汇报了三件事。第一件事：天更蓝，让"北望盘山"渐成寻常事。第二件事：水更清，让离别三十载的缢蛏重回故乡。第三件事：夜更静，让我们的生活环境越来越安宁。

（执笔人：毋岩军）

市住房和城乡建设委员会2022年大事述要

1月26日 市住房城乡建设委党委召开党史学习教育总结会议。市住房城乡建设委党委书记、主任蔺雪峰出席会议并讲话，全面总结系统党史学习教育开展取得成绩，并就推动党史学习教育常态化、长效化提出具体要求。

1月29日 市住房城乡建设委领导班子召开党史学习教育专题民主生活会。市住房城乡建设委委党委书记、主任蔺雪峰主持会议，并代表委领导班子作了对照检查，带头开展严肃的批评和自我批评，领导班子成员逐一作了对照检查，开展相互批评。市委督导组到会指导，并给予充分肯定。

2月15日 市住房城乡建设委党委召开系统"做好天津市出席党的二十大代表候选人预备人选推荐提名工作和天津市第十二次代表会代表选举工作"部署会。委相关领导班子成员出席并讲话，就选举工作提出明确工作要求。

2月17日 市住房城乡建设委党委召开2021年度领导干部述责述廉暨抓基层党建工作述职评议会。市住房城乡建设委党委书记、主任蔺雪峰出席会议并讲话，就进一步推进全面从严治党向基层延伸提出具体工作要求。

2月21日 市住房城乡建设委组织召开全市住建工作会议。总结2021年工作成绩，部署2022年重点工作。市住房城乡建设党委书记、主任蔺雪峰主持会议并讲话。

3 月 28 日 市住房城乡建设委党委召开党的建设领导小组会议，研究巡视深度整改工作情况。市住房城乡建设委党委书记、主任蔺雪峰出席会议，并就抓好深度整改工作提出要求。

4 月 2 日 市住房城乡建设委党委召开系统“迎盛会、铸忠诚、强担当、创业绩”主题学习宣传教育实践活动工作动员部署会，传达市委常委会会议暨市委党的建设领导小组会议和主题学习宣传教育实践活动工作部署会议精神，对系统主题活动工作进行了具体部署，提出明确要求。市住房城乡建设委党委书记、主任蔺雪峰出席会议并讲话。

4 月 11 日 市住房城乡建设委召开中高风险房地产企业风险防范化解工作小组办公室会议，听取有关情况汇报，研究下一段工作。市住房城乡建设委党委书记、主任蔺雪峰主持会议并讲话。

4 月 29 日 市住房城乡建设委党委召开事业单位改革推动会。市住房城乡建设委党委、主任书记蔺雪峰主持会议并提出相关工作要求。

5 月 6 日 市住房城乡建设委党委书记、主任蔺雪峰赴现场检查推动国家会展中心项目规划建设工作，并现场主持召开天津市国土空间总体规划及重点专项规划有关工作会议。

5 月 7 日 市住房城乡建设委召开全市工程项目“未批先建”“边建边批”等问题专项排查整治动员会。市住房城乡建设委党委书记、主任蔺雪峰出席并讲话。

5 月 9 日 市住房城乡建设委党委书记、主任蔺雪峰赴国土房屋职业学院，为教师、学生代表讲专题思政课。

5 月 10 日 市住房城乡建设委召开加快闲置资产盘活整治工作专题会议。市住房城乡建设委党委书记、主任蔺雪峰主持会议，并对下一阶段工作提出具体要求。

5 月 13 日 市住房城乡建设系统召开深入贯彻天津市加强新时代廉洁文化建设工作会议精神推进全面从严治党向纵深发展警示教育大会，认真学习党中央《关于加强新时代廉洁文化建设的意见》及市委《关于加强新时代廉洁文化建设的若干举措》要求，观看了教育专题片《廉洁润初心》和系统被审查调查人忏悔实录。委党委书记、主任蔺雪峰出席会议并就进一步推进新时代廉洁文化在住建系统走深走实，开展了专题党课辅导。

5 月 17 日 市住房城乡建设委党委召开党的建设工作领导小组会议，研究巡视深度整改工作。市住房城乡建设委党委书记、主任蔺雪峰主持会议，并对深入抓好推动事业单位改革及北马集定向安置房违规销售整改提出要求。

5 月 18 日 市住房城乡建设委组织召开市极端强降雨防汛应急处置推演会，模拟极端情况应急处置措施。市住房城乡建设委党委书记、主任蔺雪峰主持会议，并提出具体工作要求。

5 月 30 日 市住房城乡建设委组织召开“未批先建”“边建边批”等问题专项排查整治领导小组会。市住房城乡建设委党委书记、主任蔺雪峰出席会议讲话，并部署下一阶段工作。

6 月 6 日 市住房城乡建设委组织召开市极端强降雨防汛应急处置推演会，模拟极端情况应急处置措施。市住房城乡建设委党委书记、主任蔺雪峰主持会议，并提出具体工作要求。

6 月 17 日 市住房城乡建设委党委组织开展“落实全面从严治党，扣好廉洁从政第一颗扣子”年轻干部专题警示教育活动。会议集中观看了《走好廉洁从政每一步——天津市年轻干部违纪违法案件警示教育片》，教育引导年轻干部强化纪律规矩意识，守好廉洁从政关。

6 月 24 日 针对宝坻区“6·21”燃气爆炸事故，市住房城乡建设委党委书记蔺雪峰带队赴宝坻区检查安全生产工作，研究部署安全生产工作。

6 月 27 日 市住房城乡建设委组织召开委全面深化改革领导小组会议，专题研究 2022 年全面深化改革工作安排。市住房城乡建设委党委书记、主任蔺雪峰出席会议并讲话。

6 月 29 日 市住房城乡建设委党委召开党的建设工作领导小组会议。委党委书记、主任蔺雪峰主持会议并讲话，并就全面抓好市委对委党委关于全面从严治党主体责任和政治生态考核反馈问题的整改提出具体要求。

7月1日　市住房城乡建设委党委书记、主任蔺雪峰为系统年轻干部宣讲“七一”专题党课，聚焦习近平总书记关于青年工作的重要论述，结合贯彻市第十二次党代会精神，引导年轻干部坚定捍卫“两个确立”，坚决做到“两个维护”。

7月11日　市住房城乡建设委党委向市委书面请示报告重大事项工作培训部署会。委相关领导班子成员出席并讲话，就加强向市委请示报告工作提出了具体要求。

7月12日　市住房城乡建设委党委召开系统学习宣传贯彻市第十二次党代会精神专题宣讲报告会。委党委书记、主任蔺雪峰围绕市第十二次党代会精神为系统党员干部进行专题宣讲。

7月14日　市住房城乡建委领导班子召开汲取“宝坻区‘6·21’燃气闪爆事故”教训专题反思会。市住房城乡建委党委书记、主任蔺雪峰主持会议，委领导班子成员逐人就事故原因进行深入剖析，开展批评和自我批评，并提出整改要求，全面抓实整改。

7月26日　市住房城乡建设委党委书记蔺雪峰带队检查市政工地、自建房、牌楼现场等安全工作情况。

8月5日　市住房城乡建设委组织召开系统安全生产工作会议。住房城乡建设委党委书记、主任蔺雪峰出席会议，并提出工作要求。

8月22日　住房城乡建设委组织召开老旧电梯安全管理会议。市住房城乡建设委党委书记、主任蔺雪峰出席会议，并就做好加装电梯安全工作提出要求。

8月26日　住房城乡建设委组织召开住建系统安全生产视频会议。市住房城乡建设委党委书记、主任蔺雪峰出席会议，并就抓好施工项目安全生产工作提出要求。

9月7日　市住房城乡建设委党委召开巡视深度整改专题会议，研究推进巡视深度整改工作，推动深度整改问题全面见底见效。市住房城乡建设委党委书记、主任蔺雪峰主持会议并讲话。

9月17日　住房城乡建设委召开住建领域经济运行周调度视频会。市住房城乡建设委党委书记、主任蔺雪峰主持会议，并提出工作要求。

10月8日　市住房城乡建设委召开城乡建设领域双碳工作会议。市住房城乡建设委党委书记、主任蔺雪峰主持会议，并提出工作要求。

10月9日　市住房城乡建设委组织召开领域招投标专项整治工作会议。市住房城乡建设委党委书记、主任蔺雪峰主持会议，并提出工作要求。

10月14日　市住房城乡建设委召开住建领域安全生产视频会议。市住房城乡建设委党委书记、主任蔺雪峰主持会议，并部署相关工作。

10月24日　市住房城乡建设委召开城乡建设领域双碳工作会议。市住房城乡建设委党委书记、主任蔺雪峰主持会议，并提出工作要求。

10月26日　市住房城乡建设委党委书记、主任蔺雪峰带队赴中新生态城调研，并深入调研建设工作情况。

11月2日　市住房城乡建设委党委书记、主任蔺雪峰赴中铁建现场调研，并现场宣讲党的二十大精神。

11月3日　市住房城乡建设委党委召开深改领导小组会议。市住房城乡建设委党委书记、主任蔺雪峰主持会议，并提出工作要求。

11月9日　市住房城乡建设委党委组织召开学习贯彻党的二十大精神宣讲报告会，委党委书记、主任蔺雪峰作宣讲报告，教育引导系统全体党员干部群众将思想和行动统一到党的二十大精神上来，把智慧和力量凝聚到党的二十大提出的目标任务上来，推动大会精神入脑入心、见行见效。

11月18日　市住房城乡建设委召开全市城市更新领导小组会议。市住房城乡建设委党委书记、主任蔺雪峰主持会议，并提出工作要求。

11月22日　市住房城乡建设委党委召开深改领导小组会议。市住房城乡建设委党委书记、主任蔺雪峰主持会议，并提出工作要求。

12月1日　市住房城乡建设委召开智能建造试点城市专题工作会议。市住房城乡建设委党委书记、主任蔺雪峰主持会议,并就推动智能建造试点工作提出要求。

12 月 7 日 市住房城乡建设委召开城市更新领导小组会议。副市长杨兵主持会议,市住房城乡建设委党委书记、主任蔺雪峰同志作专题汇报。

12 月 30 日 市住房城乡建设委召开城市更新领导小组办公室视频会议。市住房城乡建设委党委书记、主任蔺雪峰主持会议,并提出工作要求。

(执笔人:刘　丹)

市城市管理委员会 2022 年大事述要

1 月 8 日 市城市管理委召开党组会,传达中共中央政治局党史学习教育专题民主生活会、全市党史学习教育总结会议等文件精神,审议 2021—2022 年采暖期第一批市级供热补贴资金事项。

同日 市城市管理委召开主任办公会,听取委 2022 年部门项目预算“一体化”系统报审工作情况报告。

1 月 19 日 市城市管理委召开党组会,传达学习市委督查室政治要件督查通知精神、国务院副总理孙春兰在天津调研疫情防控工作时的指示要求及我市疫情防控系列会议精神等会议精神,审议《市城市管理委党组议事决策规则》,审议 2022 年委党组工作要点和城市管理工作要点,审议 2021 年工作总结,研究干部人事有关工作。

1 月 27 日 市城市管理委出台《天津市城市道路养护工程管理办法》,进一步加强和规范我市城市道路养护工程管理,提高养护质量与效益。

1 月 28 日 市城市管理委召开党组会,传达学习习近平总书记在中央政治局第三十六次集体学习时的重要讲话精神,集体学习中共中央办公厅巡视整改工作相关文件,研究下一步贯彻落实工作举措。审议调整市城市管理委党组巡察工作领导小组成员,审议委《开展重点时期安全生产排查整治工作方案》。

同日 市城市管理委召开主任办公会,审议修订《天津市绿化条例》《市城市管理委接受疫情防控捐赠款物管理使用工作暂行办法》。

2 月 11 日 市城市管理委召开党组会,传达学习习近平总书记在省部级主要领导干部学习贯彻党的十九届六中全会精神专题研讨班开班式上的重要讲话精神,集体学习习近平在十九届中央纪委六次全会上的重要讲话精神,传达全市进一步优化营商环境工作会议精神等文件。

2 月 17 日 市城市管理委召开党组会,传达市十七届人大六次会议精神和市纪委十一届十次全会精神,审议中共中央办公厅《关于加强新时代廉洁文化建设的意见》的学习贯彻举措。

2 月 26 日 市城市管理委召开党组会,传达学习讨论市第十二次党代会相关事宜,传达全市公务员相关工作专题会议精神。通报 2021 年度落实全面从严治党主体责任和政治生态建设考核评价情况。

3 月 2 日 市城市管理委、市发展改革委、市规划资源局、市商务局联合印发《天津市生活垃圾治理规划》。

3 月 3 日 市城市管理委召开党组会,传达市委人才工作会议精神、中央有关精神部署专题会议精神等会议精神,审议《迎庆党的二十大城市环境综合整治实施方案》《天津市城市管理委员会 2022 年度内部审计工作计划》《天津市城市管理委所属国有企业改革方案》,听取 2021 年度部门决算情况报告。

3 月 4 日 市城市管理委召开党组会,传达全市宣传部长会议精神,审议《市城市管理委 2022 年安全生产工作要点》《市城市管理委 2022 年巡察工作要点》《市城市管理委 2022 年党的建设工作要点》《市城市管理委机关纪委

2022年工作要点》，听取2021年委贯彻执行中央八项规定精神工作情况报告和干部人事有关工作。

3月17日 市城市管理委召开党组会，传达全国新冠肺炎疫情防控工作电视电话会议和市疫情防控领导小组和指挥部会议精神，听取2010年市容环境综合整治夜景照明网络建设工程及增量工程项目历史遗留问题处置工作情况报告，听取市城市管理委党组2021年第一轮、第二轮巡察情况汇报，审议《进一步压实岗位责任加强公文审核把关工作意见》。

同日 市城市管理委召开主任办公会，审议呈报住建部《天津市城市运行管理服务平台建设工作方案》，重新批复市公用事业局申请开发用气报装信息化系统方案。

3月24日 市城市管理委召开党组会，传达2022年度市级机关党的建设工作暨纪检工作会议精神等文件，审议《市城市管理委关于开展法治宣传教育第八个五年规划（2021—2025年）》，审议《天津市绿地系统规划（2021—2025年）》。

同日 市城市管理委召开主任办公会，审议修订《天津市城市道路管线井管理办法》。

3月30日 市城市管理委召开党组会，审议委开展“迎盛会、铸忠诚、强担当、创业绩”主题学习宣传教育实践活动方案，审议《市城市管理委2022年度重大行政决策事项目录》《市城市管理委2022年宣传思想工作要点》《市城市管理委2021年度全面从严治党暨推进政治生态建设考核反馈问题整改方案》《肃清破坏流毒警示教育专项行动方案》。

同日 市城市管理委召开主任办公会，听取2022年度部门预算批复及公开工作情况汇报，审议预算公开及预算执行工作建议，审议下达2022年度水上公园设施养护维护等6个项目资金计划的请示。

4月8日 市城市管理委召开“迎盛会、铸忠诚、强担当、创业绩”主题学习宣传教育实践活动启动会和2022年党建和全面从严治党工作部署会议。

4月11日 市城市管理委召开党组会，传达市人大环境保护“一法一条例”执法检查动员部署会暨执法检查组第一次会议精神、全国巡视工作会议暨十九届中央第九轮巡视动员部署会等会议精神，审议委贯彻落实习近平法治思想若干措施，审议《市城市管理委关于贯彻落实〈中华人民共和国环境保护法〉和〈天津市生态环境保护条例〉迎接市人大执法检查工作方案》和委落实市人大《天津市养犬管理条例》执法检查反馈问题整改工作举措。

同日 市城市管理委召开主任办公会，审议拨付环卫防疫物资补贴资金和集中隔离点等涉疫垃圾收运处置一线人员个人防护物资保障经费。

4月12日 市城市管理委出台《天津市城市道路管线井管理办法》，加强对城市道路管线井的管理，保障行人和行车安全，维护城市基础设施完好。

4月14日 市城市管理委员会出台《临时占用城市道路管理办法》，加强本市临时占用城市道路管理。

4月19日 市城市管理委启动城管执法配套制度和行政处罚自由裁量基准修订工作，围绕现行的22项行政执法配套制度和30余部城市管理方面法律法规及规章中的共计258条行政处罚自由裁量基准进行内容修订。

4月20日 市城市管理委召开党组会，传达全面依法治市委员会（扩大）会议精神，听取2010年市容环境综合整治夜景照明网络建设工程及增量工程项目历史遗留问题处置工作落实情况的汇报，听取大树保护和病虫害防治工作情况汇报。

同日 市城市管理委召开主任办公会，审议下达2022年度改燃并网项目等4个项目资金计划的请示。

4月22日 市城市管理委召开党组会，审议调整市城市管理委党组巡察工作领导小组成员。

4月26日 市城市管理委召开党组会，传达全市深入打好污染防治攻坚战工作会议精神，审议《市城市管理委关于做好 2022 年重点业务工作督查督办的通知》《市城市管理委关于贯彻落实〈天津市物业管理条例〉工作情况的自查报告》《市城市管理委关于开展警示教育专项行动工作方案》《市城市管理委党组领导班子落实全面从严治党主体责任的责任清单和任务清单(2022 年)》。

同日 市城市管理委召开主任办公会,审议下达 2022 年度天津市数字化城市管理系统运维项目等 8 个项目资金计划,审议拨付 2022 年上半年路灯运维专项经费。

5 月 7 日 市城市管理委召开党组会,传达市委常委会会议、市政府党组会议等系列会议精神,审议《市城市管理委关于印发落实〈天津市加快建立健全绿色低碳循环发展经济体系的实施方案〉职责分工的通知》,审议《市城市管理委内部审计人才库管理办法》。

同日 市城市管理委召开主任办公会,审议下达 2022 年度天津市数字化城市管理系统运维项目等 10 个项目资金计划,研究 2021 年度生活垃圾跨区处理生态环境补偿费清算工作。

5 月 11 日 市城市管理委召开加强新时代廉洁文化建设暨开展警示教育专项行动工作动员部署视频会议,在全委开展为期 40 天的警示教育专项行动。

5 月 13 日 市城市管理委部署本市 2022 年窨井盖安全隐患排查治理工作,各行业主管部门、各区城市管理部门等参加。

5 月 16 日 市城市管理委召开党组会,审议委迎接市委、市政府年度督查检查考核工作任务分解,听取巡察市城市管理综合行政执法总队党委情况汇报,就巡察情况提出下一步工作要求。

同日 市城市管理委召开主任办公会,审议《市城市管理委深入打好污染防治攻坚战工作实施方案》《市城市管理委深入打好污染防治攻坚战 2022 年工作实施方案》《天津市机动车停车管理办法》。

5 月 19 日 市城市管理委召开加强“一把手”党性锻炼座谈会。

5 月 20 日 市城市管理委召开党组会,传达疫情防控调度会会议精神,审议中共天津市纪委市监委驻市城市管理委员会纪检监察组新一届支部委员会组成人员候选人预备人选。

同日 市城市管理委召开主任办公会,审议《2022 年天津市城市管理委员会深化“放管服”改革打造生态宜居城市优化营商环境工作举措》的报告,研究关于开展天津市第十二次党代会气氛布置工作,审议 2022 年度城市管理考核公众测评民意调查项目评审结果并拟定中标单位的报告。

同日 市城市管理委召开领导班子反思检视会。

5 月 27 日 市城市管理委召开党组会,传达副市长孙文魁机动车停车设施专项规划、加强古树名木保护和林业工作会议精神,审议《市城市管理委员会网络安全责任制考核办法(试行)》和《市城市管理委政务数据资源共享及安全保障管理办法(试行)》。

同日 市城市管理委召开主任办公会,研究向北辰、东丽等区城市管理委拨付环卫防疫补贴资金工作。

6 月 2 日 市城市管理委召开党组会,传达市河湖长制工作领导小组会议暨全市防汛抗旱工作会议精神等文件,听取委国有企业改革工作进展情况,审议《市城市管理委党组关于落实 2021 年度全面从严治党主体责任和政治生态考核反馈问题整改情况报告》。

同日 市城市管理委召开主任办公会,研究市公用事业局道桥中心固定资产报废工作。

6 月 10 日 市城市管理委召开党组会,传达市级机关工委 2021 年抓基层党建工作述职评议结果反馈情况,审议《市城市管理委推动党史学习教育常态化长效化具体措施》。

同日 市城市管理委召开主任办公会,审议下达考核中心视频会议及城市管理指挥调度系统建设项目资金计划。

6 月 14 日 市城市管理委召开党组会,传达市政府廉政工作会议精神,审议修订《天津市城市管理系统综合行政执法适用行政处罚程序规定(修订稿)》等21部行政执法配套制度文件,听取全面从严治党主体责任考核反馈问题整改和开展警示教育专项行动进展情况汇报。

6月16日 市城市管理委组织系统3000余名党员干部群众通过电视、广播、网络等形式收听收看大会开幕式直播,认真聆听李鸿忠同志代表中国天津市第十一届委员会所作的《坚定捍卫"两个确立"坚决做到"两个维护"坚定不移沿着习近平总书记指引的方向阔步前进 奋力开创全面建设社会主义现代化大都市新局面》主题报告。

6月20日 市城市管理委印发《重大行政执法决定法制审核制度》《行刑衔接案件工作规程》《天津市城市管理综合行政执法规范行政处罚裁量权规定》《天津市城市管理系统行政执法证件管理规定》等20个执法领域规定文件。

6月24日 市城市管理委召开党组会,听取铁路沿线安全环境专项治理工作进展情况报告。审议委网络安全责任制相关制度等文件,审议机关处室和委属单位党支部换届选举工作。

同日 市城市管理委召开主任办公会,审议下达市级财政补贴资金计划。

7月1日 市城市管理委召开党组会,传达市领导调研绿色生态屏障活动情况,听取委绿色生态屏障建设落实进展及下半年工作安排情况,审议《市城市管理委关于落实〈天津市推动城乡建设绿色发展的实施意见〉职责分工》。

同日 市城市管理委召开主任办公会,审议《天津市城市树木迁移管理办法》《天津市城市管理委员会重大行政决策事项合法性审查办法》等3个制度文件。

7月8日 市城市管理委召开党组会,传达全国燃气安全防范工作视频会议及全市燃气企业建设施工企业燃气整改整治工作会议精神,审议《市城市管理委党组关于进一步加强和改进党内规范性文件备案审查工作的意见》。

同日 市城市管理委召开主任办公会,审议《天津市燃气经营许可管理办法(试行)》和《天津市城市管理工作公众测评调查问卷》,听取开展2022年中心城区主干道路沿街建筑立面安全隐患综合整治工作的报告和城市考核工作情况报告。

7月9日 市城市管理召开警示教育专项行动总结会议。

7月11日 市城市管理委召开党组会,传达全国安全电话会议和市领导燃气安全讲话会议精神,审议《市城市管理委关于近期燃气安全事故反思情况的报告》,审议《市城市管理委党组关于学习贯彻落实市第十二次党代会精神的意见》。

7月16日 市城市管理委召开党组会,传达全市安全生产工作电视电话会议精神和市领导同志关于燃气安全工作的批示精神,审议党的建设工作、审计工作、人事工作等工作要点,听取机关纪委相关情况汇报。

同日 市城市管理委召开主任办公会,审议开展2022年城市管理项目评审工作,听取委系统疫苗接种情况汇报。

7月21日 市城市管理委出台《天津市燃气经营许可管理办法》,完善全市燃气市场准入机制,规范燃气经营企业经营行为。

7月21日至27日 市城市管理委、市公用事业局、市热燃中心120余名干部下沉各区,与各区城市管理委干部混编分组,集中开展全市燃气安全入户宣传及隐患排查工作。

7月27日 市城市管理委召开党组会,传达7月26日副市长杨兵来委调度燃气安全排查整治工作有关情况,进一步部署委系统燃气安全排查整治工作,研究燃气安全集中整治指挥体系组建安排和"百日行动"督导检查工作方案。

同日 市城市管理委出台《天津市城市树木迁移管理办法》,结合新修订的《天津市绿化条例》,规范和监管本市城市树木迁移,依法管绿护绿。

7月29日 市城市管理委召开党组会,传达市委常委会扩大会议和全市燃气安全隐患排查整治部署会议精神,审议《市城市管理委党组巡察工作规划(2022—2027年)》,研究党的建设、审计、人事等工作。

同日 市城市管理委召开主任办公会,审议下达2022年度天津市美国白蛾新药剂防治试验研究项目资金计划的请示，审议拨付2022年下半年前4个月路灯运维专项经费，审议拨付市能源集团能源设施建设及改造提升工程专项债券资金。

8月6日 市城市管理委召开党组会，传达全市推进全面从严治党向纵深发展工作部署会议精神，审议《市城市管理委2022年度绩效考评工作实施方案》《市城市管理委关于细化落实我市2022年碳达峰碳中和工作要点分工方案》。

同日 市城市管理委召开主任办公会，审议市执法总队项目资金计划，确定爱国卫生工作典型事例和优秀个人代表推荐对象，听取城市管理考核工作情况汇报。

8月8日 市城市管理委、市公安局联合出台《天津市推进涉路施工“一件事”改革实施方案》，便于群众高效办理“涉路施工”事项许可申请。

8月13日 市城市管理委召开党组会，传达市委理论学习中心组集体学习暨学习贯彻习近平法治思想专题辅导报告会精神，集体学习相关文件材料，审议《天津市第十二次党代会报告》重点任务落实工作台账和委党组2022年第二轮巡察对象建议名单、巡察组人员名单。

8月25日 市城市管理委召开党组会，传达全市经济运行、重大项目、税源建设调度会议精神，审议2021年度部门决算批复及公开工作。

同日 市城市管理委召开主任办公会，审议《燃气经营企业开展燃气用户安全检查工作暂行规定》。

9月1日 市城市管理委召开党组会，传达全国深化“放管服”改革电视电话会议精神。

9月9日 市城市管理委召开党组会，审议《天津市“植物园链”建设方案》，细化落实《天津市碳达峰实施方案》职责分工方案，听取2022年上半年机关党建工作情况报告。

9月20日 市城市管理委召开党组会，传达全国新冠肺炎疫情防控工作电视电话会议、市疫情防控领导小组和指挥部会议精神，审议组织干部相关工作安排。

9月21日 市城市管理委召开党组会，传达市委、市政府有关批示要求，研究委安全生产（消防）相关事项，审议《市城市管理委安全生产权责清单》《市城市管理委领导班子成员安全生产职责清单》《市城市管理委领导班子成员安全生产工作任务清单》。

9月23日 市城市管理委组织召开全市城市管理系统安全生产攻坚行动落实视频会议。

9月26日 市城市管理委、市市场监管委联合印发《天津市燃气供用合同示范文本》，制定天然气、液化石油气供用的4个合同示范文本，进一步明确燃气经营企业和用户的权利与义务，规范燃气供用气行为，维护双方的合法权益。

9月29日 市城市管理委召开党组会，传达市扫黑除恶专项斗争领导小组2022年第三次全体（扩大）会议精神和市委保密办专题会议精神，听取燃气安全排查整治、燃气旧管网改造和供热采暖准备工作进展情况和下一步工作安排、垃圾分类工作进展情况。

同日 市城市管理委召开主任办公会，审议拨付2022年11月份路灯运维专项经费，审议拨付2022年海河17座桥梁景观灯运维经费，审议核销对园林开发公司投资。

同日 市城市管理委出台《关于加强城市管理与执法工作联动的实施意见（试行）》，建立健全行业管理与执法工作衔接机制，切实提升城市治理体系和治理能力。

10月10日 天津市城市管理委员会出台《燃气经营企业开展燃气用户安全检查工作暂行规定》，规范本市燃气经营企业对其供气用户定期开展安全检查及相关管理活动。

10月14日 市城市管理委召开党组会，审议委细化落实天津市做好碳达峰碳中和意见工作举措职责分工意见，通报燃气事故责任人问责处理情况。

同日 市城市管理委召开主任办公会，审议下达2022年垃圾处理费和生活垃圾渗滤液处置、浓缩液处理、填埋场日常维护及垃圾处理2个项目资金计划。

10月22日 市城市管理委召开党组会，审议《市城市管理委党组巡察整改工作实施细则》等4个文件。

同日 市城市管理委召开主任办公会，审议解决事业单位人员经费和规范房产管理权相关事宜。

10月29日 市城市管理委召开党组会，传达今冬明春保暖保供工作电视电话会议精神，审议审计和纪委相关工作。

同日 市城市管理委召开主任办公会，审议下达2022年度道路桥梁养护维修工程质量监督检查等2个项目资金计划，审议调整国有土地使用权属等相关工作。

11月3日 市城市管理委召开党组会，传达学习《中共中央关于认真学习宣传贯彻党的二十大精神的决定》和《中共天津市委关于迅速兴起学习宣传贯彻落实党的二十大精神热潮的通知》，传达全市学习宣传贯彻党的二十大精神部署会精神，审议《市城市管理委关于学习宣传贯彻党的二十大精神的工作方案》。

同日 市城市管理委召开主任办公会，审议拨付路灯运维专项经费，修订《天津市城市管理委员会机关工作人员考勤管理规定》，听取委机关固定资产盘点情况的报告。

11月9日 市城市管理委召开党组会，听取巡察市市容景观服务中心党支部的情况汇报，就巡察工作下一步要求。

11月19日 市城市管理委召开党组会，传达中央政治局常务委员会会议、全国疫情防控电视电话会议、市疫情防控领导小组和指挥部会议精神，传达市委理论学习中心组集体学习、全市领导干部学习贯彻党的二十大精神专题培训班精神。

同日 市城市管理委召开主任办公会，审议下达供热燃气应急预案、天津市燃气管理条例宣贯项目资金计划。

11月25日 市城市管理委召开党组会，传达习近平总书记重要指示和市委常委会会议精神、市委十二届二次全会精神，审议和听取党的建设、组织干部等相关工作。

同日 市城市管理委召开主任办公会，审议2023年春节慰问一线环卫工人工作安排，审议水上公园申请游船等固定资产挂牌拍卖事宜。

12月9日 市城市管理委召开党组会，集体学习天津市《关于进一步优化落实新冠肺炎疫情防控措施的通知》，听取委扶持宝坻区经济薄弱村和支持董塔庄示范村建设工作开展情况汇报，研究下一步工作打算。

同日 市城市管理委召开主任办公会，审议下达燃气设施安全运行管理评价项目等2个项目资金计划和印发《天津市城市委召开管理考核实施细则》等制度标准。

12月27日 市城市管理委召开党组会，传达中央、市委、市政府会议精神，听取2022年度信访工作情况汇报，审议委领导班子2022年度民主生活会方案，审议《关于委属事业单位疫情防控期间人事管理的有关意见》，听取巡察整改综合情况、2022年度落实全面从严治党主体责任情况、2022年机关纪委工作情况的汇报。

同日 市城市管理委召开主任办公会，审议拨付第十三届中国(徐州)国际园林博览会天津展园补贴，审议《天津市城镇燃气冬季“百日行动”工作方案》，听取2010年市容环境综合整治夜景照明网络建设工程及增量工程历史遗留问题处置工作情况的报告和大韩庄填埋场渗滤液应急处理工作情况汇报。

（执笔人：刘 腾）

市交通运输委员会2022年大事述要

1月8日 市交通运输委组织蓟州、宝坻、武清、宁河、静海五区召开2022年交通运输工作专题研究会。市交通运输委党委书记、主任王魁臣主持会议，各区分管副区长、区交通(运输)局主要负责同志参加会议。会议听取各区关于2021年交通运输工作完成情况和2022年重点工作任务安排的汇报，并结合各区特点，就抓好2022年公路、铁路重大项目规划建设、提升公路养护管理水平、深入推进“四好农村路”建设、提高城乡交通运输一体化水平、增强综合行政执法能力、保障交通运输安全、抓好疫情防控等工作进行深入研究。

2月1日 市疫情防控指挥部进京通道管控专业组常务副指挥长，市交通运输委党委书记、主任王魁臣带领专业组工作专班相关负责同志，赴津蓟高速天津站疫情防控检查站，蓟州区平宝线、通武线京津双向通道疫情防控检查站，武清区董碱路、王城路京津双向通道疫情防控检查站以及武清区京滨线环京疫情防控检查站进行现场检查，并为坚守在疫情防控一线的工作人员送去新春问候。

2月11日 市交通运输委党委理论学习中心组举行2022年第2次集体学习暨专题民主生活会会前学习研讨会，为高质量开好专题民主生活会打牢思想基础。委党委书记、主任王魁臣主持会议并讲话。

2月21日 交通运输委党委召开2022年度全面从严治党工作会议暨党建工作领导小组扩大会议。委领导班子成员、委机关处室主要负责同志、委属单位党政主要领导、委属单位纪委书记或分管纪检工作的班子成员、委属单位组织部门负责同志、系统“两代表一委员”参加此次会议。

4月3日 市交通运输委党委书记、主任王魁臣带领市港航局负责同志、执法人员，采取“四不两直”方式，深入国家管网LNG、天津港联盟集装箱码头等港口重点企业，对十五条硬措施贯彻执行、企业安全生产大检查开展情况以及企业主体责任落实、人员教育培训、承包商管理、双控体系建设、特殊危险作业、应急准备等落实情况进行检查，对企业存在问题责令立即整改闭环。

4月10日 市交通运输委党委书记、主任王魁臣率队赴天津港集团开展调研服务，与天津港(集团)有限公司党委书记、董事长褚斌共同主持召开座谈会，靠前推动解决港口发展相关问题，共同商讨2022年重点工作。

5月9日 市交通运输委党委理论学习中心组落实市委开展“迎盛会、铸忠诚、强担当、创业绩”主题学习宣传教育实践活动工作的部署要求，围绕坚定捍卫“两个确立”，坚决做到“两个维护”主题，进行专题学习研讨。委党委书记、主任王魁臣主持并交流学习体会，委党委理论学习中心组成员参加学习。

6月7日 天津市交通运输委员会党委书记、主任王魁臣，委党委委员、副主任杨树海及委轨道处、轨道中心、线网中心主要负责同志一行，赴城市轨道交通一线开展防汛工作调研检查。调研检查过程中，各运营企业主要负责同志结合现场情况分别就防汛准备工作进行专题汇报，王魁臣就防汛工作底数、职责、标准等详细询问各岗位工作人员。

6月23日 市交通运输委召开委党委会扩大会议暨交通运输行业安全生产工作视频会议，传达全市安全生产专题会议精神和市领导指示要求，通报宝坻区“6·21”燃气爆炸事故情况，部署行业安全生产重点工作。

6月24日 京津冀三省市区域交通一体化统筹协调小组召开第7次联席会议。会议通过视频形式召开，天津设主会场，北京、河北设分会场，天津市政府副秘书长蔡云鹏出席会议，京津冀三地交通运输主管部门主要领导和相关负责同志、天津市协同办负责同志参加会议。委党委书记、主任王魁臣，北京市交通委书记徐会杰，河北省交通运输厅党组成员、副厅长汪天涌分别代表三地介绍一年来京津冀交通一体化的工作成效和下一步工作安排，审议通过《京津冀三省市区域交通一体化统筹协调小组工作规程(2022年修订)》。

7月4日 市交通运输委党委书记、主任王魁臣以《深入学习贯彻习近平总书记对交通运输工作重要论述，学习贯彻市第十二次党代会精神，当好社会主义现代化大都市建设的开路先锋》为题作党课报告。

7月5日 市交通运输委党委书记、主任王魁臣主持召开纪检工作座谈会。委党委委员、驻委纪检监察组组长赵慧玲，委机关相关处室负责同志、委机关纪委书记、各单位纪委书记或分管纪检工作的同志及纪检部门负责同志参加座谈。

7月25日 交通运输委召开加强廉洁文化建设推动会暨警示教育大会,深入学习贯彻习近平总书记关于党风廉政建设、廉洁文化建设重要论述,学习贯彻市第十二次党代会精神,大力弘扬和培育廉洁文化,加快推进清廉交通建设,为交通运输高质量发展营造良好政治环境。市纪委副书记、市监委副主任薛广庆和市纪委监委第八监督检查室主任于宏铎到会指导。委领导班子成员,委机关各处室主要负责同志,两局一总队班子成员、内设部门和所属单位主要负责同志,委属事业单位党政主要领导、纪委书记或分管纪检工作的负责同志参加会议。会议由委党委委员、副主任刘道刚主持。

7月31日 市交通运输委党委理论学习中心组召开“坚持勇于自我革命　永葆党的生机活力”专题学习研讨会议,委党委书记、主任王魁臣主持会议并作总结讲话,委党委理论学习中心组成员参加。

8月8日 市交通运输委召开全面从严治党工作会议,深入学习贯彻习近平总书记关于坚持自我革命、纵深推进全面从严治党的重要论述和在中央政治局第四十次集体学习时的重要讲话精神,认真贯彻落实市第十二次党代会精神和新一届市委、市纪委关于推动全面从严治党向纵深发展的部署要求,坚持严的主基调不动摇,为交通运输高质量发展提供坚强的政治引领和组织保障。委党委书记、主任王魁臣主持会议,委领导班子成员、委机关相关处室主要负责同志、两局一总队和委属事业单位党政主要领导参加会议。

8月25日 市交通运输委组织召开2022年度我市推动0.6万部“国三”及以下排放标准中重型营运柴油货车停用或淘汰工作会议。市交通运输委党委书记、主任王魁臣出席并讲话,市道路运输局、市交通执法总队主要负责同志,市生态环境局、市公安交管局分管负责同志,各区人民政府分管负责同志和有关部门负责同志参加会议。会议以视频形式召开,主会场设在市交通运输委,各区设分会场。

9月15日 2022年全国推动“四好农村路”高质量发展会议以视频形式召开,会议代表通过“云参观”方式考察福建省宁德市“四好农村路”发展情况,9个省市做经验交流发言。我市交通运输委党委书记、主任王魁臣以及有关委领导、委有关部门单位参加会议。

9月16日 交通运输部、财政部召开国家综合货运枢纽补链强链城市申报线上答辩会议,市交通运输委、市财政局主要负责同志参加答辩,为确保我市成功申报入围提供有力支持与保障。10月交通运输部公布入围城市,我市成功入围首批国家综合货运枢纽补链强链城市名单。

9月18日 市交通运输委党委书记、主任王魁臣主持召开道路运输交通经济运行工作会议,委党委委员、副主任杨树海、总经济师孙长国和委综合规划处、市道路运输局、各有关区副区长及交通运输主管部门负责同志参加会议。

9月30日 市交通运输委党委书记、主任王魁臣主持召开视频会议,传达市委、市政府及交通运输部有关工作要求,部署国庆假期和党的二十大期间行业安全生产和疫情防控等重点工作。委党委委员、副主任刘道刚出席会议并对有关工作进行部署。

10月27日 市交通运输委党委召开领导干部会议,传达学习党的二十大和党的二十届一中全会精神,传达学习习近平总书记在二十届中共中央政治局常委同中外记者见面时的重要讲话精神,传达学习市委常委会扩大会议、全市领导干部大会和市政府党组会议精神,对全系统学习宣传贯彻工作进行部署安排。委党委书记、主任王魁臣主持会议。

11月19日至23日 市交通运输委举办领导干部学习贯彻党的二十大精神专题培训班,全系统局、处级领导干部参加培训。

12月26日 市交通运输委党委书记、主任王魁臣以《规范重大行政决策程序,加快推进法治政府建设》为题,采取线上线下相结合的方式,为委领导班子成员以及委机关各处室、委属各单位主要负责同志讲授法治课。

(执笔人:薄　麟)

市水务局 2022 年大事述要

1 月 4 日　水利部公告 2020—2021 年度水利建设质量工作考核结果，天津市考核等级为 A 级，在全国排名第三位，连续 5 年夺得 A 级。

1 月 18 日　市水务局召开 2021 年度机关党员干部大会，通报 2021 年度工作情况。

1 月 26 日　市水务局召开 2022 年全市水务工作视频会议，传达市领导批示精神，总结 2021 年水务工作，分析当前水务工作面临的发展形势，部署 2022 年重点工作任务。

1 月 31 日至 2 月 6 日　市水务部门不间断开展联合执法工作，严厉打击春节期间冰钓、游玩、下网捕捞等违法行为。累计发现并驱离垂钓人员 500 余人次，对其中 16 起垂钓行为进行调查取证；驱离游玩人员 800 余人次，确保了春节期间于桥水库生态环境安全。

2 月 1 日　天津市首个关于河湖长制的地方标准《河湖长制工作规范》(DB 12/T 1113-2021)正式实施。该标准进一步完善了我市生态文明标准化体系建设，标志着本市河湖长制工作从"有章可循"到"有标可依"。

2 月 10 日　市水务局召开 2021 年度机关支部书记抓基层党建述职评议会。会议听取 5 名机关党支部书记抓基层党建现场述职，其他党支部书记进行书面述职。局机关党委委员、机关各党支部书记和部分机关党员干部代表参加会议并进行现场评议。

2 月 18 日　市水务局召开 2022 年全面从严治党暨党风廉政建设和反腐败工作视频会议。会议深入学习习近平新时代中国特色社会主义思想，全面贯彻党的二十大精神，认真落实二十届中央纪委二次全会和市纪委十二届二次全会精神，全面总结 2021 年局全面从严治党工作，安排部署 2022 年重点工作任务。

同日　市水务局召开汲取郑州"7·20"特大暴雨灾害教训座谈会。会议对国务院灾害调查组关于《河南郑州"7·20"特大暴雨灾害调查报告》进行分析研读，与会各单位对照郑州"7·20"特大暴雨暴露出的问题，结合我市防汛工作实际及本部门管理范围内存在的防汛风险隐患，提出改进建议和下一步工作安排。

2 月 25 日　市水务局组织在全市范围内开展水资源专项执法行动暨 2022 地下水治理百日行动。此次专项执法行动以未经批准取水或者未按批准条件取水，建设项目水资源论证单位有违法行为，私自拆除、更换计量设施等违法行为为执法重点。

2 月　市水务局坚持一手抓疫情防控、一手抓开工复工，全力推动重点水务工程复工复产，密云路积水片改造工程等市管 11 项水务工程全部复工。

同月　市水务局全面启动河道生态补水工作，为全年生态环境保障起好步、开好局。

3 月 4 日　市水务局制定出台《天津市水利工程质量检测管理办法》。《办法》共计 16 条，主要对适用范围、质量检测资质管理、水行政主管部门监管、检测人员行为和资格条件、检测单位行为和执行标准要求、检测结果和检测报告管理、检测资料管理 7 个方面内容作出规定。

3 月 9 日　市水务局召开全市水务系统深入推进综合行政执法体制改革工作视频会议。会议全面总结一年来水务执法工作成效，明确今后五年水务综合行政执法改革目标和任务，部署 2022 年水务执法工作。

3 月 15 日　市水务部门组织完成海河口泵站机组试运行工作。水泵机组运行正常，已具备排水条件，为严格执行调度命令打下坚实基础，给海河生态补水及行洪排涝提供有力保障。

3 月 17 日　市河(湖)长办编制的《天津市在南水北调工程全面推行河湖长制的实施方案》印发实施，将南水北调中线天津干线(天津市境内)工程全面纳入河湖长制工作体系。

3 月 21 日　市河(湖)长办修订印发《天津

市河湖长制有奖举报管理办法》，进一步规范举报受理范围，分级设置奖励标准，简化领奖程序，拓宽领奖渠道。

3 月 22 日 天津市启动 2022 年“世界水日”“中国水周”宣传活动。活动期间，通过线上线下相结合方式，大力宣传市情水情、地下水管理政策法规及水资源集约节约利用相关举措，进一步深化全社会节水意识。

同日 天津市启动 2022 年第一次引滦调水。此次调水将增加于桥水库水源储备，为城市供水、生态用水提供保障。

3 月 30 日 市水务局召开 2022 年水务系统防汛工作动员部署视频会。会议传达学习贯彻水利部水旱灾害防御工作视频会议精神，通报局防汛抗旱指挥部及各组人员组成，安排部署 2022 年水旱灾害防御工作。

3 月 市水务部门围绕“保重点、保防汛、保安全”，全面启动春季会战工作，为防汛工作奠定坚实基础。

4 月 11 日 天津市 2021 年“榜样河长 示范河湖”名单通过“津沽河长”“津水微言”等官方微信公众号向社会公布，共认定乡镇（街道）级“榜样河长”59 名、村级“榜样河长”121 名，示范河湖 91 条（段、座）、农村示范河湖 300 条（段、座）。

4 月 18 日 市水务局出台《天津市水务局 2022 年优化营商环境若干措施》，围绕优化供水、排水、节水服务，加强政策有效供给，加强水务行业监管，推进信用体系建设，畅通诉求渠道，推进智慧供水建设，完善保障措施等 7 个方面制定了 28 项措施。

同日 市水务局印发《天津市河道采砂取土规划》。《规划》以“保护优先、科学规划、规范许可、有效监管、确保安全”为基本要求，针对砂土资源利用活动等进行采砂取土分区规划，并提出相应的管控措施。

4 月 19 日 市水务局召开“迎盛会、铸忠诚、强担当、创业绩”主题学习宣传教育实践活动工作部署视频会议。会议全面贯彻落实党的十九大和十九届历次全会精神，认真贯彻落实市委在全市开展“迎盛会、铸忠诚、强担当、创业绩”主题学习宣传教育实践活动部署要求，部署我局主题学习宣传教育实践活动。

4 月 22 日 市河（湖）长办印发实施《2022 年全面推行河湖长制主要任务》。任务主要聚焦水资源保护、水资源开发利用、水域岸线空间管控、防洪除涝安全建设、水污染防治、水环境治理、水生态修复、执法监管等八大方面，进一步细化明确为 29 项具体任务、44 项年度目标。

4 月 市水务部门全面启动中心城区海河、新开河、北运河、子牙河、外环河菹草打捞工作，全力维护河道水生态环境。

同月 市水务部门与南水北调中线建管局天津分局有关部门完成南水北调中线干线工程保护——“金盾行动 2022”专项执法行动。行动期间，双方水政执法人员和工程管理人员多次对西青、武清和北辰三区共计 23.9 公里输水管线开展联合巡查，对输水管线工程管理范围内，从事影响水工程运行和危害水工程安全活动的违法行为，进行执法全覆盖检查，未发现违法行为。

同月 天津市北辰区永定河综合治理与生态修复工程（水务部分）主体完工。工程的实施解决北辰区永定河水源过度开发、环境承载力差等问题，使区域生态环境显著提升，形成集郊野度假、农业观光、亲水体验为一体的生态纽带。

5 月 12 日 市水务局开展“天津市营商环境大讲堂”活动，对全市工程建设项目审批中涉及的涉水政务服务事项进行全面解读，指导企业熟悉了解涉水政务服务事项办事政策和流程，快捷办理涉水政务服务事项。

同日 市建设节水型社会领导小组印发《天津市深化节水型社会建设提升水资源集约节约利用水平实施方案》。《实施方案》明确“十四五”时期天津市节水型社会建设主要目标、任务和保障措施，着力打好农业节水增效、工业节水减排、城镇节水降损、非常规水源利用四个攻坚战，进一步提升水资源集约节约利用水平。

5 月 13 日 市防指市区分部组织召开 2022 年防汛工作会议。会议对 2021 年防汛工作进行总结，就 2022 年市区防汛工作提出要求并进行全面部署;市防指市区分部副指挥单位分别根据自身职责和行业特点提出工作要求。

同日 市水务局召开加强新时代廉洁文化建设工作会议暨党员干部警示教育大会。会议传达全市加强新时代廉洁文化建设工作会议暨党员干部警示教育大会精神,播放廉洁文化警示教育专题片《廉洁润初心》,对做好新时代廉洁文化建设工作提出要求。

5月20日 市河(湖)长办修订印发河湖长制考核及责任追究办法,并根据考核办法制定了实施细则。考核办法及实施细则主要从精准河湖水质考核、细化河湖监管考核、强化河湖长履职考核、完善工作机制考核、增加亮点考核五个方面进行修订。责任追究办法主要从扩展适用对象、完善方式与情形、明确问题线索来源、规范权限和程序、强化结果运用五个方面进行修订。

5月23日 市水务局党组印发《市水务局迎盛会铸忠诚强担当创业绩"六项行动"工作方案》,决定在全局实施供水安全保障能力提升、防汛安全能力提升、城市排水能力提升、水资源集约节约利用能力提升、水生态环境改善能力提升、为民服务能力提升"六项行动"。

5月31日 2021—2022年度南水北调东线一期北延应急供水工程加大调水工作顺利结束。此次调水天津市九宣闸累计收水4891万立方米,完成计划106%,超额完成水利部下达的调水任务,九宣闸断面水质全部符合国家地表水Ⅲ类水体以上标准。

同日 于桥水库由上游上关和龙门口水库调水,本次计划调水2000万立方米,确保全市用水和抗旱需求。

5月 天津市2022"清河湖"专项整治行动圆满完成。此次行动共排查整治存在水环境问题的河湖沟渠坑塘4500条段(个),累计打捞清理水面漂浮物0.26万吨、堤岸垃圾0.44万吨,清理取缔非正规垃圾堆放点91个、拆除违章建筑11个,清理三无船只228条、非法捕鱼网具573处,查处沿河非法放生、占路经营、围垦河道、破坏堤防、乱泼乱倒等行为160件。

同月 市级总河湖长签发2022年第1号总河湖长令《关于开展妨碍河道行洪突出问题清理整治的决定》,决定在全市开展妨碍河道行洪突出问题清理整治。

6月10日 市河(湖)长办召开全市河(湖)长办工作会议。会议贯彻落实2022年市河(湖)长制工作领导小组会议暨全市防汛抗旱工作会议精神,对2022年第1号总河湖长令《关于开展妨碍河道行洪突出问题清理整治的决定》相关工作进行部署。

6月15日 市水务局全面进入防汛备战状态,确保全市安全度汛。

6月20日 市防指市区分部开展"2022年中心城区防汛应急抢险演练"。演练采取桌面推演形式,内容涵盖开展会商研判、指挥调度、应急排涝、交通管制、物理隔离、关停限避、转移安置、供电抢险等8个科目。

6月29日 市水务局印发《关于加强天津市蓄滞洪区内光伏、风电建设项目洪水影响评价管理工作的指导意见》,明确天津市大黄堡洼、黄庄洼、青甸洼、盛庄洼、团泊洼、沙井子行洪道、三角淀、淀北和七里海临时滞洪区共9个蓄滞洪区内光伏、风电项目的允许建设区域及禁止建设区域。

6月 市水务部门联合市港航局、市农业农村委、市公安局以及沿河各区河(湖)长办、属地街(镇)等多部门,重点对海河、子牙河、新开河、北运河等一级河道阻水障碍物集中清理,消除汛期行洪隐患。此次行动共清理阻水网障186组、插杆55个、浮台51个。

同月 市水务局成立防汛专家检查组,对全市范围内汛期在建涉河建设项目开展汛前检查。经检查,各相关单位均按照要求落实好防汛准备工作。

同月 蓟运河宁河区西关段和刘庄段险工治理工程(一期)堤防主体完工,可于汛期正常发挥防洪效益。工程完成后将有效解决原西关段堤身单薄、堤顶高程低于设计洪水位、行洪排涝能力偏低等问题,达到防洪设计要求,确保汛期内河道周边及下游村庄防洪安全。

同月 市水务部门全面完成历时36天的于

桥水库菹草集中打捞，累计打捞菹草 21.98 万方，有效保护水库水质安全。

同月 《2021 年天津市水资源公报》正式发布。《公报》从水资源量、蓄水动态、水资源开发利用等方面全面反映 2021 年全市水资源状况。

同月 市水务局组织完成天津市新一轮建成区黑臭水体排查并向社会公开。本轮排查未发现建成区黑臭水体。

同月 市水务部门组织相关部门圆满完成治理于桥水库库区机动船只非法捕捞、“毒鱼、炸鱼、电鱼”和非法放生专项执法行动暨“春雷”联合执法行动。行动期间，共开展巡查 69 次，出动车辆 138 辆次、执法人员 532 人次，开展宣传 95 次，立案 117 起，作出行政处罚决定 103 次，罚款 7100 元。

7 月 1 日 市水务局组织召开“庆七一、学榜样、创业绩”先进典型事迹报告会。会上，水务行业发展典型、忠诚担当党员典型、“我为群众办实事”典型、群团典型等 10 个先进典型集体和个人分别从不同方面汇报立足岗位、忠诚履职及在推进水务高质量发展、服务人民群众、加强党的建设中作出的突出贡献，充分展示市水务局先进典型的精神风范和时代担当。

7 月 6 日 市水务局举行庆祝中国共产党成立 101 周年主题党课暨市第十二次党代会精神宣讲报告会。局党组书记、局长作学习贯彻市第十二次党代会精神宣讲报告并讲授党课。

7 月 11 日 市水务局印发《天津市河湖岸线保护和利用规划》。《规划》对全市境内 19 条一级行洪河道及于桥、北大港、尔王庄、北塘、王庆坨 5 座水源地水库岸线进行边界线及功能区划分并提出相应管控措施。

同日 市水务局“一网一门一次”综合窗口改革试运行，以“前台综合受理、后台分类审批、综合窗口出件”为受理模式，统筹综合窗口水务业务，实现“水务业务专窗”向“综合服务窗口”的顺利转变。

7 月 18 日 市水务局和渔阳水利公司联合开展 2022 年度于桥水库增殖放流暨首届“以渔净水”投放活动，向于桥水库投放鲢鱼、鳙鱼、鲴鱼、州河鲤夏花及大规格鱼种共计 62 万尾，有效保护于桥水库水生物多样性，缓解水体富营养化，改善水源环境，维持生态平衡。

7 月 2021 年度《天津市水土保持公报》正式发布。《公报》显示，2021 年全市共有水土流失面积 190.47 平方公里，较 2020 年减少 6.24 平方公里、减幅 3.17%，水土保持率 98.40%。

8 月 12 日 市建设节水型社会领导小组办公室制定印发《天津市推进污水资源化利用实施方案》。《实施方案》明确围绕推进重点领域污水资源化利用、实施污水资源化利用重点工程、健全污水资源化利用体制机制三方面开展工作。

8 月 25 日 市水务局与国家开发银行天津市分行签署《开发性金融支持“十四五”水安全保障推动水务高质量发展合作协议》。双方将在天津重点水源工程、水厂及管网工程、节水及灌溉工程、防洪薄弱环节、排水体系建设、河湖生态保护、智慧水务建设等领域加强合作，发挥开发性金融优势作用，提升“十四五”水安全保障能力。

8 月 市河(湖)长办、市水务局、市总工会、市妇联联合开展的“寻找最美河湖卫士”主题实践活动圆满收官，共评选出 52 名“最美河湖卫士”。

同月 市水务部门联合蓟州区水务局、公安蓟州分局、渔阳水利公司等部门单位开展的于桥水库环境治理暨联合执法“百日行动”圆满完成。行动期间，累计出动执法人员 6000 余人次、车辆 1500 余车次、船只 600 余船次，治理违规进入封闭区人员 2000 余人次、违法垂钓 160 余起，对 80 余起违法行为立案处理。

9 月 1 日 市水务局对外公告正式实行天津市城镇污水排入排水管网许可证电子证照。排水许可电子证照是天津市今年高频推广应用的电子证照，标志着天津市排水许可管理步入数字化时代。

9 月 15 日 天津市启动 2022—2023 水利年度第一次引滦调水。此次调水将显著增加于桥水库储备水源，在丹江口水库来水显著偏少的情况下，与南水北调中线水源形成互补，为我市冬三月城市供水和生态环境改善提供有力供水保障。

9 月 28 日　市水务局联合水利部海委、市人民检察院共同制定《关于建立健全水行政执法与检察公益诉讼协作机制的实施方案（合作协议）》。《实施方案》明确了主要任务、重点协作领域、协作机制、协作保障等内容，特别是在水旱灾害防御、水资源管理、河湖管理、水利工程管理、水土保持、城市供水排水管理等重点领域，通过建立健全会商研判、专项行动、线索移交、调查取证和案情通报等机制，进一步强化水行政执法与检察公益诉讼的协作。

9 月 30 日　由市水务局牵头，京津冀三地水务（水利）及市场监管部门共同参与编制的《水利工程建设质量检测管理规范》正式发布。该标准是三地区域协同地方标准体系中首个水利行业标准，主要对京津冀三地水利工程质量检测工作各环节进行规范和调整，有效解决工程质检项目、流程、标准不统一等问题，有效填补京津冀三地水利工程质量检测领域技术标准空白。

9 月　天津市河湖突出问题排查整治行动圆满完成。各区聚焦一、二级河道和建成区开放式景观湖，共整治河湖突出问题 290 余处、“乱泼乱倒”462 起。

10 月 24 日　经市水务局积极争取，水利部批复天津市南水北调中线 2022—2023 年度调水指标 9.76 亿立方米，为天津市 2022—2023 年度城乡供水安全提供充足水资源保障。

10 月 26 日　市水务局党组召开党组（扩大）会议暨全局干部大会。会议传达党的二十大报告、十九届中央纪律检查委员会工作报告、《中国共产党章程（修正案）》、中央政治局会议和天津市有关会议精神，动员全局干部职工把思想、认识和行动统一到习近平总书记重要讲话和党的二十大精神上来，统一到党中央和市委、市政府决策部署上来，坚定捍卫“两个确立”、坚决做到“两个维护”，扎实推进水务事业高质量发展。

10 月 31 日　南水北调中线 2021—2022 调水年度（2021 年 11 月 1 日至 2022 年 10 月 31 日）结束，天津市分水口门累计收水 12.24 亿立方米，占水利部批复计划的 102%，超额完成南水北调中线第八个年度调水任务。

11 月 11 日　市水务局举行党的二十大精神宣讲报告会。局党组书记、局长从党的二十大的主题和主要成果、过去五年的工作和新时代十年的伟大变革、开辟马克思主义中国化时代化新境界、以中国式现代化全面推进中华民族伟大复兴、全面建设社会主义现代化国家的目标任务、坚持党的全面领导和全面从严治党、努力应对前进道路上的风险挑战等七个方面，对党的二十大精神进行全面深入宣讲阐释。

11 月　市水务局联合市教委组织召开 2022 年度节水型高校专家评审会，确定天津外国语大学、中国民航大学等 16 所高等学校（17 个校区）达到《节水型高校评价标准》要求。我市已累计创建节水型高校 34 家，覆盖率达到 53.13%。

同月　天津市 2022 年 20 项民心工程之一津滨水厂二期工程全面完工，具备通水条件。工程建成后，津滨水厂供水总规模将达到 75 万立方米/日，不仅可以缓解东丽区津塘公路沿线张贵庄、华明镇、东丽湖居住区等既有供水区域居民和企业的高峰用水压力，还为大港、津南、南港、宁河等未来潜在供水区域提供充足的水量保障，并在服务于未来科技城、机场三期、国家会展中心等我市重大项目上发挥重要作用。

12 月 16 日　2022 年天津市境内永定河生态补水任务全部完成，2022 年永定河实现了春秋两次全线贯通入海。

12 月 26 日　天津市大黄堡洼蓄滞洪区工程与安全建设主体完工。工程完工后能够保证大黄堡洼发挥正常泄洪功能，满足北运河设计 50 年一遇洪水的滞洪要求，保障北运河流域防洪安全。

12 月 31 日　天津市 2022 年度 20 项民心工程之一中心城区防汛排涝补短板工程积水片改造二期工程（程林庄路地区）完成全部建设任务。主要建设任务为新建登州路雨污合建泵站一座，泵站投入使用后能完善程林庄路积水片区排水设施,提升区域排水能力,缓解该部分地区严重积水问题。

12 月 天津市妨碍河道行洪突出问题排查整治任务圆满完成,彻底解决 73 项妨碍河道行洪突出问题;同时将整治范围延伸至骨干排水河道,排查整治妨碍排水突出问题 161 项。

(执笔人:单 雯)

市农业农村委员会(市乡村振兴局)2022 年大事述要

1 月 9 日至 18 日 针对天津市津南区突发奥密克戎新冠疫情,市农业农村委党委书记、主任王宝雨连续召开疫情防控调度会。

1 月 11 日 市委组织部紧急通知,组织委系统各单位选派 380 名干部下沉社区参加疫情防控。

1 月 12 日 市纪委监委驻市农业农村委纪检监察组组长谢德洪带队赴市农村中心就疫情防控工作落实情况进行监督检查。

同日 天津市渔政渔港监督管理处被农业农村部授予"中国渔政亮剑 2021"系列专项执法行动成绩突出集体,受到通报表彰。

1 月 13 日 市农业农村委党委书记、主任王宝雨主持召开视频会议,研究审议《天津市新冠肺炎疫情期间抢种速生叶菜实施方案》,副主任陈汝军参加。

1 月 14 日 按照市委组织部要求,组织委系统 9 名干部赴津南参加疫情防控任务。

1 月 18 日 市委组织部紧急通知,抽调 23 人支援津南。

1 月 19 日 市委组织部紧急通知,抽调 92 人支援津南。

1 月 20 日 市农业农村委党委书记、主任王宝雨带队赴武清区调研蔬菜稳产保供工作,实地调研高村蔬菜育苗基地,田水铺萝卜基地和黄花店芹菜合作社。

1 月 21 日 市农业农村委副主任王志林带队赴宝坻区牛家牌镇牛家牌村、孙家庄村明察暗访疫情防控情况。

1 月 27 日 市农业农村委党委召开以大力弘扬伟大建党精神,坚持和发展党的百年奋斗历史经验,坚定历史自信,践行时代使命,厚植为民情怀,勇于担当作为,团结带领人民群众走好新的赶考之路为主题的党史学习教育专题民主生活会,市农业农村委党委书记、主任王宝雨主持会议,并代表市农业农村委党委作对照检查。副市长李树起到会指导并作点评讲话,市纪委机关督导组、党史学习教育市委第六指导组到会指导。

2 月 8 日 副市长李树起赴滨海新区大神堂渔港检查指导渔业安全生产工作,市农业农村委党委书记、主任王宝雨陪同。

2 月 10 日 市农业农村委召开乡村振兴示范村创建工作对接会。市农业农村委副主任陈汝军参加。

同日 市农业农村委副主任王志林带队赴静海区调研农村宅基地制度改革试点工作。

2 月 16 日 市农业对外合作联席会议机制召开第五次全体会议暨全市农业对外合作工作会议,市农业农村委党委书记、主任王宝雨出席会议并讲话,副主任王智毅主持会议。

2 月 23 日 市农业农村委组织召开全市 2022 年春季农业生产工作会议,市农业农村委党委书记、主任王宝雨参加会议并讲话。

2 月 28 日 市农业农村委副主任王志林召集专题会议研究村集体经济组织公司化运行机制有关事项。

3 月 2 日 市农业农村委副主任陈汝军赴天津广播电台参加《公仆走进直播间》节目。

3 月 3 日 市农业农村委联合天津市沿海安全保卫局在天津国家海洋博物馆开展以"亮剑野生动植物非法贸易、共筑野生动植物保护屏障"为主题的执法宣传活动。市农业农村委副主任李志荣参加活动。

3 月 3 日至 7 日 国家乡村振兴局、财政部组织第三方团队赴蓟州区下营镇对 2021 年度中央专项彩票公益金支持欠发达革命老区乡村振兴示范区建设情况进行实地评估。市农业农村委副主任陈汝军陪同。

3 月 4 日 市农业农村委与天津农学院签署战略合作协议，市农业农村委党委书记、主任王宝雨，副主任李志荣参加签约仪式。

3 月 8 日 市农业农村委副主任王智毅主持召开小站稻产业集群建设专题座谈会，研究小站稻产业集群储备项目申报和小站稻全产业链开发实施方案事宜。

同日 市农业农村委组织召开 2022 年春季重大动物疫病防控工作会议，市农业农村委副主任王智毅参加会议并讲话。

3 月 11 日 市农村全域清洁化工程“百日攻坚”活动部署推动会议召开。市农业农村委副主任王志林参加并讲话。

3 月 14 日 市农业农村委党委书记、主任王宝雨参加市委巡视机构进驻市农业农村委指导督导巡察工作见面沟通会。第三巡察指导督导组组长刘慧军通报有关情况，王宝雨做表态发言。

3 月 15 日 按照《国务院办公厅关于全面推行行政执法公示等“三项制度”的指导意见》，市渔政渔港监督管理处启动行政执法证件换发工作，将原《天津市行政执法证》统一更换为《中华人民共和国行政执法证》并正式启用。

3 月 16 日 市农业农村委党委书记、主任王宝雨主持召开市农业农村委党委巡察工作动员部署会。副主任陈汝军部署巡察任务宣布授权任职。驻市农业农村委纪检监察组组长谢德洪、市农业农村委二级巡视员李广来参加。

同日 市农业农村委党委书记、主任王宝雨主持召开 2022 年中央财政农业产业融合发展项目申报汇报会。

同日 市农业农村委副主任陈汝军赴滨海新区窦庄村和联盟村调研乡村振兴示范村创建进展情况。

同日 《半弯曲重穗大粒理想株型创制及小站稻新品种选育应用》荣获天津市科学技术进步特等奖。

3 月 19 日 农业农村部国际合作司司长隋鹏飞来津参加有关活动，市农业农村委副主任王智毅陪同。

3 月 22 日 市农业农村委副主任陈汝军带队赴天津市建工集团，与该集团和天津农商银行就乡村振兴项目招商工作进行座谈。

同日 市农业农村委副主任李志荣带队赴市农科院督导推动全国农业科技现代化先行县（武清）共建工作。

3 月 25 日 市农业农村委召开全市渔业工作部署视频会。市农业农村委副主任李志荣参加。

3 月 28 日 市农业农村委党委书记、主任王宝雨参加第三巡察指导督导组召开的巡察工作情况汇报会，介绍市农业农村委巡察工作有关情况。市农业农村委巡察工作领导小组副组长谢德洪、陈汝军、李广来及小组全体成员参加。

同日 市农业农村委召开巡察指导督导专题培训会，市农业农村委党委书记、主任王宝雨主持，第三巡察指导督导组组长刘慧军授课。

3 月 29 日 市农业农村委副主任陈汝军带队赴蓟州区上仓镇程家庄、渔阳镇西井峪和官庄镇西大佛塔村调研乡村振兴示范村工作。

同日 农业农村部召开 2022 年优势特色产业集群视频答辩会，市政府副秘书长王智毅和市农业农村委党委书记、主任王宝雨参加天津市小站稻优势特色产业集群项目答辩。

3 月 30 日 市农业农村委组织召开 2022 年天津市农资打假部署视频会议。市农业农村委副主任王志林出席会议并讲话。

4 月 6 日 市农业农村委副主任王志林带队到北辰区农业农村委调研指导乡村治理体系建设试点示范区创建工作。

4 月 9 日 市农业农村委党委书记、主任王宝雨主持召开会议，研究建立巡视乡村振兴战略实施情况协作机制相关工作，副主任陈汝军、市农业农村委二级巡视员李广来参加。

4 月 12 日 天津市乡村治理积分制、清单制推广运用暨农村移风易俗工作部署推动视频会议召开，市农业农村委党委书记、主任王宝雨出席会议并讲话。

同日 市农业农村委召开2022年党的建设工作部署会。市农业农村委党委书记、主任王宝雨和委领导班子成员出席。

4月19日 市委巡视办主任刘春波一行在市农业农村委调研指导工作，市农业农村委党委书记、主任王宝雨、驻市农业农村委纪检监察组组长谢德洪、副主任陈汝军、市农业农村委二级巡视员李广来参加。

同日 市农业农村委（市乡村振兴局）与温铁军教授科研实践团队合作框架协议线上签约仪式举办。市农业农村委党委书记、主任，市乡村振兴局局长王宝雨，著名“三农”问题专家、博士生导师温铁军出席签约仪式。副主任陈汝军与好农场创始人程存旺博士代表双方签订合作框架仪式，副主任王志林主持仪式。

4月25日 市农业农村委副主任王志林带队到宁河区七里海镇任凤庄村调研指导宁河区乡村治理体系建设试点示范区创建工作。

同日 市农业农村委召开以“亮剑强担当，忠诚迎盛会”为主题的“中国渔政亮剑2022”天津市系列专项执法行动工作部署会议，市农业农村委副主任李志荣出席会议并讲话，各涉农区农业农村委及农业执法支队相关负责人参加。

4月29日 市农业农村委召开2022年海洋伏季休渔专项执法行动部署会议，市农业农村委副主任李志荣出席会议并讲话，天津海警局、天津市公安局沿海安全保卫总队、滨海新区区委政法委等相关单位参加。

5月1日 市农业农村委与天津海警局联合举办天津市2022年海洋伏季休渔专项执法行动启动仪式。市农业农村委副主任李志荣参加并讲话。

5月6日 市农业农村委党委书记、主任王宝雨会见中国人民财产保险股份有限公司总经理于泽一行。

5月10日 市农业农村委党委书记、主任王宝雨会见法学交流基金会刘锐铭一行。

同日 市农业农村委副主任李志荣主持召开2022年全国种子双交会和天津国际种业博览会推动会。

5月11日 农业农村委党委书记、主任王宝雨与市外办主要负责同志研究农业国际合作相关工作。副主任王志林主持。

同日 市农业农村委召开2022年全市动物检疫工作会议。市农业农村委副主任李志荣出席并讲话。

5月12日 农业农村委党委书记、主任王宝雨带队赴天津海关调研对接并签署合作备忘录。副主任王志林参加并讲话。

同日 市农业农村委党委书记、主任王宝雨会见国寿财险天津分公司总经理杨楠一行。

5月13日至14日 市农业农村委副主任王志林带队赴宝坻区调研“加强新时代农村精神文明”改革试验任务建设落实情况。

5月19日 市农业农村委党委书记、主任王宝雨专题研究市级产业融合项目培育工作。副主任王志林参加。

5月20日 市农业农村委召开天津市乡村振兴产业人才创新创业联盟成立大会。市农业农村委党委书记、主任王宝雨出席并讲话。

5月24日 市农业农村委党委书记、主任王宝雨研究武清全国农业科技现代化先行县创建工作。

同日 市农业农村委召开东西部协作和支援合作乡村振兴示范村专项工作推动视频会议。市农业农村委副主任王志林出席并讲话。

5月26日 市农业农村委组织召开全市依法清理规范农村集体经济合同专项行动视频推动会。市农业农村委党委书记、主任王宝雨出席并讲话，副主任王志林主持。

5月30日 市农业农村委党委书记、主任王宝雨研究天津智农农业研究院建设相关工作。副主任王志林参加。

同日 新疆生产建设兵团农业农村局代表农业农村部通过远程连线的方式对我市春季重大动物疫病防控工作进行检查。市农业农村委副主任李志荣出席。

6月1日 市农业农村委党委书记、主任王宝雨专题研究落实市政府与建设银行战略合作协议相关工作，副主任陈汝军参加。

6月2日 市农业农村委召开全市农业农村领域防汛抗旱工作会议暨市防指农村分部工作会议。市农业农村委党委书记、主任王宝雨出席并讲话，副主任李志荣主持。

同日 市农业农村委召开天津市乡村振兴示范村创建工作视频调度会，市农业农村委副主任陈汝军出席并讲话。

6月6日 市农业农村委召开党委统一战线工作领导小组会议。市农业农村委党委书记、主任王宝雨出席会议并讲话，副主任陈汝军主持会议，委统一战线工作领导小组成员参加。

同日 市农业农村委党委书记、主任王宝雨出席2022年"全国放鱼日"天津渤海湾同步增殖放流活动启动仪式，并登船实施增殖放流。

6月7日 "市农业农村委系统加强新时代廉洁文化建设工作会议和党员干部警示教育大会暨廉政工作会议""市农业农村委系统2022年讲担当促作为抓落实专项行动为基层减负专项整治暨'我为群众办实事'实践活动部署推动会议"召开。市农业农村委党委书记、主任王宝雨和委领导班子成员出席。

6月8日 市农业农村委举办天津市乡村振兴基金启动仪式，副市长李树起、市政府副秘书长王智毅出席仪式，市农业农村委党委书记、主任王宝雨主持。

6月11日 市农业农村委党委书记、主任王宝雨研究农业经济"三项指标"相关工作，副主任陈汝军、王志林、李志荣参加。

6月13日 市农业农村委召开全市农业系统稳经济工作会议。市农业农村委党委书记、主任王宝雨出席并讲话，市纪委监委驻市农业农村委纪检监察组组长谢德洪，副主任陈汝军、王志林、李志荣，二级巡视员项荣参加。

6月17日 市农业农村委副主任陈汝军出席"福到乡村 工行'兴农'在行动——乡村振兴主题活动"。

6月23日 副市长李树起赴静海区天津海吉星农产品物流有限公司和天津金仓互联网科技有限公司调研，市农业农村委副主任陈汝军陪同。

6月23日至24日 市农业农村委副主任王志林与甘肃省农业系统代表团对接东西部协作相关工作。

6月30日 市农业农村委召开全市依法清理规范农村集体经济合同专项行动推动会。市农业农村委副主任王志林出席并讲话。

7月2日 市农业农村委副主任陈汝军、李志荣出席全国农业科技现代化先行县共建暨科技助农"耕耘行动"集中展示活动。

7月4日 市农业农村委副主任王志林参加天津智能农业研究院项目一期工程封顶仪式。

7月6日至8日 市农业农村委副主任王志林带队赴甘肃省庆阳市调研对接东西部协作乡村振兴示范村工作。

7月11日至12日 市农业农村委副主任王志林带队赴宁河区、蓟州区调研承接北京非首都功能相关工作。

7月22日 市委决定：金汇江任市农业农村委党委书记。

7月23日 市人民政府决定：金汇江任市乡村振兴局局长。

7月26日 市第十七届人民代表大会常务委员会第三十六次会议决定免去王宝雨的市农业农村委员会主任职务，任命金汇江为市农业农村委员会主任。

7月30日 市委农办主任，市农业农村委党委书记、主任，市乡村振兴局局长金汇江主持召开中国天津种业振兴大会肉羊种业高峰论坛暨2022羊业发展高级研讨会会议筹备专题工作会。副主任王志林出席。

8月1日 市农业农村委在宁河区召开全市草地贪夜蛾防控部署暨防灾减灾保丰收现场推动会。市农业农村委党委书记、主任金汇江出席会议并讲话。

8月2日 天津市启动奋战四十天"虫口保粮"行动专项行动。

8月5日 市农业农村委举办乡村产业振

兴带头人培育“头雁”项目徽标发布暨京津青三省市培育项目启动仪式。市农业农村委副主任陈汝军出席。

8月9日 市农业农村委党委书记、主任金汇江与天津市海河产业基金董事长王锦虹进行座谈,副主任陈汝军参加。

8月10日 市农业农村委组织召开全市美丽田园现场观摩会。副市长李树起和市政府副秘书长王智毅出席会议并为4个“美丽田园”示范片授牌。市农业农村委党委书记、主任金汇江和副主任陈汝军参加。

8月12日 市农业农村委党委书记、主任金汇江调研“津农精品”展示中心,副主任王志林陪同。

8月13日 市农业农村委召开中国天津种业振兴大会肉羊种业高峰论坛暨2022羊业发展高级研讨会。副市长李树起出席开幕式并致辞,市政府副秘书长王智毅主持开幕式,市农业农村委党委书记、主任金汇江和副主任王志林出席。

同日 市农业农村委党委党的建设工作领导小组2022年下半年全面从严治党形势分析会召开,市农业农村委系统2022年加强和改进思想政治工作分析会暨意识形态、网络安全会议。市农业农村委党委书记、主任金汇江和委领导班子成员出席。

同日 市农业农村委副主任王志林参加天津市第二届农民广场舞大赛启动仪式。

8月15日至19日 市农业农村委会同市委组织部、市委党校举办全面推进乡村振兴促进共同富裕暨学习贯彻习近平总书记关于“三农”工作的重要论述专题研讨班。副市长李树起做专题讲座,市农业农村委副主任陈汝军参加。

8月23日 由市农业农村委等七部门联合举办“乡野撒欢,乐享田园”天津市休闲农业与乡村旅游夏秋精品路线推介会。市农业农村委副主任王志林出席。

8月26日 天津市首次以数字人民币进行村集体经济组织股权收益分配在武清区梅厂镇南任庄村举行。

8月29日 副市长李树起赴天津嘉立荷牧业集团有限公司第七牧场开展“双万双服”调研活动,市农业农村委党委书记、主任金汇江陪同

8月30日 市农业农村委党委书记、主任金汇江主持召开静海区国家现代农业产业园创建推动会。

8月31日 市农业农村委党委书记、主任金汇江赴武清区李大人庄村、粜梁务村、九百户村调研巩固拓展结对帮扶成果同乡村振兴有效衔接现场会点位。副主任陈汝军陪同。

同日 市农业农村委党委书记、主任金汇江与宁河区袁品环渤海公司座谈交流袁隆平团队巨型稻示范项目和丰收节筹备工作,与滨海新区瑞恒茂集团有限公司座谈芦竹产业开发相关工作。

9月1日 市农业农村委党委书记、主任金汇江陪同全国农技中心赴市优农中心分管负责同志调研全国种子双交会地展及大会筹备情况。

9月7日 市农业农村委党委书记、主任金汇江赴宝坻区天津农交所调研。

9月8日 市农业农村委系统推进全面从严治党向纵深发展工作部署会召开。市农业农村委党委书记、主任金汇江讲话。

9月9日 市农业农村委召开迎接党的二十大农业安全生产农产品质量安全中期推动暨农业经济运行调度视频会议,市农业农村委党委书记、主任金汇江,副主任陈汝军、李志荣出席并讲话。

9月19日 市农业农村委党委书记、主任金汇江到市农村中心调研,副主任王志林陪同。

9月22日 市委书记李鸿忠、市长张工赴丰收节主会场津南区会馆村调研考察。市农业农村委党委书记、主任金汇江陪同。

9月23日 市农业农村委在津南区会馆村举办2022年天津市中国农民丰收节启动仪式。市政府副秘书长王智毅和市农业农村委党委书记、主任金汇江参加并致辞。

9月24日 市农业农村委党委书记、主任金汇江赴天津市换新水产良种场调研水产种业相关工作。

9月30日 副市长李树起调研“津农精品”

展示中心。市农业农村委党委书记、主任金汇江和副主任王志林陪同。

10 月 2 日　市农业农村委党委书记、主任金汇江赴武清区、宝坻区调研蔬菜保供基地生产情况。副主任王志林陪同。

10 月 11 日　副市长李树起主持召开 2022 年中国天津种业振兴大会筹备会。市农业农村委党委书记、主任金汇江参加并讲话。

10 月 12 日　市政府副秘书长王智毅主持召开 2022 年中国天津种业振兴大会筹备协调会。市农业农村委党委书记、主任金汇江参加并讲话。

10 月 19 日　市政府副秘书长王智毅主持召开 2022 年中国天津种业振兴大会组委会协调会。市农业农村委党委书记、主任金汇江参加并讲话。

10 月 20 日　市农业农村委副主任王志林研究“农担杯”第六届天津市农村创业创新大赛暨“农行杯”首届天津市农村创业创新先锋榜·人物典型宣介会线上活动筹备相关工作。

10 月 24 日　市农业农村委副主任李志荣参加全市乡村振兴示范村领军人才高级培训研修班开班仪式并讲话。

10 月 25 日　市农业农村委党委书记、主任金汇江赴津南区实地考察 2022 年中国天津种业振兴大会主会场及地展现场。

10 月 27 日　副市长李树起研究 2022 年中国天津种业振兴大会筹备相关工作。市农业农村委党委书记、主任金汇江参加并讲话。

10 月 29 日　市农业农村委举办“农担杯”第六届天津市农村创业创新大赛暨“农行杯”首届天津市农村创业创新先锋榜·人物典型宣介会。市农业农村委副主任王志林出席开幕式并致辞。

10 月 30 日　副市长李树起赴津南区实地考察 2022 年中国天津种业振兴大会“津农精品”天津特色优势品种展示地展现场。市农业农村委党委书记、主任金汇江参加并讲话。

11 月 10 日　市农业农村委副主任陈汝军到蓟州区下营镇，实地推动指导革命老区乡村振兴示范区项目建设。

11 月 29 日　市农业农村委党委书记、主任金汇江带队走访北辰区蔬菜保供基地和西青区蛋鸡生产保供基地，了解种植户实际生产情况和需求建议，调研北辰区和西青区“菜篮子”稳产保供工作实际开展情况。

11 月 30 日　市农业农村委党委书记、主任金汇江到北辰区、西青区稳产保供基地调研。

12 月 6 日　第三届“海河工匠杯”技能大赛暨第五届全国农业行业职业技能大赛天津选拔赛农机修理工项目在天津市优质农产品开发示范中心举办。

12 月 7 日　第三届“海河工匠杯”技能大赛暨第五届全国农业行业职业技能大赛天津市家畜(生猪)繁殖员选拔赛在天津市优质农产品开发示范中心举办。

12 月 9 日　第三届“海河工匠杯”技能大赛暨第五届全国农业行业职业技能大赛天津市动物疫病防治员职业技能竞赛在天津市农业广播电视学校举办。

12 月 22 日至 26 日　市农业农村委副主任王志林带队，组织全市 40 余家农产品企业赴成都参加第十九届全国农产品交易会。

（执笔人：闫　春）

市商务局 2022 年大事述要

1 月 3 日　市商务局重点监测企业统计显示，226 家企业元旦小长假 3 天累计实现销售 9.8 亿元，同比增长 5%。

1 月 6 日　市商务局联合甘肃省商务厅及山东、济南、青岛、福州、厦门等省市商务部门，共同举办 2022 年“东西部协作消费帮扶　陇原百企年货大惠送”线上促销对接活动，副局长李宏出席讲话并见证云签约。

1月7日 市商务局副局长何智能主持召开落实外资企业期盼建议研讨会，二级巡视员顾廷新参加。

1月11日 市商务局按照市委组织部关于疫情防控抽调干部紧急通知精神，连夜抽调90名干部下沉社区参与疫情防控工作。同时召开下沉社区参与疫情防控工作党员干部动员会，二级巡视员顾廷新出席讲话。

1月14日 市商务局接到市委组织部紧急抽调干部支援津南区疫情防控工作指令后，火速组织29名党员干部奔赴津南抗疫一线，参加疫情防控工作。同时成立商务系统津南支援队临时党支部，局领导在集结现场进行动员，提出要求。

1月25日 市商务局召开党史学习教育总结会议。局党组书记沈蕾作了《持续巩固党史学习教育成果　以史为鉴　开创天津商务美好未来》的总结讲话，局党组成员、副局长何智能主持，局领导班子成员，二级巡视员，系统各单位党组织主要负责同志，机关各处处长，商务行业社会组织党委委员参加会议。

1月26日 市商务局召开领导班子党史学习教育暨巡视整改专题民主生活会征求意见座谈会。会议围绕民主生活会主题和查摆的主要问题，结合自身工作实际，征求与会同志对局领导班子的意见建议，局党组书记沈蕾作了讲话。会议共征求到意见建议20条。机关处室部分党员干部、党外人士、职工代表参会。

2月7日 市商务局会同市人力资源社保局共同推动的“中国天津人力资源服务产业园”，成功入围商务部特色服务出口基地（人力资源）。同时，由市商务局会同市卫生健康委、市中医药管理局共同推动的天津中医药大学第一附属医院成功入围商务部特色服务出口基地（中医药）第二批名单。

2月11日 市商务局召开2022年工作部署推动会。局长沈蕾讲话，副局长何智能主持。

2月14日 商务行业社会组织党委印发《关于社会组织认真做好市委巡视反馈问题自查和整改的通知》，组织所属各社会组织党支部就是否存在会长一言堂、账目不清、组织生活不正常等问题开展自查。

2月16日 市商务局召开领导班子党史学习教育暨巡视整改专题民主生活会。市商务局党组书记、局长沈蕾主持会议，代表局领导班子进行对照检查。局领导班子成员逐一作了对照检查，并进行相互批评。分管副市长王旭出席会议并作点评讲话，党史学习教育市委第七指导组组长李民及市委第三巡视组、市纪委机关、市委组织部有关领导和同志现场给予指导。

同日 电装天津负责人给市商务局送来“不忘初心担使命，抗击疫情护企业”锦旗。市商务局副局长何智能接受锦旗并与企业负责人座谈。

2月17日 市商务局局长沈蕾会见中国中医药发展集团有限公司党委副书记、总裁刘陶一行。副局长李建参加会见。

3月1日 市商务局副局长李宏带队赴天津食品集团，就借助第六届世界智能大会和2022中国天津投资贸易博览会暨PECC博览会等展会平台，深化双方合作进行座谈交流。

同日 市商务局牵头负责落实关于供销合作社工作的重要指示，研究制定了“回头看”专项工作方案，明确目标任务、时间节点、责任分工和具体要求，深入自查自纠，加强督导，认真开展“回头看”，形成了《市商务局关于贯彻落实习近平总书记对供销合作社工作重要指示批示情况“回头看”专题报告》，并报市委办公厅。

同日 《市商务局党组落实意识形态工作责任制专项检查反馈意见整改工作方案》印发。《方案》明确工作思路、整改措施、责任单位和整改时限，推进整改。

3月4日 市商务局联合人行天津市分行（外汇局天津市分局）、中国信保天津分公司赴北辰区开展政策宣讲和企业交流活动。

3月8日 市商务局召开全市外贸工作会，副局长李建主持会议并提出工作要求。

3月9日 市商务局局长沈蕾带队深入局对口扶持经济薄弱村静海区西翟庄镇东翟庄村和矫家庄村调研指导帮扶工作，并走访慰问困难群众。

3 月 11 日 市商务局一级巡视员周路主持召开扩大商务数据开放量工作推进会暨数据共享开放业务专题培训会,邀请市大数据管理中心数据资源处主要负责同志和业务骨干专题授课。

3 月 13 日 市商务局召开全市商务系统疫情防控及保供稳价电视电话会议,局长沈蕾、副局长李宏出席讲话。各区商务局及辖区农批市场、龙头菜市场、各大超市负责人参加会议。

3 月 21 日 市政务服务办公布市政务服务中心“红旗窗口”评选结果,市商务局政务服务窗口荣获“市政务服务中心流动红旗窗口”荣誉称号。

同日 市商务局党组印发关于做好《中国共产党宣传工作简史》学习宣传工作的通知,要求要把学习《中国共产党宣传工作简史》纳入推进党史学习教育常态化长效化、学习党的宣传史的基本教材,纳入党委(党组)理论学习中心组学习计划,纳入各级党校(行政学院)、干部学院培训教学重要内容,纳入贯彻落实意识形态责任制的工作部署,不断增强广大党员干部对党的宣传工作极端重要性的认识,更好构建新时代大宣传工作格局。

3 月 27 日 市商务局局党组成员、副局长、局巡视整改工作领导小组办公室主任何智能,主持召开整改领导小组办公室会议,就市委巡视反馈意见点到处室(单位)和个人问题有关核实情况进行通报,研究相关处理意见。

同日 市商务局局长沈蕾带队深入河北区月牙河街和西青区杨柳青镇,慰问保供一线工作人员,实地了解封、管控和防范区群众生活保障情况,现场服务指导做好群众生活保供工作。

3 月 28 日 市商务局党组召开会议,传达学习中央依法治国办法治政府建设实地督察反馈意见整改动员部署会议精神,审议本局整改方案,研究部署整改工作。

4 月 1 日 市商务局一级巡视员周路主持召开数字商贸综合服务平台与城市信息模型基础平台共建共享工作推动会。

同日 市商务局联合建行天津分行在建行生活 App 打造的老字号专区成功上线试运行,共同开展定制化金融服务。

4 月 2 日 市商务局党组印发《市商务局 2022 年宣传思想工作要点》,对全年宣传思想主要工作进行部署,提出相关要求。

4 月 7 日 市商务局党组印发《关于印发〈市商务局党组开展“迎盛会、铸忠诚、强担当、创业绩”主题学习宣传教育实践活动工作的方案〉的通知》,对系统开展主题教育实践活动进行部署。

4 月 15 日 市商务局党组召开局主题学习宣传教育实践活动工作动员会。会议由副局长何智能主持,传达中央文件和天津市主题学习宣传教育实践活动有关会议精神,部署实践活动工作方案。局党组书记、局长沈蕾做动员讲话。

4 月 16 日 市商务局党组印发《市商务局领导班子“联点访户”制度》。该制度是为做好巡视整改工作,根据市委办公厅、市政府办公厅印发《关于建立市级党员领导干部“联点访户”制度的实施方案》,对原商务委党组 2013 年印发的《市商务委领导班子联系点制度》在指导思想、工作对象、工作内容、联系频次等方面进行的修订。

4 月 21 日 市商务局党组印发《关于印发市委常委会 2022 年工作要点和党史学习教育专题民主生活会整改任务分工两个分工方案并建立落实工作台账的通知》,要求细化分解目标任务,切实加强台账管理,实行定期报送机制。

4 月 22 日 市商务局以“读经典迎盛会强党性促发展”为主题,开展领导荐书展示活动。该活动,展示了 40 余本系统党组织书记和领导班子成员推荐的习近平新时代中国特色社会主义思想重要读本、马克思主义经典理论著作、红色经典读物、优秀中华历史文化书籍等。

4 月 25 日 市商务局党组印发《市商务局 2022 年意识形态工作要点》,对全年意识形态主要工作进行部署,提出相关要求。

5 月 7 日 市商务局组织召开 2022 年全面从严治党部署推动会暨警示教育大会,会议由分管副局长何智能主持并传达相关文件精神,驻局纪检监察组组长牛文辉对商务系统近年来违纪违法案例进行深入剖析，局党组书记、局长沈蕾讲话并提出要求。

5月12日 市商务局会同市教委、新加坡企业发展局中国司华北区，共同举办天津—新加坡职教项目交流合作对接会。

同日 市商务局组织召开“外贸+金融”工作沟通会，17家银行及保险机构参会。

5月13日 市商务局党组书记、局长沈蕾走进天津市第一商业学校，与青年师生代表开展座谈交流，校党委书记孙超主持会议，校党委副书记、校长郭葳，副校长孟庆和等同志参加座谈。

5月23日 市商务局与东疆保税港区管委会举办业务对接会。市商务局局长沈蕾，副局长何智能、李宏，东疆保税管委会主要负责同志参会。

5月24日 市商务局与天津边检总站主要领导开展工作对接和座谈交流。市商务局局长沈蕾出席讲话，一级巡视员周路出席。

5月25日 市商务局局长沈蕾、副局长李宏带队深入和平区新兴街、五大道街、南市街等重点保供点位检查指导。

6月17日 2022年天津市商务领域“诚信兴商宣传月”活动启动。

6月23日 2022首届全国“吃货节”（天津）大型食品促消费活动启动仪式拉开帷幕。市商务局二级巡视员徐凤成出席致辞。

6月24日 第六届智能大会期间，市商务局成功举办外资医药企业对接会，局党组书记孙剑楠出席并讲话，副局长何智能出席。

6月25日 天津市第十五届运动会龙舟比赛暨首届外商投资企业运动会隆重开幕。市商务局党组书记孙剑楠出席致辞并为龙舟点睛。

同日 第二届海河国际消费季以“线上+线下”方式启动。市领导、市商务局、河西区及相关部门负责人出席在文化中心广场举办的线下仪式并启动消费季。市商务局党组书记孙剑楠致辞，副局长李宏介绍消费季有关活动安排并为“津乐购”消费券揭幕。

6月28日 市商务局举办为期三天的学习贯彻十九届六中全会精神暨“迎盛会、铸忠诚、强担当、创业绩”主题学习宣传教育实践活动工作处级干部专题读书班，同时作为学习贯彻市第十二次党代会精神培训班。局党组书记孙剑楠做开班动员讲话，局党组成员、副局长何智能主持开班动员会。

6月28日至30日 市商务局举办处级干部十九届六中全会轮训班（市第十二次党代会读书班）暨主题学习宣传教育实践活动工作专题读书班。

6月30日 市商务局与天津国际贸易与航运服务中心成功举办“2022届高校毕业生电子商务专场视频双选会”。

7月1日 第五届进博会京津推介会成功举办。商务部副部长盛秋平线上出席活动并致辞，市商务局党组书记孙剑楠及上海进口博览局、北京市商务局主要负责同志、参展企业代表参会并发言。市商务局副局长李建出席。

7月2日 第二届海河国际消费季潮流消费月暨天津万科广场城市秀场启动仪式在河西区万科广场举办，市商务局二级巡视员徐凤成出席活动。

7月5日 市商务局举办天津市有关部门与中国美国商会企业交流会。市商务局副局长何智能出席讲话。

7月8日 市商务局举办“时代新人说——强国复兴有我”主题演讲比赛，来自商务系统的17组选手参加比赛。

7月13日 市商务局一级巡视员周路主持召开市商务局意大利专项工作推动会，听取上半年工作进度情况，部署下半年工作落实。

同日 市商务局、天津海关共同组织海关高级认证企业线上政策宣讲会，副局长李建出席讲话。

7月15日 市商务局党组书记孙剑楠赴天津海关调研，与关长赵革就天津市外贸发展、口岸开放等工作进行交流。一级巡视员周路参加调研。

7月19日 市商务局党组书记孙剑楠带队赴意风区，与河北区区委、区政府主要领导共同研究意风区业态规划方案。副局长李宏参加活动。

7月22日 第23届青洽会、第二届生态博览会在青海省西宁市合并举办。天津展区面积120平方米,集中展示了天津在智能制造、绿色发展和对口援青工作方面重要成果。

7月23日 第二届海河国际消费季“品质消费农村行”启动仪式在宁河区举行。市商务局二级巡视员徐凤成出席致辞。

7月25日 市商务局与小白楼街道达文里社区举办空调核酸采样亭捐赠交接仪式,小白楼街道领导为捐赠企业和市商务局送上锦旗。

7月29日 “津夜有你 · 第三届天津夜生活节”启动仪式在河北区意风区举办,市领导、市商务局、市委宣传部、河北区及相关部门负责人出席并启动夜生活节。市商务局局长孙剑楠致辞,二级巡视员徐凤成出席。

8月4日 民进天津市委会主委兼市政协副主席张金英带队赴市商务局调研走访,专职副主委兼市政协副秘书长赵长龙随同。市商务局局长孙剑楠会见张金英和赵长龙。市商务局副局长李宏参加会见并主持调研座谈。

8月8日 市商务局召开法治政府建设工作中期推动会,局长孙剑楠出席会议并讲话,局领导班子成员、二级巡视员、机关各处室主要负责同志参加会议。

8月10日 市外商投资企业协会举办“会员企业走进市商务局”交流座谈活动。市商务局局长孙剑楠出席并讲话,副局长李建主持。

8月12日 2022年新餐饮业产业峰会在津举办,市商务局副局长李宏出席活动并致辞。

8月17日 市商务局局长孙剑楠会见亨斯迈集团副总裁、聚氨酯事业部亚太区总裁潘律民先生一行。市商务局副局长李宏出席会见。

8月18日 市政府新闻办举办新闻发布会。市政府副秘书长于鹏洲主持,市商务局局长孙剑楠及市文旅局、市体育局领导出席并做新闻发布。

同日 市商务局局长孙剑楠会见中国进出口银行天津分行行长周亮球一行。副局长李建出席会议。

同日 2022天津“品质生活节”重要活动之一——“城市会客厅　谈津论稻　共话城市传承与发展”活动在天津市小站稻作展览馆举行。

8月19日 第六届中华老字号(山东)博览会在山东济南国际会展中心举办。市商务局组织山海关、盛锡福、海鸥手表、达仁堂、长芦盐业等15家老字号企业参加本届博览会。

8月20日 2022天津“品质生活节”在和平路金街开幕。副市长杨兵、市政府副秘书长于鹏洲出席并为“品质生活节”启幕,市商务局党组书记、局长孙剑楠致辞,局党组成员、副局长李宏出席。

8月25日 市商务局副局长何智能会见高力国际中国区董事总经理邓懿君女士一行,双方围绕深化楼宇招商、园区服务合作、城市宣传等方面进行深入交流。

8月31日 2022年中国国际服务贸易交易会在北京开幕。天津市交易团设置了教育服务、文化旅游服务、卫生健康服务、体育服务及16个区共计20个分团,200余家企业和机构参加服贸会线上线下各项活动。

同日 京津冀服务贸易和服务外包协同发展论坛在北京举行。全球服务贸易联盟理事长姜增伟,北京市委常委、副市长杨晋柏,天津市副市长杨兵出席活动并致辞。市商务局局长孙剑楠、副局长李建出席论坛。

9月11日 市委、市政府颁布表彰第六届天津市“人民满意的公务员”和“人民满意的公务员集体”的决定,授予市商务局政务服务处“人民满意的公务员集体”。

9月12日 市级财政安排资金1.5亿元发放的“津乐购”消费券已发放补贴1.16亿元,拉动消费超过38亿元,撬动比达1∶33。

9月16日 第十九届中国中华老字号精品博览会在浙江杭州湖滨步行街开幕。天津市老字号协会组织达仁堂、山海关汽水、郁美净、祥禾饽饽、万紫千红等15家会员企业亮相本届博览会。

9月21日 市商务局联合市农业农村委发

放“津乐购”农特产品消费券，支持我市农产品品牌发展，助力乡村振兴和县域商业体系建设。

9月22日 商务部驻津特派办在市商务局召开工作会，开展稳外贸督导服务。市政府副秘书长于鹏洲通过视频方式参加，市商务局局长孙剑楠、副局长李建及市外贸办成员单位分管负责同志参会。

9月27日 国务院政策例行吹风会上透露，商务部等七部门已完成第六批市场采购贸易方式试点的扩围工作，新设八个试点，我市王兰庄国际商贸城名列其中。

9月29日 市政务服务办组织召开市政务服务中心首席代表例会，市商务局政务服务处处长林斌作为天津市第六届“人民满意的公务员集体”代表进行交流发言。

同日 一列天津至莫斯科中欧班列顺利发车，“保税专列+中欧班列”模式在津首试成功。

10月2日 2022天津新品首发节发布会在河东区红星美凯龙商场举办。市商务局二级巡视员徐凤成出席致辞并为新品首发节启幕。

10月11日 市商务局局长孙剑楠带队深入局对口静海区经济薄弱村和津南区乡村振兴示范村调研指导工作。

10月12日 市商务局召开机关全体干部大会，集中学习习近平总书记关于加强作风建设的重要指示精神，对作风建设提升行动情况进行阶段性总结。市商务局局长孙剑楠主持会议并讲话。

10月15日 第132届广交会在线上开幕，天津交易团有327家企业线上参展，展位数量839个，涉及48个展区。

10月18日 市委组织部、市委党校联合市商务局举办“市管干部推进国际消费中心城市建设”专题研讨班。市商务局局长孙剑楠围绕“认真学习贯彻习近平总书记关于把握新发展阶段、贯彻新发展理念、构建新发展格局重要讲话精神，加快推进我市国际消费中心城市建设”主题作首课辅导。

10月21日 市政府副秘书长于鹏洲主持召开区域商贸中心城市建设工作推动会。市商务局局长孙剑楠通报区域商贸中心城市建设进展情况和下步重点工作建议，副局长李建出席会议。

同日 市政府副秘书长于鹏洲主持召开稳外贸工作视频调度会，市商务局局长孙剑楠通报全市外贸运行情况，副局长李建参加会议。

同日 市商务局党组举办理论学习中心组集体学习（扩大）会暨统战专题培训，邀请天津市社会主义学院副教授贾亭以《促进海内外中华儿女团结奋斗　为中华民族伟大复兴汇聚伟力》为题进行授课，局领导班子成员、局机关各处处长、系统各单位党政主要负责人和统战干部参加。

10月27日 市商务局党组成员、副局长何智能在弗兰德传动（天津）有限公司主持召开外商投资企业党建工作现场交流会，推动外商投资企业全面、系统、深入学习贯彻党的二十大精神。

10月28日 市商务局、市工业和信息化局、市住房和城乡建设委员会组织市家居装饰材料协会，联合举办2022天津家居建材惠民消费季新闻发布会。市商务局二级巡视员徐凤成出席并作新闻发布。

11月4日 市商务局召开学习宣传贯彻党的二十大精神专题工作部署会，局党组成员、一级巡视员周路讲话。

11月5日 第五届中国国际进口博览会在上海开幕。天津对外开放成就展、东疆传统经典车展、天津人文交流活动展同时开展。

11月9日 市商务局举办2022天津汽车消费嘉年华新闻发布会。副局长李宏做新闻发布，二级巡视员徐凤成主持。

11月10日 2022中国（天津）国际汽车展览会在国家会展中心（天津）开幕。展会面积达20万平方米，共展出展车990台，其中新能源车260台。

11月11日 市商务局举办新的社会阶层人士和外资企业代表学习党的二十大精神交流座谈活动，市商务局党组成员、副局长何智能参加活动并讲话。

同日 “第二届甘肃美食文化节”在天津市甘肃商会大厦启动。市商务局二级巡视员徐凤成出席活动。

11月17日 市商务局举办为期三天的党的二十大精神专题培训班。局党组成员、副局长何智能主持并作开班动员讲话，局领导班子成员，二级巡视员，机关全体干部和系统直属单位处级干部参加。

11月18日 市商务局举办党的二十大精神宣讲报告会。局党组书记、局长孙剑楠作主题宣讲，局领导班子成员、二级巡视员、机关全体干部和商务系统直属处级干部参加。

11月19日 市商务局组织召开党支部书记党建业务交流座谈会，二级巡视员顾庭新、市委市级机关工委组织干部处负责出席座谈会并发言。

同日 市商务局机关团支部开展“我学我讲二十大”主题宣讲活动，团支书蔡婷婷作团课分享。

11月25日 天津首场保税艺术品拍卖会在意式风情区顺利开槌。

11月30日 市商务局局长孙剑楠会见壳牌华北石油集团董事长毕国生先生一行。副局长李宏，二级巡视员郎东、徐凤成及相关负责同志陪同。

12月2日 商务行业社会组织党委书记、商务局副局长何智能出席社会组织党的二十大宣讲暨党建工作培训班，对党的二十大精神进行了专题宣讲和学习分享。

12月14日 2022“津门论道”海外华文媒体论坛以视频方式举行。市委常委、市委统战部部长冀国强出席并致辞，市商务局总会计师刘志勇作主题发言。

12月27日 市商务局党组书记、局长孙剑楠走进《公仆走进直播间》特别策划“向群众汇报——2022委办局长年终访谈”直播间，现场和读者、听众、网友互动交流。

12月30日 市商务局副局长何智能会见中国国际投资促进会京津冀联络处张凤民主任和坤鼎投资管理集团股份有限公司董事长邱明先生。

12月31日 “首届天津火锅美食节”启动仪式在恒基广场拉开帷幕。

（执笔人：颜静月　季慧璇）

市文化和旅游局（市广播电视局　市文物局）2022年大事述要

1月8日 津南区在全国率先打响迎战奥密克戎本土战役，市集中隔离点管控专业组在副市长、市隔离点管控专业组指挥长王旭的领导下，在常务副指挥长、市文旅局主要负责同志张剑的带领下，全员进驻津南区疫情防控指挥部。

1月13日 按照市委、市政府部署要求，从市文化和旅游局、市公安局、市卫生健康委、市发展改革委、市应急局、市市场监管委、市消防救援总队7部门紧急抽调200名党员干部，成立了40个集中隔离点督导检查组，对全市各隔离点开展持续“全覆盖”督导检查。

1月20日 市文化和旅游局推荐申报的天津市西青区精武镇付村综合文化中心、天津市蓟州区渔阳镇西井峪村综合性文化服务中心等6家单位被评为全国第九届服务农民、服务基层文化建设先进集体。

1月24日至2月4日 天津连续第十三年参加“欢乐春节”全球性的文化交流品牌活动，与葡萄牙、以色列等共同策划组织4场交流活动，取得良好的反响。

1月 天津市密室剧本类场所监管联席会议第一次全体会议召开。市文化和旅游局牵头市委网信办等11个部门成立联席会议机制，审议通过了《天津市密室剧本类场所监管联席会议制度》，持续开展“密室逃脱”类场所治理，并将密室剧本类场所整治纳入平安天津建设考核项目，促进剧本娱乐场所规范健康发展。

2月4日 市集中隔离点管控专业组第一时间进驻河北区防控指挥部进行一线指挥，以河北区为主战场，专门督导集中隔离点提升管理服务工作。

2月10日 市文化和旅游局关于印发《天津市博物馆运行考评办法》，对展陈安全、博物馆教育功能、资金规范使用等指标进行了修订。

3月1日 国家艺术基金2022年度资助项目名单公示，天津市17个项目入选。

3月 天津市完成大运河天津段历史文化遗产数字化采集及第八批全国重点文物保护单位、第五批天津市文物保护单位记录档案编制工作。

4月6日 以蓟州区为重点区域的天津市石窟寺（摩崖造像）专项调查工作完成，对后续科学制定保护策略和中长期规划、提升全市摩崖造像整体保护、管理、利用水平具有重要意义。

4月30日 由市文化和旅游局主办，天津市群众艺术馆、各区文化和旅游局联合承办的“奋进新征程 礼赞新时代”天津市第七届市民文化艺术节开幕式以线上“云直播”演出的方式在津湾大剧院举行，推出喜迎二十大、文化惠民生、书香润津城、美丽乡村行四大板块40余项有质量、有创意、有特色的线上线下活动。

4月 与市工业和信息化局联合发布首批市级传统工艺振兴目录（30个项目）。已列入首批国家传统工艺振兴目录的项目整体列入我市第一批传统工艺振兴目录。

5月18日 天津博物馆与天津市公交集团首度联手，启动运营“行走的博物馆”主题公交，将车身与内饰化作微缩展厅，让市民在乘车的同时还能欣赏到精美的展览，带给大家新奇的乘车体验。

同日 天津市文博学会、天津市大中小学思政工作一体化研究中心、天津市青少年活动中心共同倡议，成立了“天津市博物馆青少年教育联盟”。联盟借助丰富藏品与文化体验活动，通过“引进来”与“走出去”的双向模式，在天津市各大博物馆与学校之间打造共建平台。

5月31日 天津市文化遗产保护中心被国家文物局评为“全国石窟寺专项调查先进集体”，市文物局邵波、天津市文化遗产保护中心刘健、蓟州区刘福宁被评为“全国石窟寺专项调查优秀个人”。

6月10日至12日 市文旅局举办“2022天津非遗购物节”，涵盖了吃、穿、用、藏等多个方面的93个非遗项目，共直播11小时，销售额突破700万元。

6月11日 国家“文化和自然遗产日”主题活动举行。活动以线上互动参与的方式，在“津云”客户端推出了一系列内容丰富、互动性强的主题活动，在“文化和自然遗产日”期间集中展现天津市文物事业发展取得的成就，喜迎党的二十大。

6月14日 天津市各级公共图书馆参加第七次全国公共图书馆评估定级工作启动，以评促建提升天津市公共图书馆发展水平。

6月27日至7月5日 组织天津交响乐团、天津美术馆文化志愿者赴和田地区开展“我们的中国梦·中华文化耀和田”和“行走的美术馆”交流活动，为和田地区7县1市奉献了9场特色音乐演出，开展了8场书画笔会。

6月 市广播电视局圆满完成2021年度优秀少儿节目扶持项目申报工作，广播节目《童年童话—童心向党》荣获优秀广播扶持节目，电视节目《大师父小徒弟》荣获优秀电视扶持节目，获扶持资金5万元。

同月 市政府公布第五批市级非遗代表性项目名录，包括第五批市级非物质文化遗产代表性项目名录推荐名单90项和市级非物质文化遗产代表性项目名录扩展项目名录推荐项目名单17项。

同月 市文旅局策划组织“非遗薪传 连接生活——2022年文化和自然遗产日天津主场活动”，本次线上展示包括“健康生活——传统中医药文化展”和“美好生活——振兴传统工艺展”两大板块。

7月5日 天津市文物局与北京市文物局、河北省文物局联合签署《北京市文物局 天津市文物局 河北省文物局全面加强京津冀长城协同保护利用联合协定》，建立健全京津冀三地在长城保护、管理、展示、利用领域的战略合作。

7月19日 天津市文化遗产保护中心被人

力资源社会保障部、国家文物局授予“全国文物系统先进集体”称号，河北区文物管理所徐燕卿、滨海新区文物保护与旅游服务中心崔志华被授予“全国文物系统先进工作者”称号。

同日 国家文物局发布 100 个核心价值观主题推介展览名单，平津战役纪念馆《红色医药文化遗存展》入选。

7 月 25 日 《集中隔离医学观察点隔离人员接收流程指导意见(第二版)》制定，要求进一步做好关于空港、海港高风险岗位从业人员离岗后净化的集中隔离医学观察点管理工作。

7 月 27 日 天津市第十七届人民代表大会常务委员会第三十六次会议审议通过《天津市旅游促进条例》。

7 月 广播节目《同唱一首歌》《百年征程 伉俪情深》2 个节目入选 2021 年度广播电视创新创优节目名单，市广播电视局传媒宣传管理处荣获“2021 年度广播电视创新创优优秀组织机构”。

同月 蓟州区白马泉村北墓地的考古发掘工作完成，共发掘清理汉、唐辽、金元、明清不同时期古代墓葬 84 座，为建立和开展天津地区唐辽时期墓葬的考古学年代标尺和综合研究工作提供了不可多得的实物资料。

8 月 10 日 国家文物局考古研究中心与天津市文化遗产保护中心签署水下考古与文物保护战略合作协议，双方将围绕北方海上丝绸之路贸易线路等关键性课题展开深入合作。此次合作将使天津市相关工作进一步融入国家水下文化遗产保护整体发展布局，推进京津冀水下文物工作的交流合作。

8 月 12 日 市文化和旅游局成功举办 2022 年全市星级饭店从业人员服务技能竞赛活动，全市 10 家饭店、33 名选手进入决赛，市文化和旅游局、市总工会、团市委、市妇联对获得名次的选手分别授予荣誉称号并予以表彰。

8 月 16 日 文化和旅游部关于公布第二批国家级夜间文化和旅游消费集聚区名单，天津市意大利风情区、滨海新区文化中心入选。

8 月 24 日 经市政府同意，与市发展改革委、市教委、市科技局、市规划资源局、市住房城乡建设委联合印发《天津市落实“十四五”文物保护和科技创新规划实施方案》，加强我市“十四五”期间文物保护和科技创新工作。

8 月 26 日 教育部等八部门联合公布了首批“大思政课”实践教学基地名单，天津博物馆、周恩来邓颖超纪念馆、平津战役纪念馆、大沽口炮台遗址博物馆入选。

8 月 经各院校报名、专家评审，命名天津大学亚洲非物质文化遗产理论研究中心、南开大学非遗研究基地等 10 个非遗研究基地。

9 月 2 日 第十三届中国艺术节第十九届群星奖(戏曲、曲艺类)决赛活动圆满结束。天津评剧院大型现代评剧《革命家庭》，以戏曲类榜首的成绩摘取文华大奖。滨海新区的小品《疫“懂”的心》时隔九年再次摘得“群星奖”。

9 月 7 日 国家文物局公布 2022 年度“弘扬中华优秀传统文化、培育社会主义核心价值观”主题展览项目名单，平津战役纪念馆“红色医药文化遗存展”入选。

9 月 14 日 市文旅局制发《关于开展本土阳性感染者相关隔离点风险隐患排查专项行动的通知》，连夜启动为期 4 天专项督查行动，围绕近期出现过本土阳性感染者的全部集中隔离点日常管理环节和各区级管理工作体系开展全方位的排查。

9 月 24 日 市文旅局组织市文旅资源部门，以运河文化为主题，参加第十届澳门旅游产业博览会云上推介会。澳门设立分会场，以运河为线索，生动讲述了天津依运河而生的历史、美食、建筑、教育等优势资源，加深了澳门地区对天津的了解，提升了城市旅游吸引力。

9 月 30 日 天津市援助昌都防控新冠肺炎专家队隔离点组圆满完成工作任务，凯旋，平安返津。

同日 市文化和旅游局会同天津银保监局推动本市保险替代保证金工作，联合下发《关于开展旅游服务质量保证金履约保证保险试点工作的通知》，降低旅行社经营成本。

10 月 3 日至 14 日 市集中隔离点管控专

业组全力做好新疆民族班学生返津集中隔离工作，市文旅局与市教委、市交委、市市场监管委和有关区严密组织、紧密配合，全面提级服务管理，确保集中隔离任务万无一失。

10月12日 市文旅局与市规划资源局、市住房城乡建设委联合印发《关于进一步加强我市不可移动文物和历史风貌建筑保护管理的工作方案》，在城乡建设中加强不可移动文物和历史风貌建筑的保护利用工作。

10月26日 《关于全面做好集中隔离点管控和服务保障工作的通知》印发，全面做好集中隔离点管控和服务保障各项工作，及时有效补齐工作短板，筑牢疫情防控工作首都“护城河”。

同日 全国名碑名刻文物遴选推荐及碑刻石刻文物资源摸底调研工作完成，摸清了全市文物保护单位、国有文物收藏单位碑刻石刻文物资源家底，为下一步改善碑刻石刻文物保护状况、深入挖掘价值内涵、提升保护利用工作水平打下坚实基础。

11月18日 市文旅局推荐申报的河西区、滨海新区两个案例被评为全国基层公共文化服务高质量发展案例。

11月19日 《关于启动梯次储备隔离酒店建设工作的紧急通知》印发，全面启动24小时、48小时、72小时储备隔离酒店的建设工作。

同日 十四仓遗址前期调查与综合研究项目完成野外工作阶段的验收。通过考古调查、勘探基本探明了十四仓遗址的遗迹分布情况、埋藏情况及保存状况，厘清了遗址分布范围、分布规律及特征，基本达到了申报方案设定的预期目标。

11月20日 天津博物馆数字展厅首个展览“鸣沙遗墨——天津博物馆藏敦煌文献展”开展，首次将高科技沉浸式技术运用到文物展示中，让观众在展厅体验行走在虚拟与现实之间的敦煌之旅。

11月21日 《天津市基本公共文化服务实施标准（2022年版）》制定印发，为天津市公共文化服务均等化、标准化建设提供遵循依据。

11月23日 市文旅局创新推出天津市“千村百站”优秀社团群众文化节目展演活动。围绕“学习宣传贯彻落实党的二十大精神”，以“新时代　新征程　新风采”为主题，进一步活跃百姓群众精神文化生活，弘扬社会主义核心价值观。

11月30日 市文旅局启动第四轮全市公共文化服务体系建设评估验收工作，提升各区公共文化服务标准化、均等化建设水平。

11月 水上公园、郭家沟景区、友发钢管创意园、天津科技馆、周恩来邓颖超纪念馆、天津邮政博物馆、天津觉悟社纪念馆、黄崖关长城风景区8家单位被评为市级文明旅游示范单位。

同月 西青区大运河国家文化公园文化小镇考古发掘（二期）项目完成，共清理明清至民国时期各类型遗迹438处，大批重要遗迹的集中发现为研究明清时期杨柳青聚落形成发展和天津大运河遗产提供了重要考古支撑，同时也是杨柳青中国历史文化名镇的重要实物见证。

12月6日 《关于严格规范做好纳管阳性感染者专用集中隔离点管控工作的通知》《优化集中隔离点工作流程指导意见》《关于做好统筹优化集中隔离点资源的通知》印发，文件深入贯彻落实国务院联防联控机制综合组《关于统筹优化集中隔离资源的通知》，有序做好政策衔接，确保解除集中隔离工作平稳有序。

12月15日 李叔同故居纪念馆提升改造工程竣工，历经两年的修缮后，重新对公众开放。

12月30日 市文旅局与市委宣传部联合印发《天津市关于让文物活起来实施方案（2022—2025年）》，进一步促进天津市文物保护传承和活化利用工作。

同日 天津市完成省级文物保护单位名录信息的核对、完善、校核确认工作，进一步加强文物资源管理，厘清省级文物保护单位名录信息，确保信息全面、完整、准确。

12月 天津市郭家沟景区被评定为国家4A级旅游景区。

同月 天津博物馆、自然博物馆志愿服务项目入选全国博物馆志愿服务典型案例。

（执笔人：孙　倩）

市卫生健康委员会2022年大事述要

1月1日 天津市19个主要交通场站和66家基层医疗机构便民核酸检测采样点启动投入运行。

1月2日 国务院联防联控机制督导组二组到市海河医院巡查工作，市卫生健康委副主任刘先夺等领导陪同。

1月8日 国家卫生健康委副主任、国家疾病预防控制局局长王贺胜率国务院联防联控机制工作组来津开展疫情防控检查指导工作。

1月9日 经重点人群筛查，截至1月8日21时，检出18例新冠病毒感染者，主要涉及本市奥密克戎本土感染2例病例所在托管机构、学校学生及家长，均已转运至定点医院实施隔离救治。

同日 市委书记、市防控领导小组组长李鸿忠在市委视频会议室主持召开市防控领导小组和指挥部会议，通报全市疫情情况，深入分析研判全市疫情形势，研究部署疫情防控工作，强调要抓紧开展全员筛查，全力筑牢疫情防控网。

同日 市防控指挥部发布第1号通告，广大市民群众非必要不离津。

同日 市委、市政府和市疫情防控领导小组、市防控指挥部决定在全市范围开展全员核酸检测。

1月10日 市卫生健康委党委印发《市卫生健康委党委关于在疫情防控中进一步发挥基层党组织战斗堡垒作用和党员先锋模范作用的通知》，要求卫生健康系统的广大党员干部作为疫情防控的主力军，进一步发挥基层党组织战斗堡垒作用和党员先锋模范作用。

同日 国家卫生健康委员会副主任、国家疾病预防控制局局长王贺胜到市海河医院视察工作，并向一线医务人员表达慰问。

1月13日 国务院副总理孙春兰视察市海河医院，市卫生健康委副主任刘先夺、专家组组长吴琦及医院领导听取总理指示。

1月14日 市防控指挥部研究决定成立市海河医院新冠肺炎救治前线指挥部，进驻天津市海河医院并召开第1次工作会。

1月15日 国家卫生健康委副主任、国家疾病预防控制局局长王贺胜，市委书记李鸿忠通过视频系统研究会商津南区疫情防控工作，部署下一阶段重点任务，强调要坚决果断精准推动各项防控措施有力落实。市领导喻云林、王建国和市政府秘书长孟庆松参加会议。

1月16日 市委书记李鸿忠到市防控指挥部会商调度、加快推进隔离场所储备征用等工作，研究部署加快筹措隔离房间，确保应转尽转、应隔尽隔。

1月17日 国务院副总理孙春兰、国家卫生健康委主任马晓伟、国家卫生健康委员会副主任、国家疾病预防控制局局长王贺胜视察天津市海河医院新冠肺炎疫情防控工作。市委书记李鸿忠，国务院副秘书长孟扬，天津中医药大学名誉校长张伯礼等陪同。

1月20日 市委书记李鸿忠到海河医院调研检查工作，强调要强化防院感、防外溢各项举措，筑牢疫情和院感防控坚固防线。市领导王建国参加。

1月21日 市政协副主席、市卫生健康委党委书记王建国到海河医院，现场调研医院周边环境整改问题。

1月27日 市委书记李鸿忠在市防控指挥部通过视频会议系统检查调度部署全市疫情防控工作，强调要全力组织流调溯源，以快制快迅速控制疫情风险。市领导连茂君、王建国参加。

1月28日至29日 市委书记李鸿忠在市防控指挥部连夜研究会商分析疫情走势、指挥调度部署疫情处置工作，听取河北区疫情处置情况汇报，强调要快速精准开展重点区域筛查，严防疫情蔓延。市政府秘书长孟庆松参加。

2月1日 市委书记李鸿忠通过全市疫情

防控指挥视频系统，调度部署全市疫情防控工作。市领导连茂君、王建国在分会场参会。

2月8日 市南开医院中西医结合生殖医学中心通过国家辅助生殖技术评审专家组“夫精人工授精技术”评审，开展首例夫精人工授精（AIH）。

2月18日 天津市安定医院在“全国GCP机构药物临床试验量值排行榜——精神专科榜”中位列第十位。

2月25日 市卫生健康委党委党史学习教育总结会召开。党史学习教育市委第十五指导组杨宏丽组长到会指导。市卫生健康委党委副书记、副主任韩晓芬出席会议并讲话，市卫生健康委二级巡视员何鹏主持并传达习近平总书记重要指示和中央、市委党史学习教育总结会议有关精神。

2月27日 市委书记李鸿忠在市防控指挥部调度部署滨海国际机场和东丽区疫情处置工作，强调要迅速全面开展流调工作，加强风险人员核酸检测，严格执行机场疫情防控管理要求，切断病毒传播途径。市领导连茂君、王建国等参加。

3月7日 天津市第五中心医院与中新天津生态城管委会签署合作协议，全面托管生态城医院，建设天津市第五中心医院（北京大学滨海医院）生态城医院。滨海新区区委副书记、区长单泽峰出席签约仪式。

3月8日 天津市2022年卫生健康工作会议以视频形式召开，会议总结2021年工作，部署2022年重点任务。市委常委、市委教育工委书记王庭凯出席并讲话，副市长李树起出席并主持，市卫生健康委党委副书记、副主任韩晓芬传达全国卫生健康工作会议精神并作2022年天津市卫生健康工作报告。

同日 市卫生健康委党委召开全面从严治党工作会议，总结2021年全面从严治党工作，部署2022年重点任务。委党委副书记、副主任韩晓芬出席会议并讲话，委党委委员、副主任王浩主持会议。

3月9日 市卫生健康委召开委系统2022年基本建设工程项目推动会，市卫生健康委副主任王浩出席会议并讲话，委直属14家建设项目单位的相关领导参加会议。

3月11日 天津医科大学总医院放疗科张文学教授团队成功开展天津首例基于3D打印穿刺模板、多重影像技术融合引导下的前列腺癌三维近距离后装插植放疗。该治疗方式对前列腺癌起到根治作用。

3月20日 天津市召开医疗机构疫情防控、医疗救治和就医保障工作会议。市委常委、市委教育工委书记王庭凯出席并讲话，副市长李树起出席并主持会议。

3月30日 市卫生健康委召开分级诊疗制度和医联体建设工作部署推动视频会议。市卫生健康委副主任刘先夺在市海河医院分会场出席会议。

4月3日 由1500名医疗队员组成的我市援沪医疗队驰援上海疫情防控一线。

同日 6辆满载着50万件抗疫物资的货车从天津出发，作为天津支援上海医疗队的后备物资助力上海疫情防控。

4月9日 市政协副主席、市卫生健康委党委书记王建国到市儿童医院（马场院区）、天津医科大学总医院发热门诊和急诊实地调研医院发热门诊、急诊抗原检测应用情况。

同日 市政协副主席、市卫生健康委党委书记王建国，市公安交管局副局长王建到市急救中心指挥批量患者转运工作。

4月11日 天津市增派由78名医务人员组成的中医医疗队驰援上海。受市委书记李鸿忠委托，市政协副主席、市卫生健康委党委书记王建国为医疗队授旗，“人民英雄”国家荣誉称号获得者、中国工程院院士张伯礼参加。

4月12日 2022年天津市中医药工作会议召开。会议总结2021年中医药工作成绩，分析当前形势，部署2022年中医药重点工作。市政府副秘书长、市卫生健康委主任顾清出席并讲话，市卫生健康委副主任杜洪印主持会议。

4月14日 市政府副秘书长、市卫生健康委主任顾清到市急救中心调研指导疫情防控工作。

4 月 19 日　天津市中医药抗疫经验交流会在天津中医药大学第二附属医院召开。市政府副秘书长、市卫生健康委主任顾清出席会议并讲话，张伯礼院士通过视频出席会议并讲话。

同日　市第四中心医院成功完成天津市首台心肌收缩力调节器（CCM）植入术。医院也成为全国首批 CCM 植入中心，填补了天津市在慢性心衰器械治疗领域的空白。

4 月 20 日　市卫生健康委组织召开全市卫生健康行业 2022 年健康帮扶工作推动部署会。

4 月 25 日　由天津市急救中心 108 名队员和 50 辆急救车组成的“天津市援沪院前急救医疗队”驱车前往上海。市防控指挥部副总指挥、市政协副主席、市卫生健康委党委书记王建国和市政府副秘书长、市卫生健康委主任顾清、副主任刘先夺为医疗队送行。

4 月 27 日　2022 年天津市医疗管理、基层卫生和妇幼保健工作会议召开。会议总结天津市 2021 年医疗管理、基层卫生和妇幼保健工作成绩，分析当前形势，部署 2022 年重点工作。市政府副秘书长、市卫生健康委党委副书记、主任顾清出席并讲话，市卫生健康委副主任刘先夺主持会议。

5 月 4 日　团市委书记李龙一行赴天津市胸科医院急诊科，慰问一线青年医务工作者，并为急诊科团队颁发“天津青年五四奖章集体”奖牌，市卫生健康委党委副书记、副主任韩晓芬参加活动。

5 月 9 日　市卫生健康委召开全市卫生健康系统“两新”组织 2021 年党建工作总结暨 2022 年党建工作部署会。天津市“两新”组织工委委员、市卫生健康委副主任刘先夺出席并讲话。

5 月 11 日　市卫生健康委召开以“关爱护士队伍，护佑人民健康”为主题的国际护士节视频会议。市政协副主席、市卫生健康委党委书记王建国出席会议并讲话，市政府副秘书长、市卫生健康委主任顾清在会上宣读《致全市护理工作者的一封信》。

同日　市政府副秘书长、市卫生健康委主任顾清到天津市儿童医院马场院区呼吸科病房、急诊等处，慰问坚守在工作岗位上的护理工作者。

5 月 12 日　第 111 届“5・12”国际护士节，市政协副主席、市卫生健康委党委书记王建国深入天津医学高等专科学校，为同学们讲授思政课，深刻讲解了新时代背景下，医学生如何“不负韶华，不负时代，不负人民”，跑出当代青年的最好成绩。

5 月 15 日　市委书记李鸿忠专程到市防控指挥部检查调度全市全员核酸检测工作，强调要强化底线思维、极限思维，提升核酸检测效能，科学高效构筑疫情防控屏障。

5 月 18 日　天津中医药大学第一附属医院与鲁南制药集团举行国家中医针灸医学中心项目战略合作框架协议签约。

5 月 19 日　市卫生健康委以视频会议线上直播的形式举办本市第 12 个“世界家庭医生日”主题宣传活动。本次“世界家庭医生日”活动主题是“与家医相约和健康相伴”。

5 月 25 日　泰国卫生部卫生司国际合作中心、潘纳塔学院相关负责人通过视频与市卫生健康委相关领导进行远程交流，回顾津泰双方在卫生领域合作和发展历程，并就专业技术人员培训、联合举办学术会议等下一阶段合作意向取得一致性意见。

5 月 29 日　天津市援沪医疗队 1518 名队员分乘 9 架次航班陆续返津。市防控指挥部副总指挥、市政协副主席、市卫生健康委党委书记王建国和市政府副秘书长、市卫生健康委主任顾清，代表市委、市政府和市防控指挥部到机场迎接。

5 月 31 日　天津市院前急救援沪医疗队圆满完成援沪任务平安抵津。市防控指挥部副总指挥、市政协副主席、市卫生健康委党委书记王建国和市政府副秘书长、市卫生健康委主任顾清，代表市委、市政府和市防控指挥部到现场迎接。

同日　市爱卫办在第 35 个“世界无烟日”组织开展“烟草威胁环境”为主题的世界无烟日

及条例普法宣传活动。

6 月 1 日 市卫生健康委副主任刘先夺到市儿童医院马场院区慰问在院儿童及医护人员。市卫生健康委妇幼健康处、委工会领导及市儿童医院领导参加慰问。

6 月 3 日 市防控指挥部副总指挥、市政协副主席、市卫生健康委党委书记王建国,代表市委市政府、市防控指挥部,带队专程慰问本市援沪医疗队,向返津医疗队员及其家人致以节日问候,祝大家端午节安康。

6 月 7 日 天津医科大学眼科医院视光医学和眼视光学两个专业获批教育部国家一流本科专业建设点。

6 月 15 日 南开医院"呼吸与危重症医学科(PCCM)咳喘药学服务标准化门诊(CW-PC)"通过认证,被中国药学会药学服务专业委员会认定为标准化门诊,并在天津市南开医院正式揭牌,将为咳喘疾病患者提供高质量药学服务、全程化治疗管理。

6 月 22 日 天津市"组团式"支援甘肃省 7 个乡村振兴重点县人民医院的 35 名医疗队员从天津滨海国际机场启程飞往甘肃省兰州市。市卫生健康委副主任刘先夺出席欢送仪式。

6 月 24 日 由天津市人民政府主办,市卫生健康委员会承办的第六届世界智能大会数字健康高峰论坛在线上举行。大会围绕"数字新健康 创造新未来"这一主题,邀请来自国家部委、行业组织、高等院校和领军企业的嘉宾们共聚云端。副市长李树起,市政协副主席、市卫生健康委党委书记王建国出席论坛。

6 月 29 日 市卫生健康委员会机关召开"迎盛会、铸忠诚、强担当、创业绩"庆"七一"专题学习交流会暨援沪队员先进事迹宣讲会。市卫生健康委党委副书记、机关党委书记韩晓芬出席会议并讲话。

同日 天津市眼科医院白内障、斜视、玻璃体与视网膜病、眼整形等专业医生启程赴新疆和田地区人民医院开展眼健康光明行活动。

7 月 8 日 市儿童医院获批成为中国儿童风湿免疫病联盟成员单位。

7 月 12 日 国家口腔医学中心—口腔颌面外科专科联盟正式在天津市口腔医院挂牌。

7 月 18 日 由市卫生健康委承担的"中国(天津)—刚果(布)对口医院合作机制项目"正式启动。该项目由天津市人民医院具体实施,时间跨度两年,帮助刚方加强普外科学科建设和人才培养。

同日 2022 年健康中国发展大会——健康人才创新培养主题分会在天津召开。会议围绕"双高建设融入健康中国战略"主题,探讨健康中国背景下卫生职业教育院校双高建设的发展策略。来自全国高等院校、职业技术学院以及健康产业、企业等 200 余人参会。

7 月 19 日 市儿童医院多学科携手完成本市首例小婴儿胸腹腔联合微创手术暨胸腔镜下膈疝修补并腹腔镜 Ladd′s 术。

7 月 26 日 市卫生健康委党委副书记、副主任韩晓芬带队到市血液中心、第四中心医院、人民医院、急救中心、第三中心医院分院、职业病防治院开展"夏日送凉爽"走访慰问活动,并为市海河医院送去防暑降温慰问品。

8 月 7 日 天津市首家儿童视频脑电图监测中心在市儿童医院龙岩院区门诊二楼正式启用。

8 月 9 日 天津市中医药标准化技术委员会成立大会在天津中医药大学召开。市政协副主席、市卫生健康委员会党委书记王建国,人民英雄、中国工程院院士、国医大师张伯礼,天津中医药大学党委书记刘革生等领导出席会议。

8 月 12 日 天津市连夜组建援助海南核酸采样队,赴海南开展支援工作。医疗队由 1000 名医护人员骨干和 8 名管理人员组成,队员来自全市 21 家市属医疗机构和 16 个区卫生健康委,涉及 156 家单位。

8 月 14 日 按照市防控指挥部工作部署,市海河医院在院患者整体搬迁至市第一中心医院(水西院区)。此次转运患者 29 人,其中本土患者 2 人,境外患者 27 人。

8 月 16 日 市卫生健康委召开全市二三级公立中医医院绩效考核 2020 年度国家监测指标

数据分析点评会。市卫生健康委副主任杜洪印出席会议并讲话。

8 月 17 日 天津市眼科医院、南开大学附属医院(天津市第四医院)眼科医联体及视光中心开业揭牌仪式在附属医院举行。南开大学李靖副校长及两院领导、相关人员参加会议。

8 月 18 日 市卫生健康委召开以"'医'心向党、踔厉奋进"为主题的天津市庆祝 2022 年中国医师节大会。市政协副主席、市卫生健康委党委书记王建国出席会议并讲话,市政府副秘书长、市卫生健康委主任顾清在会上宣读了《致全市医师的慰问信》。

8 月 19 日 2022 年中国医师节庆祝大会暨第十三届"中国医师奖"颁奖大会在北京举行,我市张伯礼、王邦茂、曹立春 3 名医师获得"中国医师奖"这一行业最高殊荣。

8 月 26 日 全国职业院校技能大赛健康与社会照护赛项在天津医学高等专科学校学术报告厅正式开始举行,大赛持续 3 天,来自全国 28 个省共 60 个参赛队参赛。

8 月 29 日 天津援海南抗疫医疗队圆满完成任务返津。

8 月 30 日 全国"人民满意的公务员"和"人民满意的公务员集体"表彰大会在北京举行,天津市西青区卫生健康委员会党委书记、主任郭宜鹏被授予全国"人民满意的公务员"称号。

9 月 8 日 市卫生健康委召开委系统 2022 年市级重点建设项目推动会,市卫生健康委副主任邓全军出席会议并讲话,委直属 6 家市级重点建设项目单位的主要负责人和分管负责人参加会议。

9 月 14 日至 15 日 2022 年度委省共建国家区域医疗中心建设工作会在天津市医疗评价和指导中心召开,市卫生健康委党委副主任刘先夺出席会议并讲话。

9 月 16 日 2022 年津泰精神卫生线上学术论坛以线上视频会议、京津冀三地直播形式举办。泰国卫生部精神卫生司副司长春福特·普姆西达、市卫生健康委员会二级巡视员何鹏出席论坛并致辞。

9 月 24 日 天津市新冠肺炎疫情期间管控人员医疗服务保障专线(022-87789191)正式开通。

9 月 26 日 市委、市政府疫情防控工作会议暨市疫情防控工作领导小组和指挥部会议召开。市委书记李鸿忠,市委副书记、市长张工出席并讲话,市委常委、市委秘书长王力军主持。

10 月 9 日 天津市援内蒙古医疗队赴呼和浩特市支援新冠肺炎医疗救治工作,医疗队由 65 名医生和 323 名护理人员组成。

10 月 11 日 市南开医院被授予中华医学会外科学分会疝与腹壁外科学组全国医疗质量控制中心。

10 月 16 日 中国共产党第二十次全国代表大会在北京人民大会堂隆重开幕。市卫生健康系统广大党员干部职工通过电视、网络直播等不同方式收听收看了开幕盛况,认真聆听习近平总书记的工作报告。

同日 天津医科大学总医院牵头组建天津市麻醉专科联盟,14 家医疗机构首批加盟。

10 月 24 日 市卫生健康委组织召开全市健康帮扶专项工作重点任务推进部署视频会。市卫生健康委二级巡视员何鹏出席会议并讲话。

10 月 27 日 天津中医药大学第一附属医院与津药达仁堂集团举行国家医学中心项目战略合作框架协议签约仪式。

10 月 30 日 市卫生健康委副主任邓全军、市卫生健康委二级巡视员万健带队深入海河医院就工地人员疫情防控落实情况进行调研。

11 月 4 日 中国(天津)第 29 批援刚果(布)医疗队、中国(天津)第 24 批援加蓬医疗队从天津启程远赴非洲。市卫生健康委党委副书记、副主任韩晓芬出席欢送仪式并讲话,委合作交流处、委援外办(国际交流中心)主要负责人和各派员单位领导前往现场送行。

11 月 5 日 天津市援内蒙古医疗队在完成 29 天的抗疫工作后顺利平安返回。

11 月 8 日 市卫生健康委联合市消防救援总队,以"抓消防安全,保高质量卫生事业发展;

筑反恐防线,构建安全稳定和谐医院”为主题,共同举办了2022年度(第32届)全市卫生健康行业消防反恐综合演习暨消防标准化管理推进经验交流线上会议。市卫生健康委副主任邓全军出席活动并讲话。

11月11日 市疫情防控领导小组和指挥部会议召开,对全市疫情防控工作做出部署安排。市委书记、市疫情防控领导小组组长李鸿忠主持并讲话,市委副书记、市长、市防控指挥部总指挥张工讲话。

11月14日 由市卫生健康委员会主办,天津市疾病预防控制中心、红桥区卫生健康委员会承办,通过抖音直播形式开展“联合国糖尿病日”宣传活动。

11月15日 市委书记李鸿忠深入市急救中心调研统筹疫情防控情况。市委常委、市委秘书长王力军参加。

11月16日 市卫生健康委党委举办领导干部大讲堂,作为学习宣传贯彻党的二十大精神的重要内容,专题学习《中国共产党章程》。市卫生健康委党委副书记、副主任韩晓芬主持并讲话,市卫生健康委领导班子、机关处长、监察专员,委直属各单位领导班子成员、基层党支部书记总计约1000人参加培训。

同日 第28批中国(天津)援刚果(布)、第23批援加蓬医疗队圆满完成为期一年的援外任务,顺利抵达广州。

11月19日 中国血液病专科联盟白血病自体移植协作组成立大会在津召开,协作组54家成员单位共计300余人参会。

11月29日 市委书记李鸿忠主持召开专题会议,检查调度疫情防控医疗资源保障工作,通过视频系统察看国家会展中心二级定点救治医院、梅江二级定点救治医院建设使用和内部运行等情况,强调要强化底线思维,坚持系统观念,全力统筹疫情防控医疗资源保障能力。市领导王力军、杨兵、王建国参加。

同日 按照市防控指挥部工作安排,成立天津市新冠肺炎报病中心工作组,搭建信息报送平台,收集核实数据信息,统筹新冠肺炎患者转运等事宜。

12月1日 天津市第十七届人民代表大会常务委员会第三十八次会议审议通过《天津市家庭医生签约服务若干规定》,并予公布,自2023年1月1日起施行。这是国内首部家庭医生签约服务地方性法规,为本市高质量开展家庭医生签约服务工作提供有力法治保障。

12月6日 市卫生健康委员会公布2022年11月天津市第三方医学检验实验室审核情况。此次审核合格的具备新冠病毒核酸检测能力的第三方医学检验实验室共24家。

12月8日 市防控指挥部发布天津落实国家优化疫情防控的“津十条”措施,优化防控措施、强化保障服务。

12月12日 市十七届人大常委会第三十八次会议审议了市政府关于研究处理《天津市中医药条例》执法检查报告及审议意见情况的报告。

12月14日 为满足广大市民的就诊需求,本市启用所有二级以上医院发热门诊,市卫生健康委公布门诊信息,居民可根据自身病情就近前往就诊。

12月16日 市卫生健康委发布天津市新冠病毒感染者用药参考目录(第一版)。该目录按照中西药分开的原则,包含针对发热、鼻塞等症状的西药品种38个、中药品种72个。

同日 市卫生健康委组织有关专家制定并发布《天津市新冠病毒感染者居家治疗中医药指引专家共识》,充分发挥中医药作用,指导新冠病毒感染者居家治疗。

12月17日 市防控指挥部办公室发布进一步优化医疗机构就诊流程公告,即日起,全市各医疗机构对就诊患者不再查验核酸阴性证明或检测抗原。

12月18日 天津市启动首批65岁以上老年人中的重点人群健康防疫包发放工作。

12月22日 市政协副主席、市卫生健康委党委书记王建国,到部分三甲医院慰问医务人员并检查指导急诊和危重症患者救治工作。

同日 天津市启动第二批143310名困难人

员的“健康防疫包”发放工作。

12 月 24 日 市政府副秘书长、市卫生健康委主任顾清到部分基层社区卫生服务中心，慰问坚守在基层医疗服务一线的医务工作者，并指导基层做好当前诊疗和新冠重点人群居家健康管理服务等工作。

12 月 25 日 市疫情防控领导小组召开会议，对全市疫情防控工作作出进一步部署安排。市委书记、市疫情防控领导小组组长陈敏尔主持会议并讲话，市委副书记、市长、市防控指挥部总指挥张工出席并讲话，领导小组成员和有关市领导同志出席。

12 月 28 日 全市启动医务人员“健康防疫包”发放工作，共计 124718 份“健康防疫包”将陆续发放到医务人员手中。

12 月 31 日 国务院联防联控机制医疗救治组转发天津市应对疫情高峰医疗救治工作主要做法，供各地在实际工作中参考使用。

（执笔人：徐　霁）

市退役军人事务局 2022 年大事述要

1 月 17 日 市委宣传部、市退役军人事务局、天津警备区政治工作局、市关爱退役军人协会联合举办第二届“天津最美退役军人”发布仪式，面向全社会发布第二届“天津最美退役军人”名单和先进事迹。

1 月 25 日 市退役军人事务局印发《天津市退役军人事务系统开展法治宣传教育的第八个五年规划（2021—2025 年）》。

1 月 26 日 市退役军人事务局召开述责述廉暨党组织书记抓基层党建、年度考核会议。

1 月 27 日 市退役军人事务局召开党史学习教育总结会议。

1 月 30 日 市退役军人事务局印发《天津市退役军人事务局贯彻〈退役军人工作政策制度改革方案〉任务分工》。

2 月 17 日 市退役军人事务局党组书记、局长王宝强主持召开市退役军人事务局党组党史学习教育暨巡视整改专题民主生活会。

2 月 22 日 市退役军人事务局召开 2022 年全市退役军人事务工作会议。市委常委、市委政法委书记、市委退役军人事务工作委员会常务副主任赵飞出席并讲话。市关爱退役军人协会会长荀利军出席。

3 月 4 日 市退役军人事务局党组召开 2022 年度全面从严治党工作会议。

3 月 9 日 市退役军人事务局党组理论学习中心组举办学习贯彻党的十九届六中全会精神和习近平总书记重要讲话精神专题读书班。

3 月 10 日 市退役军人事务局、市关爱退役军人协会与天津能源投资集团有限公司签署关爱服务退役军人合作协议。

同日 “天津市退役军人事务局”微信公众号正式上线。

3 月 14 日 “天津市退役军人事务局”政务微博号正式上线。

3 月 17 日 市退役军人事务局与盛京银行天津分行签署拥军优抚战略合作协议。

3 月 18 日 “天津市退役军人就业信息直通车”平台正式上线。

4 月 2 日 市退役军人事务局在市烈士陵园举行“奋进 · 2022 · 清明祭英烈”代为祭扫仪式。

4 月 8 日 市退役军人事务局党组召开“迎盛会、铸忠诚、强担当、创业绩”主题学习宣传教育实践活动工作动员部署会。

同日 市退役军人事务局、市关爱退役军人协会与天津市新天钢钢铁集团有限公司签署关爱服务退役军人合作协议。

4 月 15 日 市退役军人事务局与中国银联股份有限公司天津分公司、中国邮政集团有限公司天津市分公司、天津顺丰速递有限公司、天津全程德邦物流有限公司签署拥军优抚战略合作协议。

同日 天津市退役军人、其他优抚对象首批优待证颁发仪式暨拥军优抚战略合作签约仪式在滨海新区举办。

4月19日 市委退役军人事务工作委员会召开会议,听取市委退役军人事务工作委员会2021年工作情况汇报,审议2022年工作要点及任务分工、天津市"十四五"退役军人服务和保障规划任务分工方案。市委书记、市委退役军人事务工作委员会主任李鸿忠主持会议并讲话。市协会会长荀利军、市退役军人事务局局长王宝强参加。

4月27日 市退役军人事务局召开中国共产党天津市退役军人事务局党员大会,选举出席天津市第十二次党代表大会代表。

4月28日 市退役军人事务局、市关爱退役军人协会联合印发《关开展天津"最美兵支书"学习宣传活动的通知》。

5月10日 市退役军人事务局举办天津市退役军人志愿服务总队及所属支队授旗仪式。

5月20日 市退役军人事务局、市教委、市关爱退役军人协会联合启动"2022年天津市高职扩招退役军人毕业生就业招聘月活动",面向天津市首届高职扩招退役军人毕业生开展专场招聘活动。

6月8日 市退役军人事务局、市社会科学界联合会联合印发《关于开展2022年度退役军人事务专项课题研究的通知》。

6月16日 市退役军人事务局联合市纪委监委、市委组织部、市委宣传部等8个单位,在滨海新区塘沽烈士陵园召开退役军人思想政治工作联席会议。

6月22日 市退役军人事务局等十六部门印发《天津市关于促进退役军人投身乡村振兴的若干措施》的通知。

6月22日至27日 市退役军人事务局党组成员、副局长孙宏波带队赴西藏自治区昌都市调研援藏事宜。

6月23日 市委退役军人事务工作委员会办公室印发《关于开展"老兵永远跟党走——老兵宣讲"实践活动的通知》。

7月4日 市退役军人事务局党组理论学习中心组举办为期3天的学习贯彻市第十二次党代会精神专题读书班。

7月12日 市委常委、市委政法委书记王庭凯来市退役军人事务局检查调研。

7月15日 退役军人事务部"蹲点抓落实"调研工作组来津走访调研。

同日 市退役军人事务局召开2022年天津市退役军人安置工作会议。

7月19日 市退役军人事务局对律金增烈士评定材料进行调查核实,向市政府办公厅上报核查工作报告。8月7日,市政府印发《天津市人民政府关于评定律金增同志为烈士的批复》。

7月20日 市退役军人事务局印发《天津市退役军人事务系统"蹲点抓落实"工作方案》。

7月21日 市退役军人事务局启动"线上+线下"渠道转业军官、安排工作退役士兵安置"双向选择"活动。

同日 市委决定:孙宏波任天津市退役军人事务局党组书记,李焕龙任天津市退役军人事务局党组成员。

7月23日 市人民政府决定:李焕龙任天津市退役军人事务局副局长(兼)。

7月28日 市委宣传部、市退役军人事务局、市关爱退役军人协会组织召开天津市老战士宣讲团宣讲市第十二次党代会精神报告会。市委常委、市委宣传部部长沈蕾出席并讲话,市关爱退役军人协会会长荀利军出席。

7月30日 由市退役军人事务局、市关爱退役军人协会、市委网信办、中央广播电视总台天津总站联合出品的《峥嵘岁月·家国记忆》"老兵口述历史"专题片于建军节期间在全网推出。

8月1日 市退役军人事务局、市关爱退役军人协会在静海区举办退役军人先进事迹报告会。

同日 市退役军人事务局、市司法局联合印发《关于加强退役军人法律援助工作的若干措施》。

同日 市退役军人服务中心获批成为天津市首批新时代文明实践基地。

8月2日 市退役军人事务局组织302名2022年度转业军官开展全员适应性培训。

8月11日 市退役军人事务局、市关爱退役军人协会会同市体育局举办的天津市首届退役军人乒乓球赛决赛在市人民体育馆举行。

8月18日 市退役军人事务局、市委宣传部、天津警备区政治工作局、市关爱退役军人协会联合印发了《第三届"天津最美退役军人"学习宣传活动的通知》。

8月24日 市退役军人事务局党组召开推动全面从严治党向纵深发展专题会议。

9月5日 市退役军人事务局印发《关于加强新时代天津市军队离退休干部关心下一代工作委员会工作的实施办法》。

9月9日 市退役军人事务局党组印发《关于组织"迎接党的二十大胜利召开"主题实践系列活动方案的通知》。

9月19日 市退役军人事务局与中华联合财产保险股份有限公司天津分公司签署拥军优抚战略合作协议。

同日 市退役军人事务局等6部门联合印发《天津市退役军人事务局等6部门关于做好逐月领取退役金退役军人接收安置相关工作的通知》。

9月21日 中央宣传部、退役军人事务部、中央军委政治工作部联合发布2022年度"最美退役军人"先进事迹，天津市滨海新区中新生态城税务局督办唐洪祥获得2022年度"最美退役军人"称号。

9月22日 市退役军人事务局、市关爱退役军人协会联合启动"2022年秋季退役军人就业招聘系列活动"。

9月26日 市人民政府决定：免去王宝强的天津市退役军人事务局局长职务，任命孙宏波为天津市退役军人事务局局长。

9月28日 市委常委会会议、市委退役军人事务工作委员会合并召开，传达学习中央退役军人事务工作领导小组第十三次全体会议精神，听取我市退役军人信访稳定形势、退役军人安置和三年移交任务攻坚等工作情况汇报。市委书记、市委退役军人事务工作委员会主任李鸿忠主持会议并讲话，市委副书记、市长、市委退役军人事务工作委员会第一副主任张工出席并讲话。市协会会长苟利军、市退役军人事务局局长孙宏波参加。

9月30日 市退役军人事务局等7部门联合印发《天津市退役军人事务局等7部门关于印发〈天津市退役士兵教育培训工作暂行办法〉的通知》。

10月13日 市退役军人事务局与市关爱退役军人协会联合举办"我幸福我光荣"主题报告会。

10月14日 市退役军人事务局、市关爱退役军人协会举办天津市退役军人"喜迎二十大 建功新时代"(第二届)书画摄影作品展。

10月18日 市退役军人事务局、市关爱退役军人协会组织召开天津第一届"最美兵支书"学习宣传活动暨先进事迹报告会。

同日 市退役军人事务局推选出2022年度"退役军人创业典型人物"和"吸纳退役军人就业典型企业"。

10月20日 市退役军人事务局、国家税务总局天津市税务局、市关爱退役军人协会联合召开了全市退役军人思想政治工作联席会暨全国"最美退役军人"座谈会。

10月21日 市退役军人事务局组织召开全市双拥办主任会议。

10月26日 市退役军人事务局印发《关于加强退役军人工作法治建设的若干措施》。

11月3日 市退役军人事务局、市关爱退役军人协会、海河传媒中心举办的市退役军人文艺宣传队"喜庆二十大 建功新时代"专场演出在天津电视台录制。

11月3日至4日 市退役军人事务局组织天津市退役军人参加第二届全国退役军人创业创新大赛决赛，并荣获1个二等奖、2个优胜奖、1个精神风貌奖。

11月8日 市退役军人事务局、天津警备区政治工作局、市关爱退役军人协会联合印发了《关于开展天津市退役军人服务保障先进单位及个人评选表彰的通知》。

11月11日 市委副书记、市长张工对市退役军人事务局超额完成国家下达本市军休干部和退休士官接收安置任务作出批示表扬。

11月16日 市退役军人事务局党组印发《关于迅速兴起学习宣传贯彻落实党的二十大精神热潮的通知》。

11月17日 市委宣传部、市退役军人事务局、市关爱退役军人协会在南开区"退役军人之家"举办天津市老战士宣讲团宣讲党的二十大精神报告会。

11月22日 市退役军人事务局、天津广播电视网络有限公司召开广电惠军卡专属服务暨"192依旧爱"中国广电5G温暖津城品牌关爱行动发布会,推出"广电惠军卡"专属服务,"老兵TV"智慧平台在滨海新区全区上线。

11月23日 市退役军人事务局召开天津市促进退役军人就业创业工作座谈会,副市长杨兵、市协会会长荀利军、市政府副秘书长蔡云鹏出席。

11月25日 市委决定:魏海波任天津市退役军人事务局党组成员。

12月2日 市退役军人事务局印发《天津市退役军人事务局重大行政决策管理办法(试行)》。

12月9日 市人民政府决定:魏海波任天津市退役军人事务局副局长(试用期一年)。

12月16日 市退役军人事务局、天津警备区政治工作局、市关爱退役军人协会联合印发《关于表彰天津市退役军人服务保障先进单位及个人的决定》。

12月28日 市退役军人事务局、市委宣传部、天津警备区政治工作局、市关爱退役军人协会联合印发《关于授予第三届"天津最美退役军人"称号和提名奖的决定》。

同日 市退役军人事务局等三部门联合印发《天津市退役军人事务局 天津市教育委员会 天津市人力资源和社会保障局关于印发〈天津市关于促进优秀退役军人到中小学任教的若干措施〉的通知》。

12月31日 市退役军人事务局等八部门联合印发《天津市推进"军人退役"一件事改革实施方案的通知》。

(执笔人:杨 博)

市应急管理局2022年大事述要

1月1日 应急管理部元旦假期视频调度会议后,调度各区应急局就节日期间工作再安排再部署,要求各区各单位高度戒备,严阵以待,全力做好节日期间的安全稳定工作。

1月5日 市应急委印发《天津市应急避难场所管理办法(试行)》,进一步规范和加强应急避难场所规划、建设、使用与管理,提高城市综合防灾减灾能力。

1月11日 《市安委会办公室关于加强疫情防控期间安全生产工作的通知》印发,要求有关单位从紧从严从实从细抓好疫情防控形势下的安全生产工作,为打赢此次疫情防控战、保障经济社会平稳发展创造良好安全的社会环境。

1月12日 副市长康义到市应急管理局调研,在市应急救援指挥中心,听取应急指挥系统功能及运行情况汇报,连线全市各区应急局,市消防救援总队,并就安全生产和应急管理工作进行部署要求。

1月13日 国务院安委会办公室召开全国危险化学品安全风险集中治理视频推进会。会议结束后,本市继续召开分会场会议,就贯彻落实国务院安委会办公室会议精神,做好下阶段危险化学品安全生产工作提出要求。

1月15日至3月15日 市安委会组织全市开展为期两个月的重点时期安全生产排查整治。各区、各部门、各单位坚持人民至上、生命至上，紧盯重点行业领域和关键环节，分析研判安全风险，深入排查整治各类事故隐患，有力维护春节、冬奥会、冬残奥会、全国两会期间全市安全生产形势总体稳定。

1 月 18 日 市应急管理局组织起草的《天津市危险化学品事故应急预案》《天津市森林火灾应急预案》《天津市突发地质灾害应急预案》以市政府办公厅名义印发。

1 月 24 日 市安委会印发《天津市危险化学品安全风险集中治理方案》，部署开展为期一年的危险化学品安全风险集中治理工作。

1 月 26 日 组织召开全市应急管理工作会议，认真贯彻落实全国安全生产工作电视电话会议、全国应急管理工作会议精神和市委、市政府部署要求，回顾总结 2021 年工作，分析面临的新形势新挑战，安排部署 2022 年重点任务，全力防范化解重大安全风险。

1 月 30 日 合并召开 2021 年度领导班子民主生活会、党史学习教育专题民主生活会、巡视整改专题民主生活会。

同日 市防汛抗旱指挥部印发《关于汲取河南郑州“7・20”特大暴雨灾害教训全力做好我市防汛工作的通知》。

2 月 1 日 应急管理部春节假期及冬奥会期间视频调度会议后，调度各区应急管理局对春节期间及特殊时期工作再安排再部署，要求各区各单位高度戒备，严阵以待，全力做好安全稳定工作。

2 月 6 日 副市长康义到市应急管理局检查指导节日期间值班值守、应急准备工作，并向节日期间参与值班值守工作的应急管理人员致以新春的祝福。

同日 应急管理部春节假期安全防范工作总结视频调度会议后，调度各区应急管理局，强调要善始善终做好节日期间的安全稳定工作。

2 月 22 日至 23 日 应急管理部调查统计司一行来津，就天津市安全生产形势研判和统计分析工作开展实地走访、座谈调研。

2 月 23 日 市安委会办公室、市应急管理局召开安全生产专项整治三年行动第四阶段工作动员部署会，推进天津市安全生产专项整治三年行动巩固提升阶段各项工作。

2 月 24 日 组织召开全市基层应急管理能力建设暨基层应急预案规范化试点建设会议，深入贯彻落实党中央、国务院关于加强基层治理体系和能力现代化建设的方针政策，以及应急管理部和市委、市政府关于加强基层应急管理工作的要求，总结交流基层应急预案体系规范化试点建设经验，以落实应急预案为抓手，推动应急管理工作在基层落实。

2 月 24 日至 25 日 应急管理部有关负责同志到滨海新区调研化学品储罐集中连片区安全生产工作，局相关负责同志陪同。

3 月 3 日 市应急管理局相关负责同志赴蓟州区开展两会、冬残奥会森林火灾防控工作督查检查及重点时期安全生产排查整治工作落实情况督查检查。

3 月 4 日 全市应急管理系统全面从严治党暨党风廉政建设工作会议召开。会议传达学习中央纪委六次全会精神、市纪委十次全会精神，总结 2021 年全面从严治党和党风廉政建设情况，部署安排 2022 年工作任务。

3 月 7 日至 11 日 国务院安委会春节冬奥期间安全生产督导检查组来津开展督导检查。市应急管理局相关负责同志陪同检查。

3 月 8 日 市应急管理局机关妇联组织全局女干部以“强国复兴有我”为主题开展纪念“三八”国际妇女节系列活动。

3 月 17 日 国家森林草原防灭火指挥部召开全国森林草原防灭火工作电视电话会议。会后，天津市立即召开全市森林防灭火指挥部（扩大）会议，副市长孙文魁就贯彻落实全国会议精神，全面加强森林防灭火工作提出要求。

同日 全市应急管理系统值班值守工作视频培训会议召开。会议深入学习贯彻习近平总书记关于应急管理工作的重要论述精神，通报近期应急管理部、市委市政府值班工作要求，对值班值守、信息报送管理规定进行解读。

3 月 28 日 市防指印发《天津市 2022 年防汛抗旱工作安排意见》，从防汛抗旱组织、预案、队伍、物资、检查和措施等方面，明确 20 项重点任务以及责任单位、完成时限，着力推进 2022 年防汛工作有序开展。

3 月 30 日 全市生产经营租住村（居）民自建房重大火灾风险综合治理工作动员部署视频会议召开。市应急管理局相关负责同志参加。

3 月 31 日 《天津市应急管理“十四五”规划》实施推动会召开。会议进一步推动相关规划任务实施。

4 月 3 日 应急管理部清明节假期视频调度会议后，视频调度各区应急局对节日期间安全生产工作再安排再部署，要求各区各单位高度重视，严阵以待，全力做好近期的安全稳定工作。

4 月 12 日 “迎盛会、铸忠诚、强担当、创业绩”主题学习宣传教育实践活动动员部署会召开。

4 月 14 日 青年干部“国家安全”专题座谈会召开，引导全局青年干部深入贯彻落实总体国家安全观，立足本职岗位，为国家安全护航。市应急管理局主要负责同志出席并讲话。有关处室单位负责同志、全体团干部和青年干部代表参加。

4 月 21 日 迎接国务院安委会安全生产和消防工作考核巡查部署推动会议召开。

4 月 26 日 市安委会印发《关于进一步强化安全生产责任落实坚决遏制重特大事故的 15 条措施》，深入学习贯彻习近平总书记关于安全生产重要指示批示精神，全面落实党中央、国务院决策部署和国务院安委会印发的《关于进一步强化安全生产责任落实坚决防范遏制重特大事故的若干措施》。

4 月 26 日至 10 月 31 日 在全市范围内开展安全生产自查，组织各区各部门全面排查安全风险隐患，推动安全生产 15 条硬措施落实见效。

5 月 6 日 天津市召开市防汛抗旱指挥部工作视频会议，认真贯彻落实 2022 年全国防汛抗旱工作电视电话会议和海河防总工作会议精神，分析研判今年全市防汛抗旱面临的形势，安排部署各项重点任务，确保全市安全度汛。副市长李树起出席会议并讲话。

5 月 10 日 市应急管理局主要负责同志走进天津中德应用技术大学，以《坚持统筹发展和安全，为党的二十大胜利召开创造良好安全环境》为题讲授思政课。天津中德应用技术大学有关校领导及部分师生代表参加。

5 月 11 日 市应急管理局组织召开危险化学品安全风险集中治理工作推进会议。

5 月 12 日 “5 · 12”防灾减灾日宣传咨询活动暨“天津科技馆应急科普专区”揭牌仪式在天津科学技术馆举办。

同日 全市应急管理系统新闻宣传工作会议召开。

5 月 13 日 市安委会印发《市安委会关于成立天津市危险化学品安全专业委员会的通知》，明确危险化学品安全专业委员会人员组成、成员单位及办公室主要职责等内容。

5 月 17 日 市应急管理局组织起草的《天津市防汛抗旱应急预案》以市政府办公厅文件印发。

5 月 18 日 市委书记李鸿忠在我局主持召开全市应对极端强降雨防汛应急工作部署会。会上，深入总结借鉴防汛抗灾工作经验教训，按照极值极限的条件设置，组织开展防汛联合会商、预警响应发布、下沉地道封控救援等九个科目的全要素推演。

同日 《天津市应急管理局安全生产领域举报奖励规定（试行）》印发，鼓励和支持生产经营单位从业人员和社会大众共同参与安全生产监督工作，制止和惩处非法违法行为，强化和落实生产经营单位安全生产主体责任。

5 月 20 日 工贸行业安全生产专项整顿“百日清零行动”动员部署视频会议召开。

5 月 21 日 市应急管理局组织起草的《天津市自然灾害救助应急预案》以市政府办公厅名义印发。

5 月 22 日至 6 月 5 日 国务院安委会考核组来津开展 2021 年度省级政府安全生产和消防工作考核巡查。

5 月 26 日 《天津市安全培训机构管理规定（试行）》印发，督促安全培训机构依法依规开展教学活动，为全市安全生产工作提供有力支撑。

5 月 30 日 全市工贸重点企业安全生产工作部署调度暨约谈大会召开。

5 月 31 日 副市长朱鹏出席全国“安全生产月”活动启动视频会议天津分会场会议，并宣布天津市 2022 年“安全生产月”活动启动。

6 月 1 日 2022 年全市救灾和物资保障工作会议召开，分析当前形势，交流工作经验，开展业务培训，研究部署本市汛期救灾和物资保障工作。

6 月 1 日至 9 月 8 日 全市工贸行业安全生产专项整治“百日清零行动”开展，通过成立专班、全面督查、广泛培训、警示约谈、示范检查、案例曝光等组合措施压实主体和监管责任，实现重大隐患动态清零。

6 月 2 日 市河（湖）长制工作领导小组会议暨全市防汛抗旱工作会议召开。市应急管理局主要负责同志代表市防办汇报全市防汛抗旱准备工作。

同日 全市应急管理系统“端午”假期应急保障工作视频会议召开。

6 月 3 日 全市应急管理系统端午假期安全防范工作视频调度会召开，调度有关区局，对端午期间工作再安排再部署。

6 月 4 日 副市长李树起检查大黄堡蓄滞洪区安全建设工程、蓟运河王善庄段险工防汛准备和蓟州区下营镇小港沟山洪沟治理、蓟运河西关段险工治理等情况。局相关负责同志参加。

6 月 9 日 北京、天津两市防办联合组织京津防汛工作联络会商会议，副市长李树起出席，局相关负责同志参加。

同日 市应急管理局、天津开放大学联合开展“党建赋能互融共建　服务应急创新发展”主题党日活动。

6 月 10 日 市抗震救灾指挥部印发《天津市抗震救灾指挥部工作规则》《天津市抗震救灾指挥部办公室工作细则》。

6 月 15 日 2022 年“安全宣传咨询日”活动暨极端天气引发安全生产事故应急演练举行。

6 月 21 日至 22 日 天津市举办第一次全国自然灾害综合风险普查成果应用专题交流会，国家减灾委秘书长、国务院普查办主任郑国光线上出席会议并对普查成果应用提出具体要求。国家有关行业部委和各省普查办领导及工作人员、天津市普查办各成员单位和各区普查办有关负责同志线上参加交流会。

6 月 24 日 军地防汛抢险救灾协调对接会召开，进一步健全军地抢险救灾协调机制。

6 月 25 日 市防办强降雨应对视频调度会议召开，对我市首轮强降雨应对工作进行再安排。

6 月 26 日 市委副书记、代市长张工赴市防办主持召开视频调度会议，研判分析防汛形势，对迎战首轮强降雨应对工作进行再动员再部署再落实。市应急管理局主要负责同志代表市防办汇报强降雨应对准备工作。

同日 市委常委、常务副市长刘桂平，副市长李树起分别来到市防办、市水务局，指挥调度强降雨应对工作。市应急管理局有关负责同志参加。

6 月 28 日至 7 月 1 日 联合市委组织部，在市委党校举办“2022 年市管干部统筹发展与安全　防范化解重大安全风险专题研讨班”，市委常委、常务副市长刘桂平围绕“统筹发展与安全，护航全面建设社会主义大都市”为参训学员集中授课。各区政府分管负责同志、市有关部委办局、央企驻津单位、市属重点企业分管负责同志、相关部门主要负责同志，部分民企和合资企业主要负责人，共 106 人参加培训。

6 月 30 日 市应急办印发《关于进一步加强应急预案演练工作的通知》，要求全市各区、各部门、各单位迅速动员部署，全面组织开展本地区、本行业、本系统应急演练工作，提高应急救援能力，切实做好应对突发事件的思想准备和行动准备。

7 月 1 日 天津市危险化学品安全专业委员会第一次会议暨危险化学品安全生产工作推动会召开，部署危险化学品安全风险集中治理和危险化学品安全生产工作。

7 月 3 日 副市长李树起组织召开强降雨防范工作视频会议，研判当前防汛形势，分析存在问题，研究整改措施，对做好下一步工作进行再安排再部署。

7 月 8 日至 8 月 8 日 活动“迎盛会、铸忠诚、强担当、创业绩”主题警示教育月活动开展。

7 月 14 日 市应急管理局举办学习贯彻市第十二次党代会精神宣讲会暨庆祝中国共产党成立 101 周年专题党课报告会。局主要负责同志以《走好“两个维护”第一方阵 在担当作为中推进应急管理事业高质量发展》为题作专题宣讲。

7 月 20 日 市应急管理局与中石化四建、中交一航局、中交三公局二公司、中铁十八局五公司、中建三局总承包华北分公司 5 家驻津央企签订应急救援联动合作协议，局相关负责同志参加签约仪式。

7 月 24 日 市应急管理局主要负责同志参加全市燃气安全隐患排查整治部署会议，并代表市安委会办公室提出工作要求。

7 月 27 日 副市长李树起组织召开强降雨防范应对工作会议，分析研判当前防汛形势，部署强降雨防御工作。市应急管理局相关负责同志参加。

同日 全市应急系统燃气安全综合监管部署视频会议召开。

7 月 30 日 市突发事件应急委员会办公室、市防汛抗旱指挥部办公室在北辰区青光镇陆军工化第 81 旅子牙河训练场组织开展“砺剑－2022”天津市抗洪抢险综合应急演练。市委常委、常务副市长刘桂平，副市长李树起，武警天津市总队司令员李宝东出席。军地 21 个单位、1100 余人参加。

8 月 1 日至 5 日 市应急委办公室、市应急局举办“天津市应急救援队伍骨干技能培训班”。市级专业应急救援队伍、市应急委应急救援队伍、市级危险化学品应急救援队伍、社会应急力量等骨干队员，以及市应急局参与应急救援处置工作相关人员共计 100 人参加培训。

8 月 6 日 副市长李树起组织召开强降雨防范应对工作会议，分析研判当前防汛形势，部署强降雨防御工作。市应急管理局相关负责同志参加。

8 月 8 日 市应急管理局组织召开全市应急系统燃气安全工作推动会。

8 月 12 日至 13 日 应急部救援协调局一行莅临我市调研应急预案体系建设工作，深入基层开展实地督导，了解基层应急预案规范化建设，召开全市应急预案体系建设工作座谈会，与我市和有关区、镇街、社区进行交流。市委常委、常务副市长刘桂平出席座谈会并讲话。

8 月 14 日 市委书记李鸿忠，市委副书记、市长张工到市防汛指挥部，研判气象信息动态，检查调度部署全市防汛工作，看望慰问坚守在防汛一线的工作人员。有关市领导出席，市应急管理局相关负责同志参加。

8 月 29 日 天津警备区战备建设局来市应急管理局调研应急应战信息系统和数据资源融合共享事宜。

9 月 1 日 市应急管理局疫情防控工作专题会议召开，传达市疫情防控工作会议精神，部署相关工作。

9 月 8 日至 10 月 14 日 市安委会办公室牵头成立 8 个督查组，对 16 个区和市住房城乡建设委、市城市管理委、市交通运输委、市市场监管委、市教委、市文化和旅游局 6 个委局开展安全生产督查。

9 月 10 日 全市应急系统中秋节假期安全防范工作视频调度会召开，对中秋节假期工作再安排再部署。

9 月 15 日 天津市援助巴基斯坦友好省市救灾物资在天津市救灾物资储备站装车启运。市应急管理局相关负责同志出席启运仪式。

9 月 22 日 全市安全生产攻坚行动部署会议暨市安委会（扩大）会议召开。市委副书记、市长张工出席并讲话。市委常委、常务副市长刘桂平作部署，副市长衡晓帆主持会议并传达中央有关部署和市委、市政府工作要求，副市长朱鹏、杨兵和市政府秘书长孟庆松出席。

9 月 24 日 市安委会印发《市安委会关于

开展安全生产攻坚行动全力确保党的二十大期间安全稳定的通知》。

9 月 24 日至 10 月 31 日 在天津市开展安全生产攻坚行动，为党的二十大胜利召开营造安全稳定社会环境。

9 月 27 日 市应急管理局主要负责同志参加全国救援协调和预案管理工作会议，并以《守正创新担使命 踔厉奋发开新局 以高质量预案体系助力应急管理体系和能力现代化》为题作大会典型发言，为全国应急预案体系建设贡献"天津经验"。

同日 市安委会印发《市安委会关于印发进一步加强安全生产工作机制建设意见的通知》。

9 月 29 日 市应急委办公室印发《关于认真落实〈关于进一步加强事故灾害应急处置工作机制建设的意见〉的通知》。

10 月 1 日至 7 日 市应急管理局领导班子成员分别带领检查组，以"四不两直"方式赴重点企业进行国庆假期安全生产检查，分别参加应急管理部国庆节假期安全防范工作视频调度会。

10 月 11 日至 10 月 12 日 市应急委办公室举办基层应急管理干部示范培训班，市应急委重点成员单位、各区应急局、重点街（乡、镇）从事应急管理工作干部共 65 人参加。

10 月 14 日 全市重点危险化学品企业安全生产工作会议召开，总结 2022 年以来我市危险化学品安全生产工作，分析当前安全生产形势，扎实推动危险化学品安全风险集中治理各项任务落实到位。

同日 天津市应急管理综合行政执法总队组建并举行揭牌仪式。

10 月 21 日 《天津市应急管理局生产安全事故应急救援预案》印发。

10 月 27 日 市应急管理局与市行政管理学会、南开大学、天津师范大学有关专家召开专家座谈会，研究应急管理领域重点工作。局相关负责同志参加。

11 月 3 日 《生产安全事故调查管理问题专篇编制导则》和《生产安全事故调查技术专篇编制导则》印发，进一步规范我市生产安全事故调查，提升调查报告的科学性、规范性和严谨性，充分发挥事故查处对安全生产工作的促进作用。

11 月 7 日至 8 日 市应急管理局在中共天津市委党校蓟州校区举办天津市应急管理新闻宣传骨干专题培训班。市、区两级应急管理部门、重点街（乡、镇）从事应急管理新闻宣传工作业务骨干约 60 人参加。

11 月 7 日至 10 日 市应急管理局在中共天津市委党校举办森林防灭火指挥专题培训班，市、区两级森防机构人员、天津警备区参与扑火工作的指挥员、武警天津市总队参与扑火工作的指挥员、市消防救援总队及支队级灭火指挥员、蓟州区森林灭火专业队及北部山区乡镇和 5 个国有林场扑火指挥员共 95 人参加。

11 月 9 日 应急管理部组织召开第六届全国 119 消防先进集体和先进个人表彰大会，天津市 6 个集体和 5 名个人获得表彰。会后，本市召开分会场表彰会议，向受表彰集体和个人颁发证书及奖状。

11 月 10 日 全国森林草原防灭火工作电视电话会议召开。副市长杨兵出席天津分会场会议并组织召开全市森林防灭火指挥部（扩大）会议，就贯彻落实全国电视电话会议精神，进一步做好森林防灭火工作提出要求。市应急管理局主要负责同志主持会议。

11 月 22 日 市安委会办公室组织召开全市安全生产视频调度警示会议，传达学习贯彻习近平总书记对河南安阳市凯信达商贸有限公司火灾事故作出的重要指示精神和市领导批示要求，通报近期国内典型生产安全事故情况，对岁末年初全市安全生产工作进行再动员、再部署、再要求。

11 月 24 日 市应急管理局举办群众代表"走进委办局"活动，邀请企业代表参观市应急指挥中心，与代表深入座谈交流，主动听取意见建议，共同谋划 2023 年应急管理工作思路。

11 月 28 日至 11 月 29 日 基层应急救灾保障工作示范班举办，市、区两级应急管理系统，重点街（乡、镇）从事应急救灾保障工作骨干共

100人参加。

11月29日 天津河北区君临大厦消防安全隐患治理推动会召开。

同日 市安委会办公室印发《天津市生产安全事故防范和整改措施落实情况评估办法》，充分发挥事故调查处理对加强和改进安全生产工作的促进作用，督促生产安全事故防范和整改措施有效落实。

12月1日至7日 市应急管理局组织应急管理法治宣传周活动，通过多种宣传形式，大力营造尊法学法守法用法的良好社会氛围，推进应急管理法治工作再上新台阶。

12月9日 市减灾委印发《关于加强本市自然灾害救助物资储备体系建设的实施意见》，深入贯彻落实习近平总书记关于防灾减灾救灾和应急物资保障工作的重要指示精神，全面加强本市自然灾害救助物资保障能力，进一步发挥自然灾害救助物资在防范化解重大安全风险、维护全市社会稳定中的支撑保障作用。

（执笔人：李　申）

市审计局2022年大事述要

1月6日 全国审计工作会议在北京召开。会议深入贯彻党的十九大和十九届历次全会以及中央经济工作会议精神，认真落实习近平总书记关于审计工作的重要指示批示精神和李克强总理讲话要求，总结2021年工作，部署2022年工作。市审计局党组书记、局长马珊珊及局领导班子成员在天津分会场以视频形式参加会议。

1月8日 市疫情防控指挥部发布2022年1号通告。市审计局党员干部闻令而动，尽锐出战，第一时间主动到居住地社区报到，全力以赴参与疫情“大筛”市民组织工作。

1月14日 市审计局选派干部到津南区抗击疫情，第一批17名党员干部仅用时30分钟集结到位，奔赴津南。

1月18日 市审计局增派干部到津南区抗击疫情，第二批20名干部迅速集结奔赴津南。

1月19日 市审计局市审计局连夜征调35名干部组成第三批队伍支援津南区抗击疫情，全体人员次日6时集合完毕准时出发前往津南。

2月7日 市审计局党组组织全局党员干部开展为期两天半的“深化作风建设　助力创建高效清廉审计机关”大讨论活动，深入学习研讨交流，挖掘作风问题新形式新表现，制定切实整改措施，拉开了全局“作风建设质量提升年”活动的序幕。

2月10日 全国审计机关党风廉政建设工作会议以视频方式召开。市审计局党组书记、局长马珊珊及局领导班子成员在天津分会场参加会议。

2月15日 市审计局召开党组（扩大）会议，组织学习市委办公厅印发的《关于加强市级机关部门机关纪委建设的实施意见》，局领导班子成员、有关部门主要负责同志参加。会议结合审计机关实际，对贯彻落实文件精神做出了部署，就如何进一步加强对机关纪委组织领导、压实责任、健全工作机制等进行了研究，对今后机关纪委聚焦主责主业、有效发挥职能作用提出要求。

2月17日 全市审计工作会议以视频方式召开。会议总结2021年工作，谋划部署2022年工作。市委审计办主任、市审计局党组书记、局长马珊珊作工作报告，河北区、北辰区审计局和市委审计办秘书处主要负责同志作了交流发言。各区审计局，局机关各部门、直属单位主要负责同志以及市审计局特约审计员等参加会议。

2月21日 市审计局领导班子召开党史学习教育专题民主生活会暨巡视整改专题民主生活会。会议紧扣主题，紧密联系贯彻落实习近平总书记重要指示批示精神和党中央决策部署的实际，联系带头学党史、悟思想、办实事、开新局的实际，联系一年来班子加强自身建设、改进工作作风的实际，结合巡视反馈问题，深入查摆不足,进行党性分析,开展严肃的批评和自我批评。市纪委机关、市委组织部、党史学习教育市委指导组出席会议并指导点评。

2月22日 市审计局召开2021年度区级审计机关主要负责同志向市审计局党组述职会,河西区审计局等6个区审计机关主要负责同志向局党组现场述职。局党组书记、局长马珊珊主持会议并讲话,局领导班子成员参加会议,并对区审计机关主要负责同志述职分别进行了点评。

2月27日 市审计局召开2021年度市级预算执行、决算草案和其他财政收支审计工作推动会。局党组书记、局长马珊珊出席会议并讲话,局领导班子成员,参审部门主要负责同志参加会议。

2月28日 市审计局召开驰援抗疫一线党员干部代表座谈会。局党组书记、局长马珊珊同下沉社区、入列轮值以及参加大筛志愿服务的16名党员干部代表进行了交流座谈,相关部门主要负责同志参加座谈。

3月1日 市审计局召开党组会议,传达学习全市统战部长会议暨全市民宗委主任会议精神,局领导班子成员、有关部门主要负责同志参加会议。会议结合学习贯彻全国统战部长会议、全国民宗委主任会议精神,提出贯彻落实要求,确保会议精神贯彻落实到位。

3月31日 市审计局党组成员、副局长童仕欢带领金融审计一处及相关处室人员深入市金融局开展调研。市金融局副局长黎红及相关处室主要负责同志围绕本市金融改革取得的成效、金融机构面临的主要风险、其他七类金融组织现状及监管体系等情况向调研组进行了详细介绍。

4月2日 市审计局在全市审计系统组织开展“规范审计执法、提升业务质量、争创优秀项目”专题法治培训。局党组书记、局长马珊珊作为推进法治建设第一责任人,以《深入学习贯彻习近平法治思想 规范审计执法 提升业务质量 争创优秀项目》为题讲授法治课,深入阐释习近平法治思想的重大意义和核心要义,并结合审计工作实际,就如何将习近平法治思想落实到全面依法审计全过程各环节提出明确要求。

4月6日 市审计局首次对在2021年审计工作中做出突出贡献的3个集体及时进行奖励,引导广大公务员主动融入高质量发展的“主赛道”,助推审计事业再上新台阶。给予粮食安全专项审计调查审计组集体二等功、津门虎足球俱乐部审计组集体三等功、全市土地出让金管理使用情况专项审计调查项目组集体嘉奖。

4月14日 市审计局党组成员、副局长孙建国,二级总监王银柱带领综合处相关人员赴红桥区审计局调研。红桥区委副书记、区长陈宇和区委常委、副区长蔡宁出席座谈会。

4月15日 市审计局党组书记、局长马珊珊赴市发展改革委沟通交流审计情况。市发展和改革委员会党组书记、主任戴永康介绍了此次接受审计的有关情况。市审计局总审计师刘金龙、市发展改革委副主任杨志耘、魏广勇,审计组主要成员和市发展改革委有关部门主要负责同志参加了座谈。

4月16日 市审计局党组书记、局长马珊珊赴市医保局沟通交流审计情况。市医保局党组书记、局长李国田介绍了此次接受审计的有关情况,审计组主要成员和市医保局有关同志参加了座谈。

4月20日 市审计局党组召开“迎盛会、铸忠诚、强担当、创业绩”主题学习宣传教育实践活动动员部署会议。局党组书记、局长马珊珊主持会议并讲话,局领导班子成员、局机关各部门、直属单位主要负责同志参加会议。

4月22日 市审计局党组成员、副局长孙建国、张锦琳赴南开区指导调研审计工作,南开区副区长张志华出席座谈会。

4月29日 市审计局召开2022年“双万双服促发展”活动工作推动部署会,会议传达了天津市进一步优化营商环境工作会议精神和2022年“双万双服促发展”活动工作安排,介绍了局领导包联企业最新情况和服务组成员变化情况。局党组成员、副局长、“双万双服促发展”活动服务组组长王维章就进一步推动市审计局“双万双服促发展”活动工作提出具体要求。服务组全体成员参加会议。

5月5日 市审计局与市教育委员会签订合作框架,共同加强对市属高校内部审计工作的指导和监督,提升市属高校内部审计监督效能。

5月18日 市机关事务管理局副局长张长林一行到市审计局就贯彻执行《公共机构生活垃圾分类工作评价标准(试行)》《天津市塑料污染治理2022年工作要点》调研指导工作,并对市审计局申报公共机构生活垃圾分类示范点工作进行现场评审检查。市审计局党组书记、局长马珊珊,党组成员、副局长孙建国,财务保障处主要负责同志参加调研活动。

5月20日 市委网信办组织专家在市审计局召开金审工程(三期)建设项目竣工验收会,局党组成员、副局长张锦琳出席会议。与会专家审阅了项目验收资料,听取了项目建设单位的项目建设情况汇报和监理单位的监理意见,经专家组质询讨论,一致同意该项目通过验收。

6月22日 市审计局召开党组(扩大)会议传达学习市第十二次党代会精神,研究贯彻落实举措,总结部署下半年重点工作任务。局党组书记、局长马珊珊主持会议并讲话,局领导班子成员、局机关各部门、直属单位主要负责同志参加会议。

6月23日 市审计局党组书记、局长马珊珊一行到滨海新区督促检查审计整改工作并开展调研,党组成员、总审计师刘金龙,审理处主要负责同志参加调研。滨海新区区长单泽峰、副区长尹晓峰及新区相关部门出席调研活动。

6月28日 市审计局召开“两优一先”表彰会议暨专题党课宣讲会,表彰先进党支部、优秀党务工作者和共产党员。局党组书记、局长马珊珊作题为《正“风”、聚“气”、蓄“力”在新征程上奋力谱写审计发展新篇章》专题党课宣讲。

7月4日至5日 市审计局组织开展全市审计机关东西部协作审计人才暨2022年度津甘东西部协作审计项目专题培训,市合作交流办二级巡视员杨毅东讲解津甘东西部协作和对口支援政策文件,局党组成员、副局长孙建国出席培训会,东西部协作人才库全体干部及参与本年度援甘审计项目成员参加培训。

7月7日 市委审计委员会召开会议,传达学习贯彻习近平总书记重要指示精神,审议天津市2021年市级预算执行和其他财政支出情况审计报告。市委书记、市委审计委员会主任李鸿忠,市委副书记、市长张工出席并讲话。

7月8日 市审计局举办专题辅导报告会,深入学习贯彻市第十二次党代会精神,邀请市委党校教授作市第十二次党代会精神专题辅导,局领导班子成员、各党支部书记、部分党派干部代表参加报告会。

7月19日 市委组织部副部长王立明、市委市级机关工委副书记芮士成等一行6人到市审计局开展党建与业务深度融合专题调研。市审计局党组书记、局长马珊珊,党组成员、副局长张锦琳会见来宾,投资审计一处主要负责同志出席调研活动。

7月26日 市审计局党组成员、副局长王维章受市政府委托,在天津市第十七届人民代表大会常务委员会第三十六次会议上报告2021年度市级预算执行和其他财政收支审计情况。

8月2日 市审计局组织召开专题廉政党课暨警示教育大会,局党组成员、副局长王维章以《忆党史 强党性 知敬畏 在奋斗中擦亮廉洁底色》为题讲授专题党课。局领导班子成员,驻局纪检监察组主要负责同志,局机关各部门、直属单位主要负责同志参加会议。

8月15日 市审计局2022年处级领导干部政治能力提升培训班在市委党校开班。局党组成员、副局长张锦琳出席开班式并讲话,市、区两级审计机关共39名处级领导干部参加培训。

8月30日 市审计局主要领导同志调整,市委决定:张健同志任天津市审计局党组书记。

9月8日 市审计局党组书记张健一行到滨海新区就中央巡视反馈的审计整改工作进行督促检查,并约谈滨海新区领导。检查组一行到太平镇现场实地查看整改工作进展情况,党组成员、总审计师刘金龙,办公室、审理处、财政审计一处主要负责同志参加活动。滨海新区区长单泽峰、副区长赵前苗及新区相关部门出席活动。

9 月 26 日 市第十七届人民代表大会常务委员会第三十七次会议决定:任命张健同志为天津市审计局局长。

10 月 14 日 市政府召开"保交楼 稳民生"专项审计检查工作动员视频会议,贯彻落实市委、市政府工作要求,传达市领导指示批示精神,部署专项审计检查工作。市政府副秘书长蔡云鹏、许颖悟出席会议并代表刘桂平、杨兵讲话,市审计局党组书记、局长张健对专项审计检查工作方案进行解读,党组成员、总审计师刘金龙,办公室、投资审计二处主要负责同志在市审计局分会场参加会议。

10 月 26 日 市审计局召开"保交楼 稳民生"专项审计检查工作推动视频会,局党组书记、局长张健出席会议并讲话,党组成员、总审计师刘金龙,投资审计二处主要负责同志在市审计局主会场参加会议。武清区、北辰区常务副区长,相关部门主要负责同志在各区分会场参加会议。

11 月 4 日 市审计局召开学习宣传贯彻党的二十大精神动员部署会,传达学习上级精神,部署本级学习宣传工作方案。局党组书记、局长张健以深入学习宣传贯彻落实党的二十大精神为主线,总结回顾过去五年来的工作,结合审计工作实际做专题党课辅导,就在新起点上奋力开创我市审计工作新局面进行动员部署。局领导班子成员,各区审计局领导班子成员及部门主要负责同志,局机关各部门、直属单位处级干部等分别在主会场和 18 个分会场参加会议。

同日 市审计局党组书记、局长张健带队到市审计科研所开展调研,实地了解审计科研工作开展情况。局党组成员、副局长张锦琳,办公室、人事教育处主要负责同志参加调研活动。

11 月 8 日 市审计局党组书记、局长张健一行深入宝坻区大口屯镇调研乡村振兴示范村和扶持经济薄弱村工作,慰问联点访户,看望驻村干部,送去党的二十大精神学习口袋书。宝坻区政府、区审计局和大口屯镇相关领导同志参加调研。

11 月 10 日至 12 日 市审计局举办学习宣传贯彻党的二十大精神专题读书班。局党组书记、局长张健,局领导班子成员,各党支部书记参加读书班。

11 月 11 日 市委审计委员会召开会议,审议天津市 2021 年市级预算执行和其他财政支出审计查出问题整改情况报告、天津市 2023 年度审计项目计划。市委书记、市委审计委员会主任李鸿忠,市委副书记、市长张工出席并讲话。

11 月 18 日 市审计局以视频方式举办全市审计机关经济责任审计专题培训班,邀请审计署经责司专家就经济责任审计的内容、审计发现问题责任界定、审计评价等重点、难点问题进行了解析。局党组书记、局长张健出席会议并讲话,局领导班子成员,局机关各部门主要负责同志参加培训会。

11 月 28 日至 30 日 市审计局组织开展 2022 年度市级预算执行、决算草案以及其他财政收支情况审前培训会。局党组书记、局长张健出席会议并做动员讲话,局领导班子成员,相关部门主要负责同志及参审干部参加培训会。

11 月 市审计局党组书记、局长张健相继主持大数据分析团队、青年强审突击队、政研宣传团队"三支队伍"调研座谈会并讲话,分管"三支队伍"的局领导班子成员谢津秋、童仕欢、张锦琳出席会议。

同月 在中央网信办信息化发展局与工业和信息化部信息通信发展司指导下,中国网络社会组织联合会与推进 IPv6 规模部署专家委秘书处主办 2022 年互联网协议第六版(IPv6)规模部署和应用案例征集活动,天津市审计局报送的《IPv6 赋能金审工程三期审计专网建设——天津市审计局 IPv6 规模部署和应用案例》入选规模部署和应用政务网络及政务应用类优秀案例。

12 月 1 日 市审计局党组书记、局长张健受市政府委托,在天津市第十七届人民代表大会常务委员会第三十八次会议上报告 2021 年度市级预算执行和其他财政收支审计查出问题整改情况。

12 月 2 日 市委审计委员会印发实施《中共天津市委审计委员会工作运行规则》,通过系统构建市委审计委员会统一领导下的重大审计事项的统筹谋划、联络协调、请示报告、督办落实“一揽子”制度机制，进一步明确市委审计委员会职能定位、议事规则和工作流程，促进提升市、区两级党委审计委员会工作制度化、规范化水平，更好巩固和深化审计管理体制改革成果，推动把党对审计工作的领导落实到审计工作全过程各方面。

12月30日 市审计局召开2022年度天津市经济责任审计工作联席会议全体会议。市委审计办主任、市审计局党组书记、局长、联席会议召集人张健主持会议并讲话。8个联席会议成员单位相关领导及办公室成员、联络员参加，市委审计办秘书处主要负责同志列席会议。

（执笔人：崔　瀚）

市政府外事办公室（市人民对外友好协会）2022年大事述要

1月7日 市对外友协召开第二届理事会会议。中国人民对外友好协会会长林松添视频致辞，副市长王旭出席并讲话。会议审议通过《天津市人民对外友好协会第一届理事会工作报告》和《天津市人民对外友好协会章程（修订草案）》，聘请天津大学文学艺术研究院院长冯骥才担任第二届理事会名誉会长，选举产生天津市对外友协第二届常务理事会成员。市对外友协负责同志及友协理事近百人参会。

1月11日 市外办推动召开天津—俄勒冈州小麦贸易视频会议，市商务局、市外办、市发展改革委、中粮利金（天津）粮油股份有限公司、天津利达粮油股份有限公司、美国俄勒冈州中国理事会、美国小麦协会和俄勒冈州小麦协会代表参会。

1月30日 市外办与团市委、市文明办、市教委共同主办天津市第十三届娃娃庙会活动，邀请墨尔本天津代表处等友城驻津机构、美资企业、天津茱莉亚学院等“身边的国际社会”青少年子女在线观看娃娃庙会节目。

1月至2月 市外办、市对外友协成功邀请国际友好组织、国际友城和在津国际友人录制短视频或致信函，向天津市人民祝贺中国农历新春、预祝北京冬奥会圆满成功，并为共同抗击新冠肺炎疫情加油助威，共收到致贺短视频22个、信函9封，相关视频在天津电视台、《天津日报》、津云等多家主流媒体播报。

2月17日 市外办举办天津外事工作历史展。展览以“与祖国共进　与时代同行”为主题，通过历史档案资料回顾天津外事工作伴随新中国成长、发展、建设的全过程。展览内容包括历史沿革、友好城市、政要来访、大型活动、天下之津等部分，展出档案资料和图片88份，实物档案77件。展览期间还举办了专题座谈会，与会人员以“鉴往知来、继往开来，续写天津外事新篇章”为主题，深入交流参展体会感受和经验启示。

2月21日 在市外办积极建议和推动下，天津茱莉亚学院举办中美音乐交流五十年研讨会，中美两国艺术家、音乐教育家，中国驻美使馆、美驻华使馆、市外办、市教委等有关单位及天津茱莉亚学院师生代表共200余人以线上线下相结合方式出席，市外办主要负责同志在开幕式上致辞。

同日 市外办与市委网信办联合出品的《谈天论津》特辑《波利希谈天津茱莉亚》在全网推送。

2月22日 市外办举办“天津城市国际化功能提升”专题座谈会暨天津市城市国际化研究中心揭牌仪式，市外办与天津社会科学院签署合作协议。市外办主要负责同志出席并讲话。天津社科院、市社科联、渤海化工集团、南开大学、天津大学、天津师范大学、天津外国语大学等有关领导和专家学者参加活动。

2月26日 市外办、市对外友协以线上线下相结合方式举办与“身边的国际社会”一起

"战疫情·庆冬奥·迎盛会"活动。活动以"同心抗疫·欢庆冬奥·喜迎盛会"为主题,由开幕仪式、文艺演出、抗疫主题画展和非遗展示等部分组成。

3月22日 天津市与哥伦比亚卡利市友好交流与合作关系意向书签约仪式以视频方式举行,天津市与卡利市共同签署《中华人民共和国天津市和哥伦比亚共和国卡利市建立友好交流与合作关系意向书》,中国驻哥伦比亚大使蓝虎、哥伦比亚驻华大使蒙萨尔韦线上出席并致辞。

3月23日至24日 以"加强党的建设,奋进新时代中古社会主义新征程"为主题的第四届中古两党理论研讨会以视频方式举行,中共中央总书记、国家主席习近平向会议致贺信,古共中央第一书记、国家主席迪亚斯-卡内尔向会议致祝贺视频。天津设立分会场。市委常委、滨海新区区委书记连茂君在分会场参会并作专题发言,滨海新区大沽街和盛苑社区党组织负责同志参加第三分议题"党的建设"并发言。

3月31日 市外办召开"迎盛会、铸忠诚、强担当、创业绩"主题学习宣传教育实践活动工作动员部署会暨专题读书班开班动员会,市外办主要负责同志出席会议并讲话。

4月7日 市委外事工作委员会召开第五次会议,深入学习贯彻习近平外交思想,传达学习贯彻中央外事工作部署要求,听取市委外事工作委员会2021年工作情况的汇报,审议2022年工作要点。市委书记、市委外事工作委员会主任李鸿忠主持并讲话。

4月14日 市委外办召开2022年区委外事工作委员会办公室主任会议,市委外办主要负责同志出席并讲话,各区委外办主任参会。

4月20日 市对外友协举办首届"'身边的国际社会'眼中的天津"摄影大赛启动仪式,市外办主要负责同志出席并讲话,天津韩国人(商)会会长朴洪希,市对外友协、市文化和旅游局负责同志参加。

4月27日 市委外办召开贯彻落实市委外事工作委员会第五次会议精神学习研讨会,市委外办主要负责同志出席并讲话,各委员单位有关负责同志参会。

4月28日 市外办召开党员大会,选举产生市外办出席天津市第十二次党代会代表,市外办主要负责同志当选。

5月5日 在外交部领事司悉心指导和市外办积极推动下,天津市与驻新加坡使馆合作办理首例"海外远程视频公证"。驻新加坡使馆、市外办负责同志等线上出席。

5月7日 市外办举办"齐声读原著 同心铸忠诚"诵读活动,组织机关及直属单位年轻干部集体诵读习近平总书记重要著作和重要讲话节选。

5月19日 由中共中央对外联络部主办、天津市外办协办的中埃政党共建"一带一路"交流机制第二次会议暨中埃企业家"云对接"活动以线上方式成功举办。中联部三局副局长余伟、中国经济联络中心主任彭勇出席会议,市外办主要负责同志应邀出席并致辞,埃及政党领导人、中埃企业家代表70余人共同参加。

5月20日 在市外办积极协助下,天津茱莉亚学院·天津音乐学院茱莉亚研究院首届研究生毕业典礼以"线上+线下"形式成功举办。驻美大使秦刚、美驻华大使伯恩斯、茱莉亚学院荣誉院长波利希视频致辞,副市长王旭、市政协副主席曹小红出席并致辞,学院领导和市外办、市教委、经开区等单位负责同志,中国美国商会、外资企业、友好人士代表等一同参加。

6月7日 市外办会同市农业农村委、市商务局,与俄勒冈—中国理事会及俄勒冈州经济厅、农业农村厅有关负责人在线召开天津—俄勒冈州经贸农业合作工作协调会,市对外友协负责同志出席并致辞。

6月13日 副市长王旭视频会见俄勒冈—中国理事会主席蓝进。

同日 副市长王旭召开中国美国商会会员企业座谈会,市外办负责同志参加会议并解答企业有关问题。

6月23日 由市外办与以色列驻华使馆共同主办的以色列先进制造与生命医疗专场对接

会在线上成功举办，市外办负责同志、以色列驻华使馆经济商务参赞柯蔼晴出席并致辞。

6月24日 市外办、市对外友协举办诚邀“身边的国际社会”感知天津——在津国际友人农业农村参访活动，邀请在津国际友人代表共同参加天津滨海崔庄古冬枣园第一届枣花节暨天津市乡村传统文体项目展演。

6月24日至25日 第六届世界智能大会在津举行，市外办圆满完成外事接待各项任务。英国作为此次大会主宾国参会。市外办负责同志和代英国驻华贸易使节杜涛共同主持双方企业洽谈会。

6月28日 第22届哥中文化周在哥伦比亚波哥大市举办，代市长张工以视频致辞方式出席。

6月29日 市对外友协与北马其顿商会举行线上交流会，探讨推动天津与北马其顿在农业、经贸、投资等领域交流合作，市外办主要负责同志、中国驻北马其顿大使张佐出席并致辞。

同日 市港澳办与市商务局、天津市香港商会、香港特区政府驻津联络处、香港贸发局共同举办“疫情下的机遇”——优化营商环境及惠企政策宣讲会，市港澳办负责同志出席并致辞。

7月4日 市外办、市对外友协举办“与‘身边的国际社会’共话市第十二次党代会精神座谈会”，邀请来自日本、韩国、葡萄牙等市对外友协理事会外籍个人理事等参会，市外办主要负责同志出席会议并宣介党的二十大精神，市对外友协负责同志出席活动。

7月5日 市对外友协与冈山市日中友协及两市有关医疗机构举行康复医疗线上交流会。市对外友协负责同志、冈山市日中友协会长土井章弘出席会议并致辞。

7月6日 市外办组织全体党员赴平津战役纪念馆，举行庆祝中国共产党成立101周年暨学习宣传贯彻市第十二次党代会精神主题宣讲专题党课报告会，市外办主要负责同志作专题党课报告。

7月23日 为期一个月的“喜迎二十大 外事谱新篇”天津市“学习习近平外交思想”知识竞赛初赛圆满结束，本次比赛由市外办和天津外国语大学联合举办，4万余人在线答题。

7月26日 市对外友协召开第二届理事会第二次常务理事会会议，市外办主要负责同志、市对外友协负责同志参会。

7月28日 市外办组织“学习习近平外交思想”知识竞赛初赛颁奖仪式暨专题座谈会，市外办主要负责同志出席，并向获奖单位和个人代表颁发获奖证书。

8月12日 由市外办和天津外国语大学共同主办的“习近平外交思想的时代特征与世界意义”理论研讨会在津成功召开。市外办主要负责同志出席活动并致辞，来自外交外事和国际关系领域40余名国内权威专家学者参会。

同日 市外办会同市教委、市科技局（市外专局）、市卫生健康委、市公安局出入境管理总队召开服务“身边的国际社会”政策说明会，约160家外资企业和商会200名代表参会。

同日 市外办以“新时代民间外交”为题举办“海河之邀”国际大讲堂，邀请中国人民大学习近平新时代中国特色社会主义思想研究所副院长、市对外友协理事王义桅教授作专题辅导，市对外友协负责同志、各区外办负责同志和市对外友协理事代表参加讲座。

8月19日至20日 首届世界职业技术教育发展大会在津举办。市外办圆满完成70余名驻华使节、国际组织代表和外国专家学者的接待保障工作。

9月9日 市对外友协组织部分民营企业和商协会理事单位代表召开惠企政策宣讲座谈会，邀请市发展改革委和市商务局相关部门负责同志分别宣讲天津市稳经济惠企政策和天津国际消费中心城市培育建设情况。市外办主要负责同志出席座谈会并讲话，市对外友协负责同志主持座谈会。

9月15日 天津援助巴基斯坦友好省市救灾物资启运仪式成功举办。市外办主要负责同志出席并致辞。市红十字会主要负责同志，市应急局、市国资委、市食品集团负责同志及市发展改革委相关同志出席。巴基斯坦驻华大使莫因·哈克、外交部亚洲司司长刘劲松、巴基斯坦卡拉奇市市长穆尔塔扎·瓦哈卜、全国对外友协亚非工作部副主任吉拥军副主任线上出席并致辞。

9月19日 市外办、市科技局(市外专局)共同举办外国专家座谈会,详细解读《天津市培育建设国际消费中心城市实施方案(2021—2025年)》,听取意见建议。来自7个国家的12名在津外国专家参会。

9月20日 市委副书记、市长张工为第六届仁中论坛2022国际会议开幕式录制视频致辞,市政府秘书长孟庆松陪同。

9月21日 市委常委、市委教育工委书记王旭与驻旧金山总领事及总领馆教育参赞进行视频工作会谈,就推动天津与俄勒冈州开展教育领域合作交换意见。

同日 市外办、市对外友协举办与"身边的国际社会"共话建设国际消费中心城市座谈会,市外办主要负责同志,市对外友协负责同志出席,来自9个国家的20名外国驻津机构代表、在津外国商会代表、专家和留学生代表参会。

同日 市外办召开"京津冀协同发展背景下的国际消费中心城市建设"研讨会,邀请市委党校、天津社会科学院、南开大学、天津外国语大学、天津商业大学相关领域专家学者参会,共商推动培育建设国际消费中心城市的思路和举措。市外办主要负责同志出席并讲话。

9月23日 市港澳办举办建设国际消费中心城市在津港澳企业人士交流座谈会,市港澳办主要负责同志出席并讲话,市港澳办负责同志主持会议,香港侨界社团联会主席、华桑发展(集团)有限公司董事会主席沈家燊,香港特区政府驻津联络处主任赵碧菁,天津市香港商会会长杨亮贤、澳门航空天津代表处执行总经理蒙亮及在津港澳企业代表等10余人参会。

9月30日 天津市庆祝中华人民共和国成立73周年招待会在天津礼堂举行。市委书记李鸿忠,市委副书记、市长张工与全市各界人士、中外来宾欢聚一堂,共同庆祝新中国华诞。

10月1日至7日 市外办与市委网信办共同推出"谈天论津"系列短视频第二季。经统计,国庆期间全网累计发布涉及"谈天论津"相关内容5500余篇,阅读量2700万,投放国外各大平台,海外用户群体覆盖量达1300万。

10月12日 副市长朱鹏线上出席中日友城论坛并发言,介绍天津市区位优势、港口优势、产业优势和平台优势,就加强与日本地方友好交流提出具体建议。

同日 由市对外友协主办的"喜迎二十大,笔墨著丹心"——习近平外交思想用典书法展开幕。市外办主要负责同志,天津社会科学院院长靳方华,天津市书法家协会副主席喻建十,南开大学企业文化研究中心主任齐善鸿,中国美国商会天津主席马柯,日本神户国际合作交流中心天津代表处首席代表高桥健司,天津韩国人(商)会首席副会长柳正琪,河西区美协副秘书长张耀出席开幕式并致辞。市对外友协负责同志主持开幕式。市对外友协理事会成员单位天津日本人会、中国欧盟商会天津分会和市传统文化产业协会、在津外国企业代表及留学生代表等30余人参加开幕式。

同日 "天津市—神户市小学生线上交流活动"成功举办。来自天津市河西区上海道小学和神户市立小学的学生相聚云端,围绕传统文化、校园生活和中日友谊等话题进行互动交流。日本神户国际合作交流中心天津代表处首席代表高桥健司,天津市外办、河西区教育局、上海道小学等有关同志出席活动。

10月17日 天津市外办与中国驻新加坡使馆线上开展"联学联建"活动,共同学习党的二十大报告,交流学习认识体会,商讨进一步加强双方对接合作的思路举措,推动深化津新各领域交流合作,服务新时代中新地方合作开创新局面。天津市外办主要负责同志、中国驻新加坡大使孙海燕出席并致辞,中国驻新加坡使馆公参王珞主持,中国驻新加坡使馆党委委员、各党支部书记和部分青年党员代表,天津市外办领导班子成员、市对外友协秘书长、机关各党支部书记和青年党员代表参加。

10月19日 市委常委、市委教育工委书记王旭分别与中国驻乌兹别克斯坦大使姜岩、哈萨克斯坦驻华大使沙赫拉特·努雷舍夫、中国驻哈萨克斯坦大使张霄视频通话，加快推动哈萨克斯坦、乌兹别克斯坦鲁班工坊项目建设。

10月26日 市委副书记、市长张工在天津大礼堂视频会见新加坡国家发展部部长李智陞，市委常委、滨海新区区委书记连茂君、副市长朱鹏、副市长杨兵、市政府秘书长孟庆松陪同。

11月1日 由天津市外办、日本千叶市国际课联合主办的“天津市—千叶市大学生线上交流活动”成功举办。来自天津师范大学、天津外国语大学和千叶大学、神田外语大学的学生相聚云端，围绕各自的学校、大学生活、促进可持续发展等主题互动交流。市外办主要负责同志、天津师范大学校长钟英华、天津外国语大学校长陈法春和千叶市市长神谷俊一、千叶大学校长中山俊宪、神田外语大学校长宫内孝久分别视频致辞。千叶市市长公室长相乐俊洋、千叶市日中友好协会会长布施贵良，两市和四所高校的有关同志出席活动。

11月12日 天津市南开中学与日本创价学园中学线上共同举办“中日友谊源远流长；青年使者托举希望——庆祝中日邦交正常化50周年暨中日青年友好交流活动”。市对外友协负责同志线上参加本次活动。

11月15日 市对外友协举办“‘身边的国际社会’眼中的天津”首届摄影大赛颁奖仪式和优秀作品展览活动。市对外友协、市文化和旅游局负责同志，市文化旅游摄影协会会长段铁军等出席颁奖仪式。来自天津市有关高校、外籍人员子女学校、企业等单位获奖的外国人士、优秀组织单位代表和有关媒体代表等参加颁奖仪式。

11月17日 市委常委、教育工委书记王旭视频会见埃及驻华大使哈奈菲，就协助搭建与埃及官方沟通渠道、现有埃及鲁班工坊升级、第3所鲁班工坊建设、中国在埃及泰达苏伊士工业园援建的职业培训学校转型为鲁班工坊等内容交换意见。埃及驻华使馆政务参赞海赞姆·阿卜杜哈迪、三等秘书艾哈迈德·侯斯尼，市外办、市教委、天津轻工职业技术学院、天津交通职业学院负责同志陪同出席。

同日 天津市第四十二中学与香港苏浙公学举办“香港·天津科创云研学课程”活动，市港澳办、市政协、市教委相关负责同志出席活动。两校100名师生通过在线参访方式深入学习绿色科技、卫星物联网及应用于解决粮食问题的有关个案，加强了津港两地中学生的交流互动。

11月18日 市港澳办举办“学习贯彻党的二十大精神、做好新时代港澳工作”座谈会。市港澳办主要负责同志对党的二十大精神进行宣讲。香港侨界社团联会主席沈家燊、香港新华集团顾问及法律总监蔡关颖琴、香港特区政府驻津联络处主任赵碧菁、天津市香港商会会长杨亮贤及在津港澳企业代表等围绕学习贯彻党的二十大精神进行深入交流。

11月21日 市港澳办举办天津市港澳工作联席会第十一次会议暨津港澳合作交流座谈会，副市长朱鹏出席并讲话，市港澳办主要负责同志主持会议。香港特区政府驻津联络处主任赵碧菁，天津市香港商会会长杨亮贤及联席会有关成员单位和在津工作、学习的港澳人士代表50余人参加。会上，香港特区政府驻京办主任梁志仁、澳门特区政府驻京办主任梁洁芝视频致辞，市发展和改革委、市人社局负责同志分别开展政策宣介，港澳人士代表围绕在津投资、工作、生活中遇到的问题以及营造良好营商环境提出意见建议，联席会有关成员单位进行现场解答。

11月23日 市委副书记、市长张工与蒙古国乌兰巴托市市长道·苏米亚巴扎尔以寄签方式签署《中华人民共和国天津市与蒙古国乌兰巴托市关于进一步加强友好城市关系的备忘录》，并纳入《中华人民共和国和蒙古国关于新时代推进全面战略伙伴关系的联合声明》。

11月24日至26日 市外办主要负责同志率团访问白俄罗斯，出席第十三届“成功磨坊”国际经济论坛并在开幕式致辞，会见莫吉廖夫州副州长斯特拉哈尔，实地考察中白工业园并与园区负责人座谈，拜会中国驻白俄罗斯大使谢小用，与巴基斯坦驻白俄罗斯大使萨贾德·海德汗及莫吉廖夫自由经济区、路桥集团驻白俄罗斯代表处有关负责人交流,积极宣介党的二十大精神和市第十二次党代会部署,积极推动我市与白俄罗斯及莫吉廖夫州重点领域和重点项目合作。

12 月 1 日 市委常委、市委教育工委书记王旭视频会见乌兹别克斯坦驻华大使阿尔济耶夫,市外办、市委教育工委负责同志出席。天津海运职业学院院长吴宗保线上出席。

同日 市外办会同市教委、俄勒冈中国理事会,组织河东区香山道小学、"泥人张"张宇传习室、美国 Xstream 学校等多所国际学校共同举办了"彩塑泥人传承记忆 绽放中美多彩文化"非遗特色线上交流活动。来自中美学校 100 多名师生参与活动。

12 月 6 日 市对外友协、南开大学、釜山市政府、釜山国际交流财团联合举办"2022 中韩新一代青年领袖论坛"。釜山市经济副市长李成权、釜山市国际交流财团秘书长郑钟弼、中国驻釜山总领馆参赞王从容、天津市对外友协负责同志、南开大学有关人员出席论坛并致辞。两市人工智能、互联网、软件等领域青年企业家和高校学生代表共 120 余人线上线下参会。

12 月 8 日 市委副书记、市长张工向蒙古国乌兰巴托市主办的第五届东北亚市长论坛致贺信。市交通运输委总经济师孙长国线上出席会议。

12 月 9 日 天津市、福建省、俄勒冈州以视频连线方式共同举办第二届中国—俄勒冈州气候变化与可持续发展论坛,俄州参议员丹布罗、驻旧金山总领事张建敏、天津市外办主要负责同志、福建省外办负责同志出席并致辞。中美双方专家学者进行主题演讲。

12 月 11 日 塞尔维亚航空天津—贝尔格莱德直航首航仪式在天津滨海国际机场举行。塞尔维亚驻华大使玛亚・斯特凡诺维奇出席首航仪式,并乘坐首航从天津返塞。副市长朱鹏,市外办主要负责同志以及市外办、市商务局、市发展改革委、市交通运输委、市文化和旅游局、市体育局、天津海关、天津边检总站等负责同志出席。

(执笔人:尼倩倩)

市市场监督管理委员会 2022 年大事述要

1 月 5 日 副市长康义带队赴冬奥会定点供应企业进行专项督查。市市场监管委主任戴东强、滨海新区副区长梁益铭、保税区及经开区管委会主任、滨海新区市场监管局相关同志陪同。康义实地检查生产车间、生产过程控制、供奥产品贮存等情况,强调要提高政治站位,压实监管责任,落实主体责任,确保冬奥会食品供应安全。

同日 现代中医药海河实验室—天津市药品检验研究院"中药质量评价技术与标准研究中心"在天津中医药大学正式成立。天津中医药大学名誉校长、现代中医药海河实验室主任张伯礼院士,市药监局局长王栩冬共同参加揭牌仪式并致辞。

1 月 11 日 市药监局成立 16 个督查组,在全市范围内开展疫情防控药械产品质量监管督导检查工作。

1 月 12 日 市药监局启动应急审批机制,开设制剂调剂审批绿色通道,全力做好新冠肺炎疫情防控相关行政审批事项办理,满足新冠肺炎患者的临床用药需求。

1 月 19 日 市市场监管委党组书记、主任戴东强深入西青区辛口镇物美低温库检查群众生活物资保供情况,要求切实压实监管责任,统筹人力物力,科学安排好驻点人员轮换和相关保障,始终保持高昂的战斗力,发扬连续作战精神,扎实细致做好群众基本生活的物质保障工作。

同日 按照市疫情防控指挥部保障津南区广大群众购药需求的指令,市药监局连夜部署"网上购药、送药到家"工作,确定管控区封控区内 4 家药店、防范区内 6 家药店作为线下配送单位,通过"线上+线下"多途径发放至管控区封控区每户家庭，指导广大群众网上购药。

1月20日 市市场监管委印发《关于进一步加强进口货物和相关从业人员疫情联防联控工作的紧急通知》和《关于开展全市进口冷链食品生产经营主体全面检查的通知》，加强进口货物、冷链食品疫情防控。

1月21日 市市场监管委党组书记、主任戴东强主持召开进口货物疫情联防联控工作协调会议，市卫生健康委、市商务局、市公安局、天津海关、交通运输委分管领导及相关负责同志参加会议。会议决定成立市级"蓝军"督导组，负责生产经营环节进口冷链食品疫情防控督导工作。

1月23日 市市场监管委印发《关于加强我市进口冷链食品第三方冷库疫情防控工作检查的通知》，对我市进口冷链食品第三方冷库疫情防控工作开展突击检查。

1月24日 市市场监管委党组书记、主任戴东强带队到市药监局进行全面从严治党主体责任考核暨基层党建考核。戴东强肯定市药监局党组完成年度工作任务取得的成绩和落实全面从严治党主体责任成效，并对2022年落实全面从严治党主体责任提出要求。

1月26日 市市场监管委印发《关于深入开展"线下购物七日无理由退货"活动的通知》。

1月28日 市药监局出台《鼓励医疗器械中小微企业发展的若干措施》，形成支持本市医疗器械中小微企业发展"服务包"。

1月30日 市市场监管委会同市政务服务办、市发展和改革委等13个部门印发《天津市扶持个体工商户发展联席会议制度》，统筹推动落实促进个体工商户发展的重大政策措施，加强部门协同。

同日 市市场监管委印发《关于汲取北京进口冷链传播疫情问题深刻教训 切实加大进口冷链食品疫情联防联控工作力度的紧急通知》，汲取北京由进口冷链传播扩散新冠肺炎疫情严重问题的深刻教训，坚决守住进口冷链食品疫情防控底线。

同日 市市场监管委印发《进一步推动市场监管系统党建和业务工作深度融合的措施》，推动党建和业务工作深度融合。

同日 市市场监管委印发《天津市法治市场监管建设实施纲要(2021—2025年)》，全面深入推进系统法治建设，提升市场监管法治化水平。

1月 市药监局先后印发《关于加强疫情防控医疗器械生产环节质量安全监管的紧急工作通知》《关于进一步加强我市储备医疗器械产品质量安全监管工作的通知》《关于加强疫情防控医疗器械经营使用环节质量安全监管的紧急工作通知》，迅速部署全市疫情防控医疗器械产品质量安全监管工作，为全面核酸筛查保驾护航，全力保障广大医护人员和公众生命健康安全。

2月8日 市市场监管委印发《关于开展追溯平台操作培训、核对主体经营状态、督促第三方冷库加强追溯信息录入和统计冷库库存情况的通知》，进一步加强进口冷链食品追溯管理工作。

同日 市食品安全委员会办公室印发《关于"儿童食品"市场食品安全风险专项整治行动情况通报》，向市食安委各相关成员单位通报"儿童食品"市场食品安全风险专项整治行动情况。

2月11日 市药监局创新监管手段，在化妆品生产企业中开展信用管理，推行"红榜制度"，公布天津市2021年度化妆品"红榜"生产企业，天津郁美净集团有限公司、天津市康婷生物工程集团有限公司等7家单位被评为2021年度优秀生产企业，有效推进天津市化妆品行业诚信体系建设。

同日 市市场监管委印发《关于支持中小微企业和个体工商户克服疫情影响实现平稳发展若干措施》。通过进一步优化涉企行政许可服务、实施包容审慎监管、强力整治违法违规乱收费等措施，为中小微企业和个体工商户纾困解难。

2月17日 市药监局、市公安局组织召开联席会议，部署全市打击制售假药劣药犯罪和药品安全专项整治工作。市公安局副局长田寿涛、市药监局局长王栩冬出席会议并讲话。市公安局、市药监局相关负责同志在主会场参加会议。各区公安机关、市场监管部门相关同志在分会场参加会议。

2 月 18 日 《天津市市场监管委科技发展和技术机构能力建设"十四五"规划》正式发布。

2 月 21 日 市市场监管委、市教育委员会、市卫生健康委、市公安局印发《关于开展 2022 年春季校园食品安全专项监督检查的通知》,决定自 2022 年 2 月至 6 月在全市范围内开展 2022 年春季校园食品安全专项监督检查。

同日 市药监局印发《2022 年天津市医疗器械"线上清网线下规范"治理工作方案》,正式启动为期 11 个月的专项治理工作。

2 月 22 日 市市场监管委印发《天津市市场监督管理委员会"消保+"联席会议制度》和《天津市市场监督管理委员会 天津市消费者协会 2022 年"3·15"国际消费者权益日活动方案》。

2 月 22 日至 23 日 市市场监管委印发《关于开展团餐领域食品安全隐患排查整治的通知》《关于开展网络订餐领域食品安全隐患排查整治的通知》《关于开展社区电商生鲜配送领域食品安全隐患排查整治的通知》《关于开展连锁食品经营领域食品安全隐患排查整治的通知》,在全市范围内开展团餐、网络订餐、社区电商生鲜配送、连锁食品经营等领域食品安全风险隐患排查整治。

2 月 23 日 市市场监管委印发《关于批准天津市第二批质量基础设施"一站式"综合服务试点的通知》,为广大企业提供高效便捷的质量技术服务,切实助推高质量发展。

2 月 25 日 市市场监管委组织召开天津市消费者权益保护工作联席会,市发展和改革委、市通信管理局、市公安局、市司法局等 20 个单位负责同志参会。

2 月 28 日 市市场监管委召开领导班子民主生活会,会议紧扣主题,紧贴职能任务、班子成员分工、个人思想实际,进行对照检查、党性分析,开展批评与自我批评。副市长王卫东、党史学习教育市委第十一指导组相关同志出席会议,并对领导班子民主生活会给予充分肯定。

2 月 市市场监管委抽调 519 名干部下沉社区参与开展疫情防控工作,抽调 30 名干部参加隔离点督查工作。同时从下沉干部中分三批抽调 260 人火速集结驰援津南一线。

同月 市市场监管组织开展委领导班子和领导干部年度考核测评和"一报告两评议"测评工作。同时开展 2021 年系统各单位党政领导班子、领导干部年度考核及"一报告两评议"工作。

3 月 1 日 经市政府同意,市市场监管委印发《中国(天津)自由贸易试验区市场主体确认登记试行办法》,自 5 月 1 日起实施。在自贸试验区试点探索市场主体登记确认制改革,推进极简登记管理模式,更大力度减环节、减材料、降成本,最大程度尊重企业登记注册自主权,充分激发市场主体活力、优化我市营商环境。

3 月 3 日 市市场监管委印发《关于进一步加强我市单用途预付卡监管工作方案的通知》。

3 月 8 日 《市市场监管委基层党建检查考核反馈问题整改督办检查工作机制》印发,进一步压实全面从严治党责任。

同日 市市场监管委印发《关于开展中小学校校外配餐食品安全排查整治专项行动的工作方案》,在全市范围内开展为期一个月的中小学校校外配餐食品安全排查整治专项行动。

3 月 10 日 市市场监管委组织召开"线下购物七日无理由退货"工作视频会议,各区市场监管局分管消保工作的局长、科长和 103 名企业代表参会。

3 月 13 日 市政府办公厅印发市市场监管委起草的《天津市促进首台(套)重大技术装备示范应用的若干措施》,突破首台(套)示范应用瓶颈,多措并举解决市场"卡脖子"问题。

3 月 15 日 市药监局开展"3·15"化妆品注册和备案检验机构线上开放活动,邀请本市化妆品生产企业和经营企业的注册人、备案人、进口产品境内责任人、质量负责人及消费者代表在线"走"进市质检院参观学习。

同日 市药监局、天津经开区管委会、国际生物医药联合研究院在滨海新区文化商务中心举行《促进生物医药产业集群高质量发展战略合作框架协议》签约暨“1+3”模式药监滨城技术服务窗口揭牌仪式，在经开区设立市药品检验研究院滨海实验室、市药品化妆品审评查验中心滨海办公室、市医疗器械审评查验中心滨海办公室、市药品医疗器械化妆品不良反应监测中心滨海办公室。

3月16日 市市场监管委党组召开2022年首轮巡察工作动员部署会，委巡察工作领导小组成员，全体巡察干部，被巡察单位主要负责人参加会议。党组书记、主任戴东强出席会议并对2022年首轮巡察工作提出要求。

3月19日 市市场监管委党组会议审议通过《关于开展“迎盛会、铸忠诚、强担当、创业绩”主题学习宣传教育实践活动工作方案》，并召开主题学习宣传教育实践活动领导小组第一次会议。

3月24日 市药监局召开疫苗国家监管体系（NRA）评估专题会议，部署推动疫苗评估各项准备工作。市药监局党组书记、局长王栩冬出席会议并讲话。疫苗NRA评估工作专班、相关部门主要负责同志及相关负责同志参加会议。

3月25日 市市场监管委印发《关于仅销售预包装食品备案有关事项的通告》，进一步深化“证照分离”改革。并组织召开视频培训会，各区市场监管局相关科室及市场监管所负责同志600余人参会。

3月29日 市市场监管委印发《天津市食品摊贩监督管理实施细则》，进一步规范和完善我市食品摊贩备案和监督管理工作，保障公众饮食安全。

同日 市市场监管委制发《关于进一步加强燃气灶具等相关产品集中检查的通知》，在全市范围内开展了以商用燃气燃烧器具、家用燃气灶具等产品为重点的隐患排查整治工作。

3月30日 市市场监管委召开“天津市电动自行车产品质量提升2022年重点工作推动会”。全市电动自行车生产企业、行业协会、技术专家组及区市场监管局等相关负责人参会。

3月31日 市市场监管委组织开展对市药监局、市知识产权局、机关各处室和直属单位党组织全面从严治党和党组织书记抓基层党建述职评议工作。

3月 按照市委、市政府主要领导批示要求，市市场监管委、市农业农村委、市公安局、市卫生健康委、天津海关、市检察院、市高级法院等多部门，联合开展严厉打击食品安全违法犯罪“百日行动”，严惩重处食品安全违法犯罪行为。

同月 按照国务院食品安全办要求，经市委、市政府主要领导同意，以市食安委名义推荐滨海新区、河东区参加第五批国家食品安全示范城市创建。

4月2日 市市场监管委印发《天津市2022年食品经营安全监管工作要点》。从持续做好疫情防控相关工作、深化食品经营许可和备案改革、深入推进校园食品安全守护行动等九个方面，提出24项重点工作任务。

同日 市知识产权局制发《开展2022年全民国家安全教育日宣传教育活动方案》，在全系统开展“4·15”全民国家安全教育日宣传教育活动。

同日 市市场监管委制发《关于加强清明节期间食品经营安全监管工作的通知》，组织全系统结合“食品安全‘守底线、查隐患、保安全’专项行动”和疫情防控工作，全面加强清明节期间经营环节食品安全监管工作。

4月6日 市市场监管委会同市教委印发《关于进一步深入开展中小学校校外配餐食品安全排查整治专项行动的通知》，持续开展中小学校校外配餐食品安全排查整治专项行动。

4月11日 市市场监管委组织召开“迎盛会、铸忠诚、强担当、创业绩”主题学习宣传教育实践活动工作部署推动会，党组书记、主任戴东强出席会议并讲话，对市场监管系统开展主题学习宣传教育实践活动进行再部署、再推动。委领导班子成员、委机关各处室、各直属单位党组织书记，市药监局、市知识产权局机关党委书记参加会议。

同日 市市场监管委党组印发《关于2021

年落实全面从严治党主体责任暨党组织书记抓基层党建述职评议考核情况的通报》。

4月15日 市市场监管委会印发《关于进一步提级管控生产经营环节进口冷链食品疫情联防联控工作的十条措施》，进一步加强生产经营环节进口冷链食品疫情联防联控，切实防范新冠病毒通过进口冷链食品传播风险。

4月19日 市药监局召开“天津市医疗器械科学监管政策研究组”成立大会，研究组由监管部门、技术支撑单位、行业协会、高等院校、社会组织及企业代表共62人组成。成立大会结束后，政策研究组立即召开了第一次全体成员工作会议，部署了政策研究组2022年重点研究的主要课题，明确了时间节点、责任人员和工作流程。

4月21日 市市场监管委印发《2022年深入推进京津冀协同发展重点工作安排》，充分发挥市场监管部门在促进京津冀协同发展中的重要作用，推进市场监管更深层次、更宽领域的协同协作，加快构建一体化的市场监管环境。

同日 市市场监管委制发《关于进一步做好食用农产品市场销售质量安全监管工作的通知》，从食用农产品集中交易市场规范管理等四个方面明确工作任务。

4月22日 市市场监管委党组印发《关于对2021年落实全面从严治党主体责任暨基层党建述职评议考核排名靠后党组织主要负责人约谈情况的通报》。

4月26日 市市场监管委发布《天津市34种产品质量监督抽查实施细则》，落实服务市场公正监管、科学监管、智慧监管总体要求。

4月27日 天津市召开企业家知识产权工作座谈会。副市长王旭出席会议并讲话，市知识产权局、市合作交流办、市高级人民法院、中国国际贸易促进会天津分会等相关部门负责同志参会。

4月28日 市食安办组织召开主任办公会议。市食安办常务副主任郑建军主持会议并讲话，市食安办、市教委、市公安局、市农业农村委、市卫生健康委、天津海关有关负责同志参会。

4月29日 由市药监局主办、市药品化妆品审评查验中心承办的“探索应用现代中药理论促进院内制剂创新及新药转化”项目启动会在天津天士力研究院召开。

同日 市市场监管委印发《2022年推进普法依法治理工作实施意见》，修订完善《市市场监管委“谁执法谁普法”普法责任清单》，部署推动全系统普法依法治理工作。

5月9日 市市场监管委召开中央法治督察反馈意见整改情况汇报暨推动落实会议，党组书记、主任戴东强出席会议并讲话，市药监局、市知识产权局分管负责同志，市市场监管委法治建设领导小组成员单位主要负责同志参加。

5月12日 市知识产权局、市教委、市科技局、市科协联合开展2022年天津市知识产权教育示范学校认定工作。

同日 市市场监管委举办领导干部学习贯彻《中共中央　国务院关于加快建设全国统一大市场的意见》专题研讨班，党组书记、主任戴东强出席并讲话，委领导和机关、市药监局、市知识产权局机关各处室及各直属单位主要负责同志共90余人参加。

5月13日 市食安办印发《关于2022年第一期天津市“食安指数”的通报》，对全市16个行政区2022年第一季度食品安全水平进行评价。

同日 市委依法治市办“蓝军”督查组到市市场监管委实地督查中央法治督察整改及第三方评估问题整改落实情况。市市场监管委在实地督查的市级部门中取得第一名的好成绩。市委依法治市办印发了督查通报，介绍市市场监管委的亮点工作。

5月18日 副市长王旭主持召开加强进口冷链食品第三方冷库管理部署会议。市市场监管委党组书记、主任戴东强出席并对加强进口冷链食品第三方冷库管理工作进行部署。

5月20日 市知识产权局、市教育委员会、市科学技术局、市科学技术协会共同举办2022年天津市青少年小发明设计大赛。

5月24日 市委常委会审议通过《天津市知识产权强市建设纲要（2021—2035年）》，以市委、市政府文件正式印发实施,对全面推进知识产权强市建设进行了顶层设计和整体部署,成为天津市首个市委、市政府名义制定实施的知识产权纲领性文件。

6月6日 市市场监管委联合市农业农村委制发了《关于上市食用农产品索证索票要求的通知》,推进食用农产品承诺达标合格证制度以及追溯体系建设,扎实推进食用农产品"治违禁 控药残 促提升"三年行动,切实维护食用农产品消费安全与市场供应。

6月7日 市市场监管委印发《市市场监管委关于2022年度天津市国家机关"谁执法谁普法"履职报告评议活动工作方案》,组织开展2022年度"谁执法谁普法"履职报告评议相关工作,推动落实"谁执法谁普法"普法责任制。

6月8日 京津冀三地药监局联合举办全国化妆品安全科普宣传周启动仪式。启动仪式采取线上视频形式,在京津冀三地药监局网站、微信公众号,天津日化协会微信公众号,以及津云、搜狐、网易、新浪等多家新闻媒体线上同步播出,全市在线参与人数超过10万人。

6月10日 市市场监管委制发《天津市市场监管领域不予实施行政强制措施清单》,这是天津市市级部门出台的第一份不予实施行政强制措施清单。市领导张工、刘桂平、王旭、沈蕾分别给予肯定性批示。

6月14日 市人大执法检查组对市市场监管委贯彻实施《天津市文明行为促进条例》工作情况进行现场检查。市市场监管委党组书记、主任戴东强、副主任刘桂林及委相关处室、执法总队负责同志参加。

6月23日 市市场监管委组织召开2022年天津市小微企业质量管理体认证提升行动推动会。市市场监管委分管领导及相关处室负责人,市工信局、商务局相关部门负责人,滨海新区市场监管局、高新区管委会主管领导及相关部门负责人,高新区内参与小微企业提升的认证机构和帮扶企业在主会场参会。全市其他各区组织相关部门、企业和认证机构300余人以视频形式参会。

6月28日 市市场监管委印发《关于进一步加强食品自动制售设备等新业态食品经营许可及监管工作的指导意见》。明确食品自动销售设备、食品自动制售设备、无人售货商店等自动化、无人化新业态食品经营许可及监管要求,促进食品经营新业态规范有序发展。

6月29日 市药监局印发《关于优化境外医疗器械产品迁入我市有关审批事项的通知》《关于印发〈已取得国内进口医疗器械注册证书的产品申报材料编写指南〉(试行)等三项指南的通知》,吸引国外医疗器械产品在天津市尽快上市。

同日 市知识产权局、市公安局生态环境和食品药品安全保卫总队、市市场监管综合行政执法总队签订《加强知识产权保护合作共建备忘录》。

6月30日 市药监局印发《天津市医疗器械应急审批程序》,确保突发公共卫生事件应急所需医疗器械尽快完成审批。

7月4日 市药监局、市市场监管委、市卫生健康委联合印发《天津市全面加强药品不良反应监测工作实施方案》,深入推进药品不良反应监测评价体系建设。

7月5日 市市场监管委组织召开深化商事制度改革小组工作会议及扶持个体工商户发展联席会第一次全体会议。改革小组组长及联席会召集人戴东强出席会议,市发展和改革委、市政务服务办、市工信局等17个成员单位的主管领导及相关负责同志参会。会议全面总结了2021年天津市商事制度改革所做工作,安排部署2022年商事制度改革重点工作,部署扶持个体工商户发展联席会议工作重点任务。

7月6日 市药监局、市商务局共同举办中国美国商会医疗卫生合作对接会,围绕疫情防控、人口政策、健康中国2030等背景下的医疗医药行业相关政策、器械药品准入检测和审批等问题进行深入交流。

7月12日 市市场监管委与市第三中级人民法院、天津海关、市文化和旅游局、市知识产权局签订了《知识产权司法与行政执法联动机制》,市市场监管委副主任刘桂林出席签约仪式并致辞。

7 月 15 日 市市场监管委印发《落实〈天津市构建高标准市场体系若干措施任务清单〉责任分工》,切实抓好高标准市场体系建设各项工作的贯彻落实。

7 月 25 日 市市场监管委组织召开市场监管科技创新工作座谈会。党组书记、主任戴东强出席并讲话,二级巡视员张涵主持会议,有关技术机构和处室负责同志参加。

8 月 2 日 市药监局召开全市药品监督管理中期工作会暨药品安全专项整治“利剑行动”推动会。市药监局党组书记、局长王栩冬出席会议并讲话。

8 月 4 日 国家知识产权局印发《关于确定国家知识产权强市建设试点示范城市的通知》,我市滨海新区、北辰区、东丽区、河西区成为首批国家知识产权强市建设试点示范城市。

同日 市知识产权战略领导小组办公室印发《〈天津市知识产权强市建设纲要(2021—2035年)〉重点任务分工方案》,推动《天津市知识产权强市建设纲要(2021—2035 年)》贯彻落实。

8 月 8 日 市市场监管委党组印发《关于贯彻落实〈中共天津市委关于推进全面从严治党向纵深发展的意见〉的工作措施》。

8 月 9 日 市中医药标准化技术委员会成立大会在天津中医药大学召开,市政协副主席、市卫生健康委党委书记王建国,中国工程院院士张伯礼,市市场监管委副主任赵金恒出席会议并讲话。

8 月 18 日 市市场监管委制发《关于对各区食品安全“守底线、查隐患、保安全”专项行动开展督查的通知》,积极组织开展专项行动交叉督查。

8 月 23 日 市质量工作领导小组印发《关于 2021 年度全市各区政府质量工作考核结果的通报》,完成 2021 年度全市各区政府质量工作考核。

8 月 24 日 市市场监管委印发《天津市市场监督管理严重违法失信名单管理实施办法》,进一步完善本市严重违法失信名单工作机制。

8 月 26 日 由市知识产权局、市教委主办,天津大学承办的 2022 年天津市大学生知识产权创新创业发明与设计大赛开赛。

8 月 27 日 市政府印发《天津市计量发展规划(2022—2035 年)》。这是贯彻落实国家《计量发展规划(2021—2035 年)》的重要举措,也是天津市首次以市政府名义发布的促进计量事业发展的中长期纲领性文件。

9 月 9 日 市市场监管委召开“天津市优秀科技工作者”专题表彰会,宣布对边晖同志的表彰决定。会议就深入落实天津市 2020—2022 年科技创新三年行动计划部署,以科技创新推进市场监管治理能力再上新水平提出了具体要求。

同日 市质量工作领导小组举行 2022 年“质量月”暨电梯安全宣传周活动启动仪式,市质量工作领导小组有关负责同志、相关成员单位、各区市场监管局、“一站式”综合服务试点单位负责同志出席启动仪式。

同日 市扶持个体工商户发展联席会议办公室印发《天津市进一步支持个体工商户纾困发展若干措施》,推出 30 项支持个体工商户纾困发展的具体举措。

9 月 16 日 2022 年天津市食品安全宣传周主场活动线上举办,副市长朱鹏出席活动并致辞,市食品安全办主任戴东强参加活动。本届宣传周以“共创食安新发展 共享美好新生活”为主题,市级有关部门、各区政府、食品生产经营企业及消费者代表共计 4 万余人通过津云观看主场活动。

9 月 26 日 天津市第一单知识产权证券化产品正式发行,这也是全国首单国有企业知识产权证券化产品,实现了本市知识产权证券化零的突破。

9 月 30 日 市市场监管委印发《天津市专业计量技术委员会管理规定(试行)》。这是本市在专业计量技术委员会建设方面的第一份文件,为充分发挥计量专家在计量活动中的技术支撑作用奠定了制度基础。

10 月 6 日 市食品安全办公室组织召开

市、区两级推动落实“两个责任”工作机制培训部署视频会议。市、区两级食品安全办公室及推动落实“两个责任”工作专班有关负责同志参加会议。会议传达市委、市政府主要领导和分管领导关于落实“两个责任”工作机制的批示精神，要求各区挂图作战、倒排工期、压茬推进，确保各项任务按照时间节点落实。

10月10日 市市场监管委出台《天津市市场监督管理委员会法律法规规章库》及其配套的《天津市市场监督管理委员会法律法规规章库管理办法》，收纳市场监管领域现行有效的法律法规规章719部，进一步夯实市场监管法治建设基础，为市场监管体系和监管能力现代化提供了坚强法治保障。

同日 市市场监管委印发《市市场监管委党组巡察工作五年规划(2022—2027)》，提出5年内巡察全覆盖的总体目标，确保巡察工作一体推进，规范有序开展。

10月12日 市市场监管委召开全系统常态化扫黑除恶斗争暨市场流通领域整治工作部署视频会，副主任刘桂林出席会议并讲话。

10月14日 市药监局等五部门联合印发《天津市生物医药研发用物品进口试点方案》，在我市试点实行生物医药企业进口研发用物品白名单制度。

10月17日 市食品安全委员会办公室主任戴东强组织召开专题会议，研究推动落实食品安全“两个责任”工作。市食品安全委员会办公室常务副主任郑建军、食品安全总监崔洪涛及工作专班有关人员参加。会议听取全市推动落实“两个责任”工作开展情况，研究部署下一步工作。

10月28日 市市场监管委党组印发《关于学习宣传贯彻党的二十大精神工作方案》，推动全系统深入学习宣传贯彻党的二十大精神。

11月4日 市市场监管委制发《行政执法人员尽职免责工作实施方案(试行)》，监督和保障市场监督管理部门工作人员依法履行职责，激励行政执法人员新时代新担当新作为。

11月7日 市市场监管委召开规范网络市场秩序工作行政指导会，指导网络平台企业在“双十一”“双十二”期间守法合规经营。淘宝、京东、拼多多、美团、饿了么等20余家平台企业相关人员参加了会议。

10月8日 市市场监管委印发《天津市产品质量安全风险监控管理办法》，引入全生命周期和全场景模拟概念，加强产品质量安全风险早期识别和联动处置。

11月10日 市市场监管委发布《电动自行车等产品质量安全风险监测分析报告》，引导广大消费者科学选购和使用相关产品，防范消费陷阱，提高自我保护意识。

11月22日 以“安全用药 同心同行”为主题的天津市2022年“安全用药月”启动仪式暨天津药品安全论坛在津举办。市药监局、市公安局、市卫生健康委、市医保局等相关领导出席启动仪式。活动期间，全市各级药品监管部门将组织形式多样的宣传活动。

11月28日 天津市开展公平竞争审查会审试点取得阶段性成效，会审试点工作经验在市场监管总局组织的全国会议上进行了交流介绍。

12月14日 市普法办印发《天津市2022年国家机关“谁执法谁普法”履行报告评议情况通报》，市市场监管委被评为优秀等次。

12月21日 市食品安全办印发《关于进一步加强食品安全专职协管员队伍建设的指导意见(试行)》，严格食品安全党政同责和属地管理责任，进一步加强我市食品安全专职协管员队伍建设。

(执笔人：张智武)

市体育局2022年大事述要

1月1日 2022年天津市新年登高健身大会启动仪式暨建设“运动之都”座谈会在中国人

寿金融中心(天津)举行。

1 月 5 日 2021—2022 赛季中国女排超级联赛上,天津女排以 3∶0 取得联赛冠军。

1 月 6 日 市委、市政府发出贺信,祝贺天津女排第十四次荣获中国女排超级联赛冠军。

1 月 8 日 市领导王庭凯、李树起到市体育局复康路训练馆看望慰问了载誉归来、正在训练的天津女排,对天津女排第十四次勇夺全国联赛冠军表示热烈祝贺、亲切慰问,并与运动员和教练员进行了互动交流。

1 月 24 日 市体育局党组理论学习中心组集中学习《中国共产党章程》《中华人民共和国监察法实施条例》《关于加强新时代廉洁文化建设的意见》和习近平总书记在北京考察 2022 年冬奥会、冬残奥会筹办备赛工作时的重要讲话及习近平总书记关于"不断巩固拓展党史学习教育成果 团结带领全国各族人民满怀信心奋进新征程建功新时代"重要指示精神等内容,为开好年度和专题民主生活会打牢思想基础。

1 月 26 日 市体育局党组召开扩大会议暨 2021 年度机关和直属单位党组织书记抓基层党建工作述职评议会,听取机关各党支部和各直属单位党组织书记抓基层党建工作述职和落实全面从严治党主体责任情况汇报。

1 月 27 日 参加 2022 年北京冬奥会的中国体育代表团正式成立,其中包括 3 名天津籍运动员闫文港、阿合娜尔·阿达克和丁嵩。他们在钢架雪车、速度滑冰以及雪车项目,为了祖国的荣誉和天津的期待在赛场上长期拼争,这也是天津籍运动员首次出现在冬奥会赛场。

1 月 28 日 市体育局党组召开党史学习教育专题民主生活会暨巡视整改专题民主生活会,市体育局局长、党组书记李克敏主持会议并作总结讲话。党史学习教育市委第九指导组组长魏卓及有关同志、市纪委监督组组长刘春龄及有关同志到会指导监督。会议安排紧凑、主题明确、重点突出、严肃认真,达到了预期目的。

1 月 市体育局党组紧盯疫情防控、中心工作、冬奥保障三个方面重点任务,压紧部门、单位、个人三个方面具体责任,建立了高效的指挥协调体系、联防联控机制和备战保障体系,选派 239 人下沉社区参加疫情防控工作、选派 127 人下沉支援津南。

2 月 17 日 市体育局党组印发《关于开展党员干部喜迎第十二次党代会互动征集活动的通知》,在体育局系统开展"话五年'津'彩 谋奋进新篇感言"征集活动。

2 月 23 日 市体育局党组巡察工作领导小组召开会议,集体学习《关于加强和改进市级机关部门党组(党委)巡察工作的指导意见》,研究审议《中共天津市体育局党组巡察工作领导小组工作规则》等 7 项制度。

2 月 24 日至 28 日 市体育局党组举办局系统党务干部培训班,深入学习贯彻习近平总书记关于全面从严治党重要论述和重要指示精神,贯彻落实新时代党的组织路线,落实市委巡视反馈意见整改工作,进一步提高基层党建工作规范化科学化水平。

2 月 25 日 市体育局党组与驻局纪检监察组共同组织开展市体育局系统专兼职纪检干部全员培训,进一步提升纪检干部业务能力、夯实纪检工作业务基础。

2 月 26 日 市体育局党组印发《市体育局关于 2022 年度深入开展机关干部下沉式服务基层单位有关工作的通知》,把在"我为群众办实事"实践活动中形成的好做法固化下来,充分运用党员干部下沉社区参加疫情防控经验,推动争当"三个表率"、建设模范机关活动深入开展。

2 月 26 日至 28 日 市体育局党组理论学习中心组举办专题读书班,传达贯彻全市领导干部学习贯彻党的十九届六中全会精神和习近平总书记重要讲话精神。

2 月 28 日至 3 月 2 日 市体育局党组组建工作组,对各直属单位 2021 年度选人用人工作进行专项检查。

3 月 4 日 2022 年全市体育局长会议召开。市体育局局长、党组书记李克敏总结 2021 年体育工作,部署 2022 年工作。滨海新区、北辰区、蓟州区、静海区体育行政部门,市排球中心、市冬水中心、市体育彩票中心、天津奥林股份有限公司等单位进行了交流发言。

3月9日 市体育局党组向各直属单位党组织印发全面从严治党发现问题整改通知书,向机关和各直属单位党组织书记反馈抓基层党建述职评议考核等次。

3月24日 市体育局系统2022年度全面从严治党和机关党建工作会暨讲担当促作为抓落实、持续深入治理形式主义官僚主义不担当不作为问题专项行动推动会在新闻中心召开。

同日 市体育局系统“迎盛会、铸忠诚、强担当、创业绩”主题学习宣传教育实践活动工作动员部署会议召开,对深化对党忠诚教育提出部署要求,同时印发了《关于在“迎盛会、铸忠诚、强担当、创业绩”主题学习宣传教育实践活动工作的实施方案》的通知。

3月27日 市体育局党组印发《天津市体育局2022年党建工作要点》。明确2022年市体育局党建工作总体要求是以习近平新时代中国特色社会主义思想为指导,全面贯彻落实党的十九大和十九届历次全会精神,落实市委十一届十一次、十二次全会工作部署,坚决贯彻落实习近平总书记关于体育工作重要讲话和重要指示批示精神,自觉运用党的百年奋斗历史经验,弘扬伟大建党精神,坚持全面从严治党战略方针,坚定捍卫“两个确立”,增强“四个意识”、坚定“四个自信”、做到“两个维护”,坚持以党的政治建设为统领,坚定不移推进全面从严治党向纵深发展,全面提高党的建设质量和水平,争当“三个表率”、创建模范机关,深入开展“迎盛会、铸忠诚、强担当、创业绩”学习宣传教育实践活动,以优异成绩迎接党的二十大和市第十二次党代会胜利召开。

3月 《天津支部生活》刊发市体育局党组书记李克敏署名文章《伟大成就鼓舞斗志　宝贵经验指引体育事业发展》。

同月 2022年第3期《天津组工通讯》刊发市体育局党组书记李克敏署名文章《坚持党建赋能聚力　助推体育强市建设升级》。

4月2日 市体育局党组宣传思想工作会议和巡察工作专题培训会议先后在新闻中心召开。

4月8日 北京冬奥会、冬残奥会总结表彰大会在人民大会堂隆重举行。市体育局党组书记、局长李克敏和钢架雪车运动员闫文港、速度滑冰运动员阿合娜尔·阿达克、雪车运动员丁嵩、群众冰雪运动代表孙作岳参加了总结表彰大会。闫文港被授予“北京冬奥会、冬残奥会突出贡献个人”称号,受到习近平总书记和中央领导的亲切接见。

4月22日 市体育局召开党组理论学习中心组专题学习(扩大)会议,围绕坚定捍卫“两个确立”,坚决做到“两个维护”主题进行专题学习研讨。

4月24日 市体育局召开局系统党员代表大会,选举产生出席党的二十大和市十二次党代会的党员代表。

4月27日 市体育局组织召开会议贯彻落实习近平总书记在北京冬奥会冬残奥会总结表彰大会上的重要讲话精神,部署新周期训练备战工作。

5月6日至7日 2022年天津市青少年体育工作会议在蓟州国家冰上项目训练基地召开。

5月10日 组织市体育局系统各单位各部门收听收看庆祝中国共产主义青年团成立100周年大会现场直播,局党组第一时间召开扩大会议开展学习交流研讨。

5月17日 市体育局党组理论学习中心组赴宁河区,围绕“传承红色精神、恪守为民情怀”主题,通过实地调研的形式开展“沉浸式”专题学习研讨。全体人员到宁河气膜游泳馆和桥北西堤体育公园开展“我为群众办实事”集体学习调研,到“重走方舟路”红色教育基地,从“重走方舟路”出发地一路向前,聆听于方舟烈士的革命事迹。其间,局党组书记、局长李克敏与宁河区委、区政府主要领导一起现场研究解决体育竞技、体育产业和体育设施建设等方面存在的问题。

6月11日至17日 市体育局领导干部学习贯彻党的十九届六中全会精神和习近平总书记重要讲话精神专题班暨党组织书记和党务干

部培训班及中层干部、机关干部、纪检干部、工会干部、团干部、年轻干部培训班在新闻中心召开。

6 月 20 日 天津市第十二次党代表大会选举产生出席党的二十大代表 46 名,其中,由市体育局党组选举产生的天津女排运动员李盈莹名列其中。

同日 市体育局党组理论学习中心组传达学习市第十二次党代会精神,进一步统一思想、凝聚力量,及时研究贯彻落实意见。

6 月 29 日 市体育局召开党组理论学习中心组专题学习(扩大)会议,围绕坚持勇于自我革命,永葆党的生机活力主题进行专题学习研讨。

6 月 30 日 市体育社会组织行业党委在天津全运会新闻中心二楼新闻发布厅召开了市体育社会组织党建工作会议,全面落实市委组织部、市委市级机关工委对社会组织党建工作的有关要求,推动体育社会组织各项工作有序开展。

7 月 1 日 市体育局机关党委组织全体党员干部到体育博物馆开展"弘扬女排精神"主题党日活动,引导广大党员干部不忘初心跟党走、奋进拼搏新征程。

同日 市体育局组织召开体育法培训研讨会,对新修订的《中华人民共和国体育法》先学一步、学深一层。天津市体育局局长、党组书记李克敏主持会议,中国法学会体育法学研究会、天津财经大学、天津市反兴奋剂中心、共融律师事务所、国浩律师事务所的专家、学者,以及局机关干部 20 余人参加了会议。

7 月 13 日 市体育局召开 2022 年天津市 20 项民心工程全民健身场地设施建设工作调度会,市体育局局长、党组书记李克敏,市体育局群众体育处工作人员,各区体育行政主管部门主要领导及相关人员参加会议。

同日 市体育局举办第十二次党代会精神宣讲专题党课报告会,传达学习天津市第十二次党代会精神。市第十二次党代会代表、市体育局局长、党组书记李克敏宣讲会议精神,并作专题党课报告。

7 月 16 日 喜迎二十大·健步向未来·津城行"中国银行杯"2022 年天津市民健步大会启动仪式在津南区海河教育园中国天津职业技能公共实训中心举行。市政协、市体育局、中国银行天津市分行、津南区有关领导出席启动仪式。

8 月 7 日 由市体育局主办的"排球之城"国际交流周活动启动仪式在市人民体育馆举行。"排球之城"国际交流周举办期间正值我国第 14 个全民健身日,在此期间还举办了免费向全市人民开放的"大众排球欢乐季、海河回响——女排精神展",以及国际交流周"运动装备展"等系列活动。

8 月 9 日 市体育局召开全市体育系统安全稳定工作视频会议。

8 月 16 日 市委市级机关工委工作组到市体育局开展政治建设督查工作。

8 月 17 日 市体育局召开 2022 年"排球之城"建设工作会议。会上,局机关各处室和有关单位负责同志分别汇报了 2022 年上半年"排球之城"建设工作进度及下阶段工作计划。

8 月 22 日 市体育局召开全面从严治党工作中期推动会暨讲担当促作为抓落实、持续深入治理形式主义官僚主义不担当不作为问题专项行动推动会。会上深入学习贯彻习近平总书记关于全面从严治党的重要论述和在省部级主要领导干部专题研讨班、在中央政治局第四十次集体学习时的重要讲话精神,深入贯彻落实市第十二次党代会精神,总结工作、分析形势,部署任务、明确措施,动员各级党组织和党员干部把全面从严治党向纵深推进,为天津体育事业高质量发展提供坚强政治保障。

8 月 29 日至 31 日 市体育局党组理论学习中心组举办专题学习班,深入学习贯彻习近平总书记在省部级主要领导干部专题研讨班上的重要讲话精神,按照个人自学、专家辅导、局党组书记阐释、交流互学等方式狠抓学习贯彻。

9 月 8 日 市体育局党组召开中秋、国庆警示教育专项工作会,传达中央纪委国家监委十起违反中央八项规定精神典型问题、市纪委《关于严格落实中央八项规定精神,做好中秋、国庆期间正风肃纪工作的通知》和《关于 5 起违反中央八项规定精神典型问题的通报》,组织观看了

《拿干净金牌》《激浊扬清》等警示教育片。

9月14日 天津市第十五届运动会青少年组、成年组第一阶段总结工作会议召开。组委会执行常务副主任,市体育局局长、党组书记李克敏出席会议并讲话,副局长李桂峰、王路华参加会议并对第一阶段赛事进行点评。副局长李珊主持会议并点评。

9月28日 在2022年全国女排锦标赛决赛中,天津女排3：1力克江苏女排,夺得冠军。这是天津队队史上的第七个全锦赛冠军。

9月29日 市体育局向天津女排致贺信,祝贺其第七次获得全国女排锦标赛冠军。

10月9日 为切实加强赛风赛纪工作,市体育局党组在新闻中心召开了加强赛风赛纪工作专题会议。参加会议的有市体育局局长、党组书记李克敏,副局长、党组成员李珊,训练竞赛处、宣教法规处主要负责同志,以及10个运动项目管理中心和市足球协会的主要负责同志和分管负责同志。会议传达了体育总局办公厅关于切实加强赛风赛纪工作的通知精神,并就做好新闻舆论和自媒体管理工作提出要求。各运动项目管理中心和市足协分别就本单位赛风赛纪存在的问题和下一步工作举措进行了表态发言。

10月26日 市体育局召开党组(扩大)会议,传达学习党的二十大精神和党的二十届一中全会精神,研究部署市体育局系统的贯彻落实工作。

10月 市体育局精心筹划、周密安排,开展以“喜迎二十大”为主题的“四个一”系列活动,充分营造体育系统迎接盛会召开的喜庆氛围。一是组织一次全民健身活动,即天津市“全民健身迎盛会　打造国庆新民俗”活动,进一步打通市民科学健身“最后一公里”,让广大群众“想健身”的同时更“享健身”。二是组织一次“回望这十年　喜迎二十大　天津体育奋进谱新篇”为主题的系列征文活动,为迎接党的二十大胜利召开营造良好氛围。三是组织一次精彩的表演展示活动。举办“唱响时代颂歌　喜迎盛会召开”歌咏表演活动,讴歌对伟大祖国的无限热爱和对党的深情祝福。四是组织一次集中新闻宣传活动。开展“节日我在岗”“天津体育这十年”系列宣传活动,并与市委网信办合作制作《喜迎二十大　永远跟党走》微视频,通过市新媒体协会在全网进行了展播和推广,进一步抒发了广大体育工作者与时代同行、向幸福致敬的喜悦心情。

同月 在党建引领社区(村)疫情防控工作中,局党组第一时间选派50名党员干部下沉到市内六区和环城四区参与疫情防控工作,同步跟进对下沉干部的关心关怀、跟踪管理和日常考察,在疫情防控中识别干部的思想觉悟、精神状态、执行能力和工作本领。

11月4日 为切实宣传好党的二十大精神,市体育局举办歌咏展演活动,局系统的十几个部门和单位、团队,演唱了《前进吧,中国共产党》《团结就是力量》等20首主旋律歌曲。

11月5日 “津彩同行2022”天津体彩公益健步行活动在水西公园举行。市体育局局长、党组书记李克敏,中国银行天津市分行副行长孙惠敏,驻市体育局纪检监察组组长、党组成员袁守奎,市体育彩票管理中心负责人,天津女排冠军球员王茜、王宁、于鋆炜和“2021体彩追梦人”程丛乐出席了本次活动并为健步行启动发令。来自全市体彩实体店的代销者、销售员、广大购彩者和热心市民参与了本次健步行活动。

11月8日 市体育局召开学习宣传贯彻党的二十大精神报告会暨2022—2023年度冬训动员大会。党的二十大代表、天津女排运动员李盈莹在会上分享了学习党的二十大精神体会。市体育局副局长、党组成员李珊传达了孙春兰副总理关于做好巴黎奥运会备战工作的重要批示精神以及国家体育总局局长高志丹在体育总局2022—2023年度冬训动员大会上的讲话精神。市体育局副局长、党组成员李桂峰就反兴奋剂及科技保障工作提出要求。局领导班子成员,各运动项目管理中心、机关各处室负责同志等分别在主会场或以视频形式参会。

11月12日 “海河回响——女排精神展”巡展系列活动启动仪式在河东万达广场举行。市体育局副局长、党组成员李珊,万达商管集团北区公司天津城市公司总经理孙凯出席仪式并致辞,天津市排球运动管理中心、天津市体育博物馆、河东万达广场等相关人员参加。

11 月 16 日至 18 日 市体育局党组理论学习中心组举办专题学习班,利用 3 天时间,采取个人自学、专家辅导、集中解读、交流研讨和线上线下的方式,结合“迎盛会、铸忠诚、强担当、创业绩”主题学习宣传教育实践活动工作第四专题学习研讨安排,进一步深入学习贯彻党的二十大精神,研究推动贯彻落实工作部署。局长、局党组书记李克敏参加学习班并授课,局党组领导班子成员、局系统副处级以上领导和机关全体干部在主会场参加了授课辅导,其他人员通过视频同步参加,机关工委有关部门负责人列席。

11 月 26 日 市政府办公厅印发了《天津市“运动之都”建设行动方案(2022—2030 年)》,明确以习近平新时代中国特色社会主义思想为指导,全面贯彻党的二十大精神,深入贯彻落实习近平总书记对天津工作“三个着力”重要要求和一系列重要指示批示精神,坚定捍卫“两个确立”,坚决做到“两个维护”,按照市第十二次党代会部署,坚持以人民为中心的发展思想,完整、准确、全面贯彻新发展理念,深入实施全民健身国家战略,推进群众体育、竞技体育、体育产业、体育文化全面发展,促进国际消费中心城市和区域商贸中心城市建设,努力把天津建设成为具有国际影响力的“运动之都”。

11 月 30 日 排球之城宣传工作会议在新闻中心 6 楼会议室举行。市体育局副局长、党组成员李珊出席会议,市体育局训练竞赛处、宣教法规处、排球中心、体育博物馆相关负责同志,媒体领域、教育领域、文化领域相关专家参加会议。与会人员对排球之城宣传工作进行了充分沟通,就如何加大传统媒体和自媒体的宣传力度,如何扩大女排精神进基层、青少年排球运动发展、排球文化宣传广度进行了重点讨论。

12 月 1 日 天津市第十七届人民代表大会常务委员会第三十八次会议审议通过了新修订的《天津市全民健身条例》。这是自 2022 年 6 月 24 日新修订的《中华人民共和国体育法》颁布以来,继《湖北省全民健身条例》在 9 月底修订通过后,党的二十大召开之后全国首个修订完善的地方性全民健身法规。

12 月 13 日 市体育局局长、党组书记李克敏在《中国体育报》上发表署名文章《感悟精神伟力　汲取奋进动力——全力开创天津体育强市建设新局面》,表达了天津体育人践行新时代体育人的职责使命,以体育之为投身强国伟业,以天津之力描绘宏伟蓝图的伟大愿景。

12 月 18 日 天津市第十五届运动会总结展演活动在人民体育馆举行。至此,第十五届市运会顺利完成了各项赛事,圆满落下帷幕。市委常委、市委教育工委书记王旭致辞,副市长李树起宣读组委会表彰决定。第十五届市运会是在党的二十大召开之年天津市举办的规格最高、规模最大的综合性运动会,着力推动体育各项工作再上新水平,选拔、培养、储备优秀体育后备人才,促进全民健身深入开展,展示全市经济社会发展、精神文明建设和体育改革成果。

12 月 27 日 在 2022 年全国体育局长会议上,体育总局公布了第一批全民运动健身模范市(区)和全民运动健身模范县(市、区)名单,本市东丽区、武清区获此荣誉称号。钢架雪车运动员闫文港、蹦床运动员朱雪莹荣获体育运动荣誉奖章并受到表彰。

同日 市体育局党组理论学习中心组开展集中学习,传达 2022 年中央经济工作会议精神并学习营商环境政策有关材料,同时学习了《习近平关于开好民主生活会论述探析》《习近平关于社会主义精神文明建设论述摘编》等内容。

12 月 30 日 市体育局召开党的二十大精神宣讲报告会,邀请党的二十大代表、北辰区宝翠花都社区党总支书记、居委会主任林则银在社区主会场以视频方式进行宣讲。市体育局领导班子成员、驻局纪检监察组有关同志、机关全体干部,各直属单位领导班子成员、中层干部、所属党支部书记、委员、党员干部职工代表,各运动队全体教练员运动员,市足协全体人员等,共计 1000 余人在各视频分会场参加宣讲报告会。会议由市体育局党组书记、局长李克敏主持。

(执笔人:丛煦鸿)

市统计局2022年大事述要

1月4日 市统计局召开2022年度统计工作思路务虚会，局党组书记、局长冯嘉强主持会议，局领导班子成员、总统计师、总经济师、总工程师和有关部门负责人参加会议。

1月10日 《中国信息报》头版发表市统计局局长冯嘉强署名文章《积极发挥统计法治保障作用 持续提升统计数据质量》。

1月11日 市统计局党组连夜抽调60名党员、干部下沉社区一线参加疫情防控工作。1月19日，按照市委组织部统一部署，市统计局增派25名同志赶赴津南封控区支援疫情防控工作。

1月14日 市统计局召开2021年度机关和直属单位党组织书记抓基层党建工作述职评议会。会议由局党组书记、局长冯嘉强主持，局领导班子成员、机关党委委员参加会议。

同日 市统计局召开党史学习教育总结会议。局党组书记、局长、局党史学习教育领导小组组长冯嘉强出席会议并讲话，党史学习教育市委第八指导组组长李江丁和相关同志到会指导，局党组成员、一级巡视员、局党史学习教育领导小组副组长褚丽萍主持会议，局领导班子成员，总统计师、总经济师、总工程师，各部门负责人，人大代表、政协委员和党员代表共计30多人参加。

1月24日至26日 市统计局围绕疫情对企业生产经营影响开展了第一次快速调查，调查内容涉及企业生产经营状况、用工状况、收入状况、主要困难及所需帮扶等多个方面，超过1.8万家企业参与此次调查。

1月26日 市统计局与派驻纪检监察组开展座谈，学习《关于更加有效发挥统计监督职能作用的意见》，研究贯彻落实措施。市统计局党组成员、副局长宋卫东，派驻纪检监察组组长侯宇出席座谈。

2月8日 市商务局副局长李宏一行来局，双方就全市商贸经济运行情况和统计监测工作进行深入交流，市统计局副局长宋卫东出席座谈会。

2月11日 市统计局召开全市统计系统工作会议，局长冯嘉强出席会议并讲话，一级巡视员褚丽萍主持会议，局领导班子成员，总师、总监，市统计局各部门负责人，各区统计局领导班子成员等参加了会议。

同日 市科技局党委书记毛劲松一行来局，双方就做好科技统计工作开展座谈，市统计局局长冯嘉强、副局长宋卫东出席座谈会。

2月16日 市统计局召开2022年初经济形势研判会。局长冯嘉强出席会议，局领导班子成员，总师、总监，相关部门负责同志参加会议。

2月17日 市统计局举办贯彻落实《监督意见》专题学习班，局长冯嘉强出席会议并作动员讲话，局领导班子成员，总师、总监，机关及所属单位主要负责人参加学习。

2月21日 市统计局召开全面从严治党暨不担当不作为警示教育大会，局党组书记、局长冯嘉强出席会议，局党组成员、一级巡视员、机关党委书记褚丽萍主持会议，局领导班子全体成员，派驻纪检监察组组长侯宇一行及全局副处级以上领导干部参加会议。

2月23日 市统计局党组书记、局长冯嘉强针对处级领导干部述责述廉情况进行集体履职谈话、廉政谈话、监督谈话。局领导班子成员，各部门主要负责同志参加。

2月24日 市统计局党组成员、分管法治工作副局长宋卫东、派驻市发展改革委纪检监察组组长侯宇一行前往市纪委监委、市委巡视办，分别与市委巡视办副主任郝文升、党风政风监督室副主任马晓龙围绕统计监督与巡视监督、纪律监督、监察监督的协同配合等方面进行座谈。

2月 市统计局被市委评为2021年度落实全面从严治党主体责任优秀单位。

3 月 3 日　市统计局召开 2022 年“防风险、保安全”工作会议，局党组书记、局长冯嘉强主持会议，局领导班子成员，总师、总监，相关处室主要负责人参加会议。

3 月 7 日　市统计局召开 2022 年 3 月份专业数据评估研判会议。局长冯嘉强出席会议，副局长曹宗泉主持会议，局领导班子成员，总师、总监，各相关部门人员参加会议。

3 月 8 日　市统计局党组书记、局长冯嘉强带队赴友发集团，就市人大代表建议进行专题调研。静海区区委副书记、区长金汇江，友发集团董事长李茂津、党委书记金东虎等接待冯嘉强一行。

3 月 9 日　市统计局印发《2022 年天津市统计工作要点》。

3 月 11 日　市统计局召开青年干部 2 月份经济形势座谈会。局长冯嘉强，一级巡视员褚丽萍，副局长曹宗泉出席会议，有关处室负责同志、各处室青年业务骨干等参加会议。

3 月 16 日至 17 日　市统计局对 3 家企业开展涉外调查专项执法检查。

3 月 18 日　市统计局印发《关于开展全面清理纠正违反统计法律法规文件和做法工作的通知》。

3 月 30 日　市统计局举办 2022 年第一季度投资领域新入库单位统计业务视频培训班。

4 月 2 日　市统计局与市发展改革委就经济运行监测工作进行座谈交流，市统计局局长冯嘉强、市发展和改革委主任戴永康出席座谈会。市统计局副局长曹宗泉、宋卫东、市发展和改革委一级巡视员刘东水、副主任魏广勇及相关处室负责人参加座谈。

4 月 6 日　市统计局召开会议，研究《市统计局党组“迎盛会、铸忠诚、强担当、创业绩”主题学习宣传教育实践活动实施方案》。市统计局党组成员、一级巡视员、机关党委书记褚丽萍主持会议，机关党办、办公室、人事教育处、机关纪委等部门负责人和党员干部参加会议。

4 月 13 日　市统计局召开 2022 年全局保密工作会议暨保密工作培训会，局保密委成员、总师、各处室及直属单位负责同志和分管保密工作副处长等参加会议。

4 月 14 日　市统计局召开 2022 年第一季度经济形势分析会，局长冯嘉强出席会议并讲话，一级巡视员褚丽萍主持会议，局领导班子成员，总师、总监，相关处室负责人参加会议。

4 月 15 日　市统计局、国家统计局天津调查总队联合举办“4・15”全民国家安全教育宣传活动。

同日　市统计局组织召开全市第五次全国经济普查筹备动员部署视频会。市统计局副局长、筹备办主任曹宗泉出席会议并讲话，筹备办常务副主任高世红主持会议。市、区两级“五经普”筹备办工作人员共计 230 余人参加会议。

4 月 21 日　市统计局组织召开 2021 年度天津市统计系列高级职称评审会，一级巡视员褚丽萍出席会议，天津市统计系列高级职称评审委员会 11 位评委参加本次高级统计师资格评审。

4 月 27 日　市统计局召开党员大会，选举产生出席中国共产党天津市第十二次代表大会代表。会议由市统计局二级巡视员陈海生主持，局领导班子成员、在职党员和离退休党员共计 191 人参加会议，市纪委监委驻市发展改革委纪检监察组副组长段海鹰到会监督指导。

5 月 6 日　市统计局召开一季度服务业统计数据联审暨业务视频培训会。

5 月 11 日　市委决定：张建强任天津市统计局党组成员。

5 月 12 日　市统计局召开青年干部 4 月份经济形势座谈会，局长冯嘉强出席会议并讲话，局领导班子成员，总师、总监，各相关处室负责人等参加会议。

5 月 13 日　市统计局组织召开 2022 年全市自然资源资产负债表编制工作培训，市发展改革委、市规划资源局、市生态环境局、市水务局和市农业农村委相关负责同志参加培训。

同日　市统计科研管理办公室召开会议，研究《天津市统计科学研究项目管理办法》修订工作，市统计局一级巡视员褚丽萍出席会议。

5 月　共青团天津市委员会表彰决定，授予天津市统计局机关团委“天津市五四红旗团委”荣誉称号。

5月19日 市委常委会会议暨市委全面深化改革委员会会议召开，听取市统计局关于贯彻落实中办、国办印发的《关于更加有效发挥统计监督职能作用的意见》工作情况汇报，研究部署落实工作。

5月23日至24日 市统计局分两期举办2021年轮国际比较项目（ICP）政府职务薪酬调查培训会，市、区两级公共管理部门、医疗卫生部门、教育部门、人事部门等负责同志近80人参加会议。

5月27日 市人民政府决定：张建强任天津市统计局副局长（试用期一年）。

5月30日 市统计局组织参加国家统计局召开的统计造假不收手不收敛问题专项纠治工作动员部署视频会议，市纪委常委韩东、市纪委监委驻市发展改革委纪检监察组组长侯宇、市纪委监委第七监督检查室副主任李鹏应邀出席会议。局领导班子成员，总监、总师，各处室、直属单位负责同志参加会议。

5月31日 全市主营业务填报结构化和行业智能编码试点工作全部任务高质量完成。

5月 市统计局启动“统计百人服务百企”主题活动，局领导班子以上率下，深入企业了解生产经营状况，为企业统计工作答疑解难。

6月8日 市统计局与市大数据协会就智慧统计工作进行座谈交流，市统计局副局长宋卫东、总工程师李恭谦出席座谈会，局网信办相关负责同志参加。

同日 市委巡视办和市统计局联合制定了《关于建立市委巡视办与市统计局协作机制的意见》。

6月14日至17日 市统计局举办处级以上干部学习贯彻党的十九届六中全会精神和习近平总书记重要讲话精神专题班暨党支部书记培训班。

6月16日 市委副书记、市长张工对市统计局报送的《优化产业结构提升税收能力的城市间对比分析》作出肯定性批示。

同日 市委常委、常务副市长刘桂平对市统计局报送的《1—5月各省区市固定资产投资增速情况》作出肯定性批示。

6月17日 市委副书记、市长张工对市统计局报送的《关于2018年以来我市市场主体活力情况的分析》作出肯定性批示。

6月21日 市统计局召开服务经济运行工作领导小组第一次例会，市统计局党组成员、副局长、领导小组组长曹宗泉主持会议。

6月23日 市统计局召开安全生产会议，局党组书记、局长冯嘉强主持会议，局党组成员、副局长张建强，办公室、应急办、网信办主要负责同志及物业公司、食堂有关负责同志参加会议。

6月24日 市统计局举办了部门统计工作视频培训班。市级政府部门及所属单位、各区统计局及区级政府部门统计负责同志、统计业务人员130余人参加培训。

6月25日 市委常委、常务副市长刘桂平对市统计局报送的《关于我市承接国家统计局第五次全国经济普查专项试点工作的报告》作出肯定性批示。

6月29日 市统计局举办2022年第二季度投资领域新入库单位统计业务视频培训班。

7月1日 市统计局召开全市统计造假不收手不收敛问题专项纠治工作动员部署视频会议，局党组书记、局长冯嘉强作动员部署，市纪委常委韩东出席会议并讲话，驻市发展改革委纪检监察组组长侯宇，市纪委监委七室副主任李鹏，市统计局领导班子成员，总师、总监出席会议。驻市发展改革委纪检监察组副组长段海鹰参加会议。

同日 市统计局举行庆祝中国共产党成立101周年大会暨“光荣在党50年”纪念章颁发仪式，局党组书记、局长冯嘉强出席会议并讲专题党课，党组成员、一级巡视员、机关党委书记褚丽萍主持会议，全体在职党员和离退休党员代表参加。

7月11日 市统计局党组成员、一级巡视员、机关党委书记褚丽萍深入劝业场街道新疆路社区，就学习贯彻落实市第十二次党代会精神进行主题宣讲,并与社区工作者、社区老党员代表座谈交流。

同日 市统计局召开第二季度全市服务业统计数据质量联审暨业务视频培训会。

7 月 13 日 市统计局召开 2022 年上半年经济形势分析会。局长冯嘉强出席会议,副局长张建强主持会议。局领导班子成员,总师、总监,各相关处室主要负责等参加会议。

7 月 13 日至 14 日 市统计局举办学习贯彻市第十二次党代会精神专题研讨班,全体党员、干部参加。

7 月 15 日 市统计局总统计师、二级总监高世红陪同市人大常委会副主任马延和赴丰益油脂科技有限公司和中粮福临门食品营销有限公司开展调研。

7 月 18 日 市统计局、国家统计局天津调查总队召开安全生产工作会议。市统计局领导班子全体成员,总师、总监,国家统计局天津调查总队分管安全工作的副总队长出席会议。

7 月 21 日至 22 日 市统计局举办提升政治能力、统计专业化能力和培育统计职业道德专题培训班。局党组成员、一级巡视员褚丽萍作开班动员,局党组成员、副局长张建强作培训总结并全程参加培训班。

7 月 22 日 市统计局召开天津市第五次全国经济普查专项试点布置视频培训会,市统计局副局长、"五经普"筹备领导小组办公室主任曹宗泉出席并讲话。

7 月 25 日 市统计局召开服务经济运行工作领导小组例会,市统计局党组书记、局长冯嘉强出席会议并讲话,局党组成员、副局长、领导小组组长曹宗泉主持会议。

7 月 27 日 市统计局召开上半年各区生产总值统一核算视频培训班。

7 月 28 日 市统计局召开全市统计造假不收手不收敛问题专项纠治工作推动会议。市统计局党组书记、局长冯嘉强作动员讲话,驻市发展改革委纪检监察组组长侯宇出席。市统计局领导班子成员,总师、总监出席会议。驻市发展改革委纪检监察组副组长段海鹰,各区统计局主要负责人,市统计局相关部门、直属单位主要负责人参加会议。

同日 副市长李树起对市统计局报送的《2022 年上半年我市蔬菜生产情况》作出肯定性批示。

8 月 2 日 市统计局召开中国公民科学素质统计调查视频培训会,局党组成员、副局长张建强出席会议并讲话,局社情民意调查中心负责同志、各区统计局、街乡镇、居(村)委会近 600 人参加会议。

同日 市委常委、常务副市长刘桂平对市统计局报送的《1—7 月份我市重点工业企业生产运行情况》作肯定性批示。

8 月 3 日 市委组织部批复同意冯嘉强同志兼任中国统计学会第十一届理事会常务理事。

8 月 9 日 市统计局召开上半年工作总结大会,局党组书记、局长冯嘉强出席会议并讲话,党组成员、一级巡视员褚丽萍主持会议,局领导班子成员,总师、总监出席会议。各部门处级领导干部参加会议。

8 月 11 日 市统计局"五经普"筹备办组织召开 2022 年基本单位核实校准视频培训会,市统计局副局长、"五经普"筹备办主任曹宗泉出席会议并讲话,市统计局"五经普"筹备办副主任、二级总监朱永强主持会议。

8 月 15 日至 18 日 国家统计局工业司副司长汤魏巍一行 5 人来本市,就"五经普"专项试点工作、工业经济运行等开展调研,市统计局局长冯嘉强,副局长曹宗泉、总统计师高世红、普查中心主任、二级总监朱永强等参加座谈或陪同调研。

8 月 18 日 市委市级机关工委党的政治建设专项督查组第四组组长刘丽一行 3 人到市统计局开展党的政治建设专项督查,市统计局党组成员、一级巡视员、机关党委书记褚丽萍接待了督查组一行。

同日 市委宣传部副部长、市社科联党组书记邓光华一行来局,就进一步加强全市统计科研、统计科普、统计宣传等进行座谈交流,市统计局党组书记、局长冯嘉强出席座谈,市统计局一级巡视员褚丽萍、副局长张建强、市社科联专职副主席张同顺、秘书长张再生等参加座谈。

8月22日 市统计局召开7月份经济形势分析会,局长冯嘉强出席会议,局领导班子成员、总师、总监、各相关处室主要负责人等参加会议。

8月25日 市统计局与市农业农村委、市农科院信息研究所就农业及相关产业增加值测算工作进行座谈交流,局二级巡视员陈海生出席座谈。

8月26日 市统计局组织开展突发网络舆情应急演练。局指挥部指挥长冯嘉强、常务副指挥长褚丽萍、副指挥长宋卫东、副指挥长张建强参与并指挥演练,有关处室负责同志参加演练。

8月31日 市统计局督导组赴河东区就部门(区统计局、区市场监管委、区税务局、区人社局)联合"双随机、一公开"检查工作进行督导。

8月 市统计局申报的《零工经济统计理论和方法研究》成功获批全国统计科研重大项目。

9月2日 天津市2022年统计督察领导小组办公室召开第一次会议,讨论研究天津市2022年统计督察准备工作相关事宜,督察领导小组常务副组长宋卫东主持会议。

同日 市统计局召开推进全面从严治党向纵深发展工作部署会,局党组书记、局长冯嘉强出席会议并讲话,局党组成员、一级巡视员、机关党委书记褚丽萍主持会议,派驻纪检监察组组长侯宇出席会议。局领导班子成员,总师、总监,四级调研员(相当职级)及以上干部等参加会议。

9月5日 市统计局与市农业农村委就乡村振兴统计工作进行座谈交流,市统计局局长冯嘉强、市农业农村委主任金汇江出席座谈交流,双方就加强全市农林牧渔业经济运行和第一产业投资项目统计监测合作达成了共识。

9月13日 市纪委监委、市统计局联合印发《关于建立纪检监察监督和统计监督协同配合机制的通知》,并制定了《关于落实纪检监察监督和统计监督协同配合机制的实施办法》。

9月16日 市统计局党组书记、局长冯嘉强主持召开全面深化统计改革领导小组会议。局领导班子成员,总师、总监出席会议,各部门负责同志参加会议。

9月22日 市统计局召开8月份经济形势分析会。局领导班子成员,总师、总监,各相关处室主要负责人等参加会议。

9月27日 市统计局党组成员、一级巡视员褚丽萍带队赴南开区统计局开展包联服务,南开区区委副书记、区长聂伟迅,分管统计工作副区长陈建江出席座谈交流。总经济师恽菁参加座谈。

9月29日 市统计局党组成员、副局长曹宗泉带队赴红桥区开展筑基包联服务,红桥区常务副区长蔡宁出席座谈交流。

9月30日 市统计局二级巡视员陈海生带队赴武清区开展筑基包联服务,武清区常务副区长杜全胜出席座谈交流。

10月10日 市统计局举办全市2022年度城乡划分工作视频培训班。

10月13日 市统计局召开前三季度经济形势分析会。局领导班子成员、各相关处室主要负责人等参加会议。

10月14日 市统计局举办街镇乡统计知识宣讲专题培训,局党组成员、一级巡视员褚丽萍做培训动员讲话,全市16个区统计局的统计知识宣讲组成员和街镇乡基层统计人员代表通过视频形式参加培训。

同日 市统计局举办网络安全和网上舆情应急演练,局党组书记、局长冯嘉强出席并指挥演练,党组成员、副局长宋卫东、总工程师李恭谦等参加演练。

10月17日 市统计局党组成员、副局长曹宗泉带队赴静海区开展筑基包联服务,静海区区长曲海富出席座谈交流。

同日 市统计局党组成员、副局长曹宗泉带队赴河西区开展筑基包联服务,河西区区长胡学明、副区长穆生军出席座谈交流。

10月18日 市统计局党组成员、副局长张建强带队赴津南区开展筑基包联服务,津南区政协副主席尹波出席座谈交流。

10月19日 市统计局党组成员、副局长张建强带队赴西青区开展筑基包联服务,西青区副区长梁军出席座谈交流。

10 月 21 日 市统计局召开第五次全国经济普查专项试点工作总结暨筹备工作推动视频会，局党组成员、副局长、一级总监曹宗泉出席会议并讲话，普查中心主任、二级总监朱永强主持会议。

10 月 25 日至 27 日 市委党校举办“推进依法统计依法治统”专题培训班，市统计局党组书记、局长冯嘉强作开班动员并讲授第一课。全市各区统计机构主要负责同志、各街镇主要负责同志或分管统计工作的负责同志、部分委办局分管统计的部门负责人 80 余人参加此次培训。

10 月 27 日 市委常委、常务副市长刘桂平听取市统计局党组书记、局长冯嘉强关于国家五经普专项试点及天津市五经普筹备情况的汇报，市政府副秘书长许颖悟出席会议。

10 月 28 日 市统计局召开全市基本单位名录管理工作视频会议。

10 月 30 日 2022 年度全国统计专业技术资格考试顺利举行，市统计局副局长张建强、市人社局副局长郑巴音对考场进行了巡视检查。全市 442 名考生报名参加了统计专业高、中、初级资格考试。

11 月 1 日 市统计局党组书记、局长冯嘉强带队赴北辰区天穆镇就统计基层基础、五经普筹备工作等开展调研，副局长、一级总监曹宗泉参加调研。

11 月 3 日 市委常委、常务副市长刘桂平对市统计局报送的《新发展孕育新动能“小巨人”释放“大能量”——我市专精特新“小巨人”企业发展情况调研报告》作出肯定性批示。

11 月 4 日 市统计局党组书记、局长冯嘉强带队赴宁河区开展筑基包联服务，宁河区委书记白凤祥，区委副书记、区长惠冰，区委常委、副区长沈洁出席座谈。局总统计师高世红、二级总监朱永强陪同调研。

11 月 5 日至 6 日 第十九次全国中青年统计科学研讨会召开，市统计局四篇论文入选，数量居省级统计系统首位。天津财经大学、天津商业大学等高等院校共 7 篇论文入选，我市入选论文总篇数居全国之首。

11 月 7 日至 11 日 市统计局举办为期 4 天的学习贯彻党的二十大精神专题培训班，局党组书记、局长冯嘉强作开班动员，并带头宣讲党的二十大精神，处级以上干部共计 80 余人参加。

11 月 16 日 市统计局组织召开前三季度各区生产总值统一核算视频培训班。

11 月 18 日 市统计局党组书记、局长冯嘉强深入普查中心宣讲党的二十大精神并开展座谈。普查中心主任、二级总监朱永强同志主持会议，普查中心全体党员干部参加。

11 月 22 日 市统计局举办 2022 年全市统计系统网络安全专题培训，局党组成员、副局长宋卫东，总工程师李恭谦出席培训，各区统计局、各处室和直属单位负责网络安全的领导干部及相关人员参加培训。

11 月 28 日 市统计局党组成员、一级巡视员、机关党委书记褚丽萍与 7 名新任职副处级领导干部进行任职谈话、廉政谈话。

11 月 29 日 市统计局举办全市投资统计年定报视频培训班。市相关委、局，集团公司、总公司，中央在津单位和其他投资项目直报单位投资统计人员共 230 余人参加培训。

11 月 30 日 市统计局以视频形式召开了部门统计业务培训会议，市级政府部门统计业务负责人员 30 余人参加培训。

12 月 1 日 市统计局与市委宣传部就做好五经普宣传工作进行对接座谈，市统计局党组书记、局长冯嘉强，市委宣传部副部长王立文出席座谈会。

同日 市统计局与天津市社会科学届联合会开展座谈交流，局党组成员、副局长张建强和天津市社会科学届联合会党组成员、秘书长张再生出席交流座谈会。

12 月 5 日 市统计局举行 2022 年新任处级领导、新入职干部宪法和统计职业道德宣誓仪式。市统计局党组成员、一级巡视员褚丽萍监誓，党组成员、副局长张建强主持宣誓仪式，20 名新任职和新入职人员参加了宣誓仪式。

同日 市纪委监委第七监督检查室主任李

鹏、副主任周奥硕、驻市发展改革委纪检监察组副组长段海鹰来市统计局共商统计监督工作，市统计局党组成员、副局长宋卫东主持会议。

12月8日 市委组织部批复同意张建强同志兼任中国统计教育学会第八届理事会常务理事。

12月12日至19日 市统计局举办2022年统计年报和2023年定期统计报表视频培训。

（执笔人：韩亚南）

市医疗保障局2022年大事述要

1月1日 天津市执行国家2021年版药品目录。本次药品目录调整，新增加74个品种。其中，67种创新药为国家谈判纳入医保报销范围，平均降价61.71%，7种药品为常规准入纳入。本次调整还将11种临床价值不高的药品予以调出。截至2022年1月，全市医保中西成药目录共计2933个品种，其中西药1534个，中成药1399个，中药饮片共计1180个品种，医保目录内药品结构进一步优化，参保人员用药保障水平进一步提升。

1月14日 市医保局确定20名党员干部组成市医保局战疫先锋队，支援津南疫情防控工作。

1月21日 市医保局加大对本市本轮疫情期间津南区医疗保障工作支持力度，出台专属支持保障政策、精准服务津南区参保患者、完善代取药制度、解决异地就医人员医疗费用报销、加强药品保障供应、建立无须持卡刷脸就医特殊渠道、做好需求保障对接等七项支持性政策措施，精准支持全市医疗资源参与提升津南区救治能力，助力实现津南区“大病不出区”的工作要求，切实保障人民群众生命安全和身体健康。

同日 市医保局召开党史学习教育总结会议，深入学习贯彻习近平总书记关于党史学习教育重要指示精神，按照中央决策部署和市委工作要求，全面总结党史学习教育工作成效和经验启示，就不断巩固扩展党史学习教育成果进行安排部署。

1月27日 市医保局出台《天津市医疗保障费用审核管理办法（试行）》，这是全国范围内首份加强审核精细化管理的规范性文件。《办法》共七章33条，明确了基金使用相关主体的职责，突出依法审核的依据和流程的规范化、法治化管理，充分体现保障当事人双方应享有的权利和义务。同时，进一步健全监管机制，强化经办机构风险控制和监管措施，细化法律责任，为筑牢医保基金安全第一道防线提供法治保障。

1月 市医保局依托京津冀“3+N”联盟，采用“带量联动、双向选择”方式，顺利完成人工晶体、药物球囊和起搏器类医用耗材集采工作，推动价格大幅下降。人工晶体在2020年平均降幅46.4%的基础上，再次降低16.91%，平均价为2347元/片；药物球囊平均降幅72.50%，平均价从2.3万元/个降至0.6万元/个；起搏器平均降幅50%，平均价从4.8万元/个降至2.4万元/个。三类耗材联盟地区原年采购金额46.48亿元，执行本次集采结果后，预计每年可节省采购费用26.63亿元（天津市每年可节省1.12亿元）。

2月28日 全市医疗保障工作会议召开。会议全面总结天津市2021年医疗保障工作，分析当前面临的形势和问题，安排部署2022年重点任务。局主要负责同志作工作报告，局领导班子成员、驻委纪检组负责同志，各区医保局和全系统各单位、各部门有关同志参加会议。会议邀请市人大教育科学文化卫生委员会、市医保研究会、农工党天津市委会负责同志莅临指导。

3月6日 京津冀“3+N”联盟骨科创伤类医用耗材带量联动采购产生中选结果，89家企业的20026个产品中选，骨科创伤类产品平均降幅83.48%。本次集采共邀请全国16个地区参加，采用“带量联动，双向选择”的方式，对骨科创伤类耗材开展集中采购。联盟地区协议采购总量 108.57 万套,原采购金额 69.48 亿元,执行集采结果后,每年可为联盟地区节省采购金额 59.17 亿元,我市预计节省采购金额 1.39 亿元。

3 月 11 日 市医保局召开 2022 年全面从严治党加强党的建设暨党风廉政建设和反腐败工作会议,全面贯彻落实党的十九大和十九届历次全会精神,认真贯彻十九届中央纪委六次全会、市纪委十一届十次全会部署要求,总结 2021 年落实全面从严治党工作情况,安排部署 2022 年工作任务。局主要负责同志出席会议并讲话,驻委纪检组负责同志、局领导班子成员和局系统副处级以上领导干部出席会议。

3 月 21 日 天津市新增“新型冠状病毒抗原检测”价格项目,政府指导价 5 元/次。公立医疗机构开展新冠病毒抗原检测试剂(含采样器具)执行“零差率”,按规定在我市医药采购平台采购,杜绝线下采购,最高限价 9 元/份。同时,将新型冠状病毒抗原检测临时纳入基本医疗保险诊疗项目目录,在定点基层医疗机构,参保患者发生的新冠病毒抗原检测费用医保最高支付标准每次 5 元,抗原检测试剂(含采样器具)医保最高支付标准每份 9 元,基本医疗保险基金据实按规定比例支付。

同日 天津市医保局联合河北省医保局在津开展津冀新型冠状病毒抗原检测试剂挂网采购工作,经国家药品监督管理局批准的 17 个新型冠状病毒抗原检测试剂产品中,有 15 个产品完成价格申报。与去年外省开展同类产品集中采购中选价格相比,平均降幅达到 48.06%。经过挂网采购,天津市新型冠状病毒抗原检测试剂平均 8.73 元/人份,最低 7.9 元/人份,价格处于全国较低水平。

3 月 26 日 市医保局将奈玛特韦片/利托那韦片组合包装临时纳入医保支付范围,明确自 2022 年 3 月 14 日起,按照诊疗规范,新冠参保患者使用奈玛特韦片/利托那韦片组合包装,临时纳入医保支付范围,最高支付标准联动天津市医药采购平台挂网价格,按甲类药品支付。

4 月 6 日 市医保局会同市卫生健康委、市人社局进一步降低新冠病毒核酸检测价格和支付标准,明确自 4 月 8 日起,公立医疗机构新冠病毒核酸检测单人单检价格降至不高于每人份 28 元,多人混检价格不高于每人份 8 元。同时根据单人单检价格情况,同步调整医保支付标准。

4 月 8 日 市医保局联合市公安局、卫生健康委、市场监管委、药监局、财政局、驻市卫生健康委纪检监察组等部门,组织召开打击欺诈骗保专项整治行动暨医保基金监管集中宣传月工作推动会议。市医保局主要负责同志出席会议并讲话,市公安局、卫生健康委、市场监管委、药监局相关负责同志作了发言,对专项整治行动分别进行部署。

4 月 10 日 天津市正式执行国家组织人工关节集中带量采购中选结果,确保患者及时享受到改革带来的降价实惠。

4 月 12 日 市医保局召开“迎盛会、铸忠诚、强担当、创业绩”主题学习宣传教育实践活动、加强医保系统能力建设动员部署大会,传达学习市委、市级机关工委主题学习宣传教育实践活动工作会议、通知精神,宣讲学习局系统“敢担当、善作为”和疫情防控典型代表先进事迹,部署开展主题学习宣传教育实践活动,加强医保系统能力建设工作安排。

4 月 15 日 天津市参加京津冀“3+N”联盟采购的公立医疗机构(含军队医疗机构)、医保定点社会办医疗机构,执行起搏器和药物球囊集采降价成果,确保患者及时享受到改革带来的红利。

4 月 市医保局圆满完成 2186 家定点医药机构医保服务协议签订工作,并继续支持开展互联网医疗服务的医疗机构依法合规纳入协议管理,不断扩大机构数量,共计 37 家互联网医院签订《天津市医疗保障互联网诊疗补充协议》,不断满足参保群众多样化看病就医需求。

5 月 1 日 天津市全面执行第六批国家组织药品集中带量采购结果,品种包括餐时人胰岛素、基础人胰岛素、预混人胰岛素等 6 大类,11 家药企的 42 个产品中选,中选药品平均降幅

48%。其中，本市诺和诺德公司参加集采的人胰岛素注射液、精蛋白人胰岛素注射液等7个产品全部入选，总计获得全国采购量5048万支，占本次集采全国总需求量的24%，涉及采购金额21亿元。

5月9日 市医保局会同市卫生健康委、市人社局进一步降低新冠病毒核酸检测价格和支付标准，明确自5月11日起公立医疗机构新冠病毒核酸检测单人单检价格降至不高于每人份19.7元，多人混检价格不高于每人份3.4元。根据单人单检价格情况，同步调整医保支付标准，切实减轻群众负担。

5月13日 市医保局会同市卫生健康委制定《关于进一步减轻参保人员住院医疗负担有关工作的通知》，提高参保人员医疗保障水平，切实保障参保人员权益，进一步减轻参保人员的住院医疗负担，不断增强人民群众的获得感、幸福感和安全感。

同日 市医保局推动实施天津市第四次新型冠状病毒核酸检测相关试剂等的限价联动工作，本次集采，核酸检测试剂共有18个厂牌成功挂网，平均价格4.06元/人份，最低价格3.2元/人份，最高价格4.3元/人份；提取试剂共有111个厂牌成功挂网，平均价格1.59元/人份，最低价格1.3元/人份，最高价格1.6元/人份；采样管共有183个厂牌成功挂网，平均价格0.95元/人份，最低价格0.5元/人份，最高价格1元/人份。核酸检测试剂、提取试剂和采样管组合使用时，单人单检耗材采购费用可控制在5元至6.9元/人份。

5月26日 市医保局进一步规范职工医疗保险个人账户使用范围，明确自2022年7月1日起，职工基本医疗保险参保人员个人账户资金可用于支付本人及其配偶、父母、子女，参加符合《市医保局市金融工作局　天津银保监局关于支持促进商业健康保险发展的指导意见》文件相关规定的城市定制型商业健康保险的个人缴费。

5月27日 市医保局调整《2022年度糖尿病门诊特殊病按项目付费药品目录》，明确自2022年6月1日起执行《2022年度糖尿病门诊特殊病按项目付费药品目录（修订版）》，修订版目录中列为剔除的药品，设置6个月过渡期，2022年6月1日至2022年11月30日期间，基本医疗保险基金继续按照现行政策支付。属于天津医保药品目录增补的药品，支付日期截至自2022年6月30日。

6月1日 市医保局、市卫生健康委、市药监局联合印发《关于医保支持中医药传承创新发展的措施的通知》，制定16项具体措施，推进我市中医药传承创新发展，合理配置中医药资源，更好满足人民群众对中医药服务的新需求。

6月6日 市医保局会同市卫生健康委、市人社局调整新冠病毒核酸检测和抗原检测价格及支付标准，明确公立医疗机构单人单检新冠病毒核酸检测单人单检价格降至不高于每人份16元，多人混检价格统一不高于每人份3.4元。“新型冠状病毒抗原检测”医疗服务价格项目政府指导价降至不高于每人份2元，抗原检测试剂（含采样器具）按照实际采购价格零差率销售，“价格项目+检测试剂”收费总额的封顶标准降至不高于每人份6元。

6月29日 天津市印发《关于健全重特大疾病医疗保险和救助制度若干措施的通知》，坚持以人民为中心，强化基本医保、大病保险、医疗救助综合保障功能，制定健全医疗救助对象精准识别机制、强化救助费用综合保障机制、完善防范化解因病致贫返贫机制、健全多部门协同救助机制、优化医疗保障公共管理服务机制五方面15项具体措施，积极构建政府主导、多方参与的多层次医疗保障体系，着力减轻困难群众和大病患者医疗费用负担。

7月19日 市医保局会同市卫生健康委调整新冠病毒核酸检测价格，明确公立医疗机构新冠病毒核酸混合检测价格每人份不高于3元，单人单检价格仍为每人份不高于16元。

同日 市医保局、市金融局、天津银保监局等共同指导监督的首款城市定制型商业健康保险产品——“天津惠民保”正式上线发布。“天津惠民保”由中国人民财产保险股份有限公司天津分公司、中国人寿保险股份有限公司天津分公司等 13 家在津大中型商业保险机构共同承保,具有参保费用低、投保无门槛、保障内容广、报销比例高、报销周期快等特点,与基本医疗保障紧密衔接、联动保障,进一步缓解参保人员医保报销后个人高额医疗费用负担问题,不断增强人民群众获得感。

7 月 20 日 天津市医保局会同北京市医保局、河北省医保局联合印发了《京津冀医保协同发展 2022 年工作要点》,明确了推进京津冀门诊联网直接结算、促进京津冀医药服务管理协同发展、推进京津冀医保基金协同监管、支持雄安新区医疗保障事业发展四方面任务,促进医保服务共建共享,共同做好协同发展大文章。

8 月 12 日 市医保局官方 App“津医保”正式上线,实现线上信息查询、线上业务办理、通过医保电子凭证就医购药等功能,为广大参保群众提供更加便利的医疗保障在线公共服务。

8 月 20 日 国家医保局确认天津市滨海新区入选全国“两病”(糖尿病、高血压)门诊用药保障示范城市名单。

8 月 23 日 市医保局会同相关部门制定城乡居民基本医疗保险分类资助参保措施,明确在缴纳 2023 年及以后年度居民医保费时,将资助参保对象分为全额资助参保人员和定额资助参保人员两类。其中,全额资助参保人员包括特困人员、部分优抚对象、离休干部无固定收入的配偶和孤儿等,在参加居民时医保个人缴费部分按照 100%的比例资助,个人无须缴纳费用;定额资助参保人员包括最低生活保障对象、最低生活保障边缘家庭成员、其他重度残疾人员、助学贷款高校学生等困难群众,定额资助标准为规定补助档次的普通参保人员个人缴费的 90%,个人缴纳 10%。其他重度残疾人自行选择更高缴费档次参加居民医保,个人缴费部分不再享受定额资助参保政策,进一步强化参保意识,推进应保尽保。

8 月 24 日 市医保局会同市人社局、市税务局印发《天津市职工大额医疗费救助资金管理办法》,对职工大额救助的资金管理、账户管理、监督管理作出进一步规范,确保大额救助资金运行安全、完整、可持续、保值增值。

9 月 6 日 全市医保电子凭证激活率达到 76.6%,2000 余家定点医药机构支持“展码就医报销”,同时向 235 家定点医院投放了 486 台医保人脸识别终端设备,搭建起人脸识别就医报销快速通道,让群众感受到医保信息系统建设带来的智能化、便捷化。

9 月 8 日 市医保局、市财政局、市人社局、市税务局联合印发《关于做好 2022 年城乡居民基本医疗保障工作的通知》,调整 2023 年居民医保筹资和待遇标准,本市居民医保个人缴费标准在 2022 年标准基础上提高 30 元,巩固提升待遇保障水平,居民医保住院(不含门诊慢特病)最高支付限额由 18 万元提高至 25 万元。

9 月 21 日 天津市医保局联合北京市医保局、河北省医保局进一步扩大京津冀异地就医定点医疗机构互认范围,将京津冀区域内三级和二级定点医疗机构纳入互认范围。

同日 市医保局会同市卫生健康委、市人社局将前牙拔髓、后牙拔髓、牙根管充填等 7 项医疗服务项目中另收材料费计入项目收费中,取消一次性尿布(垫)、一次性药瓶(盒)、健康册工本费项目收费,基本医疗保险和工伤保险支付标准按照调整后的规定执行。

9 月 22 日 市医保局开展口腔种植收费和医疗服务价格调查登记工作。调查范围涵盖全市 168 家公立和民营医疗机构,本次调查登记已完成造册,采集全市开展口腔种植手术服务信息 8.9 万条,登记种植体系统、牙冠等生产企业信息 334 条,为后续实施种植体集中带量采购、规范口腔种植医疗服务价格项目和收费等工作奠定坚实基础。

9 月 27 日 国家组织骨科脊柱类耗材集中带量采购申报信息公开大会在津成功召开,国家医保局党组书记、局长胡静林线上出席并调研开标工作。本次大会采取“线下申报材料、线上见证开标”的方式,在天津设立主会场并产生了拟中选结果,各省(区、市)医保局设立分会场共同见证。本次集采包括颈椎前路钉板固定融合系统等5种骨科脊柱类耗材,全国共6426家医疗机构参加,首年意向采购量共109万套,占全国医疗机构总需求量的90%。本次集采平均降幅84%,按约定采购量计算,预计每年可节约费用260亿元。天津首年意向采购量1.4万套,预计每年节约费用2.74亿元。

9月30日 市医保局会同市卫生健康委进一步扩大疾病诊断相关分组实际付费范围,调整DRG细分组方案及DRG组付费权重,确定费率调节系数,完善DRG分组付费标准和费率调节系数的动态调整机制,保障DRG实际付费平稳有效运行。

同日 "天津惠民保"截止投保,总参保人数163万人,保费总收入2.44亿元。其中,职工医保参保人员投保占比73%,居民医保占比27%;平均参保年龄58岁;近60%的参保人员为家庭成员投保;使用职工医保个人账户投保占比32.64%,金额0.8亿元,进一步完善多层次医疗保障制度体系,满足市民多样化医疗保障需求,减轻患者高额医疗费用负担。

10月28日 天津市进一步修订完善《天津市"互联网+"医疗服务医保支付管理办法》,大力支持"互联网+"医疗服务模式创新,满足人民群众对更加便捷的医疗和医保服务需求。

11月1日 市委副书记、市长张工一行赴市医保局调研2022年度市委、市政府20项民心工程医保项目落实情况,先后深入市医保中心南开分中心和市医保监督检查所,详细了解提高居民医保门(急)诊报销待遇、优化医保报销服务、扩大医保电子凭证应用场景、异地就医门诊慢特病直接结算和医保实时监控等情况,就进一步提升医保待遇水平、优化医保经办服务、加强基金监管提出要求。张工强调,要扎实践行以人民为中心的发展思想,让老百姓享受更多民生红利,实实在在提升群众的获得感。

11月3日 市医保局会同市财政局清理规范本市意外伤害保险制度,明确参加基本医保的参保人员因突发的、外来的、非疾病的客观事件导致意外伤害医疗费用纳入基本医疗保障,不再通过意外伤害保险制度保障,调整为统一由基本医保、大病保险、医疗救助等基本医疗保障政策梯次报销、联动保障,确保制度清理规范前后参保人员待遇不降低,保障参保人合法权益。

11月20日 市委副书记、市长张工赴市医药采购中心调研,宣讲党的二十大精神。张工察看了药品和医用耗材采购供应保障监测平台,指出市医药采购中心肩负我市医疗卫生机构包括新冠肺炎疫情防控药品和医用耗材集中采购管理的重要任务,当前全国疫情多点散发,要当好"雷达"和"眼睛",因势而动、因时而变,加强防疫药品供需监测研判,及时动态调整储备清单;要当好"平台"和"桥梁",与卫健、药监、医疗机构、药品经销企业等建立会商机制,确保各类药品供应平稳有序;要当好"操盘手",借助用好全市医药采购应用平台、京津冀"3+N"联盟医药联合采购平台、国家组织医用耗材联合采购平台等载体;要求进一步推进药品招采改革,扩大采购范畴,降低采购价格,有效减轻患者和医保负担。

11月22日 市医保局组织全市14家大型药品经营公司召开疫情防控药品保障工作专题部署会,围绕加强医药经营企业药品日常监测、协同做好疫情防控药品供应保障进行再部署、并就各企业每日上传疫情防控重点药品库存工作和平台操作具体事项提出要求,全力协调做好药品供应保障,为疫情防控保驾护航。

同日 市医保局、市卫生健康委召开部署会议,组织相关定点医疗机构通过电话或短信等形式,向全市35万名糖尿病门特患者发起点对点要约,糖尿病门特患者到健康主管机构及转诊医疗机构进行糖尿病门特诊疗,医保报销将不受糖尿病门特项目支付范围调整(23种非降糖药物调出目录)的影响,全面提升对糖尿病门特患者的健康管理水平。

11月29日 市医保局承担的国家组织冠脉支架集中带量采购协议期满后接续采购,采取"线下申报材料、线上见证开标"的方式,产生拟中选结果,平均中选支架价格在770元,加上伴随服务费,终端价格区间在730—848元。与上一轮集采相比,本次接续采购中选价格总体保持平稳,参加的医疗机构增加40%,支架采购量增加 30%,探索了适用于集采协议期满后全国接续的采购新规则,让质优价廉的集采产品持续利民惠民。

11 月 完成医保信息平台二期建设立项、可研、初设、财评,预算总投资 1.09 亿元。

12 月 13 日 市医保局会同市财政局、市卫生健康委联合切实做好新冠疫情防控药品保障有关工作,对于新冠肺炎防控相关重点药品、慢性病长期处方用药、临床短缺或易短缺药品、临床必需急(抢)救药品,要求药品生产经营企业安排合理库存,确保诊疗机构用药所需。全力落实防疫情、保就医、保民生等各项工作,最大化保护人民群众生命安全和身体健康,最大限度减少疫情对经济社会发展的影响。

12 月 26 日 市医保局进一步做好天津市基本医疗保险异地就医直接结算工作,全面深化基本医疗保险异地就医结算改革,实现异地就医直接结算的制度体系再完善、业务管理再规范、备案服务再优化、覆盖机构再增长、互认范围再扩大、异地报销再便捷,提升人民群众异地就医结算的获得感、幸福感和安全感。

12 月 市医保局实施阶段性职工医疗保险(含职工生育保险费)单位缴费政策以来,为全市 1.13 万户符合条件的中小微企业、以单位方式参保的个体工商户,累计缓缴金额 1.7 亿元,惠及 11.33 万参保人员。进一步助力企业纾困解难,支持复工复产。医保部门广泛开展政策宣传,对接改造信息系统,积极推行"免申即享"经办模式,确保医保惠民惠企业取得实效。

同月 在 2021 年度国家医保局基金运行评价工作中,天津市职工医保基金运行评价结果排名全国第二。

(执笔人:乔阁超)

市地方金融监督管理局 2022 年大事述要

1 月 7 日 市政府与建设银行签署全面推进乡村振兴战略合作协议。"十四五"期间,建设银行计划为天津市涉农领域提供不少于 500 亿元融资支持,实现"裕农通"乡村振兴综合服务智慧平台在行政村全覆盖。

1 月 14 日 市金融局发布天津市租赁公司支持绿色产业发展 16 个典型案例,为服务绿色产业和项目贡献重要金融力量。

同日 市金融局发布天津市租赁公司支持绿色产业发展 16 个典型案例,为服务绿色产业和项目贡献重要金融力量。

1 月 18 日 市金融局、人民银行天津分行、天津银保监局、天津证监局、天津高新区管委会印发《金融创新支持自创区建设工作方案》。

1 月 20 日 天津银行向天津国投津能发电有限公司发放 2 亿元流动性资金贷款,为我市首笔"碳表现挂钩"贷款。

1 月 26 日 市金融局、人民银行天津分行、天津银保监局、天津证监局印发《关于强化涉疫地区产业链重点企业复工复产金融服务的通知》,通过开辟金融服务绿色通道、加大信贷支持力度、用好货币政策工具等措施强化金融服务。

1 月 27 日 市发展改革委、天津证监会、市财政局、市国资委、市金融局五部门深入实施《关于天津市推进基础设施领域不动产投资信托基金(REITs)试点工作的支持措施》,建立全市基础设施 REITs 试点项目库。

同日 市金融局召开党史学习教育总结会议,深入传达学习贯彻习近平总书记关于党史学习教育重要指示精神和中央、市委党史学习教育总结会议精神,全面总结市金融局开展党史学习教育经验成果,引导全体党员干部为推动天津经济社会高质量发展贡献金融智慧和金融力量。

1 月 28 日 市金融局网信办获评"2021 年天津市网评工作先进集体",侯显仁、李晓娟、宋劲松同志获评"2021 年天津市优秀网评员"。

同日 市金融局向东疆下放融资租赁公司

准入和监管事项,简政放权推动我市融资租赁行业蓬勃发展。

1 月 30 日 天津市金融工作局、中国证监会天津监管局、天津市科学技术局、天津市工业和信息化局与北京证券交易所、全国股权公司签订战略合作协议。

2 月 14 日 市农业农村委、市金融局、建设银行天津市分行联合印发《关于贯彻落实〈天津市人民政府 中国建设银行股份有限公司全面推进乡村振兴战略合作协议〉的通知》,推动该行 500 亿元合作意向落实落地。

2 月 22 日 中国证监会批复同意天津市开展区域性股权市场制度和业务创新试点,我市成为继浙江省之后第二个开展创新试点的地区。

2 月 23 日 市金融局参加天房集团债委会主席团第一次会议,听取债委会主席团关于天房集团重组相关工作情况的介绍,审议表决相关议案,引导金融机构共同支持债委会运行,稳妥化解天房集团债务风险。

3 月 1 日 市金融局召开 2021 年度述职述责述廉暨 2022 年党建工作会议,局党组成员述职述廉,部署 2022 年党建工作。

同日 天津能源投资集团有限公司获国家发展改革委批准注册发行 45 亿元优质企业债券,其中 25 亿元用于电力、热力生产、节能环保等领域,20 亿元用于补充营运资金。

3 月 2 日 招商局通商融资租赁公司发行规模 10 亿元的深交所首只蓝色债券,期限 3 年,票面利率 3.05%,为近两年来融资租赁行业公司债最低利率。

同日 市金融局组织召开 2022 年度金融领域"瑞金计划"申报推荐部署会,向 12 家重点地方法人金融机构明确指标任务和工作要求,赴 8 家重点金融机构逐一现场督导推动申报工作。

3 月 28 日 兆讯传媒登陆深圳证券交易所创业板,公开发行股票数量 5000 万股,发行价格 39.88 元/股,新募集基金 19.94 亿元,发行后总股本 2 亿股。

3 月 30 日 特斯联科技集团、滨海产业基金和保税区发起设立规模 10 亿元的中欧滨海光智低碳智能产业基金,重点投资引育战略性新兴产业和高新技术产业项目。

同日 市金融局策划推出《天津地方法人金融机构科技赋能数字化转型系列报道》,天津银行、天津农商银行相关信息报道陆续被媒体刊发。

3 月 31 日 由和信(天津)国际商业保理公司担任发起机构、由天津银行依托"津心融"平台主承销的 1.61 亿元的科技创新资产支持票据发行,为全国首单京津冀科技创新资产支持票据。

同日 人民银行总行召开数字人民币研发试点工作座谈会,天津等地成为国家第三批数字人民币试点城市。

4 月 7 日 保利国际联合国家军民融合产业投资基金、海河产业基金等出资设立规模 30 亿元的新格局海河滨海股权投资基金。

4 月 8 日 滨海(天津)金融资产交易中心股份有限公司正式更名为天津租赁资产交易中心股份有限公司。

4 月 12 日 唯捷创芯在上海证券交易所科创板上市,公开发行股票 4008 万股,发行价格为 66.60 元/股,首发募集资金 26.69 亿元。

同日 狮桥融资租赁有限公司设立资产支持专项计划,发行规模 11.67 亿元,优先 A1 档票面利率 3.70%,优先 A2 档票面利率 4.20%,为深交所首单乡村振兴 ABS。

4 月 14 日 云链(天津)商业保理公司成功开设全国首个"数字人民币+贷款发放+保理业务"供应链金融场景,首次将央行数字货币通过金融机构完成贷款发放。

4 月 15 日 天津自贸区管委会联合天津排放权交易所和华测检测等单位发布全国首份省级 ESG[Environmental(环境)、Social(社会)和 Governance(公司治理)的缩写]评级标准《企业 ESG 评价指南(试行版)》。

4 月 20 日 融信通达(天津)商业保理公司发行全国首单银行间住房租赁类 REITs 产品,发行规模 9 亿元,期限 15 年。

4 月 24 日 市金融局、人民银行天津分行、市工信局组织召开金融支持重点产业链发展总结部署会，启动“重点产业链金融服务 2.0 版”，实施重点产业链“主办行”制度。

4 月 25 日 市金融局印发《天津市地方金融监督管理局行政执法工作办法》，进一步提升地方金融组织行政执法规范化水平。

4 月 27 日 市处非办印发《2022 年天津市非法集资存量案件处置工作方案》，切实做好非法集资存量案件处置工作，严防非法集资风险反弹。

4 月 28 日 市金融局会同人民银行天津分行、天津银保监局、天津证监局印发《关于金融支持市场主体纾困解难若干措施》，提出扩大金融有效供给、用好货币政策工具等方面 11 条具体措施，助力市场主体纾困解难。

4 月 29 日 市处非办印发《关于做好天津市养老领域非法集资专项整治工作的通知》，督导各成员单位做好我市专项整治工作。

同日 市金融局印发《市金融局开展“迎盛会、铸忠诚、强担当、创业绩”主题学习宣传教育实践活动工作的实施方案》。

5 月 5 日 市金融局组织 27 家金融机构梳理 77 项惠企政策，发布《2022 年天津金融机构惠企政策汇编》。

5 月 6 日 天津食品集团在银行间市场发行 3 亿元乡村振兴票据，期限 1 年，票面利率 4.35%，为天津市国企首单乡村振兴票据。

5 月 11 日至 13 日 市委组织部、市金融局在市委党校成功举办“市管干部金融服务全市产业链升级”专题研讨班暨资本市场专题培训，市委常委、常务副市长刘桂平做开班动员辅导报告。

5 月 12 日 市金融局举办进一步加强年轻干部监督座谈会，集体观看年轻干部专题警示教育片，从坚定理想信念、树立正确“三观”、培养优良作风和牢固树立集体荣誉感四方面对年轻干部提出希望和要求。

5 月 16 日 市金融局印发《天津市小微企业融资服务专员工作机制实施方案（试行）》，组织 26 家银行、7 家政府性融资担保机构遴选出 615 名金融服务专员与各区对接，共同开展入企帮扶，对接服务企业超万家。

5 月 18 日 市金融局会同市工信局、人民银行天津分行印发“产融直通车”系列对接活动工作方案，聚焦产业链龙头企业、高成长企业、重大项目等，通过市、区、金融机构三个层面，开展多种形式融资对接。

5 月 19 日 市金融局会同国开行、农发行、农业银行、建设银行、天津农商行和滨海农商行等六家涉农银行机构赴静海区调研，召开乡村振兴战略重点项目银企对接会，结合静海区落实乡村振兴战略优势，研究长周期、低成本、银团式融资支持。

同日 市金融局印发《市金融局机关纪委关于开展“迎盛会、铸忠诚、强担当、创业绩”主题警示教育月活动方案》，从 5 月中旬至 6 月下旬，集中利用一个半月时间，开展“迎盛会、铸忠诚、强担当、创业绩”主题警示教育月活动。

5 月 30 日 市金融局制定实施《关于稳定全市经济大盘推动金融服务经济增长工作方案》，明确支持中小微企业等市场主体纾困解难等 22 项措施。

同日 市金融局参与制定《天津市贯彻落实〈扎实稳住经济的一揽子政策措施〉实施方案》，涉及对受困领域延期还本付息、加大普惠小微贷款支持力度、降低企业综合融资成本、提高资本市场融资效率、加大金融机构对基础设施建设和重大项目支持力度等 15 项金融政策措施。

同日 市金融局会同市科技局、天津银保监局面向全市银行、保险、担保、租赁、保理等各类金融机构开展科技金融产品征集，汇总发布 13 类 153 项科技金融产品，通过津云、津心融、市金融局外网和官方公众号宣传推广，以线上、线下两种方式为创新创业、成长成熟、上市挂牌等不同阶段企业提供丰富选择。

5 月 31 日 市金融局会同市工信局、人民银行天津分行、天津银保监局、天津证监局印发开展金融服务重点产业链“金点子”和“好团队”推荐活动的工作方案，面向全市金融机构推荐服务重点产业链创新做法、综合金融解决方案和优秀团队。

6月1日 天津市召开市财政金融风险防范化解工作领导小组办公室暨市金融风险化解委员会会议，审议通过相关机制和办法，听取关于监管情况汇报，就下一步工作进行研究部署，机制各成员单位负责同志参会。

6月2日 兴业金融租赁有限责任公司成功发行“21兴业租赁绿色债01”，成为天津市首单发行的绿色金融债券。

6月8日 华海清科（688120.SH）在上海证券交易所科创板上市，发行2666.67万股，发行价136.66元，募集总额为36.45亿元。

6月13日 市金融局、人民银行天津分行、市工业和信息化局全国首创重点产业链“金融便利店”，涵盖170余款银行产品和保险产品。

6月14日 蓟州新城成功发行2022年天津市首笔中长期公募美元债，发行规模7000万美元。

6月15日 市处非办会同市委政法委、市公安局、市检察院、市高法院、人行天津分行等单位在河西区文化中心举行防范养老领域非法集资集中宣传活动，全市同步开展“守住钱袋子·护好幸福家”主题宣传日活动，在全市掀起防范非法集资宣传教育热潮。

6月24日 五八到家货运服务有限公司旗下著名品牌快狗打车正式登陆港交所主板，成为同城货运第一股，我市再增1家境外红筹上市公司。

同日 中债金融估值中心与天津银行联合发布全国首只京津冀ESG主题精选信用债指数，在2022年第二季度全国城农商行绿色债务融资工具投资排行榜中位列第2位。

同日 国网租赁成功发行租赁行业首单低碳转型挂钩公司债券，发行规模10亿元。

6月27日 天津市商业保理行业试点发展10周年之际，市金融局推动成立天津租赁保理发展联盟并举行签约仪式。

同日 市金融局会同市国资委、市财政局组织召开“促进项目融资、盘活资源资产”银企对接会，围绕债务化解、资产盘活、项目融资等方面充分讨论，积极研究探索企业融资发展路径。

6月30日 天士力公司成功发行全国首单“民企债券融资支持工具+科创票据”，实现融资3亿元。

7月4日 华能天成融资租赁有限公司在上交所成功发行全国首单民营经济发展支持债券（碳中和绿色公司债券），募集资金支持民营光伏等领域发展。

7月7日 中企云链完成国内首笔通过跨行再保理平台开展的线上交易应收账款数字资产业务，线上转让批量云信资产逾3000万元。

7月8日 市金融局组织经开区、保税区、东疆综保区专场培训，内容涵盖跨境贸易“1+8”支持措施、FT账户政策及业务实践、信用保险、贸易外汇收支便利化、汇率风险中性、跨境融资便利化试点等内容，片区内招商专员、相关企业参加培训。

7月11日 市金融局印发《市金融局党组关于学习宣传贯彻市第十二次党代会精神的方案》，制定3个方面13条具体措施，提高政治意识，强化责任落实，确保学习深刻、宣传到位、落实有力。

7月13日 市金融局印发《市金融局党组迎接十二届市委第一轮巡视的工作方案》，根据市委巡视工作总体安排，进一步统一思想、强化领导、明确责任、推动各项任务落地落实。

7月21日 市金融创新运营示范区建设协调小组印发实施《天津市金融服务绿色产业发展推动碳达峰碳中和工作若干措施》，明确深化绿色金融产品创新等31项工作任务。

7月26日 天津创业环保发行2022年度第一期绿色中期债券，为2021年以来天津市属地方国企首笔绿色债券，创造2017年以来天津市属国企同评级（AA+）三年期信用债最低票面利率、2021年以来天津市属国企全评级三年期信用债最低票面利率等多项之最。

7月27日 中电建商业保理发行债券市场首单5亿元“信用模式”企业供应链资产证券化产品，以底层资产现金回流款质量为核心，实现债券市场无增信资产证券化产品的创新尝试。

7 月 28 日　国家知识产权局和中国银行总行举行“知惠行”活动启动仪式，市金融局、市知识产权局、中国银行天津市分行出席天津分会场活动，启动天津地区商标质押助力重点行业纾困“知惠行”活动。

7 月 29 日　东疆综合保税区融资租赁飞机交付数量达 2000 架，位列全国第一、全球第二。

8 月 3 日　市金融局会同泰达控股专项对接国家开发银行 7 项融资工具，逐项梳理泰达控股重点融资项目与融资工具的匹配程度，提出进一步梳理融资项目和完善融资方案的思路建议。

8 月 4 日　市金融局、市发展改革委与国家开发银行天津市分行、中国农业发展银行天津市分行、中国进出口银行天津分行签订“五方”合作协议，聚焦京津冀协同发展、基础设施建设等重点领域，加大支持力度。

8 月 8 日　市金融局会同天津银保监局、天津市银行业协会制定《天津市商业银行单用途预付费资金托管账户管理规定》。

8 月 10 日　市金融局会同市发展和改革委，国开行、农发行、进出口银行举行政银签约仪式，常务副市长刘桂平、人民银行天津分行、天津银保监局、银行业协会主要负责同志出席。

8 月 11 日　平安银行天津分行、南开大学、联合赤道公司共建“碳中和与数字碳金融实验室”揭牌，并召开“凝绿聚津”绿色金融政策与创新实践研讨会。

8 月 12 日　海光信息技术股份有限公司在上海证券交易所科创板实现首发上市，发行价格为 36 元/股，发行 3 亿股，募集总额为 108 亿元。

8 月 18 日　市金融局组织各区金融部门参加人民银行天津分行联合交易商协会举办的天津债券市场高质量发展培训会，有效提升市、区两级金融干部债券业务综合素质与工作能力。

8 月 23 日　盛业商业保理公司会同相关银行机构推出国内首笔“双重 ESG 架构”社会责任及可持续发展挂钩型银团贷款，该笔银团贷款期限为 2 年，金额为 5 亿元，募集资金用于可持续发展和具有社会责任效益的项目。

8 月 24 日　市金融局与财政部天津监管局签订工作协作备忘录，建立日常联系机制，在金融运行分析与风险防范化解方面加强信息共享，形成工作合力，提升债务风险化解与金融监管等工作质效。

8 月 26 日　市金融局印发《市金融局党组关于推进全面从严治党向纵深发展的若干措施》，制定深化政治机关建设、加强党的思想建设、强化清廉机关建设、坚持纠“四风”树新风、贯彻新时代党的组织路线、健全管党治党责任格局和制度机制 6 个方面 18 条具体措施。

9 月 5 日　天津市召开研究加快资本市场健康发展防范化解金融风险工作专题会议，市委、市政府主要负责同志出席并讲话。

9 月 8 日　天津排放权交易所和新电途科技有限公司依托区块链技术，合作推出国内首个面向个人发放的碳中和证书。

9 月 9 日　天津银保监局、市金融局、市工业和信息化局印发《关于组织开展转贷款资金支持重点产业链试点工作的通知》，启动政策性银行转贷款资金支持制造业重点产业链创新试点，定向支持重点产业链和上下游普惠型小微企业。

9 月 21 日　联合赤道环境评价有限公司获得全国绿色债券标准委员会核发的全国首批“绿色债券评估认证机构”资质，并在“绿色债券评估认证机构市场化评议结果”中排名第一。

9 月 22 日　农业银行天津自贸分行为华能天成融资租赁组建天津市首笔可持续发展挂钩绿色银团贷款，采用“境内+自贸分账核算单元”的融资结构，实现了自贸区政策与绿色金融的叠加创新。

9 月 26 日　由天津银行主承销的“天津渤化—滨海新区知识产权第一期定向资产支持票据(科创票据)”发行，支持 6 家国家高新技术企业实现融资 1 亿元，为全国首单国有企业知识产权证券化产品、全国首单知识产权 ABN 科创票据、全国银行间市场首单知识产权二次许可模式资产支持票据。

10 月 10 日　市金融局会同市农业农村委、

人民银行天津分行、天津银保监局联合印发《关于印发〈天津市推进活体畜禽抵押融资工作方案〉的通知》。

10 月 13 日 市金融局联合市市场监管委、人民银行天津分行印发《天津市普惠小微金融智慧服务提升专项行动方案》，选取天津银行作为试点机构，依托“智慧小二”金融综合服务平台，推动各区政府以社区为单位组织网格员与银行服务专员对企业进行服务对接，新增接入个体工商户超万户。

10 月 14 日 市金融局、市商务局、人民银行天津分行、天津外管局、自贸区管委会联合发布《加快天津自贸试验区离岸金融服务创新推进离岸贸易健康发展实施方案》。

10 月 26 日 中铁金控融资租赁公司通过离岸租赁合同和经营性业务相结合，落地首笔服务“一带一路”海外工程项下离岸设备租赁业务，为跨境租赁业务发展提供创新应用场景。

10 月 31 日 天纺标监测认证股份有限公司在北京证券交易所上市，为我市首家北交所上市企业。公开发行 1300 万股，发行价格 10 元/股，首发募集资金约 1.3 亿元。

11 月 22 日 市金融局组织开展地方金融组织风险突发事件应急演练，制定了《地方金融组织风险突发事件应急演练方案》，采用场景假设、桌面推演的形式，以小额贷款公司出现群体性突发事件为例推演整个应急处置过程，增强防范化解地方金融组织风险突发事件的意识和能力。

11 月 28 日 市处非办联合市委宣传部、市委网信办、市公安局、市教委、市金融局、团市委、人民银行天津分行、天津银保监局、天津证监局 9 家单位以“守住钱袋子，护好幸福家”为主题，共同举办了“2022 年天津市第二届防范非法金融活动短视频大赛”，广泛动员社会力量参与防非宣传。

11 月 29 日 东疆综保区完成了全国首单境外公司的客机退租后“客改货”再租赁业务，打通了飞机退租—改装—再租赁全流程保税处置路径，为完善我国航空产业链条、增强金融服务实体经济的能力贡献金融智慧。

12 月 1 日 市金融局及时修订印发《天津市地方金融组织风险突发事件总体应急预案》，不断健全完善地方金融组织风险突发事件应急工作体系和快速反应机制。

12 月 9 日 天津美腾科技股份有限公司在上海证券交易所上市。公开发行 2211 万股，发行价格 48.96 元/股，首发募集资金约 10.82 亿元。

12 月 14 日 市属国企向重点合作理财子公司集体宣介视频会议召开，工银理财、农银理财、中银理财、交银理财、中邮理财等 10 家大型理财子公司及相应银行在津分支机构参加，城投集团、泰达控股、轨道交通集团等 5 家重点国企宣介了高质量发展情况和融资诉求，银企双方深入沟通，取得良好效果。

12 月 22 日 天津凯华绝缘材料股份有限公司在北京证券交易所上市，为天津市第二家北交所上市企业，也是我市首家在北交所上市的民营企业。公开发行 1800 万股，发行价格 4 元/股，首发募集资金约 7200 万元。

12 月 24 日 天津市企业上市工作领导小组会议暨天津市上市企业三年倍增行动动员部署会议召开，常务副市长刘桂平主持会议，审议了《贯彻落实天津市区域性股权市场制度和业务创新试点三年行动计划》和《天津市上市企业三年倍增行动计划》。

12 月 27 日 市处非办印发《天津市防范和处置非法集资工作的牵头部门执法工作指引（试行）》和《天津市防范和处置非法集资行政执法文书参考样式（2022 年版）》，规范了全市处置非法集资工作行政执法程序。

同日 市绿色金融服务联席会批复同意东疆综合保税区建设绿色租赁服务流程试行区，推进绿色租赁服务流程创新实践，为我市争取落地全国首个绿色租赁标准创造条件。

（执笔人：张久恒）

市政府研究室 2022 年大事述要

1 月 4 日 市委组织部在市政府研究室召开 2021 年市管领导班子和领导干部年度考核民主测评会，一并对 2021 年干部选拔任用工作进行“一报告两评议”和机关党委书记抓基层建设述职评议。

1 月 5 日 市政府研究室党组召开会议，传达学习贯彻习近平总书记在中央政治局党史学习教育专题民主生活会上的重要讲话精神，落实市委十一届十二次全会暨经济工作会议精神，研究贯彻落实的具体措施。

1 月 6 日 市十七届人民政府第四次全体会议审议并原则通过《政府工作报告（讨论稿）》，市政府研究室党组书记、主任杜威在会议上作起草说明报告。

同日 市政府研究室向市委上报《市政府研究室党组关于 2021 年工作总结和 2022 年工作安排的报告》。

1 月 12 日 市政府研究室党组召开会议，传达学习贯彻习近平总书记在省部级主要领导干部学习贯彻党的十九届六中全会精神专题研讨班开班式上的重要讲话精神，研究贯彻落实的具体措施。

同日 市政府研究室党组理论学习中心组进行集体学习，按照《市政府研究室领导班子党史学习教育专题民主生活会方案》，进行党史学习教育专题民主生活会前交流研讨。

同日 市政府研究室党组书记、主任杜威听取班子成员 2021 年落实全面从严治党主体责任“一岗双责”工作汇报。

1 月 19 日 市政府研究室党组召开会议，传达学习贯彻习近平总书记在十九届中央纪委六次全会上的重要讲话精神，研究贯彻落实的具体措施。

1 月 25 日 《天津政务参考》（第 1 期）《“五堵点”阻滞科技成果转化　大学科技园建设亟待解开“细绳子”》获市领导批示。

1 月 30 日 市政府研究室党组召开会议，传达学习贯彻习近平总书记在山西考察调研时的重要讲话精神，传达学习贯彻全国宣传部长、统战部长会议精神和市委常委会会议精神，研究贯彻落实的具体措施。

2 月 9 日 《天津政务参考》（第 2 期）《从税收数据看 2021 年我市经济运行六大亮点和三点不足》获市领导批示。

同日 市政府研究室向市委上报《市政府研究室党组关于召开党史学习教育专题民主生活会情况的报告》。

2 月 14 日 市政府研究室党组召开会议，传达学习贯彻《关于 2021 年中央政治局贯彻执行中央八项规定情况的报告》《关于 2021 年整治形式主义为基层减负工作情况的报告》和市委常委会会议精神，研究贯彻落实的具体措施。

2 月 15 日 市政府研究室党组召开会议，传达学习贯彻市委有关文件精神，研究部署市政府研究室出席党的二十大代表候选人预备人选推荐提名工作和市第十二次党代表大会代表选举工作。

2 月 17 日 市委书记李鸿忠在《市政府研究室党组关于 2021 年工作总结和 2022 年工作安排的报告》上圈阅。

2 月 21 日 市政府研究室党组召开会议，传达学习贯彻市纪委十一届十次全会精神，研究审议出席党的二十大代表候选人初步人选推荐提名和市第十二次党代会代表候选人推荐事项。

2 月 23 日 市政府研究室召开 2021 年度党支部书记述职评议会，听取各党支部书记述职并进行评议考核。

2 月 26 日 市政府研究室党组理论学习中心组进行集体学习，深入学习贯彻党的十九届六中全会精神和习近平总书记重要讲话精神，学习交流全市领导干部学习贯彻党的十九届六中全会精神和习近平总书记重要讲话精神专题读书班精神。

3月3日 市政府研究室党组召开会议，研究审议市政府研究室出席市第十二次党代会代表候选人初步人选考察对象事项。

3月11日 市政府研究室党组召开会议，传达学习贯彻习近平总书记在全国两会期间参加内蒙古代表团审议时的重要讲话精神和在看望参加政协会议的农业界、社会福利和社会保障界委员时的重要讲话精神，研究贯彻落实的具体措施。

3月16日 《天津政务参考》(第3期)《关于我市深化“制度型开放”高质量落实RCEP的建议》获市领导批示。

3月17日 市政府研究室党组召开会议，传达学习贯彻3月12日市委常委会暨市委党的建设工作领导小组会议精神和市委《关于开展“迎盛会、铸忠诚、强担当、创业绩”主题学习宣传教育实践活动工作的方案》，研究审议室党组主题学习宣传教育实践活动领导小组及办公室组成人员名单。

3月18日 市政府研究室党组印发《市政府研究室党组2022年落实全面从严治党主体责任任务安排》。

3月28日 市政府研究室党组召开会议，传达学习贯彻习近平总书记在中央政治局常务委员会会议上的重要讲话精神和市委、市政府疫情防控工作会议暨市防控领导小组和指挥部会议精神》，研究贯彻落实的具体措施。

同日 市政府研究室党组理论学习中心组进行集体学习，专题学习《在全党开展党史学习教育总结报告》，班子成员结合工作实际和学习体会进行交流发言。

3月30日 市政府研究室召开全面从严治党大会，深入学习贯彻习近平总书记在十九届中央纪委六次全会上的重要讲话精神，落实市纪委十一届十次全会部署要求，巩固拓展市委巡视反馈意见整改成果，总结2021年全面从严治党工作，部署2022年重点任务，以严的主基调推动市政府研究室全面从严治党向纵深拓展。市政府研究室领导班子成员和全室党员干部参加。驻市政府办公厅纪检监察组负责同志到会指导。

4月2日 市政府研究室党组“迎盛会、铸忠诚、强担当、创业绩”主题学习宣传教育实践活动领导小组召开会议，传达学习贯彻我市部署会议精神，审议市政府研究室主题学习宣传教育实践活动实施方案，进行动员部署。

4月12日 市政府研究室党组书记、主任杜威和分管室领导带领综合处党支部党员干部，赴津南区双桥河镇西官房村开展“入社区、学优秀、增感情”主题党日活动。

4月14日 市政府研究室党组召开会议，传达学习贯彻市委办公厅《2021年度天津政治生态分析研判报告》和《天津市2022年加强政治生态建设重点任务》，研究审议《市政府研究室党组2022年落实全面从严治党主体责任清单任务清单》。

同日 市政府研究室党组理论学习中心组进行集体学习，传达学习贯彻中央、市委关于严肃换届纪律的有关要求，集体学习市纪委监委机关、市委组织部印发《关于进一步严肃换届纪律加强换届风气监督的通知》，观看警示教育片《警钟长鸣——严肃换届纪律教育警示录》，就严肃换届纪律提出要求。

4月15日 市政府研究室党组印发《市政府研究室党组2022年落实全面从严治党主体责任清单任务清单》。

4月19日 市政府研究室党组召开会议，贯彻落实《关于贯彻落实〈党政机关厉行节约反对浪费条例〉的实施办法》，研究审议《市政府研究室厉行节约反对浪费的十条措施》。

4月24日 市政府研究室党组召开会议，传达学习贯彻习近平总书记在中央全面深化改革委员会第二十五次会议上的重要讲话精神，研究贯彻落实的具体措施。

4月28日 市政府研究室党组书记、主任杜威主持召开市政府研究室全体干部会议，通报2021年度选人用人工作民主评议结果及问题整改措施。

5月6日 市政府研究室党组理论学习中心组进行集体学习，围绕“迎盛会、铸忠诚、强担当、创业绩”主题学习宣传教育实践活动专题一——坚定捍卫“两个确立”,坚决做到“两个维护”学习研讨。

5 月 9 日 《天津政务参考》(第 7 期)《信心有所恢复 预期谨慎向好——来自重点税源企业信心指数的调查分析》获市领导批示。

5 月 12 日 市政府研究室党组召开会议,传达学习贯彻中央办公厅和市委宣传部有关文件精神,听取市政府研究室 2022 年上半年意识形态工作汇报,进行意识形态(网络意识形态)分析研判。

5 月 19 日 市政府研究室党组召开会议,研究审议《市政府研究室党组关于 2021 年度落实全面从严治党主体责任考核和政治生态建设考核评价发现主要问题反馈清单的整改措施》,部署整改落实工作。

同日 市政府研究室党组理论学习中心组进行集体学习,深入学习宣传贯彻习近平法治思想和宪法法律,用好《论坚持全面依法治国》《习近平法治思想学习纲要》等学习资料,结合开展“八五”普法工作,认真学习和严格遵守宪法法律。

5 月 31 日 市政府研究室党组召开会议,传达学习贯彻习近平总书记在中共中央政治局第三十九次集体学习时的重要讲话精神,传达学习贯彻《信访工作条例》和《机构编制违规违纪违法行为处理和问责规则(试行)》以及我市有关会议精神,研究贯彻落实的具体措施。

6 月 1 日 《天津政务参考》(第 9 期)《减税降费倍受期待 政策知晓尚需提高——关于我市助企纾困 15 条政策实施效果的调研》获市领导批示。

6 月 10 日 市政府研究室党组召开会议,传达学习贯彻《市委“讲担当促作为抓落实、持续深入治理形式主义官僚主义不担当不作为问题专项行动”2022 年工作要点》,听取专项行动工作汇报,研究部署下阶段重点工作。

同日 市政府研究室党组理论学习中心组进行集体学习,深入贯彻落实《党委(党组)意识形态工作责任制实施办法》,准确把握当前意识形态领域态势,做好应对处置的思想准备和工作准备,提高防范化解风险的前瞻性和主动性。

6 月 21 日 市政府研究室党组召开会议,传达学习贯彻习近平总书记在四川考察时的重要讲话精神和在中共中央政治局第四十次集体学习时的重要讲话精神,传达学习贯彻市第十二次党代会精神、市委十二届一次全会精神和市委常委会会议精神,研究贯彻落实的具体措施。

6 月 26 日 《天津政务参考》(第 12 期)《1—5 月我市涉税市场主体纳税情况的研究分析》获市领导批示。

6 月 28 日 市政府研究室党组召开会议,传达学习贯彻习近平总书记在中央全面深化改革委员会第二十六次会议上的重要讲话精神,研究贯彻落实的具体措施。会议审议通过《市政府研究室党组关于贯彻落实市第十二次党代会目标任务的 10 条措施》。

同日 市政府研究室党组理论学习中心组进行集体学习暨举办学习贯彻市第十二次党代会精神专题研讨班。

7 月 1 日 市政府研究室党组书记、主任杜威以《奋发进取 担当作为 在开启新征程中坚定前行》为题,为全室党员干部讲“迎盛会、铸忠诚、强担当、创业绩”专题党课。

7 月 7 日 为严格落实全面从严治党第一责任人责任,推动全面从严治党向纵深发展,市政府研究室党组书记、主任杜威主持召开全面从严治党工作座谈会,听取全面从严治党意见建议,市政府研究室各党支部书记参加。

7 月 13 日 市政府研究室党组召开会议,传达学习贯彻《充分发挥依规治党的政治保障作用——以习近平同志为核心的党中央加强党内法规制度建设纪实》,研究贯彻落实的具体措施。会议听取机关党委、机关纪委上半年工作汇报,研究部署机关党建工作。

同日 市政府研究室党组理论学习中心组进行集体学习,围绕“迎盛会、铸忠诚、强担当、创业绩”主题学习宣传教育实践活动工作第二专题研讨交流,深入学习领会习近平总书记关于坚持自我革命、全面从严治党的重要论述。

7月22日 市政府研究室党组召开会议，传达学习贯彻习近平总书记在新疆考察时的重要讲话精神和市委常委会会议精神，传达学习贯彻李克强总理重要批示和全国安全生产电视电话会议精神及全市安全生产工作电视电话会议精神，研究贯彻落实的具体措施。

7月26日 市政府研究室党组书记、主任杜威以普通党员身份参加所在综合处党支部“迎盛会、铸忠诚、强担当、创业绩”主题学习宣传教育实践活动工作专题组织生活会，带头进行批评和自我批评。班子其他成员先后以普通党员身份参加所在党支部专题组织生活会。

7月28日 市政府研究室党组召开会议，传达学习贯彻习近平总书记在省部级主要领导“学习习近平总书记重要讲话精神，迎接党的二十大”专题研讨班上的重要讲话精神，研究贯彻落实的具体措施。会议听取班子成员上半年落实全面从严治党主体责任“一岗双责”情况汇报，安排部署下半年全面从严治党工作。

同日 市政府研究室党组理论学习中心组进行集体学习，深入学习领会习近平总书记关于完整准确全面贯彻新发展理念的重要论述。

8月5日 市委办公厅印发《关于代人元同志任职的通知》，市委决定：代人元同志任天津市人民政府研究室党组成员。

8月6日 市政府办公厅印发《天津市人民政府关于张剑等任职的通知》，市人民政府决定：代人元任天津市人民政府研究室副主任（试用期一年）。

8月8日 《天津政务参考》（第13期）《放宽买 方便停 畅通行 我市促进汽车消费仍有较大潜力》获市领导批示。

8月9日 市政府研究室党组召开会议，传达学习贯彻全市推进全面从严治党向纵深发展工作部署会议精神和《中共天津市委关于推进全面从严治党向纵深发展的意见》，研究贯彻落实的具体措施。

8月25日 市政府研究室党组召开会议，传达学习贯彻习近平总书记在辽宁考察时的重要讲话精神和市委常委会会议精神，研究贯彻落实的具体措施。

8月31日 市政府研究室党组理论学习中心组进行集体学习，深入学习习近平总书记在省部级主要领导干部专题研讨班重要讲话精神，深刻领悟“两个确立”的决定性意义，进一步增强“四个意识”、坚定“四个自信”、做到“两个维护”，把思想和行动统一到重要讲话精神上来，以实际行动迎接党的二十大胜利召开。

9月8日 市政府研究室党组召开会议，传达学习贯彻《中央纪委国家监委公开通报十起违反中央八项规定精神典型问题》和市纪委监委《关于严格落实中央八项规定精神做好中秋、国庆期间正风肃纪工作的通知》精神、《我市通报5起违反中央八项规定精神典型问题》，研究贯彻落实的具体措施。

同日 市政府研究室党组理论学习中心组进行集体学习，认真学习《习近平谈治国理政》第四卷和《习近平经济思想学习纲要》。

9月15日 《天津政务参考》（第14期）《增强战略推力 做强临港产业 集聚航运服务 促进我市港口经济能级跃升》获市领导批示。

同日 市政府研究室党组理论学习中心组进行集体学习，学习《中国共产党政治协商工作条例》。

9月21日 市政府研究室党组召开会议，传达学习贯彻中共中央办公厅印发《推进领导干部能上能下规定》，研究贯彻落实的具体措施。

9月23日 市政府研究室党组理论学习中心组进行集体学习，围绕“迎盛会、铸忠诚、强担当、创业绩”主题学习宣传教育实践活动工作第三专题研讨交流，深入学习习近平总书记对天津工作“三个着力”重要要求和一系列重要指示批示精神。

9月30日 市政府研究室党组召开会议，传达学习贯彻习近平总书记在参观“奋进新时代”主题成就展时的重要讲话精神，传达学习贯彻《十九届中央政治局贯彻执行中央八项规定情况报告》《关于党的十九大以来整治形式主义为基层减负工作情况的报告》和市委常委会会议精神，部署国庆期间正风肃纪工作。会议传达学习贯彻市委、市政府疫情防控工作会议暨市新冠肺炎疫情防控工作领导小组和指挥部会议精神，研究贯彻落实的具体措施。

10 月 12 日 市政府研究室党组理论学习中心组进行集体学习，深入学习领会习近平总书记关于推进马克思主义中国化时代化和中国式现代化道路的重要论述。

10 月 14 日 市政府研究室党组召开会议，传达学习党的十九届七中全会精神，研究贯彻落实的具体措施。

10 月 16 日 市政府研究室组织全室党员干部认真收听收看党的二十大开幕会，聆听习近平同志代表十九届中央委员会向大会所作的报告。

10 月 21 日 市政府研究室党组召开会议，传达学习贯彻习近平总书记在党的二十大上所作的报告和习近平总书记在参加党的二十大广西代表团讨论时的重要讲话精神，研究贯彻落实的具体措施。

同日 市政府研究室党组理论学习中心组进行集体学习，深入学习领会习近平总书记关于全过程人民民主和稳步促进全体人民共同富裕的重要论述。

同日 市政府研究室召开警示教育大会，党组书记、主任杜威为全室党员干部讲廉政党课，深入学习贯彻党的二十大精神，深入学习领会习近平总书记关于全面从严治党的重要论述，贯彻落实全市推进全面从严治党向纵深发展工作部署会议精神，强化政治担当，勇于自我革命，推进市政府研究室全面从严治党向纵深拓展，为开创全室各项工作新局面提供坚实保证，用实际行动和成效贯彻落实党的二十大精神。与会同志集体观看《走好廉洁从政每一步——天津市年轻干部违纪违法案件警示教育专题片》。

10 月 26 日 市政府研究室党组召开扩大会议，传达学习贯彻党的二十大精神和党的二十届一中全会精神、习近平总书记在二十届中央政治局常委同中外记者见面时的重要讲话精神、中央政治局会议精神和市委常委会扩大会议精神、全市领导干部大会精神、市政府党组会议精神，研究贯彻落实的具体措施。

同日 市政府研究室党组理论学习中心组进行集体学习，深入学习领会习近平总书记关于在社会主义市场经济条件下发挥资本积极作用的重要论述。

11 月 3 日 市政府研究室党组召开会议，传达学习贯彻习近平总书记在瞻仰延安革命纪念地时的重要讲话精神、在陕西延安和河南安阳考察时的重要讲话精神和市委常委会会议精神，传达学习贯彻习近平总书记在中共中央政治局第一次集体学习时的重要讲话精神、《中共中央关于认真学习宣传贯彻党的二十大精神的决定》和市委书记李鸿忠在市委党校主持召开学习宣传贯彻党的二十大精神座谈会时的重要讲话精神、《中共天津市委关于迅速兴起学习宣传贯彻落实党的二十大精神热潮的通知》，研究审议我室贯彻落实的工作安排，部署学习宣传贯彻党的二十大精神工作。

11 月 11 日 按照市委部署要求，市政府研究室党组书记、主任杜威为全室党员干部宣讲党的二十大精神，班子成员为分管处室党员干部进行宣讲。

11 月 16 日 市政府研究室党组召开会议，传达学习贯彻习近平总书记在中央政治局常委会会议上的重要讲话精神和市委常委会会议精神，研究贯彻落实的具体措施。贯彻落实《中国共产党党和国家机关基层组织工作条例》等党内法规和《市级机关党建工作责任清单》，听取党支部建设工作汇报、党内法规执行情况汇报，研究党支部建设工作和党内法规执行工作。

同日 市政府研究室党组理论学习中心组进行集体学习暨学习贯彻党的二十大精神专题读书班，传达全市领导干部学习贯彻党的二十大精神专题培训班精神，结合“迎盛会、铸忠诚、强担当、创业绩”主题学习宣传教育实践活动工作第四专题“深入学习党的二十大精神，凝聚一起向未来的磅礴伟力”交流研讨。

11 月 23 日 市政府研究室党组召开会议，

传达学习贯彻习近平总书记对河南安阳市凯信达商贸有限公司火灾事故重要指示精神和市委常委会会议精神，研究贯彻落实的具体措施。会议听取关于市政府研究室政治生态分析研判的汇报。

11月28日 市政府研究室党组召开会议，传达学习贯彻市委十二届二次全会精神，研究贯彻落实的具体措施。会议审议市政府研究室党组2022年度落实全面从严治党主体责任工作总结报告。

12月7日 市政府研究室党组召开会议，传达学习贯彻《中共中央关于印发〈中国共产党领导国家安全工作条例〉的通知》《中共中央办公厅关于印发〈党委（党组）国家安全责任制规定〉的通知》《党委（党组）网络安全工作责任制实施办法》《天津市党委（党组）网络安全工作责任制实施细则》，研究审议《市政府研究室党组国家安全责任制实施细则》《市政府研究室党组网络安全工作责任制实施细则》。会议听取机关纪委2022年工作汇报。

12月12日 按照市委市政府机关大院疫情防控办公室要求，全室实行封闭管理，15名干部留住单位办公，其他人员居家办公。

12月13日 《天津政务参考》（第19期）《做足海洋文章　吸引津外游客　塑造独具魅力的亲海旅游消费名片》获市领导批示。

12月26日 市政府研究室党组召开会议，传达学习贯彻习近平总书记在中央经济工作会议、中央农村工作会议上的重要讲话精神和市委常委会会议精神，传达学习贯彻市委书记陈敏尔在各区经济工作座谈会、市级经济部门座谈会、党外人士座谈会、科学家企业家座谈会上的讲话精神，研究贯彻落实的具体措施。会议审议《市政府研究室领导干部2022年度民主生活会方案》。

12月30日 市政府研究室党组召开会议，传达学习贯彻习近平总书记在中央政治局民主生活会上的重要讲话精神，传达学习贯彻中共中央纪委《关于做好2023年元旦春节期间正风肃纪工作的通知》《中央纪委国家监委公开通报十起违反中央八项规定精神典型问题》和市纪委监委关于严格落实中央八项规定精神做好元旦、春节期间纠“四风”树新风工作的通知精神、《我市通报5起违反中央八项规定精神典型问题》，传达学习贯彻市委经济工作会议精神，研究贯彻落实的具体措施。会议听取乡村振兴示范村创建工作汇报，听取机关党委、机关工会工作汇报和思想政治、开展“讲担当促作为抓落实、持续深入治理形式主义官僚主义不担当不作为问题专项行动”情况报告。

12月31日 《市政府研究室领导班子党史学习教育专题民主生活会方案》经党史学习教育市委巡回指导组、市纪委监督组、市委组织部审定后印发。

（执笔人：周洪利）

市政府人民防空办公室2022年大事述要

1月5日 市国资委国兴资本董事长魏政一行来市人防办，就市人防办下属企业脱钩划转进行对接，市人防办党组书记、主任魏青松和党组成员、副主任赵斌接待了魏政董事长一行，双方围绕脱钩划转工作和企业后续发展问题展开深入交流。

1月26日 市人防办召开推进审计整改落实工作专题会议。计财处汇报与审计局就有关审计问题整改推进对接相关情况，审计局对市人防办整改方案和措施以及整改落实情况表示肯定。

1月27日 市人防办召开党史学习教育总结大会。市委巡回指导五组副组长杜二鹏等到会指导。市人防办党组书记、主任、党史学习教育领导小组组长魏青松作总结讲话。

1月30日 市人防办二级巡视员李梦林组织机关指挥、信息化处和指挥信息保障中心人员对责任场所进行安全大检查。

2 月 17 日　市人防办召开党组扩大会议，对 2021 年机关的经费决算工作进行专题研究。与会人员一致通过 2021 年部门决算，同意按规定上报市财政局。

同日　市委组织部、市纪委监委、市审计局组织召开人防办党政主要领导干部经济责任反馈会。审计局副局长童仕欢、市纪委监委、市委组织部有关同志出席，人防办领导、机关和直属单位负责人参加会议。

2 月 23 日至 24 日　市人防办全面启动绩效管理年终考核工作。主任魏青松主持召开会议，研究部署办考核工作。二级巡视员李梦林带领办绩效办，对机关各处进行全面检查考核，突出 10 项工作任务指标完成情况。

2 月 27 日　市人防办印发《天津市人防工程质量监督管理指导手册》，明确了人防工程质量监督的程序内容、监督依据和施工阶段技术要点，满足各级人防主管部门对当前人防工程质量监督的技术需要，同时明确市区两级分工、监督流程和处罚标准，确保人防工程质量监督工作职责分明，监管到位。

3 月 9 日　市人防办主任魏青松、副主任赵斌会同蓟州区副区长李树国一行来到蓟州区重点项目现场，查看项目施工现场筹备工作，并与施工单位召开见面会。

同日　市人防办组织召开 2022 年度网信工作会议暨第一季度网信形势分析会。办领导李梦林传达了天津市 2022 年网信工作会议精神，学习市委办公厅、市委网信办下发的 7 份重要文件，分析第一季度市办网络安全形势，部署年度主要工作任务。

3 月 17 日　市人防办采取视频方式召开全市人防系统工作会议。市人防办领导班子成员、驻市住建委纪检监察组负责领导、各区人防办、市人防办机关和直属单位相关同志参加会议。市人防办党组书记、主任魏青松部署 2022 年主要任务，并就抓好工作落实提出要求，滨海新区人防办、红桥区人防办、北辰区人防办、宝坻区人防办领导分别介绍工作做法和经验，市人防办党组成员、副主任赵斌总结 2021 年工作。会议由市人防办党组成员、副主任傅明和主持。

4 月 12 日　市人防办计财处按照人防办“双万双服促发展”活动安排，与天津市天立建筑工程监理有限公司的负责同志和有关技术人员进行座谈对接。

4 月 14 日　市人防办印发《关于汲取河南郑州“7·20”特大暴雨灾害教训全力做好防汛准备工作的通知》，全力做好年度防汛各项准备工作。一是深入开展隐患排查，确保整改到位。更新市属公用人防工程清单，调整明确责任人，全面落实办党组领导下的防汛工作责任制。二是修订方案预案，完善应急机制。三是组织实操演练，做好支援准备。

同日　市人防办党组成员、副主任赵斌对工程处、法宣处和人防建设服务中心党支部第一季度落实全面从严治党主体责任情况进行检查。检查过程中，赵斌听取了各支部责任落实情况的专题汇报，并围绕党风廉政建设、意识形态建设、党史学习教育和年度重点任务等工作进行研究。通过检查，赵斌对各支部第一季度的工作予以肯定，对不足和短板进行了指正，并就下一步工作提出要求。

4 月 15 日　市人防办扎实组织开展“4·15”国家安全教育日宣传教育活动。一是精心组织安排，提高政治站位。二是搞好学习宣传教育，确保活动扎实开展。三是采取多种形式，积极营造良好氛围。机关和各直属单位利用大屏循环播放市委国安委下发的视频宣传片，利用 LED 屏播放宣传口号，在显著位置张贴宣传画进行宣传，通过活动的扎实开展，做到国家安全意识、总体国家安全观深入人心，人人皆知。

4 月 18 日至 26 日　全市人防系统指挥信息保障人员共 100 余人、17 台机动指挥车、2 个地下指挥所参加了京津冀协同通信训练演练活动。

4 月 26 日　市人防办组织机动指挥所紧急拉动演练，市、区两级 110 余人、20 余台指挥通信车参演。演练突出未知条件和复杂环境，以极端强降雨天气下人防工程遭遇险情为背景，围绕紧急抢险抢修行动课题组织实施。

4 月 27 日　市人防办组织行政执法人员业务培训。由天津师范大学魏建新教授结合《行政处罚法》讲授行政处罚程序及自由裁量问题。人防系统市、区两级执法人员分别在市人防办九楼会议现场和通过视频系统参会。魏教授对严格执法、柔性执法的特征及行政处罚程序等内容进行了讲授。

4 月 29 日　市人防办组织召开全面从严治党暨党员干部警示教育大会。党组成员傅明和主持会议并传达《天津市加强新时代廉洁文化建设工作会议暨党员干部警示教育大会》会议精神，总结部署市人防办全面从严治党工作，党组成员庄路明剖析了 2021 年市人防办系统违纪违法典型案例，市纪委监委驻市住建委纪检监察组组长赵伯慧针对市人防办全面从严治党方面存在的问题提出了具体要求，市人防办党组书记、主任魏青松出席会议并围绕 2021 年市人防办全面从严治党怎么看、加强新时代廉洁文化建设、持续抓好 2022 年全面从严治党和党风廉政建设各项任务三个方面作了讲话。

5 月 9 日　市人防办通过视频形式专题组织全市人防系统召开了《关于开展工程项目“未批先建”“边建边批”等问题》专项整治工作动员部署会。会上，驻市住建委纪检监察组副组长张仕祥传达了市纪委监委关于开展工程项目“未批先建”“边建边批”等问题专项监督工作动员部署会精神并对专项整治工作提出要求，市人防办党组成员、副主任赵斌部署了市人防系统开展此次专项排查整治工作实施方案。市人防办党组书记、主任魏青松针对如何抓好落实提出要求。

5 月 12 日至 13 日　市人防办集中两天时间举办“迎盛会、铸忠诚、强担当、创业绩”主题学习宣传教育实践活动工作读书班，深入学习贯彻党的十九届六中全会精神和习近平总书记关于全面从严治党系列重要论述，持续用力推动主题学习宣传教育实践活动工作走深走实。市人防办领导班子成员、机关党员干部及直属单位党支部班子成员 70 余人参加。

6 月 2 日　市人防办按照市政府政务服务工作要求，扎实开展建设全国统一大市场有关清理规范工作。一是强化对开展建设全国统一大市场清理规范工作的认识。二是认真研究制定清理规范工作方案。三是扎实开展清理规范自查工作。全面分析现行人防政策规定涉及市场主体准入和退出的有关要求。

6 月 8 日　市人防办组织 2023 年度全市人防系统防汛工作视频会议。会议组织集中观看河南郑州“7・20”特大暴雨灾害警示片，传达上级会议精神，系统梳理人防系统防汛总体情况，部署下步一主要工作。市人防办党组书记、主任魏青松从强化思想认识、完善责任体系、精心细致准备、强化应急处置四个方面，对年度防汛工作提出要求，部署相关工作。市办领导，机关各处、直属单位负责人及各区人防办全体人员参加会议。

6 月 10 日　市人防办举办学习宣传贯彻《信访工作条例》培训班。市委党校法学教研部副主任张红侠副教授围绕《信访工作条例》出台的重大意义、主要内容和工作要求等进行解读，并结合典型案例对诉访分离、依法分类处理信访诉求等法治信访新规定、新要求进行讲解。

6 月 22 日　市人防办组织为期 3 天的人民防空方案计划编修培训。市属相关委办局、集团公司和市办机关、各区人防办有关处级领导及编修工作负责同志参训。培训聘请国防大学联合作战学院教授详细讲解了新时代人民防空挑战与对策、编制方案计划应把握的重点问题、人民防空指挥部演习等内容，指导各级人防系统和相关职能部门研透编修任务、掌握程序方法奠定了良好基础。

6 月 29 日　市人防办党组书记、主任魏青松带领机关秘书处党支部全体党员，深入东丽区万兴街百合春天社区，走访入户慰问社区百姓，并同困难家庭人员亲切交谈，询问了解家庭成员身体状况、家庭情况、生活需求等。

7 月 5 日　市人防办举办学习宣传贯彻市第十二次党代会精神集中宣讲暨“两优一先”表彰大会。市党代会代表、市人防办党组书记、主任魏青松作专题宣讲。市人防办党组成员、副主任李梦林主持会议。大会对荣获 2022 年“两优一先”单位、个人和 2021 年“优秀公务员”进行了表彰。3 名先进代表分别作了交流发言。

7 月 26 日 市人防办开展“迎盛会、铸忠诚、强担当、创业绩”主题警示教育月活动。聚集工程建设、信息化建设、招投标、设备采购、项目审批、经费使用与管理、干部选拔任用等重点领域和重要岗位开展廉政风险排查,形成了“一个风险点一套防范措施”的廉政风险防控制度体系。

同日 人防工程建设服务中心组织全体人员参观位于和平区长沙路 95 号的“廉润初心”文化传播推广中心。

8 月 10 日 市人防办在宝坻区人防办集中对数字警报系统进行实操培训。此次培训,采用理论讲解、实际操作、答疑解惑的方法,介绍了数字警报终端的工作原理及操作方法、设备一般故障判别及故障排除,对在实际运用中发现的问题进行探讨交流,重点对中间站操作人员进行实操训练。

8 月 15 日 市人防办组织召开政务信息报送工作专题会议。党组成员、副主任赵斌,二级巡视员郭树会分别就信息报送工作从提高思想认识、加强学习培训、建立通报机制、抓好奖惩激励、强化责任落实等方面提出了明确要求。

8 月 16 日 市人防办举办 2022 年度政务信息报送工作专题培训班。深入学习中央办公厅和市委办公厅关于信息办理工作规定的有关要求,传达市政府办公厅政务信息报送工作规范要求,并就做好信息报送工作有关事项作说明。

8 月 17 日 市人防办副主任赵斌带领工程处和法宣处党支部党员,瞻仰周邓纪念馆陈列,开展家风建设主题党日活动。

9 月 1 日 重点项目办到施工现场进行安全检查。重点项目办首先向施工、监理和项目管理等单位学习传达了市安委会办公室印发的《市安委会办公室关于 2022 年上半年全国生产安全事故情况的通报》,强调深刻汲取事故教训,坚定扛起安全生产工作责任。重点项目办对施工现场和工人生活区进行安全管理突击检查,对于检查中发现的个别工人违规在宿舍内吸烟等情况当场通报批评。

9 月 8 日 市人防办邀请市委党校万希平教授以“建设具有强大凝聚力和引领力的社会主义意识形态”为主题,进行意识形态专题辅导。

9 月 13 日 市人防办组织个人所得税政策培训。此次培训邀请亿企赢网络科技有限公司的金牌讲师赵春磊老师。从个人所得税的计算规则、专项附加扣除相关政策、个税汇算清缴解析三个方面对个人所得税法政策进行有针对性的解读。

9 月 14 日 市人防办信息化处和工程管理处派员走进交通广播电台直播间。通过“交广会客厅”节目,向广大听众介绍天津市警报建设和人防工程管理情况,汇报警报试鸣活动安排,普及防空警报等人民防空知识,宣传人防建设、改革、发展成就,让公众了解人民防空在巩固国防、保护国家和人民生命财产安全以及参与经济社会建设中的地位作用。节目中,就听众朋友关心问题和疑惑,进行了详细解答。

10 月 14 日 根据市委组织部通知要求,市人防办机关和直属单位 10 名党员干部,分别赴津南区、东丽区、河东区、南开区和红桥区参与疫情防控工作。

10 月 16 日 市人防办组织党员干部集中收看党的二十大开幕会。大家认真聆听习近平总书记代表第十九届中央委员会向大会所作的报告,倍感振奋、备受鼓舞。

10 月 24 日 市人防办团委组织青年理论学习小组集中开展党的二十大报告专题学习。此次专题学习,采取原文学习报告、座谈交流等形式,认真学习《中国共产党第二十次全国代表大会报告》和习近平《论党的青年工作》等重点内容。

11 月 18 日 市人防办组织市本级、滨海新区人防指挥机构带部分专业力量,开展了以区域联合防空为背景,重要经济目标防护救援为课题的综合演练,市、区两级人防系统及多支专业队伍共计 128 人参演,动用各型车辆 14 台。演练结合辖区重要经济目标分布特点，依托中化天津港石化仓储公司，围绕市、区两级人民防空行动筹划、目标防护救援实施两个阶段，以防空袭斗争进程为主线，多种行动紧密衔接，多支分队密切配合组织实施。

11 月 30 日 市人防办党组书记、主任魏青松，市人防办党组成员、副主任赵斌带领工程管理处、人防工程建设服务中心相关负责同志，深入重点项目建设施工现场宣讲党的二十大精神，并调研检查工程质量及安全生产工作。魏青松一行现场检查了项目施工情况，详细询问工程建设进展、施工难点问题及安全生产措施等相关事宜，而后在会议室召开了学习座谈会。

12 月 7 日 市人防办主任魏青松、副主任李梦林带领机关有关人员到东丽区国防教育综合训练基地拟建地域现场办公，深入贯彻落实市委议军会议决策部署，协调推进东丽国防教育综合训练基地建设前期准备工作。一是组织联合现地踏勘。二是召开现场办公会协调解决难题。

12 月 28 日 天津市人民政府国防动员办公室举行揭牌仪式。天津警备区司令员白忠斌，市委常委、常务副市长刘桂平出席仪式并共同为市国防动员办公室揭牌。市国防动员办公室党组书记、主任魏青松主持揭牌仪式。

12 月 30 日 市国防动员办公室组织召开由市发展和改革委、市科技局、市交通运输委、市通信管理局、天津警备区等单位参加的国防动员工作座谈会。会议由市国防动员办公室党组书记、主任魏青松主持。

（执笔人：项柏华）

市政府合作交流办公室 2022 年大事要述

1 月 7 日 市合作交流办相关负责同志赴亚布力中国企业家论坛秘书处、中国青年企业家协会走访交流，洽谈中国青年企业家协会助力天津高质量发展峰会、亚布力天津高峰会举办事宜，并赴北京智慧互通科技公司考察交流，推动项目合作。

1 月 11 日 市合作交流办召开党史学习教育总结会议。会议传达习近平总书记重要指示和中央、市委党史学习教育总结会议精神，总结我办党史学习教育做法成效，巩固拓展学习教育成果。

1 月 14 日 按照市委、市政府和市疫情防控指挥部要求，市委组织部从市级机关紧急抽调党员干部支援津南区疫情防控工作。市合作交流办 14 名同志驰援津南抗疫工作。

1 月 21 日 市合作交流办会同市人社局、市工业和信息化局、市民政局、市交通运输委、市乡村振兴局、市总工会、团市委、市妇联等部门联合印发《关于开展 2022 年春风行动的通知》，对因疫情滞留本市的务工人员、有转移就业的农村劳动力、返乡返岗农民工等，开展因地制宜稳岗留工、引导有序返岗务工、促进就近就业创业等行动。

1 月 28 日 市合作交流办、东丽区政府和甘肃省甘南藏族自治州政府在东丽区举办抗疫慰问物资捐赠仪式，接收甘南藏族自治州向我市捐赠的价值 190 万元的牛肉、奶粉等生活物资。

2 月 11 日 市合作交流办组织召开天津市对口支援甘肃工作前方指挥部 2022 年援甘工作座谈会，全面部署推动 2022 年东西部协作工作。

2 月 17 日 市合作交流办召开 2021 年度党员领导干部党史学习教育暨市委巡视整改专题民主生活会，办党组书记张庆恩主持会议，副市长王旭，市纪委监督组、市委党史学习教育巡回指导组、市纪委监委驻市退役军人事务局纪检监察组同志到会指导。

2 月 18 日 市合作交流办相关负责同志赴天津滨海农商行、中国银行天津分行、和平区委统战部考察交流，研究推动联合有关区、金融机构共同服务招商引资事宜。

同日 市合作交流办会同甘肃省乡村振兴局、市发展改革委、甘肃省农业农村厅、甘肃省经济合作中心和市援甘前指联合印发《建立"津企陇上行"签约项目加快落地联动机制的工作方案(试行)》的通知。

2月24日 市合作交流办协调市财政局向甘肃省财政厅拨付了首批12亿元财政援助资金,并向甘肃省乡村振兴局印发《关于商请做好2022年天津市东西部协作财政援助资金使用和项目管理的函》。

2月26日 市合作交流办召开全面从严治党暨重点工作部署推进会,系统总结2021年全面从严治党工作,高起点谋划部署2022年全面从严治党各项工作,并对加快重点工作进度进行再动员再部署再推动。

3月4日 市合作交流办召开党支部书记述职评议会,对各支部书记进行现场测评,结合此前对各支部检查的平时考核成绩,最终形成述职评议考核结果。

3月16日 市东西部协作和支援合作工作领导小组办公室组织天津市与甘肃省召开"津企陇上行"联席会议,会议通报了三年来"津企陇上行"签约项目进展情况,就京东乡村振兴供应链一体化、甘肃光热发电有限公司"风光热储一体化"示范基地等10余个项目进展情况、存在问题进行了讨论交流。

4月12日 市合作交流办组织召开"迎盛会、铸忠诚、强担当、创业绩"主题学习宣传教育实践活动工作动员部署会。会议号召,全体党员干部要更加紧密地团结在以习近平同志为核心的党中央周围,大力弘扬伟大建党精神,扎实深入开展"迎盛会、铸忠诚、强担当、创业绩"主题学习宣传教育实践活动工作,坚定捍卫"两个确立"、坚决做到"两个维护",胸怀大局,踔厉奋发,埋头苦干,笃行不怠,为全面建设社会主义现代化大都市作出新的更大贡献,以优异成绩迎接党的二十大胜利召开。

4月20日 市东西部协作和支援合作工作领导小组办公室会同甘肃省乡村振兴局、天津市发展和改革委员会、甘肃省农业农村厅联合印发《天津市与甘肃省加强产业园区结对合作工作方案》,创新区域合作共赢、协调发展和促进产业转移新载体,探索优势互补、协作联动、互利共赢新模式。

4月21日 市东西部协作和支援合作工作领导小组办公室印发实施《天津市助力甘肃省乡村振兴示范村提升乡村治理能力的若干措施》,进一步深化"百村振兴计划",充分发挥市人才、资源、体制、经验等方面优势,助力甘肃省乡村振兴示范村基层治理能力有效提升。

4月26日 市合作交流办召开党员大会,选举产生市合作交流办出席市第十二次党代会代表。办党组书记主持会议,办机关及驻津办系统共188名党员参加。会议严格按照党章等有关规定要求,采取差额选举办法,从4名候选人(含1名市委提名候选人)中正式选举产生市合作交流办出席市第十二次党代会代表3名。

4月27日至28日 市合作交流办相关负责同志赴山东青岛市,走访海尔集团、海信集团、特来电新能源3家知名企业,邀请企业家来津出席第六届世界智能大会并推动项目合作。海尔集团拟在津打造"三翼鸟"场景品牌示范家庭试点城市,在双碳、化工、海达源等多个领域与天津市及津南区进一步加强合作;特来电希望参加第六届世界智能大会,通过多种形式与天津开展"一揽子"合作,助力全市"新基建"智慧能源充电网的完善和布局,推动全市新能源汽车应用推广,促进新能源产业深入发展。

5月11日至13日 市合作交流办相关负责同志会同天津港保税区、滨海高新区、中新生态城负责同志赴广东省珠海市、深圳市、广州市,走访格力集团、珠海冠宇集团、振烨国际集团、怡亚通、云天励飞等14家企业,以邀请企业家来津出席第六届世界智能大会为契机,推动项目合作。振烨集团拟在与天津科技大学合作开发聚乳酸(PLA)单体生物基可降解材料产业项目基础上,在中新生态城设立生物基新材料产业总部、交易中心以及供应链中心,并打造成为国家生物基新材料产业研发创新孵化教育基地,形成振烨生物基新材料产业智造集群;怡亚通拟在保税区成立商业合作公司,依托供应链服务为企业解决投资、未来上市等问题,希望联合全市国资平台公司组建地方产业供应链投资基金。

5月12日 市合作交流办会同市人社局共同印发《2022年脱贫人口在津稳岗就业工作方案》,通过深化与结对地区劳务协作、加强与外省市的劳务协作、强化脱贫人口就业创业政策支持等措施,千方百计将就业在津就业脱贫人口稳在企业、稳在岗位、稳在天津。

6月8日 市东西部协作和支援合作工作领导小组办公室印发《天津市应对新冠肺炎疫情影响助力结对地区巩固拓展脱贫攻坚成果的若干措施》,着力强化防止返贫帮扶、稳岗就业、劳务协作、产业帮扶、消费帮扶、项目实施和资金支出等。

6月24日至7月24日 市合作交流办以"迎盛会、铸忠诚、强担当、创业绩"为主题,深入开展警示教育月活动。认真贯彻落实中央和市委关于全面从严治党的决策部署,开展深化教育实践活动、廉政风险排查、讲授廉政党课、观看警示教育片、阅看警示教育录和参观警示教育展览等活动。

6月27日 市合作交流办后勤保障处荣获"全国机关事务先进集体"荣誉称号。

6月29日 市合作交流办举办学习贯彻市第十二次党代会精神专题培训,邀请南开大学马克思主义学院教授以《深刻领会"两个确立"的决定性意义,熔铸忠诚品格,提高"政治三力",增强历史主动,展现担当作为》为题作辅导报告。

7月1日 市合作交流办组织开展主要负责同志讲授党课活动。党课以"发扬历史主动精神　奋力开创合作交流事业发展新局面"为主题,从深刻理解和把握历史主动精神的思想内涵、充分认识发扬历史主动精神的重大意义、牢牢把握发扬历史主动精神、大力推进合作交流各项工作实现新发展的实践要求三个方面展开论述。

7月5日至8日 市合作交流办相关负责同志会同天津港保税区、滨海高新区、东疆综保区负责同志赴武汉市,参加第十四届中国汽车蓝皮书论坛活动并走访湖北交投集团、东风汽车集团、武汉商贸集团、海特生物、九州通集团等近10家高质量企业,推动项目合作。九州通集团拟在津持续布局万店联盟终端药店连锁业务,加快整合国际贸易、医疗器械、消费品等资源,增加在津注册的楚昌商业保理资本金1亿元,与阿里医药集团打造大通关基地,进一步加强与天津各领域的合作;湖北交投集团已经在津设立物流商贸板块,集团拟在物流供应链金融、金融租赁公司设立、成品油网络销售等方面加强与我市的合作。

7月6日至8日 市合作交流办相关负责同志随天津市代表团赴兰州参加第二十八届"兰洽会"暨赴庆阳调研考察工作,对接津庆革命老区对口合作和东西部协作相关工作。

7月11日至15日 市合作交流办相关负责同志会同滨海高新区、海河产业基金、天津肿瘤医院等赴杭州市、苏州市开展招商活动。一是在杭州市举办推介会,向广大浙商企业宣传推介滨海高新区投资兴业的优势;二是走访大华股份、富通集团、平湖科谱激光、博腾生物、智芯半导体、迈胜医疗等企业,推动项目合作;三是参观考察浙江大学之江实验室、浙大紫金科创小镇,探讨加强科研成果转化。

7月12日 市合作交流办组织开展主要负责同志讲授专题法治课活动。法治课以"深入学习宣传贯彻习近平法治思想　为合作交流事业发展提供坚强法治保障"为主题,从习近平法治思想的形成过程、核心要义、重大意义、贯彻落实习近平法治思想的基本要求四个方面进行阐释。

7月15日 市合作交流办组织开展市第十二次党代会精神专题宣讲会。办主要负责同志在宣讲会上要求机关党员干部要认真学习宣传贯彻市第十二次党代会精神,从精髓要求上准确把握,深刻领悟坚定捍卫"两个确立"、坚决做到"两个维护"。

7月26日至30日 市合作交流办相关负责同志随天津市代表团,赴海南省出席第二届消博会,在海口市走访海南省农垦投资控股集团有限公司、海南海药股份有限公司,推动重点在谈项目落地。

7 月 市合作交流办深入学习宣传贯彻市第十二次党代会精神，组织开展“十个一”活动，包括组织一轮集中学习研讨、营造一个浓厚宣传氛围、举办一场宣讲辅导报告、举办一期合作交流讲堂、讲授一堂专题党课、开展一批争创一流业绩活动、开展一次机关作风建设自查自纠、慰问一批生活困难党员、开展一次办实事活动、印发一本知识要点口袋书。

8 月 3 日 市合作交流办请示市委、市政府同意，根据甘肃省疫情防控物资消耗情况，协调市防控指挥部、市发展改革委、市卫生健康委、市财政局、市工业和信息化局紧急组织市公共卫生应急物资储备仓库紧急调拨 39 万件套，价值 280 多万元的防疫物用于甘肃省抗疫一线。

8 月 10 日至 11 日 市合作交流办相关负责同志陪同副市长朱鹏赴深圳市，走访深圳市怡亚通供应链股份有限公司、振烨国际产业控股集团（深圳）有限公司，推动项目合作。振烨集团希望积极融入天津经济社会发展，建立长期稳定的合作关系，将加快聚乳酸项目在津落地，并在津设立全国总部与研发总院；怡亚通表示将进一步发挥产业链、供应链平台优势，结合天津产业发展需求，确定合作目标和合作模式，助力天津国企混改、老字号振兴等工作，打造共享共赢的产业链、供应链商业生态圈，还拟加快在津设立其北方总部。

8 月 17 日至 18 日 市合作交流办相关负责同志会同经开区负责同志赴重庆市，走访重庆太极集团、中国兵器工业第五九研究所、宗申产业集团和德勤中国等知名企业和中介机构，宣传推介天津优势，围绕重点产业链积极开拓挖掘新项目，推动重点在谈项目落地。太极集团拟与天津市海河实验室在中医药研发领域开展合作，拟与泰达国际心血管病医院开展心脑血管中西医诊疗系统合作，并探讨在津设立中药材集散地的可能性；兵器工业五九所已在天津市滨海高新区设立其华北分所，分期建设国家“十四五”重大工程，将入驻国防科技工业国家自然环境试验研究中心、目标探测与识别大科学装置等科研试制及产业化项目。

8 月 30 日 市合作交流办组织召开 2022 年“津陇共振兴”合作交流洽谈大会。国家乡村振兴局副局长洪天云，甘肃省委副书记王嘉毅，天津市委常委、统战部部长冀国强，甘肃省人大常委会副主任、甘南藏族自治州委书记俞成辉出席会议并讲话，会议签订合作项目 75 个，协议额 111.94 亿元，涉及科技合作、轻工纺织、新能源、装备制造、生物医药、生态农业、消费帮扶等多个领域。

8 月 31 日 市合作交流办召开工会会员代表大会，进行工会换届选举工作。

9 月 6 日至 8 日 市合作交流办相关负责同志会同天津港保税区、滨海高新区负责同志赴上海开展招商活动，走访怪兽充电、易居中国、开利集团、上海百润投资控股集团、均和集团，宣传推介天津优势，围绕智能科技、新能源、新材料、轻工等产业链挖掘开拓新项目，推动在谈项目落地。重点推动怪兽充电继续在津积极开展共享充电宝主营业务，并将产业链不断向天津转移；推动易居中国克尔瑞拟与我市市级部门签署战略合作协议，围绕工业园区、楼宇盘活、开发利用等开展合作；推动开利集团拟将北京研发中心转移至天津，从事空调、消防安防解决方案研发与技术测试并对外赋能业务；推动百润集团天津巴克斯酒业项目增资扩产，新增投资总额 1.2 亿元，用于购置土地，新增产线等；推动均和集团拟在津南区打造均和云谷天津科技港项目，重点导入智能制造、新材料、电子信息等产业。

9 月 15 日至 16 日 市合作交流办相关负责同志会同滨海高新区负责同志，赴安徽省合肥市走访国轩高科股份有限公司、北方雷科（安徽）科技有限公司、芯瑞达科技股份有限公司，围绕信创、新能源、新材料等重点产业链挖掘开拓新项目，推动重点在谈项目落地。国轩高科拟控股我市天津恒天并进行增资扩股，用于电池 PACK 产线技改和新建产线，将天津恒天打造成为国轩体系内技术精湛、型号齐全、成本最低的特色 PACK 企业。芯瑞达科技公司拟在我市北辰区落地 Mini LED 项目，项目总投资金额为 7

亿元，项目选址在北辰区刘房子工业园，预计首年销售收入为2亿元，五年累计销售收入30.5亿元。

10月13日 市合作交流办报请市委、市政府同意，印发实施《天津市与庆阳市对口合作实施方案》，按照党中央、国务院关于新时代支持革命老区振兴发展的总体部署，建立革命老区重点城市庆阳与天津的对口合作机制，主要包括资源共享、园区共建，开展干部交流培训等。

10月14日 市合作交流办相关负责同志赴招商银行天津分行考察交流，双方就共同推动天津经济高质量发展，助力天津招商引资，金融赋能企业等事宜进行了深入交流，并初步达成签署战略合作协议。

10月19日至21日 市合作交流办相关负责同志会同天津港保税区、滨海高新区负责同志赴上海市，走访安路信息、新时达电气、中国船舶集团、重塑科技，围绕新能源、集成电路、高端装备等产业链挖掘开拓新项目，推动在谈项目落地。

10月24日至11月5日 天津市东西部协作和支援合作工作领导小组办公室会同甘肃省乡村振兴局、甘肃省发展改革委、天津市援甘前指，采取分市州交叉调研的方式，通过实地督导与书面督导相结合的办法对天津市对口帮扶甘肃的7个市(州)、34个县(市、区)进行全覆盖督导调研。

10月25日 市东西部协作和支援合作工作领导小组办公室印发《关于进一步健全完善津甘东西部协作帮扶项目联农带农机制的实施细则》，明确使用东西部协作资金的经营性帮扶项目，原则上都要建立联农带农机制，经营主体都要落实联农带农责任。对产业合作引进的经营性项目，具备条件的要鼓励建立联农带农机制，采取多种方式带动农户增收。

11月1日至3日 市合作交流办相关负责同志赴辽宁省辽阳市、沈阳市走访奥克集团、沈阳来金汽车零部件、顺义科技、三生制药、拓荆科技，推动项目合作。

11月8日 市东西部协作和支援合作工作领导小组办公室会同市科技局、甘肃省乡村振兴局、甘肃省科技厅联合印发《关于进一步加强津甘东西部协作科技创新专项资金使用助力甘肃乡村振兴的实施意见》，进一步加强津甘东西部协作科技创新专项资金使用，通过开展科技助力乡村振兴精准服务、促进优质服务与科技需求精准对接、支持搭建科技助力乡村振兴平台、推动科技助力乡村产业发展、推动科技赋能乡村振兴示范村建设等重点任务，助力甘肃乡村振兴工作。

11月8日至10日 市合作交流办相关负责同志赴深圳市走访洲明科技、中国科学院深圳先进技术研究院、深圳市上市公司并购协会、招商银行、深信服科技股份有限公司、汇川技术等企业，推动项目合作。通过座谈交流，招商银行拟与我办建立全面战略合作关系，打造市场化助力招商引资合作样本，全面推进全市招商引资工作；洲明科技拟在津设立子公司和北方结算中心，积极参与我市城市更新、路网路灯节能改造、绿色港口、国际会展中心、城市规划光显场景、元宇宙虚拟制作等领域合作，未来考虑在津设立研发中心及LED产品整装生产线。

11月12日 市合作交流办和市文化和旅游局等单位在天津市图书馆联合举办“东西携手圆梦小康 山海情深共促振兴——2022天津甘肃东西部协作和对口支援纪实图片展”。

11月14日至17日 市合作交流办相关负责同志随天津市政府代表团，赴深圳参加第二十四届中国国际高新技术成果交易会，并到中国电子、华润集团、比亚迪、洲明科技、莱宝公司等企业以及中科深圳先进研究院、鹏城实验室、深圳市天津商会等重点单位参观调研、合作洽谈，达成一批初步合作意向。赴深圳市天津商会调研座谈期间，副市长朱鹏代表市委、市政府主要领导向商会各企业一直以来对天津发展的支持表示感谢，对商会取得成绩表示祝贺，介绍了天津经济社会发展情况，通报了制造业招商引资方案和相关激励政策措施，并就发挥好深圳天津商会桥梁纽带作用提出要求和希望。

11月21日 市合作交流办支援合作三处

荣获“天津市民族团结进步示范单位”荣誉称号。

12 月 2 日 市合作交流办举办 2022 年警示教育大会暨党风廉政建设专题党课活动。组织办机关全体党员干部、直属单位处级干部学习违反中央八项规定精神、不担当不作为乱作为和群众身边腐败问题的典型案例。办党组书记张庆恩围绕学习宣传贯彻党的二十大精神、深入推进党风廉政建设讲授专题党课。

12 月 27 日 市委副书记、市长张工，甘肃省委副书记、省长任振鹤出席津甘东西部协作对接视频座谈会，深入贯彻落实习近平总书记对深化东西部协作和定点帮扶工作的重要指示精神，部署推动聚焦巩固拓展脱贫攻坚成果、全面推进乡村振兴工作。市人大常委会副主任张庆恩主持，副市长李树起汇报我市经济社会发展和东西部协作工作进展情况，市政府秘书长孟庆松出席。甘肃省委常委、常务副省长程晓波，省政府秘书长李志勋出席，省委常委、副省长张锦刚汇报甘肃省经济社会发展和东西部协作工作进展情况。

（执笔人：余　健）

市政府政务服务办公室 2022 年大事述要

1 月 24 日 市政务服务办安全生产工作领导小组组织召开市政务服务中心第四季度安全生产形势分析会议，传达市安委会有关要求，总结 2021 年第四季度安全生产情况，部署春节前安全生产检查工作。

1 月 27 日 市政务服务办召开党史学习教育总结会议，深入学习贯彻习近平总书记关于党史学习教育重要指示精神，按照中央和天津市党史学习教育总结会议部署，总结全办党史学习教育开展情况，并对下一步巩固拓展党史学习教育成果进行部署。市委党史学习教育第七巡回指导组有关同志到会指导。

1 月 30 日 在人民网舆情数据中心携手新浪微博联合发布的“2021 年度政务微博影响力报告”中，天津“12345”热线获全国十大服务中心微博排行榜第一名、天津十大政务机构微博影响力榜第三名。

2 月 9 日 市政务服务办协助市政府筹备召开全市进一步优化营商环境会议，总结 2021 年全市优化营商环境工作，部署 2022 年重点任务，聚焦市场主体需求，围绕进一步提升投资便利度、优化便民服务目标，提出具体任务。

2 月 15 日 市政务服务办召开党组会议，审议市政务服务办党组《关于做好出席党的二十大代表候选人初步人选推荐提名工作的实施方案》和《关于做好出席天津市第十二次党代表大会代表选举工作的实施方案》，研究部署市政务服务办有关推荐提名和代表选举工作。

3 月 2 日 市政务服务办组织召开市级营商环境监督员工作会暨优化营商环境座谈会，对《关于做好 2022 年度市级营商环境监督工作的通知》进行宣讲解读，总结交流天津市营商环境监督员工作开展情况。

同日 市政务服务办印发《关于向滨海新区委托下放市级政务服务事项的通知》。

3 月 31 日 市政务服务办召开 2022 年度党的建设和全面从严治党工作暨“迎盛会、铸忠诚、强担当、创业绩”主题学习宣传教育实践活动动员部署会，传达十九届中央纪委六次全会、市纪委十一届十次全会和 2022 年市级机关党的工作暨纪检工作电视电话会议精神，对全办高质量开展好“迎盛会、铸忠诚、强担当、创业绩”主题学习宣传教育实践活动进行动员部署。

同日 市委常委、市委组织部部长、市委主题学习宣传教育实践活动工作领导小组组长喻云林到市政务服务办调研了解政务服务、优化营商环境情况，亲切看望了市便民专线服务中心一线话务员，并主持召开座谈会，听取市政务服务办开展“迎盛会、铸忠诚、强担当、创业绩”主题学习宣传教育实践活动工作情况，指导推动主题学习宣传教育实践活动工作。

同日 市政务服务办会同市发展改革委、市住房城乡建设委、市交通运输委、市水务局制定印发《天津市工程建设项目招标投标活动异议处理操作指引》，维护工程建设项目招标投标秩序，保障招标投标当事人的合法权益，建立统一规范的工程建设项目招标投标活动异议处理机制。

4月1日 市政务服务办召开2022年度网信工作会议，传达学习全市网信工作会议和市领导同志讲话精神，总结回顾全办2021年网信工作成效和不足，部署2022年重点任务。

4月18日 市政务服务办印发《关于在全办组织开展党员承诺践诺和动态调整“我为群众办实事”项目清单、企业群众诉求清单的通知》，梳理“我为群众办实事”项目清单34项、企业群众诉求清单36项。

4月20日 市政务服务办印发《天津市关于加快推进政务服务标准化规范化便利化的实施方案》。

4月20日至22日 市政务服务办举办学习宣传贯彻习近平法治思想建设一流法治化营商环境专题培训，通过专题授课、集中研讨、演讲比赛等形式，进一步强化法治理念，筑牢法治思想根基。

4月22日 市政务服务办党组理论学习中心组集中观看专题片《警钟长鸣》，围绕“坚定捍卫‘两个确立’，坚决做到‘两个维护’”专题、习近平生态文明思想开展研讨交流。

4月25日 市公共资源交易中心成功组织2022年第一批国有建设用地使用权集中挂牌出让交易活动，为全年全市住宅用地交易市场顺利开局打好基础。按照自然资源部关于住宅用地“两集中”公开出让的工作要求，此次挂牌成交地块6宗，出让面积约48.6公顷，成交总额43.5亿元。

5月6日 市政务服务办召开党组扩大会议暨“迎盛会、铸忠诚、强担当、创业绩”主题学习宣传教育实践活动工作领导小组会议，听取主题学习宣传教育实践活动工作阶段情况汇报，对下一步工作进行安排部署。

同日 市政务服务办等十部门联合发布《深化电力领域审批制度改革　优化电力工程建设审批流程工作方案》，进一步简化优化天津电网建设项目审批流程，加快天津电网建设高质量发展，助推天津市打造能源电力“碳达峰、碳中和”先行示范区。

5月11日至13日 市政务服务办举办为期三天的学习贯彻党的十九届六中全会精神暨“迎盛会、铸忠诚、强担当、创业绩”主题学习宣传教育实践活动专题读书班。

5月12日 为深入贯彻落实习近平法治思想，市政务服务办组织机关各处室、各所属单位部分干部，赴河东区人民法院旁听案件审理，开展“美好生活·民法典相伴”主题法治宣传教育活动。

5月16日 市政务服务办召开2022年度建议提案办理工作座谈会，充分听取人大代表、政协委员和专家学者、企业家对全市政务服务改革和营商环境建设工作的意见建议，进一步提升建议提案办理工作水平。

5月18日 市政务服务办召开天津市优化营商环境工作联席会议联络员线上工作会。

5月20日 市政务服务办启动“安全生产月”活动。开展集中学习、安全教育培训、消防应急演练、安全生产大检查等活动，切实营造“关爱生命、关注安全”的良好舆论氛围，确保市政务服务中心安全稳定。

5月24日 市公共资源交易中心组织开展面向区集采代理机构的电子化交易系统应用技能和业务能力提升培训，提升全市政府采购电子化水平和政府采购效能，优化政府采购领域营商环境。

5月25日 市政务服务办制定印发《市政务服务办2022年纪律检查工作要点》，明确强化巡视反馈意见整改落实成效，以落实市委巡视反馈意见整改为抓手，持续净化全办政治生态，推动政治生态根本好转。

同日 市政务服务办印发《天津市政务服务中心推行“一窗”分类综合受理实施方案》的

通知。规范推进市政务服务办综合窗口改革,制定实施方案,明确工作目标、窗口设置、运行模式、任务分工、组织保障,明晰窗口、部门和第三方职责,推动"一窗办理、集成服务"机制落地见效。

6月8日 市政务服务办召开推动廉洁文化建设和党员干部警示教育大会,传达学习全市加强新时代廉洁文化建设工作会议暨党员干部警示教育大会精神,并就开展"迎盛会、铸忠诚、强担当、创业绩"主题警示教育月活动进行动员。

同日 市政务服务办主要负责同志带队,深入天津天辰物流股份有限公司调研企业复工达产情况。调研组实地查看企业仓储物流仓库和生产经营情况,围绕国务院"稳经济33项措施"和我市"稳经济35条"等企业关注内容进行重点解读,研究解决困难的方法路径,听取企业关于物流领域优化营商环境的意见建议,并对其在疫情防控期间参与物资保供、稳定职工队伍表现出的大局意识、奉献精神予以充分肯定。

同日 市政务服务办印发《天津市"免申即享"政策清单》。

6月9日 市政务服务办印发《"津心办"平台第一批高频政务服务事项清单》。

6月13日 市政务服务办印发《优化政务服务助企纾困八项措施》。

6月17日 市政务服务办组织办机关各党支部书记和负责项目招投标工作人员、所属事业单位有关人员集中观看招投标领域专题警示教育片《开尔行贿记》,深刻汲取违法违纪典型案例教训,教育引导党员干部坚定信念、修身律己、恪守廉洁。

6月20日 市政务服务办召开党组(扩大)会议暨党组理论学习中心组集体学习,迅速传达学习贯彻市第十二次党代会精神,专题学习交流研讨,结合实际研究贯彻落实工作。

6月27日 市公共资源交易中心政采电子招投标系统、政采协议供货平台、政采电子卖场、工程建设招投标平台、交易中心网站5个系统完成二级等保备案。

6月28日 市政务服务办落实国务院办公厅关于全面实行行政许可事项清单管理工作要求,公布《天津市行政许可事项清单》。

7月6日 市便民专线服务中心印发《天津市12345政务服务便民热线与110报警服务台高效对接联动工作方案》。

7月7日 市政务服务办召开2022年中期工作推动会议,听取各处室、各所属单位上半年工作情况汇报,分析当前工作存在的短板弱项,研究部署下半年重点工作。

7月11日 市政务服务办综合窗口试运行正式启动。实现首批622个政务服务事项进驻综合窗口办理,变"一门多窗办事"为"一门一窗办事",进一步优化办事流程,提高政务服务效率,方便企业群众办事。

7月21日 市政务服务办召开党组会议暨安全生产和应急工作领导小组会议,传达学习全市安全生产工作电视电话会议精神,听取2022年上半年安全生产工作情况,研究部署下半年工作。

7月27日 市公共资源交易中心指导河北区政府采购中心完成天津市河北区人民检察院物业管理项目的8家供应商响应文件不见面线上解密工作,实现首个市政府采购电子招投标市区一体化项目采购。

8月1日 市政务服务办组织召开保密警示教育会议暨保密专题教育培训会议。

8月9日 市政务服务办印发《关于在全办开展"四抓四比四争当"活动的通知》,教育引导广大党员干部抓学习,比思想,争当对党忠诚的表率;抓服务,比作风,争当为民服务的表率;抓担当,比境界,争当履职尽责的表率;抓实干,比业绩,争当敬业奉献的表率。

8月12日 市政务服务办向全市政务服务系统印发《关于开展政务服务系统先进典型风采展示活动的通知》。

8月17日 市政务服务办召开迎接中央依法治国办第二批全国法治政府建设示范创建综合示范候选地区实地评估专题工作会议,和平区政务服务办、河西区政务服务办、北辰区政务服务办主要负责同志参会。

9月1日 市政务服务办印发《天津市市级营商环境监督工作履职评价办法(试行)》,调动监督员履职工作积极性,提升监督工作质效。

9月6日 市公共资源交易中心与雄安新区公共资源交易中心召开视频交流会,双方明确深入合作,开展雄安新区建设工程异地评标试点,持续深化公共资源交易平台区域合作机制。

9月9日 市政务服务办召开“抓整改、转作风、提效能、优服务、促发展”专项行动专题部署动员会议,部署安排专项行动有关工作。办领导班子成员,机关各处室、各所属单位负责同志,各区政务服务办、网格化管理中心相关负责同志参会。

9月15日 市政务服务办印发《天津市优化营商环境三年行动计划中期评估报告》,系统分析进展情况,及时查漏补缺,确保重大行政决策效果。

9月22日 市政务服务办印发《关于开展2022天津市营商环境第三方评价工作的通知》,启动2022年天津市营商环境第三方评价工作。

9月30日 市政务服务办召开党组(扩大)会议暨主题活动工作领导小组会议,进一步学习贯彻市委专题工作会议精神,认真落实市委主题活动工作领导小组、市委组织部和市委市级机关工委有关通知要求,围绕持续加大“迎盛会、铸忠诚、强担当、创业绩”主题学习宣传教育实践活动工作力度热度,高效统筹疫情防控和深化政务服务改革、优化营商环境建设等各项工作高质量发展进行再动员、再部署。

10月13日 市政务服务办党组召开扩大会议专题研究推进全面从严治党向纵深发展工作。会议深入贯彻落实全市推进全面从严治党向纵深发展工作部署会议精神,研究审议《市政务服务办贯彻落实〈中共天津市委关于推进全面从严治党向纵深发展的意见〉的若干措施》。

10月14日 市政务服务办与市发展改革委、市商务局、市委编办、市司法局、市市场监管委联合印发《市场准入负面清单(2022年版)与天津市政务服务事项目录对应关系表》。

10月20日 市政务服务办印发《天津市“四免”改革事项清单》。

同日 市政务服务办组织召开市公共资源交易平台整合工作联席会议,研究部署本市公共资源交易平台整合共享“回头看”等相关工作,提出持续深化公共资源交易平台整合共享的工作思路。

10月25日至27日 市政务服务办举办学习宣传贯彻党的二十大精神专题读书班,以处级以上党员干部为重点,采取集中学习、个人自学、体会分享、研讨交流等方式进行。其间,由党的二十大代表杨汝倩同志为办机关及所属事业单位党员干部职工分享参加党的二十大盛况和学习心得体会。

11月2日 市公共资源交易中心将水务工程的评标专家抽取并入天津市综合评标专家抽取系统,实现了工程类项目(建设工程、交通工程、水务工程)评标专家抽取系统平台的统一。

11月7日 市政务服务办印发《天津市2022年版非许可类政务服务事项目录》。

11月15日 市政务服务办印发《天津市证明事项清单》。

11月22日 市便民专线服务中心与市轨道交通线网管理中心举行了“强化交流互助 共创和谐稳定”共建协议签约仪式。

11月28日 市政务服务办荣获“跟党奋进新征程 巾帼建功新时代”机关巾帼宣讲活动优秀组织奖。

12月5日 市政务服务办印发《天津市进一步优化营商环境降低市场主体制度性交易成本若干措施》,进一步提振市场主体信心,推动降低市场主体制度性交易成本。

12月7日 市便民专线服务中心李博羽同志被评为市级机关党员服务示范岗。

12月8日 市便民专线服务中心被中华全国妇女联合会评为“全国巾帼建功先进集体”。

12月12日 市政务服务办与北京市政务服务管理局、河北省政务服务管理办公室联合印发《京津冀自由贸易试验区内第四批“同事同标”政务服务事项目录》。

同日 市公共资源交易中心统一异议系统上线试运行。异议人可以通过登录系统提出异议,管理异议;招标人可以利用系统接收异议提醒,受理和进行异议处理反馈。

12 月 15 日 市政务服务办印发《天津市工程建设项目联合审批事项清单(2022 年版)》,持续深化工程建设项目审批制度改革,进一步规范工程建设项目联合审批办理事项及特别程序。

12 月 27 日 市政务服务办公布《天津市企业政务服务“一件事一次办”事项基础清单(2022 版)》和《天津市个人政务服务“一件事一次办”事项基础清单(2022 版)》,明确了“一件事一次办”工作的指导思想、基本原则、工作目标和重点任务。

12 月 28 日 市政务服务办推出《天津市进一步复制推广营商环境创新试点改革举措的若干措施》。

12 月 30 日 市政务服务办印发《市政务服务办关于聘请于军等同志担任 2023—2024 年度天津市营商环境监督员的决定》,完成第三批 122 名市级营商环境监督员聘任工作。

(执笔人:王欣欣)

天津市政协

政治协商会议天津市委员会2022年大事述要

1月5日　市政协召开第143次党组扩大会议暨理论学习中心组集体学习。会议传达学习习近平总书记在中央政治局专题民主生活会、全国政协新年茶话会上的重要讲话和2022年新年贺词精神，传达学习市委十一届十二次全会暨经济工作会议和市委常委会会议精神，结合政协实际，研究贯彻落实措施，研究中国人民政治协商会议天津市第十四届委员会委员增补名单（草案）、中国人民政治协商会议天津市第十四届委员会增补委员安排界别名单（草案）、市政协十四届五次会议分组办法（草案）和委员小组召集人名单（草案）、在政协天津市第十四届委员会第五次会议期间界别委员小组临时党支部设置事宜、市政协2022年资金预算相关事宜。

同日　市政协召开第六十一次主席会议。会议审议中国人民政治协商会议天津市第十四届委员会委员增补名单（草案），审议通过中国人民政治协商会议天津市第十四届委员会增补委员安排界别名单、市政协十四届五次会议分组办法和委员小组召集人名单。

1月7日　市政协召开十四届常委会第二十一次会议。会议传达学习贯彻市委十一届十二次全会暨经济工作会议精神，审议通过市政协十四届五次会议有关事项和人事事项等。

同日　市政协召开第六十二次主席会议。会议听取各小组讨论情况的汇报。

1月12日　市政协召开第六十三次主席会议。会议审议通过关于推迟召开政协天津市第十四届委员会第五次会议的决定。

1月19日　市政协召开第144次党组会议暨理论学习中心组集体学习。会议传达学习习近平总书记在省部级主要领导干部学习贯彻党的十九届六中全会精神专题研讨班开班式上的重要讲话和市委常委会会议精神，研究贯彻落实措施，围绕市政协党组党史学习教育专题民主生活会主题交流研讨，研究市政协党组2020年度民主生活会整改措施落实情况报告（稿）、市政协党组党史学习教育专题民主生活会征求意见情况报告（稿）和市政协党组党史学习教育专题民主生活会班子对照检查材料（稿）。

1月24日　市政协召开第145次党组扩大会议。会议传达学习习近平总书记在十九届中央纪委六次全会上的重要讲话精神和市委常委会会议精神，研究贯彻落实措施，研究中共政协天津市委员会部分专门委员会分党组成员调整事宜。

同日　市政协召开党史学习教育总结会议。会议传达学习习近平总书记重要指示精神，传达学习全市党史学习教育总结会议精神，总结市政协党史学习教育情况，就巩固拓展党史学习教育成果作出部署。

1月29日　市政协党组召开党史学习教育专题民主生活会。

同日　市政协召开第146次党组会议。会议听取市政协2021年度委员履职情况汇报，研究市政协十四届五次会议选举办法（草案）。

同日　市政协召开第六十四次主席会议。会议审议通过关于市政协十四届五次会议召开时间的决定和市政协十四届五次会议日程，听取市政协2021年度委员履职情况汇报。

2 月 8 日 市政协召开第六十五次主席会议。会议听取市政协十四届五次会议筹备工作情况汇报。

2 月 11 日至 13 日 中国人民政治协商会议天津市第十四届委员会第五次会议在天津礼堂隆重开幕。盛茂林代表政协天津市第十四届委员会常务委员会作工作报告。黎昌晋受市政协常委会委托，作市政协十四届四次会议以来提案工作情况的报告。列席市人大十七届六次会议，听取政府工作报告。会议补选孙文魁、李文海为政协天津市第十四届委员会副主席，补选于春水等 11 名同志为常务委员。会议接受高玉葆辞去政协天津市第十四届委员会副主席职务的请求。会议通过政协天津市第十四届委员会第五次会议关于常务委员会工作报告的决议、政协天津市第十四届委员会提案委员会关于市政协十四届五次会议提案审查情况的报告、政协天津市第十四届委员会第五次会议政治决议。

2 月 12 日 市政协召开第六十六次主席会议。会议审议政协天津市第十四届委员会常务委员会第二十二次会议议程（草案）和提交市政协十四届二十二次常委会会议第一次会议暨委员小组召集人第二次会议审议的相关文件。

同日 市政协召开十四届常委会第二十二次会议第一次会议暨委员小组召集人第二次会议。会议审议政协天津市第十四届委员会第五次会议关于常务委员会工作报告的决议（草案），政协天津市第十四届委员会第五次会议政治决议（草案），政协天津市第十四届委员会第五次会议选举办法（草案）。审议人事事项。审议通过政协天津市第十四届委员会第五次会议监票人建议名单，关于授权主席会议审议政协天津市第十四届委员会常务委员会第二十二次会议未尽事宜的决定。

同日 市政协召开第六十七次主席会议。会议听取小组讨论常委会工作报告的决议（草案）、政治决议（草案）、选举办法（草案）、候选人名单（草案）、监票人名单（草案）情况汇报，审议政协天津市第十四届委员会提案委员会关于市政协十四届五次会议提案审查情况的报告（草案）。

同日 市政协召开十四届常委会第二十二次会议第二次会议。会议通过政协天津市第十四届委员会第五次会议关于常务委员会工作报告的决议（草案），通过政协天津市第十四届委员会第五次会议政治决议（草案），通过政协天津市第十四届委员会第五次会议选举办法，通过人事事项，通过政协天津市第十四届委员会第五次会议监票人名单。审议通过政协天津市第十四届委员会提案委员会关于市政协十四届五次会议提案审查情况的报告（草案）。

2 月 22 日 市政协召开第 147 次党组扩大会议。会议传达学习市两会和市纪委十一届十次全会精神，结合政协实际，研究贯彻落实措施，研究中共政协天津市委员会党组党史学习教育专题民主生活会整改任务书（稿）。

3 月 14 日 市政协召开第 148 次党组扩大会议。会议传达学习习近平总书记在十三届全国人大五次会议、全国政协十三届五次会议期间重要讲话精神，传达学习全国两会精神和市委常委会扩大会议精神，结合政协实际，研究贯彻落实措施，研究关于召开政协天津市第十四届委员会常务委员会第二十三次会议的决定（草案）和议程（草案）、市政协 2022 年视察考察调研计划（草案）、政协天津市第十四届委员会专门委员会委员增补名单（草案），听取中共政协天津市委员会机关党组关于集中整改进展情况汇报。

同日 市政协召开第六十八次主席会议。会议传达学习习近平总书记在十三届全国人大五次会议、全国政协十三届五次会议期间重要讲话精神，传达学习全国两会精神和市委常委会扩大会议精神，结合政协实际，研究贯彻落实措施，审议通过关于召开政协天津市第十四届委员会常务委员会第二十三次会议的决定和议程（草案）、市政协 2022 年视察考察调研计划、政协天津市第十四届委员会专门委员会委员增补名单。

3 月 23 日 市政协召开第 149 次党组扩大会议。会议传达学习习近平总书记在中共中央政治局第三十七次集体学习时、中央全面深化改革委员会第二十四次会议上、中央党校（国家行政学院）中青年干部培训班开班式上的重要讲话精神，传达学习中共中央政治局会议、中共中央政治局常务委员会会议和市委常委会会议精神，结合政协实际，研究贯彻落实措施，研究中共政协天津市委员会部分专门委员会分党组成员调整事宜、政协天津市第十四届委员会2022年界别工作安排意见（草案）、政协天津市第十四届委员会界别召集人小组组成人员调整名单（草案）、政协天津市第十四届委员会有关专门委员会副主任任免名单（草案），研究修订市政协专门委员会党员委员履职临时党支部工作办法（试行），研究确定市政协机关处长2021年度考核等次事宜。

同日 市政协召开第六十九次主席会议。会议审议通过政协天津市第十四届委员会2022年界别工作安排意见、政协天津市第十四届委员会界别召集人小组组成人员调整名单，审议政协天津市第十四届委员会有关专门委员会副主任任免名单（草案）。

3月25日 市政协召开十四届常委会第二十三次会议。会议深入学习贯彻习近平总书记在全国两会期间的重要讲话精神，传达学习全国两会精神和市委常委会会议精神，进一步统一思想认识，部署推动工作。

3月30日 市政协召开“坚持‘减污降碳协同增效’目标，促进经济社会发展全面绿色转型”知情通报会。会议深入贯彻落实习近平生态文明思想和习近平总书记关于碳达峰碳中和工作重要论述，为政协委员知情明政、凝聚共识，更好把准建言方向、提高建言质量搭建平台。

同日 市政协召开第150次党组扩大会议暨理论学习中心组集体学习。会议传达学习中共中央印发的关于党史学习教育有关文件精神，传达学习市委常委会会议暨市委党的建设工作领导小组会议精神，研究贯彻落实措施，研究市政协党的建设工作领导小组2022年工作要点（稿）、市政协党组理论学习中心组2022年学习计划（稿），听取关于在市政协机关开展“迎盛会、铸忠诚、强担当、创业绩”主题学习教育实践活动的汇报。会议还研究了其他事项。

同日 市政协召开第七十次主席会议，审议通过政协天津市第十四届委员会主席会议成员联系界别方案。

4月20日 市政协召开第151次党组扩大会议。会议传达学习习近平总书记在北京冬奥会冬残奥会总结表彰大会上、海南考察时的重要讲话精神，研究贯彻落实措施，传达学习全市加强新时代廉洁文化建设工作会议暨党员干部警示教育大会精神。会议还研究了其他事项。

同日 市政协召开第七十一次主席会议。会议审议通过2022年市政协督办重点提案工作安排、市十四届政协“一书一展一片”活动方案。

4月26日 市政协召开2022年第一次经济运行分析座谈会。

4月27日 市政协召开“推动种业振兴，促进我市农业高质量发展”专题协商会议。

5月6日 市政协召开第152次党组扩大会议。会议传达学习习近平总书记在中央全面深化改革委员会第二十五次会议上、中国人民大学考察时、中央财经委员会第十一次会议上、中共中央政治局第三十八次集体学习时的重要讲话精神、博鳌亚洲论坛2022年年会开幕式上发表的主旨演讲精神和中共中央政治局会议、市委常委会会议精神，传达学习习近平总书记关于全国政协开展委员读书活动的重要指示精神、全国政协传达贯彻习近平总书记重要指示深入开展政协委员读书活动座谈会精神，研究贯彻落实措施，研究市政协机关服务保障工作。会议还研究了其他事项。

5月10日 市政协召开第153次党组扩大会议。会议传达学习习近平总书记在庆祝中国共产主义青年团成立100周年大会上的重要讲话精神、中共中央政治局常务委员会会议和市委常委会会议精神，研究贯彻落实措施，听取市政协党组成员点评党员常委履职情况汇报，研究关于开展贯彻落实中央政协工作会议和市委政协工作会议精神进展情况“回头看”调研的安排意见（稿），研究结算住津全国政协委员出席全国政协十三届五次会议相关服务保障费用、中共政协天津市委员会部分专门委员会分党组成员调整事宜。会议还研究了其他事项。

5月11日 市政协召开春秋讲堂报告会。市政协委员、市生态环境局副局长史津应邀作题为《保持战略定力,科学有序推进碳达峰碳中和工作》的辅导报告。

5月16日 市政协召开第154次党组扩大会议。会议研究结算市政协十四届五次会议各项费用事宜,听取市政协机关2021年度绩效考核情况汇报。会议还研究了其他事项。

6月7日 市政协召开"创新推进城市民族工作,促进各民族交往交流交融"专题协商会议。

6月9日 市政协召开第155次党组扩大会议。会议传达学习习近平总书记在中共中央政治局会议和中共中央政治局第三十九次集体学习时的重要讲话精神,传达学习市委常委会会议精神,结合政协实际,研究贯彻落实措施,听取各调研组开展贯彻落实中央政协工作会议和市委政协工作会议精神进展情况"回头看"调研情况汇报。会议还研究了其他事项。

6月29日 市政协召开第156次党组扩大会议暨理论学习中心组集体学习。会议传达学习习近平总书记在中共中央政治局第四十次集体学习和四川考察时的重要讲话精神,传达学习中央全面深化改革委员会第二十六次会议和市委常委会会议精神,研究贯彻落实措施。会议学习贯彻《中国共产党政治协商工作条例》和市第十二次党代会精神,研究《市政协党组贯彻落实〈中国共产党政治协商工作条例〉的措施(稿)》《关于市政协学习宣传贯彻市第十二次党代会精神工作方案(稿)》,围绕学习贯彻市第十二次党代会精神,结合开展"迎盛会、铸忠诚、强担当、创业绩"主题学习宣传教育实践活动进行集中学习研讨,听取市政协委员服务中心所属企业改革有关情况汇报。

7月1日 市政协举行庆祝中国共产党成立101周年专题党课活动。

7月6日 市政协召开学习贯彻市第十二次党代会精神宣讲报告会。

7月7日 市政协召开第157次党组扩大会议。会议传达学习习近平总书记在湖北武汉考察时、庆祝香港回归祖国25周年大会暨香港特别行政区第六届政府就职典礼上的重要讲话精神,传达学习我市庆祝中国共产党成立101周年专题党课和市委常委会会议精神,研究贯彻落实措施。

同日 市政协召开第七十二次主席会议。会议传达学习全国政协十三届常委会第二十二次会议、全国政协文史工作座谈会精神,审议通过政协天津市第十四届委员会常务委员会第二十四次会议议程(草案)和日程等,审议市政协常委开展主题视察情况报告(草案)。

7月14日 市政协召开春秋讲堂报告会。市人大常委会副主任、农工党市委会主委、中国科学院天津工业生物技术研究所所长马延和受邀作题为《白色生物技术与绿色经济发展》的辅导报告。

7月21日 市政协召开第158次党组扩大会议。会议传达学习习近平总书记在新疆考察时的重要讲话精神,传达学习市委常委会会议和《中央宣传部、中央组织部关于认真组织学习〈习近平谈治国理政〉第四卷的通知》精神,研究贯彻落实措施,听取参加全国地方政协秘书长工作交流座谈会、机关党组2022年上半年落实全面从严治党主体责任情况汇报,研究市政协党组2022年上半年工作情况和下半年工作安排(稿)、中共政协天津市第十四届委员会党组加强自身建设的意见(修订草案)。

7月26日 市政协召开"加强生物安全监管,提升天津市生物安全治理能力"专题协商会议。

8月2日 市政协召开第159次党组扩大会议。会议传达学习习近平总书记在省部级主要领导干部专题研讨班上、党外人士座谈会上、中共中央政治局第四十一次集体学习时、中央统战工作会议上的重要讲话精神,传达学习中共中央政治局会议和市委常委会会议精神,结合政协实际,研究贯彻落实措施。

同日 市政协召开第七十三次主席会议。会议审议有关人事事项。

8 月 3 日 市政协召开十四届常委会第二十四次会议。会议深入学习贯彻习近平生态文明思想，落实市第十二次党代会部署，围绕“坚持‘减污降碳协同增效’目标，促进经济社会发展全面绿色转型”协商议政，为统筹推进绿色低碳高质量发展贡献力量。市委副书记、市长张工应邀出席并作报告。

8 月 4 日 市政协召开“聚焦市场主体培育消费环境，助推文化产业高质量发展”专题协商会议。

8 月 8 日至 11 日 市政协组织住津全国政协委员赴宝坻区、蓟州区，围绕“看亮点、强信心、聚共识、促发展”主题开展集中考察。

8 月 12 日 市政协召开第 160 次党组扩大会议。会议深入贯彻习近平总书记关于全面从严治党的重要要求，传达学习全市推进全面从严治党向纵深发展工作部署会议精神，结合政协实际，研究贯彻落实措施，听取各专门委员会分党组 2022 年上半年工作情况和下半年工作安排汇报。

8 月 26 日 市政协召开第 161 次党组扩大会议。会议传达学习习近平总书记在辽宁考察时的重要讲话精神和市委常委会会议精神，传达学习全国政协十三届常委会第二十三次会议精神，结合政协实际，研究贯彻落实措施。

9 月 5 日 市政协召开第 162 次党组扩大会议。会议传达学习中共中央政治局会议精神，传达学习市委常委会会议和市委统战工作会议精神，结合政协实际，研究贯彻落实措施。

同日 市政协召开第七十四次主席会议。会议审议通过关于召开政协天津市第十四届委员会常务委员会第二十五次会议的决定和议程（草案），审议市政协常委围绕“加快建设具有全国影响力的区域科技创新中心，深入推进京津冀协同创新发展”开展主题视察情况报告（草案）。

9 月 7 日 市政协召开“加大金融支持力度，促进重点产业链高质量发展”专题协商会议。

9 月 9 日 市政协召开“大力推进数字医疗，构建完善的现代化城市医疗体系”专题协商会议。

9 月 19 日 市政协召开第 163 次党组扩大会议暨理论学习中心组集体学习。会议传达学习习近平总书记在中央全面深化改革委员会第二十七次会议上的重要讲话精神和中共中央政治局会议、市委常委会会议、市委专题工作会议精神，结合政协实际，研究贯彻落实措施；围绕学习《习近平谈治国理政》第四卷进行交流研讨；研究政协天津市第十四届委员会主席会议成员联系界别方案（草案）和市政协文史馆外檐抢险维修工程等相关事宜。

同日 市政协召开第七十五次主席会议。会议审议通过政协天津市第十四届委员会主席会议成员联系界别方案，审议有关人事事项。

9 月 21 日 市政协召开十四届常委会第二十五次会议。会议深入贯彻落实习近平总书记关于科技创新的重要论述精神，紧扣市党代会部署的目标任务，围绕“加快建设具有全国影响力的区域科技创新中心，深入推进京津冀协同创新发展”协商议政，为建设高质量发展的社会主义现代化大都市凝心聚力。市委常委、常务副市长刘桂平应邀出席并作专题报告。

9 月 26 日 市政协召开全市政协系统党的建设工作座谈会。

9 月 27 日 市政协召开“积极应对人口老龄化，推进社会适老化改造”专题协商会议。

9 月 29 日 市政协召开“发挥港澳委员双重积极作用，助力天津市构筑人才聚集高地”专题协商会议。

10 月 25 日 市政协召开第 164 次党组扩大会议。会议传达学习党的二十大和党的二十届一中全会、十九届七中全会精神，传达学习市委常委会会议和全市领导干部大会精神，研究贯彻落实措施，研究市政协委员继续提名人选名单（草案）。

10 月 27 日 市政协召开第 165 次党组会议。会议研究关于召开政协天津市第十四届委员会常务委员会第二十六次会议的决定（草案）和议程（草案）、市政协 2020—2022 年度优秀提案名单（草案）。会议还研究了其他事项。

10 月 28 日 市政协召开第 166 次党组会议。会议研究了有关工作。

11 月 3 日 市政协召开第 167 次党组扩大会议。会议传达学习习近平总书记在中共中央政治局第一次集体学习时、瞻仰延安革命纪念地时、陕西延安和河南安阳考察时的重要讲话精神和中共中央政治局会议、市委常委会会议精神，研究贯彻落实措施，传达学习中共中央关于认真学习宣传贯彻党的二十大精神的决定和中共天津市委关于迅速兴起学习宣传贯彻落实党的二十大精神热潮的通知精神，研究市政协党组关于学习宣传贯彻党的二十大精神的实施方案（草案）。

同日 市政协召开第七十六次主席会议。会议审议通过关于召开政协天津市第十四届委员会常务委员会第二十六次会议的决定和议程（草案）、市政协 2020—2022 年度优秀提案名单，审议中国人民政治协商会议天津市第十四届委员会常务委员会关于学习贯彻中国共产党第二十次全国代表大会精神的决议（草案）。

11 月 4 日 市政协召开 2022 年第二次经济运行分析座谈会。

11 月 9 日 市政协召开十四届常委会第二十六次会议。会议深入学习宣传贯彻中共二十大精神，传达学习全国政协十三届常委会第二十四次会议和市委会议精神，审议通过中国人民政治协商会议天津市第十四届委员会常务委员会关于学习贯彻中国共产党第二十次全国代表大会精神的决议。

同日 市政协召开优秀提案表彰会。

11 月 10 日 市政协召开学习宣传贯彻党的二十大精神宣讲报告会暨春秋讲堂。市委宣讲团成员盛茂林面向全市政协系统党员干部和政协委员作学习宣传贯彻党的二十大精神专题宣讲。

11 月 15 日 市政协召开第 168 次党组扩大会议。会议听取市十四届政协“一书一展一片”工作进展情况汇报。会议还研究了其他事项。

11 月 17 日 市政协召开第 169 次党组扩大会议。会议传达学习中央政治局常务委员会会议精神、《中共中央政治局关于加强和维护党中央集中统一领导的若干规定》《中共中央政治局贯彻落实中央八项规定实施细则》精神，传达学习市委常委会会议精神，研究贯彻落实措施，研究市政协十五届一次会议筹备工作任务分工。

同日 市政协党组召开理论学习中心组集体学习。会议围绕学习贯彻党的二十大精神，结合“迎盛会、铸忠诚、强担当、创业绩”主题学习宣传教育实践活动工作，联系实际交流学习体会。

同日 市政协召开第七十七次主席会议。会议讨论研究市政协对修改《中国人民政治协商会议章程》的意见建议。

11 月 23 日 京津冀政协主席联席会议第八次会议以视频形式召开，会议围绕“构建现代化首都都市圈”建言资政。全国政协经济委员会副主任马建堂、天津市政协主席盛茂林出席会议并讲话。北京市政协主席魏小东主持会议并作总结讲话。河北省政协副主席梁田庚出席并讲话。全国政协提案委员会驻会副主任张敬安出席。京津冀三省市政协副主席林抚生、尚斌义、常丽虹作主旨发言，国家发展改革委地区经济司副司长曹元猛介绍相关情况。京津冀三地政协秘书长于长辉、高学忠、陈书增出席会议。

11 月 28 日 市政协召开第 170 次党组扩大会议。会议传达学习习近平总书记对河南安阳市凯信达商贸有限公司火灾事故作出的重要指示精神，传达学习市委十二届二次全会和市委常委会会议精神，研究贯彻落实措施，听取市政协防控指挥部有关情况汇报。会议还研究了其他事项。

12 月 1 日 市政协召开第 171 次党组扩大会议。会议研究政协天津市委员会 2023 年协商计划（草案），讨论修改市政协党组 2022 年工作总结和今后工作建议（草案）。会议还研究了其他事项。

同日 市政协召开第七十八次主席会议。会议审议通过关于召开政协天津市第十四届委员会常务委员会第二十七次会议的决定和议程

（草案），审议关于召开市政协十五届一次会议有关事项等。会议审议关于召开市政协十五届一次会议的决定（草案）、市政协十五届一次会议秘书处机构设置和工作任务（草案）、政协天津市第十四届委员会视察考察工作情况报告（草案），讨论修改政协天津市第十四届委员会常务委员会工作报告（草案）、政协天津市第十四届委员会常务委员会关于提案工作情况的报告（草案），听取关于市政协十五届一次会议委员驻地安排情况汇报，审议通过市政协十五届一次会议列席人员范围和关于加强市政协“一中心两站”履职阵地建设的意见。

12 月 8 日 市政协召开第 172 次党组会议。会议研究了政协天津市第十五届委员会第一次会议议程（草案）和日程（草案）、政协天津市第十五届委员会第一次会议各次全体会议主持（报告、讲话）人安排建议（稿），听取中共政协天津市委员会机关党组关于 2022 年落实全面从严治党主体责任情况汇报。会议还研究了其他事项。

12 月 24 日 市政协召开第 173 次党组扩大会议。会议传达学习中央经济工作会议和市委常委会扩大会议精神，研究贯彻落实措施，听取关于开展市政协党组成员与区政协党组成员谈心谈话工作的情况汇报、市政协各专门委员会分党组 2022 年工作情况汇报，研究政协天津市第十五届委员会参加单位、委员名额和委员人选名单（草案），研究启动《天津政协》杂志 2023 年技术支持服务项目招标有关工作。会议还研究了其他事项。

同日 市政协召开第七十九次主席会议。会议审议政协天津市第十五届委员会参加单位、委员名额和委员人选名单（草案），关于授权主席会议审议政协天津市第十四届委员会常务委员会第二十七次会议未尽事宜的决定（草案），政协天津市第十五届委员会第一次会议议程（草案）和日程（草案），政协天津市第十五届委员会第一次会议预备会议议程（草案）和日程（草案），提交政协天津市第十五届委员会第一次会议审议的政协天津市第十四届委员会常务委员会工作报告（草案）和关于提案工作情况的报告（草案），政协天津市委员会 2023 年协商计划（草案），政协天津市第十四届委员会委员学习培训情况报告，审议通过关于撤销王东江政协天津市第十四届委员会委员资格的决定，并提交政协天津市第十四届委员会常务委员会第二十七次会议追认，书面审议政协天津市第十四届委员会各专门委员会五年工作总结。

12 月 27 日 市政协召开十四届常委会第二十七次会议。会议深入学习贯彻中共二十大精神；审议通过关于召开政协天津市第十五届委员会第一次会议的决定，政协天津市第十五届委员会第一次会议预备会议议程（草案）和日程，提交政协天津市第十五届委员会第一次会议审议的政协天津市第十四届委员会常务委员会工作报告和关于提案工作情况的报告，关于授权主席会议审议政协天津市第十四届委员会常务委员会第二十七次会议未尽事宜的决定；审议政协天津市第十五届委员会第一次会议议程（草案）和日程（草案）；协商决定政协天津市第十五届委员会参加单位、委员名额和委员人选名单；追认关于撤销王东江政协天津市第十四届委员会委员资格的决定；书面审议政协天津市第十四届委员会各专门委员会五年工作总结，政协天津市第十四届委员会委员视察考察工作情况报告，政协天津市第十四届委员会委员学习培训情况报告。

12 月 30 日 市政协召开第 174 次党组扩大会议。会议传达学习习近平总书记在中央农村工作会议上、中共中央政治局民主生活会上的重要讲话精神、对爱国卫生运动作出的重要指示精神和市委常委会扩大会议、市委经济工作会议精神，研究贯彻落实措施。

（执笔人：陈　征）

天津市高级法院

市高级人民法院 2022 年大事述要

1 月 17 日 市第一中级人民法院公开宣判贵州省政协原党组书记、主席王富玉受贿、利用影响力受贿一案，判处王富玉死刑，缓期二年执行，剥夺政治权利终身，并处没收个人全部财产。王富玉当庭表示服从法院判决，不上诉。

2 月 22 日 市高级人民法院召开全市法院院长会议，认真贯彻落实中央、市委、最高法院部署要求，总结 2021 年工作，分析形势任务，安排 2022 年工作。市高院党组书记、院长李静出席会议并讲话。

2 月 23 日 市高级人民法院召开全市法院党风廉政建设和反腐败工作会议暨队伍教育整顿总结会议，贯彻落实中央部署和最高法院、市委工作要求，总结 2021 年全市法院党风廉政建设和反腐败工作及队伍教育整顿，研究部署 2022 年工作任务。

5 月 19 日 市第二中级人民法院公开开庭审理张某侵害著名农业科学家袁隆平名誉、荣誉民事公益诉讼案并当庭宣判。该案入选新时代推动法治进程 2022 年度十大案例。

6 月 21 日 天津海事法院、大连海事法院、青岛海事法院举办 2022 年渤海生态环境保护司法协作机制联席会议暨“渤海法治论坛”。

8 月 29 日 市高级人民法院圆满承办中国网络文明大会网络法治建设论坛。天津市高院党组书记、院长李静作主旨发言。

9 月 14 日 市第二中级人民法院依法对犯罪嫌疑人李宏林贪污违法所得没收案进行公开宣判，裁定没收高度可能属于李宏林贪污违法所得的四套涉案房产相应份额及其收益。该案系天津市首例适用违法所得没收程序审理的案件。

9 月 27 日 市高级人民法院党组书记、院长李静在天津市人大常务委员会上专题汇报一站式多元解纷和诉讼服务体系建设情况，在全市法院实现诉讼服务事项一站通办、一网通办。

10 月 14 日 市滨海新区法院成立天津市首家司法生态修复和示范教育基地，将恢复性司法与社会化综合治理创新相结合，更好服务生态文明建设。

11 月 11 日 市第三中级人民法院与北京知识产权法院、河北雄安新区中院举办线上知识产权司法保护签约仪式，进一步深入贯彻落实党的二十大关于推进京津冀协同发展的战略部署及全面加强知识产权保护的重要要求。

（执笔人：李云梓）

天津市检察院

市人民检察院 2022 年大事述要

1 月 4 日　经市检察院党组研究，决定成立天津市人民检察院知识产权检察办公室，为统筹负责全市检察机关知识产权检察职能集中统一履行的工作机构。

1 月 7 日　天津市第十七届人民代表大会常务委员会第三十一次会议决定，接受宫鸣因工作调动辞去天津市人民检察院检察长职务的请求。

1 月 18 日　市检察院党组召开扩大会议，传达学习习近平总书记在省部级主要领导干部学习贯彻党的十九届六中全会精神专题研讨班开班式上的重要讲话精神，习近平总书记对政法工作的重要指示和中央政法工作会议、全国政法队伍教育整顿总结大会、全国检察长（扩大）会议精神，研究贯彻落实意见。

同日　市检察院党组理论学习中心组以“坚持和发展党的百年奋斗历史经验，坚定历史自信，践行时代使命，厚植为民情怀，勇于担当作为”为主题开展专题研讨。

1 月 26 日　市检察院党组召开会议，传达学习习近平总书记在十九届中央纪委六次全会上的重要讲话、十九届中央纪委六次全会和市委常委会会议精神，研究贯彻落实措施。

1 月　市委常委会召开会议，市检察院党组成员、政治部主任王德群汇报市检察院党组工作情况。

同月　市检察院党组成员、副检察长金小慧带队分别到市人大、市政协机关，主动通报检察工作情况，征求对检察工作和市检察院人代会报告的意见建议。

2 月 10 日　市检察院党组召开党史学习教育专题民主生活会，领导班子及班子成员紧紧围绕主题和工作实际进行深刻剖析，并制定整改措施。市委常委、市委政法委书记赵飞等参加会议并进行现场督导。

2 月 11 日　市检察院召开党史学习教育总结会。市委党史学习教育领导小组第十二指导组副组长程晓带队到会指导。

2 月 14 日　天津市第十七届人民代表大会第六次会议，听取和审议了市检察院党组成员、副检察长王迪所作的工作报告。经代表审议表决，全票通过检察工作报告。

3 月 3 日　市检察院党组召开会议，传达学习习近平总书记在中央党校（国家行政学院）中青年干部培训班开班式上重要讲话精神，研究贯彻落实意见。

3 月 4 日　市检察院召开全市检察系统“跟党奋进新征程　巾帼建功新时代”宣讲会。

3 月 8 日　市检察院与市高级法院、市公安局联合制定《关于进一步做好毒品犯罪案件指定管辖工作的意见（试行）》。

3 月 11 日　市检察院以电视电话会议形式召开全市检察机关疫情防控工作会，传达市疫情防控指挥部有关通知精神，部署做好全系统疫情防控工作。

3 月 15 日　市检察院党组召开会议，传达学习习近平总书记在全国两会期间重要讲话精神和市委常委会（扩大）会议精神，研究贯彻落实意见。

同日　市检察院与市公安局、市司法局、市民政局联合印发《天津市监管场所被监管人死亡处理规定》。

3 月 16 日 全市检察长会议暨全市检察队伍教育整顿总结会以电视电话会议形式召开，市检察院党组副书记张健作了题为《筑牢政治忠诚 担当历史重任 为党的二十大胜利召开贡献检察之为》的报告。

3 月 18 日 市委出台《中共天津市委关于加强新时代检察机关法律监督工作的实施意见》。

3 月 30 日 市人民代表大会常务委员会任命张健为天津市人民检察院副检察长、检察委员会委员，免去王迪的天津市人民检察院副检察长、检察委员会委员职务。

3 月 31 日 市检察院党组召开会议，传达学习习近平总书记在中共中央政治局常务委员会上的重要讲话精神、中共中央《在全党开展党史学习教育总结报告》，研究贯彻落实意见。

同日 市检察院党组召开会议审议通过《关于在天津市检察机关开展“迎盛会、铸忠诚、强担当、创业绩”主题学习宣传教育实践活动工作的方案》。

同日 市检察院印发《天津检察机关关于全面加强新时代知识产权检察工作的实施意见》。

4 月 2 日 市检察院与市司法局联合印发《关于进一步推进刑事案件被害人法律援助工作的协作办法(试行)》。

4 月 7 日 市委政法委委员、政治部主任叶浩兵带队到市检察院就跨部门大数据办案平台建设和应用开展专题调研。

4 月 13 日 市检察院党组理论学习中心组以“深入学习领会习近平总书记在 2022 年春季学期中央党校中青班开班式上重要讲话精神，进一步增强做好干部工作特别是年轻干部工作的责任感使命感”为主题开展集中学习研讨。

4 月 18 日 市检察院召开天津检察机关惩治洗钱犯罪专项行动新闻发布会，通报专项行动工作情况，发布典型案例。

4 月 20 日 市检察院与市知识产权局签署《加强知识产权保护合作框架协议》和《关于建立行政机关专业人员兼任特邀检察官助理合作协议》。

4 月 21 日 市检察院召开领导干部会议，宣布市委任职决定。市委常委、市委政法委书记赵飞出席会议并讲话。市人大常委会副主任、市委组织部常务副部长梁宝明宣读市委关于陈凤超同志任市检察院党组书记的决定。市委政法委分管日常工作的副书记张亮主持会议。

4 月 22 日 天津市第十七届人民代表大会常务委员会第三十三次会议通过，任命陈凤超为天津市人民检察院副检察长、检察委员会委员，决定陈凤超为天津市人民检察院代理检察长。

同日 市检察院党组召开会议，传达学习市委常委、市委政法委书记赵飞在市检察院领导干部会议上的讲话精神，听取前一阶段党组工作情况汇报，并就加强党组自身建设提出“讲政治、讲学习、讲实干、讲创新、讲团结、讲廉洁”的“六讲”要求。

同日 市检察院召开知识产权检察工作新闻发布会，发布《2021 年度天津知识产权检察工作白皮书》和天津市检察机关知识产权保护典型案例。

4 月 26 日 市检察院与市公安局联合印发《侵犯商业案件秘密犯罪案件证据指引》。

4 月 28 日 市检察院机关召开党员代表大会，选举产生市检察院出席天津市第十二次党代会代表。

4 月 市检察官协会和《天津法学》杂志社签署检察理论研究合作框架协议。

5 月 7 日 市检察院领导班子集体参观觉悟社纪念馆，深入开展党史学习教育，重温革命先辈的奋斗经历和峥嵘岁月，从党的百年奋斗历程中感悟思想伟力、汲取担当奋进的力量。

5 月 9 日 市检察院与市审计局联合印发《关于建立检察公益诉讼与审计监督协作配合工作机制的意见》。

5 月 10 日 市人大常委会委员、市人大监察和司法委员会主任委员、市人大常委会内务司法办公室主任柴慈明一行到市检察院开展调研并召开座谈会。

5月11日 市检察院党组召开会议，传达学习习近平总书记在中央政治局常务委员会会议上的重要讲话精神，对全市检察机关疫情防控工作进行再动员、再部署。

5月12日 市检察院与市妇联联合印发《关于建立健全困难妇女群体司法救助工作协助机制的意见》。

5月18日 市委常委、市纪委书记、市监委主任陈辐宽到市检察院调研并收看最高检业务讲座。

5月19日 市检察院召开全市检察机关党风廉政建设工作会议暨警示教育大会。

同日 由天津市人民检察院第二分院依法提起的张某侵犯著名农业科学家袁隆平名誉、荣誉民事公益诉讼案，经天津市第二中级法院公开审理，当庭判决被告张某在国家级新闻媒体上公开赔礼道歉、消除影响。

5月20日 市检察院党组书记、代理检察长陈凤超到市工商联开展调研。

5月27日 市检察院党组召开会议，传达学习习近平总书记在庆祝中国共产主义青年团成立100周年大会上的重要讲话精神，研究贯彻落实意见。

5月31日至6月2日 市检察院举办处级以上干部学习贯彻习近平法治思想暨党的十九届六中全会精神政治轮训班。市检察院党组书记、代理检察长陈凤超以“以习近平法治思想为指导，推动新时代检察机关法律监督工作高质量发展”为主题作授课宣讲，提出“合目的性、合规则性、合理性”相统一的司法理念。

6月1日 市检察院党组书记、代理检察长陈凤超文章《以新理念搭起司法为民大舞台》在《检察日报》发表。

6月9日 市检察院召开打击整治养老诈骗专项行动专题工作会议。

6月10日 天津市涉案企业合规第三方监督评估机制管理委员会成立大会暨全面推开涉案企业合规改革工作部署会在市检察院召开。

同日 天津市涉案企业合规第三方监督评估机制管理委员会第一次会议召开，12家成员单位审议会签了《关于建立天津市涉案企业合规第三方监督评估机制的实施意见》《关于天津市涉案企业合规第三方监督评估机制的实施细则(试行)》《天津市涉案企业合规第三方监督评估机制专业人员选任管理办法》等多项配套文件。

6月21日 市检察院党组召开扩大会议，传达学习市第十二次党代会精神，交流学习心得体会，研究贯彻落实举措。

6月23日 市检察院党组召开扩大会议，传达学习习近平总书记在中央政治局第四十次集体学习时的重要讲话精神、市委书记李鸿忠在市委政法委领导干部会议上的讲话精神和市委常委、市委政法委书记王庭凯在市委政法委全体会议上的讲话精神，研究全市检察机关迎接党的二十大维稳安保工作。

6月24日 市检察院召开惩治毒品犯罪工作新闻发布会，通报过去三年全市检察机关办理毒品犯罪案件情况，发布《天津市检察机关惩治毒品犯罪典型案例》。

6月27日 最高人民检察院《检察工作简报》第11期刊发《天津市检察院党组书记、代理检察长陈凤超强调把握新时代法律监督要求提升新时代法律监督水平》。

6月28日至7月6日 最高人民检察院党组第六巡视组进驻市检察院开展巡视“回头看”。

6月28日至7月28日 市检察院组织对部分监狱开展交叉巡回检察。

6月29日 市委常委、市委政法委书记王庭凯带队到市检察院调研，围绕学习宣传贯彻市第十二次党代会精神、全力护航党的二十大主持召开座谈会。

同日 市检察院与市高级法院联合印发《关于联合开展职务犯罪案件刑事裁判涉财产部分执行和执行检察专项活动的工作方案》。

6月30日 市检察院印发《天津市人民检察院护航党的二十大维稳安保工作方案》，成立护航党的二十大维稳安保工作领导小组，市检察院党组书记、代理检察长陈凤超任组长。

7 月 1 日 市检察院机关召开“七一”表彰大会，向退休干部党员颁发“光荣在党 50 年”纪念章，表彰优秀共产党员、优秀党务工作者和先进基层党组织。

同日 市检察院召开市第十二次党代会精神宣讲会暨专题党课报告会，市检察院党组书记、代理检察长陈凤超以《铸就忠诚大德，践行初心使命，为天津“四高”大都市建设贡献检察力量》为题作专题党课辅导。

同日 市检察院召开全面开展公益诉讼检察工作五周年新闻发布会，通报五年来全市检察机关全面开展公益诉讼检察工作情况，介绍下一步公益诉讼检察工作重点，发布相关典型案例。

7 月 4 日 市检察院与市司法局联合印发《关于在全市开展司法行政强制隔离戒毒检察监督试点工作的实施方案》。

7 月 6 日 天津市第十七届人民代表大会第七次会议选举陈凤超为天津市人民检察院检察长。

7 月 7 日 市检察院党组召开扩大会议，听取近期贯彻落实市第十二次党代会精神情况，对推动进一步学习宣传贯彻进行再动员、再部署。

同日 市检察院党组召开会议，专题研究相对薄弱基层检察院脱薄工作。

7 月 11 日 海南省检察院党组书记、检察长张毅，省高级法院党组副书记、副院长陈文平带领海南省检法系统调研组来津调研座谈。

7 月 14 日 市检察院党组召开扩大会议，传达学习政法领导干部加强政治建设专题研讨班和全面深化政法改革推进会、全国检察机关加强政治建设暨深化检察改革与理论研究工作推进会及市委和市委政法委有关会议精神，研究贯彻落实意见。

7 月 19 日至 22 日 由京津冀三地检察机关主办，天津市检察院承办的“服务区域发展　推动资源共享”京津冀检察精品课线上分享会成功举办。

7 月 21 日 市检察院以电视电话会议形式召开全市检察工作调度会，推动各项检察工作提质增效，更好服务保障经济社会高质量发展，以实际行动迎接党的二十大胜利召开。市检察院党组书记、检察长陈凤超提出释放案管部门的管理潜能。

7 月 25 日 市检察院党组理论学习中心组以“坚持勇于自我革命，永葆党的生机活力，锻造新时代津门检察铁军”为主题开展集中学习研讨。

7 月 26 日 最高人民检察院《检察工作简报》第 13 期刊发《天津市检察院多措并举落实“质量建设年”》。

7 月 市委副书记、市长张工，市委常委、常务副市长刘桂平，市委常委、市委统战部部长冀国强，市委常委、市委政法委书记王庭凯分别在市检察院向市委、市政府报送的《天津市人民检察院关于我市全面推开涉案企业合规改革工作的报告》上作出工作批示。

同月 市检察院、市检三分院主要负责同志分别走访驻津解放军和武警部队全国人大代表。

8 月 2 日 市检察院党组书记、检察长陈凤超走进市委党校，以《深入学习贯彻习近平法治思想　开创检察机关法律监督工作新局面》为题，为市局级干部进修班和中青年干部培训一班学员作专题授课。

同日 市检察院党组书记、检察长陈凤超以普通党员身份参加所在市检察院办公室（新闻办）党支部第一党小组“迎盛会、铸忠诚、强担当、创业绩”专题组织生活会。

8 月 10 日 市检察院党组召开扩大会议，传达学习习近平总书记在省部级主要领导干部“学习习近平总书记重要讲话精神，迎接党的二十大”专题研讨班上的重要讲话精神，研究贯彻落实意见。

8 月 11 日 市检察院党组书记、检察长陈凤超应市依法治市办邀请走进市委党校，以《深入学习贯彻习近平法治思想，开创检察机关法律监督工作新局面》为题，为市管干部学习贯彻习近平法治思想专题研讨班学员作专题讲座。

8 月 15 日 市检察院召开全市检察业务工作推进部署会。

8月17日 市检察院与市公安局、市邮政管理局联合印发《关于完善寄递渠道安全监管协作机制的意见》。

同日 市检察院印发《天津市人民检察院政治督察工作办法(试行)》。

8月18日 市检察院召开跨省监狱交叉巡回检察动员部署会。

8月19日 市检察院与市应急管理局会签《关于健全完善安全生产监督管理协作配合机制的意见》和《关于建立行政机关专业人员兼任特邀检察官助理工作合作协议》。

8月29日 最高人民检察院副检察长张雪樵带队来津考察调研并主持召开座谈会。

9月2日 第十三届全国人民代表大会常务委员会第三十六次会议批准任命陈凤超为天津市人民检察院检察长。

同日 市检察院党组召开会议,传达学习《中共天津市委保密委员会关于加强党委(党组)保密委员会建设的实施意见》,研究贯彻落实意见。

9月5日 市检察院党组理论学习中心组围绕"深入学习贯彻习近平总书记在省部级主要领导干部专题研讨班重要讲话精神,强化历史担当,争创一流业绩,以实际行动迎接党的二十大胜利召开"主题,开展集中学习研讨。

9月8日 市检察院党组召开会议,传达学习习近平总书记在中央统战工作会议上的重要讲话和市委统战工作会议精神,研究贯彻落实意见。

9月9日 陈凤超检察长文章《以"检察之为"答忠诚之问》在《检察日报》发表。

9月23日 市检察院机关召开"护航党的二十大"应急突击队成立大会。

同日 市检察院党组印发《中共天津市人民检察院党组关于贯彻落实〈中国共产党政法工作条例〉实施细则》。

9月27日 市十七届人大常委会第三十七次会议审议全市检察机关落实认罪认罚从宽制度工作,听取陈凤超检察长所作的《关于落实认罪认罚从宽制度工作情况的报告》,进行专题询问。

9月28日 市检察院印发与市水务局、水利部海河水利委员会共同制定的《关于建立健全水行政执法与检察公益诉讼行政协作机制的实施方案(合作协议)》。

9月29日 国家检察官学院举办大检察官讲堂,邀请市检察院党组书记、检察长陈凤超授课。陈凤超检察长以《深入学习领会习近平法治思想 解放思想 更新观念 推动检察机关法律监督工作高质量发展》为题,结合学习习近平法治思想的体会感悟和天津检察实践,以视频方式进行交流讲授。

9月 市检察院联合北京市检察院、河北省检察院、天津市高级法院、天津市公安局、天津市法学会(知识产权法学研究会)举办"京津冀加强知识产权司法保护公检法同堂培训"。

10月9日 市检察院召开《习近平谈治国理政》第四卷辅导报告会暨习近平总书记在省部级主要领导干部专题研讨班上的重要讲话精神学习推进会。

10月11日 最高人民检察院发布公告,根据《中华人民共和国检察官法》等有关规定,陈凤超为中华人民共和国二级大检察官。

10月12日 京津冀三地检察机关联合组织开展学习贯彻习近平法治思想专题研讨交流视频会。

同日 市检察院召开天津检察机关打击整治养老诈骗专项行动新闻发布会,通报全市检察机关开展打击整治养老诈骗专项行动总体情况,介绍下一步常态化打击整治养老诈骗工作重点,发布相关典型案例。

10月13日 市检察院以电视电话会议形式召开全市检察业务工作调度分析会,对全市检察业务工作进行全面"体检""把脉",确保全市检察业务工作实现既定目标,提出构建业务健康发展的"绿色指标"体系。

10月14日 市检察院举行公益诉讼特邀检察官助理暨公益诉讼观察员聘任仪式。

10月16日 市检察院党组召开扩大会议,动员部署全市检察机关深入学习宣传贯彻党的二十大精神。

10月18日 市检察院与天津证监局签署《关于加强资本市场行政执法与检察履职衔接协作的备忘录》。

10月25日 市检察院党组召开扩大会议，传达学习党的二十大和二十届一中全会精神，传达学习市委常委会扩大会议和全市领导干部大会、最高检党组扩大会议精神，研究部署全市检察机关学习宣传和贯彻落实工作。

10月27日 《最高人民检察院简报》刊发《天津将配合检察机关法律监督调查核实工作纳入依法治市考评》。

同日 市检察院印发《天津市检察机关“质量建设年”工作指导手册》。

10月 市、分院领导分别带队走访10名在津全国人大代表。

11月4日 市人大常委会副主任赵飞带领市人大监察和司法委、市人大常委会内司办和法工委负责同志到市检察院调研，并主持召开座谈会。

11月7日 市检察院举办2022年天津市检察机关刑事检察业务竞赛。

同日 市检察院党组印发《关于加强全市检察机关党的政治建设的实施意见》。

11月8日至10日 市检察院举办全市检察机关学习贯彻党的二十大精神政治轮训班。其间，市检察院党组书记、检察长陈凤超为全市检察机关作党的二十大精神专题辅导报告。

11月11日 全国扫黑办特派督导专员、第二特派督导组组长王伟率第二特派督导组到市检察院督导常态化扫黑除恶斗争工作。

同日 市检察院印发《天津市检察机关综合评价工作办法》和2022年度政务、业务工作综合评价指导体系及业务评价工作说明。

11月13日 市检察院党组理论学习中心组以“深入学习贯彻党的二十大精神，依法能动履行法律监督职责，为全面建设社会主义现代化国家、实现第二个百年奋斗目标贡献检察力量”为主题，开展集中学习研讨。

11月15日 市委常委、市委政法委书记王庭凯到市检察院第三分院，围绕深入学习宣传贯彻党的二十大精神进行调研座谈，市检察院党组书记、检察长陈凤超陪同调研。

同日 市检察院、市民政局等13部门联合印发《天津市监护困境未成年人救助保护工作操作规程（试行）》。

11月16日 最高人民检察院《检察工作简报》第20期刊发《天津市检察院坚持“一个问题一套措施”扎实推进“质量建设年”》。

11月23日 市检察院与国家税务总局天津市税务局联合印发《关于建立“检察+税务”协作机制 强化涉税领域公益保护的意见》。

12月1日 《天津市人民代表大会常务委员会关于加强新时代检察机关法律监督工作的决定》由天津市第十七届人民代表大会常务委员会第三十八次会议通过并公布，自公布之日起施行。

12月11日 《天津市人大常委会专门立法加强检察机关法律监督工作》在《检察日报》刊发。

12月13日 市检察院举办第十六届“天津检察论坛”，表彰获奖论文、案例和检察理论研究优秀组织单位，6名论文作者作主题发言，4名专家学者进行点评。

12月26日 市检察院与市司法局联合印发《关于建立行政争议实质性化解协作机制的意见》。

12月30日 最高人民检察院第五巡回检察组组长、市检察院党组书记、检察长陈凤超通过电视电话会议方式分两个阶段，向辽宁省院、辽宁省司法厅反馈对沈阳市城郊地区检察院、沈阳第二监狱、沈阳未成年犯管教所开展跨省监狱交叉巡回检察情况。

同日 市检察院印发《天津市检察机关检察人员业务研修工作规定（试行）》。

（执笔人：刘长伟）

各　　区

滨海新区2022年大事述要

1月5日　中国共产党天津市滨海新区第四届委员会第三次全体(扩大)会议暨经济工作会议召开。全会审议讨论区委常委会2021年工作报告和抓党建工作情况报告,审议通过《美丽“滨城”建设2022年攻坚行动方案》《中国共产党天津市滨海新区第四届委员会第三次全体会议决议》。会议强调,要以迎接党的二十大胜利召开为主线,深入实施“五大战略”、全力推进“四大工程”、坚持党建引领共同缔造,继续做好“六稳”“六保”工作,以优异成绩迎接党的二十大胜利召开。

1月8日　滨海新区区委常委会召开(扩大)会议暨区疫情防控工作领导小组和指挥部会议,传达学习贯彻习近平总书记关于党史学习教育的重要指示精神、党史学习教育总结会议精神,研究新区贯彻落实措施和疫情防控工作。会议强调,要深入学习领会,认真抓好落实,努力把党史学习教育成果转化为推进新区高质量发展、建设美丽“滨城”的强大精神动力。毫不松懈持续深化细化实化疫情防控措施,确保各项防控措施落实到位。

1月14日至26日　滨海新区分三批抽调中青年党员干部、入党积极分子、社区工作者,组成滨海新区支援津南志愿队,奔赴津南区支援当地疫情防控工作。

1月15日至20日　市人大常委会主任段春华多次深入滨海新区检查指导全员核酸检测筛查工作。强调要深入贯彻落实习近平总书记关于疫情防控的重要指示精神,坚持人民至上、生命至上,严格落实市委部署要求,抓紧抓细抓实全员核酸筛查各项工作,迅速有力阻断疫情传播渠道,切实维护人民群众的生命安全和身体健康。

1月22日　滨海新区区委常委会召开(扩大)会议暨区委理论学习中心组集体学习,传达学习贯彻习近平总书记在中央政治局党史学习教育专题民主生活会上的重要讲话精神,专题学习《中国共产党章程》。会议强调,要坚决捍卫“两个确立”,坚决做到“两个维护”,始终在思想上跟随核心、在政治上忠诚核心、在行动上捍卫核心。

1月25日　滨海新区召开党史学习教育总结会议。市委党史学习教育巡回指导组到会指导。会议指出,习近平总书记关于党史学习教育的重要指示,为总结好、巩固好、拓展好党史学习教育提供了重要遵循。会议强调,要牢记旗帜就是方向,把对党忠诚作为政治担当坚决执行;要牢记思想引领航程,把理论武装作为终身课题常抓不懈;要牢记民生事关民心,把为民办事作为价值追求务实抓好;要牢记发展决定未来,把美丽“滨城”建设作为头号工程加快落实;要牢记作风体现党风,把自我革命作为坚强保障纵深推进。

2月8日　全市重点项目现场办公会在滨海新区召开。市委书记李鸿忠出席并讲话。会议强调,要清醒看到当前统筹疫情防控和经济社会发展面临艰巨繁重的任务,全力以赴推动高质量发展;要坚持制造业立市,加快高水平重点制造业项目建设,着眼产业链强链补链,提升制造业核心竞争力;要以积极谋、积极跑的精神状态、工作状态，赢得发展先机；要深化体制机制改革创新，加强政策、资金、金融对接，做优主导产业生态，激发新的发展动能；要以勇于担当的精神，敢于攻坚克难、闯出新路；要压实党政第一责任人责任，锚定目标、踔厉奋发，奋力夺取疫情防控和经济社会发展双胜利。

2月12日 天津市第十七届人大六次会议开幕。市委书记李鸿忠参加所在的滨海新区代表团审议。李鸿忠强调，滨海新区是全市经济社会发展的"龙头""引擎"，要以新时代新担当展现新作为，抢抓京津冀协同发展重大战略机遇，坚持制造业立市，加快构建现代化产业体系，坚定不移走高质量发展之路；要以敢为天下先的决心和力度，打开脑袋上的"津门"，冲破体制机制障碍，持续深化高层次对外开放、深层次改革创新，深入推进自贸试验区制度创新，加快打造世界一流的智慧港口、绿色港口，系统性改善政务环境、市场环境、法治环境、人文环境；要持续保护修复自然岸线、湿地、地下水、入海河流等生态资源，探索绿色低碳发展新路，完善城市空间布局，提升滨城城市功能，打造绿色智慧、宜居宜业的美丽滨城；要着力加强和改善党的领导，教育引导全区党员干部群众增强捍卫"两个确立"、做到"两个维护"的政治自觉、思想自觉、行动自觉，以优异成绩迎接党的二十大胜利召开。

2月16日 滨海新区区委召开常委会（扩大）会议暨区委农村工作领导小组会议。会议强调，要以乡村振兴为总抓手，持续做好巩固脱贫攻坚成果同乡村振兴有效衔接工作，大力发展高附加值的现代都市型农业，坚定不移推动实现共同富裕。

2月23日 中共天津市滨海新区第四届纪律检查委员会第二次全体会议召开。会议强调，要保持政治定力和战略定力，提高政治站位，强化政治监督，发扬斗争精神，持续打好党风廉政建设和反腐败斗争攻坚战、持久战。

同日 滨海新区区政府与国家石油天然气管网集团有限公司签署战略合作框架协议，明确将在滨海新区筹建天津区域总部基地。市委书记李鸿忠与国家管网集团董事长、党组书记张伟，总经理、党组副书记刘中云共同见证签约并会谈。

3月2日 由天津港集团、华为和中国移动联合打造的"5G+智慧港口"项目，荣获2022世界移动通信大会（MWC2022）的全球移动大奖（GLOMO Award）——"互联经济最佳移动创新奖"，成为全球首个获此殊荣的智慧港口项目。

3月3日 滨海新区区委政法工作会议召开。会议强调，要坚持党对政法工作的绝对领导，巩固政法队伍教育整顿成果，推动更高水平的平安滨海、法治滨海建设，坚决筑牢首都政治"护城河"，为党的二十大胜利召开创造安全稳定的政治社会环境。

3月11日 滨海新区召开创新立区大会暨区委人才工作会议。会议强调，要加快实施创新立区和人才强区战略，大力引育新动能，全力打造人才高地，为全面建设新时代美丽"滨城"提供强大的动力引擎。

3月30日 天津市十七届人大常委会第三十二次会议通过《天津市人民代表大会常务委员会关于促进和保障构建"津城""滨城"双城发展格局的决定》，明确了构建"津城""滨城"双城发展格局的总体要求、政府职责、发展定位、产业布局、公共服务保障等。

同日 滨海新区区委人大工作会议召开。会议强调，要提高政治站位，围绕工作大局，坚持为民履职，推进自身建设，彰显全过程人民民主的独特优势，开创新时代新区人大工作新局面。

同日 滨海新区区委常委会召开（扩大）会议暨区委全面深化改革委员会会议。会议强调，要深入实施改革活区战略，强化改革自觉，坚持问题导向，狠抓关键环节，打造改革开放先行区。

4月8日 市委书记李鸿忠到滨海新区调研，主持召开部分区和市有关部门主要负责同志座谈会，就市第十二次党代会报告议题征求意见建议。李鸿忠强调，要深刻领悟"两个确立"的决定性意义，进一步增强"四个意识"、坚定"四个自信"、做到"两个维护"，深入贯彻落实习近平总书记对天津工作"三个着力"重要要求和一系列重要指示批示精神，切实增强政治判断力、政治领悟力、政治执行力。要完整准确全面贯彻新发展理念，坚定不移走高质量发展之路，深入实施京津冀协同发展战略，增强战略定力，承担起党中央赋予的建设“一基地三区”历史使命。坚持制造业立市，着力推动绿色发展，统筹疫情防控和经济社会发展，以实际行动迎接党的二十大胜利召开。

同日 滨海新区党的建设工作领导小组会议暨区委工作会议召开。会议强调，要坚持以习近平新时代中国特色社会主义思想为指导，以迎接党的二十大胜利召开为主线，提高政治站位，彰显使命担当，奋力开创新时代党建工作新局面，为建设新时代美丽“滨城”、打造新时代高质量发展示范区提供坚实保障。

4月14日 滨海新区区委常委会召开（扩大）会议，学习贯彻习近平总书记在2022年春季学期中央党校（国家行政学院）中青年干部培训班开班式上的重要讲话和在中央政治局第三十七次集体学习时的重要讲话精神。传达学习市委书记李鸿忠到滨海新区调研并座谈时的讲话精神和天津市科学技术奖励大会暨推动科技体制机制创新工作会议精神。

4月22日 市政府新闻办举办“天津自贸试验区 改革创新引领高质量发展”主题新闻发布会，介绍天津自贸试验区七年成绩单。滨海新区介绍天津自贸试验区制度创新赋能产业发展新路径、新经验并答记者问。

5月30日 市委副书记、市长张工赴天津港调研，先后来到太平洋国际集装箱码头公司和第二集装箱码头公司，与有关负责人深入交流，详细了解港口规划、日常运营、航线分布、智慧码头建设等情况。张工强调，要坚定不移贯彻落实习近平总书记视察天津港时的重要指示精神，加快世界一流智慧港口、绿色港口建设，把天津港打造成为促进国家陆海双向开放的桥头堡、促进京津冀建设世界级城市群的重要支撑、促进天津高质量发展的重要引擎。

6月9日 市委书记李鸿忠，市委副书记、代市长张工等市领导同志深入滨海新区调研绿色生态屏障建设情况，详细听取“滨城”片区和官港森林公园建设情况汇报。李鸿忠在强调，要站在融入京津冀协同发展大局的高度，坚持以“双碳”目标为牵引，深入推进绿色生态屏障建设，着力打造绿屏环抱“津城”与“滨城”的生态架构。坚持以绿色发展推进传统产业转型升级，加快培育壮大绿色智能科技产业，努力打造新兴产业聚集的智慧绿谷。

6月17日 市委书记李鸿忠参加市十二次党代会滨海新区代表团讨论。李鸿忠强调，要深入贯彻落实习近平总书记对天津工作“三个着力”重要要求和一系列重要指示批示精神，全面深化滨海新区改革开放创新，切实发挥战略引领作用，全力打造生态、智慧、港产城融合的宜居宜业美丽“滨城”，为全面建设社会主义现代化大都市贡献力量。

6月21日 滨海新区区委常委会召开（扩大）会议，传达学习天津市第十二次党代会和市委十二届一次全会、市纪委十二届一次全会、市委常委会会议精神。会议强调，要认真学习领会市第十二次党代会精神，坚决贯彻落实市委决策部署，把“旗帜鲜明讲政治”贯穿始终，扛起政治引领之责；把“高质量发展”贯穿始终，扛起新时代战略引领之责；把“高水平改革开放”贯穿始终，扛起龙头示范之责；把“高标准规划建设”贯穿始终，扛起“双城”互动、新区带动之责。以优异成绩迎接党的二十大胜利召开。

7月28日 市政协主席盛茂林带队深入滨海新区部分企业调研，现场协调解决企业发展中遇到的难题。盛茂林提出，希望企业苦练内功增效益，不断提高发展质量和水平，在天津高质量发展进程中发挥更大作用。

8月17日 滨海新区区委常委会召开（扩大）会议暨区委理论学习中心组集体学习。邀请中国载人航天工程空间站系统总设计师杨宏院士以“逐梦太空启新程，践行嘱托创未来，为实现航天科技高水平自立自强再立新功”为主题，从中国航天发展历程、中国载人航天历程、中国航天精神、中国载人航天与天津四个方面作专题讲座。会议强调，2022年是载人空间站正式落户滨海新区10周年，要大力学习弘扬载人航天精神，进一步激发“二次创业”的精气神，始终坚持把创新作为引领高质量发展的第一动力，为全面建设新时代美丽“滨城”提供强大动力引擎。

8 月 26 日至 28 日 第八届中华思想史高峰论坛在滨海新区举行。全国政协常委、全国政协民族和宗教委员会主任，中国社会科学院原院长、《中华思想通史》编委会主任王伟光作主题报告。市委常委、区委书记连茂君出席并致辞。本届论坛以“以习近平新时代中国特色社会主义思想为指导，推进马克思主义基本原理同中华优秀传统文化相结合”为主题，与会专家就“在传承和创新中建设中华文化——优秀传统文化与科学文化相融合而促发展”“简论党的领导人尊史、学史与用史”“党的领导人关于实事求是的思想和实践”“隋唐五代宗教态势与思想发展”“清初‘正统论’建构及其对文学思想的影响”等方面进行深入交流。其间，《中华思想通史资料长编》（电子书）作为《中华思想通史》重要成果发布。

9 月 8 日至 9 日 市委副书记、市长张工到滨海新区调研。先后来到空客 A320 总装线、天津三星电机有限公司、中环环智 DW 智慧工厂、一汽丰田新能源工厂、国家超级计算天津中心、工银金融租赁有限公司详细了解情况，并在“美丽滨城”会客厅听取滨海新区经济社会发展情况汇报。张工强调，要深入贯彻落实习近平总书记考察天津时的重要讲话精神，发挥好滨海新区龙头带动作用，把稳增长摆在更加突出位置，挑大梁、担重任，切实为全市高质量发展保驾护航。

9 月 19 日 市委书记李鸿忠，市委副书记、市长张工到滨海新区调研海岸线生态保护修复工作。分别到天津港保税区临港区域中港池北部岸线、临港生态湿地公园详细听取海岸线生态修复和发展海洋经济等情况汇报，在天津港保税区临港片区管委会主持召开座谈会。李鸿忠强调，要深入贯彻落实习近平生态文明思想，从京津冀协同发展、服务海洋强国建设的战略高度，倍加珍惜海岸线资源，突出生态化和高效益，面向海洋、向海发展，持续推动海岸线生态保护修复，统筹推进海洋生态文明建设和海洋经济高质量发展，全方位、全景式打造海洋强市。

9 月 27 日 凌晨 0 时 30 分许，市委书记李鸿忠连夜深入滨海新区检查调度疫情处置工作。在新区疫情防控指挥部，李鸿忠详细听取风险区域封控管理、流行病学调查等情况，就疫情发展态势进行研判会商，对进一步采取重点防控处置措施进行部署。李鸿忠强调，要深入贯彻落实习近平总书记关于“疫情要防住、经济要稳住、发展要安全”的重要指示要求，坚持以快制快、快上加快，加强重点风险区域封控管控，迅速遏制疫情扩散蔓延势头，坚决筑牢疫情防控严密防线。

10 月 16 日 滨海新区组织党员干部集中收听收看中国共产党第二十次全国代表大会开幕盛况，深入学习习近平总书记代表第十九届中央委员会向党的二十大作的报告。

10 月 25 日 滨海新区区委常委会召开（扩大）会议，传达学习党的二十大、十九届七中全会精神，传达学习市委常委会扩大会议精神。会议强调，要充分认识党的二十大的重大意义和重大成果，切实把思想和行动统一到党的二十大精神上来，深刻领会“两个结合”，全面理解“六个必须坚持”科学内涵和实践要求，坚持不懈用党的创新理论武装头脑、指导实践、推动工作。要牢牢把握以中国式现代化全面推进中华民族伟大复兴的使命任务，准确把握全面建成社会主义现代化强国“两步走”的战略安排，努力在推进中国式现代化中彰显新区担当、展现新区作为。要强化学以致用，牢记“三个务必”，聚焦高质量发展主题，完整、准确、全面贯彻新发展理念，充分激发“二次创业”的奋斗激情，高效统筹疫情防控和经济社会发展，大力实施“五大战略”“四大工程”，切实把通过学习党的二十大精神激发出来的强大动力转化为加快打造新时代高质量发展示范区、全面建设新时代美丽“滨城”的生动实践。

10 月 26 日 市委副书记、市长张工到中新天津生态城调研。先后到低碳体验中心、智慧小区——季景峰阁、静湖公园、生态城信息产业园进行实地考察。张工在调研中强调,生态城要进一步在能复制、可推广上下更大功夫,在加快产城融合发展上下更大功夫,在推进城市治理数字化转型上下更大功夫,在提升民生品质上下更大功夫,按照党的二十大精神和习近平总书记对中新天津生态城的重要指示要求,立足资源禀赋、发挥政策优势、勇于探索创新,更好建设生态之城、智慧之城、幸福之城。

同日 滨海新区区委召开领导干部大会,传达学习贯彻党的二十大精神和天津市领导干部大会精神。会议强调,要坚定捍卫“两个确立”、坚决做到“两个维护”,坚定信心、同心同德,埋头苦干、奋勇前进,不断开创全面建设新时代美丽“滨城”的新局面,推动党的二十大精神在新区扎实实践。

12月9日 中国共产党天津市滨海新区第四届委员会第六次全体会议召开,全会审议通过《中共天津市滨海新区委员会关于深入学习宣传贯彻党的二十大精神全面建设新时代美丽“滨城”的实施意见》和全会决议。会议强调,要认真贯彻落实中央精神、市委决策和区委部署的各项任务,真正把党的二十大精神贯彻到滨海新区经济社会发展各领域全过程,不断开创全面建设新时代美丽“滨城”的新局面,为打造中国式现代化“滨城”样板而努力奋斗。

12月12日 市委书记陈敏尔到滨海新区调研。先后到位于滨海新区经开区的“美丽滨城”会客厅,听取新区规划建设、功能布局、港产城融合等情况汇报;在天津港第二集装箱码头有限公司听取智慧港口、绿色港口建设进展介绍,实地观摩全流程自动化作业系统。陈敏尔强调,要持续深入学习宣传贯彻党的二十大精神,沿着习近平总书记指引的方向坚定前行,扎实落实市第十二次党代会部署,把创新摆在现代化建设全局的核心位置,进一步加大改革力度、提升开放水平,在全市发展中展现更大担当,奋力谱写现代化建设新篇章。

12月13日 滨海新区区委常委会召开(扩大)会议,传达学习全市领导干部会议精神、市委书记陈敏尔到滨海新区调研时的讲话精神和市委常委会会议精神。会议强调,要把学习宣传贯彻党的二十大精神作为当前和今后一段时期的首要政治任务,在全面学习、全面把握、全面落实上下功夫,既要抓进度,又要重质量;既要全面推进,又要突出重点;既要狠抓当前,又要着眼长远;既要为一域增光,又要为全局添彩,以实实在在的举措推动党的二十大精神在“滨城”扎实实践。

本年 滨海新区积极组织实施改善民生20件实事。全区新增就业9.3万人,占全市新增就业总数的28%;以技能提升推进滨城高质量就业,全年开展劳动技能培训8.18万人次;通过线上、线下相结合的方式,完成免费创业培训3507人。新建社区日间照料中心2家;为60岁以上困难残疾老年人实施家庭适老化改造300户;救助保障单亲困难妇女儿童1000名;提供妇女儿童保健服务20万人次。为4100名残疾人发放居家托养服务补贴;为全区4233名残疾人投保意外伤害保险,投保金额33.864万元;为5343名农村低保、低收入人群购买医疗补充保险,投保金额330万元。83个老旧小区改造项目全部完工;累计为符合条件的中低收入家庭发放住房租赁补贴1807.1万元,惠及家庭3178户。打造“津农精品”,4家农业经营主体的农产品获得市农委“津农精品”品牌认定。泰达第五幼儿园、空港第四幼儿园、海缘东路幼儿园、客车桥厂地块配套幼儿园建设完成;建成泰达第一小学二部。实现医联体内检查检验结果互联互通,完成第五中心医院、海滨人民医院等9个医院和27个社区卫生服务中心与“滨海平台”数据对接;建成生态城智慧医疗一期项目;为3123名困难职工和农民工免费查体。圆满完成第八届滨海少儿评剧节;采取线上、线下相结合方式,完成第九届社区艺术节。以迎庆党的二十大优秀红色影片为主题,完成放映农村公益电影1464场次;更新补充农家书屋出版物1.25万册;开展各类全民健身赛事活动35项。完善多处全民健身设施;完成海河外滩一期环境提升工程;新建改造5G基站2675个;提升东疆亲海公园配套设施、实施生态城公园夜景灯光改造等;新增、优化公交线路 11 条；建成 14 个“一刻钟便民生活圈”，完善、丰富辖区商业网点。北水南调干渠治理、临海新城北堤防潮工程竣工验收。建成日处理能力 400 吨的餐厨垃圾处理设施。持续推进农村全域清洁化工程，全年共整治农村地区垃圾、杂物乱堆等问题点位 1100 余处。开展学生营养餐食品安全风险监测 500 批次。在 14 个开发区和街镇的 301 个社区实施智慧平安社区建设。7 个小区 33 栋高层建筑消防安全设施改造工程完成竣工验收，惠及居民 2459 户；排查老旧小区电梯 1000 台。组织开展 10 场次“八五”普法宣传教育活动和 8 场防范非法集资宣传活动。20 项民心工程真正贴近群众所需所想，取得了明显效果，受到群众和社会各界的高度评价。

（执笔人：肖　颖）

和平区 2022 年大事述要

1 月 6 日　和平区首个保障性租赁住房项目——CCB 建融家园·拉萨道店启动运营。

1 月 16 日　和平区从 6 个街道选派了 128 名优秀社工代表组成志愿工作队，开赴津南区驰援疫情防控工作。

1 月 26 日　全国爱卫会发布《全国爱卫会关于 2021 年度国家卫生城镇复审结果的通报》，和平区顺利通过复审，重新确认为国家卫生区。

1 月 28 日　和平区召开党史学习教育总结会议，总结党史学习教育取得的成效，并对巩固拓展党史学习教育成果进行安排部署。

1 月　和平区被授予“全国信访工作示范区”称号。

2 月 5 日　中国银行博物馆天津分馆举行开馆仪式，并被授予“和平区新时代文明实践试点单位”。

2 月 7 日　和平区召开 2022 年大服务大招商暨“双万双服促发展”活动动员部署会。

2 月 23 日　民政部办公厅、财政部办公厅公布居家和社区养老服务改革试点工作优秀案例名单，和平区“‘智慧+’让居家养老更安全”成为天津市唯一入选案例。

2 月 25 日　和平区政协组织召开首批政协委员“招商顾问”聘任大会。

3 月 4 日　和平区委召开第一轮巡察工作动员部署会，对第一轮巡察工作进行动员部署。截至 9 日，3 个区委巡察组全部完成进驻，将对区教育局党委、区民政局党委、区市场监督管理局党委、区教师发展中心 4 家单位党组织开展为期 40 天的常规巡察。

同日　天津市关爱退役军人协会一行到和平区，就落实全市退役军人事务工作会议精神，统筹推进疫情防控和退役军人工作进行调研。

同日　和平区召开“巾帼心向党　喜迎二十大——和平区纪念‘三八’国际妇女节 112 周年大会”，表彰了为和平区经济社会发展作出突出贡献的先进集体和个人。

3 月 29 日　和平区召开“迎盛会、铸忠诚、强担当、创业绩”主题学习宣传教育实践活动工作部署会暨领导小组第一次（扩大）会议。

3 月　和平区全域旅游导览“云上和平”智慧旅游 App 小程序正式上线，为游客提供吃、住、行、游、购、娱等全方位智能服务。

4 月 1 日　和平区举办科技创新党建联盟“领航”行动暨“大服务大招商”科技服务月启动仪式与科技载体专场活动。

同日　和平区东西部协作和支援合作工作推动部署会议召开，会议分析形势、总结经验、部署任务，深化与靖远、会宁、舟曲三县交往交流交融，促进共同发展。

4 月 2 日　和平区国资委组织召开区管国有企业“讲好老字号故事”宣传推广交流会，邀请天津市融美文化传媒有限公司专业宣传团队，就和平区老字号国有企业如何运用新媒体讲好老字号的新故事与我区老字号企业进行深入研讨交流。融美文化还为老字号企业制定了“一品一企一方案”,将通过邀请老字号企业走进直播间、记者探店、抖音公众号直播等多种形式,助力老字号品牌再添活力。

同日 人民银行公布了天津市作为第三批数字人民币试点城市,和平区作为应用场景落地试点城区之一,经过前期与各试点银行的对接沟通,初步确定五大道、金街区域商圈作为应用场景之一。

4月11日 和平区举办“你好天津——鎏津岁月行”对台交流主题活动(和平站)启动仪式暨“寻机遇 促发展——台商走进和平”活动。

4月12日 和平区召开“七五”普法总结暨“八五”普法动员大会。会议总结回顾了和平区“七五”普法工作的主要做法和成效,宣读了“七五”普法先进表彰决定,并进行了颁奖,相关单位也分别就本单位普法工作经验进行了现场交流发言。

4月13日 教育部职业教育与成人教育司公布了“智慧助老”优质工作案例、教育培训项目及课程资源首批推介名单,和平区民政局报送的“‘8910’使居家养老更幸福”项目获评“智慧助老”优质工作案例。

同日 和平区召开安全生产工作视频会议,部署全区防风险除隐患保安全排查整治工作,确保社会大局安全稳定,为党的二十大及天津市第十二次党代会胜利召开创造良好环境。

4月15日 和平区以视频形式举办“4·15国家安全专题讲座”。

4月18日 市政府新闻办召开“深学笃用 天津行动——和平区构建大服务大招商新格局 持续优化营商环境”新闻发布会,介绍了和平区举全区之力,聚全民之智,出实招、破瓶颈,用优质的营商“软”环境培育发展的“硬”实力。

4月19日 按照市统一部署,和平区将开展为期半年的打击整治养老诈骗专项行动,同时向社会公布举报方式,广泛发动群众提供违法犯罪线索,全力挤压“行骗空间”。

4月22日 “迎盛会、铸忠诚、强担当、创业绩”书香满和平——“和平杯”第五届文化阅读之旅启动仪式在和平区图书馆举行。启动仪式结束后,还举行了以“迎盛会 读经典 向未来”为主题的领读大使阅读推荐读书会。

同日 和平区融媒体中心—掌上天津—融美文化战略合作签约仪式暨借助新媒体传播和平专题研讨会在和平区五大道中意发展创意中心举行。

同日 和平区在新浪网开启“垃圾分类新时尚 低碳环保齐参与”活动直播。

4月24日 和平区召开疫苗接种工作推动会,对进一步做好全区疫苗接种工作进行安排部署。

4月26日 中国共产党天津市和平区代表会议在和平区会议中心召开,选举产生了19名和平区出席中国共产党天津市第十二次代表大会代表。

4月27日 和平区2022年“惠民暖企 畅享和平”促消费活动正式启动。

4月29日 和平区召开庆祝“五一”国际劳动节先进模范座谈会,通报了和平区获评2022年五一劳动奖和工人先锋号的情况。

5月12日 和平区率先在辖区百余个公众停车场推广使用车主端“自助停车”小程序,为市民提供优质便捷的停车服务体验。

同日 市地震局与和平区人民政府在金街大铜钱处共同举行“全国防灾减灾日”集中宣传活动暨《公共场所防震与应急》新书发布仪式。

5月13日 以“传承中华国粹 讴歌时代华章”为主题的第十六届“和平杯”京剧票友邀请赛正式启动。8月8日至12日举行复赛,9月8日决赛开赛,23日公布获奖名单。

5月14日 “天津市首届家庭教育微型情景剧展演活动”在和平区教育局正式启动。启动仪式采取线上和线下结合的方式,展示了由和平区教育局选送的《传承》和《与孩子成为朋友的“秘密”》两部微型情景剧,相关教师结合情景剧的创作和体会等进行了交流与分享。

5月25日至26日 第九次全国信访工作会议在京召开。会议表彰了全国信访系统先进集体和先进个人，和平区信访办荣获“全国信访系统先进集体”称号。

5 月 2022 年第 9 期《中国人大》杂志刊登和平区以“家站”为抓手，提升代表履职实效的经验做法。

6 月 14 日 和平区政府印发《和平区贯彻落实〈扎实稳住经济的一揽子政策措施〉实施方案》（简称“稳经济 32 条”）。

同日 以“律企同行 法护营商”为主题的和平区“百律联百企”法护促发展活动在国浩律师（天津）事务所启动。

6 月 23 日 第六届世界智能大会举行战略合作协议签约，和平区共签约 9 个项目，其中商贸类企业 2 家、消费经济类企业 2 家、科技产业企业 5 家，均为相关行业领军企业。

6 月 24 日 “当咖啡遇上惠民”——2022 五大道咖啡文化节启动仪式在和平区五大道中意发展创意中心举行，五大道咖啡地图也同时发布。

6 月 26 日 和平区禁毒办在金街大铜钱开展“健康人生 绿色无毒 种毒必铲 贩毒必究”2022 年“6·26”国际禁毒日禁毒宣传活动。

6 月 28 日 和平区在新华路体育场举行拥军联盟授牌仪式暨退役军人优待证开卡服务体验活动。

6 月 为破解学位紧缺，探索区外办学，和平区成立第二耀华中学，新增学位 4000 个，该校位于东丽区登州南路 98 号，是一所高起点、高标准、高品质的区属公办完中校。

同月 和平区在金街举办以“守住钱袋子·护好幸福家”为主题的防范和处置非法集资宣传日活动。

7 月 1 日 和平区疾控中心举办新型冠状病毒肺炎防控方案（第九版）暨疫情防控专业技术培训会。

7 月 5 日 2022 年度和平区“新时代好少年”事迹发布活动暨“家国情怀故事会”在和平区中心小学举行。

同日 和平区以视频会议形式举办学习宣传贯彻《中华人民共和国安全生产法》专题报告会。

7 月 6 日至 8 日 和平区委理论学习中心组举办为期三天的学习贯彻天津市第十二次党代会精神专题读书班。

7 月 7 日 和平区以视频会议形式举办学习贯彻天津市第十二次党代会精神市委宣讲团宣讲报告会暨庆祝中国共产党成立 101 周年专题党课。

7 月 8 日 2022 年和平区“小巷红管家”能力提升培训会在区社会组织孵化中心召开。

7 月 11 日至 15 日 和平区党政代表团赴甘肃省白银市靖远县和甘南藏族自治州舟曲县学习考察调研，分别在两地召开东西部协作座谈会。

7 月 12 日 和平区新华路体育夜市鸣锣开市。

7 月 13 日 和平区退役军人事务局举行惠军政策发布会，为和平区退役军人第二医院、和平区退役军人康养中心、天津市眼科医院和平区退役军人定点医疗机构、和平区退役军人助浴中心 4 个惠军服务机构揭牌，与退役军人医院形成“三院两中心”新格局，同时还发布了医疗、康养、眼健康、助浴 4 项“普惠+优待”惠军政策。

7 月 14 日 和平区以视频会议形式召开 2022 年度法治政府建设示范创建工作推动会，传达学习第二批全国法治政府建设示范创建实地评估文件精神，部署相关工作。

7 月 15 日 市政府新闻办召开“奋进新和平 全面塑造高质量发展新优势”主题新闻发布会，重点介绍了和平区全力推动高质量发展的相关情况。

同日 “时代新人说”和平区“强国复兴有我”群众性主题宣传活动启动仪式暨廉洁文化建设主题活动在廉润初心文化传播推广中心举行。

7 月 20 日 和平区委第二轮巡察工作动员部署会召开，对第二轮巡察工作进行动员部署。截至 22 日，3 个区委巡察组全部完成进驻，将对华旭贸易食品集团有限公司党委及和平投资发展集团有限公司党委开展常规巡察，对和平国有资产经营管理有限公司开展专项巡察，为期45天。

7月26日 中国残联党组成员、副主席张卫星率队到和平区爱众阳光工场调研孤独症人员就业情况。

7月29日 和平区召开“大服务”提升行动暨“双万双服促发展”活动推动会。

同日 和平区文明委扩大会议暨深化全域文明创建、争创全国文明典范城市推动会召开。

8月4日 和平区举办学习宣传贯彻习近平法治思想专题报告会。

8月5日至7日 和平区津湾广场举办“微醺码头”酒吧市集。

8月9日 由和平区群众文化工作委员会主办，区文化和旅游局、南营门街承办的“迎盛会、铸忠诚、强担当、创业绩”第36届“和平纳凉晚会”在南营门街举行。

8月10日 由国家图书馆主办、《中华传统文化百部经典》编纂工作办公室和北京国图创新文化服务有限公司联合承办的“百川渊薮 熔古铸今——《中华传统文化百部经典》创意推广展”在天津国图·津湾文创空间开展。

8月11日 和平区召开全国法治政府建设综合示范区创建工作汇报会，对创建工作进行再部署、再推动。

8月15日 由市委宣传部、市委市级机关工委等部门主办的“时代新人说 强国复兴有我”主题演讲大赛总决赛在天津电视台四号演播厅举行。来自和平区银河公益的志愿者王泊珏以《初心薪火相传、使命勇担在肩》为题，讲述了自己和所在团队的志愿服务故事，最终以总分478.9分摘冠。

8月16日 甘肃省甘南藏族自治州舟曲县委书记才项当智带领舟曲县党政代表团到和平区对接洽谈东西部协作和对口支援工作，双方召开座谈会。会后，舟曲县党政代表团还前往中华职专、天津甘肃商会大厦进行调研。

8月17日 30多家北京优质企业来到天津市和平区，推动重点领域务实合作，以高水平项目助推高质量发展，并对金街步行街、津湾广场、五大道文化旅游区等开展了实地调研。

8月20日 2022天津“品质生活节”暨“津乐购”消费券发放启动仪式在和平路金街举行。

同日 由和平区文化和旅游局、天津旅游协会教育分会主办，五大道地区管理委员会、亚富格（天津）集团有限公司协办的“以街兴市·五大道国际文旅消费高端论坛”在和平区五大道民园广场举办，并举行了天津街区旅游协同创新中心揭牌仪式。

8月22日至26日 和平区工商联组织部分企业家代表赴甘肃省会宁县、靖远县、舟曲县开展“万企兴万村”考察调研活动。其间，还与天津阳光义工爱心社联合举行了“陇上阳光行 爱心助成长”——和平区工商联助学圆梦工程启动仪式。

8月23日至26日 第二批全国法治政府建设示范创建实地评估组来津评估，评估组听取了和平区法治政府建设情况。评估组走访了和平区政务服务大厅，通过“一访、一考、两谈、四评”方式进行了实地评估。

8月24日 全国妇联一行来到和平区新兴街朝阳里社区新时代文明实践站，调研新时代文明实践中心建设工作。

8月28日至29日 以“弘扬时代新风 建设网络文明”为主题的2022年中国网络文明大会在国家会展中心（天津）举办。和平区专题展示区通过“文明绘就品质底色”“科技赋能基层治理”“志愿服务时光步道”三个部分，生动讲述了“和平红·文明城”的故事，全面展示了区域发展及网络文明建设成果。

8月30日 甘肃省白银市靖远县与和平区举行相关项目签约仪式，共绘乡村振兴美好蓝图。仪式上，靖远县农业农村局与天津市和平区鑫光农业科技有限公司签订《枸杞辣椒酱、火锅底料生产线建设项目协议书》；靖远县农业农村局与天津市和平区运达农业机械服务有限责任公司签订《耐盐碱水稻种植项目协议书》。

8月 由天津市文化和旅游局、和平区人民政府联合主办的“和平杯”天津市第七届合唱艺术节正式启动。

9月2日 2022服贸会·中国楼宇经济北京论坛成功召开。和平区获评“中国楼宇经济(总部经济)标杆城区30强”荣誉称号,并作为典型案例收录至《2022中国楼宇经济(总部经济)高质量发展蓝皮书》。

9月8日 和平区召开第三十八个教师节表彰大会。会议宣读了表彰决定,与会领导向获得荣誉的单位和个人颁发了奖牌及证书。受表彰的先进代表围绕“迎接党的二十大、培根铸魂育新人”主题作了发言。

9月14日 教育部教育技术与资源发展中心(中央电化教育馆)公布了第一批全国“央馆人工智能课程”规模化应用试点区(含试点校)名单,和平区作为天津市唯一试点区位列其中,同时,和平区新华南路小学、新星小学、第十九中学、第六十一中学、第二十中学和汇文中学获批成为首批试点校。

同日 天津市“人民满意的公务员”和“人民满意的公务员集体”表彰座谈会在天津礼堂举行。和平区教育局中学教育科荣获天津市“人民满意的公务员集体”称号。

9月16日 和平区民政局、和平区社会工作服务站指导中心召开了街道社工站项目阶段评估会。天津市社会工作专业权威专家和财务专家组成专家组对和平区新兴街、南市街、小白楼街3个首批试点街道社工站进行第二年合同期阶段评估。

9月26日 全国爱卫办通报了2021年度全国健康城市建设评价结果,和平区被确定为“2021年度全国健康城市建设样板市”。

9月29日 市民族和宗教委、和平区委统战部、和平区教育局和国浩律师(天津)事务所共同举办“同心同语手相牵　三地云端心相连”活动,天津、甘肃、西藏三地师生“云端”相聚,通过文艺演出等形式喜迎国庆节,共话民族团结。

10月4日 金街观光车启动仪式在金街举行,10辆复古“铛铛车”正式投入运营。

10月13日 和平区被国务院食安办正式命名为国家食品安全示范城市。

10月14日 公安和平分局在新兴街朝阳里社区举行成立朝阳里社区见义勇为志愿者服务站暨见义勇为表彰会。

10月15日 天津市对口援疆工作前方指挥部总指挥、新疆维吾尔自治区和田地委副书记陈健来到位于和平区的滨江商厦及疆有良品消费帮扶馆调研,详细了解消费帮扶工作开展情况,随后召开座谈会,就进一步推动东西部协作工作走深走实提出要求。

10月19日 国家卫生健康委、全国老龄办发布通知,命名一批社区为2022年全国示范性老年友好型社区,天津市有29个社区入选,和平区新兴街道朝阳里社区和南市街道裕德里社区位列其中。

10月20日 天津市公共信用中心举办以“共话诚信、共建品牌、共谋发展”为主题的“2022年天津市区级信用信息共享平台和信用网站建设观摩会”,采取视频会议方式进行云上展演,和平区荣获“特色平台网站”称号。

同日 和平爱众社区就业站揭牌仪式在小白楼街达文里社区举行。

10月26日 围绕“学科建设聚智慧　课程育人向未来”这一主题,天津市普通高中新课程新教材实施暨学科特色课程基地建设系列展示活动(和平专场)在天津市第二十中学举行。

11月1日 和平区退役军人事务局组织召开2022年区退役军人返乡欢迎仪式暨适应性培训开班仪式。

11月2日 和平区人民政府与中国出口信保天津分公司举行战略合作协议签约仪式,并召开和平区稳外贸促发展交流座谈会。

11月3日 天津工会2022年“新就业形态劳动者温暖服务季”活动启动仪式在和平区劝业场街兆丰路社区举行。

11月4日至6日 和平印象城在项目现场开展了首届“敢出格·城市打野青年局”活动,同时也是项目的一场微缩版亮相释放。

11月5日至6日 中国汽车技术研究中心有限公司结合“2022天津车展”在和平区五大道民园广场举办“2022安行公益汽车嘉年华”活动。天津站作为安行年度收官之站,紧扣“童行中国”主题，以国内“顶流”车型展示、顶级汽车安全技术体验及安全儿歌汇演、“儿童友好”系列活动等形式推广交通安全科普、丰富交通安全体验。

11月8日 和平区举行学习宣传贯彻党的二十大精神宣讲报告会。

同日 和平区举办“学习宣传贯彻习近平总书记授旗致训词四周年暨2022年度‘119’消防宣传月启动仪式”。活动现场，通过主题宣传片，回顾了一年来和平区消防队伍的建设及消防事业的发展历程和丰硕成果，播放了示范片《我是消防网格员》，并表彰了“和平国寿杯”消防常识全民学活动的107位“消防全民学”优秀个人及和平区消防安全先进单位、先进个人。

同日 和平区面向天津市开展以“幼小衔接重科学　协同育人向未来”为主题的幼小科学衔接阶段成果展示活动，全面总结幼儿园入学准备和小学入学适应教育成效，推广工作经验。

11月9日 第三届中国汽车“砥砺·行者”（天津和平）大会在天津四季酒店隆重召开，天津市、区各部门与参会各企业负责人共同见证了2022中国天津汽车品质消费节暨安行中国启动仪式，以及和平区人民政府与中汽文化传媒发展有限公司签约仪式。

11月10日 和平区与白银市东西部协作工作座谈会在和平区召开。

同日 天津市法学会、和平区委政法委和区法学会共同举办和平区2022年青年普法志愿者法治文化基层行法治讲座暨和平政法讲堂，邀请南开大学法学院高通副教授以《“枫桥经验”与基层社会治理》为题作专题辅导讲座。

同日 和平区残疾人专场招聘会在民生大厦举行。

11月10日至14日 由天津市委老干部局主办，和平区委老干部局承办的天津市离退休干部“喜庆党的二十大　同心聚力再出发”优秀摄影作品展在和平区民园广场举行。

11月14日 和平区妇联联合区法院、区司法局在和平区妇女法律心理帮助中心成立和平区首个未成年人探视基地。

11月18日 和平区举办“时代新人”宣讲团成立仪式，并开展基层宣讲集体备课活动。宣讲团首批共10人，同时聘请天津市习近平新时代中国特色社会主义思想讲师团3位专家担任理论指导员，以“专家导师+宣讲学员”的组合，打造“理论+故事+体验+互动”的融入式宣讲模式。

11月19日 天津市新闻出版局揭晓了2022年“天津市最美（特色）书店”评选结果。和平区的国图·津湾文创空间、广州购书中心天津店、福荫书店荣获“天津市最美书店”，桑丘书店荣获“天津市特色书店”。

11月21日 和平区以公共就业服务平台为依托，率先启用不间断运营的线上零工市场，并在创新大厦一楼招聘大厅“挂牌”启用。

同日 和平区举行学习贯彻党的二十大精神专题辅导讲座，邀请天津市习近平新时代中国特色社会主义思想讲师团专家、天津大学马克思主义学院院长颜晓峰进行专题辅导。

11月23日 市政府新闻办召开“奋进伟大征程　奋力谱写品质和平崭新篇章”新闻发布会，全面介绍了和平区奋力推进品质和平建设的相关情况。

11月25日 和平区妇联举办学习宣传贯彻党的二十大精神——和平区“反对家庭暴力　护航幸福家庭”普法宣传活动。活动中，播放了全国妇联制作的动漫微视频“3分钟读懂《反家庭暴力法》”，与会领导还为新成立的和平区“八五”普法巾帼志愿服务队授旗。

11月28日 中央全面依法治国委员会办公室印发《关于第二批全国法治政府建设示范地区和项目命名的决定》，和平区荣获“全国法治政府建设示范区”称号。

同日 承担十二届和平区委第三轮巡察任务的2个区委巡察组全部完成进驻，将对区人社局党委、区国资委党委开展为期45天的巡察。

11月28日至29日 和平区第十八届人民代表大会第二次会议在和平区会议中心召开，会议的主要任务是选举和平区出席天津市第十八届人民代表大会代表。

11 月 30 日　“法治静园共建点”在和平区劝业场街静园社区揭牌成立。

11 月　和平区妇联召开 2022 年婚姻家庭纠纷预防化解工作推动会暨反家庭暴力工作专项协商会，并为和平区第一个社区婚姻家庭纠纷调解工作室——新兴街犀地社区“心连馨”婚姻家庭纠纷调解工作室授牌。

12 月 2 日　中共和平区委十二届五次全体会议召开，审议通过《中共和平区委关于深入学习宣传贯彻党的二十大精神奋力开创全面建设社会主义现代化大都市标志区新局面的实施意见》和《中国共产党天津市和平区第十二届委员会第五次全体会议决议》。

12 月 7 日　和平区工商联、区法院携手五大道商会，联合成立五大道纠纷预防化解联络站，开展“无讼”商圈试点工作，并举行揭牌仪式。

12 月 10 日　天津市第十六届社区教育展示周暨 2022 年全民终身学习活动周启动仪式在天津市第二十一中学礼堂举行。与会人员观看了宣传片《天津市社区教育这十年——天津打通终身教育“最后一公里”》。与会领导共同开启了 2022 年全民终身学习活动周的精彩帷幕。随后宣读了 2022 年获得国家级市级“百姓学习之星”“终身学习品牌项目”表彰决定。

12 月 29 日　人力资源社会保障部、科技部印发了《关于表彰全国科技管理系统先进集体和先进工作者的决定》，和平区科学技术局获全国科技管理系统先进集体称号。

（执笔人：张仁隽）

河东区 2022 年大事述要

1 月 4 日至 5 日　河东区委专题组织召开以“同心聚力务事功、稳中求进谋发展”为主题的学习讨论，聚焦“高质量发展、高品质生活、高效能治理”主题，切实以思想大解放、观念大转变、境界大提升，破解发展难题，谋划发展蓝图，推动河东区高质量发展。

1 月 8 日　河东区委组织部印发《关于在疫情防控中进一步发挥基层党组织的战斗堡垒作用和党员先锋模范作用的通知》，要求全区各级党组织和广大党员干部坚决扛起政治责任，做好疫情防控各项工作，充分发挥好基层党组织的战斗堡垒、党员的先锋模范和领导干部的示范带头“三个作用”。

1 月 23 日　河东区召开党史学习教育总结会议。会议传达习近平总书记关于党史学习教育重要指示精神、传达中央和市委党史学习教育总结会议精神，全面总结全区党史学习教育成效和经验，对巩固拓展党史学习教育成果进行安排部署，推动学习贯彻党的十九届六中全会精神走向深入。

1 月 24 日　中国共产党天津市河东区第十二届委员会第二次全体会议暨经济工作会议召开，审议通过《中共天津市河东区委关于认真学习宣传贯彻党的十九届六中全会精神的工作方案》《中共天津市河东区委常委会 2021 年抓党建工作情况报告》《中共天津市河东区委常委会 2021 年工作报告》《中共天津市河东区委 2022 年工作要点》和《中国共产党天津市河东区第十二届委员会第二次全体会议决议》。

1 月 25 日　河东区 2022 年武装工作会议召开，传达学习天津警备区党委十届十次全体（扩大）会议精神，总结 2021 年武装工作，部署 2022 年工作任务。

同日　河东区委主要负责同志讲法治课暨 2021 年党政主要负责人履行推进法治建设第一责任人职责情况述法汇报会召开，进一步落实党中央和市委、区委关于党政主要负责人履行推进法治建设第一责任人职责规定有关要求，深入学习宣传贯彻习近平法治思想。

2 月 9 日　河东区委常委会暨区委党的建设工作领导小组（扩大）会议召开，总结 2021 年本区基层党建工作的成绩和不足，并对 2022 年基层党建工作提出要求。

2 月 15 日 河东区委常委会召开党史学习教育专题民主生活会。这次民主生活会以大力弘扬伟大建党精神,坚持和发展党的百年奋斗历史经验,坚定历史自信,践行时代使命,厚植为民情怀,勇于担当作为,团结带领人民群众走好新的赶考之路为主题,紧密联系区委常委会班子工作,联系区委常委个人思想和工作实际,坚持问题导向,深刻进行党性分析,查摆不足、深挖根源,认真开展批评和自我批评。

2 月 16 日 河东区召开优化营商环境暨推进招商引资工作大会,通报 2021 年河东区营商环境建设和招商引资情况,部署 2022 年优化营商环境和推进招商引资工作任务。

2 月 18 日 中国共产党天津市河东区第十二届纪律检查委员会第二次全体会议召开,审议通过区委常委会作的《勇于自我革命 坚持守正创新 大力推动纪检监察工作高质量发展 为社会主义现代化品质活力区提供坚强政治保障》的工作报告和《中国共产党天津市河东区第十二届纪律检查委员会第二次全体会议决议》。

2 月 22 日 河东区委人才工作领导小组 2022 年第一次会议召开,传达市委人才工作会议精神,介绍“翔东计划”升级版“1+N”人才政策体系框架和政策制定情况,与会人员审议并原则通过《关于打造“翔东计划”升级版 加快推进河东区高质量发展的实施意见》及 14 个配套细则、落实方案和制度文件。

2 月 23 日 河东区委政法工作会议召开,部署 2022 年全区政法工作。

2 月 24 日 为进一步优化营商环境,对标“市场化、法治化、国际化”标准,学习借鉴先进地区经验,根据区情实际,制定河东区 2022 年优化营商环境十大举措。

2 月 26 日 河东区委、区政府决定实施 2022 年 20 项民心工程,本着以人民为中心的发展思想,着力解决群众最急、最忧、最盼的紧迫问题,进一步提高保障和改善民生水平。

3 月 2 日 河东区委宣传思想工作领导小组召开 2022 年第一次全体会议,研究部署意识形态有关工作,审议通过《区委宣传思想工作领导小组组成人员调整建议名单》和《河东区 2022 年宣传思想工作要点》。

3 月 4 日 河东区 2022 年宣传思想暨“扫黄打非”工作会议召开,传达学习贯彻全国宣传部长会议、全市宣传部长会议精神和全国“扫黄打非”工作电视电话会议精神,总结工作、分析形势,部署 2022 年工作任务。

3 月 8 日 河东与天津大学开展对接服务,并与天津大学签署《天津市河东区人民政府—天津大学战略合作框架协议》。

3 月 16 日 河东区东西部协作和支援合作领导小组会议暨重点工作推动会召开,总结 2021 年工作,部署 2022 年重点任务,听取河东区东西部协作和支援合作工作领导小组组成人员调整及工作规则制定情况、《河东区高质量推进东西部协作和支援合作 2022 年实施方案》及专项方案情况以及 2022 年度东西部协作资金项目安排情况。

3 月 17 日 河东区召开 2022 年组织工作会议,总结 2021 年工作,部署 2022 年重点任务。

3 月 22 日 河东区召开承接北京非首都功能疏解工作推动会,传达全市协同发展工作任务要求,部署下一步重点工作。

3 月 28 日至年底 河东区委高位推动“迎盛会、铸忠诚、强担当、创业绩”主题学习宣传教育实践活动。全区以迎接党的二十大和市第十二次党代会为主线,全力推进落实 10 项重点任务。坚持政治为要,始终将习近平新时代中国特色社会主义思想作为首课主课必修课,高质量开展好 4 次专题学习研讨,召开专题组织生活会,开展 20000 余次主题党日活动,其中忠诚教育主题 5511 次,全面深化理论武装。坚持以人民为中心,精心组织实施 20 项民心工程,动态更新落实年度办实事清单事项 2853 项、群众诉求清单事项 5301 项,深入开展“五门行动”“五代服务”等,全力推动“我为群众办实事”实践活动走深走实。坚持对标最高标准、最高水平,选树 66 个“红旗党组织”,激励全区各级党组织和广大党员更好地发挥战斗堡垒作用和先锋模范作用。

3月30日 河东区召开2022年区委统一战线工作领导小组、区委对台工作领导小组全体会议，传达全国和全市统战部长会议等会议精神，总结2021年全区统战工作，部署2022年重点任务。

3月31日 河东区召开经济运行分析会，听取河东区2022年以来经济工作完成情况汇报，并研判经济形势，安排部署下一步工作。

4月2日 河东区召开安全生产工作会议，对全区开展“防风险除隐患保安全”排查整治工作进行部署。

4月6日 河东区召开信访工作会议，深入学习贯彻习近平总书记关于加强和改进人民信访工作的重要思想，传达全市信访工作会议精神，总结2021年工作，部署2022年任务。

同日 河东区召开双拥工作领导小组会议，会议总结2021年双拥工作，部署2022年双拥重点工作，传达《关于做好迎接全国双拥办考评调研准备工作的通知》精神，部署河东区迎接全国双拥办“全国双拥模范城”届中考评调研工作。

同日 河东区召开专题会议听取老旧厂房开发改造工作情况汇报。会上提出“八个突出”工作要求：一要突出产业方向；二要突出持续推动；三要突出分工负责；四要突出成片联动；五要突出综合服务；六要突出国资参与；七要突出法治底线；八要突出项目储备。

4月7日 河东区召开打造“海河金融创新发展带”工作情况汇报会。会上提出四点要求：一要加大招商引资力度；二要推动“科技+金融”融合发展；三要强化宣传推介；四要坚持人才导向。

4月13日 河东区委党的建设工作领导小组召开扩大会议，审议并原则通过《中共天津市河东区委党的建设工作领导小组2022年工作要点》。

4月14日 河东区2022年精神文明建设委员会工作会议暨创建全国文明城区工作部署会议召开，传达学习贯彻落实中央和市文明委有关会议精神，表彰第十四届“河东区十大为民杰出人物”，总结2021年工作，研究部署2022年精神文明建设工作和全国文明城区创建工作。

4月22日至24日 河东区2022年正处级领导干部学习贯彻党的十九届六中全会精神和习近平总书记重要讲话精神专题读书班举行。

4月28日 河东区委全面深化改革委员会召开2022年第一次会议，传达学习中央和市委全面深化改革委员会相关会议精神，审议并原则通过了《中共天津市河东区委全面深化改革委员会2021年工作总结报告（审议稿）》和《中共天津市河东区委全面深化改革委员会2022年工作要点（审议稿）》。

4月29日 中国共产党天津市河东区代表会议召开，选举产生河东区出席中国共产党天津市第十二次代表大会代表22名。会议就河东出席天津市第十二次党代表大会代表候选人预备人选有关情况作说明。会议召开前，与会人员集中观看了警示教育片《警钟长鸣》。

5月6日 河东区举办“青春心向党 建功新时代”建团百年主题活动，为“两红两优”获奖个人和“小红领巾宣讲团”成员代表颁发荣誉证书、奖牌和聘书。

5月9日 河东区委教育工作领导小组2022年第一次会议召开，审议《中共河东区委教育工作领导小组2021年工作总结》和《中共河东区委教育工作领导小组2022年工作要点》。

同日 河东区委外事工作委员会全体会议召开，审议《中共天津市河东区委外事工作委员会2021年工作总结》和《中共天津市河东区委外事工作委员会2022年工作要点》。

5月12日 河东区生态环境保护委员会暨区污染防治攻坚战指挥部召开全区深入打好污染防治攻坚战工作会议，持续用力，深入扎实推动绿色低碳发展。

5月16日 河东区委网络安全和信息化委员会会议召开，深入学习贯彻习近平总书记关于网络强国的重要思想，传达学习市委网络安全和信息化委员会会议精神，审议河东区网络综合治理体系建设和加快数字化发展实施方案等文件。

5月30日 河东区召开“三个一批”重点领域项目专题会议，对下一步工作提出要求。会议强调,“三个一批”项目建设是河东一项全局性、系统性工作,各项目谋划立项攻坚专班要强化顶层设计、加强项目前期研究,打开思维,敢于谋划。工作中要进一步加强统筹协调,定期调度,形成合力,推动河东区“三个一批”项目高质量发展。

6月7日 河东区召开市域社会治理现代化试点验收工作专题会议,听取全区市域社会治理现代化工作推动情况,安排部署下一步工作。

同日 河东区委民族工作会议暨全区宗教工作会议召开,深入学习贯彻习近平总书记在中央民族工作会议、全国宗教工作会议上的重要讲话精神,贯彻落实市委民族工作会议暨全市宗教工作会议精神,研究部署新时代河东区民族和宗教工作。

6月11日 河东区在武警特色医学中心礼堂与多家医疗养老部门单位举行拥军优抚医疗养老服务战略合作签约启动仪式,在全市率先推出医疗养老服务“尊享十条”,为全市广大军人军属、退役军人和其他优抚对象提供高效、便捷、优质的社会化医疗及养老服务。

6月12日 河东区召开国资国企工作会议暨深化国有企业改革推动会,部署深化本区国企改革三年行动有关工作。

6月14日 天津市第36届科技周河东区主场活动暨河东区科技工作者之家揭牌仪式在天津电气科学研究院有限公司举行。

6月28日 河东区举行2022年新党员代表入党宣誓仪式暨“光荣在党50年”纪念章颁发仪式。30位来自全区各行业各领域的新党员代表、8位获得“光荣在党50年”纪念章的老党员代表参加活动。

7月1日 河东区举行学习贯彻市第十二次党代会精神宣讲报告会暨“七一”专题党课,区领导作市第十二次党代会精神宣讲暨“七一”专题党课报告。

7月11日 河东区召开老旧厂房开发改造专题工作会。会议强调,要充分利用、明确重点、逐个推进,围绕河东区六大主导产业、战略性新兴产业,积极引育新动能,结合城市更新政策,选择城市更新单元,关注产业导入,确保完成全年新盘活3—5个老旧厂房的工作目标。

7月14日 河东区委平安河东建设领导小组会议召开,部署河东区平安建设“六大行动”,通报2021年河东区平安建设考评结果。

7月24日 河东区召开燃气安全隐患排查整治部署会议,传达天津市燃气安全隐患整治部署会精神,部署燃气安全排查整治相关工作。

7月25日 河东区委半年工作会议召开,全面贯彻落实党中央关于“疫情要防住、经济要稳住、发展要安全”的部署要求,认真学习贯彻市第十二次党代会精神,总结上半年工作情况,部署下半年重点任务。

7月27日 河东区领导调研服务民营企业和新的社会阶层人士并参加“强信心 稳人心”座谈会。

8月2日 河东区召开会议,专题听取创文工作开展情况,并对下一阶段工作进行安排部署,推动创建全国文明城区各项工作任务落地落实。

8月9日 河东区委常委会召开会议,传达学习习近平总书记在中共中央政治局第四十一次集体学习、中央统战工作会议上的重要讲话精神,传达学习天津市庆祝建军95周年驻津部队代表座谈会精神、天津2022·中国企业家大会会议精神,传达贯彻市委常委会扩大会议精神、全市推进全面从严治党向纵深发展工作部署会议精神,会议传达学习中央全面依法治国委员会《关于进一步加强市县法治建设的意见》,研究本区贯彻落实措施。会议听取河东区2022年上半年意识形态工作情况汇报,研究部署安排相关工作。

8月11日 河东区接待甘肃省宁县党政代表团一行,并举行两地高层联席会议,就进一步深化务实合作进行交流。

8月12日 河东区召开2022年创建全国文明城区工作推动会,对全国文明城区创建工作再动员、再部署、再推动,为河东区“四个之区”建设赋能加力。会上传达天津市全域创建文明城市暨全国文明城区创建工作推动会议精神。

8 月 18 日 河东区委常委会召开会议，传达学习《求是》杂志发表的习近平总书记重要文章《全党必须完整、准确、全面贯彻新发展理念》，传达贯彻市委常委会会议精神、市委理论学习中心组集体学习暨学习贯彻习近平法治思想专题辅导报告会会议精神，传达贯彻市领导同志关于检查调度部署全市防汛工作要求，会议听取关于河东区 2022 年上半年政治安全和社会稳定工作情况汇报。

同日 河东区召开推进全面从严治党向纵深发展暨年轻干部警示教育大会，传达全市推进全面从严治党向纵深发展工作部署会议精神，部署 2022 年度河东区纪委监委协助区委推进落实全面从严治党主体责任暨加强政治生态建设“十项行动”，通报河东区 2021 年度落实全面从严治党主体责任考核优秀单位，宣读河东区年轻干部监督联系人工作机制；与会领导向年轻干部代表发放了“廉心袋”。部分街道、部门主要负责同志及年轻干部代表作了典型发言。

同日 十二届河东区委审计委员会第一次全体会议召开，认真学习贯彻中央和市委审计委员会会议精神及相关文件要求，审议通过《河东区 2021 年度预算执行和其他财政支出情况的审计报告》《关于河东区 2022 年度审计项目计划调整建议》及《关于调整区委审计委员会组成人员建议名单》等，研究部署全区审计工作。

8 月 30 日 河东区委常委会召开会议，传达学习中共中央、国务院印发的《知识产权强国建设纲要（2021—2035 年）》和《天津市知识产权强市建设纲要（2021—2035 年）》，研究贯彻落实举措。会议听取十一届区委第十三轮常规巡察及涉粮问题专项巡察整改和成果运用情况汇报，审议《河东区关于落实党史学习教育常态化长效化重点任务的工作措施》。

9 月 2 日 河东区召开区属国企专题调研会议，深入讨论区属国资国企工作情况，谋划安排下一步企业高质量发展，全力推动区属国有企业不断做强做优做大。

9 月 30 日 河东区委常委会召开会议，传达学习《关于严格落实中央八项规定精神 做好中秋、国庆期间正风肃纪工作的通知》《关于 5 起违反中央八项规定精神典型问题的通报》。

10 月 7 日 河东区召开城市更新主题讲座，邀请天津市建筑设计研究院名誉院长刘景樑作关于城市更新专题讲座。

10 月 25 日 河东区召开领导干部大会，传达学习党的二十大和党的二十届一中全会精神以及天津市领导干部大会会议精神，研究部署贯彻落实工作。

10 月 30 日 河东区接待甘肃省甘南州迭部县党政代表团一行，并举行两地高层联席会议，就进一步深化务实合作进行交流。

11 月 3 日 河东区青年企业家商会成立大会举行。会上，市、区领导为当选的青商会班子成员颁发证书，同时举行了青商会顾问导师的聘任仪式，为发挥青商会的示范引领作用，活动中青商会与斯坦姆医院、甘肃省迭部县医院进行了光明工程项目签约仪式，彰显了青年企业家回报社会的责任担当。

11 月 8 日 河东区举办党的二十大精神市委宣讲团宣讲报告会。会上，党的二十大代表、市委宣讲团成员、河东区委书记范少军面向全区作党的二十大精神宣讲报告。

11 月 10 日 河东区委党的建设工作领导小组 2022 年度第三次（扩大）会议召开，传达贯彻全国城市基层党建引领基层治理工作电视电话会议精神，听取前三季度全区基层党建重点工作完成情况汇报，并就做好今后工作提出要求。

11 月 11 日 党的二十大代表、市委宣讲团成员、河东区委书记范少军到二号桥街道陶然庭苑社区，向街道干部、青年代表、社区工作者、党员群众代表宣讲党的二十大精神。

11 月 12 日 河东区委常委会召开会议，听取本区第三季度意识形态工作、维护政治安全和社会稳定工作情况的汇报。

11 月 28 日至 29 日 河东区第十八届人民代表大会第二次会议召开，依法选举产生 56 名河东区的天津市第十八届人民代表大会代表、河东区人民法院院长，补选出 1 名河东区第十八届人民代表大会常务委员会委员，表决通过河东区第十八届人民代表大会教科文卫委员会主任委员。

12月1日 中国共产党天津市河东区第十二届委员会第五次全体会议召开，全会审议通过了《中共天津市河东区委关于深入学习宣传贯彻党的二十大精神 奋力开创全面建设社会主义现代化品质活力区新局面的实施意见》和《河东区文学艺术界联合会深化改革方案》《河东区法学会改革实施方案》《河东区计划生育协会改革方案》以及全会决议。

12月9日 河东区委常委会召开会议，传达学习习近平总书记在江泽民同志追悼大会上的悼词精神，传达学习中共中央政治局会议、中共中央党外人士座谈会议精神，传达天津市领导干部会议精神。会议听取了关于《天津市河东区2022年国民经济和社会发展计划执行情况与2023年国民经济和社会发展计划草案的报告》的汇报，听取了关于河东区2022年民生实事项目完成情况和2023年民生实事候选项目情况的汇报，听取了区工商联、区总工会、团区委、区妇联2022年度工作情况汇报。

12月10日 河东区党政代表团赴甘肃省调研考察并与迭部县召开高层联席会议。

12月11日 河东区党政代表团赴甘肃省庆阳市宁县调研考察并与宁县召开高层联席会议。

12月14日 河东区召开经济部门专题工作会议，听取区相关经济部门和单位关于2023年度工作思路和意见举措，并就进一步谋划推动明年经济工作提出要求。

12月19日 河东区委召开专题工作会议，传达学习中央经济工作会议精神、12月18日市委常委会扩大会议精神、市政府有关专题会议精神以及12月18日市指调度会议精神，并就做好全区经济工作和疫情防控工作进行研究部署。

12月26日 河东区委书记与街道党工委书记进行集体履职谈话和廉政谈话。

12月28日 河东区委全面依法治区委员会(扩大)会议召开，传达市委全面依法治市委员会办公室全体(扩大)会议精神，通报河东区2021年度落实全面依法治市绩效考评失分指标整改、落实法治工作重点数据情况及2022年度全面依法治市指标进展情况。

12月30日 中国共产党天津市河东区第十二届委员会第六次全体会议暨经济工作会议召开，审议通过了《中共天津市河东区委常委会2022年工作报告》《中共天津市河东区委常委会2022年抓党建工作情况报告》《中共天津市河东区委2023年工作要点》以及全会决议。

本年 河东区委理论学习中心组把深入学习贯彻习近平新时代中国特色社会主义思想作为首要政治任务，发挥区委理论学习中心组"旗舰"作用，综合运用集体研讨、专家辅导、调研成果等方式开展集体学习15次。

本年 河东区坚持践行党的群众路线，持续开展"我为群众办实事"实践活动，通过"联点访户""四个走遍"等，累计为群众办实事2853项、解决群众诉求5301项。

本年 河东区全面落实"疫情要防住、经济要稳住、发展要安全"重要要求，始终坚持人民至上、生命至上，坚定不移贯彻"外防输入、内防反弹"总策略，设立17个专业组、13个分指挥部，健全完善公共卫生应急处置和作战体系，圆满完成驰援津南、支援第六大道、爱琴海等区域疫情防控等重点任务，并稳妥推进疫苗接种，及时优化调整疫情防控措施，突出工作重点，实现平稳转段，全力以赴全员参战坚决打赢了疫情防控阻击战。

本年 河东区委常委会围绕迎接和学习贯彻党的二十大精神、党的理论路线方针政策和党中央及市区委重大决策部署落实情况、全面从严治党战略部署，全年设置相关议题293个，专题研究全面从严治党相关工作61次，开展常规巡察3轮。

（执笔人：高美丽）

河西区2022年大事述要

1月5日 中共河西区委十二届二次全会暨经济工作会议召开。会议审议讨论区委常委会2021年工作报告和抓党建工作情况报告,审议通过《中国共产党天津市河西区第十二届委员会第二次全体会议决议》。会议传达中央经济工作会议和市委十一届十二次全会暨经济工作会议精神。

1月8日 河西区委常委扩大会议暨区防控领导小组和指挥部会议召开。津南区疫情发生后,河西区第一时间召开会议,传达市防控指挥部部署调度疫情防控工作时的讲话精神,部署河西区疫情防控工作,并提前做好对支援津南区疫情防控工作的准备。

1月16日 河西区298名社区工作者驰援津南疫情防控。在凌晨接到驰援津南疫情防控的紧急通知后,全区298名社区工作者主动“请战”、连夜集结、奔赴一线,经过连日奋战,圆满完成驰援津南的疫情防控任务。

1月24日 河西区党史学习教育总结会议召开。

同日 河西区委理论学习中心组党史学习教育专题民主生活会交流研讨会召开。

1月26日 住房和城乡建设部办公厅和中央文明办秘书局印发了《关于公布“加强物业管理 共建美好家园”典型案例的通知》,公布了100个“加强物业管理 共建美好家园”典型案例,河西区尖山街长达公寓社区的秀竹苑小区是本市唯一入选小区。

1月28日 河西区委常委会党史学习教育专题民主生活会召开。

2月7日 河西区2022年“十大工程”动员部署大会召开。会议强调要继续以指挥部形式推动全年重点工作,成立常态化疫情防控、高质量发展、促消费提活力、城区品质提升、深化居家养老服务、深入打好污染防治攻坚战、深化东西部协作助力乡村振兴、社会治理能力提升、食品安全示范城市创建、党建引领促发展十个工程指挥部,明确工作目标和主要任务。

2月11日 河西区举办平凉市崆峒区援助河西区疫情防控慰问物资捐助仪式。

2月18日 中共天津市河西区纪委十二届二次全体会议召开。会议审议通过了《以史为鉴 开创未来 坚持严的主基调不动摇 为开创社会主义现代化大都市核心区建设新局面提供坚强政治保障》的工作报告和《中共天津市河西区第十二届纪律检查委员会第二次全体会议决议》。

2月22日 十二届河西区委第一轮巡察工作动员部署会召开。对区文旅局、区妇联、区体育局等6个单位开展常规巡察,对区国资委、国投公司、城投公司等5个单位开展巡察“回头看”。

2月23日 河西区举行2021年度优秀企业表彰大会暨重点招商引资项目签约仪式。

3月9日 河西区召开区委十二届三次全会。会议审议并投票确定河西区出席党的二十大代表候选人初步人选推荐名单。

3月31日 河西区召开“迎盛会、铸忠诚、强担当、创业绩”主题学习宣传教育实践活动部署会暨领导小组第一次(扩大)会议。会议传达学习全市会议精神,部署全区主题学习宣传教育实践活动工作。定于5月13日、7月7日、10月4日、11月11日分别开展四次主题学习宣传教育实践活动工作专题交流研讨会。

3月 河西区印发《2022年河西区推动居家养老服务高质量发展工作方案》。明确提出实施养老服务供给提升行动、医养结合深化行动、智慧养老迭代行动、养老服务政策体系优化行动、养老产业促进行动、老年友好型社会推进行动。

同月 河西区按照疫情防控要求,科学设计并部署居家学习方案。既实现线上线下教学无缝衔接，又下大力量呵护学子身心健康，切实保障学子“停课不停学”期间的学习质量。

4月1日 河西区东西部协作和支援合作工作领导小组会议暨深化东西部协作助力乡村振兴工程指挥部会议召开。会议总结2021年工作，审议《河西区高质量推进东西部协作和支援合作2022年实施方案》，部署2022年重点任务。

4月2日 河西区2022年天津市植树日暨“共建民族团结林 同心筑梦向未来”活动在城市绿道公园举行。新种下的56棵石榴树和海棠树命名为“红石榴民族团结林”，将打造成爱国主义教育和社会实践教育基地。

4月6日 河西区召开招商引资专项指挥部会议，部署招商引资工作。

4月8日 河西区委民族工作会议暨全区宗教工作会议召开。会议围绕细化落实民族宗教工作各项任务，全面提升民族宗教事务治理能力，推进全区宗教工作上水平等方面提出具体要求。

同日 河西区委统一战线(对台)工作领导小组(扩大)会议召开。会议传达学习全国和全市有关会议精神，研究了《河西区无党派代表人士队伍建设规划实施方案(2021年—2025年)》等，通报全区党外知识分子思想政治工作、无党派代表人士队伍建设工作情况。

4月9日 河西区城区品质提升工程指挥部会议召开。会议围绕社区品质提升、街面品质提升、河湖品质提升、公园品质提升、绿化品质提升和设施品质提升六方面提出具体要求，并就进一步关注城区居民文明素质提升作任务部署，推进品质城区建设向均衡化、精细化发展。

4月10日 河西区召开国有企业改革推动会议，打好国企改革三年收官战。

4月12日 市委书记李鸿忠深入河西区调研餐饮商铺疫情防控和经营情况。以随机调研形式走访利民道周边商户，察看了解疫情防控和市场经营情况，征求商户意见建议。

同日 河西区召开生态环境保护委员会会议暨深入打好污染防治攻坚战工程指挥部动员部署会议。

4月14日 河西区2022年金融业高质量发展推动会暨金融项目签约仪式举行。会上为天津市银行业协会等9家协会颁发了河西区金融业发展顾问单位聘书，与天津农商行总部、中国中金财富天津总部等10家企业签约。

同日 活力河西·数智生活——河西区数字人民币试点启动仪式举行。河西区以市文化中心等重点区域作为数字人民币落地应用场景重点商业推广区域，与建设银行合作，在万象城完成数币场景搭建，实现数字人民币的线下支付。

4月19日 河西区召开区委十二届四次全会。会议审议通过《关于召开中国共产党天津市河西区代表会议的决议》《中国共产党天津市河西区代表会议选举出席天津市第十二次党代表大会代表选举办法》《中国共产党天津市河西区代表会议日程》《河西区法学会改革实施方案》《河西区计划生育协会改革方案》，投票确定河西区出席天津市第十二次党代表大会代表候选人预备人选。

4月20日 河西区区长胡学明参加《公仆走进直播间》特别策划“向群众汇报——2022区长访谈”。向群众汇报“新八大里与数字经济”“八大里居民还迁房配套”“反哺民生与未来展望”三个方面工作。

4月21日 河西区委全面依法治区委员会(扩大)会议暨法治政府建设示范创建工作推进会召开。会议研究了《河西区领导干部法治素养和依法履职情况考评工作实施办法(试行)》。相关单位就中央法治督察整改情况和法治政府建设示范创建完成情况等工作作发言。

4月22日 河西区人民政府与中国银联股份有限公司天津分公司签署战略框架协议。约定在政府管理及服务领域、居民消费及服务领域、企业经营及服务领域、金融服务等重点领域，开展深入交流与合作，优势互补、互利互赢，共同探讨新的业务合作模式。

4月26日 河西区召开2022年庆祝“五一”国际劳动节表彰大会。表彰2022年区级“五一”劳动奖和工人先锋号等先进集体和个人。

4 月 27 日 河西区召开中国共产党天津市河西区代表会议。会议全票选举产生出席天津市第十二次党代表大会代表 23 名。

4 月 30 日 “活力河西·都市消费嘉年华”活动启动仪式暨河西区品牌首店落户签约仪式举行。活动围绕七大板块,相继举办“乐享河西”“哪吒体育嘉年华”等主题促消费活动。全年共发放 1500 万元消费券,拉动消费超 1.5 亿元。

5 月 9 日 河西区区委书记李学义到海河中学讲授思政课。李学义与师生代表共同学习习近平总书记在视察中国人民大学时的重要讲话精神和市委书记李鸿忠深入南开大学与师生座谈交流时的讲话精神,并以《感受百年成就、忠诚担当奋斗,青春献礼二十大》为题讲授思政课。

5 月 10 日 河西区人民政府与天津国兴资本运营有限公司签署战略框架协议。河西区成立重大项目专项工作组,建立服务国兴资本绿色通道。国兴资本充分利用在业务领域内的优势资源和渠道,助力国资国企改革。

5 月 13 日 “凝聚新力量·筑梦新时代”新的社会阶层人士“寻美·中国”主题活动 2021 年总结暨 2022 年启动大会在河西区举行。

5 月 河西区主次道路沿线城区文化品质建设亮点工程荣登“点滴文明 美好生活——全国文明城市创建实地点位治理案例展播”专栏。该栏目由中央文明办一局、中国文明网联合推出。

6 月 23 日 第六届世界智能大会“双碳”目标下的数字经济发展国际高峰论坛在河西区举行。

6 月 29 日 央视《焦点访谈》“党旗在一线飘扬”系列节目以河西区文化中心“红色氧吧”广场公园党建品牌作为开篇之作进行专题报道。

6 月 河西区印发《河西区进一步深化城市基层党建引领基层治理的工作方案(试行)》。

7 月 1 日 河西区领导参观区城市记忆展览馆、区纪律教育中心,重温入党誓词,庆祝中国共产党成立 101 周年。

7 月 12 日 庆祝中国共产党成立 101 周年专题党课暨河西区加强新时代廉洁文化建设工作会议暨党员干部警示教育大会召开。

7 月 14 日 天津市河西区居家养老金融服务老年人意外险直接赔付服务启动仪式在中国银行天津市分行举行。此次启动的“直接赔付”服务,是在河西区为老年人提供意外伤害险服务的基础上,中国银行、中银保险与天津医院共同助力为老服务升级的新突破。

7 月 15 日 十二届河西区委第二轮巡察全面展开。从即日起至 8 月 31 日分别对区民政局、区网信办、区城管委、区信访办、区人社局、区生态局 6 个单位党组织进行常规巡察。

7 月 16 日 第四届活力河西·哪吒体育嘉年华开幕。开幕式上哪吒体育嘉年华与天津文化惠民卡联名卡正式发布。活动期间,举办近百场精彩的体育赛事和文娱活动,累计客流量达 110 万人次,销售额总计超 3000 万元,同比活动开展前提升 80%左右。

7 月 19 日 河西区成功入选全国城市一刻钟便民生活圈试点地区。该结果由商务部发布于《关于全国第二批城市一刻钟便民生活圈试点评审结果的公示》。

7 月 29 日 《河西区关于深化区域性股权市场制度和业务创新试点工作方案》正式印发。2022 年 3 月证监会正式批复同意天津市开展区域性股权市场制度和业务创新试点,河西区成为中心城区唯一区域性股权市场制度和业务创新试点区。

7 月 河西区陈塘庄街道居家养老服务中心开业试运营。中心集居家养老服务中心、未成年保护中心、党群服务中心于一体,功能辐射微山里、骊山里、恒山里、天山里等多个社区,可服务周边 3000 余名老人。

8 月 11 日 河西区入选首批国家知识产权强市建设试点城市。国家知识产权局网站发布《国家知识产权局关于确定国家知识产权强市建设试点示范城市的通知》,河西区成为天津市中心城区唯一入选城区,试点示范时限自 2022 年 7 月至 2025 年 6 月。

8月16日　“海归驿站”揭牌暨项目签约仪式在河西区举行。该海外留学归国人员服务平台项目由致公党天津市委会联合中共河西区委共同成立。

8月19日　共青团天津市河西区第十五次代表大会胜利召开。大会通过了《共青团天津市河西区第十五次代表大会关于第十四届委员会工作报告的决议》，选举产生了新一届河西区共青团领导集体。在随后召开的共青团天津市河西区第十五届代表大会第一次全体委员会上，选举产生了团区委常委和团区委领导班子。

8月30日　河西区民政局荣获全国“人民满意的公务员集体”称号。

9月19日　《天津日报》“奋进新征程　建功新时代·非凡十年　蹲点调研行”专题整版刊发文章《河西　逐梦西岸奋进时》。

9月24日　河西区七街联防决战72小时，快速扑灭本次本土疫情。针对本次本土疫情，河西区坚决贯彻落实“围住、筛全、捞干、扑灭”工作方针，向全区党员干部发出“决战72小时”号令，对7个街道的全域实施静态管理，以坚持快速决策“围到位”、严管严控“管到位”、精准有力“排到位”、连续作战“筛到位”、平稳有序“保到位”的“五个到位”为工作标准，提前4天实现社会面清零，取得本轮疫情防控工作阶段性成果。

9月26日　市委书记李鸿忠对河西区关于梅江街辖区养老院因疫情转移老人顺利回院的情况报告进行批示。

9月28日　河西区坚持党建引领创建“无疫社区”“无疫网格”工作部署会议召开。河西区制定《关于党建引领“无疫小区”“无疫网格”创建的方案》，建立了以“七率联查”为重点的“6636”考核评价机制，坚持对149个社区每3天开展一轮次全覆盖检查，坚持每日召开直到社区党组织书记的调度会，对发现的典型案例和问题，现场直接连线，分析研判、单兵较量，采取以抓不落实督促压力传导、责任落实的方式，推动发现的风险隐患能够即查即改、举一反三。

9月30日　市委书记李鸿忠对河西区关于发挥党建引领作用抓实疫情防控工作的情况报告进行批示。

10月16日　河西区组织收听收看习近平总书记在中国共产党第二十次全国代表大会的报告。25日，中共河西区委常委会扩大会议暨全区领导干部大会召开。11月8日，河西区举行党的二十大精神宣讲报告会。党的二十大代表、市委宣讲团成员、区委书记李学义作党的二十大精神宣讲报告。8日至11日河西区举办区委理论学习中心组党的二十大精神专题读书班。22日，河西区处级干部学习贯彻党的二十大精神专题培训班开班式暨河西区干部学习大讲堂在区委党校举行，区委书记李学义进行专题授课。

10月30日　河西区举办第三届“津诚所至　协作同甘”东西部协作女排明星公益赛暨消费帮扶电商直播活动。本次活动带货帮扶商品品牌20余种，商品种类近50款，实现成交金额706万元。

10月31日　2022年河西区东西部协作和支援合作工作推动会召开。安排部署2022年天津市东西部协作和支援合作工作成效评价迎接准备工作。

11月1日　十二届河西区委第三轮巡察进驻工作全部完成。对区司法局、区档案馆、区级机关工委、区融媒体中心、区金融局、区委研究室6个单位开展常规巡察。

11月12日　“津诚所至　协作同甘”2022年东西部协作产业节开幕。活动创建“平台+媒体+产业”新模式，打造蕴含津甘情谊的全新乡村品牌——津小甘，通过科技与文化相融合的赋能升级，带动“乡村新品”开发，帮助当地拓宽销售渠道，助力产业链高质量发展。

11月17日　河西区人民政府与天津滨海柜台交易市场股份公司签署战略框架协议。河西区成立上市工作推动组，负责统筹协调全区上市挂牌工作，天津OTC聚合各类金融机构参与创新试点，联合创新金融产品，为企业提供专属投融资对接服务，打造资本市场创新服务实体经济典型案例。

11月18日　“非遗活态传承　共享文化精

彩”第四届西岸哪吒杯京津冀甘黔湘非物质文化遗产创新创意大联展启动。联展首次融入沉浸式场景，实现移步观景、沉浸体验等效果，来自六省（市）的 200 余个非遗项目，400 余件非遗艺术品、非遗文创产品齐聚天津美术馆。

11 月 23 日 国家知识产权保护工作检查考核组到河西区实地检查知识产权保护工作。

11 月 27 日 河西区召开安全稳定工作专题会议。会议强调，要践行总体国家安全观，统筹疫情防控和经济社会发展，统筹发展和安全，统筹抓好政治安全、意识形态、安全生产、信访稳定等领域工作，高水平推进平安河西建设，着力构建“大安全”体系。

11 月 28 日至 29 日 天津市河西区第十八届人民代表大会第二次会议举行。本次大会依法选举产生河西区出席天津市第十八届人民代表大会代表，表决通过新修订的《天津市河西区人民代表大会议事规则》。

11 月 中宣部对河西区越秀路街港云里“红色议事厅”予以重点宣传。河西区越秀路街港云里“红色议事厅”探索共建共治共享新型基层治理工作经验被中宣部作为学习宣传贯彻党的二十大精神典型事例予以重点宣传，新华社、中央广播电视总台、《求是》《法治日报》《中国青年报》等多家中央主要媒体进行报道。

12 月 1 日 中国共产党天津市河西区第十二届委员会第五次全体会议召开。全会审议通过《中共河西区委关于深入学习贯彻党的二十大精神加快建设社会主义现代化大都市核心区的实施意见》。

12 月 8 日 京津冀数字经济联盟天津秘书处揭牌仪式暨河西区委理论学习中心组集体学习举行。

同日 河西区人民政府与哈尔滨电气国际工程有限责任公司签署战略合作协议。此为哈电国际在河西区设立的首个国内区域总部。

12 月 15 日 天津市中医药研究院附属河西中医医院开诊。医院位于河西区沂山路与双林西道交口西北侧，地上建筑面积 27400 平方米，主体建筑 13 层，裙楼 3 层，设有针灸科、推拿科等临床科室以及检验科、影像科等临床辅助科室，配置 CT、生化等检验检查设备。

12 月 24 日 全国首档东西部协作和支援合作大型综艺栏目《生机勃勃的我们》开播。该栏目由天津卫视联袂国家乡村振兴局、中共天津市委宣传部、天津市合作交流办、天津市河西区人民政府，以及天津食品集团等部门和企业，共同打造。节目邀请乡村品牌官为全新的东西部协作品牌“津小甘”打造首批乡村产品，助力甘肃地区农产品销售。

12 月 28 日 河西区组建区政府国防动员办公室。按照市深化国防动员体制改革的整体部署，印发《关于区政府国防动员办公室职责机构编制事项的通知》，以区政府人民防空办公室为基础，调整组建区政府国防动员办公室。

12 月 30 日 河西区第十八届人民代表大会第三次会议于天津礼堂大剧场隆重召开。大会为期两日会议表决通过了关于河西区人民政府工作报告的决议、关于河西区 2022 年国民经济和社会发展计划执行情况与 2023 年国民经济和社会发展计划的决议、关于河西区 2022 年预算执行情况和 2023 年预算的决议、关于河西区人大常委会工作报告的决议、关于河西区人民法院工作报告的决议、关于河西区人民检察院工作报告的决议，并表决通过了 10 项河西区 2023 年民生实事项目。

同日 中国人民政治协商会议天津市河西区第十五届委员会第二次会议召开。大会为期两日会议审议通过了政协河西区第十五届委员会第二次会议决议、政协河西区第十五届委员会第二次会议提案审查委员会关于提案审查情况的报告。

本年 河西区融媒体中心多部新媒体及短视频作品获奖。《在河西 · 遇见美好》《漫步城市绿道》等多部新媒体作品在“你好天津”短视频大赛中获得月赛奖和季赛奖，短视频作品《老张的“凡尔赛”》在新华社组织的 2021 年度全国县融中心优秀奖项评选活动中，荣获“优秀短视频策划奖”。

（执笔人：崔　静）

南开区 2022 年大事述要

1 月 9 日 南开区疫情防控指挥部工作会议召开，传达市委市政府和市疫情防控领导小组、市防控指挥部关于在全市范围开展全员核酸检测的决定，对开展全员核酸检测工作进行安排部署。本日早 6:00 开展第一轮全员核酸检测筛查工作，历时 30 个小时。至 20 日共完成 4 次全员核酸检测筛查工作。

1 月 11 日 南开区委常委会扩大会议暨区疫情防控指挥部工作会议召开，总结前一轮核酸检测工作，对下一步全区疫情防控工作进行再动员再部署。会议强调，要进一步提高政治站位，树立大局意识和“一盘棋”思想，把疫情防控各项工作落实到具体人，细致做好物资储备、人员组织、特殊天气应对等具体细节安排，确保反应迅速、处置果断、措施到位。要严格区域排查管控和居家隔离管控，坚决把该管的人管到位、管彻底，确保不漏一人，切实阻断病毒传播渠道，严防风险扩散外溢。要认真细致做好检测点防护、集中隔离点管理、院感防控等工作，坚决防止交叉感染。要加大对辖区内“七小行业”以及超市、商场、酒店等人员密集场所和网吧、棋牌室等娱乐场所监督检查力度，严格执行扫码、测温、戴口罩、通风消毒等防控措施，严格人员管控，严防密闭空间人员聚集活动，坚决杜绝聚集性疫情发生。要用心用情关爱一线工作人员，督促大家做好个人防护，为打赢疫情防控阻击战提供有力支撑。要加大宣传力度，坚持正向引导，及时公布疫情形势，严厉打击涉疫情谣言和虚假信息传播，引导群众增强自我防护的意识和战胜疫情的信心。

1 月 16 日 南开区驰援津南区抗疫一线的志愿队员 342 名社区工作者，由区机关启程至津南区双港镇，开始昼夜坚守管控区内 5 个居民小区的 85 个楼门。30 日圆满完成各项工作任务后撤回。

1 月 17 日 南开区委常委会扩大会议暨区疫情防控指挥部工作会议召开，传达天津市有关会议精神，研究部署区疫情防控和隔离点建设工作。会议强调，要精心做好新一轮全员核酸检测的各项准备工作，高效、高质完成核酸检测任务。要把“敲门行动”落到位、敲到位，不能漏掉一户、漏采一人。要加快推进隔离点建设，全面提高本区对隔离人员的承载量和承载力。封控区、管控区要把“封”“控”的要求落实到小区、楼栋、房门，切实筑牢社区防控网。要按照“应转尽转、应隔尽隔”要求，迅速有序做好密接、次密接人员转运工作。要加强对防控政策的解读，用心用情做好群众工作。

1 月 26 日 南开区党史学习教育总结会议召开，传达习近平总书记重要指示精神、中央党史学习教育总结会议精神和全市党史学习教育总结会议精神，对全区党史学习教育进行总结。会议强调，党史学习教育是一项长期的任务，要建立健全常态化、长效化制度机制，坚持不懈巩固拓展党史学习教育成果。会议以电视电话会议形式召开。28 日区委常委会召开党史学习教育专题民主生活会。随后，区人大常委会、区政府、区政协以及各单位相继召开专题民主生活会。

2 月 1 日 南开区疫情防控指挥部工作会议召开，传达天津市有关会议精神，研究部署本区疫情防控工作。至月底，多次召开会议研究部署疫情防控工作，并通过视频系统调度全区各街道办事处，启动 12 个街道社区卫生服务中心新冠疫苗临时接种点，部署重点人群核酸检测工作。

2 月 7 日 中共南开区第十二届委员会第三次全体会议暨经济工作会议召开。会议传达天津市委十一届十二次全会暨经济工作会议精神，部署 2022 年经济工作。会议讨论《中共南开区委常委会 2021 年工作报告》《中共南开区委常委会 2021 年抓党建工作情况报告》《中共南开区委 2022 年工作要点》，审议通过《南开区文学艺术界联合会深化改革方案》《南开区法学会改革实施方案》《南开区计划生育协会改革方案》和《中国共产党天津市南开区第十二届委员会第三次全体会议决议》。

2 月 22 日 中共南开区第十二届纪律检查委员会第二次全体会议召开。会议传达十九届中央纪委六次全会和市纪委十一届十次全会精神，审议通过区纪委常委会《从党的百年奋斗历史经验中汲取智慧力量，以强烈的历史主动精神和自我革命精神推动南开区纪检监察工作高质量发展》的工作报告，以及《中国共产党天津市南开区第十二届纪律检查委员会第二次全体会议决议》。

3 月 4 日 南开区"学雷锋 做志愿 展风采 迎盛会"学雷锋纪念日志愿服务展示交流活动举行。活动中播放全国道德模范提名奖获得者王玉华事迹专题片，表彰全国道德模范提名奖获得者、全国文明单位和天津市文明单位；部分代表分享志愿服务经验，交流志愿服务项目。活动前，与会人员参观国网天津城西供电公司的"初心·匠心"党建文化展厅，举行国网天津城西供电公司"南开区新时代文明实践基地"揭牌仪式。

3 月 8 日 中共南开区第十二届委员会第四次全体会议召开，研究确定本区推荐提名天津市出席党的二十大代表候选人初步人选推荐名单。

同日 南开区疫情防控指挥部召开工作会议，总结前一阶段本区疫情防控工作，对今后一个时期隔离点建设、核酸筛查、重点区域防控等工作进行再部署、再动员。

3 月 南开区 2022 年 20 项民心工程出台，涉及住房保障、扩大就业、社会保障、交通出行、教育医疗、食品安全、文化惠民、人居环境、社会管理等领域。同月，天津市首个以混合方式入户的既有住宅加装电梯项目在学府街南开大学西南村 49 号楼投入使用。

同月 南开区赴甘肃省夏河县、庆城县、环县开展对口帮扶考察调研工作。至年底，根据《南开区高质量推进东西部协作和支援合作 2022 年实施方案》，投入财政援助资金 1.4 亿元，实施财政帮扶项目 82 个，选派 103 名党政干部、专技人才赴结对县挂职，完成消费帮扶 3.85 亿元，动员社会力量捐款捐物 1865 万元，实现结对帮扶全覆盖。

4 月 1 日 南开区"迎盛会、铸忠诚、强担当、创业绩"主题学习宣传教育实践活动暨深化"作风建设年"工作表彰部署会召开。会议部署主题学习宣传教育实践活动工作；总结 2021 年深化"作风建设年"工作，部署 2022 年工作任务；表彰担当作为先进集体、先进个人。会后，各级党组织组织广大党员围绕"坚定捍卫'两个确立'，坚决做到'两个维护'""坚持勇于自我革命，永葆党的生机活力""强化历史担当，争创一流业绩""深入学习党的二十大精神，凝聚一起向未来的磅礴伟力"四个专题，开展了主题学习宣传教育实践活动。

4 月 6 日 南开区安全生产工作会议暨"防风险、除隐患、保安全"排查整治工作会议召开。会议强调要加强对危化品、建筑施工、消防、燃气、交通运输、公共场所、特种设备以及"九小"场所等重点领域、行业的排查整治力度，清除各类风险隐患，坚决遏制重特大事故，确保人民生命财产安全。会议以电视电话形式召开。年内编制《南开区突发事件总体应急预案》和 25 个专项预案，全面加强应急管理和安全生产工作。

4 月 18 日 南开区疫情防控指挥部工作会议召开，传达市领导批示和市有关会议精神，分析当前本区疫情防控形势，研究部署推动 60 岁及以上人群新冠疫苗接种工作。会后，医疗卫生、党政机关、街道社区协同配合，本着"应接尽接"原则，落实一户一人一方案，扎实开展"敲门行动"，做好老年人及家属思想工作，确保符合接种条件的老年人尽快接种，共筑全民免疫屏障。

4 月 20 日 中共南开区第十二届委员会第五次全体会议召开。会议听取关于本区出席中共天津市第十二次代表大会代表候选人初步人选名单的说明，选举产生出席天津市第十二次党代表大会代表候选人预备人选，审议通过《关于召开中国共产党天津市南开区代表会议的决议（草案）》。

4月29日 南开区组织区级领导参观南开区警示教育基地。参观结束后，全体区级领导面向党旗重温入党誓词。

5月7日 “南开营商”系列微海报首发。围绕税费减免、重点群体创业就业、金融支持、“专精特新”企业等方面内容，解读南开区营商政策，介绍营商服务创新做法，讲述营商故事。

5月9日 南开区委常委会扩大会议暨区疫情防控指挥部会议召开，学习贯彻习近平总书记对疫情防控工作的重要指示精神，贯彻落实国务院联防联控机制全国疫情防控工作电视电话会议和市疫情防控领导小组和指挥部会议部署要求，对全区疫情防控工作进行再部署。

5月16日 南开区举办处级领导干部学习贯彻党的十九届六中全会精神专题培训班。培训班为期5天，采取专题辅导、个人自学、研读学习材料、分组讨论和交流总结等方式进行，全区处级领导干部参加。

5月 南开区疫情防控指挥部多次召开工作会议，传达市有关会议精神，对全区疫情防控工作进行再部署，对60岁以上人群疫苗接种工作进行再推动。

6月2日 南开区委常委会扩大会议召开，传达贯彻全国稳住经济大盘电视电话会议精神以及市委常委会扩大会议、全市国资国企工作会议暨深化国有企业改革推动会精神，研究贯彻落实措施。会议指出，要统筹好疫情防控和经济社会发展，加强经济运行调度，提升招商引资工作质效，持续深化“一制三化”改革，保障好市场主体。要千方百计稳定和扩大就业，做好群众基本生活物资保供稳价，推动区域经济社会平稳健康发展。要坚定不移深化国企改革，“一企一策”制定方案，促进区属国企做大做优做强。要健全完善灵活高效的市场化经营机制，全面提升企业竞争力和影响力。要狠抓国企党的建设，全面加强组织建设、领导班子和人才队伍建设，盯紧国企重点领域开展监督检查，促进国有企业健康发展。要坚持“外防输入、内防反弹”总策略和“动态清零”总方针，从严从实抓好常态化疫情防控措施。要持续加强社会面管控，严格落实“限流”“错峰”“三件套”等防控措施。要从严落实居家隔离人员、封管控区、集中隔离点管理措施，扎实做好密接、次密接等风险人员和疫情风险地区来（返）津人员排查管控，切实做到“围住、筛全、捞干、扑灭”。要持续加大核酸检测筛查力度，确保应检尽检、无一遗漏。要扎实推进60岁及以上人群疫苗接种工作，切实做到应接尽接，加快构筑全民免疫屏障。

6月10日 南开区河（湖）长制工作领导小组会议暨全区防汛抗旱工作会议召开，深入贯彻落实全市应对极端强降雨防汛应急工作部署会和市河（湖）长制工作领导小组会议暨全市防汛抗旱工作会议精神，分析当前形势、压实工作责任，确保河（湖）长制、防汛抗旱、防灾减灾救灾等各项工作落到实处。会议组织开展南开区应对极端强降雨天气防汛抢险应急处置桌面推演，全区各有关单位根据应急预案，进行指挥部调度、下沉地道封控断交、人员转移安置、地下商超倒灌处置、津河漫堤抢险、空中物资投递等六个科目的全要素推演，进一步强化防汛指挥体系、检验应急队伍实战能力。与会领导结合桌面推演讨论发言，对防汛应急工作落实提出要求。区应急管理局、区城管委、嘉陵道街、体育中心街主要负责同志作发言。

6月23日 南开区举行“数字赋能 智赢未来”第六届世界智能大会云签约活动南开区分会场签约会。会上，南开区分别与中铁物资集团天津公司、中铁二十三局集团电气分公司、中交南开城投城市更新运营主体等央企为代表的重点企业进行签约，与四川蜀道物流集团、清华大学技术背景的清研中电（天津）智能装备公司、智能物联网企业天津华炬物联科技公司等一批新动能企业完成签约。此次签约项目涵盖产城融合、新一代信息技术、新材料、大宗交易平台、高端服务业等多个新兴领域，预计总投资额超百亿元。

6月 南开区第三十六届科技周开幕。本届科技周主题为“走进科技，你我同行，创新争先，自立自强”，首次采用从线下到“云”上，融合人工智能、大数据、虚拟现实等多种前沿技术，围绕“迎盛会”科普法规宣传、“智赋能”科技成果宣传展示和智能科技科普、“惠民生”科普“七进”三大品牌开展系列科技活动。

7 月 2 日　南开区举办学习贯彻天津市第十二次党代会精神市委宣讲团宣讲报告会暨庆祝中国共产党成立 101 周年专题党课，市委宣讲团成员、区委书记杨兵以“铸就忠诚大德、强化担当作为，深入学习贯彻市第十二次党代会精神，奋力开创全面建设社会主义现代化大都市核心区新局面”为题作宣讲报告。报告会暨专题党课以电视电话会议形式举行。各单位主要负责同志，副处级以上领导干部，各社区党组织书记，共计 650 余人参加。

7 月 14 日　南开区加强新时代廉洁文化建设工作会议暨党员干部警示教育大会召开。会议播放了警示教育专题片，以典型违纪违法案例为警鉴，教育和警示广大党员干部要始终保持对党纪国法的敬畏心，坚守道德“底线”，不碰纪律“红线”，清白做人，干净做事。会议以电视电话会议形式召开。区级领导以及各部门和街道主要负责同志，全区四级调研员及以上领导干部共 500 余人参加。

7 月 22 日　南开区召开区级领导干部会议，市委组织部常务副部长梁宝明出席并宣布市委决定：杨兵同志不再担任南开区区委书记职务，马珊珊同志担任南开区区委书记。

7 月 27 日　南开区召开疫苗接种攻坚推动会议，总结前一阶段疫苗接种工作情况，对本区 60 岁以上人群新冠疫苗接种工作进行再动员、再部署。

8 月 19 日　南开区委理论学习中心组集体学习暨学习贯彻《习近平谈治国理政》第四卷和习近平总书记“7·26”重要讲话精神专题辅导报告会举行。邀请市委党校群团教研部副主任倪明胜教授围绕学习主题作专题辅导。报告会以电视电话会议形式召开。区级领导以及各单位主要负责同志，各社区党组织和有关单位科所站队主要负责同志 400 余人参加。29 日区委理论学习中心组围绕学习主题开展交流研讨。

8 月 22 日　南开区常态化核酸检测服务全面启动。

9 月 1 日　南开区根据天津市疫情防控工作安排，暂时实施中小学线上教学。自 2022 年初始中小学多次实施线上线下切换教学，南开区为保障教育教学秩序平稳有序，采取有效举措，统筹协调、多点联动。组织教师参加视频直播教研活动，调整优化教学方式，合理调整教学内容，以教研专业引领支撑线上教学有效开展。坚持“五育并举”，保证线上教学质量，提高作业管理和作业设计水平。多措并举关注师生心理健康，减轻师生负担。坚持校级巡课“全覆盖、日反馈”，保障线上教学有效开展。采取网络、电话等形式满足受疫情等因素影响不能参加线上学习的学生需求，强化家校协作，解决家长学生后顾之忧。

9 月 26 日　南开区疫情防控工作领导小组和指挥部会议召开，传达贯彻市委、市政府疫情防控工作会议暨市疫情防控工作领导小组和指挥部会议精神，研究部署全区疫情防控工作。本月召开多次会议，研究部署疫情防控工作。

9 月 30 日　南开区委召开专题工作会议，学习贯彻习近平总书记在省部级主要领导干部专题研讨班上的重要讲话精神，认真落实“疫情要防住、经济要稳住、发展要安全”的重要要求，对全区经济运行、疫情防控、安全生产、维稳安保等工作进行安排部署。会议指出，要充分认识当前经济发展形势，发挥科技创新禀赋优势，围绕“创新南开”目标定位，深化与高校科研院所协同合作，推动经济社会高质量发展。要全面提升经济运行调度的精细化水平，努力完成好全年目标任务。要不断优化产业结构，加快重点项目建设，推进文商旅深度融合，塑造南开文化品牌。要深化助企纾困，落细落实各项政策，营造“近悦远来”的发展环境。要扎实推进 20 项民心工程，让发展成果更多更公平惠及广大群众。要贯彻党中央“外防输入、内防反弹”总策略和“动态清零”总方针，抓实抓细疫情防控工作，确保不发生规模性疫情。要抓好安全生产、社会矛盾纠纷化解工作，维护社会大局安全稳定。会议以电视电话会议形式召开。

同日 南开区四大机关领导分别带队深入加油站、商场、超市、项目施工现场等场所，开展安全生产检查。

10月1日至4日 南开区疫情防控指挥部召开工作会议，研究部署本区疫情防控工作。

10月16日 南开区组织广大党员干部及社会各界群众，集中收听收看中国共产党第二十次全国代表大会开幕会，聆听习近平同志代表第十九届中央委员会向党的二十大作的报告。区委书记马珊珊作为天津市党的二十大代表参加大会。

10月25日 南开区委召开全区领导干部大会，传达学习贯彻党的二十大精神和天津市领导干部大会精神，研究部署本区贯彻落实举措。会议以电视电话会议形式召开。区级领导及全区副处级以上领导干部，区级机关和基层党员干部代表等约450人参加。

10月26日 南开区第十八届人民代表大会第二次会议选举聂伟迅为南开区区长。

10月 国庆期间在做好疫情防控工作的基础上，南开区辖区内的天津大悦城、天津鲁能城购物中心、熙悦汇购物中心、天津天佑城、天津仁恒伊势丹五大商业综合体，累计吸引客流111.68万人次，累计实现销售额1.74亿元。

11月7日 南开区举行党的二十大精神宣讲报告会。市委宣讲团成员、区委书记马珊珊围绕党的二十大的主题和主要成果、过去五年的工作和新时代十年的伟大变革、马克思主义中国化时代化、中国式现代化、全面建设社会主义现代化国家的目标任务、坚持党的全面领导和全面从严治党、应对风险挑战七个方面做了宣讲报告。宣讲报告会以电视电话会议形式召开。区级领导同志以及全区副处级以上领导干部、各社区党组织书记、政法系统科级以上干部、离退休干部、理论工作者、基层党员群众、师生代表共计约680人参加。会后，南开区宣讲团成员深入各单位开展党的二十大精神宣讲活动。

11月11日 南开区疫情防控工作领导小组和指挥部会议召开，学习贯彻中共中央政治局常务委员会会议和习近平总书记重要讲话精神，贯彻落实国务院联防联控机制全国疫情防控工作电视电话会议以及市疫情防控领导小组和指挥部会议部署要求，研究部署本区疫情防控工作。

11月21日 南开区举行领导干部学习贯彻党的二十大精神专题培训班和区委理论学习中心组深入学习贯彻党的二十大精神暨主题学习宣传教育实践活动工作第四专题读书班。区委书记马珊珊主持开班式并讲话。开班式后，市委党校党的建设教研部教授周多刚以《学习贯彻党的二十大精神　以伟大自我革命引领伟大社会革命》为题讲授开班第一课。根据《南开区领导干部学习贯彻党的二十大精神专题培训班安排方案》要求，专题培训班采取集体学习、个人自学、专题辅导、分组讨论和交流总结相结合的方式，于2022年11月19日至2023年1月上旬共举办三期，对350余名处级领导干部进行集中学习培训。

11月28日至29日 南开区第十八届人民代表大会第三次会议召开。大会以无记名投票方式，选举了南开区的天津市第十八届人民代表大会代表。按照天津市人民代表大会议事规则有关规定，代表名单需经市人大常委会代表资格审查委员会审查做出报告后进行公布。

12月7日 中共南开区第十二届委员会第六次全体会议召开。会议审议通过《中共南开区委关于深入学习宣传贯彻党的二十大精神全面落实市委十二届二次全会部署要求奋力开创全面建设社会主义现代化大都市核心区新局面的实施意见》和全会决议。

12月13日 南开区疫情防控工作领导小组和指挥部会议召开，传达市委常委会会议精神，研究部署本区疫情防控工作。会议强调，要进一步提高政治站位，不折不扣落实新十条优化措施，结合工作实际制定预案，保障各项工作正常运转，最大限度减少疫情对经济社会发展的影响。要全面提升医疗救治和服务能力，保障好正常医疗服务。要加快推进老年人疫苗接种，做到应接尽接。要进一步优化疫情防控指挥体系，协调各方资源，落实保医、保供等重点服务。要强化防疫知识宣传普及，引导群众做好个人防护。要关心关爱医务人员和工作人员，合理安排轮休、补休，确保生活、安全、人文关怀保障到位。

12 月 20 日 南开区委常委会扩大会议暨区疫情防控工作领导小组和指挥部会议召开，传达学习市疫情防控领导小组会议精神，研究部署本区疫情防控工作。会议以电视电话会议形式召开。

12 月 25 日 南开区疫情防控工作领导小组和指挥部会议召开，学习贯彻习近平总书记关于疫情防控工作的重要指示精神，传达市疫情防控领导小组会议精神，研究部署全区疫情防控工作，确保疫情防控平稳转段和社会秩序稳定。会议强调，要树牢“人民至上，生命至上”理念，最大化保护人民生命安全和身体健康。要全面提高医疗救治和服务保障能力，加强医疗资源储备，完善分级分类救治机制，全力以赴保健康、防重症。要做好重点人群居家管理服务、健康调查和分类管理，确保轻症“有人管、有人问”、重症及时得到救治。要加快推进老年人疫苗接种工作，做到“应接尽接”。要加强对医务人员关心关爱，为医务人员全身心投入医疗救治工作创造良好条件。

12 月 30 日 南开区委经济工作会议召开，深入学习贯彻党的二十大精神，全面落实中央和市委经济工作会议部署，总结 2022 年全区经济工作，部署 2023 年经济工作。

12 月 南开区按照“健康监测、分类管理、上下联动、有效救治”的原则，成立区医疗机构分级分类诊疗服务工作领导小组，建立覆盖南开辖区的分级分类诊疗机制，区内的三级医院、二级医院、社区卫生服务中心，共同组成三级诊疗体系，对新冠病毒感染者实施分类救治，区内各二级以上医疗机构均设置发热门诊，保持 24 小时开诊，委属 10 家社区卫生服务中心全部开设发热诊室，有力保障正常的医疗秩序和基本医疗服务。

本年 南开区深度融入京津冀协同发展工作大局，共吸引中铁物资集团天津公司、长安建设工程等 100 余家优质京企来区落户，其中，中铁建、中交建、中国建设银行等 8 家“中字头”企业先后落户南开，优质项目加速来区聚集。至年底，累计引进优质北京企业 200 余家，引进重点项目总投资额 125 亿元。

本年 南开区在建设国际消费中心城市和区域商贸中心城市工作中，构建“南北两极新地标”，打造天津“双中心”建设的支点区、标杆区。在北部片区建设老城厢—古文化街地标商圈：依托鼓楼、古文化街、天后宫“文化金三角”以及浓厚的商业氛围，打造商旅文娱多功能融合、传统与时尚深度融合的消费新地标。在南部片区打造水上—奥体商务休闲区：依托水上公园、南翠屏公园，天津奥林匹克中心地区 4 座体育场馆，时代奥城、鲁能国际中心等商务楼宇，打造集商务办公、休闲娱乐、体育健身、会展发布、生态旅游多功能融合的消费新地标。

（执笔人：张柏阳）

河北区 2022 年大事述要

1 月 8 日 中共天津市河北区第十二届委员会第二次全体会议暨经济工作会议召开。全会审议讨论区委常委会 2021 年工作报告和抓党建工作情况报告，审议通过《中共天津市河北区委关于深入学习宣传贯彻落实党的十九届六中全会精神和市委决策部署的实施意见》《中共天津市河北区委 2022 年工作要点》《中共天津市河北区第十二届委员会第二次全体会议决议》。区委书记徐刚就落实区委全会部署要求、做好当前工作提出要求。区委副书记、区长罗进飞对 2021 年工作进行了总结，就做好全区 2022 年经济工作进行部署。

1月9日 河北区疫情防控指挥部会议召开。会议强调，要进一步完善全员筛查指挥机制，包联街道的区领导下沉街道、坐镇指挥，在区防控指挥部的统筹指导下，以各街道为主体，发挥属地作战的更大能动性作用，结合实际情况，及时统筹分配至街域的全部人力物力资源。

1月16日 河北区236名网格员火速集结驰援津南区。工作队驻扎在津南区辛庄小学，主要负责林锦、林秀、鑫旺里南区、鑫旺里北区4个小区的值守、送餐等任务，其中涵盖了疫情最严重的高风险地区。成立河北区支援津南区疫情防控工作队临时党委。下设10个临时党支部。1月17日，区城管委紧急组织玉禾田公司环卫工人30人驰援津南区疫情防控工作。

1月24日 河北区疫情防控指挥部会议召开。会议强调，要时刻保持谨慎，认真履职尽责，以最贴心的服务体现温度，以最严格的措施确保安全，全面做好隔离点各项工作；要强化底线思维，压紧压实属地街道、部门、单位、个人“四方”责任，全力抓好社会面常态化疫情防控，巩固来之不易的疫情处置成果。

1月26日 中共河北区委常委会党史学习教育专题民主生活会征求意见座谈会召开。座谈会上，10个街道党工委书记和参会的“两代表一委员”逐一发言，围绕加大支持街道社区工作力度、继续营造良好发展环境、进一步激发干部干事创业积极性和创造性等方面提出了意见建议。区委书记徐刚在讲话中要求，要认真梳理各位同志的发言，原汁原味反馈给各位区委常委，深入研究吸纳好的建议，应用到今后的工作实践之中。同时，针对性研究解决提出的各类问题，更大力度支持街道和社区的工作，以实际的工作成效体现区委常委会专题民主生活会召开的高质量、好效果。

1月27日 市委书记李鸿忠到河北区疫情防控指挥部，检查调度疫情处置情况，与疾控专家会商研判分析。随后，又专程赶到封控现场昆云里小区，实地察看封控管控和隔离转运情况。李鸿忠强调，要压实属地责任，坚决果断、以快制快，科学精准划定封控区、管控区、防范区，严格按规则加强管理，全力组织落实生活服务保障措施。调集精锐流调力量，快速精准锁定风险人员，确保快速实现应隔尽隔、应转尽转。突出重点区域、重点人群，及时开展核酸筛查检测，以迅速有力的工作措施，坚决阻止疫情扩散蔓延。

2月4日 市委书记李鸿忠出席河北区区、街道、社区三级干部视频会议。李鸿忠对抓细抓实各项防控措施提出明确要求：一是要压紧压实各级各部门疫情防控责任；二是要加强集中隔离点管理；三是要强化核酸筛查工作效率；四是要全力加强流调排查。

2月7日 河北区重点项目开局暨冲刺大会召开，以“开局即决战，起步即冲刺”的姿态，在招商引资、项目建设、产业转型等各条战线上抢抓机遇，拼搏奋进，努力实现“开门红”。经过梳理，河北区2022年产业类项目总投资额近40亿元，较2021年翻了一番。

2月18日 河北区进一步优化营商环境暨投资促进工作会议召开。区委书记徐刚到会并在讲话中要求：一、从政治上看待经济工作，切实把思想和行动统一到党中央和市委的决策部署要求上来。二、对标一流、学习借鉴，走出一条符合区域特色和实际的投资促进之路。三、瞄准市场化法治化国际化，用心用情用力浇灌栽好营商环境这棵梧桐树。四、聚焦专业、专职、专注，着力打造一支符合新时代投资促进工作要求的专业经济工作队伍。动员全区上下进一步统一思想、凝聚共识，深入贯彻新发展理念，坚定不移把招商引资、项目建设和优化营商环境作为未来发展的战略支撑，奋力推进河北区高质量发展。会上，区委常委、常务副区长刘惠杰，副区长李晓霞分别总结2021年全区招商引资、重点项目工作情况和全区优化营商环境工作情况，并就2022年工作进行部署。区合作交流办、区政务服务办、区科技局、意风区管委会围绕打造良好营商环境、做好2022年工作进行发言。区楼宇经济商会、中车津浦产业园管理公司、国网电商科技公司负责同志介绍了2022年在河北区工作开展计划，并就河北区优化营商环境工作提出意见建议。

2月21日 河北区党史学习教育总结会议召开。会议深入贯彻落实习近平总书记重要指示和党中央、全市党史学习教育总结会议精神，认真总结党史学习教育的成效和经验，对巩固拓展党史学习教育成果进行安排部署，不断把学习贯彻党的十九届六中全会精神引向深入。

2月23日 中共天津市河北区第十二届纪律检查委员会第二次全体会议召开。会议深入学习贯彻习近平总书记在十九届中央纪委六次全会上的重要讲话精神，全面贯彻落实十九届中央纪委六次全会、市纪委十一届十次全会部署要求，总结2021年区纪检监察工作，研究部署2022年任务，为迎接党的二十大胜利召开营造风清气正政治生态。全会审议通过区委常委、纪委书记、监委主任王海山同志作的题为《从党的百年历史中汲取智慧和力量 推进新时代纪检监察工作高质量发展 为全面建设现代新城区提供坚强纪律保障》的工作报告，并表决通过全会决议。

2月28日 中共河北区委常委会党史学习教育专题民主生活会召开。市委党史学习教育第四巡回指导组、市纪委监委负责同志出席指导。会上，区委书记徐刚通报区委常委会上年度民主生活会整改落实情况和本次民主生活会征求意见情况，并代表区委常委会班子作对照检查，深入查摆存在的突出问题，深刻剖析问题根源，有针对性提出整改措施。随后，徐刚带头进行自我批评，各位区委常委逐一进行个人对照检查，相互批评帮助。

3月10日 河北区委常委会暨区委党的建设工作领导小组（扩大）会议召开。会议深入学习贯彻习近平新时代中国特色社会主义思想，全面落实市委常委会暨市委党的建设工作领导小组（扩大）会议要求。听取各街道党工委、区委各部委和区属单位党组织主要负责同志抓基层党建工作述职和王串场街、区委网信办、区发改委等单位主要负责同志述责述廉，进一步推动全区各级党组织把党的建设工作主体责任落到实处、取得实效。

3月11日 河北区委常委会会议暨区疫情防控指挥部会议召开。会议要求，区疫情防控指挥体系要保持高度"热备、灵敏"状态，时刻做好应急处突准备，抓紧抓实流调、转运、隔离点等各项重点工作。各级领导干部特别是各单位、各部门、各街道主要负责同志要靠前指挥，充分吸取前期防控经验教训，做好工作预案，每一项工作、每一个环节都要责任到人，切实做到守土有责、守土负责、守土尽责，全力织密筑牢疫情防控网。

3月25日 天津市河北区工商业联合会（商会）第十三次代表大会召开。会议听取并审议了河北区工商业联合会（商会）第十二届执行委员会所作的工作报告，选举产生了第十三届执行委员会，通过了河北区工商业联合会（商会）第十三次代表大会决议。

3月31日 河北区委常委会会议暨区委全面依法治区委员会会议召开。会议强调，要深入学习领会习近平法治思想，坚定践行"十一个坚持"，确保党中央关于法治建设的决策部署和市委工作安排落地落细。要提高政治站位，高度重视、高质量开展好"迎盛会、铸忠诚、强担当、创业绩"主题学习宣传教育实践活动。要以铸牢中华民族共同体意识为主线，用共同理想信念凝心铸魂，全面增强"五个认同"，引导各族群众树立正确的国家观、历史观、文化观。

4月2日 河北区"迎盛会、铸忠诚、强担当、创业绩"主题学习宣传教育实践活动工作部署会暨领导小组第一次（扩大）会议召开。会议强调，要深刻认识开展"迎盛会、铸忠诚、强担当、创业绩"主题学习宣传教育实践活动重大意义，要牢牢把握主题学习宣传教育实践活动的目标要求和重点任务，要全面加强主题学习宣传教育实践活动的组织领导。

4月14日 河北区委常委会会议暨区委常委会议军会议召开。会议强调，要深入学习贯彻习近平强军思想，聚焦党在新时代的强军目标，紧盯能打仗、打胜仗使命任务，不断加强国防动员和后备力量建设。要细化落实民兵建设"十四五"规划各项任务，进一步优化组织整顿、常态备战备勤、抓实训练演练，全面提高我区民兵队伍战斗力水平。要抓实军民融合重大战略，创新军民融合发展模式，推动军地双方合作共建、共同发展。要认真开展全民国防教育，学习宣传《国防动员法》，增强全民国防意识。要全面落实拥军优属政策，积极稳妥抓好转业干部、退役士兵安置等工作，真心实意帮助部队解决家属安置、子女入学、优抚优待等官兵最关切的问题，为河北区实现经济社会高质量发展凝聚军民合力。

4月22日　天津市河北区“爱益启”社区矫正志愿服务队正式成立。这是目前全国首支成立的以社矫对象为主正式注册的志愿服务队伍。

4月25日　在第27个“世界读书日”来临之际，河北区分别在觉悟社纪念馆、区统计局、区城管委、望海楼街党群服务中心、巷肆创意产业园（问津书院）同时举行了5场区级干部读书分享会。区委书记徐刚，区委副书记、区长罗进飞等区领导分别出席了区级干部读书分享会党的建设组、经济商贸组、城市建设组、社会治理组、民计民生组的读书分享交流活动并进行了点评。

4月27日　市政府新闻办召开“河北区‘多措并举谋划经济发展新开局’新闻发布会”。会上，河北区重点介绍了2022年第一季度河北区重点项目进展情况和招商引资重点成果的有关情况。

4月29日　中共天津市河北区代表会议召开，会议选举产生20名河北区出席中共天津市第十二次代表大会代表。

5月1日　河北区安全生产工作会议召开。会议由区委书记徐刚主持并传达习近平总书记对湖南长沙居民自建房倒塌事故的重要指示精神；区委常委、常务副区长刘惠杰对安全排查整治行动进行部署。

5月12日　河北区举行领导干部学习贯彻党的十九届六中全会精神和习近平总书记重要讲话精神专题读书班暨“迎盛会、铸忠诚、强担当、创业绩”主题学习宣传教育实践活动专题读书班开班式。

同日　河北区委常委会（扩大）会议暨区疫情防控指挥部会议召开。研究部署近期全区疫情防控各项重点工作，强化推动60岁以上人群疫苗接种攻坚行动。

5月13日　河北区精神文明建设委员会会议暨深化拓展新时代文明实践中心建设推动会议召开。会议传达学习市文明委2022年工作要点和全市新时代文明实践中心建设相关实施方案精神，总结2021年全区精神文明建设工作开展情况，部署2022年重点工作，审议通过《河北区进一步深化拓展新时代文明实践中心建设的工作方案》。

5月14日　河北区第十八届人大常委会第五次会议举行。会议通过了关于罗进飞同志辞去河北区人民政府区长的决定；任命戴雷同志为河北区政府副区长、代理区长。

5月25日　全国公安系统英雄模范立功集体表彰大会在北京举行。公安河北分局被评为“全国优秀公安局”，公安河北分局打击犯罪侦查支队四大队副大队长许海川被授予“全国优秀人民警察”。

6月7日至8日　河北区第十八届人民代表大会第二次会议召开。会议选举戴雷同志当选为河北区人民政府区长。

6月13日　河北区国资国企工作会议暨深化国有企业改革推动会召开。会议由区委副书记、区长戴雷主持，区委书记徐刚出席并讲话，副区长王荃就深化国企改革三年行动有关工作进行总结和部署。区国资委、区住建委、区城投公司、区国资公司、区供热公司、区创佳公司主要负责同志围绕深化改革推进国有企业高质量发展、推进行政事业单位所属国有企业改革、优化业务布局加快转型发展、整合资源增强投融资能力、推进混改工作、打造科技产业生态等作了发言。

6月21日　河北区委常委会（扩大）会议召开。会议传达学习市第十二次党代会和市委十二届一次全会、市纪委十二届一次全会精神，研究贯彻落实措施。会议要求，要以党的政治建设为统领，教育引导广大党员干部站稳政治立场，严守党的政治纪律、政治规矩，推动全面从严治党向纵深发展，营造风清气正的政治环境。要以钉钉子精神加强作风建设，坚决反对懒散拖、要滑头、混日子、好人主义。要以“一天也不耽误、一刻也不懈怠”的精神，以“功成不必在我、功成必定有我”的历史担当，将责任扛在肩上、工作抓在手上，撸起袖子加油干、持之以恒抓落实，将河北区高质量发展蓝图绘到底。

7 月 1 日 在热烈庆祝中国共产党成立 101 周年之际，河北区委对在全区抗击新冠肺炎疫情中表现突出的 207 个基层党组织、24 个封管控、隔离点临时党组织以及 847 名党员、干部进行表扬。

7 月 13 日 河北区委书记专题会议召开。会议听取十二届区委第一轮巡察工作组对区档案馆、区民政局、区生态环境局和区融媒体中心 4 个区属处级单位党组织的巡察情况汇报，就巡察发现的突出问题逐一点人点事，提出处理意见，并对第二轮巡察工作做出明确要求。

7 月 14 日 河北区委书记徐刚约谈 2021 年度落实全面从严治党主体责任和政治生态建设考核排名靠后单位主要负责同志。徐刚在约谈时强调，被约谈单位要以此次约谈为契机，树立变后进为先进的信心，坚定全面从严治党永在路上、一抓到底的决心，层层传导压力、级级压实责任，切实把责任履行到底到位，推进全面从严治党向纵深发展。一要聚焦思想上“怎么看”，进一步提高对管党治党责任的认识。二要聚焦问题上“怎么办”，人事因制同向发力坚决整改到位。三要聚焦工作上“怎么干”，严紧实硬地将“全面”“从严”传导到位。

7 月 21 日 河北区燃气安全紧急工作会议召开。会议通报北辰区“7·19”燃气爆燃事故情况，传达市委书记李鸿忠，市委副书记、市长张工相关工作要求。并听取了区燃气安全百日行动进展情况，重点对打击黑钢瓶、在建项目隐患排查、燃气安全入户排查和餐饮经营场所燃气报警器安装工作等进行推动部署。

7 月 22 日 河北区精神文明建设委员会会议召开。会议对创建全国文明城区工作进行安排部署。区委书记徐刚在讲话中强调，创建全国文明城区关系河北区高质量发展大局，关系群众的获得感、幸福感、安全感，是必须拿下的一块“金字招牌”。要坚持精准化创建，认真对标对表测评要求，坚持问题导向、目标导向、结果导向，把功夫下在日常、把工作干在平常，持续推进专项攻坚。要加强监督检查，完善通报整改机制，对搞形式主义官僚主义、不担当不作为的要严肃追责问责。要强化组织领导，“一把手”带头研究、推动、督办创文工作，形成一级抓一级、层层抓落实的工作格局，切实推动创建工作高质量开展、高标准完成。

7 月 29 日 河北区委常委会(扩大)会议召开。会议传达学习习近平总书记在中央政治局会议上的重要讲话精神以及市委常委会扩大会议精神，听取上半年经济运行情况的汇报；传达学习贯彻习近平总书记在新疆考察时的重要讲话精神以及相关市委常委会会议精神；审议《河北区贯彻落实〈市第十二次党代会报告重要任务举措分工方案〉的工作台账》；听取上半年 20 项民心工程完成情况的汇报。

8 月 2 日 2022 年“第三届天津夜生活节”在河北区海河意式风情区正式启幕，燃情打造“夜津城”城市夜生活名片。

8 月 24 日 河北区推进全面从严治党向纵深发展工作部署会议暨加强新时代廉洁文化建设工作会议暨党员干部警示教育大会召开。会议传达了全市推进全面从严治党向纵深发展工作部署会议和全市加强新时代廉洁文化建设工作会议暨党员干部警示教育大会精神，组织观看了警示教育片，对全区推进全面从严治党向纵深发展工作作出部署。

9 月 28 日 河北区委专题工作会议暨河北区疫情防控、信访稳定、安全生产工作会议召开。区委书记徐刚在讲话中要求，各级领导干部要以时时放心不下的责任感履职担当，坚决扛起“卫城”之责，筑牢首都政治“护城河”。主要负责同志要落实主责、总责、首责，保持警醒警觉，发扬斗争精神，下好先手棋、打好主动仗。要拧紧责任链条，一级抓一级、层层抓落实，以极端负责的工作作风确保各项指令第一时间传导到位、落实到位。区委副书记、区长戴雷强调，要以迎接党的二十大胜利召开为主线，夯实政府责任，以“时时放心不下”的责任感和“一失万无”的底线意识，全力落实党中央“疫情要防住、经济要稳住、发展要安全”要求。

10月12日 河北区委书记专题会议召开。会议听取十二届区委第二轮巡察对区残联、大悲院管委会、区红十字会、北站办、区科技局、区科协和城投公司7个单位党组织的巡察情况汇报，并就巡察发现的突出问题逐一点人点事，提出处理意见。

10月13日 河北区科协第五届委员会第四次全体会议召开。会议传达学习市第十二次党代会精神和《关于新时代进一步加强科学技术普及工作的意见》；审议通过区科协第五届常务委员会工作报告，选举增补区科协第五届委员会兼职副主席，选举调整区科协第五届常务委员会委员。

10月25日 河北区委常委会（扩大）会议暨河北区领导干部大会召开。会议主要任务是高举习近平新时代中国特色社会主义思想伟大旗帜，深入学习宣传贯彻落实党的二十大精神，坚定捍卫“两个确立”、坚决做到“两个维护”，弘扬伟大建党精神，自信自强、守正创新，踔厉奋发、勇毅前行，为全面建设社会主义现代化国家、全面推进中华民族伟大复兴作出河北区贡献。

11月2日 2022年河北区新任职处级领导干部培训班暨处级领导干部理论进修班开班，全区近50名副处级领导干部参训。

11月8日 河北区人民政府数字经济发展办公室成立。这是国内北方地区成立的第一家以数字经济服务为主要职能的政府机构。

11月17日 河北区委理论学习中心组学习贯彻党的二十大精神专题读书班暨河北区处级领导干部学习贯彻党的二十大精神轮训班开班式召开。区委书记徐刚在讲话中强调，要深入贯彻落实习近平总书记关于全面学习、全面把握、全面落实党的二十大精神的重要指示，切实发挥各级领导干部“关键少数”作用，以上率下、领学带学，以昂扬的精神状态、务实的工作作风，推动党的二十大作出的重大决策部署在河北区落实落地。

11月18日 河北区疫情防控工作专题会议召开。会议要求，要学深学透“二十条措施”，持续完善原有战法，落实科学防控、精准防控要求，坚决果断处置疫情，防止扩散传播。要保持热备高效的组织体系，加强值班值守，迅速开展追阳、流调、管控等工作，确保早发现、早处理。要持续完善人员底册，定期进行摸查更新，确保全面准确掌握居民、企业、经营场所等信息，为精准快速处置疫情打下坚实基础。要决战隔离管控区域，规范核酸采样、人员转运、环境消杀、废物处置等流程，聚焦“医食神网”重点工作，用心用情解决群众急难愁盼问题。要强化群防群控、排查管控、常态化核酸检测，突出做好学校、医院、市场、建筑工地、楼宇园区等重点场所的防控工作，加大疫苗接种力度，持续开展好蓝军督查和各类执法检查，切实筑牢疫情防线。

11月28日至29日 河北区第十八届人民代表大会第三次会议召开。选举产生河北区出席天津市第十八届人民代表大会代表54名。

12月1日 中共天津市河北区第十二届委员会第五次全体会议召开。会议深入学习贯彻党的二十大精神，全面落实市委十二届二次全会部署要求，对学习宣传贯彻落实党的二十大精神进行再动员、再部署。全会审议通过《中共天津市河北区委关于深入学习宣传贯彻落实党的二十大精神全面建设社会主义现代化新河北的决定》和全会决议。

（执笔人：刘莉莉）

红桥区2022年大事述要

1月4日 中共天津市红桥区委十二届二次全体会议暨经济工作会议召开。全会坚持以习近平新时代中国特色社会主义思想为指导，深入贯彻落实党的十九大和十九届历次全会精神，全面落实中央经济工作会议、市委十一届十一次全会和市委十一届十二次全会暨经济工作会议精神，总结2021年工作，部署2022年任务。

1月8日 津南区突发新冠疫情，红桥区迅速抽调400余名医务工作者星夜集结，奔赴咸水沽镇与津南共克时艰、携手抗疫。1月10日，早晨7点，按照市疫情防控指挥部要求，红桥区101个筛查场所、263个登记采样通道对全区40余万居民进行第一次全员核酸检测。1月16日按照市委统一部署，本区再次选派228名政治素质好、工作能力强、作风硬朗、表现突出的社区工作者组成红桥区支援津南区疫情防控工作队，驰援津南区疫情防控工作。

1月22日 红桥区委书记李清深入本区部分集中隔离医学观察点、管控区以及支援津南区工作人员集中休整场所检查运行情况，看望慰问坚守一线的下沉干部、公安民警、医护人员、街道社区工作人员和志愿者，对进一步提升管理服务水平、后勤保障能力提出要求，确保群众满意。

1月25日 红桥区党史学习教育总结会议在区委礼堂召开。市委党史学习教育第二指导组副组长祁磊、指导组成员孙志伟到会指导。区委书记李清出席并讲话，区委副书记、区长陈宇主持并传达习近平总书记重要批示及中央和市委党史学习教育总结会议精神。

1月26日 红桥区与中煤天津设计工程有限公司、天津市能源投资集团就落实碳达峰碳中和工作部署、推动分布式光伏发电项目举行三方会谈。区委书记李清，区委副书记、区长陈宇，区委常委、副区长蔡宁等同志参加会谈。

1月27日 红桥区委常委会以“大力弘扬伟大建党精神，坚持和发展党的百年奋斗历史经验，坚定历史自信，践行时代使命，厚植为民情怀，勇于担当作为，团结带领人民群众走好新的赶考之路”为主题，召开党史学习教育专题民主生活会。市委党史学习教育第二巡回指导组组长谢华生、市纪委监委第五监督检查室副主任刘立山等到会指导并作点评。区人大常委会、区政协主要负责同志列席会议。区委书记李清主持会议并作总结讲话。

1月28日 红桥区召开区委常委会暨党的建设工作领导小组(扩大)会议，深入贯彻党的十九届六中全会精神和新时代党的建设总要求，落实市委常委会暨市委党建工作领导小组(扩大)会议精神，听取区委各部委、部分区级国家机关和街道党工委主要负责同志抓基层党建工作述职，并进行评议。

2月7日 红桥区委书记李清，区委副书记、区长陈宇，区政协主席张玉刚带队深入铃铛阁(中海云麓公馆)项目、区档案馆项目、区妇幼保健服务中心和红桥小学项目调研服务，实地看进度、现场解难题，全面推进重点项目建设。

2月21日 红桥区召开2022年高质量发展暨招商引资“攻坚年”推动会，动员区政府系统各部门、各单位深入贯彻新发展理念抓好招商引资工作，助力区域经济社会高质量发展。同日召开2022年优化营商环境暨作风建设座谈会，大力优化营商环境，合力推动高质量发展。区委副书记、区长陈宇出席并讲话。区委常委、副区长蔡宁主持。区领导刘国庆、王刚、刘成哲等同志参加。

3月7日 红桥区召开区委工作会议，深入学习贯彻习近平总书记关于党的组织、宣传、统战、政法、人才、网信工作重要指示精神，进一步深化全区党的建设，为经济社会高质量发展提供坚强政治保证。区委书记李清主持并讲话，区委副书记、区长陈宇、区人大常委会主任芮永玲，区政协主席张玉刚，区委副书记靳凡出席。区委常委、区委统战部部长赵霞，区委常委、区委组织部部长张汝军，区委常委、区委政法委书记魏洪明，区委常委、区委宣传部部长宫璐璐分别部署了2022年重点工作。

3月8日 红桥区人民政府与建设银行天津分行举行全面战略合作协议签约仪式。建设银行天津分行党委书记、行长吴益强，区委书记李清，区委副书记、区长陈宇出席签约仪式，并交流座谈。

同日 红桥区召开安全生产委员会会议，听取贯彻落实习近平总书记对湖北十堰燃气爆炸事故重要指示精神的情况汇报，传达学习有关文件精神，审议《红桥区安全生产委员会成员单位安全生产工作任务分工(讨论稿)》。区委副书记、区长陈宇出席会议并讲话,区领导蔡宁、刘国庆、密松、王刚、刘成哲等同志参加。

3月29日 红桥区召开“迎盛会、铸忠诚、强担当、创业绩”主题学习宣传教育实践活动工作部署会暨领导小组第一次(扩大)会议,区委常委、区委组织部部长张汝军作工作部署,区委常委、区委宣传部部长宫璐璐就宣传工作提出要求。

3月31日 红桥区召开安全生产工作会议,传达学习习近平总书记关于安全生产的重要指示精神和全国安全生产电视电话会议精神,落实市政府主要领导指示要求,研究部署本区安全生产工作。红桥区委副书记、区长陈宇出席会议并讲话,区领导刘国庆、密松、王刚、刘成哲等同志参加。

4月14日 红桥区召开“八五”普法动员会暨区委全面依法治区委员会守法普法协调小组会议。区委常委、区委宣传部部长宫璐璐出席并讲话,区人民政府副区长、公安红桥分局局长刘国庆主持会议。会议审议通过了《红桥区2022年普法依法治理工作意见(审议稿)》。

4月20日 红桥区处级以上领导干部学习贯彻党的十九届六中全会精神和习近平总书记重要讲话精神专题读书班开班式暨年轻干部教育管理工作会议在区委礼堂举行。区委书记李清主持并作辅导报告。

4月25日 红桥区召开区委民族工作会议暨全区宗教工作会议,区委书记李清出席会议并讲话,区委副书记靳凡主持会议,区委常委、区委统战部部长赵霞就做好本区新时代民族宗教工作进行了部署。

同日 红桥区以“聚焦网络安全,护航二十大”为主题,举办“平安红桥网络2022”活动启动仪式。

4月26日 中共天津市红桥区委外事工作委员会召开会议,深入学习贯彻习近平外交思想,传达学习贯彻市委外事工作部署要求,听取区委外事工作委员会2021年工作情况汇报,审议通过2022年工作要点。区委书记李清主持会议并讲话。

4月27日 红桥区召开文物保护传承利用工作会议。传达学习习近平总书记关于文物保护传承利用工作的重要讲话和重要指示批示精神,对2021年红桥区文物保护传承利用工作进行总结,就2022年重点工作任务进行部署。区委常委、区委宣传部部长宫璐璐,副区长王刚出席会议并讲话。

4月29日 红桥区召开2022年文明委会议。区委书记李清主持并讲话,区委副书记、区长陈宇,区委副书记靳凡等区领导参加。会议传达学习了天津市委办公厅《关于深化拓展新时代文明实践中心建设的实施方案》精神,审议通过了《天津市红桥区关于进一步深化拓展新时代文明实践中心建设的工作方案》。

同日 “魅力红桥 智享生活”——红桥区数字人民币应用推广启动仪式暨天津鹏欣水游城促消费活动启动仪式在天津鹏欣水游城举行。市金融局副局长王镇、红桥区副区长王刚、中国银行天津市分行副行长李樱红、天津鹏欣水游城总经理方芳共同启动本次活动。

5月1日 红桥区委副书记、区长陈宇主持召开区安委会会议暨全区房屋安全隐患排查整治工作部署推动会议,传达贯彻落实习近平总书记对湖南长沙居民自建房倒塌事故重要指示和李克强总理批示精神,落实市领导批示和全市视频会议要求,研究部署本区房屋安全隐患排查整治工作。区领导蔡宁、密松、刘成哲等同志参加会议。

5月6日 红桥区召开党政领导干部会议暨区疫情防控指挥部工作会议和区委常委会会议,传达学习贯彻中央政治局常委会会议和习近平总书记重要讲话精神,认真落实市委常委会扩大会议暨市疫情防控领导小组和指挥部会议要求,对本区疫情防控工作进行再部署、再推动。区委书记李清主持会议并讲话。

5月7日 红桥区在市政府新闻发布厅召开“着力优化营商环境 推动经济高质量发展”专题新闻发布会,对注重优化营商环境,着力破解发展难题,努力在贯彻新发展理念、融入新发展格局中开创高质量发展新局面情况进行发布。

副区长王刚出席。

5 月 10 日 红桥区召开知识产权保护大会暨区知识产权保护领导小组第一次全体会议，深入贯彻落实习近平总书记关于加强知识产权保护的重要指示批示精神，总结 2021 年度知识产权保护工作，分析面临的形势，安排部署 2022 年度重点工作任务。副区长王刚出席并讲话。

5 月 13 日 市人大社会建设委员会副主任委员、共青团天津市委书记李龙带队市人大常委会执法检查组第四小组，深入本区对《天津市文明行为促进条例》贯彻实施情况开展执法检查。区委副书记、区长陈宇会见检查组一行，副区长刘成哲参加座谈并汇报本区工作。

5 月 30 日 红桥区召开深入推进京津冀协同发展战略工作领导小组会议，审议《红桥区深入推进京津冀协同发展 2022 年重点工作安排》，部署下一步重点任务。区委书记李清主持并讲话，区委副书记、区长陈宇等区领导出席会议。

6 月 1 日 红桥区召开深入打好污染防治攻坚战工作会议，区生态环境保护委员会会议、区污染防治攻坚战指挥部会议合并召开，传达学习全市深入打好污染防治攻坚战工作会议精神，研究部署本区深入打好污染防治攻坚战相关工作。区委书记李清出席并讲话，区委副书记、区长陈宇作部署。

6 月 4 日 红桥区委副书记、区长陈宇到天津三中高考考点和备用隔离考场检查高考准备和疫情防控工作，并与深入本区调研指导高考准备工作的天津市教育招生考试院党委副书记孙全胜现场研究优化考点和备用隔离考场设置方案。

6 月 13 日至 15 日 红桥区组织铃铛阁街道、咸阳北路街道、芥园街道、西沽街道、三条石街道及睦华里社区、红旗社区、河庭花苑社区、水竹花园社区、大胡同社区等优秀社区党组织书记赴合水县黄寨子村和关良村 2 个乡村振兴示范村开展帮扶交流工作，围绕党史学习教育、基层治理、汛期防汛防灾、日间养老照料、精神文明建设等方面开展共建活动。

6 月 14 日 红桥区委副书记、区长陈宇到重点项目中国建材集团绿色数智双碳创新中心（泰盈科技大厦）和红桥中医医院新建工程项目现场，调研服务推动工程进度。区委常委、副区长蔡宁参加。

6 月 21 日 红桥区召开东西部协作和支援合作工作领导小组会议，通报 2021 年度天津市东西部协作和支援合作成效评价情况，审议《红桥区高质量推进东西部协作和支援合作 2022 年实施方案》及 11 个专项工作方案，部署下一步重点任务。区委书记李清主持并讲话，区委副书记、区长陈宇，区人大常委会主任芮永玲，区政协主席张玉刚等同志以及领导小组各位副组长出席会议。

6 月 22 日 红桥区委召开区委常委会扩大会议暨区委理论学习中心组集体学习，传达学习贯彻市第十二次党代会精神，研究具体贯彻举措。区委书记李清主持会议并讲话。区委副书记、区长陈宇，区人大常委会主任芮永玲，区政协主席张玉刚，区委副书记靳凡等同志出席。

同日 区委副书记、区长陈宇主持召开红桥区安委会会议暨燃气安全工作部署会议，传达市委、市政府主要领导同志对宝坻区燃气爆燃事故处置工作的批示要求，并通报“6·21”宝坻区燃气爆燃事故情况，部署本区燃气安全重点工作。区委常委、副区长蔡宁等有关领导参加。

6 月 25 日 第六届世界智能大会在国家会展中心（天津）闭幕。大会期间（23 日）红桥区领导陈宇、王刚分别出席天津礼堂主会场和本区分会场签约仪式，共签约了 5 个重点项目，总投资 29.55 亿元。

6 月 27 日 红桥区政府召开 2022 年廉政工作会议，坚持以习近平新时代中国特色社会主义思想为指导，全面贯彻党的十九大和十九届历次全会精神以及十九届中央纪委六次全会精神，认真落实国务院和市政府第五次廉政工作会议部署要求，认真学习贯彻市第十二次党代会精神，按照市委、区委工作部署和区政府工作报告有关要求，总结 2021 年全区政府系统党风廉政建设和反腐败工作，分析面临的形势，部署下一步重点工作。区委副书记、区长陈宇出席会议并讲话。

6月28日 利安人寿保险股份有限公司天津分公司落户红桥，在本区陆家嘴金融广场开业。利安人寿总公司、市保险行业协会等相关负责同志，区委副书记、区长陈宇等有关领导同志出席活动。

6月28日至29日 合水县委书记解平，县委副书记、县长陈会发率合水县党政代表团到红桥区考察。区委书记李清，区委副书记、区长陈宇，区委副书记靳凡，区委常委、副区长蔡宁等同志会见或陪同考察、座谈。

6月30日 共青团红桥区委、区青联举办“强国志 青春说”红桥区青联委员进校园进社区活动启动暨“青朗”团企人才培养共建计划签约仪式。团市委副书记、市青联主席王凤，区委副书记靳凡出席活动。

7月1日 红桥区委书记李清以《把握政治之魂 强化贯彻落实 努力为全面建设社会主义现代化大都市贡献力量》为题，就学习贯彻市第十二次党代会精神开展专题宣讲。

7月7日 红桥区委副书记、区长陈宇深入三条石街道尚都家园社区，就学习贯彻落实市第十二次党代会精神进行主题宣讲，并与街道领导班子成员、社区工作者、老党员代表座谈交流。副区长密松参加座谈。

同日 区委副书记、区长陈宇会见兴业银行天津分行党委书记、行长李小东一行，双方就深化务实合作进行交流座谈。兴业银行天津分行副行长唐革榕，区委常委、副区长蔡宁，副区长王刚参加座谈。

7月11日 红桥区委书记李清会见国网天津城西供电公司总经理穆琦、党委书记杨旭华一行，双方就深化务实合作进行交流座谈。国网天津城西供电公司副总经理李万超，区委常委、区委办公室主任张磊，副区长王刚参加座谈。

7月12日 中国煤炭科工集团有限公司党委常委、副总经理刘建军率队到红桥区，就双方开展对接合作进行考察调研、座谈交流。区委书记李清，区委副书记、区长陈宇，区委常委、副区长蔡宁陪同。

7月13日 红桥区委副书记、区长陈宇带队赴京前往中冶集团开展对接洽谈，中冶集团暨中国中冶党委常委、副总裁朱光侠，党委书记、副总经理吴国洪及相关负责同志接待并开展会谈。

7月14日 市民政局党组书记、局长朱峰一行到本区调研指导特殊困难群体服务和街级综合养老服务中心建设工作，并就加强为老服务、加快推进20项民心工程项目进行座谈交流。市政府办公厅民心工程办公室负责人一行参加调研。区委副书记、区长陈宇，副区长密松陪同调研。

7月21日 市人大常委会与区人大常委会执法检查组联动对区文物保护“一法两条例”实施情况开展执法检查。市人大常委会副主任、执法检查组组长李虹出席，部分市人大常委会执法检查组成员，区人大常委会主任芮永玲，区人大常委会副主任、执法检查组组长张玉蕾，区政府副区长王刚，部分区人大常委会执法检查组成员参加。

7月22日至25日 红桥区委副书记、区长陈宇带队赴福州参加第五届数字中国建设峰会，会同中国建材集团中材国际工程股份有限公司宣传推介“绿色数智双碳创新中心”项目。峰会期间，拜访兴业银行董事长吕家进，福建省能源集团董事长卢范经、总经理林中，会商合作事宜，并与参加峰会的目标企业开展招商洽谈。

7月24日 红桥区召开燃气安全隐患排查整治部署会议暨燃气安全整治“百日行动”推动会议，传达学习当日全市燃气安全隐患排查整治部署会议精神，研究贯彻落实的具体举措，对全区安全用气宣传整治“七日专项行动”和燃气安全整治“百日行动”工作进行再动员、再部署。区委常委、副区长蔡宁主持会议并讲话。

7月30日 红桥区委常委会议军会议暨“八一”双拥座谈会。召开区委书记李清主持会议并讲话，区委常委会组成人员以及驻区部队、区有关部门负责同志出席会议。

同日 红桥区召开碳达峰碳中和工作领导小组会议，审议红桥区2022年度碳达峰碳中和工作要点。区委书记李清主持并讲话，区委副书记、区长陈宇及有关区领导出席。

同日 为落实市委常委会扩大会议和市政府常务会议工作部署，红桥区利用一天时间召开经济运行分析推动会，总结上半年经济运行情况，全面分析区域经济发展存在的问题，围绕重点项目调度分析研判，坚持项目化、清单化、数字化，谋划部署下半年和今后一段时期经济工作。区委副书记、区长陈宇主持会议并讲话。

8 月 9 日 红桥区委副书记、区长陈宇会见美团华北区公共事务总监刘传国一行，就餐饮电商平台建设，打造“必吃街”“美食节”等领域开展项目合作进行交流座谈。副区长王刚参加座谈。

8 月 10 日 红桥区召开推进全面从严治党向纵深发展工作部署会议、加强新时代廉洁文化建设工作会议暨党员干部警示教育大会，区委书记李清出席并讲话。区委副书记、区长陈宇主持会议。

同日 红桥区妇联召开十二届八次常委会、十二届十一次执委会。市妇联党组成员、副主席林洁，区委副书记靳凡出席会议。

8 月 11 日 红桥区召开 2022 年度常态化创建天津市文明城区工作推动会。区委书记李清出席会议并讲话，区委副书记靳凡主持会议，区委常委、区委宣传部部长宫璐璐进行部署。

同日 红桥区召开 2022 年食安委全体会议暨创建国家食品安全示范城市推动部署会。区委书记李清出席会议并讲话，区委副书记靳凡主持，副区长王刚通报 2021 年食品安全工作及创城市级评审考核结果，并对 2022 年食品安全及创城工作进行部署。

8 月 22 日 红桥区召开大运河文化保护传承利用暨大运河国家文化公园建设领导小组会议，传达学习贯彻市大运河文化保护传承利用暨长城、大运河国家文化公园建设领导小组第十次会议精神，研究审议 2022 年工作，听取相关部门工作汇报，安排部署下一步工作任务。区委常委、副区长蔡宁主持会议并讲话，区委常委、区委宣传部部长宫璐璐和副区长王刚、刘成哲参加会议。

8 月 25 日 红桥区召开“干部学习大讲堂”暨区处两级理论学习中心组联合集体学习。区委书记李清、区政协主席张玉刚出席，区委常委、区委政法委书记魏洪明主持会议。

9 月 23 日 红桥区召开安全生产委员会（扩大）会议，传达学习习近平总书记关于安全生产工作重要指示批示精神，落实全国安全生产电视电话会议和市委、市政府相关会议部署，研究本区贯彻落实举措，对做好当前安全生产工作进行部署推动。区委副书记、区长陈宇主持会议并讲话。

9 月 28 日 红桥区委副书记、区长陈宇主持召开各民主党派、区工商联、无党派人士代表座谈会，副区长刘成哲通报本区 1—8 月经济社会发展情况，听取对区政府工作意见建议。区委常委、区委统战部部长赵霞出席座谈会。

10 月 21 日 红桥区人民政府与河北工业大学签署合作办学框架协议，以天津市第八十中学为平台开展办学合作，并将其更名为“河北工业大学附属实验学校”。

11 月 4 日 红桥区召开第三季度经济运行分析会暨“招商引资攻坚年”推动会，深入贯彻落实党的二十大精神，全面总结前三季度经济运行情况，深刻分析存在问题，科学谋划部署下一步重点工作，全力冲刺第四季度，推动经济高质量发展。区委副书记、区长陈宇主持会议并讲话。

11 月 10 日 红桥区召开区委统战工作会议。区委书记李清出席会议并讲话，区委书记、副区长陈宇主持会议，区人大常委会主任芮永玲、区政协主席张玉刚、区委副书记靳凡出席会议。会议传达学习党的二十大精神，中央、市委统战工作会议精神，并对全区统一战线工作进行部署。

11 月 11 日 天津援藏总指挥、昌都市委副书记、常务副市长张建华一行到本区考察，区委书记李清，区委副书记、区长陈宇，区委常委、区委组织部部长张汝军，区委常委、副区长蔡宁亲切会见或陪同考察。

11 月 23 日 红桥区召开全区安全生产工

作会议,传达习近平总书记对河南安阳市凯信达商贸有限公司火灾事故重要指示精神和11月22日下午市委常委会会议精神,研究分析全区安全生产工作形势,全面分析存在的问题和薄弱环节,进一步部署安全生产隐患排查整治工作。区委副书记、区长、区安委会主任陈宇出席会议并讲话,副区长张金丽、王刚、刘成哲参加会议。

11月28日至29日 红桥区第十八届人民代表大会第二次会议召开。大会指导思想和主要任务:坚持以习近平新时代中国特色社会主义思想为指导,全面贯彻党的二十大精神,坚持党的领导、人民当家作主、依法治国有机统一,坚决贯彻市、区委决策部署,严格履行宪法和法律赋予的职权,认真做好天津市第十八届人民代表大会代表的选举工作。举行第一次全体代表会议,表决通过了天津市红桥区第十八届人民代表大会第二次会议选举天津市第十八届人民代表大会代表办法。举行第二次全体代表会议,选举了红桥区的天津市第十八届人民代表大会代表,大会主席团常务主席、执行主席兼秘书长敖立功主持了投票选举工作。

12月1日 中国共产党天津市红桥区第十二届委员会第五次全体会议召开。全会高举习近平新时代中国特色社会主义思想伟大旗帜,深入学习宣传贯彻党的二十大精神,全面贯彻落实市委十二届二次全会精神,对党的二十大精神学习宣传贯彻落实工作再部署、再动员、再推动。全会由区委常委会主持,区委书记李清代表区委常委会讲话,区委副书记、区长陈宇,区人大常委会主任芮永玲、区政协主席张玉刚、区委副书记靳凡出席。

12月5日至6日 红桥区委副书记、区长陈宇带队到甘肃省庆阳市合水县开展对接东西部协作和乡村振兴工作,实地调研推进当地产业发展和有关项目建设。甘肃省庆阳市副市长张鸿举、合水县委书记邓莉娟等市县领导同志陪同调研。

12月7日 红桥区人民政府与中国联通天津市分公司举行战略合作协议签约仪式。区委副书记、区长陈宇出席签约仪式,并参观天津联通创新体验中心。中国联通天津市分公司党委书记、总经理陈海波,党委委员、副总经理张明山,红桥分公司总经理李木新等出席活动。副区长王刚代表红桥区人民政府与天津联通副总经理张明山共同签订《打造"数字化5G城市"战略合作协议》。

12月13日 红桥区委副书记、区长陈宇主持召开座谈会,就《区政府2023年工作报告(征求意见稿)》《红桥区2022年民心工程完成情况和2023年民心工程候选项目形成情况的报告(征求意见稿)》征求意见建议。区委常委、副区长蔡宁出席,各民主党派区委会、区工商联负责人和无党派人士代表,部分区人大代表、区政协委员参加座谈会。

12月15日 红桥区第十八届人民政府召开第二次全体会议,审议并原则通过《红桥区2023年政府工作报告》《红桥区2022年民心工程完成情况和2023年民心工程候选项目形成情况的报告》《关于红桥区2022年国民经济和社会发展计划执行情况与2023年国民经济和社会发展计划草案的报告》《关于红桥区2022年预算执行情况和2023年预算草案的报告》《天津市红桥区人民政府工作规则》和《天津市红桥区人民政府议事规则》等有关文件。区委副书记、区长陈宇主持会议并讲话,副区长蔡宁、刘国庆、刘成哲出席会议。

(执笔人:崔丽妹)

东丽区2022年大事述要

1月1日 东丽区委书记谢元先后到区部分隔离酒店、机场物流公司、肉类食品加工企业和东丽医院看望慰问一线工作人员,致以节日的祝福,调研疫情防控工作。谢元要求,要秉持以人民为中心的理念，科学精准抓好常态化疫情防控，确保人民群众度过健康祥和的节日全区社会大局平安稳定。

1 月 25 日 东丽区委书记谢元深入本区天津滨丽达科技有限公司、天津电装电机有限公司、天津金桥焊材集团有限公司、东丽湖恒大酒店、国家电网客户服务中心和天津爱思达航天科技有限公司，调研疫情防控、复工复产以及安全生产工作。区领导唐茂华、崔伟参加。

1 月 27 日 东丽区党史学习教育总结会议召开。党史学习教育市委第一指导组组长卜艳丰出席，区委书记、区委党史学习教育领导小组组长谢元出席会议并讲话，区委副书记、区长贾堤主持会议并传达习近平总书记重要指示精神和中央、市委党史学习教育总结会议精神，区委副书记陈媛出席。会议强调，一是必须不断学习、深入领悟党的百年历史，树立正确的党史观。二是必须坚定捍卫“两个确立”、坚决做到“两个维护”，笃信笃用习近平新时代中国特色社会主义思想。三是必须坚持以人民为中心的发展思想，推动“我为群众办实事”常态化、长效化。四是必须发扬伟大历史主动精神，敢于担当善于作为。五是必须从严从实推进自我革命，推动全面从严治党向纵深发展。

2 月 7 日 东丽区委常委会召开扩大会议，传达学习习近平总书记对政法工作的重要指示和中央政法工作会议、全国政法队伍教育整顿总结会精神，习近平总书记对全国老干部工作的重要指示、全国老干部工作先进集体和先进个人表彰大会精神，全国统战部长和全国宣传部长会议精神，1 月 26 日市委常委会会议精神，并就抓好开年各项工作提出具体要求。区委书记谢元主持会议，区委副书记、区长贾堤，区人大常委会主任李大勇，区政协主席刘伟，区委副书记陈媛出席。会议强调，全区各单位要迅速进入工作状态，树立“开局就是决战、起跑就要冲刺”的决心，切实把各项工作抓紧抓实抓细。要慎终如始抓好疫情防控各项工作，毫不动摇坚持“动态清零”总方针。要始终把发展作为第一要务，全力实现一季度“开门红”。

2 月 18 日 中共天津市东丽区纪委十二届二次全会召开。区委书记谢元出席并讲话，区委副书记、区长贾堤传达十九届中央纪委六次全会、市纪委十一届十次全会精神。区人大常委会主任李大勇，区政协主席刘伟，区委副书记陈媛出席。市纪委监委第七监督检查室副主任李鹏到会指导。区委常委、区纪委书记于湧主持。会议强调，一是把牢政治方向，坚定捍卫“两个确立”、坚决做到“两个维护”。二是旗帜鲜明讲政治，不断提高政治判断力、政治领悟力、政治执行力。要把党中央和市委精神同东丽实际科学地、历史地、具体地结合起来，转化为切实管用的政策措施。三是聚焦“国之大者”，推进政治监督具体化、常态化。

同日 东丽区委书记谢元主持召开东丽区与滨海新区协同联动发展工作领导小组会议，听取相关部门和街道有关工作进展情况汇报，研究部署下一阶段工作。区委副书记、区长贾堤，区委副书记陈媛出席。

3 月 9 日 东丽区委政法工作会议召开。会议深入学习贯彻习近平法治思想和习近平总书记对政法工作的重要指示精神，全面落实中央政法工作会议、全国政法队伍教育整顿总结会议、市委政法工作会议暨全市政法队伍教育整顿总结会议精神。区委书记谢元出席会议并讲话，区委副书记、区长贾堤传达习近平总书记对政法工作的重要指示精神，中央政法工作会议、全国政法队伍教育整顿总结会议和市委政法工作会议暨全市政法队伍教育整顿总结会议精神。会议对过去一年全区政法工作取得的成效给予充分肯定，并对推进全区政法工作高质量发展提出要求。区委常委、区委政法委书记李长凯作工作部署。

3 月 31 日 东丽区人民政府与中国农业银行天津市分行举行全面战略合作协议签约仪式，双方深度合作推动金融与实体经济深度融合，助推实现“十四五”规划和东丽区“科创绿谷、都市新区”的目标。

4 月 3 日 东丽区委书记谢元实地查看绿色生态屏障南片区游览路建设、生态修复、植树造林等进展情况，现场听取区农业农村委、市规划和自然资源局东丽分局、金桥街道、军粮城街道、生态屏障规划设计组等相关单位负责同志工作汇报，协调解决存在问题，就拆迁与生态修复、植树造林、水系连通、规划编制等提出具体要求，加快推进绿色生态屏障建设。

4月7日 东丽区召开招商工作会议，听取相关部门和各街道、园区近期招商工作成效以及下一步计划，并就抓好招商工作作出部署。区委书记谢元主持会议并讲话，区委副书记、区长贾堤出席并讲话。会议强调，要高度重视招商工作，把握形势、抓住机遇，推动招商工作再上新水平。要进一步统一思想认识，牢固树立全区上下“一盘棋”思想，保持高度的责任心，扎实履行岗位职责，坚定信心、鼓足干劲、真抓实干，推动各项招商任务落实落地。

同日 京津冀产业协同发展示范基地项目网络签约仪式举行。通过深化京津两地产业领域合作，逐步打造京津冀产业协同发展高水平开放平台，为东丽绿色高质量发展注入新的强劲动力。

4月16日 东丽区举行重点招商项目云签约仪式。东丽经济技术开发区、华明高新区、东丽湖街道、万新街道分别与企业代表进行云签约。威高集团、国能智深、金米特科技、复兴丝路等17个项目落户东丽。协议投资额50亿元，为东丽绿色高质量发展注入强劲动力。

4月18日 天津市东丽区区领导干部学习贯彻党的十九届六中全会精神专题研讨班暨“迎盛会、铸忠诚、强担当、创业绩”主题学习宣传教育实践活动专题研讨读书班开班。区委书记谢元作辅导报告，区委副书记、区长贾堤，区人大常委会主任李大勇出席，区委副书记陈媛主持开班仪式。谢元强调，一是筑牢理想信念根基，坚定笃守从政之志。二是培养忠诚大德，坚定忠诚于党、忠诚于习近平总书记。三是树牢践行正确政绩观，对党和人民事业、对历史和地区长远发展负责。四是始终坚持人民至上，全心全意为人民服务。五是弘扬伟大历史主动精神，敢于善于担当作为。六是坚持自我革命，推进全面从严治党向纵深发展。

4月20日 市委书记李鸿忠深入东丽区调研乡村振兴工作，先后来到东丽区金钟街道欢坨村股份经济合作社、新立街道丽晟还迁房社区、丽晟社区党群服务中心，分别就东丽区特色农业发展、还迁居民村改居后的经济收入、看病就医、子女工作、基层党组织作用发挥等情况进行了调研。李鸿忠强调，东丽区要深刻认识做好新发展阶段“三农”工作的重大意义，倍加珍惜发展农业的资源禀赋，做好农字号“文章”，努力绘就都市发展与乡村振兴交相呼应的美丽画卷。要大力推进绿色生态屏障建设，着力改善人居环境，留住乡村自然美，留住乡愁记忆。持续保障和改善民生，拓宽“搬迁上楼”农民就业渠道，完善社会保障体系，推进基础设施建设和公共服务一体化。突出提高基层治理能力这个关键，发挥基层党组织轴心作用，把社区、物业、农业合作社等各类力量切实组织起来，有力维护安全稳定的社会环境。副市长李树起参加。

4月29日 东丽区委常委会召开扩大会议，传达学习习近平总书记在海南考察时的重要讲话和重要指示精神，市委书记李鸿忠深入东丽区调研乡村振兴工作精神，4月20日、21日市委常委会（扩大）会议精神，天津市科学技术奖励大会暨推动科技体制机制创新工作会议、全市加强新时代廉洁文化建设工作会议和全市深入打好污染防治攻坚战工作会议精神，研究部署东丽区贯彻落实措施。会议听取区第一季度经济运行情况汇报，研究部署下一步工作。区委书记谢元主持会议，区委副书记、区长贾堤，区人大常委会主任李大勇，区政协主席刘伟出席。

5月13日 东丽区召开知识产权保护工作会议，进一步明确区知识产权保护工作的方向和重点，为区域经济高质量发展增添新动力。区委副书记、区长贾堤出席并讲话。

同日 东丽区委人大工作会议召开。区委书记谢元出席并讲话，区委副书记、区长贾堤主持，区人大常委会主任李大勇传达中央和市委人大工作会议精神，区委副书记陈媛出席。会议充分肯定本区人大工作取得的积极成效。会议强调，一要深刻把握习近平总书记关于坚持和完善人民代表大会制度的重要思想，坚定不移贯彻党的领导这一最高政治原则，指导人大工作始终沿着正确方向前进。二要深刻把握社会主义民主政治本质要求，坚持和发展全过程人民民主。三要深刻把握坚持和完善人民代表大会制度这个关键，扎实推进人大工作迈上新台阶。

6 月 9 日　东丽区信访工作会议暨市第十二次党代会安保维稳部署会议召开。区委书记谢元出席会议并讲话，区委副书记、区长贾堤主持。会议通报了当前本区信访稳定工作情况，部署安排市第十二次党代会期间东丽区安保维稳工作。区信访办、万新街道、金钟街道分别作了表态发言。

6 月 22 日　东丽区召开安全生产专题会议，深入贯彻全市安全生产专题会议精神，认真落实市委书记李鸿忠关于安全生产工作的指示要求，深刻汲取宝坻区“6·21 燃气爆燃事故”教训，研究部署东丽区安全生产隐患排查整治工作，进一步压紧压实安全生产责任，切实消除各类安全隐患，防范遏制安全生产事故发生，全力营造安全稳定的社会环境。区委副书记、区长贾堤出席会议。

7 月 2 日　东丽区农村工作会议暨东西部协作和支援合作工作会议召开。总结 2021 年乡村振兴及东西部协作和支援合作工作，安排部署 2022 年重点任务。区委书记谢元出席并讲话，区委副书记、区长贾堤主持，区委副书记陈媛传达中央农村工作会议、天津市农村工作会议暨东西部协作和支援合作工作会议精神。

7 月 7 日　东丽区举办市第十二次党代会精神宣讲暨“七一”专题党课、政法干警专题党课。市委宣讲团成员、区委书记谢元以《忠诚担当　奋斗竞进　为天津全面建设社会主义现代化大都市贡献东丽力量》为题作报告。

7 月 16 日　东丽区召开安全生产工作会议，压实落实安全生产各方责任，确保安全生产稳定。

8 月 6 日　东丽区召开进一步加强作风建设大会，深入贯彻落实市第十二次党代会精神，进一步鼓励激励广大党员干部履职尽责、担当作为，持续营造风清气正的政治生态、提振奋勇争先的精神状态、形成凝心聚力的强大合力，以优异成绩迎接党的二十大胜利召开。区委书记谢元出席并讲话，区委副书记、区长贾堤主持，区人大常委会主任李大勇，区政协主席刘伟出席。会上，与会同志集中观看了加强和改进作风建设的专题片，并对东丽区 2022 年“强担当、强基础、比落实、比成效”先进集体和先进个人、东丽区 2022 年疫情防控工作先进集体和先进个人等进行通报表扬。东丽湖街道、华明高新区、区卫健委、城投集团、规资分局单位的负责同志分别作了经验交流发言。

8 月 12 日　东丽区召开 2022 年精神文明建设委员会扩大会议暨创建全国文明城区工作推动会。区委书记谢元出席并讲话，区委副书记、区长贾堤主持会议。与会同志集中观看了区创文实地暗访片。区委常委、宣传部部长秦陈传达天津市全域创建文明城市暨全国文明城区创建工作推动会精神，通报全市创建文明城区模拟测评成绩，安排部署下一阶段全区创建全国文明城区工作。

8 月 15 日　东丽区政府与天津外国语大学战略合作协议签约仪式在区会议中心举行。区委书记谢元，区委副书记、区长贾堤，天津外国语大学党委书记殷奇，天津外国语大学党委副书记、校长陈法春出席。双方积极探索区校共建新模式，实现资源共享，优势互补、促进共同发展。

8 月 18 日　东丽区人大代表会议在区会议中心召开。区委副书记、区长贾堤，区人大常委会主任李大勇出席并讲话。贾堤通报了东丽区上半年经济社会事业发展情况。李大勇宣讲了市第十二次党代会精神，并作“迎盛会、铸忠诚、强担当、创业绩”专题党课。区人大常委会副主任王军、李洪艳、刘宝林、高向军出席会议。

9 月 14 日　东丽区委召开专题工作会议，传达学习市委专题工作会议精神，就全力落实“疫情要防住、经济要稳住、发展要安全”的重要要求，持续加大“迎盛会、铸忠诚、强担当、创业绩”主题学习宣传教育实践活动工作力度热度，以优异成绩迎接党的二十大胜利召开作出部署安排。区委书记谢元主持并讲话,区委副书记、区长贾堤出席并讲话,区人大常委会主任李大勇,区政协主席刘伟出席。会议要求,全区各街道、各单位要压紧压实党委(党组)主体责任,主要负责同志要把第一责任人责任扛在肩上、抓在手上,靠前指挥、主动作为,以时时放心不下的责任感、使命感落实好各项工作任务。要严肃严明纪律,严格落实值班值守责任制,增强全局观念,主动进位、互相补位,以工作实绩迎接党的二十大胜利召开。

10月13日 东丽区深化警示教育推进全面从严治党向纵深发展、加强新时代廉洁文化建设工作会议暨廉政党课在区会议中心召开。会议深入学习贯彻习近平总书记在中共中央政治局第四十次集体学习时的重要讲话精神。区委书记谢元出席会议并讲话,区委副书记、区长贾堤主持,区政协主席刘伟出席。会议要求,要坚决扛起管党治党和廉洁文化建设的责任,确保全面从严治党取得更大战略性成果。全区各单位党委(党组)要切实扛起主体责任,各单位"一把手",要坚决克服"好人主义",发挥好示范引领作用,习惯在受监督和约束的环境中工作生活,各级纪检监察组织作为监督的专责机构,要始终坚持问题导向、问题指向,进一步健全完善监督体系,始终紧握巡察利剑,加大查案办案、威慑警示力度。纪检监察队伍必须不断加强自身建设,努力建设一支政治素质高、专业能力强、敢于斗争的纪检监察"铁军"。会上,与会同志集体观看了警示教育专题片《廉润初心　警钟长鸣》,区委常委、区纪委书记、区监委主任于湧部署推进全面从严治党向纵深发展工作。会议以视频形式召开,全区各有关单位设分会场。全体区级领导参加。

11月10日 东丽区政府与中国建设银行天津市分行签署全面战略合作协议。区委书记谢元,中国建设银行天津市分行党委书记、行长吴益强出席签约仪式并讲话,区委副书记、区长贾堤出席。中国建设银行天津市分行相关部门主要负责同志和区相关单位负责同志参加。

11月11日 东丽区召开学习贯彻党的二十大精神宣讲报告会,区委书记谢元围绕七个方面对党的二十大精神进行了全面深入宣传阐释。会议要求,各级领导班子和领导干部要带头学、带头讲、带头干,确保党的二十大精神传达到每一个党支部、每一名党员干部和群众。要注重宣讲实效,加强理论研究阐释,采取群众喜闻乐见的形式,用接地气、泥土味和田间地头、胡同里巷的语言,推动党的二十大精神进机关、进企事业单位、进社区、进校园、进军营、进各类新经济组织和新社会组织、进网站,推动全区形成学习贯彻党的二十大精神的浓厚氛围。要把学习宣传贯彻党的二十大精神与深入贯彻落实习近平总书记对天津工作提出的"三个着力"重要要求和一系列重要指示批示精神结合起来,切实转化为全面建设科创绿谷、都市新区和推动东丽绿色高质量发展的实际行动。宣讲报告会以视频会议形式召开,全区各单位设分会场。全体区级领导及全区各单位党政主要负责同志参加。

11月22日 东丽区在市政府新闻办新闻发布厅举行"学习宣传贯彻党的二十大精神——踔厉奋发、勇毅前行,全面建设科创绿谷、都市新区"新闻发布会。区委书记谢元介绍东丽区五年发展成就以及在推动绿色高质量发展的新征程上,如何深入贯彻落实党的二十大精神,全面建设科创绿谷、都市新区。发布会上,区发改委、农业农村委、教育局负责同志分别就绿色高质量发展、实施乡村振兴战略、教育教学等方面的内容回答了记者的提问。

11月25日 东丽区召开疫情防控工作领导小组会议,传达市疫情防控指挥部调度会议精神,分析研判当前区疫情防控形势,安排部署疫情防控重点工作。

11月28日至29日 天津市东丽区第十八届人民代表大会第二次会议在区会议中心举行,选举产生东丽区的天津市第十八届人民代表大会代表26名。区人大常委会主任李大勇主持会议。

12月1日 中国共产党天津市东丽区第十二届委员会第五次全体会议召开。全会由区委常委会主持，区委书记谢元代表区委常委会讲话，区委副书记、区长贾堤传达市委十二届二次全会精神，区人大常委会主任李大勇，区政协主席刘伟出席。全会审议通过《中共天津市东丽区委关于深入学习宣传贯彻落实党的二十大精神　全面建设科创绿谷、都市新区的实施意见》和全会决议。区委委员、区委候补委员出席会议。不是区委委员、区委候补委员的区级领导同志，区纪委委员，全区各单位党政主要负责同志或主持工作的同志，区人大常委会、区政协内设机构主要负责同志，区委巡察组正处级巡察专员列席。

12 月 22 日　天津凯华绝缘材料股份有限公司在北京证券交易所上市，这是天津市首家在北京证券交易所上市的民营企业和东丽区首家上市企业，标志着东丽区在创新金融服务体系、全力支持推动企业上市挂牌方面取得了重要进展，为东丽区绿色高质量发展注入强劲动能。

12 月 27 日至 28 日　东丽区召开第十八届人民代表大会第三次会议。会议听取并通过了关于东丽区 2022 年国民经济和社会发展计划执行情况与 2023 年国民经济和社会发展计划草案的审查报告；听取并通过了关于东丽区 2022 年财政预算执行情况及 2023 年预算草案的审查报告。区长贾堤代表东丽区人民政府作《政府工作报告》，区人大常委会主任李大勇受区人大常委会委托向大会报告工作。会议表决通过了关于政府工作报告的决议、关于东丽区 2022 年国民经济和社会发展计划执行情况与 2023 年国民经济和社会发展计划的决议、关于东丽区 2022 年财政预算执行情况及 2023 年预算的决议、关于东丽区人大常委会工作报告的决议、关于东丽区人民法院工作报告的决议、关于东丽区人民检察院工作报告的决议、关于东丽区 2022 年民心工程项目完成情况报告的决议。

12 月 27 日至 28 日　东丽区召开中国人民政治协商会议天津市东丽区第十届委员会第二次会议。大会听取和审议了政协天津市东丽区第十届委员会常务委员会工作报告；政协天津市东丽区委员会常务委员会关于政协十届一次会议以来提案工作情况的报告；大会通过政协天津市东丽区第十届委员会第二次会议关于常务委员会工作报告的决议；通过政协天津市东丽区第十届委员会提案委员会关于区政协十届二次会议提案审查情况的报告；通过政协天津市东丽区第十届委员会第二次会议政治决议，补选政协天津市东丽区第十届委员会和秘书长、常务委员。全体与会政协委员列席了天津市东丽区第十八届人民代表大会第三次会议，听取并讨论东丽区人民政府工作报告及其他报告等。

（执笔人：张姝娴）

西青区 2022 年大事述要

1 月 5 日　西青区召开 2022 年经济工作会议。区委书记李清出席会议并讲话，对做好 2022 年经济工作和全局工作提出了要求。区委副书记、区长殷学武对 2022 年第一季度经济工作进行了安排部署。区委副书记齐中波传达了中国共产党天津市第十一届委员会第十二次全体会议暨经济工作会议精神。

1 月 19 日　市委书记李鸿忠深入西青区调研检查疫情防控工作。李鸿忠强调，要毫不放松抓紧抓细抓实各项疫情防控措施，密切分析研判疫情发展态势，严格执行防控标准，动态完善防控策略方案，确保科学精准、有力有序推进疫情防控工作。李鸿忠在西青区防控指挥部详细听取区委主要负责同志关于本区病例分布、动态调整划定封控区管控区、完善防控策略、推进企业复工复产等情况汇报，并与市卫生健康委负责同志共同研究会商下一步重点防控任务。

1 月 28 日　西青区第十八届人民政府第三次常务会议召开，区长殷学武主持。会议传达了市政府主要负责同志在调研企业生产运营情况时的要求，听取全区复工复产情况；传达全国和天津市安全生产会议精神，听取 2021 年全区安全生产重点工作开展情况和 2022 年工作计划；部署春节期间重点工作；审议并通过了《天津市西青区海绵城市建设实施方案（2021—2023 年）（送审稿）》。

2 月 8 日 西青区召开党史学习教育总结会议。区委书记、区委党史学习教育领导小组组长李清出席并讲话，区委副书记、区长殷学武传达习近平总书记重要指示和中央、市委党史学习教育总结会议精神。党史学习教育市委第三巡回指导组组长王占勤到会指导。会议以电视电话会议形式召开。

2 月 10 日 西青区委全面依法治区委员会第五次会议召开。区委全面依法治区委员会主任李清出席会议并讲话。会议专题听取部分单位汇报 2021 年履行推进法治建设第一责任人职责情况。会议强调要与法治西青、法治政府、法治社会、法治乡村建设结合起来，利用多种形式持续加强宣传教育，切实抓好贯彻落实，把推进法治西青建设贯穿到西青经济社会发展的各个方面。市委依法治市办有关同志列席会议。

同日 西青区举行“‘西’望之城 · 活力之春”2022 年第一季度重点项目签约仪式，集中签约项目 34 个，计划总投资 267.77 亿元，涵盖车联网、生物医药、集成电路、汽车与新能源汽车、高端装备制造等重点产业链。区委书记李清，区委副书记、区长殷学武出席并见证签约仪式。本次集中签约以视频签约形式进行，包含服务业项目 22 个，制造业项目 12 个。其中，参加线上签约项目 10 个，计划总投资 81.05 亿元。从产业类别看，重点产业链方面涵盖车联网项目、生物医药项目各 4 个，集成电路项目、汽车与新能源汽车项目、高端装备制造产业项目各 2 个，其他产业主要包括总部类、新能源、智能制造、新材料等。从项目投资来源地看，包括北京项目 12 个、长三角项目 8 个、珠三角项目 3 个，其他地区项目 11 个。这些项目投资规模大、科技含量高、发展效益优、未来前景好，将为西青高质量发展注入新的强大动能。本次签约活动还邀请了 3 家驻区银行与 4 家企业签署银企合作协议，进一步从信贷资金支持等方面对新落地企业提供优质服务。

2 月 22 日 中国共产党天津市西青区第十二届纪律检查委员会第二次全体会议召开。区委书记李清出席并讲话，主要提出“六个聚焦”的要求：一是聚焦坚定捍卫“两个确立”，当好“两个维护”的示范践行者和坚定推动者；二是聚焦“国之大者”，进一步提升政治监督质效；三是聚焦标本兼治、系统施治，释放一体推进不敢腐、不能腐、不想腐的叠加效应；四是聚焦中央八项规定精神落地见效，锲而不舍纠“四风”树新风；五是聚焦抓好后继有人这个根本大计，加强年轻干部教育管理监督；六是聚焦提升监督治理体系和治理效能，完善权力监督制度和执纪执法体系。会议审议通过了《涵养清廉政治生态 护航高质量发展为西青全面开启现代化活力新城建设提供坚强保障》工作报告。天津市纪委监委第五监督检查室有关领导到会指导。

2 月 24 日 西青区第十八届人大常委会召开第二次会议，西青区人大常委会主任王志平主持会议并讲话。会议传达学习了市十七届人大六次会议精神，通报了区人大常委会党组党史学习教育专题民主生活会开展情况，审议并通过《西青区人大常委会 2022 年工作要点》《西青区人大常委会关于西青区 2022 年民心工程项目监督测评方案》。

3 月 4 日 “‘西’望之城 · 活力之春”——西青区土地招商推介会在赛达企业家服务中心举办。区委书记李清，区委副书记、区长殷学武出席并见证签约。此次推介会主要包括梅江南赛达新城片区、大学城文武汇集片区、水西公园片区、大运河流域片区、南站科技商务区等 40 宗、总面积约 230.9 公顷的热门地块。

3 月 8 日 中国共产党天津市西青区第十二届委员会第二次全体会议召开。区委书记李清出席会议并讲话。全会要求，各级党组织要全面落实中央和市委关于群团改革工作部署，坚持走中国特色社会主义群团发展道路，始终把加强党的领导贯穿群团改革全过程。要以改革为契机，推动区文学艺术界联合会、区法学会、区计划生育协会体制机制和工作方式等创新。全会审议通过了《西青区文学艺术界联合会改革方案》《天津市西青区法学会改革实施方案》《天津市西青区计划生育协会改革方案》，审议通过了全会决议。

3 月 28 日　西青区召开“迎盛会、铸忠诚、强担当、创业绩”主题学习宣传教育实践活动工作部署会暨领导小组第一次（扩大）会议。区委常委、区委宣传部部长卢盈传达市委“迎盛会、铸忠诚、强担当、创业绩”主题学习宣传教育实践活动工作部署会议精神；区委常委、区委组织部部长张宇对全区开展“迎盛会、铸忠诚、强担当、创业绩”主题学习宣传教育实践活动工作进行动员部署。会议强调要从“四个着力”开展此次活动：着力强化政治统领；着力严肃党内政治生活；着力厚植为民情怀；着力激励干部担当作为。会议以视频会议形式召开。

4 月 8 日　西青区召开 2022 年非公有制经济组织和社会组织工委扩大会议。区委常委、区委组织部部长张宇出席并讲话。会议传达了全国、全市及区基层党建工作重点任务推进会关于“两新”组织党建的有关要求，通报了“两新”工委成员单位调整事宜，审议通过了《西青区非公有制经济组织和社会组织工委 2022 年工作要点》和《“两新”组织工委成员单位直接联系点调整方案》，听取了区市场监管局、网信办、司法局、住建委关于“两新”组织党建，基层党建重点任务的汇报。

4 月 12 日　西青区召开区委党的建设工作领导小组 2022 年第一次会议，区委书记李清主持。会议提出要进一步推动全年党建工作重点任务落实，以高质量党建引领高质量发展。会议审议并原则通过了《西青区委党的建设工作领导小组 2022 年工作要点》和《关于开展“青”叩家门主题活动的工作方案》。

同日　西青区委宣传思想工作领导小组（扩大）会议暨 2022 年宣传思想文化工作会议召开。区委常委、区委宣传部部长卢盈出席会议并讲话。会议提出要以迎接、学习、宣传、贯彻党的二十大为主线，统筹谋划和推进宣传领域各方面工作。会议传达了全国宣传部长会议、全国文明办主任会议、全市宣传部长会议精神，传达了全国网信办主任会议、全市网信工作会议精神，安排部署了 2022 年全区文化旅游工作和网信工作。

4 月 13 日　西青区召开贯彻落实中央依法治国办法治政府建设实地督察反馈意见整改动员部署会，传达中央依法治国办对天津市开展法治政府建设实地督察的反馈意见及市委、区委相关会议精神，部署全区整改落实工作。西青区委常委、区委政法委书记韩琳出席会议并讲话。

同日　西青区召开“双减”工作专班工作部署推动全体会议。区委副书记齐中波出席会议并讲话。会上传达了天津市“双减”工作专班第六次全体会议精神，安排部署了 2022 年我区“双减”工作重点任务。

4 月 14 日　西青区委人才工作会议召开。区委书记李清出席并讲话，会议深入学习贯彻习近平总书记关于做好新时代人才工作的新理念新战略新举措，全面落实中央和市委人才工作会议精神，研究部署了今后一个时期的人才工作，加快实施新时代人才强区战略，全力打造人才集聚高地，为推动西青现代化活力新城建设提供坚实智力支撑，以优异成绩迎接党的二十大胜利召开。

同日　西青区第十八届人大常委会召开第三次会议。区人大常委会主任王志平主持会议并讲话。会议传达学习了十三届全国人大五次会议精神，听取和审议了天津市西青区人民政府 2021 年度法治政府建设情况的报告及西青区 2021 年生态环境质量状况和生态环境保护目标完成情况的报告。

4 月 24 日　西青区机关事务服务中心获评“全国机关事务工作先进集体”。

4 月 25 日　2022 年西青区委统一战线（对台）工作领导小组（扩大）会议召开。区委书记、区委统战工作领导小组组长李清，区委副书记、区委统战工作领导小组副组长齐中波出席会议并讲话。

4月28日 西青区机关事务管理局获评全国“公务用车管理专项领域创新引领实践单位”。

5月27日 西青区召开农村工作会议暨东西部协作和支援合作工作会议,合并召开区委农村工作领导小组会议、东西部协作和支援合作工作领导小组会议。区委书记李清,区委副书记、区长殷学武出席并讲话。会议深入学习领会习近平总书记关于“三农”工作重要讲话和一系列重要指示批示精神,贯彻落实中央农村工作会议和全市农村工作会议精神,部署2022年农业农村工作。

6月7日 西青区举行“大运河艺术之城”建设工作领导小组第一次会议暨天津美术学院天津音乐学院与西青区战略合作签约仪式。区委书记李清出席会议并传达了市委常委会议关于建设大运河艺术之城的会议精神,相关单位负责同志对天津美术学院天津音乐学院选址扩建暨建设“大运河艺术之城”工作领导小组组建方案作汇报。

6月9日 西青区举办2022年第二季度招商引资重点项目网络签约活动。区委书记李清出席并见证签约。此次集中签约29个项目,涉及高端装备制造、生物医药、新能源新材料、总部经济以及文化旅游等多个领域。

6月21日 西青区委常委会(扩大)会议召开,传达学习市第十二次党代会精神。区委书记李清出席并讲话。会议动员全区广大党员干部迅速把思想认识行动统一到大会部署要求上来,打造大运河闪亮明珠,建设现代化活力新城,奋力书写全面建设社会主义现代化天津的西青篇章。

6月28日 西青区产业链党建联盟在天津市西青区赛达企业家服务中心举行成立大会。大会以“领航活力新城·汇聚发展动能”为主题,区委书记李清,天津工业大学党委书记俞绍平等相关领导出席会议。西青区产业链党建联盟是在市委组织部、市“两新”组织工委指导下,由西青区委组织部、区“两新”组织工委牵头,联合区发改委、区工信局、区科技局、区金融局、经开集团、永泰恒基等单位以及中汽数据、大冢制药、宜科电子、捷威动力等90余家龙头企业共同发起,得到了天津大学等多所高校科研院所的大力支持。

7月30日 西青区举行杨柳青大运河国家文化公园(元宝岛)一期项目开工仪式。区委书记李清宣布项目开工。大运河杨柳青段历史底蕴深厚、文化遗产丰富,千年古镇杨柳青因运河而生、因运河而兴,元宝岛是大运河上的重要节点。杨柳青大运河国家文化公园(元宝岛)一期项目建设内容由景观工程及配套工程组成。

8月2日 西青区召开精神文明创建工作会议暨常态化创建全国文明城区推动会。区委书记、区文明委主任李清,区委副书记、区长殷学武出席会议并讲话。会议通报了近期创文工作中存在的主要问题,部署了交通秩序治理等十大专项行动,针对常态化创建全国文明城区提出了新要求,现场听取中北镇、商务局负责同志的表态发言。会议以电视电话会议形式召开。

8月23日 《光明日报》天津记者站站长陈建强带领采访团相关负责同志到西青区调研。区委书记李清就杨柳青大运河国家文化公园项目等相关情况与采访团进行了座谈交流。座谈会上,围绕杨柳青大运河国家文化公园整体情况、杨柳青年画的传承和保护、杨柳青古镇景区发展现状及下一步重点工作,西青区运河办、区文旅局、杨柳青镇分管负责同志分别做了介绍,并与采访团负责同志进行了深入交流。采访团深入杨柳青大运河国家文化公园施工现场(西岛),听取了工程有关情况介绍,调研了杨柳青民俗文化馆,听取了相关讲解。

8月26日 西青区委全面依法治区委员会召开第七次(扩大)会议。区委书记、区委全面依法治区委员会主任李清主持会议并讲话。会议传达学习了中央依法治国委员会《关于进一步加强市县法治建设的意见》,传达学习了2021年度全市行政执法“优差案双评”情况,现场听取区委依法治区办2022年工作汇报,书面听取了执法、司法、守法普法协调小组2022年工作汇报。会议以电视电话会议形式召开。

8 月 31 日 西青区疫情防控工作领导小组和指挥部会议召开。区委书记李清，区委副书记、区长殷学武出席会议并讲话，区委副书记齐中波作工作部署。会议要求要进一步贯彻落实市委书记李鸿忠，市委副书记、市长张工在西青区检查调度疫情处置工作时的讲话精神以及市疫情防控工作领导小组和指挥部会议精神，从快从严推进疫情处置各环节工作，全力以赴打赢本轮疫情防控阻击战、歼灭战、遭遇战。

8 月 西青区美丽乡村采摘一日游入选由文化和旅游部、中国关心下一代工作委员会联合推出的“乡村是座博物馆”全国乡村旅游精品线路。该线路包含两种推荐行程，分别是杨柳青古镇景区和生态六埠。白滩寺村获评第四批全国乡村旅游重点村。

9 月 14 日 西青区召开“迎盛会、铸忠诚、强担当、创业绩”主题学习宣传教育实践活动工作调度会暨村社区“书记项目”创建工作推进会。区委常委、区委组织部部长、区委主题学习宣传教育实践活动工作领导小组组长张宇出席会议并讲话。实地观摩学习了张家窝镇家贤里社区、辛口镇水高庄村“书记项目”，听取各街镇“书记项目”创建工作汇报、分析研判存在问题，研究部署下一步工作。会议强调，村社区“书记项目”是贯彻落实市委“迎盛会、铸忠诚、强担当、创业绩”主题学习宣传教育实践活动工作的生动实践，是压实党组织书记抓党建“第一责任”的重要抓手，是打造基层党建示范标杆的探索创新。

9 月 22 日 西青区委书记朱财斌深入经开集团实地调研重点工作推进情况并召开座谈会，对西青经开集团统筹疫情防控和经济社会发展提出明确要求。

9 月 27 日 甘肃省天水市麦积区委书记康泰来带领麦积区党政代表团一行来西青区考察对接东西部协作工作，并召开西青区—麦积区东西部协作党政联席会。区委书记朱财斌出席会议并讲话。

9 月 西青区入选由农业农村部、财政部、国家发展改革委联合公布的 2022 年农业现代化示范区创建名单。作为天津市都市型农业典型示范区，西青区以重点项目为依托，全面推进示范区建设，设施农业、品牌农业、现代种业发展壮大，获评全国农业现代化示范区。

10 月 10 日 西青区委书记朱财斌深入南站科技商务区实地调研并召开座谈会，听取关于南站科技商务区有关工作情况及南站地区一体化设计情况介绍，对南站科技商务区开发建设提出明确要求。

10 月 12 日 西青区政协召开文史专家座谈会。区政协主席于强出席会议并讲话。座谈会上，区政协文史委相关负责同志汇报了目前文史专家库工作开展情况，并就下一阶段工作计划进行了汇报。与会专家学者就杨柳青大运河国家文化公园的建设、抢救运河非遗项目，建立运河沿线城市传播联盟形成互动，发掘保护传承利用西青历史文化等方面提出了意见和建议。

10 月 19 日 西青区召开全面深化改革工作推动会，区委副书记、区委改革办主任齐中波出席会议并讲话。会议深入学习贯彻习近平总书记关于全面深化改革的重要论述，落实中央和市委改革决策部署，交流改革做法，部署下一步工作，进一步推动年度各项改革任务落实。

10 月 25 日 西青区委常委会召开扩大会议，传达学习党的二十大精神、市委常委会扩大会议精神和全市领导干部大会精神，研究部署全区学习宣传和贯彻落实工作。区委书记朱财斌主持会议。

10 月 26 日 西青区政府党组会议召开，区委副书记、区政府党组书记、区长殷学武主持。会议传达学习贯彻党的二十大精神、市委常委会扩大会议精神、全市领导干部大会精神、市政府党组会议精神和区委常委会扩大会议精神。

10 月 28 日 西青区委常委会召开会议，区委书记朱财斌主持会议。会议传达学习习近平总书记在二十届中央政治局第一次集体学习时的重要讲话精神，审议并原则通过《西青区关于迅速兴起学习宣传贯彻党的二十大精神热潮的工作方案》，安排部署有关工作。传达学习全国县域共青团基层组织改革动员部署会议精神和全市县域共青团基层组织改革动员部署会议精神，研究我区贯彻落实举措。

10月 西青区入选由农业农村部、国家乡村振兴局组织评选的第一批国家乡村振兴示范县创建名单，是天津市唯一入选的区。

11月1日 西青区召开2023年区级民心工程立项专题会，区委书记朱财斌主持会议并讲话。会议以高标准谋划2023年民心工程立项等工作。区委督查室负责同志汇报了2023年区级民心工程立项有关工作情况。

11月9日 西青区召开学习贯彻党的二十大精神市委宣讲团西青区宣讲报告会。市委宣讲团成员、区委书记朱财斌作党的二十大精神宣讲报告。报告结合西青实际，围绕党的二十大的主题和主要成果、过去五年的工作和新时代十年的伟大变革、开辟马克思主义中国化时代化新境界、以中国式现代化全面推进中华民族伟大复兴、全面建设社会主义现代化国家的目标任务、坚持党的全面领导和全面从严治党、以斗争精神应对风险挑战七个方面，对党的二十大精神进行了全面深入宣传阐释。会议以电视电话会议形式召开。

11月18日 西青区委常委会召开会议，区委书记朱财斌主持会议。会议审议《西青区关于进一步推进新时代人才强区建设的十五条措施》《西青区人才发展专项资金管理办法（试行）》和《天津市西青区法治政府建设实施纲要（2021—2025年）》。出台“人才强区十五条”政策措施。

12月2日 西青区委理论学习中心组召开学习宣传贯彻党的二十大精神读书班暨“迎盛会、铸忠诚、强担当、创业绩”主题学习宣传教育实践活动工作专题研讨交流会。区委书记朱财斌主持会议并讲话。市委宣传部有关负责同志到会指导。

12月7日 西青区委召开党建工作领导小组2022年第四次会议暨村社区“书记项目”成果汇报会。区委书记朱财斌出席并讲话。会议深入学习贯彻落实党的二十大精神和中央、市委党建工作要求，系统总结村社区“书记项目”创建评选工作经验，进一步树立大抓基层鲜明导向，推进新时代党的建设新的伟大工程在基层落地落实。

12月9日 南开校友企业家联谊会执行主席、天津金茂集团创始人、彦博科技董事长文飚一行深入西青区考察调研，就推进优质项目落地、携手实现合作共赢进行座谈交流。西青区委书记朱财斌主持座谈会并讲话。

12月23日 中国共产党天津市西青区第十二届委员会第四次全体会议召开。全会由区委常委会主持，区委书记朱财斌作了讲话。全会讨论了区委常委会2022年工作报告、区委常委会2022年抓党建工作情况报告，审议通过了《中共天津市西青区委2023年工作要点》和《中共西青区委关于深入学习宣传贯彻党的二十大精神奋力开创全面建设社会主义现代化活力新城新局面的实施意见》。

12月27日 西青区委召开“迎盛会、铸忠诚、强担当、创业绩”主题学习宣传教育实践活动工作总结提升会，深入学习贯彻党的二十大精神，传达学习市委“迎盛会、铸忠诚、强担当、创业绩”主题学习宣传教育实践活动工作总结提升会精神，对全区工作进行总结，对深入学习宣传贯彻落实党的二十大精神和市委、区委有关要求进行再部署、再推动。区委常委、区委宣传部部长卢盈，区委常委、区委组织部部长张宇出席会议。

12月 西青区档案馆获批“国家级数字档案馆”。西青区档案馆成为天津市首家通过国家级测评的区级档案馆，为西青区再添一项国家级荣誉。

（执笔人：闫广琴）

津南区 2022 年大事述要

1 月 8 日 津南区委书记刘惠主持召开疫情防控专题工作会议并现场调度。刘惠通报了两例新冠病毒核酸检测阳性人员有关情况，传达了市委、市政府主要领导指示精神，并就全区疫情防控工作做了安排部署。会议强调，要认清严峻复杂的疫情防控形势，迅速贯彻落实市委、市政府和市防控指挥部部署要求，坚持人民至上、生命至上，冷静果断处置新发疫情，压实“四方责任”、落实“四早”要求，分秒必争、枕戈待旦、严防死守，坚决阻断病毒传播渠道，筑牢疫情防控防线。要严格落实先控后筛要求，科学划定封控区、管控区、防范区，梳理排查隐患漏洞，严防风险扩散外溢。要充分利用大数据等技术手段，提升流调溯源速度，全面摸清风险底数，提高核酸检测效率，尽快完成全员核酸检测。要建立集中、科学、高效、顺畅的指挥体系和组织体系，区级领导一线指挥，党员干部下沉入列，全面充实疫情防控队伍，全方位做好物资供应、市场保供、交通管控、医疗保障等各项工作，坚决维护人民群众生命健康安全。

同日 市委书记李鸿忠深入津南区检查指导疫情防控工作后，区委书记刘惠迅速主持召开区疫情防控视频调度会议，第一时间传达学习李鸿忠书记深入津南区检查指导疫情防控工作时提出的工作要求，调度部署各镇街和相关部门疫情防控工作，争分夺秒、竭尽全力阻断疫情传播渠道，确保人民群众生命安全和身体健康。刘惠强调，津南区疫情防控处于关键时刻，形势复杂严峻、任务艰巨繁重。全区上下要坚决贯彻习近平总书记重要指示精神，全面落实市委、市政府和市防控指挥部部署要求，坚定必胜信念，强化战时思维、实施战时措施，以最大决心、最大力度、最快速度，凝聚各方力量，分秒必争、连续作战、严防死守，坚决打赢这场疫情防控遭遇战、持久战、歼灭战。要昼夜兼程阻断疫情，严格落实“四早”要求，同步推进检测、流调、溯源等工作，加强封控、管控、防范力度，加快推进重点地区全员核酸检测筛查，优化采样、检测、送检环节组织衔接，刻不容缓做好各项防控工作。全区各级党员干部要坚持大局为上，坚决服从人力物力统筹调度，全体区级领导干部要守土有责、守土尽责，带头深入一线、靠前指挥、亲自上手、果断处置、敢于定事，全力和时间赛跑，坚决斩断疫情传播链。

2 月 7 日 津南区召开全体区级领导干部会议，听取区委、区人大、区政府、区政协负责人近期重点工作安排和 2022 年工作规划，研究部署统筹疫情防控和经济社会发展工作，动员全区上下以饱满的精神、提速的节奏、务实的作风，把失去的时间抢回来、把疫情造成的损失补回来，确保新年起好步、打好底、开好局。区委书记刘惠主持会议。会议指出，自 1 月 8 日津南发生疫情以来，全区上下众志成城、严防死守，主动防控、科学防控、精准防控、综合防控，落实落细各项防控措施，取得了津南战“疫”的重要胜利，形成了“津南战法”。全区各级各部门要深入学习贯彻习近平总书记重要指示精神，认真贯彻落实市委、市政府和市防控指挥部工作要求，牢固树立“一盘棋”思想，强化底线思维，绷紧思想之弦，持续巩固来之不易的战“疫”成果，以“一天也不耽误”的奋进姿态，统筹推进疫情防控和经济社会发展，加快推进生产生活秩序恢复，确保高质量完成全年经济社会发展目标任务。

2 月 16 日 津南区党史学习教育总结会议召开。区委书记、区委党史学习教育领导小组组长刘惠出席并讲话，区委副书记、区长杨灏主持并传达习近平总书记重要指示、中央和市委党史学习教育总结会议精神。

2 月 19 日 津南区委常委会暨区委党建工作领导小组（扩大）会议召开，深入学习贯彻党的十九大和十九届历次全会精神，坚持和完善党委（党组）书记抓基层党建述职评议考核制度，认真落实市委常委会暨市委党建工作领导小组(扩大)会议要求,听取各镇街党(工)委、区委各部委和部分区属单位党(工)委主要负责同志抓基层党建工作述职并进行评议,着力提升基层党建工作标准化规范化水平,推动基层组织建设全面进步全面过硬,以优异成绩迎接党的二十大胜利召开。区委书记刘惠主持会议并讲话。

3月29日 津南区“迎盛会、铸忠诚、强担当、创业绩”主题学习宣传教育实践活动工作部署暨领导小组第一次(扩大)会议召开。会议指出,要抓实思想引领,把学习教育贯穿始终,用习近平新时代中国特色社会主义思想武装头脑、指导实践,组织专题学习研讨,引导党员干部坚定捍卫“两个确立”、坚决做到“两个维护”。要抓实支部建设,严肃党内政治生活,丰富主题党日形式,讲好专题党课,高质量召开专题组织生活会。会议强调,要坚持培根固本、强基铸魂,通过从全面学、往深处研、到基层讲,教育引导党员干部深刻领会“两个确立”的决定性意义,让新思想凝聚人、引领人、鼓舞人。要坚持尽锐出战、喜迎盛会,新闻宣传强劲有力,社会宣传广泛热烈,作品质量精益求精,党史学习教育常态长效,让正能量主声、主屏、主网、主阵地。要坚持举旗定向,向上向善,增强政治敏锐性,树立津南形象,提升阵地管控力,让意识形态之弦绷紧绷牢,为党的二十大胜利召开营造良好舆论氛围。

3月31日 津南区农村工作会议暨区委农村工作领导小组会议召开,认真贯彻落实中央农村工作会议精神以及全市农村工作会议暨东西部协作和支援合作工作会议精神,总结2021年工作,研究部署2022年重点任务。区委书记、区委农村工作领导小组组长刘惠出席会议并讲话。

同日 津南区召开2022年党的建设工作会议,坚持以习近平新时代中国特色社会主义思想为指导,深入贯彻落实党的十九大和十九届历次全会精神以及新时代党的建设总要求,全面部署2022年党的建设重点工作,迎盛会、铸忠诚、强担当、创业绩,推动党的建设提质增效,为各项事业发展提供坚强保证。区委书记刘惠提出,2022年是中国共产党第二个百年的开启之年,是党的二十大胜利召开之年,全面加强和改善党的建设意义重大。全区上下要提高政治站位,增强以高质量党建引领高质量发展的责任感和使命感,坚定捍卫“两个确立”、坚决做到“两个维护”,以迎接党的二十大胜利召开为主线,坚持党的领导、勇于自我革命、全面从严治党,引领带动全区广大党员干部增强政治“三力”、凝聚民心民力、激发创新活力,统筹抓好疫情防控和经济社会发展,为全力打造科创会展城和天津重要增长极,加快建设社会主义现代化新津南提供坚强保证。刘惠强调,要把握重点关键、坚持精准发力,将新时代党的建设新的伟大工程不断引向深入。一是全面开创组织工作新局面。二是汇聚全区上下锐意进取新动能。三是推动统一战线工作再上新台阶。四是营造务实清廉海晏河清新风气。会议分别对区委2022年组织工作、宣传思想文化工作、统战和对台工作进行安排部署。

4月29日 津南区委全面深化改革委员会召开会议,传达学习中央全面深化改革委员会第二十四次、第二十五次会议和市委全面深化改革委员会会议精神,审议区委全面深化改革委员会2022年工作要点和有关国企改革工作方案,听取相关情况汇报,研究部署2022年津南区全面深化改革工作。区委书记、区委全面深化改革委员会主任刘惠主持并讲话。

6月1日 津南区领导干部学习贯彻党的十九届六中全会精神和习近平总书记重要讲话精神专题班开班。区委书记刘惠出席开班式并聚焦“绝对忠诚”“发展为要”“敢于担当”“人民至上”“廉洁奉公”五个关键词作专题辅导。本次专题班为期3天,采取集中授课、读书研修、专题研讨相结合的方式进行。

6月3日 津南区委书记刘惠主持召开区委常委会扩大会议,深入学习贯彻习近平总书记关于“疫情要防住、经济要稳住、发展要安全”的重要指示精神,认真落实全国稳住经济大盘电视电话会议和市委常委会扩大会议精神,研究审议津南区落实《天津市贯彻落实扎实稳住经济的一揽子政策措施实施方案》的具体举措和任务清单,对推动各项政策措施落实落地落细进行动员部署。会议提出,全区各级各部门要深入学习贯彻习近平总书记关于统筹疫情防控和经济社会发展的重要论述,用足用好国家和天津市一揽子惠企政策,把稳增长放在更加突出位置,以“等不起”的紧迫感、“慢不得”的危机感、“坐不住”的责任感,牢牢把握当前十分关键的“窗口期”,全力推动各项稳住经济政策举措落地,有效破解影响经济运行的痛点、堵点、难点,加速推动经济实现扭负为正、企稳回升、稳进提质,切实把政策红利转化为发展实效,以优异成绩迎接党的二十大和市第十二次党代会胜利召开。

6 月 20 日　市委决定:王宝雨同志任天津市津南区委委员、常委、书记,免去其市农业农村委员会党委书记职责。

6 月 22 日　津南区委书记王宝雨主持召开区委常委会扩大会议,传达学习市第十二次党代会、市委十二届一次全会精神和市委书记李鸿忠在党代会期间深入部分代表团时的讲话要求以及市委副书记、代市长张工参加津南分团讨论时的讲话要求,研究津南区贯彻落实措施。

7 月 4 日　津南区举办学习贯彻市第十二次党代会精神专题宣讲报告会,教育引导全区党员干部群众坚定捍卫“两个确立”、坚决做到“两个维护”,切实把思想认识统一到市第十二次党代会精神上来,以实际行动为全面建设社会主义现代化大都市作出新的更大贡献。市委宣讲团成员、区委书记王宝雨作宣讲报告。

7 月 26 日　津南区“迎盛会、铸忠诚、强担当、创业绩”主题学习宣传教育实践活动工作推动会暨区委书记讲专题党课举行,认真落实市委主题学习宣传教育实践活动工作调度会议要求,对全区主题学习宣传教育实践活动工作进行再推动、再落实。区委书记王宝雨作专题党课报告。

8 月 2 日　津南区召开 2022 年创建全国文明城区誓师大会,深入贯彻落实市、区第十二次党代会部署要求,复盘总结 2021 年全国文明城区创建工作,对 2022 年创文工作进行再动员、再部署,统一思想、凝聚共识,查找不足、补齐短板,全面吹响创文工作决战决胜冲锋号。

9 月 14 日　津南区推进全面从严治党向纵深发展工作会议暨警示教育大会召开,全面提升一体推进“三不腐”能力和水平,推动全方位建设清廉津南取得更大战略性成果。

10 月 17 日　津南区委书记王宝雨主持召开区委常委会会议,传达学习习近平总书记在中国共产党第二十次全国代表大会开幕会上所作的报告和中国共产党第十九届中央委员会第七次全会以及党的二十大天津代表团全体会议精神,研究津南区贯彻落实措施。会议提出,全区各级各部门要切实把思想和行动统一到党的二十大精神上来,把智慧和力量凝聚到实现党的二十大确定的各项目标任务上来,进一步增强紧跟习近平总书记奋进新征程、夺取新胜利的坚定信心,增进对习近平新时代中国特色社会主义思想的政治认同、思想认同、理论认同、情感认同,务必不忘初心、牢记使命,务必谦虚谨慎、艰苦奋斗,务必敢于斗争、善于斗争,以坚定捍卫“两个确立”、坚决做到“两个维护”的政治自觉,扎实推动党的二十大精神在津南落地生根。会议强调,要深刻领会精神实质,切实增强学习党的二十大精神的主动性、自觉性和积极性,真正把党的二十大报告提出的新观点、新论断、新思想、新战略、新要求学深学透学到位,区委常委会要发挥示范引领作用,常委同志要先学一步、深学一层,坚持以上率下学、原原本本学、系统全面学,推动全区迅速兴起学习的热潮。要广泛汇聚思想共识,按照党中央部署和市委要求,对党的二十大精神进行全方位宣传、多角度报道、深层次解读,发挥好新时代文明实践站所、“板凳课堂”等基层宣传文化阵地作用,全面开展对象化、分众化、互动化宣传宣讲活动,切实让党的二十大精神“飞入寻常百姓家”。

10 月 24 日　津南区委书记王宝雨主持召开区委常委会扩大会议,传达学习党的二十大、党的二十届一中全会和市委常委会扩大会议、全市领导干部大会精神,研究津南区贯彻落实工作。会议强调,要迅速兴起学习宣传贯彻党的二十大精神的热潮,切实把全区广大党员干部群众的思想和行动统一到党的二十大精神上来,把各方面力量凝聚到实现党的二十大擘画的宏伟蓝图、确定的奋斗目标、提出的重要要求上来。

11 月 3 日 津南区委书记王宝雨主持召开区重大项目储备谋划工作推动会议，深入学习贯彻党的二十大精神，听取项目储备谋划情况汇报，分析当前经济形势，压紧压实各相关单位工作责任，部署推动下一步项目储备谋划工作。王宝雨强调，项目建设事关津南高质量发展大局，是全区经济社会发展的重中之重。全区各级各部门要把深入学习宣传贯彻党的二十大精神作为当前和今后一个时期的首要政治任务，认真落实"疫情要防住、经济要稳住、发展要安全"重要要求，完整准确全面贯彻新发展理念，紧紧抓住项目建设这个"牛鼻子"，以等不起的责任感、坐不住的紧迫感、慢不得的危机感，全力以赴做好项目储备谋划工作，为打造科创会展城和天津重要增长极奠定坚实基础。

11 月 7 日 为深入学习宣传贯彻党的二十大精神，根据市委统一安排，市委宣讲团成员、津南区委书记王宝雨在区机关会议楼作党的二十大精神宣讲报告。王宝雨围绕党的二十大的主题和主要成果、过去五年的工作和新时代十年的伟大变革、开辟马克思主义中国化时代化新境界、以中国式现代化全面推进中华民族伟大复兴、全面建设社会主义现代化国家的目标任务、坚持党的全面领导和全面从严治党、以斗争精神应对风险挑战等方面，对党的二十大精神进行了全面深入宣讲阐释。王宝雨要求，学习宣传贯彻党的二十大精神是当前和今后一个时期全党全国的首要政治任务。全区各级各部门要迅速兴起学习宣传贯彻热潮，紧扣"全面学习、全面把握、全面落实"的重要要求，扎实开展全区学习宣传贯彻落实党的二十大精神"八个一"活动，在组织领导上出实招、在学习领会上见真章、在精心宣讲上见实效、在贯彻落实上谋实策，以学习宣传贯彻的实际成效坚定捍卫"两个确立"、坚决做到"两个维护"。要将深入学习宣传贯彻党的二十大精神同抓好 2022 年收官收尾和 2023 年开篇开局结合起来，高效统筹疫情防控和经济社会发展，用好打好"三张好牌"，加快推进天津"绿谷""智谷""商谷"建设，以系统完备的责任、政策、督查、考核"四个体系"为支撑，奋力打造科创会展城和天津重要增长极，为推进中国式现代化、实现中华民族伟大复兴贡献津南力量。

11 月 30 日至 12 月 2 日 津南区委理论学习中心组集中三天时间举办学习宣传贯彻党的二十大精神专题读书班。读书班期间，区委理论学习中心组成员坚持读原著、学原文、悟原理，深入学习党的二十大报告、党章、习近平总书记近期系列重要讲话精神和《党的二十大报告辅导读本》等理论书籍，并结合分管领域实际工作，自行开展一次现场调研。

12 月 7 日 中共津南区委十二届四次全会召开，坚持以习近平新时代中国特色社会主义思想为指导，深入贯彻落实党的二十大精神和市委十二届二次全会要求，对学习宣传贯彻落实党的二十大精神进行再动员、再部署、再升级、再加力，汇聚加快建设社会主义现代化新津南的强大合力。全会审议通过了《中共津南区委关于贯彻落实〈中共天津市委关于深入学习宣传贯彻党的二十大精神奋力开创全面建设社会主义现代化大都市新局面的决定〉的实施意见》和全会决议。会议认为，党的二十大是我们党站在新的历史起点上召开的一次具有标志性、里程碑意义的大会，是一次承上启下、继往开来的大会，是一次高举旗帜、凝聚力量、团结奋进的大会。会议强调，要把深入学习宣传贯彻党的二十大精神作为首要政治任务，坚持在深悟、培训、塑造、润育上下功夫，推动党的二十大精神在津南走深走实。坚持学深学透，发挥区两级党委（党组）理论学习中心组引领作用，党员领导干部示范作用，先学一步、学深一层，切实用党的二十大精神统一思想、统一意志、统一行动。强化宣传宣讲，充分依托区委党校、新时代文明实践中心（所站）、海教园思政教育基地等载体，着力加强对广大党员干部的政治之训、理论之训、能力之训，采取群众喜闻乐见的方式，开展全方位、立体化、多角度的宣传宣讲宣贯，推动党的二十大精神"飞入寻常百姓家"。务求见行见效，做到党的二十大精神学习精细化、宣传生动化、贯彻具体化、落实项目化，健全责任、政策、督查、考核“四个体系”，高效统筹疫情防控和经济社会发展，统筹发展和安全，全面落实疫情要防住、经济要稳住、发展要安全的重要要求，确保党的二十大作出的每一项决策部署在津南扎实实践、落地生根、开花结果。

（执笔人：张　艳）

北辰区 2022 年大事述要

1 月 10 日　按照市疫情防控指挥部统一要求，上午 7 时起，北辰区全面启动核酸检测工作，全力保障人民群众生命安全和身体健康。本次采样结果全部为阴性。

1 月 15 日　中央宣传部、国家发展改革委向社会发布了 2021 年“诚信之星”。北辰区瑞景街道宝翠花都社区党总支书记、居委会主任林则银榜上有名。

1 月 16 日　310 名来自北辰各镇街的社区工作者们奔赴津南区抗疫一线。1 月 23 日开始，北辰区支援干部圆满完成各项任务，有序撤回至隔离点进行为期三天的集中隔离。

1 月 21 日　北辰区与坤鼎集团就智能制造园项目举行云签约，顺利实现 2022 年招商引资工作“开门红”。

1 月 27 日　北辰区召开党史学习教育总结会议，会议以视频会议形式召开，各镇街、开发区设分会场。

同日　北辰区第十八届人大常委会召开第二次会议。区人大常委会主任许南主持会议。会议根据市第十七届人大常委会第三十一次会议有关批准任命决定，举行了区人民检察院检察长宪法宣誓仪式，表决通过了新一届区人民政府组成部门主要负责人任职事项，审议通过了区人大常委会 2022 年工作要点，审议了区政府关于提请审议 2022 年第一批政府债务调整预算的议案，并表决通过了相关决议。

2 月 10 日　中国共产党天津市北辰区第十二届委员会第三次全体会议暨经济工作会议召开。全会坚持以习近平新时代中国特色社会主义思想为指导，深入贯彻落实党的十九大和十九届历次全会精神，全面落实中央经济工作会议和市委十一届十二次全会暨经济工作会议精神，部署 2022 年全区重点任务。全会由区委常委会主持，会上对《中共天津市北辰区委 2022 年工作要点》起草情况进行了说明，传达学习了中央经济工作会议和市委十一届十二次全会暨经济工作会议精神，讨论《中共天津市北辰区委常委会 2021 年抓党建工作情况报告》，审议通过《中共天津市北辰区委 2022 年工作要点》《关于将区法学会、区文学艺术界联合会、区计划生育协会列入群众团体序列的工作方案》和《中国共产党天津市北辰区第十二届委员会第三次全体会议决议》。

2 月 14 日　北辰区召开东西部协作和支援合作工作专题会。会议传达了《国家乡村振兴局关于落实党中央国务院 2022 年全面推进乡村振兴重点工作部署的实施意见》，各结对地区挂职县长分别汇报 2021 年工作开展情况和 2022 年项目制定情况。

2 月 16 日　北辰总工会在区职工服务中心设立的户外劳动者服务站点正式投入使用。站点致力于帮助在附近工作的户外劳动者解决“充电难、饮水难”等实际问题，同时供基层工会参观学习，进一步提升全区各户外劳动者服务站点建设和服务水平。

2 月 23 日　在全市 2022 年工业和信息化工作会议上，“北辰绿色新能源装备产业主题园区”被认定为首批“天津市产业主题园区”。

同日　中国共产党天津市北辰区第十二届纪律检查委员会第二次全体会议召开。全会深入学习贯彻习近平总书记重要讲话和十九届中央纪委六次全会精神，贯彻落实市纪委十一届十次全会部署要求，总结 2021 年工作，部署 2022

年全面从严治党重点任务。

3月8日 北辰区举办“强国复兴有我”巾帼精英助力北辰区高质量发展誓师大会。会上，表扬了一批妇联系统先进集体、先进个人、巾帼文明岗、最美家庭等各类先进典型和在立德树人、救死扶伤、疫情防控等工作中的优秀典型。现场交流了全国农村创新创业优秀带头人——于静、全国“巾帼新农人”创业典型——崔媛媛、全国妇联系统先进集体——瑞景街宝翠花都社区、驰援津南抗疫的社区志愿者代表高雅楠、教育系统优秀教师张佩环的典型事迹。

3月11日 北辰区召开2022年落实全面从严治党主体责任暨组织宣传统战政法工作会议，传达全国和全市相关会议精神，并对2022年各项工作进行部署。会议以视频形式召开，各镇街、开发区设分会场。会上，为“红旗党组织”颁奖。

3月21日 北辰区召开“迎盛会、铸忠诚、强担当、创业绩”主题学习宣传教育实践活动工作部署会暨领导小组第一次（扩大）会议。会议指出，要以“迎盛会”作为主线，着力强化政治统领，用习近平新时代中国特色社会主义思想武装党员、教育群众。要不断深化忠诚教育，着力厚植为民情怀，持续深化“我为群众办实事”实践活动，让“向群众汇报”成为常态。要用干事创业的实绩体现主题学习教育实践活动成效，以优异成绩迎接党的二十大胜利召开。

3月30日 北辰区召开学习推广“五常五送”工作法，推进党建引领基层治理工作座谈会。区委常委、区委组织部部长周红蕾，区委常委、区委政法委书记郭海出席会议并讲话，区委组织部、区委政法委、区网格管理中心和相关街道负责同志及部分社区党组织书记参加。会议围绕加强党建引领、提高服务群众水平、提升网格工作效能、破解基层治理痛点堵点、落实吹哨报到机制等内容进行了深入交流。

4月1日 北辰区召开优化营商环境工作会议，传达全市优化营商环境工作会议精神，总结了全区2021年相关工作情况，发布了全区优化营商环境的具体举措。会上，区领导、相关委局主要负责同志与企业家代表面对面交流，就进一步优化全区营商环境进行深入探讨。

4月2日 北辰区举办领导干部学习贯彻党的十九届六中全会精神和习近平总书记重要讲话精神专题读书班开班式暨区委党校春季学期开学典礼。会议以视频形式召开，区委党校报告厅、各镇街、开发区设分会场。

4月12日 北辰区召开“七五”普法总结表彰暨“八五”普法动员大会，全面总结北辰区“七五”普法取得的成绩，部署“八五”普法工作任务；会上宣读了《关于成立北辰区“八五”普法讲师团的通知》和北辰区获得“七五”普法先进表彰名单，相关单位负责同志作了经验交流发言。

4月18日 北辰区召开党管武装工作述职暨贯彻落实民兵建设“十四五”规划工作会议，安排部署全年重点工作，对2021年度武装工作先进单位和个人进行表彰。会议听取了部分镇街党（工）委书记党管武装工作述职并进行点评。

4月26日 北辰区与河北工业大学共建“北辰智能装备研究院”合作签约仪式在北辰经济技术开发区举行。此次签约后双方合资成立的天津河工大先进装备研究院有限公司，将作为北辰智能装备研究院的运营主体，从战略发展规划、技术与学术专家指导、团队建设、孵化企业服务等方面开展工作。

4月28日 中华全国总工会召开2022年庆祝“五一”国际劳动节暨全国五一劳动奖和全国工人先锋号表彰大会，驻区企业天士力医药集团股份有限公司的质量检验中心获得“全国工人先锋号”称号。

5月7日 中国共产党天津市北辰区代表会议召开，会议选举产生北辰区出席中国共产党天津市第十二次代表大会代表。来自全区各条战线的272名党代表出席会议。

5月9日 北辰区召开疫苗接种推进会，传达市委书记李鸿忠关于疫苗接种工作指示精神并部署近期疫苗接种攻坚工作。天穆镇、新村街、普东街、瑞景街、佳荣街、双环邨街主要负责同志作表态发言。会后，北辰区成立了100支由下沉干部、医务人员、镇街干部、网格员组成的“突击队”,400 名干部全脱产下派到 60 岁以上人群存量较大、任务较重的 6 个镇街,开展为期 21 天的集中攻坚。

5 月 13 日 北辰区委宣传部、区文明办、团区委、区教育局共同举办学习贯彻习近平总书记在庆祝中国共产主义青年团成立 100 周年大会上的重要讲话精神暨“喜迎二十大 永远跟党走 奋进新征程”主题活动。团市委二级巡视员莫洪胜,北辰区委副书记王旭东出席活动并讲话。会议传达学习习近平总书记在庆祝中国共产主义青年团成立 100 周年大会上的重要讲话精神和市委、区委领导讲话精神,表扬了北辰区 70 个“五四红旗团委”“五四红旗团支部”“优秀共青团干部”“优秀共青团员”和 30 名北辰区“最美青年”。全国优秀共青团干部代表李富荣、北辰区“最美青年”代表唐希梦、“天津青年五四奖章”获得者衡飞作为青年代表分享了自己的青春奋斗故事。

5 月 16 日 市委书记李鸿忠深入北辰区检查指导疫情防控工作。在北辰区疫情防控指挥部,李鸿忠详细听取北辰区主要负责同志关于封控管控、核酸筛查、流行病学调查、隔离转运等工作情况汇报,研究疫情处置具体工作部署。

6 月 7 日 北辰区召开贯彻落实“稳经济 35 条”政策措施工作部署推动会。区委副书记、区长徐晖,区领导李彩良、张炳柱、许伟、贾宏伟、周再明参加。会议传达了市政府听取各区落实市委常委会会议精神和“稳经济 35 条”政策措施情况会议精神,并安排部署全区相关工作。

6 月 23 日 “数字赋能 智赢未来”第六届世界智能大会云签约活动在天津大礼堂举行,北辰区设分会场,6 个发展潜力大、带动作用强的优质项目签约落户北辰,预计总投资额 14.6 亿元。

6 月 28 日 北辰区举行天津外国语大学马克思主义学院“行走的最强思想”——北辰区党群服务中心实践教学基地签约、揭牌仪式,区委常委、区委组织部部长周红蕾出席,天津外国语大学、区委组织部、区委宣传部分管负责同志参加。

6 月 30 日 由天津市卫生健康委员会和北辰区人民政府联合主办的天津赛区“云端万步”启动仪式视频会议召开。市卫生健康委员会副主任、市疾病预防控制中心主任韩金艳、副区长贾宏伟通过视频致辞,各参赛区卫健委及疾控中心相关负责同志、参赛队代表等近 400 人在线上参会。本次健走大赛将历时 100 天。本次启动仪式也标志着北辰区“万步有约”健走激励大赛活动的全面启动。

同日 北辰区举办“迎盛会、铸忠诚、强担当、创业绩”主题活动工作推动会暨学习贯彻市第十二次党代会精神“八大先锋”宣讲报告会,区委常委、区委组织部部长周红蕾出席会议并讲话。活动现场,“八大先锋”人物交流分享了立足岗位贯彻落实市党代会精神的思路举措,为全区党员干部带来一场思想交流、精神洗礼。

7 月 1 日 北辰举办学习贯彻市第十二次党代会精神宣讲报告会。市委宣讲团成员作学习贯彻市第十二次党代会精神宣讲报告。

7 月 4 日 北辰区召开高端装备和智能制造人才创新创业联盟暨产业链党建工作推进会,区委常委、区委组织部部长周红蕾出席会议并讲话。区委组织部、区工信局、区科技局、区金融局、北辰开发区分管负责同志与北辰区高端装备和智能制造产业链企业、河北工业大学智能制造研究院、国研智库、相关金融机构负责人参加。会上,宣布高端装备和智能制造产业链党委成立,北辰区高端装备产业链重点企业党组织相关负责人围绕党建引领企业发展进行了发言,并递交了党建工作承诺书。

同日 北辰经济技术开发区开展创建 30 周年暨“迎盛会、铸忠诚、强担当、创业绩”主题活动。与会同志集中观看了北辰开发区 30 周年纪录片,为与开发区同成长、共奋斗 30 年的企业代表、开发区先进个人和优秀员工颁奖,开发区内企业家代表发言。会后,集体参观“时代长廊”主题展览。

7 月 5 日 “中共西北乡农民支部”旧址揭牌仪式在双口镇中河头村举行。作为天津第一个农村党支部，中共西北乡农民支部的创建，为党的工作更好地扎根于广大乡村奠定了坚实基础。复原后的旧址由主题广场、中共西北乡农民支部历史陈列馆和三河头平民学校旧址三部分组成。小院以20世纪30年代三河头民居为背景，复原了孙振武和当地农民们劳动斗争的画面。

7月 北辰考察团赴甘肃省庆阳市正宁县、华池县考察对接东西部协作工作。考察团实地考察了正宁县北辰小学、宫河镇现代农业示范园蔬菜基地、西坡镇石家湾子示范村、华池县南梁镇荔园堡村乡村示范村、华池县食用菌产业园等帮扶项目和示范村。考察团与天津市教育学会、天士力集团向南梁革命烈士纪念碑敬献花篮，参观了南梁革命纪念馆，并出席向列宁学校捐赠仪式。

同月 北辰区确定北京市十一学校天津实验学校及附属幼儿园为区教育综合改革试点校，将在课程改革、人事管理、经费使用等方面予以政策支持，最大限度激发学校办学活力。

8月4日 经申报推荐、材料审查、专家评审等程序，北辰区成功入选首批国家知识产权强市建设试点城市，试点时限自2022年7月至2025年6月。

同日 北辰区召开全国文明城区常态化建设培训推动会。会议邀请国家统计局天津调查总队高级统计师于鲲就做好全国文明城区常态化建设工作做专题辅导。

8月6日 “海河群英”线上跑颁奖仪式暨北辰区“北辰村镇银行”杯全民健身日主题活动在曙光水镇举行。市体育局副局长李桂峰，北辰区副区长贾宏伟，津云新媒体集团总经理、天津网络广播电视台董事长张和出席活动，来自北辰区各街镇的200多位市民现场开跑。

8月8日 北辰区举行“迎盛会、铸忠诚、强担当、创业绩”主题学习宣传教育实践活动暨《新民主主义革命时期北辰革命斗争史略》首发座谈会。市委党校副校长、市委党史研究室主任王永立，区委常委、区委组织部部长周红蕾出席。与会同志实地参观了安幸生烈士故居和中共西北乡农民支部旧址。活动就北辰区《新民主主义革命时期北辰革命斗争史略》编撰情况展开座谈交流。

8月12日 北辰区召开革命老区建设促进会第一次全体会员大会，产生了新一届理事会及领导班子，正式成立北辰区革命老区建设促进会。

8月22日 中国共产主义青年团天津市北辰区第十五次代表大会开幕。少先队员代表向大会献词，区妇联代表各人民团体致贺词。团区委书记狄璐璐代表共青团天津市北辰区第十四届委员会作工作报告。大会代表、各界青年代表和有关方面负责同志近300人参加会议。

8月23日 中国科协发布了首批194个“科创中国”创新基地认定名单，北辰区依托天士力医药集团股份有限公司建设的“科创中国”现代中药研发创新基地入选产学研协作类“科创中国”创新基地。

8月24日 北辰区妇女第十一次代表大会召开。全区群团主要负责同志，各镇街分管领导，妇联系统先进典型、女企业家等300余人参加。区妇联主席于美芳致大会开幕词，区总工会代表各人民团体致贺词。区妇联十一届执委一次会议，举产生了区妇联十一届主席、副主席、常委。

8月26日 天津市北辰区工会第八次代表大会召开。来自镇街开发区总工会和企事业单位的近200名代表参加此次会议。区科协代表区群团组织向大会致贺词。区人大常委会副主任、区总工会党组书记、主席祁惠红代表天津市北辰区总工会第七届委员会作工作报告。大会表决通过了关于天津市北辰区总工会第七届委员会工作报告的决议、关于天津市北辰区总工会第七届委员会财务工作报告的决议、关于天津市北辰区总工会第七届经费审查委员会工作报告的决议，选举产生天津市北辰区总工会第八届委员会委员31名，第八届经费审查委员会委员7名，协商产生天津市北辰区总工会第八届女职工委员会5名。选举北辰区出席天津市工会第十八次代表大会代表18名。

9月9日 天津市高端装备和智能制造人才创新创业联盟承办“高端赋能 智造未来”跨联盟人才项目对接活动。市人社局党组成员、副局长郑巴音，区委常委、区委组织部部长周红蕾，副区长张炳柱出席。此次活动邀请天津市航空航天、半导体和集成电路、智能轨道交通、新能源电池产业人才联盟相关负责同志及企业家代表一行深入河工大北辰智能装备研究院、SMC（天津）制造有限公司、天津大族智能装备有限公司、高端装备和智能制造人才创新创业园开展调研。座谈会上就进一步促进联盟之间交流合作，搭建政府、企业、高校、人才合作平台进行研讨。

9月19日 北辰区召开推进“红色河头、绿色双口”重点项目工作调度会，区委常委、区委组织部部长周红蕾，副区长许伟出席会议并讲话，区农业农村委有关同志汇报了参加国家乡村振兴局中央彩票公益金项目培训情况，双口镇主要负责同志汇报了“红色河头、绿色双口”项目建设进展情况，与会同志结合部门职责进行了交流发言。

9月27日 北辰区“‘五老’迎庆二十大红色家风故事展”在区委老干部局一楼展厅开幕。此次展览由北辰区关心下一代工作委员会主办，区委老干部局承办，区文明办、党校、妇联等9个单位协办。市关心下一代工作委员会常务副主任兼秘书长李文喜宣布展览开幕，区委常委、区委组织部部长周红蕾主持，区关心下一代工作委员会主要负责同志致辞，优秀“五老”代表和协办单位相关负责同志参加开幕式。

9月28日 北辰区委统战部、区工商联、区住建委、团区委共同举办“喜迎二十大，同心聚合力，协作一家亲——北辰区东西部协作和支援合作募捐活动中铁专场”。与会人员共同观看了《同心聚力，共谱华章》短视频，援甘干部代表分享了心得体会，中铁（天津）轨道交通投资建设有限公司主要负责同志发出倡议，区委统战部相关负责同志做动员讲话。与会企业纷纷响应号召，为东西部协作贡献出自己的力量。整场活动共募集资金92万元，将全部用于北辰结对地区巩固脱贫攻坚成果、助力乡村振兴。

10月13日 北辰区第十六届感动北辰文明人事迹展示活动在北辰区新时代文明实践基地青光镇韩家墅村墅外桃源礼堂举办。本届“感动北辰文明人”共有349人入选。本次活动线上线下同步进行，现场共展示了7位“感动北辰文明人”代表和1个优秀志愿服务团队的先进事迹，他们中既有助人为乐、孝老爱亲的榜样，也有敬业奉献的楷模，他们的事迹可亲、可敬、可学，为全区人民树立起时代道德标杆，赢得线上广大网友点赞好评。

10月15日 在西堤头镇季庄子村天津耕耘现代种业示范园，2022年天津国际种业博览会北辰区地展正式启动，近12万平方米的北辰区地展将集中展示花椰菜、甘蓝、苤蓝、辣椒、萝卜等8000多个蔬菜品种。

10月26日 北辰区委召开北辰区领导干部大会，传达学习党的二十大精神，传达学习10月24日市委常委会扩大会议及天津市领导干部大会会议精神。

11月8日 北辰区召开第一次归侨侨眷代表大会，成立北辰区归国华侨联合会。市侨联专职副主席、秘书长杨晖，区委常委、区委统战部部长李洪东出席。大会听取了《北辰区第一次归侨侨眷代表大会筹备工作情况的报告》，宣读了北辰区委《关于北辰区召开第一次归侨侨眷代表大会的批复》，通过了《北辰区第一次归侨侨眷代表大会选举办法》，选举产生了北辰区归国华侨联合会第一届委员会委员10名，魏超当选为区侨联主席，毛小琴、吴莹、张健、张贵友当选为副主席，其中毛小琴兼任秘书长。会议还宣布了北辰区侨联顾问、海外友好使者名单。

11月9日 北辰区举行党的二十大精神宣讲报告会。市委宣讲团成员作党的二十大精神宣讲报告，并对全区领导干部学习贯彻党的二十大精神专题培训班、机关党组织书记培训班进行开班动员。

11月25日 市委任命倪斌为天津市北辰区委委员、常委、书记。

11月 由市委宣传部、市文化和旅游局、北辰区政府主办，天津市群众艺术馆、北辰区文化和旅游局、北辰区天穆镇政府承办的“新农村 新文化 新风尚”第七届“天穆杯”小品展演活动拉开帷幕。本届小品展演于3月启动，共收到来自全国各省、自治区、直辖市报送的80余部作品。经过评委会合议，最终来自17个省、自治区、直辖市的20部作品入选本次活动的线上展演阶段。活动将有3场线上展演，通过各级“文化云”平台与广大观众见面。

12月6日 北辰区召开专题会议研究2022年经济运行收官和2023年经济社会发展谋划工作。会上，区发改委、区政府研究室就2022年经济运行收官情况和2023年思路举措作汇报，与会领导围绕北辰区经济发展情况进行交流。

12月9日 中国共产党天津市北辰区第十二届委员会第七次全体会议召开。全会由区委常委会主持。全会高举习近平新时代中国特色社会主义思想伟大旗帜，深入学习宣传贯彻党的二十大精神，全面落实市委十二届二次全会部署要求，传达学习全市领导干部会议精神，审议通过了《中共天津市北辰区委关于深入学习宣传贯彻党的二十大精神 奋力开创全面建设社会主义现代化强区新局面的实施意见》。区委书记倪斌代表区委常委会作了讲话。

12月27日至28日 政协天津市北辰区第十届委员会第二次会议在天津市委党校召开。会议期间，政协委员听取并审议区政协常委会工作报告和提案工作报告，列席区第十八届人大第四次会议，听取并讨论区政府工作报告和其他报告，通过大会决议。

12月28日至29日 北辰区第十八届人民代表大会第四次会议召开。区委副书记、区长徐晖代表区人民政府作政府工作报告。大会书面审查北辰区2022年国民经济和社会发展计划执行情况与2023年国民经济和社会发展计划草案的报告。书面审查北辰区2022年预算执行情况和2023年预算草案的报告。听取了关于北辰区人民代表大会议事规则(修订草案)的说明。表决了北辰区2023年民心工程项目人大代表投票表决办法(草案)。

12月30日 北辰区委召开“迎盛会、铸忠诚、强担当、创业绩”主题学习宣传教育实践活动工作总结提升会，全面总结全区主题活动工作成效，对进一步学习宣传贯彻落实党的二十大精神进行再部署再推动。会上，区委区级机关工委、区委党校、开发区党工委、双街镇党委和集贤里街党工委相关负责同志结合各自开展主题活动工作情况进行交流发言，认真系统总结了工作特色亮点做法和取得的成效。

同日 京滨城际铁路北辰站正式通车。区委书记倪斌出席通车仪式并讲话，区委副书记、区长徐晖，区人大常委会主任许南等区领导参加。京滨城际铁路北辰站位于北辰区东部，紧邻外环调整线，站房建筑面积近2万平方米，站场规模3台7线，预计年运送旅客70万人次。

12月 “炫出津彩 打卡100”天津文旅消费新场景评选活动结果正式出炉，北辰区韩家墅村、曙光水镇、天士力大健康城三地入选。

(执笔人：韩玉梅 连菲菲)

武清区2022年大事述要

1月4日 中共武清区委六届二次全体会议暨经济工作会议召开。全会由区委常委会主持，区委书记王力军代表区委常委会作讲话，区委副书记、区长倪斌传达市委十一届十二次全会暨经济工作会议精神，总结2021年工作，部署2022年经济工作。会议审议通过区文学艺术界联合会、区法学会、区计划生育协会改革方案和《中国共产党天津市武清区第六届委员会第二次全体会议决议》。会议强调，要深入学习领会党的十九届六中全会精神和中央、市委部署要求，深刻理解把握“两个确立”的决定性意义，深刻理解把握稳中求进工作总基调，深刻理解把握面临的机遇挑战，增强做好新一年工作的政治自觉、思想自觉和行动自觉。要突出重点关键，着力营造平稳健康的经济环境、国泰民安的社会环境、风清气正的政治环境,推动新一年各项工作实现新突破。要加强领导推动,强化系统思维、斗争精神、务实作风和干事本领,确保全年目标任务高标准完成。

1 月 21 日　武清区委召开第 9 次常委会会议,传达学习习近平总书记在省部级主要领导干部学习贯彻党的十九届六中全会精神专题研讨班开班式、十九届中央纪委六次全会、2022 年世界经济论坛视频会议上的重要讲话精神和习近平总书记对政法工作作出的重要指示精神,传达学习《中国共产党纪律检查委员会工作条例》、全国安全生产电视电话会议和市领导在《关于武清区 2021 年推进实施乡村振兴战略工作报告》上的批示精神,通报市委农办、市农业农村委、市乡村振兴局和市委统战部感谢信,研究审议《武清区委理论学习中心组关于 2021 年学习情况的报告》《天津市武清区党政机关社会化租赁车辆及使用管理办法(试行)》《武清区党政机关办公用房管理办法》,听取党建引领基层治理体制机制创新工作情况汇报。

1 月 29 日　武清区召开党史学习教育总结会议,传达习近平总书记关于党史学习教育的重要指示精神和全国、全市党史学习教育总结会议精神,总结区党史学习教育工作成效,对常态化、长效化巩固拓展党史学习教育成果进行安排部署。会议总结了党史学习教育取得的成果和收获的经验启示。

2 月 7 日　武清区召开 2022 年工作务虚会。各位区委常委、副区长分别围绕分管工作谈思路想法,分析优势和不足,提出意见建议。区委书记王力军逐一点评,并从全面辩证认清当前形势、坚持解放思想、持续深化改革、建强干部队伍、严守制度规矩、加强党的领导等方面谈体会、提要求。

3 月 1 日　武清区举行 2022 年区委党校主体班次开班式,区委副书记、区长倪斌以《铭记党史,永葆初心,凝聚建功‘十四五’的磅礴力量》为题,为学员生动讲授“开学第一课”。区委副书记、区委党校(区行政学院)副校(院)长李春主持,并安排部署 2022 年全区干部教育培训工作。

3 月 4 日　武清区委召开第 15 次常委会会议,传达学习习近平总书记在 2022 年春季学期中央党校(国家行政学院)中青年干部培训班开班式上、中共中央政治局第三十七次集体学习时的重要讲话精神以及 2 月 25 日中共中央政治局会议、中央全面深化改革委员会第二十四次会议、全国两会和冬残奥会安全防范工作视频会议、全国 2022 年对台工作会议、市委常委会暨市委对台工作领导小组(扩大)会议、全市对台工作会议精神,研究审议《中国共产党天津市武清区委六届三次全体会议安排意见》。

同日　中共武清区委六届三次全体会议召开。会议审议通过《中共天津市武清区第六届委员会关于免去徐方同志区委委员职务的决定》,投票确定宝坻区推荐天津市出席党的二十大代表候选人初步人选名单。

3 月 25 日　武清区委召开第 18 次常委会会议,传达学习习近平总书记关于统计工作重要指示批示精神,传达学习市委全面深化改革委员会会议、市委常委会会议暨市委党的建设工作领导小组会议、中央依法治国办法治政府建设实地督察反馈意见整改动员部署会议、全市“迎盛会、铸忠诚、强担当、创业绩”主题学习宣传教育实践活动工作部署会议精神,研究审议《关于武清区开展“迎盛会、铸忠诚、强担当、创业绩”主题学习宣传教育实践活动工作的实施方案》《中共天津市武清区委党的建设工作领导小组 2022 年工作要点》《中共天津市武清区委理论学习中心组 2022 年学习安排方案》,听取区人民法院党组、区人民检察院党组和区总工会、团区委、区妇联工作汇报。

3 月 30 日　武清区以视频形式召开“迎盛会、铸忠诚、强担当、创业绩”主题学习宣传教育实践活动工作部署会暨领导小组第一次(扩大)会议。会议强调,要深刻认识开展活动工作的重大意义,切实增强捍卫“两个确立”、做到“两个维护”的使命感、责任感。要准确把握总体要求,推动主题学习宣传教育实践活动工作扎实深入开展。要抓紧抓实重点任务，用干事创业的实绩体现主题学习宣传教育实践活动工作的成效。要切实加强组织领导，以务实作风确保活动工作各项要求落实落地，以优异成绩迎接党的二十大和市第十二次党代会胜利召开。

4月20日 武清区委六届四次全体会议召开，投票选举出席市第十二次党代会代表候选人预备人选。

6月21日 武清区召开全区领导干部会议。市人大常委会副主任、市委组织部常务副部长梁宝明宣布市委决定：王力军同志不再担任武清区委书记、常委、委员职务，刘惠同志任武清区委委员、常委、书记。

6月27日 武清区召开专题会议，听取全区和重点镇街园区经济运行情况汇报，调度安排稳经济、促增长各项工作。区委书记刘惠强调，要深入学习贯彻习近平经济思想，全面落实党中央精神和市第十二次党代会部署要求，深刻认清稳经济是政治任务，深刻认识推动武清高质量发展是政治责任，进一步强化政治自觉、政治担当，以实现既定目标、稳住经济大盘的实际成效迎接党的二十大胜利召开。区委副书记、区长倪斌提出明确要求。

7月10日 武清区召开推进京津冀协同发展领导小组会议，深入学习贯彻习近平总书记关于京津冀协同发展重要指示批示精神，认真落实党中央决策部署和市第十二次党代会要求，听取全区推进协同发展工作情况汇报，安排部署下步工作。

7月18日 武清区召开"迎盛会、铸忠诚、强担当、创业绩"主题学习宣传教育实践活动工作推动会，传达学习市委"迎盛会、铸忠诚、强担当、创业绩"主题学习宣传教育实践活动工作调度会精神。

8月27日 武清区委召开全区推进全面从严治党向纵深发展工作部署会议。区委书记刘惠强调，要提高政治站位，始终保持永远在路上的清醒和坚定，坚持真管真严、真严真治、一严到底，坚定不移推动全面从严治党取得新的更大成果。要强化政治统领，增强坚定捍卫"两个确立"、坚决做到"两个维护"的政治自觉，提高政治能力，始终在思想上、政治上、行动上同以习近平同志为核心的党中央保持高度一致。要净化政治生态，坚持态度不变、决心不减、尺度不松，解决突出问题，夯实基层基础，抓住关键少数，推动"改土治水"向深处掘进。要保持反腐败政治定力，保持高压态势，推动不敢腐、不能腐、不想腐同时发力、同向发力、综合发力，坚决打赢反腐败斗争攻坚战、持久战。要紧紧牵住"责任制"这个"牛鼻子"，压紧压实主体责任、第一责任人责任和监督专责，让敢抓敢管、严抓严管成为常态，形成责任清晰、上下联动、一抓到底的责任闭环，凝聚起推进全面从严治党的强大合力。

9月9日 武清区召开疫情防控领导小组和指挥部会议，深入学习领会全国新冠肺炎疫情防控工作电视电话会议和市疫情防控领导小组和指挥部会议精神，研究部署下步重点工作。区委书记刘惠强调，要深入学习贯彻习近平总书记关于疫情防控工作的重要指示精神，毫不动摇坚持"外防输入、内防反弹"总策略和"动态清零"总方针，认真落实党中央决策部署和市委要求，认清当前严峻形势，坚定必赢信心，细之又细、实之又实落实好各项防控措施，坚决筑牢首都疫情防控"护城河"。

9月16日 武清区委召开专题工作会议，深入贯彻习近平总书记在省部级主要领导干部专题研讨班上的重要讲话精神，传达学习9月13日市委专题工作会议和9月15日市领导同志调度部署疫情防控工作有关精神，听取全区疫情防控、国家安全、信访稳定、经济运行和安全生产工作情况。35个镇街园区主要负责同志围绕统筹做好改革发展稳定各项工作、以实际行动迎接党的二十大胜利召开逐一作发言。

10月16日 武清区各单位集中收看中国共产党第二十次全国代表大会开幕盛况，认真聆听习近平总书记代表第十九届中央委员会向大会所作的报告。

10月28日 武清区委召开第58次常委会扩大会议，深入贯彻党的二十大精神，传达学习中共中央政治局会议和习近平总书记在中共中央政治局第一次集体学习时的重要讲话、习近平总书记带领中共中央政治局常委赴陕西延安瞻仰延安革命纪念地时的重要讲话精神等，传达中共中央办公厅印发《十九届中央政治局贯彻执行中央八项规定情况报告》《关于党的十九大以来整治形式主义为基层减负工作情况的报告》的通知精神，听取全区三季度京津冀协同发展、意识形态、河（湖）长制工作情况和补选部分区第六届人民代表大会代表情况。

11 月 7 日　武清区召开党的二十大精神宣讲报告会。市委宣讲团成员、区委书记刘惠围绕党的二十大的主题和主要成果、过去五年的工作和新时代十年的伟大变革、马克思主义中国化时代化、中国式现代化、全面建设社会主义现代化国家的目标任务、坚持党的全面领导和全面从严治党、以斗争精神应对风险挑战七个方面，对党的二十大精神进行了全面深入宣讲阐释。刘惠指出，学习宣传贯彻党的二十大精神是当前和今后一个时期全党全国的首要政治任务。要按照"全面学习、全面把握、全面落实"重要要求，坚持"学"字为先，原原本本学、逐字逐句学，深刻领悟党的二十大的精神实质和核心要义；坚持"谋"字为重，高标准谋划贯彻落实的思路举措，细化明年工作重点，做到方向明、思路清、质量高、措施实、效果好；坚持"干"字为要，把坚定捍卫"两个确立"、坚决做到"两个维护"体现在攻坚克难实际行动上，埋头苦干，团结奋斗，开创京津明珠、幸福武清建设新局面。

11 月 17 日　武清区召开创建全国文明城区攻坚冲刺誓师大会，深入学习宣传贯彻党的二十大精神，动员各级全力以赴打好打赢创建全国文明城区攻坚战。区委书记刘惠指出，党的二十大对全面建设社会主义现代化国家作出了重大战略部署，围绕精神文明建设提出了一系列新目标、新要求、新部署，为我们指明了方向，提供了遵循。此次会议既是创建全国文明城区的攻坚冲刺誓师会，也是学习宣传贯彻党的二十大精神的宣讲会、推动会，要切实把思想统一到党的二十大精神上来，把力量凝聚到党的二十大确定的各项任务上来，以更加饱满昂扬的状态、决战决胜的气势、求真务实的作风，高标准做好创建全国文明城区各项工作。

12 月 2 日　武清区委召开第 64 次常委会会议，深入贯彻党的二十大精神，研究审议《中共天津市武清区委关于深入学习宣传贯彻党的二十大精神加快建设京津明珠幸福武清的意见（讨论稿）》《中共天津市武清区第六届委员会第五次全体会议决议（讨论稿）》《武清区 2021 年区级预算执行和其他财政支出审计查出问题整改情况的报告》《武清区 2023 年度审计项目计划》，听取武清区 2022 年度审计工作开展情况及 2023 年审计工作思路，研究部署贯彻落实工作。

12 月 5 日　中国共产党天津市武清区第六届委员会第五次全体会议召开。全会坚持以习近平新时代中国特色社会主义思想为指导，全面学习贯彻党的二十大精神，认真落实市委十二届二次全会部署，对党的二十大精神学习宣传贯彻工作进行再部署、再动员、再推动。全会审议通过了《中共天津市武清区委关于深入学习宣传贯彻党的二十大精神加快建设京津明珠幸福武清的意见》《中共天津市武清区第六届委员会关于免去高亮同志区纪委委员职务的决定》和全会《决议》。全会强调，要对标对表党的二十大关于以中国式现代化全面推进中华民族伟大复兴的战略部署，对标对表市第十二次党代会、市委十二届二次全会关于全面建设社会主义现代化大都市的目标任务，进一步深化完善全面建设京津明珠、幸福武清的思路目标、重点举措，推动党的二十大确定的重大决策部署和市委要求具体化、实践化、行动化。要构建"3+1+1"工作体系，推进京津产业新城、大运河文化生态发展带、高端消费和车文化体验为主题的"新商圈"三大系统工程建设，建立一套逐年改善提升的"幸福"评价体系，打造一个海晏河清的政治生态，以重点突破带动全区高质量发展迈上新台阶。

12 月 29 日　武清区召开全区"迎盛会、铸忠诚、强担当、创业绩"主题学习宣传教育实践活动工作总结提升会议。会议围绕落实全市"迎盛会、铸忠诚、强担当、创业绩"主题学习宣传教育实践活动工作总结提升会精神，全面总结全区主题活动工作开展成效，对学思践悟党的二十大精神系列活动进行再部署、再推动，指导推动各单位做好年度收尾工作，谋划好 2023 年重点任务。

12 月 30 日 武清区委召开第 70 次常委会会议，深入学习贯彻中央农村工作会议精神和市委有关部署要求，传达学习 12 月 28 日市委书记陈敏尔和市委副书记、市长张工调研城市规划和发展的相关精神，传达 12 月 25 日市委常委会扩大会议、12 月 25 日市疫情防控领导小组会议精神。审议《武清区人民政府工作报告》《关于武清区 2022 年国民经济和社会发展计划执行情况与 2023 年国民经济和社会发展计划草案的报告》《关于武清区 2022 年预算执行情况和 2023 年预算草案的报告》《中共天津市武清区委常委会 2022 年工作报告》《中共天津市武清区委常委会 2022 年抓党建工作情况报告》和 2022 年度武清区行政村考核评星工作评定星级等次、2023 年区级民生工程候选项目，听取 2022 年区级民生工程完成情况，研究部署重点工作。

12 月 31 日 武清区级领导干部会议召开，宣布市委决定：许颖悟同志任武清区委副书记，提名为区长候选人。

（执笔人：秦天宏）

宝坻区 2022 年大事述要

1 月 4 日 宝坻区委常委会扩大会议暨 2022 年“迎盛会、抓落实、创业绩”动员大会召开，传达学习贯彻市委十一届十二次全体会议暨经济工作会议精神，部署“建机制”“抓落实”工作，动员全区各级各部门以“起步即冲刺、开局就决战”的状态，大抓新一年重点任务落实，确保新一届区委、区政府开局之年高起步。区委书记殷向杰主持会议并讲话。区委副书记、区长郭康伟等区领导出席。

1 月 8 日 中国共产党天津市宝坻区第六届委员会第二次全体会议暨经济工作会议召开。全会坚持以习近平新时代中国特色社会主义思想为指导，深入学习贯彻党的十九大和十九届历次全会精神，认真贯彻落实党中央和市委决策部署，总结 2021 年工作，分析面临形势，部署 2022 年任务。全会由区委常委会主持，区委书记殷向杰代表区委常委会讲话，区委副书记、区长郭康伟对 2022 年经济工作作部署。全会讨论了区委常委会 2021 年工作报告和 2021 年抓党建工作情况报告，审议通过了区委常委会 2022 年工作要点和《中国共产党天津市宝坻区第六届委员会第二次全体会议决议》。

1 月 10 日 宝坻区 816 个核酸采样点全部启动。

1 月 15 日 在基本完成第三轮全员核酸检测采样任务后，宝坻区防控指挥部召开调度会议，就进一步开展“敲门行动”，确保核酸检测不落一户、不漏一人作出部署。副市长康义全程开展督导指导，深入村和社区详细了解情况，提出工作要求，并出席区防控指挥部调度会议。区委书记、区防控指挥部总指挥殷向杰主持会议并讲话。区委副书记、区长、区防控指挥部总指挥郭康伟等区领导出席。

1 月 25 日 宝坻区召开武装工作会议，深入学习贯彻习近平强军思想、天津警备区党委十届十次全体（扩大）会议精神，总结 2021 年工作，部署 2022 年任务。

1 月 26 日 宝坻区党史学习教育总结会议召开。党史学习教育市委第四巡回指导组负责同志到会指导。区委书记、区委党史学习教育领导小组组长殷向杰出席并讲话，区长郭康伟传达习近平总书记重要指示和中央、全市党史学习教育总结会议精神。

2 月 15 日 宝坻区召开企业家座谈会，区委书记殷向杰出席并讲话，区长郭康伟等区领导出席。座谈中，15 位企业家代表踊跃发言，介绍各自的生产经营情况、畅谈未来发展计划,并围绕做大主导产业、优化营商环境、引进高端人才等内容提出意见和建议。殷向杰认真倾听、详细记录,要求区有关部门深入分析研究,有针对性地制定措施、推动落实,并及时跟踪反馈,全力营造重商、暖商、富商、安商环境,让宝坻真正成为企业家创业的发展舞台、生活的温馨港湾。郭康伟主持会议,并介绍了宝坻区优化营商环境、服务企业发展相关工作情况。

2月22日 宝坻区领导干部会议召开,坚持以习近平新时代中国特色社会主义思想为指导,深入贯彻落实党中央和市委决策部署,总结2021年全区组织、机构编制、老干部、宣传、网信、统战、政法、信访和工会、共青团、妇联、"双减"等工作,部署2022年重点任务,大力弘扬伟大建党精神、历史主动精神、自我革命精神,为统筹疫情防控和经济社会发展提供坚强的党建保证。区委书记殷向杰出席并讲话,区长郭康伟等区领导出席。

3月2日 宝坻区举行2022年首批重大项目集中开工仪式。区委书记殷向杰出席开工仪式并宣布开工,区长郭康伟讲话。此次集中开工的25个项目,总投资230亿元,涉及新能源新材料、高端装备制造、现代物流等多个领域,建成投产后将为宝坻高质量发展注入更为强劲的动力、积蓄更为强大的潜能。翰林航宇(天津)实业有限公司、天津市贝特瑞新能源科技有限公司、天津居然之家智慧物联科技有限公司负责人先后在开工仪式上发言。

3月3日 宝坻区六届区委召开第一轮巡察工作动员部署会。区委书记、区委巡察工作领导小组组长殷向杰出席并讲话。经区委研究决定,六届区委第一轮巡察安排6个区委巡察组,对12个街镇的206个村和4个社区党组织开展惠民政策落实情况专项巡察,对2个村党组织开展常规巡察。

同日 天津职业技术师范大学党委书记张金刚带队到宝坻区考察调研,商讨加入智能网联汽车人才创新创业联盟、协同开展科技创新企业员工培训及大学生创业就业相关事宜。区委书记殷向杰与张金刚一行座谈,区长郭康伟等区领导出席。座谈会上,区政府、天津市智能网联汽车人才创新创业联盟分别与天津职业技术师范大学签订合作框架协议。天津京津中关村科技城发展有限公司、区人力资源和社会保障局负责同志分别汇报了智能网联汽车产业发展和技术需求,以及行业企业员工培训、大学生就业等情况。张金刚一行还先后到林德英利(天津)汽车部件有限公司、京津中关村科技城实地考察,并乘坐体验智能网联汽车。

3月9日 宝坻区召开重点工作推动会议,集中听取15个专项推动组实施领导协同机制、抓全区重点工作落实情况汇报,对存在的突出问题开展研究会商,就做好下一步工作进行调度部署。区委书记殷向杰出席并讲话,区长郭康伟等全体区级领导出席。郭康伟主持会议并就做好下一步工作作出部署,要求15个专项推动组要聚焦区委、区政府年初排定的目标,强化措施,担当作为,把各项重点工作谋划得细而又细、盯得紧而又紧、抓得实而又实,着力提升落实成效、交出合格答卷。

3月17日 宝坻区委书记殷向杰主持召开疫情防控医疗专家组成员座谈会,听取对疫情防控、流行病学调查、公共卫生服务和应急体系能力建设等工作的意见建议,进一步完善防控举措,保护群众生命健康安全。

3月30日 宝坻区以电视电话会议形式召开招商引资暨优化营商环境工作会议。区委书记殷向杰出席并讲话。区委副书记、区长郭康伟等区领导出席。会前,举行2022年招商引资重点项目集中签约仪式,通过"线上+线下"的模式,共签约项目27个,协议总投资123.6亿元。这些项目的签约落地,将为加快推动高质量发展提供强大动力和活力。

4月13日 宝坻区委农村工作领导小组会议暨乡村振兴战略工作部署推动会议召开。区委书记、区委农村工作领导小组组长殷向杰出席并讲话。区委副书记、区长郭康伟就2022年乡村振兴工作进行部署。

4月20日 2022年度宝坻区文明委第一次

会议暨创建全国文明城区工作推动会议召开。区委书记、区文明委主任殷向杰出席并讲话，区长郭康伟等区领导出席。郭康伟主持会议并就贯彻落实会议精神提出要求。会议通报了宝坻区2021年度全国文明城区测评情况，对2022年度重点任务作了部署。

4月27日 宝坻区委全面深化改革委员会第二次会议召开，传达学习习近平总书记在中央全面深化改革委员会第二十四次、第二十五次会议上的重要讲话精神和市委全面深化改革委员会第十八次会议精神，审议区委全面深化改革2021年工作报告和2022年工作要点。区委书记、区委全面深化改革委员会主任殷向杰主持会议并讲话，区长郭康伟和区委常委同志出席。

5月9日 宝坻区委教育工作领导小组召开会议，传达学习习近平总书记在中国人民大学考察时的重要讲话精神、市委书记李鸿忠深入南开大学调研时提出的工作要求和4月28日市委常委会会议精神，审议区委教育工作领导小组2022年工作要点和区深化新时代教育督导体制机制改革实施方案、关于规范民办义务教育发展工作方案。区委书记、区委教育工作领导小组组长殷向杰主持会议并讲话。区委副书记、区长郭康伟，区人大常委会主任李东升，区政协主席田志武，区委副书记李喜军和区委常委同志出席。

5月16日 宝坻区召开学习贯彻习近平总书记在庆祝中国共产主义青年团成立100周年大会上的重要讲话精神座谈会。团市委书记李龙、区委书记殷向杰出席会议并讲话，区长郭康伟等区领导出席。郭康伟主持座谈会，传达了习近平总书记在庆祝中国共产主义青年团成立100周年大会上的重要讲话精神，市委书记李鸿忠有关要求和5月11日市委常委会有关会议精神，并就贯彻落实座谈会精神提出要求。会议宣读了“宝坻青年五四奖章”暨2020—2021年度“两红两优”表彰决定。与会区领导同志为受表彰的集体和个人代表进行了颁奖。共青团员、少先队员代表致献词。6名先进青年代表分别讲述了立足本岗、奋斗创业的故事。

5月27日 由西藏自治区消防救援总队三级指挥长陈超带队的国务院安委会考核巡察组来宝坻区督导检查安全生产工作，区长郭康伟等区领导参加。

5月29日 晚上8点20分，宝坻区援沪医疗队30名医护工作人员圆满完成援沪任务，凯旋，顺利入住钰华酒店，开启了为期14天的集中医学隔离观察与休整。

6月4日 副市长李树起一行调研检查宝坻区防汛工作。区长郭康伟等同志参加。

6月9日 宝坻区召开河(湖)长制工作领导小组会议暨抗旱防汛工作会议，学习贯彻全市应对极端强降雨防汛应急工作部署会和市河(湖)长制工作领导小组会议暨全市防汛抗旱工作会议精神，组织开展应对极端强降雨防汛应急处置桌面推演，对做好有关工作进行研究部署。区委书记殷向杰出席并讲话。区委副书记、区长郭康伟等区领导出席。

6月29日 宝坻区举行2022年招商引资重点项目集中签约仪式。区委书记殷向杰，区委副书记、区长郭康伟等区领导出席。签约仪式采取“线上+线下”的方式进行。康佳集团华北区域总部、中化学交通建设集团三级企业总部、中建六局绿色智能及装配式建筑产业基地、鼎固陶瓷新材料研发制造基地等22个招商引资重点项目签约落户宝坻区，计划总投资135.01亿元。

同日 宝坻区庆“七一”暨“迎盛会、铸忠诚、强担当、创业绩”主题学习宣传教育实践活动工作报告会在宝坻剧院举行。区委书记殷向杰，区长郭康伟等全体区级领导出席，担任过正区县职职务的退休老同志应邀出席。

7月4日 按照市委统一部署，市委宣讲团成员、区委书记殷向杰在宝坻宾馆宣讲市第十二次党代会精神，并讲“七一”专题党课，动员全区广大党员干部结合深入开展“迎盛会、铸忠诚、强担当、创业绩”主题学习宣传教育实践活动工作，进一步把思想认识行动统一到市党代会精神上来，把智慧和力量凝聚到市党代会确定的目标任务上来，以优异成绩迎接党的二十大胜利召开。区长郭康伟等全体区领导出席。殷向杰重点围绕7个方面，对市党代会精神进行了全面系统解读。殷向杰还为全区新时代基层干部主题培训“一把手”示范班作开班动员。宣讲和党课结束后,殷向杰与基层宣讲骨干代表以及党务工作者、理论工作者、思政课教师、青年学生等基层干部群众代表进行了现场互动交流。

7 月 7 日 宝坻区委书记、宝坻区东西部协作和支援合作工作领导小组组长殷向杰主持召开区东西部协作和支援合作工作领导小组会议,传达学习新疆维吾尔自治区党政代表团来津考察座谈会精神,就宝坻区相关工作进行部署。区委副书记、区长郭康伟等区领导同志出席。

7 月 8 日 宝坻区委书记殷向杰就深化校区合作到北京大学开展对接。北京大学校长龚旗煌在北京大学医学科技楼贵宾室会见殷向杰一行。会见过程中,殷向杰一行还参观了北大医学智慧健康创新展。

7 月 12 日 宝坻区区长郭康伟接待中央环保督察检查组生态环境部华北督查局局长郭伊均一行,赴九园鼎峰钢结构公司、口东垃圾焚烧场等点位调研中央生态环境保护督察整改情况。

7 月 26 日 宝坻区委、区政府集中利用一天时间召开经济社会高质量发展推动会议暨半年经济运行分析会议。区委书记殷向杰出席并讲话。区委副书记、区长郭康伟作部署。全体区领导出席。会议共分两个阶段召开。上午,与会区领导带领部分区直部门主要负责同志深入天泽电力(天津)有限公司、京唐铁路宝坻站、前郝各庄村、钰松公园等点位,通过项目观摩、现场汇报、领导点评等方式,听取京津中关村科技城建设、京唐京滨高铁建设和综合枢纽站站前区开发、农村人居环境整治、生态环境建设与保护等重点工作推进情况汇报,实地感受基层一线高质量发展的火热场景和生动实践。下午,集中听取上半年全区经济运行情况分析和重点工作进展汇报,回顾总结上半年工作,研究部署下半年任务。

8 月 3 日至 6 日 宝坻区区长郭康伟在深圳市开展招商引资工作,并出席宝坻区深圳招商推介会。在 8 月 5 日举行的“帆扬湾区、圆梦宝地”——宝坻区深圳招商推介会上,宝坻区与华润电力控股有限公司就合作建设风电光伏项目、新能源项目进行签约。华润电力控股有限公司副总裁,华北大区党委书记、总经理马力受聘为宝坻招商顾问。

8 月 17 日 宝坻区召开 2022 年创建全国文明城区攻坚大会。区委书记、区创城指挥部总指挥殷向杰出席并讲话。区长郭康伟等区领导出席。大会就本年度创城攻坚行动作动员部署,传达了天津全域创建文明城市暨全国文明城区创建工作推动会议精神,通报了市文明办模拟测评情况。

8 月 24 日 宁河区委书记白凤祥,区委副书记、区长惠冰,区人大常委会主任张勇勤率宁河区党政代表团来宝坻区考察。宝坻区委书记殷向杰,区委副书记、区长郭康伟等区领导陪同考察。宁河区党政代表团一行实地察看了京津中关村科技城协同发展展示中心、潮白河国家湿地公园、京唐铁路宝坻站、牛家牌镇赵家湾村等点位,详细了解宝坻区推进京津冀协同发展、生态建设、乡村振兴等方面的做法。

同日 以“高铁商业盛启,共鉴宝坻新名片”为主题的乐雅广场启动仪式在宝坻津侨国际小镇举行。该项目将以京津冀区域首个文商旅 4.0 的高标准提升市民购物和休闲体验。

9 月 5 日 宝坻区信访办副主任殷秀芳荣获全国“人民满意的公务员”称号,受到党中央、国务院表彰。区委书记殷向杰会见受到表彰、载誉归来的殷秀芳同志。

9 月 14 日 由宝坻区委宣传部与中国书画报社共同策划举办的“迎盛会国画名家走进宝坻”宣介活动启动。区委书记殷向杰会见来宝坻区参加活动的天津美术学院院长、《中国书画报》总编辑贾广健一行。此次“迎盛会国画名家走进宝坻”宣介活动,共邀请到 28 位国画名家参与创作。通过开展国画名家采风写生、出版外宣产品、举办宝坻主题画展等形式,生动讲述宝坻发展故事、展示宝坻发展成就,进一步提升宝坻的对外知名度、美誉度和影响力。

9 月 30 日 宝坻区在烈士陵园举行烈士纪念日公祭活动,传承先烈遗志,赓续红色血脉,凝聚奋进力量。区委书记殷向杰，区委副书记、区长郭康伟，区人大常委会主任李东升，区政协主席田志武等区领导参加。区双拥工作领导小组成员单位和各街镇党（工）委主要负责同志，公安干警、消防救援指战员、少先队员代表参加。

10 月 12 日 宝坻区“非凡十年”主题成就图片展开展仪式在区档案馆分馆展厅举行，集中展示十年来宝坻区的发展亮点和成就，大力营造团结奋进、自信自强、国泰民安的浓厚社会氛围，喜迎党的二十大胜利召开。图片展由区委、区政府主办，区委宣传部、区委组织部、区委党校、区文旅局、区教育局、区档案馆、区融媒体中心、钰华街道党工委等部门承办，是为迎接党的二十大胜利召开，组织开展的一项重点宣传文化活动。

11 月 7 日 宝坻区举行党的二十大精神宣讲报告会，党的二十大代表、市委宣讲团成员、区委书记殷向杰作宣讲报告。宣讲结束后，殷向杰与基层宣讲骨干、党务工作者、理论工作者、思政课教师、青年学生等基层干部群众代表进行了现场互动交流。宣讲报告会以电视电话会议形式举行。宝坻区出席党的二十大、市第十二次党代会代表，各区直部门、街镇村居及各界代表共计9000 余名党员干部群众分别在宝坻宾馆主会场和各自分会场参加会议。

11 月 28 日 宝坻区第六届人民代表大会第二次会议在金融培训学院开幕。这次大会的任务是选举宝坻区的天津市第十八届人民代表大会代表，审议区人民代表大会议事规则修订草案。本次全体会议表决了选举办法草案，表决通过了区人民代表大会议事规则修订草案。

11 月 29 日 宝坻区第六届人民代表大会第二次会议圆满完成各项议程，胜利闭幕。大会闭幕会前，宝坻区第六届人民代表大会第二次会议举行第二次全体会议。本次会议应出席代表286 名，实出席代表 230 名，符合法定人数。会议的议程是投票选举天津市第十八届人民代表大会代表。选举产生了 36 名宝坻区的天津市第十八届人民代表大会代表，顺利完成大会预定任务。

12 月 7 日 中国共产党天津市宝坻区第六届委员会第五次全体会议召开，会议坚持以习近平新时代中国特色社会主义思想为指导，认真贯彻落实党中央和市委要求，对党的二十大精神学习宣传贯彻落实工作进行再部署、再动员、再推动。区委书记殷向杰，区长郭康伟等区领导出席。全会由区委常委会主持。全会审议通过《中共天津市宝坻区委关于实施“九大行动”全力推动党的二十大精神落地落实的工作意见》和全会决议。殷向杰代表区委常委会讲话，并就《工作意见（讨论稿）》作了说明。区委委员、区委候补委员出席会议。不是区委委员、区委候补委员的区级领导同志，区纪委委员、区监委委员，有关方面负责同志，区党的二十大代表和市第十二次党代会代表、区第六次党代会代表中部分基层同志列席。

12 月 16 日 宝坻区第二次归侨侨眷代表大会暨宝坻区归国华侨联合会换届会在津侨国际小镇举行。会议听取和审议了区侨联上一届委员会工作报告。选举产生了区侨联新一届委员会主席、副主席等领导职务。

12 月 18 日 “畅行宝坻　绿色出行”吉利几何宝坻区出租车（网约车）交车暨永盛司机建会入会仪式在城际铁路宝坻站南广场举行。相关单位负责同志介绍了网约出租车运营情况以及建会情况，并向出租车司机代表颁发了交车钥匙。

12 月 19 日 宝坻区委常委会扩大会议暨区疫情防控指挥部会议召开，传达学习中央经济工作会议和市委常委会扩大会议、市疫情防控领导小组会议精神，研究部署贯彻落实工作。会议以电视电话会议形式召开，区疫情防控指挥部各工作组和各街镇、区直部门主要负责同志参加。

12 月 28 日 宝坻区委常委会会议召开，传达学习习近平总书记在中央政治局会议、中央党外人士座谈会和中央农村工作会议上的重要讲话精神，学习贯彻市委书记陈敏尔在各区经济工作座谈会、市级经济部门座谈会、党外人士座谈会、科学家企业家座谈会上的讲话，到南开大学、天津大学、滨海新区调研以及同正市级老同志座谈时的讲话精神，研究我区贯彻落实工作。区长郭康伟等区领导出席。会议审议了宝坻区关于2023年民生实事候选项目情况的报告,审议通过了关于召开宝坻区第六届人民代表大会第三次会议、政协宝坻区第六届委员会第二次会议以及区政府重大行政决策事项目录、农村公路网规划、城区河道专项规划、“十四五”时期农村人居环境整治提升行动实施方案、乡村建设行动实施方案等事宜,并研究了其他事项。

12 月 30 日 宝坻区举行京唐、京滨城际铁路宝坻站、宝坻南站开通仪式。市交通运输委副主任刘道刚、总工程师张永明,中国铁路北京局集团有限公司唐山站党委书记薛生彦,中国铁路北京局集团有限公司天津站党委副书记马志刚,区委书记殷向杰,区委副书记、区长郭康伟等区领导同志,各区直属单位、街镇、区属国有企业负责同志和各界代表参加仪式。

同日 “拥抱高铁时代 · 合作共赢未来”宝坻区招商推介会暨第五批重点项目集中签约仪式在京津中关村科技城举行。这是宝坻区深入贯彻落实中央经济工作会议和市委经济工作会议精神的具体举措和重要成果。签约采取“线上+线下”的方式进行,硕博投资生物医养产业园、华润电力风电光伏项目、中核汇能风电项目、苏科高新九园智能制造总部产业园等16个重点项目签约落户宝坻。

12 月 天津市南水北调中线工程宝坻引江供水工程主体建设和水泵安装工作全部结束。

(执笔人:张昭霞　潘美序)

静海区 2022 年大事述要

1 月 8 日 中国共产党天津市静海区第三届委员会第二次全体会议暨经济工作会议召开。会议主题是深入贯彻党的十九大和十九届历次全会精神以及中央经济工作会议精神,认真落实市委十一届十二次全会暨经济工作会议精神,研究部署2022年工作任务,动员全区广大党员干部,埋头苦干、勇毅前行,推动高质量发展,促进共同富裕,加快建设创新发展、生态宜居、文明幸福社会主义现代化新静海,以优异成绩迎接党的二十大胜利召开。全会审议讨论《区委常委会2021年抓党建工作情况报告》,审议通过《中国共产党天津市静海区第三届委员会第二次全体会议决议》。

1 月 27 日 静海区党史学习教育总结会议召开。会议强调,要继续深化拓展学习教育,推动党史学习教育不断走深走实。一要在深化政治建设上强化定力,各级领导干部要发挥带头作用,坚持政治立身,坚定执行党的政治路线,严格遵守政治纪律和政治规矩,坚定捍卫“两个确立”,忠实践行“两个维护”。二要在感悟思想伟力上持续用力,全区各级党组织要把学习习近平新时代中国特色社会主义思想作为理论武装的重中之重,坚持在学深、学新、学心、学而用上下功夫,不断武装头脑、指导实践、推动工作。三是要在建立长效机制上精准发力,始终以人民的利益为根本标准,切实把为群众办实事解难题融入日常、抓在经常。要在推动事业发展上凝心聚力,努力把党史学习教育成果转化为推动高质量发展的生动实践,转化为统筹常态化疫情防控和经济社会发展的实际成效,拿出硬招实招,坚决打赢“六大攻坚战”,以昂扬姿态和优异成绩迎接党的二十大胜利召开。

2 月 10 日 静海区举行政府招商顾问聘任暨2022年新春项目集中签约活动,共聘任政府招商顾问95名,有24个投资项目集中签约,协议引资132.5亿元。24位项目负责人分别与子牙经济技术开发区、天津健康产业国际合作示范区、子牙经济技术开发区高新产业园、中德大邱庄生态城、静海镇、大邱庄镇负责同志签署了合作协议。签约项目涉及新能源、新材料、智能制造、节能环保、新一代信息技术等产业。此次签约的24个项目,全部为产业项目,招商顾问借助自身优势,广泛宣传推介静海,为招商引资牵线搭桥,为静海发展添砖加瓦,全力打造一流营商环境，促进招商环节全链条、保姆式无缝衔接。

2月17日 静海区委常委会召开会议暨区委理论学习中心组举行集体学习，传达学习习近平总书记在中央政治局第三十六次集体学习时的重要讲话精神，传达学习市十七届人大六次会议、市政协十四届五次会议精神，研究部署贯彻落实措施。

2月23日 静海区召开2021年度抓基层党建工作述职评议考核会议，集中听取各乡镇街党(工)委书记和部分区直单位党委(党组)书记抓基层党建工作述职，并进行民主评议。坚持问题导向，细化工作措施，推动基层党组织全面建设、全面进步、全面过硬。

3月5日 静海区召开年轻干部座谈会。座谈会上，16名年轻干部紧密结合学习贯彻习近平总书记在中央党校中青年干部培训班上的重要讲话精神，联系自身思想和工作实际，谈体会、讲思路、提建议。

3月7日 静海区委常委会召开会议暨区委理论学习中心组举行集体学习，传达学习习近平总书记在中央党校中青年干部培训班开班式上的重要讲话精神，传达学习全国、全市统战部长会议和全国、全市对台工作会议精神，研究部署贯彻落实措施。会议传达学习了中央、市委关于严肃换届纪律有关要求，审议了《天津市静海区计划生育协会改革方案》。

3月12日 天津中医药大学科技园正式挂牌运营，中国工程院院士、天津中医药大学名誉校长张伯礼和静海区区长金汇江共同为科技园揭牌。天津中医药大学党委书记刘革生、校长高秀梅和市科技局负责同志出席。科技园以跨学科融合、成果转移转化和首次商业化为重点，加速大健康企业孵化和创新发展，着力打造资本、技术、人才聚集"强磁场"。目前科技园已吸引国家中药材标准化与质量评估创新联盟、天津现代创新中药科技有限公司、天津中一制药有限公司等13家优质企业入驻，涵盖中药制药、功能性食品、化妆品、中医文化传播和健康管理等多个领域。

4月8日 静海区召开"六大攻坚战"第一季度工作推动会，总结第一季度推进情况，部署第二季度重点工作，动员全区上下进一步凝聚共识、举全区之力，全力打好招商引资、优化营商环境、治理违法占地、防范债务风险、化解信访积案、全面从严治党"六大攻坚战"，形成合力，以笃行不怠的攻坚勇气和韧性，为助推静海经济社会高质量发展提供坚强保障。会议强调，全区各级党员领导干部要主动担当、率先垂范，大力营造干事创业浓厚氛围。要创新工作思路，完善体制机制，加强协同配合、形成工作合力，推动各项部署落实落地。要树立长期奋斗的思想准备，以"迎盛会、铸忠诚、强担当、创业绩"主题学习宣传教育实践活动为载体，抓实抓细六大攻坚战各项工作，以更加昂扬的斗争精神、勤勉务实的工作作风、持续饱满的奋斗激情，扎实推动静海整体发展再上新水平。

4月9日 静海区与河东区签署战略合作协议，双方将发挥各自优势，深化交流合作，实现资源共享，携手开拓高质量发展新局面。静海区委书记刘春雷，区委副书记、区长金汇江，河东区委书记范少军，区委副书记、区长周波参加会谈并见证签约。通过此次签约，进一步深化两区之间全方位、多层次、宽领域合作，加快建立区域合作联席会制度，特别是在招商引资、项目开发、技术创新、产业升级等方面，携手打造信息共用、资源共享、优势互补、产业互助新机制，联合开发特色旅游精品路线，进一步开创两区高质量发展新格局。其间，静海区委常委、副区长曲海富与河东区委常委、副区长刘涛代表双方签署战略合作协议。

5月10日 静海区举办"谈体会、说感悟、讲忠诚"主题读书交流汇报会，认真贯彻落实全市加强新时代廉洁文化建设工作会议暨党员干部警示教育大会精神，全方位扎实推进我区廉洁文化建设，涵养风清气正的政治生态。市纪委副书记、监委副主任安长海到会指导。区委书记刘春雷带头诵读廉洁文化教育材料片段，畅谈读书心得感悟。

5月18日 静海区召开深入打好污染防治攻坚战工作会议，认真学习贯彻习近平生态文明思想，全面贯彻落实市委污染防治攻坚战会议精神，研究部署全区污染防治工作。会议指出，全区各级党组织和党员干部要不断增强学习贯彻习近平生态文明思想的政治自觉、思想自觉、行动自觉，坚定扛起生态保护的政治责任、工作责任。要聚焦关键领域和重点环节，坚定不移打好蓝天、碧水、净土保卫战。要加快产业结构调整，促进传统产业绿色转型升级，持续加大招商引资力度，大力引进战略性新兴产业。要盯死污染排放源头，严厉打击各类环境违法犯罪行为。要严格各项管理措施，抓好移动点源、露天焚烧、人居环境整治等重点工作，全面落实“双碳”战略。要加强生态环境保护，持续推进城镇排水管网建设，实施河湖综合整治工程，擦亮静海生态环境“金字招牌”。

6 月 13 日　静海区政府与天津体育学院共建水上运动中心签约暨赛艇训练基地揭牌仪式在位于良王庄乡岳家园村的独流减河北堤举行。该中心将以天津体育学院优势学科专业和雄厚的科研、师资资源为基础，以静海区区位优势和自然资源优势为保障，以培养国内外高素质水上运动专业人才为主线，建成国内一流、国际领先水上运动中心，并以此为引领，带动静海区群众水上运动和娱乐项目发展，推动乡村振兴。

同日　静海区举行欢迎仪式，迎接静海区援沪医疗队 34 名英雄平安回家。区委书记刘春雷代表区委、区政府和全区 80 万人民向 34 位抗疫英雄致敬，祝贺大家顺利完成任务，不辱使命，凯旋归来。

同日　静海区委领导带队慰问在全国公安系统英雄模范立功集体表彰大会上受到表彰的公安静海分局新区派出所副所长刘军和荣获先进集体的独流派出所负责人，号召全区各级党组织特别是政法系统广大干警要深入学习贯彻习近平法治思想，大力弘扬公安英模精神，立足本岗、无私奉献，全力做好防风险、保安全、护稳定的各项工作，以实际行动迎接党的二十大胜利召开。

6 月 24 日　中国共产党天津市静海区第三届委员会第五次全体会议召开。会议主要任务是坚持以习近平新时代中国特色社会主义思想为指导，深入学习宣传贯彻市第十二次党代会精神，把全区广大党员干部群众的思想认识行动统一到市党代会精神上来，把智慧和力量凝聚到市党代会确定的目标任务上来，在新的起点上推动静海各项事业实现新突破、再创新业绩，为全面建设社会主义现代化大都市贡献静海力量，以优异成绩迎接党的二十大胜利召开。

6 月 29 日　天津市人民政府新闻办公室召开“深学笃用　天津行动”静海区主题新闻发布会，静海区委书记刘春雷围绕“学习贯彻市第十二次党代会精神，加快建设社会主义现代化新静海”为题作主题发布。会上介绍了落实落细市第十二次党代会精神的静海实践。静海区以高质量发展、高水平改革开放、高效能治理、高品质生活为目标导向，充分发挥历史主动精神，站在全市大局谋思路、定举措，加快建设社会主义现代化新静海。推动优势产业创新升级、创新集聚，着力在延伸产业链条上下功夫。加快发展新兴产业，持续打好招商引资攻坚战，引育更多“高精专新”企业，以更强创新力、更高附加值为高质量发展注入强劲动力。新增签约项目中，新兴产业项目达到 60%。目前以信创产业、循环经济、新能源新材料、航空航天等为代表的战略性新兴产业正在静海加速崛起。构建中西医“双航母”医疗集群，瞄准健康产业“金字招牌”，不断吸引优质产业资源聚合。“人民英雄”张伯礼和王辰院士领衔专家团队，亲自构建“协和园”与“神农谷”中西医集群；静海市域（郊）铁路加快建设，与京沪、津石、唐津等共同组成“轨道上的京津冀”，为大健康产业发展注入生机，加快建设国内领先、世界一流的医疗中心、科研中心、教育中心和健康产业中心。打造“东湖西林”大美静海，将投资 60 亿元实施团泊湿地生态改善提升项目，建成全国知名的农业循环经济示范区、天津市独具特色的都市生态旅游区和天然氧吧，筑牢天津南部绿色生态屏障。体育之城引领健康，不断扩大环团泊湖国际体育圈影响力，大力发展群众体育工作，推动“排球之城”建设，继续办好全民健身运动会和环团泊湖自行车赛等赛事活动。

7 月 29 日 静海区举行与天津中医药大学战略合作框架协议签约仪式,进一步推动校地双方协同发展。中国工程院院士、天津中医药大学名誉校长张伯礼出席活动并讲话。双方签署了战略合作框架协议,将围绕"六个一"中医药产业发展规划布局,充分发挥天津中医药大学教学科研及成果转化方面发展优势,有效发掘静海区生态、产业、文化等方面丰富资源,加快推进天津中医药大学科技园、天津中医药大学第三附属医院等项目筹划建设,推进中医药事业实现"产学研用医"一体化发展格局,赋能静海大健康产业高质量发展,不断满足静海人民医疗健康需求。

8 月 14 日 "中国银行杯"2022 年天津百万市民健步大会(静海站)暨全国"行走大运河"全民健身健步走天津主会场活动,在风光旖旎的静海团泊湖畔启动。启动仪式上,市体育局党组书记、局长李克敏为静海区颁发天津市"行走大运河"健步走活动突出贡献奖。

8 月 18 日 静海区委常委会召开会议,讨论审议《静海区基层医疗卫生机构改革方案》。会议强调,要紧紧围绕增强基层医疗卫生机构服务功能和服务能力,优化资源配置,建立独立运行的院前急救体系,筑牢救急、救重、救危生命防线;推进基层卫生院布局调整,确保每个乡镇街道都有 1 所公办社区卫生服务机构;推进分级诊疗服务模式,构建就医新格局,减轻群众看病负担;高标准实施乡镇卫生院标准化建设,深入推进镇村卫生一体化,为基层群众提供高质量公共卫生服务。

10 月 16 日 静海区召开"冲刺四季度,打赢攻坚战"暨"六大攻坚战"决战决胜会议,听取各项攻坚任务前三季度完成情况,动员全区上下以决战决胜姿态和克难攻坚的勇气,高效落实攻坚任务,以优异成绩向党的二十大献礼。会议强调,全区上下要统一思想、坚定信心,切实增强打赢"六大攻坚战"的紧迫感和责任感,充分认识打赢"六大攻坚战"是立足新发展阶段、贯彻新发展理念、构建新发展格局的必由路径。要突出重点、主动出击,确保完成年度攻坚战目标任务。招商引资攻坚战要突出"质量",以产业、区域、规模、指标为标尺,更加注重招商项目的全要素生产率;优化营商环境攻坚战要突出"感受",坚持依靠群众,服务市场主体,强化要素保障;治理违规用地攻坚战要突出"彻底",做到认识彻底、标准彻底、措施彻底;防范债务风险攻坚战要突出"刚性",坚持底线思维,落实企业责任,实现部门、园区与企业协同联动;化解信访积案攻坚战要突出"事了",履行属事属地责任,落实领导干部接访下访、化解制度,减少新增问题发生;全面从严治党攻坚战要突出"严爱",做到厚爱与严管相结合。

10 月 25 日 静海区委常委会召开会议,传达学习贯彻党的二十大精神、市领导干部大会精神,研究部署学习宣传贯彻措施。会议指出,要学习好宣传好贯彻好党的二十大精神,做到五个"牢牢把握"。要求全区各级党组织要把学习宣传贯彻党的二十大精神作为当前和今后一个时期的首要政治任务,在全区上下迅速掀起学习宣传贯彻热潮。要把学习宣传党的二十大精神体现在推动高质量发展上。要持续加强党的建设,努力打造一支政治过硬、作风过硬、本领过硬的干部队伍。要抓严抓实疫情防控工作,力争早日扑灭本轮疫情。

11 月 7 日 由天津市文学艺术界联合会、静海区委、静海区政府主办,静海区委宣传部、天津市书法家协会、天津美术馆承办的"牢记领袖教导、紧跟核心奋斗"静海区学习党的二十大精神书法作品展在天津美术馆举行。

11 月 18 日 静海区举行 2022 年秋季重点项目集中签约、开工和投产仪式,总投资达 91.14 亿元的 35 个重点项目分别签约、开工和投产,为全区高质量发展注入强劲动能。

11 月 23 日 静海区处级领导干部学习贯彻党的二十大精神专题培训班在区委党校开班。党的二十大代表、区委书记刘春雷,区委副书记、区长曲海富分别围绕学习贯彻党的二十大精神做辅导报告。会上指出,全区各级领导干部特别是"一把手",要发挥"关键少数"带头示范作用,先学一步,深学一层,做到原原本本学、用心用脑学、联系实际学，确保学有所得、学有所获、学有所用。要完整、准确、全面贯彻新发展理念，着力提升全区经济发展质量和效益，加快实现量的合理增长和质的有效提升。各单位“一把手”要管好自己、抓好班子、带好队伍，永葆昂扬向上、奋发有为的战斗姿态，锚定更高目标，激发更强干劲，努力开创静海高质量发展新局面。

11 月 30 日　中国共产党天津市静海区第三届委员会第六次全体会议召开，全面贯彻党的二十大精神，深入贯彻落实市委十二届二次全会精神，对党的二十大精神的学习宣传贯彻落实工作再部署、再推动。全会由区委常委会主持。全会审议通过《中共天津市静海区委关于深入学习贯彻落实党的二十大精神的实施意见》和全会决议。会议强调，要深刻领悟“两个确立”的决定性意义，进一步增强“四个意识”、坚定“四个自信”、做到“两个维护”，始终在政治立场、政治方向、政治原则、政治道路上同以习近平同志为核心的党中央保持高度一致。要深刻理解把握习近平新时代中国特色社会主义思想的世界观和方法论，坚持好、运用好贯穿其中的立场观点方法，深刻领悟“两个结合”，切实做到“六个必须坚持”，自觉做习近平新时代中国特色社会主义思想的坚定信仰者、积极传播者、忠实实践者。要对标对表党的二十大关于以中国式现代化全面推进中华民族伟大复兴的战略部署，细化目标任务，深化思路举措，扎实推进党的二十大重大决策部署在静海落地落实。要坚持高质量发展不动摇，深入实施创新驱动发展战略，坚持“四个面向”，打造区域原始创新重要策源地。持续打好优化营商环境和招商引资攻坚战，不断提升社会治理体系和治理能力现代化水平，以两个“永远在路上”的坚韧和执着推进党的建设新的伟大工程，为夺取新征程新胜利提供有力保证。

（执笔人：任志宏）

宁河区 2022 年大事述要

1 月 4 日　宁河区委理论学习中心组“学习贯彻党章　践行党的宗旨”现场会暨生态移民搬迁推动会议，在七里海生态移民工程项目建设现场召开。区委书记白凤祥出席会议并讲话，区委副书记、区长惠冰，区人大常委会主任张勇勤，区政协主席戚忠东，区委副书记马波出席。白凤祥一行先后来到潘庄示范镇和北淮淀示范镇项目建设现场，详细了解七里海生态移民工程详细规划，实地察看了安置住宅样板间、非经营性公建和道路、绿化、电力等配套基础设施建设进展情况。在随后召开的现场会上，白凤祥指出，在生态移民工程现场组织集中学习，主要目的是引导各级各部门从学习党章中坚定为人民服务的宗旨初心，在办好民生实事中感悟“人民至上”的价值追求，更加自觉地践行以人民为中心的发展思想，让宁河百姓的获得感成色更足、幸福感更可持续、安全感更有保障。白凤祥对实施生态移民工程提出“六个务必”要求。

1 月 20 日　市人大常委会副主任陈浙闽一行来到宁河区调研全员核酸检测和疫情防控工作。宁河区委书记白凤祥、区人大常委会主任张勇勤陪同调研。陈浙闽一行先后深入桥北街道、芦台街道、俵口镇、潘庄镇、东棘坨镇、丰台镇、宁河镇和廉庄镇核酸检测采样点，全面了解点位设置、人员配备、样本转运等情况。

1 月 26 日　宁河区举办纪念于敏院士逝世三周年系列活动暨“于敏纪念室”“于敏科学乐园”揭牌仪式。区委书记白凤祥出席活动并讲话，区委副书记、区长惠冰，区人大常委会主任张勇勤，区政协主席戚忠东出席活动，区委副书记马波主持。于敏院士家属于铮应邀出席。

同日　宁河区党史学习教育总结会议暨“宁河三问”思想大讨论主题实践活动动员会议召开。党史学习教育市委第一巡回指导组组长卜艳丰到会指导，区委书记、区委党史学习教育领导小组组长白凤祥出席并讲话。区委副书记、区长惠冰主持并传达习近平总书记重要指示和党中央、全市党史学习教育总结会议精神。区人大常委会主任张勇勤，区政协主席戚忠东，区委副书记马波出席。会前，白凤祥一行实地考察了三八河路拆违情况和福康花园社区老旧小区改造情况。

2月7日 宁河区举行2022年重点大项目建设启动仪式，区委书记白凤祥出席并讲话，区委副书记、区长惠冰主持，区委副书记马波出席有关活动。

2月8日 宁河区委常委会暨区委党的建设工作领导小组（扩大）会议召开，传达学习市委常委会暨市委党的建设工作领导小组（扩大）会议精神，集中听取各街镇党（工）委书记和部分区直单位党委书记抓基层党建工作述职。区委书记白凤祥主持会议并讲话，区委副书记、区长惠冰，区人大常委会主任张勇勤，区委副书记马波出席。会议播放了区基层党建工作纪实片。15个街镇和4个区直单位主要负责同志就抓基层党建工作进行了述职，白凤祥逐一点评。部分“两代表一委员”、党员干部群众代表等对述职情况进行了民主评议。

2月18日 宁河区党政代表团赴滨海新区学习考察，双方签署落实“双城”战略协同联动发展框架协议，协力推动高质量发展。

2月22日 中国共产党天津市宁河区第三届纪律检查委员会第二次全体会议召开。区委书记白凤祥出席会议并讲话，区委副书记、区长惠冰，区人大常委会主任张勇勤，区政协主席戚忠东，区委副书记马波出席。市纪委监委第二监督检查室相关负责同志到会指导。会上，区委副书记、区长惠冰传达了十九届中央纪委六次全会和市纪委十一届十次全会精神；区委副书记马波通报了近期查处的本区党员领导干部违规吃喝违规收送礼品礼金典型问题。中共天津市宁河区纪委三届二次全会由区纪委常委会主持。区委常委、区纪委书记、区监委主任李炜代表区纪委常委会作了题为《坚定不移推动纪检监察工作高质量发展　为全面建设社会主义现代化新宁河提供坚强政治保障》的工作报告，并表决通过了全会决议。

同日 宁河区召开“六大行动”“六大攻坚战”领导小组（工作专班）见面会。区委书记白凤祥出席会议并讲话，区委副书记马波主持。

2月23日 天津市对口支援西藏前方指挥部总指挥、西藏昌都市委副书记、常务副市长张建华一行来宁河区调研。区委书记白凤祥与张建华一行深入交流，区委副书记、区长惠冰参加。

2月28日 三届宁河区委第一轮巡察动员部署会召开，安排部署三届区委首轮巡察工作。在此轮巡察过程中，区巡察机构将聚焦党的理论和路线方针政策和党中央决策部署在基层贯彻落实情况，聚焦群众身边腐败问题和不正之风，聚焦基层党组织领导班子和干部队伍建设，着力查找突出问题。

3月5日 宁河区召开2022年“迎朝阳　再出发”志愿服务大行动暨区文明委第一次全体会议，正式启动宁河区2022年“双周志愿集中服务日”活动。区委书记白凤祥出席会议并讲话，区委副书记、区长惠冰，区政协主席戚忠东，区委副书记马波出席。

4月1日 宁河区召开“迎盛会、铸忠诚、强担当、创业绩”主题学习宣传教育实践活动部署会议。区委书记白凤祥出席会议并讲话，区委副书记、区长惠冰，区人大常委会主任张勇勤，区政协主席戚忠东出席会议，区委副书记马波主持会议。

4月12日 市委常委、市委组织部部长、市委主题学习宣传教育实践活动工作领导小组组长喻云林来宁河区调研，实地深入七里海镇和于台子村了解情况，听取区委负责同志工作汇报，对农村开展教育实践活动工作提出要求。

4月14日 宁河区召开疫苗接种清零行动推动会议，就本区疫苗接种清零行动进行安排部署。区委书记、区疫情防控指挥部总指挥白凤祥主持会议并讲话，区委副书记、区长惠冰，区人大常委会主任张勇勤，区政协主席戚忠东，区委副书记马波出席会议。

4月19日 宁河区政协开展“聚群力　答三问”共青团（青联）、工会界别委员寻访传统文化、助推乡村振兴视察座谈交流活动。区政协主席戚忠东参加。戚忠东一行先后深入丰台镇天尊阁、南村雨来博物馆和市级乡村振兴村——丰台镇岳秀庄村等地，详细了解丰台镇乡村文化传承保护情况。

5月5日 宁河区举办“重走方舟路”红色教育基地启动仪式暨区委理论学习中心组现场学习会议。于方舟烈士家属阎晓明，团市委书记李龙，区委书记白凤祥，区委副书记、区长惠冰，区人大常委会主任张勇勤，区政协主席戚忠东，区委副书记马波出席活动。白凤祥一行实地参观了红色革命标语墙绘、方舟步道、泛舟七里海、方舟小学、于方舟烈士故居、宣誓广场等点位。在方舟小学内的红色小剧场，大家共同观看了主题话剧《初心》，并举办了区委理论学习中心组现场学习会，于方舟烈士家属阎晓明围绕于方舟烈士的革命事迹，向区委理论学习中心组全体成员讲述了一节特殊而生动的党课。随后，在于方舟故居，白凤祥等领导同志与阎晓明一同为于方舟故居揭牌，并共同参观了于方舟故居和方舟生平展。在宣誓广场，白凤祥带领全体与会同志重温入党誓词。

5月13日 宁河区召开乡村产业振兴现场推动会。区委书记白凤祥主持会议并讲话，区委副书记、区长惠冰，区人大常委会主任张勇勤，区委副书记马波出席。会前，白凤祥一行先后深入丰台镇岳秀村和宁河镇杨泗村，实地察看农文旅融合发展情况，认真听取丰台镇和宁河镇负责同志关于农文旅融合发展进展情况的介绍。

5月20日 副市长李树起带领市农业农村委有关负责同志来宁河区实地查看小麦长势、水稻插秧及缓苗情况。

同日 由袁隆平团队带来的“巨型稻”在宁河区正式插秧，这也是“巨型稻”在京津冀地区的首次大面积试种，除具备高产、耐盐碱等特性外，“巨型稻”成熟后可以达到1.8—2.2米高，“禾下乘凉梦”将在天津变成现实。

5月26日 “半月谈”活动暨“暖企驿站”启动仪式在天津正信铝模板有限公司举办，宁河区委书记白凤祥出席活动并讲话。活动中，白凤祥为“暖企驿站”揭牌并为招商顾问代表和统战工作联络员代表颁发了聘书。

同日 宁河区举办“增殖水生生物资源、共建生态美丽宁河”七里海河蟹增殖放流活动。区委书记白凤祥，区委副书记、区长惠冰，区人大常委会主任张勇勤，区政协主席戚忠东，区委副书记马波出席。

5月31日 宁河区召开2022年度创建天津市文明城区暨人居环境整治工作推动会议。区委书记白凤祥出席并讲话，区委副书记、区长惠冰主持会议，区委副书记马波出席。会前，白凤祥一行不打招呼，随机到桥北街道运河家园社区、芦台街道便民服务中心和芦台街道团结道背街里巷进行暗访，实地察看社区环境整治、背街里巷提升改造和便民设施建设等工作，与居民群众亲切交谈，征求意见建议。在随后召开的推动会议上，首先播放了宁河区农村人居环境和水环境暗访片，通报了2021年度创建天津市文明城区测评成绩，并就2022年度创建天津市文明城区、全域清洁化工程“攻坚月”、三夏生产和河湖水环境“百日攻坚行动”等工作进行了安排部署。大北涧沽镇、造甲城镇、潘庄镇、北淮淀镇、商务局、财政局、交通局和芦台街道大安社区主要负责同志作了经验分享和表态发言。

6月23日 宁河区委书记白凤祥深入渠梁市集和市民中心，实地调研夜市经济发展情况。随后，白凤祥来到市民中心，实地查看疫情防控、停车位施划等情况。

7月1日 宁河区举办迎庆二十大《氢弹之父——于敏》话剧专场演出暨“迎盛会、铸忠诚、强担当、创业绩”主题艺术党课。区委书记白凤祥出席并致辞，区人大常委会主任张勇勤，区政协主席戚忠东出席，区委副书记马波主持艺术党课。

同日 “迎盛会　庆七一　惠民生　享文明”宁河区市民中心启用仪式暨新时代文明实践集中服务活动举行。区委书记白凤祥，区人大常委会主任张勇勤，区政协主席戚忠东出席，区委副书记马波主持活动。活动中，白凤祥宣布市民中心正式启用，并实地查看市民中心各服务窗口运行情况。

7月7日至8日 宁河区党政代表团赴榆中县考察对接，进一步推动巩固拓展脱贫攻坚成果同乡村振兴有效衔接。区委副书记、区长惠冰，兰州市政府一级巡视员魏旭昶，县委副书记、县长刘学强参加有关活动。

7月13日 宁河区委书记白凤祥带领有关部门主要负责同志赴中国民航大学宁河校区察看建设情况，并在东丽校区举行座谈。区委副书记、区长惠冰，中国民航大学党委书记曹胜利，党委副书记、校长丁水汀参加。

7月14日 清华经管EMBA天津校友会会长付敏英一行来宁河区开展“走进宁河”考察交流活动，区委书记白凤祥，区委副书记、区长惠冰出席。付敏英一行先后来到七里海湿地西海广场、俵口镇于方舟故居和芦台春文化创意产业园，详细了解我区在七里海湿地保护修复、乡村产业振兴、农文旅融合发展等方面情况。座谈会后，宁河区人民政府与清华经管EMBA天津校友会签署了合作协议。

7月21日 宁河区举办天津中医药大学中医学院实践基地揭牌仪式暨宁河区与天津中医药大学深度合作交流座谈会。区委书记白凤祥主持并讲话，天津中医药大学党委书记刘革生，区委副书记、区长惠冰，区委副书记马波出席。座谈前，天津中医药大学中医学院与区中医医院签署天津中医药大学中医学院实践基地协议，白凤祥与刘革生共同为天津中医药大学中医学院实践基地揭牌。活动中，刘革生一行还到宁河区市民中心和区中医医院迁址项目参观考察。

7月22日 市妇联副主席贾雪娜一行来宁河区为巾帼示范基地授牌并开展“巾帼科技助农直通车”服务。区委副书记马波参加。在天津市岳川食品加工厂、天津金世神农种业有限公司，贾雪娜一行认真听取企业经营、订单生产、产品销售等情况。随后，马波、贾雪娜为“天津市巾帼现代农业示范基地”天津市岳川食品加工厂授牌，为被认定为“全国巾帼现代农业科技示范基地”的天津金世神农种业有限公司揭牌，并为两个示范基地送上助农资金。在宁河区丰兴葡萄种植家庭农场，贾雪娜和马波共同为“巾帼科技助农直通车”示范服务站揭牌，并开展宁河区首场“巾帼科技助农直通车”服务活动。

7月27日 市政协主席盛茂林来到宁河区，宣讲市第十二次党代会精神，围绕助推乡村振兴战略实施，促进农业发展、农民富裕等进行调研，与基层政协委员、干部群众研究交流实现高质量发展的思路措施，凝聚发展共识。区委书记白凤祥，区委副书记、区长惠冰，区政协主席戚忠东参加。

同日 市委统战部常务副部长刘志强来宁河区开展统战工作调研，区委书记白凤祥参加。刘志强、白凤祥一行先后深入七里海湿地、于方舟故居和九为新材料有限公司实地参观调研，并在于方舟故居开展联合党日活动。

8月10日 宁河区委书记白凤祥带领有关部门主要负责同志前往重点路段调研督导交通安全工作，并深入丰台镇调研“无星村”整顿提升、党建引领基层治理和乡村振兴工作。白凤祥一行首先来到梅丰公路与还乡河东堤路交口，实地察看道路建设、交通设施和车辆交通情况。随后，白凤祥来到丰台镇兰庄村，实地调研推动“无星村”整顿提升和千年古槐保护工作。在丰台镇李更村，白凤祥实地察看村容村貌，详细了解村庄产业发展和党建引领基层治理等情况。最后，白凤祥来到丰台镇大韩村，实地察看村庄人居环境，入户问询群众意见建议。

同日 宁河区委书记白凤祥深入桥北街道吾悦广场和芦台街道泛马装饰城开展“两新”组织基层党建调研，并为宁河区首批“小哥驿站”揭牌，区委副书记马波参加。在桥北街道吾悦广场，白凤祥和外卖小哥代表共同为“小哥驿站”揭牌。在芦台街道泛马装饰城，白凤祥实地察看了党建阵地建设情况。

8月15日 市人大常委会主任段春华深入宁河区，就发挥人大职能作用、助推乡村全面振兴进行调研。市人大常委会秘书长贾凤山参加。段春华察看了村容村貌改造、农旅融合发展、基层社会治理等情况，走进人大代表联络站，仔细询问代表在广泛联系群众、投身乡村振兴等方面发挥的积极作用。段春华认真观看展示的图文实物,听取讲解介绍,详细了解相关历史背景和史实。

8 月 22 日 宁河区选派优秀干部赴滨海新区开展“随岗实训”工程动员会议召开。区委书记白凤祥出席会议并讲话,区委副书记马波出席。

8 月 30 日 宁河区委三届五次常委会(扩大)会议暨赴兄弟区学习考察成果交流会议召开,听取各街镇、各园区和相关部门学习考察成果,认真分析短板弱项,着力破解瓶颈制约,奋力推进社会主义现代化新宁河建设。区委书记白凤祥主持会议并讲话,区委副书记、区长惠冰,区人大常委会主任张勇勤,区政协主席戚忠东出席。会上,有关区级领导以及各街镇、各园区和相关部门主要负责同志分别围绕赴滨海新区、蓟州区、西青区、宝坻区的学习考察体会先后发言。白凤祥认真听取发言,逐一点评,并对相关工作提出具体要求。

9 月 9 日 市委宣传部常务副部长李旭炎带领新华社、人民日报、天津广播电视台、津云新媒体等多家中央级、市级媒体,来宁河区集中采访“暖企驿站”活动。区委书记白凤祥出席。座谈会后,中央级、市级媒体对宁河区“暖企驿站”活动进行了集中采访。

10 月 10 日 宁河区举行麒麟桥项目启动仪式。区委书记白凤祥,区委副书记、区长惠冰,区人大常委会主任张勇勤,区政协主席戚忠东,区委副书记马波和中国铁建大桥工程局集团有限公司党委书记、董事长罗生宏,总经理周冠南出席。在桥北街道麒麟桥工程施工现场,白凤祥宣布宁河区麒麟桥项目正式启动。

10 月 12 日 东棘坨镇革命老区红色纪念馆举行开馆仪式。区委副书记马波出席。马波指出,东棘坨革命历史是宁河革命历史的一个缩影,充分体现了宁河人民追求光明、舍生忘死、矢志不渝的革命奉献和奋斗精神。要继续挖掘好、保护好、传承好、弘扬好革命先辈留下的红色资源,引导和激励广大党员干部群众在建设社会主义现代化新宁河中再立新功。

11 月 9 日 市委副书记、市长张工深入宁河区的企业、农村等调研,宣讲党的二十大精神。张工首先来到金世神农种业有限公司,详细了解水稻、棉花等良种选育和种业科技创新情况,希望企业深入贯彻党的二十大报告中关于创新是第一动力的部署要求,充分运用市场化机制,进一步加大科技创新和研发力度,不断完善种业全产业链。张工要求,地方政府和相关部门要做好“支前服务”,发挥龙头企业示范带动作用,擦亮民族种业“津”字招牌。在俵口镇洛里坨村,张工察看了农村困难群众危房改造工作。随后,张工来到解放村,瞻仰于方舟烈士故居,参观其生平事迹展,了解乡村振兴、文旅产业发展情况。副市长李树起参加。

11 月 25 日 宁河区委书记白凤祥带领有关部门负责同志调研推动杨河湾国际驿站项目建设运行情况。区委副书记马波参加。白凤祥一行来到杨河湾国际驿站项目建设现场,实地察看项目建设进度,并随机深入隔离点房间,仔细询问检查房间内设施配备和运行情况,对于发现的短板问题现场提出整改意见。

11 月 28 日 天津市宁河区第三届人民代表大会第二次会议在宁河区市民中心开幕。区委书记白凤祥,区委副书记、区长惠冰,区人大常委会主任张勇勤,区政协主席戚忠东,区委副书记马波出席。市委严肃换届纪律监督组到会指导。会议以举手表决的方式通过了大会选举办法。会议开幕前,召开了大会预备会议和主席团第一次会议。预备会上,以举手表决的方式,选举出宁河区第三届人民代表大会第二次会议主席团和秘书长,表决通过宁河区第三届人民代表大会第二次会议议程。主席团一次会上,推选出于伯湖、马波、白凤祥、李炜、杨霞、何长宽、张启辉、张勇勤、罗海侠、原战船、惠冰为大会主席团常务主席,决定宁河区第三届人民代表大会第二次会议日程,推选出大会全体会议执行主席,决定大会副秘书长,表决通过宁河区第三届人民代表大会第二次会议选举办法草案,提交各团审议后提请大会审议。其间,与会人大代表还集中观看了警示教育片《警钟长鸣》。

12月5日 宁河区举办领导干部学习贯彻党的二十大精神专题培训班和区委理论学习中心组学习宣传贯彻党的二十大精神专题读书班。区委书记白凤祥主持开班式并讲话,区委副书记、区长惠冰,区人大常委会主任张勇勤,区政协主席戚忠东,区委副书记马波分别在主会场、分会场出席。开班式以电视电话会议形式召开,在各街镇、各部门设分会场。开班式后,全体人员通过视频方式学习观看了中央党校马克思主义学院教授李海青关于"准确把握党的二十大报告的丰富内涵"的专题辅导。

12月27日 宁河区政府召开全体(扩大)会议。区委副书记、区长惠冰主持会议并讲话。部分区人大代表、区政协委员、党外人士、群众代表列席会议。会议讨论并表决通过了提交区三届人大三次会议审议的《政府工作报告》《宁河区2022年国民经济和社会发展计划执行情况与2023年国民经济和社会发展计划草案的报告》和《宁河区2022年预算执行情况和2023年预算草案的报告》。

12月30日 中国共产党天津市宁河区第三届委员会第五次全体会议暨经济工作会议召开。全会深入学习贯彻党的二十大和中央经济工作会议精神,认真落实市委十二届二次全会和市委经济工作会议部署要求,总结2022年经济工作,分析当前经济形势,安排2023年经济工作。全会由区委常委会主持。区委书记白凤祥代表区委常委会讲话。区委副书记、区长惠冰传达市委经济工作会议精神,对2023年经济工作作部署。区人大常委会主任张勇勤、区政协主席戚忠东、区委副书记马波出席。全会讨论了《中共天津市宁河区委常委会2022年工作报告》《中共天津市宁河区委常委会2022年抓党的建设工作情况报告》,审议通过了《中共天津市宁河区委关于深入学习贯彻党的二十大精神奋力开创全面建设社会主义现代化新宁河新篇章的决定》《中共天津市宁河区委2023年工作要点》《宁河区委、区政府关于开展2023年度"六大攻坚战"的工作方案》《宁河区"十百千"重点工程工作方案》和全会决议。

(执笔人:刘　艳)

蓟州区2022年大事述要

1月5日 蓟州区委书记贺亦农会见来蓟调研的国家统计局天津调查总队党组书记、总队长安平年一行。

同日 蓟州区召开研究推动文旅融合发展工作会议,区委副书记、区长张建宇主持会议并讲话,区委副书记吴苓出席。

1月6日 蓟州区委常委会召开会议,传达学习习近平总书记在全国政协新年茶话会上的重要讲话等指示精神,听取蓟州区年轻干部工作情况汇报。

同日 中国共产党天津市蓟州区第二届委员会第二次全体会议暨经济工作会议召开。

1月14日 蓟州区召开新冠肺炎疫情防控工作指挥部会议,周密安排部署蓟州区疫情防控、安全生产等重点工作。区委书记贺亦农主持会议并讲话。

1月17日 蓟州区委书记贺亦农等区领导先后到东赵各庄镇、东施古镇、别山镇,实地检查督导疫情防控期间"菜篮子"产品稳产保供工作。

1月21日 蓟州区政府召开常务会议,审议通过《蓟州区社会信用体系建设"十四五"规划》《蓟州区自然资源保护和利用"十四五"规划》《蓟州区国土空间生态修复规划(2021—2035年)编制工作方案》等文件。

1月25日 天津市蓟州区第二届人大常委会召开第三次会议,会议审议通过区人民政府、区人大常委会主任会议、区人民法院提请审议的有关人事任免议案,并颁发任命书和举行宪法宣誓仪式。

同日 蓟州区委书记贺亦农，区委副书记、区长张建宇会见市公交集团党委书记、董事长李洪刚一行，双方就优化公交线网、运用智慧公交平台服务蓟州发展和百姓出行等民生工作内容进行广泛交流。

1 月 28 日 蓟州区委常委会召开会议，传达学习习近平总书记在十九届中央纪委六次全会等重要讲话精神，传达学习《中共中央组织部关于做好 2022 年领导干部报告个人有关事项工作的通知》精神，听取蓟州区 2021 年安全生产工作情况及 2022 年重点工作安排情况汇报。

1 月 30 日 蓟州区委常委会召开党史学习教育专题民主生活会。区委书记贺亦农主持并讲话。

同日 蓟州区政府党组召开党史学习教育专题民主生活会。区长、党组书记张建宇主持并讲话。

2 月 7 日 蓟州区召开 2022 年百项重点工作部署推动大会，区委书记贺亦农出席会议并讲话。

2 月 8 日 蓟州区政协党组召开党史学习教育专题民主生活会，区政协主席、党组书记秦川主持会议并讲话。

同日 蓟州区政府召开常务会议，审议通过《关于区政府系统开展“初心印蓟”——“解难题、开新局”专项行动实施方案》《蓟州区〈2022 年政府工作报告〉重点工作台账》。

2 月 10 日 蓟州区委常委会召开扩大会议，听取和书面审议各乡镇（街道）、部分区直部门、驻蓟单位主要负责同志抓基层党建工作述职并进行评议。

2 月 16 日 蓟州区政府与中国农业银行天津市分行举行金融服务乡村振兴战略合作协议签约仪式。

2 月 21 日 蓟州区政府召开土地领域违法用地专项治理工作推动会议，区长张建宇主持会议并讲话。

2 月 23 日 蓟州区委政法工作会议暨全面依法治区和平安蓟州建设部署会议召开，区委书记贺亦农出席会议并讲话。

同日 中共天津市蓟州区纪委二届二次全体会议召开，区委书记贺亦农出席会议并讲话。

3 月 4 日 蓟州区举办重点项目现场推动会暨集中开工活动，区长张建宇等区领导参加。

3 月 5 日 蓟州区委常委会召开会议传达学习贯彻习近平总书记有关重要讲话精神。

3 月 10 日 蓟州区委书记贺亦农、区长张建宇会见国开行天津分行党委书记、行长顾天翊，中铁建发展集团副总经理、总会计师戴建国一行。

3 月 11 日 政协天津市蓟州区第二届委员会召开第 1 次常委会会议，传达全国政协会议精神。协商审议通过《政协天津市蓟州区委员会 2022 年工作要点》《政协天津市蓟州区委员会 2022 年协商计划》等文件。

同日 蓟州区委书记贺亦农、区长张建宇等区领导会见审计署京津冀特派员办事处分党组书记、特派员胥连碧一行。

3 月 15 日 蓟州区政府召开常务会议，会议传达《天津市人民政府关于切实做好 2022 年市政府重点工作的通知》等文件精神，审议《蓟州区全民健身实施计划（2021—2025 年）》等文件。

3 月 26 日 蓟州区疫情防控指挥部召开会议，认真贯彻落实市疫情防控指挥部会议精神，安排部署全员核酸检测筛查工作。

3 月 29 日 蓟州区召开进一步优化营商环境工作会议，区长张建宇出席会议并讲话。

3 月 31 日 河北银行天津分行党委书记、行长吕涛一行来蓟考察、座谈，区长张建宇出席。

4 月 3 日 蓟州区委常委会召开会议，研究审议《二届天津市蓟州区委巡察工作五年规划（2022—2026 年）》《蓟州英才卡服务实施办法（试行）》。

同日 蓟州区委常委会（扩大）会议召开，传达学习习近平总书记对安全生产工作作出的重要指示精神，安排部署蓟州区安全生产工作。

4 月 4 日 市规划和自然资源局党委书记、局长陈勇来蓟实地检查指导森林防火工作，区委书记贺亦农陪同。

4月9日 蓟州区委常委会召开会议，研究审议《关于2021年度落实全面从严治党主体责任和政治生态建设考核评价情况的通报》。

4月12日 市委常委、市委统战部部长冀国强以及国家民委专家组来蓟考察民族村镇规划、乡村振兴建设等工作，区委书记贺亦农陪同调研。

4月13日 市政协主席盛茂林一行来蓟开展调研活动，区委书记贺亦农、区长张建宇、区政协主席秦川陪同。

4月15日 政协天津市蓟州区委员会于学艳爱心志愿者协会服务站和下设政协委员志愿者服务队正式成立。区政协主席秦川为服务站揭牌。

4月21日 蓟州区在市政府新闻办新闻发布厅举办"蓟州区落实全国'两会'精神 打造'四个专班'推进百项重点工作"主题新闻发布会。区长张建宇发布有关情况。

4月22日 市总工会党组书记、副主席杨春武一行来蓟开展劳模林植树活动，举行劳模林建设合作协议签约仪式，区长张建宇出席并讲话。

4月25日 蓟州区委书记贺亦农与天津住宅建设发展集团有限公司党委书记、董事长、总裁康庄座谈对接。

4月26日 蓟州区政府召开常务会议，听取第一季度全区经济运行情况汇报，审议通过《蓟州区2022年重点项目安排计划》等文件。

同日 蓟州区政协组织部分政协常委、委员，开展"做强现代农业 助力乡村振兴"专题视察活动。区政协主席秦川出席并讲话。

4月29日 郭家沟景区举行迭代升级开园启动仪式。区委书记贺亦农、区政协主席秦川出席。

4月 市人大常委会副主任王小宁一行来蓟州区开展环境保护"一法一条例"贯彻实施情况实地检查活动，区人大常委会主任朱宝平陪同。

5月7日 蓟州区政府召开全区自建房安全专项整治会议，安排部署蓟州区自建房安全专项整治工作，区长张建宇出席会议并讲话。

5月12日 蓟州区委理论学习中心组进行学习贯彻党的十九届六中全会精神和习近平总书记重要讲话精神专题读书班交流研讨。

5月13日 蓟州区举行"投资蓟州·协同发展·智创未来"招商引资推介会暨重点项目集中签约活动，区长张建宇出席并致辞。

同日 蓟州区开展新型冠状病毒肺炎疫情防控应急演练，区委书记贺亦农等区领导出席。

5月14日 蓟州区委常委会召开（扩大）会议，传达学习5月12日市委专题研究黄崖关长城风景名胜区总体规划会议精神，研究审议《蓟州区强化知识产权保护工作方案》等有关文件。

5月25日 蓟州区国有企业改革领导小组召开会议，听取国有企业改革工作情况汇报。

5月28日 蓟州区委常委会召开会议，传达学习市领导段春华来蓟调研时的讲话精神。

5月30日 蓟州区区长张建宇等区领导实地检查推动中央环保督察反馈问题2022年度整改工作。

5月 蓟州区15位区领导和18位区委教育工作领导小组成员先后深入45所学校讲思政课39节，召开座谈会6场，参与师生达5万余人次。

6月1日 蓟州区委书记贺亦农等区领导会见蓟州区受全国表彰公安英雄模范集体代表和个人。

同日 蓟州区政府常务会议召开，审议通过《蓟州区贯彻落实市扎实稳住经济一揽子政策措施的行动方案》等文件。

6月3日 国务院安委会第二综合检查组来蓟开展督导考核巡查，并召开座谈会。

6月4日 市委常委、市委统战部部长冀国强，市委统战部副部长、市民族宗教委主任刘广理一行来蓟调研孙各庄满族乡隆福寺村提升改造工作，区委书记贺亦农陪同。

6月7日 蓟州区政协组织开展"推进大生态保护工程建设"专题视察活动。区政协主席秦川出席并讲话。

6月11日 蓟州区委全面深化改革委员会

召开2022年度第一次会议，专题研究部署蓟州区2022年度全面深化改革重点任务。

6月13日 蓟州区政府常务会议召开，审议《天津市蓟州区防汛抗旱应急预案》《蓟州区深入打好污染防治攻坚战2022年工作计划》等文件。

同日 蓟州区政府召开土地领域违法用地专项治理工作推动会议。区长张建宇出席会议并讲话。

6月21日 蓟州区委常委会（扩大）会议召开，传达学习贯彻市第十二次党代会精神。

6月22日 蓟州区安全生产工作会议暨安委会（扩大）会议召开，传达贯彻全市安全生产专题会议精神，安排部署蓟州区贯彻落实工作。

6月29日 市第十二次党代会期间，市委书记李鸿忠参加蓟州区代表团讨论，强调要倾听百姓所思所想所盼，切实维护群众根本利益，进一步密切与群众的血肉联系。

6月30日 第四届“感动蓟州”人物颁奖典礼在蓟州区影剧院隆重举行，区委书记贺亦农、区人大常委会主任朱宝平、区政协主席秦川出席颁奖典礼。

同日 蓟州区召开“初心印蓟”活动推动会暨“迎盛会、铸忠诚、强担当、创业绩”主题学习宣传教育实践活动工作推动会。区委常委、组织部部长郭泓洋出席会议并讲话。

7月13日 蓟州区委理论学习中心组以“坚持勇于自我革命，永葆党的生机活力”为主题，举办专题读书班并进行交流研讨。

同日 蓟州区委书记贺亦农率蓟州区党政代表团赴河北省三河市考察学习，认真学习借鉴三河市重点项目建设、智能化社区建设和康养产业建设等成功经验做法，深入推进京津冀协同发展。

7月14日 蓟州区委书记贺亦农、区委副书记吴芩等区领导会见九三学社天津市委员会主委张凤宝和天津大学建筑学院党委书记宋昆一行。

同日 “天津市农业和科技工作者之家天津农学院活动站”举行揭牌仪式，市人大常委会原副主任、市农学会理事长张俊滨，市老促会常务副会长赵玉石，天津农学院党委书记王延文等领导参加，蓟州区委书记贺亦农、区政协主席秦川出席。

7月22日 蓟州区政府召开廉政工作会议，就加强党风廉政建设和反腐败工作提出要求，区长张建宇出席会议并讲话。

7月25日 天津城建大学来蓟开展红色旧址调研和测绘活动，进一步推动蓟州区红色资源挖掘保护和传承利用。

7月26日 蓟州区政府常务会议召开，听取上半年全区经济运行情况汇报，安排部署下步经济工作。

7月27日 蓟州区委常委会（扩大）会议召开，听取蓟州区上半年经济运行情况及乡村振兴、招商引资（园区建设）、重点项目、文旅融合四个工作专班上半年工作进展和下一步工作安排情况，安排部署蓟州区经济运行、安全稳定、意识形态等重点工作。

7月29日 蓟州区政府与建行蓟州支行举行数字人民币战略合作启动仪式，区委书记贺亦农、区长张建宇出席。

7月30日 蓟州区委常委会（扩大）会议召开，传达学习习近平总书记有关重要讲话精神，听取区党政班子成员2022年上半年落实全面从严治党主体责任情况汇报。

8月6日 蓟州区委常委会召开会议，研究审议《蓟州区关于贯彻落实市第十二次党代会报告重要任务举措的工作方案》《蓟州区贯彻落实市第十二次党代会报告重要任务举措工作台账》。

8月9日 蓟州区政府召开常务会议，审议通过《蓟州区城镇燃气安全整治“百日行动”工作实施细则》等文件。

8月10日 蓟州区召开推进全面从严治党向纵深发展工作部署会议暨党员干部警示教育大会。

8月11日 蓟州区委书记贺亦农带队赴北京市考察推动招商引资项目，先后与北京华瑞环球置业有限公司、北京吉里国际艺术园区、北京吉瑞凤凰文旅有限公司主要负责人就合作项目进行洽谈。

8月12日 蓟州区委常委、区委组织部部长郭泓洋赴南开大学就区校人才合作事宜进行深入洽谈。南开大学党委常务副书记杨克欣等出席区校人才合作交流双向对接会。

同日 蓟州区召开网络新媒体工作座谈会，区委书记贺亦农出席。

8月18日 蓟州区委常委会召开会议，研究审议《关于深入开展“共建单位进社区 携手同创文明卫生城”活动的安排方案》。

8月18日至19日 蓟州区区长张建宇带队赴北京市对接首都疏解企业项目合作和政银合作事宜，先后与中融国际信托有限公司、南京银行北京分行、东旭集团、同方股份、中科纳米相关负责人对接，就金融服务实体经济、石墨烯华北基地、高科技研发及生产基地、纳米产业孵化基地等进行深入洽谈。

8月21日至24日 蓟州区委书记贺亦农率蓟州区党政代表团赴甘肃省武威市古浪县、天祝县对接东西部协作工作。

8月26日 举行天津蓟州文化产业园区项目投资协议签约仪式。蓟州区区长张建宇与国务院国资委纺织机关服务局局长欧阳涵，吉里国际艺术区董事长陈海东，北京华瑞环球置业有限公司董事长汪敏共同见证签约并会谈。

8月27日 喜迎二十大·健步向未来·津城行天津市民健步大会（蓟州站）活动举行启动仪式。市体育局局长李克敏，蓟州区委书记贺亦农、区长张建宇出席。

8月 截至8月底，蓟州区国家科技型中小企业评价入库122家，“雏鹰”企业评价入库45家，“瞪羚”企业评价入库5家，42家企业完成国家高新技术企业申报。

9月7日 蓟州区政协开展“推进文旅融合工程实施”专题视察活动。区政协主席秦川出席并讲话。

同日 蓟州区政府常务会议召开，审议通过《天津市蓟州区水安全保障“十四五”规划（2021—2025年）》等文件。

9月8日 华电集团天津分公司党委书记、执行董事王毅一行来蓟洽谈合作事宜，蓟州区委书记贺亦农出席座谈会。

同日 蓟州区政协主席秦川主持召开政协天津市蓟州区第二届委员会第2次常委会会议，听取了区发改委关于2022年以来全区经济运行情况的通报，并围绕全区经济运行情况进行专题议政性协商。

9月14日 蓟州区2022年优化营商环境工作恳谈会（人社专场）召开。

9月15日 蓟州区委书记贺亦农等区领导会见蓟州区受表彰的全国“人民满意的公务员”马伸桥镇丁兰和天津市“人民满意的公务员”区发展改革委李双涛。

同日 蓟州区第二届人大常委会召开第八次会议，听取审议了《天津市蓟州区人大常委会代表资格审查委员会关于补选代表资格审查情况的报告》《关于天津市蓟州区2022年上半年国民经济和社会发展计划执行情况的报告》和《关于蓟州区2022年上半年财政预算执行情况的报告》。

9月17日 蓟州区委理论学习中心组以“强化历史担当 争创一流业绩”为主题，举行专题读书班。

9月23日 蓟州区“喜迎二十大科普向未来”全国科普日宣传启动仪式和罗庄子镇2022年庆祝中国农民丰收节暨第五届梨王争霸赛，在罗庄子镇红香酥梨基地举行。并对10名2022年“最美科技工作者”进行了表彰。

9月28日 蓟州区举办“喜迎二十大 共筑振兴路”东西部协作和支援合作社会动员爱心捐赠仪式。

9月30日 蓟州区“赓续红色血脉 弘扬伟大建党精神 以优异成绩迎接党的二十大胜利召开”主题纪念活动在盘山烈士陵园举办。

同日 蓟州区政府常务会议召开，审议通过《天津市蓟州区高标准农田建设规划（2021—2030年）》等文件。

9月 蓟州区的设计师芦晓川设计并运营的民宿“风景中的鸡蛋”斩获国际知名大赛缪斯

设计奖(MUSE Design Awards)民宿类金奖。

10月11日 蓟州区政府常务会议召开,审议通过《天津市蓟州区森林火灾应急预案》等文件。

10月12日 蓟州区第二届人大常委会召开会议,听取审议了区人民法院关于一站式多元解纷和诉讼服务体系建设情况的报告。

同日 蓟州区城东中小学项目举行开工奠基仪式,副区长徐向广参加并致辞。

10月13日 “亿联光彩天津蓟州民族团结示范村公益项目”捐赠仪式在蓟州区孙各庄满族乡隆福寺村隆重举行。

10月20日 蓟州区委书记贺亦农会见中国铁塔股份有限公司天津分公司党委书记、总经理钟伟一行。

10月26日 蓟州区政府常务会议召开,审议通过《天津市蓟州区青甸洼蓄滞洪区专项规划(2021—2035年)》等文件。

10月 蓟州区孙各庄满族乡隆福寺村入选国家卫生健康委老龄司发布的“2022年全国示范性老年友好型社区”。

11月3日 蓟州区政府常务会议召开,听取前三季度全区经济运行情况汇报,安排部署下一步经济工作。

11月4日 蓟州区委常委会召开会议,研究审议《蓟州区关于做好党的二十大精神学习宣传工作的实施方案》。

11月5日 蓟州区召开学习贯彻党的二十大精神市委宣讲团宣讲报告会。区委书记贺亦农作宣讲报告。

11月11日 蓟州区人大系统召开学习宣传贯彻党的二十大精神宣讲报告会,区人大常委会主任朱宝平作主题宣讲。

同日 蓟州区政协机关举办学习贯彻党的二十大精神宣讲报告会,区政协主席秦川作宣讲报告。

11月16日 蓟州区政府召开常务会议,审议《蓟州区政府投资项目管理办法》。

同日 蓟州区召开“无疫小区”挂牌活动暨封管控复盘工作会议。

11月16日至18日 蓟州区委理论学习中心组举办“深入学习党的二十大精神　凝聚一起向未来的磅礴伟力”专题读书班。

11月17日 蓟州区委常委会召开会议,听取二届区委第一轮巡察情况汇报;研究审议《蓟州区2022年度村社区评星定级工作方案》。

11月 甘肃省古浪县、天祝县代表团来蓟州区对接东西部协作工作。

同月 蓟州区东二营镇11000亩土地获中国地质学会认定的全国第二批天然富硒土地地块,也是天津市唯一获得正式认定的天然富硒土地。

同月 蓟州区渔阳镇桃花寺村、穿芳峪镇小穿芳峪村、孙各庄满族乡隆福寺村、渔阳镇小龙扒村入选第六批中国传统村落名录。

同月 蓟州区名列国务院食品安全办正式命名的“国家食品安全示范城市”。

同月 蓟州区穿芳峪镇东水厂村入选农业农村部公布的“2022中国美丽休闲乡村”名单。

同月 蓟州区获评中国气象局公示的“2022年中国天然氧吧”。

12月1日 中国共产党天津市蓟州区第二届委员会第七次全体会议召开,审议通过《中共天津市蓟州区委关于深入学习宣传贯彻党的二十大精神　奋力建设生态优先绿色发展典范城市的实施意见》和全会决议。

12月2日 蓟州区政府常务会议召开,审议通过《天津市蓟州区城市道路桥梁突发事件应急预案》等文件。

12月3日 蓟州区委常委会召开会议,研究审议《蓟州区“十四五”时期农村人居环境整治提升行动实施方案》。

12月9日 蓟州区第二届人大常委会召开第十一次会议,听取和审议了区人民政府关于2022年财政预算调整方案的报告、区人民政府关于2021年预算执行和其他财政收支情况审计整改报告。

12月12日 智荟中欧·京津冀协同发展论坛在蓟州区春山里生态教育国际生活示范区举行,蓟州区委书记贺亦农出席。

12月13日 蓟州区政府常务会议召开，审议通过《蓟州区加强制造业招商引资 推动产业链高质量发展工作方案》等文件。

12月17日 蓟州区委常委会召开会议，研究审议《蓟州区乡村建设行动实施方案》。

12月22日 蓟州区政府召开常务会议，传达中央经济工作会议等会议精神，研究了《政府工作报告》《天津市蓟州区2023年民心工程》等文件。

12月24日 蓟州区委常委会召开会议，研究审议《中共天津市蓟州区委常委会2022年工作报告》等报告，研究审议召开区二届人大三次会议、区政协二届二次会议相关事宜。

12月26日 蓟州区委常委会召开会议，传达学习中央农村工作会议精神及市疫情防控领导小组会议精神。

12月28日 蓟州区第二届人民政府召开第一次全体会议。审议通过《政府工作报告(讨论稿)》《关于天津市蓟州区2022年国民经济和社会发展计划执行情况与2023年国民经济和社会发展计划(草案)的报告(讨论稿)》《关于天津市蓟州区2022年预算执行情况及2023年预算(草案)的报告(讨论稿)》。

同日 蓟州区政府常务会议召开，审议通过《蓟州区2022—2023年冬季大气污染综合治理攻坚方案》《蓟州区农业现代化示范区创建工作实施方案》等文件，听取乡村振兴、义务教育、安全生产等工作汇报。

12月29日 “蓟州公共文化云”平台正式上线运行。

12月30日 市委书记陈敏尔来蓟州区调研城乡融合发展和乡村振兴工作。

同日 政协天津市蓟州区第二届委员会第4次常委会会议召开，协商审议通过召开政协天津市蓟州区第二届委员会第二次会议有关事项。

同日 蓟州区组织召开全区深化“八个一”载体、扎实开展“迎盛会、铸忠诚、强担当、创业绩”主题学习宣传教育实践活动总结提升会。

12月 天津市人民政府正式批复同意划定独乐寺、渔阳鼓楼为天津市历史文化街区；蓟州区州河和下营环秀湖国家湿地公园通过验收，正式成为国家湿地公园；蓟州区穿芳峪镇、渔阳镇、罗庄子镇获评第二批全国乡村旅游重点镇。

同月 蓟州区首次组织召开国家机关“谁执法谁普法”履职报告评议活动。

(执笔人：杨腾飞)

人民团体

市总工会2022年大事述要

1月10日 按照市委统一部署，市总工会抽调122名机关和直属单位党员干部下沉社区参与新冠疫情防控工作。17日、18日分三批抽调75名党员干部赴津南区支援抗疫工作。24日、25日、29日圆满完成津南区疫情防控各项任务后撤回。

1月19日 市总工会召开2021年度基层党组织书记抓基层党建述职评议考核会议。市总工会有关负责同志出席会议并讲话。市总工会机关党委委员、机关各党支部书记、直属单位党组织负责同志、市纪委监委驻市总工会机关纪检监察组有关负责同志参加会议。

1月26日 市总工会召开党史学习教育总结会议。会议传达了习近平总书记关于党史学习教育的重要指示精神、中央党史学习教育总结会议、天津市党史学习教育总结会议精神。市总工会党组书记、副主席杨春武作党史学习教育总结讲话。党史学习教育市委第八巡回指导组成员，市总工会党组成员，市纪委监委驻市总工会机关纪检监察组负责同志，市总工会机关处级以上领导干部，各直属单位党组织书记参加会议。

1月29日 全国总工会召开第十七届执行委员会第五次全体电视电话会议。天津市全总十七届执委会委员出席会议，天津市全总十七届经审会委员、市总工会领导班子成员及机关有关部门主要负责同志列席会议。

2月9日 市总工会召开党史学习教育专题民主生活会。党史学习教育市委第八巡回指导组到会指导。市总工会党组成员参加会议，市纪委监委驻市总工会机关纪检监察组、市总工会机关有关部门负责同志列席会议。

2月22日 全国总工会召开全国工会系统女职工工作电视电话会议。市总工会党组成员出席会议，市总机关各部门、直属单位主要负责同志参加会议。

2月25日 全国总工会召开全国推进新就业形态劳动者工会工作电视电话会议。市总工会党组成员出席会议，市总工会机关各部门、直属单位主要负责同志及各区总工会有关领导参加会议。

3月2日至4日 市总工会举办处级党员干部学习贯彻党的十九届六中全会精神专题读书班。市总工会党组书记、副主席杨春武出席开班式并作动员讲话。

3月7日 市总工会召开天津工会女职工工作会议，传达全国工会系统女职工工作会议精神，总结近年来工会女职工工作成效，对做好新时代工会女职工工作进行部署。市总工会党组书记、副主席杨春武出席会议并讲话。市总工会有关负责同志出席会议。滨海新区总工会女职工委员会、天津港(集团)有限公司工会女职工委员会和中铁十八局集团公司工会女职工委员会作交流发言。各区总工会、有关局集团公司和部分高校工会女职工工作负责同志参加会议。

3月31日 天津市总工会召开第十七届委员会第十次全体电视电话会议。市人大常委会副主任、市总工会主席梁宝明出席会议并讲话。市总工会党组书记、副主席杨春武主持会议并代表市总工会第十七届委员会常务委员会作工作报告。会议审议通过了市总工会第十七届常委会工作报告,听取了第十七届经费审查委员会经审工作报告(书面)。市总工会十七届委员会委员出席会议,市总工会十七届委员会经审委委员、部分区局集团公司工会主要负责同志列席会议。

4月8日 市总工会召开“迎盛会、铸忠诚、强担当、创业绩”主题学习宣传教育实践活动动员部署会。市总工会党组书记、副主席杨春武作动员讲话,市总工会副主席、党组成员葛英秋主持会议,市总工会有关负责同志传达市委有关部署要求。市总工会党组成员、机关各部门负责同志和直属单位党组织领导班子成员参加会议。

4月15日 市总工会组织召开全市推动新就业形态劳动者建会入会工作会议,市人大常委会副主任、市总工会主席梁宝明出席会议并讲话。市总工会党组书记、副主席杨春武主持会议。市总工会有关负责同志通报工作进展情况并作工作部署。各区总工会负责同志,有关委局分管工会领导、工会主席,市总工会有关部门主要负责同志参加会议。

4月27日 全国总工会以视频连线方式举办首届大国工匠创新交流大会开幕式,全国人大副委员长、中华全国总工会主席王东明出席并讲话。天津市设立分会场,市总工会党组书记、副主席杨春武,市总工会有关负责同志,市总工会兼职副主席出席会议。市总工会机关各部门及直属单位主要负责同志参加会议。

4月28日 全国总工会以电视电话会议形式召开2022年庆祝“五一”国际劳动节暨全国五一劳动奖和全国工人先锋号表彰大会,全国人大副委员长、中华全国总工会主席王东明出席大会并讲话。天津市设立分会场,荣获2022年全国五一劳动奖和工人先锋号代表出席会议。市总工会党组书记、副主席杨春武,市总工会有关负责同志,市总工会兼职副主席及市总工会机关各部门主要负责同志参加会议。

4月29日 天津市庆祝“五一”国际劳动节大会在天津礼堂举行。市委常委、市人大常委会副主任马顺清出席会议并讲话。荣获2022年全国及天津市五一劳动奖和工人先锋号代表出席会议。市委常委、常务副市长刘桂平,市政协副主席张金英出席会议。市人大常委会副主任、市总工会主席梁宝明主持会议。市总工会党组书记、副主席杨春武宣读表彰决定。部分区局集团公司工会主要负责同志参加会议。

5月13日 市总工会与天津中德应用技术大学、天津职业大学、天津渤海职业技术学院联合举办“思政教育+工匠技能”劳模工匠进校园活动启动仪式。全国劳动模范、“海河工匠”、天津港第一港埠有限公司拖头队副队长成卫东代表劳模工匠宣读倡议书。市总工会有关负责同志出席活动并讲话。三所院校有关负责同志、部分受邀劳模工匠代表出席活动。

5月19日 全国总工会召开学习贯彻习近平总书记重要指示精神、深入推进产业工人队伍建设改革电视电话会议。市人大常委会副主任、市总工会主席梁宝明出席天津分会场会议。市推进新时代产业工人队伍建设改革领导小组成员单位负责同志参加会议。

6月21日 全国总工会召开互联网百强企业建会工作推进会。市总工会有关负责同志,基层工作部主要负责同志及滨海新区总工会、经济技术开发区总工会有关负责同志在天津分会场参加会议。

6月24日 全总副主席候选人、书记处书记人选、党组成员谭天星与天津市人大常委会副主任、市总工会主席梁宝明视频连线。梁宝明代表天津市总工会汇报在疫情防控、复工复产、新就业形态劳动者权益维护、安全生产、劳动领域风险排查等方面工作情况、存在的问题、进一步推动工作的意见建议。谭天星与梁宝明进行了沟通交流。市总工会党组成员、市总机关部分部门负责同志列席会议。

6月28日 全国总工会以电视电话会议形式召开全总第十七届执行委员会第六次全体会议。市总工会组织有关领导参加。会议决定替补杨春武、宫丽艳等同志为全总十七届执委会委员。

6月29日 市总工会召开工会信访维稳安全工作会议暨劳动关系分析会。市总工会党组书记、副主席杨春武出席会议并讲话,各区总工会及部分集团公司工会相关负责同志参加会议。

7月4日至15日 市总工会党组成员、驻会领导就天津工会十八大工作报告起草工作,分别带队深入部分区局集团公司工会进行调研并征求意见建议。

7月7日 市总工会召开《中国工运通史》(天津卷)和《中国工会志》(天津章)编撰工作动员会,传达全总《中国工运通史》《中国工会志》编撰工作动员会会议精神,对做好天津史志编撰工作进行部署。市总工会党组书记、副主席杨春武出席会议并讲话。市总工会党组成员出席会议,市总机关各部室及直属单位主要负责同志参加会议。

7月13日至14日 市总工会举办处级党员干部学习贯彻市第十二次党代会精神专题读书班。市总工会有关负责同志出席开班动员会,为处级党员干部宣讲市第十二次党代会精神,并就办好专题读书班提出要求。

7月28日 市总工会组织召开市交通运输行业工会工作委员会成立暨交通运输新业态建会入会工作推动会,市人大常委会副主任、市总工会主席梁宝明出席会议并讲话。市总工会党组书记、副主席杨春武主持会议。市总工会有关负责同志宣读成立市交通运输行业工会工委批复及任命决定。市交通运输委、市道路运输局、市交通运输综合行政执法、各区总工会、各区交通运输局、市内六区各支队主要负责同志和网约车平台企业代表参加会议。

同日 市总工会召开2022年上半年全面从严治党工作专题会议,传达学习《中共天津市委关于推进全面从严治党向纵深发展的意见》,听取并点评市总工会党组和5个直属单位党组织上半年落实主体责任情况,听取机关纪委履行监督执纪责任有关情况。市总工会党组书记、副主席杨春武出席并讲话。

7月30日 市总工会在第二工人文化宫大剧场召开全市工会系统领导干部会议。深入学习贯彻党的十九届六中全会精神和习近平总书记关于工人阶级和工会工作的重要论述,宣讲市第十二次党代会精神,对全市工会重点工作进行中期推动,确保各项重点任务落实落地,以优异成绩迎接党的二十大胜利召开。市人大常委会副主任、市总工会主席梁宝明出席并讲话。市总工会党组成员出席会议,各区总工会、部分局集团公司工会、部分高校工会主席,部分社会化工会工作者,市总工会机关各部室、各直属单位主要负责同志约180人参加会议。

7月 市总工会领导分七路带队深入重点建设项目、新就业形态企业、高温高危作业企业和残疾人企业、公安等行业,开展夏送凉爽慰问活动。

8月2日 天津市厂务公开民主管理工作领导小组会议在市总工会召开,市人大常委会副主任、市总工会主席、市厂务公开民主管理工作领导小组组长梁宝明出席会议并讲话。市总工会党组书记、副主席杨春武主持会议。市厂务公开民主管理工作领导小组成员单位负责同志及办公室组成人员参加会议。

8月15日 市总工会在滨城灵活就业服务中心召开推动灵活就业人员工会工作现场会。市总工会党组书记、副主席杨春武出席会议并讲话。市总工会有关负责同志主持会议。滨海新区总工会、环城四区总工会党组书记和分管主席,经济开发区总工会主要负责同志、“水猫工匠”零散务工人员工会主席参加会议。

8月22日至23日 第十一次全国企业民主管理工作调研检查第九互检组在津开展调研检查。市总工会党组书记、副主席杨春武代表天津市厂务公开民主管理工作领导小组向互检组汇报本市厂务公开民主管理工作情况。市总工会有关负责同志参加调研检查工作。

8月26日 市总工会组织召开天津市推进新时代产业工人队伍建设改革领导小组办公室会议。市人大常委会副主任、市总工会主席,市产改领导小组副组长、办公室主任梁宝明出席会议并讲话。市政府副秘书长,市产改领导小组办公室副主任朱玉兵出席会议。市总工会党组书记、副主席、市产改领导小组办公室副主任杨春武主持会议。市总工会有关负责同志通报产改工作有关情况，并就天津市《〈新时期产业工人队伍建设改革方案〉落实情况评价考核指标责任清单》进行说明。

8月28日 市教育工会举办全市首届幼儿园青年教师教育教学基本功竞赛。市总工会有关负责同志出席活动并讲话。

8月29日 全国总工会副主席候选人、书记处书记人选、党组成员杨宇栋一行来津出席网络文明大会，并到相关企业调研工会工作。市人大常委会副主任、市总工会主席梁宝明会见并参加座谈。市总工会党组书记、副主席杨春武，市总工会有关负责同志陪同座谈。

9月9日 天津市产业工人队伍建设改革领导小组办公室在市总工会召开产业工人队伍建设改革全国评价考核工作专题会。市人大常委会副主任、市总工会主席，市产改领导小组副组长、办公室主任梁宝明出席会议并讲话。市总工会党组书记、副主席，市产改领导小组办公室副主任杨春武主持会议。市总工会有关负责同志传达全国考核通知要求，就本市前期筹备工作和当前主要问题进行说明。市委组织部、市委网信办、市教委、市人社局、市国资委、市发展改革委、市工信局、市统计局相关负责同志参加会议。

9月14日至15日 全国总工会副主席、书记处书记、党组成员马璐一行来津，实地考察天津市产业工人队伍建设改革工作。召开推进产业工人队伍建设改革评价考核座谈会。市委常委、常务副市长刘桂平出席座谈会，汇报2017年以来全市推进产业工人队伍建设改革工作情况。市人大常委会副主任、市总工会主席，市产改领导小组副组长、办公室主任梁宝明主持会议。市总工会党组书记、副主席杨春武，市总工会有关负责同志参加会议。市委教育工委、市人力资源和社会保障局、滨海新区产改领导小组、国网天津市电力公司、天津海顺印业包装有限公司、中交一航局工会相关负责同志及产业工人代表李家琦、李晓宝进行交流发言。考核组一行先后赴天津港（集团）有限公司、博迈科海洋工程股份有限公司就产业工人队伍建设改革工作进行实地考核，赴中国（天津）职业技能公共实训中心考察产业工人技能培训、实操训练、素质提升和全国第二届技能大赛筹备等情况。市总工会党组书记、副主席杨春武，市总工会有关负责同志陪同。

9月16日 全国总工会财务部、中国工会会计学会通过视频方式举行“喜迎二十大 建功新时代”全国工会财务知识竞赛决赛。天津代表队在全国35个省级工会代表队中荣获团体赛一等奖，一人获个人赛省级工会组一等奖，二人获个人赛省级工会组二等奖。

9月22日 市总工会以视频形式召开迎庆党的二十大专题工作会议。传达学习市委专题工作会议、全市信访工作会议、全市维稳安保工作会议和全国总工会有关会议精神，部署做好全市工会系统迎庆党的二十大各项重点工作。市人大常委会副主任、市总工会主席梁宝明出席会议并讲话。市总工会有关负责同志主持会议。滨海新区总工会、河东区总工会、南开区总工会、武清区总工会、渤化集团工会、公交集团工会作了发言。市总工会驻会领导，各区总工会、部分局集团公司工会领导班子成员及市总工会相关部门主要负责同志160余人参加会议。

9月27日 市总工会以视频形式召开2022年服务职工综合体和幸福型企业市级试点选树暨工作推进会。市总工会有关负责同志出席会议并讲话。市职工服务中心、滨海新区总工会、天津港（集团）有限公司工会等申报服务职工综合体和幸福企业市级试点工会作了发言。

10月13日 市总工会以视频形式召开天津市“区级工会加强年”暨新就业形态劳动者建会入会推动会。市总工会党组书记、副主席杨春武出席会议并讲话。市总工会有关负责同志就“区级工会加强年”专项工作实施方案作说明，并通报新就业形态劳动者建会入会工作进展情况。和平区总工会、蓟州区总工会、红桥区总工会、河东区总工会、津南区总工会主要负责同志作交流发言。各区总工会主要负责同志、市总工会机关各部门主要负责同志参加会议。

10月28日 市总工会以视频形式召开天津市工会学习贯彻党的二十大精神会议。市人大常委会副主任、市总工会主席梁宝明出席会议，对全市工会系统学习宣传贯彻党的二十大精神作出部署。市总工会党组书记、副主席杨春武主持会议并传达党的二十大精神。市总工会党组成员，机关各部门主要负责同志；各区总工会领导班子成员，各局、集团公司工会主要负责同志 200 余人参加会议。

11 月 3 日 全国总工会以视频形式召开全国工会户外劳动者服务站点建设工作座谈会。市总工会党组书记、副主席杨春武，市总工会有关负责同志出席会议。

同日 市总工会在和平区兆丰路社区党群服务中心召开 2022 年“新就业形态劳动者温暖服务季”活动启动仪式。市总工会有关负责同志出席仪式，对全市工会开展服务季活动进行部署，提出工作要求。市总工会和和平区总工会有关领导向参加活动的新就业形态劳动者代表发放了头盔、保暖手套、口罩、抗菌洗手液等防护防疫用品。

11 月 10 日 市总工会举办党的二十大精神宣讲会。市总工会党组书记、副主席杨春武作主题宣讲。市总工会党组成员出席，市总工会机关全体党员干部和直属单位领导班子成员听取宣讲。

11 月 10 日至 12 日 市总工会举办天津市新时代劳模宣讲团宣讲党的二十大精神专题培训班。市总工会党组书记、副主席杨春武作开班动员，并作党的二十大精神宣讲。

11 月 11 日 市总工会召开警示教育大会。市总工会有关负责同志出席会议并讲话。市总工会党组成员出席会议。市总工会机关全体党员干部和直属单位领导班子成员参加会议。

11 月 17 日 市总工会与全国总工会资产部召开“学习贯彻王东明同志重要批示精神视频研讨座谈会”。市人大常委会副主任、市总工会主席梁宝明主持会议。市总工会党组书记、副主席杨春武作工作汇报。市总工会党组成员，市总工会机关有关部门负责同志参加会议。

11 月 20 日至 24 日 市总工会在市委党校举办全市工会领导干部学习贯彻党的二十大精神专题培训班。市人大常委会副主任、市总工会主席梁宝明出席开班式并做专题辅导报告。市总工会领导班子成员，市总工会机关各部门、各直属单位主要负责同志，各区局集团公司工会主要负责同志参加培训。

11 月 25 日 全国总工会组织召开 2022 年全国工会新就业形态劳动者建会入会工作落实情况督查调研视频会议。市总工会党组书记、副主席杨春武出席会议并作汇报发言。市总工会有关负责同志参加会议。

12 月 8 日 全国总工会组织召开推进互联网百强企业建会工作总结交流会。全国总工会副主席、书记处书记、党组成员谭天星出席会议并讲话。市总工会党组书记、副主席杨春武出席会议并作汇报发言。市总工会有关负责同志参加会议。

12 月 9 日 市总工会召开 2022 年冬送温暖及 2023 年元旦春节慰问活动部署推进视频会。市总工会有关负责同志出席会议并讲话。

12 月 28 日至 29 日 全国总工会副主席、书记处书记、党组成员谭天星一行 5 人来津开展送温暖活动并就企业厂务公开民主管理工作进行调研。市总工会党组书记、副主席杨春武陪同，并代表市厂务公开民主管理工作领导小组作工作汇报。

12 月 30 日 市总工会以视频形式召开全市工会系统全面从严治党工作推动会。市总工会党组书记、副主席杨春武出席会议并讲话。各区总工会主席、党组书记参加会议。

（执笔人：李　文）

共青团天津市委员会 2022 年大事述要

1 月 4 日 团市委召开讲担当促作为抓落实、持续深入治理形式主义官僚主义不担当不作为问题专项行动领导小组(扩大)会议暨警示教育大会。团市委书记李龙出席并讲话,团市委领导班子成员、直属单位领导班子成员和机关党员干部参加会议。

1月8日 “奥密克戎”突袭津门,团市委闻令而动,迅疾抽调136名干部下沉14个区参与疫情防控工作。团市委先后选派34名干部赶赴津南区抗疫主战场《关于在疫情防控斗争中加强干部政治素质考察的工作举措》,应对重大考验的事功场景考察干部有关经验在《组工通讯》和《组工信息》向全市刊发推广。

1月16日 团市委从本级管理的团费中划拨50万元专项资金,用于支持和帮助津南区基层团组织,全力做好新冠肺炎疫情防控工作。

1月25日 天津市少年儿童活动中心举办“一起向未来,共度中国年”——第十三届云端娃娃庙会活动,首次创新推出一部以中国传统年文化为元素的自制微电影《年》,大力弘扬中华优秀传统文化。该微电影在公众平台视频点击量逾万次,新华社、《光明日报》、北方网等对活动进行了宣传报道。

1月29日 团市委召开党史学习教育总结会议,传达习近平总书记重要指示精神和中央党史学习教育总结会议精神、天津市党史学习教育总结会议精神,对巩固拓展党史学习教育成果进行部署。团市委副书记王凤作总结讲话,党史学习教育市委第十四巡回指导组张旭到会指导。

2月17日 团市委综合服务中心深入宝坻区牛家牌镇牛家牌小学、蓟州区别山镇翠南庄中心小学开展调研,经多方协调联络,筹集76万元善款助力2所学校运动场地提升。两所学校运动场地提升工程完工并验收,蓟州区别山镇翠南庄中心小学26名困难学生收获微心愿爱心包,实现心愿梦想。

3月11日 共青团天津市第十四届委员会第九次全体(扩大)会议召开。会议坚持以习近平新时代中国特色社会主义思想为指导,认真学习贯彻党的十九大和十九届历次全会精神,深入贯彻落实习近平总书记关于青年工作的重要思想,学习贯彻共青团十八届六中全会精神和市委十一届十一次全会精神,总结2021年工作情况,部署2022年重点工作,审议通过共青团天津市第十四届委员会第九次全体(扩大)会议决议、共青团天津市第十四届委员会第九次全体(扩大)会议关于团市委委员卸职的确认案、共青团天津市委员会2022年工作要点。团市委书记李龙代表团市委常委会向全会作工作报告和全面从严治团的主题报告,并对本次会议进行总结。

3月21日 团市委举办习近平法治思想大讲堂,邀请市委党校法学教研部专家,分别就《坚定不移走中国特色人权发展道路》和《学习贯彻监察法》对团市委机关全体干部、各直属单位领导班子成员进行专题辅导。

3月29日 第十七届“挑战杯”全国大学生课外学术科技作品竞赛终审决赛答辩举行,天津市6所高校16项作品入围答辩,获得3项特等奖、6项一等奖、7项二等奖,创造了历史最好成绩,市委常委马顺清批示:“赛前热备、精心筹划,是竞赛取得佳绩的根本保障,可喜可贺!这是我市青年创新创业的火热实践和精彩华章,望持之以恒。”

4月2日 团市委召开讲担当促作为抓落实、持续深入治理形式主义官僚主义不担当不作为问题专项行动领导小组会议。团市委书记、专项行动领导小组组长李龙出席并讲话,团市委领导班子成员、专项行动领导小组成员参加会议。

同日 团市委召开2022年党的建设工作会议,总结2021年工作,部署2022年工作任务。团市委书记、团市委系统党的建设工作领导小组组长李龙出席并讲话。团市委领导班子成员,机关各党支部书记,各直属单位党委(支部)书记、党务干部、纪检干部参加会议。

4月6日 团市委召开“迎盛会、铸忠诚、强担当、创业绩”主题学习宣传教育实践活动部署会。会议传达了市委“迎盛会、铸忠诚、强担当、创业绩”主题学习宣传教育实践活动部署会精神。团市委书记、团市委主题学习宣传教育实践活动工作领导小组组长李龙作部署讲话。

4月8日 团市委在全市范围内开展“喜迎二十大　永远跟党走　奋进新征程”青年文明

号集中服务活动，以线上线下相结合的形式引导青年积极为群众办实事、解难题。全市医疗卫生、电力、燃气、自来水、公交、公安、金融、通信、团市委直属单位等窗口行业的 700 多家“青年文明号”集体及争创集体在同一时间段同步开展了活动。

4 月 27 日 团市委书记李龙一行赴蓟州区调研，与区委书记贺亦农等区领导就加强蓟州共青团工作、推动县域共青团改革工作交换了意见，区委副书记吴苓参加相关活动。

5 月 4 日 团市委书记李龙一行深入基层一线看望并慰问节日期间坚守工作岗位的团员青年。李龙代表团市委向全市广大青年致以节日的祝贺，向广大青年工作者致以诚挚的问候。

同日 围绕建团百年策划推出《青听鉴往 传承红色基因》线上主题团课第二季（10 集），“学习强国”平台专题收录，全网总阅读量超 8000 万次，成为天津青年网上思政课的网红品牌。

5 月 16 日 团市委书记李龙出席了宝坻区召开的学习贯彻习近平总书记在庆祝中国共产主义青年团成立 100 周年大会上的重要讲话精神座谈会并讲话。区委书记殷向杰代表区委作讲话，区委副书记、区长郭康伟，区人大常委会主任李东升，区委副书记李喜军及所有在区的区委常委领导出席。

5 月 30 日 天津市少年儿童活动中心艺术团学员精心排演拍摄制作的《领航》MV 在新华网、学习强国、中国青年报、津云、北方网、津彩青春等媒体平台发布，浏览量逾 80 万次，并在 2022 年度天津市“新时代好少年”先进事迹发布活动中压轴献唱。

6 月 1 日 市少工委组织全市少先队员开展“敬礼新时代”主题活动，带领少先队员庄严规范地向国旗敬礼、向发展成就敬礼、向科技创新敬礼、向身边榜样敬礼，鼓励队员拍一张照片、写一句寄语，表达眼中的发展成就，活动反响热烈，得到人民日报、央视新闻、学习强国等媒体平台宣传报道。

6 月 9 日 “中银杯”第九届天津青年创新创业大赛暨“创青春”中国青年创新创业大赛天津赛区赛决赛圆满结束。本届大赛吸引来自天津共 16 个区的 29 所参赛高校和数十家企业、科研院所参与角逐。经初赛、复赛的层层选拔，最终 59 个优秀参赛项目入围决赛。经过激烈比拼，共产生金奖 13 项、银奖 45 项，其中将 32 个优秀项目推报第九届中国青年创新创业大赛。这些项目涉及智能制造、新材料应用、智慧医疗、节能环保、数字经济、乡村振兴、大健康、文化创意、社会公益等领域。

6 月 16 日 团市委评估组先后赴宝坻区、南开区、西青区、河东区和红桥区开展县域共青团基层组织改革成效实地评估，同时在全市 16 区同步开展县域共青团基层组织改革成效网上评估，实现试点区全覆盖。相关区党政负责同志、团区委负责同志，团区委班子成员，部分基层团干部代表参加。

6 月 17 日 团市委面向全市新兴领域青年开展学习贯彻习近平总书记在庆祝中国共产主义青年团成立 100 周年大会上的重要讲话精神专题宣讲活动，活动邀请市委党校倪明胜教授以《赓续百年荣光、谱写青春华章》为题，进行线上宣讲。来自本市青年社会组织和各行各业的 270 余名新兴领域青年参加活动。

6 月 19 日 由团市委指导，宝坻团区委承办的“守护‘粮’心 不负‘食’光”青少年主题实践教育活动顺利举办。团市委副书记席一政出席活动，市级“青马工程”学员、宝坻团区委机关干部、宝坻区八门城镇青年干部、宝坻区青少年事务社工、宝坻区八门城镇少先队员等参加活动。

6 月 21 日 团市委召开理论学习中心组集体（扩大）学习会议，传达学习市第十二次党代会精神，并开展交流研讨。团市委书记李龙主持会议并讲话，理论学习中心组成员、机关各部室、各直属单位主要负责同志参加会议。

6 月 29 日 由共青团天津市委员会、天津轨道交通集团联合打造的我市首个集主题教育和“青年之家”功能于一体的城市轨道交通共青团主题车站在天津地铁 6 号线乐园道站揭幕。

揭幕仪式上，团市委和轨道交通集团主要负责同志签署了战略合作协议。

7月8日 由共青团天津市委员会、共青团中国铁建股份有限公司联合主办，中铁十八局集团有限公司、中国铁建华北投资发展有限公司承办的天津市“振兴杯”暨中国铁建“青创杯”天津地铁项目青年创新成果大赛在天津地铁8号线一期工程4标项目部顺利举办。

7月12日 团市委举办庆“七一”主题党日活动暨专题党课报告会。团市委领导班子成员、机关和直属单位全体党员干部参加。会议通过主会场和分会场视频直播的方式进行。

同日 团市委举办“石榴籽一家亲”夏令营，组织270余名民族地区青少年来津交流，引导各族青少年进一步铸牢中华民族共同体意识。

7月21日 团市委召开主题学习宣传教育实践活动工作领导小组（扩大）会议暨工作推进会，听取领导小组办公室各工作组阶段性工作汇报，研究部署下一步工作。团市委领导班子成员、机关和直属单位党组织主要负责同志参会。

8月1日 团市委召开2022年全面从严治党暨党风廉政建设中期推动会，总结工作、分析形势，明确任务、落实措施，动员系统内各级党组织和党员干部把全面从严治党向纵深推进。团市委领导班子成员、机关副处级以上党员领导干部，各直属单位班子成员参会。

8月4日 “迎盛会、铸忠诚、强担当、创业绩”红色主题艺术传习室启动暨“传承与创新”主题艺术展开幕活动在青年宫举行，团市委等各相关单位有关负责同志及文艺界的专家学者、社会各界文艺青年、艺术爱好者共同出席。展览展出优秀青年美术家、青年书法家作品近100幅。活动得到了天津新闻广播《天津新闻》、今晚报、网易新闻、中国美术网等10余家媒体的宣传报道。

8月6日 团市委召开党的建设工作领导小组（扩大）会议，传达学习全市推进全面从严治党向纵深发展工作部署会议精神和《中共天津市委关于推进全面从严治党向纵深发展的意见》精神，研究部署团市委贯彻落实具体举措，团市委副书记、机关党委书记王凤讲话。团市委领导班子成员、机关各部室、各直属单位主要负责同志参会。

8月8日 团市委组织开展“新时代共产党人的良好家风”主题党日活动，主题党日活动分为座谈会和品读红色家书两部分内容。团市委副书记、机关党委书记王凤出席活动并讲话。

8月11日 天津市少年儿童活动中心举办天津市第十二届中小学生“自强之星”寻访活动事迹宣讲会，共同为“自强之星”和“阳光家庭”颁发荣誉证书，宣讲成长经历和典型事迹。

8月17日 团市委在全市范围内组织开展“青春自护·防溺水专项行动”，筑牢青少年安全“防护网”，守护青少年生命健康。全市各级团组织有效借助专业力量，利用各类青少年校外活动阵地和团属新媒体阵地，开展了形式多样的防溺水自护教育活动。

8月23日 团市委在宁河区现代产业区召开天津共青团乡村振兴青春建功行动工作推动会暨高素质青年农民培育工作启动仪式。团市委、市农业农村委相关部门负责同志，各区团委乡村振兴工作负责同志，天津首届全国乡村振兴青年先锋参加会议。

8月26日 为迎接党的二十大胜利召开，策划推出网络演讲节目《新时代·青年说》，来自天津各行各业的青年榜样以演讲的形式呈现奋斗故事，故事共10集，被“学习强国”平台专题收录。

8月31日 组织参与天津市新的社会阶层人士统战工作实践创新基地考核评估，蝉联国家级实践创新基地并获评“优秀”。

9月8日 2022年天津青年志愿服务项目大赛举行，全市179个项目报名参赛，最终评定金奖项目22个，银奖项目38个，推荐32个项目参加全国赛，进一步推动我市青年志愿服务项目化、制度化、常态化发展。

9月10日 在2022年国家网络安全宣传周青少年日推出原创网络公益歌曲《只见键盘不见“侠”》，揭露网络暴力的危害，呼吁文明上网，争做青年好网民。公益歌曲被共青团中央推介发布，全国超 20 个政务新媒体账号联合转发，全网总阅读量超 700 万次，荣获 2022 年天津市原创网络公益歌曲大赛二等奖。

10 月 9 日　开展团市委机关“务实功、展实绩、谋实效——争当表率”大练兵活动，组织机关干部逐人登台汇报，激励年轻干部强化责任担当、争创一流业绩，在团市委系统形成比学赶超、创新竞进的浓厚氛围，培养打造政治过硬、能力突出、务实清廉的年轻干部队伍。

10 月 13 日　团市委、市少工委在宁河区举办“红领巾喜迎二十大　争做新时代好队员”天津市庆祝少先队建队日主题活动，团市委书记刘向锋为全国青联常委、全国农村青年致富带头人刘晓君颁发天津市少先队校外辅导员聘书，宁河区委书记白凤祥为红领巾实践中队授旗，队员们走进现代农业蔬菜种植基地开展实践锻炼、劳动体验，感受新时代农耕技术发展。

10 月 24 日　天津希望工程首家心理健康室在津南区小站第四小学正式落成。“希望工程·心理健康室”不仅具有专业的心理健康教学设施、器材，还引入专业师资力量，定期开展咨询、讲座和团辅活动，帮助青少年解决成长中面临的难题。

10 月 25 日　团市委召开全市区局级团委书记会议，深入传达学习党的二十大精神、市委常委会扩大会议精神、全市领导干部大会精神及团中央书记处扩大会议精神，对全市各级团组织学习宣传贯彻党的二十大精神作出部署。团市委书记刘向锋主持会议并讲话。

10 月 26 日　在津南区召开全国青年发展型城市建设试点推动会。团中央维护青少年权益部部长岳伟通过视频方式出席会议并讲话，津南区委书记王宝雨、团市委书记刘向锋出席会议并讲话。

11 月 1 日　团市委牵头修订的《天津市未成年人保护条例》《天津市预防未成年人犯罪条例》正式颁布实施。市委常委、政法委书记王庭凯批示：“团市委积极履行重点人群组副组长单位职责，牵头完成《未成年人保护条例》《预防未成年人犯罪条例》的修订工作，在深化未成年人权益保护和预防未成年人违法犯罪工作上取得了可喜成绩，希望再接再厉，以党的二十大精神为指引，为更高水平平安天津建设作出新的更大贡献！”共青团中央书记处书记傅振邦批示：“立法倡导与推动，是共青团推动青少年工作的重要方式。天津团市委积极作为，取得了较好工作成效。希望在新的未保体制下，找准定位，更好发挥团组织应有作用。”

11 月 2 日　团市委邀请党的二十大代表、北辰区瑞景街道宝翠花都社区党总支书记、居委会主任林则银与各族各界青年代表、青联委员代表、青马学员代表、少先队辅导员代表、基层团干部代表面对面交流座谈。

11 月 9 日　全国青年安全生产示范岗评审会举行，推荐的 9 个青年集体获评 2022 年度全国青年安全生产示范岗。

11 月 10 日　市委宣讲团成员，市政协党组书记、主席盛茂林深入市政协共青团和青联界别活动站开展调研，团市委、市青联汇报学习宣传贯彻党的二十大精神情况。

11 月 11 日　团市委举办天津共青团学习宣传贯彻党的二十大精神宣讲会，团市委书记刘向锋作宣讲报告。

11 月 21 日　团市委组织开展《天津市中长期青年发展规划（2017—2025 年）》，实施工作专题培训班、天津市国有企业和中央驻津企业团干部培训班、天津市青年文明号号长示范培训班、天津市共青团系统权益干部培训班等 5 个班次专题培训，160 余名青年骨干参训。

12 月 22 日　团市委统战部与滨海新区团区委、区文明办、区文旅局、区教体局等有关单位联合启动“同在蓝天下　共读一本书”爱心赠阅活动，号召社会各界为青海黄南、甘肃甘南、甘肃张家川少先队员奉献爱心、捐赠图书。活动共募集善款 30 余万元，捐赠 15000 余册图书，得到滨海新区 8300 余名少先队员、共青团员的热情参与。

12 月 24 日　天津市少年儿童活动中心蓟州区域医学集中隔离观察点按蓟州区疫情防控指挥部要求“退坡”。2022 年全年共启用 11 次，累计接待隔离人员 871 人。

12 月 27 日 团中央、教育部、全国少工委印发《关于表彰 2022 年度全国优秀少先队员、全国优秀少先队辅导员、全国优秀少先队集体的决定》,天津市李雨桐等 17 名少先队员获评全国优秀少先队员,马钰等 12 名辅导员获评全国优秀少先队辅导员,天津市和平区中心小学少先队大队等 18 个少先队集体获评全国优秀少先队集体。

同日 天津市青年创业就业基金会向后江石沽村非遗文化产业捐赠资金 17 万元,实现巩固拓展脱贫攻坚成果同乡村振兴有效衔接,为发展壮大村级集体经济、增加就业岗位做贡献。

12 月 30 日 《赓续百年青春志 踔厉奋发向未来》《青春名片》《追光》《我们是五月的花海》4 部视频作品获得"你好,天津"网络短视频大赛三等奖。

同日 "津彩青春"微博荣获"2022 年度政务服务优秀微博"。"津彩青春"今日头条荣获"2022 年阅读量突破 1000 万奖牌"。"津彩青春"抖音、快手平台稳居全团省级账号第一梯队,抖音全年播放量连续三年突破 1 亿次,快手获得 2022 年度政务账号优秀创作奖。哔哩哔哩荣获"2022 年度政务媒体优质 UP 主"。

(执笔人:刘子文)

市妇女联合会 2022 年大事述要

1 月 9 日 市妇联面对全市疫情防控形势,向广大妇女和各级妇联组织发出倡议书,引导广大妇女姐妹守好"小家"为"大家"。

同日 全国人大常委会副委员长、全国妇联主席沈跃跃电话指示:全市各级妇联组织按照市委的安排部署,充分发挥组织优势和基层妇女同志的主体作用,抓好各项工作落实。市妇联党组书记、主席魏继红迅即向各区妇联主席传达沈跃跃的指示,并要求各区妇联做好相关工作。

1 月 10 日 全国妇联党组书记、副主席、书记处第一书记黄晓薇电话指示:一是坚定信心,在党中央和市委的坚强领导下,在大家的共同努力下,一定会战胜疫情;二是加强正能量宣传,特别是多宣传奋战在一线的广大妇女干部和群众;三是加强关爱服务,特别是困难群体和特殊群体;四是一旦发现舆情,及时向党委、政府报告,在党委、政府的领导下,科学、严谨处置。市妇联党组书记、主席魏继红迅即向各区妇联主席传达黄晓薇的指示,并要求各区妇联做好相关工作。

1 月 11 日 市妇联党组书记、主席魏继红召集党组成员、副主席林洁、贾雪娜研究市妇联贯彻落实疫情防控工作举措。

同日 按照市委组织部要求,从机关和直属事业单位抽调 22 名党员干部,陆续下沉社区(村)支援疫情防控工作。

同日 市妇联召开疫情防控专题党组扩大视频会议,传达国务院、全国妇联和市委、市政府关于疫情防控工作指示,研究贯彻落实举措,决定成立信息组、宣传组、人员保障组、关爱服务组、帮扶救助组等 6 个工作组,分别由各位党组成员任组长,在市妇联疫情防控工作领导小组下统筹安排全市妇联系统疫情防控工作。

同日 市家庭教育指导中心公众号及电台空中课堂《妈咪宝贝》栏目结合疫情防控实际,合理安排居家战"疫"、科学教子相关家庭教育内容。

同日 市妇联推出"女子学堂:迎战奥密克戎系列法律心理专题课程",为广大妇女儿童及家庭提供更多实用有效方法。

1 月 12 日 在微信公众号刊发《致抗疫一线姐妹的一封信》,慰问并号召广发妇女姐妹与全市人民一起共克时艰、抗击疫情。

同日 市妇联面向社会发布"万众疫心"招募令,招募心理咨询师,一天之内有 36 位志愿者报名。

同日 市妇联疫情防控各工作组细化制定

疫情防控工作方案，落实党组工作要求。

同日 市妇联组织召开党史学习教育总结大会，机关全体党员干部、直属事业单位班子成员参加会议。

同日 市妇联党组向全国妇联上报《关于组织广大妇女积极参与疫情防控工作的报告》。

同日 市妇联向津南区妇联捐赠抗疫物资和慰问品。

1 月 13 日 市妇联启动疫情防控信息日报告制度，每日统计落实疫情防控措施情况和居住在“三区”、接到流调电话等待流调、出现发热、离津或返津人员等情况。

同日 市妇联成立下沉社区（村）参与疫情防控党员干部临时党支部，由市妇联党组成员、副主席林洁担任党支部书记，划分为三个临时党小组，全面发挥基层党组织的战斗堡垒作用。

同日 下发《市妇联关于加强下沉社区（村）参与疫情防控党员干部管理的工作提示》，进一步明确并切实强化对下沉党员干部的教育、管理、监督和服务工作。

1 月 14 日 即日起，每周五在天津广播电视台开展“最美女性”走进直播间主题宣传活动。

1 月 17 日 市纪委监委驻市总工会机关纪检监察组到市妇联就疫情防控工作进行督察检查，并提出整改意见。

1 月 19 日 市妇联疫情防控领导小组 2022 年第 2 次专题会议召开，进一步研究疫情防控整改举措。

1 月 20 日 市妇联召开党组会传达学习习近平在省部级主要领导干部学习贯彻党的十九届六中全会精神专题研讨班开班式上的重要讲话精神，会后理论学习中心组集体学习研讨。

1 月 24 日 市妇联举办心理关爱咨询志愿服务线上培训。

1 月 市妇联联合市妇儿发展基金会开展募捐，帮扶救助因疫情造成家庭生活困难的单亲困难母亲、残疾妇女、困境儿童等，支援各区妇联疫情防控工作。

2 月 9 日 市妇联党组组织召开党史学习教育民主生活会。

2 月 25 日 市妇联召开新闻发布会，发布以“强国复兴有我”为主题的“三八”国际妇女节系列庆祝活动。

2 月 28 日 市妇联召开 2022 年市妇联妇女维权工作会。

3 月 2 日 市妇联组织召开 2021 年度党总支（党支部）书记抓基层党建工作述职评议会。

3 月 4 日 市妇联推动成立天津市女科技工作者协会。召开天津市女科技工作者协会第一次会员代表大会，通过协会章程，选举产生第一届理事会、监事会。随后召开一届一次理事会，选举唐娜为会长，王雁、关静、孙媛霞、张蕾、张晓丹为副会长，滕玉鸥为秘书长，龙云、刘丹、梁凤莲为副秘书长，赵然为监事长。会议采用线上线下相结合的方式，140 余名单位和个人会员代表线上参会，首批发展 36 家单位会员、536 名个人会员。

3 月 7 日 市妇联十四届六次常委会、十四届六次执委会召开。会议决定增替补于美芳、王一涵、阮鸿静、纪晓菊、杨静、张艳、唐娜、商芳颖、程海燕、潘红、戴维微 11 名同志为市妇联十四届执委。市妇联党组书记、主席魏继红代表市妇联常委会作题为《高举旗帜　踔厉奋发　以实际行动迎接党的二十大胜利召开》的工作报告。会上，对年度履职评议结果为“优秀”的执委予以通报，滨海新区妇联等就如何组织执委发挥作用作书面交流。

同日 天津市庆祝“三八”国际妇女节 112 周年大会召开。市委常委马顺清出席并讲话，市人大常委会副主任梁宝明、副市长李树起、市政协副主席赵仲华等出席会议。120 余人参会。

同日 市妇联党组书记、主席魏继红在津云中央厨房演播厅参加《打开津门话发展》栏目，宣传妇女儿童事业发展。

3 月 8 日 市妇联副主席、党组成员、一级巡视员林洁在新闻广播室参加《公仆走进直播间》节目录制。

同日 市妇联组织开展天津市第 41 届“三八”健康杯网络健身大赛。

同日 市妇联组织开展“跟党奋进新征程 巾帼建功新时代”巾帼大宣讲“四进”示范宣讲活动。

3月23日 市妇联组织开展巾帼家政职业经理人培训，录制视频课并通过津云、天津女性网等播出，帮助“妇字号”家政服务企业提质扩容。

3月27日 市政府妇儿工委、市妇联联合多部门举办“千校万岗‘位’你而来”第八届天津市女大学生专场招聘会。携手女企业家协会、各区妇联，每月在妇联官微官网、市女企业家协会及北方人才官微刊登招聘信息。

3月 市妇联开展致敬科技巾帼“她力量”，关爱服务女科技工作者活动。

同月 市妇联官网开展百千万职业女性风采宣传展示“倾听100个最美巾帼文明岗故事”。

4月1日 妇联系统信访工作培训会召开。传达全市信访工作会议上的讲话精神，学习解读《信访工作条例》，剖析妇联信访工作难点案例，部署妇联系统信访工作。

4月2日 市妇联与市残联、市卫生健康委、海河传媒中心少儿频道联合发起“点亮星空——孤独症儿童大型直播关爱行动”，解答孤独症儿童及家庭最关心关注话题，发起公益行动，开通“义卖直播间”。

4月8日 市政府召开《天津市妇女和儿童发展“十四五”规划》专题新闻发布会，市妇联党组书记、主席魏继红，副主席、党组成员王丹萍参加发布会。

4月13日 市妇联召开2022年度党的建设和党风廉政建设工作会议暨“迎盛会、铸忠诚、强担当、创业绩”主题学习宣传教育实践活动工作部署会。

同日 市妇联组织开展以“树牢总体国家安全观，感悟新时代国家安全成就，为迎接党的二十大胜利召开营造良好氛围”为主题的全民国家安全教育日宣传教育活动。

4月14日 市妇联启动“爱心家庭一元捐 乡村振兴爱相连”公益募捐项目，动员社会力量捐款捐物，用于天津市东西部协作和对口支援合作地区工作。

4月21日 市政协党组书记、主席盛茂林到妇联界别活动站开展实地调研。

4月22日 市妇联与民进天津市委会共同启动“春风同行”乡村振兴计划教育公益行动之唤醒沉睡的好书——“漂流瓶”项目。

同日 “巾帼科技创新海河计划”工作领导小组召开第一次会议，推动各成员单位将支持女性科技人才在科技自立自强中发挥更大作用的措施落实落细。

4月23日至24日 市妇联举办“天津市科技创新领域女企业家赋能培训班”，线上线下同步开课。

4月25日 市妇联举行“少年儿童心向党——亲子共沐书香 强国复兴有我”2022年天津市家庭亲子阅读主题活动启动仪式，联动各区线上线下同步开展。

4月27日 市妇联召开新媒助农座谈会，引导新媒体助推农业发展。

同日 市妇联开展“巾帼心向党 喜迎二十大”群众性宣传教育主题活动启动暨大宣传部署会。

4月29日 市妇联在河北区觉悟社举办“巾帼心向党 喜迎二十大”群众性主题宣传教育活动暨巾帼大宣讲示范宣讲。

4月 京津冀三地妇联共同举办3期“科技创新增活力，巾帼建功京津冀”优秀科技女性风采展播活动。

5月6日 市妇联联合市农业农村委印发《关于开展“巾帼兴粮节粮”活动的通知》。

5月9日至15日 全国首个家庭教育宣传周期间，市妇联联合市文明办在海河沿线地标楼体投放为期一周的“家教家风建设宣传语”灯光秀等活动。

5月10日 “支持女性应对疫情及后期经济恢复”项目结项会暨赋能女性领导中小企业疫后恢复研讨会以线上方式举行。会议连线北京、天津和湖北武汉三地，来自亚洲、非洲、联合国有关机构官员，以及国内相关部门和组织代表等 80 余人参会。

同日 市政协妇联界别委员在红桥区和苑街道梦和园社区开展“积极应对人口老龄化，推进社会适老化改造”专题议政调研。市政协社法委专职副主任张多，市政协常委，市妇联党组成员、副主席、一级巡视员林洁及部分市政协妇联界别委员参加调研。

同日 四平东道小学学校家庭社会协同育人联盟暨天津市首家学校家庭教育工作站成立。

5 月 13 日 市妇联部署家教家风宣传月活动，为天津市家教家风创新实践基地——滨海新区档案馆揭牌。

5 月 16 日至 23 日 市妇联、市农委相关负责同志、农业专家和媒体记者到 10 个涉农区考察走访 2022 年度“天津市巾帼现代农业示范基地”候选基地申报单位。

5 月 18 日 市妇联在天津广播电视台录制、津云直播“共筑家国梦想，共创美好未来”——天津市最美家庭喜迎二十大主题活动。为全国五好家庭、全国和天津市最美家庭代表颁发证书，为获得第三批天津市家教家风创新实践基地和第二批家庭建设中心的单位代表颁发标牌。

同日 市妇联组织部分市政协妇联界别委员、市妇联十四届执委深入天津和平微医医院开展“互联网医院建设”专题调研。

5 月 市妇联联合市检察院第二分院、市未成年犯管教所、市律协未保委举办“司法送温情 关爱护未来——亲情云会见”视频会见活动。

同月 市妇联制定下发《天津市妇联推进清廉家庭建设的实施方案》，明确八项重点任务：广泛选廉、传咏颂廉、教育劝廉、特色促廉、基地涵廉、童心忆廉、联动征廉、新媒展廉，推动深入开展“树清廉家风 创最美活动”。

6 月 1 日 市妇联成立信访工作领导小组，印发《天津市妇联系统学习宣传贯彻〈信访工作条例〉方案》，并启动《条例》宣传月活动。

6 月 9 日 市妇联举办“防治‘两癌’一起健康”线上直播活动。

同日 市妇联联合市检察院、市检察院第一分院对性侵案件受害妇女进行帮扶救助，并就落实妇女儿童权益保护协作机制开展座谈。

6 月 14 日 市妇联在静海区举办“麦子熟了 开镰啦”巾帼兴粮节粮主题活动。

同日 市妇联开展建设“五个一”书香机关全民阅读活动之“读书分享会”。

6 月 19 日至 25 日 市妇联举办“巾帼促交融 民族一家亲”和田三县基层妇联主席学习交流培训班，来自和田地区的 41 名基层妇女工作者参加培训。

6 月 20 日 天津市第十二次党代表大会选举产生出席党的二十大代表 46 名，市妇联党组书记、主席魏继红当选党的二十大代表。

6 月 22 日 “天津市巾帼现代农业示范基地”评审会召开，产生 5 个候选基地。

6 月 23 日 市妇联组织召开家家幸福安康工程暨“树清廉家风 建最美家庭”工作推动会。

6 月 26 日 市妇联开展“健康人生 绿色无毒——不让毒品进我家”全民禁毒主题宣传活动。

6 月 27 日至 7 月 2 日 市妇联联动各区妇联指定社区，开展“巾帼心向党 喜迎二十大”“我奋斗·家国美——讲好天津故事”故事汇联动活动。

6 月 市妇联联动北京市妇联、河北省妇联开展寻找京津冀“最美绿色家庭”活动，最终产生 10 户京津冀“最美绿色家庭”。

7 月 1 日 市妇联召开庆祝中国共产党成立 101 周年大会。市妇联党组书记、主席魏继红讲授专题党课。

7 月 4 日至 6 日 市妇联在市委党校举办基层妇联干部能力建设培训班。其间，召开深化妇联系统改革实施“破难行动”推进会。

7 月 8 日 市妇联联合市农业农村委、市女科技工作者协会制定发布《关于开展巾帼科技助农直通车活动的通知》。

7 月 11 日 天津金世神农种业有限公司被获评 2022 年度全国巾帼现代农业科技示范基地。

7月13日　市妇联联合市级机关工委、市总工会在和平区滨江道开展学习宣传贯彻市第十二次党代会精神暨“迎盛会　铸忠诚　强担当　创业绩”巾帼文明岗服务群众活动。

7月14日　经市区两级妇联申报单位联合评审，认定2022年度天津市巾帼现代农业示范基地5个。

同日　市妇联印发《关于推进男女平等基本国策教育培训进党校（行政学院）、社会主义学院的实施意见》，进一步贯彻落实“坚持男女平等基本国策，保障妇女儿童合法权益”的任务要求。

同日　市妇联与天津农商行举行战略合作协议签约仪式暨“巾帼贷”产品、农商聚爱计划发布会，支持广大女性就业创业建功新时代以及儿童助学开展金融合作。

7月21日　市妇联面向全市妇女开展线上免费“两癌”筛查开展情况调研。

7月22日　天津市首个巾帼科技助农直通车示范服务站在宁河区揭牌。

7月26日至29日　市妇联党组书记、主席魏继红带队同市合作交流办、市委市级机关工委等单位赴青海省黄南藏族自治州开展对口帮扶工作。

7月28日　市妇联与欧盟商会女性联盟企业家代表开展精益管理领域女性发展分享会。

8月1日　市妇联联合市教委、市文明办等十个部门印发《天津市关于指导推进家庭教育的五年规划（2021—2025年）》。

8月3日　市妇联举行“牵手两岸　圆梦津门”台胞获评天津市最美家庭授奖仪式。

8月4日　市妇联举办“少年儿童心向党　用心用情伴成长”——2022暑期儿童关爱服务活动。活动以重走长征路拉开序幕，爱心家庭与参与活动家庭开展关爱帮扶行动，向蓟州区留守和困境儿童代表赠送文教用品。

8月10日　市妇联修订完善《“天津市巾帼现代农业科技示范基地”管理办法》。

8月14日　市妇儿工委办公室联合市发展改革委、市教委、市民政局、市住建委，开展儿童友好城市试点建设专题调研。

8月17日　市妇联党组书记、主席魏继红一行前往厦门航空公司北方总部天津分公司调研妇女工作，慰问奋斗在一线的民航女职工。

8月17日至18日　市妇联举办2022年天津市妇联系统维权能力建设暨婚姻家庭纠纷调解员培训班。传达全国妇联权益工作会议精神，开设维权工作专题讲座并进行经验交流，部署下一步工作。

8月23日至24日　全国妇联副主席、书记处书记吴海鹰赴宝坻区、红桥区、和平区、河北区调研。

8月28日　市妇联党组书记、主席魏继红率队参加2022年中国网络文明大会开幕式暨主论坛。

8月30日　十四届七次执委会议暨区妇联主席会议召开。总结2022年以来的工作情况，并研究部署下一步工作。

9月5日　市妇联组织召开妇女报刊进乡村项目推进会，会议以视频形式召开。

9月5日至6日　市妇联党组书记、主席魏继红带领市女企业家协会部分女企业家赴天一建设集团、大桥焊材集团开展调研。

9月8日　市妇联党组召开会议，传达全市信访工作会议精神，研究部署妇联组织落实会议精神的具体举措。

9月13日　市妇联开展“平安家庭我助力　矛盾调解在身边”婚姻家庭纠纷调解故事展播活动。做好天津市妇联组织婚姻家庭纠纷调解员三年培养计划收官工作，宣传好经验好做法，提高妇联维权干部和调解员的素质和能力。活动为期1个月，共展播调解故事14期。

9月14日　市妇联同专家学者、社会组织负责人等深入静海区华康街道新时代文明实践站所、陈官屯镇吕官屯村民俗陈列馆“耕读之家”、静海区女企业家商会开展实地调研，并召开家庭法治建设专题座谈会。

同日　市妇联为新认定的2022年度天津市巾帼现代农业示范基地授牌、送去助农资金，回访往年巾帼农业示范基地。

9月15日 市妇联党组书记、主席魏继红等参加全国妇联对口援疆工作协调推进视频会，并汇报我市工作情况。

9月21日 市妇联主办、津南区妇联承办的“稻花香里庆、丰收津门厨嫂秀厨艺”丰收节庆祝活动取得圆满成功。

9月28日 市妇联召开党组会，落实市全面从严治党向纵深发展工作部署会议要求，研究制定《市妇联贯彻落实〈中共天津市委关于推进全面从严治党向纵深发展的意见〉的若干措施》。

10月1日 市妇儿工委、市妇联首次推出的在津首发、全国首列“和美一家人 喜迎二十大”——宣传贯彻“男女平等儿童优先 家庭和美”天津地铁专列上线开跑。

同日 津云、妇联自媒体等对2022年天津市巾帼现代农业示范基地事迹宣传片、“晒晒我家小院子”活动征集视频进行展播。

10月24日 市妇联印发《天津市妇女和儿童发展“十四五”规划》目标任务分工方案和统计监测指标体系。

10月26日 市妇联分别与甘肃省妇联、西藏昌都市妇联、和田地区妇联召开对口帮扶工作视频对接会。

10月27日 市妇联为宁河区开展巾帼科技助农直通车活动暨送牌到基地、妇女“双创”工作调研。

10月 市妇联与市级机关工委、市文明办联合开展“金秋盛会 美好生活展新卷”天津家庭欢庆党的二十大线上接力活动。在津云App开辟线上互动专栏，累计7万余人次参与活动，精选寄语、感言及作品整理收录，制作成《共筑家国梦想 共创美好未来 党的二十大精神进家庭学习手账》。

11月3日 市妇联“津门巧厨嫂厨艺秀”活动入选全国100个丰收节特色活动。

同日 市政协妇联界别召开向界别群众汇报集中履职会。市妇联党组书记、主席魏继红，副主席、党组成员、市政协社法委分党组第三履职党支部书记、一级巡视员林洁，市政协社法委有关负责同志出席会议，市政协社法委分党组第三履职党支部成员市红十字协会党组书记、常务副会长吴庆云，红桥区委常委、统战部部长赵霞，以及市政协妇联界别委员参加会议。

11月4日 全市妇联系统学习贯彻党的二十大精神会议召开。市妇联党组书记、主席魏继红深刻阐释学习宣传贯彻党的二十大精神的重大意义，并对学习宣传贯彻党的二十大精神进行明确部署。市妇联副主席、党组成员、一级巡视员林洁传达党的二十大精神。

11月10日至11日 开展妇联系统学习贯彻党的二十大精神，加强新时代妇女维权工作培训班。传达全国妇联相关会议精神，解读新妇女权益保障法，讲授如何提升心理调适能力等课程。围绕新时代妇女维权和反家暴工作开展研讨。

11月11日 在天津航空开展“巾帼心向党 奋进新征程”天津市妇联宣传宣讲党的二十大精神进基层活动。

11月18日 市妇联举办学习宣传贯彻党的二十大精神宣讲暨执委分团宣讲集中备课活动。党的二十大代表、市妇联党组书记、主席魏继红向市妇联执委和巾帼宣讲员代表进行了集中宣讲。

11月20日 市妇联与天津经济广播、天津市女企业家协会推出“津帼创业故事汇高校行”系列活动，邀请优秀女性创业者、企业家为高校学生带去创业经验分享、职业发展指导和校园招聘，累计6万余名大学生参与活动。

11月22日 在中交天津航道局有限公司宣讲党的二十大精神，活动以线下讲解与线上视频相结合的方式展开。

11月24日 市妇联、市妇儿办、和平区人民法院等单位联合召开“拒绝家暴 守护幸福 共创平安”——学习贯彻党的二十大精神，加强家暴社区预警机制研究活动线上会议。

11月26日 天津市妇联与甘肃省妇联、西藏昌都市妇联、新疆和田地区妇联召开对口帮扶工作视频会议。

11月29日 市妇联党组书记、主席魏继红参加《公仆走进直播间》特别策划“向群众汇报—2022群团组织访谈”。

11月30日至12月5日 市妇联举办2022年天津市妇联系统网评员网宣员线上培训。

12月2日 市妇联在系列微课“家长云课堂”基础上,加推“特殊时期 特别家教”系列专题微课。每周在天津妇联公众号发布家庭教育音频,聚焦家长最关心的教育问题,提出家庭教育新思路,全年累计发布50期。

12月4日 市妇联与市委政法委共同发布2022年天津市妇女儿童维权十大典型案例。

12月5日 “京津冀三地妇联贯彻落实党的二十大 共谱乡村振兴新华章——乡村振兴巾帼行动成果交流分享会”召开,宣讲党的二十大精神。

12月6日 市妇联党组书记、主席魏继红组织讲授《加强新时代廉洁文化建设 以坚定理想信念强基固本》廉政党课,机关全体党员干部参加学习。

本年 市妇联举办“迎盛会、铸忠诚、强担当、创业绩”主题学习宣传教育实践活动工作暨干部大讲堂7期。

(执笔人:房雅楠)

【工作总结】

中共天津市委

市委办公厅 2022 年工作总结

2022 年,市委办公厅以习近平新时代中国特色社会主义思想为指导,全面贯彻落实党的二十大精神,认真落实习近平总书记对天津工作“三个着力”重要要求和对党委办公厅(室)的重要指示精神,以党的政治建设为统领,充分发挥参谋助手作用,认真履行抓落实基本职能,全力服务市委全面建设社会主义现代化大都市。

一、坚持以党的政治建设为统领,进一步增强坚定拥护“两个确立”、坚决做到“两个维护”的思想自觉政治自觉行动自觉

1. 聚焦党的政治建设重点任务,在全厅迅速兴起学习宣传贯彻党的二十大精神热潮。及时传达学习党的二十大和二十届一中全会精神、《中共中央关于认真学习宣传贯彻党的二十大精神的决定》,组织制定学习宣传贯彻落实的安排意见等,确保学习宣传贯彻工作迅速部署、扎实推进。厅领导班子成员在分管单位和处室进行宣讲,组织全厅党员干部结合入列轮值、结对共建、志愿服务等工作深入宣传,推动党的二十大精神进机关、进校园、进农村、进社区。举办专题读书班,厅主要负责同志作开班动员,领导班子成员带头交流学习体会,坚持集中学习与分散自学相结合、深入学习与交流研讨相结合,带动全厅迅速兴起学习热潮;组织开展专题学习,紧密结合“三会一课”、主题党日活动,持续深入抓好学习贯彻工作,确保覆盖到每个党组织、每名党员群众,应知应会内容必会。

2. 坚持不懈用习近平新时代中国特色社会主义思想凝心铸魂。扎实开展“迎盛会、铸忠诚、强担当、创业绩”主题学习宣传教育实践活动工作,将对党、对习近平总书记的忠诚教育摆在突出位置,组织全厅党员干部原汁原味学习习近平总书记重要讲话和文章,第一时间配备《习近平谈治国理政》(第四卷)等书籍和重要辅导材料,组织开展专题研讨,“七一”前后召开专题组织生活会对照检视、整改提高,铸牢信仰信念,提升“政治三力”,激励担当作为,转化为“三服务”实干实绩。

3. 全力推动政治要件落地落实。(略)

4. 深入推进风清气正政治生态建设。进一步提升党内政治生活质量,高标准召开厅领导班子民主生活会和各党支部组织生活会,厅领导班子成员积极参加所在党支部讲党课、集中学习、主题党日活动等组织生活,推动提质增效。加强廉洁文化建设,深入学习全市加强新时代廉洁文化建设工作会议暨党员干部警示教育大会精神,制定贯彻落实措施,狠抓日常教育管理监督,提升廉洁文化建设水平。

二、坚持围绕中心服务大局,全力推进“三服务”工作

1. 全力推动党中央、市委决策部署落地落实。(略)

2. 聚力抓实为基层减负工作。强化部署推动,召开市级层面整治形式主义为基层减负专项工作机制会议,研究分析、推动解决重点难点问题,压紧压实工作责任。持续监督问效,在主流媒体和平台上公布举报电话和邮箱,及时转办核查问题线索。

3. 用心做好资政辅政工作。健全完善公文处理工作机制,加强对各区各部门的规范指导。

着力推进依法治市，统筹做好法治工作会议文件服务，扎实做好党内法规和规范性文件的审核把关、备案审查工作。围绕重点工作和重点难点问题、重大理论和实践问题，基层、群众及舆论反映的突出问题深入开展调查研究。发挥好党委信息主渠道作用，持续推进《天津工作》全面改进提升。

4. 积极做好统筹协调工作。强化责任担当，服务全市性会议取得较好的会议效果和社会效果。服务召开市委常委会会议、市委各议事协调机构领导小组会议等，确保各项工作任务贯彻落实到位。坚持唯实求真，强化统筹谋划，推动政务活动服务工作迈上新台阶。全面加强值班值守，确保实时掌握动态信息，及时应对处置突发情况。

5. 精心做好保密和档案等工作。高质量完成重要任务服务保障，服务保障能力得到充分检验。市档案局统筹抓好全市档案工作，指导推动各区制发本区"十四五"规划，16 个区综合档案馆库建设全部达标，数字档案馆建设取得新突破，推动建成 1 个"国家级数字档案馆"、1 个"全国示范数字档案室"。指导推动综合档案馆馆藏红色档案目录数据整合和资源利用，建成全市专题数据库。市委办公厅（市档案局）被评为 2022 年度《中国档案》杂志宣传工作优秀集体、中国档案报社优秀通联单位，获得全国档案法知识竞赛优秀组织奖。

6. 切实做好综合运转保障工作。规范做好经费、资产管理等后勤保障服务工作，抓好安全工作，办公安全、消防安全、生产安全，严格设备安全使用管理，严格办公环境安全，严格项目工程安全。进一步提高文件印制水平和工艺流程标准化建设，全力做好文件印制服务保障工作。用心用情、精准服务做好离退休干部工作，相关处室被授予"天津市老干部工作先进集体"荣誉称号。

7. 毫不放松抓好疫情防控工作。坚决贯彻习近平总书记关于疫情防控工作的重要讲话和重要指示精神，把握常态化疫情防控特点规律，全力以赴服务市委推动疫情防控部署要求落地落实，高标准、高质量完成文件运转、值班值守、会议活动、指挥调度、后勤服务、"蓝军"督查等工作。组织党员干部下沉社区、村积极配合一线疫情防控。面对疫情防控形势变化，迅速启动疫情防控运转机制，统筹人员力量和任务安排，落实落细各项防控措施。

三、坚持以严的基调正风肃纪，不断提高一体推进"三不腐"能力和水平

1. 坚决扛起主体责任，推动全面从严治党各项任务落地落实。厅主要负责同志认真履行"第一责任人"职责，管班子、带队伍、抓落实，主持召开厅推进全面从严治党向纵深发展暨干部警示教育大会，层层压实管党治党政治责任。厅领导班子成员认真履行"一岗双责"，抓实分管部门和处室的全面从严治党工作，切实发挥出"关键少数"的关键作用，确保取得扎实成效。

2. 持之以恒落实中央八项规定精神。认真学习有关违反中央八项规定精神通报，对全厅党员干部提出明确要求，持续用力、不折不扣落到底、落到位。节假日等重要时间节点印发通知，组织认真学习贯彻市纪委关于节日期间正风肃纪部署要求，扎实开展节前警示教育。

3. 不断深化党风廉政建设。深入学习习近平总书记关于党风廉政建设的重要论述，统筹推进党风廉政建设各项工作。厅领导班子成员与党员干部深入谈心谈话，开展思想教育，时刻绷紧纪律规矩之弦。组织观看警示教育片，切实强化全厅党员干部严守纪律规矩的思想自觉和行动自觉，做到知敬畏、存戒惧、守底线。

四、坚持抓班子带队伍，着力推进科学依法治厅

1. 加强机关党建工作。强化党建引领作用，研究制定党建重点任务清单，明确工作标准、时限要求，从严组织推动。充分发挥党建示范点引领和辐射带动作用，推进党支部标准化、规范化建设，严格党的组织生活制度，对党支部"三会一课"、主题党日等制度落实情况开展经常性督促检查，推动基层党组织全面进步、全面过硬。认真落实入列轮值、"双千""双报到"、结对共建等要求，密切与街道社区（村）党组织的沟通联系，发挥市级机关基层党组织和党员的示范作用。

2. 抓实干部队伍建设。鲜明树立新时代选用人导向，持续加大干部队伍建设力度，通过多种方式积极引进优秀人才，干部队伍年龄、知识、专业、能力结构不断优化。加大培训力度，举办干部学习大讲堂，不断提升干部队伍政治理论素养和业务能力水平。加强年轻干部培养教育管理，引导青年党员干部自觉把青春融入“三服务”事业。

3. 提升法治建设效能。认真履行法治建设责任，定期研究部署推动法治建设各项工作，领导干部上专题法治课，推动形成依法依规行事办事的习惯和氛围。着眼强化法治思维和能力，组织学习宪法知识，推动网上学法用法工作，结合业务培训加大对党内法规和各项规定的培训力度，党员干部遇事找法的意识和能力进一步提升。

4. 持续深入治理形式主义官僚主义不担当不作为问题。紧盯关键少数、关键部位，深入重点部位开展监督检查。结合落实谈心谈话制度，全面了解掌握党员干部思想、心理、精神状态，有的放矢做好一人一事思想工作，不断强化党员干部担当作为的意识和能力。

市委组织部 2022 年工作总结

2022 年，市委组织部坚持以习近平新时代中国特色社会主义思想为指导，认真落实中组部和市委部署要求，以迎接党的二十大、学习宣传贯彻党的二十大精神为主题主线、首要政治任务，认真贯彻落实市第十二次党代会部署要求，弘扬伟大建党精神，自觉运用党的百年奋斗经验和组织建设经验，坚持以党的政治建设为统领，扎实践行新时代党的组织路线，迎盛会、铸忠诚、强担当、创业绩，推动全市广大党员干部坚定拥护“两个确立”、坚决做到“两个维护”，为奋力开创全面建设社会主义现代化大都市新局面、实现中华民族伟大复兴提供坚强组织保证。

一、突出党的政治建设这个根本性建设，推动党员干部坚定拥护“两个确立”、坚决做到“两个维护”

牢牢把握组织工作的政治属性，坚持以政治建设统领统帅、定向引路，把旗帜鲜明讲政治贯穿到组织工作各方面全过程，教育引导广大党员干部坚决维护核心、衷心爱戴核心、始终紧跟核心，坚决听从习近平总书记和党中央指挥号令。

一是扎实开展“迎盛会、铸忠诚、强担当、创业绩”主题学习宣传教育实践活动工作。突出迎盛会这条主线，坚持铸忠诚凝魂、强担当聚力、创业绩检验，扎实推进 10 项重点任务，做好结合文章，取得了理论武装凝心铸魂、深度融合中心工作、为民办实事常态长效、舆论氛围向上向好等实实在在的成效。开展“坚定拥护‘两个确立’、坚决做到‘两个维护’”“学习党的二十大精神，凝聚一起向未来的磅礴伟力”等四个专题交流研讨，深刻检视差距不足，以担当作为、真抓实干的一流业绩诠释对党的绝对忠诚。“七一”前后，市级领导干部率先垂范，带头到分管部门、基层单位讲专题党课，形成领导干部带头讲、党组织书记人人讲、先进典型结合事迹讲的生动局面；全市党员领导干部讲专题党课 1.7 万次，受众 56.4 万人，各级党组织书记讲专题党课 5.1 万次，受众 82.1 万人；全市 5.26 万个党组织召开专题组织生活会，党支部查摆问题 21 万个，制定整改措施 21.4 万项，党员查摆问题 260 万个，作出整改承诺 260.2 万项。持续深化“我为群众办实事”实践活动，全市各级党组织持续深化“四个起来”载体，制定年度办实事清单 7.6 万项，7.5 万项已解决或取得阶段性进展；动态制定群众诉求清单 18.1 万项，18 万项已解决或取得阶段性进展；区、乡镇街道领导干部走访联系点 5.1 万次、群众 4.3 万次，累计解决问题 1.9 万个。

二是圆满完成党的二十大代表推选和服务

保障工作。市委主要负责同志担任选举出席党的二十大代表工作领导小组组长，主持召开市委书记专题会议、市委常委会会议，研究审议党的二十大代表推荐提名有关工作，切实做到全程领导、全程把关。在代表推荐提名中，充分发挥各级党组织作用，广泛深入宣传动员，严格按照“三上三下”程序步骤，自下而上、上下结合、反复酝酿、逐级遴选，全市基层党支部参与率达100%，党员参与率达99%。充分学习借鉴广西选举出席党的二十大代表经验做法，依样细化、借鉴形成28条具体措施，切实把坚持和加强党的全面领导贯穿全过程。严把政治首关和廉洁资格关，建立并落实逐级审查、两级联审机制，会同市纪委监委机关等21个市级部门单位对推荐人选逐一进行资格审查和“四必”核查，坚决把不符合条件者挡在门外。严格进行组织考察，精心组织大会选举，圆满选举产生46名我市出席党的二十大代表。全程跟踪、细致周到地做好代表服务保障、集中辅导、防疫提示等工作，确保代表以良好、饱满精神状态参会履职。

三是严格依规依程序做好市第十二次党代会有关工作。精心做好780名市第十二次党代会代表推荐提名、联合审查、组织考察和大会选举工作，扎实开展“两委”人选推荐考察，切实防止“带病推荐”“带病提名”。周密组织大会选举，精心制定3个选举办法和分团预选、大会正式选举等8个工作方案，拍摄2部介绍选票填写和投票注意事项的短片。全覆盖开展代表谈心谈话，确保中央批准的换届人事安排格局顺利实现。从严从实抓好换届风气监督工作，坚持教育在先、警示在先、预防在先，严明“十严禁”纪律要求，全市共组织学习培训4700余次、组织观看《警钟长鸣》28.3万余人次，引导党员干部自觉遵守换届纪律。畅通“四位一体”举报受理渠道，安排专人24小时值守，建立换届举报联查联办和快查快结工作机制，成立违反换届纪律问题机动监督组，以“零容忍”的态度严肃查处违反换届纪律行为，确保换届顺利开展、风清气正。6月20日我市第十二次党代会胜利闭幕，圆满实现形成一个好报告、产生一个好班子、开出一个好风气、取得一个好效果“四个好”目标。

四是强化党内政治要件执行力。坚持把落实习近平总书记重要指示批示精神情况作为拥护“两个确立”、做到“两个维护”的直接检验，全力抓好习近平总书记“着力加强和改善党的领导”重要指示批示精神“回头看”工作。持续深化中央巡视反馈意见整改落实，从严从实推动选人用人工作专项检查发现问题整改，指导推动市委第九轮、第十轮被巡视单位党组织制定整改措施2462项，形成制度规定252项，问责追责381人。认真贯彻执行新形势下党内政治生活若干准则，严格落实“五查看、五不开、五叫停”机制，指导全市处级以上领导班子开好党史学习教育专题民主生活会，指导全市5.26万个党支部开好年度组织生活会，108.75万名党员参加民主评议。

五是充分发挥组织优势服务保障大局工作。2022年初奥密克戎疫情突袭津门，1月9日（全市启动全员核酸筛查当天）即印发《关于在疫情防控中进一步发挥基层党组织战斗堡垒作用和党员先锋模范作用的通知》，先后选派6批次、1.5万余名党员干部星夜驰援津南，1200余名居住在河北区的党员干部春节期间就地下沉，8.5万余名区级部门党员干部投身核酸筛查、管控服务，让鲜红党旗在抗疫斗争第一线高高飘扬。突出关心关爱，从市管党费拨付4521万元用于疫情防控、慰问坚守一线的基层抗疫者，指导各级党组织对3.8万名奋战在抗疫一线的基层工作人员开展全覆盖慰问。及时跟进常态化防控需要，建立四级防控人员名录库，统筹7.6万名市级单位、11万名区级部门、2.5万名镇街党员干部和20.4万名社区辅警、物业人员、志愿者，形成常态化防控力量梯队。制定《关于开展党建引领“无疫小区”“无疫网格”创建工作的通知》，推动各区深入开展应急预判、文明健康等行动，整体提升疫情防控工作水平。

六是以“全部”之力做好市人大、市政府、市政协换届相关工作。经市委同意，成立市人大政府政协领导班子换届工作办公室，强化与市人大、市政协、市委统战部等单位协同配合，扎实组织开展代表、委员人选推荐提名工作，会同联审单位开展联合审查，组建考察组对人选进行深入考察，提请市委研究确定全国和我市代表、委员人选和人大、政协常委及专门委成员人选。抽调精干力量，服务保障中组部干部考察组在津考察工作。扎实做好2023年市两会换届选举有关工作，抽调部机关干部下团下组联络服务，精心组织、周密安排，圆满实现"四个确保"目标任务。加强换届风气监督，层层压实主体责任，会同市纪委监委机关成立严肃换届纪律督导组，发现问题从严从快查处，统筹协调做好各区召开人代会期间严肃换届纪律督导，确保换届风气清明清正清新。

二、始终高擎思想旗帜，坚持不懈抓好新时代党的创新理论武装

始终把加强新时代党的创新理论武装作为组织建设的首要政治任务，把"造形"与"铸魂"有机统一，教育引导党员干部自觉将习近平总书记的思想作为"真经""心学"，自觉做习近平新时代中国特色社会主义思想的坚定信仰者、忠实践行者。

一是全力抓好党的二十大精神的教育培训。计划2023年6月前在市委党校举办6期领导干部学习贯彻党的二十大精神专题培训班。制定印发《关于深入开展党的二十大精神教育培训的通知》，指导各区各部门各单位以举办培训班、读书班等形式，对处级以上领导干部开展集中轮训。会同市党支部书记学院分期分批对农村、社区、机关、国有企业、高等院校、中小学校、医院、非公有制经济组织和社会组织等领域基层党组织书记、农村专职党务工作者进行集中培训。用好天津干部在线学习平台，及时上线一批优质网络课程，开设学习专栏和网上专题班，推动优质培训资源直达基层。为全市125.4万名党员配发党的二十大报告单行本和新党章，指导全市各级党组织运用"三会一课"、主题党日等形式，组织党员读原文、悟原理。筹备制播"党课开讲啦·二十大代表讲党课"电视党课。

二是深入实施习近平新时代中国特色社会主义思想教育培训计划。突出习近平新时代中国特色社会主义思想课程的首课、主课、必修课地位，确保理论教育、党性教育比重不低于总课时的70%，2022年以来在市委党校开设进修班、专题研讨班等各类班次88期，培训干部5300余人次。举办全市领导干部学习贯彻党的十九届六中全会精神和习近平总书记重要讲话精神专题读书班，全市180名党政一把手参加培训，推动各区各部门各单位对全市2.3万名处级以上党员领导干部开展全员轮训。举办忠诚教育网上专题班，对全市10万余名公务员、企事业单位处级及以上领导干部开展全覆盖培训。坚持新提任处级党政领导职务政治理论水平任职资格考试制度，把习近平新时代中国特色社会主义思想作为主要内容，5700余名处科级干部参加考试，干部在线自学自测超过20万人次。

三是紧扣社会主义现代化大都市建设需要开展专业化能力培训。组织举办"学习贯彻习近平经济思想""贯彻新发展理念　做好碳达峰碳中和工作""全面推进乡村振兴促进共同富裕""统筹发展和安全防范化解重大风险"等20余期专题研讨班，举办"数字天津建设"等一批网上专题班，着力提高各级领导干部把握新发展阶段、贯彻新发展理念、构建新发展格局的政治能力、战略眼光、专业水平。采取市级抓示范、区级抓重点、部门抓系统、街镇抓末梢的方式，深入实施"农村基层干部乡村振兴主题培训计划"和"城市基层干部党建引领基层治理主题培训计划"，推动各级举办基层干部主题培训班6400余期、讲座5000余场，培训基层干部60余万人次。

三、鲜明树立新时代选人用人导向，锻造忠诚干净担当的高素质专业化干部队伍

着眼全面建设社会主义现代化大都市需要，从干部选拔任用"供给侧"着力，优化干部育选管用工作，全力抓好"后继有人"这个根本大计。

一是严把选人用人政治首关。认真落实我市领导干部政治素质考察办法，把坚定拥护"两个确立"、坚决做到"两个维护"作为考察考核核心内容，加强事功场景考察和经常性调研了解，拿事说话、以事察人，推动政治素质具体化、可检验。坚持把功夫下在平时，研究提高考察材料质量，建立关键指标体系台账，注重在疫情防控、护航党的二十大等重大斗争一线考察识别干部，做到一个班子一本账，及时掌握市管领导班子和领导干部的政治建设、政治表现以及干部群众反映突出的情况。

二是坚持事业为上以事择人。坚持新时代好干部标准，大力选拔适应天津高质量发展需要的干部，2022 年共调整市管干部 449 名，其中提拔、晋升职级和进一步使用 187 名。认真协助中央组织部做好中管干部任免等相关工作。把区级党政正职选拔工作作为一项战略性工程，着力培养锻造政治过硬、能力突出、堪当重任的区级党政正职队伍。面向全国公开选聘开发区管委会副主任 3 名，天津国际生物医药联合研究院有限公司总经理 1 名、副总经理 2 名，扎实做好 5 个开发区法定机构改革首个聘期考核工作。加强和改进事业单位领导人员管理工作，制定印发《天津市区级以下事业单位领导人员管理办法》，进一步提高制度化、规范化管理水平。深化国企选人用人制度改革，召开全市市管企业所属企业和区属企业选人用人制度改革推动会，为 4 家市管企业市场化选聘 10 名职业经理人。

三是加强年轻干部培养选拔。市委召开年轻干部教育管理工作会议，市委主要负责同志出席并讲话。举办 2 期全市 35 岁左右优秀年轻干部专题培训班，2 期中青年培训一班、二班。选派 1407 名优秀干部人才援藏援青援甘，选派第七批 6 名新提拔副局级领导干部到信访岗位锻炼，与内蒙古互派 2 名局处级年轻干部交流任职，选派 15 名市级机关、市属企事业单位年轻干部担任乡镇街道党政正职，面向全国重点高校招录选调生 342 名并安排到基层一线培养锻炼。深入实施新时代马克思主义政治人才培养工程，加大优秀年轻思政课教师培养力度，促进思政课教师加快成长为领导干部。加强农村专职党务工作者选拔培养，从担任“一肩挑”的农村专职党务工作者中选拔 3 名区属事业单位副处级领导干部、26 名乡镇事业单位科级正职，选派 34 人赴甘肃支援乡村振兴示范村建设、在实践一线经受锻炼。

四是从严从实管理监督干部。深入贯彻落实中央《关于加强对“一把手”和领导班子监督的意见》和市委具体措施，延伸监督触角，2022 年共列席 34 家市管单位党组织会议，到工作一线看望 27 名“一把手”，根据经济责任审计结果对 27 名市管干部进行谈话提醒。认真落实《推进领导干部能上能下规定》，加大调整不适宜担任现职干部力度，对状态不好、精神不佳的坚决地“下”。坚持严的基调，严格选人用人监督，认真抓好结合巡视开展选人用人专项检查，紧盯 45 家被检查单位党组织坚持党管干部原则、履行选人用人职责等方面情况开展监督检查、推动问题整改，稳妥有序组织指导全市有处级干部任免权的 192 家市管单位开展“一报告两评议”工作。深入做好巡视发现问题整改督促检查“后半篇文章”，指导推动被检查单位制定整改措施 2462 项，问责追责 381 人。稳妥做好领导干部个人有关事项年度集中报告工作，对全市 4477 名局、处级干部个人有关事项报告进行抽查核实。规范市管干部配偶、子女及其配偶经商办企业行为，指导市管单位对 2019 年制定的领导干部配偶、子女及其配偶经商办企业禁业范围重新进行修改完善。开展 2021 年区级领导班子换届新任市管干部档案专项审核。

五是激励干部新担当新作为。充分发挥考核区分优劣、奖优罚劣、激励担当、促进发展的“指挥棒”“风向标”作用，对年度考核为优秀等次的 190 名市管干部给予嘉奖，对连续三年为优秀等次的 15 名市管干部记三等功，对 4 个“一般”等次的领导班子责令向市委报送书面整改报告。更加突出高质量发展、突出重点任务落实、突出奖优罚劣，会同相关部门调整优化各区绩效考评指标体系，开展全市重点工作任务专项考核，鲜明树立重实干、看担当的导向。鲜明职级晋升导向，对在京津冀协同发展、疫情防控、乡村振兴、东西部协作等急难险重任务中表现突出的公务员优先晋升职级，全年共晋升二级巡视员及相当层次职级 155 人。从表现优异、担当作为、实绩突出的优秀村、社区党组织书记中定向招录 100 人为乡镇街道基层公务员。推行实施县以下事业单位管理岗位职员等级晋升制度，拓宽乡镇街道事业单位管理人员职业发展空间，激发队伍活力。研究制定关于深入整治“躺平”问题进一步激励市管干部担当作为的6条措施，加大对不担当不作为问题举报查核督办力度，对反映的26件不担当不作为问题线索及时受理、优先办理。指导全市各单位组织人事部门积极稳妥做好澄清正名和恶意举报反向调查工作，梳理不实举报494件，开展澄清正名12人次，旗帜鲜明为敢于担当的干部撑腰鼓劲。抓好《受处理处分干部管理办法》实施，对影响期满、表现优秀的14名处级干部，符合有关条件的，正常使用。

六是建设高素质专业化公务员队伍。深化公务员分类改革，制定生态环境、审计、统计三个领域专业技术任职资格评定规程和评审委员会管理办法等“3+1”配套文件，将城市管理、卫生健康等领域符合条件的19支执法队伍纳入行政执法类公务员管理实施范围，扎实推进司法人员分类管理，做好市一级纪检监察机构监察官等级首次确定和晋升工作。圆满完成2022年全市公开招考公务员工作，推出“暖心六条”服务举措，帮助考生在津顺利考试就业，全市24个市级机关和16个区录用2521人。组织2880名新录用人员在全市25个分课堂参加中组部统一举办的2022年全国新录用公务员初任培训班，帮助他们“系好第一粒扣子”。认真做好全国和我市“人民满意的公务员”和“人民满意的公务员集体”推荐和评选表彰工作，我市9名个人、4个集体参加全国表彰大会，受到习近平总书记亲切会见；召开全市“人民满意的公务员”和“人民满意的公务员集体”表彰座谈会，对我市30名个人、16个集体进行表彰。按照党中央、国务院要求，做好我市规范公务员工资津贴补贴工作。

四、持续用力强基础固基本，增强各领域基层党组织政治功能和组织功能

坚持大抓基层的鲜明导向，突出增强政治功能和组织功能，全面加强各层级各领域党组织建设，确保党的领导“一根钢钎插到底”。

一是深入推进抓党建促乡村振兴。加强乡镇、村集中换届后班子建设，全面开展村“两委”换届“回头看”，围绕“加强乡镇领导班子建设”和“乡镇管理体制改革”开展调研。抓实村干部教育管理监督，聚焦抓党建促乡村振兴等主题，对全市村社区党组织书记轮训全覆盖。开展村“一肩挑”落实全职化管理不到位问题排查治理，常态化整顿软弱涣散村党组织，将2021年度评定为“无星村”的352个村纳入整顿范围。继续面向全国招录906名农村专职党务工作者，修订《天津市农村专职党务工作者管理办法》，完善选育管用全周期培养链条。

二是深化党建引领城乡治理体制机制创新。认真贯彻落实中组部深化城市基层党建引领基层治理全国电视电话会议精神，健全市、区、镇街、村社区四级贯通联动体系，建立市、区两级党建联席会议，推动124个街道和1885个社区完善“大工委”“大党委”制度，形成党领导基层治理一贯到底的“动力主轴”。天津文化中心广场党建引领基层治理经验做法被《焦点访谈》报道。修订《天津市社区工作者管理办法》，招录1872名大学本科毕业生为社区工作者，设立社区工作者年度考核绩效奖，让社区工作者有甜头、有干劲。修订《天津市村社区星级管理办法》，对2021年度评星定级工作进行暗访核实，对连续两年以上被评为“无星村”社区“一肩挑”履职情况进行逐一研判，给予2人免职处理、8人诫勉处理。

三是推动各领域基层党建提质增效。大力推进机关党建与业务深度融合，推动全市1104家市区两级机关、5.3万名机关党员干部落实2022年度入列轮值计划。加强事业单位党建，指导推动各高校就贯彻落实高校基层组织工作条例进行自查，会同市委教育工委制定《关于建立中小学校党组织领导的校长负责制的实施办法》，推动中小学校党组织领导的校长负责制落实落地；在3家科研院所试点探索实行党组织领导的院（所）长负责制。指导市管企业修订党委前置研究讨论事项清单。完善两新工委运行机制，研究制定《天津市非公有制经济组织和社会组织工委组成及运行规则》，实施互联网企业党建工作双提升三年行动计划，成立市外卖配送、快递、道路运输3个行业党委，加强对新业态、新就业群体党建工作的组织指导，每年给予党建经费支持。开展党务工作突出问题清查整治，采取自下而上自查自纠、自上而下督查抽查的方式，排查纠治了一批突出问题和风险隐患，增强了党建工作的政治性严肃性规范性。

四是提高发展党员和党员教育管理质量。坚持把握重点突破难点，制定印发《关于做好在产业工人中发展党员工作的若干措施》《关于做好在高层次人才中发展党员工作的若干措施》，持续优化党员队伍结构。持续抓好在青年农民中发展党员工作，2022年全市新增青年农民入党申请人1.8万名，增幅达67%。我市发展党员工作得到中组部肯定，《组工信息》《中国组织人事报》先后三次刊发我市做法。"七一"前夕向1.17万余名党员颁发"光荣在党50年"纪念章，在全社会大力营造尊崇老党员、学习老党员的浓厚氛围。从市管党费中划拨1818.25万元，扎实做好元旦、春节期间及"七一"前走访慰问活动，让党员和家属切实感受到习近平总书记和党中央的关怀温暖。高质量推进党员教育资源建设，我市4部作品在"第十六届全国党员教育电视片观摩交流活动"中获奖。

五是持续夯实抓基层党建责任。召开各区委、市委有关部委和部分市级国家机关党委主要负责同志抓基层党建工作述职评议会，指导各级党组织自上而下开展全覆盖述职评议考核，压紧压实全面从严治党主体责任和各级党组织书记第一责任人责任，切实提升基层党建工作实效。

五、坚持"天下才天津用"，全力建设人才强市

深入学习贯彻习近平总书记在中央人才工作会议上的重要讲话精神，牢固树立"人才是第一资源"的理念，全方位培养、引进、用好各类人才。召开市委人才工作会议，推动党中央决策部署落细落实，明确我市人才工作的目标任务和努力方向。持续优化人才结构，不断壮大领军人才、青年人才和技能人才队伍规模，认定引进领军人才资助人选19人，支持入选中国青科奖、国家青托、博士后国际交流计划等国家人才项目的青年人才46人，引育"海河工匠"或在各类技能大赛表现优异的高技能人才17人。深化人才发展体制机制改革，开展人才工作中"唯帽子"问题治理，推动人才称号、学术头衔、人才层次回归学术性、荣誉性本质。推动十大产业人才创新创业联盟建设提质增效，成立天津市乡村振兴产业人才创新创业联盟，进一步优化人才创新创业生态。落实对口支援帮扶部署要求，选派27名校长、84名中层管理人员和教师赴甘肃、青海开展教育人才"组团式"帮扶，选派6名第22批博士服务团成员赴西藏、青海服务锻炼，提升被帮扶地区教育科技发展水平。加强人才政治引领，坚持市委联系专家制度，推荐专家人才参加国庆招待会、国情研修班等活动。持续完善人才服务，出台"海河英才"卡，积极为高层次人才协调出入境、落户、子女入学、项目申报等实际困难，着力营造近悦远来的良好人才生态。

六、发扬自我革命精神，着力打造政治上绝对可靠、对党绝对忠诚的模范部门和过硬队伍

以党的政治建设为统领，全面加强组织部门政治、思想、组织、作风、纪律建设，教育引导组工干部带头坚定拥护"两个确立"，坚决做到"两个维护"。

一是深化忠诚教育、锤炼政治品格。围绕学懂弄通做实习近平新时代中国特色社会主义思想，部务会以上率下领学带学，开展8次理论学习中心组集体学习，主要领导同志为全市组织系统作党的二十大精神、市第十二次党代会精神宣讲和专题党课报告，并先后深入津南区、老干部活动中心为基层群众、老同志宣讲党的二十大精神。党的二十大、市第十二次党代会胜利闭幕后，第一时间印发全市组织系统学习贯彻通知，对学习贯彻工作提出具体要求、作出具体安排。

二是围绕中心、服务大局。召开全市组织工作调度会，对组织系统重点工作进行安排部署，推动全市组织系统自觉围绕市委、市政府的中心工作"公转"，激发内生动力"自转"，引导党员干部"共转"。持续推进整治形式主义为基层减负工作，优化简化改进发文方式、简化驻村干部请假程序、下放区级以下机关公务员登记审批权限等9项流程事项，让基层党组织和广大党员干部有更多精力抓落实、更多精力干事创业。强化信息支撑作用，研发应用《新任市管干部数字档案报审系统》，开发《市管干部数字档案远程查询系统》，切实让数据多跑路，为基层真减负。

三是内强素质、外树形象。制定并实施机关党员干部"迎盛会、铸忠诚、强担当、创业绩"素质能力提升计划，举办2期组工干部学习讲堂，有计划地安排党员干部到关键吃劲岗位、急难险重任务磨炼。以11名在关键岗位任职时间较长的处长为重点对象，打破组织、干部、人才、公务员等业务板块，大力度开展交流轮岗，占机关处长总数一半以上。持续开展"我为群众办实事"实践活动，严格落实入列轮值、联点访户、"向群众汇报"等制度，组织部机关163名在职党员到社区报到，151名干部到社区入列当"员"。四是从高从严、守住底线。探索建立党员干部廉政档案，织密织牢监督"防护网"。扎实开展主题警示教育月活动，召开廉政教育宣讲会，引导年轻干部自觉上牢上好"三把锁"，坚决守住底线、安全线、幸福线。

市委宣传部2022年工作总结

2022年，全市宣传思想战线全面贯彻习近平新时代中国特色社会主义思想，深入贯彻习近平总书记关于宣传思想工作的重要思想，深刻领悟"两个确立"的决定性意义，增强"四个意识"、坚定"四个自信"、做到"两个维护"，忠实履行举旗帜、聚民心、育新人、兴文化、展形象的使命任务，紧紧围绕迎接宣传贯彻党的二十大精神这条主线，守正创新做好宣传思想工作，为推动党的二十大精神在津沽大地落实见效、为全面建设社会主义现代化大都市提供了坚强有力的思想保证、文化支撑和精神动力。

一、高扬旗帜、凝心铸魂，学习宣传贯彻习近平新时代中国特色社会主义思想走深走实走心

1.理论武装扎实深入。市委始终把学习宣传贯彻习近平新时代中国特色社会主义思想作为首课、主课、必修课，坚持学思用贯通、知信行统一，切实把学习成效转化为推动天津改革发展稳定、实现高质量发展的扎实实践。市委理论学习中心组在《光明日报》发表署名文章《坚定捍卫"两个确立"坚决做到"两个维护"奋力开创全面建设社会主义现代化大都市新局面》。举办学习《习近平谈治国理政》第四卷和习近平总书记省部级主要领导干部专题研讨班重要讲话精神座谈会。围绕重点学习内容及时印发学习安排、编印学习材料、刊发"金理学"署名文章，对各区委理论学习中心组学习开展列席旁听，在党报党刊"党委(党组)中心组学习园地"栏目刊发学习体会文章50篇，征集印发"深学笃用　天津行动"实践案例，对各级党委(党组)理论学习中心组学习的引导服务进一步加强。全市各级党委(党组)理论学习中心组举办学习贯彻党的十九届六中全会精神等专题读书班，广大党员干部坚定捍卫"两个确立"、坚决做到"两个维护"的政治自觉进一步增强。不断巩固拓展党史学习教育成果，推动形成常态化长效化制度机制。面向全国开展"用好红色资源，传承红色基因，赓续红色血脉"课题"揭榜挂帅"，设立专项研究课题，推动党史学习教育不断深化。开展"学习宣传贯彻市第十二次党代会精神'理论直通车'"活动。围绕党的十九届六中全会精神、市第十二次党代会精神、"四史"宣传教育等组织宣讲活动2.7万余场、受众116万人次。市总工会"新时代劳模宣讲团"、国网天津电力张黎明、国家超级计算天津中心孟祥飞的宣讲报告《砥砺奋进铸就国之重器　超级计算驱动创新变革》、津云新媒体齐竞竹的宣讲微视频《青春敢向前》获全国基层理论宣讲工作表彰。

2.天津理论之声强劲洪亮。举办习近平新时代中国特色社会主义思想高端论坛、天津市当代中国马克思主义论坛、中华思想史高峰论坛等一系列高端学术活动。市委宣传部、经济日报社、南开大学、市发展改革委共同举办学习贯彻习近平经济思想暨全面塑造高质量发展新优势研讨会，来自中国社会科学院、中央党校、国家发展改革委、《经济日报》社等的知名专家学者聚焦天津高质量发展丰富实践，深入交流研讨，经济日报整版刊发会议发言摘要，中央媒体和市级媒体深入宣传报道，产生广泛影响。完成马克思主义理论研究和建设工程重点项目“以‘三个着力’重要要求为元为纲　推动习近平新时代中国特色社会主义思想在津沽大地扎实实践”，课题成果在学习强国平台刊发。编写出版《“三个着力”领航天津》，列入全市干部学习和学校思政课参考书目，发放给各区各部门和全市大中小学思政课教师。《天津日报》以“全过程人民民主”为主题的理论创新版作为实物展品，亮相“奋进新时代”主题成就展中央综合展区。出版《疫情里看懂中国》《中国共产党百年经济思想史论》等理论专著。推出“三个着力”领航天津、“思想的力量”系列理论宣传短视频。在中央主要报刊和网络媒体发表重头理论文章 152 篇，天津理论影响力进一步扩大。

3. 哲学社会科学基础日益巩固。召开天津市哲学社会科学领导小组会议，加强对哲学社会科学工作的统筹领导。印发我市“十四五”时期哲学社会科学发展规划。开展国家社会科学基金项目资金管理办法落实情况专项督查，修订印发我市哲学社会科学规划专项资金管理办法，推动高校、党校、社科机构等落实科研经费管理改革要求，有效激发全市社科工作者的科研创新创造活力。强化全周期管理和服务意识，进一步规范国家和我市社科项目申报、立项、管理、结项等流程。我市获批国家社科基金年度项目立项率高于全国平均水平，2022 年度国家社科基金重大项目、高校思想政治理论课研究专项、冷门绝学研究专项立项及《国家哲学社会科学成果文库》入选数量均位居全国前列。高校重点马克思主义学院建设扎实推进。中国特色高端智库建设持续用力，组织全市智库发展调研，举办 7 期天津智库联盟“智库微课堂”，出版《天津市智库年度报告（2019—2020）》，我市 6 家智库新入选“中国智库索引”（CTTI）。市委宣传部、市教育“两委”、市委党校举办哲学社会科学教学科研骨干研修班，通过集中培训、专题研讨等形式，提升哲学社会科学理论教育教学和创新研究水平。

二、尽锐出战、全力以赴，迎接宣传贯彻党的二十大形成强大声势

1. 媒体宣传掀起热潮。组织“奋进新征程　建功新时代”迎庆党的二十大主题活动，以项目化、工程化方式推出十大行动，跟进报道“迎盛会、铸忠诚、强担当、创业绩”主题学习宣传教育实践活动工作，开展市第十二次党代会精神学习宣传，营造了喜庆热烈、昂扬向上的浓厚舆论氛围。党的二十大期间，中央主要媒体每天都有天津面孔、天津声音、天津画面。党的二十大闭幕后，制定党的二十大精神学习宣传工作的实施方案，全市各级各类媒体在重要版面、黄金时段、突出位置开辟“把党的二十大精神全面落实在津沽大地上”等专题专栏，开展“新时代新征程新伟业”主题采访活动，刊发《最好的致敬，是热气腾腾的奋斗》等一大批接地气、沾泥土、有温度的报道，开展“奔跑新时代”线上知识竞赛、“大咖说盛会”微访谈等活动，推出《新征程　再出发》等一批融媒体爆款产品，推动党的二十大精神在津沽大地落地生根。

2. 学习阐释入脑入心。市委示范带头，各级党委（党组）普遍以不少于 3 天的专题读书班等形式，开展党的二十大精神专题学习。各级基层党组织依托“三会一课”、主题党日等组织基层干部群众学习，推动党的二十大精神热在基层。做好全市学习用书保障，累计发行党的二十大文件和学习辅导读物 263 万册。发挥天津市中国特色社会主义理论体系研究中心、高校重点马克思主义学院等作用，实施“领航工程”，聚焦党的二十大重大理论观点、重大方针政策、重大工作部署，设立宣传阐释、专项研究课题，由社科界专家学者集中攻坚，在中央报刊推出《深入理解和把握中国式现代化的本质要求》等一批研究阐释成果。市级媒体持续办好“学习圆桌会”“大家说理”“理论与实践”等节目栏目,采取访谈、解读等形式阐释党的二十大精神,收到良好社会反响。

3. 理论宣讲走深走实。市委办公厅印发党的二十大精神宣讲通知,组建由我市党的二十大代表、市委常委、党员副市长、各区区委书记组成的市委宣讲团,市领导带头开展1场集中宣讲,深入高校、社区、企业等开展N场分众化、对象化基层宣讲,“1+N”成为天津宣传宣讲党的二十大精神的“标配”。各区各系统抽调骨干力量和党的二十大代表组成宣讲团、宣讲小分队,开展“小院宣讲”“板凳唠嗑”“田间课堂”“百人百讲”等形式多样的基层宣讲。社科理论界专家学者深入工厂社区、融入干部群众,开展互动交流式宣讲。全市共开展党的二十大精神宣讲活动2.6万余场,受众216万人次,党的二十大精神进机关、进企事业单位、进城乡社区、进校园、进军营、进各类新经济组织和新社会组织、进网站取得显著成效。

4. 社会氛围浓厚热烈。高标准打造“奋进新时代”主题成就展天津展区,得到各方面肯定。在天津文化中心设立党的二十大主题社会宣传集中展示核心区,沉浸式空间成为市民群众学习参观打卡地。推出学习贯彻党的二十大精神公益广告,打造示范街区、主题公交、地铁专列、主题长廊,开展“二十大精神润心田 文明实践谱新篇”群众性主题宣传教育活动、“同声颂党恩 喜迎二十大”群众歌咏电视展演、“巾帼心向党 喜迎二十大”群众性活动,形成铺天盖地、热气腾腾的浓厚社会氛围。创作京歌《跟党迈进新辉煌》、音乐故事《我们的十年》、歌曲《大任在肩》等一批主题文艺作品,举办“礼赞新时代 共谱新华章”主题文艺演出、“喜庆二十大 永远跟党走”原创艺术歌曲展播、迎庆党的二十大优秀影视剧展映展播、学习宣传贯彻党的二十大精神美术作品展、“幸福天津”美术摄影作品展等文化文艺活动,30支“放歌二十大 奋进新征程”文艺小分队深入基层送演出,以群众喜闻乐见的形式推动党的二十大精神深入人心。

三、围绕中心、服务大局,振奋团结奋斗、开创新局的精气神

1. 正面宣传浓墨重彩。精心组织“深学笃用 天津行动”等重大主题宣传,开设一批专题专栏,推出一批专版特刊,用心用情做好习近平总书记和习近平新时代中国特色社会主义思想的宣传。围绕习近平总书记2019年视察天津开展重大主题宣传,制作播出政论专题片《笃行之路》,累计推出重头稿件200余篇,全景展现三年来全市上下牢记嘱托、踔厉奋发,沿着习近平总书记指引的方向坚定前行的扎实实践,在网上网下引起热烈反响。加强和改进经济宣传,推出“天津经济新观察”系列报道,围绕各行各业经济发展亮点成就深入挖掘、凝练提升,线上线下同步推出一大批独具匠心、思想深刻、耳目一新的新闻作品,打响了东疆港交付第2000架融资租赁飞机等宣传战役,引发强烈反响和广泛好评。开设“礼赞旗帜·致敬荣光”“光荣在党50年”“在党旗下宣誓”等专题专栏,广泛宣传我市优秀党员干部典型事迹,推出《许党报国的信念与情怀》等一批报道,激励广大党员干部群众对标先进、见贤思齐、奋发有为。拓展“学习强国”天津宣传矩阵建设,上线12个区级学习平台、5个强国号,总平台全年推发天津重头稿件1300余篇,其中“百万+”稿件45篇。全国230余家重点新闻网站、商业网站平台突出位置呈现涉津重点报道450余篇,“港口雄开万里流”网络主题宣传活动被评为中央网信办重大主题精品项目。在第32届中国新闻奖评选中,《稻子熟了》等6件作品获奖。

2. 央媒报道鼓舞人心。人民日报、新华社、中央广播电视总台、光明日报、经济日报、中国日报等中央主要媒体在宣传天津、展示天津上升级加力,推出一大批整版报道、长篇综述、直播节目等涉津重头报道,充分展示天津经济社会发展亮点成就,为天津高质量发展鸣锣开道、鼓劲造势。在中宣部统一开展的“沿着总书记的足迹”主题宣传中,市委宣传部与中央驻津主要媒体密切配合、高效协同,精心采写重头报道,天津以开栏首篇在全国各省区市中率先亮相,人民日报、新华社《新华每日电讯》、中央广播电视总台央广《新闻和报纸摘要》头条刊发《全面建设社会主义现代化大都市》《渤海湾畔新潮涌》《融入京津冀协同发展国家战略　奋力书写高质量发展新答卷》，中央各主要媒体转发新华社稿件或刊发自采稿件，众多省级党报纷纷转发，全网传播总量超 1.2 亿次，新华社稿件被 1000 余家媒体采用。在"非凡十年·天津篇"宣传报道中，中央媒体再次集中推出一批重头报道，形成铺天盖地、刷屏全网的强大声势。

3. 重大活动宣传有声有势。市委举办"中国这十年·天津"主题新闻发布会，全面展现党的十八大以来天津在习近平总书记对天津工作"三个着力"重要要求和一系列重要指示批示精神指引下推动经济社会发展取得的历史性成就。中央媒体、市级媒体同步聚焦发布会，进行全方位宣传报道，《新闻联播》当晚播发《天津：奋力绘就社会主义现代化大都市新画卷》，《十年奋进　书写高质量发展的"天津答卷"》等稿件全网置顶，根据发布会内容延伸制作的《数读天津十年之变》等读图、海报、H5、短视频作品持续引发热度，产生巨大反响。成功举办 2022 年中国网络文明大会，围绕"弘扬时代新风　建设网络文明"主题，举办开幕式、主论坛、高峰论坛、10 场分论坛和 1 场主题活动，发布《共建网络文明天津宣言》、2021 年度中国网络诚信十件大事等成果，来自全国各地的 3000 余位嘉宾参加，大会相关网上信息超 47 万条，阅读量达 19 亿次，线上线下兴起文明办网、文明用网、文明上网新风尚。2022 年中国网络文明大会整体报道被中央网信办评为网信领域重大活动优秀报道。文化和旅游部、京津冀三地人民政府共同主办国家级艺术盛会——第十三届中国艺术节，我市高水平办好"文华奖"（戏曲类）评奖、"群星奖"（戏剧、曲艺）评奖和全国优秀书法篆刻作品展，文华奖（戏曲类）线上直播、录播 21 场，观众浏览量达 1.3 亿人次，得到社会各界高度评价。

4. 舆论引导有力有效。多措并举全力做好贯穿全年的疫情防控宣传引导工作，以及时准确、公开透明的疫情发布回应网上网下关切，以精准权威的政策措施宣传解读增强群众自我防病意识和社会信心，为统筹疫情防控和经济社会发展营造了有利舆论氛围。在年初天津首战奥密克戎的大考中，准确把握舆论引导的基调导向、把握时度效要求，实时调度、动态调整，持续提升舆论引导针对性、有效性，连续召开多场新闻发布会，开设"津南会战中的凡人英雄"等一系列专题专栏，刊发市委、市政府致全市父老乡亲的一封信，推出一大批生动鲜活的新闻报道和新媒体产品，举办天塔大型抗疫主题灯光秀，充分反映全市人民乐观向上的精神风貌和各条战线挺身而出、逆行出征的感人事迹，有力提振抗疫士气，升华城市品格。紧紧围绕天津经济社会发展大局大势，依托"津门凭阑""津报观察"等平台，及时跟进推出《展望 2023：全力拼经济，天津凭什么》《坚定信心，共同打好对新冠疫情的收官之战》等权威有力、深入透彻的言论评论，深入评析市委、市政府决策部署背后的深刻考量，及时回应干部群众关心关切的热点问题，有效引导全社会形成理性正确的认识判断，凝聚上下同欲坚定不移推动天津高质量发展的合力。

5. 城市形象传播扩大声量。开展"你好，天津"网络短视频大赛，吸引网民热情参与，拍摄上传参赛作品逾 38 万件，全网播放量超 86 亿次，涌现出《老民警出警中》等一批全网刷屏的优秀作品。6 集专题片《行进天津》、城市宣传片《品味天津》破圈传播，纪录片《行走海河》《过年的画》在央视纪录频道、凤凰卫视热播，充分展现天津靓丽形象。策划推出《阅读天津》系列口袋书第一辑"阅读天津·津渡"，受到读者欢迎。围绕第六届世界智能大会、首届世界职业技术教育发展大会等重大活动，精心策划选题，全方位、立体化向全球呈现活动盛况，多角度、深层次展示天津高质量发展的城市形象。开展"津典城市故事""强国有津""津牌故事""老字号"潮起来等网络主题宣传。推出《洋主播话天津》系列短视频，利用"天津发布"政务平台、"感知天津"英文网站等渠道做好对外宣介，讲好天津故事、中国故事。

四、春风化雨、久久为功，社会主义核心价值观广泛弘扬

1. 典型选树引领文明风尚。大力选树宣传天津楷模、道德模范、最美人物、身边好人等先进典型，深入学习贯彻习近平总书记给“中国好人”李培生、胡晓春重要回信精神，举办“牢记嘱托　再谱华章”新时代身边好人交流会，出版《精神脊梁　第七届天津市道德模范风采录》，用榜样力量引领时代价值、凝聚社会力量。1 名个人获评 2022 年度全国“最美退役军人”，2 个集体、1 名个人获评第七批全国学雷锋活动示范点和学雷锋标兵称号，12 个先进典型获评 2021 年度全国学雷锋志愿服务“四个 100”，1 名个人获评全国新时代好少年，3 个项目、3 个团队、3 名个人获评全国文化科技卫生“三下乡”活动示范项目、优秀团队和服务标兵。常态化开展“我推荐、我评议身边好人”活动，全年上榜“天津好人”331 人。新建 210 个社区未成年人“五爱”教育阵地、200 个快乐营地，开展“新时代好少年”“英烈永存我心中”等主题活动，未成年人思想道德建设取得新成效。3 个单位入选全国首批科学家精神教育基地。

2. 文明实践助力基层治理。出台深化拓展新时代文明实践中心建设实施方案，形成提质增效的任务书、路线图。在全国率先实现新时代文明实践中心（所、站）建设全覆盖基础上，建成首批 50 个市级文明实践基地，打造 66 所市级文明实践示范校，各区在文博场馆、院校、企事业单位、“两新”组织等建成 6473 个文明实践站点、基地，形成三级贯通、多级完善的文明实践新格局。开展“同心迎盛会　共建文明城”天津市新时代文明实践志愿服务展示交流活动，启动“迎朝阳　再出发”志愿服务大行动，全市 1.8 万余支志愿服务团队、288 万余名注册志愿者活跃在文明实践、疫情防控、基层治理、结对帮扶等民生一线，累计开展活动超过 65 万次，群众自我服务自我管理的意识和能力不断提升。

3. 文明创建塑造时代新风。召开全市全域创建文明城市暨全国文明城区创建工作推动会。开展创建工作暗访调研，推动重点难点问题整治和突出问题整改。强化测评结果运用，形成我市全国文明城区和全国文明城区提名城区 2021 年度测评成绩报告。按照全国文明城区测评指标要求，开展创建专题培训和模拟测评。深入开展“文明带提名”“脚步丈量文明”等行动，推动创建工作常态长效。印发我市文明城区测评体系操作手册（2022 年版）和 2021 年文明城区创建年度测评结果通报，高标准开展市级文明城区年度测评。开展《天津市文明行为促进条例》宣传月和公益广告大赛活动，统筹推进文明单位、文明社区、文明村镇、文明校园、文明家庭创建，推动创建质量整体提升。

五、锐意进取、勇攀高峰，群众精神文化生活新期待得到更好满足

1. 精品力作多起来。着力在文化产品供给侧结构性改革上下功夫，创作推出一批思想精深、艺术精湛、制作精良、群众喜爱的精品力作，电影《我和我的祖国》、歌曲《春风十万里》分别荣获第十六届精神文明建设“五个一工程”特别奖、优秀作品奖，评剧《革命家庭》、小品《疫“懂”的心》分别荣获文华大奖、群星奖，小说《红骆驼》、报告文学《江山如此多娇》荣获第八届鲁迅文学奖，长篇小说《云落图》入选中国作协“新时代文学攀登计划”，大型津味话剧《俗世奇人》在京首演。图书出版结出硕果，《王安石传》入选 2021 年度“中国好书”，《马克思主义当代价值的微观研究》《中国的孩子》《“纪录小康工程”丛书》入选 2022 年主题出版重点出版物选题，《永远玩具店》入选 2022 年向全国青少年推荐百种优秀出版物，《正气歌：百年党史家风故事》等 47 个项目入选“十四五”时期国家重点出版专项规划等各类国家出版工程。举办军民迎新春晚会，组织“云端演出过大年”系列线上惠民活动百余项。西青区精武镇付村综合文化中心、蓟州区渔阳镇西井峪村综合性文化服务中心、天津评剧院三团、西岸剧场有限公司、文化市场行政执法总队网络执法支队、天影电影有限公司电影放映分公司、宁河区兴影电影放映站、津南区融媒体中心、静海区静海镇付家村农家书屋 9 家单位获得第九届全国服务农民、服务基层文化建设先进集体荣誉称号。

2. 群众活动热起来。组织“强国复兴有我”群众性宣传教育活动，各区各部门广泛开展学习体验、形势政策宣讲、先进模范学习等，吸引群众广泛参与，形成热在基层、热在群众的生动局面。“时代新人说”主题演讲大赛吸引全市城乡基层千余名选手参加，集中讲述活动感人至深、直击心灵，奏响了爱党爱国爱社会主义的时代强音。歌曲《领航》在基层广泛传唱，“千村百站”优秀社团群众文化节目展演、“永远跟党走·奋进新征程”交响合唱音乐会、“夜津城”灯光秀等深受广大干部群众欢迎，营造了讴歌新时代新征程新伟业的浓厚氛围。举办第二届“百花文艺周”，打造天津文化新名片。举办“迎盛会·读经典·向未来”主题阅读、书香天津·读书月、农民读书节、青少年读书节等活动，开展天津市最美书店评选，外文书店在首届全民阅读大会上获评“全国年度最美书店”，全民阅读成效明显。

3. 天津文物活起来。制定我市让文物活起来实施方案，加强顶层设计，按照工程化、项目化组织实施。启动数字艺术博物馆建设和重点场馆展陈 VR（虚拟现实）拍摄制作宣传，举办“鸣沙遗墨”天津博物馆馆藏敦煌文献特展，珍品文物数字化呈现取得阶段性成果。成立天津市博物馆青少年教育联盟，研发投放革命文物进校园数字资源包，开展“文物活起来·我为文物代言”小讲解员大赛暨“寻找百件红色文物小讲述人”活动，馆校共建实现常态化。完成李叔同（故居）纪念馆展馆和基本陈列提升改造，推进吉鸿昌旧居保护修缮，依托曹禺等名人故居打造沉浸式旅游演艺项目，开通“行走的博物馆”主题公交，开展线上线下国际博物馆日主题活动近百项。天津联通、杨柳青年画社《5G 让木版年画“活”起来，非遗让津门旅游“火”起来》荣获工业和信息化部主办的第五届“绽放杯”5G 应用征集大赛智慧文旅专题赛（智慧旅游）决赛一等奖。借助媒体融合优势，推出创意短视频《桃源仙境》、长图 H5《听！红色文物在说话》、纪录片《往事》和《海河》等融媒体产品，生动鲜活讲好天津文物故事。加强红色资源保护传承利用，在全国率先制定红色资源认定标准，推出《天津市红色资源概览》《初心映照新时代——天津市红色资源润心式大中小学生全媒体思政课》。

4. 改革发展动起来。深化文化体制改革，完成天津北方文化产业投资集团与天津市旅游集团改革融合、中国广电 5G 网络服务在津商用等重大项目。全民国防教育体制机制改革取得重大进展，完成市、区两级全民国防教育工作领导小组组建，举办全民国防教育周特色活动。天津革命军事馆项目完成立项，展览大纲通过中央军委审核。用好市文化产业专项资金，对 9 个重点文化产业项目予以资助。盘活 9 处市属国有文化企业闲置资产，进一步提高国有文化资产运营效益。探索建立我市艺术品保税交易机制，首次举办保税艺术品拍卖活动。繁荣我市电影市场，制定我市国家电影事业发展专项资金征收和使用管理实施办法，安排 1342 万元对全市符合条件的 95 家影院进行普惠性资助。《天津加快推动海河传媒中心构建全媒体传播体系》《天津推出文化惠民卡促进文化消费》入选中宣部《新时代文化改革发展案例选编》，出版传媒集团“天津 K12 教育教辅数字化智能化平台建设”项目入选中宣部国家文化产业发展项目库。印发国有文化企业深化改革加快发展和房产土地出租管理等文件，动态调整国有文化资产监管权责清单，初步形成“1+12”国有文化资产监管制度体系。

5. 文化旅游融起来。举办“鼓楼津声——2023 平安启航”系列活动，城墙灯光秀璀璨夺目，跨年钟声震撼敲响。印发长城国家文化公园（天津段）建设保护规划国家文化公园建设工作稳步推进。编发我市红色旅游高质量发展实施方案，把发展红色旅游与弘扬民族精神结合起来，传承红色基因、赓续红色血脉。出台《天津市旅游促进条例》，以法治思维和法治方式促进文化和旅游融合发展。打造高质量文化旅游目的地，蓟州区郭家沟景区被评为国家 4A 级旅游景区，河北区意式风情区、滨海新区滨海文化中心入选第二批国家级夜间文化和旅游消费集聚区，长芦汉沽盐场入选 2022 年国家工业旅游示范基地,5 个村获评第四批全国乡村旅游重点村,3 个镇获评第二批全国乡村旅游重点镇。

六、从严从实、驰而不息,宣传思想战线党的领导和党的建设全面加强

1. 党的领导核心作用充分发挥。宣传系统各级党组织坚持把学习宣传贯彻党的二十大精神作为头等大事,举办宣传系统党的二十大精神宣讲会,普遍组织理论中心组学习、集中宣讲、学习研讨、辅导讲座、参观践学等,做到学深悟透、融会贯通,推动党的二十大精神在宣传领域落地生根。深入开展"迎盛会、铸忠诚、强担当、创业绩"主题学习宣传教育实践活动工作,党员干部拥戴核心、维护核心、捍卫核心的政治自觉进一步坚定。一刻不停推进宣传系统全面从严治党,永远吹冲锋号,始终保持严的基调、严的措施、严的氛围,持续用力、严管严治,风清气正的政治生态进一步巩固。召开宣传系统党建工作暨党风廉政建设工作会议、警示教育大会,通报宣传系统违法违纪警示教育案例,推动以案为鉴、以案促改、以案促治。宣传系统各单位逐级制定全面从严治党主体责任清单和任务清单,抓好全面从严治党主体责任考核反馈问题整改,层层压实党建工作责任。持续开展形式主义官僚主义不担当不作为问题专项治理三年行动,妥善处置来信来访事件。完成宣传系统出席党的二十大代表和市第十二次党代会代表的推选工作,完成宣传系统新一届全国和我市人大代表、政协委员推荐考察工作。

2. 干部人才队伍建设持续加强。贯彻新时代党的组织路线,全面加强宣传系统各单位领导班子和干部队伍建设。做好干部任免管理和职务职级调整,关心关爱年轻干部成长成才,营造担当作为的浓厚氛围。举办全市新闻发言人研讨班、市管干部提升意识形态工作能力专题培训班、宣传思想文化工作业务专题培训班。抽调1500 余名干部支援社区疫情防控,做好高校挂职思政课教师和兼职思政课教师双向选派工作。优化调整我市宣传思想文化高层次人才培养措施,做好高层次人才推荐选拔、项目资助和联系服务。加强对宣传系统党外干部、党外代表人士、党外知识分子的动态管理。严格规范做好宣传文化领域专业职称和全市政工专业职称评审,出台深化新闻、出版专业技术人员职称制度改革的实施意见。统筹抓好宣传系统机构编制工作,制定天津社会科学院"三定"规定,明确海河传媒中心内设机构职能。

市委统战部 2022 年工作总结

2022 年是党的二十大召开之年,是全面实施"十四五"规划、开启全面建设社会主义现代化国家新征程的关键一年,也是党明确提出统一战线政策 100 周年。在市委坚强领导下,全市各级统战部门坚持以习近平新时代中国特色社会主义思想为指导,紧紧围绕学习宣传贯彻落实党的二十大精神这条主线,深入贯彻习近平总书记关于做好新时代党的统一战线工作的重要思想和中央统战工作会议精神,充分发挥统一战线凝聚人心、汇聚力量的强大法宝作用,以坚定拥护"两个确立"、坚决做到"两个维护"的高度政治自觉,做好统一战线各领域工作,推动全市统战工作进一步强起来、硬起来、实起来。

一、坚持以深入学习宣传贯彻落实党的二十大精神为主线,团结奋斗的共同思想政治基础进一步夯实

强化党对统战工作的全面领导,坚定统一战线正确政治方向。紧紧围绕迎接党的二十大胜利召开、学习贯彻党的二十大精神这条主线,认真履行市委主管统战工作职能部门和市委统一战线工作领导小组办公室职责,坚决贯彻执行党中央重大理论方针政策和市委决策部署要求,把党的领导落实到统战工作各领域各方面各环节。2022 年,市委常委会专题研究统战议题 9 次,及时传达学习习近平总书记关于做好新时代党的统一战线工作的重要思想和中央统战工作会议精神、《中国共产党政治协商工作条例》要求等，研究制定贯彻落实意见，确保全市统战工作始终沿着正确政治方向前进。

强化理论武装，筑牢思想政治根基。坚持用党的创新理论凝心铸魂，始终把学习宣传贯彻习近平新时代中国特色社会主义思想特别是习近平总书记关于做好新时代党的统一战线工作的重要思想作为重大政治任务，充分发挥部理论学习中心组示范作用，开展集中学习研讨交流13 次、读书班 1 期，认真研读《习近平谈治国理政》《习近平关于统一战线工作论述摘编》，开展相关研讨，引领党员干部和统战成员用党的创新理论武装头脑、指导实践、推动工作，统一战线大团结大联合的思想政治共识全面深化。

强化思想政治引领，做好迎庆学习宣传贯彻党的二十大精神工作。扎实开展"迎盛会、铸忠诚、强担当、创业绩"主题学习宣传教育实践活动工作，重点开展"喜迎二十大、同心跟党走"主题宣传，开设"迎盛会主题活动"和"区委书记、统战部长谈统战""讲述 · 非凡十年""统战凝心""统战聚力"等网络专栏，营造迎庆党的二十大浓厚氛围。组织统战干部和统战成员集中收听收看党的二十大开幕会，制定统一战线学习宣传贯彻落实党的二十大精神工作方案，召开全市统一战线学习宣传贯彻党的二十大精神宣讲会，举办各民主党派市委会新一届领导班子深入学习贯彻中共二十大精神专题研讨班，召开民营企业座谈会、网络代表人士座谈会、在津港澳同胞座谈会等，在统战系统网、微、刊宣传平台推出学习专栏，刊发统战各领域代表人士深入学习党的二十大报告的反响和体会，推动党的二十大精神学习走深走实。统筹党内党外，推动开展各民主党派"矢志不渝跟党走、携手奋进新时代"政治交接主题教育，宗教界爱国主义、集体主义、社会主义教育，民营经济人士理想信念教育，无党派人士、党外知识分子"喜迎二十大、同心跟党走"主题教育，新的社会阶层人士"凝聚新力量 · 筑梦新时代"主题教育，注重在结合上下功夫，教育引导广大统一战线成员深刻学习领会、准确把握党的二十大精神，进一步增强拥护"两个确立"、做到"两个维护"的政治自觉，筑牢团结奋斗的共同思想政治基础。

二、坚持以全面落实中央统战工作会议精神为重点，统战工作"全党重视、大家共同来做"的良好局面进一步巩固

把握重点内容，迅速组织传达学习。第一时间召开部务会会议、各区委统战部部长座谈会，专题学习领会习近平总书记在中央统战工作会议上的重要讲话精神，贯彻落实市委常委会会议要求，研究部署具体举措。制定市委统战部学习贯彻中央统战工作会议精神工作举措的分工方案，明确 9 方面 24 项具体任务，逐项落实责任。将会议精神纳入统一战线教育培训计划，列入主体班次必修课，培训市统战系统处级领导干部、市属高校和国有企业统战部长 820 余人次，组织市统战系统干部、基层统战委员网络培训 2200余人次。

加强统筹谋划，协助市委高质量召开市委统战工作会议。市委主要负责同志出席并讲话。会议以电视电话形式召开，将基层统战委员纳入参会范围，全市近 1700 人参加。会议规格之高、规模之大，参会人员直达基层，在我市统一战线发展历程中都是首次。会后第一时间召开党外人士通报会，就抓好贯彻落实提出明确要求。全市 16 个区全部召开区委统战工作会议，结合各区实际，部署重点工作任务。

深入宣传引导，营造全党全社会重视支持统一战线良好氛围。发挥主流媒体和新媒体优势，利用网站、微信公众号和专刊等宣传平台，设立专题、专栏，深入宣传习近平总书记关于做好新时代党的统一战线工作的重要思想，及时转载权威解读，全面反映我市学习贯彻成效。发挥市、区两级统战宣传平台优势，立体化、多渠道深入推送中央统战工作会议专题文章，营造浓厚氛围。联合中国新闻社推出"新时代统战工作巡礼 · 天津篇"特别报道，连续一周整版刊发天津统战工作成效亮点，天津统一战线影响力不断扩大。

三、坚持以换届为契机深化政治交接，推动我市多党合作事业进一步发展

协助各民主党派市委会、指导市工商联圆满完成换届工作。突出“政治首关”，严把换届政策、严格换届流程、严肃换届纪律、严谨工作作风，确保了提名人选政治素质高、综合素质好、代表性和影响力强，确保了换届工作平稳有序、风清气正。协助各民主党派市委会圆满完成换届工作，领导班子及常委人选均全票当选，均分设专职副主委和秘书长。换届后，主界别特色更加突出，以中高级知识分子为主体的特征更加明显，领导班子工作体制更加完备。指导市区工商联顺利完成换届工作，16 个区工商联主席全部进入区级领导班子，1 名民营经济代表人士当选中国民间商会副会长。市委主要负责同志带领市委、市人大、市政府、市政协四套班子成员专程看望各民主党派市委会、市工商联新一届领导班子并座谈，确保多党合作事业薪火相传。

认真做好人大代表、政协委员推荐提名工作。切实将换届作为践行全过程人民民主的生动实践，确保选出真正靠得住、叫得响、敢担当、能服众的优秀党外人士。9 名党外人士当选全国人大代表、42 名党外人士成为全国政协委员，204 名党外人士当选市人大代表，425 名党外人士成为市政协委员。

四、坚持以防范化解统战领域重大风险隐患为底线，首都政治“护城河”进一步筑牢（略）

五、坚持以推动统战各领域工作高质量发展为抓手，统一战线在围绕中心、服务大局中的重要法宝作用进一步凸显

支持民主党派加强自身建设，提升新型政党制度效能。落实《中国共产党政治协商工作条例》，制定我市政党协商具体举措。协助市委制定年度政党协商（会议协商）计划，高质量召开协商会、座谈会、通报会等。持续推动市委委托重点考察调研和专项监督工作，支持各民主党派、无党派人士深入 300 余家信创企业和商协会、30 余个绿色生态屏障一线点位实地调研，推动解决实际问题 50 余项。加强民主党派意见建议直报和对口联系工作，近 50 篇直报意见建议获市领导同志批示。落实参政党建设“三个文件”和“五个纪要”精神，召开天津市中国特色社会主义参政党建设总结推进会，支持各民主党派市委会加强自身建设，指导开展内部监督和警示教育。支持民主党派创设“学思践悟·民主党派青年说”学习分享活动，被中央统战部评为 2022 年度全国实践创新成果奖。解决民主党派夙愿，改善办公环境，实现各民主党派市委会机关集中办公，打造“团结大厦”，为各民主党派更好履职尽责提供了坚实保障。

以铸牢中华民族共同体意识为主线，加强党的民族工作。（略）

深入推进我国宗教中国化，加强党的宗教工作。（略）

广泛争取人心，发展壮大爱国爱港爱澳力量。抓住庆祝香港回归 25 周年等节点，制作《寻缘津港情——庆祝香港回归祖国 25 周年》电视片，组织开展“夏至已至·情之所系”等系列活动，以乡情为纽带做好人心争取工作。举办“天津·台湾”商品博览会、“两岸妈祖缘”文化交流等活动，助力在津台企扩大销售，密切津台多领域交流合作。

加强民营经济统战工作，促进“两个健康”。深化理想信念教育，举办民营经济代表人士培训班、“创新大讲堂”等活动，引导民营经济人士深刻理解党和国家决策部署，稳定预期、坚定信心。持续发挥“四个机制”作用，加强党政领导、政法机关、金融机构、政府部门与民营企业沟通联系，推动构建亲清政商关系。深化“问计问需 服务民企”活动，创办《民企需求》专刊，发挥交办督办作用，推动解决企业急难愁盼问题，受到广大民营企业好评。推动成立“津商联合会”，将津商企业家校友组织、全球津商力量汇聚起来，弘扬津商精神，助力天津高质量发展。协助办好亚布力论坛和天津 2022·中国企业家大会。深化工商联及其所属商会改革发展，推动统战工作向商会组织有效覆盖。

加强思想政治引领，支持党外知识分子发挥优势作用。持续深入开展思想政治引领系列活动，定期召开党外知识分子议政建言座谈会，进一步凝聚智慧力量。加强无党派人士队伍建设，打通先培训后认定工作环节。积极探索服务归国留学人员工作的新方式。

完善工作体制机制，推动新的社会阶层人士统战工作创新发展。加强实践创新基地建设。中央统战部“凝聚新力量 · 筑梦新时代”——2022 年“寻美 · 中国”在津启动，活动当天线上点击阅读量超过 22 亿次，在全国引起热烈反响。持续开展“寻美 · 天津”主题活动，微博话题“#寻美 · 天津#”阅读量超过 16 亿次。加强“三支骨干队伍”建设，加强线上沟通、线下联谊，做好面对面和“键对键”的工作。

准确把握时效，做好海外统战和侨务工作。创新为侨服务举措，支持引导华侨华人深度参与共建“一带一路”。推动天津“侨梦苑”建设发展，支持侨商企业服务我市国际消费中心城市建设。推动暖侨助侨工作常态化。发挥民间外宣作用，举办“津门论道”海外华文媒体论坛。承办 2022 年华文教师线上研习班，面向 10 余个国家 100 余名海外华文教师开展线上授课，提高海外华文教师综合素养；组织 400 余名海外华裔青少年云聚天津，开展线上中华文化大乐园（欧洲园）活动，了解中国文化，增进思想认同。推动出台《天津市华侨权益保护条例》，全力维护我市华侨合法权益。统战部和侨联共同主办的电视晚会《亲情中华 · 冬奥迎春一起向未来》获得天津市优秀电视文艺节目（2022 年度）文艺专题类一等奖。

科学统筹规划，加强党外代表人士队伍建设。推动我市党外代表人士队伍建设规划实施，加大党外干部安排使用力度，做好党外代表人士政治安排。稳步推进联谊交友工作品牌化建设。启动第三批党外代表人士挂职锻炼，提升综合能力素质水平。有序推进市文史研究馆馆员选聘工作。

凝聚智慧力量，以统战之为助力乡村振兴。广泛开展动员，加强走访对接，推动“津陇慈善情 助力乡村振兴”等重点工作落实。拓展社会动员范围，动员陶行知教育基金会和中华思源基金会为我市和甘肃天水市捐赠教育物资 1.53 亿元，助力西部帮扶地区和我市乡村振兴。深入开展“万企兴万村”行动，引导民营经济人士助力乡村振兴。全年募集社会动员帮扶款物 3.48 亿元，超额完成年度任务。

适应新形势新任务，全面提升统战宣传信息和政策研究工作水平。围绕“学习贯彻党的二十大精神”等专题宣传工作，在官网和微信公众号开设“聚焦市第十二次党代会”“讲述 · 非凡十年”等专栏，全年在中央和我市主流媒体刊发活动报道 400 余条（次）。扎实推进“天津市哲学社会科学规划项目（统一战线理论研究专项）”立项工作，发挥市统战理论研究会作用，全市统一战线理论政策研究工作取得突出成绩。在中央统战部 2022 年度统战理论政策研究创新成果评选中，《新时代海外统战工作的新挑战及对策研究》荣获一等奖，《新时代宗教领域风险调处机制研究》《新就业形态群体统战工作研究》荣获三等奖。进一步加强全市统战信息工作，在中央统战部 2022 年度统战信息工作评比中获得三等奖。

六、坚持以加强党对统战工作的全面领导为根本，大统战工作格局进一步深化构建

完善全专结合的会议机制。市委统一战线工作领导小组全面加强对统战工作的研究谋划、协调推动，坚持“全体会议议全局、专题会议议专项”机制，全年召开会议 12 次，审议通过制度文件 44 个。完善各领域工作协调机制，有力推动全市统战工作高质量发展。

构建条块结合的协作机制。认真履行领导小组办公室职能，推动建立成员单位年终总结、信息简报、经验交流工作机制，压实工作责任。畅通横向沟通工作机制，“领导小组议大事，协调机制抓日常”的“1+N”工作架构进一步完善。加强对各区委统战领导小组业务指导，推动各级领导小组运行机制更加规范。

紧盯《中国共产党统一战线工作条例》贯彻落实。强化督查力度，抓牢抓实问题整改。16 个区和相关市级部门坚决扛起整改政治责任，对查摆出的问题认账领账，逐一制定整改方案，认真抓好整改落实，一批制约新时代统战工作发展的难点问题得到解决。

夯实统战工作基层基础。全面推动统战工作融入基层社会治理体系，强化绩效考核“指挥棒”作用，进一步提升基层统战工作质效。指导各区开展基层统战“我来做、我来讲”活动，高标准举办基层统战干部培训班，提升基层统战干部水平。

七、坚持以党的政治建设为统领，统战部门自身建设进一步强化

严格落实全面从严治党主体责任。部务会学习传达、研究审议党的建设议题40余项，研究制定全面从严治党规范性文件21个，成立市委统战部党建工作领导小组，进一步加强党对统战工作的全面领导。召开统战系统推进全面从严治党向纵深发展工作部署会议等，履行对系统单位巡视整改工作的督导责任，制定推进全面从严治党向纵深发展具体措施，推动基层党建工作落实落细。加强对统战领域重要事项督查督办，推动全面从严治党有效落实。严格落实“三会一课”、主题党日制度，加强党员教育管理。持续推进“我为群众办实事”活动，110项办实事清单事项全部完成。

持续深化党风廉政建设和作风建设。组织召开统战系统党建和党风廉政建设工作会议，开展专项行动工作27次，认真处置不担当不作为问题。选派3批次310余人次党员干部支援疫情防控。研究制定加强新时代廉洁文化建设具体措施，增强党员干部廉政勤政意识。开展“警示教育月”活动，教育引导党员强化自身政治觉悟和责任担当，统战系统政治生态持续出清向好。

全面提升统战干部队伍素质。落实习近平总书记关于好干部五条标准，强化选人用人政治“首关”，严格选任工作程序，持续优化干部队伍结构。坚持抓住重点、补强弱点、涵养源点，建设了一支党性坚强、能力过硬、学识丰富、作风优良的统战干部队伍。

市委政法委员会2022年工作总结

2022年全市政法系统坚持以习近平新时代中国特色社会主义思想为指导，全面贯彻习近平法治思想，认真贯彻党的十九大和十九届历次全会精神，全面学习、全面把握、全面落实党的二十大精神，在中央政法委和天津市委的坚强领导下，始终坚持以新安全格局保障新发展格局，以政法工作高质量发展促进经济社会高质量发展，坚决贯彻中央和市委各项决策部署，推动平安天津、法治天津建设等各项工作迈出新步伐、取得新成效。

一、坚持以党的政治建设为统领，坚定拥护“两个确立”、坚决做到“两个维护”

深入开展“迎盛会、铸忠诚、强担当、创业绩”主题学习宣传教育实践活动工作，推进党史学习教育常态化长效化，市政法各单位理论学习中心组实现学习交流全覆盖，各级党支部深入查摆问题，认真制定改进措施，结合实际开展主题党日活动。深化习近平新时代中国特色社会主义思想大学习、大教育、大培训，分层分级开展政治轮训、政治培训。全市政法系统掀起学习宣传贯彻党的十九届六中全会、党的二十大精神热潮，深入学习贯彻市第十二次党代会精神，面向基层干警和群众开展宣讲2226次，举办读书班、培训班264期，支部书记讲专题党课2656次。狠抓《中国共产党政法工作条例》贯彻执行，高标准完成《条例》自查督查，推动党对政法工作的绝对领导“一根钢钎插到底”，确保党中央决策部署落地生根。

二、坚持以维护国家政治安全为首要，坚决守住筑牢首都“护城河”

立足天津之“特”“卫城”之责，深入推进反渗透反颠覆反间谍反分裂反恐怖反邪教斗争，全力维护国家政权安全、制度安全、意识形态安全。全面加强社会面整体防控，筑牢“三道防线”，推动突出涉稳隐患逐一包案化解,圆满完成北京冬奥、全国两会、市十二次党代会、党的二十大等重大活动安保维稳任务,确保首都"护城河"固若金汤。开展网络舆情风险排查和网络生态治理专项行动,净化网上网下社会环境。

三、坚持以防范化解涉稳风险为基点,建设更高水平的平安天津

推动出台《平安天津建设条例》,加快推进社会治理现代化,确保城乡更安宁、群众更安乐。坚持和发展新时代"枫桥经验",制定《天津市矛盾纠纷多元化解条例》,深化社会矛盾纠纷多元预防调处化解综合机制建设。依法严厉打击人民群众深恶痛绝的各类违法犯罪,社会治安秩序持续向好,现行命案连续 8 年全破,连续 5 年实现命案"发案不过百、破案百分百"的"双百"目标。深入推进常态化扫黑除恶斗争,新打掉涉黑组织团伙 15 个,破获涉黑恶刑事案件 210 起,扫黑除恶各项工作全面落实到位,完成电信网络、自然资源、工程建设、交通运输四大行业领域整治攻坚战行动,健全完善长效管理机制。全方位宣传贯彻《中华人民共和国反有组织犯罪法》,相关经验做法在全国推介。加快推进市域社会治理现代化全域创建,我市 10 个区的经验做法被中央政法委宣传推广。深化全科网格建设,完成"津治通"平台升级改造,实现群众诉求全程闭环处置。深入推进治安重点领域突出问题治理整治,大力开展打击整治养老诈骗专项行动,严厉打击电信网络诈骗犯罪,紧急止付资金 11.7 亿元,电信网络诈骗立案数、涉及群众损失金额同比分别下降 27.8%和 14.8%。

四、坚持以全面深化政法改革为动力,推动法治天津建设开创新局

全面贯彻法治天津建设"一规划两纲要",不断提升群众法治获得感。稳步推进市、区两级政法改革,三级法院审级职能定位改革试点和"分调裁审"机制改革向纵深推进,四大检察职能全面协调充分发展,派出所警务改革、警务体制机制改革持续深化,监狱戒毒制约监督机制进一步完善,社戒社康指导站实现各区全覆盖。法检司联合建立行政争议实质性化解协调联动和协作机制,推动形成公正权威、统一高效的行政复议体制,行政机关负责人出庭应诉实现常态化,全市出庭应诉率达 99.6%。全市政法大数据办案平台已建成,涵盖全市 160 余家政法单位、刑事案件 18 个主要流程。深入推进法治政府建设,和平区获评第二批全国法治政府建设示范地区,滨海新区和南开区 2 个项目获评全国法治政府建设示范项目。深入落实"八五"普法规划,深化法治乡村建设,16 个村(社区)被命名为"全国民主法治示范村(社区)",创建 2 个全国法治宣传教育基地。完成全市年终述法工作,指导市级各部门编制个性和共性学法用法清单,建立全面依法治市专家库,完成"十大重点课题"调研,举办学习贯彻习近平法治思想论坛,组织编纂天津法治建设蓝皮书,形成一批高水平研究成果和法治人才。

五、坚持以发挥政法服务保障作用为抓手,全力护航经济社会高质量发展

出台政法机关服务全市经济高质量发展的 22 条措施,有力推动营造公平透明可预期的法治化营商环境。创新互联网金融审判模式,成立天津国际商事审判庭,制定支持海洋经济等司法保障措施。全面推开涉企合规改革,成立全国首个独立履行知识产权检察职能的办公室。在全国首创"不停业施工"审批,优化"服务企业直通车"机制,涉企检查减少 52.7%。民营企业"法治体检"实现常态化,为近 5500 家企业提供服务 9300 余件次,挽回损失 13.7 亿元。组织召开 2 次政法领域京津冀协同发展工作座谈会,建立优化营商环境联席会议机制,推动 20 个事项实现"同事同标",9 个事项实现"跨省通办"。全市 22 家法院诉讼服务中心全部升级改造,实现诉讼服务事项一站通办、一网通办,智慧法院建设 11 项指标位居全国首位。深入开展公益诉讼质量提升年专项活动,全面推开检察公开听证,在全国率先完成三级院听证员库建设,以公开促公正赢公信。公安"放管服"改革持续推进,打造"互联网+公安政务服务"平台,517 项服务事项实现网上咨询办理。公共法律服务实体平台提供服务 8.7 万余次,"12348"热线接听 40 万余通，受理法律援助案件7000余件。

六、坚持以全面从严管党治警为保障，锤炼忠诚干净担当的政法队伍

巩固深化政法队伍教育整顿成果，坚持严的主基调，狠抓新时代政法干警"十个严禁"和防止干预司法"三个规定"落实，完善廉政风险防控制度，加强对年轻干部教育管理，引导干警严守纪法规矩。全面压实从严管党主体责任，认真开展政法单位主体责任和政治生态考核、党委政法委委员述职、政法单位主要负责同志抓基层党建工作述职报告工作，全面净化政治生态。不断加强政法干部队伍建设，推进执法司法人员分类改革，健全逐级晋升机制，锤炼真忠诚、敢斗争、勇担当、重实干的津门政法铁军。

市委研究室（市委全面深化改革委员会办公室）2022年工作总结

2022年，在市委坚强领导下，市委研究室（市委改革办）团结带领全体干部职工，坚持以习近平新时代中国特色社会主义思想为指导，弘扬伟大建党精神，牢记"三个务必"，深入学习宣传贯彻党的二十大和市第十二次党代会精神，紧紧围绕市委中心工作，认真做好调查研究、文稿起草、服务改革和全面从严治党等各项工作，不断提高政治判断力、政治领悟力、政治执行力，以实际工作成效体现坚定拥护"两个确立"、坚决做到"两个维护"的政治自觉。

一、坚持政治引领、政治立室，坚定拥护"两个确立"、坚决做到"两个维护"

1.旗帜鲜明讲政治，以党的政治建设统领机关全面建设。坚持以习近平新时代中国特色社会主义思想为指导，深入贯彻落实习近平总书记在中央和国家机关党的建设工作会议上的重要讲话精神，围绕"三个表率、一个模范"重要要求，持续加强党的政治建设，推进党的全面领导，严明党的政治纪律和政治规矩，对于习近平总书记发表的重要讲话、作出的重要指示和党中央作出的重大决策部署，对于市委作出的工作部署、市委领导同志提出的工作要求，室务会都第一时间组织传达学习、认真对标对表、研究贯彻落实举措。认真贯彻落实民主集中制，不断提升领导班子工作水平，对调查研究、文稿起草、服务改革和全面从严治党等工作及时研究部署、集思广益，领导班子谋大局、议大事、把方向作用发挥比较充分。大力发扬伟大的历史主动精神，着力提升战略思维、历史思维、辩证思维、系统思维、创新思维、法治思维、底线思维能力，把坚定拥护"两个确立"、坚决做到"两个维护"的政治态度、政治决心转化为武装头脑、指导实践的强大力量。

2.坚持政治引领，全面学习把握落实党的二十大精神。全力完成赴京服务保障党的二十大天津代表团有关工作。按照"全面学习、全面把握、全面落实"的要求，迅速部署学习宣传贯彻工作，在组织好集中收听收看大会开幕式、推动各支部专题学习交流的基础上，开办为期5天的专题读书班，举办青年干部开展分享交流会，组织干部撰写学习体会。室理论学习中心组带头领学，认真落实市委有关工作要求，积极做好理论阐释工作，撰写的《牢记"三个务必"始终保持政治上清醒和坚定》的研讨文章被《天津日报》刊发。室主要负责同志带头，班子成员和处长、副处长结合分管领域、本职工作，分别开展党的二十大精神宣讲。充分发挥调研网头作用，在《决策与参考》上开设"贯彻落实党的二十大精神系列调研"专栏，面向全市征集相关调研报告择优刊发，截至2022年底刊发调研报告7期。面向社会调研力量发布调研选题，完成重点课题立项25个。坚持把党的二十大精神体现到市委交办的每一篇文稿中，高标准做好市委常委会传达学习、全市领导干部大会、市委领导同志宣讲、市委专题读书班、市委十二届二次全会等有关文稿服务。认真做好市委深改委会议有关服务工作，牵头组织党中央部署的深化国防动员体制改革工作，组织对一批重点改革任务开展督察，推动党的二十大关于全面深化改革工作的重大决策部署在天津扎实落实。

3. 强化学思践悟，认真学习宣传贯彻党的十九届六中全会和市第十二次党代会精神。举办室理论学习中心组专题读书班，室主要负责同志担起责任、率先垂范，为全体党员宣讲党的十九届六中全会精神，引导全体党员深刻领悟"两个确立"的决定性意义。持续推进党史学习教育常态化长效化，组织全体党员将原原本本研学习近平总书记在中国共产党成立 100 周年时的重要讲话精神与学习《中共中央关于党的百年奋斗重大成就和历史经验的决议》《习近平谈治国理政》（第四卷）结合起来，组织班子成员和各处室党支部书记开展研讨交流，结合文稿起草、调查研究、服务改革和全面从严治党等工作，不断把学习成果和政治热情转化为推动各项工作的具体行动。集中全室力量做好市第十二次党代会报告具体起草工作，市委领导同志给予肯定并对参战同志表示问候。积极发挥职能优势，领导班子成员和各处室党支部书记为市级有关单位和基层宣讲市第十二次党代会精神 23 场、受众 4200 余人次。组织各处室认真对照党代会明确的目标任务和重要举措，细化梳理调研课题和工作事项，在《决策与参考》刊物开设"贯彻落实市第十二次党代会精神专题调研"专栏，截至 2022 年底，刊发调研成果 27 项。组织青年干部同市纪委机关干部赴安幸生烈士故居、中共西北乡农民支部旧址，开展学习贯彻市第十二次党代会精神分享交流活动。

4. 强化忠诚担当，深入开展"迎盛会、铸忠诚、强担当、创业绩"主题学习宣传教育实践活动工作。认真落实市委通知和市委组织部、市委市级机关工委要求，制定工作方案，严密组织实施，室务会先后 4 次研究部署，推动深入开展。理论学习中心组发挥示范引领作用，认真开展四个专题的学习研讨，谈收获体会，找差距不足，定改进措施，把每个专题交流研讨开成"准民主生活会"。扎实开展忠诚教育，室主要负责同志围绕"实事求是是我们党最大的党性"讲"七一"专题党课，组织各处室召开专题组织生活会。参与《"三个着力"领航天津》书籍编审，开展"话五年'津'彩谋奋进新篇"主题党日活动，52 名处级以下干部撰写感言，引导党员干部增强政治信念和发展定力。室机关党委撰写的《学思践悟　对标笃行　扎实推进机关党建与业务工作融合——用习近平新时代中国特色社会主义思想武装头脑、指导实践、推动工作的主要做法和思考》，被评为 2022 年度机关党建优秀调研报告三等奖。积极推动津南区北闸口镇前进村乡村振兴工作，室主要负责同志带队入村调研，室务会及时听取汇报、部署推动工作。

二、突出使命引领、增强主动精神，精心做好调查研究、文稿起草和服务改革等各项工作

坚持兵为将谋、将为帅谋，注重把政治与业务融为一体，时刻牢记"小文字"中的大政治，担当小助手的大责任，提升小岗位的大站位，克服疫情带来的重重不利影响，以"时时放心不下"的紧迫感、责任感，上下同心、踔厉奋发，着力发挥市委参谋助手作用，圆满完成市委和领导同志交办的各项工作任务。

1. 围绕重大课题、创新方式方法，高质量开展调查研究工作。认真贯彻落实《关于加强和改进调查研究工作的规定（试行）》，从统筹管理、工作程序、工作机制、成果转化、纪律要求等方面进一步规范调查研究工作。坚持把调查研究作为贯彻群众路线、加强和改进作风的重要载体和有力抓手，研究制定《关于建立调研联系点的实施办法（试行）》，从街道（乡镇）、社区（村）、企事业单位、社会组织等各类基层单位选取建立 8 个调研联系点，通过日常联络、实地走访、蹲点调研、宣传宣讲、共建共享、志愿服务等方式，深入了解社情民意、跟踪政策落实情况、总结推广典型经验，掌握第一手资料，提高调研质量、丰富文稿素材。紧扣深入贯彻落实党的二十大精神，围绕市第十二次党代会确定的建设高质量发展、高水平改革开放、高效能治理、高品质生活的社会主义现代化大都市目标任务，完成一批系统性研究成果。针对常态化疫情防控等工作，及时收集整理兄弟省市的经验做法和专家学者的思想观点，形成做好中小学疫情防控的建议、杭州发布“杭十条”助力企业开门红等信息资料供市领导决策参考。其中,关于新冠疫情常态化下社会治理的五点建议,市委主要负责同志作出批示,印发各区各部门主要负责同志参阅。严把刊物稿件政治关、质量关,全年共编发《决策与参考》46 期、《观点与动态》8 期,市领导共批示 22 件次。编印《习近平同志重要活动报道汇编》12 期、《全市经济与社会发展情况》4 期、《本市十六区经济社会发展情况》2 期。完成《天津年鉴》《天津社会科学年鉴》相关条目撰写。以实施全市社科规划智库项目(全市重点调研课题专项)为抓手,组织协调各方面力量开展课题调研,面向全市高校和研究机构征集决策咨询研究课题选题 177 项,完成 2022 年度重点调研课题专项课题指南编制、课题申报评审立项工作。加强在研重点调研课题的组织推动,全年完成重点调研课题编修、刊发、结项 12 项。

2. 科学调配力量、认真对标对表,精心做好文稿起草工作。在起草文稿中,认真贯彻实事求是、改进文风、力戒形式主义等有关要求,自觉向党的路线方针政策和习近平总书记重要指示要求对标看齐。注重充分发挥调查研究的基础性作用,坚持先调研再起草,将日常调研积累与起草前的专项调研结合起来,加强调研成果的转化运用。面对急难险重任务和疫情不利影响,室领导亲自带队上阵,集中骨干力量、传带新生力量,把每个处室都动员起来,起草组同志多次、连续多天吃住在单位,敢于啃硬骨头、善于打配合战,清单式推进各项任务落实。全年,除完成市第十二次党代会文稿外,还完成了市纪委全会、全市领导干部学习贯彻党的十九届六中全会精神和习近平总书记重要讲话精神专题读书班暨年轻干部教育管理工作会议、市委十二届二次全会、市委政法工作会议暨全市政法队伍教育整顿总结会议、市加强新时代廉洁文化建设工作会议暨党员干部警示教育大会、警备区代表大会、市委经济工作会议等重要会议文稿以及市委关于贯彻落实习近平总书记视察天津重要指示和在京津冀协同发展座谈会上重要讲话精神进展情况的报告、天津市特色亮点工作等专项文稿起草任务,全年完成各类文稿 100 余篇、62 万多字。

3. 凝聚改革合力、狠抓落地见效,悉心做好服务全面深化改革工作。全年服务市委深改委会议 8 次,认真做好收集议题、审核上会文件、起草会议文稿、整理会议录音、编发会议纪要、报送会议情况等相关服务工作。全面对照梳理党的二十大和市第十二次党代会部署的重大改革任务,强化改革精神、科学统筹谋划、突出实干作风,积极发挥参谋助手作用。起草市委深改委 2021 年工作总结和 2022 年工作要点,制定 2022 年改革任务台账,分解 147 项改革任务,明确牵头领导、责任单位和时间节点、改革路径和成果形式。会同各专项小组对 2022 年度重点改革任务进行中期推动,分经济、政治、党的建设领域形成三篇落实进展综述。梳理完成《天津市贯彻落实党的十九大报告重要改革举措实施规划(2018—2022 年)》落实情况。制定《天津市深化国防动员体制改革实施方案》,组织召开全市深化国防动员体制改革动员部署会议,协调推动市有关部门和各区按照实施方案抓好各项工作落实,稳妥有序完成市区两级深化国防动员体制改革工作。全面落实“三督三察”重要要求,对一批重点改革任务开展督察。印发 2021 年度全市重点改革任务落实情况督察通报及整改通知书。完成 2021 年度各区全面深化改革绩效考评和各市级部门加强制度创新专项考核工作。按照中央改革办通知要求,起草报送《天津市落实“三孩”政策情况的报告》。制定《市委改革办进一步加强服务全市乡村振兴工作的措施》。深入开展改革调研,积极总结我市推进天津港建设世界一流智慧绿色港口、思政课改革、居家养老服务、滨海新区知识产权保护改革、预防电信诈骗改革经验,中央改革办《改革情况交流》刊发了河西区居家养老服务试点的经验做法,《人民日报》《天津日报》等新闻媒体宣传报道了我市改革典型案例和成效。全年编发《天津改革工作简报》和《改革督察通报》19 期,完成《天津市全面深化改革重要文件汇编(2021 年)》(上、下册)。

三、强化依纲抓建、层层压实责任，认真做好全面从严治党各项工作

1. 严格落实主体责任。深入贯彻落实《党委（党组）落实全面从严治党主体责任规定》，研究制定 2021 年度全面从严治党主体责任考核和政治生态建设考核评价反馈问题整改措施、2022 年落实全面从严治党主体责任暨加强政治生态建设重点任务、领导班子和班子成员履行全面从严治党主体责任“两个清单”，狠抓责任落实、工作落实。室务会先后 10 次专题研究部署全面从严治党工作，2 月份组织机关党委书记和党支部书记（处室负责同志）述职评议，8 月份听取处室党支部书记工作汇报，强力督促推动，层层压实责任。深入贯彻《机关基层组织工作条例》，严格领导班子成员联系党支部、机关党委和机关纪委委员联系党支部等制度机制，认真组织党章学习日、党徽党旗条例专题学习，不断提升机关党建质量和水平。机关工会和妇联工作扎实有效，丰富业余文化生活，服务职工需求、保障会员权益。

2. 严格落实意识形态工作责任制。坚持马克思主义在意识形态领域指导地位的根本制度，深入学习贯彻全市宣传部长会议精神，室务会研究部署意识形态相关工作 4 次。建立健全舆论引导和舆情应对工作机制，建立健全室网络舆情“瞭望哨”，制定意识形态安全重大风险隐患排查清单台账并认真抓好落实。班子成员认真履行“一岗双责”，利用参加所在支部组织生活等时机，突出“五一”“十一”等重要节假日和党的二十大、市十二次党代会等重要时间节点，加强针对性的教育引导。加强青年干部思想引领，针对重要主题、重大时间节点，组织青年干部开展学习交流活动，分享学习体会，相互借鉴提升。建好用好内网，严把刊物意识形态主阵地政治关，加强室（办）工作微信群和个人新媒体管理，牢牢把握意识形态工作主动权。

3. 严格落实法治建设领导责任制。深入学习贯彻习近平法治思想，及时传达学习中央全面依法治国工作会议精神和市委全面依法治市工作会议暨平安天津建设工作会议精神。研究制定贯彻落实市委依法治市委员会《关于贯彻落实〈中央依法治国办关于对天津市开展法治政府建设实地督察的反馈意见〉的整改方案》的工作方案及清单分工，狠抓各项工作落实。严格落实党政主要负责人履行推进法治建设第一责任人职责有关规定要求，领导班子成员和处室负责同志认真述法。制定年度普法责任清单，组织干部认真学习法律题库，组织理论学习中心组 2 次专题学法，开展 2022 年“美好生活 · 民法典相伴”“宪法进机关主题活动周”和网上学法用法考试等法治学习实践活动，不断强化法治思维和法治素养。加强公职律师队伍建设，组织公职律师在档案室改造合同起草签订、室务会研究部署法治工作等提出意见，推动法治建设不断向纵深推进。

4. 着力加强干部队伍建设。坚持以习近平新时代中国特色社会主义思想为指导，认真贯彻落实党的干部路线方针政策，坚持党管干部原则，坚持“好干部”标准，树立正确用人导向。认真贯彻落实《干部选拔任用工作条例》《党政领导干部选拔任用工作责任追究办法（试行）》《关于深入整治用人上不正之风　进一步提高选人用人公信度的意见》和四项监督制度等要求，把握选人用人标准，规范选人用人行为。加强干部队伍规划建设，深入分析研判干部队伍建设工作，着力激发各层次干部干事创业的积极性主动性。着眼事业发展需要，稳妥做好干部选拔任用工作，干部队伍结构进一步优化、活力进一步增强。将日常考核与年度考核结合起来，注重抓好年轻干部培养，年度考核优秀等次名额连续多年向年轻干部倾斜。

5. 扎实推进党风廉政建设。认真学习传达中纪委全会、市纪委全会精神，强化党风廉政建设责任，研究贯彻落实措施。扎实推进深入治理形式主义官僚主义不担当不作为问题专项行动，严格执行对外发文和索要材料制度，认真落实为基层减负有关要求，改进调查研究、改革督察、参与基层疫情防控等工作，为高标准完成年度工作提供坚强作风保证。坚持一体推进“三不腐”，制定实施《清廉机关工作安排》，与驻厅纪检监察组共同制定《关于开展清廉机关创建行动工作方案》,组织廉政风险点排查并制定防控措施。开展主题警示教育月活动,组织观看《走好廉洁从政每一步》《廉洁润初心》等警示教育片,引导党员干部知敬畏、存戒惧、守底线,着力筑牢廉洁思想根基。深入贯彻中央八项规定及其实施细则精神,突出重要节假日加强教育引导和监督检查,严防“四风”问题。严格落实廉政谈话、履职谈话和经常性提醒谈话要求。

四、突出严谨细致、提高服务质量,各项服务保障工作扎实推进

1.疫情防控工作扎实有效。全面落实市疫情防控指挥部和大院防控办各项要求,从严从细做好内部管控,做好核酸检测的组织和健康码、核酸检测结果的查验工作,全力推进第四针疫苗接种。稳妥抓好党的二十大和市第十二次党代会召开期间、防控政策调整转段后轮岗期间的疫情防控工作,搞好工作统筹,科学调配人员,定期对工作环境和公共空间进行消杀,确保工作不断档、岗位不断人、任务不耽误,有力保证了重大文稿任务的顺利完成。坚决服从服务全市疫情防控大局,按照市委组织部紧急部署要求,紧急抽调6名同志驰援津南防疫一线,8名居住在河西区的干部就地下沉入列参加疫情防控。

2.综合服务保障能力得到加强。机要文秘工作严谨细致、及时准确,保证了公文正常运转。开展《中共天津市委研究室志》编纂前期准备工作,广泛收集学习方志基础理论和编纂业务知识、相关法律规定,细化完善实施方案,研究草拟凡例和篇目大纲,整理编写培训教材。严格落实保密工作制度,完善委托服务人员管理制度,慎之又慎加强保密工作,定期全面排查办公电脑、涉密移动载体使用隐患。常态化开展安全教育,定期或不定期组织全面安全检查,及时消除安全隐患。公务用车制度得到严格落实。高度重视档案安全和基础设施建设工作,对照《天津市机关、团体、事业单位档案工作检查评价标准》规定的建设标准,健全完善档案管理制度,对档案室进行全面提升改造,夯实硬件基础,提升规范化管理水平,顺利通过市档案局组织的考核验收,被评为“优秀”等次。开展档案整理及数字化工作,将2001年、2002年各类档案按时、规范移交市档案馆。

3.财务管理科学规范。加强预算执行管理。面对财政收入下行、疫情冲击的特殊形势,坚决贯彻过“紧日子”要求,严格执行各项财务管理制度规定,进一步规范预算收支管理、财务事项审批等工作,强化预算执行,压缩结转资金规模,不断提高资金使用效益和财务管理水平。推进预算绩效管理改革。结合实际制定《预算绩效管理暂行办法》,对实施的所有项目设定绩效目标进行绩效管理评价,并及时监控分析项目实施进度、资金使用和绩效目标实现情况,不断提高资金使用效率,确保项目绩效目标顺利实现。强化监督约束,防范财务风险。加强内部控制监督管理,完善制度流程、强化风险管理、规范财务行为。深化财务公开,在机关事务管理局统一安排下,定期对年度预决算、“三公”经费、资产管理使用情况进行公开,广泛接受社会监督。配合做好市审计局和市级机关工会联合会对专项经费的检查和审计工作。严格规范国有资产管理。牢固树立资产效益意识,逐步探索科学的资产管理方法,加强实物资产的配置、使用、处置等管理工作,定期开展资产清查工作,通盘掌握全室各类资产动态情况,夯实资产管理工作基础。

市委网络安全和信息化委员会办公室2022年工作总结

2022年,天津市网信系统坚持以习近平新时代中国特色社会主义思想特别是习近平总书记关于网络强国的重要思想为指导,认真落实中央网信办和市委部署要求,紧扣迎接学习宣传贯彻党的二十大工作主线,自觉担当起网信工作职责使命,为开创全面建设社会主义现代化大都市新局面提供了有力服务、支撑和保障。

一、加强思想引领，让党的声音始终成为网络空间最强音

坚持把习近平总书记和习近平新时代中国特色社会主义思想网上宣传作为重中之重，突出讲好“两个确立”的决定性意义，开设“沿着总书记的足迹”“思想引领　津门巨变”等专题专栏，精心组织“听妈妈的话”“同唱一首歌·《领航》——全国青少年网络传唱”等互动引导活动，策划推出《思想的力量》《不变的承诺》等新媒体精品，组织推送重要稿件5000余篇，确保总书记网上宣传牢牢占据首页首屏头条。建强“网上马克思书房”“闻鼓论津”等网上理论阵地，上线“津门网络大思政”平台，推出《现在开讲》大型思政访谈节目、《“青听鉴往”传承红色基因》系列微团课，推动党的创新理论“乘云入网”飞入寻常百姓家。

二、忠诚履行使命，全力做好迎接服务保障和学习宣传贯彻党的二十大工作

制定实施全市关于党的二十大网上宣传引导和舆情服务保障、网络安全数据安全保障等工作方案。开设“喜迎二十大”“二十大时光”等专题专栏，组织开展“新时代　我在中国”“大咖说盛会”等网上宣传引导活动，推出《我们的十年》《盛会零距离|看数据，谈亮点！》等融媒体报道，全市主流媒体、新媒体共刊发原创稿件4300余篇，转载超49万篇次，阅读量达8.3亿次，推动党的二十大精神在网络空间“刷屏”“破圈”。制定印发党的二十大精神网上宣传和宣讲工作方案，策划推出“我‘听’党的二十大主题学习”等线上活动，举办读书班、专题辅导讲座，开展分众化全覆盖宣讲等，持续掀起学习宣传贯彻党的二十大精神热潮。

三、汇聚奋进伟力，网上主流思想舆论持续巩固壮大

印发实施全市网上重大主题宣传和重大议题设置方案，精心做好北京冬奥会和冬残奥会、首届世界职业技术教育发展大会、市第十二次党代会等重要会议重大活动的网上宣传，组织开展“潮涌京津冀　逐梦新征程”“深学笃用　天津行动”等主题宣传，推出《天津这十年》等系列融媒体报道，凝聚奋进新征程的澎湃力量。加强互动引导，深入开展“入圈进群”“激浊扬清”“津玉良言”行动，组织网络名人和好网民积极互动。组织“寻美中国”“我看天津发展”“网络中国节”等网络主题活动，相关话题阅读量超30亿次。夯实“网事津评”“津门里巷”等网评阵地，第四届“四海声评”网评大赛征集作品2400余篇。上线“Hello，天津！”用好“津云·云上海外”等外宣平台，推出《谈天论津（第二季）》《“鲁班”出国记》等精品，对外讲好天津故事。

四、坚持向上向善，以网络文明盛会点亮文明之光

成功举办2022年中国网络文明大会，围绕“弘扬时代新风　建设网络文明”主题，线上线下相结合，举办开幕式、主论坛、1场高峰论坛、10场分论坛和1场主题活动，来自全国各地的3000余位嘉宾参加，交流分享经验，共建网上美好精神家园。创新推出新时代中国网络文明建设成果展，23个省区市和9家重点网信企业参展，突出展示党的十八大以来网络文明建设丰硕成果，线上云展示参观量达129万人次。举办“网络文明之光照亮未来”城市主题音乐会，以艺术形式滋养网民心灵。大会发布《共建网络文明天津宣言》、2021年度中国网络诚信十件大事等成果，汇聚起新时代加强网络文明建设的全网共识。大会相关网上信息超47万条，阅读量达19.2亿次，在全网兴起文明办网、文明用网、文明上网新风尚。

五、加强综合治理，网络空间更加天朗气清

深化网络综合治理体系建设协调联动工作机制，开展专题督查。畅通网络举报渠道，举报各类违法和不良信息123万余条，打造覆盖市、区两级的辟谣矩阵，发布科普、辟谣稿件3000余篇。创新网络普法，打造“天津网络法治时间”“津小卫话安全”等普法品牌。开展“清朗”“净网”“打击整治养老诈骗”“护航二十大——海河净网”等系列专项行动，集中整顿互联网领域新老问题，推动形成良好网络生态。

六、树牢底线思维，有力维护网络安全和数据安全

深入落实习近平总书记关于网络安全工作“四个坚持”重要指示精神，加强跟踪问效，压紧压实责任。健全网络安全主动防御体系，开展网络安全等级保护工作，制定网络数据安全和个人信息保护工作的实施方案。成功举办2022年国家网络安全宣传周天津地区活动，开展网络安全“九进”活动2000余场次，第四届“第五空间”网络安全大赛吸引9600余名选手参加。“数据安全能力国家标准在天津的应用实践”荣获网络安全国家标准优秀实践案例一等奖。

七、加强创新驱动，以信息化赋能天津高质量发展

完善数字化发展政策体系，印发《天津市数据交易管理暂行办法》等制度文件和10余项地方标准。建成5G基站5.4万个，“5G+细分行业”、IPv6、区块链等创新应用深入开展，8个项目获批国家级试点。“天河”新一代百亿亿次超级计算机研制取得突破性进展，‘天河’系列超级计算机每天运行计算研发任务超1.5万项，服务8000余个创新团队。服务构建“1+3+4”现代产业体系，集中攻坚信创、集成电路等重点产业链，打造“PKGS”品牌（飞腾—麒麟—长城—曙光），累计集聚信创产业上下游企业超1000家。持续推动政务数据共享应用，市信息资源统一共享交换平台归集数据136亿余条，为230余个应用场景提供支撑，统一开放平台开放数据超1.1亿条。有序推进“银发智能服务”等69个“城市大脑”场景建设。一网通办“津心办”迭代至3.0版本，实现1500余项事项掌上办，注册人数超1900万。上线“全场景核酸检测信息系统”“天津数字防疫”App，助力守牢疫情防护网。开展全民数字素养与技能提升月活动，举办“我学我用大数据”主题培训等17项系列活动，激发全民参与建设网络强市热情。

八、强化党建统领，锻造忠诚干净担当网信铁军

举办党的十九届六中全会精神专题培训班，巩固拓展党史学习教育成果，深入开展“迎盛会、铸忠诚、强担当、创业绩”主题学习教育，持续深化对党、对习近平总书记的忠诚教育，筑牢坚定捍卫“两个确立”、坚决做到“两个维护”的思想根基。实施互联网企业党建双提升三年行动计划，扎实推进网络社会组织党建工作。巩固发展“三级确保、建设四级、多级完善”网信工作格局，全面落实各区委网信办主要负责同志双重管理，规范市级党政部门、事业单位、群团组织网信机构设置，选优配强网信工作队伍。举办“市管干部推进城市数字化发展”“数字天津建设”等专题培训班，提升党员干部管网治网用网本领。

市委机构编制委员会办公室2022年工作总结

2022年，在市委和市委编委正确领导下，市委编办以习近平新时代中国特色社会主义思想为指导，认真学习宣传贯彻党的二十大精神，深入学习贯彻习近平总书记关于机构编制工作重要论述，扎实落实市委各项决策部署，牢固树立围绕市委中心工作“公转”意识，统筹推进完善党政机构职能体系，从严控制和统筹配置机构编制资源，大力推进编制资源向基层倾斜，深化事业单位改革，尽心竭力保障天津高质量发展和民计民生需求，持续加强机构编制部门自身建设，各项工作取得新成效。

一、坚决贯彻落实习近平总书记重要指示批示精神，扎实推进中央部署的重大改革任务落地落实

一以贯之把贯彻落实习近平总书记重要指示批示精神作为首要政治任务、头等政治大事，全力抓好中央部署的重大改革任务落实，以机构编制工作之为坚定捍卫“两个确立”、坚决做到“两个维护”。

积极推进疾病预防控制体系改革。贯彻落

实习近平总书记关于疾病预防控制体系改革重要指示精神，按照中央关于疾病预防控制体系改革的部署要求，研究提出整合疾病预防控制、传染病疫情应急处置、公共卫生监督等相关职责和机构的意见，经报中央编办批准，在全国第一批组建市疾病预防控制局。按照体现直辖市特点和热备、灵敏、高效原则，研究制定市疾控局机构编制框架，完成挂牌和干部配备等工作，稳妥有序推进改革任务。

全面压实安全生产监督管理职责。贯彻落实习近平总书记关于安全生产工作重要指示批示精神，认真落实全国安全生产电视电话会议和全市安全生产工作会议精神，重新梳理出全市21个市级部门承担的行业领域安全生产监督管理职责共50项，对其中7项在6个部门的“三定”规定主要职责和内设机构职责作了进一步明确和细化，压实各级监管责任，推进依法履职尽责。

加强基层动植物疫病防控体系建设。贯彻落实习近平总书记关于基层动植物疫病防控体系建设重要指示，按照农业农村部、中央编办指导意见，制定印发《天津市基层动植物疫病防控体系建设工作方案》，指导推动10个涉农区理顺区、乡镇、村三级动植物疫病防控体系，强化监测预警、检疫监管、应急处置职责，实行定责定岗定人，压实属地责任，确保全链条做好动植物疫病防控各项工作。

二、紧紧围绕市委中心工作“公转”，主动进位深化重点领域体制机制改革

坚持把围绕中心、服务大局作为机构编制工作的主题主线，聚焦重点领域、关键环节，积极改革创新，着力发现和破解制约高质量发展的体制机制障碍，为全面建设社会主义现代化大都市提供体制机制保障。

深化科教人才体制机制创新。服务保障“科教兴市人才强市”建设，围绕建设国际视野、一流水平综合性医学健康研究平台，制定天津医学健康研究院“三定”规定，突出医学研究职能定位，精干设置管理机构，赋予业务机构设置自主权，以新体制提高人才吸纳能力。适应我市高水平建设重大科技创新平台要求，对市科技局主要职责进行调整，整合组建实验室工作专门机构，牵头负责海河实验室建设、科技创新基地建设管理，健全完善职能配置。积极支持国家实验室和新型研发机构建设，对符合条件、实际需要的，直接赋予事业单位法人资格，推动项目、人才、资金向我市聚集。

持续深化综合行政执法改革。服务保障“平安天津”建设，对开展的12个领域综合执法改革持续跟踪，及时研究解决市区执法职责分工、执法边界、干部人事等方面遇到的矛盾和问题。对应急执法领域深入研究，经市委批准，在市安全生产执法监察总队现有编制规模内，整合安全生产、防灾减灾救灾、应急救援等执法机构和职责，组建市应急管理综合行政执法总队，明确市、区两级执法职责和责任，建立执法联动机制。各区按照部署，同步完成改革任务。

加强文物考古工作体制建设。服务保障“文化强市”建设，按照“撤一建一”原则，为市文化和旅游局设置革命文物、考古工作机构，各区文化和旅游局加挂文物局牌子、设置文物保护机构，明确街镇文物保护工作职责，压实三级管理责任，推动文物保护和文化旅游融合发展。加强文化保护监管执法，健全跨地区、跨部门执法协作联动机制。支持高校做大做强考古专业学科，保障引进专业教师、专业人才需求。

统筹推进其他重点领域改革。服务保障“绿色天津”建设，经市委编委批准，设立绿色生态屏障建设管理工作机构，牵头负责绿色生态屏障建设管理的组织协调、推动落实、检查评估，调整加强工作力量。为更好发挥财会监督“利剑”作用，将市财政局检查局、征收局合并设置为市财政局监督评价局，强化财会监督职能，精简机构设置和人员力量配备。为加强党对社会主义学院领导，制定社会主义学院“三定”规定，强化党的创新理论研究、决策咨询职能，更好发挥统战人才培养基地、理论研究基地作用。制定社会科学院“三定”规定，由市委宣传部管理调整为市政府直属事业单位，增加对习近平新时代中国特色社会主义思想研究阐释职责，突出思想库和智囊团作用。

三、坚持力量下沉、重心下移，持续提升基层治理能力和水平

树牢大抓基层、大抓基础理念，加大“减上补下”力度，大力推进编制资源向基层倾斜，持续深化基层体制机制创新，有关做法在全国编办主任会议作经验交流，受到中央编办主要领导充分肯定，在全国总结推广。

大力度推进编制资源向基层下沉。经市委编委批准，制定出台《关于推进编制资源向基层倾斜的实施方案》，大幅压减市区两级机关和事业单位空编，共向街镇和基层一线下沉各类编制2700余名，确保基层治理、为民服务力量充足。综合分析街镇服务人口、面积、工作难易程度等因素，提高街镇编制标准，为110个街镇下沉行政编制500余名、事业编制近1000名；补齐基层医疗卫生机构编制缺口，按照不低于常住人口数量1.2‰的标准，拿出近650个事业编制，补充到环城四区48个基层医疗卫生机构；加强重点领域执法一线力量，从市级执法队伍核减300余个编制，用于加强区级卫生健康、应急管理、生态环保等执法力量。

优化街镇党政机构设置。适应基层新情况、新特点，在街镇机构改革基础上，加大党政工作机构综合设置力度，保留统一设置的党建、网信、公共服务、公共管理、公共安全5个综合性内设机构，进一步加大整合力度，共减少机构230多个；赋予街镇更加灵活的用人自主权，推行编制分类管理、人员统筹使用；针对街镇“官多兵少”、工作力量不足等问题，明确内设机构正职由领导班子成员兼任，减少管理层级、提高工作效率，推动构建党委领导、党政统筹、简约高效的基层管理体制。

加强街镇职责清单制度建设。按照职责法定、权责明晰、赋权减负原则，对照法律法规规定，修订完善街镇职责清单，逐条细化明确基层党建、公共服务、公共管理、公共安全、社区（村）建设等方面职能任务，新增应对突发公共卫生事件、社会矛盾纠纷调处化解、优化营商环境等职责，确保职责事项依法有据、精准适用。监督各区严格执行街镇职责准入制度，实行准入审核，切实解决基层负担过重问题。

支持保障区域高质量发展。服务保障自贸试验区创新发展和京津冀自贸试验区协同发展，经市委编委批准，将中国（天津）自由贸易试验区管委会办公室由与滨海新区发改委合署办公，改为单独设置，列区政府工作部门，明确和强化职责责任。着眼区域数字经济发展特点，按照“撤一建一”原则，设立河北区政府数字经济发展办公室，牵头负责区域内数字经济产业发展、行业管理、产业布局。为加强国资监管，将蓟州区国资委由在区财政局加挂牌子，改为单独设置，更好发挥推进国企改革、加强国资监管职能作用。为保证巡察工作向村级党组织和集体经济组织延伸，在区委巡察组设处级巡察专员，为涉农区巡察组核增40名处级领导职数和40名行政编制，为实现党委巡察全覆盖提供机构编制保障。

四、纵深推进事业单位改革，激发公益事业发展活力

在全面完成行政类、经营类事业单位改革，对公益类事业单位进行整体重构性改革基础上，聚焦强化属性、激发活力、重点突破，不断巩固深化事业单位改革成果，促进公益事业高质量发展。

全面开展事业单位改革研究。成立专题调研组，深入311家市级部门和事业单位，开展“拉网式”调研，形成总体调研报告，为改革向纵深推进做好政策储备。坚持目标导向，着眼构建功能明确、治理完善、运行高效、监管有力的管理体制和运行机制改革目标，深入听取各级各部门、广大干部职工意见建议，全面了解各类事业单位运行情况。坚持问题导向，深入查摆事业单位改革后存在的功能重塑再造不到位、“物理整合”到“化学反应”不明显、管理体制和运行机制不高效、干事创业积极性不高等问题，为进一步深化改革提供靶向。坚持结果导向，针对查摆的存在问题，从改革创新完善管理模式、组织结构、用人制度、财政政策等方面提出针对性对策措施。

持续深化公益一类事业单位实行公益二类管理改革。深入 51 家实行公益二类管理的公益一类事业单位开展总结评估督导，对进展相对缓慢的单位加大督办力度，指导试点单位充分利用自身人才、技术资源优势，用好用活用足改革政策，激发调动干事创业积极性主动性；对科技发展战略研究院、公共信用中心等改革成效明显的单位及时总结经验，推广改革做法。对改革中遇到的服务范围、财务收支不明确等政策盲区，及时协调有关部门予以解决，确保改革顺利实施。

深化民生保障领域改革。贯彻落实市委整治殡葬领域突出问题工作要求，加强中塘镇骨灰堂这一全市最大规模骨灰安放设施管理，设立天津逸园，明确职能配置、机构设置，解决人民群众最急最忧问题。为提升职业教育发展水平，将各行业举办的 8 所职业院校划转教育、人力社保部门管理，同时整合吸纳市交通技师学院等 3 所职业院校，形成职业教育“拳头”力量。着眼助力乡村振兴、巩固党在农村执政基础，按照新时代、新要求重新明确市供销合作总社职责定位，对内设机构进行调整，推动供销合作社在促进现代农业建设、农民增收致富、城乡融合发展中发挥重要作用。落实建立和完善中小学党组织领导的校长负责制，为中小学重新核定领导职数，加强党组织领导力量。

创新事业单位登记管理。推动事业单位法人电子证书推广应用，在“天津网上办事大厅”上线运行，实现数据对接共享，为电子证书跨省使用提供支撑。加强监督管理，完成市级事业单位年度报告公示，发布“双公示”信息，开展随机检查，发现问题全部整改到位。事业单位登记首批进驻政务服务综合窗口，规范服务标准，精简办事流程，全面提升事业单位登记工作质量和水平。

五、坚持严控与统筹并举，机构编制管理科学化规范化法定化水平得到新提升

始终把严格控制作为机构编制管理第一原则，坚持从严审批、锱铢必较，严格按规定、程序、权限办事，以“铁当家”落实“铁制度”；树立全市“大统筹”理念，坚持机构编制全市“一盘棋”管理、“一本账”调度，切实使机构编制资源的流动方向成为市委中心工作的“风向标”。

坚决控制机构编制和财政供养人员增长。对增加机构编制需求事项，深入研究论证、严格审核把关，除中央和市委有明确要求的，一律不新设机构、新增编制，确需的采取机构撤一建一、编制调剂办法解决。严把进人关口，严格保持机关 6%、事业单位 8%的空编率，严格执行财政供养人员“退一进一”制度，充分发挥用编审批作用。

加大编制资源统筹调配力度。严格落实市委编委《关于统筹使用各类编制资源服务保障天津经济社会发展的意见》，坚持机构编制根据市委中心工作配置，对经济发展、科技创新、生态环保、重要民生、安全稳定和高层次人才引进等方面的编制需求，坚持全市“一盘棋”思想，从各区、各部门空余编制中统筹调剂解决。扎实开展机构编制评估，细化评估指标体系，强化评估结果运用，制定《机构编制评估与管理深度融合的若干措施》，切实把评估结果作为调整编制资源的重要依据。

加强机构编制法规制度建设。贯彻中央编委《机构编制违规违纪违法行为处理和问责规则》，研究制定我市实施办法，细化明确处理和问责应当把握的政策界限、问题线索管理、处理措施等，切实维护机构编制纪律权威性、严肃性。为规范机构编制信访工作，制定《机构编制信访举报处理工作办法》，从登记、受理、办理、督查等环节作了进一步规范。为加强机构编制违规违纪违法行为预防教育，与组织、财政、人社、审计等部门建立工作机制，从源头上减少违规违纪行为。制定《机构编制规范性文件制定和实施办法》，对规范性文件的起草、前置审核、审批、发布、实施等进行全流程细化明确，以法治思维、法治方式推进机构编制工作科学化、法定化。

加大机构编制纪律监督检查力度。按照十二届市委巡视部署，对部分市级部门和教育系统开展机构编制纪律执行情况专项检查，对发现的党管机构编制落实不到位、改革推进不力、“三定”规定执行不严格等问题，按程序反馈并严抓整改。成立工作专班,深入16个承担安全生产职责的市级部门单位,开展安全生产责任履行情况专项督查,各区同步开展自查,发现并纠正存在问题,层层压实安全生产监管责任。会同市委网信办深入16个市级部门、19个区级部门和街镇,对网信工作机构和队伍建设情况进行专项督查,确保机构、编制、人员落实到位。

六、从党的二十大精神中汲取奋进力量,打造政治强、业务精、敢担当、作风好的机构编制干部队伍

以迎接、学习、贯彻党的二十大为主线、首要政治任务,树牢党的机关、政治机关定位,强化"组织口"意识,对标"组织口"标准,内强素质、外树形象,机关各项建设再上新水平。

旗帜鲜明加强政治机关建设。认真组织开展党的二十大精神学习培训,把党的二十大精神作为理论学习中心组重点内容,作为党员干部理论武装中心内容,紧密结合习近平总书记关于机构编制工作重要论述,着眼服务大局,主动对标对表,结合岗位职责开展大讨论活动,领任务、定措施、谋思路,以实际行动捍卫"两个确立",做到"两个维护"。扎实开展"迎盛会、铸忠诚、强担当、创业绩"主题学习宣传教育实践活动,以"四比四看一评议"为载体,组织全办党员干部比学习、看站位,比党性、看忠诚,比尽责、看担当,比创新、看业绩,干部队伍担当精神、工作作风、素质能力得到显著提升。严格落实机构编制请示报告制度,从严执行机构编制审批程序和权限,把党管机构编制原则落到实处。强化归口组织部管理意识,坚持重大事项请示报告、重要政策主动对接,切实把归口管理的体制优势转化为工作优势。

以上率下严管班子严抓队伍。严格落实民主集中制,"三重一大"、机构编制事项全部集体决策,全年召开室务会议40次。坚持围绕中心、服务大局,中央和市委重要会议、重要文件,领导班子都第一时间传达学习,研究贯彻落实具体措施,确保跟上趟、给上力、使上劲。坚持内强素质、外树形象,加强党员干部思想淬炼、政治历练、实践锻炼、专业训练,加强各行业、各领域相关专业学习培训,丰富知识储备,不断提升成事能力和担当精神。加大年轻干部培养锻炼力度,全年选派12名年轻干部到区委编办、办事大厅实践锻炼,49名干部到社区入列轮值,党性观念、为民意识、服务能力得到显著提升

从严从实加强党风廉政和作风建设。深入"转职能、转方式、转作风",结合市委编办承担的职责任务,以机构编制审批权、建议权、监督检查权,市委机关的部门影响力、掌握机构编制资源的职务影响力的"三权两力"为重点,从严从细教育党员干部正确行使权力、增强服务意识、改进工作作风。持续整治形式主义官僚主义和不作为不担当问题,制定专项治理17项整治措施,坚决守住精文减会、督查考核"硬杠杠",着力减轻基层负担。加强党风廉政建设,研究制定清廉机关建设、廉洁文化建设和廉政风险排查防控措施,常打招呼、常提醒,引导党员干部筑牢防线、守住底线、不越红线。

市委台湾工作办公室　市政府台湾事务办公室2022年工作总结

2022年,全市对台系统和涉台部门深入学习贯彻习近平总书记关于对台工作的重要论述,认真贯彻落实中央对台工作决策部署和市委工作要求,围绕迎庆党的二十大这条主线,紧扣争取台湾人心这个中心,加强政治引领,坚持守正创新,积极应对挑战,突出重点用力,扎实推动各项对台工作,取得积极成效。

一、强化根本,党对对台工作的领导不断加强

牢记对台工作使命责任,坚持把加强党对对台工作的领导落实到对台工作的各方面全过程,形成抓对台工作的合力。

一是党委高度重视。2月22日召开市委常委会会议暨市委对台工作领导小组(扩大)会

议，传达 2022 年对台工作会议精神，研究贯彻落实措施。8 月 18 日召开全市对台工作中期推动会，推动工作落实。各区委高度重视对台工作，认真落实中央台办部署及市委要求，推动工作落实。

二是健全工作机制。召开市委对台工作领导小组会议，审议通过市委对台工作领导小组工作规则，进一步完善机制、明确责任，强化统筹协调职能。各区委对台工作领导小组均落实市委工作要求，完善机制，强化职责，确保各项工作任务高质量完成。依托大统战格局，健全对台工作区、街道和社区三级网络，进一步强化街道和社区两级对台工作责任，形成党委领导、齐抓共管的工作合力。

三是加强工作统筹。各区充分发挥区委对台工作领导小组办公室职能作用，加大工作统筹调度，充分发挥本区经济、社会、文化、教育等资源优势，推动各项工作完成。

二、突出主线，对台思想政治引领持续强化

围绕迎庆党的二十大主线，结合开展"迎盛会、铸忠诚、强担当、创业绩"主题学习宣传教育实践活动工作，突出对台特点，将台胞纳入工作范围，进一步加强思想政治引领。

一是抓主题教育，筑牢思想根基。认真落实市主题学习宣传教育实践活动工作领导小组部署要求，制定总体工作安排，明确任务措施和领导小组及工作组职责，扎实推进十项重点任务落实。按月制定印发工作安排和工作计划，明确专题和学习内容，紧密结合对台工作实际，统筹安排好每月的学习实践工作。严格按照"准"组织生活会标准组织理论学习中心组各专题学习研讨，指导支部做好专题学习研讨、严肃召开专题组织生活会。突出党建与对台工作融合，汇总制定了全办"我为群众办实事"工作清单。及时反映工作动态，及时上报的工作信息，在"学习强国"天津学习平台发文 5 篇，在"机关党建"微信公众号发文 11 篇，在"津台之桥"微信公众号发文 36 篇，编发《台办之声》简报 24 期。

二是抓理论学习，深化思想认识。市、区两级台办认真学习贯彻党的十九届六中全会和党的二十大精神，持续深入学习贯彻习近平总书记关于对台工作的重要论述，引导对台干部进一步增强做好对台工作的政治自觉，把思想和行动统一到党中央对台海形势的分析判断和对台工作决策部署上来。积极推动将习近平总书记关于对台工作的重要论述和新时代党解决台湾问题的总体方略纳入市、区两级党校培训课程，深化理论学习。

三是抓教育宣讲，强化思想引导。综合运用各种形式，持续宣传解读习近平总书记在《告台湾同胞书》发表 40 周年纪念会上的重要讲话精神和党的十九届六中全会、党的二十大中的涉台论述。在"津台之桥"网站开设专题，指导各区各部门分别采取不同形式进行台海形势宣讲和对台政策培训，广泛开展社会宣传，指导推动全市涉台宣传教育工作走深走实。积极推动涉台教育进校园、进机关、进社区，各区结合实际，分别以举办主题班会、主题升旗仪式、制作主题板报、绘制手抄报、演讲比赛等形式，深化涉台教育。

四是抓浸润感染，提升思想认同。抓住"九二共识"30 周年、习近平总书记给参加海峡青年论坛的台湾青年回信等重要节点，组织召开台胞专题座谈会、台青对话沙龙活动，加强思想引领。在疫情防控工作中，台企积极为大陆疫情防控捐款捐物，在津台青主动参与疫情防控志愿服务，参与核酸大筛，在津台胞主动捐款捐物，充分展现在津台胞的亲情和爱心。

三、优化服务，助推高质量发展见行见效

坚持稳存量、拓增量、优质量、搭桥梁、强服务，帮助台企拓展大陆内需市场，融入新发展格局，服务天津高质量发展。

一是积极服务在津台企。市、区两级台办开展服务台企高质量发展专项行动，深入全市 16 个区 94 家中小微台资企业调研，宣介助企纾困政策措施，梳理解决问题诉求，收到解决问题、坚定信心、促进发展的实际效果。市委台办会同天津行政学院，通过微信公众号及时推送我市出台的稳经济政策，协调相关部门为台商台企关注的政策措施进行宣讲，给企业提供便利。

二是持续推进津台产业融合。聚焦特色产业和关键领域开展专项调研,梳理在津台资企业六大特色产业链,提出壮大我市台企特色产业链、促进台企高质量发展的对策建议。调研成果《培育壮大台企新动能　服务天津高质量发展》入选“深学笃用天津行动”实践案例选编。2022年,我市共批准设立台企22家,增资企业7家,合同投资总额9097.28万美元,合同台资总额3603.34万美元。

三是不断提升合作平台。举办2022年天津·台湾商品博览会暨“920嗨购节”活动,做到线上有展厅、线下有门店,加强线上线下联动,充分调动全市媒体资源开展广泛报道,全平台总浏览量达2176万次,助力在津台商台企扩大销售业绩,助推我市培育建设国际消费中心城市和区域商贸中心城市。两岸关系南开大学研究基地联合海峡两岸关系研究中心举办第二届两岸共同市场海河论坛,两岸专家学者聚焦“打造两岸共同市场——深化两岸港口城市合作”主题开展研讨交流,在探索打造两岸共同市场新路径、构建两岸经济融合发展新架构方面建言献策、形成共识。

四、加强统筹,津台各领域交流走深走实

综合研判当前台海形势,明确“云上聚、线下连,小规模、多频次,抢时机、重时效”的思路举措,推动津台交流不停、不断、不少。

一是品牌效应更加彰显。举办2022年两岸妈祖缘·弘扬妈祖文化座谈会暨中新天津生态城妈祖文化园启动十周年庆祝活动,举办“同话妈祖　共忆情缘”津台妈祖文化交流成就展,展现津台两地妈祖文化交流成果,进一步强化与岛内宫庙信众交流合作。举办2022年第三届“海河工匠杯”技能大赛——津台青年职业技能竞赛和第九届大江论坛——津台职业教育融合发展论坛,精心设计精品赛事、融合发展论坛、获奖作品展、企业招聘会、职业技能培训营“五个一”活动,形成“赛、展、招、培、论”并举的交流机制,助力台青发展。

二是整合效果更加明显。落实交流项目评审机制,各区各部门各高校深入挖掘各自资源优势和特色,形成“区区有活动,月月有主题”的津台交流格局。统筹开展“你好天津——鎏津岁月行”对台交流主题活动,进一步搭建交流平台,将原来分散的、缺乏吸引力的交流活动,整合成主题鲜明、各具特色、质效提升的主题系列活动。

三是津台民间交流更加深入。着力克服疫情影响,加强与岛内的线上交流,开辟重要交流渠道。春节期间,市委台办分别视频连线岛内高校,推动深化校际合作。指导各区利用春节、端午、中秋等传统节日与岛内合作方开展线上交流,共同弘扬中华文化。

五、重点用力,加强台湾青年融入融合

举办中华文化研习营活动,通过实境体验、感悟交流、实训指导、成果展示四个环节,带领台青感受天津乡村振兴成果。举办“粽”香一夏——“诵读经典　浓情端午”线上线下交流活动,共同弘扬中华文化,更好融入“津味”生活。围绕台青就业创业,举办“台企送岗　聚力启航”——2022年津台青年就业春季招聘周、“春之咖色　青青物语”津台青年创业集市嘉年华活动,遴选出15家企业、95个岗位、414个职位,面向津台青年发布岗位信息,助力津台青年在津就业。指导天津外国语大学继续举办“中国近代史实境教学”线上交流活动,加强对岛内青年的教育引导,取得预期效果。组织天津台青志愿者服务队开展义务植树活动,进一步增强台湾青年对“绿水青山就是金山银山”发展理念以及习近平生态文明思想的感悟,促使他们更加深入地学习了解习近平生态文明思想,传播正能量,从而影响带动身边其他人共同营造良好生态环境。

六、主动问需,开展身边台胞工作细致暖心

秉持热心周到为台胞服务的理念,把“我为群众办实事”落实到对台工作的各方面各环节,聚焦在津台胞反映的共性需求和亟待解决的个性问题,热心周到做好全方位服务。

一是积极推动惠台政策落地。市、区两级台办充分发挥对台工作领导小组办公室统筹推动、督导落实作用,在全市范围内开展惠台政策落实情况调研,着力解决政策落实“最后一公里”堵点难点问题。围绕台胞子女就学、医疗保障、台胞居住证办理等政策进行宣介解读4场次,现场答疑67条,摄制台胞办理银行卡、台胞在津生活指南等短视频,为台胞提供帮助。

二是主动帮助解决实际问题。奥密克戎疫情期间,在官方微信公众号开设“问需窗口”,了解台胞实际困难,开展“疫情无情　天津有爱”救助行动,为受疫情影响下岗或待岗、突发重大疾病、年老无固定收入等15名在津台胞送去关心帮助,得到台胞一致好评。完善市委台办领导信访接待日制度,领导班子成员轮值接待台胞,共接待台胞来访15人次,受理解决台胞咨询诉求71件。

三是用心关怀台胞工作生活。春节期间,市委台办会同5所高校,以视频方式慰问留津台生,实地慰问在津台胞代表,送去关心关怀。组织在津台籍儿童、高考学生分别开展“童心飞扬　庆六一”“放飞理想　成就人生”高校体验日活动,慰问台籍中小学生。2名在津台胞家庭获评“天津市最美家庭”,1名在津台胞获评天津市“五一劳动奖章”。

七、多元发力,对台宣传声量不断提高

一是创新运用宣传载体。春节期间,策划实施“2022我在天津过大年”短视频征集活动,分“过个幸福年”“过个甜蜜年”“过个团圆年”三个主题板块,近百名台胞参与,作品较上年增加32件,活动参与度和影响力明显提升。组织实施“鎏津岁月——台胞故事”拍摄活动,记录台胞在津奋斗历程,讲好在津台胞台商典型代表的创业故事。举办第七届“爱媒·讲”未来媒体人体验营活动,组织台青感受天津乡村振兴成果,培养打造台青自媒体力量,活动中优秀作品被中新网、津云等媒体刊登报道,引发热议。

二是持续深化媒体合作。精心组织策划近50家媒体对我市重点涉台活动进行宣传报道和转载。《两岸关系》和《台湾工作通讯》刊发天津涉台信息16篇,中国台湾网刊发天津涉台活动新闻报道72篇,“津台之桥”新媒体平台编发信息365篇。

三是积极推进入岛宣传。扩大与岛内友我媒体交流上,克服岛内媒体业态变化的不利影响,继续推动16个区与岛内友我媒体合作,积极借助岛内媒体宣传推介我市经济文化、社会民生发展成就,让更多台湾民众了解天津。

市委市级机关工作委员会2022年工作总结

2022年,在市委的坚强领导下,市委市级机关工委坚持以习近平新时代中国特色社会主义思想为指导,深入贯彻落实党的二十大和市第十二次党代会精神,认真履行“统一领导、指导督促、定期督查、及时报告”的职责,围绕中心、建设队伍、服务群众,狠抓机关党建各项工作的落实,机关党建质量有了新的提高。

一、在强化政治统领上下功夫,捍卫“两个确立”,做到“两个维护”

市委市级机关工委始终把党的政治建设摆在首位,牢记“国之大者”,提高政治站位,把准政治方向,坚定政治立场,深刻认识“两个确立”的决定性意义,增强“四个意识”、坚定“四个自信”、做到“两个维护”,不断提高政治判断力、政治领悟力、政治执行力。

一是在坚决做到“两个维护”上走在前列。强化市级机关政治属性,当好“最先一公里”,走好“第一方阵”。修订完善工委加强和维护党中央权威和集中统一领导措施和完善工委向市委请示报告清单,建立定期研究、调研督查等五项机制,为做到“两个维护”提供坚强保障。教育引导党员干部强化捍卫核心的政治自觉、思想自觉、行动自觉,推动市级机关把学习贯彻习近平总书记重要讲话和重要指示批示精神作为党组(党委)会议的第一议题,作为理论学习中心组的重要学习内容,自觉同党中央决策部署对标对表。2022年市委市级机关工委召开58次工委会、组织14次理论学习中心组集中学习,带头将习近平总书记重要讲话和重要指示批示精神作为第一议题,第一时间传达学习,第一时间研究贯彻落实措施。把创建"让党中央放心、让人民群众满意"的模范机关,作为践行"两个维护"的检验标尺。认真学习贯彻习近平总书记对天津工作"三个着力"重要要求和一系列重要指示批示精神,融入模范机关创建,抓在日常、严在经常、干在平常。深入贯彻习近平总书记"7·9"重要讲话精神,在市级机关广泛开展争当"三个表率"、创建"模范机关"活动。推动市级机关在维护核心、绝对忠诚上走在前、作表率;在围绕中心、服务大局上走在前、作表率;在服务群众、为民惠企上走在前、作表率;在担当有为、知行合一上走在前、作表率;在严守规矩、廉洁自律上走在前、作表率,真正把市级机关建成"讲政治、守纪律、负责任、有效率"的模范机关。市委市级机关工委《在奋力开创全面建设社会主义现代化大都市新局面的生动实践中推动机关党建与业务工作深度融合的实践与思考》,获全国机关党建研究会优秀研究成果一等奖。在全面推进模范机关建设的基础上,重点梳理总结5个市级机关的典型经验做法,在《天津日报》专刊刊载,起到了较好的示范引领作用。

二是认真贯彻落实党中央决策部署和市委工作要求。及时传达党中央、市委有关经济工作、国家安全工作、基层社会治理、精神文明建设、网络安全、档案管理、保密、疫情防控等会议精神,分析情况,研究问题,结合市委市级机关工委实际,研究具体落实举措。积极推进党的二十大维稳安保突出风险问题防范和整改,制定贯彻落实措施,突出防范政治安全风险、社会稳定风险、公共安全风险,以实际行动和成效护航党的二十大胜利召开。深入贯彻习近平总书记关于深化东西部协作的重要指示精神,投入和协调资金200万元,对口支援甘肃省和青海省的协作县;选派骨干力量担任驻村第一书记,设计创建建设项目11项,投入和协调资金30万元,帮助示范村绿化美化和完善基础设施建设;深入贯彻习近平总书记关于疫情防控的重要指示批示精神,组织开展"无疫小区""无疫网络"创建活动,推动市级机关党员干部11.5万人次参与社区疫情防控,开展环境卫生整治、文明宣传等志愿服务活动。下拨专项党费130余万元,支持市级机关疫情防控。深入贯彻习近平总书记关于做好新时代党的统一战线工作的重要思想,工委主要负责同志先后两次召开党外代表人士座谈会,宣讲党的二十大精神和市第十二次党代会精神,通报市级机关党的建设和全面从严治党工作情况,充分听取党外人士的意见建议,凝心聚力画好大统战"朋友圈"。

三是组织开展机关党的政治建设督查。落实《中国共产党党和国家机关基层组织工作条例》要求,不断探索完善机关党的政治建设督查工作机制,坚持以党的政治建设为统领,科学谋划督查方式方法、重点内容,搞好分析研判、督查报告、情况通报,强化督促整改,组织"回头看",形成工作闭环,确保督查的效果。2022年,工委组织13个督查组,利用1个月时间对70个直属市级机关党组织开展党的政治建设督查,督查情况及时向市委报告,同时印发督查情况通报,对问题突出的24个单位下达整改通知,督促问题整改,起到了较好的效果。

二、在坚定理想信念上用力,始终高举"思想旗帜"

工委始终把学懂弄通做实习近平新时代中国特色社会主义思想作为首要政治任务,巩固深化党史学习教育成果,坚定理想信念,坚守初心使命,不断提高政治觉悟、思想境界、道德水平。

一是突出学习宣传贯彻党的二十大精神。以迎接、学习、宣传、贯彻和落实党的二十大为主线,深入学习领会习近平新时代中国特色社会主义思想,印发《关于在市级机关兴起学习宣传贯彻落实党的二十大精神热潮的通知》,从三个方面作出部署要求,引导市级机关党员干部群众把思想和行动统一到党的二十大精神上来。扎实开展"党的二十大精神进机关下基层"活动。联合市社科联,推出12个专题98个讲题菜单的专家辅导自选超市。推动各单位组织党的二十大精神、党的十九届六中全会精神和市第十二次党代会精神读书班 253 期，组织党组（党委）理论学习中心组学习 1003 次，深入 24 家市级机关列席旁听中心组学习研讨；开展党的二十大精神宣讲 1354 场，市第十二次党代会精神宣讲 1903 场。开展主题党日活动 29099 次。

二是强化思想引领。以习近平新时代中国特色社会主义思想为指导，举办学习贯彻党的十九届六中全会精神宣讲报告会暨机关大讲堂，编发《马克思主义经典名著名篇学习导引》。充分发挥工委对市级机关党组（党委）理论学习中心组指导作用，制定学习计划、明确学习内容、规范学习制度，推动重大学习任务落实。组织开展学习贯彻党的二十大精神和主题学习宣传教育实践活动工作专项列席旁听。工委中心组理论文章《以中心组理论学习为抓手深化机关理论武装》在中宣部《党委中心组学习》刊发推广。开展读党报党刊活动，工委被中宣部《党建》杂志社授予“2022 年度学刊用刊工作先进集体”称号。通过机关党建网、微信公众号等新媒体，在人民网、新华网、津云等平台累计编发信息 9300 余条。举办“强国复兴有我”讲诵，市级机关 80 余名代表参赛，推送的选手在全市讲诵展示活动中取得优异成绩。落实意识形态工作责任制，扎实开展意识形态风险隐患排查，举办市级机关党务干部宣传思想工作培训班，推进新时代思想政治工作。在离退休老干部党员中组织“我看天津发展新成就”主题征文和“银发喜迎二十大，再续百年新辉煌”主题活动。

三是强化舆论引导。围绕主题学习宣传教育实践活动工作、党的二十大和市第十二次党代会，在市级机关开展 13 次重大主题社会宣传。推进开展“话五年‘津’彩　谋奋进新篇”互动征集活动，共刊发 50 个单位 200 余位党员的感言，市委《每日要情》刊发了市委市级机关工委的做法。形成的《把握“五字诀”实现“五激活”，以高质量机关党建引领“我为群众办实事”》经验做法在《旗帜》《天津工作》刊发，得到了广泛推介。积极与人民网、《天津日报》、天津电视台等央媒和市级媒体沟通协调，梯次推出 170 余篇首发稿件和 6 个专版。

三、在增强政治功能上见实效，锻造坚强“战斗堡垒”

市委市级机关工委始终坚持大抓基层的鲜明导向，确保党的领导一根钢钎插到底，不断提升机关基层党组织的政治功能和组织功能。

一是统筹推动高质量开展“迎盛会、铸忠诚、强担当、创业绩”主题学习宣传教育实践活动工作。按照党中央和市委统一部署，高标准、高质量做好市级机关系统出席党的二十大的 8 名代表、出席市第十二次党代会的 166 名代表的推荐、提名、选举和培训、服务、保障等工作。精心组织、严格把关，完成市级机关 14 名市人大代表、政协委员候选人预备人选推荐提名考察工作。严格审核把关 8 个直属市级机关党组织的换届选举，审批调整 68 名直属机关党组织专职党务干部。加强推动和督促，提出贯彻落实市委十项重点任务的总体要求和具体措施，推动“上讲台、创品牌、到一线”；加强具体分类指导，2 次召开专题会议，对中央国家机关驻津单位和社会组织党组织分别提出工作要求，助力天津各项事业发展。市委市级机关工委先后 8 次召开主题活动工作领导小组会议，先后 11 次开展主题活动工作月调度工作，压实工作责任。指导市级机关各单位加强宣传、扩大成效，有关工作在市委主题活动简报刊登 10 余篇次。

二是推动机关党建和业务工作深度融合。紧紧围绕贯彻落实习近平总书记“7·9”重要讲话精神，工委会同市委组织部选定市发改委大项目处党支部等 8 个市级机关基层党组织开展党建与业务深度融合机制试点。注重把握特点规律，梳理提炼经验做法，征集市级机关各单位 95 篇融合工作材料，梳理精选 46 篇汇编成册，以点带面，在市级机关全面推开，促进党建与业务双向融合发展，形成创新竞进的良好态势。

三是创新方式，推进机关基层党组织建设。制定印发《关于鼓励引导基层党组织发挥党建引领作用　积极开展党建联建工作的通知》，提炼“津港先锋”党建联建共建有益经验，进一步规范明确党建联建共建的基本形式、主要载体、运行机制和工作要求。牵头指导市城市管理委、市生态环境局等9家市级单位所属的11支综合行政执法队伍开展“执法先锋”党建联建共建，充分发挥党建引领作用，以良好法治环境助力打造市场化、法治化、国际化的一流营商环境。组织新任机关党组织书记任职谈话。注重发挥先进典型的示范激励带动作用，组织选树新一批市级机关党员服务示范窗口25个、党员服务示范岗33个。制作的《以典型示范促党建提升》短视频获第一届新时代全国机关基层党建新成就短视频作品征集展示活动百优作品奖。

四是以提升能力为目标，周密组织各类党员干部教育培训工作。组织举办市级机关干部专题研修班、党员发展系列培训班、党员培训示范班、社会组织党组织书记培训班等共25次，培训局处级干部、入党积极分子、发展对象、新党员等共计2100人次，有效提升了各级党员干部政治理论水平和专业素质能力。举办市级机关党内法规知识学习竞赛，191名市级机关各级党组织书记、专职党务干部参加线下集中竞赛，取得了较好的党内法规学习效果。

四、在加强机关作风纪律上动真格，牢牢站稳“人民立场”

市委市级机关工委始终牢固树立“江山就是人民，人民就是江山”理念，带头弘扬党的光荣传统和优良作风，知重负重、担当作为、勇于斗争，不断提升政治领导力、思想引领力、组织动员力、社会号召力。

一是持续推进作风建设专项行动。根据市委专项办2022年工作要点，印发《关于在市级机关持续深入开展机关作风建设专项治理的通知》，推动市级机关作风建设专项治理工作的开展。积极推进“我为群众办实事”实践活动。积极协调市发改委、市住建委等单位召开“东丽区程泉道建设项目”协调会，推动开工建设。协调市商务局并深入北辰、西青区检查民心工程菜市场建设情况，推动9个民心工程菜市场全部建成并投入使用。组织召开“津农精品”推介对接协调会，市商务局、市农业农村委和市供销合作总社、天津海吉星等5家批发市场负责人参会，研究“津农精品”进入菜市场问题。

二是从严监督执纪问责。持续开展警示教育月活动，深化运用监督执纪“四种形态”，特别是在用好第一种形态上下功夫，多做红脸出汗、咬耳扯袖的工作。2022年，市级机关部门机关纪委共开展监督检查653次，发现疫情防控措施不到位、班子作用发挥不明显、制度建设有缺失等方面具体问题1064个，制发纪律检查建议书、提示函342份，推动解决问题818个。高标准履行“二次审理”职责，2022年受理市级机关各派驻纪检监察组移送的处级干部违纪违法案件138件，审结135件，其中提出补证意见60件206条，提出改变意见32件。

三是全面加强市级机关部门机关纪委建设。围绕推动落实市委办公厅《关于加强市级机关部门机关纪委建设的实施意见》中发现的突出问题，有针对性地提出《〈关于加强市级机关部门机关纪委建设的实施意见〉贯彻落实中存在问题及对策建议报告》，起草包含3类14项具体措施的工作方案，推动市级机关全面从严治党向纵深发展，建设风清气正的政治机关、清廉机关。

五、在自身建设上较劲，强能力提素质练好“打铁功”

一是加强领导班子建设。主要负责同志高度重视领导班子的建设，推动建立和完善5项工作机制，定期分析研究问题，推动工作落实，不断压实领导班子全面领导责任、主要负责人第一责任人责任和班子成员“一岗双责”，切实做到守土有责、守土负责、守土尽责。坚持工委机关党建和市级机关系统党建一起谋划、一起部署、一起落实、一起检查，压实工作责任。领导班子、主要负责同志和班子成员结合年度全面从严治党工作，结合市委重点工作部署，结合分管工作实际，科学制定年度全面从严治党主体责任清单和任务清单。严格执行新形势下党内政治生活若干准则，领导班子成员带头落实双重组织生活，带动支部“三会一课”、组织生活会、民主评议党员等制度有效落实。严格落实民主生活会制度，召开党史学习教育专题民主生活会，班子成员主动把思想摆进去、把工作摆进去、把责任摆进去，深刻开展批评与自我批评，进一步增强斗争精神，在揭短亮丑中彰显勇于自我革命精神。认真贯彻民主集中制，严格落实主要领导不分管干部人事、财务、工程建设项目、物资采购等制度，凡“三重一大”事项均由工委会民主讨论、集体研究决定，领导班子科学决策、民主决策、依法决策水平不断提高。认真落实谈心谈话制度，班子成员之间、班子成员和党员之间、党员和党员之间开展经常性谈心谈话，坦诚相见、交流思想、交换意见，努力营造健康纯洁的内部关系。

二是加强干部队伍建设。坚持党管干部原则，研究制定《2022年度市级机关工委公务员考核实施办法》《市委市级机关工委关于开展公务员平时考核工作实施办法（试行）》，严格制度、严格标准，强化考核考察，充分发挥党组织领导和把关作用。落实新时期党的组织路线和好干部标准，突出政治首关，加强民主推荐、组织考察、讨论决定、公示等各环节工作，注重听取纪检监察部门廉政意见和党支部意见，对拟提拔干部进行“四必核”，全年共提拔正处级领导干部2名，晋升二级巡视员1名、晋升一、二级调研员各1名，晋升三级调研员3名，为6名科级干部晋升职级，试用期满转正干部1名，公开遴选公务员2名，鲜明树立重品德、重才干、重担当、重实绩、重公认的用人导向。

三是加强党员教育管理监督。加强对机关党员干部的教育培训，组织30人次参加市管干部专业能力、党性教育、全市干部专题研修、处级公务员任职培训、干部大讲堂等干部调训工作，利用天津干部在线学习平台组织忠诚教育等5期网络专题学习班，开展网上学法用法考试，组织2批次11人参加任职资格考试，党员干部的政治素养和专业化能力显著提高。落实党章学习月制度，固定一月份工委理论学习中心组第一次学习日为党章学习日党员干部学习党章、遵守党章、贯彻党章、维护党章的意识更加自觉。开展“初心永驻”集体政治生日主题党日活动，重温入党誓词、重读入党志愿书、分享入党故事和心路历程，教育引导工委党员干部牢记初心使命，坚定政治方向，坚守崇高理想，再燃奋斗激情。严格落实工委干部请销假、外出授课、离津报备等制度，及时备案，强化对干部的管理、监督。从严从实加强对年轻党员干部的教育管理监督，制定实施办法，引导年轻干部习惯于在严管下成长、在磨砺中成才、在监督下工作，成为党和人民忠诚可靠的干部。

四是一体推进党风廉政建设。坚持严的基调，深化标本兼治，建设清廉机关，以永远吹冲锋号的姿态深入推进反腐败斗争。常态化开展纪律教育，组织党员干部深入学习《中国共产党章程》《中国共产党廉洁自律准则》《中国共产党纪律处分条例》等党内法规制度，组织青年理论小组以“严明党的纪律和规矩”主题开展讨论交流，组织节前集中教育等，进一步强化纪律观念，增强规矩意识，筑牢廉洁防线。集中开展“迎盛会、铸忠诚、强担当、创业绩”主题警示教育月活动，组织开展廉政党课暨警示教育大会，分级别分批次组织机关党员干部观看《忏悔——市级机关案件实录》《扣好廉洁从政的“第一粒”扣子——年轻干部违纪违法案件警示录》等4部警示教育片，开展《天津市查处年轻干部违纪违法案件警示录》学用工作，组织党员领导干部赴市三中院参加庭审，组织年轻党员干部参观河西区纪律教育中心等，教育机关党员干部警钟长鸣、举一反三，自觉把未病当作有病防，不断提高自身免疫力。深入推进马桂平案、高军案以案为鉴、以案促改、以案促治工作，以严之又严标准进行深度整改，用身边案例教育引导党员干部知敬畏、存戒惧、守底线。开展弘扬清廉家风学习宣传系列活动，深入学习习近平总书记关于注重家庭家教家风建设的重要论述精神，动员党员干部参加天津干部在线平台《深入学习领会习近平总书记关于家庭家教家风的重要论述，以优良家教家风树清风正气》等10门微课，向每名党员干部家庭发放《致市委市级机关工委党员干部家属的助廉信》等，教育引导党员干部不断弘扬清正廉洁的优良家风，在工委机关积极营造崇廉尚廉的浓厚氛围。突出新提拔干部这个重点，集中开展任职、廉政谈话，勉励做到对党绝对忠诚，坚定理想信念，坚持不懈学习，切实担当担责，确保清正廉洁。坚持执纪必严、违纪必究,准确运用监督执纪“四种形态”,特别是第一种形态,抓早抓小,防止“小毛病”演变成“大问题”,全年共对5名同志进行问责处理,维护了纪律规矩的严肃性,让“失责必问,问责必严”成为常态。

市委老干部局2022年工作总结

2022年,天津市各级党委(党组)和组织部门、老干部工作部门坚持以习近平总书记关于老干部工作重要指示为根为魂,坚决贯彻党中央和市委部署要求,紧紧围绕迎庆和学习党的二十大、贯彻落实中办《关于加强新时代离退休干部党的建设工作的意见》、推进新时代老干部工作高质量发展,全面落实全国老干部工作“双先”表彰大会和全国老干部局长会议精神,坚持政治引领、需求导向,在用心用情、精准服务老干部中提质增效、创新发展。

一、迎接党的二十大胜利召开、深入学习宣传贯彻党的二十大精神,坚定捍卫“两个确立”、坚决做到“两个维护”,为全面建设社会主义现代化大都市发光发热、增添正能量

发挥离退休干部党支部、理论学习组、宣讲团等组织引领作用,坚持主题宣讲学、线上线下学、研讨座谈学、知识竞答学、结合实际学,在老同志中迅速兴起学习热潮。召开“学习党的二十大精神,以党建引领老干部工作高质量发展”座谈会,推动学习宣传贯彻走深走实。组织离退休干部深学笃用习近平新时代中国特色社会主义思想,持续深化“增添正能量·共筑中国梦”主题活动,10万余人次收看全国离退休干部网上报告会,4万余名老同志积极参与“迎盛会、学决议、话征程”和“两读一看”学习竞答,广泛开展“建言二十大”“我看中国特色社会主义新时代”调研活动,共召开座谈会326场,1.27万名老同志积极参与,征求感言和意见建议4300余条。发挥老干部活动中心示范作用,举办全市离退休干部文艺汇演、书画摄影作品展、门球象棋等10余场文体活动,3.9万名老同志以艺聚力传递满满正能量。

二、贯彻中办加强新时代离退休干部党的建设工作的意见,抓好学习宣传、制定措施、推动落实,以党建引领老干部工作高质量发展,引导老同志始终听党话、坚定跟党走

坚持把离退休干部党建纳入全市党的建设总体布局一盘棋,围绕离退休干部党的建设“干什么、怎么干、谁来干”统一思想、抓好落实,制定印发《天津市关于加强新时代离退休干部党的建设工作的若干措施》,聚焦不断强化党组织政治功能、组织功能、管理功能、服务功能和激励关怀功能,形成深化完善相关制度的思路招法5个方面30条措施。坚持抓落实解难题促推进,分四次召开全市老干部工作部门主要负责同志会议,组织“以党建引领老干部工作高质量发展”四个学习研讨会,举办离退休干部党支部书记示范培训班,组建宣讲团“轻骑兵”深入基层和老同志开展宣讲。加强分类指导、分类管理,积极探索完善离退休干部党建工作制度机制,及时研究解决贯彻落实中的新情况、新问题,抓好支部书记、宣讲团骨干、志愿者“三支队伍”,通过选树典型、以点带面,推进离退休干部党建和老干部工作深度融合。

三、完善精准化个性化亲情化为老服务工作机制,深化离休干部“一人一策”、落实退休干部服务管理措施、规范干部荣誉退休制度,以真心细心耐心赢得暖心舒心放心

坚持把积极老龄观、健康老龄化理念融入老干部工作,落实离休干部“一人一策”服务措施,及时解决老同志看病住院、护理照料、日常生活等实际问题,竭尽所能办实事解难题。巩固和完善离休干部“三个机制”,推进社区“四就近”工作走深走实,会同市卫生健康委和各医疗机构畅通疫情防控常态化老同志就医“绿色通道”。建立健全单位、社区、家庭“三位一体”的服务管理机制，深化“走千家进万户精准服务”，专门发出加强经常性联系服务通知，提出“每日一问候”倡议，注重运用信息化手段实现联系服务全覆盖，对有特殊困难老同志进行帮扶，解决好老同志的操心事、烦心事、揪心事。落实加强退休干部服务管理工作 21 条措施，研究出台规范干部荣誉退休工作的意见，推进干部在职和退休管理无缝对接，切实增强老同志政治荣誉感和组织归属感，把党中央和市委的关怀送到老同志的心坎上。

四、用好信息化平台服务老干部，加大组织力度、增强学习热度、提升服务速度、健全保障制度，以信息化带动精准化、规范化，为推动老干部工作高质量发展赋能增效

以天津市在全国省区市老干部局长培训会上介绍经验为新起点，深化以“一化带两化促三性”，在建好用好管好信息化平台上下功夫，推动信息化与老干部工作有机融合。坚持把“离退休干部工作”公众号作为重要学习平台，持续推动老同志关注浏览，关注率超过 50%。围绕政治引领线上送学提速升温，信息化“三驾马车”全年无休送学习，推出“深学笃用 老干部行动”每日一答活动 293 期，参与人次达 32 万，老同志们每天在线上边学习边答题边讨论，学思践悟党的创新理论，成为疫情防控常态化下老干部工作一道亮丽的风景。围绕精准服务优化功能赋能增效，积极推进智慧党建新模式，建成局离退休干部视频会议室，推动线上线下“无缝对接”“水流到头”。及时推送健康医疗、疫情防控以及防诈骗等知识，开办“老年教育”讲座 95 期，推出学习和服务信息 3500 余条，点击量达 160 余万。

五、认真贯彻全国老干部工作“双先”表彰大会精神，自觉践行用心用情、精准服务，锤炼敢于担当、勇于斗争、善于作为硬功，建设政治、业务、作风过硬的工作队伍

深入学习党的二十大精神和习近平总书记关于老干部工作重要指示，切实提高“政治三力”，把“两个确立”“两个维护”作为最高政治原则和根本政治规矩，压紧压实、坚决落实全面从严治党主体责任，制定“矩阵式”工作清单，持续用力一项一项抓落实。推进全年任务清单制、处室工作周报告、局务活动日公开常态化长效化，持续整治形式主义、官僚主义和不作为不担当问题。召开全市老干部工作“双先”表彰大会，迎盛会、铸忠诚、强担当、创业绩，大力营造学习先进、再接再厉、奋发有为、干事创业的浓厚氛围，在向老干部学习中提升境界、扩大格局。深入开展“传帮带”活动，坚持严管和厚爱相结合，注重以解决问题为导向，加强教育培训管理，“传思想”砥砺初心、“帮成长”收获本领、“带作风”真抓实干，实现以老带新、以新促老、互帮互学、共同提高，努力在平凡的岗位上作出不平凡的业绩。

市委教育工作委员会　市教育委员会 2022 年工作总结

2022 年，市委教育工作委员会、市教育委员会坚持以习近平新时代中国特色社会主义思想为指导，按照市委、市政府部署要求，认真学习贯彻落实党的二十大和市第十二次党代会精神，加强党对教育工作的全面领导，全面落实立德树人根本任务，持续推动我市教育改革发展各项工作取得新进展，努力办好人民满意的教育。

一、坚持政治统领，坚定捍卫“两个确立”

深刻领悟“两个确立”的决定性意义，增强“四个意识”、坚定“四个自信”、坚决做到“两个维护”，坚持和加强党对教育工作的全面领导，推动习近平总书记重要讲话精神和中央、市委决策部署在我市教育领域见行见效、落实兑现。

（一）强化理论武装

一是抓示范引领。召开 30 次工委委员会

(扩大)会议,及时学习贯彻习近平总书记关于教育的重要论述和重要指示批示精神,及时传达贯彻中央和市委决策部署,研究贯彻落实具体措施。市委常委、市委教育工委书记王旭发挥领学促学作用,第一时间召开全市教育系统传达学习贯彻党的二十大精神工作会议,制定工作方案,部署4个方面21项具体任务,向高校党员干部师生宣讲大会精神,深入美术学院与师生座谈宣讲,推动举办校园千场宣讲巡讲、大会精神进思政课、首届“高校党建高端论坛”等活动,切实把思想和行动统一到党的二十大精神上来。

二是抓集体研讨。召开16次教育两委领导班子理论学习中心组学习会议,传达学习党中央和市委理论方针和决策部署,开展专题辅导讲座4次。班子成员为所在支部和分管领域党员干部宣讲党的二十大和市第十二次党代会精神等专题党课32次,切实发挥头雁作用。

三是抓系统推动。研究制定年度教育两委理论学习中心组学习计划和教育系统理论学习安排意见,落实推动教育系统党史学习教育常态化长效化的若干举措。召开教育系统党史学习教育总结会议,组织12个巡回指导组列席22家单位的党史学习教育总结会议和专题民主生活会,持续巩固拓展党史学习教育成果。推动党支部通过“三会一课”、专题辅导讲座、交流研讨等多种形式,拓宽学习渠道,深化学习效果,教育引导教育系统广大党员干部胸怀“两个大局”、把握“国之大者”,始终在思想上政治上行动上同以习近平同志为核心的党中央保持高度一致。

(二)强化统筹谋划

一是领导靠前指挥。分管市委领导同志强化第一责任人责任,带头落实“四个亲自”要求,挂帅出征、靠前指挥教育系统全面从严治党、思政改革攻坚、教育高质量发展、校园疫情防控和维护稳定等全局性工作,示范推动重点任务落实见效。

二是加强谋划部署。召开25次委主任办公会议,研究部署重点工作任务。召开2022年度教育工作会议和全面从严治党视频会议,制定印发《2022年天津市教育工作要点》《2022年教育系统党建工作要点》等文件,把党建工作、全面从严治党和教育事业改革发展统筹部署推动。

三是强化攻坚克难。发扬啃硬骨头精神,针对深化教育评价改革、产教融合联盟建设、职业教育改革发展、高校科技成果转化、中医附院申报国家医学中心、国家重点实验室遴选、高校债务化解等重点难点问题,建立工作台账,倒排工期进度,定期调度推动,赴京对接沟通有关部委,实现了补短板、打基础、利长远的阶段性成效,以高质量党建推动事业高质量发展。

四是科学精准防控校园疫情。严格落实校园疫情防控各项措施,科学管理、精准施策,组织在校师生员工全员核酸检测、抽样核酸检测,全员覆盖、不漏一人。完善市、区、校三级督查检查机制,实施教育两委领导班子成员和相关处室包保责任制,常态化开展各级各类学校疫情防控专项督查。严格做好各级各类学校复课开学核验工作,刚性落实校门管理、晨午检、因病缺课追踪、应急处置等制度,做好疫情期间线上线下教学调整转换,确保“停课不停教、停课不停学”。全力做好暑期高校师生离校离津服务管理,相关经验做法得到教育部和国务院联防联控机制认可。

(三)扛牢主体责任

一是拧紧责任链条。召开推动教育系统全面从严治党向纵深发展工作会议,通报教育系统违纪违规典型案例,印发《市委教育工委关于推进全面从严治党向纵深发展的实施意见》,对教育系统全面从严治党工作进行再部署、再动员、再推动。教育两委领导班子成员带队深入所属单位开展落实全面从严治党主体责任检查考核工作,对排名靠后的单位党组织负责同志进行约谈提醒。

二是深化巡视整改。坚决扛起巡视整改政治责任,持续推动十一届市委第八轮巡视深度整改。深入开展以中央巡视指出问题为警为鉴自查自纠、持续深化市委巡视反馈意见深度整改工作。主动接受十二届市委第二轮巡视政治监督,召开市委巡视三组巡视教育两委工作动员会,推动即知即改、立行立改。

三是强化作风建设。建立健全教育两委领导班子成员及机关处室联系区和高校长效机制，进一步改进机关工作作风，加强和优化对区和高校的服务，统筹规范各类督查、检查、考核，切实减轻基层负担。深入开展治理形式主义官僚主义、不作为不担当问题专项行动，开展专题警示教育 96 次。深入开展高校“官气”“衙门”做派问题专项治理，营造风清气正的良好政治生态。

二、强化党建引领，夯实改革发展稳定政治保障

聚焦聚力管党治党政治责任，坚决贯彻落实中央和市委、市政府决策部署，认真落实新时代党的组织路线，夯实改革发展稳定政治保障。

（一）夯实基层组织基础

一是开展主题学习宣传教育实践活动。成立“迎盛会、铸忠诚、强担当、创业绩”主题学习宣传教育实践活动专项工作领导小组，推动全系统形成 30 余个党委集中领导、310 余个职能处室协同发力的主题宣传教育工作格局，覆盖 6052 个基层党组织和 101151 名党员。在普通高校、高职院校和区教育局三个层面，召开“学报告、铸忠诚、强担当、促作为”推动教育高质量发展座谈会。推动教育系统围绕立德树人根本任务，不断深化忠诚教育，开展党的二十大和市第十二次党代会精神专题培训班，参训人员 13.7 万人次；党委理论学习中心组开展学习 588 次，举办读书班 158 次。深化“我为群众办实事”实践活动，清单式推进“我为群众办实事”重点任务。将学习宣传党的二十大精神与主题教育实践活动相结合，组建 10 个专项督导组深入 30 所高校，明察暗访、严督实导，确保党的二十大精神学习宣传有声有色，主题教育实践活动有形有态。

二是健全工作体系机制。推动落实《关于进一步健全高校党建工作体系的意见》，加强过程管理，细化任务分解，确保党建责任落实落细。出台建立和完善中小学校党组织领导的校长负责制实施办法及重点任务清单、议事示范文本，在全国率先形成“1+2”制度体系，经验做法被称为“天津实践”。开展高校二级院（系）议事规则、高校基层党支部书记激励措施等重难点问题调研，推动落实高校基层组织工作条例。健全行业所属高职院校党建工作协同配合机制，落实公办高校与民办高校、独立学院党建结对共建和党建责任包联机制，提升党建工作质量。

三是强化典型示范引领。深入推进党建“领航工程”，1 个标杆院系和 21 个样板支部入选第三批全国党建工作创建培育单位。开展“党员亮身份、支部亮旗帜”活动，坚持在疫情防控、风险化解、“双减”等工作中锻炼干部、发展党员。全年发展党员 1.5 万人，疫情防控期间火线入党 3 人。

（二）锻造高素质干部教师队伍

一是坚持正确选人用人导向。严把政治首关，突出事业为上和业绩导向，累计提拔处级干部 17 名、一级调研员 5 名、平职交流干部 10 名，从外单位调入 8 名干部，大力实施新时代马克思主义政治人才培养工程，从高校选拔 3 名优秀专兼职思政课教师到教育两委机关担任处级领导职务。持续优化直属单位班子队伍结构，补充调整 13 家直属单位领导班子，任免处（校）级干部 33 人。配合市委组织部对 20 个市管领导班子进行充实调整，任免干部 55 名，进一步优化班子结构。实施“一把手”政治能力提升工程，举办高校党政主要负责同志专题研讨班、教育系统领导干部深化忠诚教育专题培训班、高校基层党组织书记示范培训班、年轻干部实践锻炼攻坚班等，在吃劲岗位“墩苗”磨炼干部、在急难险重一线锻炼干部。教育两委学生思想教育与管理处被授予全国“人民满意的公务员集体”。

二是坚持党管人才。把好人才工作政治方向，落实党委联系专家制度，市属高校 5 人入选国家青年人才项目。出台新时代马克思主义政治人才培养工程实施方案，举办首期“政治人才工程”专题培训班。组织召开第七届南开大学国际人才论坛暨天津市十大创新创业产业联盟论坛和天津大学第十二届“北洋青年科学家”论坛，对接天津经济社会发展急需人才，吸引更多海外青年人才关注天津、落户天津，引进 320 名优秀人才。

三是加强教师队伍建设。出台加强新时代高校教师队伍建设的若干举措。持续实施中小学第六周期继续教育和教师信息技术应用能力提升工程2.0、幼儿园教师和保育员能力提升计划、"国培计划"示范性项目校园长培训班等。出台深化实验技术人才职称制度改革实施意见,健全高校实验系列人员职称评价标准。组织市属高校1033名教师到企业担任科技特派员、离岗创业。开展全国教书育人楷模和天津市最美女教师推选工作,1名教师入选2022年"全国最美教师"。制定进一步加强师德师风建设的若干举措,开展2022年"津门师德巡讲"系列活动。完成第十批25名"组团式"援藏干部、84名国家乡村振兴重点帮扶县教育人才和27名校长教师对口帮扶青海省普通高中等选派工作。

(三)维护校园安全稳定

一是强化阵地建设与管理。坚决落实安全稳定责任制和意识形态工作责任制,制定维护政治安全实施方案,定期研判意识形态风险,强化意识形态阵地管控,切实做好党的二十大前后维稳安保工作。完成教材、教辅、课外读物排查整改工作。

二是加强统一战线工作。强化政治引领,落实联谊交友、节日慰问、情况通报等制度,增进政治认同、凝聚思想共识。加大无党派代表人士选拔培养力度,深化党外知识分子思想政治引领和无党派代表人士队伍建设工作,努力搭建党外人士成长平台。

三是深入创建平安校园。着力构建领导干部下沉基层做好校园安全稳定工作的长效机制。坚持既要防住,也要稳住的工作策略,教育两委机关干部组队蹲点包联全市各区及全部高校,切实维护系统安全稳定局面。出台中小学校校外配餐管理办法,有效提升中小学校校外配餐管理规范化、标准化水平。

三、深化改革创新,推动教育高质量发展

坚持以人民为中心的发展思想,落实立德树人根本任务,提升教育质量,优化教育资源配置,更加注重教育改革的系统性、整体性、协同性,推动教育事业高质量发展。

(一)全面落实立德树人根本任务

一是深化思政改革创新。获批全国首批"大思政课"建设综合改革试验区,出台思政课教师退出机制实施方案,印发《加强新时代马克思主义学院建设若干措施》。启动思想政治理论课教学改革重点实验室、教师进修学院等项目建设。制定习近平新时代中国特色社会主义思想、坚持和加强党的全面领导、中华优秀传统文化、革命传统等四个重大主题进课程进教材教学指导方案。率先制定中小学课程思政建设实施方案,编纂覆盖41个学科的课程思政教学指南。

二是推动体美劳融合发展。制定加强和改进新时代学校体育美育工作若干措施,实施中小学体育美育教师配备、场地建设、器材建设三个行动计划,举办百万中小学生"坚持每天锻炼、增强学生体质"活动,对128万中小学生开展远视力和屈光检查。制定中小学生家庭、校内劳动教育指南,推出一批高校和中小学劳动教育示范课程、精品课程、优秀课程、培育课程,51个市级中小学生劳动教育实践基地试运行。开展中小学劳动教育主题日活动,83万余名学生、2万余名教师参与。

三是推进"三全育人"改革。推动各级领导干部进校园讲思政课、作形势报告314人次。实现高校"一站式"学生社区综合管理模式建设全面覆盖。面向全市学生录播"一起向未来"等心理健康、家庭教育系列课和"初心映照新时代"全媒体思政课。开展"青春献礼二十大,奋斗担当铸忠诚,强国有我新征程"主题宣传教育活动,引导学生树理想、铸忠诚、强本领、担使命。

(二)全面推进教育现代化发展

一是推动基础教育优质均衡发展。印发实施《天津市基础教育综合改革国家实验区建设方案》。开展城镇小区配套幼儿园治理"回头看"专项行动。认定新增普惠性民办幼儿园94所。扎实推进义务教育优质均衡发展三年行动,新增义务教育学位4.1万个。制定印发普通高中资源建设行动方案。推进30所"品牌高中建设项目培育学校"建设,启动35所"强校工程"项目学校建设。完成54个普通高中学科特色课程基地建设评估认定。深化“基础教育优质资源辐射引领工程”，成立办学集团69个，推动全市213个义务教育学区成员校“捆绑式”高质量发展。确定28所市级学生发展指导实验校。开展109场“精品教研”系列活动，建立市、区、校三级线上教学巡课制度，实现市、区两级教研员每周线上巡课100%区域和学校全覆盖。出台《天津市规范民办义务教育发展工作方案》，定期调度指导任务落实，全市民办在校生规模占比降至4.7%。制定进一步严格西藏班新疆班管理工作的5个方面、20项具体举措。

二是深化职业教育改革创新发展。与教育部共同举办首届世界职业技术教育发展大会，世界职业技术教育发展联盟落户天津，习近平总书记致贺信。研究制定关于探索现代职业教育体系建设改革新模式的实施方案。组织7所国家“双高计划”建设单位完成中期绩效评价。国内首个由高职学院牵头建立的国家级工程技术研究中心——中国轻工业精密模具工程技术研究中心落户天津轻工职业技术学院。加快推进职业教育创优赋能项目建设，20个市级高水平专业群和20个优质专业通过合规性审查。推出20个职业院校教师素质提高计划国家培训项目承担机构、7个海河名师(名匠)团队培育项目单位、18名海河名师访学导师。7所国家级“双高计划”建设单位、6所市级“双高计划”建设单位、13所市级“双优计划”中职学校完成项目申报。48所“1+X”证书试点院校申报的176个职业技能等级证书获得批准。成功举办天津市职业院校技能大赛暨国赛预选赛，1379名学生、124名教师获奖。积极稳妥推进8所职业院校转隶工作。鲁班工坊增至21个。入选教育部2022年职业教育改革成效明显拟予激励支持省(区、市)名单。

三是推动高等教育内涵发展。推动5所高校、14个学科开展新一轮“双一流”建设。出台《关于深化新时代天津市高等教育学科专业体系建设的实施方案》。组织20所研究生培养单位283个学位点开展合格评估自评工作。扎实推进一流专业“双万计划”，新增87个国家级一流本科专业建设点和136个市级一流本科专业建设点。中德应用技术大学获批专业学位硕士研究生招生资格。围绕12条重点产业链，启动100个研究生校企联合培养基地建设。开展农业硕士专业学位教育教学改革。组织开展重大研究专项“揭榜挂帅”研究。举办海河实验室发展论坛，加快推进物质绿色创造与制造海河实验室、现代中医药海河实验室建设。中医药大学中药制药现代产业学院入选首批现代产业学院。天津大学智能与计算学部入选首批特色化示范性软件学院。师范大学儿童发展虚拟教研室、医科大学医学影像技术专业虚拟教研室入选首批国家级虚拟教研室建设试点。制定新型产教融合联盟试点建设方案，“天津市生物医药学科创新联合体”挂牌成立。成功举办第六届世界智能大会“推动高校科技成果转化，促进科技经济融合发展高端论坛”和“智能机器人学术技术高峰论坛”。

(三)全面深化教育改革

一是推进京津冀教育协同发展。印发《关于2022年教育领域承接北京非首都功能疏解工作推进机制的通知》，实行京津冀教育协同重点工作、承接北京非首都功能疏解工作月报制度。成立北京协和医学院天津校区工程建设指挥部，召开项目概念设计方案征集终期评审会。推进核工业学院在滨海新区设立中国核工业联合研究生院、民航大学宁河校区二期工程等项目。充分发挥天津市职业院校优质资源主动对接服务雄安新区建设。支持京津冀三省市普通高校联盟建设，积极推动天津高校与京冀地方政府、企业开展合作，我市高校承接北京企事业单位委托开发技术合同项目共1072项、技术交易总金额为11.16亿元。持续落实支持本市重点平台承接北京转移项目职工随迁子女在津就学政策。

二是稳步推进校外培训机构治理。印发《天津市贯彻落实“双减”工作专门协调机制2022年工作要点》《天津市校外培训机构监督管理办法》《天津市学科类校外培训机构信用监管暂行办法》，组织校外培训机构从业人员、培训材料、培训收费、培训机构类“国际高中”等专项排查。开展寒暑假违法违规培训行为整治、义务教育段学科类校外培训治理"回头看"、艺考培训机构治理等9个专项行动,进一步规范校外培训行为。建立无证校外培训常态化排查制度,实施校外培训机构疫情防控"日巡查、日报告"制度。全市课后服务时间达标学校、"营转非"完成率、非学科类培训机构审核完成率、机构资金监管覆盖率等指标全部达到100%,位居全国前列。

三是促进高校毕业生就业创业。会同相关部门出台支持普通高校毕业生就业创业政策性文件3个,推出116条促进就业举措,提供政策性岗位1.5万个。举办各类就业活动1.7万场,提供岗位261万个。推动高校走访企业3994家,开拓岗位4.5万个。建立"一对一"帮扶台账,面向19489名经济困难毕业生发放求职创业补贴5846.7万元。发布9期校长访企拓岗促就业节目和"校长对你说"系列短视频,组织就业观主题教育活动722场,录制《职场新青年》高校毕业生招聘真人秀节目,观看人次过百万。建立高校毕业生就业数据核查机制,开展高校互学互查3次,在市就业平台开展就业单位真实性自动复核功能,确保"真就业"。组织第八届中国国际"互联网+"大学生创新创业大赛。立项国家级大学生创新创业项目780个。2个创新创业学院建设单位、10个创新创业教育实践基地和85门创新创业教育特色示范课程通过市级评估认定。全市高校毕业生整体去向落实率稳中有升,实现教育部就业核查"零投诉",在全国高校就业会上做典型发言。

市政府国有资产监督管理委员会党委 市政府国有资产监督委员会2022年工作总结

在市委坚强领导下,市国资委党委坚持以习近平新时代中国特色社会主义思想为指导,坚持以党建引领保障改革发展、凝聚干事创业精气神,把深化改革作为关键一招、提升发展动力活力,用发展的办法化解风险、在发展中服务大局,深入实施党建质量、提质增效、改革攻坚、布局优化、监管提升"五大工程",推动国资国企呈现稳中有进、回升向好态势。

一、加强党的领导党的建设,推动国资国企强"根"固"魂"

深刻吸取教训,坚定不移推进全面从严治党,各级企业管党治党意识不断增强,反映市管一级企业信访举报问题连续呈下降趋势,国企由乱及治的局面初步形成。

一是坚持政治引领强化思想理论武装。深入开展"迎盛会、铸忠诚、强担当、创业绩"主题学习宣传教育实践活动工作,强化对党、对习近平总书记的忠诚教育,坚定拥护"两个确立"、坚决做到"两个维护"。制定印发学习宣传贯彻落实党的二十大精神工作方案,党委宣讲团带头开展宣讲,国资系统累计宣讲3590余场次、直接受众13万人次。推动监管企业全面建立健全"第一议题"制度,组织开展"第一议题"专题学习53次,及时跟进学习贯彻习近平总书记重要讲话和指示精神,养成习惯形成自觉。

二是认真贯彻落实党中央决策部署和市委部署要求。完善习近平总书记重要指示批示和党中央、国务院重大决策部署跟进督办制度,开展贯彻落实习近平总书记重要指示批示情况"回头看"。围绕贯彻落实市第十二次党代会、全市国资工作会暨深化国企改革推进会精神,制定贯彻落实工作方案和具体措施。建立落实市委、市政府部署要求和市领导批示任务台账,逐项逐条督办落实。

三是加强干部人才队伍和基层党组织建设。配合市委组织部,选优配强企业领导班子。实施"国企英才培养工程",建立起1454人的人才库,统筹4000余个国企岗位吸纳接收高校毕业生就业,有关做法得到市委、市政府和国务院国资委领导充分肯定。3833个党组织换届选举实现“应换尽换”，协同推进央地国企党建联建共建试点，分类指导规范混合所有制企业党建工作。

四是推进全面从严治党向纵深发展。制定有关实施意见，实施廉洁文化建设“十廉行动”，加快清廉国资清廉国企建设。深入落实中央、市委巡视反馈问题整改工作，认真配合做好十二届市委巡视有关工作。持续推进“改土治水”、净化政治生态，坚决肃清彭三等恶劣影响。强化“两个责任”贯通协同，完善党建考核、约谈、问责机制，对10家市管企业领导班子进行政治约谈。

二、狠抓提质增效稳增长，坚定不移推进高质量发展

突出补短板强弱项，着力提振发展信心、提高质量效益、提升国有经济贡献度，监管企业实现利润同比增长13.4%，工业总产值增长9.8%，劳动生产总值增长7.8%。

一是全力抓运行稳大盘。实行国有经济运行调度和重点行业考核机制，推动企业降本增效、拓展市场，抓住“窗口期”谋划储备、开工建设一批新项目。实施国企资产盘活专项行动，盘活闲置房产土地200.5万平方米、实现收入101.51亿元，为中小微企业和个体商户减免房租14.55亿元。有关稳经济大盘、为全市发展“添秤”做法得到市主要领导批示肯定。

二是优化布局培育新动能。加强顶层设计，出台了推进国有经济布局优化和结构调整的“22条”措施。推动国企深度融入国家战略，泰达中埃·苏伊士经贸合作区、食品集团中国—中东欧农业合作示范区建设取得新进展。聚焦制造业立市和“双中心”建设，携手通用技术集团打造一流智能制造企业，推进海河设计集团深化改革，形成康养集团组建方案、做强中环产业信息集团方案。

三是推进创新驱动发展。出台提升国企自主创新能力、打造原创技术策源地意见办法，组织推动104项关键核心技术攻关突破，监管企业研发投入同比增长29.4%。实施赋能国企“老字号”品牌振兴行动，形成六大类别32个品牌的产品服务手册。

三、决战决胜国企改革三年行动，推动国企改革走深走实

统筹推动市管委管企业、区属企业和其他履行出资人职责机构所属企业改革，制定实施三年行动高质量收官攻坚安排，成立7个督查组开展全面督查，邀请第三方调研评估“以评促改”，三年行动88项改革任务全面完成，在国家中期评估中再次取得A级，受到通报表扬。

一是深入推进现代企业制度和市场化经营机制改革。中国特色现代企业制度更加成熟定型，党的领导融入公司治理形成制度化、规范化、程序化。能源集团、天津港股份被国务院国资委确定为全国国企公司治理示范企业。“三项制度”改革持续深化，经理层成员任期制和契约化管理全面推行，累计为各级企业选聘职业经理人近千名。

二是深化混改上市工作。建立“混改项目库”等四个库，完成29户国企混改转让，引入外部资金58.55亿元，实施国有控股上市公司提升专项行动，天纺标成为天津市第一家登陆北交所的企业，2户企业完成定向增发，松江股份通过重整实现向信创产业转型，劣势上市公司全部“摘星摘帽”。

三是“一企一策”改革从试点先行到全面推开。坚持系统思维，抓住主要矛盾、标本兼治、综合施治，“一企一策”深化改革推进高质量发展。27家监管一级企业及所属二三级企业均制定“一企一策”方案，我市经验做法入选国务院国资委三年行动案例。

四、积极稳妥化解债务风险，坚决守住风险底线

坚持把防风险摆在突出位置，多措并举防范化解债务风险，监管企业全年累计兑付或解决金融债务约5000亿元，公开市场债务全部如期兑付。

一是用发展的办法解决国企债务问题。指导城投集团、泰达控股制定“中期行动方案”，实施存量债务置换、功能性资产转化、增量项目融资带动等具体举措，两家企业完成存量债务置换

77 亿元,梳理 38 个、总投资 574.1 亿元的新项目,并以此为样本,分层级推动市属国企研究制定相关方案、走可持续发展新路子。

二是市场化法治化推进风险企业重组重整。天房集团协议重组方案有序推进,同意加入债委会的债权人已超过 80%,设立一类债 193 亿元信托计划。市政集团协议重组基本完成,正在引入纾困资金、盘活重点项目、逐步恢复造血能力。城建集团重整计划已经法院裁定批准,进入重整计划执行阶段。全面完成 92 户列入国家名单"僵尸企业"和 1029 户低效无效企业处置任务。

三是积极改善市场融资环境。通过举办国企与金融机构恳谈会、拜访 20 余家总部级金融机构、与大型金融机构签署战略合作协议等多种途径,稳住公开市场融资规模,近一半的市管集团融资成本较 2021 年同比下降。

五、站位全市发展大局,强化国资国企担当作为

统筹推动国资国企履行经济责任、政治责任、社会责任,展现姓党为民政治本色。

一是深入开展"勇担社会责任、诠释国企担当"活动。推动公共交通、水电气热、食品稳价等直接面对社会和公众的国企,擦亮服务社会的"窗口"。督促有关国企积极应对天然气、煤炭等价格上涨压力,圆满完成迎峰度夏、冬季供暖供气等保供任务。成立市国资委城市功能保畅调度机制领导小组,全力保运行、保供应、保畅通。

二是发挥疫情防控关键时刻"突击队"作用。市国资委党委第一时间在抗疫重点地区成立前线指挥部,各级国有企业不讲条件、挺身而出,全力做好运力保障、物资生产、检测服务、食品供应、金融支持等各项工作,得到市委、市政府的肯定和社会各界好评。

三是统筹发展和安全工作。建立安全生产常态化检查机制,督促企业落实安全生产主体责任。对 13 件重点信访事项由两委班子成员包案,提前办结市矛调中心交办的 68 件重复信访积案化解任务。认真做好国家安全、意识形态、生态环保等风险防范工作。

六、完善国有资产监管方式,提升国资监管效能

着力推进国资监管专业化、体系化、法治化建设,深化"风险管控质量工程",提高国有资产监管效能。

一是当好国有资产"看家人"。出台 14 件规范性文件,明晰委派总会计师工作职责及考核细则,推动 32 家监管企业设置总审计师。构建了"智慧国资"75 个监管数据模型,探索推进智慧化、穿透式监管方式。建立监督协同机制,推动监督协同联动。持续深化会计信息虚假、融资性贸易业务、二三级企业"失控失管"等专项整治。查处 29 起违规经营投资损失事项,追究责任 280 人。

二是当好攻坚克难"突击队"。从委机关和监管企业选拔 120 名素质好、业务精的优秀干部组建了"攻坚克难突击队",放在困难企业、关键岗位锤炼,为深化改革、融资化债、项目招商等做出了积极贡献。

三是当好服务企业"店小二"。领导班子带头包联企业抓服务,加强对企业指导服务和与市有关部门协调联动,一批涉债、涉房、涉法、涉诉等疑难杂症得到有效解决。

市委信访办公室　市政府信访办公室 2022 年工作总结

2022 年,全市信访系统坚持以习近平新时代中国特色社会主义思想为指导,全面贯彻习近平总书记关于加强和改进人民信访工作的重要思想和第九次全国信访工作会议精神,紧紧围绕国家信访局"11345"工作路线图,以护航党的二十大为主线,认真贯彻落实《信访工作条例》,统筹疫情防控和信访工作,及时就地解决矛盾纠纷,攻坚克难化解信访积案,筑牢首都政治“护城河”,推动全市信访形势稳中向好、信访秩序平稳可控,为服务党和国家大局、维护群众合法权益、促进社会和谐稳定作出了新的贡献。

一、高站位对标,服务保障大局交出优秀答卷

坚持把做好党的二十大信访安全保障工作作为必须完成好的重大政治任务,制定《关于依法处理进京越级走访相关违法犯罪行为的通知》《关于落实“三跨三分离”信访事项相关责任的实施意见》《天津市加强驻京值守和接人劝返工作规定》,制定《关于重点信访事项提交市领导包案推动化解的工作方案》《关于做好重点领域信访突出问题化解稳定工作的方案》《关于落实重点人员化解稳控责任确保党的二十大期间稳定的工作方案》,启动“战时机制”,织密“三道防线”,结合落实中央信访督查“回头看”,组织6个督查组深入各区各部门开展“全方位、无死角”督查,编发《信访简报》44期、《党的二十大信访安全保障重点工作周通报》6期,以实际行动履行“为民解难、为党分忧”的政治责任。会议期间,全市没有进京到非接待场所人员,没有发生进京到市大规模集体访,没有发生涉访极端事件和因信访引发的负面舆情炒作,实现了敏感地区“零非访”、社会面清理“零进庄”、规模集访“零通报”、“两个一律”“零抄录”、代表驻地“零滋扰”、疫情防控“零感染”的工作目标,真正做到把重点放在源头、把效果体现在北京,得到了中央信访联席办、国家信访局的充分肯定。

二、高水平落实,贯彻《条例》实现全面覆盖

全面抓好学习贯彻,市委召开常委会会议,研究具体贯彻落实措施,强调要从国家治理体系和治理能力现代化的高度,切实扛起政治责任,提升信访工作水平。市政府召开常务工作会议,对条例学习宣传贯彻提出具体要求。市信访办在市规划展览馆举办条例宣传月活动启动仪式,主要负责同志带头宣讲,班子成员按照分工到包片区、委办局进行辅导,运用微信公众号、信访网站、《天津信访》刊物和地铁、海河景观带等开展全方位宣传,组织专门力量集中宣讲31场,印制宣传海报5500套3.3万张、宣传手册15万份,购买条例单行本3.1万本,在全市掀起学习宣传贯彻条例的热潮。完善配套制度措施,及时修订信访工作联席会议规则,规范16个区和252个街道乡镇信访工作联席会议的设置和运行,制定投诉、接访、办信工作规则,废止《天津市信访工作若干规定》,重新修订《关于进一步规范信访事项听证工作的意见》等文件,及时与人大、政协、纪检监察、政法等机关、单位做好工作对接,实现信访工作领域全覆盖。

三、高质量推进,深化专项工作取得重要成果

深入开展“百日攻坚”专项行动,市委、市人大、市政府、市政协“四大班子”高位推动,主要负责同志带头接访下访、包联重点案件。按照市领导批示要求,深入分析重点领域突出问题,梳理城乡建设、涉法涉诉、金融管理等7个领域30项信访突出问题,落实分管领导牵头责任和部门主体责任,集中力量做好“控增减存”工作,全力以赴巩固专项工作成果。治理重复信访、化解信访积案专项工作“倒流”的百余件重复信访事项全部提请省部级领导包案,对尚未化解事项落实局级领导包案,以“化解或能稳住”为目标,明确领导包保责任和各区属地责任。其间,市领导先后召开会议41次,解决疑难问题64件。中央交办两批案件,已审核化解99.87%,好于全国平均水平;全市发生进京访同比分别下降55.7%。

四、高效能治理,信访制度改革开创全新局面

“紧紧抓住“事要解决”这个关键,用心用情服务信访群众,不断畅通信访渠道、规范基础工作,出台《关于加强新时代网上信访工作的实施意见》,印发《关于进一步做好基层单位信访基础业务指导培育等工作的通知》,进一步提高全市信访事项及时受理率、按期答复率和群众满意率。坚持和发展新时代“枫桥经验”,完善“市事市办、区事区办、街镇首办”的社会矛盾纠纷调处化解工作机制,深入开展全国信访工作示范区创建活动,组织各级领导干部大接访大督查大调研,真正把问题解决在基层、矛盾化解在萌芽状态。今年以来,市级矛调中心接待57217批次

62088 人次，办结率 99.89%；市级社会矛盾纠纷调处化解中心组建局级领导带队的专家组，推动化解重点矛盾纠纷 500 余件；网格员代办信访事项 35067 件，切实将群众身边"小问题"解决在"家门口"。

五、高标准要求，干部队伍建设得到有力保障

坚持把政治建设摆在首位，举办习近平总书记关于加强和改进人民信访工作的重要思想大讲堂、研讨班、培训班，深入开展"迎盛会、铸忠诚、强担当、创业绩"主题实践活动，全力打造"一专多能"的高素质信访干部队伍。在市信访办加强"三信九力"机关建设，坚持"党建引领一切、态度决定一切、业绩说明一切、实力证明一切"导向和"考察备岗、交流轮岗、问责下岗"原则，加大干部选拔任用和交流使用力度，8 人晋升职级职务，树立起"能干者能上、有为者有位"的鲜明导向。在全市信访系统深入开展选树先进典型和学习宣传活动，激励广大信访干部以先进集体、先进个人和"最美信访干部"为榜样，真抓实干、转变作风。本市 3 个集体、3 名个人被评为全国信访系统先进集体、先进个人，在第九次全国信访工作会议上获得表彰；1 人荣获全国"人民满意的公务员"称号。

市政府信访办公室党组 2022 年工作总结

2022 年，市信访办党组深入学习贯彻习近平新时代中国特色社会主义思想，全面贯彻落实党的二十大精神，深刻领悟"两个确立"的决定性意义，增强"四个意识"、坚定"四个自信"、做到"两个维护"，牢记为民解难、为党分忧的政治责任，坚持人民至上，坚持稳字当头，落实主体责任，积极主动作为，全力推进重点工作落实，取得了明显成效，实现了信访工作呈现"三下降、一好转、一减少"良好态势，即进京到非接待场所、进京越级访、集体访下降，信访形势进一步好转，信访积案存量减少；党的二十大、全国两会等重要敏感时期，进京到非接待场所为"零"，为维护社会大局稳定、守好筑牢首都政治"护城河"做出了积极贡献。在全国信访工作考核中，天津市持续保持"优秀"等次。

一、真抓实做，落实主体责任

市信访办党组全面履行管党治党主体责任，全力抓好各项任务落地落实，不断推进政治生态持续向好，全面提升机关党建质量，以"政治三力"推动中央和市委决策部署落地生根见效。

提高政治站位，持续推进政治机关建设。坚持党的领导，突出政治建设，从讲政治的高度谋划推进信访工作。深入贯彻落实习近平总书记重要指示批示精神，加强习近平总书记关于加强和改进人民信访工作的重要思想专项督查。全力推动巡视整改任务见底到位，梳理市委巡视反馈意见中 22 个具体整改事项、29 个"举一反三"整改事项和 19 个"推动改革促进发展"整改事项完成情况，修订完善干部队伍建设等 40 余项规章制度，推动整改任务取得新成效。强力推进机关政治生态建设，召开 2021 年度党史学习教育专题民主生活会，制定实施加强政治生态建设 20 项工作措施和 6 方面整改措施。深入学习宣传贯彻习近平法治思想，运用法治思维和法治方式解决群众急难愁盼问题。

强化理论武装，夯实理想信念之基。学深弄通做实新思想，党组理论学习中心组集体学习 17 次，举办党的二十大精神专题读书班，召开宣讲报告会，开展学习交流研讨。扎实开展"迎盛会、铸忠诚、强担当、创业绩"主题学习宣传教育实践活动，制定方案，细化内容狠抓落实。党组书记、领导班子成员和各支部书记带头讲专题党课，开展"我为群众办实事"实践活动。严格落实意识形态工作责任制，每季度听取分析报告，加强意识形态阵地建设管理，巩固壮大主流舆论。

扛牢政治担当，压紧压实管党治党政治责任。制定 2022 年落实全面从严治党主体责任

"两个清单",先后 30 余次召开党组会议,研究、部署推动基层党建、意识形态、国家安全、统一战线、组织人事等方面的工作。贯彻落实《党委(党组)落实全面从严治党主体责任规定》,党组会议年初、半年和年终听取班子成员落实"一岗双责"情况汇报,组织对各处室党支部落实全面从严治党主体责任和推进政治生态建设情况开展检查考核。加强党内法规学习、运用,先后学习了《中国共产党章程》等党内法规制度 10 余部,建立落实党章学习日制度。制定《2022 年抓基层党建工作清单》,细化 41 项具体任务。2022 年 2 个党支部获评和复评为市级机关"基层党建工作示范点",1 个支部被列为机关党建与业务工作融合试点。

强力正风肃纪,激励干部讲担当、促作为、抓落实。持续深入推进党风廉政建设,党组书记带头与班子成员开展集体廉政谈话,班子成员分别与分管处室负责同志开展廉政谈话。落实常态化纪律警示教育要求,坚持"以案三促",从反面典型案例中吸取深刻教训,严格日常管理监督,重点节假日加强廉政风险防控。用好监督执纪"四种形态",今年以来运用第一种形态处理 11 人次。严格落实中央八项规定精神,坚持月自查、零报告,持续整治"四风"。深入开展讲担当促作为抓落实、治理形式主义官僚主义不担当不作为问题三年专项行动,机关党员干部事业心、责任感进一步增强。

二、凝聚力量,强化干部队伍

办党组深入贯彻落实《推进领导干部能上能下规定》,坚持党建引领一切、态度决定一切、实力说明一切、业绩证明一切,持续落实择优备岗、竞争上岗、交流轮岗、问责下岗选人用人工作机制,全面加强机关干部队伍建设。

敢于突破,以择优备岗方式让好钢用在刀刃上。继 2021 年择优备岗的 2 名副处长通过出色的工作表现选拔为处长后,2022 年根据接访二处处长人选面临空缺,能胜任该岗位的优秀人选又比较多的情况,突破固有模式,通过笔试、面试、民主推荐、组织考察等环节,再次挑选 1 名接访工作经验丰富、群众认可度高、荣获天津市"人民满意的公务员"称号的副处长备岗,主持接访二处处长工作,得到全办上下一致好评。

勇于创新,以竞争上岗方式精准选人用人。针对副处级领导岗位空缺职位少、符合条件人员多的突出矛盾,采取竞争上岗方式,严格进行资格条件审核,严密组织实施笔试、面试、谈话推荐、大会推荐、组织考察、公示等环节,选拔了 3 名副处长。竞争上岗把组织选人与群众公认结合起来,把"选马"与"赛马"结合起来,公开"赛马"、全方位"相马",为优秀干部搭建充分展示能力水平的平台。

内部挖潜,以交流轮岗方式进一步激发干部干事创业活力。对 10 名干部进行交流轮岗,特别是对优秀年轻干部加大交流轮岗力度。加强网信队伍专业匹配度的调整,充实 2 名具有专业背景的干部到网信部门。安排机关干部轮流到接访岗位锻炼,全面提升处理复杂问题和做好群众工作的能力水平。积极拓宽干部走出去的渠道,实现了与市委政法委干部的相互交流。

注重把脉,以"三个正确对待"纠偏润心激励干部。牢固树立"不允许任何一个干部掉队"的工作理念,建立干部思想动态定期分析制度,采取各处室摸排分析、人事部门日常调研掌握、办党组综合研判决策相结合的方式,全面梳理掌握干部的思想状况,积极听取干部的意见建议,及时摸准情况,通过召开座谈会、谈心谈话等形式与干部交流交心,转变干部思想,及时把关爱干部的举措落到实处。

三、担责尽责,维护社会稳定

办党组忠实履行"为民解难、为党分忧"神圣职责,全力做好建党的二十大、全国两会等特殊时期安全稳定工作,深入开展重复信访专项治理、大督查大接访大调研、全国示范区创建活动,加强三级矛调中心建设,确保社会大局稳定。

围绕护航党的二十大,信访保障实现新进展。制定工作方案,执行"战时"机制,筑牢"三道防线",严格落实战时机制。聚焦城乡建设、涉法涉诉等重点领域开展专项排查化解;强化源头预防,落实三级领导干部接访下访;实施源头管控,逐人落实稳控、分级推动化解。开展专项督查,及时发现漏洞隐患,筑牢"三道防线"。

围绕宣传贯彻信访工作条例,法治建设实现新突破。启动宣传月仪式,通过微信公众号、信访网站、地铁、海河景观带等开展全方位宣传,组织网络正能量作品创作大赛,组织集中宣讲 31 场,发放各类宣传资料 16 万份。修订《市信访工作联席会议规则》,制定投诉、接访、办信工作规则和督查工作实施意见等,废止《天津市信访工作若干规定》,以过硬的量化措施保证条例贯彻落实到位。

围绕重复信访专项治理,质效并举实现双提升。开展信访积案化解"百日攻坚"专项行动,制定《关于重点信访事项提交市领导包案推动化解的工作方案》,150 余件倒流事项全部提交市级领导包案。中央交办两批案件,已审核化解 99.87%,化解进度和化解质量实现双提升。

围绕控减进京越级访,信访秩序实现强治理。建立了"日调度、日报告和周通报"工作机制,制定了《关于依法处理进京越级走访相关违法犯罪行为的通知》等文件,压实责任、多方施策,最大限度减少了进京越级访发生。2022 年,发生进京访同比分别下降 52.3%和 52.6%。

围绕中央专项督查整改,信访工作实现高效能。围绕督查整改,严格落实条例,规范基础业务,提高信访事项办理质量。2022 年受理群众信访总量 141186 件次,其中,来信占 5.26%,来访占 6.25%,网上信访占 88.49%,网升访降格局进一步巩固。信访事项及时受理率 99.7%、按期办结率 99.89%、群众参评满意率 98.45%。

围绕源头防范治理,基层基础实现新发展。持续打造新时代"枫桥经验",完善社会矛盾纠纷调处化解工作机制。2022 年,市级矛调中心接待服务群众 54677 批次,办结 51424 件,办结率 93.1%。深化网格员代办信访事项工作机制,共代办 35067 件信访事项。深入开展全国示范区创建活动,构筑起服务群众、化解矛盾、思想疏导、消除隐患的"第一道防线"。

四、积极谋划,抓实工作重点

虽然 2021 年工作取得了一定成绩,但我市信访形势依然复杂严峻,城乡建设、经济管理、政法、劳动社保等领域问题仍然集中,一些重点人频繁进京上访,基层基础仍然存在薄弱环节。2022 年,办党组将围绕抓好党的二十大精神学习贯彻"一条主线",以《信访工作条例》为遵循,深入开展"基础工作规范年、工作水平提升年、重点工作攻坚年"等"三个年"行动为抓手,围绕"一三六"工作思路,全力抓好重点工作的落实。

坚持服务大局,在推进社会主义现代化大都市建设上彰显新作为。着力服务安全稳定,落实平安天津建设部署要求,深入开展矛盾纠纷大排查大化解活动,及时协调解决涉企信访事项,发挥人民建议征集作用,强化社会稳定风险评估和情况调研,定期向党委政府报送有价值有参考的意见建议。

坚持人民至上,在解决群众急难愁盼上彰显新作为。开展重复信访案件攻坚化解专项行动,对重复进京越级访和到市矛调中心重复上访事项集中攻坚化解;开展初信初访"零转重"行动,对新产生的重复信访事项,每月"动态清零",着力推动解决好与群众生产生活息息相关的就业、教育、社保、医疗、养老等民生领域信访问题。

坚持底线思维,在以天津之为当好首都之卫上彰显新作为。全力做好全国两会等重大活动期间信访安保工作,切实筑牢首都"政治护城河";以"防反弹、防倒流、防极端、防聚集"为重点,加大进京越级访治理力度,确保进京越级访逐年下降,人员吸附稳定在当地。

坚持改革创新,在加强和完善信访制度上彰显新作为。持续推动落实《信访工作条例》,推进街乡镇联席会议机制实体化运行,完善信访事项终结、听证机制。加强基础业务规范化建设,确保业务流程更加规范、解决诉求更加顺畅、便民服务更加高效。

坚持系统思维,在推进治理体系和治理能力现代化上彰显新作为。打造更加专业、便民、高效的三级矛调中心,持续深化全国信访工作示范区创建,拓展网格员代办机制,强化信息化、智能化支撑,改版网上信访投诉平台,优化完善信访业务流程。

坚持党建引领,在打造忠诚干净担当的信访

干部队伍上彰显新作为。全力抓好党的二十大精神的贯彻落实，不折不扣地把党中央重大决策部署付诸行动、见诸成效。强化党建引领，提升“九力”水平，打造更加有为的“三信”信访机关。

市档案馆（市地方志编修委员会办公室）2022 年工作总结

2022 年，在市委、市政府领导下，在国家档案局、中国地方志指导小组办公室和市档案局指导下，天津市档案馆认真学习宣传贯彻落实党的二十大精神和市第十二次党代会精神，深入贯彻习近平总书记对档案方志工作的重要指示批示精神，不断强化机关政治属性，统筹推进疫情防控和档案方志业务工作，充分发挥存史资政育人作用，全馆上下保持“进”的姿态、“上”的趋势，敢争先不“躺平”、敢创新不守旧、敢较真不松劲、敢攻坚不服输，圆满完成年度目标任务，多项工作实现新突破，为服务天津全面建设社会主义现代化大都市作出了积极贡献。

一、突出政治属性，党的建设工作实现新发展

深入学习贯彻党的二十大精神。认真落实中央和市委决策部署，组织全馆干部职工集中收看开幕会盛况，第一时间学习感悟大会报告的丰富内涵和精神实质。制定市档案馆落实党的二十大精神工作安排，对学习宣传贯彻工作作出部署，切实把思想认识行动统一到党的二十大精神上来，把智慧和力量凝聚到党的二十大确定的目标任务上来。在自学和集中学习研讨的基础上，通过组织专题培训、开展主题党日活动、举办理论测试等形式，在全馆掀起学习宣传贯彻党的二十大精神热潮，在《天津日报》发表专题理论文章。制定党的二十大精神宣讲工作方案，充分发挥档案方志资源独特优势，面向社会、面向基层开展全方位、立体化宣讲活动。局馆联合举办全市档案系统领导干部学习党的二十大精神培训班，教育引导党员干部不断增强坚决捍卫“两个确立”、坚决做到“两个维护”的政治自觉、思想自觉、行动自觉。

党的政治建设持续强化。坚持不懈用党的创新理论武装头脑，以党委理论学习中心组为龙头，通过领导干部读书班、支部书记讲党课等形式，深入学习贯彻习近平新时代中国特色社会主义思想。将贯彻落实习近平总书记重要讲话和重要指示批示精神作为重要政治任务，建立工作台账，定期开展通报，确保任务落实。深入学习宣传贯彻市第十二次党代会和市委十二届二次全会精神，结合档案方志实际制定落实措施。认真开展“迎盛会、铸忠诚、强担当、创业绩”主题学习宣传教育实践活动，制定工作方案，细化责任分工，以扎实有力的措施推动任务落实。持续推进党史学习教育，制定常态化长效化举措，组织开展多项专题教育活动。严格落实意识形态责任制，修订完善相关工作制度，成立馆网络安全与信息化办公室，加强舆论阵地建设和管理，确保档案方志工作正确政治方向。

党组织战斗堡垒作用有效发挥。制定年度党的建设工作要点，明确党建责任，推动党建工作落实。加强党支部标准化、制度化建设，组织开展“互学互查互比互评互看”活动，以组织党建督查、印发通报等形式抓实支部各项工作。调整党支部书记 8 人次，完成 20 个党支部的换届选举工作。严格标准抓好党员发展工作，发展党员 4 名，申请入党 2 人。深入开展精神文明建设工作，馆党史宣讲队完成特色宣讲 10 场次，党员志愿服务时长近 1500 小时。加强统一战线工作，画好最大“同心圆”。坚持以党建带群建，积极开展丰富多彩的工青妇活动，馆工会、妇联在市级机关巾帼宣讲、广播体操、公文写作比武等活动中，均获得优秀奖项，共青团工作取得新成效。

市委巡视整改落实成效明显。馆党委认真落实市委巡视反馈意见，按照分管市领导同志要求，切实强化政治整改意识，扛起整改主体责任，扎实推进整改落实工作，成立领导小组，制定实施方案，紧盯 33 个巡视反馈问题、33 个举一反三问题和 10 个“推动改革、促进发展”深度整改任务，实行挂图作战、“台账式”推进、“销号式”管理。截至目前，各项整改任务基本完成，深度整改持续推进，档案库房温湿度不达标等长期存在问题得以解决，档案整理、后库清理、电源改造等难点问题实现突破，制修订规章制度 27 项，全馆党员干部面貌一新，政治生态持续向好。

全面从严治党深入推进。全面压实管党治党政治责任，制定年度落实全面从严治党“两个清单”，严格按照清单内容履行“一岗双责”。持之不息纠治“四风”，制定“讲担当促作为抓落实、持续深入治理形式主义官僚主义不担当不作为问题专项行动”年度工作安排，召开领导小组会并认真组织整改。围绕全馆重点工作，开展 32 项专题调研，编发《调研与参考》10 期，2 篇获评“全市档案调研优秀成果”，1 篇荣获年度市级机关党建优秀调研报告三等奖。加强党风廉政教育，开展“三个以案”警示教育活动，强化党员干部政治意识、规矩意识。加强监督执纪问责，全年警示谈话 13 人，批评教育 8 人，提醒谈话 4 人，通报批评 1 人。

二、彰显责任担当，服务中心工作取得新成效

服务大局主动作为。围绕迎接党的二十大胜利召开，组织开展“喜迎二十大·档案颂辉煌”宣传活动，参与“奋进新时代”主题成就展（天津展区）。积极做好重点工作、重大活动档案接收工作，接收疫情防控档案电子目录 6.6 万条，接收市“871”重大生态工程档案电子目录 6271 条。围绕服务京津冀协同发展，与石家庄市等档案馆签订民生档案异地跨馆利用协议，与北京市、河北省档案馆等开展档案技术保护合作交流。认真落实全市“四免”改革要求，实现档案政务服务“免实物印章”。发挥信息化技术优势，积极服务天津第六届世界智能大会“中国华录杯数据湖算法大赛”。围绕全市中心工作编报《档案方志参阅》12 期，充分发挥资政辅政作用。

传承红色基因作用凸显。深入贯彻落实习近平总书记关于档案工作的重要指示批示精神，做好红色档案保管保护和开发利用工作，制定工作方案，成立领导小组。建立红色档案资源专题数据库，整合入库馆藏红色档案专题目录 11 万条，接收电子目录 1.5 万条。征集《热血日报》等我党早期报刊、烈士家书、抗战书籍等一批珍贵史料约 200 件。《没有共产党就没有新中国》早期曲谱等 39 件馆藏珍贵红色档案入选天津市红色资源目录。发挥红色资源优势，联合制作播出革命历史人物专题片《曙光》（第 6 季），《天津机要交通史料选编》内部印行，《中共天津历史档案选编（1954 年卷）》《天津抗日战争志》完成初稿。党性教育主题教室作用显著发挥，全年累计接待 3000 余名党校学员。在《天津日报》《中国档案报》等媒体发表红色文化文章 120 余篇，为团市委等 21 家单位提供利用馆藏红色档案 547 件、照片 138 张。

公共服务进一步优化。积极对接全国档案信息查询利用平台，完善档案查询利用服务制度。加大档案开放力度，完成馆藏档案开放审核 34.6 万件，公布档案目录 5.8 万件。推动“一站式”服务平台向涉民档案室延伸，与市大中专毕业生就业指导中心签订学籍档案利用协议。升级“惠民政策微信小程序”，推出邮寄服务等便民服务事项。全年提供档案、方志、政府公开信息查阅利用 6.4 万卷（件），接待 2250 个单位 4629 人次，出具档案证明 623 件。

服务文化强市彰显特色。馆藏“近代海河流域治理档案”“永久黄”企业档案两个专题成功入选第五批《中国档案文献遗产名录》。联合拍摄播出大型生态人文纪录片《海河》，全方位呈现大气磅礴、底蕴深厚的海河，引起社会广泛关注。联合广播电台推出《国家档案遗产中的天津传奇》专题节目 7 期，档案方志文化直播节目 4 期。以专题研讨、组织征文等多种形式，在全市地方志系统中开展传承弘扬中华优秀传统文化活动。持续推进“天津地方史研究丛书”工程，资助《老天津的地质风物》等 3 部著作出版。推进档案方志编研工作，《近代天津中国银行档案选编（中卷）》出版，《近代名人信札》《近代天津中国银行档案选编》(下卷)《天津近代租界档案史料选编》进入出版阶段,《近代北方航运档案汇编》、"档案中的画报画刊"等加快编纂。

三、夯实业务建设,档案方志事业发展取得新成果

档案方志资源建设扎实推进。依法依规接收档案,制定出台《天津市档案馆收集档案范围细则(试行)》,严把质量关,全年接收档案 11 万件入库上架。接收志鉴资料 6000 册、旧志 49 部,采集天津新闻 700G,征集大运河图书资料等一批珍贵档案史料进馆。积极组织国家重点档案抢救保护项目申报和实施工作,充分利用专项资金做好档案基础业务。编辑移交进馆档案整理工作手册,完成档案整理 16 万件。清点馆藏现行档案 15 万余卷 3.6 万件。完成音像档案抢救 4 万分钟,档案缩微 15.7 万画幅,修复馆藏档案 5115 页,仿真复制 667 页,检测光盘 518 张。

志鉴编修工作有序开展。完善地方志工作制度体系,印发《天津市部门志书和专业志书编修及审查验收规定》《天津市乡镇(街道)年鉴编纂出版规范(试行)》等制度。大力推进市级志书编修全覆盖,35 家未修志单位建立修志机构,部分单位启动修志工作。《河西务镇志》入选中国名镇志文化工程,《白滩寺村志》《付村志》入选中国名村志文化工程,第六批中国名镇志《杨柳青镇志》《咸水沽镇志》完成出版。全市 17 部市、区两级综合年鉴全部完成"一年一鉴、公开出版"工作任务。推动专业(部门)年鉴编纂,《天津海关年鉴》进入出版程序,《天津海关年鉴》《中国(天津)自贸试验区年鉴》启动编纂。组织开展全市"精品年鉴品读季"活动,报送 2 篇征文获评全国一等优秀论文,1 篇获评三等优秀论文。《红桥年鉴(2021)》入选第六批"中国精品年鉴"。北辰区地方志办荣获"全国地方志系统先进集体"称号。

数字档案馆建设加快推进。加强信息化建设顶层设计,印发馆信息化发展规划(2023—2025)。推动实现档案业务全流程数据化管理,"档案方志综合管理与档案电子数据可信保存系统"项目上线试运行。加快推进馆藏档案数字化,完成数字化扫描 320 万页,应数字化率达 61.7%。深入开展档案信息化应用研究,《电子档案法律效力在政府采购中的应用》获 2022 年国家档案局科技项目优秀成果奖。加快推进志鉴数字化,制定《天津市地方志数字化成果质量规范(试行)》,开发制作《天津年鉴(2021)》掌上年鉴并链接天津政务网,资助《红桥年鉴(2021)》《津南年鉴(2021)》《天津港保税区年鉴(2021)》3 部掌上年鉴上线运行。

档案方志宣传工作亮点纷呈。有效利用新媒体平台,上线天津市档案方志抖音号,发布短视频 6 期,点击量超 6000 次。天津档案方志网发布信息 756 篇,"天津市档案方志"微信公众号发布文章 201 篇,荣获中国人民大学"2021 年度十佳档案媒体推广案例"称号。组织开展"6·9"国际档案日、"9·5"档案开放日系列宣传活动,与天津广播电台合作推出专题节目,累计播出时长 500 分钟。在国家级、省部级媒体发表档案方志新闻稿件 80 余篇,我馆荣获 2022 年《中国档案报》"发行先进单位"称号。持续做好《天津档案》《天津史志》期刊编发工作。开展档案方志进社区活动,深入西青区李七庄街等街道、社区宣讲档案方志文化知识,讲好红色档案故事。

四、强化发展保障,档案方志治理效能实现新提升

档案方志治理水平不断提高。加强统筹规划,印发《天津市地方志事业发展规划(2021—2025)》,组织完成各区地方志事业发展规划备案工作。深化局馆协同,积极配合市档案局修订《天津市档案管理条例》《天津市档案收集办法》,配合开展档案执法检查、市级机关档案工作检查评价、全市档案安全检查等工作,联合推动数字档案馆(室)建设、档案普法等活动。认真贯彻落实全市法治工作要求,制定实施馆"八五"普法规划。对《档案法》落实情况开展自查整改并组织知识竞赛。以多种形式组织开展宪法、民法典等法律法规的学习宣贯活动。严格依法依规履职,选优聘任法律顾问,签订法律合同 90 份。强化内控内审,依法做好部门预决算、账户管理、固定资产清查等工作,完成采购项目44个。完善督办制度,编发《督办通报》11期。

人才队伍建设有力加强。坚持党管干部原则,全年选拔任用6名干部主持部门工作,晋升职级34人。瞄准业务工作重点领域,通过多种方式引进9名专业人才。大力发现优秀年轻干部建立优秀年轻干部库、人才库,13人入选全国档案系统"三支人才队伍"。注重在一线培养识别干部,组建档案整理、开放鉴定两个工作专班,派出160余人次参加全市疫情防控工作。加强干部日常管理,组织开展家访43人次,完成58名处级以上领导干部个人有关事项报告工作。抓好教育培训,召开全市地方志系统业务培训班,开展"干部大讲堂""档案方志大讲堂"等系列活动。全面做好科研工作,1个课题在国家档案局立项,馆年度科研项目形成结项论文23篇,专著《皇权的力场:清前中期天津大盐商的兴衰》《"铁牛"记忆—天津拖拉机制作厂影音辑略》等即将出版,参与制定国家档案行业标准《信息技术 OFD档案应用指南》即将应用实施。市档案学会完成学会会员重新登记工作,荣获2022年"喜迎二十大 档案颂辉煌"全国征文活动优秀组织奖。

档案方志安全体系日趋完善。认真落实档案安全"十防"要求,进一步完善突发事件处置预案等档案安全管理相关制度。完成馆库空调改造项目,实现恒温恒湿自动控制,成为新《档案馆空调系统设计规范》颁布后首次将规范付诸实践的案例。加快推进市档案馆新馆立项选址,积极推进区级方志馆建设。加快解决后库历史遗留问题,按照"进得去,管得住"的要求,全部库区收回管理。落实档案安全责任制,组织开展全馆各类安全检查,及时发现并排除隐患。积极组织开展安防宣传教育,加强应急处置实战演练,提升全馆干部安防能力。对档案信息系统进行等级保护测评,做好风险排查整改,完成馆藏档案电子数据备份38.4TB,涉密档案电子数据100GB。抓好国安和机要保密工作,组织开展保密安全自查、全民国家安全教育日宣传活动和保密知识竞赛等活动。

市委党校(天津行政学院 市委党史研究室)2022年工作总结

2022年,在市委的坚强领导下,市委党校坚持以习近平新时代中国特色社会主义思想为指导,深入贯彻落实习近平总书记对天津工作"三个着力"重要要求和关于党校办学治校系列重要指示精神,紧紧围绕迎接和贯彻党的二十大这条主线,认真学习贯彻市第十二次党代会精神,扎实开展"迎盛会、铸忠诚、强担当、创业绩"主题学习宣传教育实践活动工作,坚持党校姓党,统筹疫情防控和干部教育培训,扎实推进教科咨管各项工作。为加强新时代天津高素质专业化干部队伍建设发挥了积极作用。

一、坚持党校姓党,坚定拥护"两个确立",坚决做到"两个维护"

始终把旗帜鲜明讲政治作为第一要求,把"党校姓党"原则贯穿于一切教学活动、一切科研活动、一切办学活动之中,坚持不懈推进党的政治建设。把讲忠诚作为第一标准,深化对党、对习近平总书记的忠诚教育,引导全体教职工铸就忠诚大德,始终沿着习近平总书记指引的方向坚定前行。坚持"训人者先自训",把学习贯彻习近平总书记重要讲话精神和重要指示批示精神作为校委会第一议题、校委理论学习中心组第一主题、教学培训第一主课、党支部学习第一内容,持续用习近平新时代中国特色社会主义思想武装头脑、凝心聚魂。全年校委理论学习中心组集体学习16次,校委会跟进学习习近平总书记最新重要讲话精神和重要指示批示精神32次。按照市委关于"四训"和建设"习近平新时代中国特色社会主义思想讲习所"等指示要求,制定了《关于进一步加强校委班子自身建设的意见》,全面落实我校《"十四五"事业发展规划纲要》,开展春、秋季学期理论学习周,召开校委扩大会、党校系统座谈会等学习研讨党的二十大、市第十二次党代会精神，迅速开展教学培训，组织科研咨政攻关，开展宣传宣讲宣介，以实际行动坚定拥护“两个确立”、坚决做到“两个维护”。

二、坚持深学笃行，全力推动党的二十大精神落地生根

牢牢把握迎接和学习宣传贯彻党的二十大精神这条主线，深入学习贯彻中央和市委一系列重大决策部署，认真落实市委主要负责同志在市委党校主持召开座谈会时的讲话精神，聚焦主责主业主课，全力推动党的二十大精神在党校落地生根。通过集中收看、召开校委扩大会、校委理论学习中心组专题学习、教师座谈、层层宣讲等形式，组织全体教职工原原本本、原汁原味学，深刻领悟“两个确立”的决定性意义；印发《关于认真学习宣传贯彻落实党的二十大精神通知》，召开全市党校（行政学院）系统常务副校（院）长会议和教学工作专题会议，在全市党校（行政学院）系统迅速掀起学习热潮。把党的二十大精神及时纳入各级各类、线上线下培训班次主要内容，聚精会神办好全市领导干部专题培训班，在天津干部在线学习平台上线22门网络课程供全市党员干部选学。组织开展研究阐释，撰写刊发重要理论文章26篇，咨政报告获市领导批示13件，接受主流媒体专访40人次，与津云联合推出“思想纵横”50期系列党课，在两个学报和《求知》开设宣传阐释专栏，组织宣讲小分队深入全市各级各部门宣讲302次；与越南胡志明国家政治学院新闻与传播学院开展线上交流，对外宣传党的二十大精神。

三、坚持服务大局，积极发挥干部教育培训主渠道作用

紧紧围绕市委、市政府中心工作，充分发挥党校职能优势，全面推动党的二十大精神和市第十二次党代会精神进课堂，校委主要领导带头宣讲3次，邀请党代会报告起草相关同志作辅导报告4次，外请专家学者授课解读61人次，依托天津干部在线学习平台专题培训轮训学员13.4万人次。抢抓暑期培训时间，干部教育培训线下线上全面发力，全年累计举办实体班次405个，培训学员49156人次，在疫情影响更为严重的情况下，培训学员数量与2021年持平，政治、社会效益再获丰收；利用天津干部在线学习平台上线293门专栏网络课程，举办网络专题班347个，累计选课259万人次；组织教师外出授课累计2487人次，为基层一线义务宣讲307人次；与雄安新区党校共享平台资源，推进京津冀干部网络教育协同发展，党校干部教育培训主渠道、主阵地作用得到充分发挥。

四、坚持质量立校，大力提升教学科研咨政管理质量

坚持把习近平新时代中国特色社会主义思想作为首课、主课、必修课，以学习宣传贯彻习近平总书记“7·26”重要讲话、党的二十大精神为重点，着力打造“1+9+N+新党章”课程体系；突出政治之训、党性之训，党的理论教育和党性教育课在总课时中占比达到83%；落实领导干部上讲台制度，市级领导干部走上党校讲台授课22人次。强化思想引领，在《人民日报》《光明日报》《学习时报》等发表理论文章150余篇，获2022年度国家社科基金项目立项3项，省部级课题立项34项。组织撰写咨政报告156篇，获中央领导批示肯定4篇，中央有关部门采用12篇，市委、市政府主要领导批示20篇，新型智库建设取得突破性进展。积极推进一二期合体运营后精细化管理，打造党校服务保障品牌，深化国家级节约型机关建设，获评全市首家“全国示范数字档案室”。积极迎接中央党校（国家行政学院）办学质量评估，深入开展自查自评，抓好反馈意见整改落实，最终我校获评“优秀”等次，总分在33家省级党校位列第一梯队。

五、坚持从严治校，持续推进全面从严治党向纵深发展

始终保持严的主基调，出台《关于贯彻落实〈中共天津市委关于推进全面从严治党向纵深发展的意见〉的实施方案》，召开党风廉政建设工作会议，开展不作为不担当专项治理，层层压紧压实主体责任，政治生态持续向上向好。坚持从严治校，召开全校动员部署会，开展警示教育月活动，深入开展“迎盛会、铸忠诚、强担当、创业绩”主题学习宣传教育实践活动工作；严格落实意识形态工作责任制，制定《教职工网络行为规范》，形成《意识形态形势研判分析要点》，抓好网络安全意识形态工作；印发《党校通报》2期、《党校表扬》1期，激励德能勤绩廉、惩戒庸懒散慢拖；精准运用监督执纪“四种形态”，校委领导开展履职谈话、廉政谈话281人次，提醒谈话28人次，警告1人次，诫勉2人次，通报3人次，开展回访教育帮扶7人次。坚持从严治教，认真执行《教师严格遵守政治纪律的八条规定（试行）》《教学事故认定及处理暂行办法》，用好教学评价和外出授课回访制度，严把党校讲台、外请报告、外出授课关。坚持从严治学，严格执行学员量化考核、请销假等制度，52名学员因疫情防控等原因退学、改期培训。

六、坚持人才强校，着力加强人才队伍建设

深入贯彻新时代党的组织路线，坚持党管干部原则，严把政治首关，鲜明树立重实干重实绩的用人导向，突出选拔敢于负责、勇于担当、善于作为、实绩突出的干部。推荐使用1名正处级领导干部担任副教育长职务，提任4名正处级领导干部，启动6名综合管理机构副职提任，选派1名干部援藏；完成33名教师晋升职称专业技术职务，递补岗位聘用13人；增补《首届“名师”竞聘工作实施方案》条款，完善“名师”考核机制；制定《“师带徒”青年教师结对培养办法（试行）》，组织首批34名青年教师与指导教师结对，加快青年教师培养。推动干部“能上能下”，对1名不能正确履职、存在失职失责情形的正处级领导干部给予免职处理；制定《岗位设置实施方案（2024—2026年）》，打通上下贯通渠道，疏通教师成长路径。调整40个内设机构职责，以10个试点部门带动全校各部门工作标准化规范化建设，注重在岗位职责上培养锻炼干部。

七、坚持以史育人，扎实做好新时代地方党史工作

坚持党史姓党根本原则，以学习宣传贯彻党的二十大精神为主线，扎实推动地方党史征集研究和宣传教育走深走实。广泛开展地方党史资料征集，编写出版《中共天津工作》2020年卷，有序推进《天津抗日战争志》《中共天津历史档案选编》1951年卷的资料征集整理工作。深入开展地方党史研究，编写出版《砥砺奋进新时代的天津2012—2022》《全面建成小康社会天津大事记》2部党史书籍，完成中央党史和文献研究院《脱贫攻坚口述史》等4项课题编写任务。积极开展党史宣传教育，将天津地方党史纳入主体班次教学，组织教师开展党史宣讲；参加“奋进新时代　迎接二十大”主题成就展筹展工作，展览获市委主要领导同志充分肯定；联合拍摄电视片《曙光》第6季，在天津广播电视台卫视频道播出，取得较好宣传效果，充分发挥了党史工作“以史鉴今、资政育人”作用。

八、坚持守土尽责，坚决扛牢疫情防控主体责任

认真学习贯彻习近平总书记关于统筹疫情防控和经济社会发展的重要论述，积极响应市委、市政府和市防控指挥部号令，统筹推进疫情防控和教学培训工作。先后组织三批85名党员干部火速驰援津南，289名教职工下沉社区入列轮值；设置党校核酸采样点，全年为学员和教职工采样1.2万人次，有力保障教学培训；修订《开学和常态化疫情防控方案》，一手抓疫情防控，一手抓培训，出色完成三次疫情防控隔离点、市第十二次党代会驻地、庆祝中国共产党成立101周年专题党课、市委专题读书班和专题培训班等12次重要会议活动的服务保障任务，同时全力完成市委交办的各项培训任务。

天津市人大常委会

市人民代表大会常务委员会机关党组 2022 年工作总结

2022 年，在市委和市人大常委会党组的领导下，市人大常委会机关党组坚持以习近平新时代中国特色社会主义思想为指导，全面贯彻党的十九大、二十大精神，深入学习贯彻习近平法治思想、习近平总书记关于坚持和完善人民代表大会制度的重要思想，认真贯彻落实习近平总书记对天津工作“三个着力”重要要求和一系列重要指示批示精神，按照市第十二次党代会和市委十二届二次全会部署，认真履行主体责任，锐意进取、真抓实干，为推动我市人大工作与时俱进完善发展、全面建设社会主义现代化大都市作出积极贡献。现将工作报告如下。

一、聚焦主题主线，深入学习宣传贯彻党的二十大精神

1. 扎实开展“迎盛会、铸忠诚、强担当、创业绩”主题学习宣传教育实践活动工作。机关党组成员带头深入学习、带头撰写学习体会，在 4 个专题的研讨交流中，聚焦主题、突出重点，既谈学习体会、感悟收获，又紧密结合思想和工作实际，深入查摆差距不足，明确改进措施，达到了预期效果。制定实施党史学习教育常态化长效化工作措施，巩固拓展党史学习教育成果。组织机关党员干部及时跟进学习习近平总书记最新重要讲话精神和党中央重大决策部署，推送 19 期《理论速递》，切实把党的路线方针政策部署贯彻到人大各项工作的“神经末梢”。着力严肃党内政治生活，组织各党支部高标准开展专题学习研讨，通过专题党课、主题党日等形式深化学习，高质量召开专题组织生活会，做到全员覆盖、全面学习。认真做好党代会代表推荐提名工作，精心组织、周密安排，严把政治首关，严格按程序做好代表推荐、提名等环节工作，圆满完成我市出席党的二十大代表候选人初步人选推荐提名和党内公示任务。召开机关党员大会选举产生 4 名机关出席市第十二次党代会代表，市委提名人选全票当选，切实使代表产生过程成为教育引导党员干部更加自觉坚定捍卫“两个确立”、坚决做到“两个维护”的过程。

2. 扎实推动市第十二次党代会精神落地见效。在组织集中收听收看的基础上，机关党组召开会议传达学习党代会精神和市委十二届一次全会精神，落实常委会党组要求，部署安排机关学习贯彻工作任务，机关党组成员围绕学习贯彻党代会精神进行交流研讨，形成了高度思想共识。机关各党支部第一时间组织传达、深化学习，把党代会精神传达到每一名党员干部，引导党员干部把思想认识行动统一到党代会精神上来，把智慧和力量凝聚到党代会确定的目标任务上来，在机关迅速兴起了学习贯彻的热潮。深入开展宣讲宣传，党组成员分别到所在党支部作宣讲报告，机关各党支部书记结合讲专题党课在本支部作党代会精神宣讲。在《天津人大》杂志开设“学习宣传贯彻党代会精神”专栏，通过天津人大网站和天津人大微信公众号，广泛宣传机关各部门、各党支部和各区人大、各级人大代表学习贯彻党代会精神动态情况和典型做法，制作宣传展板、标语展牌，在机关营造浓厚的学习宣传贯彻氛围。结合人大实际，制定实施学习贯彻党代会精神的 13 项工作措施，把学习贯彻党代会精神与推动人大立法、监督、代表等工作结合起来，成功召开市十七届人大七次会议，选举市长和市检察院检察长，圆满完成中央和市委交给的重要政治任务。

3. 全力维护党的二十大期间政治安全、意识形态安全和社会大局稳定。认真贯彻落实《党委（党组）意识形态工作责任制实施办法》，加强意识形态领域形势综合分析、日常研判，全面强化《天津人大》杂志、天津人大门户网站和微信公众号等意识形态阵地管理，修订《市人大常委会机关关于进一步加强对理论学习和思想文化类报告会、研讨会、论坛、讲座管理的措施》《市人大代表进修学校外聘教师管理办法》等制度。抓好网评员、信息员队伍建设，组织开展了信息宣传暨意识形态工作培训会，进一步增强做好意识形态工作的政治意识和责任意识。组织机关各党支部定期分析党员干部的思想动态、苗头倾向，把思想工作做在先、矛盾化解在前。认真落实《信访工作条例》，带着感情做好群众来信来访工作，畅通群众信访渠道，强化信访情况综合分析，督促推动解决群众合理合法诉求。服务常委会制定《天津市平安建设条例》《天津市矛盾纠纷多元化解条例》，作出《关于加强新时代检察机关法律监督工作的决定》，协助常委会审议了 2021 年度法治政府建设情况报告，听取审议了一站式多元解纷和诉讼服务体系建设情况报告、落实认罪认罚从宽制度工作情况报告并进行了专题询问，以法治力量保障社会安全稳定。

4. 迅速兴起学习贯彻党的二十大精神热潮。精心组织抓学习，组织机关全体党员干部集体收看党的二十大开幕会盛况，认真聆听习近平总书记所作的报告。收看结束后，机关各部门分别组织党员干部进行了热烈的学习讨论交流。大会召开期间，组织机关各党支部和党员干部跟进学习习近平总书记的重要讲话精神，学习《人民日报》、新华社刊发的评论员文章等，同步学习领会最新精神。大会胜利闭幕后，机关党组及时召开会议，层层传达学习，对机关学习宣传贯彻工作作出专题部署，提出具体要求，实现党的二十大精神学习宣传贯彻工作全覆盖。第一时间为机关全体党员干部订购党的二十大报告、党章单行本和《党的二十大报告辅导读本》《党的二十大报告学习辅导百问》《二十大党章修正案学习问答》等辅导读物，及时发到每名党员手中，为机关党员干部原原本本地学习领会党的二十大精神创造条件。把学习党的二十大精神作为机关党组理论学习中心组的“首课”和“必修课”，机关党组成员开展全面、系统、深入的学习，紧密结合思想和工作实际，谈心得体会，讲落实措施。机关各部门组织全体党员干部原原本本地学、逐字逐句地学，切实用党的二十大精神统一思想、统一意志、统一行动。举办机关党员干部学习贯彻党的二十大精神专题读书班，组织机关党员干部读原文、学全文，完整、准确、全面领会党的二十大精神，撰写学习体会，深入开展交流研讨，收到了相互启发、共同提高的良好效果。机关各部门以党支部为单位，以“关键少数”带动“绝大多数”，重点组织处级以下党员干部的专题学习，不断深化对党的二十大精神的认识理解。精细安排抓宣传，大会召开前在机关内部和围墙围栏精心设置迎接党的二十大主题展板展牌，大会胜利闭幕及时更新宣传标语，持续营造了浓厚的氛围。充分发挥人大机关“刊网微”综合优势，在《天津人大》杂志、天津人大网站开设“学习宣传贯彻党的二十大精神”专栏，及时宣传机关各部门、各党支部和各区人大、各级人大代表学习贯彻党的二十大精神动态情况和典型做法。天津人大微信公众号刊发的党的二十大代表、市人大代表林则银、褚新红、张黎明等学习贯彻党的二十大精神的体会文章，生动讲好人大故事、代表故事，在人大代表中引发了热烈反响。按照市委统一部署，做好市委宣讲团成员段春华、房凤友、李清同志的集中宣讲组织服务工作，开展内容丰富、形式多样的宣讲活动。党组各位同志分别到分管部门或所在党支部为党员干部作宣讲报告。机关各党支部书记充分发挥带头示范作用，在本支部集体学习研讨中结合人大工作和部门职责，进行领学导读。精准发力抓落实，结合人大工作实际，制定实施《市人大常委会机关党组深入学习宣传贯彻党的二十大精神的工作措施》，明确 16 项工作任务，对标对表党的二十大精神，紧扣全市工作大局，持续推进重点领域、新兴领域立法，协助常委会强化对“一府一委两院”的监督，组织各区人大选出市十八届人大代表，加强人大代表工作能力建设，切实把学习贯彻党的二十大精神推动新时代人大立法、监督、代表等工作结合起来，确保市十七届人大常委会圆满收官。

二、坚持政治统领，坚定捍卫“两个确立”、坚决做到“两个维护”

1. 深学笃用习近平新时代中国特色社会主义思想。坚持把学习贯彻习近平新时代中国特色社会主义思想作为首要政治任务，充分发挥机关党组理论学习中心组示范带动作用，全年共开展 8 次集体学习研讨，学深悟透习近平法治思想、习近平总书记关于坚持和完善人民代表大会制度的重要思想、关于全过程人民民主的重要论述，坚持读原著学原文、悟原理知原义，在真学真信中坚定理想信念、坚守初心使命，不断在思想上有新感悟、政治上有新升华。向机关全体党员干部发放《习近平谈治国理政》第四卷、《习近平经济思想学习纲要》《习近平生态文明思想学习纲要》等，组织机关各党支部通过“三会一课”、主题党日等形式，不断推动学习贯彻习近平新时代中国特色社会主义思想走心走深走实。举办专题培训班，组织机关党员干部集中收看全国人大常委会办公厅研究室负责同志所作《深入学习贯彻党的十九届六中全会和中央人大工作会议精神，推动新时代人大工作高质量发展》的专题辅导报告，进行深入交流研讨，进一步加深对习近平总书记在中央人大工作会议上重要讲话精神的学习理解，增强了做好新时代人大工作的政治自觉思想自觉和行动自觉。

2. 持续深入落实习近平总书记重要指示批示精神和党中央、市委决策部署。强化党内政治要件的执行力，及时跟进学习贯彻习近平总书记重要讲话和重要指示批示精神，贯彻落实党中央和市委重要会议、重要文件精神，时时、处处、事事进行对标对表，在服务保障人大立法、监督、代表等工作中创造性地加以贯彻落实。围绕着力提高发展质量和效益，服务常委会作出《关于促进和保障制造业立市推动高质量发展的决定》，修改《中国(天津)自由贸易试验区条例》《天津市科学技术进步促进条例》，用法治力量推动高质量发展。围绕着力保障和改善民生，制定《天津市家庭医生签约服务若干规定》，开展《天津市物业管理条例》《天津市中医药条例》等执法检查，听取供热、保障性租赁住房等专项报告，开展医疗纠纷处置条例实施情况专题调研，推动解决实际问题、补齐工作短板，更好满足人民群众对高品质生活的新期待。围绕着力加强和改善党的领导，在修订《天津市人民代表大会议事规则》《天津市人民代表大会常务委员会议事规则》过程中，深入贯彻全过程人民民主重大理念，对会议制度、工作程序等进行了完善。围绕贯彻习近平生态文明思想，制定《天津市生态文明教育促进条例》，修改《天津市绿化条例》，作出《关于促进和保障构建“津城”“滨城”双城发展格局的决定》《关于加强城市重点区域天际线管控的决定》《关于京津冀协同推进大运河保护传承利用的决定》，为美丽天津建设提供法治保障。认真贯彻落实习近平总书记在中央人大工作会议上的重要讲话和对地方人大及其常委会工作的重要指示精神，按照市委两次人大工作会议部署要求，协助市委制定贯彻落实的任务分工和具体措施，服务常委会紧贴人民群众美好生活需要，紧扣天津推进高质量发展、高水平改革开放、高效能治理、高品质生活需求，提出加强和改进立法、监督、代表等工作举措，不断推动人大工作制度和实践创新。

3. 持续推进市委巡视反馈意见和年度落实全面从严治党主体责任考核、政治生态建设考核评价反馈问题整改落实。对市委巡视反馈意见坚决认账领账、照单全收，深刻反思、严肃对待，切实扛起巡视整改主体责任，把抓好巡视整改作为坚定捍卫“两个确立”、坚决做到“两个维护”的实际行动。认真落实“四个融入”的重要要求，坚持“三级递进”整改，坚持从政治高度正视巡视反馈的问题，从政治上彻底整改巡视反馈问题，切实把巡视整改与深化标本兼治结合起来。巡视反馈指出的 33 个具体问题全部完成整改，提出的 16 条整改意见全部落实到位，整改期间查摆的33个“举一反三”事项和13个“推动改革促进发展”事项均已完成整改，集中整改和深度整改两个阶段任务全部取得明显成效。按照市委巡视工作领导小组统一部署，巡视整改情况向机关各级党组织和党员干部公开，并通过天津人大网站和本市主要新闻媒体对社会公开，公开期间没有接到干部群众意见反映。对照2021年度全市政治生态分析研判报告指出的5个方面问题，进行举一反三查摆剖析，围绕市落实全面从严治党主体责任考核工作小组指出的具体问题，逐项进行深入研究，细化整改措施，明确责任分工，切实抓好整改落实。

三、推进一体建设，打造风清气正的清廉机关

1.持续巩固发展机关良好政治生态。牢固树立政治机关意识，深化对党、对习近平总书记的忠诚教育，把牢政治方向，筑牢绝对忠诚，教育引导机关党员干部深刻领会“两个确立”的决定性意义，增强“四个意识”、坚定“四个自信”、坚决做到“两个维护”。认真落实《市人大常委会机关关于加强政治监督的实施意见》《市人大常委会机关加强对“一把手”和领导班子监督的具体措施》《市人大常委会机关关于严守政治纪律政治规矩规范党员干部政治言行的若干规定》，加强对机关各级党组织和党员干部的政治监督，持续整治码头文化、圈子文化和好人主义，涵养风清气正的政治生态。

2.进一步严肃党内政治生活。机关党组带头落实新形势下党内政治生活的若干准则，及时传达学习习近平总书记重要讲话重要指示精神和中央、市委重要会议、重要文件精神，高质量召开党史学习教育暨巡视整改专题民主生活会。认真贯彻落实《中国共产党重大事项请示报告条例》和市委有关要求，自觉主动向市委和市人大常委会党组报告学习宣传贯彻党的二十大精神、市第十二次党代会精神和落实主体责任等重要工作情况。注重抓实机关党支部建设，组织开展巡查检查，推动落实“三会一课”、主题党日等制度，巩固拓展“讲规范、有特色、重实效”支部创建活动和“一支部一品牌”建设成果，“基层党建工作示范点”和“党员教育活动示范阵地”示范作用得到进一步发挥。指导2个市级离退休干部支部和3个机关离退休干部支部结合老同志的实际开展组织生活，指导7个党支部按照规定程序进行了换届选举。制定实施《关于进一步规范机关党支部组织生活会的工作措施》，督促用好批评和自我批评这个锐利武器，高质量召开2次专题组织生活会，党内政治生活的政治性、时代性、原则性、战斗性不断增强。

3.持续加强机关政治文化建设。组织机关党员干部深入学习贯彻习近平总书记关于廉洁文化建设的重要论述，认真贯彻落实全市加强新时代廉洁文化建设工作会议暨党员干部警示教育大会精神，制定实施《关于市人大常委会机关加强新时代廉洁文化建设的落实措施》，把廉洁要求贯穿党员干部教育管理监督全过程。持续加强机关政治文化建设，推动《天津市红色资源保护与传承条例》的贯彻实施，充分利用红色资源开展党员教育活动，以良好的政治文化涵养风清气正的政治生态。

四、强化正风肃纪，不断深化纪律作风建设

1.持续推进专项行动。扎实开展讲担当促作为抓落实、持续深入治理形式主义官僚主义不担当不作为问题专项行动，严格落实中央八项规定及其实施细则精神，紧盯重要节点和重要岗位，紧盯“四风”问题隐形变异的新动向、新表现，紧盯群众身边的腐败和作风问题，认真执行机关严肃工作纪律规范行为举止“八不准”，组织机关党支部书记、纪检委员开展落实中央八项规定及其实施细则精神专题培训，在春节、清明、端午等重要节日节点及时发出廉政提醒，重申纪律要求，加大纠治力度。聚焦“让基层有感”，持续改进文风会风，严格控制文件、会议数量，着力提高文件、会议质量，切实为基层减负。严格执行党政机关厉行节约反对浪费条例和我市实施办法，完善政府采购、内部审计等工作制度，教育引导党员干部大力弘扬艰苦奋斗、勤俭节约的优良传统，落实“真过紧日子”要求，不断推动节约型机关建设。

2.深化警示教育。开展经常性警示教育，结合机关实际开展为期一个月的纪法教育活动，不断营造遵规守纪、担当作为的浓厚氛围。及时传达学习市委和市纪委通报的典型案例，组织观看《走好廉洁从政每一步——天津市年轻干部违纪违法案件警示教育专题片》《警钟长鸣》等警示教育片，用好驻机关纪检监察组编印的《以案释纪》等警示教育材料，用反面典型教育机关党员干部知敬畏、守底线。落实机关党组成员、党支部书记讲廉政党课制度，区分干部情况，有针对性地开展谈心谈话和廉政提醒。认真落实《市人大常委会机关干部家访工作办法》，推动干部八小时以外监督见到实效。制定实施《关于进一步加强机关年轻干部监督的工作措施》，明确 17 项工作任务，从严从实加强教育管理监督。认真落实关于运用监督执纪"四种形态"的实施办法，深化运用"第一种形态"季报告制度，做到了抓在日常、严在平常。做好机关 3 名违纪党员的帮扶教育工作，促其改正错误，卸下包袱，努力工作。

3. 激励担当作为。坚持把高质量完成人大各项工作作为检验机关纪律作风建设成效的基本标尺，引导机关党员干部立足本职岗位争创一流业绩，把担当作为落在实处、见于"事功"，服务保障市人大及其常委会依法履职行权，以实干实绩捍卫"两个确立"、做到"两个维护"。深入开展结对帮扶、机关党组织和在职党员"双报到"等工作，组织动员 160 多名机关党员干部下沉社区，在疫情防控第一线贡献了人大干部力量。在疫情期间各方面都遇到困难的情况下，服务常委会高质量完成各项立法、监督和重要人事选举任务，切实做到了两手抓、两不误。推进红色资源立法工作入选中央党史学习教育领导小组办公室组织编写的《百年初心成大道——党史学习教育案例选编》。机关选送的人大代表联络站工作档案（1 套 2 册）以实物形式在中央宣传部、国家发展改革委、中央军委政治工作部和北京市联合主办的"奋进新时代"主题成就展展出。法制工作委员会二处被中宣部、司法部、全国普法办评为 2016—2020 年全国普法工作先进单位，内务司法办公室 1 名干部被评为 2016—2020 年全国普法工作先进个人。

五、压实主体责任，不断推动全面从严治党向纵深发展

1. 切实发挥领导作用。认真贯彻党组工作条例和机关党组工作规则、"三重一大"事项集体决策制度，讨论决定"三重一大"事项 31 个，研究干部职级晋升 27 人次、交流 12 人次、试用期满确定职级 4 人次。认真抓好党史学习教育暨巡视整改专题民主生活会整改工作，制定的 43 项措施全部落实到位。机关党组书记和党组成员加强对全面从严治党的调查研究，广泛听取意见建议，及时发现和研究解决实际工作中的问题。支持市纪委监委驻市人大机关纪检监察组工作，对所提意见建议，认真落实到位。加强对机关纪委的领导，5 次听取工作汇报，提出明确要求，推动机关纪委加强自身建设，督促制定实施《市人大常委会机关纪委委员分工联系党支部工作规定（试行）》，依规依纪开展监督执纪问责。支持配合市委市级机关工委对机关党的工作的统一领导，认真落实各项部署要求，自觉接受指导督促。

2. 进一步压实责任。认真贯彻市委推进全面从严治党向纵深发展工作专题会议和全市推进全面从严治党向纵深发展工作部署会议精神，坚持严的主基调，不断完善"四级书记抓党建"工作机制，推动机关各部门主要负责人、各党支部书记履行好管党治党政治责任，不断推动机关全面从严治党向纵深发展。

天津市人民政府

市政府办公厅 2022 年工作总结

2022 年，市政府办公厅坚持以习近平新时代中国特色社会主义思想为指导，认真贯彻落实党的十九大和十九届历次全会精神，全面学习贯彻党的二十大精神和中央决策部署，深入贯彻落实市第十二次党代会精神和市委、市政府部署要求，推动机关党员干部观在大处、谋在深处、抓在要处、虑在细处、求在是处、干在实处，更高站位统筹协调，更宽视野参谋辅政，更优方式督促落实，更实作风做好"三服务"工作，为推动经济社会健康发展作出积极贡献。

一、把握主线、凝心聚力，政治机关建设持续深化

坚持党的领导见行见效。将学习贯彻习近平新时代中国特色社会主义思想作为首要政治任务，机关党组开展集体学习 30 余次，理论学习中心组开展交流研讨 10 次。全面规范向市委和市委主要领导报送公文制度，完善中央文件、市委文件办理程序，推行党支部书记列席理论学习中心组学习制度，将中央精神和市委部署及时传达至每个党支部，把党的领导体现在工作各方面、各环节，全年向市委和市政府党组报告工作 60 余次。按照市政府领导对办公厅工作的指示要求，结合驻厅纪检监察组政治监督调研建议，制定实施《关于深入学习贯彻党的二十大精神　持续深化政治机关建设　不断提升"三服务"水平的意见》，推动机关党员干部不断提高"政治三力"、锤炼担当本领、弘扬务实作风、提升服务质效。

宣贯党的决定入脑入心。扎实开展"迎盛会、铸忠诚、强担当、创业绩"主题学习宣传教育实践活动工作，开展 4 次专题研讨，召开专题组织生活会，在"谈认识、找差距、定措施、抓落实"中感悟真理力量、锤炼忠诚品格、提升实践能力。组织集中收听收看党的二十大开幕会，机关党组和各党支部分别举办专题读书班，原原本本学习党的二十大报告、党章，开展 2 次交流研讨，深刻领会大会提出的一系列重要思想、重要观点、重大判断、重大举措。举办为期 5 天的专题读书培训班，通过系统宣讲辅导、分组交流研讨、开设内网学习专栏等方式，持续兴起全面学习、全面把握、全面落实党的二十大精神的热潮，引导机关党员干部结合本职工作深入思考、用心落实，将学习成效转化为推动我市高质量发展的实际行动。

管党治党责任压实压紧。深入学习贯彻落实十九届中央纪委六次全会、二十届中央纪委一次全会精神，制定实施 2022 年度全面从严治党 24 项重点任务，召开全面从严治党工作部署专题会议和 5 次机关党组会议暨党的建设领导小组会议，研究部署党风廉政建设工作。年初面对疫情严峻形势，充分发挥党建引领作用，成立 5 个临时党支部，组织 70 余名机关党员干部驰援津南和下沉社区参与疫情防控工作，充分展现党员干部敢于担当、奋发有为的精气神。认真学习贯彻新修订的中央八项规定实施细则精神，研究制定推进廉洁文化建设 8 项措施，用好典型案例开展常态化警示教育，组织家属向新提拔晋升的处级干部撰写"廉政亲情寄语"，提升一体推进"三不腐"综合效能。

二、聚焦主题、主动作为，推动高质量发展更加有力

统筹协调职能不断强化。着力增强服务大局的“添秤”意识、说到做到的“交账”意识，服务市领导高效统筹疫情防控和经济社会发展、统筹发展和安全，心中有数、心明眼亮、心无旁骛推动高质量发展。紧紧围绕推进京津冀协同发展、实施创新驱动发展战略、提升产业链现代化水平、推进乡村振兴等中心任务，服务市领导抓紧抓牢对经济运行、财税运行和重大项目“三个条线”调度，聚焦经济大区、下降指标、短板行业，定期分析、定期调度、精准服务。协助市领导召开招商引资联席会议，研究制定招商引资政策，整合市、区两级招商资源，统筹国资、外资、民营三大主体，进一步激活发展动力。服务市领导部署强化安全生产工作，及时优化疫情防控措施，最大程度保护人民群众生命安全和身体健康，最大限度减少疫情对经济社会发展的影响。

紧盯督办落实一抓到底。将习近平总书记重要指示批示督办落实作为重中之重，列账督办16 项具体工作，季度摸底、半年报告、年底交账，确保不折不扣落实到位。牵头制定《天津市关于落实国务院〈政府工作报告〉重点工作的任务分工》，细化分解 44 项具体任务，组织办理国务院“互联网+督查”平台一般转办类问题线索 1.4 万条、核查办理类问题线索 22 条。研究制定《市政府办公厅关于新形势下进一步加强督查激励的通知》《关于加强市政府办公厅督查工作的若干措施》，督办落实市委主要领导批示 16 条、市政府主要领导批示 601 条，市政府党组会议、市政府常务会议等重要会议议定事项 92 项，市政府主要领导调研要求事项 72 项。对落实稳经济“一揽子”政策措施、加快北方国际航运枢纽建设、规范专项债券资金使用等 13 项重点工作开展专项督查，发现梗阻问题 150 余个，提出解决建议 130 余条。统筹市级政府部门及中央驻津单位绩效管理工作，科学制定考核指标，树牢鲜明干事导向。

交流联络服务周密细致。应对常态化疫情防控形势，积极探索创新大型活动协调服务工作机制，高质量组织举办第六届世界智能大会、首届世界职业技术教育发展大会、中国网络文明大会等大型展会活动 9 场，服务以市政府名义组团赴外省市参加中国国际消费品博览会、中国国际进口博览会、中国国际服务贸易交易会等大型展会活动 13 场，讲好天津故事，彰显津门风采，不断提升城市影响力和吸引力。精心做好接待联络工作，接待服务国家各类督导组检查组 21 批次、副部级以上领导和院士专家 118 批次、央企负责同志和民营企业家 100 批次，为来津客人提供贴心暖心、细致周到的服务。

三、做强主业、升级加力，惠民助企实事可圈可点

增进民生福祉多措并举。全力推动 2022 年20 项民心工程落地落实，实施周沟通、月汇总、季调度机制，协助责任单位研究解决“养老服务综合体建设”项目选址等一批难点问题。积极开展民心工程宣传，组织拍摄 8 期“民心工程向您汇报”网络宣传片，开展“身边的民心工程”图文征集活动，策划播出 9 期百姓问政节目，推动民心工程深入民心。科学谋划 2023 年民心工程项目，面向广大市民和市人大代表、政协委员开展“我为民心工程提建议”活动，征集到意见建议 2431 条，切实提高立项项目与群众需求的契合度。组建信访包案工作专班，服务市领导包案推动化解 82 件信访积案，强化调度督导，推进“事心双解”。创新策划《公仆走进直播间》节目，推出“行长访谈”“高校校长访谈”“区长访谈”“向群众汇报——2022 委办局长年终访谈”等系列节目，组织开展“公仆接待日”活动 8 次，协调解决各类问题 3600 余件。依托《政民零距离》互动平台及时听取群众呼声，受理群众有效留言 5.1 万条，答复满意率达 94%。

优化为企服务务求实效。服务市领导研究出台《助企纾困和支持市场主体发展 15 条措施》，组织召开天津 2022 · 中国企业家大会，充分展示优化营商环境成果，释放市委、市政府满满诚意。建立一线调研服务工作制度，实地调研走访重点企业 85 次，召开政企对接会 52 次，24 小时在线倾听企业诉求，以“勤快、痛快、专业”

的服务理念及时响应、迅速行动，帮助企业协调解决各类问题400余个。充分发挥天津政务网、微信公众号等宣传媒介作用，发布政策速递和工作动态1288篇，推动各项惠企政策应知尽知、直达快享。持续开展“暖心”行动，向2000余名企业家发送春节、中秋节慰问信，向124名知名企业家推送电子医疗服务卡，从细微处体现对企业家的尊重与关怀。

深化政务公开有力有序。加强对政府系统政务公开工作的统筹指导和督促推动，研究制定《天津市2022年政务公开工作要点》，组织开展政务公开第三方评估反馈意见整改和政府信息公开保密审查自查自纠工作，进一步提升政务公开标准化、规范化、法治化水平。严格履行依申请公开工作程序，精准把握公开尺度，积极回应社会关切，办理政府信息公开申请624件，均在法定期限内予以答复；妥善处理信息公开行政复议和行政诉讼案件各10件，均获结果维持，有力维护政府权威。强化政府网站和政务新媒体监管，规范有序做好政务信息发布工作，编发政府公报24期，天津政务网发布信息1.7万余条，“天津政务信息发布”双微发布信息2081次，粉丝关注量近46万。审核以市政府或市政府办公厅名义印发的政策性文件解读42篇，着力以政策解读的“透”引导市场预期的“稳”。

四、扛牢主责、提升标准，服务科学决策卓有成效

参谋助手作用更加突出。组建服务决策工作专班，聚焦市领导关注的经济发展、疫情防控、民生保障、安全生产等工作，主动思考、研究对策，提出“开展全市大项目‘看、比、评’活动”等30余条建议。对标中央最新政策，服务市领导制定实施我市稳经济35条、接续措施26条、稳就业14条、提振消费19条、房地产调控12条等政策举措，最大限度汇聚发展势能。服务市领导谋划长远发展举措，组织有关部门高标准筹划建设高教科技园、金融街、中央商务区，做大做强港口经济，着力激活经济发展新动能。当好领导“耳目”，加强信息报送，编报《津政信息》114期、《要情快报》259期、《舆情信息》287期、《部分省区市领导活动》157期。服务市领导广泛听取人大代表、政协委员和党外人士意见建议，协调推动办理全国和市两会建议提案1700余件，无不满意件。

法治政府建设扎实推进。会同有关部门制定实施《天津市重大行政决策公众参与工作规则》等5个配套文件，编制市政府年度重大行政决策目录，建立咨询论证专家库，组织开展相关业务培训，进一步提升重大行政决策科学化、民主化、法治化水平。扎实做好中央法治督察迎检及反馈意见整改工作，制定年度法治建设工作要点和《关于服务提高依法行政能力推进执法实践规范化的若干措施》，逐项推动落地落实。切实发挥法律顾问和公职律师作用，完成兼职政府法律顾问续聘工作，制定《市政府办公厅公职律师管理实施办法》，加强日常管理，促进依法行政。组织开展全民国家安全教育日和“美好生活·民法典相伴”“宪法宣传周”等普法宣传教育活动，采取支部交流研讨、法律知识闭卷考试、观看庭审视频、开设网络专题培训班、农村基层普法等多种方式，不断提升机关党员干部法治素养。

基层减负成效巩固拓展。不断完善制度机制，严格实行计划管理，巩固拓展精文减会、规范督查检查考核工作成效，确保发管用的文、开有效的会、办务实的事。严控发文数量，对各部门拟发文件实行负面清单制度，坚持季统筹、月分析、周调度，做好总量和阶段控制，以市政府和市政府办公厅名义发文101件，实现比上年只减不增的目标。严控会议数量，坚持相关会议合并召开、相关议题合并审议，用足用好视频会议方式，杜绝陪会现象，以市政府和市政府部门名义召开的全市性会议40次，比上年减少10%。严格规范督查检查考核，进一步优化考核内容，只考核影响工作的关键指标，不再形成庞杂的指标体系，同时减少书面督查，加大“四不两直”督查力度，注重“督帮一体”，提升督查实效。

“三办”工作质效全面提升。深入开展“对标先进找差距、补短板”专项行动，对标先进地区，对照岗位职责，对办文办会办事各项工作进行全面检视自查,查找出 94 项差距短板,制定务实措施,逐项整改提升,进一步提高工作标准、增强精品意识、锻造能力素质。修订印发《市政府办公厅公文办理工作流程》《关于进一步提高公文处理运转时效的工作规定》,突出政治要件审核办理,各项审核程序并联同步,办理环节全程压缩,24 小时专人专盯。有序推进国务院电子公文网上发送试点工作,完善工作流程,强化运行保障,切实提高公文运转效率。全年办理各类公文 6871 件。精心策划市领导政务活动安排,明确施政重点,准确释放信号,服务市政府全体会议 1 次、市政府党组会议 24 次、市政府常务会议 37 次,服务市政府领导参加市人大常委会和市政协有关会议 74 次。

五、当好主力、苦练内功,政务运转保障全面加强

值班值守机制健全完善。制定实施《天津市政府系统值班工作规范》,修订《天津市人民政府机关值班工作规定》,编制《市政府机关值班工作手册》,健全完善值班、信息、会商、检查、通报等各项制度。严格落实三级值班带班要求,组建值班工作专班并制定专班人员管理办法,强化节假日和敏感时期值守,梳理优化重点视频点位 1.2 万余处,服务市领导做好视频调度、检查和突发事件处置工作。加强对各类突发事件的捕捉、分析、报告,报送紧急信息 495 件,市领导批示 606 次,多次得到国务院总值班室通报表扬。坚持每周召开市政府系统视频点名会议、每晚视频点名、节假日随机抽查和现场随机抽查制度,采取通报、约谈等多种方式,推动全市政府系统值班水平不断提升。

安全保密防线更加稳固。健全完善《市政府办公厅机关处置安全事件应急预案》等 4 项安全风险防范应急预案,建立机关安全责任体系,严格落实日自查、周巡查、月联查、节假日及异常天气时段重点检查制度,坚决将各类安全隐患消除在萌芽状态。强化网络意识形态安全工作,规范机关干部职工网络行为,做好重点敏感期网络安全防护。组建重大公共政策风险评估和重大敏感舆情应对工作专班,全面搜集涉及我市的热点敏感信息,及时报送市领导并协助做好处置工作。认真落实保密工作责任制,全面梳理各处室工作职责、涉密岗位和涉密人员,做好涉密人员上岗前保密审批、在岗管理、离岗离职管理等工作,常态化开展保密教育和保密检查,不断增强工作人员保密意识,确保不发生失泄密问题。

后勤服务保障规范高效。谋划布局政府内网运管体系,研究制定实施方案和技术路线,深化信创应用创新,统筹推进延伸服务建议提案、督查督办、值班管理、信息报送等共性应用,提升行政管理精准化、便捷化、高效化水平。制定小额采购管理办法,优化小额采购手续,规范小额采购流程。从严落实"真过紧日子、过真紧日子"的部署要求,全面实行预算管理一体化改革,保障经费支出的合规性、合法性。精准做好资金、物资、采购等服务保障工作。率先开展使用数字人民币发放统发工资试点,完成非税收入、银行账户、闲置资产等 16 项自查清理专项整治任务,统筹做好社会保险和公积金缴费基数调整、政府购买服务领域不担当不作为专项整治、清理规范公务员工资津贴补贴等工作。

干部队伍建设导向鲜明。坚持把"干的导向"与"选的风向"统一起来,研究制定加强干部队伍建设的 20 项措施,大力选拔政治过硬、本领高强、担当作为、敢于斗争的干部特别是年轻干部。强化能力素质培养,举办 12 场通用型专业训练,帮助年轻干部提高工作能力。积极选派干部到疫情防控、东西部协作、乡村振兴等一线岗位培养锻炼,积蓄敢于担事、主动干事、用心成事的强大势能。

市政府机关党组 2022 年工作总结

2022 年，市政府机关党组坚持以习近平新时代中国特色社会主义思想为指导，认真贯彻落实党的十九大和十九届历次全会精神，全面学习贯彻党的二十大精神和中央决策部署，深入贯彻落实习近平总书记对天津工作“三个着力”重要要求和一系列重要指示批示精神，坚决践行习近平总书记“五个坚持”重要要求，认真落实市第十二次党代会精神，在市委和市政府党组领导下，持续深化政治机关建设，推动机关党员干部观在大处、谋在深处、抓在要处、虑在细处、求在是处、干在实处，切实发扬斗争精神，增强斗争本领，严格工作标准、提高工作要求，加强统筹谋划，积极建言辅政，狠抓工作落实，不断提高“三服务”工作水平，在服务市领导高效统筹疫情防控和经济社会发展、统筹发展和安全中展现积极进取、担当作为、昂扬向上的精神面貌。

一、深学笃用习近平新时代中国特色社会主义思想，切实增强坚定捍卫“两个确立”、做到“两个维护”的自觉性和坚定性

跟进学习领会习近平总书记重要讲话和重要指示批示精神。坚持不懈加强党的创新理论武装，跟进学习贯彻习近平总书记在全国各省市考察时和在中央经济工作会议、省部级主要领导干部专题研讨班等会议上的重要讲话和重要指示批示精神。机关党组开展 30 余次学习，理论学习中心组围绕学习贯彻《习近平谈治国理政》第四卷和习近平总书记关于党和国家各项工作的一系列重要论述开展 10 次交流研讨，深刻领会贯穿其中的立场观点方法，不断转化为坚定理想、锤炼党性和指导实践、推动工作的强大力量。

坚定不移贯彻落实习近平总书记重要指示批示精神。强化政治要件意识和执行力，动态更新贯彻落实习近平总书记重要指示批示精神工作台账，每季度全面督办、每半年专题向市领导报告。深入贯彻落实习近平总书记关于经济发展、疫情防控、安全生产等工作的重要指示批示精神，服务市领导研究我市稳经济、稳就业等重点工作任务，成立督导组检查落实成效，开展燃气安全专项整治和安全生产暗访检查，对各区疫情防控情况开展专项督查，围绕落实习近平总书记对天津港提出的重要要求开展专题调研，针对发现问题提出 20 条建议，把坚定捍卫“两个确立”、坚决做到“两个维护”体现在实际工作中。

深入学习贯彻党的二十大精神。组织集中收听收看开幕式，机关党组和各党支部分别举办专题读书班，原原本本学习党的二十大报告、党章，开展 2 次交流研讨，深刻领会提出的一系列重要思想、重要观点、重大判断、重大举措。举办为期 5 天的专题读书培训班，通过系统辅导和分组交流研讨，推动机关党员干部结合本职工作，深入思考、用心落实，将学习成效转化为推动我市高质量发展的实际行动。在机关内网开辟学习宣传专栏，班子成员和党支部书记开展宣讲，持续兴起全面学习、全面把握、全面落实的热潮。

扎实开展“迎盛会、铸忠诚、强担当、创业绩”主题学习宣传教育实践活动工作。围绕深入学习习近平总书记对天津工作“三个着力”重要要求、对办公厅工作“五个坚持”重要要求等开展 4 次专题研讨。召开专题组织生活会，严肃开展批评和自我批评，推动机关党员干部深刻感悟真理力量、锤炼忠诚品格、提升实践能力。建立推进党史学习教育、“不忘初心、牢记使命”主题教育、“两学一做”学习教育常态化长效化任务清单，举办党史专题读书班，组织参加“话五年‘津’彩谋奋进新篇”“热议二十大”等主题活动，开展重温入党誓词、为党员过“政治生日”、红色观影月等活动，引导党员干部坚决维护核心、感悟初心、增强信心。

二、提振信心、主动作为，心无旁骛协助推动全市经济社会高质量发展

全力服务中心大局。坚持信心比黄金还重要，服务市政府召开经济运行分析会，加强对经济运行、财税运行和重大项目“三个条线”调度，聚焦经济大区、下降指标、短板行业，定期分析、定期调度、精准服务。协助市领导召开招商引资联席会议，研究制定招商引资政策，整合市区两级招商资源，统筹国资、外资和民营三大主体，落地更多项目，激发发展活力。服务市领导走访调研，强化重大项目调度，策划开展各区抓项目比评活动，推动各区各有关部门加大项目谋划力度。会同相关部门办好第六届世界智能大会、首届世界职业技术教育发展大会、中国企业家大会等9场大型活动，为我市扩大对外开放交流、发展社会经济提气助力。

积极当好参谋助手。组建服务领导决策工作专班，聚焦市领导关注的经济发展、疫情防控、民生保障、安全生产等工作，主动思考、研究对策，提出“开展全市大项目‘看、比、评’活动”等30多条建议，精心策划市领导政务活动安排，准确释放信号。对标中央最新政策，服务市领导制定实施我市稳经济35条、接续措施26条、稳就业14条、提振消费19条、房地产调控12条等政策举措，最大程度汇聚发展势能。服务市领导谋划长远发展举措，组织有关部门高标准筹划建设高教科技园、金融街、中央商务区，大力发展港口经济。当好领导“耳目”，加强信息报送，全年分别向国办和市领导报送信息110余篇和250余篇，其中问题建议类70余篇。服务市领导广泛听取人大代表、政协委员和党外人士意见建议，协调推动办理全国和市“两会”建议提案1700余件。

强化督查督办推动工作落实。研究制定《天津市关于落实国务院<政府工作报告>重点工作的任务分工》，细化分解44项具体任务；建立市政府工作报告任务台账，细化分解138项重点工作，加大督查力度，推动有效落实。健全交办、督办、反馈闭环机制，紧盯市委、市政府重点部署和市委、市政府主要领导同志批示，通过挂牌督办、跟踪督办，确保落到实处，并及时报告落实成效、存在问题和对策建议。全年组织开展13次专项督查，将发现的问题清单化台账化，及时开展“回头看”，持续跟踪问效。会同相关部门共同完成市级政府部门及中央驻津单位的2021年度绩效管理考核工作。

三、深入贯彻以人民为中心的发展思想，用心用情用力为企业和群众办实事解难题

精心组织实施20项民心工程。细化民心工程任务清单，每周与责任单位沟通，每月汇总进度，每季度形成报告报送市领导，推动各项项目按期完成。加强日常调研推动，协助责任单位研究解决了“养老服务综合体建设”项目选址难等一批问题。加强民心工程宣传，拍摄“民心工程向您汇报”网络宣传片，开展“身边的民心工程”群众图文征集活动，策划播出9期百姓问政节目，向群众汇报项目进展情况，听取意见建议。科学谋划2023年民心工程项目，深入开展“我为民心工程提建议”活动，征集建议2400余条，召开全市立项工作会议，广泛听取意见，不断提高立项项目与群众需求的契合度。

以悉心为企服务助推营商环境改善。强化为企服务的责任和意识，调研走访重点企业，了解实际困难，对共性问题进行归纳总结，为市领导研究制定助企纾困措施提供参考。开展惠企政策落实情况专题调研，针对企业反映的生产经营成本上升等问题，提出具体对策建议。全年到企业调研100余次，对接企业近500家。大力宣传市委、市政府持续优化营商环境举措，推出6期政策解读和3期“行长访谈”节目，组织召开政企对接会，面对面宣讲政策、现场解答提问。坚持24小时在线倾听企业诉求，组织协调有关委局和区召开座谈会和现场协调会，持续推进从解决一件事向化解一类事转变，全年帮助协调解决各类问题400余个。

倾心倾情倾力为群众排忧解难。牢固树立“江山就是人民，人民就是江山”理念，服务市领导调研推动民生项目，走访慰问困难群众，扎实做好重要民生商品保供稳价和信访积案化解等工作。办好《公仆走进直播间》节目，策划9期“高校校长访谈”节目，解答毕业生及家长关心关注的问题，推出“区长访谈”和“委办局长年终访谈”等节目，得到群众好评。办好《政民零距离》栏目和“公仆接待日”活动，推动各部门办理群众反映问题5万余件,满意率达94%。重点关注断气、断水、断热等涉群众切身利益问题,督促职能部门最快时间修复。深化政务公开工作,市政府门户网站发布各类政务信息1.7万余条,政务微博和微信公众号发布信息2000余条,办理政府信息公开申请600余件。

四、健全政务运转保障机制,着力提升"三服务"工作水平

持续提升办文办会质效。对办文工作规则流程进行梳理和优化,除市领导交办或重要敏感事项外,一般不呈报专报件;能合并报告的"一次讲清",能合并发文的"一次发文",切实压缩报文数量和篇幅。增强斗争精神,严格审核把关,全年办理各类公文6800余件。严格实行发文计划管理,坚持负面清单制度,以市政府和市政府办公厅名义发文101件,实现只减不增的目标。坚持系统谋划、统筹协调,通过召开视频会议、合并召开会议、同类议题合并审议等方式,扎实做好市政府各类会议的组织安排,全年以市政府和市政府部门名义召开的全市性会议同比减少10%。完善紧急事项办理机制,坚持效果导向,不把时间耽误在反复沟通、层层签批上。

扎实做好值班值守工作。制定实施《天津市政府系统值班工作规范》和《市政府机关值班工作手册》,进一步提升专业化、规范化水平。严格落实三级值班带班要求,组建机关值班工作专班,强化节假日和敏感时期值守,认真抓好汛期值班和恶劣天气应对准备工作,服务市领导做好视频调度、检查和突发事件处置工作。加强对各类突发事件和社会热点问题的捕捉、分析、报告,全年报送紧急信息近500件,市领导批示600余条,多次得到国务院总值班室通报表扬。坚持每周召开市政府系统视频点名会议、每晚视频点名、节假日随机抽查和现场随机抽查制度,全年通报53家单位、约谈5家,推动全市政府系统值班水平实现新提升。

热情做好接待联络工作。落实疫情防控要求,精心做好来津客人的接待服务,提供贴心暖心、细致周到的服务。尽心竭力做好国家部委领导来津指导调研、督查检查和相关省市领导来津考察交流的接待服务,强化会议、调研、交通、食宿等各方面安排保障,全年共接待近140批次。坚持以真诚友好、热情尊重的态度,做好企业家来津的接待服务工作,当好"店小二"和"服务员",全年接待中国海油、国家管网集团等100批次企业负责人来津洽谈合作、考察调研、签约工作。

五、坚持以严的基调正风肃纪,以自我革命精神推进全面从严治党向纵深发展

持续加强政治机关建设。坚持党的全面领导,重大事项、重要工作、重要情况及时向市委和市政府党组请示报告。认真落实市领导对办公厅工作要求,制定实施持续深化政治机关建设、提高"三服务"工作水平的27条措施,推动机关党员干部不断提高"政治三力",锤炼担当本领,弘扬务实作风,提升服务质效。开展办公厅政治生态分析研判,深入查摆解决存在的6方面问题,持续培育和打造良好政治生态。抓好意识形态和安全保密工作,发挥天津政务网等宣传阵地用,加强对政府网站和新媒体监管,组建重大公共政策风险评估和重大敏感舆情应对工作专班,搜集涉及我市的热点敏感信息,及时报送市领导并协助做好处置工作。

着力建设高素质干部队伍。坚持把"干的导向"与"选的风向"统一起来,研究制定加强干部队伍建设的20项措施,大力选拔政治过硬、本领高强、担当作为、敢于斗争的干部特别是年轻干部,全年选拔任用14名处级领导干部,平均年龄39岁,并择优选拔14名厅外优秀年轻干部到机关工作。常态化开展干部交流,内部平职交流17人,13人遴选、交流到中央部委和各区各委局及国有企业工作。强化干部能力素质培养,举办12场通用型专业训练,实行"师带徒、老带新"制度,帮助年轻干部提高工作能力。选派40余人次到东西部协作、乡村振兴等重要工作和一线岗位培养锻炼,激发干部干事创业热情,让干部更有成就感,积蓄敢于担事、主动干事、用心成事的强大势能。

增强基层党组织政治功能和组织功能。完善机关党组抓基层党建工作清单,专题听取机关党委书记和管理部门党组书记抓基层党建工作述职，开展党支部书记年度述职评议考核，定期对机关各党支部开展监督检查。组织开展丰富多彩的党建活动，增强机关活力，提升凝聚力。发挥党建引领作用，抽调干部成立工作专班，服务市政府党组和机关党组重点工作；成立5个临时党支部，组织70余名机关党员干部参加社区疫情防控工作，进一步提升党员干部敢于担当、奋发有为的精气神。认真抓好机关统战工作，支持机关工会、团委和妇联开展工作，营造积极向上、简单快乐的工作氛围。

切实加强清廉机关建设。深入学习贯彻落实十九届中央纪委六次全会、二十届中央纪委一次全会精神和市纪委全会精神，召开机关全面从严治党工作部署专题会议和5次机关党组会议，研究部署机关党风廉政建设。认真学习贯彻新制定的中央八项规定实施细则，研究制定推进廉洁文化建设的8项措施，开展常态化警示教育，组织集体观看警示教育片，层层开展廉政谈话，加强对年轻干部监督，推动党支部排查和动态更新廉政风险点，提升一体推进不敢腐、不能腐、不想腐综合效能。坚持抓早抓小抓初萌，全年运用第一种形态批评教育13人，运用第二种形态处理1人。

市发展和改革委员会2022年工作总结

2022年是党的二十大召开之年，是实施“十四五”规划的关键之年，更是天津坚定不移推动高质量发展的攻坚之年。一年来，市发展和改革委在市委、市政府的坚强领导下，坚持以习近平新时代中国特色社会主义思想为指导，全面学习贯彻党的二十大精神，坚决贯彻落实习近平总书记对天津工作“三个着力”重要要求和一系列重要指示批示精神，笃定高质量发展不动摇，以“时时放心不下”责任感紧迫感抓好发展改革任务，全力以赴推动天津社会主义现代化大都市建设。

一、坚定拥护“两个确立”、坚决做到“两个维护”

坚持旗帜鲜明讲政治，深刻领会“两个确立”的决定性意义，坚持不懈用习近平新时代中国特色社会主义思想武装头脑、指导实践、推动工作，切实将增强“四个意识”、坚定“四个自信”、做到“两个维护”落实到推动全市经济高质量发展实际行动上。

(一)讲政治、顾大局，铸牢绝对忠诚的政治品格

一是全力推动对习近平总书记的忠诚教育融进血脉、深入灵魂。全年召开53次党组会议和中心组学习会议集体学习贯彻习近平总书记重要讲话精神，委党组带头第一时间学、原原本本学、逐字逐句学，引导全委党员干部自觉向习近平总书记看齐、向党中央看齐、向党的理论和路线方针政策看齐，衷心爱戴核心、坚决维护核心、紧跟追随核心，确保始终在政治立场、政治方向、政治原则、政治道路上同以习近平同志为核心的党中央保持高度一致。

二是全力推动习近平总书记重要指示批示落地生根、开花结果。坚持把习近平总书记重要指示批示作为党组会议“第一议题”，作为重大政治任务来抓，针对我委牵头推进的“京津冀协同发展、加快打造世界一流智慧港口绿色港口、碳达峰碳中和”等9项习近平总书记重要指示批示任务，分别建立台账，细化目标任务、明确时限要求、明晰责任分工，委主要负责同志亲自研究部署、亲自协调推动、亲自跟进督促，定期开展“回头看”，确保闭环落实，切实做到时时对标、事事对表、处处紧跟。

三是全力推动习近平新时代中国特色社会主义思想入脑入心、见行见效。突出首课主课必修课，委主要负责同志坚持以上率下“领学”，组织带领班子成员“促学”、处级干部“深学”、普通党员“勤学”，教育引导全委党员干部深刻理解把握习近平新时代中国特色社会主义思想的世

界观和方法论，与天津发展改革工作的具体实际结合起来，学思践悟、真学真干，切实把学习成果转化为推动经济高质量发展的实际成效。

（二）学原文、悟思想，推动党的二十大精神落地生根

一是深入开展“迎盛会、铸忠诚、强担当、创业绩”主题学习宣传教育实践活动。委党组召开动员部署会，逐项落实10项重点任务，细化分解50条具体措施，谋划推动“十场硬仗”攻坚克难，市委组织部主要领导同志来委调研指导，给予充分肯定。牵头筹备“奋进新时代”主题成就展，历时半年推动40件实物展品在京展出，做到“人无我有、人有我优、人优我特”，市领导集体参观时给予高度评价。

二是推动党的二十大精神在发展改革系统落实落地。制定贯彻落实党的二十大精神实施方案，精心谋划“五学联动”“四说四篇”等自选动作，清单化、项目化、责任化落实到位。举办党的二十大精神专题读书班，组织280余名党员进行党的二十大精神必会知识测试，13篇体会文章在《人民日报》等官方媒体刊登。委主要负责同志认真履行党的二十大代表职责，带头深入中国民航大学等基层一线开展分众化、互动式宣讲，累计宣讲47场，受众超1000人次，引导党员干部完整准确全面领会党的二十大精神，凝聚助推天津高质量发展的强大动力。

三是高站位、高标准落实“十项行动”。迅即落实市、委市政府“十项行动”部署，做到闻令而动、尽锐出战、连轴作业，以“时时放心不下”紧迫感和极端负责态度，认真组织编制市发展改革委牵头负责的5个专项行动方案，积极主动配合参与其他专项行动方案编制工作，切实将市委、市政府全面贯彻党的二十大精神决策部署落实、落细、落到位，把宏伟蓝图细化为“施工图”、转化为“实景图”。

（三）抓作风、强纪律，推动党的建设取得丰硕成果

一是党的领导全面加强。制定党组、党建“两个要点”，分领域制定出台工作举措抓好党内法规贯彻落实。及时修订委党组向市委请示报告事项清单，不断提高重大事项请示报告工作的制度化、规范化、科学化水平，把“政治机关”属性落实到位。按期完成10个党支部换届和8名党员发展工作，“七一”当天组织党员过集体政治生日基层党组织标准化、规范化、制度化建设持续提升。

二是担当作为氛围浓厚。聚焦全市经济发展综合中枢部门职责，发扬“思考最光荣”，召开“发挥综合枢纽作用　谋大势谋全局谋要事”务虚会，努力为市委、市政府多出“大主意”、多提“金点子”，当好参谋助手。坚持新时期好干部标准，提拔任用正处级领导干部8名，选拔5名优秀年轻副处长主持处室工作，为63名干部晋升职级，让“有为有位”成为鲜明导向。持续强化“快、质、严、率”作风，探索抓党建、抓业务能力“双向评价”机制，把支部书记作用发挥放在经济运行、重大项目“两个条线”调度上检验，用攻坚克难实际成效反映抓支部带队伍水平，有的放矢解决宽松软问题。

三是法治水平全面提升。全年召开贯彻落实习近平法治思想推进法治机关建设领导小组会议、党组会议、主任办公会议研究推进法治工作13次。制定印发落实市委全面依法治市办学习宣传阐释研究习近平法治思想工作方案重点工作措施通知，提出加强习近平法治思想宣传的11项重点举措。制定印发市发展改革系统“一规划两纲要”和八五普法规划。全面落实重大行政决策制度，加强行政规范性文件管理，深入推进行政执法“三项制度”，加大安全生产领域行政执法力度频次，完善“双随机、一公开”管理。

四是意识形态和国家安全工作扎实有效。严格落实意识形态和国家安全工作责任制，全年召开19次党组会议研究落实意识形态和国家安全工作，每季度对国家安全形势任务专题分析研判，每半年检查基层党组织意识形态工作责任制落实情况，选派54名局处级领导干部参加市委党校实体班学习，组织7期专业化能力网络专题培训，重点围绕经济安全风险隐患深入调研，形成11篇高质量国家安全调研报告，获评全市优

秀组织奖,全力服务筑牢首都政治“护城河”。

二、坚定信心、真抓实干,推动经济高质量发展取得显著成效

坚持完整、准确、全面贯彻新发展理念,坚决贯彻落实疫情要防住、经济要稳住、发展要安全的重要要求,落实经济运行、财税运行、重大项目“三个条线”调度,推动全市经济稳的基础不断夯实、进的动能不断积聚、保的底线不断巩固,高质量发展迈出坚实步伐。

(一)稳字当头、稳中求进,推进经济运行质量效益稳步提升

一是全面落实国家稳经济一揽子政策和接续政策措施。第一时间制定出台我市“稳经济35 条”“接续 26 条措施”以及“振作工业经济运行”“促进工业经济平稳增长 45 条”“促进服务业领域困难行业恢复发展 40 条”“促进消费恢复提振 19 条”等政策措施,建立扎实稳住经济大盘督导和服务工作机制,推动相关部门全年新增退税减税降费及缓税缓费超过 710 亿元,国资系统、行政事业单位等减免房租超过 19 亿元,普惠小微贷款同比增长 20%以上,最大限度释放政策红利,巩固夯实经济企稳回升的良好基础。

二是精准有力开展经济运行调度。聚焦重点区域、重点领域、重点行业、重点企业、重点项目、重点支撑开展经济运行调度,推动建立市、区两级调度机制,每月印发经济运行情况通报,扎实组织开展“周周”调度,充分调动各区、各部门抓经济主动性,以旬保月、以月保季抓好全年经济增长任务。2022 年,地区生产总值增速逐季加快,第一、二、三季度分别增长 0.1%、0.7%、2%,预计第四季度继续保持向好势头。

三是加快实施一批稳预期、提信心的有力举措。制定实施“十四五”扩大内需战略实施方案,项目化、清单化推动落实服务和融入全国构建新发展格局的实施意见 160 项重点工作,扎实推动国家“十四五”规划 102 项重大工程项目实施。研究优化绩效考评指标,更好发挥“指挥棒”作用,促进各区经济高质量发展。制定出台《双万双服促发展服务企业行动方案》,推动全市上下联动开展帮扶,全年为企业解决问题 1.44 万个。

(二)持续加力、互补共赢,推动京津冀协同发展向纵深推进

坚持“一盘棋”思想,全力加快“一基地三区”建设,更好从全局谋划一域、以一域服务全局。一是全力承接北京非首都功能疏解。强化统筹机制,推动市领导包联、靠前招商、跟踪督导、定期问效等一系列“组合拳”形成合力,组织各区各部门在主动对接、深度融入、精准服务上持续升级加力。全年北京企业在津新设机构1406 家、新落地北京项目总投资 1721 亿元,力神滨海新能源产业基地、中石化液化天然气(LNG)三期等一批大项目好项目落地。持续推动提升承接载体功能,推动优质资源不断向平台集聚,滨海—中关村科技园、宝坻中关村科技城分别新增注册企业 666 家、282 家;全力支持雄安新区建设发展,天津港服务雄安新区绿色通道运输业务超过 1.3 万标准箱,职业教育、卫生健康、规划建设等领域智力帮扶、技术帮扶扎实推进。

二是推动“轨道上的京津冀”先行领域加快建设。升级加力推动京唐铁路、京滨铁路北段建成运营,津兴铁路全线铺轨,津潍高铁开工建设。推动津石高速天津东段、津歧公路一期建成通车,进一步完善区域公路交通网。认真组织编制港口经济高质量发展的意见,推动用好天津港核心战略资源,做强做优做大港口经济,集装箱吞吐量突破 2100 万标准箱,海铁联运完成 120 万标准箱。协调加速推进机场三期改扩建前期工作,天津机场旅客吞吐量达 435.5 万人次。

三是持续推进重点领域协同。统筹推进生态环境联防联建联治,三地联合签署“十四五”时期合作框架协议,绿色生态屏障 52 项年度生态工程全面启动,永定河北辰段主体工程基本完工。高标准谋划推动公共服务共建共享,异地就医医保门诊联网直接结算覆盖本市医院数量增至 1137 家。协调推动建立三地统筹疫情防控和经济社会发展“白名单”制度,分别向京冀推送重点企业 170 家、351 家,合力保障生产经营和运输通畅。深入推进“通武廊”区域“小京津冀”

改革试验,91 项合作协议全面落地实施。

(三)调结构、促升级,推动现代产业体系加快建设

一是全力推动重点产业链高质量发展。坚持把发展经济的着力点放在实体经济上,深入实施制造业立市战略,做大做强主导产业。组织编制石化化工产业高质量发展实施方案,推动“两化”搬迁一期、中沙聚碳酸酯等项目竣工投产,中石化南港乙烯、北燃 LNG 等项目加快建设,中石化英力士合资 HDPE 和 ABS 等项目签约落地。2022 年 1—11 月绿色石化产业链实现产值 4345.44 亿元,同比增长 18.9%,占规上工业总产值的 22.3%、12 条产业链的 34.6%。组织研究汽车产业高质量发展,全力推动一汽丰田新能源汽车等项目加快投产。持续做优做强航空产业链,推动空客现有总装线增加 A321 生产能力项目加快建设。制定印发海水淡化产业高质量发展实施方案,促进创建全国海水淡化示范城市。制定实施贯彻落实“十四五”数字经济发展规划的落实举措,梳理形成车联网先导区智能基础设施应用平台等 10 个重点应用场景,加快推动数字经济发展。

二是加快构建优质高效的服务业新体系。认真组织各部门研究制定天开高教科技产业园、金融街、CBD 规划建设方案,努力提升中心城区主导产业发展聚集效益。制定印发实施促进生活性服务业发展、促进绿色消费、促进消费恢复提振等若干措施,加快提振消费信心,助力消费和商贸“双中心”城市建设。制定实施推进现代流通体系建设、加快冷链物流发展等的实施方案,运用专项资金奖励软件和信息技术服务、互联网等领域重点企业,天津商贸服务型国家物流枢纽和滨海新区中心渔港国家骨干冷链物流基地获批。强化规上服务业 15 个重点行业营业收入增速等重点支撑指标运行调度机制,2022 年 1—11 月规模以上 15 个重点行业营业收入增长 9.7%,比全国高 2.9 个百分点。

(四)夯实基础、聚势赋能,重大项目建设提质提速提效

一是强化项目调度。建立常态化项目协调推动机制,组建工作专班,加大加密固定资产投资、专项债“三率”、项目谋划储备等调度力度和频次,对各区各部门和项目单位驻场督导,加快项目开工建设,尽快形成实物工作量。建成全市重大项目智慧管理平台,运用信息化手段加强项目全生命周期调度管理。滚动制定推出重大项目“短名单”,逐项明确问题解决措施和完成时限,确保应开尽开、能开快开,33 个“短名单”项目已开工 28 个,中芯国际大二期等重大项目如期落地,联想智慧创新产业园等项目按期投产。

二是强化项目谋划储备。制定重大项目谋划攻坚行动实施方案,面向全国遴选 40 家顶级咨询机构赴各区各部门包联服务,靶向提升各区各部门谋划能力。实施“揭榜挂帅”,举办两期主题论坛,谋划形成海堤能源交通一体化、七里海“两山”理论实践创新基地等典型引领性项目。全市新增谋划储备项目 3448 个、总投资 2.53 万亿元,提前完成全年任务目标,主动承担全市目标任务 50%以上。制定促进招商引资扩大社会投资若干措施,每月对市级部门招商引资和重大协议落实情况进行通报,聘任 32 位专家学者和龙头企业担任“招商大使”,引进中海油海工装备制造基地等 34 个项目,到位资金约 100 亿元。制定印发天津市进一步盘活存量资产扩大有效投资若干措施,积极盘活存量资产,加快推进基础设施 REITs 试点工作,建立试点项目库,已有入库项目 30 个,总投资近 400 亿元。

三是强化项目服务保障。制定天津市重点项目管理办法,进一步推进重点项目管理的制度化、规范化、精细化水平。常态化梳理影响项目建设堵点难点问题,建立市区两级台账,会同各区各部门集中解决。主动“跑部”争取国家政策资金支持,全年争取中央预算内投资 26.2 亿元,发行专项债券 741.1 亿元,政策性开发性金融工具投放 55.27 亿元,制造业中长期贷款项目 15 个、实现投放资金 12.18 亿元。能源集团 45 亿元优质企业债券获注册通过。

(五)激发活力、释放潜力,改革开放优势不断扩大

一是推进市场化改革。制定实施构建高标

准市场体系若干措施、世界一流企业建设工作方案，深化要素市场化配置改革，积极争取国家试点，主动融入全国统一大市场。大力推进市级党政机关和事业单位所属 1190 户国企改革方案审批工作、天津市所属北戴河地区 15 家培训疗养机构改革、市管国企集团混改中所属 11 所职业院校转隶等任务完成。

二是深化价格管理调控。制定出台非居民天然气上下游价格联动机制，根据供需实际和上游价格变化及时联动调整销售价格。落实“双减”要求，加强义务教育阶段课后服务和学科类校外培训价格管理。

三是加快诚信体系建设。制定出台天津市信用服务机构监督管理办法，编印天津市公共信用信息目录(2022 版)，社会信用法治化水平不断提升。开发上线“海河分”信用惠民应用，推动建设“信用+出行”等八大类 44 个应用场景，让百姓切身感受“诚信为本、守信受益”。

四是深度服务融入“一带一路”建设。制定印发贯彻落实习近平总书记在第三次“一带一路”建设座谈会重要讲话精神的实施方案。制定以制造业为重点促进外资扩增量稳存量提质量的具体举措，推进利用外资提质增效。推动搭建企业“走出去”平台，全面强化境外投资管理和风险防控。全年发送中欧班列突破 700 列，中埃·泰达苏伊士经贸合作区累计投资近 15 亿美元。

三、树牢以人民为中心的发展思想，民生福祉不断增进

牢记“江山就是人民、人民就是江山”，聚焦衣食住行、业教保医，全力做好普惠型、基础性、兜底性工作，扎实推进共同富裕，不断增强人民群众的获得感、幸福感、安全感。

(一)民生保障能力水平再上新台阶

一是全力抓好稳物价和粮食、能源保供。完善重要民生商品保供稳价联席会议制度，持续对粮油肉蛋菜等生活必需品价格开展日监测、日报告，加强节假日等重点时期的价格监测分析，充分发挥预测预警作用。全年 CPI 同比累计上涨 1.9%，低于全国 0.1 个百分点。落实价格补贴联动机制，1—11 月共发放补贴超过 4900 万元，惠及困难群众 148 万人次。持续增加粮食储备规模，提高储备效能，保供稳市、应急保障物质基础更加坚实。全力保障能源供应安全，强化煤电气常态化监测调度，突出抓好天然气供应保障，年度和采暖季资源量分别同比增长 5.6%、7.5%，能源供应实现总体平稳。

二是大力推动社会事业发展。制定实施“一老一小”整体解决方案，推动养老托育事业高质量发展。加快推进中国医学科技创新体系核心基地天津基地项目建设，协和天津医院项目一期主体完工，细胞谷项目转化基地装修工程竣工。推动杨柳青大运河国家文化公园加快建设，加快推进大运河海河文化旅游带前期审批工作。统筹推进方舱医院和集中隔离点设施建设任务，高标准完成疫情防控医疗资源建设和物资保障工作。

三是优化提升城市功能。超前谋划供水安全战略保障 30 余项重大项目，加快推动北大港水库扩容工程前期工作。制定加快建设韧性城市的实施方案，明确 7 项重点任务，全方位提升城市韧性。加快新能源汽车充电基础设施建设，全年建成小区公共充电桩 6600 台，累计建成 1.7 万台。

(二)推进绿色低碳发展取得新进步

一是深入推进“双碳”工作。制定印发实施天津市碳达峰实施方案，精心谋划十大行动，推动加快构建“上下衔接、市区联动”工作格局。制定印发实施碳达峰年度工作要点，提出 12 个方面、41 条任务措施和 125 项清单化工作内容，定期进行调度，将“双碳”工作推进情况纳入绩效考核任务。

二是加快推进能源革命。制定能源中长期规划，加强能源发展顶层设计，推动建设新型能源体系。制定新型储能发展“十四五”规划，通过一揽子措施推动清洁能源增长、消纳和储能协调发展。加强煤炭清洁高效利用，推动完成大港电厂关停替代工程核准，实施北疆电厂、东北郊电厂节能和灵活性改造，按期完成 40 台 15 公里半径范围内燃煤锅炉改燃任务。加快推进新增“外电入津”通道前期工作，“大同—怀来—天津北—天津南”特高压通道取得阶段性进展。推动宁河丰台、静海中旺风电等项目建成并网，滨海“盐光互补”项目加快实施，蓟州抽水蓄能电站前期工作加快推进，可再生能源电力装机规模增至405万千瓦。

三是大力推进节能减排。制定做好用能保障推动绿色发展十项措施，完善能源消费强度和总量双控制度。组织推动石化、冶金、建材等重点领域节能降碳工作有序开展，谋划推动循环经济发展“十大行动”和废旧物资循环利用“八大工程”。制定印发生态产品价值核算工作方案，推动在蓟州、宁河、津南、中新生态城等开展核算试点工作。2022年前三季度单位GDP能耗同比下降3.1%，继续保持全国前列。

（三）统筹发展和安全取得新成效

一是高位推动、压实责任。年初即成立由委主要负责同志任组长、分管领导任副组长的安全生产工作领导小组，制定印发市发展改革委领导干部安全生产责任清单和安全生产领导小组工作任务清单。全年共召开8次委党组会议研究安全生产工作，召开6次全系统安全生产和管道保护工作专题会议，就安全生产工作进行全面系统部署，明确工作责任。

二是聚焦重点、系统推进。聚焦重要会议、节假日等重点时期，制定印发市发展和改革委防风险除隐患保安全排查整治工作实施方案、市发展改和革委开展重点时期安全生产排查整治工作方案、开展油气长输管道保护安全隐患攻坚行动全力确保党的二十大期间安全稳定的通知、关于加强重点时期我市油气长输管道保护工作实施方案等文件30余份，对不同阶段、不同时期开展安全生产、火灾防控、应急值守等工作进行具体安排，有力保障重要节点的绝对安全。

三是实地严查、确保落地。委主要负责同志带头3次以“四不两直”方式深入国家管网集团曹津线滨海新区北塘阀室管段、东丽区中航油津京输油管道段、塘燕复线等重点点位进行油气长输管道安全检查，组织执法队伍定期开展风险隐患检查，针对发现问题现场督促彻底消除解决，确保安全平稳运行，全年累计开展管道保护监督抽查165次，出动人员548人次。扎实组织开展管道保护安全隐患攻坚行动，全力推动管道占压专项排查清理，11处问题全部完成清理。委主要负责同志带头先后6次到委机关大楼特种设备间、消防控制室等进行安全检查，组织开展4次消防、防汛、应急疏散演练，有效提升机关本质安全水平。

四、坚持“两个永远在路上”，打造风清气正廉洁机关

坚持发扬彻底的自我革命精神，永远吹冲锋号，把严的基调、严的措施、严的氛围长期坚持下去，持之以恒正风肃纪反腐，大力营造风清气正的政治生态。

（一）坚定不移深入推进全面从严治党

委主要负责同志带头严格履行全面从严治党主体责任，督导领导班子其他成员认真落实“一岗双责”，对职责范围内的党风廉政建设切实负起领导责任。细化制定全面从严治党“两个清单”，定期召开党组会听取落实全面从严治党主体责任汇报，每季度开展抽查，每半年进行全面督导检查，确保全面从严治党各项任务推进有力有序。制定关于进一步加强委领导班子自身建设、推进全面从严治党向纵深发展的措施，明确6个方面15条具体措施，推动管党治党政治责任落实落细。

（二）深化党风廉政建设和反腐败斗争

召开11次党组会议研究推动形式主义官僚主义、不担当不作为问题专项整治，驰而不息纠“四风”、树新风，持续为基层减负。委主要负责同志带头讲好廉政党课，组织观看《廉洁润初心》等警示教育专题片，围绕典型案例组织开展交流研讨，落实“一案三促”，充分发挥警示教育治本功能。用足用好监督执纪“四种形态”，扎实开展廉政谈话、履职谈话，把廉政风险消除在萌芽状态。严密组织廉政风险点排查，修订完善相关内控规定，从制度上堵住廉政风险漏洞。落实中央纪委国家监委要求开展“窗口腐败”排查整治，深入开展粮食购销领域腐败等问题专项整治。4名处级及以上干部受到严肃处理。

（三）大力推进廉洁文化建设

制定印发关于加强新时代廉洁文化建设的

实施方案，委主要负责同志带头廉洁自律、以身作则，严格执行民主集中制，落实一把手“末位表态”和回避等规定，推动全委各级党组织、全体党员干部锲而不舍落实中央八项规定及其实施细则精神，模范遵守廉洁自律各项制度规定，坚决同各种不正之风和腐败现象作斗争，坚决反对特权思想、特权现象。坚持牢固树立党章意识，组织全体党员干部自觉学习党章、遵守党章、贯彻党章、维护党章，用党章党规党纪约束自己的一言一行，切实养成在受监督和约束的环境中工作生活的习惯。

市科学技术局 2022 年工作总结

一年来，在市委、市政府的坚强领导下，全市科技创新事业取得全面发展。全社会研发投入强度达到 3.66%，连续多年位居全国第三；综合科技创新水平指数达到 83.5%，升至全国第三；6 家海河实验室入轨运行；完成两批次全国重点实验室重组申报工作，获批数量有望实现新高；天开高教科创园启动建设，市级大学科技园总数达 12 家；国家高新技术企业和国家科技型中小企业均突破 10000 家；技术合同交易额突破 1600 亿元，占 GDP 比重居全国第二；天津市首次进入自然指数科研城市全球前二十。

一、坚持突出重点优化布局，战略科技力量持续增强

重大创新平台建设成效明显。依托高水平研究型大学、国家科研机构、科技领军企业，建设国家级重大创新平台总数达到 151 家，创新能级持续提升，国家合成生物技术创新中心等 18 家创新平台处于国际先进水平。天津超算中心囊括了 Graph500 四大榜单全部第一名，日运算任务超 15000 项，支撑国家重大项目超过 4000 项；京津冀国家技术创新中心与南开大学、国际生物医药联合研究院、清华高端院等共建技术创新平台 7 个，加速原创技术成果的熟化和产业化；新一代运载火箭、超大航天器制造技术助力天和、问天、梦天三大舱体构建的“太空之家”遨游苍穹；高端装备制造领域精密测量关键技术为“祝融号”火星车、“福建舰”航母等提供关键测量技术支撑。聚焦国家战略需求和天津发展需要，加快推动国家重点实验室优化重组，完成两批次 22 家重组申报工作，获批数量有望实现新高。

天开高教科创园建设稳步推进。认真落实市委、市政府部署，高水平谋划建设天开高教科创园，起草《天开高教科创园建设规划方案》，明确“一核两翼”空间布局、总体目标、管理运行体制和支持政策，汇聚融合人才、技术、成果、资本等各类创新要素，培育打造科技创新策源地和新的经济增长极。坚持高位统筹、强力推动，举全市之力推进天开高教科创园建设，持续推进科技广场盘活、领导小组成立、支持政策出台、高校平台对接等一系列工作，16 个方面 72 项任务清单压茬推进，通过“筑巢”“搭台”、集聚要素，推动天开高教科创园快速起势发展。

海河实验室全面入轨运行。优化运行管理机制，建立“联席会+理事会+创新联合体”管理服务机制，新建脑机交互与人机共融海河实验室，成立由 123 家高校、企业、金融机构等单位组成的创新联合体，聚集两院院士在内的 182 个国家级人才团队，推动金融机构量身提供近 30 亿元资金支持，实现资源互通互享。持续优化市级实验室布局，筹建 63 家市级重点实验室。海河实验室聚力开展科研攻关，自主立项 130 余项项目，80%以上项目面向产业，显式动力学数值模拟软件、血细胞分子图谱建立与血细胞生态研究、淀粉人工合成工程化测试、高比能动力电池、智能化中药组分制备与评价关键技术平台等一批项目研发取得突破性进展。

二、坚持以用立业聚力攻关，自主创新能力显著增强

基础研究不断加强。积极争取国家项目支持，获批国家自然科学基金项目 1278 项，获得国家财政支持 7.6 亿元。出台《天津市应用基础研究项目实施方案》，鼓励开展自由探索、自主立项，围绕我市 12 条产业链布局自由探索项目 174 项，依托南开大学、天津大学开展自主立项 200 项。完善多元投入机制，鼓励和引导社会力量支持基础研究，中国民航大学、中德应用技术大学等十余家单位联合设立资金 3076 万元，开展基础研究项目 298 项。通过政策支持和机制牵引，催生了一批原创性引领性创新成果，在 DNA 存储算法、造血干细胞发育规律、细胞与基因治疗、高性能导电钙钛矿量子点固体薄膜制备等方面取得明显突破。

关键技术攻关成效显著。聚焦信创、生物医药、新能源新材料等重点产业共性关键技术，累计组织科技创新重大专项 7 项，面向全国发布"揭榜挂帅"榜单 9 个，涌现出高性能分子光电材料与器件、活体细胞精准操作机器人技术及系统、激光陀螺惯导系统关键技术与工程应用等重大科技成果。曙光 ParaStor 液冷存储系统存储性能全球第一，高性能混联加工机器人打破国外专利壁垒，海水资源利用技术创新中心攻克 PTFE 管式微孔膜海水淡化膜材料"卡脖子"关键核心技术，2 英寸氧化镓同质外延片、无水稀土卤化物、基于 5G 的轨道交通无线通信系统技术等一批成果填补国内技术空白。集成全市 39 项先进技术成果，迭代升级第二辆"天津号"纯太阳能车。

科技成果加速转移转化。实施成果转化"解细绳"行动，出台《关于完善科技成果评价机制的实施意见》，提出了明确政策界限、完善尽职免责、落实收益分配、改革考核奖励机制等针对性措施，发布《天津市高校科技成果作价投资操作指引》，打通政策落实堵点、难点，推动 80% 以上的科研事业单位和本科高校取得成果转化收益，总额超过 27 亿元。首次设立概念验证资金，支持企业建立 18 家行业概念验证平台，吸引社会资本 7107 万元支持早期研发活动。强化创新型载体培育，新认定备案市级孵化器、众创空间 20 家，总数达到 296 家，孵化面积达到 175 万平方米，聚集创业企业 8000 家，18 家国家级孵化器被科技部考评为优秀。新认定南开大学科技园津南园、天津大学科技园南开园、天津师范大学科技园等市级大学科技园 8 家，总数达到 12 家，载体面积 17.6 万平方米，孵化企业 462 家，带动就业 3300 余人。健全高效的市场化转移体系，推动全市技术合同成交项数超过 1 万项、成交额突破 1600 亿元，5 年内实现翻番。

三、坚持企业创新主体地位，高质量发展动能更加强劲

科技型企业"底盘"持续壮大。强化科技型企业梯度培育，通过深入挖掘、重点辅导、梯度支持、重点发布等多措并举，促进企业创新发展，评价入库国家科技型中小企业超过 1 万家，"雏鹰"企业、"瞪羚"企业、科技领军（培育）企业数量分别达到 5600 家、440 家和 300 家，四类企业数量均较去年增长 10%以上。坚持"一企一策"培育高新技术企业，国家高新技术企业数量超过 1 万家。加大科技特派员选派力度，选派 939 名企业科技特派员，服务 725 家科技型企业。扎实推动奖励补助政策落地，为 3757 家国家高新技术企业兑现奖励资金 5 亿元，为 2279 家企业落实补助资金 3.75 亿元，持续强化企业创新主体地位，带动全社会加大研发投入强度达到 3.66%，较去年增长 18%，创历史新高。

产业创新水平有力提升。新认定产业技术研究院 2 家，总数达到 24 家，衍生孵化企业 880 余家，累计开发新技术成果超 1200 余项。新建技术创新中心 3 家，总数达 14 家，累计获得自主知识产权超 400 项，签订技术合同超 600 项。强化创新型企业引领带动，全市高企实现营业收入超过 1.37 万亿元，占全市规模以上工业企业营收比重超过 56%，重点产业链上高新技术企业比重达 45.1%。大力推动生物医药、中医药产业链创新发展，生物医药产业链规模拟上工业产值达 700 亿元，工业增加值同比增长 7.6%，上拉全市工业增加值 0.4 个百分点，在 12 条产业链中位列第一，中医药产业链规模拟上工业产值达 126 亿元，同比增长 4.7%。生物医药产业成功入选全国首批 8 个"提质增效"试点产业。高水平建设国家新一代人工智能创新发展试验区，发布十大典型应用场景，围绕智慧城市、自主算力引擎、智慧港口、车联网应用、制造业转型升级等重点领域打造一批可复制推广的高水平人工智能应用解决方案。

科技金融赋能企业提质增效。设立目标总规模100亿元的天津市天使母基金，举办天使母基金启动会，发布管理暂行办法，引导社会资本投早、投小、投"硬科技"。用好用足科技创新再贷款政策，推动20家银行累计发放科技型企业贷款800多亿元。拓宽与银行金融机构合作渠道，与17家银行签订合作协议，开发科技金融创新产品66项；与国开行天津市分行联合发布《金融支持科技创新行动方案》，聚焦天津市关键核心技术攻关、战略性新兴产业研发创新、重点产业强链补链延链和科技成果转化等领域，累计发放贷款46亿元。深化"政银保"合作机制、"雏鹰"企业贷款奖励政策，推动791家"雏鹰"企业获得政策支持，带动银行贷款近30亿元。强化企业科创属性，助力唯捷创芯、华海清科、美腾科技等8家科技型企业首发上市。

四、坚持以人民为中心，科技创新有力支撑民生改善

有力支撑乡村振兴和种业振兴。深入实施科技特派员制度，累计建立135支科技帮扶团队和26支法人特派员团队，培育科技特派员1035名。"津科帮扶"App入库专家达到680名，面向西部结对地区和天津市500个经济薄弱村、示范村服务农户2.7万人。创新"两上两下"科技帮扶立项机制，围绕西藏"阿旺绵羊"、甘南蕨麻猪、甘肃庄浪马铃薯、新疆葡萄加工等优势产业需求，组织实施科技援助项目14个。持续推动种业自主创新，培育审定主要农作物品种70个，登记非主要农作物品种981个，授权植物新品种128个，认定"津新鲤"等水产新品种11个，本土化选育的"澳洲白羊"和"杜泊羊"品种列入国家畜禽遗传资源品种名录。

精准对接服务民生需求。积极开展科技抗疫，康希诺吸入用重组新冠疫苗克威莎获得世卫组织紧急使用授权，实施"吸入用新冠疫苗护津城科技示范项目"，推动吸入用新冠疫苗在全市推广使用。启动实施新型冠状病毒感染应急防治重大专项，支持天津中医药大学、天津市疾病预防控制中心、天津港集团等单位分别围绕新冠肺炎治疗药物临床研究、新冠肺炎传播规律和影响因素研究、进口冷链消杀等重点方向开展技术攻关。深入践行"双碳"战略，编制完成《天津市科技支撑碳达峰碳中和实施方案》，支持"'双碳'背景下污水处理节能降耗新技术及其配套智能控制装备的开发应用"等25个项目。

科学技术普及成效明显。建立天津市科普工作联席会议制度，出台《天津市"十四五"期间支持科普事业发展进口税收政策实施办法》，修订《天津市科普基地认定管理办法》，科普工作制度体系更加完善。新认定市级科普基地57家，总数达259家，全年开展活动超过5000场次，接待群众参观超过1800万人次。组织科普讲解大赛、微视频大赛等科普品牌活动，获得全国科普讲解大赛奖项14项，其中，一等奖2项，在全国近百支代表队中稳居第一。科普人才队伍明显壮大，全市科普专职人员达到4258人，兼职人员达到3.4万人，注册科普志愿者超过30万人。全市公民具备基本科学素质比例达到16.58%，位居全国第三。

五、坚持改革牵引多维突破，创新生态环境持续优化

体制改革攻坚取得突破。出台《天津市科技计划项目管理办法》和《天津市科技计划项目组织实施改革方案》，持续优化项目形成机制、立项和组织方式。"探索实施基础研究自主立项新模式"等3项改革典型做法进入国家科技体制改革案例库遴选范围。在全国率先实施加强科技伦理治理和重点领域科技伦理监管措施，出台科技计划项目科研诚信管理办法等文件，探索完善覆盖科技计划审批立项、过程管理、结题验收等全流程的科研诚信和科技伦理监管机制。修改完成《天津市科学技术进步促进条例》，从制度层面健全科技创新治理体系。进一步推进科技政务服务改革，完成向5个功能区放权、扩大网上办范围等10多项改革任务，全年办理服务事项4万多件，实现"零差评"。

高端创新人才加快引育。实施科技人才评价改革，促进优秀人才脱颖而出。扎实推进国家和市级重大人才计划，24 人入选科技部海外高层次人才、科技领军人才，新选拔国家杰青 15 名、优青 26 名，市级杰青 15 名。实施科技创新人才培养专项和青年科技人才中长期出国（境）培训项目，打造精准化、常态化、国际化培养模式，服务培养各类科技人才 1.4 万人次。研究制定《天津市外籍人才"高精尖缺"认定标准》，修订《天津市海河友谊奖评选办法》，持续推动京津冀三地外国高端人才互认工作，全年新引进外国人才 1593 人，总数达 4864 人，其中高端外籍人才占比超过 12%，16 位高端外籍人才获批永居。启动建设"一带一路"暨 COMSATS 成员国生物技术领域高端专家库，汇聚 20 多个国家的 150 余位专家学者。

科技交流合作深入开展。京津冀三地科技部门签署推进基础研究、技术交易数据共享的合作协议，全市 102 家单位 2425 台套大型科研仪器年服务京冀企业 1500 余家次。积极承接北京非首都功能，天津医学健康研究院注册挂牌成立，推动中色创新研究院和国药药材等 100 个项目落地，投资额达 48.17 亿元。加快推动北京科技成果在津落地转化，吸纳北京技术合同 2256 项，成交额 82.1 亿元。组织"中关村创新资源对接系列"活动，支持中关村医疗器械园、新松智能科技等外省市创新平台、科技企业及高层次人才等落户滨海中关村科技园、宝坻京津中关村科技城。支持高新区开展汇智园建设，推动成立智能科技、先进制造、新能源、新材料等 8 个汇智中心。积极开展国际科技合作，与韩中新科人才交流中心（韩中文化经济友好协会）签署备忘录，共建中韩科技合作平台；支持"一带一路"联合实验室项目 7 个，构建功能定位明晰、错位互补发展的国际科技合作载体体系。

六、坚持正确政治方向，党对科技事业的全面领导有力加强

党的领导坚强有力。深入学习贯彻习近平新时代中国特色社会主义思想和党的二十大精神，组织基层党组织书记、领导班子成员层层开展宣讲，举办专题读书班和宣讲报告会，在科技系统迅速掀起学习宣传热潮，进一步增强坚定捍卫"两个确立"、坚决做到"两个维护"，紧跟追随习近平总书记奋进新征程、夺取新胜利的政治自觉、思想自觉、行动自觉。坚持旗帜鲜明讲政治，不断提高政治判断力、政治领悟力、政治执行力，深入领会习近平总书记关于科技创新重要论述的核心要义，把党的领导落实到科技工作各个环节和方方面面，牢牢把握"四个面向"的战略方向，始终确保科技工作的正确方向。

重点工作扎实推进。坚持"规定"和"自选"相结合，高标准组织开展科技系统"迎盛会、铸忠诚、强担当、创业绩"主题活动，组织"重温党史强党性，联建联动增活力""新时代共产党员的良好家风"等系列主题党日活动，积极开展机关党员干部下沉社区入列轮值，推动主题学习宣传教育实践活动走深走实。结合"我为群众办实事"实践活动，扎实开展"迎盛会、转作风、办实事、促创新"活动，机关党员干部征集的 196 项群众诉求全部解决。统筹做好疫情防控和应急安全各项工作，营造安全稳定社会环境。

组织活力充分激发。大力加强基层党组织建设，组织召开科技系统党建工作部署会、推动会、述职评议会等，层层压实工作责任，推动 91 个基层党组织完成换届，党组织组织力明显提升。积极探索党建机制、内容、形式创新，扎实推进党建课题揭榜试点工作，全面提高党建工作质量水平。坚持正确用人导向，严格选人用人标准程序，一批年富力强、担当重任的干部获得提拔使用，重实干、看实绩、能者上、庸者下的选人用人导向更加鲜明。发扬自我革命精神，严格履行全面从严治党主体责任，深入推进科技系统党风廉政建设，严格落实中央八项规定精神，紧盯"四风"问题开展随机抽查，持续保持反腐高压态势，确保科技系统风清气正。

市科学技术局党委 2022 年工作总结

2022 年，市科技局党委坚持以习近平新时代中国特色社会主义思想为指导，全面贯彻党的二十大和市第十二次党代会精神，认真贯彻落实习近平总书记关于全面从严治党的重要论述，对天津工作提出的“三个着力”重要要求，以及对科技工作作出的重要指示批示精神，自觉运用党的百年奋斗历史经验，弘扬伟大建党精神，以政治建设为统领，全面推进党的各方面建设，坚定不移把全面从严治党引向深入，引领保障全市科技创新总体水平大幅跃升，有力支撑经济高质量发展。

一、坚持以政治建设为统领，坚定捍卫“两个确立”、坚决做到“两个维护”

深学细悟笃行习近平新时代中国特色社会主义思想。始终把深入学习贯彻习近平新时代中国特色社会主义思想作为首要任务，加强理论武装，夯实思想根基，坚定初心使命，把准政治方向。把学习习近平总书记重要讲话和重要指示批示精神作为党委会第一议题，共召开 51 次党委会，认真传达学习习近平总书记重要讲话精神。制定年度党委理论学习中心组学习计划，共组织 13 次中心组学习，畅谈学习体会，提出工作举措。持续推进党员集中学习日、巡回讲堂等活动，用好“学习强国”“天津干部在线学习”平台，增强学习效果，引导广大党员干部深刻感悟党的创新理论的思想伟力和实践伟力，深刻认识“两个确立”的决定性意义，不断提高系统党员干部的政治判断力、政治领悟力、政治执行力。

认真履行全面从严治党主体责任。制定《2022 年市科技局党委工作要点》《2022 年科技系统党建工作要点》《2022 年科技系统党风廉政建设和反腐败工作要点》。紧密结合科技工作实际，研究制定《2022 年度市科技局党委全面从严治党主体责任责任清单、任务清单》，明确了责任清单 11 项、任务清单 52 项，上传工作进展 384 条。认真抓好市委对局党委 2021 年度落实全面从严治党主体责任和政治生态建设考核反馈意见的整改落实，针对反馈的 5 大类 13 个问题，制定了局党委整改清单措施 29 条，明确了责任处室、完成时限。通过逐项对照整改，29 条整改措施已全部落实到位，整改任务按期高质量完成。

深入贯彻科技创新重大决策部署。深入学习贯彻习近平总书记关于科技创新工作的一系列重要指示批示精神，认真落实党的二十大和市第十二次党代会部署要求，坚持“四个面向”，坚持以用立业，围绕中心，服务大局，奋发进取，守正创新，以实际行动坚定捍卫“两个确立”，坚决做到“两个维护”。一是强化战略科技力量。依托高水平研究型大学、国家科研机构、科技领军企业，建设国家级重大创新平台总数达到 151 家，创新能级持续提升。着力构建以全国重点实验室为前沿引领，以海河实验室为核心载体，以市级重点实验室为网络支撑的实验室体系。二是稳步推进天开高教科创园建设。举全市之力推进天开高教科创园建设，起草《天开高教科创园建设规划方案》，明确“一核两翼”空间布局、总体目标、管理运行体制和支持政策，汇聚融合人才、技术、成果、资本等各类创新要素，培育打造科技创新策源地和新的经济增长极。三是提高科技协同创新水平。深入推进京津冀协同创新，积极对接引进优质创新资源。发挥京津冀三地大型科研仪器开放共享及科技创新券合作工作机制作用，开展基础研究合作。持续推进“一带一路”科技创新合作，促进科技人文交流和国际技术转移。四是提升创新型企业发展能级。进一步优化“雏鹰—瞪羚—领军”梯度培育机制和高企倍增计划，“雏鹰”“瞪羚”企业、领军（培育）企业分别达到 5600 家、440 家和 300 家，国家高新技术企业、国家科技型中小企业均超过 1 万家。积极落实企业研发投入后补助政策，激励企业不断加大研发投入。五是加快新型举国体制下关键核心技术攻关。聚焦信创、生物医药、新能源新材料等重点产业共性关键技术，累计组织科技创新重大专项7项，发布“揭榜挂帅”榜单9个，涌现出高性能分子光电材料与器件、活体细胞精准操作机器人技术及系统等重大科技成果。集成全市39项先进技术成果，迭代升级第二辆“天津号”纯太阳能车。

积极营造科技系统风清气正的政治生态。坚持把营造风清气正的政治生态作为基础性、经常性工作，制定《市科技局党委贯彻落实〈关于推进清廉天津建设的意见〉的措施》，进一步加强科技系统清廉建设。制定《科技系统2022年度加强政治生态建设的工作安排》，推动系统基层党组织把政治生态建设融入日常、抓在经常。召开局党委半年加强政治生态建设工作专题分析研判会议，总结成绩，查找不足，制定整改措施和下一步工作举措。深入推进码头文化、圈子文化和好人主义问题专项治理，为科技创新高质量发展营造良好的环境。认真落实党内政治生活各项制度，召开民主生活会、组织生活会，组织党员过好“政治生日”，深入开展国家安全、科技安全、生产安全、保密等专题教育，挖掘用好红色资源，培育积极健康的党内政治文化。

二、以聚焦贯党的彻二十大精神为主线，扎实推进思想建设，汇聚正能量、振奋精气神

深入学习宣传贯彻党的二十大精神。制定《关于做好科技系统党的二十大精神学习宣传的工作方案》，组织理论学习中心组交流研讨，组织基层支部通过“三会一课”、主题党日等方式开展集中学习研讨，推动党的二十大精神学深悟透、入脑入心。组织制作宣传展牌，滚动标语口号，张贴宣传海报，门户网站开设专题专栏，努力营造浓厚氛围。印发宣讲工作方案，举办专题读书班，通过宣讲报告、专题辅导、个人自学、交流研讨等方式深化巩固学习效果。组织机关青年党员骨干围绕学习宣传贯彻党的二十大精神讲“微党课”，启动党员精品党课巡回宣讲活动，激发广大党员干部拥戴核心、维护核心、捍卫核心的坚强意志和政治热情。

认真贯彻落实市第十二次党代会精神。局党委把学习宣传贯彻市第十二次党代会精神作为一项重要政治任务，第一时间组织中心组（扩大）学习，传达会议精神，领导班子成员结合分管工作谈学习体会、工作思路。召开党委会专题研究，就科技系统宣传贯彻进行具体部署。通过组织科技系统全体党员干部收听收看党代会开幕式、组织党代会精神宣讲会、邀请市委党校教授作专题辅导等形式，迅速兴起宣传热潮。同时推动科技系统党员干部学深悟透、融会贯通，激励担当作为，把学习成效转化为推动科技创新的工作动力和具体措施。

扎实开展“迎盛会、铸忠诚、强担当、创业绩”主题学习宣传教育实践活动。研究制定科技系统实施方案，成立科技系统主题学习宣传教育实践活动领导小组，召开专题部署会，深入推进创新开展主题党日、精心讲授专题党课、引导党员争创一流等11项举措。印发《市科技局机关“迎盛会、转作风、办实事、促创新”主题实践活动工作安排》，确定深入基层访民情、助企纾困转作风、志愿服务常态化等6项重点任务。局党委书记带头走访服务对象，带动机关各支部走访服务对象706家，征集182个问题并全部解决。组织开展“迎庆二十大　奋进新时代”知识竞赛、喜迎党代会互动征集、“读原著、颂经典、强素质、作表率”等系列活动，为主题学习宣传教育工作开展营造声势。

持续巩固党史学习教育成果。制定《市科技局党委关于推动党史学习教育常态化长效化的工作措施》，把党史学习纳入党委理论学习中心组年度学习计划、干部培训计划，经常性开展党史专题学习、专题研讨。推进“我为群众办实事”实践活动常态化，形成具有科技特色的实践活动办实事任务清单、群众诉求清单，激发各级党组织和广大党员干部满腔热情地为群众办实事、解难题。深化“双报到”、入列轮值，引导党员干部积极参与疫情防控等急难险重任务。2022年以来，113名党员、干部参与入列轮值，对接社区解决治理难题4个，为社区治理服务提出“金点子”10个，认领群众“微心愿”13个，走访慰问困难群众31户，为群众办理其他实事好事

102件，充分展示局机关党员干部良好精神风貌。

严格落实意识形态工作责任制。把意识形态工作纳入党建工作要点，纳入中心组学习、教育培训计划和支部集中学习内容，提高党员干部对意识形态工作重要性的认识。开展意识形态工作专题学习，提高防范化解风险的前瞻性和主动性。梳理科技系统网上舆情风险，征集筛选230个舆情敏感词，充分运用网络舆情监测系统“技防”手段和网络监督员等“人防”力量，及时发现线下相关动态和线上敏感信息。加强网络阵地管理，严格落实信息内容发布多级审核要求。落实海河净网专项行动要求，组织清理涉政治类、意识形态类有害信息，开展涉疫、涉党的二十大相关敏感错误表述排查，维护清朗网络空间。

精神文明建设充满生机活力。倡导文明健康、绿色环保的生活方式，开展《天津市文明行为促进条例》宣传月活动。组织党员干部学习《天津市文明行为促进条例》《天津市反食品浪费若干规定》等法规条例，增强全体党员干部节约粮食、保护生态意识。深入开展志愿服务活动，把志愿服务和科技业务工作紧密结合起来，开展形式多样的志愿服务活动。共开展志愿服务活动48次，涉及环境卫生、交通秩序、科普教育、普法教育、政策宣讲、疫情防控等方面，参与人数共计475人次。

三、不断夯实组织建设，推动新时代党的组织路线落地见效

圆满完成党代表推荐选举。把做好党的二十大代表推荐提名和市十二次党代会代表选举工作作为重大政治任务，指导系统各单位推荐科技系统出席党的二十大代表候选人初步人选5名，天津市出席党的二十大市级领导候选人初步人选11名。选举产生了科技系统出席市第十二次党代会代表12名。对参会代表进行了2天学习培训，通过集中学习、收看警示教育片、签订承诺书、交流谈话等方式，使代表们进一步统一了思想认识，明确了代表职责，提高了纪规意识，巩固了履行代表职责的坚定性自觉性，为党代会各项任务的圆满完成打下坚实基础。

加强组织体系建设。认真贯彻落实基层党组织选举工作条例，推动机关和系统各单位91个基层党组织完成换届选举，调整了14名支部书记，基层党组织组织力明显提升。今年以来，组织机关党支部书记培训4次，党务内勤培训3次，持续深化理想信念教育，不断提升党员政治思想素质。始终把政治标准放在首位，科学制定科技系统党员发展计划，全过程全环节指导系统各单位严格履行发展党员工作程序。今年以来，组织科技系统党员发展对象培训2次，接收预备党员38人。认真组织开展2021年度民主生活会，严肃开展批评与自我批评，局领导班子认真查摆问题10项，制定整改措施10项，细化35项具体任务，均已整改完成。

积极探索党建工作创新。围绕激发基层组织党建创新活力，积极探索机关党建课题揭榜试点工作，统筹机关党支部需要和党建工作实际，梳理重难点课题12项，组织21个机关党支部主动揭榜认领，重点攻关、积极探索，形成能复制可借鉴的经验做法11篇，达到“典型带动、整体推进、全面提升”的效果。组织机关各支部及时调整联建联动对象，结合工作实际，认真开展有特色的联建联动活动，共开展联合主题党日31次、党员讲党课10次、参观调研12次，形成互帮互促、优势互补、资源共享、共同发展的党建新格局。

加大干部培训力度。制定《科技系统2022年干部教育培训计划》，进一步推进科技系统干部教育培训工作制度化、规范化。牵头举办市管干部推进高水平科技自立自强专题研讨班。结合主题教育实践活动，组织2期“服务中心强事功、履职担当展作为”处级干部培训班、2期“青春勇担当·奋进新时代”机关年轻干部座谈会和“走基层、摸实情、亮成果”专题调研成果交流会，练就年轻干部过硬事功。聚焦学习习近平总书记关于“三农”和碳达峰碳中和工作重要论述、网络安全等内容，举办5期干部大讲堂。2022年，共组织调训62人次，参训率和结业率100%。组织7期网络培训班，参加学习近800

人次,结业率100%。

坚持正确的选人用人导向。坚持党管干部原则,始终坚持"事业为上、依事择人、人岗相宜"的选人用人导向,持续抓好干部队伍建设顶层设计,结合系统干部队伍建设实际情况,分级分类、精准做好综合分析研判工作,为动议决策提供科学支撑。深入直属各单位、机关各支部广泛开展调研摸底,把知事识人的功夫下在平时。今年以来,向市委组织部推荐1名优秀处长到直属单位担任副局级领导,选拔任用处级领导干部13人,晋升处级公务员21人,晋升科级公务员16人,有效激发干事创业活力。调任副处级干部2名,对机关32名处科级领导干部进行交流调整,充分发挥整个干部队伍干事创业的积极性。

积极引育创新人才。编制天津市重大创新平台和重点外籍人才聘用单位岗位需求目录并面向全球发布,帮助引进急需紧缺人才。深入生物医药联盟开展人才图谱推介活动,支持生物医药企业"按图索骥"精准引才。组织用人单位积极参加天津市重点科技型企业网络云聘活动、"海河英才"产业人才专场网络招聘等系列活动。实施科技人才计划遴选,向科技部推荐海外高层次创新人才、国家特支计划科技领军人才、青年拔尖人才,入选人数再创新高。实施科技创新人才培养专项,组织开展科技人才高级研修班、科技人才大讲堂、大学科技园创业训练营、高层次人才赋能行动、重点领域院士专家国际交流论坛等活动,助推科技创新人才提升能力、拓展资源,辐射我市各类科技人才4000余人次。

四、大力加强作风建设,深入查纠"四风",弘扬干事创业新风

深挖细查纠"四风"。局党委始终坚持"严"的主基调,锲而不舍落实中央八项规定及其实施细则精神,切实做到教育到位、提醒到位、监督到位,引导广大党员干部知敬畏、存戒惧、守底线。会同驻局纪检监察组在春节、劳动节、中秋节、国庆节等重要节日前,及时发布廉政提醒,教育引导党员干部自觉落实中央八项规定精神,确保风清气正。通过6次随机抽查、2次专项督查,对系统各单位公车使用、"四风"问题、疫情防控、餐饮浪费等进行明察暗访,严防"四风"反弹回潮。今年以来,科技系统未发生"四风"问题。

持续深化专项治理。制定《2022年市科技局党委关于开展讲担当促作为抓落实、持续深入治理形式主义官僚主义不担当不作为问题专项行动工作安排》,推动制定规范会议文件计划,切实形成和完善长效机制。深入整治"指尖上的形式主义"等多种形式主义现象,提高办文、办会质量,严控发文、会议和督察检查考核数量,全局2022年召开会议9个,开展督查检查考核7项,与2021年持平。开展进一步整治形式主义为基层减负自查督查,督促直属单位精文减会。开展政府投资项目及国企项目拖欠工程款排查、工程项目"未批先建""边建边批"等问题排查、群众身边腐败和作风问题"点题整治"排查整治工作,均未发现违规问题。

党员教育管理融入日常。认真落实《天津市干部干事创业容错免责操作规程》《关于充分调动干部积极性激励担当作为创新竞进的意见(试行)》等制度规定,鼓励创新,宽容失误。局党委书记对领导班子其他成员、下一级党组织主要负责同志,领导班子其他成员对分管支部书记,积极开展履职谈话和廉政谈话。2022年,共开展廉政谈话150人次、履职谈话60余人次、谈心谈话920人次。累计对20名处级干部、14名科级干部进行了家访,及时掌握、定期分析党员思想状况。印发《天津市科学技术局所属事业单位绩效考核实施办法》,将绩效工资增长与考核结果相挂钩,充分激发事业单位创新动力和工作热情。

五、深化纪律建设,筑牢拒腐防变堤坝

强化警示教育。研究制定《市科技局党委贯彻落实市委办公厅〈关于加强新时代廉洁文化建设的若干措施〉责任清单》,在科技系统营造浓厚的廉洁文化氛围。常态化开展警示教育,累计开展日常警示教育12次,组织学习中央、市委通报的典型违纪违法案例50余起,党员干部的廉政意识不断增强。开展"迎盛会、铸忠诚、强担当、创业绩""深化纪规学习知敬畏,促进担当作为迎盛会”主题警示教育月活动。运用原市科委退休干部权枢兆基违纪案，深入开展以案为鉴、以案促改、以案促治活动，教育引导广大党员干部厚植拒腐防变思想根基。召开科技系统党员干部警示教育大会，举办年轻干部座谈会，筑牢廉洁从政的思想防线。创新载体手段，支持基层党组织运用新媒体新技术传播廉洁文化，不断增强警示教育的实际成效。

筑牢廉政风险防控防线。积极推动机关各处室和直属各单位围绕 125 项主要工作职能，梳理修订廉政风险点 259 个，制定防控措施 338 条。局党委班子成员每半年专题听取分管处室及单位廉政风险防控措施落实情况，督促责任落实。组织机关处室围绕科技项目立项结项、资金拨付、过程管理等方面开展全面自查。召开直属单位承担业务工作落实情况汇报会，重点听取各单位廉政风险防控措施落实情况，并实地走访部分直属单位及机关处室开展督查，对个别落实不到位的点位进行提醒，督促防控措施全面、精准落地落实。

不断强化执纪问责。认真落实市委关于运用监督执纪“四种形态”的有关要求，重点运用好“第一种形态”，做到抓早抓小、防微杜渐，实现运用监督执纪“四种形态”规范化、科学化、精准化。认真执行《市科技局机关纪委问题线索处置暂行办法》，规范线索核查，确保执纪工作高质高效。2022 年，局党委运用“第二种形态”处理 1 人。开展帮扶谈话 2 人次，加强对受处理或者受处分党员干部的关心关怀和激励，重新激发受处分党员干部干事创业的热情。

六、推动统一战线工作，激发共同奋斗力量，画好最大“同心圆”

凝聚党外人士思想共识。践行协商民主的制度优势广泛征集社情民意，广开言路、博采众谋，将专家学者的高屋建瓴、企业家的实战经验、科研人员的一线感受充分吸收采纳到政策文件中。全年办理市十七届人大六次会代表建议 37 件、市政协第十四届五次会议委员提案 123 件，两会期间建议提案 150 件都已完成落实情况答复，代表委员均表示满意。闭会期间，办理 10 件建议提案，经与代表委员积极沟通后，按时做好答复工作。充分发挥我市首个无党派人士建言献策工作室的品牌效应，深入开展“喜迎二十大、同心跟党走”主题教育。做好党外代表人士的思想政治引领和联系服务工作，局党员领导干部走访联系党外代表人士 17 人次，引导科技系统党外代表人士积极投身创新驱动发展实践。

发挥群团组织作用。强化党委对群团的领导，指导推动工会、共青团等组织制定工作方案，统筹谋划落实好全年工作。圆满完成系统工会换届选举工作，选举产生了第一届委员会和经费审查委员会，协商产生第一届女职工委员会。结合“光荣在党 50 年”纪念章颁发活动，实地走访慰问，关心关爱困难党员。积极开展评优推荐工作。组织开展“喜迎二十大、永远跟党走、奋进新征程”庆祝建团 100 周年系列活动，通过收看习近平总书记重要讲话并进行交流分享、开展青年素养提升“第一课”、组织“听成长的声音”与青年座谈会等多种形式，增强团员青年永远跟党走的信念决心。

七、完善党内监督体系，实现多项监督常态化

强化对“关键少数”的监督。认真贯彻中央及市委有关加强对“一把手”和领导班子成员监督的部署要求，严格落实局党委加强对“一把手”和领导班子成员监督的措施，切实加强对系统各级党组织和领导干部落实全面从严治党主体责任。组织召开 2021 年度局党委领导班子成员和科技系统基层党组织主要负责同志述职述责述廉暨评议会，局党委书记对述职述责述廉情况进行了点评，扎实推进各级领导干部强化责任意识，明责知责履责尽责。

扎实推动巡回走访工作。认真落实《市科技局党委基层党组织巡回走访制度》，结合工作实际制定《市科技局党委 2022 年基层党组织巡回走访工作安排》，对 1 个系统直属单位基层党组织和 6 个机关党支部进行巡访，围绕履行全面从严治党主体责任、制度建设等 9 方面内容，采取问卷调查、理论测试、个别访谈、查看资料等方式进行检查，针对基层党组织的工作成效、存在问题进行分析研判,督促基层党组织整改。

深入实施联动机制。局党委积极支持驻局纪检监察组工作,认真落实局党委与驻局纪检监察组联合出台的《深入推进全面从严治党联动工作办法》,围绕精神共领、工作共谋、任务共推等八个方面内容,深入实施联动机制。今年以来,联合组织开展6次业务研讨、4次理论学习、10次廉政教育、12次监督检查。在驻局纪检监察组查办案件时,局党委坚决支持,不袒护,严格执纪。在驻局纪检监察组网络视频系统建设、落实办公用品等方面给予支持,全力保障驻局纪检监察组开展专责监督。

市工业和信息化局2022年工作总结

2022年是具有里程碑意义的一年,党的二十大胜利召开,开启全面建设社会主义现代化国家新征程。面对百年变局的复杂形势,全市工业和信息化战线坚持以习近平新时代中国特色社会主义思想为指导,坚决贯彻党的二十大关于建设制造强国和网络强国的战略部署,深入落实"疫情要防住、经济要稳住、发展要安全"要求,按照市十二次党代会大力实施制造业立市战略的部署要求,着力稳增长、调结构、促转型,深化巩固制造业高质量发展态势。

一、京津冀产业协同持续深化

完善推进机制,深度参与并推动出台国家京津冀产业协同方案,推动工信部与我市签署部市合作协议,牵头与京冀签署产业协同备忘录,形成"国家+部市+三地"推进体系。扭住"疏非"这个"牛鼻子",推动总投资607亿元的144个首都优质项目落户我市,占全市疏非项目比重超过三分之一。京津冀生命健康集群获批国家级先进制造业集群,信创海河实验室与20余家南港世界一流化工北京企业开展联合创新,引入中石化北化院、石科院助力新材料基地建设,工业母机全国链主企业通用集团机床二级总部落户我市。

二、工业经济运行承压企稳

全力克服首战奥密克戎、年末集中发生等七次较大疫情不利因素,积极应对房地产、消费电子、汽车等行业市场需求低迷影响,深入落实国家和我市"稳大盘"政策,组建工作专班,建立扁平化指挥机制,坚持周调度、月通报,市区两级工信部门"一企一策"帮扶企业2.66万次,梳理市级"白名单"企业910家,发放通行证3.5万张,组织产业链撮合对接689场,形成上下游衔接成果196项,帮助企业融资662亿元,全力打通产业链断点堵点。全年全市规上工业总产值增长1.2%;企业利润增长4%,高于全国8个百分点。

三、产业创新能力进一步提升

着力构建以企业为主体的技术创新体系,新增6家国家级企业技术中心,累计达到77家,位列全国主要城市第3名;8个项目入围工信部新一代人工智能产业创新任务榜单。加快打造创新载体平台,完成35个市级产业技术基础公共服务平台认定,获批6家工信部产业技术基础公共服务平台;"芯火"双创基地(平台)获得工信部批复,信创海河实验室建设全面展开。深入开展5G高集成度射频前端器件、集成电路用特种气体适配应用等"揭榜挂帅"协同攻关,突破一批"卡脖子"环节。神工脑机交互系统面世,康希诺吸入式新冠疫苗获准使用,大型盾构机走出国门,国网全球首台配网带电作业机器人下线,朗誉240吨桥式AGV投入市场,一批津版"独门绝技"填补国内空白。

四、产业链攻坚成效明显

发挥指挥部办公室统筹作用,部门协同、市区联动,实施任务、问题、项目"三张清单"管理,实施康希诺国际创新疫苗产业园、精雕数控机床二期等延链补链项目,着力增强产业链韧性。精准推动链上复工复产,聚焦汽车、集成电路等重点产业链,深入解决用工、原材料、资金等难题,确保龙头企业生产不断线。车规芯片、自主可控、新能源汽车动力系统集群获批国家级中小企业特色产业集群，新培育认定 10 个市级产业主题园区，打造高质量发展的示范载体。全市在链企业产值增长 6.4%，占规模以上工业比重达到 64.1%，形成有力示范带动。

五、重大项目建设有力推进

狠抓 100 项重大工业项目，中芯国际 T3 竣工投产，一汽丰田新能源汽车成功下线，联想智慧产业园顺利投产；中石化 120 万吨乙烯、渤海油气勘探开发等项目加快建设；中芯国际大二期、力神新能源电池基地等新项目签约落地。以智能制造为主攻方向，实施百项重点技术改造项目，企业智能化水平大幅提升。全年完成工业固定资产投资 1462 亿元，拉动全市投资增长 0.35 个百分点。制造业招商引资步伐加快，全年实际到位内外资 825 亿元，增长 11.6%。制定实施《加强制造业招商引资推动产业链高质量发展工作方案》，建立“1+N”产业链招商体系，中船船舶制造基地、恒河碳五碳九新材料等总投资 800 多亿元的 160 个储备项目相继落户，形成抓项目、抓招商的浓厚氛围。

六、数字化转型深入推进

产业数字化步伐加快，实施智能制造专项资金项目 203 个，新打造 100 家智能工厂和数字化车间。累计 23 个工业 App 入选工信部优秀解决方案，位列全国第一；两化融合贯标企业累计达到 1400 余家，两化融合指数达到 107.2，11 个项目入选工信部 2022 年大数据产业发展试点示范项目。数字产业化加速推进，“天河三号”200 亿亿次超算完成规模部署，华为人工智能计算中心、中软国际“北方开源鸿蒙之城”等一批重大项目落地，云账户、车之家、神州数码等重点企业快速成长。通信基础设施建设全国领先，累计建成 5G 基站超 5.5 万个。软件和信息技术服务业收入 2722 亿元，同比增长 12.3%。建成制造业大数据平台，进一步提升信息化、数字化管理水平。第六届世界智能大会以会兴业成效显著，签约项目 136 项，总投资 849 亿元。

七、优质企业培育进展明显

构建形成制造业领航、单项冠军、专精特新优质企业、创新型中小企业梯度培育体系。获批成为国家首批七省一市领航企业评定试点；12 家企业入选第七批国家级单项冠军企业，专精特新“小巨人”企业达到 192 家，新增市级专精特新企业 509 家，创新型中小企业 2770 家；新培育 15 家市级工业设计中心，8 家企业进入第四批国家服务型制造示范名单。

八、工业绿色转型全面提速

出台《天津市工业领域碳达峰实施方案》，国家级绿色制造单位达到 154 家，保持全国前列。推进工业能效水效提升，天津石化、新天钢入选国家首批工业碳达峰“领跑者”企业。规上工业单位增加值能耗持续下降，超额完成“十四五”进度目标；规上工业万元增加值用水量、水重复利用率等位列全国第二。新增 10 家国家级废钢铁加工、废纸加工、废旧动力电池综合利用行业规范条件企业。

九、自身建设取得全面进步

强化政治建设，深入学习宣传贯彻党的二十大精神，扎实开展“迎盛会、铸忠诚、强担当、创业绩”主题学习宣传教育实践活动工作，严格落实意识形态工作责任制，坚定捍卫“两个确立”，坚决做到“两个维护”。加强干部队伍建设，一大批干部得到提拔使用和晋升职级，“以实绩论英雄”的干部使用导向进一步树立，担当作为的工作作风进一步弘扬。强化安全发展，扎实推进工业和国防科技工业领域安全生产大排查，坚决防范重大事故。强化电力保供，巩固深化电力需求响应机制，圆满完成党的二十大期间和“迎峰度夏”电力安全保障任务。强化无线电安全保障，全年查处“黑广播”违法案件数量居全国第三。优化营商环境，行政审批效能持续保持市级单位领先。深化直属单位管理，市中小企业信用融资担保公司挂牌成立，融资担保额同比翻番；市工研院智库支撑能力进一步提升，7 项成果获得省部级奖项；执法总队严格履行行政执法职责，法治政府建设全面加强；中小企业服务中心在全国服务联盟竞赛中获三项重要奖项，化工质监站专业能力持续提升，支撑服务能力进一步提高；中德应用技术大学持续深化中高本硕一体化培养机制，为制造业高质量发展提供技能型人才支撑。

市工业和信息化局党组 2022 年工作总结

2022 年是具有里程碑意义的一年，党的二十大胜利召开，开启全面建设社会主义现代化国家新征程。面对百年变局的复杂形势，全市工业和信息化局党组坚持以习近平新时代中国特色社会主义思想为指导，按照市十二次党代会大力实施制造业立市战略的部署要求，着力稳增长、调结构、促转型，深化巩固制造业高质量发展态势。

一、坚持政治引领，始终保持坚定正确的政治方向

一年来，局党组班子始终胸怀“国之大者”，坚持以习近平新时代中国特色社会主义思想为引领，围绕深入学习宣传贯彻党的二十大精神这条主线，着力加强政治建设，扎实抓好理论武装，坚定捍卫“两个确立”，坚决做到“两个维护”。

一是深入学习宣传贯彻党的二十大精神。坚决落实党中央决策指示和市委部署要求，把学习宣传贯彻党的二十大精神作为首要政治任务，高起点谋划、高水平推进、高标准落实。迎庆党的二十大阶段，组织召开专题会议，下发工作方案，进行全面部署；党的二十大召开期间，组织全系统开展跟进式学习；大会闭幕后，党组召开 3 次会议，专题安排部署，出台工作方案，迅速掀起学习贯彻热潮。强化示范引领，中心组发挥表率作用，逐字逐句、原原本本学习党的二十大报告和新党章；强化全员学习，举办 2 期专题培训班，开展专家讲学、视频教学、个人自学、交流研学，推动入脑入心。强化宣传宣讲，“一把手”带头为系统党员干部作宣讲报告，领导班子成员和各级党组织书记跟进开展宣讲，局系统共宣讲 57 场次，累计受众 909 人次，引导广大党员把思想和行动迅速统一到党的二十大精神上来。

二是持续强化思想理论武装。坚持把思想引领作为加强政治建设的首要任务，深入抓好理论学习。围绕学习贯彻习近平新时代中国特色社会主义思想，全年组织党组理论学习中心组学习 20 次，涉及议题 83 个，研讨发言 75 人次。深入研读党的二十大报告、《习近平谈治国理政》(第四卷)、《习近平经济思想学习纲要》等一系列重要文献和理论著作，切实打牢理论基础、强固理想信念。召开党组会 64 次，第一时间传达学习习近平总书记重要讲话精神，组织班子成员及时了解掌握习近平总书记和党中央最新指示要求，始终做到胸怀“国之大者”，不断强化政治判断力、政治领悟力、政治执行力，提升把方向、管大局、抓落实的能力。

三是扎实开展“迎盛会、铸忠诚、强担当、创业绩”主题学习宣传教育实践活动。深入落实市委部署要求，成立党组学习教育领导小组，召开系统动员部署大会、阶段性总结会，始终保持高位推动。利用“三会一课”、集中宣讲等途径，组织党员干部全面学习习近平新时代中国特色社会主义思想；开展党支部书记、党务干部集中轮训，开展专题党课 17 次，以“学、听、观、测、看”等形式举办 7 期专题读书班，不断增强学习教育实效性。深入推进“我为群众办实事”实践活动，梳理落实局党组“办实事”清单 70 项，切实增强企业群众获得感、安全感、幸福感。

四是不断筑牢意识形态阵地。认真贯彻落实市委关于意识形态工作的决策部署和指示精神，严格落实意识形态工作责任制，5 次召开党组会专题研究有关工作，制定印发局系统年度网络意识形态和宣传工作要点，细化工作任务，明确落实要求。举办意识形态和网络意识形态培训班，进一步提高防范和化解意识形态领域风险的能力水平。加强意识形态阵地建设管理，充分发挥政务网站、微信、微博等宣传阵地作用，设置党的二十大专题报道链接和专题专栏，推送视频 67 个，点击播放 10.8 万次，微信公众号和微博 2022 年累计发布信息 5995 条，阅读量 2866 万次。坚持主动发声，围绕学习贯彻党的二十大精神、制造业立市、重大项目建设、第六届世界智能大会等主题强化新闻推送，全年播发新闻报道16609条，不断巩固壮大主流舆论。深入开展落实意识形态工作责任制检查，深入排查意识形态风险点，针对性制定防控措施，进一步提升党员干部政治敏锐性和政治鉴别力。

二、坚持聚焦中心，深入落实制造业立市战略部署

强化发展是第一要务观念，坚决贯彻党的二十大关于建设制造强国、质量强国、网络强国、数字中国的战略部署，深入贯彻落实中央经济工作会议部署要求和党中央“疫情要防住、经济要稳住、发展要安全”重要要求，按照市第十二次党代会大力实施制造业立市的部署要求，着力稳增长、调结构、促转型，深化巩固制造业高质量发展态势。

一是京津冀产业协同持续深化。推动并参与编制国家京津冀产业协同发展实施方案，不断完善顶层设计。推进协同创新，信创海河实验室与20余家北京企业开展联合创新；军事科学院陈薇院士与康希诺合作开发新冠疫苗。深化产业链协作，工业母机全国链主企业通用集团机床二级总部落户我市。共建产业协同载体，推动武清高村云数据应用产业主题园区建设，共建“通武廊”协同发展示范区。扭住“疏非”这个“牛鼻子”，对接4批17家央企，一批首都优质项目落户天津市。2022年1—11月市工业和信息化局推动“疏非”项目135个，总投资564亿元，占全市引进首都项目比重超过三分之一，位列市级部门第一。

二是工业经济运行稳步恢复。深入落实国家和天津市“稳大盘”政策，启动联合专班，建立扁平化指挥机制，坚持周调度、月通报；“一企一策”帮扶企业2.66万次，梳理市级“白名单”企业910家，发放通行证3.5万张；组织区级撮合对接689场，帮助企业融资662亿元，形成上下游衔接成果196项。

三是产业链攻坚成效明显。将产业链作为制造业立市核心抓手，持续深化“链长制”“专班制”和包联帮扶制等机制，坚持部门协同、市区联动，实施任务、问题、项目“三张清单”管理，深化企业服务，推动工作落实。

四是重大项目建设有力推进。狠抓100项重大工业项目，重点推动一汽丰田新能源汽车、中芯国际T3项目、联想智慧产业园等在建项目竣工投产，集中推动中石化催化剂新材料生产基地、渤海油气勘探开发等开工项目加快建设，全力保障中芯国际大二期、力神新能源电池基地等签约项目落地开工，实施百项重点技术改造项目，拉动设备更新和技术改造有效投资350亿元。制定实施《加强制造业招商引资推动产业链高质量发展工作方案》，建立“1+N”产业链招商体系，加速筹划一批储备项目，实现“四个一批”源源不断发展。

五是产业创新能力持续提升。着力构建企业为主体的创新体系，国家级企业技术中心新增6家，累计达到77家，位列全国主要城市第3名；8个项目入围工信部新一代人工智能产业创新任务榜单，项目数量全国第四。加快打造创新载体，“芯火”双创基地（平台）获得工信部批复，信创海河实验室建设全面展开，完成首批20个市级产业技术基础公共服务平台认定。深入开展技术攻关，“天津号”纯太阳能车迭代升级，神工脑机交互系统面世、康希诺吸入式新冠疫苗获准使用，大型盾构设备走出国门，一批津版“独门绝技”填补国内空白。

六是数字化转型深入推进。产业数字化加快推进，实施智能制造专项资金项目203个，新打造100家智能工厂和数字化车间。数字产业化步伐加快，新增两化融合贯标企业400余家，全市两化融合指数达到107.2，高于全国平均水平6.6个点，位居国内前列；23个工业App入选工信部优秀解决方案，位列全国第一；11个项目入选工信部2022年大数据产业发展试点示范项目，位居全国第三。信息基础设施建设全国领先，累计建成5G基站超5.5万个，固定宽带用户下载速率保持全国第二。推出制造业立市大数据平台，运用数据手段一体支撑工业运行、项目建设、招商引资、产业链工作，进一步提升信息化、数字化管理水平。深入贯彻落实习近平总书记贺信精神，成功举办第六届世界智能大会，工信部与我市签署新一轮战略合作协议,全面支持天津制造强市建设。

七是优质企业梯度培育进展明显。加快构建制造业领航企业、单项冠军、专精特新企业跟进跃升,大中小企业融通发展的优质企业梯度培育体系。12家企业入选第七批国家级制造业单项冠军,位列全国主要城市第四;专精特新“小巨人”企业累计达到194家,带动新增市级专精特新企业509家,创新型中小企业2770家,我市优质中小企业梯度培育格局不断优化。8家企业进入第四批国家服务型制造示范公示名单。新培育认定10个市级产业主题园区,推动企业集约集聚,打造高质量发展的标杆和载体。

八是工业绿色转型全面提速。出台《天津市工业领域碳达峰实施方案》,部署实施六项重点任务和两个重点行动。持续完善绿色制造体系,国家级绿色制造标杆单位突破154家,实现制造业重点行业全覆盖。全市规模以上工业单位增加值能耗降幅高于全市1.5个百分点,新增6家国家级废纸加工、废旧动力电池综合利用行业规范条件企业,位列全国第一,工业水、工业固废综合利用率全国领先。

三、坚持改革引领,持续提升系统全面建设水平

坚持把全面深化改革作为破解瓶颈、提升水平的根本保障,着力加强观念创新、制度创新、招法创新。

一是强化机制建设。完善拓展“链长制”,根据市领导分工调整,及时更新领导机制,始终保证高位推动、高效落实,确保工作不断线、任务不落空;建立复工复产专班机制,针对奥密克戎影响,牵头成立市级复工复产工作专班,指导各区设立相应机制,春节假期无休、全年连续作战,点面结合服务重点企业,确保生产稳定;深化落实包联帮扶机制,紧盯200强企业,局领导挂帅深入一线,一对一、面对面解决企业问题;优化政策保障机制,出台工业经济24条政策,编发稳经济政策指南、中小企业发展政策“一码通”、融资担保政策“口袋书”,举办15场专精特新惠企政策宣讲会,提振工业企业发展预期;制定制造业立市政策,从土地、人才、创新、资金等方面,全方位强化制造业高质量发展的要素保障。通过体制机制改革创新有效确保工业运行、复工复产等重大工作任务的顺利完成。

二是强化依法行政。持续加强对法治建设的领导,党组书记严格履行“第一责任人”责任,坚持重要工作亲自部署、重大问题亲自过问、重点环节亲自协调、重点任务亲自督办。加强学习宣传,推动习近平法治思想入脑入心。将习近平法治思想纳入党组理论学习中心组学习,组织专题讲座,深入开展学习研讨;召开3次依法行政专题党组会议,落实中央法治督察要求,部署法治政府建设工作;及时传达学习中央和市委关于法治建设的决策部署和会议精神,不断强化法治思维。加强立法工作,不断完善我市工业领域法规体系。积极参与《天津市人民代表大会常务委员会关于促进和保障制造业立市推动高质量发展的决定》起草出台,制定具体落实措施并严格执行,为制造业发展提供制度支撑和法治保障。加强统筹协调,不断深化法治政府建设。落实市委依法治市委要求,制定局《关于全面推进法治政府建设实施意见》,明确今后五年重点工作任务和责任分工;成立法治政府建设领导小组,统筹推进工业和信息化局系统法治政府建设各项工作;部署推动局系统学法用法考法各项工作;全面提升机关干部法治思维和依法行政能力;深入开展普法宣传,严格履行工业和信息化执法监督职能;深化工业和信息化领域诚信建设和应用,法治政府建设取得长足进步。加强审计监督,提高内部管理水平。主动接受领导干部任期经济责任审计,认真落实审计问题整改,完成2021年度审计整改任务;定期开展审计问题整改“回头看”,推动内部审计在规范管理、完善制度建设、防范风险和提质增效等方面发挥积极作用。加强对机关和直属单位内部审计,印发《市工业和信息化局直属事业单位内部审计暂行办法》,制定年度审计计划,确保内审工作有章可循。规范项目管理,严格执行内控制度,财务管理等,确保资金使用合理合规。

三是强化体制改革。持续优化整合直属单

位,完成中小企业融资担保中心转企改制,天津市中小担保公司挂牌成立,与25家金融机构展开深度合作,全面提升金融服务实体经济能力,累计为中小微企业提供担保服务139亿元,比上年度翻一番。进一步完善天津市工业和信息化研究院职能机构设置,全方位完成人员、资产、业务等事业单位改革任务,积极引育高水平研究团队,建设工业大数据平台,发挥咨政建言职能作用,在智能制造、工业互联网及5G推广、工业节能和落实"双碳"等领域,支撑能力大幅提升。

四是强化安全发展。深入开展国家安全宣传教育,多次召开局系统保密专题会议,研判保密工作形势,组织开展保密自查自评和监督检查工作,强化秘密管理。多次召开党组会议,学习贯彻落实习近平总书记关于安全生产重要指示精神,扎实推进安全生产专项整治第四阶段各项任务。制定局系统《安全生产委员会主要职责、机构设置及工作职责任务分工》,健全工作机制;制定印发《"安全生产15条措施"贯彻落实措施》,对行业安全、消防安全等作出部署;组织开展国防军工领域安全生产大排查,深入组织重点时期、关键部位安全生产整治,消除事故隐患。强化电力保供,巩固深化电力需求响应机制,圆满完成党的二十大期间电力安全保障任务;针对全国能源电力供应紧张形势,加强调度协调,确保全市"迎峰度夏、迎峰度冬"安全有序。强化无线电安全保障,加强对重点区域、重要频段无线电监测排查,全年查处"黑广播"违法案件数量居全国第三。确保工业领域高度安全稳定。

四、坚持从严治党,打造过硬政治机关

深入贯彻党中央和市委指示要求,全面推进党的政治、思想、组织、作风、纪律和制度建设,在管党治党上狠下功夫,在推动发展上见到成效。

一是严格履行主体责任。牢固树立"抓好党建是最大政绩"意识,切实扛起全面从严治党主体责任。认真组织学习宣传贯彻党的二十大精神,全面落实中央经济工作会议精神,深入贯彻落实市委经济工作会议精神,迅速组织传达学习敏尔书记关于加强党的建设、做好经济工作的有关讲话精神,组织制定制造业高质量发展专项行动方案,充分发挥党组把方向、管大局、促落实的作用。制定印发党组2022年政治生态建设工作要点,年度党建、党风廉政建设等工作要点和党组抓基层党建工作清单、推进清廉天津建设落实举措等制度文件。党组成员认真制定"两个清单",将全面从严治党与分管业务工作同部署、同落实、同督查、同考核;党组书记、局长尹继辉同志严格落实"第一责任人"责任,主持召开全面从严治党暨党风廉政建设会议和全面从严治党征求意见座谈会;积极参加党支部活动,认真开好专题组织生活会,落实"四个走遍"要求,赴直属单位和企业调研服务,深入抓党建、抓发展、抓改革,推动责任落实落地。

二是着力强化基层组织建设。做好出席党的二十大代表推荐提名工作和出席市第十二次党代会代表选举工作,确保工作全覆盖、党员全参与,各项环节风清气正。注重提升基层党组织标准化规范化水平,进一步严格做好党内统计、党费收缴使用管理、组织关系转接、规范完善党员档案管理等工作。全年按程序发展88名党员,确保组织体系严密、组织结构完整;规范基层党组织设置调整,有力有序完成党支部换届。做好党员干部入列轮值工作,200名党员干部入列轮值,参与到社区治理和疫情防控等各项工作中,有力协助了社区工作。开展优秀共产党员、优秀党务工作者和先进基层党组织评选工作,引导党员干部见贤思齐、向榜样学习。充分发挥基层支部的战斗堡垒作用和党员的先锋模范作用。

三是持续强化纪律建设。开展经常性警示教育,召开全局系统廉政工作会议、警示教育大会,党组书记、局长尹继辉为系统党员干部讲廉政党课;编发"工信纪语",印发《警示教育通报》;扎实开展"迎盛会、铸忠诚、强担当、创业绩"主题警示教育月活动,在局官网开设"清廉教育"专栏,组织党员干部参观警示教育基地、观看党风廉政教育电视专题片,进一步强党性、严纪律。认真组织全局副处级以上干部进行个人有关事项报告填报工作,加强领导干部配偶、子女及其配偶经商办企业管理。支持市纪委监委派驻纪检监察组做好监督工作,积极推动监督执纪。

四是不断加强作风建设。持续加强对落实中央八项规定及其实施细则精神、纠治“四风”、为群众办实事等情况的监督检查,不断减轻基层负担,最大限度整合微信群,最小限度要求基层报送资料,严控发文和办会数量,精文简会成效明显。

五是树立鲜明选人用人导向。坚持新时代好干部标准,强化实干实绩,确保“有为者有位”。加大干部交流力度,对机关处科级干部轮岗交流。扎实推进直属单位领导班子建设,实现优化配置,发挥最大合力。推进干部能上能下,进一步净化政治生态,树立实干实绩导向。

六是不断严肃党内政治生活。认真落实请示报告制度,制定局党组向市委请示报告事项清单。认真落实民主集中制,严格执行党组工作规则、党组议事决策规则、“三重一大”实施办法等制度规定,坚持党组书记末位表态。各基层党组织严格落实“三会一课”、民主评议党员等组织生活制度,党内政治生活政治性、时代性、原则性、战斗性不断增强。

市民族和宗教事务委员会2022年工作总结

2022年,市民族宗教委以习近平新时代中国特色社会主义思想为指导,深入学习宣传贯彻落实党的二十大精神,完整、准确、全面把握和贯彻习近平总书记关于加强和改进民族工作的重要思想、关于宗教工作的重要论述,认真学习宣传贯彻中央民族工作会议、全国宗教工作会议精神和市委民族工作会议暨全市宗教工作会议精神,以铸牢中华民族共同体意识为新时代民族工作主线,坚持我国宗教中国化方向,以市委巡视整改为契机,推进新时代我市民族宗教工作高质量发展,各项工作任务得到扎实有效推进。

一、以党的二十大精神为统领,加强政治机关建设

(一)深入学习宣传贯彻落实党的二十大精神、市第十二次党代会和市委十二届二次全会精神。将深入学习宣传贯彻党的二十大精神作为首要政治任务,党组理论学习中心组引领学、党员干部教育培训辅导学、各党支部系统学,学深悟透精髓要义;扬声扩面“宣”,线上线下结合,全方位立体化、多视角多形式地宣传阐释党的二十大精神,多篇原创信息被津云、“学习强国”转载;知行合一“做”,围绕党的二十大报告对民族宗教工作提出的目标任务,扎实推进各项重点工作。把学习宣传贯彻市第十二次党代会和市委十二届二次全会精神作为重要政治任务,将全委党员干部的思想和行动统一到党代会的决策部署上来,不断在奋力建设社会主义现代化大都市的新征程上展现新担当、贡献新力量。

(二)扎实推进主题学习宣传教育实践活动,推动机关党的建设。深入开展“迎盛会、铸忠诚、强担当、创业绩”主题学习宣传教育实践活动,圆满完成各个专题的学习研讨任务。开展“奋进新征程　建功新时代”“迎盛会、铸忠诚、强担当、创业绩”等专题宣传,在我委微信公众号上设立“民族团结赞”“自信中国说”“基层访谈录”等栏目。巩固拓展党史学习教育成果,持续开展“我为群众办实事”实践活动,47项办实事项目已按时完成。

(三)压实管党治党主体责任,推动全面从严治党向纵深发展。紧盯《天津市2022年落实全面从严治党主体责任任务安排》,制定202条主体责任清单和任务清单,压实责任、推动落实。严格贯彻民主集中制,加强和规范党内政治生活。认真落实“三会一课”制度。完成市委巡视反馈意见集中整改、深度整改工作,巡视反馈的24个具体问题、查摆的10个“举一反三”整改事项和9个“推动改革促进发展”整改事项,全部整改完毕。持续开展讲担当促作为抓落实、持续深入治理形式主义官僚主义不担当不作为问题专项行动。加强党风廉政建设,扎实落实廉洁文化建设和清廉天津建设重点任务。坚持抓早抓小、防微杜渐,对 5 名干部进行"第一种形态"处理。大力推进支部标准化、规范化建设。有序逐步开展干部选拔任用、职级晋升工作,干部队伍梯次结构得到优化。严格落实保密工作责任制,认真做好国家安全、平安天津、安全生产、反恐反邪、应急维稳、信访等各项工作。

(四)民族宗教领域意识形态、网络意识形态工作得到加强。严格落实党组意识形态、网络意识形态工作责任制,坚持每季度召开党组专题研判会,牢牢把握网上网下意识形态工作主动权。认真贯彻落实《互联网宗教信息服务管理办法》,建立天津市互联网宗教事务管理协调机制,依法依规管控互联网宗教信息服务行为。

二、深入贯彻落实中央和市委决策部署,推动我市民族宗教工作再上新水平

(一)深入贯彻落实中央民族工作会议和全国宗教工作会议精神。会同市委统战部配合市委办公厅筹备市委民族工作会议暨全市宗教工作会议。推动将中央民族工作会议和全国宗教工作会议精神纳入各级党委(党组)理论学习中心组重要学习内容、纳入党校(行政学院)、社会主义学院重要教学内容,纳入基层党政干部、网格员培训内容。会同市委统战部牵头起草并以市委统一战线工作领导小组名义印发相关实施意见和若干措施,均明确了责任分工,细化了保障措施。贯彻落实国务院办公厅"十四五"民族团结进步事业规划,牵头起草我市推进民族团结进步事业的相关方案。

(二)推进各族群众对中华文化的认同,构筑各民族共有精神家园。一是加强铸牢中华民族共同体意识研究。建成天津市铸牢中华民族共同体意识研究基地。开展《中华民族交往交流交融史料汇编·天津卷》《少数民族文物图谱·天津卷》编纂工作和《天津市志·民族宗教事务志》编修工作。二是大力弘扬传承中华优秀传统文化。举办天津市大学生民族文化创意设计大赛。与北方演艺集团签署全面战略合作协议,共同创作具有鲜明民族特色的文艺精品。会同市文化和旅游局、河西区举办京津冀甘黔湘非物质文化遗产创新创意大联展活动。三是组织开展"民族团结进步宣传月"活动。运用"互联网+铸牢中华民族共同体意识"宣传模式,在微信公众号设置专栏,广泛宣传我市民族团结进步工作开展情况,依托手机短信平台开展铸牢中华民族共同体意识宣传。组建"石榴籽"民族团结进步宣讲团,讲好民族团结天津故事。

(三)动员各方力量,推动各民族共同走向社会主义现代化。一是持续推进民族乡村振兴。按照市领导批示要求,加快推动蓟州区孙各庄满族乡隆福寺提升改造,打造隆福寺村满族特色村寨。在蓟州区孙各庄满族乡举办第五届民族乡村农民丰收节活动。蓟州区孙各庄满族乡隆福寺村和渔阳镇桃花寺村入选第六批中国传统村落名录。二是加强对口支援民族地区工作。向新疆和田、西藏昌都、甘肃甘南、青海黄南等民族地区拨付帮扶资金用于民族团结进步创建工作。筹集 145 万元社会动员资金,用于对口民族地区民生项目改造和国家通用语言培训。举办对口支援民族地区民族宗教工作干部网络培训班,累计培训 400 余名民族地区民宗干部。

(四)搭建载体平台,促进各民族广泛交往交流交融。一是精心组织实施"三项计划"。即各族群众互嵌式发展计划、各族青少年交流计划、旅游促进各民族交往交流交融计划。牵头成立由 11 个相关部门负责同志组成的"三项计划"协调小组,制定工作方案,召开协调小组会议。二是深入开展民族团结进步创建工作。评选命名 35 个市级民族团结进步示范单位、10 个典型示范单位,实现民族团结进步创建"十一进",即进机关、进企业、进社区、进乡镇、进学校、进连队、进宗教活动场所、进窗口单位、进"两新组织"、进家庭、进岗位。建立《天津市民族团结进步示范单位退出机制》,对示范单位实行动态管理,切实做到"能进能出",有效激发创建工作活力。三是完善我市三级民族团结进步教育基地体系。发挥国家级、市级民族团结进步教育基地示范引领作用,指导有条件的区推进区级民族团结进步教育基地建设,全年共有 14 个区建成 36 个区级基地。四是加强少数民族流动人口服务管理工作。汇总梳理我市少数民族流动人口相关基础数据，全面掌握少数民族流动人口流动规模、民族成份、地区分布等情况。举办“2022 年天津市新疆籍人员国家通用语言、政策法规、职业技能培训班”。

（五）落实政策法规，推进民族事务治理体系和治理能力现代化。一是扶持企业发展。会同市财政局、中国人民银行天津分行制定《天津市民族贸易和民族特需商品生产贷款贴息管理实施细则》，调整申报“十四五”期间天津市特需商品定点生产企业名单，做好 2022 年民族贸易和民族特需商品生产贷款贴息工作，共为 10 家企业贴息 660 多万元。二是强化清真食品监管服务。推进清真食品备案工作，全市已备案清真食品生产经营户达到 2625 家，备案率达 90%。在重要节日、节点开展清真食品市场安全大检查，进一步巩固“清真”概念泛化治理成果。充分利用“食安天津”指数等绩效管理平台，严格按照“食安天津”指数考核标准打分，压实各区清真食品监管责任。三是梳理完善我市民族政策法规。以铸牢中华民族共同体意识为标准，以公平公正为原则，系统梳理天津市现行民族政策法规。会同市教委推进中考少数民族考生加分政策改革取得实质性进展。

（六）在“导”上下功夫，推进全面从严治教。一是推进我国宗教中国化。建成天津市坚持我国宗教中国化方向研究基地。举办天津市宗教界坚持我国宗教中国化方向暨“双通”人才建设专题培训班。指导各宗教开展坚持我国宗教中国化方向研讨交流。制定宗教教职人员中长期培养规划，培养规模适当、质量过硬、梯次合理的宗教教职人员队伍。二是建立完善“两项机制”。指导全市性宗教团体制定天津市全市性宗教团体联席会议制度，建立联席会议机制，实行轮值主席制；完善全市性宗教团体负责人年度考核评议机制，召开 2022 年度全市性宗教团体主要负责人述职评议会。三是制定实施“三项制度”。制定实施宗教教职人员行为规范制度，使教职人员明确“要干什么”；制定实施宗教教职人员讲经讲道活动负面清单制度，使教职人员知道“不能干什么”；制定实施宗教教职人员违规惩戒制度，使教职人员增强对制度规定的敬畏。四是深化“四项活动”。将宗教活动场所“四进”活动、“国好·法大”教育实践活动、“爱党爱国爱社会主义”主题教育活动、崇俭戒奢教育活动融入宗教界“爱国主义、集体主义、社会主义”教育。开展宗教界代表人士爱国主义教育实践行活动和与宗教界人士谈心谈话活动。评选命名大悲禅院、河西区清真寺为首批天津市宗教界爱国主义教育基地。在首届全国宗教界先进集体和先进个人表彰大会上，我市 5 个集体和 5 名个人受到表彰。

（七）防范化解民族宗教领域风险隐患，为党的二十大胜利召开保驾护航。一是建立健全工作机制。推动建立市委统一战线工作领导小组领导下的民族工作协调机制、宗教工作协调机制和防范化解民族领域重大风险工作机制，切实维护我市民族领域安全稳定。二是持续深入整治非法宗教活动遏制宗教渗透蔓延。抓好“回头看”“大排查”等工作。三是有效化解历史遗留问题。积极推动宗教房产政策落实，妥善解决原宗教房产公司注销后遗留问题。四是切实维护宗教活动场所安全。加强宗教活动场所疫情防控，根据疫情防控形势变化，及时调整防控措施。持续开展防风险除隐患保安全专项行动、宗教活动场所消防安全专项整治三年行动，紧盯重要节日节点，开展暗访检查，确保安全稳定。

（八）推进全面依法治市，提升民族宗教工作法治化水平。开展 2022 年“民族宗教政策法规宣传月”活动，扩大民族宗教政策法规知晓率。高质量做好中央法治建设督察整改工作。制发《贯彻落实法治建设“一规划两纲要”工作实施方案》《关于进一步加强民族宗教事务行政执法工作的意见》，压实工作责任。贯彻落实《宗教活动场所财务管理办法》，会同市财政局制定工作方案，组织开展专题培训辅导，印发《宗教事务法规汇编》，帮助宗教界全面掌握财务管理的程序和要求。优化我委行政执法队伍，完成执法证换证工作。

市民族和宗教事务委员会党组2022年工作总结

2022年来，在市委市政府、市委统战部的坚强领导下，市民族宗教委党组坚持以习近平新时代中国特色社会主义思想为指导，认真学习宣传贯彻落实党的二十大精神，大力推动全面从严治党向纵深发展。深入贯彻落实中央统战工作会议、中央民族工作会议、全国宗教工作会议精神，以铸牢中华民族共同体意识为新时代民族工作主线，坚持我国宗教中国化方向，以市委巡视整改为契机，推进新时代我市民族宗教工作高质量发展，各项工作任务得到扎实有效推进。

一、以政治建设为统领，增强领导力

一是聚焦机关政治属性，扛起主体责任。始终把政治建设摆在首要位置，持续强化政治机关属性，不断加强对民族宗教工作的领导，以实际行动坚定捍卫“两个确立”，坚决做到“两个维护”。始终牢记全面从严治党永远在路上，党的自我革命永远在路上，持之以恒将全面从严治党贯穿于党组研究推动年度工作全过程，坚决筑牢首都政治“护城河”，以担当尽责的扎实业绩护航党的二十大。委党组2次召开专题会议推动全面从严治党走深走实，研究制定年度全面从严治党主体责任“两个清单”，确定202条主体责任清单和任务清单的具体工作，细化任务、明确责任，有的放矢推动责任落实。

二是聚焦党的二十大，抓实首要政治任务。委党组务实重行、承担主责，把学习宣传贯彻落实党的二十大精神作为当前和今后一个时期的首要政治任务。在开幕会当天，组织系统党员干部认真收看大会直播，并作为党史专题读书班的首课，各党支部第一时间组织学习交流研讨；指导民族宗教界集中收看直播，在民族宗教领域迅速兴起学习宣传贯彻党的二十大精神的热潮。召开党组会专题研究部署，制定下发学习宣传贯彻落实方案。党组理论学习中心组通过原原本本读、逐字逐句读，深刻领会党的二十大报告和党章的核心要义。结合“迎盛会、铸忠诚、强担当、创业绩”主题学习宣传教育实践活动要求，党组书记带头为党员干部、民族宗教界宣讲，班子成员、各党支部书记结合工作实际，开展点面结合、层次多样的宣讲活动。充分利用各类宣传阵地和资源，在官方公众号设置“同心同德　同向同行”“民族团结赞”“自信中国说”“基层访谈录”等专栏，全方位展现机关党员干部、民族宗教领域学习宣传贯彻落实党的二十大精神的生动实践。发布原创信息50余篇，多篇被“学习强国”、津云等平台转载。

三是聚焦市委巡视整改，履行政治职责。高标准推动市委巡视反馈意见的整改落实，制定工作方案、加强组织领导，党组主动认领、主动沟通协调，盯紧时限节点、倒排任务工期。本轮巡视反馈的24个具体问题，已全部完成整改，提出整改意见5条，已全部落实。整改期间共查摆“举一反三”整改事项10个，查摆“推动改革促发展”整改事项9个，均已全部完成整改。

二、以思想建设为基础，增强向心力

一是深学笃行，持续强化党的创新理论武装。以习近平新时代中国特色社会主义思想为指导，以学习宣传贯彻落实党的二十大精神为主线，深刻领悟“两个确立”的决定性意义，深刻领悟党的十九大以来党的理论创新、实践创新、制度创新成果，深刻领悟党的二十大报告确定的重要思想、重要观点、重大战略、重大举措。全年党组成员参加中央、市委各部门组织的线上线下培训共计14期、23人次，组织开展党组理论学习中心组学习20次、交流研讨15次，思想政治能力水平不断提升。举办党员培训班2期、干部大讲堂4期、专题讲座3期、干部在线网络专题培训13期，全年累计参训人数1634人次。举办党的二十大精神、党史专题读书班，以党组理论学习中心组带头深入学、支部书记下沉辅导学、全体干部集中系统学、参训代表交流研讨学相结合的方式，扎实推动党的二十大精神入脑入心。

二是党建引领，持续提升民族宗教工作水平。创新谋划“十四五”时期全市民族宗教工作，会同市委统战部牵头起草并以市委统一战线工作领导小组名义印发相关意见和若干措施。成立天津市铸牢中华民族共同体意识研究基地，会同市教育两委开展铸牢中华民族共同体意识系列教育活动。加快推动蓟州区孙各庄满族乡隆福寺村提升改造，打造隆福寺村满族特色村寨。精心组织实施各族群众互嵌式发展计划、各族青少年交流计划、旅游促进各民族交往交流交融计划，牵头成立由11个相关部门负责同志组成的“三项计划”协调小组，制定工作方案，召开协调小组会议，推动我市与民族地区各族群众广泛交往交流交融。深入开展民族团结进步创建工作，评选命名35个市级民族团结进步示范单位、10个典型示范单位，实现民族团结进步创建“十一进”。指导全市性宗教团体制定联席会议制度，完善全市性宗教团体负责人年度考核评议机制，充分发挥宗教团体的桥梁纽带作用。成立我市坚持我国宗教中国化方向研究基地，制定教职人员中长期培养规划，举办天津市宗教界坚持我国宗教中国化方向暨“双通”人才建设专题培训班，积极推动我国宗教中国化行稳致远。深入开展崇俭戒奢教育活动，制定全面从严治教“三项制度”，强化对宗教团体的管理，促进各宗教健康传承发展。

三是坚守阵地，持续防范化解各类风险隐患。研究制定年度宣传思想工作要点，不断加强对民族宗教界的思想引领。严格落实党组意识形态、网络意识形态、网络安全工作责任，坚持每季度召开专题研判会议，牢牢把握意识形态工作领导权、主动权、话语权。建立天津市互联网宗教事务管理协调机制，召开专题会议部署工作。开展专项行动，妥善处置涉民族宗教因素网络舆情，切实维护我市民族宗教领域安全稳定。指导宗教活动场所配合属地严格落实“双暂停”和常态化疫情防控要求，在重要时间节点和重要宗教节日期间，委党组成员带队以“四不两直”的方式深入场所进行安全督导检查，引导宗教界牢固树立总体国家安全观。

三、以组织建设为抓手，增强保障力

一是严格落实组织制度。深入学习贯彻《中国共产党组织工作条例》《中国共产党党组工作条例》，认真落实民主集中制，坚持“三重一大”事项党组会议集体研究。严格落实双重组织生活制度，高标准召开党史学习教育暨巡视整改专题民主生活会，党组成员以普通党员身份参加所在支部“迎盛会、铸忠诚、强担当、创业绩”主题学习宣传教育实践活动工作专题组织生活会，严肃认真开展批评与自我批评，不断提高发现和解决自身问题的能力，积极参加所在支部的集体学习、交流研讨、“三会一课”、主题党日等活动，进一步强化党性修养，增强政治定力。制定2022年度党支部换届选举的工作方案，6个党支部顺利完成换届选举工作，新成立1个党支部。

二是加强干部队伍建设。坚持德才兼备、以德为先，扎实开展干部选拔晋升工作。通过内部交流轮岗、选派干部到基层单位实践锻炼、接收复转军人、开展公务员遴选等多种方式，不断优化干部队伍结构。扎实推进公务员、参公人员、事业编干部和机关工勤人员考核工作，全年2人荣立三等功，充分调动了党员干部干事创业的主动性积极性。先后3次累计组织71名党员干部下沉社区一线抗击疫情，大家闻令而动、克服困难、勇挑重担，展示了党员干部的良好形象。

二是抓实基层支部建设。扎实开展2021年度党组织书记抓基层党建工作述职评议考核工作，把抓基层党建工作情况作为评先评优、选拔任用干部的重要依据。组织《中国共产党党徽党旗条例》专题学习，对照文件要求对各党支部进行督导检查。起草《贯彻落实〈天津市关于加强新时代离退休干部党的建设工作的若干措施〉的举措》，精准服务离退休党员干部群体。“七一”期间，组织开展“坚持勇于自我革命，永葆党的生机活力”主题党日、集体过“政治生日”、颁发“光荣在党50年”纪念章、慰问困难党员等活动，积极营造庆祝建党101周年的浓厚氛围。组织所属党支部以“三会一课”为载体，严格落实“4+X”“主题党日+”模式，结合“迎盛会、铸忠诚、强担当、创业绩”主题学习宣传教育实践活动四个专题的要求，开展集中学习 182 次，主题实践活动 63 次，以准组织生活会的标准，查找差距不足，自觉接受监督。

四、以作风建设为成效，增强执行力

一是坚持治理不担当不作为常态化。委党组始终把作风建设摆在重要位置，制定《关于贯彻落实〈市委“讲担当促作为抓落实、持续深入治理形式主义官僚主义不担当不作为问题专项行动”2022 年工作要点〉的举措》，先后召开 3 次专项行动领导小组会议，持续用力盯紧重点、推进工作、解决问题，不断把专项行动引向深入。党组书记带头落实市委专项办关于专项行动调研的工作部署，主动担任调研课题组负责人，结合实际撰写调研报告，为推动专项行动取得实效，进一步明确了目标和靶向。

二是坚持警示教育常态化。持续开展警示教育月活动，组织召开警示教育大会、青年干部廉政座谈会，党组书记带头开展集体廉政谈话 2 次，为全体党员干部讲专题廉政党课和保密党课。班子成员结合分管工作实际，深入开展廉政教育。全年组织召开警示教育大会 2 次，机关干部警示教育案例集中学习 1 次，通过观看警示教育视频、学习不担当不作为典型案例通报、部署推动“劳动节、端午节、国庆节期间正风肃纪工作，坚持线上线下结合，切实做到警示教育全覆盖、不漏一人。

三是坚持“为群众办实事”常态化。始终将“我为群众办实事”作为落实全面从严治党主体责任的具体实践。与河北工业大学文法学院、市企业青年人才创新发展协会携手，助力大学生就业创业，积极推动会员单位为大学生就业提供岗位、创业培训。筹集 220 万元用于新疆和田、西藏昌都、甘肃甘南、青海黄南等民族地区的民族团结进步创建工作，持续加大对口支援帮扶力度。2022 年度“我为群众办实事”项目清单中的 47 项任务和 4 项群众诉求任务均已完成。累计安排 56 名党员入列轮值服务社区，为群众办实事 117 件，社区鉴定结果“好”的达 98.2%。及时办结“12345”便民热线中心转来工单 90 份，办结率达 100%，为深入推动基层民族宗教工作提升效能进行了新的探索。

五、以纪律建设为保障，增强战斗力

一是强化“不敢腐”的震慑。以不断增强自我净化、自我完善、自我革新、自我提高能力为目标，持续净化机关政治生态。委党组书记认真履行全面从严治党“第一责任人”责任，坚持打铁必须自身硬，以钉钉子精神纠治“四风”。始终坚持抓早抓小、防微杜渐，全年对 5 名干部进行了“第一种形态”处理。机关纪委认真履行专责监督职能，在劳动节、端午节等重要时间节点，对机关及所属单位值班值守、公车使用等情况进行明察暗访，对发现的问题在全委范围进行通报。深入推进“党务外包”问题排查整治，对 13 个支部和 2 个社会组织开展了全覆盖排查整治和 2 轮“回头看”，持续释放正风肃纪的强烈信号。

二是刚化“不能腐”的制约。委党组认真履行党风廉政责任制，审议通过《2022 年党风廉政建设工作要点》，组织召开全委 2022 年度党建和党风廉政建设工作会议，推动党风廉政建设向纵深发展。着力健全廉政风险排查工作机制，聚焦前期工作中梳理明确的 54 个风险点位和 93 项风险防范措施，建立廉政风险点位台账管控机制和廉政风险措施落实情况季度汇报机制，常态化推动责任落实，织紧织密廉政风险“管控网”。

三是提升“不想腐”的自觉。持续用力推进新时代廉洁文化建设，组织召开专题工作会议，制定印发《关于市委〈关于加强新时代廉洁文化建设的若干措施〉的贯彻落实举措》，结合市民族文化宫职能定位，推出廉洁文化书画作品上墙、文艺作品上舞台、影视作品上银幕等系列活动，推动廉洁文化入脑入心。

六、以统战群团工作为重点，增强引领力

一是拓展对民族宗教界思想引领广度。通过召开会议、举办培训、专题宣讲等形式，引领我市民族宗教界深入学习党的二十大精神。指导组织民族宗教团体、宗教活动场所收看党的二十大开幕会、市第十二次党代会开幕会直播，不断增进“五个认同”。组织全市各宗教团体负责人和少数民族联谊会负责人开展爱国主义教育实践活动，有针对性地开展党史、新中国史、改革开放史、社会主义发展史、中华民族发展史教育，引导民族宗教界人士为全面建设社会主义现代化国家、全面推进中华民族伟大复兴而团结奋斗。

二是增强与民族宗教界联谊交友深度。充分发挥党建对基层民族宗教工作引领作用，明确委领导常态化包区联访制度、处室包重点乡镇（街道）制度、上下贯通的党建联系点制度。委党组班子成员带头深入基层，结合节日慰问、场所检查、调查研究、实践活动等，与民族宗教界人士经常性开展谈心谈话、联谊交友活动，了解基层民宗干部、各族群众和信教群众关心的重点难点问题，协调帮助解决实际问题，并就基层依法管理民族宗教事务、防范民族宗教领域风险隐患等进行工作指导。年初民主生活会召开前，组织民族宗教界代表人士进行座谈，广泛征求对委党组班子和成员的意见建议，着力发挥代表人士监督作用，提升建言献策积极性。

三是激发工青妇群团组织工作热度。切实增强群团组织的政治性、先进性、群众性，机关工会投入资金约 1.1 万元购买防疫物品做好后勤保障工作，为年内退休同志、患重病及离世同志、住院职工共 12 人发放慰问金 2.6 万元。充分发挥天津青年会、天津女青年会对青年群体的辐射作用，指导天津女青年会向滨海新区、蓟州区、宝坻区、武清区、宁河区、静海区 30 所中小学赠送价值 9 万余元的体育用品，赋能民族团结进步教育，在青少年群体中铸牢中华民族共同体意识。成立共青团天津市民族和宗教委员会支部委员会，进一步树立关心关爱青年成长、支持培养激励青年发展的鲜明导向。

市公安局 2022 年工作总结

2022 年，全市公安机关坚持以习近平新时代中国特色社会主义思想为指导，认真贯彻党的十九大和十九届历次全会精神，全面学习、全面把握、全面落实党的二十大精神，认真落实市委、市政府和公安部部署要求，紧紧围绕党的二十大安保维稳主线，深入开展“喜迎二十大、忠诚保平安”主题实践活动和“迎盛会、铸忠诚、强担当、创业绩”主题学习宣传教育实践活动工作，以政治建设为统领，以改革创新为驱动，以锻造铁军为保障，忠实履行“做首都‘政治护城河’、天津社会主义现代化大都市忠诚卫士”职责，坚持“日研判、午会商、周调度”，圆满完成党的二十大、北京冬（残）奥会、市第十二次党代会等安保维稳任务，全警政治生态持续向善向好，队伍作风精神面貌焕然一新，凝聚力向心力战斗力显著增强。

一、突出政治建设，坚定捍卫“两个确立”、坚决做到“两个维护”

坚持从政治上建设和掌握公安机关，做到绝对忠诚、绝对纯洁、绝对可靠，确保任何时候任何情况下都坚决听从习近平总书记命令、服从党中央指挥。一是忠实践行“两个维护”。制定坚定捍卫“两个确立”、坚决做到“两个维护”工作措施，建立“1+5”党的政治建设组织体系，将习近平总书记重要指示批示作为党内政治要件来办，逐条建立台账、狠抓落实，坚决维护习近平总书记定于一尊、一锤定音的权威。二是持续强化理论武装。每周召开市局党委会会议，刚性落实“第一议题”制度。坚定不移用习近平新时代中国特色社会主义思想武装头脑，开展学习贯彻党的二十大精神“大学习大讨论大调研”，举办政治轮训班、读书班、宣讲等活动 1415 场，打牢了全警高举旗帜、听党指挥、忠诚使命思想根基。三是严守政治纪律和政治规矩。严格执行政法工作条例和请示报告等制度，严格落实意识形态工作责任制，深入开展政治巡察、政治督导和专项巡察，高质量完成市委巡视、公安部政治督察反馈问题整改，做到党中央提倡的坚决响应、党中央决定的坚决照办、党中央禁止的坚决不做。

二、强化首责首要，全力筑牢首都政治“护城河”

始终把维护政治安全置于首位，立足天津之“特”“卫城”之责，切实筑牢拱卫首都的铜墙铁壁。坚持“没有满分就是零分”，高质量完成北戴河暑期警卫等重大任务。扛起“首都会客厅”责任担当，高水平完成多次重要外宾来津警卫任务。深化反颠覆反渗透反分裂工作，有力服务中央工作大局。坚持凡恐必打、露头就打，深化严打暴恐专项行动，守牢了暴恐案事件“零发生”底线。

三、强化管网治网，全力构筑维护网络安全钢铁防线

坚持“线上为标、线下为本、互为标本、标本兼治”，成立全面加强敏感舆情发现处置工作领导小组和监测预警、落地处置两个专班，建立敏感舆情网上巡查和事件核查“双查机制”、信息调控和人员稳控“双控措施”，严格执行“7×24”小时巡查监控，对重大敏感舆情提级办理、主官上阵。坚持舆情就是警情，依托市委涉稳敏感舆情联合快速处置协调机制，妥善处置了一批敏感舆情，确保了我市舆情持续平稳。部署开展“扫雷”等专项整治，发现整改全市重要系统安全漏洞 467 个，有力维护了网络安全。

四、树牢底线思维，全力防范化解重大风险隐患

从严从细开展风险隐患排查整治，以天津之稳保障首都之稳、全国之稳。一是深化矛盾纠纷排查化解。深化“枫桥式公安派出所”创建，排查化解矛盾 31 万起、化解率 96%以上，严防“民转刑”“刑转命”案件发生。实行领导包案、重点督办，国家信访局交办重复信访事项和公安部交办重点信访案件全部提前办结，在公安部信访工作考评中排名第一。二是加强重点群体重点人员稳控。加强不托底人员管控，收治 895 名精神病人，严防个人极端案事件发生。坚持情报引领，妥善处置各类群体聚集活动，确保了“北京不去、天津不聚、外省不串、网上不炒”。三是全力防范化解系统性经济金融风险。加强经济金融风险预警研判“防风林”工程建设，高效侦办我市首起跨区域反洗钱类案件等一批重大案件，挽损 45.9 亿元。认真落实“保交楼”部署，配合开展“伪金交所”整治，有力防范了经济金融风险向社会稳定甚至政治安全领域传导。

五、坚持严打严防严管严控，全力推进高水平平安天津建设

公安部挂牌整治重点案件全部办结、挂牌治安乱点全部整治到位，始终保持全国社会治安最好地区之一。一是保持高压严打态势。坚持以打开路，组织开展夏季治安打击整治“百日行动”和打击涉枪涉爆、养老诈骗等系列行动，刑事治安案件大幅下降，现行命案连续 8 年全破，连续 5 年发案不过百。常态化开展扫黑除恶斗争，打掉涉黑恶组织团伙 13 个，涉唐山“6·10”案 21 条线索全部办结。电信诈骗案件立案、损失分别下降 27.8%、14.8%，首次实现“双下降”。开展“昆仑”专项行动，侦破一批环食药领域重大案件，公安部 6 次发来贺电。开展“飓风五号”专项行动，涉毒犯罪下降 65.6%。“两抢”案件全破，传统侵财案件破案率创历史新高。二是加强社会面整体防控。按照“震慑、快反、防范、服务、展示”要求，制定巡逻防控指导意见，优化“1、3、5 分钟”快速反应点位 231 个。立足防大、防猛、防超常，加强“金鹰”“利剑”“尖刀”和轻装快反小队建设，强化规模性聚集前置处置，制定指导意见，组建维稳处置队，开展防范处置大规模群体性事件应急处置演练，应急处突能力显著提升。三是加强公共安全治理。深化安全生产三年行动，严格危爆物品、寄递物流和烟花爆竹禁放，消除了一批安全隐患。深化交通事故预防“减量控大”，交通死亡事故和死亡人数分别下降 5.05%、3.68%，是未发生一次死亡 5 人以上事故的 9 省市之一。深入推进社会治安防控体系建设示范城市创建，开展平安校园等创建活动，累计建成智慧平安社区 7164 个，可控性案件下降 39.6%，5000 余个小区实现“零发案”。开展“枪弹压减回收专项行动”，压减枪支 2618 支、子弹 97387 发，消除了公务用枪隐患。四是统筹做好疫情防控。始终绷紧疫情防控这根弦，打赢“南征北战、东征西剿”疫情防控攻坚战，认真执行“新十条”和“津十条”，全力做好流调溯源、“两区一点一筛”和方舱医院保卫，查处涉疫刑事案件67起、行政案件1248起，确保了社会稳定。通过大数据摸清独居老人等易受疫情影响群体底数，会同卫健、社区等部门做好服务保障。监管场所实现疫情零感染。

六、坚持系统思维，全力推进公安工作改革创新

坚持抓系统、抓整合、抓应用、抓落实，制定“1+6”改革方案，强化108项任务攻坚，助推公安工作质量变革、效率变革、动力变革。一是深化派出所警务改革。坚持“大抓基层、大抓基础”，落实派出所标准化建设要求，完成全市派出所“两队一室”调整和室队定岗编组，推动32个派出所升格为副处级，2347名警探长按照现职副科管理，完成城区“一区一警两辅”、农村“一村一辅助”配备，有效提升了基层战斗力。主动融入党建引领基层社会治理格局，完成全市4709个警格与2.2万网格边界对应调整，创立“党建引领+社区警务+群防群治”工作模式，基层治理水平不断提升。二是深化警务体制机制改革。按照“省级主责、市县主战、派出所主防”总体思路，深化大部门大警种制改革，完成内外宣合一、人事优抚职能整合、绩效管理职能划转、改革办与研究室合署办公，机构更加精简、工作更加高效。深化“情指行”一体化运行机制改革，建成三级合成作战中心，推行专职指挥长制，确保以快制快、以快制胜，快速处置了武清劫持人质案件等一批突发警情。三是深化大数据应用新生态建设。坚持“不立不破、整合超越、边建边干、服务实战、面向基层、引领未来”，整合科信、图侦资源力量，建立大数据实战中心，实施数据赋能“津翼”工程，搭建大数据实战平台，整合31个系统平台权限，汇聚数据资源2400余类1.36万亿余条，面向全警提供全时段、点对点、伴随式24小时数据服务，直接参与侦破案件1750余起，抓获2200余人，大数据实战中心成为天津公安特色品牌。四是深化执法权力运行机制改革。认真学习贯彻习近平法治思想，持续推进执法规范化建设，深化公安执法责任体系和执法监督管理机制改革，推进执法办案管理中心提质增效，出台政工领导干部落实执法监督责任规定，制定执法更严格、更精细、更有温度若干措施，开展执法不规范教育整治和未结未破案件清理评查，发现执法瑕疵案件和执法问题案件占比分别为5.77%、0.003%，较2021年大幅下降，执法公信力不断提升。

七、主动服务大局，全力护航经济社会高质量发展

主动融入服务京津冀协同发展重大战略和“津城”“滨城”双城发展，统筹发展和安全，以公安之为服务天津高质量发展大局。一是全力维护企业合法权益。坚持保护合法、打击非法，常态化开展涉企违法犯罪专项治理，审慎使用刑事强制措施和查封、扣押、冻结等侦查措施。深入推进“秋收”行动，侦办新天钢集团被盗等涉国企案件，挽损9.36亿元，助力国企经营发展。二是全力打造良好营商环境。出台服务企业服务发展“十条措施”，优化“服务企业直通车”，在全国首创“不停业施工”审批，完善“无事不扰”机制，涉企检查减少52.7%。开展“企业服务日”活动230余次，解决企业急难愁盼问题530余件，百余家企业来信致谢。三是全力优化公安政务服务。深化公安“放管服”改革，将行政审批处更名为政务服务处，推进一体化在线政务服务平台建设，推进“一网通办”“一窗通办”，501项服务事项实现网上办理，“天津公安民生服务平台”办件量占全市半数以上，公安窗口服务考核连续38个月位居全市第一。

八、坚持从严管党治警，全力锻造“四个铁一般”津门公安铁军

发扬斗争精神，加强作风建设，以简单对复杂、以干净树威信、以公平聚人心，确保队伍风清气正。一是狠抓党建引领。深化“五好党支部”和模范机关创建，打造“一所队一特色、一支部一品牌”党建示范矩阵，开展全覆盖式党的政治建设督导调研，推进干部队伍年轻化，选拔重用一批优秀领导干部，推进处级政治处主任进班子，各级党组织凝聚力向心力战斗力显著增强。二是狠抓正风肃纪。严格落实党风廉政建设责任制，坚决肃清孙力军政治团伙以及武长顺等人流毒影响，健全制度机制 80 项，坚决清除政治隐患。深化“以案三促”，一体推进“三不腐”，全局上下正气充盈。三是狠抓从严管理。严惩违反中央八项规定和“四风”问题，严格执行“十个严禁”“六项规定”等铁纪铁规，加强“车枪酒赌毒密网”整治，开展内务管理整顿，队伍纪律作风持续向好。四是狠抓爱警暖警。坚持为基层担当、为民警担当，成立各级爱警办，制定实施意见，出台 65 项硬措施，建立爱警超市、警服服务站，完善医疗绿色通道等救助机制，让有困难找组织成为民警第一选择。开展“津城警星 · 最美基层民警”评选，涌现出一批先进典型，在北京冬奥会安保中我局荣立集体一等功，在全国公安系统英雄模范立功集体表彰大会上我局 21 个集体、26 名个人荣获表彰，高等级荣誉规格、数量创历史新高。

市公安局党委 2022 年工作总结

2022 年，市公安局党委坚持以习近平新时代中国特色社会主义思想为指导，深入学习宣传贯彻党的二十大精神和市第十二次党代会精神，坚决落实党中央和公安部党委、市委、市政府决策部署，始终坚持以党的政治建设为统领，以党的二十大安保维稳为主线，牢牢把握天津区位之“特”、公安队伍之“特”、职责任务之“特”，推进全面从严管党治警向纵深发展，忠诚履行公安机关职责使命。副市长、市公安局党委书记、局长衡晓帆同志到任后，鲜明提出“做首都政治‘护城河’、天津社会主义现代化大都市忠诚卫士，打造‘四个铁一般’津门公安铁军”工作目标，团结带领市局党委领导班子成员和广大干部民警，凝心铸魂、攻坚克难，圆满完成了一系列重大安保任务，打赢了党的二十大安保维稳硬仗。现将有关情况报告如下。

一、深入学习宣传贯彻党的二十大精神，坚定捍卫“两个确立”、坚决做到“两个维护”

把深入学习宣传贯彻党的二十大精神作为当前和今后一个时期的首要政治任务，推动全市公安机关和广大公安民警辅警全面学习、全面把握、全面落实，确保党的二十大精神在天津公安不折不扣贯彻落实。

一是迅速掀起学习宣传贯彻党的二十大精神热潮。瞄准重点任务和工作要求，精心谋划，统筹推进，狠抓落实。召开党委会议进行传达学习和研究部署，印发通知方案、细化工作安排，推出领导干部带头学、不落一人全面学、网上网下同步学等举措，推动各项重点任务落地见效。衡晓帆同志带队参加全国公安机关领导干部政治培训班，带头为全局民警辅警作宣讲报告。市局领导班子成员、全局各单位党组织书记和党的二十大代表开展集中宣讲活动。举办为期 3 天的副处级以上领导干部专题读书班，依托天津公安网络学院举办全警“学习贯彻党的二十大精神”网络专题班，邀请专家学者作辅导讲座，全局各单位组建 40 余个理论宣讲团广泛开展互动巡讲，先后举办各类宣讲活动 2000 余场，覆盖公安民警、辅警和社会各界群众 13 万余人次，有力推动党的二十大精神深入人心、落地生根。

二是突出抓好公安机关党的政治建设。探索加强全市公安机关党的政治建设新路径，创新构建“1+5”工作机制，建立联动指导、例会调度、督察考核制度，推动组织力量由“分散”向“集成”转变。制定《关于全面加强全市公安机关党的政治建设持续强化忠诚教育坚定捍卫“两个确立”坚决做到“两个维护”的工作措施》，细化形成 25 项重点工作，实行清单化管理、项目化推进。先后制定 3 个工作方案、召开 3 次全局大会，持续深化肃清孙力军政治团伙以及武长顺等人流毒影响工作，开展插手干预重大工程建设和信息化项目建设等 11 个领域问题专项整治，不断营造海晏河清的政治生态。

三是着力加强党对公安工作绝对领导。开

展落实习近平总书记重要指示批示精神“回头看”，对30项任务开展自查自纠，不断增强落实党内政治要件责任意识。以配合中央政法委专项督查为契机，开展政法工作条例落实情况深度自查，修订完善向公安部党委、市委和市委政法委请示报告重大事项清单，对工作责任、事项范围等内容进一步细化和明确，2022年以来，报送书面正式请示报告156件。严格落实意识形态工作责任制，开展定期研判会商、思想状况调查、风险隐患排查，纳入政治巡察督察，加强对公安新媒体等阵地管控，不断强化意识形态领域斗争，牢牢把握主动权和领导权。

四是扎实开展主题学习宣传教育活动。扎实开展“喜迎二十大、忠诚保平安”主题实践活动和“迎盛会、铸忠诚、强担当、创业绩”主题学习宣传教育实践活动，围绕决战决胜党的二十大维稳安保进行誓师动员，不断激发全警奋发向前的昂扬斗志。其间，全局各级党组织书记讲授党课4000余场，党员民警讲授“微党课”800余场，编发专刊简报120余期，组织专项督导检查40余次。常态化长效化推进党史学习教育，持续深化“我为群众办实事”实践活动，推广“四情”群众工作法，推动30项重点民生项目清单和30项群众诉求清单任务落实见效。

二、坚决扛起党建主体责任，推进全面从严管党治警向纵深发展

将管党治警作为首要之责、根本之责，从领导班子做起、从班子成员抓起、从突出问题改起，积极构建多级协同、上下贯通的责任体系。一是加强系统谋划。充分发挥市局党委党建工作领导小组和全面从严管党治警领导小组牵头抓总作用，7次专题研究部署从严管党治警和党建工作，认真分析全面从严管党治警新形势、新任务，解决突出问题，明确工作方向。制定2022年度公安工作要点、党建工作要点、政治工作要点、党风廉政建设和反腐败工作要点以及全面从严治党主体责任、加强政治生态建设重点任务安排，召开全市公安局（处）长会议、党风廉政建设和反腐败工作会议全面部署，做到从严管党治警与公安业务工作同谋划、同部署、同推进、同落实。二是明确职责任务。作为市局党委书记，衡晓帆同志坚决扛起“第一责任人”责任，从严管好班子、带好队伍，带头与市局领导班子成员和各单位“一把手”开展履职和廉政谈话，与11名晋升高级职级领导干部进行任职谈话，66次深入实地与47个单位全体班子成员开展集体谈话，对苗头隐患问题及时提示提醒，切实发挥好“头雁”作用。市局领导班子成员严格落实“一岗双责”，紧密结合全年重点工作以及分管领域特点，差异化制定落实全面从严治党主体责任“两个清单”，细化分解领导班子工作责任36项、班子成员工作任务208项，锁定目标任务，确保主体责任有效落实。三是找准找实问题。深入贯彻市委《关于推进全面从严治党向纵深发展的意见》，围绕17方面制定49项具体工作举措。开展主体责任暨政治生态建设考核和抓基层党建工作述职评议，优化完善2022年主体责任考核细则，明确33项、111个考核指标，充分发挥市局监管平台作用，定期开展全覆盖巡察，对14个单位党组织下发党建工作提示。持续彰显巡察和政治督察“利剑”作用，对16个单位党委开展1轮常规巡察和政治督察、1轮专项巡察，针对巡察发现的41个全局性问题建立“点人点事点问题台账”，持续用力，盯办落实，推动从严管党治警走深走实。四是狠抓整改落实。针对市委巡视反馈意见指出的具体问题以及我局自行查摆的“举一反三”以及“推动改革促进发展”整改事项，细化形成121项整改进度表，在3个月集中整改基础上，组织开展1年深度整改，市委巡视三组专门对我局巡视反馈问题整改落实及移交问题线索查办工作给予充分肯定。针对公安部政治督察反馈问题，细化136条整改措施，挂图作战、强力攻坚，全部整改到位。按照市委上年度落实主体责任和政治生态建设考核反馈的共性、个性问题，逐一梳理分析，围绕5方面提出19项任务和48项整改台账，倒排工期、对账销号，确保整改到位、取得实效。

三、践行新时代党的组织路线，发挥党组织战斗堡垒作用和党员先锋模范作用

以增强党组织政治功能和组织功能为重点，

着力培养忠诚干净担当的高素质干部队伍，为完成好各项公安工作提供坚强组织保证。一是严肃党内政治生活。修订完善《中共天津市公安局委员会工作规则》，严格落实议事决策规则，对“三重一大”事项集体研究决定，高质量召开党史学习教育专题民主生活会和公安部政治督察反馈意见整改专题民主生活会，严格按照程序推荐提名党的二十大代表 1 名、选举产生市第十二次党代会代表 8 名，推动 3 个党委完成换届和 16 个单位完成两委委员增补。严格落实领导干部双重组织生活制度，今年以来，市局领导班子成员以普通党员身份参加所在党支部组织生活 62 次，积极参加年度组织生活会和主题学习教育专题组织生活会，深入查摆检视，解决突出问题。二是发挥党建引领作用。市局主要领导严格落实党员领导干部“联点访户”制度，分别确定党支部工作联系点和基层联系点，深入走访调研，解决群众急难愁盼问题。深化“五好党支部”和模范机关创建，举办 4 期 6 个班次党内示范培训班，有效提升能力水平。开展公安党建重点课题调研活动，以党建和业务工作双向融合、政治功能和组织力双倍增效为主要内容的“双融双增”为载体，积极探索党建和业务工作深度融合。创新党建引领社会基层治理体制机制，推动派出所所长兼任街道（乡镇）党组织副书记，全局 42 个单位建立党建联建项目 407 个。明确进一步强化思想教育、组织引领、责任落实、组织生活、典型引领、群众工作、组织关怀、入列轮值“八个进一步”战时党建引领举措，及时成立大数据实战中心临时党委、市局“党的二十大安保维稳指挥部”“夏季治安打击整治‘百日行动’指挥部”办公室临时党支部等 11 个临时党组织，组织全局各单位基层党支部开展“筑牢护城河　护航二十大”主题党日活动1700 余次，推动机关党员民警入列轮值、社区报到党员开展志愿服务，让党旗始终在一线高高飘扬。三是树立鲜明选人用人导向。抽调 100 名精干力量组成 10 个督导调研组，组织开展党的政治建设督导调研，深入各单位实地了解情况，与 4000 余名领导干部和民警代表开展谈话，对全局每名处级领导干部进行全方位政治体检、精准画像。出台《警（探）长选拔任用办法》《从警（探）长选拔任用处科级领导干部指导意见》，制定政治处主任进班子、派出所双正职配备工作实施方案，真正将好干部选优配强到基层一线。今年以来，选派 20 名年轻干部到艰苦岗位实践锻炼，调整配备处级领导干部交流任职比例达 81%。四是爱警暖警激发干劲。制定《关于进一步做好爱警暖警工作的实施意见》，成立市局爱警暖警工作领导小组及其办公室，细化 65 项具体措施。深入学习贯彻全国公安系统英雄模范立功集体表彰大会精神，举办 16 场“致敬公安英雄”公安英模巡回宣讲报告活动，打造“津城警星 · 最美基层民警”等宣传品牌，不断增强全警职业荣誉感。今年以来，我局 1 名同志被授予全国“人民满意的公务员”称号，3 名同志被授予（追授）全国公安系统二级英雄模范称号，3 名同志被授予“全国特级优秀人民警察”称号，1 个单位被授予“全国模范公安单位”称号，8 个集体被公安部授予集体一等功，303 个集体、412 名个人获得市局记功奖励。

四、坚持不敢腐、不能腐、不想腐一体推进，持之以恒筑牢拒腐防变防线

始终坚持把纪律规矩挺在最前面，毫不手软纠治顽瘴痼疾，一体推进不敢腐、不能腐、不想腐体制机制建设，着力锻造过硬公安铁军。一是严治作风顽疾。紧盯元旦春节、五一端午、中秋国庆等重要时间节点深入开展明察暗访，大力纠治“四风”问题。组织开展为期 2 个月的违规宴请饮酒问题专项整治，狠抓《公安机关人民警察内务条令》落实，重点强化“车枪酒赌毒密网”问题整治，开展专项督导检查 260 余次，发现整改问题 140 余个，系统纠治作风顽疾。制定《天津市公安局推进 2022 年“讲担当促作为抓落实、持续深入治理形式主义官僚主义不担当不作为问题专项行动”的若干措施》，明确 24 项重要任务并狠抓落实。二是筑牢廉政防线。研究起草《关于加强新时代公安机关廉洁文化建设的若干措施》，开展主题警示教育月活动，召开全局警示教育大会，组织观看《零容忍》《被审查调查人忏悔实录》《走好廉洁从政每一步》等警示教育片，推广播放5期18部《廉政小课堂》，印发民警违反中央八项规定精神、防止干预司法“三个规定”以及“酒驾”等反面典型案例通报9期，持续营造反思、警示、警醒的氛围。对千万元以上重要项目负责同志开展廉政提醒谈话，及时下发纪律检查建议书，推动指导发生典型违纪违法案件单位开展以案为鉴、以案促改、以案促治工作。制定逐利执法“七项规定”重点执法问题整治考核标准，开展涉案财物整治专项行动，进一步提升执法规范化水平。三是巩固治理成果。制定《关于巩固全市公安队伍教育整顿成果推进政治建警全面从严治警的实施方案》，分解20方面80项重点任务，制定《关于进一步推进全面从严管党治警暨构建公安特色“大监督”格局的工作意见》，先后3次召开会议，通报问题47个；制定《政工领导干部落实执法监督责任工作规定》，构建以“一把手抓办案、政委抓监督”为核心的执法监督工作机制；实行一把手直接上案、处级领导干部全员包案，我局在公安部信访工作考评中排名第一，在全市信访工作评估中被评为“优秀”等次。四是精准执纪问责。大力支持配合市纪委监委驻市局纪检监察组开展监督执纪工作，制定《关于进一步加强直属机关纪委建设的若干措施》，及时受理处置民警辅警违纪违法问题线索，精准运用监督执纪“四种形态”特别是“第一种形态”，及时进行提醒警示、谈话函询。

五、全面履行公安机关职责，为社会主义现代化大都市建设贡献力量

全市公安机关紧紧围绕党的二十大安保维稳主线，全力推进保安全、护稳定、战疫情、促发展各项工作，确保社会大局持续安全稳定，有力服务经济社会高质量发展。一是圆满完成党的二十大安保维稳任务。把做好党的二十大安保维稳工作作为头等大事和首要政治任务，市局成立由衡晓帆同志任总指挥，其他领导班子成员分兵把口的安保维稳指挥部，坚持一周一调度，一天一落实，一个节点一个节点攻坚，一项任务一项任务推进，统筹推进各项安保维稳任务深入开展。各级领导干部24小时在岗在位，身先士卒，率先垂范，靠前指挥，一线作战。全体民警发扬不怕疲劳、连续作战精神，日夜奋战在安保维稳战线，圆满完成了各项安保维稳任务，实现了“五个严防、三个确保”目标，取得了党的二十大安保维稳全胜完胜，得到公安部和市委、市政府高度肯定。二是建设更高水平平安天津。坚持重拳出击、露头就打，现行命案、枪案、绑架案连续7年保持全破，打掉10个涉黑恶犯罪团伙，破获刑事案件136起、抓获178人，市委政法委5起挂牌督办案件全部侦破。深化“雷霆六号”“云剑2022”“断卡”等行动，紧急止付资金6.6亿元，起底近5年来养老诈骗积案，破案1706起，抓获1408人，追缴赃款20.2亿元，我市滞留缅北涉诈重点人员核减劝返完成率90%，居全国前列。深化禁毒人民战争，我市现有吸毒人员数量同比下降24%，禁毒斗争形势向好局面不断巩固拓展。深入开展“昆仑2022”等专项行动，侦破环食药和知识产权领域刑事案件数、抓获人数分别同比提升13.1%和14%，有力守护群众生命健康安全。三是护航经济社会高质量发展。衡晓帆同志带头深入威特集团、泓德汽车玻璃等企业开展调研、问需解难。市局出台服务企业服务发展“十条措施”和进一步优化营商环境“八项措施”，获得企业广泛好评。全局11个业务警种517项便民利企服务事项，除16个涉及公共安全的事项外全部实现“网上办”。在全国首创“不停业施工”审批，降低金融企业改造施工成本，为企业争取至少2个月营业时间。开展“歼击-2022”专项行动、“津秋”系列涉税集群会战，发起我市首起反洗钱领域全国集群战役，上线“服务企业直通车”，组织开展“企业服务日”活动9次，涉企执法检查频次同比减少52.7%。不断优化“海河英才”服务举措，累计引进人才突破40万人，排查清退全部违规落户人员6364人，营造了良好引才引智环境。四是不断提升公安现代化水平。成立三级合成作战中心，建立三级指挥长制度，持续推进32个科级派出所升格为副处级所，对全局359个派出所的室队设置和警力配比统一规范。制定《关于加强民警辅警一体化管理的工作意见》，实行“一区两辅警”

"一村一辅警"全覆盖。建设大数据实战中心，整合数据资源，创新服务模式，强化赋能应用，构建大数据应用新生态，在党的二十大安保维稳、疫情防控、基层实战中发挥了重要支撑作用，有力推动了警务模式提档升级，有力支撑了天津公安工作质量变革、效率变革、动力变革。

下一步，市局党委将在公安部党委和市委的坚强领导下，坚持以习近平新时代中国特色社会主义思想为指导，组织全市公安机关认真学习宣传贯彻党的二十大精神，全面落实习近平法治思想和习近平总书记重要训词精神，全面加强党的政治建设，持续狠抓对党忠诚教育，深入推进公安改革，不断提升警务效能，全力打造"四个铁一般"津门公安铁军，始终做首都政治"护城河"、天津社会主义现代化大都市忠诚卫士，为谱写新时代公安工作新篇章而努力奋斗。

市民政局 2022 年工作总结

2022 年，在市委、市政府和市委政法委的正确领导下，市民政局党组紧紧围绕认真学习宣传贯彻党的二十大精神，落细落深落实市第十二次党代会精神，立足兜底性、基础性的职责定位，提出了"强基础、上位次、更精准、更暖心"十二字工作目标和"开门干民政、人人当专家"十字工作方法，强化为党赢民心、守民心的政治担当，努力以民政为民服务实绩践行坚定捍卫"两个确立"、坚决做到"两个维护"。

一、加强党对民政工作领导，保障民政事业高质量发展

突出政治建设，坚决捍卫"两个确立"。坚持把加强党的政治建设作为首要任务，采取落实党委理论学习中心组学习第一议题制度、集中学习与个人自学、研讨交流与专题辅导相结合等方式，坚决把习近平新时代中国特色社会主义思想、党的十九届六中全会和党的二十大精神铭记于心、践之于行。持续深化对党、对习近平总书记忠诚教育，建立学习贯彻习近平总书记重要讲话、指示批示工作清单和任务清单，坚决把"两个维护"要求融入血脉、付诸行动。落实意识形态责任制，开展重大风险隐患排查，实施民政领域舆情风险 24 小时监测，召开主题学习宣传教育实践活动和年度专题民主(组织)生活会 120 余个，开展政治巡察 2 轮次、党建督查 1 次和专项检查 1 次。注重思想建设，夯实理想信念根基。坚持不懈用习近平新时代中国特色社会主义思想凝心铸魂，突出学习重点，跟进学习习近平总书记最新重要讲话精神、党中央和市委重要文件及会议精神，党员撰写心得体会文章 4000 余篇，举办党组织书记、党务骨干全面从严治党培训班，开展党的十九届六中全会处科级干部培训，组织线上专题授课 10 余次，讲党课 240 余场，覆盖党员 5000 余人次。着眼民政为民政治属性要求，把主题教育重点放在解决群众实际需求上来，引导党员干部在争当"三个表率"、争做为民服务标兵中铸忠诚、强担当、创业绩。加强组织建设，提升政治功能和组织功能。牢固树立大抓基层鲜明导向，组织召开年度党建会，细化"两个清单"，扎实抓好党组织书记抓基层党建述职评议考核，开展党建督查和专项检查，建立党务干部数据库，夯实基层党建基础。严实制度抓规范，以落实组织条例、支部条例为主线，以创新"互评互看互促"活动为抓手，严抓"三会一课"、民主生活、民主评议党员、谈心谈话、主题党日等制度落实。严肃换届纪律，印发换届纪律口袋书 2000 余册，圆满完成党的二十大和市第十二次党代会代表的选举任务，指导 11 个基层支部完成换届选举和改选。聚焦党员队伍先进性、纯洁性要求，固化党章学习月开展多种形式为党员过"政治生日"，发展党员 19 名，慰问困难党员 24 人次。发挥党员先锋模范作用，组织 126 名在职党员入列轮值，87 名党员干部主动支援津南、海河医院抗疫，党员先锋模范作用有效发挥。推进正风肃纪，始终保持高压态势。牢固树立作风建设永远在路上思想，召开党建工作暨党风廉政建设和反腐败工作会议，印发要点和任务书，出台加强新时代廉洁文化建设实施方案，压实党风廉政建设责任。锲而不舍落实中央八项规定精神和市委实施细则，持续开展治理形式主义、官僚主义和不担当不作为问题专项行动，固化“三个以案”警示教育机制，组织观看违纪违法案件警示录和警示教育专题片，开展廉政微党课和新时代廉洁文化征文。从严执纪监督，制定《加强对“一把手”和领导班子监督工作清单》，采取常态化落实、制度化检查、专项化推动，确保监督全覆盖、无死角。运用“四种形态”对违规违纪党员严肃处理，切实发挥监督执纪刚性作用。

二、突出精准暖心，兜准兜牢基本民生保障底线

聚焦精准认定、稳步扩面、统筹资源、分类施策，建立了市级社会救助工作领导机制，先后修订出台了低保审核确认办法、特困人员管理办法、低保边缘家庭认定办法等“一揽子”政策举措，做到困难群众“应保尽保、应救尽救”。在实现社会救助审批权限全部下放街道（乡镇）基础上，巩固社会救助“放管服”改革成果，出台加强审批权限下放后续监管工作意见，确保下放和监管同步到位。建立“大数据+铁脚板+网格化”发现机制，在全国率先上线了省级低收入人口动态监测信息平台，汇集民政、住建、人社等部门低收入人口信息20.4万条，实现了不同类型困难群体数据比对、关联分析和综合评估。强化“一小”群体精准关爱帮扶，出台了监护困境未成年人救助保护工作操作规程、孤儿医疗补助政策、儿童主任工作指引等文件，举办了全市儿童福利领域工作示范培训，不断提升基层工作队伍水平，为儿童健康成长保驾护航。加强流浪乞讨人员救助，开展了“夏季送清凉、寒冬送温暖”等专项工作，畅通四级救助网络，推行流浪乞讨人员“1+5+N”寻亲模式和“终身寻亲制”，确保流浪人员早日回家。2022年全市社会救助资金支出22.24亿元，15000名困难群众及时纳入常规保障范围；发放临时性救助金18385.51万元，救助66909人次；发放临时性生活补贴1496.91万元、临时性价格补贴2444.25万元；发放“发点球”救助金809.47万元，救助3229人次；救助流浪乞讨人员1831人次，寻亲成功率达99%。

三、加大开门引资，探索创新津（金）牌养老服务

主动融入大民生建设，打开养老领域开放合作之门，引导社会资源积极参与。畅通养老“政策门”，编制“十四五”养老服务发展规划，出台嵌入式养老建管扶用23条措施、老年人助餐服务、养老机构补贴管理等办法，创新金融支持养老服务业发展政策。开启养老“对接门”，以建设养老服务综合体为抓手，开展“一个讲座、两个对接”系列活动，邀请国家开发性银行开展专题讲座，开展养老服务综合体“建管用”统筹推进资源对接会，组织银行保险业助力民政事业高质量发展交流对接会，强化养老资源互补、区域互鉴、政企互动。优化养老“合力门”，依托市级联席会议制度，连续15年将养老服务纳入20项民心工程，全年新增养老服务综合体101个，家庭养老床位1020张，各类养老床位5648张，街道层面区域嵌入式机构实现100%覆盖；持续推进“寸草心”“手足情”志愿助老专项行动，委托10家社会组织开展失能老人家庭照护者培训，培训1120人次；成立康养消费专班，设立天津市养老服务研究中心，与泰康人寿签署战略合作协议，推动组建康养集团。打开养老“创新门”，复制推广河西区居家养老试点，中央深改委在《改革情况交流》进行专题刊发，河东区纳入全国第二批基本养老服务提升行动地区，西青区农村智慧养老模式列入全国农村社会化服务典型名单，和平区“智慧+让居家养老更安全”被评为全国居家和社区养老服务改革试点工作优秀案例，确定为“积极应对人口老龄化重点联系城市（区）”。拧紧养老“安全门”，全年7次调整封闭管理措施，持续开展养老院专项督导行动和养老机构疫苗接种再攻坚暨防疫措施再落实行动，出台十个必须、“乙类乙管”防控方案等30余项管控措施，持续推动机构内老年人疫苗接种，全程接种率89.0%，非禁忌应接尽接率94.9%，提前拨付养老机构运营补贴，调配6306个“健康包”，协调各方捐赠物资超 450 万元。深入开展养老反诈骗专项行动，建立“黄橙红”风险管控名单，清退非法集资 1200 多万元，工作做法获国家处非联办推广。

四、聚焦服务优化，大力加强基本社会服务体系建设

深入推进婚姻登记“全市通办”，推动婚姻登记机关规范化建设，全年办理婚姻登记“全市通办”101631 对，群众办理婚姻登记更加便捷、高效。倾心做好残疾人服务，持续推进精神障碍社区康复服务，推动残疾人“两项补贴”资格认定申请“跨省通办”“全程网办”落地落实，全年发放“两项补贴”4.7 亿元。加强殡葬服务保障，每日调度统筹全市殡葬服务资源，全市殡仪馆全部实行 24 小时服务，火化炉全天持续运转，全面加强人员力量，保证服务不掉线，加强同卫健部门分析研判，快速增加硬件设施，稳妥做好遗体处置工作；统筹开展清明节文明祭扫和基本殡葬服务，安全平稳有序开展市第二殡仪馆骨灰搬迁，升级骨灰撒海“海之眠”和草坪葬服务，建立“全年预约登记，适时组织开展”模式，全年开展骨灰撒海服务 10 批次、草坪葬服务 6 批次，累计撒放（安葬）骨灰 1572 具；持续开展太平间专项摸排行动，加大殡葬文化宣传，推广官网免费祭扫平台、全时全域家庭追思会和网上云祭扫，积极引导群众居家追思、网上祭扫、文明祭扫，推动厚养薄葬观念深入人心。

五、强化党建引领，不断深化基层社会治理创新

充分发挥社区在推进国家治理体系和治理能力现代化中的重要基础性作用，出台了我市“十四五”社区服务体系建设规划，规范城乡社区楼门栋长队伍建设，指导修订完善村民自治章程和村规民约，深化村级议事协商实践，推动“天津市村务公开平台”升级完善。会同组织部门修订了村社区星级评定管理、社区工作者管理、农村专职党务工作者管理等办法，调整了社区工作者“三岗十八级”薪酬待遇标准，开展了社区工作者公开招录，组织了城乡社区工作者示范培训，不断提升基层治理队伍能力水平。推动“旧楼区管理秩序提升年”创建，全年共评估 2161 个旧楼区，合格率 100%，优良率 97.78%。开展了区级行政区域界线联检，绘制了 2021 版天津市行政区划图，更新了区级行政区划图，为推进大城市治理提供区划管理保障。加强党对社会组织领导，开展线上党支部书记负责人谈话，推动党的组织和党的工作覆盖实效有新提升。开展了“创新社会治理　关爱快递小哥”行动，16 个区建立了社工站建设区级指导中心，204 个乡镇（街道）建立了社工站，不断夯实社区为民服务基础阵地。组织了先进社会组织和社会组织工作者、首届“天津慈善奖”评选表彰，开展了社会团体分支（代表）机构专项整治、社会服务机构非营利监管、行业协会商会乱收费整治、“僵尸型”社会组织整治等专项行动，促进社会组织依法自律、健康发展，工作做法获《人民日报》专题报道、民政部全国推广。加强福利彩票品牌建设，全年销售福利彩票 13.82 亿元，筹集公益金 4.52 亿元。

市民政局党组 2022 年工作总结

市民政局党组坚持以习近平新时代中国特色社会主义思想为指导，深入学习贯彻党的二十大和市第十二次党代会精神，全面落实党中央、市委、市纪委全面从严治党部署要求，突出政治建设，深化理论武装、夯实基层基础、严格正风肃纪、压实主体责任，扎实推进全面从严治党向纵深发展，为推动民政事业高质量发展提供坚强政治保障。

一、坚持旗帜鲜明讲政治，坚定捍卫“两个确立”，坚决做到“两个维护”

坚持把党的政治建设摆在首位，牢固树立政治机关意识，严格落实党组第一议题制度，深入学习宣传贯彻党的二十大、市第十二次党代会精神，跟进学习习近平总书记系列重要讲话和重要指示批示精神，依托市委党校、民生讲堂、“筑基”工程等载体，采取中心组专题学习、专家辅导、研讨交流等形式，持续深化对党、对习近平总书记的忠诚教育，先后举办党组中心组专题读书班2次、十九届六中全会处科级干部培训班、党员全覆盖培训班等，有力增强了党员干部群众忠诚核心、拥戴核心、维护核心、捍卫核心的政治思想行动自觉。创造性落实党中央、市委重大民生决策部署，聚焦习近平总书记最新重要讲话精神，完善学习贯彻习近平总书记重要讲话和重要指示批示精神工作台账，第一时间传达学习、研究贯彻落实措施，时刻与党中央对标对表。召开推进新时代民政事业高质量发展部署会，明确“强基础、上位次、更精准、更暖心”十二字工作目标和“开门干民政、人人当专家”十字工作方法，开展“养老机构疫苗接种再攻坚暨防疫措施再落实”行动，实施市—区—街镇—社区四级养老服务设施“组网”体系建设，出台天津市最低生活保障审核确认和管理办法，以民政实践坚定捍卫“两个确立”、坚决做到“两个维护”。严明政治纪律和政治规矩，严格执行《关于新形势下党内政治生活的若干准则》等党内法规，严肃民主生活会制度，领导班子成员经常交心谈心，用好批评和自我批评武器，增强班子整体政治功能。认真落实以“三重一大”为核心的民主集中制各项制度，凡事均由党组会民主讨论、集体研究决定，全年共召开党组会50余次，领导班子科学决策、民主决策、依法决策水平不断提高。坚持把政治生态建设作为经常性基础性工作来抓，定期听取、分析、研判局系统政治生态建设情况，教育党员干部严守“五个必须”、杜绝“七个有之”，涵养风清气正的政治生态。高标准做好党的二十大、市第十二次党代会代表选举工作，突出政治要求、严格资格条件、严密组织程序、严肃选举纪律，选举局系统出席市第十二次党代会代表2名。强化政治监督，采取政治巡察、跟踪督办、现场督查、专班推动等措施，对党中央、市委市政府重要会议文件、重大民生决策部署落实情况进行监督跟进，先后推动了疫情防控、低保救助、养老服务等重点工作，对3个基层单位开展了政治巡察。抓好统战工作，强化大统战格局，将民政领域统一战线作为捍卫“两个确立”、做到“两个维护”的重要内容，召开年度工作会议，压实统战工作责任。严把社会组织登记、年审关口，开展养老机构、儿童福利领域非法宗教活动排查，防范化解民政领域重大风险隐患。会同对口联系民主党派开展专题调研，10余次向市政协委员、民主党派介绍提案办理和民政工作情况，积极支持民主党派参政议政，画好最大同心圆。引导社会组织参与对口地区帮扶，共认领帮扶款物合计1057.92万元。

二、坚持用党的创新理论武装头脑，筑牢理想信念根基

坚持把学习贯彻习近平新时代中国特色社会主义思想作为首要政治任务，发挥理论学习中心组示范作用，印发《关于推动党史学习教育常态化长效化的重点工作任务分工》，细化学习安排，抓实教育培训，以领导班子带头学、读书研讨专题学、融入日常制度学、党课开讲引领学、研究工作对照学为主要方式，采取党组引领、党委示范、支部带动、全员落实等措施，全面系统学习习近平新时代中国特色社会主义思想和习近平总书记最新重要讲话精神，深入基层开展党的二十大精神、市第十二次党代会精神宣讲，带动各级党组织逐级跟进，推动习近平新时代中国特色社会主义思想学深悟透做实。全年党组理论学习中心组学习20余次，局党组成员带头宣讲10余次，邀请专家学者开展专题讲座10余次，各级党组织书记以讲党课形式宣讲150余次，各级领导干部撰写心得体会文章1000余篇。深入开展“迎盛会、铸忠诚、强担当、创业绩”主题学习宣传教育实践活动工作。严密组织领导，建立领导小组例会、信息简报、周报告等工作制度。严实学习研讨，采取支部“三会一课”集体学、党员干部线上主动学、主题党日融合学，党章学习月专题学等形式，扎实开展四个专题学习研讨。严格督导检查，先后3次召开会议，成立8个督导组，采取每月调度进度、抽查检查、走访座谈等方式对 23 个基层单位进行检查督导。抓实实践活动，从最困难群体入手、从最具体工作抓起，全面梳理民政领域群众反映的急难愁盼问题，完善办实事清单 217 项、群众诉求清单 293 项，“我为群众办实事”实践活动持续深化。守牢意识形态阵地，召开年度部署会、中期推动会，开展意识形态领域重大风险隐患排查 3 次，印发方案将全局 29 个网络宣传平台纳入管理，实施民政领域舆情风险 24 小时监测，有力维护民政领域意识形态安全，护航党的二十大。抓实民政宣传，开设专题专栏，广泛宣传党的二十大、市第十二次党代会精神和“开门办民政、人人当专家”民政事业高质量发展的成果成效，中央及市级媒体报道 40 余次，民政宣传平台刊发 100 余篇。推动精神文明建设，坚持以培育和践行社会主义核心价值观为根本，制定局全民国家安全教育日宣传教育活动方案及活动计划，强化党的历史、优良传统、爱国主义、社会主义核心价值观等宣传教育。开展“新时代　新社区　新生活”社区服务质量提升行动。

三、坚持以新时代党的组织路线为引领，夯实基层组织基础

加强干部队伍建设，严把选人用人政治首关，落实“凡提四必”要求，把愿干事、真干事、干成事的干部任用起来，提拔处级以上领导干部和晋升职级 17 人，岗位交流干部 7 名。聚焦政治培训，先后组织 30 人次完成市管干部调训、任职资格培训、干部专题研修工作，选派信访岗位锻炼 7 人、驻村帮扶 4 人，有效提升提高干部政治能力和专业素质。坚持严管厚爱，落实干部任前公示、任职谈话、个人有关事项报告、经济责任审计等制度机制，完成 97 名处级干部个人有关事项报告集中填报，抽查 26 人，对 23 名“一把手”开展谈话，对 2 名处级领导干部进行了函询，把干部管理监督融入日常、抓在经常。锻造坚强有力党组织，聚焦党的二十大有关全面从严治党部署要求，开展党建调研，制定“健全组织体系、完善制度规范、建强党务队伍、加强经费保障”四项举措。召开党建年度会议和中期推动会，实施党建工作清单化管理，组织 120 余名参加基层党组织书记和党务骨干培训班，抓严党组织书记抓基层党建述职评议考核，夯实党建工作责任，提升抓党建工作能力。以落实组织条例、支部条例为主线，严抓“三会一课”、民主生活、民主评议党员、谈心谈话、主题党日等制度落实，开展基层党组织“三会一课”互看互评互促活动，印发换届纪律“十严禁”卡片 2000 余张，完成 11 个基层党组织换届选举，基层党组织政治功能有效发挥。严格党员教育管理监督，抓好党员经常性教育，组织全覆盖培训，固化党章学习月通过设立党费交纳日组织重温入党誓词、入党志愿书以及党员过“政治生日”等活动，强化党员党的意识。严肃组织生活，严格民主评议党员，定期开展谈心谈话，慰问生活困难党员，全年发展党员 19 名，推动严管厚爱有机统一。发挥党员先锋模范作用，建立先进典型数据库，87 名党员驰援津南抗疫一线，126 名党员下沉社区参加“大筛”，30 名党员干部参与“无疫小区”“无疫网格”创建。发挥群团组织桥梁纽带作用，落实青年理论学习小组学习制度，开展“文明祭扫倡新风　暖心服务寄哀思”志愿服务主题团日活动。发挥工会职能作用，举办庆“七一”职工演讲比赛、喜迎党的二十大民政职工书画展，召开“五一”先进表彰会，慰问困难职工家庭及劳动模范，汇集民政发展正能量。

四、持续用力推进作风建设，营造干事创业良好氛围

牢固树立作风建设永远在路上意识，持续开展治理形式主义官僚主义和不担当不作为问题专项行动，开展政府购买服务领域不担当不作为问题专项整治，确保民政领域政府购买服务领域财政资金安全和规范使用。召开警示教育大会，第一时间学习传达全市通报的形式主义官僚主义、不担当不作为反面典型案例，营造警醒震慑氛围。严格执行中央八项规定和实施细则精神，加强“十紧盯十严禁”警示提醒，营造节日期间作风纪律“严”的氛围。持续落实 13 项减负举措，精简会议文件、统筹督查考核，整治“指尖上的形式主义”，清理整合减少微信、QQ 等工作群，规范联席会议、工作专班。坚持常态化调研制度，深化拓展“筑基”工程载体，领导班子成员带头走村入户问需问难问计，推动民政政策宣传、常态化疫情防控、养老机构疫苗接种工作。深化“机关支部联基层、支部书记当先锋”活动，政建社区处党支部联系社区入选市级机关“双千”活动优秀案例。落实“向群众汇报”常态化制度，局领导参加政务访谈30余次，制作“养老标准汇编”等“民政政策明白卡”，推出“春节我值班”系列报道，深入解读民政民生政策，主动回应群众关切。

五、持之以恒抓好党风廉政建设，强化监督执纪问责

保持严的氛围、惩的力度，把惩治、制度和教育贯通起来，一体推进“三不腐”。严格落实责任制，加强机关纪委建设，把准职责定位，召开年度工作会议，细化任务分工，压实党风廉政建设责任。常态化开展警示教育，坚持以案为鉴、以案促改、以案促治，制定“迎盛会、铸忠诚、强担当、创业绩”主题警示教育月活动实施方案，组织专题廉政党课，召开警示教育大会，及时传达学习市纪委、市级机关纪工委纪律要求和典型案例通报，观看天津市查处年轻干部违纪违法案件警示录和警示教育专题片，引导党员干部切实做到以案为鉴、警钟长鸣。深入推动廉洁文化建设，突出软件与硬件一体抓，制定《天津市民政局落实新时代廉洁文化建设的实施方案》，夯实廉洁文化建设责任意识。制作廉洁文化墙、廊30余处，组织“弘扬廉洁文化，共建清廉民政”征文活动，筑牢民政廉洁文化阵地，营造浓厚清廉民政文化宣传氛围。从严监督执纪，主动接受配合驻局纪检组的监督，落实联系协调沟通制度，听取纪检监察意见建议，同向发力推动反腐败工作向纵深发展。加大执纪问责力度，运用“四种形态”对违规违纪党员干部严肃追责问责，推动“三不腐”体制机制建设见成效。

六、压紧压实主体责任，推进全面从严治党向纵深发展

强化部署明职责，及时调整党建工作领导小组，召开全面从严治党工作部署会和中期推动会，制定“两个清单”，层层签订责任书，听取“两代表一委员”以及部分基层代表意见建议，推动主体责任落地落实。夯实责任抓落实，党组书记严格履行“第一责任人”责任，亲自部署党代会选举、党的二十大、市第十二次党代会精神的学习宣传贯彻等重要工作，先后听取党建工作、意识形态、政治生态等汇报，召开党建工作领导小组会研究全面从严治党30余次。班子成员落实“一岗双责”，到分管部门、单位督党建、推业务、查廉政、解难题、促落实、保发展，确保责任落地。从严从实抓监督，将落实《加强对“一把手”和领导班子监督工作清单》纳入全面从严治党考核、“一体双督”、政治巡察工作重点，采取常态化落实、制度化检查、专项化推动等措施，推动各级班子成员经常提醒、互相交心、主动监督，形成监督合力。党组班子共开展主体责任谈话、履职谈话、提醒谈话、廉政谈话60余次。

市司法局2022年工作总结

2022年，天津市司法行政系统坚持以习近平新时代中国特色社会主义思想为指导，全面贯彻落实习近平法治思想，深入学习贯彻落实党的二十大精神，认真贯彻落实市第十二次党代会精神，跟进落实市委、市政府、司法部和市委政法委决策部署，有力推动实施法治建设“一规划、两纲要”，紧紧围绕“四高”目标要求，有效发挥“一个协力统筹、四大职能”，全力推动司法行政工作高质量发展，大力推进法治天津、法治政府和法治社会一体建设，为全面建设社会主义现代化大都市提供坚强有力法治保障和法律服务。

一、聚焦坚定拥护“两个确立”、坚决做到“两个维护”，着力加强党的政治建设

坚持以党的政治建设为统领，教育引导广大干警和法律服务工作者深刻领悟“两个确立”的决定性意义，进一步增强“四个意识”、坚定“四个自信”、做到“两个维护”，切实提高政治判断力、政治领悟力、政治执行力。

一是迅速兴起党的二十大精神学习宣传贯彻热潮。将学习宣传贯彻党的二十大精神作为全市司法行政系统的首要政治任务，第一时间印发学习宣传贯彻工作方案等 9 个文件，确保迅速动员、全面覆盖、走深走实。全系统各级党委理论学习中心组开展专题研讨 57 次，400 余个党支部深入交流学习领会，举办宣讲报告会、系列座谈会和处级以上领导干部专题读书班，编印理论知识手册，开展应知应会测试和全员知识竞赛，不断增强坚定不移落实党的二十大决策部署的思想自觉、政治自觉、行动自觉。对标党的二十大各项战略部署，立足司法行政职能定位，制定七大方面 32 条贯彻落实举措，推动学习贯彻党的二十大精神行动化、具体化、实践化，确保学思用贯通、知信行统一。

二是坚持和加强党的绝对领导。健全完善贯彻落实习近平总书记重要指示批示精神工作台账并跟进动态调整，定期开展落实情况“回头看”，党委会专题研究听取进展情况。严格执行重大事项请示报告制度，分别依规调整向市委、市委政法委请示报告事项清单，向市委、市政府、司法部和市委政法委书面请示报告 136 件。深入贯彻落实《中国共产党政法工作条例》，组织开展贯彻落实情况自查督查工作，全力配合做好中央政法委督查迎检工作。将本年度市委常委会工作要点、市政府重点工作、司法部工作要点和全市政法工作要点等重点任务细化分解为 59 项重点工作，实行清单化管理、项目化推进、全过程督办落实。着力加强市司法局党委对监狱、戒毒工作的领导，采用召开工作例会、视频调度、列席党组织会议等形式，逐一梳理研究解决各项重点问题。深入推进律师、公证、司法鉴定等法律服务行业党的建设，实施律师行业党建 10 项重点工程，执业 5 人以上律师事务所党组织单独组建率达 81%，超额完成市“两新”组织工委目标任务；推动公证行业党建和业务深度融合发展；每月发布司法鉴定机构党建工作提示，坚决把党的全面领导落实到法律服务具体实践中。

三是严肃党内政治生活。严格落实民主集中制，全年召开 60 次局党委会、20 次局长办公会，班子成员依照工作程序参与重要业务决策，做到科学、民主、依法决策。高标准召开党史学习教育专题民主生活会，严把征求意见、谈心谈话、对照检查等工作环节，严肃开展批评与自我批评，得到党史学习教育市委第十三巡回指导组的充分肯定。认真落实领导干部双重组织生活和基层联系点制度，局班子成员参加所在支部组织生活 200 余次、深入基层联系点 50 余次，增强党内政治生活政治性、时代性、原则性、战斗性。将党内法规执行情况纳入巡察督查要点，组织开展党内法规制度执行专项抽查，向市委备案党内规范性文件 5 件，全力推动制度治党、依规治党。从严从实抓好保密和密码工作，全系统未发生失密泄密问题。

四是持续净化政治生态。及时开展肃清孙力军、傅政华政治团伙流毒影响排查整治，经无禁区、全覆盖式梳理排查，不存在问题线索。加强警示教育，做好以案为鉴、以案促改、以案促治工作。制定加强政治生态建设年度重点任务清单和责任清单，出台《天津市司法行政系统政治生态建设检视评价实施办法(试行)》，做好政治生态建设日常检视评价。开展党章党规和党性党风党纪教育，以良好政治文化涵养风清气正政治生态。

二、聚焦扎实推进依法行政，着力加强法治政府建设

坚持以习近平法治思想为引领，坚持整体推进与重点突破相统一，法治政府建设更加全面深入，有力推动提升我市依法行政水平。

一是加大法治政府建设统筹力度。制定《天津市法治政府建设实施纲要(2021—2025年)》2022 年重点工作台账，落实情况纳入 2022 年度全面依法治市考核指标，建立季度通报、年终总结、逐件销号机制。按季度编发《天津市法治政府建设情况专报》，对工作台账总体进度、工作动态、突出成效、经验做法进行通报交流。配合市委依法治市办推进中央依法治国办法治政府建设实地督察反馈意见整改，成立工作专班，全部完成 49 项立行立改任务，有序推进 179 项长期坚持的任务。

二是不断提升天津市行政决策水平。组织编制市人民政府 2022 年度重大行政决策事项目录，安排 13 项重大行政决策事项，以市政府办公厅名义推动出台 5 个重大行政决策程序规定配套文件，进一步细化公众参与、专家论证、风险评估、合法性审查等法定程序，完成市政府第一届重大行政决策咨询论证专家库专家推荐聘任工作，更好推进科学决策、民主决策、依法决策。出台《天津市公职律师管理实施办法》，制定公职律师、法律顾问职前培训计划，建立公职律师和法律顾问服务线上流程，“公职律师及法律顾问智慧管理系统”入选第二批全市法治政府建设示范项目，党政机关公职律师和法律顾问覆盖进一步均衡、作用进一步发挥。

三是持续加强行政立法保障。科学拟订并推动完成 2022 年度市人民政府立法计划，全力做好《关于修改〈天津市绿化条例〉的决定》《天津市标准化条例》等 10 件地方性法规提请审议项目和《天津市职业技能培训规定》《天津市行政裁决程序规定》等 5 件政府规章提请审议项目的起草和法律审核工作。组织向各区人民政府、市政府组成部门等单位征集市人大常委会立法规划（2023—2027 年）建议项目，安排建议项目 73 件。强化审核备案工作职能，对与本市高质量发展、高水平改革开放、高效能治理和高品质生活相关的行政规范性文件，加大合法性审核力度，办理合法性审核 1043 件次，提出法律审核意见 2826 条，备案审查 173 件。组织开展计划生育、“水能资源开发利用权”有偿出让规定等有关地方性法规、政府规章、行政规范性文件专项清理工作，全面扫清影响经济社会高质量发展的制度性障碍。

四是全面强化行政执法协调监督。组织召开市委全面依法治市委员会执法协调小组第四次全体（扩大）会议，部署全市执法和执法监督工作。全面总结梳理全市行政执法特别是安全生产领域工作情况，并在市政府常务会上作专题汇报，建立行政执法“月告知+季通报”制度，党的二十大期间安全生产领域实行周通报。出台《关于建立行政执法案例指导制度的意见》，全面排查“乱收费、乱罚款、乱摊派”等问题，开展街道（乡镇）综合执法改革调研，印发街道（乡镇）行政执法文书参考样式，16 个区和 35 个市级执法部门建立重大执法决定法制审核事项清单。升级完善天津市行政执法监督平台，印发《天津市行政执法监督平台案件信息归集办法》，开展案件质量专项整治工作，构建全市行政执法监督人员信息库。组织全市 2.4 万余名行政执法人员统一更换《中华人民共和国行政执法证》。

五是深化行政复议体制改革成效。基本形成公正权威、统一高效的行政复议体制，成立行政复议与应诉工作领导小组，建立行政复议工作考核评价体系和常态化履行行政复议决定监督机制，上线运行全市行政复议平台在线办案系统，印发《行政复议答复及举证规范化指导意见》宣传手册，扎实推进规范化专业化建设。出台《行政复议立案审查工作的指导意见》，规范行政复议管辖案件“入门”标准。探索建立“繁简分流”案件审理模式，制定《天津市办理政府信息公开行政复议案件的简易程序规定》。充分发挥行政复议化解行政争议主渠道作用，联合市高级人民法院出台《关于建立行政争议实质性化解协调联动机制的意见》，联合市检察院出台《关于建立行政争议实质性化解协作机制的意见》，推进法治共建和行政争议实质性化解，得到司法部宣传推广。

三、聚焦人民群众高品质生活需求，着力加强法治社会建设

坚持以人民为中心的发展思想，加快推进法治社会建设，全力满足人民群众高品质生活法治需求，切实增强人民群众法治获得感、幸福感、安全感。

一是深入实施“八五”普法规划。组织召开市委全面依法治市委员会守法普法协调小组第四次会议暨落实普法责任制联席会议，举办全市“八五”普法骨干培训班，保障普法工作顺利实施。推动出台《关于进一步加强国家工作人员学法用法考法工作的实施意见》,组织本市 12 万国家工作人员网上集中学法考法,牵头编制国家工作人员应知应会共性学法清单和题库,推动各市级部门精准编制个性学法清单和题库,构建"1+N"学法用法清单制度体系,经验做法被司法部向全国宣传推广。组织首次国家机关"谁执法谁普法"履职报告评议活动,选推首批落实普法责任制优秀创新案例,修订印发覆盖五大项"共性"和 105 家单位"个性"的全市普法责任清单,深入推进普法责任制落实。以"学习宣传贯彻党的二十大精神,推动全面贯彻实施宪法"主题开展"宪法宣传周"宣传活动,以进农村为重点开展第二个"民法典宣传月"活动,紧抓国家安全、防范非法集资等重要领域宣传,推动法治观念深入人心。深入推进基层依法治理,创建第九批"全国民主法治示范村(社区)"16 个,命名第五批"天津市民主法治示范村(社区)"70 个,制定《天津市乡村(社区)"法律明白人"培养实施方案》,组织我市和对口支援地区 2.3 万名"法律明白人"参加培训。深化法治文化建设,征集发布 42 件法治动漫微视频优秀作品,2 个基地入选第四批全国法治宣传教育基地。

二是持续深化法律服务供给。研究制定实施《天津市公共法律服务体系建设规划(2021—2025 年)》,组织召开"乡村振兴　法治同行"活动暨公共法律服务体系建设中期视频推进会,全力做好现代公共法律服务体系建设评价验收和第三方评估工作。充分发挥公共法律服务"三大平台"作用,全市各级实体平台提供服务 8.7 万次,其中智能终端 3.6 万次,12348 法网浏览 52.4 万次,"12348"热线接听 40 万通,满意率 99.5%。制定《推动律师参与公共法律服务工作措施》,引导广大律师参与公益法律服务超 65 万小时,2 家律师事务所到西藏无律师县设立分所。提请市委全面深化改革委员会审议通过,出台我市《关于深化公证体制机制改革促进公证事业健康发展的实施意见》。做好"最多跑一次""零跑腿"公证服务事项,办理远程视频公证 2968 件、"跨省通办"公证 300 余件、减免收费 1800 余件。加强司法鉴定与法律援助衔接工作,办理业务 81 件,减免费用 25 万元。

三是加强法律援助规范化标准化建设。进一步强化《法律援助法》宣传实施,推动法律援助补贴免征增值税和个人所得税政策在我市落地。充分发挥特殊群体法律援助"绿色通道"作用,联合出台《关于加强退役军人法律援助工作的若干措施》,持续深化"法援惠民生"系列品牌活动,全市共受理法律援助案件 6980 件。组织法律援助案件质量监管培训,常态化开展案件质量评估工作,做好优秀案例评选宣传。落实两高两部《关于进一步深化刑事案件律师辩护全覆盖试点工作的意见》,积极推进审查起诉阶段刑事案件律师辩护试点工作,办理审判阶段全覆盖案件 2758 件。

四是夯实法治建设基层基础。充分发挥司法所在推进基层法治建设、加强基层社会治理中的独特作用,组织召开全市司法所规范化建设三年行动推动会,开展专项工作调研,研究出台《天津市司法所规范化建设三年行动实施方案(2022—2024 年)》,建成启用全市司法行政基层管理运行平台,制定印发《天津市司法所标识规范》,推动我市司法所规范化建设走细走深走实。

四、聚焦服务保障高质量发展,着力加强一流法治化营商环境建设

充分发挥司法行政职能优势,着力为企业发展、经济发展保驾护航、创造良好法治环境,推动法治成为我市高质量发展的核心竞争力。

一是强化全方位法治保障。制定贯彻落实"疫情要防住　经济要稳住　发展要安全"决策部署的分工方案,研究确定 2022 年优化营商环境任务清单,逐一明确落实举措、责任单位和完成时限。对《天津市贯彻落实〈扎实稳住经济的一揽子政策措施〉实施方案》等与营商环境密切相关的 560 余件行政规范性文件进行合法性审核,组织市级 33 家单位对标行政处罚法修订完善本系统行政处罚、行政检查和行政强制等行政执法文书,25 个单位已建立本单位(系统)行政处罚裁量基准制度。

二是做实民营企业法律服务。持续推进民

营企业“法治体检”常态化和“万所联万会”机制，与市工商联、市律师协会联合开展“律企同行 法护营商”专项活动，建立“一二三四”工作模式，为近5500家企业提供服务9300余件次，挽回经济损失13.7亿元。开展“公证进企助企四个一”活动，办理服务民营企业公证890余件。充分发挥“12348”热线服务民营企业专线作用，受理3000余人次法律咨询。做实“中国（天津）自贸区国际仲裁”“知识产权国际仲裁”“金融仲裁”三大品牌，切实提升仲裁公信力，受理仲裁案件1532件，审结1255件，调解397件，和解撤案395件。积极开展商事、金融等领域矛盾纠纷化解，调解相关纠纷1万余件。

三是深化“放管服”改革。认真贯彻落实党中央、国务院关于深化“放管服”改革的决策部署，组织开展与深化“放管服”改革精神不一致的地方性法规清理工作。进一步规范细化政务服务事项，完成7个市级政务服务事项向滨海新区委托下放工作，编制完成政务服务事项标准化审核要点，完成各项审批5888件，办理承诺制审核1891件，网上实办率达到90%以上。升级我市律师综合服务平台，优化律师事务所名称预核准（含设立、变更）程序，实现全国对接、即时检索，规范公安派出所受理律师查询人口信息工作，进一步保障律师执业权利。

四是提升知识产权保护法治化水平。制定印发《天津市司法行政系统深入推进知识产权强市建设任务举措》，成立市、区18个知识产权人民调解组织，调解案件2400余件，做好天津知识产权公证服务中心综合服务平台“一站式”服务，办理知识产权保护公证2000余件，办理各类知识产权民事纠纷仲裁21件。

五、聚焦护航党的二十大主线任务，着力加强更高水平平安天津建设

坚定不移贯彻总体国家安全观，紧扣党的二十大工作主线，持续健全全系统应急指挥体系，全力维护国家政治安全和社会稳定，为筑牢首都政治“护城河”贡献司法行政力量。

一是全面加强统筹部署工作。紧盯北京冬奥会、冬残奥会、“两节”、两会、党的二十大等重点时段，组织召开动员部署会、推进会和专题党委会议进行多次部署落实，安全生产、疫情防控、信访、监狱、戒毒、重点人群等关键领域和律师、司法鉴定等法律服务行业分别制定专项方案作出具体安排。全市监狱戒毒场所继续实行全封闭管理，及时有序跟进完善疫情防控工作措施。做好全系统信访涉稳排查及风险预警工作，强力推进信访积案化解和重复访治理，完成三批“治理重复信访、化解信访积案”专项工作任务。深入开展系统内安全生产隐患排查整治，健全关键领域和重点时段防风险除隐患保安全排查整治方案，加强宣传教育培训和应急预案演练，坚决杜绝各类隐患问题。

二是持续推进监狱工作标准化规范化法治化建设。盯紧监管安全，加大狱内违纪违法案件侦查打击惩戒力度，严防罪犯脱逃。全面抓好罪犯教育改造，加强政治教育和普及文化教育，开展心理矫治，推进分级处遇改革，入监教育合格率达100%，职业技能培训合格率在90%以上，高于部颁标准。常态化开展扫黑除恶，加强重点罪犯攻坚转化，相关做法入选司法部监狱工作指导案例。认真落实《监狱提请减刑假释工作程序规定》《监狱计分考核罪犯工作规定》，会同法检部门建立规范减刑、假释案件办理联席会议制度，常态化开展执法案件倒查核查，提级办理重要案件，扩大案件审核范围，实施办案质量终身负责制。

三是巩固深化戒毒改革工作成果。严格巩固深化戒毒改革工作成果。严格强制隔离戒毒人员管理，畅通收治渠道，创新教育戒治方法，确保“应收尽收”“应收必治”。推动戒毒工作融入基层社会治理，加大“三社”派警力度，强化与区街镇的共建共治共享，加挂社戒社康指导站牌子69块，实现全市16区全覆盖。深化戒毒人员后续照管，完善照管体系、落实精准照管、实现应管尽管，实行微管理、微教育、微帮扶“三微”工作机制，对社戒社康人员做到精准管控帮扶。制定戒毒人员教育矫正、康复训练档案，修订心理矫治档案，完善细化三大中心运行规程和考核标准，扎实开展个别教育、集体教育、辅助教育，营造良好教育戒治氛围。编印《天津市戒毒管理局戒毒医疗中心实体化运行规程》,积极推动与“医联体”“专科联盟”医院的续签合作,规范戒毒医疗管理,提高戒毒医疗质效。做好司法行政强制隔离戒毒检察监督试点工作,促进强制隔离戒毒工作依法、有序、规范开展。

四是不断提升重点人群服务管理水平。积极履行市委平安天津建设领导小组重点人群组组长单位职责,组织召开年度工作会议,建立重点人群组工作研判机制,明确专人负责,及时督导处置。切实做好刑满释放人员风险防范化解工作,加强人员信息核查、出监所教育、人员衔接、人户分离“双列管”、救助帮扶,开展安置帮教期大排查、大走访活动。深入贯彻落实《社区矫正法》及其实施办法,出台《天津市社区矫正文书格式(试行)》,规范档案收集范围,促进社区矫正权力规范运行。组织开展社区矫正隐患排查整治专项督查活动,推动社区矫正场所规范化建设,强化社区矫正对象日常监管,加强“津矫通”App 功能开发运用,继续推进“智慧矫正中心”创建工作,建设社区矫正管控和指挥调度平台并上线运行。

五是充分发挥人民调解基础性作用。推动我市《社会矛盾纠纷多元化解条例》顺利出台,持续推进人民调解、律师、行政复议等力量进驻全市三级社会矛盾纠纷调处化解中心,每月进驻律师 730 余名、人民调解员 830 余名,全年调解案件 4500 余件。组织开展“调解促稳定 喜迎二十大”专项活动,做好重点领域矛盾纠纷排查调解工作,进一步加强天津市人民调解信息管理平台应用,共开展矛盾纠纷排查 53.5 万余次,调解案件 5.9 万余件。联合举办京津冀行业性专业性调解研讨会,不断完善深化“公调”“诉调”“检调”“访调”“医调”对接机制,开展行政调解工作专题培训,市级相关行政单位调解案件 62.6 万件。

六、聚焦推进全面从严管党治警,着力加强过硬司法行政队伍建设

坚持严的基调不动摇,健全全面从严治党体系,大力打造绝对忠诚、绝对纯洁、绝对可靠的司法行政干部队伍和忠于党、忠于国家、忠于人民、忠于法律的法律服务队伍,着力巩固深化政法队伍教育整顿成果,11 个集体、211 名个人获得省部级表彰,20 个集体、148 名个人获得市级部门表彰。

一是有力夯实思想理论根基。坚持不懈用习近平新时代中国特色社会主义思想凝心铸魂,持续深化对党、对习近平总书记的忠诚教育。印发《关于新时代加强和改进司法行政系统思想政治工作的实施方案》,建立天津市司法行政系统思想政治教育基地,不断加强理想信念教育。制定党史学习教育常态化长效化落实举措,扎实开展“迎盛会、铸忠诚、强担当、创业绩”主题学习宣传教育实践活动工作,开展四个专题交流研讨,基层党组织普遍召开专题组织生活会,推动十项重点任务取得良好成效。“天津司法”头条号荣登中央政法委第四届“四个一百”优秀政法新媒体榜单。做强做响“身边的榜样”“对党忠诚”等网络专栏,大力宣传先进典型事迹,激励广大干警奋发作为、履职担当。

二是始终扛稳抓牢全面从严治党主体责任。党委主要负责同志充分发挥管党治党“头雁效应”,领导班子其他成员认真履行“一岗双责”,有效推动责任压力向下传导。组织召开全面从严治党部署会暨警示教育大会、全面从严治党暨党风廉政建设和反腐败工作专题会、党建工作领导小组会等,把全面从严治党工作与司法行政中心工作同部署、同推进、同落实。充分发挥巡察监督利剑作用,高质量完成对 4 个基层党委的常规巡察,制定局党委巡察工作规划(2022—2027 年),修订《中共天津市司法局委员会巡察工作领导小组工作规则》,稳步推进巡察整改领导小组第一组长机制落实,更新巡察干部人才库,积极配合巡察指导督导,认真抓好反馈意见整改落实。健全三级内部审计监督网络,推动建立审计发现问题整改长效机制,组织完成 20 个审计项目。

三是全力提升基层党组织凝聚力。健全完善党建工作格局,强化基层党组织建设指导推动,组织开展党建与业务融合“面面观、连连看”

活动,如期完成全系统5个党委、109个党支部换届工作,基层党建工作更加规范高效。精心谋划开展三轮支部建设情况评价工作,制定评价指标32条,实现评建并举、以评促建,切实提升党支部建设标准化、规范化水平。坚持以党建带团建,开展共青团"喜迎二十大、永远跟党走、奋进新征程"主题教育实践活动、"海河青听"实践活动。

四是持之以恒强化正风肃纪。深入学习贯彻落实新时代政法干警"十个严禁",建立专项任务台账,提出具体落实举措,抓好督办落实。大力推动防止干预司法"三个规定"严格执行,严格落实中央八项规定及其实施细则精神,深入开展讲担当促作为抓落实、持续深入治理形式主义官僚主义不担当不作为问题专项行动和政府购买服务领域不担当不作为问题专项整治,加大监督检查力度,持之以恒查纠"四风"。

五是选优建强干部队伍。制定《关于加强天津市司法行政系统年轻干部队伍建设的意见》,选派干警参加驰援津南疫情防控、驻村帮扶等专项任务,安排23名机关干部下沉司法所、到村任职、参加巡视等加强实践锻炼。健全政治轮训工作机制,持续开展监狱戒毒人民警察岗位比武练兵活动,全系统干警4万余人次分层级、分类别参加各类培训,切实提升履职本领。

六是着力规范法律服务队伍管理。制定《关于落实新时代法治人才培养工作举措》,联合市委组织部等单位建立我市法律职业人员统一职前培训制度,全力培育我市法治人才队伍。在全国范围内较早出台《关于深化公共法律服务专业人员职称制度改革的实施意见》,有序实施公证员、司法鉴定人职称评审工作。开展司法鉴定行业诚信执业专项整治,抽查鉴定案卷1000余册,完成市司法鉴定协会换届工作,印发《关于持续加强司法鉴定投诉处理工作的意见》,实现司法鉴定全过程线上监管。完成新一届仲裁员、人民监督员、人民陪审员换届选任工作。引导律师依法规范执业,律师行业信用监管获评全国优秀信用案例。

市财政局2022年工作总结

2022年,市财政局坚持以习近平新时代中国特色社会主义思想为指导,全面贯彻落实党的十九大和十九届历次全会精神,深入学习宣传贯彻落实党的二十大精神,认真落实市委、市政府决策部署,坚持积极的财政政策要提升效能,更加注重精准、可持续,积极应对疫情频发散发、经济下行压力加大等复杂形势,竭尽全力增收节支,多措并举统筹资源,全力以赴保障民生,坚决有力防范风险,持续优化营商环境,积极推进财政改革发展各项工作取得新成效。

一、强化政治统领,全面加强党的政治建设

持续推进政治机关建设。坚守政治机关定位,深入学习宣传贯彻党的二十大精神,先后印发工作通知、工作安排、督导方案,结合财政部门实际提出贯彻落实措施。强化思想政治引领,持续跟进学习习近平总书记最新重要讲话和重要指示批示精神,组织局全体党员认真研读《习近平谈治国理政》(第四卷)、《习近平经济思想学习纲要》等理论书籍。扎实开展"迎盛会、铸忠诚、强担当、创业绩"主题学习宣传教育实践活动工作,推动主题教育走深走实。严格落实局级领导干部"联点访户"制度,建立并完成2022年度"我为群众办实事"清单事项38项,建立群众诉求清单事项45项,集中精力解决群众急难愁盼问题。深入贯彻落实市第十二次党代会精神,局党组理论学习中心组开展专题研讨,围绕党代会确定的目标任务制定财政部门贯彻落实举措。按照"具体问题"整改、"举一反三"整改、"推动改革促进发展"深度整改三级递进整改路径,狠抓巡视整改落实,形成集中整改阶段巡视整改报告。在此基础上,推动巡视反馈的24个具体问题见底清仓,切实做好巡视"后半篇文章"。抓住"关键少数",突出抓好"一把手"管理监督,梳理形成《"一把手"和领导班子履职尽责和风险防范清单》,指导"一把手"和领导班子规范履职。严格执行领导干部个人有关事项报告制度,完成93名处级干部个人有关事项年度集中报告,22名领导干部重点查核、11名干部随机抽查和18名干部及时报告工作。组织开展《领导干部配偶、子女及其配偶经商办企业管理规定》《推进领导干部能上能下规定》专题学习,提升领导干部的思想认识和接受监督的行动自觉。研究修订局级领导干部禁业范围,研究制定公务员辞去公职后从业限制规定,建立跟踪管理监督机制。按规定对6名领导干部开展经济责任审计,持续抓好对"一把手"的管理监督。严格干部离津外出请假报备手续,规范请销假程序,形成管理闭环。加强年轻干部教育管理,认真贯彻落实《天津市纪委监委关于进一步加强年轻干部监督的若干措施(试行)》,制定《加强年轻干部监督10项工作举措》,教育引导财政年轻干部扣好廉洁从政的"第一粒扣子"。局党组书记围绕学习贯彻习近平总书记关于年轻干部工作的重要论述,结合工作实际为年轻干部作专题辅导。坚决落实意识形态工作责任,2022年局党组先后召开4次意识形态和思想政治工作领导小组会议,传达学习市委部署要求,分析研判财政部门意识形态情况,深入开展意识形态风险隐患排查。坚持党建引领,聚焦开源增收工作,形成全局合力,鼓足干劲、提振信心,对在"开源增收"工作中表现突出、成效显著的21个党组织以"光荣榜"的形式进行展示和推介,并对9个党组织和9名党员干部分别授予"党员突击队"旗帜和"党员示范岗"称号,在全系统营造"人人抓财源、处处聚收入"的干事氛围。

持续落实全面从严治党主体责任。组织召开财政系统2022年度全面从严治党暨党风廉政建设和反腐败斗争工作会议,印发落实全面从严治党主体责任工作要点及"两个清单",并依托监管平台实现主体责任清单化管理。全年召开全面从严治党暨党风廉政建设主体责任领导小组会议15次,研究、听取、推动党建工作相关会议30余次,多次到所属基层党组织座谈调研,推动工作。局领导班子成员认真落实"一岗双责",定期听取分管单位、部门负责同志的情况报告并提出要求。制定《天津市财政局机关纪委职责》《关于加强市财政局机关纪委建设的工作措施》,不断加强机关纪委建设。认真组织召开党史学习教育暨巡视整改专题民主生活会和组织生活会,派出督导组,紧盯重点内容,聚焦"五查五看",深入9个直属单位和我局直接管理的2家金融机构进行"全覆盖"现场监督。局党组对驻局组反馈的4个方面共性问题和个性问题推动自查整改。严格落实"两请示一报告"要求,指导25个局机关党支部和4个直属单位党组织按期进行换届选举。组织党员干部按时到社区入列当"员",自觉接受街道社区党组织领导,开展志愿服务。围绕贯彻落实重大决策部署靶向发力,紧盯重大财税政策开展监督、紧盯财经纪律整治、紧盯会计评估行业开展监督、紧盯重点项目开展绩效监督、紧盯审计问题督促整改、紧盯新技术新手段探索线上监控新模式,不断提升财会监督治理效能。强化机制建设,制定《天津市财政局财会监督内部操作规程》,建立协同监督制度。向市委巡视办通报近三年来开展财会监督问题147个、通报审计署审计问题220个,有力推动巡视监督与财会监督有机贯通、相互协调。

持续推进作风建设。印发财政部门推进清廉天津建设实施方案、推进清廉机关建设工作方案、2022年廉洁文化建设十项重点工作等,组织开展"书廉、画廉、倡廉"书画摄影作品展,年轻干部"写给未来十年的自己"时空胶囊信件及廉洁微视频拍摄等活动,营造浓厚的廉洁文化氛围。深化日常警示教育,组织开展警示教育月"八个一"系列活动,召开警示教育大会,集中观看《廉洁润初心》《走好廉洁从政每一步》《警钟长鸣》警示教育片,参观"廉润初心"展览;围绕中纪委市纪委各类典型案例通报,开展案例剖析。加强财政部门廉政风险防控机制建设,修订完善《财政部门廉政风险防控清单》,建立"1+9+N"的三级内控制度体系,构建廉洁安全"防火墙”。履责担当保障应急安全,组建应急队伍,开展安全生产专项行动,常抓不懈落实保密、机要安全。持续开展深入治理形式主义官僚主义、不担当不作为问题专项行动,制定专项行动2022年重点工作任务,明确具体任务、措施和部门分工。紧跟进度办理建议提案,共承办建议提案204件,均按期办结,承办会办件总数列全市第1位,答复满意率100%。制定《天津市财政局党组关于运用监督执纪“第一种形态”工作实施细则》,进一步压实各级党组织管党治党主体责任。结合财政部门重点工作制定2022年度政治监督清单,组建10个观察组,开展项目式、近距离、可视化的跟进监督。在疫情严峻情况下,团结奋斗、攻坚克难,做实做细考务工作,保障考试顺利进行,圆满完成会计资格考试相关工作。

二、加强组织收入,推动经济运行整体好转

坚持难中求进、稳中求成,以非常之举、务实之策,创新工作、主动作为,及时组建市、区两级税源建设工作专班,加强组织收入调度,持续做大做强税源“底盘”,加大闲置资源资产盘活力度,强化财政资源统筹,财政收入逐步向好,降幅逐月收窄,总体保持了预算收支平衡。2022年一般公共预算收入1846.6亿元,比上年可比下降5.8%,其中下半年收入实现可比增长10.1%,降幅较第一季度、上半年和前三季度分别收窄13.6个百分点、11.9个百分点和2.3个百分点,降幅逐季收窄,实现了一季好于一季,一月好于一月。

持续加强财源体系建设。立足功能定位,进一步整合资源,强化政策支持,推动中芯国际大二期、力神滨海能源产业基地等一批项目落地。建立市区税源建设统筹协调工作机制,建立内部日会商、周例会、月总结制度,专班各成员单位及时沟通交流。建立数据比对和结果反馈机制,规范化信息比对、结果推送、情况反馈等程序。建立对口包联机制,做好对区包联指导,强化对区专班实地调研、工作督导、培训服务等工作,鼓励各区在税源建设中更好发挥主动性、创造性。建立并严格落实日报告工作制度,强化上下联动、优化包联服务,持续做好重点企业走访服务工作,帮助企业解决发展难题。加强财政收入运行态势分析,重点关注制造业、房地产业、石油石化、信息服务等行业运行以及平台经济等财源发展情况,提升税收管理质效。发挥财政政策引导作用,研究建立招商绩效评价机制,围绕重点产业链企业引育和孵化转移,推进跨区合作项目利益共享,引导提升招商引资质量。

积极争取中央政策资金支持。研究建立争取国家政策资金支持长效机制,梳理提出争取中央政策资金支持重点事项,并定期汇总上报争取工作成果。捕捉中央支持政策信息,挖掘争取工作着力点,组织做好财政部等国家部委重要政策和会议精神的分析研究,梳理财政部2022年以来中央转移支付政策和支持地方发展政策88项,稳经济政策措施49项。积极做好企业职工基本养老保险全国统筹调剂资金申报相关工作,我市获得调剂资金61.07亿元,比年初预计数(54.4亿元)增加6.67亿元。积极争取中央疫情防控专项补助5亿元,有力支持和保障疫情防控各项工作顺利开展。与各部门协同配合,深入调研政法单位和纪检监察机关中央交办大要案收入上缴和经费支出情况,积极向财政部申请承办中央交办案件补助资金。联合市交委积极争取中央财政资金支持我市综合货运枢纽多种运输方式融合发展,预计将在3年时间获得不超过15亿元的奖补资金。目前财政部已提前下发天津市2023年国家综合货运枢纽补链强链专项资金1亿元。

做好盘活资产工作。建立完善工作机制,印发《行政事业单位闲置资产盘活工作方案》,明确工作目标、盘活范围、职责分工、主要任务、实施步骤,组织推进全市行政事业单位开展闲置资产盘活工作。印发《盘活市级行政事业单位闲置房产实施方案》,明确盘活方式和工作流程。制定《天津市政法系统刑事诉讼积压涉案财物集中处置专项工作方案》,组织政法单位推动闲置资产盘活工作。印发《天津市市级行政事业单位公物仓管理暂行办法》,充分利用信息化手段,将市级各部门闲置通用设备等资产统一管理,根据需要统筹调用。修订《天津市市级行政事业单位通用办公设备家具配置预算标准》,结合经济社会发展水平、价格变动等因素,适时调整部分设备购置标准,规范资产配置行为。研究制定《关于加强我市政法机关涉刑事案件长期积压罚没财物处置有关工作的通知》,加快涉法涉诉罚没财物处置工作进度。摸清资产家底,组织 155 家市级主管部门和 16 个区扎实开展行政事业单位闲置资产摸底调查工作,2022 年全市行政事业单位资产共盘活收入 87.5 亿元。

三、全力稳住经济大盘,做好疫情防控保障

全面落实组合式税费支持政策。加大增值税留抵退税力度,聚焦小微企业和制造业等重点行业,实行"按月全额退还增量留抵税额、一次性全额退还存量留抵税额",累计办理退税 455.4 亿元。延续实施扶持制造业、小微企业和个体工商户的减税降费政策,阶段性免征小规模纳税人增值税,扩大"六税两费"适用主体范围,将科技型中小企业研发费用加计扣除比例由 75%提高至 100%,继续实施制造业小微企业缓缴税费政策,扩大实施社保费缓缴政策,累计减免缓缴税费 256.6 亿元。

做好疫情防控经费保障工作。按照市委、市政府统一部署,年初预算安排常态化疫情防控资金 5 亿元,重点支持定点医院运行、医用物资和试剂耗材采购、全员核酸检测、隔离人员费用等工作。自本土疫情发生以来,积极筹集资金,申请市级预备费 17.9 亿元,统筹用于我市全员核酸检测、隔离点征用改造、方舱医院建设、亚定点医院建设、政策性亏损、物资采购、重症医疗资源储备等工作。全市疫情防控累计安排预算 63.6 亿元,其中中央资金 7.6 亿元,市级资金 23 亿元,区级资金 33 亿元。

多措并举助力市场主体纾困解难。实施更大力度援企稳岗政策,阶段性降低失业保险费率,进一步提高失业保险稳岗返还比例,向 13.5 万家企业返还失业保险费 14.76 亿元,优化创业担保贷款贴息及奖补政策,促进高校毕业生、退役军人、农民工、就业困难人员等重点群体创业就业。阶段性减免 3 个月或 6 个月国有房屋租金 5.2 亿元。加大政府采购支持中小企业力度,阶段性提高采购预留份额,全市授予中小企业政府采购合同 188.7 亿元,占政府采购合同总额的 67.4%,其中授予小微企业合同金额 141.5 亿元,占授予中小企业合同总额的 75%。综合运用融资担保、贷款贴息、奖励补助等方式,引导撬动金融资源流向中小微企业和"三农"领域。

支持稳投资促消费扩内需。发挥政府债券对投资撬动作用,成功发行 11 批专项债券 741.1 亿元,支持全市 256 个重点项目建设。优化提升消费环境,安排 0.2 亿元支持举办海河国际消费季等活动,安排市级专项资金 2.5 亿元用于支持发放政府消费券,促进汽车、家电、零售、餐饮文旅等消费加快恢复。争取中央服务业资金 2.3 亿元,支持县域商业建设、农产品供应链体系建设,推动供应链、商品服务下沉和农村消费提升。安排 0.2 亿元支持会展业和跨境电子商务发展,鼓励扩大消费品进口,进一步丰富国内市场供给。争取中央节能减排补助资金 3.3 亿元,支持新能源汽车推广应用及基础设施维护运营,促进新能源汽车消费。

四、保障重点支出,推进重大战略实施

加快实施制造业立市战略。发挥智能制造专项资金引导作用,安排资金 10 亿元,围绕 12 条重点产业链实施智能制造专项资金项目 203 个,新打造智能工厂和数字化车间 100 家,推进全市工业稳增长、调结构、促转型。支持专精特新企业高质量发展,修订完善市级中小企业发展专项资金管理办法,继续实施小微企业融资担保降费奖补政策,新增国家专精特新"小巨人"企业 64 家,新认定市级专精特新中小企业 509 家,纳入中央财政支持的重点"小巨人"企业 50 家,累计争取中央奖补资金 1.6 亿元。发挥海河产业基金引导作用,以服务天津"1+3+4"工业体系发展为目标,围绕 12 条重点产业链,有力推动我市制造业高质量发展。海河产业基金实缴出资产业投资母基金 53 支,带动社会资本 624.08 亿元,资金放大 4 倍,有效发挥了投资引导作用,获得市领导"海河产业基金初见成效"肯定性批示。

深入推动京津冀协同发展。落实天津港支

持政策，筹集14亿元用于天津港基础设施维护提升、集疏运专用通道规划建设，积极争取启运港政策，加速打造世界一流智慧、绿色港口。全面推进滨海国际机场三期改扩建工程，加快建设中国国际航空物流中心。提速打造“轨道上的京津冀”，京唐铁路、京滨铁路(宝坻至北辰段)年内建成运营，津兴铁路全线铺轨，京津冀核心区1小时交通圈基本形成。推进重点流域生态治理，实施重要河湖湿地生态补水17.4亿立方米，推进永定河综合治理与生态修复，拨付引滦入津上下游横向生态补偿资金0.9亿元，上游地区来水质量明显提升。

全力打造科技创新高地。改革完善财政科研经费管理方式，扩大科研项目经费管理自主权，为科研“松绑”、为创新“减负”。深入落实企业研发后补助政策，择优补助企业3.8亿元，带动研发经费支出增长45.1亿元。加大科技型企业梯度培育力度，拨付专项资金8.9亿元，国家级高新技术企业、国家科技型中小企业均突破1万家，评价入库“雏鹰”企业、“瞪羚”企业、领军企业分别超过5000家、400家、280家。支持举办第六届世界智能大会，签约项目136个、总投资849亿元。设立首期40亿元天使母基金，引导社会资本投早、投小、投“硬科技”，全力打造“海河科创名片”。

坚持农业农村优先发展。落实土地出让收入优先支持乡村振兴的政策措施，制定出台考核细则，稳步提高土地出让收入用于农业农村比例。统筹17.9亿元全面落实耕地地力保护、农机购置、实际种粮农民一次性补贴等惠农强农政策，新建高标准农田24万亩，及时启动疫情期间抢种速生叶菜补贴政策，有效保障粮食和重要农产品供给。筹集20亿元投入乡村建设行动和农村改革发展，建成150个农村人居环境整治示范村，落实村级组织运转经费，支持农村宅基地制度改革试点。成功争取中央财政革命老区乡村振兴示范区、乡村振兴重点工作激励县奖励，在16个区全面推开惠民惠农财政补贴“一卡通”改革，持续推动补贴资金通过管理平台全面发放、社保卡全面覆盖、“一卡通”服务平台全面优化，建立监管监督联动、“室组地”联动和问题线索研判“三个联动”机制，有力保障护航“一卡通”管理改革顺利推进。

五、提升公共服务水平，全力惠及民生

切实保障基本民生。坚持尽力而为、量力而行，突出保基本、兜底线，财政支出的七成投入民生领域，着力解决好人民群众的急难愁盼问题。上调退休人员基本养老金、城乡居民基础养老金和老年人生活补助标准，惠及320万余人。做好低保和困难群众救助，下达补助资金17.9亿元，调整物价补贴发放机制，加大临时性救助力度。完善老年人助餐服务补贴机制，调整享受补贴时间和套餐标准，满足多样化、多层次助餐服务需求。安排资金5.9亿元，用于粮油、肉、蛋、菜、奶等生活必需品储备，保障价格稳定、供应充足。落实住房租赁补贴政策，向7.8万户中低收入住房困难家庭发放住房租赁补贴4.3亿元。积极盘活企事业单位自有闲置土地，利用中央预算奖补资金1亿元，开工建设保障性租赁住房项目。

支持社会事业加快发展。在财政收支矛盾突出、财政资金异常紧张的情况下，千方百计筹集资金，全市财政教育支出474.83亿元，比上年实际支出增加1.85亿元，增长0.39%。在完成第一个“只增不减”的同时，相应完成本科、中职、高职三个学段第二个“只增不减”。推进教育优质均衡发展，完成37个义务教育学校建设项目，新增学位4.1万个。支持举办首届世界职业技术教育发展大会，助力打造职业教育新高地。健全职工基本医疗保险门诊共济保障机制，拓宽个人账户支出范围，统筹基金门诊最高支付限额由7500元提高至9000元。推进文化遗产和文物保护，启动李叔同(故居)纪念馆提升改造，实施大运河、海河文化旅游带拓展提升改造，建设一批社区体育园、健身步道、多功能运动设施，促进文体事业繁荣发展。

全面提升现代宜居城市品质。争取中央污染防治资金6.8亿元，支持打好蓝天、碧水、净土保卫战，16家供热站完成燃煤锅炉改燃气，4家钢铁企业完成超低排放改造治理工程，张贵庄污水处理厂开工建设，出资设立首期规模1亿元的土壤污染防治基金。持续推进“871”重大生态工程建设，加强滨海湿地和海岸线生态修复，构筑“河流环抱”“湿地围城”良好生态格局。争取中央补助资金 5.8 亿元，推进老旧小区改造，实现开工 177 个小区、779 万平方米。开展既有住宅加装电梯惠民工程，完成供热燃气旧管网改造各 108 公里，加快实施中心城区 6 处积水片治理。支持地铁加快建设，“津城”“滨城”双城间通达效率进一步提升。

六、提升治理能力，着力严管理防风险

严格财政预算管理。坚持真过紧日子，在近年严控一般性支出基础上，2022 年按 5%、10%两档比例压减公用经费 1.6 亿元，按 20%比例压减部门行政支出 3 亿元。执行事业单位新增人员“退一进一”政策，财政供养人员经费按月据实增减，净收回资金 1.8 亿元。强化财政预算评审，对精准农业一张图公共服务体系等 122 个项目压减预算 28.7 亿元，审减率达 41.6%。严把项目绩效首关，采用“财政+第三方+行业专家”模式审核 1500 余个项目绩效目标，全面提高绩效目标编制质量。加强成本控制，开展污水处理服务项目成本绩效分析。加大财政评价力度，评价范围覆盖“四本预算”。加强单位实有资金账户监控，引入财资管理云平台，1046 个单位账户纳入监控范围。

加强基层“三保”管理。落实“三保”保障责任，坚持“三保”支出的优先顺序，开展 16 个区“三保”预算审核，督促足额编制预算、不留硬缺口。严格“三保”资金专户管理，动态监测重点地区，精准调拨“三保”资金，保障基本民生、工资发放、机构正常运转。最大限度下沉财力，下达疫情防控专项补助 17 亿元，均衡性转移支付补助规模在上年基础上再增加 2 亿元，对“三保”困难区给予精准支持。第一时间下达区级留抵退税等专项资金 98 亿元，支持基层落实减税降费政策、做好民生保障。

积极推动预算管理一体化系统建设。16 个区及滨海新区 5 个功能区一体化系统于 2022 年 1 月 4 日按期上线运行，实现全覆盖且系统运行平稳有序。按照财政部工作要求，制定《整合财政部下发应用软件工作方案》，加强与河北省财政厅沟通协调，积极稳妥推进直达资金、决算、财务报告等相关业务系统与一体化系统整合，为增强财政预算管理完整性和约束力、形成一体化管理闭环打牢坚实基础。

积极防范政府债务风险。坚决遏制增量，用好疑点问题推送机制，对日常监控、督导检查、安全审查、债务数据比对中发现的风险点及时推送、限期处理。严格落实市对区举债融资事前安全审查机制，及时叫停 3 笔、18 亿元涉嫌违法违规新增隐性债务融资。建立隐性债务疑难问题联合会商沟通机制，做到提前预警、提前把关。避免逾期违约，研究建立到期隐性债务对账销号动态监控机制，完成化债 415 亿元，化解率 53%，超进度完成向中央承诺的化债任务。全年未出现一笔逾期违约，守住了不发生系统性风险的底线。强化日常管理，聚焦融资平台公司政府债务、隐性债务、经营性债务“三本账”开展专题调研，研究提出主体责任、监管责任、监督责任共同发力的意见建议，并向市领导和市纪委监委专题报告。开展防范债务风险领域财经秩序专项整治，加强 PPP 项目管理，对已进入执行阶段的项目要求足额安排年初预算、及时拨付政府付费，坚决避免新增隐性债务风险。

七、强化政治引领，提升干部队伍建设水平

持续强化政治素质考察。坚持政治首关，突出实干实绩实效导向，坚持事上看、事上练、事上选，注重在一线斗争实践中考察干部贯彻落实习近平总书记重要指示批示精神和党中央、市委市政府决策部署的政治态度和实际成效。全年共提拔使用 15 名政治素质好、工作表现突出的优秀干部，重用 1 名驻村干部，选派 2 名能力素质过硬的干部执行艰苦地区援派任务，真正把服务一线办好事、担当作为办成事的干部树起来、用起来。

提高干部综合能力素质。注重抓好“关键少数”，选优配强处级领导干部，合理调配机关一把手 8 名、副处级干部 4 名，交流配备基层领导班子成员 7 名。推动专业人才“请进来、走出去”，全年共安排 6 名资产管理、金融等领域人才到我局挂职任职，为兄弟单位、区财政部门、国企事业单位输送6名优秀处科级干部。统筹事业发展需要和军转安置政治责任，经比选择优接收军转干部2名。全年共组织60余期财政业务类培训和8期“财政大讲堂”，举办3期“业务微讲座”，着力提升年轻干部应对新形势下任务挑战的能力。

培养使用优秀年轻干部。加强年轻干部队伍建设顶层设计，制定《年轻干部培养选拔行动计划》，确定100名近远期培养对象。组织市局机关年轻干部开展“策论财政”，引导干部思考解决财政工作难点堵点痛点，提升年轻干部理论联系实际、服务领导决策水平。推动年轻干部下基层“实训补课”，选派12名年轻干部到基层一线、高校和金融企业岗位实践锻炼，将年轻干部培养与财政重点改革任务深度融合，抽调24名干部参与资产盘活、税源建设等重点工作，选派5名干部到上级机关学习锻炼，不断增强年轻干部实战能力。

优化财政机构职能体系。深入贯彻习近平总书记关于完善党和国家监督体系的重要指示精神，紧紧围绕事业发展需要，按照上下贯通原则调整优化局属行政单位设置，成立天津市财政局监督评价局，顺利完成新机构挂牌、职能交接、人员转隶等各项改革工作，集中机构编制资源力量保障财会监督、绩效评价等财政重点工作，进一步提高财政资源配置效率和财政资金使用效益。

八、推进法治建设，提升依法行政能力

带头学习宣传贯彻习近平法治思想。将学习习近平法治思想作为一项重大政治任务，通过集体学习、专题讲座、自学等多种方式学习习近平总书记有关宪法、依法治国、行政执法等方面的重要论述。履行推进法治建设第一责任人职责，把财政法治建设与财政中心工作同部署、同推进、同督促，全年传达学习、研究审议、部署推动有关财政法治建设事项71项。局党组书记以行政执法典型案例为题讲法治课，全面推进财政法治工作落实落细。健全依法决策机制，制定我局重大行政决策管理办法，修订“三重一大”事项决策实施办法，制定并调整2022年度重大行政决策事项并按期公开，严格遵守决策程序，提高决策质量。落实法律顾问、公职律师制度，在重大事项决策前注重听取法律意见，用法治手段和法治方式统筹财政资源、防范化解债务风险，提升财政治理效能。

深入贯彻落实“一规划两纲要”。狠抓中央法治政府建设实地督察整改，研究制定整改方案和问题清单，确定15项整改任务、32条具体措施，制定出台制度文件7件，全面完成各项整改任务。梳理“一规划两纲要”工作任务，制定财政任务清单，压实责任，积极做好法治督察各项工作。扎实落实国家稳经济33条和我市35条措施，持续优化法治化营商环境。严格规范公正文明执法，全面落实“行政执法三项制度”，修订完善执法文书62个。推进财政干部学法用法制度化，组织2期执法人员考试，举办6次法治讲座，落实领导干部年度述法制度，形成尊法学法守法用法良好氛围。

市财政局党组2022年工作总结

2022年，市财政局党组坚持以习近平新时代中国特色社会主义思想为指导，全面贯彻落实党的十九大和十九届历次全会精神，深入学习宣传贯彻党的二十大精神，坚持政治机关定位，坚持以政领财、以财辅政，切实增强服务大局的“添秤”意识、说到做到的“交账”意识，提振信心，扎实苦干，为推动经济运行整体好转，实现质的有效提升和量的合理增长贡献财政之为。

一、坚持政治立身，坚决做到“两个维护”，“以政领财”理念更加牢固

一是强化思想政治引领。坚持把学习贯彻习近平新时代中国特色社会主义思想作为首要政治任务,落实“第一议题”制度,及时跟进学习习近平总书记最新重要讲话和重要指示批示精神。扎实开展“迎盛会、铸忠诚、强担当、创业绩”主题学习宣传教育实践活动工作,深入学习宣传贯彻党的二十大精神,局主要负责同志带头宣讲党的二十大精神,通过举办培训、主题演讲、座谈交流、知识竞赛、配发书籍等形式,教育引导党员干部深刻领悟“两个确立”的决定性意义,增强“四个意识”、坚定“四个自信”、做到“两个维护”。

二是坚守政治机关定位。强化“财自党服从服务于政”的意识,把坚决贯彻习近平总书记重要指示批示精神和党中央决策部署作为践行“两个维护”的实际行动。坚持把政治生态建设作为经常性基础性工作来抓,深入分析把握财政系统“树木”与“森林”状况,聚焦存在问题狠抓作风建设,推动财政系统政治生态风清气朗。坚决落实意识形态工作责任制,及时传达学习市委部署要求,分析研判意识形态情况,强化意识形态阵地建设和管理。

三是推进政治文化建设。打造财政系统党内政治文化特色品牌,提炼“以政领财　厚生惠民　精筹细算　崇廉尚俭”为核心内涵的天津财政精神。坚持把政治文化建设抓在经常、落在日常,引导党员干部强化政治意识和党员意识。“两个责任”协同配合,扎实推进廉洁文化和清廉机关建设,制定 2022 年廉洁文化建设 10 项重点工作任务,开展“书廉、画廉、倡廉”系列活动,营造浓厚的廉洁文化氛围。天津电视台《天津新闻》和《廉政观察》对我局相关做法进行报道,并在市纪委“廉韵津沽”网站展播。

四是狠抓巡视整改落实。坚持把落实巡视整改作为一项重要的政治责任,按照“具体问题”整改、“举一反三”整改、“推动改革促进发展”深度整改三级递进的整改路径,推动巡视反馈问题见底清仓。落实巡视整改有关要求,市委巡视反馈的 24 个具体问题、6 条整改意见,以及“举一反三”“推动改革促进发展”整改事项均已全部整改完成。

二、发挥职能作用,践行宗旨使命,“以财辅政”行动更加自觉

一是加强组织收入,推动经济运行整体好转。坚持难中求进、稳中求成,财政收入逐步向好,降幅逐月收窄,总体保持了预算收支平衡。建立市区税源建设统筹协调工作机制,做好对区包联指导,强化对区专班实地调研、工作督导、培训服务等工作。加强财政收入运行态势分析,持续做好重点企业走访服务工作,推动中芯国际大二期、力神滨海能源产业基地等一批项目落地。研究建立招商绩效评价机制,推进跨区合作项目利益共享。积极争取中央政策资金支持,研究建立争取国家政策资金支持长效机制,组织做好财政部等国家部委重要政策和会议精神的分析研究,梳理财政部 2022 年以来中央转移支付政策和支持地方发展政策 88 项,稳经济政策措施 49 项。印发《行政事业单位闲置资产盘活工作方案》,明确工作目标、盘活范围、职责分工、主要任务、实施步骤,组织推进全市行政事业单位开展闲置资产盘活工作。制定刑事诉讼积压涉案财物集中处置专项工作方案,组织政法单位推动闲置资产盘活工作。印发《天津市市级行政事业单位公物仓管理暂行办法》,将市级各部门闲置通用设备等资产统一管理,根据需要统筹调用。

二是全力稳住经济大盘,做好疫情防控保障。全面落实组合式税费支持政策。加大增值税留抵退税力度,聚焦小微企业和制造业等重点行业,实行“按月全额退还增量留抵税额、一次性全额退还存量留抵税额”。延续实施扶持制造业、小微企业和个体工商户的减税降费政策,阶段性免征小规模纳税人增值税,继续实施制造业小微企业缓缴税费政策,扩大实施社保费缓缴政策。做好疫情防控经费保障工作,强化预算安排,重点支持定点医院运行、医用物资和试剂耗材采购、全员核酸检测、隔离人员费用等工作。多措并举助力市场主体纾困解难,实施更大力度援企稳岗政策,阶段性降低失业保险费率,进一步提高失业保险稳岗返还比例,加大政府采购支持中小企业力度。优化创业担保贷款贴息及奖补政策，促进高校毕业生、退役军人、农民工、就业困难人员等重点群体创业就业。综合运用融资担保、贷款贴息、奖励补助等方式，引导撬动金融资源流向中小微企业和“三农”领域。发挥政府债券对投资撬动作用，支持全市256个重点项目建设。安排财政资金，支持发放政府消费券。举办海河国际消费季等，优化提升消费环境。

三是保障重点支出，推进重大战略实施。加快实施制造业立市战略，发挥智能制造专项资金引导作用，围绕12条重点产业链实施智能制造专项资金项目203个，新打造智能工厂和数字化车间100家，推进全市工业稳增长、调结构、促转型。修订完善市级中小企业发展专项资金管理办法，继续实施小微企业融资担保降费奖补政策，支持专精特新企业高质量发展。提速打造“轨道上的京津冀”，京唐铁路、京滨铁路（宝坻至北辰段）年内建成运营，津兴铁路全线铺轨，京津冀核心区1小时交通圈基本形成。落实天津港支持政策，推进滨海国际机场三期改扩建工程。改革完善财政科研经费管理方式，扩大科研项目经费管理自主权，为科研“松绑”、为创新“减负”。加大科技型企业梯度培育力度，国家级高新技术企业、国家科技型中小企业均突破1万家。落实土地出让收入优先支持乡村振兴的政策措施，制定出台考核细则，稳步提高土地出让收入用于农业农村比例。在16个区全面推开惠民惠农财政补贴“一卡通”改革，持续推动补贴资金通过管理平台全面发放、社保卡全面覆盖、“一卡通”服务平台全面优化。

四是提升公共服务水平，全力惠及民生。切实保障基本民生，坚持尽力而为、量力而行，突出保基本、兜底线，财政支出的七成投入民生领域，重点加强城乡居民基础养老金、低保和困难群众救助、调整物价补贴发放、住房租赁补贴、保障性租赁住房建设等方面的资金保障，着力解决好人民群众的急难愁盼问题。支持社会事业加快发展，千方百计筹集资金，在完成第一个“只增不减”的同时，相应完成本科、中职、高职三个学段第二个“只增不减”。推进教育优质均衡发展，完成37个义务教育学校建设项目，新增学位4.1万个。支持举办首届世界职业技术教育发展大会，助力打造职业教育新高地。健全职工基本医疗保险门诊共济保障机制，拓宽个人账户支出范围。推进文化遗产和文物保护，启动李叔同（故居）纪念馆提升改造，实施大运河、海河文化旅游带拓展提升改造，促进文体事业繁荣发展。全面提升现代宜居城市品质，争取中央污染防治资金，支持打好蓝天、碧水、净土保卫战。持续推进“871”重大生态工程建设，加强滨海湿地和海岸线生态修复，构筑“河流环抱”“湿地围城”良好生态格局。

五是提升治理能力，着力严管理防风险。严格财政预算管理，坚持真过紧日子，进一步压减公用经费和部门行政支出，严格执行事业单位新增人员“退一进一”政策，财政供养人员经费按月据实增减。严把项目绩效首关，采用“财政+第三方+行业专家”模式审核1500余个项目绩效目标，全面提高绩效目标编制质量。加强单位实有资金账户监控，引入财资管理云平台，1046个单位账户纳入监控范围。加强基层“三保”管理，开展16个区“三保”预算审核。严格“三保”资金专户管理，动态监测重点地区，精准调拨“三保”资金，保障基本民生、工资发放、机构正常运转。第一时间下达区级留抵退税等专项资金，支持基层落实减税降费政策、做好民生保障。积极推动预算管理一体化系统建设，16个区及滨海新区5个功能区一体化系统于2022年1月4日按期上线运行，实现全覆盖且系统运行平稳有序。积极防范政府债务风险，严格落实市对区举债融资事前安全审查机制，坚决遏制增量。建立隐性债务疑难问题联合会商沟通机制，做到提前预警、提前把关。全年未出现一笔逾期违约，守住了不发生系统性风险的底线。

三、强化政治引领，锤炼事功本领，履职尽责能力更加过硬

一是持续强化政治素质考察。坚持政治首关，突出实干实绩实效导向，坚持事上看、事上练、事上选，注重在一线斗争实践中考察干部贯彻落实习近平总书记重要指示批示精神和党中央、市委市政府决策部署的政治态度和实际成效。全年共提拔使用 15 名政治素质好、工作表现突出的优秀干部，重用 1 名驻村干部，选派 2 名能力素质过硬的干部执行艰苦地区援派任务，真正把服务一线办好事、担当作为办成事的干部树起来、用起来。

二是提高干部综合能力素质。注重抓好“关键少数”，选优配强处级领导干部，合理调配机关一把手 8 名、副处级干部 4 名，交流配备基层领导班子成员 7 名。推动专业人才“请进来、走出去”，全年共安排 6 名资产管理、金融等领域人才到我局挂职任职，为兄弟单位、区财政部门、国企事业单位输送 6 名优秀处科级干部。统筹事业发展需要和军转安置政治责任，经比选择优接收军转干部 2 名。全年共组织 60 余期财政业务类培训和 8 期“财政大讲堂”，举办 3 期“业务微讲座”，着力提升年轻干部应对新任务新挑战的能力。

三是培养使用优秀年轻干部。加强年轻干部队伍建设顶层设计，制定《年轻干部培养选拔行动计划》，确定 100 名近远期培养对象。组织市局机关年轻干部开展“策论财政”，引导干部思考解决财政工作难点堵点痛点，提升年轻干部理论联系实际、服务领导决策水平。推动年轻干部下基层“实训补课”，选派 12 名年轻干部到基层一线、高校和金融企业岗位实践锻炼，将年轻干部培养与财政重点改革任务深度融合，抽调 24 名干部参与资产盘活、税源建设等重点工作，选派 5 名干部到上级机关学习锻炼，不断增强年轻干部实战能力。

四是优化财政机构职能体系。深入贯彻习近平总书记关于完善党和国家监督体系的重要指示精神，紧紧围绕事业发展需要，按照上下贯通原则调整优化局属行政单位设置，成立天津市财政局监督评价局，顺利完成新机构挂牌、职能交接、人员转隶等各项改革工作，集中机构编制资源力量保障财会监督、绩效评价等财政重点工作，进一步提高财政资源配置效率和财政资金使用效益。

五是提升财政干部依法行政能力。将学习习近平法治思想作为一项重大政治任务，通过集体学习、专题讲座、自学等多种方式学习习近平总书记有关宪法、依法治国、行政执法等方面的重要论述。坚持把财政法治建设与财政中心工作同部署、同推进、同督促，全年传达学习、研究审议、部署推动有关财政法治建设事项 71 项。局党组书记以行政执法典型案例为题讲法治课，全面推进财政法治工作落实落细。健全依法决策机制，制定我局重大行政决策管理办法，修订“三重一大”事项决策实施办法，制定并调整 2022 年度重大行政决策事项并按期公开，严格遵守决策程序，提高决策质量。落实法律顾问、公职律师制度，在重大事项决策前注重听取法律意见，用法治手段和法治方式统筹财政资源、防范化解债务风险，提升财政治理效能。

六是认真做好法治督察工作。狠抓中央法治政府建设实地督察整改，研究制定整改方案和问题清单，确定 15 项整改任务、32 条具体措施，制定出台制度文件 7 件，全面完成各项整改任务。梳理“一规划两纲要”工作任务，制定财政任务清单，压实责任，积极做好法治督察各项工作。扎实落实国家稳经济 33 条和天津市 35 条措施，持续优化法治化营商环境。严格规范公正文明执法，全面落实“行政执法三项制度”，修订完善执法文书 62 个。推进财政干部学法用法制度化，组织 2 期执法人员考试，举办 6 次法治讲座，落实领导干部年度述法制度，形成尊法学法守法用法良好氛围。

四、坚持正风肃纪，推动作风转变，“风清气正”环境更加巩固

一是深化专项治理。结合财政系统实际，制定深入治理形式主义官僚主义、不担当不作为问题专项行动 2022 年重点任务，细化分工，明确责任，推进落实。扎实开展政府购买服务领域不担当不作为问题专项整治工作，全面开展督导检查。组织力量对近年来制定和发布的规范性文件开展自查自纠，切实整治在政策制定和执行中的形式主义、官僚主义和不担当不作为问题。

二是加强日常监督。持续巩固中央八项规定及其实施细则精神成果，在春节、国庆节等重要节点开展监督，及时下发廉政提醒，明确严禁事项，守底线、画红线，以案释纪示警，将纪律要求传递到每一名党员干部。对日常监督中发现的作风建设中苗头性、倾向性问题，面对面提醒提示，督促纠偏整改。“两责”联动，紧盯重要点位、关键环节、风险事项，先后组织15批90人次，对52个点位开展监督检查。

三是强化纪律约束。开展经常性的党章党规党纪教育，注重用好反面警示，及时传达学习市委、市纪委通报的典型案例，强化警示教育，形成震慑之效。制定《天津市财政局党组关于运用监督执纪“第一种形态”工作实施细则》，进一步压实各级党组织管党治党主体责任。

五、完善制度机制，坚持同向发力，“两个责任”配合更加紧密

一是层层压实主体责任。局党组认真履行全面从严治党主体责任，坚决扛起第一责任人责任，认真落实“一岗双责”。研究制定落实主体责任重点任务，每年组织召开全面从严治党暨党风廉政建设和反腐败斗争工作会议，坚持和完善述职评议考核制度，组织召开处级干部述职述廉工作会议，开展直属党组织书记述职评议和党建工作检查，层层传导压力、逐级压实责任。

二是“两个责任”协同联动。坚持“两个责任”定期共研共商，推动“双责联动、协同监督”工作机制落实落细。局党组自觉接受监督，对2022年驻局纪检监察组围绕廉洁文化建设、疫情防控、开源增收等重点工作提出的13条工作提示和监督建议，照单全收，逐项分析，并分解落实到责任部门，制定措施，推动整改落实。

三是加强政治监督。坚持以实绩为导向，聚焦市第十二次党代会的部署要求，结合财政重点工作制定2022年度政治监督清单，围绕开源增收、资产盘活、直达资金等重点项目，组建10个观察组，开展项目式、近距离、可视化的跟进监督，切实提高党员干部贯彻落实中央和市委决策部署的思想和行动自觉，确保中央和市委政令畅通、令行禁止。

四是完善风险防控机制。加强廉政风险防控机制建设，对《财政部门廉政风险防控清单》进行修订完善，新增岗位职责52项、廉政风险点9个，修订防控措施27项。建立“1+9+N”的三级内控制度体系，构建廉洁安全“防火墙”。强化机制建设，制定财会监督内部操作规程，健全完善财会监督与派驻监督联动机制，发挥财会监督专业优势，促进与党内监督贯通协调。

市人力资源和社会保障局2022年工作总结

2022年，全市各级人社部门坚持把党的领导作为根本政治保证，把增进民生福祉作为出发点和落脚点，坚持稳字当头、稳中求进，坚持尽力而为、量力而行，坚守底线、突出重点、完善制度、引导预期，全力以赴防疫情、保民生、促发展、优服务、强基础，推进一系列有效实践，采取一系列惠民举措，实现一系列突破性进展，确保各项工作稳中有进位、稳中有新高、稳中有突破。

一、千方百计稳岗位、保就业

牢固树立“想就业，找人社”的工作理念，持续加大援企纾困力度，全年城镇新增就业36.05万人，城镇调查失业率全年均值5.8%，就业形势保持总体稳定。助企纾困稳就业。实施“稳就业14条”，打出“降缓返补”政策组合拳，阶段性降低失业保险费率，为企业减负达15.15亿元；缓缴养老、失业、工伤三项社保缴费14.59亿元；向13.72万户企业返还失业保险费14.93亿元；发放一次性扩岗补助9605.4万元，惠及企业1.38万户，涉及毕业生等青年群体6.4万人。帮扶重点促就业。深入实施“百万见习岗位募集计划”，认定630家就业见习基地，募集见习岗位3万个，组织2.4万人参加就业见习。完成186名“三支一扶”高校毕业生招募工作。组织开展公共就业服务进校园活动，组织线上线下招聘会188场，提供就业岗位8.7万个。为2.8万名在津求职的离校未就业毕业生建立实名制服务台账，帮扶2.2万人实现就业。开展春风行动、春暖农民工专项行动，促进结对地区农村劳动力转移就业10.2万人，中西部地区脱贫人口在津稳定就业15.6万人。建成14家规范化零工市场。帮扶3.18万名就业困难人员、9.08万失业人员实现就业，零就业家庭动态清零。强化培训提技能。出台职业技能培训补贴实施办法，面向企业职工、失业人员、农村富余劳动力等重点群体开展职业技能培训，完成补贴性职业技能培训15万人次、线上培训42万人次，完成技能等级认定7.08万人。认定创业培训机构68家，组织4.5万人参加创业培训。服务企业保用工。实施提升就业服务质量工程，建立重点企业用工服务保障专班，为390家重点企业协调解决用工2.6万人。实施"10+N"专项公共就业服务活动，举办直播带岗、网络招聘等各类招聘活动1976场，6.2万家企业提供岗位125.8万个。

二、尽力而为强保障、兜底线

深入实施全民参保计划，全市基本养老、失业、工伤保险参保人数分别达到971.62万人、392.2万人、410.53万人。落实全国统筹要求。统一参保缴费政策，调整规范新成立用人单位和个体工商户缴费费率。将扩面征缴列入全市绩效考核，确定考核指标、明确考核办法、压实各区责任。完善惠企惠民政策。允许疫情期间延后办理退休手续并补发待遇，允许符合条件的单位和灵活就业人员缓缴社会保险费，维护职工参保权益。将职业学校实习生、超龄从业人员和基层快递网点快递员纳入优先参加工伤保险保障范围。稳步提升保障水平。调整退休人员基本养老金、城乡居民基础养老金和老年人生活补助标准，惠及320万人。提高失业保险金标准，月人均提高90元，惠及14万人。提高工伤保险长期待遇标准，惠及工伤职工及供养亲属近万人。全面强化基金监管。严格落实"社会保险基金管理提升年"专项行动要求，持续推进违规一次性补缴专项检查，稳慎高效开展待遇追回及缴费清退。

三、量质并举聚英才、促发展

深入贯彻落实中央和市委人才工作会议精神，持续唱好"引育用留"四部曲，筑牢高质量发展人才基础。延揽各类英才。组织"海河英才"系列招才引智活动，通过各类渠道引进人才10.6万人。举办第三届天津市"海河英才"创新创业大赛海外人才赛，吸引海外创业人才708人，拥有博士学位518人。培育两支队伍。新设立博士后科研工作站、科研流动站、实践基地56个，招收博士后632人。选拔表彰天津市有突出贡献专家80名，累计达到240名。全年新增高级职称人员1.76万人，培训高精尖缺专业技术人才1.3万人，克服疫情影响，完成30万人次职业资格考试。举办2022年"天津技能周"活动，组织第三届"海河工匠杯"技能大赛，选树第三届"海河工匠"10名，1人获得"中华技能大奖"、8人评为"全国技术能手"，全面筹备中华人民共和国第二届职业技能大赛。畅通发展通道。完成卫生、艺术等10个系列职称改革，新增航空航天等6个职称专业。出台专业技术人才与高技能人才职业发展贯通政策。率先出台数字经济人才培育落地政策。在天津自贸试验区推行境外职业资格认可。"科创企业评职称"服务模式入选国家深化科技体制改革典型案例。提升服务水平。加快推进人力资源服务业发展，中国天津人力资源服务产业园入选国家首批人力资源服务出口基地，规模以上人力资源服务业营业收入432.65亿元，增速15.1%，高于全市规模以上服务业重点行业平均增速7.2个百分点。推出"海河英才"卡制度，完善配套服务功能，打造人才在津生活工作"一卡通"。依托市级人才工作矩阵，实行"一小时反应、一天内对接、一周内反馈"工作机制，主动帮助用人单位和人才解决问题诉求。

四、防治并重促和谐、防风险

深入实施根治拖欠农民工工资工作，高效开展劳动人事争议调解仲裁工作，全力创建和谐劳动关系局面。加大案件查处力度。查处各类劳动保障违法案件696件，追发拖欠劳动者工资2198.77万元，其中为农民工追发拖欠工资1453.6万元，督促用人单位补缴社会保险费224.58万元。开展和谐创建活动。组织1200

家企业、2700名从业者参加劳动关系协调员技能竞赛。新命名43家市级和谐企业,13家企业和1个园区被命名为全国和谐劳动关系创建示范企业、工业园区。落实新就业形态劳动者权益保障政策,加强对平台企业用工指导。加强源头防范,在疫情期间第一时间发布企业常见劳动用工问题解答。有效化解矛盾争议。各级各类调解组织和仲裁机构受理劳动人事争议案件4.9万件,涉及劳动者5.1万人,为劳动者挽回经济损失7.2亿元。

五、创新竞进优服务、提效能

聚焦人社政策执行"最后一公里",推动全市系统行风建设常态化、长效化。跑出"加速度"。在各区人社局、社保分中心设立42个"打包办"窗口,企业员工招用、高校毕业生就业、社会保障卡申领等9个人社服务事项实现打包快办。实现10个"一件事"线上集成办理。人社服务事项办理时限平均压缩84.4%,即时办结事项124个,占比71%。16家社保卡智能体验服务中心对外开放,实现社保服务"一站式"办理。突出"办实事"。健全完善联系服务基层长效机制,组织局处长走流程和"我为群众办实事"实践活动,完成年度办实事清单事项672项、群众诉求清单事项1203项。织密"信息网"。天津人社App对接全市政务服务一体化平台,在部、市两级公共服务平台开设"人社旗舰店",实现40项应用进驻。社保缴费查询、灵活就业参保登记等事项实现"跨省通办"。推进政务数据共享,先后与市公安局等26个部门建立数据共享机制。

一年来,我们持续巩固拓展脱贫攻坚成果,帮助甘肃省结对地区9.9万名农村劳动力实现就业,超额完成目标任务。深入落实京津冀协同发展战略,主动服务北京非首都功能疏解,全力服务雄安新区建设。深入贯彻习近平法治思想,出台天津市职业技能培训规定,完成全国首部职业技能培训领域省级政府规章立法。按照全市深化职业院校教育教学改革的部署要求,市电子信息技师学院等3所职业院校划归市人社局管理。发挥表彰评选示范引领作用,向全国推荐42个先进集体、70名先进个人;配合市有关单位表彰39个先进集体、229名先进个人。聚焦党的二十大,着力抓好人社宣传,"天津人社"公众号传播力影响力位居全市前列。强化安全管理和保密教育,在全市保密知识竞赛中荣获一等奖。畅通群众诉求,"12333"来电总量353.88万次。局信访处被评为全国信访系统先进集体,市社保中心高擎天同志荣获全国"人民满意的公务员"称号,社保南开分中心、滨海新区人社局就失业管理室、津南区人社局荣获"全国人力资源社会保障系统先进集体"称号,孙磊、帅燮、赵晓彬3名同志荣获"全国人力资源社会保障系统先进个人"称号。

市规划和自然资源局2022年工作总结

2022年是极不平凡的一年,局系统上下认真履行"两统一"核心职责,强化规划引领和自然资源保护利用,服务经济社会健康稳定发展取得积极成效。

一、积极服务稳住经济大盘

一是深入推进京津冀协同发展。积极推动"轨道上的京津冀"规划建设,加强与北京市、河北省有关部门的统筹协作,武清、宝坻等分局积极推进,做好通武廊市域(郊)铁路前期规划工作。超前谋划蓟州与北京地铁22号线东延连接通道,保障京滨高铁、河北新天唐山天然气(LNG)区段、中芯国际、中医药大学三期等项目规划用地审批。红桥分局形成的《天津西站综合开放枢纽——京津冀同城商务区建设总体方案》获市政府主要领导肯定。积极服务北京非首都功能疏解,主动配合各区各部门做好招商引资工作,实际承接43.4亿元,超额完成全年35亿元的承接任务。

二是推动“津城”“滨城”双城联动发展。旗帜鲜明防止城市“粗放式”扩张，严格划定三条控制线，构建“一市双城多节点”的市域城镇格局。编制津城总体城市设计，优化津城空间结构，塑造城市特色风貌。开展建设社会主义大都市行动策划研究，统筹优化中心城区金融街、高教科技产业园、中央商务区（CBD）等功能聚集。推动印发《天津市城市重点区域天际线规划导则》。规划保障京滨城际、京津两市液化天然气（LNG）管道等基础设施项目落地，助力双城联通。

三是全力支持现代制造业和高端服务业快速发展。制定《天津市推进产业用地高质量规划利用管理规定》，助力制造业立市战略和创建国际消费中心城市。西青分局创新打造“三并行、三同步”审批新模式，确保中芯国际危化品库、“大二期”项目如期开工，打造商业项目“拿地即开工”。推动落实《天津市自然资源保护和利用“十四五”规划》并做好年度评估，编制实施《天津市基础测绘“十四五”规划》和《天津市矿产资源规划（2021—2025 年）》。土地利用中心（矿会中心）全力保障，成功举办 2022（第 24 届）中国国际矿业大会。

四是充分发挥港口城市资源优势，大力发展海洋经济。制定海洋强国建设天津措施，凸显天津港作为我市核心战略资源作用，优化港口和海洋空间功能布局，完善港口集疏运通道，重点保障港口和临港产业用海用地需求，高水平建设临港海洋经济示范区；推动完成海水淡化与综合利用地方立法，高质量完成自然资源部涉海企业名录更新认定工作，完成海洋经济运行月度、季度监测，全市海洋生产总值占地区生产总值 30%，海洋产业发展质量和效益持续提升。

五是出台超常规、含金量高的稳住经济和要素保障政策。研究制定了《市规划资源系统贯彻落实市委市政府扎实稳住经济一揽子政策措施的工作举措》《市规划资源局关于积极做好用地用海要素保障的通知》，从 9 个方面提出 32 项工作举措 40 项具体清单任务并推动落实，提出 7 个方面 19 项用地用海保障细化举措，广华部长在全国自然资源工作电视电话会议上给予了肯定。2022 年 1 月 31 日天津市出台《关于着力推动经济运行一季度良好开局全年整体好转的政策措施》，提出 9 方面稳经济运行 33 条措施，其中“统筹重点项目要素保障、加快重大项目建设、用好政策性开发性金融工作、促进房地产业良性循环和健康发展、实施差别化房地产调控政策、用足用好住房租赁政策、完善住房保障体系”这 7 条都涉及我局工作，各部门认真学习领会贯彻落实。

六是持续提高用地用海用林审批效率，优化营商环境。成立局重点项目服务工作专班，协调解决市级重点项目、年度新增专项债项目、基金项目等推进中的重点、难点、堵点问题；持续深化“放管服”改革和“一制三化”审批制度改革落实落细，组织动态调整优化 190 项政务服务事项操作规程，“网上办、一次办”事项比例达到 98%，“全国跨省通办”16 项，“京津冀通办”59 项，在全国率先完成测绘作业证办理跨省通办事项全覆盖；深化工程建设项目审批制度改革，优化规范业务流程，细化联合验收，开展帮办领办，提供“点单式”“一对一”服务。河北分局主动作为、靠前服务，保障了华为天津总部、天津市人工智能计算中心等重点项目快速落地开工。东丽分局创造性以基础设施拿地即开工模式办理华明高新区发债道路审批、有限度容错方式办理富士达自行车不动产权证、推进建筑师承诺制办理建筑类建设工程规划许可证试点工作。中心城区分局优化流程为企业紧急业务制定最优方案，急事急办，先后为利顺德公司等 40 余家企业并行办理不动产登记，解决企业问题 451 个。

七是积极推动绿色低碳发展。编制实施局“双碳”行动工作方案和年度工作要点；完成年度营造林、市级重点造林绿化工程、重点生态林管护等工作；组织起草碳汇系统提升专项方案；加大地热矿业权出让和市场推广力度，地质事务中心强化技术支撑，地热矿业权累计挂牌出让 48 个区块，收入 4.5 亿元，全部用于供热，助力我市实现“双碳”目标。

二、大力推进“两统一”制度和工作体系建设

一是国土空间规划体系不断健全。健全规划决策机制,生态重大规划项目、民生重大建设项目等重大事项报市规划委员会审议,通过一批重点规划及城市设计,建立加快推动实施我市重大规划和建设项目合作机制。完成市国土空间总体规划并报国务院审批。编制完成停车场专项规划、生态修复规划并上报市政府审批。有序推进区级、乡镇级国土空间规划以及综合交通体系、轨道线网等专项规划编制。完成城区划定。建设完成国土空间规划“一张图”实施监督系统。加强控规管理和重点规划编制,提高控规管理时效,出台地方标准《天津市控制性详细规划技术规程》。南开分局在3个月内圆满完成西营门片区城市更新项目涉及地块控规修改方案上报工作。西青分局圆满完成侯台片区(水西公园周边地区)城市设计工作,入选自然资源部城市设计优秀案例。压茬推进村庄规划编制审批。

二是自然资源调查工作成效显著。“三调”工作圆满收官,滨海新区分局、宁河分局、调查登记中心获“全国第三次国土调查先进集体”称号。推动国土调查成果共享应用,完成2021年度国土变更调查,获批4个国家级自然资源调查监测试点项目。

三是所有者权益工作全面铺开。推进委托代理机制试点,自然资源部评价我市工作“推进力度较大、整体进展较快”;完成资产清查试点工作任务,建立市级清查价格体系。向市人大和市政府报告了2021年度国有自然资源资产管理情况。

四是自然资源和不动产统一登记深入推进。新解决33个项目,2.57万户群众历史遗留产权证问题。修订印发《天津市不动产登记规范》,“不动产登记一网通”体系不断健全完善,上线商品房端,实现与水电气热视联动过户和“不见面办理”,在静海分局试点推出自助登记服务区及领帮办服务,试行个人存量房屋交易线上“带押过户”。启动登记信息平台重构工作。“营商环境登记财产指标解读”被评为“天津市2022年营商环境大讲堂十佳课”。西青分局成功实施全市首个“线上批量办理交房即交证”试点项目。调查登记中心主动协调、创新模式、快速推进,在推动提升登记窗口规范化建设、登记档案标准化管理、优化营商环境方面积极示范引领,提供优质服务保障,推动解决融通集团、国家安全部门、重点项目登记历史疑难问题。

五是“871”等重大生态保护修复工程全力推进。落实工作专责机构,局内设绿色生态屏障建设管理处,绿色生态屏障蓝绿空间提升到65%以上,一级管控区有林地面积达到19.15万亩(含部分水面),森林绿化覆盖率达到26%以上。《西青区双城中间绿色生态屏障区规划(2018—2035年)》入选国家“2021年度优秀城市规划设计奖”推荐项目第一层次作品。压实湿地管理机构责任,生态修整中心等单位持续加大对四大湿地保护修复力度。编制完成自然保护地整合优化预案和风景名胜区整合优化预案。编制完成《蓟州区废弃矿山整治修复专项规划》,率先完成历史遗留矿山核查工作,蓟州分局完成0.52平方公里历史遗留矿山生态修复工作并通过专家组验收。推进七里海、大黄堡、北大港等湿地和东疆东部沿海岸线基础设施环境提升等6项海洋生态修复项目,争取中央财政支持,积极推进海洋修复标杆——滨海新区海洋生态保护修复项目。严格海岸线管控,坚决守护好153公里海岸线,统筹岸线、海域、土地管理,确保自然岸线保有量不低于18公里。建成海岸线实时监控系统,海监总队完成渤海综合治理攻坚战“海上环卫”工作任务,加强对重点区域全时监控。

三、统筹严格保护与合理利用资源

一是严格落实耕地保护责任。开展2021年度耕地保护责任目标检查考核,持续深入推进落实田长制,加强耕地动态监管,落实耕地占补平衡和进出平衡机制,开展全域土地综合整治试点工作,强化耕地用途管制,严防耕地和永久基本农田“非粮化”。按照占优补优、占水田补水田、占一补一原则严格落实耕地占补平衡。出台

《天津市实施耕地向其他农用地及农业设施建设用地用途转换管制办法》,建立耕地年度内“进出平衡”机制,严格控制耕地转为林地、草地、园地等其他农用地及农业设施建设用地。

二是切实加强征地补偿规范管理。市政府印发《天津市征收土地和地上附着物和青苗补偿标准》,市政府办公厅印发《关于进一步加强征地管理工作的通知》,经市政府同意印发《天津市征地补偿安置协议》示范文本,规范征收土地行为,细化补偿标准,切实维护被征地农村集体经济组织和农民的合法权益。

三是集约节约保障重大项目用地需求。全力保障国家及我市重点项目用地计划,共审批建设项目150个,批准用地约855公顷,涉及新增建设用地约690公顷。积极防范化解土地债务风险,规范“四本预算”编制成果并严格审核,供应各类用地4594公顷,土地出让金总额424.6亿元。河西分局提供全链条、压茬式、高效能服务,助力中海、中水北方等重点企业的好项目落地,实现土地出让金60亿元,位列第一,爱米斯保障性住房项目选入国家先进典型案例。发布全市城镇基准地价更新成果,构建与产业需求相适应的价格体系,深化完善社会投资项目“用地清单制”改革,与“标准地”出让制度形成聚合叠加效应。落实建设用地“增存挂钩”机制,累计消化批而未供土地1708公顷,处置闲置土地312公顷。积极支持盘活利用存量低效闲置房产、土地资源,落实建设用地过渡期政策,推动新能源、医疗卫生等产业发展。

四是加强海洋资源保护和合理开发。推动围填海历史遗留问题监管和化解工作,审批用海项目49宗,审核用海面积890.19公顷,征缴海域使用金7.11亿元。

五是强化森林资源管理和野生动植物保护。组织完成市党政军领导义务植树活动。市总林长签发《关于切实做好森林防火工作的令》。建立“林长+检察长”协同工作机制。开展林长制督查评估,推进智慧林长平台建设。完成229株古树后备资源调查工作,压实各区古树保护工作责任。扎实推动森林资源督查问题整改。审核审批建设项目使用林地定额永久占用林地196.7064公顷,使用采伐限额蓄积6.96万立方米,完成食用林产品质量安全8个监测品种510批次监测工作,完成“平安中国”指标考核工作要求。开展林草湿调查监测。深化集体林权制度改革和国有林场改革,加强林权交易平台建设,累计成交金额39.69亿元,发展林下经济产值2.2亿元,经济林产值18.5亿元,规范林木种苗管理,指导建立两个市级林草种质资源库,开展打击假冒伪劣和保护植物新品种权活动,规范林草生产经营许可证管理使用,加强检查抽查,在国家“双打”工作考核中连续4年满分。与财政、银保监部门联合出台《关于全面推进天津市政策性森林保险实施方案》。加强野生动植物保护,出台《京津冀鸟类等野生动物联合保护行动方案》,完成重点保护野生动植物物种监测调查。野生动物救护中心面向全市征集并确定了天津市野生动物保护协会标识,调动各方力量,强化科技支撑,为5只东方白鹳雏鸟安装GPS定位系统,集中放归东方白鹳、红隼、苍鹰、环颈雉等国家重点保护野生动物。

四、推动治理能力现代化

一是加快推进城市有机更新和补齐民生基础设施短板。出台《天津市老旧房屋老旧小区改造提升和城市更新规划、土地、调查登记管理实施细则(试行)》,编制《天津津城城市更新规划指引(2021—2035年)》。推动养老、医疗、教育等民生项目建设和老旧小区改造、停车场建设,完成近期可实施的公交场站提升改造规划策划,支持标准化菜市场建设和改造。和平分局圆满完成劝业场地区城市设计和控规修编,入选自然资源部城市更新优秀案例。积极推动地铁4、7、8、10、11号线工程建设,编制完成《天津津城轨道交通综合开发近期建设规划》,积极推进佟楼站等场站上盖方案策划研究。河东分局创新解决路径,核发全市首例共用宗土地地铁项目建设工程规划许可证。印发《住宅多样性空间增值利用规划管理指导意见(试行)》《建筑工程规划验收管理技术规范(试行)》。加大历史文化名城保护力度,编制完成《天津市历史文化名城保护规划（2021—2035 年）》和大运河文化带（遗产西青段）专项规划，完成杨柳青大运河国家文化公园一期项目规划审批。完成市级方舱医院规划选址工作。

二是积极推进乡村振兴。制定《关于落实2022 年全面推进乡村振兴重点工作的方案》，明确 24 项重点工作任务并推动落实，圆满完成年度考核任务。编制完成天津市村庄布局专项规划，规划编研中心提供技术支撑，全市 87 个乡村振兴示范村全部完成村庄规划编制任务，其中 76 个已经区政府批复。修订印发《天津市乡村建设项目规划许可管理办法》，建立用地批准手续和乡村建设规划许可合并审批制度，完善全链条闭环管理机制。调查登记中心持续推进房地一体宅基地确权登记工作。滨海新区分局、蓟州分局启动农村集体经营性建设用地入市试点工作。指导蓟州区东二营镇、常州村、大红峪沟成功申报国家级富硒土壤地理标识、地质文化村和精品研学路线。津南分局率先启动民政部推出的“深化乡村地名服务，点亮美好家园”地名管理试点工作。

三是提升科技和测绘信息的基础支撑和服务能力。推进国土空间基础信息平台建设工作，构建规划资源信息化一张图，服务应用于规划、审批、监管、决策全过程。牵头或参与编制 13 项国家行业及地方标准。组建第二批含 606 名专家的规划资源领域科技专家库。“基于北斗的智能土地及环境在线监察综合技术研究与服务平台建立”等 2 个项目获天津市科技进步二等奖。华勘局、地矿局积极融入支撑规划资源系统，服务支持自然资源确权、资源开发保护、地质灾害防治和信息化建设，“金属矿山地下水灾害防治工程技术创新中心”等 2 个自然资源部工程技术创新中心获批。推动 2 个国家创新联盟开展活动。推进天津市卫星应用技术中心建设。持续提升测绘地理信息数据获取、安全管理和服务支撑能力，做好年度基础测绘工作，加强测绘质量管理和行业信用体系建设，加强测绘应急保障能力建设，测绘地理中心积极推动测绘地理信息成果数据挖掘试点，涉密网建设工作基本完成。

四是做好灾害防治和安全生产。做好海洋监测预警，编制年度海洋灾害公报，完成海洋灾害风险普查任务，发布海洋灾害预警信息 25 期，渤海监视中心编制监测报告 12 期，实现连续三年对天津市管辖海域使用变化情况以每月一次的频率全覆盖监测监视。加强林业有害生物防治检疫和监测预警，修订应急预案，林业事务中心积极推动落实，全市松材线虫病松林监测面积 14 万亩，美国白蛾防治作业面积 360 万亩次。强化森林防火和林业行业安全生产，印发《天津市森林防火规划（2022—2025 年）》，完成森林火灾风险普查、14 个防火检查站建设、3196 万平方米隔离带清打和 54 个摄像头智慧森防监测一期服务工程，开展多方式宣传，加强物资储备和值班值守，我市连续 32 年无重大森林火灾发生。强化突发性地质灾害和地面沉降防治举措，全面压实属地责任，地质事务中心等单位提供有力技术支撑，发布汛期地质灾害气象风险预警 9 次，累计派出专业人员、群测群防员 4727 人次，实现地质灾害零伤亡目标。不断完善地面沉降立体监测体系、综合防治体系和技术标准体系，发布实施《地面沉降水准测量规范》等 4 项地方规范，全市平原区平均年沉降量 8 毫米，年沉降量 50 毫米以上沉降严重区面积大幅减少到 3 平方公里，较 2020 年减少 98%，超额完成年度防治目标。狠抓地勘、测绘行业安全生产，在全国率先开展测量标志安全隐患排查整治，全年未发生重特大安全生产事故。

五、严格规划资源执法，强化依法治理能力

一是强化规划资源执法工作。统筹推进农村乱占耕地建房专项整治、“大棚房”清查整治、高尔夫球场清理整治“回头看”、生态保护重点区域违规违建问题整治等重点任务，深化巩固违建别墅问题清查整治专项行动，持续深入开展土地领域问题综合整治，完成整治 62.04 万亩，整治完成率 70%。综合执法总队、区分局支队、规划土地管理所“三级联动”，发挥“宪兵”“哨兵”作用，督促各区开展执法检查 2.7 万人次，人均执法检查量从 2021 年的 1.5 次增加到 2022 年的29.2次。综合执法总队开展执法检查4362次,人均执法检查量34.9次。创新卫片执法监察模式,加大立案查处整改力度,发现各类违法占地80余块1100余亩,数量居全国省市最低水平;我市违法占地行为连续三年保持下降态势,新增违法乱占耕地行为得到有效遏制,2022年农村乱占耕地建房、“大棚房”问题实现“零新增”。海监总队查处破坏岸线案件9宗,罚款约400万元。在严格土地和规划执法同时,积极组织开展林业、野生动物执法工作。强化督查核实,综合执法总队挂牌督办10个重点案件,全部查处到位。以“清风行动”“网盾行动”等专项联合打击行动为抓手,查办涉野生动植物违法犯罪案件183件,打击处理违法犯罪人员188人,查获涉案野生动物及其制品2511只(件)、野生植物450株。

二是完善执法监督工作机制。制定印发《自然资源执法查处案卷评查办法》《规划和自然资源执法查处案卷评查细则(试行)》,落实案卷定期评查机制,强化案件评查结果运用,2022年查处案件207件,开展两次案卷评查,案卷整体质量大幅提升,得到自然资源部通报表扬,其中2个被评为全国自然资源执法查处优秀案卷,实现优秀案卷零的突破。建立规划资源执法监督“通报、约谈”工作机制,全年开展综合情况通报7次,推动全局持证人员人均办案量由2021年的1.12件提高到2022年的28.17件。建立市场主体轻微违法容错纠错机制,制定《规划资源领域轻微违法行为免罚清单》。深化行政执法与刑事司法协同联动工作机制,制定《市规划资源局关于进一步规范涉嫌自然资源犯罪案件移送工作的通知》。

三是推进法治政府建设。深入贯彻习近平法治思想,夯实法治建设责任,出台落实《天津市法治政府建设实施纲要(2021—2025年)》分工安排,扎实推进法治建设“一规划两纲要”落实落细。深入落实中央法治督察反馈问题整改要求,推动《天津市地名管理条例》等地方立法或修订工作,加快规划资源领域法规体系建设,推动落实“八五”普法规划,《天津支部生活》以《普法有力度　法治入人心》为题专版刊载我局普法工作,“坚持法治引领全面加强湿地自然资源区保护修复”被评为第六届中国“法治政府奖”提名奖。法治文化建设进一步加强,《保护野生动物、人人有责》作品获全市法治动漫微视频作品大赛二等奖。信访处积极组织开展信访不稳定因素“大排查大起底”工作,13件历史遗留信访事项得到实质化解,市规划和自然局在2022年度全市信访工作考核中被评定为“优秀”等次。北辰分局创新工作思路、研究破解信访积案招法,全年化解绿泊庭苑项目登记难等信访积案11件。

四是扎实推进专项整治。巩固“沙霸”“矿霸”矿产资源领域和土地资源领域涉黑涉恶问题专项整治成果,持续紧盯蓟州北部山区矿山盗采行为,进一步加大对地热资源超采等违法违规行为的打击和查处力度,综合执法总队地热资源查处案卷被自然资源部评为优秀案卷。深入开展“四个走遍”推动解决历史遗留工程建设项目“未批先建”“边建边批”问题整改工作。坚决推动中央、市委巡视和审计、督察等反馈问题整改,持续推进落实21项制度性措施和109条整改举措深化整改。

五是行政运转规范有序。文山会海持续精简,进一步推动为基层减负,督检考事项比2021年减少20%。政务公开力度持续加大,完成依申请公开1413件。本年度163件人大建议和政协提案办理满意率100%。压实保密工作责任,强化保密知识培训,在全市保密知识竞赛中荣获三等奖。城建档案馆升级电子档案利用程序,实现预约、查询、利用高效衔接,提供前置查询、在线利用等精准档案服务。综合服务中心积极创新服务保障模式,当好疫情防控工作“守门员”、综合运维保障“服务员”。

六、深入推进全面从严治党

一是推动党的二十大精神入心入行。强化政治引领,坚持把学习宣传贯彻党的二十大精神作为首要政治任务,深入学习贯彻市第十二次党代会精神,先后召开35次局党委会,通过理论学习中心组、读书班、研讨会和宣传宣讲、参观践学等多种形式持续掀起学习热潮，着力在深悟、培训、塑造、润育上下功夫，深刻领悟“两个确立”的决定性意义，从政治上、感情上、行动上真正做到“两个维护”。

二是聚力落实主体责任，强化制度执行。严格执行重大事项请示报告制度，2022年向市委报送请示报告23件，向市委、市政府报送信息约300篇，《天津市深化重大项目用地（海）审批改革面临的困难挑战及有关建议》被国办秘书局刊用，政务信息考核位列市级政府部门第3名。意识形态工作责任制有效落实，及时调整局意识形态工作领导小组。规划展览馆充分发挥宣传教育主阵地作用，获评“全国科普教育基地”和第五批“全国关心下一代党史国史教育基地”两个国家级教育基地。

三是主题学习宣传教育实践活动扎实推进。推动局属党组织上下联动建立办实事清单项目328项，整体完成率超过90%，《天津支部生活》专门刊发我局为群众办实事经验做法。深入开展“双报到”和机关党员干部社区入列轮值工作，各级党组织和全体党员干部积极投身疫情防控工作，津南首战奥密克戎期间局系统4072名党员干部、9月份河西区疫情中320名党员干部下沉各街道参与疫情防控工作，津南分局和河西分局提供了有力保障。

四是高素质专业化干部队伍建设导向鲜明。贯彻新时代党的组织路线，加强各级党组织和领导班子建设，打造过硬干部队伍，严把选人用人政治首关，树立鲜明用人导向，提拔重用干部28人、免职6人，开展处级干部轮岗交流43人、调任3人、重新使用1人、挂职1人，完成局机关科级干部交流任免职5个批次35人次。坚持严管厚爱相结合，紧盯“关键少数”，从严从实抓好干部日常监督，激励干部担当作为。印发《关于选派干部到巡察、信访等综合性岗位锻炼的实施方案》，开展第一期青苗计划暨青马工程52名学员实岗锻炼，组织54名学员参加第二期培训班。

五是大统战格局构建逐步形成。加强党外干部队伍建设，逐步形成局系统大统战新格局。坚持党建带团建、我局共青团工作在全市连续评为优秀等次。规划展览馆积极发挥民族团结进步典型示范作用，被推荐参评“第十批全国民族团结进步示范区（单位）”。局工会、老干部处充分发挥职能作用，精心服务广大在职干部职工和离退休老干部，全力推进60岁以上群体新冠疫苗接种取得积极成效。

六是纪律和作风建设持续从严从实。常态化推进作风建设，制定《2022年深化机关作风建设专项行动工作方案》，持续深入开展治理形式主义官僚主义和不担当不作为问题专项行动；大力加强廉洁文化建设；精准运用监督执纪“四种形态”，常态化运用“第一种形态”，深化“三不腐”一体推进。制定局党委巡察工作五年规划，启动新一轮巡察全覆盖，落实巡察指导督导反馈意见整改，对5个局属单位进行常规巡察，推动巡察整改。建立干部能上能下机制和容错机制，坚持优胜劣汰；积极树立身边正面典型，激励干部担当作为。

市规划和自然资源局党委2022年工作总结

2022年，市规划资源局党委坚持以习近平新时代中国特色社会主义思想为指导，深入学习宣传贯彻党的二十大精神，认真落实市委、市政府部署要求，以党的政治建设为统领，坚持“严”的主基调，坚决扛实管党治党主体责任，全力推进主责主业落实落地，不断把全面从严治党引向深入，为打造“服务高效、法治廉洁”的政府部门提供支撑保障。

一、践行“两个维护”，凝聚管党治党蓬勃力量，有效锤炼对党忠诚的政治品质

（一）扛稳抓牢政治责任

牢记“国之大者”，始终把深入贯彻落实习近平总书记重要指示批示精神作为检验局党委坚定捍卫“两个确立”、坚决做到“两个维护”的重要标尺，把习近平总书记重要指示批示精神作为党内第一政治要件，按照“全面学习领会、深化完善措施、扎实推动执行、检验落实成效”的工作步骤，以最大力度推进习近平总书记重要指示批示精神在规划资源领域落地生根。开展习近平总书记重要指示批示精神贯彻落实情况“回头看”，通过制定方案、限时推动、及时总结，确保工作取得实效。在七里海湿地生态保护方面，积极推动湿地自然保护区“1+4”规划实施，逐步推进七里海湿地生态移民，持续推进自然保护地整合优化，加强全市湿地管理保护。在农村乱占耕地建房专项整治方面，坚决遏制增量，科学选取存量整治试点地区，分类制定处置政策，积极稳妥整治存量。在生态红线内违规违建项目专项整治方面，坚持全面排查、建立台账、逐一甄别、分类处置，自觉将“两个维护”作为最高政治原则和最重要的政治纪律，做到旗帜鲜明、知行合一。进一步推出和落实促进我市高质量发展政策举措，着力强化规划和自然资源要素保障，持续深化“放管服”审批制度改革，不断优化营商环境，有力有效助推全面建设社会主义现代化大都市。

（二）聚力落实主体责任

坚持把履行全面从严治党主体责任作为增强政治意识、践行党章要求、履职担当作为的重要内容，制定局党委落实全面从严治党主体责任“两个清单”、贯彻落实《中共天津市委关于推进全面从严治党向纵深发展的意见》措施台账，印发市规划资源局党委工作要点、党委党的建设工作领导小组工作要点，先后 35 次召开党委会、党建领导小组会就全面从严治党、党风廉政建设等工作进行研究部署，压紧压实各级党组织主体责任。深入贯彻落实习近平总书记关于依规治党的重要论述，严格落实党内法规制度建设领导责任，压实党内法规执行责任，履行党内规范性文件备案审查主体责任。局党委主要负责同志认真落实“第一责任人”职责，坚持重要工作亲自部署、重大问题亲自过问，重点环节亲自协调、重点案件亲自督办，先后主持召开局系统全面从严治党暨警示教育大会、廉政工作暨优化营商环境工作推进会、落实全面从严治党主体责任中期推动会等，现场听取局领导班子成员、局属党组织书记述职述责述廉和落实全面从严治党主体责任工作情况报告。针对市委对我局落实全面从严治党主体责任考核和政治生态建设考核评价反馈问题，制定整改台账，全面推动整改，取得积极成效。完成 2021 年度局属单位落实全面从严治党主体责任和政治生态建设情况考核，下发考核情况通报和表扬优秀单位通报，点对点反馈考核发现问题，刊发考核名次靠前单位全面从严治党经验材料，对排名靠后的单位主要负责人进行约谈。严格执行重大事项请示报告制度，向市委报送请示报告 23 件。坚定不移贯彻总体国家安全观，推动落实国家安全工作责任制。持续加强党对保密及档案工作的领导，认真抓好保密及档案工作。

（三）扎实做好代表选举

深刻认识做好党的二十大代表候选人初步人选推荐提名、市第十二次党代会代表选举工作的重要意义，坚持把加强党的领导贯穿代表选举工作全过程，先后 8 次召开局党委会议传达学习文件精神、审议研究相关议题，建立领导机构和工作机构，制定了党的二十大代表候选人初步人选推荐提名、出席市第十二次党代表大会代表选举工作方案，推进选举工作有序开展。坚持严格标准、严密程序、严肃纪律，严格资格条件，突出政治标准，采取自下而上、上下结合、反复酝酿、逐级遴选的办法，差额选举产生 3 名局系统出席市第十二次党代会代表。其间，局党委通过集中学习等多种形式，广泛进行宣传教育发动，198 个党支部的 2396 名党员参加了推荐提名，局党委召开了局党代表会议，切实使代表选举产生过程成为党内政治生活生动实践和民主集中制教育过程，有效提升了党员干部政治觉悟和工作水平。

（四）深入推进党委监督

全面贯彻中央巡视工作方针和市委巡察工作部署要求，准确把握监督重点，精心制定巡察工作五年规划，梳理形成局党委落实政治巡察监督职责任务、标准要求一览表。紧盯局系统全面从严治党阶段性特征，严把巡察质量，年内开展两轮常规巡察，巡察5个单位，发现各类问题167个，巡察监督针对性和实效性进一步增强。强化巡视巡察整改和成果运用，建立局党委专题会议制度，对重点人、重点事、重点问题和整改工作旗帜鲜明提出意见，以巡察反馈意见、巡察发现问题情况通报、巡察专报和向有关部门移交问题为杠杆，推动局机关加强顶层设计、局系统立体化体系化整改，不断落实局党委“一巡三整改、上下两见效”工作要求。坚持分管领导担任巡察整改工作领导小组第一组长机制，强化被巡单位党组织书记“第一责任人”责任，压实整改主体责任；梳理巡察发现共性问题全局通报，推动未巡先改；加强系统治理，建立各部门联席会议制度，党建处、干部处等职能部门针对93个共性问题、突出问题进行分析研判，推动体系化立体化整改。同时，不断推进巡察监督与派驻监督、纪律监督、组织监督深度融合，打通各类监督内在联系，推动成果共享、力量共用，形成整体监督合力。高标准完成市委巡视地矿局、华勘局反馈问题整改督导推动工作，地热资源管理利用、行业科技创新领域深化系统治理成效显著。

二、加强学思践悟，始终用习近平新时代中国特色社会主义思想武装头脑，凝心铸魂愈加扎实深入

（一）理论武装持续强化

一以贯之学懂弄通做实习近平新时代中国特色社会主义思想，把学习贯彻习近平总书记重要讲话和重要指示批示精神作为党委会议第一议题、理论学习中心组第一主题，着力掌握运用马克思主义立场、观点、方法，不断提高理论素养、政治素养和精神境界。局党委理论学习中心组率先垂范，充分发挥领学、引学、促学“旗舰”作用，严格落实学习制度，制定印发年度学习计划和学习重点安排，采取集中学习、研讨交流、专家授课、专题读书班等方式，开展集中学习11次，系统学习习近平经济思想、习近平法治思想、习近平生态文明思想、《习近平谈治国理政》（第四卷）等重点内容，围绕学习习近平总书记省部级主要领导干部专题研讨班重要讲话精神、发扬自我革命精神、加强全面从严治党、市第十二次党代会精神等主题开展集中学习研讨，切实把习近平新时代中国特色社会主义思想转化为坚定理想、锤炼党性和指导实践、推动工作的强大力量。加强对局属党委（党组）中心组学习的指导和监督，积极推进旁听、“一学一报”制度落实，加强基层日常监督，不断强化学习成效。

（二）党的二十大精神深入人心

坚持把学习宣传贯彻党的二十大精神作为首要政治任务，采取及时组织集中学、领导干部带头学、多种形式丰富学、全员覆盖广泛学等多种形式，着力在深悟、培训、塑造、润育上下功夫，持续掀起学习宣传贯彻党的二十大精神热潮。结合实际制定印发学习宣传贯彻党的二十大精神工作方案，召开局系统领导干部会议进行安排部署，集中600余名中层以上干部举办为期三天的专题读书班，举行新任职国家工作人员宪法宣誓仪式，局党委主要负责同志为局系统和天津外国语大学等3所高校做党的二十大精神宣讲，局领导班子党员成员深入分管单位开展集中宣讲，推动党的二十大精神浸润每名党员干部职工灵魂深处。充分利用媒体资源进行宣传，以视频形式推出7期“奋进新征程　建功新时代——庆祝党的二十大胜利召开系列报道”，以“奋进伟大征程　谱写时代华章——落实首要政治任务　规划资源系统涌热潮、踔厉奋发我来讲　勇毅前行话未来”等为主题，深度宣传局系统学习宣传贯彻党的二十大精神扎实实践和具体行动，《天津日报》刊登局党委理论学习中心组和局主要领导学习体会文章，展现了局系统学习宣传贯彻党的二十大精神的显著成效。

（三）主题学习宣传教育实践活动工作成效明显

落实市委、市级机关工委部署要求，坚持高起点谋划，精心制定实施方案、重点任务安排，形成“1+1+N”的落实方案体系。成立局党委主要负责同志为组长的领导小组，下设综合协调、组织宣传、督导推动和安全维稳4个专项工作组和6个巡回指导组，建立工作例会、信息报送等制度，强化部署推动落实。召开局系统工作部署会议，以“三会一课”、主题党日等多种形式开展学习、培训，深化对党、对习近平总书记的忠诚教育，有效增强坚定捍卫“两个确立”、坚决做到“两个维护”的坚强意志和政治热情。坚持“准”组织生活会标准，高标准完成四个专题的学习研讨，谈认识、找差距、明方向。建立信息简报制度，编发局《主题活动工作简报》25 期、《主题活动工作动态》6 期，向市委、工委领导小组报送信息简报 16 篇，其中 3 篇被选登转发。制定年度为群众办实事实施方案和重点项目清单，聚焦发挥规划引领作用、优先保障民生用地、深化不动产登记服务等 9 大领域，局级层面立项 30 项重点办实事项目，推动局属党组织建立健全办实事项目清单 328 项。《天津支部生活》以《立足“三面”发力　聚焦“三点”突破》为题专门刊发我局为群众办实事经验做法。

（四）法治建设取得新进步

深入学习贯彻习近平法治思想，印发局党委关于深入学习宣传习近平法治思想的通知以及措施任务分工，将学习习近平法治思想纳入党委（党组）理论学习中心组学习重要内容，纳入支部、干部学习、公务员培训内容。举办学习宣传习近平法治思想专题讲座，邀请天津大学法学院教授进行辅导授课，及时开展习近平法治思想学习答题和竞赛活动，组织公职律师、法律顾问赴基层单位开展习近平法治思想宣讲，持续推动习近平法治思想学习宣传走深走实。贯彻落实中央全面依法治国重要决策部署和市委全面依法治市各项工作要求，印发局法治建设 2022 年工作要点、研究出台局落实《〈天津市法治政府建设实施纲要（2021—2025 年）〉主要任务分工方案》的分工安排，夯实法治建设责任，扎实推进法治建设各项工作任务。压实各级党组织主要负责人法治建设“第一责任人”责任，积极推进立法和制度建设，出台局 2022 年立法工作计划和年度行政规范性文件制定计划，配合市人大出台《天津市人民代表大会常务委员会关于加快构建“津城”“滨城”双城发展格局的决定》《天津市人民代表大会常务委员会关于加强城市重点区域天际线管控的决定》，修订出台《天津市绿化条例》。继续做好行政复议与行政应诉工作，全面开展“八五”普法，推进法治建设取得积极成效，局“坚持法治引领全面加强湿地自然保护区修复”成果被评为第六届“法治政府奖”提名奖，局“保护野生动物、人人有责”获得天津市法治动漫微视频作品大赛二等奖，《天津支部生活》专题刊载我局《普法有力度，法治入人心》文章。

（五）正向宣传再上新水平

奏响规划资源发展主旋律，大力宣传规划资源领域助力天津高质量发展新成效，通过中央和本市各主流新闻媒体全方位、多角度、立体式报道规划资源领域各项工作，展现规划资源人精气神，讲好规划资源故事。大型海洋人文纪录片《津·海岸》作为迎接党的二十大献礼片在天津电视台进行首播。2022（第 24 届）中国国际矿业大会宣传报道在国际上引起反响。凸显特色亮点工作且在社会上极具影响力的报道共计 55 篇，包括中央广播电视总台《新闻联播》3 篇、中央电视台其他栏目 7 篇、《人民日报》5 篇、其他各类报纸头版整版 34 篇，在网站及客户端点击量超百万的有 6 篇，有效激发宣传强势能。

三、深化党建引领，树立大抓基层鲜明导向，不断增强党组织政治功能和组织功能

（一）加强党组织规范化建设

持续巩固提升党支部标准化规范化建设，推动开展“双示范”创建工作，大力推进“模范机关”建设，印发 2022 年“模范机关”创建工作方案和党建与业务深度融合工作方案，以业务工作业绩体现党建工作成效。严格督导党组织换届选举，建立换届工作台账，定期跟踪换届进度，强化换届纪律，组织推动 73 个党组织如期换届，选准配强党组织班子，夯实基层组织基础。高质量高标准指导基层召开组织生活会，制定下发工作方案、督导方案，对全局系统开展专题组织生活会进行部署安排，共派出 17 个督导组列席 193 个党支部组织生活会，有效推动党支部建设。督促基层党支部落实“三会一课”等制度，全面深化党内法规的贯彻执行，按要求开展党务外包和补缴党费使用管理情况自查工作，组织发展党员工作培训和党员档案联审互查活动。面向党组织书记、党务干部等群体开展党员教育培训，共举办培训班7期，培训约350人次。持续推动“向群众汇报”“四个起来”“联点访户”和基层联系点等制度的落实，深入开展“双报到”和机关党员干部社区入列轮值工作，号召各级党组织和全体党员干部积极投身疫情防控工作，津南首战奥密克戎期间组织发动局系统4072名党员干部、9月份河西区疫情中抽调320名党员干部下沉河西各街道参与疫情防控工作，有效展示新时代规划资源人良好风貌。

（二）积极推进干部队伍建设

加强干部队伍建设统筹谋划，深化处级领导班子配备和干部队伍建设，严把选人用人政治首关，提拔重用干部28人，开展处级干部轮岗交流43人、调任3人、重新使用1人、挂职1人，完成局机关科级干部交流任免职5个批次35人次。加强年轻干部培养，制定印发《关于选派干部到巡察、信访等综合性岗位锻炼的实施方案》，开展第一期青苗计划暨“青马工程”52名学员实岗锻炼，组织54名干部代表参加第二期“青马工程”培训班。着力打开公务员发展“天花板”，开展基层四级调研员以上职级公务员晋升25人，在局机关开展2批次科级干部职级晋升26人次。严格执行领导干部个人有关事项报告制度，组织局系统284名处级领导干部开展个人有关事项集中填报，对存在漏报问题的干部进行处理。加强对干部全面了解和“八小时以外”的监督管理，联合驻局纪检监察组印发《落实进一步加强年轻干部监督若干措施的实施方案》，开展处级干部家访20余人次。加强对局属单位“一把手”和领导班子成员监督提醒，在提拔、交流、离任、退休等关键节点，开展任职谈话、监督谈话90余人次。

（三）有效加强统战和群团工作

深入学习贯彻习近平总书记关于做好新时代党的统一战线工作的重要思想，及时传达学习《中国共产党统一战线工作条例》和2022年全国、全市统战部长会议精神，制定印发年度统战工作要点，召开局系统统战工作培训会暨开展“喜迎二十大、同心跟党走”主题教育视频会。加强党外干部队伍建设，推荐5名党外代表人士入选全市“十百千工程”队伍，完成3名无党派人士认定，局领导班子成员带头广交党外朋友，开展谈心谈话、联谊交友活动。不断加大与农工党市委会对口联系工作，收到感谢信1封。积极发挥市规划展览馆民族团结进步典型示范的作用，推荐参加“第十批全国民族团结进步示范区（单位）”评选工作。深化青年干部思想引领，认真组织学习习近平总书记庆祝建团百年重要讲话精神，完成市第十五次团代会代表选举和第十五届团市委委员、候补委员提名工作，组织选举局机关团支部新一届支委会。大力选树青年先进典型，组织开展局第一届向上向善好青年典型选树活动。深入推进“海河青听”活动走深走实，开展“线上送祝福　温暖在身边”慰问活动，组织“留津过年”节目展演、“防疫有我”知识竞赛和“别有津味儿”摄影比赛活动，用服务的“热度”让青年感受“温度”。

四、从严正风肃纪，深化标本兼治，清廉建设逐步走深走实

（一）坚持不懈纠“四风”树新风

持续加固中央八项规定精神堤坝，认真落实党政机关厉行节约反对浪费条例规定，紧盯重要节日时间节点，采取“四不两直”、明察暗访等方式开展现场监督检查，强化基层党组织日常监督。深入推进机关作风建设专项治理活动，制定年度作风建设专项治理工作方案，召开作风建设中期推动会，突出7个方面重点问题和9种表现开展自查自纠，推动机关作风问题整改。持续开展“双千”活动，为基层解决实际问题41个。深入推进“双万双服促发展”活动，采取上门服务、专项调研、政策解读、召开座谈会等方式积极服务企业群众，切实为企业群众办实事解难题，持续优化规划资源系统营商环境。持续深入开展治理形式主义官僚主义和不担当不作为问题专项行动，集中开展政府购买服务领域和政策制定及执行中不担当不作为问题专项整治，制定整治形式主义突出问题为基层减负的十条措施，在不动产登记交易领域开展“天津市不动产登记窗口服务规范建设年”活动，不断推进不动产登记队伍作风常态化建设。加强对干部职务职级晋升和评先评优开展监督。用好党内监督和民主监督、审计监督、财会监督、信访举报监督，印发敢于善于运用“第一种形态”通知强化日常监督，贯通融合、协调协同，形成强大监督合力。

（二）常态化开展廉政警示教育

突出思想引领，组织召开局系统全面从严治党暨廉政警示教育会议，局主要负责同志亲自动员并讲授廉政党课，分管领导和驻局纪检监察组组长分别到会讲话。组织开展“迎盛会、铸忠诚、强担当、创业绩”警示教育月组织党组织书记讲廉政党课，召开局系统纪检业务辅导培训暨年轻干部警示教育会议，邀请市级机关纪检监察工委副书记赵立君来以《严守党纪国法　筑牢反腐防线》为题进行辅导授课，收到良好效果。发挥典型案例震慑作用，分类分批组织党员干部观看《守护净土正风纪》《规自系统案件忏悔实录》《走好廉洁从政每一步》《警钟长鸣》等警示教育片，通报局系统违纪违法典型案例，开展“一对一、面对面”警示提醒，以严格中央八项规定精神、不得违规领取评审劳务费等为主题编发《党风廉政建设工作提示》12 期。召开局系统廉政工作暨优化营商环境推动会议，安排部署廉洁文化建设工作。

（三）深化“三不腐”一体推进

保持高压态势，强化不敢腐的震慑，聚焦权力集中、资源富集的部门，集中力量靶向治理。严肃查处不动产交易登记领域“窗口腐败”问题，开展全市经济开发区腐败问题专项整治。精准运用监督执纪“四种形态”，常态化运用“第一种形态”。制定加强政治生态建设重点任务清单，召开专题会议研究政治生态建设形势，严格落实“三重一大”集体议事决策制度，持续整治码头文化、圈子文化和好人主义。深化廉政教育，举办党风廉政专题辅导培训，开展廉洁主题党日活动，组织党员领导干部参观廉洁文化红色教育基地，落实干部任职廉政谈话制度，强化廉洁从政意识，深入做好“三个以案”，增强不想腐的思想和行动自觉。

（四）大力加强廉洁文化建设

以清廉机关为引领，深入推进局系统新时代廉洁文化建设。制定关于加强新时代廉洁文化建设的工作方案，印发以高质量党建引领清廉机关模范机关建设的具体举措，提出规划资源领域独特的廉洁文化理念，精心打造廉洁文化阵地，推进三项“亮点工程”。“百个支部学廉”活动。以党日活动等形式组织党支部分批次参观“廉润初心”主题展览，强化廉洁文化教育。“千封家书助廉”活动。在全系统开展给领导干部家属送廉洁家书活动，陆续收到回信和廉洁寄语近百封（条）。“万屏闪耀倡廉”活动。结合“八个一样”廉洁文化理念，以“山水林田”“梅兰竹荷”为主题，制作具有规划资源特色的廉洁文化壁纸图片，在工作电脑和个人手机上设置“廉洁双屏”，首套壁纸已在全系统万余台电脑和手机上推广使用，不断深化社会、单位、家庭共教共育效果。依托建设“党员服务示范窗口、党员服务示范岗”活动，把廉洁要求细化落实到每一个岗位，把廉洁理念融入到业务工作全过程。局廉洁文化建设情况被天津电视台《廉政观察》栏目展播，被《天津日报》《自然资源报》刊发。

（五）持续推动专项行动

坚持把贯彻落实《反有组织犯罪法》作为全年常态化扫黑除恶斗争的总牵引，制定学习宣传贯彻《反有组织犯罪法》实施方案，列入局系统“八五”普法责任清单，邀请天津市第一中级人民法院刑事审判庭孙健庭长进行专题授课，利用下沉社区、行政执法检查、“田长”巡察等时机积极开展社会宣传，在提高全社会知晓度中增强局系统干部职工运用法律与黑恶势力作斗争的信心和能力。聚焦打击“矿霸”“沙霸”开展常态化扫黑除恶斗争，持续开展自然资源领域专项整治，落实野生动植物保护长效机制，严肃查处不动产登记“窗口腐败”问题，持续推进土地领域专项整治，全面加强行业监管和源头治理。印发进一步提升“三书一函”整治质效工作方案，推进实行“挂账促改”，有效规范工作流程，确保专项行动提质增效、行稳致远。

市生态环境局 2022 年工作总结

2022 年,在市委、市政府的正确领导下,市生态环境局深入学习贯彻习近平新时代中国特色社会主义思想,积极践行习近平生态文明思想,聚焦生态环境突出问题,推进中央环保督察整改落实,深入打好污染防治攻坚战,生态环境质量持续改善,连续两年全国污染防治攻坚战成效考核优秀。

一、推动绿色低碳发展

制定实施减污降碳协同增效、碳普惠体系建设等行动方案,开展建筑、企业、社区低碳试点示范建设。

着力做大增量。制定重大项目环评审批服务清单,设立保障工作专班"一包到底",推进产业园区规划环评与项目环评联动改革、"打捆"审批,创新总量指标"先用后补""跨区调剂",全力服务新天钢联合特钢、中芯国际等重点产业链、高水平项目落地;积极争取中央环保专项资金支持,全年完成中央专项资金支付 12.4 亿元,带动各类投资 50 多亿元,生态环保投资拉动社会总投资 1.6 个百分点;谋划 81 个 249 亿元生态环境领域重大项目。

着力做优存量。全市 51 台套公共及自备煤电机组稳定达到燃气水平,石化、平板玻璃行业企业基本达到国家环境绩效 A 级水平。稳妥有序压减低效燃煤、推动煤炭清洁利用,40 台燃煤锅炉改燃并网或关停。全面停止国三及以下柴油货车集疏港,推动港作机械清洁化比例提高到 60%,铁矿石铁路运输比例稳定保持在 65%以上。

着力做好减量。制定实施"无废城市"建设方案,中心城区等 10 个片区纳入国家"无废城市"建设试点。争取国家支持,推动航空、船舶、数控机床、工程机械、通讯设备等领域保税维修再制造"政策升级",打造资源再利用、产品再制造等新经济增长极。

二、深入打好污染防治攻坚战

深入打好蓝天保卫战。强化 $PM_{2.5}$ 和 O_3 协同治理,钢铁、石化、玻璃等重点行业全部完成超低排放改造或深度治理,242 家企业完成 VOCs 治理设施升级改造,58 家企业完成多轮次动静密封点 LDAR,实行非道路移动机械第四阶段排放标准,淘汰老旧车 4.3 万辆、注册新能源车 9.5 万辆。全市 $PM_{2.5}$ 年均浓度 37 微克/立方米、同比下降 5.1%,优良天数比率 73.2%、同比提高 0.9 个百分点,重污染天数 4 天、同比减少 3 天。

深入打好碧水保卫战。推动张贵庄、津沽三期等污水处理厂建设,改造一批雨污串接混接点,实施独流减河、机场排水河等水生态修复工程,持续推进"一河一策"入海河流治理,开展入河、入海排口"查、测、溯、治"专项治理,分类整治 68 个入海排口,开展 8100 亩水产养殖标准化池塘改造与尾水治理。地表水国控断面优良水质占比 58.3%、同比提高 13.9 个百分点,12 条入海河流稳定实现消劣,国控主要河流水质提升到Ⅳ类及以上,近岸海域优良水质占比稳定提升到 71%、同比提高 13 个百分点。

深入打好净土保卫战。实施农耕地周边涉镉等重金属企业排查整治行动,全市 1.72 万亩受污染耕地全部落实安全利用措施。更新发布建设用地管控和修复名录,重点建设用地全部实现安全利用。推进宁河区农业面源污染治理与监督试点,完成 32 个村环境整治、68 条农村黑臭水体治理,2021 年农村环境整治获评全国优秀。

三、加强自然生态保护

作为全国生态保护红线监管试点城市,率先建立"1 个台账+2 个体系+3 个机制"的工作架构。推进双城生态屏障生态环保规划实施,开展"绿盾 2022"强化监督。开展湿地自然保护区生态状况监测评估,全市生态状况指数持续保持良好。编制生物多样性保护行动计划,开展七里海等重点区域生态状况调查评估。津南区成功创建国家生态文明建设示范区，中新天津生态城获评“绿水青山就是金山银山”实践创新基地，天津港保税区获得“生态文明建设示范区（生态工业园区）”称号。

四、推进京津冀生态环境联建联防联治

推动成立京津冀生态环境联建联防联治工作协调小组，联合签订实施新一轮京津冀生态环保协同框架协议，连续6年实施京津冀区域秋冬季大气污染综合治理攻坚行动，与河北省签订第三轮引滦入津横向生态补偿协议，三地联合发布环境影响评价会商办法、液氨贮存使用单位环境风险防控技术规范，积极协调河北省共建共用海洋倾倒区，与京冀毗邻区市联动执法、联合督查，在北运河武清段开展京津冀突发水环境事件联合应急演练。

五、保障生态环境安全

全力抓好疫情防控，迅速成立医疗废物处置专班，积极协调增加医废运输、处置能力，全市医废转运车由34辆提升至82辆，处置能力由95吨/日提升至330吨/日，全年无害化处置医疗废物4.4万吨，其中涉疫医废2.4万吨，实现医疗废物应收尽收、应处尽处。推动集中隔离点加装污水自动消毒设施300余套，确保医疗废水全消杀、全处理。聚焦危化、危废、重金属等行业企业，开展安全整治行动，全市1.5万余家企业纳入“危险废物综合监管信息系统”；持续开展辐射安全检查和应急演练，放射性废物和废旧放射源收贮率达到100%。

六、提升生态环境治理能力

推进中央生态环保督察整改301项整改任务已完成244项，剩余57项正在按时序推进；严厉打击环境违法行为，检查企业5.5万余家次，下达处罚决定673件，立案1284起，移送拘留案件10件，涉嫌污染犯罪移送公安机关案件15件。印发加快推进环保管家服务模式指导意见，试点开展环境管家托管服务；在全国率先设立土壤污染防治基金，获得4000万中央土壤污染防治专项资金奖励。

市生态环境局党组2022年工作总结

2022年，在市委、市政府坚强领导下，市生态环境局党组坚持以习近平新时代中国特色社会主义思想为指导，牢牢把握新时代党的建设总要求，统筹打好疫情防控阻击战和污染防治攻坚战，持之以恒推动管党治党向纵深发展。局领导班子2021年度考核被评为“优秀”，3个直属单位被评为国家和市级文明单位。

一、坚持政治统领，不断增强做到“两个维护”的政治自觉

深入学习贯彻党的二十大精神。局党组坚持把学习贯彻党的二十大精神作为一项重要政治任务，局党组书记、局长温武瑞扛起政治责任，亲自部署、带头推进工作落实。班子成员带头学、带头讲、带头干，引导局系统党员干部群众原原本本、逐字逐句、深入思考地学习领会党的二十大精神，深刻理解内涵，准确把握实质，切实用党的二十大精神统一思想、统一意志、统一行动，更加坚定捍卫“两个确立”、坚决做到“两个维护”。

坚决贯彻落实党中央和市委市政府决策部署。牢记“国之大者”，持续开展习近平总书记重要指示批示落实跟踪督办，严格执行重大事项请示报告制度，2022年主动向市委请示报告重要事项11件。认真贯彻落实习近平生态文明思想，持续推进污染防治攻坚“1+3+8”作战行动，强化日常考核督办，连续两年在全国污染防治攻坚战考核中被国家评定为“优秀”等次，受到市领导充分肯定。贯彻党中央“疫情要防住、经济要稳住、发展要安全”重要要求，建立以行政值班为主线，安全生产风险隐患排查整治攻坚、医疗废物处置调度等“1+5”工作专班机制，消除了一批生态环境风险隐患，解决了一批群众身边的环境突出问题。

严守政治纪律和政治规矩。从2021年度全面从严治党考核反馈的6类20项具体问题入手，统筹推进中央生态环境保护督察、审计整改等工作，制定细化为34条整改措施，全面推进整改落实。坚持把党章党规党纪教育贯穿全年，持续整治码头文化、圈子文化和好人主义，强化斗争精神，高质量召开领导班子民主生活会2次、组织生活会3次。8名领导班子成员参加支部组织生活累计170余次。强化统战工作领导，推进党外代表人士队伍建设，加强保密培训、检查，确保安全无事故。

扣紧压实责任链条。局党组坚决扛起全面从严治党政治责任，将管党治党和生态环保工作统筹推进、同步落实，印发推进全面从严治党向纵深发展意见，做到年初有部署、年中有推动、年末有考核。局党组书记、局长温武瑞同志坚持“四个亲自”，带好班子，抓好队伍；领导班子成员定期听取分管领域党风廉政建设情况，做到敢管敢严，长管长严。

二、坚持举旗铸魂，厚植践行初心使命的思想根基

一体推进学理论。坚持把学懂弄通做实习近平新时代中国特色社会主义思想作为常修课和必修课，把学习贯彻习近平总书记重要讲话和重要指示批示精神作为党组会“第一议题”、中心组学习主要内容、党支部“三会一课”必学主题，从中找方向、找遵循、找方法。局党组理论学习中心组开展集中学习14次、以“准民主生活会”形式研讨交流11次。

依托活动悟思想。深入开展“迎盛会、铸忠诚、强担当、创业绩”主题学习宣传教育实践活动，建立健全组织领导机制，以准组织生活会形式开展专题研讨4次，通过局党组专题部署、“关键少数”示范引领、支部集中学习等方式，推进市第十二次党代会精神深入基层、深入人心。积极开展“我为群众办实事”活动，制定并完成401项重点项目清单和群众诉求清单。

落实责任把导向。强化正面宣传报道，颁布实施国内首部以促进生态文明教育为主旨的省级地方性法规《天津市生态文明教育促进条例》，组织开展形式多样的宣传报道，“生态环境保护这十年”系列报道受到广泛好评；落实“7×24”小时舆情监测轮班制度，建立“1+24+48+7”的处置工作机制，在市政府对25个组成部门关于规范表述的检查中市生态环境局受到通报表扬。

三、坚持实干担当，持续改善生态环境质量

坚持减污降碳，加快发展方式绿色转型。积极推进京津冀生态环境联建联防联治，制定污染物排放总量控制管理办法和绿色发展“领跑者”评价办法，健全完善“绿色标尺”。深化排污许可管理，审核排污单位报告2556家次，整改存在问题企业778家。牢牢把握减污降碳总抓手，编制我市减污降碳协同增效实施方案和碳普惠体系工作方案，扎实推进区级“无废城市”建设，推动139家试点企业开展碳排放权交易与履约，履约率连续7年达100%。

坚持系统治理，深入推进环境污染防治。聚焦突出生态环境问题，深入打好蓝天、碧水、净土保卫战。推进臭氧和扬尘污染防治，持续抓好秋冬季大气污染综合治理攻坚行动，截至11月底，全市$PM_{2.5}$浓度为37微克/立方米。积极开展全市入河入海排污口排查和城市建成区黑臭水体整治，强化渤海综合治理和“美丽海湾”建设，12条入海河流稳定消劣。推动复兴九里、天津农药厂、天钢一期等疑难污染地块修复，坚守农用地和建设用地安全底线。

加强生态保护，提升生态系统多样性、稳定性、持续性。牢牢把握生态保护红线，建立“1个台账+2个体系+3个机制”工作架构；强化生态环境监管，推进“绿盾”专项行动，核查自然保护区人类活动遥感监测点位88处；严格生物多样性保护，编制天津市生物多样性保护行动计划及规划，开展七里海、大黄堡、北大港等重点区域生态状况调查评估。津南区、中新生态城、天津港保税区分别获得国家生态文明建设示范区、绿水青山就是金山银山实践创新基地、生态工业园区称号。

四、坚持强基固本，不断提升党组织政治功能和组织功能

大力加强基层组织建设。坚持大抓基层的

鲜明导向，持之以恒抓基层、打基础、强基本，持续推动机关、事业单位、国有企业党建工作全面进步、全面过硬。科学设置调整基层党组织，督导 16 个基层党组织完成换届、委员增（补）选，党组织书记与行政负责人"一肩挑"。采取以干代训、专题培训、领导授课、专家辅导等形式，建强基层党务干部队伍。组织开展并大力推进"三级书记讲党课"和党员讲"微党课"。

锻造过硬环保铁军队伍。坚持在工作中锤炼生态环保铁军，在疫情防控、深入打好污染防治攻坚战等重大工作一线考察识别干部，加强优秀年轻干部选拔培养，优化干部队伍结构，今年选拔任用处级干部 30 人次。通过开展争创模范机关活动、"最佳主题党日"、读书荐书等活动，引导立足岗位争创一流，凝聚强大组织合力，局机关大气处获得第三届"中国生态文明奖"先进集体，执法总队在生态环境部执法大练兵中被评为优秀单位。

坚持党建业务互融互促。发挥党建政治引领、示范带动作用，积极推进机关党建与业务工作深度融合、相互促进，总结推广水生态环境处党建与业务融合机制试点经验做法，受到市委组织部和市级机关工委的充分肯定。创新党建工作载体平台，组织局系统党支部到结对单位、服务现场、"双报到"社区开展集中学习、过组织生活、志愿服务以及送政策、送技术、送温暖等联建共建，以党建联建促业务共建，实现从队伍联建的"物理反应"到深度融合的"化学反应"。

五、坚持正风肃纪，深入推进反腐败斗争工作

持续推动作风好转。紧盯春节、劳动节、国庆节等重要节日节点，督促加强节前教育，锲而不舍落实中央八项规定精神。研究制定专项行动 21 项具体举措，通过明察暗访、通报警示，着力抓好作风建设、政府购买服务领域不担当不作为问题等专项整治。坚持精文减会，严格规范行文，今年印发涉及基层文件 43 件，占年度计划 72%，持续巩固为基层减负成效。

树牢为民服务情怀。深入开展"党建+作风+营商环境建设"行动，进一步推进法治政府建设，完善政务服务工作新机制，我局 42 个事项全部进驻综窗，让企业、群众办事"只进一门、一次办成"；畅通国五车辆迁入办理渠道，为 1.3 万群众办理相关手续；实行柔性执法，积极推进"首违不罚""轻微不罚"，免于处罚案件 272 起。

深入推进"三个以案"。局党组扎实做好苗加兴严重违纪违法案件后半篇文章，及时召开宣布处分决定大会，开展集体廉政谈话。组织开展警示教育月通过参观警示教育基地、观看警示教育片、讲授廉政党课、签订廉洁承诺书等系列活动，积极引导党员干部严守纪律规定。突出"人事因制"，举一反三，列出整改事项清单，重点聚焦加强党对生态环境保护工作的全面领导、对重点领域权力运行的制约监督等四个方面推进整改落实。紧盯重点领域，组织制修订选人用人、审批监管、行业专家监管等 10 余项制度规定。与此同时，印发实施《市生态环境局加强新时代廉洁文化建设工作方案》，组织环科院等单位在办公楼宇因地制宜建设廉洁文化教育长廊、"廉洁健心房"，以廉润初心。

从严监督执纪问责。严格落实党中央和市委对"一把手"和领导班子监督措施，常态化加强"关键少数"的重点监督和年轻干部的管理教育。坚持并不断完善局党组书记与驻局纪检监察组组长沟通机制，畅通以党内监督为主、行政和审计财会统计贯通的监督体系。综合运用监督执纪"四种形态"，严肃追责问责处理党员干部 11 人，其中第一种形态 6 人、第二种形态 5 人，始终保持严的主基调，永远吹冲锋号。

市住房和城乡建设委员会 2022 年工作总结

2022 年，市住房城乡建设委坚持以习近平新时代中国特色社会主义思想为指导，深入贯彻党的二十大精神，坚决贯彻“疫情要防住、经济要稳住、发展要安全”重要要求，在市委、市政府的坚强领导下，坚持以人民为中心，以高质量发展为主题，以改革创新为动力，圆满完成了2022年各项工作任务。

一、扎实推动稳经济一揽子政策措施落实，为我市经济平稳健康发展贡献住建力量

面对复杂的经济形势、严峻的风险挑战，住建系统迎难而上、主动担当，不断增强服务大局的“添秤”意识、高度负责的“交账”意识，各项经济指标保持在合理区间，在困局中争取了最好结果。

一是京津冀协同发展取得新成效。积极承接北京非首都功能疏解，加大招商引资力度，中建国际、特变电工等一批央企落户天津，进一步提升我市建筑业整体实力。推动工业厂房分割销售政策落细落实，为37个项目、27万平方米工业厂房办理销售许可。强化京津冀区域来津人才服务保障，精准制定商品房和保障房支持政策，重点企业来津人员购房1.99万套。推动海绵城市、绿色建筑和超低能耗建筑等5个领域协同标准编制，全年发布《超低能耗居住建筑节能工程施工技术规程》等19项区域协同标准。加强京津冀工程计价体系一体化建设，发布京津冀管廊人工、材料、机械价格，满足企业对三地工程计价需要。

二是经济指标持续向好。全年完成城建固定资产投资2582亿元，其中市政基础设施投资409.3亿元，同比增长9.5%；房地产开发投资2127.9亿元；城市更新和老旧小区改造投资44.8亿元。完成建筑业产值4746亿元，同比增长2%，实现建筑业增加值724亿元。

三是重大项目提质提速。国家批复的轨道交通14条线路全部开工，在建227公里，地铁10号线一期建成通车，累计通车里程达到286公里。国家会展中心综合配套区建成投入使用，为第六届世界智能大会顺利召开提供了重要保障，二期展馆区58万平方米完成全部主体结构。全面推进机场三期改扩建工程，综合交通枢纽“一体化”设计方案不断深化，土地征收等前期准备工作有序推进。完成京滨城际铁路北辰站周边4条市政道路和站前广场建设，为京滨城际铁路顺利开通创造条件。城市路网体系更加完善，37条市政及配套道路竣工通车，利用世行三期贷款实施的189条道路慢行改造和96个地铁站点接驳工程完成收尾工作。持续完善市政基础设施三年滚动计划，储备市政基础设施项目675项、投资规模约3020亿元。

四是房地产市场平稳健康发展。全年实现商品房新开工667万平方米、竣工1503万平方米，在建项目规模达到1.1亿平方米，保持房地产开发规模和市场有效供给。出台我市促进房地产业良性循环和健康发展“一揽子”政策措施，完善住房限购、差别化信贷、规划土地、税收、公积金等促进政策，更好地满足新市民、青年人、多子女和赡养老人家庭刚性及改善性住房需求。举办线上房交会，全方位、多角度宣传我市调控政策，总访问量突破7000万人次，培育了住房消费新模式。通过综合施策，全年新建商品房实现销售973万平方米，降幅持续收窄，市场回暖明显。在市、区各部门和企业共同努力下，推动重点房地产企业保交楼，7个重点风险项目全部销号，完成交房3163套。积极化解重点房地产企业债务风险，实现境内公开市场债整体重组，为防风险、保交楼赢得时间。超前预防，梳理全市延期交房项目，用好国家专项借款，31个项目全面复工，1028套交付使用，“三保”工作取得阶段性成效。

二、坚持以人民为中心的发展思想，用心用情解决群众急难愁盼

在住有所居、弱有所扶上持续用力，人民群众的获得感、幸福感、安全感更加充实、更有保障、更可持续。

一是全面完成民心工程。我委承担的发展保障性租赁住房、城市道路建设、农村困难群众危房改造、向中低收入住房困难家庭发放租房补贴4项民心工程任务全部提前完成，实现了早竣工、早投用、早惠民。

二是不断完善住房保障体系。出台加快发展保障性租赁住房实施方案，多渠道筹集保障性租赁住房，全年共筹集 160 个项目、6.1 万套(间)。向 7.87 万户中低收入住房困难家庭发放住房租赁补贴 4.64 亿元，解决公交、环卫等困难职工 1456 户，做到应保尽保。建成棚改安置房 3100 套，超额完成计划目标。推动国有资产盘活利用，将闲置公租房用作保障性租赁住房、闲置经济适用住房转为共有产权房、闲置限价商品房转为商品房，挖掘既有房屋存量走进市场。

三是持续提升居住社区品质。推进城镇老旧小区改造，切实解决群众在住房安全、管网改造、道路出行方面的问题，开工 177 个小区、779 万平方米，惠及居民 10 万户。按照绿色社区创建标准积极开展创建活动，全市达标 1178 个小区，创建率超过 62%。推动完整居住社区建设补短板行动，完善 6 大类 21 项基础性配套设施，全市达标率 23.1%，比 2021 年提高了 15 个百分点。多措并举推进加装电梯，开通、在建 117 部。

四是全力保障农村房屋安全。编制农村住宅建设技术标准和设计图集，广泛宣传农房建设安全技术，引导农民科学合理建房。完成农村困难群众危房改造 731 户。大力保护传统村落，指导列入中国传统村落名录的蓟州区西井峪村、黄崖关村、西青区六街村、宝坻区陈塘庄 4 个村开展挂牌保护，推动蓟州区小穿芳峪村等 4 个村成功入选第六批中国传统村落，加大宣传力度，助力旅游经济。

五是积极开展东西部协作和支援合作。帮扶西藏丁青县仲佰村完善路灯、排水设施；落实蓟州经济薄弱村帮扶工作，实施村党群服务中心功能建设、改善基础设施和公共服务设施，产业帮扶项目取得实效；开展劳务协作，重点帮扶四个受援地 1.6 万人来津务工；动员系统职工、工会、政采开展消费帮扶，全年购买帮扶产品 373 万元，消费金额再创新高。

六是努力提升物业管理服务水平。配合市人大开展物业条例执法检查，针对存在问题制定整改方案，加强督查督办，坚持举一反三，15 类问题全部整改完成。对 119 个物业管理项目开展依约服务督查检查，督促企业落实整改。全市物业企业投入人力、物力、资金，配合社区全力做好疫情防控服务工作，为社区防疫做出了艰苦努力。

三、深入贯彻绿色发展理念，不断开创住房城乡建设新局面

坚决贯彻新发展理念，推动战略性调整，着力构建住建领域新发展格局。

一是大力推动城乡建设绿色发展。制定出台天津市推动城乡建设绿色发展的实施方案，强化京津冀城乡建设、生态环境、规建管统筹三大协调机制，健全城乡建设科技创新、建设标准、政策制度三大体系，实施城乡建设八大任务和 45 项具体举措，城乡建设绿色发展新格局初步显现。

二是稳步推进城乡建设领域碳达峰行动。编制完成城乡建设领域碳达峰实施方案，提出城乡建设领域碳排放 2030 年率先达峰的目标，实施提高新建建筑节能低碳水平、既有建筑低碳改造、农村住宅低碳发展等十大行动。开展绿色建筑创建行动，新建民用建筑全部执行绿色建筑设计标准，持续扩大星级绿色建筑规模，城镇新建绿色建筑占比达到 80%以上。推动装配式建筑高质量发展，新开工装配式建筑 488 万平方米，装配式建筑比例达到 34.9%。发挥天津市现代建筑产业园的龙头作用，积极推动试点示范项目和产业基地建设。推动科技创新发展，发布 103 项工法和 23 项新技术应用示范工程。

三是有序推进城市更新行动。结合我市城市发展的历史特点，研究编制城市更新行动计划，提出现代服务业集聚、都市产业升级、老旧房屋改造、基础设施改善等 16 项更新行动；开展城市体检，建立市—区—街(镇)三级体检工作体系，找准基础设施和公共服务设施问题短板，金钟河大街、南门外大街、红旗新里等项目有序推进。

四是不断提升小洋楼保护利用成效。落实习近平总书记指示要求，加大历史风貌建筑遗产保护和活化利用，积极拓展小洋楼房源，加大招商引企力度，亚洲投资银行、360 集团、通用技术等 92 家企业签署落户协议，阿里巴巴、联想等 75 家企业入驻，高质高新企业聚集效应日益显现。

五是全力打造健康便利的营商环境。工程建设项目审批制度改革向更深层次推进,区域评估改革拓展到环评、节能、水土保持等8个领域,76个项目直接运用评估成果,大幅缩短前期时间。针对重点项目制定10项便利措施,完善审批事项清单、“一张表单”和联合验收机制,深化施工图审查改革,进一步缩小社会投资项目施工图审查范围,在全国工程建设项目审批制度改革评估中位列第二。推行建筑、监理、勘察设计等资质证书电子化工作,在房建和市政基础设施领域推行保函保险制度,切实减轻企业负担。

六是不断提升行业监管水平。调整企业资质管理,实行宽进严出,加大证后复查复核,治理小散乱企业。规范建筑市场秩序,开展房建和市政基础设施招投标专项整治,梳理项目1.3万项,核查评标专家3000多名,清理了一批违规专家。加大执法力度,市区两级共组织行政检查执法约2.8万次,实施处罚727件,净化了市场环境。严把消防设计审查和消防验收关,市、区两级共受理建设工程消防验收和备案项目1968个。提升住建行业信用监管水平,出台了建筑施工、勘察设计、物业、房地产开发及中介五大行业信用评价管理办法,分级分类监管信用平台全部开展试运行,不断拓展成果运用。我市成功入选住建部首批智能建造试点城市,整合系统数据资源,启动智慧住建平台建设。

四、统筹发展与安全,坚决打赢疫情防控和安全生产攻坚战

进一步增强安全生产的责任感、使命感,始终绷紧安全生产这根弦,做到守土有责、守土有方、守土有效。

一是提升建筑工程质量水平。强化主体责任,推进法定代表人授权书、工程质量终身责任承诺书、永久性标志牌制度落实,新建工程“两书一牌”覆盖率达到100%。强化建设材料、商品混凝土的检测检验机制,处理通报违规企业。推动工程质量创优,开展“质量月”活动,组织建设工程质量安全文明施工观摩交流,2022年我市滨海新区中医医院、悦动嘉园、茱莉亚学院、高能量密度锂离子电池生产厂房4个项目获得鲁班奖。

二是严守建筑施工安全底线。完成城市建设安全专项整治三年行动,建立制度成果35项。加强质量安全制度建设,采取遏制重特大事故的55项具体措施。严格落实地下管线保护“八个一律”工作要求,有效遏制了施工破坏管线事故多发频发势头。推进精准执法,运用施工现场监控系统,提高执法效率。2022年住建领域安全事故起数和死亡人数分别同比下降27.66%和27.45%,施工安全总体受控。做好应急管理,完善应急预案,构建应急体系,明确责任分工,充实了覆盖房建、市政、轨道交通等领域的5支应急救援队伍,多次开展地铁、防汛应急演练和模拟推演,在应急抢险实战中发挥了作用。

三是加强既有房屋安全管理。组织开展了既有建筑违法建设和违法违规审批排查,累计排查29.8万幢6.8亿平方米。扎实推进自建房安全专项整治,共排查经营性自建房6.8万余栋,对危房已全部落实管控或整治措施。

四是积极推进法治政府建设。深入学习习近平法治思想,做好中央督察反馈问题整改,强化执法监督做好案卷评查,落实“八五”普法规划,重点开展“美好生活民法典相伴”主题法治宣传教育活动。化解矛盾纠纷做好行政复议应诉工作,不断提升领导干部法治思维和法治能力。全年高质高效办理人大政协建议提案220件,满意率100%。

五是严格落实信访工作责任制。加强重复信访积案化解和房地产等突出涉稳风险稳控,建立工作台账和领导包案,做到“一事一策、一人一策”,全年办理信访事项2733件,办结率100%。市、区两级投入力量,强化敏感时期维稳工作,保持总体形势稳定。

六是出色完成防疫设施抢建任务。按照市防疫指挥部部署,住建系统闻令而动,广大企业顾全大局,调动人员、设备、材料先后抢建改造了1.3万套隔离房间,完成海河定点医院、梅江会展中心方舱医院、国家会展中心方舱医院、亚定点医院以及民政设施抢建等任务,受到市主要领导表扬,为全市防疫提供强力支撑。

市住房和城乡建设委员会党委 2022 年工作总结

市住房城乡建设委党委坚持以习近平新时代中国特色社会主义思想为指导,深入学习宣传贯彻党的二十大精神,全面落实市第十二次党代会明确的目标任务,在市委、市政府的坚强领导下,充分发挥党委“把方向、管大局、保落实”作用,突出“大城建”的职能定位,有力推动中央和市委各项决策部署落地落实。现将有关情况报告如下。

一、坚持以习近平新时代中国特色社会主义思想凝心聚魂,坚定捍卫“两个确立”,坚决做到“两个维护”

不断强化对党、对习近平总书记绝对忠诚的政治自觉、思想自觉、行动自觉。始终把学习贯彻习近平新时代中国特色社会主义思想摆在首位,落实党委会第一议题制度,全面学习《习近平谈治国理政》(第四卷),及时跟进学习习近平总书记最新重要讲话和重要指示批示精神。建立贯彻落实习近平总书记重要指示批示台账政治要件,定期调动推动,常态长效落实。突出抓好党的二十大精神学习贯彻,研究制定《委党委关于学习宣传贯彻落实党的二十大精神工作方案》,举办领导干部专题读书研讨班,认真学原文悟原理,持续深化对党的二十大精神实质、核心要义学习领会和准确把握。发挥理论学习中心组领学作用,深入开展交流研讨,班子成员带头谈认识、找差距、定措施,不断强化对党绝对忠诚的坚定意志和政治自觉。

着力发挥“把方向、管大局、保落实”的领导作用。坚持党对各项工作的统一领导,不断强化政治引领作用。及时修订《党委工作规则》,完善民主集中制议事决策规则,提升党委科学决策、依法决策、民主决策的能力。扎实推进“迎盛会、铸忠诚、强担当、创业绩”主题学习宣传教育实践活动工作,作为党委贯穿全年的一项重要政治任务,确保“10 项任务”取得扎实成效。活动工作经验被《天津工作》等党刊转发 26 次。认真履行党委巡视深度整改主体责任,聚焦“人事因制”,全面抓好深度整改任务落实。成立轨道交通建设、房地产市场稳控、机场三期改扩建、信访维稳等工作专班,确保党的领导“一根钢钎插到底”。10 号线一期已通车运行,国家会展中心综合配套区已完成竣工验收并投入使用,房地产业健康发展预期进一步增强,机场三期完成一体化设计方案,一批信访积案得到有效化解。

严守政治纪律规矩。认真贯彻落实党委(党组)重大事项请示报告条例,研究制定委党委重大事项请示报告清单,召开系统请示报告工作专题培训部署会,明确向市委报告工作的重要事项和具体内容,全面抓好请示报告制度落实。严格执行领导干部个人有关事项填报制度,督促系统领导干部向组织交出“明白账”。严格落实意识形态责任制,加强对网络舆情监管,及时化解负面政治信息,遏制不良影响。

二、深入贯彻落实中央和市委决策部署,持续推动住房和城乡建设事业高质量发展

贡献服务经济社会发展住建之力。深入贯彻落实市第十二次党代会提出的“四高”目标任务,积极发挥“大城建”牵头作用,结合国务院“稳住经济一揽子政策”和市政府“稳经济 35 条”,研究制定《住建领域扎实稳住经济大盘推动重点项目建设工作方案》,推进住建领域项目建设,扩大有效投资。突出抓大项目建设促市政投资增长。前三季度城建固定资产投资完成 2098.34 亿元,其中基础设施完成投资 298 亿元,同比增长 12.5%。促进房地产市场平稳健康发展。制定出台本市促进房地产业良性循环和健康发展“一揽子”政策,放宽信贷政策,有力推动房地产市场回稳向好,商品房销售均价同比上涨 1.1%,房价保持平稳回升。扎实防范房地产市场风险,帮助融创集团实现 8 笔、93.8 亿元债务展期,支持化解到期金融债务约 1300 亿元。编制《天津市化解恒大房地产项目风险总体工作方案》,推动在津恒大项目有序推进建设进度,目前已按时交房958套,年底前计划完成2205套“保交楼”任务。加强历史风貌建筑保护利用。877栋历史风貌建筑全部归集入册,纳入日常保护监管。持续推动小洋楼招商引企,90余家企业签署落户协议,洋楼经济品牌效应初步显现。

发挥保障和改善民生住建之为。坚持站在群众的立场抓工作。不断完善住房保障体系。编制我市“十四五”保障性租赁住房发展规划,出台加快发展保障性租赁住房实施方案,更好解决新市民、青年人等群体住房问题。落实住房租赁补贴发放,对本市城镇中等偏下收入住房困难家庭给予公租房保障。2022年,已筹集保障性租赁住房4.3万套(间),向7.74万户中低收入住房困难家庭发放住房租赁补贴3.87亿元。加速推进民心工程建设。10条城市市政道路建设进展顺利,望湖路、嘉和路等9条道路已完工,春海路按计划有序推进建设。持续推进老旧小区改造。已累计开工160个小区、738.98万平方米。持续推动既有住宅加装电梯工作,开通运行56部、在建58部。加快推进城乡建设发展方式绿色转型。大力推广绿色建筑和装配式建筑,起草《市住房城乡建设委关于进一步发展装配式建筑的实施意见》,扩大装配式建筑全产业链发展。截至9月底,新开工装配式建筑项目73个,装配式建筑面积210万平方米。开展治理重复信访、化解信访积案专项行动。2022年以来,办理信访事项1900件,办结率96.2%,集中解决群众不满意信访事项132件,回访满意率100%,16件重复信访积案已全部办结。

履行维护安全发展的住建之责。认真践行总体国家安全观,围绕迎接党的二十大胜利召开,研究制定《关于忠实履行“卫城”职责使命坚决筑牢首都政治“护城河”,以担当尽责的扎实业绩迎接党的二十大胜利召开工作举措》,扎实做好改革发展稳定、经济社会建设、保障改善民生等各领域安全稳定工作。印发《关于住建领域进一步强化安全生产责任落实坚决遏制重特大事故的若干措施》,分类别开展排查整治等专项行动,及时消除各类安全隐患。持续加大执法检查力度,共实施处罚497件,警示、约谈67人次。事故起数同比下降18.92%、死亡人数同比下降13.16%。深入组织开展“自建房安全专项整治和百日行动”,第一时间落实管控措施。认真履行疫情防控职责。全力推进集中隔离点建设,抢建20处集中隔离点,改造房间10641套,同步推进2000间永久隔离设施和320间配属设施建设,顺利完成梅江会展中心方舱医院2040张床位和国展中心15000张床位抢建任务,全力推动抢修海河医院6000平方米内部道路和“120”应急通道。持续加强建筑工地防疫管理,指导施工企业严格四码联查、人员健康监测、环境消杀、核酸隔日检测等制度落实,全力维护建筑工地疫情防控良好秩序。

三、扎实履行管党治党政治责任,深入推进全面从严治党向纵深发展

坚定扛实主体责任。召开党委会、党的建设工作领导小组会10余次,专题研究年度全面从严治党工作,制定深入贯彻市委《关于推进全面从严治党向纵深发展的意见》具体举措,健全明责、履责、督责、问责机制,推动管党治党部署要求落地落实。主要负责同志严格履行第一责任人责任,定期听取班子成员履行管党治党责任情况汇报,普遍与所属党组织负责同志开展主责谈话,带头讲廉政党课,积极宣讲党的二十大和市第十二次党代会精神,持续强化管党治党压力传导。班子成员认真履行“一岗双责”,强化对分管领域党员干部教育监督管理,积极开展“联点访户”,推动全面从严治党向基层末端延伸。

不断规范基层党组织建设。扎实开展专题学习研讨,系统212个党支部以“准”组织生活会形式,查问题、找原因、明方向。开展重温入党誓词、党员过“政治生日”等政治仪式,持续深化忠诚教育。组织机关192名党员按计划入列轮值,1813名在职党员到居住地社区报到入列,连夜组织327名党员紧急驰援津南参与疫情防控,让党旗在战疫一线高高飘扬。

牢固树立正确选人用人导向。坚持党管干部原则和好干部标准,强化干部政治素质考察,选优配强直属单位领导班子。制定印发《委管干部人选实名推荐工作的实施方案》,进一步规范组织推荐和个人推荐。加强日常监督,严格开展公职人员违规从事营利性活动问题等专项整治,加强"一把手"和年轻干部管理监督,制定领导干部家访工作实施方案,有效贯通"八小时"以外监督。坚持严管厚爱,先后对17名受问责处科级干部开展帮扶教育,重新激发干事创业热情。

全面净化系统政治生态。研究制定《2022年加强政治生态建设重点任务》,明确改土治水具体举措。彻底肃清唐连蒙案件影响,做实以案为鉴、以案促改、以案促治等工作。召开警示教育大会,通报系统10起违规违纪案例,用身边事教育身边人。召开系统廉政工作会议,细化国务院和市政府第五次廉政工作会议贯彻落实措施,推进"廉洁政府"建设。深化形式主义官僚主义和不作为不担当问题专项治理行动,制发2022年专项行动工作安排,全面治庸治懒治无为。2022年以来查处典型问题14起,问责9人次。强力整治群众身边腐败问题和不正之风,集中开展群众反映突出的房屋质量安全、工程建设领域招投标、房地产市场监管等行业专项治理,严肃查处不作为、乱作为、吃拿卡要、"权力寻租"等问题。坚持一体推进"三不腐"。持续强化"不敢腐"的震慑,全面纠治和惩处各类违纪违法问题,精准运用监督执纪"四种形态",今年以来给予党纪处分14人次,政务(纪)处分9人次。持续扎紧织密"不能腐"的制度笼子,研究制定《市住房城乡建设委党委关于巡察监督与其他监督贯通融合的工作机制》,组织开展常规巡察、监督检查及明察暗访等,推动各类监督贯通融合,发挥综合监督效能。全面深化"不想腐"的自觉,大力强化新时代廉洁文化建设,开展"警示教育月"、清廉机关创建等,努力营造海晏河清政治生态。

市城市管理委员会2022年工作总结

2022年,市城市管理委坚持以习近平新时代中国特色社会主义思想为指导,深入学习贯彻党的二十大精神,全面落实市第十二次党代会的部署要求,以"迎盛会、铸忠诚、强担当、创业绩"主题学习宣传教育实践活动为重要抓手,持续秉承"民生办、民心办"的功能定位,坚持服务天津经济社会发展、服务市场主体、服务市民群众,围绕群众急难愁盼问题,深入开展"我为群众办实事"系列活动,努力破解城市管理难题,城市治理更有力度、城市管理更有温度,群众的获得感、幸福感、安全感不断增强。

一、园林绿化品质品位持续提升,美丽天津更加生态宜居

坚持把绿色作为美丽天津建设的底色,持续加大园林绿化建设和养管力度,把更多的绿地建在百姓身边,让群众享受到更多绿色服务。

一是加强城市绿化建设。持续推进"植物园链"建设,建成新梅江公园(南段),开工建设柳林公园(一期),启动梅江公园一期、二期改扩建项目。利用边角地、闲置地提升改造,通过丰富绿植、适量增加地面铺装等方式,新建提升改造50个"口袋公园",既服务了周边群众,也增加了城市公园绿地服务半径。按照园林绿化管理标准,补植乔灌木251429株、绿篱6.58万平方米、地被127.1万平方米。坚持示范引领,组织开展精品绿化养护路、精品花坛、优美公园创建活动。结合迎国庆和党的二十大召开,在公园、主干道路和重要区域布置花坛、花境62个,城市绿色服务水平显著提升。

二是强化城市大树古树保护。出台《天津市城市树木迁移管理办法》,开展古树名木普查,建立130株城市古树名木生境档案,对胸径30厘米以上的118352株城市大树进行登记造册,将树龄大于50年或者胸径40厘米以上的14581株城市树木纳入古树后备资源库,定期监测。开展砍伐树木审批"回头看",对2020—

2021年全市城市管理部门批准砍伐的20株城市大树进行梳理,对区级审批部门审批砍伐的146株树木进行了核查,严把审批关。对于砍伐树木申请,严格"能迁移不砍伐"原则,切实保护好现有城市大树。组织执法力量下沉各区开展执法监督检查,加大打击毁坏城市树木、绿地等违法行为执法力度。

三是提升绿化养管水平。加强公园管理服务,园内绿化设施更加完善,植物品种更加丰富,绿化景观水平不断提升。结合季节特点,抓实抓细春季返青、夏季修剪、秋季除草、冬季防寒等养护管理。每月对园林绿化管理情况进行检查考核,对存在的病虫害、绿地脏乱等问题,及时反馈处理。积极研究推广病虫害无公害综合防治技术,生态防治技术在园林绿化中得到有效推广。定期发布病虫害信息,做好虫情预测预报,开展美国白蛾防治专项行动,累计挖蛹30余万只,释放周氏啮小蜂4亿头,发放病虫害防治药品16.93吨,下发诱捕器诱芯15000个。指导各区做好公园、精品花坛、精品养护路以及园林病虫害防治和行道树修剪工作,绿化养护水平切实提升。

二、市容环卫精细化管理全面加强,城市形象更干净更整洁更有序

紧密结合创文创卫工作,高标准开展环境清整,打造干净、整洁、靓丽、大气的城市环境,以良好的城市环境助推天津高质量发展。

一是环境卫生管理日益精细。持续开展环境卫生清整,日均出动作业车辆1100余台次,出动作业人员1.07万余人次,全年累计清除各类脏乱点位1.65万处,清理垃圾杂物、装修渣土10.04万吨。4134条城市道路清扫作业覆盖率、2769条可机扫水洗道路机械化作业覆盖率达到100%。保持次支道路保洁时长14小时/日、背街小巷12小时/日,薄弱区域环卫扫保水平明显提升。1548座环卫公厕每日消杀通风3次、重点部位随时消杀,形成常态化。深入开展"厕所革命",新建提升改造公厕107座,2022年高德地图发布《2022全国公共厕所图鉴》,天津进入十大厕所数字化城市榜单。

二是市容市貌水平持续提升。完成友谊路、马场道等25公里景观道路,以及意风区、奥体中心等重点地区和海河沿线夜景灯光提升改造,排查点位3659处,更换灯具10367套,更换线缆17843米,进一步提升城市品位和景观照明"名片"效应。开展照明设施提升改造,组织对照明设施进行系统性检测检查,提升电源129处、改造路灯988基、更换电缆45503米;加强路灯设施日常维护,处置问题设施4351处,涉及路灯3658基、供变电设施174座,全面提升照明设施精细化管理水平。完成黑牛城道、红旗南路、鞍山西道等530条道路安全隐患排查和整修维修工作,修补屋面防水3709.38平方米,整修首层牌匾8491平方米,维修拆除檐口线10090延米,粉刷脏污墙面8.82万平方米,拆除锈蚀松动空调罩1444个,及时排除安全隐患。加大日常户外广告、牌匾的管理力度,拆除和治理8656处违规设施。

三是生活垃圾治理持续推进。坚持把垃圾分类作为垃圾资源化、减量化的有效手段,把垃圾处理的无害化作为垃圾处理的底线,全面推进生活垃圾分类,分类投放、收集、运输、处理体系进一步完善,改造提升垃圾分类箱房站点11610处,城市生活垃圾分类覆盖率达到100%,公共机构垃圾分类实现全覆盖,分类知晓率达到95%以上。全力加大垃圾处理设施建设力度,积极推进滨海新区厨余垃圾处理设施建设,加快推动建筑垃圾和大件垃圾资源化利用,东丽区、北辰区大件垃圾处理厂投入运行,进一步补齐我市垃圾处理短板。全部关停生活垃圾填埋场,实现原生生活垃圾零填埋,100%无害化焚烧处理。

四是重大活动保障成效明显。坚持超前谋划、协调联动、严把标准,围绕重大活动、重要会议、重要公务市容环境服务保障,建立完善市区上下联动、市级部门高效配合的长效保障机制。先后完成首届世界职业技术教育发展大会、中国网络文明大会、2022中国企业家大会、第六届世界智能大会、第十三届中国艺术节等20余次重大活动、重要会议的市容环境服务保障任务,展示了良好的城市形象。中央网信办秘书局、世界智能大会组委会、世界职业技术教育发展大会组委会、十三届中国艺术节执委会等单位以感谢信的方式,对市容环境保障工作予以高度评价。

三、公用事业管理职能充分发挥,城市运行与公共服务保障能力持续增强

持续增强公共服务功能和安全保障功能,全方位守牢守好城市安全运行底线、红线,切实提升群众生活品质,切实保障群众生产生活安全。

一是全面加强燃气安全监管。坚持人民至上、生命至上,开展"天津市城镇燃气安全隐患排查整治""防风险除隐患保安全燃气排查整治""天津市城镇燃气整治百日行动"等专项整治行动。建立并实施燃气户内设施提升改造"6个100%"一体化工作机制,落实市、区专班两级调度机制,督导推进工作进展,全面排查整治燃气安全隐患,排查隐患全部整改。压实企业主体责任,开展入户安检和设施提升等工作,筑牢户内燃气安全防线。2022 年完成全市居民用户"6个100%"提升改造 206.3 万户,液化石油气用户"6个100%"提升改造 38.2 万户,全市燃气安全水平显著提升。持续保持燃气执法高压态势,全年燃气领域执法立案 803 件,处罚 431 件,处罚金额 1135 万元。其中,城市管理领域执法立案 696 件,处罚 352 件,处罚金额 876 万元。

二是扎实抓好供热服务保障。持续落实弹性供热机制,连续 7 年提前供热,2022—2023 采暖期提前 14 天供热,既暖百姓身更暖百姓心。持续实施"冬病夏治",2022 年"冬病夏治"工作通过更换户内供热管道、增加更换散热器、更换入户供热过滤网和室内供热阀门等方式,对 5000 户终端用户室内供热设施进行提升改造,超额完成 3992 户,共计完成户内改造 8992 户。强化供热服务质量,持续开展访民问暖,建设"天津暖心平台",市民供热报修服务更便捷、处置更高效。

三是全力破解群众"出行难"问题。充分利用桥下空间、闲置空地等资源,全年完成 27 处停车场建设,有效增加停车泊位 7119 个,进一步补齐了停车服务供给短板,缓解了群众"停车难"问题。开展城市道路桥梁功能修复工程,完成子牙河桥、普济河道立交(老桥非跨铁)维修和 141 座城市桥梁安全防护提升改造。组织全市城市道路管理部门完成道路维修 127.17 万平方米,桥面维修 1.46 万平方米,地袱栏杆维修油饰 3.3 万平方米;推动完成道路检测 4190 条,桥梁检测 1007 座。全面加强窨井盖治理,督办解决城市道路管线井病害问题 1831 件,公示填埋(盖)无主井 168 座,确保群众脚下安全。积极应对极端强降雨天气,强化"技防加物防"管理,对 6 座城市隧道加装 15 部防汛逃生梯,打造生命保障通道。

四是提升城市安全韧性。坚持把供热、燃气管道老化更新改造作为重要民生工程。组织完成供热旧管网改造 108 公里,重点解决惠阳里、佟卫里等 44 个居民社区管网问题,惠及群众约 51125 户。加快补齐老旧设施"欠账",加大燃气旧管网改造力度,完成燃气老旧管网 503 公里改造项目,保障安全运行。启动燃气管道城市生命线工程建设,在燃气窨井、燃气场站、燃气管网相邻地下空间等可能引发重特大事故的重点部位布设 7000 台可燃气体监测仪,将数据接入城市生命线工程安全运行监管平台,实现燃气管线安全隐患的及时感知、早期预警和高效应对。

四、管理水平和治理效能持续提高,城市管理更具精度、温度、力度

坚持"人民城市人民建,人民城市为人民"的重要理念,认真落实"城市管理要像绣花一样精细"的精神,持续提升城市治理水平,打造宜居生活环境。

一是进一步提升城市管理疫情防控水平。面对严峻复杂的疫情防控形势,按照党中央决策和市委、市政府部署,城市管理系统始终坚持全市"一盘棋"思想,坚决落实疫情防控责任,及时修订《城市管理系统疫情防控工作方案》,统筹做好供热燃气保障、垃圾收运、环境清整、公园管理、疫苗接种等工作。突出特殊时段环卫垃圾作业,统筹一线力量,重点做好生活街区、居民小区等区域扫保及垃圾清运工作,保持城市环境整洁干净;明确"六专"工作标准,实行垃圾处理兜底应急机制,靠前一步,提高收运防护等级,全力处置涉疫生活垃圾,接手社区涉疫生活垃圾收运处置,确保日产日清;强化垃圾处理设施防控和安全运行检查指导,全市 13 座垃圾焚烧厂焚烧不停炉,设施运行安全。

二是进一步提升城市环境秩序水平。开展沿街底商治理。实施市容景观设施大检查,重点抓实沿街商业牌匾、灯箱、单体字等综合治理和安全管理工作,规范商户牌匾 907 处。开展非法小广告专项治理工作,加强非法小广告的清理和相关违法行为查处,加大巡查管控力度,治理各类非法小广告 2.5 万余处,行政处罚 2.64 万余元。开展占路经营治理。有序开展市容环境秩序治理,突出治理主干道路、重点地区各类非法占路经营问题,共查处乱摆乱卖 7.7 万余处,处罚 65.8 万余元。强化执法服务意识,支持"地铁 e 站"餐饮便民项目运营。提升执法保障意识,强化常态化执法,为我市夜间经济繁荣发展保驾护航。开展停车秩序治理。加强日常巡查管控,在治理效果不佳、易反复点段,设置"固定+游动"的治理勤务,全力提升违法停车整治效果。共发送机动车违法停车提示信息 102 万条,治理机动车乱停乱放 1.25 万辆,处罚 29.6 万起;规范互联网租赁车停放 64.28 万辆。开展施工工地治理。对全市施工工地进行全面检查,严格督促施工单位落实"六个百分百"要求,检查工地 916 项次,整改问题 1735 个,更换施工围挡 6 处。清除建筑垃圾堆存点 900 余处,清运 4.2 万余吨,治理违规运输车辆 120 余部,立案处罚 60 余万元。

三是进一步提升安全生产管理水平。坚决落实"管行业必须管安全、管业务必须管安全、管生产经营必须管安全"要求,制定委领导班子成员安全生产职责清单和年度任务清单,抓好全委安全生产专项整治三年行动收官,深入开展安全生产大排查大整治,组织开展安全生产专题培训,坚决落实燃气、供热、城市道桥、市容市貌、环境卫生、园林绿化、垃圾处置、公园等行业安全生产责任,保证城市运行安全。强化应急建设,修订出台《天津市除雪工作预案》《天津市燃气突发事件应急预案》《天津市集中供热突发事件应急预案》《天津市道路桥梁突发事件应急预案》《天津市生活垃圾填埋场渗滤液事故应急预案》。强化制度建设,建立完善了《市城市管理委安全生产情况通报制度》《市城市管理委安全生产情况报告制度》《市城市管理委安全生产督查检查制度》等安全规范化制度,推进安全生产工作的制度化、规范化。

四是进一步提升为群众办实事的质量水平。深入开展"我为群众办实事"活动,全系统投入近 1000 万元,为群众办理各类实事 275 件。高质量办理"12345"热线群众反映问题,全年承办"12345"热线工单 13 万余件,接单率、办结率均达到 100%,群众满意度持续提升。畅通群众沟通渠道,精心组织"公仆接待日"活动,受理并解决群众反映问题 106 件;参加"政风热线"11 次,受理并解决群众反映问题 22 件。用好"政民零距离"平台,解决群众反映问题 234 件,群众满意率达到 95.4%。依托城市管理考核,组织开展疫情防控专项巡查和市容环境专项巡查,检查发现各类问题 1689 件,及时反馈到各区和有关业务部门,并督促整改。

五、持续加强和改进自身建设,切实提升工作效能和水平

坚持以政治建设为统领,深入学习党的二十大精神,不断强化理论武装,严肃党内政治生活,持续改进工作作风,严格依法行政,机关基层实现作风一新、面貌一新、气象一新。

一是党的建设全面加强。深入学习宣传贯彻党的二十大精神,扎实开展"迎盛会、铸忠诚、强担当、创业绩"主题学习宣传教育实践活动,深刻领悟"两个确立"的决定性意义,牢记"国之大者","四个意识"更加牢固,"四个自信"更加坚定,"两个维护"更加自觉,政治判断力、政治领悟力、政治执行力不断提高。锲而不舍落实中央八项规定及其实施细则精神,强化重点领域监管,加强审计监督和审计发现问题整改。

二是法治政府建设高质量推进。认真听取人大代表、政协委员意见建议,130 件人大代表建议、49 件政协提案全部高质量办复。"八五"普法深入推进,组织完成《天津市绿化条例》《天津市机动车停车管理办法》修订，完成《天津市建筑垃圾管理规定》《天津市户外广告设置管理规定》立法项目调研，制定法治建设实施意见（2021—2025年），充分发挥外聘法律顾问专业作用，组织开展城市管理系统"以案释法"普法宣讲活动，决策科学化、民主化、法治化水平不断提升。修订完善《城市管理系统综合行政执法适用行政处罚程序规定》《城市管理系统轻微违法违规行为免罚清单》等21部执法制度文件，执法配套制度保障更加健全。研究制定《天津市城市管理考核实施细则》《天津市城市管理专业考核标准》等配套文件，城市管理考核科学性、规范性进一步提升。

三是营商环境持续优化改善。全面提升政务服务效能，城市管理市容园林政务服务事项现均可通过"天津市网上办事大厅"提交申请，已实现100%"网上办""零跑动""全市通办"，群众办事便捷度进一步提升。深入开展"双万双服促发展"活动，结对开展对口服务，全面做好为企服务各项工作，助力企业复工复产，协助解决27项企业重难点问题。围绕打造国际消费中心城市建设，积极协调推动海河游览带、金街、意风区、文化中心等街区景观照明建设，促进夜间旅游业发展，助力我市消费环境提升。组织委属11家单位，累计减免房屋租金775.29万元，帮助65户承租的中小微企业和个体工商户纾困解难，确保企业及时享受减免优惠政策。

四是事业单位改革稳步推进。坚持精准施策到人，做细做实职工队伍稳定风险排查防控，2022年完成第三批、第四批分流单位人员退出工作，共分流安置153人。完成绿化二所、绿化三所、园林古建工程队、宜兴埠花圃、花卉经营服务中心、园艺服务站、综合服务站7家单位在职人员的转隶安置工作，保证职工利益不受损、国有资产不流失。

市城市管理委员会党组2022年工作总结

2022年，市城市管理委党组坚持以习近平新时代中国特色社会主义思想为指导，深入学习贯彻党的二十大精神，全面落实习近平总书记对天津工作"三个着力"重要要求和一系列重要指示批示精神，按照市委工作部署和市第十二次党代会要求，始终把党的政治建设摆在首位，坚定捍卫"两个确立"，坚决做到"两个维护"，切实履行全面从严治党主体责任，班子队伍更加坚强有力，政治生态持续向善向好，城市管理各项工作取得了新成效。

一、坚定政治信仰、深化理论武装，不断增强捍卫"两个确立"、做到"两个维护"的思想自觉、政治自觉、行动自觉

一是精心组织学习宣传贯彻党的二十大精神。坚持把学习宣传贯彻党的二十大精神作为首要政治任务，第一时间召开专题会、党员干部大会传达学习党的二十大精神，深刻领悟"两个确立"的决定性意义，更加坚定自觉做到"两个维护"。以处级以上领导干部为重点，举办学习贯彻党的十九届六中全会、党的二十大精神专题读书班，全年组织开展思想政治主题培训、网络专题教育培训等各类培训班15个，培训人数5000余人次，实现各级党组织书记、党务干部政治轮训全覆盖。深入学习贯彻市第十二次党代会和市委十二届二次全会精神，组建宣讲小分队，邀请党代表、专家教授宣讲党的二十大和市第十二次党代会精神，发挥政工师队伍作用，深入基层开展分众化对象化互动宣讲，各级党组织书记讲专题党课160余次，宣讲100余场。

二是扎实开展"迎盛会、铸忠诚、强担当、创业绩"主题学习宣传教育实践活动。高站位谋划主题学习宣传教育实践活动，召开主题学习宣传教育实践活动启动会，传达学习市委部署会精神，组织召开党组会、专题会，对委主题学习宣传教育实践活动进行研究部署，制定印发"1+7"系列方案。扎实开展各专题集中学习研讨交流和专题组织生活会,定期进行督导检查,持续推动“我为群众办实事”实践活动,组织开展“五个起来”活动。组织召开加强新时代廉洁文化建设暨开展警示教育专项行动工作部署会,组织全委处级以上党员干部集中观看《廉洁润初心》和《李福海忏悔实录》警示教育片;结合建党101周年,开展“百名书记讲党课,千名党员谈体会”、参观见学、讲诵红色故事、观看红色影片等主题党日活动,进一步弘扬了伟大建党精神。全力营造强大宣传声势,在全市158个公园、30条重点道路、100座天桥等各类载体上宣传党的二十大和市第十二次党代会标语,市委宣传部对此项工作给予充分肯定。

三是严肃认真开展党内政治生活。严格执行民主集中制、“三重一大”议事规则,修订《市城市管理委党组议事决策规则》,制定向市委请示报告事项清单,全年召开49次党组会、32次主任办公会,切实发挥了党组把方向、管大局、保落实的领导作用。严肃召开年度民主生活会,对照党的二十大精神和党章党规党纪,认真查摆突出问题,深入开展批评和自我批评,领导班子发现和解决自身问题的能力进一步增强。严格落实党组理论学习中心组学习制度,制定年度学习重点安排,举办学习贯彻党的十九届六中全会精神专题学习班、学习贯彻党的二十大精神专题学习班,委党组理论学习中心组全年编发学习参考10期组织自学,开展集体学习13次,围绕学习《习近平谈治国理政》(第四卷)等12个主题内容开展交流研讨。

四是坚决打好意识形态工作主动仗。加强意识形态领域形势综合分析、日常研判,严密组织意识形态领域安全重大风险隐患排查,高度重视网络舆情分析研判,在服务保障党的二十大网络安全工作中,受到市委网信办通报表扬。3次召开意识形态分析研判会,对基层单位党组织落实意识形态工作责任制进行全覆盖式检查,形成意识形态研判报告,查摆风险隐患问题,制定应对举措,着力消除隐患。持续加大统战工作力度,举办统战工作培训,教育引导各级领导干部特别是主要负责同志,熟悉掌握统战工作职责、政策法规和基本要求,积极组织开展统战理论政策研究。

二、坚持“人民城市人民建,人民城市为人民”的重要理念,持续推动城市管理事业高质量发展

一是疫情防控城市管理阵地持续巩固。坚决落实疫情防控责任,及时修订《城市管理系统疫情防控工作方案》,统筹做好垃圾收运、环境清整、公园管理、疫苗接种等工作,面对1月份集中隔离点医疗废弃物无法及时清运处置,造成大量积存的情况,按照市政府专题会议精神,市城市管理委主动担当、积极补位,组织全市城市管理部门迅速行动、攻坚克难,临时接管集中隔离点垃圾收运处置工作,积极稳妥提级实施,受到市政府主要领导批示表扬。市城市管理委作为疫情防控前指“八大金刚”之一,在疫情最严峻复杂时转战支援滨海新区、河西区、河东区,累计收运处置涉疫情生活垃圾1.48万车次3.46万吨,市疫情防控指挥部给予高度肯定。疫情政策调整后,我委主动作为,实行垃圾处理兜底应急机制,靠前一步,接手社区涉疫生活垃圾收运处置,确保日产日清;同时,进一步强化垃圾处理设施防控和安全运行检查指导,全市13座垃圾焚烧厂焚烧不停炉,设施运行安全,城市运行管理正常有序运行。

二是生态环保绿色城管建设稳步推进。全力做好中央环保督察整改工作,认真组织生活垃圾板块迎检,精心准备整改工作佐证材料,充分反映城市管理系统整改工作情况,现场迎检受到了中央环保督察组的高度认可。持续推动填埋场积存渗滤液问题整改,针对东丽华明垃圾填埋场渗滤液积存量较大问题,定期调度东丽区加快处置进度,统筹研究双口垃圾填埋场环保督察整改问题,2022年5月25日顺利启动浓缩液处理工作,12月4日全部提前规范处置完毕,完成浓缩液处理8.9万吨。积极协调沟通各有关区有关单位有力推动12个非正规垃圾堆放点整治,杜绝非正规垃圾堆放点位反弹回潮。

三是园林绿化更具品质品位。持续推进“植物园链”建设,建成新梅江公园(南段),开工建设柳林公园(一期),启动梅江公园一期、二期改扩建项目。利用边角地、闲置地提升改造,通过丰富绿植、适量增加地面铺装等方式,新建提升改造 50 个"口袋公园"。出台《天津市城市树木迁移管理办法》,开展古树名木普查,建立 130 株城市古树名木生境档案,将树龄大于 50 年或者胸径 40 厘米以上的 1.4 万余株城市树木纳入古树后备资源库,定期监测。加强公园管理服务,抓实抓细春季返青、夏季修剪、秋季除草、冬季防寒等养护管理,定期发布病虫害信息,做好虫情预测预报,开展美国白蛾防治专项行动。

四是市容环卫精细化管理进一步加强。深入推进生活垃圾分类,分类投放、收集、运输、处理体系进一步完善,改造提升垃圾分类箱房站点 1.16 万处,城市生活垃圾分类覆盖率达到 100%,公共机构垃圾分类实现全覆盖。加大垃圾处理设施建设力度,东丽区、北辰区大件垃圾处理厂投入运行,进一步补齐我市垃圾处理短板。持续提升市容市貌水平,完成友谊路、马场道等 25 公里景观道路,意风区、奥体中心等重点地区和海河沿线夜景灯光提升改造,加大户外广告、牌匾的日常管理力度,拆除和治理 8656 处违规设施。深入开展"厕所革命",新建提升改造公厕 107 座,在高德地图发布的《2022 全国公共厕所图鉴》中,天津进入十大厕所数字化城市榜单。

五是公共服务保障能力有效增强。持续落实弹性供热机制,连续 7 年提前供热,2022—2023 采暖期提前 14 天供热,既暖百姓身更暖百姓心。持续实施"冬病夏治",2022 年"冬病夏治"工作通过更换户内供热管道、增加更换散热器、更换入户供热过滤网和室内供热阀门等方式,对 8992 户终端用户室内供热设施进行提升改造,超额完成 3992 户。强化供热服务质量,持续开展访民问暖,建设"天津暖心平台",市民供热报修服务更便捷、处置更高效,截至 2023 年 1 月,市民投诉量较 2022 年同期下降 38.36%。坚持人民至上、生命至上,成立全市燃气安全隐患排查整治工作专班,开展燃气安全隐患排查整治、防风险除隐患保安全、燃气整治百日行动等专项排查,建立并实施燃气户内设施提升改造"6 个 100%"一体化工作机制,强化执法问责,全市涉及燃气领域执法案件立案共计 803 件,处罚 431 件,处罚金额 1135 余万元,切实筑牢燃气安全防线。全力破解群众"出行难"问题,推动设置夜间限时停车泊位,充分利用桥下空间、闲置空地等资源,完成 27 处停车场建设,有效增加停车泊位 7119 个。

六是城市环境秩序进一步提升。高标准开展城市环境治理,完成世界智能大会、国际汽车展、新疆党政代表团考察等 20 余次重大活动、重要公务的市容环境服务保障任务。严密组织公开招考公务员等考点周边市容环境秩序保障,针对培训机构乱发广告、共享单车摆放混乱等顽瘴痼疾,采取事前约谈提醒、全程巡查检查等方式加强源头治理,确保取得实效。研究制定《天津市城市管理考核实施细则》,进一步细化考核工作流程。常态化开展市容环境秩序治理,突出治理主干道路、重点地区各类非法占路经营摊点,共查处乱摆乱卖 7.7 万余处,处罚 65.8 万余元,治理各类非法小广告 2.5 万余处,处罚 2.64 万余元。

三、坚持以法治政府建设为抓手,着力提升城市管理水平和治理效能

一是扎实推进依法行政。大力推动行业立法取得新进展,组织修订《天津市绿化条例》,完成《天津市建筑垃圾管理规定》《天津市机动车停车管理办法》立法项目调研,制定《市城市管理委法治建设实施意见(2021—2025 年)》。充分发挥外聘法律顾问作为独立第三方的专业作用,组织开展城市管理系统"以案释法"普法宣讲活动,组织新任职领导干部、新入职公务员宪法宣誓仪式,决策法治化水平不断提升。严格履行重大行政决策程序,编制完成《天津市环卫设施布局规划》并向市政府报批,联合市发展和改革委、市规划资源局、市商务局印发《天津市生活垃圾治理规划》,全力推动绿地专规报批工作,持续强化城市规划引领。加强行政执法协调监督体系建设,对市综合行政执法总队燃气执法有关职责进行调整,进一步明确市、区两级燃气执法权责边界；修订《城市管理系统综合行政执法适用行政处罚程序规定》《城市管理系统轻微违法违规行为免罚清单》等21部执法制度文件，执法配套制度保障更加健全。研究制定《天津市城市管理考核实施细则》《天津市城市管理专业考核标准》等配套文件，城市管理考核科学性、规范性进一步提升。

二是持续改善营商环境。深入开展“双万双服促发展”活动，结对开展对口服务，全面做好为企服务各项工作，助力企业复工复产，协助解决27项企业重难点问题，高标准做好国有房屋租金减免以及清欠中小企业账款工作。全面提升政务服务效能，提升群众办事便捷度，在一次性告知基础上，加大数字化服务应用，加强电子证照数据共享，通过“天津市网上办事大厅”，100%实现市容园林政务服务事项“网上办”“零跑动”“全市通办”。围绕打造国际消费中心城市建设，积极协调推动海河游览带、金街、意风区、文化中心等街区景观照明建设，促进夜间旅游业发展，优化我市“一区一中心”消费环境。

三是进一步强化安全生产管理。坚决落实“管行业必须管安全、管业务必须管安全、管生产经营必须管安全”要求，制定委领导班子成员安全生产职责清单和年度任务清单，组织开展安全生产专题培训，深入开展安全生产大排查大整治，抓好全委安全生产专项整治三年行动收官。强化应急管理和安全制度建设，修订出台燃气突发事件、集中供热突发事件、道路桥梁突发事件、生活垃圾填埋场渗滤液事故、除雪工作等应急预案，建立完善了安全生产情况报告、督查检查、情况通报等制度，推进安全生产工作制度化、规范化。

四是着力提升为群众办实事的质量水平。坚持用群众满意度检验城市管理质量水平，深入开展“我为群众办实事”活动，全系统投入近1000万元，为群众办理各类实事275件。认真听取人大代表、政协委员意见建议，130件人大代表建议、49件政协提案全部高质量办复。用好“政民零距离”平台，解决群众反映问题234件，高质量办理“12345”热线群众反映问题，全年承办热线工单13万余件，接单率、办结率达到两个100%，群众满意度持续提升。积极回应群众关切，推动解决河北区红波路、新开路地道、成林东里等14项道路照明问题，及时照亮百姓回家路，得到市纪委监委领导表扬。

五是积极稳妥破解历史遗留问题。坚持“新官理旧账”，深化改革攻坚，依法有力化解2010年夜景灯光工程历史遗留问题，避免财政资金损失超过4600万元；精心组织协调市财政，彻底解决了2017年迎全运夜景灯光设施经费保障问题。落实国有企业改革三年行动部署，组织10家企业完成彻底脱钩，6家企业退市出清，对实施过渡改革的9家同质企业进行整合归并，启动组建园林集团。坚持精准施策，积极稳妥推进退出事业单位改革进程，完成第三批、第四批共计153人退出安置工作，确保职工利益不受损、国有资产不流失。

四、坚持问题导向，发扬斗争精神，深入推进全面从严治党走深走实、落地见效

一是突出抓好政治生态问题整改。统筹推动全面从严治党和政治生态建设，把问题整改纳入落实全面从严治党主体责任两个清单，党组主要负责同志带头落实主体责任和“第一责任人”责任，领导班子其他成员认真履行“一岗双责”，持续推动整改到位。制定《落实全面从严治党主体责任暨政治生态建设考核评价反馈问题整改方案》，针对7个方面突出问题，制定42项具体举措，总体统筹安排，推动督促整改。强化作风建设，落实为基层减负措施，严肃文件审批程序，守住精文减会硬杠杠，规范督查检查考核，推动赋权赋能，打牢基层基础。

二是持续提升基层党建工作质量。充分发挥基层党组织政治功能和组织功能，认真做好党的二十大代表、市第十二次党代会代表，以及市全国人大代表、市人大代表、政协委员推荐工作。建立基层党组织设置台账，系统梳理换届情况、班子配备情况，严格规范选举工作程序，做好发展党员工作，严格落实“三会一课”、主题党日、组织生活会制度，各级党组织充分利用周邓纪念馆、平津战役纪念馆等红色教育场所，开展重温入党誓词、入党志愿书等主题党日活动360次。积极推动党建与业务深度融合，发挥党建引领基层治理作用，制定《市城市管理委推动党建与业务工作融合工作方案》，市综合行政执法总队牵头组建“执法先锋”党建联盟，积极推动党建互学、业务互促、服务互容，得到市级机关工委高度评价。

三是着力强化内部监督合力。把巡察工作作为全面从严治党重要抓手，研究制定委党组2022—2026年巡察五年规划，修订完善规范化制度机制7个，深入推动巡察工作落实落地，不断提升巡察质量和效果。坚持“严”的主基调，扎实推动巡察整改，统筹开展2轮常规巡察，共发现55个问题，经检查评估已全部整改到位。不断完善内部审计工作制度，发挥上下联动效能，创建了业务主管单位（部门）指导推动、主责单位具体落实、配合单位（部门）支持协同、审计部门监督检查的整改联动工作机制，完成环卫公司主要负责同志任期经济责任审计项目。坚持纪检、巡察、审计等监督形式的融会贯通，配齐配强巡察、审计工作力量，先后为巡察办、审计处选配了4名处级领导干部。

四是进一步加大正风肃纪力度。大力开展警示教育专项行动，肃清李福海、霍永晟对政治生态破坏流毒，制定《市城市管理委关于开展警示教育专项行动工作方案》，实施12项警示教育措施，市纪委监委主要负责同志对委警示教育专项行动作出“组织有力，措施细密、扎实，以案为鉴、促改、促治有益的实践”的批示。持续开展形式主义官僚主义和不作为不担当问题专项整治三年行动，排查形式主义官僚主义、不担当不作为问题9个，给予6名相关责任人党纪政务处分。畅通来信、来访、来电举报渠道，严密调查核实、严格证据标准、严肃问责处理，受理信访举报209件次，给予党纪政务处分23人次，运用“第一种形态”处理50人次，推动各单位各部门主动运用监督执纪“第一种形态”处理127人次。积极开展廉洁文化建设和清廉天津建设，培育形成“清廉城管书屋”“一廊三园廉洁文化风景线”“南翠屏廉洁文化主题公园”等多个廉洁文化城市管理品牌，清廉城市管理氛围日益浓厚。

五、坚决落实新时代党的组织路线，树牢正确选人用人导向，努力打造高素质专业化城市管理干部队伍

一是坚持正确选人用人导向。注重在急难险重一线考察识别干部的政治素质和责任担当，提拔使用18名处级领导干部，进一步使用3名处级领导干部，2名在基层表现优秀的事业单位领导人员调任委、局机关担任重要岗位，10个委属单位领导班子得到充实配强。拓宽选人用人视野和渠道，在市委组织部指导下，着眼城市管理事业发展需要，从中国石化引进1名专业人才担任市公用事业局副局长，推动选派1名处级干部到吉林省长春市挂职锻炼。充分发挥职级晋升的激励作用，全年组织晋升二级巡视员2名、一至四级调研员29名、一至四级主任科员21名，牢固树立重实干、重实绩、重担当导向。

二是进一步优化干部队伍结构。突出实干实绩，打破论资排辈，大力选拔优秀年轻干部，新提任2名35岁以下副处级领导干部和4名45岁以下正处级领导干部。加大干部交流引进力度，全年对26名干部交流轮岗，择优接收4名军转干部，正在公开遴选2名优秀基层干部到委机关工作。认真落实《推进领导干部能上能下规定》和市委“不等了”要求，对2名基层单位“一把手”给予免职处理，畅通干部“下”的渠道；根据班子建设实际和受处分干部综合表现，重新启用1名影响期满的受处分干部，持续激发干部队伍活力。积极争取专业人才“外力”帮助，在市委组织部支持下，从中海油、中石油、中石化三家央企引进17名燃气领域专家，组建燃气专家库，支援全市燃气安全集中排查整治工作。

三是认真抓好干部能力素质提升。坚持在疫情防控一线培养锻炼干部，针对年初津南区严峻局面，在市委组织部的统一指挥下，先后3个批次选派298名党员干部职工紧急驰援津南，关键时刻展现“城管之为”。以全市燃气安全排查整治为契机，组织燃气行业监管专项培训，抽调77名干部参与燃气安全宣传、83名干部开展督促指导，以干代训，提升群众工作能力。持续抓好“铸魂、助力、筑基”三大系列培训，认真组织“青马工程”系统培训，开展日校拉练，举办两期“书香城管”读书分享会，激发读书学习热情，打造学习型机关品牌，全年组织参加市委党校调训培训39人次，组织网络专题学习1374人次，开展习近平法治思想、意识形态、垃圾分类、园林绿化、公务员法及配套法规等各类培训23次，进一步强化党员干部理想信念和专业能力。

四是持续加强干部管理监督。扎实开展领导干部报告个人有关事项工作，认真做好随机抽查和“凡提必核”，对2名未如实报告同志给予严肃处理。注重日常管理监督实效，定期召开年轻干部座谈会，对25名处级干部进行家访，随机列席12个基层单位党组织会议，完成对2个基层单位选人用人专项检查，加强对“一把手”和领导班子的日常监督。着力发挥考核评价“区分优劣、奖优罚劣”作用，对“一报告两评议”好评率偏低的3个单位“一把手”进行约谈，对年度考核民主测评排名靠后的8名领导干部进行提醒。持续完善监督制度机制，建立辞去公职人员向原单位请托事项记录报告制度，修订我委领导干部配偶、子女及其配偶经商办企业禁业范围和公务员辞去公职从业限制清单。

市交通运输委员会2022年工作总结

2022年，是天津交通运输在开路先锋征途中有困难有挑战、敢拼搏敢奉献，很不平常的一年。委领导班子在市委、市政府的正确领导下，团结带领广大党员干部职工，深入学习贯彻习近平新时代中国特色社会主义思想和党的二十大精神，全面统筹疫情防控和经济社会发展，坚决落实疫情要防住、经济要稳住、发展要安全的工作要求，努力克服交通运输经济下行、疫情防控复杂多变、结构调整压力大等影响，始终坚持在党建引领、规划先行、项目支撑、行业治理、便捷出行、安全发展方面持续用力，扎实推动交通强国建设天津实施、京津冀交通一体化、世界一流智慧绿色港口建设、交通民心工程和党的政治建设、思想建设、组织建设、干部队伍建设、党风廉政建设，在服务融入新发展格局、推动实现高质量发展、助力建设我市社会主义现代化大都市方面迈出坚实步伐，取得新的成效，在砥砺前行中坚定了信心、凝聚了力量、提升了能力、锻炼了队伍。

一、坚持以高质量发展为主题，推进交通强国建设天津实施和天津综合立体交通网建设落地见效

坚持稳字当头、稳中求进，深入贯彻落实市委、市政府主要领导指示批示“落实好现代化大都市的建设任务”，加快建设世界一流智慧绿色枢纽港口、国际航空物流中心、“轨道上的京津冀”和区域互联畅通公路网。

一是高标准完成重点规划编制。市政府出台《国家综合立体交通网规划纲要》天津实施方案。委出台《《天津市公路“十四五”发展规划》等专项规划。配合市规划资源局基本完成“三区三线”“一张图”划定，做好交通基础设施空间预留。配合交通运输部完成国家公路网规划修编，完成省级公路网规划环评。持续深化《天津港总体规划》修订工作。开展京津塘高速公路改扩建前期工作。推动津沧高速公路改扩建项目和滨唐高速公路启动实施特许经营招标前期工作。

二是加快建设北方国际航运核心区。2022年1—11月，天津港完成集装箱吞吐量2102万标箱，同比增长3.7%；货物吞吐量完成5.49亿吨，同比增长3.7%。积极拓展集装箱航线航班，集装箱航线数达到140条。天津港“5G+智慧港口”项目获得2022世界移动通信大会全球移动大奖，成为全球首个获此奖项的智慧港口项目。持续推进集装箱大型装卸设备自动化升级，完成8台岸桥、28台轮胎式场桥自动化改造。在C段智能化集装箱码头建成并开通12座5G

基站,76 台智能水平运输设备编组作业,提升作业效率。2022 年,天津机场累计完成旅客吞吐量 584 万人次,货邮吞吐量 13.2 万吨。航空物流园区方面,顺丰丰泰产业园二、三期投入运营,中远海运空运北方物流基地项目综合楼主体封顶,大通关基地航运服务中心项目施工单位已进场。增开国际货运航线,推动执飞"天津—莫斯科"货运航班和"天津—明斯克"航线。引进货运包机,保障国际货运包机 291 班,完成货量 1.06 万吨,通达全球 30 余个城市。

三是稳步推进重大项目建设。公路方面,津石高速天津东段主线、塘承高速公路滨海新区南段、津蓟高速公路宝坻温泉城出口、津岐公路一期、津汉公路宁河段、工农大道一标等工程建成通车。天津港集疏运专用货运通道首开段于开工建设。铁路方面,京唐城际、京滨城际北段开通运营。京滨城际南段、津潍高铁开工建设。津兴城际全线路基、桥梁主体工程完工。津静线市域(郊)铁路桥梁下部结构完工。天津港南疆铁路扩容 3 条铁路专用线工程主体完工。水运方面,中石化天津液化天然气(LNG)项目二期码头工程、天津港高沙岭港区防波堤一期工程和天津海洋装备制造基地建设项目码头工程(一期)完工。天津港北航道及相关水域疏浚提升工程等加快建设。

四是持续加大公路养护力度。积极推进 50 个公路养护工程项目实施,进一步加强国省级公路养护工程质量安全监督检查,开展公路养护市场综合督查。开展公路危旧桥梁改造工作,新发现四、五类桥梁处治率 100%。完成 4 座危旧桥梁改造和 19 座独柱墩桥梁提升改造,对 4 座桥梁船舶碰撞风险进行安全提升。组织开展公路管辖范围内窨井盖排查治理工作,排查 3 万余个,治理隐患 100 个。做好公路防汛工作,确保公路安全畅通。

五是大力提升绿色发展水平。天津港第二集装箱码头公司(C 段)获得中国船级社颁发的《碳中和证书》,成为全国港口行业首个获得权威机构认证的"碳中和"港口经营企业。持续推动"公转铁+散改集"双示范项目,港口运输结构调整稳步实施,2022 年天津港完成海铁联运 120.3 万标准箱,同比增长 20.2%;矿石总疏运量为 6851.7 万吨,铁路疏港 4417.7 万吨,清洁运输占比 65.05%。全市有 11 家大宗货物年运量 150 万吨以上大型工业企业接入铁路专用线,大宗货物铁路运输综合占比稳定保持在 80%以上。推进绿色高速服务区建设,30 对高速公路服务区(含停车区)配备充电桩,覆盖率达 83%。建成区实现新能源公交车全覆盖,新增和更新新能源出租汽车 9467 辆。

二、坚持以建设法治化部门为纽带,促进交通运输行业治理体系和治理能力现代化效能不断提升

把交通运输治理体系和治理能力现代化作为推进交通强国建设的重要基石,全面推进交通运输法治政府部门建设,在交通运输领域立法、监管、执法、监督等方面不断取得新成效。

一是不断完善部门法治体系。出台《天津市轨道交通运营安全条例》,印发《天津市交通运输领域轻微违法行为免予处罚告知承诺制实施办法》。组建 70 余人的交通运输行政调解队伍,形成"一委两局十区"的三级行政调解组织架构。修订形成 314 项职权的执法事项目录,督促指导全市执法单位贯彻落实。"交通运输数据共享平台"获评"全市法治政府建设示范项目"。

二是加快构建新型监管体系。制定"公路超限检测站管理办法"等,加快构建现代化公路制度体系。自主研发电子围栏系统,对违规"两客一危"、网约车等营运车实时监测。拓宽行业信用管理范围,将公路养护领域等纳入信用评价管理体系,归集行业信用信息 5000 余万条,数据完整度达 91%以上。开展 2021 年度天津市地方海事领域信用评价工作,对 100 余名内河船员等进行了信用评价,填补了天津地方海事领域信用评价空白。完成"慧治网约车"等 8 个数字化应用场景建设,其中"慧治网约车"数字化治理场景的应用大幅提升网约车订单合规率。强化货车违法超限监管,共出动执法人员 13.5 万人次,检测车辆 700 余万辆次,查处超限超载车辆

12000余辆次，违法超限车辆超限率为0.17%。组织开展信用治超工作，对严重失信的63名驾驶员、183部车辆和552家运输企业实施联合惩戒，对27家企业实施了信用修复。

三是深入推进学法用法普法。领导班子成员率先垂范，带头尊法学法守法用法，推动习近平法治思想学习宣传制度化、常态化，综合运用“报、网、端、微、屏”等资源平台发布信息90余条，浏览量4万余次。印发《全面落实国家工作人员学法用法考法工作实施方案》，组织编制交通运输领域“个性学法清单”“个性题库”。全面实施“八五”普法规划，围绕“4·15国家安全教育日”等主题开展法治宣传教育，累计开展活动200余次，创作普法作品15件，地铁App开屏广告播发推送音视频3000余条。

三、坚持以提升社会满意度为追求，不断增强人民群众对交通运输发展的获得感、幸福感、安全感

坚持以人民为中心的发展思想，时刻牢记交通背后是民心，通过深入基层开展调研、媒体征集群众意见建议、倾听12345热线、政民零距离办理等方式，继续办好办实交通运输惠民便民实事，顺应人民群众美好生活新期待。

一是大力提升公共交通服务供给。地铁10号线开通运营。“天津地铁”App实现与呼和浩特、重庆等城市地铁App互联互通，并开通上线数字人民币支付、电子发票线上开具和“随手拍”功能。无障碍渡板实现全线地铁车站全覆盖。实施轨道交通与常规公交联程优惠。累计新增、优化公交线路40条。盲人群体免费乘车范围由2元以下公交线路扩大到所有公交线路。推进公交轨道两网深度融合，地铁10号线每个站点附近均设有公交站点。对13处地铁站接驳公交站的名称更名为×××地铁站公交站。调整5条郊区通往市区公交线路的终点站接驳地铁1号线、6号线的末端。中心城区先后上线2000余个共享单车定点取还点位。鼓励市民通过上线“随手拍”参与路面共享单车停放秩序管理。通过专项摇号增投2万个普通小客车个人增量指标。

二是持续提高公路设施服务品质。建成津晋高速芦北口服务区2个“司机之家”。提升改造京沪高速唐官屯服务区、长深高速汉沽服务区、秦滨高速涧河服务区以及京哈高速沿线3对服务区。提升改造高速公路服务区无障碍设施，实现无障碍通道、无障碍车位、无障碍厕位全覆盖。高速公路全面启动人工收费车道通行费票据“纸改电”升级工作。在高速服务区新增100个货车停车位。完成提升改造农村公路200公里，维修改造桥梁20座。推动全面实施农村公路“路长制”，设置“路长”岗位3604个，设置路长公示牌2129块。津南区小站中心道在“我家门口那条路”评选中被评为“全国美好幸福路”。

三是积极回应解决群众诉求问题。对我委承担的6个经济薄弱村和4个示范村制定“一村一策”帮扶计划。协调修建大杨各村村医室、南台头村路灯改造、修建王前村通勤路。稳步推进建议提案答复公开，完成91件人大代表建议和45件政协委员提案办理工作。办理网上信访918件，接待来访群众及办理信访事项112人次、89件，受理不担当不作为投诉举报41件。受理“12345”转办工单10.4万余件，办结率100%，满意率95%。答复《政民零距离》网民留言1147件，答复率100%，满意率95.8%。“12345”服务热线考核成绩居全市前列，“12328”服务热线全国排名第14位。

四、坚持以遏制重特大事故为底线，层层落实交通运输安全生产责任制确保了安全形势稳定向好

把安全作为交通运输发展的基础、最基本的民生和不能触碰的高压红线，坚持“党政同责，一岗双责”，严格履行安全生产责任制，层层压实安全生产责任，抓实抓细抓狠安全隐患排查和整改，保持交通运输安全稳定良好态势。

一是持续增强安全防控能力。印发《天津市交通运输安全应急“十四五”规划》《进一步加强交通运输安全生产体系建设的实施意见》等制度文件。组织开展“清零”“利剑”“雷霆”“猎鹰”“蓝盾”五大专项行动。安全生产专项整治三年行动圆满收官，累计排查隐患30000余处，出台 100 余项制度措施,对全市 372 座公路独柱墩桥梁进行全面排查和安全提升。天津港 C 段和中石化 LNG 二期两个项目成功申报“全国公路水运建设项目平安工程”。全力做好冬奥会、冬残奥会、全国两会、七一、国庆及党的二十大期间维稳安保工作。

二是切实提升应急管理能力。完成《天津市公路交通突发事件应急预案》《天津市城市轨道交通运营突发事件应急预案》两部市级专项预案修订。健全委防汛预案“1+N”体系。全面摸排行业防汛风险隐患,对极端强降雨条件下轨道停运疏散、公路保通保畅应急处置桌面推演。更新完善极端强降雨应急机制风险图信息,提高行业“关、停、限、避”措施执行力。完成高速公路 1325 公里、普通国省道 2738 公里、农村公路 11382 公里、桥梁 3160 座、隧道 5 座的现场调查和自然灾害风险点信息采集工作。全面建立公路“地道长”责任制,明确全市 179 处公路地道养管单位。

三是全方位提升行业网络安全。编制印发《网络安全管理办法》《网络安全事件应急预案》。严格落实网络安全预警信息通报制度、安全防护“零报告”制度,圆满完成了党的二十大等重点时期服务保障工作,全年未发生重大网络安全事件。组织智能监测中心等单位完成了我委首次网络安全实战攻防演练。组织处置了多起网络负面舆情,为行业发展提供网络环境保障。组建网评员队伍、网络监督员队伍,目前我委网评队伍规模已达 362 名。

五、坚持以防得住和保畅通为标准,赢得疫情防控外防输入内防反弹和常态化防控攻坚战新胜利

面对防范境外和市外疫情风险输入、交通管控和保通矛盾的交织、筛查检查和查验不断引发舆情、24 小时大规模人员转运等艰巨复杂的任务,坚决落实市指指令,坚持“三个坚定不移”,加强统筹协调、监督检查和指挥调度,保持敏感、热备、有力的工作状态,体现出过硬的组织力、执行力和战斗力。

一是坚持标准、严防死守,全力筑牢“陆海空”通道防线。严格落实入境人员铁桶般无缝管道式管理,加强高风险从业人员管理,科学应对紧急突发事件,全年累计保障入境航班 410 架次,调用专用车辆 3200 余车次,转运旅客 6.5 万人次。严格海港“人、物、环境”同防,全年保障出入境换班船员 1.57 万人次,监控核销天津港出外省市冷链车辆 7.9 万车次。公路铁路实施“一证一卡一码”查验和来返津人员“落地检”4200 万人次,6 处普通公路进京通道日均查验进京车辆 2300 余辆次、人员 2600 余人次,有效维护了首都“护城河”安全。

二是迅即响应、周密组织,全力保障了应急支援运输工作。组织各区累计转运密切接触者 7 万批次、82 万余人次,做到了无事故、无感染、无差错。24 小时“点对点”闭环转运海南、新疆、西藏等重点疫区滞留旅客 1.1 万余人。协调包机、专列和陆路车辆,完成援沪、援琼、援蒙等地 3500 余名医护人员输送和防疫物资运输任务。组建 400 部出租车应急保障专班,出动 1.3 万余车次运送核酸大筛试剂。运送方舱医护、警务、物业服务人员 2.5 万人次,转运无症状感染者 66 批次。抽调 95 名驾驶员支援 120 车队转运急重症患者。

三是压实责任、强化检查,全力避免行业成为疫情放大器。督促轨道交通落实“七个 100%”、公共交通落实“四全一转”等防控要求,强化从业人员核酸定期检测和查验,落实职工健康监测台账和“日报告、零报告”制度。严格车辆、场站通风消杀。监督提醒乘客做好防护,查验体温、健康码、场所码和分时段核酸证明。协调促进公交老年卡残疾人卡与核酸数据互通和自动查验。出租汽车扫码率由 33%提升到 92%以上。

四是统筹兼顾、服务发展,全力协调做好保通保畅各项工作。成立保通保障工作专班,设立 24 小时值班热线电话,专门受理货车司机遇到的不通不畅问题,累计接听电话 2961 个,协调解决问题 2472 个。建立重点保供企业“白名单”2000 余家,涵盖 6 大类生活物资企业、4 大类重要生产物资企业和重点外贸企业。开发通行证网上申领系统，实现申请、核发、亮证、核验全程网办，累计发放重点物资运输车辆通行证4.97万张。

五是全面动员、包保推动，全力完成目标人群疫苗接种任务。全面摸排机关、事业单位、归口企业、中央驻津单位等人员情况，运用班子推动、宣传鼓动、调度促动、上门互动、党性打动、典型带动、温暖感动、包保撬动、社区联动"九动工作法"和送问候、送政策、送形势、送科学、送觉悟、送鉴诊"六送释疑法"推动攻坚，坚决落实目标人群应接尽接。全行业34家行业单位、14家归口企业集团60岁以上退休人员和在职人员"四老"累计安全接种14.26万人，整体接种率达到94.8%以上。

六是因时因势、科学精准、全力落实调控措施和春运服务。推动落实第九版防控方案和"新十条"措施，取消全部来津进京公路通道和"三站一场"查验点和核酸采样点。妥善推进"乙类乙管"总体方案实施后过渡期各项工作。保障防疫物资运输供应和从业人员加强针接种。持续督促做好健康监测，提醒引导乘客进站乘车全程佩戴口罩、做好手卫生。启动春运疫情防控和运输服务保障工作，优化交通运输领域疫情防控和春运保障措施。

市交通运输委员会党委2022年工作总结

2022年，市交通运输委党委坚持以习近平新时代中国特色社会主义思想为指导，深入学习贯彻党的二十大精神，全面贯彻落实中央和市委关于全面从严治党的部署要求，坚持严的主基调不动摇，突出政治建设，聚焦主体责任，以坚定的政治站位、强烈的使命担当、有力的方法举措，坚定不移推进全面从严治党向纵深发展，为交通运输高质量发展提供坚强政治保证。

一、坚持以迎庆党的二十大为主线，推动习近平新时代中国特色社会主义思想学习实践走深走实

坚持把学习宣传贯彻党的二十大精神作为首要政治任务，并自觉将"迎盛会、铸忠诚、强担当、创业绩"主题学习宣传教育实践活动贯彻全年工作始终，制定印发《交通运输委党委贯彻市委深入学习宣传贯彻二十大精神，奋力开创全面建设社会主义现代化大都市新局面的决定的具体措施》。着力增强各级党组织、领导干部和党员拥戴核心、维护核心、捍卫核心的坚强意志和政治热情，转化为以知促行、加快建设交通强市的强大精神力量。

一是发挥头雁作用，抓好理论武装。党委理论学习中心组带头推动两级党委中心组和基层党组织，深入学习领会习近平总书记系列重要讲话精神和交通运输工作重要论述等内容，中心组全年学习12次。聚焦党的二十大精神，召开3次党委会、组织2次中心组专题研讨。举办了学习贯彻党的二十大精神专题读书班，带动全委12个党委（党组）中心组，集中五天时间，原原本本、逐字逐句学习党的二十大报告和相关内容，运用多种方式深刻领悟党的二十大精神。以党委理论学习中心组名义编纂学习手册，收集整理习近平总书记2019年至2022年考察调研期间公开发表的涉及交通运输领域重要讲话、重要批示等10方面内容，印发两级党委理论学习中心组。围绕习近平总书记关于交通强国、世界一流港口、综合交通体系、京津冀协同发展、"四好农村路"、安全生产等，建立学习贯彻习近平总书记关于交通运输领域重要讲话和重要指示批示精神落实台账，有力指导交通运输工作实践。

二是强化政治统领，严肃政治生活。坚持用习近平新时代中国特色社会主义思想武装党员、教育群众，引导党员干部坚定捍卫"两个确立"、坚决做到"两个维护"。以"准"组织生活会标准开展了"迎盛会、铸忠诚、强担当、创业绩"4个专题学习研讨，全系统13个局处级理论学习中心组完成学习研讨，查摆问题559个，制定整改措施587个；党支部查摆问题1261个，制定改进措施 1328 个；党员查摆问题 12419 个，制定整改措施 12591 个。把推荐做好党的二十大和市第十二次党代会提名工作作为加强政治忠诚教育和党性党风党纪党史教育的有利契机，组织全系统 6 个选举单位、652 个基层党支部、59 个基层党委，9957 名党员参与推荐提名，党员知晓率 100%、参与率达 99.93%，选举产生 5 名市第十二次党代会代表。

三是加大宣传力度，弘扬新风正气。围绕“举聚育兴展”要求，推动行业新闻和社会宣传报道工作做大做强。结合“奋进新征程　建功新时代”主题宣传活动，加强与主流媒体沟通联系，组织参加疫情防控新闻发布会 4 次，参加《公仆走进直播间》《政协民心桥》等媒体节目。广泛宣传京滨京唐铁路等重点热点，主流媒体报道达 1064 篇次。开展“喜迎二十大　礼赞天津交通”主题摄影作品征集活动。充分利用车载电视、PIS 屏、宣传海报等载体在“车船机路港站校”等重点点位宣传党的二十大精神。在文化中心精心打造迎接党的二十大主题社会宣传天津交通展示。“天津交通运输”微信、微博、抖音、今日头条、津云、一点资讯和“天津信用交通”微信共 7 个官方账号同步推进，发布信息 1000 余篇，粉丝超过 35 万人，总阅读量（播放量）超过 1000 万次。委级政务新媒体保持全市政务新媒体传播力、影响力排行榜前十名。在文化中心社会宣传集中展示核心区打造市交通运输委展区景观项目。“天津好人”“我的宣讲故事”“津诚・沽事”等推荐活动产生积极影响。

四是精心组织宣讲，推动润心促行。组建“1+N”宣讲主力军，委领导班子成员、党的二十大代表和委属各单位党组织主要负责同志面向党员干部开展集中宣讲，共开展各类宣讲活动 80 余场次，覆盖人数 3000 余人次。发动全委百余名基层党组织书记，作为“第一宣讲人”，直接面向基层党员群众进行宣讲。深入“车船机路港站校”，通过调研、座谈、报告等方式，与基层党员干部群众共学党的二十大精神。综合运用“理论宣讲小马扎”“政企下午茶”等灵活模式，将宣讲课堂搬到地铁站内、设计单位、航空企业等基层站点，上门宣讲党的二十大精神，主动为群众做好服务。录制了学习贯彻党的二十大精神短视频，班子成员带领机关处室和直属单位主要负责同志，畅谈学习贯彻党的二十大精神的感想体会和工作思路举措。

二、增强管党治党的思想自觉和行动自觉，坚定不移推进全面从严治党

一是压紧压实管党治党政治责任。委党委站在党要管党、从严治党的政治高度，坚决把责任扛在肩上，抓在手里。2022 年初召开交通运输委全面从严治党工作会暨党建工作领导小组扩大会，对全面从严治党工作进行安排部署。制定印发《关于推进全面从严治党向纵深发展的具体措施》，从政治建设、思想建设、组织建设、作风建设、制度建设、一体推进“三不腐”6 个方面明确推进全面从严治党向纵深发展的 17 条具体措施。全面抓实基层党组织书记述职评议考核、述责述廉、主体责任考核，推动责任落实，切实提高全面从严治党的政治自觉、思想自觉、行动自觉。

二是认真落实“第一责任人”责任和“一岗双责”。委党委主要负责同志带头落实“四个亲自”要求，结合“四个走遍”，强化对党建工作的推动指导，每季度听取全面从严治党工作汇报。压实班子成员“一岗双责”责任，督促班子成员履职尽责，管好分管处室和单位，每半年听取一次分管处室和单位落实主体责任情况，推动责任和压力层层传导。

三是以整改实效补齐短板弱项。坚持问题导向，加强对市委考核反馈意见、自查自纠检视查找问题的分析研判和整改督办，针对 5 个方面 17 个问题，制定 44 项整改措施，确保条条要整改，件件有着落。委领导班子带队对委属单位落实全面从严治党主体责任和政治生态建设情况进行考核，考核结果和存在问题在全系统进行通报，督促整改落实。

四是严格落实意识形态责任制。大力加强意识形态阵地建设，印发《关于进一步规范新闻宣传工作的通知》，明确新闻宣传、舆情应对职责，印发《政务新媒体管理办法》等管理制度，强化引导和分类管理。组织做好新闻发布会,积极参加《公仆走进直播间》等节目活动,主动向群众汇报交通重大政策和重点工作进展,及时回应社会热点。

三、推进政治生活、政治生态、政治文化建设,营造风清气正政治生态

一是严肃党内政治生活。严守政治纪律和政治规矩,严格遵守民主集中制原则,落实委党委议事规则和决策程序,“三重一大”事项坚持党委集体决策。严格落实民主生活会、组织生活会制度,委领导班子成员坚持以普通党员身份参加所在党支部组织生活,以上率下,为全系统严肃党内政治生活作出示范。

二是着力修复政治生态。制定印发《市交通运输委党委2022年加强政治生态建设重点任务》,为全委强化政治生态建设提供遵循。组织全系统党支部以“学习党章,持续净化政治生态”为主题,开展主题党日活动,结合典型案例对圈子文化、码头文化等从政治上进行深刻剖析,进一步认清净化政治生态的艰巨性和长期性,以更大力度持续推进改“土”治“水”。加强对交通运输系统政治生态的分析研判,对委属单位政治生态建设情况进行检查考核通报,将考核结果作为领导班子和领导干部综合考核、干部任用管理的重要参考。

三是培育积极健康的党内政治文化。制定《市交通运输委党员干部政治言行规范》,教育引导广大党员干部强化自我约束,自觉规范言行。印发《关于加强新时代廉洁文化建设的具体措施》,利用公交、地铁电子显示屏和共享单车语音提示等广泛开展廉洁文化宣传。开展“凝聚党团力量、书写青春华章”主题党日活动,组织参观金水泉山抗日战争展览室,缅怀革命先烈,重温入党誓词。参观和平区润园,探寻老一辈革命家足迹,接受革命精神洗礼,传承红色基因。为党员过政治生日发放“政治生日贺卡”,激励党员不忘入党初心,牢记职责使命。召开市交通运输委“干事创业　担当作为”先进事迹报告会,广泛宣传抗疫一线党员干部先进事迹,激励交通运输系统广大党员干部牢记使命、履职尽责。

四是以巡视整改落实促进交通运输改革发展。紧紧围绕市委巡视反馈问题,举一反三,研究制定整改措施,建立整改台账,进行销号管理。建立周汇报机制,委党委每周听取整改工作进展情况汇报,研究推动重点难点问题,以巡视整改成效推动交通运输工作再上新水平。具体问题整改完成32个,阶段性完成3个;举一反三问题整改完成34个,基本完成1个;推动改革促发展问题整改完成16个。累计完成整改措施188项,完成率97.92%。历次巡视提出的5个问题,以及历次审计提出的13个问题全部整改完成。整改情况进行了党内通报和公示公开。

四、践行新时代党的组织路线,加强党员干部队伍建设

一是抓实做好基层党建工作。制定2022年党建工作要点和抓基层党建清单,明确时间节点、重点任务和工作要求,以提升政治力和组织力为重点,充分发挥基层党组织在交通运输重点任务落实中的战斗堡垒作用。以党组织换届选举工作为契机,着力夯实基层基础,优化组织设置,推动成立道路运输行业党委。以落实《中国共产党组织工作条例》和《中国共产党支部工作条例(试行)》为抓手,聚焦基本制度、基本要求,推动基层党组织全面进步全面过硬。严格落实“三会一课”制度,提高组织生活会质量。严格执行党员领导干部党支部工作联系点制度,委领导班子成员以身作则,带头深入党支部工作联系点,精准指导基层党组织规范化建设。

二是严格党员教育管理。认真贯彻《中国共产党党员教育管理工作条例》《2019—2023年党员教育培训工作规划》,增强党员教育管理针对性实效性。有计划、分层次开展党员教育培训,进一步丰富培训内容,切实提升培训效果。举办党务干部培训班,全面强化党务干部创新理论武装和综合履职能力。认真做好党员发展工作,严格落实年度发展党员计划,举办“筑基”培训班、发展对象培训班,严格落实政治审查制度,确保发展党员质量。严格党费收缴使用管理,稳妥处置不合格党员,加大对生活困难党员的关怀力度。推动党组织和党员管理信息化应用，实现委属单位和有关驻津单位党组织"全国党员管理信息系统"全覆盖。

三是推动党建和业务工作深度融合。围绕贯彻落实党中央决策部署和市委、市政府工作要求，细化方案措施，明确责任领导、责任部门和完成时限，加强督促检查，跟踪问效，推进党建工作与业务工作同频共振，一体部署、一体推进、一体检查、一体落实，用交通运输发展的实际效果检验党建工作成效。制定《推动交通运输系统党建和业务工作深度融合的十项措施》，切实把政治建设、思想教育、组织工作、人才培养等融入交通运输工作各个环节。在帮扶工作中，坚持党建引领，聚焦聚力为帮扶村办实事解难题，对我委承担的 6 个经济薄弱村和 4 个示范村进行深入调研，制定"一村一策"帮扶计划，为经济薄弱的大杨各村修建村医室，为南台头村改造路灯，为王前村修建通勤路等，用心用力解决村民的急难愁盼问题。

五、强化党内监督，以监督实效促进管党治党成效

一是强化党章党规党纪学习教育。运用理论学习中心组、"三会一课"、主题党日、干部培训等，不断深化《中国共产党廉洁自律准则》《中国共产党党内监督条例》等党内法规制度条例的学习。每季度组织开展"干部大讲堂"专题讲座，依托天津干部在线学习平台，把个人自学和组织培训、线下学习和线上教育有机结合起来，推动党章党规党纪入脑入心。

二是突出强化对"关键少数"的监督。严格落实中央《关于加强对"一把手"和领导班子监督的意见》和市委若干措施，严格执行交通运输委"一把手"五项监督管理制度，围绕加强对"一把手"监督开展专题学习培训，引导党员领导干部进一步正确认识监督的必要性和重要性，增强监督和接受监督自觉性。列席委属单位党组织会议，围绕落实民主集中制、"一把手"领导驾驭能力、班子成员作用发挥、会议程序、会议纪律等进行指导、监督、检查。

三是盯紧做实日常监督。严格落实述责述廉、谈心谈话、提醒函询诫勉等制度，综合运用巡察、经济责任审计、选人用人检查、举报受理核查、"一报告两评议"、个人有关事项报告抽查核查等成果，及时发现纠治苗头性问题。制定《纪检监察监督巡察监督审计监督贯通协同机制实施办法》，绘制流程图，推动形成监督合力。强化巡察监督，紧扣政治监督重点，对交科院党委扎实开展常规巡察，对道路运输调度服务中心和事业发展服务中心 2 家单位巡察整改情况进行督查指导，压实巡察整改主体责任，督促做好巡察"后半篇文章"。抓好年轻干部教育管理监督，制定印发《市交通运输委党委加强年轻干部教育管理监督的措施》，组织全委年轻干部观看违纪违法案件警示教育专题片，围绕"健康成长，走好廉洁从政每一步"撰写心得体会，教育引导年轻干部系好廉洁从政的"第一粒扣子"。

六、深化作风建设，努力构建不敢腐不能腐不想腐长效机制

一是持续深化作风建设。深入学习贯彻习近平总书记关于加强作风建设的重要论述，筑牢中央八项规定精神堤坝，突出公款和公权，做到"七紧盯七严禁"，每逢重要节假日做好节前警示提示、节中监督检查，严防"节日病"复发。持续整治形式主义官僚主义和不作为不担当问题，将党员干部主动担当勇于作为情况作为 2022 年巡察重点内容之一。完善廉政风险防控体系，切实抓好干部"八小时之外"的监督，紧盯"关键少数"、聚焦突出问题、围绕重要环节，把党内监督体现在时时处处事事。有效运用监督执纪"四种形态"特别是"第一种形态"，及时发现问题、纠正偏差。把加强作风建设与弘扬廉洁文化贯通起来，大力倡导清正廉洁、艰苦奋斗、勤俭节约的优良风气，推动广大党员干部带头树立新风正气，培育良好家风家教，自觉反对不良习气，以优良党风政风引领社风民风。

二是常态化开展廉政警示教育。召开加强廉洁文化建设推动会暨警示教育大会，邀请市纪委监委领导到会指导。组织警示教育月活动，邀请市级机关纪检监察工委负责同志讲授廉洁从政专题讲座，组织党员干部专题学习中央纪委国家监委通报的违反中央八项规定精神典型问题、39条廉洁纪律负面清单，以及我市群众身边腐败和作风典型问题通报。在天津交通运输微信公众号“倡廉交通”频道设置“廉政课堂”“廉情热点”“廉交好运”等栏目，每周推送廉政知识、廉洁提醒等。对交通运输系统内违反廉洁纪律的违规违纪问题进行通报，切实用身边事教育身边人。

三是严肃执纪问责。坚持有案必查、有腐必肃，把反腐败斗争贯穿交通运输发展全过程各方面，紧盯工程建设、道路养护、招标投标、行政执法、项目审批等领域，对各种违纪违规问题一查到底、绝不手软。认真梳理信访举报和问题线索，聚焦群众反映强烈的突出问题。委党委书记主持召开纪检工作座谈会，推进委党委主体责任和驻委纪检组监督责任同向发力。

市水务局2022年工作总结

2022年，在市委、市政府的坚强领导下，在各区、各部门的大力支持下，全市水务系统坚持以习近平新时代中国特色社会主义思想为指导，认真贯彻落实党的十九大和十九届历次全会精神，全面学习贯彻落实党的二十大精神，按照市第十二次党代会和市委十二届二次全会部署要求，统筹疫情防控和水务事业发展，积极践行新时期治水思路，紧紧围绕水资源、水环境、水安全，大力推动民生水务工程建设，提升水务行业管理水平，推进全面从严治党向纵深发展，水务事业高质量发展迈出新步伐，为建设社会主义现代化大都市提供了坚实的水安全保障。

一、坚持以人民为中心的发展思想，民生水务工程建设成效显著

（一）供水安全保障有力

城乡供水体系不断完善。北大港、尔王庄水库扩容前期工作持续推进，宝坻引江管线、尔王庄水库与宝坻石化管线联络工程完成主体建设，津滨水厂二期工程投入运行，静海引江、曹庄泵站增容、新开河水厂改造、杨柳青水厂新建工程开工建设，供水保障水平进一步提高。全年引江调水12.24亿立方米，引滦调水3.24亿立方米，引江东线北延调水0.5亿立方米，从北京市、河北省等上游地区调水23.8亿立方米，有力保障了全市用水需求。编制农村供水巩固提升方案，农村供水保障能力进一步提升。

水源保护持续深化。打捞于桥水库菹草21.98万立方米，投放水生植物271万株、净水鱼苗13.98万尾；库区封闭管理持续巩固，进出口门由73个压减至26个，马伸桥镇、出头岭镇开展水库湖滨带林业统管试点，库区非法捕捞、垂钓、游玩等联合执法成效明显。入库河流设立“跨界河湖长”11名，联防联控机制进一步完善。水库水质保持年均Ⅲ类水标准。

（二）安全平稳度过汛期

防汛补短板发挥效益。完成大黄堡蓄滞洪区安全建设，蓟运河西关段险工治理和汉沽城区段堤后排水、大清河堤防应急加高加固等工程建成生效。城市内涝治理系统化实施方案印发实施，中心城区井冈山路、程林庄路等6处积水片和42处街道里巷、居民小区积水点改造工程汛期发挥应急排水作用，防汛排水能力进一步提升。

水旱灾害防御应对准备充分。立足防大、防猛、防突发、防极值，坚持底线思维和极限思维，强化预报、预警、预演、预案“四预”措施，贯通雨情、水情、险情、灾情“四情”防御，修订城市超标洪水防御、中小洪水调度、蓄滞洪区运用等9个预案，增储560万元市级防汛物资，开展“5·18”应对极端强降雨防汛应急处置桌面推演、海河流域水文应急监测联合演练、大清河系洪水调度联合演练和中心城区防汛应急抢险推演，深入开展隐患风险排查，整改问题61个。面对汛期降雨总量多、强度大的严峻形势，强化与气象、应急部门及上游省市沟通会商，落细落实应急措施，河道水库闸站联合调度，提前降低河道、管道水位,成功迎战11次强降雨,蓟运河、潮白新河、青龙湾减河洪水安全过境,中心城区实现大雨2小时、暴雨5小时主干道路积水退净目标,全市安全平稳度汛,全年安全宣泄雨洪水近60亿立方米。汛末全市蓄水11.78亿立方米,为农业和生态提供了水源保障。

(三)水生态环境质量持续改善

污染防治攻坚战成效明显。截污治污持续推进,推动改造85处雨污混接点;津沽污水处理厂三期扩建工程加快推进,滨海新区港东新城污水处理厂扩建工程完工,全市污水处理能力达到417万吨/日全年处理污水12.7亿吨,城镇污水集中处理率达到96.82%;全市污泥处置能力达到4990吨/日污泥无害化处置率97%。黑臭水体治理不断深化,落实建成区26条黑臭水体治理长效养管机制,完成新一轮城市建成区黑臭水体排查,未新增黑臭水体;农村地区黑臭水体动态清零。

河湖生态复苏加力推进。永定河综合治理与生态修复武清段加快实施,永定河实现全线通水,与京杭大运河实现世纪交汇。津南、滨海新区完成7项双城间绿色生态屏障区水系连通工程,滨海新区水系连通及水美乡村建设工程如期完成。划定132条河流、31座建成区开放式景观湖管理范围。统筹多种水源向南北运河、四大湿地等重要河湖湿地生态补水18.25亿立方米,七里海、潮白河等8条重点河湖生态水量(水位)全部达标。全市地表水国控断面优良水体比例58.3%,同比提高13.9个百分点,全部消除劣Ⅴ类水体;12条入海河流水质稳定达到Ⅴ类及以上标准。

二、深化管水兴水举措,水务行业管理水平明显提升

(一)水资源管理水平不断提升

节水型社会建设成果巩固扩展。编制印发节约用水规划、深化节水型社会建设提升水资源集约节约利用水平实施方案。严格计划用水管理,修订重点监控用水单位名录,严格执行超计划用水加价制度。全市16个区完成县域节水型社会达标建设,新创建节水型企业(单位)150家、居民小区195个、高校16家、节水型公共机构5个、水务行业节水型单位28个。宝坻、蓟州区4个中型灌区续建配套与节水改造工程建成生效,改善灌溉面积10万亩。非常规水利用力度持续加大,印发施行《天津市促进海水淡化产业发展若干规定》,滨海新区开展再生水利用配置试点。全市万元GDP用水量降至20立方米左右,万元工业增加值用水量降至9立方米左右,农田灌溉水有效利用系数提高到0.722,再生水利用率提高到45%,淡化海水利用量3600万立方米。

水资源刚性约束作用彰显。严格实行最严格水资源管理制度考核,2021年度考核2个区达到优秀水平、全市总体良好。严格取用水管理,修订建设项目取用水论证管理规定,开展取用水管理专项整治、水资源管理和节约用水管理集中整治行动,推动各区整改取用水项目3313个。实施蓟运河跨区河流水量分配。以外调水为突破口实现首例水权交易,交易量365万立方米。地下水超采综合治理深入推进,静海、宁河等区关停机井805眼,转换深层地下水741万立方米,全市深层地下水开采量降至0.6亿立方米,深层地下水水位同比上升2.1米。开展水资源专项执法行动暨2022地下水治理百日行动,各区查处水事违法行为62起。

(二)河湖长制管理有能有效

河湖长制管理水平不断提高。强化顶层设计,南水北调中线天津市境内工程纳入河湖长制工作体系,编制完成35册市级河湖“一河(湖)一策”方案。强化考核问责,修订河湖长制考核办法及实施细则、责任追究办法、有奖举报管理办法,加大暗查暗访力度,推动整改河湖管护问题247处。强化社会监督,组织落实好“向群众汇报”工作机制,办理群众反映意见建议3194条;聘请社会监督员160名,推动各区设立“民间河湖长”381名,受理群众反映河湖问题136件,按时办结率和回访满意率均达到100%,河湖长制总体满意度平均分同比提高10%。评选52名“最美河湖卫士”,其中3名基层河湖长荣获全国“最美河湖卫士”称号。强化能力建设,建立河湖长制专家库，培训区级及以下总河湖长、河湖长和河（湖）长办工作人员6000余人。

河湖治理管护力度持续加大。出台“榜样河长　示范河湖”管理办法，培树榜样河湖长246名，建设示范河湖599条（段、座）。发布总河湖长1号令，全面排查整治妨碍河道行洪突出问题73项，并将范围延伸至骨干排水河道，共整治突出问题161项。深化“清四乱”常态化规范化管理，整治河湖“四乱”问题57项。落实“河湖长+”制度，督促相关行政机关开展河湖执法201次，检察机关立案查处涉河湖、水资源案件线索101件，向行政机关制发诉前检察建议98件；发挥公安力量开展河湖水环境案件执法，侦破刑事案件230起；组织开展清理整治“三无”船舶等专项联合执法行动13次，有力打击涉河湖违法犯罪行为。开展“清河湖”、健康大运河等专项行动，排查整治问题1574项，水环境面貌持续改善。

（三）供水排水行业监管持续强化

供水行业监管不断加力。印发加强供水行业监管工作指导意见，市、区两级供水管理责任进一步压实，供水管理工作进一步规范。修订二次供水工程行业标准，向供水企业移交82处二次供水设施。建立供水企业运行安全监管机制，15家供水企业信用评分等级均在B级以上，水务集团改造老旧供水管网34公里。开展农村供水水费收缴自查和暗查暗访，农村水费收缴率83%。加强水质监测、监管，城市供水水质合格率99%以上，农村供水水质合格率达到92%，城镇供水管网漏损率控制在9.7%以内。

排水行业监管扎实推进。污水处理厂分类监管机制逐步建立，按月检查城镇污水处理设施水质、水量，污水处理厂出水水质主要指标达标率99%；每月通报1812座农村生活污水处理站运维情况，农村生活污水处理设施利用率达到98.8%、综合运行负荷率达到68.6%。打造滨海新区赛泓污泥处置资源化利用示范项目，市政污泥全部达到绿化使用标准。

（四）工程建设运行安全管理全面加强

建设管理有力有效。主持编制《水利工程建设质量检测管理规范》，填补了京津冀三地水利工程质量检测领域技术标准空白。完成18个市重点水务项目竣工验收。开展水务工程建设领域廉政风险排查整治和水务工程项目“未批先建”“边建边批”等问题专项排查整改。对136个水务建设市场主体开展信用评分并动态更新。印发《天津市水利工程质量检测管理办法》；开展质量安全专项检查6次，飞检18项工程，约谈4家单位，消除隐患568个，全年工程质量合格率100%、重点水利工程单元优良率90%以上，在水利部质量考核中连续六年获得A级。

运行管理持续深化。印发推进水利工程标准化管理实施方案及水库、水闸、堤防、泵站等标准化管理制度、工作手册示范文本，一级河道堤防管理达标率74%，直管闸站设施完好率94%。划定河道内“三区三线”，加强涉河建设项目防洪影响评价、永久性生态保护论证、生态红线审查等工作，有效保护岸线资源。建立小型水库专业化管理机制，印发小型水库管理设施运行管护定额标准，10座小型水库实现区水务部门集中管护。库区移民扶持政策有效落实。

安全管理基础不断夯实。成立市、区两级水务监督领导小组，监督检查2491次，整改安全隐患2479处，基本形成覆盖水务全行业，市、区两级合力监督的新格局。印发贯彻落实《关于进一步强化安全生产责任落实　坚决防范遏制重特大事故的若干措施》实施意见等10余项制度，为规范安全管理提供了制度支撑。印发市、局、处三级应急预案10项，联合属地专业部门开展安全生产事故综合应急演练暨质量安全标准化工地观摩，参建单位应急处突能力进一步提升。“双机制管控”建设不断深化，危险源辨识率、隐患整改率均超过99%，居全国水利行业前列。安全生产专项整治三年行动走深走实，解决安全问题330余项。开展安全生产专项整治18项，整改问题2129个。完善重点目标防范措施，为党的二十大胜利召开营造了安全稳定环境。

（五）依法行政和政务服务能力进一步提升

依法行政进一步深化。积极践行习近平法治思想，完成中央法治政府建设实地督察阶段性整改和法治政府建设第三方评估整改，印发实施局落实法治政府建设实施纲要意见。开展排水和再生水利用条例修订工作。制定局行政执法衔接机制实施意见，建立审批—监管—处罚衔接机制，联合检察机关解决了独流减河大港电厂段滞洪问题。制定市、区两级水务综合行政执法协调联动工作规定，开展南水北调中线工程保护等专项执法行动。市、区两级查处水事违法案件1214起，同比增加1.5倍，位居全国水利行业和我市前列，罚款271.12万元；首次启用案件查处简易程序，办理案件183件，执法时效性有效提升。宪法宣传周、“美好生活·民法典相伴”等法治宣传教育扎实推进。

政务服务水平不断提升。深化水务“放管服”改革，通过“互联网+监管”系统开展行政检查7194次；加强权责清单管理，确定行政职权251项；完成委托下放滨海新区及开发区市级权力事项评估，与滨海新区五个开发区续签委托书。深入推进京津冀政务服务同事同标、全市通办、跨省通办，落实“四办”“四免”“好差评”“免申即享”“综合窗口”等改革政策，实现简单业务全程网办、一般业务自助办、复杂业务窗口协办、多地业务跨域通办。持续推动行政审批制度改革，推进政务服务标准化规范化便利化，工程建设项目审批制度改革不断深化，精简整合审批流程，推行区域评估改革措施，审批服务效能有效提升。“证照分离”改革持续推进，推广应用涉水政务服务事项电子证照3项。水务营商环境不断优化，统一供水排水接入服务标准，进一步优化报装流程；深化“用水报装”一件事主题场景应用，用水报装全流程办理时间缩短至8个工作日，小微项目缩短至3个工作日；落实用水“欠费不停供”，缓缴水费1.86亿元，减免欠费违约金112万元，惠及企业和个体工商户近9.27万户次。全年办结政务服务事项1381件，按时办结率、服务满意率均为100%；处理热线事项8150件，按时办结率100%、群众满意率99%。我局诚信建设监测评价始终走在全市前列，“以诚信促发展，打造优质水务建设市场”获第四届“新华信用杯”全国优秀信用案例。

（六）水务基础工作不断加强

规划前期落实落细。印发实施河道采砂取土规划、河湖岸线保护和利用规划，洪泥河生产圈供水枢纽一期工程、北运河筐儿港至屈家店综合治理等工程前期工作加快推进，储备市重点项目25个、谋划22个。

水务建设投资增长强劲。积极落实资金，与农发行天津分行、国开行天津分行等金融机构签订战略合作框架协议，争取政策性开发性基础设施基金；制定扎实稳住经济“一揽子”政策具体措施8项。全市完成水务建设投资64.36亿元，水务建设对经济大盘的拉动作用有效发挥。

科技信息化建设不断强化。智慧水务专项规划印发实施，数字孪生南水北调宝坻引江供水工程、滨海新区海堤提标改造工程2个先行先试项目开工建设；于桥水库入库河口湿地水质及水生植物跟踪监测分析研究等12项重点科研项目取得新成果。

三、聚焦政治引领把方向，全面从严治党向纵深发展

（一）思想政治建设持续深入

坚持学懂弄通做实习近平新时代中国特色社会主义思想，把学习贯彻习近平总书记重要讲话和重要指示批示精神作为局党组会第一议题、理论学习中心组第一主题、党员干部轮训第一主课，在学思用贯通、知信行统一上持续下功夫。系统谋划、全面推动学习宣传贯彻落实党的二十大精神，局、处两级理论学习中心组开展集体学习274次、专题读书班2期、辅导讲座5次，带动基层党支部开展集中学习2700余次、党日活动1207次，进一步筑牢对党、对习近平总书记绝对忠诚的思想根基。深入开展“迎盛会、铸忠诚、强担当、创业绩”主题学习宣传教育实践活动工作，高质量召开专题组织生活会和四个专题学习研讨，政治判断力、政治领悟力、政治执行力进一步提升。精心做好主题宣传，组织“海河净网”“点赞最美女性”、劳模走基层等喜庆党的二十大群众性活动，营造了强大宣传声势。

（二）政治执行力不断提高

全力推动落实习近平总书记重要指示批示、

国务院政府工作报告和市委市政府决策部署等180项重点任务以及京津冀协同发展、大运河文化保护和传承利用、乡村振兴、东西部协作和对口支援、经济薄弱村对口帮扶等涉水任务，确保党中央和市委市政府决策部署在水务系统见行见效。深入推进市委巡视整改，按照“三级递进”整改要求，聚焦“人、事、因、制”，制定整改落实方案，狠抓整改落实，开展水务高质量发展大家谈、水务工程建设领域廉政风险排查整治2个专项行动，制定出台38个管长远、治根本的制度措施，做实做细巡视整改“后半篇”文章。统筹推进疫情防控和水务事业发展，围绕学习宣传贯彻落实党的二十大精神和市第十二次党代会精神，制定印发《奋力谱写新时代新征程水务事业发展新篇章的实施意见》《加快水务事业高质量发展若干措施》，用新的思路、新的举措、新的行动展现新的作为。

（三）干部队伍建设扎实有力

严格选人用人，修订《关于贯彻落实〈2019—2023年全国党政领导班子建设规划纲要〉的实施意见》等2项制度，形成领导干部政治素质正反向测评等6项长效机制；突出政治标准，坚持事业为上，提拔和进一步使用优秀年轻干部，交流轮岗23名处级干部，处级干部年龄、专业结构进一步优化。大力培养年轻干部，建立100余人优秀年轻干部库，选派4名干部到东西部协作等重要岗位摔打磨炼。坚持严管厚爱并重，做好常态化监管，建立市管干部禁业范围、公务员辞去公职后从业行为限制“两个清单”，开展受处分党员干部回访教育，传递组织关心关爱。加强人事管理，做好公务员绩效考核试点中期评估成果运用，实现个人绩效与组织绩效有效联动；修订局属事业单位科级管理岗位选拔聘用办法，推行专业技术人员聘期制，激发干事创业积极性。持续完善大统战格局，积极做好群团和老干部工作。

（四）政治生态持续出清向好

推进党内政治生活、政治生态、政治文化一体建设，持续整治圈子文化、码头文化、好人主义，落实加强政治生态建设25项重点任务，开展政治生态情况分析研判，形成研判、整改、提升的良性循环。认真落实民主集中制、“三重一大”、请示报告和个人有关事项报告制度，高质量召开局、处两级领导班子党史学习教育暨巡视整改专题民主生活会，对局属16个单位进行督促指导，党内政治生活的政治性、时代性、原则性、战斗性不断增强。加强党章党规党纪学习教育，推动党史学习教育常态化长效化17项重点工作，积极培育和践行社会主义核心价值观，持续做好全域创建文明城市工作，不断涵养厚植风清气正的政治生态。

（五）大抓基层导向更加鲜明

制定推进大抓基层向纵深发展“十项措施”，从检查、考核、问责、激励、服务等多个维度同向发力，推动全面从严治党“水流到头”。推进党务工作规范性、党支部工作标准化建设，创新建立党建工作协作片区、规范基层党建重要工作事项办理、季度重点工作事项提醒、月度党建沟通交流会等制度机制。20个基层党组织按期换届，22个相对后进党支部全部实现晋位提升。坚持严把党员发展质量关，全局共发展党员70名。持续深化党建与业务工作深度融合，通过目标、思想、工作、组织“四个融合”，更好地发挥党组织战斗堡垒和党员先锋模范作用，4个集体、10人次荣获全国荣誉，5个集体、6人次荣获市级荣誉。健全完善党建带团建工作机制，印发《关于加强党建引领团组织建设的实施意见》，开展“喜迎二十大、永远跟党走、奋进新征程”主题教育、“我学我讲新思想”青年理论宣讲、“扬帆计划”等活动，激发青年使命担当。

（六）作风建设久久为功

严格落实中央八项规定精神，持续纠“四风”、树新风，严格执行局“正负面清单”，聚焦“十紧盯十严禁”，开展重要节日联查互查、协同监督，全年共出动检查人员486人次，查访248个点位。深入开展讲担当促作为抓落实、持续深入治理形式主义官僚主义不担当不作为专项行动，以开展政府购买服务领域不担当不作为问题专项整治等为重点，发现问题及时整改，对不担当不作为干部严肃处理。持续巩固精文减会成效，严控“督检考”总量和频次。以机关作风建设“四个一”行动为突破口，深入开展“我为群众办实事”活动，通过“四个走遍”“联点访户”“双千”等活动，推动解决群众诉求322项，收到感谢信94封、锦旗117面，基层、群众对水务的获得感、幸福感、安全感更加充实、更有保障、更可持续。

（七）党风廉政建设和反腐败工作不断深化

坚持一体推进“三不腐”重点任务落实，开展水务重点领域腐败问题专项整治，进一步扎紧制度的笼子。加强廉洁文化建设，制定落实清廉天津建设24项重点任务，召开加强新时代廉洁文化建设工作会议暨党员干部警示教育大会、纪检干部警示教育大会暨业务培训会、“一把手”监督工作座谈会，开展廉洁文化宣传教育月“七个一”和主题警示教育月系列活动，进一步增强了党员干部廉洁自律意识。落实严的基调，主动接受驻局纪检监察组监督，全力支持配合协助驻局纪检监察组发挥专责监督。持续推动纪律监督与审计监督、巡察监督等贯通融合、协同联动，全面完成主要领导干部经济责任审计、自然资源责任审计和2021年预算执行审计整改工作，深入开展两轮巡察，制定完善加强巡察整改和成果运用等12项巡察工作制度，不断叠加监督治理效能。

市水务局党组2022年工作总结

2022年，市水务局党组坚持以习近平新时代中国特色社会主义思想为指导，认真贯彻落实党的十九大和十九届历次全会精神，全面学习贯彻落实党的二十大精神，按照市第十二次党代会和市委十二届二次全会部署要求，扛牢抓稳全面从严治党主体责任，弘扬伟大建党精神，发扬引滦精神，踔厉奋发、勇毅前行，统筹疫情防控和水务事业发展，积极践行新发展理念和新时期治水思路，紧紧围绕水资源、水环境、水安全，着力推动民生水务工程建设，提升水务行业管理水平，推进全面从严治党向纵深发展，推动水务事业高质量发展迈出新步伐，为建设社会主义现代化大都市提供了坚实的水安全保障。

一、坚持以党的政治建设为统领，坚定捍卫“两个确立”，坚决做到“两个维护”

一是坚持不懈强化党的创新理论武装。坚持把学懂弄通做实习近平新时代中国特色社会主义思想作为首要政治任务，把学习贯彻习近平总书记重要讲话和重要指示批示精神作为党组会议第一议题、理论学习中心组第一主题、党员干部轮训第一主课，召开8次局党组会议传达学习贯彻党的二十大精神以及习近平总书记在省部级主要领导干部专题研讨班等重要讲话、关于安全生产工作等重要指示批示精神，结合水务工作实际研究贯彻落实措施，切实把全体党员干部职工的思想认识行动统一到习近平总书记重要讲话精神和党中央决策部署上来。充分发挥局党组理论学习中心组“旗舰”作用，紧紧围绕党的二十大精神、《习近平谈治国理政》（第四卷）、习近平生态文明思想、习近平法治思想等重要内容，开展学习研讨18次、专题读书班2期、专题讲座5次，带动全局上下深入学习，厚实理论功底，坚定理想信念，进一步铸牢对党、对习近平总书记的绝对忠诚。组建宣讲团，走进基层、走进闸站所、走进联系点，全方位开展党的二十大、市第十二次党代会精神宣讲，形成局、处两级领导班子成员和全局各级党组织书记“三级宣讲”全覆盖格局，推动全局广大党员干部职工学思践悟、学以致用。研究制定局党组关于深入学习宣传贯彻党的二十大精神奋力谱写新时代新征程水务事业发展新篇章的实施意见，明确水务系统17项贯彻落实措施，切实把党的二十大精神转化为推动水务高质量发展的强大动力。

二是有序有力开展主题学习宣传教育实践活动工作。认真落实市委关于“迎盛会、铸忠诚、强担当、创业绩”主题学习宣传教育实践活动工作的安排部署，以喜迎党的二十大为主线，制定活动方案及宣传、宣讲、“六项行动”工作方案“1+3”制度体系，建立“三个一”工作机制和“三级督导”体系，全力推动教育实践活动工作有序开展。组织全局采取“三会一课”、专题研讨、专题组织生活会、主题党日、“政治生日”、重温入党誓词等多种方式，不断深化学习教育，扩大宣传声势，广大党员干部政治判断力、政治领悟力、政治执行力进一步提升。践行为民服务根本宗旨，建立为群众办实事常态化工作机制，带头开展“四个走遍”“联点访户”“入列轮值”、双报到、“双千”、志愿服务等活动，推动全局解决供水、排水等群众诉求 322 项，收到感谢信 94 封、锦旗 117 面，基层、群众对水务的获得感、幸福感、安全感更加充实，更有保障，更可持续。

三是坚定不移贯彻落实中央和市委市政府决策部署。把坚定捍卫“两个确立”、坚决做到“两个维护”作为最根本的政治原则要求，深入贯彻落实习近平总书记对天津工作“三个着力”重要要求，紧盯“政治要件”督办落实，完善关于落实习近平总书记重要指示批示等重点工作的任务清单、责任清单，全力推动落实习近平总书记重要指示批示、国务院政府工作报告等 180 项重点任务，以最高的标准、最严的举措、最大的力度推进京津冀协同发展、大运河文化保护和传承利用、污染防治攻坚战、乡村振兴、东西部协作和对口支援、经济薄弱村对口帮扶、疫情防控等涉水任务，确保习近平总书记重要指示批示精神、党中央和市委市政府各项决策部署在水务系统落地见效。坚持把抓好市委巡视整改作为落实主体责任的具体行动，坚决扛起整改落实主体责任、政治责任，组织各部门各单位按照反馈问题、举一反三、推动改革促进发展“三级递进”整改要求，做实巡视整改“后半篇”文章，定期研判解决重难点问题、督促整改进展，高标准完成市委巡视整改任务，集中解决了一批制约水务发展的突出问题，制定出台了 38 个管长远、治根本的制度措施，切实以巡视整改实际成效践行捍卫“两个确立”、做到“两个维护”。

二、坚持把主体责任落实落细，全力推进全面从严治党向纵深发展

一是压紧压实主体责任。充分发挥局党组把方向、谋大局、保落实、促改革的重要作用，召开 6 次局党组会议、10 次局党建工作领导小组会议研究推动全面从严治党工作，严格落实主体责任“两个清单”，每半年专题研究全面从严治党、党风廉政建设和反腐败斗争工作，每季度与驻局纪检监察组就信访举报及问题线索处置情况进行会商，通过全面从严治党记实系统对局属单位日常履责情况进行全方位督办管理，不断拧紧责任链条，压实管党治党责任。党组主要负责同志坚决扛起“第一责任人”责任，落实“四个亲自”要求，推动高质量完成市全面从严治党考核 15 个反馈问题整改；每半年听取班子成员落实“一岗双责”、机关党建、机关纪委工作进展情况；带头开展廉政、履职谈话，认真落实“四个走遍”要求，面对面听取意见、实打实解决问题。其他班子成员严格落实“一岗双责”，通过每季度听取分管领域全面从严治党和党风廉政建设、意识形态工作情况汇报、“四不两直”调研检查等形式，加强督促推动，形成上下联动、齐抓共管的工作格局。

二是建强抓实基层党组织。坚持大抓基层的鲜明导向，以强化政治功能和组织功能为重点，聚焦基层易发多发问题和短板弱项，召开大抓基层专题会议，组织制定推进大抓基层向纵深发展的 10 项措施，从检查、考核、问责、激励、服务等多个维度同向发力，推动全面从严治党“水流到头”。全面推进党务工作规范性、党支部工作标准化建设，创新建立党建工作协作片区、规范基层党建重要工作事项办理、季度重点工作事项提醒、月度党建沟通交流会等制度机制。持续推进党建工作与业务工作深度融合，加强党员先锋岗、党员突击队建设，引导党员干部勇担重任、冲锋带头，714 人次党员干部职工深入社区助力疫情防控，4 个集体、10 人次荣获全国荣誉，5 个集体、6 人次荣获市级荣誉，有力发挥了党组织战斗堡垒和党员先锋模范作用。

三是锻造高素质干部队伍。树立正确选人用人导向，突出政治标准，坚持事业为上，建立优秀年轻干部数据库，提拔和进一步使用优秀年轻干部，对 23 名处级干部进行交流轮岗，处级干部年龄结构、专业结构进一步优化。大力培养优秀年轻干部,建立100余人的优秀年轻干部库,选派4名干部到东西部协作、对口支援和乡村振兴等重要岗位见世面、壮筋骨、长才干。坚持严管厚爱并重,做好常态化监管,开展受处分党员干部回访教育,传递组织的关心关爱。加强和改进人事管理,组织做好公务员绩效考核试点中期评估成果运用,实现个人绩效与组织绩效有效联动;积极稳妥深化事业单位改革,全面推行专业技术人员聘期制,进一步激发创业内生动力和发展活力。

四是常态化净化政治生态。深入推进党内政治生活、政治生态、政治文化一体建设,持续整治圈子文化、码头文化、好人主义,狠抓加强政治生态建设25项重点任务落实,开展政治生态情况分析研判,形成研判、整改、提升的良性机制。严肃党内政治生活,严守党的政治纪律和政治规矩,认真贯彻落实民主集中制,严格执行"三重一大"集体决策制度、重大行政决策程序;严格执行请示报告制度,并按时间节点请示报告;高质量召开党史学习教育暨巡视整改专题民主生活会,局领导班子成员定期深入党支部工作联系点和基层联系点,党内政治生活质量进一步提升。发展积极健康的党内政治文化,以迎庆党的二十大为主线,持续深化党史学习教育;紧密结合伟大建党精神、新时代水利精神、引滦精神,做好精神文明建设工作,弘扬忠诚老实、公道正派、实事求是、清正廉洁等价值观,不断涵养厚植风清气正的政治生态。

五是持续推进作风建设。落实中央八项规定及其实施细则精神,持续深化纠"四风"、树新风,严格执行局"正负面清单",聚焦"十紧盯十严禁",组织开展4次联查互查、协同监督,形成现场反馈问题、抓实问题整改、督促责任落实的工作闭环体系。深入推动讲担当促作为抓落实、持续深入治理形式主义官僚主义不担当不作为专项行动,重点开展政府购买服务领域不担当不作为问题等专项整治,发现问题及时整改,推动全局干部职工勇于担当作为,市水务市级绩效考评连续九年被评为优秀等次。持续巩固精文减会成效,88.9%的全局性会议采用视频方式召开,严控"督检考"总量和频次,让基层有更多时间和精力服务群众。

六是不断深化党风廉政建设。始终坚持严的基调、保持严的力度,一体推进"三不腐"重点任务落实,组织开展水务重点领域腐败问题专项整治,进一步扎紧制度的笼子。加强新时代廉洁文化建设,制定落实清廉天津建设24项重点任务,通过召开全局加强新时代廉洁文化建设工作会议暨党员干部警示教育大会、组织开展廉洁文化宣传教育月、举办廉洁文化作品展等活动,进一步增强党员干部廉洁自律意识。严肃监督执纪问责,主动接受驻局纪检监察组监督,全力支持配合协助驻局纪检监察组发挥专责监督。持续推动纪律监督与审计监督、巡察监督等各类监督贯通融合、协同联动,高标准完成市审计意见阶段性整改;开展两轮巡察,制定完善加强巡察整改和成果运用等12项巡察工作制度,不断叠加监督治理效能、一严到底。

三、坚持担当作为作表率,全力推动水务事业高质量发展上水平

一是全力保障城乡供水安全。积极践行以人民为中心的发展思想,着眼完善引江、引滦"双水源"保障体系,加快推进北大港、尔王庄水库扩容工程前期工作,建成宝坻引江管线、尔王庄水库与宝坻石化管线联络和津滨水厂二期工程,开工建设静海引江、曹庄泵站增容、新开河水厂改造、杨柳青水厂新建工程,供水工程体系进一步完善。组织编制农村供水高品质保障方案,农村供水保障能力进一步提升。加强水质监测、监管,城市供水水质合格率保持99%以上、农村供水水质合格率达到92%,供水服务能力和水平进一步提升。全力争取外调水源,科学制定调度计划,全年引江调水12.24亿立方米、引滦调水3.24亿立方米、引江东线北延调水0.5亿立方米,从北京市、河北省等上游地区调水23.8亿立方米,有力保障了全市用水和抗旱需求。深入推进水源保护,组织打捞于桥水库菹草21.98万立方米,投放水生植物271万株、净水鱼苗13.98万尾,持续巩固库区封闭管理,水库水质保持Ⅲ类水标准。

二是全力确保全市安全平稳度过汛期。坚持人民至上、生命至上,立足防大、防猛、防突发、防极值,坚持底线思维和极限思维,提前准备、周密部署,积极做好"5·18"应对极端强降雨防汛应急处置桌面推演、海河流域水文应急监测联合演练、中心城区防汛应急抢险推演、大清河系洪水调度联合演练;着眼补齐防汛短板,推动完成大黄堡蓄滞洪区安全建设、蓟运河西关段险工治理和汉沽城区段堤后排水、大清河堤防应急加高加固等工程,中心城区井冈山路、程林庄路等6处积水片和42处街道里巷、居民小区积水点改造工程汛期发挥应急排水作用,防汛排水能力进一步提升。强化预报、预警、预演、预案"四预"措施,贯通雨情、水情、险情、灾情"四情"防御,深入开展隐患风险排查、整改61个问题,落细落实各项应对措施。面对汛期降雨总量多、强度大的严峻形势,干部职工昼夜坚守、严防死守,加强与气象、应急部门及上游省市沟通会商,河道水库闸站联合调度、提前降低水位,深入一线检查指导,指导有关地方政府开展应急抢险,成功迎战11次强降雨,蓟运河、潮白新河、青龙湾减河洪水安全过境,中心城区实现大雨2小时、暴雨5小时主干道路积水退净目标,全市安全平稳度汛,全年安全宣泄雨洪水近60亿立方米。坚持防蓄结合,组织做好雨洪水拦蓄,汛末全市蓄水11.78亿立方米,为农业和生态提供了水源保障。

三是大力推动水生态环境质量持续改善。积极践行习近平生态文明思想,深入打好污染防治攻坚战,推动完成85处雨污混接点改造,加快推进津沽污水处理厂三期扩建工程,推动完成滨海新区港东新城污水处理厂扩建工程,全市污水处理能力达到417万吨/日全年处理污水12.7亿吨,城镇污水集中处理率达到96.82%,污水处理厂出水水质主要指标达标率保持99%;全市污泥处置能力达到4990吨/日污泥无害化处置率保持97%;落实建成区26条黑臭水体治理长效养管机制,组织完成新一轮城市建成区黑臭水体排查,未新增黑臭水体,农村地区黑臭水体动态清零。抓实河湖生态复苏工作,推动永定河综合治理与生态修复武清段建设,永定河实现全线通水,与京杭大运河实现世纪交汇;统筹多种水源向南北运河、四大湿地等重要河湖湿地实施生态补水18.25亿立方米,七里海、潮白河等8条重点河湖生态水量(水位)全部达标。持续强化河湖长制管理,将南水北调中线天津市境内工程全面纳入河湖长制工作体系,组织修订河湖长制考核办法及实施细则、责任追究办法、有奖举报管理办法,修编市级河湖"一河(湖)一策"方案,深化"榜样河长　示范河湖"创建,强化"清四乱"常态化规范化管理,开展"清河湖"、健康大运河专项行动,河湖水环境面貌持续改善。全市地表水国控断面优良水体比例58.3%,同比提高13.9个百分点,全部消除劣Ⅴ类水体;12条入海河流水质稳定达到Ⅴ类及以上标准。

四是着力提升水资源集约节约利用能力。坚持节水优先,狠抓节约用水规划和深化节水型社会建设提升水资源集约节约利用水平实施方案落实,严格计划用水管理,深入推进节水型系列创建,推动全市16个区完成县域节水型社会达标建设,新创建节水型企业(单位)150个、居民小区195个、高校16家、节水型公共机构5个;推动宝坻、蓟州区4个中型灌区续建配套与节水改造工程建成生效、改善灌溉面积10万亩,全市万元GDP用水量降至20立方米左右,万元工业增加值用水量降至9立方米左右,农田灌溉水有效利用系数提高到0.722,主要节水指标继续保持全国先进水平。充分发挥水资源刚性约束作用,严格取用水管理,组织修订建设项目取用水论证管理规定,组织开展取用水管理专项整治、水资源管理和节约用水管理集中整治行动;推动实施蓟运河跨区河流水量分配,以外调水为突破口实现首例水权交易。加大非常规水利用力度,再生水利用率提高到45%,淡化海水利用量3600万立方米。持续推进地下水超采综合治理,关停机井805眼,转换深层地下水741万立方米,深层地下水开采量降至0.6亿立方米,深层地下水水位同比上升2.1米。

五是依法行政工作不断加强。强化依法行

政,党政主要负责人认真履行推进法治建设第一责任人责任,切实做到"四个亲自",完成中央法治政府建设实地督察阶段性整改和法治政府建设第三方评估整改;组织开展排水和再生水利用条例修订工作,顺利通过市人大立法论证审核,纳入市人大常委会 2023 年度立法计划审议项,水务重点领域立法实现新进展;组织制定局行政执法衔接机制实施意见,建立审批—监管—处罚衔接机制;发挥水行政执法与检察公益诉讼协作机制作用,推动解决了独流减河大港电厂段滞洪等突出问题;组织开展南水北调中线干线工程保护、于桥水库非法捕捞垂钓等专项执法行动,市、区两级查处水事违法案件 1214 起、同比增加 1.5 倍、位居全国和我市前列,罚款 271.12 万元,有力维护了正常水事秩序;精心组织开展宪法宣传周、"美好生活·民法典相伴"等主题法治宣传教育活动。

六是不断夯实水务基础工作。优化水务顶层设计,高标准组织编制天津市河道采砂取土规划、河湖岸线保护和利用规划,配合做好南水北调东中线后续工程、海河流域防洪规划修编,加快推进洪泥河生产圈供水枢纽一期工程、北运河筐儿港至屈家店综合治理等工程前期工作。有效拓宽建设资金渠道,积极争取财政资金,与农发行天津分行、国开行天津分行等金融机构签订战略合作框架协议;组织制定扎实稳住经济"一揽子"政策具体措施 8 项,完成水务投资 64.36 亿元,有效发挥了水务建设对经济大盘的拉动作用。持续提升政务服务水平,深入推进京津冀政务服务同事同标、全市通办、跨省通办,落实"四办""四免""好差评""免申即享""综合窗口"等改革政策,实现简单业务全程网办、一般业务自助办、复杂业务窗口协办、多地业务跨域通办;持续推进"证照分离"改革,推广应用涉水政务服务事项电子证照 3 项;不断优化水务营商环境,推动水电气报装一体化联办,深化"用水报装"一件事主题场景应用,用水报装全流程办理时间缩短至 8 个工作日小微项目缩短至 3 个工作日;统一排水接入服务标准,简化优化报装流程,排水接入效率有效提升;组织落实用水"欠费不停供",缓缴水费 1.86 亿元,减免欠费违约金 112 万元,惠及企业和个体工商户近 9.27 万户次。加强建设运行管理,主持制定《水利工程建设质量检测管理规范》,填补京津冀三地水利工程质量检测领域技术标准空白,水利工程质量合格率 100%、重点水利工程单元优良率 90%以上;落实"党政同责、一岗双责"要求和党政领导干部安全生产责任制,深入推进安全生产专项整治三年行动巩固提升,危险源辨识率和隐患整改率均超过 99%、居全国前列,全年安全生产形势稳定可控。

市农业农村委员会(市乡村振兴局)2022 年工作总结

2022 年,市农业农村委(市乡村振兴局)坚决贯彻党的二十大精神和习近平总书记关于"三农"工作重要论述,认真落实市委、市政府部署要求,以"三美四乡"建设为抓手,统筹推动农业稳产增产、农民稳步增收、农村稳定安宁,全市"三农"发展取得良好成效。

一、稳定农业生产能力,统筹发展现代都市型农业

一是保障粮食生产和"菜篮子"重要农产品供给。全年粮食播种面积达到 565 万亩,产量达到 51.2 亿斤,实现十九连丰。落实"菜篮子"市长负责制,蔬菜播种面积 83 万亩、产量 256.53 万吨,同比增长 7.3%;生猪出栏 200.5 万头、生鲜乳产量 51.13 万吨,同比基本持平;鸡蛋产量 20.11 万吨,同比增长 7.5%;水产品产量 27.37 万吨,比去年略高,"菜篮子"重要农产品自给率继续保持全国大中城市前列。

二是持续加强耕地保护利用。"三区三线"划定耕地 467.86 万亩、永久基本农田 409.44 万亩。出台高标准农田建设规划,新建 24 万亩高

标准农田。坚决遏制耕地“非农化”，防止“非粮化”，加强粮食生产功能区监测管理，巩固“大棚房”问题专项清理整治成果。全市受污染耕地安全利用率达到91%以上。

三是大力实施种业振兴行动。出台《天津市种业振兴行动实施方案》，天津农作物种质资源库、天津鲤鲫鱼水产种质资源场建成并投入运行。审定登记农作物品种43个，12个品种获得植物新品种授权。天津奥群牧业有限公司、天津科润农业科技股份有限公司等公司分别牵头承担肉羊、黄瓜国家联合育种攻关任务，天津梦得集团有限公司获批国家奶牛核心育种场，天津德瑞特种业有限公司等3家种业企业分别入选国家种业破难题、补短板、强优势企业阵型。

四是强化农业科技支撑。持续推进水稻、蔬菜、生猪等7个产业技术体系建设，组织65个岗站、103个岗位专家开展农业全产业链科技创新和试验示范，培育引进新品种137个、授权专利33项、示范推广新技术64项。实施农业产学研用合作“揭榜挂帅”机制，制定全市农业关键核心技术攻关实施方案，加快农业科技成果转化推广。落实农机购置补贴政策，补贴资金1.11亿元，补贴机具1.4万台。

五是积极推进农业绿色发展。畜禽粪污资源化利用率、农膜回收率分别达到91.7%和85%，提前完成目标任务。农作物秸秆综合利用率达到98%，位居全国前列。化肥、农药利用率均达到41%，高于全国平均水平。滨海新区被列入第三批国家农业绿色发展先行区创建名单。

二、夯实产业融合基础，加快推进乡村产业高质量发展

一是强化产业融合载体建设。实施小站稻、蔬菜、畜牧、水产4条农业全产业链载体建设行动，持续推进奶业、生猪产业集群项目建设，武清区、蓟州区下营镇分别获批国家级现代农业产业园和农业产业强镇。西青区成功入选2022年全国农业现代化示范区创建名单。武清区被评为全国休闲农业重点县，累计打造30个中国美丽休闲乡村，宣传推介我市8条休闲农业精品线路，年接待游客1700万人次。

二是提升优质农产品市场竞争力。制修订农业地方标准30项。“津农精品”品牌总数达到212个。全市小站稻种植面积（含飞地）稳定在100万亩，小站稻品牌入选全国首批农业品牌精品培育计划。新建10万亩稻渔综合种养基地，带动全市稻渔投产面积达到53.5万亩。累计建成50个农产品产地冷藏保鲜设施。

三是培育新型农业经营主体。累计培育市级以上农业产业化龙头企业163家、农业产业化联合体18个、市级农民合作社示范社163家、市级示范家庭农场305家。加快完善农业社会化服务体系，开展生产托管服务面积达到40万亩。

四是加强农业对外合作。完成承接北京非首都功能疏解任务45.1亿元，落地项目10个，认定建设7家环京周边蔬菜生产基地。推进东西部协作和支援合作，助力结对地区打造乡村振兴示范村；组织企业参加“津企陇上行”活动，累计签约项目18个，到位资金13.41亿元。强化农业国际合作，认定市级农业国际贸易高质量发展基地13家，推动滨海新区农业对外开放合作试验区等项目加快建设。

三、提升乡村建设水平，持续改善农村生产生活环境

一是农村人居环境整治升级加力。对71.03万座户厕、5735座公厕进行全面摸排，存在改厕问题的4458座户厕和815座公厕全部完成整改。组织实施2022年度农村生活污水处理设施依效付费评价工作。深化农村全域清洁化工程，累计开展村庄清洁活动11.6万余村次。持续推进“百村示范、千村整治”工程，累计建成300个农村人居环境整治示范村。

二是乡村治理水平持续提升。累计确定北辰、宁河、宝坻、静海4个天津市乡村治理体系建设试点示范区，培育认定乡村治理示范镇15个、示范村83个，乡村治理积分制覆盖50%以上行政村。大力推进农耕文化保护传承，组织开展2022“新时代乡村阅读季”、农民广场舞大赛等群众性文体活动，针对高价彩礼、大操大办等农村移风易俗重点领域突出问题开展专项治理。加快推进数字乡村建设，强化“三农”大数据平台应用，完成天津智能农业研究院一期工程建设。

三是乡村振兴示范村和经济薄弱村加快建设。启动 100 个乡村振兴示范村创建工作，明确 68 项评价验收指标，确定创建项目 568 个、完成 124 个，投入资金 10.78 亿元，创建完成 10 个乡村振兴示范村。扶持 800 个经济薄弱村，确定产业项目 139 个、完成 10 个，累计投入资金 2.02 亿元；实施“一户一就业”工程，已完成 14.2 万户，占总户数的 93%。

四、强化政策机制保障，全面促进农民稳步增收

一是深化农村改革成果。率先在省级层面实行农村集体资源资产“一网管理”，建成覆盖农村全域、四级一体的集体资产交易市场体系，2022 年村集体经济组织实现非现金结算 13 万笔、41.69 亿元，农村产权交易 5652 笔、71.9 亿元，交易额位居全国前列。3635 个村集体经济组织累计清理规范问题合同 14987 份，为村集体增收 1.2 亿元。深化蓟州区、静海区农村宅基地制度改革，制定 18 项试点政策文件。

二是加大金融支持力度。启动设立乡村振兴基金，充分发挥农业政策性担保功能，探索开展“保险+贷款”“保险+期货”等多种融资模式，拓展抵质押物范围，奶牛、生猪等活体抵押贷款规模近 1 亿元。与中国农业银行天津分行等 10 余家金融机构签订战略合作协议。

三是强化乡村人才保障。成立乡村振兴产业人才创新创业联盟，特聘 11 名院士专家，成员单位达到 400 余家。培育乡村振兴产业人才“头雁”100 人、农村实用人才带头人 500 人、高素质农民 2037 人。组织农业科技人员进村入户开展技术指导服务 2375 次，服务农民近 5 万人次。

四是全面推进招商引资。制定印发《关于吸引社会资本投入乡村振兴的意见》和《天津市社会资本投资农业农村指引(2022 年)》，为社会资本投入我市乡村振兴创造条件。聚焦农业产业发展重点项目，实施专业化招商、精准招商，靠前服务重点招商引资项目。

五是促进农民收入稳步增长。多渠道促进农民增收，全年实现一产增加值 273.15 亿元，同比增长 2.9%；农林牧渔业固定资产投资 52.39 亿元，同比增长 6.6%；农村居民人均可支配收入 29018 元，位列全国第四，同比增长 3.8%，城乡居民收入比 1.83∶1，城乡居民收入差距继续保持全国最低。

市农业农村委员会党委 2022 年工作总结

2022 年，我们坚持以习近平新时代中国特色社会主义思想为指导，全面贯彻党的十九届历次全会和党的二十大精神，以及市第十二次党代会精神，全面贯彻新时代党的建设总要求和全面从严治党战略方针，为推进乡村全面振兴、推动“三农”工作高质量发展提供坚强保障。

一、着力加强党的政治建设，坚定捍卫“两个确立”，坚决做到“两个维护”

一是深入学习宣传贯彻党的二十大精神。举办学习宣传贯彻党的二十大精神专题读书班。组织系统党员干部聆听李树起副市长宣讲党的二十大精神。委党委主要负责同志进行党的二十大精神集中宣讲。在“津沽三农”公众号连续刊登 10 期系列报道，引发干部群众热烈反响。开设“云端课堂”和“三农大讲堂”等线上宣传栏目，推动形成网上正面舆论宣传强势。

二是强力推进全面从严治党主体责任落实。委党委主要负责同志落实“第一责任人”责任，班子成员落实“一岗双责”，定期研究部署委系统全面从严治党工作，并开展履职廉政谈话。制定《市农业农村委党委 2022 年党的建设工作要点》，形成“1+13”党建工作要点。召开委系统 2022 年党的建设工作部署会议。制定领导班子 2022 年落实全面从严治党主体责任清单和任务清单，明确98条工作举措。2次召开全面从严治党形势分析会，召开推进全面从严治党向纵深发展工作部署会。对7个基层单位开展落实全面从严治党主体责任考核暨政治生态建设考核评价。委党委主要负责同志约谈了2021年度主体责任考核排名靠后单位的党组织负责人。

三是扎实开展“迎盛会、铸忠诚、强担当、创业绩”主题学习宣传教育实践活动工作。认真落实市委明确的10项重点任务。以准组织生活会标准开展专题学习研讨。建立“我为群众办实事”问题清单458项，其中已完成280项、取得阶段性进展178项。建立群众诉求清单1673项，其中已完成1531项、取得阶段性进展142项。组织开展网络培训班，共培训400余人。编发简报29期、活动动态6期。4篇简报被市活动办采用，1篇被《天津组工通讯》转发，2篇被《天津机关党建》宣传。

四是严格规范党内政治生活。认真执行民主集中制和党委议事规则，坚持“三重一大”集体决策，用制度管钱、管人、管事，委党委主要负责同志带头做到末位表态。召开党委领导班子党史学习教育专题民主生活会，推动问题整改落实。派出督导组对委系统各单位民主生活会进行督促指导。严明政治纪律和政治规矩，加强分析研判，持续净化政治生态。

二、着力加强党的思想建设，深化党的创新理论武装和教育引领

一是坚持不懈用习近平新时代中国特色社会主义思想凝心铸魂。认真落实2022年党委理论学习中心组学习计划和专题学习重点内容安排，开展集体学习交流研讨15次，1篇学习成果文章在市委宣传部期刊杂志上刊登，1篇研讨文章在《天津支部生活》杂志上刊登。

二是积极开展“三农”工作宣传。建立健全信息报送和新闻宣传通报机制，在4个委政务新媒体发布特色亮点工作信息5900余篇。组织各级各类媒体刊发我市“三农”报道2200余篇，其中《人民日报》《经济日报》、新华每日电讯、《农民日报》等多家央媒主流媒体在首版显著位置刊发60余篇，“学习强国”天津平台刊发29篇。持续办好《乡村振兴怎么干》电视节目，开播3年来已累计播出160余期。策划“乡村振兴 津农精彩”8个系列活动。

三是坚决守好意识形态阵地。认真落实领导班子意识形态工作责任制“两个清单”。定期开展隐患排查，防范化解风险。充分用好网评员微信群工作机制，主动引导网络舆论。做好讲座、报告会、论坛活动审批备案管理，加强对期刊和出版物的审核管理。召开2022年加强和改进思想政治工作分析会暨意识形态、网络安全会议。组织开展落实工作责任制检查考核。

四是深入推进精神文明建设。认真贯彻《新时代爱国主义教育实施纲要》《新时代公民道德建设实施纲要》。深入基层开展志愿服务活动700余次，解决困难440余件，服务农民4700余人，2个志愿服务项目被市文明办评为2021年度天津市优秀志愿服务项目。策划“祭奠革命先烈”“全民阅读·诵读经典”等活动。积极引导干部职工参与全域创建文明城市和创建文明单位。申报新时代文明实践基地2个。推选6人获评“天津好人”、4人获评“天津市最美科技工作者”、2人申报“全国最美科技工作者”。向市文明办推荐贯彻实施《天津市文明行为促进条例》典型案例3个。

三、着力加强基层组织建设，构筑坚强战斗堡垒

一是高质量完成党的二十大代表推荐提名和市第十二次党代会代表选举。深入学习关于严肃换届纪律有关规定，观看警示教育片《警钟长鸣》，切实做好代表推荐提名、组织考察、初步人选公示、会议选举等各环节工作。

二是压紧压实党建工作责任。制定基层党组织建设责任清单，细化具体任务。召开2021年度述责述廉暨党建述职评议会，开展民主测评工作。推动各级班子成员认真落实党支部联系点制度，各领域党建工作质量整体得到提升。

三是加强基层党组织规范化建设。指导57个基层党组织完成换届选举。培育打造13个支部标准化建设样板。排查后进党支部，实施“一支一策”转化提升。组织各级党组织逐级开展党务外包排查。积极组织参与“喜迎二十大 奋进新征程”党内法规知识竞赛。

四是发挥机关党建示范表率作用。积极开展“双联双促”活动，机关各支部累计到联系点开展活动 93 次，集资 16500 元购买各种慰问品，提出合理化建议 300 余条，解决实际问题 39 个。机关党员深入社区开展“双报到”“入列轮值”工作，积极参与社区网格巡查、疫情防控、疫苗接种宣传、矛盾调处等基层治理工作。

五是严格党员日常管理。发展新党员 44 名。为符合条件的 31 名老党员颁发了“光荣在党 50 年”纪念章。春节前夕、党的二十大期间分别对老党员、困难党员进行走访慰问。统筹四批 136 名党员干部支援津南抗击疫情，安排 380 名党员干部下沉社区参加疫情防控。

四、着力加强干部队伍建设，引领干事创业风尚

一是树立鲜明选人用人导向。提拔机关和参公单位正处级领导干部 6 人、副处级领导干部 4 人，晋升二级巡视员 1 人、一级调研员 1 人、二级调研员 6 人、三级调研员 9 人；提拔事业单位正处级领导干部 4 人。交流机关处级干部 35 人、科级干部 12 人，交流事业单位正处级干部 2 人、副处级干部 1 人。

二是激发干部干事创业活力。制定《关于进一步做好年轻干部培养选拔的具体措施》，注重在基层和“三农”工作一线培养锻炼优秀年轻干部。制定《关于农业农村委系统干部干事创业容错免责的实施意见》《关于进一步激励农业农村委系统干部担当作为的措施》，为担当作为的干部撑腰鼓劲。加大治庸治懒治无为力度，对不适合担任领导职务的 2 名处级领导干部进行了组织调整。

三是加大干部教育培训力度。组织全市农业农村系统 450 名干部参加“网上冬训行动”，成绩全国排名第一。组织举办全面推进乡村振兴等 4 类专题研讨班。选派 50 名局处级领导干部到市委党校参加各类专题培训。组织委系统干部参加天津干部在线学习平台“忠诚教育”等网上专题学习 7 期，举办 1 期基层党组织书记网络专题培训班。

四是强化干部考核监督管理。对 2 个副局级事业单位和 10 个处级基层单位领导班子和班子成员进行考核。制定《关于建立干部政治素质档案的工作方案》，有序建立党员干部政治素质档案。积极探索疫情防控常态化条件下的干部家访模式。完成 2022 年领导干部个人有关事项报告 167 人，报告率为 100%。抽查核实个人有关事项报告 30 人，给予提醒 6 人、诫勉 1 人。

五、着力加强作风纪律建设，强化正风肃纪反腐

一是深入开展讲担当促作为抓落实专项行动。建立“1234”工作体系，召开委系统 2022 年讲担当促作为抓落实专项行动、为基层减负专项整治暨“我为群众办实事”实践活动部署推动会。开展政府购买服务领域不担当不作为问题专项整治。2022 年累计查处不担当不作为问题 4 起，追责问责 7 人。开展帮扶回访教育 9 次、警示教育 4 次，推进建章立制 9 项。持续推进为基层减负工作，规范办文办会，切实把精文减会落到实处。

二是扎实推进廉洁文化建设和常态化警示教育。组织召开加强新时代廉洁文化建设工作会议和党员干部警示教育大会暨廉政工作会议。开展廉政风险排查。举办“廉洁润初心”廉洁文化书画摄影展。常态化开展谈心谈话 49 人次。编印涉农领域违纪违法典型案例。组织党员干部参观警示教育中心。对 25 名新提职、晋升职级干部开展警示教育和廉政谈话。在重要时间节点对所属单位开展作风纪律监督检查，持续加固中央八项规定精神堤坝。

三是不断加强巡察工作规范化建设。制定《2022 年党委巡察工作安排》。出台《关于建立巡视乡村振兴战略实施情况协作机制的意见（试行）》，将实施乡村振兴战略情况纳入我市巡视巡察监督重点，市委主要领导同志专门批示给予肯定。先后对市动物疫病预防控制中心、天津农机化技术试验服务中心党支部开展了常规巡察。在市委巡视办组织的 15 个市级部门巡察工作互相评价中，我委巡察报告在 4 个方面均为

"优秀",被市委巡视办作为典型案例在全市推广。

四是加大监督执纪问责力度。运用谈话函询、面对面了结等第一种形态处理37人(次),第二种形态处理1人(次)。制定《市农业农村委机关采购代理机构管理暂行办法》等相关制度4项,健全完善内控机制,堵塞漏洞,筑牢防腐堤坝。

六、着力加强统战群团建设,凝聚强大发展合力

一是持续做好统一战线工作。选派1名挂职干部到市党外代表人士实践基地锻炼。组织开展统一战线领域风险隐患排查。开展"喜迎二十大　同心跟党走"主题教育活动。做好无党派人士、党外知识分子队伍思想状况研判。开展贯彻落实市委民族工作会议暨全市宗教工作会议精神情况调研。传达学习天津市2022年对台工作会议精神。

二是充分发挥群团组织作用。举办"青春心向党　联村促振兴"主题团日活动。组织收听收看庆祝中国共产主义青年团成立100周年大会。举办委系统青年干部座谈会。委团委被评为"天津市五四红旗团委",1名青年专家被授予"天津市五四青年奖章"。选举产生新一届委系统妇联执委会,选优配强妇联班子。推荐委系统24个家庭获评"天津市最美家庭"。

七、发挥党委把方向、管大局、保落实的领导作用,推动重点工作稳中有进。

一是农业生产能力进一步夯实。坚决扛稳扛牢粮食安全政治责任,全年粮食播种面积达到565万亩,产量达到51.2亿斤,实现十九连丰,粮食、大豆、油料作物种植面积均超额完成农业农村部下达任务。多措并举丰富"菜篮子",生猪出栏200.51万头;蔬菜产量255万吨,较去年增长5%;鸡蛋产量20.1万吨,较去年增长7%;生鲜乳和水产品产量分别达到52.7万吨、27.37万吨,"菜篮子"重要农产品自给率继续保持全国大中城市前列。

二是产业发展体系进一步完善。实施小站稻、蔬菜、畜牧、水产4条农业全产业链载体建设行动。武清区、蓟州区下营镇分别获批国家级现代农业产业园和农业产业强镇。西青区成功入选2022年全国农业现代化示范区创建名单。累计打造30个中国美丽休闲乡村,宣传推介我市8条休闲农业精品线路,年接待游客2000万人次。

三是乡村治理效能进一步提高。确定北辰、宁河、宝坻、静海4个天津市乡村治理体系建设试点示范区,培育认定乡村治理示范镇15个、示范村83个,乡村治理积分制覆盖30%以上行政村。针对高价彩礼、大操大办等农村移风易俗重点领域突出问题开展专项治理。强化"三农"大数据平台应用,加快推进数字乡村建设。

四是农村重点改革进一步深化。创新村集体经济组织规范化管理方式,率先在省级层面实行农村集体资源资产"一网管理",2022年村集体经济组织实现非现金结算8.87万笔、24.7亿元,农村产权交易5083笔、66.57亿元,交易额位居全国前列。3635个村集体经济组织完成农村集体经济合同清理规范工作。深化蓟州区、静海区农村宅基地制度改革,加快推进农村闲置宅基地和闲置住宅盘活利用。

五是"抓两头、促中间"效果进一步显现。启动100个乡村振兴示范村创建工作,明确68项评价验收指标,确定创建项目560个、完成120个,投入资金9.79亿元。扶持800个经济薄弱村,确定产业项目139个、完成8个。持续做好经济薄弱村劳动力稳岗就业工作,实施"一户一就业"工程,已完成14.2万户,占总户数的93%。

六是农村人居环境进一步提升。出台"十四五"时期农村人居环境整治提升行动实施方案。编制农村厕所革命服务站建设运行指导意见。对71.03万座户厕、5735座公厕进行全面摸排,并对改厕问题完成整改。积极推广武清、宁河生活污水处理模式。组织开展农村生活污水处理设施依效付费评价工作。农村生活垃圾实现集中收集处理全覆盖。持续推进"百村示范、千村整治"工程。

市商务局2022年工作总结

2022年，是党和国家历史上极为重要的一年，党的二十大胜利召开，描绘了全面建设社会主义现代化国家的宏伟蓝图。2022年也是商务战线殊为不易的一年，多重超预期因素冲击，统筹疫情防控与经济发展任务繁重。在市委、市政府的坚强领导下，商务部门坚决落实“疫情要防住、经济要稳住、发展要安全”的重要要求，顶住压力、艰辛努力，展现了拼搏进取的良好风貌。

——利用外资较快增长，对外投资增势良好。全年实际使用外资59.5亿美元，增长10.4%，连续第二年两位数增长。对外投资中方投资额24.1亿美元，增长5.5%。

——进出口高位盘整，民营出口优势进口韧性强。全年进出口8449亿元，出口3804亿元，均为历史第二高位。民营企业出口保持增长，占比提高到43.1%；汽车进口增长89.6%，稳居全国冻品第一进口口岸。

——流通基本盘总体稳定，网络消费较快增长。批零限额以上商品销售额4.34万亿元，小幅下降0.4%。限额以上单位网上商品零售额增长9.8%，占限额以上单位社零额比重31.3%；实体消费受冲击严重，全口径社零额3572亿元，下降5.2%。

一、把牢部门职责，有力扛起保供稳价责任

牵头做好市防控指挥部群众生活供给保障组工作，组建保供专班，统筹政府与市场、线上与线下、国企与民营“三个结合”，妥善应对区域疫情；组织各大农产品市场加强产销衔接，支持快递配送人员元旦春节留津在岗，先后4次组织储备商品投放，消费市场供应充足、价格稳定，管控区居民生活保障有力。

二、抓资金抓政策抓服务，助力稳住经济大盘

积极争取央市资金支持，农产品供应链体系建设、县域商业建设、医药制造业外经贸提质增效纳入国家试点示范项目，6.7亿元中央资金拨付我市；争取市财政2.5亿元，已分两期组织消费券投放，发挥了活跃消费市场的撬动作用。不断加强政策护稳，会同发改等部门推出《促进服务业领域困难行业恢复发展的若干措施》；推动出台《做好跨周期调节进一步稳外贸若干措施》《促进内外贸一体化发展若干措施》《推动外贸保稳提质工作措施》等。持续做好服务促稳，联合建行、农行为中小微商贸企业定制抗疫“助力贷”“纳税e贷”“抵押e贷”等金融产品，同中信保天津公司、建行天津分行、国开行天津分行等金融部门开展稳外贸联合行动，建立重点外贸企业跨省运输保障和环保限产豁免两个“白名单”，重点外资项目专班助力百家外资企业解决问题诉求135个。

三、以“双中心”建设为牵引，商务高质量发展向前推进

内贸提品质迈出新步伐，建成运营15个购物中心，160家首店开门迎客，佛罗伦萨小镇入选全国示范智慧商圈，金街、意风区等重点商圈升级改造持续推进，滨海新区、河西区入选一刻钟便民生活圈全国示范，9个标准化菜市场、114个品牌连锁便利店民心工程任务圆满完成；取消二手车限迁、增设充电桩、增加停车泊位等搞活汽车流通扩大汽车消费14条发布实施，成品油网络零售聚集30家行业龙头，美团、阿里药品网络零售在津落地，京东、建行生活两个老字号线上集合店运营，保税展示拍卖实现首单交易；第二届海河国际消费季成功举办，品质生活节先后被央视《新闻联播》《新闻直播间》报道。外贸聚新能持续推进，“区域商贸中心城市行动方案”印发实施，以综保区、进口贸易促进创新示范区、外贸转型升级基地为代表的大商贸载体加力建设，平行进口汽车产业链和监管服务不断完善，冷链进口集散力持续增强。跨境电商发展环境提升，海外仓出口离境退税试点落地，首批3家示范园区获认定。保税维修创新示范区加快建设，探索形成航空“保税维修+融资租赁”新模式，全国首个盾构机保税维修试点项目落地。新型离岸贸易落地一批实体企业，飞机、船舶离岸租赁领跑全国。王兰庄商贸城纳入市场采购贸易方式试点。国家级人力资源服务出口基地和新的国家级中医药服务出口基地获批。双向投资提质增效扎实有力。建立重点外资储备项目库，在库项目投产运营率27%、在建率13%、签约落地率8%；推动外资增资扩产，全年增资项目271个，增资额65亿美元。加强招商队伍建设，组织近2000人次开展线上培训。自贸试验区制度创新向全市复制推广41项、报送全国11项，服务业扩大开放试点任务实施率超过七成。《高质量落实RCEP若干措施》出台实施，天津市“走出去”合作平台启动运行，苏伊士经贸合作区保税仓、二手车进口等新型业务加快拓展。口岸协同服务进一步强化。持续开展促进跨境贸易便利化专项行动，推动落实“直提直装”流程等举措，兑现海空两港各类作业时限承诺，天津口岸整体通关时间全国主要沿海省市排位出口第一、进口第三。“单一窗口”上线RCEP专区、京津协同、金融服务等模块，强化了增值服务。海嘉滚装汽车码头正式开放，一批进境商品指定监管场地获准设立，口岸承载服务能力进一步增强。

市商务局党组2022年工作总结

2022年，市商务局党组紧密团结在以习近平同志为核心的党中央周围，在市委、市政府的坚强领导下，坚持以习近平新时代中国特色社会主义思想为指导，深刻领悟“两个确立”的决定性意义，增强“四个意识”，坚定“四个自信”，做到“两个维护”，认真学习贯彻党的十九大和十九届历次全会精神，迎接和学习宣传贯彻党的二十大，坚决落实习近平总书记对天津工作“三个着力”重要要求和重要指示批示精神，持续加强党对商务工作的全面领导和商务系统党的建设，坚持稳中求进工作总基调，坚定不移走高质量发展之路，统筹兼顾防疫情、稳经济、保安全，知难而进、迎难而上，砥砺奋进、团结奋斗，以新担当、新作为推动天津商务事业发展取得了新进展、新成效。

一、高举旗帜、维护核心，党对商务工作的全面领导更加坚强有力

自觉做习近平新时代中国特色社会主义思想的坚定信仰者、积极传播者、忠实实践者，坚持不懈武装头脑、与时俱进指导发展、扎扎实实推动工作，以实干实绩实效体现捍卫“两个确立”、做到“两个维护”的坚定自觉。

深入学习宣传贯彻党的二十大精神。第一时间组织收听收看、第一时间开展研讨交流、第一时间做出部署安排，在商务系统迅速兴起学习宣传贯彻党的二十大精神热潮。坚决落实习近平总书记“五个牢牢把握”和“三个全面”重要要求，制定印发工作方案，举办为期3天的专题培训班，围绕“七个聚焦到”和“七个深刻领会”，充分运用个人自学、集体研讨、宣讲阐释、辅导讲座、调研服务等多种形式，对党的二十大报告、新修订《中国共产党章程》、习近平总书记在党的二十大和二十届一中全会等系列重要讲话精神进行全面系统深入学习，深化对党的二十大精神的认识理解。党组书记为全体党员干部作集中宣讲，领导班子成员深入分管领域、基层单位、服务对象宣讲阐释10余场次。深刻领会、牢牢把握市第十二次党代会确定的“四高”目标导向，按照市委十二届二次全会《决定》和市委经济工作会议部署，全面总结2022年商务工作，科学谋划2023年思路举措，研究制定“时间表”“路线图”，推动党的二十大和市第十二次党代会目标任务具体化、实践化、行动化，奋力开创商务经济高质量发展新局面。

坚决贯彻落实习近平总书记重要指示批示精神和党中央决策部署。牢记“党之大者”“国之大者”，把贯彻落实习近平总书记重要指示批示精神和党中央重大决策部署作为首要政治责任、领导责任、工作责任，制定《关于完善进一步做好习近平总书记重要指示批示和重要讲话论述精神贯彻落实工作措施》，全面梳理习近平总书记关于商务工作的重要指示批示及重要论述，明确任务、建立台账、列入督查，逐个推动“1+4”项任务。局党组书记 4 次主持召开专题会议，听取习近平总书记对供销合作社工作、京津冀协同发展、天津港建设世界一流智慧港口绿色港口、坚决制止餐饮浪费、振兴老字号等重要指示批示精神的贯彻落实情况汇报，以强烈的政治担当和有力的行动举措，扎实推进习近平总书记重要指示批示精神和党中央重大决策部署在商务领域落地见效。

持续深化党的创新理论武装。坚持读原著学原文、悟原理知原意，深学细悟《习近平谈治国理政》一至四卷、《习近平经济思想学习纲要》和《习近平总书记系列重要论述摘编》等理论书籍，落实好“第一议题”“第一主题”“第一主课”制度，持续跟进学习习近平总书记最新重要讲话和重要指示批示精神，不断推进学习贯彻习近平新时代中国特色社会主义思想走深走实。党组中心组年度开展集体学习研讨 19 次，组织商务大讲堂等各类讲座 20 余场次、培训 1757 人次。以学习贯彻党的十九届六中全会精神为重点，举办处级干部轮训班，原原本本学习党的第三个历史决议，推动党史学习教育常态化、长效化展开。督促党员经常性使用“学习强国”进行在线学习，定期组织全员政治理论测试，机关 52 名干部参加政治理论水平任职资格考试。

扎实开展主题学习宣传教育实践活动工作。成立领导小组并设立办公室，加强统筹协调和分类指导，认真组织推动“迎盛会、铸忠诚、强担当、创业绩”主题学习宣传教育实践活动 10 项重点工作落实。用活、用新线上线下各类平台载体，以最快的速度、最高的质量、最全的覆盖宣传党的二十大精神，营造良好政治环境和舆论氛围。严格程序标准质量，组织好出席党的二十大和市第十二次党代会代表推荐提名及选举工作。按照“准生活会”标准开展四个专题学习研讨，在思想交锋中加强党性锤炼、清除政治灰尘、筑牢忠诚之基。组织参观“廉润初心”主题展览，党组书记带头重温入党誓词，强化为民初心和使命担当。用好“我为群众办实事”实践活动和“双千”活动载体，系统各级党组织制定“两个清单”1244 个，完成率达 93.3%。《践行商务为民理念的实践与思考》获得 2022 年度机关党建重点课题调研二等奖。编发简报 100 余期，2 篇征稿被市委活动工作领导小组简报和《天津宣传》全文刊载，各类典型做法、工作亮点等被主流媒体和“学习强国”平台等刊发、转载 110 余篇次。认真组织完成市级文明单位 2022 年度自评及报审工作，进一步巩固深化创建工作成果。

抓稳固牢意识形态工作主阵地。全面压实党组意识形态工作主体责任，制定工作要点，召开专题会议，纳入专题民主生活会和述职述责述廉的重要内容。组织开展意识形态风险排查、分析研判，及时消除漏洞隐患。严格执行重大活动意识形态风险防控各项工作举措，落实商务大讲堂双审批制度。指导督促系统院校及时配齐配强专职思政教师。抓好网络监督员、评论员队伍建设，加强网络舆情监测和应急处置，规范网站、新媒体的运行管理，强化网络安全工作责任制及相关制度措施落实，形成“一系统一专班”，保障重大活动和重要敏感时段信息系统网络和数据安全。讲好天津商务故事，展示重商营商良好形象，累计向媒体发送新闻稿件超过 200 篇，接受记者采访 160 余次，《人民日报》《经济日报》、中央电视台等主要央媒刊登专访 20 余篇次，《天津日报》《今晚报》在头版刊载商务有关资讯超过 40 篇次，“保供稳价”“海河国际消费季”等系列短视频在平台曝光量超千万次。

严肃落实巡视整改政治任务。坚决扛起巡视整改政治责任，坚持高标准要求，突出常态化落实，注重波浪式推进，强化全过程监督，聚焦“人、事、因、制”深查彻改。局党组以上率下，持续压实主体责任、第一责任人责任和“一岗双责”，建立并严格落实压力传导、挂账销号、督查问责、审核把关等工作机制，先后 9 次召开领导小组会议研究推动整改工作，组织开展2个轮次的内部督查，实行挂图作战、逐项挂账销号。推动巡视整改工作与健全制度机制、履行核心职能紧密结合，既注重深度改、又着眼长久立，严防问题反弹回潮。认真履行对商务系统各党委（党组）巡视整改工作的督导责任，推动“后半篇文章”落地见效。

二、担当作为、创新竞进，构建商务经济发展新格局成效逐步显现

坚持把贯彻新发展理念作为新时代天津商务发展的必由之路，落实“疫情要防住、经济要稳住、发展要安全”的重要要求，以“双中心”建设为牵引，商务经济高质量发展态势不断深化拓展。

内贸提品质迈出新步伐。建成运营15个购物中心，90家首店开门迎客，佛罗伦萨小镇入选全国示范智慧商圈，金街、意风区等重点商圈升级改造持续推进。组织市区两级投放4.08亿元消费券，助力消费市场人气聚拢。取消二手车限迁、增设充电桩、增加停车泊位等搞活汽车流通扩大汽车消费14条发布实施，成品油网络零售聚集30家行业龙头，美团、阿里药品网络零售在津落地，京东、建行生活两个老字号线上集合店运营，保税展示拍卖实现首单交易。第二届海河国际消费季成功举办，品质生活节被先后央视《新闻联播》《新闻直播间》报道。加大会展业政策支持和改革力度，推进国家会展中心（天津）项目建设运营，坚持在常态化疫情防控下推进展览业发展，2022年全市举办展览活动14场，总面积39.1万平方米。

外贸聚新能持续推进。“区域商贸中心城市行动方案”印发实施，以综保区、进口贸易促进创新示范区、外贸转型升级基地为代表的大商贸载体加力建设，平行进口汽车产业链和监管服务不断完善，冷链进口集散力持续增强。跨境电商发展环境提升，海外仓出口离境退税试点落地，首批3家示范园区获认定。全面落实制造业立市战略，保税维修创新示范区加快建设，探索形成航空“保税维修+融资租赁”新模式，全国首个盾构机保税维修试点项目落地。新型离岸贸易落地一批实体企业，飞机、船舶离岸租赁领跑全国。王兰庄商贸城纳入市场采购贸易方式试点。国家级人力资源服务出口基地和新的国家级中医药服务出口基地获批。截至11月，全市进出口7678.6亿元，其中出口3504.8亿元，增长0.9%。

双向投资提质增效扎实有力。建立重点外资储备项目库，在库项目投产运营率27%、在建率13%、签约落地率8%。推动外资增资扩产，1—11月全市共183家外资企业增资，合同金额61.7亿美元。加强招商队伍建设，组织近2000人次开展线上培训。自贸试验区制度创新向全市复制推广41项、报送全国11项，服务业扩大开放试点任务实施率超过七成。《高质量落实RCEP若干措施》出台实施，天津市“走出去”合作平台启动运行，苏伊士经贸合作区保税仓、二手车进口等新型业务加快拓展。前11个月实际使用外资58.9亿美元，增长10%。对外投资中方投资额23.1亿美元，增长6.7%。

口岸协同服务进一步强化。大力推动北方国际航运枢纽建设和港口经济高质量发展，出台并有力落实11项举措。持续开展促进跨境贸易便利化专项行动，协同实施“直提直装”流程等举措，兑现海空两港各类作业时限承诺，天津口岸整体通关时间全国主要沿海省市排位出口第一、进口第三。实现中新“一单两报”通关模式突破性制度创新，为促进跨境贸易便利化提供“天津方案”。“单一窗口”上线RCEP专区、京津协同、金融服务等模块，强化增值服务。海嘉滚装汽车码头正式开放，一批进境商品指定监管场地获准设立，口岸承载服务能力进一步增强。主动协调口岸单位合力攻坚，服务保障口岸业务呈现良好增势，1—11月天津口岸进出口贸易值1.83万亿元，同比增长22.9%。

积极助力稳住经济大盘。农产品供应链体系建设、县域商业建设、医药制造业外经贸提质增效纳入国家试点示范项目，6.7亿元中央资金拨付我市。不断加强政策护稳，会同发改等部门推出《促进服务业领域困难行业恢复发展的若干措施》，推动出台促进内外贸一体化发展、外贸保稳提质等工作举措。与相关金融部门开展稳外贸联合行动,建立重点外贸企业跨省运输保障和环保限产豁免两个“白名单”,重点外资项目专班助力百家外资企业解决问题诉求135个。提高经贸外事活动组织服务能力,高水平保障商务部重点外事接待任务,得到市领导和商务部高度肯定。

疏解北京非首都功能成效明显。成立服务京津冀协同发展工作推动小组,印发实施方案,健全工作制度,完善内贸、外贸、外资“疏非”工作专班架构,梳理承接全市工作的任务清单、项目推动责任清单和进度成果清单,落实周报告、旬调度、月总结、季督查工作机制,收集跟踪工作进展,开展重点项目分析,督促进度并协调解决问题。年度纳入市协同办“疏非”重大项目清单的4个项目累计投资70.6亿元,超额完成全年35亿元的任务目标,位列各市级部门首位。

商务领域营商环境持续优化。深化“放管服”改革,“货物自动进口许可”审批事项做到“即申即核即批”,11个事项与商务部业务系统数据对接并实现“单一登录、统一认证”,率先将“对外劳务合作经营资格核准”事项权限下放至滨海新区。2022年市商务局政务服务窗口办结率、网办率、企业满意率均为100%,“成品油零售集团化审批”案例被评为全市行政执法十佳“示范优案”之首。协调搭建平台,开展上门帮扶,积极促进民营经济发展。加强资金绩效全过程管理,制定完善商务促进资金、预算绩效管理等7项财务制度,健全内控长效机制。梳理147项内部管理制度,规范办文及档案管理,严格保密措施,机关中枢履职更加高效。

三、坚守初心、践行宗旨,惠民便民服务体系建设不断健全完善

始终把人民放在心中的最高位置,坚持在商务发展中保障和改善民生,以商务之进助共富之路,着力解决好企业和群众的急难愁盼问题,让人民群众的获得感和幸福感更多、更强、更实在。

抓实民心工程项目,提高生活品质。修订社区商业配置规范指引,滨海新区和河西区入选一刻钟便民生活圈全国示范,建成9个标准化菜市场和114个品牌连锁便利店,超额完成民心工程全年任务。实施农产品供应链提升工程和县域商业体系升级行动。深入开展商业服务质量提升系列活动,深化家政企业提质扩容和信用评级工作,推进全行业提质增效。开展农村假冒伪劣食品治理、餐饮质量安全提升、保健食品行业专项清理整治、进口食品“国门守护”行动,协同推进重要产品追溯体系建设,守牢食品安全关。积极推广“互联网+药品流通”便民商业模式,在中心城区投放280个24小时售药柜,推进药品流通行业经营模式创新。扎实开展商务领域“双碳”工作,加大生态环境保护力度,395个再生资源回收网点实现“两网衔接”,巩固商业燃煤锅炉和小商户燃煤无煤化整治成果,指导各区做好流通领域一次性塑料制品使用、回收和报告工作。

抓实疫情保供稳价,做好兜底保障。牵头做好市防控指挥部群众生活供给保障组工作,组建保供专班,统筹政府与市场、线上与线下、国企与民营“三个结合”,健全疫情防控与市场供应机制,组织各大农产品市场加强产销衔接,确定53家市级重点保供企业白名单,先后3次投放储备商品,检查商超、农集贸市场、酒店等70类重点场所6925家次,支持一线快递配送人员元旦、春节留津在岗,消费市场供应充足、价格稳定,居民生活保障有力,妥善应对全市区域疫情。把牢外防输入关口,5次修订进口冷链食品预防性全面消毒和健康指引,工作经验被国务院联防联控机制在全国推广。天津口岸进口冻品量跃升至全国第一位,滨海新区中心渔港被确定为国家骨干冷链物流基地。

抓实对口支援帮扶,推动共建共富。牵头全市消费帮扶专项工作,采取援受双方互动、政府市场联动、线上线下齐动等措施,持续加大对脱贫地区农副产品销售力度,举办线上对接、消费节、区域公共品牌发布会、主题消费帮扶月等系列促销活动,消费帮扶服务平台上线产品8650种,注册用户超过30万个,交易金额1.34亿元。我市全年完成消费帮扶金额42.2亿元。加强与新疆、西藏、甘肃、陕西、长春等东西部协作和支援合作对口省市的沟通对接,深化经贸交流,助推乡村振兴,促进民族团结。加力驻村帮扶,做好乡村道路、健身广场、垃圾处理箱等基础设施的提升改造,村容村貌焕然一新。

抓实就业促进工作,全力助企纾困。建立工作专班,全年调研服务企业 800 余家,解决问题 1000 余项,吸引 73 个项目注册落地,投资总额 97.3 亿元,新增就业岗位近万个。举办 5 场应届毕业生专场招聘活动,遴选 257 家优质企业,提供 8004 个就业岗位,5000 余名毕业生参加应聘,助推商务企业吸纳高校毕业生就业。推动落实"稳经济 35 条""服务业 40 条"等助企纾困政策,联合有关银行为中小微商贸企业定制抗疫"助力贷""纳税 e 贷""抵押 e 贷"等金融产品,累计发放金融贷款和融资担保 122 亿元,返还失业保险 13.7 亿元,缓缴保险 1000 万元,减免"六税两费"9.34 亿元、房租 220 万元,推动外卖平台减免商户佣金 3500 万元,稳岗 13.2 万家,帮助 3 万余家中小微企业渡过难关。

四、依法行政、综治维稳,商务法治政府和平安建设水平持续提升

坚持依法履行职能,牢固树立安全发展理念,商贸领域安全生产工作全面加强,历史遗留问题和信访积案有效化解,重要会议、重大活动期间的维稳安保工作严谨周密,营造了和谐稳定的发展环境。

全面加强法治政府建设。落实中央、市委关于法治政府建设的决策部署,制定市商务局 2022—2025 年实施方案和年度工作要点,组织召开工作推动会,进一步压实责任。抓好中央法治督察反馈问题整改,健全完善移交行政执法职权后续沟通协调机制。出台《市商务局重大行政决策程序实施办法》,严格履行重大行政决策程序规则。制定行政执法系列配套制度,全面落实行政执法"三项制度",推动严格规范公正文明执法。组织国家工作人员学法用法考法,深入开展宪法、民法典、行政处罚法、国家安全法等重要法律法规和商务专业法律法规普法宣传活动。

坚决扛起安全生产工作责任。以"时时放心不下"的责任感抓实安全生产工作,6 次召开商务系统和全市各区商务主管部门安全生产工作会议,2 次联合市消防救援总队对全市大型商业综合体进行消防安全约谈,积极参与全市燃气、自建房等专项整治,强化工作指导和重点任务推进。组织安全生产专题授课和全员教育,开展宣讲培训 87 场次。紧盯重点工作开展、重要会议召开、重大商业活动组织和大型商贸场所,开展"四不两直"暗查暗访 242 次,督导企业 667 家,推动整改安全隐患 389 个,推动商务领域安全生产形势平稳向好。

有力推进国家安全和平安建设工作。认真履行国家安全工作责任制规定,定期研究部署并开展月度、季度国家安全情报信息分析研判,组织"4·15"国家安全教育日等宣教活动,强化国家安全意识和反间防谍能力。坚决落实"战区制、主官上"要求,采取提级包案、责任到人、一案一策等务实举措,提前完成积案化解专项行动工作任务,涉交易所 3 名重点人信访问题得到实体化解。稳妥有序推进国企改革,众德投资顾问和商业发展投资有限公司股权划转国资平台公司并彻底脱钩,口岸经济发展有限公司清算出清及注销工作全部办结。

五、刀刃向内、勇于斗争,新时代党的建设新的伟大工程纵深推进

深入贯彻新时代党的建设总要求,落实全面治党主体责任,不断提升政治判断力、政治领悟力、政治执行力,以两个"永远在路上"的清醒和坚定持之以恒正风肃纪,大力营造良好的政治生态,为商务事业凝心聚力保驾护航。

压实全面从严治党主体责任。坚持把全面从严治党与业务工作同研究、同部署、同检查、同考核,制定党建工作要点和落实主体责任"两个清单",召开 2022 年全面从严治党部署推动会暨警示教育大会和推进全面从严治党向纵深发展工作专题会,抓好市委年度考核反馈意见整改。研究制定进一步加强对商务系统局级单位党的工作指导督促的工作措施,充分发挥协管职能,每半年听取一次落实全面从严治党主体责任情况报告,每年开展实地检查督导。列席指导系统单位党委(党组)会议、专题民主生活会和中心组集体学习研讨，严格点评把关，规范组织程序。

加力推动政治生态向上向好。把党的政治建设摆在首位，推进政治生态、政治生活、政治文化一体建设，持续深化对党、对习近平总书记的忠诚教育。制定实施加强政治生态建设具体举措，以反面典型案例为标靶，组织领导班子、机关处室和系统单位开展专题研讨，坚决肃清黄兴国、刘剑刚恶劣影响，纠治圈子文化、好人主义。会同纪检部门对政治生态情况进行分析研判，查摆不足、分析原因、形成报告、抓好整改。制定《市商务局党员干部政治言行规范》，引导党员干部从一言一行做起，严守党的政治纪律和政治规矩。

建设高素质专业化商务干部队伍。树立忠诚干净担当的鲜明用人导向，注重在急难险重工作任务中考察识别干部。年度选拔任用 8 名机关正副处级领导干部，完成 2 名二级巡视员、29 名科级干部的职级晋升工作，接收安置 1 名军转干部。分批次轮岗交流 17 名干部，选派 5 名年轻干部到区相关经济部门实践锻炼。大力宣扬我局获评市人民满意的公务员集体、工人先锋号、甘肃省脱贫攻坚帮扶和第九批援藏先进个人的典型事迹，使党员干部学有榜样、行有示范。建立实施经商办企业禁业范围、辞去公职后从业行为限制清单等 5 项监督工作机制，严肃开展个人事项报告抽查核实、人事档案专项审核、“裸官”治理、因私出国境审批等干部监督工作，家访 35 人次，对 6 名受问责干部开展帮扶回访和影响期满考察。落实机构编制工作制度，对 4 个内设处室职能进行重新明确。进一步完善权责清单管理，增加 1 项行政处罚权、修改 5 项职权名称、5 项职权法定依据。打造特色人才合作项目，推动成立京津冀文化出口产业（人才）联盟及建立直播电商营销人才标准，促成产学研合作 20 余项。举办服务外包、电子商务、对外贸易等人才培训和交流活动 200 余场，受众 3.5 万人，全面提升商务人才素质技能。

着力夯实基层党建工作基础。扎实推进基层党组织标准化规范化建设，指导 60 个党支部和 1 个基层党委按期换届、13 个党支部届中调整，建立群众生活供给保障指挥部、下沉等各类临时党组织 21 个。开展规范党务工作专项问题排查整治，依规做好发展党员、日常教育管理、党费收缴使用等工作，组织参加党员培训 70 余人次，全年发展党员 56 人。分两批选派 51 名同志支援津南区疫情防控，先后下沉 500 余人次支援社区疫情防控，全体机关党员干部到社区入列轮值。落实党内激励关怀帮扶机制，为 12 名老党员颁发“光荣在党 50 年”纪念章，走访慰问获得功勋荣誉、新中国成立前入党、生活困难等党员 29 人次。加强“两新”组织党的建设，将外资企业和开发区党建纳入工作范畴，进一步强化对商务行业社会组织党建的指导和考评。

深入推进党风廉政建设和反腐败斗争。聚焦市委巡视反馈作风问题专题报告 10 个方面整改内容，组织开展专项作风整顿和作风建设提升行动，党员干部对照“五倡导、五力戒”自我检视，领导班子成员列席并点评 17 个党支部思想作风交流会，对 11 名违反会风会纪人员进行通报。加强对“一把手”和领导班子监督，出台领导干部违规插手干预重大事项记录报告制度，组织领导班子成员和系统各单位党组织书记述职述责述廉，约谈主体责任检查考核排名靠后单位“一把手”。制定加强新时代廉洁文化建设的措施，编印违反中央八项规定精神和“四风”问题案例汇编，开展廉政勤政谈话、主题党课、集中观影、年轻领导干部专项警示教育、家庭家教家风研讨等活动。加强机关纪委建设，落实纪委书记列席党组会议涉及机关全面从严治党重要工作议题的要求，增设 1 名专职纪检干部，推动机关纪检工作质效提升。连续 5 年组织机关和直属单位排查重点岗位党风廉政风险点，强化分析研判，完善防范措施。开展政府购买服务领域不担当不作为问题专项整治和地方政府债务管理管控监督排查。严肃查处形式主义官僚主义、不作为不担当以及群众反映强烈的作风纪律问题，全年运用监督执纪“第一种形态”35 人次，给予 3 人党纪处分。全力支持配合驻局纪检监察组各项监督检查，抓好反馈意见整改。积极推动纪检监察谈话室建设，协调做好选址、经费预算等工作,确保按期投入使用。

大统战工作格局逐步完善。深入贯彻中央统战工作会议和中央民族会议精神,建立并落实季度推动、半年总结、全年考核工作机制。加强党员领导干部与新的社会阶层人士联系交流,以此为纽带促成诺和诺德在津增资 180 亿元。协调做好政治安排,2 名“十百千工程”人选认定为无党派人士,2 名新阶层人士推荐为市第十五届政协委员人选。借助大型展会向侨商企业宣介我市投资环境和发展机遇,先后与中国美国商会、中国欧盟商会、美中贸易全国委员会等举办对接交流活动,助力企业纾难解困。高度关注外资企业领域统战风险,了解思想动态,倾听利益诉求,提振企业发展信心。

不断提高群团工作水平。开展面向全体职工的普惠服务,组织冬送温暖、夏送凉爽及日常慰问,推选“五一”劳动奖章、最美家庭、工会先进,举办健康向上的职工文体活动,自编自制向党的二十大献礼歌舞视频。开展“机关青年大学习”,组织主题团课宣讲和青年小课堂,鼓励引导青年积极参加防疫、防汛突击队和志愿服务。做好妇女儿童权益保障,丰富妇女职工业余文化生活。围绕“一老一小”问题,推进商务系统 60 岁及以上人群疫苗接种攻坚行动,完善“一人一策”离休干部服务台账,帮助解决实际困难。

一年来,局党组领导班子坚持高标准、严要求抓好自身建设,旗帜鲜明讲政治,坚定捍卫“两个确立”,坚决做到“两个维护”,贯彻落实加强和维护党中央集中统一领导的若干规定,严格执行请示报告制度,严守党的政治纪律和政治规矩,坚决听从习近平总书记和党中央的指挥号令。迎接和学习宣传贯彻党的二十大,弘扬伟大建党精神,将党的创新理论与商务工作实际紧密结合,深学笃用习近平新时代中国特色社会主义思想,牢牢把握中国式现代化的本质要求,把真理伟力转化为推动商务事业发展的信心、底气、动力。牢记“三个务必”,锚定高质量发展目标不松劲,保持越是艰险越向前的精神状态,重事功、练事功、善事功,不断提高把握政治方向、驾驭复杂局面、谋划改革发展的能力水平。认真贯彻民主集中制,召开 2021 年度民主生活会暨巡视整改专题民主生活会并严肃抓好查摆问题整改,制定加强自身建设的意见,修订党组议事决策制度,发挥好把方向、管大局、保落实的领导作用。站稳人民立场,践行党的宗旨,密切联系群众,班子成员深入基层开展调查研究 100 余次,组织为群众办实事 350 余件次。持续推进正风肃纪,当好廉政勤政表率,力戒形式主义官僚主义,着力构建亲而有度、清而有为新型政商关系,为商务事业发展营造风清气正的政治生态。

市文化和旅游局(市广播电视局、市文物局)2022 年工作总结

2022 年,全市文化和旅游系统坚持以习近平新时代中国特色社会主义思想为指导,认真贯彻党的二十大精神,深入落实市第十二次党代会部署,坚持稳中求进、守正创新,以迎庆宣传学习贯彻党的二十大为主题主线,以社会主义核心价值观为引领,以满足人民文化需求和增强人民精神力量为着力点,努力创作优秀文艺作品,提供优秀文化产品和优质旅游产品,奋力谱写文化和旅游繁荣发展新篇章。

一、营造热烈浓郁氛围,迎庆宣传学习贯彻党的二十大活动丰富多彩

兴起学习宣传贯彻党的二十大精神热潮。市文化和旅游系统将学习宣传贯彻党的二十大精神作为首要政治任务,多方位、多层次、多渠道做好宣传阐释。集中收看党的二十大开幕会盛况,第一时间学习领会党的二十大会议精神。通过组织召开局党组会、领导干部会、动员部署会、专题读书班、宣讲报告会、工作推动会等方式,切实把学习贯彻党的二十大精神与学习贯彻习近

平总书记对天津工作“三个着力”重要要求和一系列重要指示精神贯通起来，把思想和行动统一到党的二十大精神上来，确保广大党员干部深刻领悟“两个确立”的决定性意义，不断增强“四个意识”、坚定“四个自信”、做到“两个维护”，真正学有所获、学有所得，真正把学习热情、学习成果转化为推动文化和旅游高质量发展的行动自觉，转化为服务大局、彰显担当的实际成效。

迎庆贯彻文艺活动丰富多样。精心组织“奋进新时代”主题成就展天津展区展陈和讲解服务工作，引发广泛关注。举办“天津市第七届市民文化艺术节”，围绕喜迎党的二十大主题主线，推出群众文化品牌活动 48 项。其中“奋进新征程　礼赞新时代”天津市第七届市民文化艺术节开幕式直播吸引约 50 万人次在线观看。举办“喜迎二十大 2022 年天津市名家经典惠民演出季”，努力克服疫情影响，采取线上线下相结合的方式组织 241 场演出，展示天津文化底蕴和城市魅力，满足人民群众多样化、品质化、个性化的文化需求。围绕“学习宣传贯彻落实党的二十大精神”，以“新时代　新征程　新风采”为主题创新推出天津市“千村百站”优秀社团群众文化节目展演活动，弘扬社会主义核心价值观。

重大主题宣传报道出彩出新。引导广播电视播出机构做好党的二十大等重大主题宣传，开设“学习宣传贯彻落实党的二十大精神专题报道”，推出“解读二十大精神系列专访”。聚焦“奋进新征程、建功新时代”，积极组织开展网络视听正面宣传。全市各网络视听持证机构积极发挥网络传播优势，有计划地播出主题宣传节目和优秀作品，科学合理编排，准确把握时度效。津云新媒体推出了“奋进新征程、建功新时代”专题，开展“沿着总书记的足迹”系列报道。各区融媒体中心积极宣传报道本区发展建设成就，用弘扬主旋律、传递正能量的优秀内容引领社会风尚。

主题学习宣传教育实践活动扎实开展。研究制定“迎盛会、铸忠诚、强担当、创业绩”主题学习宣传教育实践活动工作实施方案，细化为 25 项具体任务，先后召开动员部署会、座谈会、中期推动会，成立督导组深入系统单位开展检查督导。采取理论学习中心组学习、“三会一课”、专题读书班等形式，深入学习习近平新时代中国特色社会主义思想，引导广大党员干部立足本职岗位争创一流业绩。组织开展主题党日和讲专题党课活动，扎实开展四个专题学习研讨，严密组织召开专题组织生活会。持续深入开展“我为群众办实事”实践活动，组织开展入列轮值和疫情防控工作，成立下沉社区参与疫情防控党员干部临时党支部，选派局机关党员干部支援对口联系社区大筛。

二、发挥党建引领作用，为助推文旅高质量发展凝心聚力

思想理论武装走深走实。把学深悟透做实习近平新时代中国特色社会主义思想作为首要政治要求、工作需求、精神追求。抓好局党组理论学习中心组学习，严格落实《市文化和旅游局系统党委（党组）理论学习中心组学习制度》。采取动员部署、中心组专题学习、成立局机关青年理论学习小组、举办读书班、组织报告会、请党代表谈体会、过“重走方舟路”主题党日、大会研讨交流以及党支部“三会一课”等方式，推动局系统持续兴起学习宣传贯彻市第十二次党代会精神热潮。局党组理论学习中心组《文化艺术耀津城、全民共享添福祉》案例文章被市委宣传部“深学笃用、天津行动”实践案例选编收录出版。

全面从严治党向纵深发展。组织召开局系统抓基层党建述职考核评议会、党风廉政建设暨全面从严治党警示教育大会等会议，制定印发《关于推进文旅系统全面从严治党向纵深发展的实施意见》《天津市文化和旅游局党组巡察工作规划（2022—2026 年）》等文件，建立相关责任清单和任务清单，全面提升文旅系统不敢腐、不能腐、不想腐的能力和水平。组织开展“加强新时代廉洁文化和清廉天津建设——弘扬清廉家风学习宣传系列活动”，培养局系统广大党员干部廉洁自律、崇廉守洁品德。积极配合完成市委巡察指导督导任务，巡察指导督导组对局党组巡察工作给予充分肯定，综合工作位列市级巡察部门优秀等次。聚焦政治巡察监督重点，组织开展了两轮3家单位的常规巡察。开展巡察整改专项检查，局属单位自查问题120项，制定整改措施194项，实地检查5家单位整改情况，确保了整改落地见效。

干部队伍建设坚强过硬。坚持正确选人用人导向，对7个局属单位领导班子和10个机关处室进行充实调整，局系统进退留转涉及干部87人。严格执行选任程序，对处级干部拟提拔人选考察对象开展"四必"核查和任前法律知识考试，对8个单位的32名中层干部的选任方案进行严格把关。注重在疫情防控、脱贫攻坚等重大斗争一线考察识别干部，共选派90余人参与援藏、集中隔离点专班、疫情防控督导、安全生产检查等工作，选派局系统1000余名党员干部职工支援疫区、下沉社区参与疫情防控工作。坚持严管厚爱，对5名局管干部进行离任审计，对7名党组织书记进行干部选拔任用工作离任检查。充分发挥考核指挥棒作用，做好干部日常管理、考察考核、个人有关事项报告等工作。

意识形态工作扎实有效。做好党的二十大、市第十二次党代会等重要时期意识形态安全和重大风险隐患排查工作。组织召开局系统意识形态工作推动会，将意识形态工作与文化旅游业务工作同部署、同落实、同检查、同考核。成立6个督导组对局系统单位开展意识形态工作专项督查，推动中央、市委有关决策部署在文旅系统落地见效。加强网络舆情监测，定期召开网络舆情分析研判会。强化网评员队伍建设，建立舆情快速处置协调机制，增强局系统舆情应对能力。对文化和旅游产品、项目、活动严格把关，阵地管理得到加强。

三、提高政治执行能力，贯彻落实党和国家重大决策部署求真务实

抗击新冠疫情成效显著。建立"系统支撑、全市统筹，专班调度、精准对接，快速转运、全程督办"的工作机制，坚持局党组周调度、全市隔离点防控日调度和市、区两级常态化督导检查。全力扩大集中隔离酒店储备规模，全年建成投入使用隔离点共545个、房间75992间，保障了本土疫情隔离用房。在全国率先研发上线"天津市集中隔离点管理系统"，高效统筹全市集中隔离点资源，全年共接收隔离人员5401211人天次，为打赢全市疫情保卫战提供了坚强保障。及时印发《关于加强疫情防控科学精准实施文旅场所暂停业和恢复营业有关工作的通知》等文件，加强对全市文旅场所疫情防控工作的规范指导，最大限度减少疫情对经济社会发展的影响。成立由局领导带队的9个分片包保组，联合卫健、公安等部门组建40个集中隔离点督导组，指导市区两级文化执法队伍组成文旅行业执法检查组，对全市集中隔离点和文旅行业开展督导检查，确保发现问题立行立改，最大程度保护人民生命安全和身体健康。

长城及大运河保护利用成果丰硕。强化顶层设计，制定印发《长城国家文化公园（天津段）建设保护规划》《大运河（天津段）文化和旅游融合发展规划》《长城国家文化公园（天津段）建设保护2022年工作要点》，编制《长城国家文化公园（天津段）建设保护规划实施方案》。加快打造杨柳青大运河国家文化公园和大运河海河文化旅游带，推出10条大运河特色相关主题旅游精品线路。完成大运河文化博物馆展陈大纲编写和专家论证。配合大运河、长城国家文化公园建设推进考古工作，完成基建考古勘探劳务和技术服务项目5项、基建考古发掘项目4项；组织开展天津文庙、独流木桥等大运河沿线文物保护修缮工程，推动开展黄崖关长城保护工程，取得重要成果。参加"传承运河文化　讲好运河故事"2022中国世界遗产旅游推广联盟大运河高端对话，加强了大运河沿线各省市的交流合作，促进了文旅融合发展。

京津冀协同发展不断深入。京津冀三地共同制定《自驾驿站服务规范》行业标准，签订《全面加强京津冀长城协同保护利用联合协定》，文旅协同发展顶层设计更加完善。共同组织京津冀晋房车巡游、2022京津冀文旅协同发展云论坛、"冬奥新视听　精彩过大年京津冀广电迎冬奥、庆新春系列活动"等，联合编制冬奥会、长城、大运河主题线路和自然生态、历史文化、红色经典等 10 条京津冀精品游线，文旅资源共建共享更加深入。依托京津冀广播电视媒体融合发展创新中心工作机制，与北京市文旅局、河北省文旅厅协同组织开展了第二届新视听媒体融合创新创意大赛、京津冀媒体号运营策略交流对接会等媒体融合交流活动，为进一步推动京津冀各级广播电视媒体深度融合发展搭建了平台、发挥了积极作用。

东西部协作和支援合作特色突出。制定年度工作实施方案，组织天津交响乐团、天津美术馆文化志愿者赴和田地区开展“我们的中国梦·中华文化耀和田”和“行走的美术馆”交流活动，为和田地区七县一市奉献了 9 场特色音乐演出，开展了 8 场书画笔会，活动得到了市领导的充分肯定。与市相关部门共同主办“东西携手圆满小康　山海情深共促振兴”——2022 天津市东西部协作和支援合作图片展暨甘肃摄影采访团系列活动，受到广泛好评。组织周恩来邓颖超纪念馆和甘肃省张掖市中国工农红军西路军纪念馆签订展览合作协议，“周恩来邓颖超的家风”在中国工农红军西路军纪念馆成功展出，得到当地群众的热烈欢迎。协助新疆和田地区在津举办津和号旅游线路和和田特色旅游产品推介会，很好地展示了和田地区美景美食。

四、强化文艺精品打磨，新时代文艺创造活力持续迸发

顶级艺术赛事不断出彩。圆满完成由文化和旅游部、京津冀三地人民政府共同主办的国家顶级艺术盛会——第十三届中国艺术节各项任务，成功举办了“文华奖”（戏曲类）评奖、“群星奖”（戏剧、曲艺）评奖和全国优秀书法篆刻作品展，得到各级领导和社会各界的高度评价。天津评剧院大型现代评剧《革命家庭》以戏曲类榜首的成绩摘取文华大奖，由市文化和旅游局报送、滨海新区文化馆创演的小品《疫“懂”的心》喜获群星奖。

精品力作创排不断加强。指导全市国有艺术院团创作推出了《在希望的田野上》施光南作品音乐会、现代京剧《樊锦诗》、津味儿话剧《俗世奇人》、儿童剧《蓝猫淘气探险队》、评剧《宝龙山》、魔术杂技剧《陌上花开》等一批精品力作，复排、加工提高了京剧《楝树花》、现代京剧《杜鹃山》（青春版）、古典芭蕾舞剧《葛培莉亚》、红色题材评剧《革命家庭》《骄杨》等剧目。开展天津艺术文献资源调研，对传统戏曲类剧目进行挖掘、整理，通过二次创作、改编、复排等方式，推出一批具有天津特色的改编剧目。

艺术演出形式不断创新。继续开展“邂逅·天津”创意城市发展计划，把艺术融入到历史人文场景中，将艺术与天津网红打卡地相结合，打造新的文化艺术场景，集中展现天津地标、天津形象，提升城市文化艺术品位。先后举办了“邂逅·天津除夕”活动、“漫步《图画展览会》”交响乐直播、东丽恒大嘉年华等线上、线下活动 48 次。各平台视频播放量共计 525.6 万次。特别是于第十三届中国艺术节期间在天津美术馆推出《戏剧盲盒》活动，烘托了节庆氛围，受到观众喜爱。

扶持资助作用不断发挥。圆满完成全国戏曲表演领军人才培养计划、2022 年全国美术馆馆藏精品展出季、全国美术馆青年策展人扶持计划项目、全国美术馆专业人员培训项目、2023 年度“时代交响”创作扶持计划作品、2023—2024 年度中国戏曲像音像工程录制演员（剧目）等文化和旅游部重大项目申报。天津京剧院吕洋入选 2022 年全国戏曲表演领军人才培养计划，天津美术馆“流金岁月丹青灿烂——天津美术馆藏主题性中国画作品研究展”入选 2022 年全国美术馆馆藏精品展出季活动目录。开展我市申报国家艺术基金项目审核工作，审核通过项目 231 项。

五、优化文旅公共服务，全市文旅公共服务水平显著提高

文旅公共服务水平持续提升。建立基本公共文化服务标准动态调整机制，制定出台《天津市基本公共文化服务实施标准（2022 年版）》。圆满完成第一、二批国家公共服务体系示范区复核任务，开展第四轮全市公共文化服务体系建设评估验收工作，提升各区公共文化服务标准化、均等化建设水平。组织全市各级公共图书馆参加第七次全国公共图书馆评估定级工作，我市各级公共图书馆均按照国家一级馆申报参评。强化天津旅游咨询中心和旅游厕所的监督管理，定期抽查管理运行情况，提升服务水平。

群众文化活动丰富多彩。举办天津市第七届市民文化艺术节，紧紧围绕迎庆党的二十大胜利召开，推出喜迎二十大、文化惠民生、书香润津城、美丽乡村行四大板块48项有质量、有创意、有特色的线上线下活动。创新推出天津市"千村百站"优秀社团群众文化节目展演，围绕"学习宣传贯彻落实党的二十大精神"，以"新时代　新征程　新风采"为主题，囊括音乐、舞蹈、模特、戏剧、曲艺、朗诵和民间艺术表演等多种艺术形式，进一步活跃百姓群众精神文化生活，弘扬社会主义核心价值观。天津市西青区精武镇付村综合文化中心、天津市蓟州区渔阳镇西井峪村综合性文化服务中心等6家单位被评为全国第九届服务农民、服务基层文化建设先进集体。

古籍保护力度持续增强。在市委宣传部指导下，共同制定并印发我市《关于贯彻落实中共中央办公厅、国务院办公厅〈关于推进新时代古籍工作的意见〉工作方案》。推动国家古籍保护单位复核，开展古籍数字化建设，推进古籍文物定级，古籍保护工作迈上新台阶。圆满完成天津图书馆、天津博物馆、元明清天妃宫遗址博物馆的古籍调拨工作，为国家版本馆顺利开馆奠定基础。

基础设施建设稳步推进。完成李叔同（故居）纪念馆提升改造并对外开放。积极推动天津歌舞剧院、交响乐团迁址扩建项目的前期工作，协调市相关部门加快拨付土地收储拆迁补偿费。完成天津革命军事馆建设方案、展陈大纲编制和建设项目立项。完成天津大运河文化博物馆概念方案和选址专家论证。

六、推动文旅融合发展，文旅市场消费潜力逐步释放

宣传推介多样有效。在央视黄金时段持续播放天津城市形象片，联合互联网头部企业推出以"天津常走走"为主题的达人采风、"春风十里花季天津话题""跟着张爷爷游五大道"和直播带货、发行消费券等线上线下相结合的系列活动，总曝光量约25亿次，直接拉动文旅商综合消费9483.1万元，间接拉动文旅商消费约6亿元。编制完成天津旅游精品线路及微线路各10条。制作天津旅游手绘地图，开发电子地图。在重点旅游客源地开展精准营销，组织实施天津旅游线上推介会，启动天津旅游宣传周，联合美团和北京148家茶饮门店开展事件营销，全面宣传天津文旅资源。

特色活动亮点频出。持续打造"I·游天津"旅游活动品牌，组织开展"5·19中国旅游日"天津分会场活动，举办"第五届天津海河文化旅游节"等"I·游天津"系列活动。实施"炫出津彩　打卡100"天津文旅消费新场景评选活动，投票评选页面累计超514万人次访问，累计票数超过634万，平台传播量已超9350万次。举办鼓楼城墙灯光秀、跨年情景演出、跨年钟声等"鼓楼津声——2023平安启航"系列活动，庆祝新年的到来。

产业发展势头强劲。制定《天津市绿色生态屏障旅游发展专项规划》，大力推动绿色生态屏障区旅游业发展。与中国传媒集团等10余家头部企业签署合作协议，预计吸引投资总额46.5亿元。为我市文旅企业申请中央设备采购更新贴息贷款4.7亿元，补贴贷款利息2350万元。大力支持重点文旅项目发展，积极推动武清区V1汽车世界创建国家3A级景区，并共建红色主题展馆和军事拓展基地，在蓟州区春山里建立天津市研学旅游基地和天津图书馆生态分馆。制定《天津市文化和旅游局贯彻落实稳经济政策若干举措》，围绕加快文旅战略合作重点项目建设、积极促进文旅市场消费活力、持续加大文化和旅游企业纾困力度、深入开展文旅领域助企服务等提出了11项具体举措，帮助文旅企业渡过难关，助力文旅市场恢复活力。指导推动意大利风情区、滨海新区文化中心申报获批第二批国家级夜间文化和旅游消费集聚区。

服务管理优质高效。编制完成《2022年行政许可事项清单》等4个清单，行政许可事项的清单体系更加完善。主动服务市场主体，行政审批采取全程“网上办、一次办”的方式，进一步压缩时限，提高效率。全年共办理涉外演出、艺术品进出口、导游证核发、网络文化经营单位设立、广播电视节目制作经营单位设立等许可事项940件。做好旅行社暂退质量保证金等助企纾困工作，为旅行社暂退、缓缴保证金1900余万元，积极与天津银保监局合作，确定了11家保险公司开展保险替代保证金试点工作。主动与市工信局、市通信管理局和移动、联通、电信三大运营商沟通，采取提速降费等措施助力经营性互联网单位开工复产，有效减轻了文旅企业经营负担。评定郭家沟景区为国家4A级，创意米兰、V1汽车世界、张园为国家3A级景区，新评8家市级文明旅游示范单位，向文旅部推荐2家国家级文明旅游示范单位。做好全国甲级、乙级旅游民宿初评推荐工作，成功举办2022年天津市星级饭店从业人员服务技能竞赛，为进一步提升我市民宿及星级饭店服务品质奠定坚实基础。

市场秩序规范有序。开展文化和旅游行业信用体系建设，搭建天津市文化和旅游行业信用监管平台。市、区两级文化行政执法机构共出动执法人员29285人次，检查市场主体14019家次，办结案件257起，移交案件5起，罚款近300万元，吊销许可证8家，取缔场所21家。开展联合执法行动，对剧本娱乐活动开展精准整治，牵头组织“密室逃脱剧本杀”专项治理，检查密室逃脱类场所344家次，督改隐患545处。会同公安、消防开展娱乐场所专项整治，出动执法人员17701人次，检查场所9153家次，整改安全隐患等问题1008个。调研摸排我市电竞酒店情况，加强电竞酒店常态化监管。持续做好私设“景点”问题专项整治及打击整治养老诈骗专项整治工作，排查景区203处，养老诈骗案件办结率为100%。

七、坚持保护发展并重，文化遗产保护利用守正创新

文物工作展现新作为。联合印发《天津市落实“十四五”文物保护和科技创新规划实施方案》《天津市关于让文物活起来实施方案》《关于进一步加强我市不可移动文物和历史风貌建筑保护管理的工作方案》，为我市文物保护管理利用提供制度保障。组织完成文物保护工程审批18项，推动开展梁启超旧居等多项维修工程。加强对不可移动文物日常巡查检查，坚决遏制并严厉查处未批先建、破坏损毁文物本体及环境等违法行为发生。组织开展文物建筑保护开放利用情况及碑刻石刻文物资源摸底调研。推动完成基建考古调查勘探项目70余项、345万平方米，基建考古发掘项目5项、10908平方米。天津市文化遗产保护中心被评为全国文物系统先进集体，河北区文物管理所徐燕卿、滨海新区文物保护与旅游服务中心崔志华被评为全国文物系统先进工作者。

博物馆事业开创新局面。加强博物馆行业管理，制定《天津市关于推进博物馆改革发展实施方案》，印发《天津市博物馆运行考评办法》。举办2022年博物馆日系列宣传活动，成立天津市博物馆青少年教育联盟，推介一批博物馆青少年精神素养培养优秀案例，开通“行走的博物馆”主题公交，主流媒体与新媒体同频发声，新媒体阅读量达300余万。天津博物馆珍品文物数字展厅建设取得阶段性成果，“鸣沙遗墨——天津博物馆藏敦煌文献特展”等展览掀起观展热潮。平津战役纪念馆“红色医药文化遗存展”入选国家文物局社会主义核心价值观主题推介展览名单。天津博物馆、周恩来邓颖超纪念馆、平津战役纪念馆、大沽口炮台遗址博物馆入选教育部首批“大思政课”实践教学基地。平津战役纪念馆、天津自然博物馆、天津电力科技博物馆、天津国家海洋博物馆、古林古海岸遗迹博物馆、天津建筑工法展览馆入选全国科普教育基地。天津博物馆、自然博物馆志愿服务项目入选全国博物馆志愿服务典型案例。深入推进智慧博物馆建设，“VR天博”“VR大沽口炮台”等数字产品赋能博物馆的沉浸式探索。天津博物馆等馆尝试推出“太保鼎”等数字文创藏品，取得良好社会效益和经济效益。

革命文物保护利用实现新发展。成立革命文物处，组织开展我市首次革命文物普查工作。与北京、河北建立协同保护机制，推动革命文物整体规划、连片保护。积极申请国家文物保护专项资金支持,加大对革命文物本体保护修复、预防性保护和消防安全升级改造力度。结合重大时间节点,策划举办"抗日模范根据地——晋察冀边区展""寻路法兰西——中共旅欧支部史料展""沽上烽火——党领导人民武装在天津的战斗历程(1927—1949)"等革命文物展。研发投放"革命文物进校园数字资源包",推出"红色记忆——百场直播进校园"课程。联合制作革命文物讲故事H5长图视频在北方网、津云等媒体推送。天津市军事管制委员会和中共天津市委旧址入选全国革命文物保护利用案例集。

非遗保护传承取得新进展。实施国家级代表性传承人记录工程,采用数字多媒体等现代信息手段,全面记录非遗代表性传承人口述史、传统技艺流程、代表剧(节)目、仪式规程等信息。审核认定第五批市级非遗代表性项目的保护单位117家,为天津葫芦制作等十余个非遗项目申请国家非遗专项资金590余万元,联合发布首批市级传统工艺振兴目录,非遗保护力度持续加大。指导全市各区、各项目保护单位围绕年度"文化和自然遗产日"主题,开展丰富多彩的非遗宣传展示活动,推动非遗融入现代生活。举办"2022天津非遗购物节",组织93个非遗项目线上直播11小时,销售额突破700万元。与河西区政府联合举办第四届西岸哪吒杯京津冀甘黔湘非物质文化遗产创新创意大联展,推动六地传承人代表签署非遗联合保护公约,与天津甘肃商会消费帮扶馆达成非遗文化产品展销合作意向,受到央视频、人民网等10余家国家及市级媒体关注报道。

八、加大监督管理力度,广播电视宣传阵地守好筑牢

安全播出防线进一步筑牢。圆满完成党的二十大和元旦、春节、两会等重要保障期安全检查、安全播出及宣传报道任务,安全播出工作受到国家广电总局通报表扬。推动我市应急广播体系建设。以收听收看为抓手,加强节目监听监看和分析研判,发现问题及时约谈,督促整改。对我市网络视听业务监测监管全覆盖,集中力量开展重要敏感期网络视听专项治理工作。面向全市注册网站开展视听内容监测,及时排查并依法处置违规传播涉政、涉黄、涉暴等有害视听内容的网站62家,维护了播出秩序。

节目创作生产进一步扎实。加强电视剧和网络影视剧创作引导,严格限制炫富享乐、无底线审丑等泛娱乐化倾向作品。完成电视剧片审查2部83集,电视剧剧本审查6部202集,电视剧备案公示10部340集;动画片备案2部,审查2部,发证2部;中外合拍动画片立项申请1部。7部电视作品入选获评国家级奖项。津产剧《以家人之名》入围第33届"飞天奖"。受理重点网络影视剧立项审查338部、成片审查25部。积极扶持优秀网络视听节目创作和推优,组织开展2022年度"弘扬社会主义核心价值观　共筑中国梦"主题原创网络视听节目征集推选和展播、"网络视听节目精品创作传播工程"申报等工作。

传媒机构管理进一步完善。推进广播电视频率频道规范化建设,组织天津广播电视台对文艺频道专业节目比例不达标问题进行整改,推动广播电视频率频道精简精办,完成区级广播电视播出机构频率频道规范化设置。集中力量组织开展"灰广播"及非法医药广告播出集中整治"回头看"工作,深化巩固拓展整治成果。积极开展非法卫星电视接收设施清理整治专项行动,坚决消除和遏制居(村)民社区、城乡接合部等地非法安装接收现象。

九、展示天津城市魅力,对外和对港澳台文旅交流积极拓展

对外和对港澳台交流合作更加深入。组织开展"欢乐春节"文化交流品牌活动,选推经典京剧折子戏参加葡萄牙"2022欢乐春节"线上开幕式文艺汇演,直播观看量达75158人次,宣传覆盖约59万葡萄牙当地网络用户;与以色列特拉维夫中国文化中心共同策划组织《风雅颂》民族音乐会、《犹太人在中国》图片展——天津篇、杨柳青年画进校园线下工作坊和首届"双城故事"摄影展,共庆中以建交30周年。我驻葡萄牙大使馆和驻以色列大使馆分别发来信函表示感谢。与驻韩国首尔旅游办事处共同策划冬季冰雪主题图片展，共庆北京冬奥会盛况。精选我市运河文化资源参加“中国大运河全球推广季”，通过文旅部海外云平台发布《一分钟大美中国·天津》英文短视频，进一步扩大了中华优秀传统文化国际影响力。梳理天津文旅特色资源，借助第十届澳门旅游产业博览会云推广平台举办“云游天津”主题推介会。成功推荐周恩来邓颖超纪念馆研学项目入选文旅部 2022 年度“港澳青少年内地游学潜力产品”。组织在津香港及台湾大学生利用暑期走进天津博物馆、天津美术馆以及天津图书馆开展文化实践活动，进一步增强中华优秀传统文化的凝聚力与归属感。

十、统筹推进基础工作，各项保障措施精准到位

法治建设日趋完备。高质量完成《天津市旅游促进条例》修订立法。积极配合市人大常委会开展文物保护“一法两条例”执法检查，进一步加大法律法规实施力度。出台《新时代天津市文化和旅游法治建设实施意见》《贯彻落实法治宣传教育第八个五年规划实施意见》，制定 2022 年市文化和旅游局法治建设工作要点，进一步加强行政规范性文件监督管理，加大行政决策的合法性审查力度。出台局党组理论学习中心组集体学法制度，举办习近平法治思想专题培训班，组织参加天津市国家工作人员网上学法用法考试，推动观看网络庭审直播常态化，制定印发文旅系统普法责任清单、个性学法清单和个性题库，开展国家宪法日集中宣传，进一步增强文旅系统干部职工的法治素养和法治意识。

财政资金管理强化推进。完成 2022 年预算编制。积极申报中央专项资金和体彩公益金等，为中心工作开展做好资金保障。落实预算执行审计和经济责任审计整改，制定《天津市文化和旅游局预算绩效管理办法》及具体实施办法，落实项目自评、运行监控，进一步规范预算执行，提高资金使用效益。印发《天津市文化和旅游局关于进一步加强国有资产管理的通知》，规范资产日常管理。盘活闲置资产，执行公务仓制度，进一步提高资产使用效益。

安全生产监管日益强化。持续深化安全生产专项整治三年行动，深入开展重点时期安全生产排查整治专项行动，检查整改各类安全隐患 892 处。围绕重大活动和重要节日持续组织开展安全生产常态化明察暗访督导检查，建立并落实部门间安全风险会商研判机制，强化协调联动。组织开展文旅行业燃气安全、旅游包车等排查整治，深入开展城乡自建房“百日行动”安全排查整治，扎实做好暑期旅游安全和汛期安全防范，组织推动文物平安工程建设及党的二十大重点时期安全生产攻坚行动，牢牢守住安全底线，切实维护文旅系统安全生产形势持续向好。

市文化和旅游局党组 2022 年工作总结

2022 年，市文化和旅游局党组坚持以习近平新时代中国特色社会主义思想为指导，深入学习宣传贯彻党的二十大精神，深刻领悟“两个确立”的决定性意义，增强“四个意识”、坚定“四个自信”、做到“两个维护”。认真贯彻落实市第十二次党代会精神，持续推动“迎盛会、铸忠诚、强担当、创业绩”主题学习宣传教育实践活动工作走深走实，按照中央和市委、市纪委监委决策部署，全面落实管党治党政治责任，一以贯之、坚定不移地把全面从严治党引向深入，为文化和旅游事业高质量发展提供坚强政治保证。

一、加强党的政治建设，坚定捍卫“两个确立”，坚决做到“两个维护”

一是着力深化理论武装，用习近平新时代中国特色社会主义思想武装头脑、凝心铸魂。局党组把学深悟透做实习近平新时代中国特色社会主义思想作为首要政治要求、工作需求、精神追求，读原著、学原文、悟原理，掌握其重大意义、科学体系、精髓要义和实践要求。研究制定《2022 年天津市文化和旅游局党组理论学习中心组学习计划》，系统学习习近平新时代中国特色社会主义思想和党的二十大精神，深入学习习近平总书记在中国文联十一大、中国作协十大开幕式上的重要讲话精神，认真学习中共中央《在全党开展党史学习教育总结报告》，持续深入学习习近平总书记对天津工作"三个着力"重要要求和关于对文化和旅游、文物、广播电视工作的重要指示批示精神。2022 年，局党组共组织 9 次中心组理论学习，举办学习党的二十大精神局党组理论学习中心组专题读书班。通过集体学习、研读原著、带头领读、座谈研讨、撰写心得体会等形式，努力做到学以致用，融会贯通，切实用习近平新时代中国特色社会主义思想武装头脑、指导实践、推动工作，统筹推进文旅事业健康发展。

二是严守党的政治纪律和政治规矩。坚持把严守党的政治纪律和政治规矩作为局党组履职尽责的第一标准带头执行，毫不动摇坚持党的基本理论、基本路线、基本方略，不断增强"四个意识"、坚定"四个自信"、做到"两个维护"。带领局系统全体党员干部坚决贯彻习近平总书记对天津工作提出的"三个着力"重要要求和系列重要指示批示精神，认真落实市委关于进一步做好习近平总书记重要指示批示贯彻落实工作的若干规定，高质量地把习近平总书记关于文化和旅游工作重要要求落实落细，推动中央和市委决策部署在文化旅游系统落地生根。认真学习并严格执行中央关于请示报告的有关规定和要求，加强对执行情况的监督检查，确保政令畅通。模范执行党章党规党纪，深入开展纪律意识、规矩意识教育，主动接受群众监督。认真落实中央八项规定及其实施细则精神，按照局党组《关于印发〈局系统开展讲担当促作为抓落实、持续深入治理形式主义官僚主义不担当不作为问题专项行动工作计划（2021—2023 年）〉的通知》精神（津文旅党〔2021〕14 号），持续推动机关"讲担当、促作为、抓落实"作风建设专项治理，以"强作风、树新风、扬正气"为目标，强化党性修养，切实解决一些党员、干部理想信念缺失、宗旨意识淡化等问题，制定《市文化和旅游局机关作风建设正负面清单》，明确职能部门履职标准和问责情形，通过大讨论、大排查、大整改活动，查找问题短板，制定精准整改措施，大力加强作风建设，全面提高服务意识。

三是严格党内政治生活。认真落实《关于新形势下党内政治生活的若干准则》，严格党的组织生活制度。认真贯彻民主集中制，落实党组议事规则和"三重一大"集体研究等制度。严格落实双重组织生活制度，局党组成员、局级党员领导干部积极参加所在支部学习和党日活动，自觉以普通党员身份过双重组织生活。不断深化政治巡察工作，完成了对天津交响乐团等的巡察工作。深化圈子文化和好人主义问题专项整治，对信访举报、巡视巡察、纪律审查等涉及圈子文化的问题线索进行调查，情况属实的坚决依法依纪严肃处理。

四是认真落实意识形态工作责任制。从严落实意识形态工作责任制，牢牢掌握意识形态工作主动权、主导权。认真贯彻中央、市委关于加强意识形态工作的决策部署，扎实做好迎接党的二十大和市第十二次党代会召开，认真开展意识形态安全和重大风险隐患排查工作。主动适应形势发展要求、强化互联网思维，先后出台《市文旅局网络舆情危机应对管理工作预案》等一系列制度规定，为局系统扎实做好线上、线下意识形态工作提供了有力抓手。局党组主要负责同志主持召开 3 次局党组会专题研究意识形态工作，召开局系统意识形态工作中期推动会 2 次。把意识形态工作作为巡察督查的重要内容、必查内容，严格要求、紧盯不放。将意识形态工作与文化旅游业务工作同部署、同落实、同检查、同考核，对意识形态领域的重要工作、重要问题、重大事件，始终坚持亲自部署、亲自督促、亲自处置。严把文艺创作和展演意识形态正确方向，推动主流媒体发挥主阵地作用，加强广播电视安全播出、网络安全和设施保护工作管理，切实牢牢掌握意识形态工作领导权、管理权、主动权。8 月份，成立 6 个督导组，对局系统单位开展意识形态工作专项督查，采取量化考评的方式，对局系统单位落实意识形态工作责任制和市委宣传部工作规范进行全面督查，重在发现和解决问题，推动中央、市委有关决策部署在文旅系统落地见效。

二、切实把局系统广大党员干部群众思想和行动统一到党的二十大精神上来

一是精心组织学习培训。局系统各级党组织及时召开会议，层层传达学习，采取书记领学、理论学习中心组研讨以及党支部“三会一课”等多种方式，组织全体党员干部读原文、悟原理，原原本本、原汁原味、逐字逐句学习党的二十大报告、《中国共产党章程》和习近平总书记重要讲话精神，确保党的二十大精神传达到每一个党支部、每一名党员干部和群众，实现学习贯彻全覆盖。举办为期 3 天的理论学习中心组学习宣传贯彻党的二十大精神专题读书班，以实际行动引导市文旅系统各级党组织和广大党员干部深刻领悟“两个确立”的决定性意义，增强“四个意识”、坚定“四个自信”、做到“两个维护”，推动全系统持续兴起学习宣传贯彻党的二十大精神的热潮。局系统各单位理论学习中心组把学习党的二十大精神作为重点内容，系统学习、专题研讨。各级领导班子和领导干部努力做到带头学、带头讲、带头干，既做实干家、又做宣传家，引导党员干部认真领悟党的二十大提出的新思想新论断、做出的新部署新要求。局机关处级干部理论学习小组和青年干部理论学习小组发挥示范带动作用，引导党员干部在深学细研上用真心、下真功，在吃透精神上见真章、悟真谛，不断增强“四个意识”、坚定“四个自信”、做到“两个维护”。局属院校把党的二十大精神作为学校思想政治教育和课堂教学的重要内容，推动党的二十大精神进教材、进课堂、进头脑。

二是举办处级干部专题读书班。按照“先学一步、深学一层”的要求，发挥党员领导干部示范引领作用，举办局系统处级干部“学习宣传贯彻党的二十大精神”专题读书班，推动学习宣传贯彻大会精神工作往深里走、往实里走。围绕党的二十大主题，紧扣“七个聚焦”和“七个深刻领会”要求，原原本本、逐字逐句学习党的二十大报告和党章，认真学习习近平总书记在党的二十届一中全会上的重要讲话精神等。采用集中宣讲、个人自学、专题讲座、参观践学、观看专题片、集中研讨等形式开展。举办市文旅局系统学习宣传贯彻落实党的二十大精神宣讲报告会，局党组主要负责同志宣讲党的二十大精神。

三是发挥文旅优势，主动担当作为，助力各级深入学习党的二十大精神。局系统各单位用活用好局系统优势资源，积极搭建沉浸式、可视化教育平台，结合实际开展征文演讲、文艺演出、展览展示等活动，助力各级深入学习党的二十大精神。充分发挥文艺作品鼓舞人、教育人、引导人的重要作用，积极参加天津市文艺界学习宣传贯彻党的二十大精神主题文艺演出、舞台剧目展演等活动，举办第十三届中国艺术节全国优秀书法篆刻作品展，让人民群众接受精神洗礼，鼓舞奋进力量。注重发挥“新时代红色文艺轻骑兵”演出小分队作用，深入基层为群众演出，把体现大会精神、百姓喜闻乐见的主题演出送到人民群众身边，坚定人民群众始终听党话、永远跟党走的信心和决心。

三、加强党的思想建设，扎实推动“迎盛会、铸忠诚、强担当、创业绩”主题学习宣传教育实践活动工作走深走实

一是周密组织部署，持续推进主题学习宣传教育实践活动工作走深走实。局党组第一时间成立主题学习宣传教育实践活动工作领导小组，局主要领导任组长，局领导班子成员和局级领导任副组长，相关处室为成员。结合实际制定《市文化和旅游局系统深入开展“迎盛会、铸忠诚、强担当、创业绩”主题学习宣传教育实践活动工作方案》，召开局系统工作部署推动会，为局系统学习宣传教育实践活动提供坚强的组织保证。局党组多次召开专题会议研究主题学习宣传教育实践活动工作，率先垂范，推进主题学习宣传教育实践活动走深走实。根据局党组统一部署，由局领导带队分为 9 个组对局系统单位开展主题学习宣传教育实践活动情况进行检查督导，通过实地查看相关材料、听取汇报等方式，推动局属单位落实学习宣传教育实践活动工作扎实有效开展。

二是紧盯 10 项任务，推动主题学习宣传教育实践活动工作有力有效开展。注重政治理论学习。坚持集中学习和自主学习相结合，把潜心自学作为重要基点，引导党员干部端正学习态度，静下心来认真自学，认真研读指定学习材料。建立局机关处级干部理论学习小组、机关青年理论学习小组，定期组织处级干部、青年干部集中学习。局系统各级党组织把开展主题学习宣传教育实践活动工作作为一项重要政治任务，落实职责分工，加强工作协同，形成整体合力，切实把市委部署要求贯彻落实到位，推动活动工作扎实有效开展。

三是围绕中国共产党成立101周年主题，开展系列主题活动。局党组开展“重走方舟路”主题党日活动，缅怀革命先烈，重温入党誓词，凝聚文化强市建设的奋进之力。召开“迎盛会庆七一”局系统学习贯彻市第十二次党代会精神专题读书班结业式暨交流座谈会，围绕贯彻落实市第十二次党代会精神、庆祝中国共产党成立101周年、喜迎党的二十大胜利召开等展开交流座谈。市文化和旅游局党组理论学习中心组组织集体学习，专题学习研讨市委主要领导在我市庆祝中国共产党成立101周年所作的专题党课报告精神。局党组理论学习中心组全体成员参加并作交流发言。在深入学习专题党课报告原文的基础上，与会同志逐一发言，结合工作实际谈学习体会、定落实措施。

四、切实加强基层组织建设，夯实基础筑牢根基

一是着力提升组织力水平。局党组在统筹推进文旅融合事业发展工作中，始终坚持以党建为引领，深入实施组织力提升工程，着力增强党的组织优势、组织功能、组织力量。以“迎盛会、铸忠诚、强担当、创业绩”主题学习宣传教育实践活动为抓手，着力解决基层党员干部在理想信念、宗旨意识、担当作为、作风能力等方面的问题，推动基层党组织增强政治意识、阵地意识和斗争精神，确保政治定位不偏、政治功能不虚、战斗堡垒不弱，让党的旗帜在每个基层阵地高高飘扬。以激发党支部活力为抓手，大力加强党支部自身建设，聚焦基本组织、基本队伍、基本活动、基本制度、基本保障，夯实提升党支部组织力的基础。牢固树立党的一切工作到支部的鲜明导向，把党的路线方针政策落实到支部，把从严教育管理监督党员落实到支部，把群众工作落实到支部，使党支部成为教育党员的学校、团结群众的核心、攻坚克难的堡垒。

二是深化党支部标准化规范化建设。认真贯彻《中国共产党支部工作条例（试行）》，指导基层党支部认真履行教育管理监督党员和组织宣传凝聚服务群众职责，深入开展党支部标准化规范化建设，抓实基础工作、基本制度和基本能力，不断提升党支部建设质量。认真落实“三会一课”、组织生活会、民主评议党员等党内组织生活制度，扎实开展主题党日活动，完善重温入党誓词、入党志愿书以及党员过“政治生日”等政治仪式，确保党的组织生活党味足、效果好。以“五好党支部”为抓手，推动基层党支部建设整体上水平。严格党员发展，如期完成上半年党员发展任务。加强党费收支管理，制定并出台《关于规范完善局系统党费收缴、使用和管理工作的意见》，规范局系统党费收缴管理与使用。

三是健全基层组织，严密组织基层党组织换届。局党组高度重视基层党组织换届工作，专题研究审定换届工作实施方案，明确提出“要严把政治关和程序关，严格选人用人，配好配强班子，严明换届纪律”。截至12月初，圆满完成局系统49个基层党组织换届选举工作，完成3家局系统基层党组织增补委员工作，确保了局系统基层党组织更加健全，结构更加稳定，队伍更有活力，为完成各项工作打下了坚实的政治基础、组织基础。

五、树立正确选人用人导向，打造忠诚干净担当的干部队伍

一是坚持正确用人导向，选准配强管好干部。加强对优秀年轻干部的持续发现、跟踪培养和实践锻炼工作，选派1名45岁以下的处级干部援藏担任西藏昌都市委宣传部副部长，选派90余名处科级干部参与集中隔离点专班、疫情防控督导、安全生产检查等工作，在实践中、在急难险重岗位考察识别干部。紧紧扭住“一把手”

和处级领导干部这些“关键少数”，持续加强教育管理监督，结合民主生活会、年度考核、信访举报、任职谈话、个人事项报告核查、巡视巡察等工作，对干部的苗头性、倾向性问题及时扯袖子、提领子，防止小毛病演变成大问题，推动干部队伍健康发展。认真开展局管领导班子、领导干部和机关公务员年度考核工作，全面客观地评价工作表现，并有针对性地做好排名靠后领导干部的帮助教育工作，确保工作不掉队，认识有提高，促进干部成才成长。

二是强化干部监督管理。充分发挥巡察“利剑”作用，强化自上而下的组织监督。结合民主生活会、年度考核、信访举报、谈心谈话、个人事项报告、巡视巡察等，从严管住党政“一把手”和处级领导干部这些“关键少数”，注重发挥第一种形态的积极作用。进一步提升人事管理工作科学化、规范化水平。强化对财政资金使用、文旅项目建设、参会参展、广告宣传等廉政风险易发领域权力的监督制约，严格执行财务报销审核制度、政府采购制度等，切实用制度管权管人，用制度保护干部。

三是持续整治形式主义官僚主义不作为不担当问题。结合工作实际印发局系统开展讲担当促作为抓落实、持续深入治理形式主义官僚主义不担当不作为问题专项行动的工作计划，明确了 20 项整治重点，19 项措施，推动专项行动走深走实。同时，坚持问题导向，积极组织局系统开展形式主义官僚主义不担当不作为问题专项自查，研究制定整改措施，在此基础上梳理形成了局机关《开展讲担当促作为抓落实、持续深入治理形式主义官僚主义不担当不作为问题专项行动问题清单及整改责任书》，明确职责分工，强化工作协同，形成工作合力，坚决有力抓好整改工作落实。以反复抓、抓反复的韧劲，深入解决制约和影响天津文旅改革发展、干部群众深恶痛绝的形式主义官僚主义和不担当不作为问题，每月组织排查形式主义官僚主义不担当不作为问题、整治形式主义为基层减负问题线索，切实营造讲担当、促作为、抓落实的浓厚氛围。

六、坚持挺纪在前，着力推进正风肃纪

一是强化警示教育。推动召开市文化和旅游局党建工作党风廉政建设暨全面从严治党警示教育大会，召开文旅系统“以案为鉴、以案促改、以案促治”专题警示教育大会，运用近几年文旅系统典型案例，用身边事教育身边人，召开推进全面从严治党向纵深发展专题警示教育大会，通报系统内近期违法违纪案件情况，以案为鉴、以案促改、以案明纪。开展主题警示教育月活动。按照市级机关纪检监察工委《关于开展“迎盛会、铸忠诚、强担当、创业绩”主题警示教育月活动的通知》精神，集中利用一个半月的时间，在局机关组织开展了警示教育月活动，充分发挥警示教育的治本功能，转变机关作风，促使党员干部增强党纪观念和法律意识，做到以案为警为戒，忠诚干净担当。组织学习《天津市查处青年干部违纪违法案件警示录》，组织党员干部学习违纪案件鉴戒和通报，开展节前警示教育。以案释纪，讲纪说法，举一反三，不断深化“以案为鉴、以案促改、以案促治”效果。组织局系统 130 余党员领导干部观看《偏航的头雁》《走好廉洁从政每一步》《零容忍》《走好廉洁从政每一步》等警示教育片，使党员干部受警醒、明底线、知敬畏，筑牢拒腐防变防线。

二是强化监督，践行“两个维护”。聚焦立足新发展阶段、贯彻新发展理念、构建新发展格局、推动高质量发展，围绕疫情防控、“十四五”规划、机关喜迎党的二十大、市第十二次党代会等学习宣传重点任务，严把党代表预备候选人选考察关，找准政治监督切入点，推动各项决策部署落实落地，确保不偏向、不变通、不走样。持续巩固深化落实中央八项规定精神成果，坚决防止“四风”反弹回潮。春节、劳动节、国庆节、元旦春节等重要节点，及时下发关于加强作风建设的通知提出明确纪律要求，开展“四风”专项检查，进一步严明纪律规矩。持续加强对党员、干部和公职人员的教育管理监督，灵活运用多种方式打招呼、扯袖子、提要求、敲警钟。充分发挥“探头”作用，立足职能职责，前移监督关口，坚持全程跟进、靠前监督，紧盯选人用人、重大资金使用、评优评先等廉洁风险点方面精准监督，以“时时放心不下”的责任感打好监督责任主动仗。

三是不断深化政治巡察，推进政治监督具体化常态化精准化。不断深化政治巡察，巡察工作质量和水平得到提高。制定《天津市文化和旅游局党组巡察工作规划(2022—2026年)》，细化《巡察工作规划》年度计划安排。加强巡察整改落实，全力做好巡察“后半篇文章”。制定《加强巡察整改工作和成果运用的办法》，规范“压实被巡察党组织整改主体责任”“强化整改日常监督责任”“强化巡察机构整改统筹督促责任”“强化巡察整改和成果运用实施保障”四方面工作。加强巡察队伍建设和制度建设，不断提升巡察工作制度化规范化水平。制定完善《关于加强巡察整改工作和成果运用的办法》等五项工作制度，进一步保障巡察工作规范化、科学化发展。

七、层层传导压紧压实，推动全面从严治党主体责任落地生根

一是履行全面领导责任。局党组认真贯彻《党委(党组)落实全面从严治党主体责任规定》，始终把从严治党主体责任作为重大的政治责任，纳入全局党的建设，统筹推进疫情防控和文旅融合发展的总体布局。定期召开党组会议，深入学习中央和市委有关指示精神，认真分析全局全面从严治党主体责任形势，研究解决突出问题，明确职责和任务分工，推动工作落实。

二是压实主体责任。局党组牢固树立抓好党建是本职、不抓党建是失职、抓不好党建是渎职的理念。党组书记在全面从严治党上坚持负首责、负主责、负全责，对重要工作亲自部署、重大问题亲自过问、重点环节亲自协调。坚持“书记抓、抓书记”，领导班子成员和各级领导干部履行“一岗双责”，不断强化“围绕发展抓党建、抓好党建促发展”的工作理念，确保党建与业务发展两手抓、两不误、两促进。领导班子成员把全面从严治党要求融入分管业务工作，坚持经常研究、部署和检查分管部门和领域全面从严治党工作。先后制定局党组、主要负责同志和领导班子其他成员全面从严治党主体责任清单和任务清单，制定党建工作要点，建立党建工作台账，强化监督管理，确保管党治党主体责任压实在主体身上，落到工作实处。

三是强化压力传导。严格落实从严治党主体责任检查考核，年初，由局级领导带队，派出9个督导组对落实全面从严治党主体责任暨党建工作进行督导检查，采取实地查看、参加班子民主生活会、调阅档案资料、个别谈话等方式，查找各单位党建工作中存在的突出问题和薄弱环节。根据督导检查和汇报情况，对各单位全面从严治党情况进行通报，对做得好的给予肯定和表扬，对工作不到位的进行批评，切实将压力传导到末端，推动管党治党责任有效落实。

市卫生健康委员会2022年工作总结

2022年是实施“十四五”规划的关键之年，也是我国踏上全面建设社会主义现代化国家新征程、向第二个百年奋斗目标进军的重要一年。在市委、市政府的坚强领导下，市卫生健康委坚持以习近平新时代中国特色社会主义思想为指导，深入贯彻落实党的二十大精神，深刻领悟“两个确立”的决定性意义，始终把保障人民健康放在优先发展战略地位，牢记“国之大者”，扎实推进疫情常态化防控和平稳转段过渡，持续深化医药卫生体制改革，不断提高医疗卫生服务质量，促进中医药传承创新发展，健全公共卫生体系，全面推进健康天津建设，以苦干实干行动捍卫人民群众生命安全，开创卫生健康事业发展新局面。

一、提高政治站位，加强党对卫生健康事业的全面领导

深刻领悟“两个确立”的决定性意义。把学懂弄通做实习近平新时代中国特色社会主义思想作为首要任务,在全系统广泛深入学习宣传贯彻党的二十大精神,深入开展“迎盛会、铸忠诚、强担当、创业绩”主题学习宣传教育实践活动,举办“领导干部大讲堂”、专题读书班、网上专题培训,对党员干部进行全覆盖培训,增强践行“两个维护”的政治自觉、思想自觉和行动自觉。选举市卫生健康系统出席市第十二次党代会代表12名,其中1名党代表当选我市出席中国共产党第二十次全国代表大会代表。

全面加强公立医院党的建设。牢牢把握卫生健康工作的政治属性,将坚持和加强党对公立医院的全面领导纳入《推动公立医院高质量发展实施方案》,把党建指标纳入三级医院评审标准,融入卫生健康工作全链条、全过程。推进党委领导下的院长负责制,提升公立医院党组织贯彻落实民主集中制质量,市属三级公立医院全部实现党政分设,纪委单独设置。调整公立医院指导委员会成员,召开区属公立医院党建工作推动会,加强行业党的领导。

坚持大抓基层鲜明导向。强化党建引领,把疫情防控作为基层党建的重要“考场”,在属地疫情防控和援沪、援蒙、援琼等工作中,全程开展“亮党组织、亮党徽、亮宣传”活动。深入贯彻落实党支部工作条例,高标准推动全系统300个基层党组织按期换届,对29个后进党支部进行整改,创建示范党支部31个,全年发展党员280名。

打造忠诚干净担当的干部队伍。坚持实绩导向使用干部,提拔重用援藏援疆援甘和疫情防控关键时期表现突出领导干部11名。加大跨系统、地区交流以及委机关和直属单位交流干部力度,从委机关和直属单位选派7名优秀干部到区卫生健康委担任“一把手”,交流调整干部25名。选派优秀年轻干部到疫情防控一线和隔离点开展工作,蹲苗锤炼优秀年轻干部。

弘扬伟大抗疫精神。推动卫生健康系统党史学习教育常态化长效化制度化,赓续红色血脉浸润忠诚。全面落实意识形态责任制,牢牢守住意识形态安全防线。组织开展第七届“天津市人民满意的好医生、好护士、好医院”和第十三届“十佳医务工作者”评选表彰活动,挖掘宣传行业先进典型事迹,弘扬伟大抗疫精神和职业精神。

二、坚持人民至上,统筹推进疫情常态化防控和应急处置

坚持底线思维,精准抓好疫情防控。在市防控指挥部统一领导下,把握应急常态化防控阶段特点和规律,坚决贯彻“疫情要防住、经济要稳住、发展要安全”的重要要求,推进疾病预防控制体系改革,筑牢群防群控和疫苗接种两道防线,强化场所、单位、人员三个重点,推进公共场所、企事业单位、居民小区、流动人员管理“四大专项行动”,建立固化流调溯源、核酸检测、隔离转运、风险区管控、居家管控五项机制,继年初科学应对抗击奥密克戎本土疫情全国“首战”以来,先后科学、快速、精准处置了环空港区域、农贸市场、高校企业等多场景关联疫情,最大限度降低疫情对经济社会发展影响。全年“动态清零”阶段,我市累计处置10余轮本土聚集性疫情。

坚持因时因势,科学调整防控策略。实施人员跨省流动政策日分析调整,制定第九版防控方案天津实施方案,研究科学优化疫情防控“二十条”及“津十条”,研判提出社区管控意见、健康码赋码转码、涉疫企业复工复产、高风险人员健康管理等系列措施调整建议,形成《流调溯源工作组风险隐患建议书》83期。依托市级调度会,每日进行疫情形势分析、策略调整解读和警示案例讲解,持续推进疫情防控工作。

坚持以快制快,打好疫情阻击战。建立市级“三公”流调溯源队伍,全面激活“三公+N”联动机制,形成“疾控溯源为主,公安网信协同,行政协调支持”的“综合调查+集中办公”工作模式,24小时全天候开展病例流调、轨迹核查等工作。2022年,会同各区处置10余轮疫情,平均4.6小时完成初步流调报告,20小时完成完整流调报告,处置疫情最短3天实现社会面清零。坚持系统推进,构筑新冠全人群免疫屏障。持续推进3-17岁幼儿学生、18-59岁人群、60岁以上老年人新冠疫苗接种工作,在全市范围内组织开展

"万名医务人员进社区、进家庭、进医院"工作。全市累计接种3357.8万剂次,其中完成首剂接种1340.6万剂次,接种率达96.7%,全程接种1316.7万剂次,接种率达95%,疫苗接种率始终位居全国前列。

强化常态化防控,坚持多病共防、多病同防。持续优化"大筛+重筛+常筛"策略,开展49次全域全员核酸筛查,建立常态化核酸检测点3968个,形成"天津战术,天津打法"。精心组织开展新冠肺炎重大疫情应对处置桌面推演,密切关注新发传染病进展,切实提升应急处置能力。组织修订完成《市突发公共卫生事件应急预案》和《市突发事件医疗卫生救援应急预案》,由市政府印发实施。

坚守医疗机构感控防控底线。实行"一套标准管感控",不断强化、细化预检分诊、发热门诊、住院病区等重点环节,严防感染发生。建立专家指导、蓝军督查、医院包片的常态化和专业化的联合督导检查机制,推行市级感控专家每日排班和24小时值守制度,突发疫情市级专家必到现场,复杂疫情市卫生健康委必统筹调度,累计处置院内突发应急事件193项,派出感控专家299人次,守牢院感底线。

三、全面精准施策,实现医疗救治平稳过渡转段

快速扩充发热门诊。积极应对12月初就诊高峰,大力推进发热门诊"应设尽设、应开尽开",二级以上医院100%开设发热门诊,146家开诊率100%,经过前期充分准备和及时调度指挥,各医院较为平稳地渡过了15天接诊量增长30倍的医疗资源冲击,经受住了第一波高峰,期间全市发热门诊共接诊32万人次。针对新冠病毒感染者就诊人数激增情况,迅速简化、优化就诊信息登记等环节,及时开展发热门诊流程评估和实时调度。实行发热门诊等候人数24小时监测控制机制,"10人正常、30人预警、50人警报",增开信息提醒,做好医务力量补充。切实发挥基层医疗机构作用,全市社区卫生服务中心、乡镇卫生院均开设发热诊室接诊发热患者,最大限度保障患者就医需求,为二三级医院转型、集中力量救治急危重症患者提供了有力支撑。

及时转换医疗模式。建立应激状态下全院统筹支持机制,疫情高峰期,果断实行"三诊合一",落实"防积压、防重症、防不治"要求,加快急诊观察室周转和危重症患者收治。推行"多科合一",各医院进行床位重组,外科系统并入内科系统统一管理,内科系统收满员后实行"外科收治、内科管理";增加重症病人收治床位,确保重症患者及时收住院。统筹片区内病房资源,采取"片区合一"管理,强化基层医疗机构上转危重病人、接续治疗下转病人的作用,实行"急诊开药、社区输液"运行模式,急诊观察室病人24小时内及时转出。充分发挥大医院在医联体中对基层医疗机构的指导作用,做好居家医疗服务,对医院无法收治的患者,及时提供上门医疗服务。实行"全市合一",全市统筹调度120急救,全市统筹医疗力量,全市各医院床位每日调度,并归入各片区医院统一管理。

优化医疗资源配置。根据天津市疫情形势,及时对全市定点救治医院和方舱医院工作体系进行调整,继续保持市第一中心医院(水西院区)、天津医科大学总医院空港医院运行,其他定点医院恢复正常诊疗服务,分步关闭市二级定点救治医院,释放人力资源。建立医疗救治梯队,我委建立市级医疗救治队伍,各级卫生健康委和各级各类医疗机构按要求组建和完善门诊、急诊、发热门诊、重症、后勤保障、支援基层梯队和应急后备梯队,用足、用实、用活各类医疗资源,保证患者救治平稳有序。及时组织全市三级医院进行重症医疗资源扩容,重症床位总量迅速扩增到3953张(含可转化重症床位1623张)。

优化院前急救。"120"呼叫数量较往常增加3倍,出车次数增加2倍,急救调度和急救人员2/3减员,我委统筹力量,咬牙工作,及时协调、调遣增加司机和医生等外援,补充人力资源。针对减少救护车压车问题,我委及时分析原因,针对医院人手短缺、平车少、急诊区域场地不足等因素,要求及时采取增派人手、增加平车、扩大场地等措施,针对瞬间来车增多情形,要求在交接高峰时段和关键点位,组派专门人员支援,细化流程,围绕急诊重点,及时做好病人的判断、分流和处置,压力有效缓解。

进一步做好分级诊疗。结合疫情救治形势和就医需要,我市由综合实力强的7家片区中心医院牵头,建立片内上下转诊和片间联动机制,分层级做好片区内危重症、重症患者诊治、转诊、会诊和技术指导等工作;提升救治能力,降低重症率和病亡率。开展重点人群健康调查,充分发挥"五包一"工作专班作用,全面排查,建立台账,做到"人数清、人头清、位置清、状态清、服务需求清",确保"保医、保药"精准到位。充分发挥基层医疗卫生机构"网底"和家庭医生健康"守门人"作用,对我市206万65岁以上老年人等重点人群纳入分级管理,根据健康风险等级评估情况,予以红黄绿标识,规范管理,做好医疗保障,确保救治不延误。

加强组织管理。实行"医疗救治总医院"管理制度,市卫健委主要领导担任"总院长",对全市各级各类发热门诊、定点医院、方舱医院、二级以上医疗机构、各区卫健委、急救中心、疾控中心、血液中心实行"统一指挥、统一调度、统一管理、统一配置"的一体化管理机制。疫情以来共召开319次医疗救治总医院工作例会,各单位中层干部参会,扁平化管理,工作指令传达快,效率高,效果好。健全新冠药品动态储备机制,实行重点监测、重点配备、重点保障清单管理,做好新冠药品"供、网、采、用"保障,规范合理用药,保障医疗安全有序。充分发挥基层数字健共体"四朵云"作用,开展线上复诊、心理援助、电话问诊、送药上门、防控科普等服务,确保居家患者足不出户享受医疗服务。自2022年12月初到2023年1月底,全市120共转运患者9.5万人次,137万人在急诊、发热门诊、住院部得到诊治,1.2万重症患者得到有效救治。我市应对疫情高峰医疗救治工作主要做法,获得国务院联防联控机制充分肯定,转发全国供各地在实际工作中参考使用。

四、坚定深化改革,推动医改向纵深发展

深入学习推广三明医改经验。印发《天津市深入推广福建省三明市经验 深化医药卫生体制改革工作方案》,从强化医改领导推进机制、加强医联体建设、深化医疗服务价格改革等方面明确23项具体工作任务,按季度督导落实。邀请原三明市人大常委会主任詹积富同志为我市授课,讲解三明医改经验,增强改革动力。

"三医联动"持续深化。发挥市医改办统筹协调职能,持续推进医改组织建设,市级和16个区均成立由本级政府主要负责同志任组长的医改领导小组,市级和13个区实现由一位政府负责同志统一分管医疗、医保、医药工作。2022年全国医改工作电视电话会议上,我市作典型发言,国务院副总理孙春兰予以充分肯定。

推动公立医院高质量发展。牵头起草《天津市推动公立医院高质量发展实施方案》,从构建新体系、引领新趋势、提升新效能、激活新动力、建设新文化、坚持和加强党对公立医院的全面领导等六个方面提出具体任务并推动实施,进一步满足人民日益增长的医疗卫生服务需求。

五、加强资源统筹,医疗卫生服务水平持续提升

持续推动优质医疗资源扩容和均衡布局。全市竣工项目4个:市海河医院四期配套工程项目竣工并投入使用,市中心妇产科医院原址改扩工程项目、滨海新区妇女儿童医院生态城院区工程项目竣工以及西青区中医医院新建项目;新开工项目12个,其中市级项目5个,市第三中心医院(东丽院区)新址建设工程项目、天津医科大学第二医院改扩建三期工程项目、市人民医院扩建三期住院楼工程项目、市南开医院中西医结合临床中心建设工程项目及市海河医院整体应急修缮工程项目;区级项目7个,滨海新区第五中心医院新扩建及改造工程项目、滨海新区中医医院二期工程项目及河北区中西医结合医院建设工程项目等,医疗卫生资源供给水平不断提升。

医疗服务水平持续改善。实施以群众就医需求为导向、持续提升患者就医感受专项行动,开展夜诊、节假日门诊等服务,全市二级及以上公立医疗机构全部设置"老年人无扫码绿色通道"。智慧服务实现二级以上公立医院全覆盖,三级医院分时段预约诊疗率达100%,服务缺陷闭环管理模式基本形成,患者投诉回复率和办结率达100%。院前急救电话10秒接听率维持100%,日常急救任务接报至到达现场平均时间降至9分钟,保持全国领先水平。

持续完善基层医疗卫生服务。基本建成由社区卫生服务中心(站)、乡镇卫生院和村卫生室共同承担的基本医疗和基本公共卫生服务"网底",全市268家社区卫生服务中心和乡镇卫生院中,193家达到国家基本标准,67家达到推荐标准(其中42家达到社区医院建设标准)。《天津市家庭医生签约服务若干规定》于2023年1月1日起正式实施,成为全国首部家庭医生签约服务工作地方性法规。家庭医生签约队伍建设和个性化服务不断提高,有效提升居民感受度和满意度。2022年我市人均基本公共卫生服务经费补助标准达109元,高于国家标准25元。

六、培养健康素养,全方位推进健康天津行动

细化责任目标,完善监测评估机制。对各区各相关部门2021年健康天津行动工作情况进行考核监测评估,40项考核指标中,23项指标提前达到2030年目标要求,8项指标达到2022年目标要求。在全国健康城市测评中,和平区获"2021年度全国健康城市建设样板市"。

以创建国家卫生区镇为重点,全面推进爱国卫生运动。对新申报的3个国家卫生区、65个国家卫生乡镇和1338个市级卫生村开展分类指导和暗访调研,新创建市级卫生村731个。在全市开展全国爱国卫生运动70周年先进集体和先进个人遴选,我市4个先进集体、7名先进个人获全国爱卫会表彰。推进《天津市控制吸烟条例》执行,配合推进农村厕所革命,持续加强并有效确保全市病媒生物防治密度控制水平在C级标准,未发生病媒引发的传染病爆发和流行。

聚焦重点人群,维护全生命周期健康。全面实施妇女儿童健康提升计划,实施二十五项政府惠民项目,全年覆盖妇女儿童328.8万人次。强化母婴安全保障措施,危重症孕产妇和新生儿多学科协作和应急救治能力不断提升。贯彻落实《中共中央 国务院关于优化生育政策促进人口长期均衡发展的决定》,印发天津市优化生育政策促进人口长期均衡发展实施方案,持续加强普惠托育服务体系建设,千人口托位数达到2.16个(年度目标数为2个)。持续推进综合防控儿童青少年近视工作,开展近视监测和6大干预活动;深入实施职业健康保护行动,全市建成11个尘肺病康复站;持续开展食品安全风险监测工作,完善食品污染物及有害因素含量数据库;全面实施遏制艾滋病、结核病传播行动,基本实现艾滋病检测发现治疗"三个90%"目标,甲乙类传染病及三大重大传染病报告发病率均居全国最低行列。

做好慢性病防控和精神卫生工作。完成天津市居民全死因监测信息系统建设,提升死因监测信息化水平。实施大肠癌、心脑血管疾病、慢阻肺筛查和常见恶性肿瘤早诊早治等工作,累计筛查随访87.4万人次。重大慢性病过早死亡率降至11.27%,低于全国水平。广泛开展心理健康科普宣传,提升精神卫生综合管理水平,加强严重精神障碍患者发病报告,患者报告患病率4‰,规范管理率95%,为2096名符合政策的严重精神障碍患者免费发药。

开展健康知识普及,提升居民健康素养。完善市级健康科普专家库、资源库,建立市级全媒体健康科普知识发布和传播机制,提供权威健康科普知识。联合有关部门开展健康巡讲活动、农村地区健康促进行动,持续做好健康(促进)社区、企业、学校、医院等健康细胞建设,居民健康素养水平持续提升,位于全国前列。

七、树牢全局意识,融入经济社会发展大局

深化京津冀优质医疗资源合作。推进北京协和医学院天津医院、北京大学滨海医院(市第五中心医院)、北大医疗海洋石油医院等项目建设。落实新一轮支持雄安新区医疗卫生事业发展合作框架协议,选派47名专业技术人员进驻安新县帮扶。推进京津冀医疗机构临床检验结果互认及医学影像检查资料共享,参加医学影像检查资料共享医疗机构56家,临床检验结果互认医疗机构89家,互认项目达到50个。加强京津冀联防联控联动，助力做好北京冬（残）奥会和党的二十大期间新冠肺炎疫情防控工作。

大力推进二十项民心工程。组织出台《市卫生健康委关于新增“互联网+护理服务”试点服务项目的通知》，新增 20 项“互联网+护理服务”；全市开展 0-6 岁儿童孤独症筛查 12.2 万人，筛查率达 98.8%，诊断孤独症儿童 580 人，及时进行干预治疗和救助；全市 2500 余家社区卫生服务站、村卫生室完成“云服务”平台覆盖及应用，建成 173 家慢病管理中心，其中示范基层慢病管理中心 26 家，超额完成 2022 年民心工程目标。

升级加力健康帮扶举措。以天津健康帮扶“四个模式”为主招法，率先推进“‘组团式’帮扶国家乡村振兴重点帮扶县”工作，积极开展“大骨节病”“眼科光明行”“蕙心计划”等专项救治，巩固拓展从村级卫生室到区域医疗中心全链条帮扶。2022 年向结对地区派出长期医疗技术专家 643 人次，诊疗患者 22 万余人次，接受来津进修人员 321 人次。助力甘南州人民医院成功晋级三级乙等综合医院，结束全国唯一没有州（市）级三级医院的历史。西藏昌都藏医院获批全国唯一一家省级区域医疗中心的民族医院。

助力构建人类卫生健康共同体。向刚果（布）、加蓬派出医疗队员 112 人次，开展门诊、手术、带教、义诊等工作。推动中非对口医院合作机制建设项目立项。保持“一带一路”、国际友城交流“不断线”，推动与德国、意大利、泰国的卫生部门和医疗机构开展线上学术培训、会议活动。

全力保障卫生领域安全。推进入院安检工作，落实平安建设责任，打造共建共享共治格局，全市二级以上医院安防系统达标率 100%。完善全市生物安全治理体系，牵头起草生物安全中央两办文件的天津落实举措，促成文件以市委、市政府办公厅名义印发并组织实施，完成对协调机制成员单位绩效考核。

八、发挥特色优势，促进中医药传承创新发展

加强中医医疗服务体系建设。出版《天津市中医药条例释义》，成立天津市中医药标准化技术委员会，推进中医药地方标准制修订工作。市中西医结合医院纳入中西医协同“旗舰”医院试点项目建设单位。天津市中医药研究院附属医院、滨海新区中医医院纳入中医特色重点医院项目储备库。

深度参与新冠肺炎防控救治。组织专家制修订中医药治疗方案、康复方案，建立中医药专家远程会诊机制，整建制组建中医病房，实现收治患者“零转重”。完善新冠感染疑难危重症三级会诊机制，多举措提升中医药救治能力。

提升中医医疗服务能力。实施天津市基层中医药服务能力提升工程“十四五”行动计划，打造百姓身边的“15 分钟中医药健康圈”，推动优质中医医疗资源均衡布局，完善中西医结合诊疗体系。成立市儿童青少年近视中西医结合防治中心，遴选 20 个委中医药重点学科。实施 2022 年中医药文化传播行动，与人民网签署《人民网助力天津中医药强市战略合作框架协议》。

九、强化发展保障，人才学科建设取得新突破

加大人才培养支持力度。会同相关部门推动深化公立医院薪酬制度改革，提高疾病预防控制机构专业技术岗位结构比例。完成 2022 年国家卫生健康突出贡献中青年专家遴选推荐工作。市中心妇产科医院获批设立博士后创新实践基地，博士后创新人才支撑平台在委系统重点人才单位实现全覆盖。张伯礼院士荣获国医大师称号，毛静远、贾英杰教授荣获全国名中医称号，新增岐黄学者 2 名，青年岐黄学者 6 名。

推进科研工作创新。有效运行卫生健康科技成果转化信息平台，完善细胞生态海河实验室发展三年计划，推动实验室完成揭榜挂帅项目立项工作，协调实验室与医疗卫生机构共同开展疫情攻关项目。推选实验室申报中国工程科技发展战略天津研究院重大咨询项目并获批，2022 年设立市卫生健康科技项目 223 项。

全力打造智慧医疗。积极培育推广 5G、大数据、人工智能等新技术在行业的应用创新，打造普惠共享的融合应用生态。开展全市“互联网+医疗健康”示范项目遴选工作，已遴选38项。持续高位推动基层数字健共体建设，推广基层医疗卫生机构“云药房”“云服务”平台运转应用，为老年患者、失能半失能人群、残疾人累计预约服务2.1万人次，累计完成“云药房”处方服务超300万人次，其中送药到家28万余单。

经过大家的共同努力，我市卫生健康事业保持了良好发展态势，到2022年底，医疗卫生机构人数达15.5万人，床位数6.85万张，全年孕产妇死亡率5.39/10万，婴儿死亡率1.91‰，较2021年分别降低了33.1%和11.6%，人均预期寿命达81.14岁，保持全国领先，达到发达国家水平。这些成绩的取得，是习近平新时代中国特色社会主义思想科学指引的结果，是市委、市政府正确领导的结果，是全系统团结奋斗、顽强拼搏和各相关部门、人民群众大力支持的结果。

市卫生健康委员会党委2022年工作总结

2022年，在市委、市纪委监委坚强领导下，市卫生健康委党委始终坚持以习近平新时代中国特色社会主义思想为指导，深入学习贯彻党的二十大精神，以习近平总书记关于卫生健康工作论述综述为根本遵循，对标市第十二次党代会精神和市纪委监委十二届一次全会部署，坚持和加强党对卫生健康工作的全面领导，营造风清气正的良好政治生态，坚决扛起常态化疫情防控主力军责任，全面从严治党不断向纵深发展。现将2022年履职尽责情况报告如下。

一、坚决做到“两个维护”，把党的政治建设摆在首位

提高政治站位。委党委始终把加强党的政治建设摆在首位，始终坚持以习近平新时代中国特色社会主义思想为指导，增强“四个意识”，坚定“四个自信”、做到“两个维护”，坚持党要管党、全面从严治党。3月8日委党委组织召开了全市卫生健康系统全面从严治党工作视频会议，部署全面从严治党工作任务。全年共召开党委会3次专题研究全面从严治党工作。及时跟进学习习近平总书记最新重要讲话、指示批示精神，党中央和市委、市政府决策部署，委党委会第一议题机制及时传达学习，组织召开30余次党委会学习贯彻习近平总书记重要指示要求和市委的重大决策部署，党委理论学习中心组专题学习7次，集中研讨7次，举办领导干部大讲堂3次，坚持不懈用党的最新理论凝心铸魂，引领党员干部坚守初心，勇毅前行。完成了习近平总书记“三个着力”着力保障和改善民生重要要求、关于老龄工作和新发展理念指示批示的贯彻落实情况上报工作。完成了2021年卫生健康系统贯彻落实“健康中国”重要论述综述“大学习、大实践、大落实”活动总结。深入开展“迎盛会、铸忠诚、强担当、创业绩”主题宣传教育实践活动，在全市卫生健康系统掀起学习宣传贯彻落实党的二十大精神热潮。卫生健康系统各级党组织政治功能不断增强，党对卫生健康事业领导全面提升，政治建设统领地位持续彰显，巡视整改和政治巡察不断深化，系统党员干部的政治判断力、政治领悟力、政治执行力进一步提高。

发挥表率作用。委党委主要负责同志始终坚持在思想上、政治上、行动上同以习近平同志为核心的党中央保持高度一致，严格履行全面从严治党“第一责任人”责任，带头旗帜鲜明讲政治，严格落实“四个亲自”，带头落实中央和市委、市政府决策部署，带头抓好督办落实。疫情防控中，委党政主要负责同志始终坚持“三个不动摇”，第一时间奔赴疫情一线现场指挥，以最小范围、最短时间、最低成本控制住突发疫情。围绕各项重要决策部署落实情况，以督查督办为抓手，全程跟踪党委会、主任办公会、总医院例会落实情况。强化了对市委、市政府、市防控指挥部和委党委会下达疫情防控指示落实，压实疫情防控和医疗救治主体责任。截至目前，接转办理市疫情防控指挥部督办73次284条，接转办理市委市政府批示督办153条。针对市委市政府重点督查事项下发纸质专项督办单 47 件，报送委主要领导关于群众反映问题台账 204 期。强化对市委、市政府、市防控指挥部和委党委会下达的疫情防控指示督导以及贯彻落实市委路线方针政策和重大决策部署责任监督。

层层压实责任。委党委教育引导卫生健康系统各级党组织和党员干部提高政治站位，有效发挥党委把方向、管大局、做决策、促改革、保落实的领导作用。制定市卫生健康委 2022 年落实全面从严治党主体责任任务安排，促进党建与业务深度融合。对委党委全面从严治党工作进行任务分解，制定并细化领导班子、主要负责人和班子其他成员责任清单、任务清单，进一步明确全面从严治党主体责任年度任务和主体责任的具体内容、落实机制，狠抓全面从严治党主体责任落实。以监管平台建设为契机，以清单量化为抓手，加强对清单梳理、汇总、提示、督促，确保平台内容上报及时、完整、规范，2022 年制定责任清单共计 108 条，任务清单共计 269 条，累计上传任务完成情况 1200 余条。以台账式、项目化管理等有效手段，逐一明确委直属单位党组织、主要负责人、领导班子其他成员抓全面从严治党的具体责任内容、责任人员、责任时限，将责任落实到人，层层压紧、级级压实，一级抓一级、层层抓落实，推动全面从严治党主体责任压力高效传导。制定对直属单位"一把手"加强监督的 22 个方面 72 项具体措施，委党委主要负责同志与 20 余名"一把手"进行任职谈话和约谈提醒。

二、抓实抓牢主题主线，高标准推进各项工作

开展"迎盛会、铸忠诚、强担当、创业绩"主题学习宣传教育实践活动。按照市委统一部署，扎实推进"迎盛会、铸忠诚、强担当、创业绩"主题学习宣传教育实践活动走深走实，教育引导全系统广大党员、干部深刻领悟"两个确立"的决定性意义，持续深化对党、对习近平总书记的忠诚教育，做到情感认同与理性认同高度统一、思想看齐与行动看齐高度统一、维护定力与维护能力高度统一，切实提振锐意进取、敢于担当的精神状态，提高党员干部政治判断力、政治领悟力、政治执行力。委党委成立主题学习宣传教育实践活动领导小组，印发实施方案，并于 3 月 29 日召开主题学习宣传教育实践活动动员部署会，对市卫生健康系统主题学习宣传教育实践活动进行部署推动。在卫生健康官网开辟专栏，宣传先进典型、推送活动进展。委党委狠抓各级党组织理论学习中心组"龙头"和"关键少数"，以上率下，充分发挥示范引领作用，精心组织四个专题的深入学习研讨，通过集中学习、个人自学、辅导讲座、深入基层调研、交流研讨、提交心得体会、撰写调研报告等方式方法有效带动广大干部职工专题学、持续学、深入学，在委系统兴起了学习热潮，有力推动主题学习宣传教育实践活动工作深入开展，紧密联系工作实际，把学习成效体现到为民健康、为民服务的效果上，体现到推动天津市卫生健康工作高质量发展的成果上，体现到疫情有效防控上。同步对委直属单位主题学习进行了列席旁听和督促指导。利用"健康天津"政务新媒体平台做好相关专题报道，与天津电视台共同推出"五一"特别节目《医生，你辛苦了》。天津医院党委代表市卫生健康系统，在全市"迎盛会、铸忠诚、强担当、创业绩"主题学习宣传教育实践活动工作推动会暨领导小组第四次（扩大）会议上做典型发言。

认真组织市第十二次党代会精神的学习宣传贯彻工作。委党委及时召开党委会专题学习传达中共天津市第十二次党代会精神，研究部署落实举措，第一时间制定并向全系统印发了《市卫生健康委党委关于印发认真学习宣传贯彻市第十二次党代会精神方案的通知》。委党委主要负责同志切实履行主体责任，第一时间作出学习宣传贯彻市第十二次党代会精神的批示，并几次在疫情防控总医院例会上向全行业各单位传达市第十二次党代会报告的相关精神，要求全行业紧紧抓住市委书记李鸿忠在十二次党代会报告中指出的两个核心，以市第十二次党代会学宣贯为契机，继续弘扬抗疫精神，坚决巩固疫情防控的重大战略成果。市卫生健康委以视频会议的形式举办了学习贯彻市第十二次党代会精神领导干部大讲堂，邀请市委党校哲学部万希平教授做专题辅导，系统1100余人聆听了辅导报告，专题辅导进一步增强了系统广大干部职工全面理解、准确把握市第十二次党代会精神的新思想、新观点、新要求，对推动卫生健康工作实践创新，具有很强的指导、引领和助推作用。天津卫视、津云、《天津日报》分别播出、刊登我市卫生健康系统党代表学习党代会贯彻落实情况，学习体会文章已被支部生活、天津工作等采用。

将深入学习宣传贯彻党的二十大精神作为首要政治任务。市卫生健康系统从委机关到直属各单位各级党组织和广大党员干部满怀喜悦之情，把学习宣传贯彻落实党的二十大精神作为首要政治任务，全面部署、广泛学习、加强宣传，全系统干部职工迅速掀起了学习宣传贯彻落实党的二十大精神热潮。委党委先后召开第26、27次党委会，专题学习传达党的二十大精神、市委会议精神，研究部署卫生健康系统落实举措，按照市委要求，制定并向全系统印发了《市卫生健康委党委关于认真学习宣传贯彻落实党的二十大精神的通知》。广大党员干部对照“习近平在中国共产党第二十次全国代表大会上的报告”和新修订《中国共产党章程》单行本，原原本本学习、逐字逐句研读，掌握领会精神要旨。11月11日举办系统学习贯彻党的二十大精神领导干部大讲堂，11月16日举办领导干部大讲堂，邀请市委党校科学社会主义教研部张立杰教授进行专题授课，市卫生健康委领导班子、机关处长、监察专员，委直属各单位领导班子成员、基层党支部书记总计约1000人参加培训。通过开辟专题专栏、组织系列报道等多种形式，大力宣传党的二十大精神。“健康天津”微信公众号、“天津健康”微博号共发布148篇推送，健康天津微信公众号设立“学习贯彻党的二十大”专题合集，共计74篇推送。其中，微信号相关阅读量9.8万，微博号相关阅读量10.5万次。对接中央和市级媒体，市卫生健康委主要负责同志接受《健康报》、天津广播电视台、《天津日报》等媒体采访，讲好卫生健康系统以实践实绩实效推动党的二十大精神在我市卫生健康系统落地生根、开花结果的生动故事。

三、强化阵地建设，有效发挥党建引领效能

毫不放松抓好疫情防控工作。委党委始终坚决与以习近平同志为核心的党中央保持高度一致，把抓好疫情防控作为彰显对党忠诚的试金石。疫情防控期间，卫生健康战线2066个党支部、24411名党员始终坚持闻令而动，历次抗疫一线、大筛现场、援外工作都是党员干部冲在前、挑重担、担风险，较好地发挥了党员先锋模范作用，基层党建锻造出的临时党支部、党员突击队、火线入党的积极分子，构筑起一个个坚强有力的战斗集体。在行业公立医院党建工作不断强化基础上，我市第一时间成立了行业内医疗机构组成的疫情防控总医院。先后组织了13批1307名援鄂医疗队、3支1706名援沪医疗队，1000余名援琼医疗队、400余名援蒙医疗队，并多次派专家参与全国疫情防控。在疫情防控实践中，始终坚持派出医疗队同时同步建立党组织，通过党建引领激发党员当先锋、做表率的行动自觉，得到国家卫健委和受援省市的充分认可和高度评价。天津医院援加蓬医疗队逆行出征，发扬中国援外医疗队精神，为我国援外医疗事业再创佳绩。

持续改善医疗服务质量和群众就医感受。坚持党建引领加力度，解忧破难提速度，为民服务增温度，把工作落脚点放在实实在在为群众办实事上。不断提升群众就医感受。用“服务红心”诠释“为民初心”，聚焦“一老一小”等急难愁盼问题，积极推进预约诊疗，优化日常诊疗流程和就医环境，千方百计缓解群众疫情期间“挂号难、取药难、入户难”问题，全市二级以上公立医疗机构全部设置“老年人无扫码绿色通道”，相继开展夜诊及假日门诊等，群众看病就医满意度持续提升。持续提升医疗服务水平。深化医药卫生体制改革，启动建设市、区两级重点基础设施项目25个，启动委市共建国家医学中心1个和国家区域医疗中心8个。11月15日市委书记李鸿忠再次前往市急救中心进行调研，看到全市已建成急救站点204个，救护车数达449辆，接报到达时间平均10分钟以内，急救电话10秒接听率100%的情况，对我市快速反应、高效运转、安全可靠的院前医疗急救体系等做法给予了充分肯定。忠实践行“人民至上、生命至上”理念。疫情期间,实施“基层保基本、市级保特殊、联动保畅通”分级保障,建立梯度收治病人和双向转诊机制,明确严禁拒诊和停诊科室清单,畅通医疗保障绿色通道,充分保障封管区域群众就医需求,用实际行动彰显“人民至上、生命至上”理念。

红色引擎引领公立医院高质量发展。调整公立医院指导委员会,加强组织领导。召开区属公立医院党建工作推动会,摸实情、补短板。印发党委书记和院长经常性沟通机制,强化民主集中制落实。市属三级公立医院全部实现党政分设,单独设置纪委,建立党委书记、院长沟通机制,全面落实党委领导下的院长负责制。起草印发《天津市推动公立医院高质量发展实施方案》,明确任务要求,推进党委领导下的院长负责制落实。完善我市三级医院评审标准细则,进一步压实党建责任。通过开展党建与业务深度融合机制试点等方式,进一步强化基层党组织政治功能,推动党支部参与科室业务发展、薪酬分配、评优评先、职称晋升等重大问题的决策,促进党建与业务深度融合。围绕落实“党管人才”,选优配强领导班子,全面搭建“1+3+N”人才培养体系链,我市人才、学科力量不断增强,外地患者来津就医比例不断增长,体现出了我市医疗水平综合实力的提升。在前期成功经验的基础上,启动第七届天津市人民满意的“好医生、好护士、好医院”评选,全方位、多角度展现全市医务工作者坚持人民至上、践行初心使命的崇高精神。

四、突出政治标准,锻造忠诚干净担当的干部队伍

严肃党内政治生活。严格执行新形势下党内政治生活若干准则,结合卫生健康工作实际,对全系统党史学习教育专题民主生活会和组织生活会进行部署安排,成立督导组,对各单位民主生活会进行全过程指导监督,确保开出高质量。组织指导全系统23家党委、2家党总支所属党支部及6家支部单位全部召开2021年度组织生活会,民主评议党员11857人。持续推进民主生活会台账整改工作,对涉及班子台账整改情况进行汇总。严格落实《市管党政主要领导干部报告个人重要事项规定(试行)》等三项监督制度,结合领导干部个人有关事项、干部请销假管理等工作,对执行情况开展监督检查。在全系统开展示范党支部申报工作,打造党建示范点,发挥典型引领示范作用,推动党支部规范化建设全面过硬。加强机关党的建设,委机关党委严格按照要求进行了换届选举。委党委组织8个督导组深入各单位实地督导“党务外包”排查整治工作落实情况,确保工作落实到位。

加强党员干部党性教育。委党委严格落实党委理论学习中心组各项制度规定,提高学习质量,印发《市卫生健康委党委2022年党委理论学习中心组学习计划》。建立并落实《市卫生健康委党委(总支、支部)理论学习中心组学习列席旁听工作机制》,丰富中心组学习形式。组织中心组集中学习了坚定捍卫“两个确立”、坚决做到“两个维护”相关内容。在集中学习的基础上,各位委领导分别结合工作实际,撰写个人心得体会。组织“学习贯彻党的二十大精神”网上专题班,全系统处级及以上领导干部、公务员全体共计560人次参加培训。选派9名局处级领导干部参加市委党校举办的“学习贯彻党的二十大精神专题培训班”“党性教育培训班”等相关党的二十大精神理论教育培训。组织委系统直属35个单位开展了“2022年市卫生健康委意识形态领域工作专项培训”。邀请了市委宣传部、市委党校、新闻办等专家,结合卫生健康工作实际,进行了系统全面的意识形态工作专项培训,通过培训,努力提升全系统意识形态工作能力和水平。机关干部下沉社区入列轮值、开展志愿服务活动,通过多种途径了解干部群众困难事、烦心事的基础上,制定2022年度群众诉求清单,推动“我为群众办实事”实践活动扎实开展。

加强干部队伍建设管理。树起争相担当的“风向标”,划清敢于担当的“容错线”,锤炼善于担当的“金刚钻”。坚持“赛场选马”原则,在实践中锤炼使用干部,提拔重用援藏援疆援甘和疫情防控关键时期表现突出领导干部 17 名，大力营造重担当、重实绩的鲜明导向。通过加强党对卫生健康领域的全面领导，打破干部管理条块藩篱，深化跨系统、地区交流干部力度，与医院院校及所属医院、相关区卫健委交流干部 14 名，促进干部队伍的“水”活起来。驰而不息抓好干部监督“十项”专项整治工作，做实落细干部监督管理，将从严监督管理挺在前面，发现问题及时提醒。委党委高度重视统一战线工作，及时传达贯彻对市委统一战线工作领导小组 2022 年会议精神。成立委党委统一战线工作领导小组，进一步完善对统一战线工作的组织领导。

五、夯实基层基础，推动基层党建全面过硬

加强基层党建工作。严格对照《天津市卫生健康委党委关于进一步加强党的政治建设的具体措施》，对直属各单位党政议事规则进行审核把关。在全系统开展后进党支部排查整顿，全面提升基层党建工作水平，累计排查相对后进党支部 29 个，指导各单位针对后进党支部存在问题制定整改台账。通过问题排查、集中整顿，力促后进党支部转化升级，全面提升基层党组织的组织力。委直属 16 家公立医院参照委党委印发的党政议事规则范本，结合实际，对党政议事规则再次进行全面修订完善，报委党委备案。委党委向全行业印发《关于充分发挥党组织作用在疫情防控中忠诚践行主题学习宣传教育实践活动的通知》，进一步发挥基层党组织的政治功能和组织优势，凝聚众志成城、共克时艰的强大力量。持续开展“亮党组织、亮党徽、亮宣传”活动，引导党员当先锋、作表率。在援沪医疗队成立临时党委，组建 8 个党总支和 36 个临时党支部，健全三级党组织架构，党旗在抗疫一线高高飘扬。认真执行市委《关于进一步加强下级党组织向上级党组织请示报告工作的意见》，以及委党委关于加强请示报告有关要求，把党的全面领导贯穿到请示报告等具体工作中，确保各级党组织自觉同党中央保持高度一致。及时上报了巡视整改工作报告、法治政府建设报告等。

进一步压实主体责任。夯实基层党建工作，严格落实《党委（党组）书记抓基层党建工作述职评议考核办法（试行）》，组织开展委系统直属各单位党委（总支、支部）书记 2021 年度抓党建工作述职评议，并逐级开展述职评议，压紧压实党建责任，委党委书记主持，并对现场述职单位党组织主要负责同志抓基层党建工作情况进行逐一点评，进一步压实主体责任。制定了《市卫生健康委党委落实“一把手”和领导班子监督工作台账》，督促各单位严格执行落实，充分发挥“一把手”和领导班子的表率作用，狠抓“第一责任人”责任，推动全面从严治党向基层延伸。

推动党委巡察工作。委党委科学谋划 2022 年巡察工作，提高对巡察工作政治站位，压实巡察整改主体责任，确保巡察整改落实见效。认真制定巡察工作规划，紧紧围绕落实习近平总书记关于卫生健康工作等重要论述，党中央和市委、市政府决策部署以及我委“十四五”规划，制定《市卫生健康委党委巡察工作规划（2022—2026 年）》。《规划》共分总体要求、坚定不移深化政治巡察、严格落实主体责任、高质量完成巡察全覆盖任务、推动各项监督贯通融合、强化巡察整改和成果运用、加强巡察队伍建设七部分内容。今年 3 月起，按照市委巡视工作领导小组部署，对全市 15 个市级机关部门巡察工作开展为期一个半月的现场指导督导。第八巡察指导督导组于 3 月 14 日至 4 月 30 日进驻市卫生健康委开展工作，全程“嵌入式”跟进指导巡察办、巡察组各环节工作，零距离、面对面、手把手、全方位对巡察干部进行传帮带；通过查阅资料、座谈访谈，深入了解巡察工作现状及问题短板，从主体责任落实、加强队伍建设、坚持贯通融合等方面传导压力，推动巡察办充分发挥统筹协调、指导督导、服务保障职能作用；指导巡察组强化政治监督、灵活运用方式方法，依规依纪依法开展工作，强有力推动了我委巡察工作高质量发展。

六、不断深化作风建设，持之以恒正风肃纪

认真落实市委巡视反馈意见的整改。以做好巡视反馈意见为抓手，将全面从严治党落到实处。十一届市委第十轮第一批巡视反馈会后，委党委立即成立巡视整改工作领导小组，先后召开 6 次委党委会，研究部署巡视整改工作。印发

《市卫生健康委党委巡视情况反馈意见整改落实方案》,制定238条措施,共涉及18个责任部门和16家责任单位。巡视反馈的36个具体问题,目前已完成整改33个,阶段性完成2个,基本完成1个。

严格贯彻落实中央八项规定精神。委党委不断巩固深化落实中央八项规定精神成果,坚持严的主基调,保证"关键少数"、关键环节、关键部位全覆盖。注重关口前移,紧盯重点领域和薄弱环节,在元旦、春节、劳动节、端午节、国庆节等重点节假日期间开展专项监督检查。采取不发通知、不打招呼的情况下对市卫生健康委各处室进行暗访。对在落实常态化疫情防控举措中打折扣、搞变通的工作行为进行检查,一经发现立即核查并实施官方通报,保持高压态势。压实党员干部全面从严治党主体责任,引导领导干部落实"一岗双责",把全面从严治党和"一岗双责"工作内容,贯穿于党的建设各方面、卫生健康事业发展全过程。继续巩固"整治不担当不作为"三年活动成果,不减频次、不降标准。把政府购买服务领域不担当不作为问题专项整治作为2022年专项整治重点工作以及推进党风廉政建设和反腐败斗争的一项重要工作,全面深入排查存在突出问题,推动委系统各单位党委落实政府购买服务主体责任,督促相关职能部门认真履行监管责任,督促堵塞漏洞、补齐短板,强化长效机制建设。在委机关和系统共37家单位开展政府购买服务领域不担当不作为专项整治排查和自查自纠工作。针对开发运行微信公众号情况、开展第三方用工情况和聘请律师开展非诉及诉讼仲裁业务服务情况开展情况摸底调研。深化专项整治工作,在自查自纠工作基础上,做好市委不担当不作为专项办政府购买服务领域专项整治重点检查工作。委不担当不作为专项办制定《关于做好政府购买服务领域不担当不作为问题专项整治重点检查工作的通知》下发各单位,与检查组深入系统14家单位开展了为期3个月的政府购买服务领域专项整治相关检查,倒逼各单位加强政府购买服务领域管理和监管责任落实落细,进一步规范政府购买服务行为。

有效加强党内监督。全力支持驻委纪检监察组各项工作,委党委对纪检监察组的工作无条件支持,凡是纪检监察组需要了解的情况均如实报告,凡是纪检监察组安排的工作均迅速落实。对涉及全面从严治党和加强系统党的建设工作的重大事项,积极听取纪检监察组的意见建议,支持驻委纪检监察组对发生问题的下一级党委领导班子及成员进行执纪问责。先后组织开展因私出国、学历学位核查、档案审核、任职回避等专项整治,强化领导干部监督。以督办督查为抓手,压实责任,强化闭环管理。围绕上级部门的重大决策部署和重要文件制定的政策措施,市委、市政府主要领导及分管领导的重要批示和交办事项,市委、市政府督查部门督查督办事项以及人民群众关心的热点问题,机关纪委全程列席党委会、主任办公会。通过督办清单机制,按照督办时限,严格督促机关各处室工作落实情况,监督与部署同频共振,督促重点领域关键点位落实疫情防控措施。针对市委、市政府重点督查事项下发专项督办单,对党委会、主任办公会、医疗救治总医院会全程督导,接转办理市疫情防控指挥部督办、市委市政府批示督办、党委会下发督办、委主要领导批示督办共计488条。

七、严肃执纪问责,深化党风廉政建设和反腐败工作

持续保持正风反腐高压态势。委党委、驻委纪检监察组"两个责任"同向发力,坚持有案必查、有腐必惩。认真贯彻执行《中国共产党问责条例》和我市实施办法,强化卫生健康行政部门的行业监管责任、办医主体的主管责任和各医疗机构的主体责任、监督责任"四个责任",坚持失责必问、问责必严,有案必查、有腐必惩,统筹推动行风整肃工作向纵深推进。保持惩治腐败高压态势,重点查处政治问题和经济问题交织的腐败案件,聚焦医疗卫生行业容易滋生腐败关键岗位和重点环节,梳理摸排五类廉政风险点,健全廉政风险防控机制,加强对重点领域和关键环节的日常廉政监督,尤其对关键节点岗位实施动态监督。以习近平新时代中国特色社会主义思想为指导,深入贯彻十九届中央纪委历次全会精神，立足我市卫生健康工作实际，坚决落实党中央关于党风廉政建设的决策部署，进一步贯彻落实“九项准则”，切实履行“管行业必须管行风”“谁主管谁负责”的行业治理主体责任，坚持以党建促纠风，持续纠治医药购销领域和医疗服务中的不正之风。扎实做好疫情防控领域纠风工作，深入开展医疗领域乱象治理，严厉打击医药购销领域非法利益链条。

厚实廉政素养、强化廉洁氛围。编制印发了《关于在市卫生健康委机关持续深入开展机关作风建设专项治理的通知》《关于开展“迎盛会、铸忠诚、强担当、创业绩”主题警示教育月活动组织开展廉政风险排查工作的通知》和《市卫生健康委系统组织观看警示教育专题片工作方案》。在系统范围内开展“迎盛会、铸忠诚、强担当、创业绩”主题警示教育月活动。组织委机关和系统33家直属单位年轻干部分别观看了市纪委监委组织摄制的《走好廉洁从政每一步——天津市年轻干部违纪违法案件警示教育专题片》，使每名干部做到心有所畏、言有所戒、行有所止，引导机关广大年轻干部正确对待权力，时刻自重自省，严守纪法规矩，扣好廉洁从政的“第一粒扣子”。强化廉政风险动态管控，持续加强对各处室业务职责和关键工作环节的监督，督导委机关29个党支部逐人逐岗逐项，围绕“人、财、物、事”管理的权力运行，系统开展廉政风险点排查相关工作。强化廉洁宣传，形成良好氛围，在官网、官微上优化“廉政小课堂”栏目，刊发廉政教育视频和纪检监察知识。加大宣传，扩大市纪委监委“海河清风”公众号影响力。订阅《中国纪检监察报》《中国纪检监察》《党风廉政建设期刊》等多种报纸杂志，组织机关干部旁听庭审、参观警示教育展览等活动，形成廉政建设与工作生活紧密结合的良好氛围。

把握运用“四种形态”，注重防微杜渐。充分运用监督执纪“四种形态”，把“经常开展批评和自我批评、约谈函询、让红红脸、出出汗成为常态”的要求落到实处，及时处置党员干部思想上的困惑和不良倾向。做到严格执纪问责，做好委机关基层党组织和科级及以下党员干部违反党纪案件的查处工作。委党委坚持抓早抓小、防微杜渐，推动谈话函询制度化，运用谈话函询处置问题线索，在对干部日常教育管理监督上严之又严，发现小事小节小问题及时谈话提醒，把严管与厚爱落实到“两个责任”全过程。对领导干部倾向性、苗头性问题，及时谈话提醒、诫勉、函询、教育，防止小错酿成大错。深化“一案三促”，充分运用身边的违法违纪典型案例，开展常态化警示教育。通报全市违反中央八项规定和恶意举报反向调查的情况，警示系统领导干部。做好系统领导干部报告个人事项有关工作，开展市卫生健康系统2022年领导干部个人有关事项报告工作专题培训会，对填报对象、组织人事部门工作人员进行专题培训。落实“凡提四必”要求，对拟提拔、拟进一步使用对象等进行重点查核。在驻委纪检监察组业务指导下，做好违纪干部处理工作。同时注重指导党支部开展廉政提醒谈话，下发谈话手册，督导发现党员干部苗头问题，及时谈话预警，对重点问题对象进行约谈。

市退役军人事务局2022年工作总结

2022年，天津市退役军人事务局以习近平新时代中国特色社会主义思想为指导，深入学习贯彻习近平总书记关于退役军人工作重要论述，按照退役军人事务部年度工作要求，在市委、市政府领导下，开拓进取、真抓实干，以坚定拥护“两个确立”、坚决做到“两个维护”的实际行动迎盛会、铸忠诚、强担当、创业绩，推动我市退役军人工作取得新成绩。

一、党的领导坚强有力

市委书记、市委退役军人事务工作委员会主任李鸿忠两次主持召开市委退役军人事务工作委员会全体会议，主持召开市委常委会议军会议、庆祝建军95周年驻津部队代表座谈会等,研究部署工作,多次对退役军人工作作出指示批示;市长张工主持研究重点工作,协调落实各项保障。分管市领导同志对重点工作专题研究,抓好推动落实。市委退役军人事务工作委员会各成员单位积极配合、通力协作,各区委退役军人事务工作委员会和市委退役军人事务工作委员会办公室认真履行职能,加强统筹协调,开展综合督查,确保中央和市委决策部署落地落实。健全完善军地合力做退役军人工作机制,天津警备区6名军队人员派驻到市委退役军人事务工作机构。

二、服务保障体系建设不断提升

按照全覆盖和有机构、有编制、有人员、有经费、有保障的“五有”标准,在天津市科技大学、新天钢集团设立退役军人服务站,为退役军人大学生、职工提供高效便捷的服务。目前全市共建成“两中心两站”5616个,形成了横向到边、纵向到底、覆盖全域的服务网络。开展创建“示范型退役军人服务中心(站)”活动,全市16个区退役军人服务中心、251个乡镇(街道)退役军人服务站、106家服务对象在300人以上的村(社区)退役军人服务站全部创建完成。

三、就业安置工作成效明显

加强退役军人就业创业扶持,出台《天津市关于促进退役军人投身乡村振兴的若干措施》等政策文件,编印就业创业政策辅导手册8000余本,强化退役军人就业创业政策支持。组织1689名退役士兵参加适应性培训,完成学历提升1200余人,高职扩招633人,799名退役士兵参加就业创业培训,530名退役士兵报名参加免费职业技能培训。组织“送政策进军营”活动,用好“退役军人就业信息直通车”服务平台,发布岗位6.8万个,组织线上线下招聘活动63场次,直播带岗7场次,与新天钢、能源集团等12家大型企业签署就业合作协议。协调市有关部门拿出41个公务员、25个事业编、101个公安辅警岗位,面向退役军人实施定向招考招录。联合市金融局开展“退役军人创业创新金融服务系列活动”,利用“津心融”平台与49家有融资需求的军创企业对接金融机构、提供金融帮扶,发放银行贷款上百万元。科学编制年度安置计划,召开全市退役军人安置工作会议,落实“阳光安置”机制,采取“双向选择”“考核选调”“积分选岗”等方式,完成团职以下转业军官、安排工作退役士兵和退出消防员逐月领取退役金退役军人接收安置任务。试点推出军人退役“一件事一次办”,实现自主就业退役士兵退役报到“只进一扇门、最多跑一次”。

四、优待褒扬工作更加到位

召开全国双拥模范城创建工作届中考评调研部署会,印发《天津市关于新时代深入开展军民共建社会主义精神文明活动的措施》,军民共建结对数达到364个。市委召开建军95周年军地座谈会,春节、建军节期间,市领导同志带队走访慰问驻津部队和退役军人、优抚对象,发放“八一”慰问金近8000万元,发放慰问品和对联、福字等,送去党和政府的关怀温暖。组织11个全国双拥模范区为驻新疆喀什部队送去春节慰问品,为700多名官兵送去立功喜报和慰问品(金),召开军人军属优待工作军地座谈会,推动军队文职人员享受乘车优待、军人子女落实教育优待。积极推进社会化拥军,向全市公布两批共计877家拥军企业(门店、社会组织)名录,与顺丰、银联、盛京银行和中华财险等企业签订拥军优抚战略合作协议。不断完善医疗、住房等优抚政策体系,持续提高部分优抚对象抚恤补助和残疾军人护理费标准,积极推动优抚医院改革。有序推进优待证申领发放工作,组织集中颁发仪式和优待体验服务。加强烈士褒扬纪念工作,研究起草《天津市关于加强新时代烈士褒扬工作的措施》,深入挖掘烈士事迹,广泛开展为烈士寻亲活动,开展纪念英烈主题活动,清明节、抗日战争胜利纪念日、烈士纪念日组织向革命先烈敬献花篮仪式。积极推进县级以下英雄烈士纪念设施整修工程,共修缮7个烈士陵园、38个零散烈士纪念设施、零散烈士墓361座,迁葬零散烈士墓62座。筹划建设军休大学,拓宽网络“军休所”服务功能,不断提高军休服务保障水平。

五、思想政治和权益维护工作稳妥推进

持续开展“穿上军装是保卫者,脱下军装是

建设者，都是中国特色社会主义事业奋斗者”专题教育，召开退役军人思想政治工作联席会议，成功举办第二届天津“最美退役军人”发布仪式，组织开展第三届天津“最美退役军人”和第一届天津“最美兵支书”学习宣传，我市退役军人唐洪祥荣获2022年全国“最美退役军人”称号。联合市关爱退役军人协会举办老战士宣讲团宣讲市第十二次党代会精神专题报告会，组织“我幸福我光荣”主题报告会，组织全市退役军人“喜迎二十大　建功新时代”首届乒乓球赛和第二届书画摄影展，拍摄制作“峥嵘岁月家国记忆——老兵口述历史”专题片，讲好退役军人故事，展现退役军人风采。举行天津市退役军人志愿服务总队及所属支队授旗仪式，3万余名退役军人志愿者奉献在基层治理、疫情防控、应急救援、乡村振兴、文明创建一线，为全面建设社会主义现代化大都市积极贡献智慧和力量。认真学习宣传贯彻《中华人民共和国退役军人保障法》，接续开展“法律政策落实年”活动，组织开展“蹲点抓落实”工作，开展政策落实评估，提高落实质量，联合市司法局出台《关于加强退役军人法律援助工作的若干措施》，有效维护退役军人合法权益。各级关爱退役军人协会充分发挥桥梁纽带作用，协会领导同志登门入户，一对一谈心沟通，一体推进思想引领、帮扶解困、化解矛盾，与退役军人事务部门合力做好重点人员源头稳控和包案化解工作，推动实现“事心双解”。

六、自身建设得到新加强

以抓好市委巡视整改落实“后半篇文章”为抓手，不断加强党的全面建设。2019—2021年，连续三年在全市全面从严治党主体责任考核和政治生态建设考核中排名靠前，得到市委表扬。2021年在全市绩效考核中取得“优秀”等次。办理“政民零距离”网民留言172件，答复率、满意率连续四年100%。深入学习贯彻党的二十大精神和市第十二次党代会精神，扎实开展“迎盛会、铸忠诚、强担当、创业绩”主题学习宣传教育实践活动工作，组织家风主题党日活动，组织各直属单位“一把手”和青年干部座谈会，常态化开展“机关干部大讲堂”，举办全市退役军人事务系统基层党组织书记和党员业务骨干示范培训班，持续开展全市业务技能比武培训活动，深化对党、对习近平总书记的忠诚教育，有效提升系统工作人员服务能力。认真落实我市《“十四五”退役军人服务和保障规划》，有序推进京津冀退役军人事务协同发展，积极推动“通武廊”高质量发展示范区建设。按照退役军人事务部部署要求，围绕促进人员交流交融、实施人才兴藏兴疆、推动经验互学互鉴、支持受援地区退役军人就业创业、促进文化和典型交流、走访慰问边防部队和实施系统内消费帮扶等，积极推进援疆援藏工作取得阶段性成果。

市退役军人事务局党组2022年工作总结

2022年，市退役军人事务局党组坚持以习近平新时代中国特色社会主义思想为指导，深入学习宣传贯彻落实党的二十大精神，全面贯彻习近平总书记关于退役军人工作重要论述，坚决落实党中央、国务院决策部署，在市委、市政府领导下，开拓进取、真抓实干，着力完善退役军人服务保障体系，切实抓好退役军人领域信访稳定，用心用情维护退役军人合法权益，进一步推动我市退役军人工作取得新成绩。

一、坚持思想引领政治立身，始终坚定正确的政治方向

坚持以习近平新时代中国特色社会主义思想为引领，围绕深入学习宣传贯彻党的二十大精神这条主线，着力加强政治建设，扎实抓好理论武装，坚定捍卫“两个确立”，坚决做到“两个维护”。

一是深刻领悟党的二十大精神实质。坚决落实党中央决策指示和市委部署要求，把学习宣传贯彻党的二十大精神作为首要政治任务，高起点谋划、高水平推进、高标准落实。局党组召开3次扩大会议，专题安排部署，印发通知，制定方案，细化27项工作任务，迅速掀起学习贯彻热潮。强化示范引领，局党组理论学习中心组发挥表率作用，集中3天时间举办专题读书班，逐字逐句、原原本本学习党的二十大报告和新党章，切实用党的二十大精神武装头脑、推动工作。强化全员学习，创新学习形式，结合"领导干部上讲台"活动，各基层党组织书记带头领学领读，推动党的二十大精神入脑入心。强化宣传宣讲，党组书记、局长孙宏波同志带头为党员干部作宣讲报告，并主持召开各区局长座谈会，结合业务工作宣传宣讲党的二十大精神。会同市关爱退役军人协会，组织"老战士宣讲团"开展宣讲，累计宣讲1500场，受众6.5万人，引导广大退役军人把思想和行动迅速统一到党的二十大精神上来。

二是持续强化思想理论武装。坚持把思想引领作为加强政治建设的首要任务，深入抓好理论学习。围绕学习贯彻习近平新时代中国特色社会主义思想，全年组织党组理论学习中心组学习21次，研讨发言80人次。特别是组织3期党的二十大精神、十九届六中全会精神、市第十二次党代会精神专题读书班，推动理论学习走深走实，切实打牢理论基础、强固理想信念。召开党组（扩大）会56次，第一时间传达学习习近平总书记重要讲话精神，组织班子成员及时了解掌握习近平总书记和党中央最新指示要求，始终做到胸怀"国之大者"，不断强化政治判断力、政治领悟力、政治执行力，提升把方向、管大局、抓落实的能力。

三是扎实开展"迎盛会、铸忠诚、强担当、创业绩"主题学习宣传教育实践活动工作。深入落实市委部署要求，成立局党组学习宣传教育实践活动工作领导小组，召开动员部署大会，教育引导各级党组织和广大党员干部，以铸忠诚为根本，以强担当为责任，以创业绩为使命，聚焦10项重点任务，逐项推动落实落地。联合市关爱退役军人协会、市退役军人文化宣传队举办"喜迎二十大、建功新时代"退役军人书法摄影作品展和主题文艺节目，激励广大退役军人退役不褪色，永远跟党走，为全面建设社会主义现代化大都市贡献力量。组织"我幸福我光荣"主题报告会，开展天津"最美兵支书"学习宣传活动，进一步强化思想引领，激发全市退役军人干事创业、担当作为的责任感、自豪感和荣誉感，营造全市退役军人喜迎盛会的浓厚氛围。深入推进"我为群众办实事"实践活动，聚焦退役军人关心关切，办理实事10件，解决问题10个。两篇工作经验被市委学习宣传教育实践活动工作领导小组办公室简报转发，一篇工作经验被市委组织部《天津组工通讯》转发。

四是不断筑牢意识形态阵地。认真贯彻落实市委关于意识形态工作的决策部署和指示精神，先后10次召开党组扩大会研究意识形态和网络意识形态有关工作，细化工作任务，明确落实要求。举办意识形态和网络意识形态培训班，邀请市委宣传部有关领导授课辅导，进一步提高防范和化解意识形态领域风险的能力水平。加强意识形态阵地建设管理，充分发挥局官网、微信公众号等宣传阵地作用，微信公众号自3月份开通以来累计关注人数达2.3万人，发布报道410余篇，阅读量70万人次。联合市关爱退役军人协会、市委网信办、中央广播电视总台拍摄制作《峥嵘岁月　家国记忆》"老兵口述历史"专题片，在全网进行推送，引发广大网友热议。组织全系统网评员参加退役军人事务部"喜迎二十大　唱响退役军人工作最强音"——首届退役军人事务系统网络正能量作品大赛，选送9部作品参加全国决赛，其中1部作品获最佳创意奖，4部作品分获二等奖和参与奖，我局荣获优秀组织奖。深入开展落实意识形态工作责任制检查，深入排查意识形态风险点，针对性制定防控措施，进一步提升党员干部政治敏锐性和政治鉴别力。

二、坚持围绕中心服务大局，持续推动退役军人工作高质量发展

深入贯彻落实党中央"疫情要防住、经济要稳住、发展要安全"重要要求，按照市第十二次党代会部署要求，扎实做好退役军人思想政治、就业安置、服务保障、权益维护等各项工作，进一步增强退役军人获得感幸福感荣誉感。

一是服务体系建设提档升级。严格落实“五有”“全覆盖”工作要求，进一步健全完善服务体系，全市“两中心两站”增至5616个，搭建起横向到边、纵向到底的组织架构。加快推进全国示范型退役军人服务中心（站）向服务对象100人以上的村（社区）延伸，全年新增986家示范型服务中心（站），全市1360家服务中心（站）实现达标运行。持续加强全市业务技能比武培训，不断提升基层工作人员服务能力素质。用足用活有关政策，拨付军休服务管理机构建房专项资金，大力支持部分区军休所建设。筹划建设军休大学，拓宽网络“军休所”服务功能，不断提高军休服务保障水平。

二是就业安置工作成效明显。把做好退役军人就业作为贯彻党中央“稳就业”“保就业”的具体举措，分管市领导组织召开促进退役军人就业创业座谈会和安置工作会议，会同全市各部门合力提高退役军人就业和安置质量。加强退役军人就业创业扶持，深入企业问计问策问需求，利用“退役军人就业信息直通车”服务平台，发布岗位6.83万个，组织招聘活动58场次，2100余人达成就业意向。积极为军创企业纾困解难，协调40余家军创企业对接金融机构、提供金融支持，为1200户次纳税人减免租金、贷款、税费近2400万元。协调有关部门拿出41个公务员、25个事业编、99个公安辅警岗位，面向退役军人实施定向招考招录。扎实做好移交安置工作，完成302名团职及以下转业军官、426名安排工作退役士兵和退出消防员，以及34名逐月领取退役金退役军人接收安置任务。转业军官安置到党政机关和参公单位的占比95.7%，退役士兵和消防员安置到事业单位的占比87.3%，满意度大幅提升。狠抓军队师级以下离退休军人和伤病残士兵三年移交，实际接收584人，完成率172%，受到军委政治工作部、退役军人事务部的肯定，得到市领导同志批示表扬。

三是拥军优抚工作深入推进。持续巩固军政军民团结局面，深入推进双拥模范城创建，指导各区安置随调公务员、事业编家属57人，上岗随军未就业家属21人，协调保障670名军人子女就近入学，200名中高考军人子女落实加分政策，促进军人安心服役。制定我市应急应战响应机制和加强新时代拥军支前工作措施及分工，细化分解拥军支前22项任务，明确36个军地单位职责分工；完成军供保障任务11批次、1500人次。积极推进社会化拥军，向社会发布第一批445家拥军企业（门店、社会组织）名录，与顺丰、银联、盛京银行和中华财险等企业签订拥军优抚战略合作协议。春节、建军节期间组织走访慰问，全市发放“八一”慰问金近8000万元。按照退役军人事务部调标标准，持续提高部分优抚对象抚恤补助和残疾军人护理费，稳步推动优抚医院改革。有序推进优待证申领发放工作，全年共受理申请35.3万人，基本完成申领任务。

四是烈士褒扬工作全面加强。研究起草《天津市关于加强新时代烈士褒扬工作的措施》，积极推进县级以下英雄烈士纪念设施整修工程，共修缮7个烈士陵园、38个零散烈士纪念设施、零散烈士墓361座，迁葬零散烈士墓62座。通过多种方式为4606名烈士进行集体代祭扫，为7名烈士家属及生前好友开展点对点个性化代祭扫服务，获得广泛赞誉。深入挖掘烈士事迹，广泛开展为烈士寻亲活动，清明节组织网上祭英烈活动，抗日战争胜利纪念日、烈士纪念日组织向革命先烈敬献花篮仪式，传承红色基因、赓续红色血脉，在全社会营造铭记英雄、崇尚英雄、捍卫英雄、学习英雄的良好氛围。

五是思想政治引领有力有效。持续开展“穿上军装是保卫者，脱下军装是建设者，都是中国特色社会主义事业奋斗者”专题教育，不断加强退役军人思想引领，强化退役不褪色、建功新时代的责任意识。精心组织“全国最美退役军人”参选工作，退役军人唐洪祥荣获2022年第五届全国“最美退役军人”称号，天津市连续五年获此殊荣。召开退役军人思想政治工作联席会议和退役军人先进典型座谈会，成功举办第二届天津“最美退役军人”发布仪式，组织开展第三届天津“最美退役军人”和第一届“最美兵支书”学习宣传，积极引导广大退役军人在全面建设社会主义现代化大都市中当标杆、打头阵、做贡献。举行退役军人志愿服务总队及所属支队授旗仪式，3 万余名退役军人志愿者奉献在基层一线。

三、坚持自我革命从严治党，打造过硬政治机关

深入贯彻党中央和市委指示要求，全面推进党的政治、思想、组织、作风、纪律和制度建设，在管党治党上狠下功夫，在推动发展上见到成效。

一是严格履行主体责任。牢固树立“把抓好党建作为最大的政绩”意识，切实扛起全面从严治党主体责任，全年召开全面从严治党会议 7 次。党组书记、局长孙宏波严格落实“第一责任人”责任，推动党建责任层层落实落地。制定印发党组 2022 年党建工作要点，党组成员认真制定“两个清单”，严格落实“一岗双责”，将全面从严治党与分管业务工作同部署、同落实、同督查、同考核。主动支持配合驻局纪检监察组履行监督执纪职能，运用监督执纪“第一种形态”6 次。召开各事业单位全面从严治党工作座谈会，推动管党治党向纵深延伸。召开 8 次局法治政府建设工作领导小组会议，深入学习宣传贯彻习近平法治思想，不断强化法治思维，提高依法行政能力。严格落实安全生产责任制，先后 7 次召开局安全生产工作会议，学习贯彻落实习近平总书记关于安全生产重要指示精神，持续开展安全生产隐患排查治理，确保全年安全生产平稳有序。

二是持续强化纪律建设。开展经常性警示教育，召开全局廉政工作会议、警示教育大会，党组书记、局长孙宏波为党员干部讲廉政党课。进一步强党性、严纪律。认真组织全局 45 名干部进行个人有关事项报告填报工作，加强领导干部配偶、子女及其配偶经商办企业管理。严格遵守换届纪律，多次组织观看《警钟长鸣》警示教育片，进行换届纪律教育。认真贯彻落实市委办公厅《天津市 2022 年加强政治生态建设重点任务》，研究制定局党组《2022 年加强政治生态建设重点任务安排》，明确分工、压实责任、推动落实。坚决反对圈子文化、码头文化、好人主义等庸俗腐朽的政治文化，推进政治文化、政治生活、政治生态一体建设。

三是不断加强作风建设。元旦、春节、劳动节等重要时间节点，围绕遵守中央八项规定精神、防止“四风”问题发生等，印发廉政通知，开展廉政教育。持续深入治理形式主义官僚主义不担当不作为问题专项行动督查检查，通过实地察访、查阅资料、听取汇报等方式，开展专项检查 3 次，发现问题 44 个，建立台账并督促抓好整改。研究制定《关于进一步加强党员干部“八小时”外管理的工作措施》，定期开展廉政教育，引导党员干部“八小时以外”心有所畏、言有所戒、行有所止。深入开展家风教育，组织“重走方舟路”主题党日拍摄退役军人红色家风宣传短片，弘扬中华优秀传统文化、传播党的优良作风。严控发文和办会数量，2022 年我局召开全市范围内会议 4 个、印发规范性文件 17 个，精文简会成效明显。

四是树立鲜明选人用人导向。严格选人程序，提高选人质量，严格落实民主推荐、组织考察相关程序和考察预告、廉洁自律情况“双签字”等制度，坚持“凡提四必”，深入了解干部全面、真实情况。加强干部队伍建设调查研究，定期听取党员干部思想情况分析，掌握思想动态。优化绩效考核指标，完善工作方法，建立差异化绩效考核体系，设定 10 大项 28 小项，抓实干部考核工作，树立实绩实干的鲜明导向。全年共提拔任用副主任 2 名，平职调入副主任 1 名，为 10 名科级干部办理职级晋升，组织新提拔 9 名处级领导干部试用期满考核，接收 9 名 2022 年度军转干部和 5 名符合政府安排工作退役士兵。安排新接收的 9 名军转干部到基层一线和信访岗位锻炼，在急难险重中考察干部、识别干部。认真做好领导班子考核和领导干部考核和选人用人“一报告两评议”工作。局领导班子连续 3 年被评为“优秀”等次。

五是不断严肃党内政治生活。认真落实请示报告制度，制定局党组向市委请示报告事项清单。认真落实民主集中制，修订完善、严格执行党组工作规则、党组议事决策规则、“三重一大”

实施办法等制度规定,坚持党组书记末位表态。党组会议全年审议“三重一大”事项86次。严格落实双重组织生活制度,领导班子成员及时开展谈心谈话,参加双重组织生活,列席所在支部组织生活会。各基层党组织严格落实“三会一课”、民主评议党员等组织生活制度,不断增强党内政治生活政治性、时代性、原则性、战斗性。

市应急管理局2022年工作总结

2022年,在市委、市政府的坚强领导下,市应急局坚持以习近平新时代中国特色社会主义思想为指导,全面贯彻落实党的二十大和十九届历次全会精神,深入贯彻落实习近平总书记关于安全生产、应急管理、防灾减灾救灾的重要指示批示精神,全力以赴推进防范化解重大安全风险各项工作,全市安全生产形势保持总体稳定,未发生重大及以上生产安全事故,全市各类生产安全事故数量和死亡人数实现双下降。

一、强化班子自身建设,深入学习贯彻习近平新时代中国特色社会主义思想

一是把学习贯彻习近平新时代中国特色社会主义思想作为首要政治任务。科学制定年度学习方案计划,严密组织党委理论学习中心组学习,全年共组织集中学习21次,讨论交流20次,专题读书班2次。自觉运用习近平新时代中国特色社会主义思想引领应急管理工作,坚决贯彻习近平总书记关于应急管理系列重要指示批示精神,压实工作责任,健全完善工作台账,建立督导推动、跟踪问效机制,定期向市委、市政府报送进展情况。

二是深入学习宣传贯彻党的二十大和市第十二次党代会精神。局领导班子通过集中收看开幕会、邀请专家授课、党委理论学习中心组学习、支部集体学习研讨等多种形式深入学习党的二十大和市第十二次党代会精神。印制党的二十大精神口袋书和宣传展板,组织开展“担当作为铸忠诚　实干实绩迎盛会”迎庆活动,推动全局党员干部职工持续深入学习党的二十大精神,将思想行动统一到党的二十大精神上来,把智慧力量凝聚到党的二十大确定的目标任务上来,引导全局党员干部深刻把握“两个确立”的历史必然性,进一步增强牢记领袖教导、紧跟核心奋斗的政治自觉、思想自觉和行动自觉,立足职责使命发扬并践行重要训词精神,切实当好“除患务尽”的急先锋、党和人民的“守夜人”。

三是深入开展“迎盛会、铸忠诚、强担当、创业绩”主题学习宣传教育实践活动。成立局党委主题学习宣传教育实践活动工作领导小组,研究制定活动方案,组织召开动员部署会,切实推动实践活动全面展开。局领导班子带头,按照市委统一部署,以迎庆党的二十大为主线,通过多种途径教育引导党员干部深刻领悟“两个确立”的决定性意义,感悟做到“两个维护”的重大政治意义,持续深化对党、对习近平总书记忠诚教育。结合“我为群众办实事”实践活动,班子成员逐一到社区“入列轮值”,带动全局广大党员、干部积极参加社区疫情防控、隐患排查治理等工作,为社区治理贡献应急力量。

二、统筹发展与安全,守牢安全生产基本盘

一是压实安全责任。推动市、区两级制定党政领导干部安全生产“两个清单”。印发《市安委会关于进一步强化安全生产责任落实坚决遏制重特大事故的15条措施》,以市安委会办公室名义分赴各区和重点行业领域开展督导推动。修订《关于进一步明确和规范安全生产工作职责的意见》,推动“三管三必须”责任落实落地。组织实施《天津市生产经营单位安全生产主体责任规定》,推动安全生产主体责任落实。以市安委会名义印发《关于进一步强化安全生产工作机制的通知》,有效发挥综合监管作用,构建“齐抓共管”格局。

二是持续开展隐患排查整治。聚焦迎接党的二十大胜利召开这一主线,按照市委、市政府部署要求，组织开展全市安全生产攻坚行动，针对燃气、危化、消防、建筑施工和自建房、交通运输、旅游、森防等重点行业领域组织专业力量开展隐患排查整治，确保安全稳定。深刻汲取事故教训，推动开展城镇燃气安全整治“百日行动”，全市燃气安全形势明显好转。推动开展经营性自建房安全整治“百日行动”，排查整治存在结构安全隐患经营性自建房。成立天津市危险化学品安全专业委员会，组织开展危险化学品安全风险集中治理，开展重大危险源企业专项检查督导。

三是持续推进安全生产专项整治三年行动。认真落实习近平总书记提出的“从根本上消除隐患，从根本上解决问题”的重要指示要求，始终坚持问题导向、目标导向和结果导向，重在从转变理念、狠抓治本上下功夫，重在从责任链条、工作机制、制度成果、管理办法和重点任务工程上显成效。16 个区均已在街镇、政府部门和党群部门的“三定”方案中明确安全生产工作职责。全市共制定实施安全生产相关法规、制度规定等 320 项。各重点行业领域企业通过自身培养和市场化机制全部建立安全生产技术和管理团队，高危行业及规模以上企业均已完成安全生产标准化自评工作。圆满完成我市安全生产专项整治三年行动各项任务目标，有力保障全年安全生产形势稳定，为党的二十大胜利召开营造了安全稳定的社会环境。

四是全面提升安全生产法治工作水平。认真落实《党政主要负责人履行推进法治建设第一责任人职责规定》，制定《市应急管理局深入学习贯彻落实习近平法治思想的若干措施》和贯彻落实“法治天津”“法治政府”“法治社会”建设系列实施方案，全面提升安全生产法治建设成效。为严格落实国家机关“谁执法谁普法”“谁主管谁普法”“谁服务谁普法”的普法责任制，制定了《天津市应急管理局 2022 年普法责任清单》，规定了重点普法任务、内容、对象及责任单位等。将普法工作融入执法检查、调查询问、警示约谈全过程，在企业中广泛开展普法工作。此外，充分运用电视、网络、橱窗、小册子等形式开展宣传，联合天津电视台科教频道制作《白俊说安全——法治特别节目》，通过以案说法的形式宣传普及法律法规和安全知识；持续利用局官方媒体平台开展普法宣传，在官方网站开设“应急普法”专题页，突出《突发事件应对法》《安全生产法》等重点内容，持续更新普法活动和行政执法动态。严格安全生产监管执法，处罚金额首次突破亿元，执法检查处罚同比“双上升”。

三、完善体制机制，全面提升防灾减灾救灾能力

一是全力做好防汛抗旱工作。市委主要领导主持召开应对极端强降雨防汛应急工作部署会议并观摩我市应对极端强降雨桌面推演，相关市领导多次来局调度指挥。修订《天津市防汛抗旱应急预案》，编制《天津市极端强降雨天气防汛应急处置实施方案》，制定《天津市城市内涝群众转移安置方案》，健全防汛抗旱制度体系。全市上下通力协作，以极限思维全力做好防汛救灾工作，成功应对强降雨和台风过程，确保安全度汛。

二是全力做好地震和地质灾害防治工作。指导全市各相关单位完善地震应急预案体系，更新应急预案 18 个保障计划，确保全市大震应急响应各项工作落到实处。深入推进“全域科普+防震减灾”，“防震减灾科普进农村”列入市全域科普示范活动。开展重大基础设施地震灾害风险摸排，完成 1 个国家级、4 个市级抗震设防信息采集试点工作，完成年度新增加固工程、新建工程抗震设防信息数据采集上报，完成全市涉农区的农居抗震性能调查工作。针对天津危化企业众多的特点，印发危化品厂库加固三年行动方案，对全市企业厂库开展抗震设防能力现场核查。修订《天津市突发地质灾害应急预案》，完善《应对强降雨地质灾害应急机制》，制定《突发地质灾害应急操作手册》，明确了应急响应行动流程、任务责任、处置要点和责任人。编制《天津市 2022 年度汛期地质灾害气象风险预警实施方案》，指导汛期地质灾害气象风险预报预警工作，提升地质灾害防范应对能力。

三是全力做好森林火灾防治工作。为提高

广大市民防火意识，织严织密森林防灭火工作网络体系，分别在4月、10月开展了“森林防火宣传月”活动，形成森林防火常态化宣传机制。印发《天津市森林火灾应急预案》，组织开展火灾隐患排查整治和查处违规用火行为专项行动、林区输配电设施火灾隐患专项排查治理行动等，确保全市森林安全。以市森防办名义牵头组织市规划资源局、市公安局等相关部门，对全市10个涉农区森林防灭火和专项工作开展情况开展联合调研推动，对发现的问题要求及时整改到位并对做好隐患排查和治理违法违规用火提出了具体要求。

四是全力做好救灾保障工作。为不断提升救灾保障能力，修订完善《天津市自然灾害救助应急预案》，推动市级救灾物资分中心建设，抓好自然灾害综合风险普查，推进应急保障物资“十四五”规划落实。出台《天津市救灾物资储备工作指导意见》，推动建立权责清晰、层次明确的“市—区—街镇—村(居)”四级救灾物资储备体系。推动各区出台《中央救灾资金管理暂行办法实施细则》，制定《加强衔接配合做好灾害救助工作方案》，提升区级部门协同工作能力。持续指导创建全国综合减灾示范社区，对标示范社区创建管理办法和我市评分细则，全市有15个社区获得全国综合减灾示范社区称号。

四、扎实做好应急准备，营造应急文化氛围

一是健全应急联动机制。印发《关于进一步加强事故灾害应急处置工作机制建设的意见》，与中部战区、天津警备区沟通对接洪涝灾害应急救援协调联动，不断提升协调联动处置合力和应对水平。全年365年、每天24小时在岗值守，党的二十大等重点时期，组织危化、建筑、交通等26类市级专业应急救援队伍加强备勤，启动加强型视频调度，有力确保人民群众生命财产安全。

二是完善应急预案和救援队伍建设管理。统筹推动应急预案体系建设工作，以贯彻实施市总体应急预案为统领，完成42个市级专项预案、16个区总体预案编修印发工作，圆满完成全国预案体系建设试点工作各项任务。组织开展“天津市抗洪抢险综合应急演练”(代号“砺剑—2022”)、抗震救灾综合应急演练等各级、各类应急预案演练。救援队伍管理制度体系进一步完善，应急救援力量显著增强。

三是扎实做好应急管理信息化工作。印发了《统筹推进应急管理信息化系统一期深度应用和二期建设规划的实施方案》，建立应急管理信息化深度应用领导小组，组建全市应急管理信息化深度应用骨干班，通过组织开展系列培训、场景征集、应用演练、案例评选等6大项16小项主要举措，优化工作机制，在全市应急管理系统营造信息化深度应用的浓厚氛围。积极推进“智慧应急”试点建设经验做法推广应用，我局的“智慧应急”建设成果被应急管理部评为“2021年度智慧应急典型案例”，并收录至《应急管理部“智慧应急”试点建设案例汇编》和《中国电子政务年鉴(2021)》。

四是大力推进应急文化建设。大力开展《生命重于泰山——学习习近平总书记关于安全生产重要论述》电视专题片学习宣传活动。联合市委组织部在市委党校举办2022年市管干部统筹发展与安全防范化解重大安全风险专题研讨班。与市委宣传部共同制作《铭记事故教训 安全警钟长鸣》警示片，开展“迎盛会、兴文化”安全宣传专项行动，强化对企业法人的监督管理和安全教育，督促履行第一责任人责任。加强应急管理科普平台建设，“天津科技馆应急科普专区(一期)”项目建成落地。精心组织“5·12”防灾减灾日、“安全生产月”等主题宣传活动，形成良好的应急文化氛围。我局微信、微博被市委网信办评为“2022年天津最具传播影响力政务新媒体”，我局被中国科协评为2022年全国科普日活动优秀组织单位。

五、压实全面从严治党政治责任，以上率下推进党风廉政建设

一是坚决扛起管党治党政治责任。制定贯彻落实《中共天津市委关于推进全面从严治党向纵深发展的意见》具体措施，组织召开全市应急管理系统全面从严治党暨党风廉政建设工作会议。制定全面从严治党主体责任“两个清单”

和《市应急管理局党委 2022 年落实全面从严治党主体责任任务安排》。聚焦局 2021 年度落实全面从严治党主体责任考核和政治生态建设考核评价反馈问题，制定整改清单，按期完成整改落实。定期听取主体责任和党建工作情况汇报，开展党建工作检查考核，推动机关党建工作责任落实到位。党委主要负责同志带头落实“第一责任人”责任，领导班子其他成员认真履行“一岗双责”。

二是坚决有力净化政治生态。深入落实习近平总书记“坚持不懈抓好党内政治生态建设”重要指示精神，积极培育风清气正的政治环境、廉洁从政的工作氛围、清清爽爽的同志关系。深入调研我局政治生态建设情况，组织开展码头文化、圈子文化、好人主义专题研讨，教育引导党员干部严守政治纪律和政治规矩，切实做到党中央提倡的坚决响应、党中央决定的坚决执行、党中央禁止的坚决不做。

三是深入扎实做好意识形态工作。通过集中学习、特色主题党日等多种途径，不断强化党的创新理论武装，确保马克思主义在意识形态领域的指导地位。修订完善相关制度规范，健全完善工作机制。组织召开网络意识形态工作座谈会，加强对局重要信息系统及网络设备日常监测检查，严格落实重大决策网络舆情风险评估机制，积极做好网络舆论引导和政策解读工作。

四是坚决落实市委巡视、审计监督反馈意见整改。局领导班子多次召开会议，研究部署和推动巡视整改工作，起草整改方案，明确整改责任，制定整改措施。成立巡视整改工作领导小组，建立巡视整改工作督办制度，组织开展巡视整改工作督查，确保整改质量。目前所有反馈问题、“举一反三”和“推动改革促进发展”整改事项均已完成，并取得了较好成效。为认真贯彻落实审计整改工作要求，研究制定整改工作方案，明确责任分工，审计报告反映的问题全部整改完毕。同时，结合我局实际，举一反三制定修订涉及财务管理、资产管理等制度，做好审计整改“后半篇文章”。

五是夯实党建基础工作。修订完善《市应急管理局谈话制度》《关于进一步规范局领导班子成员参加双重组织生活七项措施》等制度，组织党规党纪专题培训 5 次。推动任期届满党支部开展换届工作。指导局驻市政务服务中心机构按程序成立党支部、选举书记。全局党支部组织设置进一步完善，组织结构进一步优化，支部书记“第一责任人”责任进一步压实。严格落实《关于新形势下党内政治生活的若干准则》，定期开展基层党建工作检查，规范“三会一课”、主题党日等组织生活。严肃认真组织召开年度组织生活会和主题学习教育专题组织生活会，开展批评和自我批评。

六是强化干部队伍建设。以市委办公厅、市政府办公厅名义印发《天津市深化应急管理综合行政执法改革实施方案》，并完成市、区两级应急管理综合行政执法队伍组建工作。制定干部选拔任用工作流程，进一步提升干部选拔任用工作规范化水平。统筹谋划干部队伍建设，组织执法总队、事务中心招聘相关专业人员，接收转业干部和退役士兵。坚持正确选人用人导向，严格政治考察，组织开展职务职级晋升。制定应急管理干部专业化培训计划，组织开展执法干部业务知识和岗位实操训练以及全员岗位练兵等一系列专业培训班。举办应急管理大讲堂 12 次，组织干部参加各类网络专题培训班 19 期，进一步提升党员干部政治信仰、思想觉悟和抓应急、干应急的能力素质。充分利用各类评优评先资源，选树先进典型，激励担当作为，2022 年推荐了全国行政执法先进等共计 5 个集体和 6 名个人，进一步调动干部干事创业积极性和主动性。

七是持续加强党风廉政建设。扎实推进《市应急管理局党委贯彻落实〈关于推进清廉天津建设的意见〉的方案》，推动清廉建设融入应急管理工作各方面全过程。建立党风廉政建设考核机制，对各支部书记履责情况进行综合检查，现场反馈问题，提出整改意见。组织排查廉政风险点并制定防控措施，持续紧盯行政审批、监管执法、专项资金管理等重要岗位和关键环节加强监督检查，不断加强重点领域廉政风险管控。为全局干部职工家属寄送廉洁信，全年开展廉政警示教育15次，召开警示教育大会2次，时刻提醒全体党员干部不越底线、不踩红线。持续改进工作作风，印发案例通报，及时有效开展"三个以案"。充分利用局门户网站、信访平台，畅通信、访、电、网等举报渠道，及时受理检举控告，加强信访举报、问题线索处置。

市应急管理局党委2022年工作总结

2022年，在市委和市政府党组的坚强领导下，市应急局党委坚持以习近平新时代中国特色社会主义思想为指导，全面贯彻落实党的二十大和十九届历次全会精神，深入贯彻落实习近平总书记关于安全生产、应急管理、防灾减灾救灾的重要指示批示精神，全面落实新时代党的建设总要求，以喜迎党的二十大和深入开展"迎盛会、铸忠诚、强担当、创业绩"主题学习宣传教育实践活动为主线，积极推进党建与业务工作深度融合，主动履职担当，以新安全格局保障新发展格局，为全面建设社会主义现代化大都市做出积极贡献。

一、着力提高政治站位，加强党对应急管理工作的全面领导

一是坚决做到"两个维护"。自觉运用习近平新时代中国特色社会主义思想引领应急管理工作，全面落实学习贯彻习近平总书记重要指示批示"第一责任""首要议题"制度，年内以局党委会、局党委理论学习中心组等形式组织传达学习贯彻14次。坚决贯彻习近平总书记关于应急管理系列重要指示批示精神，及时明确责任单位，压实工作责任，健全完善工作台账，建立督导推动、跟踪问效机制，定期向市委、市政府报送进展情况。印发《关于严肃换届纪律加强换届风气监督的通知》，坚持严格标准、严密程序、严肃纪律，圆满完成我局选举出席市第十二次党代会代表和推荐我市参加党的二十大代表工作。严守政治纪律规矩，严格落实请示报告制度，全年共向市委和市委有关部门报告专题请示报告重大事项20余次，突发事件信息随时报送。

二是坚决落实市委巡视、审计监督反馈意见整改。局党委先后8次召开党委会议，深入学习习近平总书记关于巡视工作重要论述，研究部署和推动局巡视整改工作。局党委书记认真履行巡视整改第一责任人责任，亲自组织起草整改方案，分解整改任务，明确整改责任，制定整改措施151条。成立巡视整改工作领导小组，建立巡视整改工作督办制度，组织开展巡视整改工作督查，对整改措施落实情况全面开展督促检查，确保整改质量。目前所有反馈问题、"举一反三"和"推动改革促进发展"整改事项均已完成，并取得了较好成效。局领导班子高标准召开专题民主生活会，查摆问题，分析原因，全面落实整改。认真贯彻落实审计整改工作要求，迅速成立审计整改工作领导小组，制定整改工作方案，明确责任分工，审计报告反映问题全部整改完毕。同时，结合我局实际，举一反三修订完善相关制度，做好审计整改"后半篇文章"。

三是坚决扛起管党治党政治责任。制定贯彻落实《中共天津市委关于推进全面从严治党向纵深发展的意见》具体措施，组织召开全市应急管理系统全面从严治党暨党风廉政建设工作会议，安排部署年度重点工作任务。及时调整局党的建设工作领导小组组成人员，加强全面从严治党工作组织领导。制定全面从严治党主体责任"两个清单"和"任务安排"。聚焦局2021年度落实全面从严治党主体责任考核和政治生态建设考核评价反馈问题，制定整改清单，按期完成整改落实。定期听取主体责任和党建工作情况汇报，研究审议机关党建工作要点、机关纪委工作要点，定期开展党建工作检查考核，推动机关党建工作责任落实到位。党委主要负责同志落实"第一责任人"责任，对重要工作周密部署、重大问题及时过问、重要环节主动协调、重要案件严肃督办并主持开展全面从严治党工作专题调研；领导班子其他成员认真履行"一岗双责"，对职责范围内的党风廉政建设切实负起领导责任。

四是坚决有力净化政治生态。深入落实习近平总书记“坚持不懈抓好党内政治生态建设”重要指示精神，积极培育风清气正的政治环境、廉洁从政的工作氛围、清清爽爽的同志关系。深入调研我局政治生态建设情况，组织开展码头文化、圈子文化、好人主义专题研讨，教育引导党员干部严守政治纪律和政治规矩，切实做到党中央提倡的坚决响应、党中央决定的坚决执行、党中央禁止的坚决不做。

二、强化创新理论武装，推动“迎盛会、铸忠诚、强担当、创业绩”主题学习宣传教育实践活动走深走实

一是深入学习贯彻习近平新时代中国特色社会主义思想。把学习贯彻习近平新时代中国特色社会主义思想作为首要政治任务，科学制定年度学习方案计划，严密组织党委理论学习中心组学习。在习近平总书记向国家综合性消防救援队伍授旗致训词4周年之际，扎实开展学习宣贯活动。坚持把学习贯彻习近平新时代中国特色社会主义思想作为干部教育培训的首课、主课、必修课，举办“学习大讲堂”，邀请专家围绕习近平法治思想进行专题辅导。大力开展《生命重于泰山——学习习近平总书记关于安全生产重要论述》电视专题片学习宣传，联合市委组织部在市委党校举办2022年市管干部统筹发展与安全防范化解重大安全风险专题研讨班，深入宣传贯彻习近平总书记关于安全生产重要论述，持续推动学习贯彻习近平新时代中国特色社会主义思想走深走心走实。

二是深入学习宣传贯彻党的二十大和市第十二次党代会精神。通过集中收看党的二十大开幕会、党委主要负责同志宣讲等多种形式组织学习，印制党的二十大精神口袋书和宣传展板，组织参加“喜迎二十大　奋进新征程”党内法规知识学习竞赛，开展“担当作为铸忠诚　实干实绩迎盛会”迎庆活动，推动全局党员干部职工持续深入学习党的二十大精神，将思想行动统一到党的二十大精神上来，把智慧力量凝聚到党的二十大确定的目标任务上来。组织全局党员干部收听收看市第十二次党代会开幕式直播，开展学习讨论、畅谈心得体会。通过多种途径组织学习，引导全局党员干部深刻把握“两个确立”的历史必然性，进一步增强牢记领袖教导，紧跟核心奋斗的政治自觉、思想自觉、行动自觉，并立足职责使命发扬并践行重要训词精神，切实当好“除患务尽”的急先锋、党和人民的“守夜人”。

三是深入开展“迎盛会、铸忠诚、强担当、创业绩”主题学习宣传教育实践活动。成立局党委主题学习宣传教育实践活动工作领导小组，研究制定活动方案，组织召开动员部署会，切实推动实践活动全面展开。以迎庆党的二十大为主线，通过多种途径教育引导党员干部深刻领悟“两个确立”的决定性意义，感悟做到“两个维护”的重大政治意义，持续深化对党、对习近平总书记忠诚教育。组织广大党员、干部到社区“入列轮值”，发动全局党员到社区报到备案，为社区治理贡献应急力量。选派30余名党员干部，参加隔离点督导和核酸筛查等工作，全力服务全市疫情防控大局。定期印发实践活动专题简报，在局“一网双微”开设“中国共产党第二十次全国代表大会”“中国共产党天津市第十二次代表大会”等专栏并及时发布相关信息，制作宣传展板、活动海报，营造浓厚的活动氛围。

四是深入扎实做好意识形态工作。通过集中学习、特色主题党日等多种途径，不断强化党的创新理论武装，确保马克思主义在意识形态领域的指导地位。严格落实《党委（党组）意识形态工作责任制实施办法》，及时调整意识形态工作领导小组成员并明确办事机构，确保责任落实到位。及时修订完善制度规范，健全完善工作机制。组织召开网络意识形态工作座谈会，加强对局重要信息系统及网络设备日常监测检查，严格落实重大决策网络舆情风险评估机制，积极做好网络舆论引导和政策解读工作。党委主要负责同志为天津中德应用技术大学师生讲授思政课。在局门户网站开设“领袖嘱托”“重点关注”等栏目，全力建设学习贯彻习近平总书记系列重要讲话精神和党中央、国务院以及市委、市政府决策部署的主阵地，唱响主旋律，弘扬正能量。

五是深入推进精神文明建设。制定《市应急管理局落实〈天津市全域创建文明城市三年行动计划（2021—2023年）〉方案》，积极参与支持全域文明城市创建。大力开展文明新风尚行动，深入宣传落实《市应急管理局工作人员文明用语》《市应急管理局文明行为规范标准》，树立市级机关良好形象。深入推动新时代文明实践活动开展，组建新时代文明实践志愿服务队伍，以应急青年干部为主体，深入企业、社区大力开展形式多样的志愿服务活动，在创文中彰显应急管理工作风貌。

三、全力贯彻新时代党的组织路线，建设高素质专业化干部队伍

一是全力推动应急管理综合行政执法改革。为落实中央办公厅、国务院办公厅《关于深化应急管理综合行政执法改革的意见》精神，报经市委全面深化改革委员会政府职能转变和行政管理体制改革专项小组会议、市政府常务会议及市委全面深化改革委员会会议审议通过，以市委办公厅、市政府办公厅名义印发《天津市深化应急管理综合行政执法改革实施方案》，并完成市、区两级应急管理综合行政执法队伍组建工作。

二是全力打造实干担当干部队伍。深入开展干部队伍建设情况调研，全面、准确、系统分析研究干部队伍情况。制定干部选拔任用工作流程，进一步提升干部选拔任用工作规范化水平。统筹谋划干部队伍建设，组织执法总队、事务中心招聘相关专业人员，接收转业干部和退役士兵。坚持正确选人用人导向，严格政治考察，组织开展职务职级晋升，干部队伍结构逐步优化。

三是全力强化政治、能力训练。严格按照市委组织部统一部署和安排，制定局年度学员调训计划，统筹做好局、处级干部调训、参训工作。制定应急管理干部专业化培训计划，组织开展安全生产执法专题辅导讲座、执法干部业务知识和岗位实操训练以及全员岗位练兵，举办市应急救援队伍、基层应急管理干部、森林防灭火指挥、网络安全及信息化建设、基层应急救灾保障、新闻宣传等培训班。举办应急管理大讲堂12次，利用“天津干部在线学习”等平台资源，组织干部参加各类网络专题培训班19期，完成率达到100%，进一步提升党员干部政治信仰、思想觉悟和抓应急、干应急的能力素质。

四是全力严抓干部监督管理。修订考勤和请销假制度，持续规范请销假程序；完善干部家访工作方案，通过实地走访和电话随访等方式加强干部日常监督；逐级开展履职、廉政、任职等谈话。严格落实干部考核制度，组织完成公务员年度考核、平时考核，直属单位领导班子年度考核、工作人员年度考核。严格落实领导干部个人事项报告制度，组织完成年度个人事项填报工作；组织抓好受问责干部帮扶教育。

四、提升机关党建水平，锻造坚强有力的战斗堡垒

一是强化党内法规落实。组织学习《中国共产党党徽党旗条例》，积极开展自查和整改。修订完善《市应急管理局谈话制度》《关于进一步规范局领导班子成员参加双重组织生活七项措施》等制度，使各项制度更加贴合应急管理工作实际。修订《基层党建绩效考评细则》，调整加分项目内容，从机制上鼓励各支部积极开展党建宣传、参加各类竞赛、开展特色党日活动，激发党员干部积极性创造性。以党员发展、支部换届、组织生活会等为主题，组织党规党纪专题培训5次，有效提高党建规范化水平。

二是强化基层组织建设。严格落实《中国共产党和国家机关基层组织工作条例》《中国共产党基层组织选举工作条例》有关要求，稳步推动任期届满党支部开展换届工作。指导局驻市政务服务中心机构按程序成立党支部、选举书记。根据工作实际，及时调整支部书记。与新任支部书记开展任职谈话，围绕主要职责任务、支部职能定位、基层党建如何与应急管理工作相融合等方面对支部书记提出具体要求。全局党支部组织设置进一步完善，组织结构进一步优化，支部书记“第一责任人”责任进一步压实。

三是强化组织生活落实。开展2021年度机关党委书记向局党委和市级机关工委述职、党支部书记向机关党委述职工作，严密开展支部等次评定工作。科学制定《2022 年机关党的建设工作要点》，逐月印发《党建工作任务清单》，推动落实习近平总书记重要指示批示精神、中央和市委重大决策部署。严格落实《关于新形势下党内政治生活的若干准则》，定期开展基层党建工作检查，规范“三会一课”、主题党日等组织生活内容、形式和频次要求。组织召开年度组织生活会和主题学习教育专题组织生活会，并严格落实机关党委委员列席制度，督促开展严肃认真、具有辣味的批评和自我批评。

四是强化统战群团工作。召开统战工作座谈会，开展走访慰问、政策宣讲、共建联建等活动 10 余次，有效提升统战工作质量。积极推进民主党派直报建议办理，坚决落实关于大型管道设施外部施工安全事先管控体系和液化石油气安全管理隐患的意见。组织团员青年集体收看习近平总书记在庆祝中国共产主义青年团成立 100 周年大会上的讲话，开展“读原著、颂经典、强素质、做表率”诵读等系列活动，教育引导青年干部作堪当重任的红色接班人，1 人获评天津市优秀共青团干部。充分发挥应急青年突击队作用，常态化开展志愿服务活动。积极做好大病救助、住院关爱、网上惠工等工作，按期完成多功能室、健身活动室、职工活动中心、职工书屋等建设。组织“巧手绘安全　展应急巾帼风采”主题绘画、剪纸和“机关巾帼微宣讲”视频展示评比等活动，引领广大女干部自觉听党话、跟党走，立足岗位作出新贡献。

五、严格正风肃纪，激励新时代担当作为

一是持续加强党风廉政建设。扎实推进《市应急管理局党委贯彻落实〈关于推进清廉天津建设的意见〉的方案》，推动清廉建设融入应急管理工作各方面全过程。印发加强新时代廉洁文化建设方案，在局机关精心打造“廉洁文化长廊”，推动执法总队建设我局廉洁文化示范点，推进廉洁文化深入人心。印发《市应急管理局党委关于加强对“一把手”和领导班子监督的任务分工》，聚焦“一岗双责”落实情况开展监督检查。建立党风廉政建设考核机制，对各支部书记履责情况进行综合检查，现场反馈问题，提出整改意见。组织排查廉政风险点并制定防控措施，持续紧盯行政审批、监管执法、专项资金管理等重要岗位和关键环节加强监督检查，不断加强重点领域廉政风险管控。组织观看《走好廉洁从政第一步》《蚁贪之害》等警示专题片，重要节日和敏感时间节点前均印发纪律要求、警示提醒通知和典型案件通报，为全局干部职工家属寄送廉洁信，全年开展廉政警示教育 15 次，召开警示教育大会 2 次，时刻提醒全体党员干部不越底线、不踩红线。

二是持续改进工作作风。印发《关于 4 起形式主义官僚主义、不担当不作为典型问题的通报》等案例通报 3 份，及时有效开展“三个以案”。严密组织“警示教育月”活动，深入贯彻落实市委专项行动工作部署和市级机关处长大会精神，有力促进干部作风建设。组织开展政府购买服务领域不担当不作为问题专项整治，持续纠治形式主义官僚主义不担当不作为问题。

三是持续强化监督执纪问责。聚焦习近平总书记关于应急管理重要论述和重要训词精神、党中央重大决策部署贯彻落实情况开展政治监督。紧紧围绕安全生产、防汛救灾等重点工作，深入蓟州、武清、静海等地物资储备库、蓄滞洪区等开展现场监督检查。落实执法检查监督回访制度，通过上门回访、电话回访、发放调查问卷等形式，对企业进行执法监督回访。组织学习《全市大筛落实责任不力出现应筛未筛有关问题及教训警示通报》，对疫情防控开展常态化监督检查。充分利用局门户网站、信访平台，畅通信、访、电、网等举报渠道，及时受理检举控告，严格执行监督执纪工作规则，加强信访举报、问题线索处置。

四是持续激励担当作为。多渠道宣传报道我市应急系统先进典型事迹，不断增强干部从事应急管理工作的责任感、使命感和荣誉感。充分利用各类评优评先资源，选树先进典型，激励担当作为，今年以来，分别推荐了全国爱国卫生先进、全国行政执法先进、天津市决算先进、天津市内保工作先进、天津市人民满意公务员、天津市退役军人服务保障先进、天津市科普工作先进，共计5个集体和6名个人。持续做好绩效差额化分配工作，对履职尽责担当作为的处室和个人，给予正向激励，进一步调动干部干事创业积极性和主动性。

六、主动履职尽责，以新安全格局保障新发展格局

一是全面维护安全发展环境。以市安委会名义印发《市安委会关于进一步强化安全生产责任落实坚决遏制重特大事故的15条措施》《关于进一步强化安全生产工作机制的通知》，推动市、区两级制定党政领导干部安全生产“两个清单”，修订《关于进一步明确和规范安全生产工作职责的意见》，组织实施《天津市生产经营单位安全生产主体责任规定》，以市安委会办公室名义分赴各区和重点行业领域开展督导推动，全面压实安全生产责任，构建“齐抓共管”格局。组织开展全市安全生产攻坚行动，针对燃气、危化、消防、建筑施工和自建房、交通运输、旅游、森防等重点行业领域开展隐患排查整治。深刻汲取事故教训，压茬推进燃气安全集中整治和燃气安全“百日行动”，全市燃气安全形势明显好转。推动开展经营性自建房安全整治“百日行动”和“回头看”，整治存在结构安全隐患经营性自建房。成立天津市危险化学品安全专业委员会，组织开展危险化学品安全风险集中治理，开展重大危险源企业专项检查督导。持续推进安全生产专项整治三年行动，有力保障全年安全生产形势稳定，为党的二十大胜利召开营造安全稳定的社会环境。

二是全面做好防灾减灾救灾工作。修订《天津市防汛抗旱应急预案》，编制《天津市极端强降雨天气防汛应急处置实施方案》，制定《天津市城市内涝群众转移安置方案》，健全防汛抗旱制度体系。以极限思维全力做好防汛救灾工作，成功应对强降雨和台风过程，全市安全度汛。修订完成《天津市自然灾害救助应急预案》，推动市级救灾物资分中心建设，抓好自然灾害综合风险普查，推进应急保障物资“十四五”规划的落实。出台《天津市救灾物资储备工作指导意见》，推动建立权责清晰、层次明确的“市—区—街镇—村(居)”四级救灾物资储备体系。推动各区出台《中央救灾资金管理暂行办法实施细则》，制定《加强衔接配合做好灾害救助工作方案》，提升区级部门协同工作能力。印发《天津市森林火灾应急预案》，组织开展火灾隐患排查整治和查处违规用火行为专项行动、林区输配电设施火灾隐患专项排查治理行动等，确保全市森林安全。

三是全面强化应急准备。印发《关于进一步加强事故灾害应急处置工作机制建设的意见》，与中部战区、天津警备区沟通对接洪涝灾害应急救援协调联动，全年365年、每天24小时在岗值守，不断提升协调联动处置合力和应对水平。以贯彻实施市总体应急预案为统领，42个市级专项预案、16个区总体预案完成编修印发，基层预案体系建设全面铺开。组织开展“天津市抗洪抢险综合应急演练”(代号“砺剑—2022”)、抗震救灾综合应急演练等各级、各类应急预案演练。进一步完善救援队伍管理制度体系，分别与中交、中铁、中建等5家驻津央企签订应急救援联动合作协议，应急救援力量显著增强。持续推进应急管理信息化(二期)项目建设，优化完善功能，加快“智慧应急”深化拓展。党的二十大等重点时期，启动加强型视频调度，组织各类应急救援队伍开展预置力量备勤，有力确保人民群众生命财产安全。

四是全面提升服务大局水平。认真落实《党政主要负责人履行推进法治建设第一责任人职责规定》，制定《市应急管理局深入学习贯彻落实习近平法治思想的若干措施》和贯彻落实“法治天津”“法治政府”“法治社会”建设系列实施方案，全面提升应急管理法治建设成效。认真贯彻落实新修订的档案法，扎实做好档案移交、归档、自查，完成年度档案工作调研课题，进一步提高档案工作的规范化、制度化水平。严格落实疫情防控措施，组织疫苗接种工作，驰而不息整治餐饮浪费等现象，提升后勤保障水平。认真落实全市信访工作会议精神，大力宣传贯彻《信访工作条例》，畅通群众信访渠道，千方百计为群众排忧解难，以实际行动筑牢首都政治“护城河”。

市审计局 2022 年工作总结

2022 年，全市审计机关深入学习宣传贯彻党的二十大精神，扎实开展“迎盛会、铸忠诚、强担当、创业绩”主题学习宣传教育实践活动，围绕市、区两级党委政府决策部署，立足经济监督、体现政治要求、维护政治安全，坚持“真审、严审、全审、深审”，克服疫情影响，圆满完成全年审计任务，审计监督效能进一步提升。

一、突出政治强审，不断提高政治判断力、政治领悟力、政治执行力

一是深入学习贯彻习近平总书记重要讲话和重要指示批示精神。全市审计机关围绕学习宣传贯彻党的二十大精神，深刻领悟“两个确立”对审计机关政治建设的更高要求，坚持围绕“国之大者”谋划审计工作。扎实开展习近平总书记重要指示批示精神“回头看”，系统梳理总结 2021 年贯彻落实情况，科学制定 2022 年工作台账，明确三类 79 项重点审计目标任务，逐项细化分工、压实责任、跟踪督办，形成“有部署、有检查、有落实”的工作闭环。《中央审计办简报》第 13 期刊发我市紧扣习近平总书记“三个着力”重要要求，谋划推进审计工作的积极成效和经验做法。

二是健全市委审计委员会工作运行机制。制定《中共天津市委审计委员会工作运行规则》，通过系统构建市委审计委员会统一领导下的重大审计事项统筹谋划、联络协调、请示报告、督办落实“一揽子”制度机制，进一步明确市委审计委员会职能定位、议事规则和工作流程，促进提升市、区两级党委审计委员会工作制度化、规范化水平，更好巩固和深化审计管理体制改革成果，推动把党对审计工作的领导落实到审计工作全过程各方面。

三是严格执行重大事项请示报告制度。加强对各区党委审计委员会及其办公室工作的组织领导和业务指导，对照中央审计办关于加强地方党委审计委员会重大事项请示报告工作等部署要求，组织 16 个区委审计办开展排查梳理，制定工作措施 52 项。加大对重大事项请示报告制度执行情况的检查力度，组织对各区贯彻执行情况进行集中通报。全年向中央审计办报送重大事项报告 22 件，向市委审计委员会报送请示、报告、简报等 42 件，市领导同志批示 110 次。收到并办理各区重大事项报告 147 件，其中 5 个区报告了 21 件重大违纪违法问题线索情况，审计“利剑”作用在基层进一步彰显。

二、聚焦主责主业，不断强化审计监督整体效能

一是持续开展重大政策措施落实跟踪审计，促进政令畅通。在各类审计项目中紧紧围绕做好“六稳”工作、落实“六保”任务进行跟踪审计，抽查单位 49 个，抽审项目 62 个，重点反映了在落实优化营商环境、保障和改善民生等 9 方面政策中存在的 46 个问题。扎实开展天津市提高自然灾害防治能力政策落实情况专项审计调查，揭示相关工程项目重大质量问题，提示地质灾害、海潮灾害、洪水内涝灾害等安全隐患，得到市领导充分肯定。

二是不断深化预算执行审计，保障财政资金合规安全高效。优化审计组织方式，统筹市局 21 个业务处室，首次对市级财政“四本预算”和 17 个市级部门预算执行情况实施穿透式审计，强化审计项目纵向贯通和横向联动，揭示零基预算管理改革有待深化、存量资金统筹管理不到位、部门预算编制不完整不准确、执行不规范、财政资金绩效管理水平有待提高等问题，推动财政部门及各预算单位全面加强预算管理，一体推进揭示问题、规范管理、促进改革。

三是深入揭示重大经济风险隐患，全力维护经济安全。采取同级审、市对区抽审相结合的方式，对地方政府债务和隐性债务情况进行核查，揭示债务资金管理使用中的“跑冒滴漏”、挤占挪用、效率低下等问题，提示债务风险和隐患。

开展国企改革三年行动方案落实情况专项审计调查和国有企业领导人员经济责任审计等项目，着力揭示企业在贯彻经济政策、落实改革方案、防控债务风险、依法合规经营等方面存在的突出问题，推动国企改革依法有序进行，促进防范化解重大风险隐患，助力国资国企高质量发展。

四是聚焦民生资金项目，持续推动保障改善民生。开展全市水务资金管理使用情况专项审计调查，揭示重要水功能区水质未达标、蓄滞洪区功能减退、再生水利用规划和管理不到位、水务资金使用效益不佳、应缴资金未及时足额收缴等影响水治理、水安全及重大社会经济效益的突出问题。开展社保基金、困难群众救助补助资金等审计项目，严厉打击骗取套取民生资金行为，推动民政部门将1400名困难群众纳入保障范围，市政府办公厅印发《关于健全重特大疾病医疗保险和救助制度若干措施的通知》，有力促进健全完善保障机制，兜住兜牢民生底线。开展4个PPP地铁项目征拆情况专项审计调查，推动解决项目征拆的堵点和难点问题。

五是积极参与全市重点专项工作，发挥审计能动作用。坚持融入全市发展大局，参与全市成品油行业专项整治、可再生能源发电补贴核查、政府购买服务专项检查等工作；与市住房城乡建设委、市财政局、市公安局等部门联合成立“保交楼、稳民生”专项审计检查市级工作组及工作专班，制定专项审计检查工作方案，发挥审计专业优势，践行执审为民理念，以审计之为积极维护经济安全和社会稳定。选派27人次参加市纪委监委专案工作。向市委专项办移送审计中发现的形式主义官僚主义、不担当不作为问题线索9件，在推进我市作风建设专项行动中展现审计担当。

六是加强对内部审计的指导监督，不断夯实基层基础工作。开展全市内部审计统计调查，全面摸清内部审计“家底”；对市属240家单位开展内部审计工作专项检查，总结推广先进经验，针对内部审计制度不完善、工作质量不高等问题提出对策建议。与市教委、市国资委等行业主管部门建立相应机制，推动提升教育、国资系统内部审计工作水平。加强“以审代训”，先后抽调66名内部审计人员参加市局审计项目。建立内部审计资料备案机制，指导内部审计机构定期报送审计计划、审计报告、审计整改等情况，推动实现国家审计与内部审计成果共享。

三、做实研究型审计，持续提高审计项目质效

一是建立研究型审计工作机制。制定《天津市审计局审计项目备选库管理办法》，提高审计工作中长期规划管理水平，做到科学谋划、提前储备、动态优化、分工负责，提升年度审计项目计划科学性、可行性。出台《天津市审计局关于开展研究型审计的实施意见》，建立研究编制审计计划工作机制，加强审计项目审前、审中、审后全链条研究，审计计划科学性、审计方案操作性、审计建议针对性明显加强。

二是守牢审计质量“生命线”。加强审计现场管理和全流程审计质量管控。健全完善审计项目计划管理、审计项目时间节点控制机制，坚持审计项目执行情况通报和审计业务考评制度，进一步强化审计项目统筹、优化审计资源配置，严格时间总量控制和审计项目进度管理。以争创全国优秀审计项目为目标，严格落实分级质量控制制度，采取通报审理常见问题、增加审计项目质量在考核中得分权重等措施，压实各环节工作职责，2022年审计项目总体质量显著提升。

三是推动各类监督有机贯通。建立检察公益诉讼与审计监督协作配合工作机制，充分发挥各自优势，加强“审”“检”双方在国有财产保护、国有土地使用权出让等领域的贯通协同，向检察机关移送受地质灾害隐患威胁居民长期未实现搬迁等5件公益诉讼案件线索。落实中纪委等五部委关于有力推进纪检监察监督巡视巡察监督与审计监督贯通协同高效的指导意见，与市委巡视办建立协作机制，推动各方成果有效运用，促进巡视监督与审计监督有机贯通。召集市纪委监委、市公安局、市检察院等部门参加案件线索通报研判会，通报审计项目中发现的涉嫌违法犯罪和损害公共利益问题线索，对问题定性、处理方式等进行集中分析研判，切实形成监督合力，维护国有财产和经济安全。

四、狠抓审计整改，做好审计“下半篇文章”

一是完善审计整改长效机制。制定深化审计整改长效机制若干措施和整改检查办法，建立审计整改督察督办制度，将 27 个单位 133 个问题作为重要事项纳入整改督促检查范围，设立专司整改检查处室，持续构建审计发现问题、督促整改、健全机制、追责问责的工作闭环。2022 年度市级预算执行和其他财政收支审计发现问题整改率达到 97.57%，走在全国前列，有关区、部门和单位制定完善相关规章制度 218 项，约谈问责处理 202 人次。

二是推动重点整改任务取得实效。制定审计约谈办法，以制度约束倒逼整改责任落实。持续推动中央巡视反馈审计发现问题整改工作，局主要领导带队赴某区开展专题指导和约谈督促，揭示推进审计整改工作不力面临的问责风险、失信风险以及持续“失血”的经济风险，要求区委、区政府推动中央巡视查出未整改问题迅速止血、严改快改、真改实改。狠抓中央预算执行审计问题整改落实，推动责任部门多措并举落实审计建议，涉及的 43 项困难群众救助补助资金审计问题全部完成整改。

三是建立典型案例定期通报机制。首次以市委审计委员会名义对 2020 年以来全市审计机关在土地、粮食、生态环境建设领域审计查出的 9 个典型案例进行集中通报曝光，深刻揭示财政资金管理使用、国有资产处置、重大政策落实、重大项目建设等领域存在的突出问题和风险隐患，有效发挥审计在推进党的自我革命中的重要作用。聚焦“强化经济安全基层基础工作”，建立定期向市政府常务会议汇报审计发现典型问题的长效机制，推动揭示微观问题与服务宏观治理相结合，更好促进抓实整改、举一反三、防范风险。

五、加强班子和队伍建设，营造良好政治生态

一是深入学习宣传贯彻党的二十大精神及市第十二次党代会精神。开展“迎盛会、铸忠诚、强担当、创业绩”主题学习宣传教育实践活动，以“准”组织生活会标准开展研讨交流，把思想和行动统一到党中央决策部署和市委、市政府工作要求上来。把学习宣传贯彻会议精神作为“首课”和“必修课”，纳入党组理论学习中心组、党支部、青年理论学习小组学习研讨内容，自上而下层层开展宣讲，统筹抓好领导干部、党员干部和职工群众三个层面学习，推动学习贯彻会议精神走深走实。

二是从严从实抓好巡视整改工作。深入学习贯彻习近平总书记关于巡视工作的重要指示精神，对照市委巡视指出的问题，逐项逐条分析研究、深入检查、举一反三，把深化巡视整改与党史学习教育、“作风建设提升年”活动紧密结合，着眼从深层次查找体制机制层面存在的漏洞和短板，制定整改措施，细化责任分工，高标准完成各项整改任务，切实把整改成果转化为加强和改进审计工作的长效动力。

三是强化干部队伍建设。把塑造职业精神和专业能力作为重要保障，树立正确选人用人导向，营造干事创业氛围。深化公务员绩效管理试点和专业技术类公务员分类管理工作，突出实干实绩担当导向。制定《关于“十四五”时期培养审计业务骨干人才和审计专业领军人才的意见》，评选出首批 27 名审计专业领军人才和审计业务骨干人才。制定年轻干部培养选拔监督管理二十条措施，突出大数据审计分析团队、青年强审突击队和政策研究团队“三支队伍”集中培训和实践锻炼，提高干部“能查、能说、能写”能力。从严从实加强干部监督，持续强化纪律作风建设和监督执纪问责，对发生的问题和隐患苗头及时处理，着力整治形式主义、官僚主义、繁琐哲学等倾向性、典型性作风顽疾，凝聚干事创业的强大势能。

市审计局党组 2022 年工作总结

2022 年,在市委、市政府的坚强领导下,市审计局党组坚持以习近平新时代中国特色社会主义思想为指导,深入学习贯彻党的二十大精神和习近平总书记关于审计工作的重要讲话和重要指示批示精神,全面贯彻落实中央和市委关于审计工作的决策部署,较好发挥了审计在党和国家监督体系中的重要作用。

一、坚持以党的政治建设为统领,审计机关政治建设全面加强

市审计局党组始终坚持政治机关定位,坚定捍卫“两个确立”,坚决做到“两个维护”,把党的领导融入审计工作全过程各方面。

(一)强化理论武装,政治学习更加系统深入

始终坚持把深入学习贯彻习近平新时代中国特色社会主义思想作为首要政治任务,以党组理论学习中心组学习带动支部学习,高标准推动“迎盛会、铸忠诚、强担当、创业绩”主题学习宣传教育实践活动各项任务落实。党的二十大胜利召开以来,迅速兴起学习宣传贯彻热潮,举办专题读书班、党员培训班,召开全市审计机关学习贯彻党的二十大精神动员部署会,由局党组书记进行专题党课辅导,教育引导党员干部深刻认识和准确把握党的二十大精神,把思想和行动统一到党的二十大部署上来。

(二)加强舆论引导,意识形态工作扎实有效

认真落实意识形态工作责任制,研究制定意识形态责任清单、工作要点,印发《加强意识形态工作、进一步规范党员干部言行的重要提示》,规范 12 类意识形态相关言行。成立市、区两级 75 人综合网信队伍,维护网上政治安全和意识形态安全。今年以来,审计信息被市委、市政府采用 28 篇,向市政府报送的政务信息在全市业务范围较小的单位中排名第三;被审计署互联网、“学习强国”等媒体平台采用 125 篇次,审计宣传的传播力和影响力不断扩大。

(三)狠抓巡视整改,形成持续整改的长效机制

坚持将巡视反馈问题整改作为重大政治责任,班子成员集体研究制定整改措施,召开专题民主生活会,按照“一个问题、一名班子成员、一抓到底”的包干要求,积极推动整改落实。局党组主要负责同志调整到位后,第一时间交接巡视整改任务,压实责任,确保整改持续推进。截至目前,十一届市委第十轮巡视反馈问题已全部整改,23 个“推动改革促进发展”整改事项均已完成。

(四)抓常态化疫情防控,统筹推进各项工作

局疫情防控工作领导小组定期召开会议,分析研判形势、研究制定应急预案、明确责任分工,对统筹疫情防控和审计工作作出部署。先后紧急选派 6 批次 130 名审计干部下沉社区参加疫情防控工作,积极推进接种疫苗加强针和 60 岁及以上人群疫苗接种专项攻坚工作。采取有力有效措施,积极应对疫情防控新形势,维护机关正常运转。落实安全生产责任,深入抓好安全宣传教育和隐患排查,机关全年无安全事故。

二、坚持以履职尽责为使命,审计监督作用发挥更加明显

2022 年,围绕市委、市政府中心工作,全市审计机关组织开展审计项目 508 个,查出违纪违法问题金额 127.87 亿元、损失浪费金额 10.95 亿元,促进增收节支 8.98 亿元,向司法、纪检监察机关等移送事项 180 件。

(一)强化集中统一领导,落实决策部署更加有力

高标准做好召开十二届市委审计委员会第一次、第二次全体会议相关工作,举办全市审计机关专题培训班,开展习近平总书记重要指示批示精神贯彻落实情况“回头看”,切实把党中央和市委对审计工作的部署要求传导落实到位。

加强重大事项请示报告,2022年向中央审计办、审计署报送重大事项报告30件,向市委、市委审计委员会、市政府报送请示、报告、简报等87件,市领导同志批示110次。

(二)聚焦主责主业,审计监督效能显著提升

一是着力推动重大政策落实,保障政令畅通。深化预算执行审计,统筹全局21个业务处室,对市级财政"四本预算"和17个市级部门预算执行情况实施穿透式审计,推动全面加强预算管理。围绕"六稳""六保"做好政策跟踪审计,推动加快经济体制改革、持续保障和改善民生。二是着力揭示重大风险隐患,守住经济社会安全底线。着眼压实区级政府风险防控责任,对地方政府债务和地方政府隐性债务情况进行核查,推动有关区政府切实履职,及时纠偏止错,完善风险防范化解机制。开展提高自然灾害防治能力政策落实情况专项审计调查,报送审计报告、专报7份,及时提示相关安全隐患,得到市主要领导充分肯定和批示。三是着力强化体制机制分析,促进国有企业改革。对国企改革三年行动方案落实情况进行专项审计调查,对渤海证券等5家国有企业的领导人员进行经济责任审计,推动国企改革依法有序进行。四是着力聚焦重点民生资金项目,推动保障改善民生。对社保基金、困难群众救助补助资金等开展审计,推动市民政部门将1400名困难群众纳入保障范围。创新开展的"保交楼、稳民生"专项审计检查工作,有力助推解决百姓急难愁盼问题。对4个PPP地铁项目征拆及全市水务资金管理使用情况开展专项审计调查,推动解决项目征拆堵点难点问题,及时揭示影响水治理、饮水安全等突出问题。

(三)强化督导检查,审计整改落实提质增效

进一步密切审计与纪检监察、组织人事、巡视巡察、政法机关,以及人大监督、司法监督等贯通协作,分别与市委巡视办、市检察院制定出台加强协作配合工作机制的意见,受到市领导和相关部门高度认可。加强审计查出问题整改工作,印发《天津市审计机关审计整改检查工作管理办法》,制定《天津市审计约谈办法(试行)》,设立了专司整改检查的处室。为进一步推动中央巡视反馈审计发现问题整改工作,开展专题督导并首次启动约谈程序,取得明显成效。代市政府向市人大常委会汇报的2021年度市级预算执行和其他财政收支审计查出问题整改情况,得到市人大领导充分肯定。

(四)创新方式方法,审计工作质量稳步提升

加强研究型审计,制定出台《关于开展研究型审计的实施意见》。建立定期向市政府常务会议汇报审计发现典型问题长效机制,首次以市委审计委员会名义对土地、粮食和生态环境建设领域审计发现的9个典型问题面向全市进行通报。网络安全和信息化建设审计项目中9个案例被审计署采用,审计成果获中央领导同志肯定性批示,《天津市网络安全和信息化建设审计发现典型问题案例汇编》获市委审计委员会主要领导批示。"双城中间绿色生态屏障建设项目实施情况专项审计调查"项目获全国审计机关优秀审计项目一等奖。

三、坚持以提升能力素质为目标,干部队伍建设取得明显成效

认真贯彻新时代党的组织路线,不断完善干部工作机制,树立选人用人正确导向,干部队伍建设的系统性、整体性、实效性不断增强。

(一)完善制度机制,审计人才评价标准体系初步形成

制定印发《关于"十四五"时期培养审计业务骨干人才和审计专业领军人才的意见》,明确资格条件、评选方法、培养管理使用措施,27名审计人员被评选为审计专业领军人才和审计业务骨干人才。制定印发《关于进一步做好年轻干部培养选拔和监督管理具体措施》,针对完善年轻干部工作机制和育选管用制度制定了20条具体措施,相关经验做法分别被"学习强国"和市委组织部《组工通讯》第8期刊发。与市委组织部联合制定出台了《天津市审计专业技术类公务员专业技术任职资格评定规程》,常态化组织开展任职资格评定工作,用制度激励审计干部

掌握过硬本领。

（二）坚持正确用人导向，干事创业的氛围更加浓厚

抓好巡视选人用人专项检查整改，针对反馈的4个方面问题13个具体表现，研究制定整改方案，既切实解决好突出问题，又推动干部队伍建设，23项重点整改任务和措施已全部完成。改进干部考察方式，坚持政治首关，深化政治素质考察，在科级干部中探索正反向测评，加强对干部在疫情防控、紧急任务时表现的考察了解。开展干部选拔晋升工作成效“回头看”，选拔任用正处级领导干部4名，晋升职级104名，41名年度考核优秀的干部缩短了任职年限。拓宽选人用人渠道，先后从京津冀特派办、红桥区审计局交流提拔2名正处级领导干部，交流1名处长到区审计局任局长，推荐1名优秀年轻干部到区审计局提拔任职。完善激励措施，连续两年从全局统筹5%的优秀等次名额，优先奖励承担全市绩效考评重点工作任务完成效果好的部门以及在全局绩效考评排名靠前的审计业务部门，对3个审计组、1个处室授予集体及时奖励，推荐的1名先进典型被评选为天津市“人民满意的公务员”，我局经验做法被中组部以简报形式刊发至全国绩效管理试点单位。

（三）加强干部教育培养，干部的专业化能力持续增强

结合公务员分类管理的实际，积极探索分类施训，审计干部素质能力普遍得到提升，分类分级培训相关做法被市委组织部《组工通讯》第10期刊发。聚焦提升干部政治素质和履职能力，连续2年举办处级领导干部政治能力提升培训班；持续开展大数据审计分析团队、青年强审突击队、审计政策研究团队“三支队伍”培训，全面培养干部“能查、能说、能写”能力；制定《审计实务导师制实施办法》，为6名新入职公务员指定实务导师，促进年轻干部在实践中成长；先后选派6人参加联合国审计、27人参加市纪委监委专案工作、15人参加审计署专项审计、3人参加审计署干部交流、以干代训，多种形式提升审计干部实战能力。

四、坚持以作风建设为保障，推动全面从严治党向纵深发展

认真落实党中央和市委关于全面从严治党决策部署，以全面从严治党主体责任为第一责任，推动基层党组织建设、国家安全、统战群团、作风建设取得成效。

（一）抓党建基础工作，严格落实组织生活制度

研究制定落实2022年度全面从严治党任务安排和任务清单，每季度联合驻局纪检监察组召开研判分析会，对全面从严治党任务安排跟进督促。制定班子成员抓党建工作清单，组织班子成员对分管党支部抓党建工作进行检查评分。班子成员带头落实双重组织生活制度。

（二）抓党风廉政工作，重要环节监督全覆盖

严格遵守换届纪律，组织班子成员和处级干部集中收看警示教育片。聚焦金审（三期）项目、公务员招录、第三方用工等开展重点工作监督，对审计组开展审前廉政教育，抽查审计组工作作风和遵守廉洁纪律情况。修订《廉政风险防控管理实施细则》《党员领导干部操办婚丧喜庆事宜廉洁自律规定》，制定《审计人员公务回避暂行办法》，用制度管人管事。加大监督执纪问责力度，对7名干部运用“第一种形态”进行处理，对2名干部分别给予开除党籍、开除公职和撤职处分。

（三）抓统战、群团工作领导，凝聚各个战线力量

认真履行党组统战工作主体责任，圆满完成市委统战部2022年统战工作要点各项任务。扎实推进国家安全人民防线建设，完善防线建设工作制度，采取多种形式开展“4·15”全民国家安全教育日宣传教育活动。组织建团百年系列活动，引导团员青年传承红色基因，勇担青春使命。

（四）抓作风建设，制度执行更加民主规范

班子带头贯彻落实中央八项规定及其实施细则精神，严格落实党组议事规则和民主集中制，修订《关于进一步加强局党组会议和局长办公会议管理有关工作的意见》，“三重一大”事项

全部按照决策程序经过集体讨论决定。严格执行内控制度，加强政务公开，确保各项决策公开透明、科学合理。

五、坚持以法治建设为基础，全面加强审计机关法治建设

严格落实中央全面依法治国和市委全面依法治市各项工作部署，持续推进我局《法治建设五年规划（2021—2025 年）》各项任务落实。落实行刑衔接工作要求，强化审计与纪委监委、公安、检察院等部门的协同配合，推进审计执法与刑事侦查、公益诉讼、合规检察的横向贯通。严格执行《合法性审查工作实施办法》，局机关各部门的合法性审查意识明显提升。一年来，市委依法治市办 6 次刊发我局法治建设工作动态。

市政府外事办公室（市人民对外友好协会）2022 年工作总结

2022 年，市外办坚持以习近平新时代中国特色社会主义思想为指导，以习近平外交思想为根本遵循和行动指南，深入学习宣传贯彻党的二十大和市第十二次党代会精神，将天津外事工作放在中华民族伟大复兴战略全局和世界百年未有之大变局中统筹谋划，放在服务构建新发展格局、推动高质量发展中落实，以“身边的国际社会”为重要抓手，积极推进城市国际化建设，着力构建“天下之津”，在奋进新征程中开创天津外事工作新局面。

一、坚持政治引领，增强坚定捍卫“两个确立”、坚决做到“两个维护”的政治自觉、思想自觉和行动自觉

（一）提高政治站位，深入学习宣传贯彻党的二十大精神

将学习宣传贯彻党的二十大精神作为全年各项工作的主题主线，摆在重要突出位置，坚持立足天津学，学出“使命和信仰”；面向世界讲，讲出“自信和影响”；围绕大局做，做出“政治和担当”。党的二十大召开期间，组织集中收听收看党的二十大开幕会，及时跟进学习党的二十大精神，组织与我驻新加坡使馆开展线上“联学联建”活动，录制“学习二十大报告 · 外事干部对党说”微视频。聚焦“身边的国际社会”，全方位、多层次加强对外宣介，开展邀请“身边的国际社会”共话中共二十大系列活动，打造“青年宣讲小分队”特色宣讲品牌。办主要负责同志带队出访白俄罗斯，主动对外宣介党的二十大精神，引导国际社会树立正确的“中共观”“中国观”。

（二）坚持“党管外事”，推进外事工作体制机制建设

市委外办充分发挥职能作用，不断加强党对外事工作的集中统一领导，努力构建全市“大外事”格局。组织召开市委外事工作委员会第五次会议，深入学习贯彻习近平外交思想，研究部署全市外事工作。务实精准贯彻会议精神，召开委员单位专题学习研讨会和区委外办主任会议，坚持“多谋划、多做事，在事上下功夫”，认真梳理、细化分解任务台账，着力将会议精神落实落细。加强对全市外事工作的统筹协调和归口管理，强化重点任务督查督办，全力抓好政治要件督查落实，狠抓各项重点外事任务落地见效，我办督查工作经验做法《讲政治顾大局　加强涉外领域重点任务督查工作》在《天津督查工作》2022 年第 3 期刊发。深化市、区两级外事工作协同联动，将 2022 年定为“区级外事工作推动年”，办领导班子成员带队赴各区、企业和外国商会、机构走访调研，建立学习宣介、信息共享、联合调研、业务培训等机制，跟踪督导各区召开区委外事工作委员会会议情况，压实区委领导外事工作主体责任。编发《外事要报》《外事动态》9 期，推动外事重要信息交流互鉴，有效发挥参谋助手作用。

（三）加强理论武装，扎实推进习近平外交思想学思践悟

始终把学习习近平总书记系列重要讲话和重要指示批示精神作为必修课，用党的创新理论武装头脑、指导实践、推动工作。精心打造学习

习近平外交思想知识竞赛、理论研讨、地方实践“三部曲”，从地方视角推动习近平外交思想的大众化、时代化、本土化。加强群众性外事教育，以“喜迎二十大 外事谱新篇”为主题，在全市开展“学习习近平外交思想”知识竞赛，4万余人参与答题，取得良好的政治效果和社会效果。深化政学研合作，成功举办“习近平外交思想的时代特征与世界意义”理论研讨会、习近平外交思想与民间外交座谈会，引发热烈反响。多篇学习体会和经验做法在中央电视台、《人民日报》、新华社、中国网、学习强国、天津电视台、《天津日报》、津云新媒体等刊发和报道。

二、胸怀“国之大者”，坚决服从服务党和国家对外工作大局

（一）发挥优势资源，持续打造服务国家主场外交“国际会客厅”

加强政治设计，统筹调度全市外事资源服务国家总体外交，努力打造“国际会客厅”。在重要外事活动安排中积极展现天津特色、融入地方元素，主动宣介我市经济社会发展最新成果和传统民俗特色文化，提升天津城市知名度和国际美誉度。高质量做好重要外事活动保障服务工作，进一步提升天津服务国家总体外交能力和水平。主动服务党际交往，配合中联部组织参加第四届中国共产党与古巴共产党理论研讨会、协办中埃政党共建“一带一路”交流机制暨中埃企业家“云对接”活动。

（二）加强谋划引领，积极做好对美交往

积极发挥天津作用，打造中美人文交流品牌。继2021年10月举办天津茱莉亚学院校园落成典礼后，2022年又成功推动举办中美音乐交流50年研讨会、首届研究生毕业典礼，奏响“音乐外交”三部曲。持续深耕与美国俄勒冈州、费城的务实合作。与俄勒冈州共同成功举办第二届“中国—俄勒冈州气候变化与可持续发展论坛”、非遗进校园等线上活动，组织我市青少年线上参加费城发起的“美国2022青少年文学艺术作品展”。

（三）扩大对外合作，持续推动共建“一带一路”高质量发展

积极对接国合署，“塔工坊”成功揭牌启用，全力推动乌、哈两国鲁班工坊建设，成功纳入元首外交成果。天津市已在20个国家建成21个鲁班工坊。统筹服务“一带一路”建设行稳致远，积极服务中蒙俄和中巴经济走廊建设，持续推动中蒙班列通道稳定畅通。为“中蒙友好周”系列活动策划“幸福天津”摄影展，积极参加“蒙古国陆港发展国际技术磋商会”活动。推动与巴基斯坦在科技、经贸领域合作，与旁遮普省召开中巴经贸投资会。主动谋划与澜湄国家务实合作举措。扎实推动与意大利经贸、教育、科技、警务、友城交往等领域合作，天津意大利中小企业产业园建设、意式风情区提升改造等项目取得新进展。持续推动中埃·苏伊士经贸合作区、中国—中东欧国家农业合作示范区、中日（天津）健康产业发展合作示范区、中新天津生态城等建设。积极用好“拉美使节天津行”系列活动品牌影响力，举办“传统中医药走进拉美”线上研讨会，丰富务实合作内涵，服务建设中拉卫生健康共同体。充分发挥“一带一路”建设人文交流机制牵头作用，开展“小而美”民生项目，促进民心相通。

三、构建“天下之津”，全力服务天津高质量发展和高水平改革开放

（一）打造国际交流新平台，推动天津城市国际化建设

保持疫情常态化背景下对外交往合作的热度、广度，积极开展“云外事”“云对接”“云签约”。以市领导同志履新、友城政府换届等为契机，加强高层互动和民间人文交流。高质量做好包括泰国、爱尔兰、阿根廷、南非、马里、越南6位驻华大使在内的多国驻华使领馆官员访津接待工作。推动英国作为第六届世界智能大会主宾国，做好英国、以色列等代表团来津参会并举办一系列专场洽谈对接会等工作。举办国庆招待会，配合办好世界职业技术教育发展大会、中国网络文明大会等大型会议活动，发挥国家会展中心（天津）集聚效应，丰富国际化元素，打造国际

会议会展新高地。深化国际消费中心城市培育建设,召开系列座谈会广泛征求意见建议,研提对策措施,体现外事担当。持续深化与俄罗斯务实交流合作,拓展与拉美国家文化交流和经贸合作,以区域全面经济伙伴关系协定(RCEP)生效为契机,不断扩大与日韩和东盟国家的务实合作和友好交流。开展"津品·精品"外事礼品征集活动,大力加强外事智库建设,天津市城市国际化研究中心正式揭牌。

(二)加强国际传播能力建设,向世界讲好天津故事

聚焦"身边的国际社会"开展形式多样、直抵人心的宣介活动。策划制作"谈天论津"系列短视频第二季,于国庆节期间重磅推出,在国内各大新闻和门户网站开设专题专栏,在国内外视频平台、社交平台宣传推广,获得大量网友点赞关注,形成强大声势。安排格鲁吉亚、萨尔瓦多等国记者参访反映我市经济社会发展和市容市貌的点位,打造沉浸式体验,涵养友好媒体人脉。设计打造"天津书屋"等外宣窗口,举办"喜迎二十大　笔墨著丹心"——习近平外交思想用典书法展,印制《世纪疫情下的天津外事》图片集,在《天津日报》专版刊发"非凡十年"天津外事工作成就,用国际化表达展示开放、包容、活力的新天津,营造喜迎党的二十大、奋进新征程的浓厚氛围。坚持主动喂料、积极发声,2022 年以来,媒体采访报道外事(港澳)领域工作 61 场活动,刊发 270 条新闻,全年"两微一站"共建立专题专栏、合集、话题 16 个,发布信息 2792 条,阅读量突破 264.8 万人次。"天津外事"微博粉丝增长 5 万,达到 11.1 万,"天下之津"微信公众号信息平均阅读量翻倍,粉丝关注量突破 2.5 万,全年 3 次登上市政务新媒体影响传播力排行榜。

(三)深化国际友城合作,持续扩大天津国际"朋友圈"

每季度召开国际友城工作机制联席会议,加强友城重点工作的统筹谋划和协调推进。持续完善友城全球布局,与哥伦比亚卡利市结好,国际友城增至 97 对,覆盖 52 个国家。积极推动与吉尔吉斯斯坦比什凯克市结好,探索与法国南部地区开展合作,主动与南非德班市深化交流。加强与乌兰巴托市在交通、物流、环保、教育、文化领域交流与合作。以纪念庆祝结好周年为契机,保持与国际友城密切交往,持续在友城宣介、人文、教育、科技、健康产业、经贸等领域加强合作。组织采写国际友城交往故事,编写《天津友城 50 年民间交往故事集》。围绕重点友城"一城一策"深入开展课题调研。

(四)深耕民间外交,做好"身边的国际社会"工作

坚持大局为上、"铁杆"友情为重,第一时间向巴基斯坦友好省市提供救灾物资援助,助力抗击洪灾,获外交部和巴方高度称赞。深入做好"身边的国际社会"工作,以春节、两会、战"疫"、冬奥会等为主题,组织开展故事影像展、绘画邀请展、摄影大赛等丰富多彩的民间外交活动,发布《外国人在津生活百事通》分篇相关内容。走访美国商会、日本人会、韩国人(商)会、香港商会,传递关心关怀,厚植人脉基础。定期召开全市"一带一路"人文交流机制会议,完成市对外友协第二届理事会换届工作,调整优化理事会结构。加强与日本创价学会、北海道日中友协、北马其顿商会等国际友好组织在经贸、教育、医疗等领域的交流合作,广泛提升友协的影响力。积极推进社促会恢复正常运行。

(五)贯彻"一国两制"方针,加强新形势下港澳工作

深入学习贯彻习近平总书记在庆祝香港回归祖国 25 周年大会上的重要讲话精神,进一步服务中央港澳工作大局。落实中央港澳工作领导小组和国务院港澳办工作部署,助力香港、澳门更好融入国家发展大局。举办"学习贯彻党的二十大精神、做好新时代港澳工作"座谈会,凝聚在津港澳人士思想共识,增强在津港澳同胞的家国意识和爱国精神。以香港回归祖国 25 周年为契机,举办座谈会、联谊会、书画作品展等系列庆祝纪念活动,组织召开港澳工作联席会、在津港澳企业座谈会、优化营商环境及惠企政策宣讲会等,妥善处理在津港澳企业求助事项。注重人脉建设,加强与港澳政商各界人士的交流联系。

四、贯彻总体国家安全观，统筹发展和安全，营造良好外部环境

（一）统筹服务涉外疫情防控和经济社会高质量发展

准确把握常态化疫情防控背景下外事管理服务工作新特点，全力服务本市稳经济、稳外贸外资基本盘，营造国际化营商环境。及时制定优化邀请外国人来华工作方案，为本市急需的外籍复工复产人员及其家属来津提供便利，加大外国留学生返华复课支持力度。加强政策宣讲，第一时间翻译发布天津市稳经济35条举措英日韩文版，确保最新政策及时足量传递到企业。积极推动开通天津市同塞尔维亚、韩国、日本、中国香港、中国澳门直航相关事宜。

（二）着力提升外事管理和服务水平

围绕全市重点领域、重要海外项目，高效服务必要团组出访。进一步规范线上外事活动，严格受理邀请外国政要申请，简化手续积极支持天津市各领域专家学者对外发声。修订《天津市办理APEC商务旅行卡工作指南》，进一步简化申办材料、优化资质量化要求、加强事中事后监管，更好发挥APEC商旅卡在稳经济促发展、助力企业人员“走出去”开拓海外市场方面的作用。大力推行“网上办、马上办、零跑动、容缺受理”等工作做法，连续11个月获得行政效能综合考评并列第一名。成功实施全国首例海外远程视频公证，连线办理76例，居全国第一。常态化保障外交领事人员、首都国际航班分流、“快捷通道”人员等入境工作。为我海外困难公民、滞留务工人员回国提供必要协助和保障。

（三）严格落实意识形态和网络安全工作责任制

加强党对意识形态工作的全面领导，强化网络意识形态工作制度体系建设。积极配合做好海外华侨、华人、侨商工作，夯实中外民意友好基础。加强网络阵地监管检查，强化网络安全保障能力建设。重点围绕机房网络设备、视频会议系统设备严格做好日巡查、周维护工作，确保设备和网络安全可靠稳定运行。

五、突出政治属性，坚持守正创新，推进外事领域治理体系和治理能力现代化

（一）深化党建与业务融合，推动党的二十大精神在外事系统落地生根

深入开展“迎盛会、铸忠诚、强担当、创业绩”主题学习宣传教育实践活动工作，结合外事工作实践抓党建、促融合。制定《“迎盛会·学报告·抓落实·开新局”主题活动暨主题学习宣传教育实践活动工作深化行动工作方案》，举办4期专题读书班，开展专题学习研讨。依规有序做好出席党的二十大代表和市第十二次党代会代表选举工作，不断改革完善“每月一单”工作机制，举办学习研讨会、“故事大声讲”、集体诵读、党员集体过“政治生日”等一系列特色党建活动，营造迎接庆祝党的二十大的浓厚氛围。持续开展“我为群众办实事”实践活动，深入博迈科、新天钢等企业走访调研，做好“12345”便民热线工作，积极回应困难诉求，及时解决在津外籍人员查询核酸检测结果等难题，各基层党组织完成为群众办实事项目50余个，展现外事干部使命担当。加强政治生态建设，推动全面从严治党向纵深发展。深化纪律作风建设。创新开展廉洁文化建设，扎实推进纪律教育。聚焦“后继有人”，深化忠诚干净担当的干部队伍建设。

（二）强化责任意识，提升机关和直属单位综合治理效能

全力抓好政治要件督查落实。用好《市委外办、市外办公文报送攻略》，组织开展公文、督办和值班工作培训，着力提升“以文辅政”能力。定期通报信息报送和公文错情，不断提高公文质量水平。加强收文分析研判和前置沟通协调，优化完善公文、信息运转报批流程。扎实做好政务信息报送和党内规范性文件报备工作。管好用好档案资料，精心组织“与祖国共进·与时代同行”——天津外事工作历史展，取得良好反响，成为外办品牌名片。坚持党管保密，切实统筹人防、物防、技防，开展保密专项督查，应知应会培训，不断提升科技强密能力建设，策划拍摄制作保密宣传教育片《“津小白”与“懂姐姐”的“秘密往来”》。以信息化促进网络数据安全保障能

力建设。坚持依法行政，树牢安全发展理念，落实安全生产风险防控责任。积极推动国研中心和外服公司协同贯通发展。

市政府外事办公室党组 2022 年工作总结

2022 年，市外办党组深入学习贯彻习近平新时代中国特色社会主义思想和习近平外交思想，全面学习宣传贯彻党的二十大精神及市第十二次党代会精神，以加强党对外事工作的集中统一领导为根本，以加强党的政治建设为统领，以推进党建和外事工作深度融合为路径，以充分发挥党建对外事工作的引领保障作用为目标，推动全面从严治党在坚持中深化、在深化中发展，为天津外事工作不断向前发展提供坚强保障。现将有关情况报告如下。

一、牢牢把握“党之大者”，坚定捍卫“两个确立”、坚决做到“两个维护”，推动政治建设向纵深发展

（一）坚定政治忠诚，深入推进学习贯彻习近平总书记重要讲话精神和重要指示批示精神

完善优化习近平总书记重要指示批示精神和党中央关于对外工作决策部署落实台账，建立周提醒、月督促、季评价、年考核的督办机制，高标准完成市委、市政府督办任务。持续深入落实习近平总书记重要指示批示精神，优化友城布局，促成我市与哥伦比亚卡利市结好；以友协理事会换届为契机，调动发挥友协理事成员单位参与我市民间外交和国际友城工作的积极性；召开推动新时代民间外交和国际友城工作高质量发展专题研讨会，举办新时代民间外交培训、开展课题调研、组织编写友城交往故事，前瞻性谋划友城结好 50 周年纪念庆祝活动；机制化召开全市“一带一路”人文交流会议，整合全市资源，持续构建“大友城”“大民间”工作格局。落实“元首外交”共识，成功推动塔、乌两国“鲁班工坊”建设纳入高访和双边交往成果。

（二）打造政治机关，深入推进“迎盛会、铸忠诚、强担当、创业绩”主题学习宣传教育实践活动工作

成立主题活动工作领导小组，建立“周会”机制，部署推动各项工作有序开展。第一时间起草实施方案、召开动员部署会，印发《“迎盛会·学报告·抓落实·开新局”主题活动暨主题学习宣传教育实践活动工作深化行动工作方案》《市外办关于“作风建设巩固年”的工作方案》《关于进一步加强专题学习的通知》，天津电视台对市外办有关情况作了报道。举办党员干部集体过“政治生日”仪式，探索创新习近平总书记重要讲话集体诵读活动，强化忠诚教育。依规有序做好天津市出席党的二十大代表和出席市第十二次党代会代表选举工作。聚焦专题学习，举办 4 期专题读书班，组织基层党组织专题学习研讨 100 余次、以“准”组织生活会标准查摆问题 300 余个、开展主题党日活动 50 余次。积极营造浓厚文化氛围，制作主题活动工作壁纸、展板、横幅，“天下之津”微信公众号发布信息 100 余条、浏览量 3 万余人次。继续开展“我为群众办实事”实践活动，累计完成为群众办实事项目 67 个，69 名干部下沉社区“入列轮值”，全身心参与社区疫情防控、服务群众，“有困难，找外办”逐渐成为在津外籍人士的共识。

（三）加强政治领导，深入推进党管外事

进一步发挥市委外办职能作用，召开市委外事工作委员会第五次会议，建立学习贯彻会议精神任务台账；机制化召开外委会委员单位、区委外办主任会议，推动全市 16 个区召开区委外委会专题会议，领导班子成员赴全市 16 区走访调研全覆盖，《外事要报》《外事动态》成为服务推动全市外事的重要信息载体和交流平台。精心打造学习习近平外交思想知识竞赛、理论研讨、

地方实践"三部曲"，举办"学习习近平外交思想"知识竞赛，4万余人参与答题，组织全市外事系统深入学习《习近平谈治国理政》第四卷、《习近平外交思想学习纲要》等，举办全市外事干部培训，推动习近平外交思想时代化、大众化，着力构建"大外事"工作格局。

(四)扛起政治责任，深入推进党建和外事工作深度融合

2022年专题研究全面从严治党工作31次，建立从办党组到支部、从主要负责人到支部书记的"2个清单"，创新制定领导班子落实全面从严治党主体责任"工作清单"。制定全面从严治党工作要点、落实全面从严治党主体责任暨政治生态建设考核反馈意见的整改方案，召开全面从严治党部署会、党建务虚会、推动全面从严治党向纵深发展工作会。完善每周"通气会"会议机制，建立"传达+汇报+提问+督办"闭环机制。组织机关及直属单位全体党员干部开展全面从严治党问卷调研，对20个基层党组织全面从严治党情况进行民主评议，开展落实全面从严治党主体责任情况大督查。广泛开展"联学联建"活动，与中国驻新加坡使馆线上开展联学活动，推动机关党支部与业务相关、工作相连、地域相近的单位党组织广泛开展共建活动20余次，促进资源共享、平台共建。

二、牢牢高举"思想之旗"，深学笃用习近平新时代中国特色社会主义思想，推进理论武装向纵深发展

(一)学深悟透习近平新时代中国特色社会主义思想

"立足天津学"，举办"习近平外交思想的时代特征与世界意义"理论研讨会，召开"习近平外交思想与天津民间外交"座谈会、"习近平外交思想与天津国际化发展"座谈会，举办"喜迎二十大，笔墨著丹心"——习近平外交思想用典书法展。落实"第一议题""第一主题""第一课题"学习机制，党组理论学习中心组充分发挥示范引领作用，完善集中学习"1+x"模式，高标准、高质量开展集中学习研讨22次、交流发言141人次，多篇学习体会和经验做法在中央电视台、《人民日报》、新华社、中国网、学习强国、天津电视台、《天津日报》、津云新媒体等刊发和报道。"面向世界讲"，创新做好习近平新时代中国特色社会主义思想、党的二十大精神及市第十二次党代会精神对外宣介，《谈天论津》第2季再次受到广泛关注、引发热烈反响。聚焦"身边的国际社会"举办20余场宣介会、座谈会、研讨会，持续打造"海河之邀"国际大讲堂平台，推动国际传播工作深度融入外事工作。

(二)全面学习宣传落实党的二十大精神

迅速兴起学习宣传贯彻党的二十大精神热潮，推动党的二十大精神落实到天津外事工作各方面、全过程。加强组织领导，办党组召开3次会议传达学习、研究部署学习贯彻党的二十大精神有关工作，制定印发工作方案、听取情况汇报、推动工作落实。建立"每周一单"机制，每周一下发清单，推动学习贯彻工作；建立"每周一查"机制，每周深入各党支部监督检查学习贯彻情况。《党建交流》开辟"学习贯彻党的二十大精神"专栏，制作中英双语党的二十大精神宣传展板，制作印发党的二十大重点知识手册。聚焦"有量有质"开展学习，党组理论学习中心组引领示范，开展4次集中学习研讨，举办为期4天的专题读书班；各党支部及时跟进，通过"三会一课"、集中学习、主题实践活动等形式开展学习；组织党员干部录制"微视频"，继续开展"故事大声讲"活动，召开青年干部座谈会。开展宣讲宣介，领导班子成员、党支部书记宣讲党的二十大精神全覆盖，内部宣讲层层推进；对外宣介主动有为，聚焦在津外籍人士等"身边的国际社会"加强国际传播，打造"天津书屋"，举办"'身边的国际社会'眼中的天津"首届摄影大赛，召开"讲好天津故事与'身边的国际社会'"座谈会，组建党的二十大精神"青年宣讲小分队"。

(三)全面落实涉外意识形态责任

贯彻落实总体国家安全观，建立月度会商研判机制，建立风险防控台账，组织开展督导检查。严格网络意识形态管控，定期开展网络意识形态常态化风险排查。加强保密监督检查，开展保密宣传教育，拍摄制作保密宣传教育片《"津小白"

与“懂姐姐”的“秘密往来”》，保密教育线上培训全覆盖。积极传播正面声音，积极发挥“两微一站”引导作用，2022 年建立专题专栏、合集、话题 15 个，发布信息 2500 余条、阅读量 20 余万人次，“天下之津”微信公众号粉丝量突破 2.5 万、阅读转发量大幅提升，逐渐成为天津外事工作的网络“窗口”。

三、牢牢把握“国之大者”，统筹国内国际两个大局，推动服务国家总体外交和天津全面建设社会主义现代化大都市向纵深发展

（一）坚持把方向、管大局、保落实，切实服务国家总体外交

全力打造服务国家主场外交“国际会客厅”，高质量做好重要外事活动保障服务工作，进一步提升天津服务国家总体外交能力和水平。主动服务党际交往，配合中联部参加第四届中国共产党与古巴共产党理论研讨会、协办中埃政党共建“一带一路”交流机制暨中埃企业家“云对接”活动。成功举办中美音乐交流 50 年研讨会、首届研究生毕业典礼，打造中美人文交流品牌；加强与美国有关友城在教育、人文、农业、气候变化等领域务实合作。统筹推动共建“一带一路”高质量发展，充分发挥“一带一路”建设人文交流机制牵头作用，开展“小而美”民生项目，促进民心相通。

（二）坚持“疫情要防住、经济要稳住、发展要安全”，切实服务我市全面建设社会主义现代化大都市

落实国家“快捷通道”机制，优化邀请外国人来华工作方案，为本市急需外籍复工复产人员及其家属来津提供便利，加大外国留学生返华复课支持力度。推出天津市《扎实稳住经济的一揽子政策措施》英日韩文版，用心用情帮助外资企业在津发展。积极推动开通本市同塞尔维亚、韩国、日本、中国香港、中国澳门直航相关事宜。持续推进天津城市国际化进程，天津市城市国际化研究中心正式揭牌，推进国际消费中心城市培育建设，服务天津对外开放和高质量发展。

四、牢牢把握“外事之特”，贯彻新时代党的组织路线，锻造过硬基层党组织和党员干部

（一）聚焦基层基础抓标准，增强基层党组织政治功能组织功能

坚持任务项目化、项目清单化、清单具体化，完善每年 1 月“党内法规学习月”制度，召开党建重点任务推动会部署重点工作，打造集“学习书单”“工作清单”“情况通报单”于一体的“每月一单”制度。突出抓好新颁布党内法规的贯彻落实，围绕廉洁文化建设、离退休干部党建、机关纪委建设制定具体举措、完善机制；创新抓好党员教育管理，制定年度党员干部教育培训计划，组织党员自编自演自制廉政主题微视频，向党员干部家属致廉政家书，开展科级干部家访。机关党委委员、机关纪委委员列席支部组织生活，实现人员走下去、政治生活质量提上来。开展党建工作督导检查及整改落实“回头看”，有效推动解决突出问题。

（二）聚焦政治生态抓导向，深入推进干部队伍建设

认真贯彻新时代党的组织路线，不断抓好党员干部“选、育、管、用”。坚持高标准“选人”，在处级领导干部选任中运用正反向测评加强政治素质考察，对新选拔和晋升的干部开展一对一谈话，向干部原原本本反馈考察意见。坚持高要求“用人”，树立了重品德、重才干、重担当、重实绩、重公认的鲜明导向，让“动起来”“活起来”“用起来”成为常态。坚持高水平“管人”，加强对“一把手”的监督，开展领导干部和年轻干部家访，畅通“能上能下”，主动加强领导干部选配优化、使用调整。坚持高质量“育人”，制定党员干部教育培训计划，开展法治、统战、公文等专题培训，不断加强能力建设。

（三）聚焦“关键少数”抓监督，强化党员干部教育管理

严格落实对“一把手”监督有关制度，突出加强对“一把手”和领导班子的监督，重新研究明确领导干部配偶、子女及其配偶经商办企业相关规定。持续抓好“后继有人”这篇大文章，召开 3 次青年干部座谈会，组织青年干部集中观看

廉政教育警示片，对青年干部进行经常性思想状况分析，对经常出现和普遍存在的问题及时进行总结，对青年干部中出现的急于求成、成功焦虑、骄傲自满等浮躁心态和思想问题及时进行纠正，对大家关心的成长规划、发展进步等问题及时沟通回应。

五、始终牢记“三个务必”，推动作风建设向纵深发展

（一）持续“纠四风”树新风

深入贯彻落实中央八项规定精神，梳理排查廉政风险点，修订机关内控制度，推进党员干部利用“影子公司”“干股谋利”贪腐谋利问题监督整治，开展“小金库”问题、政府购买服务领域不担当不作为问题、领导干部调动带上家乡工程队问题专项整治，对相关外事活动开展专项审计，对天津市社会组织国际交流促进会进行内部审计。对作风建设开展问卷调查，积极倾听干部的声音，密切关注“四风”苗头性、倾向性、隐蔽性问题，防止隐形变异、防止反弹回潮、防止疲劳厌战。

（二）持续加强和改进作风

持续开展讲担当促作为抓落实专项行动，继续开展“担当作为大讨论”活动，推进“作风建设巩固年”行动，开展“十五个一”主题活动。以《党建交流》为载体，营造比学赶超的氛围，弘扬正气，树立新风；以督查检查问卷调查为手段，发现问题、纠治问题，让作风严起来、实起来，激励党员干部讲担当、促作为、抓落实，把好作风发扬在新时代。

（三）持续践行“外事为民”

持续做好“身边的国际社会”工作，组织在津外籍、港澳人士召开5场专题座谈会，以春节、两会、战“疫”、冬奥会等为主题，组织“身边的国际社会”开展丰富多彩的民间外交活动，召开服务“身边的国际社会”政策说明会，深入外资企业、国际学校、商会机构等走访调研，发布《外国人在津生活百事通》，解决在津外籍人士接种新冠病毒疫苗、就医、就学、经商等困难，让外方亲身感受天津之好、天津之美、天津之特。坚持以人民为中心的发展思想，切实服务基层，优化外事管理服务，调整优化多项便利化工作举措，大力推行“网上办、零跑动、限时办结、容缺后补”等改革措施；修订《天津市办理APEC商务旅行卡工作指南》，高质高效助力我市企业和人员“走出去”；成功实施全国首例海外远程视频公证。

六、始终勇于自我革命，推动纪律建设向纵深发展

（一）深化一体推进不敢腐、不能腐、不想腐

积极支持派驻纪检监察组工作，主动接受监督、拥抱监督，主动邀请派驻纪检监察组列席党组会、主任办公会、党组理论学习中心组学习、全面从严治党工作部署会。健全完善每年一月“党内法规学习月”制度，完善讲廉政党课制度，2022年市外办主要负责同志、领导班子成员、基层党组织书记围绕学习贯彻党内法规讲廉政党课实现全覆盖。把学习贯彻党内法规工作纳入处室主要负责人述责述廉及党支部书记抓基层党建工作述职评议，以“考”促学、以“评”促行。有效运用监督执纪“四种形态”，对述责述廉、抓基层党建评议考核排名靠后的领导干部进行约谈提醒，立起严的基调。

（二）深化廉洁文化建设

深入贯彻中央和市委关于加强新时代廉洁文化建设的意见，研究制定《关于加强新时代廉洁文化建设的具体举措》，督促引导党员干部从思想上正本清源、固本培元。开展廉洁文化宣传月和主题警示教育月活动，分层分类组织党员干部集中观看警示教育片、参观警示教育中心、阅读廉洁书籍、制作投放廉洁文化宣传展板，自编自导自演廉政主题宣传微视频，做好廉洁文化宣传。

（三）深化机关纪委建设

研究制定《市外办关于机关纪委建设的具体措施》，选优配强机关纪委书记，健全完善机关纪委专责监督、机关党办职责监督、支部日常监督、党员民主监督的监督体系。成立内审委员会，研究制定《市外办（友协）内部审计制度》，推动党内监督与审计监督贯通协同、形成合力。机关纪委建立每月例会研判制度、与机关党委联席

会议机制,充分发挥职能作用,开展公车使用、办公用房管理、津补贴发放、党费收缴管理使用、安全生产、疫情防控等专项检查,发现问题、督促整改。

七、发挥外事工作的独特优势,推动统战工作和群团工作向纵深发展

(一)扎实开展具有外事特色的统战工作

认真学习习近平总书记关于加强和改进统战工作、民族宗教工作、港澳工作的重要论述,全面贯彻落实党中央及市委部署要求,发挥外事工作、港澳工作的“独特联系人”的优势,积极融入我市“大统战”工作格局。充分利用友好城市平台、国际交往机制构建海外统战工作体系,持续发展与海外新阶层联系、重点培养民间友好人士、不断壮大知华友华力量。充分发挥两会建议提案、津港合作等机制作用,积极回应港澳人士关心关切,切实解决其在疫情防控、复工复产、就医就学就业等方面的困难问题,鼓励支持他们在各自领域不断深化津港交流合作。

(二)扎实开展具有外事特色的群团工作

服务全市国企改革任务,成为新时代产业工人改革示范单位。充分发挥工会职能作用,慰问党员干部、劳模 31 人次,为干部职工送温暖、送关怀。用心用情做好离退休干部工作,召开离退休干部座谈会,编制老干部工作台账,开展“送学习上门”“送温暖上门”活动,积极组织离退休干部参与新时代外事工作,努力实现离退休干部老有所学、老有所爱、老有所乐。

市市场监督管理委员会 2022 年工作总结

2022 年是极不平凡的一年。全市各级市场监管部门坚持以习近平新时代中国特色社会主义思想为指导,深入学习贯彻党的二十大精神,坚决执行党中央、国务院决策部署,落实市委、市政府和国家市场监管总局工作要求,科学统筹疫情防控和经济社会发展,统筹发展和安全,按照“疫情要防住、经济要稳住、发展要安全”的要求,不断增强服务大局的“添秤”意识和说到做到的“交账”意识,为全市改革发展稳定大局做出了积极贡献。全年得到市委、市政府领导同志肯定性批示 45 次。

一、党的领导得到全面加强

始终坚持以习近平新时代中国特色社会主义思想为指导,深入贯彻落实习近平总书记对天津工作“三个着力”重要要求和对市场监管工作的重要论述,坚持把学习宣传贯彻党的二十大精神作为首要政治任务,坚持学习贯彻习近平总书记重要指示批示精神“第一议题”制度,深刻领悟“两个确立”的决定性意义,做到“两个维护”的政治自觉、思想自觉和行动自觉更加坚定。扎实开展“迎盛会、铸忠诚、强担当、创业绩”主题学习宣传教育实践活动,委领导班子成员走访服务对象 241 人,解决群众诉求 332 件,384 名党员干部入列轮值,为群众办好事 215 件。制定并严格落实全面从严治党主体责任清单和任务清单,压紧压实基层党组织的主体责任和“第一责任人”责任,推动党员领导干部“一岗双责”责任落实。市委巡视反馈问题全部完成整改,组织开展三轮巡察,制定巡察工作制度 8 项。坚持重实干重实绩用人导向,选优配强直属单位领导班子,培养选拔优秀年轻干部,大力引进高层次专业人才,用心用情做好离退休干部工作。落实非公党建工作职责,建成 243 个“小个专”党建指导站。深化大统战工作格局,做好对口支援和困难村结对帮扶工作。落实意识形态工作责任制,高度重视互联网舆情,新闻宣传有声有色。坚持不敢腐、不能腐、不想腐一体推进,锲而不舍落实中央八项规定精神,制定《机关干部文明礼仪规范》,行风建设专项行动深入推进。排查廉政风险点 755 个,制定廉政风险防控措施 1140 条。治理形式主义官僚主义不担当不作为问题专项行动取得实际成效。

二、疫情防控政治责任全面落实

完善进口冷链食品监管,建立“两督查、两

检查、一自查”工作机制，出台系列“人、物、环境”同防工作制度。对38家第三方冷库实施闭环管理，视频监控全覆盖。对进口冷链食品终端市场全面排查整治，处置涉疫食品690吨。全面加强疫情群防群控，统筹全市“健康码—场所码”扫码工作，编发《群防群控工作指引》，推动行业接种疫苗63.6万人。全力推动康希诺腺病毒疫苗列入世界卫生组织紧急使用清单、吸入式疫苗获批紧急使用，建成新冠病毒疫苗批签发实验室。帮助博奥赛斯、丹娜抗原检测试剂紧急上市，支持力生药业、隆顺榕等涉疫药品生产企业恢复产能，对临床急需的医疗机构制剂实施应急备案。从重从快查处药品医疗用品违法行为，开展打击非法收售药品专项整治，第一时间向社会曝光典型案例9件，得到总局通报表扬。

三、创建一流营商环境成效突出

坚持“痛快高效办事”促发展，出台《关于深化“放管服”改革加快培育壮大市场主体若干措施》，推进自贸区市场主体登记确认制改革。大力推广电子营业执照应用，实现电子营业执照与电子印章同步发放。开辟企业出口3C认证便捷通道，简化市场主体跨区迁移登记程序，开通登记管理档案互联网查询系统。助力个体工商户纾困解难，牵头建立市级扶持个体工商户发展联席会议制度，组织首届“个体工商户服务月”活动，发布《关于进一步支持个体工商户纾困发展若干措施》，开展质量基础设施助力纾困个体工商户专项行动，帮助个体工商户解决9000余个用工岗位需求，协助办理融资贷款1.1亿元。坚持打造公平竞争市场环境，我市获批全国公平竞争审查会审试点城市，开展妨碍统一大市场建设的政策措施专项清理，废止政策措施7件。滨海高新区入选全国商业秘密创新试点地区，建立商业秘密保护基地10个。坚持不懈为企业降费减负，开展水电气暖收费专项整治，持续清理规范转供电加价行为，为企业减轻负担9302万元。营商环境的改善有力推动了市场主体总量的持续扩大，全年新登记市场主体26.7万户，实有市场主体164.8万户，同比增长9%。

四、质量强市建设加速推进

全面贯彻落实《质量强国建设纲要》，颁布实施《天津市标准化条例》，印发《天津市计量发展规划（2022—2035年）》和《关于贯彻落实〈国家标准化发展纲要〉的意见》。全市质量攻关项目数量创历史新高，312项攻关成果获奖。108家企业设立首席质量官，171家小微企业开展质量管理体系认证提升行动。高标准建设质量基础设施，“一站式”综合服务试点机构达到11家，天津港“一站式”质量服务站入选总局典型案例。发布地方计量技术规范24项，新建市级社会公用计量标准42项，发布地方标准71项，获得国家企业标准领跑者22项，发布市级企业标准领跑者18项，组织开展京津冀检验检测机构能力验证，成功举办2022年“质量月”暨电梯安全宣传周活动。全国唯一专业从事汽车标准化研究应用的中国汽车标准化研究院在津成立，国家水运监测装备产业计量测试中心获批筹建。

五、知识产权强市建设成果显著

印发《天津市知识产权强市建设纲要（2021—2035年）》。滨海新区入选国家知识产权强市建设示范城市，北辰区、东丽区、河西区入选国家知识产权强市建设试点城市，滨海高新区、华明高新区入选国家级知识产权强国建设试点园区。专利审查协作天津中心和中汽研中心获批国家级专利导航工程支撑服务机构。中国天辰等8家企业被确定为国家知识产权示范企业，久日新材料等49家企业被确定为国家知识产权优势企业，康希诺生物获得第23届中国专利奖金奖。小站稻、独流老醋国家地理标志产品保护示范区建设快速推进。滨海新区成功发行知识产权证券化产品，实现我市“零”的突破。在东丽区等6个区开展专利行政保护试点，知识产权纠纷人民调解委员会快速调解知识产权纠纷960件，知识产权保护工作跻身全国优秀行列。全年发明专利授权11745件，同比增长59.2%。

六、市场监管领域安全状况稳定向好

食品安全监管成效明显。食品安全考核连续三年获评A级。食品安全属地管理和企业主体“两个责任”落地落实,全面建立末端发力、终端见效工作机制。和平区、宝坻区、蓟州区获评国家食品安全示范城市。组织开展“守底线、查隐患、保安全”专项行动和打击食品安全违法犯罪“百日行动”,立案1.37万件,罚没款5346万元。深入推进乳制品、肉制品质量安全提升,451家重点生产企业建成信息化追溯系统,在全国率先实现婴幼儿配方乳粉生产企业三级可视化监管。发布食品安全“红黑榜”196期,完成1008家区级食品安全管理示范店创建,校外配餐企业“互联网+明厨亮灶”覆盖率达到100%。全市食品安全抽检合格率达到98.43%,提前三个月完成民心工程“你点我检”,圆满完成各项重大活动食品安全保障工作。药品质量安全水平稳步提升。药品安全考核连续三年获评A级。印发《天津中药制剂工程实施方案》,修订医疗机构制剂规范、中药饮片炮制规范,提升地方药品标准。在全国率先制定《药品零售企业药学技术服务规范》,药品安全信用档案系统成为国家局试点,药品监管智能化检查系统获全国智慧监管典型案例,“线上净网线下清源”专项行动得到国务院认可。深入开展药品安全专项整治“利剑行动”,查办案件1631件,罚没款1983万元。工业产品质量安全监管不断强化。建立工业产品质量安全责任约谈和挂牌督办机制。积极开展产品质量技术帮扶“提质强企”行动,组织开展电动自行车产品质量提升,电动自行车监督抽查不合格率同比下降5%。组织开展重点工业产品质量安全排查治理,查处案件168件,罚没款275万元。自主开发的“津质安”移动监管App在燃气灶具排查整治中发挥了重要作用。特种设备安全形势持续向好。深入开展城镇燃气安全排查整治,历史性对全市1.33万公里燃气压力管道进行无遗漏法定检验,消除隐患1069处,查处液化石油气瓶违法充装案件5起,吊销许可证2张。持续开展特种设备安全专项整治三年行动,组织开展超期未检特种设备专项治理,加强流动式特种设备进京管控,全力保障了党的二十大期间特种设备安全。安全生产工作扎实推进。制定《进一步强化安全生产责任落实坚决遏制重特大事故工作措施》,压紧压实安全生产责任。坚持重点节点安全生产工作日报制度,在全市安全生产责任制考核中获得满分。

七、市场秩序治理深入开展

按照党中央、国务院统一部署,深入开展市场秩序专项治理,打击养老诈骗专项行动被评为全市突出贡献单位,粮食购销、自建房安全、违规教材教辅、医疗美容、网络市场等领域专项治理成效显著。加强广告督导检查,保障党的二十大期间广告市场稳定。民生领域“铁拳”行动形成品牌,办结案件1.4万件,罚没款9774万元,向社会发布33件典型案例。“双打”工作成效突出,在全国“双打”工作会议上介绍经验。制定《重大违法行为举报奖励暂行办法》,全国执法办案电子数据取证大比武获得团体第二名。优化消费环境,发展在线解决消费纠纷企业145家,线下七日无理由退货商户由54家发展到10645家。加大对过度包装、“天价”月饼、蟹卡蟹券经营行为的整治力度,保护节日期间消费者权益。市消协组建人民调解委员会,为消费者挽回直接经济损失283万元。持续监测市场价格,重要民生商品价格平稳有序。

八、市场监管法治和能力建设成效明显

深入学习贯彻习近平法治思想,印发《法治市场监管建设实施纲要》。高质量完成中央法治督察反馈意见整改及实地督察迎检,“谁执法谁普法”履职报告评议获得优秀等次。在全市率先颁布《不予实施行政强制措施清单》,被市政府评为“为企服务典型案例”。建立719部法律法规规章库,市场主体住所在线信息核验被评为全市行政执法“示范优案”,市消协消费警示入选全国普法依法治理创新案例,最高人民法院终审天翼顺达商业秘密案改判我委胜诉。充分发挥信用信息的基础性作用,归集公示市场主体信用信息1800万条,对全部企业进行风险分类测算,依据风险等级实施差异化监管。建成全市“双随机、一公开”监管平台,实现监管全流程信息化管理。建立年报精细化管理工作机制,企业年报公示率达到93%。为市场主体办理信用修复2.17万件,修复效率提升50%。科技支撑能力显著增强,市质检院柔性智能穿戴心电监测项目荣获天津市科学技术进步二等奖,市计量院自主研发的光伏组件测试设备填补了计量领域空白,市特检院通过总局科技成果转化基地认定,国家中医器械标准化技术归口单位落户医疗器械检验中心。

驻委纪检监察组认真履行派驻监督职责,从严落实监督责任,精准规范执纪问责,严管厚爱有温度,监督执纪有力度,有效发挥了全面从严治党的监督保障执行和促进完善发展的积极作用。

市体育局2022年工作总结

2022年,市体育局坚持以习近平新时代中国特色社会主义思想为指导,全面贯彻落实党的二十大精神,深入学习贯彻习近平总书记关于体育的重要论述,贯彻落实市第十二次党代会精神和市政府重点工作任务部署,按照2022年天津市体育工作要点,认真开展各项工作,现总结如下。

一、构建更高水平全民健身公共服务体系成效显著

一是研究起草《天津市关于构建更高水平的全民健身公共服务体系任务分工及落实措施》。全年共建成健身步道26条、多功能运动场47个、笼式足球场14个、社区体育园108个、登山步道5条,乡村健身广场97个、室外智能健身设施110处、建成群众滑冰场7个、智慧社区健身中心3个,更新社区健身园918个,支持23个全民健身中心配建体育设施。东丽区、武清区荣获全国第一批全民运动健身模范市(区)荣誉称号。

二是成功举办2022年健身大拜年系列活动、全民健身线上运动会(天津赛区)各项赛事、第四届国际智能体育大会、首届外商投资企业运动会等群众性赛事活动。举办天津市第二届社区运动会,线上、线下相结合组织开展区级社区赛事活动350余场,受益群众达50万人次。

三是推动公共体育场馆免费低收费开放,发放开放补助432万元,在节假日期间向群众免费开放。我市经常参加体育锻炼人数比例达到45%,城乡居民国民体质测定标准合格率达到93%,位居全国前列。

四是多元化科学健身指导体系初步形成。全市现有5.2万名社会体育指导员,各级各类体育社会组织达到5000余个。

二、竞技体育综合竞争力加速提升

一是制定出台关于第十五届全运会《加强备战运动队保障工作的意见》《备战任务目标评估考核办法》,完成备战队伍教练的聘任,进入新备战周期,天津运动员在国际国内重大赛事中共获得12枚金牌、9枚银牌、7枚铜牌。

二是精心组织天津市第十五届运动会。举办青少年组32个项目、成年组8个项目的比赛,共12444名运动员报名参赛。群众组比赛设置群众喜好的13个大项、108个小项,直接参赛人数近5000人。大学生组比赛共有本市45所高校近5000名运动员参赛。

三是推动冰雪运动高质量发展。我市3名运动员首次参加冬奥会,夺得我国历史上第一枚钢架雪车冬奥会奖牌和女子团体追逐第五名。成功举办天津市第四届“迎冬奥、上冰雪”系列活动暨第十七届冰雪运动大会,以及系列群众冰雪赛事活动。

四是积极开展足球职业俱乐部改革,积极探索股权多元化和管理科学化路径,津门虎足球俱乐部克服资金短缺、人员匮乏等多重困难,取得本赛季中超联赛第八名成绩。

三、青少年体育基础进一步夯实

一是深入推进体育融合。探索构建体校改革与学校体育发展共同体,在全市采取“基础体育大项+‘三大球’+区域特色项目”的布局方式,充分整合各自资源和优势。与教育部门共同部署实施体校改革与学校体育融合发展工作机制,将此项工作首次列入我市年度青少年体育工作综合评估的重要内容。我市各级体校与 200 余所中小学建立了共建融合发展的工作机制，为提高学校特色体育工作水平、丰富课后体育服务方式、促进体育后备人才培养起到了积极作用。

二是精心组织好“奔跑吧·少年”系列主题活动和“爱眼日”、首届少年儿童体育节等活动，指导各区、各单位因地制宜、因时制宜，通过线上和线下相结合的方式，支持鼓励社会力量共同参与，开展了贯穿全年的系列活动，活动共惠及青少年 50 万人次。

三是有序开展青少年体育比赛。2022 年我市疫情防控工作面临复杂严峻形势，经过周密组织，顺利完成了篮球、排球、田径、游泳、羽毛球等 20 余个项目的年度青少年最高水平比赛，成功组织了网球、游泳、篮球、射箭等项目青少年俱乐部联赛，直接参与赛事的青少年 3 万余人次。

四、“排球之城”建设成果丰硕

一是以竞技排球为引领，提升综合实力。在 2021—2022 赛季中国女子排球超级联赛中，天津女排以 17 战全胜的优异成绩获得赛季冠军，第十四次夺得全国联赛冠军。天津男排获得全国锦标赛第五名，向着进入国内先进行列前进。沙滩排球成绩迅速提升，在全国巡回赛上获得平潭站亚军，取得了组队以来的最好成绩。通过不断优化顶层设计，提高运动员专业技术水平，李盈莹、王媛媛、袁党毅、翟浩楠等多名优秀男女排运动员随国家队征战，在国际赛场上奋勇拼搏，为祖国争光，为天津添彩。

二是以校园排球为抓手，夯实排球基础。开展排球传统特色学校评选工作，至 2022 年全市排球传统特色学校已达 58 所，有序推进高校高水平排球运动队建设，与各区教育部门共同组织基层排球教练员素拓课教学及中小学“排球云教学”活动，举办天津市中小学校园排球师资培训班，全市 16 个区 200 名中小学体育老师参加培训。

三是以大众排球为重点，发掘消费潜力。持续完善排球基础设施建设，为广大群众提供排球活动场地，广泛深入推广职工排球和大众排球活动，开展大众排球欢乐季系列活动，业余排球联赛、职工气排球比赛等多项大众排球赛事活动，激发了全民喜爱排球、参与排球运动的热情。积极构建排球产业体系，打造排球主题体育商业综合体，结合和悦汇商圈开展哪吒嘉年华排球主题周，举办哪吒沙滩排球赛。天津女排参加津诚所至协作同甘女排明星公益赛暨消费帮扶电商直播活动，在明星教练员、运动员的倾情助力下，实现直播观看人数 1013 万，直播销售额高达 706 万元，有效将体育融入经济，助力广大群众运动健康，拉动体育市场消费潜力。

四是以女排精神为核心，传播排球文化。成功举办“海河回响——女排精神展”巡展等活动，全面展示了天津女排自 1956 年建队以来 66 年的奋斗历程，形成宣传天津女排精神新阵地。同时开展女排精神进校园、社区、乡村、企业、机关、商圈活动。发行“排球之城”观影卡，设立“排球之城”主题地铁站，提升了“排球之城”品牌影响力，取得了良好的社会反响。

五、体育产业高质量发展稳中求进

一是与市统计局联合发布 2020 年天津市体育产业总规模及增加值数据。2020 年天津市体育产业总规模(总产出)为 594.07 亿元，增加值为 169.31 亿元，占当年全市生产总值的比重为 1.21%，高于全国平均水平(1.06%)。

二是助力国际消费中心城市建设，推动体育旅游发展，V1 汽车世界入选中国体育旅游精品景区，东疆湾沙滩景区体育旅游线路入选中国体育旅游精品线路，V1 场地挑战赛入选中国体育旅游精品赛事，天津健康产业国际合作示范区入选中国十佳体育旅游目的地。

三是 2022 年发放体育惠民卡 5 万张，惠及持卡市民 32951 人，发放体育惠民补贴 659.02 万元，拉动体育消费 3494.33 万元。成功举办首届“海河群英”线上跑暨千万健身体验券发放活动，提供健身体验券价值 2620 万元，上万名群众参加活动。

四是体育产业发展专项资金扶持体育企业。支持体育产业基地、体育制造业转型升级、体育场馆改造、冰雪运动场馆等项目，有针对性扶持制造业提质增效和场馆服务业的提升改造，全年扶持体育制造业和体育服务业项目共计 48 个,支出资金 5454 万元,有力支持体育企业稳步发展。

五是为企业纾困解难。宣传贯彻落实国家和天津市服务企业纾困政策措施,组织"聚力服企提质赋能"主题活动,开展金融、体育惠民卡、体育产业发展专项资金政策解读会。全市体育系统认真落实国有场馆房屋租金减免政策,减免租金超过 2600 万元。组织银企对接、帮助企业申请政策性贴息贷款,总计申请贷款 3462 万元,极大缓解企业困境。六是全年累计销售体育彩票 61.73 亿元,同比增长 31.77%,增长率排名全国第二,筹集公益金 14.59 亿元,代扣代缴个人偶然所得税 7454 万元,为体育事业发展提供坚实保障。

六、体育法治建设深入推进、体育文化广泛传播

一是深入开展习近平法治思想、《宪法》《民法典》与新修订《体育法》的学习宣传,加强经常性的普法教育,召开《体育法》专家培训研讨会,在全国率先组织修订了《天津市全民健身条例》并于 2023 年 1 月 1 日起实施。

二是进一步弘扬北京冬奥精神,紧紧围绕排球之城建设、冰雪运动发展、第十五届天津市运动会等工作加大宣传,为中心工作营造良好的舆论氛围。进一步挖掘和传播冰雪运动历史,宣传冬奥项目知识,多形式、多角度宣传冰雪历史及冬奥文化。推动冬奥展览进社区,与搜狐天津、字节跳动、市少年儿童活动中心、IPTV 等单位合作,普及冬奥知识,助力文化宣传。推出《小狐村迎冬奥》系列漫画,推出"天津小狐村的冬奥故事""燃情冬奥逐梦未来"等微博话题,累计阅读量超 2500 万。策划推出了冬奥会火炬巡展系列短视频,《北京 2022 年冬奥会火炬有多牛》播放量超过 74 万。

三是加强天津体育博物馆建设力度,举办"海河回响——女排精神展"和"公益体彩路 津彩新征程——天津体彩公益文化展",全方位宣传体育运动文化。推出"线上云观展",线上带领观众了解天津女排 66 年来的奋斗历程,分享冠军背后的故事。体育博物馆入选国家体育总局、科技部首批国家体育科普基地。

七、党对体育工作的全面领导坚实有力

一是以政治建设为统领,旗帜鲜明讲政治。深入学习贯彻党的十九大、党的二十大精神,坚决贯彻落实习近平总书记对天津工作提出的"三个着力"重要要求和对体育工作重要指示批示精神,不折不扣落实市委、市政府决策部署和对体育工作提出的目标任务,挂图作战、压实责任、积极推进。

二是全面加强党组织建设。局领导带头宣讲党的二十大精神和市党代会精神,深入开展"迎盛会、铸忠诚、强担当、创业绩"主题学习宣传教育实践活动,持续深化"我为群众办实事"实践活动。加强干部队伍建设,对年轻干部教育管理监督,积极改善干部队伍结构。

三是落实全面从严治党主体责任。坚持"四个亲自",班子成员加大推动落实力度,层层压实全面从严治党责任。推动纪律建设更加完善,制定《关于加强新时代廉洁文化建设 2022 年度重点工作任务分工》《廉洁文化宣传教育工作实施方案》等文件,将加强新时代廉洁文化建设贯穿体育工作全领域各方面。全面深化"党建+"工作模式,推动党建工作和体育工作深度融合,以更高质量党建引领更高质量发展。

四是落实巡视整改任务取得明显成效。以习近平总书记关于巡视工作的重要指示要求为根本遵循,坚决履行主体责任,按照市委巡视办要求,制定《中共天津市体育局党组关于市委巡视八组巡视情况反馈意见的整改落实方案》,明确巡视整改的指导思想、整改目标、整改任务、整改原则、整改步骤和整改要求,有针对性制定整改措施 138 项,按照"三级递进"工作要求扎实推动巡视整改各项任务措施落地见效,建立完善制度机制 70 个,及时做好巡视深度整改工作。

市体育局党组 2022 年工作总结

2022 年,在市委、市政府的坚强领导下,市体育局党组全面贯彻党的十九大和二十大精神,深入落实习近平总书记对天津工作提出的“三个着力”重要要求及一系列重要指示批示精神,跟进学习贯彻习近平总书记关于体育的重要论述,坚定捍卫“两个确立”、坚决做到“两个维护”,抓实全面从严治党主体责任,为推动天津体育强市建设提供坚强政治保障。

一、强化政治建设这个根本,牢牢把握正确政治方向

(一)锚定首要任务,捍卫“两个确立”、践行“两个维护”

坚决落实习近平总书记重要指示批示,定期开展对落实习近平总书记关于体育工作重要指示批示精神的专项监督检查行动,分别于 4 月和 9 月组织召开市体育局重点工作落实推动会,推动重点工作高质高效开展。严格落实重大问题请示报告制度,制定《市体育局向市委请示报告清单》并动态更新,全年共向市委和市政府党组及市委有关部门请示 9 次、报告 10 次、进行规范性文件报备 10 次,坚决把党的领导体现在工作各方面、各环节。坚决履行巡视整改主体责任,制定《中共天津市体育局党组关于市委巡视八组巡视情况反馈意见的整改落实方案》,有针对性制定整改措施 138 项,按照“三级递进”工作要求扎实推动巡视整改各项任务措施落地见效,建立完善制度规定 61 个,保质保量完成深度整改。

(二)紧扣“国之大者”,提升政治能力、彰显政治担当

深入贯彻习近平总书记关于京津冀协同发展重要讲话精神,在主动服务疏解北京非首都功能方面展现天津体育新作为。北京冬奥会期间,蓟州基地作为北京冬奥会 8 个闭环管理基地之一,圆满完成保障各支国家队赛前接待、备战训练、赛后隔离等任务,以高标准场地设施、高水平管理服务保障,全力发挥了蓟州国家冰上项目训练基地作用。同时,天津冰雪健儿敢于挑战、同心同力、勇攀高峰,3 名运动员在北京冬奥会参加了钢架雪车、雪车、速度滑冰 3 个项目比赛,获得 1 枚铜牌、1 个第五名的好成绩,其中钢架雪车运动员闫文港获得了我国历史上第一枚钢架雪车冬奥会奖牌,实现了我市运动员参加冬季奥运会奖牌“零”的突破,实现了运动成绩和精神文明双丰收,为祖国争得了荣誉,为天津增添了光彩。

(三)严明纪律规矩,深化标本兼治、净化政治生态

制定市体育局落实加强政治生态建设重点任务分工,制定加强政治监督的具体措施,3 次开展基层党建调研督导,推动政治监督具体化、常态化、实效化。严格落实“三会一课”、谈心谈话、组织生活会、民主评议党员和主题党日等党的组织生活制度,坚持和完善新党员入党宣誓和重温入党誓词、入党志愿书以及党员过“政治生日”等政治仪式,确保党的组织生活有内容、出实效。围绕建设体育强市、“排球之城”“运动之都”任务目标,将加强新时代廉洁文化建设贯穿体育工作全领域各方面,制定《关于加强新时代廉洁文化建设 2022 年度重点工作任务分工》《廉洁文化宣传教育工作实施方案》等文件。在市运会等体育赛事中充分融入体育文化,经验做法被《天津新闻》《廉政观察》等报道宣传。

二、筑牢思想理论这个阵地,着力锤炼坚定政治定力

(一)系统学习党的创新理论,及时学习党的二十大精神

深入开展“迎盛会、铸忠诚、强担当、创业绩”主题学习宣传教育实践活动工作,督促各级党组织分别围绕四个专题开展集中学习研讨,认真落实“四个走遍”“联点访户”要求,局处两级领导班子为群众办实事解难题 279 件。迅速兴

起学习宣传贯彻落实党的二十大精神热潮，第一时间制定学习宣传方案，印发系列通知，通过举办专题培训班、宣讲报告会、开设专题宣传栏等形式，全面准确深入做好大会精神的宣传阐释；组织开展在线访谈、微访谈活动，宣传阐释大会精神，交流学习大会精神感受体会，制作本系统党的二十大代表、排球运动员李盈莹宣讲短视频在全系统宣传推广，展现了体育系统学习贯彻党的二十大精神的新思路、新举措、新成效。认真学习宣传贯彻市第十二次党代会精神，及时印发学习通知，推动党代会精神进机关、进校园、进运动队、进场馆，更好凝聚奋进新征程的磅礴力量，及时向市委报送《中共天津市体育局党组关于学习宣传贯彻市第十二次党代会精神的情况报告》，被市委书记圈阅。

（二）强化干部队伍思想政治引领，加大普法宣传力度

贯彻落实《中国共产党党员教育管理工作条例》《2019—2023 年全国党员教育培训工作规划》和我市具体措施，制定年度党员教育培训计划，推动培训任务落地落实。局党组理论中心组充分发挥表率示范作用，全年集中学习 14 次，开展了 3 次理论学习专题班（累计 9 天），组织 11 次研讨交流。同时注重加强对体职院和市体校党委理论学习中心组的督导指导，每季度列席 1 次院（校）党委中心组集体学习研讨。加大普法宣传力度，持续推进“八五”普法工作，弘扬法治奥运精神，采取线上线下相结合方式进行法治专题培训，开展送法下基层活动，抓好局系统领导干部及运动员、教练员、学生等重点人群学法用法教育，提升体育治理体系和治理能力现代化水平。此外，新修订《天津市全民健身条例》，自 2023 年 1 月 1 日起施行。

（三）抓实意识形态和政治文化建设，筑牢思想政治根基

制定《天津市体育局意识形态工作考核标准（2022 年）》，引导党员干部深刻认识意识形态工作的极端重要性，牢牢把握意识形态正确的政治方向不动摇。进一步强化意识形态工作责任制，注重落实网络意识形态责任，将网络意识形态落实情况纳入巡察监督内容。持续深化“深学笃用天津行动”主题宣传，开展“我们的新时代”“美丽中国”“强国复兴有我”等群众性宣传教育系列活动。举办天津市体育局系统学习宣传贯彻党的二十大精神歌咏展演和“红色电影进基层”活动。进一步强化体育文化阵地建设，积极传播天津体育正能量，讲好天津体育故事，持续加大对天津女排精神宣传力度，举办“海河回响——女排精神展”和“公益体彩路 津彩新征程——天津体彩公益文化展”。

三、夯实组织建设这个基础，锻造坚强有力战斗堡垒

（一）深化党建引领，锻造坚强有力战斗堡垒

把加强和规范党内政治生活作为推进全面从严治党的重要抓手，年内先后组成 40 个督导组，做好局系统各级基层党组织专题民主生活会、年度组织生活会督导工作。局领导班子成员积极落实双重组织生活制度，以普通党员身份参加所在党支部组织生活 126 次，带头讲专题党课 29 次，带头宣讲党的二十大和市第十二次党代会精神。高标准做好参加市第十二次党代会、党的二十大党代表选举工作以及天津市推荐的全国人大代表、全国政协委员人选和市人大代表、市政协委员人选考察等工作。天津女排运动员李盈莹当选为参加中国共产党第二十次全国代表大会的代表。年内分 3 批次选派 416 人次干部职工下沉支援疫情防控工作，其中 1 月份下沉社区 239 人、下沉支援津南 127 人、10 月份下沉社区 50 人。及时印发表扬通报，对在历次疫情防控中下沉支援表现突出的干部进行通报表扬，激发干部职工积极向上正能量。

（二）践行新时代党的组织路线，打造忠诚干净担当的高素质干部队伍

年内对 15 家基层单位领导班子和 7 个机关内设部门工作人员进行调整，调整共涉及提拔 23 人、平职交流 25 人，占基层单位总数的 3/4、内设处室总数的 7/10。此外，面向高校招录选调生 1 人，年龄 25 岁；接收军转干部 4 人，平均年龄 41 岁。提拔（调任）23 名处级干部中，正处

级 8 名、平均年龄 46 岁;副处级 15 名、平均年龄 43 岁;局系统机构改革消化完超职数配备干部后,干部队伍提拔数量明显增多,年龄结构得到较好改善,干部队伍活力得到有效提升。注重加强对基层单位选人用人工作前期指导,实行方案预审,严把程序、制度关,批复同意基层单位科级干部选拔任用有关事项 29 批次 52 人次。先后在全局领导干部范围内召开"一把手"和领导班子监督推动会、纪律警示教育大会并开展集体廉政谈话,进一步夯实了党员领导干部纪律规矩意识和遵纪守法意识。

(三)高质量推进统战和群团工作,不断凝聚奋进合力

坚决贯彻落实党中央和市委关于统一战线工作决策部署,及时召开会议传达学习全市统战部长会议暨全市民宗委主任会议精神,编制《天津市体育局 2022 年统战工作要点》,将统战工作纳入局党组会重要议事日程、党组理论学习中心组学习内容和干部教育培训教学内容,推动统战工作与体育中心工作互融共促。健全完善统战工作机制,及时调整局领导班子成员分工,清晰统战工作的职责任务。举办"市体育局学习贯彻党的统一战线工作理论专题班",全体机关公务员参加培训。经我局推荐,天津体育学院被市民宗委评为 2022 年天津市民族团结典型示范单位,有力推动民族团结进步事业创新发展。充分发挥工会组织作用,在局系统举办"唱响时代颂歌 喜迎盛会召开"歌咏展演活动、开展"学习女排精神 砥砺奋进前行"主题征文活动、组织局系统"健体魄 迎盛会 向未来"职工羽毛球比赛,深受大家好评。

四、突出作风纪律建设这个底线,构筑拒腐防变坚固防线

(一)提高政治巡察工作质效,提升治理能力和治理水平

局党组书记、党组巡察工作领导小组组长切实把巡察工作作为"书记工程"来抓紧抓实,结合分管领域和部门职能,在信息通报、人员力量、提供专业协助等方面给与支持。在年度巡察任务推动过程中,积极探索"组办一体化"模式开展巡察工作,有序推进本年度三轮常规巡察工作。与被巡察党组织同题共答,充分发挥了巡察综合监督作用和密切联系群众纽带功能,达到政治监督目的。2021 年第二轮巡察整改涉及 9 个问题(27 个具体问题)除两个具体问题正在持续推进外,其它均已整改完成;2022 年第一轮巡察整改涉及 17 个问题 23 个具体事例均已整改完成,第二轮被巡察党组织涉及 19 个问题 29 个具体事例均已整改完成,第三轮被巡察党组织涉及 22 个问题 34 个具体事例均已整改完成。此外,高度重视并积极配合市第四巡察指导督导组"嵌入式"现场指导督导,按照反馈意见,及时制定整改方案,落实好统筹协调、跟踪督办、及时汇总报告整改进展情况等任务。截止目前,巡察指导督导反馈意见涉及的 3 项 7 个具体问题,以及 4 条意见建议,已全部完成整改。

(二)驰而不息改进作风,抓牢党风廉政建设

紧盯重要节日节点,制定印发关于贯彻落实中央八项规定精神有关要求通知,对局机关处室和各直属单位落实中央八项规定精神、疫情防控等情况开展监督检查。结合局机关搬迁工作,严格按照文件规定,对市体育局各级工作人员办公用房使用面积进行核算,精细制定《市体育局机关新址改造项目方案》,严格把控使用标准,确保不违规不超标。认真落实党中央和市委关于为基层减负等部署要求,严格执行精文减会、规范督查检查考核、改进调研方式等要求,坚持不对同一事项反复发文、不层层制定配套文件,减少"分工方案"等文件印发,发扬"短实新"文风,规范文件报送,切实精简会议改进会风,统筹各类会议,确保各类会议数量持续下降;严控督查考核事项,不自行设置督查检查考核项目。探索建立机关干部下沉式服务基层工作模式,改进机关干部入列轮值的考察方式,常态化开展"向群众汇报"工作,经验做法被《天津新闻》《天津支部生活》《天津组工通讯》等媒体报道。

(三)深化"三不"一体推进,深入开展反腐败斗争

以规范制约权力运行为核心,健全完善从源

头上预防腐败的工作机制，组织查找各个岗位风险点，制定风险防范预防措施，加强对重点岗位、重点环节权力运行和制约监督，保障权力正确规范运行，最大限度控制、减少党员干部在工作或日常生活中诱发不廉洁问题的可能性。支持驻局纪检监察组工作，推进高水平深层次“三转”，给予人财物等方面充分支持。贯彻落实清廉天津建设要求，制定《市体育局党组关于加强新时代廉洁文化建设2022年重点工作任务分工》，推动干部清正、政府清廉、政治清明、社会清朗。认真贯彻执行《中国共产党问责条例》等党内法规，有效运用“监督执纪”四种形态，把“咬耳扯袖、红脸出汗”作为经常性手段，年内机关纪委运用“第一种形态”处理15人，运用“第二种形态”处理3人，运用“第三种形态”处理1人。

五、坚持和加强党的全面领导，切实体现强烈政治担当

（一）夯实责任、筑牢根基，切实深化全面从严治党

坚持政治统领和党建引领，充分发挥党组把方向、管大局、促落实领导作用。印发2022年全面从严治党工作要点，制定2022年落实全面从严治党主体责任任务安排，局领导班子及其成员制定责任清单和任务清单、撰写半年和年度落实全面从严治党主体责任情况报告，局党组书记逐个审签把关，压实领导班子成员“一岗双责”。局党组会经常性研究部署全面从严治党工作，全年共研究41次105项，召开全面从严治党和党建工作部署会，通报上年度全面从严治党情况和考核情况，表扬前5名，通报排名后2名单位且指导做好整改。持续深化具有体育特色、符合体育事业发展规律的主体责任制度体系建设，推动全面从严治党和业务工作考核机制创新，调整2022年度考核直属单位党组织落实全面从严治党主体责任有关事项，将抓党建工作述职评议考核、述责述廉、落实全面从严治党主体责任考核、领导班子年度考核、选人用人检查有机衔接、统筹实施。

（二）落地落实、见行见效，扎实推进体育强市建设

全面推进“排球之城”“运动之都”建设，深入落实《天津市加快推进“排球之城”建设实施方案（2021—2030年）》，天津排球各运动队在本年度都取得不俗成绩。天津女排拿下联赛第15座冠军奖杯，天津男排在本年度全国男排锦标赛取得第五名。积极推动校园排球发展，克服客观因素影响，创新思维，通过网络平台直播互动，组织“排球云教学”活动。召开“排球之城”建设学校排球项目发展调研会，2022年在全市评选出33所排球传统特色学校。以市政府办公厅文件印发《天津市“运动之都”建设行动方案（2022—2030年）》，健全组织架构，厘清任务分工，站在贯彻新发展理念、构建全民健身工作新发展格局、推动体育改革发展高度，积极推动“运动之都”建设，充分发挥体育工作在提高人民身体素质和健康水平、促进人的全面发展、丰富人民精神文化生活的重要作用。

（三）履职尽责、担当作为，坚决贯彻以人民为中心思想

着眼构建更高水平的全民健身公共服务体系，不断健全机制功能。全年新增全民健身场地设施1894处，推动公共体育场馆免费低收费开放，发放开放补助432万元，在节假日期间向群众免费开放。我市经常参加体育锻炼人数比例达到45%，城乡居民国民体质测定标准合格率达到93%，位居全国前列。扎实开展“我为群众办实事”实践活动，局党组书记带头落实“四个走遍”要求，局领导全年深入基层调研342次，深入联系点党支部、区体育行政部门工作联系点和结对走访群众共计110次，及时发现问题推动解决27个，撰写调研报告9篇。局机关75名党员干部下沉社区入列轮值，累计为群众办实事103件。年内共办理智慧信访平台、“12345”政务服务热线、政民零距离等各类信访诉求600余件次，全部按期按质办理完毕，并认真回复信访人，回复率达100%。

市统计局2022年工作总结

2022年,市统计局坚持以习近平新时代中国特色社会主义思想为指导,深入学习贯彻党的二十大精神,全面贯彻习近平总书记关于统计工作重要讲话和重要指示批示精神,认真贯彻落实党中央、国务院重大决策部署和市委、市政府工作要求,牢固树立数据质量生命线理念,着力加强党对统计工作的全面领导,深化统计重点领域改革,严格落实防惩统计造假、弄虚作假责任制,强化统计培训和基层基础建设,全面提升统计服务能力和水平,为服务我市"十四五"规划开好局、起好步提供了坚实的统计支撑。

一、坚持政治立身,深学笃用习近平新时代中国特色社会主义思想

牢固树立政治机关意识,深入学习贯彻习近平新时代中国特色社会主义思想和党的二十大精神,严格落实"第一议题"制度,全年34次召开局党组(扩大)会集体学习习近平总书记系列重要讲话精神,专题学习《习近平经济思想学习纲要》等重要理论著作,走好践行"两个维护"第一方阵;以迎接宣传贯彻党的二十大为主线,高标准推进"迎盛会、铸忠诚、强担当、创业绩"主题学习宣传教育实践活动工作,聚焦贯彻落实党的二十大精神、市第十二次党代会精神,制定方案、细化举措,特色做法被市委主题教育简报刊登。从严抓好意识形态工作,按季度分析研判意识形态工作责任制落实情况,成立局数据安全工作领导小组并制定工作制度,坚决守住数据安全底线。持续纠治形式主义官僚主义不担当不作为问题,确定并实施担当作为干事创业年度项目,树立以干成事论英雄的鲜明导向。

二、牢记"国之大者",全力推动党中央、国务院关于统计工作重大决策部署落细落实

深入学习贯彻习近平总书记关于统计工作重要讲话和重要指示批示精神和党中央、国务院重大决策部署,强化"政治要件"意识,主动对标对表,提出5方面28项任务,按季督办,确保目标任务落地见效。完善天津市高质量发展综合绩效评价办法,做好2021年各区高质量发展综合绩效评价指数测算和2022年季度监测工作,准确反映全市和各区高质量发展进程。深化京津冀协同发展统计监测,加强与北京市局、河北省局配合,共同制定《京津冀协同发展统计监测工作方案》《京津冀协同发展统计监测制度》,撰写统计分析报告反映京津冀协同发展成果。围绕"双碳"目标,深入我市碳排放权交易所、重点企业开展调研,助力全国碳排放统计核算方法制度研究。制定《天津市乡村振兴统计指标体系(试行)》,完成全市及涉农区指标数据搜集工作,服务全市乡村振兴建设。

三、精心组织筹备,五经普试点工作取得积极成效

完成市统计局、16个区统计局第五次全国经济普查筹备领导小组组建工作,坚持经济普查与投入产出调查一体谋划、一体推进,制定天津市五经普重点问题研究清单,编制我市"五经普"2022—2026年规划表,完善普查预算框架,做好经费预算的编制与申请工作。强化进取意识,主动向国家争取先行先试机会,高质量完成主营业务填报结构化和行业智能编码、数字经济核心产业、限额以下批零住餐单位商品零售类值和网上零售情况、优化单位清查方式4项国家试点任务,及时向国家统计局反馈五经普试点方案意见建议。扎实推进基本单位核实校准工作,密切跟踪监测各区工作进度,加强调研服务和指导,做好"清库"质量核查,全面摸清市场主体情况,为普全、普准、普实普查对象奠定基础。

四、加强统计法治建设,纵深推进防范和惩治统计造假、弄虚作假

对标中央《关于更加有效发挥统计监督职能作用的意见》(以下简称"《监督意见》")精神,印发市统计局贯彻落实《监督意见》工作方案,明确38项重点工作任务,市委常委会第331

次会议、市政府第189次常务会议分别传达学习《监督意见》，听取市统计局贯彻落实情况汇报并提出工作要求，完善统计监督纳入全市2022年重点改革任务和法治政府建设重点工作台账，《关于建立市委巡视办与市统计局协作机制的意见》《关于建立纪检监察监督和统计监督协同配合机制的通知》和工作实施办法等相继印发，统计监督与各类监督贯通协同机制不断健全。积极推进统计法和统计知识进党校，在市委党校举办为期3天的"推进依法统计依法治统"专题培训班，冯嘉强局长作开班动员并讲授第一课。高位推动统计造假不收手、不收敛问题专项纠治工作，建立市纪委监委相关联系室、派驻纪检监察组、市统计局组成的"室—组—局"工作模式，互通信息、共商共判，通过全面自查、重点抽查、执法检查相结合，准确发现问题、如实反映问题。总结前期经验，优化2022年统计督察方案，完成对河西区、南开区、北辰区3个区的实地督察。扎实开展统计执法检查工作，创新采用"查防衔接""集中非现场"等方式，提升执法检查质效，全年对426家单位进行统计执法检查，同比增加19.33%，其中立案处罚22家单位，彰显了执法检查的"利剑"作用。

五、发挥"晴雨表""风向标"作用，高标准做好经济运行监测分析工作

健全反映"1+3+4"现代工业体系的统计监测体系，围绕国有经济、民营经济、中小微企业、十二条产业链、国际消费中心城市等重点领域开展统计监测，2022年初疫情期间组织全市2万余家"四上"企业开展3轮企业生产经营情况快速调查，实施2021年轮国际比较项目（ICP）政府职务报酬调查。加强部门间协调联动，印发《关于建立市统计局与市级部门协调联动机制的工作方案》，由局领导牵头，12个处室分别对接19个市级相关部门，及时搜集整理各方情况，深入分析我市经济运行中的特色亮点、情况问题，从统计视角提出对策建议，全年共计147篇次统计信息、分析、专报获市领导批示，其中7篇获市领导肯定性批示，4篇论文入选第十九次全国中青年统计科学研讨会，居省级统计系统首位，充分体现了统计"智库"建设成果。

六、紧跟形势，持续深化统计改革创新

扎实推进地区生产总值统一核算改革，修订2022年季度各区生产总值统一核算方案，提升统一核算工作科学性。建立住宿业会展活动统计制度，健全国有经济民营经济和中小微企业统计监测制度、新产业新业态新商业模式统计监测制度。加快名录库改革进程，修订《天津市统计系统基本单位名录库管理办法（试行）》，制定准规模统计调查单位规范化管理实施办法，健全企业注册、纳税等部门行政记录应用和数据信息资料共享机制，利用大数据分析方法构建统计模型科学测算企业活跃度。积极参与国家统计局改革试点工作，高质量完成数字经济统计监测试点、百货零售业和超级市场零售业法人企业附属产业活动单位视同法人统计试点工作。深化"智慧统计"建设，以技术为改革赋能，搭建项目前期监测平台，优化数据应用与管理平台，完成"天津市智慧调查系统"一期建设，持续推进手机信令大数据在人口统计监测中的应用，为做好全市人口变动分析提供有力抓手。

七、靠前站位，主动提供优质统计服务

强化"添秤意识"，成立市统计局服务全市经济运行工作领导小组，加强保持经济运行在合理区间的监测分析，聚焦新情况新问题撰写统计工作提示和工作建议，每月向各区提供"保苗"单位库，为稳大盘提供有力抓手。认真落实统计筑基包联责任制，局领导、总师带队赴各区听声音、摸实情、答疑惑、解难题，加强对各区统计工作业务指导，通过制作视频、长图，发放明白纸等方式，详细讲解各专业统计指标含义、填报要求，提升基层统计人员业务能力。积极推进企业电子统计台账系统建设，选择部分"四上"企业进行试点，为全面推广企业电子统计台账积累经验。做优统计产品，编印《天津统计年鉴》《京津冀统计资料季刊》等资料，全面反映天津经济社会发展新成效。紧贴公众需求，改进统计宣传工作，"天津统计"微信公众号在市委网信办、国家统计局组织的新媒体考核中多次取得好成绩。

八、贯彻新时代党的组织路线，扎实推进公务员分类管理改革

注重发挥党建引领作用，开展"党旗红数据真""党旗红作风实""党旗红服务优"等品牌创建活动。以打造高素质统计干部队伍为目标，制定年轻干部培养选拔和监督管理实施办法，举办青年干部提升政治能力培训班、"统计干部上讲台"等活动，提升年轻干部综合素质。加快干部梯队建设，大胆使用优秀年轻干部，全局处级领导干部平均年龄 47.5 岁，比 2021 年下降 1.2 岁，其中"80 后"处级领导占比 34%，同比提升 11.6 个百分点；在编人员研究生以上学历或硕士以上学位的占比达 42.7%，同比提升 2.3 个百分点。深化公务员分类管理改革，联合市委组织部印发《天津市统计专业技术类公务员专业技术任职资格评定规程（试行）》，以改革举措激发干部干事创业活力。

市统计局党组 2022 年工作总结

2022 年，市统计局党组深入学习贯彻习近平新时代中国特色社会主义思想和党的二十大精神，严格履行全面从严治党主体责任，始终坚持全面从严治党永远在路上，党的自我革命永远在路上，弘扬伟大建党精神，持续向纵深推进全面从严治党，用全面从严治党的新成效推进统计现代化改革，更好发挥统计监督职能作用。

一、坚定捍卫"两个确立"，坚决做到"两个维护"

一是认真贯彻落实习近平总书记重要讲话和重要指示批示精神。局党组深刻认识到"两个确立"是党在新时代取得的重大政治成果，是党应对一切不确定性的最大确定性、最大底气、最大保证，带头专题学习贯彻习近平总书记重要讲话精神和重要指示批示精神。切实突出习近平总书记重要指示批示政治要件之"要"，动态完善贯彻落实习近平总书记重要讲话和指示批示工作台账，研究统计部门贯彻落实措施，定期督办、闭环管理，确保习近平总书记重要讲话和重要指示批示精神落地落实落细。坚决落实习近平总书记关于国家安全工作的重要指示精神，坚持总体国家安全观，着力防范化解重大风险，开展 2 次隐患排查，组织国家安全宣传教育，制定并实施统计数据安全工作制度。

二是深入学习宣传贯彻落实党的二十大精神。召开局党组（扩大）会议，立足统计职责职能，结合统计改革发展，确定工作方案，全面部署学习宣传贯彻落实工作，掀起学习宣传贯彻落实热潮。组织党组理论学习中心组和各党支部开展党的二十大精神专题学习研讨。举办为期 4 天的处以上干部学习贯彻党的二十大精神专题培训班，局党组书记带头讲党的二十大精神专题党课，利用视频方式聆听中央党史和文献研究院院长曲青山专题授课，邀请专家作授课辅导。坚持线上线下一体推进，通过制作橱窗板报、张贴宣传海报等，通过在天津统计内外网等平台开辟专题专栏，形成强大宣传声势。对照党的二十大精神，围绕加快推进统计现代化改革、提升统计服务水平、更加有效发挥统计监督职能作用等听取部门汇报，查找工作短板，谋划来年工作。

三是凝心聚力贯彻落实党中央关于统计工作的重大决策部署。始终牢记初心使命，把践行"两个维护"真正落实到开展统计调查、加强形势研判、强化统计监督等实际工作中。持续深入贯彻落实各项办法规定，认真落实防范和惩治统计造假弄虚作假主体责任，开展统计造假不收手不收敛问题专项纠治和统计造假屡禁难绝问题专题调研，推进统计重点领域改革，加大统计执法检查力度，建立健全统计监督协同配合机制，深入开展统计普法宣传教育。

二、坚定不移加强统计部门党的政治建设

一是加强政治训练。巩固拓展党史学习教育成效，组织召开党史学习教育专题民主生活会和年度组织生活会。印发《关于推动党史学习

教育常态化长效化的通知》,组织常态化党史学习教育。持续推动市第十二次党代会精神学习贯彻,举办学习贯彻市第十二次党代会精神专题研讨班。实施政治能力提升计划,举办青年干部提升政治能力、统计专业化能力和培育统计职业道德专题培训班,进一步强化忠诚教育。组织青年干部上讲台7次,推动政治教育向党支部和党员延伸。制定机关工作人员行为规范,明确政治言行要求。

二是净化政治生态。深化以案为鉴、以案促改、以案促治成效,巩固武军定案整改整治50项措施效果,拍摄完成武军定案警示教育片,并组织全市统计系统观看鉴戒。开展武军定案整改效果"回头看",围绕政治意识是否提升、为民服务情怀是否树立、工作作风是否转变、纪律规矩是否坚守、日常工作是否体现担当、数据质量管控责任是否落实、监督义务是否履行开展效果评价。发展积极健康的政治文化,组织党章党纪党规专题学习,观看《廉洁润初心》《走好廉洁从政每一步》警示教育片,锤炼党组织和党员坚定理想信念、绝对忠诚于党的优秀品格。

三是强化实践锻炼。奋力将党的主张和重大决策部署转化为统计部门具体行动,把党的二十大精神和市第十二次党代会精神贯彻落实到各项统计工作中。印发《天津市统计局贯彻落实市第十二次党代会精神工作方案》,明确五个方面23项具体落实措施。落实京津冀协同发展重大国家战略,持续深化京津冀协同发展统计监测,联合三地编印《2013—2021年京津冀主要指标数据》,制定《京津冀协同发展统计监测工作方案》《京津冀协同发展统计监测制度》并开展监测,参与开展京津冀区域发展指数测算和首都圈监测,指导开展"通武廊"统计监测和统计分析。加快构建以国内大循环为主体、国内国际双循环相互促进的新发展格局,加强制造业立市战略统计监测,立足全国先进制造研发基地,进一步完善反映"1+3+4"现代工业体系和12条产业链发展的统计监测工作方案,客观准确反映、及时预警建议全市"串链补链强链"情况。落实稳住经济大盘电视电话会议精神,出台《统计服务经济运行工作方案》,成立服务全市经济运行工作领导小组,组建统计知识宣讲小组,推进"统计筑基工程",深入各区和相关部门开展经济运行、统计知识宣讲等统计服务。

三、坚持不懈加强统计部门思想建设

一是用习近平新时代中国特色社会主义思想凝心铸魂。坚持读原著、学原文、悟原理,党组理论学习中心组带头学习《习近平谈治国理政》(第四卷)、《习近平经济思想学习纲要》以及习近平总书记关于家庭家教家风建设、社会主义精神文明建设等论述摘编。各党支部充分利用"三会一课"以及学习强国、天津干部在线学习等方式,促进党员干部深学细悟,领会思想精髓,把握核心要义。先后通过举办学习贯彻党的十九届六中全会精神暨党支部书记专题培训班,组织青年理论学习实践小组开展"青年思享汇"品牌创建活动,开展统计青年说和"青春铸忠诚　献礼二十大"主题活动等,提升理论学习效果。党组理论学习中心组学习体会被市委《深学笃用习近平新时代中国特色社会主义思想实践案例》刊载。

二是扎实开展"迎盛会、铸忠诚、强担当、创业绩"主题学习宣传教育实践活动工作。成立领导小组,制定实施方案,细化做实各阶段工作安排。注重统筹协调,按月印发工作要点,按周制定工作计划,督促跟进落实。注重做好宣传,在天津统计内外网、天津统计微信公众号开辟专题专栏,在办公场所悬挂条幅、摆放展板、展播视频,营造浓厚氛围。注重丰富载体,组织机关巾帼宣讲等,持续教育引导党员干部用忠诚之心筑牢首都政治"护城河"、用担当之为营造正气充盈"生态林"、用业绩之果推进统计调查体系现代化。2022年,市统计局特色做法被市委主题学习宣传教育实践活动工作简报刊登1次,被天津电视台报道3次,被学习强国天津学习平台、《中国信息报》、津云、天津机关党建等媒体刊载63次。

三是认真落实意识形态工作责任制。加强意识形态理论学习,局党组和理论学习中心组带头围绕习近平总书记关于网络强国重要论述、党委(党组)网络意识形态工作责任制实施细则等开展专题学习。局党组认真研究确定年度意识形态重点工作任务,压实局党组、党组书记、班子成员、各职能部门和各党支部五级责任。细化意识形态责任落实,聚焦重要会议、统计数据发布等敏感时间节点,分析研判和安排意识形态工作。强化阵地管理,严格审核发布信息,严格执行培训、讲座、论坛管理规定,提升应对处置网上突发事件能力,从实战出发,组织网络舆情应急演练3次。充分发挥天津统计微信公众号、统计政务网等宣传阵地作用,牢牢把握意识形态主阵地,发表相关文章444篇,回应社会关切。

四、持之以恒加强统计部门组织建设

一是认真落实民主集中制。认真落实局党组"三重一大"决策制度,坚持党组书记末位表态。在重大行政决策中严格履行决策调研、公众参与、专家论证、风险评估、承办单位法律机构合法性审查等各项程序,持续提升行政决策的科学化民主化法治化水平。经常深入直属单位调研指导,了解"一把手"执行民主集中制和"三重一大"决策情况。

二是提升基层党组织政治功能和组织力。确定局党组、机关党委、各支部书记三级抓基层党建责任清单并推动落实。召开机关党建和纪检工作会议,部署推动年度重点工作。认真落实中央加强机关纪委建设的意见和市委实施意见,明确任务清单。开展党支部书记、党务工作者培训,提升党建工作能力。认真落实党内法规执行责任制规定,常态化开展党章和党内法规学习,组织党员干部积极参加市级机关工委党内法规知识学习竞赛活动。开展补交党费使用管理情况全面自查和党务工作清查整治突出问题"回头看",进一步规范和加强党务工作。开展党支部落实全面从严治党主体责任调研,发现问题、指导工作。针对数据质量、统计服务等,深化党建与业务工作融合,相关经验先后被《市级机关"千个支部联基层 千名书记当先锋"实践活动优秀案例选编》收录,被《天津支部生活》刊载。

三是建设堪当重任的统计干部队伍。加强制度建设,修订《干部交流轮岗工作办法(试行)》《综合考核办法》,制定《进一步加强年轻干部培养选拔和监督管理的实施办法(试行)》等,不断提升规范化制度化水平。进一步规范公务员分类管理,修订《专业技术类公务员资格评定办法》,明确任职资格和评定标准,联合市委组织部印发专业技术任职资格评定规程。注重在重大政治任务和重点统计工作中磨砺锤炼干部,选拔年轻干部参加全国统计建模大赛,选派业务骨干到国家统计局、市级机关其他部门锻炼,参加市委巡视、国家统计督察和执法检查以及其他重点工作等。

五、驰而不息加强统计部门党风廉政建设

一是持续纠治形式主义官僚主义不担当不作为问题。深入开展专项行动,确定年度重点任务,组织动态调整专项行动问题清单、整改清单,持续推进问题整改。紧盯服务高质量发展、京津冀协同发展、国际消费中心城市建设、制造业立市以及构建新时代现代化统计调查体系等,确定并实施担当作为干事创业年度项目24项。以规范政府购买服务行为、提升服务保障水平和效率、防范廉洁风险为目标,健全完善政府购买服务领域相关制度,规范业务流程,持续整治政府购买服务领域不担当不作为问题。

二是持续加固中央八项规定堤坝。认真学习坚决贯彻中央八项规定及其实施细则精神,推进精文减会,明确具体举措,加强发文管理,严控发文数量,坚决守住精文减会"只减不增"的硬杠,2022年发文数量同比下降9.1%,召开会议数量同比减少14.3%。紧盯重要节日在春节、劳动节、国庆节期间分别开展作风建设月、警示教育月和家风建设月活动,组织节前纪律教育,假期前和假期中向全体党员干部推送违反中央八项规定精神案例,进行警示提醒。

三是践行以人民为中心的发展思想。推进"我为群众办实事"实践活动常态化,制定2022年度统计为民办实事项目清单、群众诉求"两个清单",形成27项为群众办实事项目和57项群众诉求,推动我为群众办实事实践活动有序推进。围绕"深化筑基工程提升数据质量"三年行动计划,持续开展"千个支部联基层、千名书记当先锋”实践活动，制定工作方案，组织“五个一”活动，23个支部与23个基层联系点建立常态化联系帮扶机制。深入开展“统计百人服务百企”主题活动，班子成员带队，深入各区和基层单位以及企业、项目现场开展统计知识宣讲和调研走访服务，以统计之为助力天津高质量发展。持续开展领导班子联点访户，组织60名党员干部驰援津南、130名党员干部社区入列轮值，积极为基层群众办实事、解难题、破难关。

六、毫不懈怠加强统计部门纪律建设

一是常态化开展纪律教育。把纪律教育纳入党员干部培训计划，认真开展“1-4-7+X”常态化纪律教育，年初召开全面从严治党暨警示教育大会，每季度刊发《警示季刊》以案释纪，重大节日前进行廉洁教育。充分利用国家统计局和我市通报的案例开展纪律教育。通过天津统计内外网、天津统计微信公众号等线上渠道和展板橱窗、LED大屏等线下媒介进行党风廉政建设、红色家风视频展播和廉洁资料推送。领导班子成员在分管范围开展专题廉政党课教育，并进行讨论交流。加强年轻干部纪律教育，组织学习鉴戒《年轻干部违纪违法案例警示录》，引导年轻干部扣好廉洁从政“第一粒扣子”。组织参观和平区“廉润初心”展览，进一步夯实廉洁从政的思想基础。

二是进行新时代廉洁文化建设。成立课题组围绕“推进统计部门新时代廉洁文化建设实起来、强起来”进行专题研究，确定7方面50项基本任务并持续实施。组织开展“廉洁文化建设月”活动，实施16项廉洁文化实践活动。依托天津干部在线学习平台举办廉洁文化网络专题班。驻市发展改革委纪检监察组在市统计局召开监督单位新时代廉洁文化建设工作现场座谈会。推进“到家的廉洁文化”品牌建设，开展“清风传家　严以治家”家风建设月活动，举办家风建设主题党日组织清正廉洁、爱岗敬业、敬老爱亲、教子有方型“最美家庭”代表上台传授家风建设经验。向党员干部家属发送廉洁文化宣传函，动员党员干部家属当好“贤内助”“监督员”。向党员干部推送家风建设纪录片、微视频和电影，推荐家风建设展馆，动员党员干部带领家属子女观看家风建设展览。

三是加强廉政风险防控工作。落实局党组关于推进清廉天津建设、清廉统计建设的具体措施。加大源头预防和治理腐败力度，深化“廉政风险防范堤坝”品牌建设，突出防范和惩治统计造假弄虚作假、年轻干部教育管理监督、统计监督职能拓展和“人、财、物、数”等重点，组织各处室和直属单位、党员干部个人开展廉政风险排查并修订防控措施。

七、真抓实干加强统计部门统战工作

一是强化党对统战工作的领导。党组理论学习中心组开展统一战线专题学习，持续强化大统战意识和全员抓统战的意识。召开局党组会，传达贯彻全国统战部长会议精神、对台工作会议精神、全市统战部长会议暨全市民族宗教委主任会议精神等，开展统战领域风险研判，研究确定统一战线重点工作任务。成立市统计局统一战线工作领导小组，对落实中央、市委关于统战工作的重大方针、政策、法律法规等进行部署推动。加强统战教育宣传，把学习贯彻统战会议精神、民族会议精神纳入党支部工作要点，把学习宣传统战理论纳入党员干部年度教育培训计划、宣传工作要点。

二是扎实做好新时代统战工作。从政治上、组织上尊重关心党外干部，认真梳理党外干部队伍现状，建立底册，做到底数清楚、情况明了。积极搭建促进党外干部健康成长平台，安排党外干部轮岗交流、参加重点工作。邀请党外干部参加学习贯彻党的二十大精神专题培训班、青年干部提升政治能力统计专业化能力和培育统计职业道德专题培训班等，提升党外干部能力。强化大统战观念，积极主动利用人口普查数据、民营经济统计数据、台资企业统计数据等服务全市统战工作。

三是发挥群团组织桥梁纽带作用。坚持以党建带群建，局党组、机关党委先后研究群团工作13次，指导机关工会不断增强政治性、先进性、群众性，先后举办学习法律法规知识竞赛、统计业务能手技能竞赛等，以及以“登高踏上新征

程　百年奋斗再出发”“迎盛会　鼓干劲　争一流”等为主题的体育竞赛活动。指导机关团委开展“永远跟党走　建功新时代”学习交流活动，“助力扬帆新时代　我为青年办实事”系列活动，选派优秀团员赴市委网信办进行青年榜样宣讲和思想交流活动等。2022 年市统计局机关团委被评为“天津市五四红旗团委”。指导妇联团结动员女职工投身新时代现代化统计调查体系建设，勇挑统计工作“半边天”。深入开展“最美家庭”创建工作，促进形成良好社会风尚。

八、履职担当更加有效发挥统计监督职能作用

一是持续提升统计督察效能。优化统计督察实施方案，将贯彻落实《关于更加有效发挥统计监督职能作用的意见》、推进第五次全国经济普查准备工作等纳入督察内容，完善机制流程、评价标准等，对 3 个区开展统计督察。健全统计督察整改落实机制，压实整改责任，跟进督促整改落实，强化督察反馈意见整改效果。

二是加大统计执法力度。深入推进“双随机”统计执法检查及统计执法检查“回头看”工作，对 8 个区 234 家单位进行“双随机”统计执法检查，对 16 家单位进行统计执法检查“回头看”。创新开展 3 个区 105 家新增一套表单位的专项执法检查，将数据质量监督关口前移至纳统之初。完成涉外调查专项执法检查，对 7 家单位进行现场执法检查，依法有序规范涉外调查市场秩序。

三是依法独立履行监测评价职能和推动高质量发展监督。深度监测评价政策措施落实情况和实际效果，做好国际消费中心城市评价指标监测，及时反映产业链供应链升级和畅通国内国际双循环进程；健全乡村振兴统计监测指标体系，做好乡村振兴统计监测；做好“双碳”监测，推动全市绿色低碳发展。落实高质量发展要求，健全高质量发展综合绩效评价工作机制，修订天津市高质量发展综合绩效评价办法，开展高质量发展季度监测，做好 2021 年度、2022 年季度各区高质量发展综合绩效评价指数测算工作，以高效能统计监督服务高质量发展。全年共报送统计信息、分析、专报 439 篇。

四是建立健全统计监督协同配合机制。加强与市纪委监委工作协调，联合印发《纪检监察监督和统计监督协同配合机制》及其实施办法，健全监督体系。与市委巡视办联合印发《关于建立市委巡视办与市统计局协作机制的意见》，推进巡视监督与统计监督贯通协同。建立健全与审计部门协作机制，明确具体程序。密切与政府经济管理部门协调联动，印发《市统计局与市级部门协调联动机制的工作方案》，共同做好经济管理工作。

九、坚定有力压实统计部门全面从严治党主体责任

一是压实全面从严治党主体责任。坚决落实管党治党政治责任，结合统计部门全面从严治党形势任务和政治生态建设实际，制定年度重点任务 24 项，领导班子责任清单 29 项、任务清单 62 项。2022 年初，召开全面从严治党大会，对年度全面从严治党工作进行部署，明确责任部门和完成时限，压实工作责任。2022 年中，召开推进全面从严治党向纵深发展部署会，贯彻党中央部署和市委要求。局领导班子成员坚持定期听取分管部门落实主体责任情况汇报，推动责任落实，纠正工作不足，不断压实领导班子全面领导责任、党组书记“第一责任人”责任和班子其他成员“一岗双责”要求。

二是推动全市统计系统深化全面从严治党。组织统计系统党员干部参加全国统计部门全面从严治党工作视频会议，召开全市统计系统工作会议、统计系统法治工作会议等，对全面从严治党工作进行部署推动，推动全系统党员干部不断认清新任务、新要求，坚定不移推进全面从严治党向纵深发展。

市医疗保障局 2022 年工作总结

2022 年以来，在市委、市政府的坚强领导下，市医保局坚持以习近平新时代中国特色社会主义思想为指导，认真贯彻落实党的十九大和十九届历次全会精神，全面学习贯彻党的二十大精神，按照市第十二次党代会和市委经济工作会议部署要求，坚定拥护“两个确立”，坚决做到“两个维护”，严格落实全面从严治党主体责任，坚持以人民为中心，贯彻新发展理念，全力以赴推进医疗保障和医药服务高质量协同发展。现将有关情况报告如下。

截至 2022 年 12 月，全市基本医保参保人数 1176.40 万人，基本医保基金收入 475.39 亿元，支出 405.73 亿元；基本医保基金累计结余 537.41 亿元，其中职工统筹基金累计结余 302.99 亿元，可支付能力 12.2 个月居民医保基金累计结余 74.49 亿元，可支付能力 12.7 个月持续保持安全平稳运行。在国家医保局 2021 年度基金运行评价工作中，我市职工医保基金运行评价结果排名全国第二。

一、不断健全医疗保障制度体系

一是坚决落实市委、市政府医保民心工程。健全职工门诊共济保障机制，将职工医保门（急）诊最高支付限额由 7500 元提高到 9000 元，实现个人账户家庭共济使用；提高居民医保待遇水平，有序放开居民医保三级医院门诊报销，提高居民医保高档缴费参保人员在一、二级医院门（急）诊就医报销比例 5 个百分点。2022 年 11 月 1 日市长张工来我局调研民心工程进展情况，对相关工作给予肯定，并提出工作要求。

二是减轻住院患者个人负担。综合采取降低医用耗材个人增付比例、规范医疗机构申报行为、停用全自费全公费编码、强化自费审核等多项措施减轻群众住院负担。截至 2022 年 12 月，职工、居民医保住院个人负担分别下降 5.1 个百分点、8.3 个百分点。

三是进一步筑牢民生保障底线。出台《关于健全重特大疾病医疗保险和救助制度若干措施的通知》，健全医疗救助对象精准识别、救助费用综合保障等 5 项机制，进一步减轻困难群众和大病患者医疗费用负担。

四是实施积极生育保险政策。在全国省级层面率先出台职工生育保险规定及实施细则，预计每年可减轻参保人员生育负担 5.6 亿元。

五是推进长期护理保险试点。出台新版长护险失能评定管理办法，强化失能评定“入口”管理，累计为重度失能人员提供服务 617 万人次，支付护理费用 4.4 亿元。

六是支持商业健康保险发展。指导商业保险公司建立城市定制型普惠型商业健康保险“天津惠民保”，首年投保人数突破 160 万人，促进保障层次更加立体。

二、积极推进医药服务供给侧改革

一是认真落实国家组织药品集采。推进国家组织第六批胰岛素专项集采和第七批药品集采中选结果在我市落地，102 个常见病主流用药平均降幅 48%。

二是承担国家组织医用耗材联合采购平台。积极开展国家组织高值医用耗材集采“第三单”，骨科脊柱类耗材平均降价 84%，预计全国每年可节约费用 260 亿元，央视《新闻联播》进行报道，获得社会一致好评。接续开展国家组织冠脉支架集中带量采购，平均中选支架价格 770 元，采购量较上一轮增加 30%，参加的全国医疗机构数量增加 40%，探索了适用于集采协议期满后全国接续的采购新规则。组织完成国家人工关节集采后分配使用量、签订三方协议等工作。这些工作得到了国家医保局的充分肯定。在全国形成了南有上海的国家组织药品集采平台、北有天津的国家组织高值医用耗材集采平台的格局。自 2019 年以来，通过集采促进药品、耗材价格下降，有效减轻了群众负担，累计节约采购费用 132.74 亿元，向定点医疗机构拨付结余留用资金 31.87 亿元，为深化医改腾出了空间。

三是落实医疗服务价格动态调整。规范医疗服务项目 3 批次 41 项，向国家医保局报送新增项目价格立项 4 批次 34 项、规范调整超声类医疗服务价格 116 项。

四是支持中医药传承创新发展。出台《关于医保支持中医药传承创新发展的措施》，制定实施中药产品挂网采购、中成药带量采购、中医医药机构纳入定点等 16 项措施，全面助力中医药事业高质量发展。

三、持续增强医保激励约束作用

一是进一步规范医保药品目录管理。全面实施 2021 版国家医保药品目录，新增 74 个品种，其中 67 种国家谈判纳入的创新药平均降价 61.71%。特别是治疗脊髓型肌萎缩症的“诺西那生钠注射液”纳入目录，使相关儿童患者首年治疗药品费用从 55 万元下降到 3 万元左右。同时，完成我市地方增补药品剔除工作，实现与国家目录基本统一。

二是持续加强医保协议管理。简化新增定点医药机构申请材料、优化评估流程、缩短办理时限，支持符合条件的养老机构内设医疗机构、中医医疗机构、康复医院和村卫生室等纳入医保协议管理范围。全市有定点医药机构 2589 家，其中定点医疗机构 1357 家，定点药店 1232 家。

三是全力深化医保支付方式改革。全面实施区域点数法总额预算管理，实现对所有定点医药机构、付费方式、医疗费用全覆盖；扩大 DRG/DIP 付费国家试点范围，DRG 实际付费医院占全市符合条件三级医院的 100%，DRG/DIP 实际付费占全市住院医疗费用总额的 80%以上，初步取得了患者负担减轻、医院降本增效和医保支出可控的改革预期。启动糖尿病门特按人头总额付费，加强糖尿病门特规范管理，近 20 万名糖尿病门特患者纳入健康管理。

四、全面加强医保基金监督管理

一是持续深入开展专项整治行动。坚持把查案办案作为工作重点，深入开展 2022 年度专项整治行动，结合日常检查、飞行检查和“双随机、一公开”检查，始终保持打击欺诈骗保高压态势。疫情期间，我们抽调骨干力量会同北京、上海医保部门圆满完成了国家医保局组织开展的针对武汉同济医院专项飞行检查任务，获得国家医保局表扬。

二是不断丰富基金监管方式。完善智能审核，审核规则从 1072 条增加到 12311 条；严格落实问询制度，对触碰警戒线的 830 家机构发出问询函；积极推广“互联网+视频监控”，累计连通定点医药机构 2332 家；依托行刑衔接工作机制，协助公安机关立案 180 件、抓获犯罪嫌疑人 571 名；实行“一案双报”和联合惩戒，累计向纪检部门通报案件 81 件，向全国信用信息共享平台上传 188 件。

三是加强医保监管警示宣传。深入开展“织密基金监管网　共筑医保防护线”集中宣传月活动，公开曝光欺诈骗保案例 237 件。其中，两个案例获国家医保局 2022 年全国医疗保障基金监管执法优秀案例。全年累计处理违法违规定点医药机构 2111 家，其中行政处理 116 家，约谈 497 家，责令整改 408 家，暂停医保服务协议 13 家，审核拒付 2010 家，行政罚款 49 家；处理各类违法违规行为涉及金额共计 1.89 亿元。

五、不断优化医保公共管理服务

一是加快推进医保标准化信息化建设。健全 15 项医保标准化编码动态维护机制，积极探索医保标准化数据多场景深度应用。加强医保信息平台建设，顺利通过国家医保局项目验收，成为首个一次性通过国家验收的省级平台。全面提升医保信息化平台支撑能力，建成医保信息平台数据中心 B 中心，实现了 A、B 中心双活；完成 247 个街乡镇医保链路、三级视频会议系统建设，津医保、链医通、医视通立体协作三通子系统全面上线。顺利完成医保信息平台一期合同终验和二期立项、招投标。完成医保非标数据治理，非标率全部降至 1%以下。

二是深入推进异地就医直接结算。异地就医住院、门诊直接结算医疗机构分别达到 422 家、1146 家，实现动态全覆盖。在 269 家定点医疗机构开通高血压、糖尿病等 5 种门诊慢特病直接结算试点，在 32 家定点药店开通异地直接结算服务。2022年1—12月本市参保人员累计到外省市就医直接结算104.83万人次,发生金额13.07亿元;外省市参保人员累计到天津市就医直接结算176.63万人次,发生金额60.65亿元。

三是不断提升医保经办服务水平。全城通办事项拓展至22个,17个政务服务事项实现一次办结;"12393"医保热线实现"7×24小时"全天候人工服务,引入5G视频功能,荣获2022年"金耳唛杯"中国最佳客户中心——卓越客户服务奖;为老年人群开设"绿色通道",优化"我填单,您确认"服务,提升适老化服务水平;全渠道上线"好差评"信息系统,好评率100%;大力推广医保电子凭证,激活率达到75%,支持医保电子凭证的定点医药机构达到2000余家,开通刷脸就医渠道,扩展"津医保"App应用,促进群众就医更加方便快捷。

六、深入推进京津冀医疗保障协同发展

坚决落实《京津冀医疗保障协同发展合作协议》,牵头联合印发《京津冀医保协同发展2022年工作要点》,推进京津冀医疗保障公共服务共建共享。

一是进一步扩大京冀定点互认范围。将京冀区域内三级、二级定点医疗机构全部纳入天津市互认范围,累计达到1174家。天津市参保人员因病情需要转往互认定点医疗机构住院治疗的,报销比例按天津市有关规定执行,不再提高个人自负比例。

二是牵头大力开展京津冀"3+N"联盟集采。冠脉扩张球囊在上年度平均降幅90%的基础上再降5.46%,人工晶体在上年度平均降幅46.4%的基础上再降16.91%,药物球囊平均降幅72.50%,心脏起搏器平均降幅50%,骨科创伤类医用耗材平均降幅83.48%,管型/端端吻合器平均降幅86.89%,痔吻合器平均降幅88.09%,预计联盟地区每年可节省采购费用99.56亿元。

三是强化异地就医费用监管。将三地跨省异地就医直接结算医疗费用逐步纳入本地智能监控系统,围绕异地就医、行政监管、协议管理、基金监管立法等方面持续加强交流合作。

四是全力推进国家医保管理平台建设。国家组织高值医用耗材联合采购平台已完成建设,并连续开展3批国家集采工作,取得显著成效,天津市医药采购中心被国家医保局确定为医药集中采购示范平台;医保基金监管创新中心、医保服务热线中心(医保经办能力提升中心)已完成基础建设,并同步推进基金监管规则库、医学知识库及热线服务问题解答库等信息化项目建设;按照国家新冠治疗药品价格形成新机制,积极申请成为全国新冠治疗药品首发价格受理单位,率先完成全国首例新冠治疗药品(默沙东公司的莫诺拉韦胶囊)首发报价,实现"一地发布,全国实施"。

七、坚决落实疫情防控医保政治责任

持续加强医保待遇、药品、资金、服务、信息系统等方面保障措施,推动新冠防控措施调整转段平稳有序。

一是及时优化调整疫情防控医保政策。快速精准落实"乙类乙管"后新冠治疗医保政策,及时将奈玛特韦片/利托那韦片组合包装同时临时纳入医保支付范围,全力做好新冠疫苗第二剂次加强免疫接种价格衔接和费用保障工作,连续3次降低新冠病毒核酸检测价格,制定并下调抗原检测价格,保持全国较低水平。同时,不断创新服务举措,推广网上办、掌上办、电话办,方便群众疫情期间就医报销。

二是协调做好药品供应保障。牵头全市药品供应保障综合组工作,紧盯诊疗方案调整和药品供需变化,启动监测日报告机制,加强监测预警和多部门会商联动,确保药品供应稳定,组织免费发放健康防疫包。2022年11月20日市长张工来市医保局调研药品和医用耗材采购供应保障监测平台,提出相关工作要求。

三是持续加强资金保障。第一时间向全市各级定点医疗机构拨付专项周转金1.32亿元,累计支付核酸检测费用3898.49万元,支付新冠疫苗和接种费用4921.29万元,累计为全市1.13万户中小微企业和个体工商户缓缴职工医疗保险费1.7亿元,为统筹疫情防控和经济社会发展作出应有贡献。

八、严格落实全面从严治党主体责任

坚持以党的政治建设为统领，全面深入学习宣传贯彻党的二十大精神和市第十二次党代会精神，扎实推进党史学习教育制度化、常态化，深入开展“迎盛会、铸忠诚、强担当、创业绩”主题学习宣传教育实践活动工作，坚持不懈用习近平新时代中国特色社会主义思想武装头脑、指导实践、推动工作。全年累计召开73次局党组会议，始终坚持把学习贯彻习近平总书记重要讲话和重要指示批示精神作为“第一议题”，坚决贯彻落实党中央、国务院决策部署和市委、市政府工作要求。统筹推进市委巡视反馈意见和全面从严治党主体责任和政治生态建设考核反馈问题整改落实，不断巩固拓展整改成效。充分发挥党组织战斗堡垒和党员干部先锋模范作用，在重点攻坚任务中成立党员先锋突击队，深入开展“支部联基层、书记当先锋”活动，全力以赴推进工作发展。严格落实中央八项规定精神，深入开展讲担当促作为抓落实、深入治理形式主义官僚主义不担当不作为问题专项整治，坚持以身边典型案例为警为戒，一体推进不敢腐、不能腐、不想腐。

市医疗保障局党组2022年工作总结

2022年，在市委、市政府正确领导下，市医保局党组坚持以习近平新时代中国特色社会主义思想为指导，深入学习贯彻党的二十大和十九届六中全会、七中全会精神，认真贯彻落实市第十二次党代会精神，深刻领悟“两个确立”的决定性意义，不断增强“四个意识”、坚定“四个自信”、做到“两个维护”，弘扬伟大建党精神，坚持以人民为中心的发展思想，坚定不移全面从严治党，不折不扣地贯彻落实党中央、国务院和市委、市政府决策部署，全力以赴推进医疗保障高质量发展。

一、始终坚持旗帜鲜明讲政治，坚定拥护“两个确立”、坚决做到“两个维护”

（一）坚持把党的政治建设摆在首位

领导班子始终坚持以习近平新时代中国特色社会主义思想为指导，把坚定拥护“两个确立”、坚决做到“两个维护”作为最高政治原则和根本政治责任，始终在思想上政治上行动上同以习近平同志为核心的党中央保持高度一致。全年累计召开73次局党组会议，始终坚持把学习贯彻习近平总书记重要讲话和重要指示批示精神作为“第一议题”，坚决贯彻落实党中央、国务院决策部署和市委、市政府工作要求，牢牢把握医疗保障工作议事决策的政治方向、政治原则、政治要求。制定习近平总书记关于医疗保障重要指示批示精神台账，持续抓好学习贯彻落实和督查检查，全力以赴深化医疗保障制度改革，扎实推进京津冀公共服务共建共享，坚决落实疫情防控医保政治责任，坚持把党的领导贯穿医疗保障工作全过程和各方面。深入开展“迎盛会、铸忠诚、强担当、创业绩”主题学习宣传教育实践活动工作，认真围绕“四个专题”学习内容扎实开展学习交流，不断铸牢忠诚干净担当的政治品格。严格落实《中共中央关于加强党的政治建设的意见》部署要求，制发《市医保局党组关于进一步加强自身建设的措施》和《市医保局加强党的政治建设任务清单》，持续抓好贯彻落实。

（二）全面深入学习宣传贯彻党的二十大精神

将学习贯彻党的二十大精神作为首要政治任务，组织全体干部集中观看党的二十大开幕直播，研究制定《市医保局党组关于深入学习宣传贯彻落实党的二十大精神的工作方案》，局党组先后召开6次会议对党的二十大精神和习近平总书记重要讲话进行学习传达，各位班子成员分别开展宣讲，陆续举办两级理论学习中心组党的二十大精神专题读书班、处级领导干部和党组织书记学习贯彻党的二十大精神专题读书班。坚持全面学习、全面把握、全面落实，深刻领会党的二十大的主题，深刻领会过去五年的工作和新时代十年的伟大变革，深刻领会开辟马克思主义中国化时代化新境界，深刻领会新时代新征程中国共产党的使命任务，深刻领会中国式现代化的中国特色和本质要求，深刻领会党的二十大作出的重大决策部署，深入开展交流研讨，确保学有所得、学有所获。制发落实《市医保局深入学习贯彻市第十二次党代会精神工作方案》，不断巩固拓展学习贯彻党的二十大精神和市第十二次党代会精神的热潮，确保入脑入心、走深走实。

（三）严格履行主体责任统筹推进巡视考核整改落实

领导班子严格落实全面从严治党主体责任，制发全面从严治党重点任务安排、党的建设工作要点、党风廉政建设和反腐败工作要点，先后召开全面从严治党加强党的建设暨党风廉政建设和反腐败工作会议、全面从严治党中期推动会，听取各级党组织落实全面从严治党主体责任情况汇报，督促局属各单位“一把手”和其他班子成员履行主体责任和“一岗双责”。坚持将落实市委巡视反馈整改作为履行全面从严治党主体责任重要内容，先后10余次召开会议研究推动巡视整改工作，持续加强对整改落实情况全面督导检查，坚持严把巡视整改进度关、标准关、质量关。扎实推进全面从严治党主体责任和政治生态建设考核反馈问题整改，明确46条整改措施，持续推进整改落实。坚持举一反三，不断健全长效机制，着力巩固拓展整改成效。截至目前，市委巡视反馈问题和全面从严治党主体责任和政治生态建设考核反馈问题均已全部整改完成，需要长期坚持的始终持续推进。

（四）坚持依法行政扎实推进法治医保建设

深入学习贯彻习近平法治思想，将习近平法治思想纳入各级党组织学习内容，深入开展习近平法治思想专题学习研讨，定期听取、研究法治建设工作情况。扎实推进中央法治政府建设实地督察反馈意见整改工作，不断巩固整改成果。制定《市医保局贯彻落实〈天津市法治政府建设实施纲要（2021—2025年）〉主要任务分工方案》，落实全市法治建设年度工作要点，印发2022年度依法行政工作任务分解表，确保依法行政与业务工作同谋划、同部署、同落实、同考核。严格领导干部述法制度，全面落实处级以上领导干部年终述职述法。制定《天津市医疗保障局合法性审核工作实施办法》和《天津市医疗保障局公平竞争审查工作规则》，加强规范性文件立改废释管理，严格执行重大行政决策程序规定，认真落实行政执法“三项制度”，全力优化法治营商环境，持续加强执法队伍和能力建设，广泛开展普法宣传培训，推动全系统法治建设水平整体提升。

（五）全面提升统筹发展和安全的能力水平

深入学习贯彻习近平总书记关于发展与安全的重要论述，贯彻落实总体国家安全观，坚持把安全发展贯穿医保工作全过程。加强医保基金运行管理，坚持尽力而为、量力而行，稳健持续、防范风险，稳步提升医疗保障待遇水平，不断完善多层次医疗保障制度体系，扎实推进医保重点改革任务，加强建设医保信息平台，确保政策安全、基金安全、网络安全、保密安全、舆论安全。截至2022年12月，全市基本医保参保人数1176.40万人，基本医保基金收入475.39亿元，支出405.73亿元；基本医保基金累计结余537.41亿元，其中职工统筹基金累计结余302.99亿元，可支付能力12.2个月居民医保基金累计结余74.49亿元，可支付能力12.7个月持续保持安全平稳运行。在2021年度国家医保局基金运行评价工作中，我市职工医保基金运行评价结果排名全国第二。同时，全面落实安全生产责任制，坚持“隐患就是事故，事故就要处理”，从严从实抓好安全生产隐患排查整治，层层压实责任，建立工作台账，实行销号管理，把各类安全风险消灭在萌芽状态，确保安全生产形势持续稳定向好。

二、坚持理论武装强化思想引领，坚持不懈用习近平新时代中国特色社会主义思想凝心铸魂

（一）持之以恒用党的创新理论武装头脑

严格落实《中国共产党党委（党组）理论学习中心组学习规则》以及我市实施办法，修订完善《天津市医疗保障局党组理论学习中心组学习办法》，制发《2022 年市医疗保障局党组理论学习中心组学习重点安排》，累计开展理论学习中心组学习 14 次。围绕加强能力建设，制定《2022 年教育培训计划》，选派 39 名局处级干部参加市委组织部、市级机关工委调训，组织党支部书记和党务干部培训班、统战民族理论学习专题班和廉洁文化理论学习网络专题班，国家安全、习近平治国理政专题辅导，用好“天津干部在线学习”“学习强国”平台，采取脱产培训与在岗学习相结合的方式，加强形势任务教育，完成“忠诚教育”等 3 个专题的课程学习，引导党员干部紧跟习近平总书记重要讲话和重要指示批示精神加强学习，深学细悟党的创新理论，做到学思用贯通、知信行统一。

（二）扎实推进党史学习教育制度化、常态化

严格落实中央和市委关于推动党史学习教育常态化长效化的部署要求，认真制定落实《市医保局推动党史学习教育常态化长效化重点任务清单》。举办学习贯彻党的十九届六中全会精神专题读书班，组织局系统处级领导干部集中利用 3 天时间，采取观看专题片、集中学习、撰写学习体会等多种形式进行深入学习和开展交流研讨，确保学出统一的思想、坚定的意志、强大的战斗力。举办深入学习《习近平谈治国理政》第四卷专题辅导讲座，局党组书记作庆祝建党 101 周年党课报告，各级领导班子成员和各级党组织书记接续开展党课、宣讲工作，开展“七一”重温入党誓词活动，参加市级机关工委“时代新人说”主题演讲获优秀奖，开展“书香津渡”读书分享活动，不断夯实信仰之基、铸就忠诚之魂。

（三）牢牢掌握意识形态主动权

严格落实意识形态工作责任制，局党组会议先后 4 次传达、学习、审议意识形态相关工作议题，深入分析研判局系统意识形态工作。制定《市医保局 2022 年宣传思想工作要点》，修订《市医保局党组意识形态工作责任制工作规范》，严格执行理论宣讲和思想文化类报告会、研讨会、讲座管理办法等制度，用制度建设规范责任履行。为迎接党的二十大和市第十二次党代会胜利召开，在局系统组织开展 3 轮意识形态风险隐患排查，排查风险隐患 14 项，逐一确应对措施，有效防范化解风险隐患。印发《市医保局 2022 年医保政策新闻宣传安排》《2022 年新闻发布会计划》，累计与电视新闻媒体合作开展宣传报道 32 次，在主流媒体和网络新媒体发布新闻稿件 26 余篇，参加电台节目 16 次，积极参加“向群众汇报—公仆走进直播间”“百姓问政—民心工程专题”等节目，大力宣传医保改革进展和惠民政策落实情况，营造良好舆论氛围。

三、强化组织建设夯实党建基础，不断增强基层党组织政治功能和组织功能

（一）加强组织建设筑牢战斗堡垒

严格换届选举程序和纪律，严把支部书记人选关，认真落实“四必”要求，坚决防止“带病提名”。顺利完成 34 个党支部的换届工作，建立机关退休党支部，医保研究会功能型党支部，推动 21 个医保分中心单独建立党支部，实现党组织全覆盖。严肃党内政治生活，班子成员严格落实领导干部双重组织生活制度，坚持以普通党员身份到党支部参加组织生活。认真开好 2021 年度民主生活会和组织生活会，主动查摆问题，深入剖析原因，持续推进整改落实。充分发挥党组织的战斗堡垒作用和党员干部的先锋模范作用，深入开展“支部联基层、书记当先锋”活动。各级党组织开展社区共建、医保政策宣讲、参与核酸“大筛”等志愿服务活动 1900 余人次，受到群众、基层社区、服务机构一致好评。

（二）坚持严管厚爱加强队伍建设

坚持党管干部原则，贯彻新时代党的组织路线，制定领导干部交流轮岗实施办法和加强年轻干部调研培养的具体措施，进一步完善从严管理干部制度体系，推动公务员职务职级晋升和轮岗交流。制发《天津市医疗保障局关于激励干部担当作为容错纠错实施意见（试行）》，进一步激发党员干部干事创业积极性。截至目前，选拔正处级领导干部 1 名、副处级领导干部 5 名，交流轮岗处级干部 21 名。开展优秀年轻干部调研，将优秀年轻干部纳入年度培养计划，有针对性地选派调训。接收安置 20 名军转干部，招录 15 名

公务员。认真做好领导干部个人有关事项填报工作，完成57名领导干部个人有关事项填报和6名领导干部随机抽查数据上报工作，切实增强各级领导干部纪律意识、规矩意识和组织观念，自觉接受监督。

（三）强化政治引领加强统战群团建设

坚持党的领导，凝聚思想共识，全面加强统战工作和群团工作。制定落实《市医保局2022年统战工作和民族宗教工作要点》，举办“市医保局统战民族理论学习网络专题班”，不断凝聚推进医保高质量发展的合力。组织全系统团员青年集中收看庆祝中国共产主义青年团成立100周年大会，召开庆祝建团100周年座谈会，开展“为党育人　逐梦青马”示范团课、“二十大报告里的我”作品征集活动，激励团员青年坚定不移听党话、跟党走。组织开展“金秋盛会　美好生活展新卷”天津家庭欢庆党的二十大线上接力活动，获市妇联、市级机关工委、市文明办表彰。组织庆祝“三八”妇女节活动，开展2022年女职工维权行动月、女职工权益保护知识竞赛和女性劳动者法律服务，不断增强对女职工的关心关爱。

四、坚持以严的主基调强化正风肃纪反腐，坚定不移推进全面从严治党向纵深发展

（一）不断加固中央八项规定精神堤坝

紧盯重要时间节点，先后于元旦、春节、清明节、劳动节、端午节、国庆节、中秋节等节日前夕下发工作提示，认真抓好节日期间廉洁教育、警示教育和节前提醒，以钉钉子精神推进正风肃纪工作和医保系统“六必须”“十严禁”行为准则落实。加大对节日期间落实中央八项规定精神、遏制“四风”问题检查力度，编制廉洁提醒短信进行廉政提示，同步推进局属各单位积极开展自查，共成立检查组12个，出动干部60余人次，对局属4个单位和21个医保分中心开展全覆盖、无死角监督检查，严防“四风”问题反弹回潮。

（二）积极营造担当作为的良好风尚

认真落实市委深入开展形式主义官僚主义不担当不作为问题专项治理行动各项部署要求，组织召开专项行动推动会暨领导小组会议，认真开展2022年度专项行动调研，深入挖掘形式主义官僚主义不担当不作为问题新表现，有针对性制定对策，推进专项行动走深走实。制定《市医保局关于做好政府购买服务领域不担当不作为问题专项整治重点检查工作方案》，对局机关和4个局属单位进行重点检查，确保问题有效根治。发挥榜样作用，评选“敢担当，善作为”先进典型21名，印发表彰通报、刊载先进事迹，积极营造苦干实干、拼搏奉献、奋勇争先的浓厚氛围。坚持把落实中央和市委重要决策部署和指示批示精神情况作为重要内容加强监督，制发《天津市医疗保障局工作台账管理实施办法》和《市医保局日常监督检查工作方案》，围绕学习宣传贯彻党的二十大精神、履行全面从严治党主体责任、“迎盛会、铸忠诚、强担当、创业绩”主题学习宣传教育实践活动工作等8个方面，对各基层党组织开展3轮监督检查，持续督促做好整改落实。

（三）深化不敢腐、不能腐、不想腐一体推进

坚持把纪律和规矩挺在前面，在运用好第一种形态的基础上，善用后三种形态，对不同性质、不同程度的违纪行为给予惩处。全年受到监督执纪“四种形态”处理28人，其中运用“第一种形态”26人，1名党员领导干部受到党内警告处分，1名涉嫌职务违法、职务犯罪的党员领导干部受到开除党籍、开除公职处分。持续加强制度建设规范权力运行，制定《关于市医保局机关纪委（纪检部门）专责监督与内设部门（单位）履行职责工作衔接的意见（试行）》和《关于全面贯彻落实〈关于加强市级机关部门机关纪委建设的实施意见〉的通知》，严格落实“六必须、十严禁”行为准则，修订完善廉政风险防控“五项制度”，梳理204个风险岗位，制定《天津市医保系统廉政风险点防控具体措施汇编》，努力形成有效管用的制度约束。深入学习贯彻市委加强新时代廉洁文化建设工作会议暨党员干部警示教育大会精神，制定《关于加强新时代廉洁文化建设重点任务》，针对邱晓禹、曲维斌违纪违法案例，深入推进以案为鉴、以案促改、以案促治，组织开展“正确理解六大纪律　践行从严治党要求”专题

培训讲座,先后多次召开警示教育大会,召开肃清邱晓禹、曲维斌恶劣影响专题民主生活会、组织生活会和反思剖析会,引导干部深刻汲取教训,筑牢思想防线。大力推进廉洁医保文化建设,组织开展廉洁文化征文,编印廉洁文化小故事,创作廉洁文化宣传桌面背景和提示卡,发放廉洁家书,组织编发《医保清风》10 期、《全面从严治党政治教育和廉政教育专刊》5 期,推动局系统政治生态持续向善向好发展。

五、坚定不移深化医疗保障制度改革,推动医疗保障和医药服务高质量协同发展

(一)稳步提升医保待遇保障水平

健全职工门诊共济保障制度,职工医保门诊最高支付限额由 7500 元提高到 9000 元,并实现个人账户家庭共济使用。有序放开居民医保三级医院门诊报销,提高居民医保高档缴费参保人员在一、二级医院门(急)诊就医支付比例 5 个百分点。出台《关于健全重特大疾病医疗保险和救助制度若干措施的通知》,进一步筑牢民生保障底线。在全国省级层面率先出台职工生育保险规定及实施细则,促进人口长期均衡发展。全力推进长护险制度试点建设,累计入户(入院)提供护理服务 617 万人次,支付护理费用 4.4 亿元。指导商业保险公司建立城市定制型普惠性商业医疗保险“天津惠民保”,首年投保人数突破 160 万人,不断增进民生福祉。

(二)积极推进医药服务供给侧结构性改革

推进国家组织第六、七批集采中选药品在津落地,102 个药品平均降幅 48%。开展国家组织医用耗材集采“第三单”,骨科脊柱类耗材平均降价 84%。接续开展国家组织冠脉支架集中带量采购,采购量较上一轮增加 30%,成功探索出适用于集采协议期满后全国接续的采购新规则。组织完成国家人工关节集采后分配使用量、签订三方协议等工作。落实医疗服务价格动态调整机制,规范医疗服务项目 3 批次 41 项,向国家医保局报送新增项目价格立项 4 批次 34 项、规范调整超声类医疗服务价格 116 项。制定中药产品挂网采购、中成药带量采购、加强中医药服务价格管理等 16 项措施,全面支持中医药传承创新发展。

(三)扎实健全医保支付机制

全面实施 2021 版国家医保药品目录,新增 74 个品种,其中 67 种国家谈判纳入创新药平均降价 61.71%。加强定点医药机构管理,全市定点医药机构 2466 家,其中定点医疗机构 1302 家,定点药店 1164 家。深化医保支付方式改革,推动全面实施区域点数法总额预算管理,进一步扩大 DRG/DIP 付费国家试点范围,占全市住院医疗费用总额的 80%以上,居民、职工医保住院患者个人负担分别整体下降 8.3 个百分点和 5.1 个百分点。启动糖尿病门特按人头总额付费,近 20 万名糖尿病门特患者纳入健康管理。

(四)全面加强医保基金监督管理

坚持把查案办案作为工作重点,充分发挥大数据分析、多部门联动等优势,深入开展专项整治行动,始终保持打击欺诈骗保高压态势。坚持把精细化管理作为重要抓手,加强源头管控,审核规则从 1072 条增加到 12311 条,形成“审核—规范—再审核”不断升级的良性循环。严格落实询问制度,积极推广视频监控和人脸识别等技术,建立患者就诊及存药量提示等措施,加强行刑衔接,实行“一案双报”和联合惩戒,加强医保诚信体系建设,充分发挥第三方力量参与监管,加强警示宣传,切实形成监管合力。全年累计处理违法违规定点医药机构 2111 家,处理各类违法违规行为涉及金额 1.89 亿元。

(五)加快推进医保标准化信息化建设

完成医保非标数据治理,非标率全部降至 1%以下。全面提升医保信息化平台支撑能力,建成医保信息平台数据中心 B 中心,实现了 A、B 中心双活。完成 247 个街乡镇医保链路,三级视频会议系统建设,津医保、链医通、医视通立体协作三通子系统全面上线。顺利完成医保信息化平台一期合同终验,做好迎接国家局项目终验准备,完成医保信息化建设二期立项和招投标。制定《网络安全管理办法》《数据安全管理办法》,组建医保信息平台运维团队,建立三级运维管理机制,多次开展应急演练,维护全市各医疗机构正常诊疗秩序,圆满完成了党的二十大期间信息网络平台安全保障工作。

（六）持续提升医保经办服务水平

推进异地就医住院、门诊直接结算实现动态全覆盖，在228家定点医疗机构开通门诊慢特病直接结算，在5家定点药店开通异地直接结算服务。推进“异地就医备案”一件事改革，持续升级异地就医业务“零跑动”“不见面”线上服务。不断提升医保经办服务水平，全城通办事项拓展至22个，承诺制服务事项增至7项，17个政务服务事项实现一次办结。12393医保热线实现“7×24小时”全天候人工服务，引入5G视频功能，荣获2022年“金耳唛杯”卓越客户服务称号。优化老年人群“我填单，您确认”服务。全渠道上线“好差评”信息系统。医保电子凭证激活率达到75%，支持应用的定点机构达到2000余家，开通刷脸就医渠道。扩展“津医保”App便民服务功能，促进群众就医报销更加方便快捷。

（七）深入推进京津冀医疗保障协同发展

坚决贯彻落实《京津冀医疗保障协同发展合作协议》，牵头起草并联合印发《京津冀医保协同发展2022年工作要点》。在深化异地就医直接结算的基础上，进一步扩大京冀定点互认范围，将京冀区域内三级、二级定点医疗机构全部纳入我市互认范围，累计达到1174家。牵头京津冀“3+N”医药采购联盟先后开展人工晶体、冠脉扩张球囊、药物球囊、起搏器类、吻合器类、骨科创伤类等六批次集采，价格均实现大幅下降，预计联盟地区每年可节省采购费用99.56亿元。开展津冀新型冠状病毒抗原检测试剂限价挂网采购，价格处于全国较低水平。将三地跨省异地就医直接结算医疗费用逐步纳入本地智能监控系统，强化异地就医直接结算智能监控。围绕异地就医、行政监管、协议管理、基金监管立法等方面持续加强交流合作，推进京津冀医疗保障公共服务共建共享。

（八）坚决落实疫情防控政策措施

持续加强医保待遇、药品、资金、服务、信息系统等方面保障措施，推动新冠防控措施调整转段平稳有序。全力做好药品耗材供应保障，牵头全市药品供应保障综合组工作，加强监测预警和多部门会商联动，协调做好药品耗材供应保障，组织发放3批次共41.1万份健康防疫包，及时保障重点人员用药需求。全力做好资金保障，第一时间向全市各级定点医疗机构拨付专项周转金1.32亿元。全力做好新冠疫苗第二剂次加强免疫接种价格衔接和费用保障工作。及时将奈玛特韦片/利托那韦片组合包装同时临时纳入医保支付范围。连续3次降低新冠病毒核酸检测价格，制定并下调抗原检测价格，保持全国较低水平，累计支付核酸检测费用3898.49万元，支付新冠疫苗和接种费用4921.29万元。全力做好医保经办服务和系统安全保障，确保服务窗口线下办理平稳有序，积极推广“掌上办、网上办、电话办”等线上服务模式，方便群众疫情期间就医报销，为打赢常态化疫情防控攻坚战作出应有贡献。

市地方金融监督管理局（市金融工作局）2022年工作总结

2022年，市金融局坚持以习近平新时代中国特色社会主义思想为指导，认真学习宣传贯彻党的二十大精神，落实市第十二次党代会和市委经济工作会议精神，坚持党建引领强根固基铸魂，坚决打赢全面从严治党“翻身仗”，坚持“靠自己、靠真干”导向和“系统性、前瞻性、预判性”原则，着力做到服务实体有特色、防控风险有成效、金融创新有活力，统筹疫情防控和经济社会发展，落实稳经济“一揽子”政策，各项工作取得新进展。截至2022年末，全市各项存款余额4.05万亿元，贷款余额4.25万亿元，存贷款规模双双突破4万亿元，本外币存贷款加权增速8%，创2018年以来新高。全市金融业实现增加值2197亿元，同比增长2.4%，占全市生产总值的比重为 13.5%，金融服务高质量发展质效持续提升，为社会主义现代化大都市建设提供了有力的金融支撑。

一、坚持统筹协调加快金创区高质量建设

（一）谋划核心支撑健全工作机制

印发实施《天津市金融创新运营示范区建设协调小组 2022 年工作要点》。建立金创区建设研讨会机制，推进成果转化，形成共建共享效果。组织实施 2021 年度金融服务实体经济创新案例征集评选，开展 2021 年度 43 家驻津银行和法人银行服务实体经济监测评价工作，激发金融机构服务全市高质量发展的内在动力。

（二）争取国家支持推进创新试点

开展区域性股权市场制度和业务创新试点。制定并印发《贯彻落实天津市区域性股权市场制度和业务创新试点三年行动计划》，积极落实区域性股权市场区块链建设试点。天津滨海柜台交易市场新设立"专精特新板"等特色板块，区域性股权市场累计挂牌 1005 家，融资额 718.81 亿元。稳妥有序推进数字人民币试点。16 大类通用和特色场景全面落地，截至 2022 年末，8 家运营银行在我市累计支持商户 14.12 万户、交易笔数 848.84 万笔、交易金额 77.8 亿元。积极申报全国绿色金融改革创新试验区。报审《天津市绿色金融改革创新试验区总体方案》，按照"边申边建"导向推进绿色金融工作，国家级创新试点稳步推进。

（三）全力做足增量争取金融投资

健全市区两级金融协同招商工作机制。锚定重点金融机构和企业，积极推动优质金融项目落地。推动重大战略性合作事项落地见效。持续跟踪推动 18 家金融机构合作事项落实，推动市政府与建设银行签署全面推进乡村振兴战略合作协议，"十四五"期间为我市涉农领域提供超 500 亿元融资支持。积极推动工商银行、中国银行等与我市签署战略合作协议。渤海银行理财子公司等一批优质金融项目落地。

二、坚持多措并举有力稳住经济大盘

（一）强化供给，提供有效金融资源支撑

推动稳增长稳大盘各项工作落实见效。联动实施全市"稳增长 35 条""接续 26 条"相关金融措施，常态追踪问效。出台强化涉疫地区产业链重点企业复工复产金融服务和支持市场主体纾困解难金融措施等，推动金融机构加大对受疫情影响行业和企业支持。建立金融顾问和小微企业融资服务专员制度，为各区提供"融资+融智"服务，为中小微企业提供投融资对接服务。建立重大项目融资对接长效机制，推动企业项目和金融机构精准对接，支持扩大有效投资。全力保持信贷供给合理充裕。联合人行天津分行对重点金融机构开展包联服务，着力针对吸收存款、投放贷款过程中存在的问题第一时间协调对接，最大程度挖掘金融供给潜力。紧盯"存款严重流失、信贷投放受阻"金融机构，分析原因、剖析问题、协调解决，促进全市存贷款规模持续稳定增长，截至 2022 年末，存贷款加权平均增速 8%，是近五年来最高水平。

（二）股债并重，直接融资取得显著进展

制定推进上市企业三年倍增计划。以科技型和产业链企业为重点全面更新提质扩容上市后备企业库，年末全市在审辅导企业 29 家。与北交所、全国股转公司签订合作协议，用好沪深北交易所天津基地和市、区两级上市办工作机制，美腾科技、华海清科、唯捷创芯、海光信息等企业在上市进程中的一批实际问题得以协调解决。全年推动 9 家企业上市，全市境内外上市企业达到 90 家，北交所上市成功破零。新增上市企业数量、科技型上市企业数量、产业链上市企业数量、北交所上市和区县上市工作显著提升。扩大债券融资规模。建立信息共享和工作协调机制，加强创新品种债券政策宣讲，提升市场主体利用债券市场融资意识和融资能力，成功发行"租赁行业首单低碳转型挂钩公司债券"、全国首单"民企债券融资支持工具+科创票据"等多只创新债券。全年共发行 662 只各类债券，募集资金合计 4883.59 亿元，占全国发行总量的 3.54%；截至 2022 年末，我市公开市场债券存量达 7156.23 亿元。

（三）"交账""添秤"，地方金融贡献有力

切实发挥融资担保促进经济服务小微作用。

推动各政府性担保机构降费让利，助力中小微企业融资增信。截至 2022 年末，本市政府性融资担保在保余额 95.23 亿元，同比增长 39.3%，覆盖全部 12 条重点产业链。业务规模较年初增长 30.6%，其中服务小微企业担保业务较年初增长 61.53%，服务“三农”担保业务较年初增长 17.16%。推动天津市中小企业信用融资担保中心改制及增资工作，培育龙头机构发展壮大。持续拓宽租赁保理融资渠道。深化金融支持租赁保理沟通交流机制，构建天津租赁保理发展联盟和保理融资服务联盟。截至 2022 年末，本市金融机构租赁保理行业产业融资余额近 2000 亿元。全年 28 家租赁保理公司共发行各类债券 318 只，规模 1925.01 亿元。

三、坚持精准滴灌服务实体经济

（一）深度服务制造业立市，推动金融产业化融合走深走实

做实“重点产业链企业库+金融服务专班”工作机制。压茬启动产业链金融服务 1.0 版和 2.0 版，实施“主办行”制度，组织开展转贷款资金支持重点产业链试点，组织各金融机构对 3200 余家产业链重点企业持续摸排融资需求，发布重点产业链金融产品手册、金融机构惠企政策汇编、主办行金融服务经验汇编等，开展“产融直通车”系列对接活动，建成全国首创逐链打造的涵盖 170 余款产品的“金融便利店”，创设 20 家产业专营机构，开展金融服务重点产业链“金点子”和“好团队”推荐活动。提升产业链金融供给规模质效。截至 2022 年末，全市制造业贷款余额 3160 亿元，同比增长 16.6%，较 2021 年提高 13.5 个百分点，全年新增 442 亿元，增量居各行业之首，增速和增量均创 5 年来新高。12 条重点产业链企业贷款余额 970.4 亿元，较年初增长 41.9%。

（二）服务科技创新，提升发展效能

用足用好科技创新再贷款政策工具。引导银行机构累计投放科技创新企业贷款 955.73 亿元，获得科创专项再贷款 80.8 亿元。强化金融服务战略科技力量培育。鼓励金融资本支持海河实验室、大学科技园建设，积极推进“一室一基金”投资模式，截至 2022 年末，引导开发性金融机构累计向海河实验室相关项目提供贷款授信 36.09 亿元。加大对重点区域和核心技术攻关的金融支持。印发《关于金融创新支持自创区建设的工作方案》并组织实施，截至 2022 年末，自创区内科创企业贷款余额较年初增长 30.40%，全市国家级、市级专精特新企业贷款余额分别增长 179.67%、73.20%。推动金融机构专营化发展。设立科创特色机构 15 家，梳理汇总科创金融产品 153 个并积极宣传推广，截至 2022 年末，本市科创企业贷款余额较年初增长 15.25%。

（三）服务小微“三农”滋养经济细胞

推动重点法人银行用足用好支小再贷款等货币政策。全年累计发放支农支小再贷款、再贴现 789.05 亿元，同比增长 45.68%。建立小微企业融资服务专员机制及金融顾问制度。615 名专员精准服务，对接 17142 家企业，解决 1714 家企业共计 52.83 亿元融资需求。确定 200 人的金融顾问团队，提供政策咨询培训超 80 场，协助获得融资总额超 25 亿元。加快实现金融服务农村全域全覆盖。推动建设银行为涉农领域提供超 500 亿元融资支持，加快布局“裕农通”服务点，加快推动各涉农业务金融机构提升服务质效，初步实现基础金融服务“村村通”。截至 2022 年末，普惠小微贷款余额同比增长 20.72%，全年新增普惠小微贷款首贷户 7.5 万户，比 2021 年多增 2.9 万户。全市涉农贷款余额 2703.99 亿元，同比增长 12.6%。

（四）服务重点项目，支持城市建设

发挥好重大项目融资对接长效服务机制作用。推动银项对接，持续举办“贷动大项目，助力稳投资”对接会、项目公司融资政策和模式讲解会。推动政策性银行加快 8000 亿元基础设施贷款投放，争取 3000 亿元重大项目补充资本金工具使用，已完成 24 个基础设施基金项目共计 55.27 亿元资金投放。会同市发展和改革委、国开行、农发行、进出口银行签订合作协议，为 80 余个优质项目年内提供 500 亿元资金支持，截至 2022 年末，已实现超额投放。推动 3 家金融机

构与天津港集团、水务集团、渤化集团签订合计45亿元融资协议。增强金融服务精准度。编制和完善基础设施政信融资模式等多个融资指南，指导推动金融机构共向623个基础设施项目发放贷款近1700亿元。截至2022年10月末，全市基础设施贷款余额增长16.3%。服务民生保障。持续做好能源保供工作，提前落实重点企业资金保障计划，全年累计为重点发电企业提供资金28.2亿元。提高保险保障能力，推动"天津惠民保"项目落地，承保累计人数超163万人。

（五）服务绿色产业，建设美丽天津

完善绿色金融发展推动机制。建立绿色金融服务联席会议制度，印发《天津市金融服务绿色产业发展推动碳达峰碳中和工作若干措施》，组织金融机构与绿色低碳项目精准对接，截至2022年末，全市绿色贷款余额4942.57亿元，同比增长22.36%，占全部贷款余额的11.6%。全年共发行绿色债券28只，金额合计207.7亿元。用好用足碳减排支持工具。截至2022年末，共获得人民银行总行专项政策资金31.19亿元，支持碳减排贷款51.99亿元。探索绿色金融标准推动创新示范。制定《绿色租赁服务流程规范》，申请行业标准立项，支持东疆综合保税区建设绿色租赁服务流程试行区。农业银行天津市分行挂牌系统内首家"零碳网点"，推出全国首单"碳中和"资产支持票据、全国首批转型债券等20余项国内首单（首批）绿色金融创新产品。

（六）服务金融人才，凝聚发展力量

深化金融服务人才。落实人才专项工作协调机制，组织召开3次人才工作调度例会，协调推动重点人才工作。在7类地方金融组织中开展金融人才统计，摸清人才底数和人才流动变化情况。加大金融服务科技人才创新创业力度，深入全市人才创新创业联盟重点企业调研座谈，主动开展对接服务，协调解决人才企业融资需求。试点开展科技人才创业"科创积分贷"，授信额超2亿元，惠及60余家科技型中小企业。积极辅导科技型人才创业企业上市，全年新增科技型上市企业8家，数量创历史新高，辅导在审和后备库中科技型企业占比分别达83.33%和85.71%。提升全市金融队伍专业化服务能力。用好金融机构人才服务资源，组织200人金融顾问、615人金融服务专员队伍，与重点区、重点产业链深度对接，持续研究推动金融解决方案。深入开展市区两级金融干部业务培训提升工作，全年组织线上线下专题业务培训20余场，营造懂业务、敢创新、善统筹、求实效的工作氛围。

四、坚持改革创新巩固特色优势

（一）推进自贸区金融创新

FT账户应用提质扩面。成功拓展12项基于FT账户的创新，截至2022年末，FT账户累计收支超6400亿元，全功能型资金池归集资金近200亿元，成功引流异地资金入池，跨国企业资金在津逐步形成"集聚效应"。推动跨境贸易创新发展。落实跨境贸易政策，跨境贸易业态自律机制企业达69家。出台《加快天津自贸区离岸金融服务创新推进离岸贸易健康发展实施方案》，通过宣讲、编印《跨境金融便民服务手册》和发布125个自贸区创新案例等，积极主动宣传跨境贸易政策，"天津模式"下落地"集成贸易"等多个业务场景。全年完成134艘离岸船舶租赁业务，同比增长106%。推进跨境人民币结算。组织推动天津市银行自律机制发布《天津市优质企业跨境人民币结算便利化方案（2022年版）》。截至2022年末，全市跨境人民币便利化优质企业670家，较年初新增372家，全年便利化业务量超930亿元，同比增长72%。推进跨境金融创新。开展跨境融资便利化试点获国家外汇管理局批准，促成浦发银行天津分行落地天津地区首笔跨境融资便利化试点业务。促成非金融企业多笔外债共用账户便利化政策落地，多笔外债共用一个外债账户政策已惠及辖内14家企业。推进港口航运金融发展，开发支持北方国际航运核心区建设相关产品40余种。

（二）推进数字化服务转型

打造"津心融"金融服务数字化品牌。统筹推进17个部门政务数据共享，共建交通大数据金融实验室，开设跨境贸易业态、乡村振兴、首贷中心等专区，打造产业链"金融便利店"，统筹推动地方征信平台建设。全年创新推出“税融贷”“政采贷”“医保贷”等3类9款产品，创新发行全国首单京津冀科技创新资产支持票据等首单产品。全年组织103场融资对接会、企业培训会，平台成功服务6146家企业，授信77.3亿元。截至2022年末，入驻金融机构7类84家，发布329项产品。已累计为1.72万家小微企业授信共计271.06亿元。推进法人金融机构数字化转型。天津银行“智慧小二”金融科技平台提质扩面，截至2022年末，平台累计入网商户达31.35万户、发放信用贷款41.88亿元。推进防范非法金融活动数字化应用。系统监测范围扩展至30万家市场主体，协助推动15个行业主（监）管部门建立“线上监测”与“线下处置”的风险协同防范体系。加快地方金融监管数字化步伐。推进需求征集和功能实现并行，地方金融组织监管评级和年审、融资担保服务重点产业链、稳经济大盘等专项工作信息获取实现信息化，非现场监管业务不断升级完善。推动金融科技创新监管工具专项工作。鼓励引导金融机构申报金融科技创新监管工具创新应用，中国人民银行批准我市首个金融科技创新监管工具创新应用项目“中策保险经纪《基于大数据技术的雇主责任险保险经纪服务》项目”运营稳健。

（三）保持租赁保理领先示范

积极推动建设国际一流国家租赁创新示范区。完善行业发展长效服务机制，加强监管服务创新，租赁行业发展质量进一步提升，截至2022年末，租赁法人机构1315家，资产总额超过2万亿元，其中绿色租赁资产占比达20%，居全国首位。累计完成2109架飞机、164台发动机、470艘船舶、71座海工平台的租赁和处置业务，飞机、国际航运船舶、海工平台租赁和处置业务规模占全国总量80%以上，年度新增船舶数量占全国新增量的95%，世界级船舶租赁中心建设步伐加快，全球第二大飞机租赁聚集地优势进一步巩固。商业保理领先优势进一步扩大。行业资产总额首次突破2900亿元，保理融资余额超过2500亿元，提质增效工作成果显著。引导商业保理行业充分发挥稳链、补链、强链优势作用，不断增强属地黏性。从资产和资金两端提升行业服务水平。统筹“讲好天津租赁保理故事”和“金融支持租赁保理沟通机制”两个专项工作，进一步提升金融机构服务我市两个优势行业发展的积极性和主动性，截至2022年末，主要金融机构服务租赁保理产业融资余额近2000亿元。充分发挥两类行业接链、护企、促需作用，发布第四批服务科技企业融资租赁公司名录、16个租赁服务绿色产业典型案例和17个商业保理服务实体经济及创新发展案例，截至2022年末，租赁企业新增中小微企业投放实现2271.64亿元。

五、坚持底线思维持续拆弹削峰

（一）稳妥处置交易场所风险隐患

压降地方金交所风险。对天金所及天金登进行全面现场检查，严格限制展业范围，压实机构及股东单位风险处置主体责任，持续压降存量业务规模。开展“伪金交所”专项整治，组织各区深入开展排查工作，妥善处置发现的“伪金交所”风险业务。开展产权交易场所专项整治，会同各行业主管部门强化对产权交易场所的日常监管，持续督促其依法合规经营、严守业务边界。

（二）防治结合打击非法金融活动

保持防范打击非法集资高压态势。实施2021年处非工作平安天津建设考评。打击养老领域非法集资专项行动疾风厉势，挽回经济损失1404万元。严防互联网金融风险死灰复燃。持续推动关口前移强化防范为先。完善用好易产生非法集资风险类工商企业照前会商研判、非法金融活动账户监测查询、非法集资举报奖励等机制，用好非法金融活动监测预警与协同处置平台，遏制增量风险。开展“守住钱袋子，护好幸福家”主题宣传月活动，处非宣传铺天盖地。参加处非联办“防非知识答题团队争霸赛”和全国短视频征集大赛获得优异成绩。持续化解陈案积案推动案结事了。

（三）有力提升地方金融监管服务质效

进一步提升地方金融监管效能。召开年度地方金融组织事中事后监管和政务服务工作培训会。从企业背景、从业意愿、资金来源、经营模式切入，提高准入识别能力。持续支持经开、东疆两区融资租赁、商业保理行业高地发展壮大，下放监管事权。推动地方金融监管数字化能级提升。加快研究完善地方金融监管数字化发展行动方案。打磨数字化监测指标，监管信息系统升级迭代，开展专项排查检查。优化监管评价及结果运用。完善监管评级指标体系，强化结果运用，累计推动 336 家地方金融组织市场出清或收回许可。印发监管问询函、风险提示函、责令整改通知书 87 期(份)，对 44 家次机构进行监管约谈。

市地方金融监督管理局党组 2022 年工作总结

2022 年，市金融局党组坚持以习近平新时代中国特色社会主义思想为指导，牢固树立全面从严治党"一盘棋"思想，与驻市审计局纪检监察组(以下简称"纪检监察组")强化贯通协同意识，坚决扛起管党治党政治责任，组织开展"全面从严治党主体责任落实深化年"专项行动，加强统筹，夯实基础，创新招法，推进全面从严治党责任落实向深度掘进、向广度扩展。机关政治生态持续向好，党员干部坚定拥护"两个确立"、坚决做到"两个维护"的意识明显增强，讲担当、善作为、抓落实的氛围日渐浓厚，为推动金融改革发展稳定各项工作提供了坚强政治保障。

一、把党的政治建设摆在首位，坚定拥护"两个确立"、坚决做到"两个维护"

把学懂弄通做实习近平新时代中国特色社会主义思想作为首要政治任务，不断推进党的创新理论入脑入心，全年通过局党组会开展集体学习 33 次，理论学习中心组专题研讨 11 次，举办读书班 2 期，促进学习宣传贯彻走深走实。践行"两个维护"更加精准坚定，梳理完善局党组落实习近平总书记重要指示批示工作台账，做到"台账式"管理，强化"月督办"机制，推进落地见效，用实际行动诠释对党、对领袖的绝对忠诚。严守政治纪律和政治规矩，以严明的纪律管全局治全局，带头坚持"五个必须"，组织完成十一届市委第八轮巡视的深度整改工作，自觉接受十二届市委第一轮巡视，认真完成 2021 年度全面从严治党检查考核反馈问题整改工作。

二、持之以恒落实"两个责任"，管党治党全面从严有力

严格履行全面从严治党主体责任，研究制定领导班子 2022 年"两个清单"确定 88 项具体任务；局党组主要负责同志认真履行第一责任人责任，筹划开展"全面从严治党主体责任落实深化年"专项行动，召开部署会、推动会；班子成员认真履行"一岗双责"，推进全面从严治党要求落实到每一个支部，全局上下齐心协力打好一场"翻身仗"。"两个责任"协同贯通、形成合力，局党组主要负责同志主动与纪检监察组主要负责同志沟通情况、交换意见，班子成员及相关处室负责同志与纪检监察组沟通交流常态化；坚决支持配合纪检监察组实施常态化监督工作机制，在日常工作中和"三重一大"事项上主动接受监督和指导，创新方式加强沟通、密切配合，推动"两个责任"同向发力、更加有力。进一步加强党内监督，印发实施局党组关于加强政治监督的若干措施，督促机关各处室梳理风险点、制定防控措施，举办年轻干部监督座谈会，开展科级干部职级晋升集体谈话，推动政治监督具体化、常态化、实效化。

三、严格监督"关键少数"履职用权，认真履职、廉洁用权意识显著增强

严格执行民主集中制，严格落实"三重一大"议事规则，召开局党组会和局务会集体审议事项时，局党组主要负责同志发扬民主、善于集中，班子成员积极建言、步调一致，邀请纪检监察组参加会议进行监督，保证决策的科学性、民主性、合理性。监督"关键少数"形成合力，局党组主要负责同志严格落实"五个不直接分管"等制度规定，班子成员主动向纪检监察组述责述廉、接受质询，各处室负责人主动接受局党组、纪检监察组监督，自觉接受党员干部日常监督，努力形成各级"关键少数"均受监督的工作格局。班子成员没有插手干预重大事项,没有因个人事项填报不实被问责情况。

四、严格规范党内政治生活,政治生活质效实现新提升

注重提升领导班子整体功能,紧扣党的政治建设、思想建设、组织建设、作风建设、廉政建设,研究制定局党组加强自身建设意见,将落实各项制度贯穿其中,为每名班子成员履好职制定了"紧箍咒",领导班子"政治三力"进一步增强,用党的创新理论指导实践更加自觉,刀刃向内自我革命的勇气进一步增强。班子成员高质量落实民主生活会制度和参加双重组织生活制度,始终坚持顾全大局、共谋发展,做到团结和谐、合作共事,凝聚力战斗力持续增强。发挥支部战斗堡垒作用,指导机关党委在严格落实"三会一课"等党员日常教育管理制度上下功夫。全年印发支部学习计划12期,组织各支部召开2021年度组织生活会和开展民主评议党员,举办机关党建工作实务培训班,组织开展"使命之源"主题党日、集体政治生日等活动,促进各支部在金融改革发展稳定工作中发挥好战斗堡垒作用。

五、加强党内政治文化建设,正气充盈的政治文化不断形成发展

坚定政治信仰,局党组主要负责同志为全局干部讲授党史专题党课,将党史知识纳入支部常态化学习内容,依托周邓纪念馆、平津战役纪念馆等线上展馆组织"云参观"主题党日活动,牢记"党之大者""国之大者"。严格落实意识形态工作责任制和市委实施细则,召开意识形态及网络舆情分析研判会,密切关注、分析研判潜在风险动向,精准掌握意识形态整体情况,积极稳妥化解涉重要时点舆情等各类风险隐患,服务保障稳定大局。加强廉洁文化建设,研究制定《市金融局关于推进清廉机关建设的工作措施》,开设《津金爱廉洁》专栏,建立《廉政宣传》专栏,调动各支部投身廉洁文化建设。深入剖析前期处理的个别处室管理不到位问题,印发通报警示全局,坚决铲除圈子文化和好人主义滋生的土壤。围绕弘扬清廉家风筹划开展发送倡议书、助廉活动等7项活动,党员干部廉洁齐家的思想认识更加坚定。

六、加强干部人才队伍建设,选人用人活力持续激发

始终坚持党管干部原则,完成5名副处级领导干部选拔任用和16名调研员、23名主任科员的职级晋升工作。支持鼓励机关干部参与对外交流锻炼,向有关部门输送2名优秀干部,与人民银行天津分行启动第一批3名干部互派锻炼工作,选派机关12名干部到有关部门协助工作。树牢选人用人正确导向,在开展调研员职级晋升工作中,不搞平衡照顾、不搞论资排辈,在坚持政治首要基础上,一切以实绩论英雄,集中体现了党组在贯彻正确用人导向上的坚定不移。匡正选人用人良好风气,坚决防范和杜绝买官卖官、跑官要官、拉票贿选等不正之风。严格落实"三个区分开来"要求,保护干部干事创业的积极性。

七、加强作风纪律建设,担当作为、廉洁自律新风正气牢固树立

深度推进以案为鉴、以案促改、以案促治,充分运用中纪委、市纪委通报的反面典型开展警示教育,党员干部廉洁自律意识持续提升。在春节、中秋等重要节点发布廉洁提示8次,组织学习《深化金融反腐》等警示教育片8部,用"活教材"敲响"警示钟"。扎紧制度笼子,修订党员干部请示报告事项,建立辞去公职人员从业情况动态管理台账,制定操办婚丧喜庆事宜报备制度。严格运用监督执纪"四种形态",持续深入治理形式主义官僚主义不担当不作为问题,牢固树立靠自己、靠真干的鲜明导向。强化典型引领,在机关内网"荣誉墙"刊发个人、集体获得的荣誉,印发表扬通报5期,激发干事创业的动力活力。

市政府研究室党组2022年工作总结

2022年,市政府研究室党组坚持以习近平新时代中国特色社会主义思想为指导,深入贯彻党中央决策部署,认真落实市委部署要求和市政府工作安排,提高政治站位,强化政治担当,扎实履行职责职能,全面完成年度目标任务,推动各项工作取得新的进步。

一、坚持以党的政治建设为统领,坚定拥护“两个确立”、坚决做到“两个维护”

深入学习宣传贯彻党的二十大精神。以迎庆党的二十大胜利召开为主线,精心安排部署,集体收看大会盛况,聆听习近平总书记所作的报告,制定《市政府研究室党组关于认真学习宣传贯彻落实党的二十大精神的工作安排》,集中3天时间举办专题读书班,领导干部带头宣传宣讲,在机关开辟学习宣传贯彻党的二十大精神专栏,在全室营造学习宣传贯彻落实的浓厚氛围,引导党员干部深刻领悟“两个确立”的决定性意义,增强“四个意识”、坚定“四个自信”、做到“两个维护”。

深入学习贯彻习近平总书记重要讲话和重要指示批示精神。树牢政治机关意识,召开党组会议58次,及时传达学习贯彻习近平总书记重要讲话、重要指示批示精神和有关会议、文件精神,不断提高政治判断力、政治领悟力、政治执行力。认真做好请示报告工作,向市委和市委各部委报送各类工作报告80多项。严格落实常态化疫情防控部署要求,强化主体责任,勇担政治任务,先后选派2批13人次支援一线疫情防控、选派2名干部在市疫情防控指挥部办公室帮助工作,助力全市疫情防控大局。

深入学习宣传贯彻市第十二次党代会和市委十二届二次全会精神。制定《市政府研究室学习宣传贯彻市第十二次党代会精神工作安排》,明确11项具体任务。举办处级以上干部专题研讨班,班子成员进行宣传宣讲,推动党支部集中学习交流,组织青年理论学习小组学习。紧密结合以文辅政职责职能制定《市政府研究室党组关于贯彻落实市第十二次党代会目标任务的十条措施》,逐项抓好落实。

扎实开展“迎盛会、铸忠诚、强担当、创业绩”主题学习宣传教育实践活动工作。成立活动工作领导小组和办公室,制定实施方案,召开动员部署会和工作推进会,推进10项重点任务落实。持续推进“我为群众办实事”实践活动,建立群众诉求清单事项22个、为群众办实事清单项目28个,全部完成。落实领导干部“联点访户”制度,开展“入社区、学优秀、增感情”活动,深入村庄、社区走访慰问,帮助解决实际困难。扎实推进津南区双桥河镇西官房村乡村振兴示范村创建工作,积极履行驻村干部第一书记政治职责,发挥党建引领作用,协助镇党委科学制定产业规划布局,与专业公司签署发展农文旅产业协议,为村党群服务中心捐赠10台电脑。

二、加强党的思想建设,深学笃用习近平新时代中国特色社会主义思想

持之以恒强化政治理论武装。把学懂弄通做实习近平新时代中国特色社会主义思想作为首要政治任务,开展室党组理论学习中心组集体学习20次、撰写心得体会60多篇,学习体会文章《捍卫“两个确立”做到“两个维护”为推动高质量发展当好参谋助手》在2022年1月5日《天津日报》刊发。坚持“学习工作化、工作学习化”理念,深入开展打造“学习型战斗堡垒”活动,组织召开学习交流会7次,交流发言30人次,促进党员干部政治素质、业务素质“双提升”,相关经验做法入选《深学笃用　天津行动　实践案例选编》。举办处级干部专题读书班2期、“干部大讲堂”2期,组织青年理论学习小组学习研讨5次,开设网络专题班8期,室领导和机关党委向党支部推送政治理论学习内容24期、61项,推送学习文章10期、16篇。

落实意识形态、网络意识形态工作责任制。

把意识形态、网络意识形态工作纳入重要议事日程，与其他工作同部署、同落实、同检查、同考核。召开意识形态工作督查推动会，听取各党支部加强意识形态把关、规范微信工作群使用管理、关注党员干部思想状态等工作情况汇报，分析查找不足，明确措施任务。室党组会议听取工作汇报，进行意识形态分析研判。加强意识形态把关，严格执行文稿起草、刊物编发等把关措施，坚决杜绝政治和意识形态风险隐患。

积极推进文明机关创建和思想政治工作。建设宣传走廊，围绕党的二十大精神学习宣传、入列轮值、清廉机关建设等主题更新宣传展板13项20批次。开展"讲好两个故事"活动，"七一"当天组织"我讲党史故事"活动、"十一"后组织"我讲天津故事"活动，激发党员干部爱党、爱国、爱天津的热情。制定《关于落实新时代加强和改进思想政治工作的责任清单》，听取思想政治工作汇报，坚持主任接待日制度，关心关注党员干部思想动态。弘扬践行社会主义核心价值观，开展志愿服务活动。推进学习型机关建设，组织"领导荐书"活动，订阅时政学习刊物62种、配发学习用书89种。

三、提升以文辅政能力水平，充分发挥参谋助手作用

提高文稿起草效率和质量。树立"添秤""交账"意识，落实"观在大处、谋在深处、抓在要处、虑在细处、求在是处、干在实处"要求，实行"博通专精"量化记实积累，强化素材积累和运用，吃透上情、了解下情、掌握外情，进一步提升文稿服务效能。起草完成政府工作报告和市政府主要领导在"中国这十年·天津"主题新闻发布会、经济工作会、市委防范风险专题工作会、党的二十大精神宣讲会、市政府廉政工作会议等会议、活动上的文稿240篇、80余万字。做好服务常务副市长重要文稿起草工作。

深入开展调查研究。围绕中心、服务大局，聚焦京津冀协同发展、实施创新驱动发展战略、构建新发展格局、推进宜业宜居城市建设等重点工作，深入开展"三走三实际"调研活动，赴滨海新区、西青区等区调研，与市发展和改革委、市科技局等部门座谈，到荣程集团、大陆制氢等企业走访，形成《制造业投资调研报告》《促进我市港口经济能级跃升》《做足海洋文章　吸引津外消费——塑造独具魅力的亲海旅游消费名片》《"五堵点"阻滞科技成果转化　大学科技园建设亟待解开"细绳子"》等调研报告14篇，一批调研成果、重要观点和对策建议转化为政府部门的实际工作。

加强智库建设。落实特约研究员制度，积极对接18名市政府特约研究员，印发调研选题指南，强化沟通协调，促进发挥咨政建言作用，刊发报告6篇。加强与高校、研究机构等合作，积极发挥平台、纽带作用。推动政府系统调研工作，促进330名领导干部开展调研390项。进一步提升《天津政务参考》《参阅资料》质量，全年出刊23期。

四、贯彻新时代党的组织路线，建设忠诚干净担当的高素质专业化干部队伍

全面提高机关党建质量。定期听取机关党委工作汇报，专题研究党支部工作，不断增强基层党组织政治功能和组织功能。加强基层党建责任制考核，完成机关党委书记和各党支部书记述职评议考核工作。实行机关党委委员、纪委委员包联党支部工作机制，开展党建工作督查。保持与共建街道和社区党组织的密切协作，做好入列轮值、"双报到"，取得全员下沉、全员评"优"的成绩。发挥机关工会、妇女小组作用，积极组织和参加各类活动。

持续加强干部队伍建设。严格执行领导干部选拔任用工作规定，突出政治标准，在重大政治任务、急难险重工作、日常表现中"相马""选马"，释放鲜明选人用人导向。市委提任副局级领导干部1名，经市委组织部同意晋升二级巡视员1名，选拔任用正处级领导干部3名、副处级领导干部1名，处级转正任职3名，接收军转干部1名，处科级干部职级晋升11名。选人用人民主评议评价为"好"的占80.6%。

五、落实全面从严治党政治责任，推动党风廉政建设走深走实

全面加强组织领导。制定全面从严治党年

度任务安排和“两个清单”，召开全面从严治党大会和中期推动会，听取落实“一岗双责”工作汇报。召开警示教育大会，集体观看警示教育专题片。持续开展“全面从严治党从抓实支部开始”活动，压实党支部教育管理监督党员职责，让党支部书记运用“第一种形态”成为常态。支持驻市政府办公厅纪检监察组采取列席党组会等形式履行监督责任，制定加强机关纪委建设的工作措施。

持续深入纠“四风”、树新风。深入治理形式主义官僚主义和不担当不作为问题，定期召开专项行动工作领导小组会议。严格落实中央八项规定及其实施细则精神，加强对调研、学习考察、外出实践活动等管理监督，在重要时间节点开展纪律教育和监督检查。开展机关作风建设专项行动，实行月度工作量化记实，用好考评结果，始终保持担当作为、干事创业的良好氛围。

积极推进廉洁文化建设。制定廉洁文化建设工作清单，班子成员讲授廉政专题党课，集中观看《党史中的清廉故事》专题片，组织“传承红色基因　培育优良家风”主题党日、“当好廉内助　弘扬好家风”党员干部家属助廉活动、廉洁文化征文和党员干部廉政才艺展示系列活动，召开年轻干部廉洁座谈会，对年轻干部进行集体廉洁谈话，多措并举营造反腐倡廉的浓厚氛围。

不断涵养良好政治生态。巩固拓展巡视整改成果，把政治生态建设作为基础性工作来抓，制定《关于 2021 年度落实全面从严治党主体责任考核和政治生态建设考核评价发现主要问题反馈清单的整改措施》。持续抓好党史学习教育专题民主生活会查摆问题整改，班子成员以普通党员身份参加所在党支部组织生活，用好批评和自我批评的武器。进行政治生态分析研判，坚持和完善党章学习日、重温入党誓词、过集体“政治生日”等制度机制，培养积极健康的党内政治文化。

六、加强统战、法治、保密、档案、安全生产和应急管理等工作，紧密结合实际抓好贯彻落实

立足本职做好统战工作。传达学习贯彻习近平总书记在中央统战工作会议上的重要讲话精神，认真落实市委统战工作会议和全市统战部长会议精神，组织全室党员干部学习“做好新时代党的统一战线工作”课程。落实领导干部与党外代表人士联谊交友制度，班子成员与 8 位党外代表人士联谊，听取意见建议，做好相关工作。

扎实推进法治、党内法规工作。制定《市政府研究室党组关于 2022 年度学习宣传研究阐释习近平法治思想的措施》《关于落实〈天津市法治政府建设实施纲要（2021—2025 年）〉的工作措施》，严格执行《市政府研究室主要负责人履行推进法治建设第一责任人职责清单》，开展述法工作。注重发挥法律顾问和公职律师作用，对重要决策事项进行合法性审查。落实党内法规执行责任制，做好党内法规备案审查工作，听取党内法规执行情况汇报。

加强对保密和档案工作的组织领导。成立室党组保密委员会并制定工作规则，加强和改进保密工作，开展保密自查自评，常态化开展保密宣传教育，加强涉密人员管理。传达学习贯彻全国档案局长馆长会议精神和全市档案工作会议精神，开展国际档案日系列宣传活动，完成 2021 年度档案整理、归集工作，进一步加强档案安全工作。

做好平安天津、网络安全、安全生产和应急管理等工作。制定《市政府研究室党组国家安全责任制实施细则》《市政府研究室党组网络安全工作责任制实施细则》《落实〈“十四五”时期天津市网络安全和信息化发展规划〉的工作措施》，排查和防范网络安全隐患。常态化开展安全生产和应急管理教育，组织消防知识培训，开展安全生产隐患排查，加强值班值守工作。

市政府人民防空办公室2022年工作总结

2022年,全市人民防空和国防动员改革工作在市委、市政府、警备区的正确领导下,坚持以习近平新时代中国特色社会主义思想为指导,深入学习宣传贯彻党的二十大和市第十二次党代会精神,扎实开展“迎盛会、铸忠诚、强担当、创业绩”主题学习宣传教育实践活动工作,坚持用新发展理念统领国防动员和人防改革,用备战打仗牵引人防发展,通过全系统干部职工共同努力,圆满完成全年目标任务,为全市经济社会发展做出了新的贡献。

一、坚持以党的政治建设为统领,党对人民防空的绝对领导进一步加强

一是以习近平新时代中国特色社会主义思想为指导,深入学习宣传贯彻党的二十大和市第十二次党代会精神。始终把学习贯彻习近平新时代中国特色社会主义思想、党的二十大和市第十二次党代会精神作为首要政治任务,采取集中学习、宣讲辅导、研讨交流、书记讲党课、培训轮训、举办专题读书班、开辟网络专题专栏、推出评论言论、组织系列报道等多种形式,组织党员干部深入持久地学习习近平新时代中国特色社会主义思想、党的二十大和市第十二次党代会精神,深入领会把握思想精髓和核心要义,广大党员干部坚定捍卫“两个确立”、坚决做到“两个维护”的思想和行动更加自觉。认真落实意识形态各项工作,广大党员干部的信仰信念更加坚定。扎实开展“迎盛会、铸忠诚、强担当、创业绩”主题学习宣传教育实践活动工作,坚持“十个结合”,以实干实绩实效推进主题学习宣传教育实践活动工作走深走实。认真落实党组理论学习中心组每月2次的集中学习研讨交流制度,及时做好经验总结和宣传报道工作。2022年以来,办党组和党组理论学习中心组先后有70余篇经验做法和理论学习成果及信息分别被天津电视台《天津新闻》《天津工作》《中国人民防空》《机关党建》“学习强国”天津平台、机关党建网等报纸杂志和网络媒体刊发,人防的传播力、影响力进一步扩大。

二是以应对强敌军事斗争人防准备为牵引,深入谋划人民防空体系建设。按照国家人防办“南宁集训”会议有关精神,结合国家安全发展新形势新变化和我市被划定为特级防空城市的新定位新要求,进一步充实完善《人民防空建设第十四个五年规划》,制定《天津市人民防空工程规划(2022—2035年)》,出台《天津市强化人民防空筑牢首都安全“护城河”工作方案》及其实施意见,扎实抓了8个方面22项重点任务的落实。

三是以国家发展战略为引领,积极推进军民融合发展、重点项目建设和京津冀人防协同发展。深入贯彻党中央军民融合发展战略、京津冀协同发展战略和市委军民融合发展战略部署要求,人防河东区1408工程、静海区人防材料场、西青区中北镇人防工程和306工程已建成,滨海新区1501工程、和平区第二南开中学人防项目已完工进入竣工验收阶段,1795工程等军民融合发展重点项目建设按计划顺利推进。完成了京津冀人防年度跨区通信演练和机动指挥所演练。

二、突出体系建设,履行使命任务的能力不断提升

一是人防组织指挥体系建设稳步推进。形成了由多个职能部门(单位)组成的天津市人民防空指挥部编成,完成了市级人民防空方案计划编修;2次组织全市人防系统110余人、20余台指挥通信车和有关设备器材,开展防汛应急组织指挥演练和现场情况处置;组织市人防办机关、滨海新区人防办及人防专业队伍进行了“重要经济目标防护演习”,进一步检验了重要经济目标防护建设成果,提高了防护能力水平;完成了《天津市重要经济目标防护管理规定》修订和《天津市重要经济目标工作方案》调整。

二是人防信息化体系建设持续推进。完成了人防综合信息传输网核心机房建设和地理信息系统安装调试及数据信息完善等工作;加强人防警报系统建设和维护管理,全市新增和升级改造各类警报器百余台、检查维护警报器近千台(套),圆满完成了年度警报试鸣任务。开展通信保障训演,先后 2 次组织开展市、区两级指挥信息保障中心、机动指挥车和人员的拉动演练。严密细致做好网信工作,进一步织密网络安全屏障。

三是人员防护体系建设不断加强。全市新竣工结建人防工程百余个,建筑面积百余万平方米;新增机动车位 2.6 万个;收取易地建设费千余万元。开展了人防工程防护设备定点生产和安装企业检查,抽查了 3 家检测机构 8 个项目,进一步规范了检测市场;加强对地铁兼顾人防工程设防站点、已建成结建人防工程平时使用和维护管理的巡查检查,全年共检查 70 余个地铁站点、抽查 30 余个结建工程,进一步强化了人防工程维管;制定下发党政机关和高新高端产业聚集区人口疏散基地建设方案,并在滨海新区和环城四区城市地铁近郊段沿线勘选了“中心渔港、国家会展中心、杨柳青庄园、北辰郊野公园”等人口疏散基地建设项目。

四是人防宣传教育和法治工作进一步深化。持续深化人防宣传教育“五进入”活动,协调天津卫视频道每天播发天津人防公益广告,增强市民人防意识;利用人防网站、微博、公众号等解读人防政策法规,普及人防知识,回答民众关切。深入做好普法依法治理工作,采取专家讲课辅导、学习培训、案例分析、网上学法用法及考试等形式,提升各级领导干部依法行政的能力。强化人防行政执法监督,充分利用执法监督平台,对人防系统执法情况进行抽查,并及时公示结果,自觉接受监督。

五是计划财务工作更加规范。协调落实工程项目建设经费千余万元。按时间节点完成了经济责任审计问题整改。完成了年度部门预决算、资金资产清查、收费划转、政府采购等工作。进一步压缩一般性财政支出,优先保障重点项目建设资金,提高了财政资金使用效率。

三、积极担当作为,国防动员和人防改革创新及机关建设持续深化

一是国防动员体制机制调整改革工作成效明显。深入学习贯彻习近平总书记关于深化国防动员体制改革重要指示精神和市国防动员体制改革专班要求,成立市人防办筹备工作领导小组和工作专班,协调解决职能调整、机构设置、人员编制等重大问题;与天津警备区研究确定军地国防动员有关职能、协调联动机制和成员单位国防动员具体职能的草案,制定了新机构运行配套保障措施。统筹指导各区人防办涉及改革任务同步启动、一体谋划、周密实施,先后 2 次组织召开深化国防动员体制改革动员部署会和市、区两级人防部门座谈会,积极沟通协调军地有关部门,推动改革任务落实。目前市级国防动员体制改革已基本完成,区级国防动员体制改革正在逐项推进落实。

二是积极稳妥推进人防重点领域的改革。积极探索建立统一开放、竞争有序的市场体系和市场准入制度,全力推进人防建设市场化改革。建立健全人防工程全过程监管模式和人防专用设备生产安装质量监管机制,规范人防工程维修改造程序和标准,深化人防工程建设管理改革。健全完善干部选育管用全链条机制,推行干部能上能下、交流轮岗等制度,深化干部人事制度改革。全力推进直属企业改革,整合重组企业职能及内设机构,完成了直属企业改革划转工作。

三是持续深化作风建设。采取强化思想政治引领、发挥监督保障作用、发挥典型示范带动、开展警示教育月等方法,持续深入破解作风建设难题,坚决纠治各类作风顽疾,不断校正党员干部担当作为的作风标尺。落实机关党员干部到社区报到、入列轮值、“向群众汇报”等制度,所有在职党员按要求全部到住地社区报到并主动参与社区组织的志愿服务活动,人均已完成志愿服务活动 24 小时以上;56 名下沉社区轮值的机关干部落实“我为群众办实事”120 余件,全部获得“好”的评价。采取压减会议、精简文件、统筹检查考核、整治指尖上的形式主义、开展求真务实调查研究等举措，持续用力为基层松绑减负、促干部担当作为，2022年以来开会发文与去年同期相比均下降31%。持续深入开展“我为群众办实事”实践活动，结合人防职能使命、年度重点任务，从14个方面制定了41项“我为群众办实事”任务清单和群众诉求清单，坚持跟踪问效抓落实，用心用力用情帮助群众解决急难愁盼事。2022年以来，利用结建人防工程新增机动车停车位2.6万个，为小微企业和个体工商户的人防平战结合工程使用租金进行了减免，主动服务“国展中心”、滨海国际机场、地铁等重点工程建设，利用市人防宣教基地、人防示范社区等场所向市民普及人防知识、传授防空防灾技能，使人民群众享受到人防战备资源带来的获得感幸福感安全感。

四是驰而不息抓好疫情常态化精准防控。坚持把服从服务疫情防控大局作为政治之责，自觉把科学精准防控贯穿始终，时刻保持热备灵敏状态，分级分类施策和精细化管理，全员做好疫苗接种和核酸检测；严格落实疫情防控要求，及时调整机关防控措施，严格落实人员登记、测温、扫码、戴口罩、错时就餐、外地来（返）津人员排查管控情况统计日报和定期对办公楼公共区域进行消杀等措施，并投入10万余元购置防护用品，有效防止了疫情传播。扎实做好60岁以上人群疫苗接种攻坚工作，我办60岁以上离退休人员疫苗接种率和在职人员60岁以上在津直系亲属疫苗接种率均在全市前列。与此同时，积极投身全市疫情防控工作，全办所有在职党员干部积极主动参与全市9个区、36个社区、50余个核酸检测点协助社区做好疫情防控工作；37名党员干部赴津南和市内6区疫情一线执行防控并圆满完成任务；56名机关干部结合入列轮值，协助社区做好疫情防控工作，为全市疫情防控作出了贡献。

五是机关建设进一步规范。深入开展安全、稳定、消防、保密、档案等专项检查，定期组织消防安全演练和安全巡查，持续保持人防安全稳定。周密细致做好绩效管理、信息报送、来信来访、提案办理、办文办会、公务接待等工作，展示了人防良好形象。深化人防机关“准军事化”建设，机关工作秩序进一步规范。

四、坚持严的主基调，持续推进全面从严治党工作向纵深发展。

一是统筹谋划部署全面从严治党工作任务。及时制定下发年度全面从严治党工作意见，结合年度人民防空、党建等各类工作要点，对全面从严治党工作统一安排部署，并将全面从严治党工作融入日常工作、融入深化改革、融入班子队伍建设、融入年度工作目标和绩效考核。全年召开党组（扩大）会60次，研究党建、全面从严治党议题108个，做到全面从严治党工作与业务工作同谋划、同部署、同推进。

二是严格落实管党治党主体责任。及时制定办党组、班子成员落实全面从严治党责任清单和任务清单以及年度贯彻党内法规、抓基层党建工作清单，签字背书，逐项抓好落实；组织召开党建、全面从严治党和廉政警示教育等大会，对全面从严治党工作进行再动员、再部署、再要求；组织各基层党支部书记、党员领导干部述责述廉和抓党建述职考核评议，确保管党治党责任的有效落实。

三是严格检查考核督办。办党组和领导班子成员坚持每月到分管处室和党建联系点检查督导全面从严治党工作落实情况；每季听取一次党建工作、党风廉政建设、意识形态和重点业务工作情况汇报，面对面地指问题，实打实地制定整改措施；每半年对各支部落实全面从严治党主体责任、意识形态责任制等情况进行全面检查考核，办党组2次召开专题会议听取情况汇报，党组书记和分管领导严肃认真逐一点评，有力推动了全面从严治党各项工作的落实。

四是坚持“三不”一体推进。研究制定《一体推进不敢腐不能腐不想腐工作方案》《贯彻落实市委市政府关于推进清廉天津建设意见的工作措施》《加强政治生态建设分析研判》《进一步加强年轻干部教育管理监督的工作措施》《贯彻落实市委办公厅〈关于加强新时代廉政文化建设若干措施〉的具体措施》等长效机制；认真落实警示提醒、廉政教育、日常监督、通报曝光等制度；组织开展主题学习宣传警示教育月、观看警示教育片、编辑《每月一案》、举办廉洁文化作品展、“不忘初心、廉洁有我”签名等活动，促进党员干部廉洁从政、廉洁用权、廉洁修身、廉洁齐家的思想和行动自觉。扎实开展廉政风险排查，采取逐个岗位过、逐个环节查的方法，全面系统梳理廉政风险点近 500 个，制定切实可行的防控措施千余项，监督措施百余项，严格检查督办，有效遏制新的腐败和违法违纪案件发生。严格执纪问责，综合运用监督执纪“四种形态”，特别是“第一种形态”抓早抓小，防微杜渐，对违纪违规苗头做到露头就打，始终保持利剑高悬。

五是坚持严字当头高标准抓好问题整改落实。办党组聚焦“人、事、因、制”，以刮骨之勇、雷霆之力、穿石之功和强有力的政治执行力持续推进市委巡视、人防专项治理和调查整顿、经济责任审计、全面从严治党检查考核等问题的深度整改，确保问题整改见底清零。市委巡视组反馈意见指出的具体问题及其表现、提出的意见建议和市人防办自查整改任务及推动改革促进发展的整改任务均已完成。人防系统腐败问题专项治理市纪委监委专项检查组指出的和“回头看”反馈的及自查的所有问题，均已完成整改。经济责任审计指出的所有问题和全面从严治党主体责任检查考核反馈的所有问题具体表现均按时间节点全面完成整改。

各直属单位在保障通信系统畅通、人防工程质量监督管理和服务、落实整治整改任务等方面做出了积极贡献。

市政府合作交流办公室 2022 年工作总结

一、国内招商引资工作完成情况

2022 年，国内招商引资逆势增长，全年引进内资项目 3763 个，实际利用内资 3699.97 亿元，同比增长 9.53%。其中，引进制造业项目到位资金 757.22 亿元，同比增长 12.91%，占比突破 20%。工作成绩得到市领导高度认可，市委常委、常务副市长刘桂平做出批示指出：“今年以来，国内招商引资情况总体不错，成绩值得充分肯定。”

（一）持续推进京津冀协同发展战略

主动对接、融入、服务承接北京非首都功能疏解，持续深化重点领域产业协同，进一步强化京津联动。不断深化与亚布力中国企业家论坛秘书处和中国青年企业家协会的交流合作，深入挖掘平台企业资源和项目渠道，加快培育市场主体和重点项目。赴北京走访泰康保险集团、迈胜医疗科技、中科寒武纪等知名企业，邀请企业家来津出席第六届世界智能大会，加强对接联系，推进项目合作。推动泰康保险集团泰康之家津园长寿社区项目落地西青区，总投资规模 30 亿元，已开工建设；泰康健康产业投资控股有限公司在中新生态城设立总规模 100 亿元的泰康健康产业基金项目，主要围绕生物医药、大健康、医疗服务等生态产业链行业进行投资。

（二）围绕长三角、珠三角 12 条重点产业链加大招商引资力度

一是积极开拓招商渠道，挖掘投资信息。会同市相关部门、各区（功能区）、金融机构赴上海走访考察了新时达电气、英韧科技、华依科技、泰豪科技、西信科技、上海新虹桥国际医学中心等 14 家企业和平台机构，聚焦重点产业和关键领域，同频共振、同向发力开展精准招商，推动新时达北方研发与销售总部基地、英韧科技北方总部、华依科技汽车动力总成检测中心等合作项目，使更多项目招得来，留得下，持续优化我市产业结构。

二是抢抓时机走出去，赴苏州学习考察，开展招商活动。先后走访考察苏州市产业技术研究院、江苏伟烈配电设备有限公司、迪顿控股集团、协鑫（集团）控股有限公司等企业，推动项目合作。并在参加亚布力论坛在无锡举办的创新年会活动期间，与北京优诺科技创始人兼总裁陈

傲寒、灵犀云医学科技创始人闫宇翔等创新性企业代表，就产教融合以及打造脑科学示范区进行沟通。

（三）大力推进“平台+”招商战略，“以会兴业、以会招商”效果显著

一是天津2022·中国企业家大会、2022亚布力中国企业家论坛·天津峰会，于2022年8月2日至3日在我市成功举办。其间，召开亚布力论坛企业家恳谈会，并举行天津市津商联合会成立仪式，百余位知名企业家、经济学家云集天津，贡献“金点子”、表达投资意愿，“多会合一”效果叠加作用充分显现。企业家大会、亚布力企业家恳谈会上，市委书记李鸿忠、市长张工等市领导同志与来自全国各地的企业家话友谊、谈合作、谋发展，切实增强企业家深耕天津的信心。市、区各有关单位注重挖掘签约项目增量，推动泰康保险集团养老康复、迈胜医疗质子创新中心和实验室、居然之家供应链金融等项目落地；同时注重会前走访和会中洽谈相结合，推动海特生物研发服务基地、中航产融商业和知识产权基金等项目陆续签约。在峰会前已经推动新奥集团、东软集团、九州通医药等项目签约落地，协议投资额228.5亿元；本次峰会上又推动了7家企业的8个项目与我市签约，协议投资额171.5亿元，本届峰会实际签约总协议额400亿元。在市委、市政府的强力推动下，津商会由亚布力论坛企业家共同发起，也正是亚布力论坛持续在津举办的重大成果，津商会必将成为连接全国广大企业家的纽带。

二是成功举办第六届世界智能大会项目签约活动。围绕第六届世界智能大会项目签约，积极协同各区及招商载体，梳理平台企业资源和项目信息，推动资源与载体有效衔接。多次深入基层走访调研，了解掌握各区重点招商工作进展情况，督促指导开展招商活动，协调解决问题，做好招商服务，推动项目合作。大会完成签约重点项目136个，协议投资额849.1亿元。其中内资项目126个，协议投资额788.1亿元。签约项目属于12条重点产业链项目103个，占比81.7%。

三是充分借助市领导率团出席第19届中国—东盟博览会契机，推介宣传天津，深入对接国悦集团、华控集团等重点企业，推动项目合作。

（四）着力构建大招商工作格局，增强“凝聚力”

一是强化机制运行。科学制定2022年实际利用内资工作目标，根据各区资源禀赋等特点，合理分解并下达工作任务。坚持月通报、季检查跟进机制；定期梳理实际利用内资完成情况，为全市开展经济运行分析提供数据参谋。

二是完善考评体系，会同市商务局将扩内需促消费指标纳入内资考评体系。会同市商务局对各区内外资招商质效综合排名，为全市绩效考核提供依据。会同市各产业链专班逐步将产业链优势企业作为目标企业纳入考评体系，目前，信创、中医药、绿色石化等6条产业链目标企业已纳入考评体系。

三是加强政策保障。面向市有关部门征集我市招商引资最新政策，编印《天津市招商引资政策要点汇编》，有针对性地对企业进行推送。配合财政、发改等部门积极研究跨区合作利益共享及鼓励引进民企总部政策，强化政策供给。

四是将税源建设与招商引资有机结合。在选派精干力量投入市税源建设专班基础上，组建超强团队，成立以办主要领导为组长、各主要业务处室负责人为成员的市合作交流办税源建设工作专班，推动招商和税源建设工作有机结合，发挥招商前端拉动作用，延伸招商引资工作职能，通过数据比对、分析研判、调研走访等方式夯实工作基础，为夯税源、扩税基提供支持。

二、东西部协作和支援合作工作完成情况

认真学习贯彻习近平总书记关于“三农”工作重要论述以及巩固拓展脱贫攻坚成果同乡村振兴有效衔接一系列重要指示批示精神，按照“升级加力、多层全覆盖、有限无限相结合、有形无形相结合”工作思路，全面实施协作支援“十大行动”，高效统筹疫情防控和协作支援工作，创新工作方式，深化帮扶举措，推动东西部协作和支援合作工作取得新成效、实现新突破。“精准订制式”助力西藏昌都籍大学生来津就业经验做法得到全国政协主席汪洋同志批示肯定。

成功举办的"津陇共振兴"合作交流洽谈大会得到国家乡村振兴局刘焕鑫局长的批示肯定。

（一）强站位、重部署，协作支援合力有效凝聚

一是持续高位推动抓统筹。全国两会后，第一时间召开全市农村工作暨东西部协作和支援合作工作会议，制定印发天津市高质量推进东西部协作和支援合作2022年实施方案及11个专项工作实施方案，形成了持续高位推动的态势。与甘肃省签订2022年东西部协作协议、制定天津市对口支援领域重点任务清单、对口合作长春工作要点等，分领域进一步细化重点任务、压实工作责任。5次召开全市协作支援工作推进会，统筹调度工作进展，推动解决重难点问题。

二是健全制度机制抓落实。出台《天津市应对新冠肺炎疫情影响助力结对地区巩固拓展脱贫攻坚成果的有关措施》等制度文件，进一步构建长效工作机制。

三是统筹问题整改抓提升。坚持问题导向，将国家发展改革委关于"十三五"对口支援考核评价问题整改、全国东西部协作成效评价问题整改、市委巡视反馈问题整改、东西部协作专项审计发现问题整改、天津市年度考核发现问题整改等统筹部署、统筹推进，制定整改方案，建立目标清单、任务清单、责任清单，较真碰硬、举一反三狠抓问题整改落实，以问题整改促工作提升。

（二）夯基础、守底线，脱贫攻坚成果持续巩固

一是强化资金支持固成果。投入财政帮扶资金28.51亿元，实施各类帮扶项目1197个，其中东西部协作资金50%以上用于产业、80%以上惠及民生，对口支援资金80%用于保障和改善民生、用于县及县以下基层，全面助力巩固脱贫攻坚成果。使用财政援助资金3033.4万元设立防返贫保险，累计赔付资金1210.85万元，为16.36万户、64.96万人提供防返贫保障。

二是强化重点帮扶补短板。围绕推动我市结对帮扶的15个国家乡村振兴重点帮扶县加快发展，从财政援助资金、社会动员资金、产业扶持政策、专技人才选派等方面加大倾斜支持力度，着力补齐重点帮扶县短板弱项，让重点县脱贫基础更加稳固，脱贫成果更可持续。加大易地搬迁集中安置区帮扶力度，针对甘肃的874个易地搬迁集中安置区，投入帮扶资金1.42亿元，实施项目71个，援建帮扶车间63个，帮助劳动力就业2700余人。

三是强化劳务协作促增收。津甘两地签署劳务品牌共建框架协议，通过技工院校和实训基地结对共建、技能等级证书互认、培训模式互学互推等，全面打造"津甘技工"品牌。开展稳岗就业行动，支持服务15.56万名西部脱贫劳动力在津稳定就业。加强劳务精准对接，累计新增帮助农村劳动力实现就业3.75万人，其中脱贫劳动力3.06万人，超额完成年度目标任务。为结对地区举办技能培训班258期，培训农村劳动力1.05万人次。

（三）树典型、增后劲，全面乡村振兴加快推进

一是聚焦典型引领抓示范。制定助力甘肃省乡村振兴示范村提升乡村治理能力若干措施，选派34名我市优秀基层党务工作者赴甘肃开展驻村帮扶，实现结对县全覆盖。会同结对地区接续打造121个"乡村振兴示范村"，引导东部各类资源向东西部协作和对口支援示范村聚集，累计投入财政帮扶资金5.52亿元，实施乡村环境改善整治、公共服务提升、特色产业发展等项目452个，打造了富坪村、富民新村、贾洼村等一大批具有示范引领效应的样板和典型。

二是聚焦志智双扶强本领。持续深化互派干部挂职、学访培训、实地调研等交流工作，持续做好"全链条"式教育帮扶、"组团式"支教、"讲师团"送教和大学生支教工作，发挥我市职业教育优势，打造职教协作支援品牌。进一步巩固深化"组团式""院包科""师带徒"医疗帮扶成效，推广"互联网+"健康医疗帮扶模式，提升优势医疗资源的可及性。复制推广支持舟曲"两校三院"发展经验做法，助力全面提升结对地区公共事业服务水平。加大科技帮扶力度，健全科技特派员制度，推广使用"津科帮扶"App，累计入库科技特派员680余名，发布教学视频50个，帮助

5406名农户在线解答各类问题1245个,累计访问量超过10万人次。

三是深化产销对接拓市场。坚持政企市场联动、搭建网络销售平台、线上线下一体,持续深化消费帮扶工作。先后举办2022年"东西部协作消费帮扶　陇原百企年货大惠送"线上促销、"和田优品"天津消费节、消费帮扶月等大型活动,利用重要节日、大型展会资源,搭建交流平台,积极推介结对地区农特产品和服务。发挥天津市消费帮扶服务线上平台作用,引入市场竞争机制,提升群众购买体验。全市实现消费帮扶42.21亿元。

(四)强合作、促发展,协作支援领域不断拓展

一是深化产业合作。成功举办"津陇共振兴"合作交流洽谈大会,签订新能源、生态农业等投资合作项目76个,协议额111.9亿元。刘焕鑫局长批示指出:"津陇共振兴'活动打造了津陇协作的特色品牌,为全国推进东西部协作工作提供了借鉴。"大力支持"和田优品""蓝天圣洁""山水黄南"等品牌建设。继续举办"津诚所至　协作共甘"东西部协作产业节,推出全国首档以东西部协作为主题的大型综艺节目《生机勃勃的我们》。落实产业合作奖补资金1518.8万元,新增引导173家企业到结对地区投资,实际到位额18.34亿元,分别完成年度目标任务的144%和204%。津甘共建产业园区46家,引导入驻园区企业95家,实际投资额8.32亿元,吸纳农村劳动力就业4066名。

二是深化对口协作(合作)。抓住对口支援三峡库区30周年契机,持续深化对口支援重庆万州工作,组织3个区和3个委办局8家企业赴万州区对接工作,助力提升基本公共服务能力。对口合作长春持续深化,长春天津港班列运量实现逆势增长,完成3940标准箱。津陕协作进展明显,促成天津安捷物流科技股份有限公司与汉中、商洛、安康企业签订合作协议,推动双碳领域合作实现新拓展。对口合作甘肃庆阳取得良好开局,制定落实《天津市与庆阳市对口合作实施方案》。持续推进津承帮扶合作,认真落实区县友好、部门合作协议,建立健全协同发展新机制。

三是深化协同抗疫。援受双方携手抗疫,共克时艰,为深化合作奠定了深厚基础。年初,我市首战奥密克戎,各结对地区累计捐赠生活和抗疫物资125车,折合人民币价值近3600万元。同样,长春、昌都、甘肃等地发生疫情时,天津市第一时间采取捐赠资金、建立方舱医院、选派防控专家、调拨防疫物资等有针对性的措施给予支援。

(五)广交流、促融合,中华民族共同体意识不断增强

一是深化交往交流交融。持续开展"民族团结一家亲·百行百业交流行"活动,全市累计组织双向交流活动百余场,参与辐射带动近万人。在民族地区结对认亲551对,其中动员社会力量结对认亲147对,累计捐赠款物200余万元。"津和企业家号"包机考察、"坐着地铁游黄南"等特色"三交"活动不断向多领域、全方位拓展。

二是聚焦有限无限汇合力。持续发挥企业、商协会、电商、媒体"四个联盟"平台优势,引导我市民营企业家积极参与协作支援工作,深入开展"万企兴万村"行动,通过"小资金大爱心"方式,动员900余家企业捐款2110.33万元,不断充盈"防返贫资金池",进一步完善管理使用,实际支出861.55万元,支持脱贫县灾害救助、特困家庭资助和疫情防控等工作,解决因灾、因病等造成的返贫问题,筑牢防返贫"保障墙"。做优"爱心地铁卡""爱心家庭一元捐""微心愿"等品牌,推进市慈善协会开展"津陇慈善情　助力国家乡村振兴"系列项目,积极引导各类公益组织、基金会深度参与乡村振兴。累计动员1588家爱心企业、152个社会组织,32万名爱心人士积极参与,实施帮扶项目292个,惠及脱贫人口达41万人。社会动员募集款物折合3.18亿元,超额完成全年目标任务市长张工在市合作交流办上报的情况报告上批示指出,"工作成效值得充分肯定"。

三是加强宣传引导浓氛围。有效融合纸媒和融媒叠加优势,通过举办"东西携手圆梦小康

山海情深共促振兴”主题图片纪实展、在《天津支部生活》杂志开设“一线讲述”专栏、在“天津协作支援”微信公众号开辟“青春建功”专题等多种形式，全力讲好天津帮扶新故事，营造聚力帮扶的强大声势。联合市委网信办、中国小康网天津频道，聚焦乡村振兴示范村建设，开展网上重大主题宣传活动，并编辑出版《小村大事——乡村振兴天津故事纪实》一书，引起各级广泛关注和好评，得到国家乡村振兴局局长刘焕鑫高度肯定，批示指出：“天津高度重视乡村振兴和东西部协作工作，思路新、措施实、力度大、效果好，许多经验和做法值得认真总结和推广。”在中央媒体、天津市主流媒体以及网络新媒体等平台播发协作支援方面新闻报道 2000 余条，宣传报道实现了“量”与“质”双提升。其中《人民日报》及其客户端报道 58 条，《天津日报》报道 110 条。《中国乡村振兴杂志》刊载天津市协作支援文章 3 篇。编发全市协作支援简报 82 期，获国家乡村振兴简报采用转发 3 期，得到市委领导同志肯定批示 1 期。组织拍摄的《你好，我们也是天津人》《藏津情牵　仁心仁术》协作支援题材短视频，均入围全市“你好天津”短视频大赛季度优秀作品，全网曝光量超亿次，引发社会广泛关注。

市政府合作交流办公室党组 2022 年工作总结

2022 年，面对国内疫情反复冲击、经济出现新的下行压力等严峻挑战，市合作交流办领导班子坚持以习近平新时代中国特色社会主义思想为指导，认真贯彻落实党中央决策部署及市委、市政府要求，紧紧围绕中心大局勇担使命、主动应变、攻坚克难，推动合作交流各项工作实现新提升、再创新佳绩。相关工作多次得到中央领导同志、国家部委主要负责同志、市委市政府主要负责同志批示肯定，机关事务工作获国务院表彰。

一、聚焦实施制造业立市战略，持续多管齐下，国内招商引资工作提质增速

2022 年，国内招商引资逆势增长，全年引进内资项目 3763 个，实际利用内资 3699.97 亿元，同比增长 9.53%。其中，引进制造业项目到位资金 757.22 亿元，同比增长 12.91%，占比突破 20%。工作成绩得到市领导高度认可，市委常委、常务副市长刘桂平同志做出批示指出：“今年以来，国内招商引资情况总体不错，成绩值得充分肯定。”

（一）强化统筹招商，大招商格局更加完善

强化统筹协调，牢固树立全市招商“一盘棋”观念，加强与市有关部门联动；强化月通报、季检查，加大跟进调度力度，不断压紧压实各区属地责任。强化政策保障，配合市有关部门研究制定跨区合作利益共享、鼓励引进民企总部及推动产业链招商政策举措；编印《天津市招商引资政策要点汇编》，有针对性地向企业进行推送；创新成立税源建设工作专班，推动招商引资和税源建设工作有机结合。强化考核奖惩，会同市商务局将扩内需、促消费指标纳入内资考评体系；会同市各产业链专班将 6 条重点产业链目标企业纳入考评体系。

（二）强化承接北京非首都功能疏解招商，服务京津冀协同发展重大战略更加有力

加强与市协同办等相关主管部门的沟通联系；持续对接在京央企、知名民企和行业龙头企业，大力推动优质项目落户我市。2022 年，全市引进北京地区投资项目到位资金 1853.06 亿元，同比增长 35.28%，占比 50.08%，比 2021 年同期提高 9.53 个百分点。其中，制造业项目到位资金 407.76 亿元，同比增长 53.61%，占引进北京到位资金的比重为 22%。由我办直接承办任务、经市协同办认定重大项目 10 个，投资金额 90.9 亿元，指标完成率 113.63%。

（三）强化产业链招商，大项目好项目带动作用更加凸显

紧紧围绕我市 12 条重点产业链，有针对性地制定招商图谱和工作方案；主动“走出去”，着

力引进强链补链延链项目，先后组织市级部门、区域载体走访各类外省市行业领军企业80余家，推动了中策橡胶集团高端绿色轮胎制造强链项目、特来电新能源公司智慧城市充电网延链项目、洁美电子科技扩建增资延链项目等一大批项目落地天津。

（四）强化“平台+”招商，保障全市重点招商活动更加有效

精心组织第六届世界智能大会重点招商项目签约活动，签约重点产业链项目103个，占比超80%。成功组织举办2022亚布力中国企业家论坛天津峰会等活动，签约项目协议投资额共400亿元。

二、聚焦“守底线、抓发展、促振兴”，持续响鼓重槌，助力巩固拓展脱贫攻坚成果同乡村振兴有效衔接工作见实效、开新局

协作支援工作各项指标任务大幅超额完成。“精准订制式”助力西藏昌都籍大学生来津就业经验做法得到全国政协主席汪洋同志批示肯定。津甘东西部协经验做法得到国家乡村振兴局局长刘焕鑫同志的充分肯定，并作出批示指出：“天津高度重视乡村振兴和东西协作工作，思路新、措施实、力度大、效果好，许多经验和做法值得认真总结和推广。”

（一）坚持高位推动规划引领，协作支援合力有效汇聚

强化顶层设计，制定天津市高质量推进东西部协作和支援合作2022年实施方案及11个专项工作实施方案，与甘肃省签订2022年东西部协作协议，制定天津市对口支援领域重点任务清单等。强化组织保障，健全完善了专项工作组专责推动、行业部门系统动员、区县主责落实、社会各界广泛参与的工作机制，领导小组办公室职能作用进一步强化。强化制度保障，制定出台《天津市助力甘肃省乡村振兴示范村提升乡村治理能力的若干措施》《天津市区级统筹财政对口支援项目资金管理办法》等制度性文件。

（二）坚持强化保障夯实基础，助力脱贫攻坚成果不断巩固拓展

强化资金支持，投入财政帮扶资金28.51亿元，全面助力巩固脱贫攻坚成果。强化产业帮扶，落实产业合作奖补资金1518.8万元，新增引导173家企业到结对地区投资，实际到位额18.34亿元，分别完成年度目标任务的144%和204%。推动津甘共建产业园区46家，引导入驻园区企业95家，实际投资额8.32亿元。成功举办“津陇共振兴”合作交流洽谈大会，签订合作项目76个，协议额111.9亿元。国家乡村振兴局党组书记、局长刘焕鑫批示予以充分肯定，批示指出：“‘津陇共振兴’活动打造了津陇协作的特色品牌，为全国推进东西部协作工作提供了借鉴。”强化就业帮扶，落实津甘两地签署劳务品牌共建框架协议，全面打造“津甘技工”品牌；持续开展稳岗就业行动，支持服务15.56万名西部脱贫劳动力在津稳定就业，务工就业规模再创新高；加强劳务精准对接，累计新增帮助农村劳动力实现就业3.75万人，其中脱贫劳动力3.06万人，超额完成年度目标任务。强化消费帮扶和社会帮扶，实现消费帮扶42.21亿元，完成全年目标任务的3.2倍；累计动员1588家爱心企业、152个社会组织，32万名爱心人士参与，实施帮扶项目292个，惠及脱贫人口达41万人。市长张工给予肯定性批示，指出“工作成效值得充分肯定”。

（三）坚持全面推进重点突破，助力乡村振兴迈出新步伐

强化示范带动，会同结对地区接续打造121个“乡村振兴示范村”，示范效应初显。强化重点支持，对15个国家乡村振兴重点帮扶县平均财政援助资金超过其他县40%；对甘肃易地搬迁集中安置区投入帮扶资金1.42亿元，实施项目71个，援建帮扶车间63个。强化科技支持，健全科技特派员制度，累计入库科技特派员680余名。强化人才支持，选派党政干部243名、各类专技人才1761名；开展乡村振兴干部人才培训2.98万人次。强化组织支持，选拔34名优秀农村专职党务工作者到示范村担任村党组副书记。

（四）坚持因地制宜深化拓展，支援合作成果不断扩大

立足民族、边疆地区产业发展定位，帮助昌

都编制完成《昌都市创建国家固边兴边富民行动示范区规划(2022—2026)》;持续加大对“和田优品”“蓝天圣洁”“山水黄南”等品牌建设支持力度;深入开展“民族团结一家亲·百行百业交流行”活动,累计组织双向交流活动百余场。对口合作长春持续深化,津陕协作取得新进展,津承合作再续新篇,对口合作革命老区重点城市庆阳实现良好开局。

三、聚焦发挥党建引领保障作用,持续纵深推进,全面从严治党各项工作取得新成效

(一)坚持政治统领,捍卫“两个确立”、做到“两个维护”更加坚定自觉

坚持政治立身,突出把坚定捍卫“两个确立”、坚决做到“两个维护”作为学习宣传贯彻党的二十大精神之首要、根本,党组(扩大)会4次传达学习会议精神;办党组书记带头宣讲,班子成员在分管处室宣讲;邀请专家教授及市二十大党代表3人次作宣讲辅导,推动党员干部深刻感悟新时代十年伟大变革的里程碑意义,深刻领悟核心力量。坚决贯彻落实关于加强和维护党中央集中统一领导的若干规定精神,召开党组(扩大)会37次,第一时间传达学习贯彻习近平总书记重要讲话和重要指示批示精神、党中央决策部署及市委要求;严格执行请示报告制度,形成完整工作闭环;严格落实督查督办制度,确保件件落到实处。严明党的政治纪律和政治规矩,严肃党内政治生活,认真组织全办党员参加我市出席党的二十大代表和我办出席市十二次党代会代表的选举工作;认真组织召开民主生活会;持续净化政治生态。坚持把抓好市委巡视反馈问题整改作为重要政治任务来抓,按规定需要完成的172项整改措施于3月份全部整改到位,深度整改措施于12月份全部整改到位。

(二)坚持思想引领,新时代党的创新理论更加深入人心

坚持把学习习近平新时代中国特色社会主义思想作为重中之重,党组理论学习中心组发挥旗舰作用,开展专题学习研讨18次;办主要负责同志撰写的《擘画产业转移新路径　铸就东西协作新品牌》《携手奋进三十载　协同发展谱新篇》两篇文章分别在《中国乡村振兴》杂志、《中国水利杂志》刊发。扎实开展“迎盛会、铸忠诚、强担当、创业绩”主题学习宣传教育实践活动,围绕四个专题深入开展学习研讨,办党组书记带头讲“七一”专题党课、班子成员在分管处室领域讲党课,外请专家来办作讲座5次,举办青年强国学习论坛揭牌仪式暨读书分享会,组织参观中共天津历史纪念馆等活动,协调云账户(天津)筹措资金53万元,帮扶宝坻区口东镇2个经济薄弱村。强化正面宣传弘扬主旋律汇聚正能量,聚焦第六届世界智能大会、亚布力中国企业家论坛·天津峰会,加强高质量发展宣传,天津电视台、央广网、津云等主流媒体作了广泛报道。聚焦重大主题加强助力乡村振兴宣传,组织拍摄的《你好,我们也是天津人》《藏津情牵　仁心仁术》协作支援题材短视频,入围全市“你好天津”短视频大赛季度优秀作品;在中央媒体、我市主流媒体以及网络新媒体等平台播发协作支援方面的新闻报道2000余条,其中《人民日报》及其客户端报道58条,天津日报110条。

(三)坚持选育管用并举,干部队伍建设进一步加强

坚持把政治标准放在首位,科学精准选人用人,完成2名副处级领导干部试用期满考核、转正任职,8名科级干部的职级晋升工作。坚持实践锻炼和培养教育并重,着力提升干部能力素质,选派局处级干部44人次参加各类学习培训;举办网络专题培训8期;注重在重点任务、重大活动、重大斗争一线磨砺干部,抽调7名干部参加市级专班,1名干部借调市政府办公厅,4批次32人次干部参加疫情防控工作,3名干部援派甘肃,3名干部赴外地或基层挂职锻炼,26名干部交流轮岗,1名干部交流转任。坚持严管与厚爱相结合,加强全方位管理和经常性监督,依规依纪对领导干部个人有关事项填报不准确的同志进行处理,对15名处科级干部进行了家访,完成在职干部的学历学位认证工作,认真执行推进领导干部能上能下规定,研究制定《市合作交流办为受到不实、恶意举报的干部澄清正名的操作细

则(试行)》,认真做好受处理处分人员帮扶教育工作,干部管理监督不断加强。

(四)坚持党的一切工作到支部,基层基础进一步夯实

不断强化党支部政治功能和组织功能,推动机关基层党组织成为有效实现党的领导的坚强战斗堡垒,市合作交流办支援合作三处被评为2022年天津市民族团结进步示范单位。大力加强党支部标准化规范化建设,督促推动各支部严格落实“三会一课”、谈心谈话等基本制度;对党支部书记抓党建工作情况进行量化考核,有力推动了基层组织生活更加严起来。

(五)坚持标本兼治,风清气正政治生态和干事创业氛围更加充盈浓厚

持续深入治理形式主义官僚主义不担当不作为问题,开展专项行动,深化整改整治;紧盯重要节点,强化监督检查;紧盯重点工作、重点领域,强化集中攻坚,有针对性地解决在国内招商引资、协作支援工作中创新发展动力不足等问题。坚持一体推进不敢腐、不能腐、不想腐,认真贯彻国务院第五次廉政工作会议精神,推动各项工作目标任务落地落实,深入开展政府购买服务领域专项整治,大力加强廉政教育特别是新时代廉洁文化建设,通过多种形式方法,推动廉洁文化有效融入日常工作生活。强化建章立制,建立完善廉政相关制度规定10项。不断强化监督执纪,运用“第一种形态”处理8人次、“第二种形态”处理2人次。

四、聚焦“防风险、保安全、护稳定”,持续筑牢底线,高水平安全和高质量发展实现良性互动

(一)加强管理管控,意识形态和网络安全屏障更加牢固

抓阵地管理从严,深入开展“护航二十大——海河净网”网络生态治理专项行动,排查风险点3个,制定实施应对措施6条。抓舆情防控从严,高质量做好第六届世界智能大会、亚布力中国企业家论坛·天津峰会网络舆情监控工作,做实日常监控,强化专业监控。总体来看,2022年涉我办网络舆情信息呈现正面发展态势,未发生突发敏感舆情事件和重大负面舆情。抓网站监管从严,对门户网站开展集中排查2次,及时修补漏洞2个,修正网站错链1个。

(二)加强安全生产、保密和应急管理,安全发展底线进一步强化

加强保密宣传教育,组织举办安全生产讲座、应急救护培训和应急疏散演练,强化日常检查,扎实开展安全生产和微信泄密专项整顿行动,及时排查隐患,堵塞漏洞,保密安全防线更加牢固,安全生产实现零事故。

(三)加强法治建设,保障安全发展作用有效发挥

办主要负责同志带头讲法治课。认真落实依法治市工作要点,扎实推进中央依法治国办法治政府建设督察反馈意见整改。深入开展宪法、民法典等法律法规学习宣传。积极发挥法律顾问、公职律师作用,开展合同类文书审查78件,规范性文件和合作协议审查7件。

市政府政务服务办公室2022年工作总结

2022年,市政务服务办坚持以习近平新时代中国特色社会主义思想为指导,深入学习贯彻党的二十大精神,认真落实习近平总书记对天津工作提出的“三个着力”重要要求和市第十二次党代会精神,在市委、市政府的坚强领导下,在各区、各部门支持配合下,坚持党建引领,团结带领全办广大党员干部职工深刻领悟“两个确立”的决定性意义,不断增强“四个意识”、坚定“四个自信”、做到“两个维护”,加快推进政务服务标准化规范化便利化改革,政务服务提质增效,营商环境日益改善,企业群众获得感明显增强。

一、加强统筹协调,营商环境建设持续改善

锚定“营商环境保持全国领先水平”的目

标,以制度创新为突破口,加强统筹协调,强化制度供给,努力营造一流营商环境,4篇典型经验被《全国优化营商环境简报》采用推广。

一是强化统筹推进。协助市政府召开全市进一步优化营商环境会议,制定2022年优化营商环境责任清单,明确108项具体任务,为全年营商环境建设工作定基调、把方向;召开优化营商环境联席会联络员会议7次,推动营商环境年度各项工作任务落实落细。

二是完善工作机制。建立意见建议受理反馈机制,充分发挥134名市级营商环境监督员作用,召开企业座谈会、政企沟通会36次,办理企业意见建议和咨询106件;建立优化营商环境典型案例通报机制,49个案例在全市复制推广;建立营商环境建设监测评价机制,形成营商环境月度监测报告,推动各区各部门强弱项、补短板。

三是积极营造更好更优营商环境。制定109条对标国务院营商环境创新试点工作持续优化营商环境若干措施,出台93项进一步优化我市营商环境降低市场主体制度性交易成本的具体措施,企业群众获得感进一步增强。

四是用好惠企政策"真金白银"。组织市、区两级政务服务中心向8.1万家新开办企业免费发放实体印章和电子印章26.9万余枚,累计为新开办企业节省2400余万元;进一步简化政府采购企业注册程序,取消无重大犯罪记录声明、纳税、社保、财务状况等证明材料,累计为企业节省费用279.7万元。

五是加强政策宣传解读。制作"一图读懂"104份1632页、动画视频12份45分钟,录播"营商环境大讲堂"51期,惠企政策宣传实现"精准滴灌"。

六是营造重商亲商扶商暖商浓厚氛围。出台优化政务服务助企纾困8项措施,帮助企业纾困解难,推动企业复工达产;发挥"12345"政务服务便民热线"营商环境投诉受理专席"作用,2022年以来受理企业群众诉求7万余件,及时答复6.4万件、转派工单0.6万件。

二、聚焦重点发力,政务服务改革走深向实

加快推进政务服务标准化规范化便利化,出台相关实施方案,政务服务效率和质量不断提升,行政许可事项清单管理、"证照分离"改革受到国务院推进政府职能转变和"放管服"改革协调小组办公室肯定。

一是全面推行政务服务标准化。在全国首批印发《天津市行政许可事项清单(2022年版)》,明确全市693项行政许可事项,组织各区完成本区域行政许可事项清单编制,走在全国前列;规范非许可类政务服务事项,编制《天津市2022年版非许可类政务服务事项目录》,持续提升政务服务事项标准化水平;逐步探索专项领域服务,制定《中国(天津)自由贸易试验区行政许可事项清单(2022年版)》,强化精准服务。

二是持续推进政务服务规范化。公布我市涉及中介服务的全部35项行政许可事项和59个行政许可要件,使群众享受更加清晰、便利和规范的服务;在市政务服务中心推行综合窗口改革,实行"前台综合接件、中台业务支撑、后台受理审批、统一窗口出件",1051项政务服务事项实现一窗办理。

三是着力提升政务服务便利化。推出"免申即享"政策,符合条件的企业群众免予申报、直接享受政策的政务服务事项达到53项;推出182项天津市"四免"改革事项清单,进一步推动落实本市政府部门核发的材料原则上免提交、本市政府部门形成的业务表单数据原则上免填写、可用电子印章的免用实物印章、可用电子签名的免用手写签名改革工作,最大限度方便企业群众办事;持续推进"跨省通办",新增22项异地可办高频政务服务事项,累计达到155项。

四是深化"减证便民"工作。组织各有关部门重新确认部门证明事项,印发《天津市证明事项清单(2022年版)》并积极推动政策落地见效,"天津市津南区行政审批局承诺制办理施工许可　解决企业'办证多、办事难'问题"被司法部评为"减证便民"优秀案例。

五是加强京津冀政务服务合作。联合推出第四批京津冀自贸区政务服务"同事同标"事项26项,累计达到179项,三地跨境贸易便利度和对外开放深度进一步提高。

六是深化"证照分离"改革。对437项"证照分离"改革事项逐项细化、梳理汇总,进一步优化市场准入准营机制,释放改革红利。

七是放权赋能激发活力。牵头组织市级有关部门向滨海新区委托下放18项市级政务服务事项,实现"新区事新区办";制定《天津市政务服务事项下放承接办法》,确保政务服务事项"放得下、接得住、用得好"。

三、强化数字赋能,群众办事更加便捷高效

坚持把"互联网+"作为政务服务能力提升的突破口,通过"两端融合"加快一体化政务服务平台建设。

一是强化移动端服务。以市政府办公厅名义印发《天津市一体化政务服务平台移动端建设工作方案(2022—2023年)》,推动79项高频服务事项、22项速办服务事项接入"津心办"平台。

二是推动政务服务事项集成办理。印发《加快推进政务服务"一件事"工作方案》,启动数字化政务服务业务中台建设,优化业务流程、打通业务系统、强化数据共享,将多个部门相关联的"单项事"整合成为企业和群众视角的"一件事"。第一批新生儿出生等13项个人办事场景和企业开办等10项企业办事场景全部上线试运行,实现"一件事一次办"。

三是完善网上办事大厅功能。建设政务服务智能咨询引导和线上预约服务系统,提供智能客服、人工咨询、网上预约、在线查办等服务,实现多端适配、智能搜索、智能问答、智能导航的一体化服务,方便企业网上咨询和预约办事。

四是强化政务服务数据汇聚。印发《天津市"政务一网通"平台数据规范(业务数据汇聚)》,完成超过1900万条政务服务事项办件数据汇聚。高标准改造总控室,建设一体化政务服务平台驾驶舱,对政务服务办件、"好差评"系统、便民专线平台、公共资源交易平台数据进行统计、梳理、分析,为政务服务改革提供数据支撑。

五是增加网办深度。推动"一网通办"由"可办"向"好办、易办"转变,市级行政许可事项网上审批和"零跑动"事项比例由81%提升到87%,平均跑动次数由0.21降到0.14,即办件占比由36%提高到38%,承诺时限压缩比达到82%,"数据多跑路,群众少跑腿"得以充分体现。

四、持续深化改革,公共资源交易服务水平稳步提升

积极探索公共资源交易中心市场化改革,完善公共资源交易服务管理机制,规范公共资源交易行为,交易服务水平稳步提升。

一是拓展公共资源交易平台覆盖范围。将15类公共资源交易事项纳入交易目录,24类交易事项纳入平台交易,完成我市农村公路项目招标投标首次进场交易;"津拍平台"持续拓展业务范围,全年完成拍卖成交111笔,成交额5.44亿元。

二是健全完善公共资源交易平台功能。拓展"电子保函专区"服务功能,对接12家电子保函服务机构,累计服务投标企业1100家,开具保函3821笔,释放保证金额10.95亿元,实实在在缓解了企业资金压力。

三是优化公共资源交易服务。印发工程建设项目招标投标活动投诉处理工作和异议处理操作指引,加强对招标投标活动当事人合法权益保护;协调推动政府采购全流程电子化,实现网上采购、标书在线获取、在线投标开评标、合同签订、网上融资等线上服务;与市公安局经侦总队完善互通机制,严厉打击围标串标行为。

四是服务中小企业发展。开展清除招投标领域对外地企业设置隐性门槛和壁垒专项整治,确保民企和外企平等参与招标和政府采购。完成各类交易项目6.3万个,中标金额合计589.4亿元。其中,703个工程建设进场交易项目,中标金额221.2亿元;1429个政府采购招投标项目,成交金额57.4亿元;6.1万个小额零星采购项目,成交金额5亿元;土地交易成交121宗地块,成交总额305.8亿元。

五、狠抓管理督办,热线服务提质增效

坚持以接得更快、分得更准、办得更实、服务更广为目标,全力打造便捷、高效、智慧的政务服务"总客服"。2022年2月"天津12345热线"微博被评为“2021 年度全国十大服务中心微博”第 1 名。

一是健全制度狠抓管理。制定员工管理、薪酬管理、绩效考核、岗位聘任、岗位交流等相关制度，完善《天津市便民专线服务中心受理国家级平台网民事项处置规范》等话务现场管理规则，加快形成用制度管人管事的良好格局；在全体话务员中开展“大培训、大练兵、大比武”活动，话务员综合素质得到提升。

二是抓实服务提质增效。加强工作协同联动，与“110”“119”“120”等紧急类服务热线建立联络员与舆情处置机制，群众诉求“一电通达”；与“96655”（水务）、“96677”（能源）等 14 条热线联动，实现一键转接；邀请行业专家进驻，及时准确处理企业、群众反映诉求。“两号分离”更加彻底，“12345”与“8890”热线完全分离，建立“8890”专用知识库，填充 1800 余条知识信息，接话能力稳步提升。2022 年，“12345”热线受理企业群众诉求 1063.26 万件，日均受理 2.93 万件，座席满意率 98.73%；“8890”热线受理 75.55 万件，日均受理 0.2 万余件，座席满意率 98.95%。

三是紧盯问题督办落实。修订派单规范和投诉类事项受理规范，梳理承办部门权责清单，增补 10 名质检员，紧盯话务质量；对群众不满意、虚假办结等事项专岗盯办、区域分包、分类处置、全程跟踪，切实解决企业群众诉求。

四是深挖数据做强支撑。加强数据分析，向市委、市政府报送《便民服务专线舆情》27 期，向市疫情防控指挥部报送《疫情舆情监测日报》等各类专报和统计报表专报近 2700 期。

五是为基层减负，为群众分忧。梳理“12345”热线社区履职清单、“12345”热线社区协助办理清单、“12345”热线社区工作负面清单，指导督促各区建立本区社区事项分拨标准，进一步减轻基层承办单位工作负担。聚焦疫情防控热点难点和群众反映强烈的重点问题，召开 8 次协调会，解决菜鸟驿站、社区充电桩等 10 类疑难问题；对 357 件农民工欠薪问题开展专项督办，编发《督查快报》《督办通报》等 30 期；向有关单位发送督办提示函 340 余期，全年处置解决 9.4 万件疑难工单，让广大群众真切感受到城市温度。

六、坚持系统联动，政务服务协同效应日益显现

牢固树立政务服务“一盘棋”思想，推动全市政务服务向纵深发展，企业群众获得感不断增强。

一是加强调查研究。结合“双万双服促发展”活动，组织市区两级相关部门开展为企服务，召开各类协调会议 449 次，深入企业现场服务 2100 余次，解决各类问题 2095 件。

二是强化服务指导。围绕政务服务事项标准、办理程序等内容，组织市级部门对各区基层政务服务人员先后开展 99 场培训，累计培训 2.2 万余人次。推动各区设立村（社区）便民服务站 5339 个，实现所有村（社区）全覆盖。

三是推动作风转变。在全市政务服务系统认真查摆政务服务“痛点”“症结”，研究对策、细化措施，倒排工期、挂图作战，作风建设走深走实。

四是支持改革创新。鼓励各区在法律框架下大胆创新、勇于改革，以点带面推动全市政务服务和营商环境建设上水平。滨海新区率先开展区级电子证照数据归集和应用试点，实现市、区两级电子证照跨层级的数据共享；河西区深化政府性投资项目联合审批，把 14 个审批环节压缩至 7 个，进一步提高政府性投资项目审批效率；南开区推出“金指南 · 开心办”政务服务便利化服务品牌，用优质、便捷、高效的改革创新举措提升企业群众对政务服务的获得感和满意度；河东区推出容错办理服务，对行政相对人在申报过程中的非关键性错误，采取“先容错、后纠错”办理方式，提高服务效率；西青区首创“行政许可样板间”，为民办幼儿园、口腔诊所提供样板化解析、可视化审批；津南区建成政务服务“智慧化”制证中心，打造“智能管理、统一出件”审批模式；静海区实现企业开办审核分离基层全覆盖，群众在家门口就能办执照开企业；蓟州区推行“蓟优办”“蓟时办”“蓟帮办”和政务服务

"365",提高企业群众办事满意度;宁河区建立"暖企驿站"服务机制,推动企业安心经营,放心发展。其他各区也都结合各自实际,在优化政务服务、提升区域营商环境方面进行了积极探索并取得了良好成效。

七、加强内部建设,机关运转更加规范有序

统筹做好疫情防控和服务工作,有效保障市政务服务中心和机关高效运转。

一是扎实抓好疫情防控。全年组织召开7次专题疫情防控会议,根据国家和我市有关要求,及时优化调整防控措施,不断提升防控措施精准性、合理性,确保市政务服务中心平稳运行;60岁及以上退休人员和在职人员及配偶双方60岁及以上的父母接种率均超过95%,居全市前列。

二是着力营造安全稳定政治环境。抓好安全生产、网络安全、统战、保密、意识形态、应急值班、信访接待等工作,制定《天津市政务服务中心总体应急预案》《市政务服务办关于做好党的二十大网络安全保障工作方案》,组织网络安全攻防演练,开展安全生产和意识形态风险点排查,压实54个进驻部门(单位)安全工作责任,全力配合市委保密办进驻式保密检查并认真完成问题整改,为党的二十大和市第十二次党代会胜利召开营造良好环境。

三是推动机关日常运转提质增效。围绕中心工作,高标准、高效率做好公文办理、督查督办、绩效考核、新闻宣传、建议提案办理、政务公开、信息报送等工作,完成机关新档案室达标建设。

四是持续推进节能降耗。牢固树立"过紧日子"的理念,完善《市政务服务办财务支出事前审批管理办法》,坚决杜绝浪费和不必要开支,持续开展"光盘行动",积极实施垃圾分类,对配电、照明和四部扶梯等重点用能设备进行改造,仅变频改造后的4部扶梯平均每日节约电费140元。在电费上涨的情况下,同比电费支出减少11.44万元,水费支出减少14.12万元。

五是规范资产使用管理。持续理好"旧账",完成市政务服务中心不动产权属转移登记和房产、设备登记入账,增加资产2.18亿元;按规定理顺资产权属关系,完成1926件盘盈资产入账,向市便民专线服务中心无偿调拨资产160件,向滨海新区等24家单位无偿调拨政务一网通设备356件,组织办本级及所属单位报废固定资产359件;推动闲置资产盘活,建立闲置资产和低效使用资产台账。

六是切实加强法治机关建设。深入学习宣传贯彻习近平法治思想,制定领导干部述法工作制度5项制度;扎实做好中央法治督察反馈问题整改,多次召开法治政府建设工作会议、整改动员部署会议和法治督察整改联络员会,推动69项整改措施落细落实;举办"美好生活、民法典相伴"主题法治宣传、"12·4"宪法宣传周、"4·15"全民国家安全教育日宣传教育等活动,组织开展2022年领导干部学法用法工作,持续提升依法行政能力。

八、突出政治引领,党的建设全面加强

坚持把讲政治摆在首位,以学习宣传贯彻党的二十大精神为主线,抓班子、带队伍,转作风、提能力,坚定捍卫"两个确立"、坚决做到"两个维护"。

一是持续推动习近平新时代中国特色社会主义思想入脑入心。坚持把学习贯彻习近平总书记重要讲话和重要指示批示精神作为党组会第一议题、理论学习中心组和支部"三会一课"第一主题、党员干部教育培训第一主课,召开办党组理论学习中心组集体学习26次,班子成员带头讲党课13次、党支部书记讲党课65次,举办3期处级以上干部专题读书班,组织12次专题研讨交流,引导党员干部自觉把习近平新时代中国特色社会主义思想融入血脉、植入灵魂。

二是深入学习宣传贯彻党的二十大精神。扎实开展专题学习、专题培训、专题宣讲,通过领导干部示范讲、党代表畅谈心声讲、党支部书记结合部门职责讲、专家学者线上线下联动讲,全办广大党员干部职工思想得到淬炼、精神得到洗礼;坚持把学习贯彻党的二十大精神与落实习近平总书记对天津工作提出的"三个着力"重要要求和深入贯彻市第十二次党代会精神结合起来,制定 10 个方面 40 条具体落实举措，推动党的二十大精神在全办落地见效。

三是持续贯彻落实市第十二次党代会精神。对照市党代会提出的目标任务，梳理出 13 项重点任务、47 条具体举措，推动市党代会精神落细落地。

四是扎实开展“迎盛会、铸忠诚、强担当、创业绩”主题学习宣传教育实践活动工作。召开“准”民主（组织）生活会专题研讨 4 次，编写主题活动工作简报 68 期，组织 4 批 200 余人次参观红色教育基地，完成“我为群众办实事”34 项，解决企业群众诉求 36 项，有关特色工作得到市委主题活动工作领导小组办公室肯定。

五是坚定不移推进全面从严治党。出台《市政务服务办贯彻落实〈中共天津市委关于推进全面从严治党向纵深发展的意见〉的若干措施》，制定并推动落实办党组 2022 年度全面从严治党主体责任清单和任务清单，不断压实各级党组织全面从严治党主体责任。深化党风廉政建设，常态化开展警示教育，召开警示教育大会，举办廉洁文化作品展，印发警示教育通报 11 期，筑牢党员干部职工思想道德防线。做实日常监督检查，充分运用监督执纪“四种形态”，持续释放从严执纪强烈信号。

六是全面加强基层党组织建设。定期对基层党组织开展督导检查，指导 2 个事业单位完成党委委员补选、10 个党支部完成换届选举，25 个党支部与驻地社区和相关单位党组织开展结对共建活动。按要求落实驻村帮扶、入列轮值工作。组织开展“四抓四比四争当”活动，推出身边的榜样风采展 8 期。加强对群团组织领导，指导办团委完成换届选举，结合学习贯彻党的二十大精神积极开展各类主题活动，进一步凝聚干部群众奋进力量。发展新党员 10 人。

七是着力加强干部队伍建设。持续优化干部队伍结构，坚持事业为上，完成处级以上公务员职级晋升两批次 7 人，科级公务员职级晋升三批次 15 人；积极推进干部轮岗交流，完成 29 人次干部交流任职。加强干部教育管理，开展各类教育培训 41 次，创新推出 24 期“干部微讲堂”，开展处科级干部家访 13 人，先后 5 次组织年轻干部即兴演讲，干部综合素质持续提升。

市政府政务服务办公室党组 2022 年工作总结

2022 年，市政务服务办党组坚持以习近平新时代中国特色社会主义思想为指导，深入学习宣传贯彻党的二十大精神，认真落实市第十二次党代会部署要求，在市委、市政府坚强领导下，扎实推动政务服务提质增效，营商环境日益改善，各项工作取得一定成效。

一、突出政治引领，党的建设全面加强

坚持把学习贯彻习近平总书记重要讲话和重要指示批示精神作为党组会第一议题、支部“三会一课”第一主题、干部教育培训第一主课，召开理论学习中心组集体学习 26 次，党支部书记讲党课 65 次。深入学习宣传贯彻党的二十大精神，第一时间举办专题读书班，班子成员和党的二十大代表深入一线宣讲，推动党的二十大精神在全办落地见效。持续贯彻落实市第十二次党代会精神，对照目标梳理 13 项重点任务、47 条具体举措，推动市党代会精神落细落地。扎实开展主题学习宣传教育实践活动工作，召开“准”民主（组织）生活会专题研讨 4 次，组织 4 批 200 余人次参观红色教育基地，开展市政务服务中心“红旗窗口”评选，推出“身边的榜样”风采展 8 期，各级党组织书记带头学、带头干，完成“我为群众办实事”34 项，解决企业群众诉求 36 项，把坚定捍卫“两个确立”、坚决做到“两个维护”落实到具体实践中。

二、落实主体责任，深化全面从严治党向纵深发展

制定《市政务服务办贯彻落实〈中共天津市委关于推进全面从严治党向纵深发展的意见〉的若干措施》，压紧压实各级党组织管党治党政

治责任。深入开展讲担当促作为抓落实、持续深入整治形式主义官僚主义不担当不作为问题专项行动,认真开展自查自纠,列出问题清单,逐条逐项抓好落实。持续深化党风廉政建设,坚持每月印发警示教育通报,组织召开警示教育大会,党组书记带头讲廉政党课;通过组织参观警示教育基地、观看警示教育影片、开展廉政谈话、举办廉洁文化作品展等活动,着力加强清廉机关建设。坚持严的主基调不动摇,采取监督执纪"四种形态"问责处理 17 人次,持续释放真管真严、敢管敢严、长管长严的强烈信号。

三、加强统筹协调,营商环境建设持续改善

锚定"营商环境保持全国领先水平"的目标,协助市政府召开全市进一步优化营商环境会议,制定 2022 年优化营商环境责任清单,为全年工作定基调、把方向。以制度创新为突破口,制定 109 条对标国务院营商环境创新试点工作措施,出台 93 项降低市场主体制度性交易成本的具体措施。建立营商环境监测评价和典型案例通报机制,49 个案例在全市复制推广,4 篇典型经验被《全国优化营商环境简报》采编宣传。认真倾听各方意见,充分发挥 134 名市级营商环境监督员作用,召开政企沟通会 36 次,办理企业意见建议和咨询 106 件。出台优化政务服务助企纾困 8 项措施,向 8.1 万家新开办企业免费发放印章 26.9 万余枚,累计为企业节省 2400 余万元;简化政府采购企业注册程序,取消纳税、社保等证明材料,累计为企业节省费用 279.7 万元,用"真金白银"营造安商暖商、近悦远来的投资发展环境。

四、聚焦重点发力,政务服务改革走深向实

聚焦政务服务标准化规范化,在全国首批印发《天津市行政许可事项清单(2022 年版)》,明确全市 693 项行政许可事项,组织各区完成本区域行政许可事项清单编制,走在全国前列;对 437 项"证照分离"改革事项逐项细化,进一步优化市场准入准营机制,受到国务院有关部门肯定。聚焦企业群众办事便利度,在市政务服务中心推行综合窗口改革,1051 项政务服务事项实现"一窗"办理;推出"免申即享"政策事项 53 项,"四免"改革事项 182 项。聚焦政务服务跨域协同,持续推进"跨省通办",新增异地可办高频政务服务事项 22 项,累计达到 155 项;联合推出第四批京津冀自贸区政务服务"同事同标"事项 26 项,累计达到 179 项,三地跨境贸易便利度和对外开放深度进一步提高;向滨海新区委托下放 18 项市级政务服务事项,实现"新区事新区办"。

五、强化数字赋能,群众办事更加便捷高效

把"互联网+"作为政务服务能力提升的突破口,推动 79 项高频服务事项、22 项速办服务事项接入"津心办"平台,完善网上办事大厅智能搜索、在线查办等服务功能,"两端融合"提升线上办事体验。强化数据资源归集利用,规范平台数据交换标准,汇聚 1900 余万条政务服务事项办件数据,为深化改革提供数据分析支撑。加快推进政务服务"一件事一次办",将多个部门相关联的"单项事"整合为企业群众视角的"一件事",首批上线"一件事"场景 23 项。推动"一网通办"由"可办"向"好办、易办"转变,市级行政许可事项网上审批和"零跑动"事项比例由 81%提升至 87%,平均跑动次数由 0.21 降至 0.14,即办件占比由 36%提升至 38%,承诺时限压缩比达到 82%,让数据多跑路,群众少跑腿。

六、持续深化改革,公共资源交易服务水平稳步提升

持续拓展公共资源交易平台覆盖范围,将 15 类公共资源交易事项纳入交易目录,24 类交易事项纳入平台交易,完成我市农村公路项目招标投标首次进场交易,全年完成各类交易项目 6.3 万个,中标金额 589.4 亿元;"津拍平台"持续拓展业务范围,全年完成拍卖成交 111 笔,成交额 5.44 亿元。加强对招标投标活动当事人合法权益保护,协调推动政府采购全流程电子化,开展清除招投标领域对外地企业设置隐性门槛和壁垒专项整治。拓展公共资源交易平台"电子保函专区"服务功能,对接 12 家电子保函服务机构,累计服务投标企业 1100 家,开具保函 3821 笔,释放保证金额 10.95 亿元,实实在在缓解了企业资金压力。

七、狠抓管理督办，热线服务提质增效

坚持以接得更快、分得更准、办得更实、服务更广为目标，加强与“110”“119”“120”热线协同联动，群众诉求“一电通达”，水务、能源等 14 条热线实现“一键转接”。紧盯热点难点督办落实，召开 8 次协调会解决菜鸟驿站、社区充电桩等 10 类疑难问题；对 357 件农民工欠薪问题开展专项督办；向有关单位发送督办提示函 340 余份，解决疑难工单 9.4 万件。梳理制定“12345”热线社区工作清单，指导督促各区建立分拨标准，切实为基层承办单位减负。全年“12345”热线受理诉求 1063.26 万件，日均 2.93 万件，“8890”热线受理 75.55 万件，日均 0.2 万余件，两号座席满意率均在 98%以上；向市委、市政府报送《便民服务专线舆情》27 期，向市防控指挥部报送各类专报近 2700 期；疫情期间，700 余名话务员不畏困难、勇挑重担，单日接话量峰值近 6 万件，有效化解群众焦虑。2022 年 2 月“天津 12345 热线”微博被评为“2021 年度全国十大服务中心微博”第 1 名。

天津市政协

政治协商会议天津市委员会机关党组 2022 年工作总结

2022 年,在市委和市政协党组的坚强领导下,市政协机关党组以习近平新时代中国特色社会主义思想为指导,全面学习贯彻党的二十大精神和市第十二次党代会、市委经济工作会议精神,深刻领悟"两个确立"的决定性意义,增强"四个意识"、坚定"四个自信"、做到"两个维护",着力加强和改进机关党的建设工作,着力服务保障政协高质量履职,着力推进模范机关建设,为市政协工作创新发展提供了有力保障。

一、牢牢把握政协机关政治属性,坚定拥护"两个确立"、坚决做到"两个维护"

(一)深入学习宣传贯彻党的二十大精神

把学习宣传贯彻党的二十大精神作为当前和今后一个时期的首要政治任务,组织推动机关各级党组织书记、党员领导干部开展传达学习、宣传宣讲、研讨交流等活动 60 余场,举办机关党员干部读书班,动员政协委员深入界别群众开展分众化、差异化宣讲,参与政协委员和党员干部群众 2300 余人次。深入开展"迎盛会、铸忠诚、强担当、创业绩"主题学习宣传教育实践活动工作,推动机关各级党组织围绕 4 个专题开展研讨 70 余场次,组织 18 个党支部召开专题组织生活会,开展"我为群众办实事"实践活动,取得实实在在的成效。机关党组理论学习中心组先后开展学习研讨 17 次,推动落实习近平新时代中国特色社会主义思想学习座谈会制度,推进党史学习教育常态化长效化,举办 3 期春秋讲堂,陆续上线 11 期委员讲堂、10 期委员"微讲堂",引导政协委员在全国政协读书智能平台发言量达到 9700 余条,推进党的创新理论入脑入心、见行见效。

(二)全面加强党对政协工作的领导

研究制定《关于以党的政治建设为统领加强和改进市政协机关党的建设工作的实施细则》,举办领导干部政治能力培训班,不断提高政治判断力、政治领悟力、政治执行力。把思想政治工作贯穿机关工作全过程,严肃党的政治纪律和政治规矩,严格执行重大事项请示报告制度,认真执行民主集中制,积极培育健康的党内政治文化,营造风清气正的政治生态。全面加强党对宣传工作、意识形态工作的领导,认真落实意识形态工作责任制,先后召开 5 次专题会议,定期分析研判意识形态形势,全面排查风险隐患,建立网上涉稳舆情快速处置机制,确保机关意识形态安全。

(三)坚决落实党中央重大决策和市委、市政协党组部署要求

坚持"第一议题"制度,及时跟进学习习近平总书记重要讲话精神 40 余次,高质量做好党的二十大代表推荐提名和市第十二次党代会代表选举工作,建立市第十二次党代会报告、市委常委会年度工作要点中涉及政协的任务工作台账,细化市政协党组工作要点 81 项任务分工,制定建设模范机关 46 项措施,定期开展督查检查,推动落地落实。把落实市委巡视反馈意见整改作为重大政治任务,先后召开 16 次机关党组会议研究推动整改事项,严肃召开机关党组党史学习教育暨巡视整改专题民主生活会,扎实推动巡视反馈问题深度整改,建立健全各项制度机制 12 项,推动各项整改措施全部落实见效。

二、坚持围绕中心服务大局，精心组织落实政协重点工作任务

（一）认真组织服务重要协商议政活动

围绕市政协党组年度工作要点、年度协商计划等，组织服务好协商议政活动，发挥各种协商形式的整体效能。在市政协党组领导下，圆满完成市政协十四届五次会议、市政协十五届一次会议筹备组织工作，组织政协委员紧扣全市中心工作建言资政、围绕党的主张凝聚共识。完成 6 次常委会会议，18 次主席会议，30 次党组会议的组织服务工作。筹备召开 9 次专题协商会，2 次经济运行分析座谈会，开展网络议政、远程视频 95 次，服务各专门委员会开展对口协商、界别协商、提案办理协商，抓住群众关心问题开展监督性视察考察，以高质量服务促进政协委员高质量建言资政。

（二）着力推动广泛凝聚共识和传播共识

把加强思想政治引领、广泛凝聚共识作为履职工作的中心环节，服务推动党员委员联系党外委员、党外委员联系界别群众等制度落实，持续加强“一中心两站”等阵地建设，动员政协委员积极面向社会传播共识。服务保障市政协党组成员与 82 名区政协党组成员开展谈心谈话，举办 2 次市、区政协秘书长会议，促进市、区政协上下联动、形成合力。统筹办好市政协门户网站、微信公众号，发布各类新闻宣传内容 3400 余条，阅读量达 720 余万人次，在《人民日报》《人民政协报》《天津日报》等主流媒体刊发重点报道 160 余篇，会同天津广播电视台办好《政协民心桥》栏目，在北方网和津云 App 上线“天津政协”频道，努力讲好天津故事、政协故事，汇聚助推天津高质量发展的强大合力。

（三）更好承担服务协调落实职责

统筹协调机关各部门和专门委员会建立委员重点关切问题情况通报会制度，创新委员知情明政方式，加强委员履职管理工作，有针对性地实施业务培训。完善重点提案督办机制，组织实施 2020—2022 年度优秀提案评选表彰工作，促进提案质量提升。围绕市“十四五”规划实施和全市中心工作，组织落实常委主题视察、委员专题考察、党外委员视察、住津全国政协委员学习考察等任务。组织开展市十四届政协“一书一展一片”活动，全面总结和展示市十四届政协履职成果。对标全国政协有关规定，认真梳理完善各项制度 20 余项，定期对制度落实情况进行检查督办，扎实推进协商议政质量评价试点工作，确保市政协党组部署的各项任务落地见效。

三、贯彻新时代党的组织路线，建设忠诚干净担当的干部队伍

（一）加强领导班子和干部队伍建设

修订完善机关党组加强自身建设的意见，坚定拥护“两个确立”、坚决做到“两个维护”，着力建设对党绝对忠诚、为民务实、干净担当的坚强领导集体。协助政协党组做好干部选任和日常管理工作，严把选人用人政治首关，协助市委组织部做好 2 名局级干部民主推荐工作、2 名局级干部试用期满考核，晋升二级巡视员 2 人，做好 10 名处级干部、1 名秘书人员选任，37 名机关干部职级晋升，完成 9 名干部轮岗交流工作，接收军转干部 1 人，树立选人用人正确导向。注重在急难险重任务中锻炼干部，先后抽调 28 名年轻干部支援疫情防控一线，1 名干部荣获全国机关事务工作先进个人称号，展现了市级机关党员干部的良好形象。

（二）增强基层党组织政治功能和组织功能

坚持大抓基层的鲜明导向，研究细化党支部标准化规范化建设 25 项标准，严肃规范基层党组织组织生活会 32 项措施，有序组织 4 个党支部实施换届选举，落实机关党组成员、机关党委委员联系指导支部工作机制，对机关基层党组织落实基本组织生活制度情况开展专项督查，举办党支部书记培训班，做好“光荣在党 50 年”纪念章颁发，推动基层党组织建设全面进步、全面过硬。加强对年轻干部的教育管理监督，建立年轻干部监督联系人机制，认真落实谈心谈话、干部家访等制度，推动管理监督触角向“八小时以外”延伸，引导和促进年轻干部健康成长。

（三）切实改进机关干部作风

锲而不舍落实中央八项规定及其实施细则精神，持续深入治理形式主义官僚主义不担当不作为问题，组织开展主题警示教育月活动，通过自查整改、重点督办、查处典型问题等方式，营造“讲担当、促作为、抓落实”的浓厚氛围。严格落实会议、文件总量控制要求，坚决守住精文减会硬杠杠。以“文经我手无差错、事交我办请放心”为标准，着力提升机关办文办会、后勤服务、内部管理等工作质量。推动机关党员干部“联点访户”、下沉社区入列轮值，为群众解决实际问题200余项。深入开展对口经济薄弱村帮扶，协调各方面资金190余万元，实施产业帮扶、基础设施和人居环境改善等工程。组织机关党员干部采购西部脱贫地区和对口帮扶经济薄弱村农副产品20余万元，助力巩固脱贫攻坚成果。

四、落实管党治党政治责任，坚定不移推进全面从严治党向纵深发展

（一）压紧压实主体责任

统筹市政协党的建设领导小组工作要点、机关党建工作计划等，编制机关党组落实全面从严治党主体责任“两个清单”，细化为60项具体任务，定期推动落实。组织召开40次机关党组会、32次机关党委会，年初召开机关党的建设工作会议、年中召开全面从严治党中期推动会、年底开展党支部书记抓基层党建民主评议，同步研究、推动、检查、落实党建工作与业务工作。服务召开市政协系统党建工作座谈会，指导各专门委员会分党组把党建工作融入协商议政、凝聚共识、自身建设各方面，加强对党员委员的教育管理监督，推进党的组织和党的工作全面有效覆盖。全力支持配合驻机关纪检监察组工作，开展2次落实主体责任和监督责任会商，促进“两个责任”贯通联动、形成合力。

（二）一体推进不敢腐、不能腐、不想腐

坚持“严”的基调，以发生在机关的违纪违法案例为鉴，点名道姓公开通报曝光，组织各党支部举一反三自查整改，进一步强化惩处震慑。加强对“一把手”和领导班子监督，机关党组书记带头与班子成员、各党支部书记开展主责谈话20余人次，开展政府购买服务领域专项检查，组织各党支部深入排查廉政风险点，制定加强机关纪委建设的具体措施，完善请示报告、集体学习、议事决策、约谈函询、问题线索处置等制度，进一步织密制度“笼子”。加强新时代廉洁文化建设，召开警示教育大会，严格执行党章学习日、法纪宣传日和廉政主题党日等制度，利用机关文化墙、党支部活动室等宣传廉政文化，做实以案为鉴、以案促改、以案促治，进一步筑牢思想根基。

（三）做好党的统战和群团工作

把统战工作作为机关党建的重要内容，推动落实与党外人士谈心谈话、联谊交友等制度机制。坚持以党建带群建，推动机关工青妇等群团组织依照各自章程履行职能，用心用力用情做好离退休干部工作。抓紧抓实抓细机关常态化疫情防控工作，组织推动机关干部职工和直系亲属接种疫苗。认真履行国家安全和安全生产工作责任制，扎实推进“八五”普法和领导干部述法制度，持续巩固深化国家节能型机关、无烟党政机关建设成果，深化委员服务中心和市政协俱乐部改革，以主动担当精神解决历史遗留问题，积极营造团结干事的良好环境。

天津市高级人民法院

市高级人民法院 2022 年工作总结

2022 年,全市法院坚持以习近平新时代中国特色社会主义思想为指导,深刻领悟"两个确立"的决定性意义,增强"四个意识"、坚定"四个自信"、做到"两个维护",忠实履行宪法法律赋予的职责,全市法院新收各类案件 47.42 万件,结案 48.24 万件,诉讼标的额 2521.35 亿元。

一、贯彻总体国家安全观,服务保障更高水平的平安天津建设

严惩危害国家安全社会稳定犯罪。严厉打击煽动颠覆国家政权等犯罪。深入推进扫黑除恶常态化,依法严惩涉黑恶案件 21 件 73 人。严惩危险驾驶等犯罪,判处罪犯 4851 人。审结贪污贿赂、渎职等案件 183 件 262 人。严惩危害人民群众生命财产安全犯罪。加大对故意杀人等严重暴力犯罪的打击力度,判处罪犯 196 人,重刑率为 49.49%。扎实开展打击整治养老诈骗、电信诈骗、非法集资等专项行动,判处罪犯 2741 人,挽回经济损失 2.41 亿元。对"宝蓝公司"非法集资案首要分子判处无期徒刑。严厉打击危害食品药品安全犯罪,判处罪犯 195 人,对 18 人加判禁止从业。加强人权司法保障。依法宣告 15 名被告人无罪。适用认罪认罚从宽制度审结案件 10642 件。审结国家赔偿案件 126 件。为 4876 名被告人指派援助律师。积极参与基层社会治理。全市法院共有 72 个法官调解室,聘请 1833 名特邀调解员,诉前化解案件 84368 件,同比上升 54.7%,民商事案件收案同比下降 2.60%。687 件重点信访案件全部妥善处理,全市法院信访总量同比下降 19.97%。通过开展"法律六进"等形式,强化以案释法。与电视台联办《今日开庭》栏目 312 期。市高院等 3 家法院官方微博和头条号获评中央政法委"四个一百"优秀政法新媒体。

二、贯彻新发展理念,服务保障天津高质量发展

服务保障创新驱动发展。审结各类知识产权案件 10962 件,同比下降 3.94%。判决全市首例适用惩罚性赔偿涉外专利侵权案。对盗播北京冬奥赛事行为及时作出禁令。依法审理不正当竞争案 185 件。规范涉中医药专利权、商业标识等纠纷的审理。服务保障优化营商环境。设立 17 个法官工作室,及时化解涉民企纠纷。审理破产案件 920 件。对全国涉天房金融借款类案件实行集中管辖。妥善审理借款、融资租赁、保险等纠纷 39438 件,建立信贷纠纷集约化审理平台,平均审理天数 8 天。加大对直播带货等新型网络消费案件的审判指导。审结涉 38 个国家和地区的涉外民商事案件 1547 件。市高院在全市年度营商环境建设监测中名列前茅。服务保障美丽天津建设。审结环资案件 3038 件。设立我市首家司法生态修复和示范教育基地,推进环境资源审判"三合一"改革。服务保障法治天津建设。审结行政案件 8471 件。制定行政争议实质化解 10 条措施,460 件行政案件得到实质性化解。行政机关负责人出庭应诉率达 99.66%,同比上升 6.02 个百分点。天津法院"行刑衔接"的做法得到中央政法委肯定推广。依法保障国防利益和军人军属合法权益。服务保障乡村振兴战略实施。大力开展巡回审判、就地办案,参与无讼乡村建设。天津人民法庭服务基层治理等经验被最高法院推广。服务保障疫情防控大局。依法惩处严重妨害疫情防控的行为。妥善审理因疫情引发的纠纷10175件。对涉隔离点建设的租户腾房等案件做好释法说理。全市法院积极选派干警入列轮值,参与社区疫情防控。

三、贯彻以人民为中心的发展思想,服务保障人民群众多元司法需求

持续强化民生司法保障。审结涉民生案件92822件。选派139名干警担任法治副校长,设立少年审判合议庭。妥善审理涉外卖骑手等新型劳动争议案件。妥善审理建设工程等涉众型合同纠纷案件10099件。审结本市首例"人脸识别"案。对在网络平台贬损袁隆平名誉的被告,判处公开赔礼道歉、消除影响。依法缓减免诉讼费30.02万元,发放司法救助款779.84万元。着力提升诉讼服务水平。推出便民利民措施130项。全市法院当场立案率达98%,高于全国平均水平2.3个百分点。针对诉讼不方便,全市22家法院完成诉讼服务中心升级改造,网上立案、调解、庭审等27.26万次,智慧法院建设11项指标位居全国首位,行政审判信息化平台被最高法院评为2022年度人民法院重大科技创新一等奖。针对诉讼时间长,大力推动简易、速裁程序适用,81.06%的物业服务等纠纷通过速裁、简易程序化解;针对退费难,升级改造诉讼费管理系统,优化退费流程。推进切实解决执行难。开展涉民生等专项执行活动,全年执结案件13.24万件,执结率为93.61%,执行到位金额577.4亿元。集中整治查封不规范、案款发放不及时等问题。全市16个区全部建成司法裁判执行联动中心,多项执行指标位居全国前五。

四、深化司法体制改革,提升司法公信力。优化司法资源配置

遴选法官232名,招录司法辅助人员276名。基层法官员额比例最高达42.1%。强化审判权监督制约。修订重点案件监督管理办法,推出27条措施。完善网上监管系统,强化全程留痕。院庭长办案数量占全市法院总量的39.02%。推动量刑规范化,强化类案强制检索,发布参考性案例。加强庭审、裁判文书、件质量等评查。全市法院法定审限内结案率达99.53%,生效裁判服判息诉率达99.19%。深化诉讼和审判机制改革。稳步推进三级法院审级职能定位改革试点,合理界定三级法院职能职责,案件分流平稳有序。持续深化以审判为中心的刑事诉讼制度改革,制定故意伤害案件等案件证据审查指引。大力推进案件繁简分流,深化"分调裁审"机制改革。

五、落实全面从严治党要求,打造忠诚干净担当的法院队伍

大力加强法院党的政治建设。深入学习贯彻党的二十大精神和习近平总书记重要讲话精神,开展全员政治轮训。坚持党对法院工作的绝对领导,重大工作及时向市委、市委政法委请示报告。扎实开展"迎盛会、铸忠诚、强担当、创业绩"等主题活动。狠抓基层党组织标准化规范化建设。市高院党组理论学习中心组学习做法被中宣部《党委中心组学习》推广,2个项目入选全国法院文化特色项目。大力加强司法廉洁和纪律作风建设。持续深入治理形式主义官僚主义不担当不作为问题。高院对全市法院开展专项巡察和审务督察,与驻院纪检监察组建立联动监督机制。全市法院查处违法违纪干警32人。大力加强司法能力建设。圆满承办中国网络文明大会网络法治建设论坛,参加"中国—上合组织国家地方法院大法官论坛"。举办各类培训班369期,培训干警9.09万人次。常态化开展优秀案例、庭审、裁判文书等评选。选派53名干警到窗口单位或上下级法院双向交流任职。13名法官被评为全国审判业务专家或入选全面依法治市等专家库。35个集体和个人获全市人民满意公务员集体、全国法院先进个人等荣誉称号。37个案例、庭审、裁判文书、论文被评为全国法院优秀。知识产权保护、多元解纷、大要案审判等工作经验被中央媒体报道。

市高级人民法院党组2022年工作总结

2022年，全市法院以习近平新时代中国特色社会主义思想为指导，深刻领悟“两个确立”的决定性意义，增强“四个意识”、坚定“四个自信”、做到“两个维护”，全面贯彻党的十九大、二十大精神和习近平法治思想，深入贯彻市第十二次党代会精神，认真落实中央和市委部署要求，忠实履行宪法法律赋予的职责，各项工作实现了新的发展。全市法院新收案件47.4万件，结案48.2万件。市高院新收案件8240件，结案8959件。

一、切实加强党的思想建设

一是持续深化创新理论武装。落实第一议题、第一主题、第一主课制度，制定深入学习贯彻习近平法治思想、加强和改进思想政治工作、常态化开展党史学习教育的措施，抓好《习近平谈治国理政》学习，持之以恒用习近平新时代中国特色社会主义思想武装头脑、指导实践、推动工作。党组书记认真履行第一责任人职责，多次主持召开党组会议、全市法院工作会议，传达学习贯彻习近平总书记重要讲话和重要指示批示精神和党中央、市委决策部署，研究落实措施。修订市高院党组理论学习中心组学习实施细则，中心组发挥示范带动作用做法被中宣部主管刊物《党委中心组学习》刊发。举办全市法院学习贯彻党的十九届六中全会精神培训班，发挥党支部、青年理论学习小组、“津法党员之声”宣讲队作用，用好网络学习平台，广泛开展主题活动，天津法院2个项目被评为全国法院文化建设特色项目，市高院代表队参加市保密知识竞赛获得第一名。

二是深入学习贯彻党的二十大精神。围绕迎接、护航、学习宣传贯彻党的二十大主线开展主题学习宣传教育实践活动，成立领导小组，坚持月工作提示、周报告、月报告制度，抓实专题学习研讨和组织生活会、主题党日等，推动走深走实。组织集中收看党的二十大开幕会直播、参加上级宣讲，党组、中心组、党支部及时学习习近平总书记重要讲话、大会有关文件和党中央、市委部署要求，党组书记、班子成员、党支部书记通过专题党课深入宣讲，举办全系统宣讲报告会和中心组暨处级干部读书班，全面学习把握落实党的二十大精神和市十二次党代会精神。

三是严格落实意识形态工作责任制。定期研判意识形态工作形势、分析党员思想状况、开展风险隐患排查、报告通报工作情况，牢牢掌握意识形态工作领导权主动权。制定贯彻落实党委（党组）网络意识形态工作责任制实施细则的具体措施，细化《总体国家安全观学习纲要》措施分工，针对网络和数据安全、网络意识形态安全等重点领域，健全完善制度规范，确保司法领域意识形态安全。在重大时段实行“7×24小时”舆情值班和日报告制度，认真排查意识形态安全重大风险隐患，加强舆情监测，及时引导处置。制定法治宣传教育实施方案、加强网络宣传工作措施，开展系列法治宣传，加强阵地建设，天津法院陈列馆被评为天津市首批新时代文明实践基地。

二、坚持以党的政治建设为统领

一是坚持党对法院工作的绝对领导。深入开展“深刻领悟‘两个确立’决定性意义、坚决做到‘两个维护’”主题教育，“迎盛会、铸忠诚、强担当、创业绩”主题学习宣传教育实践活动，铸牢政治忠诚。严明政治纪律和政治规矩，不断提高政治判断力、政治领悟力、政治执行力，确保党的领导贯彻到法院工作的全过程各方面。健全落实习近平总书记关于政法工作重要指示批示精神情况跟踪督办机制，严格党内法规执行，制定贯彻落实《政法工作条例》实施细则、党组向市委政法委请示报告重大事项清单，2022年以来就重大事项向市委、市委政法委请示报告78次。

二是压实管党治党政治责任。认真贯彻市

委《关于推进全面从严治党向纵深发展的意见》,市高院细化 60 条任务措施,明责任、保落实。着力加强党组自身建设,党组制定年度责任清单和任务清单,推动落地落细。认真贯彻党组工作条例,坚持民主集中制,严格执行“三重一大”集体研究决策,全年召开党组会议 65 次。

三是持续净化修复政治生态。深度推进、全面完成十一届市委巡视反馈意见整改,制定推动巡视整改常态化长效化工作清单,明确任务分工,推动需长期整改的事项融入法院各项工作。制定贯彻市 2022 年加强政治生态建设重点任务的具体措施、巩固法院队伍教育整顿成果推进全面从严管党治院的实施方案,坚决肃清孙力军政治团伙等流毒影响,持续整治和防范顽瘴痼疾。制定廉洁文化建设重点工作的任务清单、清廉天津建设的工作措施,以严肃政治生活、良好政治文化涵养风清气正的政治生态。大力加强家庭家教家风建设,全市法院 13 户干警家庭被市妇联命名为天津市最美家庭。市高院在全国高级法院院长会议上就加强廉洁文化建设进行了经验交流。

三、忠诚履行司法职能作用

一是认真履行法治建设责任。班子成员分别深入基层联系点和相关法院调研,充分发挥领导和示范作用,及时研判审判执行工作中影响法治建设推进效果的重大问题。推动落实“谁执法谁普法”责任制,组织开展“打击养老诈骗宣传月”“全民禁毒宣传月”等主题宣传活动,深化与中央广播电视总台《家事如天》栏目和天津电视台《都市报道 60 分》等栏目的合作,合办《今日开庭》栏目 312 期。通过开展“法律六进”,发布典型案例等活动,大力弘扬法治精神。市高院等 3 家法院官方微博和头条号获评中央政法委“四个一百”优秀政法新媒体。

二是服务保障更高水平平安天津建设。严惩危害国家安全、社会稳定和人民群众生命财产安全的犯罪,指导相关法院审结中央交办的王富玉等重大职务犯罪案件。深入推进扫黑除恶常态化,扎实开展打击整治养老诈骗、电信诈骗、非法集资等专项行动,严厉打击超标使用添加剂、非药品冒充药品等危害食品药品安全犯罪,切实保障人民群众生命健康安全。扎实做好重大节点信访维稳工作,采取领导包案、挂牌督办等方式,妥善处理 687 件重点信访案件,全力做好重大节点的维稳安保工作。

三是服务保障天津高质量发展。围绕国家重大决策部署和市委工作大局,健全完善司法服务保障举措,加大知产、环资、金融、破产、涉外海事商事等审判力度。着力服务保障京津冀协同发展,充分发挥派驻北京、河北、雄安新区海事法庭和巡回审判点作用,加强与京冀两地的司法协作。制定破产重整办案指引,经最高法院批复,对全国涉天房金融借款类案件实行集中管辖,保障企业加快重整。创新互联网金融审判模式,建立信贷纠纷集约化审理平台。成立天津国际商事审判庭,制定支持海洋经济、深化两岸融合发展等司法保障措施,依法平等保护中外当事人合法权益。市高院在全市年度营商环境建设监测中名列前茅。设立我市首家司法生态修复和示范教育基地,成立环境资源审判庭,推进环境资源审判“三合一”改革,以司法手段护卫蓝天、碧水、净土。服务保障乡村振兴战略实施,依法妥善审理涉农案件,对农民工追索劳动报酬案件依法快审快结快执。出台人民法庭建设三年发展规划,推动审判力量下沉,大力开展巡回审判、就地办案,参与无讼乡村建设。天津人民法庭服务基层治理、强化配套改革等经验被最高法院推广。服务保障疫情防控大局,依法惩处严重妨害疫情防控的行为。全市法院干警入列轮值社区,积极参与疫情防控。

四、扎实践行司法为民宗旨

一是强化民生司法保障。认真贯彻实施《民法典》,依法保障和改善民生,指导全市中基层法院妥善审理涉业教保医等关系群众切身利益的案件。加大司法救助力度,为生活困难当事人缓减免诉讼费 30.02 万元,发放救助金 779.84 万元。服务法治政府建设,制定行政争议实质化解 10 条措施,成立我市首家行政争议多元解纷中心。行政机关负责人认真落实行政诉讼法,出庭应诉率达 99.66%,同比上升

6.43%。天津法院“行刑衔接”的做法得到中央政法委肯定推广。

二是持续提升诉讼服务水平。扎实开展“为群众办实事示范法院”创建活动，持续推动立案登记制改革，坚决纠正年底不立案，全市法院当场立案率达98%，高于全国平均水平 2.3 个百分点。升级改造全市 22 家法院诉讼服务中心，实现诉讼服务事项一站通办、一网通办，智慧法院建设 11 项指标位居全国首位。大力推动简易、速裁程序适用，加大对长期未结案件的清理，升级改造诉讼费管理系统，优化退费流程，确保及时退费。

三是推进切实解决执行难。开展涉民生等专项执行活动，全年执结案件 13.2 万件，执行到位金额 577.4 亿余元。加大对失信被执行人的惩戒力度，大力推进执行规范化，深化“一案双查”，集中整治查封不规范、案款发放不及时等问题。强化执行协作，与有关部门联合建立不动产司法拍卖联动机制。全市 16 个区全部建成司法裁判执行联动中心，实现市、区两级全覆盖，相关经验被最高法院推广。

五、全面深化司法体制改革

一是优化司法资源配置。按照革命化、正规化、专业化、职业化要求，大力优化审判组织和人员结构，全市法院设立知识产权、破产、金融、道交、环资等专业法庭。深化人员分类管理改革，增递补、逐级遴选员额法官 242 人。注重强基导向，新增人员重点向办案任务重的基层和一线倾斜，缓解案多人少矛盾，保证审判质效。

二是强化审判权监督制约。修订重点案件监督管理办法，推出 27 条措施，细化识别标准、监管内容。完善网上监管系统，强化全程留痕。压实院庭长办案职责，办案数量占全市法院总量的 39.02%。加强审计监督指导，推动量刑规范化，强化类案强制检索，发布参考性案例，充分发挥专业法官会议、审判委员会把关作用，进一步统一裁判尺度。加强庭审、裁判文书、案件质量等评查，及时发现问题，通报整改。全市法院法定审限内结案率达 99.53%，生效裁判服判息诉率达 99.19%。

三是深化诉讼和审判机制改革。根据全国人大常委会授权，稳步推进三级法院审级职能定位改革试点，合理界定三级法院职能职责，案件分流平稳有序。持续深化以审判为中心的刑事诉讼制度改革，制定故意伤害案件、毒品犯罪案件证据审查指引，证人、鉴定人等出庭作证率持续上升。大力推进案件繁简分流，深化“分调裁审”机制改革，推动简案快审、繁案精审。

六、着力加强法院队伍建设

一是坚持正确的用人导向。坚持党管干部、党管人才原则，完成全市法院 20 名二级高级法官等级晋升工作，配合调整区法院领导班子成员 33 人次，全市法院共招录公务员 303 人，组织干警双向实践锻炼。

二是加强司法能力建设。圆满承办中国网络文明大会网络法治建设论坛，参加“中国—上合组织国家地方法院大法官论坛”，开展交流研讨。举办各类培训班 369 期，培训干警 9.09 万人次。常态化开展优秀案例、庭审、裁判文书等评选。13 名法官被评为全国审判业务专家或入选全面依法治市等专家库。37 个案例、庭审、裁判文书、论文被评为全国法院优秀。知识产权保护、多元解纷、大要案审判等工作经验被《人民日报》、新华社、中央电视台等媒体报道。

三是加强司法廉洁和纪律作风建设。认真落实中央八项规定精神、新时代政法干警“十个严禁”和违规干预司法“三个规定”，巩固深化政法队伍教育整顿成果，持续深入治理形式主义官僚主义不担当不作为问题，切实转变作风，党组书记深入 11 个中基层法院和相关人民法庭调研，班子成员按分工加强对基层调研指导。高院对全市法院开展专项巡察和审务督察，与驻院纪检监察组建立联动监督机制，关口前移，加强廉政教育、问题案件查究。开展司法作风专项整治，严惩司法腐败，全市法院查处违法违纪干警 32 人，进一步纯洁法院队伍。

天津市人民检察院

市人民检察院 2022 年工作总结

2022 年，全市检察机关在市委和市委政法委的正确领导下，坚持以习近平新时代中国特色社会主义思想为指导，全面贯彻习近平法治思想，深入学习宣传贯彻党的二十大和市第十二次党代会精神，认真落实《中共中央关于加强新时代检察机关法律监督工作的意见》(以下简称《意见》)和市委《关于加强新时代检察机关法律监督工作的实施意见》(以下简称《实施意见》)，忠实履行宪法法律赋予的职责，各项检察工作取得了新成效，为全面建设社会主义现代化大都市提供了有力的法治保障。

一、坚持旗帜鲜明讲政治，着力抓好思想建设和制度建设，确保检察工作正确政治方向

(一)深入学习宣传贯彻党的二十大精神

成立学习宣传贯彻领导小组，制定专门工作措施，通过党组中心组专题学习、政治轮训、专题辅导讲座等，掀起学习宣传贯彻热潮。深刻领悟党的二十大关于法治建设的重要部署，进一步深学深悟习近平法治思想，倡导"勇于担当、百折不挠"的法律监督精神，树立"依法、善意、精准、合作、效能"监督理念，提出司法办案坚持"合目的性、合规则性、合理性"相统一，努力办出人民群众认同的"有灵魂"案件，相关经验被最高检肯定并在全国检察机关推广。

(二)健全党对检察工作绝对领导的制度机制

制定《关于贯彻落实〈中国共产党政法工作条例〉实施细则》，主动向党委和政法委请示报告重大事项、重大案件 95 件，推动党的领导制度化、规范化。制定《关于加强全市检察机关党的政治建设的实施意见》，把政治工作与业务工作融为一体。制定《政治督察工作办法》，运用政治思维、政治方法发现和推动解决业务问题。开展分院党组协助市院党组抓基层院党建工作，构建"市院统筹指导、分院分片协助、各级院层层落实"的党建工作格局。

(三)强化以忠诚为核心的理想信念教育

深入开展"迎盛会、铸忠诚、强担当、创业绩"主题学习宣传教育实践活动工作，制定《政治忠诚负面清单》，市检察院检察长带头在全系统讲授 2 次"忠诚"主题党课，教育引导干警做到政治忠诚、思想忠诚、行动忠诚。深入学习贯彻市第十二次党代会精神，出台服务全面建设社会主义现代化大都市 16 项措施，以实际行动践行政治忠诚。深化党的创新理论武装，建立"以考促学"等常态化机制，夯实政治忠诚的理论根基。

二、坚持为大局服务、为人民司法，做实做好检察服务保障工作，营造安全稳定的政治、经济和社会环境

(一)坚决维护国家安全和社会大局稳定

坚持总体国家安全观，严厉打击各类刑事犯罪，批准逮捕 3468 人、提起公诉 17898 人。构建护航党的二十大维稳安保工作体系，排查处置涉稳风险线索 321 件。依法严惩影响人民群众安全感的犯罪，起诉严重刑事犯罪 387 人、侵财犯罪 3113 人。常态化开展扫黑除恶斗争，起诉涉黑恶犯罪 71 人。加强职务犯罪检察工作，起诉职务犯罪 212 人，立案侦查司法工作人员相关职务犯罪 11 人。

（二）着力建设法治化营商环境

严厉打击破坏市场经济秩序犯罪，起诉2269人。积极防范化解金融风险，起诉金融诈骗、破坏金融管理秩序犯罪1313人，与市证监局签订协作备忘录，共同维护资本市场秩序。全面推开涉案企业合规改革，与市工商联等12个部门建立第三方监督评估机制，办理案件87件，促进企业依法合规经营。加大知识产权司法保护力度，在种业、中医药等领域开展专项调研，办理全国首例以合理许可费认定损失数额的涉外侵犯商业秘密案件，相关做法在全国检察机关推广。

（三）积极参与社会治理

全面贯彻宽严相济刑事政策和少捕慎诉慎押刑事司法政策，依法不批捕1666人、不起诉5453人，诉前羁押率为18.9%，同比减少17.5个百分点。坚持“办理一案、治理一片”，提出社会治理类检察建议417件。全面推开检察公开听证，在全国率先完成三级院听证员库建设，以听证方式审查案件1097件次。开展“安全生产溯源治理”专项监督，制发检察建议24件，与市应急管理局、市邮政管理局分别会签协作意见，促进完善安全生产监管体系。

（四）做实做好民心检察工作

开展“检爱同行，共护未来”专项法律监督行动，起诉侵害未成年人犯罪403人。积极参与打击整治养老诈骗专项行动，帮助追回“养老钱”2100余万元。加大司法救助工作力度，与市妇联会签困难妇女群体司法救助协作意见，与市民政局等13家单位制定监护困境未成年人救助保护操作规程，向211名生活困难当事人或其亲属发放救助金435万余元。秉持“只要上访群众的申诉有1%的道理，也要100%维护好”的理念，妥善办理信访事项3200余件，连续16年保持涉检进京非正常上访为零。

三、坚持把落实党中央《意见》和市委《实施意见》摆在突出位置，全面提升法律监督质效，切实维护司法公正

（一）推动党中央《意见》落地见效

把落实党中央《意见》作为一项重大政治责任，主动向党委、人大报告，市委和市人大常委会分别迅速出台《实施意见》和《决定》，为检察履职提供坚实的政治保障和法治保障。积极营造支持监督的法治环境，市检察院检察长先后2次到市委党校宣讲授课，全系统60余名院领导走进党校、机关、社区进行宣讲，引起社会广泛关注。

（二）做优刑事检察工作

加强对刑事立案、侦查、审判活动的监督，监督立案720件、撤案480件；纠正漏捕51人、漏诉106人；对不构成犯罪或证据不足的，不批捕1146人、不起诉711人；对侦查、审判活动违法情形提出纠正意见319件次；对认为确有错误的刑事裁判提出抗诉65件。规范认罪认罚从宽工作，全面落实同步录音录像制度，确保认罪认罚自愿、合法。对3个监狱开展交叉巡回检查，督促整改各类问题70个。

（三）做强民事检察工作

受理民事申诉案件2609件，提出抗诉和再审检察建议130件；受理审判程序中的违法行为监督案件140件，提出检察建议98件；受理执行活动监督案件331件，提出检察建议215件。依法监督虚假诉讼案件124件，有力维护司法秩序和权威。加大对农民工等弱势群体保护力度，办理民事支持起诉案件710件，依法为弱势群体“撑腰”。

（四）做实行政检察工作

受理行政检察监督案件883件，同比上升70.5%；提出抗诉、再审检察建议和检察建议441件，同比上升2.17倍，1件案件被最高检评为“2021年度行政检察优秀案例”。与市司法局建立行政争议实质性化解协作机制，通过检察建议、公开听证等方式化解318件行政争议，1件案件被最高检评为典型案例。常态化开展土地执法查处领域行政非诉执行专项监督，办理相关案件134件，2件案件被最高检评为专项活动优秀案件。

（五）做好公益诉讼检察工作

立案公益诉讼案件1100件，制发诉前检察建议910件，提起公益诉讼34件。与市林长办、市税务局、水利部海委、市水务局等分别建立协作机制，共同维护公共利益。依法办理侵害袁隆平院士名誉荣誉案，坚决维护国家功勋尊严。主动联合河北省检察机关办理互花米草外来物种入侵行政公益诉讼案，破解跨省市海洋环境区域治理难题。督促整治天津古海岸与湿地国家级自然保护区违法建设行政公益诉讼案入选首批湿地保护公益诉讼典型案例。

四、坚持把检察改革作为破解发展难题的关键之举，强化制度机制创新，全面提升检察工作科学化水平

（一）深化司法责任制综合配套改革

修订完善司法责任制实施意见和检察官权力清单。制定《廉政风险防控手册》，健全并实施案件评查、错案倒查等司法责任追究机制，常态化开展"典型差案"评选。优化全市检察官队伍结构，晋升7名一级、二级高级检察官，遴选76名检察官，对11名检察官作出退出员额决定。拓宽市检察院检察官来源，面向下级检察院遴选检察官8名、面向法院系统公开选拔检察官2名。

（二）健全检察管理机制

创建"治病式"案件管理模式，定期开展业务数据分析研判会商，《2021年全市检察业务数据分析报告》被最高检评为优秀综合分析研判报告一等奖。创建以达标率和贡献率为核心的动态评价体系，推动检察工作走绿色发展道路。建立三级院党组共抓相对薄弱基层院工作机制，基层检察工作实现整体提升。制定"质量建设年"工作指导手册，以"一个问题一套措施"推动解决发展难题，相关做法在全国检察机关推广。建立大数据赋能机制，稳步推进数字检察项目建设。

（三）创新检察办案模式

在坚决响应党委号召下沉一线抗疫的同时，坚持以"5+2""白加黑"的劲头抓实各项检察工作，通过远程提讯、线上出庭、"云接访"等方式，确保疫情防控和检察履职"两不误"。适应年底疫情防控新形势、新变化，全市检察干警以坚守一线、居家办公等不同方式，确保疫情防控转段检察工作平稳有序。

五、坚持政治建检、能力强检、文化兴检、廉洁护检，努力锻造让党放心、人民满意的过硬检察队伍

（一）高标准加强领导班子建设

确立"讲政治、讲学习、讲实干、讲创新、讲团结、讲廉洁"的工作要求，着力提升班子政治引领力。完善党组工作规则和中心组理论学习制度，建立检察长专题会议制度，提高班子科学决策水平。健全领导干部带头办案制度，落实检察长列席法院审判委员会制度，以"头雁效应"激发"群雁活力"。

（二）加强检察队伍专业化建设

创新开展教育培训，形成"公检法司同讲一堂课""京津冀检察联合培训"等特色品牌，被最高检确定为精品课程的数量位列全国第二。制定《检察业务研修工作规定》，7个案件入选最高检指导性案例、典型案例。深化检察人才建设，5名干警入选全国检察机关人才库，5个集体和13名个人获得省部级以上荣誉，涌现出全国"人民满意的公务员"谢文凯等检察英模。

（三）认真落实全面从严治党主体责任

建立工作会商、重要情况通报等制度，严格落实清单制度和联席会议制度。坚决配合最高检巡视"回头看"工作，借力推动全面从严管党治检向纵深推进。严格执行防止干预司法"三个规定"，记录报告重大事项3211件。深化不敢腐、不能腐、不想腐一体建设，配合纪检监察机关立案审查违纪违法检察人员12人，有力维护检察队伍肌体健康。

各　区

滨海新区区委 2022 年工作总结

2022 年，滨海新区区委坚持以习近平新时代中国特色社会主义思想为指导，深入学习宣传贯彻党的二十大和中央经济工作会议精神，认真贯彻习近平总书记对天津工作“三个着力”重要要求和一系列重要指示批示精神，全面落实市委部署要求，坚定拥护“两个确立”，坚决做到“两个维护”，以打造“津城”“滨城”双城发展格局为担当，完整、准确、全面贯彻新发展理念，坚定不移走高质量发展之路，全力打造中国式现代化建设先行区，不断开创新时代美丽“滨城”建设新局面，奋力谱写现代化建设新篇章。

一、精心组织安排，全面动员部署，扎实做好迎接宣传贯彻党的二十大各项工作

一是多措并举喜迎盛会。加强统筹谋划，制定区委《关于开展“迎盛会、铸忠诚、强担当、创业绩”主题学习宣传教育实践活动工作的方案》。全区各级党组织以“准”组织生活会标准组织开展专题学习研讨 3.2 万余次，查摆问题 35.1 万余个，制定整改措施 36.3 万余条。着力打造为群众、为企业、为基层办实事的“滨城”三办模式，推动各级领导干部走访企业 2800 余户次、群众 56 万余名，帮助协调解决问题 6000 余件。

二是迅速组织传达学习。印发《关于迅速兴起学习宣传贯彻党的二十大精神热潮的通知》。起草完成《中共天津市滨海新区委员会关于深入学习宣传贯彻党的二十大精神全面建设新时代美丽“滨城”的实施意见》。及时将党的二十大精神纳入干部教育培训课程。“领导干部学习贯彻党的二十大精神”专题培训班第一期顺利开班。

三是逐级深入开展宣讲。组建以区委常委、区人大常委会主任、区政协主席和党员副区长，以及党的二十大代表为主体的区委宣讲团，深入各单位、各系统开展集中宣讲。策划党的二十大精神“百人百讲”进基层活动，用新区的人、新区的案例、新区的场景，讲好新区落实党的二十大精神故事。

四是精心组织宣传阐释。发挥新媒体矩阵作用，部署区级媒体各平台在重要版面、重点时段、显著位置统一开设“全面学习深入领悟认真贯彻党的二十大精神”“新时代、新征程、新伟业”等专栏专题。

二、坚定拥护“两个确立”，坚决做到“两个维护”，坚持不懈用习近平新时代中国特色社会主义思想凝心聚魂

一是严守纪律规矩，保持绝对忠诚。坚决做到“习近平总书记有号令、党中央有部署，市委有要求，新区见行动”。坚持及时学，坚持精心办，坚持常态督，坚持依规报。

二是高举思想旗帜，强化理论武装。发挥各级党委（党组）理论学习中心组“旗舰”作用，在学懂弄通做实习近平新时代中国特色社会主义思想上下功夫，确保入脑入心入行。

三是强化自身建设，履职担当尽责。制定《区委常委会加强自身建设的意见》和《滨海新区 2022 年加强政治生态建设重点任务》。坚决贯彻习近平总书记“疫情要防住、经济要稳住、发展要安全”的重要指示精神，对标市委“十项行动”，精心设计未来五年新区全面建设新时代高质量发展示范区、加快打造中国式现代化建设

"滨城"样板施工图,谱写"三个现代化建设"新篇章。

三、注重结构效益,把握规模速度,高质量发展迈出新步伐

一是深入实施区域重大战略。落实京津冀协同发展战略。推动北京非首都功能承接清单化、项目化,共承接北京非首都功能重大项目62个,总投资620.42亿元。共引进北京在津新设机构360个,总投资928.63亿元。加速构建一体化交通体系。深化津冀港口群合作,推广"提前申报、两步申报"通关模式;推出跨关区直供、一船多供等便利措施,保税燃料油跨关区直供河北四港,打造了"海上移动加油站"。积极推进"市级医学中心"建设。采用"合作平台区域教育注入+全区京津冀范围教育合作项目引进"方式,持续加大合作办学力度。深化政务服务"跨省通办"机制,首个"京津通办"自助服务厅在滨海新区投用。京津冀异地就医门诊、住院全部实现医保直接联网结算。积极服务共建"一带一路"。研究起草加快港口经济发展实施方案,全年集装箱吞吐量预计突破2100万标准箱。C段智能化集装箱码头首次实现"三船同靠",集疏运货运专用通道开工建设,京津物流园投入运营,海上新开通7条集装箱航线、1条滚装船舶航线,陆向新开通至河北等地海铁联运班列。1293项天津港非经营性资产全部完成移交接收。打造"泰达—苏伊士"等旗舰合作项目。

二是着力推动经济高质量发展。制定稳经济"一揽子"政策129条具体措施和接续政策84条落实举措。推进"滨城十条"政策落地,制定印发《关于落实支持"滨城"建设若干政策措施的工作方案》。成立经济运行、重大项目和税源建设三大工作专班。坚持"项目为王"理念,深入实施"百日攻坚"行动,推动中电科产业园等233个项目开工,金山云云计算数据中心等181个项目竣工,腾讯云数据中心等627个项目加快建设,新增谋划项目743个,总投资规模8505亿元。

三是不断完善现代产业体系。大力实施串链补链强链工程,全区10条产业链在链企业超1000家,工业产值和营业收入均保持两位数增长。战略性新兴产业加快发展。战略性新兴产业连续四年获国务院办公厅督查激励。信创产业集群持续推进,国家先进计算产业创新中心二期投入使用,先进半导体材料研究院揭牌,先进操作系统创新中心加快建设。科大讯飞智汇谷被认定为国家级科技企业孵化器,智能网联汽车测试道路正式开放。生物医药产业集群大力发展,国家生物医药国际创新园、康希诺疫苗产业园、凯莱英瑞博小核酸生产基地等74个重点项目加快建设。引进乐纯生物细胞培养器、复星医药新一代抗癌药物等30余个重大项目。传统产业加快转型。推动南港绿色化工新材料基地建设,"两化"搬迁项目竣工,总投资600亿元的高端新材料项目集群全面发展。推动绿色石化产业链高质量发展,年产值预计突破4000亿元。推动工业互联网发展,布局建设智慧园区、智慧工厂等42处5G场景应用。推动装备制造产业持续突破,我国首台出口欧洲再制造盾构机成功下线,"滨城造"长征七号遥五、长征五号遥四火箭发射成功,空客A320飞机累计交付超600架。新业态新模式加快成长。新兴服务业增加值占全区服务业增加值比重达到44%,租赁和商务服务业、科技服务业营业收入分别增长44.1%和23.6%。新增兆讯传媒、唯捷创芯等6家上市企业,累计达53家。新兴服务业增势强劲,全国网络货运产业集聚区、成品油零售经营电子商务试点加快推进,中心渔港获批国家骨干冷链物流基地。深化国家租赁创新示范区建设,完成全国首单城市地铁定制化租赁业务,融资租赁企业达到1312家,租赁资产1.3万亿元,飞机租赁业务总量突破2000架,船舶离岸租赁业务占全国近90%。网络货运高速增长,狮桥、顺丰等85家企业落地,整体业务规模占全国40%。产业创新实践加快步伐。重点围绕生物制造、细胞和基因治疗、脑机接口、新一代人工智能、深海探采、空天利用、氢能开发等领域,积极谋划未来产业,打造创新高地。鼓励企业创新发展,麒麟软件、凯发电气获批国家技术创新示范企业。推进企业技术中心建设,累计获批国家级企业技术中心 35 家。

四、聚焦重点领域，抓住关键环节，高水平改革开放实现新突破

一是以深化改革增强发展活力。深化法定机构改革。完成新一轮开发区法定机构竞聘。推行街镇产业园区法定机构改革。推进“放管服”改革。高标准承接市级新增下放政务服务事项 18 项，丰富电子证照应用场景，智能审批事项达 49 个。试点开展市场主体登记确认制改革。常态化推进“承诺拿地即开工”，推出“债到即开工”“联合交底”等创新举措。稳步推进“一件事”集成办改革，26 个高频政务服务事项集成化办理。探索要素市场化改革。创新产业用地供给模式，推动“卖土地”向“招项目”转变。以南港、临港工业区为试点，推进海水淡化利用和新能源发电。探索制定“滨城”特色户籍制度。北方大数据交易中心加快建设。推动市场主体改革。国企混改出让出清 116 家，盘活闲置资产实现收益 26 亿元。优化民营经济支持政策，建立世界一流企业后备库。深化街镇经济体制改革和新型研发机构改革。

二是以科技创新增强发展动力。重大创新平台不断升级。先进计算与关键软件（信创）、合成生物学、细胞生态海河实验室加快建设，脑机交互与人机共融海河实验室获批建设。“双创”示范基地获国务院督查激励。创新主体快速成长。高新技术企业超过 4600 家，国家科技型中小企业 4498 家，“雏鹰”企业、“瞪羚”企业和领军（培育）企业超 2500 家，84 家企业入选国家专精特新“小巨人”。创新成果竞相涌现。天河超级计算机囊括了 Graph500 四大榜单第一名，飞腾公司新一代微处理器量产，“星光麒麟”填补了万物互联操作系统空白，康希诺吸入用疫苗作为加强针纳入紧急使用。技术合同成交额突破 600 亿元，增长 30%。斩获天津市科学技术奖 90 项，创历史最好成绩。创新人才高度集聚。优化升级鲲鹏计划 2.0 版，推荐 70 余名高层次人才申报区级以上重点人才项目，引进新区创新创业领军人才、高层次卫生人才等 43 名，培养杰出科技人才、青年英才、留新区博士后等 170 人，支持新建博士后工作站 19 个，全区累计引育领军人才 1213 人，海内外人才总量超 85 万人。打造“政府向用人主体放权、用人主体为人才松绑”两级治理模式，支持 2700 余家创新主体自主认定人才 9 万余人。创新生态不断优化。完善科技成果评价机制，打造数字化科技成果转化服务和交易平台。创新券增量扩面实现一网通办，创新积分制系统上线运营。试点实行“揭榜挂帅+里程碑”等制度。加快建设知识产权运营服务体系，有效专利达到 9.06 万件，发行知识产权定向资产支持票据，实现全国国有企业知识产权资产证券化零的突破。滨海新区在 4 个“科创中国”创新枢纽城市中排名第一。

三是以扩大开放增强发展潜力。推进自贸创新实践。完成自贸区条例修订工作，天津自贸试验区连续三年在全国自贸试验区制度创新指数省级综合排名保持前三。深入推进投资便利化改革，试点开展市场主体登记确认制改革，直接利用外资 50.6 亿美元，同比增长 12.8%。制定高质量落实 RCEP 行动方案，加快推动 RCEP 落地实施。制定印发若干措施，促进自贸试验区与综合保税区融合发展。建立全国首个细胞生态生物医药供应链服务平台。创新形成“外汇管理部门+属地行政主管部门+商业银行+离岸贸易企业”四方联合现场办公的“天津模式”。发挥 FT 账户功能，新设立主账户 117 户，累计结算量超 6000 亿元。推动华北地区保税油气供应分拨中心建设。落地北方首个东南亚跨境人才服务中心。“保税+”业态不断拓展，创新“进境维修+保税维修”模式，保税维修和再制造试点企业扩至 12 家；完成了天津市首单京津冀地区文化艺术品保税展示业务和首票矿产品保税展示交易业务；保税研发项目实现“零”突破。推动外贸提质增效。着力提高天津口岸贸易本地结算率，强化天津口岸非津重点企业招商，推动包钢华北贸易结算总部项目等 60 余家企业落户，全年进出口额突破 6300 亿元。全力对接实施 RCEP 经贸新规则，泰达洁净获天津首张原产地证书。全国首票综保区内飞机到境内维修改装业务落地，平行进口车业务领跑全国。落地全国首笔数字人民币保理业务、首笔跨行再保理业务，商业保理资产总规模突破2700亿元，继续保持全国领先。

五、坚定文化自信，坚持守正创新，新时代宣传思想文化工作取得新成绩

一是严格落实意识形态工作责任制。制定《关于加强意识形态正面议题设置的工作方案》。将意识形态工作责任制落实情况纳入区委巡察内容。

二是着力打造精神文明建设新高地。细化新版全国文明城区测评体系，顺利完成2022年国家复审实地测评迎检任务。新时代文明实践平台逐步成为服务群众、教育群众的主阵地。

三是协调发展文化事业和文化产业。出台《滨海新区公共文化服务体系示范区创新发展规划(2022—2024年)》等。滨海文化中心入选第二批国家级夜间文化和旅游消费集聚区。经开区获评"天津市级全域旅游示范区"。中新天津生态城旅游度假区当选首批天津市市级旅游度假区。亿利精灵乐园、潮音寺被列入国家3A级旅游景区创建名单。开展"滨城之约　燃情冬奥——滨海新区首届冰雪旅游季活动"。小王庄镇"风吹麦浪丰年美"田园小镇休闲游线路入选"乡村是座博物馆"全国乡村旅游精品线路。

六、提升民生温度，增强幸福厚度，群众生活水平得到新改善

一是持续完善社会保障体系。召开"就业援助月""春风行动""大中城市高校毕业生专场"等主题线上招聘会174场，提供岗位14.8万个，新增就业8.8万人。突出抓好重点人群就业服务，完成高校毕业生实名制帮扶11000余人；有效帮扶1650名就业困难人员就业，实现"零就业家庭"动态清零。织密兜底保障网，统筹实施社会保障和救助体系项目132个，投入资金7.6亿元，惠及287万人次。创新"救助+医疗补充保险"新模式，惠及农村困难群众5296人。为4233名低保、低收入和集中托养残疾人投保2022年度意外伤害保险。通过社会化形式为4252名残疾人发放残疾人居家托养服务补贴757.82万元。加强养老服务工作，全区养老服务床位突破1万张。提升医疗保障水平，城镇职工、城乡居民医保参保指标完成率分别达到100.9%和103.8%，位列全市第一。落实新增定点医疗机构开通跨省异地就医直接结算服务常态化机制。

二是持续提升社会事业水平。建成天津外国语大学附属外国语学校等4所学校，新增学位5130个；建成泰达第五幼儿园等6所幼儿园，新增学位2340个。启动职业教育园区建设，天津铁道职业技术学院等2所高职学院落户。健全公共卫生体系，肿瘤医院二期主体完工，五中心医院改扩建等3个项目加快建设。建成社区健身园114个、社区体育园15个、多功能运动场3个。

三是持续巩固社会稳定新局面。落实区级领导包案制度。建成区、街镇、村居三级人民调解委员会，街镇调解服务中心覆盖率100%。建立两级矛调中心人民调解工作规范化运行制度和导入导出工作机制。深入推进扫黑除恶斗争。高压态势打击电信诈骗。精准化开展行业安全整治。食品、药品安全监管进一步加强。

七、改善生态环境，完善城市功能，城市宜居品质实现新提升

一是优化提升城市载体功能。深化完成"滨城"总体城市设计，塑造"滨城芯""滨河岸""滨海湾"特色风貌区。全面推动"滨城"建设"十大工程"，全年预计完成投资434亿元，建设重大项目162个。打造美丽"滨城"核心区升级版。全国首创特许经营引入社会资本实施老旧小区改造模式、全市首创建设工程施工招标"评定分离"模式、建设工程全过程咨询服务模式落地实施，全年累计完成改造老旧小区83个、1740栋，惠及居民6.5万户。年内实现建成区32%海绵城市达标率。建立统一的三维全息数字空间底座。

二是稳步推进乡村振兴工程。围绕特色农业产业发展等6个重点领域和支持方向，助推街镇主导产业做强。强化体制机制创新，全面推进6个街镇园区改革工作，面向全国公开选聘33

名授薪人员。组建新区街镇经济运行专班(税源建设专班),实现街镇税源信息共享。奶业和生猪集群已纳入国家级特色产业集群建设,获批创建国家肉羊繁殖核心育种场、国家级半滑舌鳎良种场。将引进乡村振兴(产业)人才项目列入区人才发展资金 2022 年资助项目计划。启动农村人居环境示范村项目建设。巩固拓展结对帮扶成果及抓好东西部协作和支援合作工作,全年共组织引导 10 家企业落户甘肃省张家川县、合作市;引导 8 家企业落户青海省黄南州。选派 142 名优秀干部人才援青援甘,谱写“滨海所能”解“青甘所需”的实践新篇。

三是不断改善生态环境质量。$PM_{2.5}$ 年平均浓度 35.90 微克/立方米,按浓度排名并列全市第二。累计空气质量达标 267 天,排名全市第一。全区 64 家碳交易试点纳入企业全部按时履约。持续修复水生态环境,17 家直排企业全部纳入监督管理,省级及以上工业集聚区全部实现污水集中处理。完成海湾(湾区)综合监管系统建设,12 条入海河流达到Ⅴ类及以上标准,达标率 100%。坚决管控建设用地和农用地风险。加快推动“零碳小屋”“零碳小镇”“零碳园区”等近零碳示范项目等重点项目建设,北疆电厂 CCUS 项目顺利纳入市级重点项目库。助力绿色电力直供重点园区、重点项目,16 家工业用户与新能源发电企业达成交易意向。中新生态城无废城市建设经验向世界推广。

八、拓展民主渠道,丰富民主形式,全过程人民民主得到新进展

一是积极发展社会主义民主政治。制定《关于贯彻落实中央和市委人大工作会议精神的分工方案》。进一步完善区人大常委会工作机构设置。坚持党对政协工作的全面领导,探索建立“1+2+4+N”协商工作格局。加强工青妇、残联、工商联、科协、红十字会等群团组织工作。

二是全面提升法治滨海建设水平。区政务服务办“一企一证”改革成功入选全国法治政府建设示范项目公示名单。稳妥推进行政执法协调监督体系建设试点工作,“三单”(权责清单、互联网+监管清单、执法事项清单)融合以及“两库两单”建设、随机联合检查机制、行政执法监督考核指标体系等成为全市乃至全国的创新示范。少年审判和环境资源审判工作受到最高人民法院通报表扬。公益诉讼工作综合评价连续三年保持全市第一。积极打造法治化营商环境和法治为民环境。深入开展矛盾纠纷排查化解“双百行动”。

三是不断巩固壮大爱国统一战线。打造“‘滨城’同心圆”统战宣传阵地,支持各民主党派聚焦新时代美丽“滨城”建设建言献策,收集各类意见建议 84 篇。制定防范化解民族领域重大风险工作办法等文件。强化宗教基层治理。区伊斯兰教协会荣获“全国宗教界先进集体”,天津国际生物医药联合研究院被列为第八批“中国侨联新侨创新创业基地”。广泛动员社会力量助力巩固脱贫攻坚成果,募集款物 4112.086 万元,连续四年位居全市首位。

九、弘扬伟大建党精神,坚持自我革命,全面从严治党取得新成效

一是扛起管党治党政治担当。高标准制定区委领导班子 2022 年度落实全面从严治党主体责任“两个清单”。区党政领导班子成员差异化制定个人“两个清单”。将全面从严治党主体责任落实情况纳入“三考合一”。优化 2022 年度落实全面从严治党主体责任考核办法,在全市率先采取“一季一考”形式,建立“网上评价”“红黄牌”“申诉”“整改”等机制。

二是抓好抓实干部队伍建设。注重从基层攻坚“一线”、美丽“滨城”建设等重大任务和实践锻炼中发现和培养优秀年轻干部,树立实干实绩导向,优先提拔晋升优秀年轻干部 98 名。狠抓“关键少数”,严格做好领导干部个人有关事项报告年度集中填报工作。加强年轻干部监督。优化“三考合一”体系机制,引导党员干部敢于战斗、奋勇争先。

三是筑牢党的坚强战斗堡垒。深化党建引领共同缔造,精细划分民生红网格 6900 余个,推动 4800 余名机关党员干部“入列轮值”,5 万余名党员“双报到”。区领导带头开展“联点访户”,扎实推进新一轮“四个走遍”,累计走访 136

万余名群众,帮助协调解决问题14000余件,为11.7万余名群众办结回复需求事项18.1万余件,五星好评率超过97%。研究制定《深化城市基层党建引领基层治理的具体措施》。坚持街道"大工委"、社区"大党委"制度,强化社区党组织领导地位和"轴心"作用。2150个任期届满基层党组织应换尽换、程序规范。持续推动国企党建入章程等39项重点任务落实。推动"两新"组织党建提质扩面,互联网企业党组织单独组建率实现100%,菜市场党员覆盖率达到100%,社会组织党组织制定并落实参与重大事项决策清单达100%。

四是巩固拓展作风建设成效。坚持"一线工作法",坚持"四不两直"方式,区委主要负责同志深入基层调研109次,推动各项重点工作落实落地。全力打造精文减会"滨城标杆"。持之以恒纠治"四风"。2022年全区共查处形式主义官僚主义不担当不作为问题127起,处理222人,处分129人。紧盯关键环节,出动185个检查组,监督检查3887个点位,全区通报12起典型案例。紧盯享乐主义、奢靡之风易发高发问题,查处相关问题119起,处理175人,处分85人。

五是纵深推进反腐败斗争。保持"惩"的力度,持续强化"不敢腐"。提升"治"的成效,巩固深化"不能腐"。增强"廉"的自觉,牢固树立"不想腐"。制定《滨海新区落实〈天津市2022年廉洁文化建设十项重点任务〉工作方案》。

和平区委2022年工作总结

2022年是党的二十大召开之年,也是加快"两高三化"新和平建设的开局之年。一年来,面对疫情严重冲击和各种风险挑战,区委常委会坚持以习近平新时代中国特色社会主义思想为指导,深入学习贯彻党的十九大和十九届历次全会精神,全面学习宣传贯彻党的二十大精神,认真落实习近平总书记对天津工作提出的"三个着力"重要要求和视察天津、亲临和平区作出的重要指示精神,按照市第十二次党代会部署,坚持稳中求进工作总基调,完整、准确、全面贯彻新发展理念,服务和融入新发展格局,统筹疫情防控和经济社会发展,统筹发展和安全,全力推动各项工作做"示范"、争"旗舰"、创"品质",经济社会高质量发展取得显著成效,获得全国法治政府建设示范区、全国信访工作示范区、全国健康城市建设样板市、国家食品安全示范城市等荣誉称号,社会主义现代化大都市标志区建设迈出了坚实步伐。

一、深入学习贯彻习近平新时代中国特色社会主义思想,坚定捍卫"两个确立"、坚决做到"两个维护"

坚持把学懂弄通做实习近平新时代中国特色社会主义思想作为首要根本,学出信仰信念信心,悟出道理学理哲理,增强志气底气骨气,深刻领悟"两个确立"的决定性意义,凝聚"牢记领袖教导、紧跟核心奋斗"的政治力量。

坚定不移贯彻落实习近平总书记重要指示批示精神和党中央重大决策部署。把习近平总书记重要指示批示作为党内政治要件,把党中央重大决策部署作为重要依据,把不折不扣贯彻落实作为坚定捍卫"两个确立"、坚决做到"两个维护"的政治责任和具体体现。落实第一议题,区委常委会召开57次会议,学习贯彻习近平总书记和党中央关于党的建设、经济发展、民生保障等重大决策部署32项。加强督察督办,对燃气、自建房安全等35项习近平总书记重要指示批示事项贯彻落实情况进行"回头看",确保落实落地。牢记习近平总书记嘱托,持续开展"牢记嘱托再出发"系列活动,居家养老服务获评全国优秀试点,智慧养老入选全国改革发展典型案例,成为我市唯一的全国积极应对人口老龄化重点联系城市,退役军人服务保障、市域社会治理等经验做法向全国推广。

坚定不移用习近平新时代中国特色社会主

义思想凝心铸魂。坚持政治学习定位，严格执行《关于区委常委会带头把学习贯彻习近平新时代中国特色社会主义思想不断引向深入的制度》，结合“迎盛会、铸忠诚、强担当、创业绩”主题学习宣传教育实践活动，结合推进党史学习教育常态化，结合研读《习近平谈治国理政》（第四卷）等书目，带头读原著、学原文、悟原理，围绕习近平经济思想、习近平法治思想等28个专题，开展集体学习14次，举办读书班3期、专题读书会1次。牢牢把握政治集训的基调，充分发挥区委党校（区行政学院）和网络等培训主阵地作用，把新时代党的创新理论作为首课主课必修课，举办各类培训班37个，培训党员干部14608人次。推进理论大普及，举办“党课开讲啦”5000余场，向中组部和市委组织部推荐5堂精品党课；加强理论宣讲，结合群众特点和生活实际，用身边变化讲述理论魅力，用邻里家常唠理政新篇，让党的创新理论飞入寻常百姓家；开展“矢志不渝跟党走、携手奋进新时代”等主题活动90余场，引导各民主党派、无党派人士、党外知识分子、新的社会阶层人士及民营经济人士坚定不移听党话、感党恩、跟党走。

坚定不移学习宣传贯彻党的二十大精神。坚持把学习宣传贯彻党的二十大精神作为首要政治任务，深刻把握承前启后、继往开来的里程碑意义，在全面学习、全面领会、全面落实上下功夫。区委常委会第一时间进行传达学习、开展交流研讨、作出部署安排。全区上下联动、学思践悟，深刻领会党的二十大报告内涵和精神实质，牢牢把握习近平新时代中国特色社会主义思想的世界观和方法论，牢牢把握中国式现代化本质要求和“两步走”战略安排，凝聚了走好新的长征路的高度共识和强大动力。宣讲宣传一体推动，区委宣讲团、“五老”宣讲团、老战士宣讲团、时代新人宣讲队伍累计开展宣传宣讲350余场次，覆盖4万余人。线上线下一体发力，新媒体矩阵发布宣传文章330余篇，累计阅读量达112万人次，全民学习热潮持续高涨。对标践行一体落实，召开区委十二届五次全会，审议通过《中共和平区委关于深入学习宣传贯彻党的二十大精神奋力开创全面建设社会主义现代化大都市标志区新局面的实施意见》，明确4个方面20项具体措施，推动党的二十大精神和市委决策部署形成扎实实践。

二、坚决扛起“和平之责”，统筹推进疫情防控和经济社会发展

深入贯彻习近平总书记“疫情要防住、经济要稳住、发展要安全”重要指示精神，坚持“外防输入、内防反弹”总策略和“动态清零”总方针不动摇，认真落实“第九版”“二十条”和“新十条”优化措施，坚决筑牢疫情防控坚固防线。

压紧压实防控责任。区指挥部召开专题会议47次，因时因势研判和调整疫情防控策略。坚持“战区制、主官上”，区级领导靠前指挥，构建疫情防控五级包联组织体系，强化统筹调度、提级指挥、平急转换。6个工作专班加强协调联动、信息共享，快速有序处置疫情。各街道战区长下沉一线、坚守阵地，15万人次机关干部入队入列，4万人次医护人员冲锋在前，公安干警风雨无阻，广大志愿者无私奉献，以实际行动坚持人民至上、生命至上。全力推进疫苗接种，及时高效完成各年龄段任务指标，全人群接种率全市第一，60岁以上第一针接种率达93.3%，位居全市第二。

以快制快处置疫情。积极应对多轮疫情反弹冲击，首战首胜奥密克戎，高效处置花鸟鱼虫市场散发疫情，连夜实施诚基中心千人大转运，科学应对繁华区建筑工地复杂疫情，成功打赢本土疫情歼灭战。按照“围住、筛全、捞干、扑灭”要求，创新实施全域静态管理，全面保障群众“医、食、神、网”，圆满实现三天社会面清零目标任务，用最短时间、最小代价实现了疫情防控最大效益，牢牢守住不发生规模性疫情底线。

常态长效筑牢防线。持续做好疫情监测，充分发挥“三公（工）+N”协同联动机制，加强外地返津来津人员排查，进一步完善社区重点人员、集中办公楼宇、专属网格、“七小”底册台账，做到底数清、情况明。抓实抓细重点场所、重点行业常态化疫情防控工作，严格落实“四件套”“四码联查”社会面防控措施，压实“四方责任”。加强疫情防控能力建设，建立追阳小组、流调溯源队伍、集中隔离点，核酸日检测能力从2万管增加到4.7万管。做好境外人员接驳转运，加强环境消杀、医废转运、进口冷链监管工作，坚决阻断病毒传播蔓延。积极推进无疫小区、无疫网格创建工作，持续巩固疫情防控成果。"新十条"实施后，及时把工作重心从防控感染转移到医疗救治上来，确保防控措施调整平稳有序。

精准有力稳住经济。高效统筹疫情防控和经济社会发展，全面落实国家"33条"、天津市"35条"及"接续26条"等"一揽子"政策措施，第一时间制定出台和平区"稳经济32条"，打出减税降费、金融助企等多项组合拳，全力惠企业稳主体，为企业减税降费和增加现金流近12亿元，减免房租超6000万元，发放援企稳岗政策性补贴5375.65万元，解决实际问题585个，新增市场主体6000余户，牢牢稳住经济基本盘。

三、坚持稳中求进，经济发展稳步复苏、逐步向好

完整准确全面贯彻新发展理念，坚决克服疫情带来的严峻挑战和困难，抓重点、补短板、强弱项，进一步巩固经济企稳基础、促进回稳向上，预计全年地区生产总值增速与全市保持同步，完成一般公共预算收入33.6亿元，固定资产投资同比增长12%，位居全市前列。

京津冀协同发展成效明显。主动融入以北京和天津为双中心引领的京津冀城市群发展，全力支持雄安新区建设，抓住北京非首都功能疏解这个"牛鼻子"，推进"一基地三区"4个专项方案加快实施。依托海河京津冀高端产业承接带和重点区域，持续开展全员"大招商"深化行动，围绕强链补链承接首都产业、企业、人才外迁溢出，累计引入中石油天津销售公司、益普生（天津）医药商贸有限公司等优质项目超1000个，其中京冀项目242个；内、外资到位额分别完成70.34亿元、5590万美元，超额完成年度目标任务。加强环境污染联防联控联治，教育、医疗、文化旅游合作等方面取得新成效。

产业结构优化升级。坚持以推动高质量发展为主题，持续推进"3255"都市型产业体系建设，出台《和平区促进主导产业高质量发展支持政策》及三项实施细则。建立完善"1+N"政策总纲和航运服务业引育政策体系，小白楼国际航运服务业集聚区引进全泰物流、海泰汇通等航运企业72家。解放北路金融创新运营示范区建设提质增效，引进天津—德信融风险管理有限公司、中华联合财险津城支公司等金融项目。着力发展新一代信息技术和高技术服务业，强化创新型企业梯度培育，国家科技型中小企业认定306家，"雏鹰"企业248家，"瞪羚"企业4家，新增市级"专精特新"企业7家，提前完成全年目标任务。推进国家级人力资源产业园建设，FESCO、身边惠等灵活用工平台落户园区。

国际消费中心城市标志区培育建设高位推进。制定《和平区培育建设国际消费中心城市标志区实施方案（2022—2025年）》，着力推进18项目标任务和120个重点项目。载体建设提速增效，和平印象城主体结构施工基本完成，中海和平之门、国金购物中心、五大道公园项目顺利开工，泰达海信广场二期建设、友谊精品广场合作等签署三方协议。加快业态调整升级，邀请王府井集团等多家龙头企业开展洽谈，探索推进五大道文化旅游区整体市场化运营；巩固金街步行街改造提升成果，持续推动街区经济结构优化。激发市场消费活力，推动商旅文融合发展，利用宝贵洋楼资源引进优质企业49家，组织开展"惠民暖企　畅享和平""海河国际消费季""情系和平、共抗疫情，千万补贴、回馈职工"等促消费活动120余场，打造"五大道海棠节""咖啡文化节""体育夜市"等"网红"品牌，51家知名首店、旗舰店、主题店相继落户和平。

改革开放释放活力。坚决落实中央和市委深改委各项重大改革举措，完成区委深改委91项改革任务。完成楼宇办、繁华办、五大道地区管委会等单位机构改革，剥离社会管理职能，强化经济发展功能。完成国企改革三年计划，出清企业301户，完成失管失控企业治理294户，三级企业数量压缩50%，四级企业基本取消。和投集团资产负债率保持在60%以下，五大道等14家企业实现减亏，华士林等13家企业实现扭亏为盈。深化群团改革，推动社会领域团组织建设，成立社会领域团组织355个。推进新领域、新业态、新阶层、新群体工会组织建设，新增正常生产经营建会单位224家，新就业形态建会单位15家。加大制度创新力度，形成58个机制制度创新成果。

营商环境全面提升。深化“放管服”改革，加快实施“一制三化”改革3.0版，推行企业开办全流程电子化登记，开办时间整体压缩至1个工作日内，设立登记压缩至半个工作日。落实“津策通”等惠企政策，民营经济发展质量不断提升，新增民营企业2400余家。持续开展“双万双服促发展”活动暨“大服务”提升行动，走访平台企业1421户次，开展银企对接会、行业政策宣讲会等近40场，创新举办各类精品服务活动70余场。健全支持民营经济发展法治环境，坚决打击破坏市场经济秩序犯罪。

四、发展全过程人民民主，汇聚团结奋进的蓬勃力量

坚持党的领导、人民当家作主、依法治国有机统一，坚持人民主体地位，充分体现人民意志、保障人民权益、激发人民创造活力，巩固和发展生动活泼、安定团结的政治局面。

民主政治建设持续深化。支持区人大及其常委会依法履行职责，健全对“一府一委两院”监督制度，强化代表履职培训，加强对疫情防控、经济发展、民心工程等重点工作监督，小白楼街道全国人大常委会法工委基层立法联系点建设不断深入，完成全国人大常委会法工委5部法律、市人大16个立法工作的意见征询，以“家站”为抓手提升代表履职实效经验做法获全国人大报道。支持区政协发挥专门协商机构作用，完善建言资政和凝聚共识工作制度，加强政协社区联络站建设，搭建“请你来商量”协商平台，推进政协协商与基层协商有效衔接。推荐政协委员任职能部门监督员，加强重点项目监督。聘请政协委员担任招商顾问，为推动高质量发展提供智力支持。

爱国统一战线不断巩固。健全新时代统一战线工作机制，完善“1+5”组织架构，将宗教、民营经济、港澳、海外、新的社会阶层人士5个专项协调机制纳入框架整体运行，着力构建大统战工作格局。支持民主党派加强自身建设，指导有条件的党派在联建社区设立党外人士工作室。开展“同心同语手相牵　三地云端心相连”“红石榴花开在和平”等活动111场，铸牢中华民族共同体意识。坚持宗教中国化方向，加强对非法宗教活动排查检查，引导宗教界齐心向党。创新“1+6+N”工作模式，推动街道商会改革走深走实，成立和平区青年企业家商会，创造就业岗位1200余个。加强对无党派人士、党外知识分子和新的社会阶层人士培训工作，筑牢共同思想政治基础。加强区台经济文化等领域交流，举办“你好天津——鎏金岁月行”走进和平交流活动14场，港澳台侨和海外争取人心工作不断深入。

法治和平建设成效显著。高标准开展“八五”普法工作，开展《宪法》《民法典》等法律学习宣传300余场。规范司法权力运行，扎实推进司法体制和社会治理领域改革，支持法院、检察院依法独立公正行使审判权和检察权，促进优质审判、检察资源向一线配置。加强律师行业管理，推进公职律师队伍建设，招募108名资深律师组成公益法律服务团队，推动营商环境法治化。维护特殊群体合法权益，持续开展“法援出征”等活动，代理群众法律援助案件207件。

五、坚定文化自信自强，社会主义文化建设成果丰硕

坚持中国特色社会主义文化发展道路，举旗帜、聚民心、育新人、兴文化、展形象，不断提高城区文化软实力，推动文化强区建设迈出新步伐。

坚决守牢意识形态主阵地。旗帜鲜明立主流、掌主动、把主控，坚持马克思主义在意识形态领域指导地位的根本制度，认真贯彻落实《党委（党组）意识形态工作责任制实施办法》，制定《和平区关于加强意识形态正面议题设置的工作方案》，认真学习中办和市委关于意识形态形势分析的通报，在全区开展意识形态领域重大风险隐患排查，全区意识形态保持积极健康、昂扬向上的良好态势。坚决打好意识形态主动仗。落实定期研判、定期报告、定期通报、专项督查等工作制度，召开专题会议16次，下发《关于2022年上半年和平区意识形态领域形势分析研判情况的通报》，完成十二届区委2轮次8个单位专项检查。加强阵地建设和管理，加大舆论宣传和引导，召开新闻发布会3次；开展防范化解邪教和非法宗教风险隐患工作专项行动；强化中小学思政课关键地位，区级领导进校园讲授思政课全覆盖；扎实推动“扫黄打非”工作，发挥网络舆情“瞭望哨”作用。

城区文明程度不断提升。实施新时代文明城区提质提升工程，深化“文明创建+”模式，开展文明典范城市创建工作，中国网络文明大会“和平红·文明城”展区受到广泛关注和好评。推进“德润和平”公民道德建设工程，巩固未成年人思想道德建设成果，开展“我推荐我评议身边好人”活动，17人入选天津好人，2人上榜中国好人榜，组织开展“强国复兴有我”“童心迎盛会”等实践活动200余场。深化全域志愿服务，成立区志愿服务工作协调小组和志愿服务联合会，开展垃圾分类、科普等各类志愿活动1800余场。创建第四批社会信用体系建设示范区，区信用信息共享平台获评2022年天津市特色平台网站。开展道路交通文明提升行动，深化平安文明交通和平示范区建设，交通警情、交通事故和交通拥堵量同比下降。

文化事业和文化产业繁荣发展。坚持社会效益和经济效益相统一，不断满足人民群众精神文化需求。实施文化惠民工程，举办第十六届“和平杯”京剧票友邀请赛、书香满和平等文化活动，受益群众达30余万人次。丰富群众性精神文化，开展“我们的节日”等传统文化活动200余场，推出《共克时艰保和平》等文艺作品，“晒出我的文明范儿”吸引20万人在线参与。巩固全国公共文化服务示范区创新发展成果，“三馆一站”及街道、社区公共文化设施全部免费开放。加强历史文化保护利用，推进文化和旅游深度融合发展，积极推动名人故居对外开发开放，张爱玲旧居、交通旅馆、安里甘教堂等一批文物建筑活化利用成效显著，范竹斋旧居天津首家沉浸式演艺项目反响火爆。五大道文化旅游区国家5A级景区创建深入推进，张园申报国家3A级景区进入第二轮审核。加快体育强区建设，全民健身蓬勃开展，“15分钟健身圈”不断开放优化。

六、坚持以人民为中心，民生保障更加精准精细

坚持人民至上，围绕“衣食住行、业教保医”，在精准化精细化为民服务上持续用力，高标准实施20项民心工程，充实人民群众的获得感幸福感安全感。

办好人民满意的教育。深化教育综合改革，“五育”并举培养体系、“三全”育人工作机制不断完善，“双减”工作持续推进，基础教育质量连续43年保持领先优势。学前教育普惠提质，新增普惠性学位360个；义务教育优质均衡，学区化、集团化办学不断拓展；普通高中高品质发展，推进普通高中新课程新教材实施国家级示范区、示范校建设，4所学校入选天津市普通高中学生发展指导市级实验校。持续推进国家级信息化教学实验区工作，获评首批央馆人工智能课程规模化应用试点区。全面规范民办义务学校办学，促进民办教育健康发展。着力破解学位紧缺问题，探索区外办学，成立区属公办第二耀华中学，新增学位4000个；完成第六十一中学、第五十五中学、新华南路小学3所学校改造提升，新增学位2300个。

就业和社会保障扎实有效。坚持就业优先，制定稳就业“十项措施”，全区新增就业2万人，零就业家庭保持动态清零。推动全民参保走深走实，定点医疗机构基本实现异地就医门诊联网结算。抓住用好全国积极应对人口老龄化重点联系城市契机，打造2个全国示范性老年友好型社区、3个适老小区，建成6家“嵌入式”养老服务机构，“嵌入式”养老实现街域全覆盖，建成和悦家综合养老服务基地，率先实现老年助餐全覆盖。牢牢兜住民生底线，完成8类主题救助活动，10600户次困难家庭受益，向残疾人、低收入家庭等发放各类保障救助金5800万元。加强住房保障，认定保障性租赁住房860套（间）。持续做好退役军人服务保障，成立拥军联盟，开展退役军人一件事试点，率先打造“三院两中心”退役军人医疗健康服务新格局。

健康城市建设取得新进展。把保障人民健康放在首要位置，实施健康天津 20 项专项行动，被确定为全国健康城市建设样板市。加强载体建设，市胸科医院、市中心妇产科医院改扩建项目主体完成。深化分级诊疗和医联体建设，社区卫生服务实现一中心一特色。深化家庭医生签约履约服务，签约率达 22.25%；推进基层数字健共体工作，建成新兴示范慢病管理中心项目，云药房平台实现全覆盖。中医药服务能力不断提升，建成 4 家市级中医药特色示范医疗中心。强化重点传染病防控，防病治病和健康管理能力得到加强。重视心理健康和精神卫生，社会心理服务体系不断完善。

乡村振兴取得积极成效。严格落实“四个不摘”要求，坚持“两保持三加强”，巩固会宁、靖远、舟曲脱贫攻坚成果，打通有效衔接堵点难点。促进项目升级，启动项目 88 个，完工 66 个，投入财政援助资金 1.73 亿元；做好人才支援，援派党政干部 15 名，教育、医疗等专业技术人才 104 名；助推产业提档，引导企业结对落户投资 13 家，到位投资额 6901.5 万元，吸纳劳动力就业 262 人；援建帮扶车间 118 个，吸纳农村劳动力就业 2922 人；持续帮扶捐赠，完成消费帮扶 2.95 亿元，社会力量捐款捐物 1464.72 万元；打造品牌亮点，共建产业园 3 个、乡村振兴示范村 10 个，“万企兴万村”“陇上阳光行”等活动深受欢迎。巩固与长春市朝阳区经贸合作成果，产业对接、商贸合作、人才交流、文化融合进一步深化拓展。

群众居住条件有序改善。城市更新稳步推进，天津市首个老旧房屋城市更新项目嫩江路片区完成竣工验收，解放北路 103－107 号主体封顶，大新华里片区启动控规调整，河北路 45 号实施方案基本确定。实施三年滚动投资计划，高标准完成山东路地块出让前期准备工作，推动五大道公园(一期)PPP 项目建设。加强基础设施建设，建成 5G 基站 491 个，累计达 1777 个，免费开放站点 75 个，累计达 112 个；完成自来水支管加固 12 处；改造燃气旧管网 9 公里、背街里巷立管 2000 个、燃气户内设施 5.6 万户。加强海绵城市建设，落实《和平区海绵城市建设实施方案》，排水管网、道路、老旧小区改造等项目 100%开工，32%建成区面积达到海绵城市要求。

七、创新基层社会治理，社会保持安全稳定

坚定不移贯彻总体国家安全观，着眼治理体系和治理能力现代化，探索现代化市域治理新模式，巩固人民安居乐业、社会安定有序良好态势，筑牢首都政治“护城河”。

风险防范扎实有力。坚持党对国家安全工作的绝对领导，全力服务保障党的二十大胜利召开，建立 12 个重点领域协调机制和 2 个专项工作协调机制，有效防范和化解政治、经济、意识形态等各领域风险。深入学习贯彻《总体国家安全观学习纲要》，组织开展全区国安干部集中培训。做好金融类风险防控，推进非法集资案件处置清退。做好诈骗类风险防控，开展打击整治养老诈骗专项行动，侦破涉老案件 224 起，挽回损失 7369 万元。开展防范电信诈骗宣传活动，国家反诈 App 注册率名列全市第一。做好债务类风险防控，严格执行举债融资事前安全审查，积极化解隐形债务，政府债务规模控制在绿色区间。做好特殊人群服务管理，开展专项行动，建账登记名册，有效杜绝个人极端案事件发生。

矛盾纠纷有效化解。落实《信访工作条例》，创新发展新时代“枫桥经验”，构建党委统一领导、政府组织落实、信访工作联席会议协调、信访部门推动、各方齐抓共管的“五位一体”信访工作格局。发挥区街社区三级社会矛盾纠纷调处化解中心作用，排查矛盾纠纷 671 件，调处率达 99.8%。做好信访服务，及时受理率、按期办结率达 100%，群众满意率超 90%。化解信访积案，区级领导带头包案，平稳化解一批棘手的陈年积案，完成中央交办 113 件信访积案上报审核。

社会保持安全稳定。打好“卫城—2022”维护政治安全战役，圆满完成全国两会、北京冬(残)奥会、市第十二次党代会等安保维稳任务，重点人员平稳可控，做到“天津不能聚、北京不能去、网上不能炒”。巩固“长安杯”五连冠成果，创建社会治安防控体系建设示范城区，常态化开展扫黑除恶斗争，暴力犯罪八类案件破案率达到100%，“黄赌毒”违法犯罪破案率位居全市第二，全国禁毒示范城区完成实地验收。持续巩固深化政法队伍教育整顿成果，开展重点检查6次，切实做好教育整顿“后半篇文章”。坚持安全第一、预防为主，探索大安全大应急模式。严格落实安全生产责任制，落实“四铁”要求，压实领导责任、监管责任和主体责任，加强重点行业、重点领域安全监管，突出危险化学品、公共消防等六大领域，整改安全隐患229项。制定《和平区事故灾害应急处置工作机制》，围绕防汛抗旱、气象灾害、火灾事故等制定12个区级专项应急预案，应急能力和力量得到巩固和充实。

社会治理现代化水平稳步提升。深化“战区制、主官上、权下放”党建引领基层治理体制机制创新，市域社会治理现代化合格城市创建顺利通过初审，24个“三红”试点建设取得实效。充分发挥志愿服务作用，完善平安志愿服务体系，深入开展“红色网格”创建，试点推进小巷红管家项目，参与志愿服务2000多人次。继续开展“标杆示范楼门”活动，成功新创162个“标杆示范楼门”，旧楼长效管理考核保持全市前列。强化智慧管理，完善“智慧+”体系，推行“网格+警格”“群防+联治”工作模式，打通服务管理最后一米。

八、坚持绿色低碳发展，生态环境不断改善

深入贯彻习近平生态文明思想，扎实践行绿水青山就是金山银山的理念，坚持生态优先、绿色发展导向，协同推进降碳、减污、扩绿、增长，努力打造生态文明的美丽和平。

生态环境治理取得新成效。打好污染防治攻坚战，巩固中央和市生态环境保护督察整改成果，持续深化大气污染防治，$PM_{2.5}$平均浓度达35.32微克/立方米，空气质量优良天数269天。落实“美丽河湖”建设行动，抽水清淤、优化水质，推进水环境质量改善，考核断面水质达标率100%。强化土壤污染风险管控，推进岳阳道小学汉阳道校区改扩建项目土壤修复，土壤安全利用率继续保持100%。健全环境风险隐患防范机制，构建固定污染源监管体系，清单化管理油烟、扬尘、噪声等突出环境问题；率先推进生态损害赔偿案件，进度在全市名列前茅；探索环境治理市场化和环境污染第三方治理，实施“三线一单”管理制度和企业绿色发展评估，生态环境治理更加科学有效。

市容环境品质不断提升。开展市容环境“绣花行动”，创新“一线徒步工作法”，日常监管全时段、全覆盖，扎实推进环卫作业市场化改革，城市管理精益化水平进一步提升。高质量完成城市市容环境综合整治任务，机扫水洗率保持100%。实施全域增绿行动，以低碳生态、低碳出行为主题，建成4个精品“口袋公园”，总面积3071平方米，口袋公园建设走在全市前列。推动喀什路、苍梧路周边道路及配套等工程，地铁8号线房屋征收稳步推进，海河沿线、25公里景观线路等城市天际线更加亮丽。

绿色生产生活方式加快形成。按照全国统筹、节约优先、双轮驱动、内外畅通、防范风险总方针，形成碳达峰碳中和工作方案。大力发展低碳经济，推动产业结构、能源结构、交通运输结构优化组合，引入了中能碳汇、天津津能新能源等从事绿色研发的优质企业，预计年营收额超6亿元。创新宣传方式，倡导绿色理念，巩固扩大节约型机关、绿色家庭、绿色学校、绿色社区和绿色出行等行动成果。推进无废城市建设，完善生活垃圾分类收运体系，垃圾分类和收运管理提速提效提质。

九、坚持严的主基调，推动全面从严治党向纵深发展

贯彻落实新时代党的建设总要求，坚决扛起从严管党治党的政治责任，保持永远在路上的清醒和坚定，发扬伟大建党精神和自我革命精神，思想建党和制度治党同向发力，党的建设取得新成效。

政治建设不断加强。旗帜鲜明讲政治，突出党的忠诚教育，扎实开展“迎盛会、铸忠诚、强担当、创业绩”主题学习宣传教育实践活动，制定10大类43项具体举措，教育引导全区党员干部坚定捍卫“两个确立”，坚决做到“两个维护”。严明党的政治纪律和政治规矩，落实全面从严治党主体责任，强化“一岗双责”、层层压实责任。严肃党内政治生活，把党章作为根本遵循，贯彻民主集中制，圆满完成党代表选举工作，选举产生和平区出席市第十二次党代会代表19名。严格执行《关于新形势下党内政治生活的若干准则》，落实“三会一课”、民主生活会、组织生活会等制度，以准组织生活会标准开展4个专题的交流研讨，用好批评与自我批评强大武器，增强党内政治生活的政治性、时代性、原则性、战斗性。持续用力净化政治生态，制定《和平区2022年加强政治生态建设重点任务》，形成《和平区2021年政治生态分析研判报告》和整改分工，深入整治圈子文化、码头文化、好人主义，营造风清气正政治生态。

基层组织更加坚强有力。贯彻新时代党的组织路线，坚持大抓基层的鲜明导向。全面提高机关党建质量，推动机关党建与业务深度融合试点工作，做好“三个表率”。严格执行基层党组织换届制度，实施挂牌督办、销号管理，全区应换届378个基层党组织全部完成换届，换届率达100%。严格落实大工委、大党委制度，稳步推进社区评星定级工作，社区治理和物业管理水平进一步提升。坚持“向群众汇报”，持续擦亮“和平夜话”品牌，组织市、区两级党员干部入列轮值4000余人，全区党员干部走进群众3.5万余次，解决群众诉求4000余个，《“和平夜话”聊到百姓心坎上》入选中央党史学习教育案例选编。推动“两新”组织党建巩固提升，制定《和平区非公有制经济组织和社会组织工委组成及运行规则》，举办“惠企宣讲”“微课堂”“创新大讨论”等特色活动200余场，党建和经营双融双促。大力推进菜市场、互联网和“小个专”等重点领域重点行业党建，“红色解忧杂货铺”“政企圆桌会”“党建联盟”等经验做法被央广网等媒体报道，党在新兴领域的凝聚力号召力不断增强。

干部队伍建设全面提升。坚持党管干部，突出政治标准，健全动态管理正、负面清单，动态更新政治素质档案，做到首关不过、余关莫论，选贤任能、选优配强。强化政治素质考察，对全区72个单位深入走访调研、综合分析研判，共调整处级领导干部192人。抓好后继有人这个根本大计，在疫情防控、招商引资、城市提升改造等前沿一线培养考察识别干部，绩由事考、人以绩论、凭绩论功。深入开展无任用推荐，建立健全优秀年轻干部储备库。坚持严管和厚爱相结合，持续做好激励担当、容错纠错、谈心谈话等工作，对受问责的区管干部进行帮扶回访。严格干部管理监督，坚持对全区各单位干部选拔任用进行“一报告两评议”；对干部调整进行“三方联审”、记实监督、提拔即检；严格落实领导干部报告个人有关事项制度。健全公务员培养选拔机制，畅通各类人才进入渠道。

党风廉政建设和反腐败斗争扎实有效。坚持不敢腐、不能腐、不想腐一体推进，同时发力、同向发力、综合发力。实施“铁案工程”，加大违纪违规等问题查处力度，运用“四种形态”批评教育帮助和处理262人次，形成不敢腐的强大震慑。锲而不舍落实中央八项规定精神，持续深化纠治“四风”，查处形式主义官僚主义突出问题30起，处理44人；查处享乐主义、奢靡之风问题28起，处理35人。聚焦群众身边微腐败，巩固完善区、街、社区“1+3+18”协作联动机制，推广基层小微权力监督一点通平台，推进提级监督。持续深化巡驻办公，对6个点位开展巡驻，发现整改问题28个。持续推进廉洁文化建设，发挥“廉润初心”等阵地作用，落实“三个以案”具体举措，深化纪律教育与预防职务犯罪定制课程，召开全区警示教育大会，做到警钟长鸣、防微杜渐。发挥政治巡察利剑作用，开展2轮常规巡察和1轮统配巡察，做好巡察“后半篇文章”，对34个被巡察党组织66个持续整改或整改不到位问题跟进监督，推动18个单位整改见底清零。

一年来，区委常委会总揽全局、协调各方，发挥工会、共青团、妇联、残联、科协、红十字会等优势力量，发挥各民主党派、工商联、无党派人士等积极作用。做好档案、保密、机要、老干部等工作。自觉接受党员干部群众和社会各界人士的监督。

河东区委2022年工作总结

2022年,河东区委常委会在市委的坚强领导下,坚持以习近平新时代中国特色社会主义思想为指导,全面贯彻党的二十大精神,认真落实习近平总书记对天津工作"三个着力"重要要求和一系列重要指示批示精神,坚定捍卫"两个确立"、坚决做到"两个维护",全面落实"疫情要防住、经济要稳住、发展要安全"重要要求,沉着应对百年变局和新冠疫情,自觉践行新发展理念,高质量推进河东经济社会发展,高水平建设"金创河东·津韵家园",顺利实现预期目标,开创了社会主义现代化品质活力区建设新局面。

一、把思想和行动高度统一到党的二十大精神上来,坚定不移沿着习近平总书记指引的方向奋勇前进

高举旗帜,守正创新,坚持把学习宣传贯彻落实党的二十大精神作为首要政治任务,切实用党的二十大精神统一思想、凝聚力量、鼓舞斗志。

(一)全覆盖多层次开展专题学习

先后召开区委常委会、区委常委扩大会议,传达学习大会精神,制定印发关于迅速兴起学习宣传贯彻落实党的二十大精神热潮的通知,对学习宣传贯彻工作作出具体安排。区委理论学习中心组带头开展为期3天的专题读书班,原原本本学习党的二十大精神,结合河东实际开展集中学习研讨。高标准高质量开展学习培训,将大会精神纳入区委党校培训必修课,分期分批对处级领导干部开展集中轮训,推动做到学深悟透。组织各级党组织通过"三会一课"、主题党日等形式持续深化学习,差异化开展分批培训、在线学习、辅导讲座等学习教育活动,实现了2500余个基层党组织、6万余名党员学习教育全覆盖。

(二)迅速掀起宣传宣讲热潮

把多形式、精准化、接地气作为宣传党的二十大精神的着力点,推动党的二十大精神进机关、进企事业单位、进社区、进校园、进军营、进各类新经济组织和新社会组织、进网站,进入每一名党员的心中。组建区委宣讲团,面向党员干部、党外人士、社区群众等开展宣传宣讲,宣讲团成员紧密结合亲身经历、切身感受,全面深入阐释大会精神,开展对象化、分众化、互动化宣讲。在各类宣传载体开办专栏,形成全媒体覆盖、全网络跟进、全时段推送党的二十大精神的浓厚氛围,迅速形成强大声势,使党的二十大精神家喻户晓、入脑入心。

(三)融会贯通抓好落实

将狠抓落实作为学习贯彻的落脚点,推动党的二十大精神融入河东发展长远谋划与具体工作中,落实到经济社会发展各领域各方面。召开区委十二届五次全会,审议通过《中共天津市河东区委关于深入学习宣传贯彻党的二十大精神 奋力开创全面建设社会主义现代化品质活力区新局面的实施意见》,围绕贯彻落实党的二十大精神和市委全会精神作出全面部署,细化各项任务,压实工作责任,扎实推动党的二十大精神和市委部署在河东落地见效。围绕推动经济发展提质增效、民生事业接续改善、基层治理持续优化等深入开展调研,广泛听取意见建议,用心研究具体举措,深入谋划贯彻落实党的二十大精神思路招法,切实把党的二十大精神转化为谋划工作的思路举措、干事创业的强大动力。

二、完整、准确、全面贯彻新发展理念,经济高质量发展步伐更加稳健

顶住需求收缩、供给冲击、预期转弱"三重压力"和疫情形势等诸多不确定性因素,深刻把握高质量发展的内涵要求,打基础、强引擎、谋长远,保持经济高质量发展良好态势,为稳住全市经济大盘作出积极贡献。

(一)经济统筹调度有序有力

加强党对经济工作的领导,定期召开区委常委会扩大会议暨全区经济运行推动会议,成立经济运行、税源建设、项目谋划工作专班,保障经济平稳运行。全力统筹财政收支、债务化解、国企改革、天铁配套等重大攻坚任务,推动各级各类稳经济“一揽子”政策措施落地落实,有力守住了“三保”底线,经济态势稳定向好,交出来之不易的成绩单。全年地区生产总值预计增长3.5%左右,第三产业比重提升至94%左右;一般公共预算收入预计完成32.6亿元,固定资产投资预计完成129亿元,人均可支配收入预计超过5.4万元。

(二)区域内生动力日益增强

多样载体建设取得新进展,成功打造全国首家二手商品流通电商产业园——“二次方城市”,预计年营业收入3亿元。鑫创医疗器械产业园、中航建平台经济园、二十冶文体创意园实现整体运营,天津人力资源发展促进中心项目年底竣工。持续优化楼宇环境,全年盘活空置楼宇5万余平方米。金贸产业园获批纳入天津高新区扩容区。重大项目建设全面提速,62个5000万元以上区级重点项目有序推进。以“土地+项目+产业”的思路持续推动汪庄子1号地、际华3522厂、东孙台等地块挂牌出让。房地产业比重降低到15%左右,金融业占地区生产总值比重提升至25%左右,“金创”产业比重提升到40%左右。大力推动民营经济发展,全区各类市场主体数同比增长8.1%,注册资本(金)同比增长21.1%。超前谋划储备河东区城市管理停车一体化等30个重大项目,总投资达317.38亿元。

(三)创新发展势能加速聚集

新动能引育持续发力,引进信创产业、科技金融、平台经济等主导产业企业541家。国家高新技术企业突破155家。国家科技型中小企业、“雏鹰”企业分别达到267家、123家,均增长15%以上;“瞪羚”企业达到7家,增长133%。中能建科技发展有限公司成功认定为科技领军培育企业。技术合同交易额超过71亿元。新增市级及以上重点实验室、工程技术创新中心等高能级创新平台4家。与天津大学签订全面战略合作协议,承办、举办第七届“清华校友三创大赛”天津赛区晋级赛等活动,创新创业氛围进一步活跃。推进“智慧河东”建设,加快打造数字政府,培育数字经济。6家企业被评为“专精特新”中小企业,天津电气科学研究院有限公司被评为天津市第三批市级制造业“单项冠军”企业,实现了我区零的突破。实施“翔东计划”升级版,落实“海河英才”行动计划、“海河工匠”建设工程,建立了“1+14”人才政策体系,累计落户1233人,认定河东区创新人才102人。

(四)消费能级和活力显著提升

推动商贸业持续健康发展,金茂汇商业综合体如期开业,首店经济超60%,与嘉里汇、音乐街、棉三创意街区等商业和文创载体相映成辉,共同点亮“海河东岸新消费走廊”。成功举办第二届海河国际消费季等活动,“万爱”等特色商圈能级跃升。积极推动“老门口儿”“哏儿都游园纪”等7个夜市开街运营,深入打造“夜河东”品牌。全力推动海河码头项目建设落地,与天津旅游集团深入对接,擦亮海河旅游金字招牌,打造河东文旅融合发展的新亮点。

三、大力推进更深层次改革和更高水平开放,持续激发高质量发展的动能和动力

准确把握形势变化,敢闯敢试、敢为人先,扎实推动全面深化改革和扩大开放不断向广度和深度推进,经济发展呈现出旺盛生机活力。

(一)优化体制激发新活力

营商环境不断优化,率先出台优化营商环境十大举措、公布区级行政许可事项清单,创新推出信用承诺审批提醒、容错办理服务。完成天津首家分质供水企业设立,新增涉路施工许可等14项“一件事”应用场景。通过“政务一网通”平台办理政务服务事项5465件,承诺制审批115件,推广使用“网上中介超市”272件。开展“双万双服促发展”活动,走访服务企业2000余家,平台问题答复率、按时办理率均达100%。拓展诚信体系范围,不断加强诚信体系建设。

(二)重点改革取得新成效

国企改革三年行动任务完成率100%,基本实现了国有资产集中统一监管,区属国企产业布局不断优化,国有经济“瘦身健体、提质增效”成效明显。成立3家合资公司,推动智慧能源管理、数字信创、产业基金建设等工作有序开展。

守牢企业债务风险底线，加强监督管理，连续第二年实现盈利。各类惠企政策落地见效，带着真心实意、拿出真金白银，不折不扣落实减税退税、房租减免等政策，持续为市场主体纾困解难，累计为企业和个人退税减税降费13.3亿元。

（三）对外开放实现新突破

聚焦京津冀协同发展，承接非首都功能疏解成效明显，预计新注册京冀企业（项目）600家左右，其中北京企业（项目）125家，注册资金18亿元左右。引进中电（天津）智慧城市、中北电（天津）节能等一批央企下属企业。新增北京单位在津落地重大项目总投资预计30亿元左右。与中核汇能签订屋顶光伏项目合作协议，投资额预计29.1亿元。引进重点金融项目，服务推动渤银理财有限责任公司在我区注册，注册资本20亿元，实现我区法人金融机构总部的新突破。招商引资不断取得新成效，天津医药集团营销有限公司、大唐信服科技有限公司天津分公司、益丰仙鹤医药销售有限公司等重点企业成功落户，全年落地注册资金亿元以上企业28家，预计年内实际利用内资70亿元。

四、奋力打造高效能治理品质区，城区颜值、气质、品牌持续提升

坚持人民城市为人民，加快健全高效能治理体系，打造宜居宜业、安全便捷的高品质城区，努力让人民群众在城市生活得更方便、更舒适、更美好。

（一）城区环境更加靓丽

持续推进全国文明城区创建工作，大力开展群众性精神文明创建活动。深入打好蓝天、碧水、净土保卫战，持续打好污染防治攻坚战，$PM_{2.5}$平均浓度同比改善7.7%，优良天数比例达到73%以上。开展2022“清河湖”专项整治行动，河湖突出问题得到有效整治。落实建设用地调查评估制度，推进暂不开发污染地块风险管控，污染地块安全利用率达到100%。推进碳达峰、碳中和“十大行动”，节能减排完成目标任务，积极营造节能低碳社会氛围。建成秀丽广场儿童主题公园和41个“口袋公园”。津滨大道、桥园等重点道路、公园实施绿化提升15万平方米。

（二）综合功能更加完善

城市建设日新月异，高标准实施城市更新规划编制，谋划推进第一机床总厂、井冈山路、津龙湾等重点城市更新项目。加快开展新一轮老旧小区改造，覆盖46个小区，建筑面积250.76万平方米。整修新环路等20余条道路，惠及居民3.9万户。完成博山道、月牙河北路等十余条道路及市政管线建设。建成各类5G基站20个，金阜桥110千伏变电站顺利实现送电。天津站地区精细化管理水平不断提升。加快缓解“停车难”问题，新建停车场8处，新增公共停车泊位1008个，上杭路街区实现停车泊位智能化。城市管理更加精细，持续开展共享单车停放秩序治理。推动垃圾分类工作落实落细，完成新建箱房260个，分类棚亭286个。

（三）平安河东建设稳步推进

全面贯彻落实总体国家安全观，筑牢国家安全坚固防线。全力做好北京冬奥会、市第十二次党代会、党的二十大期间的维稳安保工作。始终把安全生产摆在重要位置，专项整治三年行动223项任务目标圆满收官，紧盯燃气、自建房、老旧小区、危化品等重点领域隐患排查治理，督促整改隐患4973项，全年未发生重特大安全生产事故。着力推进矛盾纠纷化解，解决了一批群众关切的操心事、烦心事、揪心事。建成240个智慧社区，全区智慧社区达到555个，基本民生保障、基层社区治理、基本社会服务持续提质增效。全区社会大局和谐稳定，治安形势持续向好，基层基础不断夯实，工作机制不断完善，治理能力持续提升。

五、持之以恒保障和改善民生，切实提升人民群众的幸福指数

坚持以人民为中心的发展思想，民生支出占一般公共预算支出比重达70%以上。市、区两级民心工程35个子项任务有效落细落实，人民群众幸福指数不断提升。

（一）坚决打好疫情防控阻击战

始终坚持人民至上、生命至上，坚定不移贯彻“外防输入、内防反弹”总策略，坚持天津战术、天津打法,健全作战体系,理顺作战机制,统筹作战力量,设立 17 个专业组、13 个分指挥部,提升科学防控之智、统筹兼顾之谋、组织实施之能、快速精准之效,牢牢把握疫情处置的主动权。在迎战第六大道、爱琴海等多轮突发疫情的非常时期,全区上下众志成城、万众一心,紧抓指挥调度、大筛追筛、流调溯源、追阳判密、隔离转运、物资保供等各个环节,第一时间阻断了疫情传播链条,用最短时间遏制住疫情蔓延。坚持实事求是、因时因势优化完善防控措施,科学防治、精准施策,及时调整工作重心,突出工作重点,落实工作举措,实现平稳转段,最大程度保护人民群众生命安全和身体健康,有序恢复群众生产生活秩序,推动经济社会发展。

(二)持续优化公共服务

教育事业稳步发展,河东区十三幼等 4 所幼儿园完成建设并投入使用,新增学前教育学位 720 个。天津七中被定为"天津市品牌高中建设项目培育学校"。建成民办伯苓高中项目并顺利开学。卫生事业加快发展,提高基层医疗卫生服务能力,持续深化"河东医联体专家工作室"建设,优化家庭医生签约履约服务,累计签约 21.6 万人。文体事业蓬勃发展,成功举办第七届天津直沽文化旅游节和河东区第十一届社区文化艺术节。群众文化场馆建筑面积达到每万人 345 平方米。新增国家级非遗项目 2 项、市级项目 10 项、区级项目 29 项。全年举办全民健身活动赛事 200 余场,新建笼式足球场 2 个、社区体育园 5 个,更新健身园 40 个,受益群众达 30 万余人。组队参加市第十五届运动会取得 81 金 91 银 92 铜优异成绩。

(三)不断完善民生保障

新增就业 1.65 万人,零就业家庭保持动态为零。开展精准救助,累计发放低保、临时救助及各类补贴 3.04 亿元。着力做好社区居家养老服务,建设完成 8 个街道综合养老服务中心,开办 25 个一级老人家食堂。新建区级实景式养老服务能力引领基地,成功申请 2022 年全国居家和社区基本养老服务提升行动项目。加强退役军人服务保障,各项优抚优待政策有效落实。提升改造汇贤里、程林里、嵩山道、鼎信 4 个菜市场。推进"国家食品安全示范城市"创建,开展打击食品安全违法犯罪"百日行动"。学校食堂、中型以上社会餐饮"互联网+明厨亮灶"实现动态全覆盖。东西部协作和支援合作扎实推进,拨付甘肃宁县、迭部县财政援助资金 8380 万元,募集社会动员捐款 1076 万元,对口实施产业发展、人才培训、乡村振兴示范村建设等项目 43 个,有力助推结对县乡村振兴建设。

六、以永远在路上的执着纵深推进全面从严治党,以高质量党建引领高质量发展

弘扬伟大建党精神,深刻理解和把握新时代党的建设总要求,全面推进党的自我净化、自我完善、自我革新、自我提高,以党的建设全面加强、全面过硬,为高质量发展提供坚强政治保障。

(一)坚持和加强党的全面领导

坚持把落实党的二十大精神和习近平总书记重要指示批示事项列为区委常委会年度工作首要任务,实行台账式、清单化管理。强化制度治党、依规治党,提高运用党内法规完善政策、制定措施、解决问题的能力。区委常委会带头加强自身建设,制定《中共天津市河东区委关于加强和改进常委会自身建设的意见》,持续打造忠诚、干净、担当的坚强领导集体。定期研究全面从严治党工作,制定关于推进全面从严治党向纵深发展的若干措施,持续释放全面从严治党不停歇、不松劲的强烈信号。切实扛起巡视整改主体责任,严格落实"三级递进"整改要求,持续深化市委巡视整改。高标准开展新一届区委巡察工作,定期听取巡察整改和成果运用情况,确保以巡促改、以巡促建、以巡促治。

(二)以党建引领筑牢思想根基

坚持以党的政治建设为统领,把习近平新时代中国特色社会主义思想作为干部教育培训的重中之重。发挥区委理论学习中心组"旗舰"作用,综合运用集体研讨、专家辅导、调研成果交流等方式开展集体学习 15 次。完善各级党组织理论学习中心组集体学习和常态化集中学习教育培训制度,指导推动理论学习制度化、规范化。扎实开展"迎盛会、铸忠诚、强担当、创业绩"主题学习宣传教育实践活动工作,引导广大党员干部坚定理想信念,争创一流业绩。深入开展“我为群众办实事”实践活动,完成群众诉求清单事项5140项,以实干实效彰显对党的绝对忠诚。围绕庆祝中国共产党成立101周年,组织全区各级党组织广泛开展主题党日活动。全面履行意识形态工作责任制,区委常委会每季度听取意识形态工作汇报,开展3轮区委巡察意识形态专项检查,组织各部门对论坛、讲座、报告会、研讨会等活动开展全面自查,切实守牢意识形态阵地。持续壮大主流思想舆论,打造高水平融媒矩阵,持续深化“奋进新征程　建功新时代”“深学笃用　天津行动”等主题宣传,全景式、立体化宣传河东区经济社会发展的显著变化和突出成效,讲好河东故事、唱响河东声音,持续展现河东魅力形象。健全工作机制,坚持线上线下协同推进,积极稳妥处置涉区网络舆情,确保大局平稳可控。

(三)大抓基层强基固本

坚持“战区制、主官上、权下放”党建引领基层治理创新,推动基层党组织在巩固加强中更加坚强有力。实施组织、资源、协商、阵地、数据下沉赋能模式,健全红色网格运行、党组织规范建设、党员清单式管理、区域结对联建组织体系运行机制。总结“五门行动”“五代服务”等一线工作法,形成“社区书记谈治理”案例。开展党建引领“无疫小区”“无疫网格”创建工作,充分发挥入列轮值、“双报到”机制作用,让党旗在疫情防控一线高高飘扬。统筹推进各领域基层党组织建设,试点推进党建与业务深度融合,落实“月畅谈、季讲评、年述职”制度保障。持续规范国有企业党组织建设,推进中小学校党组织领导的校长负责制。分领域制定机关、事业单位、社区网格、国企、中小学、“两新”组织等基层党组织工作清单范本。成立区“小个专”综合党委,以“党旗领航　聚力发展”为品牌载体,选树“两新”组织党建品牌35个,推进各领域党建全面进步。全力提高党员教育管理质量,严肃党内政治生活,落实“三会一课”、双重组织生活制度,组织各级党组织开展重温入党誓词、过好“政治生日”等活动。

(四)有力有效推进干部队伍建设

开展在疫情防控一线考察识别干部工作,深入全区71家处级单位全面调研领导班子和领导干部在疫情防控中的实际表现,对在考察识别中发现的表现突出的干部晋升职级。全年共提拔或晋升处级干部85人,交流干部53人次。推动我区首批组织人事专责科室负责人交流调整工作,选优配强基层单位组织工作负责人。招录公务员(参公人员)和选调生110名,建立296人的优秀党外知识分子人才库,认定无党派人士48名,干部队伍“蓄水池”进一步扩大。有计划、分批次选派年轻干部到疫情防控指挥部、隔离点、封管控区、创文组等重点一线岗位实践锻炼共计600余人次,推动年轻干部在基层一线和急难险重任务中成长成才。持续发挥公务员职务与职级并行制度优势,累计晋升200余人次,推动形成争先恐后干事创业的浓厚氛围。

(五)锲而不舍正风肃纪反腐倡廉

按照“六聚焦六提升”总体思路,以“五个一”重点工程建设为突破口,促进纪检监察工作提质增效。深入开展全面从严治党暨加强政治生态建设“十项行动”,扎实推进“三医”领域、困难群众补助救助资金审计等21项专项监督。狠抓巡察监督,形成巡审财统深度融合、巡察整改向群众汇报、建立巡察监督“4+1”工作清单等机制。坚定不移推进“四风”问题查纠并举,扎实开展担当作为“正风”行动。通过列席“三重一大”会议发现并纠正问题472个,组织召开党风廉政会议76次,在5个社区建成8个廉洁文化“口袋公园”。深入开展十个“点题整治”,探索建立小微权力“监督一点通”服务平台。运用“四种形态”批评教育帮助和处理党员干部594人次,对105名受处分干部进行回访教育。严肃查处违纪违法问题,全年共处置问题线索603件,立案173人,党纪政务处分161人,留置14人,移送司法机关16人,挽回经济损失11791余万元。

一年来,区委常委会全力支持和保证区人大及其常委会依法行使职权,加强对“一府一委两院”的监督，充分发挥人大代表主体作用，扎实开展监督工作，实施民生实事项目人大代表票决制，拓展人民群众政治参与渠道。全力支持区政协充分发挥人民政协专门协商机构作用，坚持团结和民主两大主题，推进政协协商与基层协商良性互动，实行委员“双进”制度，紧扣全区中心工作广泛开展视察调研、协商议政，以高质量建言资政成果服务全区经济社会高质量发展。持续完善大统战工作格局，发挥统一战线组织功能，广泛开展“凝心聚力促发展、融情送暖促和谐”走访服务委员月活动，积极强信心、聚民心、筑同心。建成“和静 · 同心圆”统战文化主题“口袋公园”“和静 · 同心荟智”党外人士工作室，打造全景融合式基层统战实践阵地。着力增强群团组织政治性、先进性、群众性，夯实群团工作基础，充分发挥工会、共青团、妇联等人民团体作用，扎实推进计划生育协会、文学艺术界联合会、法学会改革。强化党管武装，大力支持和加强国防、军队和后备力量建设，深化国防动员体制改革，巩固和发展军政军民团结良好局面。

河西区委 2022 年工作总结

2022 年是开启全面建设社会主义现代化国家新征程、向第二个百年奋斗目标进军的再出发之年，也是党的二十大胜利召开之年。区委常委会坚持以习近平新时代中国特色社会主义思想为指导，深入学习宣传贯彻党的二十大精神，深入贯彻落实习近平总书记对天津工作“三个着力”重要要求和一系列重要指示批示精神，全面落实“疫情要防住、经济要稳住、发展要安全”重要要求，提高政治判断力、政治领悟力、政治执行力，深刻领悟“两个确立”的决定性意义，增强“四个意识”、坚定“四个自信”、做到“两个维护”，按照市第十二次党代会提出的“四高”目标导向，紧密结合河西实际，找准落脚点、结合点、发力点，在继承中发展，在发展中创新，加快建设首善之区、打造品质城区步伐，努力推动社会主义现代化大都市核心区建设再上新台阶。

一、全面系统学习领会党的二十大精神，踔厉奋发、勇毅前行，坚定不移沿着习近平总书记指引的方向奋勇前进

坚持将学习宣传贯彻党的二十大精神作为首要政治任务，牢牢把握“全面学习、全面把握、全面落实”重要要求，周密部署、精心安排、深入推进，持续兴起学习宣传贯彻热潮，扎实推动大会精神在河西落地落实。

强化思想引领，开展多形式、分层次、全覆盖学习培训。召开区委常委会扩大会议暨全区领导干部大会，传达学习大会精神，印发关于迅速兴起学习宣传贯彻党的二十大精神热潮的通知，对学习宣传贯彻工作做出具体安排。区委理论学习中心组带头开展为期三天的专题读书班，原原本本、逐字逐句研读学习党的二十大报告和党章等重要内容，紧密结合河西实际开展集中学习研讨，用心思考谋划贯彻落实举措。高标准高质量开展学习培训，将大会精神纳入区委党校培训必修课，分期分批对全区 520 余名处级领导干部开展集中轮训，推动做到学深悟透、入脑入心。各级党组织通过“三会一课”、主题党日、组织生活会等形式持续深化学习，用好《党的二十大报告辅导读本》《二十大党章修正案学习问答》等辅导读物，结合街道社区、“两新”组织等不同行业、不同领域、不同群体党员的特点，差异化开展分批培训、在线学习、辅导讲座等学习教育活动，推动党的二十大精神延伸到每个支部、每名党员。

营造浓厚氛围，推动党的二十大精神家喻户晓、深入人心。坚持把准方向、把牢导向，严格按照党中央精神全面阐释、准确解读党的二十大精神，牢牢把握宣传引导主动权、话语权。区委主要负责同志带头面向党员干部、党外人士、社区群众等开展宣传宣讲，紧密结合亲身经历、切身感受，全面深入阐释大会精神。组建区、街、社区三级宣讲团，发挥巾帼宣讲团、劳模宣讲团、老战士宣讲团、青年宣讲团等品牌作用,深入企业、机关、校园、社区、军营开展对象化、分众化、互动化宣讲,累计举办各类宣讲2000余场,受众近30万人次。依托党群服务中心、新时代文明实践中心、居家养老服务中心、退役军人服务中心等载体,广泛开展更接地气、更动人心的宣传活动,组织知识竞赛、书画摄影等特色宣传活动。把网络传播平台作为重要宣传阵地,网上网下一体推进,推动《河西新闻》《天津日报·河西周刊》、"天津河西"微信公众号、"学习强国"河西分平台等刊发相关稿件1099篇,网络宣传浏览量达112万余次,在中央和市级媒体发布河西区学习宣传贯彻党的二十大精神相关报道101篇,迅速形成强大声势。

突出实际实效,切实用党的二十大精神指导实践、推进工作。坚持学以致用、知行合一,将狠抓落实作为学习的落脚点,推动党的二十大精神融入河西发展长远谋划与具体工作中,落实到经济社会发展各领域各方面。区委主要负责同志带头深入基层一线,围绕推动经济发展提质增效、民生事业接续改善、基层治理持续优化等进行现场调研座谈,统筹谋划贯彻落实党的二十大精神思路招法,区级领导深入各行业各领域开展联学共建,广泛听取意见建议,用心研究具体举措,推动各项工作落细落实。召开区委十二届五次全会,研究制定《中共河西区委关于深入学习贯彻党的二十大精神加快建设社会主义现代化大都市核心区的实施意见》,围绕贯彻落实党的二十大精神与市第十二次党代会、市委十二届二次全会精神作出全面部署,细化各项任务,压实工作责任,扎实推动党的二十大精神和市委部署在河西落地见效。

二、深刻把握高质量发展的内涵要求,夯基垒台、积厚成势,经济高质量发展步伐更加稳健

顶住需求收缩、供给冲击、预期转弱"三重压力"和疫情形势等诸多不确定性因素,完整、准确、全面贯彻新发展理念,打基础、强引擎、谋长远,保持经济高质量发展良好态势,为稳住全市经济大盘作出积极贡献。

经济监测调度有力有序。加强党对经济工作的领导,定期召开区委常委会扩大会议暨全区经济运行推动会议,成立工作专班,加强对经济运行中新情况、新问题的分析研究、推动解决,扛起稳住经济大盘政治责任,以月保季、以季保年,全力以赴为经济大局"添秤""交账"。预计全年地区生产总值保持千亿元以上,位居全市第二位,增长3%左右;完成一般公共预算收入50.23亿元,税收占比82.34%,收入总量居中心城区首位;完成固定资产投资159亿元,增长5%,各项主要经济指标保持全市前列。制定《河西区落实稳住经济一揽子政策措施工作方案》,出台13项举措55条措施,为各类市场主体减、退、缓缴税款13.3亿元,落实援企稳岗资金1.1亿元,减免房租8446万元,面向中小企业实施政府采购项目2.4亿元。组织银政企撮合活动13场,帮助企业获得授信234.6亿元,实际融资超50亿元,推动天津银行"智慧小二"金融服务平台入驻小微市场主体近2.1万户,提供2.9亿元小微普惠信贷资金支持。充分发挥"大联席、小机制"作用,加强对重点项目的服务保障和储备力度,全区"三个一批"项目库项目已达163个、总投资1434.66亿元,保持良好态势。

经济高质量发展基础更加深厚。积极承接北京非首都功能疏解,健全"1+12"产业扶持政策体系,推动"中交系""水电系""航天系"等央企产业生态圈不断做大做强,引进京冀企业144家,投资额超14亿元。持续强化产业链招商、上下游招商,大力发展总部经济、平台经济、楼宇经济,完成实际利用内资到位额134.8亿元,位居中心城区首位,同比增长5%,共引进总部型企业3家,与哈尔滨银行总行、哈尔滨电气国际工程有限责任公司、天津国兴资本运营有限公司、上海建科集团股份有限公司等优质企业签署战略合作协议,哈电国际在我区设立首个国内区域总部。着力夯实金融业"压舱石",紧密围绕全市金融街、中央商务区规划布局,深化打造"友谊路金融街",做优做强金融"生态圈",成为中心城区唯一区域性股权市场制度和业务创新试点区,引进阳光农业相互保险公司天津分公司、博正资本投资有限公司等优质金融机构15家,召开企业上市工作推进会，与天津滨海柜台交易市场签订战略框架协议，设立河西区企业上市挂牌预备板，利用资本市场提升企业活力和抗风险能力，2 家公司实现挂牌，金融机构存贷款余额突破万亿元，创历史新高。牢牢把握数字经济发展方向，着力打造数字经济产业生态圈，加快打造“河西区数字经济主题园”，制定数字经济发展三年行动计划和新八大里数字经济主题园区建设方案，出台加快数字经济产业发展扶持办法，推动辰安科技、智教人才、大华智检、知呱呱大数据等一批优质企业入驻园区，全区数字经济企业总数达到 1794 家，预计实现营业收入近百亿元，与中国新一代人工智能发展战略研究院签订战略合作协议，京津冀数字经济联盟天津秘书处落户网信大厦，数字经济聚集效应进一步彰显。依托陈塘科技商务区载体资源优势，和我区设计产业政策优势，持续引进设计及上下游企业，推动“设计之都先行区”聚集效应持续凸显，南水北调东线天津分公司、天津海河设计集团等优质企业入驻设计大厦，全区设计企业超 800 家，“北方设计联盟”成员单位达 280 家，预计全年营业收入 1250 亿元，其中在河西注册企业预计营业收入 316.1 亿元。完善加快航运服务业发展扶持办法，引进航运服务业企业 76 家，累计 840 家。

区域经济发展潜力不断激发。全力打好国企改革三年行动收官战，持续深化区属国有企业整合重组，加快从管资产向管资本转变，全年出清僵尸空壳低效企业 11 家，累计出清企业 90 家，进一步理顺经营性国有资产监管机制，区级党政机关和事业单位经营性国有资产全部纳入统一监管，国有经济瘦身健体、提质增效成效明显。大力推动民营经济高质量发展，预计新增民营企业 4500 家以上，其中注册资金超亿元 10 家；全年预计新增市场主体 1 万家以上，总量达 7.7 万余家，新增纳统规上企业 200 家。坚持“产业+地产”发展思路，积极寻找市场需求和政策引导的最优结合点，6 宗地块在全市集中供地中实现出让。发挥中心城区最大的“立起来的开发区”优势，用好 129 座商务楼宇资源，实施楼宇经济高质量发展三年行动计划，制定促进楼宇经济高质量发展的扶持办法，“腾笼换鸟”、退低引高，新引进企业 2330 家，年留区税收超千万元楼宇达到 48 座，实现“以楼聚产、以产兴区”，为实现更高量级的发展奠定坚实基础。

三、聚焦构建高水平改革开放新格局，解放思想、开拓创新，经济发展的活力和韧性不断增强

准确把握形势变化，敢闯敢试、敢为人先，大力实施创新驱动发展战略，支持区域发展要素和创新资源合理流动，扎实推动全面深化改革不断向广度和深度进军，经济发展展现出旺盛生机活力。

创新发展势能加速积聚。坚持把创新摆在现代化建设全局的核心位置，深入实施创新型企业领军计划，制定实施促进科技型企业高质量发展的扶持办法，建立“雏鹰—瞪羚—领军”企业梯度培养机制，通过项目引领、专业机构助力、平台企业带动，积极推动科技型企业、科技项目落户河西，国家高新技术企业总数达 200 家，国家科技型中小企业入库 253 家，“雏鹰”企业、“瞪羚”企业和科技领军(培育)企业达 133 家，培育专精特新“小巨人”企业 3 家，“专精特新”中小企业 11 家。大力支持企业智能化转型，发放智能制造项目匹配资金近 3000 万元、科技型企业项目研发补助资金 1000 余万元，推动企业科技研发能力不断提升，科技服务业头部企业贡献度进一步凸显，中水北方、市政华北设计院等头部企业营收增速超过 22%。南京理工大学北方研究院军民融合平台服务能力显著提升，承接“天津市军民融合先进技术成果转化平台”，激光、电池领域两项技术成果成功入选军民融合成果国家级目录。天津光电通信技术有限公司高速黑白激光打印机及关键零部件项目中标工信部 2022 年产业基础再造和制造业高质量发展专项项目。

创新创业人才合力广泛凝聚。深入实施天津市企业家队伍建设“111”工程，推荐 1 人申报国家高层次人才特殊支持计划科技创业领军人才，推荐 2 人申报国家高层次人才特殊支持计划青年拔尖人才,“一对一”服务5名高层次人才申报国家级、市级“重点联系专家”和重大人才项目。积极推动创新发展从政策支撑向生态支撑的过渡,实现资金、市场、产业基础、城区综合配套等资源对高端人才、科创团队的有效支撑和吸引,制定实施关于加强和改进新时代人才工作的实施方案,举办“2022中日韩青年创新合作对接赛—天津数字经济领域决赛”,将“项目+人才”模式贯穿人才引进、培育、服务全过程,吸纳带动更多高端人才、优质项目落户河西。深入落实“海河英才”行动计划升级版,引进各类人才2465人,发挥电子信息与大数据人才创新创业联盟等平台作用,围绕重点产业、前沿领域举办网络“直播带岗”活动,吸引近3万人参加,切实营造重才育才爱才聚才的良好氛围和社会环境。

消费活力显著提升。抢抓“双中心”城市建设重要机遇,积极构建消费场景,商旅文体联动,多措并举提升城市活力、带动消费,制定《河西区促进消费升级推动商业高质量发展的扶持办法》等一系列政策举措,推动商贸业持续健康发展,推动文化中心等七大商圈成为各具特色、主题鲜明的地标性商圈,我区获评天津市服务业扩大开放示范区。树立“营销城市”理念,积极发展首店经济、首发经济,引进知名首店30个,持续开展“活力河西·都市消费嘉年华”系列活动、“活力河西·哪吒体育嘉年华”活动,发放1500万元消费券,拉动消费超1.5亿元,不断点燃市场活力热度。在全市率先推进数字人民币试点,构建商业卖场、特色街区等一批应用场景。建筑面积6万平方米的津悦城和建筑面积4.2万平方米的津河青旅运动新天地投入使用;中海环宇城商业综合体建设进展顺利,首批主力品牌签约入驻,成为津云评选的“年度备受期待商业地标”。

营商环境持续优化。坚持“河西就是品牌、人人都是环境”,着力打造最好口碑、最优服务,对标世界银行评价指标,深化实施优化营商环境三年行动计划,全面落实“放管服”改革各项任务,深入推进政务服务“一网、一门、一次”改革、“证照分离”改革,“津心办”河西政务服务旗舰店上线运行,提升“互联网+政务服务”水平,综合政务服务实现“只进一扇门”,政府服务建设评价指标名列全市前茅。持续优化政务服务事项审批流程,通过“一件事一次办”场景式审批服务121件次,继续发挥“办不成事”反映窗口作用,全年帮助企业解决发展难题11件次,创造建筑工程“距备案11个工作日核发施工许可证”的全市新纪录,政务服务效能和企业满意度进一步提升。推动全区信用体系建设,制定重点领域信用类制度24个,实施河西区公共信用信息平台升级改造,“信易贷”等惠民便企创新应用受到广泛欢迎,加强失信惩戒和守信激励,综合信用排名稳居全市第一,全力争创全国社会信用体系建设示范城区。深入推进知识产权强区建设,推动7项专利荣获天津市专利奖,新增有效发明专利1574件,万人均发明专利拥有量19.75件,高价值专利565件,累计有效注册商标17950件,3件“外观设计专利侵权纠纷案”入选市2021年度知识产权行政保护十大典型案例,入选首批国家知识产权强市建设试点城市。

四、以高效能治理打造高品质城区,全局谋划、系统推进,治理体系和治理能力现代化显著提升

坚持人民城市为人民,加快健全现代治理体系,打造宜居宜业、安全便捷的高品质城区,努力让人民群众在城市生活得更方便、更舒适、更美好。

生态环境水平持续改善。坚持绿水青山就是金山银山理念,积极推进“双碳”工作,印发施行《河西区碳达峰实施方案》,建成总面积1.47万平方米的“双碳”主题公园,在48个小区和6条道路设置太阳能路灯200盏。见缝插绿打造“口袋公园”20个,创建绿色社区52个,城市绿道向东西双向拓展建设,新建补建和提升改造绿化近23万平方米,横跨城区的“绿色生态廊道”加速贯通、融为一体,加快从绿色资源到文化资源、产业资源、消费资源的“价值转换”。深入打好蓝天、碧水、净土保卫战,开展餐饮油烟、挥发性有机物等专项排查整治,$PM_{2.5}$年均浓度降至36微克/立方米,空气质量优良天数达到257

天;实施 52 个小区、3 条市政道路雨污分流改造,城区水体质量不断改善;完成 3 个污染地块修复,建设用地安全利用率 100%。深入开展噪声污染治理,开展安静小区创建。全域推进生活垃圾分类工作,新建 5 个生活垃圾分类示范街道,垃圾分类箱房总数达 544 个,在全市垃圾分类工作专项考核中总成绩位列第一。

城区建设管理更加精细。将城市更新、场景营造作为激发城市活力切入点,研究制定《2022—2026 年城市更新计划》,红旗新里、天津设计之都核心区柳林街区和先达片区城市更新项目有序开展,累计占地面积约 8694.6 亩,投资额 191.38 亿元。扎实推进新世纪城、紫桂苑、聚水园等 5 个老旧小区 30.8 万平方米提升改造,惠及群众 2431 户。完成 21 个小区 33.5 公里供热老旧管网改造,1.2 万余户居民受益,泰达园三期和谊诚公寓高层二次供水改造项目全部完成,惠及群众 665 户,28 部既有住宅加装电梯工作稳步开展。系统化推动海绵城市建设,有序推进 25 项海绵化改造工程,打造寿园里、教师村 2 个精品小区工程,海绵城市建设达标覆盖率增至 32%以上。儒林道等 3 条道路建成通车。新建成新世纪、龙瀚 2 家菜市场,完成郁江道、三水道等 10 家菜市场智慧化提升改造,区街级便民生活圈数量增至 48 个,入选全国第二批城市一刻钟便民生活圈试点。利用零散地块开辟停车泊位,新建绍兴道、敬爱里、富源里等 5 处停车场,有效缓解老旧小区停车难问题。加快推进智慧城市建设,建成区级城市运行管理中心,搭建城市综合管理服务平台,实现对垃圾分类收运、汛期易涝点位、供暖供热情况的实时监管。进一步发挥物业服务管理中心作用,统筹加强商品房与旧楼区物业管理,努力解决好群众身边“天大的小事”,组织巡查并推动整改物业管理问题 460 个,统筹指导房屋维修资金使用项目 138 个,惠及群众近 6 万户,城市治理科学化、精细化、智能化水平不断提升。

安全稳定形势不断巩固。牢固树立总体国家安全观,顺利完成党的二十大、市第十二次党代会等重要节点维稳安保工作,以“大概率”思维应对“小概率”事件,有力防范各类涉政、涉稳风险,实现“零进京走访非访”。完善市委、市政府、迎宾馆为中心的净空圈、处置圈、预警圈安保工作机制,坚决保障重点区域绝对安全。扎实推动常态化扫黑除恶,立案侦查 13 起,打击处理违法犯罪嫌疑人 22 人。开展打击整治养老诈骗专项行动,共破获涉及养老诈骗案件 40 起。坚持和发展新时代“枫桥经验”,发挥区、街两级社会矛盾纠纷调处化解中心作用,排查各类矛盾纠纷 1.3 万余次,调解纠纷 1915 件,调解成功率 100%,切实打通矛盾纠纷调处化解“最后一公里”。扎实推进市域社会治理现代化试点创建,在“全科网格”基础上,划分 1.9 万个社区微网格,将党政机关、企事业单位、商圈楼宇等划分为 688 个专属网格,推进城市管理网、社会服务管理网和社会治安网“三网融合”发展,为群众解决急难愁盼问题 23 万余件。持续推进“社区规划师”制度,以及“一居一品”“小巷管家”建设,组建“西岸义警”群防群治队伍,居民自治活力广泛激发。制定《河西区法治政府建设实施纲要(2021—2025 年)》,高标准部署推进“八五”普法,扎实推进法治政府建设创建,行政机关负责人出庭应诉率达 100%。组织法律顾问为全区各部门提供法律服务 711 次,社区法律工作室为群众提供法律服务 1700 余次,群众法治获得感不断增强。

安全生产和应急管理能力不断加强。坚持“隐患就是事故,事故就要处理”,研究制定关于进一步强化安全生产责任落实坚决遏制重特大事故的 15 条措施,健全完善专项应急预案体系,应急处置和救援能力显著提升。广泛开展防风险除隐患保安全排查整治和安全生产攻坚行动,累计开展检查 3.1 万次,整改隐患 6058 项。深入推进自建房安全专项整治,排查相关房屋 3149 栋,发现并整改经营性自建房隐患问题 11 处(栋)。扎实推进燃气安全集中整治,对全区 98 个调压站、1470 公里燃气管网、1990 户工商业用户、37 万户居民用户等进行全覆盖安全检查,发现并整改隐患问题 3200 余处,对 497 个老旧小区实施“六个百分百”改造,燃气安全基础持续夯实。抓实防汛抗旱各项工作，开展防汛应急处置桌面推演，防汛应急处置能力不断提升。严格落实粮食安全责任制，持续加强应急粮储备监管工作，完成全区成品粮增储工作，粮食安全保障能力进一步加强。实施"阳光食品工程"，实现大型餐饮、学校、居家养老服务中心等场所智慧监管全覆盖，组织重大活动食品安全突发事件应急演练，开展严厉打击食品安全违法犯罪"百日行动"，稳步推进国家食品安全示范城市创建工作。

五、聚焦人民群众对高品质生活的向往，着眼普惠、惠泽普遍，河西人民获得感、幸福感、安全感不断增强

坚持以人民为中心的发展思想，持续加大民生领域投入，如期完成20项民心工程和10项人大代表票决民生实事项目，人民群众幸福指数不断提升。

疫情防控有力有效。坚持人民至上、生命至上，科学精准做好疫情防控工作，优化完善疫情防控指挥体系，区疫情防控领导小组和指挥部统筹全局、科学指挥，24小时调度疫情防控工作，全区组织、全体动员，确保疫情防控工作忙而不乱、紧张有序。坚持"领导牵头、专业支撑、街道联动、部门协同"的疫情防控体制机制，区级领导同志担任各街道疫情防控指挥部临时党支部书记和第一指挥长，创建"市—区—街—点"四级指挥体系，强化专业队伍建设和措施招法对策，不断提高防控工作的针对性实效性，形成"专业组—部门—属地"层次鲜明、分工明确的作战体系。因时因势调整打法机制，形成核心防范圈、风险管控圈、常态管理圈"三圈防线"特色打法，在特殊关键时期保持全区社会面一个月无新增，为党的二十大胜利召开保驾护航。实施重点场所群防群控、企事业单位管控、居民小区管控、流动人员管控"四大行动"，创新开展党建引领"无疫小区""无疫网格"创建，全面做好病例转运、隔离管控、流调排查、保医保供等各项工作，创新探索"河西闪控""优疫行动"等工作机制，实施"6636"考核评价机制，以"七率联查"推动以考促干、以考促建，做到党旗飘起来、党徽亮起来、党员动起来，合力构筑起一道道"红色屏障"。积极推动疫苗接种，全区上下"敢组织、敢动员、敢入户、敢接种"，推动60岁以上人群接种首剂超20万剂次。充分认识把握新阶段疫情防控任务，突出保健康、防重症，完善基层发热门诊设置，加强风险人群医疗救治，坚决守护人民群众生命安全和身体健康。

居家养老服务扩面提质。坚持想老人所想、急老人所急、解老人所忧，把老年友好理念贯穿工作全过程，着力打造河西居家养老服务升级版，制定《2022年河西区推动居家养老服务高质量发展工作方案》，实施"六大行动"，逐步实现老年人"在中心活动丰富，在街区休闲舒适，在楼内出入方便，在家中智慧便捷"的全时段、全过程、全方位、全覆盖的为老服务场景，全区已布局居家养老服务中心45个、总运营面积超2.8万平方米，全年服务102万人次，中央改革办简报单篇刊发介绍经验做法，市委将我区试点工作纳入市第十二次党代会报告和市委常委会工作要点。推动全方位适老化改造，打造东江道养老示范街区，在全区累计安装2.3万个"福一把"楼梯扶手，积极推动在楼内合理位置安装1.3万余个"楼道休息壁椅"，实施1027户家庭适老化改造，以细节的改变，提升老年群众幸福指数。积极推动"三床"联动，完成800张家庭养老床位签约，医养护一体化病床开放204张，为60岁以上失能人员提供入户医疗护理服务1.2万人次。深化"互联网+"智慧化养老，完善提升居家养老服务管理平台功能，新开发家庭养老床位、适老化改造模块，扩容10余项填报功能，获得国家版权局计算机软件著作权登记证书。继续为60岁以上河西户籍老年人购买意外伤害保险，并牵头组织医院和金融机构建立直接赔付机制，让老年人享受更加安全和便捷服务。强化孝老敬老之心，推动基层党建与居家养老服务融合联动，选派街道处级领导、社区党组织书记担任养老服务中心党组织"第一书记"，深化运用"时间银行"积分兑换、"十老志愿服务队"等做法，打造"第二党群服务中心"，让老年群众充分感受到党的温暖。

首善教育品牌持续擦亮。全面贯彻党的教育方针，落实立德树人根本任务，启动河西区“大思政课”建设，大中小幼思政一体化建设深入推进。新建 2 所小学、3 所幼儿园，通过恢复功能、提升改造等方式新增 5 处校舍，累计新增学位 7600 个。成立天津四中、河西二幼等 3 个教育办学集团，办学集团总数达 17 个，逐步形成“统筹管理、文化共享、相对独立、各具特色”的集团化管理模式。深化教育领域综合改革，全力推进“智慧教育示范区”“全国课后服务信息化管理试点区”“全国首批义务教育优质均衡先行创建区”“基础教育综合改革先行示范区”建设，“四区合一”成为全市唯一。在全市率先完成 5 所公参民学校改制，教育资源优质均衡发展。推行党组织领导的校长负责制，全区中小学制度建设改革实现“全覆盖”。制定新时代高水平教师队伍建设三年行动计划，进一步优化区域基础教师队伍培育和管理体系。持续巩固“双减”成果，出台校外培训机构审批登记和监督管理方案，开展联合检查 120 余轮次，处理 32 起涉嫌违规培训行为，开出“双减”以来全市教育系统的首例罚单，校外培训机构治理典型做法获教育部简报刊发。

健康河西事业加快发展。制定强化重大疫情防控和公共卫生应急管理体系建设若干措施，从 13 个方面 27 条进一步完善重大疫情防控体制机制，公共卫生事件应急能力稳步提升。深化与三级医院专科医联体建设，推进河西区区域医联体建设，区属医院诊疗服务能力不断提升。集河西区中医医院、国办河西区养老院以及区疾病控制中心于一体的大型综合体投入使用，总建筑面积 73200 平方米，与市中研院深入合作，在区中医医院建立皮肤科、肾病科、脾胃病科等一批重点科室，促进中医药事业传承创新发展；国办河西区养老院引入专业第三方进行社会化运营，积极推进医养结合养老服务项目，满足群众多元化需求，释放更多养老红利；发挥区疾控中心新址硬件优势，健全平战结合的应急医疗救治体系，防控检测能力拓展至九大类，突发公共卫生事件应对能力大幅提升。大力实施“互联网+医疗健康”服务，建成慢病示范管理中心，全区 51 家社区卫生服务站实现医保联网，实现“基层数字健共体”网络全覆盖。提高基本公共卫生服务水平，实现每万名常住人口拥有全科医生 3.4 名，居民电子健康档案建档率、重点人群项目服务满意率达到 90%以上。落实好长期护理保险制度，新增申请 6000 余人，累计提供长护险服务 25 万次。

公共文体服务持续优化。巩固全国文明城区建设成果，持续开展“双万”志愿服务，精心打造标准化实践所 5 个、实践站 30 个，区文化中心被评为天津市首批新时代文明实践基地，高水平通过国家公共文化服务体系示范区创新发展复核。丰富群众精神文化生活，举办“阅”城市“悦”美好西岸读书节等特色品牌活动，线上线下开展文化惠民活动 1000 余场，惠及群众 30 万人次。举办第四届西岸哪吒杯京津冀甘黔湘非物质文化遗产创新创意大联展，新增市、区级非遗项目 18 项，新增区级非遗传承人 14 人，焕发非遗新活力。成功举办“5·19”中国旅游日等系列主题活动，天津科技馆被评定为“市级文明旅游示范单位”，市文化中心津悦城地下商业街入选“市级旅游休闲街”。深入推进全域科普，开展各类科普活动 6200 余场，不断提升公民科学素质。新建更新 10 个社区体育园、健身园，在复兴河、太湖路公园等地沿河沿湖修建千米健身休闲步道，完成北师大天津附中运动场馆提升改造，新增一批多功能运动场、冰场和笼式足球、排球等场地设施，积极推进“排球之城示范区”建设，群众健身需求得到更好满足。青少年体育全面提升，河西区代表团在天津市第十五届运动会上取得佳绩，共取得金牌 85 枚，奖牌总数达 285 枚。

民生兜底保障显著提升。落实就业优先政策，新增就业 1.9 万人，城镇调查失业率控制在 5.5%以内，零就业家庭保持动态清零。社会保险覆盖面不断扩大。做好普惠性、基础性、兜底性民生工作，全年发放救助金 1.35 亿元、残疾人“两补”3267 万元，支出临时救助款、慈善捐款 800 余万元，向 1.1 万户中低收入家庭发放住房保障租赁补贴6000余万元,新增保障性租赁住房602套,为东舍宅、前程里等300余户家庭解决了历史遗留的房产证难题。建成河西区未成年人救助保护中心,搭建“区—街—社区”未成年人保护三级网络,实现街级保护站、社区“童心相伴驿站”全覆盖和困境未成年人建档分级全覆盖。14个街级、27个社区级全国示范型退役军人服务站验收达标,区关爱退役军人协会荣获退役军人事务部、中央军委政治工作部联合颁授的“退役军人服务保障先进单位”称号,退役军人服务保障水平不断提升。加强与甘肃省“两县一区”沟通交流对接,投入财政资金1.31亿元,实施帮扶项目63个,成功举办2022“津诚所至　协作同甘”东西部协作产业节;借助天津食品集团产业产品渠道优势、京东科技数字技术优势、天津海河传媒中心宣传矩阵优势,创造性探索“乡村振兴+品牌打造+电视节目”帮扶新模式,与天津电视台合作推出全国首档东西部协作和支援合作大型综艺栏目《生机勃勃的我们》,深入挖掘当地名优农产品、文创产品与“乡愁”故事,不断延伸产业链,提升价值链;成功举办第三届东西部协作女排明星公益赛暨消费帮扶电商直播活动,观看人数1013万人次,销售额706万元。我区形成的“文体综艺+电商直播‘粉丝经济’助力消费帮扶新途径”入选2022年全国消费帮扶助力乡村振兴优秀典型案例。

六、坚持严的基调不动摇,常抓不懈、久久为功,全面从严治党持续向纵深发展

弘扬伟大建党精神,深刻理解和把握新时代党的建设总要求,全面推进党的自我净化、自我完善、自我革新、自我提高,在全市落实全面从严治党主体责任检查考核和政治生态建设考核评价、全市抓基层党建述职评议、全市绩效考核中名列前茅,以党的建设全面加强、全面过硬,为经济社会发展提供坚强政治保障。

坚持和加强党的全面领导。充分发挥党总揽全局、协调各方的领导作用,深化运用“十大工程”工作机制,分别成立临时党组织,区级领导同志担任第一书记,形成十个“战斗堡垒”,以垂直化、扁平化指挥体系,确保各项重点工作有序推进。强化制度治党、依规治党意识,扎实做好区委党内规范性各项工作,推动部分领域党内规范性文件专项清理,提高运用党内法规完善政策、制定措施、解决问题能力。区委常委会带头加强自身建设,研究制定《中共河西区委常委会关于进一步加强自身建设的意见》,持续打造忠诚、干净、担当的坚强领导集体。定期研究全面从严治党工作,印发《中共河西区委关于推进全面从严治党向纵深发展的若干措施》,制定6方面17条具体措施,持续释放全面从严治党不停歇、不松劲的信号。切实扛起巡视整改主体责任,严格落实“三级递进”整改要求,聚焦28项“推动改革促进发展”事项,深化整改、建章立制,向党内通报、向社会公开巡视整改情况,切实做好巡视整改“后半篇文章”。高标准开展新一届区委巡察工作,制定实施《中国共产党天津市河西区第十二届委员会巡察工作规划》《河西区委常委会听取巡察整改和成果运用情况汇报的实施办法》;创新对“一把手”和领导班子巡察监督的方法举措,相关经验在全市巡视巡察系统宣传推介;加强巡察整改和成果运用,创新街道、社区巡察整改“向群众汇报”制度机制,《人民日报》两次刊发经验成果。

持续强化思想政治引领。坚持把学习习近平新时代中国特色社会主义思想作为首课主课必修课,发挥区委理论学习中心组领学促学作用,综合运用集体研讨、专家辅导、调研成果交流等方式开展集体学习13次,推进理论武装工作走深走实。完善各级党组织理论学习中心组集体学习和常态化集中学习教育培训制度,研究制定《党委(党组)理论学习中心组学习列席旁听工作机制》,开展列席旁听工作12次,指导推动理论学习制度化、规范化。围绕庆祝中国共产党成立101周年,组织全区各级党组织广泛开展“光荣岁月　红色传承”主题党日活动近1.1万余次。建成展示面积2700平方米的城市记忆展览馆,融合照片、实物、影像等多种形式,穿插微缩沙盘、实景还原等艺术表现手法,记录城区发展与变迁,彰显城区灵魂与品格,让城市留下记忆,组织全区2万余名党员干部参观,让党员干部记住乡愁、永葆初心。扎实开展“迎盛会、铸忠诚、强担当、创业绩”主题学习宣传教育实践活动工作，定期召开区委常委会会议和领导小组会议，研究制定工作方案，部署推动重点工作，组织各级党委（党组）围绕 4 个专题开展学习研讨，谈认识、找差距、明方向，引导广大党员干部坚定理想信念，争创一流业绩，以实干实效彰显对党的绝对忠诚。全面落实意识形态工作责任，区委常委会会议每季度听取意识形态工作汇报，召开 3 次意识形态联席会议，开展 2 轮区委巡察意识形态专项检查，组织各部门对论坛、讲坛、讲座、年会、报告会、研讨会、智库活动等开展全面自查，切实守牢意识形态阵地。持续壮大主流思想舆论，打造全市“第一梯队”融媒矩阵，持续深化“奋进新征程　建功新时代”“深学笃用　天津行动”等主题宣传，全景式、立体化宣传河西经济社会发展的显著变化，讲好河西故事、唱响河西声音，累计在中央及市级主流媒体刊发相关内容 1000 余篇，持续展现河西魅力形象。

不断夯实党的执政根基。坚持“战区制、主官上、权下放”党建引领基层治理创新，制定《河西区进一步深化城市基层党建引领基层治理的工作方案（试行）》，建立形成月度分析、季度调度、年度总结的常态化工作机制。做优做强街道“大工委”、社区“大党委”，增强街道对区属职能部门的吹哨调度权、人事建议权、考核评价权，持续推动政策、资源、力量向基层倾斜下沉。制定《河西区“党建创新品牌”项目化实施方案》，以项目化管理方式提升城市基层党建工作水平，文化中心“红色氧吧”广场公园党建品牌作为中央电视台《焦点访谈》“党旗在一线飘扬”系列节目开篇之作进行专题报道，港云里“红色议事厅”探索共建共治共享新型基层治理工作经验被中宣部作为学习宣传贯彻党的二十大精神典型事例予以重点宣传，新华社、中央广播电视总台、《求是》《法治日报》《中国青年报》等多家中央主要媒体进行报道。强化社区工作者队伍职业化建设，制定《河西区社区工作者绩效考核实施办法（试行）》《河西区关心关爱社区工作者 10 条措施》，6 名社区书记按程序选聘为事业编制人员，6 名社区书记通过定向招录进入公务员队伍，基层干事创业氛围持续浓厚。充分发挥机关党建引领作用，推动党建与重点工作、业务工作深度融合。提升“两新”组织“两个覆盖”质量，制定《中共河西区非公有制经济组织和社会组织工委组成及运行规则》，完善区“两新”组织工委成员单位直接联系党组织制度，及时推动解决企业生产经营发展、建组织扩覆盖工作中遇到的难题，持续推进菜市场党建工作三年计划，统筹行业协会商会党组织应建尽建、能建快建，推动重点领域重点行业党建工作落地落实。

打造忠诚干净担当的干部队伍。把干部教育培训作为建设高素质干部队伍的先导性、基础性、战略性工程，做好换届后区级领导班子成员培训全覆盖，选派 69 人次参加中央和市委培训班次，落实“领导干部上讲台”制度，安排 33 位局、处级领导干部到青年干部培训班等主体班次进行授课。举办处级干部进修班、新任职处级干部培训班，对 97 名处级领导干部进行系统理论教育，围绕数字经济发展、优化营商环境、安全生产风险防控和应急管理等举办专业化培训班，不断强化理论素养。认真落实领导干部政治素质考察办法，全方位、多角度、立体式了解干部，实现 75 个处级领导班子年度调研全覆盖，全年提拔和重用正处级领导干部 18 人，提拔和重用副处级领导干部 59 人，交流处级干部 69 人，处级领导班子年龄、知识、专业、能力结构持续优化。突出运用在重大事件、重要关头、关键时刻等“事功”场景的表现考察干部，对在疫情防控工作中表现突出的 38 名处级干部提拔重用，及时对 5 名在社区任党组织书记的区派干部进行奖励。用好用活干部职级晋升“杠杆”，择优晋升、统筹兼顾，加大对基层街道社区、关键紧要岗位干部的政策倾斜力度，全年晋升 63 名职级公务员，其中一线岗位近 3 成，推动全区上下干事创业积极性和主动性持续激发，1 个集体获评全国“人民满意的公务员集体”，1 名个人获评天津市“人民满意的公务员”。

持续加大监督力度。制定《关于建立“三级五项谈话制度”的工作办法（试行）》，推进“一把手”和领导班子监督具体化常态化，以监督谈话压实管党治党政治责任。区委主要负责同志作表率、带头谈，专题听取区委班子成员履行全面从严治党主体责任情况汇报，对群众信访反映集中、案件查办暴露问题较多、主体责任考核排名靠后、政治生态建设比较薄弱的单位“一把手”开展谈话78人次，带动全区各级领导班子开展监督谈话3100余人次。加强对年轻干部教育管理监督，制定《关于建立健全年轻干部监督联系人机制的实施办法》，对全区局、处、科三级共160名年轻干部建立监督联系人，常态化开展党性教育、纪法教育、警示教育、廉洁教育；强化家庭家风家教建设，开展清廉示范家庭选树活动，组织2批新提拔年轻领导干部及其家属159人参观河西区纪律教育中心。《人民网》《中国纪检监察报》和新华社《半月谈》多次宣介我区年轻干部监督有关经验做法。印发《关于对委办局和街道关键岗位主要负责人实行提级监督的工作办法（试行）》，明确5项监督内容、11种监督方式，将46名科级干部确定为提级监督对象，不断强化对权力运行的监督制约。

驰而不息正风肃纪反腐。召开河西区加强新时代廉洁文化建设工作会议暨党员干部警示教育大会，区委主要负责同志作专题授课，常态化开展警示教育，分层分类举办警示教育大会80余场。加快推进新时代廉洁文化建设和清廉河西建设，制定《关于抓实“四工程”“一创建”加强廉洁文化建设的工作方案》，建成区纪律教育中心、城市记忆展览馆、“百年风华·初心永驻”主题展的人民公园教育主阵地、区文化中心廉洁文化共享基地，4.2万余名党员干部群众参观；举办“铸就忠诚之魂　涵养清风正气”廉洁文化优秀作品展，1.3万余名干部群众参观；组织各级党员领导干部讲授294场廉政党课。《人民日报》《中国纪检监察报》等中央和市级媒体多次报道我区廉洁文化建设经验做法。深入开展形式主义官僚主义、不担当不作为问题专项行动，查处问题31件、34人，给予党纪政务处分24人，严防“四风”问题反弹回潮。紧盯政策支持力度大、投资密集、资源集中的重点领域，严肃查处腐败问题，全年共立案194件、216人，挽回经济损失9768万元；扎实开展政府购买服务、粮食购销领域、国有平台腐败、统计造假纠治、安全生产监督、医药领域腐败、困难群众救助补助、自建房安全整治、防范化解地方债务、工程项目“未批先建”“边批边建”等21项专项整治，发现并整改问题230余个。深化运用监督执纪“四种形态”，全年累计运用“四种形态”705人次，“第一种形态”502人。

积极发展和践行全过程人民民主。支持和保证区人大及其常委会依法行使职权，加强对“一府一委两院”的监督，制定印发《河西区贯彻落实中央和市委人大工作会议精神的若干工作措施》，充分发挥人大代表主体作用，扎实开展监督工作，实施民生实事项目人大代表票决制，拓展人民群众政治参与渠道。充分发挥人民政协专门协商机构作用，推动建立街道政协委员活动组、社区联络站和委员工作室，推进政协协商与基层协商良性互动，紧扣全区中心工作广泛开展视察调研、协商议政，以高质量建言资政成果服务全区经济社会高质量发展。持续完善大统战工作格局，组织召开区委统战工作会议、区委民族工作会议暨全区宗教工作会议，推动统战领域各项重点任务落地落实，打造全国叫得响的河西统战品牌，10项统战工作被中央统战部经验推广。高标准做好民主党派市委会机关大楼服务保障工作，市领导同志专门实地调研并给予肯定。全方位支持民主党派发挥作用，联合致公党市委会打造全市首家海外归国留学人员服务平台“海归驿站”，试点推进民主党派基层支部（支社）与社区党组织联创共建“同心之家”实践站。圆满承办中央统战部“寻美·中国”主题活动，推动“蒲公英”全国基地辐射带动市、区基地联动运行，建成全市首个市、区联动的民族团结“共建林”；在全市率先建立伊斯兰教工作展室，成为天津市首届宗教界爱国主义教育基地，区伊协获评首届全国宗教界先进集体，微山路中学再次获评全国民族团结进步创建示范单位。打造“港澳台侨看河西”工作体系，推动港澳台侨领域深度交流交融。引导党外人士围绕全区经济社会发展重点领域广泛开展调研监督，积极建言献策，累计报送意见建议398篇，40余篇被中央统战部、国家宗教局、国台办等采用，3篇被中央统战部《零讯》采用，统战领域“听党话、感党恩、跟党走”的势头持续向上向好。强化工会、共青团、妇联等人民团体作用发挥，扎实推进计生协、法学会改革，增强群团组织政治性、先进性、群众性。大力推进全民国防教育，强化国防动员和后备力量建设，巩固和发展军政军民团结良好局面。

南开区委2022年工作总结

2022年，是党和国家历史上极为重要的一年。党的二十大胜利召开，习近平总书记继续掌舵领航中华民族伟大复兴的巍巍巨轮，率领全党全军全国各族人民在全面建设社会主义现代化国家新征程上乘风破浪、扬帆远航，这是大会的最大成果。“两个确立”作为党在新时代取得的重大政治成果，已经成为全党全军全国各族人民的高度共识和共同意志，是党应对一切不确定性的最大确定性、最大底气、最大保证。一年来，在党中央和市委坚强领导下，区委常委会坚决贯彻“疫情要防住、经济要稳住、发展要安全”重要要求，弘扬伟大建党精神，坚持稳中求进工作总基调，立足新发展阶段，贯彻新发展理念，主动融入服务新发展格局，持续改善民生，深化全面从严治党，着力推动高质量发展，“创新南开”建设取得新的成绩。

一、扎实推动党的二十大精神落地生根

深入学习宣传贯彻党的二十大精神。把学习宣传贯彻党的二十大精神作为首要政治任务，第一时间组织召开区委常委会会议和全区领导干部大会集中传达学习，深刻领悟“两个确立”的决定性意义，增强“四个意识”、坚定“四个自信”、做到“两个维护”，始终在思想上政治上行动上同以习近平同志为核心的党中央保持高度一致。举办领导干部专题培训班，邀请专家学者专题辅导，切实把握大会精神实质、核心要义。充分发挥区委宣讲团和各类特色宣讲团作用，用足用好报、台、网、端全媒体矩阵，全方位多层次宣传宣讲，持续兴起学习宣传贯彻热潮。召开区委十二届六次全会，制定《中共南开区委关于深入学习宣传贯彻党的二十大精神　全面落实市委十二届二次全会部署要求　奋力开创全面建设社会主义现代化大都市核心区新局面的实施意见》，细化21项重点任务，精心谋划、科学部署、强力推动，确保党的二十大提出的重要思想、重要观点、重大战略、重大举措在南开落到实处、见到实效。

坚持不懈用习近平新时代中国特色社会主义思想凝心铸魂。突出主课、首课、必修课，坚持学思用贯通、知信行统一，把习近平新时代中国特色社会主义思想转化为坚定理想、锤炼党性、指导实践、推动工作的强大力量。严格落实学习制度，组织召开区委理论学习中心组集中学习研讨及辅导讲座，认真学习《习近平谈治国理政》，及时跟进学习习近平总书记重要讲话精神，全面提升理论水平。突出政治之训，举办处级领导干部专题培训班、专业化能力培训班，不断增强党员干部政治判断力、政治领悟力、政治执行力。扎实开展“迎盛会、铸忠诚、强担当、创业绩”主题学习宣传教育实践活动工作，持续强化对党、对习近平总书记的忠诚教育，矢志不渝忠诚核心、拥戴核心、紧跟核心、捍卫核心，坚定不移沿着习近平总书记指引的方向前进。

坚决贯彻落实习近平总书记重要指示批示精神和党中央、市委决策部署。加强党的政治建设，旗帜鲜明讲政治，胸怀“国之大者”，把贯彻落实习近平总书记重要指示批示精神作为重要政治责任、领导责任、工作责任。深入开展贯彻落实习近平总书记重要指示批示精神“回头看”，加强重点任务督查推动，持续跟踪问效，以实际行动坚定捍卫“两个确立”、坚决做到“两个维护”。及时组织召开区委常委会会议和专题工作会议,研究制定贯彻党中央决策部署具体举措,扎实推动市第十二次党代会精神贯彻落实。坚决认账领账,切实扛起巡视整改主体责任,推动市委巡视反馈问题100%整改完成,持续做好整改落实"后半篇"文章。严格落实重大事项请示报告制度,确保令行禁止、政令畅通。

二、高质量发展呈现良好态势

经济质效实现新提升。加强党对经济工作的全面领导,成立区域发展工作指挥部,党政"一把手"任总指挥,坚决扛起经济发展责任。设置经济运行、重大项目建设、税源建设、资源盘活四个专班,着力提升经济运行调度力度、减负纾困强度、服务企业温度,全力保经济稳大盘。坚决落实中央和市级稳经济政策,出台"南开28条"和"18条接续政策",减免缓退税款12.6亿元,帮助企业纾困解难。深入落实扩大内需战略,打造新型消费模式,引进品牌首店25家。坚持项目为王,引进华炬物联等193个新动能项目,以及蜀物智链、拾起卖等78个高端服务业项目,有力促进都市产业加快发展,智能医疗装备、供应链平台、文化消费三大产业集群效应初现。2022年,全区地区生产总值增长3.2%,增速位居全市前列;一般公共预算收入降幅逐月收窄;固定资产投资结构实现历史性好转。

服务北京非首都功能疏解取得新进展。坚决落实京津冀协同发展重大国家战略,全面深化与国家部委、驻京企事业单位、科研机构对接合作,健全包联工作机制,项目化、清单化推动各项任务落实。引进中铁建交通运营集团、华润泽源等13家"中字头"企业,吸引优质京企200余家,重点项目总投资125亿元,央企"生态圈"进一步做大做强。加强与京冀两地教育、医疗、文化、旅游、政务服务等多领域共建合作,协同发展深度广度持续拓展。

"创新南开"建设实现新突破。紧紧抓住我市建设天开高教科技园重大机遇,高标准规划建设海河科学城、启航创新城,全力用好创新资源禀赋,推动科技成果转化和产业化,自主创新重要源头和原始创新主要策源地的支点功能持续增强。全力支持物创海河实验室建设运行,为争创国家实验室打下良好基础。着力推动新能源电池人才创新创业联盟发挥作用,集聚46家行业领军企业合力开展应用创新,成为连通我市十大人才联盟的重要一环。天津大学科技园二期、南开大学科技园正式投入使用,"启航"系列楼宇、博士创业园、新动能引育中心·硬科技创新基地等平台载体功能日益凸显。新动能引育进一步提速,区内国家级高新技术企业、"瞪羚"企业、领军(培育)企业数量均位居中心城区首位,嘉思特医疗、华来科技、尚德药缘、迅尔仪表4家准"独角兽"企业纳入上市企业培育名单。全社会研发强度、技术合同认定综合评价、"科创中国"试点城市综合排名均位居全市前列,万人发明专利拥有量、公民科学素质均位居全市首位,科技创新成为引领高质量发展的重要引擎。

改革开放迈出新步伐。着力营造近悦远来区域发展环境,深化"放管服"改革,创新升级"解'南'题、'开'心办"优化营商环境服务举措,推出18项场景式审批,强化区、街两级35个"办不成事"窗口服务功能,推出15项"限时办"行政许可事项,公众参与政务服务"好差评"评价位居全市前列。全面完成深化国有企业改革三年行动重点任务,国有资本配置和运营效率进一步提升。持续扩大对外开放,实际利用内资增速位居全市前列。高质量推进东西部协作和支援合作,投入财政援助资金1.4亿元,持续打造"周恩来班""龙头企业+主导产业"等特色模式,巩固拓展脱贫攻坚成果同乡村振兴有效衔接。

三、宣传思想文化凝聚正能量

牢牢守住意识形态主阵地。全面落实意识形态工作责任制,定期召开区委常委会会议专题研究意识形态工作,在区委巡察中嵌入式开展意识形态工作专项检查,牢牢掌握党对意识形态工作领导权。强化正面议题设置,围绕党的二十大等重大主题,做大做强主流舆论。借力央视、《人民日报》、新华社和"学习强国"天津平台等央媒市媒,讲好南开故事,全方位展现南开形象。健全突发重大网络舆情、网络安全事件处置机制,坚守网络意识形态安全底线。推动党史学习教育常态化长效化,引导党员干部学史明理、学史增信、学史崇德、学史力行，传承红色基因，赓续红色血脉。

着力提升全社会文明程度。广泛弘扬社会主义核心价值观，深化拓展新时代文明实践中心建设，组织开展“我们的节日”主题活动近 600 场次，深入开展群众性主题宣讲教育，广泛挖掘、大力宣传先进典型。全力推进创建全国文明城区工作，持续打造“南开创文　有你有我”志愿服务活动和“文明先锋”行动品牌，营造浓厚创建氛围。深化未成年人思想道德建设，开展“喜迎二十大”“扣好人生第一粒扣子”教育实践活动，5 个阵地获评市级示范阵地、4 人获评市级优秀阵地辅导员、13 所学校获评市级文明校园先进校。

丰富繁荣群众精神文化生活。着力提升公共文化服务水平，开展“飞雪迎春”“南开之夏”系列文化活动，举办首届“津彩 · 南开”文化旅游节，积极开展“您读书 · 我买单”便民服务活动，推动阅读进校园、进企业、进社区、进军营，“书香南开”品牌活动更加丰富。扎实推进文商旅融合发展，大力发展文化消费，打造红色记忆、津门休闲等精品线路。加强历史文化资源保护传承利用，庄王府面向社会开放，进一步彰显南开深厚历史文化底蕴。

四、民计民生得到新的改善

社会保障水平稳步提升。坚持在发展中保障和改善民生，精心组织实施 20 项民心工程，采取更多惠民生、暖民心举措，着力解决一批群众急难愁盼问题，不断满足人民群众对美好生活的向往。坚持就业是最基本的民生，完善创业带动就业、多渠道灵活就业等机制，加强高校毕业生、退役军人等重点群体就业帮扶，新增就业 1.9 万人，零就业家庭动态清零。坚持全覆盖、保基本、多层次、可持续，深入实施全民参保计划，多措并举健全分层分类社会救助体系，拓宽帮扶渠道，发放各类救助资金 2.3 亿元，实现社会保险、社会救助、社会福利有效衔接，切实兜牢民生底线。不断提升退役军人服务保障水平，切实维护军人军属合法权益。

“一老一小”工作进一步加强。深化全国居家和社区养老服务改革试点工作，推动社区嵌入式养老机构实现街道全覆盖，新增家庭养老床位 200 张，成功创建 3 个全国示范性老年友好型社区，完成 6 部既有住宅加装电梯，办好老人家食堂，探索应用“互联网+养老”模式，养老服务设施和服务体系不断完善。坚持立德树人，加强大中小学思政课一体化建设，持续推动教育教学改革，确保“双减”工作落实落细，深化平安校园建设。推进教育优质均衡发展，信美道配套学校、崇德园配套幼儿园交付使用，完成宜宾里小学等 3 所中小学改扩建工程，新增学位 2590 个。发挥南开中学优质资源辐射带动作用，创新集团化办学模式，着力提升南开区教育质量和办学水平。

健康南开建设深入推进。全力提高基层医疗服务质效，建设 2 个区级重点专科、2 家社区医院，推进“数字健共体”建设，实现标准化全科门诊全覆盖。建成 1 家区级康复中心，提升改造治未病中心，推动国医堂提档升级。坚决做好常态化疫情防控，健全完善疾病预防控制和卫生应急体系，着力提升防控能力，高效开展核酸筛查，精准做好隔离点医疗服务，积极推进疫苗接种，全力构建全民免疫屏障。

五、城市宜居环境品质进一步提升

着力加强城市建设管理。统筹生产、生活、生态空间，全力打造功能完善、洁净雅致的高品质城区。启动西营门片区城市更新项目，出让昌源里、战备楼 AB 地块，对 9 个老旧小区实施改造提升，群众居住环境得到新的改善。完成金园路、湖影道、通江路 3 条道路施工，建成海绵城市一期工程，完成 23 处雨污混接点改造续建项目，有序推进自建房安全隐患排查整治，城市韧性不断增强。着力打造智慧城区，新型基础设施建设进一步加快。巩固国家卫生城区创建成果，推动城市管理向背街里巷延伸、向细枝末节聚焦，着力规范市容秩序，全面整治重点地区街景立面，不断提高科学化、精细化、智慧化管理水平。

着力提升生态环境质量。在全市率先编制完成碳达峰实施方案，推动“双碳”任务落细落实。深入打好蓝天、碧水、净土保卫战，持续开展降尘专项行动,全面落实河湖长制,空气质量综合指数、$PM_{2.5}$平均浓度均排名全市前列,水质达标率和优良水体比例保持100%,土壤环境质量基本稳定。建设5个生活垃圾分类示范街,累计创建111个绿色社区。规划建设南运河文化公园,进一步提升城区绿化品位,以生态环境"底色"增强群众幸福"成色"。

六、治理能力和治理水平不断提高

党建引领基层治理持续深化。坚持"战区制、主官上",完善"大工委"工作机制,压实区级领导包保责任,健全"街道吹哨、部门报到""部门吹哨、区领导报到"举措,合力推动解决疫情防控、基层治理、服务经济发展等领域重点难点问题,基层党组织轴心作用进一步增强,共建共治共享格局加快构建。深化市域社会治理现代化试点创建,深入推进"雪亮工程"建设,坚持"九全"工作机制,做实做细网格化服务管理。学习借鉴"枫桥经验""安吉经验",推广"南开红哨""五新五力""四情"群众工作法,发挥区、街两级矛盾调处化解中心作用,努力将矛盾隐患化解于初萌。扎实做好人民信访工作,妥善解决一批信访积案、重复信访问题。

法治南开平安南开建设持续加强。践行习近平法治思想,区委常委会会议定期研究法治工作、专题听取党政主要负责人抓法治建设情况汇报,坚持常委会会前学法制度,全面考核部门"一把手"法治工作实绩。深入贯彻落实中央"一规划两纲要"和我市部署要求,坚持依法治区、依法执政、依法行政共同推进,法治政府建设示范创建取得扎实进展,"青春与法 护航成长"青少年法治宣传教育获评全国法治政府建设示范项目。深入落实总体国家安全观,持续推进防风险、保安全、护稳定等各项工作,妥善处置敏感事件,巩固"无黑城区"创建工作,常态化开展扫黑除恶斗争,严打电信诈骗、非法集资等各类违法犯罪活动,圆满完成党的二十大、北京冬奥会、市第十二次党代会等重大安保维稳任务,坚决筑牢首都政治"护城河"南开防线。坚决落实"四铁"要求,持续深化安全生产专项整治三年行动,深入开展危险化学品、消防、建筑施工、燃气、特种设备、食品药品等重点领域安全整治,切实防范化解各类风险,安全稳定大局得到持续巩固。

七、大力推动全面从严治党向纵深发展

党的全面领导持续加强。充分发挥党总揽全局、协调各方的领导核心作用,在实践中不断完善区委领导制度、改进领导方式,把方向、管大局、作决策、保落实能力不断提高。深化全过程人民民主实践,社会主义民主不断发展。支持人大及其常委会依法履行职责,支持政协充分发挥专门协商机构作用,着力构建和完善大统战工作格局,支持民主党派、工商联和无党派人士开展工作,民族、宗教、港澳台侨等工作持续加强,爱国统一战线进一步巩固壮大。工会、共青团、妇联等群团组织作用有效发挥。坚持党管武装,完成深化国防动员体制改革任务,着力推动国防动员体制重组、重塑、重构。

干部队伍素质全面提高。坚持新时代好干部标准,牢固树立重实干、重担当、重事功的选人用人导向,严把政治首关,调整处级干部156人次,新提拔正处级干部平均年龄41.4岁,着力打造政治过硬、适应新时代要求、具备领导现代化建设能力的干部队伍。组建900余人的疫情应急处置突击队和500人的青年干部突击队,推动年轻干部在疫情防控、防汛减灾等急难险重任务中强筋骨、长才干。强化党员干部服务经济意识,发挥街道"大工委"服务发展作用,压实经济部门主抓主管责任,形成"全域全线"抓经济促发展强大合力。坚持严管厚爱相结合,持续完善干部"八小时内外"监督管理,严格落实"三个区分开来"要求,对受处分干部进行回访教育,帮助干部卸下包袱、轻装上阵。

基层基础更加坚实。坚持大抓基层鲜明导向,健全上下贯通、执行有力的组织体系,高质量完成496个基层党组织换届工作,推动党的基层组织建设全面进步全面过硬。畅通社区工作者发展渠道,从优秀社区党组织书记中定向考录4名公务员、选聘9名为事业编,进一步激发社区工作者干事创业积极性主动性。统筹推进机关党建品牌化、国有企业党建融合化、事业单位党建示范化建设，持续扩大党在“两新”领域的组织力凝聚力，不断提升党建工作整体水平。深化“扎根网格、血脉相融”实践活动，党员干部累计走访群众 45 万余人（次），解决并向群众汇报反馈问题 3300 余个。

正风肃纪反腐走深走实。持续深化全面从严治党“五个一”工作模式，推动主体责任落在日常、严在经常。深入开展“作风建设年”工作，健全制度机制，推动作风转变，强化抓落实、抓执行。坚决落实中央八项规定及其实施细则精神，坚决防止“四风”问题反弹回潮，持续整治形式主义官僚主义和不担当不作为问题。一体推进不敢腐、不能腐、不想腐，深入纠治、坚决查处国有企业、征地拆迁、教育医疗等领域不正之风和腐败问题。加强新时代廉洁文化建设，全面建设清廉南开。

一年来，区委常委会以更高标准、更严要求抓好自身建设，研究制定区委常委会加强自身建设的意见，着力建设忠诚坚定、担当尽责、清正廉洁、团结奋进的坚强领导班子，坚定捍卫“两个确立”、坚决做到“两个维护”，不折不扣贯彻落实党中央决策部署和市委工作要求，严守党的政治纪律和政治规矩。传承弘扬以伟大建党精神为源头的中国共产党人精神谱系，勇于担苦、担重、担难、担险，有效应对各种风险挑战，带领全区人民统筹疫情防控和经济社会发展，统筹发展和安全，扎实推动各项工作。坚持民主集中制，认真落实区委常委会议事决策规则，坚决不搞“一言堂”。发扬斗争精神、自我革命精神，严肃党内政治生活。坚持人民至上，深入基层开展调查研究，倾心尽力为群众办实事解难题。带头严格自律，切实做到为民用权、依法用权、秉公用权、廉洁用权。

河北区委 2022 年工作报告

2022 年是党的二十大召开之年，是全面落实区第十二次党代会提出的目标任务的开局之年，是加快实施“十四五”规划的重要一年，是坚定不移推动高质量发展的深化之年。一年来，区委常委会坚持以习近平新时代中国特色社会主义思想为指导，全面贯彻落实党的二十大精神和习近平总书记对天津工作提出的“三个着力”重要要求，按照市第十二次党代会、市委十二届二次全会部署要求，统筹疫情防控和经济社会发展，扎实做好“六稳”工作，落实“六保”任务，奋力开创全面建设社会主义现代化新河北新局面。全年地区生产总值预计实现正增长；一般公共预算收入完成 21.57 亿元，同比增长 1%；固定资产投资预计实现 87 亿元，同比增长 3%左右。

一、坚持不懈用党的创新理论武装头脑、指导实践、推动工作，坚定捍卫“两个确立”、坚决做到“两个维护”

坚决贯彻落实习近平总书记重要指示批示精神和党中央决策部署。深刻领悟“两个确立”的决定性意义，自觉同以习近平同志为核心的党中央对标对表、看齐紧跟，组织召开区委常委会会议 58 次，第一时间传达学习、研究贯彻中央和市委决策部署，认真开展贯彻落实习近平总书记重要指示批示精神“回头看”工作，以实际成效体现坚决做到“两个维护”。组织召开两次区委全会和区党代表会议，圆满完成党的二十大代表推荐和市第十二次党代会代表选举工作。通过召开中期推动会、现场调研、蓝军督查等方式，高标准推进市委巡视深度整改，巡视发现问题举一反三问题、推改促发问题整改完成 129 个，整改率 98.5%。严格抓好 2021 年市委主体责任和政治生态考核反馈意见整改落地。

把学习宣传贯彻落实党的二十大精神作为首要政治任务。组织 3.6 万人集中收听收看开幕会直播。第一时间召开区委常委会会议、全区领导干部大会、专题读书班传达学习会议精神，召开区委十二届五次全会，审议通过《关于深入学习宣传贯彻落实党的二十大精神全面建设社会主义现代化新河北的决定》,推动贯彻落实工作走深走实。深入抓好学习培训,高标准开展多形式、分层次、全覆盖的学习培训,推动党的二十大精神入脑入心。精心组织宣传宣讲,成立区委宣讲团和宣讲小分队,区委主要负责同志为全区党员干部作宣讲报告并深入基层一线开展“面对面”宣讲座谈,全区开展各类型宣讲428场、受众1.48万人。区级媒体设立专栏开展宣传报道、阐释解读,让党的二十大精神“飞入寻常百姓家”。

用习近平新时代中国特色社会主义思想凝心铸魂。发挥区委理论学习中心组引领作用,开展专题集中学习研讨25次,示范带动全区各级理论学习中心组深学细悟笃行。突出首课、主课、必修课,举办各类网上网下主体班次13期,培训干部1.2万余人次。完善“3+8+N”宣讲机制,紧扣重大主题加强宣传宣讲:开展线上线下宣讲千余场、累计受众4万人,推动习近平新时代中国特色社会主义思想进机关、进学校、进企业、进社区、进军营、进网络。

二、完整、准确、全面贯彻新发展理念,经济高质量发展质量效益稳步提升

把稳增长放在更加突出位置。制定稳经济28条措施,成立攻坚指挥部,设立调度、税源、项目、招商、非税5个专班走访服务企业600余家。先行先试建立财源建设、资产管理两大信息平台系统,梳理275家重点税源企业,确保应收尽收、颗粒归仓;累计盘活行政事业单位闲置资产9400平方米、空置楼宇55.49万平方米。坚持项目带动、投资拉动,发行政府专项债7.69亿元,开工率100%有序推进、加快建设63个年度重点项目,施工面积210.22万平方米,竣工面积41.37万平方米。组建9支招商队伍,建立健全招商引资重点项目全生命周期跟踪服务—机制,共引进高质量企业51家,分别实际利用内资101.87亿元、外资2127万美元,分别完成全年任务的102.9%、104.3%。稳妥化解政府债务,有效降低债务规模。充分发挥审计监督、统计督查作用,确保经济健康发展。

积极融入京津冀协同发展。高质量承接北京非首都功能疏解,落地北京项目20个,实际利用北京资金93.87亿元。与中关村合作建设京津冀协同发展智能科技园区,利用中关村(智造)中试服务平台为智能科技企业提供检验检测和试制服务,已梳理出汽车电子、医疗装备、电子信息3条新兴产业链,辐射产业链上下游企业30余家、科研院所10余家,构造产业服务配套健全的科技创新载体,形成立足河北区、辐射京津冀的一站式硬科技服务生态。拓宽协同发展领域,深化与北京石景山区多领域合作推动天津市第一医院与北京大学第三医院就骨科康复合作达成协作意向。

持续打造大意风区龙头增长极。按照“搞活搞旺”要求,坚持站位顶层、保持定力、放眼长远、抓住机遇,举全区之力、以特区思维推进大意风区加速崛起。强化“欧陆风格”总体设计,“一轴三核五道六片”总体规划初步成型。推进二期提升改造工程,吸引“最美书店”钟书阁天津首店等项目落位,与北方演艺集团合作打造曹禺剧院项目,与东疆综保区合作共建“东疆之星·意风新经济产业园”,成功举办全市首单艺术品保税展示交易测试活动、首届“天津国际消费中心城市建设”高峰论#坛和第三届天津夜生活节等品牌活动,意风区展馆首次亮相第五届进博会人文交流展,获得第二批国家级夜间文化和旅游消费聚集区荣誉称号,区域龙头增长极作用进一步显现。

产业结构优化升级。大力发展数字经济,成立全市首家数字经济发展办公室,编制数字经济发展专项规划,出台《支持人工智能产业发展十条措施》,推进华为天津区域总部和天津人工智能计算中心项目建设,建设“海河·谛听”大模型,组建天津人工智能创新发展联盟,已集聚22家华为生态伙伴企业落户。建设全市首家城市智能体试点,推动全市首个中心城区无人驾驶示范路段建设,打造智慧交通领域应用场景。加大科技创新力度,完成国家科技型中小企业评价入库248家,预计完成“雏鹰”企业87家、“瞪羚”企业4家、国家级高新技术企业116家。科技金融产业不断壮大,吸引国网旗下英大天津金融中心、英大证券天津分公司和度小满旗下天津资管公司落位，新增中铁建旗下9只基金、8.38亿元，推动“电e金服”与“津心融”达成初步合作意向，着力打造融资服务品牌。拓展消费场景，新增汽车消费，做大首店消费，加速建设“两大商圈”，持续开展促消费主题活动，打造“海购河北”品牌消费IP，推动诺德中心、北宁湾等商业综合体运营转型、业态升级。

全面深化改革扩大开放。在全区开展“锐意进取改革年”活动，征集57个特色改革项目，着力推动88项全区改革任务实施。推出优化营商环境10条硬举措，落实留抵退税1538户33.2亿元，为519户市场主体减免租金2583.63万元，创新“限时等待”集成化办理等举措，为企业提供全生命周期服务。扎实推进国企改革，全面完成区属国企改革三年行动任务，65户国有企业全部完成脱钩，组建城市发展集团、产业发展集团两大集团公司，依法合规有序推进供热公司混改，选聘3名职业经理人，国资监管体系更加健全。深入推进全区建言献策大讨论活动，广泛征集推动落实各方意见建议1000余条。持续巩固拓展脱贫攻坚成果助力清水、玛曲乡村振兴。

三、坚持和发展全过程人民民主，社会主义民主政治建设稳步推进

积极发展全过程人民民主。把党的领导贯穿于人大依法履职各方面、全过程，召开区委人大工作会议，支持区人大及其常委会依法履行职责。坚持和加强党对政协工作的全面领导，切实发挥区政协专门协商机构作用，建言资政、凝聚共识效果进一步彰显。充分发挥统一战线的重要法宝作用，全方位做好党派、民族、宗教、非公有制经济、港澳台侨、党外代表人士等各方面工作。坚持党管武装各项制度，推动国防动员体制改革取得阶段性成效。领导和支持工会、共青团、妇联、科协等群团组织有效发挥作用。

深入学习贯彻习近平法治思想。扎实推进法治政府建设，严格落实重大行政决策事项有关制度，加大合法性审查力度，深化行政复议体制改革，行政机关负责人出庭应诉率100%，法治化营商环境不断优化。严格公正司法，深化司法体制综合配套改革全面落实司法责任制。强化公共法律服务体系建设，发挥区公共法律服务中心“枢纽”作用，推动“全业务”进驻司法所。以提高党的领导干部法治意识和法治能力为重点，认真开展“八五”普法宣传，有效提升全民法治素养。

四、坚持文化自信自强，宣传思想文化工作蓬勃开展

坚决打赢意识形态斗争。牢牢把握党对意识形态工作的主导权、主动权，健全完善区意识形态领域会商研判机制，强化舆情管控，妥善应对涉津、涉区重大网络舆情，营造清朗网络空间。做强正面舆论引导，围绕重大主题和重要时间节点，设置6方面27项主题活动，开展“强国复兴有我”群众性主题宣传教育活动，汇聚推动发展的正能量。

精神文明建设积极向上。大力弘扬社会主义核心价值观，19人当选“天津好人”，举办区级“最美”系列推选活动。持续开展全国文明城区创建攻坚行动，建立三级包保、六层联动、三方聚力工作机制，开展五类点单主题文明宣讲活动，群众支持率满意率稳步提升。深化拓展文明实践，推进三级文明实践志愿服务队伍建设，全区共注册各类志愿者14.6万人。

群众文化生活日益丰富。扎实推进文化惠民工程，成功举办第九届天津国际设计周、“美丽河北”文化旅游节，开展各类文化活动143场，创作歌曲《江河》获得群星奖全市第一名。强化三级公共文化体系建设，推进公共文化场馆数字化建设。开展全民阅读活动，“书香河北”建设取得新进展。建成档案馆分馆。加大非物质文化遗产保护，10个项目列入全市名录。成立文化创意产业联盟。谋划打造“觉醒之路”、复古洋楼游2条特色旅游线路。稳妥做好梁启超旧居修缮工作，全力做好文物保护和传承利用。

五、着力保障和改善民生，居民幸福指数显著增强

科学精准防控疫情。坚持人民至上、生命至上，完整准确全面执行第九版防控方案，落实关于进一步优化疫情防控工作的二十条措施和新十条举措，健全完善纵向高效联通、横向紧密衔接的指挥体系，制定形成17个专项操作手册和重点场所专项防疫方案，以“点长+骨干+先锋队员”模式组建管控工作专班，建立3200人的“固定网格员+应急预备队”，全力统筹资源、保障“医食神网”，持续推进疫苗接种工作，全人群首剂新冠病毒疫苗接种率达到96%，有力有效打赢四轮本土疫情防控阻击战。

社会保障不断升级。强化就业优先导向，制定稳就业举措27条，新增就业1.65万人。做好困难群体兜底保障，加大临时救助和“救急难”救助力度。深入实施全民参保计划，基本养老保险参保17万人，基本医疗保险参保57.38万人。推进长护险试点，2418名重度失能人获益。构建特色养老模式，建成10家街道综合养老服务中心，打造“河北区一体化养老服务运营与管理平台”。增强托育服务能力，32个托育服务单位可提供751个托位。不断提升残疾人公共服务质量和水平。广泛开展双拥共建活动，用心用情用力解决官兵“三后”问题。推进慈善、社会福利、红十字事业发展。新增8家品牌连锁便利店、26个“菜篮子”零售网点，完成4个“城市一刻钟便民生活圈”试点建设。

教育水平持续提升。坚持立德树人，建立大思政工作指导中心，切实提升铸魂育人实效。严格落实“双减”工作要求，充分发挥学校教育主阵地作用，对校外教育培训机构网格化治理。学前教育普及普惠水平巩固提升，新增学位1110个。深入实施义务教育“强化工程”，新增学位1080个，实现小学集团化办学全覆盖。深入实施普通高中“影响力工程”，推动区内重点高中与市级优质教育资源合作共建，二中“品牌高中”建设成果近五年最佳。职业教育创新发展成果丰硕，天津城职学院承建的肯尼亚鲁班工坊入选全国首批鲁班工坊运营项目。教师队伍建设进一步加强，引进清北等“双一流”院校人才30名，建立17个名师工作室。

健康河北深入推进。强化医疗体系保障，与中医药大学第二附属医院合作建立中医医联体，与市第四中心医院合作建立高血压医联体。加快建设第一医院；二期工程。持续做好家庭医生签约服务，有效签约人数16.1万人。推进基层数字健共体建设，在望海楼街建设示范基层慢病管理卫生服务中心。深入开展爱国卫生运动，长效长治巩固创国卫成果。新建2条健身步道、8座社区体育园、2座多功能运动场、17处社区健身园。

六、坚持绿色发展，城区生态环境持续改善

巩固污染防治成果。积极开展臭氧、扬尘等污染治理，预计$PM_{2.5}$全年平均浓度36微克/立方米，空气质量不断向好。坚决落实河（湖）长制，地表水考核断面累计达标率达100%，国控断面优良水体比例达100%，璀璨海河（河北段）入选全国美丽河湖优秀案例。持续推进土壤污染治理，全区重点建设用地安全利用率达100%。

积极推进城市更新。科学编制城市更新规划和计划，谋划推动天美艺术街区、非遗城更项目，落地实施全市首个大型片区城更项目暨金钟河大街南侧片区城更项目，靖江东里小区样板改造率先高标准完成。加快基础设施建设，对盛海公寓等6个老旧小区实施提升改造，有序推进增产道等路网建设，于所、群芳路变电站建成使用，新增供热面积20万平方米，完成既有住宅加装电梯15部。做好住房保障工作，548户居民如期入住一调料安置房，新增供给保障性租赁住房1.1万平方米。

全面提升城市管理水平。持续提升园林绿化和景观品质，完成4座公园提升改造。做好现有8株古树名木保护工作。加强立面整修和海河沿线基础设施维护，实施3处夜景灯光体系提升Ⅰ程，高标准完成迎庆党的二十大市容布置。全力推进环卫一体化PPP项目，加大机扫水洗和重点区域人工保洁作业力度。持续抓好市容环境综合整治。广泛开展垃圾分类宣传引导和设施改造，推动“新时尚”文明行为全域实践。

七、统筹发展和安全，区域社会大局和谐稳定

全力维护社会大局稳定。坚持党对国家安

全工作的绝对领导，加强和完善国家安全组织体系、制度体系建设，专项部署数据安全、重要敏感时期涉政涉稳安全和舆情处置工作，全面加强情报信息搜集报送，深入开展反分裂反恐怖反邪教斗争。认真做好党的二十大、全国两会、北京冬奥会和市第十二次党代会维稳安保工作，围绕涉军、涉众、涉房、涉金融等重点领域开展矛盾隐患专项排查整治，组织开展矛盾纠纷排查化解“四内”专项行动，持续攻坚信访积案化解，实现重要敏感节点期间“零进京”非访、“零走访”目标。加强社会稳定风险评估，防范和化解重大风险。狠抓安全生产，深入开展消防、建筑施工、燃气、食品药品等专项安全治理。严厉打击违法犯罪行为，深入推进扫黑除恶常态化斗争，全力保障安全稳定。

着力提升基层社会治理效能。坚持党建引领基层治理，落实深化城市基层党建引领基层治理的若干措施，做好市域社会治理试点创建评估验收工作，不断完善“吹哨报到”工作机制。加强基层力量，新招录社工 178 名，临时社工 300 名。深化网格化管理，严格落实“四合四联”工作机制，对 21456 名“四失五类”人员开展走访。坚持部门联动、闭环管理，提速提级解决“12345”政务服务便民热线等多渠道群众诉求，不断提升群众满意率。

八、永葆自我革命精神，全面从严治党向纵深发展

坚持以党的政治建设为统领。把严肃党内政治生活作为推动全面从严治党向纵深发展的基础性工程，不折不扣落实新形势下党内政治生活若干准则，认真执行“三会一课”等党内政治生活基本制度，高标准召开区委常委会党史学习教育专题民主生活会，全程监督全区 78 个处级单位民主生活会，区委主要负责同志约谈全面从严治党和处级班子考核排名靠后的党组织和党员领导干部，党内政治生活的政治性、时代性、原则性、战斗性不断增强。高质量开展 3 轮巡察，查找各类问题 422 个，区委书记组织召开专题会听取每轮巡察工作汇报，点人点事点问题 115 项，建立健全区委常委会推动巡察整改“后半篇文章”落地见效等一系列常态化机制。

着力锻造忠诚干净担当高素质干部队伍。落实新时期好干部标准，认真学习贯彻《推进领导干部能上能下规定》精神，坚持事业为上，着眼经济社会高质量发展需要，在基层和艰苦岗位中发现、培养、使用干部，提拔、交流处级领导干部 176 名，晋升职级公务员 48 名，从市直机关、高校等选拔优秀年轻干部 9 名，对在急难险重岗位上表现突出的 39 名干部提拔晋升，处理履职不力干部 7 名，调整不能胜任现职岗位的处级干部 9 名，招录选调生 28 名，公开招录公务员 69 名，干部队伍结构不断优化。坚持党管人才，落实“海河英才”行动计划，引进落户人才 6546 人。创新开展干部读书会 246 场，覆盖全区各级干部 3000 余人次，推动全区上下形成学习提高热潮。积极落实处级干部谈心谈话制度，累计开展初任谈话 233 人次，帮扶回访受处分党员干部 54 人次，开展家访 30 人次。

持续提升基层党组织战斗力。全面加强基层党组织建设，全覆盖实行区、街领导班子成员担任街道“大工委”、社区“大党委”第一书记，建立“区—街—社区”三级城市基层党建联席会议制度，建立党组织书记后备人才库，试点建设“党建超市”，党的执政根基不断夯实。持续推动“来家坐坐，向您汇报”常态化制度化，召开“向群众汇报、为群众解忧”圆桌会议 833 次，解决问题 1417 个。深化拓展“党旗领航 · 聚力发展”实践载体，建立新业态群体“9+1+N”党建联建多方联动机制，“两新”组织党组织覆盖率持续提升。强化党员发展和教育管理，接收预备党员 215 名，向 731 名老党员发放“光荣在党 50 年”纪念章。

驰而不息正风肃纪反腐。坚持无禁区、全覆盖、零容忍，坚持重遏制、强高压、长震慑，接收信访举报 3457 件次，处置问题线索 408 件，立案 136 人，给予党纪政务处分 134 人，留置 7 人，移送检察机关 4 人，挽回经济损失 3454.15 万元。坚决反对懒散拖、“耍滑头”“混日子”、好人主义，扎实开展讲担当促作为抓落实、持续深入治理形式主义官僚主义不担当不作为问题专项行动,坚决纠治享乐主义、奢靡之风以及群众身边腐败和不正之风,共查处相关问题149个,批评教育帮助和处理290人次,给予党纪政务处分112人次。坚持惩前毖后、治病救人,共运用"四种形态"批评教育帮助和处理444人次,其中运用第一种形态批评教育帮助308人次,占比69.4%。推进新时代廉洁文化建设,召开廉洁文化建设大会、全区党员领导干部警示教育大会和重点系统警示教育大会,拍摄制作警示教育片《永远吹冲锋号》,涵养风清气正的廉洁生态。

红桥区委2022年工作总结

2022年是党的二十大胜利召开之年,是新一届区委带领全区奋力建设社会主义现代化大都市中心城区的开局之年。区委常委会坚持以习近平新时代中国特色社会主义思想为指导,深入贯彻党的十九大和十九届历次全会精神,认真学习宣传贯彻党的二十大精神,认真落实习近平总书记对天津工作"三个着力"重要要求和一系列重要指示批示精神,深刻领会"两个确立"的决定性意义,增强"四个意识"、坚定"四个自信"、做到"两个维护",学习贯彻市第十二次党代会和市委十二届一次、二次全会精神,扎实开展"迎盛会、铸忠诚、强担当、创业绩"主题学习宣传教育实践活动工作,大力实施生态立区、教育兴区、土地强区发展举措,聚精会神抓党建、一心一意谋发展、真心实意办实事,统筹抓好疫情防控和经济社会高质量发展,加快打造绿色城区、建设美丽红桥。

2022年,区委常委会严格落实全面从严治党主体责任,全面加强党的建设,为推进改革发展稳定各项工作提供坚实政治保证,主要成效体现在7个方面。

1.学习宣传贯彻党的二十大精神走深走实。坚持把学习宣传贯彻党的二十大精神作为首要政治任务,区委常委会先后召开9次会议进行专题学习,切实用党的二十大精神统一思想、统一意志、统一行动。严格落实党中央和市委关于学习宣传贯彻党的二十大精神各项工作要求,组织全区1485个基层党组织、3.3万名党员原原本本学习大会报告,更加深刻领会"两个确立"是新时代最大政治成果、最重要历史经验、最客观实践结论,是应对一切不确定性的最大确定性、最大底气、最大保证,更加坚定自觉做到"两个维护"。制定《中共天津市红桥区委关于深入学习宣传贯彻党的二十大精神的实施意见》,明确11个方面、31项贯彻落实举措,坚定不移把党中央和市委提出的战略部署转化为具体工作实践,扎扎实实推动党的二十大精神在红桥落地生根、开花结果。认真落实市委提出的"注重分众化、扩大覆盖面、增强实效性"具体要求,制定《红桥区关于做好学习贯彻党的二十大精神宣讲工作的实施方案》,坚持分众化、全覆盖,组建"千人宣讲团",用好提前和延长供热、棚户区改造、"渔村"搬迁等鲜活事例,努力让广大群众好接受、记得住、能领会。组织开展宣讲1565场次,受众18.1万人次,《人民日报》等主流媒体刊发报道200余篇次,有力推动党的二十大精神进入寻常百姓家。

2.党的政治建设有力推进。坚持以党的政治建设为统领,把"两个维护"作为最根本的政治纪律和政治规矩,持续深化对党、对习近平总书记的忠诚教育。区委常委会带头,带领全区各级党组织和广大党员干部及时跟进学习习近平总书记重要讲话和重要指示批示精神,切实作为党委(党组)会议第一议题、区处理论学习中心组学习第一主题、党校培训第一主课。区委常委会传达学习习近平总书记重要讲话和重要指示批示精神50余次、党中央和市委重要文件精神210余件次,严格执行贯彻落实工作闭环措施,形成贯彻落实方案举措120余件。聚焦"国之大者",推动政治监督具体化、精准化、常态化,制发监督清单239条次,确保党中央决策部署和市委工作要求不折不扣落实到位。坚决抓好中央、市委巡视反馈意见整改落实，推动整改落实工作制度化、规范化。强化政治生态分析研判，制定加强政治生态建设重点工作台账，压实各级党组织管党治党政治责任，推动全区政治生态持续向善向好。

3. 思想建设全面强化。坚持用习近平新时代中国特色社会主义思想凝心铸魂，巩固深化党史学习教育成果，细化6个方面、19项具体举措，促进党员干部特别是领导干部时时叩问初心、守护初心。充分发挥区委理论学习中心组示范带动作用，打造"红心习理"学习品牌，开展集中学习26次，举办读书班2期。区委理论学习中心组体会文章《践行人民至上理念，破解城区棚改难题，不断满足人民群众对美好生活的向往》被《深学笃用天津行动实践案例选编》收录。发挥区委党校主阵地作用，举办3期习近平新时代中国特色社会主义思想专题班、4期党性教育专题班、3期处级"一把手"政治能力建设专题班、1期处级干部进修班，培训处级以上领导干部500余人次。建强用好1个市级新时代文明实践基地——红桥区职工思想引领阵地、1个区级新时代文明实践中心、9个街道新时代文明实践所、104个社区新时代文明实践站，开展"千名支部书记讲党课"活动，在10个社区打造首批多样化、生活化"小院讲堂"宣讲阵地，"理贯长红"基层理论宣讲团荣获"天津市优秀基层理论宣讲团"称号，持续推动党的创新理论全民学习、全民武装、全民信仰。认真贯彻《中国共产党宣传工作条例》，严格落实意识形态工作责任制，制发《红桥区关于贯彻落实〈党委（党组）网络安全工作责任制实施办法〉的实施方案》等，建立意识形态和文化安全工作协调机制，开展2022年度落实意识形态工作责任制专项督查，全区意识形态安全防线坚实稳固。

4. 干部队伍建设有力加强。始终把政治标准摆在首位，严格执行领导干部政治素质考察办法，制定《关于领导干部政治素质档案建立和管理办法（试行）》，坚持全方位考察、多角度分析，对提拔晋升、试用期满转正的168名干部进行政治素质考察。树立重实干、重实绩的选人用人导向，推进干部轮岗交流，持续优化领导班子结构，累计调整配备处级领导班子57个，任免处级干部248人次，其中提拔任职84人，平职交流100人。有计划地把干部放到改革发展稳定一线，放到关键吃劲岗位去磨炼，全年抽调80批次千余名机关干部参与疫情防控，选派80余名干部参加信访维稳、巡视巡察等重点工作，选派65名处级领导干部和专业技术人才到甘肃、西藏、长春等地挂职和开展帮扶。加大年轻干部选拔使用力度，健全培养选拔优秀年轻干部常态化工作机制，组织开展年轻干部专题调研，动态调整全区年轻干部库，全年提拔40岁左右党政正职12人，提拔35岁左右班子副职19人。从严加强干部管理监督，严格落实领导干部报告个人有关事项规定，对97名拟提拔、进一步使用、换届提名人选等进行个人有关事项查核，对4名存在问题的领导干部作出组织处理。严格落实"三个区分开来"要求，加强对受问责干部的后续管理，对28名符合条件的受处理处分干部重新使用。深入推进"海河英才"行动计划和"子牙人才"计划，完成引才落户870余人，开展"强服务、聚人才、促发展"主题活动，不断吸引和集聚各方面优秀人才。

5. 组织建设持续巩固。深入开展"迎盛会、铸忠诚、强担当、创业绩"主题学习宣传教育实践活动工作，聚焦10项重点任务，制定"1+1+4"工作方案和5个专项行动实施方案，针对不同行业领域党建工作实际，深入实施"五大专项行动"，着力提升基层党建工作质量。区、处两级领导班子和全区各党支部坚持以"准"组织生活会标准围绕四个主题开展专题学习研讨，广大党员谈感悟收获、查问题不足、定改进措施。坚持把"我为群众办实事"实践活动摆在更加突出位置，聚焦群众的共性需求和普遍性问题，梳理汇总形成年度办实事清单事项2658项，已完成2469项，取得阶段性进展189项；建立群众诉求清单事项4727项，已完成4653项，取得阶段性进展74项。加强社区党组织书记队伍建设，畅通社区工作者发展渠道，从优秀社区党组织书记中定向考录公务员5名、选聘事业编制人员7

名。积极推进机关党建与业务工作深度融合,发挥好区审计局市级试点和5个区级试点单位示范带动作用。按照《关于天津市市管企业在完善公司治理中加强党的建设的意见》有关要求,指导区国有企业完善党委(党组)前置研究讨论事项清单和相关程序,发挥国企党组织把方向、管大局、促落实的领导作用。认真落实《关于建立中小学校党组织领导的校长负责制的意见(试行)》,进一步规范中小学校基层组织设置,加强党员队伍建设,使基层党组织成为学校教书育人的坚强战斗堡垒。持续推进新业态、新就业群体党建工作,加大互联网、律师行业、菜市场等重点领域工作力度,不断提升"两新"组织党建水平。深入开展党务工作清查整治和"回头看",成立6个督查组,对19个区委直属党(工)委开展督查抽查,有针对性地制定11项整改规范措施,推动形成常态长效。认真做好党员教育管理工作,加大在社区工作者、高知识群体、思政课教师和"两新"组织从业人员等群体中发展党员力度,高质量完成全年150名发展计划。

6. 作风建设不断深化。深入开展作风纪律建设年专项行动,持续整治形式主义官僚主义、不担当不作为和好人主义问题。围绕"作秀""躺平""懒政""甩锅"等12类重点问题,加大整治力度,查处形式主义官僚主义问题67起,处分50人。严格落实中央八项规定及其实施细则精神,紧盯元旦、春节、清明、劳动节、端午、中秋、国庆等重要时间节点,组织明察暗访、开展交叉互查。制定违反中央八项规定精神问题重点整治工作方案,聚焦外出培训、电话卡加油卡管理使用、食堂采购3个方面强化监督检查,锲而不舍纠"四风"树新风,查处享乐奢靡之风问题33起,处分28人,点名道姓通报违反中央八项规定精神问题17起24人。持续减轻基层"赶考"负担,严明纪律规矩,印发《关于做好统筹规范督查检查考核工作有关事项的通知》,科学制定全区督查检查考核计划。持续巩固政法队伍教育整顿成果,加强制度创新,制定出台区政法系统"管人""管事""管责"制度机制,首次开展政法系统政治督察、纪律作风督查巡查,组织开展"示范优案"评选和"典型差案"评查活动。

7. 反腐败斗争深入推进。坚持一体推进不敢腐、不能腐、不想腐,以零容忍态度反腐惩恶,开展历史积压问题线索和已立未结案件"双清行动",依法依规高效清结"历史欠账",立案审查调查175人,结案191件,处分151人,挽回经济损失2000余万元。大力推进粮食购销领域腐败、未批先建、边建边批、自建房屋安全、国有平台腐败、防范化解地方政府债务、安全生产领域、统计造假不收手不收敛、医药领域腐败等问题专项整治监督工作,确保党中央政令畅通、令行禁止。注重抓早抓小,关口防线前移,全区运用"四种形态"处置489人次,其中使用"第一种形态"处置334人次,占比68.3%。科学制定十二届红桥区委巡察工作规划,对11个单位开展常规巡察,对1个单位开展统配巡察,抓好巡察整改和成果运用。推动基层监督精准发力,查处群众身边腐败和作风问题31起,处分28人。加强新时代廉洁文化建设,强化警示教育,促进干部清正、政府清廉、政治清明、社会清朗。

2022年,区委常委会坚决落实习近平总书记"疫情要防住、经济要稳住、发展要安全"重要要求,坚持稳字当头、稳中求进,统筹发展和安全,疫情防控取得积极成效,高质量发展赢得主动,主要体现在11个方面。

1. 经济发展稳中向好。深入贯彻新发展理念,主动服务和融入新发展格局,着力促进打基础和高质量发展同步推进。全区经济总体保持平稳运行,预计全年地区生产总值同比增长2%,增速居于全市前列,其中规模以上服务业中15个重点行业营业收入同比增长30.5%,增速为全市第二;完成一般公共预算收入16亿元,其中税收收入11.1亿元,税收增速为全市第二;预计社会消费品零售总额72.2亿元,同比增长0.7%,增速居市内六区首位;预计固定资产投资同比增长5%,增速为全市第三。深度融入京津冀协同发展重大国家战略,发挥土地资源和西站综合交通枢纽优势,积极建设京津冀同城商务区,着力打造"轨道上的京津冀"核心节点。中邮证券、利安人寿、紫金财险等地区总部相继落地，持牌金融机构地区总部由1家增至6家。完成国内招商引资到位额49亿元，新增市场主体6824家，同比增长4.6%，注册资金千万元以上市场主体188家。严格落实国家和我市稳经济"一揽子"政策，出台红桥区"25条"，促进助企纾困政策直达基层、惠及市场主体。

2.创新发展加快推进。大力发展研发设计、楼宇经济、总部经济等都市型产业，深入开展招商引资攻坚年行动，中国建材集团绿色数智双碳创新中心、中海油创新研究中心、中国船舶全系统第三方检测中心等一批优质项目相继落地，与建行天津分行、中煤天津公司、天津能源集团、中国联通天津分公司等开展深度战略合作。推动天津卓朗科技发展有限公司成功重组"ST松江"，成为天津市信创领域第一家本土上市公司，数字经济企业异乡好居进入上市辅导阶段。2家企业获批国家级企业技术中心。国家科技型中小企业达到222家，"雏鹰"企业100家，"瞪羚"企业4家，科技领军企业4家，国家级高新技术企业122家。

3.深化改革成效显著。坚持守正创新，用好改革"关键一招"，以改革促发展、激活力、添动力。区属国有企业改革三年行动圆满收官，经营性国有资产集中统一监管比例达到100%。推进国有经济布局优化和结构调整，促进国企管理提质增效。持续推进全区行政事业单位、街道及所属企事业单位经营性资产集中统一管理。深入落实"放管服"改革，有效推进"一制三化"审批制度改革，完善12个政务服务"一件事"应用场景建设，积极打造优质、高效、便民政务服务环境，"一次办""网上办""马上办"占比均达到95%以上。深化综合行政执法改革，推进编制资源向基层倾斜。大力推进城管领域改革，完成区城市管理服务中心职责调整和人员分流，配备129名专职社区燃气安全网格员，充实基层治理、安全巡检力量。研究制定区深化国防动员体制改革实施方案，启动实施国防动员体制改革工作，推动构建国防动员工作新格局。环卫一体化改革和供热改革持续释放良好经济效益和社会效益，群众满意度逐年提升。坚持"过紧日子"，确保有限资金用在刀刃上。

4.城市建设稳步推进。深入实施土地强区发展举措，加强对天津西站周边地区整体谋划推动，加快推进西站前广场、西于庄、同义庄等重点地块规划开发，机电工业学校地块、丽水苑地块成功出让。着力打造国际消费中心城市和区域商贸中心城市重要节点，启动大胡同地区地铁功能区征迁。充分发挥项目带动作用，推动人民医院三期、中海云麓公馆、仁恒恒美雅苑等项目加快建设，全年在施项目19个，建筑总面积151.2万平方米。完善交通"内循环"，双环西路、有志道项目完工，子牙河北路中段、集平路、闸桥支路等7条道路进展顺利。积极推动城市更新，组织做好排水设施养管，完成益博公寓、新东方楼、富泰兴园3个小区提升改造，桓仁楼、阁林园等5部既有住宅加装电梯投入使用。

5.教育事业蓬勃发展。全面贯彻党的教育方针，落实立德树人根本任务，深入实施教育兴区发展举措，与市教委签订加快推进教育高质量发展框架协议，引进耀华中学等市属优质教育资源。大力开展"双减"工作，强化学校教育主阵地作用。加强教育系统党的建设，严格落实党组织领导的校长负责制。稳步实施基础教育设施布局专项规划，推进民族中学附属小学改扩建，设立河北工业大学附属实验学校，促进铃铛阁地块幼儿园等项目顺利完工，完成天津三中南校区概念性设计及规划调整，红桥区成为天津市4个全国首批义务教育优质均衡先行创建区之一。深化集团化办学，努力提升一体化教学质量。推动区内3所民办校全部实现"公进民退"。积极推进大中小学思政课一体化建设，开展6个红色教育主题展览进校园活动。扎实推进"区管校聘"管理改革，深化教师绩效改革，师德师风和教师队伍建设取得新成效。

6.民生福祉持续增进。坚持把民生摆在优先位置，努力抓好民生事业载体建设，区档案馆、区老干部活动中心新址投入使用，加快红桥中医医院、区妇幼保健中心建设，更好满足群众生活需要。大力开展街级养老服务综合体建设，持续提升养老机构、日间照料中心、老人家食堂服务水平。成功举办第31届天津运河桃花文化商贸旅游节,加强文物保护传承利用。坚持像珍爱生命一样珍爱民族团结,完善民族宗教工作机制,深入开展第29届民族团结月活动。高考期间为1名五中新疆班患病考生在医院病房单独设置考点,服务保障考生取得优异成绩,赢得广泛关注和各方赞誉。全力稳就业促创业,依托职业技能培训、就业见习等政策做好重点人员就业创业帮扶,全年完成新增就业1.2万人,就业困难人员就业率保持在90%以上,零就业家庭动态为零,2人获2022年度"天津市技术能手"荣誉称号。指导规范用工行为,促进和谐劳动关系企业创建,年度新增8家市、区级劳动关系和谐企业。平稳推进基本医保参保扩面工作,确保"应参尽参"。完善困难群体社会救助长效机制,累计发放保障金2.1亿元。认真做好东西部协作和支援合作工作,援助财政资金8376万元,动员社会力量捐款捐物1104万元,完成消费帮扶7493万元,推动5家企业赴结对地区落户投资2495万元。完成供热旧管网改造34公里,实现100%清洁能源集中供热,确保群众温暖过冬。深化红十字"爱心相髓""生命接力"品牌,区造血干细胞血样采样服务站在西沽街社区卫生服务中心落成运行。人民武装、人民防空、退役军人、外事、保密工作不断加强,群众体育、全域科普、妇女儿童、残疾人、双拥共建等事业持续进步。

7.疫情防控高效有序。坚定不移坚持人民至上、生命至上,全区广大机关干部、街道干部、医务人员、政法干警、社区工作者、教职员工、物业服务人员和志愿者,深入社区一线,夜以继日、连续作战,全力做好核酸筛查、流调转运、封控隔离、服务保障、疫苗接种等疫情防控工作,让党的旗帜在疫情防控一线高高飘扬。持续补充基层防控力量,为疫情"三区"、医学观察隔离点等防疫一线,累计抽调党员干部2800余人次。开展区级全员核酸筛查72次、检测2665万人次。优化西站旅客来津"落地检",累计筛查近385万人次。全力推动全年龄新冠疫苗接种工作,累计接种新冠病毒疫苗103.33万剂次,全人群覆盖率98.57%,其中60岁以上接种率93.82%。全面坚持第九版防控方案、进一步优化防控工作二十条和新十条措施,做到快封快解、应解尽解,努力实现疫情要防住、经济要稳住、发展要安全。

8.生态环境优美宜居。坚持绿水青山就是金山银山的理念,深入实施生态立区发展举措,不断巩固国家卫生区、天津市文明城区创建成果。加强城市精细化管理,实施海河沿线2.5公里及周边建筑夜景灯光维修维护,为百姓日常出行提供便利。积极开展大气污染防治,空气环境质量持续改善,$PM_{2.5}$同比下降5%,优良天数比例达到68.3%。严格落实河(湖)长制,优良水体比例达到100%。认真落实林长制,实现全区1.2万余株大树动态化、数据化管理,加强23株古树名木保护,园林绿化覆盖率达到39.2%。子牙河滨河公园成为市民休闲健身网红打卡地。认真落实"双碳"工作要求,推动重点领域、重点行业节能降碳。倡导绿色低碳生活方式,推进节水节电和生活垃圾分类工作。编制完成"无废城市"建设实施方案。

9.基层治理不断深化。坚持抓基层、强基础,统筹资源、优化配置,确保党的领导一根钢钎插到底。巩固深化党建引领基层治理"十个一"工作机制,修订28个文件和24个附件,制发"15条措施",健全精细制度体系,努力把制度优势转化为治理效能。健全"社区党委—网格党支部—楼门党小组"党的基层组织链条,建立776个网格党支部、1078个楼门党小组,将商务楼宇、沿街商铺、营业网点、小微企业等纳入网格党支部兜底管理,以全覆盖党的组织网络带动构建全覆盖的基层治理网络。严格落实"联点访户"要求,区处两级党员领导干部建立联系点378个,深入联系点3190次、走访群众1857次,解决实际问题1388个。加强"三级平台、四级网格"建设,健全完善"吹哨报到"机制,打通基层治理"最后一米"。推动执法、司法力量下沉,抓好"警格+网格"深度融合,提高社区见警率、管事率。各街道社区积极投身基层治理一线,在疫情防控、改善民生、维护稳定、促进发展等工作中发挥了重要作用。

10.社会大局安全稳定。深入贯彻总体国家安全观，加强意识形态领域工作，坚决维护政治安全。圆满完成党的二十大、全国两会、北京冬奥会、冬残奥会等重点时期安保维稳工作，筑牢首都政治“护城河”。深入推进治理重复信访、化解信访积案专项工作，国家级、市级交办的第一批 377 件、第二批 53 件、第三批 20 件重复信访积案，市矛调中心交办的 32 件信访事项全部化解。持续用力解决 1337 户房屋征迁历史遗留问题，已彻底解决 1284 件。在全市率先建立街道政法委员工作制度，在街道设置政法工作组，加强对街道平安建设、安全稳定等工作领导统筹。深化平安红桥建设，常态化开展扫黑除恶斗争，深入开展打击整治养老诈骗专项行动，110 接报刑事警情同比下降 46.4%。红桥区被授予“2017—2020 年度平安中国建设示范县”荣誉称号，红桥看守所被授予“全国模范公安单位”，区法院被评为“全国优秀法院”和“全国为群众办实事示范法院”，区检察院办理的相关案件入选最高人民检察院典型案例，和苑派出所被评为“全国公安机关爱民模范集体”和全国第二批“枫桥式公安派出所”，区法律援助中心获全国司法行政系统先进集体荣誉称号。严格落实党政领导干部安全生产责任制，持续深入开展自建房、燃气、危险化学品、消防等重点领域隐患排查治理，压实各类企业安全生产主体责任，坚决遏制重特大事故发生。扎实做好防汛应急各项工作，增设 20 处雨量监测点位，保障群众平稳度汛。深入推进网络综合治理体系建设，全力营造健康清朗网络空间环境，全年无重大负面舆情。

11. 民主法治巩固加强。坚定不移走中国特色社会主义政治发展道路，坚持党的领导、人民当家作主、依法治国有机统一，认真践行全过程人民民主，支持和保证区人大及其常委会依法行使职权，推动落实人大对“一府一委两院”监督制度，充分发挥人大代表密切联系群众作用。坚持中国共产党领导的多党合作和政治协商制度，注重发挥人民政协专门协商机构作用，支持引导广大政协委员认真履行政治协商、民主监督、参政议政职能。坚持和完善大统战工作格局，支持各民主党派区委会强化自身建设，推动宗教、对台、侨务、工商联等工作不断加强。深入推进全面依法治区，加强法治政府建设，积极开展“八五”普法。公开发布《红桥区政法机关服务企业发展十条举措》，加强涉企法治保障，持续营造良好法治化营商环境。加强职工思想引领矩阵建设，积极推进新时期产业工人队伍建设改革，承接并全面完成全国县域共青团基层组织改革试点工作任务，圆满完成区妇联组织换届工作，积极推动科技协会学会建设，更好联系服务群众。健全基层群众自治机制，积极发展基层民主。

东丽区委 2022 年工作总结

2022 年是党和国家历史上极为重要的一年，是深入落实市第十二次党代会和区第十二次党代会各项决策部署的开局之年，是我区乘势而上全面建设科创绿谷、都市新区，纵深推进东丽绿色高质量发展的关键之年，是极具考验、极其艰辛、极不平凡的一年。一年来，面对百年变局和新冠疫情交织叠加，在党中央和市委的坚强领导下，区委常委会坚持以习近平新时代中国特色社会主义思想为指导，全面贯彻落实党的二十大、十九届六中全会和市第十二次党代会精神，坚持稳字当头、稳中求进，完整、准确、全面贯彻新发展理念，以高质量发展、高水平改革开放、高效能治理、高品质生活为目标导向，团结带领全区党员干部群众，勠力同心、担当作为、苦干实干，在全力抓好疫情防控的同时，始终坚持推动经济高质量发展不放松，疫情防控精准有效、发展态势稳步向好、改革创新不断深化、生态环境有效改善、民生保障更加完备、政治生态巩固涵养，绿色高质量发展稳步向前，为全面建设科创绿谷、都市新区打下坚实基础。

一、旗帜鲜明讲政治，党中央和市委重大决策部署落地见效

迅速兴起学习宣传贯彻落实党的二十大精神热潮。把学习宣传贯彻党的二十大精神作为首要政治任务，第一时间组织传达学习，多层面开展交流研讨，形成区委常委会带头学，各级党委（党组）理论学习中心组跟进学，社区、学校、企事业单位踊跃学的生动局面。坚持全面覆盖、分众推动，成立劳动模范、身边好人等7支特色宣讲队伍，深入开展主题社会宣传和群众性宣传教育活动，用基层语言、群众语言讲好“大道理”。精心组织宣传报道，充分用好线上线下传播载体，开展企业、社区一线等蹲点调研采访，生动反映各界群众切身感受。把党的二十大精神落实到绿色高质量发展全过程、各方面，召开区委十二届五次全会，形成“一个实施意见+十项三年行动计划”任务体系，真正把“规划图”“路线图”变成东丽“施工图”“实景图”。

精准高效统筹疫情防控和经济社会发展。坚定不移贯彻落实疫情防控各项要求，每轮疫情都用最短时间、最小代价、最快速度、最准范围科学有效处置。因时因势调整优化疫情防控措施，全力保健康、防重症，实现平稳转段。始终坚持“疫情要防住、经济要稳住、发展要安全”，出台“稳经济25条”等一系列政策措施，开展经济运行攻坚行动，建立服务保障重点工业企业生产、重点项目建设、农业生产经营、产业链供应链畅通四个工作机制和专班，最大限度降低疫情不利影响，全年地区生产总值和固定资产投资均位居全市前列、环城四区第一。

深度融入京津冀协同发展和津滨双城发展格局。全力抢抓京津冀协同发展战略机遇，紧盯北京非首都功能疏解，以在地京企、央企等行业龙头为牵引，全年落地国能智深、华电新能源等优质项目162个，新增北京协议投资额111.1亿元，到位额及完成率均位于全市前列。推进经开区纳入市级承接平台体系，英诺美迪医疗器械等一批特色主题园中园开工建设。深化教育办学、医疗服务、文化旅游等领域交流合作，取得一批务实成果。全面融入“津城”，完成环内区域总体城市设计和产业规划，程林公园起步区形成设计方案，“设计之都”核心区招商建设同步启动。积极联动“滨城”，签订科技、教育、生态环境等8项分协议，华明高新区纳入滨海高新区政策扩容范围，解决9项长期得不到有效解决的历史遗留问题。

二、深入贯彻落实新发展理念，经济发展质效持续提升

产业结构优化升级。落实制造业立市战略，进一步建链接链补链强链，六大产业链规模突破900亿元，占全部规上工业比重达到91.8%。战略性新兴产业、高技术（制造业）产业增加值分别增长15%、30%，制造业投资增速名列全市前茅。信息技术、检验检测、现代物流等生产性服务业加快发展，中汽中心新能源检测中心项目投产，专业技术服务业营收增长19%，经开区获评工信部新能源汽车动力系统产业集群、天津市新能源汽车关键零部件产业主题园区，东丽湖街获评天津市首批服务业扩大开放示范区和全域旅游示范街。金融护航实体经济效果显著，设立丽华高新产业基金、东丽经开产业发展基金，银行存贷余额持续增长。着力稳外资稳外贸，新设外商投资企业15家，外贸进出口额增长6.5%。深入落实乡村振兴战略，召开农村工作会议暨东西部协作和支援合作工作会议，耕地结构优化提升，撂荒地整治成效突出，土地适度规模经营比重超过80%，粮食播种面积、总产量分别增长11.7%和9.6%。胡张庄葡萄成功认证“津农精品”、绿色食品，骆驼房子烧鸡、赤土扣肉、宽达水产入选“津门老字号”，欢坨西红柿纳入全国名特优新农产品名录。开展东西部协作和支援合作，落实帮扶资金1.32亿元，11个产业项目落户结对县。

科创资源持续集聚。创新主体规模不断壮大，国家高新技术企业净增83家，总数达到547家，国家科技型中小企业达到692家。实施科技创新项目150项，规模以上工业企业研发投入增长6%，新增28家市级“专精特新”、3家国家级“小巨人”、4家国家知识产权优势企业，航天精工获批全国制造业“单项冠军”企业，凯华材料成为全市首家北交所上市的民营企业。以清华高端院为代表的一批科研机构产业化能力持续增强，新增 2 家市级企业重点实验室、5 家市级企业技术中心，实现科技成果转化 200 余项。建设东丽区全国双创示范基地，形成了一大批“六有”创新创业载体，在孵化企业突破 500 家。中国民航大学科技园被评为首批市级优秀大学科技园，转化企业 41 家。入选国家知识产权强市建设试点城市，专利转让许可交易额近亿元，完成技术交易合同登记额 80 亿元，稳居全市前列。

招商引资和项目建设取得实效。优化招商工作体系和机制，制定产业发展政策指引、项目评审制度方案，进一步规范从洽谈到落地全流程引资标准。精准实施北京招商、产业招商、税源招商、市场化招商、区领导高位推动招商五大专项行动，北京、长三角、珠三角三大招商中心协同发力，落地 50 个亿元以上重大项目。继续用好重大项目库、重大项目监督管理系统，全流程跟踪服务、保障要素，更多项目实现“签约即落地”“拿地即开工”“竣工即投产”，爱思达航天科技总部基地、京东二期等 36 个重点项目开工，乾顺永磁、海特二期等 19 个重点项目竣工。

消费活力不断增强。锚定天津国际消费、区域商贸“双中心”城市建设重要承载地目标，优化提升商业布局，万科里商业中心弥补东丽湖地区大型商业空白，“新立经开”“万新临空”商圈建设稳步推进。提振居民消费意愿，推出“东丽惠购节”等促消费系列活动，新增 7 处多元、特色、规范的夜间消费场景，拉动消费超亿元。打造文旅体消费品牌，东丽湖“两湖”提升改造成效明显，自然艺苑风景区、古海岸湿地绿廊等已经成为天津市民休闲好去处、网红打卡地。

营商环境持续优化。深化“一制三化”改革，356 项行政许可和公共服务事项实现“一窗受理”，投资项目“一套材料”办审批，事项“网上办”“一次办”“马上办”比例均达到 90%以上。聚焦企业发展所需，健全落实企业保姆、帮办代办工作机制，创新建立政务服务“抱怨清单”解决制度，新增市场主体 1.18 万家，加大对受疫情影响企业的服务保障力度，项目化解决涉企历史遗留问题 35 个，全市首张直接变更经营者个体工商户营业执照在我区颁发。把“人人都是营商环境”理念落到实处，区处科三级干部联系企业近 4000 家，常态化问需纾困、对接服务，构建亲清新型政商关系，营商环境综合测评位居全市前列。

三、加快推进城市化进程，城市功能品质全面提升

城市规划建设水平稳步提升。强化国土空间总体规划和用途管制，高标准划定“三区三线”。把高质量还迁作为民生基本盘，固化全区存量房源和还迁需求底数，4000 多名群众喜迁新居。改善人居环境，改造老旧小区 16.7 万平方米，精品物业管理试点实现全覆盖，部分还迁小区物业费收缴率、整体环境面貌明显提升。开展“冬病夏治”“访民问暖”专项活动，供热服务质量不断提升。加快完善基础设施，7 条道路实现贯通，7 条道路完成主体建设，优化调整 14 条公交线路，地铁 10 号线开通运营，城镇污水处理设施实现全覆盖。

城市管理水平稳步提升。精细化提升市容市貌，巩固国家卫生区创建成果，扎实开展 6 大项 21 个子项城市环境综合整治，改建 7 个“口袋公园”，新建 3 个社区公园，打造 10 条精品道路，中心城区和重点区域面貌焕然一新。落实城市基础设施安全“清单式”监管，开展占绿毁绿、违法建设、占路经营和不文明行为治理。充分利用社会资本，循环利用装修垃圾和大件垃圾，建成垃圾分类集中投放设施 490 处，生活垃圾分类水平全市领先。大力盘活城市资源，采用市场化方式处置供热闲置资产，经验在全市推广。统筹全区公共停车资源，继续推动机关事业单位停车场向社会开放。

城市文明水平稳步提升。培育践行社会主义核心价值观，实施公民道德建设工程，加强典型选树培育，16 人被评为“天津好人”。坚持创则必成，推动全民参与、全域创建全国文明城区，首年测评排名全国第八、全市第三。深化拓展新时代文明实践中心建设，文明实践基地建设向企事业单位、校园、“两新”组织延伸。加大市民文明行为规范宣传力度，开展公共秩序、环境卫生等领域专项整治。实施“文化双百”工程，举办文化艺术节、“东丽杯”文学评选等品牌文化活动，新增市级非遗项目8个，建成东丽网上博物馆，满足群众精神文化生活需求。

四、加强生态文明建设，生态环境质量持续稳定向好

基本建成绿色生态屏障。把高标准高质量建设绿色生态屏障作为重点任务，坚持日调度、周协调、月总结，定期调研督查，紧盯工程进度，确保工程质量。落实“一廊两芯两环六片区”空间布局，实施造林绿化、水系连通等9类13项工程，建成南北片区30.1公里游览路，新增造林2700余亩、植树7.5万株，海河绿芯、古海岸绿廊、东丽湖等重点区域连片成面。生态屏障内种植果树3500亩，稻蟹、稻渔生态立体养殖5000亩，帐篷营地、水上乐园、花海艺术市集等项目投入运营，一级管控区森林覆盖率达27.7%，蓝绿空间占比达到80%。

污染防治攻坚战成效明显。开展第二轮中央生态环境保护督察群众信访举报问题处置“回头看”。巩固蓝天保卫战成果，加强燃煤源、工业源、移动源、扬尘源协同治理，$PM_{2.5}$浓度同比降低5.3%，达标天数比例提高4.2个百分点，空气质量达到有记录以来最好水平。提升水环境质量，河湖长履职意识和能力持续提升，雨污合流串流得到有效治理，地表水考核断面达标率达到100%。有效管控土地污染风险，受污染耕地安全利用率和污染地块安全利用率均达到100%。开展施工噪声和餐饮服务行业油烟排放专项治理，大力整治群众身边的污染问题。

生产生活方式加快绿色低碳转型。制定碳达峰实施方案，有效落实减煤控煤任务，坚决不搞“一刀切”、运动式“减碳”。树立绿色低碳发展理念，加快推进钢铁等重点领域、重点行业清洁化、循环化、低碳化改造，天钢公司成功获评环保A级单位，经开区、华明高新区获评全市第一批绿色低碳循环发展综合服务产业园区。大力发展清洁能源，全国最大规模地表水热储回灌工程顺利投产，完成大毕庄供热站燃煤锅炉改燃，全区清洁能源供热实现100%。推动交通运输业低碳转型，重点行业企业“公转铁”货运比例提升，新能源公交实现全覆盖。广泛开展环保主题宣传教育，鼓励倡导绿色出行方式，全民生态环保意识不断增强。

五、厚植为民情怀，群众获得感、幸福感、安全感不断增强

民生服务保障水平持续提升。聚焦群众急难愁盼问题，20项民心工程全部高质量完成。全年实现新增就业1.95万人，针对性开展技能培训1万余人次，就业困难人员安置率达到95%以上。居民人均可支配收入超过4.6万元，同比增长2.9%，总量稳居全市涉农区前列，增速环城四区第一。落实稳岗纾困政策，全力以赴保市场主体，为121家企业暂缓缴纳社会保险费6500余万元，近万家企业享受失业保险稳岗返还近7000万元。精准推进参保扩面，兜底保障困难群众生活，社会救助和福利保障政策惠及1.4万人次。

公共服务体系不断完善。召开全区教育大会，落实立德树人根本任务，建立大中小思政一体化协同共建联盟，深化集团化办学改革，新增学前教育学位990个、中小学学位1530个，有效衔接线上线下教学，常态化监管校外培训机构，全面推行“5+2”课后服务模式。扎实推进健康东丽建设，天津第三中心医院东丽院区开工建设，新增3家企业卫生服务站，完成中医医院东丽湖院区提升改造，打造治未病健康管理等特色诊疗中心，基层中医药适宜技术推广网络初步形成。建成93个社区健身园、5个智能体育园，区属大型体育场馆实现市场化运营，创成全国首批全民运动健身模范区。强化养老服务供给，在全市首创“三入六嵌”服务模式，建成嵌入式综合为老服务中心3家，创建全国示范老年友好型社区3个。

社会大局保持和谐稳定。贯彻总体国家安全观，圆满完成冬奥会、冬残奥会、全国两会、党的二十大等特殊节点安全稳定工作。深化金融风险防范化解，平稳化解到期债务。严格落实安全生产责任制，深入开展安全生产专项整治三年行动,抓实燃气安全整治“百日行动”,不断加强食品药品安全监管,未发生较大以上安全生产事故。深化落实“四访”工作机制,区级领导定期面对面接访,进京越级访数量和全年信访总量实现双下降,信访事项受理率和答复率继续保持100%。完成中央和市委市域社会治理现代化试点预验收。常态化开展扫黑除恶斗争,社会治安防控体系不断健全,刑事、治安警情分别下降22.3%、10.3%。

六、坚定不移全面深化改革,区域发展活力不断激发

集约发展水平稳步提升。推进政府投资项目专业化管理,制定工程质量管理规定,实现城投集团集中管理项目8类15项。集中运营管理90余万平方米经营性资产。盘活存量闲置载体17.4万平方米,引入实体项目189个。深化“一区多园”管理体制改革,完成军粮城工业园边界拓展可行性报告编制,推动经开区“二次提升”。推进新型产业用地复合利用改革,强化规划调整、土地征转、用地供地、建设审批等协调联动,顺利解决完善富士达集团不动产手续等30余个重点项目问题。

资源配置效率不断提高。深化国资国企改革,出清14家空壳低效国有企业,盘活非经营性公建1.2万平方米。实施特色主题产业园区战略,引进垠坤、坤鼎等优质市场运营商,创新开发运营、招商引资、企业服务一体化服务体系,强化质量效益考核,得到市政府高度肯定并全市推广。创新知识产权融资模式,实施质押补贴政策,压降成本40%以上。落实接链、促需、护企常态化机制,新增民营企业4285户。深化临空经济区改革,盘活闲置载体2万余平方米。规范管理集体经济组织,全面排查人员资格认定,系统清理其下属企业,专项整治集体经济合同。

基层基础持续夯实。深化街道、园区财政体制改革,优化新增企业收入分配方式,提高街道、园区公共服务保障能力。确定11个试点社区,整合各类活动阵地,推进部门资源下沉,以点带面提升党群服务中心综合使用效能。举全区之力每年支持14个街道、园区办一件大事,一批群众关注的瓶颈问题取得突破性进展。拓宽社区干部成长渠道,4名优秀社区党组织书记和5名社区工作者招录为公务员。建立社区反映问题机制,严格执行下派社区任务准入制度,切实为基层减负松绑。

七、发展全过程人民民主,民主法治建设再上新台阶

民主政治建设不断加强。区委常委会严格执行民主集中制,定期听取“一府一委两院”工作汇报,决策的科学化、民主化水平不断提高。进一步强化人大代表依法监督作用,实施民心工程人大代表票决制,建议提案办理质量和水平持续提高。坚持和完善中国共产党领导的多党合作和政治协商制度,支持政协发挥专门协商机构作用,年度协商计划高标准落实。深化群团改革,工会、团委、妇联、残联、工商联、科协等人民团体工作有序开展。落实党管武装,狠抓双拥工作落实,兵员征集和民兵工作成绩显著,3个经验做法被《全国双拥工作简报》等向全国转发推广,实现军地统筹发展、互促共赢。

爱国统一战线得到巩固。强化思想政治引领,开展“喜迎二十大”教育活动,夯实共同思想政治基础。铸牢中华民族共同体意识,建设民族团结进步教育基地。健全完善宗教事务治理体系,宗教领域保持和谐稳定。严格落实政党协商计划,支持和鼓励各民主党派、工商联和无党派人士参政议政、民主监督、建言献策。加强党外代表人士队伍建设,完成民革东丽区工委、农工党东丽区工委主委届中调整工作。做好新的社会阶层、非公经济、港澳、对台、侨务、海外等各领域统战工作。

法治东丽建设全面推进。建立健全学习习近平法治思想常态化机制,做实法治工作部门全战线、全覆盖轮训,严格落实领导干部述法制度。将依法治区工作纳入区委巡察内容,扎实推进中央依法治国办法治政府建设实地督察反馈意见整改。加强党对政法工作的绝对领导,推进执法司法规范化建设,支持法院、检察院履职尽责。优化公共法律服务体系,深化区法学会改革,完善专家人才库。加强公职律师和政府法律顾问建设，深入推进智慧法院建设，创新“一站式”服务模式，建立5个互联网法庭。全面实施“八五”普法规划，大力弘扬法治精神、法治文化，增强全民法治观念。

八、坚持和加强党的全面领导，全面从严治党向纵深发展

党的政治建设不断加强。强化对党忠诚教育，深入实施“一把手”政治能力提升计划，以实际行动体现坚定拥护“两个确立”、坚决做到“两个维护”。坚持用习近平新时代中国特色社会主义思想培根铸魂，持续落实“第一议题”制度，常态化举办区级领导读书班，各级理论学习中心组开展专题学习900余场次。推动学习宣传贯彻党的十九届六中全会精神走深走实，召开区委十二届二次全会，审议通过贯彻落实的实施意见。高标准开展“迎盛会、铸忠诚、强担当、创业绩”主题学习宣传教育实践活动，切实提升各级干部政治素质、政治能力。聚焦41项习近平总书记重要指示批示精神贯彻落实情况，推进政治监督具体化常态化。严格落实意识形态工作责任制，落实区、街、部门季度分析研判制度，巩固壮大奋进新时代的主流思想舆论。

高素质干部队伍持续壮大。下大力气转变作风，先后召开进一步加强作风建设大会、年轻干部座谈会、街道园区工作座谈会、军转干部座谈会等一系列会议，评比表彰“双强双比”先进集体和先进个人，持续激发干部干事创业积极性。坚持正确选人用人导向，首次在全区81个单位开展“沉浸式”考核调研，对12名躲事怕事、推诿塞责、敷衍应付的干部坚决地“下”，对8名受过处分但认识到位、表现优异的干部大胆提拔使用。全面推行年轻干部导师制，举办中青年干部培训班，选派抽调560余名优秀年轻干部到对口支援、招商引资等基层一线和艰苦岗位经风雨、长才干。聚焦高质量发展、基层治理等中心工作，举办专业化能力培训班等实体班次16期。统筹用好关心关爱、容错纠错、澄清正名、典型宣传等相关举措，旗帜鲜明为2名干部澄清正名，真正让干部卸下包袱、轻装上阵。

人才队伍结构进一步优化。深入贯彻中央和市委人才工作会议精神，召开区委人才工作会议，加快建设人才汇聚高地。落实“海河英才”行动计划，培育天津市“突出贡献专家”3人、“海河工匠”2人，引进急需型人才16人。高质量建设航空航天、生物医药人才创新创业联盟，搭建联盟成员产业项目对接桥梁，引进各类优秀人才700余人，促成项目合作100余个。创新人才评价机制，首创天津市工程技术系列航空航天、医疗器械专业职称，并开展自主评审，有效畅通人才职称晋升通道。优化人才服务机制，建立“人才直通车”接诉即办和高层次人才“一事一议”机制，有效解决高端人才破格认定、家属安置、子女入学等问题100余件。

基层党组织全面过硬。持续优化社区党组织书记队伍，实行社区书记动态调整，将227名优秀社区工作者纳入后备人才库。调整优化全域网格化治理体系，不断完善“巡办分离”“吹哨报到”“接诉即办”运行机制，“12345”热线事项办结率、群众满意率位居全市前列。提升基层党组织政治功能和组织功能，助力“无星社区”治理提升，整顿42个软弱涣散基层党组织。深化“模范机关”创建工作，持续深化机关党组织和在职党员到社区“双报到”，建立10个党建与业务深度融合区级机关试点。深化“两个覆盖”，加强社区、农区非公企业综合党支部和社会组织行业党支部建设，持续建强园区网格党组织，非公企业和社会组织党组织覆盖率分别提高10%、5.3%，2家非公企业党建案例被评为全国优秀案例。

城市化领域正纪纠偏取得重大成效。在反复审慎研究的基础上，召开全区部署推动会议，充分统一思想、凝聚共识，建立坚强有力的组织执行体系。起底排查问题线索，全面核查拆还迁档案，先后对12个重点集体经济组织开展巡察，完成全区城市化资金使用全覆盖审计。设置两个月的“窗口期”，对全区2.3万余名党员干部、公职人员进行全覆盖自查自纠，256名干部主动交代问题，无条件退还违规获利和房屋。疾风厉势惩贪治腐，区纪委监委查处违纪违法问题37起65人，公安部门立刑事案件36起，对44人采取刑事强制措施，已查办案件中挽回房产41套、经济损失4.01亿元，大量房产和资金正在履行退赔手续。

正风肃纪反腐深入推进。落实全面从严治党主体责任，扎实推进主体责任落实考核评价。持续加固中央八项规定精神堤坝，以问题导向靶向纠治“四风”顽瘴痼疾，对8起典型案例点名道姓公开通报。着力整治检查考核过多、过度留痕、“指尖上的形式主义”等问题，持续落实为基层减负。坚决纠治教育医疗、养老社保、生态环保、安全生产等领域群众反映强烈的突出问题，查处群众身边腐败和作风问题33起、处理55人。深化政治巡察，组织完成2轮巡察工作，发现各类问题472个。保持惩治腐败高压态势，开展存量线索“百日攻坚”，紧盯政策支持力度大、投资密集、资源集中的重点领域和关键环节，立案175件192人、处分153人。坚持“三不腐”一体推进，打造“五廉工程”，教育广大党员干部知敬畏、存戒惧、守底线。

一年来，区委常委会以更高标准、更严要求抓好自身建设，制定加强自身建设的意见，着力建设有信念讲政治、有责任肯担当、有魄力敢进取、有韧劲拼实效、有要求高标准、有正气守底线的坚强领导集体。带头坚定拥护“两个确立”、坚决做到“两个维护”，坚决贯彻落实党中央和市委决策部署，自觉做习近平新时代中国特色社会主义思想的坚定信仰者、积极传播者、忠实实践者，始终在思想上政治上行动上同以习近平同志为核心的党中央保持高度一致。带头发扬历史主动精神，坚持以党的事业为重、以发展大局为重、以人民利益为重，保持“时时放心不下”的责任感，以钉钉子精神狠抓工作落实，努力为全市发展大局“添秤”。带头改进工作作风，严格执行中央八项规定精神，力戒形式主义、官僚主义，坚持过紧日子，深入基层开展调查研究，真心实意为群众办事。带头发扬自我革命精神，认真开展批评和自我批评，自觉接受监督，严格要求亲属和身边工作人员，坚守廉洁自律从政底线。

西青区委2022年工作总结

2022年是新一届区委履职的起步之年。在市委坚强领导下，区委常委会坚持以习近平新时代中国特色社会主义思想为指导，完整、准确、全面贯彻新发展理念，围绕学习宣传贯彻党的二十大精神这条主线，坚决落实中央部署和市委要求，锚定“打造大运河闪亮明珠、建设现代化活力新城”目标，以求真务实作风抓好区第十二次党代会各项任务落实，不断推动现代化活力新城建设迈出坚实步伐。

一、深入学习贯彻党的二十大精神，深刻领悟“两个确立”的决定性意义

区委常委会坚持把学习宣传贯彻落实党的二十大精神作为首要政治任务、政治责任，深刻领悟“两个确立”的决定性意义，坚持不懈用习近平新时代中国特色社会主义思想武装头脑、指导实践。

深入推进党的二十大精神学习宣传贯彻落实。坚持在全面学习上下功夫，坚持原原本本、逐字逐句学习党的二十大报告、党章以及习近平总书记在党的二十届一中全会上的重要讲话精神，带头组织开展专题学习、研讨交流、专题读书班、宣讲报告等30余次，举办处级干部学习贯彻党的二十大精神专题培训班，对全区570余名处级干部进行集中轮训，推动全区各级党委（党组）理论学习中心组开展读书研讨班、辅导报告会等领学促学活动120余次。坚持在全面把握上下功夫，区委书记带头为村社区“一肩挑”做专题辅导，区委常委会班子成员深入各街镇、各领域和基层村（社区）、企业开展专题宣讲，组织区委党校、驻区高校等专家学者组建理论工作者宣讲团、志愿宣讲队，深入基层开展“菜单式”宣讲，迅速兴起学习宣传贯彻党的二十大精神热潮。坚持在全面落实上下功夫，第一时间组织专题研究、系统谋划全区学习宣传贯彻落实工作，出台《西青区关于迅速兴起学习宣传贯彻党的二十大精神热潮的工作方案》《中共西青区委关于深入学习宣传贯彻党的二十大精神奋力开创全面建设现代化活力新城新局面的实施意见》等文件,进一步把思想行动和目标任务统一到党的二十大精神上来,切实把党的二十大精神转化为实践成效。

深刻领悟"两个确立"的决定性意义。区委常委会始终把坚定捍卫"两个确立"、坚决做到"两个维护"作为首要和根本,深刻认识到"两个确立"是党在新时代取得的重大政治成果,是新时代引领党和国家事业从胜利走向新的胜利的政治保证,是战胜一切艰难险阻、应对一切不确定性的最大确定性、最大底气、最大保证。不断提高政治判断力、政治领悟力、政治执行力,健全贯彻落实习近平总书记重要指示批示精神和党中央、市委决策部署的制度机制,第一时间学习传达习近平总书记重要指示批示精神和中央、市委各项决策部署。持续开展习近平总书记重要指示批示贯彻落实情况"回头看"工作,对习近平总书记对天津工作的"三个着力"重要要求等60余条重要指示批示精神开展督导检查,确保上下贯通、执行有力。高标准高质量开展"迎盛会、铸忠诚、强担当、创业绩"主题学习宣传教育实践活动工作,创新实施政治铸魂、思想聚力等八大领航行动,全区党员干部"两个确立"更加坚定、"两个维护"更加坚决。

持续用力学懂弄通做实习近平新时代中国特色社会主义思想。始终以习近平新时代中国特色社会主义思想灯塔指引航程,深入开展习近平新时代中国特色社会主义思想主题教育,进一步完善区委常委会、区委理论中心组学习制度,开展读书班和专题辅导,围绕习近平新时代中国特色社会主义思想安排集体学习议题120个,不断把学习贯彻习近平新时代中国特色社会主义思想引向深入。加强党员干部教育培训,举办习近平新时代中国特色社会主义思想处级进修班、中青年培训等班次32期,培训干部8600余人次,实现全区处级以上领导干部和公务员全覆盖。深入推进全民学习、全民武装,区委常委会班子成员带头深入机关、社区、农村等基层一线,讲党课、做宣讲、开座谈,持续推动习近平新时代中国特色社会主义思想走进基层、深入群众。

二、完整准确全面贯彻新发展理念,着力推动经济高质量发展

坚定不移推进高质量发展,大力实施制造业强区战略,全年经济基本保持稳固、回升、向好态势。

经济发展保持稳中求进。坚持把高质量发展贯彻到经济社会发展全过程各方面,制定出台稳经济102条举措,落实落细稳经济"一揽子"政策,推动经济持续恢复,呈现向好趋势,预计全年地区生产总值同比增长3%;一般公共预算收入67亿元,增长4.5%;居民人均可支配收入47300元,增长2.6%;实现全社会固定资产投资410亿元,各项主要经济指标继续保持全市前列。深入开展招商引资三年行动计划,出台一系列具有西青特色的惠企招商政策,通过云招商、云签约等途径,引进重点项目49个,计划投资额600多亿元。大力实施项目带动战略,持续强化项目储备,扎实推进"1010"工程项目,杉杉奥特莱斯、呷哺呷哺生产工厂等23个项目陆续建成,中芯国际12英寸晶圆生产线项目等132个项目开工建设,为高质量发展增添动力。

产业层次加速提档升级。瞄准新兴产业先导区和高端产业聚集区的定位,大力培育集成电路、车联网、汽车及新能源汽车、高端装备、生物医药等5条重点产业链,加快建设具有西青特色的现代产业体系。三大主导产业增加值占全区规上工业增加值比重达到66.8%,同比增长8.2%,高于规模以上工业增加值增速4.2个百分点。战略性新兴产业增加值同比增长8.9%,高于规模以上工业增加值增速4.9个百分点,新兴产业活力明显。国家级车联网先导区、人工智能产业园、大数据产业园、集成电路产业园等一批产业引领平台做大做强。全力融入国际消费中心城市和区域商贸中心城市建设,鹏瑞利、星悦中心、万科广场等50余个商业项目加快建设,"乐惠西青"系列促消费活动取得显著成果。

科技创新能力持续增强。深入实施科技创新三年行动计划,全社会研发投入强度达到

3.39%。加快提升企业研发能力，培育 2 家国家级企业技术中心，认定 63 家市级企业技术中心，新培育国家专精特新“小巨人”企业 5 家、市级“专精特新”中小企业 40 家，新宇彩涂板被认定为国家级“单项冠军”产品。“卡脖子”技术攻关取得成效，善测科技航空发动机有关技术突破国外技术垄断。持续推进科技型企业梯次成长，加大“科创 10 条”等支持政策落实力度，国家高新技术企业达到 860 家、国家科技型中小企业评价入库 640 家，市级“雏鹰”企业、“瞪羚”企业、领军企业累计达到 450 家，41 个项目获得天津市科学技术奖，完成技术合同交易额 88.85 亿元。大学科技园建设成效显现，引进企业 102 家。加快实施新时代人才强区战略，出台“人才强区十五条”政策措施，打造西青“运河工匠”品牌，全年引进各类人才 5100 人。持续推进全域科普，建设市级科技工作者之家示范点 2 个，完成 33 个村(社区)基层科普规范化建设，科技创新氛围更加浓厚。

乡村振兴战略全面推进。坚决扛稳扛牢保障粮食安全政治责任，完成粮食播种面积 8.6 万亩，小站稻基地入选第一批全国种植业“三品一标”基地。全面落实耕地保护“田长制”，加大对耕地撂荒、“大棚房”、违规占用基本农田、乱占耕地建房等耕地违法问题治理力度。大力推动农业现代化建设，打造小站稻、高端精品蔬菜两个农业全产业链，设施农业、品牌农业、现代种业发展壮大，获评全国农业现代化示范区。积极发展乡村旅游、休闲农业等业态，树蛙部落理想村、水高庄园精品文旅园区开放运营，美丽乡村采摘一日游入选全国乡村旅游精品线路，白滩寺村获评第四批全国乡村旅游重点村。精准实施一批产业帮扶项目和产业配套项目，开展农村人居环境整治、生活污水治理、户厕提升改造等工作，扎实推进第六埠、大沙窝、大侯庄等 5 个市级乡村振兴示范村创建，我区入选国家乡村振兴示范县创建名单。

三、持续深化改革，加快推进高水平对外开放

进一步打开脑袋上的“津门”，以更高的站位、更宽的视野、更大的力度推进改革开放，不断增强发展的内生动力。

京津冀协同发展深入推进。高质量承接北京非首都功能疏解，引进中色创新研究院、国药药材等北京项目 95 个，计划投资超 100 亿元。推进“2+X”承接平台建设，西青经开区新增注册企业 400 家，加快打造国内领先智慧园区新典范；天津南站科技商务区落地重点项目 31 个，国际招标征集编制“站产城”一体化规划，以高水平规划引领高质量发展。持续打造杨柳青镇、辛口镇美丽“口子镇”，全面实施主干道路综合环境提升、产业园区环境提升等九大工程。全方位深化重点领域合作，高起点推进基础设施互联互通、生态环境联建联防联治、公共服务共建共享。

重点领域改革加快推进。高水平深化改革顶层设计，建立完善“双十”带动工作机制，推出“十大重点改革任务”，评选“十大改革创新亮点案例”，引领推动更深层次改革。持续推进国企改革三年行动，圆满完成 72 项区级改革任务。加大金融改革力度，强化金融风险防控，推动各驻区银行累计为中小微企业贷款 90.29 亿元，金融服务实体经济能力明显增强。深化财税体制改革，进一步理顺区和街镇财政分配关系，兜牢基层“三保”支出底线，增强街镇发展内生动力。深化人事制度改革，启动实施 11 个街镇事业单位管理岗位职员等级晋升制度，统筹推进完善党政机构职能体系。

营商环境持续走在前列。坚定不移优化营商环境，持续深化“放管服”改革，创新项目服务方式和审批服务模式，实现全市首个商业综合体项目“拿地即开工”、全市首个医师护士执业注册许可“掌上办”、全市首个“线上批量办理交房即交证”项目试点，在全市首创“行政许可样板间”、首设公安政务服务大厅，率先实现公安事项“一站式”受理，打造“三并行、三同步”审批新模式，中芯国际“大二期”项目从选址到开工建设历时仅 200 天，刷新全市项目审批效率新纪录。深入落实“亲商八条”工作举措，持续完善“政企会客厅”“茶餐叙谈会”“吹哨报到制”等政企服务对接机制，政务服务更加标准化、规范化、便利化。不断完善信用体制建设,逐步拓展“海河分”“信易贷”等信用惠民惠企应用场景。

对外开放水平持续提升。积极落实稳外贸稳外资政策,考泰斯、捷马支护等一批重点外资项目落地,全年实际利用外资 2.23 亿美元。王兰庄国际商贸城获批全国市场采购贸易方式试点,培育市场采购贸易新业态。支持企业稳订单拓市场,积极对接进博会、广交会等展会平台,组织 RCEP 培训、“春雨行动”等服务,帮助企业解决业务堵点。推动外贸高质量发展,预计全年外贸进出口额达到 338.3 亿元,同比增长 2%,稳外贸基础进一步夯实。

四、持续优化“两城”格局,城市治理能力不断提升

坚决贯彻践行习近平生态文明思想和习近平总书记关于城市规划建设管理重要指示批示要求,主动融入“津城”“滨城”双城发展格局,深入实施“两城三带三区”空间布局,全力打造大运河闪亮“明珠”。

城市规划建设水平持续提升。统筹推进大运河文化保护传承利用,启动编制大运河文化带专项规划和大运河文化保护传承利用实施规划,杨柳青大运河国家文化公园开工建设,天津美术学院和天津音乐学院新址扩建等一批标志性工程签约落地,大运河文化带建设迈出关键一步。深入开展国土空间总体规划和专项规划编制,完成南运河西营门片区城市设计,侯台片区(水西公园周边地区)城市设计入选自然资源部城市设计实践案例。深入实施城市更新行动,加强城市基础设施建设,地铁 7 号线、8 号线加速建设,地铁 10 号线加快通车运行,嘉和路、博桦道等一批道路建成通车,5G 网络、物联网等新型基础设施加快布局,城市路网、地下管网等建设水平进一步提高。持续推进市容环境整治,深入开展垃圾分类,市政、停车、供热、燃气等公用设施管理不断加强。

城市治理能力不断提高。积极推进城市管理向城市治理转变,打造网格化基层社会治理平台,拓展城市运行指挥中心、政务云数据中心平台功能,市域社会治理现代化试点创建取得新进展。持续巩固“战区制、主官上、权下放”党建引领基层治理体制机制创新成果,不断夯实基层全科网格基础,健全全区四级网格管理体系,网格化基层治理水平进一步提升。深入贯彻总体国家安全观,大力推进平安西青建设,圆满完成党的二十大、市第十二次党代会等重大敏感节点维稳任务,扎实推进各领域安全隐患排查整治,首都政治“护城河”进一步筑牢。坚持和发展新时代“枫桥经验”,实行“信访+网格”工作机制,群众诉求表达通道更加畅通和规范。常态化开展扫黑除恶斗争,严密防范和严厉打击各类违法犯罪,社会治安防控体系效能整体提升。坚持“隐患就是事故,事故就要处理”,高标准完成安全生产专项整治三年行动,持续强化危险化学品等重点领域安全监管,应急管理综合能力和区域防灾减灾能力进一步提升,全区安全生产形势总体稳定。

生态文明建设成效显著。始终保持加强生态文明建设的战略定力,牢固树立“绿水青山就是金山银山”理念,持续深入打好污染防治攻坚战,深入推进大气污染综合治理、水污染整治修复、土壤污染防治、固体废物管理和农业面源治理,环境指标更加向好向优,$PM_{2.5}$ 浓度同比改善 4.9%,达标天数同比提高 6.6 个百分点,达到近十年最好水平,地表水考核断面达标率达到 83.3%。稳步推进双碳工作,全区能耗强度持续下降,能源结构进一步优化。积极推行街镇“环保管家”专业化管理,环境治理水平进一步提升。大力打造水绿融合的美丽宜居环境,绿色生态屏障区、独流减河沿岸生态修复、津门湖水系生态修复等一批重点生态工程加快实施,河畅、水清、岸绿、景美的整体风貌逐渐显现。不断完善城市公园布局,建成一批精品“口袋公园”,津港公路绿化提升改造等一批绿化景观工程投入使用,城市空间立体绿化层次进一步丰富,生态宜居标杆区建设呈现新气象。

五、坚持以人民为中心的发展思想,着力保障和改善民生

牢固树立以人民为中心的发展思想,着力在发展中保障和改善民生,着力做好普惠性、基础性、兜底性民生工作，全面完成 20 项民心工程，人民群众的获得感、幸福感、安全感不断增强。

就业形势总体平稳。坚持实施就业优先战略，实施积极就业政策，全年新增就业 2.3 万人。策划实施“乐业西青”系列行动，出台高校毕业生就业创业 17 条和“稳经济”举措 14 条，举办“乐业西青 · 创享未来”创新创业大赛，开展职业技能培训 1.1 万余人次，发放各类就业创业补贴 5000 余万元。不断健全完善就业服务体系，创新实施“就业红娘”等一批服务举措在全市推广。

社会事业加快发展。教育布局进一步优化，新增公办普惠幼儿园学位 2000 个，建成小学 2 所，教育资源总量实现新突破；积极推行区域化校车试点，校车运行线路增至 54 条，努力打造智慧平安校园。健康西青行动步伐加快，完成 31 个社区卫生服务站开诊运行，医疗卫生服务体系更加完善。深入推进全民健身计划，新建健身步道、多功能运动场等体育场所 18 个。群众居住品质得到提升，完成 73 万平方米老旧小区提升改造，新增保障性租赁住房 9264 套。建成综合为老服务中心 12 家、社区日间照料中心 63 家、老人家食堂 147 家，居家社区养老服务广泛推广。

社会保障水平稳步提升。不断完善社会救助体系，落实执行医疗救助、重大特疾病等医保政策，全年足额兑付医疗补助和发放低保、特困、残疾人等各类补贴 1.2 亿元，区级救助站和未成年人救助保护中心建成投入使用。深入实施全民参保计划，户籍人口基本养老保险、基本医疗保险参保覆盖率进一步提升。加强新时代退役军人工作，严格落实退役军人安置和优抚政策。村村建档修志工程圆满收官，区档案馆成功创建国家级数字档案馆。

疫情防控更加科学精准。全面落实“疫情要防住、经济要稳住、发展要安全”要求，坚持以快制快、以特快制特快，组建“2+4”防控体系，高效开展大规模人群核酸筛查，稳妥高效处置红旗农贸市场、杨柳青奥森物流等多轮疫情。扎实做好流调溯源、接驳转运、隔离保障等工作，完成 6.5 万重点人群流调处置，为 3.4 万人提供隔离保障服务，37 栋保障性公租房集中隔离点成为全市首个示范性大型集中连片疫情防控健康驿站。夯实基层疫情防控基础，统筹各类组织和社会力量，积极创建党建引领“无疫小区”“无疫网格”，筑牢疫情防控严密防线。深入推进新冠疫苗接种，精心做好 60 岁以上人群疫苗接种服务，构建起坚实全民免疫屏障。科学优化疫情防控政策，不断提高防控科学精准水平。

六、坚持党管意识形态，宣传思想文化阵地进一步巩固

牢牢把握党对意识形态工作领导权，全面落实意识形态工作责任制，不断巩固扩大奋进新时代的主流思想舆论，区域宣传文化软实力和影响力进一步提升。

党管意识形态坚定有力。坚持党管宣传、党管意识形态，区委常委会专题研究意识形态工作，组织召开联席会议，牢牢掌握意识形态工作领导权主动权。深化马克思主义理论研究和建设，完善中小幼一体化思政工作体系。压实意识形态工作责任，建立重大风险隐患排查处置机制，筑牢意识形态安全防线。打好网络意识形态主动仗，加快网络强区建设，举办西青网络短视频采风活动、网络安全沙盘演练等活动，策划开展形式多样的社会宣传，使主旋律更加高昂、正能量深入人心。

城市文明程度持续提升。常态化推进文明城区创建，实施市民文明素质培育工程、市容环境美化工程等 10 项重点工程，全国文明城区创建成果进一步巩固。加强培育和践行社会主义核心价值观，加大优秀典型选树培育力度，选树“中国好人”1 人、“天津好人”23 人，全国五好家庭 2 户、全国最美家庭 1 户、市级最美家庭 40 户。持续提升新时代文明实践中心建设和志愿服务工作水平，累计建成 273 个新时代文明实践中心、所、站，实现三级阵地全覆盖，拓展延伸 11 个新时代文明实践基地，“天津一二 · 九抗日救亡运动纪念馆”入选首批市级新时代文明实践基地。扎实开展群众性精神文明创建活动，文明单位、文明家庭、文明校园创建深入推进，线上、线下文明建设活动全域开展，文明创建氛围更加浓厚。

精神文化生活丰富繁荣。大力实施文化惠民工程，组织开展“百场文化送基层”惠民文化演出等各类文化活动百余场，群众文化生活更加丰富繁荣。深入推进大运河文化遗产保护开发，启动“寻根赶大营”活动，杨柳青折扇制作技艺、粉彩瓷器制作技艺等9个非遗入选市级非遗名录，人文纪录片《过年的画》在央视播出。高质量推动文旅产业发展，建成“2+4+N”全域旅游服务体系，成功创建市级全域旅游示范区，杨柳青古镇获评国家级夜间旅游消费集聚区、国家级旅游休闲街区，杨柳青镇、中北镇成功创建市级全域旅游示范镇。国家文旅消费试点城市建设取得阶段性成果，推出20余项文旅促消费活动，预计全年接待游客2400万人次，实现旅游综合收入30亿元。

七、发展全过程人民民主，稳步推进社会主义民主政治建设

坚持党的领导、人民当家作主、依法治国有机统一，积极支持人大、政府、政协和监委、法院、检察院依法依章履行职能，民主政治制度化、规范化、程序化全面推进。

全过程人民民主扎实推进。坚持健全完善人民当家作主制度体系，支持和保证人民通过人民代表大会行使权利，支持区人大及其常委会依法履行职责，充分发挥人大监督作用，听取和审议专项工作报告33项，组织开展视察、执法检查、专题调研等活动28次，做好民心工程项目票决制“后半篇”文章。落实“双联系”制度，进一步密切人大代表与人民群众的联系。加强党对政协工作的全面领导，支持和保障区政协履行政治协商、民主监督、参政议政重要职能，形成推进乡村振兴战略、发展制造业“单项冠军”等一批优秀协商成果，为高质量发展建言资政，广泛凝聚共识。持续深化完善大统战工作格局，建强统一战线智库联盟，做大做强党外人士“同心”阵地，创新打造“青企驿站”服务民营企业品牌，全面强化新阶层人士统战平台建设，民族宗教领域和谐稳定，成立西青区归国华侨联合会，港澳台侨及海外统战工作顺利推进，各项工作走在全市前列。深化工会、共青团、妇联等群团组织改革和建设，桥梁纽带作用有效发挥。落实党管武装制度，召开区委议军会议，扎实推进新时代征兵工作，大力支持国防和驻区军队建设，军政军民团结进一步巩固和发展。

法治西青建设不断深化。全面落实法治西青建设“一规划两纲要”，扎实推进依法行政，规范重大行政决策程序，党政机关、村（社区）法律顾问实现全覆盖，严格执法、公正司法、全民守法深入推进。大力支持审判机关、检察机关司法体制改革，充分保障行使审判、检察职能，社会公平正义更加彰显。全面启动“八五”普法，加强法治宣传教育，深化法治乡村建设，全民法治观念不断增强。深化公共法律服务体系建设，持续优化智慧公共法律服务，建成区、镇街、村（社区）三级智慧公共法律服务网络。

八、纵深推进全面从严治党，党的建设质量不断提高

深入落实新时代党的建设总要求，进一步健全党建领导小组工作机制，推进全面从严治党向纵深发展、向基层延伸。

党的政治建设持续加强。坚决贯彻落实加强党的政治建设意见，完善推动全面从严治党向基层延伸的实施意见，构建明责、督责、述责、评责、问责全链条工作机制。充分发挥巡察政治监督作用，对6个处级单位和12个村开展十二届区委常规巡察，一批突出问题得到彻底整治。扎实做好十一届市委第九轮巡视深度整改工作，推进各项整改任务落实到位，基本完成整改任务。深入推进党内政治生活、政治生态、政治文化一体建设，严肃认真召开年度民主生活会，发展积极健康的党内政治文化，持续深入开展圈子文化、码头文化和好人主义整治，风清气正的政治生态进一步巩固。

党的基层战斗堡垒不断巩固。坚持大抓基层的鲜明导向，深化党支部标准化规范化建设，高标准开展换届“回头看”，整顿软弱涣散基层党组织26个，创新实施村社区“书记项目”“书记学堂”“雏雁启航”三大书记工程，推动基层党组织全面进步、全面过硬。统筹推动各领域党建工作,设立物业行业党委,持续推进"红色物业"提质增效,设立五大产业链党委,成立全市首个产业链党建联盟,基层党的组织和工作覆盖进一步扩大。加强党员教育管理,开展主题党日擂台赛、"三会一课"互评互查专项行动等活动,累计培训党员 3.6 万余人次,基层党员干部队伍素质进一步提升。持续深化"我为群众办实事"实践活动,创新打造"青"叩家门党建品牌,全年走访群众 22 万余人次,解决群众急难愁盼问题 1.6 万余件。

新时代干部队伍建设取得新成效。坚持好干部标准,把政治标准放在首位,着力优化培养、选拔、管理、使用各环节,调整处级干部 230 人次,89 名在疫情防控、乡村振兴、经济发展等重大斗争、重点任务中表现突出的干部得到提拔重用。着力抓好"后继有人"根本大计,创新实施年轻干部"双侧双十""三年倍增""砥砺成长""青苗赋能""青渠注能"等计划,年轻干部培养选拔的战略性、系统性、长效性进一步提升。认真落实能上能下、组织处理等规定,坚决落实市委"不等了"要求,对落实疫情防控工作履职不力等 6 名干部进行免职、调整职务组织处理。持续激励干部担当作为,2 名干部被选树为全国、天津市"人民满意的公务员"。

党风廉政建设和反腐败斗争持续深化。始终保持严的主基调,持之以恒落实中央八项规定及其实施细则精神,锲而不舍纠"四风"树新风,全年查处违反中央八项规定精神问题 127 件、223 人,处理形式主义官僚主义、不担当不作为问题 94 件 176 人。强化对基层小微权力监督力度,绘制村级"小微权力"运行流程图,推出基层小微权力"监督一点通"平台,推动基层党员干部照单履职、群众按"图"监督。始终坚持零容忍惩治腐败,强化以案三促,推进清廉西青和廉洁文化建设,建立"一镇街一品牌"廉洁文化阵地,绘制"西青廉洁地图",一体推进"三不腐"。

一年来,区委常委会以更高标准、更严要求抓好自身建设,出台《中共西青区委常委会加强自身建设的意见》,不断提升把方向、管大局、作决策、保落实的能力。坚持和完善民主集中制,严格执行请示报告制度,严守党的政治纪律和政治规矩,严守党的组织原则、领导制度和议事规则,全年召开区委常委会会议 42 次、书记专题会 34 次。带头推动"我为群众办实事"、向群众汇报、联点访户、"青"叩家门等制度机制常态化长效化,认真落实信访工作领导包案制度,切实走好新时代党的群众路线。始终发扬斗争精神,带头转作风、树新风,严格落实中央八项规定及其实施细则精神,持续整治形式主义为基层减负,自觉务实担当、踔厉奋发,形成埋头苦干、勇毅前行、干事创业局面。

津南区委 2022 年工作总结

2022 年是党和国家历史上极为重要的一年。一年来,区委常委会在以习近平同志为核心的党中央坚强领导下,坚持用习近平新时代中国特色社会主义思想武装头脑、指导实践、推动工作,坚持以迎庆、护航、保障和学习宣传贯彻党的二十大精神为主题主线,坚决落实"疫情要防住、经济要稳住、发展要安全"重要要求,认真落实市委工作要求,高效统筹疫情防控和经济社会发展成效明显,持续打好用好绿色生态屏障、海河教育园区、国家会展中心"三张好牌",疫情防控取得重大成果,经济发展持续向好改善,独特发展优势更加凸显,安全发展形势来之不易,民生福祉水平不断提升,党员干部得到全面淬炼,开创了津南绿色高质量发展新局面,社会主义现代化新津南建设迈出了坚实步伐。

一、强化思想引领,政治定力更加坚定、前进动力更加昂扬

区委常委会坚持以习近平新时代中国特色社会主义思想为指导,把学习党的创新理论作为一项需要长期坚持、常抓不懈的政治任务抓好抓

实抓到位,把真理伟力转化为推动津南高质量发展的磅礴力量。

深学笃行习近平新时代中国特色社会主义思想。坚持以习近平新时代中国特色社会主义思想灯塔指引航程,不断提升思想认识,持续推进走深走实。注重以上率下,充分发挥示范带头作用,发挥区委理论学习中心组示范引领作用,围绕习近平新时代中国特色社会主义思想,聚焦党史学习教育常态化长效化、国家安全等内容,召开专题学习研讨17次,专题辅导报告会2次。坚持把学习贯彻习近平新时代中国特色社会主义思想摆在干部教育培训最突出的位置,全年共举办专题培训班、干部学习大讲堂等26期,累计培训2663人次,真正做到把习近平新时代中国特色社会主义思想学懂弄通、入脑入心,融入血液、嵌入灵魂。

深入学习宣传贯彻落实党的二十大精神。坚持把学习宣传贯彻党的二十大精神作为当前和今后一个时期首要政治任务,突出"七个聚焦",落实"三个全面",推动党的二十大决策部署落地生根。先后召开区委常委会会议、区委常委会扩大会议和区委全会,传达学习贯彻党的二十大精神,研究部署具体贯彻落实措施。印发《关于迅速兴起学习宣传贯彻落实党的二十大精神热潮的通知》《中共津南区委关于贯彻落实〈中共天津市委关于深入学习宣传贯彻党的二十大精神奋力开创全面建设社会主义现代化大都市新局面的决定〉的实施意见》,对深入学习宣传贯彻党的二十大精神作出安排部署、提出具体要求。举办学习宣传贯彻党的二十大精神专题读书班和3期津南区领导干部学习贯彻党的二十大精神专题培训班,实现全区处级干部集中轮训全覆盖。区委主要负责同志带头到区机关、荣程集团、小站镇坨子地村宣讲党的二十大精神,全体区委常委分别深入镇街、分管部门、联系点进行宣讲,推动党的二十大精神走深走实。

扎实开展"迎盛会、铸忠诚、强担当、创业绩"主题学习宣传教育实践活动工作。结合巩固党史学习教育成果,坚持高站位部署推动主题学习宣传教育实践活动工作,突出迎盛会这条主线,引导全区党员坚持铸忠诚凝魂、强担当聚力、创业绩检验,聚焦10项重点任务,持续深化对党、对习近平总书记的忠诚教育,推动党员干部坚定捍卫"两个确立"、坚决做到"两个维护"。完成党的二十大代表候选人初步人选推荐提名和出席天津市第十二次党代表大会代表选举工作。深入开展"我为群众办实事"实践活动,33位区级领导深入全区192个重点企业和重大项目,现场宣讲稳经济一揽子政策措施,面对面听取意见、实打实解决问题,促进市场主体向好发展,为津南高质量发展蓄势赋能。

切实履行意识形态工作责任制。坚持党管意识形态原则,把意识形态工作作为党的建设和政权建设的重要内容,纳入重要议事日程,区委常委会召开会议,专题研究意识形态工作3次,牢牢掌握意识形态工作的领导权主动权。创新制定意识形态工作正面清单和负面清单,严格落实意识形态安全重大风险隐患排查、分析研判、正面议题设置和阵地管理等工作制度,进一步推动意识形态工作制度化、科学化。强化正面发声,奏响新闻宣传最强音。全面统筹疫情防控和经济社会发展舆论引导,坚持24小时应急响应发布机制。开展"喜迎二十大""二十大时光"专题报道和"奋进新征程　建功新时代"大型主题采访活动等,统筹区内媒体开设新闻专栏专题12个,刊发新闻信息4万余条次。围绕"三张好牌",讲好津南故事,累计在中央和市级主要媒体刊发《奋进津南:踔厉笃行　厚积薄发》等报道700余篇次,津南声音愈发响亮。

二、聚焦第一要务,经济大盘更加稳固、产业结构更加合理

区委常委会认真贯彻落实"疫情要防住、经济要稳住、发展要安全"重要要求,坚持发展是第一要务,坚持"两个毫不动摇",沉着应对新冠疫情的严重冲击和各种风险挑战,全力做好稳经济各项工作。

全力稳住经济大盘。坚持稳中求进工作总基调,完整准确全面贯彻新发展理念,认真贯彻落实中央和我市稳住经济"一揽子"政策措施,制定实施6方面134项具体措施和任务清单,主要经济指标降幅逐月收窄，预计全年实现地区生产总值 560 亿元，区级一般公共预算收入 49.3 亿元，固定资产投资 300 亿元。有效推动稳企政策落实，办理小微企业和其他企业增值税留抵退税 15.7 亿元，减免小微企业和个体工商户房屋租金 6700 余万元，发行政府专项债券 124.47 亿元。扎实推进项目建设，开复工重点建设项目 231 个，列入市级重点建设清单和储备清单的 33 个项目全部开工。强化项目招引储备，整合完善产业扶持政策，全年签约落地中科如米、中酶华诺、砺铸智能封测等优质项目 3000 余个。

积极融入京津冀协同发展。牢固树立“一盘棋”思想，紧紧抓住承接北京非首都功能疏解这个“牛鼻子”，健全承接非首都功能项目联动机制，项目化、清单化、节点化推进承接工作，推进区领导包联招商、市场化招商，加强与中电建、中铁建、中交建等在京央企沟通交流、项目合作，走访对接北京方向企业 80 余次，承接北京非首都功能疏解项目 23 个，北京方向新设机构 57 家，投资额 101 亿元，中国黄金集团、国家电力投资集团等央企子公司落户津南。强化政策资金要素保障，积极为 9 个重点项目争取中长期贷款支持，项目总投资 22.4 亿元。

培育壮大实体经济。深入落实“制造业立市”战略部署，大力实施“制造业强区”，聚焦聚力发展新能源、新材料、集成电路、生物医药、智能制造等主导产业，保障产业链供应链稳定，促进优质企业量质齐升，重点产业链初具规模，华海清科成功登陆科创板。鼓励链上企业向“专精特新”方向发展，华海清科荣获国家级制造业“单项冠军”企业，国家专精特新“小巨人”企业达到 13 家。坚持创新驱动，有效国家高新技术企业达到 800 家以上，评价入库国家科技型中小企业 701 家，“雏鹰”企业、“瞪羚”企业 362 家。持续推进“知识产权强区”战略，充分发挥市知识产权保护中心津南分中心作用，通过专利快速预审通道提交专利申请 177 件，4 家企业获评天津市专利优秀奖，万人均有效发明专利拥有量达 31 件。

三、打好“三张好牌”，绿色底色更加鲜明、津南特色更加突出

区委常委会坚定围绕党的二十大擘画的宏伟蓝图、作出的重大部署，锚定市第十二次党代会关于建设社会主义现代化大都市的奋斗目标，调整完善、深化提升区第十二次党代会提出的目标任务和思路举措，持续打好用好绿色生态屏障、海河教育园区、国家会展中心“三张好牌”，加快将发展优势转化为发展动能。

打好绿色生态屏障“生态牌”。深入学习贯彻习近平生态文明思想，大力实施天津“871”重大生态工程，建立绿屏环境远程检测智慧管理系统，建成重点节点生态驿站，健全完善停车场、林间体验路等基础设施，更补优质苗木，丰富地被植物，增强绿屏“水库、粮库、钱库、碳库”功能，成功创建国家生态文明建设示范区，累计接待社会各界人士超 3.5 万人次，奋力书写天津新时代生态文明“代表作”。创新推动“双碳”工作先行示范区建设，以“两加、四减”为主攻方向，加快建设低碳智慧创新园区，主办“双碳科技与智能赋能”世界智能大会数字碳中和高峰论坛，积极推广绿色节能建筑，搭建“海河碳普惠”平台，碳排放权交易试点企业全部完成履约，累计创建绿色工厂 46 家。持续打好蓝天、碧水、净土保卫战，生态环境质量不断改善。完成焚烧炉脱硝治理任务，台燃煤锅炉改燃整合，环境优良天数同比增加 20 天，全面落实河（湖）长制，完成 5 条河道生态修复工程，推进再生水利用及生态综合修复工程，全面开展土壤污染状况调查评估，医疗废物收集处置安全高效，重点建设用地全部实现安全利用。

打好海河教育园区“创新牌”。充分用好海河教育园区政策环境、营商环境、生态环境，发挥商会、校友会、行业协会等媒介作用，深入挖掘院校科研资源，建立全员招商机制，围绕智能科技、生物医药、新材料新能源等产业，引进落地中贸展览、三峡电能等 294 家企业。大力推进产教融合、校企合作，在全市率先推出“揭榜挂帅”制度，高标准搭建技术对接平台，发布“智能科技”“双碳”等各类榜单 90 项，认定培育华海清科、荣程钢铁、海尔洗涤电器等10家创业创新中心，推进落户华清环宇、轻鸿智能、燕园科技等拥有天津大学、南开大学、北京大学等高校背景的企业56家，全力打造天津“智谷”。着力营造科技创新生态，积极打造创新创业平台，建立中关百知创业空间、京津冀企业创新赋能中心等，构建知识产权、成果转化、技术交易、科技金融、人才服务及国内外科技合作等于一体的综合性科技创新服务体系，3家大学科技园平稳运营，持续推进天开(津南)高教科技园建设，促进高层次人才创新创业，科技成果就地转化。

打好国家会展中心“开放牌”。会展经济功能区加快建设，国家会展中心二期主体竣工，城市生态会客厅开工建设，万豪、喜来登等一批高端酒店投入使用。招商招展工作进展顺利，落户华扬会展、亚华会展等产业链上下游企业130余家。建立会展“一站式”服务机制，举办第六届世界智能大会、网络文明大会等展会14场，展出面积40万平方米。习近平总书记向首届世界职业技术教育发展大会发来贺信，特别是在优化调整二十条措施、津南本土疫情高发的情况下，成功举办2022中国(天津)国际汽车展览会，吸引观众12.6万人次，销售汽车9000余辆，成交金额22亿元，发放汽车保险补贴券355万元。修订完善促进会展产业发展实施意见，评审通过各类扶持资金1155万元。

四、深化改革开放，治理能力更加有效、营商环境更加优化

区委常委会始终坚持把全面深化改革放在全区工作的突出位置，聚焦突出矛盾和关键环节，深化重点领域改革，通过改革为经济社会高质量发展添动力、增活力。

不断创新基层治理。深入推进“战区制、主官上、权下放”党建引领基层治理体制机制创新，不断深化“一网统领、一站统办，一抓到底、一心为民”工作模式，累计处置各类问题3.1万余件。加快智慧津南建设，在全市率先通过中央“雪亮工程”项目验收。大力推进“接单即办”“接诉即办”，持续优化“12345”热线服务，全年共接单24万余件，办结率达到99%以上。加强矛调中心建设，解决群众诉求2100余件，最大限度推动“事心双解”。

持续优化营商环境。深入推进“一制三化”审批制度改革，成立优化营商环境工作领导小组，大力推进政务服务标准化规范化便利化，建成政务帮办平台和“智慧化”制证中心，构建审管联动模式，用好承诺制审批、“容缺受理”等工作机制，办理“跨省通办”事项1289件，“网上办”实办率达到99.2%。深入开展“双万双服促发展”“企业服务日”等活动，走访三级领导包联企业5000余户次，解决企业发展难题2300余个，走在全市前列。鼓励企业加大研发投入，发放财政扶持资金996万元，受益企业达101家。积极推进市场主体诚信体系建设，助力1800余户中小微企业和个体工商户获得信用贷款授信额度30亿元，严厉遏制企业违法经营行为，大力度保护企业家合法权益。

全面深化关键领域改革。实施全面深化改革60项重点任务，组建成立示范镇建设问题化解等9个工作专班，构建系统完备的责任、政策、督查、考核四个体系，推动平战转换机制、社会救助等改革创新。海河教育园区管理体制改革成果不断显现，出台《园区政策支持框架》，创新发布就业机会、企业能力、应用场景等机会清单，引入中美绿色、北洋海棠二期等市场化基金12.4亿元，借助优质资本赋能优质项目和企业。国有企业改革三年行动扎实推进，53项改革任务全部完成，注销划转国有企业13户，强化国有资产管理，国资监管效能不断提高。持续深化司法、教育、医疗卫生、群团组织等领域体制机制改革。

五、改善人民生活，群众获得感更加充实、安全感更有保障

区委常委会牢固树立、矢志践行以人民为中心的发展思想，积极构建公共服务体系，切实保障和改善民生，扎实办好民生实事，积极回应社会关切，锚定高品质生活，打造宜居宜业的幸福城市。

筑牢疫情防控安全防线。坚持人民至上、生命至上，首战奥密克戎变异病毒、首试第九版防控方案、首用二十条优化措施，毫不动摇坚持

“外防输入、内防反弹”总策略和“动态清零”总方针，坚持以最快时间、最短路线、最小代价，有力有序有效处置“0108”“0704”等突发疫情，累计科学划定风险区 158 个，转运隔离 18 万人次，封控、管控近 50 万人，全年累计核酸检测 6700 万人次，最大程度保护人民群众生命安全和身体健康。全力做好“四保”工作，建立覆盖农贸批发市场、菜市场和重点超市、保供企业的联系制度，设置投放点和临时售卖点 600 余个。成立医疗救治工作专班，畅通 24 小时热线电话，帮助孕产妇、透析患者、肿瘤放化疗患者等特殊人群解决就医问题 1200 余人次，代取药 1 万余人次。全力做好新冠疫苗接种服务保障工作，为行动不便老人送“苗”到家，全人群新冠肺炎疫苗接种达到 218 万余剂次。

持续提升城市品质。深入开展全国文明城区创建工作，持续巩固国家卫生区创建成果，成功入选全国青年发展型城市建设试点。完善垃圾分类链条体系，设置垃圾分类容器 7.7 万余个，实现全域全覆盖，创建生活垃圾分类示范街镇 5 个。编制机动车停车设施专项规划，新增停车泊位 3200 余个，优化调整公交线路 16 条，公共交通基础设施加快完善。实施道路畅通工程，新建改造道路交通设施 120 处，提升改造幸福路、东环路延长线等道路，新建 5G 基站 1430 个。安全生产专项整治三年行动圆满收官。强化食品安全监管，全面推行分级包保制度，359 家学校食堂全部实现明厨亮灶。

大力发展社会事业。坚持尽力而为、量力而行，精心实施“10 项民心工程”。树牢“就业是最大的民生”理念，突出做好高校毕业生、农民工、退役军人等重点人群就业工作，新增就业 2 万余人，帮扶创业 4402 人，发放创业担保贷款 4000 万元，“零就业家庭”实现动态清零。聚焦“一老一小”，打造镇街养老服务综合体 5 家，建成社区老年日间照料中心 2 家，未整合村老年人生活补贴提高至每人每月 445 元，提升改造公办幼儿园 3 所，认定普惠性民办幼儿园 34 所，新建天津实验中学津南学校，南开学校雅润路校区投入使用，新增各类学位 8490 个。多措并举做好住房保障工作，改造农村困难群众危房 20 户，9 个“保交楼”项目实现复工。社会服务工作站实现全覆盖，发放低保、特困等专项救助资金 1.1 亿元。全面提高医疗服务能力和水平，加快推进 2 个镇卫生院新址开诊，创建“名中医工作室”4 个，家庭医生有效签约人数 22.6 万人。深入推进文化惠民，实施区图书馆总分馆建设，“15 分钟阅读圈”初步形成，新建村（居）健身园、体育园等场地 58 个，举办第十八届文化艺术节等文体活动 200 余场，群众精神文化生活日益丰富。

扎实推进乡村全面振兴。深入实施乡村振兴战略，全面推进市级乡村振兴示范村创建，农村人居环境整治示范村增至 8 个。新型农业经营体系加快构建，推动 250 家合作社高质量发展，数字乡村试点建设积极推进，“农文旅”融合模式扎实实践，前进村、西小站村获评全国乡村旅游重点村，实现经济效益、环境效益、社会效益有机统一、相得益彰。大力实施小站稻振兴计划，成功入选 2022 年农业品牌精品培育计划，全区种植面积 5.7 万余亩，发展稻蟹混养 2.4 万余亩，建成种源研发基地、技术示范基地，成功试种“小站稻 1 号”，成功举办天津市中国农民丰收节主会场活动，“源魂种”优势彰显，品牌价值实现跃升，坚决守住粮食安全底线。持续巩固拓展脱贫攻坚成果，加大东西部协作和支援合作力度，拨付各级财政帮扶资金 1.1 亿元，动员社会力量捐赠物资 1956 万元，完成消费扶贫 3.3 亿元，选派 60 名党政干部和专业技术人才到受援地开展帮扶，落地产业项目 13 个，实际到位投资额 7780 万元。

坚决维护社会大局稳定。积极践行总体国家安全观，全面排查防范化解各领域安全隐患，扎实做好预警监测、风险评估、危机管控等常态化工作。全力维护北京冬残奥会、全国两会、党的二十大等重大节点期间社会大局安全稳定，实现北京“零非访”目标。健全反恐情报工作体系，完善反邪教工作协调机制，不断加强高校应急处置能力，妥善处置敏感事件，有力保障重大展会顺利开展。紧盯重点群体，起底梳理涉房群体，解决群众急难愁盼问题 4000 余件。持续巩固政法队伍教育整顿成果，常态化开展扫黑除恶专项斗争，持续推动“打伞破网”，刑事警情和立案实现“双下降”，平安津南建设成效显著。

六、推进民主法治，制度优势更加明显、法治意识更加深厚

区委常委会牢牢把握中国特色社会主义政治制度本质要求，坚持党的领导、人民当家作主、依法治国有机结合，民主政治健康发展，法治津南加快建设。

全力保障人大依法履职。全面落实中央人大工作会议和市委人大工作会议精神，坚持把党的领导贯彻体现到人大工作各方面全过程，发展全过程人民民主，推动新时代人大制度和人大工作完善发展。有力有效开展依法监督，实行全要素全流程人大监督，突出问题导向、效果导向，围绕经济发展、民生保障、法治建设、财政预算等工作开展执法检查、视察调研 40 余次，发挥代表主体作用，做实代表建议工作，推动“向群众汇报”制度常态化、长效化。

大力支持政协履行职能。推动中央政协工作会议和市委政协会议工作要求深入有效落实，持续拓展“党建+协商”“党建+聚识”模式，全面加强党的领导，更好支持人民政协履行政治协商、民主监督、参政议政职能，对发挥科创要素聚集优势、加快“产业学院”建设、促进创业带动就业等开展调研协商 20 余次，教育引导政协委员提案 197 件，促进建言资政和凝聚共识双向发力，努力开创中心工作与政协工作互相支持、互相配合、互相促进的新局面。

巩固和发展爱国统一战线。全面加强党对新时代统一战线工作的领导，制定实施《关于加强津南区基层统一战线工作的指导意见》，召开民主党派青年、党外人士、宗教界、企业家等不同统战群体座谈会，坚持大团结大联合，广泛凝聚共识，广聚天下英才，着力提升大统战格局工作实效。聚焦服务大局，动员社会力量投身疫情防控、乡村振兴、特色帮扶等，护航民营经济“两个健康”发展，健全以商协会招商新模式，充分发挥统一战线的重要法宝作用。大力支持民主党派自身建设，提升党外人士队伍建设，做好港澳和侨务工作，努力寻求最大公约数、画出最大同心圆。

统筹推进依法治区。坚持法治城市、法治政府、法治社会一体建设，全面推进科学立法、严格执法、公正司法、全民守法。高位推进“八五”普法工作，打造“小楠说法”系列动漫等特色品牌。严格执行重大行政决策程序，狠抓政务公开和政府信息公开，行政机关负责人出庭应诉率达到 100%。面向行政执法人员、法制审核人员、执法监督人员，组织开展全区法治人才培养活动，采取专题培训、考试考核等方式，全面提升执法队伍整体工作水平。严厉打击整治电信网络诈骗犯罪，全年警情数同比下降 21.6%。建成区、镇两级公共法律服务中心 12 个，均衡配备律师咨询、法律援助、公证调解、法治宣传等法律服务资源，全民法治观念不断增强。

七、加强党的建设，政治生态更加清朗、基层堡垒更加巩固

区委常委会大力弘扬伟大建党精神和自我革命精神，全面贯彻新时代党的建设总要求，以永远在路上的清醒和坚定，坚持不懈把全面从严治党向纵深推进，为加快社会主义现代化新津南建设提供坚强政治保障。

加强党的政治建设。始终把党的政治建设摆在首位，深入学习宣传贯彻党的二十大和市第十二次党代会、市委十二届二次全会精神，提高党员干部政治判断力、政治领悟力、政治执行力，坚定捍卫“两个确立”，坚决做到“两个维护”。全年组织召开区委常委会会议 65 次，传达学习习近平总书记重要讲话和重要指示批示 62 项，健全落实党的全面领导制度机制，严格执行重大事项请示报告制度，确保党中央决策部署和市委工作要求深入有效落实。严肃党内政治生活，培育积极健康的党内政治文化，巩固肃清李国文、韩志秋等恶劣影响成果，涵养风清气正的政治生态。全面贯彻巡视巡察工作方针，实现了十一届区委巡察全覆盖，中央巡视反馈意见整改率达 100%，以市委巡视整改为契机，推进一批历史遗留问题妥善解决。

打造干事创业队伍。坚持新时代好干部标

准，树立鲜明选人用人导向，严格把好政治关、廉洁关、能力关，选优配强处级领导班子，进一步优化班子年龄结构、增强专业力量、提升整体功能。坚持一线考察识别干部，将疫情防控、创建文明城区、绿色生态屏障建设等重大任务作为培养识别干部的“主阵地”，共提拔使用处、科级干部209 人，晋升职级 470 人，平职交流 215 人。牢牢抓好后继有人根本大计，大力培养选拔储备优秀年轻干部，分层分级扩大年轻干部“蓄水池”，提拔使用“80 后”处级干部 20 人、35 岁以下科级干部 51 人。完善落实从严管理监督和激励保障机制，强化关键岗位监督、换届风气监督、“三重一大”决策监督，推动家风家教建设，扎实开展绩效考核，激励干部担当作为，推进干部能上能下。坚持党管人才原则，召开区委人才工作会议，明确加强和改进新时代人才工作 10 条具体措施，发挥动力与电气人才创新创业联盟载体作用，打造全要素全周期人才服务体系，依托海棠众创大街、阿里云等创新平台，通过“海河英才”行动计划全年引进人才 1274 人。

夯实基层组织基础。抓党建促乡村振兴，落实“五级书记”抓乡村振兴要求，以创建 6 个市级乡村振兴示范村为引领，坚持“一村一策”，推动全区 31 个未拆迁村“五大振兴”，形成了“以文化乡”“绿色文旅休闲片区”等特色项目。抓党建强基层治理，发挥街道“大工委”、社区“大党委”作用，用足 15 所驻区高校聚集优势，构建区校共建城市基层党建新格局。抓党建提整体水平，成立全市首个网络货运平台企业党委，为遍布全国 30 个省市的 14 万余名货车司机打造“红色家园”，“两新”组织“两个覆盖”质量有效提升。推动 137 个基层党组织按期换届，精准制定村社区星级管理指标体系，统筹推进机关、国企、学校、医院党建工作，推进机关党组织走好第一方阵，把党的领导贯穿国企改革、立德树人、治病救人全过程。建强基层党员干部队伍，开展村社区换届“回头看”，定期分析班子运行情况，全员轮训机关、村社区、“两新”组织等各领域基层党组织书记，提高他们抓党建、抓发展、抓治理、抓服务的能力。发展党员 391 人，定期开展党员违法违纪排查，设立党员突击队、先锋岗，激励党员在疫情防控、文明城区创建等重点任务中发挥先锋模范作用。

坚决正风肃纪反腐。持续深化纪检监察体制改革，推进四项监督统筹衔接，促进各类监督协同配合，围绕教育医疗、国有资产、项目建设等领域开展监督检查，找问题、抓典型、促整改。严格落实中央八项规定及其实施细则精神，持之以恒纠治“四风”问题，完善警示提醒、明察暗访、精准处置、通报曝光等工作机制。坚持“严”字当头，巩固发展反腐败斗争压倒性胜利，一体推进不敢腐、不能腐、不想腐。深入实施“十廉”工程，大力加强新时代廉洁文化建设，召开 2 次全区警示教育大会，组织年轻干部“六个一”廉政主题教育，提高党员干部拒腐防变免疫力，清廉津南建设取得明显成效。

过去一年，区委常委会坚持把政治建设摆在自身建设的首要位置，始终把对党绝对忠诚作为首要政治品质和干事创业的根本政治前提，深刻领悟“两个确立”的决定性意义，强化对党、对习近平总书记的忠诚教育，严守党的政治纪律和政治规矩，严格执行民主集中制、请示报告等制度，发挥总揽全局、协调各方作用，不断加强和改善党的领导，出台《中共津南区委常委会加强自身建设的意见》，定期听取区人大常委会、区政府、区政协和区法院、区检察院党组工作汇报，完善“大统战”工作格局，做好党管武装工作，领导和支持工会、共青团、妇联等群团组织发挥作用，推动党中央决策部署和市委工作要求在津南落地生根、开花结果。

北辰区委 2022 年工作总结

2022 年是党的二十大胜利召开之年，是新一届区委的开局之年。面对复杂多变的国内外形势，面对疫情反复、经济下行等多重因素冲击，在党中央和市委坚强领导下，区委常委会坚持以习近平新时代中国特色社会主义思想为指导，深入贯彻落实党的二十大和市第十二次党代会精神，对标对表党中央和市委重大决策部署，坚持稳中求进工作总基调，完整准确全面贯彻新发展理念，坚定高质量发展方向不动摇，以强烈的使命担当，高效统筹疫情防控和经济社会发展，落实疫情要防住、经济要稳住、发展要安全重要要求，推动改革发展稳定和全面从严治党各项工作取得新的成效。

一、突出政治引领、强化政治担当，以实际行动坚定拥护“两个确立”、坚决做到“两个维护”

推动学习宣传贯彻党的二十大精神走深走实。全力抓实首要政治任务，第一时间召开区委常委会扩大会议、全区领导干部大会，传达学习党的二十大精神，结合北辰实际，研究制定《关于深入学习宣传贯彻党的二十大精神　奋力开创全面建设社会主义现代化强区新局面的实施意见》，推动党的二十大精神在北辰大地落实落细。区委主要负责同志带头深入重点部门、村居企业宣传宣讲党的二十大精神，确保大会精神传达到每个支部、覆盖到每名党员，带动各级党委（党组）全面学习、全面把握、全面落实。把党的二十大精神纳入区委党校主体班次，高标准完成党的二十大精神处级干部全员轮训，组织全体公务员参加网上专题培训，引导党员干部把大会精神融入血脉、刻入骨髓。全方位做好宣传普及工作，推出“榜样讲堂”、打造“基层学堂”、办好“网上课堂”，组织120余支特色宣讲队伍，开展“七进”活动1200多场次。创新推出“红色随身听”“红色口袋卡”“二十大金句书签”，3000多名外卖快递员送学上门，推动党的二十大精神“飞入寻常百姓家”。

坚决有力贯彻落实党中央和市委决策部署。心系“国之大者”，时时处处与习近平总书记重要讲话和重要指示批示精神对标对表，增强“政治要件”执行力，开展贯彻落实习近平总书记重要指示批示情况“回头看”工作，逐条狠抓落实、逐项督查检查，形成落实情况台账和专题工作报告，确保习近平总书记重要指示批示精神落地生根。坚决贯彻市第十二次党代会精神，制定贯彻落实《实施方案》，明确5大项25小项具体任务，确保市党代会精神在北辰落地见效。持续推动十一届市委第九轮巡视反馈问题深度整改，75项整改任务已完成整改或纳入常态化工作长期推动。深入开展“迎盛会、铸忠诚、强担当、创业绩”主题学习宣传教育实践活动工作，高标准抓好10项重点任务落实，“我为群众办实事”实践活动取得实效，创新开展“政治三日”示范展示和争做“八大先锋”行动，经验做法被中央电视台新闻频道报道。

充分发挥把方向、管大局、作决策、保落实作用。坚持党的全面领导不动摇，全年召开区委常委会55次、区委书记专题会28次，召开财经、审计、深改、统战等专门委员会会议，听取重点单位工作汇报，推动重点领域任务落实。针对债务化解、城中村改造、示范镇建设、城市建设和管理体制改革等关键事项，专题研究、重点突破，结合“破解问题年”活动，有关区级领导同志主动认领、包干解决，一批制约改革发展稳定的重点难点问题得到有效化解。坚持事不避难、担当担责，积极稳妥处置“7·19”欢颜里燃气爆炸事故，全力做好伤员救治、遇难者家属安抚等善后工作，受损群众住房安置取得重要阶段性成果。

二、坚定不移走高质量发展之路，发展质量效益明显提升

经济持续稳定向好。积极应对经济下行压力，深入落实稳经济“一揽子”政策措施，统筹推进促改革、调结构、防风险等重点工作，全年预计实现地区生产总值740亿元、一般公共预算收入52.6亿元、固定资产投资完成346.4亿元，居民人均可支配收入与经济发展同步增长，继续保持质量提升、效益向好的发展态势。

京津冀协同发展深入推进。引进首都注册项目103个，坤鼎智能制造产业园、中电建风力发电、华电氢能等一批优质首都项目成功落地。高端装备制造产业园入选全市“1+16”重点承接平台。京滨城际铁路北辰站完成通车，京津塘高速九园路出入口、双海道下穿京津城际等重点工程有序推进,融入京津冀大交通体系步伐不断加快。京津冀三区市教育协作持续深化,北京十一学校天津实验学校被确定为我区教育综合改革试点学校。与北京中日友好医院建立远程医疗协作,多领域合作交流日益密切。

招商引资和项目建设成效显著。全力以赴招大引强选优,全区落地内资项目 117 个,新增注册企业 1646 个,招商引资综合排名位居全市第三。设立亿元专项资金,激励街镇开发区加大招商引资力度,垠坤集团、芯瑞达等项目签约落地,开发区综合实力连续 6 年排名全国前 30 强。列入 2022 年市重点项目库的 24 个项目全部开工。全区在建项目达到 284 个、投资额 2420.3 亿元,新竣工项目达到 62 个、投资额 219.3 亿元,为北辰高质量发展积蓄后劲。

产业结构持续优化。深入落实制造业立市战略,全区规上工业总产值同比增长 6.8%,体现高质量发展的多项指标在全市名列前茅。大力实施制造业强区高质量倍增行动,在链规模以上企业突破 420 家,9 条重点产业链产值占工业总产值比重达到 91.5%。加快智能制造发展,完成江铜华北、一汽富维等一批技改项目,我区获批全市第一批绿色新能源装备产业特色主题园区。积极融入"双中心"城市建设,淮东路商业圈建设加快推进,辰悦广场建成运营,北洋井项目开业在即,区域消费潜力得到进一步激发。盘活楼宇 2.9 万平方米,新引进楼宇企业 365 家。全区外资到位同比增长 64.4%,进出口总额同比增长 7.3%,外向型经济持续增长。

乡村振兴战略深入实施。牢牢稳住农业生产基本盘,建设高标准农田 4300 亩,撂荒地治理全部完成。培育了一批全国和市级农民合作示范社、示范家庭农场,新认定"津农精品"2 个。新建青盛农庄等乡村旅游项目,"野外桃源—郊野公园—曙光水镇"旅游线路入选全国乡村旅游精品线路,"红色河头、绿色双口"项目获得 5000 万元国家级资金支持,有力推动了村集体增收、村民致富。基本建成农村污水管网生活垃圾收运处置体系,卫生厕所普及率基本达到 100%,农村人居环境整治示范村达到 9 个。一镇四村获评全市乡村治理示范镇村称号。持续深化东西部协作和支援合作,与受援地区开展视频连线,研究促推项目,用心用情帮扶,投入 9220 万元财政资金,助力甘肃华池县、正宁县,西藏丁青县巩固脱贫攻坚成果、接续乡村全面振兴。

创新动能加速集聚。深入实施创新驱动发展战略,"雏鹰"企业、"瞪羚"企业、科技领军企业、国家科技型中小企业和高新技术企业数量均位居全市前列。4 家企业获批国家级或市级"单项冠军"企业,17 项科研成果获得市科学技术奖表彰。与河北工业大学合作共建大学科技园,深化北辰智能装备研究院建设,成功举办第七届中国创新(天津)挑战赛。科技成果超市作用持续发挥,征集科技成果 1800 余项,引进专家 453 人,签订产学研合作协议 55 项。我区成为首批国家知识产权强市建设试点城市。坚持人才强区战略,在全市率先组建智能装备专业职称评审委员会,首次评审共 79 人获得副高级职称。成功举办"高端装备和先进制造关键共性技术"国家级高级研修班。发挥"新辰智贷"和"网络融资超市"功能,帮助数百家企业获得融资贷款超 6 亿元。

重点领域改革不断深化。圆满完成区级国企改革三年行动重点任务,在市绩效考核获得"三连优"。持续深化"一制三化"改革,完成"证照分离"改革涉企政务服务事项 4317 件,"网上办""一次办"比例达到 99%。推出优化营商环境 16 条举措,伟星新材二期等重大项目实现"拿地即开工"。落实稳经济各项政策措施,为企业"退免减缓"税费超 30 亿元。扎实开展"敲门行动",走访服务市场主体 1 万多家次,实现 149 家企业异地迁入。全区新增市场主体 1.4 万户,累计达到 8.5 万户。成功申报发行专项债项目 6 个,发行率、开工率、使用率位居全市前列。

三、不断提升城市功能和形象品质,区域环境更加宜居宜业

城市规划和土地管理工作取得新进展。国土空间规划编制取得重要阶段性进展,29 个保留村村庄规划形成初步成果，完成京滨城际铁路北辰站周边区域等重点项目规划调整或新编，基本实现全区规划城镇建设用地控规全覆盖。城市建设和管理体制改革试点持续发力，带动全区完成4宗29.88亩土地收储和8宗489.41亩土地出让。加大闲置资源处置力度，交易、出租、处置一批房产和闲置土地，推动金兴达实业、中荣科技等多个历史遗留项目竣工验收或继续建设。持续开展农村乱占耕地建房问题整治专项行动，保持惩治违法用地的高压态势。

重点项目重点片区建设不断提速。压实城中村改造和示范镇建设各环节工作，安置房实现55.7万平方米开工建设、113.9万平方米主体完工、28.3万平方米方还迁入住。稳妥推进双口示范镇建设，津雄高速北侧控规方案获得最终批复。外环东北部调线与津蓟快速路立交等重要节点工程进展顺利，区内重点道路7条进场施工、9条顺利完工。城市更新工作平稳推进。成功引入中电建等央企共同开发建设北辰京津医药谷，国家级产城融合示范区5.9平方公里核心区重点道路加快建设。深入推动中东欧特色小镇建设，起步区出让地块周边配套基础设施建设取得新进展。老旧小区改造、危房改造和经营性自建房隐患整治“百日行动”圆满完成。

城乡环境面貌再展新颜。坚决打好污染防治攻坚战，高质量完成冬(残)奥会联防联治保障任务，$PM_{2.5}$平均浓度同比改善4.9%，优良天数达标率67%。地表水水质自动监测网络实现全覆盖，地表水考核断面达标率达80%，优良水体比例40%。扎实推进农药厂地块整体修复评估和异味控制消除，完成同生化工厂周边地块土壤污染状况调查和风险评估。加快绿色低碳转型，全区清洁供热比例达到100%，节水型系列创建活动取得明显成果。以创文创卫为引领推动市容环境持续改善，以优异成绩通过全国文明城区复评，国家卫生区镇村创建复审稳步推进。强化城市精细化治理，完善城乡环卫一体化机制，加强园林城市建设，建成区绿化覆盖率超过40%。

四、用心用情为群众办实事、解难题，民计民生得到持续改善

疫情防线得到有效巩固。坚决贯彻落实习近平总书记关于疫情防控工作的重要讲话和重要指示批示精神，高效开展流调溯源、风险排查、隔离转运、区域筛查等工作，成功处置“5·15”“11·19”等多轮疫情，得到市委主要领导肯定。充分发挥党组织战斗堡垒和党员先锋模范作用，抽调精干力量驰援津南疫情防控，推动万余名市区机关干部入列轮值，与基层共筑疫情防控坚固防线。开展各类核酸筛查74次，累计采样检测7028万人次。完成接种19.2万剂次，3岁及以上人群首剂接种率达94.3%，全程接种率达92.9%，其中，60岁以上人群首剂接种率达93.2%，全程接种率达91.1%。疫情防控工作进入新阶段后，严格落实“新十条”等优化措施，及时将防控政策的重点由“防传染”转为“保健康、防重症”，全力提升医疗救治、药品储备、疫苗接种等关键环节工作能力。扎实开展65岁以上老年人健康调查，建立完整详细的重点人群档案台账，为更好落实分级诊疗服务打下坚实基础。

社会保障力度不断加大。高标准完成年度20项民心工程，人大代表评估满意率100%。坚持就业优先政策，持续开展“10+N”公共就业服务专项行动，新增就业1.95万人。扎实推进全民参保工作，企业职工基本养老保险缴费人数达到18.8万人，城乡居民基本医疗保险参保扩面26万人。新纳入低保救助815人，实施临时救助1968人，实现应兜尽兜、应保尽保。织密“区级—镇街—村居”三级养老服务阵地网，新增养老床位317张，居家养老服务和养老机构建设进一步提高。提升残疾人民生保障水平，为残疾人配发无障碍辅助器具1100余件。落实优抚政策，31个村(社区)退役军人服务站达到“全国示范型退役军人服务站”创建标准。

各项社会事业再上新台阶。深化与天津师大教育集团合作，做好配套幼儿园和中小学接收工作，新增学位3600个，南仓中学被选为天津市普通高中学生发展指导实验校，四十七中学被遴选为市品牌高中建设项目培育学校。公立医院改革成效初显，分级诊疗及医联体建设持续深入，基层数字健共体云平台实现全覆盖。累计签约家庭医生 25.9 万人次，为广大群众提供优质健康服务。完成首批全区革命文物普查和第五批区级非遗代表性传承人认定。组织开展各类大型文化演出活动、送演出下基层活动 54 场，成功举办第七届“天穆杯”全国小品展演。全民健身活动蓬勃发展，竞技体育水平继续保持全市前列。

五、社会主义民主政治建设不断加强，社会治理能力持续提升

全过程人民民主不断发展完善。支持和保证区人大及其常委会依法行使职权，完善代表联系群众履职阵地建设，设立行业型代表联络站，建成“代表视线”线上履职平台，人大代表联系服务群众更加主动。发挥人民政协专门协商机构作用，构建“1+2+6+N”协商议政新格局，设立基层联络站 17 个，为政府部门推荐聘用政协委员特约监督员，推动民主监督取得实效。做好民族团结进步创建“九进”工作，3 家单位获评市级民族团结进步示范单位和典型示范单位。成立区归国华侨联合会，团结凝聚海内外侨胞作用不断彰显。超额完成年度社会各界捐款捐物任务。坚持党管武装，基本完成国防动员体制改革，军政军民团结不断巩固。圆满完成工会、团委、妇联组织换届，产业工人队伍建设改革、共青团基层组织改革、妇女儿童权益维护等工作取得明显成效。

基层治理能力持续提升。不断巩固“一核一网多元共治”成熟经验，加大“吹哨报到”机制化解堵点难题力度，建成全市首家市域社会治理实践中心，搭建市域社会治理信息化平台，实现“12345”热线、“便民 e 站”等子系统一体化运行。双环邨派出所被公安部命名为全国第二批“枫桥式公安派出所”和“全国公安机关执法示范单位”。开展推广“五常五送”答好“市域之问”活动，孵化创新项目 100 余个。吸收“先蜂骑手”等新业态从业人员参与社会治理，我区德治经验在全国工作交流会上作典型介绍，见义勇为经验在中央政法委工作简报刊载推广，市域社会治理试点创建取得明显成效。

法治北辰建设蹄疾步稳。深入学习贯彻习近平法治思想，扎实开展“法治北辰大讲堂”“一把手”旁听庭审等活动。构建重大行政决策“1+8”制度体系，细化重大行政决策程序，政府公信力显著提高。全区 46 家执法部门上线运行“天津市行政执法监督平台”。建立完善区政府法律顾问“智囊团”，行政机关负责人应诉率达 100%，实现党政机关和部门、村和社区公职律师、法律顾问全覆盖。我区获评全市法治政府建设示范区。

安全稳定形势不断巩固。全力做好治理重复信访、化解信访积案专项工作，化解积案 269 件，化解率达 98.9%。圆满完成党的二十大、北京冬(残)奥会等系列安保维稳任务，连续六年实现进京“零非访”。常态化开展扫黑除恶斗争，“无黑”城区创建成果不断巩固。荣获 2022 年全市打击整治养老诈骗专项行动先进单位。通过全国“雪亮工程”验收评估，完成智慧平安社区建设任务，平安天津建设考核连续多年位居全市前列。深刻吸取“7·4”“7·19”事故教训，扎实开展城镇燃气安全整治“百日行动”、危险化学品安全风险集中治理等各类安全生产排查整治行动，整改隐患问题 2 万余项。增强食品安全治理能力，开展中小学校外配餐等专项行动，我区在全市食安工作考核中获评 A 级等次，入围第四批国家食品安全示范创建推荐城市名单。

六、扎实推进全面从严治党向纵深发展，党的建设质量不断提高

党的政治建设持续增强。深入贯彻加强党的政治建设的意见，不断提高政治“三力”，始终同以习近平同志为核心的党中央保持高度一致。围绕学习贯彻党的二十大精神和上级重大决策部署落实情况，精准开展政治监督，持续深化粮食购销领域腐败问题专项整治。圆满完成出席党的二十大和市第十二次党代会代表选举工作，2 人当选党的二十大代表。党史学习教育专题民主生活会上，区委常委会和各位常委查摆问题 157 个，整改取得明显成效。坚决扛起全面从严治党主体责任，高标准制定区委常委会“两个清单”,召开主责大会安排部署全区主责工作,扎实推动主责监管平台、纪检监察工作联络站向基层“两个延伸”,圆满完成2021年度市委主责考核迎检工作,总成绩位列全市优秀等次。

思想理论武装持续深化。将习近平新时代中国特色社会主义思想作为“第一主课”,区委理论学习中心组开展学习38次,带动处级理论学习中心组学习研讨近千次,举办各类读书班、培训班950多期,培训党员干部7.5万多人次。新时代文明实践所、站阵地功能得到充分发挥,“学习强国”北辰学习平台正式上线,“微北辰”获评市级优秀理论宣讲微信公众号。落实意识形态工作月排查、季分析等制度,压实责任体系,加强阵地管理,开展年度专项督导检查,结合区委巡察同步开展专项检查,确保意识形态工作责任制落实落细。稳妥处置“4·16”“7·19”等事故引发的社会舆情,突发事件新闻处置联络机制不断健全。

基层党组织更加坚强有力。创新开展乡村振兴蹲点调研,探索建立村“一肩挑”家访制度,持续推进“红色河头、绿色双口”建设,经验做法在《中国组织人事报》刊发。全域推广“五常五送”工作法,推动“早看窗帘晚看灯”“七彩民情图”成为社区必修课,“五常五送”工作法写入市第十二次党代会报告。深化“先蜂骑手”党建品牌,全域建成300多个红色加油站,研发管理服务系统,推动外卖快递员争当红色网格员,经验做法被中组部《组工信息》刊发。深入开展党建“标准化”“项目化”创建和“红旗党组织”争创活动,全区2000多个基层支部全部建立党建“两个清单”,征集特色党建项目117个,涌现出一批“红旗党组织”,让各领域基层党组织学有榜样、干有方向。

干部队伍建设取得新成效。坚持新时代好干部标准,树立正确选人用人导向,累计调整干部209人次。探索实施政治素质考察“六个一”工程,建立“三项清单”核查机制,在全市先行先试领导干部法治素养和依法履职情况考核评价。拓宽国有企业领导干部引进渠道,面向全国公开选聘、引进副总经理4名。探索建立年轻干部优秀资源库,结合“辰青班”实践锻炼、组织专项调派等方式,在急难险重岗位摔打历练、考察识别干部,提拔重用“80后”年轻干部25人次,占提拔总量的25.5%。聚焦干部监督“严管厚爱”,对20名受到处理或处分的处级领导干部开展回访教育,对影响期满表现突出的22名干部提拔使用,营造干事创业的浓厚氛围。

党风廉政建设和反腐败工作不断加强。驰而不息纠“四风”、树新风,查处违反中央八项规定精神和“四风”问题88起、处理138人,其中享乐主义、奢靡之风问题26起41人,给予党纪政务处分25人。查处形式主义官僚主义、不担当不作为问题62起97人,给予党纪政务处分33人。对6起典型案例进行通报曝光。持续纠治“四风”经验做法在《天津日报》刊发。坚守政治巡察定位,对9个处级单位、5家区属国有投融资平台、59个村和社区党组织开展巡察。聚焦项目工程审批、公共资金资源使用等重点领域,深挖细查各类腐败问题,立案190人,给予党纪政务处分199人,对7人采取留置措施,挽回经济损失2000多万元。

武清区委2022年工作总结

2022年是党的二十大胜利召开之年,也是全面落实市第十二次党代会部署,加快建设京津明珠、幸福武清的拼搏奋进之年。一年来,区委常委会坚持以习近平新时代中国特色社会主义思想为指导,全面学习宣传贯彻党的二十大精神,深入贯彻习近平总书记对天津工作“三个着力”重要要求,认真落实市第十二次党代会和市委十二届二次全会部署,统筹疫情防控和经济社会发展,统筹发展和安全,迎难而上、埋头苦干,加快建设京津明珠、幸福武清,保持经济社会持续健康发展、全面从严治党向纵深推进的良好局面。全年预计完成地区生产总值920亿元,固定资产投资319亿元,一般公共预算收入88.9亿元、扣除留抵退税因素后增长5%。

一、提高政治站位,推动学习宣传贯彻党的二十大精神走深走实

把学习宣传贯彻党的二十大精神作为首要政治任务,第一时间进行传达学习、动员部署,推动全区上下切实把思想统一到党的二十大精神上来,把力量凝聚到党的二十大确定的各项任务上来。强化学习领会,组织区委理论学习中心组专题读书班,带动各级党委(党组)理论学习中心组开展集体学习507场,开展学习贯彻党的二十大精神专题培训,对900余名区管干部进行示范轮训,以基层党组织为主体组织全区5万余名党员开展全覆盖学习,广大党员干部坚定捍卫"两个确立"、坚决做到"两个维护"的自觉性更加强化。强化宣传宣讲,市委宣讲团成员、区委主要负责同志带头作宣讲报告并深入基层宣讲18次,其他区级领导同志深入分管领域和包联镇街集中宣讲,组织区委宣讲团、区委讲师团、"金色榜样宣讲团"和"站长宣讲团"等宣讲队伍,进机关、进企事业单位、进城乡社区、进校园、进军营、进各类新经济组织和新社会组织、进网站开展宣讲7600余场,覆盖党组织100%,受众达60万余人次,凝聚起全区上下听党话感党恩跟党走、万众一心、团结奋斗的强大共识合力。强化谋划思考,召开区委全会对学习贯彻党的二十大精神和市委要求进行深入研究,制定《中共武清区委关于深入学习宣传贯彻党的二十大精神加快建设京津明珠幸福武清的意见》,谋划构建"3+1+1"工作体系,推进建设京津产业新城、打造大运河文化生态发展带、构建高端消费和车文化体验为主题的"新商圈"三项工作,建立一套逐年改善提升的"幸福"评价体系,打造一个海晏河清的政治生态,推动贯彻落实党的二十大精神在武清实践化、具体化、行动化。强化担当作为,围绕贯彻落实中央经济工作会议精神和市委部署,召开全区推动高质量发展工作会暨全区经济工作会议进行全面动员、全面部署,听取各镇街、园区国企、重点部门亮点工作汇报,梳理亮点337个,进一步提振发展信心、明确工作重点、找准用力方向,形成了扛起经济大区政治责任、以一域之为服务全市高质量发展大局的共识与力量。

二、抢抓战略机遇,推进京津冀协同发展取得新成效

立足"桥头堡"区位,建立落实专项指标体系,做好协同发展大文章。高标准推进规划编制工作,完善市、区、镇、村四级规划联动格局,统筹划定"三区三线",完成城区总体城市设计,初步形成京津产业新城规划框架,制定大运河保护传承与开发利用、综合交通等15个专项规划,稳步推进区级国土空间总体规划和镇级试点、村庄规划编制,规划引领作用进一步增强。高质量承接北京非首都功能疏解,新引进北京项目265个、预计总投资162.2亿元,中国联通京津冀数字科技产业园、中电建新能源、航天九院激光导航等一批优质项目落户。高效能推进通武廊区域合作,91项合作协议深化落实,通武廊医疗卫生基本公共服务标准化试点建设等合作项目务实开展,疫情防控、环境保护、社会维稳等领域联防联控机制有效落实,"小京津冀"试验示范作用进一步显现。高水平推进基础设施互联互通,通武廊市域(郊)铁路建设前期工作扎实推进,京津塘高速大王古庄出入口工程全面进场,立体化综合交通体系日趋完善。

三、持续转型升级,发展质量效益进一步提升

完整、准确、全面贯彻新发展理念,稳存量、扩增量、提质量,推动经济实现质的有效提升和量的合理增长。深入落实国家、全市稳经济"一揽子"政策措施,研究制定八方面、24条稳经济措施,开展稳经济促增长专项行动,持续稳住经济基本盘、激发市场主体活力。把创新作为引领发展的第一动力,深入实施创新驱动发展战略,累计培育国家高新技术企业850余家、国家科技型中小企业1000家、"雏鹰"企业416家、"瞪羚"企业49家,新引进科技成果转移转化项目14个,各类创新型企业总量居于全市前列。强化大项目支撑，进一步强龙头、补链条、聚集群，全年新引进项目702个、预计总投资196.3亿元，新增落地超亿元项目11个，500强优势项目1个，智能科技和生物医药、新能源、新材料、节能环保主导产业项目264个，带动战略性新兴产业、高技术制造业产值分别增长21.7%、28.2%，现代产业体系加速构建。强化人才第一资源，持续优化人才服务体系，出台人才政策、乡村振兴人才大院公共服务、人才综合服务、人才金融服务"四张清单"，支持企业自主认定人才791名，引进海河英才1万余人，推荐2名海外人才入选国家级计划。把促进消费作为稳增长稳预期的重要手段，着力打造国际消费中心城市重要节点，实施佛罗伦萨小镇提质扩容工程，澳康达名车广场等重点项目加速建设，佛罗伦萨小镇商圈和创意米兰生活广场分别入选首批全国示范智慧商圈、智慧商店。把改革作为破解发展难题的关键一招，国资国企改革迈出重大步伐、五大产业集团组建成立，"放管服""拿地即开工"机制全面落实，政务服务标准化、规范化、便利化水平大幅提升，在全市率先实现"签约即挂牌"，营商环境持续优化。把扩大开放作为活力源泉，全国首个跨境电商海外仓离境退税试点落地实施，外贸进出口同比增长4%，外向型经济水平不断提升。

四、抓实乡村振兴，农业农村现代化全面提速

坚持农业农村优先发展，以乡村振兴为中心的"三农"各项工作扎实推进。加快打造现代都市型农业"升级版"，稳步推进农业科技现代化先行县创建和运河东畔农业高质量发展示范区建设，打造国家级和市级"一村一品"特色农业产业村11个，建成6个特色农业园区，35个"津农精品"品牌对外影响力持续提升，成功创建国家现代农业产业园、国家休闲农业重点县。始终绷紧粮食安全这根弦，牢牢守住耕地保护红线，新建改造高标准农田11.2万亩，粮食、蔬菜实现稳产增效，产量分别占全市的33%、40%。持续推动农村人居环境整治，开展农村全域清洁化工程"百日攻坚"活动，高标准完成48个农村人居环境整治示范村建设，创建河北屯镇李大人庄村、南蔡村镇粜粮务村2个乡村振兴示范村，新建100个村生活污水处理设施，农村居民生活条件进一步改善。深入推进农村重点领域改革，完成621个村农村集体资产"一网管理"和283个村乡村治理"积分制"，梅厂镇南任庄村成为全国第一个以数字人民币形式进行分红的集体经济组织。推动巩固拓展脱贫攻坚成果同乡村振兴有效衔接，投入1.1亿元实施东西部协作和支援合作帮扶项目73个，高效推进全区165个经济薄弱村帮扶工作，村庄发展后劲明显增强。

五、坚持生态优先，环境面貌持续改观

牢固树立"绿水青山就是金山银山"理念，强化环境保护修复与问题综合治理，不断擦亮绿色发展底色。坚决打好污染防治攻坚战，全区$PM_{2.5}$平均浓度同比改善9.8%，饮用水水源水质达标率、建设用地安全利用率均达100%。高标准推进大黄堡湿地保护修复，启动核心区修复工程，完成生态补水8000万立方米，总投资98亿元的"两山论"实践创新示范基地建设启动实施，生态修复和生物多样性保护不断加强。稳步推进碳减排、碳中和，加快7个清洁能源项目建设，完成20个园区循环化项目改造任务，创建49个绿色社区、165所绿色学校和5个垃圾分类示范镇街、56个垃圾分类示范村，建成全市首家"绿色能源"城市综合充电示范站，能源电力"双碳"先行示范区建设扎实推进。深入实施城乡大绿工程，全区林木覆盖率达39.3%。健全生态环境长效管护机制，推动田长、河长、林长、湖长"多长联动"，形成长治长效工作格局。

六、践行为民初心，群众获得感幸福感安全感稳步提升

坚持以人民为中心的发展思想，将80%以上财力用于民生事业，年度10项民生工程高标准完成。落实就业优先政策，建成区就业服务信息化智能招聘平台和零工市场、创业孵化基地、企业培训中心、人力资源产业园"1+4"就业服务平台，新增就业3.6万人，零就业家庭动态清零。加大社会保障力度，建成智慧救助养老服务平台和一批城乡养老服务设施，城乡居民医保参保率达 100.8%，社保覆盖面持续扩大。积极发展教育事业，稳步推进义务教育阶段“双减”工作，实施 7 所学校新建改造工程，校内教育教学质量不断提高，成功入选全国义务教育优质均衡先行创建县。常态化抓好疫情防控，全人群新冠肺炎疫苗全程接种率达 96%，保健康、防重症等新阶段防控措施有效落实。健全卫生健康服务体系，启动健康中国行动创新模式试点工作，区人民医院二期、天津航医心血管病医院正式运行，在全市率先实现基层医院全部达标。成功举办第二届群众文化体育节，入选全国首批全民运动健身模范区。实施城市更新行动，启动河东片区棚户区改造和泗村店镇还迁安置工程，完成一批老旧小区改造提升、标准化菜市场新建、保障性租赁住房建设工程。扎实推进全国文明城区创建，在两次市级模拟测评中均获第二名。牢牢守住安全底线，充分发挥 15 项重点领域国家安全工作协调机制作用，圆满完成党的二十大、全国两会等重大时间节点安保维稳任务，有效防范化解债务、金融等重大风险，安全生产专项整治三年行动、城镇燃气安全“百日行动”取得明显成效，累计排查整治安全隐患 9442 个，社会大局保持和谐稳定。深化落实“战区制、主官上、权下放”党建引领基层治理体制机制创新，扎实推进市域社会治理现代化试点建设，全面落实基层网格化管理，建成智慧武清一期工程，法治武清、平安武清建设取得新成效。抓好国防教育、国防动员和后备力量建设，国防动员体制改革务实推进，退役军人服务保障工作有效落实。

七、坚决扛责履责，推动全面从严治党向纵深发展

落实新时代党的建设总要求，坚决扛起管党治党政治责任，推动压力层层传导、任务落地见效。强化政治统领，深化对党、对习近平总书记的忠诚教育，深入开展“迎盛会、铸忠诚、强担当、创业绩”主题学习宣传教育实践活动工作，制定落实推动党史学习教育常态化长效化六大项 19 子项措施，广大党员干部政治判断力、政治领悟力、政治执行力进一步增强。持续净化政治生态，深化实施海晏河清专项行动“政治领航”“思想引航”“组织保航”“作风助航”“纪律护航”“责任守航”六项工程，完善落实政治生态建设考核评价体系和政治生态分析研判机制，高标准推进市委巡视反馈问题整改，高质量推进 18 个处级单位、68 个村（社区）3 轮常规巡察和 2 个区属国有投融资平台专项巡察，反馈并推动整改问题 1278 个，“改土治水”不断向纵深掘进。做优做强“美丽武清”新媒体矩阵，主流思想舆论巩固壮大，社会主义核心价值观深入人心，精神文明建设稳步提升，公共文化服务富有成效，阵地管理和风险防控不断强化，意识形态领域保持平稳态势。坚持党对统一战线工作的全面领导，召开区委统战工作会议统一思想、部署任务，大统战工作格局进一步巩固完善，基层统战工作进一步加强，统一战线法宝作用进一步彰显。深入开展基层党建十大行动，创新开展区级机关“大学习、深调研、真落实”等 4 项特色主题活动，完善村级以党组织为轴心的组织体系，完成 62 个相对后进村整改提升，基层党组织凝聚力战斗力进一步增强。加强干部队伍建设管理，出台规范领导干部亲属任职若干规定，完善落实素质培养、知事识人、选拔任用、从严管理、正向激励五大体系，对受处分的 20 名党政正职开展帮扶教育，对 197 人次受处理处分党员干部开展回访，对 84 名在疫情防控等急难险重任务中挺身而出、敢闯敢干的干部进行提拔使用，选人用人导向更加鲜明。持续推动作风转变，坚决落实中央八项规定及其实施细则精神，持之以恒纠治形式主义、官僚主义，集中开展党员干部违规收送礼品礼金问题专项整治，制定落实为基层减负措施、会议和文件同比减少 15.7%和 14.8%，推进党政机关厉行节约反对浪费、创建节约型机关 83 个，查处违反中央八项规定精神问题 143 个、处理 201 人。始终坚持严的基调，一体推进不敢腐、不能腐、不想腐，严肃查处重点领域腐败问题 283 个，处分 295 人，群众身边腐败和作风问题 59 个，处理 91 人，风清气正、干事创业氛围日益浓厚。

一年来，区委常委会坚持以身作则、以上率下，制定落实加强自身建设的意见，自觉把坚定捍卫“两个确立”、坚决做到“两个维护”内化于心、外化于行，着力建设对党绝对忠诚、理想信念坚定、勤勉敬业担当、为民务实清廉的区委领导班子。带头强化理论武装，严格落实区委常委会“第一议题”制度，完善落实区委常委会例行学习和区委理论学习中心组学习制度，持续深入学习习近平新时代中国特色社会主义思想和党的二十大精神，带头学习贯彻《中共中央政治局关于加强和维护党中央集中统一领导的若干规定》《中国共产党地方委员会工作条例》等党内法规，政治素养和理论水平不断提升。带头贯彻民主集中制，高标准召开区委常委会党史学习教育专题民主生活会，以“准”组织生活会标准开展“迎盛会、铸忠诚、强担当、创业绩”主题学习宣传教育实践活动工作四个专题学习研讨，用好批评和自我批评武器，党内政治生活的政治性、时代性、原则性、战斗性不断增强。带头转变工作作风，严格落实区级领导包联镇街园区工作责任体系，带头落实“五下基层”“向群众汇报”等制度要求，定期深入基层走访调研，尽心竭力为群众排忧解难，为民利民惠民的宗旨意识不断强化。带头严守纪律规矩，严格依法用权、正确用权、干净用权，从严约束自己，始终廉洁自律，永葆政治本色的定力不断增强。带头凝聚各方力量，定期听取区人大常委会、区政府、区政协、区法院、区检察院党组和工青妇等群团组织工作汇报，把方向、谋大局、定政策、促改革的作用不断发挥。

宝坻区委 2022 年工作总结

2022 年，宝坻区委常委会以习近平新时代中国特色社会主义思想为指导，深入学习宣传贯彻党的二十大和市第十二次党代会精神，全面贯彻习近平总书记视察天津重要讲话和系列重要指示批示精神，坚决落实党中央和市委决策部署，立足新发展阶段，贯彻新发展理念，融入新发展格局，坚持稳中求进总基调，攻坚克难、锐意进取、奋力拼搏，推动全区各项事业取得新进展，实现社会主义现代化新宝坻建设良好开局。

一、坚定捍卫“两个确立”，政治引领更加有力

一是思想政治建设扎实推进。坚持把党的政治建设摆在首位，自觉在思想上、行动上同党中央保持高度一致。把学习宣传贯彻落实党的二十大精神作为当前和今后一个时期首要的政治任务，扎实开展党的二十大精神大学习、大轮训，全区各级理论学习中心组组织集中学习 2600 余次，筑牢了全区党员干部捍卫“两个确立”、做到“两个维护”的思想根基。依托天津干部在线学习平台，对 3200 余名处科级干部进行线上专题培训。邀请 9 名本市出席党的二十大的基层代表开展集中宣讲和互动交流，1.1 万余名党员参与。围绕党的二十大精神等主题编印发放《理论学习参考》《理论学习与宣讲》等读物 11800 册。组织开展“强国复兴有我”群众性主题宣传教育活动，推出“理响宝地”系列文艺作品线上展播，推出宣讲音视频 76 期。成功举办“喜迎二十大　奋进新征程”宝坻区原创文艺作品展演、宝坻区“非凡十年”主题成就图片展等活动，吸引 18 万余人次参与。坚持党管意识形态不动摇，创新施行“双周研判”工作机制，组织开展意识形态专题研修班 2 期，培训全区党员干部 3200 余名。强化新媒体运用，把牢正确舆论导向，巩固壮大主流思想舆论，“知宝坻”客户端、宝坻融媒、视频号发稿量 1.5 万余篇。

二是党中央和市委决策部署有效落实。坚持把贯彻落实习近平总书记重要讲话和重要指示批示精神作为重大政治任务，把坚决落实党中央和市委决策部署贯穿到全区改革发展和党的建设全过程。紧扣稳中求进、创新竞进、投入促进、包联推进“四进”总体策略，建立“5+N”本账，明确“15+N”项重点工作，由区级领导领衔成立 15 个工作专项推进组，及时协调推动解决重难点问题，推动各项任务落到实处。围绕贯彻党

的二十大精神，深入谋划落实思路举措，召开区委六届五次全会，出台《关于实施“九大行动”全力推动党的二十大精神落地落实的工作意见》。扎实开展“迎盛会、铸忠诚、强担当、创业绩”主题学习宣传教育实践活动工作，持续深化忠诚教育，全区81个党委(党组)理论学习中心组和各级党组织高质量完成专题组织生活会、专题学习研讨等任务，持续提高党员干部对习近平新时代中国特色社会主义思想的信从力、践行力。编制《六届宝坻区委巡察工作规划(2022—2026年)》，完成六届区委第一、二轮巡察，推动六届区委第三轮巡察，派出16个巡察组、44个巡察小组，对457个村、社区党组织开展巡察监督，不断推动巡察监督向基层延伸。严格遵守党的政治纪律和政治规矩，从严落实《关于新形势下党内政治生活的若干准则》，增强党内政治生活的政治性、时代性、原则性、战斗性，发展积极健康的党内政治文化。

三是党的全面领导坚强有力。充分发挥党总揽全局、协调各方的领导核心作用，支持区人大及其常委会、区政府、区政协独立负责、步调一致开展工作，定期听取各党组履行主体责任、落实重点任务情况汇报。认真贯彻落实统一战线工作条例，巩固和扩大爱国统一战线，支持各民主党派、工商联、无党派人士开展工作，加强党外代表人士队伍建设和民族、宗教等工作。深化党管武装和国防后备力量建设，实施军民融合发展战略，完成国防动员体制改革任务。加强和改进党对群团组织的领导，工会、共青团、妇联、科协、残联、红十字会等职能作用得到强化。统筹发挥关工委、老促会、慈善协会、桑梓助学基金会、志愿服务协会等组织的重要作用，把党的领导贯穿全区工作的各领域，调动各方面的积极性，凝聚团结奋斗的强大合力。

二、深度融入对接，协同发展水平显著提升

一是承接非首都功能项目扎实落地。制定《2022年宝坻区深入推进京津冀协同发展重点工作安排》《宝坻区推进承接北京非首都功能疏解2022年计划安排》，压实目标责任，开展挂图作战。聚焦融合互补度高的产业领域，积极对接北京方向央企、国企，强化一对一、定制化服务，竭尽所能服务“京凤凰”落户。引进盈创汇智、海力特新材料等北京方向实体项目38个，协议投资额108.6亿元。

二是园区承载能力不断增强。“一区四园”改革成效明显，基础设施和公共服务配套不断优化，承载能力全面提升，规模以上企业工业总产值达317.5亿元、同比增长6.1%，新签约项目41个、计划总投资22.2亿元，新落地项目40个、计划总投资38.75亿元。积极推动园区“二次开发”，向闲置土地要空间、向低效企业要效益，不断提升开发区产业层次和土地产出率，通过收储、股权转让、租赁、二次招商等方式，共盘活闲置低效工业用地1009.4亩。京津中关村科技城配套建设全面提速，新增市场主体353家，完成税收1.29亿元，同比增长19%，被纳入滨海国家级高新技术产业开发区扩容区，获评“天津市服务扩大开放示范区”，成为首批“科创中国”创新基地。

三是重点领域对接合作有序推进。聚焦融入“轨道上的京津冀”，积极配合推进京唐、京滨高铁建设，高标准建成宝坻站和宝坻南站，确保按照时间节点开展试运行。着眼构建“十字形”高铁枢纽，积极协调推动津承高铁和京沪二线的规划建设。完善“外联”路网，实施通宁公路新建和九园公路、宝武公路、九园公路京哈跨线桥改建工程，投资近3亿元。推进“京东黄金走廊”共建走深走实，深化“通宝唐”政务服务合作，68项办理事项纳入北京城市副中心统一接件受理平台；持续健全三地创新协作机制，签署《通宝唐科技合作协议》，召开2022年度“通宝唐”科技协同创新工作联席会议，举办宝坻区第六届创新创业大赛启动仪式暨“通宝唐”企业赛前培训会；密切人才交流合作，举办2期“通宝唐”联合招聘活动，参加企业109家，提供就业岗位2924个。实施生态环境联建联防联治工程，针对蓟运河上下游汛期水污染防治工作与唐山市玉田县启动联合会商机制，分析研判水质保障难点，安排部署执法监管重点，合力破解共性环境问题，推进生态建设和修复。

三、加快转型升级，高质量发展基础更加扎实

一是产业结构持续优化。坚持制造业立区，推动工业互联网、电商等产业新生态与传统制造业融合，促进家居、文体用品等传统产业提质升级，战略性新兴产业总产值增长39.8%、增加值增长22.1%。推荐安泰天龙钨钼等8家企业的13个项目列为数字化转型重点培育项目，帮助10个项目获得天津市智能制造专项扶持资金1786万元。积极培育智能制造试点示范企业2家。动力电池、智能装备、汽车配件3条产业链完成产值247亿元，增长18%。制定2022年“双碳”工作要点，以“提高新能源供给”和“推动碳排放降低”为主线，通过实施产业结构优化调整、低碳能源体系建设等十大行动全面推动碳达峰、碳中和，“1+N”政策体系正在逐步形成。积极发展可再生能源，逐步建立清洁低碳安全高效的现代能源体系，总容量22万千瓦的3个风电项目顺利推进，取得风电、光伏多能互补项目开发建设指标。重点建设的九园工业园和小辛码头村“一园一村”双碳实践项目基本完成，在世界智能大会、进博会等大会上公开展示，得到各方面一致好评。提档升级现代服务业，持续推进吾悦广场、大境摩尔汇、乐雅广场、康万佳商业中心等商业建设，加快培育万科商业广场等大型商业综合体和特色商业街区，限额以上批发零售业销售额592亿元，同比增长12.7%；限额以上住宿餐饮业营业额2.06亿元，同比增长15%；社会消费品零售总额130亿元，同比增长3%。

二是创新能力有效提升。深入实施创新驱动发展战略，国家专精特新“小巨人”企业累计达到17家，北玻玻璃、奥赛科膜科技被列为市级“单项冠军”培育企业，宝兴威被列为市级培育种子企业。津宝乐器有限公司成为国家级制造业“单项冠军”企业，实现我区零的突破。推动实施科技型中小企业和高新技术企业成长计划，“雏鹰”企业评价入库117家，“瞪羚”企业评价入库20家，国家科技型中小企业评价入库242家，领军（培育）企业评价入库6家，国家高新技术企业数量突破280家。企业科研开发和技术创新能力不断提升，天津市贝特瑞新能源科技有限公司荣获我市科学技术进步二等奖。九园新能源电池及材料产业基地成功获批国家级火炬特色产业基地，成为全市近五年来唯一获批的特色产业基地。探索“企业出题、政府助题、院所答题”新机制，征集需求80余项，联动天津师范大学、天津科技大学等高校、院所，开展“产学研”合作30次，促成意向合作11项，推动10项关键技术成果对接转化，进一步打通科技成果转化最后一公里。

三是项目建设有序推进。动态管理“宝坻区重点培育企业上市资源库”，28家企业进入区库，8家企业进入市重点培育上市企业资源库。加快企业上市步伐，开展上市培训3次，国安盟固利公司已通过深交所主板上市审批，实现“零突破”；博纳斯威阀门公司预计2023年在北交所上市。为6家深交所上市、OTC挂牌企业申请市、区两级补助资金200万元。持续发挥龙头企业示范引领作用，形成了以国安盟固利、贝特瑞新能源为龙头企业的产业联盟，动力电池主导企业完成产值92.5亿元，同比增长76%。积极跟踪在建项目进度，促进道克特斯、国安盟固利二期、贝特瑞新能源二期、瑞源电缆及林德英利等项目竣工投产，推动莱伯泰科、中关村医疗器械园及联恒工业项目竣工验收。

四、深化改革开放，发展动能持续积聚

一是重点领域改革取得新突破。持续深化审批制度改革，取消许可事项56个，减少申请材料1183件，减少办理环节事项116个。推进“互联网+政务服务”改革，“网上办”“一次办”“马上办”事项占比均超过98%。推动政务服务“一体化”建设，26个部门654项政务服务事项集中进驻，24个街镇全部设立便民服务中心，开设700余个村（居）政务服务代办点。创新推出25项“一件事一次办”服务，实现高频事项并联办、关联事项打包办。制定《关于区属国资国企结构优化调整的实施意见》，通过产权划转、并购进行内部整合，调整优化业务板块，放大集合优势，建立主业鲜明、功能突出、精干高效的区属国企管理体系。深入推进“僵尸企业”和低效无效企业清退工作，完成出清企业 5 户。推动建立中国特色现代企业制度，在地成公司、渠阳驾驶员培训公司等企业开展外部董事试点。深化农村集体产权制度改革，开展依法清理规范农村集体经济合同专项行动，推动 200 个村建成股份经济合作社，755 个村全部实现非现金结算。持续推进土地经营权规范化规模化流转，全区土地经营权流转面积达到 66.48 万亩，占耕地总面积 62.36%。

二是对外开放呈现新局面。全面推进招商引资工作，成功举办"帆扬湾区　圆梦宝地"深圳招商推介会，在上海、厦门两地以多种形式推介即将迎来"高铁时代"的宝坻，联合北京市朝阳区、河北省承德市等共同开展"魅力京津冀·2022"文旅产业赋能乡村振兴交流对接活动，常态化开展"云推介""云洽谈"，签约项目 88 个，同比增长 10%；协议总投资 323.67 亿元，同比增长 59.44%；引进服务型总部型企业 3071 个，同比增长 8.21%。不断提高利用外资水平，实际到位外资额 3376.5 万美元，同比增长 76.6%；新设外商投资企业 11 家，增资企业 3 家。持续深化东西部协作，积极与永登县、武山县、民丰县相关部门、重点企业进行对接，引导 13 家企业投资 9183 万元，吸纳当地就业 281 人。

三是营商环境实现新提升。持续推进优化营商环境三年行动计划，制定《宝坻区 2022 年优化营商环境责任清单》，分解 25 条 120 项重点任务，为持续优化营商环境提供了任务书、时间表和路线图。出台《宝坻区优化营商环境十二条措施》，提出营造政商关系新生态、制定服务体系新标准、实现数据共享新融合等 12 个方面 60 条改革举措，更好满足多样化的企业群众需求。扩展优化营商环境服务监测点 16 个，选取举仁农林科技有限公司生姜种植等 6 个农业产业项目建立监测点，坚决治理政商勾结破坏政治生态和经济发展环境的问题，构建"亲""清"政商关系。聚焦企业群众关心关注的热点问题，在全市首推营商环境"云直播"，首场直播吸引 2000 余名网友在线观看，获 5.6 万余人次评论和点赞。深入开展"春雨行动"，帮助企业解决收汇退税、航运物流、通关报验、生产经营等方面问题 17 个，累计新增各类市场主体 125226 户，全区市场主体达到 7.94 万户。加强信用体系建设，引导 93 家企业完成信用修复。完善失信惩戒机制，强化知识产权保护，形成高效规范、公平竞争的统一市场。

五、统筹城镇建设，人居环境面貌全面提升

一是完善城镇发展格局。坚持规划引领，按照"全域统筹、多规合一"思路，编制国土空间总体规划，加快推进区、镇两级国土空间规划编制和村庄规划审批，编制完成 610 个村庄规划方案。宝坻新城按照"南跨北扩"的发展思路，拉开新城发展框架，建成高铁片区 19 个基础设施配套项目。京津新城不断完善基础设施，文化创意、研发设计、科技服务、总部经济等产业模式发展迅速，对优质人才的吸引力持续加强。各街镇坚持特色发展，加强基础设施和公共服务配套建设，聚力打造"一镇一特、一村一品"特色样板。创建黄庄镇、八门城镇 2 个市级旅游示范镇，推进八门城镇生态农业等镇域特色产业发展。

二是加速城镇有机更新。全面推进老城区改造和新城区拓展，建设还迁房 1087 套，改造老旧小区面积 19.5 万平方米，完成 934 套保障性租赁住房的产权证办理工作，为 46 个还迁小区、6 个商品房小区配建电动自行车充电设施。高标准改造住宅小区老旧供热管网 4 个，渔阳路路口拓宽、博爱路改建等 16 条市政道路新建及改造工程全部完工。新增 5G 基站 772 个。实施海绵城市连片开发项目，35 个建设项目通过验收。宝坻新城第二水厂、潮新污水处理厂等 8 项重点工程稳步推进。开展宝坻新城水系综合治理行动，推进水系连通，开放钰松公园、了凡公园、龙潭公园，完善文化广场、潮阳公园等景观设施，完成广阳路、双站路等路段绿化工程，新增绿化面积 8886 平方米。推进精细化管理，建成区环卫作业服务中心，推动市容环境综合整治向小街小巷延伸，巩固扩大国家卫生区创建成果。

三是提升生态环境质量。打好"蓝天、碧水、净土"保卫战，严格落实"五控"措施，$PM_{2.5}$ 平均浓度 39.25 微克/立方米，达标天数比率

71%。地表水考核断面平均水质达到Ⅳ类水体及以上，水环境质量综合排名全市第一，考核断面达标率100%。组织全区24个街镇、4个园区分行业开展碳排放核查，推动方家庄镇和口东工业园重点行业涉气产业集群治理。严守生态环境保护红线、永久基本农田和城镇开发边界三条控制线，做好建设用地准入管理。深化落实“河(湖)长制”和“一河一策”污染治理，整治黑臭水体20个，对2021年完成整治的黑臭水体治理效果开展自查评估。开展“绿水青山就是金山银山”实践创新基地创建，挖掘以潮白河流域黄庄镇等12个街镇为单元的“两山”转化模式。深入开展垃圾分类处理和回收利用，构建资源循环利用体系。推广绿色低碳生活方式，增强全社会节约意识、环保意识、生态意识。

六、推进乡村振兴，“三农”发展迈上新台阶

一是农业发展保持优质高效。依托创建国家现代农业产业园、国家农业科技园，着力发展特色农业、智慧农业，实施23个重点建设项目。“笑辣妹天鹰椒”“哒米庄大米”“庆义传承大蒜”等5个品牌成功申报“津农精品”品牌，“金宝地小站稻”“宝坻黄板泥鳅”和“腾羽猪肉”被认定为“国内知名”品牌。保障粮食安全，粮食播种面积稳定在128.5万亩，粮食产量13.65亿斤。建成2.62万亩小站稻高标准示范区，小站稻种植规模达到47.3万余亩，占全市50%。制定“三辣”唤醒计划，实施宝坻天鹰椒地理标志农产品保护工程和“宝坻大蒜”品种提纯复壮计划，天鹰椒亩产提升21%以上，大蒜亩产提升20%以上，“三辣”本地种植面积突破3万亩，辐射外埠基地3.3万亩。采摘农业、生态农业、观光休闲农业等都市型现代农业发展迅速，通过“果旅融合”，使农业向服务业延伸。

二是农村环境面貌焕然一新。按照“六化”“六有”标准和“缺什么、补什么”原则，实施农村人居环境整治提升行动和“三美四乡”工程。实施村庄清洁行动，统筹推动垃圾、污水、厕所等长效管护机制落地，整改问题1.7万余个，实现农村人居环境整治常态化、规范化。建设牛家牌镇乡村振兴示范镇，高水平打造17个农村人居环境整治示范村。立足村庄发展基础和资源禀赋，完成283个村乡村治理积分制推广工作和18个乡村振兴示范村规划设计。持续完善农村基础设施，提升改造52个村的村庄道路，铺设水泥道路面积136万平方米。优化村村通路线，使农村居民出行更加便捷。创新农家书屋“送读上门”服务机制，开展宝坻区2022“新时代乡村阅读季”、书香蒲公英进基层、“送图书下乡”活动，开展文化科技卫生“三下乡”活动300余场次，累计服务群众1.5万余人次。

三是农民生活更加富裕富足。支持农民创业就业，加强农民职业教育和技能培训，开展第二批农村创新创业优秀带头人培养选拔活动，评选出顶尖人才1名、优秀人才6名、能手8名。组织产业带头人、村干部参加乡村产业振兴带头人培育“头雁”培训班，开展乡村振兴示范创建村领军人才高级培训研修班。依托区农广校和农机化学校开展高素质农民培育，培训家庭农场主、农民合作社带头人、种养大户以及农业企业负责人等180人，让农民在家门口就有活干、有钱赚。开展送课下乡活动，加快培育农民专业合作社、家庭农场等新型农业经营主体，新创建农户家庭农场20家，市级示范家庭农场15家。制定完善农民退出集体权益合理补偿政策，促进农民以土地入股、土地流转等方式增收，完成农村产权交易821宗。实施“旅游+”工程，深入推进潮白河沿岸文化旅游设施提升项目，分步提升葫芦窝村、李宦庄村以及东郝各庄村、董塔庄村、小辛码头村5个村文旅设施，丰富旅游业态，促进农民增收。

七、坚持共建共享，民计民生不断改善

一是群众生活水平持续提升。加强创业政策支持力度，提升就业服务能力，发放创业担保贷款4520万元，着力培训创新型、应用型、技能型人才，新增就业9500人。推进参保扩面，城镇职工养老保险新增参保7557人，城乡居民基本医疗保险参保人数达到52.43万人，实现医保定点药店全部可异地结算。坚决兜住民生底线，为城乡低保(低收入)、城乡特困供养等困难群体发放救助金1.65亿元。完成农村困难群众危房改造159户,为440户特殊困难老年人家庭进行适老化改造。完善社会救助体系,促进慈善事业发展,持续做好妇女、儿童、残疾人等工作。改建804套保障性租赁住房,满足多样化住房保障需求。全面落实居家养老服务(护理)补贴政策,发放补贴款1600万元。帮助永登、武山两县9693名农村劳动力实现劳务协作转移就业。深入开展扶持经济薄弱村发展工作,坚持“一镇一方案”“一村一方案”,以镇统筹的方式确定22个产业扶持项目,因地制宜发展特色产业项目,拓展结对帮扶成效。

二是公共服务体系更加完善。加快创建国家义务教育优质均衡区,通过开展结对服务、定向招聘等方式加快补足还迁片区和农村地区教育设施短板,推进农村幼儿园基础设施提升,提高交流轮岗教师比例,第十二中学投入使用,南开中学中关村科技城学校加快建设;新增义务教育学位3120个,位列全市第一。持续开展“双减”工作,全区72家面向义务教育阶段的学科类机构综合压减率为97.22%,居全市前列。推进基础教育综合改革,全力做好课后服务工作。深入落实全区重点工作协同推进机制,持续深化“减量控大”和“治堵保畅”工程,强力整治交通堵点乱点16处、整改道路交通隐患393处,查处“三超一疲劳”等交通违法行为10万余起,全区亡人交通事故和死亡人数同比双下降。积极应对人口老龄化,完成区综合养老服务中心建设,增加床位130张,完成14个嵌入式养老服务机构建设,新建2所老年日间照料服务中心,积极引导社会资本进入养老产业。海滨街道天锦园社区、新开口镇江石窝村被国家卫生健康委、全国老龄办命名为2022年全国示范性老年友好型社区。统筹做好新冠肺炎疫情期间群众医疗服务保障工作,完成管控人员保障就医850余人次;持续开展60岁以上老人疫苗接种攻坚行动和加强免疫工作,全程接种率达到91.47%。区疾控中心、朝霞医院、中关村科技城医院建设有序推进。持续深化家庭医生签约履约服务,家庭医生有效签约人数达到32.36万人,重点人群签约18.24万人。完善分级诊疗制度,区人民医院、中医医院与31家基层医疗机构完成医共体签约,提升中医药保健服务。全面推进“健康宝坻”建设,进行健康知识科普。

三是精神文明蓬勃发展。大力弘扬社会主义核心价值观,扎实推进创建全国文明城区工作。深化拓展新时代文明实践,推动志愿服务规范化、制度化发展,打造1317支志愿服务队伍,志愿者注册人数14.88万人,开展活动11000余场次,服务群众20万余人次。组织“喜迎二十大·第六届京东大鼓艺术节文艺演出”及星火日系列活动等文化活动90余场,“喜迎党的二十大　共绘美丽乡村”书画联展等主题展览20余场,文化文艺事业发展持续向好。深入实施文化惠民工程,有序推进农家书屋图书补充,开展“我们的节日”民俗文化活动3200余场,放映农村数字电影9000余场。持续推动非遗保护传承工作,王辛庄中幡、葫芦烙画、金石撕纸、汪氏料器制作技艺、北派形意拳、刘氏剪纸6个非遗项目列入第五批市级非物质文化遗产代表性项目名录。健身设施不断完善,新建67个社区健身园,5个社区体育园,5个多功能运动场,2个笼式足球场,17个乡村健身广场,宝坻健身公园安装了第二代智能户外健身器材。

四是社会环境保持安全稳定。深化社会治安防控体系建设,将基层治理平台建设融入区智慧城市(数字宝坻)建设,分类整合基层治理网格资源,加快实现“一网统筹”。发挥矛盾纠纷调处中心功能,接待群众来访1470批4017次;受理群众网上信访3273件、群众留言1911件,有效维护群众合法权益。打造平安宝坻,深化打击治理电信诈骗联席会议机制,电信诈骗案件同比下降43.1%。织密织牢社会治安防控网,严厉打击各类违法犯罪活动,破获各类刑事案件2192起,打处1969人,侦破的利用木马程序非法获取老年人信息并实施诈骗案件被公安部评为打击网络违法犯罪十大典型案例。周良街道周良村入选第三批全国村级“乡风文明建设”典型案例,霍各庄镇植乡居养老服务中心入选第四批全国农村公共服务典型案例。制定出台宝坻区“八五”普法规划,全区组织开展形式多样的普法宣传活动1500余场。严格落实安全生产责任制，加强应急管理体系和能力建设。全面提升食品安全保障水平，荣获“国家食品安全示范城市”称号。

八、从严管党治党，政治生态持续向上向好

一是落实全面从严治党主体责任。制定《关于推进全面从严治党向纵深发展的若干措施》《区委常委会加强自身建设的意见》等制度性文件，推进全面从严治党向纵深发展。完善问题线索处置事前或事中加强主体责任沟通机制，进一步规范覆盖范围、沟通方式、使用程序，处置问题线索93件；收集24个街镇纪（工）委向党（工）委关于加强和改进全面从严治党工作建议160余条，促进“两个责任”同题共答、同频共振、同向发力。坚持问题导向，针对监督发现的“两个责任”履行不力问题，主动约谈317人次，查处党内问责、监察问责案件35件，批评教育帮助和处理61人，党纪政务处分20人。严格落实《关于新形势下党内政治生活的若干准则》，实现对区级领导班子和处级领导班子民主生活会监督全覆盖。深入开展形式主义官僚主义和不担当不作为问题专项整治，查处问题54个，批评教育帮助和处理123人，其中党纪政务处分59人。

二是锻造堪当重任的干部队伍。落实新时代好干部标准，坚持以事择人、人岗相适，调整处级干部232人次，提拔45人。坚持一线识别、递进式培养、多岗位锻炼，先后选派89名优秀年轻处科级干部、116名青干班学员，到招商引资、巡察、疫情防控等任务较重岗位和急难险重一线进行历练磨炼，6名区直机关优秀年轻处级干部到任务较重的镇进行实践锻炼。持续实施后备力量“育苗”工程，着力优化“育选管用”全链条，探索建立年轻干部成长档案789份。强化干部日常监督管理，完成38名市管干部、747名处级干部个人有关事项报告工作，报告率达100%。加强八小时之外监督，将新提拔、关键岗位、即将退休、受问责处分和年轻干部等5类干部作为重点家访对象，近距离关注了解418名科级干部。加大干部交流轮岗力度，畅通“三支队伍”交流渠道，面向农村专职党务工作者实施选聘、选拔、定向招录，确保干部队伍源头始终保持“一池活水”。

三是夯实坚强有力的战斗堡垒。深入推进基层党建提升年活动，进一步突出抓基层、强基础、固基本的工作导向。以党建引领乡村治理试点区建设为契机，通过走村观摩、交流述职等方式，综合评定区级乡村振兴示范点50个，营造出比学赶帮超的浓厚氛围。抓实共驻共建和入列轮值制度，94家区直单位党组织到驻地社区报到，1.2万余名在职党员重新到社区报到。组织机关党组织开展“走出机关、走进乡村、助力振兴”活动，落实“十个一”助力要求，推动机关党建与乡村全面振兴深度融合、精准对接。实施国企党建提效行动，设置、调整党组织22个，成立5个党委，创建国企党建品牌2个。制定“两新”组织党组织职责清单，细化10方面50项具体措施，创建“两新”组织党建品牌32个。认真做好发展党员工作，储备入党申请人13708名，入党积极分子6173名。全面开展农村发展党员违规违纪问题排查整顿工作，提高党员教育管理质量，打造过硬党员队伍。

四是强化现代化建设的人才支撑。聚焦人才体制机制改革，系统开展专项整治，督导区内30余家重点部门开展排查整改，探索完善人才评价体制机制。深入实施“人才奠基工程”，制定《宝坻区关于加强和改进新时代人才工作的实施意见》，靶向集聚领军和骨干人才，通过“海河英才”行动计划引进学历型、技能型、创业型、急需型人才338人。拓宽人才引育渠道，评选“先进锂离子电池正极材料研发创新团队培养计划”等13个人才效益突出的实事项目，激发人才创新创业发展活力；利用“院士专家宝坻行”“海河英才”产业人才专场网络招聘会等多个人才交流平台，吸引各类高端人才来宝坻发展创业。

五是巩固风清气正的政治生态。打造“阳光村居”工程，在全市范围先行先试中央纪委国家监委“监督一点通”服务平台，推进平台应用在810个村居全覆盖。挖掘“文宝坻”内涵、讲好“文宝坻”故事,建设占地 260 余亩的具有宝坻辨识度、广泛影响力的“廉洁地标”——了凡善廉文化园。深化“清廉宝坻行”活动,为党员干部提供廉洁文化教育“实景课堂”。建设“微腐败”数据分析平台,运用数据分析碰撞比对方式,累计发现粮食补贴、教龄补贴、村级协管员补贴等领域问题 3185 个,转化问题线索 33 条,批评教育帮助和处理 65 人,其中党纪政务处分 14 人。常态化开展点题整治,紧盯扶贫助困、集体“三资”、征地拆迁等领域,查处问题 46 起,批评教育帮助和处理 68 人,党纪政务处分 41 人。始终保持惩治腐败高压态势,受理检举控告类信访举报 419 件,处置问题线索 762 件,立案 408 件,党纪政务处分 409 人,挽回经济损失 3899.94 万元。

静海区委 2022 年工作总结

2022 年以来,静海区坚持以习近平新时代中国特色社会主义思想和党的十九大、二十大精神为指导,坚决落实党中央和市委决策部署,加强党对各项工作的全面领导,高效统筹疫情防控与经济社会发展,全面落实“疫情要防住、经济要稳住、发展要安全”的要求,全力打好“六大攻坚战”,推动高质量发展开创新局面,社会大局保持和谐稳定。

一、坚持把学习宣传贯彻党的二十大精神作为首要政治任务,坚定捍卫“两个确立”、坚决做到“两个维护”

深刻认识党的二十大的重大意义,全面做好迎接党的二十大的各项宣传舆论工作,并以党的二十大胜利召开为契机,强化理论武装和思想政治引领,凝聚继续紧跟核心奋进新征程、建功新时代的强大精神力量。

营造喜迎党的二十大的浓厚学习宣传氛围。区委理论学习中心组发挥“头雁”作用,围绕学习习近平总书记重要讲话和指示批示精神,以及党的十九届六中全会、党史学习教育总结会议、市第十二次党代会等共组织 26 次集体学习,编发《理论学习进行时》周刊 42 期、专刊 5 期,组织两级理论学习中心组开展“迎盛会、铸忠诚、强担当、创业绩”专题读书班 4 期,为迎接党的二十大奠定坚实理论基础。开辟“奋进新征程、建功新时代”“深学笃用—天津行动”“贯彻党代会精神 · 静海在行动”“喜迎二十大”“新时代、新征程、新伟业”等主题专栏,深入宣传静海高质量发展的新成就新变化,聚焦“习近平新时代中国特色社会主义思想在静海大地的生动实践”,集中力量在各大主流媒体推出静海发展亮点成效稿件 500 余篇,聚焦“我为群众办实事”、生态环境保护、文明城市创建等主题,全方位释放“静海声音”、讲好“静海故事”。深入开展爱国主义教育,修订《静海区爱国主义教育基地管理实施细则》,完成静海区第一个党支部纪念馆修缮,全力筹备静海区烈士纪念馆改陈,广泛宣传静海红色故事,组织开展“赓续红色血脉、建功静海高质量发展”“强国复兴有我”等爱国主义教育实践活动,在基层兴起“写金句、唱经典、画幸福、拍美景、讲故事、跳健康”活动热潮。

迅速掀起学习宣传贯彻党的二十大精神的热潮。组织召开区委三届六次全会,专题学习宣传贯彻党的二十大精神,审议通过《中共天津市静海区委关于深入学习贯彻落实党的二十大精神的实施意见》,为全区学习贯彻落实党的二十大精神提供了“施工图”。举办两级理论学习中心组学习党的二十大精神专题研学班,区委理论学习中心组以上率下,学原文、悟原理,各部门各单位党委(党组)及时跟进,各级领导干部坚持先学一步、学深一层,带动全区学习宣传贯彻工作有力有效开展。建立区委书记—区级领导—专家学者—特色团队—社会团体—文明实践中心“六级”宣讲体系、宣讲队伍,区委书记刘春雷同志作为党的二十大代表、市委宣讲团成员带头宣讲,推动党的二十大精神进机关、进企事业单位、进乡村社区、进校园、进军营、进各类新经济组织和新社会组织、进网站，做到家喻户晓、人人皆知。发挥新媒体与传统媒体联动优势，全方位、全领域、全覆盖宣传党的二十大精神，营造了“满屏皆精品，处处见氛围”的浓厚宣传氛围。通过专题报道、特色专栏、主题宣传、理论直播间等多种形式，深入宣传、阐释、解读党的二十大提出的重大观点论断、重大战略部署、重大方针政策，增进了广大党员干部群众的政治认同、思想认同、情感认同。举办“牢记领袖教导，紧跟核心奋斗”为主题的书法展、摄影展、文艺汇演、榜样报告会、大型联合采访、主题新闻发布会等系列活动，激发了广大群众自觉学主动学的积极性。

牢牢把握党对意识形态工作的领导权。严格落实意识形态工作责任制，细化工作重点、责任分工、考核指标。制定下发《2022 年静海区意识形态正面议题设置工作方案》，每月开展意识形态工作重大风险隐患排查，每季度召开意识形态工作推动会，建立意识形态和文化安全工作协调机制，成立意识形态工作责任制检查专班，对 30 家单位开展意识形态工作责任制专项督查，确保了意识形态领域各项工作落到实处。深入实施网络舆情“瞭望哨”工程，加强网络举报队伍建设，全力做好全国两会、市第十二次党代会、党的二十大期间舆情保障工作，有效处置了涉疫情防控、实名举报、旧闻翻炒、突发事件等多起舆情风险。持续深化“扫黄打非”工作，开展涉党史领域境外有害出版物及信息专项整治和敏感时间节点文化领域专项治理，进一步净化了出版物市场和网络空间，维护了全区意识形态安全和文化安全。

二、坚持人民至上、生命至上，坚决打赢疫情防控人民战争

坚定不移贯彻落实习近平总书记关于疫情防控的重要指示批示精神，坚持“外防输入、内防反弹”总策略和“动态清零”总方针不动摇，精准落实防疫优化措施，最大程度保护人民生命安全和身体健康，最大限度减少疫情对经济社会发展的影响。

慎终如始做好常态化疫情防控。打好王口、台头、子牙等疫情遭遇战、歼灭战，按照“围得住、筛得全、捞得干、扑得灭”的要求，坚持以快制快，举全区之力开展精准管控、高效流调、核酸筛查，快速实现阻断疫情、社会面动态清零。健全监测预警机制，严格落实医疗机构预检分诊和首诊负责制，持续强化发热门诊和基层医疗卫生机构哨点作用，精准鉴别、全面收治相关症状患者 2000 余人。加强高风险行业从业人员核酸检测，持续开展进口冷链食品常规监测，及时发现病毒传染源，切断传播途径。强化专业能力保障，完善疾控中心和城市检测基地实验室配套设施和人员配置，每日最大核酸检测能力提升至 5 万管，感染防控、应急处置、医疗救治能力同步提升，时刻保持“热备”状态。风险管控区均成立保医保供工作组，以血透、孕产妇、慢性病等人群为重点，建立人群底册，精准对接就医需求，设立 24 小时就医服务专线，有力保障群众就医需求；为群众代购生活必需品，保证基本民生不断档。疫苗接种率保持全市领先，累计开设大型临时接种点 90 余个，为全区 83.3 万余人接种新冠肺炎疫苗 197 万余剂次，首剂接种率、脱漏率等多项指标均保持全市前 3。积极驰援全国防疫大局，先后抽调 550 余名骨干医务力量支援上海、海南、内蒙古等地疫情防控并圆满完成任务。

扎实做好疫情防控基础性工作。科学有序推进常态化核酸采样工作，按照“三个充分预估”“三个充分考虑”要求和每个采样点服务 3000 人、步行 15 分钟等设置标准，合理设置 267 个常态化核酸采样点，区域内 5 所高校均设置采样点，18 个乡镇卫生院均设置应急采样点。按照每村(居)3 人建设标准，组建 1378 人的三级流调小分队。深入推进排查管控工作落实，累计流调线上线下大数据推送涉疫人员信息 92.2 万余条、排查来(返)静报备人员 31.3 万余人、指导各乡镇(街道)园区管控涉疫人员 5.8 万余人、协查推送涉疫人员 33 人、安装门磁 1.6 万余个，确保了涉疫风险人员排查管控到位。强化隔离转运工作，制定《静海区隔离转运组隔离转运预案》，加强运力配备，日均投入转运车辆 100

部，累计隔离转运人员3.8万余人次。完成国际航班接驳68次，累计接驳入境人员1.1万余人次。严把第一道关口，精准检测阳性人员208例。严格征集和储备集中隔离点，加强软硬件设施建设，规范各环节工作流程，常态化开展督查检查，确保隔离点安全有效运转。持续做好海吉星农产品市场疫情防控工作。

三、全力打好"六大攻坚战"，推动重点工作取得新进展开创新局面

坚持问题导向、目标导向，以攻坚的决心、勇气和干劲强力推进"六大攻坚战"，一些事关高质量发展的重大问题、重点任务取得突破性进展。

打好招商引资攻坚战。组建387人的在职招商队伍和112人的招商顾问团，成立专门招商机构经济发展促进中心，加强园区乡镇招商队伍专业能力建设，推进各种招商方式协同发力，形成大招商工作格局和全民招商氛围。市外内资到位项目293个，到位资金110.53亿元，同比增长9.7%，全市排名第四，新增国家高新技术企业76家、"专精特新"企业31家，"单项冠军"企业超过10家，耀德航空无人机、多维绿建新能源、赛德生物、民祥药业、八方电气、TCL奥博、中医药大学新校区三期、医科大学新校区二三期等项目加快建设。打好优化营商环境攻坚战。出台《优化营商环境实施方案》《优化营商环境十项举措》《"企业保姆"手册》《服务企业工作手册》，建立"三级包联"制度，对重大项目实行区级领导领衔和一企一专班服务，各级领导干部累计开展上门服务5538次，解决企业难题465个。在全市率先实现企业开办"审核分离"区域全覆盖，相关做法被《全国优化营商环境简报》刊登推广，营商环境考核从全市排名第九提升到第二。打好违规用地治理攻坚战。累计整治违法用地3.1万亩，盘活批而未供土地3225亩。建立快速巡查发现查处机制，实现乱占耕地"零新增"。积极探索"小产权房"治理新路径，制定《静海区利用农村集体土地建设村民住宅楼暨宅基地改革试点工作方案》，市专项办将静海作为试点享受相关政策。打好防范化解债务风险攻坚战。通过严格控制政府债务规模、严禁乡镇村新增隐性债务、健全"借用管还"和风险应急处置机制，实现债务结构优化、风险稳定可控，守住了不发生区域性系统性风险的底线。打好信访积案化解攻坚战。对近三年重复信访案件开展"大起底"，建立区级领导包保重点案件和重大疑难信访事项联席会商制度，严格落实"三到位一处理"要求，中央联席办、市联席办交办的365件重复信访积案全部化解完毕，实现党的二十大期间"零进京""零非访"。打好全面从严治党攻坚战。锲而不舍落实中央八项规定精神，驰而不息纠治"四风"，完善《静海区解决形式主义突出问题为基层减负工作实施方案》，编印《中央八项规定精神严格禁止行为100条》，累计查处享乐主义、奢靡之风问题37起，处理54人次。持续深入开展形式主义官僚主义和不担当不作为专项整治，查处形式主义官僚主义问题129起，处理140人次；查处不担当不作为问题175起，处理252人次，推进"拜把结盟"专项整治行动，营造了风清气正、干事创业的浓厚氛围。

四、坚定不移走生态优先、绿色发展之路，生态文明建设迈出新步伐

牢固树立"绿水青山就是金山银山"的理念，持续打好蓝天、碧水、净土保卫战，绿色高质量发展的基础进一步夯实。

推动形成绿色低碳的生产方式和生活方式。着力培育壮大节能环保产业、清洁生产产业、清洁能源产业，景昇风力、阳光电源等一批风电、光电项目启动建设，新能源汽车、废旧动力蓄电池综合利用等产业快速发展。加快构建绿色制造体系，创建市级绿色工厂7家，依托天津现代建筑产业园，推动建筑业与先进制造技术、新一代信息技术深度融合，促进建筑业转型升级、绿色发展，获批建设智能建造试点城市，全区新建建筑100%执行绿色建筑标准，推广高星级绿色建筑项目。持续优化能源结构，编制《静海区可再生能源发展规划（2022—2030年）》。扎实开展"双碳"工作，编制实施碳达峰行动方案，强化能耗总量和强度双控，推进碳排放履约，单位GDP能耗同比下降0.7%，碳市场履约率连续7年达到100%。实施全面节约战略,广泛开展节约型机关、节约型企业、节约型居民小区创建。倡导绿色出行,更新30部新能源公交车,新建改造公共充电桩54座。

全面加强生态环境治理。深入推进大气污染防治,$PM_{2.5}$平均浓度下降至41微克/立方米,同比改善8.9%,优良天数比例提高到73.3%,同比增长6.8个百分点。推进水环境综合治理,开展"榜样河长 示范河湖"三年行动,加强工业废水排放和水环境质量评估监管,入河排污口全部达标排放,重点河道断面水质保持在V类水以上,城镇污水处理厂出水水质逐年提高,污泥无害化处置率达到100%。空气和水环境质量均达到有监测以来最好水平。进一步提升"东湖西林"生态格局,实施团泊鸟类自然保护区生态修复项目,持续开展生态补水和绿化提升工程,全年补水3500万立方米,提升"百里林海"建管水平,做好林木更新补种和后期管护工作。严格土壤污染源头防控,加强农业面源污染治理和危险废物规范化管理,完成天丰、轧三土壤污染状况调查评审。落实环境执法正面清单制度,开展各类环境执法专项行动。

五、坚持全面深化改革,经济社会发展的活力和动力进一步提升

坚持把改革作为推动高质量发展的"关键一招",树立大抓改革的鲜明导向,出台86项改革举措,推动重点领域和关键环节改革取得重大进展。

高质量完成国企改革三年行动任务,国企市场化运营机制进一步健全,自我发展能力有效增强。实施子牙经开区高新产业园体制机制改革,突出园区经济发展职能,打造"大公司+小管理办"运行模式。深化税收征管改革,推进智慧税务建设,研发"以图助税"系统,深度运用大数据服务税收治理。出台《关于调整和完善区对乡镇财政管理体制的实施意见》,优化区与乡镇财政关系,有效提升乡镇财政综合保障能力。推进应急管理综合行政执法改革,组建区应急管理综合行政执法支队,创建乡镇(街道)示范点,进一步夯实安全生产的根基。稳慎推进农村宅基地制度改革全国试点工作,出台配套文件,为改革全面推开提供制度保障和政策依据。推进生态文明体制改革,打造精准减排绩效分级管理升级版,有效衔接"双碳"工作,实现减污降碳协同增效。加强党对教育工作的全面领导,出台《建立和完善中小学校党组织领导的校长负责制的实施方案》,143所学校完成改革任务。实施基层医疗卫生机构改革,加大财政、编制倾斜支持力度,赋予绩效、人事自主权,增强运营活力和医疗服务保障能力。持续推进居家和社区养老服务改革全国试点,完善养老服务信息平台功能,建成2所嵌入式养老服务综合体,累计为3000余人次老年人提供养老服务。完成社会救助审核确认权限下放乡镇工作,为困难群众提供及时高效救助服务。扎实推进市域社会治理现代化试点创建,深化党建引领基层治理体制机制创新,积极创建全市乡村治理体系建设示范区。深入推进产业工人队伍改革,新时代高素质劳动者大军不断壮大。启动实施国防动员体制改革,加快构建党中央集中统一领导下军地既各尽其责又密切配合的国防动员新格局。

六、着力保障和改善民生,人民生活水平得到新改善

深入践行以人民为中心的发展思想,用心用情用力解决群众急难愁盼问题,让改革发展成果更多更公平惠及全区人民。

聚焦群众所思所想所盼,制定实施10项民心工程。实施积极的就业政策,开展职业技能培训498人次,发放创业担保贷款2629万元,新增就业1.4万人,增幅位居全市第一。持续推进全民参保计划,城乡居民基本医疗保险参保率达到98%,新增养老保险参保人数15068人。强化困难群众兜底保障,发放各类保障救助资金1.78亿元。用心做好双拥工作,为5000余名优抚对象发放各类抚恤补助1.07亿元。办好人民满意的教育,加快促进教育公平,普惠性幼儿园覆盖率达到80.2%,学前三年毛入园率达到97.5%,模范幼儿园工作经验被《中国教育报》《天津日报》宣传推广,区第十四小学、天津外国语大学团泊实验学校开工建设,顺利完成北师大附属学校“民转公”，华康实验学校投入使用，新增义务教育学位 2000 个，成立覆盖城乡的 11 个教育集团，提升改造校舍 5.8 万平方米。完善三级医疗服务体系，建成紧密型医联体信息化平台，完成 8 家卫生院提升改造，乡镇卫生院全部开通数字健共体“云药房”业务，30 家村卫生室实现医保联网结算，建成 6 所乡镇养老服务中心。持续改善群众居住条件，新增 8 个保障性租赁住房项目，完成 15 个老旧小区改造任务和一批农村危房整治。加快现代化综合交通体系建设，津静市域郊铁路工程进展顺利，唐官屯铁路专用线项目正式开工，团大公路改建工程有序推进。加快实施乡村建设行动，创建 25 个农村人居环境整治示范村，改造农村无害化卫生户厕 7263 座，实施 23 个未搬迁村基础设施补短板项目，维修改造乡村公路 11 公里。新建燃气、供水、排水管道 723 公里，铺设供热主管网 3 公里，新增供热面积 21.6 万平方米。启动南水北调中线静海引江供水工程和第一原水厂建设。群众文化生活更加丰富，实现图书馆、文化馆分馆和基层服务点全覆盖，推进文旅融合发展，完成陈官屯运河博物馆提升改造工程等 8 个项目，“运河风光游”旅游线路成为国家级旅游精品线路，代表天津参展第四届大运河文化旅游博览会，北二堡村被评为中国美丽休闲乡村。新建和更新笼式足球场等体育健身场地 157 处，建成口袋公园 5 个。扎实推进生产、交通、消防、校园、食品等安全工作，人民群众安全得到有力保障。深化东西部协作和支援合作，助力甘肃镇原创建 4 个乡村振兴示范村。

七、认真落实新时代党的建设总要求，推动全面从严治党向纵深发展

把坚定捍卫“两个确立”、坚决做到“两个维护”作为最高政治原则和根本政治规矩，坚决扛起管党治党政治责任，充分发扬斗争精神和自我革命精神，不断增强自我净化、自我完善、自我革新、自我提高的能力。

突出抓好党的政治建设。严格落实“第一议题”制度，确保习近平总书记重要指示批示精神和党中央、市委决策部署第一时间传达学习、贯彻落实。强化监督检查，制定《习近平总书记重要指示批示贯彻落实情况台账》，加强督查检查，确保落地见效。严肃党内政治生活，制定实施《静海区 2022 年加强政治生态建设重点任务工作方案》，对 101 个处级单位党委（党组）民主生活会开展“嵌入式”监督，严格执行党内选举制度，扎实做好出席党的二十大代表候选人初步人选推荐提名工作和出席市第十二次党代会代表选举工作。推进政治监督具体化常态化，制定实施《关于建立“双联双评”联动监督机制　推动党内监督与其他监督贯通协同的实施方案》。认真抓好十一届市委第九轮巡视反馈问题整改情况中期“回头看”督办检查工作和深度整改期整改工作，做好市委全面从严治党主体责任检查考核反馈意见整改工作，确保问题整改清零见底、取得实效，推动全面从严治党工作提升 6 个位次。加强党对人大、政协、统战、武装、工青妇等工作的领导，凝聚起共同奋斗的强大合力。

强化党的思想理论武装。坚持不懈用习近平新时代中国特色社会主义思想凝心铸魂，深入开展“迎盛会、铸忠诚、强担当、创业绩”主题学习宣传教育实践活动，推进党的创新理论学习教育计划，全区各级党组织共开展理论培训 1170 班次，受训党员 3.2 万余人次，开展重温誓词、政治生日、参观学习等主题党日活动 4458 场，党员干部、基层党组织书记讲主题党课 2675 场。党的二十大召开后，将学习贯彻党的二十大精神作为首要政治任务和党员干部学习培训的必修课，开展处级领导干部集中轮训和专题辅导讲座，举办“组工论坛”“领雁论坛”“青马论坛”“年轻干部论坛”等交流研讨活动和基层党组织“七个一”活动，引导各级党员干部把思想和行动统一到党的二十大精神上来。实施忠诚教育“九个一”行动，将忠诚教育融入理论学习、典型培育、宣讲课堂、党史学习教育，丰富“理论+文艺”“理论+实践”“线上+线下”等形式，累计开展宣讲活动 2000 余场，受众 8.4 万余人，切实让党的创新理论“飞入寻常百姓家”。

加强干部队伍和基层党组织建设。坚持为静海事业选用干部，树立讲担当、重担当的选人用人导向，注重在“六大攻坚战”中考察识别干部，累计提拔和进一步使用56名干部，对101名干部晋升职级。打破条块束缚，从市级部门、改革发展先行区、企事业单位、区属法定机构调任8名优秀干部，跨部门、跨行业交流70名干部。从严从实加强干部管理监督，完善“一把手”和领导班子监督具体化常态化工作方案，对110名新任职领导干部进行党风廉政教育集体谈话，向3名区级领导和乡镇、部门“一把手”发送履责提示函，处级领导干部个人事项报告查核一致率保持100%，对14名党政正职进行经责审计，对135名处级干部开展专题家访。深入推进“战区制、主官上、权下放”党建引领基层治理制度创新，加强“一肩挑”全职化管理，完善村、社区星级管理，推进“无疫小区”“无疫网格”创建，组织全区8863名在职党员“双报到”，186名党员主动认领网格小组长，首次将“两新”组织中的在职党员纳入报到范围，基层党组织的政治功能和组织功能进一步增强。

持续打好反腐败斗争攻坚战持久战。一体推进不敢腐、不能腐、不想腐，更加有力遏制增量，更加有效清除存量。保持惩治腐败的高压态势，处置问题线索719件次，立案277件次，处分235人，留置9人，涉嫌犯罪移送检察机关11人，挽回经济损失2712万元。深入整治群众身边腐败和不正之风，聚焦乡村振兴、“三资”监管等9个领域开展靶向纠治，查处问题26起，处理44人，督促立行立改315项，健全完善制度170余个，挽回经济损失3600余万元。切实发挥巡察利剑作用，完成第三批次对7个乡镇（街道）105个村（社区）常规巡察，发现问题2231个，移交线索71件，实现党的二十大前对全区村（社区）巡察全覆盖；完成对3个区属国有投融资平台公司专项巡察和对3个处级党组织常规巡察，发现典型问题228个，移交问题线索55件。深化运用“全周期管理”方式惩治腐败，探索建立“一案六抓三治理”工作机制，深挖案件根源，发现短板漏洞，完善制度机制，实现标本兼治。制定“以案三促”工作办法，完善“六书两报告两建议”机制，引导党员干部知敬畏、明底线、守纪律。加强廉政文化建设，开展“廉韵静海”系列主题活动，成立“守望净海　廉韵护航”党风廉政教育基地，廉洁文化建设工作相继被《人民日报》、中央纪委国家监委网站报道，推动形成崇廉尚洁的浓厚氛围。

宁河区委2022年工作总结

2022年是党的二十大召开之年，是天津全面建设社会主义现代化大都市的关键之年，也是新一届区委领导班子履行职能的开局之年。一年来，区委常委会坚持以习近平新时代中国特色社会主义思想为指导，深入贯彻习近平总书记对天津工作“三个着力”重要要求和一系列重要指示批示精神，严格落实党中央和市委决策部署，聚焦全面建设社会主义现代化新宁河目标，立足“北国江南、水香宁河”定位，坚持稳中求进工作总基调，完整、准确、全面贯彻新发展理念，坚定不移推动高质量发展，高效统筹疫情防控和经济社会发展，全面构建“一海一城、两区两带”发展格局，扎实走好“生态立区”“制造强区”“乡村兴区”“惠民福区”发展路径，打响打赢“六大行动”“六大攻坚战”，实施了一系列打基础、利长远、惠民生的有力举措，经济社会发展持续保持良好态势。

一、以迎庆党的二十大胜利召开为主线，坚定捍卫“两个确立”、坚决做到“两个维护”

持续深学笃用习近平新时代中国特色社会主义思想。坚持把学深悟透习近平新时代中国特色社会主义思想作为主课、首课、必修课，健全常委班子领学、对标先进现场学、以行践知专题学等学习制度，召开区委常委会（扩大）会议46次，组织理论学习中心组学习研讨26次，依托区委党校各类培训班、干部网络学院培训干部近

1.6 万人次，确保在思想上政治上行动上始终同以习近平同志为核心的党中央保持高度一致。坚持把习近平总书记重要指示批示精神作为“政治要件”，制定贯彻落实情况“回头看”任务分工，对习近平总书记 37 条重要指示批示一盯到底、闭环督导，确保贯彻落实不断走深走实。深入学习宣传贯彻市第十二次党代会精神，制定实施工作方案，明确五方面 30 项具体措施，全力推动学习到位、宣传到位、落实到位。

扎实开展“迎盛会、铸忠诚、强担当、创业绩”主题学习宣传教育实践活动工作。强化组织领导，成立专项领导小组，召开全区会议系统部署，周密制定《活动方案》，明确 10 项专项工作、36 条重点任务，贯穿全年推动落实。持续深化对党、对习近平总书记的忠诚教育，区委主要负责同志带头为各级党员干部讲授专题党课，分节点、分专题举行 4 次专题学习研讨，带动全区各级党组织开展学习研讨 3500 余次、专题组织生活会 1136 次，举办专题培训班 50 余期、覆盖 2500 余人次。营造迎庆氛围，创编宁河区第一部原创话剧《氢弹之父——于敏》，举办“闪光的记忆”群众性主题音乐思政课，设立各种宣传节点 2200 余处。持续深化“我为群众办实事”实践活动，扎实开展一把手“向群众汇报”工程，动态完善问题清单事项 2000 余项，解决群众诉求 2.5 万余个。全区 3 名出席党的二十大代表候选人初步人选和 19 名出席天津市第十二次党代会代表全部全票当选，党员对代表人选知晓率、满意率达到两个百分之百，实现组织意图和党员意愿高度统一。

深入学习宣传贯彻党的二十大精神。坚持把学习宣传贯彻党的二十大精神作为当前和今后一个时期首要政治任务，在全面学习、全面把握、全面落实上下功夫，第一时间组织全区 2.6 万多名党员干部收听收看党的二十大开幕实况，及时召开区委常委会和全区领导干部会议传达学习党的二十大精神，发放《党的二十大报告学习辅导百问》等 6 万余册，培训党员干部 2300 余人次。高标准制定关于做好党的二十大精神学习宣传工作的实施方案，组建区委、区级、基层三级宣讲团，以及方舟宣讲团、“初心宁河”宣讲团等 14 支品牌宣讲队伍，区委主要负责同志先后 5 次向 2200 余名党员干部群众作专题宣讲，带动全区党员干部宣讲 1400 余场次、受众 5 万余人次。充分运用“三微一端”等线上载体，开设“二十大时光”新闻专栏，讲授“微党课”37 期，推出专题宣传报道 100 余篇，用草根化、群众化的语言推动党的二十大精神飞入寻常百姓家。

二、坚持以高质量发展为首要任务，着力提高发展质量和效益

深度融入京津冀协同发展。立足“产业发展协同区”定位，区委主要负责同志带队赴北京市清河农场和唐山市芦台经济开发区、汉沽管理区考察对接，与滨海新区签署落实“双城”战略协同联动发展框架协议。积极承接北京非首都功能疏解，落地北京实体项目 15 个，与中星电科航天、中国通用技术等数十家央企国企签署长期合作协议。持续织密“轨道上的京津冀”，津宁市域（郊）铁路完成前期准备工作，津汉公路、海清公路顺利交工验收，滨玉公路、宁塘公路智能交通工程如期建成使用，京环线改线工程取得阶段性进展。持续深化环保协同，制定跨区域森林草原火灾联防联控工作机制，联合开展潮白新河妨碍行洪突出问题整治。加强区域医疗合作，为“飞地”群众开展远程诊断 8200 余例。

提速推进园区载体建设。未来科技城开发建设持续加快，基础设施提升改造及绿色低碳建设项目有序推进，京津合作示范区中央公园、城市展馆、办公基地和园林工程进入收尾阶段，现代产业区盘活闲置土地 291 亩、闲置厂房 10 余万平方米。津冀协同发展示范区大北产业园区完成设立，控规方案获批、正式启动实施。经济开发区扩域开发持续推动，盘活闲置土地近 950 亩，路网贯通、修复扎实推进。突出产城融合发展，打赢城区地块拆迁攻坚战，出让土地 1 宗、收益近 2 亿元；金融、贸易等生产性服务业，以及商住、餐饮等生活性服务业不断植入，服务档次品质实现新提升。

持续狠抓项目建设。实施全员全域招商三年行动，紧盯京津冀、长三角、珠三角等重点区域,区委主要负责同志带头“走出去”招商推介,聘请43家企业、商会负责人为宁河招商大使,吸引300余家企业来宁考察投资,一汽大众华北基地配套企业达到近70家,中国民航大学宁河校区一期工程投入使用、二期工程前期工作加快推进,哈啰出行“超级工厂”建成使用,金麦穗年产60万吨灭活大豆项目正式投产,风力光伏发电项目累计获批2626兆瓦,金轮电动车、特未浓食品等110余个、总投资近72亿元的高端高质项目争相落地。策划实施“十百千”重点工程,涵盖乡村振兴、水利交通、市政设施等十大领域119个项目,总投资1279亿元。全年获批债券项目25个、总投资90.94亿元,年度债券项目发行率100%、开工率80%。

打造一流营商环境。实施服务企业发展三年行动,全面开展“百名干部包保千家企业”大走访活动,累计走访企业3200余次,协调对接企业贷款59.75亿元、留抵退税7.6亿元。深化简政放权、放管结合、优化服务改革,涵盖审批、规划、税务等功能的市民中心全面启用,“一次办”“网上办”“马上办”比例均达到95%以上、群众满意率100%,5家企业实现“拿地即开工”,新增市场主体7500余家,存量市场主体超5.4万家,创历史新高。创新搭建“暖企驿站”服务平台,开展“半月谈”、产融直通车、精益管理培训、集体庆生等活动207场次,动态收集解决企业诉求近407项,相关经验做法得到市委高度肯定,被《人民日报》《天津日报》等多家中央、市级媒体刊发报道。

加快推进新旧动能转换。立足“转型升级示范区”定位,大力推进产业结构转型升级,创建国家和市级绿色工厂7家,新天钢230平方米烧结机、1250立方米高炉投入使用,玖龙纸业完成自动化、数字化升级改造。充分发挥企业创新主体作用,企业科研经费支出达到16.17亿元、同比增长38%,技术合同成交额达到25.77亿元、同比增长44.5%,实施科技项目599个、同比增长31%。大力推动创新型企业梯度培育,评价入库国家科技型中小企业156家,“雏鹰”企业、“瞪羚”企业、领军(培育)企业达到83家,培育国家高新技术企业135家,超额完成全年任务。深入实施“海河英才”计划,制定出台关于加强和改进新时代人才工作的措施,形成“1+N”政策人才体系,柔性引进一支精益管理人才团队,打造精益管理研究院,建立现代农业产业人才创新创业联盟,引进各类人才207名。

深化重点领域改革。持续深化部分事业单位“1+N”市场化改革,区青少年宫开放运营,老年大学对外招生。打赢国有资源资产清仓攻坚战,系统梳理国有资源资产719项,241项问题资产已整改完成95.9%,年出租收益近1000万元,同步完善长效管理“四项机制”,确保国有资源资产“颗粒归仓”。国企改革稳步推进,整合形成了资产规模620亿元的“三区企、三平台”国企布局,健全完善市场化运营机制,区属一级企业和子企业实现董事会应建尽建,高标准完成重点亏损子企业专项治理,国企管理人员全部实现任期制和契约化管理,用工全部采取市场化形式。

三、坚持农业农村优先发展,全面推进乡村振兴

坚决保障粮食安全。全方位夯实粮食安全根基,持续提升耕地质量和农业生产综合能力,在全市率先完成第三次全国土壤普查试点工作,建成高标准农田54.88万亩。粮食生产再获丰收,主要农作物产量再创新高,实现粮食播种65万亩,其中小站稻37万亩,稻渔混养20.9万亩,占全市比重近四成,袁隆平团队“巨型稻”成功试种,果蔬等经济作物超14万亩,岳龙镇获评全国产业强镇。高标准编制完成种稻、种蟹、种鱼、种猪、种苗“五大种业”专项发展规划,大力开展种源技术攻关,增殖放流1500公斤、2.4亿尾七里海河蟹蟹苗,水生生物种质资源库、种业科普示范基地启动建设,建成全市唯一的全国巾帼现代农业科技示范基地。

大力推进乡村产业振兴。实施乡村产业振兴三年行动,组建七里海河蟹产业公司和产业发展研究院,整合壮大新农人协会、七里海河蟹协会等行业力量,新型农业生产经营主体近3200家。建成七里海香蟹交易市场,包装推广出七里海香蟹、宁河大米等系列生态农产品，全面打响“津沽七里海”品牌，“津农精品”市级品牌达到21个。立足“宁河米仓、美食天堂”定位，组织开展首届“宁河之夜、美食进津城”活动，高标准打造渠梁市集、民航市集等新兴消费点位，上线“美食地图”App，举办大型农产品商贸活动30余场、交易额突破300亿元。持续深化东西部扶贫协作和对口支援，拨付财政资金、社会援助资金5300多万元，帮销农特产品近1.1亿元，合力打造津甘共建产业园、5个乡村振兴示范村；高标准创成2个市级“一村一品”示范村镇、3个乡村振兴示范村，“一村一策”推进51个经济薄弱村产业发展，34个产业项目已开工26个，集体增收260余万元。

深入推进农文旅融合发展。坚持用“景区”的理念规划、建设、经营乡村，统筹实施农村人居环境整治提升五年行动，大力开展全域清洁化“百日攻坚”，建成26个农村人居环境整治示范村，229个村实现乡村治理“积分制”，生活垃圾无害化处理率达到100%，获评全国村庄清洁行动先进县。统筹农业、文化、旅游资源，编制完成区级农文旅发展规划，大力开展“千户试点、万户示范”民宿制造行动，“林子里”等10余个优质农文旅项目相继建成营业，全年接待游客近10万人次，收入360余万元。

四、坚定不移践行“两山”理念，深入推进大美宁河建设

接续推进七里海湿地保护修复。立足“生态涵养功能区”定位，统筹实施七里海湿地保护修复“十大工程”，打赢生态移民安置攻坚战，潘庄示范镇一期工程全面完工、具备入住条件，二期工程正在联合验收，北淮淀示范镇建设进入收尾阶段。持续推进湿地核心区生态修复，疏浚沟渠14千米，补水3500万立方米，全年迁徙候鸟达到50万只，搭建生物多样性监测平台，生态系统功能和生物多样性持续提升。开展“绿盾”专项行动，完善提升日常巡护、应急处突等工作机制，严厉打击破坏湿地资源、捕杀野生动物等违法行为。

强力推进污染防治。深入打好蓝天、碧水、净土保卫战，积极稳妥推进碳达峰、碳中和，$PM_{2.5}$年度浓度同比改善10.3%，排名全市第二位，优良天数比例73.2%；所有考核断面水质达标率100%，城乡黑臭水体全部“清零”，地表水全面消除劣Ⅴ类水体；重点建设用地安全利用率达到100%，农业面源污染治理入选全国试点，垃圾分类实现城乡全覆盖。提前完成绿色生态屏障建设任务，森林绿化覆盖率达到26.4%，全区蓝绿空间比达到85.6%。

积极推动生态价值转化。坚定不移走“生态路”、吃“生态饭”、打“生态牌”，积极探索建立生态产品价值实现机制，西堤柳岸游船码头正式运营，“梦幻蓟运河”通航项目稳步推进，仅用时60天，推动“重走方舟路”市级红色教育基地建成开放，中国牡蛎礁博物馆、中核于敏科技馆等项目策划实施，总投资122亿元的七里海“两山”理论实践创新基地示范项目入选全市12个百亿级典型项目，真正用好生态带来了好发展。

五、坚持“人民至上”，持续改善民生福祉

抓实常态化疫情防控。毫不动摇坚持“三个坚定不移”，严格落实党中央进一步优化疫情防控“二十条”和“新十条”措施，始终保持指挥体系、防控措施高度“热备”，区委主要负责同志24小时实时调度，2500余名机关干部下沉服务，有力处置“1·08”“3·20”“8·27”“11·09”多轮次本土疫情。统筹设置210个大筛采样点位，组建4000余人核酸采样队伍，建成最大日检测能力4万管的区城市检测基地，累计开展全员核酸筛查58轮次、采样2300余万人次。建成启用3600张床位的健康驿站，顺利完成7858人来宁集中隔离任务。持续开展疫苗接种“敲门”“攻坚”“清零”等专项行动，60岁以上人群接种率91.9%，全程接种率89.9%。

全力解决群众急难愁盼问题。统筹实施20项民心工程，高标准办好10件民生实事，麒麟桥项目正式启动实施，百花影院顺利还迁，一中片区拆迁进入扫尾阶段，100余条城区老旧道路完成提升改造。打赢城区交通治理攻坚战，城区13条交通堵塞混乱道路完成整治，新增停车位约5000个、新建停车场7个。打赢三八河路治理攻坚战，拆除违建175处、整修道路2600米、便道铺装3万平方米，高标准完成沿街商户业态立面装饰，尽显“芦台老街”味道。打赢田辛赵温安置攻坚战，房屋人口认定、配套设施建设等工作有序完成，圆满完成两轮选房工作，1295户村民喜迁新居。实施创建卫生城区三年行动，抓紧抓实市容秩序“十乱”问题、城区“七小”门店等重点环节，所有问题点位全部清零。

不断提升公共服务水平。实施积极就业政策，新增城镇就业人数6000余人。普惠性幼儿园覆盖率达到85%以上，获评13个市级智慧教育示范校，“双减”经验做法被市级及以上媒体推送60余篇。区医院改扩建工程启动实施，中医院迁址新建工程加快建设，与市中医药大学合作成立实践基地。持续完善社会保障体系，新建、改建2400套保障性租赁住房，新建6个老年日间照料服务中心、建成5个街镇养老服务综合体，城乡居民医保参保率持续保持在95%以上。

全力维护社会大局安全稳定。坚持和发展新时代“枫桥经验”，全面推行信访“见面”工作法，排查化解矛盾纠纷1.2万余件，实现党的二十大、市第十二次党代会等敏感时期进京“零非访”。实施化解遗留问题三年行动，朝阳花园底商、七里香格小区、海航大集等5项问题圆满化解。持续深化党建引领基层治理，圆满完成市域社会治理现代化区级自评、市级验收，在全市率先达到已建小区智慧平安社区全覆盖，全面形成四级网格化管理体系。常态化开展扫黑除恶斗争，与7个街镇相邻的25个“飞地”村共建共防，严防黑恶势力相互渗透。深入开展安全生产隐患大排查大整治，全年未发生重大安全生产事故。持续推进法治宁河建设，成功入选第二批全市法治政府建设示范区，“宁河区社会矛盾纠纷调处化解中心”荣获第六届法治政府奖提名奖。全面推进“八五”普法，308个村居建立公共法律服务点。

六、始终坚持“严”的主基调，纵深推进全面从严治党

锻造忠诚干净担当的高素质干部队伍。坚持新时代好干部标准，严把政治关、廉洁关，突出有为有位，提拔晋升58名在乡村振兴、招商引资等重点任务中表现优异的干部，将2名实绩突出的国企干部破格提拔到经济部门领导岗位。深入实施“三个一批”干部培养交流工程，选派11名优秀年轻处科级干部对口下沉重要岗位担任“业务导师”，20名优秀年轻干部赴滨海新区开展随岗实训，组织40余名科级干部轮岗交流。坚持五湖四海、任人唯贤，将3名优秀农村专职党务工作者和社区工作者纳入街镇公务员队伍，促成4名市直部门干部提拔到我区对口部门任职，面向全国公开选聘11名优秀人才担任区属国有企业领导人员。完善干部队伍梯队，招录116名选调生、公务员及参公人员。

全面加强基层党组织建设。持续做好村级组织换届后半篇文章，组织开展村（社区）干部培训班18期、培训2600余人次，31个“无星村（社区）”完成转化提升。坚持抓党建促乡村振兴，市场化选聘3名农村职业经理人，并在市内六区部分党群服务中心试点开设宁河区特色农产品展销柜。统筹加强新经济组织、新社会组织、新就业群体党建工作，深入实施“党建领航”计划，推动八大行业建立党委，建成首批2个“小哥驿站”，设立全区首个新业态党群服务中心，精准高效提供服务。制定实施模范机关建设考评办法，全面加强“六型”机关建设。

扎实做好新时代宣传思想工作。严格落实意识形态工作责任制，区委常委会专题研究意识形态工作3次，妥善化解涉疫、涉房、涉农等网络舆情150余起，全年未发生重大舆情事件。广泛开展“宁河三问”思想大讨论，指导成立芦台一中校友会等社会组织，广泛发出“宁河人回报家乡”倡议，在全社会引起强烈反响。实施创建文明城区三年行动，对30大类、300余项创建点位摸底调研、挂图作战，全区2.1万余名党员干部群众常态参与到“双周志愿集中服务日”等志愿服务中，形成共建共治共享的良好氛围。创建先进道德典型推评、宣传、礼遇帮扶3套成熟体系，推荐1人获评“中国好人”、13人获评“天津好人”，引领全社会形成崇德向善风气。强化对外发声，围绕七里海湿地修复保护、乡村振兴等重点领域，在市级以上媒体刊(播)发稿件 2302 篇，央视电视端、客户端推出报道 95 篇，与抖音、喜马拉雅等网络平台深度合作，构建全媒体外宣矩阵，全面形成宣传宁河、推介宁河、展示宁河的强大声势。

大力夯实统战阵地。深入学习贯彻习近平总书记关于做好新时代党的统一战线工作的重要思想，组织召开 6 次会议安排部署统战工作，高标准打造区级统战阵地，新建 3 个新的社会阶层实践基地，开展系列主题活动 40 余场，3 部视频短片登上微博热搜、阅读量达到 2800 万。深入挖掘优秀统战资源，120 人纳入优秀党外年轻干部后备库，新的社会阶层人士在库底数翻倍增长、突破 1000 人，16 名无党派人士、党外知识分子纳入市级"十百千工程"人才库，4 名党外人士获得全国"五一劳动奖章"等荣誉称号。坚持不懈为统战成员送服务、解难题、办实事，举办台胞台企恳谈会 3 次，为生活困难港人儿童免费办理保险，帮助 4 名少数民族流动人口子女就近入学，规划建设 20 亩回民公墓。全面梳理统战领域风险隐患，全覆盖开展宗教活动场所安全检查，排查整改非法传教、宗教非法宣传品等问题 30 余处。推动工会、共青团、妇联等群团组织发挥桥梁纽带作用，圆满完成基层妇联组织换届选举和知识分子联谊会换届工作。

深入开展"作风建设年"活动。聚焦激励干部新担当新作为，选树 15 个担当作为先进集体和 60 名担当作为先进个人，对在疫情防控中表现突出的 100 名干部通报表扬，全面营造出崇尚先进、争当先进的浓厚氛围。严格落实"三个区分开来"，建立健全不实恶意举报澄清正名和反向调查机制，为 3 名受到不实举报干部及时澄清正名，全力保护干部干事创业积极性。严格落实中央八项规定及其实施细则精神，不断深化"酒・礼"顽疾治理，严肃查处享乐奢靡问题 18 起、批评教育帮助和处理 21 人。深入开展机关作风整顿，驰而不息纠治"四风"，从严查处形式主义官僚主义问题 46 起、批评教育帮助和处理 68 人。持续做好基层减负工作，建立健全"N 考合一"机制，一级指标数量减少 29.7%。

以"零容忍"态度反腐惩恶。坚持以党的政治建设为统领，层层拧紧责任链条，建立全面从严治党群众满意度电话询访制度，广泛询访企业 1200 家、群众 3756 人，针对问题逐一建立整改清单，倒逼全面从严治党主体责任落实。聚焦工程建设领域廉政风险，制定《领导干部不违规插手干预工程项目承诺书》、党员领导干部违规干预插手工程建设领域行为报备规定和公务回避规定"一书两规定两清单"，明确"十严禁""十不准"等 56 项具体要求，扎紧织密制度笼子。加强新时代廉洁文化建设，区委主要负责同志带头讲授廉政教育专题党课，全面启动实施启智润心工程、廉洁文化制度完善工程、廉洁地标建设工程、"清廉宁河"品牌建设工程，全覆盖组织处科级党员干部阅看《天津市查处年轻干部违纪违法案件警示录》等书籍，拒腐防变意识不断增强。一体推进不敢腐、不能腐、不想腐，坚决打赢反腐败斗争攻坚战持久战，科学制定《三届区委巡察工作规划》，组织开展四轮巡察，实现区委村级直巡全覆盖，高标准完成基层小微权力"监督一点通"平台建设，精准运用"四种形态"，全年共立案 187 起，党纪政务处分 201 人次，对 6 人采取留置措施，挽回经济损失 2000 余万元。坚持"三级递进"抓整改，市委第九轮巡视深度整改 31 项具体问题已完成 27 项、阶段性完成 4 项，25 个举一反三整改事项和 20 个推动改革促进发展整改事项全部"清仓见底"。

一年来，区委常委会大力发扬自我革命精神，以更高标准、更严要求抓好自身建设，胸怀"党之大者""国之大者"，自觉用习近平新时代中国特色社会主义思想武装头脑、指导实践、推动工作，不断提高政治判断力、政治领悟力、政治执行力，增强推动高质量发展本领、服务群众本领、防范化解风险本领，全面建设社会主义现代化新宁河。大力弘扬伟大建党精神，做信仰坚定、对党忠诚，敢于负责、担当尽责，勤政务实、真抓实干，践行宗旨、心系群众，解放思想、开拓创新，学习强能、提高本领，严于律己、清正廉洁，维护团结、共谋发展的"八个表率"要求，成为全区党员干部的思想自觉、行动自觉。严守党的政治纪律和政治规矩，严格执行请示报告制度，坚持民主集中制，严格落实“三重一大”等制度规定，对全局性重大问题决策和重要干部任免等事项，坚持常委会集体研究决定。坚持总揽全局、协调各方，深化全过程人民民主实践，支持区人大常委会、区政府、区政协独立负责、步调一致地履行职责、开展工作。坚持以人民为中心的发展思想，常态化深入基层开展调查研究，真心实意为群众纾难解困。带头廉洁自律，落实中央八项规定及其实施细则精神，力戒形式主义和官僚主义，自觉接受各方面监督。

蓟州区委 2022 年工作总结

2022 年是党和国家历史上极为重要的一年，也是蓟州发展进程中极不平凡的一年。面对艰巨繁重的改革发展稳定任务和多重超预期因素考验，在市委的坚强领导下，区委坚持以习近平新时代中国特色社会主义思想为指导，将迎接党的二十大胜利召开和学习宣传贯彻党的二十大精神作为全年工作的主线，弘扬伟大建党精神，坚持稳中求进工作总基调，落实“疫情要防住、经济要稳住、发展要安全”重要要求，深入贯彻习近平总书记对天津工作提出的“三个着力”重要要求和一系列重要指示批示精神，坚决贯彻落实党中央和市委决策部署，统筹疫情防控和经济社会发展，统筹发展与安全，笃定“一四五八”发展思路，苦干实干、创新跃进，生态优先绿色发展典范城市建设迈出坚实步伐。

一年来，区委在全面推进各项工作的同时，重点抓好以下三件事。

一是紧紧抓住党的二十大主题主线。深入开展“迎盛会、铸忠诚、强担当、创业绩”主题学习宣传教育实践活动，打造“八个一”特色活动载体，统筹安排改革发展稳定工作，高质量完成党的二十大代表推荐提名，为党的二十大胜利召开营造了平稳健康的经济环境、国泰民安的社会环境、风清气正的政治环境。迅速兴起全面学习、把握、落实党的二十大精神的热潮，印发蓟州区《学习宣传贯彻党的二十大精神工作方案》《关于做好党的二十大精神学习宣传工作的实施方案》，明确“六化六心”学习宣传思路，开展各类宣讲 1300 余场，贺亦农同志带头 7 次深入农村、学校、企业等基层作宣讲。制定区委《关于深入学习宣传贯彻党的二十大精神奋力建设生态优先绿色发展典范城市的实施意见》，坚持用党的二十大作出的战略部署和市委要求调整完善、深化提升目标任务和发展路径，切实让党的二十大精神在蓟州落地生根。

二是着力营造干事创业的强大气场。区委充分发挥总揽全局、协调各方的领导核心作用，打造了政治上同向、思想上同心、行动上同步的坚强领导集体，把方向、管大局、作决策、保落实。成立乡村振兴、园区建设、重点项目、文旅融合发展、疫情防控、债务化解、安保维稳、森林防火等系列工作专班。系统梳理全区经济社会发展重点任务，编制年度百项重点工作清单。全面推行项目化、清单化、责任化、数字化、品牌化“五化”工作法，按季度考核点评重点工作。树立“用数字说话、拿结果证明、凭实绩用人”鲜明导向，严管厚爱、关心关爱党员干部，推动形成“不怕吃苦、不怕牺牲、甘于奉献、团结协作、敢打必胜”新时代蓟州精神，为全区各项工作不断开创新局面提供了坚强保障。

三是科学精准抓好常态化疫情防控。一年来，区委认真学习贯彻落实习近平总书记重要指示要求和党中央疫情防控政策，坚决执行市委部署要求，针对全区 80 万人民生产生活实际，加强指挥调度，“1 办 18 组”和 28 个战区高效运转，团结带领广大基层干部群众展开了一场又一场阻击战、歼灭战、转段战，科学精准、有力有序做好疫情防控工作，最大程度保护人民生命安全和身体健康，最大限度减少疫情对经济社会发展的影响，疫情防控工作走在全市前列。

一年来，区委认真贯彻落实党中央和市委决策部署，统筹推进“五位一体”总体布局和“四个全面”战略布局在蓟州实施，主要做好了以下工作。

一、坚持以党的政治建设为统领，坚定捍卫“两个确立”、坚决做到“两个维护”

坚持旗帜鲜明讲政治，深刻领悟“两个确立”的决定性意义，不断提高政治判断力、政治领悟力、政治执行力，进一步增强“四个意识”、坚定“四个自信”、做到“两个维护”，坚定不移沿着习近平总书记指引的方向阔步前进。

铸就绝对忠诚首德大德。结合推动党史学习教育常态化长效化、“迎盛会、铸忠诚、强担当、创业绩”主题学习宣传教育实践活动、学习宣传贯彻党的二十大精神，发挥区委理论学习中心组引领作用，开展专题读书班 4 次，组织各级党委（党组）理论学习中心组学习 1800 余次，举办习近平新时代中国特色社会主义思想蓟州大讲堂 5 期，组织学习贯彻党的十九届六中全会精神专题研讨、系列专业化能力培训等各类培训班 13 期，持续强化对党、对习近平总书记的忠诚教育，深学笃用习近平新时代中国特色社会主义思想。全区广大党员干部普遍认识到新时代十年的伟大变革、夺取新远征的新胜利，根本在于有习近平总书记作为党中央的核心、全党的核心掌舵领航，在于有习近平新时代中国特色社会主义思想科学指引，切实增强了牢记领袖教导、紧跟核心奋斗的政治自觉、思想自觉、行动自觉。

坚决贯彻落实习近平总书记重要指示批示精神和党中央、市委决策部署。坚持把习近平总书记重要讲话和重要指示批示精神作为学习的第一议题、贯彻的第一遵循、落实的第一政治要件，召开区委常委会和区委全面深化改革委员会、区委依法治区委员会等各类会议 120 次，及时传达学习贯彻习近平总书记重要讲话和重要指示批示精神。建立《习近平总书记重要指示批示精神贯彻落实台账》，围绕 41 项重点任务经常性组织抽查核验、跟踪问效。印发《蓟州区关于学习宣传贯彻市第十二次党代会精神的工作方案》，在全面建设社会主义现代化大都市体现蓟州担当、作出蓟州贡献。

持续强化政治监督。带头落实重大事项请示报告制度，健全完善《区委向市委请示报告事项清单》，先后向市委报告重点工作和紧急突发事件 79 件次。严格落实“四个融入”重要要求，中央巡视、市委常规巡视等反馈问题整改成果持续深化。启动实施二届区委巡察工作五年规划，对 240 个村（社区）、7 个处级单位、2 个投融资平台党组织开展三轮政治巡察，区委常委会专题听取巡察整改和成果运用情况汇报 4 次，推动被巡察单位整改任务落地见效。

二、坚持人与自然和谐共生，推动生态文明建设取得明显成效

认真贯彻习近平生态文明思想，牢固树立和践行绿水青山就是金山银山理念，保持生态优先、绿色发展战略定力，不断打牢高质量发展根基。

生态治理系统推进。统筹山水林田湖草系统治理，国家生态功能区考核评价连续五年处于“变好”等次，位居全国前列。总投资 44.6 亿元的矿山治理二期、三期工程进场施工，北部山区生态修复工程开工建设，环秀湖和州河国家湿地公园通过国家验收。全区 3831 株古树名木全部落实区镇村三级包保责任。完成封山育林 8 万亩。全区植被生态质量指数达到 92.6，为 2000 年以来历史新高。科学划定“三区三线”，整合优化风景名胜区，自然保护地监管进一步加强。

污染防治坚决有力。坚持精准治污、科学治污、依法治污，深入打好蓝天、碧水、净土保卫战。$PM_{2.5}$ 年平均浓度保持全市最优，成为天津市首个“中国天然氧吧”。探索实施“以渔净水”，于桥水库水质保持并优于Ⅲ类标准。深入落实河湖长制，地表水优良水体比例达到 100%。强化农用地、建设用地风险管控，土壤和地下水环境保持稳定。中央环保督察反馈问题全部整改到位。

生态价值转化步伐加快。启动生态产品价值实现机制试点，生态产品调查摸底全面展开。积极探索废弃矿区“生态修复+产业导入”新模式，引入社会资本实施玥燕山全季运动生态公园项目。助力京津冀地区深入推进能源革命,总投资近80亿元的13个风电、光电新能源项目成功获批,投资161亿元的抽水蓄能电站项目纳入国家能源发展规划。加强煤炭清洁高效利用,投资52亿元的国能盘电三期加快推进。

三、坚持完整、准确、全面贯彻新发展理念,高质量发展迈出坚实步伐

牢记发展第一要务,认真落实"经济要稳住"重要要求,树立"项目为王"理念,充分发挥5个经济工作专班统筹作用,积极应对多重超预期因素影响,深度融入京津冀协同发展,推动经济加速恢复。

有力稳住经济运行。认真落实中央和全市稳经济"一揽子"政策举措,出台41条稳经济政策措施,全年减税降费9.5亿元,减免国有房屋房租3511万元,发放创业担保贷款1.3亿元和各类就业补贴1500余万元,为2146家企业返还失业保险金1767万元,市场主体发展到10.3万户,增长10.1%。近10亿元中央财政资金精准直达,成功发行专项债券7亿元,投放支农支小再贷款23.6亿元。预计地区生产总值恢复至去年同期水平,全社会固定资产投资完成73亿元,一般公共预算收入达到20.3亿元,社会消费品零售总额增速1%,居民人均可支配收入增长3.5%。

项目建设扎实推进。全年推出110个重点项目,开工率83.6%,高于上年22个百分点,完成投资65.3亿元,同比增长5.5%。聚焦拉长制造业短板,加快建设绿色低碳循环园区,盘活低效用地274.7亩、闲置厂房6.3万平方米,重新布局的新材料、工业电气、表面处理、智能制造、绿色食品5个特色主题"园中园"初具规模,集聚重点企业66家,经济开发区土地出让数量、制造业投资增速位居全市前列。全员招商机制效应明显,签约招商引资重点项目74个,协议投资总额288亿元,其中签约北京项目31个。实际利用内资27.5亿元,直接利用外资2452万美元。

乡村振兴"一号工程"加快实施。扛实粮食安全政治责任,完成粮食播种面积81.72万亩,粮食总产量37.4万吨,实现"十九连丰"。扎实做好331个经济薄弱村扶持和22个乡村振兴示范村创建,深入推进旅游小镇、富硒小镇、蓝莓小镇、蘑菇小镇、蜂蜜小镇、鲜花小镇、山楂小镇等系列特色小镇建设,因地制宜打造特色产业。东二营镇获得全国天然富硒土地认证,杨津庄芍药鲜切花获评国家级林下经济示范基地,下营镇成为国家农业产业强镇、列入全国乡村振兴示范乡镇创建名单,"一村一品"示范村镇达到9个。创新推出"鱼羊集"高端农品品牌,"津农精品"品牌发展到24个。积极推进东西部协作和支援合作,投入财政资金1.04亿元,实施帮扶项目41个,助力脱贫攻坚成果巩固拓展。

文旅产业深度融合。以旅游发展融入新发展格局、服务全市国际消费中心城市建设,持续把国家全域旅游示范区做深做透,把旅游富民产业做大做强。长城国家文化公园(天津段)建设有序推进,孟家楼平津战役主题展馆建成开放。按照"全域发展、整村打造、公司化运营"的思路,打造了郭家沟、西大佛塔等一批乡村旅游升级版,精品民宿发展到220家,下营镇、罗庄子镇、渔阳镇入选全国乡村旅游重点镇。坚持数字赋能文旅产业,"云尚蓟州"平台上线运行,集聚文旅要素200余种,4条旅游线路成为文旅部推介的全国精品线路,组织实施"遇见美好蓟州"等新媒体推介活动,带火了蓟州旅游人气。

改革创新不断深化。全面推进政务服务标准化规范化便利化,审批效率和服务水平持续提升。依规撤销新城管委会。圆满完成国企改革三年行动主体任务,成立国资委党委、蓟润投资有限公司党委,加快理顺国企改革中党组织关系及人事关系,完善对国有企业穿透式监管机制,235家区属企业纳入国资监管体系。深试农村宅基地制度改革,形成9个可复制、可推广、利修法的改革"样本"。巩固扩大集体产权制度改革成果,农村集体资产进场交易507笔1.5亿元。深入实施创新驱动发展战略,新培育市级"专精特新"企业8家,国家科技型中小企业达到149家,国家高新技术企业达到97家,完成技术合同交易额28.5亿元,全社会研究与试验发展经费增长39.5%。强化人才支撑,引育"海河英才"179人,为20名高层次人才授予"蓟州英才"荣誉称号。

四、坚持以人民为中心的发展思想,着力保障和改善民生

紧紧抓住全区人民群众最关心、最直接、最现实的利益问题,倾心倾力落实惠民生、暖民心举措,人民群众的获得感、幸福感、安全感不断增强。

人民生活品质稳步提升。高质量完成10项民心工程,办成了一批务实暖心的好事实事。落实就业优先政策,常态化开展"三送四进"活动,新增就业5592人。着力优化"一老一小"服务,新改扩各类养老机构6家,3岁以下婴幼儿照护纳入普惠托育体系。社会保险提标扩面,"救急难"兜底保障有效落实。教育事业均衡化优质化发展,城东中小学开工建设,新增义务教育学位2010个,新增公办幼儿园学位510个。中医院新址具备运营条件,27.3万人享受家庭医生签约服务,区域医共体、医保联网结算等改革成果落地见效。改造农村危房289户、老旧小区11个,推出保障性租赁住房1500套。更新老旧燃气管网60公里、铺设热电联产供热管网27公里,连续五年提前供暖,城市发展更有温度。

城市文明程度不断提高。推行区级领导同志牵头的网格包保责任制,开展"创文创卫做文明有礼蓟州人"活动,集各方之力持续推进"创文创卫"。启动第四届"感动蓟州"人物颁奖典礼。隆福寺民族团结示范村"十个一"打造工程顺利推进,进一步汇聚了奋进力量。创作推出《情满四蓟》《西磨道》等高质量文艺作品。新建更新全民健身场所91处,我区体育健儿勇夺世界中学生运动会女子柔道金牌。新时代文明实践所、站实现全覆盖,孟家楼平津战役前线司令部旧址被评为天津市首批新时代文明实践基地。乡村治理积分制覆盖到全区60%以上村庄,参与群众33.4万人。

平安蓟州建设更加巩固。以守好"五条底线"为抓手,统筹抓好各领域安全工作。立足蓟州之特、蓟州之责,坚持党对国家安全工作的绝对领导,圆满完成全国两会、冬奥会、冬残奥会、市第十二次党代会、党的二十大等重大活动和重要时间节点维稳安保任务,筑牢了首都政治"护城河"。持续推进党建引领基层治理体制机制创新,推行网格中心与综治中心、矛调中心一体化运行,打造"居民说事坊""红色议事厅"等平台,网格员事件办理和"12345"热线考核全市排名靠前。全力推进市域社会治理现代化试点创建,常态化开展扫黑除恶斗争,保持了社会和谐稳定。坚持底线思维底到底、极限思维到顶端,走到位、想到位、看到位、查到位、改到位,深入开展安全生产专项整治三年专项行动和"防风险、除隐患"安全排查整治,森林防火实现零火情,汛期实现安全度汛,全区未发生重特大安全生产事故。把化债工作牢牢抓在手上,守住了不发生系统性金融风险底线。成功获评国家食品安全示范城市,群众"舌尖上的安全"更有保障。

法治蓟州建设持续深化。认真贯彻落实习近平法治思想,严格执法、公正司法、全民守法不断推进。组织召开全区述法工作会议,将"述法"纳入各级领导班子和领导干部述责报告。深入推进"八五"普法,开展法治宣传培训900余场。推动编制实施法治政府建设实施纲要,进一步规范重大行政决策。持续优化公共法律服务供给,完成农村集体经济合同"三清两立"整治,市级以上民主法治示范村达到148个,群众幸福生活更有法治保障。

五、坚持推动全面从严治党向纵深发展,党的建设质量不断提高

以"两个永远在路上"的高度政治自觉,全面贯彻落实新时代党的建设总要求,不断强化党的政治建设在各项事业发展中的统领作用。

全面加强党的思想政治工作。坚持用习近平新时代中国特色社会主义思想凝心铸魂。牢牢把握意识形态工作领导权和主动权,区委常委会每季度研究意识形态领域工作,全面压实各级党委(党组)意识形态责任制。紧密结合党的二十大和市第十二次党代会胜利召开,开展强大宣传攻势,组织开展各类基层宣讲3000余场次,成功举办非凡十年蓟州高质量发展成就展,拍摄制作《蓟州大地党旗红》系列纪实片，生动讲好蓟州故事。创新网络舆情应对处置“三步四管工作法”，妥善处置系统举报涉政治类、宗教类等不良信息15.2万余条，互联网违法和不良信息举报数据通报排名位居全市前列，网络空间更加清朗。贺亦农同志带头深入学校讲授思政课，带动全区各级领导干部、骨干教师授课2100余场次，受教育师生10万余人次。宗教领域和谐稳定。

以“初心印蓟”引领基层组织全面过硬。全区党员干部身入群众、心入群众、引领群众、服务群众，与全区广大群众共筑疫情防控、森林防火、防汛减灾等一道道钢铁防线。8741名党员干部与9万户群众建立常态化联系，累计收集吃水难、办证难、燃气安全、残疾人就业、邻里矛盾纠纷等各类群众急难愁盼问题7630件，解决7492件，解决率达到98%。推动编制资源进一步向基层倾斜，核减25个区直部门行政编制31名，为20个乡镇（街道）补充行政编制62名、事业编制58名。建立村级组织日常规范化运行监管清单，开展村级组织换届“回头看”，完成95个“无星村”转化工作。机关、“两新”组织等各领域基层党建工作得到全面提升。

锻造忠诚干净担当的高素质干部队伍。在把牢政治首关的前提下，坚持“用数字说话、拿结果证明、凭实绩用人”，实施项目化、清单化、责任化、数字化、品牌化“五化”工作法，突出对干部在重大事件、重要关头、关键时刻等事功场景考察，提拔晋升表现突出的干部111名，调配交流处级领导干部69人，从农村专职党务工作者中选拔“一肩挑”50人。坚持严管与厚爱相结合、激励与约束并重，坚持典型引路，打好“容错纠错、澄清正名、回访教育”组合拳，坚决为受到不实举报的领导干部澄清正名，激励保护干部干事创业的积极性。强化年轻干部教育培养，选派179名年轻干部到社区参加“蹲苗”锻炼，贺亦农同志主持召开年轻干部座谈会，为年轻干部成长成才指路。

不断深化党风廉政建设和反腐败斗争。深入贯彻落实中央八项规定及其实施细则精神，查处违反中央八项规定精神和形式主义官僚主义、不担当不作为问题87件123人，“点题整治”群众身边腐败和作风问题，先后查处案件45件56人。持续为基层减负，发文和会议数量分别同比减少14.9%和30.8%。积极构建大监督格局，建立健全纪委书记与同级党委“一把手”常态化交流机制，着力加强对“一把手”和年轻干部监督，率先推行区监委向区人大常委会报告专项工作。一体推进“三不腐”，处置问题线索1855件，立案470件，同比增长3.98%，结案477件，同比增长1.1%，处分474人，同比增长5.3%，移送检察机关11人，挽回经济损失1.39亿元。纪检监察业务工作考核排名全市第一。召开全区廉洁文化建设大会，拍摄廉洁文化专题片《红廉“蓟”忆耀初心》，营造了崇廉尚廉社会氛围。

广泛凝聚团结奋进力量。积极发展全过程人民民主，全力支持区人大、政府、政协和监委、法检“两院”依法依章程履行职能。大统战格局不断巩固完善，民族宗教、外事侨务、港澳台工作得到加强，工会、共青团、妇联、工商联等群团组织作用充分发挥。落实党管武装制度，召开区委常委会议军会议，大力支持国防和军队建设，军政军民团结得到进一步巩固。全区上下、方方面面团结一心干事创业，“不怕吃苦、不怕牺牲、甘于奉献、团结协作、敢打必胜”新时代蓟州精神深入人心。

一年来，区委常委会坚持高标准抓好自身建设，坚定不移把政治建设摆在首位，带头坚定捍卫“两个确立”、坚决做到“两个维护”，自觉在思想上政治上行动上同以习近平同志为核心的党中央保持高度一致。大力发扬斗争精神，敢于担当负责，有效应对各种风险挑战，推动全区各项事业取得新进展。带头落实民主集中制和区委常委会议事决策规则，严肃党内政治生活。带头严格执行中央八项规定精神和廉洁自律准则，当好全区政治生态“护林员”。

人民团体

市总工会 2022 年工作总结

在市委和全总的领导下，全市各级工会坚持以习近平新时代中国特色社会主义思想为指导，以迎接党的二十大、学习宣传贯彻党的二十大精神为工作主线，围绕中心、服务大局，工会重点工作取得了新进展新成效新突破。

一、始终坚持正确政治方向

坚持“第一议题”制度，及时学习习近平总书记重要讲话和一系列重要指示批示精神，坚定拥护“两个确立”，坚决做到“两个维护”。党的二十大召开后，第一时间研究学习贯彻具体措施，及时召开全市工会系统专题会议，举办全市工会领导干部专题培训班。向市委、全总请示报告重要事项 14 个。

二、加强职工思想政治引领

在工会媒体开设“喜迎二十大”专栏，开展“中国梦·劳动美——喜迎二十大 建功新时代”主题宣传教育等。新时代劳模宣讲团带动全市劳模先进和工会干部开展宣讲 1200 余场，现场聆听 5 万余人次，被评为全国“基层理论宣讲先进集体”，是我市唯一获奖集体。“市弘扬劳模精神劳动精神工匠精神教育展”累计接待参观 3.2 万人，获评我市首批新时代文明实践基地。“津工智慧平台”累计阅读量超过 6000 万次，被评为全国“互联网+工会普惠服务”省级十佳平台。积极宣传劳模先进典型事迹，成卫东同志被评为 2022 年“大国工匠年度人物”。

三、广泛动员职工建功立业

积极履行产业工人队伍建设改革的牵头抓总职责，确定百家试点单位。广泛开展劳动和技能竞赛，及时跟进全市重大工程项目建设，将京津冀大数据智能算力中心等 7 个新一批重点工程项目纳入市总工会直接推动的劳动竞赛示范工程。举办全市职工职业技能大赛，选拔优秀选手参加全国职工数字化应用技术技能大赛。

四、做好维权服务工作

圆满完成民心工程有关任务，为 40187 名农民工、困难企业职工和困难职工免费查体；慰问住院和大病救助会员 41708 人次，发放慰问救助金 9799.25 万元；“津工智慧平台”普惠服务职工 60 万人次。开展新就业形态劳动者扫码入会百日行动，全市新就业形态建会单位 1883 家，新就业形态劳动者入会 52.11 万人。全市建会企事业单位职代会召开率为 84.97%，工资协议签约率达到 96.35%。完成二宫公园大规模提升改造，接待群众 155 万人次，获评天津市首批新时代文明实践基地。

五、切实维护劳动领域政治安全

建立新业态企业（行业）协商沟通机制，推动快递、家政、货车司机等行业签订工资集体协议。落实“五个坚决”要求，扎实推进劳动关系分析研判和职工队伍稳定风险专项排查化解工作。加强“劳动人事争议联合调解工作室”建设，成功调解争议 951 件，为劳动者挽回经济损失 1269 万余元。

六、持续加强工会组织自身建设

加强工会系统全面从严治党工作。扎实开展“转作风、解难题、促发展、保稳定”专项行动。推进“区级工会加强年”专项工作，实现对 16 个区总工会对口联系全覆盖。组织开展赴基层蹲点工作，指导新建基层工会 326 个，发展会员

52061人。市总工会权益保障部获得全国“人民满意的公务员集体”称号。

市总工会党组2022年工作总结

2022年,在市委和全总的正确领导下,市总工会领导班子坚持以习近平新时代中国特色社会主义思想为指导,深入学习贯彻党的二十大精神和市第十二次党代会精神,学习贯彻习近平总书记关于工人阶级和工会工作重要论述,紧紧围绕中心、服务大局,主动担当作为,认真履行工会政治职责和基本职责,团结动员全市广大职工群众建功新时代、奋进新征程,为全面建设社会主义现代化大都市作出了积极贡献。

一、坚持党的全面领导,始终保证工会工作的正确政治方向

工会组织政治属性得到进一步彰显。坚持把学习贯彻习近平新时代中国特色社会主义思想作为主席会和党组会“第一议题”、党组理论学习中心组学习“第一主题”,持续强化理论武装。党的二十大召开后,第一时间组织领导班子进行传达学习,研究制定学习宣传贯彻措施,通过召开专题部署会、举办培训班和读书班等多种形式,不断推动学习贯彻工作走深走实。市总党组理论学习中心组有关做法被纳入市委宣传部实践案例。严格落实重大事项请示报告制度。年内,推动召开了市政府与市总工会联席会议。

思想政治引领工作得到进一步深化。以迎接党的二十大、护航党的二十大为主线,贯彻落实市委“迎铸强创”主题学习宣传教育实践活动工作部署和要求,以“准”组织生活会的形式进行各专题学习研讨,邀请专家学者举办8期党史大讲堂,编发党建信息128篇,77篇被“学习强国”平台和我市党建微信公众号转载。深入开展“中国梦·劳动美”主题宣传教育,“津工智慧平台”累计发稿3万余篇,阅读量超过6000万次。组织新时代劳模宣讲团引领带动全市开展宣讲1200余场,现场聆听人数5万余人,新时代劳模宣讲团被中宣部评为2022年度全国基层理论宣讲先进集体称号。充分用好“市弘扬劳模精神劳动精神工匠精神教育展”,累计接待参观3.2万余人,评为天津市首批新时代文明实践基地。

意识形态领域工作得到进一步加强。认真贯彻落实意识形态责任制,推动构建党组书记亲自抓、分管副主席具体抓、责任部门抓落实的工作体系,牢牢掌握意识形态工作领导权、管理权、主动权;研究制定《市总工会网络舆情监测处置办法》,加强对机关和直属单位意识形态安全风险隐患排查,有力推动了市总工会网络舆情监测处置工作落实落细落地。

二、扛牢管党治党责任,不断推动全面从严治党向纵深发展

主体责任压得越来越实。组织召开了2022年全市工会系统全面从严治党工作推动会,制定了市总工会党组2022年主体责任清单和2021年度主体责任及政治生态建设考核反馈问题整改清单,明确了12大项87条具体工作措施和35项整改措施,持续推进全面从严治党主体责任落地落实。将各直属单位领导班子和班子成员主体责任清单纳入班子绩效考核,有效促进了党建与业务工作的深度融合。

政治生态不断向上向好。认真落实《市总工会党组议事规则》《市总工会关于进一步规范“三重一大”决策工作的意见》,加强对“一把手”和领导班子的监督,确保各项决策的科学性、有效性。召开党组党史学习教育专题民主生活会,针对查摆出的突出问题,制定并落实34条整改措施。研究制定了加强政治生态建设7个方面27项工作任务,以任务落实促进了政治生态建设。

党组织政治功能日益增强。大力推进基层党组织组织力提升工程三年行动,深入开展党支部标准化、规范化建设,指导工会学院党委、职工服务中心党总支完成了换届;督导各级党组织严格落实"三会一课"等组织生活制度,积极开展党章学习日等主题党日活动;指导基层党组织不断创新"党建+"载体,基层党组织组织力得到进一步提升。

三、勇于担当、主动作为,大力推进工会工作不断创新发展

充分发挥主力军作用。助力天津高质量发展,将7个新一批重点工程项目纳入市总工会直接推动的劳动竞赛示范工程。积极履行牵头抓总职责,推动产改工作走深走实。组织开展五一劳动奖推荐评选工作,获评全国五一劳动奖状3个,五一劳动奖章17人,工人先锋号21个;评选市级五一劳动奖状49个,五一劳动奖章98人,工人先锋号149个。

有效维护职工合法权益。着力解决新就业形态劳动者权益维护问题,探索在部分区家政、快递、送餐行业和货车司机群体建立新就业形态企业(行业)协商沟通机制,联合市交通运输委开展"携手防疫　温暖同行"关爱货车司机温暖行动。扎实开展"转作风、解难题、促发展、保稳定"专项行动。联合开展督导检查"回头看",全市31269家企业112.5万名职工参加"安康杯"竞赛活动。

竭诚服务广大职工群众。完成全市20项民心工程子项任务,为4万多名农民工、困难职工等进行了免费查体;慰问住院会员3972人次,发放慰问金3545.25万元,大病救助会员1736人次,拨付救助金6254万元;通过"津工智慧平台"普惠服务职工超过48万人次。落实就业优先政策,举办工会线上就业服务活动,帮助1300名求职人员实现了就业。

四、注重夯实工作基础,着力提升基层工会长远发展的后劲

持续推进依法治会。深入开展《工会法》宣传培训。推动企事业单位建立健全民主管理制度,全市建会企事业单位职工代表大会召开率为84.97%。引导企业和职工通过协商薪酬调整、灵活安排工作时间等方式稳定工作岗位,工资协议签约率达到了96.35%。推进劳动人事争议联合调解工作室建设,市区两级成功调解劳动人事争议案件951件,为劳动者挽回经济损失1269万余元。

持续增强服务实效。完成了二宫公园提升改造,累计接待职工群众150多万人次。深化智慧工会建设,完善了10余项平台服务功能。开展新就业形态劳动者扫码入会百日行动,完成2家全国互联网百强企业建会任务。截至2021年底,全市新就业形态建会单位达到1883家,新就业形态劳动者、灵活就业人员入会52.11万人。扎实开展"区级工会加强年"专项工作,实现对16个区总工会对口联系和服务全覆盖。

五、从严从紧加强管理,不断推进机关作风建设取得新成效

常态治理成效更加明显。聚焦作风建设中存在的7个方面问题,制定了56条具体整改措施,持续深入治理形式主义官僚主义不担当不作为问题。深入开展作风建设专项督查检查,不定期对各窗口单位疫情防控情况进行抽查,组织开展微信公众号开设情况、政府购买服务等专项治理。深化以案促改,推动各直属单位建立健全各项规章制度,梳理329项制度规定,修订完善各类制度24项。

日常监督管理更加严格。通过加强警示教育、开展廉政谈话、日常提醒谈话等,不断强化了党员干部纪律规矩意识。聚焦会风会纪、出勤考勤等日常管理进行监督检查,发送工作提示、督办函14件次。深化运用监督执纪"四种形态"特别是"第一种形态",切实把从严教育管理监督体现在日常、抓在经常。

激励制度机制更加完善。认真落实年度考核和季度考核评优人员工作展示制度,不断激发市总工会干事创业热情。积极做好先进典型选树工作,完成"人民满意的公务员""人民满意的公务员集体"推荐工作,市总工会权益保障部被推荐评选为全国"人民满意的公务员集体"。

六、深入贯彻新时代党的组织路线,努力营造风清气正的选人用人环境

严格落实考核评议制度。组织开展上年度市总工会和直属单位领导班子和领导干部年度考核及选人用人"一报告两评议"工作,做好机关工作人员平时考核、年度考核及考核结果运用工作，全面深刻分析评议反馈问题，研究制定了四个方面的整改措施，并积极推动反馈问题整改落实到位。

加大干部培养使用力度。加强年轻干部队伍建设，组织 12 名年轻干部到基层一线开展蹲点调研，安排 9 名年轻干部到完成市民心工程任务中接受锻炼。依据政策规定，严格标准程序，选拔任用处级领导干部，组织实施职级晋升工作，对正处级领导干部进行轮岗交流等。

规范开展干部人事工作。严格落实市委编委和市委组织部要求，组织开展了机构编制条条干预、严肃换届纪律、规范公务员津补贴、涉组涉干信访积案集中化解、窗口单位管理问题自查等专项工作。对 3 名事业单位党政正职开展选拔任用离任检查工作，对 4 名单位（部门）"一把手"开展离任经济责任审计工作。

共青团天津市委员会 2022 年工作总结

2022 年，天津共青团高举习近平新时代中国特色社会主义思想伟大旗帜，认真学习宣传贯彻党的二十大精神，深入贯彻习近平总书记关于青年工作的重要思想，深刻领悟"两个确立"决定性意义，增强"四个意识"、坚定"四个自信"、做到"两个维护"，坚决贯彻落实市委和团中央各项工作部署，聚焦"三力一度两保障"，推动天津共青团事业提质增效。

一、坚持用习近平新时代中国特色社会主义思想武装广大团员青年，提升青少年思想政治引领的针对性实效性

深入学习习近平新时代中国特色社会主义思想。坚持把学习宣传贯彻党的二十大精神作为共青团的首要政治任务，书记办公会专题传达学习 4 次并研究贯彻落实举措，理论学习中心组集中学习研讨 2 次；通过举办专题读书班、主题党团队日活动等方式层层传达学习；面向全团开展多形式、分层次、全覆盖的培训活动，举办各类主题培训班 6 期。深入学习宣传贯彻习近平总书记在庆祝中国共青团成立 100 周年大会上的重要讲话精神，开展组织化学习，发挥基层团干部理论宣讲员作用，实现基层宣讲全覆盖。邀请中国青年五四奖章、天津青年五四奖章等优秀青年典型走进基层、走进青年，分享跟党奋斗、青春建功的成长成才故事。制作《新时代青（少）年说》，推出《属于你的青春味道》《追光》《青听鉴往　传承红色基因》主题微团课等文化产品，教育引领青年听党话、跟党走。创新培育教育载体，挖掘梳理天津市青年运动史资源，打造青运史实践教学精品路线。

扎实开展"学习二十大、永远跟党走、奋进新征程"主题教育实践活动。开发主题示范团课 7 期，征集"喜迎二十大，争做新时代好队员"作品 1.2 万余个，围绕创新创造、创业开拓、创优争先的青年典型拍摄制作视频，播放量达 430 万余次。先后邀请林则银、杨秋静、孟祥飞 3 位党的二十大代表与青年代表面对面交流；精心挑选组建了 100 人的青年宣讲团、20 人的红领巾巡讲团，目前已开展宣讲 20 余场。在"天津共青团"门户网站、微信、微博平台开设"学习二十大"专题专栏，全线推出"强国有我 · 天津青年学报告""青春逢盛会　奋进新征程"等新媒体文化产品。全面加强团属媒体阵地管理，在党的二十大召开等重要时间节点，落实平台 24 小时值班制度和"三审三校"，召开新媒体宣传、网络意识形态工作专题研判会，紧盯舆情动态，设置网上话题、加强舆论引导、规范传播秩序，牢牢掌握舆论引导主动权，引导青年营造积极向上的网络环境。

加强实践教育，深化青少年社会主义核心价值观培育践行工作。市级"青马工程"提质增效，第六期培训班选拔招募顺利完成，新增少先队工作者班，指导区局级单位统筹开展"青马工程"，形成上下联动、协同培养的工作格局。在全市高校选拔建设 32 个红色研学实践教育基地，指导高校团委开展主题教育实践活动，组织学联学生会开展专题培训，团学组织育人功能凸显。广泛开展“津彩假日”少先队冬夏令营、“少年儿童社会实践营”等活动 2500 余场，覆盖队员 40 余万，推动少先队实践教育活动向社区、向课后和周末延伸。

二、坚持围绕中心服务大局，广泛团结动员青年建功新时代、奋进新征程

聚焦“国之大者”汇聚青春合力。动员青年投身乡村振兴，与天津市农业农村委联合印发《天津市深化实施乡村振兴青春建功行动工作措施》，召开全市工作推动会，启动高素质青年农民培训和村集体经济组织青年后备人才“接力棒”培训工作，指导 10119 个高校团支部与 9343 个基层团组织对接，发动全市 55 所高校、9 万余名大学生组建 3000 余支社会实践团队，奔赴全国各地开展暑期“三下乡”社会实践活动，为西部地区选拔输送 295 名“西部计划”志愿者。充分发挥青年在打造学雷锋“志愿之城”中的作用，积极实施“社区青春行动”，压茬启动团中央第二批实施社区和市级实施社区选拔工作，举办 2022 年天津青年志愿服务项目大赛，高效完成第六届世界智能大会、首届世界职业技术教育发展大会、全国网络文明大会等大型活动志愿服务工作。引导广大青少年学习贯彻习近平生态文明思想，持续推进“美丽中国 · 青春行动”，开展“‘河’我一起，保护母亲河”、垃圾分类等青年志愿服务活动、“生态环保、青年先行”系列活动，组织团员青年开展“光盘打卡 · 青年一起向未来”活动，累计光盘打卡 308533 次，参与人数达 61792 人。

号召全市团员青年积极投身疫情防控工作。组建“青年突击队”，在疫情防控阻击战、歼灭战中充分发挥生力军和突击队作用，有效补充基层抗疫力量。坚持“平战结合”，成立天津市青年应急志愿服务队，定期开展应急志愿服务知识培训。注重在“无疫社区”“无疫网格”创建工作中发挥青年力量，充分发挥团组织优势和资源优势，组织团干部和青年志愿者支援社区，推出“青蜂骑手”志愿服务项目助力社区治理。

强化新时代青年爱国统一战线团结汇聚功能。建立市区两级新兴领域青年、留学归国青年、党外青年知识分子骨干库，推荐 14 类 300 余名新兴领域青年骨干加入“千联万聚常引”项目，30 余人入选团中央重点人才库。积极开展“石榴籽一家亲”融情夏令营“民族团结我践行”“手拉手书信交流”等青少年民族交流活动。组织开展 2022 年港澳台大学生暑期实习计划，举办“菁英汇 · 津台青年圆桌会议”，进一步促进津港澳台青年融合发展。开展 2022 年“中外大学生社会实践周”活动，组织优秀在华留学生与中国学生结对，扩大天津青年朋友圈。

三、有效发挥党联系青年的桥梁纽带作用，全力服务青少年健康成长

纵深推进《天津市中长期青年发展规划》。印发《天津市青年发展型城市建设实施方案》，在津南区试点基础上，全域渐次推进青年发展型城市建设。在市委党校开设中长期青年发展规划实施工作专题培训班，系统解读《规划》工作。通过天津新闻广播平台向社会宣介服务青年政策举措，扩大《天津市中长期青年发展规划》的社会影响力。指导津南区制定《津南区海棠众创大街专项政策》等 9 项政策，有条不紊推动科创谷人才公寓等实事项目。举办青年发展型城市建设重点项目评审会，全市遴选 16 个重点项目，以区域创新和项目带动，推动天津青年发展型城市建设取得更大实效。

加强青年就业创业服务。深入实施共青团促进大学生就业行动。常态化开展“千校万岗”就业招聘、大学生实习“扬帆计划”等品牌活动。在 2022 年暑期“扬帆计划”新设机关和事业单位、基层、企业三个实习专项，探索为部分区、国企开设专场实习，募集实习岗位近 4000 个，帮助 1500 余名学生上岗实习，有效提升大学生实习的针对性和精准性。对家庭经济困难学生开展就业结对帮扶，全年帮扶困难学生 1120 名。

培育青年科技人才。组织开展“挑战杯”系列竞赛，在第十七届“挑战杯”大学生课外学术科技作品竞赛中，指导我市高校 3 个项目获特等奖、6个项目获一等奖、7个项目获二等奖、13个项目获三等奖，捧得3个优胜杯，取得历史最好成绩；组织开展2022年“挑战杯”大学生创业计划竞赛，共吸引47所学校577个项目参赛，达到赛事新高。举办第八届“创青春”天津市青年创新创业大赛，来自高校、企业、科研院所的828个项目参赛，推报32个优秀项目参加全国赛，其中“e刻不停——人工智能不停电作业机器人”斩获科技创新专项金奖。

维护青少年合法权益。牵头起草修订《天津市未成年人保护条例》《天津市预防未成年人犯罪条例》，11月1日通过天津市十七届人大常委会审议，正式施行。制定《共青团天津市委员会关于贯彻实施“八五”普法规划　深入开展青少年法治宣传教育的工作措施》，在全市组织开展“美好生活·民法典相伴”、国家安全教育日、青少年禁毒宣传等法治教育活动，开展“青年普法志愿者法治文化基层行”活动，动员广大青年普法志愿者深入基层一线进行普法宣传。关爱青少年心理健康，24小时为广大青少年及家长提供心理咨询、团务政策解答等服务；建立“12355”热线办理处置工单统计报告机制，已接听来电4958个，有效心理咨询1053个。加强青少年自护教育，组织开展“青春自护·有你有我”2022年青少年自护教育系列活动，线上线下互联互动，举办活动1162场，参与人数76142人，不断增强广大青少年的自护意识和能力。

四、推动共青团改革向纵深发展

持续深化团市委机关改革。巩固深化市委出台的《共青团天津市委改革实施方案》，梳理总结工作成果，对标《共青团中央深化改革方案》精神，丰富和深化改革具体举措，完成团市委所属企业剥离。深化专挂兼相结合的机关干部选用机制，扩大选拔范围至中央驻津单位。积极承接马克思主义政治人才培养工作，接收高校思政教师机关实践锻炼。制定实施《团市委关于进一步做好年轻干部教育培养选拔管理工作的实施办法》，打造“选育管用”全链条，以“务实功、展实绩、谋实效”为主题开展年轻干部大练兵，努力培养造就忠诚干净担当、可堪大用能担重任的年轻干部队伍。

着力推进基层组织改革。召开全市县域共青团基层组织改革动员部署会，印发《天津共青团推进落实〈县域共青团基层组织改革指导意见〉的工作措施》，联合市委组织部下发《关于新时代党建引领基层团组织建设的实施意见》，从六个方面制定18项具体举措。宝坻区、北辰区、滨海新区等5个单位试点工作被团中央评估为“优秀”。

持续深化青联改革。举办青联委员研修班、开展“强国志　青春说”青联大讲堂，组织“天津市青联委员服务团”调研民营企业，广泛开展“青联委员走基层”，组建市青联提案和建议工作委员会，成立市政协共青团界别、青联界别活动站武清分站，两会期间向政协提交提案20余篇，其中《搭建青年人才培养平台　助力天津经济社会高质量发展》入选2022年市政协大会书面发言材料汇编，积极为青年发声、为城市添智。

持续深化学联学生会改革。坚持每年春季、秋季学期学生会工作人员集中培训制度，覆盖全市55所高校和49所中职学校。全面优化升级市学联新媒体平台宣传效能，设置7个创新工作室。指导高校学生会组织积极开展“我为同学做实事”实践活动，每月整理典型案例在新媒体平台持续推送，评选12个全市品牌项目。坚持推进全面从严治会，推动全市55所高校70个学生会组织按期规范召开学代会，对全市高校学生会组织改革情况进行全覆盖考核评估，推动学联学生会组织改革落实到位。

持续深化少先队改革。推动少先队社会化工作，实现全市团属青少年宫和16个区所属街镇少工委建设率100%，创新打造市、区两级“红领巾之家”。联合15家单位出台少先队社会化工作文件，发布场馆类、科普基地类、实践教育基地类等校外实践阵地168个，区级阵地120个，实现平均每万名少先队员3个实践阵地。配合落实“双减”政策，广泛开展“津彩假日”红领巾冬夏令营、校外实践营、周末社区营等实践活动，线上线下组织队员进行实践体验、寻访打卡，建立市、区、校三级校外辅导员资源库，带动更多社会资源支持少先队社会化发展。

五、坚定不移贯彻落实《新时代全面从严治团实施纲要》，建设更加坚强有力、更加充满活力的天津共青团

坚定不移加强党的全面领导。持续深化对党、对习近平总书记的忠诚教育，聚焦疫情防控、机关党的建设等重点任务开展常态化政治监督，对《共青团天津市委改革实施方案》落实情况开展“回头看”，对中央巡视、市委巡视整改意见落实情况进行跟踪督促。持续推动“一把手”监督和领导班子监督工作任务落实，定期开展政治生态分析研判。深入开展治理形式主义官僚主义不担当不作为问题专项行动，推动全面从严治党向纵深发展。

从严从实抓好全市团组织建设。持续推进区域化团建，统筹资源配置，开展疫情防控、基层团建、创新创业等共建活动 620 余场。加强社会领域组织覆盖，新建非公企业团组织 1933 个，社会领域组织密度达到 93.1。新建行业系统团组织 23 个。“青年之家”建设实现街镇 100%全覆盖。

从严从实抓好团员队伍管理。下发《2022年天津市发展团员调控工作指引》，科学调控团员队伍规模结构、规范团员发展工作程序，落实推优入团、积分入团、评议入团要求。承接团中央违法违纪团员团纪处分试点工作，施行《天津市违法团员处分工作流程(试行)》。落实“两个一般，两个主要”要求，经团组织规范推优入党率比例提升至 90%以上。

从严从实抓好团干部队伍建设。加强基层团干部队伍建设，制定落实多渠道选配基层团组织骨干力量工作方案。以全面从严治团推动作风转变，完善团干部密切联系青年工作机制，推动全市各级团组织、团干部深入基层、深入青年群众，提高青年工作能力。

一年来取得的成绩得益于市委、团中央的正确领导，在接下来的工作中我们将坚持用习近平新时代中国特色社会主义思想教育引领青年，学习宣传贯彻好党的二十大精神，充分彰显共青团的政治性、先进性、群众性，团结带领全市青年在全面建设社会主义现代化新征程中贡献青春力量。

市妇女联合会 2022 年工作总结

2022 年是党和国家历史上极为重要的一年。全市妇联系统坚持以习近平新时代中国特色社会主义思想为指导，深刻领悟“两个确立”的决定性意义，增强“四个意识”、坚定“四个自信”、做到“两个维护”，以迎接宣传贯彻党的二十大为主线，以保持和增强政治性、先进性、群众性为目标，以学思想、建新功、办实事、促改革为重点，推动天津妇联各项工作迈上新台阶。

一、高举伟大旗帜，坚持用习近平新时代中国特色社会主义思想凝心聚魂

持续推动学习宣传贯彻习近平新时代中国特色社会主义思想走深走实。坚持把习近平总书记最新重要讲话精神作为学习的第一议题，及时跟进学，自觉用党的创新理论统一思想、统揽全局、统领工作。市妇联党组以上率下、领学促学，通过党组会、党组理论学习中心组、专题辅导班、读书班、举办系统学习宣传贯彻视频会等，带领各级妇联干部、执委和各方面优秀妇女典型原原本本学、深入基层讲，让党的创新理论入脑入心。跟进制定深入学习贯彻习近平总书记重要指示、重要讲话精神系列工作举措及台账，通过定期督查、随机抽查，强化闭环管理，坚决做到“两个维护”，推动党的创新理论落地落实。

围绕迎接宣传贯彻党的二十大凝聚妇女民心。党的二十大召开前，广泛开展群众性迎庆活动。发挥各级妇联干部、三八红旗手、最美家庭、巾帼文明岗、最美女性等宣传骨干作用，开展“巾帼心向党 · 喜迎二十大”群众性主题宣教活动 380 场；深入基层开展对象化、分众化“巾帼大宣讲”1400 多场；联动百个社区(村)开展“我奋斗·家国美——讲好天津故事”宣讲，协同有关单位开展“最美女性走进直播间”活动50期，用身边人讲身边事、以小故事讲述大发展，引导妇女在共识共情共鸣中感悟思想伟力。发挥妇女群众主角作用，设计开展“三八红旗手对党说”“海河女儿心向党”“巾帼心向党　我是妇联人”“机关巾帼微宣讲”等系列群众性主题短视频展播，阅读量超1.1亿次，吸引不同群体以不同方式表达对党的感恩、对领袖的忠诚、对天津的热爱。发挥市、区两级新媒体矩阵作用，开设特色学习专栏，推动习近平新时代中国特色社会主义思想“飞入寻常百姓家”。开设全国首列“和美一家人　喜迎二十大”天津地铁专列，已有260万名群众近距离了解近十年来天津的创新发展和妇女儿童事业的蓬勃发展。党的二十大召开后，全市妇联系统迅速掀起学习宣传贯彻党的二十大精神热潮。市妇联把学习宣传贯彻党的二十大精神作为首要政治任务，推动全市妇联系统广泛开展“巾帼心向党　奋进新征程”学习教育活动。围绕巾帼大学习，分级分类对妇联执委、干部、巾帼宣讲员开展专题培训、专题学习百余场。围绕巾帼大宣讲，以机关带系统、干部带群众，开展微宣讲、云宣讲、家宣讲等巾帼大宣讲700多场。各区妇联结合工作实际，创新宣讲形式，北辰区妇联创新开展板凳宣讲、庭院课堂，蓟州区妇联开展“文艺+微宣讲”“巾帼之声　幸福到我家”大喇叭宣讲，让宣讲接地气、冒热气、聚人气。围绕巾帼大宣传，妇联官方媒体推出“代表热议”“专家解读”“非凡十年”等多个栏目，联动发稿百余篇；策划制作短视频《贯彻党的二十大精神——津沽巾帼在行动》《党的二十大女代表如是说》，开展天津家庭欢庆党的二十大线上接力活动，7万名群众线上留言，多角度、全方位、全领域宣传党的二十大精神。围绕巾帼大行动，逐条逐项对标党的二十大报告，研究制定53项具体贯彻落实举措，切实把学习成效转化为服务妇女儿童和家庭的生动实践。

二、服务中心大局，团结动员广大妇女为全面建设社会主义现代化大都市建功立业

助力疫情要防住。发挥市妇联党组成员包区联系机制作用，动态跟踪指导各区妇联组织在当地党委的领导下做好疫情防控工作。紧跟防控形势变化，调整工作举措，动员全市四级妇联组织协同联动，执委听令而行，女性社会组织、巾帼志愿者积极参与，关心关爱慰问一线医护人员，号召广大妇女护好小家为大家。聚焦家庭需求，常态化提供“12338”心理咨询服务，开展“隔空传爱‘疫’路‘童’行”寒暑假儿童关爱直播活动、“特殊时期　特殊家教”家庭教育微课，筑牢家庭疫情防线。聚焦特殊群体及困难妇女儿童和家庭，组织各级妇联进行全面摸底，加强走访慰问、跟踪帮扶，送药、送物、圆心愿，用温暖服务引领广大妇女儿童听党话、感党恩、跟党走。各区妇联与社区干部同担当、共进退，全部参与包联社区筛查、疫苗推广、追漏补漏等防疫工作。河北区等多个区妇联超额完成疫苗接种攻坚任务，西青区妇联千方百计为200户菜农销售60万公斤的滞销蔬菜，静海区妇联为驰援上海医护人员免费投保安康保险、开展后疫情专题辅导，助力全市疫情防控大局。

助力经济要稳住。围绕助企纾困，联合农商银行开发多样化巾帼贷产品，发放贷款13.31亿元，缓解女性领办小微企业贷款难。争取并实施联合国“支持女性应对疫情及后期经济恢复”项目，500家女性中小微企业直接受益，服务女性超10万人次。滨海新区等3个区建立女企业家联盟，为女企业家交流思想、洽谈项目搭建平台，助力企业发展。围绕女性就业，深化“创业就业巾帼行动”，拓展“点赞最美女性”覆盖面，吸引超百万网民主动参与。开展“津帼创业故事汇高校行”“促进妇女就业网络服务活动”等，吸引近8万人参与。举办天津市女大学生专场招聘会，开展招聘技能培训、双创服务、政策宣讲近500场，近2万名妇女直接受益，为全市稳就业贡献妇联力量。发挥“津帼家庭手工坊”作用，助力困难妇女居家灵活就业。围绕创新驱动发展战略，深化“科技创新巾帼行动”，成立市女科技工作者协会，推动实施“巾帼科技创新海河行动计划”，开展主题关爱和赋能培训班，为女科技工作者搭建平台，支持女科协成功举办女性科技工作者论坛,引导她们在实现高水平科技自立自强中彰显巾帼新作为。围绕乡村振兴战略,深化“乡村振兴巾帼行动”,创建巾帼农业示范基地、巾帼科技助农直通车服务站,举办新农学堂培训150余场。组织西部帮扶地区基层妇联主席来津学习交流培训班,持续举办“光明行”“困难妇女救助”“困境儿童关爱”等特色帮扶项目,拨付对口帮扶款物近400万元,高质量完成东西部协作任务。开展“巾帼兴粮节粮”活动,吸引近30万人次参与,引导广大妇女积极种粮兴粮、爱粮节粮。持续开展津门厨嫂秀厨艺活动,传承农耕文化,助推农村产业发展,该活动入选全国百个丰收节特色活动。

助力发展要安全。贯彻总体国家安全观,始终保持高度政治敏锐性,完善机制载体,形成多元化解工作合力,将维权与维稳相结合,抓细抓实风险防范,助力筑牢首都政治护城河。在全市开展“传递温暖——我为群众办实事”走访慰问重点人群和重点家庭关爱帮扶活动,并在社区、村全部建立分类台账,实行动态管理,强化重点人群关爱帮扶。开展婚姻家庭矛盾纠纷大起底专项行动,逐一梳理全市各级妇联组织接到的信访、求助信息,从中发现问题线索并妥善处理,切实把风险隐患化解在萌芽状态。严格落实意识形态工作责任制,启动意识形态安全重大风险隐患排查,举办意识形态工作专题培训,做好网络舆情监测,牢牢把握舆论斗争主动权。

三、注重家庭家教家风建设,以家庭建设助力全面建设社会主义现代化大都市

大力弘扬新时代家庭新风新貌。拓展寻找最美家庭内涵,在津云直播“共筑家国梦想　共创美好未来”最美家庭主题活动,线上线下开展“最美家庭家风故事”宣讲,累计培树家教家风创新实践基地18个、市级机关“家庭建设中心”10个,依托各类载体和丰富多彩活动,引导广大家庭崇尚最美、学习最美、争做最美。结合全市清廉文化建设,开展“树清廉家风·创最美家庭”主题活动,引导广大妇女群众以“八廉活动”(广泛选廉、传咏颂廉、教育劝廉、特色促廉、基地涵廉、童心忆廉、联动征廉、新媒展廉)为载体,筑牢家庭助廉坚强防线。宝坻区妇联举办“家风村风大家谈”“家风印记”摄影展,北辰区妇联组织最美家庭与身边邻里一对一精准对接,红桥区、河西区妇联围绕“传承红色家风”开展主题实践活动,发挥最美家庭在家庭文明建设中作用,以好家风浸润千家万户。

积极落实立德树人根本任务。大力营造社会氛围,利用家教宣传周,举办“注重家庭家教家风”海河主题灯光秀,制作宣传视频和海报,在大型商场、广场、地铁、公交等展播,营造全社会重视家庭教育浓厚氛围。发挥最美家庭、家庭教育志愿者作用,开设“家长云课堂”“家教家风公益大讲堂”,传播科学教子理念。开展系列亲子阅读活动,联动各区开展“少年儿童心向党——亲子共沐书香　强国复兴有我”等阅读活动,联合民进天津市委会开展唤醒沉睡的好书——漂流瓶项目,联合天津图书馆等推出线上知识竞答、视听图书和定期领读等活动,引导广大少年儿童用阅读浸润心灵,共筑家国梦。

四、践行人民至上,让发展成果更多更公平惠及妇女儿童

源头参与有力度。推动市政府出台并实施市妇女和儿童发展“十四五”规划,协调37个部门落实责任分工,加强指标监测和区级指标建设。牵头召开新闻发布会,联合《人民日报》《天津日报》、津云等各大主流媒体,连续推出13篇分领域解读,形成全媒深度宣传,广泛开展男女平等基本国策宣讲,推动我市妇女儿童事业同全市经济社会同步协调高质量发展。推进《天津市家庭教育促进条例》立法进程,落实政策法规性别平等评估机制,源头保障妇女儿童权益。东丽区妇联推动区委建立区级群团工作联席会议制度,把全区单亲困难母亲工作融入智慧党建;武清区妇联打造“党建+妇联+网格”的工作模式,全区2467名网格员成为妇联执委,2727名网格员进入妇女小组,从源头上打通妇联融入基层治理、服务妇女群众的渠道。

基层维权有实效。深学笃行习近平法治思想,普法依法治理工作推陈出新。开展调解故事展播、走进直播间以案释法、点单式精准普法、妇联干部讲法等形式多样的普法活动，妇女法治宣传教育取得实效。创新形式开展妇联系统维权工作培训，强化责任意识，提升维权能力。加强近在身边的妇女维权阵地建设，探索建立婚姻家庭纠纷社区调解室，健全妇女维权站，推广亲情关护室，推动妇女儿童权益问题解决在基层。各级妇联形成互学互比、亮点纷呈的工作局面。河东区妇联成立“霞姐面对面”工作室，健全“1+1+13+N”维权服务网络，加强婚姻家庭矛盾纠纷调解工作。津南区妇联建立“妇联×政法力量”联动机制，以家庭平安助力社会平安。

关爱服务暖民心。联合市检察院制定《关于建立健全困难妇女群体司法救助工作协作机制的意见》，为困难妇女儿童提供法律援助。会同市发展和改革委等多部门制定《天津市推进儿童友好城市建设实施方案》，促进儿童优先发展。充分发挥市妇女儿童发展基金会作用，持续开展“爱心家庭一元捐”等公益项目，全年募集款物4432万元，聚焦困难单亲母亲和家庭开展“五救助一保障”等各类救助工作，公益支出4520万元，精准服务困难妇女儿童2.2万人次。宁河区妇联成立“巾帼爱心驿站”服务快递员等4000余人次；和平区妇联全力推动多部门合力解决流浪失管女童落户入学难题；南开区妇联联合社会力量开展儿童护眼百场公益活动，让妇女儿童切实感受到党和政府的温暖。

五、勇于自我革命，以更强的政治性先进性群众性有效发挥桥梁纽带作用

强化政治机关建设。将习近平新时代中国特色社会主义思想作为干部学习培训“首课”，将党章和党内法规作为“必修课”，深入开展忠诚教育，抓实“迎盛会、铸忠诚、强担当、创业绩”主题学习宣传教育实践活动工作，常态化开展“我为群众办实事　娘家送温情”实践活动，引导妇联干部深刻认识“两个确立”的决定性意义，坚决做到“两个维护”。扎实开展清廉机关建设，加强党风廉政建设；开展治理形式主义、官僚主义和不作为不担当专项行动，落实中央八项规定和为基层减负制度要求，开展机关规章制度“废改立”工作，推动全面从严治党向纵深发展。弘扬“有志气、有魄力、有才智、有创新”新时代天津妇联精神，举办“学习身边榜样”系列交流分享会，创新开展精神文明创建工作，努力营造干事创业的浓厚氛围、打造风清气正的模范机关。

攻坚基层改革破难。牢固树立大抓基层鲜明导向，织密组织网络。牢记习近平总书记“哪里有妇女哪里就要建立妇女组织”的要求，加大妇联组织覆盖面，推进在机关、事业单位和新领域、新业态、新阶层、新群体中建立妇联组织，截至目前已建立3447个。推动在村民小组、农业合作社等妇女生产生活最小单元建立妇女小组，截至目前已建立2.5万余个；建立1.3万个形式多样、活动常态、各具特色的妇女之家、妇女微家、儿童之家不断织密筑牢基层组织网。激活骨干力量，强化执委分团履职和年度评议考核，推行执委领办重点任务清单，增强执委身份意识和履职能力，全市累计建立261个工作室，推动执委由“旁观者”变为积极“参与者”、主动“担当者”。

一年来，市妇联各项工作取得了显著成效。争取并实施联合国“支持女性应对疫情及后期经济恢复项目”获得肯定，联合国妇女署专门发来感谢信；我市“婚姻家庭纠纷预防化解”考评项目在全国平安中国创建单项考核中排名第一，全国妇联特发来表扬信；在我市东西部协作和支援合作工作成效评价中，市妇联获评等次为“好”；全年9篇工作专报得到市委和全国妇联领导肯定批示；《中国妇运》连续7期刊发8篇天津妇联经验；市妇女儿童发展基金会获评首届天津市优秀慈善组织奖，其项目获得慈善项目奖；中央电视台、《人民日报》、学习强国、《中国妇女报》和《天津日报》等中央和市级主要媒体报道天津妇联工作近300次，天津妇联新媒体获得2022年天津最具传播影响力委办局政务新媒体top10第四名。

市妇女联合会党组 2022 年工作总结

2022 年，市妇联党组坚持以习近平新时代中国特色社会主义思想为指导，深入学习贯彻党的二十大精神，认真落实市第十二次党代会部署要求，扎实开展“迎盛会、铸忠诚、强担当、创业绩”主题学习宣传教育实践活动，不折不扣履行全面从严治党主体责任，推进妇联深化改革、妇女工作和妇女事业实现了新发展、取得了新成效。

一、坚定捍卫“两个确立”，切实扛起从严治党责任

市妇联党组始终坚持把政治建设摆在首位，深刻认识“两个确立”的决定性意义，坚决做到“两个维护”，严格落实管党治党责任。

一是严明政治纪律政治规矩。第一时间传达学习党中央重要会议、重大决策和市委部署要求，确保政令畅通。学习传达习近平总书记重要讲话和重要指示批示精神并研究贯彻落实举措 32 次，学习传达中央和市委有关会议精神，积极研究贯彻落实举措 121 次，建立《市妇联 2022 年度贯彻落实习近平总书记重要指示批示精神督查台账》，定期督查检查，积极推动中央和市委决策部署在市妇联落实落地。深入贯彻习近平法治思想，落实党组书记履行推进法治建设第一责任人有关要求，将法治建设纳入市妇联工作总体规划，严格贯彻执行党内法规。

二是持续净化政治生态。严格落实党内各项制度，制定《市妇联关于向市委请示报告事项清单》，向市委请示报告 15 次、备案文件 3 个。召开全面从严治党专题党组（扩大）会议，专题传达学习《2021 年度天津市政治生态分析研判报告》和《天津市 2022 年加强政治生态建设重点任务》，研究确定《市妇联 2022 年加强政治生态建设重点任务》。举一反三推动整改，制定《市妇联党组落实全面从严治党主体责任暨推进政治生态建设考核反馈问题整改方案》，明确整改措施 27 条；围绕“人事因制”深挖根源，建立健全长效机制，巡视以来制定或修订完善制度 34 个，推动建设风清气正的政治机关。

三是层层压实主体责任。党组对全面从严治党工作进行总体筹划、全面部署。召开党组会专题研究全面从严治党工作，认真分析全面从严治党面临的新形势、新任务，制定《市妇联 2022 年落实全面从严治党主体责任任务安排》，明确党组、党组书记、党组成员履行全面从严治党主体责任清单和任务清单。党组主要负责人认真履行“第一责任人”职责，党组成员切实担起“一岗双责”责任，对分管部门和单位主要负责人开展履职和廉政谈话 16 次，对分管党支部落实全面从严治党主体责任情况进行定期检查，提出存在问题，督促整改落实，逐级压实管党治党责任。

二、深入学习贯彻党的二十大精神，筑牢理想信念根基

市妇联党组以迎接、宣传、贯彻党的二十大为主线，扎实开展“迎盛会、铸忠诚、强担当、创业绩”主题学习宣传教育实践活动工作，不断强化政治机关意识。

一是扎实完成主题学习宣传教育实践活动各项任务。按照中央和市委部署，精心做好代表推荐、提名、考察和选举等各环节工作，使代表产生过程成为党内政治生活生动实践和民主集中制教育的过程。党组书记围绕“两个确立”讲专题党课，引导妇联干部深刻领悟“两个确立”决定性意义，牢记初心使命、积极担当作为。各党支部（党总支）以“准”组织生活会标准开展四个专题的学习研讨，靶向查找问题，抓好整改提高。全会 39 名干部下沉社区积极参与疫情防控，深入推进“我为群众办实事　娘家送温情”主题实践活动。开展“巾帼心向党　喜迎二十大”群众性主题宣传教育活动 380 余场，举办“巾帼大宣讲”1400 余场，积极营造喜迎盛会的浓厚氛围。召开“婚姻家庭矛盾纠纷大起底”座谈会，全面排查重复信访举报，做好重点信访事项研判，用心用情化解信访问题。统筹做好疫情防控和“四老”接打疫苗工作，全力维护安全稳定大局。

二是坚持用党的创新理论武装头脑。将学习宣传贯彻党的二十大精神作为首要政治任务抓紧抓实。党组书记、主席魏继红同志作为党的二十大代表回津后第一时间召开党组(扩大)会，传达学习党的二十大精神，印发《天津市妇联关于认真学习宣传贯彻党的二十大精神的通知》，推动全市妇联系统全面学习、准确把握、认真落实党的二十大精神。启动“巾帼心向党 奋进新征程”学习教育活动，组建巾帼宣讲团，党组成员、各级妇联执委深入机关、企业、社区、农村和家庭，宣传解读党的二十大精神，团结引领广大妇女和家庭坚定不移听党话、跟党走，共开展宣讲700场。围绕党的二十大报告部署，研究制定细化53项具体贯彻落实举措，建立工作台账，定期开展督查，确保党的二十大精神在妇联系统落到实处。

三是全面落实意识形态责任。修订并严格执行《天津市妇女联合会党组意识形态工作责任制的实施细则》，举办宣传和意识形态工作专题培训，启动意识形态安全重大风险隐患排查，及时有效防范化解意识形态领域风险点。强化舆论引导，在津云开辟线上互动专栏——“金秋盛会 美好生活展新卷”天津家庭欢庆党的二十大线上接力活动，七万余名群众线上留言，谈感受、畅心声。围绕宣传党的二十大精神，发挥市、区两级新媒体妇联矩阵作用，推出“代表热议”“专家解读”“非凡十年”等多个栏目，策划制作短视频《贯彻党的二十大精神——津沽垄上行》，联动刊发稿件百余篇。制作《海河女儿心向党》专题片，联动基层开展“我奋斗 · 家国美——讲好天津故事”宣讲，设计开展“三八红旗手对党说”“巾帼心向党 我是妇联人”“机关巾帼微宣讲”等系列群众性主题短视频展播，在新媒体平台开设学习专栏。全年共发布信息3345条次，阅读量超1.1亿次。《中国妇运》连续7期刊登市妇联各项工作，中央驻津和我市主流媒体刊发妇联工作稿件近300条次。

三、提升党员干部政治能力，激励干部担当作为

市妇联党组始终坚持用党的政治建设统领组织建设，坚持正确选人用人导向，狠抓纪律作风建设，努力建设忠诚干净担当的高素质专业化干部队伍。

一是加强干部教育培训。坚持把学习贯彻习近平新时代中国特色社会主义思想作为党组会、理论学习中心组和党支部、干部培训第一议题、第一主题和首要内容，全年党组理论学习中心组开展集体学习34次，各党支部开展集体学习研讨110次。制定落实《市妇联2022年干部教育培训计划》，组织学习贯彻党的二十大精神、市十二次党代会精神处级干部读书班，举办十九届六中全会、习近平法治思想、乡村振兴、意识形态等8个专题干部学习大讲堂；组织学法用法、碳达峰碳中和、《习近平谈治国理政》(第四卷)等在线教育专题班；开展安全生产、国家安全观、保密教育等专项培训，强化各级领导和党员干部底线思维。通过集中学习、研讨交流、实地教学等方式，引导党员干部严格落实安全、保密工作等各项责任制，依法依规开展工作。

二是加强干部队伍建设。召开党组会专题研究、深入分析机关干部队伍结构及现状，加强对青年干部和女性人才的培养。改善选人用人工作，强化青年干部培养锻炼，建立健全干部政治素质档案，引导激励党员干部争作“三个表率”。对拟提拔人选、拟进一步使用人选严把“四关”，坚决做到“凡提四必”。完成4批次13名干部选拔和职级晋升工作；通过公开招考录用1名干部，接收安置2名军转干部和2名退役士兵。修订市妇联市管干部禁业范围，严格执行个人有关事项报告等制度。加强对受处分党员的教育、监督和管理，对干部定期进行家访，关爱激励干部担当作为。

三是加强作风建设。贯彻《市妇联关于开展讲担当促作为抓落实、持续深入治理形式主义官僚主义不作为不担当问题专项行动工作方案(2021—2023年)》，制定《市妇联机关作风建设工作组关于落实专项行动任务的实施方案》，下发《市妇联关于 2022 年调研和联系妇女群众工作安排的通知》，开展“四不两直”调研，全会 13 名正处级以上领导干部共联系各行各业 114 名妇女群众；全年印发全市性文件 3 个，召开大型会议 2 次，持续改善文风会风。开展“有志气、有魄力、有才智、有创新”新时代天津妇联精神大讨论，举办“弘扬四有精神，学习身边榜样”交流分享会，常态化开展“向妇女群众汇报”“我为群众办实事·娘家送温情”等实践活动。先后三次选派 36 人支援津南、河西、南开等区疫情防控工作，全年共有 58 名党员、314 人次参与社区“大筛”等志愿服务累计 1655 小时。年度办实事清单事项 25 项全部完成，12 项群众诉求清单事项均已落实。

四是加强纪律建设。强化纪委监督职能，推动机关纪委“转职能转方式转作风”，选配兼职纪检干部 5 名，制定《市妇联纪检干部监督管理办法》。紧盯“关键少数”，加强对“一把手”和领导班子落实全面从严治党、履职用权等情况的监督。紧盯关键岗位、重要人员，开展逐人逐岗廉政风险隐患排查，共排查廉政风险点 181 个，制定风险管理与防范措施 308 条，进一步加强权力运行的制约和监督。分层分类开展警示教育，利用元旦、春节、劳动节、国庆等重要时间节点，组织党员干部认真学习中央纪委国家监委、市纪委监委公开曝光的典型案例；组织全体党员观看《走好廉洁从政每一步——天津市年轻干部违纪违法案件警示教育专题片》等警示录，教育党员干部以案为鉴，警钟长鸣；印发《关于违反中央八项规定精神典型案例的通报》，增强干部拒腐防变的免疫力。

四、围绕中心、服务大局，圆满完成各项重点工作

市妇联党组紧紧围绕全市工作大局，牢牢把握服务和联系妇女群众这根生命线，踔厉奋发、担当作为、创新竞进，推动多项工作再上新台阶。

一是助力全市抗击新冠疫情大局。面对疫情，市妇联迅速响应，全市四级妇联组织闻令而动，积极参与疫情防控，涌现出武清妈妈管护队、公安巾帼、“小蜜蜂”等众多巾帼志愿服务团队。募集防疫款物支援基层一线；招募心理咨询和家庭教育志愿者，开展心理咨询和家庭直播课；“12338”热线服务节日无休，协调处置妇女群众急难愁盼问题。与农商银行签署战略合作协议，创新开发科技创新巾帼贷、创业经营巾帼贷、乡村振兴巾帼贷等产品，缓解中小微企业融资难题，助力保持健康平稳的经济环境。走访企业 177 家，开展招聘技能培训 190 场、“双创”服务 148 场、各类政策宣讲 118 场，为全市稳就业贡献妇联力量。建立巾帼科技助农直通车服务站，举办新农学堂培训 152 场，助力农村妇女在乡村振兴中实现更大发展。

二是推进“家家幸福安康工程”。围绕培育良好家风。开展寻找最美家庭及家风故事巡讲活动，发挥家教家风创新实践基地作用。开展“树清廉家风　创最美家庭”主题活动，建立“家庭建设中心”，动员党员干部积极参与“八廉”活动，筑牢中家庭助廉坚强防线。围绕培育可堪大任的时代新人。面向家长举办“最美家庭心向党　携手喜迎二十大”家庭教育宣传周活动，开办“妈咪宝贝——空中课堂”栏目，推送智慧家长微课堂，传播科学教子理念。面向儿童开展“少年儿童心向党——亲子共沐书香　强国复兴有我”等阅读活动，推出线上知识竞答、视听读书和定期领读等活动，引导广大少年儿童用阅读浸润心灵，共筑家国梦。

三是精准服务广大妇女儿童。重源头维权服务。推动市政府高质量出台《天津市妇女和儿童“十四五”规划》，联合主流媒体分领域解读，形成全媒体深度宣传声势，推动我市妇女儿童事业同全市经济社会同步协调高质量发展。推进《天津市家庭教育促进条例》《天津市反家庭暴力条例》立法进程，落实政策法规性别平等评估，从源头健全妇女权益保障机制。重实事化服务。制定《关于建立健全困难妇女群体司法救助工作协作机制的意见》《天津市推进儿童友好城市建设实施方案》，为困难妇女儿童提供法律援助，切实保障妇女儿童权益。联动社会资源，募集各类款物 4000 余万元，精准帮扶困难妇女儿童 2.2 万人次，让妇女群众和儿童真正感受到党和政府的温暖。

五、持续推进妇联改革，不断夯实基层基础

市妇联党组全面落实《中共天津市委全面深化改革委员会2022年工作要点》，认真研究贯彻党的二十大报告提出的“深化工会、共青团、妇联等群团组织改革和建设，有效发挥桥梁纽带作用”重要要求，坚持统筹推进，推动妇联组织建设改革不断向纵深发展。系统谋划改革。围绕落实党的二十大和市第十二次党代会精神，建立重点工作任务台账，结合《天津市“十四五”时期深化妇联系统改革方案》，确定目标任务，明晰思路举措，增强改革的系统性整体性协同性。织密组织网络。推动建立女科技工作者协会并吸纳为团体会员。在市委宣传部、市住房公积金管理中心等机关事业单位，在中新乐淘直播基地等新经济组织，汉沽街后坨里社区女快递员、女外卖员等新就业群体中建立妇联组织，累计建立横向妇联组织3447个。推动在村民小组、农业合作社、社区网格等妇女群众生产生活最小单元建妇女小组2.5万余个，不断织密筑牢基层组织网。激活骨干力量。强化执委分团履职和年度评议考核，推行执委领办重点任务清单，各团组因地制宜开展旁听庭审等特色活动，进一步增强执委身份意识和履职能力。制定下发《关于推动实施基层妇联执委与女网格员双向任职的通知》，发挥网格员人熟、地熟、情况熟的优势，将表现突出的女网格员吸纳为妇联执委。印发《天津市妇联执委工作室建设标准(试行)》，全市累计建立执委工作室261个，扩大了面向妇女儿童的服务。全国妇联党组书记黄晓薇同志专程来津调研并给予充分肯定。夯实基层阵地。推动“妇女之家”“儿童之家”向基层延伸、向各领域拓展，组织开展互比互学活动，全市共建立“妇女之家”“妇女微家”“儿童之家”约1.3万个，为基层妇女儿童工作的开展提供了重要平台。

一年来，在市委的坚强领导下，在市委各职能部门的指导支持下，市妇联党组较好地完成了2022年的各项工作任务。今后，党组将继续坚持以习近平新时代中国特色社会主义思想为指导，深入学习贯彻党的二十大精神，全面落实市第十二次党代会要求，推动新时代天津妇联工作和妇女儿童事业高质量发展。